大中镇志

盐城市大丰区大中镇人民政府 主办

盐城市大丰区《大中镇志》编纂委员会 编

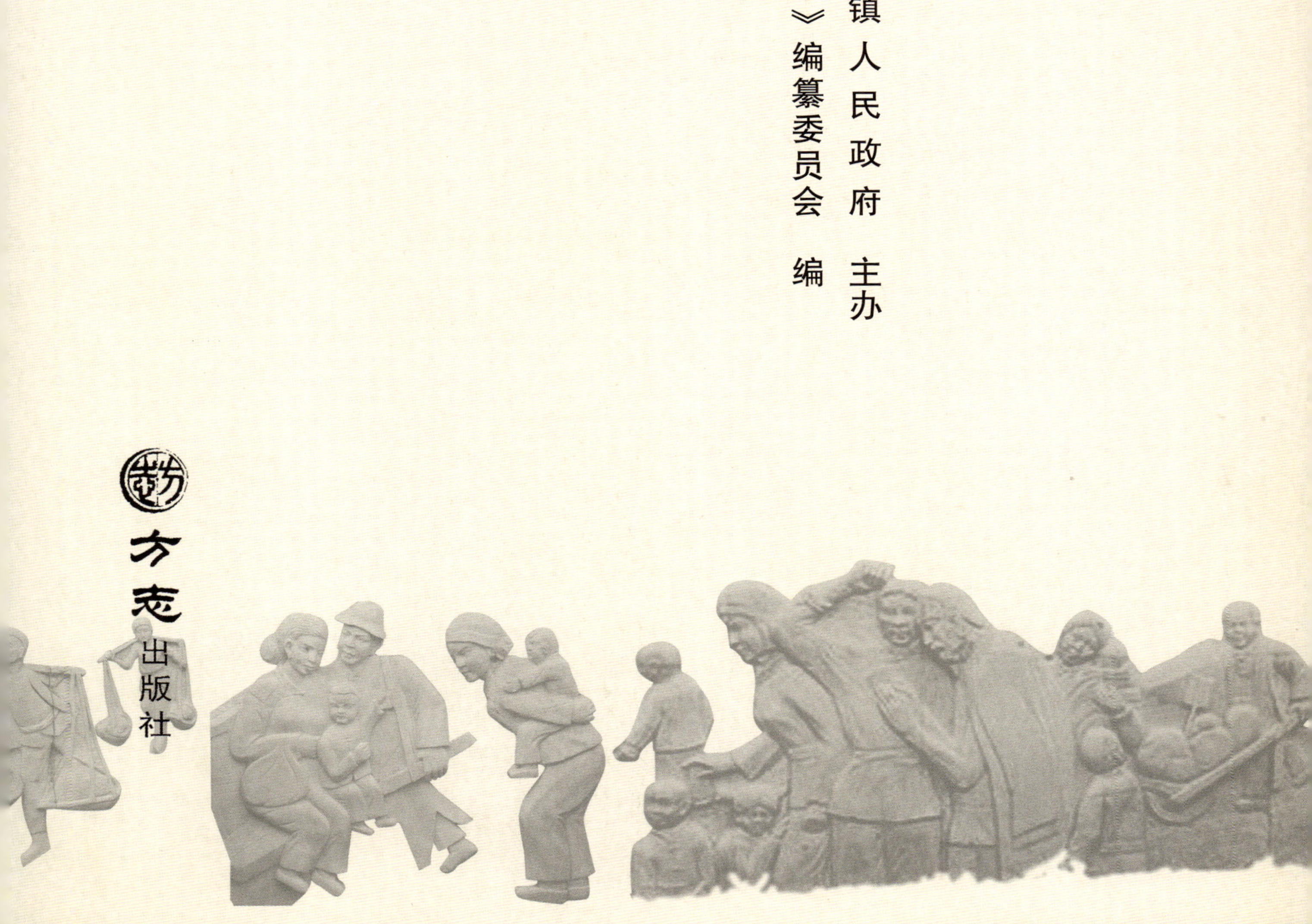

方志出版社

图书在版编目(CIP)数据

大中镇志/盐城市大丰区大中镇人民政府编.
—北京:方志出版社,2016.5
ISBN 978-7-5144-1996-2

Ⅰ.①大… Ⅱ.①盐… Ⅲ.①乡镇—地方志—盐城市
Ⅳ.①K295.33

中国版本图书馆 CIP 数据核字(2016)第 102630 号

大中镇志

编　　者:盐城市大丰区大中镇人民政府
责任编辑:刘　珊　陈　菁

出 版 人:冀祥德
出 版 者:方 志 出 版 社
地址　北京市朝阳区潘家园东里 9 号(国家方志馆 4 层)
邮编　100021
网址　http://www.fzph.org
发　　行:方志出版社发行中心
电话　(010)67110500
经　　销:各地新华书店
印　　刷:南京四彩印刷有限公司

开　　本:889×1194　1/16
印　　张:64
字　　数:1842 千字
版　　次:2016 年 5 月第 1 版　2016 年 5 月第 1 次印刷
印　　数:0001~2000 册

ISBN 978-7-5144-1996-2　　定价:400.00 元

大丰区大中镇志编纂委员会

主任委员　董　坤　2010～2014年

　　　　　沈　刚　2015～

副主任委员　李实业　2010～2010年

　　　　　沈　刚　2010～2014年

　　　　　席　刚　2015～

委　　员　（以姓氏笔画为序）

　　　　　卢春桃　何　菊　陈卫东　陈卫忠　周荷凤

　　　　　杨正峰　顾广荣　顾云彬　韩志勇

顾　　问　卞文乐

大丰区大中镇志编纂办公室

主　　任　卢春桃

成　　员　（以姓氏笔画为序）

　　　　　陈兆昌　陈荣根　柏金淦　戴文华　戴　霞

大丰区大中镇志编辑部

位于城区人民南路大中镇党政机关

1991年获全国卫生先进单位，2009年获国家卫生城镇，2012年获国家级生态乡镇称号

城区一角

中国平安

人民路彩虹桥

人社大厦
大丰区人力资源社会保障服务中心
DA FENG QU REN LI ZI YUAN SHE HUI BAO ZHANG FU WU ZHONG XIN
国际宾馆

幸福路

2012年12月29日，中华人民共和国国家主席胡锦涛视察大中镇恒北村

2013年7月13日，中共中央政治局常委、全国人大常委会委员长张德江视察大中镇恒北村

2000年4月27日，中共中央政治局委员、国务院副总理，（时任江苏省委书记）回良玉视察大中镇同德村

1999年，中共中央委员、交通部部长黄振东（右一）在家乡大中镇红花村调研

南翔路

城区中凯·银杏湖居民区

城区嘉英阳光住宅小区

泰西村居民点

恒北村居民点

恒北村居民点鸟瞰

2014年4月8~15日，第二届江苏·恒北梨园风光乡村游活动成功举办。该活动以“乡村大舞台、欢乐在恒北”为主题，共接待社会旅游团体50多个，吸引游客近5万人

西郊梅园梅花节

中国·大丰西郊梅园首届梅花文化节
趙
趙
趙
趙
趙
趙

银杏湖公园夜景

西郊公园水上乐园

九州田园山庄

科技创业园

电商产业园

百威英博大富豪啤酒车间

多为集团产品检验车间

联鑫特钢竣工点火仪式

海聆梦集团

商业街

盐阜人民商场
大丰购物中心

大润发超市

现代农业示范园区

研发中心

灵芝种植

千亩葡萄园

恒丰棉花

裕华大蒜

阜北蚕桑

光明啤酒大麦

阜丰蔬菜大棚

八灶水稻

泰丰生猪

德丰水产

恒南长毛兔

红花蛋禽

烈 士 陵 园
施耐庵公园

便民服务中心

大中镇敬老院

土地执法宣传

计划生育宣传

全民国防教育

大丰城南幼儿园

农民体育

学校教育

城区广场晨练

干部职工健康体检

荣誉榜

2013年10月，大中镇党政领导班子成员合影（右起）

前排：蒋广震、陈寿松、邢程、沈刚、董坤、席刚、陈学根、韩志勇、顾云彬

中排：王小华、周荷凤、李凤玲、杨骐菲、成晓驹、李晓霞、孙素芳、何菊

后排：仇建刚、顾仁泽、邓颖峰、陶炳生、陈卫忠、杨建明、袁兴平、王金黄、管仁刚、顾广荣、许春华、赵长春、陈耀忠

祝愿大中的明天更美好

《大中镇志》历时五年，几易其稿，即将付梓。这是一件十分有意义的事情。

大中物产丰饶、人文荟萃。新中国成立后特别是改革开放后，大中发生了翻天覆地的变化，综合实力显著增强，镇村面貌日新月异，群众生活不断改善。巨大的变化和辉煌的成就凝聚了20万大中儿女的心血和汗水，也得到了社会各界的鼎力支持。作为一名曾经在大中工作了12个年头的老兵，我为能亲身参与和见证这一进程，并为此贡献自己的绵薄之力而感到十分荣幸。

修志是一项系统而繁杂的文化工程。《大中镇志》记载了大中辉煌的发展历程，内容全面，详略得体，地理资源、历史沿革、农林牧渔、科教文卫、人文风情尽显纸上，可以说是一志在手，洞察镇情，一志相传，教益后代。

古人云："以铜为鉴，可以正衣冠；以人为鉴，可以明得失；以史为鉴，可以知兴替。"愿大中人民以史为鉴，励志建树，前赴后继，为谱写大中更加灿烂美好的明天而不断奋斗。

值此新志问世之际，聊表数言，祝愿大中的明天更加美好！并对辛劳编撰斯志者，表慰问感谢之怀！

中共盐城市大丰区委常委 董坤

2015年12月

（作者系原大中镇党委书记、人大主席）

序

历5年有余,经两届党委、政府的精心策划及编纂人员的殚精竭虑,2015年版《大中镇志》终于付梓,盛世盛事值得庆贺。

大中镇地处江苏省沿海中部,隶大丰区,是大丰区的城关镇,也是大丰政治、经济、军事、文化的中心和交通枢纽,距上海2.5小时车程,属长三角经济圈。2014年,镇区总面积199.2平方千米,下辖29个行政村和24个居民委员会,总户数71660户,总人口18.56万人,全镇实现地区生产总值84.31亿元,财政总收入15.36亿元,位居盐城市乡镇第一位,胡锦涛、张德江等党和国家领导都曾亲临视察。

大中镇成陆至今有近900年历史,从事生产活动开发利用亦近700年。镇区风光秀丽,资源丰富,经济繁荣,人杰地灵。历史上,大中镇盛产食盐,有着丰厚的盐文化底蕴,随着海势东迁,农业逐步取代盐业,至20世纪20年代初,民族实业家张謇来此创办草堰场大丰盐垦公司,"上不依赖政府,下不依赖社会,凭良心去做",从启海地区移来万余民众兴垦植棉,开启了苏北地区农业发展史上的伟大创举。勤劳智慧的大中人民正是秉持着这种不等不靠、勇于担当、自立自强的创业精神,用辛勤的汗水浇灌着这片沃土。抗日战争时期,大中镇就是苏北抗日根据地的工业重镇,有"小上海"之称。20世纪60年代初,有"金大丰"之美誉;改革开放后,大中人民勇立潮头,拼搏争先,成为全国千强镇、江苏省百强镇、盐阜第一镇。2004年,财政收入首次突破亿元大关,连续10年主要经济指标在盐城市重点镇排名中名列前茅。

而今,大中镇一、二、三产业协调发展,城乡建设日新月异:城南工业园区、丰收大地现代农业示范区、专业市场服务业集聚区"三区"联动,产城融合;全民创业园、大学生创业园、农业创意产业园、农产品加工园、电商产业园、城市物流园"六园"错位发展,彰显特色;东部大蒜,中部果蔬,西部稻麦、养殖业三位一体,"麋鹿牌"早酥梨、"裕华牌"大蒜畅销海内外,蓬勃发展的现代产业展示了大中经济的无限生命力。

大中镇是全国卫生城镇。早在1958年,《新华日报》曾以《东海边上的"四无镇"》为题专题报道了大中镇人除害灭病的场景,讴歌了大中镇人民大搞爱国卫生运动的壮举。此后数十年,大中镇爱国卫生运动一直走在大丰前列,1991年被评为全国卫生先进单位,2009年获国家卫生城镇称号。

大中镇是全国生态乡镇。2012年获国家级生态乡镇称号。西郊生态风貌区、九州生态农业示范园、全国生态村——恒北村、江苏省生态村——泰西村，构成了大中极具魅力的生态风貌。

大中镇是江苏省环境优美镇，全国休闲农业与乡村旅游示范村、点所在地。丰收大地、恒北村、新团村相继获得农业部、国家旅游局授予的“全国休闲农业与乡村旅游示范点”，2013 年大中镇荣获江苏省授予的“江苏省环境优美镇”称号。

大中镇是江苏省文明乡镇、江苏省文明乡镇标兵，先后于 2007 年、2012 年两次获此殊荣。

身为大中镇人，我们感到骄傲，感到自豪。

修志是中华民族的优良传统，更是一项复杂的文化系统工程。《大中镇志》先后经过四次修编，1983 年首次修编的《大中镇志》在全县巡展。1996 年第三次修编版获得江苏省乡镇志一等奖。此次修编，大中镇又走在江苏省的前列，一些做法得到江苏省、盐城市、大丰区三级方志委的肯定。修编中，江苏省、盐城市、大丰区方志委领导十分关心，悉心指导。以前任党委书记董坤同志为首的领导，把修志作为大中镇的主要文化基础事业来抓，为顺利修编打下了良好的基础；编纂人员坚持辩证唯物主义的历史观，执着守望，辛勤耕耘，数易其稿，努力打造精品良志，一部集自然地理、政治经济、军事文化及风土人情较为完备的 2015 年版《大中镇志》才得以脱颖而出，这是大中镇精神文明建设的丰硕成果，是落实科学发展观、践行中国梦的重要体现。

新版《大中镇志》蕴含了大中人民的聪明才智和实践经验，具有显著的时代精神和地方特色，他的出版面世，为我镇进行爱国主义、社会主义教育提供了丰富的资料，为广大干部了解镇情提供了极具价值的参考，也为长期在外工作的游子、海内外朋友、投资客商了解大中提供了翔实的史料。

修志问道、启迪未来，读志、用志、以志为鉴，才能创造美好的明天；温故知新，承传民族精髓，才能爱我中华，建设美丽家乡。当前，大中镇正处于转型升级、内涵发展、绿色增长、率先全面建成小康社会的关键时期，新版《大中镇志》必将对大中今后的建设和发展有所裨益，发挥“资政”“教化”“存史”的功能。

新版《大中镇志》的付梓问世，得到了各级领导的亲切关怀、专家同仁的悉心指导、社会各界人士的大力支持，汇集了编纂人员的心血汗水。在发行之际，我们谨代表大中镇党委、政府，向为之付出辛劳的人们表示衷心的感谢和诚挚的谢意。

回首过往，我们倍感自豪；展望未来，我们满怀激情。大中人民将继往开来，奋发有为，锐意进取，为加快建设实力、开放、生态、幸福的新大中而努力奋斗！

中共大中镇委员会书记 沈刚

大中镇人民政府镇长 [signature]

2015 年 10 月

凡　　例

一、坚持以马克思列宁主义、毛泽东思想、邓小平理论、“三个代表”重要思想、科学发展观为指导思想，坚持历史唯物主义史观，做到思想性、科学性的统一，忠于史实，客观反映大中镇有史以来的地情、社情、民情，为大中镇的改革开放发展和现代化建设服务。

二、定名为《大中镇志》，系 2010 年重修。重点记述新中国成立后大中镇的发展史实，简写成立前的历史状况。

三、记述区域范围系 2010 年年底大中镇全境，凡历史上隶属于这一区域内所发生的重大事件，予以收入。志中“大中集”泛指城区和已设社区居委会的大丰市区。志中大中镇区域系指各个时期当局划定的大中镇行政区域；大道公社、阜丰公社系指 1983 年 8 月大道公社、阜丰公社并入大中镇前各时期的行政区域；“新团”或“原新团镇”指 2001 年 3 月新团镇并入大中镇前的各个时期行政区域；“裕华”或“原裕华镇”指 2010 年 7 月裕华镇并入大中镇前的裕华镇各个时期的行政区域。

四、本志上限因事而异，据实溯源；下限迄于 2010 年底，大事记、个别重要事件以及党和国家领导人视察延至终审前。

五、纪年，新中国成立前采用朝代年号纪年（包括中华民国纪年），每章第一次出现朝代帝王纪年时，同时标注公元纪年，再次出现同一朝代帝王纪年时只标注公元纪年，新中国成立后一律采用公元纪年。志中所称“解放前（后）”以 1948 年 10 月该镇解放之日为界。志中“新中国”专指“中华人民共和国”，以 1949 年 10 月 1 日为界限，志中所称的“上世纪”指 20 世纪。

六、综合运用述、记、志、传、图、表、录等形式。综述列大事记前，章下设序。“大事记”用“记”，分述事物用“志”，介绍人物用“传”，显示形象用“图”（包括照片），列记数字和归纳统计（含历年党政主要领导人更迭）用“表”，重要历史文献及附载相关史实用“录”。政区图及有代表性、综合性的彩色图照集中列于卷首，一般图文和表随文设置。

七、本志横分门类，纵述史实，设章、节、目、子目四个层次。

八、遵循“生不立传”的原则，所立传略人物主要是对本地有较大社会影响且事迹突出的已故人士，其排列以卒年先后为序。在世人物的突出事迹以事系人入志。先进模范人物录至受盐城市市级表彰的个人，职称录至高级以上，干部职级录至大中镇籍以及在大中镇工作过的县处级以上干部和抗日战争时期参加工作的干部。

九、所用币值，新中国成立前以当时流通的货币币值记载（前面冠以货币名称）；新中国成立后按现行人民币币值记载；1955 年 3 月 1 日前使用的旧人民币仍然实记为旧币值，括注与现人民币换算数值。

十、计量单位，土地面积以“公顷”计算，里程以“千米”计算，重量以“吨”、“千克”计算。因引用和表述的需要，个别地方仍采用当时通用的计量单位，如：亩、担、市斤、两。其余数字的记述，统一执行国家《关于出版物上数字用法的试行规定》。

十一、行文中对需要说明的某一事物，采用随文括注，对特别需要说清楚的问题，统一写在文下或表下；只有一个说明的用“＊”标，两个以上的用标符①②③……

十二、使用的资料来自档案馆的档案，图书馆的藏籍，各部门、各村编写的部门志、专业志、村志及不同时期的《大丰县志》《大丰市志》《大中镇志》《裕华乡志》《新团乡志》《大道人民公社志》《阜丰人民公社志》《大丰统计年鉴》以及由有关部门提供的史料、编纂人员征集的文字、口述资料等。文中采用的数据来自于市统计局历年公布的统计数据及未列入统计局统计的部门综合数据、《大中镇统计资料》等，一般不注明出处。

十三、本志所记地方行政区划名称，统一采用各时期当局政府颁布的称谓，必要时加括注。

目　　录

第三章 城乡建设

第四章 交通通信

第五章　水　　利

第六章　国土管理

第七章 农 业

第八章　工　业

第九章 商贸服务

第十章 经济综合管理

第十一章　中共地方组织

第十二章　政权　政协

第十三章　党派社团

第十四章　法　　治

第十五章　武　　装

第十六章　科技　能源

第十七章　教　育

第十八章 文 化

第十九章　体　育

第二十章　医疗卫生

第二十一章 民 政

第二十二章 劳动人事

第二十三章　社会民生

第二十四章　民俗　方言

第二十五章 人 物

附 录

综　述

大中镇位于大丰市中部，是大丰市委、市政府所在地，全市政治、经济、文化、军事的中心，交通枢纽。成陆始于宋朝中期，讫于清朝初年。全镇东西长约28千米，南北宽约15.6千米，呈多边形，总面积272.7平方千米，陆地面积占88%，水域面积占12%。海拔高程（废黄海口高程）在1.9米~3.8米之间。地势南高北低，东高西低。

大中镇属亚热带与温带的过渡地带，光、热、水条件优越。年平均气温为14.0℃，常年降水量为1068毫米。

民国16年（1927），始建大中集，民国18年（1929）列行政建制，冠名大中镇。历史上，大中镇区域盐政上曾经分属刘庄场、草堰场，行政上曾分隶兴化县、盐城县、东台县。1942年，东台县九区从东台析出，新建台北县，大中镇隶属台北县。1951年，台北县更名大丰县，大中镇隶属大丰县。1996年，撤销大丰县，设立大丰市，大中镇隶属大丰市。

1983年后，大中镇先后与大道公社、阜丰公社、新团镇、裕华镇（2001年6月王港乡并入裕华镇）相继合并重组。

2010年年底，大中镇下辖29个行政村和21个社区居委会，总人口18.07万人，有土家族、高山族等5个少数民族。

大中镇是国家卫生城市、国家级生态镇、全国千强镇、江苏省文明乡镇标兵、江苏省社会治安安全镇、江苏省环境优美乡镇、江苏省百强乡镇，城南工业园区、“丰收大地”现代农业示范区、专业市场现代服务业集聚区三位一体，展现别具一格的大中风貌。家纺、汽车零部件、空压机、啤酒酿造、工艺玩具等特色产业各领风骚。“麋鹿”牌早酥梨、“裕华”牌大蒜风靡国内外。

2010年，实现地区生产总值55.28亿元，完成财政总收入5.922亿元，农民人均纯收入12324元，城镇居民可支配收入16952元，主要经济指标在盐城市重点镇排名中名列前茅。

（一）

大中的经济起源于盐业。清嘉庆年间，刘庄、草堰两盐场在大中镇区域计有草荡1万余公顷，随着海势东迁，制盐业衰退，逐步弃盐从农。移民兴垦后，以煮海为生的大中人从此告别煎盐。

民国初期，大中境域移民兴垦种植棉花。以棉花为主要原料的轧花、纺织、油脂等加工业成为大中镇的主要工业产业。解放战争初期，大中镇是苏北解放区纺织工业基地，后因战乱，工业一度衰败。

新中国成立后，大中镇工业逐步发展壮大，也走过曲折的道路。1957年，大中镇集体工业从业人数389人，总产值60.3万元。1960年，工业总产值达86.83万元。此后纠正“大办百厂”“大炼钢铁”的错误，落实“调整、巩固、充实、提高”八字方针，企业关、停、并、转。1960年至1971年的11年间，累计完成工业总产值2256.69万元，年平均产值205万元。改革开放后，工业得到迅速发展。1981年，大中镇办企业发展到16个，职工1943人，产值达865.88万元。1991年，大中、裕华、新团合计工业总产值达14619万元。第八个五年计划期间，大中镇工业保持持续稳定发展，大中镇调整产品结构，形成粮油食品、丝绸纺织、机械铸造、轻工印刷、建筑建材、工艺玩具六大支柱产业，30多个名优产品打入国际国内市场。

进入21世纪，大中镇积极招商引资，创办工业园区，引进高科技产品，工业发展实现飞跃。

2010年，大中镇工业已形成九大门类，589家企业，工业总产值694170万元，利润总额22040万元，年末从业人数36820人，工业定报企业106家，总产值615510万元，利润总额18269万元；独资、合资企业42个，投资总额达8.26亿元，与1997年比，销售增长11.86倍，利税增长8.77倍，利润增长13.94倍，年平均增长22.47%。

（二）

解放前，农民生产方式落后，耕作管理粗放，自然灾害频发，农作物产量极低。收成较好的1937年，皮棉亩产只有9.25千克，粮食亩产不足50千克。

解放后，生产力得到解放，大中人兴修水利、淋盐洗碱，大力推广农业科技，倡导科学种田，努力推进农业机械化，农业生产快速发展。1958年，粮食亩产86.03千克，总产12788.39吨，皮棉亩产31.29千克，总产3453.56吨。“大跃进”时期的“浮夸风”“共产风”“一平二调”挫伤农民生产积极性。1960年，落实“调整、巩固、充实、提高”八字方针，农业形势逐步好转。1973年，全镇粮棉双超纲。1983年，全镇粮食亩产259千克，皮棉亩产68千克。1983年，实行家庭联产承包责任制后，农民劳动致富的积极性空前高涨。2010年，全镇粮食亩产442千克，总产74096吨，棉花亩产91千克，总产3315吨，油料7939吨；粮食亩产是1983年的1.7倍，棉花亩产是1983年的1.34倍。

随着产业结构的调整，林、牧、副、渔、特经作物生产在农业生产中比重不断增加，优质棉、优质啤酒大麦、“裕华”牌大蒜、“麋鹿”牌早酥梨畅销全国。阜北草莓、温氏畜禽、成鱼养殖闻名遐迩。东部大蒜，中部特经果蔬、苗木花卉、畜牧养殖，西部水稻、水产形成三足鼎立的农业经济结构，各领优势。

大中镇是全国闻名的大蒜之乡，“裕华”牌大蒜及其产品畅销国内外。1999—2001年连续三年获中国国际农业博览会名牌产品，并先后多次获国家、省名牌产品称号。国际名牌产品“麋鹿”牌早酥梨，1999年、2001年获中国国际农业博览会名牌产品奖，2003年获欧盟颁发的有机食品转换证书。2010年，产梨11791万吨，户均收入1.8万元。2012年12月29日，时任国家主席胡锦涛视察恒北村，嘱咐恒北“搞好果品种植，发展优良品种的优势，满足城乡人民高品味物质生活”。阜北村是草莓、葡萄专业村，无公害种植的千亩大棚葡萄园，水分足、含糖量高，每千克销售价达20元，北京、上海、广州客商纷至沓来。红花村是苏北最大的大叶女贞基地，苗木花卉销往全国十多个大中城市。红花村被盐城市人民政府列为“生态村”“花卉苗木生产专业村”，并被授予苗木花卉特色经济专业村特殊奖。

改革开放前，大中镇养殖业规模小、产量低、品质差。改革开放后，养殖业规模化、产业化迅速发展。2010年，全镇有专业养殖大户150余户，生猪饲养量8.5万余头，家禽养殖260余万只，禽蛋5000余吨，肉类总产量8134吨。全镇水产养殖面积881.33公顷，养殖总量达13455吨，亩产成鱼1036千克。昔日以粮棉占主导地位的传统农业大镇，现今已成为种、养、加、运、销，农、林、牧、副、渔协调发展的新型现代生态镇。

新中国成立前，水旱灾害频繁发生，经常暴雨成灾。干旱之年，地势较高地区严重缺水，人畜饮水发生困难。新中国成立后，大中人民兴修水利，治理水患。20世纪50年代至60年代期间，贯彻“群众自办为主”的水利工作方针。70年代至80年代期间，开展以治水为中心、防涝治渍为重点的旱涝保收、稳产高产农田水利基本建设，使其从单一治水转向沟、渠、路、林、田全面规划，洪、涝、旱、渍、碱综合治理，桥、涵、闸、站、点全面配套，农、副、工、交、机齐发展。1991年后，全镇开展标准化农田建设，培植"三高"农业示范区，狠抓现代化高标准农田水利工程建设，发展节水农业，全镇村村有百亩以上连片示范区，达到土地方整化、水系配套化、渠道防渗化、农田林网化。先后出现了泰西村、光明村等全省先进典型。1950年至2010年的60年间，大中镇水利建设共投入2365万多个劳动工日，挖土方6894.7万立方米，建筑封闭闸、机电灌溉站、排涝站505座。经过60多年的不懈努力，基本建成防洪、防潮、防涝、防渍、防旱五套工程体系，达到能泄、能蓄、能控、能调、能引的要求。2010年，全镇有稳产高产农田8313.33公顷。

（三）

大中镇始建于20世纪20年代初。30年代中期，棉业崛起，上海、南通、无锡、苏州、常州等地纱厂的客商纷纷云集于大中集，花行、粮行和丝绸、棉布、旅店、茶馆、日杂等遍布全集。抗日战争爆发前夕，大中集商业达到鼎盛时期，享有特名的"大中集花（棉花）"产量丰富、质量上乘，上海、南通等地40多家工厂花商在大中集设店或托店，南通大生纱厂在泰丰区建飞机场，往来两地业务。其时，全集一派繁华，享有"小上海"之誉。

1941年7月，大中集沦陷，日本侵略军（以下简称日军）在大中镇设立中国"支那"公司和东洋拓植公司，垄断棉花收购，市场萧条。大中集最大的"天昌"号京广百货店、"秦记"号木行也关闭歇业，汽车、轮船销声匿迹。1945年，大中集恢复。次年，人民政府在大中镇设立国营江海、利丰两公司，经营粮油棉布和日用杂货，平抑物价，恢复市场。1948年初，国民党军进行"无人区"大扫荡，城区被掳掠一空，大小商店无一幸存，5000多人口的大中集仅剩下老弱病残者38人，断垣残壁，满目疮痍。解放后，大中镇恢复工业生产。1949年年底，全镇各类商户发展到247家。1951年，大中镇商品销售总额已达250.5万元。1955年后，进行生产资料私有制和资本主义工商业的社会主义改造，成立集体商业，开放集市贸易。三年困难时期，商品紧缺，市场清淡，生产生活必须品实行计划供应。"文化大革命"期间，个体工商户作为资本主义尾巴被铲除，正当经营的集市贸易被当成资本主义倾向加以限制，国营和集体商业也因渠道单一，商品流通不畅。中共十一届三中全会后，进行商业体制改革，流通部门转换经营机制。1995年，大中城区有7家大型商场、50个门市部、150个商业网点，从业人员2000余人。全年社会商品零售总额47939万元，外贸出口供货值16063万元，均创历史纪录。1997—2003年期间，商业实现全面改制，改革后商贸企业实行股份合作制和私人买断。2004年，大中镇城乡有商贸服务企业1122个，从业人员5792人，总产值20546万元。2010年，大中镇城乡有商贸企业1138个，从业人数8195人，营业收入77160万元。

（四）

明朝，在八灶团建刘庄寨，在牛弯河出海口处设木栅抵御海上倭寇。民国时期，国民政府在大中集设立实业保安指挥部。新中国成立后，人民解放军、武警部队长期驻防境内。

在反侵略、反压迫、求解放的斗争中，大中境域发生过许多重要战事。1941年7月裕华歼灭战，大中人民组织担架队、突击队配合支援新四军一举歼灭日伪军230余人，缴获轻重武器200余件，取得苏中地区抗战史上全歼日军的战果。1945年8月,大中人民积极配合新四军,先后攻克裕华、新丰、大中集,全歼谷振之伪军1000余人,赢得县境抗日战争的最后胜利。1947年4月,台北垦区战役中,大中人民积极配合人民解放军,取得全歼国民党官兵600余人、还乡团400余人的重大胜利。在淮海战役、渡江战役中,大中先后有近万人次民工支援前线。

革命战争年代,大中镇有230余名优秀儿女为建立新中国献出宝贵生命。新中国成立后,大中人民进一步发扬拥军优属光荣传统。每逢重大节日,镇党委、政府都组织专人到部队慰问。据不完全统计,建立后的60多年中,大中镇先后有200余万元经费用于支持部队建设。

大中镇因征兵整组、战备训练、双拥共建、基层建设等工作成绩突出曾多次被江苏省、盐城市表彰为先进单位。新中国成立后,先后为人民解放军、武警部队输送近4000名优质兵员,有近万名民兵预备役人员参加各种科目的演练、拉演、军事训练,2万余人次的民兵预备役人员参加突击抢险,完成急难险任务和开展学雷锋树新风活动,涌现出许多优秀民兵和先进分子。

(五)

明清时期,大中镇西部地区已有私塾。1929年,民国政府创办第一所公办小学——大中镇小学。至1938年,大中境域已创办小学11所、初级中学1所,在校学生800余人。

抗日战争、解放战争时期,由于战乱,学校受到破坏。

新中国成立后,中国共产党和人民政府十分重视教育工作,大力办学。1956年,大中镇境内有小学48所,在校学生5000余人。"文化大革命"初期,教育事业遭到破坏。文化大革命中后期,学校恢复教学秩序。教育普及率、入学率、合格率不断提高,1979—1981年,大中镇连续三年获大丰县第一。1996年,全镇小学入学率达99.7%、普及率96%、巩固率99.1%,小学毕业会考双科合格率98%,优秀率70.2%,小学升初中合格率居大丰市第二位。1998年以后调整学校布局,整合资源。至2010年,全镇中小学校布局几经调整,教学点相对集中到市区,全镇教育事业达到最佳优化整合。

职业教育、成人教育协调发展,职工教育向科技普及、专业技术教育方面转化,1986年,大中镇成为无文盲镇。

旧中国,大中集没有文艺团体,只有一些民间道琴艺人。抗日民主政权建立后,推行民族大众文艺,大中镇区域文艺活动开始活跃。新中国成立后,"百花齐放、推陈出新",群众性文体事业得到蓬勃发展。"文化大革命"期间,多数传统的文艺作品受到批判。"文化大革命"结束后,文艺宣传工作恢复发展,文艺作品百花齐放。歌曲《黄海滩》,中国画《闲庭信步》,论文《现代城市呼唤绿色生态》等代表性作品先后获得国家级奖项。1994年,大中镇创建江苏省群众文化先进乡镇一举达标。1998年,全镇实现广播、有线电视村村通。2010年,全镇广播电视调频共缆传输经营收入创大丰市第一。

新中国成立前,大中镇没有体育组织机构和正规的体育活动。新中国成立初,城区机关、学校、工厂以及城镇单位自发组织体育活动。20世纪60年代初,工厂、机关、学校推行普及活动场地或活动室。"文化大革命"时期,工厂企业、农村大队结合民兵训练,普遍开展手榴弹投掷及游泳等活动。1984年,大中镇28名运动员参加大丰县第二届农民运动会,共荣获9枚金牌、3枚银牌、2枚铜牌,取得团体总分第一的好成绩。1988年,大中镇被授予省"体育先进乡(镇)"荣誉称号。2003年6月10日是江苏省第一个全民健身日,大中社区各健身点5000余人参加活动。2006年健身日当天,举行城区万人健步走活动和全民运动会,共有70余个单位、1.2万余人参加。大中镇不断加大体育投入,全民体育事业迅速发展。2010年,实现村村都有篮球场、乒乓球室,并配备文体器材。大中镇的体育运动全面发展,培养了市、省、国家乃至世界冠军孙军、於秀敏等一批优秀人才。

（六）

旧社会，大中人民政治上受压迫，生活上受剥削，草糠半年粮，蓬头赤脚，青黄不接之时靠乞讨维生，交不起土地押金的农民多半靠做长工、打短工维持生活。新中国成立后，人民当家作主，政治上解放，经济上翻身，生活一年比一年好。1957年，城乡居民生活消费品购买力年人均68.81元。1987年，城镇居民生活消费人均支出840.40元，是1957年的5.8倍。吃要营养，穿要质量，住要宽敞，用要高档，越来越多的居民家庭生活从量的满足转向质的改善。2010年，农村居民人均纯收入12324元，在盐城市居第三，电灯、电话、彩电、冰箱、液化气、自来水普及率达100%，家用电脑的普及率达63%；城镇居民人均可支配收入16952元，人均居住面积35.87平方米，城乡步入小康社会。

大中镇建镇只有80余年历史，建国前城乡建设发展缓慢。抗日战争、解放战争时期，日伪军、国民党军掠夺全镇，整个城区残垣断壁。建国后，大中镇狠抓城乡建设。市容、市貌日新月异，特别是大丰县撤县设市后，城市建设更是发生了翻天覆地的变化，农商银行楼、电信楼、供电楼等数十栋50米以上的高层楼盘拔地而起；湿地公园、水上公园、施耐庵公园、银杏湖公园等公园遍布市区；彩虹桥、奥体中心等标志性建筑，美化、亮化、绿化工程把城市点缀得靓丽多彩；居民住宅小区建设与日俱增。1980年，大中镇城区不足1平方千米，经过30年城市西扩和向东发展，2010年，大中镇建成区近20平方千米，一个现代化都市的雏形展现在人们面前。解放前，大中农民走的泥土路，住的滚地龙。解放后，大中农村发生了深刻变化，特别是改革开放后，农村建设迅速发展。随着新农村建设、城乡一体化建设的推进，2010年，大中镇农村电灯、电话、煤气、电视、自来水的普及率达100%，有近30%的农户住上农家别墅，水泥路村村通，液化气、天然气步入城乡居民家庭，人民生活环境从根本上得到改善，彻底告别了泥土道、泥草房、煤油灯、出门靠步行的贫穷落后局面。

民国以前，大中镇地区以盐业生产为主，各灶运盐、运草都用牛车，牛车路是当时的主要交通道路。民国初年，东部地区废灶兴垦，开河筑路。抗日战争和解放战争时期，水陆交通被破坏。新中国成立后，恢复交通，公路不断增加，航道不断延伸。1980年实现村村通航，1995年实现村村通车。2009年，境域有省道、县道200.03千米，农村公路165千米。20世纪20年代，大中区域已有汽车、轮船，而坐车、坐船的也只是有钱有权的大户人家。新中国成立后，人民政府大力发展交通。1985年，全镇城乡有自行车3万多辆，平均每户达2辆。进入90年代，人力脚踏自行车已经由摩托车、电瓶车、汽车代替。2010年，市区有公共汽车64辆，出租汽车200余辆。城乡居民每百户有小汽车12辆，实现了楼上楼下，电灯电话，出门办事开着汽车的梦想。

明朝嘉靖年间，为防倭寇入侵，朝廷在海口构筑烟墩，以烟火为号，传烽报警。废灶兴垦的1929年，大丰、裕华两公司始架电话线路，但发展缓慢。20世纪80年代初，现代通信事业起步发展。90年代初显现强劲势头。2000年，大中镇城乡电话用户发展到108196户。2010年年底，大中镇固定电话、移动电话用户已普及到城乡每个家庭。

旧政权时期，谈不上科技。新中国成立后，大中区域的科技事业迅速发展。人民公社化时期，公社开始配备专职科技工作人员，建立公社、大队两级科技网络。20世纪70年代中期，形成公社、大队、生产队三级农科网。80年代以后，大中镇科技紧紧围绕以经济建设为中心开展科学实验，组织科技项目开发、技术推广，1997—2010年，全镇获得科技成果126项，其中获国家、部级奖励7项，省级奖励23项，盐城市级奖励33项，大丰市级科技奖63项，大中镇先后被盐城市、大丰市评为科技工作先进集体。

（七）

新中国成立前，大中镇境内没有医院，缺医少药，环境卫生极差，传染病、地方病长期威胁着人民的生命安全。人民的生命、健康无保障，平均寿命只有36岁。新中国成立后，中国共产党和人民政府十分重视医疗卫生事业。建设医院，培训医生，狠抓卫生防疫，努力提高人民的健康水平。特别是改革开放后，医疗卫生事业迅速发展，卫生队伍不断壮大，器械设备不断更新完善，医疗技术水平日益提高，逐步形成县、镇（乡）、村三级医疗卫生网络。至1981年，大中镇区域已有县属医院2所，镇医院3所，医务人员518人，村、厂卫生室23所，保健医师37人。2010年，大中镇境内有市属医院3所，镇医院2所，民营医院3所，村、社区卫生服务中心（卫生室）49所，医务人员数2193人，医务人员是1981年的4.5倍，床位数1695张，是1981年的5倍，达到一般疾病不出村、社区，急重病人不出镇。全镇新型农村合作医疗参合率达100%，城镇居民基本医疗保险参保率达90%。为不断提高全民健康卫生水平，建国后，大中镇持之以恒地开展爱国卫生运动，经过不懈努力，1986年，大中镇被江苏省和全国爱国卫生运动委员会评为“江苏省爱国卫生先进单位”和“全国卫生先进单位”。1995年11月，大中镇创建城镇文明卫生工作荣获盐城市第一。2009年，大中镇被全国爱卫会命名为“国家卫生城市”。

20世纪50年代，大中镇开始倡导节制生育，推迟结婚年龄，在苏北地区属推行计划生育最早，起步最快。60年代开始倡导“晚、稀、少”；70年代开始倡导推行“一对夫妇只生一个孩子”；80年代开始推行实施“三为主”方针（经常性工作为主，避孕工作为主，宣传教育为主）；90年代建立起计划生育、工农业生产“两种生产一起抓”责任制，到1995年全镇实现人口无计划生育的历史转变。1996—2005年期间，实现工作思路与工作方法两个转变，人口出生率从1996年的12.7‰下降到2005年的7.46‰，人口自然增长率从1996年的8.9‰下降到2005年的3.07‰。低生育水平继续保持稳定，2010年，全镇人口出生率6.06‰，人口自然增长率0.71‰。大中镇自实行计划生育以来，至少少生4万人，在盐城地区率先进入低生育水平状态。2002年至2010年连续九年人口计生目标管理综合考核在大丰市保持第一。大中镇人口计生工作走出了一条具有大中特色的发展道路，许多成功的做法与经验在全省乃至全国被推广，国家、省部级领导专程到大中镇调研考察，许多创新经验在全省乃至全国产生影响。

（八）

勤劳智慧的大中人民，在大中镇这块热土上，辛勤耕耘，无数能人志士为大中的崛起谱写了动人篇章。特别是新中国成立后，大中人勇立潮头，奋力拼博，争当社会主义革命和社会主义建设的排头兵，可歌可泣，可圈可点。但在发展过程中也存在着一些问题，走过一些弯路。如农业合作后期的大呼拢，“大跃进”时期的共产风、大办百厂群众运动、“一平二调”“割资本主义尾巴”，学大寨时期的平均主义，“文化大革命”期间的政治挂帅等一系列不切实际的做法，使生产力的发展不同程度上受到破坏，给大中经济建设和发展带来负面影响。“以史为镜，而知兴替”，改革开放三十年来，大中人民在马克思列宁主义、毛泽东思想、邓小平理论、“三个代表”重要和科学发展观的指导下，吸取经验教训，用自己的聪明才智，锐意进取，开拓了大中现代化建设的新局面。

展望未来，大中人民在镇党委、政府的领导下有信心、有毅力弘扬“大气、包容、创新、争先”的大丰精神，为实现幸福大中、美丽大中的梦想，一定会谱写出新的华章。

大 事 记

南 宋

绍兴十八年(1148),淮南海陵监增置刘庄场。

绍兴三十年(1160),吴献将新添置场合并,丁溪场、刘庄场合并后称丁溪刘庄催煎场。

嘉定十七年(1224),飓风,海潮,范公堤倒塌1300余米。

元

至元十五年(1278),旱,蝗虫,瘟疫流行。

至元十九年(1282),飞蝗蔽日,所过之处,田禾俱尽。

至元二十二年(1285),大水,境域沙荡、灶地、亭池、房屋、灶舍全部被淹,灶具漂没。

至正二十七年(1367),朱元璋遣徐达、常遇春取张士诚之淮东地区,于沿海重建两淮各场,加强盐务管理。

明

洪武元年(1368),设通州、淮安盐运分司。泰州盐运分司辖东台、安丰、富安、何垛、梁垛、丁溪、草堰、小海、栟茶、角斜10个盐场。

洪武二十五年(1392),各场设盐课司,置大使、副使各1人,并授铜印治事。丁溪、小海、草堰、白驹、刘庄5场,同时设置盐课司,建司署,置大使、副使管理场事。

成化三年(1467)七月,海潮漫溢,捍海堰溃决69处,淹死盐民无数。

弘治十三年(1500),两淮巡盐御史史载清查逃丁,丁溪、小海、草堰、白驹、刘庄5场有灶丁5423名,在逃灶丁就有1640名,占3/10。

是年,《两淮运司志》记载刘庄寨在本场八灶团(今八灶村),备百夫一员,军50名(这是大中镇境域首次有军队驻扎的记载)。

正德七年(1512)八月,飓风,海潮溢,房屋吞没,人畜淹死无数。

嘉靖四年(1525),两淮立灶勇之制,为防倭寇入侵,在两淮30个盐场中,选取灶丁3000人为灶勇,每年三月初一防汛起,至九月中旬汛毕止,有警则听就近各营收领调用,其工食出自各场,随盐账银扣支。

嘉靖十八年(1539)闰七月初三日,发生狂潮,卷走两淮各场男妇老幼15479人,淹没亭池11720亩,灶房2195座,灶舍33373间。

万历三十六年(1608),草堰场所属灶民私垦荡地6666.67公顷,占全场荡地45%。

崇祯五年(1632)八月,洪水,田禾尽淹,老弱淹死者不计其数。

清

顺治三年(1646)十月十五日冬至未时,地震,屋宇皆簌簌有声。

顺治八年(1657)五月至六月,连雨20天,水深1米,禾苗尽淹。

顺治十五年(1658)四月四日至十六日,地震,连震5次,房屋动摇。

康熙七年(1668)六月十七日夜,山东郯城发生8.3级大地震,波及刘庄、白驹场署,房屋、仓库震塌。

康熙十七年(1678)夏秋,大旱,河中无水运盐,西团至草堰的河内筑坝多处,节节车水,分段运盐。草堰场西团地方,分筑北坝、南坝,车引海水运盐,经过多处坝址,运盐至丁溪及东台。开浚何垛河(旧名车儿埠河),长15千米。

康熙四十四年(1705)五月起,连续降雨至八月,平地水深数尺,房屋被淹,茬无收。

雍正二年(1724)七月十八、十九日,风雨海潮,摧倒白驹三闸,冲毁范公堤,两淮二十九场(除莞渎外),溺死男女49588人,其中泰属小海、草堰、丁溪、何垛等十场,淹死男女灶丁33435人,淮属白驹、刘庄、伍佑等六场淹死男女灶丁1445人。

雍正九年(1731)七月十六日,风潮突袭,冲决范公堤,淹没各场。十月,地震。

乾隆元年(1736),白驹场、刘庄场由两淮盐运司淮安分司改隶泰州分司。

是年,白驹场撤并于草堰场。草堰场新界东至沿河马路,西至串场河界,南至丁溪场北界,北至牛湾河接刘庄界。

乾隆七年(1742)夏、秋,淫雨,运河决堤,一昼夜直抵捍海堰,遍地水深数尺,漂没庐舍无数。

乾隆十二年(1747),春、夏河井俱竭。七月十四—十六日,飓风暴雨兼之秋潮大汛,大风拔树伤禾,沿海盐民多溺死。

乾隆十二—十三年(1747—1748),盐政吉庆在通泰各场修建避潮墩,两年筑233座,其中在今大丰境内各场筑避潮墩46座。

乾隆十九年(1754),禁止各场荡草出境贩卖,以保证煎盐草源。

乾隆十九年(1754)四、五月,大雨,运河决堤,西水东注。八月初二,海潮漫溢,田复被淹。

乾隆二十一年(1756)秋,大水,大疫,人畜死亡无数。

乾隆二十七年(1762),运司查明沿海11场私垦熟地42610.13公顷,大中境域私垦熟地约3333.33公顷。

乾隆三十三年(1768),泰州东北部置东台县,泰州分司所辖的栟茶、角斜、富安、安丰、梁垛、东台、何垛、丁溪、小海、草堰10场均在东台县境内(白驹、刘庄两场清初行政上属兴化县,盐务上属淮安分司)。

乾隆四十三年(1778),大水,秋粮颗粒无收。

嘉庆九年(1804)春,旱。秋,大水。七月初三、初四两天,飓风暴雨,海潮顶托,沿海荡地、禾苗、亭地、灶舍俱被水淹。

嘉庆十一年(1806)春夏,旱,麦子失收。六月,淮水猛涨,荷花塘决口,西水下注,境内灶地被淹。七月二十八—二十九日,东北大风,海潮漫溢,西水不泄,境内庐舍、灶屋多有坍塌。大疫。

嘉庆二十三年(1818),两淮盐运司泰州分司堪查草堰场阔港西部新淤沙荡1万多公顷,分配给11户盐商发展商亭。次年,又将阔港东岸新淤沙荡1万余公顷派给灶民101户发展灶亭,每户平均近10公顷。

道光六年(1826)六月,大雨,平地水深3米,舟船畅行。

道光十四年(1834),田鼠成灾,田禾无收。

道光二十八年(1848)六月,西水冲破内河堤坝,大片农田被淹。七月二十、二十一日连降暴雨,海潮上涌,境内禾苗、亭场悉数被淹,损失惨重。时有民谣一首:"道光道光,十年九荒,有水收麦,没水栽秧。"

咸丰元年(1851)八月初一,飓风暴雨,海潮溢,范公堤决。

咸丰三年(1853),地震。

咸丰六年(1856)五月—八月,大旱,飞蝗为灾。六月二十一日,飓风大作,潮涌三丈,卤水倒灌至兴化,人行不得。十月,水涸,旧谷大昂,人相食。冬,饿殍塞道。

同治五年(1866)秋,遇怪风暴雨,田亩被淹殆尽,人畜淹死无数。

同治十一年(1872),海水倒灌。六月十九日,地震。

光绪九年(1883),署运司徐文达在通泰两属各场修筑潮墩94座,其中有伍佑场5座、草堰场6座、丁溪场7座。

光绪十四年(1888),臬司张富年组织民夫挑浚八灶河。

光绪十九年(1893)五月九日,狂风卷茅屋,柴草飞天际,风经之处乡间皆夷为平地。各场灶因遭风灾、潮灾,减征折价钱粮。

光绪三十一年(1905),兵部尚书铁良奏准整顿场务,保全草荡。

光绪三十三年(1907),两淮盐运司派候补知府许景澄视察泰州各场盐业生产,许景澄对刘庄场盐业生产的结论是"灶民热心种植,对兴复盐产颇为冷淡"。这里土地多已脱盐,适宜于农业生产。

光绪三十四年(1908),东台县团练总局在丁溪、小海、西团、草堰、沈灶各设分局一处,负责站岗浚巡,捕捉盗贼和扑灭火灾。

宣统二年(1910),设立淮南盐政公所。

是年,草堰场产盐2万吨,居淮南各场之首。

宣统三年(1911)农历五月初九,地震。

是年十一月十三日,辛亥革命胜利,东台宣告光复,成立东台民政支部,公推杨葆寅任民政支部长。

中华民国

民国元年(1912)

东台县实行市、乡制。全县划为27个市、乡,境内煎盐场调整,刘庄场并入草堰场。

是年,东台县民政署颁布剪发除辫、禁止缠足、跑帖、禁烟(鸦片)等项施政文告。

民国2年(1913)

草堰场试办场警。

是年，东台县的丁、小、草(丁溪、小海、草堰)3场境内，进行丁草市、沈灶市、小海市、四团市市议会的选举，每市有议员40人左右。

民国3年(1914)

是年江苏省分为5道，东台县属淮扬道。

春夏，卤水倒灌。范公堤东90%的地区颗粒无收。

民国4年(1915)

6月，地震。

7月，大风拔树。霜降节后，桃、杏、梅各树皆现花，万民称奇。

民国5年(1916)

2月，地震。

民国7年(1918)

大丰盐垦股份有限公司成立，总公司初驻西团。民国9年(1920)，垦部始迁小港镇(今新丰镇)东南裕丰区中匡，盐部和总公司留守处仍驻西团。民国20年(1931)，大丰公司总公司撤离西团，移驻小港镇(今新丰镇)。

民国8年(1919)

大丰盐垦股份有限公司废灶兴垦开始，公司总经理王已劲招募滨海八滩等地民工近万人，筑海堤10901丈，堤高5尺，底宽4丈，工期一年，净耗大洋1万余元，并开挖东子午河。当年公司试种棉花4052.53公顷，总产籽棉162.99吨，亩产籽棉2.7千克，虽然产量很低，但开大丰植棉之先河，成为大丰近代农业发展史上一大创举。

民国10年(1921)

秋河塘水(西水、洪泽湖水)的大丰公司瑞丰区段破堤，受灾严重，大丰公司采取急救，放赈，发动灾民生产自救，区内农民度过灾荒。

民国11年(1922)

陈仪(时为浙江省主席)以120万元购地18000公顷创办裕华垦植股份有限公司，后因无力交足地价，退还元、吉、余3个区3333.33公顷，裕华公司实际面积为15133.33公顷。

是年，大丰盐垦公司大兴水利工程，盐民唯恐因此而断绝其靠烧盐维持生计的出路，在开挖一卯西河西段时，300多名灶民在乡老徐爱堂、张广和率领下，聚集暴动，后由盐民总代表吴鹤祥、吴凤高出面与公司谈判交涉，公司作出让步，一付大灶贴360千文，一付小灶贴240千文作为迁移补偿费，另每付灶置换盐田3.33公顷，两年内不打租，作为灶民择业之出路，矛盾纠纷得以解决。

民国12年(1923)

裕华垦植公司购日本国200匹马力原动机组1座，配戽水机2台，在二卯西河与中子午河交叉处的裕华小镇建扬水厂(这是大丰地区第一座机械排灌站)。

民国13年(1924)

裕华、大丰两公司投入民工2400人，合筑海堤9450米，耗资7.3万块大洋。

民国16年(1927)

大丰盐垦公司在阜丰区的西南匡划地13.33公顷始建大中集(意为大丰公司中心集镇,又俗称"南镇""卯西河",镇址设在今大新桥西北侧)。

5月,北阀军第一军二师刘崎、第十四军一师熊式辉追击孙传芳部,路过大中、新丰,受中小学生和各界人士欢迎。

民国17年(1928)

海水倒灌,境内受灾,大丰公司欠收,负债300万元。

9月,中共海门县委决定调垦牧区区委书记谢之屏到大中镇开展建党活动。

冬,疏浚七灶河。

是年,建立裕华乡。

是年,实业保安队一个班进驻大中镇,班长章荣山。

民国18年(1929)

春,李敬之在大中集开设历史上第一家私营药店——大生堂药店。

夏,成立淮南泰属东台、安丰、丁溪、草堰四场场警队。

是年,国民政府在大中镇设立镇公所,镇长吕佐荣。同年,镇公所筹资创办第一所公办小学——大中镇小学。

是年,大丰公司出资修筑新丰经大中集至西团22千米长的土面公路。新丰施顺才私家汽车由新丰经大中镇直达西团首次行驶。

是年,大丰、裕华两公司集资8500元,架设新丰、大中集、裕华、祥丰(今南阳)、西团之间的电话线路。

是年,国民党东台县政府将小海市、四团市、丁草市划为东台第九区。撤销市乡行政局,改为九个行政区,实行区、乡、闾、邻制,将大丰公司境域划为大中、新丰、南阳三镇。

是年,建立新团乡。

民国19年(1930)

3月,中共地下党在德丰区秘密集会,谢之屏介绍蔡国方(大中镇镇公所文书)、吕左荣(大中镇镇长)、杭国民(泰和木行职员)、黄宾娴(女,大中小学教师)入党,并成立党小组,选举谢之屏为组长。

10月,因海门县委遭敌破坏,大中镇党小组停止活动。

是年,大丰公司实业警察所改组为大丰垦区实业保安队,编为一个中队(3个排),谷振之任中队长,队部先设于新丰镇,后移驻裕丰,区下设两个小队,分驻新丰、大中两镇。

是年,大中集开办邮政代办所,隶属东台二等邮局,办理平信收寄业务。

民国20年(1931)

春,大丰盐垦公司轧花厂一台72马力的柴油发电机组投入营运(1938年4月,日军入侵后关停)。

农历八月初三,暴雨,淮水暴涨,涌入运河,运河开放南坝、新坝等缺口,洪水扫泻里下河地区,大丰区域圩堤被冲垮,淹死百姓无数。因大水特发,兴化及斗龙港以西群众为大丰公司圩堤阻水发生争执,近乎械斗。后经东台县政府出面,与大丰公司议定开挖800丈引河(二卯西河入海处)出水,争斗风波平息。

是年,大丰垦区实业保安队编入通、泰、海、启实业特务警察队第三大队,三大队设3个中队,有官兵 290 人。第一中队驻大丰公司和裕华公司；第二中队、第三中队分别驻泰和、华成公司。

是年，经国民党东台县政府批准设立大中集公安分局。

民国 21 年（1932）

春，大丰公司开办农垦训练班，培养科技专门人才，发展棉花生产，学制两年半，性质为半工半读，公司拨实习地 33.33 公顷。学校全称"南通学院农科附设农垦训练班"，校址设在裕丰区，校长张敬礼，主任朱警辞，有教师 4 名。所学课文为国文、数学和土、肥、植保等农业技术。

民国 22 年（1933）

5 月 23 日，裕华佃农代表蒋卫平等在上海新、申两报头版刊登《东台县裕华公司佃农 1000 余户泣告党政各机关、各团体书》，揭发公司更换承佃凭证，企图取消佃户佃权阴谋，吁请各界声援。

是年，大中集盛氏兄弟购小轮船一艘，此后不久，东台、南通两家轮船公司与大中镇正式通航。

是年，大生纱厂为收购大丰等盐垦公司的原棉，委托大生泰恒棉场在泰丰区中匡，建造一个小型飞机场，专门用作从上海、南通运送钞票至大中集收购棉花。

民国 23 年（1934）

年初，大生泰恒棉场将老街东侧划地 4 公顷辟为市基（即今新街），街道均为小砖铺设，宽 8 米，下水道设施完备，且在市中心二卯西河上建造大中镇城区第一座水泥结构的梁板桥，名"严华桥"（今大新桥）。

7 月 12 日，境内极端最高气温达 41.7℃。

是年，国民政府推行保甲制，大中镇划为 28 个保，后城区又增设 29、30 两保。裕华区域设 18 个保。新团区域设 14 个保。

是年，大中镇镇公所向商户、居民募集资金建房，购置消防器材，建立消防局（时称"水龙局"）。

民国 24 年（1935）

秋，朱丕成在大中镇开办私立大中小学（1938 年设初中班，1939 年，初中班划出，建立大众初级中学，为大中镇历史上第一所全日制初级中学）。

民国 25 年（1936）

秋，裕华公司职员陶叔彪等在裕华小街东北角建佛教居士林一所，入坛信者约 200 余人。

是年，大丰公司设立大丰义务教育实验区，有师资训练班 1 个、完全小学 3 所、初级小学 19 所。

是年，法国人班茂爵在裕华镇北首建天主教堂进行传教活动。

民国 26 年（1937）

春，国民党江苏省农民银行在大中集设办事处（大丰中学旧址）。

7 月，大中集设防空哨机构，筑瞭望台，蒋伯煊担任大中镇防空哨长（因此人倾向抗日，后被谷振之杀害）。

秋，大中集成立抗日后援会。大丰垦团代表、城镇各界人士于大中集召开联席会议，会上一致推选裕华公司经理孙静安、大中镇镇长张学诚任抗日后援会正副主任，后援会在大中地区进行抗日宣传，开展多种形式抗日活动，还募捐法币 600 元赠送给政府。

12 月，大中集进步青年朱有光（又名朱仁农）、张炎、宗秉之、汤学阶 4 人，步行赴延安寻求革命真理，后经八路军驻西安办事处介绍，到共产党在三原县办的"西北青年救国联合会战时青年短期训练班”学习40天。

是年，国民党在各县举办军训班，以乡为单位训练壮丁。大中集、刘庄、白驹、小海等集镇商人筹组自卫队。

民国27年（1938）

1月16日，境内极端最低气为温零下12.7℃。

1月，朱有光、张炎两人回丰，联络朱道生、张学敦、余明等人组成抗日同盟会（后改称抗日救国团），从事抗日救亡活动。

2月，为筹集抗日基金，根据国民党江苏省政府规定，各盐垦公司在收租时加收一成，作为救国公棉。后群众得知公司有人贪污佃农上缴的救国棉，无不义愤填膺，进行游行示威，于2月21日包围大丰总公司，公司董事会为息事宁人，被迫拿出6000元购买粮食，贷给贫困佃农，以解决其生活困难，方使风潮平息。

3月初，上海崇明纱厂在大中镇开设“万泰”花行。

3月，中国同盟会大中分会成立，会员有朱有光、张炎、朱国音（女）、马晓天、蔡国方、张学敦、朱道生、沈雪之、徐鸣、陈治等百余人，朱有光任分会会长。南通沦陷后不久，分会改名为青年救国团。

4月24—25日，日军自东台北犯，其东路窜扰小海、西团、大中集、新丰等镇。

5月，江苏省实业保安团指挥张镇带200余人从阜宁来大中集（镇）驻扎。

7月下旬，国民党三十三师部队进攻驻东台日军，激战1天。参加这次战斗的有驻大中集江苏省实业保安队总指挥部的军队，其部一士兵在战斗中牺牲，大中镇抗日青年救国团为牺牲士兵举行隆重的追悼大会。

10月，国民党江苏省政府主席韩德勤命张镇收编苏北沿海各盐垦公司保安队，在大中集设立江苏省实业保安指挥部。张镇任总指挥，在指挥部内设政训处、参谋处、军需处和情报室，下辖3个大队和海防团。其中第三大队驻大丰、裕华两公司，官兵300人。海防团驻泰和公司（今三龙镇）官兵约600人。

秋，成立大中税务所。

是年，南京国民政府中国棉业公司在大中镇设立东台办事处。

是年，江苏省实业保安指挥部指挥张镇迫使大丰公司划地3.33公顷（今城中菜市场处），供其建筑私人庄园，四面壕河已挖好，因新四军在黄桥决战中大胜，张镇见势不妙，未及建房（1941年，谷振之投敌后，在其基础上建成伪旅部）。

民国28年（1939）

春夏之交，大中集首发霍乱，迅即流行，为避免学校集体相互传染，大众中学于端午节前即放暑假。

7—8月间，大中集发生罢市抗税斗争，新丰、南阳、裕华增援罢市三天，取得胜利。

民国29年（1940）

10月13日，新四军二纵队六团三营进驻西团。14日，由向导张学敦带路，柴荣生参谋长率部队从西团进驻大中集，队伍行至南门受到集镇师生热烈欢迎。随后，大中地区教育界及商界各层人士聚集大众中学操场，召开隆重热烈的欢迎大会。

10月15日，建立东台县第九区民主政府。

是日，台北地区招兵，吸收国民党九区常备中队部分人员组建东台县第九区民主政府区队。

10月下旬，爱国人士黄亚诚、张学敦、陈崇武分别于南阳、大中集、白驹设立招兵站，招兵500

余人。

10月,苏北临时行政委员会主任管文蔚指派黄亚成收编东台县沿海各盐垦公司实业保安队,开始将保安队改编为苏北实业保安挺进团。翌年春,又改编为苏中行署警卫团,由黄亚成任团长,魏天禄兼政委,彭桂卿任副团长,马骥云任参谋长,何振声任政治处主任,谷振之任副官。

10月,东台县税务局大中集税务分局建立,林天国任分局局长。

11月,中共大中集党支部建立,朱道生任支部书记,徐学海、钱友康、周沈根、顾荫心、杨德成等为成员。

冬,成立台北农民自卫队。

12月20日至次年2月20日,为保证抗日民主根据地机关和部队的粮食供给,东台县全县开展征粮运动。第九区(台北地区)征得公粮60994千克,代金若干。

12月底,建立中共小海中心区委大中分区委(翌年5月,大中分区委改名为垦区区委,冯舜华任区委书记)。

秋,王维甫被汪伪政权委任为伪裕华镇镇长。

是年,各区、乡相继成立农民抗敌协会,简称农抗会,取代乡、保、甲制度。

民国30年(1941)

2月,新四军一师二旅参加泰州战斗后北上台北,旅部驻刘庄,旅长王必成,政治委员刘培善。二旅下辖第四团、第五团、第六团。第五团分驻大中、新丰、沈灶、西团等地区,团长迟义标。

3月,新团乡地区建立党小组,周刚任组长(7月,建立党支部,周刚任支部书记)。

5月,东台县抗日民主政府由东台三仓河迁驻大中集(7月,因日军占领东台县抗日民主政府,又移驻东台三仓河一带)。

5月,东台九区在大中、新丰、裕华、南阳四镇区域建立垦区办事处,后改称垦区区署。

5—6月,大中、裕华集镇建立青抗会、工抗会、妇抗会组织,各乡普遍建立农抗会。

7月21日,新四军一师一旅二团三营在西河口袭击日军,东台抗日民主政府从大中集撤退。下午5时,日军旦马大队大山中队入侵大中集,驻原河北农业银行仓库(今文峰商场东侧),伪军三十五师一二八团的一个营随日军同时进驻大中集。22日,日军派一个小队20余人、伪军70多人入驻裕华。

7月,为便于对敌斗争,中共决定在台北建立分县委。

8月上旬,苏北临时行政委员会实业保安挺进团谷振之部公开投敌,改为伪军第二集团军独立第一旅,谷振之任旅长,旅部驻大中镇。随后,伪东台县政府在大中镇设立第十区公所(始称维持会),委任王福高(大中集商人)为伪区长,管辖大中、新丰两地(直至1945年9月大中集光复)。

8月上旬,驻大中集日伪军偷袭居住在南阳镇的东台独立一大队,一大队教导员王灿等3人牺牲。

8月上旬,原新四军海防总队第一大队大队长谢汉臣投靠杨仲华,被委任为苏皖边区绥靖军独立第五旅旅长,旅部驻西团。西渣区常备中队长潘蓬、垦区常备中队长吴保才、大中集自卫队长李斌泰、东台独立团二营营长单天然等相继投敌。

8月13日,日伪军17000余人对两台地区实行大扫荡。

8月15日,新四军一师二旅(四团、六团)攻打裕华镇,击毙日军20余人,其中生俘日军7人,击溃伪军200人。

11月初,台北分县委决定建立台北游击营,下辖4个连,各区建立游击连。

11月,以二卯西河为界,将垦区划为垦南和垦北两个区,二卯河南为垦南区、河北为垦北区。

冬,新四军一部袭击谷振之在新丰西河口油坊,活捉谷振之的叔父,迫使谷承诺今后不再反共。

民国31年(1942)

1月,建立东台县保安科驻大中集武装执法队。

1月,日军南部襄吉旅团一个大队由刘庄移至大中镇。

1月,建立台北县游击营,营长唐金瑞,下辖4个连,有干部、战士200余人。

3月,谷振之所领伪军刘永安部进驻裕华重新构筑据点,新四军保卫江淮印钞厂的部队得知情报,当晚奔袭裕华敌人,毙敌1名,余敌仓皇逃回大中集,缴获大批物资。

春,开展兴学运动。为恢复根据地的学校教育,东台县政府决定将全县划为5个学区,垦区为第五学区。

3月,南灶乡恶霸地主周焕龙投靠谷振之,任三营营长。

5月,撤销台北分县委,成立中共台北县委。

5月,撤销垦南区和垦北区,重建垦区。

6月16日,中共兴化县堤东区区长陈崇武(又名陈远达)在布置征收夏季公粮中被叛徒魏抗东枪杀。

7月中旬,中共地下党在大中集、新丰镇散发数百份《中共中央关于纪念抗战5周年的声明》(传单系白报纸铅印),在两镇引起轰动。

8月,撤销台北行署,建立台北县政府。

10月,大中集轧花工人1000余人,在中共地下党组织领导下,开展抗缴轧花车牌照税斗争,斗争最后取得胜利。

民国32年(1943)

春,台北抗日根据地军民开展大生产运动。机关、团体、部队、学校实行精兵简政。

3月,兴化县堤东区划入台北县。

5月15—30日,日军南浦独立十二旅团及伪军4000余人在台北、东台两县实施"梳篦式"扫荡。新四军一师七团跳出敌人包围圈,向敌后方发起进攻,迫使其撤退。

5月24日,第一次七灶河伏击战,苏中军区特务团一部在七灶河伏击大中集开往刘庄的敌方汽艇,歼俘日军3名,伪军30余名,缴获机枪2挺,掷弹筒、烟幕弹40多枚,汽艇被烧坏。

7月22日,堤东区区委召开反伪化群众大会,开展武装抗抽丁、抗伪捐斗争并取得胜利。

9月,晋丰地区开办农业试验场,占地12.4公顷,创办肥皂厂,日产肥皂530块,高邮、兴化、东台等县派人前来学习制皂方法。

9月,霍乱大流行,仅大中集城区死于霍乱者100余人。

11月2日,裕华镇伪镇长王维甫带领大中集伪军下乡扫荡,垦区农抗会会长陈朝荣被伪军杀害(陈朝荣牺牲后被追认为革命烈士,并将裕华乡命名为朝荣乡,将裕华小学命名为朝荣小学)。

冬,伪军改编,撤销苏皖边区绥靖军,谷振之改任伪苏北行营江苏省实业保安队总队长。

是年,粮赋征收按田亩实行累进制。

民国33年(1944)

1月10日,苏中二分区司令员梅嘉生指挥分区特务团、东台独立团、台北独立团、兴化独立团、一师一团参加新丰围点打援战斗,俘伪军大队长刘永安等186人,毙伤敌110余人。

1月22日,台北全县掀起参军热潮,一周内200余人参加主力部队。

2月,全县开展节约运动。

春,垦区实行新乡制,废除旧的保甲制,由群众民主选举乡长、村长。

4 月 20 日，伪军谷振之部发动垦北大扫荡，在鼎裕等乡先后活埋、屠杀倪朝纲等 11 余人，奸淫妇女 60 余人，抢劫 1000 余家。

4 月 30 日，驻大中集日伪军一个大队扫荡垦南地区，杀害晋广乡财粮委员宋志岩，并绑架群众 140 余人。

5 月 19 日，第二次七灶河伏击战，台北独立团在团长彭寿生指挥下，于七灶河伏击由东台开往大中集的日伪轮船一艘，击毙伪军 22 名，生俘伪东台县长吕景颜、联络官甫和等 20 余人，缴获重要文件 2 包及轻机枪 1 挺、快慢机枪 6 支、“三八”步枪 21 支、子弹若干。

5 月 25 日，垦区召开村、保长会议，进行气节教育，会上割鸡沥血，宣誓要与敌伪的“屯垦”斗争到底。

6 月 16 日，台北县政府颁布《紧急治罪法》，宣布锄奸是抗日民主政府的公开法令。

6 月下旬，台北县在反屯垦斗争 10 天时间内动员群众 33503 人，小车 293 辆，拆房 1265 间，破路 243. 5 条，破坝 2 道，挖抗日沟 5 条，拆毁桥梁 15 座。

7 月 29 日，攻克西团战斗中，台北独立团在吴家桥阻击从大中集赶来增援攻打西团的日军一个小队和伪军一个中队。

8 月 16 日，大中集伪军谷振之部第三大队大队长周焕龙被下俊山等 4 名伪军刺死，并携带机枪 1 挺、步枪 3 支、子弹 1 箱投诚人民政府，受到台北县政府奖励。

9 月 21 日，新团乡指导员顾龙喜被出卖遇害，年仅 26 岁。

11 月 1 日，伪苏北“屯垦”总署撤销。

11 月 4 日，谷振之出动大批伪军，扫荡垦南地区，捕捉青年 247 人，烧毁民房 40 余家、100 多间，劫掠棉花 150 吨。

11—12 月，全县掀起大参军运动，台北地区参军 1010 人，《苏中报》以《空前壮举》一文作报导。

12 月 20 日，盘踞裕华的伪军到朝荣、晋广乡一带烧杀抢掠。24 日，裕华镇伪镇长王维甫在南阳镇被正法。

12 月，伪谷振之旅属大队，大队长叶步发带领 70 余人驻扎裕华镇，征民夫修筑 2 座碉堡。

民国 34 年（1945）

1 月 14 日，垦区农抗会会长仲文保因叛徒告密被害，就义于恒丰中北匡（今恒北村），为缅怀仲文保，政府将仲文保的家乡广丰乡改名为文保乡。

1 月 27 日，为逼退垦东坝头敌军，垦区区委书记部乃奋亲自指挥民兵在一夜之间，把裕华到东坝头敌伪的电线杆全部拔除。

3 月 21 日，第三次七灶河伏击战，毙敌 10 多名，活捉日军 1 名，缴获三八式步枪 6 支，钢盔 21 顶，新四军伤亡 10 多人。

3 月 27 日，垦区区委组织科长长张剑在执行任务时与伪军相遇，因寡不敌众，退至天北村，子弹打完后，引爆自身最后一颗手榴弹壮烈牺牲。

4 月，开展“红黑点”运动，垦区伪保长赵步安已满 30 个黑点，垦区除奸小分队于 6 月 9 日深入裕华镇，将赵逮捕并就地正法。

6 月 14 日，垦区民兵到大中集、裕华镇、东坝头三个据点锄奸，逮捕吴长广等人，并拆掉电线 6 千米，使敌通信中断。

8 月 15 日，日本宣布无条件投降。

8 月 19 日，驻台北境内日军全部向刘庄集结，20 日撤离。

9 月 13 日，苏中军区特务二团、四团和地方武装，在分区司令员张震东指挥下攻克大中集，全歼谷旅，击毙伪旅长谷振之部下 200 余人，生俘伪参谋长吴瑛及部下官兵 1500 余人。二团政治处主任殷德林在战斗中牺牲。

9月15日，苏中部队在大中集召开庆祝大会，庆祝大中集、新丰镇光复。会上，伪实业保安总队参谋长吴瑛、特工队队长赵英、三大队大队长叶步发被执行枪决（伪副总队长金汉臣在盐东县龙王庙被就地正法）。

9月中旬，建立苏中大中特区，管辖原垦区。叶梯青任特区工委书记，黄亚成任特区公署主任。大中特区归苏中区党委领导。

秋，大中特区公署接管私立大众中学，并命名为大中特区中学，黄亚成兼任校长。11月，改称台北县中学，县长吴明兼任校长。翌年年底，国民党军队占领县境后，台北县中学停办。

11月3日，苏中公学由兴化县沙沟迁驻大中镇，副校长夏征农，全校分六个大队，1500余名学员分驻同乐楼、张荣心粮行等地（次年4月19日，该校西迁宝应，与华中雪枫大学合并）。

11月，撤销大中特区，重建台北县。县委、县政府机关驻大中集。

12月20日，台北县召开临时参议会，县政府、县警卫团成立典礼在大中集隆重举行。全县划分为垦南区、垦北区、堤东区、小海区、西团区、滨海（川港）区、白驹区、草堰区。

民国35年（1946）

苏中部队在台北晋广地区进行军事屯垦，展开大生产运动，管文蔚、胡炳云、兴化独立团团长叶克守带2000余人在晋广地区垦荒133.33公顷。

1月26日，苏皖边区政府交通总局下令所属交通站，接管当地中华邮政机构，台北县于2月接管中华邮政大中集邮局。

1月，建立台北县人民医院。年底，国民党军北犯占领大中集，医院撤至福丰乡，旋即停办。

年初，台北县民主政权在大中镇建立江海、利民两家公营公司，负责棉花、土布收购，调剂粮食等主副产品，稳定市场，控制私商盘剥。

3月，县成立惩奸委员会，群众性除奸运动开始。

5月，撤销县属大中镇，建立大中区。大中区下辖大中镇（独立建制）、阜丰乡、德丰乡、泰丰乡、恒丰乡、和瑞乡。

春夏间，为纪念抗战阵亡将士，在街北首（原印刷厂门前，今大新路上）建烈士公墓和纪念塔。同年冬，国民党军占领大中集，墓、塔被摧毁。

6月，大中区在原大丰中学操场召开万人大会，枪决谷振之部大队长高炎、秘书李自凡。

7月22—25日，堤东区反革命分子束加国利用迷信蛊惑群众进行反革命暴动，区干部王保太、仲球被打伤，县总队和七纵队一个连会同区队对气焰嚣张的反动分子给予果断镇压，暴动得以平息。

8月5—24日，为响应“耕者有其田”的口号，全县轰轰烈烈地开展土地改革运动。

9月27日，全县掀起大参军运动。

11月5日，国民党飞机首次空袭台北县大中集。

11月26日，国民党八十三师北犯台北县的沈灶、丁溪、三渣、草堰、白驹、刘庄、西团、小海、新丰、大中镇，台北县进入战争状态。

11月28日，台北县委、县政府机关撤出大中集转移到草庙沿海一带，领导全县人民坚持敌后斗争。

12月15日，国民党军占领西团后窜至大中集修筑工事碉堡。当日，大中集傅伯宏武工队乘蒋军回西团空隙，迅速挺进街心，拆毁碉堡，烧毁被国民党军占据的公房和未运走的粮食，待赶到大中集时，武工队已安全转移。

12月22日，国民党军六十七师一零三团先后占领大中集（次年元月2日占领新丰镇）。

12月下旬，国民党军六十五师对台北县进行反复扫荡，西团、小海、沈灶等镇均被占领。

12 月，国民党军占领台北县后，建立自卫队、铁叉队、敲锣队。

民国 36 年（1947）

1 月 4 日，大中集国民党军下乡扫荡，台北县警卫团突袭敌军，毙敌 5 名，伤 3 名，截下被抢去的棉花 0.75 吨、鸡 30 只以及衣物等返还老百姓。

1 月 22 日，国民党军二十四师 4 个营兵力 800 人分驻大中、新丰、西河口、刘庄、白驹。

2 月下旬，垦北区委、区政府机关撤驻牛车桥。

3 月 2 日，国民党军从刘庄、大中集、新丰、便仓、伍佑等据点出动 2000 多人，分九路包围合击驻车滩口的堤东区公所，围团乡乡长陈书和、斗龙乡党支部书记杜龙方等 10 名党员干部牺牲，其余人员突围。

4 月 5 日，国民党二十一师由四十二集团军四师接防，其十一团、十二团 2200 人进驻大中集、新丰、西河口、白驹。

4 月 20 日，华东野战军三十一旅九十一团、九十二团和三十二旅九十四团、九十五团包围大中集、新丰镇、西河口 3 个敌据点，歼敌 1082 人，九十四团副团长易乃千在解放大中集战斗中光荣牺牲。

4 月 23 日，华东野战军第 11 纵队授予参加解放大中集、新丰镇战斗的九十一团第二营"人民先锋营"称号，授予九十二团二营四连司令员殷和生"特等功臣"称号。

5 月，大中镇解放后，集市恢复生机，全镇 292 家商铺，粮行、棉行、各类手工作坊陆续复业，街道重新建立党政组织，选举新街长，并组织工人纠察队维持秩序。

6 月，华中新华书店总店投资、施非同等人共同集资创办友文油米厂。

7 月，农村开展土改复查，城镇对地主工商业者进行清算斗争。

8 月 30 日，二十一纵队第三十一旅九十二团在大中集召开祝捷大会，庆祝叶挺（盐城）战役的胜利，庆祝九十二团被二十一纵队命名为叶挺部队。

8 月，在开展清算斗争中，实行"一切权力归农会"，农会替代行政机构。城区职工工会组织轧花工人 1300 余人向花商业主开展倒资斗争。

9 月 23 日，华东野战军第三十一旅组建一周年，为悼念革命战争中英勇牺牲的同志，旅部在大中集召开追悼会，副政委李毅宣读祭文。

9 月，大中镇城区二卯河南划为卯酉镇，二卯酉河北为大中镇。

是月，成立大中市，辖大中、卯酉、新丰三镇，侯南洲任市委书记兼市长。

11 月，撤销大中市，恢复大中区。

11 月，开展清除斗争，堤东区清算大小奸霸 660 人，枪毙罪大恶极者 10 人。

8—12 月，十二纵队参加叶挺城战役和盐南阻击战后在大中境内修整。

是年，大中区成立荣军协会，换发荣军证，为荣军检查伤口，发给休养员诊断书。

民国 37 年（1948）

1 月 9—31 日，国民党军集结 10 个团兵力约 13000 余人，对台北县实施 22 天的"无人区"大扫荡。杀害群众 31 人，打伤 8 人，烧毁房屋 1358 间，抢去大米、杂粮 125 万余千克，棉花 16.5 万余千克，生猪 1100 余头，大中集、西团两镇除老弱病残者外，均被劫持至东台城。

3 月 30 日，大中镇重新建立商联会，下设花粮行、南货行、青货行、油糖坊、理发浴室 5 个商会组织。

3 月，卯酉镇、大中镇合并，重新组建大中镇。

5 月 16 日，国民党军 8 个团"扫荡"两台（东台、台北）地区。二十五师一零八旅驻小海、大中镇、裕华镇，四师五十九旅驻西团、刘庄、大团。23 日，国民党军 108 旅西渡斗龙港。这次"扫荡"，台北县

38人被杀害,71人被打伤,逮捕群众889人,烧毁房屋356间。在反扫荡中,县地方武装毙敌5人,俘24人,缴步枪4支。

春,为纪念全县抗日战争、解放战争期间牺牲的革命烈士,在大中集镇北被国民党军队毁掉的原烈士墓址重建烈士公墓。

夏,华中利丰公司迁至大中集,经理陈松涛。公司下设粮部、棉部,并在新丰、南阳设收粮处,主营棉花、纱布、粮食。东台解放后,利丰公司迁入东台城。

9月1日,大中镇召开城镇居民大会,500余人参加,宣传政府保护工商业的相关政策,将浮财中尚存的1.165千克金、6千克银及2.5吨杂粮全部拿出来补偿工商业。

9月,县文教科在裕华镇天主教堂举办台北中学先修班。招收学生50多人,负责人李蜀之。(1949年春节后,该班迁到大中集,台北中学正式恢复)

秋冬间,县委、县政府机关从西团练家墩子搬回大中集办公。随后,华中银行办事处、江海公司、新华书店等也迁至大中集正式营业。

冬,成立大中镇总工会工作委员会。

冬,建立华中新华书店台北支店。

冬,台北县政府在大中集创办贫民合作社。

民国38年(1949)

1月5日,大中集邮局开业。大中镇首次对外办理邮政和报刊发行业务。

1月,台北县建立民兵总队,县长沈堃兼总队长。

3月,苏北行政公署在大中集兴办苏北棉产加工厂(原大中轧花厂前身)。次年建成投产,成为县内第一家国营工业企业。

4月,县委书记王家扬带领129名区、乡干部随军渡江到苏南支前。全县5万余人投入支前工作。

4月29日至5月4日,县城隆重召开庆祝南京解放大会,城镇居民举行提灯晚会庆祝。

4月下旬,大中镇团支部建立,有团员21人。

5月,大中地区医药协会成立。

6月,上海商人倪不畏募集股东,集资6万元在大中镇创办私营裕民轧花碾米电气厂。

6月27日至7月4日,境内暴雨成灾。8天下了三场大雨,降雨量333.33毫米,垦北区棉田被淹94%,大中区被淹90%以上,垦南区被淹80%以上。

9月,建立中国人民银行大中集办事处(1950年2月,改称台北县支行)。

9月,台北县司法科改建为台北县人民法院。

中华人民共和国

1949年

10月1日,中华人民共和国成立。

10月2—6日,县城大中集及全县各地举行盛大集会。6日,中秋节,大中集及全县各集镇举行提灯晚会,庆祝中华人民共和国成立。

11月中旬,苏北行署棉垦局迁址大中集。

1950 年

春,全县结束土改,颁发土地执照,确定产权。

春,苏北内河轮船公司南通营业处开辟南通至大中集客运航线 210 千米,每日两地对开。

春,大中区建立生产推进社,进行贷款发放工作。

春,大中镇建立第一个农业生产互助组——阜丰乡西中匡姜玉林互助组。

6 月 4 日,开展和平签名运动,至 10 月 1 日,全县签名人数达 152614 人,其中垦南区 14502 人。

7—8 月,台北县政府文教科在大中小学举办小学教师暑期文研会,参加学习人员近 200 人。

11 月,开展镇压反革命运动,流窜在外的谷振之部朱养怀、王福山,特务明洪俊,还乡团团长吴保才等陆续归案并被枪决。

是年,组织开展生产救灾和爱国丰产运动。

是年,裕华农民集股创办河南晋广供销社,主任吴九翠。

是年,建立台北县卫生院(今市人民医院前身),地址在大中集河南新街 39 号。

是年,美帝国主义发动侵略朝鲜战争,12 月,全县开展“损献飞机大炮”运动。

是年,大中集筹建电信营业所,办理国内电信、电报业务。

1951 年

1 月 16 日,台北县百货公司正式开门营业。

3 月 20 日,大中镇供销合作社成立。

同日,全面推行婚姻登记工作。

4 月,裕民轧花厂向台北县委、县政府以及大中集街道供应照明用电。

春,扩浚新团河。

春,建立并开通县城大中集至刘庄简易公路,全长 18 千米,成为县城通往县外的第一条陆地交通线。

8 月 1 日,台北县改名为大丰县。

9 月 1 日,台北县邮电局与大中电信营业所合并,建立大中集邮电局(1953 年改称大丰县邮电局)。

是年,镇压反革命运动中,新团区域的周晋瑚、黄昌焕、王福仁、刘恒斋、王兴帮、周旭珍等 31 人被处决,另判刑 15 人,管制 28 人。

1952 年

1 月 12 日,大丰县第一届劳模代表大会召开,会上奖励宋金荣(今利民村人)互助组喷雾器一台,大锹、铁鎝各 1 把;姜玉林(今阜丰村人)丰产户滴滴涕(农药)、硫磺粉各 5 千克,铁鎝 1 把;管天红互助组耕牛 1 头。

春,南通至大中集客运汽车通车。

10 月,大中镇联合诊所成立,有医务人员 6 人。

12 月 1—2 日,发生严重寒流天气,气温达摄氏零下 12°左右,境内豆麦全部冻光,灾后补种,翌年夏熟严重减产。

是年,私营裕民轧花厂开始供应城区居民照明用电。

是年,上海商人叶广宗、庄斯恪、魏秉钧合伙开办私营大中印刷厂。

是年,大中镇爱国卫生运动委员会发动群众,开展大规模的大扫除运动,并普遍开展卫生防疫接种工作。

是年，苏北扬州汽车公司在大中集设立代办站，开展大中地区旅客运输业务。

是年，苏北电影工作队79小分队来大中镇放映第一场电影。

是年，中国人民银行大丰支行在泰丰乡西南村建立全县第一个信用合作互助组。

是年，大中镇建立户口出生、死亡、迁入、迁出申报制度，编制门牌号码。

是年，裕华区域的两个供销合作社合并成立裕华供销合作社。

是年，裕华乡五星村陶德荣互助组出席江苏省劳模大会，获得奖金30元。

是年，中国人民解放军二六二九雷达部队进驻大中集东北郊（今阜丰村），构筑雷达设施。

1953年

1月5日，大丰县在大中区和瑞乡进行贯彻《中华人民共和国婚姻法》试点。

1月13日，县委报请省委批准以姜玉林、管春红、沈继年、沈继仁4个互助组联合试办农业生产合作社，即阜丰乡第一农业生产合作社，这是全县第一个初级农业生产合作社。

5月15日，县委召开扩大会议，部署基层普选工作。27日，县委派出普选工作组到泰丰乡进行普选试点。

6月，成立大中镇人民调解委员会。

7月，对享有公费医疗待遇的人员发放公费治疗证，可凭证至指定医院就诊，大中镇开始实行公费医疗制度。

8月，姜玉林、陶德荣等从华东农科所引进光叶苕子种10千克，在陶德荣互助组试种并获得成功。

9月，大中小学改为大丰县实验小学。

11月，国家对粮油实行统购统销，大丰县城及集镇按户发放购粮证（每月一定），实行计划供应。农村按互助组或行政组编造计划，凭证供应。

冬，全县组织4000民工全线疏浚一卯酉河、二卯酉河，完成土方15.48万立方米。

是年，开展全国第一次人口普查。

是年，秋旱，入冬遭寒流袭击，全境三麦二豆大面积冻死。

1954年

2月5日，大中镇进行第一次普选。

2月上旬，县委确定试办农业生产合作社先行点，大中区泰丰乡西南村（今泰西村）为产棉区农业生产合作社先行点。

春，全县组织4788人疏浚二卯酉河，3月26日竣工，完成土方15.35万立方米。

6月15日，撤销大中区，二卯酉河南地区恢复为垦南区，河北地区恢复为垦北区，大中镇改为县直属镇。

9月15日，全县实行棉花、棉布统购统销，居民购买纺织品凭布票购买。

12月，私营裕民轧花碾米电气厂实行公私合营。

是年，新团乡第四村搞试点，成立堤东区第一个初级农业生产合作社。

1955年

3月，大丰县在大中镇进行资本主义工商业社会主义改造试点。

5月，集资兴建大中人民剧场，置长座椅240张，可容纳观众960人。1956年易名为大丰县人民剧场。

6月，工商业进行换证登记。

7月25日,大丰县首次在大中镇、垦北区使用飞机治虫,防治9333.33公顷次,中国农科院江苏分院植保专家曹赤阳亲临指导。

10月1日,按省颁布的标准,城镇居民实行粮油常年定量供应,统一使用全国通用粮票和地方粮票、油票。

10月10日,成立大中木竹缝纫生产合作社,这是新中国成立后大丰县第一家手工业生产合作社。

秋,开挖东竖河,南起新团河,北止八灶河,全长7000米,投入民工1300人,完成土方105万立方米。

年底,大丰县第一个高级农业生产合作社——大道高级农业生产合作社成立。

是年,社会鳏寡孤独老人由所在社队提供"五保"(保吃、保穿、保住、保医、保葬)。

是年,通过防疫接种工作,大中地区天花绝迹。

1956年

1月,全县开展肃反运动,至1957年9月结束。

1月,私营大中印刷社与教工印刷社合并,建立公私合营大中印刷社,同年12月23日改为地方国营大中印刷厂。

2月,全县城乡掀起手工业合作化热潮,大中镇区域将修理自行车、白铁铺、铜匠铺等组织成立修配合作社,把皮匠铺、缝纫铺组织成立鞋帽生产合作社。是月,分别成立裕华、大道农具社。

3月,垦北、垦南两区合并为大中区。

7月,公私合营企业进行清产核资、发放定息、盈利分配工作。

夏,大道高级社安装磁石式电话机一部,这是全县农村安装的第一部电话。

8月,大中镇(城区)在老街、新民街(今大刘路段)开展第一次节制生育工作试点。

10月,建立大中乡,重建裕华乡。

秋,大中镇区域建造第一座涵闸——跃进闸(新跃河上)。

11月,全镇开展扫除文盲运动,区、社两级成立扫盲协会,选配扫盲教师,组织扫盲班,开展常年和季节性相结合的扫盲工作。

是年,开展肃反运动,大中乡(含大中镇)查出反革命重大嫌疑人9名。

是年,三六三九部队在大中镇东郊(今阜南村境内农垦第三纺厂处)建筑营房,并驻扎至1965年3月与六三五六部队换防,调往响水陈家港。

是年,江苏省公安二团(内卫三十六团)驻扎大丰县城原公安局县中队后侧,同年调离。

1957年

1月6日,大中镇开放自由市场。

1月16日,大中镇原9条街9个居委会,合并为老街、新街、大华、大新、水上5个居民委员会。

1月,城区及县直单位开展反右运动。

2月24日—3月5日,在全县对年满18周岁的公民发放兵役证。

5月,重建新团乡,乡机关驻新团庄(今新团小街)。

6月,全境开展扫盲运动。

11月2日,县级机关、学校、工厂、企事业、工商业以及区、乡镇开展整风运动,后转入反右斗争。

1958年

1月2日,开挖大丰干河。

3月7日，大中镇街道创办大丰县拉丝五金厂，后改称飞轮厂（今大丰市森威集团）。

3月18日，大中镇向盐城地区各兄弟县镇发出“开展社会主义劳动竞赛”倡议书。

4月13日，大中镇召开第三届人民代表大会。

4月17日，原新团乡区域遭冰雹袭击，灾情严重。

春，大丰县首次引进湖桑，在大中、新丰等地开辟桑园，发展养蚕业。

7月，全镇大办工厂，掀起大炼钢铁运动。

是月，国家在大中、新丰两乡进行第三次飞机喷药治虫。

8月，成立新团乡供销社、农具社。

9月6日，《新华日报》以《东海边上的一个“四无镇”》为题，详细报道大中镇开展除害灭虫活动。

9月22日，大中镇和大中乡、新丰乡、裕华乡、南阳乡5个乡镇合并成立大道人民公社，社址设今大中镇政府南楼楼址处。同月，龙堤乡、新团乡合并，成立新团卫国人民公社，公社机关设在新团庄（今新团小街）。

9月，大中集至裕华、新丰铺设碎砖路面。

10月，大道公社创办敬老院。

12月，大中镇阜南大队划地55公顷建立大丰县果园场，隶县人民政府。1962年11月划属大中镇。

12月，大道公社召开第一届党员代表大会，选举郁建民为党委第一书记。

是年，在今人民桥北东侧约5米处，靠二卯西河边开凿第一口水井，初为人工汲水，后改用水泵抽水，供市民用水。

是年，创办新团水产养殖场。

是年，裕华铁、木、竹生产合作社改名裕华农具厂。

是年，裕华公社五星大队繁殖苕子（绿肥）种，引起省领导关注，省委书记刘顺元、书记处书记陈光和省长惠浴宇先后来大丰，参观五星大队种植的苕子，并奖给五星大队“跃进”牌卡车一辆，鼓励扩大种植，加快繁殖，迅速向全县推广。

是年，农村大办食堂，吃饭不要钱。“共产风”波及全镇。

是年，驻丰三六三九部队在县城东南大中镇泰丰村修建射击场，和民兵合用，权属三六三九部队，部队撤离后，交县人武部管理使用。

1959年

3月24—31日，大丰县召开四级干部大会，学习贯彻中央第二次郑州会议关于整顿和建设人民公社的“统一领导、队为基础、分级管理、权力下放；三级核算、各计盈亏；分配计划、由社决定；适当积累、合理调剂；物资劳动、等价交换；按劳分配、承认差别”的方针。

3月，新团卫国人民公社划八灶河以南并组建新团人民公社，划出八灶河北，组建龙堤人民公社，裕华大队从大道人民公社划出，建立裕华人民公社。

5月，中共江苏省委书记处书记陈光来大丰视察农业中学，对五星、裕华两所农中给予高度评价。

6月，大丰县委农工部根据大道公社超产大队试点经验，在全县农村推行按户包工，按wan（音“湾”）计酬的生产责任制。

10月1日，全国欢庆建国十周年，县城举行万人庆祝大会，会后进行了庆祝游行。

是日，新中国成立十周年大庆时，裕华公社鼎丰农中副教导主任瞿友章应邀参加首都国庆观礼，受到毛主席接见。

11月，大丰县委组织部在大道公社进行整党、整社试点，纠正“一平二调”共产风。

11月，裕华农中被评为盐城专区的红旗农中。

1960 年

2 月，大中地区对出租私房户进行社会主义改造，凡出租私房 3 间以上者，由国家接管经租，给房主以一定租金。

是月，大道公社红花大队被树立为全县“小太仓”样板。

是月，全境开展以“反右倾”为中心的整社、整厂、整店和大办“百厂”运动。

4 月，中共盐城地委与大丰县委联合派出工作组在大道公社搞“所有制过渡”试点，改基本队有制为基本社有制，劳动力与生产资料均由公社统一调配，年终分配也由公社统一核算。

是月，优秀民兵代表季希林（大中镇和瑞村人）赴京出席全国民兵代表大会，并在怀仁堂参加中央军委举行的授枪仪式，授予季希林五六式半自动步枪 1 支、子弹 100 发以及奖状、奖品。

是月，盐城专区绿肥现场会在大丰召开，与会 100 多人参观了裕华公社五星大队的苕子田。

5 月 14—15 日，省委第一书记江渭清来丰视察，到裕华公社五星大队了解苕子的生长、管理情况。

7 月，大中地区建成 35 千伏变电所 1 座，用电改由盐城发电厂供给。

9 月 4 日，新团、裕华、大道等公社部分地区遭受龙卷风袭击，全县死 5 人，伤 383 人，倒塌房屋 13869 间。

9 月，根据工业“八字”方针，工厂进行关、停、并、转。

11 月 23 日，大中分社召开首届党员代表大会，选举沈志祥为党委书记。

11 月，大中镇大队从大道人民公社划出，成立大道人民公社大中分社，受县和大道人民公社双重领导。

12 月，大道公社召开第四次党员代表大会，选举郁建民为党委第一书记。

是年，超产 5 队、红花 6 队、新民 7 队划出，组建蔬菜队。

是年，全镇开展“三反”运动。

是年，城镇居民口粮供应由原每月 12 千克降到 11 千克，机关工作人员由 14 千克降到 12 千克，食油人均从原 200 克降到 100 克，学生粮油标准（粮 16 千克，油 200 克）不变。1963 年起相继恢复到原标准。

1961 年

4 月 2 日下午 4 时左右，裕华公社宝塔大队第五生产队居民沈祥许小孩在灶门口玩火引起火灾。烧毁房屋 15 间，倒塌 7 间，集体食堂损失粮食 3000 千克，其中大米 2000 千克、玉米 1000 千克，个体损失粮食 500 千克，现金 2000 元，涉及 11 户 42 人受灾。

4 月 20 日，大丰县委在大道公社搞贯彻《农业六十条》试点，县委、县政府领导徐植、董曙亲自蹲点主持。

5 月 3 日下午，新团区域遭龙卷风袭击，963 户受灾，倒塌房屋 1281 间，损失秧苗 108.07 公顷、三麦二豆 133.8 公顷、春玉米 9.07 公顷。

8 月，裕华粮棉油加工厂投产，拥有 2 台小钢磨、6 台土榨油机和 2 台锯齿车等设备，占地 60 公顷，其中房屋面积 500 平方米。

9 月 7—9 日，新团公社召开第四届人民代表大会，选举董金海为社长。

9 月 10 日，大道公社召开第四届人民代表大会，选举严志成为社长。

11 月，大道公社超产、红花大队派代表赴京出席全国农业会议，并在会上作棉花高产和良种繁育经验介绍。

是年，创办裕华粮化厂。

是年，开展精减职工和减少城镇人口工作。全镇精简下放职工 100 余人。

1962 年

1 月 24 日,全县农村人民公社在生产大队建立党支部、生产队建立党小组,生产大队组成管理委员会,并设团支部、妇女委员会和普通民兵营。

3 月 31 日,大道公社召开第五次党代会,选举郁建民为党委书记。

4 月 5—9 日,新团人民公社召开第三次党代会,徐亚康续任公社党委书记。

4 月 10 日,撤销大中分社,成立大中镇人民公社,直属县政府领导,下辖 10 个居委会和一个蔬菜大队。

4 月 13 日,大中镇召开第二次党代会,选举沈志祥为党委书记。

4 月,全镇农村全面推行粮棉间作的耕作制度。

7 月 14 日晚 7 时 30 分,大中轧花厂皮棉仓库遭雷击引起火灾,造成直接经济损失 21.2 万元。

8 月 25 日晚 8 时许,裕华公社海丰大队第三生产队仓库发生火灾,5 间仓库全部被烧毁,库存 2400 多千克种粮、900 多千克绿肥种子及其他物资全部化为灰烬,损失惨重。

12 月,大中镇组织 2400 人疏浚生产河,完成土方 13.64 万立方米。

12 月,全县动员 4238 人疏浚西自斗龙港、东至东坝头的二卯酉河,长 15.4 千米,完成土方 25.43 万立方米。

是年,成立大中镇手工业生产联社。

是年,红花大队派代表赴京参加全国农业工作会议并作经验介绍。

1963 年

3 月,全县开展"五反"运动(反对贪污盗窃、反对投机倒把、反对铺张浪费、反对分散主义、反对官僚主义),老街居委会成为社会主义教育运动试点。

3 月 11 日,裕华闸动工兴建。

3 月 16 日,境内开征集市交易税。

3 月,响应毛主席"向雷锋同志学习"号召,全镇掀起学习雷锋事迹的热潮。

4 月,全镇推广玉米种植夏改春,替代麦后种植玉米。

7 月 12 日,德西闸动工兴建。

7 月 22 日,大中镇召开第五届人民代表大会。

8 月,大丰县委在大道公社阜丰、阜南、阜北三个大队进行社会主义教育运动(简称"四清"运动)试点,11 月结束。大队建立贫下中农协会组织。

10 月 7 日,小股蒋帮武装特务从射阳沿海偷渡登陆,大道、裕华公社干群协同驻军迅速进入战备状态。10 日,10 名偷渡特务在射阳境内被擒获。

11 月 19 日,展开农村面上"四清"运动,县委派 98 人的工作组进驻大道公社、大中镇公社,县委副书记陈立才任队长;派 97 人进驻新团公社,县委常委农工部长羊毅任队长。

1964 年

1 月 10 日,大道公社召开第五届人民代表大会,选举单宏江为社长。

1 月 15 日,新团公社召开第五届人民代表大会,选举董金海为社长。

3 月,大道公社召开首届贫下中农代表大会,选举许安山为贫下中农委员会主任。1965 年改称贫下中农协会,简称"贫协"。

是月,大道公社全社工业系统掀起"工业学大庆"的热潮。在红花大队油坊的基础上,成立大道公社粮油加工厂。1983 年变更为大中镇第二粮油加工厂。

是月，全县上下掀起学习毛主席著作“老三篇”（即《为人民服务》《愚公移山》《纪念白求恩》）的热潮，在林彪“走捷径”“背警句”“立竿见影”等极“左”思潮的影响下，学习毛主席著作出现形式主义的偏向。

4月底，学习推广浙江慈溪县植棉经验，改棉花种植等行为宽窄行。

6月，大中镇开始动员城镇知识青年、居民下乡插队劳动。

7月，公社实行“二八”制领导方法，即10天内有2天留机关处理日常事务，8天深入基层，开展与群众面对面工作。

是月，进行全国第二次人口普查。

12月，盐城地委社教工作队进驻大中镇，自此，“四清”运动在大中镇全面展开。1966年6月初全部结束。

1965 年

3月，大道公社成为“学启东”样板公社试点“正点”，新团、裕华公社为样板试点的“副点”。19日新团、裕华两社组织社队干部赴启东参观学习。

5月初，大丰县第二次“四清”运动开始，裕华公社为先行点，于9月底结束。新团公社9月初开始。

5月，大道公社在全县首购10台手扶拖拉机，部分农田开始进行机械化作业。

6月中旬，成立大中镇贫下中农协会，选举王振邦为主席。

6月23日，县直机关和大中镇组织千人游泳活动。

6月29日，大道公社召开第六次党代会，选举郁建民为党委书记。

6月，为创高产经验，带动大面积增产，县委决定以大道公社的超产大队、大新大队，裕华公社的五星大队，新团公社的新团大队作为样板大队。

7月11日，大丰县委农工部改为农村政治处，各公社成立政治处，大队设政治指导员，生产队设政治队长。

7月，撤销大中镇人民公社，建立大中镇人民委员会。

8月5日，大中镇召开第三次党代会，选举徐泽民为党委书记。

8月19—22日，大中镇、大道公社遭受第13号台风正面袭击，最大风力11级，总降雨量820毫米，80%的农田被淹，倒塌房屋57间，死2人。

10月，全国粮食征购实行“一定三年不变”，翌年8月改为“一定五年不变”。

11月，全镇普遍开展“学习王杰”活动。

1966 年

1月1日，县办集体商业“三权”下放，统一由大中镇人民政府领导。

1月，全县开展以防治传染病为中心的爱国卫生运动，着重抓城乡环境卫生。

2月，大道公社划出二卯西河以北地区，建立大兴人民公社（1981年12月易名为阜丰人民公社）。裕华人民公社的黎明大队（今利民村）划入大道人民公社。

是月，全镇（社）在干部中掀起学习焦裕禄的热潮。

是月，裕华人民公社更名为五星人民公社。

3月1日，大中镇召开第六届人民代表大会，选举唐国政为镇长。

3月8日，大兴公社召开第一届人民代表大会，选举仓海为社长。

3月10日，中共盐城地委分配来自启东、海门的8位干部到大丰支持棉花种植，其中朱士高、王仲明、黄兴家3人被安排在大道公社任职。

3 月 12 日,大道公社召开第七次党代会,选举朱士高为党委书记。

3 月 13 日,大兴公社召开第一次党代会,选举高步桂(女)为党委书记。同日,大道公社召开第六届人民代表大会,选举史长美为社长。

4 月 3—4 日,新团人民公社召开第四次党代会,选举高明德为公社党委书记。

4 月,县城二卯酉河的南岸东方红桥(今人民桥)东侧打出大丰第一口深水井,深 142 米,每小时出水 80 吨,同时建塔供水。

6 月 4 日,全县相继召开各行业职工和居民参加的"向反党反社会主义分子"邓拓之流开火的批判大会。自此"无产阶级文化大革命"运动开始。

6 月 6 日,大丰县直机关和大中镇召开声讨邓拓大会,700 余人参加会议,县委副书记金一平作报告,17 位工、农、兵代表在大会上发言。

6 月,县城机关干部、工人、学生和居民开展批判《三家村札记》《燕山夜话》《海瑞罢官》运动。

是月,县手工业联社所属的大中鞋帽厂、服装厂、文化厂、修配社等 4 家企业权力下放,属大中镇人民委员会领导和管理。

9 月,掀起破"四旧"(旧思想、旧文化、旧风俗、旧习惯)高潮,红卫兵走街串巷,砸碎旧招牌,县锡剧团古装戏服、图书馆珍藏的万余图书均被付之一炬。

秋,新团公社投入 1800 个民工,对翻身河实施拓宽撩浅,挖土 24.95 万立方米。

10 月初,大中镇大道、大兴、裕华、新团公社所属中小学选派师生代表赴北京接受毛主席检阅。

11 月 19 日下午,县直机关、大中镇干部、居民数千人在街两旁欢迎从北京受毛主席检阅归来的 300 余名师生代表。

12 月 11 日,大丰县锡剧团"反修战斗队"贴出全县第一张"炮轰大丰县委、火烧薛太和"的公开信。自此,各造反派组织纷纷揪斗"走资派"。

12 月 19 日,大丰县农村"文化大革命"办公室成立,"文化大革命"运动迅速延伸到基层农村。

1967 年

1 月,县委、县人委被县直机关造反派(炮联)夺权,嗣后,农村公社、大队及机关事业单位亦被造反派夺权。

3 月,公社、镇成立人武部生产办公室,实行人武生产"一条线"领导。

是月,大丰县人武生产办公室派毛泽东思想宣传队进驻各公社(镇)。

4 月 4 日,县人武生产办公室在大中和新丰召开万人大会(简称"四四"大会),会上拘留了 10 名群众组织成员(大中 6 人、新丰 4 人)。从此,大中镇造反派组织分成对立的两大派,一派称"炮打资产阶级司令部联络部"(简称"炮联"),一派称"革命造反派联合司令部"(简称"革联")。

5 月,公社(镇)党政机关受到造反派冲击,陷于瘫痪状态。

5 月 20—23 日,盐城专区治虫防毒现场会在大丰召开。会议期间,与会人员参观阜丰大队现场。

7 月,大丰两大派群众组织把矛头指向军队,分别冲击县人武部和驻丰六三五六部队。此后,"武斗"日益加剧,城镇大部分工厂停工停产。

8 月 3 日,淮南第二纱厂两派组织发生摩擦,发动围攻水塔的"八三"事件。

9 月 29 日—10 月 14 日,大中和新丰两镇造反组织之间接连发生大小武斗事件 8 起。

12 月 17 日,县人民医院的造反组织"红医兵"和红卫兵对立情绪严重,致使医院关门停诊 47 天。

是年,农村推行"大寨式"管理。

1968 年

4 月 20 日,"炮联""革联"两大红卫兵造反派组织实行大联合。

5月,全县各公社相继成立革命委员会。

7月,开展“清理阶级队伍”运动,运动期间建立“文攻武卫指挥部”。城区被揪斗的对象达247人,其中立案审查的有150余人。搬运站站长张学荣自杀身亡。

8月,大丰县在大道公社新民大队开展农村合作医疗试点,12月召开现场会,向全县推广。翌年5月,公社、大队、生产队全部建立三级医疗卫生网。公社有卫生院,大队有保健站(即卫生室,人员时称“赤脚医生”),生产队有不脱产卫生员。

8月,大道公社创办砖瓦厂(厂址在原新民村三组和十组),占地8公顷。

8—9月,新团公社先后接受苏州、无锡、上海等地上山下乡知识青年195人、下放干部412人、下放职工居民321人插队务农。裕华、大道、大兴、大中镇接受2288人插队劳动,其中城市知识青年728人、下放干部916人、下放职工居民644人。

10月,新团机制砖瓦厂在北灶村创办,1976年迁址光明村。

冬,扩浚二卯西河老斗龙港至大丰干河段。

是年,实验小学、镇中心小学及部分大队小学相继“戴帽”,改为七年一贯制(五年级直接升入初中)。

1969年

1月22日,县成立上山下乡领导小组,并设立办公室,具体负责机关干部、职工、城镇居民、知识青年的下放安置工作。大中镇(城区)至翌年春下放干部、职工、居民、知识青年共计236户、615人。

1月中旬—2月上旬,大丰县革命委员会举办“农业学大寨”毛泽东思想学习班,分别在潘丿公社方向大队、大道公社利民大队举办。

4月,老斗龙河上的大丰桥建成通车,该桥的建成结束了刘裕线摆渡的历史。

9月,新团公社开挖胜利河,投入民工2400人,投资4.5万元,全长9750米,口宽28米,底宽8米,挖土43.9万立方米。

12月22日,县城12000余人隆重集会,纪念毛主席“知识青年到农村去”指示发表一周年。

1970年

1月25日,大丰县武装民兵独立团成立,大道、大兴、新团、新丰4个公社被编为第二营。

2月,黄海公路铺筑碎砖路面83千米。

3月,开展“一打三反”运动,县“毛泽东思想宣传队”“军宣队”分别进驻大中镇及大道、大兴、五星、新团公社。

春,推行中小学教育“九年一贯制”,改为春季招生。

5月,五星天主教堂被拆除,筹建磷肥厂。

6月9日,大道公社召开第八次党代会,选举宋一强为党委书记。

6月18日,大兴公社召开第二次党代会,选举俞文达为党委书记。

7月15日,新团公社召开第五次党代会,选举蔡荣浩为党委书记。

9月4日,大中镇召开第五次党代会,选举李万春为党委书记。

10月,新团公社开挖反修河,东起斗龙港,西止七灶河,全长8261米,投入民工2500人,挖土55.17万立方米。

12月,大道公社动员3000人疏浚西子午河(六匡至大中集),长7千米,完成土方34万立方米。

是月,全县动员8000人疏浚中子午河,长21.4千米,完成土方93万立方米。

1971 年

1 月，县城建设进行总体规划，测绘大中地区约 4 平方千米的地形图。

年初，大中镇成立深挖“五一六”小分队。被揭发的人员达 473 人。

6 月 1—17 日，境内连续阴雨，成熟蚕豆中 80% 变黑，登场的全部发芽霉烂，大、小麦损失严重。

6 月，大中镇（城区）建立街道革命委员会，镇革命委员会领导，管辖 5 个居民委员会。

9 月 18 日—11 月 8 日，县委在五星公社五星大队连续举办三期党的群众路线教育学习班，每期 12 天，轮训干部 2100 多名。

9 月，成立大中镇城镇建设领导小组，下设办公室。1978 年撤销。

10 月，新团公社大会堂落成，内设 700 多座位。

11 月，新团公社投入民工 1962 人，开挖友谊河，全长 8923 米。

1972 年

5 月 4 日，大兴公社召开第三次党代会，选举俞文达为党委书记。

7 月 2 日，发生特大龙卷风。和瑞、红花、刚强村受灾严重。和瑞大队的 1、3、7、8 四个生产队被吹倒仓库 21 间、民房 76 户 216 间、圈舍 116 间，损失粮食 35 吨，死 2 人，伤 13 人。新团公社光明、长安、河口三个大队计有 2 人丧命，12 人受伤，19 户受灾。

是年，全县进行残疾、复员、转业、退伍军人的换证工作，1973 年年底结束。

是年，农村大队推行合作医疗。

1973 年

4 月 19—20 日，新团公社召开第六次党代会，选举常春富为党委书记。

6 月，县城商业企业体制改革，集体商业“三权”划属县商业局，行政权仍隶大中镇人民政府。

7 月 1 日，大中镇召开第六次党代会，选举孟昭楼为党委书记。

9 月 23 日，大道公社召开第九次党代会，选举宋一强为党委书记。

10 月中旬，新团公社投入民工 1800 人开挖二十六总河，全长 8530 米，完成土方 35.7 万立方米。

12 月 20—30 日，县委在超产大队（今泰西村）举办农村党支部书记党的群众路线教育学习班。

1974 年

年初，大中镇成立工交办公室。

4 月，全镇开展“批林批孔”“评法批儒”运动。

11 月 25 日，县革委会动员 14260 人，开挖新团河从串场河至老斗龙港段，全长 12.25 千米，次年 1 月竣工，完成土方 242.3 万立方米。

11 月底，新团公社投入民工 1150 人开挖二十六总河西段，全长 3075 米，完成土方 16.139 万立方米。

是年年底，镇机关 19 名干部带头落实节制生育措施，其中 5 人做结扎（绝育）手术。

1975 年

1 月 2 日，新团公社投入民工 2481 人，开挖合兴河、北横河。

4 月，县委确认从 1971 年年初至 1973 年年底清查“五一六”分子的做法是错误的，大中镇对被划为“五一六”分子的人一律予以平反，恢复名誉。

是年，五星磷肥厂扩建，形成年生产能力 1 万吨磷肥的生产线，成为当时名震一方的支农企业。

是年，大道、阜丰（大兴）公社成立建筑站。

1976 年

1 月 8 日，周恩来总理逝世。10 日，全镇（社）开展各种悼念活动。

1 月 14 日，新团公社投入 2.1 万元开挖永东河，全长 3783 米。

1 月，开展“反击右倾翻案风”，教育界“批判修正主义教育路线回潮”。

5 月 10 日，大丰百货商场建成并开门营业。

7 月 6 日，全国人大常委会委员长朱德逝世，全国哀悼。

7 月，唐山大地震，境域居民、农户纷纷在室外搭造防震棚，半年后震警缓解，防震棚逐步拆除。

9 月 9 日，毛泽东主席逝世，全国哀悼。

10 月 6 日，粉碎王洪文、张春桥、江青、姚文元反革命集团，消息传来，全境举行庆祝活动。

11 月，大丰县革委会动员 11000 人开挖大中镇区域南北中心河，次年 2 月竣工，完成土方 216 万立方米。

是年，全境农村掀起农业学大寨高潮。

是年，全镇普及“五种三收”（五种：三麦、冬绿肥、玉米、棉花、夏绿肥，三收：三麦、玉米、棉花）耕作制度，既培肥地力，又提高复种指数。

1977 年

1 月 19 日晚 7 时许，大丰县针织厂成品车间发生重大火灾，损失 1.09 万元。

1 月，新团公社投入民工 1235 人，开挖西竖河，全长 4950 米，完成土方 19 万立方米。

1978 年

4 月 12 日，大丰县革委会批准新建大丰县大中镇中学（即今大丰市第二中学）。

5 月，县属集体商业的领导权与大中镇人民政府脱钩，归县属各公司。

是月，卫国、远景两个大队合并为远景大队，兴隆大队胜利河西的地区划给卫国大队。

6 月，成立大道粮管所。

5—6 月，境域出现 36℃～38℃连续高温天气，并遭受百年未遇的奇旱。

8 月，大道、大兴分别成立食品站。大丰盐场新团分场成立，场址设在王港闸北 2.5 千米处。

9 月，农村公社成立农科站，大队建立农科队，生产队建立农科组，一支群众性农业科技队伍形成。

是年秋到翌年春，新团公社对“文化大革命”时期的历史遗留问题进行复查处理，对 56 起冤、假、错案进行平反昭雪，35 人给予恢复党籍。

是年，在新民村建立大丰县自来水厂。1978 年，大丰在县城南郊红花村修建武器装备仓库。经过多次建设，现有装备库 360 余平方米。

1979 年

2 月 4 日，大丰县革委会决定，大中镇有 4 个生产队改为蔬菜专业队，加上原有一个专业队共计 5 个队，不再承担粮棉生产任务，口粮按农村统销办理。

春，农村试行联产到劳责任制，按组承包，“五定一奖”（定劳力、定田亩、定产量、定工分、定成本，超产奖励）。

7 月 25 日，殡葬制度改革，全县推行火葬。

8 月 16 日，成立大中镇工会工作委员会，殷永宽任主席。

9月1日,成立大中镇城郊供销合作社。

10月,远景大队更名为八灶大队,卫国大队更名为南灶大队,北灶大队更名为灶圩大队。

秋,提倡“一对夫妇只生一个孩子”的号召,当年全镇独生子女领证率达85%以上,节育率达90%,晚婚率达95%。凡领取独生子女光荣证的夫妇,职工每年发给独生子女费40元,农民奖励40个工日。

11月29日,成立大丰县大四河工程办事处,开挖大四河大中集工农桥至大丰酒厂,长2.2千米,次年1月底竣工,完成土方50万立方米。

冬,大中镇街道革命委员会改称街道办事处。

冬,下放干部、知识青年、职工开始陆续返城。

是年,镇、公社成立落实政策办公室,对1975年以来历次运动中的冤、假、错案进行复查,逐一甄别。

是年,在原大中镇政府内(二卯西河北,今台北饭店北侧)建100平米的民兵武器库1栋,存放有马克沁重机枪、班用机枪、汉阳造、半自动等轻重武器600余件,1986年撤销武器库,武器装备上缴县人武部。

1980年

2月,新团水产养殖场取得优异成绩,获江苏省人民政府嘉奖令。

4月11日,全镇开展地名普查。

4月,农村全面推广棉花薄膜移栽。

7月21日,省委书记许家屯到大丰检查工作,视察大道公社超产大队以及五星公社的棉花生长情况。

9月29日,国家农委副主任李瑞山由江苏省副省长陈克天、盐城地委书记杨明陪同,到大丰五星公社宝塔大队和王港棉区检查工作。

10月,镇普选实行直接投票选举人民代表和差额选举镇长、社长。

11月,新团公社投入民工531人开挖龙建河,全长3275米。12月开挖七墩河,全长4840米,投入民工1055人。

是年,裕华镇创办副食品厂、新型建材厂。

1981年

2月,公社、镇相继撤销革命委员会,成立公社、镇管理委员会。

3月23日,大中镇召开第七届人民代表大会,选举秦友礼为镇长。同日,大兴公社召开第二届人民代表大会,选举韦桂和为公社管委会主任;大道公社召开第七届人民代表大会,选举杨德忠为公社管委会主任。

4月1日,开展“五讲四美”(五讲指讲文明、讲礼貌、讲卫生、讲秩序、讲道德,四美指心灵美、语言美、行为美、环境美)文明礼貌活动,大丰县委要求,这一活动作为全县精神文明建设的一项重要内容应常抓不懈。

10月,成立大中镇编修镇志办公室,进行第一次修志,至1983年8月完成《大中镇志》征求意见稿。

11月,全面落实1960年私房改造政策。

12月12日,大兴人民公社易名为阜丰人民公社,五星公社更名为裕华公社。

是年,大中镇工业企业全面推行计件工资经济责任制改革。

是年,镇、公社开始配置司法助理,启动普法教育。

1982 年

2 月 27 日,阜丰公社阜丰大队第五生产队发生一起人为原粮霉损事故,损失原粮 5 吨。

3 月,大中个体劳动者协会成立,有会员 795 人。

3 月,大中镇开展第一个“文明礼貌月”活动。

春,扩浚二卯西河西段,长 2 千米,完成土方 20.1 万立方米。

春,开展全国第三次人口普查,县、乡(镇)两级都成立了人口普查领导小组和人口普查办公室。

6 月 14 日,阜丰公社召开第四次党代会,选举陆燕池(女)为党委书记。

6 月 24 日,大道公社召开第十次党代会,选举朱士高为党委书记。

7 月 1 日,大丰工人影剧院建成。

8 月,新团公社召开第七届党代会,选举孙伟石为党委书记。

1983 年

4 月,进行农村体制改革,废除公社管理体制,建立乡镇人民政府,大队改称村民委员会,生产队改称村民小组。

是月,建立大中镇城北公安派出所。

5 月,大道公社、阜丰公社、大中镇合并,新组建大中镇。

6 月 11 日,大中镇举行七届二次人民代表大会,选举秦友礼为镇长。

8 月,大中镇成立计划生育办公室。

10 月 7 日,大中镇召开第七次党代会,选举李声源为党委书记。

10 月,建立大中镇水上公安派出所。

是月,利民村村民自筹资金,打成机井 1 口,建起大中镇农村第一座水塔,村民开始饮用自来水。

是月,创办大中福利厂,接受“四残”职工 19 人。

冬,大中镇创办王港水产养殖场。

年底,贫下中农协会组织撤销。

是年,成立大中镇多种经营服务公司。

是年,优抚对象由优待劳动日改为优待现金。

是年,对全镇社队企业进行全面整顿。

1984 年

2 月 21 日,中共大丰县委在大中镇召开县、乡(镇)、村三级干部会议,贯彻中共中央 1984 年 1 号文件,统一全党思想,鼓励农民劳动致富,发展商品生产。

4 月 20 日,大丰县委、县政府作出决定,延长土地承包期为 15 年以上。

5 月 4 日,县政府决定统一建设健康、大新、育红 3 个住宅小区作商品房出售。

5 月 6 日,大中镇召开八届一次人民代表大会,选举秦友礼为镇长。

5 月 10 日,大丰汽车公司一客车在三卯西河南的陈李公路的一小桥上翻车,致使 3 人死亡,12 人重伤。

5 月 20 日,南黄海发生 6.2 级地震,大中有震感。

5 月,大中镇团委组织 1 万多名青年团员参加县团委举办的“我最喜爱的爱国者名言”评选活动。

8 月,全县开展创建文明村、文明单位活动。

是月,县、镇(乡)两级成立军警民联防指挥部。

10 月,大中镇成人教育中心学校成立。

是月，大中镇敬老院建成，第一次接受22名老人入院。

12月，全县进行干部人事制度改革，实行分级管理、层层负责的办法。

年底，大中镇王港水产养殖场转交县建设局。

是年，镇政府在德西村进行“遵纪守法光荣户”评选活动试点。

是年，裕华乡在全省第一个建起乡镇计生服务站，施彬首任站长。省计生委配送X光设备器械1套，服务站当年接待外省、外地区参加考察团20多次。

是年，大中镇副镇长高瑞俊代表大丰县到北京出席全国农业工作会议。

1985年

2月，大中镇成立司法办公室，并设立法律事务所。

4月，大丰县新团农具厂易名为大丰县机械配件厂。

是月，撤销大中镇经营管理办公室，成立大中镇政府经济办公室。

8月15日至9月3日，全县开展抗日战争胜利40周年纪念活动，对干部群众进行爱国主义和革命传统教育。

8月22日，大中镇中学改称大丰市第二中学。

9月，由县生资公司、煤石公司、裕华乡政府和裕华乡锦龙村四家合资新办大丰县塑料彩印厂。

10月23日，大丰县花炮厂车间因引进技术操作失误引起爆燃，造成死1人、伤3人的重大事故，直接经济损失11万元。

11月，全县农村首次进行分批次党员冬训。

12月1日，镇成立合作基金会，陈加生任合作基金会理事会主任。

12月31日，康民市场落成并剪彩开业。该市场投资39万元，占地面积5500平方米。

12月，麦芽厂创办，厂址位于泰西村三组。

是年，在盐城市8个县城镇以治理“脏、乱、差”为重点的“创三优”活动中，大中镇获盐城市第一名，并被省命名为文明卫生集镇。

是年，大中镇成立儿童福利基金会。

是年，县老龄委员会在红花村和大刘新村居委会进行赡养老人协议书签订试点工作。

是年，进行全国第一次房屋普查。

是年，大丰县在县城大刘居委会建成92米高的电视信号接受塔，采用8个频道传播电视节目。

1986年

3月，原泰西小学更名为大中镇第二中心小学。

3—9月，全县推行企业职工养老保险、医疗保险和简易人身保险。

7月29—30日，新团乡召开第八届党代会，选举孙伟石为党委书记。

8月29日，大中镇召开第八届党代会，选举李天安为党委书记。

8月，原大中工业联合公司和郊区工业公司合并，成立大中工业联合公司。1996年10月，更名为大中镇乡镇企业管理服务站。

10月，大中镇被江苏省体育运动委员会授予“先进体育乡镇”荣誉称号。

是月，全县乡（镇）村级党风整治活动开始，次年初结束。

是年，江苏省爱国运动委员会授予大中镇“爱国卫生先进单位”称号。

是年，在陵园东路创办大中镇中心幼儿园。总投资54.5万元，校舍建筑面积398平方米。

是年，农业部、省农林厅提供无息贷款120万元支持大中镇农技站创办麦芽厂，镇农科站荣获江苏省先进农科站技术推广服务奖。

是年,大丰市市内电话改用自动拨号。

1987 年

2 月,大中镇与安徽合肥工业大学达成挂钩办学协议。由合肥工大派教师前往任教,开设机械制造工艺大专班,招收学生 50 名。

是月,大中农具厂并入大丰县马钢厂。

5 月 22 日上午 10 时 30 分,裕华乡蔬菜恒温库蒜苗货架倒塌,压死女工 3 人,压伤 2 人。

5 月,根据省、市、县关于处理 60 年代初城镇老居民户口就地"农转非"的意见,大中镇成立户粮工作领导小组。大中镇符合户口就地"农转非"的对象有 1512 人,其中大中镇 1048 人、外转 464 人,对换户口 322 人。

10 月 4 日,大中镇城北收花站保险箱被窃,丢失现金 23200 元。此案于 10 月 15 日侦破。

11 月,成立大中城市信用社。

是月,镇南中学迁址到红花村六组。

1988 年

2 月 2 日,成立大中实业总公司,李天安任董事长,秦友礼任总经理,总公司下设办公室,工业、农副业公司和农经指导站等职能科室。

2 月 11 日,成立大中镇土地管理所。

2 月,成立大中镇计划生育协会,单茂珍任会长。

3 月,《大中镇志》第二次修编结束,全书分 17 篇 66 章,约 70 万字,秦友礼镇长作序。

4 月 1 日,交通部部长黄镇东到丰考察交通工作并到其老家红花村调研。

4 月 7—8 日,新团乡召开第八届人民代表大会,选举沈锦福为乡长。

7 月,成立大中镇职工统筹办公室。

9 月 2 日,江苏省副省长张绪武到恒北村视察。

是年,大中工业联合公司更名为大中工业管理办公室,农业公司改设农业办公室。

是年,开征土地占用税。

是年,同德五组撤组转户。

1989 年

1 月 6 日,大丰县麦芽厂、大丰县啤酒厂合并成立大丰县麦芽啤酒总厂。

1 月 10 日,江苏省妇联"树新风、破旧俗"经验交流会在大丰召开,与会代表参观大中镇双喜村妇女禁赌协会并听取协会的介绍。

5 月,新团乡经营管理站发生保险柜被撬案,丢失现金 3245 元、"125"集资办电股票 6500 元、信用社结算单 13200 元、储蓄单 1350 元、国库券 50 元。

6 月 20 日,裕华乡撤乡建镇,实行镇管村体制。

7 月,大丰县第二建筑工程公司兼并大道砖瓦厂。

9 月 16 日,大中镇境内遭龙卷风袭击,造成 2 人死亡,63 人受伤,倒塌房屋 2073 间,2400 公顷农田受灾,直接经济损失 1000 多万元。

9 月 28 日,大中镇召开第九次党代会,选举朱绵为党委书记。同月,新团乡第九届党代会选举王志祥为党委书记。

9 月,全国第四次人口普查工作开始。

12 月,东风二校(今大丰市第六小学)新建教学楼落成,建筑面积 692 平方米。

是年，开展全国第一个“爱国卫生月”活动，大中镇受到省爱卫会通报表彰。

1990 年

2 月 19 日，召开大中镇十届一次人民代表大会，选举周善辉为镇长。

3 月，大中镇第二届村民委员会换届选举。

5 月 25—28 日，江苏省“致富杯”农民乒乓球赛在大丰体育馆举行，全省共有 15 支代表队参赛。本次乒乓球赛由大中镇政府负责承办。周善辉镇长获领队单打第 3 名。

7 月，新建大中镇机关幼儿园教学楼。总投资 18 万元，建筑面积 599.55 平方米。

是月，朝荣村、海防村遭受龙卷风袭击，损坏房屋 700 余间，12 人受伤，造成直接经济损失 743 万元。

11 月 7 日，镇长周善辉率大中镇竹川民工营 2500 名民工参加竹川 4000 公顷围海造田工程。经过 73 天艰苦奋战，工程如期完成任务。

是年，大丰县新型建材厂生产的氯丁防水涂料在全国新型建材产品质量评比会上获质量优秀奖。

是年，镇中心小学杨怡同学被共青团中央授予“全国十佳少年”称号。

是年，大中镇工业产值首次突破亿元大关，实现产值 13438 万元。

1991 年

3 月，大中镇荣获“江苏省百家名镇”称号。

4 月 29 日，大中镇第九次妇女代表大会召开。

6 月 24 日，大丰电视台开播。

6 月 28 日至 7 月 16 日，连续降雨 738.5 毫米，县城最高水位 2.98 米，百年不遇的特大洪涝灾害造成大中镇 15836 户民房进水，4112.47 公顷农田被淹，直接经济损失 3721 万元。

6 月，建立新团居委会。

7 月 26 日，裕华中学更名为大丰县农业中学。

7 月，大中镇荣获“全国卫生先进单位”称号。

10 月，镇属大丰县缝纫机械厂的 1.5 吨、时冲天炉技术改造项目鉴定会召开，经省乡镇局、南京理工大学以及盐城市、大丰县有关专家鉴定，该技术获江苏省科技成果三等奖、盐城市优秀新技术新产品推广应用项目“金鹤奖”、大丰市科技成果一等奖。

11 月，全镇农村开展社会主义教育。

12 月 19 日，全国妇联副主任林佳楣到红花村考察妇幼工作。

是年，大中镇与响水县响水镇缔结友好城镇。

1992 年

1 月，大中镇家具厂与大丰县第二农具厂合并成立大丰县家具厂。

2 月 23 日，召开大中镇第十届人民代表大会第三次会议，会上通过集资办学决议。

2 月，原裕华镇投资 1385 万元的合成纤维厂破土动工，11 月，一次投料试产成功，这是全县历史上第一个一次性投资突破千万元的乡镇企业。

4 月 10 日—5 月 20 日，全县开展城市社会主义思想教育，对城镇干部、居民进行党的基本路线教育。

4 月 19 日，城区程控电话开通。

4 月 27 日，大刘路城西西段、裕华—王港黑色路面工程先后开工。

5 月 3 日，大中镇第四届职工农民运动会暨第三届军体运动会在县体育馆开幕。

5 月 7 日，大中镇成立关心下一代工作委员会，李子平任关工委主任。

5月21日，缝纫机械有限公司成立，总投资140万元人民币，生产经营轻便汽车清洗器。

7月14日，大丰县第二印刷厂(镇办企业)兼并大丰县光学仪器厂。

7月，大中镇成为盐城市“科技达标乡镇”。

8月5日，农业部投资980万元兴建大丰县麦芽啤酒厂，3万吨啤酒生产线开始生产。

8月11日，大丰县经济技术开发区成立，大中镇城郊七组，新民村一、二、三、四组划属开发区。

8月，大中镇获盐城市“明星乡镇”称号。

9月4日，成立大中地区文化市场管理办公室。

9月25日，香港知名人士邵逸夫给大中镇中心小学捐助50万元港币助学金，为彰示邵逸夫的善举，经大丰县人民政府批准，将大中镇小学更名为大丰县逸夫小学。

11月9日，大中镇召开第十次党代会，选举朱绵为党委书记。

11月14日，大丰县织针厂转让给大丰县汽车配件厂。

12月12日，大中镇红十字会成立，王桂成任会长。

12月20日，大中镇残疾人联合会成立。

12月，大丰县举办首届麋鹿节暨农副产品交易会，大中镇与客商达成合同成交额5701万元。

是年，大中镇进行工业结构调整，亏损企业实行关、停、并、转。

是年，城郊村八组撤组转户。

1993年

1月17日，新团乡召开第十次党代会，选举殷济青为党委书记。

2月7—8日，新团乡召开第十届人民代表大会，选举尹金来为乡长。

2月11日，召开大中镇第十一届人民代表大会第一次会议，选举周善辉为镇长。

3月13日，裕华镇创办大蒜特种制品厂。

3月19日，成立大丰县大中实业公司。

3月，大中镇与香港博腾国际投资贸易公司合资兴办大丰米仁厂。

是月，大中镇房屋开发公司兼并大中文教工艺厂。

是月，大中镇财贸办公室改为第三产业办公室。撤销退休基金统筹办公室，成立大中镇劳动工资办公室。

4月，大中镇第三届村民委员会换届选举。

6月30日，同德生化淀粉厂与日本东方工程株式会社合资兴办的盐城丰东机械配件有限公司成立。

7月19日，大丰县第二粮油加工厂与香港林艳萍达成合资协议，成立盐城丰华油脂饲料有限公司。

7月20日，大中镇城郊村七组，新民村五、六、七、八、九组，新团乡河口村一、四、六、七、八组划归县经济技术开发区。

7月，城郊村七组撤组转户。

8月5日，大中镇境内遭暴雨袭击，全镇2000公顷农田被淹。

9月，大中镇推行股份合作制，分为集体股、企业股、职工股。

11月8日，成立大中镇林果生产服务公司。

1994年

1月3日，中国医学基金会在大中镇卫生院设立大丰电化学治癌中心。

1月15日，“大丰县啤酒生态工程建设与研究”课题通过国家审定。

2月,新团乡程控电话开通。

3月22日,国家计生委主任彭珮云到大中镇阜丰村视察“少生快富”工程。

3月28日,大中镇第二粮油加工厂兼并大兴农修厂。

3月30日,成立江苏珍丰集团。

3月,城区行政区划调整,社区居委会由原来的10个增加至20个。

4月15日上午8时30分,新团砖瓦厂砖坯倒塌,造成伤亡事故,死亡3人、重伤2人、轻伤1人。

7月30—31日,江苏省副省长姜永荣带领有关部门负责人视察大中、裕华等乡镇的抗旱现场。

7月,县城计划生育管理工作实行由属地大中镇人民政府管理。

是月,陵园饭店并入珍丰集团并组建珍丰大酒店。

8月26—29日,大中镇、新团乡境内遭龙卷风、冰雹、暴雨袭击,局部受灾严重。

8月,恒北村早酥梨荣获农业部颁发的“绿色商标证书”。

10月10日,原裕华镇籍运动员孙军在第十二届亚运会上获赛艇团队冠军。

11月15—16日,大中镇召开第五届职工农民运动会暨第三届军体运动会。

11月19日,大中镇档案室被评定为盐城市一级机关档案室。

11月,大中镇人民政府成立信访办公室。

是月,在全镇范围内开展土地执法检查。

12月5日,大丰裕华麦芽厂研究生产的大蒜粉保健片,荣获国家专利局“新技术、新产品博览会”金奖。

是年,对裕华化纤加弹厂进行“先售后股”改制试点,对裕华镇11个镇办企业进行改制。12月上旬全部改制到位。

1995年

2月9日,大中镇召开第十一届人民代表大会第三次会议,选举沈卫东为镇长。

4月3日,江苏省省长郑斯林到大丰视察,走访裕华镇元丰村4户农民。

5月,多为公司举行成立典礼,美方代表多伊尔到会祝贺,大丰县委书记裴日昌、县长储金泉到会讲话。

8月18日,大丰县第二建筑公司改名为兴达建筑集团。

8月,成立大中镇计划生育服务站。

是月,大中镇招待所、大中镇第二粮油厂地段整体拆迁。

9月4日,经国家、省有关部门核准,珍丰集团成为国家大型企业。

11月29日,江苏省省委副书记顾浩视察珍丰集团。

12月30日,大中镇召开大中镇第十一次党代会,选举沈卫东为党委书记。

是年,同德村被盐城市命名为“小康示范村”。

是年,裕华镇组建以合成纤维厂为核心企业的市级集团——裕春集团,以建筑公司为核心企业的县级集团——兴华集团,以大蒜特种制品厂为核心企业的蒜业集团。

1996年

1月28日,召开大中镇第十二届人民代表大会第一次会议,选举张正林为镇长。

2月3日,大丰县城首次开通公交车,3辆牡丹19座豪华中巴投入运行。

2月,大中境域突发生猪5号病疫情,大新村52头生猪被紧急深埋处理。

3月,盐城同德集团成立。

是月,大中镇第四届村民委员会换届选举。

4月下旬,经县验收,大中镇区域21个村(场)达到小康标准。

5月18日,新团撤乡建镇,实行镇管村体制。

5月,进行第一次全国农业普查。大中镇区域划为21个普查区、149个调查小区。

6月,大中镇自1989年推行的全镇退休职工统筹运行机制终止,退休职工退休金仍由各企业按标准发放。

是月,同德村一、四组撤组转户。

7月,镇机关单位安装小程控电话。

8月上旬,陈相凤任中共大中镇党委书记,免去沈卫东党委书记职务,改任珍丰集团董事长。

8月26—29日,龙卷风、冰雹、暴雨成灾。

9月28日,庆祝大丰县撤县设市,在汽驾交警大队训练场和大丰中学操场举行焰火晚会,10万市民观看,历时50分钟。国务院8月1日批准大丰县撤县建市。

10月下旬,盐城宝鑫集团与台湾合彰机械有限公司合资新上年产2000吨工业不锈钢制品项目,11月正式动工土建,翌年6月5日正式开工投产。

10月,成立中共珍丰集团公司党委,沈卫东任党委书记。

是月,组建丰蕾、宝鑫两个盐城市级集团。

是月,推行村组干部交叉任职。

11月2日,全国妇联主席彭珮云、江苏省省长郑斯林到裕华镇元丰村视察调研。

12月,大中镇卫生院院长陆志冲赴加拿大多伦多市讲学。其论文《食道癌、贲门癌160例的电化学治疗》荣获全国首届"百家之长"特色医疗学术研讨会特等奖。

是月,同德7组、红花6组、城郊村6组撤组转户。

是年,第三次修编的《大中镇志》公开发行,由方志出版社出版,并获江苏省基层志一等奖。

1997年

1月1日,城西35千伏输变工程投入运行。

1月22日,市区现代化大街一期工程竣工通车。

同日,大丰市地名委员会对市区18条路、23座桥进行更名命名。

3月10日,大丰恒生集团有限公司成立。

3月18日,大丰市国税局大中镇征收管理分局成立。

3月28日,大中镇成立大丰市首家会计管理站。

4月1日,国务院研究室农村干部经济司司长李炳坤等一行到大丰调研贸工农一体化建设,实地考察江苏珍丰集团。

7月15日,成立建业居民委员会。

8月1日,成立同德村党委(隶属关系不变)。

8月,裕华镇对13个镇办企业分批进行产权制度改革。组建2个有限责任公司(大丰市苏鹿织染(福利)有限责任公司、大丰县裕华建筑工程有限责任公司)、8个股份制企业、2个租赁制企业、1个资产抵贷企业(麦芽厂)。

是月,11号强台风过境,大中镇、新团镇、裕华镇农田受灾严重。

9月6日,大中镇企业产权制度改革全面启动,23家企业参加改制。出售净资产1088.33万元。

9月8日,大中镇首期教师公寓举行开工奠基仪式。

9月30日,交通部部长黄镇东到丰考察并在红花村题字。

10月15日,市政府举行仪式,热烈欢迎在第八届全运会上夺得赛艇男子双人单桨无舵手金牌的大中镇(原裕华)籍运动员孙军。

10月16日,丰都公司与大中城市信用社合资翻建综合商贸大厦。

10月28日,市区现代化大街重点工程邮电、交通、水利、环保、财政等8个单位建设的大楼集体举行开工仪式。

11月18日,江苏省社区服务领导小组、江苏省民政厅授予大中镇"社区服务示范镇"称号。

11月,大中镇泰西村为盐城市创建文明村镇示范点。

12月,丰都公司使用的震海楼、康民楼(康民市场)划拨给大中城市信用社所有。

是年,农村第三次住房改革工作全面启动,同德、红花两村先行开展农村城市化建设试点。

是年,新团、裕华镇同步进行企业产权制度改革,新团出售净资产213.90万元,裕华剥离后净资产为负2683万元。

1998年

3月25日,大中镇召开第一届农民代表大会第一次会议,选举张正林为大中镇农村集体资产管理委员会主任。

5月,大中运输站与大中镇脱钩,并入市港务处实行归口管理。

7月21日14时30分,原裕华镇境内突遭龙卷风、暴雨和冰雹袭击,部分房屋倒塌损坏,受灾农田666.67公顷。

9月9日,首批大学生村官任职。

9月16日,建筑面积5万平方米的金都贸易城开工奠基。

11月17日,大丰市户籍管理制度改革试点定在大中镇展开。

12月10日,大中镇召开第十二届人民代表大会第六次会议,大会选举吴家祥为镇长。

12月19日,孙军在曼谷第十三届亚运会上取得赛艇比赛冠军。

是年,农村实施第二轮土地承包,承包期30年不变。

1999年

1月25日,大中镇召开第十三届人民代表大会第一次会议,卞文乐当选人大主席,吴家祥当选镇长。

1月,大中镇召开第十二次党代会,选举陈相凤为党委书记。

2月8日,大中镇举行教师公寓二期工程奠基仪式。

3月25—26日,第五届村民委员会换届选举。

4月23日,大丰市文明委授予健康小区、育红小区、幸福小区为全市首批文明小区。

5月22日,郭健生、李驰、朱达丰、李逸浩等市领导到裕华镇福丰村5组看望中国驻南斯拉夫大使馆三等秘书梁斌的父母梁德馨和陆佑琴。

5月28日,大中镇城郊村蔬菜瓜果批发市场开张营业,总投资200多万元,占地面积1万多平方米。

8月9日,大中镇卫生院更名为大丰市第三人民医院。

8月,城区工农路、金丰南路、幸福东路、人民南路及大新路中段拆迁改造,实施幸福东路、金丰南路拓宽工程,常新路建设工程,二卯西河北驳岸工程,健康东路"三杆"(电线杆、电话杆、广播电视杆)下地工程。是年,现代化大街标志工程竣工并交付使用。

是月,宝鑫集团在南通港投资5000万元的宝港油脂公司项目开始筹建,当年12月建成投产。

9月15日,同德村被命名为江苏省文明村。

10月,大丰市人民广场地下人防工程开工建设,建筑面积2200平方米。战时,城市防空可容纳2500人。

是月,天力公司研发的空气压缩机和电力线路金具两个新产品通过电力部检测中心和国家通用机械研究所等部门的专家组评审鉴定,获得国家技术监督局颁发的生产许可证。

12月,大丰恒生集团有限公司投资7000万元开发建设的恒生商城项目全面竣工。

是年,大中镇开始办理小城镇户籍。是年,办理小城镇转户6688户、10912人。

是年,大中镇投入2000多万元,创建省级文明城市,为小区街道铺设水泥路面13条。

是年,麋鹿早酥梨获国家绿色食品商标,"裕华"牌蒜苔获中国国际农业博览会金奖,"麋鹿"牌啤酒麦芽在中国国际农业博览会获中国名牌产品。

是年,疏港公路建设征用大中镇、裕华镇土地42公顷,涉及50多户农户被拆迁。

2000年

1月20日,大中镇组织"爱心献功臣"捐款活动,收到爱心捐款3.3万余元,分别献给敬老院和27名有功人员。

1月,大中镇合作基金会撤销,原建制整体移交给大中城市信用社。

4月27日,中共江苏省省委书记回良玉视察大中镇同德村。

4月,大中镇民营科技园区建设启动。

5月11日,市区人民南路拆迁动员大会召开,涉及拆迁单位7个,居民140户,合计拆迁房屋面积13840平方米。

6月12日,大中镇维护国防利益和军人家属合法权益法律服务站成立。

6月17日,大中镇创建计划生育示范镇工作指挥部成立,吴家祥兼任总指挥。

同日,同德村被评为"盐城市卫生村",受到盐城市爱卫会表彰。

6月,处于裕华小街的二卯酉河大桥重建,裕华镇政府协调资金160万元。

7月24日,建立大中镇法律援助工作站。

7月,幼儿园全面改制,全镇19所幼儿园改集体办园模式为股份制和租赁制两种办园模式。

8月30日—9月6日,大中镇定点挂钩扶贫乡镇——滨海县樊集乡遭受12号强台风袭击,大中镇全镇上下组织"献爱心"捐助活动。

8月,三峡移民宗明举等6户24人分别在裕华万丰、忠跃村落户。

是月,大中镇"三五"普法经省验收后被评为先进集体,受到盐城市委、市政府表彰。

10月5日凌晨,裕华镇福丰村9组一起特大杀人放火案,犯罪分子盛某残忍地将80岁的沈某及其57岁的儿子陈某杀死后纵火灭迹。

10月11日,盐城市市委书记林祥国考察多为集团进排气管有限公司。

11月,"裕华"牌蒜苔获"中国绿色食品"称号。

是年,裕华镇投资300万元,建成教师公寓6幢46套,总面积4600平方米,当年全部交付使用。

是年,取消农业税征收。

是年,大中镇被评为盐城市"十强工业镇"。

是年,裕华镇大蒜油厂与日本香料株式会社合作的大蒜油出口项目,达成年出口蒜油30吨合作协议,创汇100万美元。

2001年

是年,大中镇南翔路两侧166.67公顷预留地新建城南工业园区。

2月21日,盐城市市委常委、组织部部长赵鹏参加大中镇领导班子"三个代表"重要思想学习教育活动民主生活会。

2月24日,省委宣传部副部长、省驻盐城市"三个代表"重要思想学教督查组组长黄文虎,盐城市市委组织部副部长李长见参加新团镇领导班子民主生活会。

3月7日，盐城市市委书记林祥国，市委常委、秘书长林成立一行察看大中镇虹宇时装有限公司等单位。

3月18—19日，江苏省省委副书记任彦申到大中镇视察虹宇时装公司和多为集团公司等企业。

4月4日，全国人大常委会副委员长许嘉璐到丰视察，专程参观裕华镇无公害（大蒜）种植基地。

4月8日下午4时30分左右，泰西村村办企业大丰市纺机元件厂在旧厂房翻建过程中，吊装工违章操作，致钢屋架及水泥桁条从4米高空坠落，造成2死1伤重大事故。

4月14日，全市乡镇区划调整，新团镇并入大中镇，组建新的大中镇，镇政府在原大中镇新团乡设副科级建制办事处。

4月23日，裕华大蒜经贸洽谈会上，来自山东、安徽、辽宁等省的50家企业、100多位客商代表与裕华镇签订农副产品购销合同，成交额达1.63亿元。

4月，大中镇选派专职人员在上海、浙江、温州、广东、东莞、苏州、昆山等地设招商站（后改招商办事处）。

5月12日中午12时许，裕华镇锦龙村三联化工厂发生硝酸泄漏事故。

5月25日，大中镇成功举办第十一届艺术教育节。

7月7日，王港乡、裕华镇合并，组建新的裕华镇，镇政府设在裕华镇，在原王港乡设副科级建制办事处。

7月，大中镇为3300余名城镇企业职工办理养老保险，解决940名退休职工养老统筹问题。

是月，大中花炮厂停产。

8月13日，盐城市市委书记林祥国到大中镇恒北村早酥梨基地和恒南村长毛兔养殖大户喻祝生家考察调研。

8月，行政区划调整。大中镇由原来的35个村（场）、271个村民小组调减为25个村、139个村民小组，村组干部由原来的510人调减为184人。

是月，大中镇完成教育系统人事制度改革，全镇整体合并学校8所，合并班级36个，525名教师竞争上岗，5名落聘待岗，126名内退让岗。

是月，大中供销社闲置土地（今城中加油站）以招标形式被成功拍卖，政府净收益181万元。

9月5日下午16时35分左右，一辆从大丰市区开往草堰的中巴车，行至大刘路新团小街西侧2千米处与一辆迎面而来的卡车相撞，造成8人死亡、11人受伤。

10月17—19日，江苏省老区联谊会在大丰市召开，与会代表先后参观了恒北村早酥梨基地、恒南村专业大户喻祝生的养兔场以及裕华镇无公害蔬菜（大蒜）基地。

10月，第六届村民委员会换届选举。

11月，裕华镇朝荣村投资200万元建成400公顷的江苏省无公害示范基地和盐城市“三放心”工程标准化生产示范基地。

12月16日，省委副书记任彦申到同德村指导“三个代表”重要思想学习教育活动，并视察该村“两个文明”建设情况。

12月，大丰市染织厂破产。

是年，裕华镇推进林权制度改革，全镇506.67公顷林地面积公开拍卖，政府收取林改资金635.7万元。

2002年

1月1日，大中镇召开第二届农民代表大会第一次会议，选举产生新一届大中镇集体资产管理委员会组成人员。

1月5日,省委宣传部副部长朱同广一行在盐城市市委常委、组织部部长赵鹏陪同下到同德村检查“三个代表”重要思想学习教育活动情况。

1月10—11日,大中镇召开第十四届人民代表大会,选举王周斌为镇长。

1月18日,江苏省省委副书记任彦申到丰检查指导工作,在丰期间,参加了大中镇同德村党委领导班子民主生活会。

1月30日,撤销水上居委会,新建大中镇西河口居委会。

3月28日,大中镇召开第十三届党代会,吴家祥当选党委书记。

4月28日,大中镇建业社区服务站在城区幸福小区内挂牌成立,该服务站为全市首家服务站。

6月,“裕华牌”蒜薹、裕华“神王牌”泥螺获中国国际农业博会金奖。

7月8日,射击运动员於秀敏(大中镇和瑞村人)在江苏省第十五届运动会射击比赛中夺得女子飞碟双向75靶项目冠军。

7月23日下午4时许,裕华镇海丰村五组(原天北村七组)遭龙卷风(伴冰雹)袭击,20多棵直径30—40厘米的大树连根拔起,40多棵大树被拦腰折断,造成直接经济损失100余万元。

8月6日,裕华镇敬老院搬迁至新址。

8月14日,省水利厅厅长黄莉新到裕华水利站进行专题调研并考察水利改革工作。

8月28日,“麋鹿”牌麦芽被评为第三届中国(国际)食品博览会金奖。

9月,人民中路西侧米厂地段和大华路西端两侧旧城改造,涉及11个单位、142户居民动迁,拆除房屋面积39341.95平方米。

10月6日,多为集团以1500万元收购市属破产企业农机总厂,重组为中田机械有限公司。

10月25日,发生在大中镇红花村的一起杀人碎尸案告破,红花村杨某作案外逃数日后被公安民警抓获。

10月29日,裕华镇创办江苏省东沙贝类养殖试验场。

10月30日,裕华镇接受并安置三峡移民24户106人。

是年,裕华镇投入300余万元,新开挖南新四号河、晋北中心河,完成土方12.2万立方米。

是年,大中镇福利厂、同德村腾达金属制品公司破产。

2003年

2月27日,王周斌任大中镇党委书记。

4月24日,大中镇成立防治“非典”工作指挥部,与在外返回人员签订责任状5500多份。4月25日,在新团办事处设立医学观察点。

4月25日,大中镇召开第十四届人民代表大会第二次会议,董坤当选镇长。

5月,大中镇筹措15万元资金修建新团粮管所至八灶河桥公路,全长4.5千米。

6月6日,成立城区计划生育办公室。

6月21日后,大中境域连降三次暴雨,累计雨量534毫米,最高水位2.75米,全镇4153.33公顷农田受淹,绝收1786.68公顷,鱼塘漫溢233.33公顷,死亡牲畜1400头、家禽20500羽,倒塌房屋111间,损失惨重。

6月,大中镇街道进行区划调整,设黄海、金丰两个街道办事处。

是月,组织招商引资“百日竞赛”活动,大中镇成立招商引资领导小组,下设“五站一中心”,即宁波(含绍兴)站、台州(含温州)站、上海一站(含苏南)、上海二站(含浦东)、综合站和项目服务中心,实行统一领导,相对集中办公,脱产招商服务,硬化措施考核。

7月,宝鑫集团收购市银海轻纺公司和市供销机械厂。

8月8日,苏北首家社区法律服务所大丰市东宁社区法律服务所经盐城市司法局批准正式成立。

9 月 17 日,裕华镇晋丰村 5 组境内发生一起抢劫杀人焚尸案件,和瑞村村民孙华勇参与抓获杀人犯有功,获大丰市见义勇为奖金 2000 元。

9 月,大丰市第六中学(原镇北中学)撤销。

12 月,大丰市 60 个部委办、局与大中镇黄海街道办 8 个社区结成帮扶对子。

2004 年

12 月,开展第一次全国经济普查。

是月,第七届村民委员会换届选举。

是年,大中镇被评为盐城市民政工作先进乡镇,获奖金 1 万元。

是年,大中镇实现同口径财政收入 1.06 亿元,首次突破亿元大关,列盐城市第二。

是年,江苏珍丰集团股份有限公司破产。

是年,大中镇被盐城市市委、市政府表彰为项目推进工作先进集体。

是年,大中镇获大丰市财政特别贡献、工业经济发展、计划生育等 21 个单项和全市综合先进奖。

2005 年

1 月 20 日下午,大中镇组织"送温暖、献爱心"现场募捐活动,募得现金 9 万余元。

2 月 3 日上午,市委书记丁宇在大中镇召开市委常委会议,研究大中镇经济建设具体意见。

2 月 28 日,大中镇青松老年大学成立,张遇春担任名誉校长。

3 月 11 日,大丰市第二小学(逸夫小学)搬迁至大丰市职教中心(职教中心搬迁至西康路)。

3 月,大中镇开展国家卫生城市、国家环保模范城市、省级园林城市、全国文明城市四城同创活动,同时建立四城同创指挥部。

4 月 3 日,水利部农水司司长李代鑫到大中水利站考察调研。

4 月 6 日,大中镇职业中学(原大道中学)土地及地面建筑物、电力设施有偿转让给大丰市创新英达学校。

6 月 13 日,大中镇 25 个行政村全部获得大丰市人民政府授予的"村民自治模范村"称号。

7 月 5 日,大中镇成立全民创业服务中心,董坤兼任中心主任。

9 月 6 日,大中镇成立政法委员会,姜正平兼任政法委书记。

10 月 21 日,同德村荣获中央精神文明建设指导委员会授予的"全国创建文明村镇工作先进村"称号。

是年,全镇普遍遭遇风灾、水灾,机关事业单位捐助 15 万元,社会资助 15 万专款用于救灾。

是年,大中镇化解村级债务 560 万元,同德、泰西、河口、阜丰、德丰、恒丰、老坝村为无债村。

是年,大中镇兴建农村公路 6 条,23.5 千米,简易砂石路面 20 条 40 千米,改造危窄桥 18 座。

是年,大中镇获盐城市"农村公路先进集体"称号。

是年,在阜丰村征地 200 公顷,筹建农业高科技示范园区——丰收大地。

2006 年

3 月 19 日,召开中共大中镇第十四次党代会,王周斌当选党委书记。

3 月,大中镇投入资金 470 万元,全面组织乡村河塘整治。

5 月 26 日,大中镇老区促进会第四届第一次代表大会召开,卞文乐为理事长。

5 月 27 日,大中镇第一次残疾人代表大会选举蒋桂林为大中镇残疾人理事会理事长。

5 月,对抗日战争时期人员伤亡和财产损失情况进行普查登记。

6 月 30 日晚,大中地区遭暴雨袭击。截至 7 月 4 日,总降雨量达 573 毫米,最高水位达 2.72 米,全镇6666.67公顷农田下水,1000公顷农作物绝收,直接经济损失2000余万元。

7月5日,副省长黄莉新带领省水利、民政、财政等部门负责人到大丰检查抗灾救灾工作,察看大中镇泰西村受灾作物抢管现场。

7月26日,新疆维吾尔自治区博州人口计生委主任阿里比亚提一行在盐城市计生委主任夏益和陪同下参观河口村"培植新家庭、建设新农村"现场。

7月,大中镇成立诚中房屋拆迁事务所。

8月2日凌晨,康宁小区发生一起一家4口被杀害的特大刑事案件,两日后案破。

8月8日,大中镇河口村、长安村、灶圩村、同圣村划归市经济技术开发区管辖。

8月26日上午,大中镇10个千万元项目在工业园举行集中开工典礼仪式,市领导韦新、张建洋出席开工典礼。

11月2日,江苏省人口计生委主任张肖敏参观考察大中镇阜丰村新家庭俱乐部、计协会员活动室、计生服务室现场。

11月,全国第六次农业普查,大中镇抽调201名普查员。

11月,成立大中镇社会主义新农村建设办公室。

12月7日,大中镇和瑞村籍运动员於秀敏在2006年多哈亚运会女子飞碟双向比赛中勇夺该项目团体冠军并获得个人项目铜牌。

是年,裕华镇天祥村被全国老龄办表彰为全国敬老模范村。

是年,同德村荣获司法部"全国民主法治示范村"称号。

是年,大中镇司法所被评为"人民调解防止民间纠纷激化工作先进集体",受省司法厅表彰。同年,省司法厅授予该所"江苏省规范化司法所"称号。

是年,大中土管所更名为大中国土分局,上升为副科级建制。

2007年

1月29日,大中镇举行"送温暖、献爱心"现场捐资活动,获得捐款12.9万元。

1月,裕华镇荣获中国大蒜产业"十强乡镇"。

3月1日,大中镇召开第十四届人民代表大会第六次会议,李实业当选为镇长。

3月18日上午,大中镇举行一季度项目集体开工活动,开工千万元以上项目8个,总投资3亿元。

3月20日,由中国科学院院士刘昌明、中国工程院院士任陈海率领的江苏沿海地区产业综合开发战略研究组在盐城市人大常委会副主任储金泉陪同下,到大中镇红花村花卉苗木基地、裕华万丰村绿色食品大蒜基地考察调研。

5月,市区人民桥、红旗桥实施拱改平工程。

是月,大丰市第五小学在盐城市第八届少儿围棋锦标赛中分获男女团体冠军。

6月14日,连云港市委副书记、宣传部部长仲琨率领连云港市考察团在盐城市市委副书记李驰陪同下,参观考察大中镇恒北村早酥梨生产基地及裕华镇绿丰冷藏有限公司。

6月19日,省人大代表省直盐城组一行在副省长张九汉带领下,先后到裕华镇海防村、大中镇恒北村考察调研。

8月8日,江苏省副省长黄莉新到大丰考察大中镇恒南村养兔基地及红花村苗木花卉培植基地。

8月22日,南京计生委主任徐翠华一行在盐城市计生委主任夏益和陪同下参观大中镇阜丰村"培植新家庭,建设新农村"现场。

10月24日,女子双向飞碟射击世界冠军於秀敏结束在塞浦路斯举行的世界射击锦标赛,载誉回丰,大丰市市长王荣、副市长肖乐农亲切接见。

10 月,由镇老年体协承办的盐城市“多为杯”乡镇老年门球赛成功举办。

12 月 14—15 日,大中镇召开第十五届人民代表大会第一次会议,李实业当选为镇长。

是年,“丰收大地”被命名为江苏省高效农业示范区。

是年,占地 60 公顷的大中工业园进园企业 80 多个,进园企业经济总量超过 10 亿元。

是年,全镇实现村村有体育健身场地。

2008 年

1 月 6 日,大丰市三产服务业重点投资项目——欧蓓莎(大丰)国际购物中心举行奠基开工仪式。

1 月 15—16 日,第八届村民委员会换届选举。

4 月 5 日,建业社区被评为 2007 年度江苏省“绿色社区”,为大丰市唯一获的称号的社区。

4 月 10 日,裕华镇与上海南汇区康桥镇缔约友好镇。

4 月 21 日上午 8 时,万达机械、班德瑞不锈钢、南吉服饰、宏祥纺织、润丰时装、新艳鑫服饰 6 个工业项目举行集中开工典礼,总投资 2.9 亿元,市领导倪峰、吴家祥、夏继永出席。

5 月 8 日,启东市高效农业考察队在启东市副市长顾云峰带领下到大中镇参观光明村高效设施栽培现场、恒北村早酥梨生产基地以及裕华大蒜生产基地。

5 月 12 日,四川省汶川发生里氏 8.0 级强地震,大中镇、裕华镇各界纷纷捐款、捐物支援灾区。大中镇捐资 46 万元,裕华镇捐资 13.4 万元,捐赠棉衣 56 件、棉被 27 条。

6 月 3 日,四川绵阳灾区 3 名小学生投亲转移到大丰市第六小学(大中镇东风二校)跟班就读。

6 月 14 日,东台市市委书记祁彪、市长葛启发带团考察参观大中镇工业园。

6 月 28 日上午,大中镇文广中心工程、中小企业园二期标房、圣宇塑业、华宇机械、中衡机械 5 个项目集中开工。

7 月 15 日下午,盐城市市委书记赵鹏到裕华镇考察。

7 月 26 日,大中国土分局驾驶员酒后驾车,造成 3 死 6 伤严重交通事故。

8 月 5 日,大中镇与上海市闵行区莘庄镇签署缔结友好关系备忘录。

9 月,大中镇被省人口计生委命名为“新农村新家庭计划建设示范镇”,获得价值 1.8 万元电子宣传触摸仪 1 台。

10 月 10 日,大中镇举行首届行政村运动会,大新村获团体总分第一名。

10 月 26 日,大中镇工业园区管理委员会成立。

11 月 3 日,基干民兵王伟(同德村四组)在全国第六届农民运动会上获得民兵军事三项投弹个人项目冠军。

11 月 28 日,大中镇工业园三期标房集中开工,建筑面积 8 万平方米,总投资 1.12 亿元。

是年,裕华镇 7 个千万元以上工业项目开工建设。

是年,大中镇财政所荣获“江苏省文明财政所”称号。

是年,城东新区建设项目涉及大中镇范围 700 多户村民拆迁。

2009 年

1 月 1 日上午,银杏湖公园开园。

4 月 23 日,“裕华大蒜”通过省农产品地理标志产品现场核查和感官品质鉴评。

4 月 26 日,大中镇与市国土局联合在上海举办投资环境推介会,与客商签约 26 个项目,协议引进内资 10.8 亿元,外资 3000 万美元。

5 月 17 日上午,江苏省农林厅厅长吴沛良到丰调研,察看大中镇建鑫机械化插秧合作社、丰收大地高效农业示范区、裕华镇万亩玉米高产创建等现场。

5 月,韩国“特新白玉春萝卜”新品种在丰收大地农业示范园试种成功。

是月,在阜南村、阜丰村部分地域征地 40 公顷新建城东新区湿地公园,30 日举行开工奠基仪式。

6 月 29 日,上川钢材交易市场开工建设。

7 月 2 日,国土资源部部长徐绍史到丰察看大中镇阜丰村万顷良田建设工程现场。

7 月 21 日上午,山东省无棣县党政代表团到丰考察,参观大中镇工业园。

7 月 27 日上午,洪泽县党政代表团参观考察大中镇工业园区。

8 月 11—14 日,全国爱卫办组织专家组对大丰市创建国家卫生城市工作进行技术评估,大中镇近郊村、城乡接合部和单位、社区卫生达到国家卫生城市要求。11 月 9—15 日,全国爱卫办对市和大中镇创建国家卫生城市工作进行考核鉴定,大丰市被全国爱卫会命名为“国家卫生城市”。

8 月 26 日,大丰市第五小学参加盐城市体育传统项目学校乒乓球比赛,季凯获男子单打冠军。

9 月 1 日,大中镇增设滨河、新德 2 个居委会。

10 月 21 日,位于大中镇阜丰村境内的农副产品批发市场项目开工建设,占地 13.33 公顷。

同日,大中镇籍运动员於秀敏在第十一届全运会女子飞碟双向比赛中夺得冠军。

10 月 28 日,新丰中学新校区(在大中镇阜丰村境)开工建设。

10 月,“裕华大蒜”地理标志产品通过农业部评审,成为盐城市第一个农产品地理标志。

11 月 9 日,全国人大常委会委员黄镇东回家乡调研视察。

是年,裕华镇 2666.67 公顷蒜薹销售收入突破亿元大关,创历史纪录。

是年,裕华镇万亩土地整治项目在海丰村正式实施,净增耕地 69.28 公顷。

2010 年

1 月 1 日,第二代残疾人证启用。

1 月 16 日,城西菜市场开业。

3 月 1 日,第五小学少先队被江苏省少工委授予“江苏省优秀少先队集体”称号。

3 月,大丰市专业市场现代服务业集聚区被命名为“盐城市级重点服务业集聚区”。

4 月 15 日,农业部产业政策与法规司司长张红宇到丰调研,察看“丰收大地”及裕华镇农民资金互助合作社等现场。

5 月 1 日,大中镇第四次镇志编修工作启动。

5 月 13 日,泰兴市党政代表团到丰考察,察看大中镇恒北村早酥梨生产基地、“丰收大地”高效农业示范园及裕华大蒜生产合作社。

5 月,同德村建立村级职代会制度,为盐城第一家。

6 月 1 日,省长罗志军在大丰视察调研时参观考察“丰收大地”,给予很高评价。

6 月 2 日,中央电视台《新闻联播》节目第 2 条新闻以《巧用盐碱土,种出新产业》为题,介绍“丰收大地”发展盐土农业的经验和做法。

6 月 12 日,农业部种植业司司长叶贞琴来丰调研,实地察看“丰收大地”及裕华镇万亩玉米高产创建示范片。

6 月,大丰市委市政府驻地从大刘路 1 号搬至大华路 1 号。

7 月,“丰收大地”被江苏省人民政府认定为首批“江苏省现代化农业产业园区”,“丰收大地”品牌获国家商标注册。

8 月 1 日,裕华镇垃圾压缩中转站在全市率先建成,并投入使用。

8 月 12 日,乡镇区划调整,裕华镇并入大中镇,组建新大中镇。

8 月 17 日,大中镇和瑞村、龙福村、建设村(不含八组)划归市经济开发区管辖。

8 月 18 日,大中工业园区 20 万吨大富豪啤酒项目签约仪式在新词大酒店举行。市长陈平,市委常委、市政协主席韦新,市委常委、常务副市长吴家祥,副市长石根美,南通市通州区人大常委会副主任、江苏大富豪啤酒有限公司董事长易昕,江苏大富豪啤酒有限公司总经理胡金成,大中镇党委、政府主要负责人等出席签约仪式。

8月20日,全镇以“听呼声、办实事、搞宣讲”为主要内容的“进村入户”工程启动。

9月,全国第六次人口普查工作启动。

10月16日,大中镇成立重特大项目建设指挥部,党委书记董坤任政委,镇长沈刚任总指挥。

10月25日,建设村八组划归德丰村。

12月,大中镇被江苏省环境保护委员会授予“江苏省环境优美乡镇”称号。

是月,德丰村被国家人口计生委、国家计生协会命名为“人口计划生育基层群众自治示范村”称号。

是年,大中镇推进亿元以上项目24个,总投资逾100亿元。

是年,大中镇被命名为“江苏省社区教育示范乡镇”。

是年,1990年出生的大中镇人陈湘雯获得第八届CCTV电视模特大赛浙江赛区(江、浙、沪)10强之一,并获中国内衣模特大赛“十佳内衣模特”称号。

是年,大中镇工业园区建成8平方千米核心区,基础设施投入3.29亿元,达到九通一平,入园企业172家,项目总投资18.28亿元,7000名员工就业,入园企业实现销售收入21亿元。

是年,全镇投入资金559万元,改厕27927户,无害化卫厕户达26586户,建立垃圾集中收集池1817个,收集生产、生活垃圾7135吨,无害化肥料处理7135吨,无害化卫厕普及率达99.3%。同德、阜丰、海防、红花、德丰建成省级卫生村。

2011年

2月19日,大中镇召开第十五次党代会,董坤当选党委书记。

2月22日,大中镇召开第十六届人民代表大会第一次会议,董坤当选大中镇第十六届人民代表大会主席团主席,沈刚当选镇长。

4月15日,省全面小康达标综合考察组到镇考察,实地参观恒北村、丰收大地等现场。

4月18日,江苏省中兴石材项目与大中镇成功签约,项目总投资1.5亿元。

5月13日,江苏省农村科技服务超市大丰分店在大中镇裕华小街开张营业。

5月31日,《新大中》创刊。

5月,海丰、元丰、双喜、恒南、阜丰5个村建成盐城市生态村。

6月7日,大中镇获“国家级生态乡镇”称号。

6月28日,江苏省海聆梦集团新厂区在大中工业园落成。

7月6日,总投资8亿元的全丰重工(苏州)有限公司与韩国KCP重工株式会社合作生产的混凝土泵车、搅拌车、强力吸引车在上海招商推荐会上与大中镇成功签约。

10月15日,镇工业园区发生一起建筑重大安全事故,致5人死亡,1人重伤。

12月20日,同德村荣膺“国家文明村”称号。

是年,新开工1亿元以上项目18个(其中5亿元以上重大项目7个,1亿元以上工业项目11个)。1亿元以上项目中,联鑫钢铁一期、海聆梦家纺、苏创气体、神力齿轮、鑫宇家纺、上川钢市、海聚汽配、金品苑葡萄园等项目竣工投产(营业),创丰重工、华悦纺织、怡卡莲家纺、丰尚国际、瑞丰商业、丰辉食品、久禾食品、苏农农资农机市场等项目开工建设,总投资8亿元的创丰重工(填补了大中镇重型装备制造战略性新兴产业项目的空白)、投资5亿元的星峰镀锡板、投资2000万美元的法国磨锐泵、投资3亿元的港池码头、投资5亿元的五金建材市场等重特大项目成功签约落户,总投资5.5亿元的西郊生态公园一期33.33公顷启动区建成,现代物流园旅游文化用品市场、医药仓储物流等现代服务业项目成功落户。

是年,阜南、阜丰、同德、德丰、阜北、大新、泰西等村取消农民筹资筹劳负担。

是年,全市城乡供水一体化年终考核,大中镇名列大丰市第一,率先在全市实现城乡供水到户全覆盖,全镇29个村全部通过“3+1”(农村水环境整治、生活垃圾处理、生活污水处理,城乡供水一体化)合格村验收,恒北、泰西、同德、元丰、新团、光明、老坝等村通过优良村验收。

是年,大中镇被省公路局评为农村公路养护示范镇。

是年,投资1200多万元的大中镇幼儿园嘉英阳光分园建成开园。

是年,大中镇被表彰为盐城市人口文化示范镇,金丰街道和城区计生办被评为江苏省巾帼文明岗,同德村建成江苏省“五星级”农家书屋。

是年,投资200多万元,在全镇所有主要交通进出口及各村主要公共场所安装治安技防设施,实现联网运行。

是年,全镇实现国内生产总值65.83亿元,完成财政总收入8.14亿元,实际利用外资3000万美元,主要经济指标在盐城市重点镇排名名列前茅,受到大丰市表彰。

2012年

5月18日,省地方志委员会副主任蔡金良一行到镇调研镇志编修工作。调研组察看《大中镇志》的资料长编、翻阅大中镇25个村的村志,对大中镇镇志、村志编修工作给予充分肯定,指出大中镇村志编修工作全省领先。

12月29日上午,国家主席胡锦涛在江苏省省委书记罗志军、省长李学勇等领导陪同下视察恒北村。

是年,九州生态农业示范园成为江苏省二星级乡村旅游点。园区生产的新品油桃、水蜜桃、黄金梨等精品水果成功注册“宝莲灯”商标,申领绿色食品标志。

是年,南翔大道东延工程实施金丰路至五一河段,全长4500米,道路规划红线宽度为68.5米,快车道为双向六车道,两侧辅道按城市主干道标准设计,工程总投资3亿元。

是年,恒北村城乡统筹试点对外开放,建成国家级生态村、省三星级康居乡村和省四星级乡村旅游点。海丰、恒南、光明、老坝等村建成二星级康居乡村,29个村通过村庄环境整治合格村验收。

是年,“丰收大地”现代农业示范区获农业部、国家旅游局颁发的“全国休闲农业与乡村旅游示范点”称号。

是年,中国野生动物保护协会授予大中镇第二小学为“中华麋鹿文化传播学校”。

是年,大中镇划东宁路以东、南翔路以北、五一河以西、通港大道以南面积13.26平方千米,设置城东新区。

是年,大中镇至大丰港快速公交(BRT)开通,实行公车公营,无人售票,每日运营48个班次。

是年,全镇实现国内生产总值70.95亿元,完成财政总收入10.56亿元,实际到账外资3000万美元,主要经济指标在盐城市重点镇排名名列前茅。在大丰市目标政绩考核中获全市综合先进第一名,涉及镇26个单项奖中获得23个奖项,其中16项排名第一。

2013年

4月12日上午,2013首届“恒北恒美、梨缘天下”江苏恒北梨园风光乡村游活动在大中镇恒北村正式启动。该次活动以“恒北恒美、梨缘天下”为主题,从4月12日到18日,为期6天。同时,恒北村梨园风光为省四星级乡村旅游点。恒北村被评为江苏省最具魅力休闲乡村、全国休闲农业与乡村旅游示范点。

4月26日,总投资5亿元的盐城大富豪20万吨啤酒项目竣工投产。

5月26日，投资8亿元的央企恒天创丰重工项目在城南新区开工建设。

7月13日，中共中央政治局常委、全国人大常委会委员长张德江视察恒北村。

8月5—6日，省人大常委会副主任赵鹏率省人大代表省直盐城组到大丰调研城镇化建设工作，并实地察看恒北村城乡统筹建设项目现场。

10月10日，大中科技创业中心被省科技厅列为省级科技企业孵化器。

10月25日，恒北村获“2013农业部最美乡村示范村”“全国一村一品示范村”“全国十佳小康村”“江苏省最美乡村”等称号。

10月26日，恒北村党总支书记李晓霞作为中国妇女“十一大”江苏代表之一赴京参会，是大丰市妇女史上首位全国妇女大会代表。

10月28日，大中镇再获江苏省“文明乡镇标兵”称号。

12月11日，省委常委、宣传部部长王燕文到大中镇恒北村调研。

12月22日，新德社区获“国家地震安全示范社区”称号。

12月28日，大中镇荣膺江苏省第三批创新型试点镇。

是年，“丰收大地”列入江苏春季游精品景点。

是年，泰西、红花建成江苏省三星级康居乡村，泰西村荣获“国家级生态村”称号。

是年，农村“3+1”工程管理机制实现常态化，城南污水处理厂、新团垃圾压缩站建成投入运行。

是年，苏北敬老院“大中敬老院”建成。

是年，恒北、阜丰村获“江苏省文明村”称号，新德、新街社区获“文明社区”称号。

是年，滨河社区获国务院侨务办公室颁发的“侨务宣传角”奖。

是年，农业部优质农产品开发服务中心发布《2013年度全国名特优新农产品目录》，大中镇恒北村麋鹿早酥梨专业合作社生产经营的早酥梨被评定为蔬菜类和果品类全国名特优农产品。

是年，大中镇在大丰市目标政绩考核中，全镇实现国内生产总值79.35亿元，完成财政总收入12.95亿元，实际到账外资3000万美元，主要经济指标在盐城市重点镇排名名列前茅，涉及镇21个单项奖中获得18个奖项，其中11项排名第一，获大丰市综合先进第一名。

是年，大中镇获“江苏省文明乡镇标兵”称号。

2014年

3月31日，省委宣传部副部长司锦泉到“丰收大地”调研。

4月1日，大中镇举办首届知识产权培训班，南京利斗知识产权专利所专家邵珑专程为大中镇50多家企业67名技术管理人员进行讲解培训。

4月6日，大中镇敬老院重建搬迁并投入使用。

4月10—13日，省长李学勇在大中镇恒北村进行“三解三促”驻点调研。

4月17日，省文化厅公共文化服务体系建设专家委员会一行到大中镇验收指导公共文化服务体系示范镇建设工作。

4月22—24日，省委宣传部组织《新华日报》《扬子晚报》《现代快报》等主要新闻媒体到大中镇集中采访宣传“最美基层干部”恒北村党委书记李晓霞的事迹。

6月18日，西郊生态公园二期工程正式对外开园，盐城市市委常委、大丰市市委书记倪峰，市长陈平等市领导和群众一起参加开园仪式。

7月，“丰收大地”现代农业示范区被列入第八批国家农业综合标准化示范项目，成为大丰市唯一获此殊荣的单位。

8月31日，大中镇社区教育被联合国科教文组织授予“农业社区学习中心”项目实验点，在苏北为唯一一家。

8月，大中镇文化站被评定为“全国一级乡镇综合文化站”。

9月19日，大中镇在港区半岛温泉酒店举行欧洲客商投资环境推介会，来自法国、比利时、荷兰以及欧盟商会等国家和团体共50多名客商参加推介会。

12月1日，省长李学勇到恒北村调研考察。

是年，法国安塞磨锐通用机械投产，民力机械、乐丰纸业、大学生创业园、美满1号温泉、太平禅寺等7个亿元项目开工，恒天创丰重工、水上乐园等4个亿元项目竣工，法国玛甘农业机械、广东恒大废旧轮胎低温研磨橡胶粉、南方集团饮料食品等项目成功签约，新培植裕丽日化、百川金属材料等6家规上工业企业，海聆梦集团开票销售突破8亿元；大富豪啤酒与全球最大啤酒生产商百威英博重组成功，多为集团与世界500强企业法国佛吉亚集团开展战略合作，丰泰机电、中德精锻等4家企业成功申报省级高新技术企业，多为集团、民力阀门、金色热处理获“国家高新技术企业”称号。

是年，城南新区被认定为“江苏省中小企业二星级公共服务平台”6.5万平方米大学生创业园一期封顶，20万平方米全民创业园标房扩容正式启动。

是年，服务业集聚区电商产业园一期工程项目投入运营。

是年，“丰收大地”获全国少年农业科普示范基地称号，同时被评为四星级全国休闲农业与乡村旅游示范点，建成省级农产品加工集中区，与中国农科院信息所成功签订全面战略合作协议。

是年，专业市场现代服务业集聚区西郊公园二期竣工开园，电商产业园电商企业入驻经营。

是年，上海—恒北、南京—恒北旅游直通车开通。

是年，恒北村建成“全国农村科普示范基地”，被列入科技部长三角地区美丽乡村示范点，获江苏省最具魅力休闲乡村金牌村，被国家卫计委列为“新家庭计划——家庭发展能力建设”试点村。泰西村、红花村建成三星级康居乡村示范村，新团村列为省美丽乡村示范点，光明村建成省林业示范村。

是年，6666.67公顷大蒜标准化基地建设启动，恒北早酥梨被评定为全国名特优新农产品，获国家地理商标标志。

是年，大中镇在大丰市目标任务涉及乡镇的22项考核中，18项榜上有名，其中12项名列第一。全年实现GDP 89.3亿元，增长12.6%；规模以上工业企业开票销售36.5亿元，增长13.1%；完成财政总收入15.36亿元，增幅全市镇级第一，名列盐城市乡镇榜首。

2015年

1月6日，华东地区首家阿里巴巴“农村淘宝”项目落户大中镇电商产业园，首批2个村级服务站、农村电商O2O恒北实验田同步开业。

2月14日，大丰市市委决定，董坤不再担任大中镇党委书记，沈刚任大中镇党委书记，席刚任大中镇人民政府镇长。

2月28日，恒北村荣获“全国文明村”称号。

3月11日，江苏省副省长许津荣到恒北村调研农村生态文明建设。

3月19日，镇第十六届人民代表大会第六次会议召开，选举沈刚为大中镇人大主席团主席，席刚为大中镇人民政府镇长。

第一章 镇区环境

大中镇位于大丰市中部,是大丰市市委、市政府所在地,大丰市政治、经济、军事、文化中心。民国16年(1927)始建大中集,1929年,大中集按行政建制定名大中镇。

历史上,大中镇在盐政上曾先后分隶刘庄场、草堰场,行政上则先后分属兴化县、盐城县、东台县。1942年,台北行署从东台县析出,新置台北县,大中镇隶属台北县。1951年,台北县更名大丰县,大中镇隶属大丰县。1996年,撤销大丰县设立大丰市,大中镇隶属大丰市。

新中国成立后,大中镇先后由大中镇与大道公社、大兴公社、新团镇、裕华镇相继合并重组。

2010年年底,大中镇下辖29个行政村、20个社区居委会,总人口18.07万人,有土家族、高山族等5个少数民族。

大中镇境域成陆始于宋朝中期,讫于清朝初年,沧海桑田,至今约900年历史。2010年,全镇东西长约28千米,南北宽约15.5千米,呈多边形,总面积289平方千米。地面海拔高程在1.9~3.8米之间。境域有老斗龙港、大丰干河、中子午河、西子午河、南中心河、新团河、八灶河、北中心河和沈海高速、226省道、332省道、陈李省道,刘裕、新龙、沈方县道等水陆干线。大中镇属亚热带与温带的过渡地带,平均气温为14℃,常年降水量为1068毫米。

第一节 镇 区

一、建置沿革

历史上,大中镇区域隶属、区划变化无常,盐政、行政分分合合。新中国成立后,大中镇与大道公社、大兴(阜丰)公社、新团镇、裕华镇先后合并重组。

盐政、盐垦 南宋绍兴十八年(1148),淮南海陵监增置刘庄场,大中镇老斗龙港以西区域自成陆起即系刘庄场属地,隶淮南海陵监。绍兴三十年(1160),丁溪、刘庄场合并为丁溪刘庄煎盐场。

元天历元年至至正十三年(1328—1353),两淮建立了29盐场,草堰场是其中之一,大中镇老斗龙港以东区域是草堰场属地,与刘庄场同隶淮南海陵监。

明洪武元年(1368),两淮盐运司建立泰州分司,草堰场隶泰州分司,刘庄场隶淮安分司。清乾隆前,草堰场属泰州分司,刘庄场属淮安分司;乾隆后,草堰场、刘庄场同属泰州分司。

清嘉庆二十三年(1818),两淮盐运司泰州分司勘查草堰场阔港以西、老斗龙港以东新淤沙荡1万公顷,分给11户盐商发展商亭,今大中镇老斗龙港以东区域系泰州分司新勘草堰场新淤沙荡。

1912年,刘庄场并入草堰场,今大中镇区域统隶草堰场。

1918年,大丰盐垦公司成立。1922年,裕华垦植公司成立。今大中镇境域老斗龙港以东地区分属大丰盐垦公司、裕华垦植公司。

行政 南宋绍兴十九年(1149),复置兴化县,刘庄场系兴化县属地,今大中镇老斗龙港以西区域随属之。

元天历元年至至正十三年(1328—1353)期间草堰场建立,今大中镇老斗龙港以东区域归草堰场辖,行政上属泰州海陵县。

明万历四十七年(1619),刘庄场区域改隶淮安府盐城县,今大中镇老斗龙港以西地区随隶盐城县。

清乾隆二十八年(1763),淮安分司改称海州分司,刘庄场划归泰州分司,行政上由盐城县改隶兴化县。

乾隆三十三年(1768),泰州东北部拆置东台县,大中镇老斗龙港以东区域隶东台县,以西仍隶兴化县。

1912年,地方自治,实行市乡制,大中镇老斗龙港以东区域属东台县四团市,以西区域属兴化县刘庄市。

1927年,市乡废除董议两会,改设行政局,今大中镇老斗龙港以东地区属东台县四团行政局,老斗龙港以西地区属兴化县刘庄行政局。是年,大丰盐垦公司阜丰区境内建立大中集(原意为大丰盐垦公司中心集镇)。

1929年,东台县政府将大中集按行政建制定名为大中镇,同时在大中集东7.5千米处建立裕华乡。是年,东台县撤销四团市行政局,建立东台县第九行政区,今大中镇老斗龙港以东区域隶东台县第九行政区。是年,兴化县撤销刘庄行政局,建立兴化县第六区,实行乡、镇、闾、邻制,今大中镇老斗龙港以西地区隶兴化县第六区,同时改新团灶为新团乡。

1940年10月,抗日民主政府在东台县台北地区建立第九行政区,今大中镇老斗龙港以东地区隶第九行政区。同时在老斗龙港以西盐城县刘庄区建立人民政权,不久,刘庄区划为兴化县第六区。

1941年5月,抗日民主政府将东台县第九区划分为垦区、小海、西渣三个区,今大中镇区域老斗龙港以东地区隶垦区。7月,兴化县抗日民主政府划第六区范公堤以东的16个乡建立堤东区。今大中镇老斗龙港以西地区隶兴化县堤东区。同月,大中镇沦陷,汪伪政权在东台县第九区区域设汪伪东台县第十区,并在大中镇建立伪区公所。10月,抗日民主政府建立东台县台北行署,辖原东台县的垦区、小海、西渣三个区,今大中镇老斗龙港以东区域隶垦区。

1942年5月,抗日民主政府撤销台北行署建立台北县,今大中镇老斗龙港以东区域隶台北县垦区。

1943年3月,兴化县堤东区改隶台北县,今大中镇老斗龙港以西区域随隶台北县。

1944年11月,台北县并入东台县,今大中镇区域随隶之。

1945年9月,大中镇光复。垦区从东台划出,建立苏中大中特区(县级),今大中镇区域隶大中特区。11月,撤销大中特区,重建台北县,设垦南、垦北、堤东等八个区和县属大中镇。今大中镇老斗龙港以东区域分隶垦南区、垦北区,大中镇城区为县直属镇。

1946年5月,撤销县属大中镇,建立大中区。12月,撤销大中区,重建垦南、垦北区,今大中镇二卯西河北区域划垦北区,河南划垦南区。

1947年9月,建立大中市(区级),大中镇隶大中市,大中镇二卯西河南为卯酉镇、河北为大中镇。11月,撤销大中市,恢复大中区,大中镇、卯酉镇隶大中区。

1948年初,大中镇、卯酉镇合并,恢复大中镇。

1949年10月,中华人民共和国成立,大中镇隶台北县大中区,原裕华乡分隶台北县垦南区、垦北区,老斗龙港以西区域隶台北县堤东区。

1951年8月,台北县改名大丰县。

1954年8月,撤销大中区,大中镇为县直属镇,大中区的二卯西河南地区隶垦南区,二卯西河北隶垦北区。

1956年3月,撤销垦南、垦北区,重建大中区,今大中镇老斗龙港以东区域改隶大中区。10月,撤销大中区，原大中区划为新丰镇、大中乡、新丰乡、南阳乡、裕华乡。同月，撤销刘庄区，原属刘庄区的南灶、新团和八东等乡合并新建新团乡，此时大中镇、大中乡、裕华乡、新团乡直隶大丰县人民委员会。是年，堤东区更名刘庄区，今大中镇老斗龙港以西地区隶刘庄区。

1958 年 9 月，成立大道人民公社，公社管理生产大队，将大中镇改名为大道人民公社大中镇生产大队，大中乡改为大中生产大队，裕华乡改为裕华生产大队，撤销新团乡、龙堤乡，建立新团卫国人民公社，今大中镇老斗龙港以西地区隶新团卫国人民公社。

1959 年 3 月，裕华大队从大道人民公社划出，建立裕华人民公社，新团卫国人民公社划八灶河以北地区建立龙堤人民公社，新团卫国人民公社更名新团人民公社。大道公社、裕华公社、新团公社隶属大丰县人民委员会。

1960 年 11 月，大中镇大队从大道公社，划出成立大中分社，受大道公社和大丰县人民委员会双重领导。

1962 年 4 月，大中分社单独成立大中镇人民公社，直隶大丰县人民委员会。

1965 年 7 月，撤销大中镇人民公社，建立大中镇人民委员会，隶大丰县人民委员会。

1966 年 2 月，大道人民公社划出二卯西河北的阜丰、阜北、阜南、大新、同德、新德、德丰、德西大队，建立大兴人民公社（1981 年易名阜丰人民公社）。大道人民公社、大兴人民公社同隶大丰县人民委员会。

1983 年 6 月，阜丰、大道人民公社并入大中镇，成立大中镇人民政府，实行镇管村体制，隶大丰县人民政府。

1996 年 8 月，大丰撤县设市，大中镇为大丰市直属镇。

2001 年 4 月，新团镇并入大中镇。

2010 年 8 月，裕华镇（2001 年 6 月王港乡并入裕华镇）并入大中镇，合并后的大中镇隶大丰市。

二、治所

1920 年，大丰盐垦公司计划在万丰区西南匡（今市政府向东 500 米左右）划地 133.33 公顷建一集镇，始拟名为大丰镇（为大丰公司最大集镇，故以公司命名），后因财力不济，1927 年，将镇基移至阜丰区西南匡（现址），划地 13.33 公顷建镇（实际划 6.67 公顷），因此集镇处于大丰盐垦公司中部，故取名大中集。1919 年开挖二卯西河，1922 年开挖西子午河，大丰盐垦公司先后在阜丰区西南匡的二卯西河上建木桥一座，取名“中孚桥”。在二卯西河南岸的西子午河出二卯西处建一小闸（实为涵洞），人们俗称小闸口，当时此地名称不一，有称卯西河，也有人叫小闸口。建镇前，此时的卯西河（小闸口）只住有沈和尚、吴恺杨、陈加邦三户人家摆设摊头，经营日杂生活用品。1927 年建镇当年，建公司用房 30 余间，警察所十余间，地址在今大新桥西北侧。

1929 年，大中集按行政建制列为大中镇（隶国民政府东台县九区），镇公所设在济生恒花行（建国后的大中税务所，今商业街民主巷台北饭店北侧）。1932 年，移至张永昌花行（建国后的百货公司办公室，今鸿基商业街中部）。1941 年建立垦区人民政权，垦区区署设在原国民党农业银行解放后的大丰中学（今丰中名邸小区）。1943 年 5 月，伪十区将区公所移至大中小学（二卯西河南，建国后的大中轧花场，今恒达世纪新城小区）。1945 年 9 月，大中集光复，设立大中特区公署，驻大生纱厂内（建国后的大道供销社，今大华路鸿基大厦西侧）。1947 年 9 月，设立大中市，大中镇划为大中、卯西两镇，大中镇公所设在二卯西河北（建国后的大道供销社，今大华路鸿基大厦西侧），卯西镇公所设于当万圣粮行（二卯西河南，今人民桥西南侧民政局址）。

1948 年，大中镇、卯西镇合并建立大中区，区公所设于原卯西镇公所。1954 年，撤销大中区，大中镇改县属镇，镇政府设在大安药店西侧袁氏住宅内（人民南路 90—3 号址，今农村商业银行城中支行东南侧）。1956 年初，大安药店撤销，房产归大中镇政府。1970 年左右，旧房相继拆除，先后建座北面南三层楼房1栋,平房10余间以及面向东的门楼。

1958年,成立人民公社,大道人民公社在人民路35号(今大中镇政府)建社址。是年,建平房5栋约500平方米,1982年在平房的北侧建1栋3层楼房,600多平方米(今南楼)。

1983年,大中镇、大道公社、阜丰公社合并建立新的大中镇,镇政府移址人民路35号(原大道公社社址)。1984年,在楼房的北侧建1栋4层楼房,900多平方米(今北楼),同时建门楼。

1992年,在两栋楼之间西侧建1栋3层楼房,400余平方米。2015年10月将南、西、北楼连接合为一体。

三、行政区划

盐政、盐垦 明朝初年,今大中镇西部区域建有七灶团、新团、八灶团等煎盐亭场。

清乾隆十三年(1748),《刘庄场图》记载:"刘庄场界址南至界牌头,北至大团河,东至斗龙港",今大中镇老斗龙港以西区域内有八灶坎、九灶、南锅灶、北锅灶、北灶、王家灶、斗龙港灶,斗龙港以东地区系草堰场属地,有双棚子、卯花墩灶等煎盐场亭。

清嘉庆二十三年(1818),草堰场复勘嘉庆七年所建淤沙,剔除一些水泊、沟塘、牛车路等废地。把能够配煎的土地,逐块丈量分派给盐商和灶户。港西淤沙共五段(按:此港即阔港,康熙、乾隆时期本洋淤浅后的中泓)。港西第二段:南起石港,北至老蛤蜊港,东到海边光滩,西至斗龙港,剔除废地,得地21分,共2244.13公顷,应征折价银168.31两,分给李集庆、柴怡泰、洪修德、罗荣泰、洪豫立、鲍履顺、江立初、江荆发、洪泰未、陈谦质。

嘉庆二十四年(1819),草堰场将阔港以东新淤,分段派给灶户配煎。港东第二段:95公顷,应征折价银7.125两,派给灶户陈月桂、陈启太、陈汉楷等9户(约在今裕华小街丰裕村一带)。港东第三段:233.47公顷,应征折价银17.512两,派给灶户陈邦安、陈元义、葛松岩、董仰和等25户(约在今晋丰、晋北一线区域)。

1918年,大丰盐垦公司成立,下设35个管理区,今大中镇区域内有德丰区、阜丰区、泰丰区、恒丰区、瑞丰区、和丰区、福丰区、万丰区、晋丰区、元丰区。1920年创办瑞丰公司。

1922年,成立裕华垦植公司,辖从大丰盐垦公司购买的永丰、顺丰、利丰、厚丰、定丰、正丰、晋丰、元丰、余丰、广丰、吉丰11个区15133.33公顷土地。

1930年,裕华垦植公司退还大丰盐垦公司元丰、余丰、吉丰3个区,同时将剩下的8个区改为天华乡、地华乡、元华乡、黄华乡。是年,大丰盐垦公司将退还的元丰、余丰、吉丰三个区抵卖给商记垦团。

行政 1923年,国民政府兴化县行政区划为17市乡镇庄舍,今大中镇老斗龙港以西区域内有八灶团、新团、新团灶、正南灶、正北灶、王南灶、皂角树、九灶头、南坎、焦家灶、王家灶、高家舍等庄舍,归兴化县刘庄市管辖。

1929年,国民政府东台县将大中集按行政建制定名大中镇。

1931年,国民政府东台县实行乡、镇、闾、邻制,将18个市乡行政局改设为9个行政区(大中镇隶东台县第九区),将原大丰、裕华两公司划分为大中、裕华、新丰、南阳四镇,大中镇行政上下辖大丰盐垦公司的德丰区(今同德、大新、德丰)、阜丰区(今阜南、阜丰、阜北)、泰丰区(今泰西、泰丰、双喜)、和丰区(今红花)、瑞丰区(今和瑞、开发区新民居委会),设裕华镇,行政上下辖裕华公司的天华乡、地华乡、商记垦团部分区域和万丰区、福丰区(稍后,万丰区、福丰区划入大中镇)。是年,兴化县刘庄行政局改为兴化县第六区,老斗龙港以西区域的八灶团改为商蔡乡(今八灶村部分),新团灶改为新团乡。

1934年,国民政府推行保甲制。是年,大中镇划为28个保,福丰区为第1、2、3保,泰丰区为第4、5、6、7、8保,和丰区为第9、10保,瑞丰区划为第11、12保,大中镇城区划为第13、14、15、16保,万丰区划为第17、18、19、20保，阜丰区划为第21、22、23、24、25保，德丰区划为第26、27、28保，后来城区又增设第29、30保。裕华乡设15个保，裕华小街为第7保，今海防村为第8保（注：1～6、9～15保因资料不全无法界定）。新团镇区域设14个保，商蔡乡（今八灶部分）为第1保，新团村是第5、6保，光明村为第8、9保（注：2、3、4、7、10、11、12、13、14保缺少资料无法界定）。

1940年10月，东台县在台北地区建立九区人民政权，大中镇隶九区，同时盐城县在刘庄区建立人民政府，将蔡乡划为八东乡、南灶乡，新团乡、八东乡、南灶乡隶刘庄区。

1941年5月，建立垦区区署，下辖大中、新丰、南阳、裕华4个乡镇，大中镇下辖大丰盐垦公司的德丰区（今同德、大新、德丰）、阜丰区（今阜南、阜丰、阜北）、泰丰区（今泰西、泰丰、双喜）、和丰区（今红花）、瑞丰区（今和瑞、开发区新民居委会）、恒丰区（今恒南、恒丰、恒北）万丰区和福丰区。

1942年3月，抗日民主政权在晋丰、广丰地区划建晋广乡，在福丰、成丰地区划建福成乡。5月，吉裕乡的通遂地区划建通遂乡，吉裕乡的元丰、吉丰地区划建元吉乡，在恒丰、成丰地区建立恒成乡。

1943年3月，在恒丰以及附区划建恒附乡，在德丰、同德地区建立同德乡，在阜丰、万丰地区建立阜万乡，在鼎丰、裕丰地区建立鼎裕乡，在泰丰、和丰、瑞丰地区建立泰和瑞乡。11月将裕华乡改名为朝荣乡。

1944年11月，台北县并入东台县，在原恒成乡、恒附乡、同德乡、阜万乡、泰和瑞乡的区域内民主选举建立福丰乡、恒泰乡、和瑞乡、阜万乡、同德乡5个乡政府。12月，晋广、福成两乡合并建立中心乡。

1945年1月，在鼎丰、万丰地区建立鼎万乡，撤销附区，划属祥丰乡，原恒丰地区划给泰恒乡。5月，鼎万乡与朝荣乡合并建立烈士乡，阜万、同德两个乡合并建立四丰乡。9月，大中镇光复，建立大中办事处（11月恢复大中镇只辖城区）。11月，在烈士乡的基础上重建朝荣乡、烈士乡，在原吉裕乡区域设吉南、吉北、元丰三个村，撤销文宝乡，建立晋广、福成两个乡。

1946年1月，撤销晋广乡，建立中东、地东、晋丰3个村；撤销福成乡，建立东南、中南、西南、西北、中北、东北、成东、成西8个村。2月，堤东区八东乡划为新港乡和八东乡。5月，撤销县属大中镇，建立大中区，德丰乡、阜丰乡、恒丰乡、泰丰乡、和瑞乡和大中镇。其时，隶大中区的大中镇下辖民主街、光明街、农村街、宏福街、联福街、正大街、节约街、自由街、生产街、新民街。12月，大中区撤销，以二卯西河为界，河南建立垦南区，河北建立垦北区。

1947年9月，大中镇镇区划为大中、卯西两镇（二卯西河南为卯西镇、河北为大中镇），大中镇辖农村街、光明街、民主街、光荣街、联福街、幸福街、宏福街，卯西镇辖生产街、翻身街、正大街、节约街、自由街、发扬街、民主街。11月，恢复大中区，下辖德丰、阜丰、恒丰、泰丰、和瑞和大中镇。卯西镇并入大中镇。是年，实行小乡制，大中区五乡一镇划为大中镇、德丰乡、阜丰乡、泰中乡、泰东乡、泰西乡、瑞南乡、瑞北乡、和南乡、和北乡、恒南乡、恒北乡12个乡镇。

1947年2月—1949年9月，原裕华乡区域撤村恢复乡，相继重建朝荣乡（天南乡）、天北乡、烈士乡（鼎万乡）、忠跃乡、裕西乡、晋广乡、晋丰乡、福成乡、团结乡（福丰乡）、联合乡（福南乡）。

1948年1月，堤东区新团乡析出新东乡（1949年1月易名沿港乡），南灶乡划为南灶乡、爱邦乡和新港乡。

1949年10月，大中区下辖大中镇、德丰乡、阜丰乡、泰西乡、泰东乡、泰中乡、恒南乡、恒北乡、瑞南乡、瑞北乡、和南乡、和北乡12个乡镇。1950年3月泰东、泰中、泰西乡合并为泰丰乡，和南、和北、瑞南、瑞北合并为和瑞乡，恒南、恒北合并为恒丰乡。是年，原裕华乡区域元丰乡、晋丰乡、福丰乡、元吉乡（属今南阳镇）划垦南区辖，朝荣乡（天南乡）、天北乡、裕西乡、忠耀乡、烈士乡、鼎丰乡、万丰乡划垦北区辖。

1954年8月，撤销大中区，大中镇改为县属镇。原大中区的德丰乡、阜丰乡隶垦北区，泰丰乡、恒丰乡、和瑞乡隶垦南区。

1955年4月,沿港乡并入新团乡。

1956年3月,撤销垦南、垦北两区,重建大中区,下辖祥丰、福成、吉裕、晋广、恒泰、和瑞、裕华、鼎万、阜裕、同德、益仁乡、新丰镇,大中镇为县属镇,堤东区更名刘庄区,新团乡、八东乡、南灶乡隶刘庄区。10月,撤销大中区,建立新丰镇、南阳乡、大中乡、裕华乡、新丰乡、大中镇。是年,乡镇下辖高级农业生产合作社,大中乡下辖新民、瑞丰、和瑞、刚强、超产、合意、双喜、美满、长春、联盟、大道、大新、新星、德西、新德、同德高级农业生产合作社,裕华乡下辖民裕、五星、宝塔、高潮、高产、海防、荣兴、高裕、天水、大兴、海丰、太源、丰裕、努力、兴旺、解放、友爱、鼎中、黎明高级合作社和裕华居委会。

1957年1月,大中镇城区建立光华、大新、老街、新街、水上5个居民委员会。5月,南灶、新团、八东3个乡合并重组新团乡,下辖光明、新团、永久、新联、长安、河口、北灶、同圣、兴隆、远景、建设、龙福、老坝、营南、八灶(卫国)15个高级合作社。

1958年9月,大中乡、南阳乡、裕华乡、新丰乡(1957年5月新丰镇并入新丰乡)、大中镇合并为大道人民公社。公社成立后,四乡一镇改为5个大队,分别为大中大队、大中镇大队、裕华大队、南阳大队、新丰大队。大中大队下辖和瑞、泰丰、恒丰、阜丰、德丰生产中队,裕华大队下辖晋丰、福丰、万丰、天南、天北、鼎丰生产中队,大中镇大队下辖城区居委会(无下属生产中队)。是年,新团乡、龙堤乡合并为新团卫国人民公社,下辖新团、卫国、北河、兴胜、龙福、龙港、赤旗、大团、万众9个大队管理区。

1959年3月,划小公社范围,新丰、南阳、裕华大队从大道公社划出,另建人民公社。

大道人民公社下辖和瑞、新民、刚强、瑞丰(注:后更名红花,由新民、刚强、超产各划2个生产队组成)、超产、合意、双喜、美满、长春、联盟、阜南、阜丰、阜北、大新、新星、德西、新德、同德、果园场、蔬菜生产大队和大中镇。是年,超产大队划出5、6队,红花大队划出4、5队,建立蔬菜队,阜南生产大队划出部分建立果园场(直属县人民委员会)。裕华人民公社下辖民裕、五星、宝塔、高潮、高产、利民(黎明)、丰裕、努力、兴旺、解放、鼎中、友爱、海防、荣兴、富裕、天北、海丰、太源、大兴(1961年底大兴大队撤销)。新团卫国人民公社更名为新团人民公社,同时撤销管理区,原生产队改为生产大队;7月,以八灶河为界划分为新团、龙堤两个人民公社。新团人民公社下辖东联(后分为光明和新联)、新团、永久、北灶、长安、河口、同盛、兴隆、建设、龙福、老坝、营南、卫国、远景生产大队。

1960年11月,大中镇大队改为大中分社,隶属县政府和大道公社双重领导,下辖城区、老街、新街、光华(大华)、大新居委会和蔬菜大队(1972年易名城郊)。

1961年,大中分社新增红星居委会、卫星居委会、红旗居委会、和平居委会、先锋居委会。(以上居委会由于成立时间短,撤销时间无从查考。)

1962年4月,大中镇分社从大道公社划出,成立大中镇人民公社,直属大丰县人民委员会,下辖蔬菜生产大队、果园场生产大队(1962年11月从县人民委员会划入)、大刘路、老街、新街、大华、大新居委会、水上居委会(交通局辖)。大道人民公社下辖新民、和瑞、刚强、红花、超产、合意、双喜、美满、长春、联盟、阜南、阜丰、阜北、大新、新星、德西、新德、同德生产大队。

1965年7月,大中镇人民公社更名为大中镇,下辖蔬菜大队、果园场大队(7个生产队)以及大刘、老街、新街、大华、大新居委会。

1966年2月,解放、鼎中、友爱3个大队划给新丰人民公社管理,利民大队划属大道人民公社管理。同月,建立大兴人民公社,下辖大道人民公社划出的阜南、阜丰、阜北、大新、新星、德西、新德、同德8个生产大队(59个生产队),地址在今阜丰中心路与人民路交接处东。3月,裕华人民公社更名五星人民公社。是年,大道公社下辖11个大队(83个生产队),分别是:新民、和瑞、刚强、红花、超产、合意、双喜、美满、长春、联盟、利民(是年2月从裕华划入);五星公社下辖15大队(123个生产队),分别是:民裕、五星、宝塔、高潮、高产、丰裕、努力、兴旺、海防、荣兴、富裕、天北、海丰、太源、裕华;新团公社下辖15大队(102个生产队),分别是:光明、新团、永久、新联、长安、河口、北灶、龙福、建设、老坝、同盛、兴隆、营南、远景、卫国。

1969年5月,大中镇、大道、大兴、新团、裕华人民公社相继成立革命委员会。此时,大中镇革命委员会下辖蔬菜大队(1972年易名城郊大队,1974年阜南大队七队划属城郊大队,1978年10月红花村4组,新民村7队,同德村1、2、3、4队,阜南村9、10队划入城郊大队)、果园场和老街、新街(朝阳)、光华、大新(革命)、大刘路居民委员会。

大道人民公社革命委员会下辖新民、和瑞、刚强、红花、超产、合意、双喜、利民、美满、长春、联盟11个生产大队革命委员会。

大兴人民公社革命委员会下辖大兴、新星、德西、新德、同德、阜南、阜丰、阜北8个生产大队革命委员会(1978年,大兴公社同德大队划归大中镇)。

新团人民公社革命委员会下辖光明、新团、永久、新联、长安、河口、北灶、同圣、兴隆、建设、龙福、老坝、远景、卫国、营南15个生产大队革命委员会(1979年1月,远景大队更名为八灶大队,卫国大队更名为南灶大队)。

五星人民公社革命委员会下辖民裕、五星、宝塔、高潮、高产、丰裕、努力、兴旺、海防、荣兴、高裕、天北、海丰、太源、裕华15个生产大队革命委员会。

1981年3月,撤销革命委员会,建立大道人民公社管理委员会、大兴人民公社管理委员会、大中镇人民政府、新团人民公社管理委员会和裕华人民公社管理委员会。

大中镇人民政府下辖城郊大队、同德大队、果园场和大刘路、老街、新街、大华、大新居委会。

大道人民公社管理委员会下辖新民、和瑞、刚强、红花、超产(1981年12月更名泰西村)、合意(1981年12月更名泰丰)、双喜、利民、美满(1981年12月更名恒北)、长春(1981年12月更名恒丰)、联盟(1981年12月更名恒南)。

大兴人民公社管理委员会(1981年12月大兴人民公社更名为阜丰人民公社)下辖大新(原大兴)、新星(1981年12月更名为德丰)、德西、新德、阜南、阜丰、阜北大队。

新团人民公社管理委员会下辖光明、新团、永久、新联、长安、河口、北灶、同圣、兴隆、建设、龙福、老坝、八灶、南灶、营南大队。

五星人民公社管理委员会(1981年12月恢复裕华人民公社)下辖元丰(民裕)、晋丰(五星)、晋北(宝塔)、福东(高潮)、福丰(高产)、丰裕、万丰(努力)、忠跃(兴旺)、海防、朝荣(荣兴)、锦龙(富裕)、天祥(天北)、海丰、天北(太源)、裕华大队。

1983年5月,大道人民公社、阜丰人民公社并入大中镇,实行镇管村体制。原大队改名村民委员会。其时,大中镇下辖新民、和瑞、刚强、红花、泰西、泰丰、双喜、利民、恒北、恒丰、恒南、城郊、同德、阜南、阜丰、阜北、大新、德丰、德西、新德、果园场21个村(场),设135个村民小组和大刘路、老街、新街、大华、大新、水上居民委员会。8月,新增设人民北路、沿河、健康东路、大刘新村居民委员会。同月,裕华人民公社更名为裕华乡,下辖元丰、晋丰、晋北、福东、福丰、丰裕、万丰、忠跃、海防、朝荣、锦龙、天祥、海丰、天北村14个村,设128个村民小组和裕华大队。8月,新团人民公社更名为新团乡,下辖光明、新团、永久、新联、长安、河口、灶圩、同圣、兴隆、南灶、建设、龙福、老坝、营南、八灶15个村,设135个村民小组。

1989年4月,裕华乡撤乡建镇,隶属关系不变。

1993年7月,成立大丰县经济技术开发区,大中镇城郊7组,新民村5组、6组、7组、8组、9组,新团乡河口村1组、4组(部分)、6组、7组、8组,划归经济开发区。

1994年,大中镇健康东路居委会划为康平、健东、城中3个居委会。

1995年,大中镇新民村全部划给大丰市经济技术开发区管理。

1996年5月,新团乡撤乡建镇,下辖隶属关系不变。

2001年4月,大中镇、新团镇合并,重新组建大中镇。新建的大中镇辖光明村、新团村、永久村、长安村、新联村、河口村、灶圩村、同圣村、兴隆村、南灶村、建设村、龙福村、老坝村、营南村、八灶村、城郊村、同德村、和瑞村、刚强村、红花村、泰西村、泰丰村、双喜村、利民村、恒北村、恒丰村、恒南村、阜南村、阜丰村、阜北村、大新村、德丰村、德西村、新德村、果园场及老街、新街、大华、东宁、康平、建东、城中、人民、飞达、大新、育红、新村、大刘、沿河、建业、建西、西河口、新团居委会。8月,进行村级区划调整:红花村、刚强村合并重新组建红花村,城郊村、泰西村合并重新组建泰西村,果园场、阜南村合并重新组建阜南村,德西、德丰村合并重新组建德丰村,同德、新德村合并重新组建同德村,永久、新团村合并重新组建新团村,新联、光明村合并重新组建光明村,兴隆、龙福村合并重新组建龙福村,南灶、老坝村合并重新组建老坝村,营南、八灶村合并重新组建八灶村。和瑞村、泰丰村、双喜村、利民村、恒北村、恒丰村、恒南村、阜丰村、阜北村、大新村、河口村、长安村、灶圩村、同圣村、建设村区域不变。

2001年7月,王港乡并入裕华镇,重组裕华镇。重组后的裕华镇下辖福东、福丰、万丰、忠跃、朝荣、锦龙、海丰、天北、骆东、骆西、南新、围海、圩洋、王港村、王港居委会、王舍、三灶、元丰、晋丰、晋北、海防、天祥村和裕华居委会。8月,进行村级区划调整,丰裕居委会1组及7组部分、福东10组、锦龙1组和11组、晋北8组划入裕华居委会,其他不变,福东、福丰村合并新建福丰村,万丰、忠跃村合并重建万丰村,朝荣、锦龙村合并重建朝荣村,海丰、天北村合并重建海丰村,骆东村、南新村、王舍、王港村合并新建南新村,骆西、圩洋、三灶、王港居委会合并新建圩洋村,元丰村、晋丰村原区域不变,晋北村除8组划归裕华居委会外,其他仍保留原制。海防村、天祥村原区域不变。

2006年8月,大中镇河口、长安、同圣、灶圩划归经济开发区管理。

2010年8月,大中镇、裕华镇合并重建大中镇,重组后的大中镇辖33个行政村、21个居民委员会。

下辖村为:光明村(6个村民小组)、新团村(7个村民小组)、八灶村(7个村民小组)、老坝村(7个村民小组)、建设村(8个村民小组)、龙福村、和瑞村、红花村(7个村民小组)、恒南村(4个村民小组)、恒丰村(5个村民小组)、恒北村(6个村民小组)、泰西村(5个村民小组)、泰丰村(5个村民小组)、双喜村(6个村民小组)、利民村(4个村民小组)、阜南村(4个村民小组)、阜丰村(6个村民小组)、阜北村(6个村民小组)、大新村(3个村民小组)、同德村(6个村民小组)、德丰村(8个村民小组)、万丰村(6个村民小组)、福丰村(6个村民小组)、海丰村(6个村民小组)、海防村(4个村民小组)、天祥村(3个村民小组)、朝荣村(6个村民小组)、晋北村(4个村民小组)、晋丰村(4个村民小组)、元丰村(4个村民小组)、丰裕村(3个村民小组)、南新村、圩洋村。同月,南新村、圩洋村划给大丰港经济区管理,和瑞村、龙福村、建设村划归大丰市经济开发区。10月25日,建设村八组从经济开发区划归德丰村。

下辖居民委员会为:老街、新街、大华、东宁、康平、建东、城中、人民、飞达、大新、育红、新村、大刘、沿河、建业、建西、西河口、新团、滨河、新德、裕华居委会。

四、村居委会简介

恒北村 恒北村位于大丰市区南侧,北纬33°09′39.7″,东经120°28′55.5″,东西宽3.75千米,南北长1.25千米。耕地面积2266.67公顷,辖区总面积为4.8平方千米,2010年全村总户数710户,总人口1924人。

1937年,恒北村亩产皮棉只有6.5千克,粮食亩产不足50千克。1973年,皮棉亩产48千克,粮食亩产185千克。为改变单一农业的产业结构,1983年,恒北村从河南郑州引进早酥梨。1994年,获得农业部颁发的早酥梨绿色食品证书。1997年,在第二届中国农业博览会上恒北早酥梨获银奖。是年,全村早酥梨面积增至166.67公顷,年产量达1600多吨,产值500多万元。2005年,经欧盟有机食品机构论证,成功进入有机食品转换期,恒北村成为全国最大的早酥梨生产基地。全村果园绿化面积近200公顷,绿化覆盖率达75%。2007年获大丰市人民政府"农业产业化经营奖",2009年荣获盐城市委、市人民政府"党群共建三增村工作先进集体奖",2010年获大中镇"农村双增工作奖"。是年,经济总收入 5149.63 万元，人平收入 14254 元。

1965 年，办农药厂。2006 年，全村新增工商户 25 户，实现工业产值 993.5 万元。2010 年，全村民营企业达到 52 家，实现工业产值 1747 万元，利税 227 万元。

恒北村是大丰市文明村。2010 年，全村有文明户 205 户，文明个人 416 人。2012 年 12 月 29 日上午，国家主席胡锦涛在江苏省省委书记罗志军、省长李学勇陪同下视察恒北村。

同德村　同德村位于北纬 33°12′30.0″，东经 120°26′39.2″，地处大丰市区西北近郊。1943 年 3 月，德丰、同丰地区建立同德乡，同德村因此得名。2001 年区划调整时，同德村与新德村合并，组建同德村，该村东西长 3.15 千米，南北宽 1.88 千米，辖区总面积 5.92 平方千米，全村拥有耕地 82.07 公顷。2010 年，全村辖 6 个村民小组，总居住户 1558 户，总人口 3457 人，其中农业人口 3084 人，常住非农业人口 294 人。

1937 年，同德村亩产皮棉仅有 8.7 千克。新中国成立后，改良土壤，科学种田，1973 年，大队粮棉双超纲，粮食亩产 357 千克，皮棉亩产 67.4 千克。1985 年，全村（不含原新德）农业产值 46.97 万元，粮食总产 309.7 吨，皮棉总产 52.75 吨，多种经营产值 65 万元，蚕茧产量 10073.5 千克，饲养生猪 1300 头，家禽饲养达到 5290 只。2006 年，开发蔬菜特经种植 66.67 公顷，发展花卉苗木基地 10 公顷，新拓食用菌基地 1100 平方米，林果 14.67 公顷，养猪大户发展到 18 户，年栏存生猪 2400 头，被盐城市命名为“发展经济致富农民排头村”。

1987 年后，同德村相继创办自行车零件厂、大中纺机附件厂、轧板厂、铸造厂、生化淀粉厂。2008 年，全村工业产值达 3.5 亿元，成为盐城市村办工业十强村。2010 年，同德村经济总收入 6.38 亿元，人均纯收入 19200 元。

同德村先后被评为“全国民主法治示范村”“全国创建文明村先进单位”“江苏省民主法治示范村”“依法治理先进村”，连续 16 年获得江苏省和盐城市人民政府授予的“文明村”荣誉称号。2000 年 4 月，江苏省省委书记回良玉到同德村视察，给予同德村高度评价。

红花村　1960 年建立时称和丰，后改名为红花大队，时值学太仓运动，取太仓红花在此开花之意命名。

位于北纬 33°11′22.8″，东经 120°27′03.0″，东西宽 1.25 千米，南北长 7.5 千米，辖区总面积 9.375 平方千米。2001 年，撤销红花村、刚强村重新组建红花村。2010 年，全村拥有耕地面积 386.93 公顷，总居住户 1291 户，总人口 3198 人。

1935 年，红花村亩产皮棉仅有 8.9 千克。新中国成立后，通过改良土壤、科学种田，粮棉产量不断提高。1971 年，红花大队粮棉产量双超纲（达纲指标为皮棉亩产 50 千克，粮食亩产 400 千克），平均亩产皮棉达 75 千克，粮食亩产 800 千克，红花四队成为全省农业学大寨先进生产队。1978 年，红花大队代表出席江苏省农业先进大队代表会。

中共十一届三中全会后，以粮棉为主的单一生产格局转变为花卉、苗木、果蔬的种、养、加工多种经营，全面发展，千亩银杏在全市具有独特的产业优势，200 余公顷苗木、花卉，高杆女贞在苏北独占鳌头，2007 年被评定为盐城市生态村。

1964 年，村办红花油坊，随后村办红花服装加工厂、水泥制品厂，红花工业在大道公社名列前茅。2006 年，销售额达 1.04 亿元，利税 485 万元，实现工业增加值 2027 万元。

2010 年，全村实现三业总产值 2.15 亿元，集体积累 1378 万元，人均纯收入 1.71 万元。

是年，红花村有养猪场 10 个，年产生猪 3000 余头。远军养鸡场独领风骚，年收益 180 余万元。

红花村幼儿教育、计划生育全县领先。1992 年，时任中共中央委员、全国妇联主席林佳楣视察红花幼儿园时给予高度评价。2010 年 3 月，国家计生委主任崔丽到红花村调研，充分肯定红花村的计划生育工作。

2000—2010 年，红花村先后荣获大中镇党委、政府表彰奖励 22 次，荣获大丰市市委、市政府表彰

10次,荣获盐城市委、市政府及其各部门表彰奖励5次。2009年12月获得江苏省"管理民主示范村"称号。

光明村 光明村位于大中镇西部,北纬33°12′44.4″,东经120°22′22.22″,距离大中镇城区约9千米。全村总面积4.39平方公里,耕地面积332.07公顷,东西长3.8千米,南北宽2千米,全村911户,总人口2507人。

解放前,光明村粮食单产不足百斤,皮棉亩产不足5千克。合作化初期,杂粮平均亩产80千克,籽棉也在45千克。1971年,光明大队第7、第8两个生产队粮棉双超纲(七队粮食亩产为415千克,皮棉亩产为53.5千克;八队粮食亩产为405千克,皮棉亩产为51.5千克)。

中共十一届三中全会后,涌现出一批种植、养殖能手。1985年,全村各类专业户达98户。2010年,经济总收入达3092.16万元,人均纯收入10033元,先后获大丰市市委、市政府多次表彰。

泰西村 泰西村是大丰市城中村,北纬33°10′24.5″,东经120°28′03.4″,辖区面积4.69平方千米,有5个村民小组,总户数1174户,总人口2864人。

20世纪80年代末,泰西村村办工业进入快速发展期,办起了纺织厂、食品加工厂、建材厂、机械加工厂。"十一五"期间,泰西村村办工业进入鼎盛期,2010年,驻村企业达到56家,个体工商户278户,工业、企业年创利税2000万元,工业产值3.1亿元。

2010年,全村拥有小汽车40辆,大型运输车20多辆,居民楼房占全村民房40%,别墅占民房20%。2010年,已建成康居小区86幢别墅式住宅群、农民公寓60幢。经济总收入32922.72万元,人均纯收入达18938元。

20世纪60、70年代,泰西村一直是县委农村工作的试点村。农业生产一直是全县的红旗单位,实行家庭联产承包责任制后,涌现出大批种植、养殖能手。1985年,全村共有各类专业户25户,养殖能手115人。2004年,被江苏省命名为"发展经济致富农民十佳排头村"。2006年,荣获大丰市市委、市政府"新农村建设奖"。2009年,被江苏省环境保护委员会命名为"江苏省生态村",并先后荣获"江苏省文明村""盐城市文明单位""江苏省生态示范村""盐城市生态村"等称号。

恒丰村 恒丰村地处大中镇东南,北纬33°08′49.9″,东经120°29′00.8″,东西长3.75千米,南北宽1.25千米,辖区面积为4.69平方千米。2010年,全村总户数584户,总人口1445人,总收入4123.31万元,人均年收入10708元。

1919年,大丰盐垦公司在恒丰区域设立恒丰管理区,恒丰村因而得名。

1957年,恒丰高级社创办大丰地区起步最早的村级集体企业——恒丰窑厂,开创大中镇社会主义村级集体经济的先河。此后,相继创办农修厂、制鞋厂、扎染厂、化学助剂厂、手套厂。1980年,制鞋厂有职工80多人,总资产200余万元,年产值500多万元,年创利税20多万元。中共十一届三中全会后,恒丰村的纺织企业星罗棋布,恒盛织造、明欣织布、长春棉业、元祥棉业等8家纺织企业相继开办,拥有纺织机械近百台,职工100余人。2010年,工业总产值达883万元。

历史上,恒丰村以传统农业为主。改革开放后,恒丰村副业发展迅速,涌现出一批养殖专业户,全村百头以上的猪场有3个,年饲养量达3000余头,鸡专业养殖户年养殖量达10万余只。

恒丰村有一支数十人的农民经济人队伍,他们足迹遍及大江南北,流通窗口遍布全国各地。

恒丰村"路不拾遗、夜不闭户"远近有名,被大丰市市委、市政府授予"村民自治模范村""和谐信访示范村"荣誉称号。

大新村 大新村地处大丰市区北郊,北纬33°13′22.8″,东经120°27′22.3″,东西宽1.25千米,南北长2.83千米,辖区总面积3.5375平方千米。2010年,全村总户数777户,总人口1599人,耕地面积120.27公顷。

1956年,成立大新新星高级联社。1958年,在大新新星高级联社的东部建大新大队。

移民兴垦初,亩产籽花(小洋花)20千克左右,亩产杂粮不足50千克。解放后,改良土壤,科学种田,棉花、粮食产量逐年提高。1981年,粮食单产达332千克,皮棉单产91.5千克。

1981年,多种经营专业户发展到42户,大新大队是蚕茧总产量20吨以上的大队。大新一队、二队被列为单项副业产值超万元的生产队,受到中共大丰县县委、县政府表彰奖励。改革开放后,粮棉生产、多种经营全面发展。1991年,一组朱桂平年饲养生猪150多头,被评为大丰养猪女状元。2007年,全村养殖业人均纯收入为7500元,2008年为8100元。2009年,全村出栏肥猪5206头,家禽37277羽,淡水捕捞1450吨。

2010年,经济总收入6933.37万元,集体积累402.7万元,人均纯收入15122元。

德丰村　德丰村由德丰、德西两村合并。德丰原名新星大队,土改时属于德丰乡(德中村),沿用其名。

德丰村地处大丰城区西北角,北纬33°12′59.3″,东经120°25′48.5″,东西宽2.65千米,南北长4千米,辖区总面积9.6平方千米。2010年,全村拥有耕地面积373.33公顷,辖7个村民小组,1211户农户,总人口3187人。经济总收入14298.4万元,人均纯收入15198元。

德丰村是传统农业村。改革开放后,以粮棉为主的单一生产逐步转变为多种经营。1983年,全村多种经营总户数达366户,总产值8万余元,粮、棉主要经济作物产量明显提高。是年,粮食单产达445千克,皮棉单产57.5千克。原德西大队,德西五队、六队成为"五增两降"先进单位,受到大丰县县委、县政府表彰奖励。20世纪60年代初,德丰村创办德丰窑厂。此后,陆续办起电器厂、福利厂、机械修配厂、橡胶厂、奶牛场、股份制纺织公司等企业,2010年,全村工业经营收入达100万元。

2004年,德丰村村民在大丰市率先免收群众"一事一议"统筹费、水利工程水费。1983—2010年,村集体先后受大中镇党委、政府表彰奖励58次,大丰市市委、市政府表彰奖励5次,2008年,获得盐城市"优美党群服务中心"称号。

海防村　海防村原名叫"东坝头"——二卯西河上的水坝,因位于裕华镇东首得名。1958年定名为海防大队,北纬33°12′17.9″,东经120°34′29.9″,全村东西宽1.25千米,南北长5千米,总面积6.25平方千米,2010年,全村总户数830户,总人口2377人。

民国初,废灶兴垦,种植棉花,皮棉亩产只有10千克左右。

解放后,农业产值逐年增加。1979年,海防村10个生产队中有8个生产队超过《纲要》规定的指标,其中第5生产队总产值达98680元,占全县首位,出席江苏省农业先进集体表彰大会。

20世纪90年代后期,海防村调整产业结构,种植大蒜。2010年,海防村蒜农大蒜收入达5万元的农户有380户,8万元的农户有160户,10万元以上的农户33户,全村有科技示范户108户,成为远近闻名的"大蒜专业村"。

2006—2010年,海防的工业招商引资有新的突破,恒昌交建、创丰、汇嘉构件等项目先后落户到海防,投资额达1.7亿元。

2010年,经济总收入7919万元,人均纯收入14679元,户均累计存款6.8万元。

双喜村　双喜村(曾名泰东村)合作化时建双喜高级社,后沿用此名。

双喜村地处大中镇东侧2.5千米,北纬33°10′51.0″,东经120°29′43.1″。2010年,全村总面积5平方千米,东西宽1.25千米,南北长4千米,耕地面积312.53公顷,农户843户,总人口2224人。

民国初期,双喜村亩产皮棉只有5千多克。新中国成立以后,棉花和粮食产量逐步提高。1978年,全村皮棉单产、粮食产量双超纲,双喜村亩产皮棉59.9千克,粮食亩产785千克。中共十一届三中全会后,多种经营迅速发展。双喜村盛产柿子,1985年,全村有33.33公顷的柿子林,2010年,柿树林发展到100公顷,产柿3800余吨,亩产收益2000余元。

1965年,村办双喜水泥制品厂。随后,又办酱制品厂、小马钢、双喜油坊。1998—2005年期间,相继办起旭日纺织、机械铸造厂、涂料厂、拉丝厂、豆制品厂等一批个体私营企业。

2010年,经济总收入4176.86万元,人均纯收入11038元。

丰裕村　丰裕村由土改时的万丰乡、裕华乡各取一字而得名，位于大中镇东部，北纬33°12′07.0″，东经120°31′26.1″，东西长3.5千米，南北宽1.25千米。2010年，全村总面积4.38平方千米，总户数732户，总人口2377人，经济总收入4858.05万元，人均纯收入14288元。

丰裕村以产粮食、棉花为主。1982年，粮食单产达400千克，皮棉单产超50千克。是年，丰裕二队、六队皮棉超《纲要》，受到江苏省人民政府的表彰。改革开放后，产业结构调整，丰裕村开始种植大蒜，亩产大蒜苗500千克以上，蒜头近600千克，全村种植面积一直稳定在200公顷以上。2010年，全村生产大蒜苗2万吨、大蒜头2.4万吨、青大蒜6000吨。

1992年，丰裕村创办裕华食品厂，生产麦片、麦仁。此后，相继办起绿丰冷库、凌云冷库、鸿运食品厂、百花纺织厂、民力机械、燃气设备等民营企业。

2004—2007年，先后获大丰市"文明居委会"称号，受到市委、市政府表彰奖励8次，受镇级表彰奖励23次。

八灶村　八灶村是大中镇西北边远村，北纬33°11′03.8″，东经120°20′46.8″，南北长3千米，东西宽3.2千米，总面积9.6平方千米，2010年年末，总户数734户，总人口2019人。

八灶村是农业大村，特别是实行家庭联产承包责任制后，农作物产量大幅度提升。1985年粮食产量是大包干前1979年的1.7倍，油料产量为3.6倍，1983年棉花产量是1979的1.4倍。村办工业、第三产业也得到相应发展，村办工业占总产值的比重1979年为13.65%，1983年为7.14%。2010年，第三产业比重为30.9%。是年，经济总收入3305.78万元，人均纯收入10010元。

晋丰村　晋丰村位于陈李公路东侧，北纬33°10′31.8″，东经120°32′37.6″，东西长3.75千米，南北宽2.2千米，辖区总面积8.25平方千米。2010年，全村总户数1210户，总人口为2901人，有汉、侗、壮、满和蒙古5个民族，其中汉族3128人，少数民族11人。

新中国成立前，散种小洋花，一年一熟，亩产仅皮棉几千克，杂粮三四十千克，产量极低。人民公社化期间，亩产皮棉也只有二三十千克，粮食150千克。

中共十一届三中全会以后，调整产业结构，种植经济作物，大蒜、柿子、中药材、大棚蔬菜等合理搭配套种，经济效益成倍增加，人均收入从1979年218元到2010年的12300元，增长了55.42倍。1979年，粮食亩产230千克，2010年亩产600千克，增长了2.51倍；棉花1979年亩产皮棉51千克，2010年亩产75千克，增长了0.47倍。

2010年，经济总收入8235.98万元，人均收入14320元。

晋丰村先后被盐城市文明委授予"盐城市文明村"，大丰市市委、市政府颁发的"大丰市文明村""大丰市柿子生产特色村""江苏省生态村""农民人均收入十强村""社会治安安全村""先进基层党组织""大丰市人口与计划生育村民自治村""和谐信访示范村""十佳农业结构调整先进村"等16项荣誉称号。

泰丰村　泰丰村位于北纬33°10′50.3″，东经120°28′50.8″，东西宽1.25千米，南北长4千米，辖区面积5平方千米。2010年，拥有耕地253.27公顷，总户数1037户，总人口2696人。

泰丰村1973年粮食亩产435千克，皮棉亩产58千克，首次粮棉双超纲。实行家庭联产承包责任制后，多种经营全面发展。2010年，全村有梨子、柿子等果园面积152.07公顷，年末生猪圈存3839头，年出栏6740头，家禽年末实有28685只，年出栏91698只。

20世纪90年代中后期，招商引资，纺织、制衣、机械制造、精加工、玩具、粮油、豆制品加工等一批私营、合伙企业相继创办。2010年，村境私营企业已达45家，分布村境的百货、农资、建材等超市、门市商业网点23家。全村经济总收入22587.61万元，集体公共积累160万元，人均纯收入15574元。

阜北村　阜北村位于大中镇北偏东，北纬33°13′54.8″，东经120°28′37.4″，东西长3.75千米，南北宽1.25千米，总面积4.69平方千米。2010年，拥有耕地362公顷，农户824户，总人口2165人。

阜北村因在原阜丰区的北面而得名。民国初，开始种植棉花，每亩产籽棉只有几千克。土改时，每亩产25千克左右。解放后,粮棉生产逐步提高。1964年,全村(大队)粮棉产量均达《纲要》指标。改革开放后,多种经营全面发展。2010年,全村共有各类专业户26个,生猪年圈存量5000头,养鸡超万羽,草莓种植近66.67公顷,仅此一项年收入就达350万元。植树造林55.33公顷,绿化率达15%,被评为“大丰市农业生态合格村”。

2010年,全村个体企业有30多户,能成套生产空压机的企业就有4家。其中,村办企业——振东空压机厂规模不断发展壮大,年产值已达2600万元。是年,全村实现三业总产值1.31亿元,固定资产达168万元,人均纯收入达13356元。

海丰村　海丰村地处大中镇最东北,位于北纬33°16′16.3″,东经120°32′10.7″之间,东西长3.75千米,南北宽2.5千米。2010年,全村拥有耕地653.33公顷,总户数1285户,总人口3426人。

解放初,海丰村平均亩产棉花只有10千克上下,高粱、黄稷、粟稷、大麦、元麦等平均亩产40千克左右。

合作社初期,各类杂粮平均亩产达100千克以上,棉花40千克左右。

中共十一届三中全会后,粮、棉产量明显提高。1983年,粮食单产达400千克,皮棉单产50千克。

实行家庭联产承包责任制后,全村农产品主要以大蒜为主。2010年,全村经济总收入5984.5万元,人均纯收入11185元。

阜丰村　阜丰村系原大丰盐垦公司阜丰区所在地,东西长3.75千米,南北宽1.25千米,位于北纬33°10′16.2″,东经120°28′30.5″。2010年,全村总户数1380户,总人口3180人,辖区面积4.5平方千米。

1952年,阜丰西匡在姜玉林的带领下,成立全县第一个互助组,并在此基础上率先成立初级合作社,姜玉林被评为江苏省劳模。1981年8月,阜丰村被大丰县委表彰为夏熟生产成绩显著单位。

改革开放后,阜丰村农、林、牧、副、渔全面发展。2010年,全村有年收入在5万元以上养殖大户14户,年收入在2万元以上种植大户23户,年收入在5万元以上运输业大户14户。2004年以来,连续7年被镇党委、政府评为“农村‘双增’工作奖”“财政贡献奖”。

中共十一届三中全会以后,全村的经济和社会各项事业健康发展。2009年,全村实现三业总产值1.81亿元,村集体积累1480万元,农民人均收入达11600元。2010年年底,经济总收入28032.38万元,全村人均纯收入18122元。

新农村建设使阜丰的村容村貌焕然一新,1996—2010年村投入147.5万元,用于环境整治。

阜丰村计生工作一直名列全镇前茅,节育率达100%。1994年,国家在阜丰村搞计划生育“少生快富”工作试点,并获得国家计生协会奖。1983—2010年,先后被评为“全国计生协会奖”,江苏省“婚育新风进万家”先进集体光荣称号,江苏省“最有魅力乡村”,受盐城市委、市政府表彰7次,大丰市委、市政府表彰13次,大中镇党委、政府表彰58次,各级部门奖23次。

天祥村　天祥村位于大中镇东北,北纬33°14′59.1″,东经120°33′34.4″,全村南北长1.25千米,东西长3.75千米,面积4.69平方千米。2010年,全村总户数696户,人口1824人。

天祥村是闻名的大蒜专业村。家庭联产承包责任制后,全村的大蒜种植面积逐年扩大,2010年达到总面积的95%以上,产值达到1560万元。2010年,经济总收入3810.7万元,人均收入11178元。

天祥村曾多次受到上级表彰。在“农业学大寨”运动中,多次被评为大丰县农业学大寨的先进单位。1992年,被大丰市政府评为“多种经营人均超千元达标村”。1994年,被大丰市市委、市政府表彰为“全面奔小康先进村”。1996年,被市政府表彰为“综合治理先进村”。1997年,被市政府表彰为“村民模范自治村”。2002年,被大丰市市委、市政府表彰为“农民人均纯收入十强村”。2006年,被评为“全国敬老模范村”“民主法治村”。2010年,被中共大丰市市委、市政府表彰为“和谐信访示范村(居)”。

万丰村 万丰村位于332省道以北,北纬33°13′22.6″,东经120°31′35.6″,东西长3.25千米,南北宽2.25千米。2010年,辖区总面积7.31平方千米,辖6个村民小组,总户数1530户,总人口4038人。经济总收入6080.72万元,人均纯收入11256元。

解放初,万丰村平均亩产棉花30千克上下,粮食平均亩产约50千克。

新中国成立后,棉花粮食产量明显提高。1979年,原兴旺大队粮棉产量大幅度递增,夏粮一季度亩产超千斤,皮棉亩产达双纲(200千克皮棉),轰动全县,受到县委、县政府的嘉奖(奖2.5吨“跃进”牌汽车一辆)。

2010年,全村多种经营总产值250万元,纯收入最高的专业户经营大蒜年纯收入2.1万元。是年,全村拥有私家小汽车148辆、大卡车12辆,家家装上电话,移动手机或小灵通人手一部。全村有别墅132栋,人均居住面积达60平方米。1979—2010年,先后被镇党委、政府表彰奖励66次,大丰市市委、市政表彰奖励16次。

朝荣村 朝荣村在2001年由朝荣、锦龙两村合并重组,地处332省道北侧,北纬33°13′22.6″,东经120°31′35.6″,东西宽2.5千米,南北长3.75千米,辖区总面积9.375平方千米,全村拥有耕地面积733.33公顷,辖6个村民小组,总户数1391户,总人口3611人。2010年,实现经济总收入5534.15万元,农民人均纯收入11170元。

民国初,试种棉花,亩产籽棉不足20千克,粮食平均亩产也只有50千克左右。

改革开放后,落实“以粮为主,全面发展”的方针。1983年,原荣兴大队第五生产队、富裕大队第五生产队皮棉产量均达到80千克以上,受到大丰县委、县政府的表彰奖励。

2005年被评为致富模范村;2006—2007年先后评为全民创业先进村、民主法治先进村;2009年被评为人民调解先进单位,受大丰市人民政府表彰,2010年全村创建文明户150多户,遵纪守法户达到1100多户,占总农户数80%,是年,朝荣村被评为精神文明建设先进村,受到大丰市委市政府表彰。

元丰村 元丰村位于大中镇东南部,位于北纬33°10′48.4″,东经120°35′57.9″。辖区面积7.6平方千米,耕地面积73.33公顷,总户数897户,总人口2321人。2010年,经济总收入3217.07万元,人均纯收入11618元。

民国6年(1917),灶民增至20多户109人,境内有盐灶20多台。废灶兴垦后,种植棉花。改革开放前,元丰村以农业为主,改革开放后,多种经营全面发展,大蒜成为元丰村经济增长亮点。2002年,全村大蒜面积达286.67公顷。2010年,大蒜面积达402.67公顷,占耕地面积85%,大蒜收入达300多万元。

2005年,全村共有各类专业户204个,养殖能手420人。2010年,猪饲养量450头、家禽10675羽、外出务工550人、劳务收入达600万元、务工人均所得收入达11300元。

“十一五”期间,元丰村先后引进金鑫投资公司、元丰棉业有限公司。兴建标准厂房1幢,有个体工商户148个,村办、民营工业进入快速发展期。2010年,全村工业总产值达410万元,全村有私家小汽车15辆、大型农用运输车15辆、机动摩托车1200辆、电瓶车1000余辆。

1998年,在评选“五好家庭”活动中,全村拥现“五好家庭户”703户,“五好个人”802人。2000年被大丰市市委评为“私营经济发展先进村”和“关心下一代工作先进村”。2009年,被镇政府评为“招商引资先进单位”,2010年,荣获“新农村建设工作奖”“信访维稳工作奖”,受到大中镇党委、政府的表彰和奖励。

晋北村 晋北村地处裕华小街东隅,位于北纬33°11′37.2″,东经120°33′32.5″,南北长2千米,东西宽3.75千米,辖区总面积7.5平方千米。2010年,辖4个村民小组,总户数786户,总人口2081人。

废灶兴垦时，棉花亩产籽棉只有12.5千克上下，元麦平均亩产只有不到50千克。改革开放后，多种经营全面发展，种植大蒜，平均亩产收入达到8000～12000元。

1969年人均纯收入75元，1976年人均纯收入131.27元，1983年人均纯收入509元，1990年人均纯收入699元。2010年，全村经济总收入3679.41万元，人均纯收入达10808元。是年，全村有私家小汽车60辆、楼房195栋，步入小康社会。

阜南村　阜南村史称"九户头"，因清朝末年今阜南境内有9台盐灶，又因位于大丰盐垦公司阜丰管理区的南侧因而得名。

2001年，区划调整，果园场与阜南村合并，重组后的阜南村东西长2.5千米，南北宽1.25千米，位于北纬33°11′59.6″，东经120°29′29.4″，辖区面积3.125平方千米。设4个村民小组，总户数1140户，总人口2516人。

移民兴垦时，阜南村从海门引种"小洋花"，亩产籽花只有10多千克。解放后，阜南大搞科学种田，1976年达90.25千克。

改革开放后，种、养、加工齐头并进，涌现出一大批种植、养殖能手。2001年，全村共有各类专业户20余户。2004年，建成蔬菜大棚25个，全村蔬菜种植面积68.67公顷。2005年，全村生猪出栏6244头，年底存栏2069头，家禽出栏51768只，水果产量达1454吨，三产从业人员当年收入达922万元，位列全镇之首。

1980年，阜南大队开始办工业，当年工业总产值仅6.83万元。1985年，实现工业产值27.8万元。"十一五"期间，先后引进建华水产冷冻、如奖家具等7家民营企业，村集体投资800万元在镇工业园区建标房6栋，引进纺织、机械等6个千万元项目入驻，累计引进项目总投资8000万元。2010年，全村拥有各类民营企业32家，个体工商户达140户。全村经济总收入11604.69万元，人均纯收入14678元，村集体积累达到1106万元。2003—2010年，阜南村先后获得大丰市市委、市政府，大中镇党委、政府，大丰市综治委授予的"五好村党组织""全面先进集体""村民自治模范村""社会事业发展奖""社会治安安全村居""精神文明建设奖""教育卫生先进奖""农业经济发展先进单位""全民创业先进单位"等综合奖项。

新团村　新团村东段古地名叫新团庄，西段叫焦家舍，位于大中镇西南边缘，北纬33°09′46.4″，东经120°20′16.7″，南北宽2.1千米，东西长4.2千米，总面积8.82平方千米。全村辖7个村民小组，总户数699户，总人口2114人。

民国初期，农业已完全代替盐业，农业产量很低。新中国成立后，改良土壤、推广先进耕作技术。1980年，全村皮棉亩产41千克，粮食亩产260千克。2010年，全村粮食总产3053吨，单产435千克；皮棉总产111吨，单产80千克；农业总产值达3200万元，其中多种经营产值1000万元。

2010年年底，全村私营工业户136家，年产值2720万元，私营超市和商店31家，商品销售总额3608万元，全村经济总收入7551.19万元，人均纯收入12327元。

福丰村　位于大中镇东南部，北纬33°10′55.9″，东径120°31′45.7″，东西宽2.5千米，南北长3.75千米，辖区面积9.375平方千米，总户数1367户，总人口3418人。

民国初期，废灶兴垦，种植棉花，皮棉亩产3.75千克。1949年，粮食亩产55千克。解放后，棉花和粮食产量逐年提高。1973年，皮棉亩产达56千克，粮食亩产180千克。

改革开放后，多种经营迅猛发展，大蒜、茄子成为福丰村经济增长、农民致富的一项支柱产业。2010年，全村大蒜面积387公顷，粮食面积达439.47公顷（复种面积），棉花面积137.27公顷，蔬菜面积675公顷（复种），饲养生猪450头，家禽6万羽，外出务工550人，劳务收入达800万元，人平年纯收入10275元，全村经济收入总量达5532.98万元。

1994—1995年，连续两年被大丰市市委评为"文明村"。2005年，被大丰市市委、市政府命名为"村民自治模范村"。2007年，被大丰市市委、市政府表彰为"全民创业先进村"。2010年，获大丰市人民政府"农业经济发展奖"。

恒南村 位于大丰市大中镇东南部,原恒丰管理区南侧,因而得名恒南,北纬33°07′59.5″,东经120°29′03.7″。辖区面积4平方千米,总户数629户,总人口1608人。2010年,全村经济总收入3432.61万元,人均收入达到11313元。

恒南村是养兔专业村,养兔专业户喻祝生获"盐城市劳动模范"光荣称号。2003年,被大丰市表彰为"特色专业村"。

利民村 位于大中镇东部,北纬33°10′52.0″,东经120°30′32.1″,东西宽1.25千米,南、北长3.75千米。有耕地面积373.33公顷,2010年年末农户694户,农业人口1723人,全村经济总收入4722.78万元,人均纯收入11000元。

利民村是运输专业特色村,2010年,有大中型运输车40余辆从事各项运输,外出务工500多人,劳务收入达700万元,人平收入1.2万元。

1994—1995年,连续两年被大丰市市委评为"文明村",2004年被大丰市人民政府表彰为计划生育先进单位,2006年被大丰市评为"农业先进集体"和"精神文明先进村",2007年被大丰市委表彰为"民主法制先进村"。

老坝村 老坝村位于大中镇西北侧,北纬33°13′18.3″,东经120°21′23.6″。2001年,南灶村、老坝村合并,重建老坝村。2010年,全村有耕地面积733.33公顷,总户数1007户,总人口2877人,经济总收入6690.58万元,人均收入11304元。

解放前的老坝九灶、南锅、北锅易旱易涝,广泛流传着"倒霉又倒灶,黄豆改散稻,散稻没得局,耕掉种荞麦,荞麦没得收,耕掉种小豆"的民谣。

新中国成立后,生产力得到解放,农副业生产讯速发展。1956年,老坝村人均年纯收入为50余元,1966年人均纯收入为110余元,2010年为11304元。

2010年,全年生产粮食总产5400吨,棉花总产36.1吨,蚕茧75吨,年上市商品鱼750吨;生猪饲养30个大户,年上市商品猪4500头,年总值675万元。有大棚面积17.33公顷,全年为城市提供上市蔬菜650吨;大型变拖和卡车30台,手扶拖拉机80台,总功率1323千瓦;为农业生产服务的大型收割机25台。老坝村多次受上级表彰,1998年后,先后10余次受大丰县委、市政府表彰。

和瑞村 和瑞村处于大中镇的西南,旁依老斗龙港,和瑞村因地跨原大丰盐垦公司的和丰区和瑞丰区两地而得名。2010年,全村设6个村民小组,总户数763户,总人口1906人,耕地面积353.33公顷。和瑞村处于老斗龙港凹形地带,地势低洼,历史上一直流传"新民和瑞滩,十年九年淹"的民言。1920年后,瑞丰公司放垦,原灶民、移民开始种植粮棉,但产量极低,兴垦初期籽棉亩产25千克,粮食不足50千克。新中国成立后,兴修水利改造低凹地。

解放后,特别是中共十一届三中全会后,和瑞村的经济总量大幅度提升。1990年,和瑞村农村总收入415.47万元,农业收入319.75万元。2010年,农村总收入2383万元,人平纯收入达8770元,是1990年的10.38倍。

据不完全统计,1995—2011年先后9次受到县以上单位表彰奖励。2010年8月17日,和瑞村划归大丰市经济开发区管理。

龙福村 龙福村位于大中镇西北,东经120°38′,北纬33°23′,东西长3公里,南北宽3.5公里,总面积10.5平方公里。龙福村因村境内有龙福庵而得名,1950年更名为龙福人民初级社,1957年为龙福人民高级社,1958年改名龙福生产大队。2001年,区划调整,龙福村与兴隆村合并为龙福村,全村总面积10.5平方公里,耕地面积480公顷,常住人口2069人。2010年,工农业总产值4835万元,农民人均纯收入10847元。龙福村至建立以来,先后多次受上级表彰。2010年8月17日,龙福村划归大丰市经济开发区管理。

建设村 建设村处于大中镇的西南,旁依老斗龙港,建设村合作时为龙港高级社。1956年与龙福村合并,1959 年划出建立建设村。建设村因大跃进时期大搞农田基本建设而得名。建设村地处老斗龙以西凹形地带,地势低洼。成陆后只有少数盐民从事割草煎盐,19 世纪初,灶民进行废盐私垦,但由于耕作粗放产量极低,到解放初,粮食亩产只有 50 多千克。新中国成立后,兴修水利,改造低凹地,因地制宜种植水稻、搞水产养殖。改革开放政策的实施,促进了建设村生产力的发展,农副业生产发展加快,经济总量大幅度提升。2010 年 8 月 17 日,建设村划归大丰市经济开发区管理。10 月 25 日,建设村八组从经济开发区划归德丰村。2009 年,建设村工农业总产值 1962 万元,农民人均纯收入 9155 元。

2010 年大中镇所辖居民委员会概况表

表 1-1-1　　单位:户、人

名称	成立时间	总户数	总人口			其中非农人口	四邻界址
			合计	男	女		
大刘	1962.5	1812	5374	2869	2505	5374	东至金丰路,西至常新路,南至南翔路,北至二卯西河
新村	1983.8	1372	3487	1743	1744	3487	东至建工巷,西至金丰路,南至南翔路,北至二卯西河
育红	2001	2076	5723	2820	2903	5723	东至生产河、西至建工巷,南至南翔路,北至一卯西河
老街	1957.1	2518	6109	3000	3109	6109	东至泰西村,西至生产河,南至南翔路,北至育红东路
新街	1957.1	2893	6920	3430	3490	6920	东至东宁路,西至生产河,南至育红东路,北至二卯西
东宁	2001	1266	3237	1616	1621	3237	东至东宁路,西至康平南路,南至大华路,北至健康东路
大华	1957.1	1580	3835	1902	1933	3835	东至康平南路,西至大新路,南至二卯西河,北至健康路
城中	1994.3	1205	2755	1348	1407	2755	东至大新路,西至大四河,南至二卯西河,北至幸福大街
康平	1994.3	3211	8240	4102	4238	8240	东至康平南路,西至大新南路,南至健康东路,北至幸福东大街
健东	1994.3	1953	4930	2405	2525	4930	东至复河,西至康平路,南至健康东路,北至幸福大街
大新	1956.1	1372	3384	1668	1716	3384	东至康平北路,西至大新北路,南至幸福大街,北至飞达东路
飞达	2000	1570	4215	2052	2163	4215	东至二柏河,西至大兴路,南至飞达路,北至阜丰 12 组
人民	1983.8	3931	9936	4912	5024	9936	东至大新路,南至幸福路,西至大四河,北至大丰酒厂红星河南
建业	1998	4308	11398	5500	5898	11398	东至大四河,西至金丰路,南至健康路,北至北兴路
健西	2001	1059	2759	1356	1403	2759	东至金丰南大街,西至常新南路,南至健康西路,北至北兴路
沿河	1983	3343	8651	4344	4307	8651	东至大四河,西至常新南路,南至二卯西河,北至健康西路
西河口	2003	1034	2557	1328	1229	2557	东至德丰防洪圩,西至斗龙港,南至二卯西河,北至原德西 1 组
新团居	1991.5	1413	2534	1417	1117	2534	新团小街
滨河	2009	362	1085	545	540	1085	东至常新南路,西至职教中心,南至二卯西河,北至健康西路
新德	2009	451	1352	680	672	1352	东至常新路,西至大丰中学,北至瑞城国际苑,南至健康西路
裕华居	1983	2774	5458	2799	2659	3757	裕华小街
合计		41503	103939	51836	52203	103939	

第二节 环 境

一、地理位置

大中镇位于大丰市中部，地理坐标为北纬 32°56′~33°36′，东经 120°13′~120°56′。东与上海市海丰农场、省属东坝头农场接壤，南和南阳镇、西团镇为邻，西同刘庄镇毗邻，北以八灶河、北中心河、三卯西河为界，与新丰镇、上海农场隔河相望。

二、成陆

据 C14 测年，距今约 1100 年左右，从盐城南洋岸经新团到东台头灶已形成古岸外沙洲群。北宋天圣二年（1024），范仲淹征集 4 万民夫，兴筑南起富安北至大团的捍海堰（后人称之为范公堤），白驹至大团之间的范公堤遗址距大中镇八灶村界垂直距离约 2 千米（据说当年筑范公堤时将稻糠洒在海面上测得高潮线决定筑堤位置，今范公堤脚下海拔高程一般为 2.8 米，可见当时八灶团境域已是高潮线以下滩涂）。明朝初年，七灶团、新团、八灶团已有灶民聚集居住。清嘉庆十一年（1806），《草堰场图》标明双棚子灶（今开发区新民村内）以西的斗龙港距大海 25 千米，表明今大中镇城区向东 20 千米境域在清初已全部成陆。大中镇境域渐次成陆始于宋朝中期，讫于清朝初年，至今约 900 年历史。

三、地质构造

大中镇位于苏北坳陷带构造单元内，是在震旦系到中生界三迭系海相、陆相交替沉积的基础上，发生于燕山运动的坳陷区，一直延续到现代。大中镇属于沿海平原，为海积、冲积交替沉积区，沉积厚度一般 100~300 米之间。

大中镇区域成土母质系黄淮冲积物，因所处地势较低，质地为轻壤——中壤，因受海水搬运作用于沿海沉积而成。

城区地面沉降：1987 年，由江苏省测绘局第一测绘大队验证观测，确认大中镇存在严重的地面下沉。自 20 世纪 60 年代以来，下沉最严重的地区已超过 1 米，城区近几年来每年沉降 0.1 米以上，农垦第三纺织厂五年来已下沉 0.53 米，沿刘庄—大丰—裕华一线的剖面上，沉降以大中镇为中心，向两侧逐渐减弱，形成“V”型沉降。沉降区东西长约 11 千米左右，西自新团、东至拖修厂附近。大中镇南 4 千米的农科所，1961 年来，下沉约 0.035 米，沉降量不大，可视为下沉区的南边缘。大中镇以北因无观测数据，下沉范围不详，整个沉降区似漏斗状。大中镇地区的地质，上部属第四纪松散沉积物地层，为海相泥质沙、粉沙与黏土三层。自 70 年代以来，开采深井逐步增多。过量开采的地下水得不到补充，使含水层含水量减少，在地面本身重力作用下，致使地面缓慢下沉，长期下去将对城镇建设、市政设施、水利设施造成严重危害。为控制地面下沉，以免发生各种后患，大丰市水利局、城建局会同有关部门，采取控制新深井的开采；对现有深井，装表核定用水量、严格管理；工业用水提倡一水多用，提高水的重复利用率，尽量减少地下水的开采量；保护地面水源，迅速加强地面水厂建设，逐步由使用地下水转为使用地面水；有条件时采用深井回灌控制地面沉降。

四、地形地貌

大中镇地形呈多边形。地面高程在 1.9~3.8 米之间（废黄河口高程），高低相差 1.9 米。地势南高 3.8 米、北低 1.9 米、东高 3.5 米、西低 2.4 米，中部老斗龙港两侧为槽形洼地，宽约 2~3 千米。老斗龙港以西、七灶河以北、八灶河以南区域沟河较多且不规则，条排河多数呈东北走向，地形西高东低;老斗龙港以东、一卯酉以北、北中心河以南区域南高北低。民国初年,大丰公司废灶兴垦,沟河成网,田成方块,匡河条沟均南北向,排河为东西向(大丰公司的条田走向为南北长、东西宽,裕华公司的为东西长、南北宽,大丰、裕华两公司的条田面积都是1.67公顷)。全境东西长约28千米,南北宽约15.5千米,呈多边形,总面积2.89万公顷。七灶河,八灶河,南、北中心河,新团河,老斗龙港,中、西子午河,沈海高速、S336、S226、陈李公路、沈方公路构成镇区密集的水陆交通网。

五、土壤植被

(一)土壤

类种　大中镇土壤有盐土、潮土、水稻土三大类、6个土属,在土壤形成过程中,以积聚氯化物盐类为主,故形成盐渍土,生长滨海盐生植被。由于自然植被的不断演替,形成丰富的草资源,因此草煎盐业得到发展。海岸线的不断东迁和土壤的不断熟化,又为垦植提供了丰富的土地资源。

大中土种有壤性重盐土、壤性中盐土、壤性轻盐土、爆灰土、黄沙土、底黑黄沙土、腰黑黄沙土、小粉土、底黑小粉土、腰黑小粉土、黑沙土、灰泥土、核底灰泥土、潮性灰泥土、潮性核底灰泥土、潮性小粉土、红沙土、缠脚土、小粉浆土、勤泥土、核桃土、黑粘土共22个土种。原始滨海盐土无植被覆盖,加之海水不断补充土中盐分,在0~5厘米的表层,聚积着大量的盐分。

1958年资料表明,大中镇区域红沙土占3.2%,黄沙土占52.9%,小粉浆土占6.22%,盐碱土占37.7%。1984年江苏省第二次土壤普查时测定全镇耕地面积4710.2公顷,其中黄沙土(含盐量在0.1%以下)3783.73公顷,占耕地面积80.3%;轻盐土(含盐量在0.1%~0.2%之间)865公顷,占耕地面积的18.4%。主要分布为:双喜26.56公顷、恒北55.59公顷、恒南11.91公顷、恒丰29.26公顷、和瑞56.48公顷、阜南102.4公顷、阜丰241.33公顷、阜北77.53公顷、德丰11.83公顷、新德39.4公顷。中盐土(含盐量在0.2%~0.4%之间)61.47公顷,主要分布为:泰丰3组12.67公顷,红花2、6组和新德5组25.13公顷。

大中镇城区表层土的物理力学性质表

表1-2-1

层次地表向下(M)	土类	颜色	密度	天然容量 r(T/M^3)	厚度(M)	天然含水量 W%	变形模式 E(kg/M^2)	自然孔隙比 e	塑性指数 IP
1	耕植土	灰褐	松软		0.8				
2	亚粘土	灰黄	中密	1.95	1.0	26	70	0.8左右	8
3	轻亚粘土	灰黄	稍密	1.95	2.0	31	50	0.85左右	4
4	粉砂	青灰	稍密	1.92		28	100	0.8左右	0

母质类型土壤物理性质比较表

表1-2-2

采土地点	成土母质	土壤名称	颗粒组成(%)						质地命名	地质范围
			粗砂粒 70.25 (毫米)	粗粉粒 0.01~0.03 (毫米)	细粉粒 0.005~0.01 (毫米)	粗粘粒 0.001~0.005 (毫米)	细粘粒 <0.001 (毫米)	物理性粘粒 >0.01 (毫米)		
泰西三队	黄淮冲积	黄砂土	0.29	59.25	10.67	13.96	14.24	38.87	中壤	中壤 轻壤

肥力 1984年,江苏省第二次土壤普查时测定,大中镇土壤中磷钾不足,有机质含量低。速效磷在全镇耕地面积中,一级土壤仅占0.2%,平均PPM仅为0.01;二级土壤占2.20%,平均PPM3.69;三级土壤占14.09%,平均PPM为6.45;四级土壤占19.58%,平均PPM为11.6;五级土壤占60.11%,平均PPM为1.4。速效磷以二卯酉河为界,一级土壤(150PPM)河北占76.2%,河南占60.6%;二级土壤(100~150PPM)河北片占23.8%,河南片占33.3%;三级土壤(50~100PPM),河南片占6.1%。土壤有机质分级面积一级占0.38%,二级占19.81%,三级占20.12%,四级占24.8%,五级占31.48。

1994年,据大丰县农业局土肥站查测耕层土壤养分结果:

〔有机质〕1.30%,变幅:0.98% ~1.54%,标准差:±0.2085%。有机质含量达到一级农田的占11%,二级占33%,三级占56%。

〔含氮〕0.09495%。

〔碱解氮〕76mg·kg^{-1},变幅:61.8~100.9mg·kg^{-1},标准差:16.01mg·kg^{-1}。碱解氮含量达到一级农田占11%,二级占33%,三级占56%。

〔速效磷〕5.7mg·kg^{-1},变幅:4.69~6.87mg·kg^{-1},标准差:±1.246mg·kg^{-1}。速效磷含量达一级农田没有,二级的占11%,三级的占78%,四级占11%。

〔速效钾〕160mg·kg^{-1},变幅:118~184.5mg·kg^{-1},标准差:21.514mg·kg^{-1}。速效磷含量达一级农田占89%,二级农田占11%。

〔有效锌〕0.395mg·kg^{-1},变幅:0.29~0.551mg·kg^{-1},标准差:0.0971mg·kg^{-1}。

〔有效硼〕0.394mg·kg^{-1},变幅:0.275~0.606mg·kg^{-1},标准差:0.132mg·kg^{-1}。

2004年大中镇耕层土壤养分现状一览表

表1-2-3

项目 单位	县级编号	有机质(%)	全氮(%)	速效磷 mg·kg^{-1}	速效钾 mg·kg^{-1}	全盐(%)	PH	有效硫 mg·kg^{-1}	有效硼 mg·kg^{-1}	有效锌 mg·kg^{-1}	有效锰 mg·kg^{-1}
红花村	110	1.23	—	2.68	117	0.060	8.4	—	—	—	—
	111	1.1	—	2.11	151	0.044	8.6	—	—	—	—
泰西村	109	1.18	0.077	4.01	135	0.081	8.1	8.4	0.48	0.87	104
阜南村	156	1.04	—	3.08	103	0.110	8.2	—	—	—	—
德丰村	108	0.69	—	1.59	219	0.056	8.4	—	—	—	—
同德村	157	1.23	—	2.84	163	0.034	8.6	—	—	—	—
新团村	158	1.55	—	5.25	108	0.046	7.2	—	—	—	—
光明村	159	1.37	—	11.05	147	0.088	7.7	—	—	—	—
龙福村	30	1.61	—	9.29	203	0.068	8.4	—	—	—	—
老坝村	31	1.13	—	3.98	118	0.048	8.5	—	—	—	—
八灶村	28	1.63	—	8.22	157	0.048	.5	—	—	—	—
和瑞村	160	1.36	—	6.12	191	0.026	8.4	—	—	—	—
泰丰村	161	1.00	—	4.20	116	0.052	8.4	—	—	—	—
双喜村	162	1.03	—	6.08	270	0.040	8.6	—	—	—	—
利民村	112	1.03	—	4.01	108	0.044	8.5	—	—	—	—
恒北村	163	0.67	—	15.62	168.5	0.054	8.5	—	—	—	—
恒丰村	164	0.71	—	4.96	114	0.128	8.3	—	—	—	—
恒南村	165	1.12	—	2.03	216	0.034	8.4	—	—	—	—

续表1－2－3

项目／单位	县级编号	有机质（%）	全氮（%）	速效磷 mg·kg⁻¹	速效钾 mg·kg⁻¹	全盐（%）	PH	有效硫 mg·kg⁻¹	有效硼 mg·kg⁻¹	有效锌 mg·kg⁻¹	有效锰 mg·kg⁻¹
阜丰村	105	0.96	—	1.41	82	0.024	8.6	—	—	—	—
阜北村	107	1.04	—	4.27	95	0.072	8.5	—	—	—	—
大新村	106	1.33	—	2.53	109	0.064	8.4	—	—	—	—
河口村	166	1.27	—	3.50	196	0.102	8.4	—	—	—	—
长安村	27	1.18	0.077	3.87	199	0.076	8.3	15.2	0.60	0.46	89
灶圩村	167	1.41	—	6.59	106	0.086	8.5	—	—	—	—
同圣村	26	1.25	—	4.88	140	0.068	8.6	—	—	—	—
建设村	168	1.25	—	2.09	179	0.050	8.5	—	—	—	—
全镇平均		1.17	0.077	4.86	150.4	0.06	8.32	11.77	0.54	0.66	96.38

2004年裕华镇耕层土壤养分现状一览表

表1－2－4

项目／村	县级编号	有机质（%）	全氮（%）	速效磷 mg·kg⁻¹	速效钾 mg·kg⁻¹	全盐（%）	PH	有效硫 mg·kg⁻¹	有效硼 mg·kg⁻¹	有效锌 mg·kg⁻¹	有效锰 mg·kg⁻¹
福丰村	97	0.96	0.070	6.19	104	0.076	8.2	65.3	0.15	0.34	73
	104	0.93	—	6.43	159	0.082	8.2	—	—	—	—
万丰村	99	1.00	—	11.25	129	0.086	8.3	—	—	—	—
朝荣村	237	1.03	—	7.63	82	0.074	8.0	—	—	—	—
南新村	152	0.94	—	8.12	119	0.078	8.2	—	—	—	—
	154	1.24	0.077	2.01	92	0.078	8.4	130.4	0.39	0.49	59
圩洋村	239	0.87	—	4.65	153	0.092	8.5	—	—	—	—
晋丰村	240	1.33	—	23.09	279	0.120	8.1	—	—	—	—
试验站农业区	153	0.86	—	3.22	85	0.062	8.5	—	—	—	—
全镇平均		1.02	0.074	8.07	133.5	0.08	8.27	97.9	0.27	0.42	66.18

说明：天祥村、海防村、晋北村、元丰村、海丰村的点值因为采土时青蒜已经施肥，未能采取土样

2010年大中镇部分村土壤肥力抽样情况表

表1－2－5

单　位	土种名称	目标产量（千克）	基础地力产量（千克）	土壤养分丰缺状况评价			
				磷	钾	锌	硼
德丰村	壤性轻盐土	480	243	较低	高	中	中
德丰村	黄沙土	420	233	较低	高	中	低
德丰村	小粉浆土	510	320	较低	较高	中	低
阜南村	壤性轻盐土	460	233	较低	中	中	中
阜南村	黄沙土	460	257	较高	较高	中	低
同德村	壤性中盐土	460	193	较低	高	中	中

续表 1－2－5

单 位	土种名称	目标产量（千克）	基础地力产量（千克）	土壤养分丰缺状况评价			
				磷	钾	锌	硼
同德村	壤性轻盐土	410	208	低	较高	中	低
同德村	黄沙土	410	228	较低	中	中	低
大新村	黄沙土	460	257	中	较高	中	低
阜北村	壤性轻盐土	490	249	较高	高	中	中
阜北村	黄沙土	430	235	较低	中	中	低
阜丰村	壤性轻盐土	450	226	中	中	中	低
阜丰村	黄沙土	450	248	中	中	中	低
利民村	壤性轻盐土	520	265	较高	较高	高	中
利民村	黄沙土	420	231	中	较高	中	中
恒北村	壤性轻盐土	480	242	中	中	中	中
恒北村	黄沙土	460	252	中	中	中	中
恒丰村	壤性轻盐土	490	247	中	高	中	中
恒丰村	黄沙土	420	231	较低	中	中	中
恒南村	黄沙土	460	255	较低	较高	中	中
双喜村	壤性轻盐土	440	224	较低	较低	中	中
双喜村	黄沙土	470	260	中	高	中	中
泰西村	黄沙土	460	253	较高	中	高	低
泰丰村	壤性中盐土	500	209	较高	高	中	中
泰丰村	黄沙土	480	263	较高	高	中	中
红花村	壤性中盐土	520	218	较高	高	高	中
红花村	黄沙土	420	321	较低	中	中	低
新团村	壤性轻盐土	520	266	较高	高	中	高
新团村	黄沙土	500	277	中	高	中	中
新团村	核底灰泥土	520	293	较高	高	中	高
新团村	小粉浆土	520	330	中	高	中	中
光明村	壤性轻盐土	520	266	高	高	中	高
光明村	黄沙土	520	289	中	高	中	中
光明村	腰黑小粉土	520	282	高	高	中	高
光明村	核底灰泥土	520	293	较高	高	中	高
光明村	小粉浆土	520	330	较高	高	中	中
老坝村	壤性轻盐土	500	254	较高	高	中	中
老坝村	黄沙土	440	245	中	中	中	低
老坝村	核底灰泥土	520	293	中	高	中	低
老坝村	小粉浆土	520	330	中	高	中	低
八灶村	壤性轻盐土	520	266	中	高	低	中
八灶村	核底灰泥土	520	289	较高	高	中	中
八灶村	小粉浆土	520	330	较高	高	中	中

(二)植被

海涂浅滩出水成陆后形成原生裸地，最初只是土壤母质的沉积，盐分很重的不毛之地经雨水自然淋洗上层盐分稍减后，出现低等生物，耐盐极强的盐蒿开始生长和繁殖，形成裸地盐蒿的最初群聚，即早期阶段的盐蒿群落。其后在海滩裸地上出现的群落还有大穗结缕草群落、獐茅群落、白茅群落；低洼积水处则有糙叶苔群落和芦苇群落。

盐生植被组成种类简单，有17科48属55种种子植物组成。

禾本科：獐茅、雀麦、拂子茅、隐子草、牛鞭草、白茅、荻、狭叶束尾草、芦苇、棒头草、长芒棒头草、朝鲜碱茅、柔枝碱茅、绒毛鹅冠草、狗尾草、金狗尾草、大穗结缕草。

香蒲科：水烛。

沙草科：糙叶苔、丝草、扁杆蔗草。

鸢尾科：旱蒲。

菊科：青蒿、菌陈蒿、艾蒿、刺儿菜、小飞蓬、旋复花、山莴苣、滨鸦葱、匍茎苦菜、苦苣菜、蒲公英、碱菀、苍耳。

蓼科：水蓼。

藜科：牛皮菜、灰灰菜、绿灰藜、羊角草、碱蒿、盐蒿。

豆科：野大豆、草木樨、劳豆。

伞形科：野胡萝卜、窃衣。

萝科：飞来鹤。

十字花科：独行菜。

兰雪科：中华补血草。

唇形科：地笋。

千屈菜科：千屈菜。

小二仙草科：狐尾藻。

眼子菜科：川蔓藻。

石竹科：拟漆菇。

六、气候、物候

(一)气候

大中镇属亚热带与温带的过渡地带，有较明显的过渡性、海洋性、季风性。光、热、水条件优越。气温春季回升慢、秋季下降慢。初霜迟，无霜期长，无霜期全年217.1天。冬季多西北风，少雨，低温霜冻；夏季多东南风，降雨充沛；春秋为干、湿、暖、冷交替气候多变。季节的转换界限不太明显，有明显的季风特征，冬季气流来自西伯利亚，多西北风，夏季气候来自海洋，受热带气候的影响，多东南风。市境濒临黄海，空气湿度较大，夏季尤为突出。

1987年，大丰在县城设立4个大气环境监测站，对空气进行监测。至1999年的10多年间，空气中的二氧化硫年日平均值为0.018毫克/标立方米，氮氧化物为0.015毫克/标立方米，总悬浮微粒为0.205豪克/标立方米，达国家Ⅱ级标准(1993—1995年期间达国家Ⅰ级标准)。

光照：常年平均太阳辐射总量为118千卡/平方厘米，夏季38.52千卡/平方厘米，冬季20.23千卡/平方厘米，常年日照总时数为2267.1小时(8月最多，为236.7小时，2月最少，为150.5小时)，日照百分率为51%。

气温：常年平均气温为14℃，1月最冷，平均气温1.1℃，7月最热，为26.7℃。历史最高气温为1934年7月的41.7℃。日平均气温超过0℃为2029.3小时，超过10℃为1450.5小时。

风力：常年平均风速3.5米/秒，4月风速最大平均每秒4.8米，大于4米/秒的风速多集中在2—

5月。9—10月风速最小,平均风速3.1米/秒。全年大于或等于4米/秒日数为156.8天,大于等于每秒4米风速累计量为821.7米/秒。

雨量:常年降水量为1068毫米,最多为2005.3毫米(1965年),最少为494毫米(1978年),降水量多集中在6—9月,占全年的63%,冬季偏少占8%,常有冬旱出现,春季雨日较多,占全年降水量的20%。全年雨日113.1天,7月多阴雨天气。

大中地区气象资料月平均值表

表1-2-6

数据 项目 / 月份	气温(℃)	雨量(毫米)	气压(百帕)	相对湿度(%)	日照(小时)	蒸发量(毫米)	地面温度(℃)	风速(米/秒)
一	1.1	26.9	1026.8	76	161.5	44.4	1.9	3.7
二	2.5	36.6	1025.0	77	150.5	53.7	3.7	4.0
三	6.7	54.0	1021.1	78	178.2	93.6	8.5	4.4
四	12.8	69.4	1015.6	80	188.7	123.5	15.6	4.4
五	18.3	83.5	1010.9	79	214.4	162.4	22.0	4.0
六	22.8	133.3	1006.4	82	198.8	168.2	26.5	3.7
七	26.7	232.7	1004.0	86	208.2	171.0	30.1	3.5
八	26.5	181.3	1006.1	86	236.1	167.4	30.5	3.3
九	21.8	126.5	1013.2	84	183.8	124.7	24.6	3.1
十	16.1	52.6	1020.1	80	196.0	108.3	18.1	3.1
十一	9.7	45.4	1024.3	78	170.8	74.3	10.4	3.5
十二	3.3	19.5	1026.7	76	169.4	51.0	3.8	3.6

1951—1958年大中镇历年降雨量及蒸发量统计表

表1-2-7　　　　单位:毫米

年别	降雨量			蒸发量
	降雨天数	总雨量	日最高雨量	
1951	65	665	82	721
1952	133	1269	106	1041
1953	78	831	62	1226
1954	150	1371	153	912
1955	162	754	81	1039
1956	117	1245	109	790
1957	103	1000	69	458
1958	131	1049	170	1685

1983—1996年大中镇主要气象资料表

表1-2-8

项　目	单位	1983年	1984年	1985年	1986年	1987年	1988年	1989年	1990年	1991年	1992年	1993年	1994年	1995年	1996年
平均气温	℃	13.9	13.4	13.8	13.5	13.8	13.8	14.1	14.8	13.8	13.9	13.8	15.2	14.0	14.1
最高气温	℃	35.9	34.3	34.8	35.0	36.7	37.5	33.8	36.1	36.1	35.6	34.2	36.8	35.6	35.7
出现日期	日/月	3/8	3/7、8	16/7	27、29/7	4/6	9/7	11/8	9/7	23/7	9/6～27/7	28/6	5/7	7/9	14/6
最低气温	℃	-8.7	-11.7	-8.5	-9.9	-8.9	-8.9	-6.3	-11.2	-9.6	-6.1	-8.6	-6.7	-8.6	-9.0
出现日期	日/月	19/2	23/1	14/1	5/1	14/1	24/1	15/1	1/2	30/12	26/1	17/1	21/1	5/2	9/1
降水量	毫米	935.6	1279.5	1079.9	1003.2	1424.3	852.1	935.6	1279.9	1718.6	986.3	1211.5	845.1	624.3	1266.3
雨日	天	105	115	126	99	124	87	113	108	113	98	117	102	77	101
日最大降水量	毫米	81.9	103.7	99.7	168.1	114.7	78.3	86.8	165.2	113.7	80.1	164.3	97.4	73.9	117.2
出现日期	日/月	23/8	19/9	10/10	11/7	6/7	29/6	16/9	1/9	9/7	11/8	6/8	27/8	22/4	17/6
最长连续降水日	天	9	6	7	7	10	6	6	7	6	7	8	5	3	6
降水量	毫米	185.4	149.1	109.7	99.3	148.7	16.2	86.4	127.5	438.9	131.5	88.1	66.8	30.6	77.5
起止日期	日/月	16～24/7	29/8～3/9	21～27/6	18～24/7	25/7～3/8	23～28/7	3～8/11	13～19/7	6～11/7	11～17/7	5～12/11	10～14/5	8～10/8	4～9/11
最长无雨日	天	41	33	18	25	33	40	29	29	25	27	24	27	52	25
起止日期	日/月	10/11～20/12	7/10～8/11	4～21/1	19/1～12/2	29/11～31/12	29/10～7/12	14/11～12/12	25/9～23/10	13/10～6/11	7/10～2/11	15/1～7/2	21/10～16/1	25/10～15/12	18/2～13/3
日照时数	小时	2348.8	2230.3	2123.0	2255.0	2181.7	2359.2	2034.3	2179.1	2151.2	2322.9	2097.9	2326.5	2407.5	2292.3
日照率	%	53	50	48	51	49	53	46	49	49	52	47	53	54	52
蒸发量	毫米	1255.6	1208.4	1139.0	1252.6	1245.4	1372.8	1224.4	1225.7	1161.9	1325.1	1188.1	1504.5	1426.0	1567.5
总云量晴日数	天	81	54	56	87	66	74	40	69	67	84	64	70	91	73
低云量晴日数	天	183	167	156	202	186	215	162	167	179	200	171	184	224	202

续表 1-2-8

项　目	单位	1983 年	1984 年	1985 年	1986 年	1987 年	1988 年	1989 年	1990 年	1991 年	1992 年	1993 年	1994 年	1995 年	1996 年
≥8 级大风日数	天	13	9	8	6	20	10	4	21	11	12	6	15	11	11
霜日	天	97	49	87	101	84	88	76	83	85	100	94	69	113	170
雪日	天	2	14	18	9	10	16	11	13	8	11	9	10	4	8
最大风速	米/秒	18.7	16.7	14.7	16.0	16.3	14.7	15.7	21.3	14.7	15.7	14.0	15.0	19.7	14.0
初霜日	年月日	83.11.11	84.10.22	85.11.3	86.10.30	87.11.4	88.10.30	89.10.18	90.11.10	91.10.20	92.10.24	93.10.24	94.10.22	95.11.2	96.10.27
终霜日	年月日	84.4.11	85.4.4	86.4.16	87.4.27	88.3.23	89.3.29	90.4.5	91.4.3	92.4.22	93.4.25	94.3.30	95.4.12	96.4.20	97.4.20
无霜期	天	207	193	212	196	190	220	202	218	119	184	201	205	203	189

1997—2010 年部分年份大中镇主要气象资料表

表 1-2-9

项　目	单位	1997 年	1998 年	1999 年	2000 年	2001 年	2002 年	2003 年	2004 年	2005 年	2006 年	2007 年	2008 年	2010 年
平均气温	℃	14.6	15.2	14.5	14.8	14.8	15.1	14.4	15.1	14.7	15.3	15.6	14.7	14.5
最高气温	℃	36.2	35.3	34.0	35.0	37.3	37.6	38.4	37.0	36.6	37.4	36.80	36.3	37.2
出现日期	日/月	5/6	9/7～10/8	8/9	21/7	2/7	15/7	8/2	21/7	24/6	21/6	31/7	6/7	13/8
最低气温	℃	-7.0	-8.1	-8.0	-8.2	-8.0	-6.7	-8.9	-8.5	-8.6	-6.7	-7.10	-9.3	-9.1
出现日期	日/月	6/1	19/1	22/12	26/1	16/1	26/12	1/5	25/1	1/1	7/1	2/2	22/12	14/1
降水量	毫米	784.4	1362.0	1189.8	1007.2	67.20	934.9	1371.7	730.6	1274.8	1309.5	1307.70	864.8	751
雨 日	天	134	115	131	110	147	89	128	110	108	113	124	117	—
日最大降水量	毫米	39.2	100.6	86.3	165.9	44.8	92.8	116.4	62.6	97.4	201.7	165.40	49.8	63.7
出现日期	日/月	16/7	3/7	25/8	3/6	18/6	18/10	7/5	13/7	7/8	1/7	9/7	23/6	24/7
最长连续降水日	天	9	9	10	6	12	6	23	6	7	8.0	5	5	—
降水量	毫米	133.6	101.3	149.7	19.4	76.4	36.6	563.4	12.25	198.9	483.2	280.00	94.9	—

续表1－2－9

项　目	单位	1997年	1998年	1999年	2000年	2001年	2002年	2003年	2004年	2005年	2006年	2007年	2008年	2010年
起止日期	日/月	11～19/7	23/6～1/17	19～28/8	25/10	1～12/12	2～7/5	30/6～22/7	11～16/7	5～11/7	28/6～5/7	5～9/7	14～18/6	—
最长无雨日	天	19	22	30	33	15	25	24	19	25	21	15	18	—
起止日期	日/月	5～23/2 14/9～2/10	8～29/12	2～31/12	3/1	13次	27/1～ 20/2	14/10～ 6/11	2～20/2	15/11～ 9/12	27/10～ 16/11	2次/ 2个月	25/11～ 12/12	—
日照时数	小时	2357.4	2080.8	2073.7	2196.0	2181.8	2111.9	2029.1	2423.5	2257.7	2047.0	2129.30	2095.7	2325.4
日照率	%	53	47	47	49	49	48	46	55	51	46.0	48.00	47	25
蒸发量	毫米	1432.9	1203.7	1174.3	1316.3	1357.4	1325.06	1167.1	1475.2	1350.1	1268.7	755.60	747.0	753.4
总云量晴日数	天	74	76	69	76	79	100	77	51	79	61.0	—	60	—
低云量晴日数	天	181	180	173	169	185	194	—	—	—	—	—	—	—
≥8级大风日数	天	7	18	5	6	11	10	9	6	13	4.0	—	5	—
霜日	天	76	62	77	69	75	76	71	70	67	61.0	72	81	66
雪日	天	8	8	7	10	4	2	5	3	7	—	—	16	—
最大风速	米/秒	20.0	16.0	14.0	16.3	15.7	15	15	14.7	14	11.9	10.20	11.1	—
初霜日	年月日	1996.10.27	1997.10.27	1998.11.11	1999.11.3	2000.11.13	2001.10.30	2002.10.27	2003.10.15	2004.11.16	2005.10.31	2006.11.7	2007.11.2	2009.11.3
终霜日	年月日	1997.3.31	1998.3.4	1999.4.3	2000.5.7	2001.4.26	2002.3.23	2003.3.28	2004.4.8	2005.3.30	2006.3.29	2007.4.9	2008.4.24	2010.4.29
无霜期	天	209	180	213	187	165	145	153	177	135	150	154	175	178

（二）物候

树木植物物候

主要树木物候表

表 1－2－10

项目	展叶期		开花期		落叶期	
	始期（日/月）	盛期（日/月）	始期（日/月）	盛期（日/月）	盛期（日/月）	末期（日/月）
杨柳	15/3	21/3	28/3	31/3	20/10	22/11
泡桐	27/4	5/5	22/4	25/4	15/10	12/11
法国梧桐	17/4	21/4	6/5	12/5	21/10	20/11
苦楝	1/5	5/5	14/5	17/5	29/10	8/11
刺槐	22/4	25/4	10/5	14/5	26/10	31/10

动物物候

青蛙始鸣期为 4 月 8 日。

燕子初到期为 4 月 21 日。

杜鹃（布谷鸟）始鸣期为 5 月 5 日，绝鸣期为 7 月 6 日。

物候语

燕来种田，雁来过年。

燕来忙栽秧，燕去谷进仓。

小燕来，抽蒜薹。

三月三，燕绕檐；九月九，燕要走。

大雁来，拔棉杆。

鸭生蛋，好种田；鹅生蛋，好过年。

知了叫，忙收稻。

知了叽，吃笋鸡。

三月蛤蟆叫，当年收好稻。

纺织娘叫，收割早稻。

蟋蟀叫，秋天到。

稻秀螺蛳，麦秀蚬。

布谷鸟儿唱，割麦又插秧。

杜鹃叫咕咕，石榴花儿红似火。

大寒蚊子叫一叫，来年少收麦和稻。

蜘蛛结网，天气晴朗；蜘蛛收网，雨水陡降。

蜻蜓高飞天晴，蜻蜓低飞有雨。

鸡不宿，要下雨。

狗爬地，天有雨。

蚯蚓朝出天气晴，蚯蚓暮出有风雨。

今夜鸡鸭早归笼，明朝太阳红彤彤。

蚂蚁搬家，大雨要下。

泥鳅乱跳，风雨来到。
槐树开花，米饭扒扒。
枣树发芽，好种棉花。
椿树头打鼓，棉籽就下土。
榆钱黄，种谷忙；榆钱老，麦粒饱。
冬青花未破，黄梅雨未过。
冬青花破，黄梅雨过。
小满桑椹黑，芒种吃大麦。
楝树开花，新麦登场。
正月天稍冷，猫叫春。
二月雷鸣惊蛰，三月桃花开。
三月榆始花，韭露芽。
四月进，蛙始鸣。
五月杜鹃催麦，收麦从速。
六月太阳烘，石榴红。
七月雷雨来，蝉噪晴空。
八月暴风起，冰雹降。
九月秋扇捐，雁南飞。
十月寒蛰鸣，黄叶落。
十一月天寒冻，蛇归洞。
十二月冰雪至，数九始。

（三）四季特征

春季：气温回升慢而不稳，且多大风，日温差大，温差在10℃左右。每年一般在4月6日左右平均气温稳定通过10℃。6月初气温上升极快，群众习惯上把端午节时作为春夏之交，有“吃了端午粽，便把寒衣送”之说。

夏季：当日平均气温稳定达到22℃时便进入夏季，夏季雨热同期且多台风，一般80～90天，至白露结束。

秋季：初秋温度下降较缓，气温仍保持夏天的炎热余威。9月一般平均气温仍在22℃左右。深秋天高气爽，群众中有“白露不露身”之说。

冬季：气候干燥且不太寒冷，秋分以后，西北气流逐渐控制该镇。风向逐渐由东南转为西北，到12月完全处在被干冷的西北风控制下。受海洋影响的结果，冬季并不寒冷，最冷的1月平均气温约为0.9℃（指1958—1980年1月平均气温）。

七、自然灾害

大中镇主要自然灾害基本上分为六类：一是暴雨洪涝和连续阴雨，二是台风，三是冰雹和龙卷风，四是寒潮，五是干旱，六是地震。

雨涝　主要是因梅雨以及台风等天气带来的大暴雨或多次暴雨所形成。涝灾一般出现在5～9月间，尤以7～8月最多。

连续阴雨　连续阴雨天气夏季最多，一般占全年的50%，时间为7～15天，雨量80～160毫米之间。连续降雨年发生次数在2～3次，春夏之交较多，少数发生在秋冬季节。

台风　大中镇受台风过境袭击频繁，每年都受其影响，特大台风每3～4年一遇，一般出现在8～9月，台风过境一般都伴有暴雨袭击，导致农作物严重倾倒，受涝受渍，如1962年7月、9月两次台风过境,境域农田全部受淹。

龙卷风 龙卷风出现概率大致为3年一遇,主要发生在每年6~8月,多半发生在傍晚或上半夜。如1972年7月20日,龙卷风就发生在下午6时,在长达50千米的西起兴化县海志镇、东至大中裕华一线,风带宽约1千米范围内,造成严重的建筑物倒塌和人畜财产损失。

冰雹 冰雹灾害的发生率,新中国成立后的50年中一般为3年两遇,春末夏初发生率最高,发生时间多半是在傍晚,粒径一般为黄豆大小,大的达5厘米以上。1958年,建设村发生过碗口般大小的罕见冰雹。

寒潮 寒潮平均每2年一次,一般发生在12月至次年4月,特别是3月的倒春寒,农作物受损最大。

地震 新中国成立后,大中镇没有发生过破坏性地震,一般震感均为外地发生地震波及所致。1975年9月2日20时10分,在东经121°40′,北纬32°45′发生5.3级地震,波及大中镇,碗具震响,灯泡晃动,家具发生响声,引起惊慌,不少人通宵不敢入眠。1976年秋,唐山地震后,引起人们对地震的恐惧,全镇居民绝大部分都住进了防震棚内,气氛十分紧张。8月24日凌晨,镇革委会通过有线广播向全镇发出紧急警报,刹间搞得人心惶惶,临震状态一直持续1个月左右。

附:新中国成立后重大自然灾害实录

1952年8月,连续阴雨23天,水深60厘米。

1954年7—8月,暴雨8次,降雨量770.9毫米,受淹4420.4公顷。倒墙440户,搬家4124户。部分村组颗粒无收。

1955年夏,水灾。和瑞村水中捞麦,秋熟作物歉收。

1956年,夏旱秋涝。6月6日暴雨,受淹2600.87公顷。9月5—7日暴雨300毫米,客水压境,积水1米,受淹面积占87.2%。

1958年,先旱后涝,新团雹灾,大如碗口。9月4日下午,全县范围内猛降大雨、暴雨,在5小时内降雨量达200毫米以上,最多达300~400毫米。当晚6时水位陡涨1米以上,地面水深0.6米左右,全县受淹面积23066.67公顷。

1959年8月31日—9月1日,4号台风过境,降雨量达94.8毫米。

1960年,雹大如卵,连续阴雨16天。9月上旬,龙堤、新丰、刘庄、新团、裕华、大道、方强、草堰8公社遭遇龙卷风,死5人,伤65人,倒塌房屋13869间,造成棉花减收一半。

1962年9月6—7日,14号台风过境,降雨32个小时,降雨量达300毫米,加之客水过境,积水1米。河路难分,田可行船。受淹3955.8公顷,倒房318间,倒墙3252间,倒猪舍、牛棚3252间,毁坏桥梁11座,损失粮食60.5万千克。伤11人,死1人,死猪37头、羊102只、家禽316只。和瑞、新民、德西、德丰村大队全部下水。

1964年4月,2次飓风,全县死3人,伤26人,倒房16129间。6月5日飓风,冰雹成灾,部分地区下冰雹持续约1时左右。

1965年7月10—22日,连续暴雨,降雨量计731.4毫米,平地积水0.5米以上,低田积水深达1米,河路难分。8月21—22日,暴雨量达407.1毫米。大中镇倒房426户(1033间)、倒墙2162户(5934间),3644间猪舍、59个生产队220间集体仓库被毁。伤9人,死猪11头、羊119只、牛1头、驴1头,精养鱼塘走失家鱼110万尾,2116.2公顷农田失收。

1966年6月以后滴水未降,普遍受旱。

1972年7月2日下午5时许,龙卷风袭击大中镇部分村、组,风力达12级以上,死2人、伤13人。倒民房76户216间,倒仓库21间,倒猪舍116间,损失粮食35.5吨。

1975年6月7日,冰雹袭击,大如鸡蛋,部分村受灾。

1978年大旱,全年降水量仅为490毫米。

1979年8月,遭9号台风袭击3天,风力11级,伤5人,倒塌房屋2000多间,受淹1千多公顷。寒露后旱,抗旱种麦。

1980年春,久旱不雨。秋,连续阴雨70天,秋熟作物严重减产。

1981年8月30日,14号强台风侵袭,风力11级以上,伴之暴雨,日雨量156毫米,沿海出现历史高潮位,王港闸达5.02米,建川闸闸门被毁。81333.33公顷农作物受灾,倒伏水稻13600公顷,棉花57333.33公顷,倒房223间。

1982年春,滴雨未降,普遍受旱,玉米产量普遍减产。8月12—13日,11号台风侵袭,30%棉花倒伏受损。

1984年1月18—19日,普降大雪,积雪17厘米,汽车站班车停开2天,3条千伏输电线路断线,停电4小时,城郊村4万千克黄芽菜、5万千克青菜因受损无法上市。

1986年7月10日,暴雨,刚强村66.67公顷农田积水0.5米。

1987年12月中旬,强寒流袭击,越冬农作物遭受严重冻害。

1989年9月16日19时30分,大中镇范围遭龙卷风袭击,21个村(场)普遍受灾。风带宽250米,由南直线向北,所到之处平房、楼房皆成废墟,树木连根拔起,双喜、阜南、阜丰、阜北4个村17个组受灾最重,伤亡119人,其中死亡2人、重伤54人。倒塌房屋126户、406间,倒伏厨房107户、173间。损坏主房222户、609间,损坏厨房124户、184间,折断高压线杆53根、低压线杆120根、广播线杆103根,阜南村水塔拦腰倒塌,毁变压器两台和村办综合厂1家。农作物受灾面积2400公顷,其中棉花2333.33公顷,直接经济损失达1000多万元以上。

1990年8月31日—9月1日,15号台风袭击,风、雨、潮三灾并发,暴雨量360毫米,超过警戒水位1.2米以上,县城一些地段积水深达1米。

1991年6月22日15时许,大风、冰雹、暴雨袭击,阜丰、阜北、大新、红花等村受损。6月28日—7月16日,连降暴雨,降雨量达738.5毫米,大中镇遭受百年未遇特大洪涝灾害。县城最高水位2.98米,一片汪洋。15836户民房进水,倒主房271间,326间房屋受损,广播、电话线杆折断32根,150台变压器遭雷击。85%的工厂企业停产,21个村(场)4112.47公顷耕地受淹。12月26—27日,大雪。雪深6厘米,气温-9.6℃,积雪冰冻,汽车站班车停开2天,自来水管道受冻停水2天。

1992年8月30日—9月1日,强台风侵袭,连续暴雨量达803毫米,最大风速19米/秒。棉花倒伏3~5成。

1994年8月29日下午,龙卷风袭击,红花、和瑞、刚强等村毁坏民房85间、附房55间,折断广播线杆12根,棉花受灾233.33公顷。

1995年2月5日,最低气温-8.6℃,二麦普遍遭受冻害。

1996年7月3日凌晨5时至7月4日下午5时,全镇普降大到暴雨,雨量超过150毫米。内河水位猛涨,水位达到2.14米,超过警戒水位0.54米。7月20日下午7时半,光明村遭受龙卷风袭击,并伴有大到暴雨,损失较严重。

1997年6月中旬至6月底,发生历史罕见的特大旱灾。6月29日17时水位降至0.05米,为大丰历史记载以来的最低值。中沟、排沟全部干涸,电灌站吊空抽不上水。8月18日,遭到11号台风的袭击。

2000年春旱,3月12日—5月8日58天中,全市降水量10.8毫米。

2003年6月21日—7月22日,累计降水591.3毫米,河水猛涨,客水压境,全镇最高水位2.74米,高水位持续22天。

2005年4月25日,龙卷风袭击大中镇,城区常新桥东北角1人被龙卷风卷起的广告牌击中身亡。

2006年6月30日—7月5日，全镇普降大暴雨，累计降雨量达485毫米。内河水位全部超警戒水位，城区近三分之一主次干道积水，18个社区被淹，最深积水0.8米，紧急转移人口2965人，直接经济损失2.5亿元。

2007年7月1—9日，全镇普降暴雨，平均雨量达145毫米，最大降雨量202毫米。

八、自然资源

（一）水资源

1. 地表水

降雨径流：全境丰水年（1965年）降雨量2005.3毫米，径流深745毫米，径流量15.3亿立方米。枯水年（1978年）降雨量494毫米，径流深1.25毫米，径流量0.006亿立方米。多年平均雨量1068毫米，径流量1.15亿立方米。降雨径流的年内分配主要集中在6—9月，降雨量占全年的63%，相应的径流量占全年的80%。

沟河库容：全境有大、中、小沟10745条，总长4700千米，水面积0.2万公顷，可利用水面积0.08万公顷，在水位0米时，沟河库容为0.07亿立方米；水位为2.4米时，沟河库容为0.16亿立方米。

2. 地下水

境内地下水系属长江流域水文地质区，境内深层地下水为半富水区。全境浅层地下水位埋藏深度一般为1~3米，浅层地下水矿化度由西向东逐渐升高，老斗龙港以西为2克/升~5克/升，老斗龙港以东5克/升~10克/升。地下水天然资源总量为4.98亿立方米，矿化度小于2克/升的有0.23亿立方米。地下承压淡水砂层变薄，并夹有薄层粘土，其第一承压淡化含水层组位于100~110米左右，由于储量小，出水量小，满足不了需要，二十世纪九十年代以后基本不开采；第二层淡水位于150 ~180米处，第三层的埋深为200~220米，砂层厚度一般为7~10米左右，第四层大约处于340~380米。地下水水质在纵向上呈现越向下越咸的趋势。在地区分布上，单井涌水量由南向北呈递减趋势，而地下水矿化度则呈递增趋势。二卯西河以南则单井涌水量40吨/小时~50吨/小时，地下水矿化度为0.6克/升~0.7克/升，以北地区单井涌水量在40吨/小时左右，地下水矿化度为0.7克/升~1.1克/升。

3. 外来水

境内外来水资源主要来源于长江、淮河。1964年前，主要来源于淮河。1964年江都抽水站建成后，主要来源于长江以及里下河地区过境排弃水，通过通榆河东岸七灶河、新团河、八灶河、等口门引进。来水量：枯水年1.6亿立方米，丰水年5亿立方米，平水年4亿立方米。但年内分布不匀，汛期来量大，冬春来量小，年际变幅大，洪涝年特别是汛期来势猛、水量大，干旱年来量小。

（二）土地资源

大中镇整个地面是从南宋以后形成。2000年年底，大中全境土地总面积达2.89万公顷，其中陆地面积占88%，水域面积占12%，

（三）动植物资源

1. 动物

家养动物：

畜类　牛、猪、羊、犬、猫、兔、水貂等。

禽类　鸡、鸭、鹅、鸽、鱼鹰、鹌鹑等。

昆虫类　蚕、蜜蜂。

水生类　青鱼、草鱼、鲤鱼、白鲢、鲫鱼、鳊鱼、罗非鱼、乌青鱼、鳗鱼、罗氏沼虾、青虾、对虾等。

野生动物：

兽类　黄鼠狼、水獭、野兔、老鼠、刺猬等。

鸟类　燕、雉、啄木鸟、喜鹊、鹧鸪、杜鹃鸟、鸦鹰、布谷鸟、枭、麻雀、乌鸦、画眉、山喜、黄鹂、猫头鹰等。

水生类　龟、鳖、蚌、螃蟹、青虾、泥鳅、鳜鱼、罗鱼、胖头、鳝鱼、黑鱼、鲫鱼、鳗鱼、蚬子等。

其他类　蜂、蝇、蚊、蚯蚓、蜻蜓、蟋蟀、蟾蜍、青蛙、蚱蜢、蜈蚣、螳螂、蚂蚁、萤、蛇、蝙蝠、蝴蝶、蜘蛛、蝉(知了)等。

2. 植物

人工种植植物：

粮禾类(含油料)　粳稻、糯稻、籼稻、玉米、大麦、小麦、元麦、荞麦、蚕豆、黄豆、赤豆、豌豆、黄稷、谷子、番薯、油菜、芝麻、花生等。

蔬菜类　芋头、大葱、大蒜、萝卜、胡萝卜、韭菜、芹菜、羊角椒、菜椒、莴苣、四季豆、扁豆、豇豆、茄子、榨菜、生姜、洋葱、茼蒿、盐蒿、苋菜、菠菜、青菜、白菜、黄芽菜、甜菜、花菜、蘑菇、木耳、金针菜、苜蓿、芫荽、茭白、卷心菜、冬瓜、黄瓜、牛角瓜、水菜瓜、西瓜、南瓜、丝瓜、香瓜、笋瓜、西红柿、草莓、百合、山药、葵花子等。

棉麻类　棉花、黄麻、苎麻。

树木类(含果树)　毛竹、芦竹、青竹、桑、柏、松、椐、榆、槐、槐枫、梧桐、刺槐、水杉、黄杨、白腊、泡桐、冬青、棕榈、杞柳、苦楝、侧柏、龙柏、女贞、皂荚、香椿、臭椿、梓树、桃子、银杏(白果)、核桃、杏子、柿子、梨子、枇杷、石榴、苹果、山枣、金桔等。

花草类　牡丹、芍药、芙蓉、腊梅、蔷薇、山茶、杜鹃、玉簪、凤仙、玫瑰、月季、茉莉、海棠、美人蕉、春兰、玉兰、紫荆、樱花、节节高、菊花、珍珠花、玉美人等。

药材类　瓜蒌、天花粉、月季花、玫瑰花、芍药花、大麻仁、党参、玄参、太子参、北沙参、紫丹参、生地、泽泻、玉竹、黄芪、白术、白芍、贝母、白扁豆、板兰根、桔梗、玄胡、紫菀、佩兰、红花、苡仁米、女贞子、金银花、紫苏、薄荷、苏梗、红旱莲、白荠子等。

野生植物：

药草　蒲公英、地骨皮、罗布麻、茵陈、龙胆草、益母草、车前草、田力子、地肤子、蛇床子、苍耳子、鹤虱、枸杞子、艾、瞿麦、扁畜、野白头、西河柳、墨旱莲、马齿苋、桑椹等。

3. 菌类植物

伞菌科：蘑菇、平菇、金针菇。

第二章　人　　口

宋朝末年,大中镇西部地区已有渔民栖息。明嘉靖年间,刘庄、草堰两场已有灶丁近万人。新中国成立后,1953 年全国第一次人口普查,大中镇、裕华乡、新团乡总人口 64716 人。2010 年年底,大中镇总户数 74904 户,总人口 180657 人,其中男 89511 人,女 91146 人。少数民族有土家族 4 人、高山族 10 人、水族 1 人、土族 2 人、锡伯族 4 人。2010 年,65 岁以上老龄人口占总人口的 19.91%。少年儿童人口比重下降,人口年龄由成年型向老年型过渡。同年,随机抽样调查显示,大中镇城镇人口文化程度比例为:研究生以上文化程度占 2%,大专、本科文化程度占 33%,高中、中专占 52%,初中占 10%,小学占 3%。农业人口中研究生以上文化程度占 0.05%,大专、本科占 18.4%,高中、中专占 41%,初中占 28%,小学占 11%,不识字占 1.55%。

大中镇在 20 世纪 50 年代中期开始倡导“节制生育”,推迟结婚年龄;60 年代开始倡导“晚、稀、少”;70 年代开始推行“一对夫妇只生一个孩子”;80 年代开始实施“三为主”(经常性工作为主、避孕工作为主、宣传教育为主)方针;90 年代建立计划生育、工农业生产“两种生产一起抓”责任制。人口出生率从 1970 年的 32.1‰下降到 1995 年的 11.39‰,人口自然增长率由 1970 年的 25.1‰下降到 1995 年的 7.62‰,计划生育率由 1975 年的 55.6% 提高到 1995 年 99.5%,实现人口再生产类型的历史转变。

1996—2005 年期间,实现工作思路与工作方法两个转变,引入“以人为中心”“促进人的全面发展”“开展生殖健康服务”等理念。2006 年开始,确立以人为本、优先投资于人的理念,人口计生工作进入了转型提升的新阶段。

2010 年,大中镇总人口 180657 人,占全市总人口的 27.98%。出生率 6.06‰,人口自然增长率 0.71‰。大中镇在盐城市率先进入低生育,2002—2010 年连续九年人口计生目标管理综合考核在大丰市保持第一。大中镇的计生工作取得一定成绩,走出了一条具有大中特色的人口发展道路。许多成功的做法与经验在全省乃至全国被推广,国家、省部级领导专程到大中镇调研,许多创新经验在全省乃至全国产生影响。

第一节　人口规模

宋朝末年,大中镇西部地区已有少量渔民栖息,从事捕捞。元朝中期,大中西部区域已有盐民从事煎盐。明洪武初年,刘庄场有灶丁 814 户,1777 人,草堰场有灶丁 924 人。清乾隆十三年(1748),刘庄场有灶丁 10469 人,草堰场有灶丁 9311 人。光绪三十年(1904),刘庄场有灶丁 9803 户,23741 人,草堰场有灶丁 11477 户,30486 人。

民国 23 年(1934),国民政府实行保甲制时,大中镇境域设 30 个保,2200 余户居民,9000 余人口;裕华镇设 13 个保,约 4000 人;新团镇境域设 14 个保,4200 人左右。

新中国成立后,1953 年全国第一次人口普查,大中镇、裕华乡、新团乡合计总人口 64716 人,其中城镇人口 8709 人。2010 年年底，大中镇总户数 74904 户，总人口 180657 人，其中非农业人口 129414 人。

1953—2010 年六次人口普查情况表

表 2-1-1　　单位：人

区域	1953 年				1964 年				1982 年			
	合计	男	女	其中非人口农业	合计	男	女	其中非人口农业	合计	男	女	其中非人口农业
大中	24886	13244	11642	8709	14994	8382	6612	13471	33598	18142	15456	28308
裕华	23565	11422	12143	—	32057	15983	16074	1275	35784	17690	18094	639
新团	16285	8205	8080	—	18924	9563	9361	308	25714	12972	12742	318
大道	—	—	—	—	26768	13020	13748	63	23331	11474	11857	—
阜丰	—	—	—	—	—	—	—	—	13171	6367	6804	—

区域	1990 年				2000 年				2010 年			
	合计	男	女	其中非人口农业	合计	男	女	其中非人口农业	合计	男	女	其中非人口农业
大中镇	94396	47832	46564	54414	123029	61406	61623	92339	190508	94672	93036	129414
裕华	35560	17778	17782	3080	34733	17333	17400	4176	—	—	—	—
新团	25577	12931	12646	766	24601	12469	12132	1666	—	—	—	—

说明：以上数据系统计部门发布的当年人口普查时的数据，非年底人口数

1983—2010 年大中镇人口增减情况统计表

表 2-1-2　　单位：户、人

年份	总户数	总人口			非农业人口	出生		死亡		自然增长	
		合计	男	女		人数	‰	人数	‰	人数	‰
1983	19198	71398	36608	34790	28765	808	11.32	293	4.10	515	7.22
1984	20229	73179	37513	35666	38938	869	11.87	312	4.26	557	7.61
1985	21104	75338	38630	36708	38840	943	12.52	352	4.67	591	7.85
1986	22457	77385	39939	37446	34857	1223	12.80	304	3.93	919	8.87
1987	24388	80614	42003	38611	37876	1390	17.24	295	3.66	1095	5.80
1988	26698	83732	43323	40409	47530	1374	16.41	350	4.18	1024	12.23
1989	28262	88420	45325	43095	52512	1495	16.91	367	4.15	1128	12.76
1990	30102	89399	45964	43435	54414	1352	15.12	372	4.16	980	10.96
1991	30835	90613	46618	43955	51038	1135	12.53	381	4.20	754	8.33
1992	32617	93572	48175	45397	54824	1105	11.81	415	4.44	690	7.37
1993	38045	109264	55878	53386	80468	783	7.17	418	3.83	365	3.34

续表 2－1－2

年份	总户数	总人口			非农业人口	出生		死亡		自然增长	
		合计	男	女		人数	‰	人数	‰	人数	‰
1994	40141	110270	55811	54459	72407	999	9.06	380	3.45	619	5.61
1995	40157	113124	57001	56123	72766	1288	11.39	427	3.77	861	7.62
1996	43572	112429	56604	55825	70458	1431	12.70	429	3.80	1002	8.90
1997	46393	111911	56227	55684	70260	1147	10.20	418	3.70	729	6.50
1998	47586	114941	57569	57372	75946	1312	11.41	478	4.16	834	7.26
1999	49456	119551	59764	59787	87322	1226	10.26	422	7.06	804	3.20
2000	51169	148916	—	—	79928	1015	9.04	—	—	—	—
2001	61139	151468	75792	75676	97551	1447	9.60	635	4.20	812	5.40
2002	62767	152515	76189	76326	100286	1470	9.60	567	3.70	903	5.90
2003	62920	154288	77211	77077	99411	1485	9.70	632	4.10	853	5.60
2004	63099	155011	77220	77791	100642	1359	8.77	831	5.36	528	3.41
2005	63696	156849	78303	78546	103437	1491	9.51	812	5.18	679	4.33
2006	64210	158499	78936	79563	103038	2486	15.68	1160	7.32	1326	8.37
2007	64506	160878	80053	80825	105358	1460	9.08	746	4.64	714	4.44
2008	64680	162152	80700	81452	123185	1287	7.94	861	5.31	426	2.63
2009	65043	164017	81485	82532	125070	1510	9.21	798	4.87	712	4.34
2010	74904	190508	94672	96036	129414	1413	7.41	1050	5.51	490	1.90

说明:2010 年含大丰港农业区(原王港乡)

1983—2009 年新团、裕华镇部分年份人口增减情况统计表

表 2－1－3　　单位:户、人

区域	年份	总户数	总人口			非农业人口	出生		死亡		自然增长	
			合计	男	女		人数	‰	人数	‰	人数	‰
新团镇	1983	6674	25759	12885	12874	309	228	8.90	166	6.40	62	2.50
	1985	6633	25207	12665	12542	1293	252	10.00	147	5.80	105	4.20
	1990	8105	25615	12982	12633	766	371	14.49	168	6.56	203	7.93
	1995	8941	24810	12666	12144	742	244	8.60	171	7.47	26	1.14
	2000	9385	24601	12469	12132	1666	168	6.80	172	7.00	－4	－0.20
裕华镇	1983	10045	36097	17884	18213	647	415	11.50	215	6.00	200	5.50
	1985	11142	35773	17789	17984	3134	414	11.50	232	6.50	182	5.60
	1990	13302	36488	18177	18311	3080	625	17.18	217	5.97	408	11.21
	1995	13703	36212	17997	18215	3775	431	9.25	28	3.60	44	5.66
	2000	14154	34733	17333	17400	4176	195	5.60	266	7.70	－71	－2.09
	2005	16538	39187	19529	19658	2422	244	6.23	307	7.83	－63	－1.61
	2009	15523	38485	19183	19302	8020	208	5.40	257	6.68	－49	－1.27

第二节　人口构成

一、民族

大中镇人口以汉族为主,少数民族人数很少。20 世纪 50 年代末 60 年代初,南京、苏州、无锡等地知识分子支援苏北建设,到大丰工作,这部分人中有少数少数民族。1968 年以后,上海、苏州、无锡下放户,下乡上山知识青年中也有部分少数民族。20 世纪 90 年代初,始从广西、云南、贵州、湖南、四川等外省市婚进人员以及三峡移民中有少数民族。

1964 年第二次人口普查,大中镇境内有满族 1 人、回族 7 人、阿美族(注:台湾人)1 人。1982 年第三次人口普查,大中镇有回族 12 人、藏族 1 人、满族 6 人、黎族 1 人、高山族 8 人。1990 年第四次全国人口普查,大中镇满族 15 人、白族 7 人、黎族 1 人、高山族 11 人、锡伯族 3 人、蒙古族 2 人、回族 14 人、藏族 3 人、壮族 1 人。2000 年第五次全国人口普查,有蒙古族 4 人、回族 20 人、藏族 6 人、苗族 19 人、彝族 5 人、壮族 7 人、布依族 3 人、满族 24 人、侗族 14 人、瑶族 3 人、锡伯族 17 人。2010 年第六次全国人口普查,大中镇境域有总人口 209853 人(含开发区和港区),其中土家族 4 人、高山族 10 人、水族 1 人、土族 2 人、锡伯族 4 人。余为汉族。

二、性别

新中国成立前,妇女社会地位低,重男轻女,弃溺女婴现象严重,造成社会上男性人口多于女性人口。

新中国成立后,妇女地位不断提高,男女同工同酬,地位平等。男女比例发生了显著变化,性别比例趋于合理。1953 年全国第一次人口普查,大中镇、裕华、新团乡合计男性为 32871 人,占 50.79%;女性为 31865 人,占 49.21%。1982 年,全国第三次人口普查性别比为 102.72(注:女性 =100)。

1990 年、2000 年、2010 年大中镇人口普查性别情况比较表

表 2 -2 -1

年龄组	1990 年			2000 年			2010 年		
	男性(人)	女性(人)	性别比(女 =100)	男性(人)	女性(人)	性别比(女 =100)	男性(人)	女性(人)	性别比(女 =100)
总人口	47381	46565	102.72	74371	74545	99.76	104326	105527	98.86
0 ~14 岁	76602	73827	103.76	13456	12695	105.99	—	—	—
15 ~64 岁	290002	270969	107.02	56078	56247	100.3	—	—	—
65 及 65 岁以上	21368	26085	81.82	4837	5607	86.36	—	—	—

说明:2010 年人口普查数据其中含经济开发区的人口

1979—2010 年大中镇部分年份人口出生性别比统计表

表 2－2－2 单位:人

年份	当年出生人口数	男性	女性	性别比
1979	599	328	561	106.5
1980	472	152	320	101.5
1985	943	474	469	101.1
1990	1352	696	656	106.8
1995	1288	655	633	103.4
2000	1232	633	599	105.6
2005	1116	575	541	106.2
2010	1188	612	576	106.2

三、年龄

1964 年、1982 年、1990 年、2000 年、2010 年五次全国人口普查资料表明,大中镇人口年龄构成发生明显变化。

65 岁以上老龄人口,1964 年占总人口 3.54%,1990 年占总人口 4.72%,2010 年占总人口近 19.91%。

人口年龄构成的特点是:少年儿童人口比重下降,人口年龄由成年型向老年型过渡,人口再生产由增加型向静止型过渡。

由于老年人口增多,少儿人口比重下降,劳动适龄人口比重上升,形成少儿负担系数下降,老年负担系数上升,社会总负担系数下降。2000 年,全国第五次人口普查总人口 148916 人,其中 0～14 岁的 261516 人,15～19 岁 9017 人,20～34 岁的 42793 人,35～59 岁的 55146 人,60～79 岁的 14352 人,80～89 岁的 1345 人,90～99 岁的 110 人,100 岁及 100 岁以上 2 人。60 岁以上 15809 人。2010 年,总人口 190508 人(注:总人口含经济开发区,不含大丰港经济区),其中 18 岁以下的 29232 人,18～35 岁 41123 人,35～60 岁 91467 人,60 岁以上 28686 人。10 年之中,老年人口增加将近一倍。

2009 年、2010 年大中镇人口概况表

表 2－2－3

指　　标	单位	2010 年	2009 年	比上年 ± %
总户数	户	74904	74798	0.14
总人口	人	190508	187230	1.75
男性	人	94472	93058	1.73
女性	人	96036	94172	1.98
18 岁以下	人	29232	28331	3.18
18～35 岁	人	41123	41025	0.24
35～60 岁	人	91467	90042	1.58
60 岁以上	人	28686	27832	3.07
当年出生人口	人	1413	1718	－17.75

续表 2-2-3

指　　标	单位	2010 年	2009 年	比上年 ±%
出生率	‰	7.41	9.18	-1.77
当年死亡人口	人	1050	1055	-0.47
死亡率	‰	5.51	5.63	-0.12
自然增长率	‰	1.9	2.59	-0.69

说明:2009 年含经济开发区 2010 年不含经济开发区人口

四、文化程度

新中国成立前,大中镇文盲、半文盲多。1938 年,在校学生仅有 500 余人(不含新团、裕华)。新中国成立后,大中镇教育事业有了很大发展,广大人民的文化程度有了明显提高,文盲、半文盲人口有所下降。1964 年,大中镇具有小学以上文化程度的人口为 15898 人,占总人口 38.07%;1982 年为 48516 人,占总人口的 69.21%;1990 年为 74112 人,占总人口的 78.51%,文盲人口大为下降。1990 年与 1964 年、1982 年相比,拥有大学文化程度的人口占总人口的比重由 0.38%、1.07% 上升到 2.57%,高中文化程度由 1.74%、15.15% 上升到 19.83%,初中文化程度由 6.46%、25.72% 上升到 31.62%,小学文化程度由 1964 年的 24.71% 下降到 1982 年的 27.28%,1990 年下降为 24.50%。文盲、半文盲由 1964 年的 66.68% 下降到 1982 年的 20.70%,1990 年下降为 11.86%。

按性别比较,女性文化偏低。1990 年第四次全国人口普查为例,大中镇具有小学以上文化程度的共有 74112 人,其中男性人口为 40168 人,占 54.20%,女性人口为 33944 人,占 45.80%。

2000 年,全国第五次人口普查大中镇总人口 148916 人,6 岁以下 8396 人,在 6 岁及 6 岁以上人口的 140520 人中未上过学的 11976 人,占 8.52%;小学 33107 人,占 23.56%;初中 49794 人,占 35.44%;高中、中专 34911 人,占 24.84%;专科、本科 9133 人,占 6.5%;研究生 29 人,半文盲 1619 人。

1964—2000 年全国人口普查中,大中镇 0~6 岁以上人口每千人拥有小学以上文化程度人口情况表

表 2-2-4　　单位:人

文化程度	1964 年人口普查		1982 年人口普查		1990 年人口普查		2000 年人口普查	
	人口数	每千人拥有数	人口数	每千人拥有数	人口数	每千人拥有数	人口数	每千人拥有数
大学	157	3.76	749	10.68	2423	25.67	9133	65
高中	728	17.43	10618	151.47	18716	198.27	34911	248.4
初中	2698	64.60	18027	257.16	29851	216.23	49794	354.8
小学	12315	247.11	19122	272.78	23122	244.95	33107	238.6

2010 年,随机抽样调查,大中镇城镇人口文化程度比例为:研究生以上文化程度占 2%,大专、本科文化程度占 33%,高中、中专占 52%,初中占 10%,小学占 3%。农业人口中研究生以上程度占 0.05%,大专、本科占 18.4%,高中、中专占 41%,初中占 28%,小学占 11%,半文盲占 1.55%。

五、行业职业

大中镇移民兴垦前,原驻民主要从事盐业、农业和手工业;建镇后,城镇居民行职业逐渐向工商业方向发展。

1982 年第三次全国人口普查时,大中镇 15 周岁以上在业人口数为 44896 人,普查的 15 个行业中,农林牧渔业 18858 人,占在业人口的 42%;矿产及木材采运业 288 人,占在业人口的 0.64%;电力、煤气、自来水的生产和供应 237 人,占 0.53%;制造业 14191 人,占 31.61%;地质勘探和普查业 2 人,占 0.004%;建筑业 1341 人,占 2.99%;交通运输和邮电通信业 2560 人,占 5.70%;商业、饮食、物资、供销及仓储业 3186 人,占 7.10%;住宅管理、公用事业和居民服务业 500 人,占 1.11%;卫生、体育和社会福利事业 562 人,占 1.25%;教育文化和艺术事业 1175 人,占 2.62%;科研和综合技术服务事业 34 人,占 0.08%;金融保险业 184 人,占 0.41%;国家机关和群众团体 1685 人,占 3.75%;其他行业 93 人,占 0.21%。在三大产业中,从事第一产业 18858 人,占在业人口的 42%,低于全县 76.74% 的水平;第二产业 15769 人,占 35.12%,高于全县 13.74% 的水平;第三产业 10269 人,占 22.87%,高于全县平均 9.52% 的水平。

1990 年第四次全国人口普查,大中镇 15 周岁以上在业人数为 63621 人,占全镇总人口的 67.40%,普查的 15 个行业中,农林牧渔水利业 20280 人,占在业人口的 31.88%;工业 23937 人,占 37.62%;建筑业 2090 人,占 3.29%;交通运输、邮电通讯业 3074 人,占 4.83%;商业、公共饮食业、物资供销和仓储业 6581 人,占 10.34%;房地产管理、公用事业、居民服务和咨询服务业 1210 人,占 1.90%;卫生、体育和社会福利事业 1023 人,占 1.61%;教育、文化艺术和广播电视事业 2043 人,占 3.21%;科学研究和综合技术服务业 35 人,占 0.06%;金融保险业 515 人,占 0.81%;国家机关、政党机关和社会团体 2833 人,占 4.45%。三大产业中:从事第一产业的 20280 人,占在业人口的 31.88%;从事第二产业的 26027 人,占在业人口的 40.91%;从事第三产业的 17314 人,占在业人口的 27.21%。2000 年第五次人口普查大中镇与 1982 年相比,从事第一产业的人口比重下降,从事第二、三产业人口比重上升。

2001—2009 年大中镇、裕华镇从业人员基本情况表

表 2-2-5　　单位:人

年份	区域	一、村组织情况		二、乡村户数、人口		三、乡村实有从业人数	1. 农业		2. 工业	3. 建筑业	4. 交通运输仓储业和邮电通讯业	5. 批发零售贸易业、餐饮业	6. 金融保险业	7. 房地产社会服务业
		村民委员会(个)	村民小组(个)	乡村总户数(户)	乡村总人口			其中:种植业						
2001	大中	25	139	24179	60059	35025	19940	16952	5762	1811	1490	1437	82	250
	裕华	12	54	14714	41187	20807	16446	14978	642	924	755	638	32	36
2002	大中	25	139	23206	55737	33781	19660	15716	5416	1574	1419	1368	93	204
	裕华	12	54	14619	41090	21085	16442	15053	897	1052	823	703	55	28
2003	大中	25	139	22884	53846	31932	15571	14596	5856	1902	1329	1565	96	125
	裕华	12	54	16329	41445	22173	15282	14960	1065	1111	828	936	56	27
2004	大中	25	139	22935	54246	32388	16881	13892	6103	1869	1374	1275	117	150
	裕华	12	54	16351	41144	23920	13801	12352	2216	1227	906	1769	81	31
2005	大中	25	139	22809	53659	32335	16167	14156	6162	2162	1465	1359	135	148
	裕华	12	54	15877	40507	23787	11544	10139	2435	1300	940	1802	79	31
2006	大中	25	139	23071	53658	32625	15126	13606	6571	2584	1529	1457	163	179
	裕华	12	54	15901	40359	24834	11235	10189	3617	1361	977	1826	82	31

续表 2－2－5

年份	区域	一、村组织情况		二、乡村户数、人口		三、乡村实有从业人数	1.农业		2.工业	3.建筑业	4.交通运输仓储业和邮电通讯业	5.批发零售贸易业、餐饮业	6.金融保险业	7.房地产社会服务业
		村民委员会（个）	村民小组（个）	乡村总户数（户）	乡村总人口			其中：种植业						
2007	大中	21	119	20117	45464	28407	10823	9368	6157	3457	1342	1485	168	179
	裕华	12	54	16066	39972	24571	12243	11203	3607	1529	887	2030	93	34
2008	大中	21	119	18958	46307	27871	10375	8889	6203	3394	1374	1465	168	180
	裕华	12	54	16318	39497	24815	11670	10729	3926	1342	870	1893	91	30
2009	大中	21	119	18870	46007	27964	9820	7505	6538	3403	1378	1548	179	179
	裕华	12	54	16333	39450	25289	12924	10041	3524	1497	839	1938	91	44

年份	区域	8.信息传输计算机服务和软件业	9.食宿和餐饮业	10.卫生体育和社会福利业	11.教育文化艺术和广播电视事业	12.科学研究和综合技术服务事业	13.乡村经济管理	14.其他	其中：外出合同工临时工	通电话的户（户）	通自来水的户（户）	当年到境外从业的
2001	大中	—	—	137	117	24	195	378	1749	12521	24179	—
	裕华	—	—	58	51	6	137	1082	607	4917	14714	—
2002	大中	—	—	123	111	30	206	3577	1675	14993	23206	22
	裕华	—	—	119	79	9	132	746	666	8760	14619	8
2003	大中	—	—	128	116	27	226	3339	2175	16198	25088	39
	裕华	—	—	121	280	11	134	1345	1176	9995	16150	20
2004	大中	88	528	130	121	31	201	3520	2441	17260	22157	134
	裕华	12	260	126	291	30	136	3034	2942	11815	16342	27
2005	大中	120	548	152	143	46	215	3513	2624	19043	22809	62
	裕华	15	271	124	293	30	88	4835	2042	12006	15877	29
2006	大中	204	683	160	125	19	205	3440	2759	19815	23071	61
	裕华	20	274	124	293	30	84	4880	2306	11713	15901	28
2007	大中	213	681	148	121	33	172	3428	2378	18280	20117	45
	裕华	28	452	124	295	34	80	3135	2602	13507	16066	26
2008	大中	246	744	152	112	31	167	3260	2078	17658	18958	41
	裕华	18	403	127	297	27	80	4041	2451	14281	16318	27
2009	大中	279	753	156	121	36	161	3413	2154	17720	18870	22
	裕华	27	283	130	304	27	73	3588	2716	14406	16333	22

第三节 人口迁徙

大中境域人口迁徙主要经历以下几个时期:一、范公堤筑成后,随着境域的渐次成陆,范公堤以西的兴化、盐城以及外地人员逐渐流入境内从事渔业、盐业生产。元至正二十七年(1367),朱元璋部徐达、常遇春取张士诚之淮东地区,即于沿海重建两淮各场,两淮盐场移入大量盐丁(今大丰境内丁溪、小海、草堰、白驹、刘庄五个盐课司共接受移民2160户,4785口)。二、明嘉靖十八年(1540),苏北沿海发生重大潮灾,人员死亡惨重,两淮政府从外地移徙人口充实灶丁恢复盐业生产。三、清嘉庆二十三年(1818)、二十四年,两淮盐运司将阔港两岸1.1万公顷土地分给盐商发展商亭,这些盐商从各地招集盐丁近万人(以上这三部分人员惯称"本场人"即本地的草堰场、刘庄场)。四、废灶兴垦时期,大丰盐垦公司从海门、南通、启东等地招来的佃农(俗称"启海人")。据1937年统计,大丰盐垦公司移民15696户,人口94174人;裕华垦植公司移民2616户,人口13527人;其中两公司在今大中镇境域移入约4000余户,23000余人。五、新中国建立后,随着县城工商业以及社会事业发展,从小海、西团、刘庄、白驹、草堰等乡镇招工到大中镇就业和国家从外地分配人才到大中镇参加建设,以及1955—1962年期间海门、启东、南通、昆山一批移民来大中镇大新、新民等村落户。六、1962—1975年期间,先后接受苏州、无锡、上海等地及大丰县下乡上山知识青年、下放干部、下放职工居民3216人插队劳动,其中新团公社接受上山下乡知识青年195人,下放干部412人,下放职工居民321人。裕华公社、大道公社、大兴公社、大中镇共接受2288人,其中城市知识青年728人,下放干部916人,下放职工居民644人(此后下放人员陆续返城)。七、大丰撤县设市后,扩大城市规模,大丰市内乡镇外市县人口迁入大中城区安家落户,以及2001—2004年期间三峡移民44户183人落户大中镇农村。

第四节 人口控制

一、机构网络

(一)管理机构

大中镇计划生育办公室、计生服务中心:1963年至1983年7月,大中镇计划生育管理工作由镇妇联主任负责,没有专门的管理机构及专职干部。

1983年8月,成立大中镇计划生育办公室,陈加祥、宋建英任计划生育助理。1989年4月,方锦龙、陈加祥任计划生育助理。

1993年9月,大中镇人民政府负责对驻城的省、市属机关、企事业单位实行计划生育属地管理。1994年5月,县直计生办撤销并归大中镇,成立大中地区计生办,方锦龙、刘静、陈加祥先后任计划生育助理,方锦龙兼任计生办主任。

2002年4月,镇机关事业单位改革,成立大中镇计生服务中心,方锦龙任主任。

同年9月,陈卫国任镇计生服务中心主任。2003年3月,宋建英(副镇长)、陈卫东(副镇长)、杨正锋(镇党委副书记)先后兼任主任。

城区计生办:2002年9月,在大中镇街道办事处设城区计生办,业务上接受大中镇计生办(中心)的指导,负责城区计划生育属地管理和社区居委会计划生育工作,娄文娟任主任。2003年6月,大中镇街道办事处区划调整,城区计生办隶属镇政府管理,单位性质及职能不变,业务管理直接接受市人口计生委的指导。

大中镇计划生育领导小组:1991 年 3 月,成立大中镇计划生育领导小组,党委书记朱绵任组长。2003 年 10 月至 2010 年,大中镇计划生育领导小组其调整过 4 次,王周斌、董坤、李实业、沈刚先后任组长,陈卫国任领导小组办公室主任。

大中地区计划生育领导小组:1994 年,成立大中地区计划生育领导小组,周善辉(大中镇镇长)任组长,陈庆林(县政府办副主任)、杨兵(县计生委主任)任副组长,县 11 个委、办、局"一把手"为成员。领导小组下设办公室,王桂成(大中镇副镇长)兼任办公室主任。

1996 年 3 月,调整大中地区计划生育领导小组成员,大中镇镇长张正林任组长,陈庆林(县政府办副主任)、杨兵(县计生委主任)、黄汉祥(大中镇副镇长)任副组长,下设办公室,方锦龙任主任。

2002—2005 年,丁瑞云(副市长)任大中地区计划生育领导小组组长,王周兵、董坤、杨兵、成秋生、汤云庆先后任副组长,方锦龙、宋建英、陈卫国先后任领导小组办公室主任。

(二)服务机构

1963 年开始,县人民医院、县妇幼保健站和大中镇卫生院设立避孕技术指导门诊室,开展节育手术。1984 年 3 月,裕华镇在全省第一个建起乡(镇)计生服务站,施彬兼站长。1995 年 10 月,大中镇成立计生服务站,后定名为大中地区计生服务站,隶属大中地区计生办管理,陈加祥兼任站长。1996 年 3 月,新团镇成立计生服务站,周利英兼任站长。2000 年 9 月,大中地区计生服务站与市计生指导站合作开展计生技术服务。2001 年 5 月至 2002 年 4 月,新团计生服务站挂"大中镇新团计生服务部"牌子。2002 年 10 月,大中镇新团计生服务站撤销。

2002 年 4 月,镇机关事业单位改革,大中地区计生服务站机构保留,为镇计生服务中心的下属单位。9 月,大中地区计生服务站与市三院(大中镇卫生院)合作开展计生技术服务,陈卫国任站长。

2010 年 10 月,镇计生办(中心)搬至市区金丰中路(原人事局北 6 楼)办公,计生服务站搬至裕华居委会。

(三)基层网络

村计生专干 1963—1990 年,大中镇村计划生育管理工作由村妇联主任负责。1991 年 1 月,大中镇对村(场)计生干部进行调整,实行专职负责计划生育工作。全镇 46 个企事业单位,已婚育龄妇女在 200 人以上的配备计生专职干部,200 人以下的配备兼职计生干部。1993 年,对村(场)计生干部进行考察测评,14 名村级计生专干被明确享受村(场)副主任待遇。

计划生育协会 1988 年 2 月,大中镇成立计划生育协会(属群众性社会团体),协会设会长一人,秘书长一人,每五年换届一次,至 2010 年先后进行了五届选举。计生协会协助镇政府动员广大群众参与计划生育、扶贫开发、社区发展、精神文明建设等工作。2010 年,全镇有村级计生协会组织 29 个,会员 22528 人,占总人口 11.5%,其中"五老"(老党员、老干部、老模范、老职工、老长辈)会员 2056 人,占会员总数 9.13%;基层干部 479 人,占 2.13%;群众积极分子 19991 人,占 88.74%。建立会员之家 43 个,协会小组 350 个,会员联系户 15750 个,形成镇、村、组三级协会网络。

2010 年大中镇人口计生组织网络及队伍建设情况表

表 2－4－1　　单位：人

管理区	镇计生办(中心)								城区计生办						计生服务站						镇计协(人口文化促进会)兼职干部					
	人数	其中		年龄		文化			人数	年龄		文化			人数	年龄		文化			人数	年龄		文化		
		行政公务员	事业编制	45岁以下	46岁以上	大专以上	高中	初中		45岁以下	46岁以上	大专以上	高中	初中		45岁以下	46岁以上	大专以上	高中	初中		45岁以下	46岁以上	大专以上	高中	初中
城区	—	—	—	—	—	—	—	—	6	3	3	3	3	—	7	3	4	6	1	—	—	—	—	—	—	—
大中	13	1	10	5	8	9	4	—	—	—	—	—	—	—	—	—	—	—	—	—	3	1	2	2	1	—
合计	13	1	10	5	8	9	4	—	6	3	3	3	3	—	7	3	4	6	1	—	3	1	2	2	1	—

管理区	村(居)计生干部						驻城单位计生干部				组女性计生信息员		住宅小区(楼、院)联络员		
	人数	年龄		文化			市直部门兼职	机关事业单位兼职	企事		村(居)民小组数	人数	人数	单位工作人员兼职	会员志愿者五老
		45 岁以下	46 岁以上	大专以上	高中	初中			专职	兼职					
城区	20	17	3	19	1	—	36	56	13	469	367	367	1356	593	763
大中	29	17	12	14	15	—	—	—	—	—	171	185	—	—	—
合计	49	34	15	33	16	—	36	56	13	469	538	552	1356	593	763

二、宣传教育

(一)教育过程

大中镇人口和计划生育宣传教育工作先后经历四个阶段。

20 世纪 50 年代中期至 60 年代中期是倡导阶段。由于人们受封建礼教的束缚和影响，早婚早育、传宗接代、养儿防老的思想根深蒂固。据 1950 年 4 月资料，大中镇和瑞村已婚的 51 对青年男女中，有 20 对早婚(指男 20 岁、女 18 岁以下的)，其中男性最小的 17 岁，女性最小的 15 岁。1955 年后，大中镇提倡推迟结婚年龄。

60 年代中期至 70 年代末是人口和计划生育宣传教育起步阶段。为贯彻落实 1962 年 12 月中共中央、国务院发布的《关于认真提倡计划生育的指示》精神，大中镇在机关、企事业单位首先开展避孕节育的宣传和节育技术推广，并提出“晚、稀、少”的政策舆论导向。1963 年，全镇印发宣传手册 5600 份，宣传单 1 万多份；镇、大队、生产队召开宣传动员会，组织群众看电影、幻灯、模型、图片，受教育者达 2 万人次。1970 年，进一步提倡晚婚，要求男 25 周岁、女 23 周岁方可登记结婚。1979 年 9 月，全镇开始宣传“一对夫妇只生一个孩子”，要求镇机关干部，企事业单位职工，大队、生产队干部及其子女带头领取“独生子女光荣证”，有 300 多对生一孩的夫妇带头领取“独生子女光荣证”。

80 年代初至 90 年代中期是推行阶段。1980 年 9 月 25 日，中共中央发表《关于控制我国人口增长问题致全体共产党员、共青团员的公开信》(以下简称《公开信》)之后，计划生育的宣传教育力度空前。10 月初，大中镇召开学习宣传贯彻中央《公开信》千人动员大会，并组织宣讲队，巡回各大队(场)宣讲中央《公开信》。要求党员、团员、干部实行“保、包、带”责任制，即：包家庭、包子女、包亲戚，带左邻右舍 1～3 户实行计划生育。

1982年5月，全镇组织开展计划生育宣传月活动。组织生产队、作业组长以上干部、党（团）员、育妇代表、企事业单位干部职工、初中以上学生分批分期观看县制作的计划生育宣传画（板）展。镇还制作晚婚晚育、避孕节育、计划生育展板20多块，印制宣传卡片2万多份，到各大队、生产队巡回宣传。1983年6月，由县委宣传部、总工会、文教局、县妇联、计生委主办的计划生育文艺宣传，在大中镇演出9场，受教育达万余人次。是年11月15日，大中镇制作的《朱锦风一家》幻灯片作品，参加省首次计划生育幻灯片调演。1985年中秋节当晚，在商业街举办规模盛大的计划生育灯谜有奖活动，300多盏各式各样的计划生育彩灯，吸引了万名观众。1991年11月，《江苏省计划生育条例》（以下简称《条例》）颁布后，全镇开展《条例》宣传月活动。镇召开学习贯彻《条例》广播动员会，印发《条例》1.5万份，各种挂图、小册子、刊物等宣传品1万余份。并在县城开展百条大幅标语一条街，10个计生《条例》咨询宣传台一条街，计生文艺演出宣传队一条街，17辆宣传车、3条彩色游艇、5000名师生沿主次干道、后街小巷巡回宣传，整个县城一片欢腾。1993年9月，县、镇直属单位联合开展流动人口计划生育管理清理整治活动，以宣传周为先导，采取"海、陆、空"宣传形式，提升宣传氛围。"海"，用两条汽艇对流动船民进行宣传；"陆"，组织15辆宣传车、5000名中小学生沿街宣传，在主要地段、闹市区、人口较多的住宅区设6个咨询宣传服务台；"空"，悬挂过街过路标语100条，街道路旁水泥电线杆张贴标语口号5000条，在街巷、村（居）民区安装高音喇叭宣传，县城到处都可以看到计划生育的宣传内容，听到计划生育的宣传声音。

1994—2010年是宣传教育深入发展阶段。1994年以后，镇和所有的行政村相继创办人口学校，且按规范要求做到"四个一"：即制定一个教学计划，编印一套简明教材，培训一支教师队伍，开展一次教学活动。在教学计划安排上，镇人口学校全年办班6～8期，主要培训村（居）干部、计生干部、村人口学校教师、新婚夫妇和部分育龄群众；村人口学校全年办班4～6期，主要承担对育龄群众的培训任务，镇编印一套可供村人口学校使用的"三生"（生产、生活、生育）知识教材，有计划地对村组干部和育龄群众进行系列化教育，满足群众对优生优育、生殖健康、求知求富的需求。1995年开始，镇广播站开辟"人口之声"专题广播节目，每周一档节目，分早、中、晚连播3次，内容有计生政策、优生优育、避孕节育、生殖保健知识、少生快富等先进典型。1995年9月，为纪念中央《公开信》发表15周年、《条例》颁布5周年，全镇组织宣传周活动，先后出动24辆宣传车、400多名宣传员，奔赴街道、农村田头举行多形式的宣传。2002年开始，城区开展青少年生殖健康教育活动，街道办事处创办青少年生殖健康俱乐部，集电化教育、绿色网站、图书阅览、文体健身为一体。是年，先后召开中小学教师、在校学生、社会青少年座谈会65次，580多人次参与。2003年开始，实施村计生干部计生信息宣传教育"五上门"措施：一是青年恋爱（订婚）时上门，向他们宣传《中华人民共和国婚姻法》，人口与计划生育基础知识，防止出现早婚早育现象；二是青年结婚时上门，宣传婚育知识，帮助他们树立晚育新观念；三是已婚夫妇领取一孩生育证时上门，宣传计划生育的必要性及当年的计划安排，严格实行"生育证"制度；四是新生婴儿在满月时上门，介绍避孕节育知识；五是落实节育措施一个月后上门，进行随访，了解节育措施的落实情况。2005年5月，将"恋、婚、生、节育"科普知识编印成宣传卡片，由村计生干部、组计生信息员，发送到处于不同阶段的育龄对象手中，因人因情进行宣传指导。2008年3月，实施"五优"宣教工程，编印《祝您幸福》——优恋、优婚、优生、优教、优育知识宣传册，发给各村（居）计生干部，为他们做宣传提供丰富的内容和科学依据。各村人口学校将"五优"知识及育龄对象"五期"（恋爱期、新婚期、生育期、避孕期、更年期）教育有机地结合起来。

（二）教育举措

人口文化服务社　2005年4月，创建"世代服务"品牌，将计生服务阵地建成"育龄群众之家"。镇计生办（中心）服务站建150平方米的人口文化服务社。人口文化服务社设置宣教视听、图书阅读、药具展示、上网聊天、下棋娱乐、导医服务等功能区。在服务理念上，重点突出一个"家"字，即把计生服务站营造成一个为育龄群众提供优质技术服务、解疑释难、获取知识、休闲娱乐的"家"，让每位育龄群众有病到“家”治疗，有话到“家”畅谈，有难到“家”倾诉，闲时到“家”娱乐，这种“家”的理念，群众容易接受、乐于接受。

人口文化俱乐部 2007年5月，德丰村在全市建立了第一个人口文化俱乐部。镇党委、政府在全镇推广德丰村的成功经验，先后投资20余万元，在同德、红花、双喜、阜南、恒北等村建起人口文化俱乐部。俱乐部制作“奉献榜”“新风榜”“群星榜”，宣传计划生育的老模范和新人新事新风尚；制作新家庭“百花园”，宣传少生快富的先进典型、“十星”特色家庭，让群众成为人口文化、家庭文化、生育文化活动的主人。俱乐部设有人口文化学校、生殖保健服务室、乒乓球室、健身室、阅览室、娱乐室、电脑网络室等。

实施“三大工程” 2008年，全镇将实施计生宣传教育、生育文化创建以及家庭培训“三大工程”列入婚育新风、人口文化宣传计划。镇投资58万元改造建成镇世代服务中心1个，村级计生服务室25个，集镇社区人口文化一条街、人口文化广场、人口文化社区和人口文化长廊5个，设立人口文化大院7个、计生图书角25处，对625户“计划生育幸福家庭”和750户“生育文明户”进行表彰。2010年5月，为纪念中国计生协会成立30周年，镇计协在开展“进百家门、摸百家情、知百家事、解百家难”活动中，编印《为了家庭的完美与幸福——提示语汇编》，收集选编“建幸福家庭提示语”365条，印发到千家万户。

主题活动 2006年3月，全镇开展计生科普宣传“五进村”活动。一是新风倡导进村。进村入户免费发送计生政策法规、生殖健康和优生优育科普知识等卡片、折页、挂图、避孕药具等；开展知识竞赛、文艺演出、放映知识碟片等吸引群众参与的活动；开展“亲情牵手——关爱女孩行动”，即每个村牵手帮扶2～3名贫困女孩，帮助解决生活困难、上学困难和就医困难。二是健康服务进村。开展以出生缺陷干预、妇女常发病筛查和治疗等工程为抓手，为节育群众送健康的“幸福健康工程”。三是关爱扶助进村。建立“奖、保、优、扶、补”五位一体的社会保障体系。四是维权保障进村。科技、卫生、司法、文化等部门，为计生中心户提供宣传品，满足群众求知、求富、求美、求乐的需求，保证中心户正常活动。五是幸福致富进村。将人口计生与扶贫工作结合，利用计生网络和计生协会开展“结对子、心连心”“手牵手、共富裕”活动。

2007年3月，启动“关爱女孩行动”活动。镇成立有10多个部门、单位领导参加的“关爱女孩行动”工作委员会，且出台实施方案。通过实践与探索，全镇总结出“四个结合”：一是把关爱女孩与提高经济待遇相结合，对5329个农村0～14岁独生子女户每年足额兑现独生子女父母奖励金，对7000多个生育女孩家庭采取免费提供计生政策、妇女生殖保健知识、常规生产经营技术培训和资料；减免特困女孩家庭医疗技术服务费用近万元。二是把关爱女孩与增强个人健康意识相结合，是年3—4月，镇计生服务站和镇卫生院医务人员先后深入辖区内12所学校、4所幼儿园开展在校(园)女孩免费体检活动，宣传自我保健知识，建立健康档案。三是把关爱女孩与实施“春蕾计划”相结合，是年6—7月，镇关爱女孩行动工作委员会配合文教部门，深入到农村村民家庭摸底登记，掌握适龄儿童入学和困难女孩家庭情况，对困难女学生义务教育学杂费实行减免制度。四是把关爱女孩与发展经济、致富奔小康相结合，对女孩及生育女孩家庭，优先提供发展生产的小额贷款和扶贫贷款，优先提供优良的种子和种苗，优先提供种、养殖技术，优先安排生产开发项目，优先提供生产经营信息，优先提供就业和再就业机会，优先发放救济、救助款物等“十优先”制度。是年9月，开展“托起明天的太阳——人口素质与独生子女教育”宣传月活动。宣传月举行“三个二”活动，即：(1)举办两场专题讲座：面向独生子女家长和独生子女教育工作者，邀请“爱心妈妈”“知心大姐”作“独生子女素质教育”专题讲座；面向青少年学生，邀请中小学教师作“青少年学生心理素质教育”专题讲座。(2)制作发放宣传品：一是制作发放3000份“迈好青春第一步”青春期教育知识书签，发至初中新生；二是制作发放3000份“迈好青春第一步”青春期教育知识宣传手册，发至青少年。(3)组织参观2个现场：“9·25”当天，组织村计生干部和部分育龄群众参观镇计生服务站“婴幼儿早教基地”和“青春期健康教育咨询室”。

2008 年 2 月，举行“关爱女孩行动”宣传月活动，镇计生办(中心、站)结合开展“三下乡”服务活动。一是组织为计生困难女孩家庭送知识、送温暖活动。二是先后发放“关爱女孩”宣传资料 5000 多份，计生文艺宣传碟片 2000 张，免费发放 1000 盒避孕药具。三是开展“十一五”以来计划生育工作成果展。将“十一五”以来取得的成就制作成精美的展板，在集镇、农村展出，将“关爱女孩”各项优惠政策的具体内容向社会公开承诺。四是以综合治理出生人口性别比为突破口，开展对卫生医疗保健机构以及私人医疗诊所等进行综合治理，并专门设立“鉴定胎儿性别违法”“选择性别终止妊娠犯法”等醒目的警示牌和重奖举报制度。9 月，采取“四个三”措施：(1)在三个环境上造氛围。全镇通过有线广播、村级宣传栏，在城区制作 200 多个灯箱宣传牌和 3 块巨幅宣传画，形成生育文化宣传一条街；为丰富校园文化，营造校园环境，镇计生办(中心)与中、小学联手举办题为“计划生育好”“女子成才，女孩骄傲”有奖征文及巾帼书画展等活动，以宣传“婚育新风进万家”营造家庭环境；以个性化、温馨化的语言，印发 1 万多份关爱女孩宣传折页和向女孩家庭发放倡议书 4000 多份，倡导每一个家庭都来关爱女孩的成长、成才。(2)在三项行动上求推进。结合镇情、政策推动。镇修定下发《关于开展“关爱女孩行动”实施意见》，把关爱女孩列入“富民、爱民”工程之一；各方配合、社会联动。镇成立关爱女孩行动领导小组，各村成立关爱女孩行动服务组，政府牵头制定 14 个相关单位部门的关爱女孩行动措施，并签订《关爱女孩行动责任书》，明确专人负责；塑造典型、宣传拉动。对在关爱女孩行动中的先进典型和事迹进行表扬和宣传，弘扬关爱女孩的新风尚。(3)在三项机制上抓落实。制定激励机制、帮扶机制、保障机制。(4)在三项管理上硬考核。一是 B 超管理，严禁性别选择孕情检查；二是孕情管理，严禁性别选择终止妊娠；三是分娩管理，严禁违规施行终止妊娠手术。

2009 年 5 月，德丰村开展关爱女孩“助才、联心、优惠、新风、邻里”五项行动。(1)助才行动。开展“纪念日”捐款活动，建立关爱女孩助才基金。“五四”青年节号召团员交一份特别团费，“七一”党的生日号召党员交一份特别党费，“5·29”协会纪念日号召会员志愿者捐一份关爱款，“三八”妇女节号召“爱心妈妈”捐一份爱心款，鼓励民营企业、种养业大户捐款“献爱心”。每年捐款近万元，为贫困独生女提供助学金。(2)联心行动。每个村组干部“包保帮联”10～15 个独生女户，将帮致富、帮成才、帮就业、帮养老、帮安居的优惠政策措施落实到位，为女孩家庭解决一些实际困难和问题。(3)优惠行动。实行“十优先、十减免”措施，把关爱女孩行动与政府部门的优惠活动结合起来，与新农村建设的优惠政策结合起来，与小康社会“扶贫、救助、社保、低保”等优惠措施结合起来，形成整体联动效应。(4)新风行动。通过广播、板报、人口学校、人口文化俱乐部、邻里互动站印发宣传，宣传早婚早育的危害和晚婚晚育的益处；在适龄结婚青年中开展不向恋爱对象要彩礼活动；宣传表彰晚婚晚育、少生快富、好婆婆、好媳妇、好女儿、好女婿的先进典型。(5)邻里行动。在新家庭示范户、计生中心户中选择位置适中、互帮互助能力强的 20 个农户，建立关爱女孩“邻里互动站”。每个互动站选聘 3～5 名有文化、素质好、有特长、培育子女有方的“爱心妈妈”，通过爱心妈妈进行“热线、信箱、橱窗、网站、礼品、贺卡”等互动形式。

2010 年 3 月，红花村建立关爱女孩邻里互动站。(1)建立互动组织。按照“便于组织、方便活动”原则，在“新家庭”示范户或计生中心户中选择位置适中、家境较好、有特色典型、能发挥作用的农户创建邻里互动站，由该户的女主人担任站长，且在左邻右舍选聘 3～5 名有文化、素质好、有特长、培养子女有方、热心为邻里服务的“爱心妈妈”，开展邻里间互动服务。(2)开展互动服务。邻里互动站开设 6 个互动服务项目：一是爱心妈妈热线：负责解答女孩及女孩家庭电话咨询问题。二是爱心妈妈信箱：将收到的女孩及女孩家庭所需、所求、所盼的实名信件，由“爱心妈妈”预约开展需求服务。三是爱心妈妈橱窗：对“信箱”中收到的“无实名”需求信件，通过“爱心妈妈橱窗”或关爱女孩网站解答反馈。四是爱心妈妈网站：向女孩家庭赠送“爱心卡”，连接市计生委“关爱女孩网站”，通过网上解答女孩及女孩家庭的咨询和求助问题。五是爱心妈妈贺卡及礼品：对刚出生女婴家庭送“凤祥”贺卡及一份儿童玩具，对女孩入学送“蓓蕾”贺卡及一份学习用品，对高考中榜的女孩送“成才”贺卡及一份纪念品。(3)发挥互动作用。全村9个邻里互动站，通过开展宣传咨询、思想交流、传播技术、互帮互助、解难释疑等活动，为女孩及女孩家庭提供“零距离、互动式、需求化、一对一”的服务场所，架起邻里与家庭、与社会“大家都来关爱女孩”的桥梁。是年，邻里互动“爱心妈妈”热线开展政策咨询服务350多人次，“爱心妈妈”信箱、橱窗开展解难释疑服务130多件(次)，“爱心妈妈”网站网上沟通交流150多人次，帮助邻里做好事、办实事100多件(次)。

三、政策法规

(一)生育政策

20世纪70年代初，全镇开始推行计划生育“晚、稀、少”政策(“晚”是指男性结婚年龄不早于25周岁，女性不得早于23周岁，城镇居民略高；“稀”是指生育两胎的间隔时间为3～4年；“少”是指一对夫妇最多生育两个孩子)，重点是不生“小三子”。70年代末，着重抓多孩夫妇的绝育工作；80年代起，根据国家“一对夫妇只生一个孩子”的号召，广泛宣传动员已生育一个孩子的夫妇领取独生子女光荣证，终身只育一个孩子。

1982年，《江苏省人口与计划生育条例》颁布。结合大中镇实际，规定照顾再生育一个孩子的5种对象。(1)一孩残疾；(2)重新组合家庭；(3)婚后五年不育；(4)农村兄弟二个以上，其中有一个婚后生一个孩子的；(5)农村两代均系独生子女。

1984年，照顾再生育一孩的对象除上述5种以外又增加6种(共计11种对象)。国家干部、职工和城镇居民：(1)第一个孩子有非遗传性残疾，不能成为正常劳动力的；(2)夫妇双方均为独生子女，只有一个孩子的；(3)婚后五年不育，经过批准抱养一个孩子后，自己又怀孕的；(4)再婚夫妇，一方系丧偶，只有两个(含)以下孩子，另一方系初婚或未育的；(5)再婚夫妇，一方婚前只有一个孩子，另一方系初婚或未育的；(6)归侨按国务院侨办〔1983〕侨研字第002号文件精神办理。农村除照顾上述6种对象外，再增加以下5种对象：(1)二等一级以上革命伤残军人，只有一个孩子的；(2)烈士的独生子女，只有一个孩子的；(3)夫妇一方两代均系独生子女，只有一个孩子的；(4)无儿有女户中，独女招婿，只有一个孩子的；(5)兄弟两个(含)以上只有一人生育一个孩子的，其他兄弟均终身丧失生育条件的。

1985年，又增加3种对象：(1)农村中一子一女户，其子只有一个女孩的；(2)从事井下作业或从事海洋捕捞，连续五年以上，现仍从事井下劳动的矿工或海洋捕捞业人员只有一个女孩的；(3)在人均土地0.33公顷以上沿海垦区定居的农民(人均土地以村或村以上行政区划计算)，只有一个女孩的。

2002年9月1日，《中华人民共和国人口与计划生育法》颁布施行。12月1日，第2部《江苏省人口与计划生育条例》颁布实施。从此，全镇人口和计划生育工作按照《中华人民共和国人口与计划生育法》《江苏省人口与计划生育条例》要求，依靠宣传教育、依法管理、综合服务、建立奖励和社会保障制度，开展人口与计划生育工作。

2002年10月起，将“一孩生育证”改为“生育一孩服务证”，男女双方经依法登记结婚且均未生育过的，不需经镇计生办批准。“生育一孩服务证”服务于符合生育第一个孩子条件的夫妇，镇计生服务站凭此证免费提供优生优育、孕前一周孕期保健等服务。

2002年12月起，符合下列条件之一的夫妻，可以申请再生育一个孩子：

(1)只有一个孩子，经病残儿医学鉴定机构鉴定为非严重遗传性残疾，目前无法治疗或者经系统治疗仍不能成长为正常劳动力或者将严重影响婚配的；(2)一方为二等乙级以上因公致残的军人、武装警察、公安民警、见义勇为人员，或者一方为烈士的独生子女，只有一个孩子的；(3)一方系丧偶者，另一方系未生育的；(4)一方系离婚者且只有一个孩子或者依法生育过两个孩子，另一方未生育的；

(5)双方均未生育,依法收养后又怀孕的;(6)一方为两代独生子女或者夫妻均为独生子女,只有一个孩子的;(7)一方从事井下作业连续五年以上,现仍从事井下作业,只有一个女孩的。

除以上七项规定外,女方为农村居民的夫妻,符合下列条件之一的,可以申请再生育一个孩子:

(1)一方为独生子女,只有一个孩子的;(2)只生育一个孩子,男方的其他兄弟均无生育条件的;(3)男方到无兄弟的女方落户并赡养女方父母,只有一个女孩的(本项规定只适用于女方姐妹中一人);(4)男方无兄弟且只有一个姐姐或者妹妹,只有一个女孩的。

夫妻为主要从事种植业或者养殖业的农村居民,一方经县级以上医学、劳动鉴定机构确认为非遗传性一级或者二级肢体残疾,只有一个女孩的,可以申请再生育一个孩子。

2005 年 7 月,对有下列特殊情形的,可以申请再生育一个孩子:

(1)夫妻一方婚前非婚生育过一个孩子,另一方未育的。(2)夫妻婚后生育的两个孩子(其中第二个孩子系经过批准的生育)经鉴定均为非遗传性病残儿,不能成为正常劳动力或将严重影响婚配的。(3)只有一个孩子的农村夫妻,一方只有一个兄弟或者姐妹,且该兄弟或者姐妹残疾,不能成为正常劳动力或者将严重影响婚配的。(4)只有一个女孩的农村夫妻,男方无兄弟且只有两个姐姐或者妹妹,其中一个残疾,不能成为正常劳动力或者将严重影响婚配的。(5)只有一个女孩的农村夫妻,女方兄弟均为残疾(不能成为正常劳动力,严重影响婚配或无生育条件),夫妻共同赡养女方父母和兄弟的(只适用于女方姐妹中的一人)。(6)只有一个女孩的农村夫妻,女方无兄弟,男方虽没有到女方落户,但已共同承担起赡养女方父母的义务(只适用于女方姐妹中的一人)。(7)再婚夫妻原各生育过一个孩子,有以下情形之一的:①双方均为丧偶的;②一方丧偶,一方孩子由原配偶抚养的;③双方原各生育的一个孩子均由原配偶抚养的;④一方原生育的一个孩子由原配偶抚养,一方符合《江苏省人口与计划生育条例》第二十二条第(一)、(二)、(七)项或第二十三条第(三)、(四)、(六)项和第二款规定条件的。

(二)奖励扶助

1979 年 6 月起,凡是企事业单位职工晚婚的(男在 25 周岁以上、女在 23 周岁以上结婚)享受婚假 3 天,晚育的(女方在 23 周岁以上生育第一个孩子)享受产假 3 个月。凡是领取“独生子女光荣证”的夫妇,双方均为企事业单位的职工,每年发给儿童保健费 40 元;农村发给儿童保健工日 40 个(1983 年后改发 40 元)。在同等条件下,独生子女优先入托、入园、入学、招工,农村口粮分配按年龄分等结算时(独生子女),按成人基本口粮结算,并按标准分得两个人口自留地和住宅地。一对夫妇只生一个孩子的干部、职工,从退休之日起,按退休《暂行办法》规定,增发 5% 的退休金。农村社员年老丧失劳动能力时,独生子女不在身边,与无子女老人一样给予照顾,生活水平不低于当地社员。同时规定:避孕药具免费供应,派送上门;接受节育手术者免费,干部职工可带薪休假,农村干部社员按同等劳力计算劳动日。1983 年至 2002 年 12 月,农村做结扎手术对象改为手术补助费(或营养费)150～200 元不等。

2002 年 12 月起,对晚婚的延长婚假 10 天。夫妻双方晚婚的,双方享受;一方晚婚的,一方享受。对晚育的,延长女方产假 30 天,给予男方护理假 10 天。前两款规定的假期视为出勤,不影响工资、奖金及福利待遇。自愿终身只生育一个孩子的夫妻,从申请领取“独生子女父母光荣证”起至孩子 14 周岁止,每年各领取20元的独生子女父母奖励金。

持“独生子女父母光荣证”机关、事业单位的职工，在办理退休手续后，按照其退休前月工资的5%每月增发退休金。市属企业退休职工实行一次性奖励2400元，全镇有4821人享受，其中29个村有319人享受。

2001—2010年大中镇独生子女父母奖励金兑现情况表

表2-4-3　　单位：万元、人

年份	城区			农村	
	0~14岁一孩数	奖励金	其中单位兑现	0~14周岁一孩数	奖励金
2001	12461	49.84	28	5251	21.00
2002	12479	49.92	29	5267	21.07
2003	12429	19.72	28	5259	21.04
2004	12466	49.86	28	5261	21.03
2005	12484	49.94	29	5264	21.1
2006	12420	49.68	28	5263	21.1
2007	12508	50.03	30	5329	21.32
2008	12864	51.38	31	5404	21.63
2009	12498	49.98	29	5250	21.00
2010	9281	37.12	20	7307	29.22

2005年10月起，对农村部分计划生育家庭实行奖励扶助制度。1963年1月1日以后，农村计生家庭户只生育一个孩子，年满60周岁后每月可享有50元的奖励扶助金。

2006年1月起，对独生子女残疾或死亡的父母实施特别扶助金制度。子女在1963年1月1日以后出生的，只生育一个子女或合法收养一个子女，现无存活子女或独生子女被依法鉴定为伤、病残登记达到三级（含三级）以上；女方年满49周岁（丧偶或离婚的男方或女方须年满49周岁），独生子女死亡（无存活子女）的每月享有100元扶助金，独生子女伤、病残的每月享有80元扶助金。

奖励扶助金基本标准：农村户口，只生育一个孩子的夫妻，上半年达60周岁的，可领取全年600元奖励金；下半年达60周岁的，可领半年300元奖励金。独生子女伤、病残的父母，上半年达49周岁的，可领取全年960元奖扶金；下半年达49周岁的，可领取480元奖扶金。独生子女死亡的父母，上半年达49周岁的，可领取1200元奖扶金；下半年达49周岁的，可领取600元奖扶金。

2005—2010年大中镇计生家庭奖励扶助金兑现情况表

表2-4-4　　单位：人、万元

年份	城　区				农　村			
	奖励扶助金		特别扶助金		奖励扶助金		特别扶助金	
	享受人数	金额（万元）	享受人数	金额（万元）	享受人数	金额（万元）	享受人数	金额（万元）
2005	—	—	—	—	189	11.34	—	—
2006	—	—	—	—	192	11.52	—	—

续表 2－4－4

年份	城区				农村			
	奖励扶助金		特别扶助金		奖励扶助金		特别扶助金	
	享受人数	金额(万元)	享受人数	金额(万元)	享受人数	金额(万元)	享受人数	金额(万元)
2007	—	—	52	5.32	231	13.86	47	2.51
2008	—	—	66	6.97	245	14.70	56	6.12
2009	—	—	66	7.29	307	22.10	61	6.66
2010	—	—	73	7.97	352	25.34	62	6.70

2005 年 10 月 26 日，在施耐庵公园（人民公园）召开大丰市暨大中镇农村部分计划生育家庭奖励扶助金首发式大会。来自全市 14 个镇的 200 名计划生育奖励扶助对象代表出席会议。市委书记丁宇、市长王荣到会讲话，为奖励扶助对象代表颁发奖励扶助金。

四、保障机制

（一）管理机制

1. 制度保障

1974 年初，大中镇将“晚、稀、少”的计划生育指标，列为“两升一降”（工业、农业产值要上升，人口出生率要下降）主要考核指标，推行“两种生产一起抓”，计划生育实绩与大队、生产队干部评先奖励挂钩。1980 年 10 月，建立起“一带三”的责任制，即每个党员、团员、村组干部都明确带三户群众实行计划生育的任务。

1981 年开始，推行“一带五包”责任制，即每个党员、团员、村组干部带头实行计划生育，同时包家庭、包子女、包亲友、包邻居、包 5～10 户群众。1982 年 3 月，实行“计划生育、农业生产责任制”捆绑式考核，加强农村计划生育工作。

1990 年开始，制定《人口与计划生育目标责任书》，法人代表逐级签订责任书，实行目标考核，对不能完成目标任务的实行“一票否决”。2000 年 3 月 25 日，大中地区计划生育领导小组召开工作协调会，会议重申党政“一把手”亲自抓、负总责的十条标准。强调凡当年完不成计划生育目标任务的实行“黄牌警告”，连续两年完不成目标任务的，对党政“一把手”和 5 个责任人在全市通报；工作上造成重大失误的，降职任用或就地免职。在政绩考核时，将“十条标准”作为重要内容，并填入“党政干部计划生育实绩表”。

2004 年以后，对落实人口与计划生育目标管理责任制的措施进一步规范。概括为“一个细化，两个明确，三个落实，四项措施”。“一个细化”：每年初，将市下达的计划生育各项目标管理任务，逐条分解落实到各相关部门、村（居）委会。召开三级干部大会，签订责任状。“两个明确”：明确镇 5 个责任人的领导责任，三套班子成员、部门负责人分工挂钩到村（居）的责任；明确村 4 个责任人分工负责的责任，实行村（居）组干部全员责任制。“三个落实”即：(1) 落实领导职责。(2) 落实“一票否决”。(3) 落实整体联动。“四项措施”：(1) 考试制度，每年镇组织办、宣传办会同计生办（中心）对村（居）书记、主任和计生工作人员分别组织 2～3 次计生政策、法律、业务培训学习，并将测试结果纳入年终考核、评先；(2) 联系制度，计生办（中心、站）工作人员分工挂钩到村（居），将挂钩联系村（居）的进位升类，与年度考核奖金挂钩；(3) 督查制度，每月底镇计生办（中心）抽查 2～3 个村月随访服务情况及当月工作完成情况；(4) 追溯制度，对工作滑坡，或出现的违法生育问题，分析原因，查找症结，属措施失控、工作失职的要追究所在单位主要领导的责任。

2006 年 5 月，制定五项工作管理制度：一是严格值班制度；二是首问责任制；三是下村督查指导制度；四是术后随访服务制度；五是“五上门”工作制度。2008 年，镇计生办（中心、站）开始实施阳光计生行动：（1）以政务公开带动“阳光管理”。（2）以民主评议推动“阳光服务”。（3）以社会监督保障“阳光维权”。采取群众举报、发放问卷、内外部网站、公开电话等多种形式，广泛接受群众及社会各界的监督、咨询、投诉和反映的意见建议。推行限时办结制和行政问责制，增强监督维权实效。聘请群众代表和社会知名人士担任行风监员，定期对人口计生工作进行检查监督。《江苏人口信息》2008 年第 5 期作题为《与时俱进，争创一流》专题报道。

2008 年 3 月，全镇开展计生基础管理“五比三赛一评”活动。五比：一比责任落实到位，二比账表、卡、册齐全，三比信息及时准确，四比措施衔接规范，五比字迹清楚认真；三赛：一赛管理能力，二赛业务水平，三赛工作态度；一评：按照“五比”“三赛”工作要求，划定“示范村”“合格村”“基本合格村”3 个档次。镇分别于 3 月底、5 月、11 月底进行评级一次。

2009 年 6 月，以完善人口和计划生育政务公开、民主评议和社会监督为重点，落实便民服务新举措，推进“阳光计生”行动，更新完善镇、村政务公开栏、宣传栏等硬件设施。按政策、程序、服务、监督、动态五大类内容向社会公开公示，在全镇范围内开展“四个一”活动：即一条热线，开通镇级人口计生投诉热线；一个意见箱，在镇、村统一设立“计生意见箱”；一个信息平台，方便群众咨询和预约服务；一次社会评议，对计生干部的服务态度、工作能力每半年进行一次评议。

2010 年 2 月，按照“世代服务”品牌体系建设要求，修订员工形象规范守则，加强品牌管理、创新满意服务。《“世代服务”员工形象规范守则》（以下简称《守则》）共八章二十六条，突出对服务宗旨、职业道德、岗位纪律、指导基层、技术服务、考核奖惩等方面的规范。《守则》主要体现 4 个特点：（1）体现精神培育。将“创新、图强、诚信、卓越、团结”“创品牌”的精神写入《守则》；（2）体现创优目标。将“建一流队伍、育一流行风、创一流服务、争一流业绩”效能建设的目标写入《守则》；（3）体现岗位职能。将个人素质、岗位职能、诚信程度、诊疗技术、服务质量、满意程度及要求写入《守则》；（4）体现行为规范。将服务用语规范及禁语 40 例及勤政廉洁八项禁令、转变作风 12 点要求写入《守则》。

2. 经费保障

1996 年起，镇党委、政府就将人口计生事业费列入财政预算，确保财政优先保障。随着全镇社会经济的发展，人口计生工作要求的不断提高，人口计生事业经费的投入也在逐年提高。确保有钱办事，有钱开展宣传；技术服务上确保避孕节育、生殖保健免费服务，确保手术并发症对象生活、医疗补助有保障；确保镇、城区计生办计生工作人员工资福利按月发放。从 2003 年起，农村人口计生工作经费按人均 2. 3 元标准，在镇计生办（中心）包干经费中划拨到各村。

1996—2010 年大中镇计生事业费投入情况表

表 2－4－5

年份	投入经费（万元）	人均（元）	年份	投入经费（万元）	人均（元）	年份	投入经费（万元）	人均（元）
1996	91.66	8.10	2001	114.34	10.10	2006	232.89	11.83
1997	93.20	8.30	2002	145.27	10.50	2007	259.10	13.65
1998	92.34	8.20	2003	146.87	10.60	2008	289.26	15.20
1999	96.13	8.50	2004	149.64	10.80	2009	326.64	16.91
2000	108.5	9.60	2005	149.64	10.80	2010	402.46	20.51

说明：从 2002 年起，人口计生事业费投入中含市划拨的城区计生工作经费

2005—2010 年，全镇对 487 个计生家庭奖扶、特扶对象的奖励扶助金，实行“一卡通”办法，及时兑现落实到人，累计兑现奖扶金 147.4 万元；对 2.14 万个独生子父母奖励金，每年按 40 元标准，年底结算落实到户，其中镇财政兑现 235.69 万元；企事业单位兑现 200.16 万元；实行计生手术六项免费服务 30 万元；对计生手术并发症生活补助费 48.6 万元；对计生困难家庭致富项目补助 52 万元；对 37 个计生困难户列入低保落实中，低保标准高于同等对象 10%～15%；实行新型农村合作医疗计生户补助制度，政府买单 15.4 万元，为育龄群众开展生殖健康检查服务。

2010 年大中镇计生经费投入与支出情况表

表 2－4－6

管理区	年末总人口（人）	镇投入事业费		综合支出（含镇下拨独子费等）							
		合计（万元）	人均（元）	合计（万元）	人均（元）	基本支出			项目支出		
						小计	人员支出	公用支出	小计	利益政策	其他
城区	108562	218.96	20.17	216.24	19.91	216.24	23.86	192.38	—	—	—
大中	46471	93.63	20.15	90.61	19.5	58.4	23.6	34.8	32.21	32.21	—
裕华	41145	89.87	21.84	89.87	21.84	45.88	31.76	14.12	43.99	23.57	20.42
合计	196178	402.46	20.51	396.72	18.84	320.52	79.22	241.3	76.2	55.78	20.42

3. 村级自治

1985 年，全镇制定以“村为主”实现“三为主”发展规划。落实镇：指导、督促、考核；村：组织、引导、服务；组：配合、宣传、监督；户：参与和执行有关措施内容。且总结出六条基本经验：（1）有一个团结务实、坚强有力、党员干部模范带头执行计生政策的“两委”班子；（2）村级计生工作网络健全；（3）计生政务公开，村级自治的监督作用发挥好；（4）计生协会组织健全，并能经常性开展工作；（5）能独立开展计生服务；（6）计生工作达到合格村标准。

1994 年 12 月，制定十条标准：

组织健全，形成网络　（1）建立起领导、协会、责任区、联系户、信息员“五位一体”管理体系。（2）分工明确，责任落实，形成上下垂直领导，左右平行联系，纵向畅通，横向协调，内部顺展的有机系统管理方式。（3）活动正常，发挥作用。单月抓重点访视，双月抓孕情检查，季度抓外流人员联系，常年抓目标任务完成。（4）会办、例会正常化，对生育计划、审批二胎、处理重大问题，实行集体会办。

宣传教育，正常有效　（1）标语规定数量；（2）板报每年不少于 6 期；（3）广播讲座每年不少于 10

次;(4)培训班每年婚前教育不少于2次,人口与计生基础知识教育不少于开办4个系统教育班。

政策管理,公开透明　政府下达的生育指标数与当年安排生育夫妇名单公布数相符,发放“生育证”与公布榜相符,计内怀孕对象与发证记录相符,照顾生育二孩时间与审批时间相符。

晚婚晚育,严格把关　把好六个关:年龄关、政策关、体检关、婚前教育关、登记发证关、计划生育关。

药具管理,规范要求　做到保管有专箱,工作有力度,发药有专人,随访有要求。

部门作用,充分发挥　达到“婚前教育、健康检查、登记结婚、计划生育、孕产妇保健、新法接生、避孕节育、优生优育、妇幼保健、老年保养”十连贯服务,形成一体化。

完善制度,系统规范　形成以人口计划管理为核心,孕情管理为关键,节育措施管理为重点,制度管理为依据,账册、合同管理为基础的科学化管理新秩序。

齐抓共管,发挥作用　发挥协会自我教育、管理、服务的作用,发挥党团员干部责任区、联系户共包、共管、共保,互促互进、相互监督作用;发挥先进村、模范户的典型作用。

1996年,镇出台《村级计划生育自治标准》和《村级计划生育工作规范》,推广“十加强、十规范”“十必访、十落实”管理与服务相结合模式。

2003年以后,全镇计划生育“村级自治”工作机制得到进一步完善和发展,以群管群、以群教群。

群众自我管理　在方式上,由原来少数人做多数人的思想工作变为多数人做少数人的思想工作。会员骨干、积极分子履行和承担着“管子女、包亲威、带四邻、一帮一”联系户的任务。

群众自我服务　在生产方面,你帮我,我帮你,脱贫、致富、奔小康。在收种大忙季节,开展有组织的群众互帮互助活动。在生活方面,生、老、病、死,以邻帮邻。在生育方面,避孕节育、优生优育、生殖健康,协助村委会抓落实。会员做联系户工作,“心不慌、脸不红,说说笑笑思想通”。

群众自我维权　向上,通过村协会反映民生、民意。定期召开村民代表会、会员代表议事会、评议会。向下,协助村委会宣传落实政策。通过协会、协会小组活动传达、宣传、落实农村各种方针、政策。居中,督促村与育龄群众“双方”履行的责任和义务,发挥民主参与民主监督作用。2004年《人口与经济》杂志第2期《“村级自治”计划生育工作机制的实践与发展》一文,专题介绍大中镇做法与经验。2010年12月,德丰村被国家人口计生委、国家计生协会命名“人口与计划生育基层群众自治示范村”。

计划生育世代服务

2009年,全镇修订了《村民自治章程》《计划生育村规民约》《计划生育协会章程》,同时完善了村级计划生育群众自治工作制度。

(二)技术服务

1. 技术应用

1956年8月,全县在大中镇试点宣传避孕知识,并组织医务人员举办生理卫生讲座。其时,多数家庭妇女感到新奇,开始对节制生育的尝试。

1980年3月,大中镇在全县率先以大队为单位推行“尿液检查早孕法”,并总结出“晨尿用胶乳妊娠试剂,查孕准确率高”的经验(1980—1983 年,月平均尿液检查率达 90%)。

2. 阵地建设

大中镇计生服务站成立于 1995 年 10 月,租用原城郊村村部 5 间平房,技术用房面积约 100 平方米。

2002 年 9 月,镇计生服务站与市三院合作开展计生技术服务,设在市三院门诊部二楼,计生服务大厅设在三楼。设有妇科门诊、围产期保健门诊、计生服务门诊,手术室一个(妇科手术与计生服务手术共用)。服务项目有妇科病治疗、围产期保健、计生四项手术。计生服务大厅为育龄群众提供“一站式”服务,服务项目有政策咨询、办证验证、优生指导、药具发放、导医服务。

2004 年 5 月,实行“计卫合一”,对服务站布局进行调整,在保留妇科门诊的基础上,实行“咨询门诊、检查室、更衣洗手、手术室、污物处理、术后休息”六室分开,连贯“一体化”。同时增设计生宣教室、悄悄话室。对计生服务辅助性的检查,B 超室、化验室、放射科、病理科实行整合服务。计生服务大厅由三楼搬到二楼,增设围产期保健及生殖保健服务建卡项目。2004 年《中国计划生育学杂志》第 12 期、《人口信息》第 2 期所刊《“计卫合一”计划生育技术服务模式的探索与实践》一文,专题报道大中镇“计卫合一”开展计生技术服务的效果与经验。

2005 年 7 月,按照省“世代服务”要求,对“计卫合一”服务站进行环境布置和功能完善,在市三院门诊部一楼建起 100 多平方米的健康生育体检中心,每年 3 月、9 月由镇计生办(中心)组织已婚育龄妇女到体检中心接受生殖保健检查服务。同时对市三院门诊部四楼进行装修改造,建起 160 平方米的健康生育宣教中心,集资料、图片、展板、图书、视频、实物、讲解等多功能服务。服务项目由生殖保健服务延伸到健康检查服务,印制“健康检查优惠服务卡”。检查项目有:“彩超”肝、胆、脾检查,肝功能检查,血脂、乳腺、妇科、孕环检查等。

2006 年,整合“计生、医疗、妇保、儿保、防保、教育”技术力量,启动“社区健康生育全程服务工程”,建立以孕前宣传教育为重点的预防出生缺陷综合服务体系。发挥 27 个村(含开发区 2 个村)社区卫生服务站、计生服务室的网点作用,形成“婚前期—孕前期—孕早期—孕中期—分娩期—产后期—婴幼儿期(0～3 岁)”链条式服务。2006 年 11 月,江苏省人口计生委主任张肖敏到站考察调研时称:“这种模式具有社区服务特点、计生服务特色,实现‘计卫合一’优势互补,做法和经验值得总结推广。”

2008 年 8 月,镇计生办(中心、站)搬迁到原同德村村部,按照省“世代服务”品牌标准进行改造装修,在原同德村村部三层楼 600 平方米的基础上,投资 33 万元建平房 450 平方米,投资 25 万元添置更换技术服务设备。增设生殖健康家庭保健服务中心。营造非医院化、温馨舒适的服务环境,室内装饰以淡绿、粉红、淡黄色调为主,服务大厅播放舒缓、流畅的经典音乐,让服务对象在视觉、听觉上感受温馨氛围。服务大厅配置茶水、点心、糖果和宣传画册,设置液晶壁挂式电视,播放生殖健康、家庭保健知识。手术床改固定卧式为多角度调节式,休息床改为电动调节躺椅,器械摆放有专门的柜橱,既不外露也无任何药味散发。服务人员的办公桌椅由过去深冷色调改为温馨暖色,体现家居化、人性化、温馨化风格。服务人员由“单一完成工作任务为主”向“以服务对象为中心”转变,由“以单一手术为主的技术服务”向“预约、手术、告知、随访等相结合的综合服务”转变,由“医疗机构式”的服务环境向“家庭保健式”的温馨氛围转变,一切服务流程和操作程序充满体贴和关怀服务。对节育医学检查实行免费服务,对健康检查实行优惠服务。

2008 年 9 月,代表大丰市迎接盐城市“十一五”人口与计划生育目标管理中期评估验收,之后又代表盐城市接受江苏省“十一五”人口与计划生育目标管理中期评估验收。11 月,代表江苏省接受国家“十一五”人口与计划生育目标管理中期评估验收及接受国家人口计生委对大丰市“创建全国计划生育优质服务先进市”验收,国家、省领导及专家充分肯定计生服务站“世代服务”品牌建设的成绩。

2010 年 10 月,镇计生服务站搬迁到裕华计生服务站,为四层楼房,总面积 1200 平方米,按省“世代服务”品牌标准进行改造装修,室外附属工程投资 14 万元,室内装修投资 22 万元。对服务站的外观进行美化处理,设立特色标志,彰显“世代服务”品牌形象;对功能科室进行调整,将化验、咨询、B超、乳腺检查等科室从拓展功能区调整到服务核心区,实行计生手术服务与生殖保健分开规范服务。服务大厅集休闲、娱乐、服务于一体,打破医院化的物品摆放模式,精心调整物品陈列。11月,经大丰市、盐城市人口计生委推荐,成为省级计生优质服务示范站。

附:新团、裕华计生服务站基本情况

新团计生服务站成立于1996年3月,站址在新团小街西首(新团村2组),利用新团文教办二层楼改建,建筑面积600平方米,技术服务用房400平方米,计生办用房200平方米。

裕华计生服务站成立于1984年3月,站址在裕华乡富东新村88号,利用原晋北村八组粮食仓库改建(现已划并裕华居委会1组),平房16间,其中业务用房9间(门诊1间、妇检室1间、手术室1间、化验室1间、药房1间、X光检查室1间、病房3间),宣教室3间,职工宿舍2间,办公用房2间。1985年5月,裕华计生服务站扩建6间平房,面积150平方米,改造病房,增加职工宿舍。2000年1月,裕华计生服务站因房屋破旧,搬迁到裕华富东新村87号(裕华居委会1组),利用裕华文教办的20间平房改造成计生服务站,面积630平方米,其中业务用房10间(门诊、B超、化验、妇检、手术、洗手更衣、休息室等),人口学校3间,办公室2间,宿舍1间,保管室4间。2005年11月,因裕华计生服务站交通不便,搬迁到大华路(裕华大会堂西侧)二层楼房,面积650平方米,其中业务用房400平方米,按省“世代服务”布局要求,五室分开,开展技术服务。

1995—2010年大中镇生殖保健服务情况统计表

表2-4-8　　单位:人

年份	生殖健康服务				优生保健服务				
	已婚育妇数	服务率(%)	健康检查人数	服务率(%)	当年符合生育条件妇女数	其中新婚妇女数	孕前围孕期保健率(%)	出生缺陷风险自查率(%)	出生缺陷干预服务率(%)
1995	23107	76.2	—	—	1481	1184	—	—	—
1996	22898	75.4	—	—	1642	1313	—	—	—
1997	22907	74.5	—	—	1438	1150	—	—	—
1998	22978	72.1	—	—	1436	1148	—	—	—
1999	23072	74.6	15089	65.4	1458	1166	—	—	—
2000	23073	75.8	14697	31.7	1416	1132	—	—	70.8
2001	28094	77.39	23458	83.5	1438	1150	—	—	80.5
2002	28224	76.4	24667	87.4	1397	1035	—	—	87.8
2003	28266	72.3	28124	99.5	1284	926	—	—	90.5
2004	32912	71.4	31727	96.4	1125	816	—	—	94.5
2005	32369	76.7	32110	99.2	923	769	—	—	96.8
2006	32669	77.2	32178	98.5	975	813	98.5	—	98.5
2007	32860	76.7	32038	97.5	1301	1084	99.2	—	97.4
2008	32954	75.8	31767	96.4	1231	1026	98.7	100	99.5
2009	32708	78.5	32217	98.5	1119	933	99.5	100	100
2010	37750	78.2	36693	97.2	1243	1036	99.6	100	100

3. 制度措施

(1)制度建设

1958—1962年期间,鼓励多生。1963年4月,大丰县颁发《关于认真提倡晚婚和实行计划生育的几项规定(试行草案)》。5月,镇党委制定执行计划,在大刘居委会进行试点,举办3期计划生育骨干训练班,以实物、电动模具进行避孕知识的宣传,各卫生医疗部门建立节育门诊。各药店、医院、供销社均设避孕药械的供应点,组织送避孕药具下乡服务活动。9月底,有193人采取各种避孕措施,占应实行计划生育人数的70%。

1964年6月,县妇联在同德大队进行农村避孕节育技术指导试点。162名已婚育龄妇女,除正在哺乳81人、怀孕14人、只有一个小孩11人外,有43人落实节制生育措施。

孕情报告制度 1974年年初—1979年年末,全镇计划生育技术服务的主要模式是孕情报告制度。1980年,推广尿液检查早孕法。

双月查制度 1984年,全镇推行双月查管理。1994—2005年,改称双月服务,即每两个月搞一次以胶乳(或小型B超)查早孕为主要手段的检查。1996年,镇计生办在街道社区居委会推行8项服务(经营服务、家庭服务、计划生育服务、法律服务、医疗卫生服务、治安联防服务、科技信息服务、文化服务)。2001年3月,街道办事处按照镇计生办的要求,与市计生指导站联手开展“一导、二送、三落实”特色服务。

知情指导制度 2003年,全镇推行避孕方法知情选择服务。2005年,推广“三融入、四上门”。“三融入”:一是把普及避孕知情选择知识融入到“婚育新风进万家”活动中;二是融入到集中性宣传咨询活动中,镇村联动,有组织、有计划、有规模地开展宣传咨询活动;三是融入到生殖健康服务活动中。

随访指导 2006年4月,探索推行避孕节育“夫妻参与知情选择”服务指导。推出了从结婚登记到婚前教育的夫妻“共知晓”套餐,从孕产期到育儿期的夫妻“共承担”套餐。是年,镇计生办(中心)对村计生干部入户见面随访服务提出“七上门”和“一带、二问、三讲、六指导”要求。“七上门”:孕妇随访上门、产妇随访上门、节育对象随访上门、绝育对象随访上门、服用药具对象随访上门、皮埋对象随访上门、婴儿预防接种对象服务上门。

关爱式访视 2008年,推行关爱式访视服务。访视服务把握“入户时间、服务内容、适用处方、感情沟通”四个环节。是年,《南京人口管理干部学院学报》第1期专题刊登大中镇关爱式访视服务:实现从“管理”到“服务”的工作转变的做法与经验。《中国人口报》2008年1月28日作题为《和谐计生、改善民生,大中镇深入开展计生关怀服务》报道,介绍大中镇的做法与经验。2009年5月,盐城市在大丰市召开计划生育优质服务现场会,将大中镇“关爱式访视服务”模式作为经验推广。

五式全优 2010年,全镇总结并推广“五式全优服务”工作模式:(1)订单式服务。(2)融入式服务。将生殖健康服务融入“新家庭”创建计划。(3)选择式服务。在农村推行“连心卡”承诺服务,开展“月访”“家访”“回访”“查房”服务活动。全镇设18个宣传咨询服务工作站、28个避孕药具免费发放服务点。(4)随访式服务。对育龄群众每年进行两次免费体检,以查病治病带动查环查孕。(5)热线式服务。镇计生办(中心、站)设立生殖健康咨询热线。

(2)服务措施

“一站式”服务 2002年9月,设立计生服务大厅,开展政策咨询、办证验证、药具发放、导医服务、优生营养品供应等“一站式”服务,开设热线电话、新婚教育、出生缺陷干预、围产期保健、节育措施知情选择、家政服务等多种服务项目。

药具“承诺服务卡” 2003年起,推行“计生药具服务承诺卡”。1月,对2100多个服用药具避孕对象发送“计生药具服务承诺卡”,使药具使用者能根据个人情况选择合适的避孕方法,满足自身需求。是年年底,全镇25个村级药管员共接待群众咨询1000多人次,调换药具品种、型号350人次,帮助指导因使用“疏忽”采取紧急避孕措施的30多人次。

“三卡”知情选择服务　2004年5月，推行“三卡”知情选择服务，“三卡”指一是推行“预约服务卡”，二是推行“告知服务卡”，三是推行“随访服务卡”。

“处方”式服务　2006年3月，全镇推行“计生处方”式服务，镇计生办（中心、站）组织计生专家和医务工作者联合编印“婚育新风、优生优育、避孕节育、生殖保健、政策法规、科技致富”等6大类计20多种《关爱服务处方》（以下简称《处方》），处方涵盖“五期保健”，胎教及出生缺陷干预要求，产前产后、术前术后注意事项，节育措施的正确选择，避孕药具的使用方法，常见妇科病的症状及防治指南，有关计生证件办理查验程序，科技致富信息及技术等。镇、村两级计生干部在日常服务中，做到一户一方、一事一方、一策一方，使访视服务更具指导性、针对性和适用性。随访人员将《处方》赠发情况填入《家庭计划指导服务登记簿》。是年，累计发放计生《处方》12000余份，共指导帮助计生家庭解决生产、生活和生育各类困难500余次。

关爱日记　2007年，全镇利用《关爱日记》拓展“生育关爱”十项内容，开展计生随访服务，建起一条计生工作人员与育龄群众沟通的渠道。是年初，镇计生办统一印制《关爱日记》300余本，计生办（中心、站）工作人员、村计生专干、组信息员人手一本。《关爱日记》中规定了“优孕关爱、优生关爱、优育关爱、优教关爱、健康关爱、奖扶关爱、扶智关爱、就业关爱、保障关爱、维权关爱”等十项服务内容。是年年底，全镇生育关爱服务网络为育龄群众提供服务1.2万余人，帮助育龄群众解决生产、生活、生育的各类困难500余次。

婴幼儿早教服务　2008年，镇计生办（中心）将婴幼儿早期教育作为深化计生优质服务内容。为弥补优生筛查、出生缺陷干预与学前教育的断档问题，提出三项完善措施：(1)实施“早教”技能培训。(2)建立“早教”服务基地。镇计生服务站建起80平方米的“儿童智力园”，添置300多种有趣益智的儿童玩具，订阅10多种适合3岁以下儿童的杂志、画报、早教书籍和碟片等，为家长和儿童的“互动”教育营造良好环境。(3)开展“早教”入户服务。将“早教”列入“月随访”内容，根据不同年龄的婴幼儿，发送“早教”科学知识卡片。

“三上门”套餐服务　2009年4月，全镇推行“三上门”套餐服务。(1)免费送“计生政策”上门，对处于婚育年龄的流动人口，免费送“计生政策”上门。是年，为257名流动人口发放宣传材料350余份；(2)免费送“避孕药具”上门，为25名流入育龄妇女发放避孕药具80余盒；(3)免费送“健康查体”上门，对50岁以下的所有流入育龄妇女，免费为她们进行健康查体。镇计生服务站为156名流入育龄妇女进行免费查体一次。

四项“关怀服务”　2010年1月16日，镇部署春节期间流动人口计生管理与服务工作，确定开展“情系流动人口关怀服务”主题活动。(1)实施“万单千册宣传品进万家”活动。组织3个宣传咨询服务队，分别在街头闹市、人口大村开展宣传计生政策法规、优生优育、避孕节育、生殖保健知识咨询服务活动，将10000多份计生贺年卡式的宣传资料发送到群众手中。(2)实施“心连心春节慰问服务”活动。组织21个慰问服务队进村入户，对流动人口开展慰问，对6个流动人口困难家庭分别发送200元慰问金，对15个未能回家过春节的育龄妇女进行电话慰问。(3)实施“流动人口妇女健康服务”活动。镇计生办（中心、站）与镇卫生院联合组织计生技术服务队进村开展以乳腺疾病和生殖道疾病为重点的查病治病工作。对新婚、怀孕以及小孩0～3岁的对象妇女开展优生指导服务，对近期人流、取（放）环、产后对象进行免费检查，落实节育措施服务，做到过节、休息、节育“三不误”。全镇共查治妇科病2500人次，开展优生指导咨询服务400多人次，妇科病、避孕节育对象预约到站复查、回访的200多人次。(4)实施“综合治理便民服务”活动。镇公安、工商、卫生、劳动、民政等部门，围绕办证、租房、用工等环节加强管理，做到证件到期及时换证，无“婚育证明”的再发一次催补办通知。

大中社区卫生服务中心2010年已形成预防、保健、医疗、康复、健康教育、计划生育“六位一体”的功能和服务格局，下设27个社区卫生服务站，建筑面积5200多个平方米，拥有固定资产1500多万元，医技人员140名。

（三）药具管理

1984年，全镇将药具应用管理作为村级计划生育"三率"（药具应用率、及时率、有效率）考核依据。村建立"一簿、两卡、三表"为主体的账册卡：一簿是"村已婚育龄妇女系统管理登记簿"，两卡是"避孕药具随访卡"和"宫内节育器查访卡"，三表是"村已婚育龄妇女当年落实综合节育措施跟踪管理登记表""村当年使用宫内节育器情况随访服务登记表""村使用药具失败对象情况表"。1985年1月，又增加"宫内节育器使用情况季报表"和"药具应用管理月报表"，由村报镇，镇每季度报县一次。

1985年3月，全镇统一规范药具管理服务制度：一是岗位职责制度，二是激励奖惩制度，三是例会活动制度，四是考核查访制度，五是节育指导制度。1990年，按照知情、自愿、安全、有效的原则，进行分类指导，拓宽药具应用范围，推行"大药具"管理。1994年，全镇对计生药具实行规范化管理，镇计生办与各村计生药管员签订"避孕药具管理责任制"，要求做到"三无""四定""四不"。"三无"，即无受潮、无变质、无过期药具；"四定"，即定时、定量、定人、定品种发药到人；"四不"，即不漏发、不重发、不错发、不发失效药。

从2005年起，向育龄群众免费发放主要避孕药具品种有：

短效口服避孕药：复方炔诺酮片（口服避孕片1号）、复方甲地孕酮片（口服避孕片2号）、口服避孕片0号、复方左炔诺孕酮片、复方左炔诺孕酮滴丸（复方左旋18－甲短效滴丸）、三相避孕片（左炔诺孕酮、炔雌醇）、妈富隆、敏定偶。

长效避孕药：左炔诺孕酮炔雌醚片（长效18甲）。

女用注射避孕药：复方已酸羟孕酮注射液（1号避孕针）、复方甲地孕酮注射液（7300针）、醋酸甲地孕酮避孕针（狄波－普维拉，狄波盖斯通）。

探亲口服避孕药：复方双炔失碳脂（53号探亲抗孕片）、甲地孕酮片（探亲避孕片1号）、左炔诺孕酮速效避孕片、炔诺酮滴丸（探亲避孕丸）。

常用外用避孕药：壬苯醇醚膜、壬苯醇醚阴道片、壬苯醇醚阴道栓、壬苯醇醚胶冻。

2006年，对药具管理服务机制进行改革。一是建立避孕药具管理服务信息系统。按照属地管理原则，将使用避孕药具育龄群众的个案信息输入计算机管理。二是建立避孕药具管理"双向承诺服务"管理模式。镇计生办（中心、站）明确村药具管理员与育龄群众的权利与义务的关系，通过推行镇、村药具管理员"药具服务承诺卡"和育龄群众"免费供应避孕药具服务卡"的方法，向育龄群众宣传避孕药具品种、作用及注意事项。三是建立以便民为原则。增设126个避孕药具免费发放服务点，实现"一卡在手，全镇通用"。四是建立"大药具、大宣传、大联合"的避孕药具管理服务格局。全镇169名药具管理员用亲切的话语、热情的态度帮助育龄群众选择、应用药具避孕措施，并通过登门走访、电话随访等方法了解其效果。《江苏人口信息》2006年第9期刊登了题为《大中镇创新计生药具管理服务机制成效喜人》报道。

2007年，全镇组织开展计生药具"四访"服务活动，提高药具避孕的应用效果。一是专访，对近三年使用药具避孕有"失败"史或不良反应对象进行专访。二是家访，对产后3个月内哺乳期对象进行家访，因人而宜传授避孕方法。三是回访，对血压偏高等患病对象以及近期更换避孕措施对象进行回访，采取体检、询问等服务方法，了解适应情况。四是查访，对外出育龄妇女中的药具避孕对象通过电话、信函或利用回乡探亲机会进行查访。"四访"服务采取户户进门、人人见面、个个建档的方式，使全镇农村2259名服用药具对象能掌握目前所采取避孕方法的适应症、禁忌症及不良反应的处理，有135个对象选择更换了避孕措施，有950人按期参加了健康检查及生殖保健服务。

《江苏人口信息》2008年第2期和《人口与计划生育》杂志第5期刊登了题为《大中镇开展计生药具"四访"服务活动》报道。3月，镇计生办（中心）修订《计划生育药具服务工作手册》，实施规范化服务管理。《计划生育药具服务工作手册》可概括为五个方面内容：（1）镇药具工作制度。（2）村级药具工作制度。(3)药具服务管理流程,规范了药具发放服务与药具咨询服务流程。(4)避孕节育知情选择指南包括生育期避孕方法选择、知情选择避孕方法、紧急避孕方法、十种女性不宜口服避孕药等内容。(5)村级药具"关怀式"服务流程、服务规范以及药具工作人员服务行为。

(四)并发症照顾

为巩固发展计划生育工作的成果,营造良好的工作环境,大中镇党委、政府早在1979年"大包干"前,以生产队为单位落实扶助保障措施,手术并发症者能与军、烈、残属一样享有"优待工"待遇。每年,每个并发症者有100~200个劳动工日的补贴待遇。并在公益金中报销300~500元不等的治疗药品费用。"大包干"以后,对手术并发症者的扶助方法也有了进一步的改进,其方法有:一是确立一个原则。只要在农村"大包干"前享受"优待工"待遇,或有计划生育部门证明手续,被认同为手术并发症的,给予160~1500元的生活补贴费。二是坚持两个为主。以村委会和用人用工单位兑现补贴为主。对并发症症状较轻的,一般生活费补助与治疗费补助捆在一起,一年一次定额补助;症状轻重的,治疗费采取农村合作医疗报销一部分,缺口部分由村据实际情况实施补贴,一般对象村解决缺口部分500~1500元不等。治疗费一次性的定额补助对象,缺口部分村不予报销。三是实行四个结合。(1)市、镇补贴相结合,市对手术并发症者每人每年补贴60元左右,按人头落实到村;镇每年从计生事业经费中拿出1~1.5万元(70~100元/人)拨款到村。由村根据并发症对象病情、家庭经济状况,落实到人。(2)条块补贴相结合,并发症本人有单位、家属在农村的,以单位补贴为主,农村补贴为辅。(3)定额补贴与特殊照顾相结合,全镇大部分手术并发症者基本都能享受困难户救济待遇。在低保对象确认上,计划生育奖励扶助金,并发症生活、医疗补助费不计算家庭收入,同时在家庭收入计算上,放宽至30%予以照顾。(4)治疗费与合作医疗报销相结合,并发症症状轻重对象住院治疗的,镇合管办报65%,剩余部分在村"应付福利费"中,或在镇计生免费服务费中列支。四是做到五个优先。对并发症者家庭采取:农业税减免优先、灾减款补贴优先、社会救济款优先、享受"低保"优先(到2010年年底,已有54个对象享受低保待遇)、生产资金和帮耕帮种优先。五是实行部门综合措施。(1)镇计生办每年春节都要准备3000~5000元资金,对重点并发症对象给予100~200元的慰问金;(2)中小学对手术并发症对象的困难户,子女上学减免部分学杂费;(3)镇民政办对村签发的"社会救济申报单"属手术并发症的,最低解决100元的社救款;(4)工商部门对计生部门出面协调,要求照顾手术并发症对象的,减收工商证照工本费;(5)税务部门对计生部门出面协调要求照顾手术并发症对象搞经营的,减收部分定额税。

(五)属地管理

1993年7月,成立由县政府、县计生委、大中镇政府及工商、公安、城建、交通、卫生等十多个部门"一把手"挂帅的辖区领导小组,大中镇建立由主要领导参加的辖区管理办公室。各村、居委会成立由辖区主要单位参加的管理小组,使县城计划生育的领导体系和工作网络得到加强和完善。

1994年5月10日,县委、县政府召开大中地区计划生育辖区管理工作会议,县委办、县政府制发《理顺大中地区计划生育管理体制》的文件,大中镇制发《大中地区计划生育管理实施办法》,大中地区计划生育领导小组制发《关于县直有关部门计划生育职责分工的意见》。大中镇受县委、县政府的委托与县直63个主管部门签订《人口与计划生育目标管理责任状》,并明确与计划生育相联的县直11个部门计划生育工作职责,改革县城计划生育管理体制。同时,对21个村(场)、11个居委会区域内的县、镇直单位落实分区、分级、分层管理责任,使管理措施和工作网络得到完善。

1995年,镇计生办出台强化"条包块管"措施,条条落实七包干责任,块块采取八项管理措施,居委会对条包对象实行"双重"管理、"十监督"制度,实施全方位的管理措施。(1)块块划区包干负责。居委会按街道、巷道划分的地段为界,厂矿企业以围墙、河道、厂区、宿舍区为界,实行区域性包干管理。(2)落实双重管理措施。企业单位的生产厂区、经营门市、职工宿舍、出租房屋中的常住人口和流进人口,一律由所在单位管理。居委会在管好纯居民和流进人口的同时,对户口在居委会、人在企业工作的对象，居委会与企业签订《协同管理责任书》。(3)条块互补开展服务。街道居委会与驻地企业实行条块结合管理，建立联合协会、联办人口学校、家庭服务公司。开展“三优”“三生”服务。《人口理论与实践》杂志1998年第2期刊登的《条块衔接管理方法的运用与完善》一文，专题介绍大中镇计划生育属地管理的做法与经验。《江苏省人口信息》第8期刊登的《条块手拉手，共牵“风筝线”》一文，专题介绍大中镇在下岗职工计生管理上的做法。

2001年，街道办事处总结人民北路居委会万家帮社区服务部计划生育凝聚工程经验，发挥“厂居共建”和社区优势，组织10支志愿者服务队伍、厂居联办15所人口学校，与卫生医疗单位、市计生指导站、企业卫生室联建10所计生服务室，为育龄人群提供优生、优育、优教、法律咨询、社会生活等10个方面的服务。《市场与人口分析》2002年第2期刊登的《县级城区计划生育属地管理与社区服务的探索与实践》一文，专题介绍大中镇计划生育属地管理推动社区服务的做法与经验。

(六)整治“两非”

2005年7月，按照省、市部署要求，全镇启动“严禁非法鉴定胎儿性别和选择性别终止妊娠”整治活动。镇成立“两非”整治工作领导小组，召开动员会议，出台整治方案，将此项工作列入计生工作综合管理内容。9月，开展整治“两非”法制宣传月活动。利用广播、板报、画廊各种形式，开展对盐城市市委、市政府《公开信》、省人大常委会“两禁”立法决定的宣传。镇计生办(中心)投入宣传教育经费1.5万元，书写禁止“两非”内容的宣传标语260多条，制作禁止性别鉴定和选择性别终止妊娠警示牌60个，印发各种宣传资料2.5万份。举办禁止“两非”及“关爱女孩”内容的专题讲座10多期，镇广播站《人口天地》节目每天坚持广播禁止“两非”的宣传内容，同时宣传10位创业典型女性的先进模范事迹。镇计生办(中心、站)创办人口文化服务社，利用人口学校和中小学校普遍开展教育、培训、咨询、座谈等面对面的零距离宣传活动，文化站、社区业余文娱队编排10多个关爱女孩专题文艺节目巡回演出，效果十分显著。年底，全镇评选出好媳妇1750名，好婆婆1650名，好女婿1500名。

2006年2月15日，镇人口计生领导小组召开整治“两非”工作协调会，建立起联席会议制度、联合督查制度、联合执法制度、有奖举报制度。落实卫生、公安、民政、计生等部门“两禁”的任务、责任及奖惩措施，细化一票否决制的具体内容。3月，建立终止妊娠手术证明查验和紧急情况终止妊娠手术报告制度，建立接生登记和通报制度、新生儿死亡报告和检查制度，加大对选择性别终止妊娠行为有奖举报制度和查处工作的力度。镇卫生院、计生站妇科医生，B超室、药房工作人员作出远离“两非”承诺，签订责任书，落实工作责任。坚持B超双人操作，逐人逐项登记制度，对流产药品实行进、销、存记录，单独处方管理，一月一核对。在卫生、公安、计生部门之间建立起出生人口信息通报管理制度，每月通报一次，交流信息，为分析出生人口性别比提供可靠依据。

2006年3月，镇政府修订《人口与计划生育目标管理考核及责任追究办法》，将“两禁”工作列为一票否决和责任追究的主要内容。镇计生办(中心)制定出镇、村“联包”服务措施，对符合生育一孩、二孩政策的夫妇由村(组)干部实行结对联包，明确“七包”任务(即包宣传教育、包建卡保健、包定期孕检、包优生指导、包定点分娩、包产后访视、包发展经济及创业指导)，工作任务和双方的权利、义务及违约的责任，以合同协议或践行承诺的方式进行落实。是年，全镇1250对新婚、怀孕、待孕、生育的夫妇都签订了《依法生育承诺书》。镇计生办(中心、站)开通计生服务热线，印发需求服务联系卡、定期服务承诺卡，同时将计生办(中心、站)工作人员分工挂钩到村。各村制定并落实独(双)女户优先优惠政策措施，从资金、项目、技术、信息、培训等方面提供支持。

2006年4月9日，镇党委、政府召开会议，就“禁止非医学需要胎儿性别鉴定和选择性别人工终止妊娠”整治工作进行专题会办研究。大中镇党政办印发《关于进一步完善计划生育包保责任制规定的会议纪要》。

2007年2月，全镇人口计生工作会议对整治“两非”工作提出“严明纪律，强化三个意识，实施出生人口性别比专项治理工作的规范管理”。(1)强化责任意识。镇、村、组层层落实责任制，签订责任书,细化职责,严明岗位责任。(2)提高管理意识。建立"两禁"工作一票否决制,对违规违禁的卫生医疗单位,取消从事计生技术的资质;对镇、村"七包"责任人工作失职、失误的,取消评先评优的资格。(3)明确奖惩意识。对举报"两非"线索者奖励1万元;对歧视、残害妇女和生育女孩家庭的言行坚决制止,情节严重的依法处理;对违反"两禁"规定的人和事,发现一个,依法严惩一个,决不姑息,保证"两禁"工作的严肃性。为保持全镇出生人口性别比继续处于正常值范围内,镇计生办(中心)从把源头、管中枢、堵终端入手,三管齐下,狠抓出生人口性别比问题。《江苏人口信息》2007年第10期专题报道《"把源头、管中枢、堵终端",大中镇控制出生人口性别比措施实》的做法和经验。

(七)齐抓共管

1995年3月,全镇实施"六个一",严把"三道关",强化条块结合管理的措施。镇计生办将《流动人口管理宣传单》和"大中镇流动人口婚育证明审批表"印发1万多份,由街道、村(居)委会计生干部分送到5500户家中,使流动人口应尽的义务、婚育证明的办理及有关奖惩措施家喻户晓,让每个可能外出的流动人口都形成"办证外出、节育离家、持证流动、定期查验"的意识。在此基础上,镇政府还同公安、工商、城建、卫生、劳动等有关部门,以无婚育证明、无固定工作、无固定居所的"三无"人员为重点,组织一次清理整顿,查验、发放婚育证明,健全管理档案。对流出人口实行"六个一"管理,即:发一本婚育证明、签一份合同,落实一个节育措施、填一份管理联系卡,找一个担保人、每两个月向户籍地反馈一次信息。对流进人口把好"三道关",即:验证关、房东关、法人关。街道居委会与房东、单位、流入人员签订计生管理合同,并组卷、入册、建卡,纳入日常工作管理。

1996年5月16日,县工商局、个协和大中地区计生办召开工作协调会,针对城区个体工商户、私营企业特点,讨论研究加强对个体工商户、私营企业主及其从业人员计划生育管理的有关规定,要求驻城各工商所、市场所做到:(1)把加强计生管理工作作为发展和管理个私经济的一项重要内容列入年度工作责任目标考核;(2)积极支持、配合街道居委会计生工作,提供个体、私营企业及从业人员的数量和活动范围,协同计生部门落实节育措施,帮助做好他们的思想政治工作;(3)层层签订计生责任状,把责任落实到人;(4)严把核发"营业执照"的审批关。凡申办"营业执照"者,除需持有关证明外,还应持大中地区计生办出具的"计划生育证明"方可核准办理。

1997年开始,大中公安分局从暂住人口管理入手,完善制度,强化措施,使城区暂住人口管理形成一套科学规范的管理体系。(1)建立健全规章制度。在建立12个暂住人口管理站的基础上,修订暂住人口登记、申报、验证及日常检查管理等制度,实行"一证、一卡、一簿"(暂住证、暂住户口卡、计生证明查验登记簿)的管理模式,使暂住人口的治安管理与计划生育管理工作紧密衔接,环环相扣。(2)从严查验计生证明。对育龄妇女申报暂住户口的,首先查验是否实行《流动人口计划生育管理合同》,是否持有"流动人口婚育证明",对没有签订合同或无婚育证明的及时将情况通报给街道居委会,限期补办。是年年底,城区4个派出所共检查暂住人口1万多人次,其中育龄妇女2000余人次,配合有关单位同育龄妇女补签计划生育合同300多份。(3)强化激励机制。大中公安分局规定,将暂住人口管理纳入各派出所岗位目标责任制考核。计划生育出现问题,实行一票否决。

2003年,大中镇卫生院按照齐抓共管,综合治理要求,修订完善三项计划生育履职措施:第一,规范查验证明程序。对办理"健康证"手续的,必须查验计生部门的"计划生育证明",属流动人口的要查验"流动人口婚育证明";对做取环手术、对孕14周以上做引产手术的,必须查验计生部门出具的证明;对孕情检查、围产期检查和接纳孕妇分娩的,必须查验《计划生育证明》及生育服务证,对无证人员及时通知计生部门。第二,加强"两禁"措施落实。积极参加出生人口性别比专项整治活动,实行院长"亲自抓、负总责"的领导责任制;分管院长、科室主任"具体抓、负责任"的管理责任制,B超室、妇产科、药库药房等科室医技人员在打击"两非"活动中无违法违规行为。从事B超操作人员遵守3项规定:(1)对B型超声诊断仪实行专人管理,专人负责。(2)孕妇B超检查时要有两名医务人员在场;(3)实行"查孕单独登记、双人分别签名"操作管理制度。从事妇科医技人员遵守3项规定:

(1)凭“生育服务证”接生,将“生育一孩服务证”的附页或再生一孩生育证的复印件粘贴在住院档案《知情同意书》的反面,存档备查。对无“生育服务证”分娩者在入院24小时内报镇计生办(中心)调查核实。计生办调查反馈单粘贴在住院档案《知情同意书》反面,存档备查。(2)引产、取环一律凭镇计生办《计生手术介绍信》施术,将《计生手术介绍信》粘贴在《知情同意书》反面,存档备查。(3)在做人流(含药流)、放环、取环、引产等计生手术前,按计生部门《知情同意书》式样要求,规范填写好《知情同意书》。从事药品管理人员遵守3项规定:(1)对终止妊娠药品规范建立进、销、存账;(2)药库或药房建立总账及分类进、销、存账,每种药品上年结存、年内进货数、出库数、库存数要精确,各科室建立明细账、拨进品种数、使用数、结存数要精确;(3)使用时实行复式“处方”管理,一张报结账,一张随明细账备查。第三,主动做好服务管理。(1)积极为育龄妇女提供优质的婚期、孕期、产期、产后访视服务和避孕节育知情选择服务。(2)建立母婴宣传教室,开展优生优育、健康生育教育,普及母婴保健知识。(3)主动参与辖区计生工作“月例会”,及时准确向镇计生办(中心)提供怀孕、生育、儿童防疫的个案信息。

2009年,全镇推行流动人口公共服务均等化措施落实。通过“五化”激励措施,解决流动人口最关心、最现实、最直接的民生问题,为流动人口营造“工作安心、生活舒心”的环境。(1)民生服务“一体化”。围绕“公共就业、技能培训、子女教育、公共卫生、计划生育、居住条件”等涉及民生的六个方面,强化服务均等的措施。为600多个外来劳务人员提供免费职业推介,中小学校接纳外来务工人员子女400多人。(2)社会保险“套餐化”。推出符合企业实际和外来务工人员特点,全覆盖、低费率、可选择、能衔接“五险合一”的社保政策,规定企业用人单位按月缴纳178元,外来务工人员不用花一分钱可享受工伤、大病医疗、养老、失业、生育保险。(3)优先落户“激励化”。为鼓励、激发外来务工经商人员的积极性,优先解决具有突出贡献企业家、高级技工等优秀外来务工人员的落户问题,有180多个外来务工人员享受这一政策。(4)权益维护“保险化”。推行“新大中人”生殖健康服务证,向外来务工育龄妇女免费提供各方面服务。社区还开设“追薪服务热线”“社保服务台”等维权绿色通道。(5)政治待遇“同等化”。对外来人口“高看一眼,厚爱一层”,政治上关心、政策上倾斜、待遇上提高。50名优秀外来务工人员入党,15人成为企业党组织的负责人,近50多位同志获得市以上劳动模范、“三八红旗手”“青年岗位能手”等荣誉称号。

五、实事工程

(一)“三优快富”文明工程

1992年,落实盐城市“少生快富”工作,制定“三优快富”文明工程实施计划。

创办联合体,启动工程功能:利用县城近郊地理条件,发挥村办工业基础性的优势和农民种植特经作物的传统、经商和加工等技能优势,以计生户投股集资和村集体参股投资的形式,创办“三优快富”联合体。试点阜丰村兴办114个摊位,34个门市的农贸市场,增加了1个合资企业,7个股资企业,20多个经济联合体的生产经营实力,联合体为160多个农副生产专业户进城商品流通创造了条件,安排600多个独生子女户进厂做工。

建立基金会,培植工程财源:各村从五个渠道组织资金:一是集体筹集,村公共积累中划拨7%~10%,村办企业上缴留成5%~7%,村联合体利润中提留5%~7%,计生统筹经费中划拨40%~50%;二是股份资金,吸收镇、村集体单位的闲置资金和群众富余资金,以股集资、保值分红;三是基地效益,各村建立起规模型、合资型、股资型、村投户管型四种“三优基金”基地,发展种植业、养殖业、加工业、经营型基地200多个项目,保证“三优”基金来源;四是有偿服务,帮助1300多个专业大户解决资金、技术、生产上困难,农户在获得利润后向基金会上交一定比例的有偿服务费;五是社会资助,接受致富户或个体企业及社会各界人士对服务项目的捐赠、捐资和赞助。到1993年年底,全镇村级“三优”基金会已有运筹资金400多万元。

1994 年 6 月，全国计生委主任座谈会在盐城召开，大中镇实施“三优快富”文明工程的做法和经验在会上做了介绍。会议期间，国家计生委副主任李宏规、江苏省副省长张怀西等国家、省、市领导，专家，外省、市计生委主任参观了阜丰村“三优快富”文明工程现场，国家计生委副主任李宏规视察现场后说：“‘三优快富’是少生快富文明工程百花园中又一朵奇葩”。全镇自 1993 年全面推进“三优快富”文明工程后，先后接待来自河南、山东、安徽、浙江和江苏的南通、泰州、宝应等省、市、县 400 多名党政领导及计生部门领导的考察和参观。

（二）计生家庭幸福工程

开展计生家庭幸福工程创建活动，得到广大干部群众的欢迎、支持与参与，收到显著成效。一是打造“温馨家园”服务环境，使群众的服务需求得到满足。1993—1994 年，为 1200 多个流动人口和 5000 多个个体工商户提供办验婚育证明、孕环检查等“一站式”服务；向育龄人群提供系列性科普资料 3000 多份，解答计生政策、避孕节育和优生技术咨询 1500 多人次；为不孕症患者提供转诊服务 85 人次；为青少年提供青春期保健和性知识教育服务 120 人次；为 1600 多个孕产妇提供优质的卫生保健和健康生活服务指导，产妇和出生婴儿的死亡率已降至 0。二是创新工作理念和方法，提升群众对计生工作的满意度。计生“110”“连心卡”救助电话及时回答群众电话咨询 1500 多人次，使 600 多人直接得到镇村计生干部的服务和帮助。会员“超市”服务联系点为计生家庭解决生育、生产、生活等方面困难 1600 多例。三是促进管理服务工作机制的转换，使人口计生工作进入良性循环。1450 个“四术”对象、2146 个药具服务对象，全部得到避孕节育知情选择服务，意外怀孕率降至 0.8%；1700 多个新婚、生育对象都得到出生缺陷一级干预服务，优生率达 99.89%；13727 个已育龄妇女得到生殖道感染综合防治服务，防治率达 96.81%，需采取后继治疗措施的 5170 人，治愈率达 91.1%。对女孩及生育女孩家庭落实了“十优先”“十减免”利益导向政策，借助“爱心工程”“幸福工程”“希望工程”、城乡“低保”解决计生家庭生产、生活和子女上学费用达 10 万多元，有 85% 的贫困计生家庭脱贫致富。全镇评选出“婚育新风文明户”“少生快富文明户”“妇女积极分子家庭”3555 户，评选出“好媳妇”1750 名，“好婆婆”1650 名，“好女婿”1550 名。

2003 年，镇政府决定：(1) 在“院站合一”社区计生综合服务站的基础上，成立计生家庭幸福指导站，由计生家庭幸福工程办公室和计生服务大厅、生育文化服务部、妇儿保健科、计生技术服务科、防疫所等六个部门组成，依靠镇、村、组三级计生协会网络，把计生家庭幸福工程服务延伸到家家户户。(2) 全镇建起会员“超市”服务联系点 139 个，为计生户提供致富信息、家政服务和优生、优育、优教咨询指导，创新宣传、管理、服务机制。《江苏人口信息》2005 年第 8 期《幸福工程为民建：大中镇“计划生育家庭幸福工程”创建纪实》报道，介绍了大中镇的做法与经验。

（三）新家庭建设

2005 年 11 月，大中镇在全省率先推行“新农村计划”，镇政府出台《人口与新农村新家庭建设工程》实施意见，印发《新农村建设人口与计划生育评估指标内容及要求》。成立新家庭建设工程领导小组，并在德丰村先行试点。德丰村成立创建“新家庭”活动服务站，下设新家庭计划指导组、家政方法指导组、婚育健康服务组、致富技术服务组，并投资 3 万元创办“新家庭”活动俱乐部和生殖保健服务站。

2006 年，“新农村、新家庭计划”在全镇推行，阜丰村、同德村、德丰村、红花村、阜南村、双喜村分别被大丰市作为示范典型。《江苏人口信息》2007 年第 3 期专题介绍大中镇创建新家庭建设工程。寻求家庭与经济发展、家庭与人口素质、家庭与计划生育的结合点，实现了村民的婚育观念与经济、文化观念发生了巨大转变。是年《市场与人口分析》杂志第 3 期《走向生育文明，建设幸福家庭》一文，专题报道以阜丰村、德丰村为典型的创建“新家庭”活动的实践经验。

2008 年 6 月，全镇开展实施新家庭计划“五大”工程、“六大”行动、“六进”农户活动，7 月 3 日，《盐阜大众报》报道大中镇以“新家庭”推动“乡风文明”做法与经验。

五大工程　(1)“富裕农家”幸福促进工程。(2)“健康农家”幸福促进工程。(3)“守法农家”幸福促进工程。(4)“文明农家”幸福促进工程。(5)“和谐农家”幸福促进工程。

六大行动　一是特困家庭救助行动,二是“三难”家庭扶持行动,三是“四缺”家庭扶持计划,四是女孩家庭关爱行动,五是婚育新风进户行动,六是志愿者服务行动。

六进农户　一是创业致富进农家,二是奖励扶助进农家,三是婚育新风进农家,四是生殖保健进农家,五是政策法规进农家,六是优育优教进农家。是年,大中镇被省人口计生委命名“新农村新家庭计划示范镇”,并奖励一台价值1.8万元的电子宣传触摸仪。

2009年6月,围绕“真情服务惠万家——生育关怀在行动”开展以“五关怀”(项目关怀、宣传关怀、健康关怀、救助关怀、政策关怀)为主要内容的“生育关怀在行动”,10月,阜南村高洁、朱德才,阜丰村沈德之、李飞、徐风高,红花村王学平、张永松,德丰村施建亮、蒋桂和、周斌等10户被江苏省人口计生委授予全省第一批“新农村新家庭计划示范户”称号。

2010年,镇计生办、计生协会在阜南、双喜、恒北村试点,创建幸福“新农家”情感护理站。由村计生协会会长兼站长,计生专干兼副站长,在会员中选聘10个有文化、素质好、有特长、会做群众工作的社会人士为成员。

第三章 城乡建设

民国16年(1927),建立大中集。民国18年(1929),列行政建制。民国27年(1938),大中集只有两条街,南北街长不足500米(今人民路),东西300余米(今大华路)。抗日战争和解放战争时期,大中境内无数民房被毁。1948年年底,镇区仅有住房12218平方米。新中国成立后,中国共产党和人民政府十分重视城乡建设。特别是20世纪80年代以后,城市建设速度加快。1995年,城区街道总长41千米,其中主干道、次干道29千米,道路面积55.4万平方米,人均道路面积7.6平方米。2000年,街道总长扩展到60多千米,各类建筑总面积约380万平方米。2010年,市区建成区面积20平方千米,城市化率达46.2%。城镇居民人均住房面积从2000年的17平方米增加到2010年的35.9平方米。

新中国成立前,大镇镇农村布局散乱,房屋简陋。20世纪50年代中后期,部分农户开始修房盖屋,改善居住条件。1970年,开始对农村居住点进行第一轮规划。1996年,按照"农村现代化,乡村城市化,城乡一体化"的总体思路,对全镇中心村、自然村庄进行新一轮规划布局。2010年,农村居民住房面积人均49.7平方米,楼房占总农户的35%,农户自来水通水率100%、通电率100%。城乡主次干道总长达410千米,硬化率100%。桥梁函闸近千座。

大中镇城乡建设先后多次收到上级表彰。1991年,大中镇被国家爱国卫生会命名为全国卫生先进单位,2009年被命名为国家级卫生城市,2012年被命名为国家级生态乡镇、江苏省文明乡镇标兵。

第一节 城乡规划

一、城市规划

1980年,始编《大丰县城总体规划》。1983年,完成《大丰县总体规划(1982~2000)》。1985年,盐城市人民政府批准《大丰县城总体规划》。

1996年撤县建市后,对1985年版《城市规划》作适应性调整。2000年2月1日,江苏省人民政府批准《大丰市1997~2010年城市总体规划》。2005年,根据市区东移的指导思想,重新调整城市总体规划,10月,经江苏省人民政府批准,调整后的《大丰市城市总体规划(2005~2020)》正式实施。

城市总体规划用地范围。西至沿海高速公路,东至团结河—斗私河,北至大丰港铁路专用线,南至南中心河,总面积约为101平方千米。

大丰市城市发展主要指标表

表 3-1-1

项目＼指标	指　　标	2004 年	2010 年	2020 年
经济发展	GDP(亿元)	107.2	223.19	693.19
	人均 GDP(元)	14643	31839	98283
	三次产业结构	29:39:32	18:50:32	9:55:36
	第二、三产业增加值占 GDP 比重(%)	71	82	91
	城市化水平(%)	36.93	45.65	59.55
	城镇登记失业率(%)	4.16	4	<3.8
生活水平	城镇居民人均可支配收入(元)	7307	12000	24000
	农民人均纯收入(元)	5033	8000	16000
	城镇人均住房建筑面积(平方米)	32	40	45
	农村人均钢筋、砖木结构住房面积(平方米)	40.6	46	50
	农村行政村通灰黑公路(或航道)比重(%)	100	100	100
	城镇人均拥有道路面积(平方米)	8.92	12	14
	百户家庭电话拥有量(部)	124	180	200
	百户家庭电脑拥有量(台)	10	30	50
	居民文教娱乐服务支出占家庭消费支出比重(%)	16.5	20	25
	恩格尔系数(%)	43	38	35
社会发展	R&D 经费支出占 GDP 比重(%)	0.4	1.3	1.8
	高中阶段教育毛入学率(%)	70	85	95
	卫生服务体系健全率(%)	85	90	95
	城镇劳动保障三大保险各自覆盖面(%)	81	95	100
	新型农村合作医疗覆盖面(%)	81.5	85	95
	人民群众对社会治安的满意率(%)	90	95	98
	城镇社区居委会依法自治达标率(%)	90	95	98
	农村村委会依法自治达标率(%)	95	98	100
生态环境	城市绿化覆盖率(%)	35	40	45
	森林覆盖率(%)	18	20	25
	环境质量综合指数(分)	90	95	98

城市发展方向。近期西进,远期东扩北延,建设新区,整合老城,积聚产业,优化城市功能。

布局结构。以老斗龙港为界,以城市发展时序及道路、河道为分隔,形成“两片五区”团块状城市空间布局结构。

功能分区及建设重点。东部片区为城市主要居住生活片区,包括老城区、西部新区和南部新区。

老城区:大四河以东,育红中路以北区域。结合旧城改造和“退二进三、退二进绿”工程,打造人民路、黄海路商业轴,搬迁市政府和健康路沿线部分行政办公用地,出新改造旧居住区,完善生活服务设施和基础设施配套,建设大四河、二卯西河滨河绿带,加强居住区绿化环境建设,提升老城区居住环境品质。

西部新区:老斗龙港以东,二卯西河以北,大四河以西区域。建设新的城市中心区,新建设施完善的居住组团,提升城市建设品味,形成功能完善、环境优美、设施先进、现代化开放式新城市中心区,展现大丰城市发展新面貌。

南部新区:老斗龙港以东,二卯西河、育红中路以南区域。为城市南部主要居住片区,重点对"城中村"进行改造,按照城市居住区标准进行建设,形成设施完善的居住组团,延续城市商业轴线。

居住用地布局。根据城市总体规划功能分区,并依据城市主要道路、河流将城区居住用地划分为8个居住组团。规划居住用地1074.8公顷,占城市建设用地的31.49%,人均用地35.83平方米。

城区居住用地规划表

表3-1-2

序号	居住片区名称	用地规模（公顷）	人口（万人）	人口毛密度（人/公顷）	用地四至			
					东	南	西	北
1	西北组团	149.6	3.1	207	常新路	二卯西河	老斗龙港	通港大道
2	城北组团	155.7	4.4	283	人民北路	二卯西河	常新路	通港大道
3	东北组团	184.8	5	271	东宁路	二卯西河	人民北路	通港大道
4	西南组团	157.2	4.5	286	金丰大街	南翔大道	西康路	通港大道
5	东南组团	142.3	4	281	东宁路	南翔大道	金丰大街	通港大道
6	城南组团	173.6	5	288	人民南路	先锋路	西康路	通港大道
7	工业北区组团	50.8	1.7	335	北沿河路	老坝路	四号路	通港大道
8	工业南区组团	67.6	2.3	340	三号路	南环路	西环路	南翔大道

二、村庄规划

(一)规划制订

1984年,大中镇21个行政村、新团镇15个行政村、裕华镇14个行政村都重新进行居民点编制规划,主要模式分长方形"非"字式和线条形"一"字式两种。

2001年4月区划调整后,原和《大中镇1996—2010年村镇建设规划》作调整,总的指导思想为集中建设中心村,重点发展小康村,适当缩减基层村,稳定过渡自然村(老居民点线),要求建设用地总量不变,人平建设用地100平方米不变,对保留的自然村只允许危房翻修,不再重建。

新团各村居民点规划,仍以原自然村为基础,逐步增加中心村和小康村居住区用地规划,重点加强新团村、河口村、长安村中心村规划建设。

新团集镇总体规划(用地1.4平方千米)不变,适度发展调整公路以东、大刘路以南地区作为大中镇地方经济建设预留地,经逐步发展与市区相连接。大丰市城市总体规划中,西北隅用地适当控制,增加泰西村、红花村、阜南村为大中镇经济建设预留地。

2010年8月区划调整,裕华区域近郊村纳入城市总体发展规划,其余区域按照2002年5月调整后的《裕华镇域总体规划》实施。

(二)村庄布局

村庄布点体现"集聚发展"的原则,耕作半径控制在1~1.5平方千米左右,市区环城路以外为农民集中居住点。

(三)居住方式

近郊村鼓励建多层农民公寓,沿海高速公路两侧以双拼式或联排式低层建筑为主。建设标准,每户宅基地面积不超过200平方米，小户型建筑不超过180平方米，大户型不超过250平方米，层高不超过3米，低层住宅建筑密度不超过30%，容积率不高于0.6，多层住宅建筑密度不超过25%，容积率不超过1.1。

（四）公共设施布局规划

道路交通：按照四级道路规划设计，路面宽度6～8米，建筑控制红线10～12米。村民集中居住点对外交通依托村级干道连接大刘公路、通港大道、南翔大道、陈李公路和沈方公路。

给水：依托城区供水系统。

排水：二卯西河南侧的村庄污水经污水管道流向市开发区污水处理厂，二卯西河北侧的村庄污水经污水管道流向城北污水处理厂。

燃气：村庄燃气规划采用天燃气，中压管由大丰市区管道供给，各村庄规划点建燃气调压站一座，燃气管沿镇村道路铺设。

环卫：按照“组保洁、村收集、镇转运、市处理”的原则，各居住点设置垃圾收集点，集中送垃圾中转站。无害化卫生厕所覆盖率100%，普及水冲式卫生公厕。

（五）综合防灾

消防：利用大丰消防大队、开发区消防站和城市消防站服务全镇。

防洪：村庄防洪标准按50年一遇防洪标准设防。

抗震：村庄基本设防烈度为7度。绿地广场为避震场所，城区各医院为救护中心，镇政府为救灾指挥中心。

1999年大中镇行政村布局规划成果汇总表

表3－1－3

行政村	现状						规划							规划实施后可节约用地（公顷）
	农庄线	户数（户）				建设用地（公顷）	农庄线编号	户数（户）			建设用地（公顷）			
		楼房	平房		合计			保留户数	增加户数	合计	保留用地	新增用地	合计	
			新	旧										
恒南村	4	166	291	70	527	25.3	1、2	507	93	600	21.13	3.96	25.10	0.20
恒丰村	2	123	347	113	583	27.84	3	583	137	720	13.10	1.62	14.73	13.11
恒北村	6	139	350	177	666	39.58	4	0	698	698	0	37.01	37.01	2.57
红花村	12	126	137	292	555	21.22	5	0	297	297	0	13.19	13.19	8.13
双喜村	14	184	630	316	1130	65.81	6	0	275	275	0	12.21	12.21	53.60
利民村	14	71	48	462	581	30.95	7	0	286	286	0	12.73	12.73	18.22
福丰村	21	307	796	110	1213	60.56	8	0	323	323	0	14.34	14.34	46.22
晋丰村	9	175	374	566	1115	64.73	9、10、11	545	355	900	21.44	14.00	35.44	29.29
晋北村	4	101	182	124	407	15.46	12、13、14	498	182	680	17.89	6.43	24.33	－8.87
元丰村	12	120	599	122	841	47.29	15、16、17、18	325	468	793	8.59	12.38	20.98	26.31
海防村	17	284	5	463	752	37.34	19、20	0	564	564	0	25.04	25.04	12.30
朝荣村	19	292	672	175	1139	49.55	21	0	511	511	0	22.73	22.73	26.82
天祥村	6	152	258	161	571	37.84	22、23	396	312	708	9.87	7.77	17.65	20.19
海丰村	17	163	655	280	1098	62.23	24、25	689	391	1080	28.56	16.21	44.78	17.45

续表 3－1－3

行政村	现　状						规　划							规划实施后可节约用地（公顷）
	农庄线	户数（户）				建设用地（公顷）	农庄线编号	户数（户）			建设用地（公顷）			
		楼房	平房		合计			保留户数	增加户数	合计	保留用地	新增用地	合计	
			新	旧										
阜北村	3	97	243	526	866	40	26	0	337	337	0	15.00	15.00	25.00
德丰村	20	239	135	397	771	28.49	27	0	486	486	0	21.60	21.60	6.89
老坝村	14	68	132	493	693	37.28	28、29、30	550	200	750	20.93	7.61	28.55	8.73
八灶村	4	79	627	80	786	47.8	31、32、33	641	239	880	24.83	9.25	34.09	13.71
新团村	29	174	77	580	831	42.55	34、35	4251	875	5126	138.16	32.83	171.00	－128.00
光明村	6	120	250	80	450	17.55	36	147	133	280	6.65	6.02	12.68	4.87
	233	3180	6808	5587	15575	799.37		9132	7162	16294	311.15	291.93	603.18	196.74

第二节　城镇建设

一、街道建设

（一）概况

1927年，大丰盐垦公司在阜丰区的西南角划地13.33公顷建中心集镇大中镇。是年秋，破土动工，填沟建房。至1929年，沿二卯酉河北已有光明街和明主街，时称北街，即从老石桥（今大新桥）向北至三和花行（今电影院东侧），沿卯酉河边西到小闸口（今邮政局西侧），东到泰和木行（原人武巷，今城中菜市场路）。河南仅有老街，时称为南街，即从中孚桥（今人民桥处）（注：中孚桥系木桥1921年建，1934年拆除，1968年重建为水泥桥，取名东方红桥后改名人民桥）沿西子午河东侧向南至今育红路。1932年，谷振之在老木桥东南角约70米处（今大新桥的东南角）建同乐楼（此楼是大中镇建镇后的第一座房，1933年秋竣工）。1934年初，大生泰恒棉场为自受其益，将老街东侧划地4公顷在与北街（民主街）平行建一新街（今新街），并在二卯酉河上建一石桥，取名严华桥（今大新桥，俗称老石桥），共耗土方费、桥梁建筑、街道铺设以及退佃等各项费用10263元（银元）。街道宽8米有余。河南老街较窄，仅有4米左右，面均为小砖铺设，下水道完备。1934年后发展的街道，路面建设较为简陋，无砖石铺设，亦无排水系统。

附：　　　大生泰恒棉场建筑镇基新街费用（国币）

一、退佃

1. 支退960号田1条，佃主成锦方押租加补贴　　380元
2. 支退959号田1条，958号田半条　　414.75元

小计794.75元

二、地基土方

1. 支扛圩土方4557方　　3062.758元
2. 支做东围土方71方　　14.835元

3. 支做路坝土方24方	7.245元	
4. 支挑西干渠出口土方12方	4.841元	
5. 支填满南扛河土方473方	130.093元	
6. 支填平零星沟塘	585.034元	
		小计3804.806元
三、桥梁工料		
1. 支卯酉河水泥桥	1200.00元	
2. 支新镇西搭水泥桥两道	266.00元	
3. 支水泥桥南块用石灰837斤	10.88元	
4. 支桥南块铺砖挑泥小工	12.132元	
5. 支水泥桥南用砖	163.99元	
6. 支桥南块铺砖瓦工	43.50元	
7. 支镇基东首水泥洋桥一座	859.92元	
		小计2556.422元
四、街道工料		
1. 支街道修筑	4.293元	
2. 支平挖十字街道	44.332元	
3. 支十字街道砖	706.22元	
4. 支水泥明涵用工料	1900.48元	
5. 支水泥阴沟管	170.40元	
6. 支水泥阴沟井	3元	
7. 支水泥管	4元	
8. 支铺十字街道匠工	105.00元	
		小计2942.725元
五、杂费		
共支杂费	164.302元	
五项总计支币	10263.005元	

1941年，集镇沿西子午河、二卯酉河两侧向东西南北方向伸展，河北老街沿西子午河边（今人民北路）至今幸福东大街金融广场南，河北东马路向东至今丰中名邸南门，河南老街亦向南延及今益民桥北。

1951年，裕民轧花厂开始供应县政府机关和大中集街道照明用电。1953年10月，县糖烟酒公司楼在健康路落成（二层八间计100平方米，建国后的第一座楼）。1955年，大中人民剧场建成（1956年改名大丰县人民剧场）。1957年，大中集原9条街调整组建为老街（胜利）、新街（朝阳）、大华（东风）、大新（红旗）4个居委会。1958年7月，县政府动员民工2248人，挖土45392.7立方米，建成6.7米宽的南马路（今人民路的益民路—育红路路段）。大中镇干部群众自发义务献碎砖1700立方米，将南马路筑成5米宽砂石路面。是年，县城无梁大楼建成（因不用大梁，故称无梁楼）。落成时，县委书记毛育人为大楼题名。9月，大中集至裕华、新丰铺设碎砖路面，城区紧靠二卯酉河边（今人民桥北东侧）开凿第一口深水井，市民开始饮用深井水。

1972—1985年，城区铺设街道6条，总长6.32千米，均为砂石路面。1987年，修筑大刘路、人民南路、大新路、大华路、工农路、健康路、人民北路等15条主次干道，总长28.95千米。另有2～8米宽巷道47条，总长11.6千米。1988—1992年，铺设人民北路1850米，西内环北路400米，建业路400

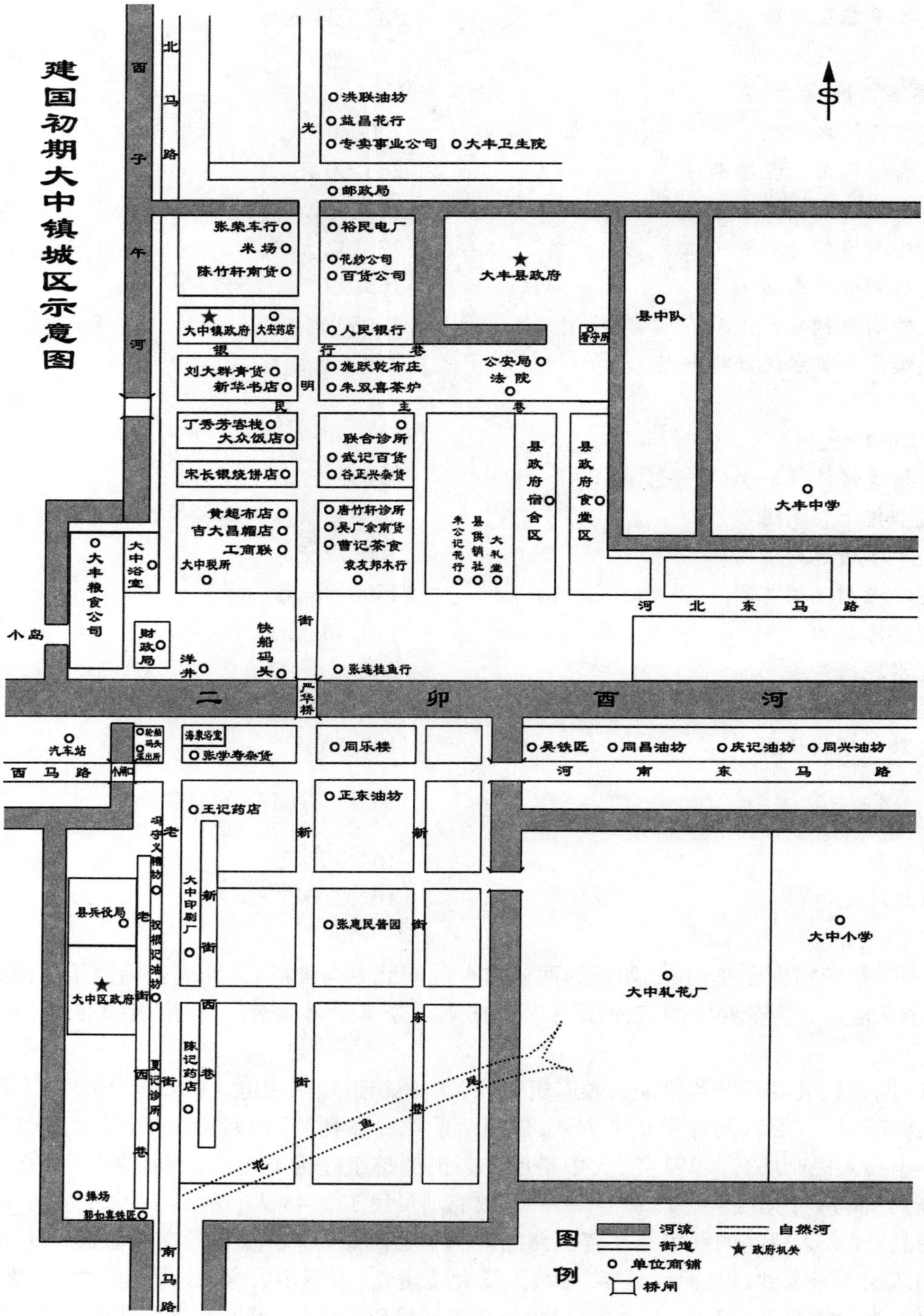

建国初期大中镇城区示意图

米，飞达西路250米，人民南路、育红路至过境路段1200米混凝土路面，总长3100米。新铺沥青路面2.5千米。

1995年，主街道两侧人行道全部黑色化。3月，市政重点工程一期内环至二环开工，全长630米，快车道宽13米，慢车道宽7米，人行道2米，铺设下水道1200米。金丰南路拆迁填河，路基按一级路标准设计建造，快车道宽16米，两侧慢车道各7.5米。西内环南路铺设沥青路面1200米，计38400平方米，安装下水管道2400米，健康西路延伸沥青路面长600米，计13800平方米，安装下水管道1200米，铺设南环西路沥青路面2300米，计34500平方米，投入资金840万元。至此，城区实有街道长41千米，面积55.4万平方米。1996年，市镇投资3.5亿元建成现代化大街（东西方向的幸福大街）。铺设现代化大街混凝土路面长1100米，宽37米，计33800平方米。健康西路延伸1600米，宽15米，铺设沥青路面24000平方米。1997年，铺设现代化大街二期工程混凝土路面29500平方米，健康西路沥青路面1560米，计19800平方米。新建双月湾垃圾场沥青路1200米，计7200平方米。1998年，幸福大街、金丰大街、康平北路延伸以及飞达路、益民路改造和幸福东路拓宽，铺设混凝土路面约4万平方米，东南环沥青路面长2740米，宽9米，计24660平方米。1999年，金丰大街拓宽长350米，宽40米，计14000平方米；幸福东路拓宽长950米，宽20米，计19000平方米；工农路延伸长550米，宽7.5米，计4125平方米。

2000年，完成幸福东路、金丰南路扫尾工程，填表土1400立方米，浇筑混凝土面层5610平方米，安装路牙3780米，铺设彩边人行道7650平方米，铺设通道异形块230平方米，工农路改造整理路基3900平方米，浇筑混凝土石层3475平方米，人民南路路道工程共清运垃圾7500立方米，完成健康东路、人民路、金丰南路等主干道混凝土补塘697平方米，其他路面沥青维修3540平方米，后街小巷维

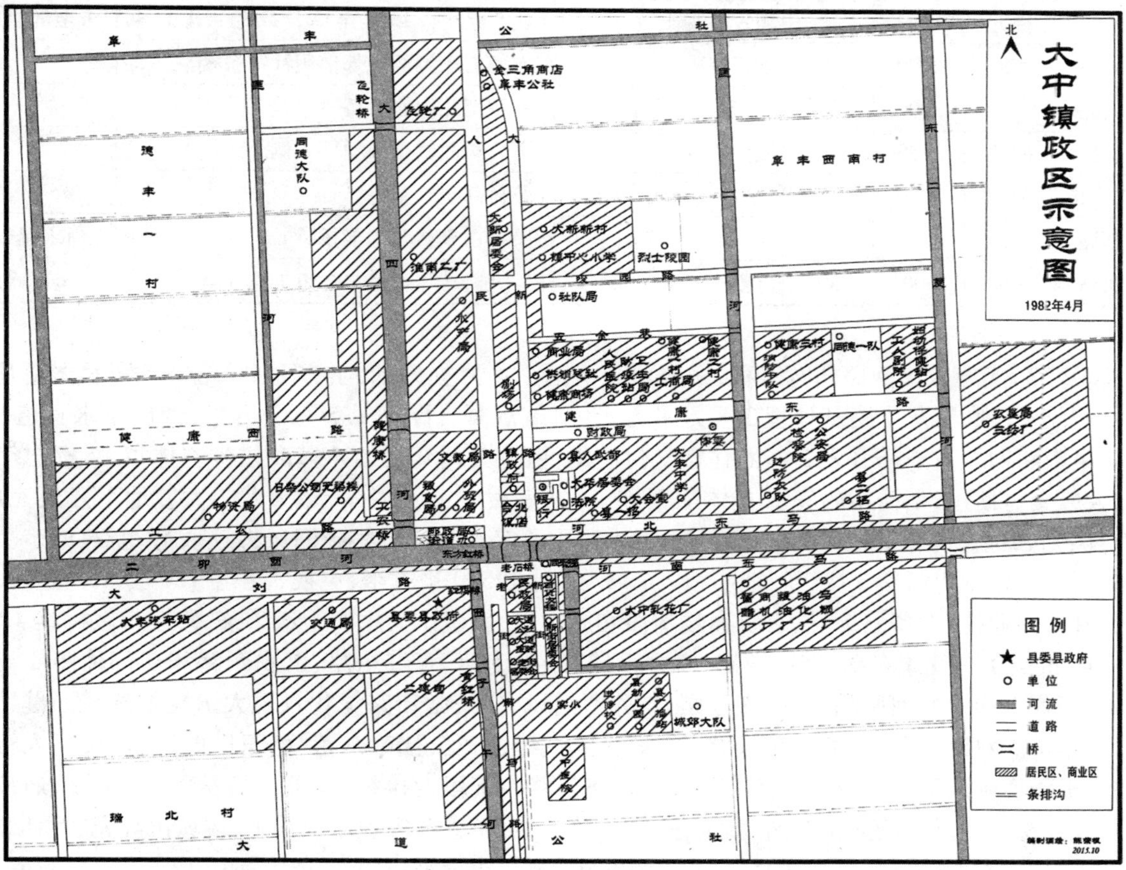

行政区划图

修4800平方米，疏通下水道9500米，更换窨井框盖120套。5月12日至6月10日，完成人民南路拆迁后，路幅由原来的7米拓宽到30米。

2000年大丰市区主次干道一览表

表3-2-1

路名	走向	长度（米）	宽度（米）	结构	起迄	备注
南翔大道	东西	3900	12	沥青混凝土	恒泰桥至开发大道	
益民路	东西	620	7.5	混凝土	城郊5组至新民5组	未全部建成
育红路	东西	620	6	沥青混凝土	链条厂东侧至忠诚服务社	未全部建成
黄海路	东西	4700	20	混凝土	丰山桥南侧至大丰桥	
大华路	东西	5000	4	混凝土	大华机械厂至人民桥	
工农路	东西	1800	7.5	混凝土	人民商场东侧至建桥工程处	未全部建成
健康路	东西	3900	20	沥青混凝土	健东桥至新德4组3排6号	
幸福大街	东西	3900	60	混凝土	幸东桥至新德4组4排6号	
飞达路	东西	1500	7.5	混凝土	同德3组北1排至新德5组6排6号	未全部建成
北兴路	东西	3900	9	砂石路	阜丰桥至德丰2组1排6号	
东宁路	南北	3900	9	沥青混凝土	恒泰桥至阜丰桥	
康平路	南北	1200	18	沥青混凝土	泰西5组6排15号至阜丰11组4排11号	未全部建成
大新路	南北	2000	6	沥青混凝土	东方商厦东侧至城郊信用社宿舍楼	
人民路	南北	3900	20	混凝土、沥青混凝土	良种桥至北中心河桥	
建业路	南北	2250	6	混凝土、砂石	农资公司西侧至缫丝厂东侧	
金丰大街	南北	3900	60	混凝土、沥青混凝土	红花村部至红星桥	
常新路	南北				新民村白果林至德丰桥	尚未建成
西康路	南北	400	30	混凝土	开发大道转盘至德丰2组1排6号	未全部建成

2001年，实施人民南路拓宽工程，完成垃圾清运1.4万立方米，土方1.5万立方米，素土路基处理2.3万平方米，石灰土路基处理3.8万平方米，浇筑混凝土路面1.5万平方米，铺设排水管道900米，人民南路旧城改造新开发2幢商住楼交付使用，恒生公司开发的4幢商住楼主体竣工，标志工程国土大厦交付使用，消防中心完成主体工程施工，电信大楼进入主体施工，人防大厦地下建筑完成。2002年，对市区金丰南路、大华路、工农西路、人民中路等6个地段实施旧城拆迁改造，新建城市主次干道5条，修建城市桥梁3座，维修主次干道18条，计12500平方米，更换窨井盖180套。2003年，对市区一招、商业街、大华路5号、百货商场地段实施拆迁，新建市区主次干道7条，修建市区桥梁4座。2004年，重点实施健康东路、健康西路、幸福西路、康平南路、育红东路、工农西路和名都休闲广场改造升级工程。南中心河闸站、施耐庵公园、二卯西河风光带、常新路绿化景观大道相继建成。健康东路补强路基。对国土巷、黄海菜市场路、逸夫小学（今大润发超市）东巷、染织厂西巷、益民路人行道等零星工程实施改造。2005年，南翔大道与高速公路连接段西接线、南翔大桥接线、西康路、通港大道、军政巷桥、朝阳桥、商业街改造、黄海东路、大华路、金宇景苑等项工程竣工，瑞城国际苑、万佳装饰城、红花闸、工农西路延伸完成主体工程。2006年，城市建设完成投资15亿元。商业街（大新南路、北路）改造、新区广场路、建设路竣工。育红西路、朝阳路进入主体施工，对市区60多千米的排水管

网,5000多个窨井进行了疏浚清掏。新建金丰大行、健康路、幸福大街排水主干管出口启闭装置。对市区大刘新村二巷、育红路同春堂东巷、三院住院部东巷、检察巷、财政巷、鸿基巷等10条后街小巷全部实施硬化改造,总面积13000多平方米。2007年,健康东路人行道改造工程、飞达西路东段改造工程、建业北路改造、建设南路、朝阳路竣工交付使用。黄海东路扩建工程、金丰南路慢车道扩建1标段、三纺游园、常新南路扩建工程、浦江东巷改造工程、育红西路延伸工程、人民北路改造完成主体。89条后街小巷硬化,计7.2万平方米。对市区金丰大街、黄海路等6条主干道,康宁路、港机巷等8条次干道进行全面整治,累计修补城市道路18200平方米,疏通下水道50多千米,更换窨井框盖82套,完成人行道铺装16500平方米。2008年6月,投资3600万元的常新北路工程竣工通车。7月,飞达西路沥青混凝土路面工程竣工交付使用,全长1100米,宽40米。完成市区人行道铺装1.2万平方米,修补城市道路1.8万平方米,疏通下水道近80千米,更换窨井框盖252套,硬化后街小巷18条,计2.6万平方米。2009年,市区新增道路面积30万平方米,金丰北路、康平北路、新村东路、健康西路西延、建设中路、益民西路、富民西路、联运巷改造、常新北路完善、健康西路完善、金丰南路完善等项工程陆续竣工。城东新区幸福大街、飞达路、春柳路、冬柏路"两纵两横"道路框架主体竣工。

2010年,围绕"统筹兼顾、突出重点、服务民生、完善功能、提升品味、彰显特色"的建设思路,全年新增道路面积48.5万平方米,南翔大道改造(高速公路出口至金丰大街)、西康路改造、常新路北延、东宁路北延、大华路、幸福大街与金丰大街节点改造等项工程交付使用。南翔大道改造投入资金3.5亿元,其中道路工程1.2亿元,双向六车道,成为大丰市南门"第一路"。

2010年大丰市区主干道情况表

表3-2-2

道路名称	备　注
疏港路	2004年建成,东起东宁路,西止西康路,宽50米。一级,今332省道经过城区段
南翔路	始建于1995年,2007—2008年实施扩建工程。一级
黄海路	原河南东马路,1941年初建,1995年、2005年分期施工长3.6千米,宽40米。二级
健康路	1951年始建,时长300米左右。2004年、2005年、2006年三次分段分期实施长3.6千米,宽30米,起东宁路,止西康路。二级
幸福路	1992年始建,1994年后分期重建长4.2千米,宽60米,起东宁路止德丰中心河。二级
飞达路	2004—2008年分期分段实施,宽40米。二级
北兴路	2003年、2006年分两次实施,宽10米。三级干道
东宁路	1996年初建,2003年拓宽,宽30米。二级
康平路	1988年始建,1991年、1997年分期拓宽重建,宽30米。二级
人民路	1929年初建,1956年、1982年、1988年、2003年先后拓宽改造,宽30米。二级
金丰路	1994年初建,1998年、2003年分期拓宽,宽60米。二级
常新路	2002年、2007年分段分期实施,宽85米。一级
西康路	2002年建成,宽50米。一级
富民路	2007年建成,宽30米。三级
育红路	1979年始建,2004年拓宽,宽24米。二级
汇丰路	2004年新建,位于大中工业园区内
兴业路	2004年新建,位于大中工业园区内
大华路	原二卯西河北东马路,1929年始建,2005年、2007年分两次拓宽。二级

续表 3－2－2

道路名称	备　注
工农路	1969 年始建,2004 年重建,宽 25 米。二级
大新路	1953 年新建,2007 年拓宽重建,宽 14 米。三级
建业路	2005 年建成,宽 12 米
建设路	2005 年建成,起自工农路,止点市府路,宽 30 米。三级
朝阳路	2006 年建成,宽 25 米。三级
广场路	2005 年建成,宽 14 米。三级
健康西路	2008 年建成,起点西康路,止点德西中心河,宽 50 米。二级
冬柏路	2008 年夏建,位于阜丰 5、6 排,路面宽 30 米
春柳路	2008 年夏建,位于阜丰 5、6 排,路面宽 30 米
飞达东路	2009 年重建,宽 40 米。二级
育红东路	2009 年建成,宽 23 米。二级
金丰北路	2009 年重建,宽 60 米。二级
康平北路	2009 年建,宽 30 米。二级
新村路	2005 年建成,宽 30 米。二级
飞达西路	2005 年建成,宽 30 米。二级
上川路	2010 年建,位于阜丰西匡 10 号田,路面宽 30 米

（二）主要街道选介

黄海路街　东起东宁路,西至大丰桥。人民路向西原为大刘路,向东原为河南东马路(二卯西河堤)。1941 年,在同乐楼门前形成街道。1950 年,结合治水,第一次整修路基。1953 年,改建为砖石路面,宽 3 米,砖石厚 15 厘米。1973 年,红旗桥至老车站段南侧居民拆迁,移路填河,扩展路基。1976 年,铺设黑色路面宽 13.3 米(路幅 40 米,外有人行道)。1986 年 12 月,因路幅扩展,大刘路西环南路口的"棉花姑娘"雕塑建筑被移至百货商场北对面绿地内。1992—1995 年,先后三次拓宽大刘路,铺设红花桥至大丰桥 3.5 千米混凝土路面。1995 年,河南东马路段改建水泥路面,北侧沿二卯西河堤岸采用石驳建成河滨公园。2005 年扩展修补,路面宽度达到 40 米。至 2010 年,临街商业门市及其公共建筑有丰和丽都居民区、恒达世纪新城居民小区、金宇广场、大丰百货商场、大丰报社、国安建筑公司、国泰花园居民小区、同仁骨科医院、大丰市图书馆、县航运公司、金宇景园居民小区、东方锦绣南城居民小区、聚龙园小区、海运大厦、市航道管理站、富贵园生活小区、恒昌交建公司、丰山集团、金悦汽贸、兴隆装饰城、忠伟电机等。商业门面主要经营以五金日杂电器和船舶器材为主,有商铺近 200 家。

人民路街　南起城南排涝站,北至北中心河桥,原为西子午河东堤。1929 年,展平成路。1958 年 7 月,县政府动员民工 2248 人,挖土 45392.7 立方米,建成 6.7 米宽的大沈公路(习惯称南马路)。9 月,大中镇发动群众捡拾碎砖 1700 立方米,改筑 5 米宽砂石路面。1968 年,为缓解市区交通压力,在扩竣二卯西河时将人民桥至健康路段子午河填塞成路,经原人民剧场东侧转接大新路抵新丰。1979 年,开挖大四河又将健康桥向北至酒厂段子午河填塞,筑成砂石路面。同年,人民路南段改为柏油路面,宽 20 米。1984 年 7 月,拓宽人民南路。1986 年 10 月,建成黑色路面。1991 年,铺装健康路至酒厂桥水泥路面 1.5 千米。2003 年,拓宽改造,路面宽 30 米。1992 年后,几经整个铺装,建成路道隔离绿岛,新置隔离栏,新铺路牙,全长 3500 米,路幅宽 50 米。至 2010 年,临街主要建筑、商业门面有大丰动物检疫疾控中心、市边防大队、市农机公司、荣海菜市场、大丰中医院、第三人民医院、房地产大厦、中国银行、大丰民政局、中国联通大丰店、大丰市邮政局、台北饭店、银都大酒店、国际影城、辉丰股份、人防大厦、同一首歌、万紫千红大酒店、天上人间娱乐城、盐阜商场大丰购物中心、农工商超市、千家惠、南峰服饰超市、大丰法律公证处、城中加油站、金都贸易城、国美电器大丰店、大丰市第三小学、欧蓓沙购物广场、江苏人酒业。此街的中北部以服装、家用电器、百货、婚纱、娱乐、酒楼、电动自行车为特色，南部以日杂、百货为主，共有各种商业门面750余户（南起南翔大道，北至疏港大道）。

工农路街　东起人民路，西至健康桥。1969年，由二卯西河拓宽的土方填平成路。1981年，改造为砂石路面，长1275米，宽15米。1990年，工农东路铺设预制块路面。1999年，向西延伸550米，建成宽7.5米混凝土路面。2004年，拓宽改造，路面宽25米。2010年，临街公共设施和商业门面有人民商场、名都广场、恒生商城、东方锦绣北城、苏州银行、三水嘉苑小区、嘉英阳光小区、阳光城市小区、御景嘉园，有商业门市300余家，主要经营五金家电、建筑装潢材料等。

健康路街　东起东宁路，西至西康路。1978年，铺筑砂石路面，长1300米，宽40米。1984年，改造黑色路面。1988年，修建健康西路自西内环至健康桥段，铺设沥青路面，长250米，宽12米，两侧绿岛各1.5米，人行道各4米。1995年，两侧人行道全部改为沥青路面。翌年3月，健康西路延伸工程开工，一期从内环至二环，全长630米，快车道宽13米，慢车道7米，路幅28米，铺设下水道1200米。1997年，健康西路铺设沥青路面，长1560米，宽15米，健康东路两侧慢车道全部改为沥青路面。2004年、2005年、2006年分三次对健康路全程实施拓宽改造，路面宽度50米。至2010年，沿街公共建筑和主要商业门面有350余家，御景嘉园住宅小区、自来水公司、荣润首府住宅小区、新词大酒店、润丰嘉园、汇豪嘉园、常新小区、大丰红十字会、大丰公安局、浦江名苑住宅小区、幸福小区、市农委、粮食局、金丰街道办事处、江苏坤业建筑集团、大丰市税务局、农村商业银行、重庆烧鸡公饭店、大丰剧院、卫祥大药房、教育房产公司、苏果超市、金碧辉煌娱乐厅、永泰国际广场、世纪联华超市、人民医院、丰东大酒店、大丰财政局、江南村镇银行、大中供电所、丰中名邸住宅小区、大丰烟草局、自来水公司收费处、大丰锡剧团、大丰盐务局、大丰技术监督局、工商管理局、大丰市老干局、住房和城建委、亚龙湾浴室、大丰总工会、大丰海监大队、大丰妇幼保健站、人民检察院、大丰党校、丰达时装有限公司、三纺厂、正大丰海制药有限公司。

金丰大街　原西内环南路，从大刘路至南翔大道，全长1350米。1994年，县交通局对该段砂石路面进行改造，铺设沥青路面，北段250米加宽到24米，南段宽8米。1998年，市政公司对南段拆迁填河，路基按一级路标准设计建造，中间快车道16米，两侧慢车道各7.5米，铺设沥青路面。2003年，实施拓宽改造，路面宽度60米。2009年春，金丰南路北延工程启动（飞达路至通港大道）、金丰大街成为城市南北向主干道，按城市II级主干道标准设计，延伸段总长1200米，宽60米，工程总投资5600万元。10月竣工通车。2010年，临街建筑有今日小区、同德建筑、市供电局、大丰电信公司、市第六小学、第三中学、教育局、中国人寿保险公司、农村合作银行、润丰嘉园、汇贤居、四小、兴达大坂城、市政府宿舍区、金丰华庭、恒迪集团、育红河西新村、鼓楼医院、城南公交汽车站（北起飞达路，南至南翔大道）。

康平路街　从大华路至飞达东路（四中东侧）。1988年，建成南段长445米，路基系原河沟填土而成，中间绿岛6米，两侧主干道各7米，其中主干道沥青路面6300平方米。1992年，填土660平方米，完成北段1848平方米沥青路面。1998年，由幸福东路向北延伸至飞达东路，长460米，宽7.5米，混凝土路面。

2004年，康平南路列入市政府城市建设重点工程，沥青混凝土面层全长336米，道路宽30米，中间设18米快车道，两侧各设6米人行道，7月竣工交付使用。2009年，康平北路工程作为主城区一条南北向主干道，按城市II级道路标准设计，全长1700米，宽30米，其中混合车道宽15米，人行道宽5米，工程总投资2700万元，10月竣工通车。2010年，临街商铺近200家，主营小吃，有小吃一条街之说。中华财产保险公司、市第五小学、康平小区、丰和丽都生活小区、市残联、建筑质检站、健康小区、康宁小区、汇豪雅苑坐落在此。

幸福大街 东起城东新区,西至城西派出所西侧,全长2300米,亦称幸福大街。1992年,修建8米宽砂石路。1995年,喷油加砂,罩面3.5厘米油子。1996—1999年,分期拓宽改建为20厘米混凝土路石,宽40米,中间15米快车道,两侧1.5米绿化带,7米慢车道,4米人行道。2000年,被市政府命名为现代化大街,大新路至人民路段人们惯称"金融广场"。2010年,幸福大街两侧主要建筑有花园小区、逸夫小学(二小、大中镇小学)、众海浴池、大中镇中心幼儿园、施耐庵公园、健康小区、康宁小区、工行、农行、建行、金融广场、大润发超市、长乐小区、丰泽安装公司、光明小区、气象局、劳动和社会保障局、行政服务中心、交通局、中国电信股份公司、供电局、水利局、环保局、国土局、消防大队、人民银行、广播电视局、明达幼儿园、安置小区、人民法院、人武部、金润嘉园、大丰高级中学、城西派出所(东起东宁路,西至老斗龙港桥)。

大新路街 南起育红东路,北至飞达路,全长1520米,宽14米。大新路街将大新路和新街合为一体。二卯酉河南新街长约350米,为小砖铺设。二卯酉河北街道。1958年,动员群众拾献碎砖,整修砂石路面。1979年,健康路南改建为柏油路面。1986年,健康路北改建为柏油路面。1999年,旧城改造,二卯酉河北健康路南路段两侧店铺、住房全部拆迁建成商业步行街区。2006年8月31日,人民路以东、城中菜市场路以西、二卯酉河以北、健康路以南的鸿基商业街改造工程交付使用。建成后的商业街集娱乐、休闲、商务、消费于一体,是市民逛街、购物、休闲的必选之处。

益民路街 东起东宁路,西止常新路,水泥路面,全长1600米,宽20米,双车道。2000年后,路两侧店铺日增,形成市区南翼街道。2010年,临街建筑有皮防所、荣海菜场、市第二中学、城南派出所、育红小区、益民小区、镇南新村、丰城小区、银杏湖公园等。

名都广场 位于市中心人民路以西,大四河东畔,健康路以南,工农路以北,占地面积3.9万平方米,总建筑面积5.33万平方米。2003年4月开工建设,2004年7月竣工交付使用。利用"三面环路,一面临水"的地段优势,将室内外步行街与大型市民绿化广场相结合,巧妙地用广场将商业街与住宅分隔,形成商住分离,动静分区格局。西南临河为高档住宅区、中区为大型市民绿化广场,东南区及北区为商业区。

恒生商城 位于工农路北,金丰大街东,商城占地面积3万余平方米,是大中镇小商品主要集散地之一,内有商铺1500余家。

金都贸易城 位于人民路西,幸福大街以北,占地面积近2万余平方米,是大中镇第二大小商品集散地之一,内有商铺千余家。

二、市河整治

大中镇建于大丰公司条田化之后,二卯酉河、西子午河纵横贯穿市区,匡河条沟夹杂其中。战乱期间,国民党政府无暇顾及市政建设,镇区市面七零八落,市河多年失修,河床淤浅狭窄。建国后,党和人民政府对市河多次整修疏浚、平填市内沟塘。先后于1956年疏浚大四河,完成土方25.48万立方米。1968年11月,大四河向西移位250米开挖工农桥至健康桥段。1979年12月,开挖健康桥至酒厂段长2.2千米,并将老河道填平建成人民北路,完成土方50万立方米,投资72万元。1982年11月16日,动员民工16444人,开挖从红星河(大丰酒厂)至新丰。1968年冬,扩建二卯酉河老斗龙港至大丰干河,完成土方66.96万立方米,工日15万个。1982年春,扩浚西段二卯酉河2千米,完成土方20.1万立方米,投资17.5万元。1970年冬,动员3000人疏浚西子午河六框至大中集河段,长7.5千米。1977年、1982年又对西子午河进行改道和疏浚。2000年以后,对红花中心河、东复河进行疏浚驳岸,1977—2010年,二卯酉河、大四河、红花中心河、东复河两岸块石驳岸总长度20千米,填平人民医院、五金公司、印刷厂、城中菜市场等处市区沟塘。

1968—1990 年期间大中镇城区各单位填塞沟塘情况统计表

表 3-2-3

单　位	土方数（立方米）	填土面积（公顷）	经费（元）	单　位	土方数（立方米）	填土面积（公顷）	经费（元）
商业局	6650	0.288	13383.13	百货公司	2617	0.099	5266.71
印刷厂	8543	0.337	17192.79	服装厂	1195	0.051	2404.94
五金公司	7424	0.323	17039.84	文化馆	3174	0.129	6387.68
合作总社	2802	0.102	5639.03	电影管理站	3844	0.141	7736.05
人民医院	10802	0.449	21739.03	财政局	2150	0.147	4326.88
糖烟酒公司	5694	0.204	11459.18	邮电局	734	0.057	1477.18
一招	2923	0.095	5882.54	合计	58552	2.422	119934.98

1978—1995 年城市维护建设费收支情况表

表 3-2-4　　单位：万元

年份	收入	支出	其中						
			市政工程	园林绿化	环境卫生	公共事业	房产开发	基本建设	其他
1978	86	76	—	—	—	—	—	—	76
1987	132	132	87	5	17	17	—	—	6
1990	330.1	330.1	95.7	13	40	64.28	10	30	77.12
1995	1545.8	1407	858	131	268	—	100	—	50

三、桥梁建设

1931 年前，大中镇城区只有一座木桥桥名“中孚桥”（建在二卯西河上，今人民桥址），和一座涵闸（建在西子午河上，今红旗桥址），涵闸人们俗称“小闸口”，都建于 1922 年左右，中孚桥长 30 米，宽约 3 米。涵闸净跨 4 米左右，宽约 3 米。1934 年建新街时，在老木桥东侧建钢筋混凝土结构的桩基桥一座，名严华桥（今大新桥）。日军入侵大中集后，在驻地壕河各架设木桥 1 座（原县人武部和老丰中处）。20 世纪 60 年代初，市区改善交通环境开始建桥，1964 年建东马路桥，1968 年冬建东方红桥（人民桥），1969 年建大丰桥，1970 年建工农桥，1971 年建大中桥（红旗桥）。

1980 年以后，大中镇市区先后修建、改建人民桥、红旗桥（大中桥）、育红桥（2 座）、健康桥、城西桥、大丰桥、工农桥、飞轮桥、东马路桥、红花桥、大丰中学桥（2 座）、棉麻公司桥、副食品厂桥、轧花厂桥、红花小学桥、大中镇中学桥、交通局桥、二中桥、淮南二厂桥等近 20 座桥梁，均系钢筋水泥结构。

撤县设市后，由于城市建设的需要，交通事业迅速发展，老旧桥梁大都拆除重建拱改平。1997 年 1 月，对市区桥梁重新命名。2000 年，市区主要桥梁有 23 座。

2000年大丰市市区主要桥梁表

表3-2-5

桥名	长度(米)	宽度(米)	构造形式	载重(吨)	建桥年份	备注
大丰桥	88.97	18	板梁	汽20	1991	大刘路跨斗龙港,1991年在1969年所建桥北另建
劲力桥	80	21	T梁	汽20	1995	西康路(开发大道),跨二卯酉河
银都桥	57.8	14	桁架拱	汽20	1985	金丰大街上,跨二卯酉河
人民桥	45	16	双拱桁架拱	汽20	1968	人民路上原东方红桥,跨二卯酉河
大新桥	80	4	拱桥	汽8	1985	商业街上,跨二卯酉河,原严华桥改建
丰山桥	75	16	T梁	汽20	1992	东宁路上原城东桥,跨二卯酉河
珍丰桥	37	10	板梁	汽20	1988	南翔大道上原环城桥,跨西子午河
益民桥	26	5	平板	汽10	1984	益民路上原二中桥,跨西子午河
育红桥	30	4	板梁	汽10	1979	育红路上,跨西子午河
红旗桥	45	25	钢架板	汽20	1993	黄海路上原红旗双桥,跨西子午河,1996年拓宽
工农桥	40	5	梁拱	汽10	1970	工农路上,跨大四河
健康桥	57.8	18	桁架拱	汽20	1984	健康路上,跨大四河
幸福桥	55	40	双曲拱	汽20	1996	幸福大街上,跨大四河,1998年拓宽改建
飞达桥	57.6	6	板梁	汽20	1982	飞达路上,跨大四河
北兴桥	58.5	21	梁拱	汽20	1983	北兴路上原城北桥,跨大四河
恒泰桥	18	8.9	板梁	汽20	1995	南翔大道东起点,跨恒泰河
健东桥	17	29	板梁	汽20	1996	健康路东起点,跨复河
幸东桥	14	40	板梁	汽20	1996	幸福大街东起点,跨复河,1999年拓宽
阜丰桥	14	5.4	平板	汽10	1976	北兴路东起点,跨复河
红星桥	30	28	板梁	汽20	1998	金丰大街北起点,跨红星河
德丰桥	18.8	8.1	板梁	汽5	1976	常新路北起点,跨红星河
红花桥	19.8	28	板梁	汽20	1992	黄海路加油站西北侧,跨红花中心河
黄海桥	80	7	双拱桥	汽10	1974	黄海路上原东马路桥

2002年,以城市道路、桥梁为重点的基础设施建设步伐加快,城市框架进一步完善。工农桥、育红桥、益民桥改建投入使用。2003年,银都桥(改建)、常新桥、康平桥建成通车。2005年,南翔大桥、军政巷桥(人们习惯上称城中桥)、朝阳桥、北兴桥闸站投入使用。2006年,健康桥、育红两桥竣工交付。黄海桥、大华桥主体施工。健康桥横跨大四河,宽28米,两侧人行道各2.5米,中间机动车道23米,桥体结构为平板桥,为市区景观性标志建筑之一。2007年,人民桥、红旗桥拱改平工程,城东防洪闸站、城西防洪闸站、益民东桥、育红东桥、黄海东桥、飞达西路新德河桥、二里半复河驳岸等项工程竣工。大华桥、红星河桥完成主体工程。人民桥、红旗桥改造工程投资1700万元,为市政府为民办实事工程。人民桥位于人民南路横跨二卯酉河,2007年4月开工建设,10月完成主体工程并通车,彩虹拱上设置,喷泉系统及流光溢彩的霓虹灯系统,整个桥体富丽堂皇,在全省城市桥梁建设史上为首创。红旗桥位于黄海路,横跨西子午河,全长43米,宽30米,混凝土钻孔灌注桩,为预应力三跨简支板梁桥。2008年,市区红星河桥、益民西桥、大华桥、人民桥、红旗桥改造景观工程,大新桥改造工程全面竣工。2009年,金丰北桥、健康西桥、飞达东桥、新村东桥、康平北桥、飞达西桥等桥梁工程竣工。

2010年,康平二桥工程竣工交付使用。飞达桥拱改平工程启动建设。城东新区飞达路的鹿鸣南桥、鹿鸣北桥开工新建。

2010年市区主要桥梁情况表

表3－2－6

标准名称	所处位置
大丰桥	位于大刘路跨越老斗龙港,2005年改建宽30米
劲力桥	位于西康路跨越二卯西河,建于1995年,2004年整体下降2.748米,2007年再次拓宽
银都桥	原名城西桥,位于金丰大街跨越二卯西河,2005年拱改平
人民桥	原名东方红桥,位于人民路跨越二卯西河,2007年5月拱改平,宽30米
大新桥	位于城区老街跨越二卯西河,2007年改造
丰山桥	原名城东桥,位于东宁路黄海制药厂西南侧,跨越二卯西河,1992年改造
珍丰桥	原环城桥,位于南翔大道跨越西子午河,宽20米,2002年拱改平
益民桥	原二中桥,位于二中东南侧,益民路跨越西子午河,宽20米,2002年重建平板桥
育红桥	位于大中镇医院西南侧,育红路跨越西子午河,宽20米,2002年重建
红旗桥	位于大刘路跨越西子午河,2007年拱改平,宽30米
工农桥	位于工农路跨越大四河,2002年建,宽18米
健康桥	位于健康路跨越大四河,2006年9月拱改平,净宽28米
幸福桥	幸福大街上跨大四河,1998年拓宽改建
飞达桥	位于森威集团西侧飞达路跨越大四河,2010年拱改平,宽25米
北兴桥	原城北桥,位于酒厂西南侧,北兴路跨越大四河,2005年重建
恒泰桥	位于泰西五组东南侧,东宁路跨越恒泰河
健东桥	位于健康路东端,跨越复河,2007年重建
幸东桥	位于幸福大街染织厂东南侧跨越复河,1999年拓宽改建
阜丰桥	位于阜丰十组东南侧跨越复河,1998年拓宽改建
红星桥	位于大新排灌站南侧跨越红星河,2007年改建
德丰桥	位于职中东南侧跨越红星河,2007年改建
红花桥	位于市加油站西北侧跨越红花中心,2005年改建,宽30米
朝阳桥	原东马路桥(黄海桥),位于黄海路跨越恒达世纪新城围河,宽40米
常新桥	位于常新路跨越二卯西河,2004年竣工,净宽50米
康平桥	位于康平路跨越二卯西河2003年建,宽20米
城中桥	位于军政巷城中菜市场南跨越二卯西河,2005年建,宽14米,平板桥
育红西桥	位于育红西路红花中心河上,长19.28米,宽20米,2006年6月竣工

四、住房建设

1927年建镇初,有市面房30余间,警察所10多间。1928年,外地花商(棉花交易)接踵而至,本地西团、小海经商者亦来此争相设店。1929年,二卯西河北沿河街、十字街、老街两侧多为外地商人开设门店,四合院居多,房舍整齐。

二十世纪八十年代初的同乐楼

1938年，镇区有农民银行（日军入侵大中集时被拆除）、谷振之私寓2座小楼，谷振之私寓时称同乐楼，西邻老街，南面新街，北倚二卯西河，系谷振之伙同恒泰衣庄、伪邮局合股投资兴建，谷为大股东，产权归谷所有。颇通经营之道的张海生、丁德丰、汪某某（名不详）等人用重金向谷振之租用开设茶馆（饭店），取名同乐楼馆。楼东头上下4间为伪邮政支局，后也曾开过车行、杂货店及衣庄。新中国成立后，同乐楼被县政府收回为文化馆所用，嗣后，先后开设旅馆、饭店。20世纪80年代，旧城改造时拆除。

1941年，大中集沦陷，日伪军在市区构筑工事，明碉暗堡遍布全镇，壕沟、土圩纵横，客商大多弃之而去，本地小本商户亦遁居乡间，市区门店支离破碎，市井一片萧条。

1948年1月，国民党军对大中镇实施惨无人道的“无人区”扫荡，大行小店无一幸存，城区居民被强行押赴东台，5000多人口的集镇仅剩老弱病残38人。

解放后，中国共产党和政府在战争废墟中重建大中镇，街道市面逐步恢复。到1965年，镇区常住居民2310户，有住房3138间（不含公共住房），约5万平方米，人均居住面积3.5平方米，平均每户1.3间。

1973年起，大中镇对城市建设统一规划，城区先后建成6个新居民点。居民住宅多为砖木或混凝土结构，一般3间住房1间厨房。老住宅区居民住房部分更新，城市公共建筑加快。1977年，城市房屋建筑面积达8436平方米。

1982年健康路楼房建筑情况表

表3－2－7

单位名称	工程名称	动工时间	竣工时间	设计单位	建筑面（平方米）	层	间	造价（万元）	施工单位
县糖烟酒公司	原办公楼	1953年春	1953.10	县建筑站	100×2	2	8	1	县建筑站
县糖烟酒公司	营业、办公楼	1981.07.16	1982.08.2	县建筑站	2439	3	32	34	县建筑站
县五金公司	营业、办公楼	1979	1980	城建局	960	3	21	15	县建筑站
县人民医院	病房楼	—	1962	城建局	2318	2	53	16.48	县建筑站
县人民医院	妇产科楼	1973年春	1974年年底	城建局	1109.5	2	31	6	县建筑站
县人民医院	宿舍楼	1977年春	1977年年底	城建局	561	2	22	3.5	县建筑站
县人民医院	门诊楼	1977	1980	城建局	2881.8	3	67	23.5	县建筑站
县人民医院	宿舍楼	1980	1980	城建局	612	2	22	4.6	县建筑站
县财政局	办公楼	1974.10	1976.08	房产	816	3	30	9.3	房产

续表 3-2-7

单位名称	工程名称	动工时间	竣工时间	设计单位	建筑面（平方米）	层	间	造价（万元）	施工单位
县卫生局	办公楼	1977	1978.01	房产	1153	3	33	9.22	房产
县卫生局	宿舍楼	1976	1977	房产	400	2	14	2.7	房产
县自来水厂	综合楼	1980.09	1981.06	县建设局	931	4	28	9.12	裕华建设站
县工商局	办公楼	1979.03	1980.04	县建设局	731	2	21	6	县建筑站
县建设局	办公楼	1979	1979	县建设局	530	2	19	4.9	县建筑站
县建设局	宿舍楼	1982	1982	县建设局	1288	3	45	11.34	西团建筑站
县检察院	办公楼	1980.09	1981.05	地区设计室	850	3	27	8.44	县建筑站
县法院	办公楼	1982	1982	西团建筑站	1200	4	36	18.00	西团建筑站
县公安局	办公楼	1981.09	1982.10	新丰建筑站	1776	4	44	18.00	新丰建筑站
县工人影剧院	—	1980.10	1982.08	新丰建筑站	1350	—	—	33	新丰建筑站
县妇幼保健站	门诊楼	1980	1981	地区设计室	900	3	33	11	镇建筑站
县党校	—	1980.04	1982.03	县建设局	1650	3	46	15.5	裕华建筑站
大丰县中学	办公、教学楼	1980.10	1981.08	县建筑公司	2600	4	66	36	县建筑公司
县消防队	队楼	1977	1978	县建筑公司	509	2	10	4.5	县建筑公司
县健康东路百货商场	综合商店	1979.12	80.12	大丰房产	2200	4	127	15.597	大丰房产
县水利局	办公楼	1980 年春	1981 年夏	地区设计室	940×3	3	30	12	西团建筑站
县检察院	宿舍楼	1982.04	1982.07	地区设计室	585×3	3	42	6	裕华建筑站
县无线电厂	车间楼	1980.10	1981.08	县建筑公司	360×3	3	32	21	县建筑公司
供电局营业所	办公楼	—	1973	县建筑公司	456	2	14	1.824	县建筑公司

1985 年，城区开发商品住房 11850 平方米。1999 年，开发商品住房 22 万平方米。先后建成大新、健康、育红、康平、东风、花园、幸福、金丰、今日等 9 个住宅小区。幸福小区于 2000 年 4 月被建设部授予“全国城市物业管理优秀住宅小区”称号，育红小区、花园小区被盐城市评为“盐城市优秀物业管理住宅小区”。2000 年，结合旧城改造和新区开发，人民南路拆迁改造后，路东侧沿街建设 11 幢 5～6 层商住楼，建筑面积 3 万平方米，市区居民人均住房面积达 16.5 平方米。2002 年，城区老小区实施集中整治，完成育红、康宁、工商巷等旧城改造。2003 年，市区 9 个房地产项目同时开工，建筑面积 12.2 万平方米。是年，名都广场开工建设。2004 年，市区房地产新开工面积 11.44 万平方米，其中非住宅开工面积 8.41 万平方米，商品房竣工面积 11.18 万平方米。7 月，市区首家商业步行街名都广场竣工，并荣获盐城市精品工程“悦达·都市花园杯”殊荣。是年，投资 2 亿元的鸿基汇金购物公园开发项目奠基开工。2005 年，市区瑞城国际苑、恒达国际花苑、上海花园、东方剑桥等一批设计合理、环境优雅、配套齐全的住宅小区陆续破土兴建。11 月，瑞城国际苑项目参展“2005 中国·江苏房地产博览会”，荣获“2005 中国·江苏省级名星楼盘”称号。同年，解困房和廉租房建设工程启动。2006 年，瑞城国际苑一期交付使用，总建筑面积 6 万平方米，位于老城区以西的上海花园工程启动兴建。位于原缫丝厂南侧的二期解困房共 3 幢楼，120 套，每套建筑面积均为 70 平方米左右，于 5 月交付。原二厂廉租房位于飞轮厂液化气站附近，计 70 套，每套建筑面积 45～60 平方米，7 月底交付使用。2008 年，同德六组安置小区交付使用，阜南、阜丰农民公寓安置小区全面开工建设。是年，新建拆迁

安置房3.7万平方米。2009年,位于阜南村境,大华路北侧的大中镇文广中心综合楼封顶,占地6.67公顷,建筑面积19800平方米,投入资金6500万元。12月,城南新区综合楼开工建设。

2010年,位于阜南村境的市政府办公楼交付使用,总建筑面积5万平方米,奥体中心主体工程竣工,投入资金3亿元。7月20日,位于飞达路南侧、五一河西岸上的海棠花园工程开工建设,占地10公顷,总建筑面积22万平方米。是年,飞达路南侧,五一河西岸的市政府综合楼交付使用。

中凯银杏湖住宅小区

2010年大中镇城区老小区一览表

表3-2-8

序号	小区名称	建成年代	楼栋数	户数	建筑面积(万平方米)	绿化面积(万平方米)	监控	出入口	车位/辆	值班用房
1	康平小区	1993	15	324	2.9	0.29	有	2	35	1
2	东风小区	1995	25	592	5.5	0.36	有	多处	90	2
3	健康小区	1995	48	1100	8.8	0.7	有	多处	无	3
4	康宁小区	1995	130	3129	18.6	1.47	有	21	无	4
5	常新小区	1997	6	160	1.9	0.08	有	1	无	1
6	安置小区	1997	11	289	2.7	0.64	有	2	60	1
7	今日小区	1998	17	516	5.38	1.3	有	多处	无	1
8	花园小区	1998	26	320	2.56	0.1	有	多处	无	1
9	育红小区	1998	18	580	6.08	0.66	有	多处	无	2
10	幸福小区	1999	26	625	6.93	1.58	有	4	20	2
11	工农二三四村	2000	36	337	4.7	0.02	有	多处	100	5
12	大中教师公寓	2001	6	165	1.89	0.32	有	2	20	2
13	同德农民公寓	2001	6	72	1.61	0.66	有	2	无	1
14	丰城小区(别墅)	2002	92	92	1.75	0.07	有	2	无	1
15	鸿基新村	2002	7	275	3.71	0.19	有	多处	70	1
16	长乐小区	2003	12	320	3.66	0.36	有	2	无	2
17	国泰花园	2003	6	173	2.34	0.33	有	2	15	2
18	金丰小区	2003	34	1200	7.6	0.69	有	3	无	3

2002—2010 年大中镇城区新开发商品房表

表 3－2－9

小区名称	地理位置	开发时间	占地面积（公顷）	建筑面积（平方米）	最高楼层	小区名称	地理位置	开发时间	占地面积（公顷）	建筑面积（平方米）	最高楼层
名都广场	人民路	2002	3.9	56000	6	丰惠蝴蝶湾	南翔大道	2007	15.47	290000	—
鸿基汇金	商业街	2003	3.8	55000	14	丰和丽都	黄海路	2007	3.4	65000	14
上海花园	常青路	2004	16	310000	—	维罗纳花园	幸福西路	2007	8.67	142000	—
浦江名苑	健康西路	2005	5.53	67400	6	永泰国际广场	人民路	2007	5.87	149000	24
万佳装饰城	黄海西路	2005	3.47	50000	—	兴达大坂城	金丰大街	2007	4.6	82500	—
瑞城国际苑	幸福西路	2005	3.47	59500	14	“欧蓓莎”购物中心	人民北路	2008	3.87	72000	—
恒达世纪新城	黄海东路	2005	6.4	105000	—	金润嘉园	幸福西路	2009	8.53	145000	—
东方锦绣南城	黄海西路	2005	4.2	88600	12	银泰华城	人民北路	2009	3.73	60000	—
东方锦绣北城	工农西路	2005	2.13	37000	—	海州花园	常青路	2009	5.87	115000	—
嘉英阳光城	建设西路	2006	13.93	290000	—	丰中名邸	健康路	2009	7.33	146400	—
金宇景苑	黄海路	2006	6.2	77000	—	上川钢材市场	通港大道	2009	13.2	70000	6
银河花园	百富达小区	2006	1.69	32116	6	朝阳景都	黄海路	2010	10.87	231407	—
三水嘉苑	工农西路	2006	3.13	61500	—	上城一号	开发区	2010	3.93	74800	—
聚龙苑	黄海西路	2006	1.6	26780	12	富民交易市场	通港大道	2010	11.8	102355	6
富贵园	黄海西路	2006	1.9	2000	—	中凯银杏湖	益民路	2010	6.47	155000	26
金丰华庭	金丰南路	2006	1.77	26500	6	悦城华府	飞达路	2010	5.27	149563	—
润丰嘉园	金丰大街	2007	0.9	21000	—	美食一条街	城东新区	2010	4.2	29517	—
汇豪雅苑	健康西路	2007	3.47	8000	6	同德大厦	常新路	2010	0.67	17200	20
御景嘉园	幸福西路	2007	7.67	12440	—						

五、拆迁改造

1976 年，大刘路拓宽，拆迁居民 125 户，拆房 6560 平方米，开辟大刘新村。1980 年，打通健康西路，改造健康桥，拆迁居民 15 户，拆房 932 平方米。1984 年，拓宽人民南路，拆迁居民 102 户，拆房 5472.75 平方米，开辟镇南一村、二村和大新三村。1996 年 3 月，健康路西延拆迁。1999 年，恒生商城、工农一村、二村、金丰大街西侧、人民路、幸福东路、大新路、工商巷西侧等 18 项拆迁工程相继实施，拆房 12.75 万平方米，搬迁居民 566 户，涉及 72 个机关、企事业单位。

2000 年，人民南路旧城改造（北起育红广场，西至人民南路东侧）、今日小区二期工程、同德六组消防大队办公楼、同德六组丰泽公司商品房、五金巷实业公司商住楼、港丰公司商住楼、泰华公司商住楼、阳光公司商住楼、建业路五金公司商住楼以及人民北路西侧、邮电局东侧、第三小学南侧等 15 个单位，299 户居民，拆迁房屋 4.2 万平方米。2001 年，市区人民路、工农路、建业路、军政巷、五金巷等重点地段的原教育局办公楼、煤球厂、五交化公司仓库、城郊综合楼、港监楼、水泥制品厂、木材公司、大中兽医站、大中粮管所等 20 多处建筑相继拆除，拆迁面积 47121 平方米。2002 年，对幸福西路、常新路、大华路等地段实施拆迁，拆迁房屋 14 万平方米，清运建筑垃圾 30 余万吨。2003 年，对市第一招待所、商业街、大华路 5 号地块、百货商场东侧地块、开发区西扩工程，以及康平桥、常新桥、益民路、人民公园扩建等地段的房屋实施拆迁，拆除房屋20万平方米（其中公有住房147户6017.16平方米）。2004年，大中轧花厂、文化广场（原城郊村六组）、黄海路市场、健西1号、健西2号、常新商贸城等城建土地招商地段及工农西路、黄海东路、大华东路、西康路等城建重点工程项目，共拆迁18万平方米，动迁45个单位，居民1200多户。2005年，对原淮南二厂地块等6个城建土地招商地段及第六小学，北兴路等城建重点工程实施拆迁，涉及房屋拆迁面积18.9万平方米，被拆迁单位25个，村（居）民住户947户。2006—2007年，市区拆迁20多万平方米，涉及单位25个，拆迁户504户，公有住房承租户116户。2008年，组织实施原丰中、原木器厂、原汽车站、二水厂东侧、新区5号等城建土地招商地块和银杏湖公园、常新北路等城建重点工程地段拆迁项目。老城区、开发区、城东新区房屋拆迁30多万平方米，涉及拆迁户1600多户。2009年，市区、经济开发区、城东新区拆迁33个项目，拆迁面积20.1万平方米，涉及拆迁户1046户。其中市区黄海东路南侧、原逸夫小学、菌种场（位红花村南翔大道北侧）、原丰东公司（位同德村）、金丰大街东侧、飞达路南侧、银杏湖公园北侧、金丰北路、康平北路、飞达东路、新村路等11个拆迁项目，涉及拆迁户397户，14个单位，近10万平方米。

2010年，拆迁项目10个，涉及拆迁户496户，57个单位，拆迁面积20万平方米。

1976—2010年年末，全镇拆迁涉及228个机关、企事业单位，3426户居民，拆迁房屋面积达146.25万平方米。

1996—2010年大中镇房屋拆迁情况表

表3－2－10

年份	拆迁地段	拆迁单位（个）	拆迁户数（户）	拆除总面积（平方米）	实施单位	年份	拆迁地段	拆迁单位（个）	拆迁户数（户）	拆除总面积（平方米）	实施单位
1996.07	康陵小区	—	17	2528.67	市拆迁事务所	2004.04	人民北路二期工程	46	27	5161.83	市拆迁事务所
1997.05	健东六村	—	12	1850.71		2004.04	人民北路、金湾地段	2	10	1606.49	
1997	幸福小区	—	144	16500		2004.05	南翔大道（接高速）	1	14	2328	
1998.10	金都市场	6	155	12451.38		2004.06	大中轧花厂黄海路	1	73	45700	
1998.05	育红花园小区二期	—	13	1815.62		2005.07	糖烟酒公司地段	2	1	16086.76	
1998.07	金丰、飞达路、人民公园	—	188	910.31		2005.08	万佳装饰城南侧	—	25	4532	
1999.04	金丰南路西侧	—	—	910.31		2005.11	常新商贸城地段	—	110	16453	
1999.10	五金巷地段	29	79	7780.31		2005.11	六小地段	11	10	3540	
1999.12	幸福大街、人民路	23	539	125000							
2000.05	人民南路	48	140	18387.11	市拆迁事务所	2006.09	永芳粮油	—	13	2747.79	诚中事务所
2001.07	健西1#、2#工农西路等	7	395	69110		2006.10	超细粉祥鸿建材	—	29	5592.4	
2001.09	金丰大街西侧	3	13	2061.83		2006.11	大华路东侧	1	126	17090.17	
2002.04	开发区大丰桥	—	12	5200		2007.02	常州工业园	—	165	26000	
2002.04	常新路、幸福西路	2	39	6337.06		2007.03	沿海通道输电	—	15	1200	
2002.04	金丰南路西偶	1	9	1120.37		2007.04	常新路、飞达路	—	31	4666	
2002.05	电影院地段	3	1	20.37		2007.05	工业园、多为等	—	10	1300	
2002.07	工农一、二号地段等	6	40	18943		2007.09	城北菜市场	—	49	4500	

续表 3－2－10

年份	拆迁地段	拆迁单位（个）	拆迁户数（户）	拆除总面积（平方米）	实施单位	年份	拆迁地段	拆迁单位（个）	拆迁户数（户	拆除总面积（平方米）	实施单位
2002.08	丰中新校路	9	36	4436.11	市拆迁事务所	2007.12	汇坚不锈钢	—	83	15000	诚中事务所
2002.09	米厂、大华路西段	—	142	39341.45		2008.09	商效农业示范区	—	37	5800	
2002.12	健康小区菜市场地段	—	23	1506.81		2008.11	332 省道路工程	—	21	4300	
2003.05	常新桥地段	2	375	50406.46		2009.02	上川钢材市场	—	5	900	
2003.06	大华路、百货商场东	8	65	13900		2009.04	金丰北路	—	127	15000	
2003.08	一招商业街地段	13	83	44160.08		2009.04	高效农业示范区	—	38	78000	
2003.10	康平南路、育红东路	2	16	4415.19		2010.03	疏港航道大中段	—	138	20000	
2003.11	人民公园北健康西路	2	83	13697.02							

六、亮化工程

1950 年，大中镇只有 4 盏路灯，1951 年增加到 9 盏，1955 年增加到 20 盏，1960 年增加到 34 盏。1961 年，大丰成立供电所，路灯由供电所营业站负责维修。1961—1976 年，河南东马路、大刘路、新街、大新路新装路灯 70 盏，功率 7 千瓦，线路长 4.2 千米。1976—1985 年，城区路灯由大中电力管理站代管，新发展工农路、人民中路，大部分安装高压汞灯。1983 年，在大刘路、人民中路曾使用高压钠灯，路灯总数增加到 149 盏，功率 26.8 千瓦，线路总长 14 千米，开关使用闹钟控制，后改用光控。

1985 年 7 月，大丰县成立路灯管理所。新发展人民北路、健康东路、西环城路、建郵路、康平路、陵园路、军政巷、幸福巷、镇南新村、大新新村路灯和人民桥组合灯，更新河南东马路高压钠灯和高压汞灯。1987 年年底，县城有路灯 352 盏，功率 48.575 千瓦，线路总长 24 千米，开关箱 7 只，全部用音片钟控制。1995 年起，在人民路、健康路、黄海路等主要街道、标志性建筑实施亮化工程，并不断提高亮化档次。1995 年，路灯发展到 1892 盏。

2000 年，结合旧城改造和新区开发，城区街道一条路一种灯型，一种灯型一个景点，先后实施黄海路双排双叉三火仿法灯、幸福大街双排双叉仿比利时灯、幸福东路双排双叉仿美灯、人民中路双排双叉飞碟灯等工程，市区主次干道后街小巷全部安装路灯，亮灯率保持在 98% 以上。2001 年，城区新安装路灯 145 盏，元宵灯展期间，装扮火树银花灯 5000 多米。2002 年，城区新设置路光灯 30 余处，轮廓灯 48 处，新安装路灯 1068 盏，修复 2974 盏（次），改造 60 座，刷新 124 座，初步形成路灯全线亮化，轮廓灯交相辉映，泛光灯光明璀璨，灯箱广告五彩缤纷，装饰灯、高空照明灯高雅气派的多层次亮化格局。2003 年，完成道路照明新建和改造工程 162 项，亮化道路长 21.59 千米，新装路灯 1546 盏。2004 年，完成金丰南路、常新南路、康平南路、益民东路、育红东路、工农西路、健康西路、人民路、国土巷等道路路灯新建和改造工程。安装路灯 549 座 1198 盏，安装各类景观灯 1647 盏，其中大型霓虹灯 9 个。镇南新村、大新新村、长乐新村、大刘新村、育红小区 5 个居民点安装 400 多盏简易路灯，方便小区居民出行。市区近万盏路灯完好率在 98% 以上。2005 年，道路亮化完成高速公路接线、健康西路路灯新建和改造工程 10 个，新建道路路灯 20 余千米，装灯 1280 余盏。2006 年，城市道路亮化完成了黄海东路、大华路、南翔大道、人民北路、工农西路、西康路、北兴路等 14 条道路路灯新建和改造工程，全年装灯 1200 盏，亮化道路 20 千米。二卯西河景观带安装新型柔光灯 3300 多米，亮灯率保持在 99% 以上。2007 年，完成育红西路、飞达东路、建设路、广场路、朝阳路等城市道路路灯新建工程，新增道路照明 3.5 千米，安装路灯 94 座 116 盏。完成人民北路、幸福桥引坡、健康东路、人民桥及红旗桥节点路灯改造 4.1 千米，改装路灯 284 座 398 盏。健康东路路灯全部改用造型新颖的双臂路灯，市容市貌焕然一新。安装小游园路灯和景观灯 65 座 70 盏。完成二卯西河西段南侧预埋管道 1080 米，预埋木盒 101 只。全年修复路灯 3844 盏，亮灯率保持在 98% 以上，设施完好率达 99.2%。2008 年，完成黄海东路、通港大道、大华东路、育红西路、飞达西路、常新北路等 7 条总长 29.2 千米的主干道路灯安装，二卯西河东段景观带亮化和常新南路景观亮化等工程，共安装路灯 1667 盏，各类景观灯 1527 盏，完好率 98% 以上。2009 年，完成金丰北路、康平北路、建设中路等 35 千米道路照明工程，安装路灯 3200 多盏。

2010 年，完成南翔大道、西康路、常新北路、东宁北路、飞达东路、飞达西路、新村路、育红东路等道路亮化及城东新区幸福大街路灯安装工程。是年年底，市区路灯总数 2.45 万盏，景观灯 3 万盏，亮灯率 99% 以上。

七、绿化美化

1957 年春，开展第一次植树活动，大中镇组织机关干部、职工在黄海路两边栽植法桐 390 棵。至 1978 年，县城在新街、大刘路、大新路、人民中路已相继栽植法国梧桐。大新路（今商业街）是大中镇一条最早绿化的街道，经过历年管护补植，121 株法国梧桐覆盖全街，成了当时的林荫道。1982 年，在主街人行道外侧栽植雪松、棕榈、大叶黄扬等各类苗木 1 万余棵。1986 年，成立县绿化管理所，县城绿化走上正轨。1978—1987 年的 10 年间，完善了大刘路、人民中路绿化工程，新辟人民南路、康平路、健康西路部分绿化工程，绿化栽植品种有法桐、宗榈、蜀桧、雪松、红叶香、龙柏、黄杨球、凤尾兰等。新建绿岛 185 个，面积 9798 平方米，绿地面积 5127 平方米，栽植行道树 2161 株，灌木 973 株，围城绿篱 9718 米。1987 年，县政府一招路段、二卯西河北岸 156 米地段，设置 1.5 米高的钢质防护栏杆，种植雪松、桂花、垂柳、蜀桧等，并按季栽植美人蕉、虞美人、百日菊、鸡冠花、凤仙花等花卉，形成一块以绿为主，四季景观宜人的河滨绿地。是年，城区公共绿地 8.64 公顷。1992 年，丰怡园建成，育红广场新增绿化面积 2000 平方米，县城公共绿地达 19.9 公顷。1988—1995 年，健康、育红、康平、花园、幸福等小区先后栽植草坪、树木、花卉、葡萄长廊。

1995 年，城区绿化覆盖面积 175.2 公顷，园林绿地面积 6.4 公顷，公共绿地面积 16.6 公顷，单位庭院绿化面积 38.67 万平方米，陵园管理处、逸夫小学、镇南小学、花炮厂等 20 多个工厂、机关、学校当年获绿化达标单位。新建的河滨公园全长 1100 米，宽 20 米，绿地面积 2.2 公顷。1996 年，按“见缝插绿”的要求，公共地块栽植草坪 5.04 万平方米，单位院落“四旁”空隙地栽植草坪 8.54 万平方米，市区绿化面积达 114.68 万平方米，绿地与公园林区相互衬托，构成“芳草绿满城，清水萦回还”的生态城镇特色。

1996 年大丰市城区街道绿化情况表

表 3-2-11

路别	街道面积（平方米）	绿岛个数（个）	绿岛面积（平方米）	绿地面积（平方米）	覆盖率（%）	绿篱（米）	树木种类及其数量									
							乔木（株）							灌木（株）		
							法桐	棕榈	红叶李	雪松	蜀桧	龙柏	其他	凤尾兰	黄杨球	其他
健康路	57000	74	3622	3001	16.5	4168	276	158	104	31	145	—	12	210	279	26
人民路	26250	108	1300	500	15	300	180	6	160	20	180	—	266	200	500	9
大刘路	21750	73	1400	1099	15	1790	192	50	3	86	3	—	4	10	74	1000
康平路	14000	21	3250	—	40	1338	12	18	37	71	—	464	25	38	—	75

续表 3－2－11

路别	街道面积（平方米）	绿岛个数（个）	绿岛面积（平方米）	绿地面积（平方米）	覆盖率（%）	绿篱（米）	树木种类及其数量									
							乔木（株）							灌木（株）		
							法桐	棕榈	红叶李	雪松	蜀桧	龙柏	其他	凤尾兰	黄杨球	其他
育红路	1950	—	—	710	20	258	200	—	30	—	75	—	60	—	—	—
步行路	10500	—	—	—	25	—	130	—	—	—	2	—	—	—	—	—
合　计	131450	276	9572	5310	22.9	7854	990	232	334	208	405	464	367	458	853	1110

1999 年年末，市区建成 5 个公园，绿化覆盖面积达 387 公顷，人均公共绿地面积 10.3 平方米，绿地率 26.81%，绿化覆盖率 30.06%。2000 年，对二卯西河北滨绿带进行整体设计，建设金丰大街、幸福大街和黄海路绿荫大道，新砌花池 1300 米，换土、加土 1700 立方米，栽植香樟 1000 株，广玉兰 705 株，法桐 700 株，花灌木、丰花月季、芍药、火辣球、寿星桃、美人蕉、春梅、紫荆、红叶小檗、翠竹等四季花草 3 万余株。2001 年，二卯西河北工农一、二村滨河游园绿化带工程，共栽植树木 15000 余株，达到一街一树种，乔、灌、草、花合理搭配，四季常绿。2002 年，建成市树（银杏）一条街。人民南路、金丰大街绿带改造，新增绿地面积 1 万平方米。2003 年，按照"美化城市、绿化城市、亮化城市"的要求，新增绿地 3 万多平方米，人均新增公共绿地 3.2 平方米，绿化覆盖率达 35.6%。2004 年，新增绿地面积 18 万平方米，其中公共绿地 14 万平方米。建成常新路绿化景观大道，全长 1250 米，绿化树种 64 个，新增绿地 37000 平方米。完成金丰南路、益民路、丰中新校区、常新桥和常新南路三角带及人民路绿化改造工程，新增绿地近万平方米。2005 年，新增绿地面积 25.97 万平方米，以二卯西河风光带为中心，建成大丰桥至丰山桥 5 千米绿色长廊，康宁、三纺厂、今日小区游园等一批具有园林景观的绿地。2006 年，新增绿地面积 65.59 万平方米。建成二卯西河风光带（常新路至西康路），新增绿地 5.5 万平方米。2007 年，全年新增绿地面积 24 万平方米，建成二卯西河景观带人武部小游园、金丰小游园、益民小游园、新丰中东侧小游园、三纺小游园，完成常新南路绿化工程。2008 年，新增绿地 82 万平方米。2009 年，新增绿地面积 97.37 万平方米，完成常新北路两侧 29.33 公顷成片林及主干道花箱绿化。

2010 年，省级园林城市通过初验，全年新增、改造绿化面积 150 万平方米，幸福大街绿化改造、金丰北路背景林带、二卯西河风光带改造、南翔大道绿化提升等一批绿化景观工程告竣。

银杏湖公园：位于红花村原三组九排，占地 18.67 公顷。公园依托 20 世纪 50 年代形成的原生态银杏林带，由东南大学进行景观设计，江苏省规划设计院进行绿化设计，2007 年秋开工建设。中央区露天舞池、观景平台、苇荡风情、花海麦浪等 20 多个景点交相辉映，3000 余株银杏、广玉兰等名贵乔木高大挺拔，红叶石兰、金叶女贞等 330 多万株奇花异草相映其中。

东方湿地公园：位于城东新区西北侧，占地 40 公顷，分南、北两园。南园以湖光、果林、绿化为主要特色，北园以湖岛、景观、建筑、假山、喷泉和水幕电影、广场休闲为主创。2010 年主体工程完成，翌年 10 月对外开放。公园以"泽都水韵"为主题，以环境休闲和谐相融为设计理念，按照"现代、活力、开放、自然"的基本原则，成为市民领略湿地情趣，感悟城市文化，体验生态活力的绝佳场所。

常新公园：位于常新路和幸福大街交会处，占地面积 3 万平方米。公园原址为经济林区，地理位置适中，交通方便，整体环境优美宜人，是老城区市民游憩休闲的理想去处。

斗龙生态公园（又称西郊公园）：位于市区西北部，北临疏港运河，南靠通港大道，老斗龙港河环绕其中，距市区约 5 千米，占地 131.33 公顷，由浙江建筑设计研究院设计、杭州中艺园林工程有限公司承建。公园以老斗龙港为依托，围绕"自然生态"主题，以原生态、湿地为特色，水景为核心景观，充分利用"林、水、草、路、桥、石"等地方资源造景。

八、公用事业

(一)供水

新中国成立前,大中镇居民直接饮用二卯西河水。1952年,在主城区老大桥北首西侧打一眼大口线井,人们俗称"深井",居民用吊桶打水挑回饮用,后改用水泵抽水。1968年,二卯西河拓宽,此井遂废。后淮南二厂打一眼深井,大中镇政府用3寸铁管引水至老人民剧场(今人防地下商场南门)南侧蓄水池,向城镇居民和镇属单位提供饮用水。

1966年4月,大中镇请上海市凿井公司打井队在二卯西河南人民浴室(今大丰浴城)东侧清管所院内开凿一口深水井(时称"1号井"),深140米,每小时出水80吨,同时建造5米高圆柱型蓄水池。水井由大中旅客服务社代管,市民用拖车拖水。翌年,镇政府投资在水井东侧建水塔1座,高30米,容量50立方米,并铺设管道,发展用户,开始售水。1968年,水井、水塔转交镇清管所代管。

1971年,成立城镇建设领导小组,负责城镇供水、排水、道路、绿化等市政建设工作。是年,主街道安装铺设自来水主管道8000米。1976年,因"1号井"静水位下降,出水量减少(每小时只有20吨),故又在健康东路老丰中操场(今丰中名邸)北侧开凿2号深井。

1977年11月,大丰自来水厂创办,遂又开凿3、4号水井(3号井在1号井旁,4号井在2号井旁)。1979年,在原红旗居民点开凿5号井。1981年,在大四河西侧原劳动服务公司处开凿6号井,6口深水井(不包括淮南二厂以及学校自凿井)日出水量2400吨,其中生活用水占80%,工业用水占20%,铺设直径150~300毫米自应力水泥管9千米,用户支管30千米,居民自备水表900只,单位集体用表350只,城区设立供水站35个,其中大刘居委会6个、大华居委会8个、新街居委会5个、老街居委会3个、大新居委会13个,供水普及率达90%。

1982年大中镇深井水位统计表

表3-2-12　　　　单位:米

井号	1	2	3	4	5	6
开凿时间	1966.04	1976	1977.11	1977.11	1979.11	1981.08
静水位	5.4	13	12	10	23.50	37
现测静水位	30	30	—	—	—	37
打井时动水位	—	—	40	41	41.50	50
井深(米)	140	141	223	224	148	146

20世纪60年代中期到70年代末,大道、大兴、新团、裕华公社各所属大队陆续开凿深井,以改善社员群众的饮水条件。大中地区70年代末(不含裕华镇、新团镇)有50多眼,大多建有水塔。日抽水量达1.5万吨左右,导致水位降低,深井出水量减少。

1964—1980 年大中镇城区自备水源(地下水)一览表

表 3－2－13

序号	单位	水量吨/时	井深(米)	水质	打井年份	水塔高度(米)	备　　注
1	飞轮厂新井	70	203	淡	1980	24	两井轮流用,静水位下降 7 米
2	飞轮厂老井	50	203	淡	1969	13.5	
3	淮南二厂新井	80	150	淡	1980	23	夏天用两井,冬天轮流用
4	淮南二厂老井	80	150	淡	1964	23	
5	农垦纺织厂新井	50	150	淡	1976	25	老井井管弯曲,要报废
6	农垦纺织厂老井	60	216	含砂	1972	25	
7	轻机厂	80	228	含砂	1978	30	80 年洗井后仍含砂
8	酒厂	50	155	淡	1976	18	井管斜、轴易断
9	地毯厂	60	150	淡	1979	18	
10	农机厂	50	197	含砂	1978	25	
11	供电局	50	300	微咸	1971	15	
12	大丰中学	50	120	淡	1957	5	
13	人民医院	50	150	含砂	1980	13	
14	黄海制药厂	50	176	淡	1980	30	
15	果园场	50	180	淡	1979	5	
合计		880					

1984 年 11 月,在今新民居委会西康路以西大刘路以南建立大丰县地面水厂,取自新团河水。

1996 年,县自来水厂总生产能力达到日产 4.5 万吨。1998 年,在今新德社区(原新德村一组)建设路以西健康路以北建立第二水厂。1999 年,市区直径 75 厘米以上供水管道总长 73 千米,自来水综合生产能力达到日产 7.3 万立方米。全年供水总量 1270 万立方米,水质综合合格率 99.8%。2000 年,城市自来水供水量达 911.7 万立方米,市区铺设自来水管道 2.26 万米,市第二水厂主体工程竣工,市自来水公司水费营业厅实行微机开票,提供全天候水费缴纳服务。2001 年,铺设各种口径自来水管道 26.7 千米,城区分户立表改造 5323 户,供水普及率 96%。2002 年,城区供水普及率、维修及时率 100%,水费回收率达 100%,全年铺设管网 18743 米,分户改造 6502 户。2003 年,新增自来水用户 4802 户,铺设各种口径管网 44672 米。2004 年,自来水取水口西移通榆河。2006 年,新增城市自来水供水管道 2.5 千米。2008 年,市区至裕华 10.8 千米供水主管道铺设到位。2009 年,为确保安全供水,实施水源溶解氧、PH 值、浊度在线监测和活性养殖的动态观察,安装高锰酸钾和活性炭投加装置和取水河道拦油栅。对城东新区、城南新区、高效农业示范区(丰收大地)、三产服务业集聚区实施配套建设供水管网,完成管道铺设 19.1 千米。裕华镇区域供水工程全面竣工。大丰市第二水厂 5 万立方米/日扩能工程 7 月开工建设。

2010 年,为加强饮用水源保护工作,境内人工生态湖和水上自动监测站建设正式启动。完成市区地表水、市区饮用水水源、地下水等项监测,获取有效数据 4.7 万个。

2010 年大中镇城区自来水入户情况统计表

表 3-2-14　　单位:户、人

社区(村)	户数	人口	入户情况		普及率(%)	社区(村)	户数	人口	入户情况		普及率(%)
			入户数	受益人数					入户数	受益人数	
大刘居委会	1812	5374	1812	5374	100	飞达居委会	1570	4215	1570	4215	100
新村居委会	1372	3487	1372	3487	100	人民居委会	3931	9936	3931	9936	100
育红居委会	2076	5723	2076	5723	100	建业居委会	4308	11398	4308	11398	100
老街居委会	2518	6109	2518	6109	100	建西居委会	1059	2759	1059	2759	100
新街居委会	2893	6920	2893	6920	100	沿河居委会	3343	8651	3343	8651	100
东宁居委会	1266	3237	1266	3237	100	西河口居委会	1034	2557	1034	2557	100
大华居委会	1580	3835	1580	3835	100	新团居委会	1413	2534	1413	2534	100
城中居委会	1205	2755	1205	2755	100	滨河居委会	362	1085	362	1085	100
康平居委会	3211	8240	3211	8240	100	新德居委会	451	1352	451	1352	100
健东居委会	1953	4930	1953	4930	100	集体户	1458	4233	1458	4233	100
大新居委会	1372	3384	1372	3384	100						

(二)供气

1988 年年初,大中镇建筑装潢公司建立大丰县第一座液化气站,经营液化气业务(1993 年关闭)。此后,飞轮厂液化气站、华洋液化气站相继投入营运。1995 年,珍丰集团液化气站成立。大中镇二卯西河北市民、村民大多在飞轮厂液化气站和华洋液化气站购气,二卯西河南市民、村民则到珍丰集团液化气站购气。1997 年,新团、裕华和大中地区使用煤气灶的农户达到 49%。2000 年,市区居民气化率达 100%。

2005 年,通达大丰天然气公司新铺设天然气管道 5.94 千米,新增管道用户 633 户。2006 年,市区具有充储能力的液化石油气站 4 个,拥有天然气用户 4941 户,当年新增天然气用户 1292 户,新铺设管道 24 千米。2007 年,新增天然气用户 1428 户,新铺设管道 14.2 千米,新增天然气调压器 29 台,其中区域调压器 3 台,楼栋调压器 26 台。2008 年,市区拥有天然气用户 9500 户,管道总长 206 千米。当年新增天然气用户 2882 户,新铺设管道 45.2 千米,新增天然气调压装置 19 台,其中区域调压器 9 台,楼栋调压器 28 台。2009 年,液化石油气储存量达 712 立方米,天然气储存量 28000 立方米。

2010 年年末,市区新增天然气管道 52 千米,新增天然气工商业用户 26 个,新增居民天然气用户 7000 户,全年天然气供应量达 380 万立方米。

(三)排水排污

新中国成立前,镇区仅二卯西河南新街和二卯西河北的民主街有下水道累计长度 800 米,其余街道均无排水系统,市民生活污水沿街乱泼,暴雨时更是污水横溢。

新中国成立后,修建的街道路成、阴沟成、地下排水道成。1976—1981 年,城建部门共铺设下水道 7360 米(不包括工厂、单位自建的排水管道)。1982—1987 年,市区铺设直径 30～60 厘米管道 3230 米。到 1987 年年底,城区排水管道总长达 13.55 千米。

1981 年前大中城区地下排水管安装情况表

表 3－2－15

年份	地点	安装下水道内径（厘米）	距离（米）	价值（万元）	年份	地点	安装下水道内径（厘米）	距离（米）	价值（万元）
1978 年前	市中心	30	640	0.64	1979 年	工农路大新路	40	1880	3.76
	大刘路	40	500	1.00					
	人民路	40	320	0.64		人民路路西陵园路一段	60	480	2.40
	大新路	40	300	0.60					
	健康路	40	680	1.36	1980 年	陵园路西路	80	290	1.74
1978 年	健康路	30	1100	1.10	1981 年	健康路路北	60	770	3.85
	大新路	30	200	0.60					
	大刘路	40	300	0.80					

1988—2000 年，市区共铺设直径 40～90 厘米管道 30970 米。2000 年，疏通下水道 9500 米，更换窨井盖 120 只。市区累计铺设排水管道 45.74 千米。

2000 年后，大中镇镇区排水采用雨污分流制，二卯西河以南居住区、村庄污水管道流向开发区污水处理厂。二卯西河以北居民区、村庄污水管道流向城北污水处理厂，村庄雨水就近、分散排入附近沟河。2006 年，城镇建成区铺设排水管道 80 千米，其密度为 3.41 千米/平方千米。2007 年，投资 2500 万元铺设二卯西河污水截留管网。管网东段（康平桥至城东桥）完成顶管和提升泵站施工，中段（康平桥至常新桥）完成顶管工程，西段（常新桥至劲力桥）完成直埋工程。市区生活污水实行达标排放。2009 年 3 月，飞达路污水截留管网提升泵站工程及城北污水厂二期工程开工建设，10 月初投入试运行，日污水处理能力由原来的 2.5 万立方米/日提高到 4 万立方米/日。2010 年年末，全镇共铺设排水主管 82908 米，支管总长 10429 米，日排放量 14397 吨，接入污水管网量 11690 吨，污水集中处理量 11690 吨。

2010 年大中镇建成区排水管铺设情况表

表 3－2－16

街　名	主管长度（米）	支管长度（米）	服务人口比例（%）	街　名	主管长度（米）	支管长度（米）	服务人口比例（%）
南翔大道（人民路—常新路）	1400×2	420	100	育红路（康平路—常新路）	800×2	372	100
益民路（东宁路—人民路）	1280×2	384	100	大华路（军政巷—人民路）	1280×2	696	100
益民路（益民桥—金丰大街）	800×2	240	100	工农路（人民路—西康路）	2320×2	456	100
益民路（金丰大街—常新路）	600×2	180	100	大新路（飞达路—育红路）	1550×2	270	100
黄海路（东宁路—常新路）	2680×2	702	100	建业路（工农路—飞达路）	900	—	100
健康路（东宁路—常新路）	3930×2	1200	100	人民南路（南翔大道以南）	1500	—	100
幸福大街（东宁路—幸福桥）	1500×2	450	100	飞达路（人民路—金丰大街）	2500	—	100
幸福大街（幸福桥—西康桥）	2100×2	630	100	东宁路（大华路—通港大道）	1300	—	100
飞达路（康平路—人民路）	600	180	100	黄海路（常新桥—西康路）	2100	—	100

续表 3-2-16

街　名	主管长度（米）	支管长度（米）	服务人口比例（%）	街　名	主管长度（米）	支管长度（米）	服务人口比例（%）
飞达路（金丰大街—常新路）	600	0	100	西康路（飞达路—人民路）	2240	—	100
康平路（育红路—飞达路）	1550×2	430	100	（常新路、建业路）	546	—	100
人民路（南翔大道—通港大道）	4150×2	1242	100	（康平路、东宁路）	522	—	100
金丰大街（南翔大道—飞达路）	2550×2	753	100	（康平路、常新桥）	2870	—	100
常新路（南翔大道—通港大道）	4150×2	1242	100	合计	82908		100
育红路（康平路—常新路）	1950	582	100				

（四）公共交通

1996年2月26日，成立大丰县城市交通公共汽车公司，相继开辟3条公交线路，1路车从大丰汽车站至新丰，沿途停靠20个站点；2路车从大丰汽车站至三纺厂。1997年，2路公交延伸到裕华，沿途停靠25个站点。3路车从大丰汽车站至化肥厂，1997年9月延伸至金融广场至新团，沿途停靠9个站点。1997年，新增南阳、西团公交班线。2000年年底，市内公共汽车计33辆，营运线路总长27千米。

2006年，大丰市区开通首条学生接送公交专线，为解决大丰高级中学走读学生上、放学期间秩序混乱和途中安全问题，市交通局动员盐阜公路运输集团大丰有限公司出资250万元购买5辆大型公交车，按公车公营的模式，分成6路接送600多名走读学生。

2010年，城市公共汽车运营车辆64辆，公共汽车客运总量360万人次。是年，投资1000万元选购26辆容量大、污染小、能耗低、效率高、环保型、智能化的北汽福田无人售票空调客车。开通市区“三纵三横”6条主干道公交线路，运营里程57千米，平均每条线路单程10千米左右，停靠站点160个，日发班次225个，形成覆盖城东新区、经济开发区、常州高新区大丰工业园、大中工业园的市区城市公交体系。市民乘坐公交实行低票制，每人每次1元，对离退休干部、70周岁以上的老年和残疾人一律免费乘车。

同年，城乡公交和城市公交分设，城乡公交开新丰、裕华、新团、西团、南阳、港口。城市公交撤销原107路、108路，设101路、102路、103路、104路、105路、106路，其中101路汽车线路为客运北站—大中镇工业园—汽车客运北站。

1999年城市建设主要指标统计表

表 3-2-17

指　标	计量单位	指标值	指　标	计量单位	指标值
城市人口	万人	11.96	客运总量	万人次	12
其中：非农业人口	万人	8.06	出租汽车总数	辆	250
城市面积	平方千米	25.4	液化气供气总量	吨	8879
其中：建成区面积	平方千米	9.66	用气人口	万人	8
城市人口密度	人/平方千米	4708	液化气管道长度	千米	36
人均拥有城市维护建设资金	元	797.31	城市道路长度	千米	60
实有房屋建筑面积	万平方米	358	城市道路面积	万平方米	69.10

续表 3－2－17

指　　标	计量单位	指标值	指　　标	计量单位	指标值
当年竣工房屋	万平方米	28.50	人行道面积	万平方米	17.70
实有住宅建筑面积	万平方米	197	桥梁总数	座	27
实有住宅使用面积	万平方米	143	路灯盏数	盏	2545
实有住宅居住面积	万平方米	121	人均道路面积	平方米	8.95
人均住宅使用面积	平方米	14.74	排水管道长度	千米	45.74
人均住宅居住面积	平方米	12.47	园林绿化覆盖面积	公顷	387
自来水综合生产能力	万立方米/日	7.3	其中:建成区	公顷	387
自来水管道长度	千米	73	园林绿地面积	公顷	259
供水总量	万立方米	1270	其中:建成区	公顷	259
人均生活用水量	升/日	83.14	公共绿地面积	公顷	83
公交营运线路网长度	千米	64	人均公共绿地面积	平方米	8.56
营运汽车	辆	80	年游人量	万人次	7
其中:小公共车	辆	54	实际清扫面积	万平方米	60
垃圾无害化处理能力	吨/日	120	生活垃圾清运	万吨	3.85
粪便无害化处理能力	吨/日	80	粪便清运量	万吨	3.80
垃圾粪便无害化处理率	%	100	公共厕所	座	85
			环卫机械	辆	25

说明:居住人口9.7万人

2003—2010年部分年份城区建设主要指标情况表

表 3－2－18

指　　标	单位	2003年	2005年	2009年	2010年
供水综合生产能力	万吨/日	5	3.3	5	10
供水总量	万吨	1054	1200	1180	1219
居民家庭用水	万吨	370	345	430	435
用水人口	万人	10	10	13	13.2
平均每人日生活用水	升	101.3	958	90.6	90.1
公共汽车运营车辆数	辆	45	40	42	64
公共汽车客运总量	万人次	312	214	308	360
出租汽车数	辆	226	166	180	200
液化气石油供气总量	吨	4615	5500	9000	8720
家庭用量	吨	4011	4500	6700	7000
液化石油用气人口	万人	11.5	12	12.6	13.6
建成区绿化覆盖面积	公顷	304	416	623.1	645.94
建成区绿化覆盖率	%	24	39.4	40.2	40.12
园林绿地面积	公顷	290	332	573.9	603.75

续表 3－2－18

指　　标	单位	2003 年	2005 年	2009 年	2010 年
公共绿地面积	公顷	53	77.38	112.01	112.2
人均公共绿地面积	平方米	5.3	5.8	6.18	7.51
污水处理厂数	个	2	2	2	5
垃圾处理站数	个	1	1	7	2
生活垃圾无害化处理率	%	100	70	98	100
环保局	个/人	1/16	1/21	1/24	1/24
环境监测站	个/人	1/23	1/21	1/24	1/26
环境监察大队	个/人	1/27	1/27	1/26	1/26
废水排放量	万吨	974	1248.78	1481.14	1416.27
废气排放量	万吨	329076	353491	564159	587544
交通干线噪声情况	分贝	67.9	65.1	67.2	66.8
区域环境噪声情况	分贝	55.7	47.6	50.2	52.6
废水排放达标率	%	100	99.49	99.87	99.65
二氧化硫排放达标率	%	100	98.36	98.7	99.67
烟尘排放达标率	%	100	96.98	99.85	99.37
固体废物综合利用率	%	99.9	99.42	99.73	99.73
工业污染治理项目	个	23	13	18	34
废水治理项目	个	13	6	15	19
废气治理项目	个	10	5	6	19
工业污染治理投资情况	万元	1427	1758	4790	13345.9
废水治理项目投资	万元	1125	1380	3898	10851
废气治理项目投资	万元	302	364	892	2560
城市环境基础设施建设本年投资情况	万元	12301	19590	36894	57934

第三节　村庄建设

一、居民点设置

历史上，镇境农村以散居为主，老斗龙港以西元末明初就已形成团块式聚居村庄，但各自为政，房屋、道路杂乱无章。其名称有团、舍、灶、户等，大的村落有三四十户人家，小的三四户，也有单门独户的。斗龙港以东在开发时比较上规格，每条田 1/5 处或每条田的中部为农舍建筑线，横看成行，竖看成埭，虽然居住比较分散，但井井有条。移民兴垦时，老斗龙港以东设管理区，管理区下设框，框下设居民点，以处管理区的位子命名居民点（村庄）名称如“恒北”“福东”等等。新中国成立前，农民住房屋简陋，本地人（亦称“本场人”）都是从草田取泥垡垒墙，树棍、毛竹为梁，茅草或稻草盖顶。一般坐北朝南，正屋 3 间，进深丈余，檐高 5 尺上下，只有少数富人有青砖小瓦房屋。启海移民则用芦苇打笆为墙，在自己耕种的田头地边搭简易三角棚（俗称“滚龙舍”）居住。20 世纪 50 年代中后期，农村经济得到发展，部分农户开始修房盖屋，改善居住条件。60年代后期，农村建房逐渐增多，1970年开始对农村居住点规划，各大队根据各自地理情况统一安排居民点，有的大队沿中心河两侧形成纵向“非”字式居住区规划，有的按条田排列成横向“一字形”居住区，老斗龙港以西则仍以团状式居住点为主。1984年，全镇行政村进行居民点编制规划，包括总体规划和近期建设规划。居民点模式有两种，一为长方形“非”字式，一为线条形“一”字式，两种模式各具特色。规划制订以后，凡有新建、拆建，一律按规定办理审批手续，搬迁至规划区内。规划实施后，居民点数量、质量大为提高，有些农户建起了造型别致的别墅式小楼，全镇农村宽大亮丽的两层楼随处可见。

1996年，按照“农村现代化，乡村城市化，城乡一体化”的总体思路，对全镇25个村、52个自然村庄进行新一轮规划布局。1997年，同德村、红花村先行开展农村城镇化建设试点。是年，红花村划地5.6公顷于9排13号位置启动建设丰城小区。小区建设高起点、高规划、高标准设计、高质量建筑，三线（照明线、电话线、广播线）下地，水泥路面，绿树环区，成为大中镇新型居民点的推广试点。2000年以后，近郊泰西村、泰丰村、阜南村、阜丰村、大新村集聚式农民公寓楼、农民别墅群相继建成，远郊农村原居民点上的平房也逐步改建成统一式样的别墅楼。

2000年大中、新团、裕华镇村庄公用设施表

表3－3－1

地属名称	自来水			道路						桥梁数（座）	防洪堤长度（千米）	通电村组（个）	路灯盏数（盏）
	受益村组（个）	有供水设施的村组（个）	受益人口（万人）	实有道路长度（千米）			实有道路面积（万平方米）						
				合计	其中铺装道路：普通道路	其中铺装道路：农村四五级道路	合计	其中铺装道路：普通道路	其中铺装道路：农村四五级道路				
大中镇	155	29	5	88	74	14	73.87	55.13	16.29	740	196	156	4
新团镇	58	25	2	87	76	11	58.82	46.35	12.47	145	250	154	
裕华镇	128	128	4	120	90	10	92	56	12	58	20	128	

2010年大中镇部分村布局现状表

表3－3－2

序号	行政村	人口（人）	户数（户）	建设用地（公顷）	人均用地（平方米/人）	序号	行政村	人口（人）	户数（户）	建设用地（公顷）	人均用地（平方米/人）
1	恒南	1845	527	25.3	137.14	12	八灶	3144	786	47.8	152.03
2	红花	1665	555	21.22	127.4	13	海丰	4721	1098	62.23	131.8
3	恒丰	2216	583	27.84	129	14	天祥	2170	571	37.84	174.3
4	恒北	2797	666	39.58	141	15	朝荣	3189	1139	49.55	155.3
5	双喜	4746	1130	65.81	138.6	16	海防	2105	752	37.34	178.7
6	利民	2440	581	30.95	126.8	17	福丰	4852	1213	60.56	124.8
7	阜北	3291	866	40	121.5	18	晋北	1140	407	15.46	146
8	德丰	2313	771	28.49	123.17	19	晋丰	4460	1115	64.73	145.13
9	新团	3158	831	42.55	134.74	20	元丰	3364	841	47.29	140.5

续表 3-3-2

序号	行政村	人口(人)	户数(户)	建设用地(公顷)	人均用地(平方米/人)	序号	行政村	人口(人)	户数(户)	建设用地(公顷)	人均用地(平方米/人)
10	光明	1350	450	17.55	130	合计	57599	15575	799.37	139.97	
11	老坝	2633	693	37.28	141.5						

二、住房建造

20世纪70年代前,农村住房条件很差,大都泥墙草盖。改革开放后,农村住房建设日新月异。1986年,大中镇农村实有住房面积达98.47万平方米,人均住房23.1平方米,当年建房1510户,面积12.19万平方米。新团镇年末农村实有住房面积63.26万平方米,人均25.1平方米,当年建房573户,面积2.2万平方米。裕华镇农村实有住房88.48万平方米,人均24.7平方米,当年建房996户,5.22万平方米。

1994年,大中、裕华、新团三镇当年农民住宅投入累计总额为37127万元。1995年,大中镇当年完成农村住房施工面积30980平方米,裕华镇完成1520平方米,新团镇完成10402平方米。2001年年末,全镇农村实有住房164745间(其中大中镇105749间,裕华镇58996间),砖瓦结构31059户(其中大中镇砖瓦结构户数22936户,裕华镇砖瓦结构户数14123户),楼房户6287户(其中大中镇楼房户3879户,裕华镇楼房户2408户)。

1980—2010年大中镇农村住宅楼房建设表

表3-3-3　　单位:户、平方米

年份	楼房建筑		年份	楼房建筑		年份	楼房建筑	
	户数	面积		户数	面积		户数	面积
1980	70	12600	1991	395	71100	2002	571	131330
1981	75	14300	1992	386	69480	2003	575	132250
1982	80	15400	1993	412	74160	2004	654	150420
1983	78	15200	1994	421	75780	2005	692	159160
1984	85	15300	1995	508	91440	2006	703	161690
1985	109	19620	1996	524	124660	2007	754	173420
1986	110	19800	1997	563	129490	2008	806	185380
1987	196	35280	1998	552	126960	2009	952	218960
1988	234	42120	1999	519	119370	2010	242	55660
1989	286	51480	2000	541	124430			
1990	374	67320	2001	563	129490			

说明:2002年以前数据不含新团镇区域,2010年以前数据不含裕华镇区域

2003 年大中镇农村私人建房情况表

表 3-3-4

单位	年末实有住房间数（间）	全年竣工住房建筑面积（平米）	全年竣工住房投资（万元）	年末实有砖瓦结构房户数（户）	年末实有住楼房户数（户）	单位	年末实有住房间数（间）	全年竣工住房建筑面积（平米）	全年竣工住房投资（万元）	年末实有砖瓦结构房户数（户）	年末实有住楼房户数（户）
合计	66109	65328	3202	16693	2339	恒南	2678	2100	160	638	25
新民	4500	25000	750	689	358	城郊	3540	350	25	610	176
和瑞	3380	1428	71	706	31	同德	3098	2560	160	823	247
刚强	2427	1720	68	573	45	果园	1563	1728	170	279	77
红花	3550	6800	476	550	160	阜南	4250	3595	208	768	80
泰西	2890	3700	196	812	101	阜丰	5210	2000	200	1250	240
泰丰	4000	2500	150	883	150	阜北	2734	500	18	2654	80
双喜	3600	3200	80	786	32	大新	3320	1650	83	830	215
利民	2050	2010	120	660	45	德丰	2485	17	25	588	37
恒北	3005	1620	70	748	60	德西	2920	550	64	433	58
恒丰	2409	1100	8	603	52	新德	2500	1200	100	810	70

说明：表内不含原新团、裕华区域

2010 年年末，全镇农村实有住房间数 177350 间，其中砖瓦结构户数 31020 户，楼房户数 14342 户。当年新增住房建筑面积 88250 平方米，投入资金 1.65 亿元。

三、路桥建设

移民兴垦前，大中区域没有公路，更没有桥梁。老斗龙港以东地区的盐滩草地上大的牛车路有两条，一条是从蛤蜊的东侧经双棚子灶至吴家桥（今新丰裕南—同德—新民—红花一线），另一条在阔港西侧沿今万丰、阜南、恒丰一线，通往吴家桥。两条牛车路主要用于盐民拉草拉盐送往草堰场（今西团）（注：草堰场场址设在西团镇，西团历史上又称长明镇）。老斗龙港以西区域有一条较大的牛车路，由七灶经新团庄至八灶庄，其余南锅、北锅、王家灶、九灶等煎盐场亭之间都有泥泞小道供灶民之间相互往来。由于盐业的衰退，老斗龙港以西地区废灶私垦，私垦农民由团块变为零散，庄舍与庄舍、户与户之间有小路相通。1921 年，大丰盐垦公司对垦区的主干道及区、匡、排分级筑路，分级建桥。但因财力不足，匡河所建木桥只能 1 人通过，村庄之间都是以小道相连，每逢雨雪天，路面泥泞不堪，行走艰难。1922 年，大丰盐垦公司、裕华垦植公司在乡间 1.65 米宽道路上造 1 米宽木桥共 61 座，0.75 米宽道路造 0.5 米宽独木桥约 800 多座。而西部农区桥梁很少，一般都用小船通行。

大丰盐垦公司建造桥梁表

表 3-3-5

区别	建桥数（座）	桥长（丈）	桥宽（尺）	造价（元）
裕丰	119	2.5～4.8	2.0～7.0	2278.33
同丰	54	2.5～3.8	2.5～9.0	1138.39
德丰	55	2.0～4.8	2.5～7.0	1620.11

续表 3－3－5

区别	建桥数(座)	桥长(丈)	桥宽(尺)	造价(元)
恒丰	33	2.2～4.0	2.0～10.0	1107.72
和丰	69	2.2～3.8	2.5～7.0	1435.20
万丰(未垦)	3	3.6～3.6		298.58
阜丰(未垦)	3	3.6～3.6		298.58
牛车桥	45	3.2～8	10.0～11.0	8815.97
界外(圩外)	15	2.5～3.2	2.5～3.3	257.75

新中国成立后，乡村组织群众筑路架桥，开河修闸，改善交通环境。

1958—1980 年，老斗龙港以西地区先后修建 11 条中心路，总长 27.9 千米。至 1985 年，大中镇机耕道路总长 230 千米(不含新团、裕华镇)。20 世纪 90 年代以后，农村路桥修建快速发展，各村中心路建成宽 2 米～2.5 米左右砂子路，通向生产队的泥路拓宽到 1.5～2 米，小型机动车辆能通行。村主干道中心河桥面拓宽，桥梁大都改为水泥拱桥或水泥平板桥。

1988 年大中镇中沟、桥梁情况表

表 3－3－6 单位:条、米、座

村别	中沟		桥梁座数	其中			村别	中沟		桥梁座数	其中		
	条数	长度		完好	较差	无法使用		条数	长度		完好	较差	无法使用
新民	14	26440	66	38	19	9	恒南	17	20030	48	39	9	—
和瑞	14	27540	68	48	19	1	阜南	11	13750	16	10	5	1
刚强	15	17950	34	34	—	—	阜丰	15	18750	24	9	11	4
红花	14	20280	28	21	6	1	阜北	15	18750	25	19	6	—
泰西	12	16390	37	37	—	—	大新	9	11720	14	9	5	—
泰丰	16	22500	29	28	1	—	德丰	9	13720	16	9	7	—
双喜	16	20000	45	42	3	—	德西	2	4020	12	9	3	—
利民	17	23750	52	52	—	—	新德	10	15160	11	11	—	—
恒北	12	15000	34	32	2	—	同德	8	5625	11	10	1	—
恒丰	15	18750	21	17	3	1	城郊	4	5000	11	11	—	—
							合计	245	33.5125万米	602	485	100	17

2004—2010 年大中镇农村桥梁建设情况表

表3－3－7

序号	桥　名	所在村	建设时间	标准		造价（元）	序号	桥　名	所在村	建设时间	标准		造价（元）
				长（米）	宽（米）						长（米）	宽（米）	
1	团结河桥	阜丰	2004	15	4.5	49000	42	17 排东桥	泰丰	2008	12	4.5	42000
2	胜利桥	长安	2004	24	4.5	75000	43	农庄桥	泰西	2008	10	4.5	33000
3	团结河桥	阜南	2004	15	4.5	49000	44	中心河西匡桥	恒丰	2008	15	4.5	62000
4	阜裕河桥	阜北	2004	15	4.5	49000	45	友谊河东桥	老坝	2008	18	4.5	74000
5	恒泰河桥	恒南	2004	15	4.5	49000	46	二十六总河桥	龙福	2008	30	4.5	140000
6	翻身河桥	老坝	2005	24	4.5	75000	47	幸福东桥	建设	2008	15	4.5	62000
7	合心桥	八灶	2005	20	4.5	63000	48	公益桥	阜丰	2008	15	4.5	61000
8	恒泰桥	泰丰	2005	26	5.5	117000	49	新跃北桥	利民	2008	18	4.5	72000
9	利名桥	利民	2005	15	4.5	47000	50	双东桥	双喜	2008	15	4.5	62000
10	祥丰桥	红花	2005	26	5.5	117000	51	恒中桥	恒南	2008	12	4.5	44000
11	联民桥	龙福	2005	24	4.5	75000	52	德心桥	德丰	2008	15	4.5	62000
12	阜中桥	阜丰	2006	15	4	44000	53	新联桥	光明	2008	24	4.5	90000
13	阜东桥	阜丰	2006	15	4	44000	54	明南桥	光明	2008	24	4.5	90000
14	阜西桥	阜丰	2006	15	4	44000	55	朝阳桥	新团	2008	22	4.5	90000
15	裁弯河桥	河口	2006	36	5	158000	56	合兴桥	八灶	2008	18	4.5	73000
16	双泰桥	泰丰	2006	15	5.5	54000	57	胜利桥	老坝	2008	24	4.5	90000
17	丰梨桥	恒北	2006	12	4	32000	58	龙建桥	龙福	2008	15	4.5	62000
18	丰北桥	恒北	2006	12	4	32000	59	生产桥	光明	2008	15	4.5	61000
19	丰南桥	恒丰	2006	12	4	32000	60	新龙桥	新团	2008	15	4.5	62000
20	丰西桥	泰西	2006	18	4	52000	61	创业桥	泰西	2008	12	4.5	47000
21	民心桥	阜北	2006	15	5.5	66000	62	丰产桥	泰西	2009	12	4.5	47000
22	新团桥	新团	2006	20	5.5	76000	63	泰心桥	泰西	2009	15	8	106000
23	惠民桥	红花	2006	32	5.5	140000	64	怡园北桥	泰西	2009	12	6	72000
24	光明河桥	光明	2007	26	4.5	98000	65	便民桥	恒南	2009	12	4.5	54000
25	永中河桥	新团	2007	24	4.5	95000	66	中匡桥	恒丰	2009	15	4.5	675000
26	合兴河桥	八灶	2007	20	4.5	90000	67	中心桥	利民	2009	12	4.5	54000
27	双赢桥	利民	2007	12	4.5	42000	68	八排桥	双喜	2009	10	4.5	45000
28	新农庄桥	八灶	2007	15	4.5	51000	69	五排桥	双喜	2009	12	4.5	54000
29	建设桥	建设	2007	24	4.5	100000	70	光明二桥	光明	2009	24	4.5	108000
30	龙福桥	老坝	2007	18	4.5	59000	71	农庄桥	光明	2009	15	4.5	67500
31	和顺桥	红花	2007	15	4.5	48000	72	斗私河桥	泰丰	2009	15	4.5	67500
32	和谐桥	红花	2007	15	4.5	48000	73	永久桥	新团	2009	18	4	72000
33	阜丰桥	阜丰	2007	15	4.5	48000	74	民生桥	八灶	2009	15	4.5	67500

续表3－3－7

序号	桥　名	所在村	建设时间	标准		造价（元）	序号	桥　名	所在村	建设时间	标准		造价（元）
				长（米）	宽（米）						长（米）	宽（米）	
34	连心桥	老坝	2007	20	4.5	71000	75	民意桥	八灶	2009	10	4.5	45000
35	联民桥	阜丰	2007	15	4.5	65000	76	瑞中桥	和瑞	2009	10	4.5	45000
36	朝晖桥	五中	2007	9	4.5	33000	77	建中桥	建设	2009	22	4.5	96000
37	阜裕河桥	阜北	2008	18	4.5	74000	78	农庄桥	老坝	2009	22	4.5	96000
38	民欣桥	阜南	2008	13	4.5	45000	79	万丰一组西桥	万丰	2008	18	5.5	40709
39	民生桥	和瑞	2008	13	4.5	45000	80	万丰四组西桥	万丰	2008	18	5.5	40709
40	众想桥	和瑞	2008	12	4.5	42000	81	福丰西匡河桥	福丰	2010	20	6	228691
41	阜裕河东桥	阜北	2008	16	4.5	64000	82	元丰北排河桥	元丰	2010	20	6	228691

1996年，全镇村级道路总长117.6千米（不含新团、裕华镇），全部铺设碎砖砂石路面。镇、村两级初步形成道路网络化、砂石化。

2000年，大中镇实有公路总长度88千米（不含城区），其中普通道路74千米，55.13万平方米；高等级公路14千米，16.29万平方米。新团镇实有公路87千米，其中普通道路76千米，46.35万平方米；高等级公路11千米，12.4万平方米。裕华镇实有公路100千米，其中普通道路90千米，56万平方米；高等级公路10千米，12万平方米。2003年，农村公路改造全面启动。是年，裕华镇区域完成镇2576米双福线水泥路铺设，5400米锦海线开工。2004年，大中镇改造镇村干道120千米。农村公路建设全面推进，全年新建农村水泥公路9条，计38千米，全部通过省交通厅验收（裕华镇区域完成农村灰色公路8.9千米）。2005年，大中镇兴建农村公路6条23.5千米，简易砂石路面20条计40千米（裕华镇区域完成农村水泥公路22.5千米）。

2001—2005年，全镇（不含裕华）累计投资8000万元建设农村道路、桥梁、电力、邮电、广播、自来水等基础设施。

2006年，完成二轮农村公路通达工程10.5千米。2007年，新建农村公路20千米，裕华镇区域新建农村公路8.3千米。2008年，大中镇新建农村公路20.8千米，裕华镇区域完成农村水泥公路13.46千米。2009年，大中镇新建农村公路9千米，裕华镇区域新建南新线、建设西路海丰线计7.48千米。

2003—2010年，裕华镇区域先后修建农村道路49.79千米，桥梁4座。

2010年，大中镇农村有二级公路156.27千米，硬化率达96%，路面3.5米。二级桥梁111座（注：不包含村自建路桥）。

2003—2010年大中镇农村道路建设情况表

表3－3－8

道路名称（道路起至）	长（千米）	宽（米）	建设时间	工程造价（万元）	道路名称（道路起至）	长（千米）	宽（米）	建设时间	工程造价（万元）
红利泰双西段	4.2868	3.5	2003	106.9	泰丰中心路	1.99	3.5	2007	46.8
红利泰利民段	1.2595	3.5	2003	27.8	大新中心路	1.15	3.5	2007	26.6

续表 3－3－8

道路名称（道路起至）	长（千米）	宽（米）	建设时间	工程造价（万元）	道路名称（道路起至）	长（千米）	宽（米）	建设时间	工程造价（万元）
老八公路营八段	2.3300	3.5	2003	71.9	泰利线西丰段	1.94	3.5	2007	46.5
老八公路南营段	0.7275	3.5	2004	16.4	利民中心路	3.77	3.5	2007	88.6
红利公路泰红段	5.4553	3.5	2004	121.1	新河公路机砖段	1.8	3.5	2007	42.1
老八公路泰红段	4.5470	3.5	2004	106.9	阜丰西匡中心路	1.3	3.5	2007	30.5
老八公路地南段	3.6014	3.5	2004	80.5	双喜中心路	3.94	3.5	2008	96.8
泰利公路泰北段	3.6248	3.5	2004	81.1	老八公路营八段	0.8	3.5	2008	20.8
德同公路西德段	2.7433	3.5	2004	58.1	红利段、双利段	2.58	3.5	2008	63.4
双阜公路阜南段	2.7151	3.5	2004	60.8	阜丰东匡中心路	1.25	3.5	2008	30.8
双阜公路阜丰段	3.2800	3.5	2004	71.8	恒丰东公路	1.91	3.5	2008	47.1
新河公路新光段	3.28448	3.5	2004	80.1	红刚农庄路、中心路	1.7	3.5	2008	41.9
刚和公路和刚段	3.5445	3.5	2004	80.5	恒南南公路	1.93	3.5	2008	47.4
建灶公路同灶段	1.4560	3.5	2004	32.9	恒北公路	3.1	3.5	2008	76.8
建设灶公路兴段	1.3576	3.5	2004	30.95	老八公路坝南段	3.39	3.5	2008	84
老八公路南营段	1.6785	3.5	2004	73.5	老八公路延伸段	0.5294	3.5	2009	13.1
建灶八路建兴段 A 标	4.3612	3.5	2005	98.1	恒南南 2 线	0.60	3.5	2009	15.7
建灶八路建兴段 B 标	3.7185	3.5	2005	92.8	大恒线	2.39	3.5	2009	62.1
大德公路大德段、德新公路、西匡央路	4.46139	3.5	2005	101.9	恒北南线一段	1.94	3.5	2009	50.6
恒泰公路北丰段、丰南段 A 标	3.14126	3.5	2005	70.2	恒北南线二段	2.25	3.5	2009	58.9
恒泰公路北丰段、丰南段 B 标	3.1612	3.5	2005	70.2	阜北东线	1.28	3.5	2009	33.2
恒泰公路北丰段、丰南段 C 标	2.71307	3.5	2005	60.5	老坝西延段	3.06	3.5	2010	92.8
双拥公路	1.5123	3.5	2006	37	八灶西线	2.12	3.5	2010	62.8
长河公路河口段	2.3502	3.5	2006	55.9	阜丰东延线	0.95	3.5	2010	28.9
德新公路新团段	1.5461	3.5	2006	46.7	恒南东线	0.78	3.5	2010	22.6
奋斗公路新团段	2.396	3.5	2006	57.5	红花南二线	1.25	3.5	2010	38.3
泰西中心路	2.45	3.5	2006	58.8	老坝东延线	0.70	3.5	2010	21.1

2003—2010 年裕华镇区域农村道路建设情况表

表 3－3－9

序号	道路及桥梁名称（道路起至）	长（米）	宽（米）	用地面积（公顷）	时间	造价（万元）	备注
1	双福线（S226—利民）	2576	3.5	0.9	2003	54.87	农路
2	晋丰线（S226—元丰线）	2850	3.5	0.99	2005	66.69	农路

续表 3－3－9

序号	道路及桥梁名称(道路起至)	长(米)	宽(米)	用地面积(公顷)	时间	造价(万元)	备注
3	晋北线(S226—晋北七组中心路)	3810	3.5	1.33	2005	93.59	农路
4	元丰线(南阳—王大线)	7600	3.5	2.66	2005	179.06	农路
5	海防线(王大线—海防四组中心路)	3810	3.5	1.33	2005	88.32	农路
6	万中线(王大线—S226)	4690	3.5	1.64	2006	111.06	农路
7	锦海线(王大线—S226)	9050	3.5	3.17	2004	219.54	农路
8	天祥线(S226—平河)	3500	3.5	1.22	2007	80.08	农路
9	海丰线(S226—平河)	3690	3.5	1.29	2008	89.48	农路
10	朝荣六公路(王大线—S226)	2320	4.5	1.04	2008	56.68	农路
11	建设西线(万王线—建设北路)	630	3.5	0.22	2009	17.12	农路
12	建设东线(S226—锦海线)	630	7	0.44	2010	32	农路
13	万丰园区线(S226—丰裕村)	1010	3.5	0.35	2010	26.5	农路
14	海防四线(海防三组五排4—15号)	1040	3.5	0.36	2010	27.04	农路
15	海丰2线(锦海线—平河)	2580	3.5	0.9	2010	67.22	农路

四、饮用水

历史上,大中镇区域农户饮用水靠天降水或用自然沟塘的水,条件好的用水缸或木桶储存备用。

大丰盐垦公司、裕华垦植公司开垦后,佃农在田里挖塘取土杠墩子建房,挖成的塘储水饮用,水里泥沙杂物多,很不卫生。每遇干旱,池塘干涸则要到数里外大河深塘挑水吃,这种状况一直持续到20世纪70年代中期。

20世纪60年代,由于大量农药、化肥的应用,农村饮用水成为迫切解决的问题。到70年代,农村大队纷纷自筹资金开凿深井,改善社员群众的饮水条件。80年代初,大中地区深水井有50多眼,大多建有水塔,日抽水量1.5万吨左右。各村铺设水管,将井水定时输送到各农户家庭,收取一定费用。由于年久日远,一部分水塔老化而被废弃,农村饮用水依然得不到很好解决。1984年,大丰县筹建地面水厂,县城近郊红花、城郊、新德、同德、大新等村先后接通自来水管道,开始饮用自来水。2009年,实施城乡供水一体化工程,镇及各村投入1.2亿元用于改水,城乡11.2万人口全部用上自来水,铺设城区到各村主管道37千米,改造村到组入户配水管网598千米,农村饮用水合格率达到100%。2010年年末,全镇农村自来水入户率达98.3%。

2010年大中镇各村自来水普及情况表

表3－3－10　　单位:户、人

村名	户数	人口数	入户情况		村名	户数	人口数	入户情况	
			入户数	受益人数				入户数	受益人数
恒南村	629	1608	629	1608	元丰村	897	2321	897	2321
恒丰村	584	1445	584	1445	晋丰村	1210	2901	1210	2901
恒北村	710	1924	710	1924	晋北村	786	2081	786	2081

续表 3－3－10

村名	户数	人口数	入户情况		村名	户数	人口数	入户情况	
			入户数	受益人数				入户数	受益人数
利民村	694	1723	694	1723	福丰村	1367	3418	1367	3418
双喜村	843	2224	843	2224	万丰村	1530	4038	1530	4038
泰丰村	1037	2696	1037	2696	朝荣村	1391	3611	1391	3611
泰西村	1174	2864	1174	2864	海防村	830	2377	830	2377
阜丰村	1380	3180	1380	3180	天祥村	696	1824	696	1824
阜北村	824	2165	824	2165	海丰村	1285	3426	1285	3426
德丰村	1211	3187	1211	3187	丰裕居	732	1929	732	1929
大新村	777	1599	777	1599	同德村	1558	3457	1558	3457
老坝村	1007	2877	1007	2877	阜南村	1140	2516	1140	2516
新团村	699	2114	699	2114	红花村	1291	3198	1291	3198
光明村	911	2507	911	2507	合计	27927	71229	27927	71229
八灶村	734	2019	734	2019					

2010 年大中镇饮用水地表水源水质监测成果表

表 3－3－11

河道	项目	溶解氧（毫克/升）	化学耗氧量（毫克/升）	氨氮（毫克/升）	挥发酚（毫克/升）	氯化物（毫克/升）	砷（毫克/升）	汞（毫克/升）	六价铬（毫克/升）	PR	总硬度（德国度）
新团河	最高值	10.7	4.9	0.53	0.012	0.006	0.104	0.00023	0.042	8.83	11.92
	最低值	2.2	1.9	0.02	0.001	0.002	0.004	0.0002	0.002	7.04	5.67
	均　值	7.2	3.9	0.23	0.003	0.002	0.015	0.00012	0.010	7.69	9.56

五、村居小街简介

（一）自然村落

明初，大中镇老斗龙港以西区域建有八灶团、七灶团、新团，至清乾隆时，有九灶、南锅灶、北锅灶、北灶、王家灶、斗龙港灶，老斗龙港以东地区则有双棚子、卯花墩灶、九户头等煎盐场亭，这些场亭都是大小不等的村落。

八东庄　八东庄位于八灶河东（今八灶村），元代就有鱼舍。明嘉靖年间，明廷在此庄设土城一座，驻军50名。民国以前，庄内就有一条由西向东约半里长的小青砖道路（此路何时修筑已无从查考，据老者听其曾祖父就说有此路了），道旁小店铺一个挨着一个，有米行、油坊、酒坊、鱼行、豆腐店、茶食店、百货日杂店，还有土地庙、明礼堂，靠河边设有草行、棺材店，八灶河上有帮船通往返刘庄场。解放战争初期，庄子上有40多户人家，较富有的是“四王一葛”，“四王”即王新邦，世代开油坊、酒坊。王开邦、王友邦、王万邦弟兄三人都为私塾先生，曾为破落地主。“一葛”即葛时懋，因开的店铺较大，故其最富有。此时的八东庄以“四最”而小有名气，“四最”即最早有浴室，最早有小学（完小），最早有粮店（位八东庄最东头），最早有邮递所。八东庄的繁华景象一直延续到解放初期。

双棚子灶　老斗龙港以东的双棚子灶潮墩建筑于1748年。1920年前后，双棚子小有名气，墩子广约0.13公顷，高约2.5米。墩上有两幢比较高大的西南向的丁头舍草屋。东南方大约50米就是一座潮墩。双棚子南边是一条可以运输盐草东西向的小河,可西出老斗龙港通向西团镇。双棚子南北是一条主要的牛车路,南经陈家往西团约7.5千米,北经花鱼尾往老蛤蜊港。一望无际的草滩上,散布着低矮的草舍。方圆466.67公顷的双棚子,有灶18副,人口180余人。1920年,瑞丰公司成立,借双棚子做临时办事处。其主人是乡老吕凤楼,他一家暂时搬让出去。1922年,瑞丰公司请瑞南海门木匠宋廷富在潮墩上建筑一座六角形的玻璃凉亭,亭高3.5米,这一座颇为古雅的凉亭,使终身不入城市的灶民初次欣赏到别致的风景。凉亭不仅有观赏价值,它也是瑞丰公司临时办事处的标志。与废灶兴垦有关的灶民、垦民、船民、挑河的民夫、测量的技工,来来往往,以凉亭为标志的双棚子因此而热闹了好几年。1940年7月23日,龙卷风毁掉双棚子凉亭。

吴家桥 吴家桥是一条跨在老一卯西河上的木桥,是通往草堰场盐课司——西团的必经之路。始建于清朝末年,因桥两端的吴姓居住者多而得名。

民国初,沿桥两头住着三四十户人家,香烛杂货铺、剃头店、豆腐坊、澡堂、茶馆一应俱全,铁、木、竹等手工业颇为兴旺,浆米仁、糖胡芦货郎担临桥叫卖,非常热闹。平日北团、和瑞的百姓挎着篮子,携上些农产品,往吴家桥换些日用品,变卖些零花钱,理发、洗澡之后,捎上两块西团臭干,置口中细细品味,真可谓是"满载而归",一身轻盈。桥的东北角长有一棵参天大树,名谓"皂夹树",入秋后树身挂满类似大扁豆角的皂夹。旧时,当地百姓因贫穷所迫,无钱买肥皂,便到桥头的树上打下一包皂夹带回,用于洗衣服。20世纪80年代后期,因桥身风化,年久失修,成了危桥,被拆除,来往行人亦日见稀少,桥两端的热闹景象连那棵曾给许多人生活带来便利的皂夹树也不复存在。

(二)村、小区

恒北村 2010年,恒北村获国家级生态村称号。是年,该村按照"绿色、生态、宜居"的发展理念,融入现代景观艺术,新建成双排、独栋、联排、多层别墅的恒北新北区,环溪流宛,小桥扶拦与梨花盛放相融一处,绿意、自然、艺术、和谐混为一体,成为苏北一流的农村城市化居住的样板。

泰西村 位于市区南郊,南北长2.5千米,东西宽1.83千米,呈长方形。新中国成立前,这里原是大丰盐垦公司泰丰区一部分。农民挑塘做基,定点搭棚建房,逐步形成以条田"一"字形排列散居村落。1964年,大丰县县委书记薛太和到超产大队(即今泰西村)蹲点,请省农林厅和盐城地区行署技术人员,对该大队农田、水利、园林、道路和村庄居民点进行规划设计,农田规格统一,居住布局集中,水系排灌配套,道路交通便捷。1984年,重新修编村庄建设规划,村庄居民点安排在南北中心河两侧各2条田,为长方形"非"字式,村委会办公地点设在全村中心地段,工业区划置村西侧大沈公路旁,调整布局后,农田形成连片种植,功能划分较为清晰。96%的农户住房建在规划线上。村集资打一口深井,新建一座60吨容量水塔,修建长5千米,宽4米中心路,拓宽桥梁3座,疏浚南北中心河,河边、路旁绿树成行,给人以环境优美、人丁兴旺的感觉。1985年,被命名为大丰市"文明村"。1999年年末,村庄占地面积36.8公顷,其中居住用地13公顷,道路用地3公顷。

2006年,泰西村被大丰市列为新农村建设试点。翌年2月,新开辟康居别墅式住宅小区。2010年,小区一期工程告竣,建成380幢别墅式住宅楼,小区集绿化、美化一体,成为全镇城乡一体化典范。

红花丰城小区 规划总面积5.6公顷,1992年,兴建大、中、小型农民别墅楼126幢。1999年年底,建成88幢,大套建筑面积272平方米,中套210平方米,小套173平方米,居住人口3000多人,小区建设高起点规划,高标准设计,高质量施工。基础设施三线下地,铺筑水泥路面,绿化配套成型,配有专职人员管理。1999年,红花村被列为江苏省村镇建设试点村。

同德村小康住宅区 分南北两区,南区规划用地6.4公顷。1999年年底,建成单套别墅楼200幢。北区规划建筑12幢5层公寓式住宅楼,建筑面积5.2万平方米。1999年年底,建成5幢,140套,建筑面积1.3万平方米。同年,同德村被列为盐城市"现代化建设示范村"。

(三)小街

新团小街 位于新团河南岸、沈海高速公路西侧的交会处,距大丰市区7千米,占地面积1.5平

新团小街

方千米。

新团小街的前身为新团庄，新团庄成形于元末明初。1940年秋，新团区域建立民主政府，新团庄为新团乡政府驻地。1949年，新团庄有5家私人作坊（1家油面店、2家烧饼店、1家木匠铺、1家铁匠铺），1所小学（初小），2处私塾学馆，1家私人诊所。

新中国成立初期，新团发展缓慢。

1958年公社化后，新团小街逐步扩大。沿街陆续开办南北百货、日用杂品、饮食小吃、服装鞋帽等商业店面，工业企业、文教卫生等单位相继建立。20世纪70年代末，贯通老大刘路的中心街——人民中路建成，形成二横一纵工字街。

1983年，新辟3条农民街，其中东西向2条（振兴路、健康路），南北向1条（龙新路），小街建筑统一为2层以上楼房。商业网点、百货、时装、建材、餐饮、发廊、电话亭、歌舞厅纷纷开张营业，小集镇初具规模。共204户1207人口，18个下属单位，职工650人。有小学一所，员工11人，学生232人；幼儿园一所，幼儿45人；卫生院一所，员工44人。

1985年，乡政府3层办公大楼落成，建筑面积600平方米。1987年，在集镇中心开凿30米井一口，乡政府机关和新团村一组部分农户开始用上深井水。1989年，新团医院门诊大楼、新团中心幼儿园、新团小学南教学楼相继落成。1990年，三条农民街自建楼房68幢。1991年4月，新团村一组撤组转户，新团居委会成立，主任董维道，继任柏龙群。1992年，新团建筑公司办公楼落成，占地1000平方米的“金达”小商品市场交付使用，新团邮局程控交换设备大楼相继建成。

1993年，政府民政办公大楼落成，建筑面积2000平方米。是年，命名集镇南北大路为“人民路”，南农民街为“振兴路”，北农民街为“龙新路”。1994年春，镇政府投资20万元于振兴路北侧开凿一口80米深井，高38米、容量30吨蘑菇式水塔与之配套，解决小街居民及企事业单位饮用水问题。是年，人民路北端东侧建成2幢4层商住楼，总建筑面积6000平方米。冬，兽医站大楼、人民路下水道工程和路道绿化等项工程同时竣工。1995年冬，重建乡政府办公大楼，建筑面积2000平方米。是年，人民路安装路灯。

1996年，新团撤乡建镇。2月，特邀南京建筑工程学院专家对新团集镇建设进行总体规划，以城乡一元化结构拉动经济发展为原则，按照功能分为西部生活、商住、行政、金融综合功能区，东部工业开发区，新团河北为仓储区。确定四纵四横主体框架，形成多功能、开放型、环境美的小城镇特色。镇区供水、供电、环卫，交通、电信电视、街道照明及休闲娱乐等设施逐步配套。2000年，新团镇集镇已占地53公顷，人口2500人，镇区房屋建筑面积达9.59万平方米，其中住宅4.57万平方米，公共建筑3.45万平方米，生产建筑1.57万平方米。先后开辟振兴西路、健康东路、西环路、人民南路、人民北路，镇区道路总长6千米，面积5.38万平方米，绿地面积3700平方米。1万多平方米的综合市场、派出所办公楼、科技文化中心楼相继落成。

2001年4月，新团镇并入大中镇。2003年，大中镇政府投资200多万元将新团小街人民路改成水泥路，路道绿化焕然一新。8 月，新团小学北教学楼落成，1180 平方米标准化幼儿园教学大楼成为新团街一座标志性建筑。2005 年，小街砂石路面全部硬化，街道两侧路灯更新。2006 年，盐城多为集团扩建厂房征用小街农用地 10 公顷，建成多为工业园。

2010 年，开发“水晶花园”住宅小区。是年，穿境而过的刘大线航道，新团大桥启动建设。集镇新增垃圾池 20 只，垃圾箱 100 只，组建常态化环卫队伍，有固定环卫职工 5 人，街道环境整洁美观。新团小街有大小超市 10 家，其中华联超市规模最大。小商品摊点 50 多个，理发、修理、照相、饭店、餐饮等服务行业 80 余家。居委会常住 1413 户，2534 个人口

（四）裕华小街

原名“金墩子”，又称洋水厂。位于大丰县城东 8 千米，在刘海线与陈李线交会处。

1919 年，南通民族实业家张謇开办大丰垦植公司，海门、启东等地农民移居裕华，垦荒种植。初始有顾仁云等七大家居住，后有金姓八大家相继移居。20 世纪 30 年代初，兴化、东台、盐城、刘庄、西团等地的人挑担卖糖、做豆腐、打铁、开饭店、开花行、开杂货店先后落脚谋生。到 1934 年，小街已有 27 户 100 多人，1949 年达 145 户 525 人，解放以后小街日趋繁荣。2010 年，集镇 2774 户，人口达 5458 人。

1956 年，创办铁木竹生产合作社（后发展为裕华农具社）。此后，相继创办裕华福利厂、裕华综合厂、街道服装社、裕华手工业社、裕华五金厂、裕华加工厂、磷肥厂、农服站、建筑站、搬运站等 10 多个企业。

改革开放后，镇区建设迅速发展。1994 年，全镇铺设黑色路面 6000 平方米，居委会宿舍楼、坝头农贸市场相继落成，总建筑面积 1280 平方米。1996 年 6 月，新建镇中心小学教学楼，建筑面积 2000 平方米。1997 年，邀请省测绘院专家，绘制裕华镇航拍图和集镇现状图，聘请南京市建工学院规划研究所编制《裕华镇域总体规划》。是年，政府铺设裕西路排水管道，更新部分供水管道，铺架建设路地下电缆 1000 米，完成大裕公路一条街拆迁，集镇面貌得到改观。

2000 年，粮管所综合楼、第二职业中学教师公寓楼、黄海北路东侧居民小区及中心小学教师公寓、商业公司综合楼相继建成。是年，裕华集镇占地面积 120 公顷，人口 5600 人，镇区房屋建筑面积 29.3 万平方米，其中住宅 11.04 万平方米，公共建筑 7.81 万平方米，生产建筑 7.72 万平方米。2002 年，新建商业综合大楼，建筑面积 3738 平方米。是年，裕华镇政府对裕华集镇建设总体规划进行调整，确定沿陈李线、通港大道、建设路发展规划新镇区，规划主体骨架四纵三横。当年铺设黄海路、裕西路下水道 1280 米，新建文化楼及政府会议中心，铺设黄海南北黑色路面，新建裕华大桥、建设桥。菜市场综合楼、粮管所综合楼落成。位于镇中心的裕东路、裕西路、黄海路等路段全面改造升级，安装路灯 127 盏，其中高杆灯 83 盏，单臂灯 44 盏；整修路牙、下水道、花池 30 多处。2003 年，新建农贸市场，占地 3200 平方米，可同时提供 180 个摊位。投资 60 万元，新建镇中心幼儿园。完成黄海南路、裕西南路改造工程，总建筑面积约 4500 平方米。2004 年，新建派

裕华小街

出所办公楼，完成黄海南路、黄海北路及裕民市场改造工程。2005年，完成先烈路改造，新建张謇公园。2006年，集镇沿街旧房改造2000多平方米，新建镇区冲水式公厕1座。2007年，新建镇文化中心楼。2008年，计生服务中心楼、水利大楼、文化站办公楼、裕华居委会社区服务中心楼、卫生院病房楼建成，集镇整体形象进一步提升。

2010年8月，裕华镇并入大中镇，大中镇政府对裕华集镇向西至五一河，向北至通港大道，向南至晋北桥的路灯全部进行更新维修，更换电缆7千米，维修更换裕东、裕西等主要道路路灯44盏，新增绿地18000平方米，建成裕华街河滨绿化带2千米。增设集镇垃圾桶98只，填埋1500平方米露天垃圾场。裕华垃圾压缩中转站建成。组织集镇6名管理人员全天候实施交通秩序、市场秩序和环境秩序整治。

2010年，裕华小街南北2.5千米，东西3.5千米，总面积8.75平方千米。分设居委会一、二、三、四组和富东新村、富西新村、建设新村、工农新村及老街组。裕华集镇有农贸市场、超市、药店、手机联锁店、粮店、肉店、服装店、鞋帽店、水果摊点、代购代销、糖烟酒批发零售、小商品零售以及铝合金门市、砂石门市、木业、铁业门市等商业网点270多个。有饭店6家、旅社7家、鞋店4家，糕饼、油条、包子、面条小吃店18家，缝纫店、社区卫生服务站等服务行业40多家，各类从业人员达1200多人。

附：新农村建设

2006年，贯彻大丰市委、市政府《关于整治农村环境、建设社会主义新农村的决定》，大中镇在泰西村先行试点。2007年，在全镇推开实施新农民工程、新农村工程、新生活工程建设。

新农民工程：对农民开展技术培训、素质教育、送课下乡等系列活动，提高农民思想技术素质，开展以“知荣辱，明是非”为主题的社会主义荣辱观教育，结合生态环境保护，提高精神文明程度。2006—2010年，共举办科技培训班78期，参加培训人员近万人次，组织送法下乡、送课下乡107次，发放宣传资料3万多份。先后向全镇各村发放科技电教片1200多盘，建立蚕桑、果品、养兔、养鸡、花卉苗木示范基地16个。有8000多名党员群众报名参加了农民网络富民大学。

新农村工程：实施和巩固“四位一体”（经济建设、政治建设、文化建设、社会建设四位一体）工作，美化村容村貌，优化人居环境，清理卫生死角，完善道路设施，清淤疏浚沟河，拆除违章建筑，普及无害化厕所，达到“美化、净化、绿化”目标。2006—2010年，全镇共疏浚河塘128条，完成土方276万立方米，累计出动劳力15万人次，动用挖掘机、泥浆泵等设备1200台（套），整治沟塘5842条，清理河道363条，完成土方126.8万立方米，投入资金463.83万元。全镇建立“组保洁、村收集、镇运转”日产日清垃圾收集处理体系，按照“三格式”“四格式”要求，完成4100多户村民厕所改造，新建公共卫生厕所145座，卫生改厕普及率100%。

新生活工程：组织农村社区居民正常开展各种文体娱乐活动。2010年年末，全镇村图书存量达27万册。组建中老年健身团队33个，许多村有固定健身场地，有图书阅览室，有文体活动室。农民不出远门可享受与城市居民一样的业余文化生活。

第四节　城乡管理

一、管理机构

1960年，大中镇建立房地产管理所，对大中地区公私房和市政建设实施专业性、行政化管理。1965年5月至翌年7月，国家对私有出租房进行社会主义改造，大中镇公社成立房地产管理委员会，由公社社长等12人组成领导小组,房管所在领导小组领导下行使管理职能。

1966年6月,大丰县房地产管理所建立,大中房管所遂撤销。1971年9月,大中镇成立房地产管理领导小组,下设办公室,1978年撤销。1981年11月,成立大中镇城镇建设管理所,负责镇域农房管理和村镇建设。

1983年7月,各村建立村镇建设领导小组,由村主任兼任组长,配备一名农房放样员,具体负责农户建房规划的实施。1988年,成立大中镇建筑管理站。1989年12月,成立土地管理所。1990年,各村配备一名土管员(兼农房员),农村建房由镇建管站、土管所统一放样,按图施工,并建立档案台账。建管站负责编制规划,审批各村生产、公共事业、民用建筑项目,负责建设工程放样、验收、监督、检查工程质量、建筑安全;审查设计图纸,签发施工许可证,监督、检查施工企业和个体建筑专业户,遵守施工操作规程和施工验收规范。1991年,镇建管站撤销,成立村镇建设办公室,股级建制,大集体性质(大中镇定编5人,新团乡定编3人,裕华镇定编5人)。镇政府村建助理兼任办公室主任,设规划设计员、建设管理员、房产管理员、会计员等6个岗位。1996年,全市对所属村(场)进行规划编制工作,对20世纪60年代带状型居民点全面改造。是年,以同德村、红花村、海防村、老坝村农民小区为试点进行统一开发、统一设计、统一施工。村庄建设质量和水平进入了一个新的时期。

2002年4月,机关事业单位机构改革,新组建村镇建设服务中心,核定编制13人,设主任1名,副主任2名,建管员6名,集镇管理员4名。原村镇建设办公室作为政府职能部门保留。

2010年8月,大中镇村建服务中心增设支部副书记1人,其余编制不变。

1981—2010年大中镇村镇建设服务中心主要负责人更迭表

表3-4-1

单位	职务	姓名	起讫时间	备注
大中镇城建所	所长	袁克宽	1981—1982	
		陈峻	1983—1989	
		宋应恒	1989—1992	
大中镇建筑站	站长	苏子群	1988—1992	
大中镇村镇服务中心	主任	宋应恒	1992—2008	
		庄明长	2008—2010	书记
		邓颖峰	2010—	

说明:先后任新团村建办主任的有刘兴和、朱国泰,先后任裕华村建办主任的有顾培冲、许忠兵、蔡宁、陈卫忠、盛月辉、宋森权、杨建明、施向东、沈广明

二、城市环卫与工业生态

基础设施 新中国成立前,集镇公共卫生无人问津。私人厕所、露天粪坑、垃圾堆、臭水沟塘到处可见。每到炎夏,臭气熏天。新中国成立后,大中镇十分重视公共卫生管理。1957年4月,集镇成立清洁管理所,编制职工26人。1958年,在爱国卫生运动的高潮推动下,镇区实行公厕化,新建16个化粪池,根治严重影响水源、市容的露天粪缸302个。是年年底,经盐城地区爱国卫生运动委员会检查验收,大中镇为“四无镇”,即无蝇、无蚊、无鼠、无麻雀(后改为无臭虫)。

1985年,县城10个居委会建立民办保洁队,每个居委会选派3人为民办保洁员,负责所在居委会路段小街背巷和居民新村的清扫。经费来源每户每年按粮本收交民办保洁费4.8元。

1987年,城区有公厕73座、蓄粪池3座、垃圾箱279座、垃圾桶105个、垃圾中转站2个、清运机

械5台。1988—1992年,新建水冲式公厕6座、垃圾处理场1座、购置清运机械9台、新添垃圾桶350只。1992年年末,县城有公厕101座、环卫机械14台、环卫职工134人。1995年,在斗龙港边双月湾征地11.59公顷,建垃圾处理场1座。是年,城区环卫职工增加到264人,负责市区102座公共厕所、169座单位厕所、106个公共垃圾箱、433个垃圾桶,150个果壳箱的清扫、清运、保洁,年清运垃圾6万吨。

2000年,市区环卫机械增加到25辆,其中垃圾清运车20辆,粪便清运车5辆;新建水冲式公共厕所85座,垃圾无害化处理场1座,无害化处理能力120吨/日;粪便无害化处理场1座,无害化处理能力40吨/日。2001年,清运垃圾1.4万立方米。2002年,市区主次干道、居民小区基本无暴露垃圾,全年清运垃圾5.5万多吨。新建2座水冲式公厕,安装高档果壳箱100个,垃圾容器完好率保持在95%以上。2003年,在"非典"防治和抗洪抢险期间,市区公共场所、重点单位、重点地段实施全面消毒杀菌,投入40多万元购置新型自卸垃圾清运车3辆,装载机1台,改造维修公厕63座。公开拍卖市区83条污水沟塘保洁权,新建化粪池19座。

2004年,全面建立环卫责任区。2005年,与临街门店及驻城单位签订市容环卫责任书,实行长效管理机制。新建3座地下垃圾中转站,新增市区主干道果壳箱300只,垃圾桶600多只。2006年,创建国家卫生城市、国家环境保护模范城市通过省初验。总投资5亿元的3个污水处理厂投入试运行。

2007年,完成城南、城北垃圾压缩站工程及配套设施建设。市区生活垃圾实现无害化处理,双月湾垃圾场实现生态封场。是年,裕华镇的填埋场开工建设,日处理200吨垃圾。2008年,环卫作业由条线管理改为分块管理,主次干道全天候保洁,垃圾日产日清,垃圾桶定人定时清洗。投资140万元添置密闭式自动装卸车6辆,垃圾压块车1辆,机械化清扫率达20%,新建二类公厕6座,水冲式改造8座。2009年,购置大型吸污车、压缩式垃圾清运车各1辆,小型扫路车2辆,更新垃圾桶1500多只,环卫设施完好率98%以上。主干道保洁时间延长到18小时,次干道保洁延长到8~10小时,清扫保洁率100%,机械化清扫率27%。主要街道垃圾定时定点收集,学校和机关单位试行分类收集。垃圾密闭运输,清运率100%。市区83条沟塘保洁实行市场化运作。

2010年,投入资金280万元新购置垃圾清运车2辆,垃圾场工程用车4辆,各类工作用车6辆。

工业污染治理　20世纪70年代中期,大丰酒厂、大中电镀厂、大中染织厂、大丰麦芽啤酒厂废水污染市区主干河,特别是枯水季节,河水黑似"酱油",严重影响城区居民的正常生活。

1983年,大中电镀厂采用阳离子交换处理铬水,虽有治污效果,但不理想。2005年关闭。1989年,麦芽厂把生产过程中的有机废弃物通过综合氧化塘净化进入鱼塘喂鱼,废渣用于喂猪,经一系列生物作用,排水口COD浓度低于国家排放标准。1996年,对污染源较大的珍丰集团、大丰化肥厂等企业实行限期治理。珍丰集团投入资金100多万元提升废水处理能力。市区80多个单位49台锅炉120多眼大灶全部改烧白煤。市区大气总悬浮微粒(TSP)、二氧化硫(SO_2)、氮氧化物(NOx)等指标,年平均值分别比1996年下降0.003毫克/标立方米、0.003毫克/标立方米、0.009毫克/标立方米,大气质量有所改善。2006年,关闭2个污染严重的化工企业,市区化工生产单位全部搬迁到海洋经济开发区的化工园区统一治理。2007年,建立污染源信息档案,将减污指标分解落实到每个企业。2008年,通过劲力化肥废水零排放、城北污水处理厂和阳光热电脱硫工程以及关闭恒丰化工、海宇化工、川安化工、常丰化工、利鸿化工、金穗麦芽、黄海食品添加剂厂,完成COD减排任务1393吨,SO_2减排任务636吨。2009年,实施一企一管、园区废水专管排放、集中供热、企业废水预处理、工艺废气治理工程、污水处理厂废水治理改造提升、污染源在线监控中心等八项工程,与新加坡合作的膜处理技术改造工程竣工并投入试运行。2010年,关闭取缔2家化工企业,处罚了大丰致远印染有限公司等8个企业。

生态工业建设　城南新区从2001年开办起就坚持"区城融合、生态建园"的建设理念,高标准制定园区生态建设规划,抓环境基础设施、污水综合治理、循环经济发展,工业污染源达标排放率

100%。对违法排污企业限期整改,个别情节严重的,严加查处,依法取缔。各类建设项目严格执行“环评”和“三同时”制度,实行“一票否决”。同时对企业厂区及周边环境实施长效管理,以多为、神力、锐奇曼等生态型花园式厂区为示范,推动企业生态建设健康发展。

三、农业污染治理与生态全面建设

农业污染治理 50年代后期,随着化肥、农药的大量使用,虽然促进了农业增产,但却带来了农业环境的污染。1975年,采取冬季耕翻冻土杀蛹,夏季种植高粱诱集带、草把或点灯诱蛾,保护自然天敌,合理施用农药等综合防治措施,取得较好效果;着重推行耕作制度改革,实行稻、麦、棉、绿轮间套作,棉田无绿不下种。1970年,研制并推广大丰省草灶,节约了大量秸草,为大搞草塘泥或楷草还田提供了条件,不仅提高了土壤有机质,降低了成本,增加了产量,而且保护了环境。90年代末,石油液化气进入农户家庭,大量秸杆留置在田块放火焚烧,大气严重遭到污染。政府发出禁烧令,并多措并举,除了一部分用机械打碎还田,大部分集中加工,发展秸杆气化或编织草帘、草绳用于蔬菜、苗木花卉大棚保温越冬或加工后用于家禽越冬饲料。

生态农业建设 以恒北生态休闲农庄、晋丰农业观光园和盛兴水产“湘银鲫2号”新品种推广为示范,推进全镇农业标准化生产。建立有机农产品生产基地,打造恒北早酥梨、裕华大蒜和盛兴水产等有机、绿色、无公害品牌。现代农业示范园按照“规划引领、基础设施先行、特色产业招商、重点项目支撑”的思路,优化园区规划设计,提升园区品味和层次,建成“一个中心”(种苗中心)、“两大平台”(科技创新、农技推广),形成现代农业展示区、农产品加工集中区、现代农业物流园区“三大载体”。2010年,丰收大地成为江苏省首批现代农业产业园和盐土农业科技园。农业用地主要采取降低农用化肥施量、减少农产品农药残留,禁止农作物秸杆焚烧等项措施防治农业污染。

生态镇建设 把创建国家级生态镇作为推动环境保护、生态和谐、实现经济与环境保护双赢的重大措施扎实推进。2010年6月,大中镇顺利通过创建国家级生态镇工作的考核验收,获“江苏省环境优美乡镇”称号。同年,同德、阜丰、海防、红花、德丰村建成省级卫生村。12月,省综合考察验收组受环保部委托对镇创建生态镇工作实施综合考评,各项指标合格。泰西、恒北村被命名为国家级生态村,红花村建成江苏省生态村,恒南、海丰、元丰、双喜、阜丰村建成盐城市生态村。

生态宜居建设 围绕蓝天、碧水、绿化三要素,构建和谐生态宜居环境。

蓝天工程:通过推广清洁能源、农作物秸秆综合利用等举措,减少大气污染物排放。2010年,全镇农作物秸秆综合利用率达95%以上,使用清洁能源居民户比例达80%以上。城区关闭各类锅炉。

碧水工程:2009年、2010年,镇政府投入1500多万元,疏浚大中沟河8条,村级主干道、居民点沿线沟塘29条(个),完成河道拓浚清杂39条220多千米。农村卫生厕所普及率达95%以上。全镇畜禽养殖大户实施全程监管,境内水域保护面达92%以上。

造绿工程:重点打造省道“陈李线”和“双福线”两条绿色长廊。2010年,主要道路绿化普及率达95%以上,森林覆盖率达23%。形成以街道绿化为骨架,小区绿化为基础,公园、广场绿化为景点,点、线、面相结合的园林绿地体系。是年年末,镇区绿化累计投入4.2亿元,绿化面积约254万平方米,人均公共绿地面积达12.9平方米。

宜居工程:2000年以后,大中镇强势推进新农村建设。至2010年,泰西村建成农民公寓60幢、康居小区86幢别墅住宅楼。同德、红花、阜南农民公寓小区相继建成,恒北村梨园新村首期工程300套农民公寓交付使用。同德村成为全国文明先进单位。

2006年大中镇村庄河塘疏浚整治工程情况表

表3－4－2

序号	村名	河塘名称	具体位置	长度	面积	整治土方（平方米）	开工时间	竣工时间	管护人
				河（千米）	塘（平方米）				
1	恒南	恒南村南北沟	恒南村	0.7	—	8000	2006.01	2006.03	葛峰高
2	恒丰	恒丰村南北沟	恒丰村	0.7	—	6900	2006.01	2006.03	徐祥保
		废沟塘7个	恒丰村	—	150×50×7	78750	2006.01	2006.03	徐祥保
3	恒北	恒北四排河	恒北村	1.25	—	14500	2006.01	2006.03	李明德
4	利民	利民七排河	利民村	1.25	—	11700	2006.01	2006.03	胡　勇
5	双喜	双喜十一排河	双喜村	0.7	—	6000	2006.01	2006.03	卢军昌
		双喜中心河	双喜村	0.66	—	5200	2006.01	2006.03	卢军昌
6	泰丰	泰丰四排河	泰丰村	1.3	—	14000	2006.01	2006.03	管书存
7	泰西	泰西中心河	泰西村	2.4	—	14000	2006.01	2006.03	管仁刚
8	阜南	阜南桃园居民沟	阜南村	1.25	—	7000	2006.01	2006.03	臧殿明
		整治大华路	阜南村	0.5	—	2000	2006.01	2006.03	臧殿明
9	阜丰	阜丰中心河	阜丰村	1.25	—	12850	2006.01	2006.03	顾翠萍
10	阜北	阜北二组六排河	阜北村	0.7	—	6200	2006.01	2006.03	陈世平
11	和瑞	和瑞六排河	和瑞村	1.25	—	12000	2006.01	2006.03	陈安国
12	红花	红花南四排河	红花村	1.25	—	3000	2006.01	2006.03	高　峰
		红花中心河	红花村	1.25	—	12000	2006.01	2006.03	高　峰
13	同德	同德中心河	同德村	2.2	—	17400	2006.01	2006.03	陈志根
14	大新	大新北兴路南河	大新村	1.5	—	9800	2006.01	2006.03	施周飞
15	德丰	德丰西中心河	德丰村	2.9	—	24305	2006.01	2006.03	臧　顺
16	河口	河口南横河	河口村	0.7	—	6900	2006.01	2006.03	王安仁
17	长安	长安七排河	长安村	1.2	—	13000	2006.01	2006.03	李华山
18	光明	光明四组农庄河	光明村	0.66	—	6600	2006.01	2006.03	蒋安群
		反修河西段	光明村	0.2	—	3700	2006.01	2006.03	蒋安群
19	新团	南排河	新团村	0.937	—	22720	2006.01	2006.03	卢殿群
		六组排河	新团村	0.956	—	9280	2006.01	2006.03	卢殿群
20	灶圩	四排河	灶圩河	0.9	—	8000	2006.01	2006.03	蒋　亚
21	同圣	同圣新农庄河	同圣村	0.9	—	9500	2006.01	2006.03	王荣珠
22	建设	四排排河	建设村	1.1	—	9000	2006.01	2006.03	朱友汉
23	龙福	龙福农庄河	龙福村	1.5	—	13900	2006.01	2006.03	周旭群
24	老坝	老坝西竖河	老坝村	1.5	—	17800	2006.01	2006.03	周彩生
25	八灶	八灶六组农庄河	八灶村	0.7	—	10500	2006.01	2006.03	卞友权

2008 年大中镇近郊村环卫设施、道路硬化、河塘保洁情况表

表 3－4－3　　　　单位：个

村别	环卫设施情况					道路硬化情况									河塘保洁情况			
	合计	垃圾池		垃圾桶		合计千米	水泥路				砂石路				合计条	合计千米	横竖河沟条	塘有多少个
		原有数	新增数	原有数	新增数		原有条	原有千米	新增条	新增千米	原有条	原千米	新增条	新增千米				
红花	156	79	51	15	11	35	3	7.15	2	1.25	26	6.5	4	4	52	11.4	52	—
泰西	160	69	53	28	10	5	2	2.1	1	1	1	1	1	1	88	19.3	69	19
阜南	35	8	3	15	9	14	2	2.5	—	—	12	15	1	25	23	8.5	23	—
德丰	113	113	—	—	—	26	3	4.7	—	—	23	22.5	—	—	40	10.2	40	—
同德	116	50	11	52	3	77	62	13.39	15	6.98	—	—	—	—	179	23.26	139	40
泰丰	24	12	—	12	—	13	2.5	6.5	0.5	0.5	10	12.25	1	1.25	26	10	26	—
大新	32	32	—	—	—	6	2	2	—	—	4	8	—	—	18	3.2	18	—
阜丰	202	152	25	25	—	46	5	7.3	1	1.25	35	25	5	5	170	34	120	50
合计	838	515	143	147	33	222	81.5	46.04	19.5	10.98	90.25	90.25	12	12.5	596	119.86	487	109

2009 年大中镇村庄沟河塘“三清”整治情况表

表 3－4－4　　　　单位：条、个

村别	沟塘总数	达“三无”总数	河道总数	达“三无”总数	村别	沟塘总数	达“三无”总数	河道总数	达“三无”总数
恒南	280	280	22	22	大新	128	128	13	13
恒丰	307	307	19	19	德丰	425	425	4	4
恒北	300	300	17	17	河口	35	35	9	9
利民	310	310	22	22	长安	120	120	11	11
双喜	307	307	20	20	光明	90	90	11	11
泰丰	308	308	20	20	新团	130	130	14	14
泰西	245	245	19	19	灶圩	180	180	8	8
阜南	241	241	16	16	同圣	130	130	9	9
阜丰	360	360	10	10	建设	125	125	15	15
阜北	360	360	10	10	龙福	180	180	14	14
和瑞	281	281	16	16	老坝	460	460	12	12
红花	256	256	30	30	八灶	95	95	6	6
同德	189	189	6	6	合计	5842	5842	353	353

2010 年大中镇行政村生活垃圾处理及改厕情况表

表 3 -4 -5

村　名	总户数（户）	垃圾集中收集池（个）	垃圾生产（吨）	集中收集（吨）	无害化肥料处理（吨）	无害化卫厕户数（户）	普及率%
恒南村	629	48	730	511	219	598	95.1
恒丰村	584	50	730	510	220	561	96.1
恒北村	710	72	750	525	225	703	99.0
利民村	694	50	680	476	204	682	98.3
双喜村	843	57	730	511	219	840	99.6
泰丰村	1037	68	740	518	222	1031	99.4
泰西村	1174	120	1920	1344	576	1139	97.0
阜南村	1140	78	870	609	261	1137	99.7
阜丰村	1380	120	1800	1260	540	1360	98.6
阜北村	824	58	750	525	225	642	77.9
同德村	1558	120	1900	1330	570	1547	99.3
德丰村	1211	70	770	539	231	1207	99.7
大新村	777	70	1240	868	372	738	95.0
红花村	1291	120	1840	1288	552	1289	99.8
老坝村	1007	60	720	504	0	989	98.2
新团村	699	68	740	518	222	622	89.0
光明村	911	50	700	490	210	879	96.5
八灶村	734	48	680	476	204	697	95.0
元丰村	897	48	680	476	204	852	95.0
晋丰村	1210	48	680	476	204	1174	97.0
晋北村	786	48	690	483	207	620	78.9
福丰村	1367	48	690	483	207	1342	98.2
万丰村	1530	50	700	490	210	1518	99.2
朝荣村	1391	47	680	476	204	1379	99.1
海防村	830	47	670	469	201	647	78.0
天祥村	696	47	670	469	0	536	77.0
海丰村	1285	47	700	490	210	1279	99.5
丰裕居	732	60	720	504	216	578	79.0
合　计	27927	1817	25170	17618	7135	26586	95.2

2010 年大中镇生活污水处理情况表

表 3 -4 -6

行政村					城区					
行政村总数（个）	村民总户数（个）	生活污水处理受益农户 80% 以上	生活污水处理的村民总数	生活污水处理的行政村比例	城区生活污水产生量（万吨）	集中处理量（万吨）	处理单位	处理工艺	集中处理率（%）	处理后排放去向
28	27927	23	26586	82.14%	525.5	426.7	市污水处理公司	CAST	81.2	北中心河

附:环境管理典型村情况简介

泰西村 2006—2010年,在实施新农村建设的同时,结合创建国家级生态村,村两委会着力改变村容村貌,改善村民宜居环境,先后获得盐城市生态村、江苏省生态村称号。2010年,申报国家级生态村并通过验收。泰西村村民生活用水达标率100%。农户卫生改厕率100%,垃圾收集、无害化处理率100%,生活污水处理率100%,工业污染排放率100%,秸秆综合利用率93.9%,绿化覆盖率35%。至2010年年末,村集体投入500多万元,新建丰产路、富民路、南中心路、康居小区5条水泥路,铺设四、五组干道和区间砂石路3000米,更新自来水管道3000米,铺设下水道2500米。村委会设专职环境协管员1名,保洁员16名,道路养护工2名,建垃圾中转房2座,设垃圾池110个,垃圾桶120只,购置垃圾清运车16辆,园区沿线全面落实三包责任制,全村垃圾收集率、清运率、无害化处理率匀达100%,白色污染物回收率100%,疏浚中心河、丰产河等中小沟16条,完成土方6.8万方,清理水面12000米,填埋废沟河塘3个,清理草堆、鸡窝、杂物384处,中心路两侧安装路灯68盏,栽植各类常绿苗木近2万株,农田林网覆盖率99%,绿化覆盖率35%。

环境典型村泰西怡苑

恒北村 全村有成龄早酥梨253.33公顷,林果覆盖面积占总耕地93%,成为苏北特色果品生产专业村。1992年,被大丰市命名为环境保护、生态建设先进村。1995年,早酥梨获中国第二届农业博览会银奖。1997年,获江苏省早酥梨绿色果品称号。2004年12月,被盐城市人民政府授予盐城市第一批生态村称号。2005年3月,被授予"江苏省生态村"。2011年7月,通过国家级生态村验收。

全村农户改厕率95%,无害化厕所达标率100%,人畜粪便和垃圾处理率100%。村庄绿化苗木花卉达1.59万株,平均每户栽有5株以上银杏、5株枇杷、2株葡萄、30株以上柿树及梨、桃、苹果、草莓,每户养3头羊及少量禽类,形成以住宅为中心的相互连接的庭院特色经济带,取得较高的生态效益。2010年年末,建成"高效农业、观光农业"新型示范村,成为江苏省对外开放窗口。

红花村 大丰市区近郊村,全村有银杏树66.67公顷,花卉苗木69.2公顷,大叶女贞、枇杷、紫薇、月季、菊花20多个品种,500多万株。1999年,成为江苏村镇建设试点村。2006年,被评为"盐城市生态村"。是年,按照建设社会主义新农村的要求,清理垃圾5.5吨,搬迁鸡、鸭窝50个,清理杂物1.2吨,拆除违章建筑45处,硬化村干道7.5千米。2010年,成片造林13.33公顷,村庄绿化植树1.55万株,农田林网占总面积95%。全村16家企业全部实现清洁生产。锦惠特种纤维有限公司用回收废旧塑料瓶作原料生产特种纤维,既利用再生能源,又较好发展循环经济,改善生态环境,年销售近亿元。

第四章　交通通信

民国以前，大中区域较大的自然航道有老斗龙港，老斗龙港以西有七灶河、八灶河等。民国初年，大丰、裕华两公司在东部垦区开挖子午河、卯西河，这些新开挖的河道都可通航。抗日战争和解放战争时期，为阻止敌人"扫荡"，水陆交通多被破坏。新中国成立后，清除河障，恢复通航，老斗龙港、七灶河、八灶河、新团河、一卯西、二卯西河、东子午河等主航线多次取直、拓宽、加深、疏浚，同时结合农田水利建设，开挖主要匡河，并与连接，航道不断延伸。1980年，全镇实现村村通航。

移民兴垦前，大中区域以盐业生产为主，场灶之间只有运盐运草的牛车路和人行小道，兴垦后，开河筑路，建国后，公路不断发展，1995年实现村村通车。2009年，全镇有省道县道200.03千米，农村公路157千米。主要公路有沈海高速、省道332线、陈李公路226线、县道沈方公路、刘裕公路等。

民国17年（1928），大丰首现汽车。1954年，大中集首列班车开往南通天生港。1970年10月，开通农村公共汽车。1996年，开通市内出租汽车。2010年，市内有公共汽车64辆，出租汽车210辆，每个家庭都有电瓶车1～2辆。家用小汽车城市每百户拥有12辆。农村家用小汽车城市每百户拥有4辆。

大丰古代通信可上溯到明嘉靖年间。当时为防倭寇入侵，在海口构筑烟墩，以烟火为号，传烽报警。1929年，大丰、裕华两公司筹金8500元，架设新丰、大中、裕华、祥丰（今南阳）、西团之间电话线路，互通信息。新中国成立初，大丰只有3部电话。到1986年，城市电话也只有781部。进入90年代后，电话通信迅速发展。2010年，大中镇固定电话、移动电话已普及到城乡每个家庭，每个成年人都有手机1～2部。

清宣统二年（1910），刘庄场已有私人开办邮政机构。1930年，大中集、裕华设邮政代办所。1948年，大中集邮局改称台北县邮局。1949年1月，大中邮局开业，首次办理邮政、报刊发行业务。1952年8月，建立大中集邮电局。1953年11月，大中集邮电局更名为大丰县邮电局。2010年，大中镇城乡邮路单路总长度达2620千米。

第一节　交通运输

一、陆路

（一）公路

1. 省道、县道

刘裕公路　起点在刘庄镇北端，从204国道下，经新团小街、大丰市区、农垦纺织厂至裕华小街，全长28.38千米。

1930年，垦区沿二卯西河北岸修成大中集至裕华12.5千米，路宽6～8米；1933年修通裕华至通商15.5千米，路宽6～8米；1941年1月修通刘庄至大中集公路（大刘路）。（以上道路修建时均为泥土路面）。1951年春，大丰县人民政府结合水利工程，整修路基，在老斗龙港河口设渡船一艘。1953

年2月，铺筑碎砖路面，为晴雨通车公路。1957年，拖修厂至裕华3.5千米路基从河边移到河堤上，铺碎砖路面。1958年，大中镇至拖修厂4.03千米也铺上碎砖路面，至此刘裕线晴雨通车。1959年，在西河口渡口两头建木制引桥，连结渡船，使汽车直接从桥渡上通过。1968年，结合二卯西河拓宽工程，从渡口向东2629米进行改线。1969年撤除桥渡，新建3孔(21.6+24+21.6)，全长85米，净宽6米的双曲拱桥—大丰桥。大刘老路原沿老新团河南经新团、岔河口、竹园至刘庄，线型弯曲，路基路面狭窄，畅通能力差。1978年5月，在新开的新团河南圩堤上重建新路，并新建中桥1座，小桥11座。新大刘柏油路分三段分期施工，1977年完成大丰桥至红花闸2.9千米，沥青路面宽12米，路基宽15米。大丰桥至通榆河桥10.5千米的沥青路面工程，于1978年5月开工，1979年秋季竣工，次年完成通榆河桥至刘庄2.5千米沥青(因是填河而成的路基，先铺碎砖通车，沉实后再铺柏油路)，从此大刘路为黑色化二级公路。1990年，红花闸至大丰桥2.9千米路段按一级路进行改造，当年征地、拆迁，完成路基土方5.6万立方米。1992—1993年，铺筑快车道混凝土路面宽12米，两侧绿化带各1米，慢车道沥青路面宽各4米，同时，加宽红花闸、跃进桥，改建新民桥，路全宽为23米。从大丰桥向西裁弯1.9千米，征地6.07公顷，做新路基土方6.8万立方米。新建河口桥、养殖场桥。1992年，盐城市公路处投资123万元，重建大丰桥四孔(20×3+10)箱梁桥，宽12米。1994年，大丰开发区大道1.5千米，快车道混凝土路面宽15米，两侧绿岛各2米，慢车道沥青路面各7米。1994年冬，从1.9裁弯处至刘庄10.5千米，拓宽路基为25米，土方工程由刘庄、新团两乡(镇)负责，完成土方30万立方米。1995年3月开工，9月底竣工，完成大丰桥至刘庄12.5千米一级路工程，沥青路面23米，中间快车道15米，分4车道，两侧慢车道各4米，改建和加宽工业河桥、永西桥、永中桥、永东桥、朝阳桥、光明河桥、北灶桥、胜利河桥8座小桥，宽25米，暂时利用通榆河桥。1995年9月28日，大刘一级路剪彩通车。1995年，开发区大道南端至生产河桥2.5千米，按一级路新建，称为市区南环西路，路面总宽为35米，征地12公顷，拆迁38户、156间房屋，新建新民桥、红花桥，铺筑沥青路面宽15米，总经费450万元。1996年，从城东桥至裕华6.3千米，铺筑沥青路面宽12米，路基宽15米，投资519.89万元。前期工作由大中、裕华两镇完成土方3.5万立方米，拆迁134户、606.5间房屋，共1万多平方米，其中，裕华镇东西街道拓宽为25米，拆迁115户、510间房屋，共8999.37平方米，市补助拆迁费70多万元，从而提高过境路段的通过能力。1998年，从生产河桥至城东桥3千米，铺筑沥青路面宽9米，投资155.24万元。从此S314线刘裕公路将穿越大丰市区路段改走南环路通过，全程由原24.527千米增加为28.38千米。2010年秋，拓宽城东桥至裕华小街双向四车道铺筑沥青路面，全长6千米。

陈李公路　陈李公路(原S226黄海公路)是沿海地区的主要通道，北起响水县陈家港，南至海安县李堡镇。经大丰段76.86千米，大中镇境11.25千米。陈李公路始建于1933年，垦区利用河堤筑成裕华至南阳、通商的土路。1941年，整修裕华至三龙和通商经草庙、大桥至潘镢的土路。1950年3月，上海农场在四岔河成立后，该场先整修裕华至三龙土路，1965年又加铺煤渣。1970年2月，动员全县人民筹集碎砖，铺筑碎砖路面宽3.5米，路基宽7~8米，陈李公路大丰段76.86千米。在20世纪60年代和70年代，把沿途木桥改建成钢筋混凝土桥和砖拱桥。1999—2000年，完成裕华至南阳8.65千米沥青路面，改建沿途桥梁。裕华、南阳乡镇完成拓宽路基土方12.2万立方米。2000年2月，陈李公路大丰北段裕华至丰阳桥33.5千米开始施工，由裕华、三龙、上海农场共同完成，拓宽路基土方32万立方米，改建裕华桥、三卯西桥等桥梁。

332省道(通港大道)　332省道公路从刘庄镇至大丰港全长55千米。经大中镇境22千米，其中刘庄—城东桥(农垦纺织厂)22千米，城东桥—大丰港33千米。1999年初，332省道公路改道的前期工作完成征地47.73公顷，路基土方77万立方米，总支出800万元。6月，路桥正式开工，新建阜丰桥、阜丰东桥、五一河桥、万丰西桥、万丰东桥、中子午河桥、朝荣中心河桥、天东河桥、海防河桥、干河桥等桥，涵铺筑沥青路面宽9米，路基宽12米。道路工程和建桥工程由盐城市公路处施工，于2000年10月剪彩通车，总投资9000多万元。2004年后，332省道公路在东宁路北端与疏港公路交叉处继续向西延伸至西康路汇入刘裕线，嗣后又从西康路北端的交叉处继续西延，跨越老斗龙港转弯向南跨越新团河再次汇入刘裕线。2010 年，332 省道公路再次将路面拓宽为双向八车道。332 省道公路高标准建成。

沈方公路　沈方线从沈灶经小海、南团、大中、新丰、金墩、方强至引水，全长 60 千米，大中镇境 11.25 千米。1929 年，垦区修通新丰经大中集至西团第一条公路，全长 19.5 千米，路宽 6 米。1956 年，大中集至沈灶 30.57 千米和大中集至新丰 7.5 千米铺筑碎砖路面，晴雨通车。12 座木桥改为钢筋混凝土桥和砖拱桥。1982 年，大中集南出口路段因街道狭窄，车辆经常堵塞，因此，改线从城西桥向南到花炮厂接上大沈路。1983 年，兴建西子午河桥 3 孔 10 米空心板梁，全宽 10 米，净宽 9 米，以及 2 座涵桥。1984 年，铺筑 2 千米长 9 米宽的碎砖路面。1985 年，西子午河桥至六匡桥 6 千米路面加宽，铺碎砖路面宽为 9 米。1986 年，从酒厂至裕中桥 4.5 千米移至老大四河填土后的新路基上，新建阜北桥、北中心河桥、裕南桥、裕中桥，筹集碎砖 5500 立方米，铺筑碎砖路面宽为 6 米，路基总宽为 30 米。路基土方工程 7 万立方米，由大中镇和新丰镇组织 3000 多名民工完成。1993—1994 年，大中至沈灶 30.57 千米由沿线大中镇、西团镇、南团乡、小海镇、沈灶镇负责完成，完成路基拓宽土方 25 万立方米。1983—1996 年，改建泰西闸桥、恒丰桥、四排河桥等桥梁。1996 年，从大丰市酒厂至新丰铺筑 12 米宽的沥青路面。2010 年，大中集南出口路段再次拓宽。

沈海高速　2001 年 7 月 28 日，盐通高速公路先导段开工奠基仪式在大中镇新团办事处隆重举行。沈海高速公路有双向 6 车道，经过大中镇北起老坝村南止光明村，境域长 11.4 千米，2007 年通车。

2009 年大中镇区域道路情况统计表

表 4－1－1

序号	所处地或类型	长度(米)	面积(平方米)	备注
1	省道县道	200030	3249950	—
2	农村公路	165000	557500	—
3	工业园区	25300	412680	—
4	农业园区	12960	133180	—
5	集聚区	7300	365500	—
合计		410590	4718810	—

2. 农村公路

2010 年，大中镇有农村公路 156.27 千米。

2010 年大中镇农村公路情况表

表 4－1－2

线路名称	线路编号	里程(千米)	技术等级(级)	桥梁数量(座)	涵洞数量(个)	水泥路路面长度(千米)	绿化里程(千米)
大恒线	Y385	9.6	四级	12	—	9.6	9.6
大利线	Y383	5.67	四级	7	—	5.67	5.67
大红线	Y460	6.12	四级	3	—	6.12	6.12
大阜线	Y381	8.84	四级	3	—	8.84	8.84

续表4-1-2

线路名称	线路编号	里程(千米)	技术等级(级)	桥梁数量(座)	涵洞数量(个)	水泥路路面长度(千米)	绿化里程(千米)
大北线	Y387	3.83	四级	2	—	3.83	3.83
大丰线	Y388	3.85	四级	3	—	3.85	3.85
大新线	Y396	2.4	四级	4	—	2.4	2.4
大双线	Y484	3.96	四级	2	—	3.96	3.96
大西线	Y386	2.72	四级	2	—	2.72	2.72
大光线	Y395	4.04	四级	4	—	4.04	4.04
大八线	Y384	5.57	四级	4	—	5.57	5.57
大老线	Y393	5.884	四级	6	—	5.884	5.884
大龙线	Y392	3.402	四级	1	—	3.402	3.402
大德线	Y391	4.353	四级	1	—	4.353	4.353
双福线	Y340	2.57	四级	3	2	2.57	2.57
晋丰线	Y341	2.85	四级	2	—	2.85	2.85
晋北线	Y342	2.19	四级	2	—	2.19	2.19
元丰线	Y337	7.6	四级	4	1	7.6	7.6
海防线	Y335	3.81	四级	3	—	3.81	3.81
万中线	Y344	4.69	四级	3	—	4.69	4.69
锦海线	Y334	9.05	四级	7	—	9.05	9.05
天祥线	Y332	3.5	四级	1	—	3.5	3.5
海丰线	Y331	3.69	四级	1	—	3.69	3.69
大大线	C304	0.68	四级	3	—	0.68	0.68
二民线	C292	3.77	四级	4	—	3.77	3.77
泰利线	C293	4.78	四级	5	—	4.78	4.78
恒北北线	C592	2.18	四级	1	—	2.18	2.18
新居线	C307	1.58	四级	—	—	1.58	1.58
新光线	C302	0.47	四级	—	—	0.47	0.47
方阜线	C308	5.37	四级	2	—	5.37	5.37
红刚线	C588	1.2	四级	3	—	1.2	1.2
红中线	C589	0.5	四级	—	—	0.5	0.5
大南线	C299	3.86	四级	3	—	3.86	3.86
阜北东线	C952	1.3	四级	—	—	1.3	1.3
恒南南二线	C609	0.62	四级	—	—	0.62	0.62
恒北南一线	C301	4.32	四级	2	—	4.32	4.32
老八公路	C610	1.99	四级	—	—	1.99	1.99
老八西延线	C610	0.4655	四级	—	—	0.55	0.55
老坝西延线	C273	3.08	四级	1	—	3.08	3.08

续表 4－1－2

线路名称	线路编号	里程（千米）	技术等级（级）	桥梁数量（座）	涵洞数量（个）	水泥路路面长度（千米）	绿化里程（千米）
朝荣六线	CH44	2.32	四级	1	—	2.32	2.32
建设西线	CH42	0.63	四级	—	—	0.63	0.63
建设东路	CH42	0.63	四级	—	—	0.63	0.63
万丰园区线	C416	1.01	四级	1	—	1.01	1.01
海防四线	C415	1.04	四级	—	—	1.04	1.04
海丰2线	CH08	2.58	四级	1	—	2.58	2.58
晋北东延线	CH22	1.62	四级	—	—	1.62	1.62
合计		156.269		107	3	156.269	156.269

（二）桥梁

2010年，大中镇区域有农村公路桥梁111座。

1984年大中镇境内主要公路桥梁技术状况表

表4－1－3

桥名	桥长（米）	桥宽（米）	孔数及跨径（米）	构造形式		设计载重（吨）	建桥年份
				上部	下部		
大丰桥	85	6×0.35×2	21.6+24+21.6	6肋5坡双曲	砼钻孔桩	汽－13	1969
新民桥	11.1	5.5+0.15×2	1－3	砧桥拱	钻轻台八字墙	汽－20	1967
跃进桥	15.6	9+0.2×2	1－4	砼板梁	砼钻字墙代闸	汽－20	1980
红花桥	19.3	9+0.2×2	1－55	砼板梁	实心台	汽－20	1980
大刘桥	45	7+0.5×2	1－24	5肋4坡	扩函闸桥大基础空心台	汽－13	1971
人民桥	45	7+0.5×2	1－30	7肋6坡双曲拱	扩大基础空心台	汽－20	1968
三师桥	46	7+0.5×2	1－5	砼板拱	实心台	汽－13	1977
阜南桥	17.2	7+0.2×2	1－13	5肋4坡双曲拱	实心台	汽－13	1977
拖拉机站桥	28	7+0.2×2	1－16	5肋4坡双曲拱	实心台	汽－13	1977
城西桥	43	12	—	3肋2坡双曲拱	石八字轻台	汽－10	1983
粉丝厂桥	6.5	12	—	砼板拱	石八字轻台	汽－10	1984
红花涵洞	10.28	12	—	砼板拱	石八字轻台	汽－10	1983
红花东涵	5	12	—	砼板拱	石八字轻台	汽－10	1983
生产河桥	33	9.5	—	砼板拱	石八字轻台	汽－10	1983
超产桥	4	4.5	—	砼板拱	石八字轻台	汽－10	1983
超纲涵桥	6	4.5	—	砼板拱	石八字轻台	汽－10	1983
泰西闸桥	12.8	4.5	1－32	砼板梁	石八字轻台	汽－13	1972
超纲桥	36	4.5	1－24	二肋平极半悬双拱	扩大基空台八字墙	汽－10	1977
长春涵洞	5	4.5	—	—	扩大基空台八字墙	—	—

续表 4－1－3

桥名	桥长（米）	桥宽（米）	孔数及跨径（米）	构造形式		设计载重（吨）	建桥年份
				上部	下部		
恒丰闸桥	10.7	5.9＋0.1×2	1－4	砼板拱	石八字轻台	汽－10	1979
六匡桥	17.4	5.9＋0.3×2	1－6	砼板拱	T 型砼加有墙	汽－10	1977
一卯西桥	54	9.3＋0.2×2	3－2	砼空心板梁	T 型砼加有墙	汽－10	1965
健康桥	46	4	1－4	五肋四坡双曲拱	后膝式基空心台	汽－20	1979
阜丰闸桥	15.7	4.5＋0.2×2	1－4	砼板拱	轻石台八字墙	汽－10	1974
阜北闸桥	15.7	4.6＋0.1×2	1－4	砼板拱	轻石台八字墙	汽－10	1974
北中心桥	36.52	4＋0.2×2	1－24	三肋一坡半悬双拱	扩基空石台	汽－10	1977

2010 年大中镇农村公路桥梁技术状况表

表 4－1－4

桥梁名称	路线名称	路线编号	桥位桩号	桥长（米）	桥宽（米）	按受力体系分类		按技术状况分类					建设年份
						梁式桥	拱式桥	一	二	三	四	五	
联民桥	大老线	Y393	0K＋015	27	4.5	√			√				2005
二十六中河桥	大老线	Y393	0K＋950	23	3.7	√				√			2000
西竖河桥	大老线	Y393	1K＋050	21.5	4	√			√				2005
农庄河桥	大老线	Y393	2K＋570	23	5.5	√		√					2010
友谊桥	大老线	Y393	3K＋490	16	4.5	√			√				2007
农庄河桥	大新线	Y396	0K＋380	12	4		√					√	1982
老新团河桥	大新线	Y396	0K＋710	12	5.2		√					√	1982
中心河桥	大新线	Y396	1K＋006	13	4		√					√	1978
生产河桥	大新线	Y396	1K＋388	13	5.2		√					√	1980
八排河桥	大双线	Y484	2K＋160	16	4.5	√		√					2009
五排河桥	大双线	Y484	2K＋760	16	4.5	√		√					2009
南新河大桥	大红线	Y460	3K＋100	37	5.5	√		√					2006
一号桥	大红线	Y460	3K＋420	10.5	4.3	√						√	1995
祥丰桥	大红线	Y460	5K＋960	32	5.5	√			√				2005
新农庄桥	大八线	Y384	2K＋650	15.5	4.5	√		√					2007
合兴桥	大八线	Y384	1K＋755	22	4.5	√			√				2004
老八灶永忠河桥	大八线	Y384	0K＋676	22	5.5	√		√					2010
翻身河桥	大八线	Y384	0K＋600	39	5.5	√		√					2010
四号桥	大光线	Y395	3K＋088	14	3.6	√						√	1988
斗私河桥	大北线	Y387	1K＋250	22	4.5	√		√					2008
恒泰河桥	大北线	Y387	2K＋600	22	4.5	√		√					2008
新跃河桥	大恒线	Y385	9K＋590	19	3.5	√						√	1996

续表 4－1－4

桥梁名称	路线名称	路线编号	桥位桩号	桥长（米）	桥宽（米）	按受力体系分类		按技术状况分类					建设年份
						梁式桥	拱式桥	一	二	三	四	五	
丰南桥	大恒线	Y385	5K＋875	15	4	√			√				2006
丰北桥	大恒线	Y385	4K＋680	15	4	√			√				2006
丰梨桥	大恒线	Y385	4K＋500	15	4	√		√					2006
恒北中心河桥	大恒线	Y385	4K＋080	17.5	4.5	√		√					2008
恒泰桥	大恒线	Y385	3K＋940	33	5.5	√			√				2005
泰丰促农桥	大恒线	Y385	1K＋730	16	5.5	√		√					2010
北中心河桥	大恒线	Y385	1K＋025	19	3.5	√					√		1999
双赢桥	大利线	Y383	0K＋005	17	4.5	√		√					2007
东复河桥	大利线	Y383	0K＋750	19	4	√					√		1995
利民桥	大利线	Y383	1K＋480	19	4.5	√					√		2005
一号桥（双喜）	大利线	Y383	1K＋900	9	5.5	√						√	1992
双泰桥	大利线	Y383	2K＋190	19	5.5	√			√				2006
恒泰河桥	大利线	Y383	3K＋900	21	4.5	√		√					2007
泰西北中心河桥	大利线	Y383	4K＋550	18	4.5	√		√					2007
新跃河桥	大丰线	Y388	0K＋005	19	3.5	√						√	1995
民心桥	大西线	Y386	1K＋650	13	5	√					√		2003
中心路桥	大西线	Y386	1K＋670	9.5	4	√					√		1996
斗龙港大桥	大龙线	Y392	2K＋640	65	5.5	√			√				2007
和谐桥	红刚线	C588	0K＋580	15	4.5	√			√				2007
和顺桥	红刚线	C588	1K＋200	17.6	4.5	√			√				2007
斗私河桥	恒北北线	C592	1K＋300	22	3.2	√		√					2008
斗私河桥	恒北南一线	C301	1K＋300	22	4.5	√		√					2008
恒泰河桥	恒北南一线	C301	2K＋500	22	4.5	√		√					2008
泰园桥	泰利线	C293	4K＋170	17	4.5	√			√				2007
恒泰河桥	泰利线	C293	3K＋530	22	4.5	√			√				2008
斗私河桥	泰利线	C293	2K＋280	22	4.5	√			√				2008
中心路桥	泰利线	C293	0K＋610	10	4.5	√					√		1990
新跃河桥	泰利线	C293	0K＋010	20	4	√			√				2008
大新桥	大德线	C304	0K＋230	57	5.5	√		√					2009
大新中心河桥	大德线	C304	0K＋610	14	3.6	√						√	1988
德丰中心河桥	大德线	C304	2K＋070	20	5.5	√		√					2009
七排中心河桥	大德线	Y391	4K＋000	12	4.1	√						√	1990
三号桥	二民线	C292	3K＋210	7.5	4.2	√						√	1988
中心桥	二民线	C292	1K＋820	14	4.5	√		√					2009
二号桥	二民线	C292	1K＋650	10	3.8	√						√	1993

续表 4-1-4

桥梁名称	路线名称	路线编号	桥位桩号	桥长（米）	桥宽（米）	按受力体系分类		按技术状况分类					建设年份
						梁式桥	拱式桥	一	二	三	四	五	
一号桥	二民线	C292	1K+100	9	3.4	√					√		1988
新跃河桥	大南线	C299	0K+005	22	4.5	√						√	1994
斗私河桥	大南线	C299	1K+250	21.6	5.5	√		√					2010
恒泰河桥	大南线	C299	2K+500	25	5	√					√		2001
连心桥	老坝西延线	C273	1K+075	22	4.5	√		√					2010
西匡中心河桥	双福线	Y340	1K+292	24	6	√		√					2010
福丰东匡河桥	双福线	Y340	0K+655	17	4.5	√					√		2005
福丰中子午桥	双福线	Y340	0K+017	28	5	√				√			2004
晋北中心桥	晋北线	Y342	1K+888	27	3.7		√					√	1979
五保中心河桥	晋丰线	Y341	0K+966	24	4.5	√						√	2005
朝荣一匡河桥	锦海线	Y334	7K+610	19	5	√			√				2002
锦海桥	锦海线	Y334	1K+250	20	5	√			√				2006
全丰桥	锦海线	Y334	2K+000	26	5	√		√					2008
海丰中心桥	锦海线	Y334	2K+611	22	5	√				√			1976
海祥桥	锦海线	Y334	3K+607	16	5	√		√					2007
祥和桥	锦海线	Y334	4K+454	26	5	√		√					2006
朝荣二匡河桥	锦海线	Y334	6K+467	24	5	√				√			2007
中心河桥	海防线	Y335	1K+100	13	5		√				√		1978
海防一匡河桥	海防线	Y335	2K+500	24	5	√				√			2004
朝阳桥	海防线	Y335	0K+500	24	5	√				√			2006
元丰北排河桥	元丰线	Y337	1K+530	26	6	√		√					2010
丰农桥	元丰线	Y337	2K+800	24	4.5	√		√					2009
四组西大圩桥	元丰线	Y337	4K+418	19	5.5	√		√					2010
1.4 组中心桥	元丰线	Y337	6K+600	28	4.5	√		√					2010
海丰天东河桥	海丰线	Y331	1K+150	23	5		√			√			1982
富民桥	天祥线	Y332	0K+912	26	5	√				√			2006
万丰四组西桥	万中线	Y344	1K+302	20	5	√		√					2008
万丰一组西桥	万中线	Y344	2K+532	20	5	√		√					2008
立业桥	万丰园区线	C416	0K+826	24	12	√					√		2009
海丰天东河 2 号桥	海丰 2 线	CH08	1K+250	20	4.5	√		√					2007
致富桥	朝荣六公路	CH44	1K+070	18	5	√		√					2006

（三）陆运工具

黄包车 一种由人力拉行的代步工具，一般为单人乘坐，间或拉乘两人，亦可用于装运货物。黄包车以木料制成车架，两侧有钢丝胶轮，上有可以开落的弧形布棚，以供遮阳避雨，空车停放时，车座微前倾，脚踏着地。民国 20 年（1931）前后，大中集殷家同从东台买回 6 辆黄包车到大中集营运，此后,黄包车逐年增多。抗日战争爆发前,大中集有黄包车 40 辆左右,裕华也有少数黄包车。随着二轮车、三轮车的诞生,黄包车逐渐消失。

牛车　清代初期,沿海灶区一带出现牛车,灶民用于运输海盐、柴草、粮食等。在运输时,每辆车少则 1 头牛,多则 4 头牛牵引,1 人驾车,载重 2000 千克左右。20 世纪 30 ~40 年代农村使用广泛,60 年代基本绝迹。

马车　20 世纪 60 年代初,大中集常有沿海农场的马车造访,部队用马车运粮食、煤炭,一般载重量 500 千克左右,马车车面为木质结构,装有 4 个胶轮,亦称为"胶轮马车",一般一匹马拉一辆车,上有帆布车棚,中有旅客座位,样子很像小"面包"车,车前有驾辕的绳索,并有赶车人的座位,一辆马车能同时乘坐 10 余名旅客(沿海农场也用于场际间短途运输),60 年代末被手扶拖拉机代替。

独轮车　独轮车的使用始于清代,初时从外地传入。独轮车均由木料制作,车型大致有两种:一是六合车,车架中部装有一轮,两侧供人乘坐或装货,可乘坐两人或载重一二百千克货物,车身前部两根车把前下方各装一根脚撑,以便途中休息,此车境内居多;二是小土车(又名狗头车),车架的前下方装有一小轮,载重一二百斤,原本地居民有少数使用,启海移民使用普遍,有些水利工程和筑路等土方工程也应用此车。解放战争时期,独轮车为支前运输作出贡献。新中国成立后,独轮车逐渐退出运输市场。到 1958 年,境内仍有独轮车 1018 辆,后来车体木轮改为胶质充气轮胎。

三轮车　人力三轮车是以人力脚踏,链条传动的运输工具,备有活动顶棚以防风雨,由于它有前一后二计 3 个钢丝轮,故称三轮车,以载客为主,兼营货运,载重二三百千克,乘客二三人。新中国成立前,该车数量较少,90 年代,人力三轮车有所增加,2000 年后,三轮车都在车底装电动装置。

塌车　平板车又称塌车。平板车的两轮均为充气轮胎。以人力拖拉前进,用于短途货物运输,可载重二三百千克。20 世纪 40 年代始就是搬运工人的主要运输工具。新中国成立初期,境内有少量板车。1958 年,短途运输中,平板车运输运用渐广。60 年代,工厂企业广为使用。1966 年,县搬运站有平板车 94 辆。农业生产承包到户以后,广大农户竞相购置,尤其是菜农,大多每户 1 辆。

自行车　民间亦称"脚踏车",用于搭客的则称为"二轮车"。大丰境内第一辆自行车是 1927 年大丰公司成丰区经理包少书之子包滋润(医生)从外地买回的,是英国货,商标名称"邓绿音"。至此,垦区自行车逐年增多。1953 年,镇成立二轮车(自行车)站,有自行车 110 辆。1955 年 8 月,地县交通、公安部门对搭客二轮车着手进行登记、审查、考试发证,设置 12 个二轮车临时服务站和 1 个临时服务组。1957 年,境内有搭客二轮车 314 辆。20 世纪 60 年代初,自行车统由所在地的公社交管站管理。"文化大革命"期间,搭客二轮车有所减少。1973 年前后,公安部门对自行车实行统一编号管理。大丰飞轮总厂、五件碗厂曾生产自行车及自行车配件。1976 年 4 月,大丰二轮车站撤销。1985 年,全镇有自行车 3 万多辆。1990 年后,自行车逐步由摩托车、电瓶车代替。2010 年,全镇有人力脚踏自行车 4.5 万余辆。

摩托(轻骑)车、电瓶车　自 80 年代末进入居民家庭,其势发展迅猛。至 1996 年年末,大中镇城乡居民家庭拥有摩托(轻骑)车 4520 辆。进入 21 世纪后,电瓶车以其轻便、节能赢得人们青睐。2010 年,全镇城乡每个家庭都有 1 ~2 辆。

手扶拖拉机　自 1964 年开始,农村生产队相继购买手扶拖拉机,初为耕作机械,有时也投入运输。1985 年,大中地区有农用拖拉机 932 台(含新团镇、裕华镇),其中大中型拖拉机 16 台,大中镇区域专门营运拖拉机 18 台。1995 年,全镇有拖拉机 1175 台(含新团镇、裕华镇),其中大中型拖拉机 35 台。1996 年年末,大中镇区域有农用手扶拖拉机 549 台,其中从事营运的拖拉机有 340 余台。进入 21 世纪后,营运拖拉机逐步被汽车代替。2010 年,全镇有营运拖拉机 730 余台,农用手扶拖拉机 580 余台。

汽车　1928 年,全镇有一辆别克牌小汽车。1937 年,私营汽车有 35 辆。1941 年日军侵占大中集后,私营汽车有的停止使用,有的分流异地。新中国成立后,汽车数量有所增加,品牌有国外进口车的大道奇、丰田等，国产的有解放、跃进等品牌。20世纪70年代，汽车逐年增多，货车有江苏140型，客车有南京汽车公司改装的694型、苏州汽车公司657型、扬州产663型、盐城汽车公司改装的661D型以及东风系列车型。2010年，在大中市场运营的车辆有10多家，扬州车辆厂生产的占多数，也有南京江淮等车辆品种。

（四）陆路客运

1. 国营客运

1953年4月，南通汽车分公司将刘庄至大中集线路收归国有，同时将私营盐城汽车站退出刘庄至大中集线路。1954年12月27日，大中集第一辆国营汽车开往天生港。1954—1958年，境内陆续增开大中集至六圩、大中集经天生港至南通、盐城经大中集至四岔河（车为中型吉普车，15座，每日1班）、刘庄经大中集至四岔河（每日3班）、新丰经大中集至小海（中型客车，每日来回4班），恢复大中集至小海客班车，大中集至四岔河班延伸到三龙（龙王庙），大中集至三龙班延伸到方强。1963年12月，大中集至大桥班车延伸至川东农场。1965年12月1日，大中集开往草庙班车延伸至川东港闸。1970年4月，大中集至三龙客班车延伸到大丰闸，大中集至大桥客班车延伸到潘镢。6月1日，新辟大中集至八圩客运班线。7月20日，大中集至无锡改为直达班车。8月29日，开通大中集至新丰、金墩、四岔河、五星（裕华）等地循环线路。10月，县境长途客班车全部改为农村公共汽车。1975年6月，增开大中集经海安、如皋至苏州客运直达车。开通大中集至海丰农场农村公共汽车。1980年2月25日，开通大中集至三圩线路。1987年7月10日，开通大丰至启东客班车（每日1班）。1988年1月，省盐汽大丰营业处成立。1996年5月1日，大丰公司旅游出租公司挂牌成立，投入营运车12辆，其中“面的”7辆、夏利轿车5辆。1999年12月1日，大丰市汽车运输总公司与北京丽泽长途汽车站联营开通大丰至北京长途班车。

1954—1985年期间大中集起点班通车情况表

表4－1－5

起讫地点		全长（千米）	开始通车时间	起讫地点		全长（千米）	开始通车时间
起	讫			起	讫		
大中集	上海	372	1981	大中集	白驹	27	1960
大中集	南京	310	1968	大中集	华丿	57	1970
大中集	苏州	320	1975	大中集	川东农场	55	1963
大中集	无锡	235	1968	大中集	大桥（西）	42	1959
大中集	六圩	221	1954	大中集	原种场	33	1979
大中集	启东	292	1983	大中集	王港	25	1978
大中集	南通	182	1953	大中集	虾场	28	1978
大中集	海安	99	1985	大中集	林场	46	1978
大中集	利国矿	431	1982	大中集	万盈	33	1978
大中集	射阳	110	1978	大中集	洋心洼	32	1978
大中集	盐城	53	1954	大中集	大龙	19	1981
大中集	东台	54	1954	大中集	方强农场	50	1977
大中集	丰富	37	1973	大中集	大丰闸	46	1973
大中集	三龙	36	1959	大中集	四岔河	23	1954

续表 4－1－5

起讫地点		全长（千米）	开始通车时间	起讫地点		全长（千米）	开始通车时间
起	讫			起	讫		
大中集	海丰	26	1980	大中集	方强	26	1981
大中集	齐贤	31	1981	大中集	龙堤	20	1978
大中集	草堰	40	1973	大中集	西渣	41	1978

2001 年 1 月 8 日，江苏盐阜公路运输集团大丰有限公司成立，成立后，调整、开发营运线路，新增大中集—济南的班线跨省际长途班车。2002 年，联运公司将 38% 集体股全部退出。2002 年年初，汽运公司与盐阜公司运输集团重组建成江苏盐阜运输集团大丰有限公司

1999 年大丰长途汽车班车时刻表

表 4－1－6

起讫	时间	起讫	时间	起讫	时间
大丰—北京	9:00	大丰—南京	14:30	大丰—射阳	7:30
大丰—天津	9:00		15:00		13:15
大丰—泰安	9:00	大丰—镇江	8:00	大丰—东台	6:30
大丰—济南	9:00	大丰—青岛	8:15		7:20
大丰—宁波	13:00	大丰—徐州	15:45		8:00
大丰—嘉兴	8:15	大丰—淮阴	7:45		8:45
大丰—苏州	5:40	大丰—新浦	7:40		9:50
大丰—无锡	6:30	大丰—商丘	6:00		10:30
	7:30	大丰—扬州	7:00		13:00
	13:40		13:30		13:30
	15:00	大丰—南通	7:00		14:10
大丰—上海	5:30		12:45		15:45
	16:00	大丰—常州	7:10		16:20
大丰—南京	6:00	大丰—启东	6:40		16:30
	6:30	大丰—兴化	5:50		17:00
	7:30		6:40	大丰—盐城	6:00～18:00 20 分钟一班
	8:30		13:10		
	13:00		13:40		

2008 年，大丰汽车站长途班次有北京、青岛、济南、连云港、枣庄、徐州、沭阳、淮安、宁波、杭州、海宁、嘉兴、盛泽、苏州、无锡、南京、上海、武汉、海门、启东、金沙、南通、向阳。

2. 集体客运

1977 年 9 月，成立大丰县汽车运输公司，下设客运组、货运组，以农村公共汽车运输为主业。1981 年，将大中集开往方强农村公共班车分别延伸到齐贤和丰富，大中集开往围垦农村公共班车延伸到对虾场，增设加工厂招呼站。1984 年，大丰县汽车运输公司与盐城地区汽车运输公司大丰车站

分开经营。同年8月,增开大中集至白驹(沿途停靠新团、刘庄)、大中集至草堰、大中集至四卯酉闸线路。1991年3月,大丰县汽车运输公司购置“昌河”中巴车5辆。8月,开辟大中集至常熟夜班客车(每日1班)。10月,开辟大中集至杭州夜班客车(每日1班)。1994年,开辟大中集至盐城线路。1995年,开辟大丰至荷泽、大中集至东台、大中集至华丿、大中集至大冈班车。1996年2月,成立大丰县城市交通汽车公司,增辟大中集至无锡、大中集至南通、大中集至滨淮农场线路。1997—1999年间,扩辟大中集至北京、上海、郑州、句容、沭阳、射阳、响水、建湖等线路。2000年,大丰汽车运输公司有客运汽车116辆(2861座位),营运线路65条。2001年,大丰汽车运输公司并入盐阜汽运集团大丰公司。

附:汽车客运站

大丰市新汽车客运站位于市开发区内S332与斗龙路交叉口东南角,占地7.13公顷,总建筑面积2.4万平方米,总投资3800万元。项目主要包括:主体站房、站前广场、停车区、发车区、修理厂、加油站、检测线等。新客运站按一级客运站标准建设,日旅客最大发送量为2万人次,旅客最高聚集人数达2000人,可停放250余辆客运车辆。2008年,大丰市新汽车客运站投入运营。

大丰汽车客运总站

2012年大丰汽车客运总站客运班车时刻表

表4-1-7

到达站	发车时间	到达站	发车时间	到达站	发车时间	到达站	发车时间
北京丽泽桥	丰10:00	宜兴汽车南站	丰13:10	南京中央门	丰8:10	射阳汽车站	丰6:30
	京11:00		宜6:05		宁14:30		射12:00
北京丽泽桥	丰13:00	常州汽车总站	丰7:10	南京汽车南站	丰9:10	射阳汽车站	丰11:50
	京15:30		常14:20		宁16:30		射7:30
青岛 隔日 四方车站	丰6:00	常州汽车总站	丰7:40	南京中央门	丰10:30	射阳汽车站	丰13:00
	青11:10		常13:20		宁15:50		射6:30
济南堤口路客运中心	丰7:20	常州汽车总站	丰12:15	南京中央门	丰11:20	兴化客运中心	6:10~16:40
	济7:00		常7:15		宁5:40		间隔60分钟
连云港市区新浦总站	丰7:25	常州汽车总站	丰12:40	南京汽车南站	丰12:10	东台汽车总站	6:00~18:00
	连13:40		常8:10		宁6:00		间隔20分钟
连云港市区新浦总站	丰13:45	上海浦东白莲泾	丰6:00	南京汽车南站	丰12:50	草堰	6:00~18:00
	连8:00		沪6:15		宁6:50		间隔20分钟

续表 4－1－7

到达站	发车时间	到达站	发车时间	到达站	发车时间	到达站	发车时间
枣庄　隔日 客运总站	丰 6:20	上海火车站 北广场	丰 7:00	南京汽车南站	丰 13:20	盐城汽车总站	6:00～18:00
	枣 8:00		沪 12:50		宁 6:00		间隔 15 分钟
徐州客运南站	丰 7:30	上海火车站 北广场	丰 8:00	南京中央门	丰 14:00	渔业	7:00～17:00
	徐 10:00		沪 14:00		宁 8:20		间隔 20 分钟
淮安淮安总站	丰 7:00	上海　隔日 汽车南站	丰 9:00	南京中央门	丰 15:20	方强农场	7:30～15:00
	淮 12:50		沪 6:50		宁 8:40		
宁波东北站	丰 11:00	上海火车站 北广场	丰 10:45	南京汽车南站	丰 16:00	丰富	7:30～17:00
	宁 15:50		沪 16:00		宁 9:40		间隔 40 分钟
杭州汽车北站	丰 7:00	上海火车站 北广场	丰 13:00	南京中央门	丰 16:40	海丰农场	7:00～17:00
	杭 13:35		沪 7:00		宁 11:00		间隔 40 分钟
杭州汽车北站	丰 15:00	上海火车站 北广场	丰 14:00	武汉 青年路车站	丰 12:55	大团	7:00～17:00
	杭 8:40		沪 8:50		武 20:00		间隔 40 分钟
海宁大元 汽车站	丰 5:50	上海客运总站	丰 16:00	海门汽车总站	丰 6:20	徐舍	6:30～18:00
	海 6:00		沪 11:00		海 7:10		间隔 30 分钟
嘉兴汽车北站	丰 6:40	昆山客运总站	丰 6:10	启东汽车总站	丰 6:30	三渣	7:30～17:00
	嘉 7:25		昆 12:30		启 6:30		间隔 40 分钟
盛泽 盛泽汽车站	丰 8:55	昆山客运总站	丰 12:30	金沙 金沙客运站	丰 8:00	沈灶	7:30～17:00
	盛 6:10		昆 6:30		金 13:20		间隔 50 分钟
苏州汽车 南北站	丰 7:40	镇江客运中心	丰 6:40	南通汽车总站	丰 6:20	潘丿	7:30～15:00
	苏 13:00		镇 12:30		通 10:20		
苏州汽车南站	丰 13:30	镇江客运中心	丰 12:35	南通汽车总站	丰 7:10	大桥	7:30～17:00
	苏 8:00		镇 7:30		通 12:15		间隔 50 分钟
无锡客运总站	丰 6:20	句容客运公司	丰 7:40	南通汽车总站	丰 10:00	川东	7:30～17:00
	无 12:50		句 6:50		通 14:15		间隔 40 分钟
无锡客运总站	丰 7:30	扬州汽车东站	丰 7:15	南通汽车总站	丰 12:45	大中农场	7:30～16:20
	无 14:00		扬 13:30		通 8:20		间隔 60 分钟
无锡客运总站	丰 8:15	扬州汽车东站	丰 8:45	南通汽车总站	丰 14:00	王港闸	7:00～17:30
	无 15:30		扬 14:35		通 10:20		间隔 20 分钟
无锡客运总站	丰 10:10	扬州汽车东站	丰 13:15	南通汽车总站	丰 15:50	大丰港	6:00～17:00
	无 16:10		扬 7:20		通 12:15		间隔 60 分钟
无锡客运总站	丰 12:50	泰州泰州西站	丰 12:00	戴南汽车站	丰 9:50	东台（西团）	6:20
	无 6:40		泰 6:00		戴 7:20		13:20
无锡客运总站	丰 14:30	南京汽车南站	丰 5:55	戴南汽车站	丰 15:30	东台（洋心洼）	6:40
	无 8:00		宁 12:10		戴 13:00		12:40

续表 4－1－7

到达站	发车时间	到达站	发车时间	到达站	发车时间	到达站	发车时间
常熟汽车站	丰 9:20	南京中央门	丰 6:40			新曹农场	6:00
	熟 14:20		宁 12:45				11:30
宜兴汽车南站	丰 6:00	南京汽车南站	丰 7:35			新曹农场	7:45
	宜 13:10		宁 14:45				14:15

说明:因 2010 年班车时刻表无法查询,故用 2012 年时刻表

农村公共汽车　1970 年 10 月 1 日,县际乡镇长途客班车全部改为农村公共汽车。是年,大中集至三龙客班车延伸到大丰闸、大中集至大桥客班车延伸到潘镴,随车售票。8 月 29 日开设大中集至新丰、金墩、四岔河、五星(裕华)等线路。1971 年 11 月,大中集至三龙客班车延伸到丰富,大中集至庆生渡班车延伸到大中农场。12 月 1 日,大中集至丰富客班车延伸到方强农场。1972 年 5 月 15 日,大中集至金墩客班车延伸到方强(每日上下午各 1 班)。1974 年 5 月,大中集至西团客班车延伸到大龙。9 月,新辟大中集至万盈线路(每天上下午各开 1 对)。1975 年 10 月 10 日,开通大中集至海丰农场线路。1977 年 10 月 20 日,汽车营运线路分别为:大中集至大桥线(经南团、沈灶)、大中集至万盈线(经小海)、大中集至大龙线(经西团)、大中集至三合线、大中集至三渣线、大中集至方强线(经新丰)、大中集至王港线(经东坝头农场)、大中集至海丰线(经东坝头)。1979 年 5 月,增开大中集至海丰、四岔河、金墩、新丰迂回线路。1980 年 2 月,新辟大中集至三圩客班车。1981 年 5 月,原开方强分别延伸到齐贤和丰富,大中集至围垦办事处延伸到对虾场。10 月,大中集至大龙客班车延伸到三合(洋心洼)。1982 年 4 月,大中集开往龙堤、万盈客班车分别延伸到大团、洋岸。1985 年 8 月,增开大中集至白驹客班车(停靠新团)、大中集至草堰客班车、大中集至四卯酉闸班车,同时增加万盈住宿班车。2010 年,农村公共汽车在市内分别设有大丰长途汽车站中巴车站(今开发区河口村),城南中巴车站(金丰大街与南翔路交会处,原红花村老村部),城北中巴车站(疏港路与人民路交会处,阜丰村六组),每 20 分钟左右一班,通往各镇(场),方便快捷。

城市公交　1996 年 2 月 26 日,成立大丰县城市交通公共汽车公司,相继开辟 3 条公交线路,以车辆抵押租赁承包经营形式,定车定线,按时发班。1 路车从大丰汽车站至新丰,每 7 分钟 1 班,沿途停靠 20 个站点;2 路车从大丰汽车站至三纺厂,每 8 分钟 1 班。1997 年,将二路公交车延伸到裕华,沿途停靠 25 个站点;3 路车从大丰汽车站至化肥厂,每 15 分钟 1 班,1997 年 9 月延伸至金融广场至新团,沿途停靠 9 个站点。1997 年,新增南阳、西团公交班线,由个体户经营。至 2000 年年底,市内公共汽车共计 33 辆,营运线路总长 27 千米,月均客运量 9.1 万人次,年客运量 109.2 万人次。

1999 年大丰市区公交汽车营运线路表

表 4－1－8

公交线路	起　讫	沿途停靠站名	每班间隔时间
1 路	车站—新丰	车站、广电局、百货商场、大中商场、飞轮厂、酒厂、轻机厂、磷肥厂、新丰	7 分钟
2 路	车站—裕华	车站、广电局、百货商场、财政局、法院、市委党校、三纺厂、拖修厂、裕华	
3 路	金融广场—新团	金融广场、康民市场、车站、开发区、大丰套闸、化肥厂、液化气站、赵圩桥、新团	

2006年,大丰市区开通首条学生接送公交专线,为解决大丰高级中学走读学生上、下学期间秩序混乱和途中安全问题,市交通局动员盐阜公路运输集团大丰有限公司出资250万元购买5辆大型公交车,按公车公营的模式,分成6路接送600多名走读学生。11月2日,首条学生接送公交专线正式开通运营,受到学生家长和社会各界的欢迎。2008年,大丰公交线路为:1路新丰(镇)线,途经同仁医药、金融广场、酒厂等;2路裕华(镇)线,途经总站、人民医院、党校等;3路新团线,途经新团、客运总站、金融广场等;4路西团(镇)线,途经客运总站、职教中心、信访局、二中桥、西团;大丰港线,途经总站、党校、染织厂、港口;107路(汽车北站—常新工业园区),途经森威集团、恒生商城、上海花园、劲力化肥、开发区行政中心;108路(色织厂—常新工业园区),途经三纺厂、海上花大酒店、邮政大楼、超力公司、开发区行政中心。2010年,城市公共汽车运营车辆64辆,公共汽车客运总量360万人次。是年,按照公车公营模式,采取业主投资、政府补贴的方式,投资1000万元选购26辆容量大、污染小、能耗低、效率高、环保型、智能化的北汽福田无人售票空调客车。开通市区"三纵三横"6条主干道公交线路,运营里程57千米,平均每条线路单程10千米左右,停靠站点160个,日发班次225个(首发5:10,晚班最迟10:00)。形成覆盖城东新区、经济开发区、常州高新区大丰工业园、大中工业园的市区城市公交体系。市民乘坐公交实行低票制,每人每次1元,对离退休干部、70周岁以上的老年和残疾人一律免费乘车。同年,城乡公交和城市公交分设,城乡公交开通新丰、裕华、新团、西团、南阳、港口等线路。城市公交撤销原107路、108路,设101路、102路、103路、104路、105路、106路。101路(汽车客运北站—大中镇工业园—汽车客运北站)主要运营站为人民路、南翔路、兴业路;102路(汽车客运北站—汽车客运总站)主要运营站为开发区4号路、西康南路、常新南路、金丰路;103路(汽车客运北站—汽车客运总站)主要运营站为黄海路、康平路;104路(城东新区管委会—奥体中心—汽车客运总站)主要运营站为黄海路、西康路、健康路、幸福东路、冬柏路至奥体中心;105路(城东新区管委会—奥体中心—常州高新区大丰工业园)主要运营站为南翔路、黄海路、冬柏路至奥体中心;106路(新丰中学新校区—汽车客运总站)主要运营站为南翔路、益民路、黄海东路、大华路、冬柏路。

3. 个体客运

1928年,新丰施顺才用160枚银元买了一辆别克小客车,在新丰、大中集、西团之间搞个体汽车运输,可乘20人左右,因乘客稀少,且汽油缺乏,仅一年多时间即歇业停开。此后施顺昌、王洪奎、陈汉章、施顺青等人先后从南通、如皋、海安等地购来汽车在大中集开设汽车行,开始时有三轮小汽车5~6辆。1931年,大丰境内已有汽车22辆,其中大中集有汽车13辆,南阳2辆,裕华1辆,新丰6辆。1935年,丁新路(丁溪至新丰)建成,乘车可达东台、南通、阜宁。1937年,垦区私营汽车发展到35辆。是年,成立大中集合记汽车联运处,陈汉章任联运处负责人。每辆汽车有五六个座位,大都是从上海购置的旧车,常出故障。大丰没有交通管理机构,车无牌照,人无驾驶执照,也不收养路费。1941年7月1日,大中集沦陷,合记汽车联运处解散。1950年,赵鸿泰、薛松林、马焕生、高有道、张文焕5人成立私营大中集汽车站,合伙购置5辆客车私营,当时公路都是土路,晴通雨阻,加之乘客稀少,营业渐淡,车辆老化,故障频频且无力修理,只得由政府以财产抵押的办法贷款扶持。1954年12月,撤销私营大中集汽车站,建立国营大中集汽车站,私营汽车停止营业。中共十一届三中全会后,个体汽车运输开始恢复。1984年,鼓励个体运输业参与国家建设。但客运市场经营行为不规范,违价斩客、"马路市场"(中巴车私自乱靠运输主干道,影响交通道路秩序)泛滥。为整顿客运市场,1995年5月建立大丰市公用型车站,将散落在社会上121辆个体中巴车进站经营,集中管理,日发班次达358个,日均发送旅客3900余人次,高峰期发送旅客5300余人次。2000年年底,进站归口管理,个体中巴车达154辆。2001年体制改革,个体中巴车并入盐阜汽运集团大丰公司统一管理运营。

4. 出租汽车客运

民国到新中国成立之前,独轮车运客、黄包车拉客、自行车载人等出租客运现象在大中镇都相继出现过,但是汽车用于客运出租却鲜有述说。1985年,大中镇成立汽车出租公司,仅有轿车2辆、面包车3辆。虽为集体企业性质,但车辆很少,又是个人购买,经营不久后就自行倒闭解体。1997年,大丰共有4家出租汽车公司,即盐阜、通联、通达、先科出租公司,车型以昌河、长安、夏利为主,桑塔纳车型极少。当时为了宣传效果,新车一购置回来,就在车前扎花拉幅,一路鞭炮,沿整个城区主要干道来回一圈,引起了极大地轰动。2000年,对出租公司进行资质审查,淘汰了盐阜旅游公司,通达公司因无力认购第二轮经营权,自行放弃,仅存通联、先科和新成立的鑫瑞3家。2004年,上海巴士集团投资5600万元,在大丰成立大丰巴士汽车服务有限公司,负责大丰市区出租车的经营与管理,9月1日投放100辆桑塔纳轿车。2005年1月1日,上海巴士集团再投放66辆桑塔纳,合计166辆,经营权5年。2010年,第四轮经营权认购,上海巴士公司淘汰了第三轮经营权认购的166辆旧车,投放新车200辆。

1999年市区出租车公司一览表

表4－1－9

单　　位	法(负责)人	地　　址
大丰市通联公司	智伯玉	大丰市黄海路85号
大丰市通达公司	朱益勤	大丰市康平南路1号
大丰市先科公司	刘小平	大丰市黄海路(汽运公司二楼)
盐阜大丰旅游出租公司	沈龙才	大丰市黄海路75号

(五)陆路货运

新中国成立前,大中区域没有专业货运业务,垦区偶有自备车从事棉运。1957年后,开办货运业务。1966年,大丰汽车站购置货车1辆,2.5吨位(外公司驻站货车10辆,80吨位),开办零担货运,经营大中集至盐城、东台业务。1977年,成立大丰县汽车运输公司,兼营货运。1984年7月,大丰成立联运公司。1977年7月,大中镇车辆管理站购置货车1辆,2吨位。是年,果园场、印刷二厂、量刃具厂、针织厂、染织厂等单位相继购置货车,为本单位原料和产品运输。县属大中型企业大多成立自己的专业车队,运输原料和产品。1985年2月,盐城货运营业处在大中镇设货运站。1988年,河南永城地区在大中区域常驻车辆多达120多辆。20世纪90年代以后,企事业单位的自备车增多,且绝大多数以个人承包形式投入市场运输。2010年,全镇农村有货运汽车310余辆,总吨位1500余吨,从业人员600余人。

二、水路

(一)航道

新中国成立后,大中镇区域的老斗龙港、七灶河、八灶河、新团河、一卯酉河、二卯酉河、东子午河等主航线多次裁弯取直、拓宽、加深、疏浚,同时结合农田水利建设,开挖主要匡河,分别与一卯酉河、二卯酉河、三卯酉河、东子午河、中子午河、西子午河及南、北中心河相通;各村还开挖村中心河,贯通主航道,排河、

刘大线航道

条沟疏浚加深，中小型运输船只和境内农用船基本上可通各村。20 世纪 80 年代后，由于公路交通的发展，灌排河桥梁拱桥改平桥，中子午河、西子午河、七灶河等部分航道不再通航。1996 年，贯穿大中镇的主要航道有大中至刘庄段的二卯酉河、新团河为五级航道，能通航千吨级船队，大中至王港乡段二卯酉河为六级航道，能通航 800 吨级船队，大四河和老斗龙港为七级航道。刘大线航道年通过量为 58439 艘次，总吨位 204 万吨，被省航道局命名为文明航道。2000 年以后，临近城区和市内通航桥改为平板桥和防洪节制闸，原经过城区的航道已不能通航。2010 年，大中镇境内的主要航道有新团河、老斗龙港、大四河（北段）、疏港河（刘大航线）和东子午河、一卯酉河、二卯酉河（东段）、三卯酉河。

1996 年大中镇境内能通航河道情况统计表

表 4－1－10

河　名	起　点	讫　点	长度（千米）	开挖疏浚年份	正常通航能力（吨位）
南斗跃河	一卯酉河	南中心河	3. 8	1969	25
南斗私河	一卯酉河	南中心河	3. 8	1966	25
南恒太河	二卯酉河	南中心河	3. 64	1963、1969	25
北恒太河	南中心河	二卯酉河	3. 92	1967	25
北斗私河	南中心河	南中心河	3. 9	1966	25
北新跃河	南中心河	南中心河	3. 9	1969	25
利民东复河	南中心河	南中心河	4. 0	1968	25
五一河	二卯酉河	北中心河	4. 2	1958	25
团结河	二卯酉河	北中心河	4. 2	1970	25
阜裕河	二卯酉河	北中心河	4. 2	1969	25
南中心河	老斗龙港	新跃河	7. 84	1976	50
北中心河	老斗龙港	五一河	6. 4	1976	50
二卯酉河	老斗龙港	五一河	9. 36	1956	（五级航道）1000
西子午河	二卯酉河	一卯酉河	6. 75	1970	50
大四河	北中心河	二卯酉河	4. 2	1956、1979、1982	（七级航道）700
斗龙港	一卯酉河	北中心河	15. 0	自然河流	（七级航道）700

（二）渡口

刘裕公路西河口渡口　1953 年，在河面宽 73 米的老斗龙港河上，设置人工渡船，每次能渡过汽车一辆。1959 年，改桥渡结合，使汽车能直接通过。在老斗龙港两边建木桥与渡船衔接，有船队来时，将渡船拉开让船队通过。1969 年 4 月，建造 3 孔 25 米双曲拱桥，桥名为大丰桥，从此，结束了西河口汽渡历史。

大丰干河天祥渡口　20 世纪 50 年代大丰干河开挖后，在天祥村与海防村交界处的大丰干河上，设天祥渡口，由个人负责。1972 年，渡口收归村有。2010 年 9 月，经有关交通部门批准，村向上争取资金 11. 2 万元，将天祥渡口北移至天祥中心路东头。

北中心河沈方公路渡口　北中心河位于二卯酉河、三卯酉河的中心，故名。1976 年 11 月开挖，于 1977 年 2 月竣工，完工后，为保证沈方公路的正常通行，设置人工渡船，每次能渡过汽车一辆。1977 年建三肋一坡全长 36. 52 米半悬双拱桥一座。

老斗龙港建设渡口　老斗龙港建设渡口设在北中心河西端南侧，建设村老斗龙港河上的人工渡口,2010年仍在使用。

2010年,大中镇境域有渡口4座,分别在老斗龙港上的建设渡口2座、德西渡口1座和大丰干河上天祥渡口1座。

1985年大中镇(含新团、裕华)60米以上河面渡口设渡情况表

表4-1-11

河道名称	渡口名称	所在地	河面宽度(米)	设渡时间	船别	渡运种类
老斗龙港	新民渡口	新民村	150	1980	农船	缆渡
老斗龙港	老斗龙港渡	同圣村	80	1980	渡船	撑渡
老斗龙港	新建渡口	建设村	80	1967	农船	撑渡
七灶河	七灶河渡	光明村	60	1968	农船	撑渡
七灶河	七灶河渡口	七灶河上	120	1949	农船	撑渡
八灶河	老坝口渡口	老坝村	60	1950	农船	撑渡
八灶河	建设渡口	建设村	75	1962	农船	撑渡
新团河	新团渡口	河口村	75	1965	渡船	撑渡
大丰干河	晋丰渡口	元丰村	70	1949	农船	缆渡
大丰干河	天祥渡口	天祥、海丰农场	70	1958	农船	缆渡
大丰干河	天北渡口	天祥、海丰农场	70	1972	农船	缆渡
二卯西河	双喜渡口	双喜村	80	1958	农船	缆渡

(三)搬运企业及港口码头

大丰港务处 1926年,大中集章荣山到东台县政府捐领一张码头营业照,箩担7副,雇人挑箩,在装卸收入中抽取10%的佣金(除此还要箩工交租用箩担的租金)。1948年7月,民主政府将生产单位和同一生产性质的行业组织起来,建立基层工会,大中镇箩担行业建立大中镇搬运工会萝担业基层委员会。工会负责业务调配,确定运价。1950年,建立大丰县乡镇工公联合会,全县包括乡镇的箩担工、小车主、黄包车主、轧花工共525名。1952年,大丰县成立民主改革工作委员会,并在大中镇建筑与搬运2个基层工会进行民主改革试点。1953年,建立大中镇搬运工会。1953年9月,大丰县总工会将大中镇挑箩、码头、扛花3个基层工会和1个人力车小组合并组成大中搬运工会,实行统一生产、统一调配、统一运价,并适当降低粮食、棉花等搬运力资。1955年初,全县搬运队伍统一组织,设搬运总站,总站以下组成8个队、24个生产小组,大中镇搬运队承揽大中城区的搬运业务。1954年12月,建立大丰县搬运站,同时建立大中搬运队,属县交通科领导。未建队的港口,仍由镇工会领导。1957年,大中镇搬运队有职工128人。1958年11月1日,撤销大中运输合作社及大丰搬运站,成立大丰县运输公司。1962年1月1日起,运输公司水陆分开,各自建立管理体制,陆上恢复县搬运站,大中港建立大中搬运队,仍属公社领导。7月9日,县搬运站下放给大中镇领导,与大中搬运队合并,改名为大中搬运站。1964年7月1日,县搬运站成立,并对全县搬运业实行组织领导,同年建立裕华等搬运装卸队(该队属县以下港口,经济上独立核算,自负盈亏)。7月,大中镇搬运站划归大丰县交通局领导,仍用大丰县搬运站名称。1966年3月,搬运站划归大中镇,建立大中联合委员会。1968年5月,成立大丰县搬运站革命委员会。1969年4月,成立大中搬运站革命委员会(属大中镇革委会管辖)。1973年10月,大中镇搬运站又划归县交通局领导,更名大丰县搬运站。1974年8月,在大丰县搬运站的基础上,建立大丰县港务管理处,下设3个作业区,1个港口机械修造厂,拥有固定资产26.4

万元。1977 年开始，建成港区综合码头，该工程位于人民桥以西，二卯酉河北岸，总面积 9700 平方米，码头块石驳岸长 130.6 米，前沿水深 3 米，可同时停泊 1 轮 12 拖 500 吨以上船队，共有装卸机械 4 台，600 平方米仓库一座，堆场 300 平方米，年吞吐量 80 万吨。1984 年 1 月，大中、大道两交管站合并成立大中镇运输公司。1985 年年末，大中港口建泊位 10 个，机械装卸码头 17 座，车辆、船舶装卸 3 座，人力装卸码头 36 座。以上三种码头共 56 座，岸线总长度 864.8 米，斜坡码头 44.3 米，简易码头 115.5 米。此外，还有自然岸坡的作业地段，长 3240 米。当年货物吞吐量为 81.11 万吨。1987 年，港务处下设 3 个作业区及汽车货运公司、港机厂、青年贸易公司，有职工 610 人，固定资产 97.15 万元。1993 年 10 月 25 日，县港务管理处更名为大丰县港务总公司。1998 年，大丰县港务有限责任公司兼并大中镇运输公司，在大中地区实现“一城一港”。规范搬运装卸行业的归口管理，并出资 44.85 万元买断王港装卸联合体经营权，还在大新村一组征地 0.13 公顷，投资 60 万元，建造二公司综合码头。同时出资 35 万元与港务局合股筹建大丰港内河装卸有限公司。2002 年，随着市区桥面高度的降低及防洪闸的建成，市区内的码头全部报废，为积极配合城市环境建设，与城市基建相配套，港务公司高起点、高质量重新规划建设了一、二、三港，投资 1000 万元，分别在老斗龙港东侧、益民路西首北侧征地 0.53 公顷建设一港区，在大四河西侧、大新村二组五排五号、六排五号征地 0.67 公顷建设二港区，在新民村八组、航运公司船厂对岸征地 2.33 公顷建设三港区。2006 年，港务公司由大中镇老街迁址到市幸福东路 15 号。至 2010 年年底，大丰市港务有限责任公司下属 5 个装卸储运公司以及汽车货运公司、大件起重安装公司、港埠联运公司、港口工程公司、港机修造厂、劳力调配站等 12 个单位，拥有职工 477 人，各类机械器具 100 余台，固定资产 1000 多万元，净值 650 万元。随着经济体制改革进一步深入和行政区域的重新整合，大中镇现有内河港口、码头 6 家，从业人员 90 余人，各类机械设备 100 余台，固定资产 230 多万元，年综合吞吐能力达 160 万吨。

大中镇运输公司　1984 年 1 月，由大中交管站和大道交管站合并成立。主要经营两项业务，一是从事内河运输，二是从事搬运装卸。内河运输船只大多是兴化、盐城船籍挂靠在公司，也有少数大丰籍船只，共有 30 来条，最大吨位 40 吨，小的在 17～18 吨之间，没有自有船只。搬运装卸船主要为县城部分单位或个人运送物资，由大中镇运输公司统一管理。大中镇运输公司主要从事镇属企业的物资装卸，鲜有与国营单位承揽装卸业务。公司位于工农西路 38 号，共有人员 36 人，其中行政管理人员 5 人。公司主要靠人力挑夫完成装卸作业，时间长，强度大。1987 年，公司有 2 个机械码头，输送机 2 台，其他设施也得到逐步的改善，其他装卸码头 3 个，在与县港务公司激烈的竞争中赢得了一席之地。1998 年，大中镇运输公司被大丰市港务有限责任公司兼并，人员、设施全部划归港务公司，实行“一城一港”的归口管理。

大丰市大中海达运输站　该站原先隶属于新团镇。2001 年 4 月，新团镇撤销，并入大中镇，海达运输站随之并入大中镇管理。公司位于大丰市大中镇新团小街，属于个人独资企业，主要经营砂石，煤炭等货物装卸。1992 年建大中镇灶圩村一组锻压件码头，1995 年建新团粮管所码头，1998 年建老斗龙港开发区龙昌码头，2008 年 4 月建新团河口村四组码头等 4 个码头。岸线全长达 800 多米，堆场面积达 7000 多平方米，办公用房 900 多平方米。2010 年，公司拥有员工 30 多人，其中作业人员 26 人，机具设施较为齐全，共有吊机 4 台，输送机 50 余台，起重机 13 台，年吞吐量达 70 余万吨。

大丰市王港装卸运输站　该站 1984 年成立，位于王港小街，属股份制企业。成立之初，挂靠船舶在 10 条上下，船舶吨位在 20 吨左右，水泥船质结构，双挂浆机动力，从事内河运输，后逐渐脱离公司。2001 年 7 月，王港乡并入裕华镇后，王港装卸运输站主要从事砂石装卸与运输。大丰港和大丰港经济开发区的建设，给王港装卸运输站带来了加速发展，企业发展不断壮大。2010 年 8 月，大丰市裕华镇撤销，并入大中镇，王港装卸运输站纳入大中镇管理。到 2010 年年底，企业有人员 20 余人，其中专业作业人员 16 人。办公用房 528 平方米，作业岸线近百米，各类机械设施设备 20 多台，其中起重机械 3 台、输送机 4 台、装载机 2 台、大小运输车辆 10 余台，年货物吞吐量达 35 万吨。

大丰市裕华交通运输公司 该公司成立于1953年,位于裕华街富西村1－101号,属股份制企业。以汽车运输装卸作业为主,公司在20世纪90年代到21世纪初,一度兴旺,积累了实力,形成一定的规模。随着交通运输业的不断发展,大多汽车运输业户脱离公司,运输业不再是公司的主打业务,公司及时调整经营思路,搬运装卸得到了空前的发展机会,短短几年内,相继建成了裕东路码头和干河桥综合码头,岸线长度300余米,办公用房621.6平方米,堆场面积0.1公顷。到2008年年底,货物装卸已成为公司的主要龙头业务。截至2010年年底,公司先后投入60余万元,改善、更新机械设备设施,拥有起重机3台、输送机17台以及各类机具20余台,专业作业人员17人,年吞吐量30万吨左右。

大丰市旺鑫储运站 2003年建成,位于大丰市大中镇河口村四组,个人独资企业,主要以码头货物堆场经营为主,集装、卸、运、销为一体的经营模式,主要经营货种有黄砂、石子等,拥有堆场面积3000平方米,办公用房95平方米,岸线长度237.5米。2010年年底,储运站拥有起重机1台,输送机5台,专业作业人员7人,年吞吐量3万吨左右。2001年,大中镇、裕华两镇农村计有交通运输业固定资产4468万元。2005年,计有交通运输业固定资产7331万元。

(四)水上运输

1. 客运

木船 民国初期有快船往返于盐城—刘庄—大中集、大中集—西团—白驹—东台等航线。1929年后,帮船运输尤显不足,改用快船。1938年后,快船客运停开,由轮船客运代替。

轮船 1931年,江苏省政府派李明扬专程乘轮船到大丰处理东部垦区与西部农区水利纠纷,轮船一直开到二卯西河东坝头停泊,大丰垦区第一次出现轮船。1933年,大中集盛林祥、盛林大兄弟两人购置小轮船,进行客货运输,大中镇轮船运输从此开始。1935年,南通大达公司客班轮船通航大中集。1937年,鲁金奎、孙如春两船在东台至大中集之间对开,林文松一船往返开大中集(经新丰)至盐城伍佑,邵庆浦两船对开刘庄至大中集。1938年,长江东台轮船班开通东台至大中集客班次。1941年秋,日军侵占大中,经济被破坏,交通受阻隔,除日军汽艇游弋往复外,轮船无踪迹。1947年,大成轮船公司经营盐城至大中集的不定期航运客班。是年,扬州、兴化航线开通大中集线路。1950年10月24日,南通至大中集航线当日到达,通(南通)东(东台)线延伸至大中集。1953年,开辟大中集至四岔河、大中集至南阳客运航线。1954年,大中集至四岔河航线延伸至方强,航程32千米,快船3艘,16.54吨位。同年,开通大中集至大桥航线64千米,快船1艘,5.3吨位,增加大中集至南阳快船1艘。是年,大丰有交通快船6艘,30.29吨位,船上人口33人。1960年,盐城轮船公司恢复盐城开大中集航线,途经伍佑、龙堤、老坝、新丰,每天1班。大丰县航运公司原6号、7号两艘轮船拖简易客驳船开大中集至盐城班。途经新丰、刘庄、大团、伍佑,每天与盐城航运公司对开1班,通航2个月后因无客停航。1963年,县运输联社2号轮船拖客驳船开大中集经西团至白驹,2个月后因无客停航。同年12月,县运输联社新辟大中集至三龙航线,途经新丰、王家渡、杨家渡、宋家渡、卞家渡、三港口。同时开通大中集至刘庄客班,途经新丰、老坝、八灶,当日来回。1983年以后,扬州、兴化客轮开通的大丰班次相继停航。由于客船的零担货物减少,大中集至镇江、盐城、南通、上海、南京、无锡等地只有不定期整批货班往来。1985年11月1日,安丰至大中集客运休运。自此,大中集轮班客运全部停航。

2. 货运

木船货运 1950年,南通轮船运输公司在大中镇设立运输营业所,开通南通至大中集航线,全长210千米,两船对开,每日一班。1952年6月,对木帆船进行编队、编组,大中港有运输船只214艘,其中棉麻船30艘,649吨位;散装粮船114艘,1450吨位;包装船23艘,266吨位;猪船2艘,18.4吨位;散装船41艘,380吨位(半农半运船只);包装船4艘,32.7吨位。1956年,大中镇船民193户组成民船运输合作社(隶属镇政府领导),有木船192条,载重量2971吨。是时,木船作价归集体所有,由集体统一经营、统一调配。当年货运量4.91万吨,499.86吨千米,运费收入达21.58万元,较入社前

1955年的15.28万元提高了14.3%。由于公共积累增加，运输设备得到更新。1958年11月，大中运输合作社、交通班船合作组和大丰县搬运站合并成立大丰县运输公司。水上设卫星大队、先行大队、红旗大队、六一运输大队。同时在水运业中开展清舱加载工作，动员水上船民家属（包括老人、小孩）293人离船上岸。1960年8月，大中民船运输合作社划归县运输公司管理，成立大丰县航运联社，计有木船353条，载重量4408吨，从业人员1129人。1962年10月，撤销运输公司，成立大丰县运输联社。下设先行、卫星、红旗、六一4个运输合作社和1个轮船大队。时有木帆船456艘，6670吨位，新辟航线，增开航班，年货运量为21.5万吨，货运周转量为1835万吨千米。1965年，县运输联社把集中在大中集的先行、卫星、红旗3个运输合作社分别移迁新丰、白驹、大桥集镇办公。随着水泥船和钢质船的出现，20世纪80年代后，木帆船运输逐步退出水运市场，结束木帆船运输历史。

轮船驳船货运 1958年，运输社添置机动驳船7条。11月，大中运输合作社撤销，成立大丰汽车运输联社，驳船货运由运输公司负责管理经营。

1992—1999年大中镇农村交通运输业国内生产总值统计表

表4-1-12 单位：万元

单位＼年份	1992年	1993年	1994年	1995年	1996年	1997年	1998年	1999年
新团	158	299	342	476	695	1051	235	395
裕华	283	541	995	534	76	141	257	296
王港	59	77	85	67	980	1018	299	243
大中	635	630	963	596	718	720	720	1249

三、管理

（一）机构设置

1986年1月，大丰县大中镇交通管理所成立，属交通局派出机构，负责大中区域水陆交通管理。由县交通局和大中镇双重领导，股级建制，全民事业单位。1987年10月，陆上交通安全划归公安部门管理。1996年9月，大丰撤县建市，大中镇交通管理所更名为大丰市大中镇交通管理所，为全民事业性质，股级建制。1999年10月，大中镇与新丰镇交通管理所合并，新成立大丰市交通局大中中心交管所，股级建制，设所长1名，副所长2名，设办公室、财务室、稽查组和1个办事窗口。2002年3月，成立大丰市交通局大中运政稽查中队，两块牌子，一套班子。2004年7月，成立大丰市交通局大中路政稽查中队，三块牌子，一套班子。2007年4月，成立大丰市大中镇农村公路养护管理办公室，与大丰市交通局大中路政稽查中队共同负责大中交通管理辖区的农路管理、养护、巡查等监督管理工作，从而形成四块牌子，一套班子。2009年2月，大中中心交管所管理辖区调整为：大中镇、新丰镇、大丰市经济技术开发区、上海农场等行政区域。

2010年6月，大中中心交管所更名为大丰市交通局大中中心交管所。

大中镇交通管理所所长任职情况

表 4 – 1 – 13

所　长	任职时间	所　长	任职时间
智　平	1985.12—1996.10	夏仲香	2002.12—2013.01
施雨东	1996.12—2002.11	曹荣存	2013.01—

（二）行业管理

1. 路政管理

农村公路管理　农村公路管理范围包括路基、路面、桥涵、公路行道树、边沟、边坡、公路标志以及公路附属设施等。其权属镇人民政府所有，由镇村镇建设办公室和所属中心交通管理所共同负责监管（边沟、边坡以外 1 米范围内不得堆放杂物，1.5 米内属公路用地范围，边沟用来排泄路面积水，不得乱扔乱弃杂物并及时清淤，以免堵塞，确保排水通畅）。农村公路的养护每千米按 1 人配备。1962 年，大中镇境内县道公路由大道公社道班负责养护工作，开始由农民出勤养护公路，后招公路附近的的农民 10 多人实行养路补贴制，养路工向生产队交纳一定的补贴费，按同等劳动力记工。1977 年后，实行承包制，推行"四定三包一奖"，即：定人员、定路段、定指标、定工数，包路况、包材料、包费用、路况质量达到标准发给路况质量奖。1983 年，养路工报酬由公路站统一发给工资。乡村道路修筑、养护由各村负责，资金自筹，由镇水利站牵头实施。

1997 年，大中镇农村公路养护管理办公室成立，在镇村镇建设办公室挂牌，宋应恒任主任。2007 年，熊安春继任。

镇农村公路养护管理办公室主要参与农村公路建设规划，参与农村公路建设工程招投标，监督检查农村公路路产路权的维护和农村公路的路况、危桥、险段，查处农村公路上违章违法损坏公路的违法现象，检查农村公路标志标牌等附属设施，对农村公路的建管养的检查监督工作，协调各相关村对农村公路的管养工作，全面负责辖区农村公路的监管工作。2010 年年底，辖区农村公路通达里程 165 千米，覆盖全部行政村，设置、更换 168 块标志牌。是年，处理农村公路违章 37 件，管养到位，采取按区域、分村段、定人员、划包干的管理模式。全所农村公路检查 48 余次，发出整改通知 24 份，纠正和查处农村公路各类违章 17 起，巡查里程达 2400 余千米。

养路费征收　1940 年，国民党东台县第九区区公所开始征收养路费，规定每辆车每月缴 7 元养路费，约占营业额的 15%，并发给牌照。

1950 年，南通的新群、台北的大中两车行在东台设站，有客车在区间经营，养路费征收办法按车包征制，即按规定的客位、吨位，依照每千米票价的 5% 征收。军用和政府用车免收，其他车辆一律征收。其具体计费方法是：车辆发车前，向当地管理机构一次缴清单程养路费，即可放行。1953 年 10 月 16 日，交通部颁布公路养路费征收暂行办法，费率一般不超过运价的 5%，对于公路质量高的，最高按不超过 8% 征收费额。客货车换算办法为：每 10 座折算 1 吨，兽力车按实际载重或按套计征，使用交通部统一收费据证。1954 年 6 月 1 日起，征收车辆过渡费。1960 年 2 月 4 日，征收养路费执行"以路养路，专款专用"的方针。汽车费率为运价的 4% ~8%，公路渡口多的费率可酌情提高，但不得超过 10%。1965 年 7 月 1 日，执行在原费率基础上提高 20% 的新规定。1965 年后，养路费先后进行 9 次调整。1998 年 1 月，三轮摩托车（含侧三轮）、二轮摩托车（含轻便摩托车）的养路费征收下放到交管所负责具体征收。至此，大丰市"五小"车辆（手扶拖拉机、方向盘式拖拉机、正三轮摩托车、侧三轮摩托车、二轮摩托车）养路费全部由基层交通管路所负责征收，并作为一项重要的考核指标。征收标准也作了适当调整，营运手扶拖拉机（含方向盘）标准为 30 元/月，全年一次性交缴为 300 元，三轮摩托车（含侧三轮）为 480 元，二轮摩托车为 170 元/年，轻便摩托车为 140 元/年。

2008 年,实行燃油附加费改革,费改税方案实施,所有机动车辆养路费停止征收。

2. 航政管理

主要是航道的河床、河面及其设施,航道的驳岸和航标等设施维护和统一管理。

航标设置　境内内河航标分为河川标志、航道标志、湖泊标志 3 种。1953 年,老斗龙港河口用木材等原料土法树立一座灯标。1960 年,对航标技术进行改造,改换电器航标。1964 年,用钢筋混凝土替代木技航标。1978 年之后,用白炽灯。20 世纪 90 年代以后,用霓红灯、太阳能灯。

航养费征收　航养费征收始于 1961 年,征收费率按其营运收入的 3% 或按每 0.735 千瓦(1 马力)每月 1 元征收,机关、学校、部队非营运船免征。1962 年,费率调整,一律按营收的 3% 计征。1980 年又调整费率标准。1985 年 5 月 25 日起,航养费由原按营运总额 5% 提高到 6.5% 计征。非专业航运企业拖轮及客货轮由每 0.735 千瓦 1.7 元提高为 2.2 元计征。货驳由每吨 0.5 元提高为 0.65 元计征。过闸费由原重载每吨 0.08 元提高为 0.1 元,空载每 10 吨 0.08 元提高为 0.1 元。1986—2010 年,航道养护费的征收工作一直是航道管理站具体负责征收,各乡镇交管所及后来的各中心交管所只负责配合其征收,实行代征管理。2008 年 12 月,燃油附加税出台,费改税方案实施,航道养护费停止征收。2010 年年底,大中辖区内共有主要航道 8 条,总里程 95 千米。是年,大丰区域设置航标标志、浮标等 46 处,计 72 块。疏导船只 2 艘,先后协助、配合航道管理部门和大中镇政府出航 573 人次。

3. 运政管理

市场调控与经营秩序管理　大中镇交通管理所成立之日起并负责大中镇辖区内的运输市场监督管理工作。

1986—2002 年,辖区手扶拖拉机(含方向盘式)、正三轮货运摩托车的"两证"年审工作由各中心交通管理所具体负责。2002 年后,随汽车运输两证年审一并到大丰市运输管理所办证大厅统一归口年审。2009 年 1 月起,农用运输车、手扶拖拉机(含方向盘式拖拉机)、正三轮货运摩托车不再办理道路运输"两证"。到 2010 年年底,大中镇辖区共有运输企业 87 家,其中隶属大中镇 45 家,个体运输业户 4859 个。

运政稽查管理　2004 年 7 月,大丰市交通局大中运政稽查中队挂牌,对辖区交通运输市场内的客货运输、出租车与旅游汽车、汽车维修市场、港口码头、搬运装卸、渡口安全、学生接送车辆以及农村公路的安全设施、警示标志、运输服务业等进行源头检查监督,维护运输市场秩序和恪守安全监管职责。2004—2008 年,共查处各类违章 670 起,罚款 80 余万元,打击黑车 830 辆次,渡口检查 1040 次,学生接送车检查 1200 余车次,巡查农村公路达 8600 余千米,例行检查运输企业及港口码头经营单位 4 家,发现安全隐患 56 起,下达各类整改通知书 56 份,上报市局和大中镇政府安全回执 56 份,依法立案制作交通法律文书 37 例。

交通规费征收　1986 年,汽车运输、搬运装卸、汽车维修、运输服务等汽车运输相关企业按相关规定征收运输管理费,难以计算营账的按额定吨位计征,货车每月每吨 5 元,客车按 10 座折算 1 吨,手扶拖拉机每吨每月 4 元,人力车及搬运装卸按每人或者每吨每月 3 元,水运企业(除国营)、交通工业、运输服务及其他运输按营业收入的 1.5% 征收运输管理费,挂浆机船按 C 级吨位每吨每月 0.4 元,自航船按 C 级吨位每吨每月 0.3 元征收运输管理费,货物港务费按货物进、出口分别向货物托运单位收取,每吨 0.1 元计费,公路客票附加费按里程向乘客征收,其标准 1 ~ 5 千米免征,6 ~ 20 千米每票征收 0.05 元,21 ~ 50 千米每票征收 0.1 元,51 ~ 100 千米每票征收 0.15 元,101 ~ 150 千米每票征收 0.2 元,151 千米以上每票征收 0.25 元。在江苏范围内征收的一项交通规费——水陆货物附加费,货物托运单位按货物运输费用的 5% 交纳或按核定吨位由车船单位代垫,即汽车、拖拉机每月每吨 25 元,船舶每月每吨 2.5 元,然后由车船单位或个人向托运单位收回代垫的货物附加费,对于过境外籍车、船按运次(或航次)征收。拖拉机养路费征收标准由 7.5 元每吨每月升到 15 元每吨每月,正三轮摩托车每辆每年 260 元,侧三轮每辆每年 170 元,二轮摩托车养路费每辆每月 7 元,轻骑养路费每辆每月 3 元。1999 年 12 月,对交通规费征收形式、征收标准做相应调整。形式上，交通规费征收不再按营收方式计征，而大多以按吨位计征。征收标准上，运输管理费：营运汽车、手扶拖拉机（含方向盘式）15元每吨每月，营运船舶1.5元每吨每月。货物附加费不变。手扶拖拉机（含方向盘式）养路费：由7.5元到15元再到30元每月，二轮摩托车养路费170元每年，轻骑养路费140元每年。2008年12月，征收实施燃油附加税，费改税政策出台，自2009年1月起，不再征收各项交通规费（货物港务费除外）。2004—2008年，累计征收各项交通规费2100余万元。2010年，大中中心交管所所辖区域内货运业户4859户（含机、电、三轮车、手扶拖拉机），驾驶员5000余人，货运车辆3825辆，年审率达100%；水运业户3户，船舶11艘，280吨位，年审率达100%。搬运装卸企业5户，浮吊（含塔吊）7台，年审率达100%。

汽车维修行业管理　1988年，大丰县汽车维修行业管理所成立之后，大中地区汽车维修行业管理逐步走上归口、统一、规范、有序的管理模式。1999年，辖区（含新丰镇）三类以下汽车维修企业87家，累计三类以下汽车维修企业核发维修许可证160份，核发摩托车维修许可证110份、汽车装潢业户50家。辖区三类以下维修企业持证率达100%，年审率100%。累计征收行业管理费9800余万元。2010年，辖区内有三类汽车维修业户53户，从业人员98人，机具设备142台（套），摩托车维修业户37户，从业人员55人，汽车装潢16户。

学生接送车辆安全管理　随着乡镇区域调整并撤销部分乡镇中小学以及村级小学，开始向中心镇及城区聚并，为方便远离学校、远离城镇家庭的孩子上学，学生接送车辆应运而生。大中中心交通管理所明确职责，实施检查。大中镇区域学生接送车辆有大丰市第二小学、大丰市第六小学、大丰市第五小学、大丰市第七小学。2010年，接送车辆15辆，核定317个座位，累计学生接送车辆安全检查280余次，查处取谛无证、无资格等非法接送学生车辆31辆次，纠正各类违章96次，排除安全隐患47次，举行驾驶人短暂安全例会300余次，送安全教育去学校13次，受益师生达3700多人。

渡口安全管理　2010年，大中中心交通管理所辖区共有渡口6道，大中镇域内4道，累计检查230多次，检查记录200余次，发出整改通知57份，纠正各类渡运违章130余起，联动执法查处非法渡运32起，扣押非法渡船2艘，处罚当事渡工8人次。

大中交管所养路费、航养费征收情况统计

表4-1-14　　单位：万元

时　间	养路费交通规费	航养费
1985.12—1996.10	2700	165
1996.11—2002.11	2100	220
2002.12—2008.12	2300	—

第二节　邮政电信

一、邮政

（一）邮政网络

1. 机构设施

1930年，江苏省邮电管理局划定东台县邮电管理局为二等邮局，在大中集设立中华大邮政大中集代办所。代办所先由永昌花行（今健康路与人民路交叉处东南）兼营。1931年后，改由大生堂药店代办。店首悬一长方形木牌,书“邮政”两字。经营业务仅限信件收发,不负责投递。信函运输近途由人力脚担徒步传送,远途均由帮船代捎,船首悬有“邮政”长条旗,以示号记,可免官府随意缉查,优惠放行。先由大中镇张大(张风琴之父)帮船代捎,后为张生宝继之。

1933年,大中集代办所改为邮电支局,局址设于同乐楼,东台邮局派任光辉任局长,董加权为邮差,负责信函投递。抗日战争时期,邮局被敌伪控制,新四军和民主政府的通讯联络主要由地下交通站负责。1945年8月,日本宣布投降。9月,新四军攻克大中集,地下交通站接管邮局,改为交通局,设局长1人,由杨都担任,收发员2人,交通员10余人,邮件全由交通员徒步递送。1946年3月27日,台北县交通局接管中华邮政大中集邮局(二等邮局)。12月,国民党军郝鹏举部重占大丰,原邮局被国民党军控制。国民党九区区公所设置无线电台1部。是年,中共台北县交通局下设3个中心站,6个站,大中站隶垦北中心站。1948年12月,台北县交通局第二次接管中华邮政大中集邮局,恢复民邮通信。是年,建垦南、垦北区局和新团邮政代办所。1949年1月5日,大中集邮局开业,开创大中镇有史以来第一次向外开办邮政业务,办理平信、快信、包裹收寄和发行报刊。运输上,以快船捎转,城区用两部独轮车转送,时而身背肩挑。1951年,在裕华建邮电代办所。1953年12月,大中集邮局改为大丰县邮电局,在大中镇区域设立营业处。1956年1月,大中镇设邮电支局,裕华代办所升格为裕华邮局。

1991年,城区办理邮政业务的有大中镇人民路邮电所、大中镇城南邮电所。1995年,城南代办所撤销。1998年,邮政电信分设。1999年年底,城区有2处邮电机构,24处邮票代售处,12处报刊零售门市,经办各类国内、国际邮政业务,自办境内邮路4条。实施“户箱工程”,安装用户信报箱5429个,居民住宅小区新增信箱(筒)27个。新增设邮票代售处15个,报刊零售亭8个。安装“110”联网CK报警系统35套。2000年,市邮政局投资18万元,先后在育红路交叉口、恒生菜场、健康小区、幸福小区、第二汽车站、大刘新村、东风小区、大新新村等地(段),设置景点式邮政报刊亭8座。2005年,城区有邮局2所(其邮政支局1所)。2010年,大中镇城区只有健康路邮电所和农村裕华邮政支局。

2. 邮路

省干线　1934年,东台—大中集开通委办轮船邮路,沿途经草堰、白驹、西团等地,单程全长50千米,后因战乱停航。

抗日战争时期,大中镇有一条地下交通干线:东台—华丿—潘丿—川港(大桥)—垦南—垦北—引水沟(方强)—盐城。1946年12月,台北县恢复战时交通干线,其中一仓—洋东站—川东—川港(大桥)—垦南—垦北—引水沟(方强)—盐城交通线经过大中镇。1948年下半年,苏中解放区和苏北解放区连成一片,原来的秘密干线交通线转为公开进行通讯联络。11月,台北全境解放。12月26日,中共台北县委的交通部门第二次接管大中集中华邮政机构,战时交通干线全部撤销设立新干线邮路。1950年,开通大中集至盐城委办轮船邮路,单程全长75千米,复开大中集至东台委办轮船邮路,单程全长62千米。1961年,开通委办汽车干线3条,里程长260千米,其中大中集至盐城干线,单程58千米;大中集至南通干线,单程184千米;大中集至刘庄(联接六圩至盐城干线邮路)18千米。1962年,开通大中集至六圩委办汽车邮路,单程225千米。1963年,停开委办汽车干线邮路,大中集至刘庄改为自行车邮路,接运由六圩至盐城自办汽车邮路捎运的大丰进出口邮件。1964年,开通大中集至刘庄自办汽车邮路。1985年5月1日起,开通大中集至盐城自办汽车邮路,沿途停靠新团所。是年,大中集至刘庄自办汽车邮路停开。1991年后,大丰自办大中集至盐城干线55千米。1997年6月,全国实行邮区中心局体制,撤销自办大中集至盐城邮路,由邮区中心(盐城)局主开大丰局邮路,单程总长55千米。1999年年底,有盐城至大丰省干线邮路过境。

县干线　1948年12月,台北县第二次接管中华邮政后,开辟县内干线邮路时,利用民间“快船”(木帆船)作邮运工具,计有大中集、白驹、刘庄、新丰、西团等8条水路邮路,单程全长200多千米。

水运邮路班期不固定,常有阻断,时限难以保证,步班邮路成为邮运主要方式,邮工以木制独轮手推车,配以扁担、麻绳、肩挑人背,传递邮件。1950 年,开通大中集至川岸(大桥)40 千米,大中集至新人村(四岔河)22.5 千米,大中集至新丰 6.5 千米,大中集至西团、小海 33 千米的步班邮路。此后,步班邮路逐渐被自行车、汽车邮路代替。1958 年,开通 3 条委办汽车邮路:大中集至四岔河、大中集至南阳、大中集至小海共 23 千米。年底,开通自行车干线邮路:大中集至六港(大中农场)、大中集至刘庄。1959 年,县内委办汽车邮路有:大中集至沈灶、大中集至大桥、大中集至三龙。自行车邮路有:大中集至六港(大中农场)、大中集至沈灶、大中集至龙堤、大中集至四岔河(沿途顺投农村大队)、大中集至刘庄。1962—1968 年,开通水运环形委办木船邮路一条,全长 172 千米。邮路起讫点均为大丰县局,沿途停靠裕华所(1969 年,停办木船委办邮路)。1966 年,开通大中集至草堰机器脚踏车邮路,单程 42.5 千米。1967 年,复开县内委办汽车邮路,其中,大中集至吴家洼(川东农场)53 千米,大中集至三龙 31.5 千米,大中集至新丰。1973 年,开通县内干线自办汽车邮路 2 条,总长 77.5 千米。其中大中集至一里河(方强农场),单程 49 千米,途经新丰、金墩、四岔河、三龙等 7 个局所;大中集至二排河(大中农场),单程 28.5 千米,途经五星(裕华)所。是年,取消原县内干线自行车邮路。1990 年 1 月 1 日起,邮路分南线和东北线,都以大丰县局为起讫点,南线途经裕华,东北线途经王港。1991 年 1 月 1 日起,再次调整干线走向。南线和北线的起讫点仍然为大丰县局,北线途经裕华、王港、新丰等 14 个局所。1995 年,县内干线邮路划分为东线、南线、西线和北线,邮路为直环型,起讫点仍为县城。东线邮路经裕华,南线邮路经新团(支局、所,此邮路至 2010 年一直未变化)。

农村邮路　农村邮路亦称投递邮路,为县城以下集镇至各乡村、组之间投递线路。

1946 年 4 月,台北县交通机构在解放区内始办民邮通信。1950 年,全县有集镇至村、组邮路 25 千米,主要分布于大中集等较大集镇周围。1958 年,各大队普遍设立通信员。1961 年起,邮路部分延伸到农村大队,农村邮路也由原来的步班渐被自行车邮路代替。1964 年,大道公社有自办自行车农村邮路(今大中镇河南地域)85 千米,裕华有 108 千米,新团有 39 千米。1984 年,新增农村投递员,伸延邮路。1999 年年底,全镇每个村、组都为自行车邮路,后逐步由摩托车、电动车代替。邮路开通至村,农村邮件送至村。2010 年,农村邮路单路总长度达 1500 余千米。

城市邮路　1933 年,中华邮政大中集邮局始办投递业务,投递范围仅限于本埠。1949 年 1 月,台北县邮局正式开业,但投递路线并不固定,多为邮运人员捎带兼做投递工作。1952 年,县城大中集设专职城镇投递员,全镇一个段。1953 年,局址北迁至今健康东路 4 号,开辟局至大中集轮船码头人力车邮运线路 1 条,长约 0.6 千米。1958 年以后,开设城区、郊区投递邮路各 1 条,总长 30 千米。城区投递邮路以二卯西河为界,将原来的 1 条扩展为 2 条。河南以县委、县政府等机关、居民区为主要投递区,河北以商业街、工厂区为主要投递区。1960 年,汽车站西迁大刘路 25 号,该邮路随之延长为 1.2 千米。1967 年,增加两条郊区投递邮路,一条以大道公社地域为主要投递区,一条以大兴公社为主要投递区。1971 年,委办轮船邮路取消,县局至轮船码头邮路随之废止。1979 年,城区有投递段道 8 条,总长 200 余千米。1989 年 5 月 1 日起,停办委办汽车邮路,县局至汽车站邮运路线亦随之取消。

1949—1975 年部分年份大中城区邮路情况统计表

表 4－2－1　　单位:千米

年份	长度	年份	长度	年份	长度
1949	134	1960	809	1969	622
1952	315	1963	552	1971	461
1955	466	1965	441	1973	470
1957	882	1967	592	1975	356

1999年年底，城区有投递邮路11条，总长369千米，其中市区8条，总长225.5千米，市郊3条，总长143.5千米。2000年，市区有投递段道16条，邮路总长度500千米。2007年总长743千米。2009年，城市邮路总长1007千米。2010年年底城市投递段单路总长1120千米，市民的邮件信件全部送至住户。

（二）邮件投递

1933年前，境内各邮政机构不办理邮件投递业务，由收件人自取或托熟人捎带转递。1934年，大中集邮政代办所升为三等邮局后，东台二等邮局派邮差一人兼办信函投递业务，投递范围仅限于大中集本埠。1948年12月，中共台北县交通机构第二次接管中华邮政大中集邮局建立台北县邮局后，信函的投递在城区内由营业或邮运人员兼投，后推至城镇附近村庄，投递挂号、快信和邮路沿线平信。1950年，苏北行署发布"加强乡邮建设，配合土改，推广报纸发行"的通令，在区、乡人民政府所在地设立邮政机构的地方，以乡为单位设立通讯站，并设立站长和通讯员若干人，为本地群众义务收寄信件、投递报刊信件。1956年，农业社设义务投递员，各种邮件通过义务投递员送给收件人。镇全部开通逐日投递。1959年，人民公社设邮电机构，县局到各邮电分支机构邮件每日交换一次，各分支机构到所属农村生产大队的信报，除邮运干线由县局直投外，大多由各生产大队通讯员去所在当地邮局领取后投递。能收（看）到当天的信报邮件，其余开隔日班投递。1961年，县城投递划分城区和郊区段道，城区人/日投递量平均约300件，特挂20件，包裹2件，汇票15张，报刊420份左右。投递深度，平常函件投到各自工作单位收发室（办公室），给据邮件投到户（人）。1966年，县城投递由原来的3条划为4条，城区以二卯酉河为界。南北各一段，郊区大道、大兴公社各为一个段。1976年，自编投递力量人民公社生产大队全部为逐日班投递，生产队逐日班。1982年4月，县城设8个段，投递点1525个，邮路长度220.9千米，县城设信箱（筒）12个，都为自行车投递邮路。20世纪90年代中后期，随着城市高层住宅楼兴建，推进"户箱工程"，城区投递进一步深化，在城市建设中，"户箱工程"实行同规划、同施工、同验收。城区旧住宅楼分区分片逐步推进"户箱工程"，1999年年底一期工程结束，安装邮政信报箱5429个，同时在居民小区新增公用信箱（筒）27个。城区投递段11个，投递点2859个。

1999年大丰市城区投递段点表

表4－2－2

段别	投递点（个）	里程（千米）	段别	投递点（个）	里程（千米）
一段	324	29.5	七段	355	27.0
二段	264	27.0	八段	323	27.0
三段	280	29.0	九段	182	45.0
四段	278	29.5	十段	186	43.5
五段	298	29.5	十一段	141	55.0
六段	228	27.0	合计	2859	369.0

说明：1999年农村投递点：新团乡3个投递段，433个投递点，里程106千米；裕华3个投递段，541个投递点，163.8千米；王港2个投递段，159个投递点，98.2千米。

2005年，城区所有投递段道均采用统一招标定制的电瓶车进行投递；对人民路储蓄所进行标准化装潢改造。加快户箱工程建设，全年安装信报箱408户。组织开展二期数据库建设，累计新建个性化数据库25个。2010年，加强营投网和信息网建设稳步推进农村投递网，推进农资分销平台，建成直营店34个，加盟店178个。大力推进"户箱工程"，新安装小区集群式信箱3871个。是年，城市投递段单程总长度1120千米。

（三）邮政储蓄

1986年11月10日，开办邮政储蓄业务。1991年，裕华、新团、县城人民路邮电所储蓄部、健康路城市邮电支局储蓄部相继开办邮政储蓄业务。1992年后，逐步取消“汇转储”“大额储蓄”“双定储蓄”储种，只办理中国人民银行准许办理的个人储蓄存款业务。1992年，王港所开办邮政储蓄业务。2010年，城区有邮政储蓄所两座，农村在裕华小街、新团小街各一处。

（四）报刊发行

抗战前，中华邮政大中集邮局不办理报刊发行业务。报刊发行由当地报贩向报社预购批销，销售、投递均由报贩自理，邮局只负责转运。抗日战争和解放战争时期，发行、运递中共党报、刊物是共产党和民主政府自设的各级交通机构负责。台北交通站（局）发行传递的报刊有《盐阜大众报》《苏中日报》《江海大众》《江海导报》《台北大众》《新华日报》等。1949年1月，台北邮局开业之时，办理代销书报业务。1950年，全国实行“邮（政）发（行）合一”。1月，台北县邮局办理报刊发行业务，实行收订、投递一条龙作业。3月，《人民日报》交邮局发行。年底，发行报刊有《新华日报》《苏北日报》《人民日报》《大众报》《文汇报》《新闻报》《健康日报》《苏北青年报》《青少年报》《青年报》等。发行的杂志有《展望》《学习》《苏北周刊》《中国青年》等。1951年，邮局在厂矿、企业、机关等单位建立报刊推广站，普设报刊业余推广员，办理报刊收订、分发工作。1953年，实行报刊计划发行和预订制度，废止报刊随时起订、随时止订的办法，规定每年2月、5月、8月、11月为下一期报刊的预订期。1954年，实行报刊可以破月、杂志可以破季订阅制度。全国按省、自治区、直辖市、市划分报刊代号制度。1955年年底，对私营报贩进行整顿，并吸收部分报贩人员充实邮局，解决发行人员的不足。1958年，要求机关、工厂、学校都要订阅《人民日报》《新华日报》《红旗》杂志等。同时对党报党刊的传递速度提出时限要求，省报当日到县，县报当日到公社。1964年起，用户须凭证订阅《参考消息》等内部发行和有关定额发行的报刊。1974年，恢复在县城较大厂矿、企事业单位设立兼职报刊发行员，负责本单位报刊收订工作，邮局负责对其进行业务辅导。1978年，《文汇报》《大众电影》《科学画报》等报纸杂志，用户实行分配限额。1980年1月1日，县局开办零售业务，成立报刊零售台。1991年7月，停办报刊代发业务，遇有报刊社委托代发业务时，用户按印刷品邮件交寄。1999年4月，设立报刊、图书零售特发批销中心。2000年，实行部分报纸“买断包销”，品种有《盐城晚报》《盐城广播电视报》《服务导报》和《经济早报》等。2005年，城区有出版物发行点81个。2010年，新团分局报纸发行142562份，刊物7287份；裕华分局报纸发行178960份，刊物7149份；城区分局报纸发行5379936份，刊物174487份。

1967—1983年新团邮政代办所业务量统计表

表4-2-3 单位：份

年份	报纸	刊物	电报	信件	汇兑	年份	报纸	刊物	电报	信件	汇兑
1967	1485	170	932	1675	435	1976	1705	327	950	2515	507
1968	1492	160	920	1680	420	1977	2510	405	939	3050	515
1969	1498	178	935	1670	436	1978	2590	455	950	3510	550
1970	1490	180	915	1675	440	1979	2985	505	985	4055	605
1971	1487	290	927	1955	458	1980	3127	627	1050	5265	755
1972	1495	285	930	2100	465	1981	5790	71031	1261	7197	906
1973	1500	301	935	2210	502	1982	317998	10664	1413	23775	1291
1974	1556	320	940	2500	505	1983	364220	17432	1489	34370	1334
1975	1625	325	945	2550	510						

附1　大丰邮政局裕华支局简介

1951年，裕华小街设邮政代办厅，负责人季芳英，主要业务是信件投递、卖邮票等。同时在东坝东（今海防村村部）设一邮票代售处，由小店人员代售邮票。

1956年，办裕华邮局，当时由裕华供销社代办，负责人陆才康（只有1人），年业务量主要是订售报纸100多份，邮寄包裹300多件（上海农场也到裕华办理），出售邮票100多元。

1958年，开通电话。1958年，各大队都通电话，报纸、信件由投递员送到各大队，大队通讯员负责收投本大队范围内的信件、报纸，裕华邮局改称邮电局。以后逐步发展住宅电话，大队通讯员也随之取消。

1998年10月，邮政、电信分设。成立裕华邮政支局，属全民企业，职工5人。

2005—2010年裕华邮政支局邮政主要业务表

表4－2－4

项　目	2005年	2006年	2007年	2008年	2009年	2010年
出口计费函件（件）	4937	2589	1709	1204	705	751
出口包件（件）	289	223	221	218	183	150
出口特快专递（件）	330	620	764	758	825	884
流转额（万元）	—	—	—	16.63	17.06	17.39
订销报纸累计数（份）	—	—	—	—	185788	178960
订销杂志累计数（份）	—	—	—	—	2864	7149

二、电信

（一）发展概况

1929年，大丰、裕华两公司筹款架设公司内部电话，从总公司直通各分公司（区）。1935年，东台县政府架设城乡电话，大中集设交换分所。1938年春，日军入侵后，所有电信通信设备先后毁于战火之中。至1948年11月，台北县全境解放时尚未修复通话。

1950年12月，大中集电信所先后创建长途电话、市内电话、农村电话，开办电信业务，架通大中集至刘庄、大中集至东台、大中集至盐城长途杆线。1951年9月，开办电报话传业务。1954年3月，大中集邮电局市话交换机迁入大兴路自建局房。1955年，裕华开办长途电话业务。1959年10月，大丰开通至盐城载波电话。1974年，开通至建湖、响水、滨海载波电话。1975年，开通至阜宁载波电话。1979年10月，县城市电话淘汰磁石人工电话交换设备，更换为共电交换机。1986年11月8日，县内自动电话准电子交换机开通，共电交换机被淘汰，县局电报电路纳入南京电信局256路程控自动转报系统。1989年，开通微波长途电路。1991年10月，市话交换设备使用程控交换机。1992年，淘汰准电子交换机，开通SI240程控电话交换机市话15000门，裕华镇交换设备率先实现程控化。1995年，实现中继电路光缆传输，村村通电话，大中镇成为电话乡镇，电话普及率为大丰人均第一。2000年，电信开办“来电显示”（又称“千里眼”）业务。是年，市放装7424部。2001年5月，开通ADSL宽带上网业务。7月，取消电话初装费。2002年8月，开通IP城域网业务。2004年，实施无线市话网络向大中镇村组和开发区延伸工程。2008年，市区所有企事业客户和住宅小区完成光缆接入。10月，天翼“189互联网手机”全面放号。2009年，裕华镇被评定为二星级信息化镇，大中镇被评定为一星级信息化镇。以电话网、互联网等通信设施为基础，建立惠农短信平台，惠农短信平台已经建立生猪养殖、蛋鸡养殖、毛兔养殖、龙虾养殖、甜叶菊栽培等10个产业群组，发展成员5000多名，发送各类服务短信15万多条，开展实训辅导260多条。是年，全面启动社会治安面监控工程，采用市区、城郊结合部、乡镇3道防线闭环式布点方案。结合城区犯案率占全市60%的具体情况，在市区易犯案、繁华复杂区域密集布点，布设88个监控点、210个摄像头。“电话看家”全面启动，自动报警在住宅等监控场所遇到非法入侵时，能够自动通过用户手机、小灵通语音、短信提示向用户发出警报，并及时将报警信息通过中国电信固定电话网络向公安部门接警中心远程报警。

（二）电话

1. 长途电话

1950年，大中集至刘庄架通长话杆线，大中集电信营业所开办长途电话业务。1955年，裕华增加开办长途电话业务。1959年，新团开办长途电话业务。1984年，王港乡邮电代办所开办长途电话业务。

2. 市内电话

市话网路　1950年12月，大中集电信营业所始设市内电话，市话交换机设在大新路二卯西河老大桥北十字路口东侧（今台北饭店北侧），有县委、县政府和公安局3个用户。1954年3月，市话交换机迁址县政府内（今城中菜场），范围为南至河南老街，西至大四河。随着县城区域的扩大，市内电话用户增多，主杆线逐步延伸，南至城南新、老街和实验小学，北至医药公司仓库；二卯西河南，东至大中轧花厂、驻军部队，西至县汽车站、物资局。1978年，市内杆线新立圆形水泥杆路2条：第一条是从人民北路桥向北直至酒厂，第二条是从县局向东的健康东路至苏丰针纺织厂。工农路东从驻军部队向西至老菜场段木杆线路全部更换圆形水泥杆路。主杆线到达区域：从县局出局终端，南至标牌厂、大道粮站、大道食品站等，北至农机厂、酒厂、二卯西河南，东至酱醋厂、五金厂、县油化厂，西至化肥厂、二卯西河北，东至拖拉机修配厂等区域。1986年11月，市话自动电话开通。1991年，市话杆线从县局向南到达气象站、农科所和南郊蚕茧站（大中镇恒北村），向北到达磷肥厂（新丰镇展望村），东至拖拉机修配厂（裕华镇丰裕村），西到自来水厂泵房（新团乡河口村）。

市话设备　1950年12月，大中集始设市内电话，架设架空明线（铁线双线）长度0.16对千米，杆程长度0.08杆千米。1954年3月，市话交换机迁入大兴路自建局屋内，杆线东到西走向未变，南北伸延均为架空明线，有杆路1.12杆千米，明线线条长度6.14对千米，木质电杆38根。1956年，市内电话杆路长度5.141杆千米，明线线条长度48对千米，有油柱木质电杆126根（内有20根为长话、市话合用）。1958年，市内电话杆路5.83杆千米，架空明线线条长度82.78对千米。1977年，市内电话杆路长度34.94杆千米，架空明线线条长度98.61对千米。1988年，市内电话杆路长度为47.86杆千米，架空明线线条长度16.06对千米，平均杆距39.49米。有水泥圆形电杆1182根，木质电杆38根，合计1220根。1991年，市内电话杆路长度为49杆千米，架空明线线条长度11对千米。20世纪90年代后期，市内电话大部转为地下转送，明线逐步减少。

1952—1991年大中镇城区市话杆路设备情况表

表4-2-5

年份＼项目	杆路（杆千米）	明线（对千米）	年份＼项目	杆路（杆千米）		明线（对千米）
				木质	水泥	
1952	11.20	3.70	1955	1.39	—	17.10
1953	2.96	12.50	1956	5.14	—	48.00
1954	3.20	6.14	1957	5.09	—	21.50

续表4－2－5

年份\项目	杆路(杆千米)	明线(对千米)	年份\项目	杆路(杆千米) 木质	杆路(杆千米) 水泥	明线(对千米)
1958	5.83	82.78	1975	33.30	—	—
1959	8.63	25.00	1976	34.50	—	—
1960	14.35	41.27	1977	34.94	—	98.61
1961	20.90	57.86	1978	37.00	—	91.00
1962	10.15	53.82	1979	38.00	—	95.00
1963	16.33	61.81	1980	40.00	—	98.00
1964	16.98	73.56	1981	38.00	—	75.00
1965	13.81	60.55	1982	4.00	36	96.00
1966	15.01	71.55	1983	4.00	36	49.00
1967	19.50	83.75	1984	4.00	39	50.00
1968	21.00	86.00	1985	4.00	39	50.00
1969	19.80	87.65	1986	4.00	39	37.00
1970	22.60	88.98	1987	4.00	39	37.00
1971	27.75	94.23	1988	1.86	46	16.06
1972	28.23	90.24	1989	2.00	47	10.00
1973	26.40	88.30	1990	2.00	47	11.00
1974	27.00	91.00	1991	2.00	47	11.00

市话业务　1950年12月，大中集电信营业所开办市内电话业务后，用户逐年增加，业务范围不断扩大。至1959年，开办的电话业务有普通电话、电话副机、同线电话、合用电话、中继线、专线、公用电话、临时电话。按用户要求办理装、拆、移机的正常业务。1965年，增办用户交换机及互通机、分机专线、节日电话3项业务。是年，增加租杆挂线，代维用户机设备两项特别业务。1978年，增办同线电话、合同电话、复用设备等服务项目。1986年11月8日，县局由人工市内电话改为市内自动电话。1991年，实行程控电话，取消市话、农话区别。

3. *农村电话*

农话交换点　1929年，大丰、裕华两公司筹集8500元，架通新丰、大中集、西团间的电话线路。大丰、裕华两公司从总公司至各分公司(区)用杉木杆架线，全部接通电话。余云龙在小海架设至大中集电话。1935年，东台县政府令所属各自筹款架设城乡电话线路，总交换所设在县政府内，大中集设交换分所。1950年年底，台北县人民政府为配合土改工作，架设大中集至刘庄简易电路1条，并连接盐城至东台段长途电话干线。1952年，大中农场、上海农场、新丰自架自维简易杆线直达大中集。1958年，增加裕华交换点。1959年，增加新团交换点。1971年，农话交换点五星(裕华)为国营性质，新团为社营性质。1991年，裕华属于国营农村电话交换点，新团属于代管集体所有制性质的农村电话交换点，大中镇镇南、镇北、王港乡属于乡镇办的集体所有制性质的农村电话交换点。1991年，全县开始电话程控以后，乡镇和企集体所有制性质的交换点逐步撤销，改为农村和城市两种交换形式。2003年以后，统一改为本地电话。

4. *用户电话机*

1950年12月，大中集市内电话用户仅有台北县委、县政府和公安局3个。1952年，市话及用户发展到19户。1957年,发展到78户。1962年,发展到市话185户。1980年,发展到385户。1985年,发展到690户。1991年,发展到2798户。1993年,发展到4598户。1997年,城市电话普及率26.53部/百人。1998年,发展到20721户/百人,其中城镇公用电话1139部。1999年,新团新建移动电话微波通讯基塔一座。是年,新团乡每百户拥有程控电话42部。2000年,大中镇农户拥有电话机6656部,城市用户30619户,其中住宅电话25764部,新团镇全镇程控电话2998门,裕华镇程控电话装机4140门,王港乡电话装机量1071部。2001年,大中镇有城市电话33466部,其中住宅电话31997部,裕华镇农村电话用户8382户。2002年,大中镇农户每百户拥有程控电话64部。2003年,大中镇农村每百户拥有程控电话107.5部,有城市电话39627部,其中住宅电话37630部。2005年,大中镇有城市电话40627部,其中住宅电话36984部。2006年,大中镇农户有固定电话55721部,移动电话32832部,互联网14550户;裕华镇农户有固定电话15262部,移动电话10000部,互联网200户。2007年,裕华镇农户有固定电话16037部,移动电话12000部,互联网用户411户。2008年,裕华镇互联网用户532户,固定电话14281部,移动电话13221部。2009年,大中镇农户有互联网2000户,固定电话9500部,移动电话13000部,城市电话32500部,其中住宅电话32500部;裕华镇有互联网2056户,固定电话16150部,移动电话14500部。2010年,大中镇有电话107298部,其中城市住宅电话34280部,农村电话73018部。全镇农村有互联网户5500余户。

用户交换机　1958年,大道公社(含镇南交换机)2部50门。1962年,增加大丰县淮南第二纱厂磁石交换机1部10门,大丰县综合厂磁石交换机1部10门。翌年,增加大中窑厂磁石交换机1部10门。1965年,对市内电话用户交换机进行整顿,整顿后保留大道公社交换机1部60门。1966年,增加大兴公社(后改为大中镇镇北)交换机1部30门。1990年,县城市内电话用户交换机16户17部,容量1356门,实装单机824部,中继线63对。1992年,市话交换机有1612门。1995年,城市电话用户交换机总容量为15000门,2000年为42752门,2002年为52274门(2003年以后农村用户和城市用户合并,统计不分类)。

市内公用电话　1955年,大丰县邮局营业室内安装磁石电话单机1部,开办公用电话业务。1981年,汽车站候车室服务台安装公用电话机1部。1986年,在大中镇健康东路邮亭各安装公用电话机1部。1991年5月,县城健康路城市邮电支局营业室安装公用电话机9部,人民路邮电所营业室安装公用电话1部,至年年底,有市内公用电话机14部。1995年,城市公用电话99部。1998年,全市城镇有各类公用电话1139部。2000年,城市公用电话1419部。2005年,城市公用电话为3643部。2010年,城市公用电话2037部。

5. 移动电话

1992年12月,中国移动通信在大丰开通移动电话,放装150部。1999年2月,中国联通在大丰市成立服务中心,推广“130”移动电话。

中国移动　大丰移动通信始建于1992年12月,首次建成由美国摩托罗拉公司提供的模拟A网基站一座,计2个信令信道,18个话音信道,放装150多个用户。1994年8月,新建王港模拟A网基站。同时,新建由爱立信公司提供的模拟B网设备,建成大丰、王港B网基站。1995年2月,大丰邮电局成立移动公司,数字技术被引用到移动通信中,数字移动电话发展迅速。1996年,新建大丰、王港数字移动基站。1998年5月,移动公司与邮电分营,新建裕华基站。1999年上半年,新建新团基站。2007年,大丰移动公司完善服务网点而已,有自办营业厅30个,合作营业厅50个,各级服务网点遍及大丰市的城、镇、村和社区,在网用户20多万户。2009年,大丰移动在网用户突破38万户。年底,大丰移动基站数达231座,室内分布系统54个,光缆皮长1460千米,杆路742千米,管道54千米。2010年,移动基站300座(其中TD基站60座),室内分布系统65个,光缆皮长2800千米,杆路2000千米,管道70千米。网络通信质量和覆盖水平保持领先,覆盖率99%以上。2010年年末,中国移动大丰分公司在大中镇城区网点有群兴移动通讯(黄海东路12号)、中国移动大丰市健康东路营业厅(健康东路72号)、中国移动大丰市幸福东路营业厅(幸福东大街)、中国移动大丰健康路营业厅(健康东路)、中国移动大丰市金宇广场营业厅(大新南路)、中国移动营业厅(人民南路33-8)、中国移动黄海路营业厅(黄海东路12号)、中国移动大丰金丰路营业厅(金丰南大街11号)、中国移动通信江南通信NO. DF025(康平北路)、中国移动便民店(东宁路)。

中国联通　1999年2月,中国联通盐城分公司大丰服务中心成立后,全面介入第三代移动通信业务。1999年年底,联通在大中地区建成3个基站(在王港建1个)。2000年4月,中国联通有限公司大丰分公司(以下简称大丰联通公司)成立。2006年,大丰联通计63个基站数,实现无线信号大丰地区的全面覆盖。其中,GSM网络建设至2006年已实施十一期工程建设,是年,全年净增用户5021户,用户总数达到53453户,列盐城联通系统第三位。2007年,大丰联通计103个基站,实现无线信号大丰地区的全面覆盖。2008年,大丰联通公司建立大中局营销中心。2010年,大丰联通公司投入3G基站50多个、2G基站20多个,宽带投入200万元以上。推出移动办公、手机看家、环境监控、公交管理、水文监察、警务通讯、移动采编等多种3G业务行业应用。

中国铁通　2003年,中国铁通大丰分局成立。2006年,全年完成营业收入300多万元,累计达7140户(线),主要经营城区业务。2007年,全年净增电话8000部,用户总数达14000户,主线普及率达每百人8线。其中,净增固定电话4500部,固话用户总数8000部;净增万信通用户2200户,万信通用户总数3600户;发展宽带用户1300户,用户总数2400户。完成滚动性投资计划项目4个。ADSL扩容4800线,LAN扩容10000线。

无线寻呼　1992年,无线寻呼(国信寻呼)进入大丰,时隶邮电部门,有152.65MHz市网一频点,后又建成150.725MHz市网二频点、165.100MHz市网高速频点、280.1375MHz省网高速频点、279.1625MHz省网低速频点。1998年10月,邮电分营,寻呼剥离成一个单独的企业,名为国信寻呼。1999年,又更名为国信通信,建成"198""199"全国联网寻呼系统及"1290"寻呼业务平台。移动电话的功能取代BP机的部分功能,寻呼由无线寻呼转移到IP电话:165(INTERNET)服务,"193"长途网,"130"移动网上。

(三)电报

电报网点　1949年前,境内除军队架设军用无线电台以外,无民用电报通信。

1951年9月1日,大中集电信营业所开办话传电报。1955年,大中集开办电报业务。1958年,裕华开办电报业务。1959年,新团开办电报业务。1962年,因紧缩机构,裕华、新团停办电报业务。1964年,裕华重新开办电报业务。1967年,新团恢复开办电报业务。1984年,王港乡邮电所代办所开办电报业务。

有线电报　1951年9月,大中集电信营业所利用架设的盐城至大丰、东台至大丰的电话线路开办有线话传电报业务。1981年,县城至裕华支局有线专线电报电路开通。1991年,大丰县局至裕华、至气象站为有线专线电报电路,县局至新团电报电路为报话合用。县城内有淮南第二纱厂、农垦苏丰针纺织厂、农垦苏丰地毯厂、大丰化肥厂代办电报业务。20世纪90年代中期,有线专线电报电路、代办电报业务逐渐退出市场。

电报业务　1951年9月,大中集电信营业所办理国内公众电报业务。1952年,经办电报业务种类为防空、天气、军政、新闻、普通、业务、公务等7种。20世纪50年代末期,开办国际、港澳电报业务。1956年,增加水情、汇款两个种类。1963年,电报种类由原来的9种修改为防空、天气、水情、军政、新闻、普通、汇款、公务8个种类。7月起,取消特别业务,改为指定日期投送、昼夜投送和亲启等种类。1978年6月,电报业务增至11类:防空、天气、特种、水情、军政、公益、新闻、公务、普通、汇款、公电。1977年6月,用户可以租用县局长途电路办理公文、图表传真业务。1980年5月1日起,特别业务分送改为邮送项目。1989年5月,裕华支局开通至大丰县局报房传真电报业务。1991年10月,县局健康路城市邮电支局办理公众真迹电报传真业务项目。20世纪90年代中期,随着传真机的广泛使用,电报业务逐渐退出历史舞台。1998年2月,大丰市邮电局报务班撤销。

电报投递 1951年9月—1958年,电报投递由报务、话务人员兼职。1959年,县城电报日均来报达40份以上,设专职电报投递人员1人。1972—1982年,设专职电报投递人员2人,投递半径以县局报房为中心2千米范围内城区,以自行车为投递工具。1983—1985年,县城电报专职投递人员增至3人。1986—1991年,电报专职投递人员增至4人。投递范围东至县针织内衣总厂,西至化肥厂、船厂,南至大中镇标牌厂,北至大丰县酒厂。1988年,大中镇农村设电报邮递员1人。1998年2月,电报业务退出市场,城镇农村取消投递人员。

第五章　水　　利

民国以前,今大中镇境域无人工河道,全靠自然河流排灌,特别是靠老斗龙港两侧的低洼地,每逢大雨,或西部里下河地区客水下压,都要被淹。民谣称"德丰、瑞丰滩,十有九年淹"。民国初年,张謇等民族实业家来境内废灶兴垦,成立大丰垦植公司。为改良盐碱土,降低地下水位,围绕圩田建设,开挖沟河、构筑圩堤,但限于投入不足,开挖粗放,远不能解决排涝抗旱问题。

新中国成立后,中国共产党和人民政府十分重视农田水利基本建设,开展大规模的群众性的农田水利建设,培修圩堤,开沟擦港,拆除明暗坝埂,恢复旧水系的功能。在沿海筑圩建闸,抵御海潮,在内地开垦荒地,改良盐碱地。

20世纪50年代初至60年代末,开展以防洪排涝为重点的水利建设。在农田水利建设上,贯彻"大力兴修水利,克服旱涝灾害为主,同时巩固防洪,有条件的发展灌溉"和"群众自办为主"的水利工作方针,农区培修圩堤,垦区整理旧条排沟,把农田水利施工与积肥、铺生相结合,引淡排卤,改土增产,努力提高农业产量。

70年代初至80年代,开展农田水利大规模的基本建设,实行综合治理。建设旱涝保收高产农田,全面提高水利工程的标准,在全镇掀起第二次农田水利建设高潮,开展以治水为中心,防涝治渍为重点的旱涝保收稳产高产农田水利基本建设,使其从单一治水转向沟、渠、路、林、田全面规划,洪、涝、旱、渍、碱综合治理,桥、涵、闸、站、点全面配套,农、副、工、交、机齐发展,农村面貌大大改观,培育出原大道公社超产大队等先进典型。

90年代以后,开展"深挖沟、高筑圩、大封闭",完善村级独立水系建设。1991年特大洪涝灾害后,进行"大灾后反思,反思后大干",掀起第三次农田水利建设高潮,全镇开展标准化农田建设,圩区培植"三高"农业示范区,狠抓现代化高标准农田水利工程建设,大搞沟渠衬砌化,降渍暗管化,发展节水农业,全镇建设成千亩连片以上现代化水利示范区2个,村村有百亩连片以上示范区,基本做到土地方整化、水系配套化、渠道防渗化、农田林网化、道路砂石化。

21世纪后,开展工程水利向资源水利转变,传统水利向现代水利转变。坚持以人为本,实现人与水的和谐相处,大力发展生态水利事业,使有限的水资源得到更优化的配置利用。全镇建成省级节水灌溉示范区和国家级节水灌溉示范区各1个。开展村庄河道整治,全面疏浚大、中沟,增加灌溉水源,提高抗旱灌溉能力。

1950—2010年,大中镇水利建设共投入2365万多个劳动工日,挖土方6894.7万立方米,开挖大沟54条,中沟597条,小沟10112条,修筑农渠33条。修筑海堤11.2千米,修筑防洪圩堤429.97千米,圩口封闭闸347座,发展机电灌溉站74座,排涝站84座,抢排泵477台。经过60多年的不懈努力,已初步建成防洪、防潮、防涝、防渍、防旱五套工程。这五套水利工程体系,达到能泄、能蓄、能控、能调、能引的新水系。

第一节 工程建设

一、河道开挖整治

大丰干河 大丰干河是大中镇最东部与海丰农场的分界河,贯穿大中镇约12千米,原称东子午河。大丰干河工程始于1957年冬,成于1958年春。北起大丰闸,南止通商,衔接一卯西河,全长38.4千米。其中平地新开11.4千米,扩浚东子午河27千米。工程分三期施工,共完成土方748.12万立方米,投资1.713万元。为提高排涝效益先后于1967年、1969年、1979年3次扩浚。

二卯酉河 二卯酉河西起老斗龙港,向东至新海堤复河,全长29.4千米。民国8年(1919),由大丰盐垦公司兴垦开挖,西起老斗龙港,东到东坝头,长23.58千米(也是目前穿越大中镇境的长度),工价6.92万元。新中国成立后,先后9次进行疏浚扩建。1950年,开挖东坝头至海堤复河,长6千米。1968年冬,扩建老斗龙港至大丰干河,长15.4千米,完成土方66.96万立方米,工日15万个。工程标准:大中集以东至大丰干河,底宽15~18米,底高程-1.7米,河坡比为1:3;大中集以西至新老河交汇处,底宽20米,底高程-2.0米,河坡1:3。1982年春,结合航道扩浚西段二卯酉河,长2千米,完成土方20.1万立方米,投资17.5万元。工程标准:底宽10米,底高程-2.0米,河坡1:3。二卯酉河是垦区中部引、排水的主要河道,并可调节西部地区排水。

西子午河 西子午河系1922年大丰盐垦公司兴垦时开挖的3条南北向河之一。因在西,南北方向又称子午,故名。南起六匡老一卯酉河,向北经大中集、新丰、施家湾、三港口入老斗龙港,贯串一卯酉河、二卯酉河、三卯酉河、四卯酉河、五卯酉河。该河大中集向北至施家湾接四卯酉又称大四河,流域面积54平方千米,排水入大丰干河,全长25.7千米,贯穿大中镇境11.25千米。该河新中国成立后进行疏浚扩建,其中1970年冬,动员3000人,疏浚六框至大中集的河段,长7.5千米,于次年春竣工,完成土方34万立方米,工日13.6万个,投资13.1万元。工程标准:底宽6米,底高程-1.0米,河坡1:3。此后又于1977年、1982年分别进行改道和疏浚。

中子午河 中子午河系1926年大丰盐垦公司兴垦开挖的3条南北向河之一,因在中间,故名。南起南阳东侧一卯酉河,向北经裕华、四岔河,至三龙入斗龙港,贯串一卯酉河、二卯酉河、三卯酉河、四卯酉河、五卯酉河,流域面积90平方千米,排水入大丰干河出海,全长32.55千米,贯穿大中镇境11.25千米。新中国成立后,进行多次疏浚扩建,其中1970年冬,动员民工8000人,疏浚一卯酉河至三卯酉河段,长21.4千米,南端开通直入一卯酉河,于1971年春竣工,完成土方93万立方米,工日37.2万个,投资18.1万元。工程标准:河底宽6米,底高程-1.0米,河坡1:3。

大四河 大四河为西子午河的中段,南从大中集向北至施家湾入四卯酉河,故名大四河,贯穿大中镇境3.75千米。1956年,因南北交通需要,由交通部门动员民工进行疏浚,完成土方25.48万立方米,工日8.09万个。工程标准:底宽6米,底高程-0.5米,河坡1:3。为解决大中镇地区的排水及改善水质,结合城镇建设,分三期进行改线疏浚。第一期工程时间为1968年11月,结合二卯酉整治开挖工农桥至健康桥段。第二期工程于1979年12月动员民工5881人,开挖健康桥至酒厂段(大丰酒厂)的新河道,长2.2千米,并将老河道填平建成人民北路。新河道在老河道西250米,于1980年1月竣工,完成土方50万立方米,工日25万个,投资72万元。工程标准:底宽20米,底高程-2.0米,河坡1:3。第三期工程于1982年11月16日动员民工16444人,开挖从红星河(大丰酒厂)至新丰的新河道,长4.15千米,老河道填平改做公路,1983年1月9日竣工,完成土方97.82万立方米,工日67.25万个,投资53.7万元。工程标准:底宽20米,底高程-2.0米,河坡1:3。

七灶河 七灶河原为刘庄场的灶河,因流经七户灶而得名,是大丰市西部地区主要引水河道之一。西起刘庄串场河青龙闸与兴化盐城界河相通，向东流入老斗龙港，全长15.2千米，流域面积52平方千米，是老斗龙港上游5条支河之一，古为里下河地区分洪支流。

在明末至清康熙、雍正年间，曾对七灶河加以疏浚，后又逐渐淤浅。清光绪十四年(1888)测而未浚。1926年，由顾龙宾等人挑浚，后因军事缘故，工程停工。至1928年疏浚。1929年，由兴化县建设局续疏。1958年，对下段进行裁弯疏浚，完成土方16万立方米，工日5.2万个，投资2.15万元。工程标准：底宽10米，底高程-1.0米，河坡1∶2。1968年冬，疏浚裁弯下段，长3千米，完成土方10万立方米。2005年11月20日，组织24台挖土机械，疏浚串场河至老斗龙港河段，长15.2千米，次年2月21竣工，完成总土方68万立方米，排除积、渗水土方50.98万立方米，临时占用耕地24公顷，投资301.06万元。工程标准：通榆河以西段河底宽4米，底高程-1.0米，河坡1∶2。通榆河以东段河底宽10米，底高程-2.0米，河坡1∶2。

新团河 新团河原河西起刘庄岔河口处七灶河，向东北流经新团至老斗龙港，全长12.3千米，流域面积30平方千米，因横贯新团而得名。1951年，组织3392人进行扩浚，完成土方18.5万立方米，工日5.78万个，投资1.86万元。工程标准：底宽10米，底高程-1.0米，河坡1∶2。因原河弯曲淤浅，1974年11月25日，动员14260人进行改道，上游与八灶河合口出刘庄建设桥通串场河，向东北至灶圩后利用老河扩浚入老斗龙港，与二卯酉河隔港相对，全长12.25千米，完成土方242.3万立方米，工日90.12万个，投资58.32万元。工程标准：底宽25米，底高程-2.0米，河坡1∶3。该河改建后，成为境内中部引、灌、排的主要河道，也成为老斗龙港的支河之一，可调节里下河地区排水，也是大丰与外部交通的主要航道。

翻身河 翻身河位于新团镇境内，原为一条自然小河，从老八灶河向东北流入老斗龙港，流域面积48平方千米。1946年春，沿原车路沟拓宽浚深。东起老斗龙港，西止八灶河，全长9750米，口宽12米，底宽2米，河底高程-0.5米，动员1100人。因当时成立翻身小组，进行土改，故将该河定名为翻身河。1958年，为帮助新团河以北地区改变贫困面貌，将翻身河列为全县重点工程全面整治，开挖新河。西起老八灶河与通榆河接通，东至老斗龙港，全长10千米，于1958年冬动员4000余人，挖土方82.03万立方米，工程标准：口宽20米，河底宽5米，河底高程-0.5米，河坡1∶2.5。1965年冬，新团公社列入社办工程，组织劳力对全河进行疏浚，疏浚后的工程标准为河底宽8米，河底高程-1.0米，河坡1∶2.5。1967年，继续拓宽擦浅，口宽25米，底宽5米，河底高程-1米，完成土方24.9立方米，投入民工1700人，经费2.65万元。1991年冬对胜利河以东至老斗龙港的4千米河段进行机械疏浚。工程标准：河底宽10米，河底高程-1.0米，河坡1∶2.5。该河是一条主要引水灌溉河道，也是新团河以北的一条主要排水河道。

八灶河 八灶河原为刘庄场的灶河，因流经八户灶而得名。西起刘庄串场河，向东北流入老斗龙港，全长19.9千米，流域面积40平方千米。原为老斗龙港上游5条支河之一。历史上是里下河地区排涝入海河道，为自然河流。清乾隆二十二年(1757)，副总河稽璜泰准挑八灶闸下引河。清光绪八年(1882)，张富年开八灶河。光绪十三年(1887)，督察朱毓筒疏浚。光绪十四年(1888)，臬司张富年挑浚。1958年，动员5400人进行改道，从小港口向西直通通榆河，新河段长3.85千米，完成土方24.87万立方米，工日9.52万个。工程标准：底宽10米，底高程-0.5米，河坡1∶2。该河改善了新团、龙堤的引水、排水条件。

南中心河 南中心河位于一卯酉河、二卯酉河的中心，故名。西起老斗龙港，向东穿过西子午河至中子午河，全长11.55千米。1976年11月开挖，动员民工5000人利用框河扩浚，于1977年2月完工，完成土方108万立方米，投资20.54万元。工程标准：底宽10米，底高程-1.5米，河坡1∶3。该河开挖后对一卯酉河、二卯酉河之间的引水灌溉和排水起到很大作用。

北中心河 北中心河位于二卯酉河、三卯酉河的中心，故名。西起老斗龙港，向东穿过大四河至中子午河，全长11.5千米。1976年11月，组织民工6000人开挖，于1977年2月竣工，完成土方120

万立方米,投资20.54万元。工程标准:老斗龙港至大四河段:底宽20米,底高程-2.0米,河坡1:3;大四河至中子午河段:底宽10米,底高程-1.5米,河坡1:3。

幸福河 1942年,大地主周焕龙开挖兴龙河(周焕龙以自已名字中有龙字而定名兴龙河),解放后更名幸福河。1969年冬疏浚,裁弯取直,东起老斗龙港,西止八灶河,全长12000米,口宽18米,底宽3米,河底高程-0.5米,挑土4.8万方,投入民工900人,历时45天。

刘大线航道 2009年冬,刘大线航道从二卯西河最东端的一线海堤开始拓宽疏浚,沿二卯西河西上至大丰干河,大丰干河北上到北中心河,再沿北中心河西上至胜利河,再沿胜利河南下汇入新团河,再沿新团河西上至通榆河,通称刘大线航道。

航道主要用于大丰港的开发配套工程,河岸二侧石头驳岸,底宽40米左右,河底高程-2米。

2010年大中镇境内县级河道基本情况表

表5-1-1

序号	河道名称	河道类型	河道功能	河道起讫位置		穿越境域(千米)	河道标准			灌排控制面积(平方千米)
				起	讫		平均底宽(米)	底高程(米)	河坡	
1	七灶河	圩区	引排结合	通榆河	老斗龙港	9.13	10	-2	1:2	11.97
2	新团河	圩区	引排结合	通榆河	老斗龙港	7	25	-2	1:3	7.5
3	二卯西河	圩区	引排结合	老斗龙港	海堤复河	9.45	20	-2	1:3	19.8
4	八灶河	圩区	引排结合	通榆河	老斗龙港	13.5	10	-0.5	1:2	12.25
5	老一卯西河	圩区	引排结合	老斗龙港	大丰干河	7.53	14	-0.5	1:2.5	17.95
6	老斗龙港	圩区	引排结合	与西团交界	与新斗龙港交界	7.3	12	-2	1:3	17.23
7	南中心河	圩区	引排结合	老斗龙港	与大丰干河交界	9.45	10	-1.5	1:2.5	23.17
8	北中心河	平原区	引排结合	老斗龙港	与大丰干河交界	4.95	10	-1.5	1:3	30.56
9	西子午河	平原区	引排结合	一卯西河	二卯西河	7	6	-1	1:3	
10	大四河	平原区	引排结合	二卯西河	新丰镇	4.38	20	-2	1:3	
11	中子午河	平原区	引排结合	一卯西河	新斗龙港	11.25	6	-1	1:3	90
12	大丰干河	平原区	引排结合	通商小街	新斗龙港	11.25	20	-2	1:3	

2010年大中镇部分大沟河道基本情况表

表5-1-2

序号	河道名称	起点	终点	长度(千米)	河道标准		所在村	开挖时间
					平均底宽(米)	底高程(米)		
1	南新跃河	老一卯西河	南中心河	3.8	3	-0.5	恒南、恒丰、恒北	1960—1970年期间
2	北新跃河	二卯西河	南中心河	3.9	3	-0.3	双喜、利民	
3	利民东复河	二卯西河	南中心河	4	3	-0.5	利民	
4	南斗私河	老一卯西河	南中心河	3.8	3	-0.3	恒南、恒丰、恒北	
5	北斗私河	二卯西河	南中心河	3.9	3	-0.3	泰丰、双喜	
6	南恒泰河	老一卯西河	南中心河	3.64	3	-0.3	恒南、恒丰、恒北	

续表 5－1－2

序号	河道名称	起点	终点	长度（千米）	河道标准		所在村	开挖时间
					平均底宽（米）	底高程（米）		
7	北恒泰河	二卯西河	南中心河	3.92	3	－0.5	泰丰、泰西	1960—1970 年期间
8	五一河	二卯西河	北中心河	4.2	5	－0.3	阜南、阜丰、阜北	
9	团结河	二卯西河	北中心河	4.2	4	－0.3	阜南、阜丰、阜北	
10	阜裕河	二卯西河	北中心河	4.2	4	－0.3	同德、阜丰、阜北	

1951—1990 年大中镇民工出征市、县主要工程情况表

表 5－1－3

工程类别	开工时间	工程名称	区域	民工人数（人）	完成工程	
					土方（万立方米）	草皮（万平方米）
治淮工程	1951 年冬	苏北灌溉总渠	大中乡	2000	400	—
	1964 年冬	西潮河	大道公社	1760	10.8	—
	1966 年冬	斗龙港	大兴公社	250	2.1	—
	1971 年冬	黄沙港	大道公社 大兴公社	1300	13	—
	1975 年冬	新洋港	大兴公社	300	5.4	—
引江工程	1969 年冬	通扬运河	大道公社 大兴公社	817	7.5	—
围垦工程	1973 年冬	斗龙围垦	大道公社 大兴公社	1000	8	3.7
	1976 年冬	海丰围垦	大道公社 大兴公社	1800	21	9.14
	1977 年冬	王港围垦	大兴公社	400	6	4.8
	1982 年冬	王竹围垦一期	大道公社	1200	9	5.1
	1983 年冬	王竹围垦二期	大中镇	1410	21.69	10.52
	1984 年冬	南灌河工程		1200	4.6	—
	1985 年冬	竹港引水闸工程		—	19.7	—
	1990 年冬	竹川围垦工程		2500	12.5	—
内河疏浚	1986 年冬	沈灶马路河工程		—	19.7	—

说明：不含原新团、裕华区域

二、农田基本建设

历史上，老斗龙港以西习惯称农区。废盐私垦时，佃农大都在自然河道上疏浚、拓宽、加深形成水网，标准低、抗排能力差。

老斗龙港以东区域，从 1918 年开始兴建农田水利，水利和农田建设统一规划，圩堤、道路、涵闸、桥梁配套实施。水利工程结束后，即呈现河网化、条田化格局。废灶兴垦初，大丰公司全境分为 35 个区,为正方形和长方形,老斗龙港、小洋河边缘区域有缺角或弯曲的围区,形状不规则。大丰公司方形区有三种规格:其一,裕、鼎、永、顺、利、年、时、安、久、兆10个区以井字形河道分为9匡,南3匡和北3匡各分7排,中3匡各分6排,合计面积2000公顷。其二,阜、万、厚、定、正、成、广7个区,每区分9个匡,每匡分6排。全区东西60条,南北18排,合计面积1800公顷。其三,泰、福、晋、元、仁、乐、庆、隆、盛9个区,每区分9匡,南北6匡各5排,中3匡各6排,全区东西60条,南北16排,合计面积1600公顷。此外边缘区域益、同、德、和、恒、祥、吉、余以及祥附等9个区,因地形不规则,匡、排多寡不等,而每条仍为1.67公顷。面积最多的祥丰区2331.1公顷,最少的祥附区只有543.33公顷,一般的区都在670~1333公顷之间。大丰公司的条田为南北走向,南北长,东西狭,条田东西为条沟,南北两头为排沟,排沟两头通匡河,匡河与匡河之间为马路,区与区邻界为区河。每排田南部五分之一的地点有东西横路,为农舍建筑线,农舍多建在路北一条线上。这些区、匡、排、条河加上东西走向的一、二、三、四、五5条卯酉河和南北走向的东、中、西3条子午河,全境形成河网化,同时也形成条田化,河、堤、路、桥四通八达,圩堤两侧种植树木林带,新兴垦区规划井然。

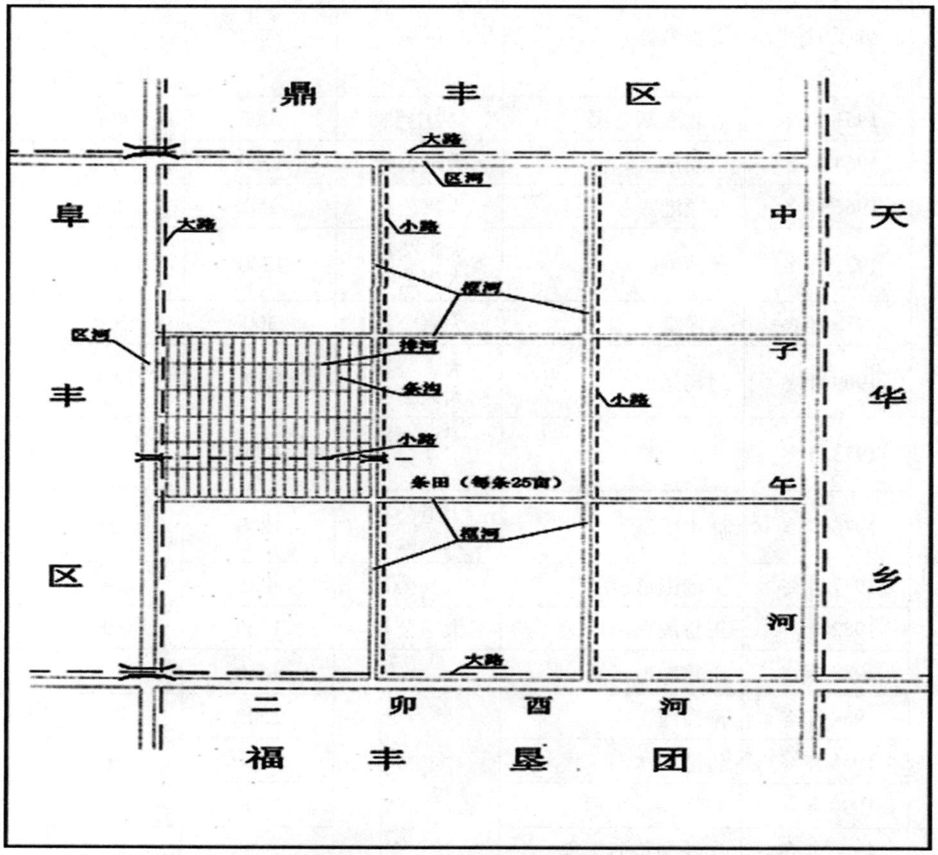

大丰公司万丰区河、沟、条田布局示意图

裕华公司的土地规划,不是采用大丰公司的井字形,九匡设一区,而是把大丰规划的2个区(18匡)设成一个乡,其范围南北总长15千米,东西宽11.25千米。天华乡、地华乡、元华乡、黄华乡每乡南北设立6匡,东西设3匡,一匡设六排,一排设20条田,每条田1.67公顷。

开垦时,公司开挖的大河深2.66米,口宽20米,大水时可通汽轮;小河深1.33~2米,口宽3.33~10米,形成初始阶段的农田水系。经过20余年的兴垦建设,在垦区进行以条田化为特色的农田水利建设,实现有网有目的河网化,河、堤、路、桥四通八达。

新中国成立后，政府开始全面规划，改造老垦区，建设新垦区。20世纪50年代，以治水改碱为中心，以防洪、防涝为重点，疏浚河道，修筑圩堤，大搞"三逢三开"，即逢浅开深、逢狭开宽，逢塞开通。同时，因地制宜开挖大、中、小沟。从1956年开始，拓浚干河，整理旧有条排沟，农区培修圩堤，开挖生产河，发展机灌机排，把农田施工与积肥铺生相结合，大搞外三沟，即大、中、小沟配套建设，其标准：大沟底高程－0.5米～－1.0米，底宽5米～8米，坡比1∶3；中沟分为深浅两种，间隔布置，深中沟底高程－0.5米，底宽3米～5米，坡比1∶2.5～1∶3；浅中沟底高程0米左右，底宽3米～5米，坡比1∶2.5～1∶3；小沟也称条沟，深条沟挖深1.5米，底宽0.5，坡比1∶1.5。浅条沟挖深1.2米，底宽0.3米，坡比1∶1。为防止农田返碱，每年冬春季节将小沟脱壳铺生，铺土于田面，抬高地面，降低地下水位，培肥地力，促进土壤改良。同时，发动群众挖好内三沟，亦称墒沟（横沟、竖沟、田头沟），旱作耕作畦子一般宽3.6～4米，长20～50米，四周挖墒沟，竖沟深0.2米，横沟深0.3米，出水田头沟深0.4米。横沟位置隔年更换以防墒沟两边返盐。

1956年冬至1957年春，老斗龙港以西区域进行"旱改水""沤改旱"拓宽加深条排沟，条沟深1.5米，底宽1米，口宽7～8米，大沟河底高程零点，底宽2米，口宽10米以上。

1957年冬至1959年春，基本上实现初级河网化。

1958年，"以蓄为主、小型为主、社办为主"治水方针开展河网化。调度民工，利用冬、春时节工地扎营，兵团会战。除县级水利工程外，镇级工程开河20多条。1959年，在阜南东匡和阜丰东西两匡，搞条田接长加宽，填沟并河，违反客观规律，致使地面排水不畅，地下水位抬高，作物受渍，土壤返盐，农业产量大幅度下降。对老斗龙港沿岸的槽型洼地，采取修修补补的办法，土方工程开开填填，浪费劳力、财力，挫伤广大群众的积极性。

1965年以后，以小型为主，老斗龙港以西按照"挡得住、排得出、走得快、灌得到、降得下、管得好"的要求，先后开挖疏浚翻身河、二十六总河、东竖河、胜利河、五一河、龙建河、幸福河、友谊河、合兴河、新团河、七墩河、永东河；东部地区按照为各村创造一个独立的排灌水系的规划，开挖马路河以及各村中心河，先后开挖红花河、跃进河、恒太河、斗私河、新跃河、阜裕河、团结河、红星河等、反修河、元丰中心河、晋丰中心河、两福界河、晋北中心河、天东河、天西河、朝荣复河、天祥河、海丰复河等70余条。

老斗龙港以西区域河道开挖情况表

表5－1－4

序号	名称	位置		河道				挑土方（万立方米）	占地面积（公顷）	时间
		起	讫	全长（米）	口宽（米）	底宽（米）	深（米）			
1	龙建河	东起龙福、建设	西止胜利河	3275	19	3	－1	12.2609	46.2	1980.11
2	二十六总河	东起斗龙港	西止胜利河	11605	22	2.5	－1	35.7	16.67	1973.10—11
3	二十六总河	东起老坝	西止西段	3075	—	2.5	－1	16.1387	6.73	1974.11
4	幸福河	东起斗龙港	西止八灶河	1200	18	3	－0.5	4.8	—	1942—1969
5	友谊河	东起斗龙港	西止八灶河	8923	12	2	－1	5.1	—	1971.11—12
6	翻身河	东起斗龙港	西止八灶河	9750	12	2	－0.5	—	11.67	1946年春
7	翻身河	东起斗龙港	西止八灶河	9750	20	3	－1	—	19.33	1958
8	翻身河	东起斗龙港	西止八灶河	9750	25	5	－1	24.9	24.33	1967
9	合兴河	东起斗龙港	西止通榆河	7949	18	2	－1	—	13.87	1975.1—1980.11
10	北横河	东起斗龙港	西止灶圩三组	3540	18	3	－1	13.74	64.33	1975.01—02

续表 5－1－4

序号	名称	位置		河道				挑土方（万立方米）	占地面积（公顷）	时间
		起	讫	全长（米）	口宽（米）	底宽（米）	深（米）			
11	新团河	东起斗龙港	西止永久永西河	8750	52	25	－2	151.6	—	1974.11—12
12	反修河	东起斗龙港	西止七灶河	8261	26	6	－1.5	55.17	21.53	1970.10—1978
13	七墩河	东起斗龙港	西止光明河	4840	18	3	－1	19.1	8.8	1980.12—1981.01
14	永东河	南起老新团河	北止翻身河	3783	20	4	－1	20	7.53	1976.01—02
15	西竖河	南起新团河	北止二十六总河	4950	21	5	－1	19	15.27	1976.01.04—02.15
16	胜利河	南起七灶河	北止八灶河	9750	28	8	－1.5	43.9	27.53	1969.09.18—1976.12
17	东竖河	南起新团河	北止八灶河	7000	15	1	－0.5	10.5	10.53	1955
18	团结河	南起老新团河	北止八灶河	3500	12	1.5	－0.5	1.4	4.2	1965.08—09.18

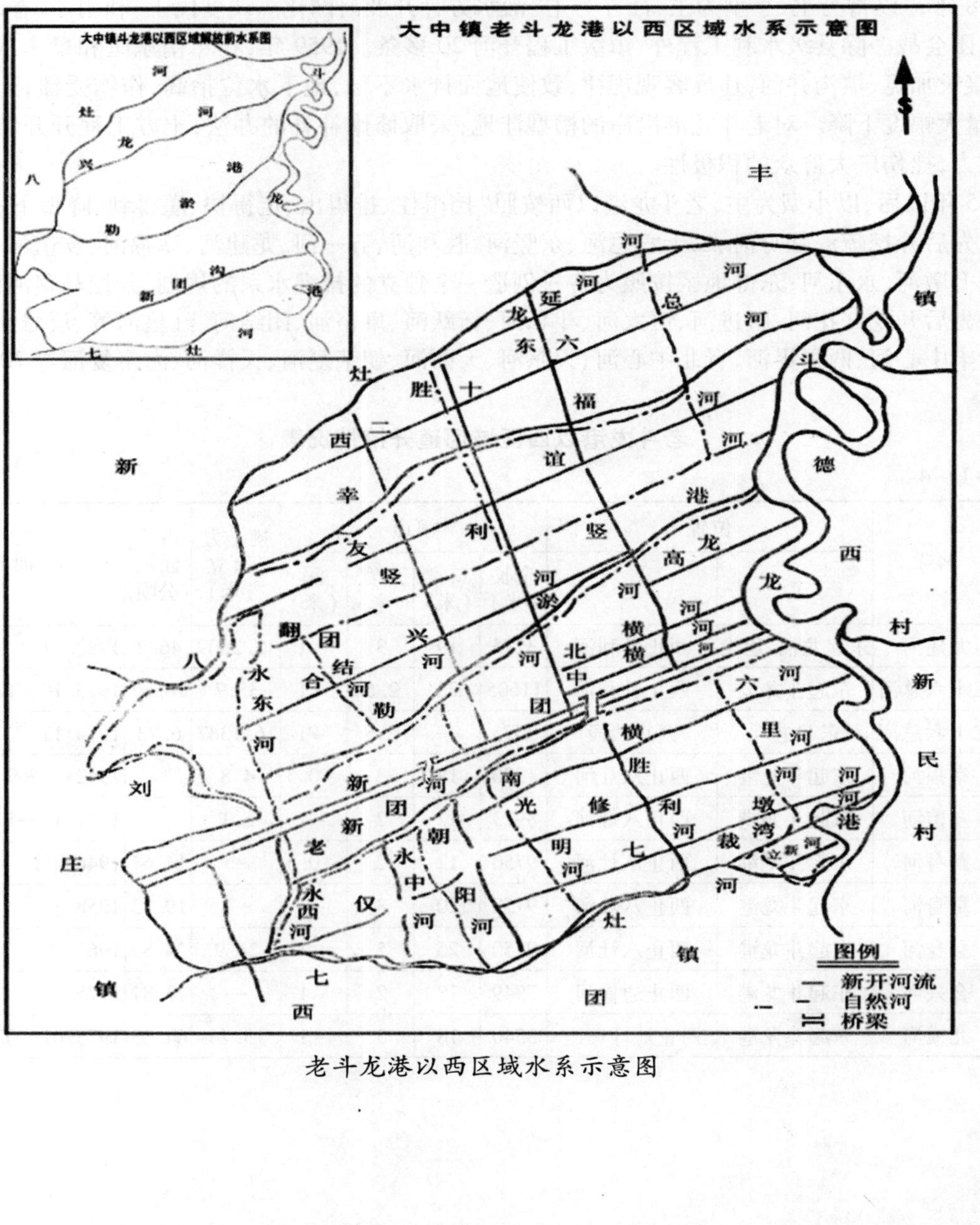

老斗龙港以西区域水系示意图

20世纪70年代期间，水利建设走向全面综合治理阶段，大中镇自筹资金551万元，投工2.5万个工日，在斗龙港以东拓浚镇属的10条大沟和德丰片红星河。在西子午河以西的低洼圩区，建造涵洞43座，电力排灌站23处。排涝模数每平方千米达0.79立方米/秒。建立旱涝保收、高产稳产农田2453.33公顷，已基本能够抗御1965年最高洪水位3.15米的侵袭和日雨量150～200毫米不受涝的要求。

附：超产水利样板

超产水利样板位于西子午河以东，恒泰河以西，南中心河以北，二卯酉河以南，属大道公社超产大队（今大中镇泰西村），总面积5.99平方千米，耕地面积163.33公顷，地面高程在2.25～2.50米之间。条排沟形成于1919年，由大丰盐垦公司按河网化、条田化实施，但标准较低，易旱易涝。1963年冬，社教工作队组织水利部门帮助超产大队进行水利规划，树立水利样板，发动群众开挖南北向的中心河，在河两侧规划建设居民点。

20世纪70年代中期，全县掀起"农业学大寨"的高潮，超产大队成为全县的标兵，再次掀起农田水利建设高潮。时任大丰县县委书记薛太和亲自驻点超产大队，领导广大干群按江苏省建设项目旱涝保收、高产稳产农田的六条标准要求进行农田水利建设。全面疏浚大、中、小沟，提高工程标准，超产中心河（大沟）河底高程为－1.0米，河底宽5米；匡排河（中沟）河底高程为－0.5米，底宽1.5～2米。同时大搞建筑物配套，在五排河西端兴建闸站结合建筑物，闸底高程－0.5米，闸孔净宽4米，站为排灌两用站，采用1台20英寸轴流泵，流量0.45立方米/秒，装机容量30千瓦。在十一排河东端兴建排灌两用站，为14英寸轴流泵，流量0.27立方米/秒，装机容量22千瓦。13条排河东端建有直径0.8米的涵洞，达到能排、能灌的要求，排涝模数达到每平方千米0.87立方米/秒。日雨量150毫米不受涝，70天无雨保灌溉。

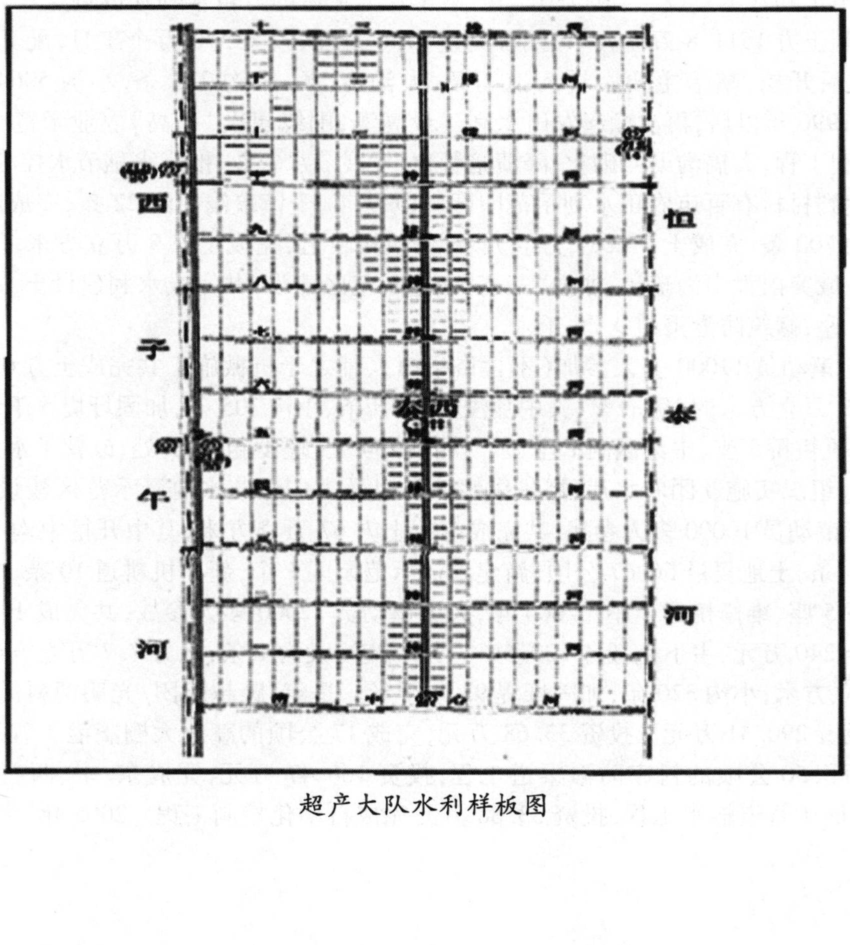

超产大队水利样板图

1983—1997 年期间，展开新一轮大规模农田基本建设，疏浚大、中、条沟，配套建筑工程，实施农业示范区综合开发。

20 世纪 80 年代，重点是治水改土，实行土壤改良，疏浚大中沟，结合"三逢三开"（逢浅开深、逢窄开宽、逢坝开通）农田建设的目标由兴建为主转向以内涵为主。挖潜配套，提高效益，以达到洪、涝、渍、旱兼治的目的，适应农户承包耕作，完善内三沟的配套建设，改善田间水系。1984 年，共完成土方 58 万立方米。其中疏浚小沟 381 条，20 万立方米；新开精养鱼塘 14.67 公顷，22 万立方米。为减轻水利土方工程的劳动强度，8 月，镇成立水力开挖挖泥机组，10 月，投入县农干河闸和黄海复河闸的引河工程。水力开挖挖泥机的诞生大大提高工效，减轻水利土方工程的劳动强度，彻底改变锹挖肩挑的传统模式。1985 年春，在南灌河工程中采用人机结合、以机为主的施工方法，使用 13 台机组进行施工。

20 世纪 60 年代农田水利建设

90 年代，以改造中低田为主，建设吨粮田，双纲棉田，开发农业新资源，集中财力，对现有工程进行巩固、配套、更新改造。同时，分期分片进行高标准的农田水利基本建设，建成以恒丰片、泰丰片为主体的万亩水利建设重点片。1996 年，全镇共完成农田水利土方 1511.8 万立方米，投入资金 1760 万元，投工 570 万个工日，配套中沟级以上建筑物 184 座，先后开挖、整治主要引排河道 7 条，大沟 10 条，中沟 235 条，小沟 5064 条，修筑圩堤 187.38 千米。1996 年以后，再次掀起农田水利建设高潮，围绕建设"三高"农业示范区，建设现代化高标准农田水利工程，大搞沟渠衬砌化，降渍暗管化，发展节水农业，推广水稻节水控灌技术。建农田水利示范区，达到村村有百亩农田水利示范园区。1999 年，全镇疏浚中沟 22 条，完成土方 21.8 万立方米，疏浚条沟 700 条，完成土方 23.7 万立方米，修筑机耕道，完成土方 9 万立方米。1996—1999 年期间，新团镇区域突出大中沟疏浚，加强"三高"农业示范区建设，共完成水利建设土方 53 万立方米，配套建筑物 64 座，修筑防渗渠道 9.26 千米。

2001 年，全镇动员 11000 多人参加（不含裕华镇），辅之于机械施工共完成土方 65 万立方米，占下达任务 64.89 万立方米的 100.1%，其中疏浚中沟 18 条、小沟 705 条，加固圩堤 5 千米，新建防渗渠 8.5 千米，新建机耕桥 5 座、中沟涵洞 1 座、条沟涵洞 154 处、埋设涵管 85 处，改善了水系，增强了排灌能力。2002 年，组织实施新团农水片、裕华供水项目以及大中镇节水灌溉示范区建设。在疏浚中小沟工程中，裕华镇动员 10000 多人参战，共完成有效土方 67 万立方米，其中开挖中沟 1 条，疏浚中沟 12 条，小沟 605 条，土地复垦 66.67 公顷，新建农业示范园区 1 个，新建机耕道 10 条、电灌站 3 座、泵改 1 座、机耕桥 5 座、维修桥梁 2 座。2004 年，大中镇动员 22000 多人参战，共完成土方 151.87 万立方米，投入资金 240 万元，占下达任务 100.6%。其中疏浚大沟 1 条，土方 7.7 万立方米；中沟 25 条，土方 72.25 万立方米；小沟 320 条，加固圩堤 93.8 千米。是年，跨越新团、光明两村的国家级节水示范区建成，总投资 290.31 万元。投资 33.68 万元，完成 17 公顷的蔬菜大棚滴灌工程；投资 24.32 万元，完成灌溉面积 50 公顷的衬砌防渗渠道工程；投资 166.47 万元，完成东、中、西三个片灌溉面积 161.33 公顷的低压管道输水工程；投资 33.88 万元完成自动化控制工程。2005 年，大中镇共完成土方53.6万立方米，其中中沟土方47.6万立方米，排河土方6万立方米；疏浚中小沟220条，总长36千米，共完成土方4.9万立方米，加固圩堤26.2千米；新建65米长的老斗龙港大桥，加固南中心河大桥、胜利河大桥、三恒线等农桥18座，实施经济开发区1.6千米的纬三路工程，完成城南工业园区1号、2号路面改造工程，投资2500万元的城区4个排灌站。2006年，对恒南村南北沟、新团南排河、同圣新农庄河等部分排灌河进行疏浚整治。

2006年大中镇排灌河疏浚整治工程统计表

表5－1－5

村名	河塘名称	具体位置	长度(千米)	整治土方(立方米)	开工时间	竣工时间
恒南	恒南村南北沟	恒南村	0.7	8000	2006.01	2006.03
恒丰	恒丰村南北沟	恒丰村	0.7	6900	2006.01	2006.03
恒北	恒北四排河	恒北村	1.25	14500	2006.01	2006.03
利民	利民七排河	利民村	1.25	11700	2006.01	2006.03
双喜	双喜十一排河	双喜村	0.7	6000	2006.01	2006.03
	双喜中心河	双喜村	0.66	5200	2006.01	2006.03
泰丰	泰丰四排河	泰丰村	1.3	14000	2006.01	2006.03
泰西	泰西中心河	泰西村	2.4	14000	2006.01	2006.03
阜南	阜南桃园居民沟	阜南村	1.25	7000	2006.01	2006.03
阜丰	阜丰中心河	阜丰村	1.25	12850	2006.01	2006.03
阜北	阜北二组六排河	阜北村	0.7	6200	2006.01	2006.03
和瑞	和瑞六排河	和瑞村	1.25	12000	2006.01	2006.03
红花	红花南四排河	红花村	1.25	3000	2006.01	2006.03
	红花中心河	红花村	1.25	12000	2006.01	2006.03
同德	同德中心河	同德村	2.2	17400	2006.01	2006.03
大新	大新北兴路南河	大新村	1.5	9800	2006.01	2006.03
德丰	德丰西中心河	德丰村	2.9	24305	2006.01	2006.03
河口	河口南横河	河口村	0.7	6900	2006.01	2006.03
长安	长安七排河	长安村	1.2	13000	2006.01	2006.03
光明	光明四组农庄河	光明村	0.66	6600	2006.01	2006.03
	反修河西段	光明村	0.2	3700	2006.01	2006.03
新团	南排河	新团村	0.937	22720	2006.01	2006.03
	六组排河	新团村	0.956	9280	2006.01	2006.03
灶圩	四排河	灶圩河	0.9	8000	2006.01	2006.03
同圣	同圣新农庄河	同圣村	0.9	9500	2006.01	2006.03
建设	四排排河	建设村	1.1	9000	2006.01	2006.03
龙福	龙福农庄河	龙福村	1.5	13900	2006.01	2006.03
老坝	老坝西竖河	老坝村	1.5	17800	2006.01	2006.03
八灶	八灶六组农庄河	八灶村	0.7	10500	2006.01	2006.03

2008年，实施以村庄河塘整治、大中沟疏浚、圩区建设为重点的水利基础设施建设，全镇（不含原裕华镇）共完成土方127.3万立方米。其中疏浚中沟8条31.8万立方米，完成圩堤修筑5.5千米、5.2万立方米，疏浚各类中小沟750条，共完成土方24万立方米。完成德丰、泰丰、恒北、光明、阜北、八灶、红花7个村的17条沟河整治，共完成土方25.35万立方米。是年，建立江苏省级高效农业示范区——丰收大地，成为对接上海启动实施的一项省级农业重点工程，总投资800万元。6月，智能温室常丰园艺、花卉苗木交易市场、名贵花木园、建丰农业生态园、盐城市芳彩园艺研究院等15个项目进园，总投资5.8亿元。2009年，全镇完成水利建设总土方136.1万立方米。其中中沟以上106.9万立方米，修筑圩堤8.3千米、土方5.1万立方米。疏浚大中沟10条83万立方米，其中大沟3条，分别是五一河、斗私河、恒泰河；中沟7条，分别是光明王家河、北横河、恒北二排河、恒南中心河、恒丰中心河、和瑞中心河、泰丰到恒南段南北中心河。村庄河塘整治7个村11条沟，土方18.8万立方米。2010年，围绕"资源水利、环境水利、民生水利"投入资金1592.82万元，建成恒丰片、泰丰片、新团片为主体的"三高"农业万亩示范区3个，建成泰丰片为主体的万亩水利建设重点片1个，并建立旱涝保收、高产稳产农田4646.67公顷。疏浚大中沟7条，长25.07千米，土方77万立方米；修筑圩堤1.5千米，土方0.5万立方米；疏浚各类中小沟250条，土方36.2万立方米。

1980—2010年的30年间，全镇累计完成农田水利土方6069.3万立方米，投入资金9320.45万元，投入劳动力633.57万个工日。

1950—2010年的60年间，全镇开挖大沟54条、中沟597条、小沟10112条，修筑农渠33条，修筑防洪圩堤429.97千米。

1983—2010年大中镇疏浚沟河、修筑圩堤水利工程土方统计表

表5-1-6　　单位：万立方米

年份	土方合计	其中				其他	年份	土方合计	其中				其他
		疏浚大沟	疏浚中沟	疏浚小沟	修筑圩堤				疏浚大沟	疏浚中沟	疏浚小沟	修筑圩堤	
1983	85	—	21	35	7	22	1997	159.6	—	30.5	74.6	0.55	54
1984	63.2	—	12	20	6	25.2	1998	110.5	—	33.1	50.7	0.6	26
1985	33.7	—	6.5	18	4.5	4.7	1999	105.3	—	35.6	56.4	1.2	12.
1986	33.6	2.5	4.5	15	8	3.6	2000	108.3	—	34.1	55.01	1.93	17
1987	76	4	15	45	4	8	2001	74.89	—	28.8	25.22	0.2	20.7
1988	77.2	6	21	32.2	6	12	2002	80.3	—	30.4	26.8	2.1	21
1989	60	—	28	13	5	14	2003	90.1	—	35.5	38	5	11.6
1990	50.82	—	15	23.52	4	8.3	2004	151.9	7.7	72.3	17.65	46.9	6.5
1991	45.35	—	8	25.35	5.5	6.5	2005	67.2	—	52.8	8.45	7.7	—
1992	104.6	9.8	7	5	71.6	11.2	2006	68.4	—	24.6	21.8	6.2	15.8
1993	35	—	2.8	15.4	8.9	7.9	2007	75.5	—	20.4	18.8	4.8	10.3
1994	11.93	—	2.5	7.33	—	2.1	2008	95.78	—	44.1	16	4.9	3.7
1995	75	—	28	41.3	—	5.7	2009	134.1	46	36.7	23.5	5.1	1.2
1996	108.8	22.2	22.2	43.3	—	21.1	2010	115.2	10	17.5	20.5	0.5	15.5

说明：2009年以前数据不含原裕华镇

三、涵闸圩堤工程

（一）农业区闸、站、防渗渠

1. 排灌工程

1956年，大中镇建造第一座涵闸——红花闸。至1965年，全镇共建涵闸5座，这些小型涵闸的建成有效的解决了当时农田灌溉、排水和交通问题。1965年特大涝灾之后，开始兴建电力排灌站。至1970年，全镇共建电力排灌站10处，装机容量520.05千瓦。

70年代中期，推广建设苏排Ⅱ圬工泵站，将水闸、泵站合成一体设计、建造，使之有挡、排、引、灌、航等多种功能。在此期间，共兴建17座以排涝为主的闸站结合建筑。80年代，推广应用先进适用的科技成果，从“重、厚、笨、老”发展到“轻（轻型）、满（满足）、巧（灵巧）、预（预制）”。

20世纪50年代人工水车排涝

1984年，兴建9座排涝封闭闸，设计流量71.82立方米/秒。小型农田水利配套电灌站7座，机泵7台，装机容量102千瓦，排涝站7座，装机7台容量390千瓦，流动机泵30台，达到村村组组有排涝抗旱机泵。为保证低洼地的排涝，圩区村组增添抢排泵205台。至1985年，全镇共建成涵闸43座，控制面积5186.67公顷，排灌站22处，装机容量1425.9千瓦，排灌面积666.67公顷，共投资近127.2万元。其中，1976年以后的10年投入资金50.5万元，是“文化大革命”前的27年投资总额76.7万元的65.8%。

90年代，向新（新技术、新结构、新材料）、化（标准化、系列化、工厂化、施工机械化）、精（轻、巧、满）的方向发展。到1996年，全镇共建封闭闸37座，电力排灌站24座，装机容量1362千瓦。至1998年，全镇12个低洼地圩区建成防洪涵闸19座，16个次高地圩区建成防洪涵闸7座；24座排灌站（其中次高地圩区9座，低洼地圩区15座），流量31.46立方米/秒，装机容量1318千瓦；配置了110台流动机泵，排涝动力为1650千瓦。

2001年，新筑防渗渠8.5千米，中沟涵洞1座，增设涵管85处。2002年，新建电站3座，泵改1座，在高效农业园区建20英寸排灌泵站2座，1.5米涵洞34座。2005年，投资2500万元，在市区建成4个排灌站。2008年，新建斗渠22.326千米、农渠66.45千米、斗沟22.03千米、农沟68.113千米、涵闸24座、灌溉泵站17座、排涝泵站12座。

2009年，全镇（不含裕华）新建14HLB排灌站2座，轴流21吋1座，维修排灌站7座，新建0.27立方米/秒防渗渠道9.6千米，0.56立方米/秒防渗渠道2.5千米。新建1.5米涵洞5座，小型田间配套350座，总投资600万元。在高效农业园区内新建20吋排灌泵站2座，苏排11座，1.5米涵洞34痤（其中3座双排），总投资910万元，防渗渠1.6千米。

2010年，全镇投入1592.82万元，新建封闭涵闸5座，分别为红花河南涵、利民中心河南涵、丰裕河南闸、龙福龙建河西闸、新团三组闸；新建泵站11座，分别为利民、双喜、红花、龙福村苏排Ⅱ泵站，老坝2座苏排Ⅱ泵站。在红花、八灶、新团各建1座20吋轴流泵站，泰丰2座20吋轴流泵站。

1984—1997 年农田基本建设情况统计表

表 5－1－7

年份	区域	本年实用三大材			本年完成实物量			总投工日（万工日）
		木材（立方米）	水泥（吨）	钢材（吨）	土方（万立方米）	石方（立方米）	混凝土（立方米）	
1984	新团	30	220	7.5	20	210	385	8.5
	裕华	1.8	15	4	15	—	60	15
	大中	6	94	5	63	70	268	21
1985	新团	25	220	23	57	—	600	30
	裕华	6	70	15	14.9	—	200	8.5
	大中	15	195	21	33.5	100	600	12
1986	新团	5	257	9.8	37	—	975	18
	裕华	4	210	8	25	—	795	12
	大中	5	231	9.5	15	—	875	8
1987	新团	50	320	20	63.4	—	800	28
	裕华	10	100	6	45.3	—	250	20
	大中	15	120	8	76	—	260	28
1989	新团	4	90	6	49.2	200	289	25
	裕华	16	403	25	20.1	—	1235	10
	大中	7.9	188	12	60	200	577	25
1990	新团	5	67	13	57	100	238	19.7
	裕华	—	—	—	41	—	—	13.4
	大中	2	58	5	51	100	201	16.4
1991	新团	3.21	47.96	8	58	96	172	20
	裕华	3.22	25.76	4	51	28	92	27
	大中	10.71	53.16	8	45	96	187	32
1992	新团	9.23	223	15.22	130.72	789	627	48.5
	裕华	5.72	119	13.87	85	360	340	28.39
	大中	20.87	548	15.22	104.6	2606	1485	34
1993	新团	12.3	258.1	20.7	36.8	436	692	11
	裕华	8	86.9	10.4	30	184	221	7.8
	大中	20.8	105.9	42.2	35	89	313	11.2
1994	新团	18	112.4	19.8	39.87	325	344	13.4
	裕华	1.6	11.5	1.2	3.7	23	35	14.6
	大中	26.7	96.4	26.8	11.93	206	275	4.16
1995	新团	10.4	79	16.5	59.3	246	230	25.78
	裕华	5.2	33	7	72	109	107	31.3
	大中	13.1	81	17.5	75	248	242	32.61

续表 5-1-7

年份	区域	本年实用三大材			本年完成实物量			总投工日（万工日）
		木材（立方米）	水泥（吨）	钢材（吨）	土方（万立方米）	石方（立方米）	混凝土（立方米）	
1996	新团	15.3	141.3	10.2	61	272	365	19.3
	裕华	4.4	56.9	3.3	64.5	85	144	23.4
	大中	8.5	140.5	8.1	79.5	115	376	29.2
1997	新团	16.7	152.4	10.2	59.72	273	365	24.88
	裕华	1.2	15.6	1.5	57	37	35	23.75
	大中	11.4	151.6	11.2	81.7	118	381	34.04

2. 防洪工程

大丰套闸　位于大刘路北侧，二卯酉河西端，老斗龙港东岸，该闸1958年破土动工，后因经费、材料紧缺而停工。1965年大涝后，于1966年对斗龙港进行整治，大丰套闸被列为斗龙港附属工程，1966年11月开工，至1967年6月建成运行。

大丰套闸为钢筋混凝土结构，分为上、下闸首，闸孔净宽8米，闸顶高程6米，闸孔净高7米，闸底板为钢筋混凝土平底板，底板高程－1米，厚0.8米。上闸首底板上游设5米长框格式或混凝土护底，15米预制“V”形混凝土护底，下闸首上游设5米长框格式混凝土护底，15米预制“V”形混凝土护底。上游设5米长框格式混凝土护底，20米长预制“V”形混凝土护底，下游设5米长框格式混凝土护底，20米长预制“V”形混凝土护底。闸室长120米，护坡为预制“V”形混凝土。上、下闸首的上、下游翼墙均为浆砌块石扶垛式。上闸首在闸墩上游设净宽3.6米的公路桥，桥面高程6.7米；闸墩下游侧设净宽4米的工作桥，桥面高程10.3米。下闸首只设净宽4米的工作桥，桥面高程10.3米。闸门均为上、下扇钢筋混凝土框架钢丝水泥门，并采用2×10吨绳鼓式启闭机启闭。由于该闸底板高程为－1米，不能满足通航要求，20世纪70年代后不再发挥作用。

二卯酉节制闸　位于大中镇二卯酉河西端，老斗龙港东岸，建于1977年，闸孔净宽18米，分3孔，中孔为通航孔，净宽8米，边孔为泄水孔，净宽各5米，闸顶高程6米，闸底高程－2米，为钢筋混凝土平底板。闸门均为钢筋混凝土叠梁门，采用手拉葫芦人工启闭。

1969—1978年老斗龙港以西区域所建河闸一览表

表 5-1-8

名　称	位　置	闸孔		闸底高程（米）	建造时间
		长（米）	宽（米）		
幸福河东闸	建设村第三组	4	2.5	0.5	1969.09
友谊河东	建设七组、五组交界	8.4	2.5	0.8	1979年秋
幸福河西闸	兴隆九组、龙福一组交界	3.8	3	0.5	1971年秋
友谊河西闸	兴隆二组、三组之间	4	3.5	0.8	1978年春
翻身河东闸	同圣十组、建设五组	5	2	0.8	1969.09
合兴河东闸	北灶九组、同圣十组之间	4.5	2	1	1969.09
合兴河西闸	同圣八组	4	3.5	0.8	1978年春

续表 5－1－8

名　　称	位　　置	闸孔		闸底高程（米）	建造时间
		长（米）	宽（米）		
北横河西闸	灶圩四组、五组之间	4	3	0.8	1978 年春
北横河东闸	北灶七组、八组之间	5	3	0.8	1978 年春
反修河东	河口村斗龙港	5	3	0.5	1976 年春
七　墩　河	河口三组、五组之间	4	3	0.8	1978 年冬

1993 年大中镇区域中沟以上主要涵闸统计表

表 5－1－9

大中沟（支渠）名称及闸址	施工日期		工程造价	底板高程	交通桥			孔数	孔径宽高	纵向长度	闸顶高程	工程数量		
	开工日期	竣工日期			荷载标准	净宽	高程					混凝土	钢材	石方
	年月	年月	万元	米	－	米	米	个	米	米	米	立方米	吨	立方米
和瑞中心河闸	1976.01	1976.06	1.3	－0.3	小拖	2.5	3.7	1	3.5	5	4.2	85	0.5	2
和瑞东中心河闸、	1976.01	1976.07	1.3	－0.3	小拖	2.5	3.7	1	3.5	4	4.2	85	0.5	2
和瑞东中心河闸、东中心河南头	1976.01	1976.08	1.3	－0.7	小拖	2	3.7	1	3.7	4	4.5	85	0.3	2
刚强西复河闸、中心河南头	1964.01	1964.08	1.3	－1	小拖	2	3.5	1	3.5	4	4.5	80	0.5	4
刚强中心河东闸、中心河东头	1975.01	1975.08	1.2	0	小拖	2.5	3.4	1	3.5	4	4.5	80	0.3	6
刚强中心河西闸、中心河西头	1976.01	1976.07	1.3	－0.5	小拖	2.5	3.6	1	3	3.5	4.2	80	0.2	4
刚强中心河闸、电灌处	1976.01	1976.05	1.2	－0.5	小拖	2	3.6	1	3.6	5	4.2	85	0.5	4
红花五排河西闸、五排河西头	1964.02	1964.07	1.4	－0.5	人行	1	3.4	1	3.5	4	4	105	0.3	4
红花五排河东闸、五排河东头	1976.01	1976.08	1.3	－0.5	小拖	2	3.4	1	3.5	4	4	110	0.5	4
红花河闸、红花河北头	1964.01	1964.10	2.2	－0.5	大拖	8	5.3	1	4.1	10	5.3	200	0.5	20
泰西五组闸、北二排中心河	1967.02	1967.08	1.5	－0.5	小拖	2.5	3.5	1	3.3	4.5	4.5	110	0.5	8
泰西中心河闸、中心河西头	1967.02	1967.08	2	－0.5	小拖	2.5	3.6	1	4	4.5	4.5	120	0.5	8
恒太河北闸、恒太河北头	1966.03	1966.09	2.5	0	小拖	2	3.5	1	4.5	4.5	4.5	130	0.5	10
恒太河南闸、恒太河南头	1974.02	1974.06	1.3	－0.5	小拖	2.5	4	1	4	4.5	－	150	0.7	12

续表 5－1－9

大中沟(支渠)名称及闸址	施工日期		工程造价	底板高程	交通桥			孔数	孔径宽高	纵向长度	闸顶高程	工程数量		
	开工日期	竣工日期			荷载标准	净宽	高程					混凝土	钢材	石方
	年月	年月	万元	米	－	米	米	个	米	米	米	立方米	吨	立方米
新跃河北闸、新跃河北头	1975.01	1975.09	1.6	－0.5	小拖	2	4	1	4	5	－	105	0.5	10
中心河闸、中心河南头	1976.02	1976.08	1.2	－0.5	大拖	1.5	4	1	3.5	4.2	－	105	0.5	8
阜丰中心河西闸、中心河西头	1974.02	1974.07	1.5	－0.5	大拖	4.5	5	1	4	6	－	130	0.5	12
阜北中心河西闸、中心河西头	1974.01	1974.06	1.8	－0.5	小拖	4.5	5	1	4	6	－	140	0.6	15
大新中心河南闸、中心河南头	1968.06	1968.10	2.2	－0.5	小拖	2.5	3.5	1	4	7	4.5	105	0.3	4
大新中心河北闸、中心河北头	1971.03	1971.07	1	0	小拖	1.5	3.5	1	2.8	4	4.2	80	0.8	4
德丰中心河南闸、中心河南头	1976.01	1976.03	1.5	－0.5	小拖	3	4	1	4	4.5	4.5	180	0.5	4
德丰中心河北闸、中心河北头	1982.04	1982.10	1.2	0	小拖	3	4	1	4	4.5	4.5	150	0.5	6
德西中心河南闸、中心河南头	1981.02	1981.09	1.6	－1	小拖	3	4	1	4	6	4.5	180	0.3	2
德西中心河闸、中心河中部	1966.06	1967.05	1.5	－1.5	小拖	2.5	4	1	3.2	4	4.3	130	0.3	2
德西中心河北闸、中心河北	1986.01	1986.05	1.5	－1.5	小拖	2.5	4	1	3.5	4.5	4.5	150	0.5	4
德西老中心河闸、老中心河南头	1963.02	1963.06	1.5	0	小拖	2.5	4	1	3.5	6	4	130	0.3	10
新德中心河闸、中心河南头	1968.06	1968.10	1.6	－0.5	小拖	2	4	1	4	6	4.5	155	1	4
同德五排河西闸、五排河西头	1981.01	1981.06	4	－1	大拖	3	4	1	3.5	5	4.5	150	0.6	4
斗私河闸、南中心河北	1993.04	1993.06	6.5	－1	小拖	2.5	－	1	4	12	3.6	120	2.5	－

2010 年大中镇老斗龙港沿线防洪涵闸一览表

表 5－1－10

闸　名	所在河流	地址	建成年份	孔数	孔净宽(米)		底板高程(米)	闸顶高程(米)	闸门结构	闸门型式	启闭型式
德西北闸	德西中心河	德西	1983	1	3.5	3.5	－0.5	3.6	木枋	叠梁	人工
德西西闸	德西四排河	德西	1967	1	3.2	3.2	－0.5	3.6	木枋	叠梁	人工
德西南闸	德西中心河	德西	1966	1	4	4	－1	3.6	木枋	叠梁	人工

续表 5－1－10

闸　名	所在河流	地址	建成年份	孔数	孔净宽(米)		底板高程(米)	闸顶高程(米)	闸门结构	闸门型式	启闭型式
二卯酉节制闸	二卯酉河	新民	1977	3	5.8	18	－2	6	木枋	叠梁	人工
大丰套闸	二卯酉河	新民	1967	1	8	8	－1	6	钢砼	上下扉	卷扬
新民北闸	新民西中心河	新民	1983	1	3.5	3.5	－0.5	3.6	木枋	叠梁	人工
新民南闸	砖瓦河	新民	1984	1	4	4	－0.5	3.6	木枋	叠梁	人工
引水河闸	引水河	新民	1972	1	4	4	－0.5	3.6	木枋	叠梁	人工
和瑞闸	和瑞中心河	和瑞	1968	1	3.6	3.6	－0.3	3.6	木枋	叠梁	人工
和瑞南闸	和瑞西中心河	和瑞	1967	1	3.5	3.5	－0.3	3.6	木枋	叠梁	人工
老一卯酉闸	老一卯酉河	和瑞	1967	1	3.5	3.5	－0.3	3.6	木枋	叠梁	人工
幸福闸	幸福河	建设	1973	1	4	4	1	3.6	钢砼	叠梁	手拉葫芦
合兴闸	合兴河	同圣	1968	1	4	4	0.5	3.6	钢砼	叠梁	手拉葫芦
北横河闸	北横河	灶圩	1978	1	3	3	1	3.6	钢砼	叠梁	手拉葫芦
南横河闸	南横河	河口	1982	1	4	4	1	3.6	钢砼	叠梁	手拉葫芦
八排河闸	八排河	河口	1978	1	3	3	0.5	3.6	钢砼	叠梁	手拉葫芦
七墩闸	七墩河	河口	1978	1	3	3	0.5	3.6	钢砼	叠梁	手拉葫芦

2010 年大中镇封闭闸一览表

表 5－1－11

编号	圩区名称	闸涵名称	外河名称	内河名称	现状标准(米)						工程完好情况	经纬度	
					孔径	主要部位高程			交通桥			北纬	东径
						闸底板	闸门顶	交通桥面	净宽	荷载标准			
1	1 号圩区	和瑞南中心河北闸	南中心河	中心河	3.6	－0.5	4.5	—	—	无	中	33°09.661′	120°26.084′
2	2 号圩区	和瑞南中心河南闸	南中心河	中心河	3.6	－0.5	4.5	4.5	3.5	机耕桥	中	33°09.606′	120°26.090′
3	2 号圩区	和瑞老一卯酉闸	老一卯酉	中心河	3.6	－0.5	4.5	—	—	无	中	33°09.684′	120°26.148′
4	4 号圩区	红花河北涵(二布厂西)	引水河	红花河	φ150	0	3	—	—	无	中	33°10.091′	120°26.755′
5	9 号圩区	恒丰西闸	西子午河	恒丰中心河	4	0	3.8	4	—	大沈公路	中	33°08.803′	120°27.678′
6	9 号圩区	恒南斗私河南闸	老一卯酉	斗私河	4	－0.5	3.5	4	3.5	差	差	33°07.678′	120°29.394′
7	9 号圩区	恒南新跃河南闸	老一卯酉	新跃河	3.6	－0.5	3.5	4	2.5	机耕桥	差	33°07.98′	120°30.221′
8	9 号圩区	恒北恒泰河北闸	南中心河	恒泰河	3	－0.5	4	—	—	—	好	33°09.714′	120°28.452′
9	9 号圩区	恒南村北中心河东涵	新跃河	中心河	φ150	0	3.5	—	—	—	好	33°08.235′	120°30.183′
10	10 号圩区	阜裕河闸	北中心河	阜裕河	3.5	0	3	3.4	—	疏港路	差	33°13.242′	120°28.165′
11	10 号圩区	阜丰中心河西闸	红星河	阜丰中心河	3.5	0	3	3.4	—	疏港路	差	33°13.103′	120°28.185′

续表 5－1－11

编号	圩区名称	闸涵名称	外河名称	内河名称	现状标准(米)						工程完好情况	经纬度	
					孔径	主要部位高程			交通桥			北纬	东径
						闸底板	闸门顶	交通桥面	净宽	荷载标准			
12	11 号圩区	大新中心河闸	红星河	大新中心河	3.5	0	3	3.4	40	疏港路	中	33°13.182′	120°26.921′
13	12 号圩区	德丰东中心河南闸	红星河	德丰东中心河	3.5	0	3	3.4	40	疏港公路	好	33°13.159′	120°26.036′
14	13 号圩区	德丰西中心河南闸	老斗龙港	德丰西中心河	3.5	0	3	4	3	机耕桥	好	33°12.091′	120°25.208′
15	14 号圩区	建设一组北闸	八灶河	农庄河	4	－1.5	4	4.2	3	机耕桥	中	33°15.188′	120°23.675′
16	14 号圩区	建设一组南闸	26 总河	农庄河	2.5	－1	4	4.2	3	机耕桥	中	33°14.695′	120°23.826′
17	14 号圩区	建设一组东闸	八灶河	农庄河	3.5	－1	4	4.2	3	机耕桥	中	33°15.283′	120°24.337′
18	14 号圩区	建设一组东一闸	八灶河	农庄河	4	－1.5	4	4.2	3	机耕桥	中	33°15.285′	120°24.427′
19	15 号圩区	建设幸福河东闸	老斗龙港	幸福河	5	－1.5	4	4.5	2.5	机耕桥	差	33°14.809′	120°25.204′
20	15 号圩区	建设友谊河东闸	老斗龙港	友谊河	5	－1.5	4	4.5	3	机耕桥	差	33°14.166′	120°24.639′
21	15 号圩区	建设中心河北闸	26 总河	村中心河	4	－1.5	4	4	3.5	机耕桥	中	33°14.787′	120°24.167′
22	15 号圩区	建设三组东闸	26 总河	农庄河	4	－1.5	4	4.2	3	桥面坏	差	33°15.120′	120°24.710′
23	15 号圩区	建设四组北中心河闸	北中心河	农庄河	4	－1.5	4	4.2	3	机耕桥	中	33°14.070′	120°24.997′
24	15 号圩区	建设四组闸	老斗龙港	农庄河	4	－1.5	4	4.2	1	机耕桥	差	33°13.899′	120°24.105′
25	15 号圩区	龙福友谊河西闸	胜利河	友谊河	2.5	－1	3.5	4	5	汽－10 级	好	33°12.885′	120°22.257′
26	15 号圩区	兴隆农庄河闸	胜利河	兴隆农庄河	2.5	－1	3.5	4	5	汽－10 级	好	33°13.192′	120°22.203′
27	15 号圩区	龙福东竖河村部闸	26 总河	东竖河	4	－1.5	4	4.5	3.5	机耕桥	好	33°14.101′	120°22.811′
28	15 号圩区	龙福五组中心河北闸	26 总河	五组中心河	4	－1.5	4	4.5	3.5	汽－10 级	好	33°14.345′	120°23.260′
29	17 号圩区	老坝友谊河东闸	胜利河	友谊河	3	－0.8	3.3	3.5	4	汽－10 级	好	33°12.503′	120°21.725′
30	17 号圩区	老坝友谊河西闸	八灶河	友谊河	3	－0.8	3.3	3.5	4	汽－10 级	好	33°11.809′	120°20.462′
31	17 号圩区	老坝幸福河西闸	八灶河	幸福河	3	－0.8	3.3	3.5	4	汽－10 级	好	33°12.538′	120°20.514′
32	17 号圩区	老坝西竖河北闸	26 总河	西竖河	3	－0.8	3.3	3.5	4	汽－10 级	好	33°11.301′	120°22.410′
33	17 号圩区	八灶翻身河闸	通榆河	翻身河	4	－1.5	5	5	3.5	汽－10 级	好	33°10.776′	120°19.155′
34	19 号圩区	永中河北闸	新团河	永中河	2.5	0	3	3.8	1	—	好	33°09.754′	120°20.103′
35	19 号圩区	永西河北 1 号闸	永西河	生产河	1.2	0	3	3.8	1	—	好	33°09.351′	120°19.660′
36	19 号圩区	永西河北 2 号闸	永西河	生产河	2.2	0	3	3.8	1	—	好	33°09.171′	120°19.763′
37	19 号圩区	永西河北 4 号闸	永西河	生产河	2.2	0	3	3.8	1	—	好	33°08.867′	120°19.915′

说明：不包括原裕华镇区域

（二）农业区圩堤

大中镇境内圩区主要分布在老斗龙港两岸，与里下河地区接壤，老斗龙港两岸为低洼圩区。因里下河地区洪涝频繁，其中南部地区洪水又汇流于大中镇境。

清乾隆中后期，为防御洪水，淮、扬二府对里下河地区勘察规划，统计田亩，测量圩的四周长度，规定圩的高宽标准，普遍修筑土圩。并按田分摊筑圩段面，责成田主出粮，佃户出力，限期完成。筑圩标准一般高5米，结顶3.33米，圩根底宽12.67米。

老斗龙港以东区域：移民兴垦后，大丰盐垦公司防洪内堤全长321千米，地面向上高3.66米，堤宽13.33米，工程标准比较高。裕华公司在兴筑防洪内堤时，以1922年6月大洪水时斗龙港水位标高为依据，比平均地面高2.5米，顶宽4米，处坡1:25，内坡1:2，整个公司防洪内堤长29.185千米。在公司所筑的四堤外，还在公司中央分南北两区各筑一条间隔堤，以备外堤破损。

新中国成立后，圩堤多次组织加修。1956年，进行堤坝整修，同时在圩区低洼地段加固修筑挡水圩。是年，老斗龙港以东共加固修筑圩堤121.4千米，植树60多万株。1965年大涝灾后，动员全镇劳动力统一加固修筑老斗龙港沿岸95.03千米的挡洪堤坝，圩顶高程达到3.5米，顶宽2~2.5米，完成土方669万立方米。20世纪70年代，根据里下河地区水情和工情变化，从排涝效益和方便农业生产出发，按照"四分开、两控制"（高低分开，内外分开，排灌分开，水旱分开）（控制地下水，控制外来水）的治理原则，把保护面积过大、地势高低悬殊较大的圩子划小；同时对保护面积过小，地势相对一致的圩子进行合并。并针对圩区面积过大，地面高程不等，重新划匡建圩，将原来的5个圩区划分为13个圩区，圩堤计13条，计完成土方64.41万立方米。1984年冬，整修圩堤，完成土方6万立方米。至1987年，大中镇区域有13个圩区，圩内保护面积65平方千米，耕地面积3733.33公顷，平均每个圩区不足333.33公顷。圩堤长度143千米，其中圩堤达到或基本达到标准的有9个圩区，累计长94.85千米。圩堤标准：圩顶高程3.5~4米，圩顶宽3~4米，圩坡坡比1:2，完成土方6万立方米，圩堤都进行了植树绿化。

1991年夏季，遭受百年未遇的特大洪涝灾害，受涝后暴露出许多薄弱环节。是年冬，对圩区重新调整，将原来的13个圩区，划为6个联圩区、29个隔圩区，统一实行联圩抗洪，隔圩排涝，斗龙港沿线的低洼圩区的圩堤圩顶高程4~4.5米，圩顶宽3~4米，内坡1:2，外坡1:1.5，东西岸各长31千米，西子午河以东的次高地区域内的圩堤达到顶真高3.6米，顶宽2米，大大提高抗洪能力。

1985年大中镇圩堤一览表

表5-1-12

圩堤名称	圩堤标准						控制面积	
	圩顶高程（米）	顶宽（米）	坡比	长度（米）	其中		总面积（公顷）	其中：耕地面积（公顷）
					已达标准（米）	未达标准（米）		
恒南西匡圩	2.7~4	3~4	1:2	4500	4500	—	104.07	66.2
恒丰西匡圩	3.6~3.8	3~4	1:2	4250	4250	—	138.47	96.13
刚强南圩	3.6~4	3~4	1:2	7850	7850	—	285	136.8
刚强北圩	3.6~4	3~4	1:2	3800	3800	—	86.47	71
和瑞南圩	3.6~4	3~4	1:2	9000	7850	1150	460	205.8
和瑞北圩	3.6~4	3~4	1:2	6350	4350	2000	176	125.73
新民圩	3.6~3.8	3~4	1:2	15775	15775	—	677.27	399.2

续表 5－1－12

圩堤名称	圩堤标准						控制面积	
	圩顶高程（米）	顶宽（米）	坡比	长度（米）	其中		总面积（公顷）	其中：耕地面积（公顷）
					已达标准（米）	未达标准（米）		
红花圩	3.5～4	2～4	1:2	9000	3500	5500	364.07	198.87
大新圩	3.5～4	4	1:2	7200	7200	—	278.47	155.87
德西圩	3.8	3～4	1:2	9700	9700	—	409	193.07
德丰圩	3.5～4	4	1:2	7200	7200	—	331.87	188.07
新德圩	3.3～4	1～4	1:2	6900	1250	5650	323.87	196.8
同德圩	3.5	1～2	1:2	3500	1700	1800	255.87	75.6
合　计	13 条	—	—	95025	78925	16100	3890.43	2109.14

说明：不包括原新团镇区域

老斗龙港以西区域的老斗龙港防洪圩堤清嘉庆年间基本形成。1924 年，整修八灶河挡水圩，顶宽 4 米，高 1.2 米，长 5.7 千米。1930 年，西水东溢，老斗龙港西群众自发修南起七灶河北至八灶河挡水圩，全长 14 千米。1931 年大水后，老斗龙港进行全线大规模裁弯，结合进行圩堤加修，抵御西水，保障庄舍。1953 年，修翻身河堤 8 千米，高 2 米，底宽 6 米，八灶河挡水圩全长 5.75 千米，顶宽 4 米，高 1.2 米。1954 年，老斗龙港修加固宽 9 米，高 1.5 米，长 11 千米挡水圩，挑土 13 万立方米。

2010 年年底，大中镇境域有圩堤 171.63 千米。

1999 年大中镇圩堤情况统计表

表 5－1－13

圩区编号	圩区名称	圩区类型	圩区控制面积（平方千米）	圩区耕地面积（公顷）	圩区地面高程（米）	圩顶高程（米）	圩顶宽度（米）	坡比	长度（千米）
1	新民村	低　洼	6.77	335.33	2.4～2.6	4.5	3～4	1:2	15.775
2	和瑞村	低　洼	1.76	125.73	2.5	4.5	3～4	1:2	6.35
3	和瑞村	低　洼	4.6	205.6	2.3～2.6	4.5	3～4	1:2	9
4	刚强村	低　洼	2.85	136.8	2.2～2.5	3.6～4	3～4	1:2	7.85
5	刚强村	低　洼	0.86	70.8	2.2～2.5	3.6～4	3～4	1:2	3.8
6	红花村	低　洼	4.01	179	2.4～2.6	3.6～4	3～4	1:2	8.75
7	城郊村	次高地	1.56	84	2.6～2.7	3.6～4	2	1:2	5
8	泰西村	次高地	3.43	199.33	2.5～2.7	3.6～4	2	1:2	6.5
9	泰丰村	次高地	4.61	268.8	2.6～2.8	3.6～4	2	1:2	8.5
10	双喜村	次高地	5.7	311.8	2.7～2.9	3.6～4	2	1:2	8.5
11	利民村	次高地	5.1	321	2.9～3.1	3.6～4	2	1:2	8.5
12	恒北村	次高地	1.56	83.47	2.7～2.9	3.6～4	2	1:2	4.25
13	恒北村	次高地	1.57	82.2	2.7～2.8	3.6～4	2	1:2	4.25

续表 5－1－13

圩区编号	圩区名称	圩区类型	圩区控制面积（平方千米）	圩区耕地面积（公顷）	圩区地面高程（米）	圩顶高程（米）	圩顶宽度（米）	坡比	长度（千米）
14	恒北村	次高地	1.57	82.33	2.8～3.0	3.6～4	2	1∶2	3.8
15	恒丰村	低　洼	1.38	96.13	2.5～2.7	3.6～4	2～4	1∶2	4.25
16	恒丰村	次高地	1.43	79.53	2.8～2.9	3.6	2	1∶2	4.25
17	恒丰村	次高地	1.43	79.53	2.9～3.0	3.6	2	1∶2	4.25
18	恒南村	低　洼	1.05	66.2	2.6～2.7	3.6～4	2～4	1∶2	4.25
19	恒南村	次高地	1.73	104	2.8～2.9	3.6	2	1∶2	4.25
20	恒南村	次高地	1.73	100.67	2.8～2.9	3.6	2	1∶2	4.25
21	城区东北片	次高地	7.02	292.8	2.6～2.8	3.6	2	1∶2	11
22	阜南村	次高地	1.85	105.93	2.8～2.9	3.6	2	1∶2	2.6
23	阜丰村	次高地	1.95	120.13	2.8	3.6	2	1∶2	4.1
24	阜北村	次高地	4.6	335.47	2.7～3.0	3.6	2	1∶2	7.5
25	大新村	低　洼	2.85	141.67	2.5～2.6	3.6～4	2～4	1∶2	9.3
26	德丰村	低　洼	3.32	187.87	2.5～2.6	3.6～4	2～4	1∶2	7.2
27	德西村	低　洼	4.06	192.67	2.4～2.6	4.5	2～4	1∶2	9.7
28	新德村	低　洼	3.24	188	2.5～2.6	3.6～4	2～4	1∶2	7.2
29	同德村	低　洼	2.45	73	2.5	3.6～4	2～4	1∶2	3.5
	合　计	—	35.85	4649.79	—	—	—	—	74.6

2009 年大中镇圩区基本情况表

表 5－1－14

圩区编号	所在村	落水面积（平方千米）	耕地面积（公顷）	总户数（户）	总人口（人）	圩堤		排涝动力							排涝模数（立方米/秒/平方千米）	圩口情况			
						总长（千米）	已达标（千米）	排涝站			流动机泵		抢排泵			圩口总数（个）	已建闸（座）	已建涵（座）	敞口（个）
								座数	千瓦	流量（立方米/秒）	台数	流量（立方米/秒）	台数	流量（立方米/秒）					
大－1	和瑞	1.96	82.07	362	734	6.35	5.1	1	75	2	—	—	—	—	1.02	1	—	1	—
大－2	和瑞	4.68	247.93	403	1010	9	7.2	2	130	4	—	—	—	—	0.86	2	2	—	—
大－3	红花	2.85	83.33	392	753	7.85	5.8	2	60	1	3	0.3	—	—	0.46	4	2	—	2
大－4	红花	0.86	32.13	236	642	3.8	3.2	1	60	0.6	1	0.1	—	—	0.81	1	1	—	—
大－5	红花	4.61	217.47	708	1528	8.75	7.8	3	178	8.16	—	—	—	—	1.77	5	2	—	3
大－6	泰西	2.56	59.93	682	1231	5	4.2	1	28	0.16	1	0.1	—	—	0.1	—	—	—	—
大－7	泰西	3.43	103.4	695	1430	6.5	4.8	2	110	3	—	—	—	—	0.87	1	1	—	—
大－8	泰丰	4.65	260.8	1040	2491	8.5	6.5	1	55	2	2	0.2	—	—	0.47	6	1	—	5
大－9	双喜	5.97	310.47	820	2155	8.5	7.4	—	—	—	1	0.1	—	—	0.02	8	—	—	8
大－10	利民	5.9	320.07	689	1841	8.5	6.8	1	30	0.5	2	0.2	—	—	0.12	12	2	—	10

续表 5－1－14

圩区编号	所在村	落水面积（平方千米）	耕地面积（公顷）	总户数（户）	总人口（人）	圩堤		排涝动力							排涝模数（立方米/秒/平方千米）	圩口情况			
						总长（千米）	已达标（千米）	排涝站			流动机泵		抢排泵			圩口总数（个）	已建闸（座）	已建涵（座）	敞口（个）
								座数	千瓦	流量（立方米/秒）	台数	流量（立方米/秒）	台数	流量（立方米/秒）					
大－11	恒丰	4.59	244.67	686	1828	12.53	10.2	2	75	1.5	5	0.5	—	—	0.44	11	1	—	10
大－12	恒丰	10.48	529.2	1350	3477	24.25	18.25	1	150	4	—	—	—	—	0.38	17	1	—	16
大－13	阜丰	7.62	284.67	918	1034	11	9	7	440	8.8	—	—	—	—	1.16	9	3	—	6
大－14	阜南	1.85	145.07	1097	2249	2.6	2	—	—	—	4	0.4	—	—	0.22	2	—	—	2
大－15	阜丰	1.95	120.13	1270	2823	4.1	3.2	—	—	—	4	0.4	—	—	0.2	2	—	—	2
大－16	阜北	5.46	331.4	938	2011	7.5	6	1	75	2	1	0.1	—	—	—	9	1	—	8
大－17	大新	2.85	127.27	742	1462	9.3	5.3	1	55	2	1	0.1	—	—	0.74	8	2	—	6
大－18	德丰	3.32	183	594	1428	7.2	5	1	75	2	8	0.8	—	—	0.84	5	2	—	3
大－19	德丰	4.66	194	602	1292	9.7	7	2	150	4	4	0.4	—	—	0.94	9	3	—	6
大－20	同德	3.24	119	728	1528	7.2	6	2	85	2.5	1	0.1	—	—	0.8	3	1	—	2
大－21	同德	2.45	92	632	1382	3.5	1.75	3	178	4.16	—	—	—	—	1.7	—	—	—	—
大－22	龙福	4.359	219.13	881	2815	11	8	5	263	2.23	5	0.5	—	—	0.63	7	2	—	5
大－23	建设	11.634	481.6	529	1487	21	16	5	227	4.22	8	0.8	—	—	0.43	15	5	—	10
大－28	老坝	2.4	102.53	708	2054	8.3	5.8	—	—	—	12	1.2	—	—	0.5	11	—	—	11
大－29	老坝	7.73	396.47	928	2087	15.8	12	—	—	—	18	1.8	—	—	0.23	10	—	—	10
大－30	八灶	6.78	335.2	702	2038	12.1	9	—	—	—	14	1.4	—	—	0.21	7	—	—	7
大－31	新团	16.7	534.73	584	1873	14.2	10	—	—	—	25	2.5	—	—	0.15	10	—	—	10
大－32	光明	6.8	284.87	970	2498	12	9	—	—	—	6	0.6	—	—	0.09	12	—	—	12
大－33	八灶	2.65	135.6	1021	2882	4.8	2.8	—	—	—	8	0.8	—	—	0.3	2	—	—	2

说明：原裕华区域属次高地。

（三）城区防洪工程

大中城区面积为 11 平方千米，人口 11.5 万人。城区地势平坦，地面低洼，地面高程在 2～2.6 米之间，局部地面高程 1.7～2 米，且越近城区中心，地面高程越低。城区主要河流有二卯西河、大四河、西子午河 3 条，常年水流方向由西向东，由南向北。

城区防洪工作起步较晚，1983 年前基本没有设防。从 1983 年开始，设立防汛组织，建设防洪墙、下水道。1991 年大涝给城区造成严重损失，城区防汛被提上议事日程，专门成立城区防洪指挥部，负责城区防洪工作的规划、建设和管理。从 1992 年开始，先后兴建 5 座排涝站，设计流量 15 立方米/秒；下水道道口泵站 8 座，设计流量 1.3 立方米/秒；建成防洪墙 7.9 千米，防洪圩堤 19.5 千米，建成圩口防洪闸 6 座及下水道外口封闭建筑物。2002 年 12 月，根据城区防洪达到 50 年一遇，排涝 20 年一遇的标准，对城市中心区实行大封闭，规范区范围为：东到团结河、恒泰河，西到老斗龙港，南至南中心河，北至北中心河，保护面积 44 平方千米。规划在西子午河上、南中心河北岸兴建城防南站，在大四河上、北兴路北兴建城防北站，在二卯西河东西两端兴建城防东站和西站，实行大封闭。城区的防洪设施主要有排涝站、下水道排水站、防洪闸、下水道节制防洪墙等，5 座城防排涝站从 1991 年冬开工建设，至1993年6月先后竣工。城防1号站位于阜丰中心河西头、大四河东岸，设计流量4立方米/秒，为2台苏排Ⅱ型泵；城防2号站位于阜裕河（二里半复河）南头、二卯酉河北岸，设计流量4立方米/秒，为2台苏排Ⅱ型泵；与1号站共同负担东北片的排涝任务。城防4号位于同德五排河东头、大四河西岸，设计流量2立方米/秒，为1台苏排Ⅱ型泵，负担西北片的排涝任务。城防6号站位于红花河北头、二卯酉河南岸，设计流量4立方米/秒，为2台苏排Ⅱ型泵，中孔为净宽3米防洪节制闸。城防7号站位于二中北沟东头、西子午河西岸，设计流量1立方米/秒，为1台ZLB－2B泵与6号站共同负责西南片排涝任务。

1. 城防南站

城防南站位于西子午河南头、南中心河北岸。2003年冬开工建设，于2004年8月竣工。为闸站结合，设计流量8立方米/秒，中孔为6米防洪节制闸，闸底高程－1.5米，门顶高程3.5米，闸门为上下扉钢闸门，采用2×7.5吨卷扬机启闭。闸室两边各设2台新苏排Ⅱ型泵，泵室净宽2.8米。

2. 城防北站

城防北站位于大四河通港大道北，于2005年11月10日开工建设，次年6月完成水下施工及机泵安装。为闸站结合，设计流量16立方米/秒，中间三孔为每孔净宽3.5米防洪节制闸，闸底高程－2.0米，闸顶高程3.5米，闸门为钢闸门，采用电动行车起吊，闸室两侧各设4台新苏排Ⅱ型泵。

城北防洪站

3. 城防西站

城防西站位于二卯酉河西头，老斗龙港东岸，于2005年11月10日开工建设，2006年6月完成水下工程。2007年1月19日，主体工程竣工验收，开坝放水。城防西站为闸站结合，设计流量12立方米/秒，中间三孔为每孔净宽3.5米的防洪节制闸，闸底高程－2米，闸顶高程3.5米，闸门为钢闸门，采用电动行车起吊。闸室两侧各设3台新苏排Ⅱ型泵。

4. 城防东站

城防东站位于二卯酉河丰山桥东1千米处，于2006年10月20日开工建设，2007年6月15日主体工程竣工。城防东站为闸站结合，建筑物为3级水工建筑物，泵站为二等中型泵站，设计引水流量42立方米/秒，抽排流量16立方米/秒。排水闸3孔，每孔净宽3.5米，总净宽10.5米，底板高程－2米，底板顺水流长21米，闸顶高程4米，中墩厚0.9米，边（缝）墩厚0.85米，闸门为上、下扉平板钢闸门，采用电动行车起吊。上、下游设检修闸门槽、便桥及交通桥。上、下游各设15米长的浆砌块石扭曲面和10米长干砌块石护坡，上游护坡外接驳岸每侧各200米。闸室两侧各设4台新苏排Ⅱ型圬工泵，进水室总长21米，每孔净宽2.8米，站墩厚0.7米，站底板高程－2米，水泵叶轮中心高程0米。

随着城区扩大，为提高城区防洪能力，2007年5月，先后新建红花、团结、新德三处排涝站。红花站位于红花河南头，南中心河北，设计流量2立方米/秒，为一台苏排Ⅱ型泵，负担西南片的排涝任务。团结站位于团结河南头，二卯酉河北，设计流量2立方米/秒，为一台苏排Ⅱ型泵，负担东北片的排涝任务。新德站位于新德中心河南头，二卯酉河北，设计流量2立方米/秒，为一台苏排Ⅱ型泵，负担西北片的排涝任务。

2010年,城市防洪工作重点对5座内河排涝站、8座下水道泵站、27.8千米的防洪墙进行维修,储备30万只编织袋,300根木桩等防汛抢险物资。同时培训30名抢险人员,实战演习2次,为战胜灾害提供了保障。

随着城区东西南北四大泵站的建成,20世纪90年代所建的城防一号、二号、四五、五号、六号、七号泵站失去了原有的作用。

2010年城区排涝站情况表

表5-1-15

站名	站址	建成日期	内河名称	外河名称	设计流量(立方米/秒)	装机容量(千瓦)			水泵				备注
						台数	每台	合计	型号	扬程(米)	台数(台)	每台流量(立方米/秒)	
1号	阜丰中心河(酒厂)	1992.6	阜丰中心河	大四河	4	2	75	150	苏排Ⅱ	2	2	2	
2号	阜裕河(三纺厂)	1992.6	阜裕河	二卯酉河	4	2	75	150	苏排Ⅱ	2	2	2	2007年拆除
4号	同德五排河(供电局)	1992.6	同德五排河	大四河	2	1	75	75	苏排Ⅱ	2	1	2	
6号	红花河(红花闸)	1993.6	红花河	二卯酉河	4	2	75	150	苏排Ⅱ	2	2	2	2006年拆除
7号	二中北沟(二中)	1992.7	城郊二排河	西子午河	1	1	55	55	ZLB-28	5	1	1	
城防南站	西子午河(南中心河北)	2004.8	西子午河	南中心河	8	4	75	300	新苏排Ⅱ	2	4	2	
城防北站	大四河(疏港路北)	2006.6	大四河	北中心河	16	8	75	600	新苏排Ⅱ	2	8	2	
城防西站	二卯酉河(劲力桥西)	2006.6	二卯酉河	老斗龙港	12	6	75	450	新苏排Ⅱ	2	6	2	
城防东站	二卯酉河(丰山桥东)	2007.6	二卯酉河	二卯酉河	16	8	75	600	新苏排Ⅱ	2	8	2	
红花站	红花村4组	2007.5	红花河	南中心河	2	1	75	75	苏排Ⅱ	2	1	2	
团结站	阜南村1组	2007.5	团结河	二卯酉河	2	1	75	75	苏排Ⅱ	2	1	2	
新德站	工农西路北	2007.5	新德中心河	二卯酉河	2	1	75	75	苏排Ⅱ	2	1	2	
	合计				73	37		2755			37		

2010 年城区防洪闸情况表

表 5－1－16

闸名	所在河流	闸址	建成日期	孔数（孔）	孔净宽（米）	闸底高程（米）	闸顶高程（米）	闸门结构	闸门型式	启闭方式
团结南闸	团结河	阜南二组	1992. 7	1	3. 5	－1. 5	3. 5	木质	叠梁	人工
团结北闸	团结河	阜北三组	1992. 7	1	3. 5	－1. 5	3. 5	木质	叠梁	人工
阜丰东闸	阜丰中心河	阜丰四组	1992. 7	1	3. 5	－1. 5	3. 5	木质	叠梁	人工
阜丰闸	阜丰中心河	阜丰八组	1992. 7	1	3. 5	－1. 5	3. 5	钢砼	平板	螺杆人工
阜裕南闸	阜裕河	幸福路东端	1992. 7	1	3. 5	－1. 5	3. 5	木质	叠梁	人工
阜裕北闸	阜裕河	阜北五组	1992. 7	1	3. 5	－1. 5	3. 5	木质	叠梁	人工
红花闸	红花河	大刘路	1962	1	5	－1	4. 5	木质	叠梁	人工
红花南闸	红花河	红花二组	1995	1	4	－1. 5	3. 5	木质	叠梁	人工
恒泰南闸	恒泰河	泰西五组	1995	1	4	－1. 5	4	木质	叠梁	人工
合计				9	33. 5					

2010 年城区防洪圩堤概况表

表 5－1－17

防洪圩名称	起讫地点		长度（千米）	标准				备注
	起点	讫点		圩顶高程（米）	圩顶宽（米）	内坡	外坡	
团结圩	团结南闸	团结北闸	3. 5	4	3. 5	1:2	1:2	
阜北中心圩	团结北闸	大方路	2. 3	4	3. 5	1:2	1:2	阜北中心路
阜裕圩	阜裕南闸	阜丰闸	1. 4	4	3. 5	1:2	1:2	东宁北路
阜丰中心圩	阜丰闸	人民路	2. 07	4	3	1:2	1:2	阜丰中心路
同德圩	二卯西河	红星河	1	4	3	1:2	1:2	常新北路
建业圩	飞达桥	红星河	1. 1	4	1. 5	1:2	1:2	建业北路
红花东圩	红花桥	农科桥	2. 3	4	3	1:2	1:2	
恒泰圩	东马路	南环路	1. 1	4	3. 5	1:2	1:2	东宁南路
南环圩	恒泰河	红花河	2. 7	4	3. 5	1:2	1:2	南翔路
红花西圩	红花闸	南环路	1. 1	4	3. 5	1:2	1:2	常新南路
北环圩	人民路	职中	1	4	3. 5	1:2	1:2	北兴路
合计			19. 5					

2010 年城区防洪墙概况表

表 5－1－18

防洪墙名称	所在河岸	起讫地点		长度（千米）	结构	标准		下水道口（个）
		起点	讫点			墙顶高程（米）	墙顶宽（米）	
工农防洪墙	二卯西河北岸	大四河	西康桥	2.01	砖混	4	0.4	59
镇南防洪墙	西子午河西岸	二卯西河	啤酒厂南	1.87	砖混	4	0.4	33
人民南路防洪墙	西子午河东岸	二卯西河	育红桥	0.29	砖混	4	0.4	14
人民北路防洪墙	大四河东岸	二卯西河	酒厂桥	2.34	砖混	4	0.4	62
建业防洪墙	大四河西岸	二卯西河	酒厂桥	2.41	砖混	4	0.4	55
缫丝厂防洪墙	红星河南岸	大四河	金丰路	0.3	砖混	4	0.4	
朝阳防洪墙	朝阳河北岸	二卯西河	康平路	0.46	砖混	4	0.4	7
合计				9.68				230

（四）海堤工程

1917 年，民族实业家张謇等筹办大丰盐垦股份有限公司。次年，泰和、裕华等盐垦公司先后成立，把垦田、改灶、开河、筑堤列为垦区四大工程，提出“兴垦必先筑海堤”，后相继筑堤防潮。

1924 年，大丰、裕华两公司合筑海堤 9.45 千米，耗资（大洋）7.3 万元，其中大丰公司支 3.6 万元，裕华公司支 3.7 万元，整个海堤工程由盐城南洋岸薛雨亭承揽，由西团镇董星洲、董涌泉担保。合同规定 1924 年 4 月 1 日动工，至 5 月 23 日竣工，限期 23 天，风雨无阻，逾期每日罚洋 200 元。工程共投入民工 2400 余人，结果按合同准时完工。工程标准：裕华段顶宽 6 米，外坡 4 米，内坡 2 米，平均高度 3.5 米，大中段顶宽 3.2 米，外坡 3 米，内坡 2 米，平均高度 3.2 米。堤成后，海堤标高 12 米，外坡 1∶4，内坡 1∶2。这条海堤建成后经受了 1939 年 8 月 30 日台风和大潮的考验，两公司基本没有受灾。

新中国成立后，为防御海潮，确保人民生命财产的安全，大丰全面兴筑海堤。海堤标准：堤顶高程由北向南 6.5～8.0 米，顶宽 6～8 米，外坡 1∶5～1∶8，内坡 1∶3。全线外坡的防护设施多为草皮护坡，块石护埂。由于不断培修加厚堤身，圈地日臻巩固，未发现溃堤出险现象，历次台风海潮侵袭都安然无恙，确保了工农业生产和人民生命财产的安全。

第二节　防汛防旱

一、组织机构

1952 年开始，区乡建立防汛防旱大队和中队，分别由区长、乡长兼任大队长和中队长，1958 年以后，公社成立防汛抗旱领导小组。1983 年，成立大丰县大中镇防汛抗旱指挥部，由分管镇长兼任指挥，下设防汛抗旱办公室（地点设在镇水利站）。防汛组织均为临时机构，每年 5 月由镇政府宣布成立，恢复办公，至 10 月上旬自行撤销。

1984 年起，成立由党委、政府、人武、水利等主要负责人组成防汛防旱指挥部，党委书记任政委，镇长任指挥，指挥部下设办公室，水利站站长任办公室主任。各村也相应成立防汛防旱领导小组，由村委支部、村民委员会、民兵、治保等人组成，村党总支书记是第一责任人。各村（场）、镇属各企业也相应成立防汛抗旱领导小组。同时建立防汛抢险及海堤防守基干班,抢险队,预备队组织。一入汛期,镇防汛抗旱指挥办公室,24 小时值班不离人。是年,成立城市防洪组织——大中地区防汛指挥分部,由县城建局、大中镇政府等相关人员组成。1991 年后,城区防汛指挥部由市直有关职能部门组成。

大中镇党委、政府按照《中华人民共和国防洪法》的有关规定和市防指的统一部署,根据分工,各司其职,对防汛防旱指挥部成员单位明确职责分工。

水利站:提供水情调度方案,制定全镇防汛抢险措施,负责全镇范围内水工建筑物的防汛检查,拟订清障方案并协调做好河道清障工作。负责汛情、工情、灾情的综合汇报,协调抗灾中的水事纠纷及防指办公室的日常工作;负责城市防洪排涝工作。

农办:负责农村的防汛防旱工作,筹集防汛以资代劳资金,加强防汛防旱用工管理,及时掌握农情和农业灾害情况,组织农业部门做好农、林、牧、副、渔业生产抗灾技术措施和技术指导,做好生产自救和防灾减灾工作。

工办:负责企业的防汛抗灾及生产自救工作,在做好恢复生产的同时,组织精干力量支持城市和农村的抗灾。

文办:负责学校的防汛抗灾工作,确保校舍和师生的安全。

民政办:负责了解、统计、回报灾情,做好社会救灾工作和灾民生活安置救助工作。

党政办:负责组织协调各职能部门的抗灾救灾工作,组织宣传防汛防旱工作法规及方针政策和镇防指关于防汛防旱抢险救灾的重要决策和部署,报道全镇防汛防旱抗灾行动情况和先进事迹以及文字汇报,做好抗灾时的后勤服务工作。

综治办:负责抗灾救灾的社会治安综合治理工作,协助处理水事纠纷,保持社会安定。

人武部:负责组织抢险救灾工作。动员和组织民兵投入抢险救灾斗争,负责指挥一线海堤的防台抗台抢险队,安排内地营救群众、转移物资等工作。

各公安派出所:负责维护防汛抢险秩序和灾区社会治安工作,确保汛期抢险救灾的车辆优先通行,依法查处偷窃防汛抗旱物资、破坏水利、水文设施的犯罪案件,打击犯罪分子;遇有特大灾情,协助有关部门组织群众撤离和转移,保护灾区的国家财产和群众生命财产安全;协助做好河道清障及抢险救灾通信安全;协调做好汛期水事纠纷处理。

水产站:负责清除河道中的鱼罾、鱼簖、鱼坞等阻水障碍物以及所辖区域内水产养殖的防灾抗灾工作。

用电站:加强输变电工程维修,保证排涝抗旱用电,特别是电力排灌站和临时泵站要保证供电。

农机站:负责做好排涝、抗旱机泵的调运供应,负责防汛防旱所需油料的供应工作,做好排灌机具的维修服务工作。

堤防站:负责一、二线海堤的正常维护工作,做好防台抗台抢险民工的生活安置工作,做好抢险物资的准备和保管工作。

大中镇卫生院:负责灾害发生时和灾后医疗卫生防疫和药品供应工作,及时组织医疗人员参加防汛抢险。

二、保障措施

1988 年,镇防汛抗旱指挥部专门配置一台对讲机座机,1990 年配备对讲机手机。

1991 年,发生特大洪涝。特别是 7 月 3—11 日,连续 7 次遭受大暴雨和特大暴雨的袭击,其涝情、受灾损失特别严重。大中镇先后组织全镇达 10 万人次,流动机泵 368 台,总动力 390 千瓦,突击排涝救灾。男女老少齐上阵,“三机六桶”全出动。1999 年,制定防台(风)、防洪(涝)预案。先后两次组织劳力对镇属骨干河道进行全面清障,累计清除各类阻水障碍物 300 多处。2001 年,城市防洪工作重点对5座内河排涝站、8座下水道泵站、27.8千米的防洪墙进行维修，储备30万只编织袋，300根木桩等防汛抢险物质。同时培训30名抢险人员，实战演习2次。是年，对全镇47座排灌站、70座封闭涵闸、302千米圩堤、205台流动泵和350台抢排泵进行检查维修；落实抢险队430人，预备队806人；备编织袋30000只、木桩3000多根、草捆1000多捆、防汛民工用草9吨。维修城区5座固定泵站、8座下水道泵站，疏浚二中北沟，修复好6号泵站拦污栅，清除水口垃圾杂物36000多车。2003年，开展全镇范围内的防汛工程汛前大检查。全面完成防汛岁修任务，重点做好挡潮防洪涵闸的机电设备维修保养和城区泵站维修、排水口整治、圩口闸加固等工程。2004年，重新制定防汛抗旱预案，实行行政首长负责制，镇与村签订防汛抗旱工作责任状，从组织领导上保证安全渡汛。同时，在汛前，全镇多次组织人员对所有的水利防汛设施进行全面认真的检查，对检查中发现的问题发放整改通知，并及时进行跟踪督查。2005年，全镇本着"查全、查清、查细、查实"的原则，分港东、港西、城区三片对圩区、涵闸、排涝站等防汛工程进行汛前大检查，对查出的问题逐一落实解决。是年，城区防洪先后封闭西康路、北兴路、东宁路、南翔路上的28个敞口，对无闸槽的涵洞增建闸槽26处，新配水泥闸板15套，木质闸枋3套，加固防洪圩堤4.35千米，达到城区范围内全封闭的要求。重点维修南北两大防洪站，新建城防东站、西河口排涝站、大新村北排灌站、阜南村团结河排灌站、红花村红花河排涝站，新增排涝动力860千瓦，24个排涝流量。

2007—2008年，水利站组织人员到各村对全镇115座固定排灌站、54座封闭闸、309.9千米圩堤、250台流动机泵进行检查，对检查中发现的问题限期整改。2008年5月，对4.6千米的海堤完成岁修任务，备足防汛编织袋3万只，毛竹、树桩1万根，铁丝0.5吨。

2010年，大中镇分别组织了海堤防汛基干班11人，抢险队540人，预备队700人，内地基干班61人，抢险队820人，预备队1420人，城市抢险队100人和海堤防汛物资编织袋12万只，木桩11000根，绳索800千克，铁丝1000千克。是年，汛前对全镇所有泵站、涵闸、圩堤、流动泵站进行拉网式检查，对老坝、和瑞、红花、恒北、光明等8座泵站进行维修(光明、恒南、八灶泵站接电4座，胜利河边新建防洪闸1座，维修封闭闸3座)。新建排水涵洞12座，龙福村新建临时机口4座，利民新建田间配套涵洞32座，总投入95.45万元。

防汛房屋：1966年，原大道公社、裕华公社、大兴公社成立堤防管理站，共有防汛房屋10多间，并配备灶间，其结构是芦芭墙或土墙瓦盖，少数为毛竹草盖。20世纪70年代发展到有防守任务的村组也在防守地段建防汛房屋和灶房，并配套炊事灶具。80年代，为便利管理，又将分散的房屋，相对集中地进行重新翻建，其结构比较好，砖墙木瓦结构，门窗齐全，并配套部分床铺，保证上堤抢险民工生活有着落，非汛期还配有专人看管。至2010年年底，全镇海堤上共有防汛房屋三处，230间，900余平方米。

防汛器材仓库：防汛器材仓库在20世纪60年代前均为芭墙草盖毛竹结构。60年代后逐步更新，其结构都为砖墙瓦盖，水泥桁条，地坪采用蚬壳垫层铺砖，到2010年，全镇共有防汛器材仓库10间。

海堤维护工程要强化机构队伍建设。一是设立防汛基干班。1965年前所建防汛基干班，一般每千米配备1人，险工患段严重的视其险情增配，选派政治思想好，身体强壮，责任心强的基干民兵担任，按行政区域编班，每年5月驻海堤维修防守，10月1日撤防回队。二是设专职护堤员。1966年，成立堤防管理站，配备专职站长和护堤员，常年驻海堤维修防守，配备基干班护堤人员，担任海堤维修、巡逻、防守、防汛、抢险、植树护林、边防安全以及生产自给。三是建立防汛抢险队和突击队。镇建防汛抢险队，每年根据防汛任务和工情决定抢险人员，选派身强力壮的基干班民兵编组造册，落实到人，镇、村分别由人武部部长、民兵营营长担任抢险队队长。抢险队员汛情紧张时，一接到通知，不分昼夜，立即集中，赶赴海堤，投入抢险。防汛预备队在海堤、涵闸险情加重，任务紧迫，前方力量不足时，按照指令，立即到达指定地段，参加抢险。成立防汛突击队，当出现特大险情时，村组基干民兵组成突击抢险队,在抢险的关键时刻如1977年抗御14号强台风、1991年抗御特大洪涝和1997年抗御11号强热带风暴中发挥了积极作用。

三、汛情测报

1958年,设大中集径流站。1959年,又设大中汛期水位站。1960年,设立公社群众性的水情气象站。1978年,大中镇安装水位、雨量装置,汛期定时上报水位、雨量。1997年,盐城市防汛防旱指挥部水情自动遥测系统在大丰境内设置大中站。2000年6月,大丰市防汛防旱指挥部办公室组建水情自动遥测系统,在内地通榆河沿线增设新团河闸水位站。

防汛电话:1997年,堤防站安装程控电话网,保证汛情、工情、雨情的准确、迅速传递,为传达防汛指示,指挥抢险提供条件。

无线通讯:1989年,大中镇防汛防旱指挥部专门配置一台对讲机。1991年,又配备手持型对讲机。2001年使用无线对讲机,2010年以手机、专用电话为主。

第三节 水利管理

一、管理机构

1944年6月,区、乡成立水利委员会,负责治水及排灌工作。新中国成立后,随着水利建设任务的发展,乡镇水利机构由临时机构转为常设机构。

1958年,人民公社设置专职农业干事,负责水利工作,同时配备4名专职临时水利工程员,负责全社水利规划、测量、放样、建闸等工作,每年夏秋防汛及冬春水利施工时到职工作。1965年春,公社配备2名专职亦工亦农水利工程员。1980年,公社正式配备水利工程员、机电排灌员、会计员。1983年,乡镇水利管理机构统称水利站。水利站的工作也由单一为水利建设服务,扩展到各项综合经营。1983年5月,大道公社、阜丰公社水利站并入大中镇水利站。1986年9月,镇水利站作为县水利部门的派出机构,在县水利部门和镇政府的领导下负责全镇农田水利建设和管理。

1987年11月以后,乡镇水利站统称水利管理服务站,为全民事业单位。1997年11月,镇水利站为县水利部门派出机构,实行县水利部门和镇政府双重领导,以水利部门为主。2001年4月,新团镇水利站并入大中镇水利站。2001年7月,王港乡水利站并入裕华镇水利站。2010年8月,裕华镇水利站并入大中镇水利站。

2010年,镇水利站为全民事业单位,设站长、工程员、机电排灌员、水政监察员、会计员等职位。

大中、大道、大兴、新团、裕华水利站历任水利站长更迭表

表5-3-1

机构名称	姓　名	职　务	任职时间
大中水利站	钱　峰	站　长	1983.05—1997.04
	董桂华	站　长	1997.04—
阜丰(大兴)水利站	金加淦	副站长(主持工作)	1983.01—1983.05
大道水利站	钱　峰	站　长	1983.01—1983.05

续表5－3－1

机构名称	姓　名	职　务	任职时间
新团水利站	刘永义	负责人(主持工作)	1983.01—1983.03
	蔡淦泉	站　长	1983.03—1991.10
	葛德生	站　长	1991.11—1996.10
	束洪芳	站　长	1996.10—2001.04
裕华(五星)水利站	刘汉俊	站　长	1981.01—2001.12
	陈维忠	站　长	2001.12—2004.04
	刘锦平	站　长	2004.04—2005.03
	张绍喜	站　长	2005.03—2010.08

二、水政监察

1990年以前,大中镇未设水政管理机构。1990年5月,明确水政管理由镇水利站负责,配备水政员2名,着装行政。1998年,大中镇成立中心水政监察组织,组成市、镇、站三级水政执法网络,建立规范的水政监察队伍。

中心水政监察组织成立后,一是利用世界水日、中国水周的契机对相关法律法规进行大力的宣传,张贴标语,举办水法知识广播讲座,宣传水的商品属性和节约用水。宣传实现水资源持续利用,突出防汛防旱、取水许可、节水型社会建设等。同时对水利工程水费的征收、计划用水、节约用水等进行宣传教育。据不完全统计,1998—2010年期间,张贴水法宣传标语1000多条,悬挂固定标语、半固定横竖标语20余条,广播站举办水法宣传知识讲座10多期。二是加强水政巡查,及时化解水事矛盾。三是加大河道占用费、地下水资源费,工程水费的征收。

三、工程管理

(一)海堤管理

1966年4月,大丰县建立堤防管理处,沿海各公社相继建立堤防管理站。是年,大道公社在二卯西河与老海堤(今统称二线海堤)交会处的二卯西河南岸建立大道堤防管理站,管理海堤3.55千米;裕华公社在二卯西河与老堤交会处的二卯西河北岸建立裕华堤防管理站,管理海堤4.15千米;大兴公社在今通港大道与老海堤交会处建大兴堤防站,管理海堤2.5千米,南与南阳堤防站,北与上海农场堤防站交界。1977年,新海堤(称一线海堤)筑成后,裕华堤防站移至今二卯西河东端与一线海堤交汇处的海堤复河的青坎上,管理海堤3.072千米。此后,大兴(阜丰)、大道堤防站相继东移一线海堤青坎上。1983年阜丰(大兴)、大道堤防站合并为大中堤防管理站,管理海堤5.8千米。

2007年12月,大中堤防管理站移址于332省道与一线海堤交汇处东南侧的海堤外脚下,建筑面积1150平方米。2010年,裕华堤防站并入大中堤防管理站。是年,大中堤防管理站管理海堤6.6千米。

海堤管理实行专业管理与群众管理两种机制,常年驻堤防守,订立护堤公约,划段防守,责任到人。20世纪80年代中期以后,实行海堤规范管理,制定海堤管理办法,强化海堤岁修和险工的治理,加强检查观测和养护管理,开展海堤绿化和综合经营。

堤防站初成立时属于公社小集体性质,大队建制,受公社、县堤防管理处双重领导。1997年7月,堤防管理站定为大集体性质,人员经费实行自给,隶属县水利局和各镇人民政府双重领导。

堤防站自成立至2006年,根据“以堤养堤”的原则进行管理。每年汛期前,堤防站都要对海堤进行维修,工程小的由站自行处理,如堤上雨淋沟的填补,堆积土堆,栽植各类树木,保护堤土流失等;工程大的由镇政府组织人员进行岁修。常年备木桩7000根、绳450千克、铁丝500千克、编织袋4.5万只等防汛物资器材,并配备防汛队伍,基干班50人、抢险班400人、预备队800人。

2007年,贯彻"海堤要建成二级达标工程"的精神,大中堤防站对所辖海堤作全面整治。海堤两侧堤坡种植女贞1650株、海龙球1650株、草坪0.67公顷,同时对海堤垃圾进行全面清除,树木刷白,雨淋沟全部整平。在海堤两侧兴建巡查便道,修建标准的防汛物资仓库。对所有防汛物资进行清理登记入库,摆放有序,专人管理。是年,共动用人力700多人次,机械10台(套),投入资金26.62万元。2008年年底,对海堤又进行一次全方位加固整修,共动用人力2000多人次,机械8台套,投入资金13.16万元。11月16日,顺利通过专家组验收,大中海堤管理成为江苏省二级水利管理工程。

(二)圩堤管理

大中镇区域沿老斗龙港二侧有约2.5千米左右宽的凹形低洼地段,地面高程在1.7米上下,每逢汛期或客水压境,二侧一片汪洋。盐垦公司成立后,先后自筑圩堤321千米。1931年,老斗龙港以西居住的群众在老斗龙港边西侧的七灶河和八灶河之间自筑圩堤14千米。这些圩堤都是自行管理养护,每年汛前检查维修。

新中国成立后,兴修水利,改造低洼地,先后在老斗龙港两侧、八灶河、翻身河修筑顶宽1米,高1米(后来逐步加大到顶宽1.5米,高1.5米左右)的挡水堤,在恒丰、万丰、丰裕、双喜一带低洼地段筑堤,修建排灌设施。1958年人民公社化运动后,以行政单位按级管理,管理费用均由集体支付。镇成立圩堤管理委员会,每年汛前召开圩堤管理会议,检查圩堤情况,各村动员劳力维修,汛期组织人员分工防守。1983年,建立圩堤管理责任制,推行分级管理、按级负责、责任到人的管理办法,层层签订管理合同,明确责、权、利。圩堤维护费用,采用小修由义务工解决,大修统筹负担办法。实行联产承包责任制后,圩堤维护费用列入村一事一议和镇统筹经费解决。

(三)灌溉管理

灌溉管理始于1957年旱改水工程。1958年,大中镇区域建立大道、新团两个抽水站。1959年,在西部旱改水地区兴建电力排灌站。1965年,大道、新团两个抽水站也改称为机电排灌管理站(今农机管理站的前身)。1976年后,公社水利站增设机电排灌员,专管排灌工作,并建立机电排灌档案,做到一站一表,一机一卡。水利站有专人管理,做到勤检查,细保养,保证开得出、灌得上。灌溉方法上采取浅灌、勤灌、续灌、轮灌、夜灌法。

(四)河道管理

新中国成立后至20世纪70年代末,河坡种植现象十分严重,特别是沙土地区极易造成水土流失,河坡冲塌,河床淤高,降低河道标准,使工程效益下降。80年代起,各级开始重视河道管理工作。首先建立乡(镇)、村两级河道管理网,统一管理大中沟以上河道,村统一管理村境内的中小沟以上河道。其次在管理方法上层层签订管理合同,明确责、权、利。再次明确河道管理范围。规定镇属跃进河、红花河、恒泰河、斗私河、新跃河、利民东复河、阜裕河、团结河、五一河、红星河、东竖河、友谊河、幸福河、翻身河、生产河、一匡河、二匡河、三匡河、四匡河、五匡河、天东河、天西河、五宝河、福成河、福东河、晋丰中心河、晋北中心河等有圩堤的背水坡堤脚外不得少于0.5米的保护地,无圩堤的从河口向外3~5米为保护地;村办中心河及排河,河边有路的按路脚向外0.5米,无路的从河口向外0.5~1米为河道管理范围;封闭闸均以上下游八字墙向外各10米的河道及左右岸各10米;电灌站进水池的引水河道不少于5米,出水池的出水渠道不少于3米,左右各不少于10米。还有在管理制度上除严格执行国家、省、市有关河道管理条例、规定、办法等水利法规外,严禁在大中小沟内打坝断流,严禁向行洪、排涝河道倒垃圾和设置阻水障碍物,禁止设置鱼罾鱼簖,禁止在河坡上耕翻种植,禁止在青坎、河坡上取土。

2010年,大中镇有中沟级以上河道84条。为抓好农村河道的长效管理工作,针对全镇农村河道脏、乱、差等水环境突击问题，着力构建“属地管理、村级负责、专业保洁、全面推进”的农村河道长效管理机制，为农民群众提供优美的生产和生活环境，大中镇下发《农村河道长效管理实施方案》。是年，组织全镇广大干群突出打捞水生杂草和水面漂浮物，清理河坡垃圾，使农村河道达到河面清洁“三无”（无影响水生态的植物、无漂浮物、无生产生活污水直排）、河坡整洁“三无”（无生产生活垃圾、无乱建乱堆、无乱种乱垦）、河道畅通“三无”（无排涝障碍物、无阻水高秆作物、无筑坝）的目标。在此基础上，全面建立农村河道长效管理机制，使每条河道杂草有人清、漂浮物有人捞、垃圾有人运、河坡无耕翻种植。

在农村河道长效管理过程中做到“五坚持”：坚持属地管理原则。对各村本行政区域内的河道实行属地管理。坚持村级负责。各村是河道保洁的责任主体，要建立保洁队伍，探索保洁方式，落实保洁经费，确保保洁效果。坚持专业保洁原则。经费由各村在农民一事一议中安排，政府在财政中实行以奖代补，验收合格后每年每千米补助500元。各村成立专业保洁队伍，签订合同，明确责任、范围、报酬和奖惩。坚持全面推进原则。坚持点、线、面相结合，以先进村为榜样，明确个人承包主体，实行责任到人。坚持建立建全保障措施。强化组织领导，各村成立农村河道长效管理工作领导小组，各村党组书记为第一责任人，村民委员会主任为直接责任人。并落实专人具体负责，落实工作责任制，强化责任，抓紧实施农村河道长效管理工作计划，提高防洪保安水平，改善农村水环境。

2010年大中镇各村河道长效管护情况表

表5－3－2

序号	村别	河流名称	起点	终点	长度（千米）	序号	村别	河流名称	起点	终点	长度（千米）
1	和瑞	南北向东中心河	老一卯西	南中心河	2.5	5	双喜	北斗私河	南中心河	二卯西河	1.8
		东西向中心河	斗龙港	红花复河	2.8			北新跃河	南中心河	二卯西河	1.8
		南北向西中心河	老一卯西	南中心河	2.5			村中心河	南中心河	二卯西河	3.75
	小计	3			7.8			八排河	斗私河	新跃河	1.25
2	红花	村中心河	引水河	南翔路	1.94			一排河	斗私河	新跃河	1.25
		刚和线南排河	红花复河	西子午河	1.25		小计	5			9.85
		刚强中心河	老一卯西	引水河	3.75	6	利民	北新跃河	南中心河	二卯西河	1.8
		啤酒厂南排河	红花复河	西子午河	1.25			利民东复河	南中心河	二卯西河	4
	小计	4			8.19			村中心河	南中心河	二卯西河	3.75
3	泰西	北恒泰河	南中心河	二卯西河	1.96			八排河	新跃河	利民东复河	1.25
		村中心河	南中心河	南翔路	2.64			一排河	新跃河	利民东复河	1.25
		八排河	西子午河	恒泰河	1.25		小计	5			12.05
		一排河	西子午河	恒泰河	1.25	7		南新跃河	与恒丰分界	南中心河	1.25
	小计	4			7.1			南斗私河	与恒丰分界	南中心河	1.25
4	泰丰	北恒泰河	南中心河	二卯西河	1.96			南恒泰河	与恒丰分界	南中心河	1.25
		北斗私河	南中心河	二卯西河	1.8			东西向中心河	西子午河	新跃河	3.75
		村中心河	南中心河	二卯西河	3.75			南北向中心河	与恒丰分界	南中心河	2.5
		八排河	恒泰河	斗私河	1.25			二排河	西子午河	新跃河	3.75
		一排河	恒泰河	斗私河	1.25			北排河	西子午河	新跃河	3.75
	小计	5			10.01		小计	7			17.5

续表5－3－2

序号	村别	河流名称	起点	终点	长度（千米）
8	恒丰	南新跃河	与恒南分界	与恒北分界	1.25
		南斗私河	与恒南分界	与恒北分界	1.25
		南恒泰河	与恒南分界	与恒北分界	1.25
		东西向中心河	西子午河	新跃河	3.75
		南北向中心河	与恒南分界	与恒北分界	2.5
	小计	5			10
9	恒南	南新跃河	一卯西河	与恒丰分界	1.3
		南斗私河	一卯西河	与恒丰分界	1.3
		南恒泰河	一卯西河	与恒丰分界	1.14
		东西向中心河	西子午河	新跃河	3.75
		南北向中心河	老一卯西河	与恒丰分界	2
		一排河	西子午河	新跃河	3.75
	小计	6			13.24
10	阜南	五一河	二卯西河	与阜丰分界	1.4
		团结河	二卯西河	与阜丰分界	1.4
		阜裕河	二卯西河	与阜丰分界	1.4
		村中心河	阜裕河	五一河	2.5
	小计	4			6.7
11	阜丰	五一河	与阜南分界	与阜北分界	1.4
		团结河	与阜南分界	与阜北分界	1.4
		阜裕河	与阜南分界	与阜北分界	1.4
		村中心河	大四河	五一河	3.75
		疏港路南排河	五一河	东宁路	2.5
	小计	5			10.45
12	阜北	五一河	与阜丰分界	北中心河	1.4
		团结河	与阜丰分界	北中心河	1.4
		阜裕河	与阜丰分界	北中心河	1.4
		东西向中心河	大四河	五一河	3.75
	小计	4			7.95
13	大新	村中心河	红星河	北中心河	2.2
	小计	1			2.2
14	德丰	村中心河	红星河	北中心河	2.2
		德西中心河	二卯西河	老斗龙港	2.9
	小计	2			5.1
15	同德	村中心河	二卯西河	红星河	2.2
	小计	1			2.2
16	新团	朝阳河（南北）	老新团河	新团河	1
		永东河（南北）	老新团河	新团河	2
		永中河（南北）	七灶河	新团河	2.2
		团结河（南北）	新团河	勒鱼港	2
		西竖河（南北）	新团河	勒鱼港	2
		三排河（东西）	永西河	永东河	3
		四排河（东西）	永西河	永东河	3
		五排河（东西）	永西河	永东河	2.5
	小计	8			17.7
17	光明	反修河	七灶河	与长安分界	4.5
		光明河（南北）	七灶河	新团河	3.52
		朝阳河（南北）	七灶河	老新团河	2.2
		十排河（东西）	朝阳河	光明河	1.5
		七墩河（东西）	朝阳河	与长安分界	3
		八排河（东西）	朝阳河	光明河	1.5
		老新团河（东西）	光明河	高速公路	1
		新港河（东西）	老新团河	光明河	3.5
	小计	9			25.22
18	八灶	翻身河	通榆河	与老坝分界	3
		团结河（南北）	勒鱼港	翻身河	1.5
		永东河（南北）	新团河	翻身河	2.5
		六排河（南北）	合兴河	翻身河	2
		九排河（南北）	翻身河	八灶河	1.5
		一排河（东西）	永东河	团结河	2
		合兴河（东西）	通榆河	团结河	3.7
	小计	7			16.2
19	老坝	胜利河	翻身河	八灶河	2
		翻身河	斗龙港	八灶河	3
		二十六总河	八灶河	胜利河	3
		西竖河（南北）	翻身河	二十六总河	2.5
		友谊河（东西）	八灶河	胜利河	4
		花站北排河（东西）	西竖河	胜利河	2
		幸福河（东西）	八灶河	胜利河	3.7

续表 5－3－2

序号	村别	河流名称	起点	终点	长度（千米）	序号	村别	河流名称	起点	终点	长度（千米）
19	老坝	九排河（东西）	八灶河	胜利河	1.5	20	小计	8			23.75
	小计	8			21.7	21	建设	翻身河	与龙福分界	斗龙港	0.75
20	龙福	胜利河	翻身河	八灶河	2			二十六总河	与龙福分界	斗龙港	1.78
		翻身河	胜利河	与建设分界	3			村中心河（南北）	友谊河	二十六总河	1.5
		二十六总河	胜利河	与建设分界	3.75			友谊河（东西）	与龙福分界	斗龙港	1.5
		东竖河	翻身河	八灶河	4			幸福河（东西）	与龙福分界	斗龙港	3
		友谊河（东西）	胜利河	与建设分界	3			八排河（东西）	斗龙港	北中心河	2
		三排河（东西）	胜利河	东竖河	1.5		小计	6			10.53
		幸福河（东西）	胜利河	与建设分界	3	合计		106			245.44
		龙建河（东西）	胜利河	八灶河	3.5						

2010 年原裕华镇各村河道长效管护情况表

表 5－3－3

序号	村别	河流名称	起点	终点	长度（千米）	序号	村别	河流名称	起点	终点	长度（千米）
1	元丰	元丰中心河	东子午河	农场河	3.9	17	朝荣	老朝荣中心河	二卯西河	三匡河	4.5
2	晋丰	晋丰中心河	东子午河	中子午河	3.8	18	朝荣	天东河	二卯西河	三匡河	4.5
3	晋丰	五宝河	与南阳界河	两晋界河	2	19	天祥	天祥中心河	中子午河	大丰干河	3.8
4	晋北	晋北中心河	东子午河	中子午河	3.8	20	天祥	天东河	三匡河	四匡河	1.6
5	晋北	五宝河	两晋界河	二卯西河	2	21	海丰	老海丰中心河	中子午河	大丰干河	3.8
6	福丰	双福东中心河	南中心河	二卯西河	4.1	22	海丰	老天北中心河	中子午河	大丰干河	3.8
7	福丰	老福东中心河	南中心河	二卯西河	4.1	23	海丰	五匡河	中子午河	大丰干河	3.8
8	丰居	一匡河	二卯西河	疏港路	2.3	24	海丰	天东河	四匡河	三卯西河	2.9
9	丰居	二匡河	二卯西河	疏港路	2.3	25	圩洋	一中沟	南灌河	北灌河	3.2
10	万丰	一匡河	疏港路	北中心河	2.2	26	圩洋	三中沟	南灌河	北灌河	3.2
11	万丰	二匡河	疏港路	北中心河	2.2	27	圩洋	南灌河	一中沟	三中沟	2
12	海防	一匡河	天东河	大丰干河	1.25	28	圩洋	北灌河	一中沟	三中沟	2
13	海防	二匡河	天东河	大丰干河	1.25	29	圩洋	二卯西河	海堤复河	三中沟	2.5
14	海防	天东河	二卯西河	三匡河	4.5	30	南新	南灌河	三中沟	五中沟	2
15	朝荣	一匡河	中子午河	天东河	2.55	31	南新	北灌河	三中沟	五中沟	2
16	朝荣	二匡河	中子午河	天东河	2.55	32	南新	二卯西河	三中沟	五中沟	2

（五）站闸管理

20 世纪 50 年代，涵闸管理要求是保证工程完整、延长工程的寿命、发挥并扩大工程效益、为验证规划设计和施工积累资料。80 年代后，贯彻安全、效益、综合经营的理念，既确保合理利用水资源，又充分发挥工程效益。

制定管理制度：工程管理制度主要有闸门启闭制度、汛期工作制度、岗位责任制以及设施维护及制度。

合理控制运用:20 世纪 70 年代后期,工程控制运用逐步走上统筹兼顾、综合控制运用轨道,既为农业服务又为工业、交通等行业全面服务,发挥综合效益。

检查观测:及时发现存在的问题以便及早分析原因,采取措施,消除隐患,确保站闸安全运用。日常运行开户检查;定期检查,每年进行汛前、汛后两次检查;水下检查,每年汛后对闸底板、消力池、护坦、防冲槽等进行全面检查;特别检查,当遭到台风、暴雨影响及重大工程事故后,检查土方工程、砌石工程、混凝土工程、闸门、启闭机、机电设备、水流流态、淤积或冲刷等。

养护修理:为维护水闸工程安全完整,正常运行,延长使用寿命,对土方工程、砌石工程、混凝土工程及闸门、启闭机械、机电设备等进行经常养护修理。

设施维护:禁止损坏水利工程设施,严禁在规定的管理范围耕种、挖坑、埋葬、建窑、建房、筑围墙、堆放物料以及取土;禁止在管理范围内倾倒垃圾、废渣、农药、排放油类酸液、碱液、剧毒废液以及其他有毒有害的污水废旧物资弃物;禁止任意毁坏和擅自拆除、变卖、转让、出租水利工程设施。

四、水资源保护

(一)管理机构

1994 年前,境内水资源管理无专门管理机构,水资源由水利部门管理,水质由卫生部门管理,节水由城建部门管理,改水由爱国卫生部门管理,水污染由环保部门管理。1994 年 6 月,大丰县人民政府决定由水利局统一管理水资源,城市节水由城建部门管理,农村节水由水利部门管理。2003 年 6 月,城市节水办公室并入水资源管理办公室,增挂市节水用水办公室,实行两块牌子,一套班子,统一管理。

(二)保护措施

新中国成立后,随着工农业生产的发展,境内工业污水排放量增加,使用农药、化肥量增大,致使河水严重污染。20 世纪 80 年代纷纷转向地下打井取水,由于地下水长期过量采取,出现"一增四降"现象,"一增"即开凿深井逐年增多,大中镇城区有深井 50 眼;"四降":一是水位下降,二是水量下降,三是水质下降,四是地面下降。1980—1985 年,大中地区地面严重下降,形成漏斗形状,且漏斗范围逐年扩大。针对"一增四降"的情况,1986 年,大丰县人民政府开始限制大中地区打深井,实行审批制度。禁止在县城及其周围 4 千米范围内无计划或超计划取水,并对地下水管理实行一证(取水许可证)、一表(计量设施)、一牌(深井编号牌)、一卡(管理档案卡)的"四个一"制度,形成市、镇、村及公司(厂)、车间、班级三级管理网络。落实地下水资源的节约和保护措施,规定深井保护区半径不小于 30 米,在保护区内严禁设置渗水厕所,堆放垃圾及其他污染地下水的污染源。

(三)节水示范工程

2003 年 3 月,在新团村境内建立省级节水灌溉示范区,位于 332 省道以南,农庄河以北,永东河以西,永西河以东,总耕地面积 67 公顷。示范区主要推广应用大棚蔬菜滴灌工程、露地微喷灌工程和自动化控制工程、衬砌渠道灌溉工程。示范区东北片采用固定式微喷灌系统 4 公顷,西南片采用大棚滴灌系统 14.67 公顷,东片采用日光式大棚滴灌系统 3.67 公顷,其余采用衬砌渠道灌溉 44.67 公顷。全区新建电灌站 2 座,配套动力 40.5 千瓦,铺设输水管道 8.54 千米,安装喷灌、滴灌管道 92.76 千米,新建混凝土衬砌渠道 1.78 千米,安装自动化控制系统 1 套,并配套修筑机耕道路 6 千米,新建机耕桥 4 座,总投资 108.14 万元,其中省补 50 万元,自筹 58.14 万元。

2004 年 3 月,在大中镇建立国家级节水灌溉示范区,跨越新团、光明两村,总面积 228.33 公顷,由水利部南京水利水文自动化研究所规划设计,大中镇水利工程队承建,10 月竣工。全区分为三片,大棚蔬菜滴灌工程 17 公顷,防渗渠道灌溉工程 50 公顷,低压管通微喷灌工程 161.33 公顷。区内配备自动化控制系统,通过安装在田间的土壤墒情传感器,气象传感器实时测定作物生长土壤和气象参数,然后通过导向控制将这些信息传送到现场监控计算机,现场监控计算机自动采集数据,根据不同作物的不同生长期,自动分析采集数据后产生控制命令,传送田间控制开关,自动打开灌溉设备或关闭。示范区新建5座泵站,铺设输水管23.02千米,安装滴灌管道110千米,新建混凝土防渗渠道5.55千米,新建机耕桥4座,修筑砂石路6.98千米,总投资300.88万元,其中国家投资100万元、省补70万元、自筹130.88万元。

第四节　治水纪实

一、苏北灌溉总渠工程记事

1952年5月,浩大的苏北灌溉总渠工程举行落成典礼。在庆功大会上,年方四十的宋锦荣走上主席台,接受省长惠浴宇奖给他所在村合作社的奖品为1头500千克的黄牛和一张奖状。

淮河,从古到今,世世代代危害着两岸百姓生活,在伟大领袖毛主席"一定要把淮河治好"的号召鼓舞下,江苏省治淮工程指挥部经过调察地情、地形、水情,决定1951年开始下大力气治理。省委一声令下,浩浩荡荡的治淮大军风涌云集到淮河前线,大丰组织17477人于1951年11月11日参加苏北灌溉总渠工程施工,此时大丰县黎明农业合作社的民工们也不例外地在社长宋锦荣的带领下,踏上治淮的征途。

治淮工程开始,省人民政府治淮总指挥部召开誓师大会,要求治水大军,学习伟大领袖毛主席有关治淮工作的指示,发挥大无畏的革命精神,抢晴天、战阴雨,争取早日治好淮河,凯旋班师。

黎明连(民兵编制)连长、共产党员宋锦荣首先召开全连民工会议,传达省人民政府对治理淮河工程的意见,鼓励同志们发扬"一不怕苦、二不怕死"的革命精神,力争用最短的时间,最快的速度,达到最高的标准,打好治淮这一仗。他身先士卒,模范带头,全连同志个个摩拳擦掌,人人争先恐后,决心团结治水,为民除害。宋锦荣在施工中排除万难,在条件恶劣的情况下硬是用时间和顽强的毅力赢得胜利。在施工过程中一度出现十分严重的塌方患工,这时全连同志献计献策,连长集中大家的智慧,用"云梯式"架桥法来克服塌方患工的困难。他们用大量跳板按墩,然后桥板加桥板,开成长斜坡,好象青云直上的架式,大家称为"云梯式"。由于出现患工,势必影响进度,掉队后怎么办?全连同志再度表示决心:"决战淮河在此一举,我们豁出命去也要夺标兵。"连部的后勤人员也全力支持,民工挑灯夜战,后勤人员则做好最佳最美之食慰劳前线民工。他们跑到几十里外去买菜,为保证民工的食需而奔走。民工中有一个身板强、个儿大的青年小伙子精神百倍,一人干下两人活,一担总挑二百多斤,为大家树立了榜样。大伙个个你追我赶,披星戴月,苦战在工地上,为赢得时间、为夺取工程的完成而奋战,最终,提前完成了艰巨的任务。在胜利完工的庆功会上,黎明社民工连荣获先进民工连"猛老虎连"的光荣称号,并嘉奖一头黄牛。惠浴宇说:"祝贺你们在粮棉生产上同样夺取粮棉全胜。"

二、竹川围海造田侧记

1990年11月,大丰县决定兴筑竹川围堤,堤岸北起竹港闸,南至川东港闸,总长12千米,造田4000公顷,全县动员4万民工参与,工程浩大,规模空前,史无前例。

大中镇授领工段全长556米,堤脚地面高程仅1.9米,断面上13条港叉纵横交错,潮来一片水,潮去一片滩,地形复杂,险象环生。为圆满完成上级交给的任务,镇成立民工营,由镇长周善辉兼任营长。从全镇各村精选1700名民工,组成18个民工连,153个排,实行军事化管理,兵团作战。

施工前先筑挡潮圩堰。大中营抽调1000民工,奋战35天,只完成土方6000多立方米。由于地基松软而导致堤身坍塌,第一天做成的堤堰次日下沉40多厘米。最初设计为8米宽的堤脚坍塌成15米。无奈,全营排成四列长队,从100米以外用双手把一块块干土捧上大堤。可是,天天加土,天天下沉,终不见成效。面对这一前所未见的施工难题,全营上下,群策群力,献计献策,调用3000只防汛草包、4万只编织袋、700支毛竹、150千克铁丝、300张竹片,打桩封港,驳坡护堰,奋战一周,挡潮圩堰终于筑成。

大中营地段暗港多、流沙重、浮泥厚。500多米的工段上有13处患工险段。战暗港、斗流沙、抗患工成全营上下当务之急。阜丰连全连110名民工用泥浆泵冲,用水桶抬,用盆子端,连续奋战五天五夜,确保全营龙沟畅通。

竹川滩涂,港叉交织,遍地是草没草烧,遍地是土没土挑,遍地是水没水吃,遍地是路没路走。解决出工道,是完成筑堤的重要环节。双喜连工段地处五号港,港叉最多,作业十分艰难,全连干部、民工齐心协力,用150支毛竹、25根杂棍、400米桥板、800只编织袋,搭成12道空心路条(尤如空中"浮桥"),解决了这一难题。双喜连的经验在全营推广,有效推动了工程进展。

11月8日夜,50年一遇的特大怪潮瞬间吞没整个营区。民工们从睡梦中惊醒,工棚内的衣物、被褥、鞋袜、锅碗瓢勺、粮食、工具、桥板都被突如其来的潮水席卷而去。危急之中,营长手持话筒沉着指挥,教导员黄汉祥组织民工向上游草场紧急转移,副营长陈兆昌分赴各连驻地动员留守骨干全力抢救受灾物资。从深夜2点到翌日晚,营连干部连续18个小时没喝一口水,没进一粒米。

大中营工段,正面处在风口浪尖,新筑的海堤随时会有被大潮巨浪冲跨的可能。

11月19日晚,9级东北风夹杂着密密细雨扑打着营区驻地,这是大汛即至的前兆。情况万分危急,护堤保堰刻不容缓。当晚9时许,全营抽调100人组建的捍堤抢险队在营长的带领下带着草袋、扛着大锹、打着手电、提着马灯,顶风冒雨向新筑的挡海堤挺进。11时许,远处海面上"哗哗"的潮浪声隐约可闻,夜空中成群的海鸟在声嘶力竭地嗷叫,让人不寒而栗。瞬间,数米高的海浪扑向大堤,堤外坡大块大块被冲塌,红花、阜南、新德段面上20多米长的堤身被狂浪削去近半,大堤上流沙似的泥土向大海滑移,倾刻整个堤顶下沉60多厘米。"人在堤在!"营长一声令下,全体营干和突击队骨干沿着堤外坡跳下去,大家手牵着手,个挨着个,背顶海浪,胸护圩堰,堤上民工奋力挖土、运包、填补堤身缺口,连续奋战3个多小时,大堤终于保住了。

跑海人云:"十月初三跑马潮"。11月20日正是农历十月初四,上午11时30分左右,海滩上风力加大,凶猛的潮浪排山倒海般向"年轻"的海堤峰涌而来。大中营千余将士此时早已在堤顶上待命守护,决口堵了一个又一个,险情排了一处又一处。12时40分,裕华营与大中营的交界处决开一个口子。紧接着大中工段出现大段崩决,为避免堤毁人亡,全营民工在茫茫海水中含泪撤离。

前方有险,后方更急,镇党委、政府先后组织伙草250吨、食油7000千克、粮食11万千克、猪肉3万千克、蔬菜7.5万千克,各家各户捐献护堤编织袋4.5万只,源源不断送往工地。

经过两个多月的艰苦奋战,大中镇完成土方15万立方米,铺植护坡草皮2.1万平方米,折合工日11万个。堤成、河成、护坡成,一次验收,一次合格。1991年1月25日,两千余干部民工带着后方7万人民的厚望,凯旋而归。

三、1991年抗洪排涝纪略

1991年6月28日至7月16日,大中镇连续7次遭受大暴雨和特大暴雨的袭击,其涝灾所致的损失之严重,在大中镇历史上前所未有,为百年未遇。7月6—11日,全镇连续7次遭受大暴雨和特大暴雨的袭击,降雨量438.9毫米,7月9日最大降雨量113.7毫米。连降暴雨738.5毫米,超过常年全年降雨量610.5毫米,超过1954年(大水灾年)降雨量388.4毫米。县城最高水位达到2.98米,超过警戒水位1.38米,整个县城全部淹在水中,最深处达1.1米。全镇4112.47公顷耕地受淹,3391.07公顷夏收作物绝收,累计损失3721.26万元。灾情发生后,全镇各级党政组织积极动员,带领广大党员、干部群众奋起抗灾自救，尽力把灾害造成的损失降到最低限度。大灾之年，全镇没有因大水淹死一个人，没有因缺粮食饿死一个人，也没有因房屋倒塌压死一个人。在抗灾中，镇党委、政府紧紧围绕县委、县政府的“大保”决定，即保生命线（海堤）、保要害工程（供电局、水厂、米厂以及剧毒品、农药和易燃品、易爆仓库等）、保群众安全、保生活必需品供应、保突发性事件处理、保农业生产。全镇出动500多人奔赴海堤，保生命线；投入2000多人次，动用机泵20多台（组）（有些群众还自带洗脸盆、粪桶等排涝工具进行排水），参加县供电局中心配电所、水厂、米厂等要害工程的保卫战，转移受灾群众18000多人次。同时号召全镇人民不靠天、不赖援，靠自己的双手奋起抗灾，提出“农业损失工业补、工业损失加班补”，通过全镇人民的努力，粮食取得大丰收，总产量达20732吨，比1990年净增30吨。

是年，全镇共投入抗灾斗争的劳力28700个，机泵108台（组），筑挡水圩堤4.5万千米，耗用柴油252吨，编织袋、麻袋、草包7万多个，木桩1500多根。

第六章 国土管理

历史上,大中镇境域土地所有制有过多种类型:封建统治政权所有、地主所有、盐垦公司所有、农民个体所有、农村集体所有、国家所有。

1946 年,全镇进行土地改革,农民人均分得土地 0.24 公顷不等。土地改革结束后,确定土地产权,发放土地证书。从此,广大农民拥有自己的土地。1958 年人民公社化运动开始,废止土地私有化,实行土地公有化,土地改革时期发放的"土地证"不再发生法律效力。

1983 年 10 月至 1985 年 4 月,进行新中国建立后的第一次全面的土地调查。1986 年,国务院发布《中华人民共和国土地管理法》,规定单位用地时,必须向被征地的集体和国家支付各项征地费用。是年,开展大规模的土地详查(即土地资源调查),历时一年多时间。

1988 年 11 月,开展城镇国有土地使用权为中心的土地申报登记工作。

1990 年,试行土地有偿使用,开征土地使用费、耕地占用税、国有土地使用税以及农业重点开发建设资金。是年,进行"三项建设用地"(国家建设用地、集体建设用地、个人建房用地)的清理。

1993 年,对全镇 21 个村场的土地进行土地权属变更调查,重新绘制全镇《权属界限图》和《土地利用现状图》,明确全镇村、场和邻镇交接界址。1994 年,颁发土地登记证。发放国有土地使用证 1500 本,集体土地建设用地使用证 1144 本。

1995 年 4 月,在全镇范围内全面开展基本农田保护区的划定工作,至 7 月全镇划基本农田保护面积 9032.36 公顷,设置保护片 7 个。2007 年,开展创建"土地执法模范乡镇"活动,镇村签订工作目标责任状,形成工作有人抓、环节有人管的局面。

2010 年,重新划定基本农田保护区。是年,大中镇辖区总面积 28928.79 公顷,基本农田保护面积 7647.57 公顷,一般农业区面积 9860.53 公顷,城区建设用地 1716.12 公顷,独立工矿用地 369.39 公顷,林地 193 公顷。

新中国成立后的 30 多年中,公、私建设用地均实行无偿划拨,1985 年《中华人民共和国土地管理法》、1987 年《江苏省实施〈土地管理法〉办法》的实施,大丰推行土地有偿使用制度,将土地依法纳入市场经济轨道。

第一节 管理机构

1989 年前,大中镇没有专门土地管理机构,只设一名土地管理员负责日常工作。

1989 年 12 月 31 日,大中镇成立大中镇土地管理所,股级建制,属集体事业单位,核定人员编制 4 人。

1997 年,大中镇土地管理所改为大丰市大中镇土地管理所,其性质为全民事业,相当于股级建制。实行由市国土局和镇双重领导,业务、人事和财务属市国土局管理,核定人员编制为 6 人。

2001 年,区划调整新团镇并入大中镇,新团土地管理所并入大中镇土地管理所。

2005年,大中镇土地管理所更名为大丰市国土资源局大中国土资源所。

2006年,大中镇土管所由全民事业单位调整为依照公务员制度管理事业单位,大丰市国土资源局大中国土资源所升格为大丰市国土资源局大中国土分局,副科级建制,增加事业编制人员4名,设局长1名,副局长3名,所配备人员经费由市财政全额拨付。是年,大中国土分局内设"一室四科",即:办公室、执法监察科、耕地保护科与土地利用科、地政地籍科,副股级建制,设科长(主任)4名。

2007年,分局成立土地执法监察中队。

2010年,撤销裕华国土资源所,并入大中国土分局。

1989—2010年大中镇国土分局(所)负责人更迭表

表6-1-1

单　位	职　务	姓　名	任职时间	单　位	职　务	姓　名	任职时间
大中所	所　长	许树高	1989.12—1999.10	裕华所	所　长	顾培冲	1989.12—1998.05
		翟洪发	2000.05—2003.08			颜广炳	1998.06—2003.08
		丁成军	2003.09—2006.11			张　吟	2003.09—2005.12
大中分局	分局长	陈荣平	2006.12—今			吴明勤	2006.01—2010.05
新团所	所　长	蒋高富	1989.12—1999.10			徐顺斌	2010.05—2010.08

第二节　权属制度

一、土地权属

(一)封建统治政权所有

大中境域宋代建立盐场以后,灶亭和大片配煎的草荡也自然成为秉承中央政权的盐场剥削煎盐灶民的资产。至明初,场署"按丁派引",所产海盐全为场署所有。明至清代,实行招商办盐,垣商再招灶民煎盐,垣商向场署缴纳盐课(盐税),然后转向灶民收取高额租金(30%~50%)。民国时期,国民政府承袭前制,除原有灶地以及官有滩荡土地为政府所有以外,沿海新淤滩荡也属其所有。

(二)垣商地主所有

明清时期,境内灶民煎盐配得的官有荡地具有世袭权,随着海势东迁、灶区东移,原有灶地逐渐荒弃,灶民便通过私垦将其变为私有。民国初期,垣商将原领办盐的官有荡地视同私有,在兴办盐垦公司时就把这些荡地作价入股或直接售与公司。另一方面,在官有荡地私有化的过程中,地主则通过各种兼并的手段侵占灶民、农民的土地,造成地主占有大量土地。清嘉庆二十三年(1818),草堰场港西(阔港以西)1万公顷,勘分给李集庆、罗荣泰等11户垣商置灶煎办。次年,草堰场又将港东(阔港东)新淤土地1000公顷派给101户灶民置灶煎办。每户各得二三份土地,每份土地5.73公顷。他们是:第一段陈元鼎、吴载阳、董仕煌、肖宾秋、钱清宁等65户,第二段陈月桂、陈启太、陈汉稽等9户,第三段陈邦安、陈元义、葛松岩、董仰和等25户,第四段陈立堂、董金礼、葛敦涵等26户。1940年民主政权建立以前,地主私有土地的数量一直处于上升趋势。

(三)盐垦(垦植)公司所有

大丰盐垦公司　1918年,草堰场大盐商周扶九、刘梯青创办大丰盐垦公司,得到南通张謇、张詧大办协助。1919年,全境测量土地,按设计规划大兴工程,总面积约73333.33公顷,除滩涂外净田

56666.67 公顷，工程所费约 140 万元，举债 90 多万元。

1923 年，因 1922 年水灾负债，将晋、广、厚、永、吉、元、定、顺、余、正、利等 11 区 18000 公顷，作价 120 万元出售给裕华公司，以偿急债，由裕华公司承购分期付款。

1924 年，兴筑海堤，南起一卯西河下游河口，北至三卯西河下游河口，总长 4725 千米。同时开挖东西走向的一卯西河、二卯西河、三卯西河、四卯西河、五卯西河 5 条干河和南北走向的西子午河、中子午河、东子午河 3 条干河。全境四界堤长 321 千米，整个围垦区划分为 35 个管理区，即：裕丰、仁丰、同丰、益丰、鼎丰、德丰、恒丰、和丰、祥丰、祥附、万丰、阜丰、泰丰、福丰、成丰、广丰、晋丰、厚丰、永丰、吉丰、元丰、定丰、顺丰、余丰、正丰、利丰、盛丰、隆丰、庆丰、乐丰、兆丰、久丰、安丰、时丰、年丰。五卯西河以北（公司成立后新规划的产盐区）命名丰余。

1931 年，将德丰、和丰、恒丰、祥丰售与兴丰集团，将同丰、益丰、仁丰、裕丰售与通泰集团，将鼎丰售与大生纱厂。1933 年，又将泰丰全区和恒丰北段计 0.2 万公顷（3 万亩）售与大生纱厂，单独成立大生泰恒棉场。1934 年，大丰公司人口有 6078 户，31305 人。1935 年，公司仅有土地 450000 公顷，已垦 14000 公顷，产籽棉 9750 吨，杂粮 650 吨。1936 年，公司与通泰银团和大生纱厂协商，将已售地亩进行调整，公司将裕丰、仁丰、同丰、益丰 4 区收回，按股分给各股东。1937 年，大丰公司总面积 36961.20 公顷，已垦 18604.47 公顷，产籽棉 9750 吨，麦豆 650 吨。

1946 年，大丰公司总面积 36961.2 公顷，已垦 18604.47 公顷，产籽棉 9750 吨，麦豆 6.5 吨。

该公司为地方民间垦植团体，并非官方垦植系统，更不是地方政权机构。始设西团，民国 11 年（1922）迁至裕丰，公司下设 37 区（始设 35 区，后增设瑞丰、丰余两区）。区下设匡数不等。区置主任、会计、工垦员各 1 人，均为公司委派，负责招佃、放垦、议收租税等事宜，匡设匡长、排设排长，均为佃农中推充，但仅尽义务而已。

公司初设经理负责制，股东会常驻上海，办事处设于西团，由王已劲常驻办事。民国 11 年后，改立董事议会制。董事会设董事长一人，常务董事三至五人，董事若干，董事长初为张謇自任，董事会常驻上海。1922 年后，总办事处由西团迁至裕丰区内（今新丰镇裕丰村），下设盐部和垦部两办，盐部仍驻西团，置经理 1 人，始为周健甫，后为陈慰之接任。垦部常驻裕丰，置经理 2 人，经理初为王已劲。

1929 年后，公司负债日重，前程维艰，为谋生计，公司建立维持会。1934 年，公司总办事处改置总经理 1 人，卢子衡担任经理，下设盐务、垦务经理各 1 人，各主其事。1935 年后，公司改由朱警辞一人主事，下设垦务、盐务、人事、工程、庶务、文书、会计等组。1941 年后，日军入侵，大丰公司惨遭破坏。1948 年，随着共产党政权的建立，大丰盐垦公司告结。

裕华垦植公司 1922 年，陈仪带领日本人“东托”（音）、“马亚”（音）、沈雁山到裕华勘察。次年，陈仪以 120 万元向大丰公司购买永丰、顺丰、利丰、厚丰、定丰、正丰、晋丰、元丰、余丰、广丰、吉丰 11 个区的 1.8 万公顷（27 万亩）土地。裕华上海总公司派孙友仁、工程主任吴庆藩、许凯等先在东台设管垦办事处，其余借住大丰公司鼎丰区，筹划围垦丈量土地，招纳民工，开河筑堤，公司的领导有陈仪、日本人“东托”“马亚”三人。董事长陈公孟，总经理沈雁山。（关于公司命名，据说如东有个华丰公司，是浙江人办的，陈仪也是浙江人，因而取它一个“华”字，而大丰公司在裕丰区，取它一个“裕”字，两者结合，故定名为裕华垦植公司）

1924 年，裕华公司先放垦。裕华镇向东三匡，称为南九匡。佃户交顶首 25 元，“写礼”7.5 元，每匡田 32.5 元与大丰公司相同。待佃户开工程完毕，由公司验收再贴佃农 16 元。1925 年，裕华公司的植棉面积 317 公顷，每公顷单产 94.5 千克。1926 年放垦北九匡，因土质差些，写价与南九匡相同，押金交款不一样。每条田只要先交押金 7.5 元领种，当年收花后再交 9 元做田租，二卯西河南的晋丰、广丰因伏荡时间长，土质较好，领种的人又多，公司见有利可图，就抬高写价，每条田 250 元。1929 年，植棉面积 1963.73 公顷。1931 年，植棉面积 2240.4 公顷。至 1935 年以后陆续放垦。1937 年，裕华公司总面积 15133.33 公顷，已垦面积 6333.33 公顷，产籽棉 1200 吨，麦豆 250 吨。1946 年，裕华公司总面积为15133.33公顷,已垦633.33公顷,未垦8800公顷,产籽棉120吨,麦豆2500千克,手纺织布机800座,养猪200头,鹌鹑6000只。随着人民政权的建立,裕华公司的土地财产于1946年被全部分给广大农民,公司终结。

裕华公司成立后,将大丰公司的区改为4个乡:永丰、厚丰两区为天华乡,晋丰、广丰两区为地华乡,顺丰、定丰两区为元华乡,利丰、正丰两区为黄华乡。各乡又分若干村,如天华乡由南至北有天福、天禄、天瑞、天祥、天寿、天尧6个村。

裕华垦植公司由陈仪(陈公治)创办,其兄陈威(陈公孟)管理其事。公司计有34人,分经理、管理、账房、仓库、收花等职,经理为孙有仁,陶叔标管理日常事务兼医生。公司常年驻有实业保安队40余人。

商记垦团 1930年,裕华公司因付大丰公司的地价不足,遂将元丰、余丰、吉丰3个区3266.7公顷(4.9万亩)土地,退还给大丰公司。于是大丰公司又将此地抵卖与上海银行,另成立商记垦团。由赵汉生负责创建,汪育山具体负责垦事。

垦团成立后,加大投资力度,先后投资39万元,兴修水利,大搞农田基本建设,积极兴垦。商记的特点是垦熟田不招佃种植,而是由垦团直接雇长工和临工种植,并采取边垦植边卖地的方法,逐步收回投资,本利全归。1934年,植棉面积为866.67公顷,单产每公顷450千克,总产260吨。1937年,总面积326.67公顷,已垦面积66.67公顷。

大生泰恒棉场 大丰公司因与大生纱厂债务原因,从1927年开始,将泰丰区及恒丰区北段计2000多公顷(3万余亩)土地,交由大生纱厂自管。到1933年,大丰公司已累欠大生纱厂债务100余万元,无法还款,遂将此2000多公顷(3万余亩)以50万元卖给大生纱厂,同时又将益丰区的21.67公顷(325亩)以7600元卖给大生纱厂。大生纱厂又投资60万元,单独成立大生泰恒棉场,自负盈亏。场部设在泰丰区(今大中镇东南),由马遵汉管理其事。1934年,恒泰棉场植棉面积1066.67公顷,单产公顷560千克,总产达615吨。1941年,日军入侵,公司、垦团、棉场惨遭破坏。1948年,随着共产党政权的建立,公司告结。

瑞丰公司 瑞丰公司在大丰公司规划区外,西南隅靠老斗龙港边的瑞丰,计有土地666.67公顷(10000亩),投资20万元,由原草堰场垣商汪鼎和创办,于1920年春成立瑞丰公司,公司办公地点设在西团镇。

1937年现大中镇境内各盐垦公司土地利用情况统计表

表6-2-3 单位:公顷

公司名称	实有面积	已垦植面积	备注
大丰盐垦公司	36961.2 (554418亩)	18604.47 (279067亩)	原规划7.33万公顷(110万亩),此为抵卖给裕华等公司后的余数
裕华垦植公司	15133.33 (227000亩)	6333.33 (95000亩)	从大丰盐垦公司购进1.51万公顷(22.7万亩)土地
成丰垦团	1600 (24000亩)	1600 (24000亩)	大丰公司急需钱还债,将祥丰北1200公顷(1.8万亩)和成丰400公顷(0.6万亩),计1600公顷(2.4万亩)售于股东严康懋等人
大生泰恒棉场	2000 (30000亩)	2000 (30000亩)	大丰将泰丰1600公顷(2.4万亩)和恒丰北头400公顷(0.6万亩),计2000公顷(3万亩)抵于大生纱厂
商记垦团	3266.67 (49000亩)	1000 (15000亩)	大丰盐垦公司将元、吉、余3区抵债给上海银行
瑞丰公司	666.67 (10000亩)	—	在大丰公司西南角,斗龙港湾子里,由当地垣商汪鼎和办
同丰公司	133.33 (2000亩)	—	—

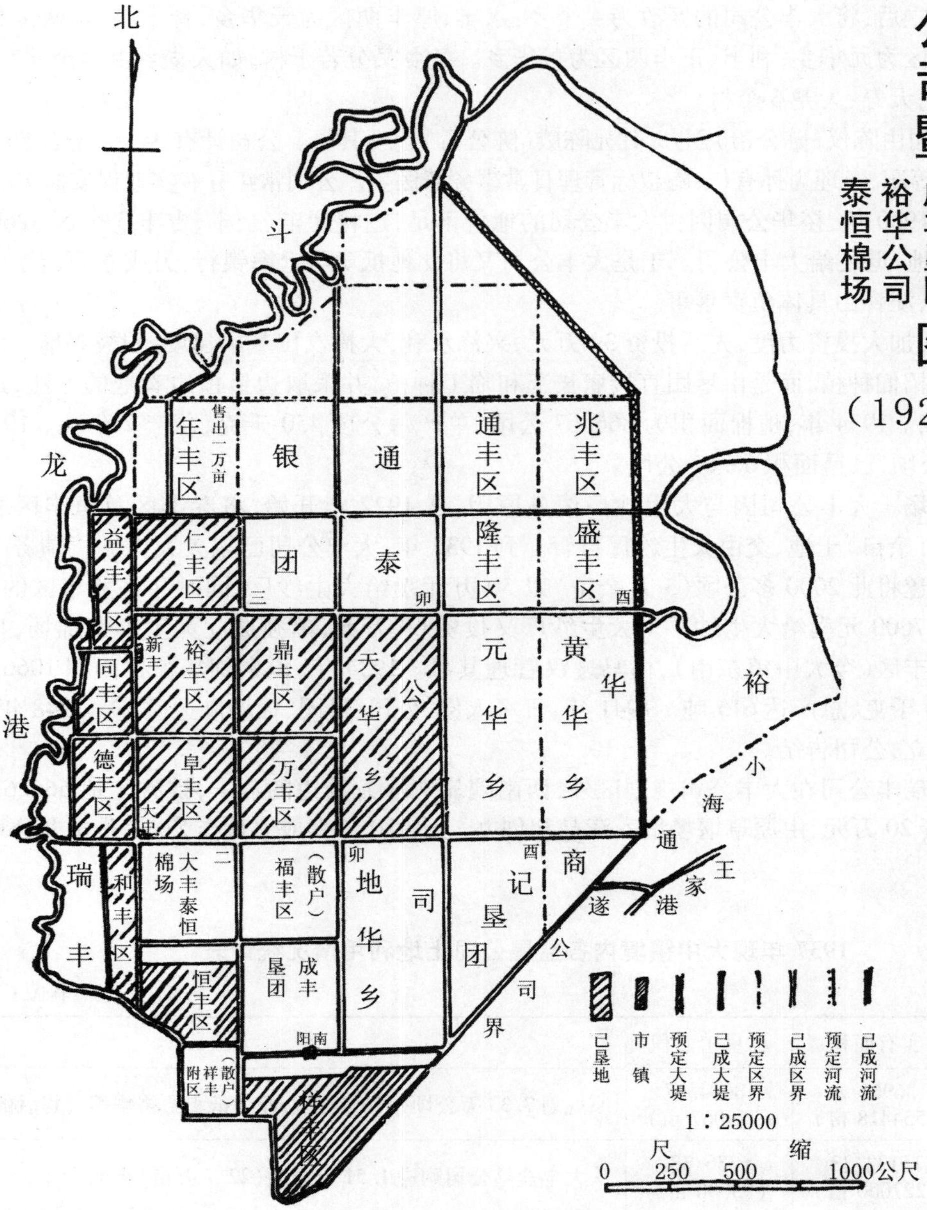

大丰公司暨商记垦团 通泰银团 成丰垦团 裕华公司 泰恒棉场图（1929年）

（四）个体农民所有

土地改革：1946年8月5日，抗日战争时期的减租减息政策改为没收地主土地分配给农民的政策，提出"耕者有其田"的口号。西部农区将地主、富农的土地按土地质量分为甲、乙、丙、丁、戊、己、光、白八等，以丁字田三亩半作为标准。

垦区土地一般划为上、中、下三个等级。东部分配中一般按各种等级的土地人均数，兼顾当季田间作物的长势，采取"填平补齐，抽肥补瘦，抽多补少"的方法进行。1950年春土改结束，人均分得土地0.24公顷。

1946—1948 年期间土地改革中土地关系变化概况表

表 6-2-4

区别	总人口（人）	总户数（户）	乡数（个）	村数（个）	总田亩（公顷）	托出				
						户数（户）	人口（人）	原有田亩（公顷）	出田（公顷）	现有田数（公顷）
堤东	33804	7819	12	48	11100.84	1489	5218	5916.48	3292.41	2624.07
垦北	25673	6212	8	48	17646.77	783	3051	12175.73	10315.54	1860.15
大中	14253	3381	5	46	8169.20	419	1980	5792.74	3741.69	2050.95
垦南	18888	1917	—	21	11757.45	492	2103	5077.95	3721.69	1356.26
合计	293066	66902	90	527	120231.08	13472	61797	62185.86	65035.70	28586.1

区别	进田				不动户			
	户数（户）	人口（人）	原有田亩（公顷）	进田（公顷）	户数（户）	人口（人）	原有田亩（公顷）	现有田亩（公顷）
堤东	4183	18447	2115.8	3546.4	2147	10079	5662.2	3068.6
垦北	5429	22622	5471	9498.5	—	—	14969.6	—
大中	2926	12273	236.5	1897	—	—	4273.6	—
垦南	1425	16785	686.2	3724.9	—	—	10404.4	—
合计	39203	174801	23235.8	43133	14589	56954	78475.2	20023.3

说明：现大中镇区域土改时期的地域曾分别涉及堤东、垦北、大中、垦南区，这次区域涉及到现在的哪个村，有多少面积，多少人口，托出、进田、不动户各多少已无从查考

（五）国有和农村集体所有

互助组　农业生产互助组是在农业生产伴工队的基础上建立起来的。当时土改后的农民为解决劳力不足和耕牛、农具缺乏，在保卫家乡、保卫生产和治水兴垦大生产运动中自发组织起来。到 1952 年，全镇互助合作运动掀起高潮。

农业生产合作社　1952 年 11 月，大中区阜丰乡以姜玉林、管春红、沈继俊等互助组为基础，试办全县第一个初级农业生产合作社，将土地评产入股，统一经营，统一组织劳动，各尽所能。1953 年，垦区的阜丰乡、堤东区的新团等初级农业生产合作社以其优越性吸引人民群众。1955 年，掀起合作化高潮，组成全县第一批初级农业生产合作社，耕牛和大型农具作价入社，分期归还。生产资金按股投资，年终分配偿还。分配办法：土地按股分红，劳力按劳分红。其比例有土四劳六的，有土四五劳五五的，有土三五劳六五的。实行包工、包产、包本和超产奖励的办法。

1956 年 3 月，仅用一个多月的时间，高级农业生产合作社达到高潮化。高级农业生产合作社取消土地分红，全部实行按劳分配。4 月，又推行“三包一奖”集体生产责任制。

1956 年，大中乡下辖 13 个社，耕地面积 5214 公顷，人均 0.26 公顷，集体经营面积 5031.4 公顷，社员自留地面积 182.6 公顷，人均 0.009 公顷。裕华乡下辖 19 个社，耕地面积 7062.6 公顷，人均 0.32 公顷，集体经营的面积 6833.2 公顷，社员自留地面积 229.4 公顷，人均 0.01 公顷。新团乡下辖 22 个社，耕地面积 5828.6，人均 0.28 公顷，集体经营的面积 5646.73 公顷，社员自留地面积 181.87 公顷，人均 0.009 公顷。1957 年，大中乡下辖 5062 户，21233 人，土地总面积 92.4 平方千米，耕地面积 5269.13 公顷，荒草地 1323.13，可垦荒地 388.2 公顷，废地 496.2 公顷。大中镇下辖 1884 户，

12154 人,土地总面积 6 平方千米(编者注:当时大中镇下辖城区委员会以及同德城郊蔬菜社),耕地面积 30. 8 公顷,荒草地 13. 33 公顷,废地 785. 87 公顷。新团乡下辖 4008 户,16285 人,土地总面积 70 平方千米,耕地面积 4059. 73,荒草地 548. 93 公顷,可垦荒地 386. 8 公顷,废地 798. 8 公顷。裕华乡下辖 6047 户,23565 人,土地总面积 126 平方千米,耕地面积 6943. 87 公顷,荒草地 2105. 2 公顷,可垦荒地 526. 27 公顷,废地 697. 27 公顷。

1957 年年底大中乡耕地面积分社统计表

表 6-2-5 单位:公顷

社别	耕地面积					
	合计	水田	稻麦田	旱田	耕地中一年内增加的面积	
					合计	其中:1957 年新荒数
总　计	5269. 14	39. 8	26	5203. 34	89. 47	10. 67
大道社	1135. 40	—	—	1135. 40	41. 13	—
新民社	428. 20	12	11. 33	404. 87	3. 33	—
双喜社	326. 87	—	—	326. 87	5. 47	2. 67
美满社	278. 93	—	—	278. 93	—	—
合亿社	290. 93	—	—	290. 93	1	—
和瑞社	326. 87	—	4. 67	322. 20	9. 4	—
刚强社	361. 47	—	—	361. 47	5. 6	—
新星社	516. 8	20	—	496. 80	8. 67	—
长春社	260. 67	—	—	260. 67	—	—
联盟社	281. 13	—	—	281. 13	2. 87	—
超产社	317	—	—	317	4	—
瑞丰社	174. 67	—	10	164. 67	—	—
新德社	570. 20	7. 8	—	562. 4	8	8

1957 年年底裕华乡耕地面积分社统计表

表 6-2-6 单位:公顷

社别	耕地面积				社别	耕地面积			
	合计	旱田	耕地中一年内增加的面积			合计	旱田	耕地中一年内增加的面积	
			合计	其中:1957 年新开荒数				合计	其中:1957 年新开荒数
总　计	6943. 87	6943. 87	125. 93	25. 74	解放社	365. 67	365. 67	10. 67	10. 67
民裕社	485. 13	485. 13	—	—	鼎中社	416. 80	416. 80	13. 53	—
五星社	584. 47	584. 47	12. 87	4. 27	友爱社	393. 33	393. 33	6. 73	—
宝塔社	464. 20	464. 20	7. 93	—	海防社	433. 33	433. 33	8. 67	—
高潮社	346. 80	346. 80	4	—	荣星社	399. 27	399. 27	6. 4	—
高产社	334. 87	334. 87	2. 93	—	富裕社	361. 53	361. 53	6. 07	—

续表 6-2-6

社别	耕地面积				社别	耕地面积			
	合计	旱田	耕地中一年内增加的面积			合计	旱田	耕地中一年内增加的面积	
			合计	其中:1957 年新开荒数				合计	其中:1957 年新开荒数
黎明社	338.13	338.13	1.8	1.8	天北社	396.47	396.47	15	—
丰裕社	365.40	365.40	—	—	海丰社	324.53	324.53	6.87	—
努力社	323.93	323.93	1.27	—	太源社	248.87	248.87	11.53	9
兴旺社	360.67	360.67	9.33	—	裕华居	0.47	0.47	0.33	—

1957 年年底新团乡耕地面积分社统计表

表 6-2-7　　单位:公顷

社别	耕地面积					
	合计	水田	稻麦田	旱田	耕地中一年内增加的面积	
					合计	其中:1957 年新开荒数
总　计	4062.94	683.07	1172.07	2207.8	292.80	170.94
中心社	266.93	40	35.60	191.33	—	—
河口社	286.27	84.53	118.47	83.27	16.13	8.07
卫国社	153.47	8.47	41.73	103.27	4.67	2.67
北灶社	346.93	62.47	40.33	244.13	155.80	50.67
营南社	166.27	—	46.67	119.60	1.67	—
永久社	266.27	41.80	158.20	66.27	—	—
远景社	118.13	—	43.33	74.80	—	—
龙福社	308	80	43.67	184.33	—	—
新联社	186	13.53	56.67	115.80	—	—
兴隆社	387.20	38.27	88.73	260.20	39.4	39.4
光明社	292	40	59.33	192.67	—	—
同心社	261.27	47.33	92.67	121.27	3.47	3.47
同胜社	421.33	80	153.33	188	25	20
长安社	379.20	80	126.67	172.53	32.13	32.13
建设社	220.47	66.67	66.67	87.13	14.53	14.53
居　民	3.20	—	—	3.2	—	—

人民公社　1958 年 9 月,建立人民公社,下设大队、生产队,实行三级管理。公社化之初,强调"一大二公",实行政社合一。工、农、商、学、兵五位一体,农、林、牧、副、渔统一经营。生产资料改私有为全部公有。组织军事化(班、排、营的组织),劳动战斗化(大兵团作战),生产集体化,不按劳分配,吃饭不要钱。是年,大中镇下辖 1844 户,14839 人,土地总面积 6 平方千米,人口密度 2473 人/平方千米;裕华公社下辖 6318 户,24929 人,土地总面积 110.59 平方千米,人口密度 226 人/平方千米,耕地面积 5593.4 公顷,荒草地 2105.2 公顷,可垦荒地 472.33 公顷;大道公社下辖 5075 户,21840 人,

土地总面积81.1平方千米，人口密度269人/平方千米，耕地面积4459.53公顷，荒草地1171.93公顷，可垦荒地349.47公顷；新团公社下辖7690户，31521人，土地总面积146.50平方千米，人口密度215人/平方千米，耕地面积6809公顷，荒草地774.67公顷，可垦荒地511.53公顷。

1959年大道公社下属生产大队基本情况表

表6-2-8

社队别	生产队个数（个）	总户数（户）	总人数（人）	耕地面积（公顷）			
				合计	集体经营耕地	其中社员	
						自营地	饲料地
合计	190	5100	21679	4359.34	4143.66	174.05	61.60
阜南	7	432	1810	322.53	305.80	12.13	4.60
阜丰	8	374	1508	220.27	210.27	10	—
阜北	9	359	1518	299.20	287.73	9.87	1.60
大新	4	181	699	136.80	128.73	6.80	1.27
新星	6	239	978	161.60	168.40	9	4.20
德西	4	162	747	173.93	164.07	7.53	2.33
新德	5	227	981	208.47	197.13	9.20	2.13
同德	7	199	835	139.20	131.40	7	0.80
新民	8	394	1623	380.07	360.87	16.73	2.47
瑞丰	3	142	623	147.87	142.73	3.33	1.80
和瑞	7	269	1192	302.33	283.07	17.07	2.20
刚强	6	367	1536	346	332.60	7.13	6.27
超产	5	251	1037	215	202.33	6.93	5.73
合意	6	291	1219	244	230.40	9.60	4
双喜	6	239	1360	287.53	270.40	14.13	3
美满	4	301	1361	254	235.53	11.40	7.07
长春	6	264	1076	230.67	218.67	8	4
联盟	5	254	1097	219.20	207.73	5.20	6.27
大中	3	105	479	70.67	65.80	3	1.87

1959年裕华公社下属生产大队基本情况表

表6-2-9

社队别	生产队个数（个）	总户数（户）	总人数（人）	耕地面积（公顷）			
				合计	集体经营耕地	其中社员	
						自营地	饲料地
合计	140	6225	25244	5505.72	5260.73	234.81	10.21
民裕	8	367	1490	320.13	302.73	17.40	—
五星	8	523	2060	439.47	421.13	18.27	0.07

续表 6－2－9

社队别	生产队个数（个）	总户数（户）	总人数（人）	耕地面积（公顷）			
				合计	集体经营耕地	其中社员	
						自营地	饲料地
宝塔	10	472	1772	394.80	373.60	21.20	—
高潮	6	341	1373	322.07	302.13	18.87	1.07
高产	8	313	1271	287.40	270.47	16.93	—
利民	6	261	1089	265.80	254.07	9.67	2.07
丰裕	6	353	1485	250	240.67	8	1.33
努力	6	343	1386	249.33	237.33	12	—
兴旺	6	316	1312	283.33	269.80	10.27	3.27
解放	8	307	1227	309.33	300.13	9.20	—
鼎中	6	341	1419	346.67	333.07	13.6	—
友爱	12	333	1360	344.20	333.53	10	0.67
海防	10	423	1694	311.93	299.07	12.87	—
荣兴	6	308	1245	289.13	276.93	11.20	1
富裕	6	335	1340	276.67	261.33	14.60	0.73
天北	7	237	968	226.53	218.67	7.87	—
大兴	3	80	401	60	58.67	1.33	—
海丰	7	271	1194	305.13	291.93	13.20	—
太源	8	219	917	188.33	180	8.33	—
裕华	1	82	85	—	—	—	—
公社直属	—	—	156	—	—	—	—
五星糖厂	—	—	—	20	20	—	—
农中	—	—	—	15.47	15.47	—	—

1959 年新团公社下属生产大队基本情况表

表 6－2－10

社队别	生产队个数（个）	总户数（户）	总人数（人）	耕地面积（公顷）			
				合计	集体经营耕地	其中社员	
						自营地	饲料地
合计	79	4004	16418	3746.14	53984	3598.89	20.93
卫国	5	242	895	147.47	141.80	85	—
新联	2	104	469	165.53	161.20	47	1.20
远景	2	156	564	101.67	96.69	75	—
营南	5	251	968	132.67	126.93	86	—
长安	8	378	1620	343.33	325.40	240	1.93

续表 6-2-10

社队别	生产队个数（个）	总户数（户）	总人数（人）	耕地面积（公顷）			
				合计	集体经营耕地	其中社员	
						自营地	饲料地
龙福	5	305	1148	417.53	406.07	154	1.20
永久	4	209	957	304.27	294.13	135	1.13
建设	4	172	748	221.67	211.27	156	—
北灶	7	303	1355	319.33	309.73	144	—
老坝	8	342	1301	222	211.27	106	3.67
河口	5	233	1052	283.60	273.80	117	2
同盛	9	392	1560	317.60	308	143	—
兴隆	6	396	1570	326	312.27	158	3.20
新团	9	521	2211	443.47	420.33	248	6.60

1966年2月，大道公社划出二卯西河北的阜南、阜丰、阜北、大新、新星、德西、新德、同德8个生产队建立大兴人民公社，生产大队的人口、区划、土地总面积未变化。

联产承包责任制 1979—1985年，农村经济体制改革经历3个演变过程：由定额计酬到联产到组，就是按组承包，实行“五定”（定劳力、定田亩、定产量、定工分、定成本）。由联产到组到联产到劳，按种户劳力划定承包土地面积，以户作业，仍实行“五定一奖”。由联产到劳到家庭联产承包，农业、工业、副业均定行以户或个人承包，由队或户合同。土地按人口划分口粮田，按劳力划分责任田，各户可因地制宜，自由种植。彻底抛弃延续30年的工分制模式，第一次实行劳动与产品的直接联系，从而克服队与队之间、人与人之间的平均主义倾向，社会生产力大大解放，充分调动广大农民的生产积极性。

两田制 1989—1990年，实行“两田制”，即人包口粮田，劳包责任田，在稳定的前提下，土地在农户之间也有少量的流转。

1994年，农业联产承包经营责任制进一步完善。全镇28个自然村152个村民小组都实行家庭联产承包责任制。全镇农村2.4万户农民，实行家庭联产承包责任制的21885户，占总户数的95%，家庭联产承包经营的土地面积4846.39公顷。农业从实行人民公社化到农村土地承包、流转等经营权不断变化，但农村土地集体所有的性质没有变。

2010年大中镇各行政村所有土地基本情况统计表

表 6-2-11

单　位	村域面积（平方千米）	年末拥有耕地面积（公顷）	四邻界址	单　位	村域面积（平方千米）	年末拥有耕地面积（公顷）	四邻界址
同德村	5.92	82.07	东起人民路，西至德丰村，南至二卯西北至大新村	海丰村	10.63	653.33	东至东子午河，西至陈李线北至三卯西河，南至天祥匡头河
红花村	9.375	386.93	东连大沈路，西至和瑞村，南接一卯西，北接大刘路	阜丰村	18.72	176	南至阜南，北至阜北村，东至五一河，西至人民北路

续表 6－2－11

单　位	村域面积（平方千米）	年末拥有耕地面积（公顷）	四邻界址	单　位	村域面积（平方千米）	年末拥有耕地面积（公顷）	四邻界址
光明村	7.6	332.07	东至长安，西至叉河口，南至七灶河，北至新团村	天祥村	4.69	354.73	南至朝荣头匡河，西至陈李线，东至东子午河，北至海丰头匡河
恒丰村	4.588	259.2	东福丰村，西至红花村，南至恒南村北至恒北村	万丰村	9.375	574.53	南至丰裕头匡河，东至陈李线，西至五一河北侧，北至北中心河
大新村	3.4375	120.27	南至同德，北至北中心河，东至人民北路，西至德丰	朝荣村	9.375	733.33	西起陈李线，东至海防村，南至王大线，北至天祥头匡河
德丰村	9.6	373.33	东至同德村，西至斗龙港，北至北中心河，南至同德村	元丰村	7.6	546.67	西至东子午河，南至晋丰头匡河，东至东坝头农场河，北至王大线
海防村	5.12	446.67	东至东子午河，西至朝荣头匡河，北至天祥头匡河，南至王大线	晋北村	7.96	410.2	南至晋丰头匡河，西至陈李线，北至王大线，东至东子午河
双喜村	5	312.53	东至利民村，西至泰丰村，北至二卯西河，南至恒北村	泰西村	4.69	266.4	东至泰丰村，南至恒北村，北至二卯西河，西至红花村
丰裕村	4.1	222	南至朝荣头匡河，北至海丰匡头河，西至陈李线，东至东子午河	阜南村	6.5625	288	东至丰裕村，南至二卯西河，西至人民路，北至阜丰村
八灶村	9.6	421.47	东至团结河，西至通榆河，南至勤鱼港，北至翻身河	新团村	8.82	286.33	东至灶圩村，南至光明村，西至刘庄镇，北至同圣村
恒北村	4.8	2266.67	东至福丰村，西至泰丰村，北至双喜村，南至恒丰村	福丰村	9.375	554	东起陈李线，西至利民村，南至城乡头匡河，北至二卯西河
晋丰村	8.5	609.2	东至元丰村，西起陈李线，南至城乡头匡河，北至晋北中心路	恒南村	4	270.13	东至南阳镇，西至红花村，北至恒丰村，南至一卯西河
泰丰村	5	253.27	东至双喜村，西至红花村，南至恒北村，北至二卯西	利民村	4.6875	373.33	东至福丰村，西至双喜村，北至二卯西河，南至恒北村
阜北村	4.69	362	南至阜南，北至北中心河，东至万丰村，西至人民路	老坝村	8.77	733.33	东至胜利河，南至友谊河，西至新丰，北至八灶河

二、制度改革

新中国成立后，对非农业建设用地一直实行征用和行政划拨，既无偿使用又无限期使用。1989年，按照《中华人民共和国土地管理法》推进土地使用制度改革，完善土地管理的各项基础工作，强化三项建设用地管理。

1991 年起，逐步改革非农业用地的土地使用制度，变无偿使用为有偿使用，变无限期使用为有限期使用，变无流动（即不可转让）为有流动（即可转让）。1991 年，大中境内绝大部分村因遭特大洪涝灾害，本着区别重灾、轻灾、无灾的村组，分别实行暂停、缓收、减免收取有偿使用费的办法。1992—1994 年期间，大丰县人民政府先后下发《大丰县土地使用制度改革的意见》，批转财政局、物价局、土管局《关于县城国有土地使用权出让基准地价的通知》，按土地使用权出让的不同用途确定最高年限：住宅（商品房）用地 70 年、工业用地 50 年、商业服务业用地 40 年。

1990—1994 年的 5 年期间，上报县局审批三项建设用地项目 1364 个，其中国家建设用地项目 23 个，集体建设用地项目 13 个，占用土地 14.43 公顷，审批各项临时用地项目 33 个，窑业取土 7.2 万立方米，组织开发利用各类后备土地资源 101.47 公顷，先后完成全镇 1.1 万户农村居民宅基地，416 个单位用地和 1652 个个人用地的申报登记、发证工作。同时协助县局完成对县城 7.05 平方千米地籍测量和县城10.25平方千米国有土地定级估价,以及全镇土地资源调查、三级土地利用总体规划编制工作,遏制非法占用和非法进行土地买卖、转让及毁田卖土等违法行为。

随着市场经济的发展,商品“禁区”的土地开始解冻。大中镇主动强化二级市场管理,让土地使用权的转让、出租、抵押等纳入依法管理的轨道。在开展土地使用权转让、出租、抵押等合法市场活动的同时,土地隐形市场也跟着出现。1989年5月—1993年8月,发生在城镇国有土地和城乡结合部集体土地上的各种不符合国家管理法律、法规的自发的土地交易市场活跃异常,土地非法自由流转表现在:

交易数量大。1993年大中镇(包括裕华、新团)土地管理所组织14人的队伍在全镇范围内进行历时两个多月的调查统计。从1989年至1993年8月内发生不符合国家土地管理法律法规的土地交易266宗,面积0.743万平方米,交易总额39.6万元。大中镇地区各种隐形土地交易就有1254宗,占全县土地私下交易总数的44.3%,交易面积5.08万平方米,交易总额364.51万元。

交易形式复杂,经营手段隐蔽。在调查的1254宗土地私下交易中,多数在公开的合法的房屋买卖、租赁作掩护进行事实上的土地使用权的买卖、出租;也有通过联建、联营等方式,以地换房、以地分红,非法进行土地使用权的转让和出租。

各种土地交易涉及面广。在调查的1254宗土地交易中,有城镇国有土地的非法转让出租,有单位与个人的交易,也有个人与个人的交易。单位参与交易的有528宗,占总数的44.5%。

隐形土地市场出现带来多种危害,一是造成国家土地资产流失,土地经济关系不顺;二是土地自由流转严重,土地权属关系不清;三是扰乱社会经济秩序,影响社会主义公有制。针对以上情况,大中镇先后出台了土地使用权转让、出租、抵押等均制定具体的规章制度,将商业、金融、旅游、娱乐、商品房开发、服务业等六大类用地纳入出让供地的轨道。

第三节　税　　费

一、田赋

民国初期,国民党东台县政府为改革清末地方财政混乱状况,革除赋税积弊、整顿地方财政,通过东台公民协议会,报请省议会、省都督府、两淮盐政总局批准,灶田赋采用统一折价的办法征收忙银,即每地丁缴银一两,每银一两折算银洋1.8元,以1.5元为上税0.3元为附税。征收方法,每年分上下忙两期完纳。上忙从7月1日始,下忙从9月16日开始,都以两个月内为限,逾期完纳则处以滞纳罚金。逾期两个月加征1/20,再逾期两个月加征1/10。

民田的赋税,忙银每漕米一担,缴银二两一钱,按统一折价办法征收银元。漕粮则每石折征5元,以4元正税解省,1元为附税留县使用。1927年,米价昂贵,每担又加征2元,以1.5元归省,其余留着县地方支用。征收漕银于每年12月16日起,至次年2月15日完纳,逾期则加征罚金。

由于财政困难,各种附税逐年增加,至1935年税目多到31种,附税总额超过征税总额的11倍。是年,整顿田赋,合并赋税捐目,废除忙漕,将额田分为三等九则,按公顷征收税费,最高为23.34元,最低为6.15元。次年,对田赋征册统一管理,以减少舞弊。

1940年10月至1941年夏,区、乡、村地方政权尚未健全。东台县抗日民主政府派民运工作队到各地开辟工作,其中一项重要内容就是募捐抗日公粮、寒衣。

随着地方政权的建立,台北县地区于1941年秋推行田赋制度。当时征收标准是甲等田每公顷征收24元,乙等田每公顷征收18元,丙等田每公顷征收15元,丁等田每公顷征收12元,草田每公顷征收4.5元,光白田每公顷征收0.75元。

1942年,将田赋税改为粮赋税,对于烈属、军属、荣军的粮赋税给予一定的优待。对因荒年欠收,人多田少,鳏寡孤独者以及战争期间遭受敌顽破坏损失惨重地区,酌情减免。

1944年,实行按户人均收获量为累进制,人均收获量不足75千克的免征其公粮。累进制共分14级,其征收方法各区乡设立公粮评议委员会,村设评议小组,进行丈量核实田亩。

1946年,台北县政府把以收获量定级征收改为田亩等级和亩数分等分级的累进制征收,同时随粮征收公草,收0.5千克粮收0.25千克草。

1948年粮赋、公草征收标准,按照1947年的规定未动。全国解放后,粮赋为农业税所取代。2005年,农业税停止征收。

1947年台北县粮赋税征收标准表

表6-3-1　　单位:千克

等级 粮赋税	甲	乙	丙	丁	戊	已	备　注
粮田交稻子	15	12	9	6	4	2	如交纳玉米、杂粮,以稻子计算加一
棉田交籽棉	7	5.75	4.5	3.25	2	—	
草田交杂草	65	50	37.5	25	—	—	

二、契税

契税,又名地契税,系指土地房屋买卖出典所收之税。清朝时,凡田地买卖,契价银1两,纳税3分;如是活契或典契在10年以内者概不课税。宣统末年,颁布契税试办章程,确定买卖契税率为9%,典契税率为6%。至1914,改定税率,实行卖六典三,其后又恢复卖九典六之制。田为政府经济,有丰枯之分,税入有多寡之别,税率便多次调整,但大都在六三、九六两者之间徘徊。

1941年,抗日民主政府开始征收契税,凡是买卖不动产的,规定一律用官印契税,私人契约在法律上无效。其征收方法是依照卖价计征3%,由买方负担。但因当时战争频繁,该项税收寥寥无几。

1947年,苏皖地区第一行政区专员公署,颁布征收地契税暂行办法,改按房屋卖价依率征收3%。土地分粮、棉、草田依等级计征,其征收标准是:

1947年台北县地契税征收标准表

表6-3-2　　单位:千克/公顷

田等	甲	乙	丙	丁	戊	已	备　注
粮田	90	67.5	56.25	30	15	7.5	
棉田	60	45	30	15	7.5	—	
草田	37.5	22.5	11.25	7.5	—	—	

1951年5月,台北县根据中央和苏北区契税暂行条例实施细则,凡典卖、绝卖土地的必须在限期内纳税,如逾期不缴,课处罚金,典卖契税从价计征3%,绝卖契税从价计征6%,除此之外,另收契纸工本费1000元(旧人民币)和从价计贴印花费5%。

1952年春,因处于生产自救时期,农村契税工作暂缓征收,秋后继续执行。

1956年,随着农业合作化高潮的到来,所有制发生根本性的变化,土地再无买卖现象。因此,农村的土地契税工作,已完成它的历史任务。但对房屋买卖契税的征收一直由房管部门继续执行。绝卖契税仍然以卖价6%计征，费用由买方支付。典卖契税以典当费的5%计征。

1997年7月7日，国务院发布《中华人民共和国契税暂行条例》。房屋买卖，江苏契税以4%征收。

三、耕地占用税

1988年，江苏省颁布《耕地占用税暂行条例》实施办法，开征耕地占用税。耕地占用税的征收是以纳税人实际占用的耕地计税，按照规定的税额一次征收。凡在大中镇境内占用耕地建房或从事其他非农业建设的单位或个人，都是耕地占用税的义务纳税人。其纳税标准因地理区域不同而不同。大中镇规划区每平方米7元，新团每平方米5元，裕华镇规划区每平方米6元。耕地占用税必须在土管部门批准之日起30日内缴纳，逾期按日加收应纳税款5‰的滞纳金。对单位或个人获准征用或者占用耕地（包括已减免耕地占用税部分）超过两年不使用的，按规定税额加征两倍耕地占用费。

耕地占用税的使用比例是：提取5%作为手续费，其余的30%以交中央财政，20%上缴省财政，10%上缴市财政，40%县乡分成，各得其半。

1988—2010年大中镇部分年份征收耕地占用税金额表

表6－3－3　　单位：万元

年度	1988	1989	1990	1991	1992	1993	1994	合计
金额	91.9	177.8	124.5	142.7	232	87	192	1047.9
年度	—	—	—	2001	2002	2003	2004	合计
金额	—	—	—	62.36	46.42	43.24	190.5	342.52
年度	2005	2006	2007	2008	2009	2010	—	合计
金额	424.35	218.78	137.79	389.94	480.2	2687.92	—	4338.98

四、收费管理

（一）土地管理费

1988年6月起征收用地管理费，其标准为征地费用总额的3%。

出让业务费：大丰土地出让业务费的收费办法是从出让总金额中提取2%，由大丰地产开发总公司收取。

城乡居民建房用地管理费：从1992年起，实施征收城乡居民建房用地管理费，征收对象为建房用地个人，其收费标准为每平方米0.3元。按占地面积计算，每户最高不超过50元。在此之前为每平方米收宅基管理费0.1元。2005年，省政府为减轻农民负担，全面取消农民建房用地管理费。

临时用地管理费：从1992年起，征收对国家、集体、个人的各类临时用地管理费。其标准是：国家集体建设临时用地每平方米征收1～1.5元（城市建设道路占用除外），每年征收一次。城乡各类经营性临时用地（养殖业除外），每年每平方米征收2～3元。征收对象为临时用地的单位和个人。

（二）非农业建设用地有偿使用费

1990年起，由土地管理部门对《江苏省〈城镇土地使用税条例〉实施细则》规定的各类企业用地和村（居）民宅基地逐年收取非农业建设用地有偿使用费。

企业用地：每平方米0.1元，自批准之日起连续6个月不使用的建设用地按上述标准的1～4倍加收，违法占用的责令退还，在退还之前按正常标准的3～5倍加收。

宅基用地：《江苏省〈土地管理法〉实施办法》规定范围标准内的宅基地每平方米收取0.05元的

使用费。非农业户口经批准合法使用的宅基地每平方米收取0.15元的使用费。对超过标准的宅基地,根据其使用时间的不同,采取不同的收费标准:1983年年底以前使用的宅基地,超标准部分每平方米收取0.1元的使用费。1984年1月1日至1986年年底以前使用的宅基地,每平方米收取0.20元的使用费。1987年1月1日以后,宅基地超标的,原则上应拆房让地,在让地前,超30平方米之内的,每平方米收取1~2元使用费,超过30平方米以上的,每平方米收取2~5元的使用费。2005年起不再征收超占费。

临时用地:经合法批准的临时用地,每平方米收取0.1元的使用费。未经批准的临时用地,直接用于农业生产的,每平方米收取0.2元,手工业生产的每平方米收取1~2元,经商的每平方米收取2~3元的有偿使用费。(注:以上费用按年收取,1999年后停止收费)

(三)权属用途变更费

1992年起,对集体土地变为国有土地,农业用地变为建设用地,因土地上建筑物依法转移、继承、抵押、合并、分割、赠与、买卖交换而引起的土地使用权变更,按规定进行现场勘测,确认后收取土地权属用途变更费。同时,对国家机关、农民建房、社会公益事业免征土地权属用途变更费,对公路、水利和特殊需要减免的,经报省批准后,免征或少征土地权属用途变更费。其余在县城规划区范围内实施一次性征收土地权属用途变更费,其标准为每平方米2元;乡镇以下新征用土地时一次性征收权属用途变更费,标准每平方米为1元。2005年起,全部取消土地权属用途变更费。

(四)土地登记费及工本费

1993年开始收取土地登记费。

独立宗地(非个人住宅)初始登记发证收费标准:机关团体10元/宗;企业事业单位1000平方米以下110元/宗,每超过50平方米以内加收40元,最高不超过4万元;城镇私房用于经营的500平方米以下的90元/宗,超过100平方米加收20元,最高200元。

独立宗地(个人住宅)初始登记发证收费标准:登记费100平方米以内的18元/宗,每超过50平方米以内加收5元,最高35元;国有土地有偿使用费超标部分30元/平方米。

商品房初始登记收费标准:党政机关、人民团队和全额预算管理的事业单位10元/宗地,企业、自收自支事业单位1000平方米及以下收110元,1000平方米以上的每增加500平方米加收40元,最高不超过4万元;城镇私房用于生产经营的500平方米及以下收90元,500平方米以上的每增加100平方米加收20元,最高不超过200元;城镇居民私房(住宅)100平方米及以下收18元,100平方米以上的每增加50平方米加收5元,最高不超过35元。

土地使用权抵押登记收费标准:土地抵押额在200万元(含200万元)以下的1000元,土地抵押额在200万~500万元(含500万元)以下的2000元,土地抵押额大500万~1000万元(含1000万元)以下的3000元,土地抵押额在1000万~3000万元(含3000万元)以下的4000元,土地抵押额在3000万元以上的不超过5000元。

土地交易服务费:出让1.2元/平方米(受让方缴),转让2.5元/平方米(交易双方各一半),出租1元/平方米(交易双方各一半),抵押1000~5000元/宗(交易双方各一半)。招投标标书工本费400元/套。

土地证书工本费:收费标准是普通证书每本5元,国家特质证书每本20元。

1998—2010 年大中镇临时用地登记收费情况表

表 6-3-4

年份	临时用地管理费(元)	非农业建设临时用地有偿使用费(元)	土地登记费(元)	年份	临时用地管理费(元)	非农业建设临时用地有偿使用费(元)	土地登记费(元)
1998	—	61700.4	—	2005	401307	140653.6	—
1999	93084.2	109640.8	—	2006	566971	—	—
2000	89150.20	8399.9	—	2007	1122481.40	—	—
2001	116773.10	—	—	2008	607240.20	3622	158572
2002	199920.50	65066	12324	2009	—	—	307196
2003	191223	184684	—	2010	—	—	22991
2004	253013.2	165668	—				

说明:临时用地管理费、非农用地有偿费在 2009 年停收

第四节 登记发证

一、登记

1946 年,台北县全境实行土地改革。乡村干部配合翻身委员会,将没收地主的土地,按人口分给农民,逐户逐块对土地进行丈量、登记、造册、张榜、发证,这是建立人民政权后大丰(台北)县境的第一次土地登记。1958 年,按照"一大二公"的要求实现人民公社化。工、农、商、学、兵五位一体,农、林、牧、副、渔统一经营。土地改革时期所进行的土地登记不再发生效力,土地由农民个体所有制变成集体所有制。1988 年 11 月,进行国有土地使用权申报登记,12 月底结束。1990 年年底,开始农村宅基地使用权初始登记,至 1991 年结束。1991 年 3 月,开始对县城和建制镇范围内的各单位(含个人)用地进行土地权属调查和确权工作。县政府从当时的 10 个建制镇抽调 114 人,通过培训掌握土地权属调查的基本知识,然后组成 30 个调查小组由县土管局统一安排,依靠各镇街道办事处和居民委员会力量,深入实地进行丈量调查。1992 年 7 月开始,进行土地使用权登记,历时一年,至 1993 年 7 月结束。是年,大中镇国有土地使用权登记 5820 宗。1994 年,进行县城土地使用权登记,办理土地权属变更登记手续 85 份,其中单位 39 份、个人 46 份,变更总面积 23630 平方米,拆合 2.27 公顷(注:不含新团镇、裕华镇)。2000 年,规范日常土地登记行为,全镇完成 171.1 平方千米土地更新调查的外业工作,并通过省级验收。2002 年,大中镇国家重点项目 1 个(沿海高速公路),省、市重点项目 6 个,进入工业园区的企业 8 个,用地面积 186.67 公顷。全年新建、翻建、扩建拆迁安置 408 户。占用耕地 0.97 公顷,其中新建 42 户,翻建 221 户,因项目用地拆迁 169 户,安置 145 户,办理宅基地变更 32 户,办理临时用地 33 宗,用地面积 0.18 公顷。2005 年,办结农民建房 316 户,申报办理临时用地 45 户,合计面积达 27200 平方米。对村办企业、村部、学校等 160 多宗土地开展为期两个月的调查登记造册。2007 年,进行企业用地的二级市场和抵押登记,办理抵押登记 46 宗,面积 23.46 万平方米。为缓解用地指标紧张的压力,用足政策,先后为乐丰纸业、旺生织布、精鼎机械项目办理全民创业用地,全年报批各类临时用地 150 余宗,面积 17680 平方米。全年审批农村集体土地建房 377 户,其中翻扩建 289 户,新建 45 户,农民公寓 43 户,完成农村宅基地使用权注册登记 1038 宗。2009 年,推进工业集中区项目建设。全年办结土地手续 37 宗,总面积 13.15 公顷,已摘牌待供地项目 4 宗,总面积

1.73，着手勘界评估待挂牌项目19宗，总面积5.93。并为110家企业及个人抵押登记土地98.56万平方米，抵押值22.85亿元。2010年，进行规划衔接修改，全年报批项目93个，落实用地指标180.91公顷。恒北、新团、老坝三个新农村示范点建设，用地面积11.33公顷。

二、发证

1946年春，土地改革，提出“耕种者有其田”的口号，全镇农民人均分得土地0.24公顷，经过两次复查“三查三整”。1950年春土改结束，台北县政府向全县农民颁发“土地证书”，并标明田块地址，第一次从法律上确定农民的土地所有权。1958年，废除土地私有制实行土地公有化，1951年的“土地证书”不发生效率。

1992年，国家土地管理局下发《城镇地籍调查规程》规定，要求城镇国有土地使用证必须经过地籍测量后才能颁发。是年起，对县城范围内的国有土地进行权属调查、地籍测量和登记发证工作。1993年完成县城地籍测量，县土管局从3月下旬开始，抽调有关土地管理所7名工作人员组成发证工作班子，对1992年以后形成的土地权属调查材料逐一颁发土地使用证。1994年1—7月，县土地管理局对全县范围内水利工程用地进行确认发证。大中镇专门组织业务班子，进行专业培训，完成全镇4宗水利工程用地发证工作及9个居委会1500户农村、1114户居民发证，城区发放国有土地使用权证2000本。至此，为期3年的全县建设用地调查发证工作告一段落。

2006年，核发国有土地使用证106本，集体土地使用证570本，土地登记发证实行电子化和信息化管理。2007年，把农民宅基地管理和临时用地管理全程服务相结合，申报之前踏勘服务上门，审批之后上门放样，房屋建成后验收发证。全年办结农民建房310户，申报办理临时用地40户，合计面积为7000平方米。核发土地使用证1120余份。2009年，先后对飞达东路、新村路、康平北路、冬柏路、幸福东路、春柳路、上川钢材市场、工业集中区西扩、金丰路北延、湿地公园、丰华国际大厦、农产品批发市场、新丰中学、奥体中心等20多个拆迁项目实施拆迁安置调查和审核报批、土地登记发证手续，累计完成拆迁安置调查700多户，报批建房585户。至12月底，全年核发国有土地使用证137本，集体用地使用证609本。

2010年，先后对公园东路、苏农农资、阜丰仓储二期、中央湖、美食城、纬二路德丰段、电子数码城、大富豪啤酒、城东新区3号、海棠花园、质监局等12个拆迁点实施拆迁安置调查，累计完成517户的拆迁安置调查，审核报批建房313户。全年核发国有用地使用证269本、集体用地使用证372本。

1994—2010年大中镇土地登记发证情况表

表6-4-1　单位：个

年份	国有使用证	集体使用证	城镇居民使用证	三峡移民宅基	年份	国有使用证	集体使用证	城镇居民使用证	三峡移民宅基
1994	1500	—	1144	—	2003	11	—	1	—
1995	—	—	44	—	2004	39	—	—	24
1996	—	—	30	—	2005	62	—	2	—
1997	3	—	321	—	2006	106	570	5	—
1998	2	—	1291	—	2007	168	863	97	—
1999	14	—	100	—	2008	187	997	99	—
2000	1	570	115	—	2009	137	609	73	—
2001	3	—	136	25	2010	269	372	320	—
2002	3	8600	154	—					

三、分等定级

(一)农村土地分等

1983 年,进行农化土样半常规分析资料汇总,对照所有田块的土壤类型剖面性状、农田基本建设状况,结合生产性能,常用年粮棉产量进行普查。

东部棉垦区:优等田占棉区耕地 0.04%,上等田占棉区耕地 3.03%,中等田占棉区耕地 33.23%,下等田占东部棉垦区耕地的 57.59%,低产田占棉区耕地的 6.1%。

西部水稻区:上等田占西部水稻区耕地的 1.68%,中等田占水稻区耕地的 17.47%,下等田占水稻区耕地的 57.66%,低产田占水稻区耕地 23.01%。

(二)城区土地定级

大丰县城镇土地定级工作于 1992 年 9 月开始,由大丰县土地管理局主持,与南京师范大学地理系合作,历时两个多月完成。大丰县土地管理局负责调查和定级具体业务,南京师范大学 1 位副教授和 6 位技术专家负责技术指导和数据处理等工作。大中镇土地定级估价工作应用空间信息系统高新技术,实现了土地定级估价工作数据采集、管理、处理、分析、建模、显示与表示空间数据全数字式、自动化技术流程,并建立了大丰县大中镇土地定级估价信息系统。大丰县城 10.4 平方千米范围划分出 4 个土地级别。在土地定级基础上,设计了 9 种测算土地级差收益的数学模型,完成了与定级相应区域范围的土地估价任务,拟定了 1992 年大丰县大中镇的基准地价。

1999 年土地分级面积表

表 6-4-2

级别	面积(亩)	占总面积百分比	价格(元)	幅度
一	615	4	1100	900~1300
二	1875	12	700	400~1000
三	2400	15	500	300~700
四	10710	69	250	100~400

2002 年,随着建成区面积不断扩大,大丰市进行土地定级与基准地价更新,在大丰市市区 19.7 平方千米的工作范围内划分 4 个土地级别。以此次土地定级为基础,利用市场交易样点资料测算各类用地级别和 4 条商业路线价、5 个住宅用地区片价、5 个工业用地区片价,并重新建立由级别基准地价评估宗地地价的修正体系,并且在这次土地定级及基准地价更新的基础上,首次在大丰市市区地价执行动态监测体系。

2002 年大丰市市区土地级别面积表

表 6-4-3

土地用途 级别	商业用地		住宅用地		工业用地	
	面积(公顷)	占总面积比例(%)	面积(公顷)	占总面积比例(%)	面积(公顷)	占总面积比例(%)
一级地	27.47	10.61	246.51	11.50	21.16	1.14
二级地	142.73	55.13	939.22	43.83	586.52	31.63
三级地	23.75	9.17	957.06	44.66	1246.47	67.23

续表 6－4－3

土地用途 级别	商业用地		住宅用地		工业用地	
	面积（公顷）	占总面积比例（%）	面积（公顷）	占总面积比例（%）	面积（公顷）	占总面积比例（%）
四级地	64.94	25.08	—	—	—	—
总面积	258.89	100	2142.79	100	1854.15	100

2002 年大丰市市区商业用地土地级别区段表

表 6－4－4

土地级别	区段范围
一	人民中路、大新路南段、健康中路东段、工农路
二	人民南路北段、人民北路南段、大新路北段、幸福大街、五金巷、康平路、健康中路西段、建业路、二农西路、金丰大街、黄海路、育红路、益民路
三	健康西路、健康东路、黄海路西段
四	人民北路北段、南翔路、人民南路南段、疏港路

2002 年大丰市市区住宅用地土地级别区段表

表 6－4－5

土地级别	区段范围
一	幸福小区住宅区段、康陵小区住宅区段、锦绣花苑住宅区段
二	阳光城市住宅区段、今日小区住宅区段、长乐小区住宅区段、育红小区住宅区段、丰城小区住宅区段
三	城东新区住宅区段、城北住宅区段、状元楼小区住宅区段

2002 年市区工业用地土地级别区段表

表 6－4－6

土地级别	区段范围
一	城中工业非集中区
二	北兴路—常新路工业区、北兴路—人民北路工业区、南翔路工业区、西康路以东工业区
三	疏港路西北工业区、城东工业区、大中镇中小企业园区、经济开发区

第五节　用地管理

一、用地分类

（一）市区建设用地

新中国成立后，由于用地无偿划拨、多头分散管理、未征先用、征而不用、多征少用等，闲置、浪费现象较为普遍。1989 年 12 月起，对土地资源的开发利用本着“一要吃饭、二要建设”和“开源、节流、挖潜、改造”并重的原则,强化用地的统一、依法、规范的管理。

大中镇作为全市政治、经济、文化、信息、交通的中心,建设规模增长较快。到1994年,市区建设用地面积为759公顷,其中居民住宅用地297.3公顷,公共设施用地115.4公顷,工业用地173.9公顷,仓储用地30.4公顷,对外交通用地5.2公顷,道路广场用地92.8公顷,市政公共设计用地16.8公顷,绿地25.7公顷,特殊用地1.5公顷。

2008年,申报国有建设用地项目19个,集体用地建设项目414个,用地面积104.51公顷。

2010年,全镇划定城镇建设用地区面积1716.12公顷,占土地总面积的5.70%,主要分布在市区、裕华居委会、丰裕居委会、红花村、泰西村、同德村、长安村和河口村等村。全镇基本形成以城镇为中心,中心村为纽带,基层村为依托的城、镇、村建设格局。

1997年大中、裕华、新团镇土地、面积、人口现状表

表6－5－1

乡　镇	总面积(平方千米)	总人口(人)	人口密度(人/平方千米)	镇区人口(万人)	镇区面积(公顷)
大中镇	85	112429	1323	10.41	788
裕华镇	90.7	35950	396	0.54	120
新团镇	84	24940	297	0.18	27
合　计	259.7	163319	2016	11.13	935

(二)镇村建设用地

按照统一规划、合理布局、节约用地的原则,由县土管局与乡(镇)土地管理所分层负责,严格把关。农村宅基地按各乡镇土地利用总体规划通盘安排,居民点基本为块状和线状两点。这样既节约土地,又利于生产、生活。

2002年区划调整后,按照大中镇、裕华镇经济和社会发展“九五”“十五”规划,充分发挥地位优势,本着科学合理、求真务实的态度,在完成国家、省、市重点项目和各类企事业单位用地的同时,加大力度对全镇农民宅基地和临时用地的管理。2005年,凡是不在土地利用总体规划确定的建设预留地范围内的单位和个人,不论什么项目一律不受理,更不得实施建设,实现基本农田“五不准”保护目标,建立基本农田保护区,实行“一票否决制”,全镇6337.07公顷基本农田(注:不含裕华)未发生非法占用基本农田的现象。

2009年,以严格保护耕地为前提,以严格控制项目建设用地为重点,以节约用地为核心,有序开展土地利用总体规划修编工作,针对土地利用总体规划范围内的土地利用情况,分类别统计并进行细化控制和安排,保证城乡基础设施建设和企业建设、居民小区建设的需求,针对城东新区、高效农业示范区、服务业集聚区的各类建设项目,划定区域,制定建设区、拓展区。

1996年大中镇、裕华镇、新团镇行政辖区土地利用现状分项表

表6－5－2

单位＼项目　面积(公顷)	耕地	园地	林地	居民点及工厂用地	交通用地	水域
大中镇	4788.23	681.9	27.01	1405.32	157.87	1941.16
裕华镇	5784.78	247.19	4.26	744.43	235.2	1898.29

续表 6－5－2

面积(公顷) 项目 / 单位	耕地	园地	林地	居民点及工厂用地	交通用地	水域
新团镇	3181.19	462.69	41.83	604.32	115.71	1835.12
合　计	13754.20	1391.78	73.10	2754.07	508.78	5674.57

2011 年大中镇村庄建设用地现状表

表 6－5－3

序号	单　位	年末户籍人口(人)	建设用地(公顷)	人均用地(平方米/人)	序号	单　位	年末户籍人口(人)	建设用地(公顷)	人均用地(平方米/人)
1	红花村	3220	180.45	560.40	16	八灶村	2008	53.23	265.09
2	恒南村	1596	43.94	275.31	17	新团村	2114	76.41	361.45
3	恒丰村	1439	39.65	275.54	18	光明村	2525	149.34	591.45
4	恒北村	1949	45.64	234.17	19	裕华居	5352	119.59	223.45
5	泰西村	2819	280.11	993.65	20	元丰村	2323	81.85	357.35
6	泰丰村	2774	96.83	349.66	21	晋丰村	2893	96.77	334.50
7	双喜村	2277	58.25	255.82	22	晋北村	2094	61.99	296.04
8	利民村	1742	48.03	275.72	23	福丰村	3451	105.43	305.51
9	阜南村	2526	169.92	672.68	24	万丰村	4107	160.58	390.99
10	阜丰村	3211	263.33	820.09	25	海防村	2365	97.86	413.78
11	阜北村	2186	90.20	412.63	26	朝荣村	3677	115.68	314.60
12	大新村	1630	103.10	632.52	27	天祥村	1854	68.46	369.26
13	同德村	3623	283.15	781.53	28	海丰村	3400	128.45	377.79
14	德丰村	3328	159.81	480.19	29	丰裕居	1989	84.97	427.20
15	老坝村	2918	99.64	341.47		总　计	77390	3362.66	12389.84

说明:2010 年,裕华并入大中镇,无资料,取 2011 年资料

(三)独立工矿用地

独立工矿用地是指独立于城镇村建设用地之外、规划期间不改变用途和规划期间已列入规划的采矿、能源、化工、环保等建设发展需要划定的土地用途区。主要分布在红花村、阜南村、大新村、老坝村和光明村等村。

(四)林业用地

林业用地是指为林业发展需要划定的土地用途区。主要分布在新民居委会、和瑞村、红花村和长安等村。

2010年大中镇土地用途分区面积统计表

表6－5－4

单位:公顷、%

单位	辖区面积	基本农田保护区		一般农地		城镇建设用地		村镇建设用地		独立工矿用地		林业用地		其他用地	
		面积	比重	面积	比重	面积	比重	面积	比重	面积	比重	面积	比重	面积	比重
老城区	554.99	0.00	0.00	8.10	1.46	424.24	73.41	0.00	0.00	0.00	0.00	0.41	0.07	122.24	22.03
新团居委会	51.50	0.00	0.00	10.08	19.57	0.00	0.00	15.55	30.19	0.00	0.00	0.00	0.00	25.87	50.24
新民居委会	805.47	0.00	0.00	133.52	16.58	303.77	36.22	75.90	9.42	0.00	0.00	14.84	1.84	277.45	34.45
和瑞村	702.13	0.00	0.00	379.21	54.01	0.00	0.00	57.10	8.13	0.00	0.00	24.79	3.53	241.04	34.33
红花村	752.67	0.00	0.00	313.66	41.67	62.92	8.03	66.01	8.77	1.33	0.18	55.07	7.32	253.68	33.70
恒南村	557.35	340.42	61.08	66.46	11.92	0.00	0.00	24.88	4.46	0.00	0.00	0.00	0.00	125.59	22.53
恒丰村	510.45	272.99	53.48	99.29	19.45	0.00	0.00	22.18	4.35	0.00	0.00	0.00	0.00	115.99	22.72
恒北村	530.36	173.90	32.79	175.83	33.15	0.00	0.00	25.54	4.82	0.00	0.00	0.54	0.10	154.55	29.14
泰西村	576.78	0.00	0.00	127.67	22.13	115.37	19.21	97.08	16.83	0.97	0.17	3.31	0.57	232.39	40.29
泰丰村	573.37	0.00	0.00	264.87	46.20	0.00	0.00	60.06	10.48	0.00	0.00	1.81	0.32	246.63	43.01
双喜村	565.43	0.00	0.00	339.37	60.02	0.00	0.00	33.65	5.95	0.00	0.00	0.00	0.00	192.41	34.03
利民村	585.93	180.51	30.81	214.23	36.56	0.00	0.00	27.84	4.75	0.00	0.00	0.00	0.00	163.35	27.88
阜南村	402.13	0.00	0.00	113.49	28.22	0.00	0.00	80.05	19.91	27.92	6.94	3.36	0.83	177.31	44.09
阜丰村	618.94	0.00	0.00	241.47	39.01	35.20	5.46	77.81	12.57	0.00	0.00	6.73	1.09	257.73	41.64
阜北村	618.50	0.00	0.00	366.73	59.29	9.87	1.53	38.94	6.30	0.00	0.00	2.61	0.42	200.36	32.39
大新村	305.65	0.00	0.00	109.58	35.85	31.28	9.83	38.85	12.71	6.06	1.98	0.24	0.08	119.64	39.14
同德村	511.68	0.00	0.00	127.55	24.93	187.63	35.22	29.05	5.68	0.00	0.00	6.87	1.34	160.59	31.38
德丰村	882.52	0.00	0.00	405.07	45.90	22.27	2.42	69.28	7.85	0.00	0.00	7.71	0.87	378.19	42.85
灶圩村	932.87	0.00	0.00	414.11	44.39	0.00	0.00	128.00	13.72	0.00	0.00	5.75	0.62	385.00	41.27
同圣村	830.14	168.38	20.28	288.65	34.77	0.00	0.00	86.49	10.42	0.00	0.00	5.29	0.64	281.34	33.89
建设村	799.60	111.90	13.99	379.27	47.43	0.00	0.00	25.45	3.18	0.00	0.00	9.36	1.17	273.62	34.22

续表 6-5-4

单位	辖区面积	基本农田保护区		一般农地		城镇建设用地		村镇建设用地		独立工矿用地		林业用地		其他用地	
		面积	比重	面积	比重	面积	比重	面积	比重	面积	比重	面积	比重	面积	比重
龙福村	1167.92	310.96	26.63	503.09	43.08	0.00	0.00	39.85	3.41	0.00	0.00	0.31	0.03	313.71	26.86
老坝村	1125.00	557.91	49.59	265.31	23.58	0.00	0.00	42.11	3.74	58.40	5.19	4.14	0.37	197.13	17.52
八灶村	692.71	451.04	65.11	63.18	9.12	0.00	0.00	26.29	3.79	0.00	0.00	0.00	0.00	152.21	21.97
新团村	698.48	0.00	0.00	401.20	57.44	0.00	0.00	34.66	4.96	0.00	0.00	0.00	0.00	262.63	37.60
光明村	923.84	0.00	0.00	508.56	55.05	0.00	0.00	74.95	8.11	274.71	29.74	0.00	0.00	65.63	7.10
长安村	980.53	0.00	0.00	114.47	11.67	247.39	24.23	173.23	17.67	0.00	0.00	24.97	2.55	420.48	42.88
河口村	651.34	0.00	0.00	169.14	25.97	156.65	23.10	55.30	8.49	0.00	0.00	3.18	0.49	267.07	41.00
裕华居委会	437.45	76.33	17.45	139.85	31.97	84.76	18.61	16.50	3.77	0.00	0.00	0.73	0.17	119.27	27.27
元丰村	923.95	608.30	65.84	95.76	10.36	0.00	0.00	43.52	4.71	0.00	0.00	0.00	0.00	176.37	19.09
晋丰村	753.15	584.60	77.62	96.94	12.87	0.00	0.00	48.59	6.45	0.00	0.00	0.00	0.00	23.03	3.06
晋北村	715.76	471.44	65.87	87.24	12.19	0.00	0.00	32.82	4.59	0.00	0.00	0.00	0.00	124.26	17.36
福丰村	867.34	651.74	75.14	135.73	15.65	0.00	0.00	54.24	6.25	0.00	0.00	0.00	0.00	25.63	2.95
万丰村	928.07	220.60	23.77	592.79	63.87	0.00	0.00	100.26	10.80	0.00	0.00	2.91	0.31	11.51	1.24
海防村	582.33	229.53	39.42	284.53	48.86	0.00	0.00	37.63	6.46	0.00	0.00	0.40	0.07	30.24	5.19
朝荣村	913.09	385.69	42.24	454.77	49.81	0.00	0.00	52.29	5.73	0.00	0.00	1.63	0.18	18.71	2.05
天祥村	718.04	462.46	64.41	73.77	10.27	0.00	0.00	31.81	4.43	0.00	0.00	0.00	0.00	150.00	20.89
海丰村	1077.71	803.14	74.52	155.00	14.38	0.00	0.00	51.48	4.78	0.00	0.00	0.31	0.03	67.78	6.29
南新村	818.67	192.97	23.57	565.25	69.04	0.00	0.00	45.40	5.55	0.00	0.00	3.76	0.46	11.28	1.38
圩洋村	767.82	392.76	51.15	310.00	40.37	0.06	0.01	49.42	6.44	0.00	0.00	0.86	0.11	14.72	1.92
丰裕居委会	517.09	0.00	0.00	265.74	51.39	34.70	6.45	44.31	8.57	0.00	0.00	1.13	0.22	171.20	33.11
合计	28928.79	7647.57	26.44	9860.53	34.09	1716.12	5.70	2134.36	7.38	369.39	1.28	193.00	0.67	7007.82	24.22

二、建设用地

人民政权未建立以前，历代官府征用土地都为强制征用，而百姓和工商业者用地则必须花钱购买。

新中国成立后的30多年中，对用地管而不严。用地无偿划拨，多头分散管理，曾出现未征先用、征而不用、多征少用等现象，闲置、浪费不少土地。1963年年底，大丰县直属单位原征用1910.2公顷，已用于建设627.93公顷，未用1348.93公顷，上年已退1316.2公顷，应退而未退32.73公顷，县人民委员会作出退耕的处理决定。1988年，对土地资源的开发利用，本着“一要吃饭、二要建设”和“开源、节流、挖潜、改造”并重的原则，加强了用地的统一、依法、规范的管理。是年，规定国家、集体建设用地不超过当年全镇耕地总面积的15‰。大中镇三项建设用地2.88公顷，其中耕地1.015公顷。1989年，大丰县下达大中镇三项建设用地指标为8公顷(指耕地)。到年底，全镇三项用地占用土地3.4公顷，其中耕地3.06公顷，占下达指标的41.37%。

1991年，大中镇申报三项建设用地项目150个，占地2.78公顷，占县下达的3公顷指标的90.08%。1992年，按照地产集中的原则，创办大丰县地产开发总公司，垄断土地一级市场，县城规划区内10.25平方千米的土地定级估价工作，按县、乡干道公路所需土地，免办征地手续，由乡(镇)、村、组调剂解决。1992年上半年，国家和集体用地项目74个，用地24.22公顷，其中耕地19.07公顷。大中镇根据所需土地，免办征地手续，由镇、村、组调剂解决国家和集体用地项目23个，用地1.043公顷，其中耕地0.68公顷。1994年年底，县城市区建设用地总面积为759公顷，其中居住用地297.3公顷，公共设施用地115.4公顷，工业用地173.9公顷，仓储用地30.4公顷，对外交通用地5.2公顷，道路广场用地92.8公顷，市政公共设施用地16.8公顷，绿地25.7公顷，特殊用地1.5公顷。2000年，小城镇建设通过界定权属、显化资产、规范处置、变更登记等一系列工作，13个改制企业按改制要求进行处置。2002年，贯彻落实《中华人民共和国土地管理法》，运用经济、行政手段充分发挥土地资源的基础作用。全年申报国家、集体建设用地项目370个，用地面积143.96公顷，占用耕地15.6公顷。2005年，全年审、报、批集体建设用地项目493个，用地面积123.97公顷，占用耕地6.29公顷。2006年，查处违法用地53起，累计拆除面积3060平方米。2008年，以项目为载体，坚持科学合理布局，积极调整规划，全年申报国家建设用地项目19个，用地面积37.2公顷，占耕地面积24.98公顷。

2010年，针对大中镇辖区内六大园区各类项目全面建设，充分利用已有的存量整合、集体建设用地置换，点供项目等途径，有效地缓解用地指标瓶颈压力。审核、报批建设项目93个，落实用地指标180.91公顷。其中大中工业集中区鼎诚纺织项目，占地22公顷，城东新区的湿地公园，总铺地面积53.33公顷，公园内6.67公顷硬质化基础设施，采取集体建设用地置换的方式，解决指标难题。

2000—2010年大中镇三项建设用地管理情况表

表6-5-5 单位：公顷

年份	项目(个)	用地	占用耕地	三项建设用地					
				国家			集体		
				项目(个)	用地	占用耕地	项目(个)	用地	占用耕地
2000	7	1.9987	—	7	1.999	—	378	90.44	19.23
2001	72	49.53	—	72	49.53	—	401	89.08	31.38
2002	62	70.9	—	62	70.9	—	308	73.06	15.6
2003	53	101.14	—	—	—	—	322	81.86	11.19

续表6－5－5

年份	项目(个)	用地	占用耕地	三项建设用地					
				国家			集体		
				项目(个)	用地	占用耕地	项目(个)	用地	占用耕地
2004	48	119.56	—	—	—	—	457	112.05	4.19
2005	80	119.77	22.97	—	—	—	493	123.97	6.29
2006	123	125.03	—	—	—	—	482	122.59	3.13
2007	939	56.9	—	30	30.9	—	276	73.07	8.76
2008	54	77.26	30.18	19	37.2	24.98	414	104.51	7.82
2009	62	70.2921	—	7	31.86	—	451	8.477	0.297
2010	65	107.1503	—	24	46.126	—	155	3.214	0.252

三、宅基用地

1990年后，采取四项措施，加强对农村宅基地的管理工作。

建立月报制度。村组土管员经常在本村组范围内巡视，发现运砖积瓦、取土扛墩等现象，随时查询是否具备建房审批手续。对无审批手续者，核对其家庭住址及人口情况，如符合建房条件则督促办理报批手续，并将详细情况记录下来，在村土管员每月例会上与土地管理所通气，共同做好服务工作。

“三到场”制度。坚持定点踏勘，放样施工，验收发证，规范用地服务行为，堵塞违法用地的漏洞，提高依法用地率。

开展季验收、年抽查活动。镇土管所每季度都对上季度农村宅基地使用情况进行验收，在村与村之间进行评比竞赛。镇每半年组织一次抽查，对农村宅基地管理进行考核。

强化服务，上门办证。针对农村不同时期建房的特点，及时做好农村宅基地的审批服务工作。坚持村组报批宅基地一般在15天内办完，镇批宅基地一般在20天内办完，并根据农村忙闲、上门办证，服务到户。

1993年，在农村宅基地报批程序上，实行公开办事制度，明确建房条件，明确用地计划，明确报批程序，明确收费标准，明确验收结果，从而提高宅基地管理的透明度。全年审核报批农民宅基地240户，用地面积3.49公顷。1994年，抓宅基地报批，将县局下达建房指标根据各村实际情况分配到村，全年审批农民宅基地626户，面积5.47公顷。

2002年，全镇新建、翻建、扩建、拆迁安置408户，占用耕地0.97公顷。其中新建42户，翻建221户，因项目用地拆迁169户，安置145个，办理宅基地变更32户。2005年，把农民宅基地管理和全程服务有机结合，申报之前踏勘服务上门，审批之后主动放样上门，工程结束后主动验收上门，全年办结农民建房316户，用地面积27200平方米。2007年，以农民建房用地工作作为重点，坚持原则，秉公办事，强化管理，防微杜渐。“沉下去，请上来”，坚持“三批”政策，完善制约措施。全年累计审批农村集体土地建房377户，拆迁安置57户，正常申请36户。2008年，针对近郊村农民宅基地私下交易屡禁不止，土地的资产特性日益凸显的实际情况，“坚持原则”“用足政策”，符合条件快速审批，模棱两可谨慎审批，不符合规定禁止审批。全年审批农村集体土地建房367户，其中新建27户，翻扩建340户，农民公寓13幢。2009年审批农民宅基地430户，占用非耕地新建6户，报批农民公寓46户，宅基地变更审批51户。

2010年，审批农村集体土地建房163户，农民公寓82户，宅基地变更30户，注销土地证89户。

1990—2010 年的 20 年中，全镇农村宅基地依法用地率达 99.5%。

四、临时用地

1992 年，大中镇完成临时用地清查登记工作。清查各类临时用地项目 51 个，用地面积 1.04 公顷。其中，1989 年以前使用的临时用地项目 19 个，面积为 0.06 公顷，在整个临时用地项目中，个人用地为 33 个，单位临时用地项目为 18 个。从 1992 年 1 月 1 日起，停止临时征用审批。1997 年后重新恢复。2010 年，全年批准 13 个村，临时用地面积 49915.97 平方米，其中个人用地 45 个，用地面积 1070.97 平方米，集体用地面积 48845 平方米。

2000—2010 年临时用地管理情况表

表 6－5－6

年份	查清各种临时用地项目(个)	其中		面积(公顷)	多种经营用地	
		个人	单位		宗	用地(公顷)
2000	53	83	0	0.275	28	0.95
2001	12	11	1	0.116	3	0.009
2002	35	35	0	0.188	14	0.053
2003	31	31	0	0.651	8	0.146
2004	60	56	4	7.966	10	0.922
2005	79	75	4	5.737	11	0.078
2006	131	123	8	1.89	19	0.551
2007	185	178	7	2.56	15	0.372
2008	229	227	2	2.049	21	0.216
2009	76	72	4	6.105	2	0.06
2010	51	45	6	5.024	4	0.05445

五、征地补偿

1994 年，大丰市下发《有偿用地的各项标准》，2000 年又进行重新调整。

1994 年大丰县征用土地补偿费标准表

表 6－5－7

类别	1994 年 9 月以前土地补偿费标准		1994 年 10 月后土地补偿费标准		2000 年土地补偿费标准	
	标准(元/公顷)	备注	标准(元/公顷)	备注	标准(元/公顷)	备注
蔬菜地	51000	城镇规划菜地	54000～63000	指常年种植的专业菜地，按低限执行	90000～120000	指常年种植的专业菜地，按低限执行
棉田	42000～45000	纯棉田、套作棉田、轮作棉田	49500	纯棉田、套作棉田、轮作棉田	90000	纯棉田、套作棉田、轮作棉田
粮田	36000～39000	包括杂粮油料作物地	45000		82500	
柴滩	9000～12000		15000		30000	

续表6-5-7

类别	1994年9月以前土地补偿费标准		1994年10月后土地补偿费标准		2000年土地补偿费标准	
	标准（元/公顷）	备注	标准（元/公顷）	备注	标准（元/公顷）	备注
水塘、苇塘荒地	7500~12000		12000		22500	

说明：1. 征用人工鱼塘、藕塘、养殖场、园地、林地及种植其他多年生经济作物、药材等土地，参照临近耕地补偿标准计算

2. 征用宅基地多余部分不需要重新安置宅基地的，原宅基地按非耕地补偿；需重新安排宅基地的，原宅基地按邻近耕地的标准补偿

1994年大丰县征地青苗补偿费标准表

表6-5-8

品种	1994年9月以前土地补偿费标准		1994年10月后土地补偿费标准		2000年土地补偿费标准	
	标准（元/公顷）	备注	标准（元/公顷）	备注	标准（元/公顷）	备注
蔬菜	6750~8250		1200		15000~18000	
棉花	6750~8250		9450		15000	
水稻	5250~6750		7500		10500~12000	
三麦	4500~5400		6300		10500~12000	
大豆、蚕豆	3600~4500	包括其他豆类	6000	包括其他豆类	9750	包括其他豆类
花生、油菜、芝麻	3600~4500		6750		90000~10500	
山芋、玉米、高粱	2700~3900		4500		7500-9000	
薄荷、药材	6000~6750		10500		16500	
河藕	6750~7500	征用收藕留种地块，每公顷另加7500元	9000	征用收藕留种地块，每公顷另加7500元	14250	征用收藕留种地块，每公顷另加7500元
桑园	9000~10500	无论移植或毁桑	10500	无论移植或毁桑	16500~19500	无论移植或毁桑

说明：1. 收获后的空地不予补偿

2. 为列入品种参照类似品种补偿

1994 年大丰县征地附属物补偿标准表

表 6－5－9

名称	规格	单位	1994 年 9 月前附属补偿标准(元)	1994 年 10 月后附属补偿标准(元)	2000 年附属补偿标准(元)
沼气池		个	150～200	300～500	400～600
炉灶	一眼	个	15	50	100
	二眼	个	20	100	150
	三眼	个	25	150	200
水井	小土井	口	40	100	150
	砖砌	口	80～120	300	350
	水泥管	口	70～90	300	350
猪牛羊舍	砖木	平方米	10～12	50	80
	砖砌	平方米	8～10	30	—
	草竹	平方米	5～8	适当	—
粪坑	土坑	个	3～8	10	—
	缸坑	个	8～10	20	40
	砖砌	个	10～15	30	80
厕所	砖砌	平方米	25	30～50	100
	披棚	平方米	10	10～20	—
院墙	土壁	平方米	10	10	—
	乱砖	平方米	15	20	—
	水泥	平方米	20	30	—
打谷场	土面	平方米	0.5	适当	100
	砖面	平方米	0.5	5	—
	水泥	平方米	3.0	30～40	—
迁坟	双棺	具	150	500	800
	单棺	具	100	300	600
	骨灰盒	个	40	100	300

大丰市征地树木补偿标准表

表 6－5－10

品种	规格	补偿标准(元/棵)	1994 年 9 月前树木补偿标准	1994 年 10 月后树木补偿标准	2010 年树木补偿标准
一般树木	胸径:3 厘米以下	1～3	在地面以上 1.3 米处量算，树木归原主，不补助损失或坎伐工资	在地面以上 1.3 米处量算，树木归原主，不补助损失或坎伐工资	2～5
	3～8 厘米	3～8			5～12
	8～13 厘米	8～13			12～17
	13～18 厘米	13～18			17～25
	18 厘米以上	18 元以上			25 元以上

续表 6-5-10

品种	规　　格	补偿标准（元/棵）	1994 年 9 月前树木补偿标准	1994 年 10 月后树木补偿标准	2010 年树木补偿标准
果树（年）	树龄:1~3 年	2~8	桃树仍按 10~15 年生计算	桃树仍按 10~15 年生计算	3~12
	3~6 年	8~20			12~28
	6~10 年	20~50			28~70
	10~15 年	50~200			70~280
	15 年以上	200~500			150~500
观赏树	能够移植的，只补助人工工资，不能够移植的，按园林绿化部门规定价格收购（包括藤本树木、花卉等），或按一般树木标准补偿				

2000 年 10 月 12 日起实行的大政发〔2000〕136 号及 2001 年 1 月 1 日起施行的《江苏省土地管理条例》第二十六条规定征地补偿标准为：①土地补偿费：粮棉田（水田、旱田）为 120000~150000 元/公顷，菜地为 180000 元/公顷，鱼塘：精养塘为 240000 元/公顷、一般塘为 144000 元/公顷，苗圃为 156000 元/公顷，菱藕：留种田为 120000 元/公顷、自然田为 96000 元/公顷，滩地、苇塘为 45000 元/公顷，条沟、未利用地为 22500 元/公顷。②安置补助费：人均耕地 1 公顷以上（含 1 公顷，下同）为 90000 元/公顷，人均耕地不足 1 亩的，从 6 倍起算，人均耕地每减少 0.1 亩，安置补助费相应增加一倍，但最高不得超过该耕地被征用前三年平均年产值的 15 倍；征用其他农用地的安置补助费，按照该土地的土地补偿费标准的 70% 计算；征用未利用地和农民集体所有的非农业建设用地的，不支付安置补助费。③青苗及树木附着物补偿费为：青苗为 12600 元/公顷，能如期收获的不予补偿。可以移植的苗木、花草以及多年生经济林木等，支付移植费；不能移植的，给予合理补偿或者作价收购。征收耕地上成年成片园林树木最高补偿费不超过 67500 元/公顷。青苗树木补偿费支付给青苗树木的所有人。

2004 年 1 月 1 日起施行的苏政发〔2003〕131 号及盐政发〔2004〕71 号规定征地补偿标准为：①土地补偿费：耕地为 180000 元/公顷，精养鱼池为 180000~216000 元/公顷，其他养殖水面为 90000~1440000 元/公顷，果园或其他经济林地为 144000~216000 元/公顷；城市常年菜地 180000~216000 元/公顷，其他农用地为 126000~180000 元/公顷，未利用土地为 72000~108000 元/公顷，农民集体所有的非农建设用地为 126000~180000 元/公顷，其中，涉及到拆迁并按有关拆迁政策补偿的，不重复计算土地补偿费。②安置补助费：征收耕地的安置补助费为 11000 元/每个需安置农业人口。以各被征地村民小组为单位，以人均耕地为依据，确定需要安置的被征地农民人数。需要安置的被征地农民人数，征耕地的，按照被征收的耕地数除以征地前被征地单位人均耕地数计算。人均耕地 0.07 公顷的，安置补助费的标准为 165000 元/公顷；人均耕地在 0.12 公顷以上的，安置补助费的标准为 90000 元/公顷；人均耕地在 0.07~0.12 公顷之间的按人均耕地具体数额确定安置补助费标准；其他农用地的安置补助费，按照该土地的土地补偿费标准的 70% 计算；未利用地和农民集体所有的非农建设用地的，不支付安置补助费。③青苗及树木附着物补偿费为：青苗为 12600 元/公顷，能如期收获的不予补偿。可以移植的苗木、花草以及多年生经济林木等，支付移植费；不能移植的，给予合理补偿或者作价收购。征收耕地上成年成片园林树木最高补偿费不超过 67500 元/公顷。青苗树木补偿费支付给青苗树木的所有人。

2004 年 1 月 1 日以后开工建设的省交通重点工程项目征地补偿安置，按苏政办发〔2005〕125 号执行。其具体标准为：①土地补偿费：征收耕地的，按邻近耕地的前 3 年平均产值的 10 倍计算，大丰的年平均产值为 18000 元/公顷，土地补偿费标准为 180000 元/公顷。土地补偿费应支付给被征地的农村集体经济组织,但被征收的属农民承包经营的土地,农村集体经济组织又未能调整其他数量和质量相当的土地给农民继续承包经营的,应将70%的土地补偿费(即126000元/公顷)支付给被征地农民。②安置补助费:征收耕地的安置补助费为11000元/每个需安置的农业人口,需安置的被征地农民人数,以县(市、区)域为单位统一计算,用被征收的耕地总数除以工程项目涉及的所有村级集体经济组织被征地前人均耕的平均数。③青苗补助费:9000元/公顷。④临时用地补助费:18000元/公顷,按占用年限计算。青苗补助费仅在临时占用的第一年按9000元/公顷予以补偿。⑤排灌设施开发补偿费:22500元/公顷,支付给被征地农村集体经济组织。

六、土地市场

(一)农村地租

民国前地租有以下几种:

定租　租额一定,丰年不增,歉年不减,不论有收无收。定租分两种形式,一是包租:斗龙港以西一带实行,租期10年左右,每亩缴粮1~1.5石左右(每石粗粮70千克,细粮90千克),约占收获量50%~60%;二是预租:租期一般2~3年,租额约占收获时的50%。

活租　租额随年景好坏而定,分议租和看场分成两种

议租:是民国年间盐垦(垦植)公司流行的一种地租制。初期,大丰公司租额为业佃四六分成,其他公司大多对半分成,后经几次佃潮(佃户向公司说理斗争),裕华公司改为(资方)三佃(佃农)七分成,其他公司改为业三五佃六五分成。佃农租种公司的土地,必先向公司交写礼费每公顷7.5元,顶首费(即押金)每公顷75元(相当于地价30%~50%,退佃时归还)。种子、肥料、生产工具自理。

看场分成:在斗龙港以西地区实行。一般为四六分成(地主六成,佃户四成),也有对半分成。佃户租种地主土地时,每亩先交押租粮五斗左右。"看场分"即在收获期间,老板(或派亲属)住进佃家看收,不仅主粮分成,连田边的瓜果蔬菜亦在分成之列。

(二)城镇地租

城镇地租主要是指房地租。

1945年抗日战争胜利后,台北县将清查和接管的敌逆产房屋改为公房,大中镇公房较多,镇政府设置一人专管公房和基地租金的征收。对公有房屋,已有机关、部队、人民团体、公立学校使用的,在办理拨用手续后,暂不收租。其他使用的,均以出租的方法收取租金。其标准按照当地习惯分等分级,根据商业价值、交通条件、建筑结构,适当评定,一次或全期缴纳。1949年8月,台北县政府对清理后的公产、敌产、学产等宜于出租的,原则上都出租。

1951年6月,城镇公有土地征收地租的分等标准是:每季每平方米,一等征收大米1~1.5千克,二等征收大米0.9~1.2千克,三等征收大米0.5~0.75千克,四等征收大米0.4~0.5千克,五等征收大米0.2~0.3千克。1952年7月1日起,房地产租金一律改以现金计算,每千克大米折现金2400元(旧人民币)征收。以元为单位,房产以每月每间计算,地(产)基以每月每间计算,空地、天井、晒场等20平方米为一间计算。

1952年大中镇城区土地基准地价表

表6-5-11　　单位:元

房屋合作费				土地使用费			
甲	乙	丙	丁	甲	乙	丙	丁
0.480	0.360	0.240	0.120	0.60	0.48	0.36	0.18

1963 年 12 月，公房地产租金的标准是：公房地产租金标准分四等 12 级，以每月每平方米计算。最高的是 1 等 1 级为 0.32 元，最低是 4 等 3 级为 0.03 元。地租是房地产租金中重要组成部分，标准分七等，以每季每平方米计算：特等 0.1 元，一等 0.08 元，二等 0.06 元，三等 0.05 元，四等 0.04 元，五等 0.03 元，六等 0.02 元。1966 年，房地租仍分四等 12 级，房屋所在集镇不同，租金便有差别。以一等 1 级的房租为例：大中镇 0.32 元，1973 年 8 月，调整公房租价，楼房为一等，每月每平方米征收 0.45 元；较好平房为二等，征收 0.40 元；一般平房为三等，征收 0.35 元；较差平房为四等征收 0.30 元；竹木结构的平房为五等，征收 0.25 元。生产用房划分等级的标准，楼房为一等，征收 0.14 元；一般平房为二等，征收 0.12 元；较差平房为三等，征收 0.1 元；竹木结构的平房为四等，征收 0.08 元。

1985 年，按照国家建设部的规定，出租房屋分为四类七等：钢混结构为一类一等，砖混结构为二类定二、三等，砖木结构为三类定四、五、六等，简易房屋为四类定七等。大中镇根据住宅公房的实际情况，除一类一等和三类四、六等没有定住房标准外，其余住房租金：二类二等每平方米月租金为 1.05 元，三等每平方米月租金为 0.90 元；三类五等每平方米月租金为 0.74 元；四类七等每平方米月租金为 0.65 元。有关生产、营业、办公等公有直管公房，随着市场经济的发展，有的仍按每平方米面积计算房地租，有的则按地段、朝向等因素，甲、乙双方签订协议，高的一间月租金千元左右，低的二三百元、三四百元不等。

1989 年 5 月 30 日，大丰县颁发《关于确定城镇土地使用税税额征收标准的通知》，规定征收标准，县城平均每平方米年税额 0.3 元。县城分闹市区每平方米 0.35 元为一级，环城区每平方米 0.3 元为二级，城郊区每平方米 0.25 元为三级。（直管公房没有执行。）

（三）农田地价

1917 年，大丰盐垦公司初建时，煎灶（煎地一般为 26.67 公顷），作价 1000 元，以此推算，当时地价为每公顷 37.4 元。1922 年，裕华垦殖公司以 119 万元向大丰公司购买永丰、顺丰、晋丰、元丰等 11 个区 1.8 万公顷（27.1 万亩）荡地，地价每公顷为 65.85 元。1926 年，大丰公司购买垣商鲍振泰 14 副灶，每副灶 4000 元，以此计算，其时荡地每公顷为 150 元。同时，公司售与鲍氏 166.6 公顷（2500 亩）熟田，每公顷价为 240 元。1933 年，大丰公司将泰丰区和恒丰区北部的 2000 公顷（3 万亩）土地以 50 万元的价值卖给大生纱厂，地价为每公顷 250.05 元。

1957 年以后，农田逐步实行公有制，杜绝土地买卖。

1994 年，大丰出台农田地价政策，其程序是先征用、后出让、再评估，并确定农田生地保护价为每平方米 75 元。

（四）国有土地地价

清代，政府把大片国有滩涂无偿地分配给垣商和灶民配煎，每年只要交纳“灶课”（即一种比较轻微的土地税）。

民国期间，盐垦公司的土地都用资金收购，有的垣商把由他们代管的庙宇、学校、草荡等国有土地非法卖给公司（这些国有土地貌似有价）。

新中国成立后，对城镇土地的地价由买卖双方私定，地价种类不一。土地国有化后，禁止买卖。

20 世纪 80 年代后，大丰陆续出台有关不同类型国有土地价格。在土地定级基础上，设计了 9 种测算土地级差收益的数学模型，完成了与定级相应区域范围的土地估价任务。1992 年，拟定了大中镇基础地价：一级 1100 元（幅度 900～1300 元）、二级 700 元（幅度 400～1000 元）、三级 500 元（幅度 300～700 元）、四级 250 元（100～400 元）。

1994 年大中镇城区土地基准地价表

表 6－5－12　单位：元/平方米

用途 \ 基准地价 \ 土地级别		一	二	三	四
商业用地	平均	1070	670	470	220
	变幅	870～1270	370～970	270～670	110～330
住宅用地（商品房）	平均	245	178	165	120
	变幅	210～280	123～233	114～215	80～160
工业用地	平均	190	140	160	100
	变幅	151～232	70～212	106～220	75～130
综合用地	平均	300	260	200	150
	变幅	200～400	170～350	150～250	100～200

说明：1. 本标准不含城市基础设施配套费和折迁费，折迁费按有关规定执行

2. 出让最高年限：商业、服务用地 40 年，住宅（商品房）用地 70 年，工业用地 50 年，综合用地 50 年

1994 年大中镇城区地价评估情况统计表

表 6－5－13

委估单位	宗地地价（元/平方米）	总价（万元）	委估单位	宗地地价（元/平方米）	总价（万元）
大丰县化工厂	65.45	313.44	大丰县纸箱厂	77.78	36.07
汽车运输总公司	119.00	208.07	县量具刃厂（三产清理小组）	96.60	185.62
联运责任有限公司	85.00、103.00、156.00	113.20	县副食品厂	108.20	369.83
港务总公司	—	220.45	县无线电厂	91.00	131.29
汽车工业贸易公司	81.58	52.59	县煤气调压器厂	84.50	83.84
大丰县米面厂	148.00	270.73	大中供销社城西综合门市部	132.70	43.79
淮南纱厂	88.10	1542.32	县轻工业经营公司	131.23	109.88

（五）国有土地使用招标、拍卖、挂牌出让

2002 年，拍卖市区 6 宗房地产开发用地计 6.5339 公顷，成交价 9306.59 万元。2003 年，出让市区 3 宗房地产开发地计 4.8064 公顷，成交价 13944 万元。2004 年，出让市城区 8 宗房地产开发用地计 30.9566 公顷，成交价为 29678 万元。2005 年，出让 6 宗房地产开发用地计 27.86 公顷，成交价 28400 万元。

2007—2010 年大中镇土地交易统计表

表 6－5－14　　单位:公顷、万元

年份	合计			划拨			协议			招拍挂		
	宗数	面积	成交价	宗数	面积	成交价	宗数	面积	成交价	宗数	面积	成交价
2007	101	45.9393	10378.7496	12	16.4271	—	74	11.7865	3847.5926	15	17.7257	6531.1570
2008	63	60.7643	10536.5232	10	10.8981	—	19	16.8654	1636.3858	34	33.0008	8900.1374
2009	110	130.3223	29330.9450	11	16.1485	—	17	7.9653	768.0159	82	106.2085	28562.9291
2010	75	100.8337	69652.4747	—	—	—	—	—	—	75	100.8337	69652.4747

七、基本农田保护

（一）保护区划定

1995 年 7 月，完成基本农田保护区划定。2000 年，基本农田保护实行“一个固定、三个限制”。“一个固定”就是指生产粮、棉、油等的成块连片耕地一般都划入一级基本农田保护区，作为长期保护的土地固定下来。所谓“三个限制”，即：一是限制非农建设规划迁并的村庄全部划入一级基本农田保护区，2000 年以后迁并的旧址划入二级；二是限制把所有的后备资源计划复垦面积全部划入一级农田保护区，只能把 2000 年前可以复垦为耕地的后备土地计入一级保护面积。2000 年后，复垦的只能划入二级；三是限制所有种植多年生植物的土地都划入一级基本农田保护区，只有 2000 年前可以退还为耕地的面积才能划入一级，其余的只能划入二级。对划入的二级基本农田保护区的土地除 2000 年后可以恢复为耕地的土地外，还应包括总耕地面积核减一级农田保护面积和建设预留地占用耕地面积以后的剩余部分，以及园地、林地、可垦荒地核减建设预留地以后和剩余部分。

1993—2000 年基本农田保护面积表

表 6－6－1　　单位:公顷

单位名称	1993 年现状						基本农田（一级保护）		二级农田保护（2000 年）		1994—2000 年建设预留地	
	农用地总面积	其中				耕地面积（统计）	面积（详查）	面积（统计）	按农用地计算	其中耕地面积	按农用地计算	其中耕地面积
		耕地	园地	林地	可垦荒地							
大中	5500	4786.67	680	33.33	0.00	4573.33	3853.33	3746.67	1480	773.33	166.67	160
裕华	6233.34	5786.67	246.67	0.00	200	4553.33	5186.67	4153.33	1013.33	573.33	33.33	26.67
新团	5666.67	4960	460	46.67	200	3473.33	4300	3020	1346.67	646.67	20	13.33
合计	17400	15533.33	1386.67	80	400	12600	13340	10920	3840	1660	220	200

（二）保护管理

1995 年 7 月，完成基本农田保护区划定以后，大中镇立即建章立制，强化管理，落实基本农田保护措施，依法规范基本农田的保护和管理。

建立保护耕地负责人责任制。各村、场圃将保护基本农田纳入国民经济和社会发展规划，并与各村签订基本农田保护与管理责任书，以村、场负责人为主，确定保护责任人，明确目标与责任；镇政府根据《条例》规定，制定基本农田保护管理实施意见，设立基本农田保护标志，全镇设立 1 块保护区标志牌,7个保护片标志牌。村民委员会结合实际,公布村规民约,具体实施基本农田保护措施,村一级除设立基本农田标志牌外,还在每一具体田块上设立保护标志。

各村建立基本农田保护制度,规定在基本农田保护区内实行“八不准”,即:不准搞非农业建筑设施,不准造坟立碑,不准开挖养殖池塘,不准取土,不准弃耕抛荒,不准改变指令性种植计划,不准破坏水利设施,不准破坏农田林网。设立保护牌,落实保护人,层层签订责任状。

严格审批各项建设用地。在基本农田保护区划定的工作过程中,同时考虑建设用地预留区的确定,对合理建设用地给予预留,给发展留足空间。做到该留的留,留的有理有据;该保的保,保的实实在在,使基本农田保护规划与村镇建设规划相协调。

为强化基本农田的动态管理,确保基本农田得到有效保护。大中镇层层建立基本农田保护跟踪管理体系。

2002年,镇土地资源分局成立土地执法中队并建立村级土地管理监察网络。镇政府与各村签订“组织有班子、执法有队伍、行为有准则、工作有职责、年度有目标、管理有制度、办事有程序、层层有监察”的“八有”责任制和“基本农田保护责任状”,专门组织加强对基本农田的保护和城乡结合一二类地区的定期检查。2005年,成立以分管镇长为组长的基本农田保护检查工作领导小组,充实完善《基本农田保护检查工作方案》和《基本农田保护制度》,并与各村层层签订基本农田保护工作责任书。对凡是不在土地利用总体规划确定的建设预留地范围内的单位和个人,不论什么项目一律不接受材料,不上报审批,不允许占用,尤其是实现基本农田“八不准”保护目标,建立基本农田保护区、片牌,采取基本农田“一制(基本农田保护责任制)、两网(基本农田信息网络、监管网络)、三化(基本农田管理网络化、手段信息化、监督社会化)”的管理模式,层层建立基本农田保护组织,将基本农田保护责任落实到村、组和农户,并列入各级干部考核目标,实行“一票否决”,同时实现电子信息管理。2006年,按照“保护资源、保障发展”的要求,以基本农田保护为主题,全面落实各项措施,不断加大保护力度。立足于坚守耕地红线,大力推进基本农田立体式保护;倡导社会化管理,充分发挥社会监督作用,形成基本农田保护与建设网络体系一整套行之有效的管理制度。确保全镇基本农田面积不减少,用途不改变,质量有提升。2007年,狠抓执法巡查责任落实,镇成立基本农田专门保护班子,落实每个保护片,保护块责任人。3月,对全镇18个村的基本农田保护工作逐村检查,发现全镇18个片牌,每个片牌都有不同程度的损坏,尤其是各村的片牌损坏严重。针对占用损坏的情况,镇立即组织修复。2008年,进行两次基本农田保护大检查,同时开展基本农田保护“争先达标”活动。建立健全主要领导亲自抓、分管领导具体抓、相关人员着力抓的责任机制,形成齐抓共管。积极配合中介机构就基本农田整理项目进行初步设计,进行现场踏勘、测算,编制审查。对疏港航道所有项目申报进行重新调整。2009年,按照国土资源部“基本农田标准化、基础工作规范化、保护责任社会化、监督管理信息化”的总体目标要求,积极稳妥地推进示范区建设。巩固、完善镇、村、农户三级保护网络,全面实现责任社会化。坚持目标、任务、措施全方位一起抓,实现建设标准化。坚持数量、用途、质量一起抓,实现管理规范化。重新划定基本农田保护块,更新基本农田保护设施,设立永久性保护标志牌,建立基本农田各项基础资料,健全基本农田各项保护制度。将示范区建设成为严格保护耕地示范区,土地节约利用示范区,高产农田建设示范区、现代农业发展示范区。

1990—1994 年大中镇土地复垦数量统计表

表 6－6－3　　单位：公顷

年份	大中镇	裕华	新团	合计
1990	—	20	33.33	53.33
1991—1992	—	—	—	—
1993	—	—	57.07	57.07
1994—2008	23.47	—	—	23.47

1993 年、2000 年大中镇区域基本农田保护面积一览表

表 6－6－4

村场	1993 年面积					2000 年面积			
						一级农田保护		二级农田保护	
	总面积	其中			耕地面积统计	面积详查	面积统计	按农用地计算	其中耕地面积
		耕地	园地	林地					
合计	82500	71800	10200	500	68600	57800	56200	22200	11600
恒南	5097	4700	380	17	4100	4000	3927	1047	544
恒丰	3957	3800	126	31	3800	3684	3610	223	116
恒北	4869	2900	1930	39	3700	3541	3515	1278	665
利民	5587	5200	363	24	4800	4637	4608	900	468
双喜	5350	4400	940	10	4300	4440	4416	860	447
泰丰	4839	4400	355	84	4000	3771	3600	868	451
泰西	34	3030	365	47	2900	2047	2030	1165	606
刚强	3805	3500	303	2	3100	3034	2976	721	375
红花	2597	2000	533	64	2200	1198	1100	1199	623
和瑞	6384	5700	824	60	4900	4907	474	1427	742
新民	6092	5700	383	3	5600	2815	2800	3087	1605
城郊	1638	1500	110	28	930	519	465	959	499
阜南	2481	2203	258	3	2100	1570	1470	731	380
果园	903	—	903	—	89	222	79	671	349
阜丰	5370	4800	664	6	5200	4522	4420	648	337
阜北	5765	5200	563	2	5000	4659	4500	1026	533
同德	1846	1700	148	—	1090	—	—	1546	361
大新	2442	1900	542	6	2100	1321	1260	921	479
新德	2805	2500	255	50	2800	1402	1400	1253	651
德丰	2970	2700	246	24	2800	2776	2660	144	75
德西	4311	4000	311	—	2800	2735	2660	1526	794

第六节　地　　名

刘庄场　《太平寰宇记》中的“紫庄场”，即为刘庄场。但直接称刘庄场是南宋绍兴十八年(1148)，因王晌措置，创添五场，其中有刘庄场。到1912年并于草堰场。

明弘治《两淮运司志》载：“刘庄场北至淮安分司370里(注:185千米)，南至运司(扬州)320里(注:160千米)；北至伍佑场50里(注:25千米)，南至白驹场18里(注:9千米)……泉溪(也称前溪)场北30里(注:15千米)。”清光绪《两淮盐法志》载：“刘庄场在兴、东两邑之间，境归兴化兼辖，旧隶淮安分司。乾隆元年(1736)，改隶泰州，距分司80里(注:40千米)。东至斗龙港，即牛湾河，西至围止河，南至白驹，北至伍佑，范堤亘南北长五千五百九十一丈，沿堤串场河一道，堤东西团灶舍二十余处，列潮墩二十座，场北旧有泉溪，西北有新港，南有横子港，西南有笔滥港，东有七灶河，东北有八灶河、小团河、大团河。”

草堰场　《太平寰宇记》中称“南八游”，元代称草堰场。明弘治《两淮运司志》载：草堰场“西南至分司(泰州)1050里(注:525千米)，至运司(扬州)270里(注:135千米)。北至白驹场，南至丁溪场8里(注:4千米)，北至盐城县120里(注:60千米)，西至安丰(属兴化)巡检司60里(注:30千米)”。

清光绪《两淮盐法志》载：“草堰场隶属东台、兴化两县境，东至海，西至串场河兴化县界，南至丁溪之小海旧场，北至刘庄界。范堤南自丁溪，北至刘庄共长达五千一百四十余丈，计33里(注:16.5千米)有奇，堤外潮墩旧设十有八，新增六座。距分司(东台)28里(注:14千米)。运盐河自石闸南串场河经丁溪、何垛至泰坝145里(注:72.5千米)。缉私隘口六处，曰：韦子港、五孔闸、白涂河、海沟河、吉六港、东洋河口”。

民国《中国盐政实录》载：“草堰场隶于东台县，位县城东北，南界距县城10里(注:5千米)，北界距县城320里(注:160千米)，盐场公署驻西团镇，场境辖沈灶市(丁溪并场)、小海镇(小海并场)。全境东至黄海，北至斗龙港，南至海堰乡，西至兴化县瓜篓乡。全场东西距离185里(注:92.5千米)，南北距离288里(注:144千米)。南与安梁场毗连”，此时草堰场是大丰县境唯一的盐场。

八灶庄　范公堤筑成后，海势东移，堤西盐灶逐渐向堤东迁移，“八灶”由范公堤东南往西北顺序为八号灶，故名“八灶”。后人口渐聚，住户增多，便得名“八灶庄”。其后刘庄往东开一条河入斗龙港，将八灶分为两部分，河东为“八东”、河西为“八西”，河名为“八灶河”。1983年5月，大丰县地名普查，以八灶定名“八灶村”。

营南、营北、营中　明嘉靖三十三年(1554)，倭寇之患加深。明廷在草堰场建筑龙须墩、茅花墩、刘庄寨。刘庄寨西南距刘庄15里(注:7.5千米)，(编者注：此处应表述为刘庄寨，在刘庄场的东北，距刘庄15里〈注:7.5千米〉)，位于八灶河入海口，归扬州卫、泰州守御千户所管辖，亦有土城、烟墩，有驻军50名，并设有营房。营南、营北、营中地名由此而来。

大中镇　1920年，大丰盐垦股份有限公司拟在万丰区西南匡划田20公顷建一集镇，始名“大丰镇”(为大丰公司最大集镇，故以公司命名)，后因财力不济，大丰公司东南隅售予裕华公司。1927年，重新选址于阜丰区西南匡(现址)，划地13.33公顷建镇。因集镇地处公司中部，故取名大中集。建镇时在二卯西河上架木桥一座(今人民桥址)，二卯西河的河南岸(今红旗桥址)、北岸(今绿都宾馆址)西子午河出口处各有小闸一座，二卯西河南要道处沈和尚、吴恺杨、陈加帮3户人家常年摆设摊头，经营烟酒、日杂用品，来往行人必经卯酉桥和子午河小闸，故当时有称“卯酉河”，也有称“小闸口”，两种叫法实为一地。

花鱼尾、老蛤蜊港　大丰公司成立前，河南老街至瑞丰公司有一斜港，时称“花鱼尾”，河北西侧至德丰境有一叉港，时称老蛤蜊港（为当时渔民拾取蛤蜊海鲜之港，故名）。

1981年大中镇城区街道、居民点地名录

表6－6－1

类别	标准名称	备　注
街巷	老街	县城最早形成的一条街，约建于1929年，今人民南路人民桥南
	新街	位于老街东侧，建于1934年，较之老街要迟，且街道设施较好，故名
	民主巷	人民桥东北侧，十字街东西向的街巷，解放初期为民主街而得名
	光明街	大华路西头第一条南北巷，解放初期取名光明街
	银行巷	位于原老县人民银行北侧东西向巷，合作化期间有此巷名，沿用
	五金巷	位于原五金公司门口东西向巷，以五金公司所在地命名
	新街西巷	“文化大革命”时改称朝阳西巷，是原河南十字街向西和新街西侧南北十字巷
	新街东巷	“文化大革命”时改称朝阳东巷，是河南十字街向东和新街东侧南北的丁字巷
	新街南巷	“文化大革命”时改称朝阳南巷，原为大中派出所，今计划生育指导站南侧东西向巷
	人武巷	是通向原县人武部的南北大巷，今城中桥向北
	拥军巷	原河南老街西侧东西和南北丁字巷，1960—1974年间，为县人武部所在地，后为县民政局所在地，亦是拥军单位，故名
	大新路	解放前，只有老大桥至电影管理站一段，长约350米，为小砖铺设的街道，北段均是由河堤形成的马路。1958年，动员群众拾献碎砖，整修砂石路面。1979年，南段改修为柏油路面。因通向新丰镇，故命名
	育红路	东起原链条厂（今朝阳景都小区），通过新街、老街。此路早已形成，1980年冬整修，以沿路为市幼儿园、教师进修校、实小，培育红一代而命名
	陵园路	原是通往烈士陵园的一条东西向小路，陵园建成以后，于1966年形成此路，以烈士陵园命名
	健康路	东起三纺厂，西至劲力大桥。原为东起三纺厂，西至同德六队的排水沟，1974年始填平筑路。1980年春，修建为砂石路面。1997年初，延至劲力桥。因人民医院、卫生局、卫生防疫站等单位在此道旁，故名
	人民路	1960年，县棉麻公司东侧至人民剧场南侧相继填平，西子午河西移，1970年筑路。1979年，又将人民剧场向北至酒厂段子午河西移今大四河。人民路完全形成，取人民取土填河，筑成大路之意，故名
	工农路	东起人民路，西止金丰大街。1958年左右逐渐形成街道。“文化大革命”时，称工农兵路，1981年冬，修为砂石路面，该路沿线工厂较多，又近农村，故名
	大华路	东起裕华小街，西至人民路。解放前就有此路，曾称河北东马路。1957年改称光华路，1966年易名东风路，1980年改称大华路，以大中集通往裕华镇方位，命名
	东马路	东起城东桥，西止大丰旅社。解放前就惯称河南东马路
	大刘路	东起百货商场，西至大丰桥，1973年拓宽。解放前就有此路，惯称河南西马路。1945年民主建政时定名新民街，1957年改名大刘路。1966年被破旧立新改称红旗路，1980年，复称大刘路
居民新村	工农一村	人民路邮电所西侧，俗称小岛，50多户居民。1976年形成，北靠工农路，按排列序名
	工农二村	工农路南侧一带居民区。1970年形成，按排列序名
	工农三村	工农路北侧偏东的居民点，1972年形成，按排列序名
	大刘新村	大刘路南侧的居民点，1974年左右形成，今新村居委会。随驻地命名
	健康一村	健康路北侧偏东的居民点，1972年形成，按排列序名

续表 6-6-1

类别	标准名称	备　注
居民新村	健康二村	健康路北侧偏西的居民点,1972 年左右形成,按排列序名
	健康三村	原消防队北侧,今建康路与康平路交叉处的东北侧,1977 年左右由房产公司建的公房小区按排列序名
	大新新村	大新路以东,飞达路以北,两路交叉处的居民点
	新街一村	位于实小(今一小)、进修校东侧。1974 年左右形成,随驻地名产生时间为序列
	新街二村	位于实小(今一小)、进修校东侧。1974 年左右形成,随驻地名产生时间为序列
大队	城郊大队	位于县城效区,今泰西村的北部,2001 年区划调整时并入泰西村
	同德大队	曾建同德乡,境内有同德闸,史上曾称德丰一村(同德大队驻地)

老街　老街原为南街,形成于 1927—1928 年间,即人民桥向南至老大道医院(今东方商厦)一段。当时,大中镇镇区二卯西河北只有光明、民主两条街,惯称北街。纵向从原老石桥(今人民桥)向北至三和花行(原文教局和电影管理,今农业银行南侧),横向沿卯西河边西到小闸口(原大中粮油贸易所,今市图书馆),东到泰和木行(原人武巷)。二卯西河南只有老街,时称南街,即从老木桥(今人民桥址)向南至原大道医院门诊部(今房产公司),沿子午河形成街道。1934 年,大丰盐垦公司在二卯西河上建石桥(原称老石桥,今大新桥),石桥建成后,原老木桥即拆除,原南街仍习惯称老街,时老街为 14 保。民主政权建立后,从老木桥向南至南城门(老街部分)被命名为节约街,即从原大道医院(今房产公司)向南(时称南马路),被命名为生产街。1947 年 9 月,大中市建立,大中镇分为大中镇和卯酉镇时,生产街北半段为发扬街。1953 年,生产街改称南马路街,节约街复名为老街。1957 年 1 月,老街、南马路街合并建立老街居民居委会。1966 年 9 月,"文化大革命""破旧立新"时改称胜利居委会。1980 年地名普查时,恢复原称老街居委会。

新街　新街于 1934 年形成。实行保甲制时,被列为第 13 保。1945 年初,河南东马路为伪大中镇第 29 保,大刘路为伪大中镇 13 保地域。1945 年 9 月,大中集解放,建立民主政权后,新街地段被命名为自由街,东马路命名为正大街,大刘路命名为新民街。1953 年,自由街仍根据群众惯称改复为新街,正大街改称东马路街,新民街改称大刘路街。1957 年 1 月,三街合并建立新街居民居委会。1969 年 9 月,"文化大革命""破旧立新"时改称朝阳居民委员会。1980 年地名普查时,更复新街居委会。

大道公社　1958 年成立大道人民公社,驻地大中镇人民南路 25 号。是年,人民公社时辖南阳、大中、新丰、裕华四镇。1959 年,大中、新丰、南阳、裕华从大道公社划出新建人民公社。1965 年,从大道公社二卯西河北划出 8 个大队,建立大兴人民公社。是年,大道公社总面积 48 平方千米,辖 11 个大队,分别为新民、和瑞、刚强、红花、泰西、泰丰、双喜、利民、恒北、恒南、恒丰大队。大道公社有 79 个自然村,全社人口 2.33 万。1983 年 5 月,大道公社并入大中镇。

阜丰(大兴)公社　1965 年从大道公社划出,以兴旺发达之意取名为大兴公社。该公社因在历史上阜丰乡区域,1981 年更名为阜丰公社。公社机关驻在大中集北端大新路转角与人民北路交汇处。总面积 25 平方千米,辖 7 个大队,分别为阜南、阜丰、阜北、大新、德丰、德西、新德。阜丰(大兴)公社有 39 个自然村,全社人口 13100 余人。1983 年 5 月并入大中镇。

新团公社　明清时期,新团境域有若干盐灶烧盐,该地名由来有两种说法:一说相传新团东滩有一庙宇,名福星庵(建于清光绪二年),庵前由一园塘形似坛,"坛"和"团"谐音故又称新团。另一说,新团是东、西、南、北之后所建之团灶,故名新团。相传明洪武年间,卢、東、蒋三姓由苏州等地迁至刘庄,弘治年间又迁入新团煎盐,遂成聚落。1958 年,成立新团卫国人民公社,社址驻会新团小街。1951 年,新团卫国人民公社划为新团、龙堤两个人民公社。是年,新团人民公社下属新团、光明、新联、永久、长安、河口、灶圩、同圣、兴隆、建设、龙福、老坝、南灶、八灶、营南 15 个大队和新团小街。

裕华公社　裕华始名“金墩子”。1922 年，建立裕华垦植公司。1929 年，国民政府建立裕华乡。1943 年，人民政权将裕华乡改为朝荣乡。1958 年，从大道人民公社划出，建立裕华人民公社。是时，下辖裕华、元丰、晋丰、晋北、福东、福丰、丰裕、万丰、忠跃、海防、朝荣、锦龙、天祥、海丰、天北村和裕华小街。

根据盐城专署 1981 年 31 号文件批复，大道、裕华、阜丰、新团四个公社更改大队名称 21 个（见下表）。

1981 年各公社大队名称更名对照表

表 6－6－6

公社别	大队原名	大队更名	公社别	大队原名	大队更名
大道	合意	泰丰	裕华	荣兴	朝荣
	美满	恒北		富裕	锦龙
	长春	恒丰		天北	天祥
	联盟	恒南		太源	天北
	超产	泰西		玉华	裕华
裕华	民裕	元丰		兴旺	忠跃
	五星	晋丰	新团	北灶	灶圩
	宝塔	晋北		卫国	南灶
	高潮	福东		远景	八灶
	高产	福丰	阜丰	新星	德丰
	努力	万丰			

1993 年 10 月 6 日，大丰县地名委员会对县城路、街、巷、桥进行重新命名：

1993 年大丰县县城路道命名情况表

表 6－6－7

道路名称	起　讫	道路名称	起　讫
大　刘　路	百货商场至大丰桥	人民南路	健康路转盘至南环路
人民北路	健康路转盘至磷肥厂	健康东路	现轻工商场至三纺厂
健康西路	工商银行至西外环路	康平南路	健康东路至二卯酉河至南内环路
康平北路	健康东路至长乐路	西内环南路	健康西路向南至南环路
西内环北路	健康西路向北至北环路	工　农　路	人民南路至化工厂
南　环　路	东环路南首至西内环路南首，以人民南路为界分东、西路	东　环　路	健康东路东首至南环路
北　环　路	人民北路至西内环路	陵　园　路	人民北路至染织厂
陵园西路	人民北路向西至建业路	大　华　路	人民南路向东至裕华
育红西路	人民南路至跃进河	育红东路	人民南路至康平南路
长　乐　路	大新路至康平北路	供　电　路	建业路至西内环路

续表6-6-7

道路名称	起　讫	道路名称	起　讫
飞达东路	人民北路至东二里半复河	飞达西路	人民北路至西内环路
南内环东路	二中桥向东至东环路	南内环西路	二中桥向西至西内环
河南东马路	人民桥向东二里半	新　街	老大桥向南至育红广场
大新路	老大桥向北至人民北路	建业路	工农路向北至北环路
城新路	大刘路向南至新民村		

1993年大丰县县城巷道命名情况表

表6-6-8

巷道名称	起　讫	巷道名称	起　讫
原种巷	种子公司西侧、大刘路至育红西路	农机巷	农机公司东侧、大刘路向南至育红路
盐库巷	原盐库西侧、大刘路至育红西路	迎宾巷	科委西侧、大刘路至育红西路
幸福巷	县政府西侧、大刘路至育红西路	幸福南巷	育红西路至南内环西路
影视巷	电视台西、大刘路至二印厂	大刘新村	大刘路中段至育红西
大刘新村一巷	交通局宿舍南至大刘新村南首	大刘新村二巷	育红西路至大刘新村南首
实小巷	实小东、育红东路至南内环东路	育红巷	链条厂东、育红东路至南内环东路
宾归巷	港务楼北、人民南路至新街东巷	院前巷	港务楼南、人民南路至新街东巷
新街西巷	原房产公司南、人民南路至新街	新街南巷	新街至新街东巷
新街东巷	河南浴室东、东马路至育红东路	民新巷	新华书店、人民南路至生产巷
环卫南巷	环卫所西侧、工农路至二卯西河	环卫北巷	工农路至健康西路
港机巷	物资局西、健康西路至工农路	民主巷	台北饭店北侧、人民南路至光明巷
外贸巷	外贸公司西、健康西路至供电路	光明巷	迎宾商场西、大华路至银行宿舍
银行巷	中行南、人民南路至大新路	电影院巷	电影院南侧、人民南路至大新路
文教巷	教育局南、人民南路至大新路	军政巷	人武部东侧、健康东路至大华路
康利巷	滩涂局东侧、健康东路至大华路	职工巷	供校东侧、健康东路至大华路
内衣巷	内衣总厂东侧、健康东路至大华路	城建巷	建设局西、健康东路至陵园路
工商巷	工商局西侧、健康东路至陵园路	电管巷	电管路西侧、健康东路至陵园路
卫生巷	卫生局西侧、健康东路至陵园路	医政巷	人民医院东侧、健康东路至陵园路
镇小东巷	镇小东侧、陵园路至飞达路	富民巷	农行南侧、人民北路至大新路
大中巷	大中商场北侧、人民北路至大新路	五金巷	大新路到康平路
医药巷	医药公司北侧、人民北路至大新路	北储蓄巷	城北储蓄所南、人民北路至大新路
轮机巷	城北粮站南、人民北路至大四河	纺织巷	人民北路至大四河
康民巷	县财政局东、健康东路至城中菜场		

1993 年大丰县县城桥梁命名情况表

表 6－6－9

桥梁名称	位　置	桥梁名称	位　置
人民桥	人民南路、二卯酉河上	大新桥	新街北首、二卯酉河上
红旗桥	小天鹅舞厅东北角、生产河上	东马路桥	轧花厂河上
工农桥	工农路、大四河上	育红桥	育红路、生产河上
红花桥	大刘路、红花河上	健康桥	健康西路、大四河上
飞达桥	飞达西路、大四河上	城西桥	西内环路、二卯酉河上
城南桥	南环路、生产河上	二中桥	二中东南角、生产河上
城北桥	北环路、大四河上	酒厂桥	人民北路、阜丰中心河上
东环桥	东环路、二卯酉河上（城东桥）	红星桥	西内环路、红星河上

1996 年 8 月，为适应市区建设的开拓发展，规范城市的路、桥名称，市委、市政府决定对市区的路、桥重新命名。1997 年 1 月 22 日，大丰市地名委员会对市区 18 条路、23 座桥正式命名。

1997 年大丰市市区路、桥更名、命名一览表

表 6－6－10

类别	标准名称	起　讫	标准名称来历	备　注
街道（路）	南翔路	东起恒泰桥，西止开发区大道转盘	此路居城市之南，取经济腾飞之意	原南环路
	益民路	东起城郊五组东南侧，西止新民五组东南侧	取有益于人民之意	
	育红路	东起链条厂东侧，西止忠诚服务社西侧	取培养下一代之意	
	黄海路	东起原城东桥南侧，西止大丰桥	取路居黄海之西意	原大刘路、东马路
	大华路	东起大华机械厂，西止医药公司一门市西侧	取伟大中华意	
	工农路	东起人民商场东南侧，西止建筑工程处	取工农联盟之意	
	健康路	东起健康路东端桥，西止新德四组二排六号偏北中心	路设健康机构，取保障健康之意	
	幸福大街	东起染织厂东侧，西止新德四组四排六号南侧	取大丰人民生活幸福美满之意	原陵园路、供电路
	飞达路	东起同德三组北一排东南侧，西止新德五组六排六号南侧	取“飞达”牌产品畅销全球之意	
	北兴路	东起阜丰桥，西止德丰二组一排六号南侧	此路居城市之北，取兴旺发达之意	原北环路
	东宁路	南起恒泰桥，北止阜丰村	此路居城市之东，取康泰安宁之意	原东环路
	康平路	南起泰西五组六排十五号南侧，北止阜丰十一组四排十一号南侧	取健康平安之意	
	大新路	南起东方商厦东侧，北止城郊信用社宿舍楼西北侧	意为大丰城通往新丰镇，各取一字命名	原大新路、新街
	人民路	南起良种桥，北止北中心河桥	取大丰人民交通大道之意	
	建业路	南起农资公司西侧，北止缫丝厂东侧	取建设大丰共创业绩之意	

续表 6－6－10

类别	标准名称	起　讫	标准名称来历	备　注
街道(路)	金丰大街	南起红花村部西侧，北止红星桥	取“金大丰”之意	原西内环路
	常新路	南起新民村白果林，北止德丰桥	取大丰经济日新月异之意	
	西康路	南起开发大道转盘，北止德丰二组一排六号南侧	此路居城市之西，取人民康乐富强之意	原开发大道
桥梁	大丰桥	位于市公路站西侧，跨越斗龙港的桥	原名不变，取进入大丰首桥之意	
	劲力桥	位于开发大道北端，跨越二卯西河的桥	以大丰化肥厂“劲力”牌商标命名	
	银都桥	位于大丰车站东北侧，越二卯西河	以银都集团单位名称命名	原城西桥
	人民桥	位于新华书店北侧，跨越二卯西河的桥	取大丰人民交通大道之意	原东方红桥
	大新桥	位于古楼饭店西北侧，跨越二卯西河	大丰城通往新丰镇，名取一字命名	原严华桥
	丰山桥	位于黄海制药厂西南侧，跨越二卯西河桥(城东桥)	以丰山集团单位名称命名	原城东桥
	珍丰桥	位于花炮厂东南侧，跨越西子午河桥	以珍丰集团单位名称命名	原环城桥
	益民桥	位于二中东南侧，(二中桥)跨越西子午河的桥	取有益于人民之意	原二中桥
	育红桥	位于大中镇医院西南侧，跨越西子午河的桥	原名不变，取培养下一代之意	
	红旗桥	位于新华书店西北侧，跨越西子午河的桥	原名不变，取红旗飘扬之意	
	工农桥	位于农资公司东南侧，跨越大四河的桥	原名不变，取工农联盟之意	
	健康桥	位于大丰影剧院东南，跨越大四河的桥	路设健康机构，取保障健康之意	
	幸福桥	位于供电局东南侧，跨越大四河的桥	取大丰人民生活幸福美满之意	
	飞达桥	位于森威集团西侧，跨越大四河的桥	原名不变，取“飞达”牌产品畅销全球之意	
	北兴桥	位于酒厂西南侧，跨越大四河的桥	路居城市之北，取兴旺发达之意	原城北桥
	恒泰桥	位于泰西五组东南侧，跨越恒泰河的桥	原名不变，以跨越恒泰河取名	
	健东桥	位于健康路东端，跨越复河的桥	以桥居健康路东端取名	
	幸东桥	位于染织厂东南侧，跨越复河的桥	桥随路名，取桥居幸福大街东端之意	
	阜丰桥	位于阜丰十组东南侧，跨越复河的桥	原名不变，取桥居阜丰村境之意	
	红星桥	位于大新排灌站南侧，跨越红星河的桥	原名不变，取红星照耀之意	
	德丰桥	位于职中东南侧，跨越红星河的桥	原名不变，取路居德丰村境之意	
	红花桥	位于市加油站西北侧，跨越红花中心河的桥	原名不变，取跨越红花中心河北端之意	
	黄海桥	位于大丰浴室东北侧，跨越大中轧花厂专用河的桥	桥随路名，取路居黄海之西	原东马路桥

说明：道路划界：东西路以金丰大街为界、南北路以幸福大街为界

2009年9月，进行第二次地名普查。2010年8月区划调整后，大中镇先后对29个村、23个居民委员会、4所学校、39个企事业单位进行更名。全镇街、路、巷名称作全面调查，重新制作更换门牌3981个，村牌29个，新命名85条街巷名称，收集录入国家地名数据库新地名数据521条。整合后的大中镇208个地名统一编入大丰市区划数据库。2014年，大丰地名办又进行补充。

2010 年大中镇地名录

表 6－6－11

类别	标准名称	备　注
园区	现代高效农业示范区(丰收大地)	含义旨在推广高效农业,实现农民致富。阜丰村境内,2008 年 7 月成立,面积 1.33 平方千米
	大中镇工业园区	大中镇工业园区,2001 年设立,总面积 20 平方千米,核心区占地面积 2.33 平方千米,东临泰丰村,南与南阳交界,西至红花村,北沿南翔路
	城东中小企业园	位于大丰市新城东部的全民创业企业集中地,2008 年新建,范围疏港路与陈李线交界处,面积 1.67 平方千米
行政村	八灶村	范公堤东南向西北顺序第 8 个盐灶处,故名,2001 年营南、八灶合并,沿用八灶地名
	大新村	因地处大新路边,解放初为新星村,1958 年改为大新大队,1983 年改大新村
	德丰村	沿用德丰区名。解放初设德丰乡,1983 年改德丰村,2001 年与德西村合并沿用其名
	阜北村	1983 年后沿用现名
	阜丰村	1946 年土改时曾是阜丰乡政府驻地,故名,1983 年后沿用现名
	阜南村	解放初隶属阜丰乡,因处阜丰乡南匡而得名,1958 年改阜南大队,1983 年后沿用现名
	光明村	解放初为二村,1958 年改光明大队,1983 年后沿用现名,2001 年新联村并入
	和瑞村	解放初为和瑞乡,1958 年改为和瑞大队,1983 年后沿用现名
	恒北村	解放初隶属恒丰乡,因处恒丰乡北匡而得名,1958 年改美满大队,1983 年改为恒北村
	恒丰村	解放初期为恒丰乡,恒丰乡所在地,1958 年改长春大队,1983 年改为恒丰村
	恒南村	解放初隶属恒丰乡,因处恒丰乡南匡而得名,1958 年改联盟大队,1983 年改为恒南村
	红花村	寓标兵、光荣意。解放初属瑞丰村,1958 年改为红花大队,1983 年改为红花村,2001 年与刚强村合并仍用现名
	建设村	解放初为南灶七、八村,1958 年改建设大队,1983 年改为建设村,2010 年划归大丰经济开发区管辖
	老坝村	解放初为爱邦乡,1958 年改老坝大队,1983 年改为老坝村,2001 年与南灶村合并
	利民村	1953 年于此建黎明高级社,1958 年改为利民大队,1983 年改为利民村
	龙福村	清朝光绪年间于此建“龙福庵”得名,相传至今。解放初为南灶村,1983 年改为龙福村,2001 年与兴隆村合并仍现名
	双喜村	解放初原泰丰乡,1958 年改双喜大队,1983 年改为双喜村
	泰丰村	曾是泰丰乡所在地,1958 年改为合意大队,1983 年改为泰丰村
	泰西村	解放初隶泰丰乡,1958 年改超产大队,1983 年改泰西村,2001 年与城郊村合并定名泰西村
	同德村	1956 年同丰、德丰两乡合并建同德乡,1958 年改同德大队,1983 年改为同德村
	新团村	因是刘庄场最后一个新建的团灶,故名,1958 年改新团大队,1983 年改新团村,2001 年与永久村合并仍沿用现名
	朝荣村	1946 年以烈士陈朝荣命名朝荣乡,1980 年改为朝荣村,1958 年改为荣兴大队,1983 改为朝荣村,2001 年与锦龙村合并定今名
	丰裕村	丰产丰收生活富裕之意取名,解放初为丰裕村,1958 年改丰裕大队,1983 年改丰裕村
	福丰村	取福丰区名,1958 年改高产大队,1983 年改为福丰村,2001 年与福东村合并沿用现名
	海防村	地处黄海前哨,故名。解放初为东坝头村,1958 年改为海防大队,1983 年改为海防村
	海丰村	海边丰收之意,解放初为海丰村,1958 年改为海丰大队,1980 年复海丰村,2001 年与天北村合并沿用现名

续表 6－6－11

类别	标准名称	备　　注
行政村	晋北村	解放前为晋广乡,1958 年命名为宝塔大队,1980 年更名晋北大队,1983 年改为晋北村
	晋丰村	解放初为晋丰村,1958 年改为五星大队,1983 年更复为晋丰村
	天祥村	烈士陈天祥牺牲地命名,解放初为天北村,1958 年改天北大队,1980 年更名为天祥村
	万丰村	万丰区名,1946 年土改时为烈士乡,1951 年更名为万丰乡,1988 年改为努力大队,1983 年又改为万丰村,2001 年与忠跃村合并定今名
	元丰村	元丰区名,解放初为元丰村,1958 年改为民裕大队,1981 年又改为元丰村
居委会	滨河居委会	滨临二卯河,故名,2009 年新增设东至常新南路,西至职教中心,南至二卯西河,北至健康西路
	城中居委会	位于城区中心而得名,1994 年成立沿用现名
	大华居委会	大中集至裕华镇沿街,故名,1968 年改为东风居委会,1978 年更复现名至今
	大刘居委会	位于大中镇至刘庄沿线,1966 年改为红旗居委会,1980 年地名普查时恢复原名至今
	大新居委会	位于大中镇驻地北端,取大丰日新月异之意,解放前为大中镇第 16 保域地,1957 年由大新街合并建立大新居委会,1966 年改为革命居委会,1980 年恢复现名
	东宁居委会	2001 年从大华、健东两居委会划出后因靠东宁路而得名
	飞达居委会	意为飞黄腾达,2000 年建立,原大新 1～7 村合并而建,东起二柏河,西至大兴路,南起飞达路,北至阜丰 12 组
	建业居委会	以建功利业之意取名,东起大四河,西至金丰路,南起健康路,北至北兴路
	健东居委会	1983 年体制改革时,由大新居委会划出建立健康居委会,1994 年又划出建立健东居委会,地处健康东路
	健西居委会	地处健康西路,故名。2001 年,由建业居委会划出新建,东起金丰南大街,西至常新南路,南起健康西路,北至北兴路
	康平居委会	取居民在此健康平安之意,得名。1983 年体制改革时,由大新居委会划出新设,东起康平南路,西至大新南路,南起健康东路,北至幸福东大街
	老街居委会	始建于 1927 年,大丰县城最早的一条街,故名。解放前为节约街,1966 年改名胜利居委会,1980 年地名普查时恢复现名
	人民北路居委会	位于人民路北沿线,故名。1983 年建立,东至大新路,南起幸福路,西至大四河,北至大丰酒厂红星河南
	西河口居委会	紧靠斗龙港,故名。2003 年元月由水上居委会改名至今,东起西康路,西至斗龙港,南起二卯西河,北至同德 6 组、新丰 4 组
	新村居委会	1974 年建立,1983 年改为大刘新村居委会,2001 年改为新村居委会,东起建工巷,西至金丰路,南起南翔路,北至二卯西河
	新德居委会	2009 年撤队转户后新增设,东至常新南路,西至大丰中学新校址,北至瑞城国际苑,南起健康西路
	新街居委会	解放初为自由街,1957 年与新民街合并得名,1980 年地名普查后沿用现名至今
	沿河居委会	位于二卯西河沿岸,故名。1983 年成立,东起大四河,西至常新南路,南起二卯西河,北至健康西路
	育红居委会	因紧靠育红路而得名,2001 年从老街划出新建,东起生产河,西至建工巷,北起二卯西河,南至南翔路
	新团居委会	1991 年 6 月,经盐城市人民政府批准成立,以新团庄命名。2001 年区划调整后,隶大中镇政府管辖。东起灶圩村,西至新团村,南起新团河,北至大刘路。为新团小街
	裕华居委会	1922 年,裕华垦植公司向大丰盐垦公司购置此地,1946 年土改时期为垦北区朝荣乡,1958 年公社化时改为玉华大队,1982 年改为裕华居委会至今,为裕华小街

续表 6-6-11

类别	标准名称	备　注
生活小区	镇南一村	位于镇区南侧,故名,1985 年人民南路拓宽形成的拆迁居民安置点
	镇南二村	位于镇区南侧,东临镇南一村,故名,1985 年人民南路拓宽拆迁安置点
	镇南三村	位于镇区南侧,东临镇南二村,故名。1985 年人民南路拓宽拆迁安置点
	镇南四村	位于镇区南侧,东临镇南三村,故名。1986 年新规划居民点
	镇南五村	位于镇区南侧,东临镇南四村,故名。1987 年新规划居民点
	育红河西一村	位于育红桥,生产河西侧,故名。1972 年规划居民住宅区
	育红河西二村	东紧临育红河西一村,故名。1984 年规划居民住宅区
	浦江名苑	由浦江置业有限公司开发,2007 年 3 月新建
	沿河一区	1995 年开发,2005 年与原皮革厂、物资局合并称沿河一区
	恒生商城	1999 年恒生房地产公司开发
	建业居民小区	1980 年原同德八组撤队转户新建
	教师公寓	1998 年 10 月建成
	解困房小区	2007 年 1 月建成,安置困难拆迁户
	恒生南苑	由恒生集团开发建设,故名,2002 年建成
	新村社区居民点	20 世纪 60 年代,影视巷居民点构成,属红旗居委会,1983 年红旗居委会分成新村、大刘两个居委会,1997 年影视巷、新村巷、城郊八组统一称为新村社区居民点
	大新新村	依照大新路命名,1989 年建成
	西河口小区	1987 年称水上新村小区,2003 年改称西河口小区
	长乐新村	依照长乐路命名,1995 年设立
	汇豪嘉苑	汇豪开发公司 2006 年 12 月开发建设,故称
	建西二村	以健康西路定名,1983 年 10 月为同德村六组,2001 年撤队转户改称建西二村
	建西三村	以健康西路定名,1996 年为同德村七组,2001 年 12 月撤队转户改称为健西三村
	建西四村	以健康西路定名,1994 年建立同德村八组,2001 年 12 月撤队转户更名建西四村
	同德农民公寓	以同德村命名,1996 年 6 月建成
	飞达西路解困房	以飞达西路命名,2005 年 6 月建成
	飞汽北居民区	以飞轮厂液化汽站命名,1995 年 8 月建成
	大刘居民区	1994 年因大刘路拆迁,1997 年城郊六组撤组并入大刘居委会而形成的居民区
	金宇广场	金宇房产公司 2005 年开发建设
	大力集团宿舍区	以厂命名,1998 年建成
	阜丰小区	以村命名
	上海花园	东至常新路、南至南翔路
	恒达世纪新城	北至黄海东路、西至朝阳河
	浦江名苑	东至健康巷,南至工农西路,西至建西一号地块,北至健康西路
	阳光城	东至广场路,南至工农路,西至朝阳路,北至健康西路
	银河花园	东至百富达小区,南至育红路,西至新民中心河,北至万佳装饰城
	丰和丽都花苑	东至康平南路,南至育红路,西至天力公司宿舍区,北至黄海路

续表 6－6－11

类别	标准名称	备　　注
生活小区	永泰国际广场	东至人民南路,南至健康路,西至大四河,北至幸福大街
	富贵园	黄海西路以南,市航道管理站以西,百富达别墅区以北,万佳装饰城以东
	金丰华庭	汽车南站以北,大众汽车维修站以南,金丰南大街以东,富民一村、三村以西
	聚龙苑	常新南路以西,黄海西路以南,市航道站以东,育红西路以北
	丰中名邸	健康东路以南,财政巷以东,大华路以北,康平小区以西
	三水嘉苑	健康西路以南,阳光城以东,工农西路以北,常新南路以西
	御景嘉园	阳光城以西,西康路以东,健康路以南,工农路以北
	维罗纳	幸福西大街以南,西康南路以东,健康西路以北,新德中心河以西
	兴达大坂城	位于金丰大街二卯西河南段路西侧分 A、B、C 三个区
	金润嘉园	幸福西大街以北,西康路以东,飞达西路以南,新德中心河以西
	金宇景苑	黄海西路以南,金丰南大街以西,育红西路以北,银鑫酒店西侧巷道以东
	蝴蝶湾	新民居委会 8 排田南侧机耕道以北,南翔西路以南,新民居委会 7 排 12－13 号田条沟中心以西,西康南路以东
	海州花园	百富达小区以南,益民西路以北,常新南路以西,新民村四组以东
	永宁花苑	204 国道以西,南干道以北,新中路以东,丰产河以南
	银泰华城广场	飞达路以北,人民北路以东,新村路以南,阜丰村以西
	欧蓓莎城市广场	人民北路以西,大四河以东,森丰集团以北,亚丰针织厂以南
	朝阳景都	东至恒泰河,南至朝阳河,西至康平南路,北至黄海东路
	上川钢材市场	疏港路与康平北路交汇处
	悦城华府	飞达路以北,金丰大街以东,建业路以西
	上城华府	申丰路以西,大丰市开发区商贸区 F－12 地块
	东盛花园	南翔东路以北,南排河以南,人民南路以西,影视巷以东
	花都美食城	飞达东路以南,东宁路以东
	东方绿洲花园	原裕华镇胜利路东侧,建业路西侧,裕东路以北
	丰和名都花苑	人民南路东侧,大中镇工业园区园之路西侧,南环路北侧
	金隅家园	健康东路南侧,原商校地块
	银杏湖花苑	益民路以北,育红路以南,常新路以东
	富民农副产品批发交易市场	疏港路以北,春柳路以西,纬一路以南,东港路以东(以上部分路名为暂定名)
	香榭丽花园	幸福东大街以北,春柳路以西
	水晶花园	新团社区振兴路以南,人民路以西
	海聚汽配城	疏港路以北,金丰北大街以东
	水岸豪庭	疏港路以北,金丰北大街以东
	香堤雅郡花苑	幸福西大街以北,飞达西路以南,常新路以西,建设路以东
	名校嘉园	飞达西路以北,同德村与德丰村分界河以西
	同德大厦	常新北路以东,飞达西路以北

续表6－6－11

类别	标准名称	备　　注
生活小区	品尚雅居	幸福西大街以北，飞达西路以南，常新北路以东
	逸品佳苑	黄海西路南侧，原汽车站地块
	香颂园	南翔东路以北，原五中地块
	海棠花园	幸福东大街以北，飞达东路以南，五一河以西
	荣润首席华府	健康西路以北，幸福西大街以南，建设路以东
	青苹果商务楼	飞达东路以南，大丰市高新技术区五一公园5#地块
	江南银行大厦	飞达东路以北，大丰市高新技术区五一公园7#地块
	来茵城	春柳路以西，飞达东路以南
	城南家园	南翔东路以南，人民南路以东，汇丰路以西
	德惠花园	西康路西侧，北兴路南侧
	万和花园	新村路北侧，市特殊学校东侧
	新东苑	康平路东侧，新村路北侧
	润富花园	育红东路南侧，康平南路东侧
	同福花园	西康路东侧，飞达路北侧
	同惠花园	飞达西路以北，金丰北大街以西
	华惠花园	东宁路西侧，大华路北侧
	翰林华府	城东新区冬柏路西侧，通港大道南侧，北兴路北侧，鹿鸣路东侧
	瑞丰花园	市经济开发区张謇西路南侧，申丰路西侧
	新都华府	大中镇新团社区大刘路以南
	鸿基豪庭	幸福西大街南侧
	临银苑	益民西路北侧
	达惠花园	飞达东路南侧
	鸿基商务大厦	大丰市高新技术区五一路东侧，公园路南侧
	苏农农机广场	通港大道（原疏港路）北侧，春柳路东侧（以上路名为暂定名）
	瑞丰商贸中心	通港大道（原疏港路）北侧，二里半复河西侧．
	舜景名府	育红东路以南，益民东路以北，金丰南大街以东，影视巷以西
	汇坚商贸城	通港大道以北，疏港运河以南
	山水城	市经济开发区张謇西路南侧，申丰路西侧
	康桥花园	高新技术区幸福东大街以南，五一路以东，花园南路以西
	碧水豪庭	市高新技术区花园南路西侧，大华东路北侧
	印象城	市城东新区飞达东路北侧
	瀚华苑	大丰市飞达东路北侧，东宁路西侧
	丰尚嘉苑	通港大道北侧，人民北路西侧
	丰尚商务中心	通港大道北侧，人民北路西侧
	星河名园	幸福东大街南侧，大中路东侧
	清华源公寓	东至西康中路，西至西侧住宅楼，南至工农西路，北至实验小学新校区

续表 6-6-11

类别	标准名称	备注
生活小区	苏尚商业广场	市经济开发区南翔西路南侧,申丰路东侧
	香格里花园	城东新区东至春柳南路,南至健康东路,北至幸福东大街
	公园新寓	东至施耐庵公园,西至长乐小区,南至苗苗幼儿园,北至长乐路
	碧桂园	高新技术区东至高丰南路,西至花园南路,南至健康东路,北至幸福东大街
	御湖世家小区	东至春柳北路,南至新村东路
	上尚城	西至人民南路,南至张謇东路
	富冉居	人民南路东侧,南翔东路北侧
道路	226 省道	由陈港通往李堡取名,原名黄海公路,后定为 226 省道,宽 9 米。二级
	刘裕公路	刘庄通裕华而得名,2006 年建成,宽 7 米。二级
	裕海公路	原裕华镇通海堤公路而取名,1975 年建成,宽 7 米。三级
	朝荣中心路	2008 年建成,位于朝荣村境内,宽 3.4 米,长 2.32 千米。四级,水泥砼路面
	丰中公路	连接万丰、丰裕两村,位处两村中,故名。2006 年建成,四级,水泥路,长 5.69 千米
	海防北路	2007 年建成,位于海防村北,长 1.49 千米,宽 3.5 米,四级,水泥路面
	海丰路	2006 年建成,位于海丰村内,长 3.5 千米,宽 3.5 米,四级,水泥路面
	锦海公路	2006 年建成,从朝荣村(原名锦龙村)到海丰村,故名。长 9.85 千米。四级
	晋北路	2006 年建成,位于晋北村境内,长 2.25 千米,四级,水泥路
	晋丰路	2006 年建成,位于晋丰村境内,长 2.85 千米,四级,水泥路
	晋元公路	2006 年建成,起自疏港路止元丰村四组,长 5.11 千米,四级,水泥路
	双福公路	2006 年建成,取福东、福丰之意命名,长 2.576 千米,四级,水泥路
	天祥公路	2006 年建成,位于天祥村境内,长 3.5 千米,四级,水泥路
	元丰路	2006 年建成,位于元丰村境内,长 4.79 千米,四级,水泥路
	兴业路	意为大兴事业,2004 年设立,起点南翔路,止点南中心河
	新联中心路	以原新联村村名取名,1971 年修造,起自南七灶河至新团小街
	龙福中心路	1985 年修建,2004 年建成水泥路,长 3200 米。三级
	老坝中心路	1986 年修建,2004 年建成水泥路,长 5000 米,宽 4 米。三级
	汇丰路	2002 年建成,南翔路至红利线,长 450 米,宽 10 米
	红瑞通道	联通红花、和瑞两村,原为泥路,2004 年建成水泥路长 3700 米,宽 3 米。三级
	红利中心路	红花至利民,2004 年建成水泥路,长 6250 米,宽 3.5 米。三级
	红花村中心路	贯通红花村南北,三级,水泥路
	恒泰中心路	贯通恒丰片三村并通泰丰村,2004 年建成水泥路,长 7500 米,三级,水泥路
	恒丰中心路	1988 年前为泥路,2007 年建成,三级,水泥路,长 3750 米
	恒北中心路	2007 年建成,三级,水泥路,长 3750 米
	富康路(南北向)	2007 年建成,三级,水泥路,起富民路止南中心河,长 1250 米,宽 8 米。三级
	阜丰中心路	横贯阜丰村东西,长 3750 米,宽 3.5 米,三级,水泥路,2004 年建成
	阜丰南北中心路	贯通阜丰片三村,2005 年建成,三级,水泥路,长 3750 米,宽 3 米
	阜北中心路	横贯阜北村东西,2004 年建成,三级,水泥路,长 3750 米,宽 3.5 米

续表 6－6－11

类别	标准名称	备　　注
道路	大隆路	大隆至新团，1972 年挑光明河形成泥路，1983 年砖路，2007 年改成柏油路。二级
	大德中心路	贯通大新、德丰两村的中心路，2006 年建成，三级，水泥路，长 3000 米，宽 3 米
	北兴路	意城北兴旺。1990 年名北环路，1996 年改北兴路，长 3900 米，宽 15 米，一级，主干道
	八灶中心路	1979 年兴建，原营南、八灶中心路，2001 年两村合并后取现名，长 3100 米，宽 4 米
	先烈路	1953 年建成，起自王大线止建设路，长 400 米，宽 4 米，位于裕华小街
	富东路	1991 年建成，裕华镇商业中心
	建设路	标志建筑：裕华银行、税务、医院等设施，长 2200 米，宽 7 米。二级，水泥路
	裕西路	位于裕华街西，故名。1996 年建成，长 2000 米，宽 7 米。二级，柏油路
	裕东路	位于裕华街东，故名。1996 年建成，长 2000 米，宽 7 米。二级，柏油路

2007—2013 年大中镇道路命名情况表

表 6－6－12

名称	长度（米）	宽度（米）	起　点	终　点	建设时间	命名时间	名称	长度（米）	宽度（米）	起　点	终　点	建设时间	命名时间
盐城路	1610	12	原共建西路	七灶河	2007	2008	通达路	750	9	张謇路	南环路	2011	2012
常州路	1430	12	原共建东路	原纬三路	2007	2008	通瑞路	470	9	新和路	和瑞八组	2011	2012
共建路	1080	12	原盐城路	原大丰路	2007	2008	众和路	480	12	灶圩路	纬十二路	2011	2012
常青路	1150	12	原盐城路	原大丰路	2007	2008	润和路	490	12	灶圩路	纬十一路	2011	2012
友谊路	1220	12	原盐城路	原大丰路	2007	2008	金海路	2600	26	新团河桥	永圣路	2011	2012
团结路	1270	12	原盐城路	原大丰路	2007	2008	富康路	1125	6	兴园路	南中心和	2011	2012
永瑞路	868	15	原纬三路	七灶河	2007	2008	南环路	3370	19	春柳路	常新路延伸	2011	2012
永中路	782	15	原纬三路	七灶河	2007	2008	瑞丰路	1810	15	常新路	富康路东	2011	2012
永强路	852	15	原纬三路	七灶河	2007	2008	永盛路	680	15	南环路	滨河西路	2011	2012
永嘉路	691	15	原纬三路	原纬四路	2007	2008	滨河路	3480	16	金丰大街延伸	春柳路	2011	2012
鹏程路	2300	19	原二号路	原四号路	2007	2008	恒北路	2100	16	人民南路	春柳路	2011	2012
张謇路	5775	19	原盐城路	常新路	2007	2008	永创路	1220	15	张謇路	南中心河	2011	2012
宏图路	4700	15	原盐城路	常新路	2007	2008	春柳路	2700	16	南翔大道	恒北路	2011	2012
宏源路	1050	15	原二号路	原三号路	2007	2008	校园路	690	20	飞达路以北	德丰安置点	2012	2013
聚源路	1050	12	原二号路	原三号路	2007	2008	五一路	2290	41	通港大道	大华路	2012	2013
汇源路	1050	15	原二号路	原三号路	2007	2008	花园路	1409	20	北兴路	大华路	2012	2013
金阳路	1360	15	南翔大道	原纬三路	2007	2008	高丰路	2185	32	北兴路	大华路	2012	2013
金辉路	1220	15	南翔大道	原纬三路	2007	2008	广丰路	2183	22	北兴路	大华路	2012	2013
昌平路	1410	30	黄海路	南翔大道	2007	2008	万丰路	2287	41	通港大道	大华路	2012	2013
昌盛路	475	12	黄海路	原纬四路	2007	2008	裕丰路	2176	32	北兴路	大华路	2012	2013
大奇路	980	9	黄海路	南翔大道	2007	2008	沪丰路	2162	24	北兴路	大华路	2012	2013
永为路	2050	15	332 省道	锦丰路	2011	2012	福成路	2266	42	通港大道	大华路	2012	2013

续表 6－6－12

名称	长度（米）	宽度（米）	起　点	终　点	建设时间	命名时间	名称	长度（米）	宽度（米）	起　点	终　点	建设时间	命名时间
永跃路	1906	15	332 省道	锦丰路	2011	2012	锦绣路	2600	25	五一河	万丰一匡河	2012	2013
永圣路	2523	15	332 省道	锦丰路	2011	2012	沅丰路	520	12	通港大道	锦绣路	2012	2013
永鼎路	1093	12	东竖河	锦丰路	2011	2012	泽丰路	530	12	通港大道	锦绣路	2012	2013
永福路	1000	12	申丰路	锦丰路	2011	2012	沐丰路	530	12	通港大道	锦绣路	2012	2013
新源路	960	9	西康路	斗龙港	2011	2012	济丰路	530	12	通港大道	锦绣路	2012	2013
新和路	950	9	西康路	斗龙港	2011	2012	沛丰路	530	12	通港大道	锦绣路	2012	2013

说明：表中含市经济开发区道路

吴家桥　位于红花村与和瑞村防洪圩南端，横跨老一卯西河上的一条老木桥，始建于民国初年，因桥两头吴姓居住者多而得名。

茆花墩遗址位于现红花村二组七排七号

“下处”与“茆花墩”　清乾隆十八年（1748），清政府在现红花村境的南端叫“下处”的地方建潮墩一座——茆花墩（具体位置在原刚强村二组）。据史料记载，潮墩高 3 丈，顶部直径 5 丈，底部直径 9 丈，光绪九年（1883），还在墩的四周栽了树木，以固墩基（系草堰场商捐赠树苗），今遗迹尚存。解放后，中国人民解放军总参谋部测绘局在潮墩上设置“三角点”作为军事测量标记。

东坝头　移民兴垦时，大丰盐垦公司开挖二卯西河至裕华集镇东 3.75 千米，并在出口处筑一条顶宽 7.5 千米的大坝，因在二卯西河最东头。1925 年，裕华公司在大坝向西 150 千米处造一座坝头大桥，桥建成后，大坝被挖掘。解放后，创办东坝头小学、东坝头供销社、东坝头收花站、东坝头农场等单位。

老坝口　清道光年间，八灶河自刘庄向东北流经老坝区域，为防卤水倒灌，当地灶民在河中筑坝，春闭秋开，年复一年。由来已久，故称“老坝”。1958 年，命名为老坝大队，今为老坝村。

南锅、北锅　据《兴化县志》中的清嘉庆创庄场图（盐灶）记载，新团地区有南锅、北锅，经查南锅位勒淤港北，原同圣村北部。北锅位于八灶河南，地势低洼，每逢大雨积水成潭，形似锅底故称。原同圣五组、六组和兴隆部分地区为“南锅”，龙福村、老坝九组和建设村北部地区谓“北锅”。

茅脊与双棚子　明末清初，今大中镇泰丰村四组、五组地段形成一条东西走向，南北宽约 250 千米的波浪式锯齿形制高地带，形似半脊梁，地面茅草生长尤为茂盛，清朝末期陆续有移民到此开垦，佃户根据其地形特点，取名“茅脊”。清嘉庆七年（1802），清政府查草堰场大片新淤滩地，其中石港（今新丰）至老蛤蜊港（今德丰村境）之间（新丰的裕丰村境称“小蛤蜊港”），踏勘新淤滩涂湿地 3218.67 公顷，这块诺大土地包括横集、带子集、蒿儿集、大集、浩荡、裤裆港、茅集、花鱼尾、东洋常集和双棚子等10个标志性地名。“茅脊”则在今泰丰村境内,“双棚子”在今新民村境内。

飞机场 1934年,原泰恒棉场为确保从上海等地运载钞票途中不出意外,在今泰丰村3组11排16号至18号田专门建造了一个飞机场。解放战争期间,国民党政府在其旧址上兴工改造成一条宽3千米,长33千米,高3千米的土圩子,作为国民党军的防御工事。解放以后,因战备需要,南京军区决定,将其再改造成飞机场,顶增高到4千米,顶宽1千米,另增设一条宽40千米,长400千米的东南西北向的飞机跑道,改称“泰丰飞机场”,拟作战时飞机加油站。1955年7月25日,省农林厅支持一架安Ⅱ型农用飞机在该机场起降,为大道、新丰两地棉花治虫,后因地面障碍物增多,1959年以后就不再使用飞机治虫了。1970年南字6356部队调防后,靶场遂移交给大丰县人民武装部始作民兵打靶训练基地。

第七节 执法监察

一、法规建设

1986年6月25日,《中华人民共和国土地管理法》颁布(1987年1月1日实施),至此土地管理执法监察工作走上有法可依的法制轨道。

1990年,大中镇下发关于贯彻实施《中华人民共和国土地管理法》的意见。是年,大中镇下发关于成立大中镇基本农田保护检查工作领导小组的通知。

1998年,大中镇下发《关于申请对土地利用总体规划编制的修订成果验收的报告》文件。

2006年,大中镇下发《关于进一步加强土地管理继续巩固提高创建土地执法模范镇成果的通知》。

2007年,大中镇下发《关于进一步开展查处土地违法违规案件专项行动的实施方案》的通知。

2008年,大中镇下发46号文件《关于成立大中镇农村土地承包经营权流转工作领导小组的通知》。

二、法制宣传

1989年,镇土管所初建时期,针对传统的地大物博的土地观念和土地公有观念逐渐淡化的现状,突出土地国情国策的宣传。镇土管所先后举办《中华人民共和国土地管理法》宣传周、专题讲座6次、广播讲话8场,印发各种宣传材料17000多份,举办短期培训4期,受教育群众达8万人次。

1990年,土地国情、国策、国法的宣传形成高潮。全镇写永久性标语800多条,印发各种宣传资料2万份,镇领导进行广播讲话6次,村(场)自办广播节目专题宣传50多次,出黑板报、画廊50期,举办各种培训班18期,流动宣传车1辆到全镇各村(场)进行宣传1周,镇文化站自编自演以土地法规为内容的宣传节目6个,深入到各村组演出20余场次,观众达3000多人次。

1991年,在全国第一个土地日活动期间,结合“二五”普法,紧密配合农村社会主义教育运动,把培训宣传骨干和对群众宣讲土地法规作为宣传的重点,土管所举办培训班4期,培训骨干100余名,向群众宣讲20多场次,农村成人受教育面达90%以上。1992年,组织第二个土地日宣传活动,突出“土地与改革”主题,举办专题广播讲座,由镇领导干部在节目中讲话;举办培训班,培训宣传骨干,召开土地管理工作座谈会,报告会;出动宣传车在全镇各村进行巡回宣传;出黑板报《土地管理》专刊;镇土管所和文办、计划生育、环境保护、司法、共青团、妇联等部门通力合作,联合编印《四项基本国策》宣传培训材料1000多份,分发全镇。同时,深入到部分中小学宣讲有关土地知识以及土地的法律法规,中小学生受教育面达40%,成人知法率达98%。促进全镇三项建设用地走上依法管理轨道。

是年,国家和集体建设用地项目依法报批达100%。1993年6月25日,全国第三个土地日宣传活动,进行依法守法宣传。在宣传依法守法先进事例同时,通报违法案件处理情况,增强广大干部群众土地法制意识。镇土管所利用各种大小会议35余次,走村串户进行专题讲座21场次,镇领导专题广播讲话5次,书写宣传标语300多条。1994年,第四个全国土地日重点突出"土地与市场"主题。除编印宣传材料、出动宣传车外,还制作宣传图版巡回展览。并利用各种机会宣传法律法规、书写标语315条。利用广播及各种会议宣讲,形成"节约土地光荣、浪费土地可耻"的良好社会风气。1996年,第六个全国土地日重点宣传"土地与发展——保护我们的生命线"这一主题,组织广播讲座3次,流动宣传车1辆,在主要道路悬挂宣传标语30余条。1998年,第八个全国土地日宣传重点围绕"土地与未来——节约用地造福后代"主题,组织腰鼓队到市区流动宣传,印发宣传资料1000余份,分发给村组、各事业单位。

2001年8月,大中镇在全大丰市第一批开展村级国土信息员培训班,使全镇广大干群初步了解到中国"人口多、耕地少、土地后备资源缺乏"的基本国情,全镇出现"三多"局面:一是知法的人多了,大部分群众对《中华人民共和国土地管理法》达到"三知",即知土地管理有法,知使用土地要依法,知乱占滥用土地是违法。二是守法的人多了。懂得中国的土地属于国家和集体所有,个人只有依法使用的权利,无所有权(改变用途时必须经政府批准)。三是用法的人多了,对违法用地的事件,能根据《中华人民共和国土地管理法》积极举报。是年,对宣传的内容进行调整,以申报建设用地条件、土地审批权限、建设用地申请办理程序、违法用地的责任等为主要内容,教育干部群众如何依法用地。

2002年,把宣传《中华人民共和国土地管理法》《江苏省土地管理实施条例》当成全年工作的大事来抓,采取多种形式,在全镇上下广泛宣传和普及,结合"6·25"全国土地日进行专题宣传,同时将《土地利用总体规划》绘制成图送到镇党委、政府领导手里以便了解土地利用情况,将与村民相关的法律法规印发至基层。为使土地法规知识的宣传教育做到常抓不懈,持之以恒,土管所坚持抓好村级土地监察员队伍建设,通过例会进行土地管理法律、法规知识培训和土地管理业务知识培训。

2005年,"6·25"第十五个全国土地日紧紧围绕"节约用地、促进科学发展"这个主题,召开全镇广播会议30多次,书写永久性标语300余条,出动宣传车在全镇及市区进行宣传,宣传面覆盖全镇各村组。2007年,开展丰富多彩的宣传活动,形成依法用地、节约用地氛围。将国务院2004年28号决定和2006年31号通知的内容作为全年宣传的重点,利用全镇党员"冬训冬学",开展宣传教育,重点提高基层干部依法用地、珍惜土地的意识;利用"6·25"全国土地日和"五五"普法的时机,组织20多人的腰鼓队和一辆宣传车,撰写宣传材料,开展大张旗鼓地宣教活动。是年,正当金秋时期,市委宣传部、文化局等单位组织市国土局承办一台生动活泼、针对性较强的"金土地"专题文艺节目,在辖区内主要街道和社区、村委会进行驻村设点宣传。同时把国务院的决定和通知、《江苏省土地管理实施条例》、大政发〔2006〕

土地执法宣传

41 号文件等 8 个国土资源管理方面的内容，编印成小册子，分发到镇党委、政府主要领导、企事业单位负责人、村组干部手中。另外为加大信息报道和工作研究文章的发表力度，全年在《中国国土资源报》《江苏土地》《江南时报》《盐城晚报》《盐城国土通讯》等报刊杂志发表十余篇。2008 年，第十八个全国土地日围绕"坚持耕地红线，节约用地，构建保障和促进科学发展的新机制"这一宣传主题，重点宣传土地使用制度改革 30 周年所取得的成绩，推进科学发展的新举措以及保护土地资源的新政策，进一步推动国土资源法律法规在基层全面普及。并组织宣传车、腰鼓队入社区、进村组，印刷宣传品，出刊宣传戗牌等形式，制定学习培训教育计划，组织镇、村、组负责人专题培训 2 次，农房员培训 2 次。2009 年，第十九个全国土地日突出以"保障科学发展，保护耕地红线"这一宣传主题，在宣传方式上改变过去喊喊口号、发发资料的老一套，侧重"三个结合"：一是将固定设点宣传与流动宣传相结合，进一步扩大宣传范围；二是将节日宣传与日常宣传相结合，把进村到企、入户服务与宣传有机相结合，放长宣传时效；三是将单一宣传与复合宣传相结合，在宣传内容上摘录、选读政策法规，采取针对性宣传，在宣传方式上采用群众喜闻乐见、灵活多样的宣传形式，提高广大干群的接受率。

2010 年，第二十个全国土地日围绕"土地与发展方式转变——依法管地，节约用地"这一宣传主题，结合进村入户活动重点宣传国土资源管理法律法规，推进科学发展的新举措，保护土地资源的新政策，利用多种形式开展送戏送法下乡活动。

三、来信来访

1986 年，《中华人民共和国土地管理法》颁布以后，大中镇明确组织接待土地信访工作由镇信访办负责接待受理。1990 年 1 月后，涉土信访由镇土管所负责。

1992 年，依据《江苏省土地管理信访工作实施细则》，并结合大中镇土地管理工作的现状，认真总结前几年信访工作的经验教训，使信访工作走上科学化、规范化的轨道。是年，重大信访案件由领导亲自接待处理。全年结案率达 95% 以上。

1993 年，镇土管所收到人民来信 20 余封，来访人员 50 多人。

1994 年，全年接待来信来访 80 多人次。

1999 年，接待来信来访 32 人次，处理来信 17 封。

2002 年，土管所接受群众举报 28 起。

2007 年，结合大中镇区域地广人多、执法环境相对错综复杂的现实状况，认真贯彻"三全"执法理念，将土地执法、监察信访工作贯穿于全年工作的始终。是年，接待涉土上访 36 例。

2008 年，调查和处理土地信访 8 起，答复和处理率 100%。

2010 年，调查和处理土地信访 5 起，答复和处理率 100%。

四、案件查处

1980 年起，同德村 5 组由于土地不断被征用，到 1985 年人均耕地面积不足 66.67 平方米（符合撤组转户的规定，省政府于 1988 年批准撤组转户）。同德村 5 组中有 4 户在办理撤组转户手续期间骗取批准建房，利用撤组转户监管失控之机突击建房，至 1988 年年底，违法占地 491.06 平方米。县人民政府对同德村 5 组突发性建房案件高度重视，副县长杨国美组织土管局、城管局、大中镇等有关部门进行会办，形成县政府第 11 号会议纪要，明确处理意见，落实处理措施，实施处罚，取得预期效果。

1988 年，人民来信举报，原大龙乡龙窑村 8 组与大中镇新团砖瓦厂私订协议，毁田卖土 0.92 公顷（14 亩）。调查核实后，没收其非法所得 6164 元，对双方当事人处以 300 元的罚款。大中镇同德村 5 组袁某等 12 户居民利用撤组转户、土地交接的空隙时机，擅自占地建房，案发后及时进行处理。

1990 年，开展对 1982 年以后干部建房的清理工作，凡清理出来的违法占地、建私房的案件均按情节轻重分别采取行政、经济、法律相结合的手段作严肃认真的处理。其中补办用地批准手续的13户,面积为650平方米;拆除建筑物的2户,面积为60.6平方米;补缴税费7人,补缴金额7314.23元,根据有关规定对6人进行罚款,其罚款金额为4714.58元。1992年,全镇对违法使用的土地0.47公顷,进行补办用地审批手续,并按规定收取税费。1993年,大中镇近郊村"寸土寸金",界址矛盾十分突出,邻里之间打架吵架家常便饭。土管所不厌其烦逐一登门调处,在调处纠纷过程中,本着"尊重历史、面对现实、实事求是"的原则,使纠纷处理得到双方满意的结果。是年,调处各类土地纠纷40余起。

1994年,切实强化土地监察工作,进一步对1990年以来各类违法用地进行全面的清查,从而杜绝在处理违法用地过程中的攀比现象。是年,解决土地纠纷30余起。利民村七组周某某因儿子不符合建房条件,霸占墩地,不让给合法建房户顾某某建房,擅自在自留地挑墩子。该所接到举报电话后,立即赶到现场制止,先后一年多时间做20多次工作,反复向他宣传建房政策和规定,终于使他明白道理,周某某同意让地,两户签订协议。在审批用地手续中,始终坚持原则,不批人情地。泰西村五组何某某与吴某某家有过矛盾,何某某建房宅基地落实后,吴家找出许多无理要求,阻碍何家建房,吴某带领诸兄弟到镇政府无理取闹十多天,并由口角发展到打架,最后通过法院,查明何家建房手续齐全,符合相关规定,法院维持土管局的审批。是年,纠正单位违法用地1宗,面积0.32公顷,按规定收取耕地占用税3600.86元;依法处理个人违法用地12宗,面积0.21公顷,其中补办手续9份,面积0.185公顷,拆除建筑物32平方米,收回土地0.025公顷。

1996年以前,大中镇乱用滥占耕地的现象时有发生,部分单位和个人用地"未批先用、少批多用、批而不用"的现象屡见不鲜。根据1987年1月1日以前的违法占地案件严格处理,1987年1月1日之后的案件从严从重处理的原则,1997年对1983—1996年期间的土地案件进行系统的调查,有领导、有步骤、有重点地检查、清理非农业用地,抽调人员组织试点。是年,组织200多人,分成20多个小组,先后分3批逐户、逐单位丈量登记。清查结果表明,1983—1996年,大中镇境内国家建设项目21个,占地9.24公顷(其中耕地面积6.93公顷),其中无审批手续的单位4个,有审批手续但超过批准占地的单位3个,超过批准占地0.32公顷,已征未用土地0.11公顷。村建项目26个,占地13.41公顷(其中耕地9.04公顷),其中无审批手续项目17个、占地3.1公顷(含耕地面积1.88公顷),有审批手续但超过标准的项目2个,超标准占地0.08公顷,非法转让土地0.21公顷。农民宅基地,新建房屋11048户,占地194.16公顷(其中耕地48.36公顷),其中未办审批手续的460户,占地8.02公顷(耕地4.04公顷);有审批手续,但扩大宅基地的有1346户,超标准占地5.15公顷。

1993—1994年大中镇土地信访情况统计表

表6－7－1 单位:人次

单位	1993				1994			
	合计上访次数	集访	重访	越访	合计上访次数	集访	重访	越访
大中	14	—	1	5	2	—	2	4
新团	1	—	—	—	2	—	—	1
裕华	3	—	—	—	5	—	—	—

1999年,对全镇范围土地隐形市场及违法用地进行全面清理整顿。清理各类违章违法以及非法改变用途2800余宗。按照清理的统一要求,先后用近两年的时间完善手续,对擅自改变用途的土地征收土地年租金。2000年,大中镇泰西村为建设农民公寓,采用借名建房的方式,申报审批农民公寓3幢108套,由于未按实际情况申请,部分被借名的村民不知情,为他们提出建房申请时已经无法审

批，事后由城市建设指挥部依照相关规定，采取出让形式，解决被借名建房群众的后顾之忧。是年，在全镇范围内进行违法用地、违章建筑的清理，补办相关手续1600余件。2002年，共查案件138次，接受群众举报28次，查处违法案件28起，处理28起，处理率达100%。

2005年，全年清查上报违法用地48宗，都规范办理报批手续，强化各级干部和群众依法用地的意识。以土地交易市场整顿为契机，开展对矿产资源专项治理，用政策和法律规范窑厂及城市建设的取土行为，从而使之走上依法管理的轨道。是年，全年查处违法用地50多例，拆除涉及8个村的51户52宗，3060平方米的违法建筑物，有效遏制违法占地行为。2007年，把执法工作分片包干，工作落实到每个人头上，做到执法监察工作不留盲点，不留死角，确保土地执法监察工作全方位渗透。是年，分局组织土地执法巡查139次，查处土地违法行为事件36起、违法面积2200平方米，其中强制拆除18起，拆除面积700余平方米，查处率100%。同德村信访人陈洪全关于申请宅基地一事，阜丰村信访人孙仁国关于申请宅基地登记发证一事、同德村信访人韦书和关于查询征地补偿安置费标准问题，同德村朱明康无理缠访，要求安排两处宅基地等信访事项都及时处理到位。

10月中旬，开展"土地执法百日行动"专项工作，针对辖区内的实际情况拟定具体方案，成立专门的工作班子，明确四名工作人员围绕"以租代征、违反规划扩大建设用地规模、未批先用"三类重点问题进行全面调查，对大中区域2005年以来的各类出让用地逐一检查，调查用地63宗，涉及建设用地项目38个，用地面积37.1439公顷，并进行分类汇总，形成调查成果。

同年2月，对2001年3个村报建的农民公寓进行全面调查清理，合计调查134户，其中符合条件的仅有14户，其余皆为冒名顶替，针对这一严重情况，考虑相关因素，积极向市局争取，同意对冒名办理出让（对个性问题，进行特殊处理）。

2008年，查处违法用地13起，用地面积400平方米，查处率100%，并主动协调市住建局规划执法大队，镇村镇建设服务中心开展两次联合执法行动，拆除新团居委会人民路东侧、恒南村中心路两侧、大刘路南侧、大沈路沿线的违章建筑8处，面积300余平方米。全年先后接待和配合大丰市局调查处理同德村张某某、沈某，新团村束某某和束某某的权属纠纷，泰丰村朱某某等信访事项，所查案件都一一给予明确答复。

2009年，对泰西、红花、同德、德丰、阜南、阜丰、大新等近郊村，就宅基地管理问题进行深入地调查，依法对有关问题进行严肃查处。拆除恒北村、泰西村、高效农业示范园区的违章建筑3处，面积600多平方米。

第七章 农 业

大中镇区域古为盐产区,清朝中后期盐业衰退,盐民私垦逐渐转农。民国6年(1917)起,张謇等人到境内废灶兴垦。南通、启东、海门大量移民陆续到大中区域垦荒植棉。至此,西部水稻,东部棉花、杂粮成为大中镇主要农作物。

解放前,生产方式落后,耕作管理粗放,自然灾害频发,农作物产量极低,较好收成的1937年,棉花、皮棉每公顷产量只有138.75千克,粮食每公顷产量不足750千克。

新中国成立后,中国共产党和人民政府十分重视农业,兴修水利,淋盐洗碱,大力推广农业科技,倡导科学种田,努力推进农业机械化,农业生产快速发展。1952年,粮食每公顷产902.55千克,皮棉每公顷产238.05千克。1964年,全镇皮棉每公顷产665.7千克,粮食年每公顷产1585.5千克。1973年,全镇粮棉双超纲要,粮食年每公顷产5175千克,皮棉年每公顷产870千克。1975年,全镇皮棉年每公顷产达1045.5千克。

1983年以后,改革农村经济体制,实行家庭联产承包责任制,农民的积极性空前高涨。

2010年,全镇粮食年每公顷产量6630千克,棉花年每公顷产1365千克,油料年总产7939吨;粮食年每公顷产是1985年的1.83倍,棉花年每公顷产量是1985年的1.64倍。

随着产业结构的调整,林、牧、副、渔、特经作物生产在农业生产中比重不断增加,农业以种植业为主的单一结构转变成林、牧、副、渔全面协调发展,东片大蒜,中片特经果蔬、苗木花卉、畜牧养殖,西片水稻、水产三分天下各占优势。培植高效农业示范基地,实现农业机械化,农科、农机、农技成立专业服务队伍,使农业有了长足的发展。

大中镇是全国闻名的大蒜之乡,"裕华"牌大蒜及其产品畅销国内外。2000年,全镇大蒜实现产值1.65亿元,人均大蒜纯收入2210元。"裕华"牌大蒜1999—2001年连续三年获中国国际农业博览会名牌产品称号,并多次获国家、江苏省名牌产品称号。

1968年,恒北村引进早酥梨试种成功。2010年,早酥梨种植面积253.33公顷,生产果品11791万吨。1994年,恒北村早酥梨获中国绿色食品中心绿色食品证书。1999年、2001年获中国国际农业博览会"名牌产品"奖,2003年获欧盟颁发的有机食品转换证书。2012年12月,胡锦涛主席视察恒北村,嘱托恒北"搞好果品种植,发展优良品种的优势,满足城乡人民高品味物质生活"。

花卉苗木专业村红花村生产的苗木花卉销售至全国十多个大中城市,成为苏北最大的大叶女贞基地。被盐城市人民政府列为"生态村""花卉苗木生产专业村",并被授予苗木花卉特色经济专业村特殊奖。

改革开放后,农村养殖业呈规模化、产业化发展趋势。2010年,全镇有专业养殖大户150余户,生猪饲养量85252头,家禽养殖201万只,禽蛋5225吨,肉类总产量8134吨。全镇水产养殖面积881.33公顷,养殖总量达13694吨,公顷产成鱼15540千克。

随着产业结构的不断调整,大丰镇农、林、牧、渔类全面发展,一个现代农业大镇正展示着无限的生命。

第一节　体制变革

一、土地私有

土地改革以前,大中镇区域土地所有制形式基本划为两种,一是封建地主所有,二是农业资本家(盐垦公司)所有。斗龙港以西区域土改前有4666.67公顷,地主富农人均占有土地4.67公顷,而贫雇农人均不足0.03公顷;斗龙港以东地区大丰盐垦公司、裕华垦植公司的土地为农业资本家垣商所有。1924年统计,恒丰区有土地1523.36公顷,和丰区858.52公顷,泰丰区1600公顷,福丰区1600公顷,晋丰区1600公顷,元丰区1600公顷,裕丰区(包括今新丰镇部分)2000公顷,德丰区1290公顷,阜丰区1800公顷,万丰区1800公顷,祥附区543.33公顷。无地和地少的农民为生存,向地主租种土地。遇天灾人祸和青黄不接之时,贫苦农民只能举债度日,"地租重、债利高、苛捐杂税如牛毛"是旧时大中农村的真实写照。封建地主、农业资本家采取各式各样的形式盘剥穷苦农民。

定租:租额一定,丰歉不变,按既定租额,如期交纳。具体形式分包租、预租、烂本租3种:包租,租期三年五年或十年八年,年亩租粮一石至一石半左右,约占收获量的50%~60%;预租,租期一般二三年,租额占收获的50%左右;烂本租,农民一次交足租金,在为地主开垦的荒地上,一般种3年,租金烂光,土地交还地主。

活租:租额视年成好坏而定,故称"活租"。佃农租种地主土地,每公顷先交押租粮75斗左右。一般四六分成(地主六成,佃农四成),也有对半分成的,收获期间地主(或派其亲属)驻场看收成按约分成。

劳役地租:少数贫困农民租种地主土地,无法预交押租,佃农只好无偿为地主耕种一定数量土地,收获全归地主,地主另划一块薄地让佃农自种自收。

盐区灶民使用业主的亭灶、草荡煎盐,要将盐产量的40%~50%交给业主,这种做法实为亭灶、草荡的租金。

议租:是盐垦公司的主要地租形式,租额初期对半分成,后经几次佃潮(佃农联合向公司说理斗争),改为业(资方)三佃(佃农)七分成,或业四佃六分成。

佃农租种公司土地,先向公司缴纳洗礼费(无偿)每公顷7.5银元,顶首费(即押金)初垦时每公顷45元,后高达135元(相当于地价的30%~50%,退佃时归还)。种子、肥料、生产工具(包括耕牛)均由佃户负担。每年7、8月间,公司职员(称先生)由长工用独轮车推到佃户门上,到田头察看作物长势,估测产量,确定租额,称为议租,实际佃户根本无权参议。1932年,阜丰公司西北匡佃户李仁存用75元银元典租公司1.67公顷田,由于当年欠收而公司又单方强行收租籽花150千克,李因无法缴租,被公司保安队关押7天,后请人做保,缴足租额方了结。中北匡佃农丁永明,因体力单薄,加之家庭婚姻破裂等因素,连续两年缴不起租,被公司收回佃田,只好靠做长工、打短工度日。

雇工:雇工有长工、短工、日头工三种形式。长工,工时长,工资低,是普遍现象。1944年,垦南区5个乡272个长工,一年共得杂粮509石8斗,人均不足两石;短工(本地人称忙月),农忙时,贫苦农民替地主打短工,或一两个月,或三四个月,每月工资只能买几斗粗粮;日头工,每年只得几升粗粮钱。

高利贷:旧社会地主豪绅高利贷名目繁多,利率无常。高利贷商人利用青黄不接之时,大放"棉花盘":如收花前借20元,收花后要还50千克籽棉;收麦前,借2斗小麦,收麦后要还2斗多;种黄豆借黄豆也是如此。借钱要加三分利息,还不起债要利上加利。

印子钱:多在城市流行,贫苦市民为求生计,向地主、富商借债作小本经营,实行以日或月计息。借债时先扣一分,满月再收利一分,名曰:"内扣一、外加一",债主放债时,债户画押(盖手印)为记,故名"印子钱"。

隔宿钱：又称“转转钱”，贫苦农民因天灾人祸，急需用钱，向地主告借，或三日五日还，或十天半月还，但利息超过月息，甚至按年利还本付息。

青苗钱：多在棉垦区以外地区流行，贫苦农民一般在冬春青黄不接之时，向地主借粮食，麦收前借1石，麦收后还1.5石，加利50%左右。

棉花盘：利率与青苗钱相似，即春季播种时借50千克棉花，秋后收棉花时还100千克。

厂商压价提价：如棉花牌价24元，但佃农为急于用钱，被厂商压价为22元，只好把棉花便宜卖给厂商；棉农不产粮，在粮食紧张时，粮商乘机涨价，而且渗水渗什，如上午去买元麦3.5元一石，下午去买就涨到3.8元，晚上去买就涨到4元，棉农要粮吃，只好认亏买。

1936年大中镇境域盐垦公司长短工工资标准表

表7-1-1

公司名称	长工每月工资(元)			短工每日工资(元)						童工每日工资(元)
				男工			女工			
	最高	平均	最低	最高	平均	最低	最高	平均	最低	
泰恒棉场	11	10	9	0.30	0.25	0.20	—	0.20	—	0.15
商记垦团	10	8	6	0.33	0.20	0.13	0.20	0.15	0.10	—
裕　华	10	8	6	0.33	0.25	0.20	—	—	—	—
大　丰	12	10	8	0.40	0.30	0.20	—	—	—	—
泰　和	8	7	6	0.30	0.20	0.15	—	—	—	—

二、土地改革

1946年8月5日起，民主政府将减租减息政策改为没收地主土地分配给农民的政策，提出“耕者有其田”的口号。斗龙港以西地区将地主、富农的土地按土地质量分为甲、乙、丙、丁、戊、己、光、白八等，以丁字田三亩半为标准；斗龙港以东地区土地，划为上、中、下三个等级，分配中按各种等级土地人均数，兼顾当季田间作物长势，采取“填平补齐，抽肥补瘦，抽多补少”的方法进行。

土改工作以行政村为单位，不分阶层一律按人口平分土地，对开明绅士亦无特殊照顾，按人按级计算分给贫农、雇农。大中区5个乡、46个村，贫雇农2926户、12273人，人均分得土地0.19公顷(含15岁以下人口)。

8月17日，大张旗鼓地开展平分土地。24日，完成分田划界，吃翻身酒，写红田契等工作。为纠正土改中出现的偏差，8月下旬，对平分之后的土地进行第一次复查(时因大中镇处于敌占区而中止)。1947年3月—1947年10月进行第二次复查，纠正原土改中的偏差。1950年春，土改结束，台北县政府向每户农民颁发由县长张锋签署的土地证书，标明田块面积、田址，从法律上规定农民的土地所有权。

三、农业合作化

土地改革以后，农民生产积极性虽然不断高涨，但由于个体农业经济分散，力量单薄，不能适应生产力发展。1953年，按照中央制定的过渡时期总路线，对农业实行社会主义改造。遵循“自愿互利、典型示范”的原则，从临时互助组发展到常年互助组，进而组织初级农业生产合作社，再进入到社会主义性质的高级农业生产合作社。

互助组 1950年春，大中镇建立全县第一个农业生产互助组——阜丰乡西中匡姜玉林互助组。

全组20户87人，男女整劳力48人，有耕地面积13.4公顷。互助组采取忙时帮工、以工换工形式，但由于换工不记账，日子长了，劳力多的必然“吃亏”。1951年，由临时互助组转为常年性的固定互助组，民主讨论生产安排和计算方法，生产上采取“先熟先收、先空先种”的原则，劳力由互助组统一调配，男女劳力合理分工、各尽所能；报酬上按工计算，每工日以10分算账，可得大麦4升。姜玉林互助组，由于领导有力，方法可行，善于管理，棉花和粮食产量都比单干户高。三麦每公顷产量1500千克，比单干户增产225千克；杂粮每公顷产1875千克，比1949年增产750多千克；棉花每公顷产籽棉1818.75千克，比单干时增产465千克。1951年年底，大中区农业生产互助组发展到17个。

1952年春，互助合作运动掀起高潮。是年，阜丰、德丰、恒丰、和瑞、泰丰5个乡建立农业互助组207个，其中固定互助组129个，参加互助组的农户达到1807户，占总农户的47.8%。新团区域建立互助组397个。在大发展过程中，个别乡村对互助合作“三原则”宣传不够，讲形式、图速度，诸如“父子组”“富农组”，甚至几个商人（半农半商）共同雇佣几个长工，插上一面旗子，亦称之互助组，目的是盗用互助组名义，骗取国家贷款、良种和化肥。1952年秋，互助组进行全面整顿，清除地富反坏分子，清理雇佣对象，并适当调整互助组规模，自此，互助合作稳步发展。至1954年，大中区除已建立的3个初级合作社外，计有农业生产互助组169个，入组农户2900多户，占总户数75%，加上已入初级社56户，计占总农户77%以上。

初级社 1952年11月，大丰县委在大中镇阜丰乡以姜玉林、管春江、沈继仁等4个互助组为基础，试办全县第一个初级农业生产合作社。1953年1月13日，报请中共江苏省委批准，正式命名为阜丰乡大道农业生产合作社。

初级农业生产合作社土地评产入股，生产统一经营，铲除界址、小道，填平沟塘小坳，增加耕地面积；劳力统一组织，各尽所能；作物统一规划，合理布局；管理精打细算，节约农本。1953年，全社每公顷产籽棉1590千克，比上年互助组的847.5千克增长87.6%，人均收入籽棉，由上年互助组的2745千克增加到5055千克。

1954年3月，阜丰乡第一农业生产合作社，又吸收周围李福元、冯俊保、李如生、宋安石、陈元生等6个互助组入社，社员由原来20户增加到97户。至1956年10月，全区先后建立16个初级农业生产合作社。新团乡建立初级社26个。

高级农业生产合作社 1955年冬，大丰县委在阜丰乡大道农业生产合作社基础上，建立全县第一个高级农业生产合作社——大道高级社。1956—1957年，大中乡（原大中区）又相继建立新德、新星、双喜、和瑞、新民、瑞丰、超产、刚强、合意、联盟、美满、长春等12个高级社。1958年春，又增大新、同德、德西3个高级社。至此，全乡建立16个高级社，入社农户5085户，占总农户的98%。1957年，裕华乡建立19个高级社。1958年，新团乡建立15个高级社。

高级农业生产合作社取消土地分红，全部实行按劳分配（夏季预分、冬季决分），耕牛、大型农具、费用等公有化资金，由社员按整、半劳力或劳力基本工分（每个劳力全年应做工分）平摊，社员入社的耕牛、农具等，超过应负担部分由社分期偿还本息；不足部分则要求交足，确有困难者分期缴付。生产费用资金按各户实做劳动日摊派或按整、半劳力和劳力基本工分平摊。

高级农业合作化初期，由于经验不足，生产管理混乱，大部分农社生产“大呼隆”，耕作区不固定，劳动组织不健全。许多不需要集体做的事集体做了，而需要集体做的事却无人去做。一些妇女劳力因家务纠缠，不能正常参加集体生产劳动；社员劳动出勤时间不能自由支配。同时，由于大社统一经营，社员家庭副业亦受到限制，群众称这种形式有“四等”“三多”，即：上工等升旗、出工等人齐、做活等安排、放工等降旗；开会评工多、纠纷口舌多、干群矛盾多。

1956年3月，全县推行“三包一奖”集体生产责任制，即高级社对生产队实行包工、包产、包本和超产奖励制度。一般规定减产5%不罚，超产0.5千克奖励，超产1成奖50%、超产2～3成奖70%、超产3成以上奖80%，节约成本归生产队社员分配。生产队亦根据农活性质推行小段包工，按包工计划包给作业组实行小组作业，有些农活可包给个人去完成，实行按件计酬，把工分定到田头。这种形式在当时情况下，一定程度上调动人民群众的劳动积极性，克服喊工、等工、派工、浪工现象。

附1：1956年，同德村“双五社”47名社员集体要求加入高级农业合作社的报告

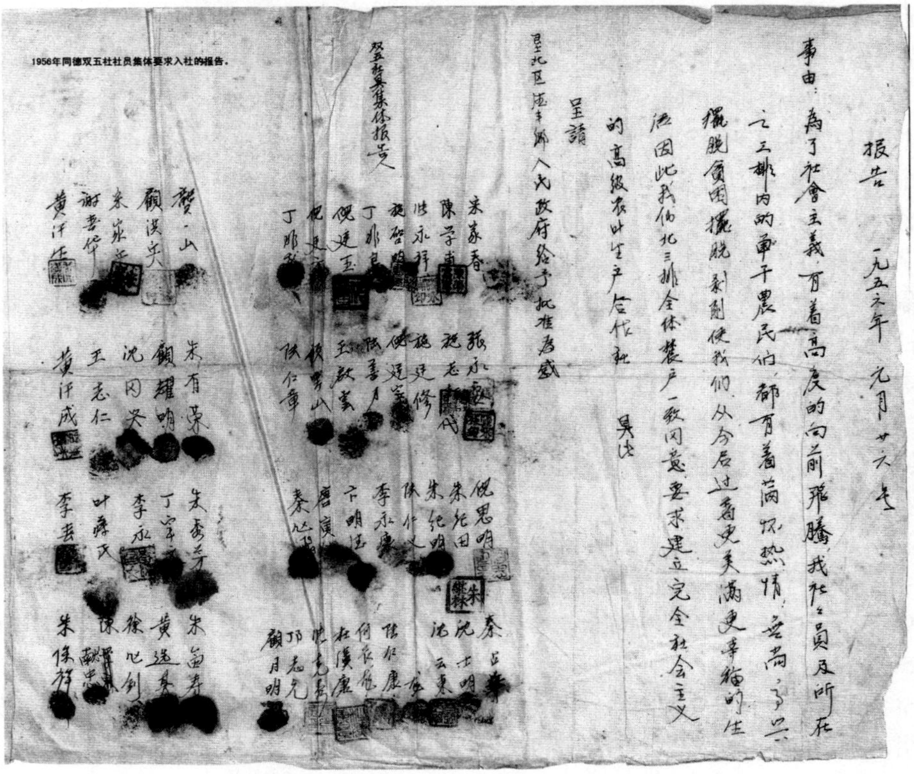

1956年同德双五社社员集体要求入社的报告。

报告　一九五六年九月廿六日

事由：为了社会主义有着高度的向前飞腾，我社社员及所在之三排内的单干农民们，都有着满怀热情，要求摆脱贫困，摆脱剥削，使我们从今后过着更美满更幸福的生活。因此我们北三排全体农户一致同意要求建立完全社会主义的高级农业生产合作社。

呈请

盐北区陆丰乡人民政府给予批准为盛

具呈

双五社集体报告

四、人民公社化运动

1958年，实行人民公社化，按照“一大二公”要求，实行“农林牧副渔统一经营”，三级（公社、大队、生产队）管理，两级（公社、大队）核算，生产资料全部归公社所有，由公社统一调配使用，投资和费用由公社统一规划，积累和分配由公社统一核算，生产大队核算的一切收入全部上交公社。大队、生产队基建投资、种子化肥、生活福利、劳动工资及文教卫生事业费用均由公社统一开支。大队、生产队农具修理、小型农具添置和办公费等支出由公社统一定额发给。产品分配实行半供给制和按劳取酬的半工资制相结合。是年，全社分配部分占总收入59.5%，其中供给制占分配部分38.7%，工资及奖励占分配部分61.3%。

劳动和生活管理采取组织军事化（按班、排、连、营组成）、劳动战斗化（兵团作战）、生活集体化（公共食堂）。吃饭不要钱，甚至连理发、洗澡、缝衣、电影、医疗、丧葬等亦由社队统包。1959年，全境兴办食堂26个（大道公社7个，新团公社5个，裕华公社14个），参加就餐575户（其中大道238户，新团104户，裕华233户），就餐人数2156人（其中大道978人，新团285人，裕华893人）。办农忙食堂465个（其中大道180个，新团97个，裕华188个），参加就餐14017户（其中大道4763户，新团3901户，裕华5444户），就餐人数58930人（其中大道20025人，新团16107人，裕华22798人）。敬老院1所，入院7人；托儿所62所，入托儿童1073人；幼儿园14所，入园儿童209人。

1959年，人民公社权力下放，实行三级管理、三级核算。以大队为基础，大队对生产队实行“三包

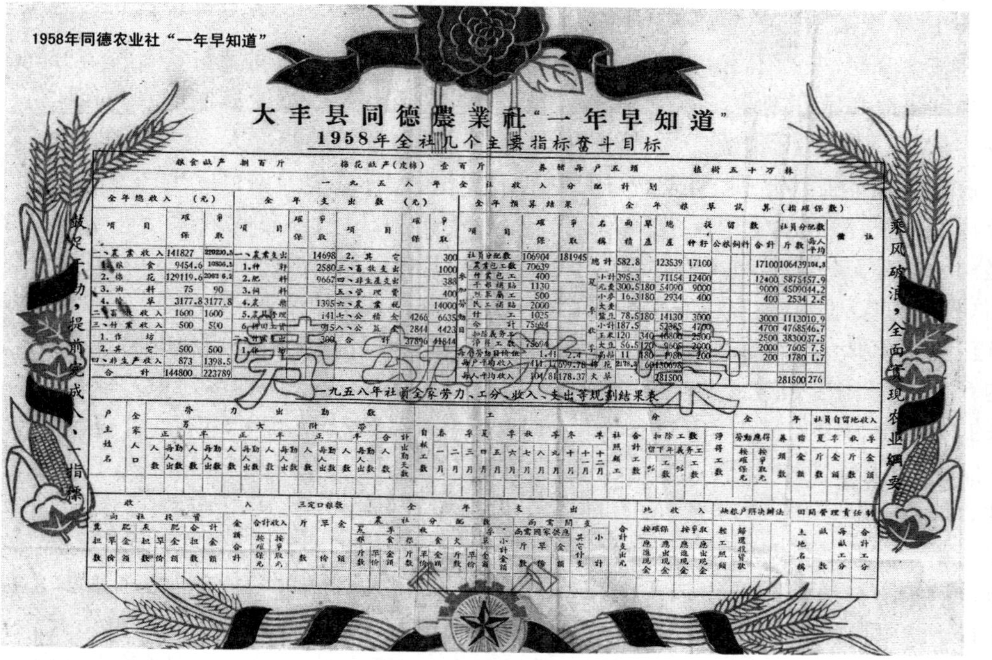

1958年同德农业社“一年早知道”

一奖”，即包产、包工、包本，超产奖励。生产队对作业组实行“四定”，即土地、劳力、耕牛、农具固定到组。生产队制定小段计划，将各种劳务定额挂牌，棉田管理实行“按畈（块）计酬，一包到底”。这种深受群众欢迎的生产责任制，不久都被否定为脱离社会主义大集体劳动方向。“三包一奖”责任制核算，由于公社、大队经常搞通力协作，无偿调用生产队劳力，加之包产指标偏高，一般年终难以结算，责任制核算不能真正兑现，只好打“和牌”。6月以后，开展“反右倾斗争”，“共产风”更趋严重。

1960年4—5月间，根据中央上海会议精神“八年完成人民公社从基本队有制过渡到社有制”的设想，地、县派出工作组，在大道公社超产大队搞所有制过渡试点，改变大队自主经营、自负盈亏、单独核算的办法。劳动力由公社统一调配，定额由公社统一挂牌；分配方法改按比例分配为固定工分值分配，按季或按月发放工资；社办企业（包括大中镇城镇企业）改单一工资制为供给制和工资制相结合的分配制度。这种分配制度超越人民公社的客观经济基础，一些大队怕“共产”，突击把公共积累用光。由于操之过急，试点“过渡”中途夭折，“左”的错误再次挫伤群众的积极性。1959年，全社农副业总收入比1958年下降8.4个百分点。1960年又比1959年下降14个百分点。

1961年3月，中央制定出台《农村人民公社工作条例》（即“六十条”），取消供给制，停办公共食堂。4月，县委在大中镇试行“六十条”。先后在超产大队（今泰西村）、新民大队实行以生产队为基本核算单位试点。从此，生产队具有生产、经营、分配自主权。实现队为基础，独立核算以后，解决1956年以来生产队之间存在的平均主义问题。劳动管理实行“小组包工、定额计酬”，田间管理普遍推行按件（畈、块）计酬、责任到人、一包到底责任制。在1962—1966年期间，由于定额管理责任制的不断完善，生产得到恢复和发展，全镇农副业总产值由1963年的461万元增加到1964年727.4万元，人均收入也由1963年的178元增加到266元，社员分配达到人民公社建社以来最高水平。新团公社1966年同1958年相比，粮食总产量从3974.5吨增加到6082.5吨，皮棉单产量从21.3千克增加到30千克，总产量从144.5吨增加到445.7吨，社员人均纯收入从63.9元增加到132.3元。裕华公社1966年同1958年相比，粮食单产量从90.4千克增加到177千克，总产量从1542.45吨增加到4321.95吨，皮棉单产量从23.2千克增加到35.5千克，总产量从1454.55吨增加到1664.6吨，社员人均纯收入从119元增加到193元。

1967年，农村批判“三自一包”“四大自由”以及“工分挂帅、物质刺激”，推行大寨式劳动管理，引起广大干部群众不满，群众气愤地说大寨工是“大概工”“大站工”。

1971年，停止大寨式劳动管理，实行“五定”（劳力、任务、质量、工分、时间）到组、责任到人，定额管理更臻完善,广大农民群众被压抑的生产积极性重新得到发挥。

农村人民公社的收益分配,兼顾国家利益、集体利益和个人利益三者关系,对社员实行按劳分配。社员可以经营少量的自留地和家庭副业。实行每年夏、秋两次预分和年终一次决算制度。扣除比例,一般占总收入40% ~50%,根据实际情况,欠收年少扣、丰收年多扣,对增产幅度大、收入高的生产队最高扣55%左右。扣除部分包括生产费、管理费、国家税收、公积金、公益金等项目。生产费指种子、肥料、农药、饲料及林、牧、副、渔等项生产支出。当年开支,当年扣除,一般占总收入25% ~30%,最高的1980年大兴公社占42.5%,最低的1964年大道公社仅占11.6%。管理费用于办公、账册、旅差费等开支,一般占总收入的0.7%。国家税收包括农业税收及公粮和其他税金,一般占总收入的5%,最高的1969年大道公社占6.5%,最低的1982年仅占2.7%。积累是公积金和公益金的总称。公积金一般占总收入的6%左右,用于购置大型农具、耕牛、修建仓库、猪圈以及农田基本建设。以扩大再生产为目标,最高的1975年大道公社占15.7%,最低的1980年大兴公社仅占0.56%。公益金一般占总收入的4%左右,用于优待、照顾军属、烈属、残疾、复员军人、"五保"户、困难户,兴办文化、卫生、托儿所等福利事业,最高的1982年占5.8%,最低的1963年仅占1.4%。

社员分配部分一般占总收入的60%,按劳分配即按工分分配(包括劳动工分、各项补贴工分),有实物分配和现金分配两项。社员口粮实行按工分粮、出售肥料粮和人口口粮的比例,按3:7.2:8或1.5:8.5分配。将工分粮和肥料粮提除后为基本口粮,合在一起按人口平均计算为平均口粮。对"六种人"(指烈属、军属、残疾军人、复员军人、转业军人、退伍军人)以及在校中学生,则按平均口粮分配。全家工分所得的报酬,扣除实物、粮食(口粮)和现金预分、借支等,余则进现金,反之为透支户。透支款酌情一次、分期或在下年年终决算时偿还。

1961年5月大道公社超产大队秋季劳动定额和报酬标准

表7-1-2

工种名称		农活等级	劳动定额			劳动报酬	
			单位	数量	质量要求	单位工分	定额报酬(元)
收玉米	割玉米头子	3	亩	4	割上半截,株株割到,一株不漏,撕净玉米头后留作牛草	2.5	10
	撕玉米稖子	3	斤	500	株株撕到,包捆好,堆好	2	10
	拖车运玉米	1	斤	3000	每车500斤,每百斤记工4厘,2里路之外,每担加式1厘	0.4	12
	人挑稖头	1	斤	2900	2里路以外每担加工1厘	0.6	12
	铲玉米稭子	3	亩	1.25	用锹铲,铲后捆好,并堆在沟边上晒	8	10
	牛打玉米	1	斤	2000	包打净、扬净,每百斤记工6厘	0.6	12
	人打玉米	1	斤	300	包打净,包捡净玉米心子	4	12
	捡玉米亭子	5	斤	200	捡得净,没有玉米子在亭子上	4	8
	剥玉米种	5	斤	100	用手剥,丢两头,不用槌子锤,剥得净	8	8
	晒玉米	1	斤	1000	包晒干、扬净、进仓,每百斤记工1分2厘	1.2	12
收黄豆	割黄豆	3	亩	2	轻割轻放,刀刀清,地下不掉黄豆粒	5	10
	挑黄豆稭	1	亩	4	轻捆、轻挑,不浪费一粒	3	12
	牛打黄豆	1	担	12	打净、扬净,草上堆,粮进仓	1	12

续表 7－1－2

工种名称		农活等级	劳动定额			劳动报酬	
			单位	数量	质量要求	单位工分	定额报酬（元）
拾棉花	拾早花	3	斤	20	拾净污泥、残瓣花	0.5	10
	拾湧士花	3	斤	70	拾得净，不拾拉屎花，不摘铃，不伤棉株	0.14	10
	拾后期花	3	斤	40	拾净地下污泥、残瓣	0.25	10
捡棉花	拾扫尾花	3	斤	15	株株拾净，地下无花瓣	0.66	10
	捡早花	4	担	1.5	捡去黄头、枝叶、残瓣花	6	9
	捡中花	4	担	3	同上	3	9
	捡黄花	4	担	1	同上	9	9
	打扫脚花	3	担	1.5	打得绒，捡得净，能出售	6	10
	晒花	3	担	10	包出仓进仓，翻晒5课外作业，以干计算	1	10
	打花包	3	担	20	包装包捆，捆得紧，每件150斤	0.5	10
运花	人力车运花	1	担	12	5华里之内每担6厘，超过1里，每担加1厘	1	12
	胶轮车运花	1	担	12	5华里之内每担4厘，超过1里，每担加1厘	1	12
	船运花	1	担	20	5华里之内每担4厘，超过1里，每担加1厘，运上船包上岸	0.6	12
收棉稭子	拔花稭子	3	亩	2	拔得净，不断粮	5	10
	捆花稭子	3	亩	5	捆得紧，捆得净	2	10
	挑花稭子	1	担	20	2里路之内，每担8厘，超过1里，加工1厘	0.6	12
	捉红铃早	3	斤	10	见虫捉虫	1	10
收马铃薯	挖马铃薯	2	亩	0.6	用大锹挖，挖干净	8	11
	摘马铃薯	3	担	3.3	摘得净，要轻放，不碰破皮	3	10
	运马铃薯	1	担	30	每担100斤，包堆好	0.4	12
收花生	挖花生	3	担	0.5	包挖净、拾净、摘净	20	10
	捡花生	3	担	1.5	采去烂坏水果子（以坏的计算）	6	9
	运花生	3	担	15	2里路之内，每百斤4厘，超过1里，加工1厘	0.8	12
	晒花生	3	担	5	包晒干进仓。	2	10
收山芋	挖山芋	3	担	5	包挖、包拾，不论大小一律拾净	2	10
	运山芋	1	担	20	2里路之内，每担4厘，超过1里，加工1厘	0.6	12
收荞麦	割荞麦	3	亩	2	轻割、轻放，不掉麦粒	5	10
	挑荞麦	1	担	17	2里路之外，每亩加1分	0.7	12
	人打荞麦	1	担	3	包晒干，打净，草堆好	4	12
	晒荞麦	3	担	10	包晒干，进仓	1	10

续表 7－1－2

工种名称		农活等级	劳动定额			劳动报酬	
			单位	数量	质量要求	单位工分	定额报酬（元）
收赤豆	割赤豆	3	亩	2	轻割，轻放，不掉粒	5	10
	挑赤豆	1	亩	17	轻捆，轻挑，2 里路以外，每亩加 1 分	0.7	12
	打赤豆	1	亩	20	牛打，包打净，扬净	0.6	12
	晒赤豆	3	担	10	包晒干、进仓	1	10
收芝麻	摘蓖麻	3	斤	50	摘得净，不掉粒	2	10
	割芝麻	3	亩	1	割得净，不掉粒	10	10
	挑芝麻	1	担	20	轻捆，轻挑，不掉粒	0.6	12
	打芝麻	3	担	2	包打净	5	10
收草	割平田草	3	担	4	平泥割，包捆好	2.5	10
	割沟边草	3	担	5	同上	2	10
	捆草	1	个	120	每个 20 斤，捆得紧	0.1	12
	挑草	1	担	17	包挑包堆好，2 里路以外，每担加 1 厘	0.7	12
收高粱	割高粱头子	4	亩	1.5	割得净	6	9
	挑高粱	1	担	17	超过 1 里路以外，每担加 1 厘工	0.7	12
	人打高粱	1	担	2	包打净扬，每百斤记工 8 分	6	12
	割高粱秸	3	亩	1.25	用大锹铲，捆好、堆好	8	10
秋（三麦）种	石灰水浸水	3	担	2	每斤石灰和水 100 斤，浸麦种 60 斤，24 小时包晒	5	10
	耕田	1	亩	4	深达 3 寸以上，犁犁到，无埂子，包耕包耙	3	12
	筑棉花行子	1	亩	0.8	深达 4～5 寸，不伤棉花	5	12
	挖棉花行子	1	亩	0.6	深达 5～6 寸，不伤棉花	20	12
	整地搂土	3	亩	1	挖平搂细，能下种	10	10
	开行子	1	亩	1.5	用铁板开行子，宽 8 寸，每坊 3 行，深浅一致	8	12
	下种	4	亩	6	播种均匀，按规定下种	1.5	9
	盖土	3	亩	2.5	下露种，拉得平	4	10
	铺草塘泥	1	个	1	铺得均匀，10 丈之内范围，超过 1 丈，加工 1 厘	12	12
	放泥	4	亩	3	放匀打细	3	9
	挑粪肥	1	担	20	2 里路之内，每担加 1 厘	0.6	12
	施粪肥	1	亩	2	包和水、包浇，每亩 10 担原粪	6	12
	运肥料	1	担	12	船运，包上船，5 里路之外，每担加 1 分	0.6	12
	挑灰肥	1	担	30	每担 190 斤，倒得匀	0.4	12
	放灰肥	3	亩	5	放得匀，不打堆	2	10
	施磷肥	3	亩	4	每亩 20 斤，施在麦行子内，每斤加 1 斤泥	2.5	10

续表 7－1－2

工种名称		农活等级	劳动定额			劳动报酬	
			单位	数量	质量要求	单位工分	定额报酬(元)
塍蚕豆	开行塘	3	亩	0.8	每坊3行,每塘4粒,株距6寸,包开塘下种	12	10
	抓灰	3	亩	1.5	一塘不空,包抓、包盖,符合标准	10	10
	棉田种苕子	3	亩	1	先撒种,后用锄子松土,盖种	10	10
种油菜	种油菜	1	亩	0.6	包整细,耙平,施足基肥,下种均匀	20	12
	行种	1	亩	0.5	包开行,施肥下种	24	12
	棉田套种	3	亩	1	撒种均匀,用锄子松土,盖种	10	10
	移栽	3	亩	0.2	包整地开墒,移栽行路1.5尺,株距3寸	50	10
后期作物田间管理	拔秋草	4	亩	1.5	拔净杂草,不碰伤庄稼	6	9
	治虫	3	亩	5	用二二三乳剂,每斤和水200斤,株株喷到	2	10
	喷磷	3	亩	4	每斤过磷酸钙和水60斤,浸24小时,每亩喷150～200斤	2.5	10
	胡萝卜间苗	5	亩	0.3	株株单,包拔净杂草	30	9
	追肥	1	亩	1	用粪水浇,包挑,包打口子,施得匀,口距8寸	12	12
	马铃薯追肥	3	亩	0.5	追肥,中耕壅土,每亩原粪15担	20	10
	棉花打边心	5	亩	0.5	打枝叶,摘边心,不碰断果枝	16	8
	翻山芋藤	5	亩	4	处处翻到,不翻伤苗	2	8

说明:1. 此标准大丰县委农工部在全县参照推广。计量单位以当时的计量单位记录。
2. 单位中1斤=0.5千克,1担=50千克,1亩=0.067公顷。

附2

大包干合同

甲方:同德大队管理委员会

立生产队核算大包干合同单位:

乙方:同德大队第一生产队

为了适应生产力的发展,纠正生产队与生产队之间在分配上的平均主义,简化分配手续,调动社员劳动积极性,促进生产,经全体社员讨论同意和大道公社管理委员会批准,把大队的分配权下放给生产队。自1962年度起,生产队自己成为核算单位,自己分配,对国家规定的各项征、购、销任务和大队的各项提留,实行大包干的办法,并根据“四固定”条件,议定条款如下:

一、大包干项目和任务:

甲、统购、统销

(1)粮食:1962年购675千克,63年购0千克,64年购0千克;1962年销0千克,63年销0千克,64年销0千克。购进购出的粮食一律按国家征购价格计算。

(2)棉花(皮棉):除自用棉外,逐年交售任务如下:1962年3708千克,63年3957千克,64年4371千克。

(3)食油:暂包1962年一年。全年任务为475千克。由生产队如数向国家交售。交售食油时可以按国家规定,以料折油,生产什么品种交售什么品种。

乙、农业税:按照国家规定的税率、税额,再按各生产队的预算总产值同一比例计证。自1962年起,包定三年,增产不增税。每年平均由生产队交纳人民币1144元。灾减按生产队的实产计算,社减归大队掌握。

丙、大队机动粮(包括储备粮):自1962年起至1964年的三年中,每年由生产队平均交售给大队430千克。

丁、大队提留

(1)公积金:按生产队当年定产总产值的3%提留。1962年504元,63年526元,64年553元。逐年上交,由大队作为扩大再生产和支持生产队的生产资金之用。

(2)公益金:按生产队当年定产总产值的1.2%提留。1968年168元,1963年195元,1964年221元。逐年上交,作为大队范围内的公共福利事业之用。

(3)行政管理费:按生产队当年定产总产值的1.2%提留。1962年202元,63年210元,64年221元。逐年上次,作为大队必要的行政开支和干部的补贴与奖励。

(4)劳动积累按生产队基本总工的2%提留,自1962年起包定三年,每年平均上交大队劳动日200个。

(5)柴料暂包1962年一年,全年上次任务为750千克,其中各家派0千克,大队派购750千克。

二、共同遵守事项:

1. 包干的交售任务,必须保证完成。当年丰收可以预交下年。因灾确实完不成的经上级批准,也可以下年补足或合理减免。粮食在完成征购任务后,增产不再增购。赠产部分全部分配给社员改善生产或作为储备。棉花、棉籽生产,按国家规定的比例征购。如果因棉籽减产,影响社员食油时,国家可以减购到社员每人每月能吃到一两油的水平,下年不再补交。

2. 生产队交售的物资,必须按国家规定标准,保证质量。

3、生产队交售的实物,都必须遵照合同规定,按品种如数完成任务,以保证国家计划不受影响。如果在一般年景下减了产的,粮食照购,少完成0.5千克皮棉,多售2.5千克粮食,少售0.5千克油料,多售0.5千克黄豆。如遇特大灾害,视灾情程度,按照政策规定,作必要的调整。

4. 大队使用机动粮、公积金、公益金和行政管理费时,应由大队管理委员会提出计划和建议,经大队社员代表会或社员大会审查批准。

5. 实行生产队核算、大包干以后,生产队应当克服过去依赖大队的思想,团结全体社员,充分发扬当家作主精神,根据包干任务和因地种植的原则,制订本队的生产规划和增产措施,切实加强核算工作,降低成本,从事发展生产,增加收入。但大队对生产队的生产规划、分配工作和财务管理等,仍然有权提出建议、审查、调整和监督。

6. 本合同经大道公社管理委员会批准,双方签字后生效。由生产队、生产大队各执一纸存照,并报公社管理委员会备案。如有未尽事宜,得经双方同意并呈报公社备案后作补充修改。

一九六二年一月一日

1963—1983 年部分年份农村收益分配情况统计表（货币部分）

表 7-1-3　　单位：万元

年份	区域	总收入	总支出	其中								
				国家税收	占总收入（%）	公积金	占总收入（%）	公益金	占总收入（%）	社员分配	占总收入（%）	人均收入（元）
1963	大道公社	460.12	60.20	28.42	6.2	47.52	10.3	8.97	1.9	312.04	67.8	120.20
	大中镇	21.02	5.16	0.98	4.7	1.05	5	0.3	1.4	13.42	63.8	118.90
1966	大道公社	443.0	90.50	23.36	5.3	31.98	8.8	7.85	1.8	252.37	57	136.0
	大中镇	27.63	21.58	1.45	5.2	3.65	13.2	0.47	1.7	15.72	56.9	125.6
	新团公社	265.51	90.83	13.69	5.2	8.84	3.3	4.79	1.8	118.63	44.71	59.1
	五星公社	511.65	116.47	23.90	5.6	61.02	11.9	7.85	1.5	266.95	52.2	101.2
	大兴公社	237.59	46.97	13.52	5.7	27.21	9.0	3.14	1.3	135.19	56.9	110
1970	大道公社	391.43	119.29	23.16	5.9	23.91	—	9.48	—	206.91	52.9	96
	大兴公社	244.96	80.74	13.42	5.3	10.74	—	5.42	—	121.95	49.8	86.2
	大中镇	29.59	8.67	1.48	5.5	3.60	—	0.62	—	15.05	50.0	110.0
	新团公社	307.22	125.76	13.56	4.4	12.23	—	4.61	—	141.46	46.1	60.10
	五星公社	504.50	164.43	28.93	5.7	27.21	—	15.36	—	251.54	50.1	81.44
1975	大道公社	658.02	150.64	22.78	3.5	103.45	15.7	29.51	4.5	347.65	52.8	154.00
	大兴公社	354.26	91.94	12.78	3.4	47.32	13.4	14.64	4.7	185.98	52.5	135.00
	大中镇	66.69	14.70	2.06	3.1	9.10	13.6	2.69	4	38.14	57.2	135.30
	新团公社	468.0	158.79	13.49	2.9	47.31	—	12.79	—	232.73	49.7	188.3
	五星公社	841	197.09	29.69	3.5	81.51	—	40.27	—	445	52.0	135.5
1983	新团公社	1315.81	435.51	16.6	—	33.71	—	39.78	—	843.5	—	342.9
	裕华公社	2190.25	598.51	37.1	—	43.45	—	72.49	—	1545.77	—	450
	大中镇	2103.25	610.83	43.29	—	29.83	—	63.45	—	1742.07	—	414.8

1963—1983 年部分年份粮食收益分配统计表

表 7-1-4　　单位：万千克（人均：千克）

年份	区域	总产量	每人平均	参加分配的粮食				国家征购	提留			
				合计	集体生产	国家统销	其他		种子	饲料	储备	其他
1963	大道公社	679.97	262	422.8	267.23	140.88	14.69	0.35	34.48	3.29	21.39	—
	大中镇	14.72	130	19.03	6.40	12.57	0.06	—	68.95	6.58	42.78	—
	新团公社	1076.60	587	—	—	—	—	—	134	10.0	81.11	—
	裕华公社	430.24	143	—	—	—	—	—	48.06	3.95	26.27	—

续表 7－1－4

年份	区域	总产量	每人平均	参加分配的粮食				国家征购	提留			
				合计	集体生产	国家统销	其他		种子	饲料	储备	其他
1969	大道公社	112437	392	577.90	570.14	7.76	—	102.18	115.78	62.39	50.28	—
	大兴公社	69888	377	365.06	357.29	7.15	0.62	18.83	85.39	42.37	56.72	—
	大中镇	1861	373	51.09	30.00	13.16	7.93	0.2	2.24	3.37	2.73	—
	新团公社	155217	403	—	—	—	—	336.71	188.85	57.54	49.32	—
	裕华公社	137794	375	—	—	—	—	30.15	171.01	81.03	73.88	—
1975	大道公社	138600	—	713.10	693.00	9.49	10.61	98.97	167.9	175.09	17.76	—
	大兴公社	7858.43	—	408.10	392.72	9.50	5.88	30.0	100.69	94.99	—	—
	大中镇	55.59	—	76.33	27.80	48.50	0.03	—	8.22	17.43	6.03	—
	新团公社	2413.50	—	—	—	—	—	721.17	337.21	126.04	67.57	—
	五星公社	1581.21	—	—	—	—	—	38.55	241.86	184.33	—	—
1980	大道公社	32490	—	1456.61	15.53	77.61	60.79	211.53	180.83	25.0	36.11	—
	大兴公社	18200	—	844.55	31.07	2.54	31.32	108.32	97.18	40.39	19.23	—
	大中镇	18950	—	110.49	188.61	0.69	—	15.67	26.81	14.68	10.76	—
	新团公社	56035	484	529220	1.24	—	647.20	321.52	218.79	156.05	36.11	—
	五星公社	48000	448	2284.52	184.92	1.68	30.26	350.01	325.99	199.99	55.18	—
1983	大中镇	—	627	3690.72	—	233.91	—	105.62	302.64	466.46	—	—
	新团公社	—	918	4171.03	—	—	—	—	343.33	511.74	—	—
	裕华公社	—	709	3453.75	—	33	42.09	—	364.13	395.67	—	—

1989 年大中镇所属村农副业生产实绩表

表 7－1－5

项目 数量 村别	粮食			棉花			蚕茧			生猪			水利			两上交		
	任务	实绩	占比例	任务	实绩	占比例	任务	实绩	占比例	任务	实绩	占比例	任务	实绩	占比例	任务	实绩	占比例
计量单位	吨	吨	%	吨	吨	%	吨	吨	%	头	头	%	万立方米	万立方米	%	万元	元	%
合计	20200	20544	101.7	1950	2008.48	103	527	597.18	122.3	8100	8421	104	36.2004	36.402	100.5	221.27	213.47	96.5
新民	1703	1644.5	96.5	172	199.36	115.9	27	28.42	105	640	465	72.7	0.7188	0.7	97.4	16.19	15.09	93.2
和瑞	1378	1353	98.2	178	176.06	98.9	26	37.31	143	590	480	81.4	3.313	3.405	102.7	12.39	11.09	89.5
刚强	776	912.6	117.6	95	116.76	122.9	20	19.23	96	355	315	88.7	2.685	2.9749	110.8	9.86	9.86	100
红花	694	655.4	94.4	60	77.29	128.8	22	13.82	62.7	277	110	39.7	0.78	0.45	57.7	8.19	7.95	97.1
泰西	975	978.9	100.4	100	109.08	109	22	14.37	65.2	330	426	129	2.203	2.6761	119.2	10.38	9.34	90
泰丰	1184	1232.6	104.1	124	123.99	99.99	26	22.82	87.7	465	431	92.7	2.3061	2.3432	101.6	12.83	12.83	100
双喜	1362	1188.6	87.3	137	126.70	92.5	31	38.88	125.4	530	476	80.3	2.4025	2.6197	106.3	14.27	14.27	100
利民	1256	1449.9	115.4	134	131.64	98.28	26	15.99	61.5	505	446	8.3	1.3937	1.4826	106.4	13.17	13.17	100

续表 7－1－5

项目 数量 村别	粮食			棉花			蚕茧			生猪			水利			两上交		
	任务	实绩	占比例	任务	实绩	占比例	任务	实绩	占比例	任务	实绩	占比例	任务	实绩	占比例	任务	实绩	占比例
恒北	1204	1197.7	99.5	81	114.07	140.8	28	35.19	125.6	430	521	121.2	1.655	1.655	100	12.06	12.01	99.6
恒丰	1021	1171.1	114.7	92	106.49	115.7	40	48.63	121.6	440	426	96.8	2.9625	2.71	91.5	11.28	11.28	100
恒南	1179	1222.1	119.7	123	152.56	123.98	27	24.24	89.7	455	624	137.1	3.6596	3.6596	100	11.88	11.43	96.2
城郊	214	156	72.9	—	—	—	30	4.26	141.8	160	85	53.1	0.0771	0.015	19.5	6.73	6.33	94.1
同德	449	252.2	56.2	11	16.14	146.7	10	13.28	132.8	195	175	89.7	0.2219	0.2219	100	6.31	5.87	93
果园	5	9.8	196	—	—	—	—	0.36	—	25	25	100	—	—	—	3.07	3.07	100
阜南	776	712.1	91.2	64	42.48	66.37	20	16.31	81.5	255	411	161.1	2.664	2.300	86.3	8.65	7	80.9
阜丰	1398	1539	110	123	106.85	86.87	33	32.33	97.8	590	530	89.8	2.822	2.85	101	15.91	15.91	100
阜北	1413	1395	98.7	156	128.72	82.5	40	38.78	97	575	555	96.5	1.3725	1.3925	101.5	14.4	13.97	97
大新	531	556.7	105	63	49.97	79.31	23	23.64	102.8	255	505	198	1.2037	1.27	105.5	7.2	7.1	98.6
德丰	796	822.2	103.3	63	64.11	101.76	27	37.67	139.5	370	473	127.8	0.7105	0.715	100.6	8.28	8.28	100
德西	1073	1160.7	108.2	100	80.53	80.52	28	26.4	94.3	320	284	88.7	2.753	2.76	100.25	8.78	8.24	93.4
新德	812	914.2	112.5	74	85.68	115.78	21	15.25	72.6	345	389	112.7	0.2415	0.2515	104.1	9.38	9.38	100
其他	—	—	—	—	—	—	—	90	—	—	269	—	—	—	—	—	—	—

五、经济责任制

（一）定额管理与联产承包

包工、定额管理 1978 年，农村各大队实行小段包工，定额管理责任制。中共十一届三中全会以后，农业结构调整，全面试行联产承包到组，进而到劳（劳动人口），最后发展为家庭联产承包责任制。

联产到组 1979 年，贯彻中共中央关于《农村人民公社工作条例（试行方案）》，废除大寨式记工，实行联产到组，定额管理。基本做法为“三不变”，即生产资料集体所有制不变、基本核算单位不变、生产队统一分配不变。1981 年，大中镇 91.8% 的生产队实行联产计酬、超产奖励生产责任制。

联产到劳 按各户劳力划定承包土地面积，以户作业，实行定劳力、定田亩、定产量、定工分、定成本，超产、减产按比例奖赔（简称“五定一奖”）。产品由统一分配改为定产之内统一分配，超、减产部分归户奖、赔。定工本改以组统一核算为以户结算。

实行以上两种责任制以后，作物布局仍由生产队统一安排。

家庭联产承包（第一轮土地承包到期） 1982 年以后，实行“大包干”，划分“两田”（责任田、口粮田），一定 15 年不变，冲破“队为基础、三级所有”的核算制度。1985 年，推行“一清三改”（一清，即清固定资产、现金存款、债权债务、各项投资；三改，即原来的“队有村管”或“队有乡管”改为拆股到户、股金入会、民主管理，资金由原来的行政型管理改为专业型经济方法管理，财务设置由原来的基本核算单位建账改为以村建账）。1991 年，大中镇在稳定家庭联产承包责任制的基础上，调整、完善多种经营承包制。

1998 年第一轮土地承包到期，根据中共中央和国务院办公厅〔1997〕16 号文件精神和大丰市〔1998〕1 号文件《关于农村土地承包中有关具体问题的处理意见》，镇具体制定《农村土地二轮承包实施意见》。7 月，土地二轮承包工作全面展开。大中镇 16138 户，农业人口 41157 人，二轮承包土地面积 3982.4 公顷。稳定续包 12170 户，占总农户的 81%，续包面积 3823 公顷，占总承包面积的

96%，小调整2787户，占总农户的18%。其中进田1404户，进田面积159.4公顷；出田1383户，出田面积159.4公顷；新团镇9067户，农业人口24912人，二轮承包土地面积3013.4公顷。稳定续包4220户，占总农户54%，续包面积2705.47万公顷，占总承包面积的68%，小调整3488户，占总农户44%，其中进田1760户，进田面积295.5公顷，出田1728户，出田面积297.13公顷。裕华镇有12087户，农业人口31967人，二轮承包土地面积4600公顷。稳定续包9934户，占总农户81%，续包面积4312公顷，占总承包面积69%，小调整19户，占总农户33%，其中进田1825户，进田面积321.73公顷，出田2488户，出田面积323.07公顷。

（二）土地流转

2000年，按照大丰市委农工部《关于加强农村集体农用土地流转管理意见》，大中镇规定五条基本原则：（1）坚持稳定土地承包关系；（2）坚持土地权属不变；（3）坚持自愿有偿；（4）坚持经济效益；（5）坚持在土地承包期限进行流转。同时明确土地流转主要形式：（1）转包、转让；（2）租赁；（3）股份合作；（4）互换。截至2011年12月底，全镇流转土地6080公顷（含裕华镇合并前已流转的土地），其中转包3580公顷，转让940公顷，互换6.67公顷，租赁1553.33公顷。流转去向中，转入农户2406.67公顷，转入专业合作社1135.33公顷，转入企业784.67公顷，转入其他主体1753.33公顷，流转土地占全镇农村农民承包土地32.6%。

（三）私营与合作经济

实行家庭联产承包责任制以后，一部分农民成为特色专业户。1996年，全镇户办企业2619个（包括工业企业、施工企业、交通运输业、批发零售餐饮业、服务业），参加人数5359人，年产值26026.54万元，利润1479.16万元，税金961.74万元，工资4842.13万元，固定资产原值3929.57万元。农副业专业户1500户，占总农户9.5%，年产值30万元以上8户，20万～30万元25户，10万～20万元70户，5万～10万元250户，1万～5万元1124户。2001年，全镇专业户4074户，占全镇总农户15.3%，其中种植业1949户，养殖业87户，加工业864户，运输业677户，服务业274户。

2010年年末，全镇拥有各类专业合作经济组织111个，其中种植类23个，养殖业类26个，果品销售17个，农副产品购销28个，各类技术培训6个，农机具服务7个，其他类4个。合作经济组织资金自筹，经营自主，盈亏自负，使分散的生产要素在平等互利原则下有机组合形成新的生产力。

1985—1998年部分年份农村收益分配情况表

表7-1-6　　单位：万元

年份	区域	总收入	总费用		纯收入			
			合计	占收入%	税金	提留	农民所得	人平（元）
1985	新团	1680	759	45.2	24	71	895	360.8
	裕华	2647	812	30.7	55	252	1594	482.7
	大中	2589	848	32.8	61	124	1957	463.9
1987	新团	2764	1433	51.8	49	113	1169	473.3
	裕华	5859	2933	50.1	118	496	2312	700.6
	大中	6714	3517	52.4	187	354	2656	614.8
1990	新团	4076	2213	54.3	—	—	1675	672.5
	裕华	7725	4757	61.5	—	—	2430	721.8
	大中	12296	8286	67.4	298	129	3266	750.4

续表 7－1－6

年份	区域	总收入	总费用		纯收入			
			合计	占收入%	税金	提留	农民所得	人平(元)
1993	新团	8446	—	—	106	125	2921	1242
	裕华	20252	—	—	270	239	5912	1744
	大中	25741	17513	68.0	947	730	6352	1447
1995	新团	17058	10390	60.9	320	266	5468	2327
	裕华	30064	19073	63.4	473	348	10170	3009
	大中	56762	41174	72.5	2458	214	11843	2736

1998—2010 年农林牧渔业总产值

表 7－1－7　　单位:万元

年份	区域	总产值	农业	林业	牧业	渔业	农村人均收入(元)
1998	新团	18367	12312	273	3503	2279	—
	裕华	29022	24176	212	2036	2598	—
	大中	34851	27934	693	3992	2232	—
2000	新团	20667	11889	328	4330	2920	3630
	裕华	31050	25557	145	1754	3298	3917
	大中	36254	22178	700	4418	6208	3850
2002	裕华	39317	31769	179	1855	4318	4614
	大中	63587	38864	1445	10596	8270	4462
2005	裕华	52410	41281	257	2139	6088	5913
	大中	91174	54202	1737	12069	11230	5770
2008	裕华	67015	52940	362	2714	7799	8784
	大中	107039	64070	2084	13631	13905	9190
2010	大中	187993	127666	2764	16265	24182	11740

第二节　种植业

一、大宗作物

(一)耕作制度

粮棉单作一年一熟制　新中国成立后,境内土壤含盐重,肥力低,农业生产条件差,农民采用粮、棉单作,一年一熟。老斗龙港以西农区,水稻或麦子一年一熟,少量土质好的稻麦两熟。瘦田种麦产量低,冬闲沤田以积蓄地力,来年水稻可获丰收。老斗龙港以东棉区,上等棉田也能棉麦两熟,但种麦消耗地力,又挤掉绿肥,延误茬口,经济价值不如一熟棉。夏熟多主张种蚕豆,少种麦子;重盐碱地不能长夏粮,若勉强为之,则破坏耕作层,反使棉花不能立苗,得不偿失,故棉田一熟制遂成常例,一直延续到20世纪50年代中期。

稻、麦、棉轮作一年两熟制 稻麦棉轮作制是在旱改水和沤改旱基础上，形成的稻棉地区主要耕作制度。

1957年，西部农区大搞水利设施，积极进行旱改水，将原来种旱谷的低洼地、盐碱田改种水稻，同时向东部发展，水稻区扩展到大沈公路沿线。

实施旱改水同时，推广沤改旱。20世纪60年代中期，把一年一熟水稻的老沤田、冬闲田、春沤田全部改为稻麦两熟。

老斗龙港以西稻区开始发展棉花并逐步形成稻、麦、棉轮作制，其布局为一年稻麦两熟或棉麦两熟，定期进行稻棉轮作。

稻麦两熟制 夏熟纯作麦子，秋熟纯作水稻，一年两熟。改制初期，年每公顷产粮食7500千克左右，比一年一熟增产100千克，以后随着生产水平提高，产量也不断提高，进入90年代，年每公顷产粮食一般12000千克以上，高产田块单产超过15000千克。

棉麦两熟制 以棉麦套种为主，秋播行麦，预留棉行，春天套种棉花。棉花产量与一年一熟棉田大体相等，多收一熟麦子，初期，每公顷产麦子1500—2250千克，至20世纪80年代公顷产达3750千克左右。

在稻麦两熟和棉麦两熟的基础上，以生产队为单位，实行连片种植，水旱分开，一般三年稻棉轮作换茬一次，以改善土壤理化性状，控制病虫草害发生。

人民公社时期，绿肥生产在稻麦棉轮作制中居重要位置。当时称为稻、麦、棉绿轮作制，按水稻面积安排一定比例纯作绿肥，作为水稻基肥。80年代后，绿肥面积逐年减少。实行稻、麦、棉轮作制的地区，绿肥基本绝迹。

棉、旱、粮绿轮间套种一年两熟制 玉米、麦豆、绿肥间套种一年两熟制：20世纪60年代中期，推广夏改春（夏玉米改春玉米），结合学习启东、海门经验，将散播纯麦改为麦（豆）绿间作。清明前后，绿肥扣青套种春玉米，玉米株间点种赤豆，麦收后再套种黄豆，既养地又多产。春玉米成熟早，能避开初秋的风、虫、旱、涝等灾害袭击，产量稳定。一般每公顷产量在4500千克以上，比夏玉米高750千克左右。

棉花、玉米、麦豆、绿肥轮间套种一年两熟制 20世纪60—70年代，为解决棉区农民口粮自给，老斗龙港东部适当发展旱粮，形成棉旱粮麦（豆）绿轮间套种一年两熟的耕作制度。其布局为：(1)棉麦（豆）套种一年两熟制：秋播麦（豆）绿间作，套种于棉花行中；春季绿肥扣青，播种棉花，套种于麦行中。(2)玉米、麦（豆）套种一年两熟，秋播麦（豆）绿间作，春季绿肥扣青，播种青玉米，秋熟玉米、黄豆、赤豆三夹作。棉花与玉米2年轮作，换茬一次。

粮棉绿轮间套作五种三收一年三熟制 20世纪70年代，老斗龙港以东地区推行五种三收耕作制度。秋播麦（豆）绿间作，春季在麦行中绿肥扣青播种棉花、春玉米，实行棉花、玉米夹种，一般四小行或六小行棉花夹种一行玉米，夏收后再套种夏绿肥，用棉花当家肥。一年五种：三麦（蚕豆）、冬绿肥、玉米、棉花、夏绿肥，三收：三麦（蚕豆）、玉米、棉花。这种耕作制度，夏熟简称“麦（豆）绿间作”，秋熟简称“粮棉夹作”。夹作田与纯作田比，棉花增30%左右，玉米增20%左右。但也出现一些新问题：一是虫害较多，红蜘蛛、盲蝽象面广量大，防治次数多，用药量大，残毒积累，环境污染加重。二是用工成本增加，一般要比纯作粮、纯作棉用工增加30%，农本增加10%。三是玉米边行棉花迟发迟熟，风险较大，对产量和品质都有一定影响。1983年以后，随着两膜棉（移栽棉、地膜棉）的推广扩大，粮棉夹作逐年减少。秋熟玉米、棉花基本改为纯作。

粮、棉、特、绿轮间套种一年两熟或多熟制 80年代中期，农业结构调整，特经蔬菜面积逐年扩大。东部地区在粮、棉、绿、轮间套种制度的基础上，创造出粮棉特绿轮间套种制度。缓解发展特经蔬菜与粮棉争地的矛盾，既稳定粮棉生产，又发展特经作物，大幅度地提高种植业效益，增加农民收入，被誉为“高产高效立体种植模式”。特经蔬菜品种多,间套种模式主要有以下几种:棉花、大蒜、豌豆间套种,棉花、百合、豌豆间套种,棉花、洋葱、豌豆间套种,棉花、西瓜间套种,棉花、贝母间套种,大蒜、玉米间套种,大蒜、西瓜、玉米间套种,青蒜、大麦、玉米间套种,青蒜、马铃薯(或包菜)、玉米间套种,麦子、辣根、玉米间套种,玉米、苋菜、药芹间套种,番茄、玉米、秋菜间套种,麦子、菜椒、萝卜间套种,青蒜、春玉米、夏玉米(双季玉米)间套种,玉米、白术间套种。

特经蔬菜一年多熟制　特经蔬菜生产的发展,出现在一块土地上一年种植三熟以上的栽培方式,亩产值万元以上的有以下五种:青蒜、西瓜、冬瓜三熟栽培,青蒜、马铃薯、西瓜三熟栽培,青蒜、地膜大蒜、冬瓜三熟栽培,大棚药芹(或莴苣)、番茄、夏菜三熟栽培,日光温室番茄、茄子(或辣椒)、丝瓜三熟栽培。

(二)作物品种

棉花　1930—1933 年,大丰盐垦公司以种植中棉和“小洋花”为主,主要品种有“青梗头”“青茎鸡脚棉”“江阴白棉”和“海门小洋花”。1934 年,从山东高密地区引进“金字棉”,早熟,适应性强,品质好,产量比“小洋花”增产 9% ~32%。

1950 年,大中区阜丰乡成立苏北棉场,并在大中镇建立苏北棉籽加工厂。1951 年,从南通引进“岱字棉 15 号”,经大面积推广,产量明显提高,很受棉农欢迎。

20 世纪 70 年代初,“岱字棉”经过提纯复壮,造育出优质的“大丰 3 号”。至 1975 年,全镇 95%的棉田面积都使用“大丰 3 号”品种,此间搭配品种有“鄂光棉”“沪棉 204”“苏棉 203”“徐棉 124”“崇棉 209”。这些品种都由“岱字棉”选育而成。

1976 年,境内部分棉田出现黄萎病,政府先后从省内外引进抗病棉种“豫 86－1”“陕棉 3563”“省 5122”“河北 328”等。1983 年,引进盐城农科所选育的“盐棉 48”以及“湘抗 159”“泗棉 2 号”。1987 年,全镇普及“盐棉 48 号”,该品种成熟早,耐黄萎病,品质和产量明显提高。

1994 年,从泗阳棉花原种场引进“泗棉 3 号”“910”两个品种,1996 年列为全镇当家品种。“泗棉 3 号”较“泗棉 2 号”和“盐棉 48”,具有抗病性强、产量及衣分高、品质好等优点。

2000 年后,引进“科棉 1 号”和“国抗 22 号”,在全镇推广。

2002 年,引进转基因杂交抗虫棉,主要品种有“中棉 29”“鲁棉研 15”。裕华区域以苏棉 9 号为主,新推抗虫“杂交棉 29”“科棉 1 号”。其优点有抗棉铃虫,株型大可稀植,铃大易采摘,增产幅度大。2006 年,全镇棉花都为抗虫杂交棉。斗龙港以东主要是鲁棉研系列,如“鲁棉研 15”“鲁棉研 23”“科棉 1 号”。斗龙港以西为湘杂系列,如“湘杂 5 号”“湘杂 8 号”。2010 年,全镇种植杂交棉 2695. 4 公顷。

大麦　新中国成立前,种植品种主要有“夸老虎”“四棱子”“六棱子”等 3 个品种。50 年代后期引进“红心”“紫秸”等。60 年代引进“齐芒大麦”“尺八大麦”。1972 年引进“早熟三号”。1977 年引进“盐幅矮早三”。1981 年引进“75－21”,后命名为“苏啤 1 号”。

1987 年,全镇啤酒大麦更换“冈二”品种。1994 年,引进“盐引 2 号”(原名美酿黄金)和“91 单 2”,占全镇大麦种植面积 80% 以上。

2000 年,后引种“港啤一号”“扬农啤 2 号”。

小麦　20 世纪 50 年代前期以农家品种为主,有“大黄皮”“鸭子嘴”“车前子”“百脚红”“大冈兴”等品种。50 年代后期,引进南大“2419”“玉皮”“早洋麦”“碧马 1 号”“骊英 3 号”。60 年代前期,引进“矮杆红”“阿夫”“吉利”“华东 6 号”“望麦 15 号”“内乡 5 号”等品种。60 年代后期,引进“扬麦 5 号”“大丰 25”(红旗小麦)。70 年代,粮、棉夹作逐步推广,要求短杆、早熟,于是引进“京红”“早白”“浙 114”“泰山 1 号”“武麦 1 号”。70 年代后期,引进由县原种场选育的“1247”“1087”,后由省定名为“宁丰小麦”。1992 年,全镇“宁丰小麦”面积达 95% 以上。到 2002 年,引进“郑麦 9023”,属白小麦。裕华区域以“豫麦 70”为主体,搭配“偃展 1 号”。2003—2005 年,引种“宁麦 9 号”。全镇种植面积 666. 67 公顷。

元麦 主要品种有“团六棱”“三月黄”“黑六棱”“长六棱”。60年代前期,引进“萧山三日黄”“立夏黄”“丁香”“六担准”“矮脚早”。70年代,普遍种植县农科所选育的“立新1号”“立新2号”“757”元麦。由于元麦品质差、产量低,食用价值和饲料利用价值不大,1981年后不再种植。

玉米 20世纪50年代以当地土种为主,有“六十子”“八十子”“石榴子”等,都是麦后种的夏玉米,产量低。60年代,引种本县沈灶“康宁大白籽”。1961年,从启东、海门引进“钉耙齿”“小金黄”“大金黄”“老人牙”“狗儿丁”等搭配品种。

1965年,开始试种杂交品种。20世纪70年代,引进10多个矮杆、早熟、高产、杂交品种,主要有“烟山6号”“鲁单4号”“京早2号”“新双1号”。1981年后,除恒南、红花村进行杂交玉米制种,由镇农科站安排到各村外,每年尚需从外地引进“聊玉5号”“掖单2号”“烟单14号”和“苏玉1号”杂交玉米种。1990年后,引进中、晚熟杂交玉米“掖单13号”和早熟杂交玉米“西玉3号”。1996年,利用早熟高产品种与地膜覆盖技术,全镇推广种植双季玉米,产量成倍增长。1998年,引进“苏玉10号”,品质优、抗逆性强、稳产,中熟偏早,可一年两季种植。2004年,引进“苏玉19号”,但有些年份出现高温杀雄,造成秃穗,故适期播种最为关键。裕华地区域长期以“登海9号”“苏玉10号”“掖单13号”为主打品种。2002年,调进早中熟品种“掖单4号”“掖单20号”“西玉3号”。2006年,新推“苏玉9号”,种植面积占85%以上。2010年,全镇种植“苏玉19号”。

水稻 20世纪50年代前后,大中镇水稻面积不足千亩。以农家传统土种为主,有“急猴子”“洋籼”“六十籽”“吓一跳”“大头龟”“麻筋籼”等,丰收之年每公顷产1500千克左右,欠收之年只有750千克上下。1955年,重点推广中熟籼稻“中农4号”“胜利粒”。

1956—1962年,推广种植“南通稻”“农垦20、46、57、58号”“桂花球”“黄壳早”等。1963—1977年,主要推广矮杆、早熟、高产籼稻品种,有“广陵矮”“南京11号”“金刚30号”“浙矮157”“南优”“南特籼”“广场矮”等。

1978年以后,大面积推广杂交稻品种,以“南优2号”为主。

1983年,推广“汕优63”,其优点为丰产,抗病性强。1985年全面推开,1990年扩大粳稻种植,品种有“武育粳3号”“盐粳187”“南粳34”“农垦57”,及“香血糯”“广陵香”“紫贡稻”等。

2001年,新团镇与大中镇合并后,种植水稻的村由原来4个增加到12个,面积达3066.67公顷,品种以“武育粳”当家。在这之前的“汕优559”等杂交稻食口性不及“武育粳”而被取而代之。

2004年,本地灰飞虱危害严重,水稻条纹叶枯病形成暴发趋势,为防止条纹叶枯病大发生,镇政府先后引进“扬辐粳8号”“徐稻3号”“盐稻9号”“宁粳1号”“淮稻3号”“宁粳6号”等均有耐抗条纹叶枯病、黑条矮缩病能力的水稻品种。其中,“宁粳6号”株型紧凑,产量一般达500千克左右,对稻瘟、条纹叶枯病表现中抗,且丰产性、口感性、抗病性综合表现良好,成为大中镇大面积种植品种。

大豆 种植品种有“六月白”“七月早”“八月白”“水黄豆”“铁壳铃”“獐脚黄”。1959年,引进“56－161”“黑油豆”。60年代,引进“穗稻黄”“苏豆1号”。70年代,引进“沛豆1号”(原名7234)和“通豆1号”(原名夏814)。这些品种按照前茬收获早迟和夹作田等情况,多以“六月白”“七月早”“水黄豆”“沛豆1号”为主。

1985年,引进“洪引1号”“诱变30”,搭配品种有“七月早”“八月白”“苏豆1号”“豫豆8号”等品种。

1995年,示范推广“巨丰”大豆,产量高,品质也可以,但不可间作,宜纯作。

2004年,引进“淮豆2号”,主要特点为株型矮、耐肥抗倒、成熟早、丰产性好,面积较大的种植户一般选用该品种。

蚕豆 主要品种有“小淮蚕”“大淮蚕”。1975年,推广种植大桥公社选育的“73－12”“73－15”2个优良品种,比淮蚕增产23%。1976年以后,逐步引进南阳红旗大队抗病品种“启豆1号”。1985年,引进县农科所从“启豆1号”中选育出来的“丰优12号”抗病品种。“丰优12号”抗病性强,荚多,粒重，产量高，镇域农户普遍种植。80 年代末，蚕豆面积逐年减少。1995 年后，蚕豆品种逐步过渡到“大青皮”“大白皮”大粒蚕豆，搭配品种有大淮豆、小淮豆、海门绿皮蚕豆等。

油菜　20 世纪 50 年代初，农户以青菜、麻菜为主要品种，产量低，出油率不高。1954 年，引进“淮油 6 号”，较青菜每公顷产量高 30%。60 年代，引进“胜利油菜”“沪选 2 号”和“宁油 7 号”。1985 年，引进低芥酸油菜品种“宁油 8 号”“淮油 12 号”和“扬油 1 号”（原名“4087”）品种，该品种属早熟甘蓝型，一般大田每公顷产 1875 千克。1991 年，引进“秦油 2 号”杂交一代种，每公顷产在 3000 千克左右。1995 年后，主要种植“秦优 7 号”“秦优 10 号”，裕华区域以“秦油 7 号”“宁杂 3 号”为主，搭配“秦油 2 号”“华杂 4 号”。2003 年，开始引进江苏南京种苗开发中心选育的“史力丰”“史力佳”。2010 年，全镇油菜种植面积 2686.53 公顷，以“秦油 13 号”“史力丰”为主要品种。

山芋　20 世纪 50 年代，本地以种植“苏州红”为主，山芋小，品质差。1960 年，引进“小白藤”“宁薯 1 号”“北京 2 号”。1972 年，从徐州引进“徐薯 1 号”，该品种优质高产，含淀粉高，是人们主要副食品和喂猪上选饲料。2010 年，主要品种仍以“北京 2 号”“徐薯 1 号”为主。

中药材　大中镇 20 世纪 60 年代开始引进种植药材，70 年代推广普及，90 年代中期达到顶峰时期。据统计数据反映，1995 年，大中、裕华、新团三镇的药材合计收入达 670 余万元（当年价），其主要品种有黄芪、丹参、贝母、白术、薄荷、辣根等。晋丰、万丰、利民、双喜、恒丰等村的药材种植达到年收入的五成以上。晋丰村一直坚持种植药材，特别是近十年来市场行情看好，种植面积也逐年扩大，2010 年，种植贝母、白术达 66.67 公顷，除此以外还有丹参、原胡、黄芪等珍稀品种。

（三）栽培管理

棉花　历史上大中区域种植棉花均是露地播种，由于土地碱性加重，加之气候等因素影响，出苗迟，保苗难，迟发晚熟，难以稳产高产。20 世纪 50 年代末，为解决棉苗缺棵断垄问题，用移苗器移苗补缺，也曾用营养土方块和河泥方块育苗移栽补缺。60 年代末，推广温汤浸种，催芽补种，进而发展到芽苗移栽，但移栽或补种后的棉苗生长和发育参差不齐，难以管理，影响产量。

1968 年，开始搞营养钵育苗，用芦柴把做简易支架，用草帘覆盖保温。由于覆盖物的保温能力差，制钵工具简陋和育苗技术不成熟，育苗移栽推广受到客观条件限制，发展缓慢。1977 年，超产大队（今泰西村）开始把塑料薄膜应用于农业，解决了苗床保温这一难题。1982 年，地膜覆盖栽培技术开始应用，对棉花的早苗、早发、早熟、高产优势十分明显。1983 年后，棉花薄膜营养钵育苗移栽和地膜覆盖栽培成为全镇棉花栽培的主要形式。1998 年，试种推广杂交棉以后，面积逐年扩大，到 2006 年，全镇已全部种植杂交棉。杂交棉株型大、可稀植，但对钾的需求相对多，缺钾易造成茎叶旺长，单铃重不足和导致后期红叶茎枯病发生。2008 年，试行“棉花水浮育苗”新技术，先后在八灶、新团、光明、建设等村试育成功。

生育阶段：即播前准备阶段（3 月中旬以前）。主要做好轮作布局，及早安排棉田茬口，建立高标准水系，做到墒沟畅通，雨住田干，防涝防渍。

营养钵育苗移栽阶段（3 月中旬至 5 月中旬）：抓住冷尾暖头。1. 适时播种，3 月下旬至 4 月初结束。2. 浇透钵水，达到湿透钵心。3. 突击播籽，每钵 2 粒。4. 加强管理，齐苗后，抢晴天晒床 2～3 天，以降渍防病。5. 适期移栽，定距打塘，施好安家肥。

苗蕾期阶段（5 月中旬到 7 月上旬）：主要措施有除草、松土、灭茬，及时抹芽整枝，控追苗蕾肥，搭好丰产架子。

花铃期阶段（7 月上旬至 9 月上旬）：重施花铃肥，喷施盖顶肥。正常在 7 月底前完成根部追施花铃肥，对缺肥的田块结合治虫，喷施盖顶肥；对长势旺的田块则喷施缩节胺，保铃素或磷酸二氢钾溶液。同时做好抗旱、防涝、防虫工作。

吐絮收花阶段：9 月中旬以后，对长势旺，秋桃多的棉田，除搞好推株并拢，、整枝、叶面喷磷、钾外，为促早熟、早上市，初霜前 20 天左右，选中午最高温度 20℃以上的晴天，用乙烯利兑水喷叶面催熟。

大中镇部分年份棉花两膜面积表

表 7－2－1 单位:公顷

年份	棉田总面积	其中			
		营养钵面积	占总面积(%)	地膜棉面积	占总面积(%)
1998	3666.67	2666.67	73	1000	27
2000	3666.67	2666.67	80	666.67	20
2004	3666.67	2800	84	533.33	16
2007	3000	2800	93	200	7
2010	2533.33	2533.33	100	—	—

水稻 大中地区历史上秧田一般选用冬闲田或绿肥田居多,但老秧田和重茬秧田面积很大。浸种、催芽是育秧关键,20 世纪 30 年代中期 40 年代初,多数农户采用罐子泡种,小蒲包浸种、催芽。50 年代后,水稻育秧经过多次变革,水育、旱育、半旱育、普膜育、温室育、地膜育。80 年代中期,主要采取温室和普膜两种方法。

20 世纪 90 年代中期,推广肥床旱育稀植技术,行距逐步扩大,杂交稻每公顷 24 万穴左右,基本苗 15 万～20 万株,常规粳糯稻每公顷 30 万穴,基本苗 150 万～180 万株。

2001 年,全市在大中镇试行机插秧。2005 年,建设村成立新鑫机插秧专业合作社,常年插秧在 333.33 公顷以上。但由于机插秧对秧龄要求严格,秧龄过大不便于机插。另外成本相对较高,因此未能大面积推广。因而,大多数采用直播种植。

肥料施用:水稻用肥习惯分四个时期。基肥提倡施用灰杂肥,在最后一次整地时施入;分蘖肥一般在移栽一周后施用;穗肥一般在齐穗前追施;粒肥在水稻齐穗后,视大田不同群体长相,区别施用。总体施肥方针为“普施基肥、重施分蘖肥、巧施穗肥、补施粒肥”。

水浆管理:一般掌握三个阶段:浅水分蘖,栽后到壮苗阶段保持半寸水层,促早苗活棵、早分蘖,当大田达到合理群体苗时及时搁田,壮根防病,保有效分蘖;层水养孕,水稻孕穗期对水特别敏感,既不能太干,又不能太湿,经常保持一寸以下水层,保证水稻安全齐穗;干湿壮籽,水稻灌浆至成熟需要干湿交替,采用跑马水,做好湿润灌溉。

玉米 民国时期,玉米是大中地区人民主要食粮。20 世纪 50 年代时,用作食粮和饲料。80 年代以后,主要用作饲料,食用比例很小。

玉米的生产管理方式历来简单,基本上是“田一耕,脚一踏,种一丢,望天收”。历史上,玉米都为夏播,称作夏玉米。1970 年后,玉米栽培技术转为夏改春,品种几经改良,种植模式也有重大改革。

适时播种:从清明前 5 天起,利用雨后放晴、气温回升的有利时机,突击保墒抢种。同时制钵育好预备苗。对出苗不齐的及时移苗补缺。并突击追施发棵齐苗肥,促长势平衡。棉花播种营养钵育苗移栽和地膜覆盖种植的方式,同样适用于玉米播种。

肥料追施:施足基肥,每公顷施足 7500 千克以上绿肥和灰杂肥或人畜肥、375～600 千克复合肥。基肥约占总施肥量的 50%,以促使玉米早发棵。出苗后,及时用人畜粪兑水追施,待玉米长到 10～12 片叶时,重施孕穗肥,每公顷 300 千克左右氮肥。待玉米开始抽穗时,再追一次籽粒肥,公顷施标准肥 300～375 千克。

田间管理:坚持一种就管,争取壮苗早发。1986 年前,剪(拔)雄穗是民间的传统做法。在雄穗散粉、雌穗授粉后将雄穗隔行去掉,达到节省养分,改善玉米行间透光条件,增强玉米叶片的光合作用,加快籽粒灌浆速度,减少倒伏,达到促早熟目的。

大中镇农科站曾从淮阴清江农药厂引进植物生长调节复配剂“40% 玉米健壮素水剂”20 支,在少数村玉米田块试用,取得明显效果,玉米叶形呈矗立状,短而宽,叶片增厚,叶色深,株型矮,节间短,根系发达,成熟提前,产量提高35%左右,80年代末普遍推广使用。玉米生长后期及时中耕,促使土壤通气增温,清除下部老叶,改善株间通风透光条件。

三麦 三麦(即大麦、元麦、小麦)是主要夏熟作物。自古以来就有精耕细作的传统。明清两代的《农政全书》《沈氏农书》中都指出,种麦的田土仑要高,沟要深,土仑(今称"土万")背似龟背,形似馒头,沟沟要相通,防涝防渍。

民国初期,麦子栽培技术有所改进,特别是在增施肥料上取得明显效果。新中国建立后,大中地区的三麦栽培技术有质的飞跃,对促进这个地区的粮食生产发挥积极作用。

播种:新中国成立初期,大中区域本场以人散播为主。启海移民用铁鎝(海门人用的农具)开行播种,大多为硬底下种。20世纪50年代中后期,推广三麦行播套种玉米。60年代后期到70年代初,用手扶拖拉机将棉花空行耕翻后,再用人工开行施肥、下种、盖土。直至1983年,大丰县丰富乡新丰村发明与手扶拖拉机配套的三麦条播机,开始应用于大中镇。这种条播机,功效与人工播种相比提高近30倍,故一直沿用至今。

麦田管理:重施腊肥,一般每公顷施150千克碳铵或75千克尿素与人畜粪兑水浇施,施肥后及时盖土镇压;对基肥不足的田块,每公顷增施尿素75千克。对冬发不足、个体不壮、群体偏小的麦田及时施用拔节孕穗肥,一般每公顷施300千克尿素。

适时排灌,防涝防渍:麦苗拔节前完成麦田墒沟清理工作,做到沟沟相通,以利排水降渍或抗旱排灌。

及时化除:1990年,全镇使用"绿麦隆""除草醚""使他隆"等化学除草剂,防治麦田杂草。90年代初推广"麦草灵"后,由于除草效果好,麦田化除面积迅速上升到70%以上。1994年,开始推广"苯黄隆",对土壤及下茬作物没有影响。1996年后,实施"麦田无草害"工程,麦田化除面积达100%。

大豆 大中地区大豆种植历史较久,在夏玉米盛行期,东部粮棉区就有夏玉米夹种大豆的习惯,西部农区稻田周围的田埂多种植大豆。大豆种植面积不稳定,而且产量低下,大面积公顷产长期在1500千克左右徘徊。90年代以后,随着大豆价格上涨和社会需求量增加,大豆种植略有增加。

大豆栽培管理主要是勤锄草,勤松土,防虫害,最后一次中耕在开花前结束,并结合适当培土,护根防倒。封行前进行一次清沟理墒,防涝防渍。根据地力、苗情,适当追肥。

蚕豆 蚕豆和大豆一样,习惯于只种不管,故产量不高,公顷产只有1500千克左右。主要培管措施为改单一肥料到多种肥料播种。过去种蚕豆只单一用灰杂肥,70年代后期,除每公顷用灰杂肥7500千克外,再加375~600千克磷肥。改大锹点播为开行软底下肥,定距下种,盖土种植,促增温通气,早苗早发。冬末春初,剪枯枝促分蘖,防病高产。适时追肥,春初剪枝后,每公顷用300~375千克磷肥加150~225千克碳铵在行边开行追肥,中耕培土。蚕豆鼓荚时及时打顶,促进生殖,增加产量。

油菜 油菜栽培有直播和育苗移栽两种,以育苗移栽为主。选择适宜的田块作为苗床播种育苗。待幼苗长大后按照种植密度移栽到大田。主要栽培措施:深耕精耘,三沟配套,提高土壤肥力,促进根系发育;施足基肥,以肥效长的有机肥为主,速效肥为辅,公顷施磷肥300~375千克,硫酸钾75~150千克。磷钾肥作基肥或活棵后开沟条施或穴施在根系附近。适时早播,合理密植,一般在10月中旬至11月中旬全部移栽结束。田间管理着重追施提苗肥和冬腊肥,清理好墒沟,中耕松土和查苗补苗。

(四)作物产量

移民兴垦至新中国成立前,正常年景大中境域公顷产籽棉只有225千克左右,粮食公顷产600~750千克之间。1936年,最高公顷产籽棉375千克,折合皮棉不足150千克。

新中国成立后,大中镇重视兴修水利,改良土壤,引进良种,改进耕作制度,农作物产量不断提高。

1956年,阜丰大道农业合作社每公顷产籽棉1509千克,比1952年的847.5千克增长87.6%,粮食每公顷产1762.5千克,比1952年的1290千克增长36.6%。

1958年,新团公社粮食每公顷产为1200.75千克,裕华公社粮食每公顷产为1469.25千克,大道公社粮食每公顷产1545.75千克。

1960—1962年,受三年自然灾害影响,农作物产量下降,1962年,皮棉公顷产仅130.5千克。

1963年,贯彻中央“调整、巩固、充实、提高”八字方针,农业生产得到恢复和发展。1964年,大中镇区域棉花公顷产超纲要,皮棉每公顷产769.95千克,总产皮棉3032.55吨,比1960年增长2.3倍,比1962年增长1倍。超产大队皮棉每公顷产840千克,为全县之首。

1983年,加快产业结构调整,全面落实党在农村中各项政策,农民种田积极性空前高涨。1995年,大中镇跨入江苏省苏北农村综合实力百强镇。是年,棉花总产1605吨,皮棉公顷产795千克,油料总产1813吨,公顷产2790.9千克,均创历史最高纪录。

2001年,粮食每公顷产5475千克,皮棉每公顷产1650千克。2010年,全镇粮食每公顷产6630千克,总产74096吨;皮棉每公顷产1365千克,总产3315吨;油料每公顷产3015千克,总产1797吨;青蒜种植面积3093.93公顷,青蒜每公顷产44850千克,总产13.88万吨。

1958—2010年部分年份粮、棉、油面积产量表

表7-2-2 单位:公顷、千克、吨

年份	区域	粮食			棉花			油料		
		面积	每公顷产	总产	面积	每公顷产	总产	面积	每公顷产	总产
1958	新团	7038.2	1200.75	8451.11	812.6	290.25	235.86	66.8	888.75	59.36
	裕华	1334.73	1469.25	1961.05	3550	431.25	1530.93	33.93	949.25	32.21
	大道	1537.27	1545.75	2376.23	2994.53	563.25	1686.67	7.93	675	5.35
1962	新团	4772.07	911.25	4348.55	627.33	41.25	25.88	29.13	305.25	8.89
	裕华	2823.73	1047	2956.45	3367.8	63	212.17	19.53	273.75	5.35
	大道	3016.93	1303.5	3932.57	2366.67	105.75	250.28	42	382.5	16.07
	大中	23.33	2575.5	60.09	3.67	95.25	0.35	—	—	—
1964	新团	4508	1267.5	5713.89	944	555	523.92	29.33	1642.5	48.17
	裕华	1163.8	1987.5	2313.05	4649.4	600	2789.64	22.67	712.5	16.15
	大道	1546.33	2197.5	3398.06	3598.53	772.5	2779.86	40.8	607.5	24.79
	大中	38.53	2092.5	80.62	83.8	975	81.71	3.6	870	3.13
1970	新团	4279.33	1987.5	8505.17	1074	405	434.97	9.07	802.5	7.28
	裕华	2943.67	2475	7285.58	2914.93	442.5	1289.86	5.87	892.5	5.24
	大道	2247.33	2797.5	6286.91	1918.47	532.5	1021.59	8.73	1207.5	10.54
	大兴	1412	2685	3791.22	1009.13	592.5	597.91	5	757.5	3.79
	大中	32.13	4005	128.68	64.73	705	45.63	0.33	2250	0.74
1975	新团	3829.33	3150	12062.39	1067.67	720	768.72	15.27	1335	20.39
	裕华	2960	2670	7903.2	2913.33	922.5	2687.55	31.73	877.5	27.84
	大道	2206.67	3142.5	6934.45	1913.33	1050	2009	26.27	795	20.88
	大兴	1334.6	2940	3923.72	993	990	983.07	6.33	1102.5	6.98
	大中	79.87	3480	277.95	73.13	1320	96.53	0.27	1125	0.3

续表 7－2－2

年份	区域	粮食			棉花			油料		
		面积	每公顷产	总产	面积	每公顷产	总产	面积	每公顷产	总产
1980	新团	3735.67	3600	13448.41	1145.8	667.5	764.82	23.93	630	15.08
	裕华	3200	3562.5	11400	2773.33	727.5	2017.6	30.87	810	25
	大道	2166	3360	7277.76	1881.33	622.5	1171.13	21.67	877.5	19.02
	大兴	1213.33	3487.5	4231.49	892.33	555	495.24	5.13	990	5.08
	大中	132.33	4200	555.79	113.93	682.5	77.76	0.8	1560	1.25
1985	新团	4521.4	5032.5	22753.95	1410.6	802.5	1132.01	193.73	1785	345.81
	裕华	3491.67	4725	16498.14	2706.2	787.5	2131.13	539.53	1717.5	926.64
	大中	4018.53	4672.5	18776.59	2728.93	772.5	2108.1	322.73	1680	542.19
1990	新团	4898.33	5115	25054.98	1203.53	900	1083.18	140.73	2295	322.98
	裕华	3941.73	5115	20161.96	2916.67	660	1925	578.26	2700	1561.3
	大中	4039.67	5130	20723.51	2336.67	810	1892.7	495.27	2295	1136.64
1995	新团	4739.4	5430	25734.94	1233.73	1110	1369.44	269.93	2640	712.62
	裕华	3884.33	6360	24704.34	1940.13	540	1047.67	793.4	2970	2356.4
	大中	4491.47	5400	24253.94	2001.47	795	1591.17	649.6	2790	1811.11
2000	新团	5065.13	5955	30162.85	531.80	1875	997.13	883.67	2625	2319.63
	裕华	3150.6	6795	21408.33	222.67	1260	280.56	747	2910	2173.77
	大中	4292.93	5475	23503.79	1138.33	1650	1878.24	985.93	3105	3061.31
2005	裕华	3752.87	5475	20546.96	1656.67	975	1615.25	857.4	2730	2340.7
	大中	7467	5910	44129.97	3404.07	1080	3676.4	1575.6	3135	4939.51
2010	大中	11170.4	6630	74059.75	2422.07	1365	3306.13	2632.4	3015	7936.69

1962—2010 年部分年份特经作物生产情况统计表

表 7－2－3　　单位:公顷、千克、吨、元

年份	区域	糖料			药材		薄荷			麻		
		面积	单产	总产	面积	总收入	面积	单产	总产	面积	单产	总产
1962	新团	—	—	—	—	—	—	—	—	0.27	375	0.1
	裕华	—	—	—	—	—	—	—	—	0.2	500.25	0.1
	大道	—	—	—	—	—	—	—	—	0.93	697.5	0.65
	大中	—	—	—	—	—	—	—	—	0.13	375	0.05
1964	新团	—	—	—	—	—	—	—	—	0.4	247.5	0.1
	裕华	—	—	—	0.87	—	—	—	—	1.67	1080	1.8
	大道	—	—	—	1.6	—	—	—	—	1	1447.5	1.45
	大中	—	—	—	—	—	—	—	—	—	—	—

续表 7－2－3

年份	区域	糖料			药材		薄荷			麻		
		面积	单产	总产	面积	总收入	面积	单产	总产	面积	单产	总产
1970	新团	—	—	—	—	—	—	—	—	0.13	1125	0.15
	五星	—	—	—	—	—	—	—	—	1.93	1252.5	2.42
	大道	—	—	—	—	—	—	—	—	2.93	2318.1	6.79
	大兴	—	—	—	—	—	—	—	—	1.73	1207.5	2.09
	大中	—	—	—	—	—	—	—	—	—	—	—
1975	新团	—	—	—	—	—	—	—	—	0.07	2250	0.16
	五星	—	—	—	2.87	4526	9.93	89.25	0.89	0.67	2175	1.46
	大道	—	—	—	5.2	3512	9.07	55.5	0.50	1.67	1785	2.98
	大兴	—	—	—	3.67	4994	1.33	112.5	0.15	0.27	937.5	0.25
	大中	—	—	—	0.4	1896	—	—	—	—	—	—
1980	新团	—	—	—	—	—	—	—	—	—	—	—
	五星	—	—	—	12.93	15500	1.2	97.5	0.12	0.07	750	0.05
	大道	—	—	—	—	—	0.2	67.5	0.01	—	—	—
	大兴	—	—	—	6.67	44400	—	—	—	—	—	—
	大中	—	—	—	—	—	—	—	—	—	—	—
1985	新团	—	—	—	—	—	0.2	—	—	—	—	—
	裕华	3.8	8355	31.75	23.8	—	165.87	—	—	2.47	1500	3.71
	大中	48.87	11700	571.78	9.53	—	40.5	—	—	7.67	3022.5	23.18
1990	新团	—	—	—	—	—	—	—	—	—	—	—
	裕华	—	—	—	—	—	7.67	135	1.04	—	—	—
	大中	—	—	—	3.2	19000	0.13	—	—	—	—	—
1995	新团	1.07	75000	80.25	3.47	600000	—	—	—	—	—	—
	裕华	1.87	59460	111.19	9.2	633000	4.07	240	0.98	—	—	—
	大中	6.47	75000	485.25	60.73	5555000	—	—	—	—	—	—
2000	新团	12.27	30405	373.07	9.2	1660000	—	—	—	—	—	—
	裕华	—	—	—	11.2	470000	40.4	180	7.27	—	—	—
	大中	30.67	67365	2066.08	9.07	580000	10.93	180	1.97	—	—	—
2005	裕华	—	—	—	27.33	—	—	—	—	—	—	—
	大中	39.07	73485	2871.06	77.53	—	11.33	180	2.04	—	—	—
2010	大中	49.33	58710	2896.16	126.73	—	6.67	150	1	—	—	—

（五）植物保护

新中国成立前，由于农业科学技术落后，遇有病虫害无力抗御则借助求神拜佛，以保五谷丰登，但事与愿违，灾害仍频繁发生。1936 年和 1942 年，两次发生蝗虫危害，颗粒无收，连芦苇叶子都被啃光。新中国成立后，中国共产党和人民政府对农作物病虫害防治十分重视。1955 年，县建立植保站，并在县农干校建立港东测报站，配备专职植保干部。1967 年开始，各大队、生产队开始配备农技员和植保员。1975 年,贯彻执行国家提出的“预防为主、综合防治”植保方针,以农业防治为基础,合理使用化学农药,积极保护和利用天敌,有机结合其他措施,收效显著。

1. *病害防治*

棉花病害防治 棉花病害主要有枯萎、黄萎、立枯、炭疽、轮纹斑、角斑、红腐、黑果、红叶、茎枯、凋枯病等。斑病发生在棉花苗期,后期主要病害是黄萎病、枯萎病、红腐以及黑果等。1964 年,大中镇棉田出现枯萎病约 166.67 公顷。1975 年,病情有所蔓延,发病面积占棉田总面积的 15.3%。1982 年,全镇棉花面积 2866.67 公顷,就有 246.67 公顷轻重不同地发生枯、黄萎病,占棉田总面积的 64.9%。

防治方法:(1)药剂拌种,每 500 千克棉种拌 2.5 千克西力生或 4 千克赛力散,在播前半个月,以微量水将药拌湿后与棉种干拌堆闷,也可随拌随种,但效果略差些;(2)松土,棉苗出土还没有齐苗时,中耕松土,可提高地温 1℃左右,增强幼苗抗病能力;(3)在寒流预报发出后,立即使用波尔多液喷治。

2005 年、2007 年的 6 月前后,大中境域棉花枯萎病暴发。2009 年,黄萎病接连发生,全镇近 666.67 公顷棉田发病,损失较重。

防治措施:(1)对无病区及田块,严禁带病种子及秸秆传入,对有病区及田块,拔除病株,带出田外,集中烧毁,并封锁疫区,禁止病棉种和病株秸秆外流;(2)发病田块棉花实行三分(分收、分晒、分榨〈油〉);(3)发病田改种粮食或其他作物。

水稻病害防治 水稻条纹叶枯病:由灰飞虱危害而造成病毒传染性病害。2000 年在境内首次见到,2004 年暴发成灾,2007 年有所好转。水稻条纹叶枯病表现来势猛,危害重、损失大。一般发病田块产量损失在 20% ~30%,严重田块几乎绝收,对稻农威胁极大。综合防治措施:一是推广种植抗耐病品种。二是适期调整播期。三是推广秧田覆盖防虫网或无纺布。四是科学防治灰飞虱。选用吡蚜酮、毒死蜱、异丙威、稻丰散、敌敌畏等药剂,配合使用,交替用药,延缓灰飞虱抗药性的产生。

稻瘟病:整个生育期均可发生,根据被害部位不同,可形成苗瘟、叶瘟、节瘟、穗颈瘟和谷粒瘟等病害。2008 年,大中镇范围由于品种抗病性较差,造成水稻近 66.67 公顷发病严重。一般采用三环唑、咪鲜胺、爱苗乳油等药剂防治。

纹枯病:2006 年,水稻逐步实行旱直播,种植密度加大,发病呈上升趋势。2009 年,病害发病严重。使用 6% 井冈 · 蛇床素 75 ~100 克或 11% 井冈 · 己唑醇粉剂 60 ~80 克或 16% 井冈 · 丙环唑 45 ~60 克或 6% 纹曲宁粉剂 90 ~120 克均能有效控制病情,以井岗霉素为好。

稻曲病:在开花后至乳熟期发生,只危害谷粒。稻曲病使稻谷千粒重下降,秕谷、碎米增加,出米率、品质降低,一般产量损失约 5%。2009 年境内发生,其余年份发病较轻。稻曲病主要使用井冈霉素 + 三唑酮、咪鲜胺、爱苗乳油防治,对穗颈瘟也有很好的防治作用。

麦类病害防治 麦类病害有赤霉病、黑穗病、条纹病、白粉病等。1962—1986 年,三麦赤霉病,轻度发生 15 年,中等发生 2 年,中等偏重发生 5 年,大发生 1 年(为 1973 年)。1953 年和 1978 年,大、元麦黑穗病均在 8% 左右。1957 年,全镇大麦、元麦普遍发生条纹病,损失严重。1982 年,全镇白粉病发病面积近 66.67 公顷。1989 年,小麦白粉病、大麦纹枯病及黑穗病发病较严重。

防治方法最初采取人工拔除病穗。1953 年,使用皂矾、石灰水浸种,用 1% 石灰水浸麦种 30 ~35 千克,浸种 1 ~3 天后,取出晒干、贮藏。1985 年,推广使用粉锈宁和多菌灵防治,或播种时拌种预防,或发病时叶面喷雾,效果较好。90 年代后,推广应用大麦清 3 号拌禾枯灵、防霉宝、治萎灵等新农药防治。

蚕豆病害防治 蚕豆病害主要有锈病、赤斑病,每年都有不同程度的发生。防治方法:一是多间作、少纯作,多换茬、少重茬;二是适期早播、合理密植;三是疏通水系、防涝防渍;四是增施磷肥、培土壅根,剪除越冬主茎、枯枝,减少病菌传播;五是选用抗病品种,增强抗病能力。发现病害苗头,在雨前用治萎灵、禾枯灵等喷治。

玉米病害防治　玉米病害主要有青枯病，大、小斑病，病毒病和黑粉病等。1977 年，大中镇所引种的“烟山 6 号”玉米，青枯病发生比较严重，千粒重下降到 130 ~ 140 克，减产 30% ~40%。2008 年，境内玉米粗缩病暴发，近 66.67 公顷绝收。选用抗病杂交系列新品种，可有效控制病害发生。

2. 虫害防治

棉花虫害防治　棉花虫害主要有：地老虎、棉蚜、蓟马、盲椿象、红蜘蛛、金刚钻、红铃虫、棉铃虫、玉米螟等。新中国成立初期，大中镇范围开始使用砒酸铅、砒酸钙喷治卷叶虫、造桥虫，用棉油皂乳剂、烟草水防治棉蚜虫，用麦粉糊涂治红蜘蛛，用毒饵堆草诱杀地老虎。20 世纪 60 年代，推广“1059”涂茎。1963 年，推广“3911”拌种，后改用“1605”“1059”“3911”剧毒农药拌种堆闷，以及敌敌畏、二二三乳剂喷雾。70 年代后，使用三氯杀螨醇乳剂与杀螨砜混合喷雾防治红蜘蛛。80 年代，推广使用有机磷农药，如乐果、马拉松、辛硫磷、呋喃丹、乙酰甲胺磷、氧化乐果、甲胺磷、久效磷、涕灭威等。1984 年以后，广泛应用菊酯类农药，如溴氰菊酯（敌杀死）、氰戊菊酯（速灭杀丁）和氯氰菊酯（兴棉宝、又称灭百可）、杀螨剂、单甲脒、杀虫脒粉剂、ACYEX 等，以及新剂型久效磷、辛硫磷微胶囊、螨虫净、双效磷混配剂等。90 年代后，推广应用菊脂类与有机磷农药多元复配剂，如快杀灵、辉丰系列、威敌乳油、抗虫威等。涕灭威对苗期棉蚜有较好的控制作用。6 月上、中旬棉蚜大量发生时，用速灭杀丁喷雾防治一次，即可将棉蚜虫全部控制。目前，推广使用蚜青灵、吡虫啉等新农药，防治效果更好。

防治红蜘蛛：大中棉农习惯用三氯杀螨醇加三氯杀螨砜，配以单甲咪、杀螨脒、双甲脒有较好防效。90 年代后，推广哒螨灵、扫螨净等防治效果更佳，为最新替代品种。

防治盲椿象、蓟马：以久效磷、甲胺磷、辛硫磷、氧化乐果等药剂为主，马拉松防治盲椿象也有较好效果。采用久效磷等内吸有机磷缓释剂涂茎，对盲椿象有控制作用，并可兼治蚜虫、红蜘蛛，保苗时间至少 5 ~ 10 天。2004 年，镇域棉蓟马暴发，农业科技部门及时指导广大棉农用 30% 的吡虫啉 2000 ~ 3000 倍或 5% 啶虫脒 1500 倍液喷雾防治，得到有效控制。

防治红铃虫、棉铃虫：用除虫菊酯连续防治 4 次（二代两次、三代两次），能取得较好的防效。1992 年，境内棉铃虫突发，国家及各级党政组织加强测报，大中镇成立植保服务大队，科学调整防治策略和施药方法，从二代开始采取菊酯类和有机磷农药交替使用，草把诱蛾与药剂防治相结合，用弥雾机进行喷治，得到有效控制。

1999 年，棉铃虫在大中、新团、裕华境域再度大暴发。广大棉农坚持“树把诱蛾，药治卵虫，人工清扫大龄幼虫”等综合措施，取得较满意的防治效果。2000 年后，随着转基因抗虫棉推广应用，棉铃虫暴发危害得到有效控制。

三麦虫害防治　三麦地下害虫主要有蛴螬、蝼蛄、金针虫，生长中后期主要有麦蚜、粘虫、麦圆蜘蛛。20 世纪 50 年代，地下害虫用人工捉虫、“六六六”毒饵、毒土防治。60 年代中期，推广乐果拌种。70 年代初，推广毒糖浆、毒糖球把、枯草把诱蛾和黑光灯、火油灯诱蛾。80 年代后，推广辛硫磷拌种。粘虫用辛硫磷、杀虫畏等有机磷、有机氯喷治，麦圆蜘蛛则用氧化乐果、乐果乳剂或混灭威制成毒土撒施。麦蚜用氧化乐果喷治。

玉米虫害防治　玉米虫害地下害虫有小地老虎、蝼蛄，生长期害虫有玉米螟、高粱条螟、红蜘蛛、棉铃虫等，以玉米螟危害最大。1953 年，大中镇地区玉米被害株率高达 40% ~70%。1963 年，被害株率达 87%。对地下害虫 20 世纪 50 年代大多人工捕捉，见断苗就找。60 年代开始使用化学防治，用辛硫磷稀释液拌种，或出苗期用晶体敌百虫兑水拌毒饵在傍晚撒入玉米行，诱杀地老虎；用呋喃丹拌毒土撒于心叶、用敌敌畏兑水点喷心叶防治玉米螟；用三氯杀螨醇乳剂与三氯杀螨砜粉剂混合兑水喷雾防治红蜘蛛，同时培植赤眼蜂捕捉。

水稻虫害防治　稻飞虱：褐飞虱在盛夏不热、晚秋不凉、夏秋多雨的年份，易酿成大发生。2005—2007 年，镇域稻飞虱重发。白背飞虱在初夏多雨、盛夏长期干旱，易引起大发生。2000 年五（2）代白背飞虱和2005年五(2)代及六(3)代白背飞虱重发。农民以吡虫啉类农药为主进行防治效果明显。灰飞虱是引起水稻条纹叶枯病的罪魁祸首。从2001年开始逐年加重,2004—2006年防治稻飞虱主要采用毒死蜱、吡虫啉、吡蚜酮、异丙威、氟虫腈、马拉硫磷,效果较好。

稻纵卷叶螟:1998年3代、2000年3代、2003年3~4代、2007年3~4代、2009年2~4代都是稻纵卷叶螟偏重发生年份。防治药物主要有丙溴磷、毒死蜱、阿维菌素、氟腈-毒死蜱和氯虫苯甲酰胺、甲维盐等。在卵孵高峰至二龄幼虫期使用,防效较好。每年春季,成虫随季风由南向北而来,随气流下沉和雨水拖带降落。秋季,成虫随季风回迁到南方,该虫不能在本地越冬。大中境6~9月雨日多,湿度大,利其发生,田间灌水过深,施氮肥偏晚或过多,引起水稻疯长,危害加重。

3. 草害防治

历史上,大中镇对农作物草害的防治,除加强种子精选、厩肥腐熟、铲除田边杂草外,主要采取土壤耕作和轮作换茬。

土壤耕作:包括耕翻、深松土、耙田、中耕和培土等。耕翻能将混有杂草种子的表土翻到下层,减少萌发机会,同时对多年生根茎类杂草,由于切断和深埋根茎,也起到灭草作用。

轮作换茬:1972年,大中镇对部分田块实行旱改水后回旱植棉和对原长水稻田块实行旱水轮作,对防治水、旱杂草取得理想效果。

20世纪80年代开始,大中镇开始使用化学剂灭草,方法简便,除草及时且效果好,能与机械化作业配合,减轻劳动强度,提高生产效率。

棉花草害防除:1979年,大中镇在泰西大队进行苗床试用,每公顷苗床用25%除草醚1.5~3千克,喷后30天检查,除草效果为93.4%;喷后45天(即移钵期间)检查,除草效果为85.2%~94%。

1980年,在苗床化除基础上,对大田化除也作尝试,但由于套作因素,施药土层受破坏,效果不佳。1981年,引进48%进口土壤化学除草剂——氟乐灵进行试用,收到理想效果。后对棉花播种后或移栽前土壤处理,用喷雾和毒土两种方法,2010年仍在使用。

麦类草害防除:麦田草害有巢菜、婆婆纳、猪殃殃、蓼草、马唐、蟋蟀草、狗尾草等。1981年以前,只限于人工拔除。1982年以来,开始以绿麦隆和杀草丹等混合使用,以后逐步增加施药面积。1985年,基本达到亩亩化除。行种麦每公顷用50%杀草丹乳油加25%绿麦隆可湿性粉剂各1.125千克,兑水750千克喷在麦幅内,散种麦用量加倍。如遇天旱,适当加大用水量,以提高防除效果。90年代后,推广使用百甲合剂、使甲合剂、苯黄隆、巨星、麦草净2号等新品种,提高防除效果。

大豆、花生草害防除:1984年,大中镇开始对大豆、花生田使用化学除草。可在播前、播后、苗前苗后分三次进行。

另外,大豆上还有一种兔丝子寄生性杂草,被寄生的植株细弱矮小、叶色不正,严重时导致植物枯萎死亡。防治办法:剔除混入豆种的兔丝子种子,在兔丝子结籽前连根拔除并烧毁病株;受害田块进行深耕以深埋其种子;与其他作物如甘薯、麦类、玉米进行3~4年轮作;在受害株上喷“鲁保1号”菌液或菌粉兑水稀释致500~700倍,并在喷前打断兔丝子茎,以提高防治效果。

水稻草害防除:水稻杂草以稗草、扁杆草、牛毛草、眼子菜为多。

直播稻除草,由于种子直接播种在田中,所以稻种和杂草种子同时发芽,加上直播稻播种稀,苗间的空间大,光、温、肥、水条件好,也利于杂草生长,不及时注意防除,往往会造成草害。防治措施:1. 对土地进行封闭处理。2. 对未进行土壤封闭处理或防除效果差的直播稻田,掌握在水稻秧苗3叶至3叶1心期,每公顷用32%秧田净1050克或2.5%稻杰悬乳剂900毫升;在水稻分蘖末期,对高龄稗草、莎草和阔叶杂草较多田块,可选用2.5%稻杰油悬乳剂1200毫升/公顷;对千金子草龄较大(4~5叶期)田块,可选用10%千鑫乳油或10%千金乳油1500毫升/公顷;在水稻6叶期以上,千金子草龄大,禾本科杂草多田块,每公顷用10%旺除乳油600毫升,施药方法:兑水600千克均匀手动喷雾,施药前先排干水层,药后36小时复水(不能淹没心叶),并保持5天以上。3. 移栽大田化学除草,移栽大田每公顷用20%稻乐宁450克,机插秧田每公顷用50%苄嘧·苯噻酰600克或14%农家旺450克加尿素1510千克“二合一”措施。

4. 植物鼠害防治

大中地区常见鼠类有家鼠、田鼠和水鼠。1986年,春玉米由于鼠害,全镇三分之一玉米面积受害,镇政府将敌鼠钠盐分发各村拌料1.2万千克,投农田4000公顷。1994年,投鼠药4960千克,投放面积4444.53公顷,杀鼠10713只。2010年,鼠害基本没有发生。

二、蔬菜

(一)面积产量

20世纪50年代初期,大中镇瓜菜生产主要集中在城郊农村,农户利用零星隙地种植青菜、萝卜、茄子、大椒以及在大田棉花行间散状种植西瓜、香瓜、梢瓜,供自食,集体无瓜菜生产地。50年代后期,城镇企事业不断发展,人口不断增加,蔬菜生产出现在供不应求局面。

1959年,大丰县政府针对城镇蔬菜短缺问题,将大道公社泰丰大队西北匡划为大中农业队,超产大队的5队划出13.33公顷地种植蔬菜。1960年,组建为大中蔬菜队,专门从事蔬菜生产。1983年,城郊村7个组中有4个组为蔬菜专业组,总面积56.24公顷,其中蔬菜面积40.75公顷。

1985年以后,双喜、利民的大蒜,大新村的韭菜,阜北村的草莓,同德村的蔬菜逐步形成规模。1990年,大中、裕华、新团三镇瓜菜合计面积1092.8公顷。1994年,裕华区域晋丰村棚栽蔬菜达66.67公顷,占全村耕地面积12%。天祥村常年种植西瓜113.33公顷。1996年,大中镇瓜蔬面积达1200公顷。1998年达到1651.73公顷,是1985年的4.9倍。其中蔬菜面积1468公顷,瓜类面积183.73公顷。裕华区域蔬菜瓜类面积1648公顷,其中蔬菜类726.6公顷,瓜类面积921.4公顷。

2000年,全镇瓜蔬面积拓展到5630.07公顷(含裕华、新团两镇),其中蔬菜面积4171.67公顷,瓜类面积1458.4公顷。大、中、小棚栽面积发展到666.67公顷。2003年,泰西、恒南、利民、阜南、大新、长安等村蔬菜面积突破333.333公顷,其余各村亦有所发展。是年,全镇蔬菜面积增至5698.13公顷,其中瓜类面积349.87公顷。随着种植技术的提高,大中菜农采取地膜、大棚技术种植蔬菜,既提高产量又增加经济效益。2009年年末,全镇蔬菜大棚面积达1000公顷。2010年,全镇蔬菜种植面积14220公顷,总产量203399吨,其中全镇大蒜种植面积达5666.67公顷。

20世纪70年代初,大蒜已成为农民自留地的主导作物。1981年,原裕华镇海防村农民率先在自己的承包地里种起大蒜,每公顷产效益是其他作物的近3倍,海防村的经验激发了全镇广大农民种植大蒜的热情。1987年,全镇大蒜面积达到666.67公顷。1995年,突破3333.33公顷,创产值7500万元。从1996年起,每年都稳定在4333.33公顷左右,年产量30万吨上下。2000年,全镇大蒜实现产值1.65亿元,人均大蒜纯收入达2210元,占农村人均纯收入的60%。4月,全国人大常委会副委员长许嘉璐专程到裕华考察,对裕华镇以大蒜发展特色农业创造规模效益的农业产业化给予高度评价。

2009年,全镇4000公顷大蒜实现销售收入1.5亿元,蒜农仅大蒜一项人均纯收入达9400元,占农民人均纯收入87%。同年,二茬大蒜种植面积由2007年的133.33公顷增加到2533.33公顷。

1958—2010年部分年份大中镇蔬菜面积及产量表

表7-2-4 单位:公顷、吨

年份	区域	合计面积	(一)蔬菜		(二)瓜类
			面积	产量	面积
1958	新团	2.06	1.13	3.8	0.93
	裕华	7.86	5.53	28.25	2.33
	大道	8.47	7.47	6	1
1960	新团	80	80	1200	—
	裕华	306.26	211.33	1148	94.93
	大道	92.93	92.93	1890.9	—
1963	新团	40.33	39.33	217.05	1
	裕华	52.27	50	500.55	2.27
	大道	112.07	110.27	940.2	1.8
	大中	67.4	54.2	1202.6	13.2
1970	新团	4.87	4.4	—	0.47
	裕华	9.86	7.13	—	2.73
	大道	28.54	19.87	—	8.67
	大兴	1.4	0.4	—	1
	大中	43.67	43.47	—	—
1975	新团	8.6	5.67	222.75	2.93
	裕华	6.4	4.33	61.7	2.07
	大道	20.07	17.27	348.4	2.8
	大兴	0.87	0.87	7.35	—
	大中	125.33	118	3442.15	7.33

年份	区域	合计面积	(一)蔬菜		(二)瓜类
			面积	产量	面积
1980	新团	22.73	15.53	—	7.2
	裕华	21.14	15.07	—	6.07
	大道	21.8	17	—	4.8
	大兴	2.46	1.33	—	1.13
	大中	112.66	95.53	—	17.13
1985	新团	86.93	57.33	—	29.6
	裕华	206.8	115.87	—	90.93
	大中	217.74	151.87	—	65.87
1990	新团	80.67	80.67	1863	—
	裕华	505.47	505.47	13928	—
	大中	506.67	506.67	10460	—
1995	新团	277.27	257.67	5630	19.6
	裕华	451.27	417.6	13809	33.67
	大中	858.2	748.87	48378	109.33
2000	新团	2187.27	1916.07	56440	271.2
	裕华	1786.13	803.73	22524	982.4
	大中	1656.67	1451.87	50706	204.8
2005	裕华	9205.87	8334.6	—	871.27
	大中	5086.66	4643.93	—	442.73
2010	大中	14174.66	13559.93	—	614.73

(二)主要品种

20世纪50年代初期,镇区蔬菜品种单一,产量低。1959年,主要品种只有8~9个。1996年,增加到12类80多个。2010年,增加到14类100多个,并逐步由优良品种取代老式品种,不仅质量好、产量高,而且热销各大市场。

叶菜类:菠菜分有刺种、无刺种;莴苣分白皮、紫皮、青皮;蒲芹又叫药芹,有本蒲芹、铁杆青、白蒲芹;茼蒿有大叶茼蒿、小叶茼蒿。此外,还有荠菜、苋菜、西洋芹、芫荽等。

白菜类:青菜,是本地主要叶菜。品种有苏州青、上海小白菜、崇明青、四月不老、百合头、五月不老、矮脚黄、短白梗、白叶、瓢儿菜。高梗菜有高梗白、青梗白、圆梗白,主要用于腌制咸菜。雪里蕻属芥菜类、主要用来加工腌制,品种有独棵、九头鸟。大白菜俗称黄芽菜,大中境内种植的主要品种有复光包,城杂5号,青杂3号、90天、70天。

茄果类:茄子品种有苏州牛角茄、紫长茄、苏长茄、扬州长茄。西红柿品种有九龙大红,苏抗4号,苏抗8号,早丰,浙杂8号,苏粉1号、2号,浙粉杂3号。辣椒品种有南京早椒,甜椒,苏椒5号,中椒2号,湘研1号、3号,洛椒4号,皖椒1号,苏椒2号,早丰1号,羊角椒。

甘蓝类:有包菜(结球甘蓝)和花菜2种。包菜俗称卷心菜,品种有鸡心包、平头包、牛心包、京丰

1 号、秋丰、晚丰、迎春甘蓝。花菜(花椰菜)品种有 45 天花菜、80 天花菜、120 天花菜。

直根类:萝卜品种有穿心红、端午红、上海白、杨花萝卜、萧山一点红、夹岗冬萝卜、露头青、中秋红。胡萝卜品种有长红胡萝卜、黄胡萝卜、红大片。大头菜品种有芝菁甘蓝(洋大头菜)、根用芥菜(本大头菜)。2009 年,从韩国引进的"特新白玉春萝卜"在农业示范园区(丰收大地)试种成功,并于当年上市销售。

豆类:四季豆又称菜豆、芸豆、刀豆,品种有天筋地豆、黑籽地豆、白籽架豆、黑籽架豆、青架;豇豆品种有六月豇、秋红豇、盘香豇 28－2、一点红、元豇 28、白豇 2 号。毛豆(即未成熟的大豆,作蔬菜用)品种:早熟有三月黄、五月枯,中熟有六月白、七月早、大四粒通州豆,迟熟有八月白、九月豆、螺丝青、大青豆。豌豆品种有菜用豌豆(食用豌豆苗,豌豆头)、软荚种(采收嫩豆荚)、硬荚种(以食用鲜嫩白玉豌种籽为主)。蚕豆食其嫩籽,5 月上市,品种有淮蚕、抗菌蚕豆。扁豆品种有全红、白边、青边、早扁豆,白扁豆又称洋扁豆(只食籽)。黄秋葵(羊角豆、秋葵)、荷兰豆。

瓜类:黄瓜品种有黄金坠、津春 3 号、中农 5 号、津杂 4 号、碧春、新泰密刺、长春密刺、南京刺瓜、油瓜、津研系统黄瓜、宁丰系统。笋瓜品种有早笋瓜、大笋瓜。西葫芦品种主要是"一窝鸡"。冬瓜品种有本冬瓜、青皮冬瓜、狮子头、马群 1 号、金水 1 号。南瓜又称番瓜或茄瓜,品种有大磨盘、瓢瓜、白皮瓜、花皮菜瓜。丝瓜品种有蛇形丝瓜(又名长丝瓜)和棒锤丝瓜。瓠子品种有面条瓠子、棒槌瓠子。西瓜有苏密 1 号、丰乐 1 号、西农 8 号、新红宝。佛手瓜(又名合掌瓜),宜炒食。

薯芋类:马铃薯俗称洋山芋、土豆,品种有郑薯 2 号、高原 7 号、克新 4 号,适宜两季栽培,克新 1 号适宜一季栽培。1999 年,在位于泰丰村中匡西头的农业高科技示范园,镇农科站引种"克新脱毒马铃薯",受到当地菜农欢迎。山药品种有线山药、牛腿山药;山芋品种有小白藤、大红袍、苏州红、北京 2 号、宁薯 1 号,另外还有香芋、芋头等。

葱蒜类:葱头又称洋葱,品种有黄皮、红皮。韭菜品种有青韭、早青韭、白韭。大蒜品种有二水早、三月黄、雪里青、百合头、洋大蒜。葱品种有子葱、分葱、米葱。

水生蔬菜类:茭白又称茭瓜,品种有无锡二季茭、芝草茭、箭杆茭。藕品种有河藕、浅水藕。大中镇蔬菜队 1980 年始种,后因成本大,收益少,1984 年停种。2001 年,新团区域也曾种植。

菌类蔬菜:有平菇、香菇、金针菇、银耳等,以平菇为多,主产地泰西、新团、同德、阜北等村。

其他蔬菜:金针菜主要品种有大鸟嘴、芦笋(又称刁柏)以及百合等。

(三)种植方法

20 世纪 50 年代左右,农户利用家前屋后十边隙地种植蔬菜。80 年代中后期,采用蔬菜与粮、棉、油作物间套作、轮作,提高复种指数。麦行两边栽青菜,后茬种六月白黄豆,豆后再种胡萝卜。苋菜行两旁种黄瓜,黄瓜歇藤后利用瓜架长豇豆、扁豆、丝瓜等,空隙种小青菜。

蔬菜专业队通常实行一年三茬轮作,以夏季茄果类、秋季叶菜、根菜类和春播根菜随季套作为主。茬口安排有两种:一是第一年西红柿—大白菜—春白菜,第二年瓜类—秋萝卜—冬寒菜,第三年马铃薯—小青菜—葱蒜类—春萝卜(茼蒿等),第四年茄果类,这样的茬口有利控制病害。二是第一年中熟黄豆—冬寒菜—春萝卜,第二年茄果类—秋包菜,第三年马铃薯—伏豇豆—中寒菜—春青菜,第四年中熟黄豆,这样的茬口有利于作物对肥料的吸收。

同步推行暖房、大棚、温床、营养钵、地膜覆盖栽培等种植法,促使夏季蔬菜提前上市,冬季蔬菜反季销售,提高经济效益。

土温床:60 年代初对"三茄""四瓜"、四季豆、豇豆等,采取场头或田角边,进行暖床育苗,用塑料纸或玻璃框覆盖保温。方法分三步:(1)用沟边芦苇根垡头或砖,选择向阳处砌成畦垄边,畦面出地面 6 厘米,长度不限,阔 1.3 米左右,翻挖耧平后施足肥水,均匀下种。(2)上边撒层细土盖种刮平后,盖上塑料纸,经 7～10 天出苗后,即把塑料纸拿掉。(3)加强管理,按照天气变化情况,逢大雨或大霜,仍盖好塑料纸,15～20 天后移入大田。

土温室：1962年以后，为适应蔬菜生产的发展，各队搞土温室。用泥块做北面的挡风墙，后改用砖头，上面用木框架加玻璃，后改用塑料薄膜，晚上再在上面加盖草帘保温，效果比较理想。

暖棚：1975年以来，蔬菜队先后用木竹、水泥杆、钢筋等结构，搭成棚架，罩以薄膜。棚分小、中、大三种类型。2000年以后，大都改为钢架塑料大棚。

暖房：1981年，蔬菜队建造一座长13千米、宽5千米的木框玻璃房，北面用砖砌成檐高1千米的墙，南边用玻璃窗墙以利于光照和通风，上面用钢筋支架加木框玻璃。其特点是光照充足，保温保湿性强不受大风影响。

营养钵：为使“三茄”“西瓜”达到矮杆壮苗、移苗越冬，按发展的阶段分为1979年的泥钵和1983年的塑料钵两种。泥钵：先备营养土，即秋前选取豆、葱、蒜类田的土翻晒后浇足粪肥、撒上磷肥等堆好储存，用时再掺入灰杂肥，配好适量水分，用6～8厘米直径的制钵器制成钵后搬入暖棚、暖房中，下种盖土后，待出苗后移栽。从1979年起，蔬菜队每年移栽面积均在0.67公顷以上。塑料钵：自1983年起，蔬菜农科队购置6000只塑料钵，装成料土即成，定植时再将塑料钵脱下，否则植根无法生长。

地膜覆盖：为满足蔬菜大面积越冬生长期需要，从1979年起，蔬菜队每年都有13.33公顷左右的田地采用地膜覆盖新技术。方法一是在菜畦上用小型支架即可，用于对越冬韭菜、莴苣等；二是将菜地化学除草下种覆盖地膜，主要是种植刀豆、西瓜等；三是将出苗后的营养钵移入地膜中。地膜覆盖的优点是能提高地温，使作物早发、早熟、早上市，且方法简便，今已被菜农普遍使用。

塑料大棚：随着人们生活水平的提高，对蔬菜品种的质量要求也越来越高，1990年，大中镇开始使用钢架大棚。改常规育苗为护根育苗，改普通棚膜为新型功能膜，改单层覆盖为多层覆盖，改一茬利用为多茬利用。使用塑料大棚后，一是可以增加单产，据统计，黄瓜每公顷产可提高到225000～300000千克（原来只有75000千克/公顷）；二是可以提前或延后蔬菜供应期，春季可使茄果类蔬菜提前30天上市，秋季可延后30天乃至更长时间；三是可以抵抗自然灾害，控制病虫害发生。

遮阳网覆盖：1994年始，大中镇部分蔬菜种植户开始应用遮阳网覆盖。此法具有遮阳光（遮光率达35%～75%）、降高温（一般降温4～12℃）、防暴雨、抗冰雹、保墒抗旱、防病虫害等效果，用于夏季淡季菜生产，可使夏菜延后，秋菜提前上市，缓解淡季市场供应，目前已大面积应用推广。

（四）病虫防治

主要病虫：新中国成立前，大中地区蔬菜产量极低，受病虫害影响严重，如萝卜、青菜之类，常被蚜虫、元叶甲（俗称癞豆）吃掉。当时除人工捕捉和拔除受害植株外，无农药及药械防治。又如瓜类炭疽病、白菜花叶病等，更是无法防治。蔬菜病虫害除蚜虫、元叶甲、菜青虫外，还有斜纹夜蛾，侵食各种蔬菜叶片；小地老虎专啃瓜豆茄类幼苗的根基部，造成严重的缺苗缺垄；其次是钻心虫危害辣椒、西红柿、大豆、豇豆；红蜘蛛危害“三茄”、毛豆；白粉虱危害菜瓜豆叶。蔬菜病害有大白菜的软腐病、霜霉病、豇豆锈病，另外还有菌病，如青菜、大白菜、甘蓝等十字花科蔬菜菌核病，还能危害蚕豆、马铃薯、西红柿、辣椒、洋葱、莴苣等蔬菜，约有60多种病毒菌，给蔬菜生产和发展，带来影响。20世纪60年代后期到70年代末，随着科学技术发展，农村始有组织劳力进行防治到普遍建立防治虫害的专业队伍，按不同类型的病虫害进行防治，基本上控制蔬菜病虫害的危害和发展。

防治方法：农业防治主要是采取选用无病和抗病品种，对种子进行温汤浸种，药物拌种，抑制病菌传播；深墒入畈，以利排水，降低田间湿度；清洁田园，清除田边杂草，减少虫源；加强肥水管理，合理轮作，避免重茬，增强植株抗病能力，这种方法能有效地防止蔬菜的霜毒病、软腐病、黑斑病、炭疽病、白锈病、枯萎病、环腐病、花叶病、锈病等病害发生。

蔬菜虫害的农药防治以保障人民身体健康为前提，采用高效低毒、残效期短的农药，确保在安全期上市。一般选用敌百虫、敌敌畏、辛硫磷、马拉松、乙酰甲胺膦、敌杀死、乐果、氯氰菊酯类等农药，以防治危害蔬菜生长的小地老虎、蚜虫、红蜘蛛、菜青虫、钻心虫、豇豆螟、蝼蛄和各种夜蛾等虫害。

合理施用农药化肥：20世纪70年代初，推广“九二〇”“五四〇六”等无害菌种农药。70年代中期,推广生物防治,采取冬耕冻土杀蛹灭虫,夏季棉田种植高梁诱集带,用草把或点灯诱蛾,人工捕捉,保护自然天敌。1983 年,全镇棉花综合防治面积达 2313.33 公顷,占总面积的 98%。

(五)销售贮藏

1959—1963 年期间,大中镇所产蔬菜大部分由菜农自行入市销售,也有部分批发到青货商店经营,每日蔬菜上市量一般在 1500 千克左右,但上市无计划,市场上常出现时多时少、时有时无的现象。

1964—1975 年期间,蔬菜销售由县蔬菜公司统一经营,公司每月派人与蔬菜大队联系,发出通知单,写明数量、价格、品种,由大队分解到各个生产队,生产队按计划将蔬菜分别送到公司各门市部,月上市量约 3000 千克,全年上市 10 万千克左右。

1976 年,县建立蔬菜产销办公室,蔬菜逐步实行计划种植,春订合同,均匀上市。公司、大队都明确产销联络员,按计划、品种、地点、时间上市供应,对紧缺蔬菜实行保护价收购,调动菜农的积极性,生产销售情况逐年好转。

1990 年以后,蔬菜产销逐步向营养保健型、加工方便型、绿色食品型、新鲜多样化型转化。市场上出现冬吃夏菜、北吃南菜、中吃西菜的景象。1996 年,全镇蔬菜上市量达 4000 万千克,月平均上市量在 11 万千克左右,销售额达 3200 万元。

1996 年后,取消计划种植,特经蔬菜作为农民的一条致富路,逐年扩大种植面积,生产的蔬菜不仅供应大丰市,同时远销全国大中城市。1997 年,仅大蒜苔就有近 4000 吨销往南京、上海等地。2005 年,销往全国各大城市的蒜薹达 8 万吨、冬瓜 18 万吨、西瓜 9 万吨。

2010 年,蒜薹不仅供应各大城市,还远销日本、新加坡等外国市场。是年,全镇外销蒜头 50 万吨、冬瓜 200 万吨、西瓜 600 万吨。

20 世纪 90 年代末期,反季节上市蔬菜价格高、销量大、受欢迎,菜农顺应市场需要,将当季蔬菜冷藏贮存,反季节入市供应。如夏季收购大蒜薹放入冷库到春节或春季上市,青蚕豆、青黄豆、青玉米采收后放入冷库,四季都可以吃到鲜蚕豆、毛豆、青玉米。

2000 年,裕华小街陈明创建冷库,年贮藏大蒜苗 1000 吨。陈云、周凤海、征辉等人投入 300 多万元分别在元丰、万丰、晋丰、丰裕建成贮藏量达 600 多吨保鲜库 4 个。2003 年,元丰村新建年贮藏蔬菜 800 吨冷库 1 个。是年,裕华区域冷库容量达 1 万吨。2004 年,福丰村建成年贮藏蔬菜 200 吨冷库 1 个。

2010 年,全镇有蔬菜贮藏冷库 8 个,年累计贮藏新鲜蔬菜 5 万吨。

三、林果

(一)植树造林

移民兴垦初,大中盐垦公司所属圩马路两侧种植有刺槐,挡风防沙。解放后,农民利用家前屋后、塘边沟旁栽植一些林木作为夏天纳凉和家用材料。1958 年,毛泽东主席发出"绿化祖国"的号召,城乡掀起植树造林、绿化家园的热潮,各在利用圩马路、圩堤、河岸栽植树苗。

20 世纪 70 年代中期,镇境开始栽植水杉、意杨、泡桐,主要分布在海堤和镇境内的老一卯西河北岸,西子午河,二卯西河,南、北中心河,大四河两岸以及公路两侧。

"文化大革命"期间,一度出现毁林种粮、植棉现象,部分林带被人为砍挖,银杏树仅存 1986 株。1989 年始,大面积栽植银杏。到 1995 年,全镇累计新拓银杏 68.67 公顷。1996 年年底,全镇银杏林面积达 200 公顷。

1999 年,大中镇、裕华镇获年度经济林网工程先进集体,大中镇阜南村、裕华镇晋丰村获经济林网工程建设先进村,受大丰市人民政府表彰奖励。裕华区域至 2002 年成片造林 263.9 公顷,其中一般造林 190.67 公顷,基地林 15 公顷,新拓银杏林 20.07 公顷,完善农田林网 1400 公顷。栽植各类树苗 62.2 万株,其中意扬 58 万株、源东大白桃 1.2 万株、柿子 1.8 万株、银杏 1.2 万株,营建绿色通道

28千米。2010年，农田林地面积3689.8公顷，当年造林156.47公顷，当年育苗187.2公顷，农村森林覆盖率达20%以上。

1. 育苗繁殖

1958年，大道公社组织学生采集苦楝树种10余万千克，并从外地调进海棠、板栗、银杏种子502.5千克进行育苗。

公路林带

1966年，开始搞集体育苗，大兴公社成为盐城专区集体育苗典型。1969年，实行引进和自采、自育结合。泰丰、德丰、新德等大队始办苗圃，采集槐树种、选留杨树、泡桐、水杉、柳杉、刺杉、紫槐等种根、种条自育，不足部分从外地引进。1970年，大兴公社从南京购回20千克泡桐种子，当年出圃苗木10万株。1971年，大兴公社新德苗圃用泡桐根育苗2公顷多，出圃树苗1.1万株。1973年，新育种苗5.33公顷。1980年，育苗基地发展到17.33公顷，"四旁"植树18万株。1985年，大中镇从浙江、扬州等地引进三杉苗（水杉、柳杉、刺杉），以满足全镇绿化需要。1995年，大中镇被评为盐城市林业生产先进单位。

1995年大中镇林种分布情况表

表7－2－5

地　　区	林地面积（公顷）	树种	备　　注	地　　区	林地面积（公顷）	树种	备　　注
海堤	44.7	刺槐、意杨	意杨于1990年栽植	新跃河东岸	3.3	意杨	
南中心河南岸	9	意杨	意杨于1990年栽植	红星河北岸	2	意杨、水杉	
南中心河北岸	12	水杉、意杨	意杨于1990年栽植	跃进河	2	意杨、水杉	
一卯西河北岸	13.3	水杉、意杨		团结河	2	意杨、泡桐	泡桐于1990年挖除
二卯西河	20	水杉	刺槐于1986年栽植	阜裕河	2	意杨、泡桐	泡桐于1993年挖除
西子午河	10	水杉		北中心河南岸	3.6	水杉	
恒太河东岸	4	水杉、意杨	水杉于1990年栽植	人民北路	3.3	水杉	

1996年，开展经济林、商品林育苗工作，林业育苗由集体转为专业户育苗为主。是年，全镇造林58公顷，育苗13.33公顷，四旁植树1.5万株，森林覆盖率12%。1998年，全镇新增育苗面积30公顷，当年产树苗46万株。2001年，裕华镇推进林权制度改革，全镇506.67公顷林地公开拍卖，政府收取林改资金600多万元。2005年，大中镇育苗24公顷，当年产苗126万株，基本满足全镇绿化需要。2006年，大中镇育苗120公顷，生产树苗618万株，四旁绿化植树22万株。2010年，全镇育苗187.2公顷，其中专业户自育100公顷，产树苗335万株，四旁植树46万株，新增林地130.73公顷。

1975—2010年部分年份林业生产情况表

表7-2-6　　单位:公顷

年份	区域	当年造林面积	育苗面积	幼林抚育面积	成林抚育面积	年末农田林地面积
1975	新团	1.47	0.07	—	—	—
	五星	3.73	1.07	11.8	—	—
	大道	0.47	1.67	2.6	—	—
	大兴	20	5	—	—	—
	大中	—	—	—	—	—
1980	新团	0.73	5	0.8	—	—
	五星	4.87	4.93	—	—	—
	大道	1.33	4.67	5.33	—	—
	大兴	0.6	10.67	1.2	—	—
	大中	—	0.67	—	—	—
1985	新团	4	2.87	10.73	—	—
	裕华	38.6	2.33	80	—	—
	大中	10.8	6.27	31.8	—	—
1990	新团	24.6	2	0.13	36.4	—
	裕华	17.53	2.4	36.6	54	—
	大中	4.67	2.87	3.27	13.87	—
1995	新团	5	1	42	854	—
	裕华	61	17	164	2874	—
	大中	32	15	64	320	—
2000	新团	—	1.07	10.67	—	81.73
	裕华	—	3.67	15.87	—	163.33
	大中	—	11.93	33.33	94.4	47.87
2005	裕华	—	0.87	23.33	21	189.47
	大中	90.4	24	—	7	219.2
2010	大中	156.47	187.2	404.8	209.6	3689.8

2008年大中镇林业分布情况一览表

表7-2-7　　单位:公顷

地区	林地面积	树木品种	所在位置	地区	林地面积	树木品种	所在位置
高速公路两侧	43.73	杨树	光明老坝长安灶圩同圣	利民	26.67	柿树	1组
泰西	6.67	银杏、广玉兰等	围村林	双喜	34.67	柿树	1、3组
建设	4.47	杨树	围村林	阜丰	17.13	梨、柿树银杏	1、2、3组
恒南	1.8	银杏杨树	围村林	新团	3.33	梨树	3、4组
阜北	5.33	杨树女贞	围村林	阜南	0.47	柿树银杏	1组

续表 7－2－7

地区	林地面积	树木品种	所在位置	地区	林地面积	树木品种	所在位置
阜丰	1.2	杨树女贞	围村林	新民	5.93	梨、柿树银杏	1组
新团	3.2	杨树	围村林	合计	88.2		
和瑞	1	银杏	围村林	老坝	20.07	桑	1、4～7组
老坝	5.4	杨树	围村林	龙福	3.36	桑	2、6组
光明	0.8	杨树	围村林	德丰	18.93	桑	5、6、7组
八灶	5.4	杨树	围村林	阜丰	6.94	桑	3、4组
合计	79			阜北	4.21	桑	1组
				合计	53.51		

2010年大中镇各村森林覆盖率表

表 7－2－8

序号	村名	土地面积(公顷)	林地面积(公顷)	森林覆盖率(%)
1	老坝	957.83	201.04	20.99
2	红花	660.66	237.47	35.94
3	恒南	507.6	188.74	37.18
4	恒丰	444.65	139.4	31.35
5	恒北	467.34	355.01	75.96
6	泰西	491.97	102.91	20.92
7	泰丰	482.75	172.51	35.74
8	双喜	507.74	173.11	34.09
9	利民	526.38	92.72	17.61
10	阜南	349.39	141.23	40.42
11	阜丰	554.92	295.78	53.30
12	阜北	545.22	146.9	26.94
13	德丰	770.1	108.86	14.14
14	同德	466.03	111.06	23.83
15	大新	253.66	49.65	19.57
16	光明	805.56	83.26	10.34
17	新团	636.18	66.24	10.41
18	八灶	634.89	47.17	7.43
19	元丰	808.02	91.2	11.29
20	晋丰	805.76	219.91	27.29
21	晋北	631.9	84.11	13.31
22	福丰	925.4	112.45	12.15
23	万丰	1053.59	105.55	10.02
24	朝荣	1058.19	83.02	7.85

续表 7－2－8

序号	村名	土地面积(公顷)	林地面积(公顷)	森林覆盖率(%)
25	海防	678.6	67.12	9.89
26	海丰	1135.22	97.09	8.55
27	丰裕	430.95	40.08	9.30
28	天祥	633.95	59.32	9.36
合计		188224.45	3672.91	20.15

2. 主要品种简介

银杏:俗称白果,原产中国,分布全国,叶具药用,果品为珍贵保健滋补佳品。树形古雅,高大挺拔,材质特优,寿命可达千年以上,历来为寺庙、名山圣地理想树种。1998 年 5 月,大丰市第十一届人大常委会第二次会议一致通过银杏树为大丰市市树。

红花村银杏林

刺槐:蝶形花科,落叶乔木,原产德国,1890 年左右引入中国,民国初引入大丰境内。

刺槐开始用于匡圩马路绿化,具有生长快、耐腐朽、耐盐碱、木质好等特点。20 世纪 60 年代为大中镇造林绿化当家品种,5 月放叶开花,10 月夹果成熟,其花为上等蜜源。

水杉:杉科,落叶乔木,具有树形美、生长快、冠幅小、抗逆性强、耐轻度盐碱和水湿等特点,是平原地区成片造林、河堤绿化、“四旁”植树的重要用材树种。70 年代中期,镇域大面积栽植。

意杨:杨柳科,落叶乔木,原产意大利。1972 年引入中国。至 1996 年,全镇栽植意杨 133.33 公顷,成为大中地区农村绿化主要树种之一。

泡桐:玄参科,落叶乔木。为中国特产,原产于华北旱区。以河南兰考县紫花泡桐最为著名。具有生长特快、材质轻、育苗容易、抗干旱、喜肥、怕水涝等特点。1969 年引入大丰。是年春,阜南大队第 9 生产队育紫花泡桐种子苗 3000 株。

1971 年,新德苗圃用泡桐根育苗 1 万多株。1977 年,从兰考引进紫花泡桐树根 1 万多株,广泛用于成片造林,四旁植树。1996 年年末,全镇泡桐约 66.67 公顷,2000 年后不再种植。

(二)苗木花卉

历史上,大中镇境内花木为零星种植,品种极少,名贵花木更是稀少。

20 世纪 70 年代初,农村产业结构调整,多种经营得到发展,花木生产逐渐成为大中地区部分农户致富的一项新兴产业。1970 年,建立新德苗圃(今同德村),总面积 2.67 公顷,其中育苗面积 2 公顷多,花卉面积 0.13 公顷,有 50 多个花卉品种。1996 年,全镇花卉面积发展到 20 多公顷,其中集体单位 1 个,以杨德富、黄仲涛等为代表的个体专业户 16 户。栽培紫薇、紫荆、女贞、红叶李、红枫等苗木花卉达200多个品种，除供应本地外，远销浙江、安徽、北京、上海、苏州等地，年销售额200万元左右。1998年，全镇苗木花卉基地拓展到30公顷，其中，恒南村银杏苗圃9.33公顷。2002年，裕华镇投资10万元新建盛兴苗木花卉基地，占地6.67公顷。2008年，大中镇新增苗木花卉面积188公顷，位于阜丰村的丰收大地现代化农业示范区建成名贵花木园20公顷，种植羽毛枫、红枫、榉树、香樟、红叶石楠等名贵花木250多个品种。2009年，全镇苗木花卉基地面积拓展到109.8公顷。位于丰收大地现代农业园区内建成常丰园艺智能温室、花卉苗木交易市场、名贵花木园等。2010年，红花村7个村民小组苗木花卉专业生产覆盖5个村民小组，累计面积近200公顷，占全村总面积64.5%，成为苏北最大的大叶女贞苗木基地。

（三）果品生产

历史上，大中境域果树极少，农家宅前屋后栽几棵桃、柿自食，品种低劣。

1956年，从外地引进梨、苹果、葡萄、杏子及桃树。在原大道高级社第4生产队试种2.13公顷。1958年，拓植12.27公顷，产量较低。1958年10月，阜南大队划地56公顷建立大丰县果园场，隶属县多管局（1962年划属大中镇），果园面积55公顷。1968年，恒北村从辽宁兴城引进早酥梨。1978年始，调整产业结构。是年，全镇果园面积增加到71.67公顷，产量1000吨，其中早酥梨16.67公顷。

80年代初，果树承包到户。1988年，全镇果园面积拓植到219.6公顷，其中早酥梨133.33公顷，水果总产2148吨。1994年，水果产量创历史最高纪录，总产9921.37吨。1996年，全镇果园面积332.67公顷，水果总产量9933吨，其中苹果565吨、梨4388吨、桃子1053吨、柿子3054吨、其他类果品873吨。1999年，“麋鹿”牌早酥梨生产基地面积达666.67公顷，产量2万吨。2001年，新团村拓展早酥梨80公顷。2003年，泰丰村新拓果园66.67公顷，泰西村新拓果园53.33公顷，恒丰村新拓果园26.67公顷。

2010年，全镇水果面积达到2066.67公顷，总产36146吨，其中拓展优质苹果18公顷，产量133吨，梨子1604.67公顷，总产23346吨，桃子41.13公顷，总产476吨，柿子402.87公顷，总产11719吨。

1. 优质果树

梨树　梨为温带落叶果树，产量次于苹果，国内栽培品种有4000多个，分别属于优子梨、白梨、沙梨、西洋梨4个品系。

大中镇从1956年开始栽植梨树，到1996年成片面积达179.93公顷。主要品种有早酥梨、黄密、开非、赤穗、雪花。

早酥梨：抗逆性强，树势旺，早熟丰产，栽后3～4年开花结果。每年7月中旬上市，单果重200～250克，最大达625克，顶部突出，棱沟明显，皮黄绿色。果肉白色、细腻、松脆、汁多，坐果率高，品质上等。

开非　由洋梨和中国梨杂交而成。20世纪70年代引进，为中熟品种，8月中旬成熟，为早酥梨的授精品种。

黄密　为日本梨品系，1970年引进，为果园场主打品种。8月中旬成熟，果重一般250克，果皮黄绿色，果肉白色，味甜，汁液少，果心大。因不易贮藏，90年代后期逐步淘汰。

苹果　1959—1961年，果园场大批种植的苹果有“辽伏”“国光”“祝光”“金帅”“元帅”“青香蕉”“红玉”“印度大国光”“黄魁”“红星”等，因其耐贮藏、易运输、销售期长、营养好而成为果类之首。1996年，全镇有22.8公顷。2006年减为18公顷，产量仅133吨。

辽伏　1979年从盐城龙冈引进，为辽宁果树研究所培育而成，具有树势强健、树姿开展、分枝多、结果早（栽后3～4年结果）、坐果率高、丰产性强、早熟、高产、耐贮易运等特点。

金帅　1959—1961年果园场引进，为中熟品种，树势强健，树冠半开张，适应性强，抗寒冷，落果轻，单果大，产量稳定。果实9月下旬成熟，单果重180～200克，肉质脆甜多汁，伴有香气，但长期贮藏,果皮起皱,果肉变软。

红富士　1979年从盐城龙冈引进,具有树势强健、高大、树冠开张特点。栽后3年开花结果,为晚熟品种。10月下旬成熟。果品呈红色,单果重160~200克,每公顷产37500~45000千克,果肉黄白色,质细脆、味甜多汁,贮藏后香气浓郁,为优质水果。

桃树　桃子是大中镇栽培历史最长的传统水果之一。1976年从盐城引进“双白林”“小红桃”“六月桃”,1977年从扬州引进“雨花露”“早白岚”“扬州1号”“五月桃”。

早甜桃、五月桃　栽后2~3年开花结果,4月中旬开花,6月中旬成熟,果实偏小,单果重60~80克左右,外表为红玫瑰色,茸毛少,果肉白而带红,细腻,硬脆,味甜,粘核,抗逆性、适应性强,在肥沃、排水好的土壤中栽培,产量稳定。

白凤桃　为早熟优质品种,6月下旬成熟,果皮乳白色,熟后易剥皮,肉核分离,果肉白色,味甜汁多,长、中、短枝均结果,坐果率高,丰产性好。

葡萄　葡萄是一种蔓性藤本浆果类水果。当年栽植,当年结果。大中地区于60年代引进,以农户庭院栽植为主,主要品种有“康拜尔”“玫瑰香”“白玫瑰”“白香蕉”“巨峰”“红富士”等。

红富士　欧美杂交品种,80年代引进,晚熟、大粒生。树势旺,果枝多,结果能力强。5月上旬开花,9月上旬成熟,果皮红色,单穗重550克,最大重700克,粒大、皮厚、肉甜,有草莓香味。

在管理技术上,成片栽植以设水泥柱棚式架为好,庭院以棚式架为佳,冬夏两次修剪。须注重点防斑病、霜霉病、白粉病。

柿子　柿子在大中镇栽植的历史较长,多为群众在“四旁”栽植。1978年后,一些农户开始大面积栽植。具有适应性强、抗病虫害等特点。

柿子栽植管理粗放,栽后2~3年开花、结果,9月成熟,可长期丰产丰收,果实老少喜食,具降压功效。

大中镇柿子品种以小方柿子、无核大方柿子为主,奶油柿子、早红牛心柿、罗甜柿占少数。2010年,全镇柿子面积402.87公顷,总产11719吨。

1975—2010年部分年份水果生产情况表

表7-2-9　　面积:公顷、吨

年度	区域	水果产量	其中							
			苹果		梨子		桃子		柿子	
			面积	产量	面积	产量	面积	产量	面积	产量
1975	新团	13.35	—	—	—	10.75	—	2.6	—	—
	五星	135	—	—	—	120.9	—	14.1	—	—
	大道	109.1	—	—	—	48.75	—	58.65	—	1.7
	大中	477.65	—	164.85	—	179.4	—	133.4	—	—
1980	新团	84.8	0.53	0.75	6.53	82.05	—	2	—	—
	五星	1013.25	38	1.5	33.8	1005.85	—	1.7	—	—
	大道	284.5	1.47	29.1	12.07	229.5	—	21.35	—	—
	阜丰	1.75	1.4	—	0.2	1.75	—	—	—	—
	大中	878.55	25.53	270.25	29.4	541.5	—	64	—	—

续表 7－2－9

年度	区域	水果产量	其中							
			苹果		梨子		桃子		柿子	
			面积	产量	面积	产量	面积	产量	面积	产量
1985	新团	137.55	—	—	8	135.1	—	2.45	—	—
	裕华	738.35	1.47	0.95	26.6	680.35	—	28.7	—	—
	大中	1717.9	22.27	184.45	46.93	1282.4	—	196.55	—	—
1990	新团	132	—	—	—	—	—	—	—	—
	裕华	530	—	—	—	—	—	—	—	—
	大中	2462	—	—	—	—	—	—	—	—
1995	新团	355	—	2	—	96	—	57	—	34
	裕华	1659	—	2	—	275	—	113	—	367
	大中	6974	—	480	—	3925	—	705	—	795
2000	新团	798	14.93	16	17.67	221	5.6	215	—	232
	裕华	4890	—	—	3.87	77	0.29	93	—	4701
	大中	14184	3.8	104	208.53	5911	21.73	1006	—	6700
2005	裕华	8724	—	1	51.07	143	5.47	93	362.6	8407
	大中	24526	5.33	121	666.53	11174	38	1496	390.93	11313
2010	大中	36146	18	133	1604.67	23346	41.13	476	402.87	11719

说明：表内空格系数据无法查找

（四）林果业专业村简介

早酥梨专业村——恒北村　恒北村位于大丰市区南侧，耕地面积273.33公顷。1968年，大中镇林果高级工程师杨进保赴辽宁兴城中国果树研究所引进早酥梨穗条，经过2年高接换种，于1973年在恒北村三组发展0.47公顷早酥梨园。1983年，发展到4公顷。1984年，从河南郑州引进早酥梨苗木，在二、三组连片种植20公顷。1986年，拓展到26.67公顷，但由于当年受扩棉影响，梨树一度被歧视。1987年，经过政府的大力引导、政策支持，全村梨树面积迅速增至133.33公顷，以早酥梨为主，伴有少量"赤水""黄花梨""开非"等品种。1990年，全村梨树面积发展到213.33公顷，占全村耕地面积90%，成为全国最大早酥梨商品生产基地之一。当年，新加坡农业代表团专程到恒北村参观学习考察。江苏省副省长张绪武到恒北村调研，对恒北发展果树带领群众致富的做法给予充分肯定。

1994年，恒北早酥梨获中国绿色食品中心绿色食品证书，并获江苏省早酥梨"丰收杯"成果三等奖。1995年，恒北早酥梨获中国第二届农业博览会银奖。1996年，恒北村获江苏省环境保护委员会省级生态村称号。1999年，恒北早酥梨获中国国际农业博览会"名牌产品"称号。2004年12月，经大丰市工商局注册，以恒北村为主体，成立大丰市麋鹿早酥梨生产合作社，早酥梨种植基地拓展到2000公顷，18个单位加入合作社组织，其中农场2家，周边村9个，乡镇6个。

2010年，恒北村早酥梨总产11791吨，产值2912万元。

银杏专业村——红花村　1958年冬，红花大队在跃进河西岸栽植银杏树苗375株，南北长3750千米，东西宽10千米。苗木来自县苗圃，由县农林局直接调苗，负责设计，并给予技术指导。1990—1992年，全村栽植银杏树23000株，新拓银杏成片林地68.67公顷，其中嫁接苗6000株，实生苗17000株。2010年，红花村有银杏林73.33公顷，约5万余株。大丰市市委、市政府依托20世纪50

年代形成的原生态银杏林带,在红花村境征地 18.67 公顷,兴建银杏湖公园,公园以银杏为主题,集观赏性、功能性、浏览性为一体,成为市民观景休闲的理想之地。

第三节 养殖业

一、畜禽

(一)饲养

1. 家畜

水牛、奶牛 20 世纪 60 年代初,大牲畜主要以饲养、役用水牛为主,以老斗龙港以西新团镇范围内居多。奶牛、菜牛以利民大队为多,利民三队创办的奶牛场,占地面积 0.33 公顷,1976 年高峰期饲养量 320 头,其中奶牛 200 头,菜牛 120 头。1987 年,逐步以饲养菜牛为主。1997 年,裕华区域约养黄牛 7 头,小牛 10 头。1998 年初,德丰村单桂青夫妇靠自筹资金创办奶牛养殖场,投资 200 多万元,引进黑白花奶牛 100 多头,成为大丰市第一家以奶牛生产、加工为主的龙头企业,年产鲜奶 30 吨。2005 年,因诸多原因关闭。2009 年 9 月,德丰村村民徐东元购入黑白花奶牛 10 头,创办一个小型奶牛场,2010 年秋开始生育产奶。

生猪 新中国成立前,大中境内农户饲养生猪、繁育母猪数量极少。新中国成立后,政府提倡“自繁自养”,大多数农户采用圈养。1957 年,以社员家庭饲养和大队、生产队集体饲养相结合。1958 年,兴办集体养猪场,公社、大队、生产队都有集体养猪场。

1964 年,国家为鼓励农户家庭养猪,每户划地 0.01 公顷作为饲料地,饲养母猪则加倍。出售生猪时,国家另奖饲料粮,超过规定交售任务的(每户 1 头),生产队还另补饲料粮。1966 年,大中、大道、大兴年末生猪存栏 9887 头,新团年末存栏 6789 头,裕华年末存栏 7970 头。1978 年,大道、大兴、新团、裕华、大中镇饲养总量达 44464 头,年末存栏 26572 头,呈直线上升之势。

1985 年,养猪重点户和专业户相继出现。大新村朱桂平成为大中镇第一个养猪女状元,年饲养生猪 150 多头。同德村童正祥全年向村民供应苗猪 280 头,圈存母猪 20 头,曾在大丰县三级干部会议上作“科学养猪,勤劳致富”经验介绍。

1994 年,大新村利用大丰酒厂的废料——酒槽养殖生猪,年饲养量超千头,成为大中镇最大的生猪养殖基地。

1996 年,大中镇有养猪专业户 107 户,其中饲养 15~20 头的 50 户,20~50 头的 32 户,50 头以上的 15 户,百头猪场 9 户,千头猪场 3 户。

1997 年以后,生猪养殖模式由零星的一家一户养殖逐步过渡为散养户与规模大户并存,并以规模大户饲养为主的格局。苗猪也由过去从外地调进为主逐步形成自繁自育新格局。2005 年年末,存栏数达到 37728 头(裕华镇存栏 9948 头)。2006 年泰丰村一组胡海猪场饲养生猪 1000 头,年出栏肥猪 800 头,总产值 80 万元,纯收入 18 万元。2008 年,泰丰村一组管三明猪场创建,年饲养生猪 2200 头,年出栏肥猪 1800 头,年产值 200 万元,纯收入 30 万元。

20 世纪 60 年代,饲养种猪以灶猪为主,也饲养部分姜曲猪和淮猪。这些本种猪肉质好、繁殖率高、耐粗饲、抗病强,但体型小、瘦肉率低、生长慢、耗料多。60 年代后,引进约克夏、巴克夏、苏联大白猪、梅山猪、焦溪猪、新淮猪等良种猪。70 年代后期,推广“三化”,即生猪良种化,母猪本地化,肉猪杂交化。杂交猪主要优点为生长快、出栏率高、用料少、抗病率强,一般饲养 6 个月体重可达 80 千克。80 年代后期,推广“四改一添”快速养猪法(即改单一饲料为混合饲料,改熟喂为生喂,改稀喂为干喂,改阶段性育肥为一条龙育肥),并发展瘦肉型生猪。1985 年,引进国外长白、杜洛克、汉普夏、大白猪、大约克等优良猪种,并推广生猪人工授精技术,推动现代化养猪进程,5 个月左右即可上市。90 年代以后,实行市场调节为主,价格和经营放开,养猪出现新的快速发展期,饲养量、出栏量、圈存量大幅提高。

家兔 大中区域原来农户饲养毛兔数量少。20 世纪 50 年代末,国家收购兔毛每千克奖励 6 尺布票,0.5 千克糖计划,鼓励农户养兔。1958 年,镇域家兔年末量 176 只,1960 年 405 只。1962 年,取消毛兔收购奖励,农民失去养兔积极性。

1978 年,政府号召各大队(场)发展养兔业,当年饲养量 3233 只(年末存栏数)。1981 年,出现一批养兔专业户,如恒南村二组俞祝生、俞祝平兄弟两人年饲养毛兔 600 余只,和瑞一组吕风平年饲养 700 余只。是年,全镇家兔饲养量达 14695 只。

1986 年春,兔毛收购价大幅下跌。1987 年,全镇饲养量仅有 6222 只。1992 年,市场对粗兔毛的需求增加,来自安徽的一批收购兔毛商贩走乡串户自拔自收,以每千克 140 ~ 180 元价格付现,高于剪毛价的 3 ~ 4 倍,深受养兔户的青睐。经过 3 次全身拔光的长毛兔,基本符合粗毛型要求。从剪兔毛改为拔兔毛,是长毛兔饲养的一次变革。1996 年年底,全镇毛兔存栏 10958 只,养兔专业户 32 户。1997 年,大中镇长毛兔生产出现新一轮高潮。年末存栏优质长毛兔 7.15 万只,毛兔主要品种有优质西德长毛兔、獭兔和彩色长毛兔。其中 85% 集中在恒南村,该村 80% 的农户加入养兔行列,栏存 3000 只以上大型养殖户 4 户,栏存 100 只以上有 145 户,成为全镇具有一定规模的养兔专业村。2008 年,江苏省副省长黄莉新、省农林厅厅长刘立仁到恒南考察调研,对该村的养兔事业给予充分肯定,当年,俞祝生被评为盐城市劳动模范。2009 年,裕华镇新增千只毛兔养殖大户 1 户,百只养兔户 12 户。2010 年,全镇年产兔毛 201 吨,年创效益 2600 万元。

山羊 养羊是大中镇传统副业项目。20 世纪 50 年代养羊数量较少,农户饲养山羊每户平均 1 ~ 2 只。当时养羊只是为改良土壤,补充农作物有机肥料。

20 世纪 60 年代养羊业有较快发展,市场羊价高,羊肉营养丰富,不少农户养 2 ~ 3 只,最多 5 ~ 7 只。1963 年,全镇山羊年末存栏 5722 只。1964 年后,由于大办养猪场,饲草、饲料紧缺,影响养羊业的发展。1967 年年末,羊存栏仅有 1316 只。70 年代开始引进和发展绵羊生产,先后引进一批湖羊、考利代、苏联美利奴、德国美利奴等优良品种。1977 年,全镇年末存栏 9826 只。90 年代末,由于地方品牌“裕华羊肉”的诞生,山羊饲养量呈逐年上升。先后引进萨能山羊和睢宁山羊,并推行本种羊杂交改良和山羊人工授精技术,调动广大农民养羊积极性。2002 年,海防村 3 组耿志明等投资 250 万元新建的种羊场和商品羊养殖基地形成规模。年末存栏 20752 头,当年出栏 37888 头。

奶牛 20 世纪 90 年代初利民村。90 年代末,德丰村都先后进行过奶牛养殖,(德丰村最高饲养量达 300 余头),后都因经营管理不善,倒闭停养。

2. 家禽

历史上,农户饲养家禽仅为自食,数量较少。20 世纪 60 年代,国家收购禽蛋,奖售粮食或其他工业品包括煤油、化肥等刺激广大农户养鸡、养鸭。

20 世纪 80 年代末,产业结构调整,出现家禽专业户和集体养鸡场。果园场季明华年饲养蛋鸡 4000 只,阜南鸡场年饲养鸡达万只以上。90 年代后,养禽业进入快速发展期。1993 年,裕华元丰村创办三优珍禽养殖场,1994 年又投入 10 万余元,发展养殖拟黑多刺蚂蚁、菜鹅、三黄鸡、中华乌骨鸡等新品种,形成“特、奇、新、优”珍禽养殖格局。1996 年年末,全镇有养禽专业户 28 户,其中年饲养 500 只以上 10 户,年饲养 1000 只以上 4 户。饲养品种有迪卡、伊莎、罗曼、樱桃谷等优良鸡、鸭品种,良种禽普及率达 80% 以上。

1997 年,大中镇家禽饲养规模大户有 30 户;新团镇八灶村蔡屯昌、蔡新昌、王永和、周长林、徐俊生等 20 多户养鸡户,年养蛋鸡都在 5000 只以上;2000 只以上的有近百户。2000 年,大中镇千羽以上鸡场从最初 50 余户发展到 98 户。品种由单一的草鸡发展到优良肉鸡、蛋鸡、鹌鹑、肉鸽、孔雀、野鸡等。红花村蒋远军、利民村李国政、阜南村王成罗等规模鸡场和恒北的梨园梨园散养，盐城市领导曾多次前往视察调研。2010 年，大中镇家禽年末存栏 639259 只，禽蛋产量 5225 吨。

3. 蜜蜂放养

大中镇蜜源丰富，棉花、油菜、苕子、蚕豆、刺槐、果树、瓜花等都是发展蜜蜂的有利条件。部分启海移民和少数本地农民有养蜂习惯和技术。1958 年，全镇有蜜蜂 381 箱，1963 年发展到 659 箱。

1978 年，大中镇养蜂业呈恢复之势，有蜜蜂 235 箱。1989 年，大中镇有 871 箱，裕华乡 1188 箱，新团乡 464 箱；1998 年，大中镇 490 箱，裕华镇 802 箱，新团镇 230 箱；2003 年，大中镇 848 箱，裕华镇 390 箱。2009 年开始，由于行情等因素，养蜂业呈下滑趋势，大中镇年末实存蜜蜂仅 445 箱，裕华镇 478 箱。2010 年，全镇蜜蜂饲养量 1016 箱。

（二）疫病防治

家畜、家禽主要疫病有猪丹毒、猪肺疫、口蹄疫、猪瘟、鸡新城疫等。解放前，因防治水平低，常造成疫病流行，死亡率居高不下，严重阻碍家畜、家禽发展。

解放后，中国共产党和人民政府十分重视畜禽疫病防治工作。1956 年，大中地区成立畜牧兽医联合诊所。1969 年，各大队配备专职兽医 1 人。

1983 年 5 月，大道、大兴、大中镇两社一镇兽医站合并组建大中镇兽医站。设正、副站长 3 人，兽医 17 人。1995 年，全镇有兽医 34 人。

1995 年 4 月，大新村 2 组从如东购进 52 头苗猪，先后患“五号病”。为防止病源扩散，县、镇两级兽医防疫部门对 52 头猪实施深挖活埋。11 月，光明、兴隆（今龙福村）等 6 个村相继发生生猪“五号病”，共 105 头病猪紧急深埋处理。同时，对大中镇区域、新团镇范围存栏健康猪进行“五号病”疫苗紧急预防接种，对所有猪舍彻底消毒，有效控制病源。2001 年 4 月，大中镇兽医站与新团兽医站合并成立大中镇兽医站，兽医 27 人，包干负责大中镇所属村（场）防疫、动物阉割、医疗等工作。

2002 年，裕华区域动物检疫站共防疫生猪 6200 头，山羊 1.2 万只，耕牛 9 头，家禽 4 万羽，防疫密度达 95%。2005 年 1 月，全镇畜禽防疫工作由定编的 5 名专职动物防治员负责协调、组织、监防、监管。采取定期巡查和不定期抽查、规模大户送苗到门、现场监督等方式，正常到组、入户了解防疫情况。每年组织春季、秋季散养家禽流感防疫注射。2006 年夏季，全国暴发由猪兰耳病引起“高热综合症”。大中兽医站在全镇设立 36 个监测网点，并及时组织疫苗对存栏的 13526 头生猪采取突击防疫措施，严防疫情发生，防疫密度达 100%，圈舍消毒面积 38351 平方米，有效控制疫情流行。

1957—1965 年畜禽饲养表

表 7－3－1

年份	区域	大牲畜（含马、牛、骡、驴）年末存栏数（头）	生猪年末存栏数（头）	其中：母猪（头）	羊年末存栏数（头）	家禽年末存栏数（羽）	兔年末存栏数（只）	蜜蜂年末存栏数（箱）
1957	大道	276	2988	56	195	—	—	—
	新团	828	2701	55	122	—	—	—
	裕华	229	3859	73	1753	—	—	—
1958	大道	303	4332	335	462	11001	176	381
	新团	1648	4866	439	211	26962	112	—
	裕华	237	2763	151	1685	9672	2528	154

续表 7－3－1

年份	区域	大牲畜(含马、牛、骡、驴)年末存栏数(头)	生猪年末存栏数(头)	其中：母猪(头)	羊年末存栏数(头)	家禽年末存栏数(羽)	兔年末存栏数(只)	蜜蜂年末存栏数(箱)
1959	大道	387	4978	—	—	—	—	—
	新团	925	3334	—	—	—	—	—
	裕华	389	4256	—	—	—	—	—
1960	大道	459	5520	613	1120	11330	405	437
	新团	1047	2808	417	587	18771	45	4
	裕华	465	4237	579	3460	10174	1137	350
1961	大道	502	3708	400	3220	11174	684	330
	新团	945	3118	247	1871	17371	63	2
	裕华	509	6010	412	4296	9119	804	250
1962	大道	394	3258	252	5585	10282	255	56
	新团	915	2867	168	3565	13924	45	—
	裕华	320	4561	325	11497	10049	600	373
1963	大道	358	4024	260	3266	10666	113	59
	新团	840	3651	224	2190	14611	36	
	裕华	271	6012	402	7800	9809	384	395
1964	大道	379	4334	—	1541	—	—	—
	新团	937	4197	—	705	—	—	—
	裕华	279	6412	—	3682	—	—	—
1965	大道	384	4764	210	1764	16480	473	171
	新团	955	4890	227	811	18211	121	
	裕华	271	6873	386	4127	15437	906	386

1966—1973 年畜禽养殖表

表 7－3－2

年份	区域	大牲畜(含牛、驴等)年末存栏数(头)	生猪年末存栏数(头)	羊年末存栏数(头)	蜜蜂(箱)	年份	区域	大牲畜(含牛、驴等)年末存栏数(头)	生猪年末存栏数(头)	羊年末存栏数(头)	蜜蜂(箱)
1966	大中镇	6	305	54	—	1967	大中镇	6	379	76	—
	大兴	100	3677	477	—		大兴	95	3720	585	—
	大道	318	5905	623	—		大道	281	5604	655	—
	新团	1013	6108	196	—		新团	1056	6066	183	—
	五星	243	6995	2705	—		五星	210	6270	3550	—

续表 7－3－2

年份	区域	大牲畜（含牛、驴等）年末存栏数（头）	生猪年末存栏数（头）	羊年末存栏数（头）	蜜蜂（箱）	年份	区域	大牲畜（含牛、驴等）年末存栏数（头）	生猪年末存栏数（头）	羊年末存栏数（头）	蜜蜂（箱）
1968	大中镇	7	399	83	—	1971	大中镇	6	646	73	—
	大兴	102	4353	756	—		大兴	110	7600	780	—
	大道	295	5905	1308	—		大道	337	10399	1266	—
	新团	1183	6571	276	—		新团	1114	10297	225	—
	五星	216	6825	4110	—		五星	309	10625	4480	—
1969	大中镇	10	499	131	—	1972	大中镇	6	1334	191	—
	大兴	94	6080	803	—		大兴	119	7495	590	—
	大道	317	8366	1473	—		大道	349	12251	1290	—
	新团	1296	8616	251	—		新团	1157	10392	255	—
	五星	228	9585	4757	—		五星	316	12866	5129	—
1970	大中镇	7	616	187	—	1973	大中镇	4	856	147	700
	大兴	99	6293	685	—		大兴	107	7765	1211	—
	大道	346	9466	1651	—		大道	336	12407	2525	202
	新团	1133	8896	257	—		新团	1200	10006	368	—
	五星	286	9703	4423	—		五星	272	11274	5793	480

1974—1982 年畜禽养殖表

表 7－3－3

年份	区域	大牲畜（含牛、驴等）年末存栏数（头）	生猪年末存栏数（头）	其中：母猪（头）	猪年出栏数（头）	羊年末存栏数（头）	其中：母羊（头）	羊年出栏数（头）	家禽年末存栏数（羽）	兔年末存栏数（只）	蜜蜂（箱）
1974	大中镇	4	1687	97	—	261	—	—	1478	—	302
	大兴	80	7974	1024	—	1558	—	—	10498	20	10
	大道	307	13617	837	—	4120	—	—	17347	731	217
	新团	1229	10200	897	—	751	—	—	19787	154	—
	五星	127	13859	1294	—	6565	—	—	25943	1234	473
1975	大中镇	1	1881	80	—	365	—	—	2100	—	100
	大兴	64	8655	961	—	2579	—	—	15757	142	13
	大道	257	14688	967	—	5649	—	—	12320	400	185
	新团	1029	12092	902	—	1340	—	—	27745	199	—
	五星	72	17351	1442	—	7845	—	—	20454	862	246
1976	大中镇	1	1771	68	—	422	—	—	—	—	—
	大兴	52	9154	796	—	2931	—	—	—	—	—
	大道	206	15266	948	—	6305	—	—	—	—	—

续表 7－3－3

年份	区域	大牲畜(含牛、驴等)年末存栏数(头)	生猪年末存栏数(头)	其中：母猪(头)	猪年出栏数(头)	羊年末存栏数(头)	其中：母羊(头)	羊年出栏数(头)	家禽年末存栏数(羽)	兔年末存栏数(只)	蜜蜂(箱)
1976	新团	940	13308	920	—	1566	—	—	—	—	—
	五星	59	20839	1379	—	8860	—	—	—	—	—
1977	大中镇	1	1992	84	—	394	—	—	—	—	—
	大兴	44	8795	641	—	3032	—	—	—	—	—
	大道	154	14682	814	—	6400	—	—	—	—	—
	新团	888	12981	833	—	1620	—	—	—	—	—
	五星	48	20883	1224	—	10030	—	—	—	—	—
1978	大中镇	1	1625	110	—	441	—	—	2960	126	8
	大兴	30	9563	756	—	3626	—	—	9621	899	10
	大道	103	15384	1332	—	7149	—	—	17364	2208	217
	新团	861	14081	982	—	1984	—	—	26503	382	—
	五星	50	20683	1542	—	11920	—	—	22524	5033	243
1979	大中镇	—	2096	142	—	—	—	—	2250	140	2
	大兴	31	8392	638	—	—	—	—	10112	890	31
	大道	65	14438	1138	—	—	—	—	18336	2392	280
	新团	761	15352	967	—	—	—	—	29171	518	—
	五星	33	21686	1870	—	—	—	—	19954	6683	486
1980	大中镇	—	1913	109	2100	502	153	—	1540	101	
	大兴	22	7917	479	6528	4230	1155	—	7825	823	58
	大道	28	12897	910	12593	5682	1941	—	17672	2539	485
	新团	649	14491	960	11620	3193	1041	—	30309	914	—
	五星	20	20115	1350	15249	12926	3912	—	20979	12319	996
1981	大中镇	—	1748	115	2013	431	153	284	5505	869	106
	大兴	15	8077	583	7275	3853	1389	1671	16254	1050	169
	大道	22	12874	891	12246	5150	1942	3196	26782	3676	462
	新团	640	14284	914	11139	3233	1218	1519	40105	612	—
	五星	6	20563	1376	15474	13060	4157	5051	27342	21784	1139
1982	大中镇	—	2076	120	2489	517	192	194	3127	1424	76
	大兴	13	7225	422	7844	3355	1469	2174	19915	2567	208
	大道	14	11936	772	16070	4901	2145	3616	32867	5628	476
	新团	650	14200	884	14925	2921	1173	1708	37820	1393	68
	五星	5	19372	1156	20642	1605	3578	5317	40590	18454	1101

1983—2000 年畜禽养殖表

表 7－3－4

年份	区域	大牲畜（含牛、驴）年末存栏（头）	生猪年末存栏数（头）	其中：母猪（头）	生猪年出栏数（头）	羊年末存栏数（头）	其中：母羊（头）	羊年出栏数（头）	家禽年末存栏数（羽）	家禽年出栏数（羽）	兔年末存栏数（只）	兔年出栏数（头）	兔年出栏数（只）	蜜蜂（箱）	鹌鹑存栏数	水貂
1983	大中镇	21	17962	—	27423	7957	—	6140	47000	—	—	5211	—	933	—	—
	新团	647	13636	—	17997	2088	—	1544	32520	—	—	824	—	116	—	—
	裕华	4	15938	—	22744	9242	—	4514	42251	—	—	8118	—	1194	—	—
1984	大中镇	15	16551	730	25176	8293	—	7051	74753	—	3881	—	—	904	—	—
	新团	550	11563	472	17836	1746	—	1758	45621	—	464	—	—	177	—	—
	裕华	4	10630	615	23213	5755	—	4567	45146	—	4256	—	—	1048	—	—
1985	大中镇	12	17344	854	23223	7586	—	7374	85957	—	11457	—	—	978	—	—
	新团	532	13262	509	18350	1658	—	1342	51424	—	736	—	—	137	—	—
	裕华	4	9853	786	16864	5564	—	4737	63193	—	13392	—	—	886	—	—
1986	大中镇	12	14455	365	20867	7440	—	6387	60849	—	10976	—	—	924	—	—
	新团	507	13961	305	19425	2227	—	1490	44003	—	865	—	—	361	—	—
	裕华	4	8842	345	14995	8460	—	4196	62900	—	24014	—	—	1085	—	—
1987	大中镇	9	12160	237	17963	11533	—	7823	65636	—	6222	—	—	921	—	—
	新团	476	12199	265	17629	2269	—	1808	45793	—	678	—	—	447	—	—
	裕华	4	7060	257	11039	12119	—	6123	54716	—	11952	—	—	1493	—	—
1988	大中镇	9	12251	299	20018	15008	—	—	87900	—	4116	—	—	783	—	—
	新团	422	12249	419	13691	2471	—	—	53700	—	271	—	—	420	—	—
	裕华	5	5975	279	8236	12678	—	—	56000	—	8085	—	—	1380	—	—
1989	大中镇	6	11787	230	14922	14125	7380	10481	76989	40197	3585	—	846	871	—	130
	新团	405	12698	330	15534	2074	876	2303	46460	24707	232	—	153	464	—	—
	裕华	5	4733	210	6661	12991	5797	7939	71483	35997	5334	—	2456	1188	—	436
1990	大中镇	6	16256	182	19736	14277	7685	13175	93989	57501	2973	—	988	695	61000	—
	新团	327	12510	255	15863	1829	763	2111	51950	27227	268	—	153	335	1300	—
	裕华	4	4615	169	6892	14473	6070	8418	87382	44976	4728	—	1109	906	100	—
1991	大中镇		13526	206	22518	10718	6613	17500	113164	155700	2624	—	2975	514	—	—
	新团	254	13688	267	17220	1626	457	3565	131008	205300	797	—	621	354	—	—
	裕华	4	4781	155	7179	10478	5168	11122	83611	51900	5599	—	779	696	—	—
1992	大中镇	4	20977	271	29573	13300	8300	18800	179600	120600	8200	—	1700	500	—	—
	新团	196	15258	361	17360	3100	1000	2700	183700	249500	2400	—	1100	500	—	—
	裕华	6	4774	144	7321	12600	6800	14800	91700	62800	14500	—	1600	700	—	—
1993	大中镇	4	21294	291	42000	13900	7900	3500	182000	80000	14100	—	28000	500	—	—
	新团	194	16200	501	24003	4600	1100	7900	234200	489800	19300	—	13400	900	—	—
	裕华	7	5776	141	8059	16100	7800	26100	99000	104800	21300	—	2200	800	—	—

续表7－3－4

年份	区域	大牲畜（含牛、驴）年末存栏（头）	生猪年末存栏数（头）	其中：母猪（头）	生猪年出栏数（头）	羊年末存栏数（头）	其中：母羊（头）	羊年出栏数（头）	家禽年末存栏数（羽）	家禽年出栏数（羽）	兔年末存栏数（只）	兔年出栏数（头）	兔年出栏数（只）	蜜蜂（箱）	鹌鹑存栏数	水貂
1994	大中镇	2	26394	243	45000	17820	—	34000	172455	677151	9206	—	10005	509	—	—
	新团	180	15085	477	28246	5753	—	7875	387670	406507	27202	—	76278	515	—	—
	裕华	9	5963	153	9469	14040	—	28865	172660	178140	19768	—	5030	790	—	—
1995	大中镇	2	23255	200	46570	19652	—	46297	195062	810138	10203	—	3703	456	—	—
	新团	147	13034	400	32808	6323	—	17088	205258	1075780	8719	—	36109	490	—	—
	裕华	12	4359	105	8154	16795	—	27837	124887	349497	46724	—	4752	900	—	—
1996	大中镇	10	23190	210	46760	19873	—	58437	229062	982819	9061	—	1897	9	—	—
	新团	140	10116	446	39231	4312	—	15961	100227	652136	5825	—	37495	—	—	—
	裕华	12	4703	120	9613	18045	—	28983	129958	355058	13565	—	5395	855	—	—
1997	大中镇	9	12200	303	46800	20050	9273	58500	231720	795160	650	—	3650	448	—	—
	新团	137	9205	579	35461	5430	1165	15404	154293	808476	1414	—	—	120	—	—
	裕华	17	4625	153	7254	17397	9342	7475	86083	346822	11418	—	2182	711	—	—
1998	大中镇	20	18254	588	30276	19607	10349	39994	171625	703495	8064	—	1705	490	—	—
	新团	142	14535	1701	24387	2625	1632	4804	216468	576903	971	—	180	230	—	—
	裕华	16	5711	423	8700	18021	8542	24429	198568	307392	12769	—	1679	802	—	—
1999	大中镇	230	17258	394	33445	20251	10708	23051	290000	520000	32711	—	15859	643	—	—
	新团	111	11139	907	25359	6369	2282	32263	220000	760000	9514	—	51684	370	—	—
	裕华	9	7231	189	9284	19659	8581	17432	190000	350000	12290	—	3056	910	—	—
2000	大中镇	52	15011	510	29619	16942	9763	21072	312583	513590	45945	—	2935	555	—	—
	新团	95	15272	1425	27973	6720	2765	33648	234548	786700	8263	—	56680	164	—	—
	裕华	9	6409	248	15085	23413	7893	17229	131709	149400	14700	—	3195	841	—	—

2001—2010年畜禽养殖表

表7－3－5

年份	区域	牛年末存栏数（头）	生猪年末存栏数（头）	生猪年出栏数（头）	羊年末存栏数（头）	羊年出栏数（头）	家禽年末存栏数（羽）
2001	大中	152	30866	66710	22501	46240	67万
	裕华	23	7047	9308	15277	14511	19万
2002	大中	188	33582	77696	24679	57751	70万
	裕华	26	7136	9506	22074	15808	21万
2003	大中	210	196377	79336	40777	57910	46万
	裕华	26	18233	9611	16689	16458	19万
2004	大中	220	35031	84094	36354	47783	519797
	裕华	26	9350	10229	17322	18913	173607

续表 7－3－5

年份	区域	牛年末存栏数（头）	生猪年末存栏数（头）	生猪年出栏数（头）	羊年末存栏数（头）	羊年出栏数（头）	家禽年末存栏数（羽）
2005	大中	160	37728	94185	35496	51510	588410
	裕华	26	9948	11405	17322	18913	173607
2006	大中	161	33736	68645	27302	69307	526540
	裕华	22	7921	16279	12080	18797	114621
2007	大中	14	32037	63059	15379	27632	513935
	裕华	20	4758	9623	2821	14109	122115
2008	大中	13	15345	38362	11537	18289	361531
	裕华	21	4196	9080	1925	5140	119979
2009	大中	15	22567	50645	13782	20193	414386
	裕华	17	6777	10268	3224	17686	124935
2010	大中	37	28962	56290	20752	37887	639259

年份	区域	家禽年实有数（羽）	兔年实有数（只）	兔年出栏数（只）	兔毛产量（吨）	蜜蜂年末实有数（箱）	禽蛋产量（吨）
2001	大中	114 万	75515	12619	45	726	6024
	裕华	26 万	6552	320	4	580	1708
2002	大中	115 万	111699	20628	67	548	6300
	裕华	30 万	5000	5400	3	360	1890
2003	大中	98 万	99326	196377	118	848	4140
	裕华	24 万	3515	18233	11	390	1710
2004	大中	800103	164216	84986	115	910	4678
	裕华	206146	22361	6438	16	450	1562
2005	大中	872912	180743	111021	154	860	5590
	裕华	206146	22361	6438	19	450	1649
2006	大中	1164082	286699	213227	244	987	4475
	裕华	173331	25886	6818	22	391	974
2007	大中	822106	220202	251478	187	372	4949
	裕华	235959	8205	2592	7	447	1176
2008	大中	1282911	255243	228678	194	360	3484
	裕华	162860	10510	3130	9	460	1157
2009	大中	2001578	283607	255175	241	445	4144
	裕华	167558	5450	1635	5	478	1249
2010	大中	2009226	236369	322758	201	1016	5225

二、水产

(一)镇(社)养殖场

新中国成立前,大中境域水产养殖量很少,农户多用宅基池塘放养,仅供自食。新中国成立后,水产养殖发展较快。1952年春,成立大中区渔民协会,会址在今人民北路东方红酒楼北侧,管辖大中、南阳、裕华等5乡。渔民协会主要工作是组织分散的渔民进行有序水面捕捞。

1970年,全镇淡水放养面积约153.33公顷。1982年,全镇淡水放养面积达249.93公顷。1983年,镇域水面给村民家庭和专业户承包放养。1985年,全镇放养面积194.57公顷,有79户承包集体大中型水面。2000年,全镇水产养殖面积829.93公顷。2010年年末,全镇水产养殖面积881.33公顷,养殖总量达13694吨,公顷产成鱼15540千克。

大中水产养殖场 1958年,大道人民公社成立,大中渔民协会改隶大道公社管辖,部分渔民迁至老王港,易名大丰县东方红渔业队,该养殖场分属大道公社南阳管理区管理,并成立大道公社大中水产养殖场。是年,县水产科拨款1.8万元(实际到账0.3万元)给大道公社在老斗龙港河湾(与新丰展望和新团建设大队交界的"双油扣"处)开辟10.67公顷水面,"蛤蜊港"处开辟32公顷水面,与新团北灶交界的"下茄子"处开辟13.33公顷水面,在五一河和跃进河开辟8.33公顷水面放养成鱼,另在新团河口大队开辟0.67公顷鱼种池。鱼种来源是捕捞队捕捞的鲤鱼放养产仔,进行人工孵化培殖鱼苗,分别投放到开辟的4个水面养殖区放养。1959年,公社养殖场出售鱼苗2万多尾,加上成品鱼,纯收入1.31万元,受到省和盐城地委表彰。是年,大道公社在德西村(今德丰村)窑厂开挖20公顷鱼种池,后因公社体制缩小,鱼种池开挖后未能启动放养。1961年,大中养殖场成鱼捕捞总产1.5万千克。

大中镇养殖场 1962年,实行镇、社分开,大中镇划为县属镇,原大道公社大中水产养殖场更名为大中镇养殖场。

1962年夏,突发洪水,养殖场鱼苗和成鱼溢跑受损严重,30多户捕涝队渔民全部下放到东方红渔业分社。1964年,原斗龙港弯处放养面积废弃,大中养殖场交大中镇大新居委会管理,单位对外名称不变。1969年,养殖场由镇收回。1974年又交给街道办事处管理。1979年,开挖大四河,鱼种池被填平,养殖场停办。1981年,镇政府在南郊环城桥下花炮厂南侧开办大中镇综合养殖场,养殖面积2.87公顷,其中渔种池0.53公顷,隶属大中镇副业办公室。1988年,被珍丰麦芽啤酒总厂兼并。1995年填平停办。

新团水产养殖场 新团水产养殖场成立于1959年,地址在龙福村与建设村交界处。

1960年,新团公社将养殖场迁至长安村与河口村交界处,水陆交通便捷的大刘路南侧地段。是年,开挖养殖水面8公顷,并从海门请来养殖技工陈正景指导生产,当年获利0.8万元。1961年后,主要依靠捕捞长江天然鱼苗组织生产,养殖场有固定资产5万多元,职工15人,年创利0.9万元左右。1966年,在县多管局水产股杨念仁工程师指导帮助下,养殖场克服"四大家鱼"(草鱼、鲢鱼、鲫鱼、鳊鱼)人工繁殖技术上的难关,当年人工繁育系列鱼苗800多万尾。1965—1971年,新团养殖场利用原七灶河、老斗龙港等天然河道资源,发展成鱼养殖获得成功。

1977年年底,新团养殖场获得省水产局3万元专项开发基金,并自筹资金2万元,开发利用废窑塘,建成高标准成鱼养殖水面18公顷,建成新团养殖北分场和西分场。

1978年后,养殖场实施塘口改造工程。养殖单产和个鱼成本消耗量创全省"两个第一"的好成绩,受到省水产局专家验收组肯定。1979年,有全省水产系统工作总结大会上被授予"苏北水产养殖一枝花"的称号。1982年,拥有固定资产70多万元,在册职工100多人,企业盈利连年攀升,两次受省人民政府通令嘉奖。1983年后,新团养殖场实行集体承包经营,将集体经营权属下的水面划分为成鱼组、鱼种组和草鱼组单项承包。通过定任务、定指标、同奖同赔方法进行经营管理。是年年底,新团乡有水产养鱼面积142.93公顷，纯收入1.29万元。1992年，新团乡成立水产服务站，拥有养殖水面200公顷，稻田连片养殖1333.33公顷。1999年，盐通高速公路从新团境内穿越，水产站利用高速公路取土形成的鱼塘养殖商品鱼，为开发高效鱼塘打下良好基础。2003年，新团养殖场更名为大中镇水产站养殖场。

大道养殖场 1962年，原大道公社大中养殖场划归大中镇为大中养殖场后，大道公社在刚强大队（今红花村）南端（吴家桥东侧）新开办大道养殖场。1983年，大道养殖场更名为大中镇养殖场。1999年，因投入不足，塘口老化，生产经营每况愈下，镇政府采取措施对该企业实行体制改革，企业所有人员一次性买断工龄，由徐亚和牵头承包经营，陈文奎、唐连海、倪本贤为合伙经营人，租赁期10年，承包水面5.37公顷。2009年，承包期满后，由水产站和红花村联合对外发包。

大中镇王港水产养殖场 1983年，县政府在对虾养殖场冷库东划出53.33公顷滩涂给大中镇，新办大中镇王港水产养殖场。是年，全镇出动400多民工，突击开挖放养。1984年，由县收回交建设局管理。

（二）村办养殖场

20世纪70年代，随着养鱼事业的快速发展，村办养殖场陆续开办。1990年，规模较大养殖场有和瑞、德丰、阜丰、恒北、恒丰5个。

德丰养殖场 1976年，大兴公社新星大队（今大中镇德丰村）在该村窑厂处开办养殖场。始为集体经营，1983年，采取租赁承包方式，由5人合伙经营，养殖面积1.67公顷。

恒北养殖场 1985年开办，养殖面积3.33公顷（其中鱼种面积0.33公顷），由11人承包。

恒丰养殖场 1985年开办，养殖面积2.67公顷（其中鱼种池0.33），由9人承包。

阜丰养殖场 1985年，阜丰村开挖成鱼精养鱼池1.6公顷。

和瑞养殖场 1990年，和瑞村开办水产养殖场，养殖面积4.67公顷。

（三）民间养殖

1957年前，池塘、沟河都自然生殖野生鱼，直至1958年，大中养殖场兴办后，有鱼种出售，才有少数农户在宅基池塘或条沟放养家鱼。1965年，生产队集体开始利用沟、河放养鱼苗，到年关，统一捕捞分配到户。1973年，全镇淡水放养面积186.67公顷，淡水产品45.3吨。1982年，全镇淡水放养面积达249.93公顷。是年，全镇29个生产队、6个水产养殖户，分别被大丰县县委、县人民政府表彰为多种经营先进集体和先进个人。1983年，境内水面都承包给村民家庭和专业户放养。水产养殖主要集中在老坝、光明、新团、建设、德丰等村。1985年，全镇家庭养鱼5238户，利用池塘、沟河放养面积达194.57公顷，水产品总量70.75吨。家庭联产承包责任制后，全镇的集体鱼塘全部承包给村民养殖。

1970—2010年部分年份渔业生产情况表

表7-3-6 单位：吨、公顷

年份	区域	总产量	海水产品	淡水产品	养殖面积		
					合计	海水	淡水
1970	新团	110	—	110	196.67	—	196.67
	五星	42	19	23	33.33	—	33.33
	大道	46	—	46	46.67	—	46.67
	大兴	51.5	—	51.5	46.67	—	46.67
	大中	—	—	—	—	—	—

续表 7－3－6

年份	区域	总产量	海水产品	淡水产品	养殖面积		
					合计	海水	淡水
1975	新团	54.5		54.5	139.33	—	139.33
	五星	45.1	4.4	40.7	53.33	—	53.33
	大道	31.75	6	25.75	66.67	—	66.67
	大兴	25.9	2	23.9	60	—	60
	大中	5	—	5	0.67	—	0.67
1980	新团	92	—	92	170	—	170
	五星	81	50	31	72.67	16	56.67
	大道	39	4	35	109.33	—	109.33
	大兴	59	4	55	14.67	—	14.67
	大中	7	1	6	26.67	—	26.67
1985	新团	250	1	249	224	4	220
	裕华	299.2	85.2	214	336.54	39.87	296.67
	大中	263.65	—	263.65	285.13	—	285.13
1990	新团	541	14	527	235.34	8.67	226.67
	裕华	850	532	318	2879.67	2720.87	158.8
	大中	404	5	399	325.47	—	325.47
1995	新团	1150	2	1148	—	—	—
	裕华	4595	3780	815	—	—	—
	大中	871	90	781	—	—	—
2000	新团	2750	50	2700	264.93	21.6	243.33
	裕华	3975	2388	1587	256.67		256.67
	大中	3770	500	3270	308.33		308.33
2005	裕华	4813	1862	2951	357.47	66.67	290.8
	大中	7076	200	6876	433.33		433.33
2010	大中	13694	2004	11448	881.33	100	781.33

三、蚕桑

（一）蚕桑面积产量

解放初期，境内没有湖桑。少数农户家前屋后种几棵直生桑，养些土种蚕，喂以土桑叶，缫点丝线自用，蚕茧产量极少。

1958 年，从外地引进湖桑苗种植桑园 3 公顷。1959 年，组织集体养蚕 22 张。1960 年，增加到 159 张，蚕茧总产 1864 千克，单产 11.7 千克。新团公社发蚕种 154 张，单产 8 千克，总产 1211 千克；裕华公社发蚕种 101 张，单产 15.9 千克，总产 1756 千克。

从 20 世纪 60 年代末开始，全镇大面积的推广种桑养蚕。1976 年，大道公社双喜大队每公顷产蚕茧 1762.5 千克。大兴公社大新大队每公顷产蚕茧 1539.75 千克，成为全县每公顷产 1500 千克以上的先进生产大队受表彰。80 年代初，蚕桑生产呈强劲之势，全镇每公顷桑产茧 1500 千克以上的大队增加到 10 个（德丰、大新、新德、恒南、阜北、恒丰、利民、泰丰、泰西、恒北）。1982 年以后，蚕桑生产转为承包到户，蚕桑事业进入新的发展期。1985 年，新团乡有蚕桑面积 119.33 公顷，蚕茧总产 135 吨。裕华乡有桑园面积 262 公顷，总产量 356.6 吨。大中镇有桑园面积 275.33 公顷，有养蚕专业户 3318 户，年养蚕 8400 张，产茧 329.7 吨。1987 年，全镇蚕茧总量和收购量首次超 500 吨，跨入省蚕茧生产重点乡镇行列。

1989 年，全镇桑园面积增至 343.8 公顷，发种 16006 张，张单产 38.2 千克。新团乡有桑园面积 99.2 公顷，发种 2477 张，张单产 36 千克，总产 90.2 吨；裕华乡有桑园面积 6354 张，发种 20411 张，张单产 30.9 千克，总产 631.5 吨。1995 年，由于受国际、国内市场影响，茧丝绸行业滑坡，蚕茧价格下跌，全镇蚕农自发毁桑，桑园面积锐减。1996 年年末，全镇桑园面积为 168.5 公顷，比 1993 年的 399.13 公顷减少 230.33 公顷。2000 年后，再度掀起拓桑热潮，全镇发种张数从 1996 年的 3468.5 张增加到 7032 张，全市连续 3 年在大中镇召开拓桑现场会。2001 年年底，养蚕业再度下滑，大中镇桑园面积仅有 195.47 公顷。2002 年后，由于采取多种激励措施，全镇桑园面积稳定在 200 公顷左右。2004 年，镇蚕桑站的“小蚕全自动加温共育技术”项目荣获盐城市科技进步二等奖，并连续多年被大丰市政府表彰为“最佳服务单位”。2010 年，由于征地拆迁、市场行情等因素，全镇桑园面积锐减，年末仅为 76.8 公顷。全年发种 3899 张，平均单产 40.1 千克，蚕茧总量 156 吨，主要集中在老坝、龙福和阜北村。

1970—2010 年部分年份蚕茧产量表

表 7－3－7

年份	区域	桑园（公顷）	发种（张）	单产（千克）	总产（吨）	年份	区域	桑园（公顷）	发种（张）	单产（千克）	总产（吨）
1970	新团	—	14.53	14	3	1985	新团	119.33	—	—	52.75
	五星	—	8.6	18.5	2.4		裕华	262	—	—	356.6
	大道	—	27.73	22	9.25		大中	275.33	—	—	329.7
	大兴	—	11.07	25.5	4.2	1990	新团	96.2	—	—	98
	大中	—	0.2	25.5	0.1		裕华	422.93	—	—	507
1975	新团	21.2	22.73	12.5	4.3		大中	336.67	—	—	561
	五星	41.67	32	21	10.05	1995	新团	347	9114	28.5	260
	大道	30.6	70.33	26	27.2		裕华	88.13	3951	23.8	94
	大兴	25.93	57.4	26.5	22.95		大中	295.6	14382	42.1	605
1980	大中	1	1.2	32.5	0.6	2000	新团	134.87	—	—	—
	新团	18.87	26.53	11.55	4.55		裕华	3.93	—	—	—
	五星	46.4	71.33	23.95	25.6		大中	125.4	—	—	—
	大道	35.47	101.07	27.95	42.4	2005	大中	139.2	—	—	—
	大兴	25.33	78.27	26.6	31.2		裕华	3.27	—	—	—
	大中	3.07	4.8	33.65	2.45	2010	大中	768.53	3899	40.1	156

说明：部分年份空白数据无法查找，并非没有生产

（二）桑树栽培

镇域蚕业初始以"湖桑32号"为当家品种，其特点为适应性好，发条强，生长旺，产叶量高，缺点为抗萎缩病能力较弱。

20世纪60年代中期，开始推广湖桑嫁接技术。70年代后，逐步引进"剑持一之濑""育2号""湖桑7号""育—151""育171"等品种，特点是生长好、产叶量高。80年代，推广"根袋接""一苗多用"。"桑苗冬接""早春温床嫁接""绿枝扦插""硬枝扦插""压条培苗"等快速育苗技术。

60年代，栽桑密度偏稀，每公顷只有6000株左右。70年代，每公顷栽12000株。80～90年代，每公顷栽达到15000株左右。60年代后期，全镇提倡桑园种绿肥，主要是蚕豆、黄花菜。冬季挖河泥铺生，夏伐后铺盖麦秸草。用肥主要以氮素肥料和其他有机肥料为主，粪肥、磷肥、灰杂肥配合使用。2000年以后，主要使用复合肥料，施肥时间春、夏、秋、冬各一次。冬、春肥占全年施肥量30%～40%，夏、秋肥占年施肥量60%～70%，其中夏肥占全年施肥量50%左右。

桑树病害主要有萎缩病、赤霉病、褐斑病等，虫害有红蜘蛛、桑蓟马、桑象虫、桑白蚧、桑瘿蚊等。对桑树危害最严重的是桑萎缩病、桑瘿蚊、桑象虫。80年代中期，萎缩病危害严重，夏伐后桑树不能正常长枝条，侧枝丛生，产叶量低。桑象虫主要危害夏伐后的桑芽，重则不能抽条，形成光拳。针对"一病两虫"的危害，镇蚕桑站采取综合防治措施，使桑树萎缩病发病率控制在0.1%以下。

（三）家蚕饲养

消毒防病　养蚕前，蚕室、蚕具按照"扫、洗、晒、换、刷"的步骤进行消毒前准备工作。先将蚕室内外清理打扫干净，将蚕具放到流动河水中浸泡，并用硬刷正反清洗干净后晒干，蚕室水泥地面用水冲刷干净，最后用20%石灰浆粉刷墙壁，地面用20%石灰浆浇一遍。养蚕前8～10天，用有效氯含量1%的漂白粉溶液对蚕室、蚕具喷洒消毒；蚕网、蚕筷、蛾毛等用具，通过煮沸半小时消毒；最后一次药液消毒结束的当天傍晚，蚕架、蚕具放置蚕室用毒消散进行重烟消毒。室温保持24℃以上，密闭一昼夜后开窗排味、排湿，蚕架、蚕具移到室外曝晒。

小蚕共育　1980年，推广炕床（房）共育。1982年，养蚕承包到户后，逐步改用壁灶，推广联产共育。1985年，全镇有壁灶27个。后普遍采用塑料薄膜覆盖育和防干纸育。开始以煤炉加温，后改用铁皮保温炉，以碎木屑、玉米芯等为燃料避免煤气中毒，且恒温、保温性能强，成本低，效果好。1996年，全镇小蚕共育率达到98%以上。

保持适温　小蚕1～2龄期温度80～82 ℉，干湿差0.5～1 ℉；3龄期78～80 ℉，干湿差1 ℉；4龄期温度76 ℉，干湿度3～4 ℉；5龄期温度73 ℉，干湿差4～5 ℉，同时对大蚕做好通风换气。

5龄期属盛食期，应吃足喂饱，这个时期是大蚕丝腺快速生长期，特别是5龄第三天后丝腺生长明显加快，丝腺越发达，蚕吐丝就越多，茧形就大，茧层就厚，产量就高。

（四）蚕茧收烘

1955年，境内有2个蚕茧站。80年代后，全境保持4个茧站8付灶。其中隶属供销系统2个站4付灶。

20世纪50年代，使用木板抽箱式灶、小土灶、抽屉灶，灶内用杉木加工制成茧格，千斤柱，留档木，烘茧速度慢，热效率低，使用寿命短，且易着火。60年代中期，全部使用三角铁代替千斤柱、留档木，用铁皮做茧格，用铁丝编织成茧网的煤灶，使用寿命达10年以上。1973年，将原来老灶改成对热式、竖式风扇灶，节省杉木，提高热效和烘力。原杉木灶每季每付灶最大烘力为7.5吨，改革后新灶可达15吨。1983年，推广使用江苏83型车子风扇灶。1995年，引进山东热风灶。

2000年以后，建立蚕业合作社，以合作社建立"公司＋农户"产业化经营模式。截至2010年，全镇形成以镇为龙头、村为主体、组为纽带、科技户为辐射点的四级服务网络。

第四节 农业机械

一、农机农具

耕种机具 历史上大中区域习惯用大锹、钉钯、铁板翻田整地。新中国成立初期试用的双轮双铧犁,后因拉力过重而被淘汰。

1955 年,县建立国营拖拉机站,先后用大中型拖拉机在大中镇地区代耕代种,常年作业量约 2666.67 公顷左右,最高年份达 3333.33 公顷以上。由于镇域土壤有机质含量低、盐分重、原耕作层浅,一般表土层只有 0.07 ~0.1 米,而使用大型拖拉机耕种,耕作层受到破坏,致使土壤返碱,盐分上升,加之粮棉间作套种,亦不便大型机械作业,故于 1957 年停止使用。1965 年,大道公社有 10 个生产队购买工农 -7 型手扶拖拉机(每队购买 1 台)。

1971 年,大道公社在超产大队试验,通过缩短轮距、改革茬口组合,开创手扶拖拉机在田间的新作业,创造"洋头土尾"十条龙,将农机具配挂在手扶拖拉机后进行埋青、中耕、播种等作业,提高劳动效率。1985 年年末,大中镇拥有手扶拖拉机 316 台,机引双铧犁 87 部,旋耕机 234 部,拖车 316 部,播种机 184 部。农田耕耙和播种的机械化作业水平得到明显提高。全镇机耕面积 3913.33 公顷,占耕地总面积 82%。2006 年,裕华大蒜起抛机和玉米收割机试验成功。2009 年,裕华区域推广运用免耕条播机 114 台,秸秆还田机 3 台,自走式收割机 2 台。2010 年,全镇机耕面积达 100%。

排灌机具 大中地区历史上农田排灌主要靠人力水车(4 ~6 人)、四叶板拨车(2 人)和风力水车。1963 年,大道公社有人力水车 137 部,风力水车 20 部。1965 年,新民大队自筹资金 6.3 万元建造电灌站和单排站各 1 座。至 1985 年,镇先后自筹经费 54.7 万元,建造 22 座电力排灌站,装机 33 台,容量 1266 千瓦,受益面积 2840 公顷。1996 年,全镇有 16 套喷灌机械,水泵 144 台,总动力 1946 千瓦。

2010 年,大中镇有水泵 610 台,抢排泵 477 台,机电灌溉站 74 座,排涝站 84 座,总动力 5970 千瓦。

植保机具 1952 年,开始推行农药治虫,使用单管喷雾器,两人抬 1 只粪桶,将药机放在桶内药液里,后面的人持管压液,前面的人手握喷杆喷洒,一架喷雾器每天可洒 0.13 ~0.2 公顷田,虽比人工捕捉效率高,但不够科学。后逐步改用单杆压缩喷雾器、长江 -10 型背负手压喷雾器、手摇喷粉器。1955 年 7 月至 1958 年,省农业厅支持 1 架安 2 型农用飞机在大道以及新丰两公社进行棉田治虫(1957 年间断一年),因地面障碍物多、对养殖业不利、农本大等原因,1959 年停止使用。1970 年,推广使用机动喷雾、喷粉机(背负式 1.6 马力汽油机)。1983 年,农村实行家庭承包责任制后,人力喷雾器逐步增加,机动喷雾、喷粉机明显减少。1986 年,开始使用弥雾机,由一人操作,每天喷洒农田 2.67 公顷以上,因体积小,药液雾化充分,防治病虫效果好,且工效高,普遍受农民欢迎。1992 年,村民小组每组配 1 台。2010 年年末,全镇拥有 5180 台。

脱粒机具 历史上,脱粒用连枷打或用人工掼索,也有用石磙的。20 世纪 60 年代初用牛拖石磙碾脱。

1963 年,开始推广人力脚踏脱粒机。1965 年,开始用手扶拖拉机拖石滚脱粒,以后被机动脱粒机所代替。机动、电动脱粒机全镇从 1967 年的 45 台发展到 1985 年的 409 台(包括玉米脱粒机)。1985 年,全镇每个村民小组有 2 ~3 台。1995 年,全镇机动脱粒机增加到 551 台。2004 年,稻麦开始用大型收割机,收割、脱粒一步到位,既省工又省时。2010 年,全镇大型收割机拥有 199 台。

运输机具 20 世纪 50 年代,镇域农用运输工具主要以木制手推独轮小车和少量畜力铁木轮车、胶轮车为主。60 年代，普遍使用水泥船罱泥积肥、装运肥料、粮食以及建房材料。1980 年，使用挂桨船，即用柴油机带动挂桨机行驶，全镇有 17 条。原来的木制手推车和铁木轮大车从 60 年代起逐步被胶轮手推车所代替。1985 年，全镇有胶轮手推车 4551 辆。手扶拖拉机一机多用，除田间作业、场头脱粒及农田排灌外，也用于货物运输。

2009 年，裕华区域有小型拖拉机 951 台，其中陆路运营 138 台。

2010 年年末，全镇拥有农用运输汽车 350 辆，大中型拖拉机 124 台，手扶拖拉机（带拖箱）1431 台，内河运输水泥船 12 条，基本实现运输全程机械化。

农副产品加工机具　1960 年以前，粮油加工一直以人力、畜力为主，其工具有石臼、石碾、石磨、木榨等。以后，粮油加工逐步转为钢磨代替，先后有 330#粉碎机、剥壳机等。1988 年，全镇拥有碾米磨面机 208 部、榨油机 7 部、饲料粉碎机 75 台、轧花机 58 部。2010 年年末统计，全镇碾米磨面机有 296 台，饲料粉碎机 97 台，榨油机 10 部，粮油、饲料加工基本实现工业机械化。

1962 年农具实有数量统计表

表 7－4－1

区域	犁（部）	耙（部）	播种机（部）	脱粒机（部）	砘压器（部）	中耕器（部）	喷雾器（部）	喷粉器（部）	人力水车（部）	风力水车（部）	畜力胶轮大车（辆）	畜力铁木轮大车（辆）	胶轮平车（辆）	独轮手推车（辆）	农船（只）	粪桶（只）	大锹（把）
新团	670	380	30	2	113	2	240	34	101	483	—	—	—	—	166	1880	3418
裕华	263	128	157	—	—	30	715	—	28	—	1	11	55	334	27	2633	4804
大道	320	183	162	1	—	89	803	3	119	46	—	—	55	386	107	2783	4112
大中	9	4	—	—	—	10	17	—	4	—	—	—	5	—	5	161	108

1967 年主要农机具设备拥有量统计表

表 7－4－2

区域	手扶拖拉机		动力脱粒机		排灌动力机械					水泵	其他动力机械	
			机动	电动	计	其中						
						电动机		柴油机				
	台	马力	台	台	台	台	瓩	台	马力	台	台	马力
新团	—	—	—	17	44	20	546	24	471	45	—	—
五星	11	88	14	2	13	—	—	13	195	25	3	128
大道	21	168	29	2	17	15	522	2	80	40	16	115
大兴	5	40	10	4	31	24	429	7	30	18	2	6
大中	2	16	—	—	7	3	68	1	3	10	2	12

1970—2010年部分年份主要农业机械拥有量统计表

表7－4－3

年份	区域	农用汽车（辆）	大中型拖拉机（台）	手扶拖拉机（台）	收割机（台）	播种机（台）	脱粒机（台）	插秧机（台）	埋青机（台）	水泵（台）	柴油机（台）	汽油机（台）	人力喷雾器（台）	机动喷雾器（台）	饲料粉碎机（台）	碾米磨面机（台）	挂浆机船（艘）	轧花机（台）	旋耕机（台）	农用船（条）	喷灌机（套）	榨油机（台）
1970	新团	—	—	—	—	16	8	—	—	—	—	—	1006	—	5	43	—	—	—	444	—	—
	五星	—	—	—	—	605	1	—	—	—	—	—	3116	—	21	53	—	7	—	67	—	—
	大道	—	—	—	—	381	—	—	—	—	—	—	1842	—	8	35	—	5	—	149	—	—
	大兴	—	—	—	—	232	—	—	—	—	—	—	1154	—	5	19	—	—	—	93	—	—
	大中镇	—	—	—	—	6	—	—	—	—	—	—	117	—	1	3	—	—	—	10	—	—
1975	新团	—	12	42	—	253	118	8	—	143	130	2	—	—	—	92	—	—	—	431	—	—
	五星	—	1	112	—	720	103	2	—	76	99	9	—	—	—	136	—	—	—	60	—	—
	大道	—	—	96	—	517	168	—	—	153	71	16	—	—	—	91	—	—	—	157	—	—
	大兴	—	—	36	—	263	83	—	—	53	31	13	—	—	—	61	—	—	—	83	—	—
	大中镇	—	—	—	—	24	7	—	—	16	8	4	—	—	—	17	—	—	—	14	—	—
1980	新团	—	16	167	1	—	147	21	—	202	139	—	1355	23	24	127	—	—	—	436	—	—
	五星	—	5	286	—	—	258	—	—	251	68	—	4049	155	25	101	—	3	—	53	—	—
	大道	—	—	181	1	—	186	—	—	190	76	—	3806	88	86	164	—	10	—	153	—	—
	大兴	—	—	87	—	—	113	—	—	101	46	—	1166	44	54	38	—	4	—	93	—	1
	大中镇	—	—		—	—	9	—	—	25	14	—	293	2	7	27	—	—	—	22	—	—
1985	新团	—	10	261	—	—	220	—	—	154	437	17	6379	16	—	202	23	4	—	—	—	2
	裕华	—	6	339	—	—	468	—	—	264	479	88	8620	86	51	213	19	41	—	—	—	1
	大中	—	—	316	—	—	419	—	—	244	389	48	6949	16	77	278	17	67	—	—	—	4
1990	新团	—	5	440	—	—	350	—	—	309	—	—	—	76	—	264	—	1	—	—	—	4
	裕华	—	—	433	—	—	345	—	—	96	—	—	—	35	—	103	—	—	—	—	—	—
	大中	—	—	441	—	—	369	—	—	141	—	—	—	15	42	148	—	19	—	—	—	6
1995	新团	—	32	460	—	—	240	—		308	—	—	—	650	—	—	—	—	—	—	—	—
	裕华	8	3	370	—	—	320	—	—	74	—	—	—	218	—	—	—	—	—	—	—	—
	大中	1		310	—	—	551	—	—	144	334	221	—	305	11	90	5	11	—	—	16	3
2000	新团	—	196	513	—	—	10	—	—	310	—	—	—	7598	—	—	—	—	—	—	—	11
	裕华	—	7	849	—	—	186	—	—	81	—	—	—	306	—	—	—	—	—	—	—	14
	大中	34	2	431	—	—	116	—	—	473	—	—	—	2583	—	86	—	—	—	—	—	1
2004	大中	86	54	541	150	320	58	22	65	320	5578	3020	—	3248	51	218	—	1	515	—	—	—
2006	大中	251	194	695	170	632	67	25	88	319	270	—	—	4027	62	319	—	1	328	—	18	12
2008	大中	330	117	666	191	705	93	37	103	681	230	—	—	5165	91	328	—	3	702	—	—	12
2010	大中	350	124	1431	199	681	61	18	101	610	242	—	—	5180	97	296	—	2	715	—	—	10

1978—1999 年农业现代化建设情况表

表 7－4－4　　单位:公顷

年度	区域	机耕面积	机播面积	有效灌溉面积		高产稳产农田	机电井(眼)
				机灌	电灌		
1978	新团	3206.67	293.33	1800	1266.67	1646.67	—
	五星	3046.67	406.67	1133.33	593.33	2366.67	—
	大道	1593.33	—	66.67	2260	2473.33	—
	大兴	513.33	940	733.33	333.33	1266.67	—
	大中镇	100	—	—	—	—	—
1979	新团	1522.2	20.67	1133.33	2033.33	906.67	—
	五星	2850.07	—	1133.33	613.33	533.33	—
	大道	3021.67	—	866.67	1760	1333.33	—
	大兴	1008.4	—	200	1066.67	666.67	—
	大中镇	218.8	—	13.33	86.67	—	—
1980	新团	1753.33	—	1026.67	2120	933.33	1
	五星	2800	—	933.33	666.67	866.67	—
	大道	2440	—	666.67	1266.67	1333.33	2
	大兴	973.33	—	266.67	600	666.67	—
	大中镇	173.33	—	46.67	153.33	—	—
1981	新团	2013.33	—	1026.67	2120	1026.67	1
	裕华	2906.67	173.33	933.33	666.67	873.33	—
	大道	2680	1466.67	666.67	1266.67	1333.33	2
	阜丰	1320	800	266.67	600	666.67	—
	大中镇	286.67	293.33	46.67	153.33	—	—
1982	新团	2013.33	—	960	2120	1060	1
	裕华	2486.67	2133.33	933.33	666.67	873.33	4
	大道	2046.67	573.33	666.67	1266.67	1333.33	2
	阜丰	1953.33	1953.33	266.67	600	666.67	—
	大中镇	266.67	100	46.67	153.33	—	—
1983	新团	2320	1600	960	2120	1060	1
	裕华	3860	3440	933.33	666.67	873.33	4
	大中镇	2833.33	1646.67	980	2020	2266.67	3
1984	新团	3600	—	866.67	2666.67	1060	1
	裕华	3533.33	3400	2600	2000	4133.33	7
	大中镇	2600	2133.33	1200	3600	4086.67	7
1985	新团	166.67	—	666.67	2840	1160	1
	裕华	42600	680	2566.67	2000	4133.33	19
	大中镇	3913.33	2886.67	1200	3580	4166.67	7

续表 7－4－4

年度	区域	机耕面积	机播面积	有效灌溉面积		高产稳产农田	机电井(眼)
				机灌	电灌		
1986	新团	2780	2133.33	666.67	2840	—	—
	裕华	2106.67	1793.33	2566.67	2000	—	—
	大中镇	4646.67	3953.33	1200	3580	—	—
1987	新团	446.67	2566.67	—	3466.67	—	1
	裕华	893.33	1953.33	—	4533.33	—	19
	大中镇	7213.33	4300	—	4666.67	—	25
1988	新团	766.67	426.67	—	3300	—	—
	裕华	800	2013.33	—	2666.67	—	—
	大中镇	6760	4386.67	—	4713.33	—	—
1989	新团	2193.33	1026.67	—	3300	—	—
	裕华	2206.67	1986.67	—	2666.67	—	—
	大中镇	3926.67	3513.33	—	4673.33	—	—
1990	新团	2993.33	853.33	—	3300	—	—
	裕华	2680	2666.67	—	2666.67	—	—
	大中镇	5053.33	3233.33	—	4666.67	—	—

说明:1978 年,农村推行农业现代化建设。至 20 世纪 90 年代中期,大中镇区域已基本普及机耕、机播、电灌。2010 年,全镇机耕、机播、机收、电灌、化除、机喷率达 100%

二、队伍及培训

1959 年,全镇有农机人员 7 人,1963 年 11 人,1979 年 186 人,1986 年发展到 402 人,平均每个村民小组有 3 人。1996 年,迅速发展到 900 人。

2006 年,盐城市在大中镇泰丰村四组组织全市农机重特大事故应急处理演练活动。7 月,大丰市成立 4 个农机安全稽查中队,大中镇和裕华区域被编入三中队。

2010 年,创建平安农机示范村 6 个(老坝村、泰西村、德丰村、双喜村、阜丰村、新团村),安全示范机手 103 人。是年,全镇农机队伍发展到 1785 人。

1965 年 8 月,大道公社建立农业机械管理站。是年,县委书记毛育人在大道公社搞农业机械化试点,选派 10 名青年农民到常州拖拉机厂培训学习,历时 50 天。此后,农机管理站正常对农机人员进行培训、管理及实际操作考核,合格者发给驾驶执照。并对辖区农机具实施年检,每年冬闲举办一周技术培训班,参训人员为各村机工,主要培训内容有"柴油机原理""手扶拖拉机操作与保养""手扶拖拉机故障与排除"等。由农机站技术人员发放资料,采取理论与实践相结合的办法,专职技师将拖拉机拆机分解,实地传授技术,并进行考核发证。1996 年,参加培训达 4020 人次,合格率 86.5%。2010 年,参加培训人员 7280 人次,合格率 95%。

1997—2010 年大中镇农机队伍及农业机械培训一览表

表 7－4－5

年度	农机队伍（人）	技术培训情况			
		培训科目	培训人员	培训地点	培训单位
1997	920	农机具的维修与保养	98	大中镇农机站	大中镇农机站
		拖拉机、联合收割机驾驶证	75	大丰市农机职工学校	大丰市农机职工学校
1998	976	农机安全操作规程	106	大中镇农机站	大中镇农机站
		拖拉机、联合收割机驾驶证	52	大丰市农机职工学校	大丰市农机职工学校
1999	1025	农机具的维修与保养	128	大中镇农机站	大中镇农机站
		拖拉机、联合收割机驾驶证	70	大丰市农机职工学校	大丰市农机职工学校
2000	1098	农机安全操作规程	138	大中镇农机站	大中镇农机站
		拖拉机、联合收割机驾驶证	66	大丰市农机职工学校	大丰市农机职工学校
2001	1120	拖拉机、农机具的构造和原理	146	大中镇农机站	大中镇农机站
		拖拉机、联合收割机驾驶证	78	大丰市农机职工学校	大丰市农机职工学校
2002	1169	农机具的维修与保养	165	大中镇农机站	大中镇农机站
		拖拉机、联合收割机驾驶证	83	大丰市农机职工学校	大丰市农机职工学校
2003	1232	农机安全操作规程	134	大中镇农机站	大中镇农机站
		拖拉机、联合收割机驾驶证	90	大丰市农机职工学校	大丰市农机职工学校
2004	1304	农机具的维修与保养	146	大中镇农机站	大中镇农机站
		拖拉机、联合收割机驾驶证	82	大丰市农机职工学校	大丰市农机职工学校
2005	1398	农机安全操作规程	163	大中镇农机站	大中镇农机站
		拖拉机、联合收割机驾驶证	64	大丰市农机职工学校	大丰市农机职工学校
2006	1456	农机安全操作规程	138	大中镇农机站	大中镇农机站
		拖拉机、联合收割机驾驶证	54	大丰市农机职工	大丰市农机
2007	1527	农机具的维修与保养	148	大中镇农机站	大中镇农机站
		拖拉机、联合收割机驾驶证	86	大丰市农机职工学校	大丰市农机职工学校
2008	1610	国家有关农业机械法律法规	154	大中镇农机站	大中镇农机站
		拖拉机、联合收割机驾驶证	88	大丰市农机职工学校	大丰市农机职工学校
2009	1723	插秧机的构造和原理	86	大丰市农机推广站	大丰市农机推广站
		拖拉机、联合收割机驾驶证	92	大丰市农机职工学校	大丰市农机职工学校
2010	1820	插秧机的安全操作规程	186	大丰市农机推广站	大丰市农机推广站
		拖拉机、联合收割机驾驶证	106	大丰市农机职工学校	大丰市农机职工学校

说明：不含原新团镇、裕华镇并入大中镇前的培训情况

三、农机监理

1978 年 4 月，公社农机站、大队农机队建立安全生产组织，规定机组设安全员，镇农机站配置专职农机监理和农机辅导员，适时对各种机具进行检查验收，保证安全。1979 年开始，对脱粒机加长喂料口，对传动部分装置防护罩以及灭火装置进行加固，避免工伤、火灾等事故发生。1980 年以后，大

中镇每年利用冬闲季节对全镇拖拉机进行年审，对状况优、性能好的机械发给“甲级机”或“乙级机”证书牌，对性能差的机械责令限期修理，待保养完好后再行补检。1985 年，全镇 300 台手扶拖拉机达到甲、乙级机标准，完好率达 90% 以上。

2010 年年末，全镇 199 台大型联合收割机、1431 台手扶拖拉机、61 台脱粒机、5180 台机动喷雾器、715 台旋转机、18 台插秧机，经农机部门检验合格率、完好率均达 99%。

第五节 农业科技

一、土壤改良

海滨冲击平原土壤普遍含盐。1922 年，南通大学农学院植棉研究所在大丰公司取土化验，棉田含盐量为 0.146% ~0.385%，土壤的含盐量严重。

新中国成立后，大中镇坚持长期大规模的土壤改良，开河挖沟，疏通水系，淋盐爽碱，铺生盖草。冬春季节，结合农田水利，搞沟脱壳、塘翻身，把沟底生肥泥（淤泥）铺于田间，抬高地面，生泥熟化；盖草改碱，防治风吹返盐，改造土壤结构；秸草还田，追施灰杂肥，以弥补绿肥不足，增加土壤有机质；合理布局，轮作换茬，通过粮、棉轮作，改良土壤。冬绿肥作为春播粮、棉基肥，70 年代后推广夏绿肥，增种豆科作物抑制盐分上升，增加有机质，提高地力。经过不断改良，镇域范围土壤盐分普遍下降。1984 年，江苏省第二次土壤普查测定大中镇含盐量在 0.1% 以下的脱盐面积占 80.3%，含盐量在 0.1% ~0.2% 的轻盐面积占 18.4%，含盐量在 0.2% ~0.4% 的中盐面积只有 1.3%。

二、良种引进

1955—1972 年，开始引进、繁育和推广良种。大道公社红花大队、大兴公社阜丰大队分别建立良种基地和作物种子繁育场（时称“小农场”）。1983 年，阜丰小农场自繁自育良种。各大队都建立良种队。

麦类高产栽培 1977—1982 年，进行盐辐矮早三大麦试验推广与高倍繁种。1977 年引种，1978 年高产栽培每公顷产达 7110 千克。1979 年，百亩高产栽培，最高亩产超千斤。1980 年，大面积推广，并向外地提供良种 600 吨，全镇年普及推广面积 3333.33 公顷，占总面积的 80% 以上，每公顷增产 1500 千克，年增产 5000 吨。1979—1981 年，重点对宁丰等 8 个小麦品种评比试验，为省、市、县科研部门确定“宁丰小麦”为推广品种提供了依据，并在全镇推广了近 2666.67 公顷，每公顷增产 1875 千克。1979—1983 年，进行“宁丰小麦”“盐辐矮早三”大麦双高产栽培。大道农科站、大道超产大队、红花大队和大兴（阜丰）农科站有 29 个样板试验田超千斤，被市、县列为百亩高产攻尖和千亩高产栽培项目。1982 年，引进大麦新品种“75 -21”，基本上实现自制自用。1985 年，该品种被省命名为“苏啤 1 号”，为市科研部门提供了可靠的数据，并对外提供了 100 多吨良种。2002 年，大中农科站引进并推广郑麦“9023”，每公顷单产达 7500 千克左右。2003—2005 年，引进“宁麦 9 号”，种植面积达 666.67 公顷，后因气候不适宜被淘汰。2010 年，引进并推广小麦郑麦“新 9023”成为全镇当家品种，大面积种植。

引进抗病棉种 1976 年，引进抗病棉“3041”和“112”品种，解决重病田立苗保产，全面解决大中地区的棉花生产的抗病问题。1979 年，引进第三代抗病棉“86 -1”“328”“7675”品种，在大道、大兴小农场和泰西大队试种。1983 年，大中镇农科站又引进“盐棉 8048”和“湘抗 159”抗病棉种，进一步完善普及抗病棉高产栽培的技术措施。

推广杂交玉米 1974 年以来，先后引进和推广“新双 1 号”“京早 2 号”和“聊玉 5 号”杂交玉米品种。1976年,在全镇实施大面积种植,推广面积累计13333.33公顷左右,公顷单产由原来的3000千克提高到7500千克。1977年,大道公社农科站在恒南和红花两村常年进行玉米制种,面积稳定在25.33公顷左右,年产良种12.5吨,供应本镇农户。1982年,大道农科站引进、试种、推广杂交玉米"掖单2号"获得成功,每公顷产达8157千克,获县奖并列入全县重点推广品种。1998年,引进推广"苏玉10号"玉米良种,该品种稳产,中熟偏早,可一年两季种。2004年,引进"苏玉19号"中熟品种,比"苏玉10号"增产15%。

推广水稻新品种及种植技术 大包干前,水稻种植面积2400公顷(新团镇),推广杂交品种"南优2号""南优3号""汕优2号""汕优3号",面积达400公顷,每公顷产达7500千克。2000年,推广种植吃口好,出米率高"武育粳3号",是年种植面积达90%。2003年,推广种植"幅粳8号""徐稻4号""宁粳6号"等抗条纹病品种。2006年,推广水稻免耕直播。到2010年,全镇免耕直播水稻面积占总面积80%。

繁育推广绿肥品种 1979年,大中镇繁育推广绿肥新品种大荚箭舌豌豆,每公顷产达4305千克。1980年,向县内外提供良种110吨,促进了绿肥生产。是年,八省一市前来该地参观。1979—1980年,大道农科站承担下达的对绿肥品种田菁、苕子、紫花苜蓿、大荚箭豌豆等品种,进行对比试验。同时,对引进的地中海三叶草绿肥的进行试种实验,试验结果表明,此地不宜推广。

1989年大中镇农业新技术、新品种、新成果引进、试验、推广一览表

表7-5-1 单位:公顷、元

项目名称	承担单位	规模			投资			经济效益		级别
		面积	数量	其他	自筹	贷款	其他	产值	利润	
玉米健壮素成果推广	大中农科站	866.66	—	—	—	2.6万	—	35	11.7	市级
郊区生态农业续探	大中农科站	—	2户	—	2000	2000	—	—	—	县级
鱼鸭混养	畜禽生产合作社	0.33	500只	—	20000	20000	—	1600元	600	县级
棉花小行套作矮生菜豆	大中农科站	0.13	—	—	100	—	—	200	150	县级
萝卜高产栽培	大中农科站	8	60万千克	—	12000	—	—	500	400	县级
马头羊试养	大中畜禽合作社	—	10只	—	1000	1000	—	—	—	县级
黄泥鳅试养	大中红花六队陈顾安	50㎡	—	—	2000	1000	—	—	—	县级
肉用鸽引种、示范	大中红花六队殷长贵	—	100只	—	1200	—	500	10000	7000	县级
推广生猪快速畜肥	大中畜禽生产合作社	—	200头	—	25000	—	5000	68000	24000	县级
示范、推广桑树抗病品种	大中多种经营指导站	6.67	10000株	—	1600	4400	3000	100000	70000	县级
国外优良苹果新品种试研	大中果树生产研究会	6.67	4000株	—	4000	—	2000	比当地品种效率高30%以上		市级
早酥梨优质栽培行创名牌试研	大中镇县外贸公司	266.67	250万千克	—	10万	—	10000	—	250万	省级
巨峰系葡萄无籽优质栽培试研	大中果树生产研究会	14.4	150株	—	—	—	500	高于原有品种的30%以上		县级
千亩银杏早期丰产试验研究	大中镇红花村	66.67	20000株	—	30000	—	30000	10年后达1500元/		县级

说明:不含原新团镇、裕华镇并入大中镇前的情况

1986—2010 年大中镇良种引进推广情况表

表 7-5-2

年份	引进品种	良种繁殖面积（公顷）/年	良种繁殖数量（千克）/公顷	制种（千克）/公顷	备注
1986—2002	宁丰小麦	4000	6000	—	小麦
1995—1998	豫麦 34	2666.67	6300	—	小麦
	宁麦 9 号、10 号	3333.33	6450	—	小麦
1999—2010	郑麦 9023	3333.33	6750	—	小麦
	西农 979	666.67	6750	—	小麦
	扬麦系列	2000	6300	—	小麦
1986—1993	早熟 3 号	2000	4800	—	大麦
1988—1993	矮早 3 号	2000	5250	—	大麦
1993—2010	苏啤 3 号	2133.33	5400	—	大麦
	盐啤 3 号	1333.33	5250	—	大麦
1986—1995	汕优系列	1666.67	7500	—	杂交水稻
	南优系列	1333.33	7500	—	杂交水稻
1996—2003	武育粳 3 号	1333.33	7800	—	粳稻
2004—2010	淮稻 5 号	1600	8250	—	粳稻
	连粳 6 号、7 号	666.67	7950	—	粳稻
	扬辐粳 8 号	333.33	7500	—	粳稻
1986—1996	泗阳 835	2666.67	900	—	棉花
	苏棉 9 号	2000	900	—	棉花
1999—2002	中棉 29、47、48	3333.33	1200	—	杂交棉
2003—2010	鲁棉 15	3333.33	1200	—	杂交棉
	科棉 4 号	666.67	1125	—	杂交棉
	苏棉 23	2000	1200	—	杂交棉
	湘杂 3 号	1000	1425	—	杂交棉
	鲁棉 23	2000	1350	—	杂交棉
	铜杂 411	666.67	1350	—	杂交棉
	瑞杂 816	666.67	1425	—	杂交棉
1986—1998	掖单 13	2000	7800	—	玉米
1998—2004	登海 9 号	1333.33	8250	—	玉米
	苏玉 10 号	2000	6750	—	玉米
2005—2010	苏玉 20	1333.33	7500	—	玉米
1986—1995	汕优 63、64	53.33	—	3000	水稻制种
1996—2003	Ⅱ优 98	26.67	—	2250	水稻制种
1998—2002	Ⅱ优培九	26.67	—	1500	水稻制种
1998—2003	特优 559	53.33	—	3900	水稻制种

说明：不含原新团镇、裕华镇并入大中镇前的情况

三、科技推广

（一）网络队伍

农业技术推广站　1951—1955年，以培养典型，以户组为主，姜玉林互助组被大丰县列为技术示范推广点。1955—1957年，以农业创新为基点，光明（今光明村）农业合作社、泰丰（今泰丰村）农业生产合作社成为大丰县示范合作社。1958年，全镇只有2名农业科技人员。1964年6月26日，成立大道农业技术推广站，服务范围为大道及新丰两个公社，配6名农科人员。1966年，大道、大兴两公社配备专职农技员1人。1968年3月，新团公社建立农科站。1974年5月，大道、大兴公社分别建立农科站。是年，全县农业技术推广站统一配备栽培点、土肥员、种子员、植保员1人。1979年，大中镇设农业办公室，负责全镇农业科技推广和服务指导工作，镇配备10名农科人员，各大队配1名农技员。1983年，建立大中镇农科站。1985年，镇有16名农科人员，其中助理农艺师11人，大专学历的达3人，中专2人。1990年，全县推广"五有"（服务有一支队伍，培训有一所学校，经营有一个实体，试验有一块基地，统一供种有库、场、室）农技站建设。1996年，新团区域有专职农业技术人员26人，裕华区域有23人，大中镇有30人。2001年，新组建大中镇农技站，工作人员24人。2005年，农口体制改革，实行人员定编、定岗，服务与经营分离。人员由改革前21名，定编为6名，性质为全民事业单位，工作人员6人。

2010年，大中镇农技站有高级农艺师3人，农艺师3人，助理农艺师2人。全镇农业科技队伍发展到120余人，农业科技示范户1500多户。

镇（社）小农场　1975年，大道公社在红花一队划地6.67公顷，建立大道小农场，进行百亩高产片试点，实施棉花、三麦、油菜、绿肥高产攻尖，试种和示范取得一定成绩，多次受省、市、县表彰，1985年撤销。1978年12月，大兴公社在阜丰七队东北角建立小农场，进行农作物高产试验，面积5公顷，1983年更名为大中镇小农场。

大队农科队　1977年，农村大队始建农科队，配备技术员，单独核算。大队农科队在1977年棉花营养钵育苗移栽和1982年棉花地膜棉覆盖栽培试验推广中做了大量工作。20世纪80年代后期，各村相继创办村级专业植保队和综合服务站。进入90年代，大中、新团、裕华所属村（场）全部办起综合服务站，基本实现科研、栽培、种子、植保、灌溉、机械六统一。

科技示范户　20世纪50年代末，各生产队逐步配全农技员，也称植保员。家庭联产承包责任制后，建立专职植保队伍。1984年，由村民小组推荐通过考试，全镇每个生产队都招聘一名植保员。至80年代中期以后，由于报酬不落实，这支队伍解体，为专业户、科技示范户所代替。1982年以后，全镇400多户农业科技户，实行"一帮一"分片包干活动，到2010年，科技示范户达1500余户。

（二）技术培训推广

1932年，南通学院农科所要培养农业技术人才，得到大丰公司经理朱警辞的支持，在大丰办一所半耕半读的农垦训练班。上半年，在南通登报招生，考生录取结束后，30多学员由南通坐船到大丰，下半年开学上课。学校性质是南通学院农科附设的，经费由大丰公司负担。报考条件为初中毕业，训练期限两年半，半天学习半天劳动。开设课程：国文、数学（代数几何三角）、土木工程学、垦植学、农田水利学、测量学、农垦簿记学、植物学、畜牧学、化学、农业气象学、病虫害学、肥料学、土壤学、造林学、植棉学、果树学、农具学，教师有李仲尧、仰禾山、张涉月、翟服农等人。

20世纪50—60年代，结合县、社、队开会，技术干部讲授农业技术和措施意见，以短期培训班为主。50年代，以劳模、互助组、农业合作社代表为主要对象。60年代，为社（乡）、队（村）干部、农技员，学习新技术（有些年份还聘请省、市专家讲课传授技术）。70年代开始，组织科技人员到大队（村）、生产队作巡回宣讲，并利用有线广播作专题技术讲座，向基层干部和广大农民传授技术。实行家庭联产承包责任制后，镇农技部门利用有线广播进行广播讲座，向广大农民传播技术、指导生产；编印棉花、玉米、二麦、水稻等主要农作物技术操作规程，发给大队（村）、生产队（组）作为科学种田参考。对新品种的特征和栽培技术要点，新农药的使用技术，病虫情报，苗情动态等均及时编写材料，印发给镇、队（村）干部和农技人员先学一步，然后向群众宣传推广。

1970年，进行土制“九二〇”菌种，今大中镇区域的农村大队先后有411人参加为期5天制作“九二〇”菌种技术培训（其中新团公社102人，五星公社122人，大道公社83人，大兴公社59人）。1973年，推广“五四〇六”农药，农村大队先后有392人参加为期一周的培训（其中新团公社111人，五星公社127人，大道公社87人，大兴公社56人，大中镇11人）。

2009年，实施科技入户工程原裕华镇培训科技示范户380户，大中镇培训科技示范户568户。

（三）技术承包、高产竞赛

20世纪60年代中后期，技术员无偿承包，自带肥料、种子和农药到农户家亲自搞试验，减产赔偿，增产归农民的模式一直维持到联产承包前。实行家庭联产承包责任制后，采取超产分成，减产赔偿的办法进行技术承包。

1981年，大道公社超产大队、红花一队2个小麦、大麦百亩（6.67公顷）高产片实现每公顷单产7500千克的指标。80年代中期开始，棉花、水稻、玉米、小麦、油菜全面开展“丰收杯”高产竞赛活动。秋播时各地制定“万、千、百”计划（丰产面积：县万亩，乡（镇）千亩，村百亩）。

2009年，裕华区域完成高效农业“双百”工程，即春玉米播种和棉花高产高效优化栽培、大蒜二茬栽培基地，蔬菜多茬立体间套种生产基地，冬瓜、西瓜间套种生产基地，示范基地总面积达1666.67公顷。

（四）高效农业示范区

丰收大地　位于大丰城区东北翼（阜丰、阜北村境）。2008年启动建设。2009年，常丰园艺等7个项目投产达效，项目总投资6.2亿元。流转土地200公顷，拆迁安置200户，筑路30多千米，新开沟渠5千米，新建涵闸、桥梁200多座，架设供电线路6.3千米，铺设自来水管道4.6千米。2010年上半年，农副产品批发市场、花卉超市、台湾工厂化无土栽培以及火龙果基地项目同时开工建设，生态餐厅建成营业。

现代农业展示区：占地1000公顷，2010年年底建成333.33公顷。形成以花卉良种繁育、蔬菜种苗、食用菌菌种研发为特色的种苗产业，以常丰园艺、芳彩园艺、花卉苗木交易市场为主体的花卉苗木产业，以佳兴种苗、日本人力种苗、高农园艺为主体的设施蔬菜种苗产业，以利新、丰源、金丰为主的食用菌产业，以海洋绿岛生态园、创意农业园、葡萄采摘园为主的生态休闲观光产业等五大产业区。

农产品加工集中区：占地266.67公顷，先期建设133.33公顷。5千米道路工程以及供电、供水、污水管网、绿化等及配套的基础设施工程于2009年全面开工建设。通过3年建设，将成为苏北农业龙头企业集聚区、临港农产品加工出口基地和沿海农产品集散地。

现代农业物流区：总投资2亿元，占地13.33公顷，主体工程于2010年年底全面竣工，先后有21个项目入园。

2010年，丰收大地被认定为省级现代农业示范区、江苏省盐土农业科技园、江苏省现代农业产业园、江苏省现代农业科技园、江苏省机械化农业示范区和四星级乡村旅游景区。

九州生态园　地处新团村大刘公路南侧，距市区7千米。2004年，九州生态园开始建设，核心示范园区200亩，其中特经果园区60亩，花卉苗木区60亩，特水精养鱼塘60亩，农家乐休闲区20亩。九州生态园春天桃红柳绿，夏天绿荷碧水，秋天桃梨满枝，冬天鱼肥蟹壮。邀上好友亲朋，相集九州，於林间漫步，荷塘垂钓，树下对奕，吃铁锅饭、喝南瓜汤、摘绿色菜、钓鲜活鱼，对酒当歌，畅叙幽情，心旷神怡，犹如世外桃源。农家乐休闲活动，深受各地游客喜爱，年平均接待中外游客8000多人次。生产的新品油桃、水蜜桃、黄金梨等生态绿色水果注册“宝莲灯”商标，申领了国家绿色食品标志，深受游客青睐。九州生态园先后获得“江苏省生态绿色果品基地”“盐城市农产品质量安全示范基地”“江苏省二星级乡村旅游景点”。

第六节 农村经济管理

大中镇历史上以土地私人占有为主,民国以前,封建租佃形式一直占主导地位。20 世纪 20 年代,佃农到地主、垣商那里领地耕种,领一土窕田(约 1.67 公顷)要交顶首费 75 元(每公顷 45 元),写礼费(办事人手续费)每公顷 4.5 元,计 7.5 元,都要一次交足。开垦耕种后,要交 4 成租花。种子、肥料、生产工作(包括耕牛)均由佃户自己负担,连续两年缴不起租,公司则收回佃田。

1941 年 1 月 28 日,中共中央《关于抗日根据地土地政策的决定》,规定减原租 25%。

1946 年 8 月,土地改革,农民分得了土地,但由于个体农业经济分散,部分农民缺乏劳力、耕牛、农具和资金,生产难以发展。

1950 年,建立互助组。互助组民主讨论生产安排,报酬按工计算,以工换工。

1953 年,建立初级农业生产合作社,初级社设社长、会计、社员代表对土地进行评产入股、统一经营,劳力统一组织,生产统一计划,作物统一布局,年终实行土劳比例分配,初级社对社员原有耕牛和大型农具或折价入社,分期归还,或私有租用付给相应的折价费。对生产费用基金则采取按股投资,以初级社为分配单位在年终分配时偿还并付给合理的利息。

1956—1957 年,相继建立高级社。以高级社为分配单位,高级社初期,由于经验不足,生产管理混乱,劳动作业“大呼隆”耕作区域不固定,劳动组织不健全,社员出勤时间不能自由支配,家庭副业受到影响。群众称这种形式为“四等三多”,即上工等升旗,出发等人齐,做活等安排,放工等时辰。

1956 年 3 月,大丰县委发出“迅速划分作业区,建立生产队”的通知,并推行“三包一奖”责任制。生产队也根据农活性质推行小段包工,实施小组作业,有些农活包给个人去完成,按件记酬,把工分定到田头,克服了喊工、等工、派工、浪工现象。

1958 年 8 月人民公社建立以后,按“一大二公”要求,实行农、林、牧、副、渔统一经营,公社、大队、生产队三级管理,公社、大队两级核算。生产资料全部归公社所有,积累、分配由公社统一核算,一切收入全部上交,种子、化肥、工资及教育事业费都由公社定额发放。

1959 年,人民公社权力下放,以大队为基础,大队设党支部书记、大队长、总帐会记、出纳等干部,负责全大队生产、经营、劳动管理,大队对生产队实行“三包一奖”(包工、包本、包产,超产奖励)。

1961 年 10 月,中央发出《关于农业基本核算单位问题的指示》,生产队有了生产、经营、分配的自主权,实现队为基础,独立核算。生产队设队长、会计、保管员等班子成员,在劳动管理上实行“小组包工,定额计酬”,推行按件记酬、责任到人、一包到底的生产责任制。公社建立农业技术推广、兽医、林业、水利、水产等站室部门负责全社农业技术推广指导工作。

1967 年,推行大寨式管理,以生产队单位,劳力分 1 ~ 4 等和教练组,劳动工分自报公议,10 天半月评一次,或两三月一议,甚至半年、一年一议。

1971 年,停止大寨式劳动管理,实行“五定”(劳力安排、生产任务、农活质量、工分报酬、完成时间)到生产作业组,责任到人。

1979 年,贯彻中共中央《农村人民公社工作条例(试行方案)》,全镇农村实行联产到组,定额管理。坚持生产资料集体所有制不变,基本核算单位不变,生产队统一分配不变。是年,公社设立农业办公室,大队设总帐会计、出纳负责村经济管理。

1981 年,农户按划定承包面积开始以户作业,实行定劳力、定田亩、定产量、定工分、定成本,超产、减产按比例奖赔(简称“五定一奖“)。是年,镇农业办公室改为经营管理站。

1982 年，实行“大包干”划分“两田”（责任田、口粮田），彻底改变了以队为基础、三级所有的核算制度。设立经济合作社，村主任任合作社社长，负责村经济管理。

1984 年，根据中央 1 号文件，确定承包田延长到 15 年以上。林业、桑园、果园、水产养殖等项目承包期可延长到 20～30 年。农户按承包面积完成两上交（指农业税、田亩管理费）。

1998 年，一轮承包陆续到期。在落实土地二轮承包的基础上，建立和完善土地流转机制，按照“坚持所有权、稳定承包权、搞活使用权”的原则，依法有偿流转土地使用权，逐步引导土地向经营能手集中，积极稳妥地发展规模经营。

2001 年，镇经营管理站改为农经中心。

1985—1996 部分年份大中镇农村经济收益分配表

表 7－8－1　　单位：万元

年度	总收入	总支出	纯收入分配					
			合计	国家税收	上交有关部门	乡村统筹提留	农民所得	人平所得（元）
1985	4086	1855	2231	116	25	98	1957	464
1986	4830	2739	2091	146	20	91	1809	541
1987	6714	3715	2999	187	24	93	2656	615
1988	9005	5681	3324	240	25	100	2919	680
1989	9931	5988	3943	360	25	121	3395	749
1990	12296	8418	3878	298	50	129	3266	250
1993	25604	17513	8091	947	164	194	6359	1447
1995	56762	41174	15588	2675	370	214	11626	2686
1996	76729	59216	17514	2825	210	267	13303	3005

1996—2010 大中镇农民人均收入及承包面积表

表 7－8－2

年份	农民人均收入（元）	承包面积（公顷）	年份	农民人均收入（元）	承包面积（公顷）
1996	3005	4044.73	2004	5200.1	6899.6
1997	3500	3933.53	2005	5790.1	6733.8
1998	3800.37	3989.33	2006	6547	6515.33
1999	3880	3928.93	2007	6547	6515.33
2000	3980	3966.67	2008	9190	5591.47
2001	4024	7046.87	2009	10551	5812.4
2002	4437.7	6751.93	2010	12662	5478.27
2003	4488.4	7073.93			

第八章　工　　业

大中镇制盐工业始于宋朝，清嘉庆年间，刘庄、草堰两场在今大中镇区域计有草荡9333.33公顷左右，年盐产量在1300吨，占大丰区域盐年产量的13%。随着海势东迁，卤水日淡，制盐工业逐步衰退。清朝后期，老斗龙港西侧盐民逐渐弃盐从农。民国初年移民兴垦后，大中镇境域的制盐业基本消失。

废灶兴垦期间，海门、启东地区的移民种植棉花。他们带来了手摇纺车、布机，当时以棉花为主要工业原料的轧花、纺织、油脂等加工业成为大中镇的主要工业。20世纪40年代初，大中镇成为苏北地区的工业重镇，1942—1948年期间，由于战乱，工业遭到破坏。

新中国成立后，大中镇机械、食品、建筑等工业逐步发展壮大。1957年，大中镇手工业企业有生产合作组织4个，从业人数389人，总产值603000元。1958年，全镇掀起"大办百厂"运动。是年，全镇工业总产值达86.83万元。在大办工厂的同时，全镇掀起"大炼钢铁"的群众运动，全镇居民敲矿石、砸缸瓦、砸破锅，盲目发展。1960年，落实"调整、巩固、充实、提高"八字方针，企业进行整顿关、停、并、转。1960年至1971年11年间，累计完成工业总产值2256.69万元，年平均产值205万元。1972年后，工业逐步恢复发展。1981年，镇办企业发展到16个，有职工1943人，产值达865.88万元，创造利润29.96万元，人平劳动生产率为4457元。1991年，全镇工业总产值达1.4787亿元（含裕华、新团、王港）。

"八五"期间，大中镇工业保持持续稳定发展，调整产品结构，形成粮油食品、丝绸纺织、机械铸造、轻工印刷、建筑建材、工艺玩具等六大支柱产业，30多个名优产品打入国际国内市场。1997年，企业产权制度改革。是年，全镇工业定报企业12个（不含裕华、新团镇），实现工业总产值64772万元，工业增加值10443万元，主营业务收入51443万元，利税4297万元，其中利润1291万元，职工总人数2007人。

进入21世纪，招商引资，创办园区，引进先进技术和产品，工业生产快速发展。

2002年，全镇工业定报企业25家（不含裕华镇），完成工业增加值2.13亿元，销售收入10.47亿元，利税5735万元，其中利润1591万元。出口总额1000万美元，实际利用外资437万美元。私营企业210户，新发展个体工商户1300户，有100万元以上项目38个，其中1000万元以上项目6个，500万元以上项目7个。2005年，全镇有工业定报企业40个（不含裕华镇），实际销售收入16.8亿元，工业增加值3.5亿元，利税8163万元，利润2712万元。出口2578万元，实际利用外资421万美元。新增私企260户，新增个私工商户1450户，百万元以上项目65个，其中千万元以上项目21个，5000万元项目4个，亿元项目1个。

2010年年底，大中镇工业已形成九大门类，589家企业。其中：机械工业168家、纺织针织家纺企业118家、工业48家、水产加工业52家、玩具业47家、医药化工业5家、印刷业19家、新形建材业45家、其他企业87家。是年，大中镇工业定报企业106家，销售收入达61.10亿元，利税3.77亿元，利润1.8亿元。与1997年比，销售增长11.86倍，利税增长8.77倍，利润增长13.94倍，年平均增长22.47%。规模以下非定报工业企业483个，占全部工业企业82%。抽样调查的433个非定报工业企业，年销售总收入9亿元，利税总额5500万元。

第一节　工业体制

一、镇属工业

1954年，大中镇手工业有18种行业160户，从业人员347人。1955年，大丰县在大中镇进行资本主义工商业的社会主义改造试点。6月下旬，对私营工业、手工业进行换证登记工作。10月，手工业的竹业、木业和缝纫业的43人首先组织起来，成立木竹、缝纫生产合作社，这是大中镇的第一个镇办企业。1956年年初，全镇工业、手工业掀起社会主义改造高潮。广大私营工商业者纷纷打报告，要求组织起来。人民政府将手工业按行业统一合并改组，成立生产合作社或合作小组。工业作坊合并办厂，私营大中轧花厂、大中油坊并入公私合营裕民厂，建立公私合营裕民轧花碾米厂。私营大中印刷厂、东来印刷店并入公营大中印刷社（原教工印刷厂），建立地方国营大中印刷厂。是年，原竹木缝纫生产合作社的缝纫业40人划出，独立核算，单独成立缝纫生产合作社。竹木业又新吸收铁业工人，成立铁木竹生产合作社（即农具社），有社员108人，其中铁业43人、木业36人、竹业17人、藤业12人；皮革、刺绣、鞋帽等成立鞋帽生产合作社，有社员39人；钟表、自行车修理、钉秤等成立手工业修理生产合作社，有社员51人。组织起来的铁木竹、缝纫、鞋帽、修理4社共有社员238人。3月，裕华乡成立铁木竹手工业生产合作社。1957年，合作社社员发展到354人，占全体手工业工人的33.5%，全年产值58.5万元，人均产值2566元。1958年3月，中央发布"大办地方工业"的意见。5—9月，大中镇先后办起五金、轴承、服装、食品、煤球、造纸、针织、皮革、造船、焦炭等10个工厂。同时居委会亦竞相办厂，仅老街居委会就办起棉花加工、纸盒、人造纤维、针织、日用化工、粮食加工等6个工厂。这些工厂的房屋、资金、材料均由企业自筹，部分由群众捐献，但规模较小，设备简陋，一般只有3~5名工人。年底，镇办各厂进行生产改组。五金厂划属县办（注：五金厂即飞轮厂前身，今森威集团），造纸厂划属新丰，其余合并为6个工厂。是年，全镇工业总产值达86.71万元。大办工厂的同时，全镇掀起"大炼钢铁"的群众运动。7月31日—8月1日，全镇干群奋战两昼夜，建成24座土高炉。8月1日夜11时第一炉炼铁"成功"，出铁25千克。8月3日，镇党委又一次召开"鼓干劲、再跃进"的动员大会，提出"工业乘火箭，农业乘卫星，卫星驾火箭，高速送上天"等跃进口号和再办300个工厂的高指标。8月27日，镇党委召开大办钢铁工业的动员会，各行各业抽调105人，组成6个专业炼铁组，1个炼焦厂。全镇动员居民敲矿石、敲缸瓦、砸破锅，保证炼铁原料供应。"大炼钢铁"的同时，大搞运转工具轴承化，将自行车修理工、铜匠、铁匠、银匠、白铁匠、钉秤、补锅等各种修配工组织起来，并动员全镇工厂、商店的职工1200多人，苦战半个月，生产轴承2775只，滚珠18.28万只，其中支持县农机厂10.31万只。由于不切实际，是年年底即告停止。是年，县拨款10万元，在裕华公社创办全县第一个由县商业局与公社、大队联办的工业企业——裕华糖厂（1960年2月并入裕华加工厂）。

1959年，大中镇镇办工厂发展到11个，其中农具制造、农药机械修配、农药生产的3个；为市场商品服务的鞋帽、针织、服装等5个；为出口服务的皮鞋、制革和鞋帽生产3个。设备有中、小型车床5台、染布机2台、铁制织布机14台、麻纺机34台，以及缝纫、织袜、毛巾、手套、织席及轧煤球等各种机械270余台，及印刷、制革设备。产品品种由1957年的450种猛增到2100多种。是年，工业总产值达171.36万元，利润4.81万元。全镇职工人数由1957年的228人增加到815人。

1955—1959 年大中镇镇办企业发展情况表

表 8－1－1

年份	项目＼厂名	合计	农具	鞋帽	服装	针织	综合	草织	纤维	修配	煤球	缝纫
1955	职工人数(人)	49	49	—	—	—	—	—	—	—	—	—
	生产品种(个)	276	276	—	—	—	—	—	—	—	—	—
	全年产值(万元)	5. 66	5. 66	—	—	—	—	—	—	—	—	—
	人均产值(万元)	0. 12	0. 12	—	—	—	—	—	—	—	—	—
	全年利润(万元)	0. 15	0. 15	—	—	—	—	—	—	—	—	—
	年末积累(万元)	0. 11	0. 11	—	—	—	—	—	—	—	—	—
1956	职工人数(人)	185	107	32	46	—	—	—	—	—	—	—
	生产品种(个)	365	282	25	58	—	—	—	—	—	—	—
	全年产值(万元)	34. 27	10. 05	9. 74	14. 48	—	—	—	—	—	—	—
	人均产值(万元)	0. 73	0. 09	0. 33	0. 31	—	—	—	—	—	—	—
	全年利润(万元)	1. 62	1. 08	0. 41	0. 13	—	—	—	—	—	—	—
	年末积累(万元)	0. 96	0. 65	0. 21	0. 10	—	—	—	—	—	—	—
1957	职工人数(人)	228	108	53	67	—	—	—	—	—	—	—
	生产品种(个)	450	311	53	86	—	—	—	—	—	—	—
	全年产值(万元)	63. 50	22. 80	19. 16	21. 54	—	—	—	—	—	—	—
	人均产值(万元)	0. 89	0. 21	0. 36	0. 32	—	—	—	—	—	—	—
	全年利润(万元)	1. 96	0. 65	1. 17	0. 14	—	—	—	—	—	—	—
	年末积累(万元)	1. 56	0. 45	0. 98	0. 12	0. 01	—	—	—	—	—	—
1958	职工人数(人)	427	102	67	109	32	45	72	—	—	—	—
	生产品种(个)	1253	498	292	285	85	72	21	—	—	—	—
	全年产值(万元)	86. 71	23. 08	26. 17	32. 41	0. 72	2. 64	1. 68	—	—	—	—
	人均产值(万元)	1. 02	0. 23	0. 39	0. 30	0. 02	0. 06	0. 02	—	—	—	—
	全年利润(万元)	2. 10	0. 64	0. 82	0. 15	0. 09	0. 35	0. 05	—	—	—	—
	年末积累(万元)	1. 52	0. 48	0. 56	0. 13	0. 02	0. 29	0. 04	—	—	—	—
1959	职工人数(人)	815	85	93	90	149	65	121	98	53	61	—
	生产品种(个)	2100	752	417	478	52	135	28	5	13	2	218
	全年产值(万元)	661. 35	513. 47	52. 70	40. 57	14. 05	13. 17	5. 41	7. 74	3. 74	10. 50	
	人均产值(万元)	3. 66	0. 16	0. 57	0. 45	0. 09	0. 20	0. 13	0. 07	0. 07	0. 17	0. 15
	全年利润(万元)	3. 21	0. 31	1. 02	0. 09	0. 26	0. 26	0. 62	0. 21	0. 21	0. 60	0. 08
	年末积累(万元)	1. 79	0. 16	0. 57	0. 45	0. 09	0. 20	0. 08	0. 07	0. 17	—	—

1960 年 2 月，大中镇掀起“大办百厂”运动。在资金、设备、厂房、人才短缺的情况下，采取“以大带小、以老带新、以土带洋、土洋结合、自力更生”的办厂方针。到 3 月初，新办工厂 52 个（不包括原办的 9 个）。综合厂突击一昼夜，制造新产品 107 种；针织厂工人每天上班 14. 5 小时，每人产布由原来的 2. 5 匹增加到 4 匹。9 月，落实“调整、巩固、充实、提高”的八字方针，进行关、停、并、转，将分散

的小工厂、作坊改组为18个综合性工厂。年底,工业体制进一步调整,镇办工业只剩鞋帽、服装、针织、农具、草织等6个企业。1961年,粮食严重短缺。为支持农业、大办粮食,全镇工厂下放职工100多人,同时精减农民工。是年年底,大中镇实际在厂、社、组的职工只有740人。1962年,镇办工业在调整中发展。全镇有工厂(鞋帽、针织、纤维、草织、日用杂品、五金)6个,手工业小组1个(染坊),职工1028人,完成工业总产值97.83万元,创利润9.28万元。1963年,镇办企业的产、供、销国家无计划安排,并停止银行贷款。为维持生机各厂开始精简职工,开展增产节约、"找米下锅"、维持生产。是年,工厂产值较1962年下降34%。

裕华公社在1960—1970年期间,先后办起裕华粮油加工厂、裕华福利厂、裕华五金厂、裕华街道服装社、裕华建筑站、裕华搬运站等6家社办企业。1970年2月,裕华公社利用天主教堂拆除的材料办起五星磷肥厂,接着又陆续办起五星农机站、五星刺绣厂、五星服装厂、五星综合厂、五星兽药厂和五星砖瓦厂等6家社办企业。是年,裕华公社社办企业完成总产值82万元,利润7.8万元。

1960—1970年期间,新团公社创办粮油加工厂、综合厂、建筑站、砖瓦厂,生产铁、木、竹等小型农机具200多种。

1966—1976年期间,大中镇新办企业6个:支农厂、染织厂、纺织厂、塑料厂、轴承厂、二建司,关停企业4个:鞋帽厂、文化厂、草织厂、印染组,而处于正常生产企业只有5个:针织厂、量刃具厂、光仪厂、粮油厂、印刷厂。11年累计完成产值2256.69万元,年平均产值205万元。

1966—1976年大中镇工业产值完成情况表

表8-1-2 单位:万元

年份	1966	1967	1968	1969	1970	1971	1972	1973	1974	1975	1976
企业数	10	8	11	5	8	12	12	8	9	10	12
产值	128.18	130.37	198.56	84.89	156.58	184.30	209	179.16	229.27	344.54	411.84

1974年(大中镇,大道、大兴、新团、裕华公社)属企业情况表

表8-1-3

企业名称	工业总产值(万元)	职工人数(人)	利润(万元)	产品
五星磷肥厂	21.5	59	3.08	磷肥
大中日用塑料厂	23.98	75	1.2	塑料制品
新团农具社	8.63	64	0.26	中小农具
五星农具社	18.63	92	1.34	中小农具
大道农具社	24.37	126	0.4	中小农具
大兴农具社	6.72	47	0.03	中小农具
大中镇量刃具厂	40.17	149	10	麻花钻、游标卡尺
大中支农厂	12.18	92	1.12	中小农具
新团农机修造厂	3.73	25	1.72	阀门
大道水泥制品厂	9.5	59	0.5	水泥制品
大兴建筑站	4.2	42	0.7	水泥制品
新团砖瓦厂	44.95	315	6.13	红砖
大道砖瓦厂	26.53	92	5.18	红砖

续表 8-1-3

企业名称	工业总产值(万元)	职工人数(人)	利润(万元)	产　品
新团粮油加工厂	9.53	28	0.56	粮油加工
新团农机站	0.71	49	0.49	粮食加工
五星粮棉油加工厂	22.4	74	1.27	粮棉油加工
大道粮棉油加工厂	26.46	26	1	粮棉油加工
大中镇粮油厂	41.71	58	1	粮油加工
大丰针织厂	31.5	226	4.2	袜子、手套
大中染织厂	44.6	181	3.4	棉布、染织
大中手工业服务站	6	34	0.11	服装
大中印刷厂	16.2	62	2.7	印刷
大中文化社	5.50	41	0.77	钟表、骨灰合
大中修配社	7.01	62	0.74	自行车
五星综合厂	28.11	198	1.01	草柳制品
大兴机电站	3.25	40	0.3	修理
大中光仪厂	14.01	98	3.2	光学镜片
大中服装厂	60.06	173	1.61	服装

1978年,大中镇有社办企业7个,年总产值147.46万元。1979年,裕华公社有15个社办企业,职工人数1242人,完成产值291.11万元,实现利润3.7万元;大道公社有社办企业9个,总产值175万元;大兴公社有社办企业6个,总产值49.13万元。

1980年后,裕华公社社办企业稳步发展,裕华副食品厂、裕华氯丁防水涂料厂、大丰县缝纫机械厂、裕华印刷厂、裕华无线电厂、大丰县彩印厂、裕华自来水厂、裕华化纤加弹厂、裕华福利厂、裕华丝棉厂、裕华工业经理部等社办企业相继建立。1982年,裕华镇工业企业发展到31个,拥有固定资产228.3万元,年产值400万元,利润16万元,职工1657人。镇办企业14个,村办企业17个,其中镇办企业有磷肥厂、粮化厂、缝纫机厂、农具厂、付食品厂、服装厂、刺绣厂、农修厂、建筑站、交管站、五金厂、综合厂、电业器材厂、手工业服务厂。是年,新团公社有制氧厂、制绒厂、运输站等镇办企业7个,总产值183.93万元;大道公社有社办企业11个,总产值273.61万元;阜丰公社有社办企业9个,总产值143.78万元。(以1980年不变价格计算)

1982年下半年起,大中镇对所属19家镇办企业进行全面整顿、调整。1984年4月,企业推广无锡县堰桥乡"一包三改"(企业内部层层实行承包制,改干部任命制为选聘制,改固定工资制为浮动工资制,改固定工制为合同工制度)。首先在第二织布厂试点,5月初,"一包三改"在全镇所属29家企业(其中镇办17个、社办12个)中全面推开。是年,大中实现工业总产值2219万元,新团公社实现工业总产值216万元,裕华220万元。

1983年,新团公社生产各种农机具15000件,加工维修插秧机、播种机、移苗器、制钵器、脱粒机等8500台次,生产砖瓦2300多万块、服装13000件、家具400件,年轧花240吨,代农加工楼板、涵管、门窗框等10多种预制构件,年产水泥船15条,水泥桁条11200根。是年,该公社12家企业及农机站、交管站、用电站全部产值228.54万元,利润1.23万元。

1986年起,工业体制改革,划小核算单位,改一级核算为二级核算(有条件的车间全部实行独立核算)。11月,大中镇在第二印刷厂召开内部责任制的经验交流会,推广二印厂内部责任制的经验。

是年,裕华乡有乡办企业21个,职工1129人,实现利润16.12万元。1987年9月,对微利或亏损企业实行租赁承包试点,大中镇织针厂、第二兽药厂作为首批租赁试点单位。是年,大中镇工业总产值2433万元、裕华乡1100万元、新团乡632万元。1990年,大中镇珍丰集团工业产值超2亿元;二粮油厂、针织厂产值超3000万元,利润超100万元;二布厂、一粮油厂、二印厂、染织厂、福利厂产值超1000万元;村办企业红花织布厂、阜北空压机配件厂、阜丰大洋铸造厂、泰丰织布厂、新民微特电机厂产值超500万元,利税超15万元。是年,大中镇先后兴办合资企业21家,合同利用外资358万美元,有18个品种销往37个国家和地区,全年实现工业总产值3738万元,裕华镇实现工业总产值168万元,新团镇实现工业总产值987万元。

90年代初,新团乡部分企业规模扩大,设备改善,产品升级。农具厂生产的多级泵,曾畅销扬州、镇江、淮阴、盐城等地30多个工厂,为大企业配套、为新疆等地生产过100台2CBA水泵,深受用户欢迎,插秧机参加盐城展销。先后荣获县、市、省各级奖励,新闻媒体广泛宣传报导。先后创办锻压件厂、编织厂、磷肥厂。1992年2月,裕华镇投资1385万元的大丰县合成纤维厂破土动工。11月一次性投料试产成功,是全县一次性投入最多的乡镇企业,其科技含量高、经济效益好成为全镇工业的支柱。(1998年2月租赁给盐城化纤集团,2002年8月破产)

1992年起,工业进行结构调整,对微亏企业实行关、停、并、转。1992—1993年期间,大中镇针织厂兼并扎染厂,内衣三厂关停,印刷二厂兼并光学仪器厂,家具厂实行分营。1993年,裕华镇大蒜特种制品投资不足10万元,投产3个月,获利润10多万元。1994年3月,大中镇第二粮油加工厂兼并第三粮油厂。6月,针织厂兼并工商联第二鞋帽服装厂。

1995年,大中工业总产值51091万元,裕华工业总产值8933万元,新团工业总产值10035万元。

1996年10月,大中镇盐城宝鑫集团公司与粮油棉加工总厂合并。是年,大中镇工业产值77916万元,销售总产值39515万元,利润959万元,人均劳动生产率124030元;新团镇销售总产值9926万元,利税173万元,利润16万元,工业增加值2390万元;裕华镇销售总产值5241万元。

1997年,镇属企业全面改制,集体所有制形式向民营经济形式转变。是年,乡镇企业固定资产净值大中镇为17192万元,新团镇为4132万元,裕华镇为1607万元,王港乡为300万元。

1958—1986年大中镇工业企业职工人数统计表

表8-1-4　　　　单位:人

企业＼年份	1958	1959	1960	1961	1962	1963	1964	1965	1966	1967	1968	1969	1970	1971	1972	1973	1974	1975	1976	1977	1978	1979	1980	1981	1983	1986
合计	274	399	403	317	271	421	352	353	334	365	404	504	533	610	712	820	975	1137	1277	1458	1618	1960	1989	2099	2404	3297
针织厂	274	274	274	171	163	144	140	153	153	149	147	171	200	107	166	196	223	235	274	266	304	326	339	364	344	850
丝织厂	—	—	—	—	—	—	—	—	—	—	—	—	—	—	—	—	—	—	30	40	58	76	78	91	131	241
染织厂	—	—	—	—	—	—	—	—	—	—	—	—	—	128	135	147	181	181	184	270	287	326	328	328	386	532
量刃具厂	—	55	63	73	41	47	31	50	50	50	54	59	70	74	93	131	149	157	157	171	177	178	170	184	192	259
综合厂	—	—	—	—	—	—	—	—	—	—	—	—	—	—	—	—	—	—	61	60	71	92	81	77	花炮厂 87	112
光仪厂	—	—	—	—	—	—	—	—	—	—	—	—	—	—	—	111	98	99	171	197	215	229	215	184	194	111
化工厂	—	70	66	73	52	72	48	51	56	51	59	145	135	136	145	60	73	95	20	27	32	31	31	—	塑料厂	65
支农厂	—	—	—	—	—	—	—	—	—	—	—	—	—	36	43	66	91	96	92	97	96	96	107	78	—	—
建筑站	—	—	—	—	—	—	—	28	—	—	—	—	—	—	—	—	46	66	69	76	107	133	133	256	二建司 432	355
粮油厂	—	—	—	—	15	18	23	—	35	55	54	59	54	62	53	48	58	54	56	59	78	94	86	88	102	102
服装厂	—	—	—	—	—	—	—	69	—	—	—	—	—	—	—	—	—	82	82	111	104	140	139	161	160	140
印刷厂	—	—	—	—	—	140	110	—	40	60	90	70	74	67	67	61	56	72	81	84	89	106	103	—	108	208
农机厂	—	—	—	—	—	—	—	—	—	—	—	—	—	—	—	—	—	—	—	—	—	40	40	—	—	—
链条厂	—	—	—	—	—	—	—	—	—	—	—	—	—	—	—	—	—	—	—	—	—	—	82	104	119	120
家具厂	—	—	—	—	—	—	—	—	—	—	—	—	—	—	—	—	—	—	—	—	—	—	—	—	131	108
红光厂	—	—	—	—	—	—	—	—	—	—	—	—	—	—	—	—	—	—	—	—	—	22	57	54	48	46
曙光厂	—	—	—	—	—	—	—	—	—	—	—	—	—	—	—	—	—	—	—	—	—	34	—	—	—	—
晨光厂	—	—	—	—	—	—	—	—	—	—	—	—	—	—	—	—	—	—	—	—	—	37	—	—	—	—
农具厂	—	—	—	—	—	—	—	—	—	—	—	—	—	—	—	—	—	—	—	—	—	—	—	48	—	—

1958—1986 年大中镇工业利润统计表

表 8－1－5 单位:万元

利润 年份 / 企业	1958	1959	1960	1961	1962	1963	1964	1965	1966	1967	1968	1969	1970	1971	1972	1973	1974	1975	1976	1977	1978	1979	1980	1981	1983	1986
合计	0.09	0.39	0.88	2.88	4.9	2.18	3.15	4.2	3.22	4.78	4.46	7.82	8.45	8.49	11.8	19.9	25	32.4	41.8	58.1	58.3	32	31.2	17.2	31.5	101
针织厂	0.09	-0.1	0.29	1.2	1.81	0.68	1.16	0.67	0.5	0.76	0.91	11.2	2.3	0.47	0.23	2.3	3.19	5.29	2.91	2.82	5.51	2.91	2.87	3.97	4.3	37.5
丝织厂	—	—	—	—	—	—	—	—	—	—	—	—	—	—	—	—	—	—	0.1	—	0.52	1.82	1.97	0.23	2	3
染织厂	—	—	—	—	—	—	—	—	—	—	—	—	—	2.52	2.65	3.2	3.02	2.6	1.97	3.42	2.58	8.08	8.16	7.67	2	25
量刃具厂	—	0.05	0.12	0.51	0.53	0.1	0.08	1.44	0.96	0.43	1	3.12	4.06	2.04	5.58	8.19	8.8	8.36	11.2	12	7.43	-0.6	0.24	0.28	0.2	0.75
综合厂	—	—	—	—	—	—	—	—	—	—	—	—	—	—	—	—	—	—	2.19	3.65	3.35	1.69	0.36	0.55	—	—
光仪厂	—	—	—	—	—	—	—	—	—	—	—	—	—	—	—	1.86	3.2	3.73	6.85	10.7	9.59	1.17	3.35	0.69	0.8	2.7
化工厂	—	0.41	0.47	1.17	2.26	0.06	0.29	0.55	0.92	2.09	0.98	1.28	1.13	2.87	2.37	1.7	1.2	3.01	0.11	2.39	4.96	0.01	—	—	—	—
支农厂	—	—	—	—	—	—	—	—	—	—	—	—	—	0.06	0.01	0.82	1.64	4.33	5.67	9.6	9.84	7.05	1.53	-0.4	—	—
建筑站	—	—	—	—	—	—	—	—	—	—	—	—	—	—	—	—	0.18	0.41	1.76	2.71	5.14	3.16	2.47	3.78	—	—
粮油厂	—	—	—	—	0.3	0.39	0.55	0.6	0.51	1.1	1.45	1.25	0.64	0.09	-0.4	0.2	1.19	0.98	2.61	2.7	1.84	1.16	2.24	2.01	5.7	5
服装厂	—	—	—	—	—	—	—	—	—	—	—	—	—	—	—	—	—	0.72	1.53	2.06	0.94	1.21	3.12	1	0.3	—
印刷厂	—	—	—	—	—	0.95	1.07	0.94	0.33	0.4	0.12	0.96	0.32	0.44	1.45	1.63	2.55	2.94	4.86	6.08	6.61	3.38	3.06	—	6.9	12.5
农机厂	—	—	—	—	—	—	—	—	—	—	—	—	—	—	—	—	—	—	—	—	—	0.52	0.28	-2.2	—	—
链条厂	—	—	—	—	—	—	—	—	—	—	—	—	—	—	—	—	—	—	—	—	—	—	0.95	-0.4	0.1	6.5
家具厂	—	—	—	—	—	—	—	—	—	—	—	—	—	—	—	—	—	—	—	—	—	—	—	—	0.3	2
红光厂	—	—	—	—	—	—	—	—	—	—	—	—	—	—	—	—	—	—	—	—	—	-0	0.59	—	1.4	3.3
曙光厂	—	—	—	—	—	—	—	—	—	—	—	—	—	—	—	—	—	—	—	—	—	0.29	—	—	—	—
晨光厂	—	—	—	—	—	—	—	—	—	—	—	—	—	—	—	—	—	—	—	—	—	0.18	—	—	—	—
花炮厂	—	—	—	—	—	—	—	—	—	—	—	—	—	—	—	—	—	—	—	—	—	—	—	—	1.5	0.1
塑料厂	—	—	—	—	—	—	—	—	—	—	—	—	—	—	—	—	—	—	—	—	—	—	—	—	—	1
二建司	—	—	—	—	—	—	—	—	—	—	—	—	—	—	—	—	—	—	—	—	—	—	—	—	6	0.2

注:不包括上升为县大集体的原镇办厂。

1962—1983 年大中镇镇办工业企业总产值统计表

表 8－1－6　　单位:万元

年份＼单位＼总产值	鞋帽厂	链条厂	服装厂	修配厂	农机厂	文化厂	针织厂	染织厂	量刃具厂	光仪厂	塑料厂	粮油厂	印刷厂	丝织厂	支农厂	二建司	草织厂	印染组	红光厂	轴承综合	沙发厂	织针厂	彩印厂	电镀厂	汽修厂	食品厂	构件厂	家具厂	花炮厂
1962	19.62	—	1.5	3.73	—	3.02	22.78	—	16.28	—	—	—	—	—	—	—	6.14	3.54	—	—	—	—	—	—	—	—	—	—	—
1963	9.94	—	7	2.45	—	2.13	13.01	—	14.08	—	—	—	5.7	—	—	—	5.8	3.92	—	—	—	—	—	—	—	—	—	—	—
1964	9.68	—	5.59	2.07	—	2.11	13.2	—	8.53	—	—	4.69	10.5	—	—	—	4.31	2.82	—	—	—	—	—	—	—	—	—	—	—
1965	18.34	—	25.36	5.58	—	2.46	23.42	—	9.6	8.67	—	9.16	9.47	—	—	—	4.85	—	—	—	—	—	—	—	—	—	—	—	—
1966	22.91	—	21.92	3.75	—	2.83	25.72	—	7.77	13.92	—	13.7	8.17	—	—	—	7.49	—	—	—	—	—	—	—	—	—	—	—	—
1967	45.81	—	23.51	4.69	—	3.58	26.11	—	6.27	14.21	—	—	6.19	—	—	—	—	—	—	—	—	—	—	—	—	—	—	—	—
1968	65.17	—	25.19	4.81	—	3.15	26.25	—	7.67	17.82	—	33.45	8.22	—	—	—	2.7	4.13	—	—	—	—	—	—	—	—	—	—	—
1969	—	—	—	—	—	—	36.42	—	13.01	21.86	—	—	10.69	—	—	—	2.91	—	—	—	—	—	—	—	—	—	—	—	—
1970	—	—	—	—	—	—	22.88	—	30.87	38.17	4.51	37.27	14.39	—	—	—	5.14	3.35	—	—	—	—	—	—	—	—	—	—	—
1971	—	—	31.13	5.78	—	3.85	13.07	36.44	11.68	27.72	—	31.27	10.84	—	2.97	—	3	6.55	—	—	—	—	—	—	—	—	—	—	—
1972	—	—	35.72	5.84	—	2.96	19.91	43.86	19.94	27.91	—	20.3	13.75	—	7.5	—	4	7.31	—	—	—	—	—	—	—	—	—	—	—
1973	—	—	—	—	—	—	24.88	36.53	30.87	14.37	16.44	30.2	14.6	—	11.27	—	—	—	—	—	—	—	—	—	—	—	—	—	—
1974	—	—	—	—	—	—	31.5	44.6	40.17	14.01	23.98	41.72	16.13	—	12.18	4.98	—	—	—	—	—	—	—	—	—	—	—	—	—
1975	—	—	27.09	—	—	—	49.56	71.06	44.69	15.59	36.79	47.93	22.5	—	24.04	5.29	—	—	—	—	—	—	—	—	—	—	—	—	—
1976	—	—	35.34	—	—	—	60.21	68.97	52.96	52.48	1.83	55.61	26.2	0.43	26.58	16.2	—	—	—	15.03	—	—	—	—	—	—	—	—	—
1977	—	—	34.6	—	—	—	89.63	76.96	65.09	37.8	27.77	53.25	35.16	5.46	38.75	16.71	—	—	—	21.05	—	—	—	—	—	—	—	—	—
1978	—	—	27.48	—	—	—	95.35	94.26	48.77	42.1	37.67	49.9	38.47	19.46	52.66	27.9	—	—	—	21.81	—	—	—	—	—	—	—	—	—
1979	—	—	51.97	—	—	—	86.18	115.14	41.55	37.87	26.24	72.6	42.53	26.06	45	41.49	—	—	2.22	22.23	—	—	—	—	—	—	—	—	—
1980	—	5.12	84.8	—	9.11	—	101.82	126.17	45.14	65.43	14.14	89.24	46.95	33.1	50.33	46.55	—	—	12.78	20.43	—	—	—	—	—	—	—	—	—
1981	—	32.42	90.25	—	5.45	—	115.14	194.21	54.27	59.83	—	90.32	38.16	33.64	26.42	89.11	—	—	16.27	20.41	—	—	—	—	—	—	—	—	—
1982	—	46.7	63.2	—	—	—	145.7	196.7	75.3	61.4	—	135.6	60.1	52.1	—	216.4	—	—	13.2	—	14.3	—	—	20.1	—	22	—	43.7	26.1
1983	—	81.03	82.96	—	—	—	331.66	561	122.32	33.7	60.1	242.67	40.81	113	—	81	—	—	30.4	—	71.9	20.2	41.6	42	31	36.8	81	58.8	46.3

1983—1996 年大中镇主要工业产品产量表

表 8－1－7

项目	单位	1983 年	1984 年	1985 年	1986 年	1987 年	1988 年	1989 年	1990 年	1991 年	1992 年	1993 年	1994 年	1995 年	1996 年
麦芽	吨	—	—	390	4991	9306	10309	10696	12128	12110	17012	26170	35685	43607	53418
啤酒	吨	—	—	—	—	—	501	3954	6320	10609	13450	22563	22594	32930	28992
饲料	吨	1780	2898	4236	4418	4800	5410	6013	5530	10526	12367	16939	10885	20180	27400
食用油	吨	56	78	83	92	107	118	130	148	120	168	144	138	1876	2738
布	万米	73	147	178	245	268	289	312	354	406.5	357	288.5	306.3	386	427.6
丝织品	万米	29	38	43	58	60	54	67	58.5	70.1	69.9	26.2	25.6	28	30.4
袜子	万双	97	138	147	183	267	286	301	299	311	364	488	356	398	500
手套	万副	88	97	102	89	118	178	136	123	264	299	127	186	251	274
玩具	万元	147	168	202	187	219	286	257	243	399	517	559	754	789	982
铸件	吨	63	54	73	80	98	78	86	116	75	206	240	342	2138	3414
塑料制品	吨	36	50	45	67	58	68	73	53	74	56	127.6	106	148	212
印刷品	万令	0.5	1.8	1.5	0.9	2	1.5	2.8	3	2.5	4	5.5	8.2	10	6.5
床上用品	万套	—	—	—	—	—	—	—	—	80	96	105	118	129	141
钢窗	平方米	1878	3686	4780	5018	5120	6200	7106	6138	13300	16800	17000	9400	8786	9897
花炮	万只	27	31	28	30	35	38	42	46	50	54	64	68	65	71

注：不含原新团镇、裕华镇并入大中镇前的情况

1983—1996 年大中镇工业产值、销售、利税、人均劳动生产率表

表 8－1－8

年份	产值（万元）	销售（万元）	利税（万元）	其中：利润（万元）	人均劳动生产率（元）
1983	2107	1573	203	116	4556
1984	2791	2179	161	54	5249
1985	3789	3075	276	125	5958
1986	4141	3737	317	190	6534
1987	6654	5330	426	218	8607
1988	6845	7354	514	264	9348
1989	7577	7359	582	315	10055
1990	13438	9614	555	298	18067
1991	16544	11423	887	333	21945
1992	19120	14756	1073	342	28645
1993	26648	22009	1233	117	40678
1994	46648	28865	1967	341	82388
1995	80600	43300	3400	871	87714
1996	77916	49273	—	959	124030

1980年大道公社社办企业基本情况表

表8－1－9　　单位:万元、人

公社办企业	年产值	年末职工人数	公社办企业	年产值	年末职工人数
砖瓦厂	39.01	247	保种厂	6.31	24
水泥制品厂	30.21	109	织布厂	8.32	147
粮油厂	28.72	27	交管站	3.62	30
服装厂	21.23	57	养殖场	2.45	17
标牌厂	14.8	54	马钢厂	31.95	91
农机厂	14.16	32	农具厂	19.33	74
钢窗厂	5.87	24	合　计	225.98	933

1976—1983年新团乡乡直厂(场)产值、利润统计表

表8－1－10　　单位:万元

年份 / 项目 / 金额 / 单位	1976		1977		1978		1979	
	产值	利润	产值	利润	产值	利润	产值	利润
加工厂	19.3	1.38	18.50	1.03	19.3	1.13	20.45	1.09
砖瓦厂	76.4	8.70	89.41	12.40	76.45	9.5	81.32	11.4
农具厂	16.30	1.25	17.60	1.03	18.90	1.25	22.40	1.77
养殖场	5.05	0.59	5.21	0.40	4.85	0.30	4.54	0.27
轴皮厂	53.6	22.3	22.0	8.0	59.0	－51.0	21.4	1.9
农机站	3.25	0.28	3.88	0.35	3.65	0.25	3.25	0.38
盐　场	—	—	—	—	—	—	0.42	－0.38
交管站	4.90	0.21	5.80	0.22	5.92	0.21	5.77	0.18
建筑站	10.03	1.10	12.0	1.31	11.0	1.20	10.0	0.93
服装厂	—	—	—	—	—	—	—	—
综合厂	2.80	0.30	3.60	0.45	4.25	0.30	3.89	－0.50
制氧厂	—	—	—	—	—	—	—	—
用电站	—	—	—	—	—	—	—	—
编织厂	—	—	—	—	1.56	0.98	1.12	0.92
磷肥厂	—	—	—	—	—	—	—	—
合　计	191.63	36.11	178.0	25.19	204.88	－35.98	178.34	18.37

年份 / 项目 / 金额 / 单位	1980		1981		1982		1983	
	产值	利润	产值	利润	产值	利润	产值	利润
加工厂	20.26	1.85	17.40	1.96	21.99	1.51	22.63	1.99
砖瓦厂	81.02	10.36	81.29	11.07	89.10	5.43	77.54	－6.64
农具厂	26.80	3.49	22.89	0.27	21.42	0.19	16.10	－0.24

续表 8-1-10

金额单位 \ 年份 项目	1980		1981		1982		1983	
	产值	利润	产值	利润	产值	利润	产值	利润
养殖场	51.14	0.26	5.57	0.58	7.60	0.82	8.36	0.80
轴皮厂	21.86	2.79	17.26	-0.4	30.70	1.94	38.06	1.67
农机站	2.30	2.79	3.48	0.22	8.06	0.82	9.10	1.35
盐 场	7.71	0.13	1.49	17.05	15.81	1.10	3.52	-2.15
交管站	13.50	1.12	11.34	1.66	9.22	1.50	8.02	0.28
建筑站	25.5	1.59	14.67	1.92	23.27	3.80	23.32	5.44
服装厂	1.19	1.45	5.79	-0.29	3.43	-0.31	2.46	-0.53
综合厂	—	0.05	1.00	-0.23	1.03	-0.06	0.91	-0.13
制氧厂	—	—	—	—	1.48	-2.13	3.82	-3.43
用电站	1.93	0.80	2.01	0.94	2.78	-1.35	3.69	2.39
编织厂	—	—	—	—	4.0	0.16	4.20	0.25
磷肥厂	—	—	—	—	4.30	1.62	6.80	0.28
合 计	207.21	26.68	184.16	35.11	244.19	17.74	228.54	1.23

1976—2000 年新团镇主要工业经济指标完成情况表

表 8-1-11　　单位:万元、人、个

年份	现价产值	规模企业现价产值	销售收入	利税	利润	销售产值	工业增加值	出口	职工人数	规模企业
1976	191.63	—	—	—	36.11	—	—	—	—	—
1977	178	—	—	—	25.19	—	—	—	—	—
1978	204.88	—	—	—	-35.98	—	—	—	—	—
1979	178.34	—	—	—	18.37	—	—	—	—	—
1980	207.21	—	—	—	26.68	—	—	—	—	—
1981	184.16	—	—	—	35.11	—	—	—	—	—
1982	244.19	—	—	—	17.74	—	—	—	—	—
1983	228.54	—	—	—	1.23	—	—	—	—	—
1984	216	—	—	—	—	—	—	—	—	—
1985	182	—	—	—	—	—	—	—	—	—
1986	443	—	—	—	—	—	—	—	—	—
1987	637	—	—	—	—	—	—	—	—	—
1988	1211	—	—	—	—	—	—	—	—	—
1989	809	—	—	—	—	—	—	—	—	—
1990	1073	—	—	—	—	—	—	—	—	—
1991	737	—	—	—	—	—	—	—	—	—
1992	1221	—	835	38	12	—	—	—	—	—

续表 8－1－11

年份	现价产值	规模企业现价产值	销售收入	利税	利润	销售产值	工业增加值	出口	职工人数	规模企业
1993	1720	—	1793	102	60	1802	—	—	—	—
1994	3354	—	2150	151	50	2996	1222	—	—	—
1995	5974	—	5370	209	161	6312	1189	—	—	—
1996	10466	—	5888	173	16	9926	2390	—	—	—
1997	—	3195	2586	171	65	3030	603	—	—	2
1998	—	4549	3625	305	87	4296	1137	430	663	3
1999	—	7037	5130	472	150	6858	1230	535	811	4
2000	—	8362	6465	606	210	7789	2215	1244	824	4

1983—2010 年裕华镇主要工业企业经济指标完成情况表

表 8－1－12　单位：万元、个

年份	现价产值	销售产值	销售收入	其中出口	工业增加值	利税	其中利润	规模企业数
1983	94	93	93	34	21	5	3	—
1984	123	120	120	44	27	7	4	—
1985	160	156	156	57	35	9	5	—
1986	207	203	203	75	46	11	7	—
1987	270	264	264	97	59	14	9	—
1988	350	344	344	126	77	19	11	—
1989	456	447	447	164	100	24	15	—
1990	592	581	581	213	130	32	19	—
1991	770	755	755	277	169	41	25	—
1992	1001	982	982	360	220	53	32	—
1993	1301	1276	1276	468	286	69	42	—
1994	1692	1659	1659	609	372	90	55	—
1995	2199	2157	2157	792	4184	117	71	—
1996	2859	2804	2804	1029	629	152	92	—
1997	3717	3645	3645	1338	817	198	120	1
1998	4832	4738	4738	1739	1063	258	156	2
1999	6281	6160	6160	2261	1381	335	203	2
2000	8166	8008	8008	2940	1796	435	264	3
2001	10615	10410	10410	3822	2334	566	343	4
2002	13800	13533	13533	4968	3035	736	445	4
2003	17940	17593	17593	6459	3945	956	579	6
2004	23322	22870	22870	8396	5129	1243	753	7
2005	30318	29731	29731	10915	6667	1616	979	8

续表 8－1－12

年份	现价产值	销售产值	销售收入	其中出口	工业增加值	利税	其中利润	规模企业数
2006	39414	38651	38651	14189	8667	2101	1272	11
2007	51238	50246	50246	18446	11268	2732	1654	14
2008	66609	65320	65320	23980	14648	3551	2150	18
2009	83840	80991	80991	26000	19283	4432	2511	18
2010. 1—7	59206	56443	56443	19200	13617	2955	1693	20

说明:2010 年统计数据截至是年 7 月。

附:1996 年年底大中镇镇属企业简介

江苏珍丰集团股份有限公司 江苏珍丰集团股份有限公司前身为大丰县麦芽厂,创办于 1985 年 12 月,1994 年组建成立珍丰集团,是走科研、生产、加工一条龙,贸工农一体化道路发展的经济联合体。1993 年,跨入国家大型二档企业行列。1995 年 10 月,被农业部确认为全国首批乡镇企业集团,列为中国最大食品工业企业之一。1996 年 2 月,被农业部批准为全国首批 100 家现代企业制度试点单位之一。1996 年 12 月,列入江苏省第二批 100 家重点企业集团现代企业制度试点单位之一。企业管理先后获省级先进企业、国家二级企业、省质量管理奖、部质量管理奖和部质量达标企业。利用生物净化啤酒污水治理工程获得国家科研成果奖。

公司位于人民南路 305 号,占地面积 15.73 公顷,有职工 1320 人,其中工程技术人员 138 人,拥有固定资产原值 10656 万元,净值 8486 万元,流动资产 16362 万元,年生产"麋鹿"牌麦芽 80000 吨、"珍丰"牌系列啤酒 60000 吨、"珍丰"牌系列食品 10000 吨。并拥有与公司大生产配套的啤酒大麦科研所、优质啤酒大麦原料基地和上规模的生猪养殖场。主产品"麋鹿"牌麦芽销往全国 19 个省市 108 家啤酒厂,"珍丰"牌啤酒畅销华东地区,市场广阔,产品供不应求,在省级、国家级行业评比中先后获省优、部优和"中国名牌"产品称号。

1996 年,公司实现工业产值 20041 万元,销售收入 18308 万元,利税 2631 万元,其中利润 1018 万元。1997 年,企业改制为大富豪啤酒集团。

盐城宝鑫集团 盐城宝鑫集团成立于 1996 年 10 月,其核心企业大丰县第二粮油加工厂创建于 1964 年 5 月。1994 年 3 月,兼并大中镇第三粮油加工厂(该厂创办于 1968 年 3 月)。1996 年 10 月,与粮油棉加工总厂合并,集团公司坐落于大丰市经济开发区(城区西 2.5 千米)。企业有职工 308 人(其中管理人员 25 名,技术人员 30 人)。主要产品有:二级菜油、二级棉籽油、色拉油、高级烹调油和育肥猪饲料、被胎、床上用品、不锈钢无缝钢管。棉清油销往河北、山东等地,床上用品、棉粕出口东南亚等地。

1989 年,企业荣获"大丰县明星企业"称号,1990 年 12 月获"盐城市质量管理奖",1995 年获"重合同,守信用"企业,盐城市 AAA 级信用企业。企业连续三年被评为大丰县、盐城市文明单位,1996 年获农业部"全面质量管理达标企业"。"巨鲸"牌育肥猪饲料先后获"江苏省优质产品"和"盐城市信得过产品"称号。

1996 年实现产值 3500 万元,销售 3700 万元,利税 107 万元,其中利润 70 万元。

盐城丰蕾集团 盐城丰蕾集团成立于 1996 年 10 月,是以盐城丰蕾集团有限公司(大丰市针织厂)为核心层的企业,以大丰市福利工艺厂、大丰市第二织布厂为紧密层企业组建的盐城市级集团,拥有员工 1138 名,其中工程技术人员 81 名。

大丰市针织厂创办于 1958 年 5 月,地处育红西路 4 号。1989 年 3 月兼并大丰县扎染厂,1994 年

6月兼并工商联营大丰县服装厂。主要产品有纯棉、棉呢、腈呢、毛呢、化纤五大系列的袜子、手套及三件套、四件套系列床上用品，产品出口美、法、意、日、德、韩、荷等36个国家和中国香港地区。“咏梅”牌锦丝袜，在1983年全省针织品实物评比中，获优良产品证书。1987年后，连续被盐城市政府评为“明星企业”“市级先进企业”“重合同守信用企业”“AAA级信用企业”“出口创汇大户”等荣誉称号。1995年，被农业部和经贸部评为“全面质量管理合格企业”和“全国出口创汇先进乡镇企业”。1996年，工业总产值3012万元，销售2005万元，利税100.4万元，其中利润20.4万元。1997年，企业改制，被王信生等买断。

大丰市福利工艺厂创办于1983年，地处大新路257号。主要产品为长毛绒玩具，全部出口美、英、德、意、日等20多个国家和香港地区。自行设计的BF4427－骆驼绒布玩具获省轻工厅第三届美术设计三等奖，1991年被评为盐城市优良产品。企业获省市“三外工作”成绩显著奖和“文明单位”称号。1996年工业总产值481.15万元，销售417.24万元，利税51.8万元，其中利润14.23万元。

大丰市第二织布厂创办于1979年9月，主要产品有T/C60×58×68”坯布、60×50×82”坯布、斜纹被单布、三件套及四件套系列床上用品，全部出口南美及东南亚等国家和地区。1984年被评为省、市、县纺织行业先进单位，1985年5月受江苏省人民政府嘉奖，同年“516－606”华达呢及被单布获盐城市优良产品，企业被评为盐城市“三级计量标准化企业”。自1988年起，连续十年被评为“重合同守信用”企业。1996年，完成工业总产值3175.98万元，销售3044.70万元，利税40.96万元，其中利润0.2万元。

同德有限公司　同德公司组建于1996年3月，公司集农工商为一体的盐城市级集团。现有固定资产2000万元，资产总额4000万元，净资产1036万元，占地面积5.87万平方米，建筑面积为3.24万平方米，其中生产厂房2.77万平方米。公司分设9个法人企业，由电镀厂、纸箱厂、食品饮料厂、床上用品厂、纺机专件厂、自行车零件厂、钢铁轧板厂、铸造厂、建筑工程公司组成。现有职工800多人，其中工程师、助理工程师11人，技术员17人，会计师、会计员12人。年生产飞轮零件8500万套、轧制各种钢材2万吨、纺机皮辊15万套、精铸及砂铸件1000吨、电镀件1000吨，出口床上用品30个集装箱。

同德公司主要产品有纺机皮辊轴承、飞轮平档毛坯、各种铸钢、铸铁件，热轧扁钢和各种规格的纸箱、汽酒、汽水、床上用品等。1996年，公司实现工业产值1.01亿，销售8048万元，利税192.3万元，其中利润59.63万元。

同德公司1996年荣获大丰县“十强村办工业”第一名。

大丰市兴达集团　大丰市兴达建筑集团创建于1996年6月，兴达集团前身为大丰县第二建筑工程公司，创建于1982年12月。该集团以城镇建设综合开发总公司、建筑装潢公司、中外合资江苏丰泽房地产开发有限公司为紧密层企业，以城郊建筑队、泰西建筑站、同德建筑工程公司、丰华建筑装修工程公司、黄海建筑公司、第二建筑工程第六工程处为松散层企业。现有固定资产576.6万元，为建筑施工三级企业，职工1040人，专业技术人员119人，占地面积50700平方米，建筑面积9700平方米，拥有塔吊等大型工程机械设备，同时装备大、中、小型建筑施工机械100余种、218台(套)。

1988—1996年，连续7年被盐城市工商局评为“重合同守信用”企业。1991年4月，被盐城市政府评为“重合同守信用”企业。1997年，企业改制，被曹树桃买断。

二、村属工业

1958年，在大办工厂的运动中，郊区农村社队曾办过一些工业，但由于客观条件限制，不久相继停办。

1969年，裕华公社海丰村、努力村创办窑厂，成为裕华最早的村办企业。到1978年，裕华公社村办工业生产项目由过去的手工业作坊、粮食加工等，逐步发展到有一定生产能力的电镀、砖瓦、食品、纺织、制鞋、麦芽、建材等工业。

1978 年,新团公社有农村生产大队、生产队办企业 15 个,产值 21.5 万元;原五星(裕华)公社有农村生产大队、生产队办企业 14 个,产值 45.28 万元;原大道公社有农村生产大队、生产队办企业 14 个,产值 43.95 万元;原大兴公社有农村生产大队、生产队办企业 9 个,产值 37.36 万元;

1980 年,原大道公社 11 个村办企业,完成产值 69.54 万元,最高的超产大队(今泰西村)完成产值 20 万元。

1980 年大道公社队办企业基本情况

表 8-1-13　　单位:万元、人

队办企业	年产值	年末职工人数	队办企业	年产值	年末职工人数
新　民	8.35	72	双　喜	6.8	33
和　瑞	0.25	6	利　民	3.8	55
刚　强	4.36	21	美　满	6.15	31
红　花	6.5	30	长　春	3.62	35
超　产	20	84	联　盟	3.1	15
合　意	6.61	40	合　计	69.54	422

1983 年阜丰公社队办企业概况表

表 8-1-14　　单位:人

企业名称	建厂时间	厂址位置	人数	产品种类	主要设备
阜南综合厂	1978.03	阜南村	63	涵管、门框、平板、窗框、锯木	电焊机
德西水泥制品厂	1978	德西村	6	水泥桁条、地平板、门框	预制工具
阜丰地毯厂	1978.03	阜丰村	54	羊毛鞋垫、门框、地板	开花机 1 台,地毯机 14 台
阜丰农修厂	1973	阜丰村	6	农机具	电焊机、车床、钻床
阜丰水泥制品厂	1983.08	阜丰村	8	涵管、水泥门窗、电线杆	水泥预制工具
阜北化工厂	1980	阜北村	17	卫生香	
阜北综合厂	1974.09	阜北村	65	水泥杆、锯木	锯木机 1 台
大新电子仪器厂	1975.11	大新村	32	电风扇调速器、收音机变压器	冲床 4 台,车床 2 台,锯床 2 台
德丰砖瓦厂	1968.08	德丰村	30	青砖、平瓦、小瓦	轧瓦机、电动机、轧砖机
德西橡胶厂	1977	德西村	30	油封、柴油滤芯	空压机 1 台
德西砖瓦厂	1965	德西村	24	青砖、青瓦、小瓦	轧砖机、轧瓦机
新德农修厂	1977	新德村	22	垫圈、垫片、输送带	冲床、电焊机
新德喷漆厂	1982	新德村	13	喷漆加工	空压机
新德综合厂	1976	新德村	56	搬运、缝纫	缝纫机

1984 年,裕华公社有村办工业 17 个,分别是:晋丰羊毛衫厂、晋丰化工厂、晋北煤球厂、晋北农修厂、福东农修厂、福丰农修厂、丰裕农修厂、万丰光仪厂、忠跃农修厂、海防农修厂、朝荣农修厂、海丰砖瓦厂、锦龙农修厂、天祥农修厂、天祥砖瓦厂、海丰农修厂、天北铝制品厂。1985 年,有村办企业 21 个,完成总产值 110.95 万元,利润 3.55 万元。

1986 年年底，大中镇有村办工业 68 个，职工 957 人，拥有固定资产总值 82.52 万元，投资基金 112.87 万元，全年完成工业总产值 464 万元，人均劳动生产率 4848 元，完成利润 25 万元。是年，大中镇户办工业有 1719 个，形成较大规模的有 20 余家。固定资产投资在 10 万元的有刚强村的陈根荣（锦程皮鞋厂）、红花村徐瑞玲（大发织布厂）、阜南村卞广风（大中回纺布厂）；40 万元以上的有泰西村孙文健（东海织布厂）、果园场邢辉（通华织布厂）；100 万元以上的有泰丰村陈树鸣（黄海织布厂）。产值在 20 万元以上的有 21 家、50 万元以上的 19 家、100 万元以上的 14 家、200 万～600 万元以上的有 6 家。

1987 年，大中镇村组办企业实现总产值 1546 万元，裕华乡 523 万元，新团乡 345 万元。1990 年，裕华镇有村办工业企业 2 个，总产值 519 万元。1996 年，大中镇有村办企业 39 家，职工 2088 人，固定资产原值 2540 万元，产值 19921 万元。1997 年，村办工业企业全部改制出售组建民营企业。全镇 29 个村办企业改制，评估出售净资产 1232.52 万元。

1983—1996 年大中镇村户工业产值利润表

表 8－1－15　　单位：万元

项目＼年份		1983	1984	1985	1986	1987	1988	1989	1990	1991	1992	1993	1994	1995	1996
村办	产值	133	201	376	268	992	1385	1885	2181	2491	3360	6340	12141	17721	19921
	利润	8	9	18	2.04	33	43	30	43	40	41	54	54	88	40
户办	产值	120	126	134	153	493	585	996	1286	1520	2702	3468	9152	25281	18410

说明：不含原新团镇、裕华镇并入大中镇前的情况

1997 年大中镇各村(场)主要工业经济指标情况表

表 8－1－16　　单位:万元

项目 单位	销售			利税			其中:利润			工业总产值			户办产值			两项资金				工业增加值		
	本年计划	本年实绩	占年计划(%)	本年计划	本年实绩	占年计划(%)	本年计划	本年实绩	占年计划(%)	本年计划	本年实绩	占年计划(%)	本年计划	本年实绩	占年计划(%)	本期占用额	占销售当量月	其中:应收款	其中:产成品	本年计划	本年实绩	占年计划(%)
合计	19200	22016.04	114.7	580	637.1	109.8	155	136.15	87.8	29900	34797	116.4	23800	33915	142.5	3455.04	1.9	819.38	2635.66	3100	2327	75.4
阜南	190	206.82	108.9	6	3.20	53.3	5	1.1	22	300	351	117	400	500	125	60	3.5	3.50	56.50	20	15.87	79.4
阜丰	1300	1300.6	100.1	60	48.67	81.1	14	5.45	38.9	2000	2002	100.1	900	1280	142.2	885.37	8.2	52.63	832.74	290	194.17	67
阜北	1200	1264.71	105.4	45	28.96	64.4	23	5.39	23.4	2050	2201	107.4	900	1145	127.2	189.26	1.8	37.54	151.72	180	187.16	104
大新	770	556.15	72.2	25	19.21	76.8	5	6.11	122.2	1200	1202	100.2	750	1000	133.3	136.81	3	136.81	—	124	73.56	59.3
德丰	450	147.56	32.8	19	-6.98	—	5	-10.82	—	700	608	86.9	1600	2056	128.5	38.5	3.1	31.12	7.38	50	18.23	36.5
德西	130	130.50	100.4	—	19.14	—	—	0.15	—	200	256	128	640	710	110.9	6.42	0.59	4.53	1.89	10	47.03	470.3
新德	190	157.04	82.7	—	14.45	—	—	2.24	—	300	302	100.7	900	1090	121.1	0.6	0.05	—	0.6	5	25.63	512.6
红花	1155	1050.95	91	35	20.79	59.4	2	4.02	—	1900	1520	80	1100	2518	228.9	171.65	1.96	73.32	98.33	170	230.12	135.4
新民	1285	4735.75	368.5	60	77.68	129.5	8	26.35	329.4	2000	8143	407.15	1150	1411	122.7	1258.05	3.2	47.38	1210.67	210	384.29	183
和瑞	45	41.22	91.6	—	2.89	—	—	1.24	—	70	85	121.4	500	573	114.6	16	4.65	—	16	5	15.44	308.8
刚强	95	—	—	—	—	—	—	—	—	150	6	4	400	465	116.3	—	—	—	—	10	—	—
泰西	885	1239.96	140.1	18	51.52	286.2	6	6.8	113.3	1500	1754	117	900	1210	134.4	74	0.72	61.8	12.2	146	121.14	83
泰丰	350	550.53	157.29	10	23.52	235.2	2	-1.21	—	550	642	116.7	2600	3552	136.6	13.95	0.3	8.39	5.56	30	55.7	185.7
双喜	75	86.89	115.86	—	1.63	—	1	1.63	163	120	145	120.8	600	710	118.3	22.49	3.1	9.43	13.06	8	9.22	115.3
利民	160	180.2	112.6	10	8.04	80.4	5	—	—	300	310	103.3	600	700	116.7	36.24	2.41	2.07	34.17	26	28.01	107.7
恒北	45	15.09	33.53	2	2.93	146.5	—	1.39	—	70	83	118.6	500	581	116.2	0.87	0.7	0.87	—	7	7.48	106.9
恒丰	480	314.64	65.6	20	21	105	11	4.36	39.6	750	750	100	600	698	116.3	89.88	3.42	1.77	88.11	77	86.3	112.1
恒南	45	23.25	51.67	—	1	—	—	0.03	—	70	82	117.1	550	642	116.7	5.75	1.5	0.13	5.62	5	2	40
城郊	610	722.15	118.44	35	55.24	157.83	8	7.13	89.13	700	818	116.9	910	1062	116.7	18.15	0.3	5.72	12.43	110	239.94	218.1
果园	65	—	—	—	—	—	—	—	—	100	—	—	910	1061	116.6	—	—	—	—	10	—	—
同德	9630	9261.29	96.17	233	243.03	104.3	60	73.64	122.73	14800	13453	90.9	1500	3053	203.5	412.76	0.53	324.08	93.08	1600	572	35.8
街道	45	31.04	68.98	2	1.18	59	—	1.15	—	70	84	120	5500	7898	143.6	18.29	3.5	18.29	—	7	13.7	195.7

三、私营工业

20 世纪 30 年代初，境域有轧花、油料加工、日用杂品、食品加工等行业，多为手工作坊和工场，规模较小。大部分是以家代店，自产自销。规模大一点的，雇工两三个人或带徒两三人，经营方式也大半是前店、后坊，工商并举，如茶食、酱园、香烛、鞭炮、铁、锡、木、竹器等。

1931 年，王金敖在大中镇开设源丰糟坊。1938 年，中国棉业公司在大中镇设立东台办事处（地址在大丰人民印刷厂附近，当时人习惯称中棉公司），经营棉花收购和加工业务。是年，建棉花加工厂，内设轧花、打包两个车间以及仓库、行政、生活用房。从籽棉加工到皮棉打包、装运均采用半机械化操作。1939 年，杨永信在今大华路中段开设糟坊。是年，韩炳坤在原工厂巷南侧开设糟坊。1941 年，鲁春佑在原东马路吴锦扬油坊东侧开设糟坊，王殿元等 3 人合伙在东马路开设糟坊。20 世纪 40 年代初，上海崇明纱厂来大中镇开设万太花行（地址设在今中医院门诊部），并附设万太轧花厂（今育红路北与人民路东交汇处），设备较中棉公司先进，置有“洋猫牌”24 马力柴油发动机 1 台、机动皮辊轧花机 32 台，收花季节轧花工近 70 人。1941 年后，由于日、伪军队盘踞大中镇，中棉公司及轧花工场陆续倒闭。1943 年，冯守义在原老街处开设糟坊。1945 年，孙如春在东马路原孙银喜住宅址开设糟坊等（糟坊产量一般每月 15 作，每作 100 千克，月计 1500 千克）。

1948 年，人民政府贯彻中国共产党的保护民族工商业政策，鼓励市民开坊设店，恢复生产。同时发放贷款，帮助工业、手工业者恢复营生。是年，台北县人民政府发放垦区油坊贷款 8000 万元（旧人民币折合新人民币 8000 元），恢复大中镇油料加工、棉花加工及纺织业生产。

1949 年初，大中镇私营工业、手工业作坊、工场有 83 户相继恢复生产。其中油坊 11 户、槽坊 4 户、染坊 2 户、糖坊 2 户、烛坊 1 户、香坊 1 户、棉花加工纺织 30 户、自行车修理 7 户、竹厂 4 户、磨坊 4 户、酱坊 3 户、卷烟 1 户、银匠店 5 户、木器业 1 户、茶食加工坊 6 户、印刷业 1 户。

解放后，私营工业恢复，大中镇区域相继开办私营工厂。

1941—1950 年大中镇区域私营油坊概况表

表 8－1－17

店　号	原　　址	经纪人	开业年份（年）	主要设备（油箱、只）
庆　记	河南东马路顾惠山家对门，今黄海路东段	陈庆才	1941	3
振　太	大丰浴室东侧	谷振之	1941	24
祝根记	大丰旅社址，今金宇广场	祝长根	1950	3
同兴和	文化馆南侧	张建康	1950	4
同　昌	河北东马路吴鹤荣家，今大华路中段	吴锦扬	1942	4
洪　联	二厂对，门今永泰广场内	胡伯红、常春富	1947	4
同　丰	建筑公司对面，今黄海路	沈伯英	1941	6
正　记	原南马路，今人民南路	杨正祥	1941	4
	原南马路沈文才家，今人民南路	石凤仪	1941	3
	红花桥址	单得标	1950	10
同　兴	河北东马路，今大华路	单志明	1950	2
	原南马路，今人民南路	单金保	1950	2
	人民酒家后侧，今鸿基商业街西侧	施耀乾	1946	6
	河北东马路，今大华路	王维世	1944	3

说明：出油为箱，每箱 3 作，1 作出油为：棉籽油 12.5 千克，菜籽油为 30 千克，黄豆油 12 千克。每 50 千克棉籽出 7 千克油，每 50 千克黄豆出 5.5 千克油

1947—1952 年期间,大中镇主要个体私营企业有:

友文油米厂 在大中税务所旧址处。这是解放前在大中镇开设的第一家私营工厂。创办于1947 年 6 月,由华中新华书店总店投资皮棉 2 吨,施非同等人集资皮棉 1 吨合资创办。1949 年,转办油米加工,改为私营。主要设备有 16 马力大头车 1 台、碾米机 1 台、沙砻 1 副、木榨油箱 9 只、厂房 20 余间,工人 40 名左右。1951 年,因股东不和,后由袁友帮单独经营,同时改厂名为一新油米厂。

裕民轧花碾米电气厂 1949 年 6 月开张。上海商人倪不畏募集股东,集资 6 万元(时为籽花 150 吨),创办私营裕民轧花碾米电气厂,是大中镇第一家使用电力机械设备的工厂。厂址设于原三和花行内(今大丰电影管理站一带),有厂房 27 间,下设动力(发电)、碾米、轧花、榨油 4 个车间。历经 3 次集资,资本增加到 10.85 万元,主要设备有 40 马力柴油机 1 台、120 马力柴油机 1 台、12 千瓦发电机 1 台、24 英寸轧辊机 1 台、28 英寸皮辊机 36 台、机动碾米机 1 台、沙砻 1 副、木榨油箱 12 只。年生产棉籽加工 2.5 万吨左右,加工大米 100 万千克、食油 40 万千克,常年雇佣工人 50 多人,收花旺季还雇佣临工 150 人左右。

大中轧花碾米厂 1949 年 11 月创办,为上海商人蔡锦涛在原万太棉花加工厂内办碾米厂,后改棉花加工。厂的规模和设备较裕民厂为次,有厂房 10 多间。主要机械设备有 80 马力柴油发动机 1 台、30 马力柴油机 1 台、26 英寸电动皮辊机 24 台,人员 20 名左右。

东来印刷社 1951 年 6 月成立,盐城商人陈文景来大中镇开设。采用活字排版印刷,主要设备有脚踏圆盘印刷机 1 台、石印机 1 台、铅活字 100 千克。

大中印刷厂 1952 年投产,上海商人叶广宗、庄斯恪、魏秉钧等人集股投资 3000 元,在大中镇新街开办。全厂有职工 20 余名,主要印刷设备有四开平台印刷机 1 台、圆盘机 3 台、方箱机 1 台、切纸机 1 台、铅活字全套。

四、民营工业

1997 年企业改制(是国家调整工业统计口径的第一年)后,大中镇民营经济迅速发展。规模以上定报工业企业逐年增加。是年,大中镇民营定报企业 12 个,实现工业总产值 64772 万元,工业增加值 10443 万元,主营业务收入 51445 万元,利税 4297 万元,其中利润 1291 万元,职工人数 2007 人。1998 年,民营工业定报企业发展到 15 个,销售收入 54939 万元,职工人数增加至 4966 人。2000 年,大中镇民营定报企业实现工业总产值 98103 万元,销售收入 80054 万元,利税 3550 万元,其中利润 816 万元,工业增加值 8731 万元。全镇私营企业 341 家,个体工商户 3120 户,其中私营个体企业规模超 100 万元的 30 家,超 500 万元的 8 家,超 1000 万元的 10 家。新团镇民营工业工业产值 8360 万元,销售收入 6465 万元、税 606 万元、利润 210 万元、销售产值 7789 万元、工业增加值 2215 万元、出口 1244 万元。规模企业 4 个、职工总人数达 824 人。

2001 年,大中镇规模以上工业企业 21 个,从业人员 4714 人,销售收入 10.14 亿元,利税 4869 万元,其中利润 1232 万元。技改投入 5716 万元,实施 1000 万元项目 1 个,500 万元以上项目 5 个,100 万元以上项目 5 个。新发展私营企业 170 家,个体工商户 1460 户。私营个体经营总量达 9.1 亿元,创税利 1983 万元,实际利用外资 290 万美元。2002 年,出口总额 24906 万元,实际利用外资 437 万美元。私营企业 774 户。技改投入 1.04 亿元,实现 100 万元以上项目 38 个,其中 1000 万元以上项目 6 个,500 万元以上项目 7 个。2003 年,工业定报企业 30 个,完成工业增加值 2.05 亿元,利税 4509 万元。出口 19313 万元,实际利用外资 208 万美元。新发展私营企业 213 个,个体工商户 1250 户,实施 100 万元以上项目 62 个,其中千万元项目 26 个,亿元项目 2 个。2005 年,工业定报企业 40 个,实际销售收入 16.83 亿元,工业增加值 3.5 亿元,利税 8163 万元,其中利润 2712 万元。出口 33183 万元,实际利用外资 421 万美元。私企 1281 户,个私工商户 9828 户,其中新增私企 260 个,个体工商户 1450 户。完成技改投入 5 亿元,实施百万元以上项目 65 个,总投资 11.8 亿元。其中千万元以上项目

21个,5000万元项目4个,亿元项目1个。2006年,新投资4000万元葆康园蜂胶和3000万元丰山钢构等23个千万元项目。竣工千万元以上项目22个。2007年,新开工千万元以上项目26个,其中5000万元项目4个,亿元项目2个,工业集中区已形成60公顷核心区,进园企业80多个,新建标准房38幢,近6万平方米。2008年,开工投资1.2亿元万达杰富石油机械、投资1.2亿元10万吨钰丰麦芽、投资1.5亿元志得捷盛管业。总投资30亿元的联鑫钢铁项目通过环评论证。2009年,工业投入12.1亿元,开工千万元项目35个,竣工千万元项目25个。钰丰麦芽建成投产,万达杰富开始运营,志得管业和捷盛管业完工。开工标准房94幢14万平米,通过盐城AA级园区验收。

2010年,工业定报企业106家,比1997年的12家净增加94家,销售收入达到61.10亿元,利税3.77亿元,其中利润1.8亿元,销售比1997年增长11.86倍,年平均增长21.06%,利税比1997年增长8.77倍,年平均增长18.18%,利润比1997年增长13.94倍,年平均增长22.47%。是年,规模以下非定报工业企业483个,占全部工业企业82%,基本上都是中小企业。2010年,抽样统计中小企业433个,销售收入9亿元,利税总额5500万元,实缴税金1900万元,利润3600万元,现价产值9亿元,工业增加值19800万元。定报企业中机械、纺织、服装三足鼎立,占全部定报企业的74.5%,其次是玩具、食品占15%,其他还有建材、印刷、包装、饲料、医药化工等占10.5%。2010年,定报企业中有14个亿元以上工业企业,占全部定报企业13%,其中机械行业4个(多为集团、民力阀门、班德瑞管业、寿力机械),纺织行业3个(海聆梦家纺、恒卫针织、百花纺织),服装行业1个(虹宇时装),医药化工行业1个(迈克医药),食品行业2个(大富豪啤酒、宝鑫集团),饲料行业1个(通威饲料),其他行业2个(乐丰纸业、同德公司)。亿元企业数量比重虽然不大,但经济总量可观。截至2010年12月,亿元企业实现销售收入37.38亿元,占定报企业的61.18%,实现利税2.49亿元,占定报企业66.04%。2010年,定报企业中有5家企业当年亏损,合计亏损额393万元。亏损企业是:钰丰麦芽、鑫昱空压机、春晨织布、金悦纺织、彩虹工艺品。2010年7月,裕华镇全镇共有企业76个,其中新办企业59个,原有改制企业17个。在76个企业中,有纺织企业18个,食品加工企业25个,机械制造企业14个,建筑运输企业6个,医药化工企业5个,其他企业8个。是年,裕华镇工业企业完成产值59206万元,销售收入56443万元,其中出口19200万元,实现利税2955万元,利润1693万元,定报企业20个。

2010年年底,大中镇定报工业企业实现销售收入61.1亿元,年均递增29.4%,规模以上固定资产投资33.1亿元,实际利用外资2507万美元,自营出口突破1亿美元。招引项目24个,其中5亿元以上的项目8个,总投资逾100亿元,万达杰富、志得管业、燃气设备、汇嘉构件、上川钢市、绿岛生态园等一批亿元项目建成投产营业。联鑫钢铁一期投资15亿元、晨啸家纺投资1.1亿元、神力齿轮投资1.1亿元、海聚汽配城一期投资6亿元等亿元项目主体工程竣工。洽谈引进了投资10亿元的鼎诚纺织、投资8亿元的绮丰纺织、投资5亿元的20万吨大富豪啤酒扩能、投资3亿元的多为鑫湖涡轮增压器、投资18亿元的国际汽车贸易中心、投资4亿元的苏农农资农机市场以及华光镍业、富能电器、家好家居、恒阳家纺、世一童年、金鹿水产品、富民农副产品批发市场等一大批亿元项目正在组织建设和推进中。

2009年大中镇部分千万元以上工业企业基本概况表

表8-1-18　　单位:万元

序号	企业名称(有限公司)	法定代表人	厂　址	主要产品	注册类型	控股情况	开业时间	从业人数	营业收入
1	德丰纺织	施建宏	德丰村	棉纱	私独	私控	2006.6	46	1365
2	江苏金苹果纺织	贺良庆	开发区祥丰路	纺纱	私营	私控	2002.6	180	4854
3	宏图纺织品	刘洪喜	工业园区	涤棉纱、布、床上用品	私营	私控	1996.11	180	7040

续表 8-1-18

序号	企业名称（有限公司）	法定代表人	厂　址	主要产品	注册类型	控股情况	开业时间	从业人数	营业收入
4	色织	束长贵	幸福东大街 31 号	色织布	私营	私控	1998.1	88	2273
5	鑫宇家纺	沈建华	新街	坯布	私营	私控	2005.12	120	1818
6	海聆梦家纺	倪　晨	工业园汇丰路 2 号	床上用品、坯布	合资	外控	2004.12	298	44357
7	广庆纺织	杨　权	开发区科技园 31 号	棉纱、线	私营	私控	2002.12	80	1337
8	鸿达织造	赵　春	南翔路 19 号	棉纱	私营	私控	2002.8	65	1500
9	新兴色织厂	陈宣国	疏港路南侧	色织布	其他	私控	2001.8	50	1053
10	海悦纺织	杨晓东	南翔路	棉纱	合资	私控	2004.11	258	5625
11	永信服饰	范春勇	人民北路 371 号	针织服装	私营	私控	2003.1	146	1739
12	辉绅服饰	花　辉	人民北路 332 号	针织服装	私营	私控	2003.3	100	2526
13	盐城南吉服饰	李　刚	人民北路 336 号	针织服装	外企	外控	2001.11	143	2766
14	大丰恒丰家纺	谢俊海	恒丰村	床上用品	私营	私控	2008.9	50	1502
15	盐城新艳鑫服装	周　忠	人民北路 33 号	外贸服装	合资	外控	2007.4	70	2050
16	舒润床上用品	彭秀琴	泰西村	床上用品	私营	其他	2009.2	253	8349
17	江苏虹宇服饰	周庆华	大华路 19 号	梭织服装	合资	私控	1994.1	500	11704
18	锐奇曼制衣	冷俊森	工业园兴业路	针织服装	私营	私控	2005.4	150	2621
19	嘉华服饰	夏国亮	工业园兴业路 7 号	针织服装	私营	私控	2004.8	96	3020
20	建洋织造厂	杨建华	人民南路 210 号	床上用品	私独	私控	2007.12	85	2146
21	金悦纺织工艺	鲁丽华	南翔路 99 号	印染床上用品	合资	外控	2002.3	120	9003
22	晓宇工艺品厂	刘　刚	南翔路东首	布绒玩具	私独	私控	2001.4	118	2915
23	恒卫针织品	秦永根	开发区昌平路 16 号	床上用品	私独	私控	2005.4	476	16005
24	同德	宋远绅	飞达西路 5 号	手套棉机、玩具	其他	私控	1998.5	295	33610
25	众鑫服饰	杨　彬	南翔路	针织服装	私营	私控	2004.1	245	6670
26	盐城彩虹工艺品	顾　峰	西康路 8 号	绒玩具、鞋帽	合资	私营	1997.2	74	3164
27	盐城贝贝工艺品	徐中高	经济开发区	毛绒玩具	合资	其他	2001.5	164	10500
28	盐城丰亚玩具	陈亚洲	南翔西路 5 号	玩具、床上用品	合资	私控	2000.5	8	2700
29	恒丰海绵制品厂	顾紫敬	经济开发区	海绵制品	私独	其他	2003.4	50	2691
30	盐城丰升工艺品	孙素国	人民北路 371 号	毛绒玩具	合资	其他	2003.7	310	3291
31	恩贝尔工艺品	宗小峰	工业园区汇丰 11 号	靠垫、玩具	合资	其他	2004.5	165	2928
32	中德精锻件	周国平	南翔路东首	汽配机械锻件	私营	私控	2003.11	92	3551
33	达标安全设备	陈专红	市经济开发区	互锁门金库门、保险柜	私营	私控	2002.7	95	3820
34	莱克米大丰机械	马　克	经济开发区西康路	空压机	外企	外控	2000.3	85	3405
35	江苏省寿力	周保存	南翔西路 19 号	空压机、马铁件	私营	其他	1982.7	160	10250
36	江苏多为铸造	高　军	新团街 10 号	铸件	私营	私控	1995.3	210	3915
37	中田海太泵业	高　军	新团	汽车配件	合资	私控	2004.12	81	2615
38	盐城德润热处理	韩　琴	南翔路	热处理设备	私营	私控	2004.4	56	1389

续表 8-1-18

序号	企业名称（有限公司）	法定代表人	厂　址	主要产品	注册类型	控股情况	开业时间	从业人数	营业收入
39	班德瑞不锈钢	项　翔	经济开发区	不锈钢焊管	私营	私控	2003.6	75	21600
40	中田机械制造	高　军	新团	磨床钻铣床	私营	私控	2002.12	60	2080
41	江苏力兮机械	严德文	人民北路 340 号	空压机电器配件	私营	私控	2002.10	80	5126
42	长江机械制造	柏林培	新团	轧花机械	私营	私营	1997.5	70	3240
43	飞达微特电机	许中伟	开发区黄海 188 号	电机	私营	私控	1993.2	82	1500
44	振东空压机	周正东	人民北路 413 号	空压机	私营	私控	1984.6	76	1803
45	盐城多为集团	高　军	新团街 10 号	汽车水泵、进排气管	私营	私控	1996.1	279	9859
46	钰丰麦芽制造	尹顺新	南翔西路 200 号	麦芽	私营	私控	2008.7	45	1019
47	盐城大富豪啤酒	易　昕	南翔路 18 号	啤酒	其他	其他	2004.11	188	25414
48	盐城甬升食品	丁巧龙	南翔东路 8 号	水产、脱水蔬菜	私营	私控	2006.10	159	11542
49	江苏宝鑫集团	倪桂英	经济开发区	油、棉纱、棉机、轧花	私营	私控	2003.7	298	40440
50	乐丰纸业	陈永平	人民南路 305 号	纸板、纸箱	合资	外控	2007.4	125	11018
51	通威股份	孙庆高	经济开发区	配合饲料	股份	私控	2005.3	52	35533

说明：不含原新团镇、裕华镇并入大中镇前的情况

1997—2010 年大中镇规模以上工业企业主要经济指标完成情况表

表 8-1-19

年份	规模以上工业企业数（个）	主要经济指标（万元）							年平均人数（个）
		工业总产值	工业销售产值	其中出口交货值	工业增加值	主营业务收入	利税总额	其中利润	
1997	12	64772	59392	—	10443	51445	4297	1291	2007
1998	15	75327	68265	17490	10263	54939	3088	556	4966
1999	15	75052	71030	13562	5906	59137	3510	526	4102
2000	16	98103	93321	14891	8731	80054	3550	816	3578
2001	21	117195	115789	22278	16350	101371	4869	1232	4714
2002	25	116608	115726	24906	21265	104714	5735	1591	4773
2003	30	105135	102603	19313	20475	10076	4509	1212	4999
2004	38	142253	141417	28166	26376	135722	6007	1739	7434
2005	40	168007	166784	33183	34841	168313	8163	2712	7698
2006	47	205991	204137	32037	46100	205281	11744	4268	7566
2007	56	279093	275972	53099	60708	273418	15725	6210	7910
2008	66	368156	363414	55051	80209	358675	20931	8569	8264
2009	79	421533	418047	52345	91643	421954	21650	10051	9512
2010	106	617500	504901	48910	111850	611037	37731	17989	10843

说明：2001 年 4 月新团并入，2010 年 8 月裕华 20 个定报企业并入，2010 年 6 月市属工业 4 个定报企业划入。2010 年度销售产值、出口交货值、工业增加值指标中不含裕华和市属划进。所有并入企业数据均含当年，不含往年

2010年裕华镇工业定报企业及市属划进企业主要经济指标完成情况表

表8－1－20　　单位:万元

序号	企业名称	法定代表人	产值	销售	利税	利润
1	裕华加捻厂	顾忠新	5376	5501	366.2	134.5
2	裕华福利纸箱厂	刘建林	2757.9	2750.5	206.7	101.5
3	燃气设备有限公司	徐兴国	3500.5	3534.5	370.2	227.1
4	苏鹿织染(福利)有限公司	宋丕林	2172.2	2081.8	131.4	70.6
5	大丰盛兴水产有限公司	盛亚明	5315.5	5234.6	189	96.8
6	大丰华兰水产有限公司	陈汝华	1017.6	1014.8	39.1	19.5
7	大丰中福织造有限公司	张建生	5481.1	5477.5	336.5	208.5
8	盐城思达德民力阀门有限公司	韩剑荣	19315.8	18681.2	2372	1200
9	华洋海产食品有限公司	汪高兵	1875.8	1863	135.1	6.7
10	盐城生泰服饰有限公司	宋　伟	1320.6	1260.6	116.2	56.7
11	大丰迈克医药化工有限公司	袁必春	19627.9	19067.3	997.9	474
12	明荣化学有限公司	沈建荣	3199.8	3143.4	152.6	80.5
13	百花纺织品有限公司	卞跃美	19816.8	19047	1302.5	682.5
14	大丰惠翔生化制品有限公司	陆以群	4989	4726	157.1	76.7
15	馨鼎纺织品有限公司	黄卫新	625.8	615.8	36.2	15
16	鸿志机械有限公司	徐立功	2049.1	1986.5	127.9	48.2
17	俊达织染有限公司	俞荣飞	1326.7	1315.9	76.3	34.3
18	丰德热处理配件有限公司	朱丽华	889.6	871.1	66	32.7
19	丰盛食品馅料厂	俞　舒	1084	1079.6	49.3	23.4
20	大丰海泰服饰有限公司	宋　伟	2018.6	2016	40.7	21.1
小计			103760.3	101268.1	7268.9	3610.3
1	江苏亚丰针织有限公司	杨立言	1312.1	1307.2	44.5	25
2	友江线材制品有限公司	朱友江	889.2	885	84	45
3	沿海水泥制造有限公司	严如勇	2828.6	2830	97	46
4	江苏华宇丝绸有限公司		247	238.4	8.4	3.5
小计			5276.9	5260.6	233.9	119.5
合计			109037.2	106528.7	7502.8	3729.8

2010年大中镇区域定报及规模以下工业企业行业分类表

表8－1－21　　　　单位：个

区域	定报企业数	规模以下企业数	企业总数	企业规模	行业分类																		
					机械	纺织	服装服饰	玩具工艺品、绣品	建材	印刷	食品水产冷藏	日用橡塑制品	箱包包装纸业	针织	床上用品家纺	饲料肥料	布类印染印花后整理	竹木制品	医药化工	节能设备	生物科技	油脂剥绒	其他
大中镇	83	422	504	定报	22	24	18	7	1	2	4	—	1	—	—	1	—	—	—	—	—	—	2
				规下	133	55	28	40	38	17	23	18	11	11	8	2	4	8	—	6	—	—	20
市属划进	4	5	9	定报	—	1	—	—	2	—	—	—	—	1	—	—	—	—	—	—	—	—	—
				规下	—	1	—	—	2	—	—	—	—	1	—	—	—	—	—	—	—	—	1
裕华并入	20	56	76	定报	4	6	2	—	—	—	4	—	1	—	—	—	—	—	3	—	—	—	—
				规下	9	10	—	—	2	—	21	—	3	—	—	1	—	—	2	—	1	1	6
总计	107	483	589	定报	26	31	20	7	3	2	8	—	2	1	—	1	—	—	3	—	—	—	2
				规下	142	66	28	40	42	17	44	18	14	12	8	3	4	8	2	6	1	1	27
				合计	168	97	48	47	45	19	52	18	16	13	8	4	4	8	5	6	1	1	29

说明：定报企业指年销售收入500万元以上，列入工业统计；年销售500万元以下称规模以下，归统计部门抽样调查，均为民营企业类型

裕华镇2010年8月并入，市属企业2010年6月划进。

2010年，销售亿元企业14个，其中食品行业有大富豪啤酒、宝鑫集团，饲料行业有通威饲料，机械行业，多为集团、民力阀门、班德瑞管业、寿力机械，纺织行业有海聆梦家纺、恒卫针织、百花纺织，服装行业有虹宇时装，医药化工行业有迈克医药，其他行业有乐丰纸业、同德公司。

2010年大中镇主要工业企业经济指标表

表8－1－22　　　　单位：万元

指标名称	行次	宝鑫集团	大富豪啤酒	通威饲料	甬升食品	钰丰麦芽	多为集团	多为铸造	中田机械	中田海太	寿力公司	中德精锻件	长江机械	宏达铸造	振东空压机	飞达微特电机	丰硕机械
法定代表人		倪桂英	易　昕	孙庆高	丁巧龙	尹顺新	高　军	高　军	高　军	高　军	周保存	周国平	柏林培	李　标	周振东	许中伟	萧义道
1. 汇总企业个数(个)	1	1	1	1	1	1	1	1	1	1	1	1	1	1	1	1	1
其中亏损企业数(个)	2	—	—	—	—	1	—	—	—	—	—	—	—	—	—	—	—
2. 亏损企业净损额	3	—	—	—	—	366	—	—	—	—	—	—	—	—	—	—	—
3. 资产总额	4	21030	6334	5417	1548	3773	7372	1519	3636	2379	5270	3404	1378	872	822	952	926
4. 流动资产合计	5	12398	3532	3387	787	1027	5213	540	588	1395	4239	2064	691	808	612	140	875
其中：产成品	6	840	—	17	—	12	231	173	49	256	559	131	82	—	142	12	44
应收款项	7	2628	1082	2268	—	136	1740	81	136	462	651	1268	342	710	220	—	640
5. 负债总额	8	13619	2741	4050	1171	2715	4499	490	1584	675	3750	1311	73	709	483	835	874
其中：银行借款	9	3750	1000	—	—	1500	3249	—	1120	—	1200	100	150	100	232	190	—
6. 资本金总计	10	8262	3500	3483	360	2500	1036	688	1188	1627	500	800	266	155	300	300	171
7. 营业收入	11	53433	23424	40175	8744	2934	11396	5598	2100	3401	11965	5203	2906	1028	2000	1574	2046

续表 8 - 1 - 22

指标名称	行次	宝鑫集团	大富豪啤酒	通威饲料	甬升食品	钰丰麦芽	多为集团	多为铸造	中田机械	中田海太	寿力公司	中德精锻件	长江机械	宏达铸造	振东空压机	飞达微特电机	丰硕机械
8. 营业成本及费用总额	12	52100	21000	38594	8200	2446	11000	5500	2045	3350	11200	4700	2820	1000	1970	1550	2046
9. 利税总额	13	1822	4411	1582	717	-366	720	209	69	105	986	663	127	61	83	47	15
其中:利润总额	14	1210	473	1581	309	-366	214	90	45	49	675	502	84	28	26	18	0
10. 实交税金总额	15	0	2600	1	19	0	506	119	24	56	270	161	43	33	57	29	15
11. 劳动者报酬	16	524	524	625	288	126	578	183	156	172	329	278	125	67	197	75	99
12. 现价总产值	17	53607	23489	40044	8793	2999	11650	5632	2214	3428	12308	5226	2906	1008	2011	1577	2072
13. 增加值	18	11794	5168	8810	1934	660	2563	1239	487	754	2708	1150	639	222	442	347	456
14. 现价销售产值	19	53433	23418	40175	8743	2877	11359	5471	2100	3415	12199	5211	2892	1037	2003	1571	2046
15. 出口产品交货值	20	—	—	—	—	—	7349	—	—	1458	4811	—	—	—	—	—	7

指标名称	行次	莱克米机械	力兮机械	鑫昱空压机	班德瑞管业	达标安全设备	德润热处理	远大金属	森威外变	普瑞森机械	金色热处理	丰泰机电	色织公司	宏图纺织	鸿达织造	春晨织布	新兴色织
法定代表人		季克	严德文	顾卫锋	项翔	陈专红	韩琴	陈玉清	翟长海	徐盟	朱斌	郑锦明	束长贵	刘宏喜	赵春	何江文	陈宣国
1. 汇总企业个数(个)	1	1	1	1	1	1	1	1	1	1	1	1	1	1	1	1	1
其中亏损企业数(个)	2	—	—	1	—	—	—	—	—	—	—	—	—	—	—	1	—
2. 亏损企业净损额	3	—	—	3	—	—	—	—	—	—	—	—	—	—	—	9	—
3. 资产总额	4	2088	3285	578	3890	1854	1251	477	413	447	943	765	1359	3340	1022	342	552
4. 流动资产合计	5	1181	2031	329	2251	1064	931	466	366	403	521	670	622	2150	408	340	478
其中:产成品	6	126	425	15	0	151	0	0	56	11	208	0	170	120	77	1	30
应收款项	7	35	512	147	230	678	351	351	84	220	198	535	39	620	25	119	243
5. 负债总额	8	634	3279	401	2235	212	1113	211	433	269	813	143	958	2575	868	313	502
其中:银行借款	9	0	1500	105	1050	210	217	0	0	0	0	0	60	500	300	0	80
6. 资本金总计	10	1313	630	150	1000	439	200	50	150	50	100	500	251	505	308	40	40
7. 营业收入	11	3850	5056	848	17716	3623	2004	1085	1124	880	2085	1123	2672	7932	2040	1193	1280
8. 营业成本及费用总额	12	3740	5030	851	17270	3200	1900	1060	1100	850	2050	1060	2620	7600	2040	1203	1250
9. 利税总额	13	111	62	2	554	535	188	52	40	51	76	96	79	492	24	4	52
其中:利润总额	14	110	19	-3	420	395	92	21	11	25	21	50	39	260	0	-9	21
10. 实交税金总额	15	1	43	5	134	140	96	31	29	26	55	46	40	232	24	13	31
11. 劳动者报酬	16	246	211	39	282	225	134	120	64	78	70	82	80	510	102	40	60
12. 现价总产值	17	3866	5075	817	17790	3744	2013	1085	1107	957	2052	1128	2677	9170	2099	1199	1285
13. 增加值	18	851	1117	180	3914	824	443	239	222	211	451	248	589	2017	462	264	283
14. 现价销售产值	19	3851	5053	859	17657	3619	2007	1083	1124	880	2015	1125	2668	7983	2092	1199	1280
15. 出口产品交货值	20	2564	—	96	—	—	—	—	—	—	—	—	—	2485	—	—	—

续表 8－1－22

指标名称	行次	东盛织造	佳诚色织	九九纺织	君威纺织	海聆梦家纺	金悦纺织	鑫宇家纺	德丰福利	德丰纺织	海悦纺织	广庆纺织	全悦纺织	金苹果纺织	恒卫针织品	舒润床上用品	双喜针织
法定代表人		王卫东	孙正才	施海燕	徐威然	倪晨	鲁丽华	沈建华	施建亮	施建宏	杨晓东	孙权	沈澄	贺庆良	秦永根	彭秀琴	九春红
1. 汇总企业个数(个)	1	1	1	1	1	1	1	1	1	1	1	1	1	1	1	1	1
其中亏损企业数(个)	2	—	—	—	—	—	—	—	—	—	—	—	1	—	—	—	—
2. 亏损企业净损额	3	—	—	—	—	—	—	—	—	—	—	—	8	—	—	—	—
3. 资产总额	4	429	136	103	208	12801	4134	720	566	825	8130	1725	342	2958	4903	2829	587
4. 流动资产合计	5	318	132	51	189	8207	2500	423	371	730	5752	1083	323	1511	3590	2515	473
其中:产成品	6	0	0	0	0	211	0	21	37	93	695	122	196	352	124	652	43
应收款项	7	140	1	23	23	780	176	－224	－50	102	0	200	－54	－203	1357	236	223
5. 负债总额	8	260	116	43	132	6357	1682	469	448	825	6881	1393	310	2331	2969	2494	574
其中:银行借款	9	58	0	0	100	2827	729	100	110	120	905	49	12	600	1740	0	0
6. 资本金总计	10	50	50	50	70	4377	2380	300	223	150	800	60	60	500	800	50	83
7. 营业收入	11	313	1219	778	1337	55243	10232	2927	1329	2256	7237	2008	952	5240	17632	9992	1087
8. 营业成本及费用总额	12	310	1190	760	1300	53700	9200	2880	1290	2220	6800	1880	960	5000	16900	9770	1080
9. 利税总额	13	12	49	28	65	2449	1344	105	59	87	618	200	1	405	1104	307	17
其中:利润总额	14	4	21	10	24	1250	907	35	35	20	338	127	－8	141	675	175	4
10. 实交税金总额	15	8	38	18	41	1199	237	70	24	67	150	73	9	264	329	132	13
11. 劳动者报酬	16	9	38	66	68	2438	585	196	56	45	443	182	70	277	1247	599	121
12. 现价总产值	17	315	1294	780	1330	55434	10279	2672	1275	2233	6986	2007	1033	5255	17781	10269	1197
13. 增加值	18	69	285	172	293	12195	2261	588	281	491	1537	442	227	1156	3912	2259	263
14. 现价销售产值	19	511	1291	778	1326	55243	10237	2901	1329	2238	7254	2136	952	5243	17632	9994	1089
15. 出口产品交货值	20	—	—	—	—	5225	1427	—	—	—	—	—	—	1	504	6350	—

指标名称	行次	绿野家纺	建洋织造	恒丰家纺	永达布业	虹宇时装	众鑫服饰	南吉服饰	新艳鑫服饰	辉绅服饰	永信服饰	锐奇曼制衣	东润服饰	嘉华服饰	泓盛制衣	凯恒服装	三佳制衣
法定代表人			杨建华	谢俊海	李怀祥	周庆华	杨彬	李刚	周忠	花辉	范春勇	冷俊森	赵建北	夏国亮	蒋月华	徐斌	柏春杉
1. 汇总企业个数(个)	1	1	1	1	1	1	1	1	1	1	1	1	1	1	1	1	1
其中亏损企业数(个)	2	—	—	—	—	—	—	—	—	—	—	—	—	—	—	—	—
2. 亏损企业净损额	3	—	—	—	—	—	—	—	—	—	—	—	—	—	—	—	—
3. 资产总额	4	—	1056	332	594	3172	1970	3732	813	656	580	422	137	544	818	154	698
4. 流动资产合计	5	—	966	321	570	1426	1655	1754	331	433	376	84	97	248	791	130	561
其中:产成品	6	—	190	0	0	0	0	0	1	19	1	5	6	7	0	4	0
应收款项	7	—	381	32	0	925	0	1295	108	166	5	8	26	41	216	77	170
5. 负债总额	8	—	1003	239	530	821	1593	1435	660	583	514	197	85	489	741	100	635
其中:银行借款	9	—	40	0	40	1044	0	300	50	0	0	0	0	208	0	0	0
6. 资本金总计	10	—	50	50	40	120	300	1954	158	50	50	50	50	50	50	50	50
7. 营业收入	11	—	2203	2080	2014	11506	7162	3727	2495	2577	2013	3739	811	3979	1187	2070	1252

续表 8－1－22

指标名称	行次	绿野家纺	建洋织造	恒丰家纺	永达布业	虹宇时装	众鑫服饰	南吉服饰	新艳鑫服饰	辉绅服饰	永信服饰	锐奇曼制衣	东润服饰	嘉华服饰	泓盛制衣	凯恒服装	三佳制衣
8. 营业成本及费用总额	12	—	2190	2060	1980	11000	6900	3660	2450	2500	2000	3600	800	3870	1170	2050	1240
9. 利税总额	13	—	36	32	71	888	399	94	91	202	45	212	47	279	38	70	63
其中:利润总额	14	—	12	10	24	478	208	59	40	66	2	69	14	82	17	20	4
10. 实交税金总额	15	—	24	22	47	260	151	35	51	56	43	143	33	147	21	50	19
11. 劳动者报酬	16	—	141	56	68	1312	398	259	150	151	169	289	82	283	117	101	70
12. 现价总产值	17	—	2217	2097	2018	11554	7196	3730	2504	2594	2016	3751	816	3995	1141	2078	1257
13. 增加值	18	—	488	461	444	2542	1583	821	551	571	444	825	180	879	251	457	277
14. 现价销售产值	19	—	2207	2080	2014	11506	7167	3718	2495	2577	2009	3739	811	3979	1191	2070	1254
15. 出口产品交货值	20	—	—	—	—	427	—	—	—	—	—	24	8	—	—	—	—

指标名称	行次	同利服饰	富源丝绸	恒泰服饰	海亚制衣	润佳制衣	峰艺服饰	彩虹工艺品	丰亚玩具	贝贝玩具	丰升工艺品	恩贝尔工艺品	晓宇工艺品	尤尼特工艺品	同德公司	科星印刷	银豪建材
法定代表人		史建忠	李左富	龚斌	周庆中	季卫	周彩云	顾峰	陈亚洲	徐中高	孙素国	宗小峰	刘刚	陈国兵	宋运坤	唐永勋	沈德银
1. 汇总企业个数(个)	1	1	1	1	1	1	1	1	1	1	1	1	1	1	1	1	1
其中亏损企业数(个)	2	—	—	—	—	—	—	1	—	—	—	—	—	—	—	—	—
2. 亏损企业净损额	3	—	—	—	—	—	—	7	—	—	—	—	—	—	—	—	—
3. 资产总额	4	83	313	211	253	310	289	430	457	1618	815	1410	1067	223	4626	780	1269
4. 流动资产合计	5	51	296	156	215	127	226	420	301	1082	427	900	467	197	3267	353	451
其中:产成品	6	8	83	6	0	0	0	0	0	1	85	50	28	3	99	0	107
应收款项	7	29	194	20	21	47	73	105	126	－47	10	384	3	74	203	91	236
5. 负债总额	8	28	278	158	188	215	222	248	381	373	612	833	990	176	2518	650	858
其中:银行借款	9	0	0	0	0	5	122	0	25	0	100	0	0	0	120	60	110
6. 资本金总计	10	50	50	50	50	100	50	559	50	50	66	442	50	40	1331	200	65
7. 营业收入	11	925	925	1160	825	668	974	2460	3019	9666	4326	2910	3880	1066	52096	1014	541
8. 营业成本及费用总额	12	900	920	1130	810	660	960	2467	2930	9300	4200	2850	3860	1040	50000	1000	510
9. 利税总额	13	59	8	55	28	19	36	－7	96	403	225	213	146	69	4553	70	37
其中:利润总额	14	19	1	15	7	2	14	－7	89	325	85	48	15	29	1758	11	28
10. 实交税金总额	15	40	7	40	21	17	22	0	7	78	140	115	131	40	1095	59	9
11. 劳动者报酬	16	94	39	121	92	60	103	152	144	485	387	216	283	116	1062	75	87
12. 现价总产值	17	932	933	1166	827	670	979	2464	3022	9710	4353	2967	3894	1069	52656	1030	549
13. 增加值	18	205	205	257	182	147	215	542	665	2136	958	653	857	235	11584	227	121
14. 现价销售产值	19	925	929	1160	823	668	976	2451	3011	9666	4339	2935	3881	1066	52096	1028	541
15. 出口产品交货值	20	—	—	—	—	—	—	492	11	9666	3628	2377	—	—	—	—	—

续表 8－1－22

指标名称	行次	乐丰纸业	恒丰海绵	苏丰彩印	规模企业合计	规模以下
法定代表人		陈永平	顾紫敬	苏恒明		
1. 汇总企业个数(个)	1	1	1	1	83	422
其中亏损企业数(个)	2	—	—	—	5	—
2. 亏损企业净损额	3	—	—	—	393	—
3. 资产总额	4	6015	1758	831	169070	15000
4. 流动资产合计	5	3405	1046	831	104636	9000
其中:产成品	6	0	28	0	7215	800
应收款项	7	1698	764	355	27317	600
5. 负债总额	8	1920	797	333	103225	10000
其中:银行借款	9	200	0	0	26387	2000
6. 资本金总计	10	4350	50	150	51690	3000
7. 营业收入	11	11340	4284	1398	504512	90000
8. 营业成本及费用总额	12	11000	4050	1350	484992	86000
9. 利税总额	13	793	340	98	30327	5500
其中:利润总额	14	306	206	37	14261	3600
10. 实交税金总额	15	387	134	61	11056	1900
11. 劳动者报酬	16	255	266	111	20923	1900
12. 现价总产值	17	11391	4335	1398	508477	90000
13. 增加值	18	2506	954	308	111850	19800
14. 现价销售产值	19	11343	4251	1396	504901	90000
15. 出口产品交货值	20	—	—	—	48910	—

说明:表 8－1－22 中资料,由经贸中心、统计站(数据来自 2009 年 10 月经济普查)和裕华办事处提供

2010 年大中镇社区(村)规模以下民营企业统计表

表 8－1－23

社区(村)	企业数	社区(村)	企业数	社区(村)	企业数	社区(村)	企业数
大刘	1	大新	5	恒丰村	8	同德村	16
新村	4	飞达	1	恒北村	4	德丰村	8
育红	14	人民	28	泰西村	68	光明村	3
老街	6	建邺	13	泰丰村	31	新团村	11
新街	4	建西	2	双喜村	7	老坝村	1
东宁	4	沿河	4	利民村	5	裕华	56
大华	2	西河口	7	阜南村	16	市属划进	5
城中	2	新团	11	阜丰村	13	合计	483
康平	2	红花村	49	阜北村	28		
健东	7	恒南村	11	大新村	26		

说明:划入市开发区的社区工业企业未被列入,并入大中镇的裕华和市属划进中小企业已被列入

第二节 工业门类

一、制盐

大中镇工业历史起步于盐业。明朝时期，今大中镇西部区域已有新团、七灶团、八灶团等煎盐场。清乾隆十三年(1748)《刘庄场图》记载，刘庄场界址南至界牌头北至大团河，东至斗龙港，刘庄场共有6个团。范公堤筑成前，刘庄场主要生产基地在范公堤以西，而堤东主要是草滩，是供应煎盐所需燃料的"樵地"。随着海势的不断东迁，盐灶也逐步东移。

清朝初期是刘庄场盐业生产的鼎盛时期，有1万余灶丁、1800余座灶房，年产盐3500吨。

清嘉庆二十三年(1818)，两淮盐运司泰州分司勘查草堰场阔港以西、老斗龙港以东新淤沙荡10000公顷，分给11户盐商发展商亭。次年，又将阔港东岸10000公顷新淤沙荡分给101户灶民发展商亭。大中镇境东部地区相继建起双棚子灶、茅花墩灶、斗龙港灶、九户头等盐灶。

大中镇区域历史上到底有多少煎盐享场，年产量是多少，已无从查考。但从《草堰场图》中看，阔港两侧的20000公顷草场沙荡，大中镇约占其三分之一(6666.67公顷)，加上老斗龙港西的近2666.67公顷，总计在9333.33公顷左右。据查考，明代刘庄场为0.43公顷办盐1引，老斗龙港西的2666.67公顷土地约为6万引，按每小引为100千克，年产量应在60万千克上下。清同治六年(1867)，老斗龙港以东的盐产量每公顷为1引，计65万千克左右，加上老斗龙港以西的60万千克，可见，清朝中期，今大中镇境的年盐产量约在125万千克，约占当时大丰区域盐年产量的13%。随着海岸东移，海水来量减少，卤水日淡，制盐工业逐步衰退。清朝后期，斗龙港两侧盐民逐渐弃盐从农。民国初年，移民兴垦，今大中镇境域的的制盐业基本消失。

刘庄场、草堰场主要设备情况表

表8-2-1

刘庄场						草堰场					
年　代	煎灶(座)	亭场(面)	卤池(个)	盘铁(角)	锅撇(口)	年　代	煎灶(座)	亭场(面)	卤池(个)	盘铁(角)	锅撇(口)
南宋绍兴二十七年(1157)	22	—	—	—	—	明弘治十二年(1499)	40	120	120	65.8	—
南宋绍兴三十二年(1162)	15	—	—	—	—	明嘉靖三十年(1551)	40	360	770	65.8	160
明弘治十二年(1499)	35	600	175	104	—	清康熙十二年(1673)	40	430	310	65.8	160
明嘉靖三十年(1551)	45	582	175	88	59	清雍正六年(1728)	—	126	126	30	174
清雍正六年(1728)	1850间	494	494	144	844	清乾隆十三年(1748)	—	312	224	—	—
清乾隆十三年(1748)	—	557	557	—	—	清嘉庆十一年(1806)	—	1091	1991	—	1391
清嘉庆十一年(1806)	—	479	479	—	137	清光绪三十年(1904)	1091	1091	1091	—	—
清光绪三十年(1904)	1760间	479	479	—	—						

刘庄场、草堰场部份年度盐产量及户籍人口情况表

表 8－2－2　　单位：吨、户、人

年　代	刘庄场			草堰场		
	产量	户数	灶丁	产量	户数	灶丁
南宋绍兴二十七年(1157)	1258.65	—	—	—	—	—
南宋绍兴三十二年(1162)	1258.65	—	—	—	—	—
明弘治十二年(1499)	3553.6	815	2224	1846.8	440	1231
明嘉靖三十年(1551)	3553.6	1218	5484	1846.8	951	4232
明崇祯六年(1633)	3553.6	—	—	1846.8	—	—
清雍正六年(1728)	7055	—	11565	2797	—	1051
清乾隆十三年(1748)	7055	2363	10469	6550	3374	9311
清嘉庆七年(1802)	7055	9803	23741	6550	11477	30486
清咸丰八年(1858)	1747.2	—	—	10061.52	—	—
清同治六年(1867)	1293.6	—	—	18901.92	—	—
清光绪十七年(1891)	174.72	—	—	10061.52	—	—

1978 年，大丰县在王港闸北 2.5 千米处修建大丰盐场，下设十个乡镇分场，新团乡在大丰盐场设有分场。1981 年，新团分场年产量 1620 吨。1990 年，因无海水而停业生产，盐场关闭。

二、机械

1958 年大道公社新丰机械厂生产车间

民国 17 年（1928），孙永银第一个在大中镇开设铜匠业（始为担子），继后有周云山、蒋宝友、蒋宝宏等；郭如喜（店号郭同泰）首开铁业，继后有智增泰（店号义兴）、梅金元（店号梅丰泰）、戴金生、蒋春仁等；白铁业有徐长余等，度量衡有苗新茂等。1955 年，将个体作坊组成铁木业（农具）生产合作社，仅限于一般小型农具的制造与修理。1956 年，创办大道、裕华农具社。1958 年 8 月，创办大丰县新团联合工厂（同年，易名为新团农具社），以生产铁木农具和家具为主（该厂 1985 年，改名为大丰机械配件厂，生产农用柴油机配件，后发展成为多为集团）。是年，创办大丰拉丝五金厂（原飞轮厂）。1958 年，创办量刃具厂（始名大中镇修配社，量刃具厂是国家生产出口直柄麻花钻的定点厂家。1984 年，该厂生产的 DFΦ0.8～13mm 直柄麻花钻，被评为江苏省优质产品，1985 年，直柄麻花钻通过国家验收，领取了“出口产品许可证”。嗣后划归县属大集体）。同年，创办大道农中五金厂。1970 年，创办大兴农具厂。1971 年，创办大中镇支农厂、大兴公社农修厂。1977 年，创办大中轴承修造厂。1979 年，创办农机厂。1980 年，创办链条厂。1981 年，创办农具厂。1983 年，创办电镀厂。1986 年，创办汽修厂。

1974 年机械工业企业情况一览表

表 8－2－3

企业名称	主要产品	职工人数(人)	年总产值(万元)	利润(万元)
大中镇量具刃具厂	直柄麻花钻、游标卡尺	149	40.17	10
大中镇支农厂	铁木竹中小农具	92	12.18	1.12
新团农机修造厂	阀门	25	3.73	1.72
新团农具社	中小农具	64	8.63	0.26
五星农具社	中小农具	92	18.63	1.34
大道农具社	中小农具	126	24.37	0.4
大兴农具社	中小农具	47	6.72	0.03

大中镇 1986 年机械工业主要产品产量

表 8－2－4

产品名称	单位	数量	产品名称	单位	数量
农机具配件	万件	0.37	刃具	万件	235
车床	台	25	织针	万枚	220
钻床	台	24	马铁零件	万个	65.2
刨床	台	8	铁制农具	件	2404
铣床	台	46	空气锤	台	3
磨床	台	16	冲床	台	14
锯床	台	3	卷板机	台	1
液压机	台	1	中频无芯应溶炼炉	座	1
机械压力机	台	7	织针专用生产线	套	1
空压机	台	1	链条生产流水线	套	1
量具	件	2237			

注：不含原新团镇、裕华镇。

1992 年，大中(含裕华、新团)镇属机械、铸造企业有大丰缝纫机械厂、大丰县大中农机修造厂、大丰县马钢厂、大中钢铁轧板厂、大中煤气设备厂、新团农具社。1997 年，今大中镇区域改制后的机械行业有天力公司(前马钢厂)、飞翔铸造公司(前自行车链条厂)、多为公司(前新团农具厂)、锻压件厂、裕华机械厂(前裕华农具厂)、华盛机械厂(前裕华机械厂)、工矿机械设备厂(原王港企业)。是年，改制前的村办机械厂有阜丰村的大洋铸造厂，阜北村的空压机配件厂，红花村的大中齿轮厂，同德村的钢铁轧板厂、自行车零件厂、纺机专件厂、合金铸造厂、电镀厂等 8 个企业。改制后至“十五”期间，有 3 个企业相继破产，部分企业关停、清算。通过改制，企业迅速发展，到 2007 年，大中镇机械行业企业已近 200 家。改制后，机械工业涵盖汽车配件、空压机、棉花加工机械、阀门与管业、热处理设备、自行车零件、机床等七大门类，以空压机为多，是大中镇的特色产业。

2009 年，全镇有空压机生产企业 32 家。2010 年，大中镇在工业园中划地 133.33 公顷，作为空压机特色产业园。以纬三路为中心，西起东宁路，东至斗私河，南北宽 500 千米，东西长 650 千米，形成园中园。是年，产销各类空压机 22219 台，汽车配件 170 万件，各类水泵 161.46 万件，各种铸件 10576

吨,不锈钢管类9506吨,热处理炉30台,棉花加工机械1120台套,自行车配件4.39万件。

2010年年底,全镇民营机械企业有168家,占全部工业企业的28.5%。机械行业定报企业28家。是年,机械行业定报企业完成销售收入16.67亿元,完成利税1.2425亿元,占全部工业定报企业21.56%。

2010年大中镇机械工业定报企业主要经济指标完成情况表

表8-2-5　　单位:万元

企业名称	销售收入	利税	利润	增加值	现价总产值	企业名称	销售收入	利税	利润	增加值	现价总产值
金属制品:	24180	1291	914	5378	24398	鑫昱空压机	848	2	-3	180	817
班德瑞管业	17716	554	420	3914	17790	普瑞森机械	880	51	25	211	957
达标安全	3623	535	395	824	3744	同德公司	52096	4553	1758	11584	52655
远大金属	1085	52	21	239	1085	专用设备:	30333	3229	1674	7145	30915
友江线材	885	84	45	196	889	长江棉机	2906	127	84	639	2906
丰德热处理	871	66	33	205	890	德润热处理	2004	188	92	443	2013
通用设备:	85430	6168	2749	19076	86609	金色热处理	2085	76	21	451	2052
鸿志机械	1987	128	48	471	2049	丰泰机电	1123	96	50	248	1128
中田机械	2100	69	45	487	2214	民力机械	18681	2372	1200	4443	19316
寿力公司	11965	986	675	2708	12308	燃气设备	3534	370	227	921	3500
宏达公司	1028	61	28	222	1008	交通运输:	26722	1737	866	5928	27043
振东公司	2000	83	26	442	2011	多为集团	11396	720	214	2563	11650
飞达公司	1574	47	18	347	1577	多为铸造	5598	209	90	1239	5632
丰硕机械	2046	15	0	456	2072	中田海太	3401	105	49	754	3428
莱克米机械	3850	111	110	851	3866	中德精锻	5203	663	502	1150	5226
力兮机械	5056	62	19	1117	5075	森威外变	1124	40	11	222	1107

三、轧花纺织

(一)轧花

大中镇轧花工业起源于20世纪30年代初,花行均设有轧花工场。此外,还有专门加工皮棉的常驻轧户,每当收花旺季,东台、溱潼、兴化一带轧工相约而至。1940年,大中镇计有棉花轧车1500部,轧工3000余人。最大的轧花工场朱公记花行,常年雇有轧工70余人,轧车40多部;次之有大生公花行,轧车30部左右。

1938年,中国棉业公司在大中镇设立东台办事处(人民路东与幸福大街南交汇处原人民印刷厂一带,本地人惯称中棉公司),经营棉花收购和加工业务。并建有棉花加工厂,内设轧花、打包2个车间以及仓库、行政、生活用房,从籽棉加工到皮棉打包、装运均采用半机械化操作。

1940年,上海崇明纱厂在大中镇开设万太花行(人民路东与黄海路南交会中医院门诊部址),并附设万太轧花厂(今大中镇医院第二门诊部址),设备较中棉公司先进,置有"洋猫"牌24马力柴油发动机1台、机动皮辊轧花机32部,收花季节,轧工近70人。

1945年后,中棉公司等轧花工场都陆续倒闭破产。

新中国成立前大中镇较大轧花工场概况表

表 8－2－6

店　号	原　址	经纪人	开业年份	轧车拥有量(台)
张永昌	原大新路百货公司址,今电影院东	张学诚	1927	30
陆鹤记	原剧场后,今人防大厦前,地下商场出口处	陆鹤才	1928	16
三　和	今电影管理站址	郁正东	1928	15
公正丰	今台北饭店址	章荣山	1929	11
济生恒	今台北饭店北民主巷	蔡炳乐	1929	
大生公	原大道供销社迎宾商场处,今鸿基大厦西侧	施中其	1929	22
肖万圣	今人民桥南西侧	肖怀章	1930	20
吴福昌	原人民银行,今大新路今鸿基商业街中部	吴业宏	1932	25
寿康记	健康路原市人武部办公室,今丰东大酒店址	万康五	1933	30
葛同太	原大中镇医院,后县国土局今市计生委址	葛树喜	1934	4
朱公记	今台北饭店北民主巷	朱孔修	1935	400
中棉公司	今人民印刷厂	郁正东	1938	32
万　太	原大道医院门诊部今百货商场东南侧	杜某某	1940	30

说明:较大棉花加工轧户一般都有资本。小轧户一般只有1～2部轧车,没有本钱,早上购进籽花,晚上出售皮花。其时,大中镇从南到北计有50～60个小轧户

新中国成立以后,轧花工业发展较快。1949年,大中镇境域轧花工厂4家,其中国营1家、私营3家。机械(汽油机、柴油机)总动力340马力,26英寸、28英寸皮辊机计65台。1955年,机械总动力增加到820马力,并增置12千瓦(1台)和24千瓦(2台)的发电机3台,锯齿剥绒机12台,年加工籽棉5万吨以上。

1952—1996年大中镇部分年份棉花加工量统计表

表 8－2－7　　　　单位:万千克

年　份		1952	1958	1965	1978	1986	1996
县属	皮棉	257.5	680.25	421.92	810.4	443.6	325.25
	短绒	—	—	37.71	122.5	95.3	73.6
镇办	皮棉	—	—	—	107.5	—	—
	絮棉	—	—	—	0.5	39.3	—

说明:不含原新团镇、裕华镇

1958年后,私营轧花厂全部并入国营大中轧花厂。

1961年,创办裕华粮化厂,内有轧花车18台。1962年6月,创办新团粮油加工厂,内设轧花车间,承担全新团乡棉花保种加工任务,年轧籽棉50万千克左右。1976年5月,大道公社、大兴公社开办棉花保种厂。两厂主要设备有64型轧花机29台、80型锯齿轧花机1台、141型剥绒机5台、60型剥绒机1台、籽棉光披机1台,年加工籽棉1075吨。1979年年底,两棉花保种厂相继关闭,由大中轧花厂统一经营。1980年,大中镇粮油厂建成棉花加工自动生产流水线,年加工皮棉可达70万千克。

1981年后，大中轧花厂统一经营轧花、剥绒、保种业务。1990年，轧皮棉6505吨、短绒1472吨。1995年，轧皮棉3152吨、短绒646吨。2005年，大中轧花厂从城区河南东马路迁址大中工业园区，更名银河轻纺公司。

20世纪80年代后期，随着市场开放，个体小型民营轧花企业迅速兴起。大中地区分布较广，基本上每个村都有1～2个，有的有3～4个小轧花厂。小轧花的蓬勃兴起，大型轧花企业便产生原料短缺吃不饱的现象，这些企业（像原大中轧花厂，半年轧花半年闲），不得不转型，另行开办新产业。

20世纪90年代末，随着农业种植业的调整，缩小棉花种植面积，棉花总产量大幅下降。2000年，大中、裕华、新团三镇合计产量由1980年近4500吨下降到3100余吨，2005年以后一直维持在3300～3500吨上下，轧花企业大量减少。2010年，大中镇中小轧花企业不足20家，年轧花量3500吨左右。

（二）纺织

大中纺织工业始于海门、启东等地移民带进的纺车布机、手工纺纱织布，产品比较粗糙，土纱只相当于6支纱左右，土布门幅不足2尺（约67厘米）。20世纪30年代中期，手摇纺车、手拉布机遍及农村。据史料记载，德丰区有80%的垦民经营土纺土布，品种有条子布、格子布、蚂蚁布等七八个品种。

民主政权建立后，解放区开展大生产运动，鼓励民间成立纺织合作社或纺织小组，1944年，妇抗会组织纺织小组。

1958年，大丰县在人民路与健康路交汇处的西北侧（今盐阜商场大丰购物中心址）建县属淮南二厂。有纱锭1万枚，年产棉纱(21)支2107.76件。是年，大中镇创办针织厂（含染织车间），主要生产设备有纺麻机40台、织布机14台、棉纱车28台、织袜机20台、毛巾机19台。1959年，生产毛巾62028条、棉布11.6万米、棉线8250千克、袜子15588双。

20世纪70年代，镇创办丝织厂，产品有丝绸被面、软缎被面、花线绨、羽纱等，产品销往全国各地和远销美国、日本、新加坡等国家和香港地区。80年代初，又向化纤纺织、化棉混合纺织发展。针织厂生产的纱袜远销加拿大、美国、新加坡、法国、意大利等18个国家和地区。“咏梅”牌腈丝女袜在1983年获省优良产品证书，1984年赴京展览获荣誉证书。染织厂生产的劳动卡为出口定点产品，远销日本等国。

1986年，大中镇境域有纺织企业9家，其中镇属4家、县属3家、省部属2家。固定资产总值2413.58万元，年产值7349.93万元，实现利润645.7万元。1990年，大中地区驻镇纺织企业5家，主要丝绸、纺织产品产量为麻袋16431.53万元、地毯76715.69平方米、白厂丝125.93吨、棉纱11471.98吨、棉布1331.05万米。1995年，驻镇省属、县属纺织企业6家，主要工业产品总量为地毯4824.95平方米、“14656”素绉缎30.08万米、“0122绉”13.26万米、“60”电力纺0.8万米、白厂丝196.97吨、丝棉9147.2千克、棉纱13082.98吨、棉布2028.03万米、针织品227.17吨。镇属纺织企业14家（含村户办）。

手摇纺车

1996年，大中镇针纺织产品产量为布472.6万米、丝织品

30.4万米、袜子500万双、手套274万副、工艺玩具982万件、床上用品141万套。2000年,生产棉布444.7万米、服装13.21万件、床上用品7.61万套、袜子274.8万双。2005年,生产棉纱5623吨、棉布433.4万米、服装300.1万件、床上用品225.4万套。

2010年,民营纺织企业发展到121家,占全部工业企业的20.54%,其中规模以上纺织企业31家,占全部定报企业的29%,纺织企业中包含针织、床上用品、家纺、为纺织配套的印染印花、后整理等企业。年产各种棉纱9102吨、棉布959万米、床上用品1365万件。纺织企业中有5个亿元企业,分别是:海聆梦家纺、宏图纺织、恒卫针织、舒润床上用品、百花纺织等。亿元纺织企业实现销售70991万元,实现利税3601万元,分别占全部纺织定报企业的64.29%和61.12%。纺织定报企业年创现价产值17.77亿元,年销售17.52亿元,利税9887万元,其中利润5260万元。生产各类坯布、色布8000万米,各类服装6000万件,床上用品5亿套,玩具72万件。安置劳力5000余人,纺织类企业的产品主要以出口为主。

2010年大中镇纺织定报企业主要经济指标完成情况表

表8-2-8 单位:万元

企业名称	销售收入	利税	利润	增加值	现价总产值	企业名称	销售收入	利税	利润	增加值	现价总产值
合计	175235	9887	5260	39501	177697	九九纺织	778	28	10	172	780
色织公司	2672	79	39	589	2677	君威纺织	1337	65	24	293	1330
宏图公司	7932	492	260	2017	9170	海聆梦家纺	55243	2449	1250	12195	55431
鸿达公司	2040	24	0	462	2099	金悦纺织	10232	1344	907	2261	10278
春晨公司	1193	4	-9	264	1199	恒卫纺织	17632	1104	675	3912	17781
新兴色织	1280	52	21	283	1285	舒润床上用品	9992	307	175	2259	10269
东盛织造	313	12	4	69	315	双喜针织	1087	17	4	263	1197
佳诚纺织	1219	49	21	285	1294	建洋织造	2203	36	12	488	2217
鑫宇纺织	2927	105	35	588	2672	恒丰家纺	2080	32	10	461	2097
德丰福利	1329	59	35	281	1275	永达布业	2014	71	24	444	2018
德丰纺织	2256	87	20	491	2233	百花纺织	19047	1302	682	4558	19817
海悦纺织	7237	618	338	1537	6986	中福织造	5477	336	208	1261	5481
广庆纺织	2008	200	127	442	2007	苏鹿织染	2082	131	71	500	2172
金悦纺织	952	1	-8	227	1033	裕华加捻厂	5501	366	135	1294	5376
金苹果纺织	5240	405	141	1156	5255	俊达纺织	1316	76	34	305	1327
馨鼎家纺	616	36	15	144	626						

四、服装鞋帽

(一)服装

新中国成立前,服装裁剪缝制均系手工操作,对民间缝纫衣服的艺人称之为裁缝,多为走街串乡,也有少数坐地经营。

新中国成立后,缝纫业得到发展。1955年10月,王连生等12人组织大中镇铁木缝纫合作社,合作社的缝纫小组,租用两间20多平方米的民房为厂房,自带12部脚踏缝纫机、1只土熨斗和3把裁剪刀,承担来料加工业务。1956 年,缝纫小组从铁木缝纫社划出,成立大中缝纫合作社,并新建厂房 100 平方米。1966 年,大中缝纫合作社改称为大中服装厂。1973 年,企业易名大丰县服装厂(上升为县属集体)。

1976 年,创办大丰县工商联营服装厂,主要生产各式男女服装,产品销往东北三省和河南、山西、徐州、上海等地。1979 年年底,新团镇创建新团服装厂,有 32 台缝纫机,员工 27 人,为山西、大同等地加工服装。1986 年年末,完成工业总产值 82.96 万元。1995 年,大中加工服装企业有裕华服装厂、大中校办集团的校服厂。1997 年改制时,服装行业仅剩恒南村的针织鞋帽厂、阜南村的城东内衣厂。2003 年,全镇有服装企业 20 余家,2007 年有 50 余家。

2010 年,全镇有服装企业 48 家,占全部工业企业的 8.1%,其中规模企业 20 家,占全部工业定报企业的 18.9%,占服装企业 41.7%。2010 年 12 月,服装定报企业完成销售收入 52817 万元,利税 3055 万元,分别占全镇工业定报企业 8.18% 和 6.7%。

(二)鞋帽

1937 年,大中镇始有沈氏兄弟两人(沈应松、沈三)从事布鞋制作。继有仲志明、仲志华弟兄两人。

新中国成立后,制鞋者渐多。1956 年 2 月,大中镇将全镇个体缝纫工、鞋匠组织起来,成立大中镇鞋帽手工业生产合作社。20 世纪 60 年代始,服装的原材料向皮革方向发展。1962 年初,尤坤父子三人由江都来大中镇开设硝坊,利用几只大缸手工操作,做皮鞋皮具。1966 年,大中镇鞋帽服装社增设制革车间,尤氏父子加入该厂,主要承接本地皮毛制作业务。1981 年 10 月,原大道公社长春大队(今为恒丰村)创办长春制鞋厂,以生产布鞋为主,产品主要销往本省兴化、射阳、滨海、响水等地。1986 年,增加皮鞋生产,年产各式布、皮鞋 10 万余双,完成工业总产值 35.65 万元,利润 1.4 万元。1996 年,该厂年产皮鞋 2 万双、布鞋 12.7 万双。企业改制后,大中镇农村已没有鞋帽生产行业,城镇也只有少数几个手工作坊。

2010 年大中镇服装定报企业主要经济指标完成情况表

表 8－2－9　　单位:万元

企业名称	销售收入	利税	利润	增加值	现价总产值	企业名称	销售收入	利税	利润	增加值	现价总产值
合计	52817	3055	1634	11634	53037	凯恒服装	2070	70	20	457	2078
虹宇服饰	11506	1100	888	2542	11554	三佳服装	1252	63	4	277	1257
众鑫服饰	7162	399	208	1583	7196	同利服装	925	59	19	205	932
南吉服饰	3727	94	59	821	3730	富源丝绸	925	8	1	205	933
新艳鑫服饰	2495	91	40	551	2504	恒泰服装	1160	55	15	257	1166
辉绅服饰	2577	202	66	571	2594	海亚服装	825	28	7	182	827
永信服饰	2013	45	2	444	2016	亚丰针织	1307	45	25	289	1312
锐奇曼服饰	3739	212	69	825	3751	润佳服装	668	19	2	147	670
东润服饰	811	47	14	180	816	峰艺服装	974	36	14	215	979
嘉华服饰	3979	279	82	879	3995	华宇服装	238	8	4	54	247
泓盛服饰	1187	38	17	251	1141	海泰服装	2016	41	21	395	2018
生泰服装	1261	116	57	304	1321						

五、食品

（一）粮油加工

20 世纪 30 年代，大中镇民间即有小型糟坊。40 年代初，油料加工和副食品生产逐步兴起，大中镇区域规模较大的是振太油坊，为谷振之经营，拥有木榨油箱 24 部，日产油约 300 千克左右。继后有沈伯英经营的同丰油坊（沈仅有木榨油箱 6 只）。此后还有庆记、祝根记、同兴和等。

1945 年 9 月，大中镇光复，振太油坊为民主政府接管。1947 年，内战再次爆发，油坊大多歇业。1948 年 4 月，有油坊 11 户，拥有木榨油箱 78 副，糖坊 4 户、糟坊 2 户、磨坊 5 户、酱坊 3 户、茶食加工坊 6 户。除两三户较大的油坊外，大多为独户经营，且系手工操作。

1949 年，油料加工再度兴起，相继开办友文油米厂、裕民轧花碾米厂以及大中轧花碾米厂，均设有碾米车间和榨油车间。这些油坊生产的食油不仅供应本地人民生活所需，上海、无锡等地的一些客商还贩至苏南地区出售。

1955 年以后，各手工油坊在社会主义改造运动中相继合并，实行全行业公私合营。粮油加工业由手工作业被机械化代替，食品工业逐步转为机械生产。1958 年，大中粮油加工厂建立（后为大丰县粮油棉加工总厂）。1961 年，创办裕华粮化厂，有木榨 8 部、60 匹柴油机 1 台、磨粮机 2 台。1962 年 6 月，创办新团粮油加工厂，有木榨、铁榨各 1 台，碾米机 1 台。1964—1968 年，原大道、大兴分别建立粮油加工厂。1986 年，大中镇有食品加工企业 5 家。

1994—1996 年，宝鑫先后兼并 3 个粮油加工厂，成立盐城宝鑫集团。1997 年，该集团产植物油 2300 吨、饲料 2500 吨，2010 年，实现产值 53607 万元。

2000 年以后，小型分散的个体私营粮油加工企业（个体户）得到发展。小型油坊一般年产量 30 余吨（有的把机器直接开到老百姓的门前就地加工），每个村基本都有碾米机、钢磨，老百姓粮食加工方便快捷。

（二）酿酒

1931 年，王金敖在大中镇开办源丰糟坊。1939 年，杨永信在今大华路中段、韩炳坤在原工厂巷南侧开办糟坊。1941 年，鲁春佑于原东马路吴锦扬油坊东侧、王殿元等 3 人合伙在东马路开办糟坊。1943 年，冯守义于原老街处开办糟坊。1945 年，孙如春于东马路原孙银喜住宅处、许姓商人于原轮船站相继开办糟坊。糟坊产量一般每月 15 作，每作 100 千克，月计 1500 千克。1947 年停作。

20 世纪 80 年代以后，有些村、个人利用简易方法生产过大麦酒（俗称大麦春子）和米甜酒。

1985 年 12 月，成立大丰县麦芽厂。1988 年，投资兼并啤酒厂。1994 年 5 月，成立江苏珍丰集团股份有限公司。年产“麋鹿”牌麦芽 80000 吨，“珍丰”牌系列啤酒 60000 吨，“珍丰”系列食品 1000 吨，主产品“麋鹿”牌麦芽销往全国 19 个省市 108 家啤酒厂，“珍丰”牌啤酒畅销华东地区，在省级国家级行业评比中先后获省优、部优和“中国名牌”产品称号。

2010 年，大中镇区域主要酿酒企业有：大丰市酒厂、大富豪啤酒盐城分公司。

（三）副食水产

1949 年，大中镇副食品加工有茶食加工坊 6 家、酱坊 4 家、卷烟 1 家、豆腐坊 3 家。1952 年，茶食加工坊增至 12 家、糖坊 2 家、豆腐坊 28 家。1955 年前，大中镇副食品加工行业大体分为茶食、酱坊（最早的有张荣庆、何德余、花如生，继后有孙 × ×、店号协泰）、糖坊、粉坊和豆腐坊，规模较小，大多是以家代店（俗称“连家店”），自产自销；规模较大者带徒 1 ~ 2 人，或雇佣伙计 2 ~ 3 个，经营方式也大半是前店后坊，工商并举。

1956 年初，实行对工商业的社会主义改造，大中镇副食品加工行业实行全行业的公私合营或建立合作商店。1983 年，大中镇创办食品厂，主要以生产糕点为主。是年，完成工业总产值 18.09 万元。1980 年以后，大中镇境内几乎每村都有个体豆制品加工作坊（泰丰村姜寿宏年销售 60 余万元），城区各种油、面、糕点、食品店（门市）到处可见，大润发、苏果等超市都有面、糕点制作销售柜组。

2007年，大中镇有食品企业14家。

2010年，食品水产行业已发展到52家，其中定报企业8家、规模以下中小工业企业44家。

2010年大中镇食品定报企业主要经济指标完成情况表

表8－2－10　单位：万元

企业名称	销售收入	利税	利润	增加值	现价总产值	企业名称	销售收入	利税	利润	增加值	现价总产值
农副食品加工：	111545	4475	3221	24674	111737	华兰水产	1015	39	20	234	1017
通威盐城分司	40175	1582	1581	8810	40044	丰盛馅料	1080	49	23	249	1084
宝鑫集团公司	53433	1822	1210	11794	53607	酒制造业：	26358	4045	107	5828	26488
甬升食品公司	8744	717	309	1934	8793	大富豪	23424	4411	473	5168	23489
盛兴水产	5235	131	71	1222	5316	钰丰麦芽	2934	－366	－366	660	2999
华洋海产	1863	135	7	431	1876						

六、玩具

20世纪90年代后期，大中镇的玩具工业发展速度加快。玩具种类由布绒玩具、毛绒玩具发展到智能玩具，由出口为主向内销拓展，由儿童玩具为主向成人玩具发展。

1983年，创办大丰市福利工艺厂（地址大新路257号），主要产品为长毛绒玩具，全部出口美、英、德、意、日等20多个国家和香港地区。自行设计的BF4427－骆驼绒布玩具获省轻工厅第三届美术设计三等奖，1991年被评为盐城市优良产品。企业历年来多次获省市“三外工作”成绩显著奖和“文明单位”称号。1996年，工业总产值481.15万元，销售417.24万元，利税51.8万元，其中利润14.23万元。2007年，大中镇玩具企业发展到30余家。

2010年，大中镇有玩具企业47家，占全部工业企业8%。其中定报企业7家，占玩具企业15%。定报企业实现销售27327万元，实现利税1145万元，年产各类玩具产品2.5亿元。贝贝工艺品有限公司成为玩具行业的龙头企业，2010年销售收入近亿元。

2010年大中镇玩具定报企业主要经济指标完成情况表

表8－2－11　单位：万元

企业名称	销售收入	利税	利润	增加值	现价总产值	企业名称	销售收入	利税	利润	增加值	现价总产值
合计	27327	1145	584	6046	27479	恩贝尔工艺品	2910	213	48	653	2967
彩虹工艺品	2460	－7	－7	542	2464	晓宇工艺品	3880	146	15	857	3894
丰亚玩具	3019	96	89	665	3022	丰升工艺品	4326	225	85	958	4353
贝贝玩具	9666	403	325	2136	9710	尤尼特工艺品	1066	69	29	235	1069

七、化工

1958年，大中镇老街居委会办的福利厂生产雪花膏、蛤蜊油、发油、矿烛、肥皂等产品，解决本地居民的生活需求，但发展慢。到2002年，全镇只有小型化工10余家。2005年，起发展加快。2007

年，已发展到近30家。

2010年，原裕华镇的化工企业并入大中镇。是年，该镇的化工企业有江苏美吉斯（迈克）医药化工有限公司、大丰市明荣化学有限公司、大丰惠翔生化制品有限公司、大丰市佳诣化工有限公司、大丰市俐科发特种化学试剂厂。12月，化工定报企业完成销售7869万元。江苏美吉斯（迈克）医药化工公司销售过亿元，利税接近千万元，生产的β－胸苷中间体成为国外医药成品客商的抢手货。

2010年大中镇化工定报企业主要经济指标完成情况表

表8－2－12　　单位：万元

企业名称	销售收入	利税	利润	增加值	现价总产值	企业名称	销售收入	利税	利润	增加值	现价总产值
明荣化工厂	3143	153	81	736	3200	美吉斯医化厂	19067	998	474	4514	19628
惠翔生化厂	4726	157	77	1147	4989						

八、印刷

1938年，李海星来大中镇开办第一家印刷厂（原址于民主巷十字街口东侧），采用古老的石版印刷和木刻印刷，业务范围仅限于布告、信封之类。

1951年6月，陈文景在大中镇开设私营东来印刷店，采用活字印刷，有工人6名（其中徒工2名），设备有脚踏圆盘印刷机1台、石印板1块和100千克铅活字。1952年，由叶广宗、庄斯恪、魏秉钧合伙开设私营大中印刷厂，时有工人12名，主要设备有四开平台机1台、圆盘印刷机3台、方箱机1台、切纸机1台。1953年，东来印刷店并入大中印刷厂。

1963年，创办大中镇手工业临时综合组，主要生产鞭炮、香烛、黄元、色纸、立轴，均为手工操作。1966年春，综合厂转向印刷。1984年，改称大丰县印刷二厂。1997年7月，改组为盐城科星集团有限责任公司，主要产品为：书刊、商标纸张、包装装潢及其他印刷、办公用品、纺织品纸箱、贴塑、覆膜加工等。年生产印刷品10万色令，成为江苏省及上海市书刊双定点印刷企业和教材重点印刷厂家。

1996年，大中镇的印刷企业有大中镇第二印刷厂、镇南小学印刷厂。企业改制后，印刷企业迅速发展，2007年发展到19家，同时技术含量也发生深刻变化，活字印刷逐步淘汰，电脑照排技术取而代之，一批三色、四色国产、进口彩印设备装备企业。德国海德宝、日本良明等名牌多色印刷机进入普通印刷企业，印刷产品不再停留在表本、票证等办公用品上。书刊、广告装潢、中外文教材等高质量、高标准的产品已普及印刷行业。2010年，完成各种纸张1000多吨，从业人员400余人。

2010年，全镇有各类印刷企业19家，定报企业6家，规模以上定报企业有科星印刷、苏丰彩印。非定报企业有丰源印刷、超越印刷、环宇印刷、盛大印刷、华兴印刷、洪祥印刷、丰艺印刷、今日印刷、科文印刷、科达印刷、四小印刷、东立印刷、从美印刷、森威印刷、星宇印刷、理想印刷、联明印刷。

2010年大中镇印刷定报企业主要经济指标完成情况表

表8－2－13　　单位：万元

企业名称	销售收入	利税	利润	增加值	现价总产值	企业名称	销售收入	利税	利润	增加值	现价总产值
乐丰纸业	11340	793	306	2506	11340	科星印刷	1014	70	11	227	1014
裕华纸箱厂	2751	207	102	658	2758	苏丰彩印	1398	98	37	308	1398

1997—2010 年大中镇工业定报企业主要产品产量表

表 8－2－14

年份	麦芽	啤酒	棉纱	棉布	玩具	服装	空压机	进排气管	冷却水泵	粘土砖	床上用品	食用油	铸件	印染布	饲料	棉花机械	不锈钢焊管	热处理炉	印刷品	袜子
	吨	吨	吨	万米	万元	万件	台	万件	万件	万块	万套	吨	吨	万米	吨	台	吨	台	万令	万双
1997	54047	26390	—	559.3	1073	—	—	—	—	—	513.2	1993	3237	—	52937	—	—	—	—	509
1998	43938	20960	—	395.1	1083	—	5552	—	—	—	348.7	10421	2822	—	53874	—	—	—	3.86	358
1999	26665	20918	—	1187	4506	3.56	7556	—	—	—	91.82	22782	2404	—	73837	—	—	—	4.21	237.7
2000	31292	22360	—	444.7	2594	13.21	31505	—	—	—	7.16	93995	3930	—	148927	—	—	—	5.36	274.8
2001	50184	22020	—	209.8	2470	51.05	43211	243.4	15.6	4923	123	86595	3103	—	98917	—	—	—	4.63	142.3
2002	32023	35504	—	310	454.2	62	96198	321	72	5002	131	70346	2443	—	95526	—	—	—	5.14	77.11
2003	20639	27557	3317	323.9	7288	67.81	101969	425	84.4	2525	149.5	39934	2604	—	90158	—	—	—	—	—
2004	24240	34732	4328	357.6	10048	232.5	122501	381.9	99	2500	234.3	34640	2680	—	101183	—	—	—	—	—
2005	31356	55410	5623	433.4	15276	300.1	59349	394.7	14	2510	225.4	32666	2550	—	39215	3500	1686	—	—	—
2006	34372	89322	6220	569	18764	486	8994	410.8	113	2910	554.1	2889	2344	—	92473	2957	2727	—	—	—
2007	—	74998	6600	804.5	24990	822.8	17434	487.2	140	2595	828.9	24271	2348	—	81851	978	3457	—	—	—
2008	—	103271	9885	1044	20339	1141	20851	422.9	159	2650	1544	—	2825	—	85611	1050	5199	—	—	—
2009	—	43022	9102	959.1	25078	1162	22219	170	162	2675	1365	—	10576	—	99037	1120	9506	30	—	—
2010	—	58366	9130	992.3	24720	1261	25023	198.4	148.	2475	2065	—	12574	1719	96208	815	4101	45	—	198

说明:2010 年,生产水泥 10 万吨,飞轮 4.4 万只,箱板纸 17114 吨。2001 年 4 月合并前的新团工业产品产量和 2010 年 8 月裕华合并前的工业产品产量不在内

九、建筑业

(一)队伍与资质

20 世纪 60 年代初,成立新团公社建筑站。1965 年,成立裕华建筑站。1973 年,成立大中建筑站,后改为大丰市第二建筑工程公司、大丰市兴达建筑集团有限公司。1975 年,成立大道公社建筑站和阜丰公社建筑站。1983 年,大道、阜丰两站并入第二建筑工程公司。80 年代中后期,相继成立恒生建筑公司、丰泽建筑公司,同德村、城郊村也分别组建了同德、荣海建筑公司,嗣后又相继成立鸿达等建筑公司。

1997 年下半年,开始企业产权制度改革,镇村集体资本全部退出。随着城市建设步伐加快,建筑行业迅猛发展。与建筑相联系的房地产开发、装饰工程、拆房工程、土石方工程、防水等专业工程公司形成链式发展。2009 年 10 月,大中镇辖区内有建筑企业 134 家,其中建筑企业 33 家、房地产开发企业 38 家、装饰企业 24 家、土石方企业 7 家、专业工程企业 18 家、拆房企业 14 家。

2010 年,7 个建筑骨干企业年完成建筑产值 111510 万元,建筑竣工面积 809018 平方米,实现销售收入 90184 万元,利税 4334 万元,利润 1137 万元。

是年,大中镇建筑行业有一级资质企业 1 个、二级资质企业 4 个、三级资质企业 2 个。任务饱和时有职工 8500 多人就业,其瓦工、木工、钢筋工、油漆工、混凝土工、架子工等技术工种齐全。

(二)专业化施工

过去建筑施工洋锹搅拌,人力挑抬。1980 年后,砂石搅拌机、振动机、钢筋机、木工机等全面机械

化，大型设备则由专业公司提供。钢模施工改木模施工，竹木脚手改钢管化。建筑企业由小而全、大而全，细分成各类专业公司和专业工程队伍，分工专业化，大大减少现场施工难度或缩短工期进度。

2010 年大中镇建筑业骨干企业概况表

表 8－2－15　　　　单位：万元

序号	企业名称	竣工面积（平方米）	销售收入	建筑产值	利税	利润	开办时间	法人代表	建筑资质	职工人数
1	恒迪公司	43500	30254	50000	1663	459	1998.12	陈永祥	一级	4500
2	兴达公司	96045	17800	13500	994.95	－26	1973.9	曹苏桃	二级	408
3	丰泽公司	51268	20015	26970	784	340	2001.6	王锦才	二级	2030
4	裕华公司	40300	4575.10	3283.90	224.96	73.74	1965.9	陆一鸣	三级	516
5	鸿达公司	98310	8256	8256	220	176	1988.3	赵世兵	二级	559
6	同德公司	68095	8072.3	8050.10	340.9	72.1	1993	盛建明	二级	327
7	荣海公司	20000	1211.64	1450	107.08	43.08	2006.9	吴慧勇	三级	160
合计		809018	90184.04	111510	4334.89	1137.92				8500

说明：建筑企业同时有房地产开发的，其指标中有建筑指标同时有开发指标。职工人数中，房地产开发企业含外包工程职工人数

2009 年大中镇区域建筑、装饰、房地产企业情况表

表 8－2－16　　　　单位：个

社区	合计	建筑		装饰		房地产		土方	拆房		专业工程	
		资上	资下	资上	资下	资上	资下	资质	资上	资下	资上	资下
大　刘	6	1	—	—	1	2	—	—	1	—	1	—
新　村	4	1	—	—	2	1	—	—	—	—		—
育　红	6	2	—	—	1	2	—	—	—	—	1	—
老　街	4	1	1	—	1	—	—	—	1	—		—
新　街	11	2	2	—	—	6	—	—	—	—	1	—
东　宁	4	3	—	—	—	—	—	—	1	—	—	—
大　华	6	—	1	—	1	2	1	—	1	—	—	—
城　中	1	1	—	—	—	—	—	—	—	—	—	—
康　平	5	—	—	—	1	2	—	—	1	—	—	1
健　东	4	—	—	1	—	1	—	—	—	—	—	2
大　新	7	1	—	1	—	2	—	—	—	—	3	—
人　民	6	1	1	—	—	3	—	—	—	—	—	1
建　邺	12	1	3	1	—	3	—	1	1	2	—	—
建　西	7	1	—	—	—	2	—	1	1	—	—	2
沿　河	21	1	—	3	6	8	—	—	—	1	2	—
西河口	1	—	—	—	—	1	—	—	—	—	—	—
新团居	2	—	1	—	—	—	—	1	—	—	—	—

续表 8－2－16

社区	合计	建筑		装饰		房地产		土方	拆房		专业工程	
		资上	资下	资上	资下	资上	资下	资质	资上	资下	资上	资下
和瑞村	2	—	—	—	1	—	—	1	—	—	—	—
红花村	1	1	—	—	—	—	—	—	—	—	—	—
恒北村	2	—	—	—	1	—	—	1	—	—	—	—
泰西村	5	—	—	—	—	—	—	—	2	—	1	2
泰丰村	9	—	5	—	—	—	—	1	2	—	1	—
双喜村	1	—	—	—	—	—	—	1	—	—	—	—
阜南村	2	—	1	—	1	—	—	—	—	—	—	—
阜丰村	1	—	—	1	—	—	—	—	—	—	—	—
大新村	1	—	—	—	—	1	—	—	—	—	—	—
同德村	3	—	1	—	1	1	—	—	—	—	—	—
合　计	134	17	16	7	17	37	1	7	11	3	10	8

说明：专业工程指路桥、防水、起重安装、水利、景观建安等，市政、国安、阳光等不在内

（三）建材

1. 水泥砖瓦

水泥　1977 年，创办大丰水泥厂，生产矿渣硅酸盐水泥，1996 年改制后更名大丰市沿海水泥制造有限公司。2010 年，年产 325 号水泥 10000 吨左右，实现产值 2829 万元，利税 97 万元，其中利润 46 万元。

砖瓦　1957 年，恒丰村创办大中镇第一个村办窑厂。1968 年 8 月，原大道公社在新民村的三、十组（老斗龙港东侧）创办砖瓦厂，占地 8 公顷，有大小轧砖机组各 1 台（套）和 1 台轧瓦机，年产标准红砖 1400 余万块，青平瓦 41 万片。20 世纪 70 年代后，裕华公社在海丰村办砖瓦厂。1986 年，德西村、德丰村、刚强村、恒南村等相继开办窑厂，都是手工操作，生产青砖、青瓦、传统小瓦、望砖等，年产青砖 160 万块，青平瓦 73 万片。大道公社砖瓦厂由于泥源紧缺，燃料不充裕，运行困难，在 90 年代初期倒闭。村办窑厂因缺少土源、燃料等问题相继停办。1968 年 10 月，新团镇机制砖瓦厂建立。该厂起初在老斗龙港西的北灶村（今灶圩村），因沙性碱土，不宜制砖瓦坯，1976 年冬，拆迁至光明村 11 组。有厂房 160 余间，土地 18.67 公顷，有三星孔二十门轮窑一座，瓦窑四座，有三五〇型、四〇〇型、五〇型砖机各 1 台，半自动瓦机 2 台，主要生产红砖瓦和青砖瓦，年产红砖 2000 万块左右，产瓦 60～80 万片，产值 100 万元。生产工人 371 人（部分工人半工半农）。1997 年，企业转售给沈德银。为响应国家号召，节约土地资源，改黏土砖生产为多孔砖生产，是大中镇唯一的多孔黏土砖生产企业。

据 2007 年统计，大中镇有建材企业 24 家，分别是：大丰市沿海水泥制造有限责任公司、大丰市鑫源机制水泥制管厂、大丰市安国水泥预制厂、大丰市红花建材箍件加工厂、大丰市瑞明水泥预制厂、大丰市荣祥水泥制品厂、大丰市城北水泥制品厂、大丰市大中镇大新预制厂、盐城丰虹新型建材有限公司、大丰恒峰新型建材有限公司、大丰市扣仁混凝土构件厂、大丰市吉利玻璃钢厂、盐城市高科建材有限公司、大丰市永虹建材厂、大丰市通达新型建筑材料厂、大丰市海谊新型建材有限公司、大丰市大兴制砖厂、大中镇污泥处置新型墙体材料厂、大丰市银豪新型建材厂、大丰市城东龙腾石材厂、大丰市金鑫石材工艺品厂、祥瑞建筑防水材料有限公司、大丰市鑫龙建材厂、金花玻璃钢制品有限责任公司。

2. 水泥预制构件

20世纪70年代初期，大道公社创办水泥制品厂，大兴公社建筑站有建筑预制场，大中镇创办大中建筑（大丰市第二建筑工程公司）构件场，新团、裕华建筑站也相继办起预制场。80年代，村办预制场有阜丰、阜北、阜南、大新、新德、新民、泰丰、泰西、双喜等，近郊村稍有一些瓦工基础的人也办预制场，生产小型入户电杆、电话杆、门窗框、涵管。是年，大中镇各预制场产水泥电杆5000余根，生产楼板、桁条、门窗框等5000多立方米。

90年代后期，随着建材工业产品的优化升级，水泥桁条、水泥门窗框也基本上由其他材料替代。

3. 钢门窗

1984年，大中镇自行车链条厂转产钢门窗。1996年，生产钢门窗9897平方米，成为当时单位和群众欢迎的热门建材产品。进入90年代中后期，铝合金、塑钢门窗的出现，直接冲击钢门窗生产。1997年，钢门窗生产停产。

4. 新型建材

20世纪90年代后期，红花村赵世忠开始生产内外墙涂料，产销两旺，工业园区胡书桐涂料质量一直保持领先地位。嗣后，新团王建华、红花韩成等生产的铝合金、塑钢门窗相继问世，殷群创办的丰山钢结构公司开辟了大中镇新型屋面、墙体建材的先河，洁达、天和等企业开发的中空玻璃加工填补了大中镇建材节能产品的空白，新团社区的陈林、赵世峰等生产的水泥彩瓦、复用材料（主要材料为煤渣等）、煤渣砖及轻质砌块成为框架结构商品房的主要墙体填充材料之一。

2010年，大中镇全年生产多孔黏土砖和传统黏土砖瓦1600万块，325#水泥10000吨，铝合金、塑钢门窗37万平方米，钢结构4.8万平方米，内外墙涂料160吨，中空玻璃8000平方米，煤渣水泥砖3000万块。

附：企业简介

盐城大富豪啤酒有限公司　该公司是江苏大富豪啤酒有限公司在盐城的全资子公司，位于大中工业园区内。集团公司在江苏拥有6个生产基地，各项经济指标连续13年排名江苏同行之首，为中国啤酒工业十强企业。公司拥有中国名牌“大富豪”啤酒及众多区域性强势品牌，产品遍布大江南北。公司第二股东为全球啤酒第一品牌荷兰喜力啤酒公司。

公司法定代表人、董事长易昕是中共十五大党代表，十届、十一届全国人大代表，全国劳动模范，中国啤酒工业杰出企业家。

公司是江苏省高新技术企业，拥有17项国家专利技术，大量应用高新技术设备，不断改造传统啤酒产业，多次荣获省、市科技进步奖。建有产学研一体的技术中心，研发能力强，质量体系健全，多种产品通过省级鉴定，每年都有新品啤酒被评为优质新产品。先后通过ISO 9001质量管理体系认证和ISO 14001环境管理体系认证，生产过程实行纯净化健康酿造，并建立企业ERP管理系统，在全省啤酒行业率先实施管理信息化工程。

盐城大富豪啤酒有限公司连续多年被大中镇党委、政府，大丰市政府授予综合先进集体奖、财政贡献奖、精神文明建设奖、信访工作奖等荣誉。2010年，实际销售23423万元，利税近4410万元。

大丰海聆梦家纺有限公司　该公司始建于2004年11月，地处大中工业园区，系江苏晨啸国际集团投资兴办的家用纺织品生产联合企业，现有员工1300余人，总投资1.5亿元，其中外资800万美元。一期工程新建厂房6500平方米，新上项目年销售5000万元床上用品生产线，现有工业缝纫机1000台，产品销往欧美等国家；二期工程新建厂房6800平方米，公司将引进96台340宽幅喷气织机，2010年上半年已有37台喷气织机投入运行，下半年织机将陆续到厂，可年产坯布1000万米；三期工程新征土地5.33公顷，将新上3万锭精纺生产线，新增一批国内先进的纺纱设备，引进美国3条全自动床上用品生产线及配套设备，项目投产后，年新增销售2亿元，利税8000万元。

公司从小型企业迅速发展成为初具规模的中型家纺企业，进入大丰30强规模企业行列。并通过ISO 9001质量管理体系认证和ISO 1400环境管理体系认证，并经沃尔玛、DJ、BSCI、CSCC等世界超级零售商及多家国内顶级专业评审机构的验证。2010年，完成销售55242万元，利税2449万元。

盐城思达德·民力阀门有限公司　该公司属中外合资企业，创办于2001年12月，总投资187万美元，占地面积5公顷，厂房面积近20000平方米，其中阀门装配生产线6000平方米。2004年、2005年先后取得美国石油协会API和欧洲CE证书，并通过ISO 9001质量体系认证。公司拥有主要机械加工设备120余台(套)，各种阀门检测设备10余台(套)，设有铸造、焊接、热处理、喷丸、机械加工、装配等车间，生产和检验设备齐全。

公司主要生产和销售各类铸钢阀门及石油机械产品，年生产各类铸钢阀门5000多吨，主要产品有：闸阀、截止阀、止回阀、球阀、平板阀以及油井口阀。阀门的设计、制造和验收全部按照API、ANSI、DIN等国外先进标准进行，其中95%的产品出口到欧美、东南亚等国家和地区，在国际市场上有较强的竞争力。

公司现有员工200多名，拥有固定资产近5000万元。2008年，实现销售8000万元，利税600多万元。公司拥有外贸自营出口权，2008～2010年连续三年被评为"大丰市自营进出口十强企业"，2006年获得"大丰市先进企业""盐城市三星级企业"称号，2007年获得"大丰市纳税先进企业""大丰市安全生产先进企业"称号，2008年获得大丰市科技进步奖和"盐城市高新技术企业"称号。2010年，完成产值19315万元，销售18681万元，利税2372万元，其中利润1200万元。

江苏宝鑫集团有限公司　该公司是在盐城宝鑫集团的基础上组建并逐步发展起来的省级企业集团。盐城宝鑫集团公司成立于1996年10月，其核心企业有大丰县第二粮油加工厂(创建于1964年5月)，大中镇第三粮油加工厂(创建于1968年3月，1994年3月兼并重组)，大丰县粮棉油加工总厂，江苏珍强不锈钢制管有限公司(1996年11月与台湾合彰机械有限公司合资成立)，1999年6月，为充分利用南通狼山港的区位优势，不断发展壮大集团规模，在港口投资设立宝港油脂发展有限公司，资产总额一度达14亿元之多，是南通地区最大的民营企业。2003年7月，通过竞标，收购江苏银都集团的银海轻纺有限公司、大丰市供销机械厂、盐城市棉花机械研究所、大丰市华美毯业有限公司后，成立江苏宝鑫集团。12月，成立中共江苏宝鑫集团有限公司党委。2005年3月，投资成立江苏中鑫生物饲料有限公司。

宝鑫集团企业结构曾发生过六次重大变革：1. 原第二粮油厂老厂址因市图书馆建设被拆迁；2. 原第三粮油加工厂(农修厂)，经镇政府协调，转让给全鑫公司(原丝织厂)以抵偿工行贷款；3. 原粮油棉加工总厂，经镇政府协调，转让给全鑫公司，转产服装和部分租赁；4. 江苏珍强不锈钢制管有限公司，经镇政府协调，将设备及原辅材料等动产转让给江苏班得瑞不锈钢制管有限公司经营；5. 江苏中鑫生物饲料有限公司全部股权转让给四川通威饲料有限公司盐城分公司独资经营；6. 南通宝港油脂发展有限公司，2005年因资金链断裂，被南通中级法院宣告破产还债。

2010年，江苏宝鑫集团的产品有：32支、40支等系列棉纱、竹节纱，"丰棉"牌系列棉花机械，二级菜油，二级大豆油，二级棉籽油，色拉油，高级烹调油，床上用品，"华美"牌花毯等，产品销往国内外。其生产能力有年产10万吨的菜籽、棉籽、大豆油生产线，新型400吨大型轧花、纺织生产线，棉花加工机械研制生产2500台(套)生产线等。

江苏宝鑫集团公司及所属企业先后被评为大丰市明星企业、"重合同、守信用"企业、盐城市AAA级信用企业，并获得"盐城市质量管理奖"，公司2004年被评为江苏省农业产业化龙头企业、省级先进企业、江苏省高新技术企业。企业连续多年被评为大丰市、盐城市文明企业，1996年获农业部"全面质量管理达标企业"称号。2010年，集团公司实现产值53607万元，销售53433万元，实现利税1822万元，实现利润1210万元。

通威股份有限公司盐城分公司　该公司是通威股份2005年3月在大丰投资收购的大型饲料生

产企业。公司位于大丰市经济开发区大刘路边，占地面积 4.67 公顷，其经营范围主要为：饲料生产经营，饲料原料、饲料添加剂、鱼需物资、预混料、成品兽药销售，水产养殖及技术咨询服务，农业相关项目开发等。

公司拥有目前国内最先进的鱼、虾、蟹、畜禽饲料生产线，年饲料生产能力 20 万吨。

2010 年，公司拥有员工 100 余人，其中专业技术人员 30 余名，销售网点遍及盐城各县市，成为沿海绝大部分养殖户的首选用料。

2010 年，实现销售收入 40175 万元，利税 1582 万元，其中利润 1581 万元。

大丰百花纺织品有限公司 该公司成立于 2003 年 5 月，地处大丰市高新技术产业园（大华路边），占地 2 公顷，由大丰市誉华纺织品有限责任公司和香港盈信科技公司共同出资组建，注册资金 104.6 万美元，其中中资占比 60%，外资占比 40%。年均实现销售收入超过 6000 万元，利税 500 多万元，其中税收 200 多万元。

2010 年，公司有纺纱机 24 台（套），11000 纱锭，高速电动缝纫机 200 台，被子绗缝设备 4 组。共有员工 360 余人，公司经营纺纱、织布、印染（外发）、床上用品，所有产品均销往国外，主要客户分布在美国、委内瑞拉、智利、巴拿马等国家和香港地区，公司在国外拥有固定客户群和良好的信誉。

公司完全按照现代企业制度运作，借鉴国外公司的管理经验，2008—2010 年连续三年被评为盐城市星级企业，被金融系统评为 AAA 级信用企业，在业内享有较高声誉。

公司“枕誉”牌商标荣获盐城市优秀名牌商标（2007 年通过 ISO 9000 质量体系认证）。2010 年，实现销售 19047 万元，利税 1302 万元。

盐城多为集团有限公司 该公司的前身是创办于 1958 年的新团农具厂，主要以生产铁木竹农具、家具为主。1989 年，固定资产只有 15 万元，销售 30 万元。90 年代以来，公司进行产品结构和市场开发的两项重大调整。1990 年 2 月，果断砍掉不适应市场需要，连续 30 多年一贯制的铁木竹农具产品，30 多名职工转产柴油机进排气管。两年后，又投资 300 多万元进行扩能改造，形成年产 30 万套的生产能力，国内市场覆盖面达 15% 以上。1992 年 3 月，公司又开发了汽车发动机进排气管和冷却水泵产品，打入国际市场，年销售额 600 多万元。1995 年 5 月，公司与美国多伊尔公司合资成立盐城多为进排气管有限公司，加快了与国际市场接轨步伐。1997 年 11 月，公司进行产权制度改革，企业改制为股份制，成立了盐城多为集团有限公司。2002 年，公司为加快企业发展，以 1500 万元收购原市属倒闭企业大丰市机械总厂，成立江苏中田机械制造有限公司，以此为契机吸引美国客商与中田机械公司各出资 100 万美元合资成立江苏中田海太汽车泵业有限公司。

2007 年下半年，城区两个公司退城进入多为产业园，借退城让地机会，对全公司进行全面技改扩能改造，新上铸造高压水平造型生产线和树脂砂造型生产线，全面整治，彻底改造铸造公司。新上一条以加工中心数控车床为主设备的精加工、清洗全新生产线。改造金加工老车间。中田海太、中田机械两公司以全新厂容环境面世多为产业园，连同厂房、土地、机械设备等总投资 6800 万元，铸造技改的水平在盐城最好，苏北领先。在加大技改投入的同时，与西安理工大学、湖北东风汽车集团公司、上海内燃机研究所等大专院校、大型企业集团建立长期稳定的技术合作关系。

2010 年，公司拥有总资产 11000 万元，其中，固定资产 8000 万元，流动资产 3000 万元。员工 690 名。有 5 个法人公司，注册资本金 5000 万元，主要产品有汽车冷却水泵、排气岐管、平面磨床、钻铣床、数控车床等，主要市场有美国、欧洲、日本和中国南方省市。有多种系列产品进入世界 500 强企业，即美国通用公司、德国博士公司、日本 GMB 公司等。2010 年，全公司完成工业产值 22924 万元，销售收入 22496 万元，利税 1102 万元，其中利润 398 万元。

公司先后荣获省“明星企业”“五一劳动奖章”、省“高新技术企业”“民营科技企业”“外商投资先进企业”等 10 多个荣誉称号。取得 4 项专利，其中有 2 项发明专利，通过 ISO 9002、QS 9000 和 TS 16949 等质量体系认证。

大丰迈克医药化工有限公司　该公司成立于2003年，于2006年变更为中外合资企业。注册资本175万美元，股东为美吉斯药业集团(厦门)有限公司和新加坡MATRIX制药公司。公司地处大丰市大丰港经济开发区化工园区。占地面积13.33公顷，现有员工177名，设有生产部、财务部、质保部、管理部、MC－51生产车间和动力保障车间。水、电、汽、冷、污水处理等公用工程设施及检验、检测设备齐全。目前主要产品为β－胸苷和CHE－III，是大丰市重点规模企业之一。

2009年1—11月，公司实现销售收入1.37亿元，比2008年同期5413万元增153.69%。1—12月，上交税收588.96万元，比2008年同期256.54万元增129.58%。

2010年，公司销售19067万元，实现利税998万元。

江苏省寿力有限公司　该公司的前身系大丰市天力有限公司，由原大丰县大道公社1956年创办的农具厂以及由农具厂创办的马钢生产企业合并成立，1998年，改制为股份制企业，注册资本500万元。公司位于大丰市区南翔大道19号、20号，有职工400人，占地面积67400平方米，建筑面积32000平方米。公司主要经营范围为：机械制造加工，铸铁，可锻铸铁制造加工，电力线路金具，电力线路器材，绝缘子钢帽，空气压缩机及配件。2003年3月，取得自营出口资格，企业先后通过ISO 9001质量体系认证和主要产品的生产许可证，被江苏省科学技术厅认定为“江苏省民营科技企业”。2003年，被盐城市金融管理行长联席会议评定为“盐城市信用企业”。公司主要产品分为三大系列，即：电力金具系列产品、绝缘子钢帽系列产品、空气压缩机系列产品。内销覆盖全国各大城市，外销美国、墨西哥等国家，产品供不应求。2010年，销售11965万元，利税986万元，利润674万元，现价工业产值12307万元。

江苏虹宇服饰有限公司　该公司的前身为盐城虹宇时装有限公司，创办于1993年，周庆华与日本互兴株式会社合资兴办。10多年来，公司从无到有，从小到大，现有净资产2000多万元，已成为盐城乃至苏北地区的一流服装企业。

2010年，公司下辖两个分厂，职工800多人。外协加工企业20多家，职工1500多人。企业吸取日本的先进管理理念，注重团队精神，推行人性化管理，产品结构趋于时装化、精品化，产品全部外销日本市场。企业不断进行技术改造，先后投入1000多万元新上了现代化的服装生产线，生产经营环节全部采用电脑网络管理，适应各种高档服装的生产要求。公司年生产各类服装120多万件，自营出口650万美元。2010年，又在日本开设分公司，成立日宏株式会社，将企业和日本市场实行无缝衔接，融入国际市场的竞争行列。企业多次被评为大丰市“自营出口十强企业”“十佳私营企业”、盐城市“二十强私营企业”。2010年，完成销售收入11506万元，利税888万元，利润478万元。

大丰市乐丰纸业有限公司　该公司为原江苏金穗啤酒原料有限公司破产后的重组企业，2008年2月由香港乐华实业有限公司投资重组改造，该项目总投资6000万元，新上纸业包装生产线一条。公司拥有国内一流的进口生产设备，引进台湾协场1.8米瓦楞纸板生产线，双色、三色半自动印刷机，全自动代磨切五色印刷机，自动钉合机，半自动包装机，以及各类精密纸箱生产设备。2010年，实现销售收入11340万元，实现利税793万元。

江苏班得瑞不锈钢有限公司　该公司创建于2003年年底，一期工程投资5000万元，二期工程投资3000万元，公司占地面积55352平方米，厂房面积7250平方米，有员工80人，共有不锈钢焊管生产流水线10条，包括智能分条、笼式成型、内外焊道处理、在线光亮退火、涡流探伤、水压试验等，可生产直径在20～1220毫米的不锈钢焊管，焊管广泛用于造纸、石化、核能、食品、医药等行业。2007年开始，不锈钢制管在诸多行业的广泛应用，销售一路飙升。2010年，完成工业产值17790万元，销售17716万元，利税553万元，其中利润420万元。

大丰恒卫针织品有限公司　该公司是一家从事家纺系列产品专业生产的自营出口型企业。位于大丰市经济技术开发区昌平路16号，占地面积17000平方米，建筑面积近16000平方米，资产总值4000多万元，其中固定资产近2000万元，公司员工500多人。现有高速平缝车450台，全自动电脑绗缝机10台等。

公司自2001年成立以来,历经多年的创业和发展,现已成为大丰市规模最大的家纺生产基地之一,具有年生产25000万元的家纺生产能力,可生产床单、床罩、枕套240万条,踏花被、冷气被100多万条,印花及印染布200多万米,枕头及靠垫100多万只。产品全部远销美国、日本、欧洲、非洲及中东国家和地区,年创汇2000多万美元。

2010年,完成销售收入17631万元,利税1104万元,其中利润647万元。

大丰市海悦纺织有限公司 该公司创办于2006年,注册资金800万元,占地面积29655平方米,现有职工280人,拥有固定资产3035万元,进口自动络筒机等先进设备,现已形成2.7万纱绽生产能力。2009年,公司生产各类色纺纱2500吨,实现产品销售5425万元,实现利税441万元,其中利润140万元。

大丰市海悦纺织有限公司主导产品为“海悦”牌色纺纱,有各种彩色纯棉产品;有棉和化纤混纺产品,如棉涤、棉腈等;有棉和其他动物纤维,如羊毛、兔毛等混纺产品;有各种包芯、彩点、竹节、麻灰、彩色等特种纱线,从10s~60s规格齐全,品种多样,色彩丰富,供后道加工出口和内销产品。公司已先后为三枪、宜而爽、恒源祥、雅戈尔等著名企业提供配套产品,极大地提高企业的美誉度。产品畅销广东、辽宁、四川、青岛、浙江、上海等地。企业先后获得“招商引资项目推进奖”“财政贡献奖”,以及大丰市“重合同、守信用”企业、“大丰市十佳企业”等称号。2010年,完成销售7236万元,利税618万元,其中利润338万元。

大丰市宏图纺织品有限责任公司 该公司始建于1997年1月1日,位于大丰市大中镇南翔大道118号,占地28000平方米,建筑面积15000平方米,有员工300多人。

该公司是床上用品专业生产厂家,拥有自营进出口权,现有20000锭环流纺车间,250、280阔幅布机300台,床上用品生产能力20万套左右。主要品种有:T/C/50/50、40S×40S、100×80、T/C65/35、32S×32S、78×65等各种床上用品件套,也可根据客户要求组织生产。

该公司2005年以后,年年被评为AAA级企业和盐城市三星级企业。2010年,实现销售收入7932万元,利税492万元,其中利润260万元,现价工业产值9170万元。

盐城贝贝工艺品有限公司 该公司系2001年5月成立的中外合资企业,位于大丰市经济开发区黄海路666号,紧靠城区中心,交通十分便利。公司拥有员工近400人,其中设计、检验人员30多人,有龙门下料机、平缝机、冲棉机等设备300多台套,检测设备齐全。2003年10月,公司投资1000万元新建的8000平米现代化厂房顺利投产。8年来,在各级政府的关心和支持下发展较快,已累计出口创汇3000多万美元,被盐城市政府、大丰市政府评为“三外工作”先进单位。2006年2月,公司通过中国质量认证中心ISO 9001:2000质量管理体系认证。2008年,经江苏省出入境检验检疫局评定为出口工业产品一类企业,产品结构、生产管理走在盐城市同行业前列。

公司主要生产经营布绒玩具、工艺鞋帽、服装、箱包、儿童智力玩具等。产品目前主要出口美国、法国、英国、西班牙、加拿大、德国、荷兰、比利时、以色列、日本等40多个国家和香港地区。2010年,完成销售收入9666万元,利税403万元,其中利润325万元。

大丰市舒润床上用品有限公司 该公司成立于2007年2月8日,注册资金为100万元,经营地址为大丰市大中镇工业园区兴业路23号。经营项目为:床上用品加工、销售,布、纺织原料、服装、针纺织品、玩具、工艺品销售,自营和代理各类商品的进出口业务。

2009年,产品销售收入7749万元,出口创汇近1000万美元,缴纳各种税款312万元。2010年,产值10269万元,销售9992万元,利税306万元。

盐城彩虹工艺品有限公司 该公司是布绒玩具、床上用品、靠垫、室内鞋等产品专业生产加工的合资经营企业(港资),公司总部设在大丰市大中镇西康路8号,1997年成立,有员工800多人,年出口销售3000万美元。公司拥有完整、科学的质量管理体系和独具特色的研发、生产、出口体系。2003

年，成为美国迪斯尼公司的特许生产商。2007年，成为加拿大温哥华2010年冬季奥运会特许生产商。多年来为国际知名公司沃尔玛、家乐福生产床上用品，玩具，室内鞋，并获得特许生产和验厂通过。

附：名优产品

发动机冷却水泵 多为集团的汽车发动机冷却水泵和进排气岐管等已直接或间接进入世界500强企业，美国通用公司、德国博士公司、日本GMB公司均使用过他们的产品。

海聆梦家纺系列产品 海聆梦家纺系列产品经沃尔玛、DJ、BSC1、CSCC等国际零售商及多家国内顶级专业评审机构验证，在质量体系方面得到较高评价。

班得瑞不锈钢制管 班得瑞不锈钢制管专业水平一流，产品供不应求。2010年，投入3000万元技改扩能。产品在智能分条、笼式成型、内外焊道处理、在线光亮退火、涡流探伤、水压实验技术走在同行前列。

民力阀门 民力阀门先后取得美国石油协会API和欧洲CE证书。其生产的闸阀、截止阀、球阀、平板阀、油井口阀95%出口欧美、东南亚国家和地区。

印刷品 1997年，印刷二厂成为江苏省和上海市书刊定点印刷企业和教材重点印刷厂家。1989—2010年印刷的教课书先后14次被评为江苏省盐城市优质教课书。

“巨鲸”牌猪饲料 宝鑫集团生产的“巨鲸”牌猪饲料获“江苏省优质产品”。

“麋鹿”牌麦芽 珍丰集团生产的“麋鹿”牌麦芽销往全国19个省市108家啤酒厂。“珍丰”牌啤酒畅销华东地区，先后评为“省优”“部优”和“中国名牌产品”。

丝绸、软缎、花线绨、羽纱系列产品 70年代，大中镇丝织厂生产的丝绸被面、软缎被面、花线绨、羽纱等远销美国、日本、新加坡等国家和香港地区。

“咏梅”牌腈丝女袜 针织厂生产的“咏梅”牌腈丝女袜1983年获省“优良产品”证书和1984年北京展览荣誉证书。

“劳动卡”布料 染织厂（色织公司）生产的“劳动卡”为出口定点产品，远销日本等国。

“华达呢”布料 1985年，二布厂“516－606”华达呢及被单布获“盐城市优良产品”。

第三节 工业园区

一、园区建设

大中镇工业园区于2001年4月经大丰市人民政府大政复〔2001〕33号文件批准成立，2008年，被江苏省经信委列为100家江苏省重点培育小企业创业基地和小企业示范基地。镇政府累计投入资金3.29亿元，用于基础设施建设和拆迁安置，拆除单位和个人房屋330户8.5万平方米，基础设施达到九通一平，绿化面积42万平方米，基础设施单位面积投入强度4112.5万元/平方千米。

2010年，总计入园企业172户，累计投资18.25亿元，87%的企业是招商引资进园的。外资和中外合资企业8户，注册资金2153.79万美元；个人、合伙、法人等民营投资企业164户，注册资本金超过3.5亿元（个人、合伙人创办企业，工商部门无注册资金要求）。纺织、服饰、家纺企业87户占50%，机械企业63户占36.6%，玩具、印刷、食品、建材等企业占13.4%，企业平均单位面积投资强度2.2813亿元/平方千米。

入园企业中，139户正常运营，占入园企业总数80%。2010年，实现销售收入21亿元，利税1.65亿元，利润0.6亿元，出口交货值8800万美元。运营企业中规模以上定报企业39户，占运营企业

28%，定报企业年实现销售收入17.84亿元，利税1.46亿元，利润0.48亿元，分别占全部运营企业的85%、88%和80%。

工业园区建设坚持“科学规划、提升品位、拉开框架、逐步推进”，入园企业进度是先慢后快，企业投资规模是先小后大。产业结构以传统产业为主，纺织类产业为特色产业，安全、环保，力排高危风险、杜绝先污染后治理。

举全镇之力，部门、社区齐上阵，先后建成标准化厂房150栋24万平方米，标房入住率100%；在用地价格、税收、规费、电价诸方面形成系统投资优惠政策体系；镇领导三套班子带头抓，分工领导主动抓，专职人员驻点抓，全民动员一起抓招商；为入园企业提供“保姆式”“亲情化”服务，营造一种入园如进家的氛围。服务中心从协助项目可行性论证开始，到项目立项审批备案、合资协议审批、环境评审、安全评估、用地批准、规划定点、资本审验、注册登记服务。根据要求还可以协助办理出口退税手续、土地使用权证、房产证、税务登记证、机构代码证、银行贷款证及开户等一条龙全方位服务。努力构建劳动用工、劳动保险（五保）、物业管理、信息咨询、融资担保。进园企业要达到引得进、立得住、长得大。

企业投入产出比为1∶1.15，基础设施投资回报率36.47%，企业投资回报率3.29%，投资净利回报率2.47%。

附：

2008年，裕华在原丰裕社区北与万丰村集合部（332省道南测）陈李线西侧开辟了占地面积33.33公顷的中小企业园，以轻纺、家具、五金、小型电子和机械制造为主，承接大丰港经济区的产业配套。到2010年，共投入800万元用于园区基础设施建设，新建标准化厂房28幢，建筑面积58000平方米。

二、企业搬迁

随着城市建设步伐加快，市区规划范围不断外延，大中镇的老城镇企业和城区企业相当一部分从城区搬出，进入郊区工业园区、产业园区、经济开发区扩能重建。也有少部分企业因市场、生产经营等诸多原因未能移址重建。

旧城改造不仅改变了城市面貌，也给一批老城镇企业退城进郊提供了难得的发展空间。

1973年，丰蕾公司（针织厂）从人民南路（老街）搬迁至育红西路扩能重建；染织厂与针织厂分立，并搬迁至人民北路（飞轮厂北侧）。1979年，二次搬迁至幸福东大街现址扩建（染织厂重组色织公司后于2002年破产）。

1990年，文教工艺厂倒闭，城区飞达路旧址用于商业开发。

1991年，红光厂从老城区大新路街道搬迁至敬老院东侧重建；大中镇铁木竹支农厂（大中镇电力配件厂）因市政建设从人民北路旧址拆迁，新成立纺织材料厂迁至特殊教育学校附近重建；铁木竹部分并入人民北路纺织器材厂（原二农具厂）；陵园饭店（珍丰大酒店）从陵园路搬迁至人民北路现址扩建。

1992年，第二粮油厂因市图书馆建设，从金丰南大街搬迁至大刘路（原经济开发区办公室北）重组宝鑫集团。

1995年，煤气设备厂（原大道标牌厂、兽药厂）因人民南路扩建而拆迁并终止经营。

1996年，印刷二厂生产主体从育红西路搬迁至南翔路18号田扩能重建；自行车链条厂（飞翔铸造公司）因旧城改造和场地狭小，从育红东路搬迁至南翔路（旧址用于商业开发），破产后重组鑫利太阳能公司；文教综合厂（教育）从人民北路搬迁至同德小学，2009年秋拆迁终止经营。

1998年，包括第二（原大道），第三（原阜丰）服装厂并入重组的大中镇鞋帽服装厂，被针织厂兼并后,金丰南大街拆迁改造,服装停产;光学仪器厂被印刷二厂兼并后,因金丰南大街改造重建新星宾馆;日用塑料厂因金丰南大街改造而拆迁,后租赁一粮油旧场经营。2005 年,因一粮油地段拆迁,又搬至敬老院东侧红花厂维持生产。

1999 年,全鑫公司(丝织厂)从健康东路(旧址商业开发)搬迁至河南东马路原粮油棉加工厂(属宝鑫)旧址;2005 年,粮油棉加工厂旧址出售给大丰市宏升机械有限公司,嗣年转让开发;丰轩汽修厂因旧城改造,从健康西路搬迁至幸福西大街。

2001 年 2 月,寿力公司(原大道农具厂、马钢厂)从河南东马路搬迁至南翔路 19 号、20 号扩能重建,马钢厂旧址自行开发。2010 年开始二次搬迁,公司主体进入大中工业园区。

2002 年,车辆管理站因人民南路改造拆迁终止经营;福利工艺公司破产后,城区大新北路旧址出售给李淦转让商业开发。

2003 年,贝贝玩具公司从原市生资公司西侧旧址搬迁至大刘路经济开发区扩建。

兴达建筑集团公司(二建公司)育红西路的构建厂 1994 年用于商业开发。2003 年,第三工程处人民北路旧址联合开发。2005 年,因常新路建设第二工程处拆迁,开发或拆迁后的工程施工由公司直接组织。

2004—2006 年,同德公司的部分改制企业从城区搬出,分别进入大中工业园区的企业有:2004 年原手套厂、2006 年原箱板纸厂、2006 年原同德机械厂等。

2005 年,合资企业莱克米机械公司从人民北路搬进经济开发区三号路继续经营。

2007 年,多为集团的中田机械、中田海太公司(收购破产企业农机总厂后的重组企业)搬出人民北路,进入新团多为产业园重建,人民北路旧址商业开发。

2009 年 6 月,原市燃气设备公司旧址(河南东马路)因整体开发,搬迁至大华路(市拖修厂旧址,今市高新区南首)扩能重建。

注:以上搬迁指移地重建,拆迁指除个别租赁经营,其余的是企业清算,终止经营。

第四节　招商引资　投资扩能

一、招商引资

2001 年,镇党委政府下发《要求进一步加大招商引资工作力度的意见》,把市外项目、外资项目、特色产业、大项目、重组项目、高科技、高税收、世界 500 强、上市公司等作为突破重点。2002 年,明确三套班子成员招商不少于 50 万元,财政供给对象每人招商不少于 20 万元,事业单位人员招商不少于 10 万元,近郊村招商不少于 800 万元,其他村招商不少于 200 万元,街道、居委会不少于 1000 万元。全面落实企业招商、全员招商、专业招商、代理招商措施,开展招商引资百日竞赛活动。

2005 年,招商引资重点放在产业类型上突出工业项目、三产项目、农业产业化项目、企业重组项目,项目层次上突出大项目、外资项目、高科技含量、高税收项目。2007 年,大力实施以工兴镇第一方略,立足招大商,突破大项目、外资项目,举全镇之力掀起招商引资新高潮。2009 年,重点招商家纺和机械两大类项目,突出招引床上用品和空压机项目。2010 年,坚持高标准追求、高水平组织、高强度推进、高速度发展,大力开展领导招商、专业招商、全员招商、产业招商,突出主攻大项目和外资项目。

大中镇 10 年共招商 480 个,其中亿元项目 19 个,5000 万元项目 30 个,千万元以上项目 258 个。招商项目中市外项目 98 个,项目总数中企业重组项目 5 个。总项目中机械类 155 个,纺织类 79 个,服装类 46 个,床上用品类 8 个,玩具类 47 个,食品类 25 个,印刷、包装、纸业类 19 个,建材类 38 个,其他门类 63 个。高税源企业 1 个,上市公司 1 个。特色产业挑大梁,纺织、机械产业中的工业定报企业46户，占全部工业定报企业56%，实现工业销售收入占全部定报企业销售收入的51%。竣工项目中进入规模定报企业57个，占招引项目总数的11.9%，累计投资额63.2亿元。

2003—2010年大中镇工业招商引资市外重大项目情况表

表8－4－1

招商引进企业名称	引进时间	客商籍贯	出资人或法定代表人姓名	产品类型	投资总额（万元）	其中					注册资本总额（万元）	注资类型	年主产品名称产量
						土地（平方米）	厂房（平方米）	设备（万元）	流资（万元）	其他			
江苏班德瑞管业	2003	浙江	项　翔	不锈钢制管	5000	700	1900	2200	—	200	500	法人	1万吨不锈钢制管
科菲特生化技术	2003	常州	朱光华	生物化工	5000	800	1800	2000	—	400	500	法人	生物化工
润丰时装公司	2003	浙江	王为民	服装	3000	300	1500	1200	—	—	300	法人	150万套服装
中鑫生物饲料	2004	四川	孙庆书	饲料	11000	500	3600	5900	820	180	500	法人	8万吨生物饲料
盐城大富豪啤酒	2004	南通	易　昕	啤酒	10000	500	3300	4200	2000	—	3500	法人	5万吨啤酒
大丰海聆梦家纺	2005	南京	邱建林	床上用品	12000	800	4200	5800	1000	200	570万美元	合资	500万套床上用品
大丰葆康园蜂业	2006	南京	卢　刚	蜂胶产品	5000	300	2100	2600	—	300	500	法人	蜂胶产品
大丰乐丰纸业	2007	广州	陈镇初	纸板	6000	600	2300	2600	—	500	505万美元	合资	2000万平米纸板
江苏钰丰麦芽	2008	重庆	尹顺新	麦芽	12000	900	4100	5800	1000	200	2000	法人	5万吨麦芽
万达杰富锻造	2008	美国	石万宇	石油锻件	12000	900	4300	5300	1400	100	2000	合资	1万吨石油锻件
大丰绮丰纺织	2010	福建	谢春仁	—	100000	—	—	—	—	—	20000	—	50万纱锭
江苏华光镍业	2010	常州	刘沈杰	—	100000	—	—	—	—	—	20000	—	20万吨镍铬合金
大丰苏创气体	2010	盐城	陈居用	—	10000	—	—	—	—	—	2000	—	气体分离
江苏志得管业	2009	浙江	张新宝	不锈钢制管	15000	1000	5630	6170	1200	1000	2800	法人	2万吨不锈钢制管
神力齿轮冷挤	2010	无锡	王新民	冷机设备	11000	700	4200	5100	800	200	2000	法人	500万套冷挤机配件
大丰恒阳纺织品	2010	苏州	郑　宇	纺织品	12000	700	4100	4800	1500	900	2500	法人	150万套床上用品
盐城联鑫钢铁	2010	福建	陈居用	钢铁	150000	3000	80000	65000	70000	4000	60000	法人	50万吨钢铁
大丰鼎诚纺织	2010	福建	陈书丹	纺织	10000	3000	50000	45000	1600	400	20000	法人	30万纱锭
大丰鑫宇公司	2010		沈建华	纺织	15000	—	—	—	—	—	2000	法人	200万套床上用品
大丰富能电器	2010	上海	许忠齐	电气	12000	—	—	—	—	—	2000	法人	电气产品
世一儿童用品	2010	浙江	胡崇桥	童车	10000	—	—	—	—	—	2000	法人	300万辆童车
盛鑫汇嘉公路桥梁构建	2010	盐城	孟平渭	桥梁构件	10000	—	—	—	—	—	2000	法人	公路桥梁构件
多为蠡湖机械	2010	无锡	王洪其	机械	30000	—	—	—	—	—	5000	法人	涡轮增压器300万件
家好家居用品	2010	南通	葛汉仁	床上用品	15000	—	—	—	—	—	2500	法人	200万套家居用品

说明：注册类型指外商独资、中外合资、个人、合伙、法人，产品类型指如机械、纺织、服装等，销售方向指外销、内销，注册资本金总额中有外资的列明外资币种金额

2003—2010 年裕华镇工业招商引资市外项目情况表

表 8－4－2

招商引进企业名称	引进时间	客商籍贯	出资人或法定代表人姓名	产品类型	投资总额（万元）	其中				注册资本总额（万元）	注资类型	产品销售方向	主产品名称及产量
						土地（平方米）	厂房（平方米）	设备（万元）	流资（万元）				
美吉斯医药	2002 年	厦门	袁必春	医药	8000	133400	30000	3000	3500	250 万美元	合资	外销	β－胸苷 200 吨
明荣化工	2003 年	苏州	沈建荣	化工	3000	22678	9000	1000	1500	200	个人	内销	418 溶剂 200 吨
惠翔生化	2004 年	上海	陆以群	食品	500	7004	2000	300	100	300	合伙	内销	卡拉胶 200 吨
国群铸钢	2007 年	浙江	钱苗伦	铸造	500	6670	2000	200	200	100	合伙	内销	铸件 1000 吨
甬盛铸业	2008 年	浙江	王建庆	铸造	500	20010	12000	200	200	100	合伙	内销	铸件 1000 吨
创丰公司	2009 年	苏州	刘成刚	商砼	5000	17500	3500	2500	1000	1000	法人	内销	商品混凝土 30 万立方米
汇嘉公司	2010 年	东台	孟平渭	桥梁	10000	47500	9000	4500	3000	2000	法人	内销	桥梁构件

二、投资扩能

大中镇 10 年技术改造项目 160 余个，在投资总额中，技改项目累计投资额 19 亿元。

2001 年，大中镇技改投入 6041 万元。2002 年，大中镇技改投入 8578 万元。是年，多为集团在成功收购市破产企业农机总厂继退城进入多为产业园后，利用补偿资金和自筹资金 0.68 亿元，实施两个规模企业搬迁重建，对原铸造公司、集团公司本部的铸造和机加工能力实施改造，改造后的铸造能力提高一倍，自动化程度、劳动强度、产品制造规格与精度、除尘保护、厂容环境都发生了质的变化。铸造公司装备和环境整治一新的条件，引来了无锡蠡湖客商的 3 亿元合资，实现改造一点带动一片的几何效应。2003 年，大中镇技改投入 20690 万元。2005 年，技改投入 52665 万元。2006 年，技改投入 58012 万元。是年，宏图纺织品公司投资 5000 万元技改扩能，一个 2 万锭环流纺车间，250、280 阔幅布机 300 台套，拥有年产 20 万套床上用品生产能力，成为盐城市三星级企业。2008 年，大中镇技改投入 102560 万元。其中，海聆梦家纺二次投资 1 亿元，扩大床上用品生产能力，引进 3 条全自动床上用品生产线及与之配套的进口和国产设备；新艳鑫服饰收购永福玩具厂，投资千万元扩大服装生产能力，2010 年跨入规模以上定报企业行列。2010 年，大中镇技改投入 150000 万元。大富豪啤酒投资 5 亿元，使啤酒生产能力达到 20 万吨；联鑫钢铁移址技改项目，一期投资 15 亿元，新上 50 万吨含镍不锈钢生产能力；班得瑞不锈钢制管投资 3000 万元扩能。是年年底，大中镇有外商独资、中外合资企业 34 个，实际利用外资累计 1.062 亿美元，外资中的注册资金达 4984.61 万美元。合资、独资项目总投资 7.4 亿元，产品出口企业 20 个，出口交货值累计达 42.85 亿美元。

裕华镇 10 年招商 59 个，累计投资 11.65 亿元。其中市外项目 7 个（亿元项目 1 个，5000 万以上 2 个，千万元以上 1 个，千万元以下 3 个），投资 2.75 亿元。在项目总数中合资项目 8 个，总投资 864 万美元，其中外方出资 530.15 万美元。

2001—2010 年大中镇工业企业固定资产投入情况表

表 8-4-3 单位:万元

序号	年份	投入计划	实际投入	占计划(%)	投入总额中				年度新增绩效		
					土地	厂房	设备动力	其他	销售	利税	利润
1	2001	4180	6041	144.5	745	3080	2216	—	7000	560	210
2	2002	7000	8578	122.5	1500	3843	3235	—	12000	960	360
3	2003	16000	20690	129.3	1800	9560	9330	—	28000	2240	840
4	2004	30000	30187	100.6	3200	14498	12489	—	35000	2800	1050
5	2005	40000	52665	131.7	4300	23613	24752	—	56000	4480	1680
6	2006	50000	58012	116	4800	27827	25385	—	65000	5200	1950
7	2007	60000	80404	134	5600	38623	36181	—	92000	7360	2760
8	2008	80000	102560	128.2	6900	50534	45126	—	120000	9600	3600
9	2009	85000	123177	144.9	8200	59853	55124	—	135000	10800	4050
10	2010	100000	150000	150	10000	72500	67500	—	150000	12000	4500

说明:含规模以下企业,含技改项目

2001—2010 年裕华镇工业企业固定资产投入情况表

表 8-4-4 单位:万元

序号	年份	投入计划	实际投入	占计划(%)	投入总额中			年度新增绩效		
					土地	厂房	设备动力	销售	利税	利润
1	2001	3500	4100	117	300	2000	1800	3000	600	270
2	2002	4000	5264	131	350	2914	2000	5000	1000	450
3	2003	5000	6235	125	400	3335	2500	7000	1400	630
4	2004	6000	7452	124	700	3752	3000	10000	2000	900
5	2005	8000	9261	116	1000	4750	3511	11000	2200	990
6	2006	10000	11203	112	1090	5080	5033	12500	2500	1125
7	2007	12000	13050	109	1150	6470	5430	13250	2650	1193
8	2008	16000	17500	110	1300	7210	8990	15000	3000	1350
9	2009	18000	20520	114	1480	8170	10870	16000	3200	1440
10	2010	23000	21880	95	1690	9890	10300	16500	3300	1485

三、利用外资

1991 年,大丰市第一家台资企业(丰隆公司)在大中镇成立。到 1997 年,累计中外合资企业 3 家,注册资本金总额 90.6 万美元。

1997—2010 年,累计实际利用外资 10624.79 万美元,外商注册资金 7588.01 万美元。2010 年,有中外合资企业 25 家,外商独资企业 9 家,总计 34 家。项目总投资 7549.29 万美元,注册资金 6712.01 万美元,其中外商注册资金 4984.61 万美元。在 34 家合资、独资企业中,有 12 个国家、境外

2个地区计37位客商投资办厂:美国7人、日本2人、法国2人、新加坡2人、韩国1人、土耳其1人、以色列1人、西班牙1人、意大利1人、黎巴嫩1人、澳大利亚1人、印度尼西亚1人、中国香港14人、台湾地区2人。在34家合资、独资企业中,已进入规模以上定报企业21家,尚未投产2家,投产未达效或处于一般中小企业11家。1997—2010年,全镇累计完成出口交货值428541.97万美元。1997—2010年,全镇累计完成出国劳务人员2405人次。

附:原裕华镇招商引资技改扩能情况

1986年,裕华丝棉厂成为大丰外贸出口定点企业,更名为大丰市外贸裕华丝棉厂。保鲜蒜薹、大蒜油、大蒜粉等大蒜系列产品直销日本、新加坡等国家。

1992年,大丰县缝纫机械厂与香港公司合资,成立盐城丰盛机械有限公司,成为全县乡镇企业创办较早的合资企业。

1993年5月18日,大丰县合成纤维厂与香港客商合资成立裕春合成纤维有限公司。

1994年,裕华镇4个外贸企业出口产品交货值868万元,利税36万元。

2006年,签约千万元以上项目8个,其中亿元以上项目1个、5000万元以上4个。技改投入9017万元,实施100万元以上项目36个,其中新开工千万元以上项目3个,5000万元以上项目1个,竣工千万元项目1个。新增定报企业3个,实际利用外资100.84万美元,自营出口1010万美元,境外劳务输出123人,新批三资企业1个。全民创业成绩:新增私营企业48个,注册资本2761万元,培植个体工商户275户。

2007年,技改投入1.31亿元,实施千万元以上项目11个,新开工千万元以上项目8个,千万元以上竣工项目5个,实际利用外资32.14万美元。定报企业工业增加值1.2亿元,主营业务收入4.71亿元,利税2516万元,其中利润1441万元,新增定报企业6个,纳税超百万元企业5个(其中民力公司超500万元,迈克超200万元,百花、明荣、惠翔生化超百万元)。

2008年,工业技投1.60亿元,实施千万元以上项目10个,新开工千万元以上项目7个,千万元以上竣工项目5个,新增定报企业1个,实际利用外资308万美元,合同利用外资710万美元,新增私营企业注册资本1.35亿元,新增个体工商户645个,定报企业完成工业增加值1.46亿元,主营业务收入6.53万元,利税3551万元,其中利润2150万元,规模企业18个。

2010年,民力阀门销往欧美、东南亚等国家和地区,迈克医药化工公司的艾滋病手性药物中间体产品远销美国、印度等地,百花纺织品有限公司的床上用品销往美国、委内瑞拉、智利、巴拿马等国家,盛兴水产食品有限公司的沙蚕、冻煮龙虾等出口日本、韩国、美国和丹麦。2010年1—7月,全镇外贸出口额19200万元。

2001—2010年,裕华共引进市外项目7个,其中投资亿元以上项目1个,5000万元以上项目2个,3000万元以上项目1个。

1997—2010年工业“三外”工作情况统计表

表8-4-5

年份	大中镇								裕华镇					
	外商独资企业数（个）	外商资本金总额（万美元）	中外合资企业数（个）	其中外商出资额（万美元）	外商出资比例（%）	出口交货值（万美元）	出国劳务人员（个）	实际利用外资（万美元）	中外合资企业数（个）	外商出资额（万美元）	外商出资比例（%）	出口交货值（万美元）	出国劳务人员（个）	实际利用外资（万元）
1997年前累计	1	20	1	20.6	30	—	—	40.6	1	50	45	30	3	50
1998年	—	—	—	—	—	17490	25	—	—	—	—	60	3	—
1999年	—	—	—	—	—	13562	23	—	—	—	—	92	6	—
2000年	1	174.5	1	2.52	27	14891	26	177.02	—	—	—	110	10	—
2001年	1	311	2	58.17	49	22278	35	369.17	1	31.25	25	130	26	31.25
2002年	—	—	1	4.2	42	24906	51	4.2	2	69.9	48	200	50	69.9
2003年	—	—	2	60.5	72	19313	71	208	2	109	49	237.35	70	109
2004年	—	—	3	532.39	61	28166	89	314	1	5	45	250.02	92	5
2005年	—	—	2	86.2	52	33183	146	421	—	—	—	360.6	110	—
2006年	—	—	1	50.43	39	32037	200	605	1	30	45	400	123	30
2007年	1	580.66	3	161.81	49	53099	195	1616.49	—	—	—	1010	130	—
2008年	2	2509	1	160.88	43	55051	181	2112.16	1	15	50	1200	145	15
2009年	1	1000	—	—	—	56666	196	1825	—	—	—	1900	170	—
2010年	3	1325	—	—	—	48910	178	2402	1	220	100	3010	51	220
合计	10	5920.16	17	1137.7	—	419552	1416	10094.64	10	530.15	—	8989.97	989	530.15

2010年大中镇外资企业一览表

表8-4-6

序号	企业名称	注册地址	投资外方国家地区名称	法定代表人	经营范围	营业期限开始日期	投资总额（万美元）	注册资本（万美元）	注册资本中方（万美元）	注册资本外方（万美元）
1	江苏虹宇服饰有限公司	大华路19号	日本	周庆华	生产服装并销售本公司自产产品	2005.12.30	65	65	48.2	16.8
2	国美嘉吉作物营养科技公司	大中镇工业园区	黎巴嫩	卞月华	有机复混肥微量元素肥料	2008.06.23	200	200	0	200
3	博大机械制造有限公司	经济开发区南翔路南	中国香港	沈茂辉	生产机床和起重设备	2009.11.23	1600	1000	0	1000
4	大丰海聆梦家纺有限公司	大丰市大中镇汇丰路（大中镇工业园内）	中国香港	倪晨	浆纱、服装、鞋帽、针纺织品、工艺品、玩具、布、高档织物面料的生产、销售	2004.12.21	650	650	225	425

续表 8－5－6

序号	企业名称	注册地址	投资外方国家地区名称	法定代表人	经营范围	营业期限开始日期	投资总额（万美元）	注册资本（万美元）	注册资本中方（万美元）	注册资本外方（万美元）
5	莱克米大丰机械有限公司	经济开发区西康南路	法国、中国台湾省	—	气泵、空气压缩机及其附件、电池充电器及其附件、电子护栏及其附件制造	2000.03.17	237	174.5	0	174.5
6	盐城丰亚玩具有限公司	区南翔西路5号	中国台湾省	陈亚洲	生产和销售各类布、绒玩具系列产品	2000.05.12	13	9.3	6.78	2.52
7	盐城嘉联机械工业有限公司	人民北路165号	新加坡、法国	肖义道	风动工具、木工机、砂轮机、空压机及其机头和整机、零配件制造	1993.11.5	28	20	0	20
8	中田海太汽车泵业有限公司	大中镇新团街2号	美国	高　军	生产、销售汽车水泵等汽车零部件	2004.12.10	200	200	100	100
9	盐城市鑫悦工艺品有限公司	大丰市北兴路	中国香港	史建国	生产并销售各类长毛绒系列玩具	2001.09.24	11	8	3.6	4.4
10	大丰市海悦纺织有限公司	南翔路7排9号	中国香港	杨晓东	线、布、服装、床上用品制造、加工	2004.11.18	128.66	128.66	78.23	50.43
11	盐城恩贝尔工艺品有限公司	大中镇工业园区西首	澳大利亚	宗小峰	玩具、服装、床上用品、绣花制品制造	2003.05.26	58	56.3	4.3	52
12	大丰海聆梦织造有限公司	大丰市汇丰路	中国香港	张建生	浆纱、织布高档织物面料的生产、销售	2007.10.25	200	200	106.5	93.5
13	大丰双喜针纺织品有限公司	大丰市人民路新世纪大厦	日本	仇春红	生产销售各类针纺织品、服装、毛毯、鞋帽、袜子、雨伞	2002.06.6	14	10	5.8	4.2
14	盐城万达杰富锻造有限公司	工业园区兴业路	美国	石万宇	锻件、阀门、石油机械生产、加工、销售	2008.07.7	372.53	372.53	211.65	160.88
15	盐城丰虹新型建材有限公司	大中镇新团西首	韩国	乔洪富	生产和销售彩色水泥瓦	2000.11.23	9.64	6.72	4.72	2
16	盐城彩虹纺织品有限公司	经济开发区益民路北	以色列	顾　峰	制造家用纺织品、玩具、服装、鞋帽、手套、袜子、纸箱、塑料袋及织布	2005.07.29	100	100	30.6	69.4
17	盐城彩虹工艺品有限公司	大丰市西康路8号	中国香港	顾　峰	生产销售玩具、工艺鞋帽、床上用缝纫	1997.02.27	98.3	68.8	48.2	20.6
18	盐城贝贝工艺品有限公司	黄海路	西班牙	徐中高	玩具、服装、工艺鞋帽、床上用品，宠物用品、箱包、木制品制造。	2001.05.14	111.12	111.12	57.35	53.77
19	大丰市乐丰纸业有限公司	大中镇人民南路305号	中国香港	陈永平	生产纸筒、纸箱、及其他纸包装材料制造、并销售本公司自产产品	2007.04.28	580.66	580.66		580.66
20	盐城丰升工艺品有限公司	大丰市人民北路	意大利	孙素国	玩具、服装、鞋帽、床上用品、电脑绣花制品及工艺美术品	2003.07.14	30	28	19.5	8.5
21	盐城南吉服饰有限公司	大丰市人民北路	美国	李　刚	服装、床上用品、针织面料及服装辅料	2001.11.27	317	311		311

续表 8-5-6

序号	企业名称	注册地址	投资外方国家地区名称	法定代表人	经营范围	营业期限开始日期	投资总额（万美元）	注册资本（万美元）	注册资本中方（万美元）	注册资本外方（万美元）
22	盐城乐浓翻译有限公司	健康西路58号	美国	—	翻译服务	2007.09.7	108	108	50	58
23	盐城新艳鑫服装有限公司	大丰市人民北路332号	中国香港	周忠	生产服装，并销售本公司自产产品	2007.04.16	29.38	20.62	10.31	10.31
24	盐城天鑫机械有限公司	大丰市区南翔路19号	美国、土耳其	周保存	空压机、风动工具、电力金具、线路器材、机床、绝缘子铁帽及汽车配件制造	2004.02.9	20	20	12.61	7.39
25	大丰市乐丰虹纸业有限公司	市区人民南路305号	中国香港	黄昌茂	纸筒、纸箱及其他纸包装材料制造	2010.09.29	500	500		500
26	大丰宝旭机械有限公司	裕华裕西路132号	中国香港	崔东曙	空压机配件制造	2010.09.29	220	220		220
27	大丰立丰电器有限公司	人民北路西侧1幢	中国香港	刘英明	高低压电器、电子元件、配电开关	2010.05.17	1000	1000		605
28	思达德民力阀门有限公司	大华路拖修厂东侧	美国	陆志刚	铸钢阀门、石油机械制造	2001.11.1	187	187	134.34	52.66
29	大丰百花纺织品有限公司	大丰裕华大华路边	中国香港	卞跃美	床上用品、胚布、玩具、服装制造	2003.05.22	90	74.6	44.76	29.84
30	盐城生泰服饰有限公司	大丰市裕华裕西路132号	中国香港	宋伟	生产销售针织服装、梭织服装、面辅料、装饰布、纱带、玩具及床上用品	2002.07.9	15	11	6	5
31	美吉斯医药化工有限公司	王港闸北南新村二组	新加坡		医药中间体的制造和销售	2002.12.1	250	175	93.75	81.25
32	大丰市鸿志机械有限公司	大华路252号	印尼	徐立功	生产空压机及其配件销售	2006.01.24	15	11	6	5
33	大丰华兰水产有限公司	裕华王港闸北首	美国	陈汝华	紫菜加工、销售	2007.06.7	62	62	12	50
34	大丰海泰服饰有限公司	裕华裕西路122号	中国香港	宋伟	生产、加工床上用品、服装，销售	2006.12.11	25	22.2	12.2	10

说明：2010年12月前因合资经营期满或因其他注销的合资或外商独资企业不在内，验资未登记注册的不在内

2010年大中镇中外合资、独资企业中定报企业主要经济指标完成情况表

表 8-4-7　　单位：万元

企业名称	产值	销售	利税	利润	企业名称	产值	销售	利税	利润
中田海太	3428	3401	105	49	丰升工艺品	4339	4326	225	85
莱克米机械	3866	3850	111	110	恩贝尔工艺品	2935	2910	213	48
海聆梦家纺	55434	55243	2449	1250	乐丰纸业	11391	11340	793	306
海悦纺织	6986	7237	618	338	民力阀门	19315.8	18681.2	2372	1200
双喜针织	1197	1087	17	4	百花纺织	19816.8	19047	1302.5	682.5

续表 8－5－7

企业名称	产值	销售	利税	利润	企业名称	产值	销售	利税	利润
虹宇服饰	11554	11506	888	478	生泰服饰	1320.6	1260.6	116.2	56.7
南吉服饰	3730	3727	94	59	美吉斯药业	19627.9	19067.3	997.9	474
新艳鑫服饰	2504	2495	91	40	鸿志机械	2049.1	1986.5	127.9	48.2
彩虹工艺品	2464	2460	－7	－7	华兰水产	1017.6	1014.8	39.1	19.5
丰亚玩具	3022	3019	96	89	海泰服饰	2018.6	2016	40.7	21.1
贝贝玩具	9710	9666	403	325	合计	187726.4	185340.4	11092.3	5676

第五节　企业管理

一、管理机构

新中国成立前，大中镇工业没有统一的管理机构。新中国成立初至1955年，境域私营工业、手工作坊、工场等由大中工商联合会负责管理。1956年，组织起来的大中区域手工业社、组，业务上受县手工业联社指导，行政上隶属大中镇政府。1958年，镇建立工业建设委员会，主管镇办工业。1962年，建立大中镇手工业生产联社，管理指导镇办工业和手工业社、组的生产和经营。1971年，建立手工业联社党支部，具体负责镇手工业社的领导与管理。1974年，建立大中镇工交办公室，下设生产技术情报组、财务组、劳资组，具体负责镇办工业企业的领导与管理。1983年4月，撤销大中镇工交办公室，成立大中镇工业经营管理办公室。5月，大道公社、阜丰公社并入大中镇，成立大中镇工业联合公司。1985年4月，撤销经营管理办公室，成立大丰县大中镇人民政府经济办公室，下设行政组、企业管理组和大中镇农业经营公司。经济办公室主要职能是代表政府与各公司、各村民委员会及有关部门签订经济承包合同，干部岗位责任制合同，指标考核和兑现结算及劳资、物价、财务方面的管理等。1985年4月12日，大中镇工业联合公司划为大中工业联合公司和大中郊区工业公司。大中工业联合公司领导大中镇镇办企业，大中郊区工业公司领导原大道、阜丰的工业企业（统称乡镇企业）以及村办企业。1985年10月，成立大中城镇集体工业联社。联社理事会有成员15人，设名誉主任1人，副主任5人，秘书长1人。1986年8月，撤销大中工业联合公司和大中郊区工业公司，成立大中工业联合公司，负责全镇的城镇企业、乡镇企业、村办企业的管理工作，公司分设6个科室，有33名工作人员，公司所属30个乡镇企业（其中21个城镇企业，9个乡办企业），53个村办企业。1988年4月，大中工业联合公司改为大中镇工业管理办公室。1996年10月，大中镇工业管理办公室更名为大中镇乡镇企业管理服务站。1997年，成立大中资产经营有限公司，负责改制后的镇属集体资产经营与管理（负责人由企业管理服务站负责人兼任）。2002年5月，大中镇工业管理办公室更名为大中镇经济贸易服务中心，经贸中心下设4个部门，工作人员20人。

1955—2010 年大中镇历任工业管理部门负责人一览表

表 8-5-1

主要负责人	任职时间	主要负责人	任职时间
黄中权	1955—1958	苏子群	1985.05—1987.01
施炳礼	1958—1962	唐承勋	1987.02—1988.05
陈乔东	1962—1974	方锦龙	1988.06—1989.04
徐金华(兼)	1974—1981	何宽仁	1989.05—2002.04
张春明	1981—1983	傅建平	2002.05—2004.03
陆信元	1983.05—1985.04	何红军	2004.04—2010.03
李振声	1985.05—1987.01	赵海雯	2010.04—

说明:先后担任大道公社工业管理部门负责人:陈俊、朱坤(兼)、徐瑞荣(兼)。阜丰公社工业管理部门负责人:周启贵、张正林。新团镇工业管理部门负责人:潘善金(兼)、朱文祥、王爱宏、蒋高付、高军、陈林、朱建忠。裕华镇工业管理部门负责人:顾兆奎、周建昌、连锦勇、夏继永、张锦生、崔东曙、方斌

二、行政管理

20 世纪 50 年代初,全民和集体工业行政管理由县生产建设科负责。县以下的区、乡成立手工业合作社,对手工业企业实施行政管理。当时手工业合作社、铁木竹农具社主任均由区委委员兼任。人民公社化以后,公社农具社主任一般都由公社副社长兼任。70 年代,公社普遍设立工业办公室,代表政府对企业实施行政管理,公社有 1 名副主任分管社队工业,社队企业在人事任免、人才引进等方面均向工办汇报,提请公社党委讨论决定。企业财务统一执行财政部规定,参照大集体企业标准。在生产管理方面,工业办公室每月组织一次生产检查活动,每半年搞一次时间过半、完成任务过半的"双过半"考核,年终搞一次总结表彰。

1977 年,公社设工业供销公司,为企业供应原辅材料,负责分配上级下达的各种供应计划,销售企业产品,为扩大企业产品外销发挥作用。

1983 年后,乡镇成立"一室三公司",即经营管理办公室、农业服务公司、多种经营服务公司、工业联合公司。乡镇政府对企业的行政管理更加重视,除分工党委副书记、副乡镇长专抓工业外,乡镇党委书记、乡镇长均亲自抓工业,每个党委成员都联系几个企业,把抓乡镇工业作为本地脱贫致富的主要途径。在人事管理上,企业总账会计、厂长、副厂长、书记等干部的任免,由乡镇组织部门考察,征求工办意见,提交党委会讨论;企业中层以下干部,由企业党支部确定。企业扩大生产规模,成批招进职工,需报工办批准。在生产管理上,靠下达计划管理,1984 年后改合同法人承包管理。乡镇长作为法人代表,委托工业公司经理与企业签订经营合同。对企业的生产、经营、安全等管理更趋实际。对企业承包各项指标完成情况、技改投入情况、财务制度执行、产品经营活动、厂长离任、年终职工分配、按件计酬标准等方面实施监督。

1997 年以后,企业实行董事会下的董事长、经理、厂长负责制。

三、行业管理

20 世纪 50 年代,社队工业由县手工业管理科(局)和手工业生产合作联社负责行业管理。60 年代,县手工业管理局对社队工业企业的筹建进行审查批核,少数特殊行业如花炮、压力容器生产企业报省、地对口部门批核。对社队农机具生产维修行业实施计划管理,制定全县生产指令性计划,并负责向各社队企业分配国家计划材料,主要有钢材、木材、毛竹、煤炭等物资。

60年代初，对社队工业企业实施行业管理，主要对砖瓦企业、农具社的生产指导管理。为提高砖瓦业生产技术水平，组织企业负责人外出参观，引进新技术，举办生产技术和设备维修培训班。对社镇农具社、农机具修理厂（社）管理，主要抓农机具指令性生产计划完成，农具生产、技术革新的推广和普及，组织农具质量评比活动，提高农具生产质量。

1977年，社队企业管理局成立。逐步建立社队工业管理体制，强化行业管理职能，并重视对社队工业产值、利润、税收三大指标的宏观规划管理。

1978年后，社队企业实行体制改革，指导企业搞好职工"回队分配"的改革和多种形式责任制的试点。1984年，县乡镇企业管理局建立。当时国家对扶持乡镇中小农具生产的钢材、木材、煤炭、毛竹等计划物资逐年减少。1984年，乡镇企业管理局着重抓乡镇企业财务制度整顿，组织财务骨干人员业务培训。经考试合格，统一颁发"乡镇企业会计任用证"，财务会计实行持证上岗。1985年，对乡镇"五小"工业采取在资金、技术、物资等方面倾斜性扶持，通过"五个优先"的贯彻执行，保障中小农具的正常生产供应。1986年，在抓企业整顿的同时，抓产品标准化管理。要求产值在30万元以上的企业必须达到有标生产（即要有国家标准和企业内部生产标准），并配合标准计量局对乡镇企业实施达标考核验收。1997年，镇政府出台劳动、工资、人事管理的若干规定，系统总结计划经济时期集体企业劳资管理的成功经验和做法，企业改制时大中镇5000余份企业职工档案完好无损。

四、企业内部管理

新中国成立初，工业企业内部管理沿用手工业生产方式，产量考核、质量检验及成本核算均不严格。第一个五年计划时期，一度仿效苏联办法，企业设立生产、财务科室，初步建立生产计划、定额管理、工艺规程、技术质量检验和经济核算等制度。

1956年，试行职工代表大会制度，发动群众参加管理。1960年起，贯彻"鞍钢宪法"，坚持政治挂帅，实行干部参加劳动，工人参加管理，改革不合理规章制度，工人、干部、技术人员三结合（即"两参一改三结合"）和《工业企业工作条例》（即"工业七十条"）。在各工业企业推行党委领导下的厂长负责制和职工代表大会制，企业计划、财务、劳动技术等管理不断改进。

1964年后开展"工业学大庆"运动，工业企业管理水平有新的提高。"文化大革命"时期，部分企业党政领导被"造反派"夺权，一些行之有效的管理制度被斥之为资本主义"管、卡、压"，谈不上企业管理。1975年6月，学大庆工作队进驻工厂企业，帮助整顿领导班子，加强企业管理。同时对各企业重新提出产品产量、品种、质量、原材料、燃料、动力消耗、劳动生产率、产品成本、流动资金和利润等项经济技术指标，进行定期考核。不久，开展"反击右倾翻案风"运动，企业整顿停止。

1982年，贯彻中共中央、国务院关于企业进行全面整顿的决定，分期分批对企业进行整顿。1983年起，在试点基础上，逐步推行"一包五改"，即层层实行各种形式的经济承包责任制；改革经济核算制度，划小核算单位；改革奖金分配制度，使奖金与经济效益挂钩；改革企业内部机构设置，精简虚设机构和行政人员；改革用人制度，实行干部聘任制和工人合同制。一些企业中实行计分计奖、超产奖、定额计件工资、浮动工资等形式的经济责任制。同时，乡镇工业企业的整顿也在试点基础上全面展开。自1986年起，企业引进竞争机制，围绕提高经济效益和综合管理水平，开展企业的升级工作，企业管理内容包括标准化工作、定额工作、计量工作、信息工作、规章制度、基础教育、班组建设，即七基管理。1987年，乡镇企业开展"创建明星企业，争当乡镇企业家"活动。1987年，加强企业内部管理，广泛开展双增双节、产品创优、三级计量、人员培训等工作，裕华麦芽厂、裕华元丰针织内衣厂被评为大丰县明星企业，裕华麦芽厂厂长张锦生被评为市明星企业家。1991年5月，镇办企业广泛开展"一练两降"活动（岗位练兵，降能耗、降物耗）。裕华缝纫机厂开展"我为企业献一计"活动，加工厂冰机房采取冷却水回收利用，全年节水1万多吨，节支5000余元，冷却管道增加保温层，年节电0.2万千瓦时；裕华建材厂多节泵改造节支750元；丝棉厂改用沉淀后的河水代替井水，年节水1000吨，改进抽丝工艺，提高出丝率，增效2万多元；裕华加弹厂新增络筒车，原料利用率提高1.5%，增收5000元。

1991年开始，职工教育力度加大，裕华镇职工岗位培训2289人次；镇工办举办19期培训班，培训财会、保管、基础管理等各类技术人员569人次，参加农牧渔业部举办的领导干部岗位培训45人，参加省、市、县各级各部门培训129人次，参加南京农业大学、南京广播电视大学举办的学历培训56人，各企业组织230名技术工人进行技术操练。到1994年年底，全裕华镇1280名镇办企业职工中有大中专生53人，中级职称22人，助理级职称46人，员级职称40人。裕华工业服务公司获盐城市政府“职工教育一等奖”。1996年，全镇企业大刀阔斧开展“企业管理年”活动，1996年11月通过市强化办检查验收。

1997年4月，在裕华福利厂搞“四制一包”（销售买卖制、供应公开制、质量效益工资制、目标成本责任制和资产承包经营责任制）试点，取得成功后，在全镇企业推开。

1997年，全面产权制度改革以后，民营企业的管理者不断强化企业管理意识，弘扬企业精神，教育职工树立“厂兴我荣、厂衰我败”“与企业共进退”的主人翁意识，在企业内部建立起车间主任、工段长、班组长责任制，实行定额包干，按件记酬，奖勤罚懒等一系列内部管理措施，同时引进外地经验，使企业管理沿着规范化管理方向发展。

五、生产计划管理

20世纪60年代，生产计划管理有所加强。“文化大革命”初期，企业生产秩序混乱，计划管理流于形式。1972年，生产计划发展为7项经济技术指标。80年代以后，推行全面计划管理。工厂建立生产计划科，从厂部到车间配备生产调度员和计划统计员，建立月、季报制度。生产经营考核指标有产值、产量、质量、原辅材料消耗、全员劳动生产率、新产品开发等。一些较大企业分解指标与工资奖金挂钩，定期考核。多为集团公司及以外贸出口为主的企业，订单生产，安期交货，计划管理从原料进厂、投料、加工、检验、装箱一条龙，每个环节不能出偏差，以满足客户需要。工业定报民营企业仍然执行生产计划管理，按月揭晓，半年考核。

六、质量管理

60年代初，开始贯彻“质量第一”方针，大部分工厂设立质量管理机构，配备专职或兼职质量管理人员。产品生产有操作规程，质量有统一检测标准。在“工业学大庆”运动中，把质量管理作为一项重要内容，贯穿于生产的全过程。

1978年8月，全国开展第一个“质量月”活动，80%的企业建有专门的质量管理机构。有些企业实行质量一票否决制，不合格原料不进库，上道工序不合格不转序，不合格产品不发货，把产品质量作为工资计件的主要依据。不少企业获得国家质量体系认证，质量管理门坎不断提高。之后，重点企业相继成立全面质量管理办公室和群众性的全面质量管理小组（又称“QC小组”）。乡镇指导企业“QC小组”活动，增强干部职工质量意识，促进企业产品质量上水平。组织企业参加行业评比活动，企业创优质产品、创名牌产品的意识加强。

大中镇针织厂1995年获农业部和经贸部“全面质量合格企业”、农业部“出口创汇先进乡镇企业”。虹宇服饰公司1996年农业部批准为全国首批100家现代企业试点单位。江苏珍丰集团股份有限公司1993年跨入国家大型二档企业行列。1996年2月，被农业部批准为全国首批100家现代企业制度试点单位之一。1996年12月，列入江苏省第二批100家重点企业集团现代企业制度试点单位之一。企业管理先后获省级先进企业、国家二级企业、省质量管理奖、部质量管理奖和部质量达标企业。利用生物净化啤酒污水治理工程获得国家科研成果奖。盐城宝鑫集团1990年12月获“盐城市质量管理奖”，1996年获农业部“全面质量管理达标企业”。“巨鲸”牌育肥猪饲料先后获“江苏省优质产品”和“盐城市信得过产品”称号。

盐城丰蕾集团1995年先后被农业部和经贸部评为“全面质量管理合格企业”、被农业部评为“全国出口创汇先进乡镇企业”。

大中镇从2002年起倡导企业开展“质量兴镇”活动。

盐城贝贝工艺品有限公司2006年2月通过中国质量认证中心ISO 9001:2000质量管理体系认证。2008年,被江苏出入境检验检疫局评定为出口工业产品一类企业。产品结构、生产管理走在盐城市同行业前列。

多为集团2000—2010年先后荣获省“高新技术企业”“民营科技企业”等10多个荣誉称号。取得4项专利,其中有2项发明专利,通过ISO 9002、QS 9000和TS 16949等质量体系认证。

七、财务管理

1955年前,各工厂沿用收付单式记账。1957年,按照上级规定,社办厂普遍建帐、建证、建制,培训财会人员,设立财务机构。1962年起,社队企业开展财务清理整顿,建立会计、统计制度,使用统一账册报表。“文化大革命”初期,企业财务制度受到冲击。1978年以后进行整顿,全面推行经济核算制。厂财务科室配齐各种专兼职会计,车间配核算员。规模较大的乡镇企业对固定资产、流动资金、生产成本和专用基金都实施严格管理,主管部门定期进行财务检查或组织对口互查,开展经济分析活动。1992年,实施增值税制改革,会计核算制度进一步规范,适应市场经济建设配套的会计准则陆续出台,企业财务管理、核算制度普遍建立。中小企业用人普遍偏紧,但财务人员必须配全。规模较大企业使用财务副总或财务总监,个别企业设总会计师。

八、安全生产

(一)管理网络

1995年,大中镇的安全生产管理体制由部门管理上升为政府管理。是年起,镇政府成立安全生产委员会(简称安委会),下设办公室,负责指导、协调全镇安全生产管理工作。

2008年,建立大中镇安全生产综合监督管理站(简称安监站)和安全生产监察中队,配备专职安监人员6名。镇政府各部门、社区、学校(幼儿园)、企业等单位均建立安全管理组织,配备专(兼)职安全员。管辖范围由过去单纯的工业安全生产发展到辖区各行各业,全方位立体安全,保证各方面安全始终处于受控状态。镇安委会安全管理网络延伸到全镇各方面。在经贸中心管辖特种设备等企业,农经中心管辖农村、农机等农口单位,村建中心管辖建筑市场以及施工企业、拆房企业等,社区管辖区内商业、服务业及非定报企业等,安监站直接管理规模定报企业。安全网络全覆盖,管理全方位,纵向到底,横向到边,不留死角、盲点。

大中镇安委会主要负责人及其他成员人事变动,及时调整补充。1995—2010年,先后任安委会主任的有王周斌、袁兴平、李实业、顾广荣、郁冰、沈文静。

(二)管理措施

责任落实　2006年3月,对农村危桥安全、防汛排涝救灾、食品安全,镇政府分别发5号、7号、9号会议纪要。

2007年3月,对全镇安全生产工作指示。5月,完善安全生产责任制实施细则,镇政府分别发3号、5号纪要。2008年,关于在全镇开展安全生产隐患排查,在全镇开展迎奥运、查隐患、保安全、促稳定活动,镇政府分别发4号、5号纪要。2009年,对做好春节安全生产工作、做好“三夏”安全生产工作、开展安全生产“三百行动”、开展用电安全进行专项治理,镇政府分别发出1号、4号、6号、9号纪要。2010年,关于做好春节期间安全生产、开展安全生产大检查、“中秋节、国庆节”安全生产、今冬明春安全生产,镇政府分别发1号、3号、5号、7号纪要。镇长每年与三套班子分管领导,各部门、村、社区、学校(幼儿园)定报企业,三产服务企业签订安全生产责任状。部门、村、社区与下级层层签订安全生产责任状。在“三个文明”评先选优中,将安全生产列为“一票否决”,严格考核、奖罚分明。

宣传教育 2004年5月,安委会开展“安全生产月”宣传活动。6月,开展“两查禁、一整顿”活动。7月,开展“夏季防暑降温”安全活动。11月,开展“全面排查隐患,严厉整治隐患”的活动。2005年5月,开展职工安全知识普及教育活动。2006年6月,开展“安全在我心中”“一封安全家书”活动。8月,开展“深化安全生产达标”活动。2007年,镇政府、总工会举办八届一次职工技术操作运动会,开展“安全生产宣传教育和隐患排查”的活动、“119消防周”宣传活动、加强中小学安全监管专项活动。2010年,开展推行“1+3”安全监控工作专项活动,开展安全生产专家和专业技术人员进企业活动。

安委会经常在沿街和工业集中区悬挂安全标语、警语;制作安全生产宣传专栏,征订发放宣传品;组织职工参加安全生产事故隐患排查治理等知识竞赛;组织安全生产重点单位、公共娱乐场所,开展安全事故应急救援预案演练;企业、社区、学校等悬挂安全标语、书写永久性标语、制作板报、画廊、橱窗等,征订《中国安全生产报》《江苏安全生产》杂志;正常开展安全知识和法律法规培训;特种行业人员考核发证,组织职工参加三级安全教育,上岗、换岗、复岗教育等。

制度建设 在贯彻执行国家及地方政府和安监部门一系列安全生产法律法规的基础上,制定适合大中镇经济发展的规章制度。2002年10月1日,印发《大中镇重、特大事故应急处理预案》。

2003年,印发《安全生产管理制度》,发布《安全生产奖惩办法》《村、社区安全生产管理制度》。2005年5月8日,印发《大中镇突发性重大自然灾害预警预案》《大中镇突发性重大自然灾害行动预案》。2006年1月13日,印发《大中镇渡口应急救援预案》。1月20日,印发《安全生产目标责任状考核细则》。10月26日,印发《大中镇突发公共事件总体应急预案》。是年,印发《大中镇安全检查责任制实施细则》。2007年,印发《大中镇安全生产责任制实施细则》。2008年1月,印发《安全生产隐患排查治理工作制度》。是年,印发《大中镇安全生产专项整治长效管理办法》《大中镇较大以上农机事故处理应急救援预案》《安全生产事故隐患管理制度》。2010年,印发《大中镇安全生产事故应急预案》。4月,印发《安全生产违法、非法行为举报奖励办法》。

安全检查 2004年2月,开展春节和两会期间安全大检查。4月,开展“五一”期间安全生产大检查。9月,开展国庆节期间安全生产大检查。是年,开展公众聚集场所安全大检查和以“打击非法,取缔违法”为重点的安全生产和环境保护专项检查。

2005年起,安委会每年都开展全镇安全生产大检查几次。

除企业正常开展检查活动外,在重大节日和重大活动期间突出重点,开展排查,如利用“百日督查”“百日会战”“打击安全生产非法违法专项活动”“农村道路交通安全集中整治”以及每年的两会、春节、国庆以及奥运会、世博会等重大活动、主要节日均开展检查活动。

1983—2001年大中镇工伤情况统计表

表8-5-2

按权属分类				按行业分类													
镇办		村办		机械		建筑		纺织		食品		交通运输		花炮		其他	
起	人	起	人	起	人	起	人	起	人	起	人	起	人	起	人	起	人
48	51	4	6	15	18	23	25	5	5	2	2	2	2	1	1	4	4

1950—2010 年大中镇重伤致残定级情况表

表 8－5－3

重伤致残人数	十级	九级	八级	七级	六级	五级	四级
29	5	3	2	8	5	3	3

九、整顿与改革

（一）企业整顿

大中镇的企业整顿先后经历以下几个时期。

一是 1958 年 3 月，掀起大办工厂、大炼钢铁的群众运动。5—9 月，大中镇先后办起五金、轴承、服装、食品、煤球、造纸、针织、皮革、造船、焦炭等 10 个工厂。此后在 1958 年“大跃进”“反右倾”的形势下，1960 年掀起“大办百厂”的运动。1960 年下半年，根据“调整、巩固、充实、提高”的八字方针，大中镇对工业企业进行关、停、并、转全面整顿。

二是 1962 年，镇工业企业进行调整、整顿，相继关停并转拖修厂、水利机械修造厂、电化厂、制药厂、造纸厂、染织厂、纤维板厂、畜产品加工厂等。

三是 1978 年，企业进行全面“拨乱反正”大整顿。

四是 1982 年以后，大中镇针对乡镇企业管理运行中模仿国有企业模式，造成机构重叠、冗员太多、管理费用高、经济效益差的情况。在全镇组织开展的整顿、调整工作，通过整顿副厂级干部及一般行政管理人员分别下降 16.2% 和 11%。1983 年，裕华乡对晋丰羊毛衫厂等 16 个村办企业进行整顿。

（二）体制改革

大中镇企业体制改革大至分为三个阶段。一是解放初，将资本家的企业（油坊、米厂、轧花厂、纺织厂）收归国有；二是 1955 年的对资本主义工商业的社会主义改造，将私营个体工商户的店、厂收归国家和集体或公私合营；三是 1984 年后系列体制配套改革。

1984 年后的体制改革先后经历了“一包三改”：1984 年 4 月，推广无锡县堰桥乡“一包三改”（企业内部层层实行承包制，改干部任命制为选聘制；改固定工资制为浮动工资制，改固定工制为合同工制），首先在二布厂试点，5 月，在全镇企业全面推开。

改革企业内部管理体制：1986 年，全镇工业企业体制改革着重改革企业内部管理体制，推动以浮动工资为主的多种形式的内部分配制度，扩大工资浮动比例，提出浮动比例不低于 20%。划小核算单位，改一级核算为二级核算，有条件的车间实行独立核算。11 月，在二印厂开展试点，推广二印厂包括内部银行、厂长负责制在内的内部责任制改革经验。

租赁经营承包：1987 年 9 月，对全镇微利、亏损企业，实行租赁经营承包试点，大中镇第二兽药厂成为首批试点。1987 年，裕华乡对刺绣服装厂、磷肥厂等实行租赁承包。1988 年，实行招标的有 2 个企业，认标的有 8 个企业，4 个企业实行租赁制。1987 年 9 月 1—5 日，对 12 个乡办企业进行企业整顿验收，全部发给企业整顿合格证书。

股份合作制改革：1994 年，学习山东诸城经验，企业推行股份合作制改革。大中镇从 5 月 7 日开始试点，到 12 月月底结束，历时 7 个月，经过了宣传发动、资产评估、股金募集、建立组织和落实责任制、签订合同等阶段。全镇所有企业通过自下而上、自上而下的民主协商和政府确认，分别选择适合本企业运行的改革形式。全镇参加改革的企业 38 个，占企业总数的 100%，其中镇办 14 个、乡办 10 个，非工业 10 个，流通企业 3 个。在改革形式中，推行先出售、后改制企业 7 个，股份合作制企业 11 个，股份有限公司 1 个，有限责任公司 1 个，公有私营（租赁）14 个，兼并企业 3 个，在改革企业中涉及产权制度改革的占 64%。在完成镇属企业改革的同时，对村办企业也进行改革，9 月初开始，11 月上旬结束。村办企业的改革经过清产核资、资产评估、验资确认等阶段。改制形式以租赁制为主。77个改制企业中，股份制2个、租赁制61个（公有民营15个，公有私营46个）、拍卖企业9个、关停的3个、仍实行集体承包超利分成的2个。

对困难企业实行兼并、关停、并转：1992年，针织厂兼并扎染厂，1994年6月兼并第二鞋帽服装厂；1992年，家具厂实行分营；1993年3月，关闭织针厂、内衣三厂，二粮油厂兼并三粮油厂（1994年10月又与粮油棉加工总厂合并，1995年二印厂兼并彩印厂，1999年兼并光仪）。

1994年，裕华镇在对裕华化纤加弹厂搞“先售后股”试点的基础上，先后对其余11个镇办企业进行不同形式的改制。对加弹厂、经理部实行先售后股，对大丰县合成纤维厂、裕华福利厂、裕华粮油蔬菜冷藏加工厂、裕华建材厂等企业实行规范化股份合作制，对裕华磷肥厂、大丰县缝纫机械厂、裕华服装厂实行公有民营，原外贸裕华丝棉厂（含福利纸箱厂）由合纤厂兼并，一个印刷厂进行拍卖；对裕华建筑工程公司和裕华交通运输公司实行经理负责集体承包责任制。

1995年，裕华镇重组大丰县裕春集团、兴华集团、蒜业集团。

裕华工业供销经理部和裕华化纤加弹厂的编织车间实行拍卖；建材厂委托大蒜特种制品厂托管经营；麦芽厂的麦芽生产与恒温库分立剥离，恒温库另立厂名。

产权改制：随着企业改革的进一步深入，改制企业主要存在以下几个方面的问题：一是企业亏损面大，亏损额比较多，历史沉淀问题积重难返。二是集体资产跑、冒、滴、漏，流失比较惊人，生产经营性资产流失最为突出，存货贬值，坏死账款远远大于坏账准备金限控指数。三是企业债务沉重，自有资产很少，投入乏力，后劲不足，平均负债率高达80%以上。四是企业不能自主经营，自负盈亏，外部制约因素多，单靠扩权让利、两权分离等形式已不适应发展要求。随着体制改革的深入，产权改制已成为体制改革的关键。

1997年9月6日，大中镇召开企业产权制度改革千人动员大会。镇属企业先后改制23家，其中工业14家、流通三产9家、乡镇企业6家、城镇企业17家。改制后按《中华人民共和国公司法》及股份合作制规定，组建股份有限公司1家、有限责任公司15家、股份合作制企业6家，兼并企业1家。企业评估后净资产总额达到7892.23万元，按政策剥离及镇有企管的不转让资产计6843.69万元，可出售净资产1048.54万元，实出售1302.27万元。

1997年，镇办纺织企业参加改制的分别是丰蕾公司、色织公司、丰卉公司、全鑫公司，村办纺织企业仅有经纬纺织。同时，大中镇区域有29个村办集体企业改制，评估净资产1232.5万元。

1997年8月，裕华镇对17个镇办企业分期分批进行产权制度改革。裕华福利厂、建筑公司组建的有限责任公司，加工厂、服装厂、缝纫机厂（农具厂）、交运公司、纸箱厂、加弹厂、综合开发建筑站、大蒜特种制品厂等改组为股份合作制企业，磷肥厂、合纤厂实行租赁制，麦芽厂实行资产抵债。是年，裕华工业有17个企业参加改制，评估净资产－1324万元，各种剥离1359万元，可出售净资产－2683万元。其中有9个企业有净资产171.16万元，实际形成出售的4个企业，出售价75万元，出售款实际到位66.4万元。1998年，麦芽厂改制后资产抵贷，被银行收产，冷库继续运行；工业供销经营部解体一分为四，从事商业零售。2000年，农具社、缝纫机厂重组为大丰市华盛机械有限公司，大丰市工矿机械设备厂资产抵贷被银行收产。2001年7月，王港乡与裕华镇合并，原王港乡产权制度改革后的装卸运输站、王港建筑工程公司、神王天然食品厂和王港工矿机械设备厂4个企业并入裕华。2002年8月原大丰县合成纤维厂破产，出售重组为盐城市生泰服饰有限公司。9月，原大丰县裕华粮油蔬菜冷藏加工厂破产，挂牌出售给房地产开发商刘加祥开发“东方绿洲”。

2002年10月，多为集团收购市属破产企业市农机总厂，重组中田机械公司和中田海太公司。2003年7月，宝鑫集团收购市银海轻纺公司，市供销机械厂等。2005年10月，企业的土地权补办出让后变更到企业名下，企业原有的集体股、个人股全部退出，由法定代表和少量大股东经营。至此，裕华所有集体企业全部改制结束。

企业清算破产重组：从1999年开始到2006年，计有8个企业实施破产，有4个企业重组成功。重组企业是：鑫利太阳能公司、乐丰纸业公司、甬升食品公司、大富豪啤酒公司。2000—2006年，计有15个企业清算，有8个企业重组成功，分别是：志宏玩具公司、博伟工贸公司、银豪建材厂、通达建材厂、长江机械公司、天和门窗公司、恒峰彩瓦厂、珍丰酒店。

企业转产：昌盛工艺品公司停止花炮生产，专营花炮批发零售业务，租赁经营。

大中镇部分企业改制基本情况表

表8-5-4　　单位：万元

改制企业（公司）	评估资产	评估负债	评估权益	剥离资产				资产处置					企业类型
				合计	其中			可转让净资产	实转让净资产	净资产转投资	已解交转让款	转借款	
					不售资产	留企资产	待定资产						
建筑装潢	52.46	46.87	5.59	—	—	—	—	5.59	15	—	15	—	股份合作
兴达集团	1998.39	1021.21	977.18	889.94	731.1	147.15	11.69	87.24	87.24	—	52.8	34.44	有限责任
福利工艺	475.11	383.8	91.31	63.09	0.12	43.52	19.45	28.22	28.22	—	—	28.22	有限责任
丰蕾集团	987.88	312.96	674.92	625.33	8.34	582.94	34.05	49.59	49.59	—	—	49.59	有限责任
宝鑫集团	5215.83	3831.56	1384.27	927.6	487.87	234.47	205.26	456.67	456.7	203.2	30	223.5	有限责任
花炮	445.82	221.85	223.97	117.97	2.17	94.24	21.56	106	106	—	60	46	有限责任
丰卉织布	1824.38	1300.33	524.05	522.07	213.07	3.5	305.5	1.98	1.98	—	1.98	—	有限责任
科星印刷	1040.21	803.19	437.02	343.58	39.32	304.28	—	93.44	93.44	—	28.44	65	有限责任
丰都实业	273.79	188.34	85.45	68.65	—	48.89	19.76	16.8	16.8	—	16.8	—	有限责任
物建供销	333.85	286.73	47.12	47.04	—	22.59	24.45	0.08	0.08	—	0.08	—	股份合作
纺器厂	99.93	24.36	75.57	72.76	11.9	59.9	0.96	2.81	2.81	—	2.81	—	股份合作
珍丰酒店	170.08	128.09	41.99	41.99	—	41.99	—	—	—	—	—	—	股份合作
色织	943.71	804.97	338.74	402.07	200.43	201.64	—	-63.33	—	—	—	—	有限责任
友联塑料厂	79.79	25	54.79	53.36	—	51.11	2.25	1.43	5	—	5	—	股份合作
红光厂	120.05	80.82	39.23	35.95	10.54	19.35	6.06	3.28	3.28	—	0.67	2.61	股份合作
全鑫有限公司	347.85	88.32	259.53	219.85	206.21	13.64	—	39.68	39.68	—	37.28	2.4	有限责任
天力有限公司	562.13	299.43	262.7	296.47	204.91	91.56	—	-33.77	—	—	—	—	有限责任
运输公司	163.16	52.18	110.98	87.38	—	87.38	—	23.6	23.6	—	23.6	—	—
飞翔铸造有限公司	323.04	202.55	120.49	112.49	57.24	55.25	—	8	20	—	2	18	有限责任
小计	15457.3	9702.4	5754.9	4927.6	2173.2	2103.38	850.99	827.31	949.4	203.2	276.5	469.76	—
恒生集团有限公司	1315.27	1198.69	116.58	90.58	73.3	17.28	—	26	26	—	24	2	有限责任
丰轩汽车有限公司	171.5	77.8	93.7	80.76	70.16	10.6	—	12.94	12.94	—	7.94	5	有限责任

续表 8－5－4

改制企业（公司）	评估资产	评估负债	评估权益	剥离资产				资产处置					企业类型
				合计	其中			可转让净资产	实转让净资产	净资产转投资	已解交转让款	转借款	
					不售资产	留企资产	待定资产						
丰泽房地产开发有限公司	3555.54	2940.1	815.44	515.44	—	515.44	—	100	100	—	100	—	有限责任
小计	5042.31	4216.59	825.72	886.78	143.46	543.32	—	138.94	138.94	—	131.94	7	—
合计	20499.57	13918.95	6580.62	5614.37	2316.68	2846.7	850.99	966.25	1088.4	203.17	408.4	476.76	—

裕华镇部分企业产权制度改革基本情况表

表 8－5－5　　单位：万元

企业名称	改制时间	资产评估			资产剥离（四费一股）					资产出售（竞价成交）		出售价款	
		总资产	总负债	净资产	小计	退休职工医药费	退休职工生活费	职工保险	其他	可出售净资产	成交价	应到位款	已到位款
加弹厂	1997.8	20.03	—	20.03	—	—	—	—	—	20.03	0	0	0
大蒜特种制品厂	1997.8	18.25	12.68	5.5689	—	—	—	—	—	5.57	0	0	0
综合开发建筑站	1998.1	112.64	146.34	－33.7	2	—	1.5	—	0.5	－35.7	0	0	0
农具社	1997.10	86.27	45.81	40.46	30	—	30	—	—	10.46	0	0	0
服装厂	1997.11	112.92	227.1	－114.2	4.5	4.5	—	—	－118.7	0	0	0	
交运公司	1998.1	50.25	40.65	9.6	9.6	9.1	—	0.5	0	0	0	0	
福利厂	1997.10	845.65	791.69	53.963	2.18	—	—	—	2.18	51.78	0	0	0
纸箱厂	1997.7	141.32	134.29	7.03	—	—	—	—	—	7.03	0	0	0
加工厂	1997.10	503.94	577.84	－73.9	30	—	30	—	—	－103.9	0	0	0
合纤厂	1998.6	2947.9	4596.8	－1649	—	—	—	—	—	－1649	0	0	0
三联化工厂	1998.6	139.65	148.15	－8.5	—	—	—	—	—	－8.5	19.5	19.5	10.9
麦芽厂	1998.3	620.85	601.99	18.86	916.65	—	—		916.65	－897.8	0	0	0
建筑公司	1997.11	1941.1	1526.3	414.74	354.06	—	48.68	7.93	297.45	60.67	16.6	16.6	16.6
王港运输站	1997.9	23.42	12.92	10.5	7.9	—		—	7.9	2.6	13.9	13.9	13.9
王港建筑公司	1997.12	53.94	43.73	10.21	2.19	—	2.19	—	—	8.02	25	25	25
海产食品冷藏厂	2000.1	131.81	172.53	－40.72	—	—	—	—	—	－40.72	0	0	0
工矿机械设备厂	1998.4	122.07	117.07	5	—	—	—	—	—	5	0	0	0
合计		7871.9	9195.9	－1324	1359.1	125.97	7.93	1225.2	－2683	75	75	66.4	

1997—2000年新团镇办部分企业产权改革基本情况表

表8-5-6　　单位:万元

企业名称	资产评估			资产剥离(四费一股)						资产出售(竞价成交)		出售价款	
	总资产	总负债	净资产	小计	退休职工医药费	退休职工生活费	职工伤残费	职工保险	奖励股	可出售净资产	成交价	应到位款	已到位款
合计	5770	4439	1312	233.8	7.15	150.1	8.24	59.99	8.34	82.29	213.9	213.9	213.9
多为公司	3268	2261	1007	80.42	1.21	38.27	2.8	29.8	8.34	75.39	75.39	75.39	75.39
砖瓦厂	656.5	539.4	117.1	114.3	3.53	81.45	4.04	25.5	—	—	—	—	—
加工厂	415.4	475.3	-60	—	—	—	—	—	—	—	—	—	—
锻压件厂	613.5	476.5	137	5.69	—	—	1	4.69	—	21.5	13.8	13.8	13.8
制绒厂	171	202	-31	—	—	—	—	—	—	-31	11.55	11.55	11.35
中威公司	608.4	486.4	122.1	10.9	1.1	9.8	—	—	—	19.39	98.8	98.8	98.8
运输站	38.42	19.16	19.26	22.28	1.31	20.57	0.4	—	—	-3.02	14.4	14.4	14.4

说明:剥离数除表列四费一股外,另有995.51万元属不转让资产未列表内。

大中镇村办企业改制出售情况表

表8-5-7

村	企业名称	改制时间	村	企业名称	改制时间
恒南	针织、鞋帽厂	1997.10.10	阜北	空压机配件厂	1997.10.3
恒北	汽修厂	1997.11.5	红花	大中齿轮厂	1997.10.16
水利站	工程队	1998.3.31	红花	城南建筑安装工程处	1997.10.20
泰丰	黄海建筑队	1997.12.20	红花	经维纺织公司	2003.5.20
泰丰	黄海工艺厂	1998.9.18	红花	电力线材厂	1997.10.15
双喜	食用油厂	1997.9.24	同德	钢铁轧板厂	1997.10.13
利民	蜜饯厂	1997.10.5	同德	自行车零件厂	1997.10.20
城郊	城中汽修厂	1997.10.30	同德	纺机专件厂	1997.10.10
城郊	建筑站	1997.11.26	同德	食品饮料厂	1997.10.21
城郊	停车厂	1997.10.26	同德	建筑工程公司	1997.10.22
城郊	大中酱醋厂	2000.5.26	同德	合金铸造厂	1997.10.12
阜南	大中城东内衣厂	1997.10.20	同德	大中纸箱厂	1997.10.7
阜丰	水泥制品一分厂	1997.10.8	同德	电镀厂	2001.8.28
阜丰	大洋铸造厂	1997.10.3	德丰	米仁厂	1997.10.7
阜丰	丰华建筑装修公司	1997.12.7			

说明:1.29个企业评估净资产12325205.45元。同圣针织厂、灶圩铸造厂已划市经济开发区未列统计。

2. 德丰村福利厂、同德村城东商场、床上用品厂、干洗店、新德农修厂改制资料不全。泰西村、恒丰村等未见改制企业资料。

大中镇工业企业收购合并重组情况表

表8－5－8

序号	单位名称	实施项目及重组情况
一	行业、资源重组	
1	多为集团公司	2002年10月，收购市属破产企业农机厂，重组二个规模机械企业，退城进郊实行资本增值
2	宝鑫集团公司	2003年7月，收购市属江苏银都集团银海轻纺有限公司、大丰市供销机械厂及大丰市华美毯业有限公司
二	破产重组	
1	大丰市飞翔铸造有限公司	原自行车链条厂，改制企业，1999年破产，终结程序后，出售给周国平创办的鑫利太阳能公司，职工清算
2	大丰市染织厂	2001年12月破产，终结程序后，职工由色织公司安置，土地等资产由色织公司接收
3	大丰市福利工艺有限公司	2002年6月破产，终结程序后，出售给李淦，后转房地产开发，职工清算
4	大丰市腾达金属制品有限公司	由钢铁轧板厂、纺织附件厂（镇有村管）、同德村自行车零件厂合并的企业，2002年4月破产，职工清算
5	江苏珍丰集团股份有限公司	2004年3月破产
6	江苏金穗啤酒原料有限公司	2004年3月属珍丰集团的资产负债参与集团公司破产，终结程序后，徐波继续经营。2006年9月破产，终结程序后，出售给大丰市乐丰纸业公司（广东人），职工清算
7	江苏新立达啤酒有限公司	2004年3月属珍丰集团的资产负债参与集团公司破产，终结程序后，与南通大富豪啤酒厂合资，继后改由盐城大富豪啤酒公司独资
8	江苏珍丰食品有限公司	2004年3月破产，终结程序后，拍卖重组甬升食品公司
9	大丰市建阳液化气站	2004年3月属珍丰集团的资产负债参与集团公司破产，终结程序后，拍卖给管仁进继续经营。2010年，镇工业园扩建而拆迁终止经营，职工清算
10	大丰市新团镇粮化总厂	改制后成立的新团镇集体企业，2002年破产，抵押资产由银行收产，职工清算
三	清算重组	
1	大丰市纺织器材厂	改制后因经营困难，2002年出售给大丰市志宏玩具公司杨继平，企业清算
2	大丰市珍丰大酒店	改制后，因经营困难，2000年5月出售给镇水利站，职工清算。2006年，转卖印长华继续经营
3	大丰市全鑫有限公司	原丝织厂，改制后，因经营困难，1998年，房地产出售给丰泽公司开发，设备由工行收产。全鑫公司所得开发补偿转购宝鑫集团的原粮油厂（部分车间改服装经营，余房招租）2006年1月出售给徐仲宝，企业清算，徐仲宝转房地产开发
4	大丰市物建供销总公司	改制后，因经营困难，2003年企业清算
5	大丰市建筑装潢公司	改制后，因经营困难，2000年，出售给赵世兵，企业清算，赵世兵转金丰南路开发拆迁
6	大中镇招待所	2003年10月，因建设图书馆拆迁，企业清算
7	大中镇车辆管理站	2001年，因人民南路开发拆迁，企业清算
8	大丰市煤气设备厂	改制后，因经营困难，1998年，政府决定企业停产并承担职工清算，抵押资产由银行收产，后被人民南路改造拆迁
9	大丰市纺织材料厂	2006年，由企外人员组建大丰市博伟工贸有限公司，厂房出租，职工清算
10	新团砖瓦厂	改制后，2006年7月出售给沈德银重组银豪新型建材厂

续表 8－5－8

序号	单位名称	实施项目及重组情况
11	新团粮油加工厂	改制后,2004 年 8 月资产出售给陈林组建通达建材厂
12	新团锻压件厂	改制后,出售给森威集团,2002 年转售给柏林培重组长江机械制造公司,生产棉花加工机械
13	新团制绒厂	改制后,因经营困难,2003 年 11 月抵押资产由银行收产,转售王建华组建天和门窗公司
14	新团中威公司	新团建筑公司,改制后,2000 年法定代表人病故,无法经营,执照被吊销,2004 年 1 月政府负责职工清算
15	新团樱虹公司	改制后成立的镇集体企业,因经营困难,抵押资产由银行收产,2006 年 3 月继转售赵世峰,重组恒峰彩瓦厂
四	转产、合并、重组	
1	大丰市昌盛工艺品有限公司	改制后,因安全生产需要,2001 年花炮生产工序停止,改专营花炮批发零售业务,原生产厂房招商租赁经营
2	大中运输站	改制后,为便于行业管理,1998 年 5 月市政府决定并入市港务处
3	大丰市丰卉织布有限公司	原二布厂,改制后,因经营困难,抵押资产被银行收产,执照被吊销,2003 年部分资产出售给王卫东,重组东盛织造公司,尚有部分资产待处理,职工遣散未清算

附:境域省、市属工业概况

省属工业　驻大中镇的辖区省属工业是省农垦系统的农垦第三纺织厂、农垦黄海制药厂、农垦地毯厂。3 个企业在 1997 年国家调整统计口径时,均为规模以上定报企业。

1997 年后,农垦系统企业相继进行产权制度改革,第三纺织厂改为江苏省苏丰纺织有限公司,黄海制药厂改为江苏正大丰海制药有限公司,地毯厂改为江苏省亚丰针织有限公司。

正大丰海制药和苏丰纺织于 2010 年 6 月归市经济开发区统计和管理,亚丰针织划归大中镇属地管理。

1997 年,农垦系统三企业完成工业总产值 23972 万元,销售 20247 万元,利税 1542 万元,其中利润 824 万元,职工人数 644 人。

2010 年,系统企业实现工业总产值 41500 万元,销售 38451 万元,利税 12110 万元,其中利润 5114 万元。

1997—2010 年江苏省农垦系统工业企业主要经济指标完成情况表

表 8－5－9　单位:个、万元、人

年份	规模企业数	工业总产值	工业销售产值	其中出口	工业增加值	主营业务收入	利税总额	其中利润	平均人数
1997	3	23972	22871	—	4893	20247	1542	824	644
1998	3	24008	23087	10834	5593	22809	2072	1095	2251
1999	3	22464	22665	10719	7041	22876	2632	1401	2272
2000	3	22719	22258	5627	6412	21460	2363	1172	2043
2001	3	23633	22803	9972	6248	18941	2043	1328	1705
2002	3	24622	25801	10231	6181	26100	2265	1371	1770

续表 8－5－9

年份	规模企业数	工业总产值	工业销售产值	其中出口	工业增加值	主营业务收入	利税总额	其中利润	平均人数
2003	3	26139	25402	8771	5953	26527	2087	1049	2004
2004	3	25331	26714	7556	6849	24783	1289	－16	1845
2005	3	30549	28254	6743	9514	28876	2075	812	1720
2006	3	26595	27709	6484	7339	28049	2320	922	1661
2007	3	48667	26826	7526	12055	47565	6262	3590	1693
2008	3	35002	33670	1880	8400	38181	7328	4285	1570
2009	3	35554	33786	—	8888	33254	8504	5307	1633
2010	3	41500	38567	—	9960	38451	22110	5114	1556

县(市)属工业 大中轧花厂原名苏北棉产加工厂,是设在大中镇的第一家国营工厂。厂房设于原谷振之同乐楼内,(今大新桥下东南角)计约10多间,初创时规模不大,仅有职工20多人。设备也比较简单,有轧花机4台、打包机1台和60马力柴油发电机2台。1954年12月,私营裕民轧花碾米电气厂第一家实现公私合营。1955—1956年,大中轧花厂、大中油坊亦并入公私合营裕民厂。私营大中印刷厂、东来印刷社并入公营大中印刷社(1952年创办的教工印刷厂),建立地方国营大中印刷厂。实行公私合营以后,工厂扩大了规模,设备不断更新,生产能力大大提高。

1958年,县办工业大发展。3月7日,大丰县拉丝五金厂(今大丰飞轮厂)诞生;4月2日,淮南第二纱厂开办;5月27日,县农机修配厂成立。继后,大丰电厂、大丰织布厂、大丰米厂、大丰副食品厂亦相继创立。这些县办工业虽与是时的经济基础比例失调,在1962年调整中,部分工厂停办。1965年,国民经济经过三年调整,开始执行第三个五年计划,县办工业稳步发展。至1986年,县驻大中镇的国营工厂12个,职工6457人;大集体工厂25个,职工4005人。全年工业总产值27212万元。

1990年,驻镇县属全民、集体工厂有48家,职工16511人,企业年总产值4.75亿元,占县属工业18.25亿元的26.1%,利润1771万元,占县属工业利润总额2364万元的74.9%。

1996年,驻镇市属全民、集体工厂有44家,职工19841人,完成工业总产值13.47亿元,占全市工业总产值70.95亿元的19%,利税总额1.38亿元。

1997年,国家调整统计口径,市属工业有规模以上定报企业33个单位,工业总产值150103万元,销售收入135293万元,利税6754万元,职工6950人。

至2010年,规模以上定报企业上升到97个。实现工业总产值87.43亿元,工业销售收入85.36亿元,利税总额8.35亿元,其中利润4.60亿元,职工人数发展到15675人。销售收入比1997年增长6.3倍,利税比1997年增长12.36倍。

市属工业全面实施企业改制,股份制是改制的主要形式,自然人股东成为工业企业主要股本结构。大中镇辖区市属工业从2010年起除部分划归镇,其余全部归市经济开发区统计(包括两个省属农垦工业企业和常州高新区)。

1997—2010年省、市(县)属规模以上工业经济指标完成情况表

表8-5-10

年份	工业部门数(个)	定报企业(个)	主要经济指标(万元)							年平均人数(个)
			工业总产值	工业销售产值	其中出口交货值	工业增加值	主营业务收入	利税总额	其中利润	
1997	9	33	150103	161857	34523	37929	135293	6764	1946	6950
1998	11	33	152780	149121	35871	34300	130386	6504	742	20428
1999	11	34	169055	171998	38106	45804	133675	9159	2133	18139
2000	11	32	176178	173290	29705	41541	162583	9817	1755	19112
2001	12	39	173663	171250	29136	45186	148807	10701	2475	18456
2002	9	43	206768	206330	28253	55172	208155	11814	3455	16210
2003	9	45	153572	151769	15597	38514	150956	11205	4463	9132
2004	9	49	209042	204082	14616	49561	201584	14163	5556	11510
2005	9	56	263670	253782	73639	69696	242330	20216	10043	12197
2006	9	64	354542	348769	16653	91619	353129	27440	14123	12661
2007	5	63	481488	398484	28515	129198	468466	43952	24106	12901
2008	5	75	592653	576888	41202	142236	584791	55777	30325	13520
2009	5	99	766372	759049	33050	176265	764696	71170	37553	16364
2010		97	874340	865145	44213	198983	853575	83532	46040	15675

说明：在大中镇辖区内市属工业企业主管部门指轻工、纺工、工业、粮食、银都集团、交通、农业、盐务、城管、林牧、经济开发区等部门。2010年6月，市经济主管部门撤销，所属企业按地域划归有关镇和经济开发区。2010年数据中含常州高新区企业、农垦丰海制药、苏丰纺织均归经济开发区，2009年前按统计年鉴录入，2010年由市统计局提供

第九章 商贸服务

明嘉靖年间,刘庄场八灶团的商铺日渐增多,成为大中镇西域最早的商业发祥地。清雍正年间,八灶团成为刘庄盐课司东部盐业中心,集盐务生产、储藏、运输、销售为一体,布店、粮店、油坊、槽坊、餐饮日杂、南北货商行一应俱全,可谓是经济重地。刘庄场并入草堰场后,草堰场盐课司所在地西团成为大丰东部商贸中心。靠近西团的新团庄(今新团小街)市井逐渐繁华,而东部的吴家桥则成了老斗龙港以东盐民到草堰场(西团)缴纳盐课的必经之地,于是吴家桥的商贸逐渐兴旺。

20世纪20年代,大中镇新兴。抗日战争爆发前夕,大中镇商业达到鼎盛时期。由于棉花丰收,吸引上海、南通等地40多家工厂派花商来大中集设店或托店承购,红太、大生、大通、云集等4家轮船公司承受货运、客运业务,南通大生纱厂在泰丰区设飞机场(今泰丰村五组),专门承担送款等往来业务。其时,城区有大小商店130余家(不含小摊小贩),资本在万元以上的达10余爿。街面各种商店鳞次栉比,一派繁华,享有“小上海”之誉。

1941年7月,大中集沦陷,日军在大中集设立中国支那公司和东洋拓植公司。垄断棉花收购,致使市场萧条。

1945年,大中集光复。翌年,人民政权在大中镇设立国营江海、利丰两公司,经营粮油棉布和日用杂货,平抑物价恢复市场。

1948年初,国民党军进行“无人区”大扫荡,城区被掳掠一空,大小商店无一幸存,6000多人口的大中集仅剩下老弱病残者30多人,断垣残壁,满目疮痍。5月,人民政府在经济极端困难之际,将在战争期间没收恶霸地主的浮财分发给商户,同时发放贷款,帮助商家恢复经营。1949年,全镇各类商户发展到247家。1951年,大中镇商品销售总额达250.5万元。1955年后,进行私营商业社会主义改造,组织成立集体商业。开放集市贸易,商品多渠道流通。三年困难时期,商品紧缺,市场清淡,生产生活用品实行计划供应。

“文化大革命”期间,个体工商户被作为“资本主义尾巴”铲除,正当经营的集市贸易被当成资本主义倾向加以限制,国营和集体商业也因渠道单一,商品流通不畅。

1978年以后,商业体制改革,市场经济逐步发展,流通部门转换经营机制。1995年,大中镇城区有7家大型商场,50个门市部,150个商业网点,从业人员1997人。全年社会商品零售总额47939万元,外贸出口供货值16063万元,均创历史最高纪录。

1997—2003年期间,商业实现全面改制,商贸企业实行股份合作制和私人买断等形式,2004年国营、集体商业已不复存在。是年,大中镇城乡有商贸服务企业法人单位845个,从业人员18339人,经营收入173515万元,资产总计787070万元;产业单位469个,从业人员9605人,经营收入17825万元;个体工商户8410户,总人数12886人。

2010年,大中镇有商贸企业1138个,从业人数8195人(不含个体工商户),营业收入77160万元。是年,市区有大润发、苏果、农工商、世纪联华、华联、苏宁电器六家大型超市,以及大新路商业一条街、工农路建材、装潢一条街,恒生、鸿基、银都、金都贸易购物市场和城中、荣海、恒生、城北等农贸市场。

第一节　商业体制

一、个体私营

明嘉靖三十二年(1553),刘庄场在八灶团部(今八灶村)增设土城一座,编制百户1员,军士50名。至此,八灶团的商辅日渐增多,成为大中镇西部最早的商业发祥地。清雍正六年(1728),刘庄盐场总产量达7055吨。八灶团成为刘庄盐课司东部盐业中心,集盐务生产、储藏、运输、销售为一体,布店、粮店、油坊、糟坊、餐饮日杂、南北货商行一应俱全,可谓是经济重地、军事要塞。由于海势东迁,盐业衰退,市井逐渐萧条,到20世纪初,八灶团仅剩下义茂恒、金义记、陈源隆、徐仕记等4家南北货商行和何子民、刘之和、孙付斌、王凤保等几家茶食店。

20世纪20年代,废灶兴垦,农业生产蓬勃兴起,特别是棉花的大面积种植,促进商业迅速发展,商贸中心向垦区转移。1927年,大中集(镇)应运而生。建镇后,市井街面立显兴隆。1931年,沿二卯酉河两侧和河南的老街、河北的大新街形成两条300余米的市面。由于棉产日甚,外商们云集而至,上海、南通、无锡、苏州、镇江、常州等地纱厂客商纷至大中集设店经商,一时大中集成为垦区粮、棉、油、盐及“五洋”(洋火〈火柴〉、洋油〈煤油〉、洋碱〈肥皂〉、洋钉〈铁钉〉、洋烛〈蜡蚀〉)百货集散中心,花行、粮行和丝绸、棉布、日用杂品的商店以及服务业的旅店、茶馆等遍布街市。1922年,裕华公司建立。1930年,裕华小街已形成。

1933年,大中集(镇)有大、小私营商店50余家,客商大店有10余爿,尤以老街和河北沿河(今大华路)、竖街(今大新街)最为兴盛。1938年,大中镇有大小私营商业130余家,资本万元以上的大店有10余爿。

20世纪30年代末,大中镇商业发展到鼎盛时期,台北垦区年产皮棉最多达6000吨(12万担)。而棉花纤维之长、衣份率之高,在国内市场屈指可数,在上海纱商中“大中集花”享有盛名,在国际市场上可与美国、印度优质棉“米特林”相媲美(棉花丝毛较长,可纺40支纱,一般可纺16或20支纱),产量之最,质量之优,吸引了大批外商。上海、苏州、无锡、常州、南通、泰州等地有40家工厂派出花商来大中镇设店或托店(委托当地花商)承购。射阳的合德、八大家等地所产之棉亦送来大中镇经营。棉花丰盛之年,大中镇棉花输出量达1.5万吨(皮棉),粮食销售输出约2500吨,在交通运输上有红太、大生、大通、云集等4家轮船公司往返于此,承受货运、客运业务。私人开设的汽车行,拥有汽车29辆,用于短途货运和客运。南通大生纱厂(今南通国棉一厂,为张謇所办)在泰丰区还设飞机场(今泰丰村五组),专门承担送款业务。每年8月至翌年1月为收花旺季,大中镇轧花商户达450余户,轧花工人达2000多人。整个市面均为店行所占,各种商店鳞次栉比,糕点茶食、旅店酒楼、京广百货、木器家具、五洋杂货应有尽有。其时全镇有大小商店130余家(不包括小摊小贩),资本在万元以上的达10余爿,大户粮行有肖万圣、吴伯昌两家,贮粮达500吨(肖为300吨、吴为200吨左右)。市场繁荣,是时享有“小上海”之誉。

1941年7月21日,日军入侵大中镇,首先垄断棉花资源,在大中镇设立中国支那公司(设于原大华路军政巷内,今城中菜市场内)和东洋拓植公司(设原大华路大会堂处,今鸿基购物广场)。中国支那公司垄断棉花收购,华商纱厂不得直接购棉,纵有少数华商来此,亦只能从中支公司间接转购,花价也由日本人所控制,远远低于华商纱厂价格,故此棉花倒流,棉农纷纷弃棉改粮。在这种情况下,日本人又利用东洋拓植公司发放贷款,推行“屯垦”阴谋。事后,日商又委托大中镇和、宏、荣、茂4家私营花行代其收棉,但花价格则仍由日本人控制,极其低廉,致使棉花市场萧条。三和花行拆股,大生公、蔡炳若花行歇业关闭,张永昌花行关闭改行,其他花行缩减资本,勉强维持生计。日军入侵,加重了垦区人民沉重的税收负担，人民不但要负担谷振之伪军费，还要养活日本侵略军。1942—1945 年 8 月间，仅谷振之的军费支出就达 10205.75 万元(银元)，商民度日如年。大中镇最大的天昌京广百货店、秦记木行也关闭歇业。汽车、轮船销声匿迹。

1946 年年底—1947 年 4 月，国民党军郝鹏举部占领大中镇，税收名目更加繁多，连轧户、轧工的轧花车每部都需纳税 2～3 元。“枪支捐”无边无底，不时征索“保释捐”，稍有不遂，抢劫一空，大的外客(台北县以外地区)商店杳无踪迹，中小商店亦或隐遁农村，亦或缩小资本，整个街面店行所剩无几，市面冷落萧条。

1947 年 4 月 20 日，大中镇解放。5 月，全镇 292 家商店、棉粮行、作坊相继复业。与此同时，重新建立党政组织，选举新街长，组织工人纠察队维持秩序，1000 多名职工全部组织起来，市场秩序得到恢复。1948 年 3 月 30 日，大中镇重新建立商联会。下设花粮行、南货行、青货行、油糖行、理发浴室(理发、浴室 1 个委员会)等 5 个商会委员会，组织与发展商业。人民政府在鼓励发展私人工商业的同时，对无法开店的贫民商贩组织成立贫民合作社，为民营性质，贫民投股集资兴办(每股额以 1 千克皮花，2.3 千克大米为一股)，国家贷款资助，经营以粮棉为主，棉布、“五洋”为次。政府在极端困难之际，将扫荡前藏好的清算浮财分发商户(多至每商户 400 千克玉米，少则 50 千克)。同时多次发放贷款，帮助商民恢复营生，仅 1948 年国家拨发台北县油坊贷款 750 万元(合新人民币 750 元)，每户油坊平均 50 元；纺织贷款 8000 万元，商民小本贷款 2000 万元，牲畜贷款 2250 万元。据商人吴广余回忆，1948 年就得到政府资助的粮 350 千克，贷款 700 元。

1949 年 5 月，台北县政府针对一些城镇侵犯工商业现象，要求各级党组织坚决执行保护工商的政策。凡工商业清算错的，应坚决补偿，要补偿的全部补偿。贫民分得的浮财不可“倒拨蛇”、未分浮财全部作补偿工商业之用，不能拨作救济之用。补偿时分先后轻重，先补偿小商家和先被清算的，补偿时一定要通过群众。政府没收的是四大家族的资本，凡依靠敌人势力剥削而获的可以没收，封建恶霸如群众不同意补偿的，暂时不补偿，凡没收的工商业一定要政府发布告宣布。由于人民政府执行保护发展工商业的政策，商业很快恢复生机，大中镇商业又出现繁荣景象。是年，全镇有油坊 11 个、糟坊 4 户、染坊 2 户、糖坊 2 户、烛坊 1 个、香坊 1 户、布行 13 家、花粮行 100 家、八鲜行 12 家、南货行 2 家、棉籽行 1 家、草行 6 家、牛行 1 家、木行 1 家、猪行 1 家、盐行 1 家、酒行 1 家、自行车行 7 家、竹行 4 家、药店 4 家、广货店 8 家、照相馆 3 家、茶食店 9 家、什货店 31 家、面店 1 家、石灰行 3 家、酱园 4 家、土卷烟 1 家、黄烟店 1 家、银匠店 5 家、嫁妆店 1 家、茶馆 4 家、浴室 2 家，全镇合计有大小商店 247 家。是年底，全镇共有工商户 270 家，其中从商 225 户、行商 8 户、摊贩 37 户。以行业分类，有棉布 31 户、粮食业 12 户、油坊 15 户、南货 48 户、酱坊 4 户、广货 24 户、青货摊贩 19 户、铁业 11 户、竹厂 11 户、饮食业 6 户、旅社 4 户、豆腐业 28 户、糖坊 2 户、染坊 2 户、盐业 2 户、弹花业 18 户、药业 6 户、行商 8 户。国营公司、合作社、私营工商业户计有资金总额约 1 亿元(折现人民币 3 万元)，其中较大私营企业大中、裕民轧花厂和新生油米厂，计有流动资金约 11000 千元，固定资金约 54000 千元(其余均为千元左右零售店铺)。

1952 年 10 月 13—20 日，大丰县在大中镇召开物资交流大会。参加大会的有东台、盐城、泰州、南通、宜兴等地的公私合营代表 111 人，大中集代表 53 人，其中公私合营 26 人，私营 27 人。会议期间，成交货物总额 59.11 万元。

1954 年，国家先后对粮食、油料、棉布(包括棉花)实行计划收购和计划供应，私人有关商店相应采取经销和批购形式。大中镇城区有棉布经销商 3 户，批购商 2 户。是年年底，全镇私营工商企业户 470 户，从业人员 876 人，资本总额(净值)219148 元，其中流动资金 60286 元，销售额为 1145703 元。

1954 年大中镇私营商业饮食业基本情况表

表 9－1－1

项目/数字/行业	户数(户)		从业人员(人)			资本额(元)		销货额(元)	收益额(元)
	合计	其中摊贩	合计	其中 摊贩	其中 职工	合计	其中摊贩		
总计	276	217	462	276	9	42197	6527	932121	8659
粮食代销店	2	—	6	—	—	170	—	158301	3166
猪肉铺	1	—	8	—	—	500	—	39398	—
青货八鲜	29	24	49	26	2	2013	544	37174	3584
鸡蛋业	5	5	6	6	—	56	56	7850	—
食盐代销店	1	—	2	—	—	500	—	7651	—
酱园	1	1	1	1	—	30	30	160	—
水果摊	14	13	17	16	—	589	269	12078	—
茶叶店	1	—	1	—	—	98	—	805	—
糖摊	15	15	21	21	—	327	727	19750	—
香烟摊	52	52	54	54	—	1590	1590	77142	—
公酒代销	8	1	31	1	—	2634	70	76417	—
炒货摊	13	13	13	13	—	91	91	1590	—
铁炭行	1	—	1	—	—	20	—	—	1309
棉布代销店	3	—	9	—	—	4692	—	34353	—
书籍	1	1	1	1	—	40	40	350	—
广货业	23	20	33	21	—	4127	1388	64198	—
窑货业	1	2	1	1	—	30	30	500	—
木器家具旧货	5	—	6	—	—	1850	—	25411	—
旧衣服	1	1	1	1	—	150	150	1200	—
小杂店	7	5	9	6	—	167	137	2270	600
石灰店	2	—	2	—	—	1929	—	15626	—
中西药店	5	—	8	—	5	4264	—	22013	—
南货业	7	—	25	—	—	8191	—	16618	—
商业小计	196	152	305	168	7	34017	4732	770463	8659
饮食业	80	65	157	108	2	8180	1795	161658	—

公正丰花粮行　建镇初期创办，为镇江人章荣山所经营。章氏于 1919 年大丰公司开办初期即充任实业保安队正目(班长)之职，人称“章正目”，屯驻大中镇。于 1928 年在今台北饭店处建私房 20 余间(原四合院)开设花行粮店。始以经营棉花为主，初为南通大生一厂(今南通国棉一厂)收购，后又为无锡新生三厂代买，从转手倒卖中蚕食棉农，渔利致富。至抗战爆发前夕，家资达数万元之多，年收棉花达 250 吨左右，粮食亦有 3000 余石，店有职工 14 人，轧车 10 余部，轧工 20 余人。1941 年，日军入侵，棉花为日本人垄断，花市萧条，仅经营少量粮食，勉强维持营生。1948 年，章氏死于南通，其业为其婿武凯太续营。

三和花行 1928年创立,经纪人郁正东,海门县人。地址位于今电影管理站处,有市房20余间,店面6间,是建镇初期最大花行之一,单纯经营棉花买卖。先为海门大生三厂收棉,后为中棉公司代购,于中间牟利。年轧籽棉近500吨。抗日战争期间辍业,郁氏回原籍,市房转户一部分由徐玉辉经营,改称元大花行;一部分由蔡锦涛经营,名曰益昌花行,后又转让给其弟蔡锦波主事,改称"大隆"店号,因其经营不善,几乎倒闭破产,嗣后蔡锦涛重整旗鼓,亦复店号"益昌"。

大生公花粮行 为启东客帮施中奇所经营,创于1929年。行址在今鸿基大厦西侧,有市房30余间(后为大道供销社旧四合院),始营粮为主。至1936年,棉花丰收,为大生一厂收棉。店内职员、学徒约15人。收花旺季,雇用轧车20余部,轧工40余人,年收皮棉约200吨左右,粮亦有2000余石(1石约合60千克)。固定资产除市房店面外,还在郊区农村置田66.67公顷,按资三佃七征租收税,资产总额达10万余元。抗日战争爆发时,花行市店关闭,施氏遁迹农村,经纪地租进行剥削。

吴福昌粮行 设于民主巷东北侧(原工商银行大新路储蓄所处,今鸿基商业街东侧),由安徽合肥客帮商人吴业宏经营,为全镇最大粮行之一(仅次于"肖万圣"粮行)。开始经营粮食为主,年经销粮6000余石,以大米为最,三麦杂粮为次,收粮季节囤居粮4000余石,与肖万圣粮行能左右全镇粮食市场。后因大丰公司棉花日益旺盛,亦为大生一厂代收皮棉,同时为南通广生油厂收购棉籽,年进出量不下于1500吨,生意兴隆鼎盛一时。1938年左右,该粮行雇用职员、徒工10多人,红田(私田、不纳税)百余亩,资本2万余元。1941年后,日军入侵,战事爆发,逐渐缩小资本,直至新中国成立前夕关闭歇业。

天昌京广货店 为大中镇当时最大的一家京广百货商店。经营种类繁多,花色品种齐全,有五洋百货、海味八鲜、"五福"嫁妆。如有大小红白喜事,入店尽可不出其门,所需之物一应俱全。店内除门市职员、学徒(伙计)外,还常年雇有木工、油漆工10多人,门庭若市,喧盛非常。此店设于人民路台北饭店北侧,有私房10多间,店面5间,创于1929年,鼎盛时资本达5万元之多。同时发放"流通券",不仅能在大中镇流通交换,亦能在新丰、刘庄、白驹、西团等地换钞。店老板为西团客商陈三祝,其实力雄厚。在西团有店福兴太,在新丰有店大德,均为当地较大商店。天昌京广货店常年主事王建文。抗日战争爆发,此店歇业关闭,市房转户于东台商人董焕章开设绸布店,店号董焕记。董氏来丰赤手空拳,初时仅是土布摊贩,背包走街串巷。由于善于经营,1941年暴富,成为全镇唯一的独市经营绸布商,店资足具万元。

朱公记花行 经纪人朱孔修,海门县海复镇人。1931年来大中镇,原曾经商,因不善经营而破产。初时在"大生公"内执秤,且借职业之便,开设自营朱公记花行,行址设于大生公后侧(今鸿基大厦西北侧)。始时资本甚微,至1936年开始发迹,建有私房50间,置田200余土窕(约合266.67公顷),分布在裕丰、阜丰、恒丰、万丰等地区,年进籽花500余吨,收花旺季,雇用杂工近70人,轧车40余部,常年雇用职员、学徒10余人。1941年前,该花行先后为常州大成,无锡庆丰、裕康,苏州苏纶,上海申新、申茂等多家纱厂代收棉花。1941年后,棉花为日商控制,朱氏不得不给日本人收棉。朱氏比较开明,颇有爱国之心。1944年春,朱公为支持抗日,争取民族解放,曾义献皮棉10吨、私田173.33公顷于人民。1945年12月,朱孔修为台北县参议会参议员。

秦记木行 于民国初期开业,店址位于老石桥北侧,计有市房30余间,经纪人为海门县之秦迪仁。秦氏初来丰时,仅有资本法币1000元,专营木材买卖。同时还有一家秦和木行,由杭国民经营,但时间不长。故秦记木行是当时大中镇唯一的独家木行,生意兴隆。民国25年(1936),资本足具万元,在和丰、恒丰、泰丰三区置田200公顷。日军入侵后,被迫停业。

肖万圣粮行 位于人民桥西南侧,为西团肖怀章所经营。1931年到大丰,初时资本不足5吨大麦。后逐步发展成为当时大中集最大的粮行。肖氏收粮时廉价囤积,紧缺时高价抛售,垄断全镇粮食市场。肖氏在其次子结婚时,关店3日,市民无处买粮而四出奔走,3天后肖氏竟将粮价上涨一倍,市民无不切齿。肖氏粮行门面房9间,包括住房、仓库计有市房70多间,收粮旺季能囤粮25万千克左右。日军入侵后，肖氏卖身投靠日军，并经营花行，每年为日本人收购籽棉达1325吨，常年雇用轧工近50人，轧车20余部，另在福丰区置田16.67公顷，鼎盛时资产高达10万元。抗战胜利后，肖氏被镇压，财产被没收。

1955年4—5月间，为促进私营商业的社会主义改造，大丰县百货公司撤让棉布门市部和小百货若干品种，合作社亦主动让出200个品种给私商经营。公司、合作社降低批发起点，增加批发门市部，取消社员优待金，规定批零差价，使私商有一定合法利润，因此，私营商业逐步上升，特别是烟酒、棉布、什货、百货最为显著。

6月下旬，大中镇对私商进行换证登记工作，摸清私营工商者的具体情况，为私营工商业的社会主义改造创造良好条件。

1955年7月初，组建南货合作商店1个，14户，17个从业人员，设立2个门市部；茶食合作商店1个，11户，21个从业人员，设门市部2个；青货合作商店1个，9户，19个从业人员，设门市部1个；烟酒合作商店1个，24户；百货合作商店1个，12户，12个从业人员，设门市部2个；饮食业合作饭店1个，5户，从业人员19人。计组织6个合作商店，75户，从业人员98人。组织起来的合作商店，营业额逐渐上升。南货、烟酒、青货、茶食4个合作商店未组织前平均每月营业额14864元，组织后，每月平均营业额55743元，增加2.7倍，月盈利3670元。9月，国务院发出对私营商业和饮食业进行普查的指示。10月5日，大中镇工商联对私营商业和饮食业进行全面普查，计私营商业196户，资本总额34017元（其中摊贩资本4732元）。1954年，全年销售总额770463元，收益额8659元。1955年上半年，销售货额为346850元，收益额4786元。饮食业80户（其中摊贩65户），从业人员157人。企业资本总额8180元（其中摊贩1795元）。1954年全年销货总额161658元，1955年上半年销货额82645元。是年底，全镇私营工商企业发展到483户，从业人员854人，其中职工131人，资本总额达206754元，销货总额达129.2245万元。

1955年年底，大中城区共有私营商业饮服业、手工业计483户，资本总额20.67万元，年销售额42.94万元。

1956年初，开展资本主义工商业社会主义改造。大中镇棉布、南货、百货、国药、酱园、陶瓷、旅社等行业实现全行业公私合营。其中公私合营棉布商店1个，3户，从业人员9人，设门市部1个；公私合营百货商店1个，14户，从业人员14人，设门市部2个；公私合营国药商店1个，5户，9个从业人员，设门市部2个；公私合营酱园商店1个，4户，9个从业人员，设门市部2个；公私合营陶器商店1个，5户，8个从业人员，设门市部2个；公私合营旅社1个，5户，15个从业人员，设5个门市部；计44户，从业人员73人，占商业总户数(350户)12.5%。糖果业、豆腐业、饮食业、照相馆实现全行业合作化，建立合作商店，旧货业建立合作小组，包括1955年7月组织起来的合作商店及合作小组201户，从业人员335人，占商业总户数的57.5%，尚未改造的还有105户，占30%。公私合营、合作商店、合作小组及单干私商业务归供销合作社统一领导。

1956年6月，全镇对私营工商业的社会主义改造形式和网点摆布稍作调整，原公私合营百货商店6户改为经销店，自负盈亏，其余2户并入合作商店。原公私合营百货商店改为经销和代销，原公私合营窑货商店改为合作商店。为方便群众，在德丰、阜丰、超产（今泰西）、合意（今泰丰）、长春（今恒丰）设立5个综合性下伸点。调整后的大中镇合作商店占29.6%，合作经济单干15.1%，经销、代销占17.6%，不予定形改造的35.4%。其中纯商业比例为：公私合营占1.3%，合作商店占37.2%，政治合作经济单干占3.9%，经销、代销占37.2%，不予定形改造的占29.3%。7月，大中镇商业实行归口领导。原供销合作社负责领导、改造的部分行业划交商业局或专业公司管理。百货、糖果、茶食、炒货4个行业划交百货公司（茶食、糖果、炒货暂由百货代管），烟酒划属专卖公司，青货、八鲜划归水产公司，国药归药材公司，编织业划归木材公司，棉布划归纺织品公司，南货及其他行业暂由供销社负责管理。各专业公司指定专人负责具体领导和管理，并由大中镇政府及各有关主管部门组成私改工作组,领导私改工作。

1957年,对原尚未改造分散经营的浴室、理发、茶炉等9个行业,134个商户组织成立16个合作小组,至此,大中镇区域私营工商业的社会主义改造工作全部结束。组织起来的商业人员工资报酬随着各种组织形式的不同而不同。公私合营的旅社、国药、棉布实行固定工资制;医疗、福利待遇按国营企业标准执行;合作商店的饮食业、照相等实行基本工资加营业提成;理发、浴室、茶炉等实行死分活值,或拆账工资;商业附属工厂实行计件工资制;合作商店的医药费、福利费则按月工资额的5%提取(医药费3%,福利费2%);自负盈亏的合作小组的医药费、福利费根据自愿的原则,按营业额的1‰~3‰提出,作为公益金,由小组掌握使用。

1955年大中镇私营商业、饮食业、手工业、服务业情况表

表9-1-2　　单位:户、人、公顷、万元

行业	户数	从业人员		资本额	销货额		收益额		土地情况			
		合计	其中职工		1954年	1955年	1954年	1955年上半年	有土地户数	占总户数%	其中土地公顷数	每户平均公顷数
行业合计	483	854	131	20.68	129.22	42.94	8.65	0.48	213	27.8	190.07	1.31
纯商业	198	305	7	3.40	77.04	34.68	8.65	0.48	55	27.8	71.93	1.31
饮食业	80	175	2	0.81	16.16	8.26	—	—	39	—	20.13	—
手工业	160	347	84	14.56	37.84(总产值)	—	—	—	84	—	57.4	—
服务业	45	133	38	1.90	63.12(总产值)	—	—	—	35	—	40.6	—

1955—1956年4月大中镇私营商业改造形式概况表

表9-1-3　　单位:户、人、个、元

行业	改造前					改造形式								
	户数	人员	资金状况			公私合营			合作商店			合作小组		
			固定	流动	合计	户数	人员	门市	户数	人员	门市	户数	人员	门市
棉布	3	9	742	4144	4886	3	9	2	—	—	—	—	—	—
南货	9	26	2465	7700	10165	8	9	1	14	17	3	—	—	—
百货	19	28	993	3080	4073	14	14	2	12	12	2	—	—	—
国药	5	9	1896	2368	4264	5	9	2	—	—	—	—	—	—
烟酒	60	87	705	4890	5595	—	—	—	51	78	5 21摊	—	—	—
茶食	3	21	101	2141	2242	—	—	—	3	21	2	—	—	—
酱园	5	10	3712	1882	5594	4	9	2	—	—	—	—	—	—
青货	29	49	—	2250	2250	—	—	—	20	40	2	—	—	—
糖果	28	31	—	825	825	—	—	—	6	6	1	—	—	—
陶瓷	5	8	—	4970	4970	5	8	2	—	—	—	—	—	—
旧货	9	9	100	1260	1360	—	—	—	—	—	—	9	9	3

续表9－1－3

行业	改造前					改造形式								
	户数	人员	资金状况			公私合营			合作商店			合作小组		
			固定	流动	合计	户数	人员	门市	户数	人员	门市	户数	人员	门市
豆腐	25	33	8600	425	9025	—	—	—	25	33	5	—	—	—
肉业	1	10	201	790	991	—	—	—	—	—	—	1	10	1
食盐	1	3	17	140	157 未改造	—	—	—	—	—	—	—	—	—
书摊	2	2	—	80	80	—	—	—	—	—	—	—	—	—
炒货	9	9	—	60	60	—	—	—	—	—	—	—	—	—
草行	6	13	72	—	72	—	—	—	—	—	—	—	—	—
纯商业小计	219	357	19604	37005	56609	39	58	11	131	207	20	10 21摊	19	4
烧饼	12	15	4003	1123	5126	—	—	—	—	—	—	—	—	—
面包	8	8	311	65	376	—	—	—	—	—	—	—	—	—
海棠糕	1	2	100	150	250	—	—	—	—	—	—	—	—	—
饺面	6	7	90	110	200	—	—	—	—	—	—	—	—	—
饭店	8	31	513	622	1135	—	—	—	—	—	—	—	—	—
蜂糖糕	3	6	70	65	135	—	—	—	—	—	—	—	—	—
油条	1	2	5	10	15	—	—	—	—	—	—	—	—	—
米饼	16	23	276	196	472	—	—	—	—	—	—	—	—	—
麻团	3	4	19	33	52	—	—	—	—	—	—	—	—	—
粽子	7	7	—	24	24	—	—	—	—	—	—	—	—	—
羊肉	2	4	70	180	250	—	—	—	—	—	—	—	—	—
圆子	5	6	100	57	157	—	—	—	—	—	—	—	—	—
熏烧	6	6	125	110	235	—	—	—	—	—	—	—	—	—
小吃	2	2	10	15	25	—	—	—	—	—	—	—	—	—
饮食业小计	80	123	5692	2760	8452	—	—	—	57	98	10	—	摊头 10	—
旅社	5	15	10435	238	10673	5	15	5	—	—	—	—	—	—
照相	4	10	3113	506	3619	—	—	—	4	10	2	—	—	—
洗染业	5	9	10435	100	10535	—	—	—	5	9	1	—	—	—
浴室	2	45	623	50	673 未改造	—	—	—	—	—	—	—	—	—
理发	25	61	3012	—	3012 未改造	—	—	—	—	—	—	—	—	—
茶水炉	10	11	995	230	1225 未改造	—	—	—	—	—	—	—	—	—
服务业小计	51	151	28613	1124	29737	5	15	5	9	19	3	—	—	—

说明：饮食业小计包括合作饭店2个。表中数据截至1956年4月。

1957年大中镇私营商业改造形式概况表

表9－1－4　　单位:个、人

行业＼改造形式	合计						公私合营					合作商店						合作小组					备注
	单位数	门面数				从业人员	单位数	门面数			从业人员	单位数	门面数				从业人员	单位数	门面数			从业人员	
		小计	集镇		下伸点农村			小计	集镇				小计	集镇		下伸点农村			小计	集镇			
			固定	摊头					固定	摊头				固定	摊头					固定	摊头		
棉布	1	2	2	—	—	22	1	2	2	—	22	—	—	—	—	—	—	—	—	—	—	—	
国药	1	2	2	—	—	13	1	2	2	—	13	—	—	—	—	—	—	—	—	—	—	—	
茶食	1	3	3	—	—	32	—	—	—	—	—	1	3	3	—	—	32	—	—	—	—	—	
酱园	1	2	2	—	—	13	—	—	—	—	—	1	2	2	—	—	13	—	—	—	—	—	
豆腐	1	1	1	—	—	37	—	—	—	—	—	1	1	1	—	—	37	—	—	—	—	—	
木器煤球砂石	1	3	3	—	—	19	—	—	—	—	—	1	3	3	—	—	19	—	—	—	—	—	
窑货	1	2	2	—	—	9	—	—	—	—	—	1	2	2	—	—	9	—	—	—	—	—	
南货	1	4	4	—	—	26	—	—	—	—	—	1	4	4	—	—	26	—	—	—	—	—	
青货	2	15	2	13	—	45	—	—	—	—	—	1	4	2	2	—	34	1	11	—	11	11	小组栏(11)串街流动 小组栏(32)串街流动 小组栏(9)串街流动
肉业	1	1	1	—	—	10	—	—	—	—	—	—	—	—	—	—	—	1	1	1	—	10	
鸡鸭蛋业	1	1	1	—	—	9	—	—	—	—	—	—	—	—	—	—	—	1	1	1	—	9	
百货	2	6	4	2	—	29	—	—	—	—	—	2	6	4	2	—	29	—	—	—	—	—	
草织	1	3	3	—	—	6	—	—	—	—	—	—	—	—	—	—	—	1	3	3	—	6	
烟酒	2	11	6	—	5	89	—	—	—	—	—	2	11	6	—	5	89	—	—	—	—	—	
水果糖	2	32	—	32	—	32	—	—	—	—	—	—	—	—	—	—	—	2	32	—	32	32	
炒货	1	9	—	9	—	9	—	—	—	—	—	—	—	—	—	—	—	1	9	—	99	—	
粮食代销店	1	1	1	—	—	8	—	—	—	—	—	—	—	—	—	—	—	1	1	1	—	8	
纯商业小计	21	98	37	56	5	408	2	4	4	—	35	11	36	27	4	5	288	8	58	6	52	85	
饭店	1	11	3	8	—	62	—	—	—	—	—	—	11	3	8	—	62	—	—	—	—	—	没有固定门市流动基金代卖
烧饼	1	5	3	2	—	10	—	—	—	—	—	—	—	—	—	—	—	1	5	3	2	10	
米饼	1	7	—	7	—	15	—	—	—	—	—	—	—	—	—	—	—	1	7	—	7	15	
麻团油条	1	4	2	2	—	4	—	—	—	—	—	—	—	—	—	—	—	1	4	2	2	4	
粽子汤圆	1	7	—	7	—	7	—	—	—	—	—	—	—	—	—	—	—	1	7	—	7	7	
糖糕水饺豆浆	1	12	1	11	—	12	—	—	—	—	—	—	—	—	—	—	—	1	12	1	11	12	
水面	1	4	1	3	—	9	—	—	—	—	—	—	—	—	—	—	—	1	4	1	3	9	
熏烧	1	5	—	5	—	5	—	—	—	—	—	—	—	—	—	—	—	1	5	—	5	5	
饮食业小计	8	55	10	45	—	124	—	—	—	—	—	1	11	3	8	—	62	7	44	7	37	62	
旅社	1	3	3	—	—	20	1	3	3	—	20	—	—	—	6	—	—	—	—	—	37	—	合作小组摊头(99)其中(65)是流动政治合作经济单干
照相	1	1	1	—	—	12	—	—	—	—	—	1	1	1	—	—	12	—	—	—	—	—	
理发	5	5	5	—	—	46	—	—	—	—	—	—	—	—	—	—	—	5	5	5	—	46	
浴室	2	2	2	—	—	53	—	—	—	—	—	—	—	—	—	—	—	2	2	2	—	53	

续表 9－1－4

改造形式 行业	合计						公私合营					合作商店						合作小组					备注
	单位数	门面数				从业人员	单位数	门面数			从业人员	单位数	门面数				从业人员	单位数	门面数			从业人员	
		小计	集镇		下伸点农村			小计	集镇				小计	集镇		下伸点农村			小计	集镇			
			固定	摊头					固定	摊头				固定	摊头					固定	摊头		
老虎灶	1	12	12	—	—	12	—	—	—	—	—	—	—	—	—	—	—	1	12	12	—	12	合作小组摊头(99)其中(65)是流动政治合作经济单干
草行	1	7	—	7	—	7	—	—	—	—	—	—	—	—	—	—	—	1	7	—	7	7	
服务业小计	11	30	23	7	—	150	1	3	3	—	20	1	1	1	6	—	12	9	26	19	44	118	
总合计	40	183	70	108	5	682	3	7	7	—	55	13	49	31	18	—	362	24	165	32	133	265	

1978 年，中国共产党全党工作着重点转移到社会主义现代化建设上来，并确立改革、开放、搞活的总方针，商业广开流通渠道，全方位开拓经营，兴建多功能网点。1979 年，国家调整、提高 7 种主要农副产品收购价格，大中市场日趋繁荣，贸易品种 100 多种。1980 年，市区增设售货亭、摊棚 18 处，外来厂商设立固定、流动摊点 50 多处，经营饮食、小百货、修旧的个体户 97 个。1981 年，为适应集市贸易的发展，大中镇人民政府协同大丰县工商管理部门在工农路南与人民路交界处（大丰市邮电局西侧）建立菜市场一座（1990 年，改为瓜果市场），建房 43 间，分为 60 个摊位，经营蔬菜、禽蛋、水产、野味、牛羊肉类、海鲜、食油等品种。1982 年，大中地区成立个体劳动者协会，有会员 795 人。1983 年，在大中镇供销社西门市部西侧，设立苗猪交易市场，设有公平秤，并有专人代为过磅、开票、清扫场地，并负责生猪的防疫注射。

1985 年，为给个体经商户提供良好的经营场所，由大中工商所具体负责，会同有关部门在大丰米厂和大中农工商公司交界处（今人民路与健康路交汇处的西南侧），征用土地 5500 平方米，筹建康民市场，总投资 39 万元，其中工商部门投资 16 万元、社会集资 23 万元。8 月破土动工，由吴县古建工艺公司第三工程队承建。建筑面积为 4200 平方米，其中大厅 1040 平方米，整个建筑庄重典雅，中央悬挂着原中共江苏省委书记江渭清题词“大丰全丰”匾额。1993 年 1 月，又投资 150 万元进行康民市场二期扩建。1996 年年末，市场内有门面房 77 间，摊位 234 个，有国营集体商业 17 户，个体工商户 189 户，日均人流量达 2 万人次，全年成交额达 5000 万元。2000 年，因旧城改造，康民市场被拆除。

康民市场原貌

1988 年 5 月，商业体制改革，实现经理负责制，内部划细核算（零售划至柜主核算、批发划至商品属性）、分片包干，但是有时负盈不负亏。继后又实现经理竞争上岗，人员优化组合，柜组承包。柜组承包后，自己组织货源，专业公司可以对个人进行批发。同年，个体商业有较大发展，出现大批个体商店、批发商。

是年，人民北路新建城北菜市场。

1989年7月，县政府投资276万元，在县城中心地段，新建占地面积9488平方米，全县最大的农贸市场—大丰县城中市场。内有1幢办公和营业综合楼，3个交易区，48间门面房和1645个摊位。常年经营蔬菜、豆制品、肉类、熏烧卤菜、禽蛋、海淡水产品、瓜果、粮油和副食品等十大类商品近300个品种。场内有工商、税务、公安等部门派出的管理机构，餐饮、住宿等服务机构齐全。城中市场在管理中实行“八个统一”，即统一亮证经营、统一明码标价、统一使用台秤、统一经营设施、统一佩戴服务证、统一净菜上市、统一车辆摆放、统一废物容器，使市场管理进一步规范化、制度化。1990年，通过扩建，城中市场拥有建筑面积8788平方米，有门面房140间，分3个区，设摊位2008个，有经营户1686个，其中固定经营户512个。1991—1995年，城中市场两度被国家工商行政管理局评为国家文明市场。1996年，市场内有经营企业和个体工商户579户，从业人员1672人，日入市人员平均达2.5万人次，日成交额平均达33万元，全年的成交额达1.3亿元。2001年，市场成交额1.65亿元。

1990年8月，工农路7号建大丰县瓜果市场，占地面积为2366平方米，总建筑面积1060平方米，拥有门面房40间。1996年，实现成交额2500万元，上缴税金22万元。1991年，人民南路广场南侧新建城南菜市场(后改称为荣海市场)，并在港机巷建城西菜市场(后改称恒生市场)。1993年秋，将原大新路改名为商业街，集商业、服务业、修理业于一体。1995年年底，商业街有集体商业38户，个体经营户124户，经营服装、布料、鞋帽、日杂、五金化工、饮食、娱乐服务、修理等，日平均人流量2.4万人次，年成交额达9000万元。1996年，大中镇区域有个体商业户2640户。2000年，在人民北路成立金都贸易城(小商品市场)。是年，成立森威农贸市场。

2003年，大中镇个体工商户7631户，其中运输业1483个，批零4469家，餐饮489家，服务1190家。2006年，大中镇有批发零售业1386个，从业人数4158人。

2010年，全镇有个体工商户11596户。城镇私营企业3344户，注册资本1114399.29万元。是年，新团小街有商业摊位193个，员工386人，总资产2750万元；裕华小街拥有资产50万元以上的商业摊位16个。2010年，城区康宁生活小区居民居住面积26万平方米，有500多个商业店面；新街社区有商业店面225个，经营百货、日杂、五金、餐饮等数十个品种，从事商业人员900余人。建业社区有50万资产以上的商业店面20余个，从业人员近300人。

2003年大中镇个体工商户情况表

表9-1-5 单位:个

单位	运输业	批零业	餐饮业	服务业	合计	单位	运输业	批零业	餐饮业	服务业	合计
合计	1483	4469	489	1190	7631	泰丰村	35	22	2	4	63
大华	3	762	22	65	852	双喜村	17	14	4	7	42
大新	3	214	19	67	303	利民村	8	7	2	2	19
康平	4	164	32	76	276	恒北村	13	16	2	3	34
人民	12	323	29	100	464	恒丰村	13	12	1	2	28
沿河	23	423	23	27	496	恒南村	16	10	1	2	29
大刘	446	218	21	61	746	阜南村	14	13	3	7	37
老街	6	284	5	16	311	阜丰村	29	25	3	10	67
新街	13	159	15	54	241	阜北村	22	8	3	81	114
城中	2	640	34	98	774	大新村	16	13	2	8	39
健东	1	48	12	39	100	德丰村	49	10	2	2	63
建业	2	158	40	79	279	同德村	45	60	5	28	138

续表 9-1-5

单位	运输业	批零业	餐饮业	服务业	合计	单位	运输业	批零业	餐饮业	服务业	合计
育红	4	146	38	79	267	新团村	123	16	3	5	147
东宁	6	80	4	30	120	光明村	60	18	1	9	88
健西	2	68	9	74	153	长安村	48	26	1	6	81
飞达	2	68	2	16	88	河口村	42	28	3	9	82
新村	3	95	17	31	146	灶圩村	43	21	2	6	72
新团	4	91	8	24	127	同圣村	30	18	2	2	52
开发区	65	31	1	5	102	建设村	9	9	2	2	22
和瑞村	17	9	1	3	30	龙福村	27	26	1	5	59
红花村	28	39	6	6	79	老坝村	17	20	1	3	41
泰西村	60	46	3	22	131	八灶村	101	12	2	15	130

2000—2010 年大中镇个体工商户发展情况表

表 9-1-6 单位:个、户

年份	当年发放执照数	实有工商户	年份	当年发放执照数	实有工商户
2000	1941	2276	2006	1470	4656
2001	1010	2091	2007	2356	6323
2002	698	2042	2008	2628	7502
2003	855	2960	2009	2430	8790
2004	1217	3039	2010	3216	11596
2005	1096	3562			

二、镇属集体

1955 年 7 月,对私营商业进行社会主义改造,从而形成大中镇集体商业。1957 年初,改造结束,全镇共组织起 3 个公私合营商店、13 个合作商店和 24 个合作小组,下设 183 个门市部,共有从业人员 682 人。合作店组实行一起经营、统一核算、自负盈亏,主要经营品种繁多的日用消费品。大中地区合作商业由各国营公司归口管理,农村合作商业由供销社归口管理。

1957 年,集体合作商业(含饮食业、服务业)完成销售总额 187.7 万元,是改造前 1954 年 99.5 万元的近 2 倍,与国营供销合作商业社会商品零售额不相上下。

1958 年 9 月,随着人民公社建立,10 月,商业进行大撤并,原 3 个公私合营商店、13 个合作商店、24 个合作小组、774 个从业人员按行业合并为商业、服务、饮食 3 个合作总店。其中原棉布、百货、南货、青货、酱园等 16 个行业 385 人合并改组为 1 个商业综合总店(包括附属工厂),饮食业将原有 2 个合作饭店合并改组为 1 个饮食饭店,服务业将原旅社、照相、理发、浴室、茶水等 6 个行业 147 人合并改组为 1 个服务业总店。门市部由原来的 183 个合并为 102 个,以总店统一核算,统负盈亏。工资采取伙食供给制,外加部分零用钱(原工资三分之一)。国营大中商店(即原大中镇供销合作社)对其负有业务上指导责任。是年,商业、饮食业、服务业销货总额为 225.1677 万元,较 1957 年上升 21%,利额为 41.81 万元,费用额为 1.02 万元,占销货总额的 4.88%,工资额 12.76 万元,盈余额为 9.25 万元。

1958年大中镇商业所属单位人员工资状况表

表9－1－7　　　　　　　　　　　　　　　　　　单位:人、元

单位名称	店员总数	月度工资总额	其中				店员平均工资
			补助劳力		徒工		
			人数	工资	人数	工资	
合计	482	11544.02	74	1099.80	20	246.00	23.95
青货	39	1048.00	1	14.00	—	—	27.21
肉业	12	377.00	—	—	—	—	31.41
烟酒	115	2700.40	14	185.00	—	—	25.00
棉布	17	491.00	1	20.00	—	—	29.44
窑货	3	90.00	—	—	—	—	30.00
木器	7	182.60	1	15.00	1	15.00	30.52
南货	23	648.60	4	68.00	—	—	30.55
酱园	19	547.60	3	54.00	—	—	30.85
百货	27	782.40	3	46.40	—	—	30.66
竹木厂	23	609.04	3	39.00	—	—	25.36
茶食	31	843.40	1	12.00	4	45.00	30.24
综合厂	74	1499.70	28	430.00	15	186.00	28.60
煤球厂	87	1628.68	12	177.00	—	—	26.27
草杂	5	95.60	3	39.40	—	—	28.10

调整后的商业体制改变了行业穷富不均的现象,解决了辅助劳力的吃饭问题,人力、财力、物力得到统一合理使用和调度。但合并后摊子过大,人员过多,难以管理,加之工资制度不合理,不能实行按劳分配,挫伤了群众积极性,再则门市部合并集中,不便于群众购买。为克服这些弊端,1959年7月,大丰县委决定对商贸体制进行再调整:

商业、饮食业、服务业不论是公私合营、合作商店、小商小贩(不包括国药),统一恢复由县商业局各有关经理部归口管理;行政上实行大中镇和归口主管部门双重领导。将合并的3个综合商店过去组织形式为基础作适当调整。原棉布公私合营除私方定息仍予保留以外,转为全民所有制国营企业;原南货、百货两个合作商店改为统一核算的合作商店;原酱园、茶食及食盐代销户为一个合作商店;烟酒(包括原第二合作商店内的糖果业)为一个合作商店;青货、八鲜、肉业、鸡鸭、禽蛋合并为一个综合商店;豆腐业为一个综合商店;原木器、窑货、煤球、砂石为一个综合商店。以商店单独核算,自负盈亏(其中南货、百货、酒烟商店改造为代购代销经营方法,其他行业经营方式采用自营)。原商业局经理部归口管理。大道公社范围内的6个农村下伸点归大中供销社领导管理,单独核算,自负盈亏;原2个合作饭店合并为一个综合饭店;原公私合营的旅馆业除私方定息保留外,转为国营商业;原照相馆分南北两店单独核算;南北两浴室合并为一个核算单位,理发业为一个核算单位;茶水炉、草行为一个核算单位,称燃料合作商店。合作商店人员实行基本工资加营业提成,其中草行、茶水炉实行死分活值(评定基本分,按营业情况确定工分值),理发业实行"三定一奖",浴室采取拆账工资方法,练习生、补助劳力采取低级的固定工资制。练习生在学习期间按学习成绩、品德、技术一年评比一次,工资一年评定一次,也可提升,亦可下降。

1959年,商业商品销售额达229.43万元,比1957年增长18.7%。

1961年5月,中央发布《关于改进商业工作若干规定(试行草案)》(简称"商业四十条")。10月,根据中央精神和省委恢复供销社的指示以及专署商业体制调整试点要求,1962年春,全镇由5个核算单位划为25个合营合作商店和7个合作小组,其中原烟酒商店划分为第一、第二两个商店,各设3个门市部和8个摊头,从业人员各20人;原百货商店划为新街、光华两个商店,新街百货商店设4个门市部、1个摊头、15个从业人员;光华百货商店设1个门市部,1个摊头,从业人员8人;原青货商店划分为老街、大新2个商店,老街青货商店设1个门市部,从业人员26人;大新青货商店设2个门市部,从业人员27人。豆腐商店划分为中心、光华、大刘3个商店,各设1个门市部,1个摊头,从业人员21人。饮食业合作商店划为6个单位:光华饭店设2个门市部,1个摊头,从业人员44人;新街饭店设门市部1个,从业人员22人;老街饭店设门市部1个,从业人员24人;旅馆、饭店设1个门市部,1个摊头,从业人员17人;小吃部设2个门市部,从业人员30人;饼面商店设4个门市部,25个从业人员。服务业:原照相合作商店划为大中、光明2个商店,各设1个门市部,从业人员各10人;原浴室划为大中、海泉两处,各设1个门市部,从业人员各26人;原理发店划为大中、光华、良容3个店。大中设2个门市部,从业人员14人;光华设2个门市部,从业人员16人,良容设3个门市部,从业人员19人。其余行业如棉布、国药、旅社、南货、酱园、燃料等商店未变,只作门市和人员个别调整。调整后商业以店核算,自负盈亏,人员工资采取基本工资加奖励(即为浮动工资)。1961年,全年营业额为231.2万元,比1960年的203.15万元营业额增加13.8%。

1962年9月,各商店的行政管理按所在地段划入所在居委会。是年,公私合营、合作商店销售总额为201.61万元。1963年,商业体制调整,将核算单位再度缩小。是年,全镇商业划分为36个核算单位,设70个门市部,22个摊头,28户串街叫卖,725个从业人员。全年销货总额为211.39万元,较1962年增长5%,利润8.42万元。1964年,青货两店合并为一个核算单位,仍设2门市部;大刘豆腐店并入中心豆腐店,设1个门市,增设3个摊头;新街饭店并入老街饭店,小吃部划归各饭店统一核算;照相两店合并;理发、浴室为一个服务总店。其他行业只作网点调整。是年,饮食服务业共设门市部63个,摊头27处,从业人员606人。全年销售总额为260.01万元,较1963年上升到123.21%,利润18.44万元,较1963年上升到152.6%,企业人员每月平均工资由1963年的34.66元上升到36.77元。1965年体制调整,将手工业、商业(包括饮服业)从各居委会中划出,分别单独建立商业党支部、手工业党支部、工业党支部,置于镇党委直接领导之下。商业由原36个核算单位合并为26个核算单位,从业人员由1964年的606人精简为558人。门市部由原来的63个调整为55个,摊头由原来的27个调整为24个。8月,公私合营棉布商店、公私合营大中旅社、国药商店、第一大中合作饭店转为全民所有制国营企业,划属商业局直接领导。是年,商业(包括饮服业)销售总额达316.68万元(包括上升为国营企业的部分),比1964年增长21.8%。20世纪60年代初,调整缩小核算单位,贯彻按劳分配的原则,对大中地区的合作商业合并为纯商业和饮食业两大类。1965年,强调对合作商业的社会主义改造,限制合作商业的业务范围,仅经营日用品,家用小商品和收购零星土特产品。

1966年6月,"文化大革命"开始,商业统一归大中镇领导。政治动乱引起商业管理混乱。以新的政治口号命名一些单位,取消所谓不合理的经营项目,使服务工作单一化,如饭店卖酒、理发店吹风烫发等皆在禁止之例,照相尚有几不准。1968年,动员合作商业人员送货下乡。1969年,动员下放农村,先后有20%的合作商业职工下放农村劳动,从业人员和经营网点均有减少。

1971年,大道供销合作社划分为大道、大兴供销合作社。

1973年6月,商业体制改革,县商业局收回商业的管理权(人权、物权、财权),党政归大中镇领导。是年,大中浴室、大中理发店转为全民所有制的国营企业,其余商店转为大集体企业,并对集体企业干部职工工资调整定级。

1978年8月,商业党政领导权从大中镇划出,归县属国营各专业公司领导。集体商业以店为核算单位,人员工资报酬随着各种组织形式的不同而有所区别。公私合营的旅社、国药、棉布实行固定工资制,医药福利按国营企业标准提存(医药费按每月工资额的4.5%提取、福利费按每月工资额的2.5%提取),合作商店及饮食业、照相等实行基本工资加营业提成,理发、浴室、茶炉等实行死分活值或拆账工资制,商业附属工厂则实行计件工资制。合作商店的医药费、福利费按月工资额5%提取(医药费3%、福利费2%);自负盈亏的合作小组医药费、福利费根据自愿的原则,按营业额的1%~3%提成,作为公益金,由小组掌握救济之用。

1963年大中镇商业基本情况表

表9-1-8　　单位:个、人、元

部别	单位名称	网点情况			工资情况		资金情况			
		门面数	摊头数	总人数	1962年平均	1963年1—6月平均	股金	公积金	公益金	合计
纯商业	公私合营棉布商店	2	—	21	—	—	4637.76	—	—	4637.76
	公私合营国药商店	1	—	17	—	—	4387.37	—	140.94	4528.31
	第一烟酒商店	3	8	28	31.50	30.61	1185.28	4932.22	525.76	6643.26
	第二烟酒商店	3	8	28	32.75	27.20	1812.74	4795.33	637.75	7245.82
	南货商店	5	—	31	32.92	35.63	5575.87	6429.78	323.54	12329.19
	新街百货商店	4	1	15	30.05	29.20	1251.92	4329.59	238.65	5820.16
	光华百货商店	1	1	8	34.17	44.65	2250.00	2191.35	142.84	4584.19
	老街青货商店	1	—	26	36.80	39.27	841.00	10564.10	1243.12	12648.22
	大新青货商店	2	—	27	34.10	29.84	1656.72	15164.30	1511.96	18332.98
	酱园商店	3	—	18	32.92	37.90	3519.06	6550.76	1048.83	11118.65
	木窑商店	3	—	17	28.22	26.79	8320.20	6048.21	571.06	14939.47
	燃料商店	1	—	19	37.40	40.16	287.40	11262.10	3058.24	14607.74
	河南下伸点	7	—	17	32.40	43.80	630.00	1454.73	123.43	2208.16
	河北下伸点	4	—	9	30.50	28.26	265.42	772.83	123.83	1162.08
	小计	40	18	281	—	—	36620.74	74495.30	9689.95	120805.99
饮食业	茶食	3	—	22	32.92	39.92	2177.43	4584.49	800.21	7562.13
	中心豆腐店	1	1	11	35.29	30.29	1614.20	8022.90	471.98	10109.08
	大刘豆腐店	1	1	12	14.60	30.61	488.50	4606.78	592.78	5688.06
	光华豆腐店	1	1	11	31.09	27.59	763.10	5534.04	862.09	7159.23
	光华饭店	2	—	44	32.83	26.93	1159.83	4109.74	2052.65	7322.22
	新街饭店	1	—	22	28.77	25.58	435.60	1675.39	376.24	2487.23
	老街饭店	1	—	24	29.21	22.42	466.95	2760.65	1133.13	4360.73
	旅客饭店	1	1	17	33.99	26.95	366.80	1822.06	652.58	2841.44
	经济小吃	2	—	30	28.78	22.33	511.20	2599.13	1171.35	4281.68
	饼面商店	4	—	25	37.40	41.16	1397.20	3117.87	2025.31	6540.38
	小计	17	4	218	—	—	9380.81	38833.05	10138.32	58352.18

续表9－1－8

部别	单位名称	网点情况			工资情况		资金情况			
		门面数	摊头数	总人数	1962年平均	1963年1—6月平均	股金	公积金	公益金	合计
服务业	大中照相馆	1	—	10	32.95	37.98	2208.23	9486.81	758.87	12453.91
	光明照相馆	1	—	10	30	37.60	1502.21	6652.36	686.87	8841.44
	大中浴室	1	—	26	49.66	39.41	616.52	3307.09	989.30	4912.91
	海泉浴室	1	—	26	58.66	50.11	1615.93	33970.20	1171.70	36757.83
	大中理发店	2	—	14	—	—	—	—	—	—
	光华照相馆	2	—	16	—	—	—	—	—	—
	良容理发店	3	—	19	—	—	—	—	—	—
	公私合营大中旅社	3	—	29	—	—	12462.59	—	489.12	12951.71
	小计	14	—	148	—	—	18405.48	53416.46	4095.86	75917.80

1964年大中镇商业系统基本情况表

表9－1－9　　单位：个、人、元

部别	企业名称	在册人员	网点摆布				自有基金								
			合计	其中			合计	其中							
								股金	公积金	上级拨款	折旧基金	其中			
				门市部	摊头	生产车间						公益金	福利基金	奖励基金	教育基金
纯商业	第一烟酒商店	25	9	3	6	—	9157	1085	7026	—	1046	523	68	123	332
	第二烟酒商店	23	9	3	6	—	7702	1629	5201	—	872	436	198	－11	249
	南货商店	32	5	5	—	—	25416	5576	18626	—	1214	607	－220	241	586
	新街百货商店	15	5	4	1	—	6342	1250	4210	—	882	441	217	4	220
	光华百货商店	12	3	1	2	—	4600	2250	1982	—	368	184	53	33	98
	青货商店	50	2	2	—	—	41699	2752	33517	—	5430	2715	1025	596	1094
	茶食商店	21	4	2	1	1	9736	2137	6767	—	832	416	54	96	266
	酱园商店	18	4	3	—	1	14058	3510	8494	—	2054	1027	516	210	301
	中心豆腐商店	20	6	1	4	1	24372	1933	20907	—	1532	816	41	389	286
	光华豆腐商店	12	3	1	1	1	6926	264	5124	—	1538	769	265	190	314
	木窑商店	19	3	3	—	—	16769	8300	6461	—	2008	1004	29	77	898
	燃料砂厂商店	19	2	1	—	1	23383	287	15604	—	7492	3746	2074	774	898
	国药合营商店	19	1	1	—	—	4983	4383	—	600	—	—	—	—	—
	棉布合营商店	17	2	2	—	—	36638	4638	—	32000	—	—	—	—	—
	集市贸易服务所	21	5	5	—	—	20867	—	2743	18000	124	124	—	—	—
	小计	323	63	37	21	5	252648	39994	136662	50600	25392	12808	4320	2722	5542

续表 9-1-9

部别	企业名称	在册人员	网点摆布				自有基金								
			合计	其中			合计	其中							
				门市部	摊头	生产车间		股金	公积金	上级拨款	折旧基金	其中			
												公益金	福利基金	奖励基金	教育基金
饮食业	大中饭店	46	4	2	2	—	10957	1120	7153	—	2684	1342	363	243	736
	老街饭店	44	6	3	3	—	10014	978	6616	—	2420	1210	107	221	882
	旅客饭店	37	3	3	—	—	9746	802	6448	—	2496	1248	454	176	618
	饼面商店	29	5	4	1	—	10292	1397	5771	—	3124	1562	300	635	627
	小计	156	18	12	6	—	41009	4297	25988	—	10724	5362	1224	1275	2863
服务业	大中照相	15	2	2	—	—	17216	3694	11446	—	2076	1038	130	345	563
	服务总店	91	9	9	—	—	10434	2232	6328	—	1874	937	177	357	403
	旅社合营	21	3	3	—	—	12463	12463	—	—	—	—	—	—	—
	小计	127	14	4	—	—	40113	18389	17774	—	3950	1975	307	702	966
	总合计	606	95	63	27	5	333770	62680	180424	50600	40066	20145	5851	4699	9371

1978 年以后，镇（乡）办集体商业再度兴起。大中镇设立农工商联营供销公司，下辖大中工业经理部、城南工业经理部、大中镇招待所、大中农副产品废品收购站、陵园饭店、商业总店等 17 个单位，经营工业原辅材料、百货、日杂、五交化、干鲜果、家具及农副产品的订购、议购、协作经营。1980—1986 年的 7 年中，累计完成销售总额 1865.6 万元，利润 48.51 万元，税收 43.33 万元。

1980 年，大中镇各专业公司共设商品门市部 106 个，商业职工达 1871 人，销售总额达 11925.2 万元。是年开始，对合作商业的经营渠道、经营方式、经营范围等逐步放开，允许自由进货、议价销售、长途贩运、跨行业经营。1983 年，合作商业全部改为集体所有制商业。

1982 年 9 月 1 日，五金公司二门市、糖业烟酒公司的大华路门市部划开，实行独立核算。是年，3 个工业品公司、6 个批发部、9 个零售门市部（包括商场）全部实行独立核算。全系统以饮服行业为点，对大丰浴室实行集体承包，扭转连续 7 年亏损的局面。继后，在全系统推行经济责任制，实行 4 种主要形式：一是定额利润、超额分成、亏损扣薪（扣基本工资的 20%）；二是劳动定额到人、费用定额到店、超额分成、缺额赔补；三是自负盈亏、超收分成、透支自理；四是离店承包、分散经营、定额上缴、自负盈亏。

1984 年 4 月，推广无锡县堰桥乡"一包三改"（企业内部层层实行承包制，改干部任命制为选聘制，改固定工资制为浮动工资制，改固定工制为合同工制）。5 月，在全镇企业全面推开。1986 年，改革企业内部管理体制，推动以浮动工资为主的多种形式的内部分配制度，扩大工资浮动比例，提出浮动比例不低于 20%，划小核算单位，改一级核算为二级核算。

1986 年，大中镇地区县属集体商业有日杂果品、棉麻、农资、实业、贸易等 11 家大公司，共有干部、职工 927 人，下设 11 个批发部和 42 个销售门市部，年销售总额达 4267.8 万元，比"文化大革命"前的 1965 年增长 16.67 倍。是年，全镇共有镇办集体商业 61 家、村办集体商业 50 家、校办集体商业 11 家、其他部门办集体商业 11 家。

1992 年年底，为广开就业门路，增加集体收入，县直各部门、镇、街道等纷纷兴办商业、饮食和服务等业。1993 年，商业整顿，这些兴办的商业与原单位脱钩。1993 年 4 月，原大丰县商业综合公司解体。大丰县糖业烟酒商店、海泉浴室、海滨理发店等划归大丰县糖业烟酒公司代管,商业综合公司旅馆部更名为大丰县商业局招待所,新星百货商店、新影照相馆、台南酒楼、振兴酒家并入大丰县百货公司,其经营部、旅馆部、冷冻食品公司划归大丰县五交化公司,车站饭店、风味小吃店划归大丰县饮服公司,食品海味商店划归大丰县蔬菜公司。1995 年,全镇镇办集体商业发展到 70 余家。

1997 年 9 月 6 日,大中镇召开企业产权制度改革动员大会。进行产权制度改革后,大中镇集体商业逐步变为股份、租赁、合作、联营、个人买断等形式。镇属企业先后改制 23 家,其中流通三产 9 家。改制后按《中华人民共和国公司法》及股份合作制规定,组建股份有限公司、有限责任公司、股份合作制企业。

1966—1972 年大中镇集体商业网点分布情况表

表 9 - 1 - 10　　单位:人、个

单位	1966 年			1967 年			1968 年			1969 年			1971 年			1972 年		
	从业人员	门市数	摊头数	从业人员	门市数	摊头数	从业人员	门市数	摊头数	从业人员	门市数	摊头数	从业人员	门市数	摊头数	从业人员	门市数	摊头数
合计	559	22	18	523	44	20	537	44	16	488	57	14	476	34	12	513	44	13
茶食	22	2	—	22	2	—	22	2	—	21	2	—	21	2	—	20	2	—
酱园	22	3	—	22	3	—	21	3	—	20	3	—	16	2	—	19	2	—
豆腐	30	1	4	31	1	3	32	1	4	32	2	1	29	1	—	26	1	—
烟酒	48	9	6	48	8	7	47	8	6	41	5	—	38	4	3	36	5	3
日杂	48	6	—	39	6	—	39	7	—	38	8	—	33	6	—	32	5	—
百货	25	4	4	24	4	3	24	4	3	22	4	3	22	3	—	22	3	—
青货	45	2	—	45	2	1	45	2	—	42	3	—	35	2	—	31	2	—
燃料	42	1	—	17	1	—	35	1	—	28	1	—	27	1	—	26	1	—
农副商店	29	11	—	30	11	—	29	11	—	30	12	—	31	12	—	21	10	—
饼店	30	4	1	30	4	2	31	4	1	25	3	1	86	7	—	96	5	—
照相	14	3	—	15	2	—	16	2	2	16	2	—	15	2	—	16	2	—
浴室	54	3	—	53	2	—	53	2	—	33	1	—	26	1	—	25	1	—
理发	41	6	—	41	6	—	40	4	—	42	5	—	21	2	—	23	2	2
洗染	14	1	—	14	1	—	15	1	—	15	1	—	18	1	—	18	—	—
旅社	—	—	—	—	—	—	—	—	—	—	—	—	16	2	—	17	2	—
烟酒小组	—	—	—	—	—	—	—	—	—	21	—	9	18	—	9	21	1	8
五七厂	—	—	—	—	—	—	—	—	—	—	—	—	24	1	—	64	—	—
水产	8	1	—	8	1	—	8	1	—	7	1	—	—	—	—	—	—	—
饭店	87	4	3	84	4	4	80	5	—	55	4	—	—	—	—	—	—	—

1966—1972 年大中镇集体商业经营情况表

表 9－1－11　　单位：销售、利润：万元，人均月工资：元

单位	1966 年			1967 年			1968 年			1969 年			1971 年			1972 年		
	销售	利润	人均月工资	销售	利润	人均月工资	销售	利润	人均月工资	销售	利润	人均月工资	销售	利润	人均月工资	销售	利润	人均月工资
合计	239.05	10.69	34.45	280.73	13.23	37.73	208.17	14.01	36.75	207.7	10.88	36.41	192.46	9.47	35.88	229.48	10.16	34.91
茶食	9.94	0.52	32.94	9.62	0.38	34.74	10.04	0.55	32.91	2.28	0.03	34.16	2.16	0.24	35.46	10.52	0.54	34.58
酱园	7.84	0.37	30.10	9.54	0.33	36.28	11.47	0.83	34.68	11.32	0.38	30.29	6.74	0.42	35.75	6.47	1.03	34.28
豆腐	6.57	1.61	37.29	6.73	0.57	36.27	7.88	0.83	36.96	7.67	0.83	36.97	7.38	0.71	35.10	7.45	0.65	35.50
烟酒	45.39	1.61	32.03	50.77	2.12	35.64	4.61	1.80	33.27	41.86	1.79	33.30	41.91	1.36	32.70	41.89	1.44	33.13
日杂	27.57	0.72	31.40	38.48	1.08	41.80	35.55	1.42	34.27	30.71	1.07	34.70	25.49	0.37	35.10	28.67	0.68	35.50
百货	22.55	1.01	31.68	25.58	1.39	33.55	19.68	1.06	31.37	17.87	0.95	29.48	21.58	1.11	35.87	19.99	0.87	37.91
青货	31.54	0.81	27.50	33.05	0.76	31.84	51.96	0.53	31.55	35.02	1.41	—	8.04	0.67	33.28	32.37	0.50	32.68
燃料	11.18	0.81	22.33	10.10	0.56	30.10	8.62	0.35	33.46	9.18	0.30	34.81	7.25	0.47	35.10	7.74	0.15	34.59
农副商店	26.90	0.91	37.81	36.65	1.62	42.29	3.56	1.35	40.00	30.86	1.09	40.63	34.10	1.01	41.82	33.95	0.77	—
饼店	7.74	0.74	35.28	8.11	0.77	35.94	8.75	0.88	44.84	8.79	0.83	34.30	28.77	1.45	33.61	32.40	1.84	—
照相	2.19	0.57	41.54	2.34	0.71	43.46	2.62	0.85	44.84	2.49	0.76	42.78	1.80	0.47	39.00	2.33	0.63	39.45
浴室	4.32	0.44	38.77	4.72	0.53	43.79	4.62	0.66	44.75	4.25	0.62	42.93	1.93	0.25	—	—	—	—
理发	2.94	0.23	44.13	3.43	0.31	50.80	3.39	0.38	—	3	0.33	39.92	1.57	0.14	41.50	1.60	0.16	45.70
洗染	1.99	0.23	36.23	2.58	0.60	39.56	2.24	0.49	38.00	2.4	0.52	—	2.17	0.24	37.00	1.36	—	34.00
旅社	—	—	—	—	—	—	—	—	—	—	—	—	1.57	0.56	—	1.77	0.29	26.95
烟酒小组	—	—	—	—	—	—	—	—	—	—	—	—	—	—	31.00	0.97	0.07	31.80
五七厂	—	—	—	—	—	—	—	—	—	—	—	—	—	—	—	—	0.90	32.60
水产	0.37	—	33.09	5.98	0.04	35.26	—	—	—	—	—	—	—	—	—	—	—	—
饭店	30.02	0.89	28.22	33.05	1.28	33.44	33.18	1.39	33.60	—	—	—	—	—	—	—	—	—

1966—1972 年大中镇集体商业情况表

表 9－1－12

类　别		1966 年	1967 年	1968 年	1969 年	1971 年	1972 年
网点分布	从业人员（人）	559	523	537	488	476	513
	门市数（个）	61	58	58	57	49	44
	摊头数（个）	18	20	16	14	12	13
经营情况	销售（万元）	239.05	280.73	208.17	207.7	192.46	229.48
	利润（万元）	10.69	13.23	14.01	10.88	9.47	10.16
	人均月工资（元）	34.45	37.23	36.75	36.41	35.88	34.91

1980—1996 年城区社会商品零售额情况表

表 9－1－13　　单位:万元

年份	金额	年份	金额	年份	金额
1980	3808	1986	8949	1992	27034
1981	3154	1987	10304	1993	29952
1982	2322	1988	19038	1994	34062
1983	4202	1989	20157	1995	47939
1984	4183	1990	18952	1996	69821
1985	6097	1991	21293		

1991—1999 年乡镇农村批零商业总产值统计表

表 9－1－14　　单位:万元

单位＼年份	1991	1992	1993	1994	1995	1996	1997	1998	1999
新团	96	114	311	368.7	541	634	788	866	716
王港	31	46	178	159	188	234	317.6	317	374
裕华	178	216	424	426	557	681.8	911.1	973	348
大中	278	494	1299	1174	1687.9	2397	3633	2442	2962

2000—2010 年大中镇城区社会消费品批发零售总额统计表

表 9－1－15　　单位:万元

年份	2000 年	2001 年	2002 年	2003 年	2004 年	2005 年	2006 年	2007 年	2008 年	2009 年	2010 年
金额	93790	101957	107100	119452	135185	155111	175028	208721	265019	322620	532202

三、供销合作

1948 年,政府在鼓励发展私营工商业的同时,将无法开店的贫民、商贩组织起来,成立贫民合作社。贫民投股集资举办(每股额以 1 千克皮花、2.3 千克大米为一股),国家贷款资助,经营以粮棉为主,棉布、“五洋”为次,这是大中镇第一个合作性商业。1949 年,大中集成立台北县生产合作推进社,下设 6 个基层供销社,有社员 3844 人,股金折合粮食 2.97 万千克。1950 年秋,台北县供销合作社建立,业务上隶属苏北行署。

1983 年 4 月 26 日,大丰县供销合作社更名为合作联社。同时,供销社中集体商业人员从供销社划出,成立集体商业总店。

大中镇供销社　1951 年 3 月 20 日,大中镇合作社创办,设于今大华路鸿基大厦处,主任李朝宰,业务隶县供销社,行政属大中区领导。建社初期社员 170 人,国家无资金投入,人民群众募集股金,计集 170 股,每股额 1 元,因资金少,直接向县社贷物周转,入社社员按股金可分得利润,而且享受优价、优先供应,或九八、九五折。1951 年年底,入社社员发展到 5587 人,股金额增至 9798.5 元(股额由 1 元增至 4 元),公共积累达 2.09 万元,公益金 1765.82 元(股票按利润取利)。1952 年,县城大中集成立机关消费合作社。大中镇供销合作社在城区增设代销店。

1954 年 1 月 1 日起,实行计划供应,大中镇供销社在城区设代销店 2 处,负责大中城区粮食供应。

1958 年,大道人民公社成立,大中镇供销合作社改称大道人民公社供销合作社。1971 年 8 月,大道供销社分设大道、大兴两个供销社。1979 年 9 月 1 日,大中镇成立城郊供销社,地点位于今银都桥北首东侧,负责大中镇城郊、同德两村的生产资料等物资的供应工作。1980 年,大兴供销社易名为阜丰供销社,并在酒厂河南东侧新建一个综合门市部,同时在大新路开办蚕茧收购站,负责大道、阜丰、裕华、南阳、西团等社、镇的蚕茧收购和烘干业务。是年,大道、阜丰、大中供销社有服务网点 13 个,从业人数 258 人,销售总额 531. 6 万元。1982 年,阜丰供销社创办大中商场。

1970—1982 年大道、阜丰供销社营业情况表

表 9 - 1 - 16　　　　单位:万元

年份	大道公社		阜丰公社			
	销售额	销售利润	自有资金	社员股金	销售额	销售利润
1970	489	9. 70	—	—	—	—
1971	544	6. 97	—	—	—	—
1972	374	10. 02	17. 92	1. 83	207. 42	1. 55
1973	533	13. 59	20. 87	1. 83	329. 08	9. 60
1974	557	13. 67	30. 55	1. 77	325. 00	9. 03
1975	694	9. 67	35. 86	1. 77	403. 74	10. 02
1976	616	10. 75	41. 75	1. 77	399. 52	8. 87
1977	655	10. 01	45. 94	1. 77	459. 12	10. 70
1978	679	7. 53	50. 70	1. 77	452. 81	8. 76
1979	743	10. 65	54. 77	1. 77	540. 53	10. 24
1980	632	—	65. 01	1. 77	439. 20	10. 31
1981	—	—	59. 83	1. 77	594. 01	4. 40
1982	—	—	59. 74	1. 77	499. 55	2. 70

1983 年 8 月,原大道、阜丰、城郊供销合作社合并为大中供销合作社,下设 1 个批发部以及大中商场(辖 8 个门市)和 5 个农村双代店。1984 年 6 月,大中供销社划分为生活资料经营服务部、大中商场、生产资料经营服务部、农副产品经营服务部 4 个独立核算单位。1986 年年末,大中供销社有职工 245 人,自有流动资金 19. 55 万元,入股户数 12050 户,营业总额 841. 8 万元,实现利润 4. 08 万元,税收 17. 59 万元。

1983—2010 年大中供销社主要经济指标统计表

表 9 - 1 - 17　　　　单位:个、人、万元

年份	网点分布情况			职工人数	营业总额	利润	税收
	批发部	商场	门市部				
1983	—	1	11	256	658. 4	14. 77	9. 89
1984	—	1	11	250	892. 1	7	22. 23
1985	—	1	11	250	768. 8	4. 08	17. 59

续表 9－1－17

年份	网点分布情况			职工人数	营业总额	利润	税收
	批发部	商场	门市部				
1986	1	1	9	245	841.8	4	10.35
1987	1	1	13	238	842.9	1.06	9.37
1988	2	1	8	388	2401.8	13.79	15
1989	2	1	8	388	2845.9	8.16	20.36
1990	2	1	8	394	2811.5	0.24	15.82
1991	2	1	8	396	3140.1	0.74	12.43
1992	3	1	12	406	2811.9	0.31	26.61
1993	3	1	12	410	2462.7	0.51	14.52
1994	4	1	14	412	1079.2	1.46	7.03
1995	4	1	16	416	1185.8	1.55	17.32
2000	—	—	—	—	2580	4.00	20
2010	—	—	—	—	—	—	21

1995 年年末，大中供销社有干部、职工 416 人，自有流动资金 356 万元，入股户数 1.1 万户，完成营业总额 1185.8 万元。2000 年，大中供销社按照全市统一安排，企业进行改制，实行社企分开。在对资产进行评估、剥离的基础上实行产权转换，所有职工转换身份，除棉花、农资经营外的集体资产大部分实行公退民进，采取出售、租赁等形式，对组织结构、产权结构、经营结构进行改组（改制）。2005 年，大中供销社职工全部实行工龄买断，自谋职业。2006 年，大中供销社保留集体企业性质，实行租赁经营，处置边远微亏资产，偿还社员股金及债务。2010 年，季兵任主任。

新团供销社　1951 年，新团地区建立第一个供销社，社址在老坝口。当年经营品种有 100 多个，销售总额 80 余万元，利润 7 万余元，固定资产 4 万元，流动资金 207 万元。1953 年，在新团、八灶分别增设供销社，刘庄综合商店划出 2 个百货小组和 1 个棉布小组到新团庄和八灶庄。1954 年，新团成立综合商店，主要供应食盐、烟酒。1956 年，经营范围已扩大到棉布、食油、日杂、百货、副食和小型生产资料等。

1958 年 8 月，新团供销社成立，社址在新团庄（今新团小街），陈兆喜为供销社主任，供销社只有 8 间草房（是从新团加工厂买来的），用作棉布百货、日杂、副食门市部、办公室。嗣后，又买 2 间瓦房做办公室，新建 10 间门市部。1960 年，新团供销社与龙堤供销社合并为新团国营商店。1961 年，新团国营商店又划分为新团供销社、龙堤供销社。1964 年，新建棉花收购站及其宿舍。1971 年商业体制改革，新团综合商店归新团供销社核算。1979—1980 年，在新团大桥东北新建花部一处，桥南新建综合门市部、百货商店。1980 年 5 月，恢复综合商店，实行分店核算，同时在河口、长安、永久、北灶、同圣、八灶、龙福、建设等设立双代点。是年，商业部门实行体制改革，综合商店从供销社划出，名为新团乡集体商业总店，经营棉布、百货、日杂、副食、电器五金、糖、烟、饭店等，配备正副经理各 1 人，职工 37 人。1983 年，商业总店销售总额为 48 万元，年获利润 1.1 万元，拥有固定资产 1.8 万元，流动资金 3.75 万元。1983 年，新团供销社销售总额为 279 万元，利润 9.65 万元，固定资产 12.94 万元，流动资金 70.2 万元。下设有棉布、百货、副食、生资、收购、综合门市、新老花部和食品加工间以及老坝、八灶 2 个供销店和 1 个化肥供销点。

2000 年 9 月 16 日企业改制，改制时占地 3.81 公顷，建筑面积 9092 平方米，在职 100 人，总资产

246.7 万元,其中固定资产 95.8 万元,负债总额 171.08 万元,企业净资产 96.97 万元。企业改制模式:一是租赁使用;二是身份转换;三是独立核算,自负盈亏。人员分流去向:花站 19 人,生产资料 13 人,生活资料 22 人,资产分流 9 人,离岗休养 10 人,其他 27 人。

裕华供销社 1951 年 3 月,裕华农民集股创办晋广供销社(二卯酉河南),主任吴九翠,裕华供销社(二卯酉河北),主任张鹏飞,两社独立经营,自负盈亏。资金除收股金外(每股 1.5 元~2 元)还有国家贷款,主要业务是帮助农民推销棉花、粮食、生猪等农副产品,供应粮、油、盐、棉布、鞋帽等。1952 年,晋广供销社合并归裕华供销社,时职工 15 人,房屋 250 平方米。1964 年,有固定职工 26 人,商业品销售额 274 万元,利润 5.2 万元,流动资金 71 万元。

1982 年,有 38 个柜组,固定职工 95 人,利润 16.3 万元,流动资金 165 万元,固定资产 28.6 万元。是年,收购大蒜头 312.9 吨,薄荷油 310.5 千克,兔毛 1583.5 千克,土产收购金额达 17.5 万元,畜产收购额为 5.4 万元。

1983 年,增设东坝头、围垦、海丰、晋丰、裕华 5 个收花站和海丰、东坝头生资供应点。是年,农业生产资料销售总额 156.3 万元,销售氮肥 3329 吨,磷肥 648 吨,复合肥 139 吨,化学农药 106.5 吨。全年生产资料总额 241.8 万元,品种由 1982 年 4535 个扩大到 1983 年 6440 个。是年底,有干部职工 103 人,完成销售额 1524 万元,完成利润实绩为 13.58 万元。1984 年,裕华供销社有用房 5660 平方米,新建两幢两层楼房。

2000 年 7 月,进行企业改制,改制时占地 6.05 公顷,总人数 218 人,其中在职 170 人,离退休 48 人,资产总额 554.96 万元,固定资产 353.90 万元,社员股金 5169 万元,净资产 36.18 万元。改制后重组两个企业:一是苏果超市(裕华小街),二级核算;二是组建农资股份合作制企业,独立核算,自负盈亏。人员去向:转换职工身份 146 人。

1991—1999 年供销社系统批发零售总产值

表 9-1-18　　　　单位:万元

单位＼年份	1991 年	1992 年	1994 年	1995 年	1996 年	1997 年	1998 年	1999 年
新团	63	68	119	210	250	320	336	15
王港	24	26	32	78	90	63	68	80
裕华	143	119	90	96	111	127.9	130	70
大中	154	150	260	124.4	137	134	160	150

四、国营商业

1945 年秋,抗战胜利。1946 年初,人民政权在大中集设立江海、利丰公司,经营粮、油、棉布和日杂百货,平抑市场保障人民生活。江海公司设于今大新路原人民银行处,经理虞磊,副经理范刚。利丰公司设在今大新路原百货公司办公室址,经理王兴昌(海门人)。两公司主要负责棉花、土布收购,供给部队需要,周转粮食,并兼营"五洋"杂货。在敌人"扫荡""清剿"时,两公司游击经营,保障人民生活所需。1949 年 1 月,江海公司就抛售粮食 6.92 万千克、广布 272 千克、豆油 1643.5 千克、火柴 3625 打、火油 945 千克。1949 年,江海公司随大军南下,利丰公司仍继续经营。1950 年 4 月,撤销利丰公司,分设百货、粮食、土产三个办事处和花纱布支公司。1950 年 11 月,创办中国百货公司大中集营业厅。

1952 年,大丰县在大中镇设立粮食、土产、百货、花纱四家国营公司,各公司均设有门市一个。是年，城区共有国营商业干部、职工210人，年销售额427.79万元。

大丰市百货总公司　位于市区人民北路8号，始建于1950年11月，始称中国百货公司大中集百货营业所。1953年，更名为大中集营业处。1955年4月，在营业处基础上成立大丰县百货公司。1958年，改称为大丰县商业局日用百货经理部。1962年11月，恢复大丰县百货公司。1964年，改称为百货商店。1972年2月，改称为大丰县百货公司。1993年8月，兼并县商业综合公司的食品厂、振兴酒家、丰艺照相馆，更名为大丰县百货总公司，下设百货商场、批发部、商业大厦（1993年1月创建）及劳保专业商店等4个门市部。1995年，公司拥有自有资金740万元，干部、职工560人，实现年销售总额1.05亿元。1996年9月，更名为大丰市百货总公司，下辖6个独立核算单位：批发公司、百货商场、商业大厦、劳保商店、经营部、物资购销经营公司。1996年，固定资产原值3241.93万元，年销售额9010.54万元，实现税金156.32万元，亏损45.33万元。1999年，百货商场实施破产，重组百货商场和商业大厦两个新企业。上海星地超市与商业大厦合作兴办星地超市大丰连锁店。2000年，实现销售额3000万元，最高日销售额50万元。2000年7月，11名股东联合出资126万元，注册登记大丰市新百有限责任公司，重组百货商场的资产，使百货商场这一老字号重新焕发生机。

百货商场当时是全县最大的购物中心，兴建于1974年，1976年5月正式开业，1993年初扩建改造，占地1922.67平方米，建筑面积7628.16平方米。主要经营百货、家交电、针纺织、文化、糖烟酒（副食品）、服装、鞋帽等七大类约27000余个品种，另设1个彩扩部。1995年年末，共有干部、职工248人，实现销售总额5012万元。2000年，百货商场、商业大厦实行产权制度改革，百货商场所有权被冯惠生买断，商业大厦所有权被韦应台买断。

大丰市食品公司　位于市区二卯酉河南，大刘路71号。公司成立于1955年2月，时称大丰县食品收购站。1958年，与水产购销站合并为食品购销经理部。1962年，水产业划出成立食品公司。1969年，食品、水产合并成立食品水产组。1973年，更名为大丰县食品水产公司。1978年，与水产公司分设，成立江苏省食品公司大丰县公司。1978年以前，食品公司是家畜、家禽以及禽蛋收购和销售的唯一渠道。除在各乡镇设立站外，在县城设立3个门市部。随着市场机制的转变，市食品公司在大中镇区域内设有15个门市部，下辖食品加工厂、食品招待所、综合门市部、贸易开发部及屠宰点2个，在职干部、职工555人。1995年，收购生猪11.9万头，实现销售总额7236万元。1996年，下辖29个乡镇食品站、4个驻城门市部、六匡桥种猪场、500吨冷库、半机械化生猪加工场。全年销售总额8873.31万元，利税468.23万元，固定资产原值684.9万元。2000年，食品公司下辖食品站根据国家政策调整情况实行产权制度改革，生猪产销业务由政府生猪办管理。

大丰市五交化总公司　位于市区健康东路6号。1956年6月，由县百货公司划出成立五金公司。1957年，五金公司与纺织品、中文两个公司一同并入百货公司。1959年4月，五金业务从百货公司划出，成立大丰县物资综合三级站。1960年，三级站撤销，五金业务又并入百货公司经营。1963年重建大丰县五金公司，1964年更名为五金商店。1965年7月，五金商店又并入百货公司。1974年4月，五金业务从百货公司划出建制大丰县五金公司。1985年5月，易名为大丰县五交化公司。1993年8月，成立大丰县五交化总公司，下设大丰批发公司、草堰批发公司、大丰物资公司、大丰摩托车经营公司、大丰地外产品采购供应公司、五交化一商场（1994年9月实行国有民营）、五交化二商场、家电维修中心，经营五交化三个大类商品6000多个品牌，有干部、职工236人。1995年，实现销售总额3157万元。2000年，五交化总公司实行产权制度改革，公司所有权被私人买断。

大丰市饮食服务公司　位于市区健康东路28号。大丰市饮食服务公司是在公私合营大中旅社和大中镇红花饭店的基础上，于1966年1月成立，时有干部、职工70余人，下设东方红饭店（台北饭店）和东方国营旅社（台北旅社）。1970年1月，改称大丰县饮食服务站，增设国营大丰浴室、大丰理发社和大丰旅社。1972年初，更名为大丰县饮食服务公司。1976年，集体行业划归该公司领导。体制改革后，公司下设台北饭店、东方酒楼、人民酒家、古楼饭店、大丰旅社、台北旅社、黄海旅社、大丰浴室、大丰理发社等14个门市部。1995年,有干部、职工282人,全年营业总额584.49万元,其中饮食业491.32万元。1999年,营业总收入174.2万元。2000年,饮服公司及下属企业实行产权制度改革,酒店、旅社、浴室所有权被私人买断。

大丰市糖烟酒总公司　位于市区健康东路30号。始建于1948年,时称台北县专卖事业处。1953年更名为大丰县专卖事业公司,以经营酒类商品为主。1958年,专卖事业公司更名为大丰县副食品经理部,并开始经营烟类商品。1966年,定名为大丰县糖业烟酒公司。1970年,并入大丰县生活资料服务站,称烟酒组。1977年恢复原名称。1980年,公司下设城东商店(1993年1月撤销)。1992年12月,成立大丰县糖业烟酒总公司,下设健康商场、大华路商店、酒类批发公司、糖业批发公司、副食品批发公司、丰糖贸易公司、丰裕农副产品经营公司等7个门市部。1995年年底,有干部、职工379人,实现销售总额7623万元,其中零售总额3321万元。1999年,销售总额2090万元,商品销售利润166.9万元。2000年,糖烟酒总公司及下属商场、店铺全部实行产权制度改革,所有权被私人买断。

大丰市医药公司　位于市区人民北路91号,创建于1956年3月。1958年11月,在中国药材公司江苏省大丰县公司(时隶属县供销合作总社)和中国医药公司江苏省大丰县公司(时隶属县工业科)合并,名为中国药材公司江苏大丰县公司。1962年9月,更名为大丰县医药公司。1964年1月,大中中西药店并入。1980年,改称江苏省医药公司大丰县公司。1995年2月,改称江苏省大丰县医药公司。1996年9月,更名为大丰市医药公司。1996年年末,有职工179人,下设国营零售网点8个,委托代批代销点29个,经营6000多个规格品种,年销售额2836万元。1999年,销售总额2677.7万元,商品销售利润261.7万元。

2000年,大丰市医药公司实行产权制度改革,公司所有权被马新传买断,公司改名为大丰医药有限公司。

大丰市蔬菜副食品有限责任公司　位于市区人民中路20号,1972年3月在国营蔬菜商店(创办于1966年6月)基础上建立的,始称大丰县蔬菜果品公司。1974年8月,果品业务划归县日杂公司后,更名为大丰县蔬菜公司。1986年10月,改称大丰县蔬菜副食品公司。1994年11月,更名为大丰县蔬菜副食品有限责任公司。1996年9月,更名为大丰市蔬菜副食品有限责任公司,公司经营蔬菜、副食品的批发、零售业务。1996年年末,有职工97人,下设4个批发部、6个副食品零售柜组、6个蔬菜柜组、1个商业车队、1个汽修厂,实现销售总额1100万元。2000年,蔬菜副食品有限责任公司进行改制,公司及下属门点所有权被私人买断。

五、合作联营

随着改革开放的深入,20世纪90年代以后,流通环节、流通体制、流通形式发生变化,股份制、租赁制、承包经营制、商业连锁、网上销售等各种经营形式的商贸企业应运而生。计划经济时期的国营、集体所有制运营形式不再存在,取而代之的是中外合资、独资、参股合作商业。

2010年,大中镇区域限上批零住餐零售企业74个,合计零售额9.82亿元。

大丰苏宁电器　苏宁电器1990年创立于南京,是中国3C(家电、IT、消费类电子)家电连锁零售企业的领先者,商务部重点培育的全国15家大型商业企业集团之一,中国最大的商业零售企业。盐城苏宁电器有限公司成立于2004年6月,经营彩电、冰洗、空调、生活电器、厨卫、通讯、电脑、数码、OA办公、健身器材等十大品类3000余种。截至2010年,已拥有13家连锁店,员工1500多名。2010年,苏宁电器在大中镇市区二卯西河北岸大华路与商业街交汇处,有职工300余人。

城中市场　大丰市城中市场位于城区大华路与军政巷交汇处的东北,主要经营蔬菜、肉制品、水产家禽。始建于1991年,2005年重建,现占地面积4900平方米,建筑面积6800平方米,共有门面房35间,固定摊位289个,年交易额2亿元。是大丰市规模最大、种类最全、销售最多、人流量最大的集贸市场,先后荣获“全国文明市场”“江苏省四星级文明市场”“大丰市放心农贸市场”等荣誉称号。

2006—2010年,市城管局先后投入40万元在苏北率先设立80平方米活禽专营区,规范活禽市场交易行业,达到活禽和其他农产品经营区分开、屠宰区与活禽经营分开、光禽与活禽经营区分开的要求,有效地防止禽流感疫情从市场经营环节传播扩散。2007年,增添蔬菜农药残留检查设施。

恒生商城　建设于1998年10月,位于健康路南,工农路北,东至沿河一区6号楼,西临金丰路。2008年,在恒生商城东侧又扩建恒生菜场,总面积5万平方米,其中菜场室内有固定摊位131个,室外26个,室内主要经营肉类、禽类、蔬菜类、豆制品类、水产品类等,室外主要经营水果、炒货、特色小吃。恒生商城有商贸门点510个,主要经营服装、鞋帽、床上用品、窗帘、中介、广告图文设计、灯具等。

大丰市蔬菜瓜果批发市场　创建于1999年4月,隶属于大中镇城郊村,为城郊村村民投资兴办的村办企业。2000年8月21日,实行企业改制,将资产220.42万元一次性转让给大中镇城郊村建筑有限公司董事长吴荣海经营。改制后,投入300多万新建3200平方米的五层综合大楼。相继投入700多万元进行市场配套设施改善,市场占地0.87公顷,有140个商铺,约200个摊位。

金都贸易城　始建于2000年,坐落大丰市区幸福路、人民路交界处,金融广场西侧。集商业、经营为一体的综合性大型市场,市场内有商铺22000平方米,住宅28000平方米,有宾馆、酒店、洗浴中心、休闲娱乐、瓜果市场、服装市场、家具超市共500多户。

大丰市太平洋商场有限责任公司(原大丰市人民商场有限责任公司)　位于人民路与工农路交汇处,是供销社系统老字号企业,2001年5月,企业重组并加盟上海华联超市有限责任公司,成立上海华联超市大丰店,隶属大丰市供销合作社总社,注册资本300万元,主营生活资料日用品批发和零售,有员工260人,设立配送中心1个,镇村级连锁店66个,营业面积7600平方米,年销售总额5500万元,年利润100万元左右。

农工商超市(集团)有限公司大丰店　位于人民中路,隶属于上海农工商超市(集团)有限公司,于2001年9月26日开张,是入驻大丰的第一家联合大型超市。营业面积达7200平方米,仓库面积3000平方米,员工100多人。2005年,销售突破1个亿。2010年,全年零售总额3.03亿元。

苏果超市(大丰)有限公司　位于健康路与大四河交汇处的东南角,成立于2007年10月,是大丰市招商引资单位,总部设在南京,是华润苏果旗下的连锁店。超市共分三层,经营面积9000平方米,有员工250人,一楼经营食品、生鲜,其中食品部共有休闲食杂、冲调保健、酒水饮料、粮油干调,经营8600多个品种,生鲜部共有果蔬蛋品、烘焙面点、熟食卤菜、肉品、水产,经营1000多个品项;二楼百货部共有洗化纸品、休闲文化、日用杂品、针纺织品、家电室,经营13000多个品项。三楼仓库。2010年,零售总额10.53亿元。

欧蓓莎城市广场　创建于2010年,位于大丰市人民北路57号、59号与新村路交会处,总占地面积7.2万平方米,建筑面积14万平方米,有门面房1200多间,设摊位400多个,可安置员工500多人,年销售额约3亿元。欧蓓莎城市广场是大丰恒信置业发展有限公司在大丰市区开发的一个集商业、住宅、休闲、文化娱乐为一体的大型生态园林社区和新时代购物商城,主要由居然之家·欧蓓莎大丰店与高档住宅社区两大区域组成。

大润发大丰店(大丰润泰商业有限公司)　创办于2010年,是大丰市政府招商引资的大型外资流通服务企业,公司位于大丰市幸福东大街的黄金地段,是一家会员制的国际连锁平价购物广场。拥有3万多平米的营业面积,470个免费汽车泊位,一楼广场有2400个摩托车、自行车停车场。该店经营数以万计的商品种类,包括生鲜食品、生活用品、杂货、五金百货、电器五大类。拥有员工1000余人。

江苏盐阜人民商场有限公司大丰购物中心　成立于2009年1月1日,位于大中镇人民中路与健康路交汇处的西北角,该中心总投资达1.8亿元,营业面积近2.4万平方米,现有员工500多名,是大丰地区唯一也是面积最大的综合性百货商店。主要经营黄金珠宝、进口名表、烟酒副食、化妆品、鞋帽服饰、家用电器等12大类5万多种商品的零售业务。2011年,销售达1.2亿元。

世纪联华大丰店 位于健康路与商业街交汇处的东北角,原健康商场,2003 年 11 月 19 日重组,注册资本 200 万元,主要经营食品、国产卷烟、日用百货、五金交电、汽车配件、通信器材、电脑器材及配件、针棉织品、服装、鞋帽、装潢材料、建筑材料、农副产品,拥有 1000 万资产,经营面积 10700 平方米,拥有员工 154 名,年销售额 6000 万元。

2010 年大中镇区域限上批零住餐企业零售额情况表

表 9-1-19 单位:千元

序号	企业名称	全年零售额	序号	企业名称	全年零售额
	合计	98.2177 亿元	38	大丰市汇贤嘉园大酒店	3556
1	盐城千年翠钻珠宝	5633	39	五羊本田摩托	22986
2	大丰市法派服饰专卖店	5543	40	大丰市天福大酒店	3903
3	大丰市台北饭店	2860	41	白云酒家	3341
4	大丰市绿都大酒店	2859	42	大丰市天天渔港大酒店	3105
5	大丰市万紫千红大酒店	3017	43	飞亚汽车销售公司	30928
6	大丰市大中镇七匹狼服饰	4829	44	联丰汽车销售有限公司	30090
7	大丰市海澜伟业服饰店	4986	45	大丰市品海园海鲜馆	3774
8	大丰市金利来服饰专卖店	5234	46	大丰市鑫食铺酒店	3736
9	大丰市文峰服饰	6448	47	大丰市王府井大酒店	2746
10	鸿尔达电动车自行车	6620	48	世纪鸟电动车	6630
11	大丰市绿能电动车	7199	49	小刀电动车	6826
12	大丰市豪顺电动车专卖店	7210	50	新蕾电动车	2271
13	大丰市大江电动车大卖场	7170	51	誉池酒业经销处	10816
14	比德文电动车	3600	52	三友交电有限责任公司	28253
15	大丰市欧派电动车专卖店	6502	53	新百有限公司	5952
16	大丰市飞龙电动车专卖店	6991	54	浩伦农资超市	73885
17	大丰市和平电动车专卖店	3630	55	珍鹿有限责任公司	11600
18	太平洋商务有限责任公司	19115	56	丰东大酒店	10169
19	大丰市海润大酒店	3202	57	农工商超市集团	30253
20	西湖人家	4456	58	海达摩托车销售	13724
21	中央商场大润发服饰广场	7644	59	苏果超市(大丰)	105347
22	王府井服饰	7511	60	正大贸易有限公司	18054
23	温馨家园餐饮有限公司	3950	61	银都大酒店	17432
24	宏达汽车贸易有限公司	25786	62	盐城水沐年华大酒店	3400
25	大丰市凯旋门大酒店	3710	63	江苏人酒业销售	38831
26	梅香竹韵快餐店	2822	64	医药有限公司	29195
27	大丰市阿瓦山寨酒店	2733	65	中北汽摩销售	12421
28	金鹰汽车租赁有限公司	27534	66	富丰茧丝绸	38683
29	恒运汽车销售有限公司	27574	67	建丰大酒店	4563
30	福达汽车销售有限公司	26293	68	新华书店	41066

续表 9－1－19

序号	企业名称	全年零售额	序号	企业名称	全年零售额
31	大丰市华丰大酒店	4119	69	新词大酒店	38149
32	大丰市新百乐门大酒店	3134	70	新团国家粮食储备库	12391
33	大丰市夜明珠大酒店	3649	71	盐城市建丰国际宾馆	5760
34	市社大酒店	4061	72	红林汽摩销售	7519
35	劲松贸易名烟名酒店	7925	73	中联机电设备	6508
36	张云金狮电动车门市	5810	74	瑞丰农业机械	8873
37	大丰市嘉年华大酒店	4082			

第二节　商品流通

一、生产资料供应

（一）农机农具

1949 年前，境内农业生产落后，生产工具极其简陋，农用锄头、钉钯、耙犁、镰刀、钗、扒等主要由铁匠、木匠、竹匠自制自售。

1950 年后，农业生产迅速发展，生产工具需求剧增。大中供销合作社组织铁木竹业工人计划生产农具销售给农民，或委托铁木作坊加工代销。1955 年工商业社会主义改造后，大中镇建立农具生产合作社，专门生产农具，始由供销社组织经销，后为农具社自营。1956 年，国营供销商业系统销售双轮双铧犁 1443 台，农药械 3591 架。1958 年，销售新式农具 5944 部，农药械 9931 架。1967 年，农机具品种增加，销售柴油机、拖拉机、脱粒机、农用小水泥船等大中型农机具。1972 年，县成立农业机械公司，专营专业机械及配套设备。大中供销社设立农机配件门市部，经营小型农业机械和开展修旧利废业务。20 世纪 70 年代以后，大型农业机械应用于农业，如拖拉机、柴油机、抽水机、发电机、汽车、播种机、脱粒机等。由于原辅材料（如钢铁、木材等）长期求大于供，所以直至 1978 年以前，农机具供应采取计划分配的方法。1979 年以后，农机产品敞开供应，不受计划限制。为满足市场需求，农机部门增加收割机械、耕作机械、植保机械、运输机械、农产品加工机械的供应。

1996 年后，农机农具生产和供应体制发生变化，县农机厂、镇农具厂及专营农业机械及配件门市部进行体制改革。1997 年，大中农具厂与马钢厂合并，成立天力公司，转产空压机配件；新团农具厂与多为公司合并，生产汽车配件；裕华农具厂改名为裕华机械厂。唯有大中镇铁木竹农具厂、城北农具厂（原大兴农具厂）生产销售铁木、竹、农具。

2003 年，全镇城乡有铁匠铺、竹匠店 17 个，主要生产销售铁锹、锄头、镰刀、钉钯、竹器等常用农具。大型农业机械由市瑞丰农业机械公司销售，小型农业机械、农业机械配件由个体经营户经营。

2010 年，大中镇城乡有大型农业机械销售门市 1 个（瑞丰农业机械公司），地址在市区人民南路；小型农机械和农机配件销售门点 14 个，其中市区 8 个，农村 6 个；铁木竹加工销售点 29 个。

（二）农药化肥

1. *农药*　20 世纪 50 年代中后期，推广使用农药、化肥。县建立农业生产资料公司，实行按耕地面积组织计划分配，由供销社经营销售，化肥有时采取奖售政策。

1953 年，推广农药治虫，时有“六六六”药粉、硫磺粉等。1964 年后，农药品种增多，“1605”

“1059”等高效剧毒农药开始进口供应。1980年后,菊脂类农药、除草剂、生长调节剂相继面市。菊脂类农药有敌杀死、杀灭菊脂、杀菌剂、“401”“402”、代森锌、退菌特、敌锈纳、速克灵、托希净等,除草剂有:乙草胺、敌草胺、玉农思、草甘磷、氟乐宁、除草迷、萎去津、苯黄隆等,生长调节剂有:矮壮素、缩节胺、920、多咬唑等。1990年以后,强调科学种田,防止环境污染,高效、低毒、低残留的农药品种逐年增多。1995年,全镇供应农药67吨。1999年后,农药放开经营,不受计划限制,各村均有农药供应点。2010年,全镇有农药供销点35个。

2. 化肥 1952年后,开始少量供应的化肥是硫酸铵,农民俗称“肥田粉”。1958年后,化肥供不应求,县供销社组织专门船队到南化公司装运氨水供应农村。1968年后,碳铵由县化肥厂生产供应。1980年,县生产资料公司也组织化肥供应。1986年,改多渠道分配经营为直拨归口经营,由农资部门、供销社及供销站供应。销售的氮肥有尿素、碳铵、硝铵,磷肥有过磷酸钙、磷酸一铵、磷酸二铵,钾肥有氯化钾、硫酸钾,还有NPK复合肥、微量元素肥料、锌肥、硼肥等。1995年,全镇供应化肥5907吨。1999年后,化肥放开经营。2010年,全镇有化肥供应点33个,年销售化肥18000余吨,化学农药240余吨,农用薄膜80000千克,喷雾器700余架。是年,浩伦农资超市年零售额达0.74亿元。

1975—1996年大中镇农业生产资料供应情况表

表9-2-1

品种 年份	氮肥 (吨)	尿素 (吨)	碳酸氢铵 (吨)	磷肥 (吨)	复合肥 (吨)	化学农药 (吨)	喷雾器 (架)	农用薄膜 (千克)
1975	1157	385	657	550	—	198	753	2547
1976	1445	600	799	664	—	181	926	1890
1977	1422	243	707	774	—	168	982	3579
1978	1151	478	318	397	215	118	745	10192
1979	40336	7930	22583	10392	694	3613	10848	204486
1980	2324	1072	769	1089	47	179	3243	60375
1981	2796	1102	1565	856	77	189	1979	61146
1982	4747	2067	2676	1101	197	164	3057	44500
1983	3166	1330	1735	1027	220	152	1735	58097
1984	3129	1176	1953	648	436	200	1023	116433
1985	1627	984	643	120	327	47	348	57897
1986	2770	1112	1658	104	50	62	501	35975
1987	3424	693	2731	384	142	56	719	39395
1988	3853	1043	2810	597	205	48	905	51655
1989	4149	1438	2711	922	207	45	704	31115
1990	3113	1212	1901	1381	312	53	1380	37700
1991	3517	1259	2258	1468	346	52	892	51400
1992	3171	961	2210	1186	220	80	541	65000
1993	3084	1044	2040	2014	523	34	433	31000
1994	2608	581	2027	2085	491	32	373	29700
1995	1961	674	1287	1538	357	67	54	31500
1996	1995	1130	865	958	613	71	250	25000

（三）建材、木材

1. 建材　民国期间，境内有窑货行，经营石灰、砖瓦。货源来自产地秦潼、兴化戴家窑等地。20世纪50年代，供销合作社经营少量的建筑材料，如铅丝、元钉等。1968年，原大道砖瓦厂销售红砖1400余万块，青平瓦41万片；新团机制砖瓦厂销售红砖2000万块，青平瓦80万片。70年代，境内建材工业兴起，生产砖瓦、石灰、水泥和水泥构件的大小企业20多家，产品基本自给，还有输出。油毡、砂石、耐火材料、装饰材料、涂料等，除自己生产外，其他从外地购进。

2000年后，新型建材装饰市场迅速发展，市区主要集中在人民路、兴隆装饰城、工农路银都桥至常新桥两侧。2006年，工农路道路两侧有100余户新型建材经销商店，主要经营墙面砖、地面砖、水泥、涂料、防水材料、铝合金、塑钢门窗等建筑材料。每个建材门市部的总资产在50万～80万元之间，100万元以上的约50%左右。

2010年，大中镇城乡销售多孔黏土砖和传统黏土砖瓦1600万块，325号水泥3万吨，铝合金、塑钢门窗37万平方米，钢结构4.8万平方米，内外墙涂料160吨，中空玻璃8000平方米，煤渣水泥砖3000万块。

2. 木材　大中镇无天然森林，大宗木材从外地购进。1949年前，境内有私营木行2家，大中集秦迪仁木行，资本雄厚，为境内大木行。1954年，木材被列为一类物资，实行计划供应。老百姓要购买木材必须有本人报告，大队、公社的证明和县物资局的批复才能到木材公司购买少量木材，“六种人”（复员军人、伤残军人、退伍军人、烈属、因公牺牲军人、病故军人家属。）优待计划供应。1961年始，由县计划委员会、物资局组织计划调拨、计划供应，由县木材公司负责销售。20世纪60年代至70年代初期，大丰曾以劳务投资等方式与黑龙江、福建、江西、湖南等地联营，组织木材加工生产。如1971年，有100多人终年在黑龙江桃山林区砍伐清林木材，两年共得木材1500立方米。1978年后，采取分配指标的办法，需求单位均需经县计划委员会批准后，由物资部门供应。1980年后，物资部门以分配计划为主、市场调节为辅，弥补计划不足。实行市场经济后，木材市场逐步放开，允许自由购销，大中镇铁木竹农具厂、工业联合公司供销经理部、农工商经理部、城南经理部，原大道、大兴、裕华、新团农具厂均自找门路经营木材。1986年，大丰县物资公司销售计划内木材3690立方米，销售计划外木材1.59万立方米。是年年末，大中地区经营木材业务的有7家主要公司，年销售木材达3.3万立方米。90年代后，个体经营木材商户增多，主要集中在万佳装饰城、明星国际家具广场以及工农路西首北侧，主要经营板材、方木等成材和装潢木制品材料等。1995年，大中境内经营木材业务的单位和个人20余家，年销售木材达10万余立方米。

2000年后，随着城乡居民居住条件的改善和商品房发展，装潢板材、木工板、夹板需求量增大，市场板材品种有白松、樟子松，夹板品牌有“兔宝宝”“莫干山”等。2010年，大中镇境内有装潢板材销售门点30余家，年销售成材达20万余立方米。

（四）煤炭石油

1. 煤炭　民国时期，境内有私营煤炭行，供应少量的铁匠、铜匠、补锅匠用煤。1956年，煤炭由合作商店经营。是年，销售煤炭439吨。1957年4月，煤炭供应由国家统一计划，统一调拨，机关、团体、企业、居民用煤由县燃料公司实行计划供应。1958年，国营商业销售烟煤13544吨，无烟煤6781吨。1961年始，城镇居民生活用煤凭证供应。1963年，县煤炭石油公司成立，控制无烟煤供应，保证农业排灌用煤。1978年后，开始组织计划外煤炭补足。1980年以后，协作煤进入流通渠道，实行敞开供应。1986年，大中地区物资部门销售8000吨。1992年后，生活用煤减少。随后，煤炭销售进入大市场、大流通领域，供应渠道增多。1999年，市物价局规范煤炭经营，严格许可证制度，对煤炭经营商店发放煤炭经营许可证，并进行年审。进入21世纪后，煤炭市场全部放开自由经营。随着石油液化气的日益普及、小锅炉的淘汰，煤炭的销量大幅下降。2010年，大中地区煤炭的销售量为670吨。

2. 石油　民国时期，杂货店经营火油（煤油），时称“洋油”，家庭用作点灯照明。新中国成立后，石油供应仍以民用煤油为主，由供销合作社、下伸点（代销店）经销。1956年，供销系统销售煤油32384千克。1957年，汽油、柴油、煤油、润滑油、机油凭证限量供应。1958年，销售煤油530068千克，柴油42765千克，润滑油16507千克。1961年，由物资系统对石油实行专项管理。80年代，乡镇企业崛起，为弥补计划内石油货源不足，煤炭石油公司组织计划外成品油。由于协作石油进入市场调剂，供需矛盾得到缓解。

2010年，大中城乡有加油站9个，他们分别是城北、城中、城西、城南、城东、新团、裕华、人民北路、南翔路加油站，主要供应汽油、柴油（润滑油由于供应量小，大多由农机配件门市部供应）。

2010年，年销售石油总量1.4万吨，其中汽油0.9万吨、柴油0.5万吨。

二、生活资料销售

（一）百货

1938年，大中集“天昌”号专营日用百货、绸缎呢线、针织刺绣、木制家具、铜锡器皿、化妆品等，无所不备。

1961年1月8日，大中镇火柴短期实行凭证供应，不分城乡，基本定量。每户每月凭购物证定量供应3盒，确实不够用者，可以申述原因增加1盒。对吸烟者、旅客、集体伙食单位及生产单位，采取特殊供应方式。4月，对肥皂实行凭证定量记录供应，城区居民每月每户供应1块，郊区农户每季度供应1块。1962年5月26日，为解决商品分配和计划平衡工作上存在的问题，对百货等商品采取凭券供应，城镇居民定期发券，农村则以农产品出售发放。凭证供应的有绸缎、丝棉、毛线、棉毯、胶鞋、钢精锅（铝锅）、牙膏、手电筒、饭碗等47种。在实行票证供应的同时，为保证市场的活跃，对特殊商品如自行车、钟表、收音机等商品实行高价供应。1967年1月，对14种针织品免票或减票供应。“文化大革命”期间，商品库存下降，经营品种减少。1970—1976年，国产手表、缝纫机由于购买力低，上市仅有少量。1977年后，国产手表、缝纫机品种日增，式样日新，销量增大，一度时期供不应求，也实行票证供应。1980年起，手表、缝纫机供求得到缓和，除上海名牌缝纫机较紧俏外，其他牌号均可买到。1986年9月，日用百货价格放开。1989年以后，各种牌号的百货，在市场上均敞开供应，应有尽有。

随着科技的不断进步，老产品不断更新换代。人民收入增加，城乡居民对百货的需求量大幅度提高。1995年年末，大中镇日用百货零售额达6515.3万元。2010年，日用百货零售额达11.2亿元，城镇居民年日用百货人平消费1136元，农村居民人平年消费539.12元。

1980—1986年城区主要日用品销售量情况表

表9-2-2

名称＼年份	1980	1981	1982	1983	1984	1985	1986
皮鞋（百双）	95.9	87.9	103.1	120	223.5	185.2	278.6
胶鞋（百双）	532	436.4	554.6	569	615.7	2822.4	535.1
全塑鞋（百双）	142.5	182.3	234.5	109.1	116.2	141.5	140.1
火柴（件）	1078	1862	1592	930	1892	584	3324
肥皂（箱）	3364	3012	2823	4395	2493	2873	2210
洗衣粉（吨）	14.2	19.8	17.7	11.5	29.4	62.1	103.4
手表（只）	4794	5732	9486	9667	9659	9246	9048
钟（只）	1614	1031	1842	2002	2857	2327	5919

续表 9-2-2

名称 \ 年份	1980	1981	1982	1983	1984	1985	1986
铝锅(百只)	46.7	38.4	34.3	44.7	40.7	42.6	53.8
草席(百条)	361.6	161.6	157.6	224.8	232.7	246.1	260.2
电池(百只)	7747.4	1825.7	2061.8	1791.9	1952.4	1989.7	1923.3
电灯泡(百只)	1163.2	1036	1239	1158.9	857.1	733	681.1
元钉(吨)	37.5	35.8	34.7	33.8	37	60.8	64.4
镀锌铁丝(吨)	28.8	32.2	28.6	31.8	21.7	36.3	45.2
缝纫机(台)	1123	2773	1381	2274	2989	2857	2290
自行车(辆)	2820	3765	3345	6346	6534	5901	6830
收音机(台)	1109	2492	2769	2858	1841	1397	756
录音机(台)	—	—	—	—	—	1094	1047
电视机(台)	—	302	851	1133	2217	1816	9746
电风扇(台)	—	—	—	—	4586	2944	4571
洗衣机(台)	—	—	—	—	245	1257	2543
电冰箱(台)	—	—	—	—	—	42	90

(二)针纺织品

新中国成立前,大中镇只有几家私营布匹商号,品种较少。城乡人民的衣服用布多为自纺自织土布,少数富户穿丝麻织品和洋布服装。新中国成立初期,棉布、棉纱经营仍为私商所控制,价格不稳定。1952 年,县设立花纱布公司,平抑棉布市场。1953 年后,生产发展,经济形势渐好,花色品种增多,卡其布问世。

1954 年,棉布(包括棉花)实行统购统销,大中镇开始计划供应。是年,大中镇对 6751 人发放民用布票,前期发放 9.41 万尺,后期发 4.71 万尺,人均 20.9 尺。1955 年,市场紧缺,凭票尚不能满足供应,大丰成立纺织品公司负责针纺品的批发供应。1956 年,国营系统销售棉纱 86.17 件,棉布 4013743 米,毛巾 13163 打,袜子 20816 打。1958 年,大中镇每人每年发放布票 17.5 市尺,城区和郊区同一标准,全年发放分前后期进行。是年,国营系统销售棉纱 149 件,棉布 4363 千米,呢绒 804 米,绸缎 32019 米,毛巾 32856 打,袜子 41221 打,汗衫背心 3678 打,棉毛衫裤 2217 打,卫生衫裤 5938 打,床单 4249 条。1959 年,发放布票标准不分阶层,每人每年发放 22.5 市尺,全年一次性发放,分期使用。后期(下半年)能提前使用,前期(上半年)可全年使用。临时性调剂用布 1 人定量标准为:结婚男女双方各 30 市尺,新生儿为 22.5 市尺,死亡 1 人发 40 市尺。

1960 年上半年,全镇每人发放布票 9.5 市尺,下半年每人发 10 市尺(其他乡镇每人只发 9 市尺)。8 月中旬,14 种棉针织品凭票供应,并在百货商店柜台上张贴供应方法的公告,严格执行管理制度。对工业生产和劳保(购置工作服、围裙、套袖、手套等)用布,由商业部门批核指标,供各行业所需。

1961 年 3 月,毛巾、鞋袜、棉线等棉织品,开始凭证供应。1961 年印制购货券,凭券供应。

1961—1963 年,凭购货券供应的工业品收券标准为:

1. 凭甲种券供应的 17 种

每元收 20 张券的 8 种:

(1)不收布票的针织品及服装(包括处理的残次服装、毛巾、袜子、棉衫裤、卫生衫裤、汗衫背心、床单以及其他针织品;原不收布票的主要小针织品:如手帕、汗巾、各种手套、网线袋等);(2)棉布、绸缎(包括雪花呢);(3)定量外民用线;(4)胶鞋;(5)竹、铁壳水瓶;(6)自行车外胎;(7)自行车内胎;(8)肥(香)皂。

每元收 10 张券的 9 种:

(1)搪瓷面盆;(2)羊毛制品;(3)杂毛呢;(4)铁锅;(5)碗;(6)草席;(7)定量外煤;(8)雨伞;(9)烟丝。

2. 凭乙种券供应的 30 种

每元收 10 张券的 28 种:

(1)搪瓷口杯;(2)搪瓷什件;(3)钢精什件;(4)牙膏;(5)镜子;(6)镜箱;(7)木梳;(8)篦箕;(9)手电筒;(10)手电池;(11)民用锁;(12)剪刀;(13)民用铅丝;(14)民用元钉;(15)电灯泡;(16)陶瓷品;(17)民用染料;(18)帆布筒;(19)帆布裤带;(20)旅行袋;(21)背包;(22)书包;(23)帽子;(24)水瓶胆;(25)木器家具;(26)菜刀;(27)枕席;(28)民用玻璃。

每元收券 4 张的 1 种:缝纫机。

每元收券 3 张的 1 种:各种收音机。

3. 关于零售价不足 1 角部分收券办法

(1)凡每元收 20 张的工业品,零售价格尾数为 1 分和 2 分的不收券,3 ~ 8 分的收 1 张券,8 ~ 9 分的收 2 张券。

(2)凡每元收 10 张券的工业品,零售价的尾数在 5 分及 5 分以下的不收券,6 ~ 6 分以上的收券 1 张。

(3)对于缝纫机和名牌收音机零售价格尾数不足 1 角的部分不收券。

4. 关于甲、乙两种购货券的使用办法

凭甲种券可以选购 17 种最紧张的工业品,凭乙种券可以选购比较紧张的 30 种商品;用甲种券可以买乙种券的商品,但是乙种券不能购甲种券的商品。

20 世纪 70 年代,化纤、呢绒进入大丰市场,棉布销量减少。1971 年,的确良、涤卡等化纤布料上市,初时每丈收布票 2.5 尺。

1980 年,化纤布免票供应,某些棉纺织品也降低收票标准,此后纺织品供应日趋缓和。竹布、府绸、白布、卡叽、灯芯绒等销售量相应降低。

1982 年,废止布票,敞开供应,并允许集体商业经营。

1984 年 3 月 1 日,纺织品取消凭计划票证供应,结束了自 1954 年后计划供应的历史。

随着大丰城市规模的日益扩大,人口不断增加,经营针纺品的门市店面遍及市区。

2010 年,城区销售针织品、成衣的店铺分布在名都广场、鸿基汇金购物公园、人民北路、大新南路、商业街、工农路东段。盐阜人民商场大丰店、苏果、大润发、农工商、千家惠超市均有各色各样的针纺织品和成衣出售。城镇居民的衣着消费支出年人均 1367 元,农村居民衣着消费支出年人均 360.73 元。

1980—1986 年城区主要针织品、纺织品销售量统计表

表 9-2-3

名称 年份	棉布(百米)	化纤布(百米)	绸缎(百米)	毛巾(百条)	锦纶袜(百双)	汗衫背心(百件)	棉毛衫裤(百件)	床褥单(百条)	毛线(千克)	卫生衫裤(百件)
1980	8123.5	796	—	8612	—	747.5	508.9	—	11161	259.8
1981	8229	1043.1	—	6348.9	—	958.5	442.3	59	8877	222.4
1982	7009.8	1731.7	—	8077.3	—	914.7	585.2	60	13902	213.2

续表 9－2－3

名称 年份	棉布 （百米）	化纤布 （百米）	绸缎 （百米）	毛巾 （百条）	锦纶袜 （百双）	汗衫背心 （百件）	棉毛衫裤 （百件）	床褥单 （百条）	毛线 （千克）	卫生衫裤 （百件）
1983	5726.6	2142.3	—	95.29	—	957.8	495.5	57.6	16040	166.6
1984	3314.3	1443.8	—	7239	—	857.2	508.2	46.8	17945	145.1
1985	2471.2	589.8	1007	17440.4	10796	1032.1	419.4	160	19354	137.9
1986	2429	782.4	869.3	11419.4	9651	952.5	339.4	97.6	22244	88.5

（三）五交化用品

1949年前，大中镇只有郭如喜等几家私营铁匠铺生产经营少量的斧头、凿子等五金产品。1950年，五金、交电、化工类商品，品种少、销量小，多数从外地购进，由百货店兼营。当时，五金仅有铁锁、插销、合页、铅丝、元钉等，化工主要有油漆、颜料，日用化妆品是土制雪花膏。1956年6月，成立五金公司，经营品种有一般的常用五金工具、油漆。五金商品主要有元钉、铁丝、民用灯泡、自行车及配件等，销售量较大，曾一度紧缺。交电商品，初期货源少而昂贵，20世纪60年代如能买到“熊猫”牌半导体收音机成为快事。

1949—1951年3月，城区仅销售自行车140辆。1956年开始销售收音机，是年，全年销售收音机83台，销售自行车779辆。1958年，国营系统销售收音机58台，自行车762辆。

1958年，系统销售镀锌铁丝79879千克，元钉59034千克，轴承397个。

“文化大革命”期间，民用电度表、自行车、电线（花线）和缝纫机等，均需由五金公司批条或发证供应。1978年后，随着工业生产发展，交电产品品种增多，产量不断增长，市场货源充足。1981年后，电风扇、收录机、电冰箱、电视机、洗衣机多采取搭配销售。1988年，各类大件交电商品实行敞开供应，但价格昂贵。2010年，五金交电品种由新中国成立初的10多个，发展到五交化三大类的6000多个品种。高档五金、交电、家电用品，如数控电冰箱、洗衣机、电视机、电瓶车、轿车的销售量迅速上升，城区销售五金电器主要集中在大新北路、工农西路和各大超市（新团小街、裕华小街也有20多个门市）。

（四）日用杂品

1949年以前，大中镇有私营杂货店40多家。1953年，全镇杂货业近百家，经营品种主要包括铁锅、陶瓷、雨伞、刷子、土纸、皂碱类。到1956年，商业、供销系统的商店网点遍及城乡，批零兼营各类日杂商品。1958年后，市场商品紧缺，曾一度规定铁锅以旧换新，铝制品及肥皂、火柴、火油等凭证供应。1962年，县供销社成立日用杂品公司，批发、零售日杂商品。1980年以后，市场逐步开放，电饭锅（煲）、电炒锅、电磁炉等新产品面市。日用杂品销售，打破了行业界线，实行多渠道经营。市内各大超市都开设日杂部，零散铺面主要分布在城区大新北路、工农路东端和城中市场、恒生市场、金都贸易城以及新团、裕华小街。2010年，城镇居民家庭日用杂品消费支出人均381.8元，农村居民人均为84.6元。

（五）糖烟酒

1949年前，糖烟酒由私营杂货店经销，品种单调，烟以旱烟、烟末子、水烟为主，糖以红糖为主，酒以高粱或大麦土法酿制的散装烧酒为主。1948年，台北县专卖事业处成立，主营酒类商品。1958年，大丰副食品经理部开始经营烟类商品。大中镇除酒类有自产部分，糖、烟历史上均系外地调入。

1956年，国营系统销售食糖350吨，卷烟5738箱，酒604吨。1958年，国营系统销售食糖364.75吨，卷烟6553箱，酒631.95吨。1961—1963年，食糖、卷烟实行计划供应。1961年春节，居民每人供应食糖0.1千克，香烟每户供应3～5包，酒每户0.125千克。食糖平时居民一般无计划，但对出生婴儿、产妇凭医院证明，有少量供应，供应标准为：出生婴儿0.25～0.5千克，产妇1～1.5千克，肝炎病人0.5千克，浮肿、胃溃疡病、结核病0.15～0.25千克。

1978年，食糖除平时计划供应外，春节每人增加0.1千克，卷烟每户乙级烟1条。1979年后，糖烟酒在品种、数量、质量和销售量上都发生了变化，糖有红糖、白砂糖、绵白糖、冰糖和各式水果糖等数个品种，烟有上百品种，酒有白酒、果酒、干红、补酒、啤酒等。1979年春节，食糖供应在原有正常供应的基础上，不分城区和郊区，每户增加0.5千克；香烟“大前门”“大运河”每户各半包。

1981年，城区春节供应食糖每人0.25千克，香烟凡粮食定量供应标准在12千克以上的，每人供应香烟“大前门”半包、“大运河”1包、“华新”1包、“雪峰”2包、曲酒0.125千克。1982年春节，城区居民凡粮食定量供应标准在12千克以上的，每人供应卷烟5包（“大前门”“运河”“华新”各1包，“飞马”2包），曲酒不分大小口，每人供应0.125千克；食糖不分大小口，每人供应0.25千克。至1987年，除名烟、名酒、食糖仍较紧张外，余均敞开供应。1988年以后，名烟、名酒、食糖敞开供应，满足市场需求。2010年，农村居民烟酒消费支出年人均283元，城市居民人均支出573.4元。

（六）食品、副食品

1. 猪肉、水产、禽蛋

1949年前，设有私营肉摊、鱼行，另有兼营野味。1954年9月，取缔私营屠宰商，组织肉食业合作小组。1956年，国营系统销售活猪1287头。1958年，国营系统销售活猪14626头、猪肉44.7吨、牛肉2.5吨、活羊1062头、羊肉1.3吨、鲜蛋170.4吨、鸡8817只、鸭8508只、鹅12只、兔184只、鱼566.25吨。

1960年后，为完成国家外贸计划，猪肉供应紧张。猪肉集市价高达3元（计划价0.70元），饭店荤菜最高达10元一碗。禽蛋类平时无计划供应，仅在重大节日（如春节、国庆节等）才有所安排供应。1961年春节，城区居民每人供应猪肉0.15千克。

1973年，夏季动员吃“爱国肉”（敞开供应，鼓励人们多吃肉）。1979年，城区正常月定0.15千克猪肉供应计划外，春节每人供应鱼1千克；郊区非农业人口，每人供应猪肉0.75千克，社员一律吃“返还肉”（卖猪时付给一定比例的购肉券）外不另行安排，对单身汉、五保户、下放知青等不养猪户，每人每月供应0.5千克。

1981年春节，城区居民每人供应鸡蛋0.25千克、皮蛋3个、肉皮0.1千克。1982年春节，城区每人供应肉皮0.15千克、皮蛋3只、猪肉1.5千克。翌年，猪肉供应有所缓和，城区计划发证每人每月定量1.5千克。1983年年底，开放农贸市场，购销渠道增多，集市贸易繁荣，猪、禽、鱼、蛋等基本满足供应。1985年，全县人均食肉量由1956年的3千克提高到15千克。1995年，人均食肉量为10千克。1983年以前，由于生产的发展和自然灾害方面的原因，食品供应，特别荤食品往往求大于供，因而不得不采取议价销售和计划销售相结合的供应办法。

1996年后，随着人民生活水平的改善，猪、禽、鱼、蛋的销量日见增多。2010年，农村居民肉蛋禽消费支出年人均461.54元，城镇居民1126.7元。

2. 豆制品

1949年前，豆制品业均为私营，品种有豆腐、卜页、茶干等。1953年，全镇有个体豆腐店26家。1959年，对城镇居民实行豆制品凭票供应。1980年后，个体豆制品业迅速发展，增加议价供应。1984年5月，光华豆腐合作商店易名为大丰县豆制品厂，设代销点5个。1990年后，豆制品品种有豆腐、卜页、茶干、豆腐皮、面筋，另有加工的素鸡、卤汁干、油豆腐等20多个品种。2000年后，私营豆制品和加工点大量涌现。2010年，全镇拥有私营豆制品厂120多家，规模较大的豆制品厂有黄海豆制品厂、河口豆制品厂等。

3. 糕点

1949年前，大中集、新团、裕华均有制作糕点的茶食店。大中集开设最早的大同兴茶食店，经营花生糖、寸金糖、芝麻糖、牛皮糖、核桃糕等茶食，尤以脆饼、云片糕为佳。新团境内有茶食店6家。1953年，大中镇有茶食业8户。1956年，茶食业组成合作小组、合作商店，集中生产，设点销售。1960年，糕点实行凭证供应。次年，茶食实行仪价销售。1973年后，茶食敞开供应，品种数量增多。1980年后，茶食个体户增多，外地名优茶食进入市场，品种增加到100多种，销量亦大增。20世纪60年代后期，成立大丰食品厂。80年代初，成立大中镇食品厂，加工饼干、月饼、果子供应市场。2010年，大中城区有蛋糕房10余家，销售各种蛋糕及蛋奶制品。大润发、苏果、农工商超市也设有糕点部，制作经营各种糕点。另有个体生产经营者40余家，逢年过节加工果子、月饼、麻花等。

1980—1986年城区主要副食品销售量统计表

表9-2-4

名称 年份	食糖（吨）	卷烟（标箱）	酒（吨）	茶叶（百千克）	苹果（百千克）	柑桔（百千克）	红黑枣（百千克）	糖果（百千克）
1980	169.4	1512.1	240.2	127.7	1819.5	230	559.65	585
1981	144.4	1701.7	358.5	133	2105	308	629.5	972
1982	722.3	1962	338.5	254	3473.5	245.5	498.55	1229
1983	202.4	1138.4	250.9	86.25	2503.5	166	599	1246.5
1984	181.2	937.7	216.6	104.7	2270	622	396.65	1793
1985	235.9	616.6	204.9	77.2	936.5	50	138.35	906.25
1986	393.9	541.9	166	373	325	514.5	43	1552

三、农副产品收购

解放战争时期，县人民政府在大中集设立江海、利民两公司，经营棉花、棉纱、棉布购销。1951年起，县设立花纱布公司（时称中国花纱公司大中集营业处），收购棉花，基层供销社代购，对淮南纱厂生产的棉纱实行统一收购、统一销售。棉花、棉布则采取自由入市。不法商人、投机者则趁机抢购。1954年，国家对棉花（纱、布）实行统购统销，规定购留比例，保障人民生活所需。1955年，实行预购奖售，签订合同，发放定金，优待供应生产资料。每50千克皮棉奖售棉布1.65米、粮食5千克、饼肥25～50千克。1956年，县成立农副产品采购局，棉花经营由采购局负责。1957年，采购局撤销，棉花收购业务仍归供销社经营。1960年，国家对棉花收购推行集中检验、集中保管、集中交售、统一收购、统一供应的收购方法和购留政策（简称“二统一、三集中”）。1962年，实行优惠奖励政策，每出售50千克皮棉，优惠供应贸易粮15千克、化肥25千克、布票5米。1965年，县棉麻公司成立，棉花收购由县棉麻公司经营。自1967年始，国家为鼓励农民发展棉、粮生产，每年春夏之间向生产队发放预购定金，实行预约收购。1978年以前，大中镇境内棉花收购是由大中轧花厂负责。1979年，随着棉花产量的不断增长，为方便群众售棉，各供销社先后分别设立收花站。1981年，农村推行家庭联产承包责任制，棉花交售方式由过去以生产队为结算单位，改为以户交售，以组结算。1983年，又在恒丰村设立收花点。1992年、1993年分别在利民、阜北新建收花站。1983年以后，棉花收购方法实行基数到户、任务到户、以户收购、以户结算，收花站全日收购，当日棉花当日结清。1985年，取消棉花统购统销政策，改为合同定购，完成合同任务后可自行贸易。1987年，实行“倒三七”（即30%统购价，70%超购价）加价收购，每50千克皮棉奖售标准氮肥30千克、磷肥10千克。1999年，市供销合作总社进行棉花流通体制改革，实行以轧花厂为主体，收花站为依托，聘用大中供销社原有收购人员，租赁收花站资产，购加销一体经营的运行方式。

2001 年以后，轧花企业自行收购。2010 年，全镇有综合轧花企业和小型私营轧花厂不足 20 家，全年收购棉花 3300 余吨。

1975—2010 年大中镇部分年份棉花收购情况表

表 9－2－5 单位：吨

年 份	1975	1977	1979	1981	1983	1985	1986	1988	1990
收购量	3309.15	2844.85	2667	2835.15	2460.65	2109.5	1750	2242	1902
年 份	1992	1994	1995	1996	2002	2004	2006	2008	2010
收购量	1591	1250	1605	1664	—	—	—	3302	3315

（一）蚕茧收购

1957 年，开辟集体湖桑园，组织农户集体养茧。国家对蚕茧实行统一收购，不得自由流入市场。1962 年，为鼓励社员多养蚕，对蚕茧收购实行奖售政策。规定集体每交售 50 千克蚕茧，可奖售化肥 100 千克、布票 3.33 米、棉油 2 千克；社员每交售 50 千克蚕茧，奖布票 40 市尺、乙种工业券（时购工业品需凭券供应）120 张。

1978 年，县外贸公司实行一条龙经营蚕茧业务，委托基层供销社代购。1980 年以后，逐步由集体养蚕转变为组、户承包，实行家庭养蚕专业化，蚕桑事业进入新的发展时期。

1983 年后，养蚕业仍得到发展，桑园与大田同样按比例分配化肥。大中镇有城南、德丰茧站。1987 年，省丝绸公司按每公顷桑园发标准化肥 150 千克到镇，为防止蚕茧外流，凡在大中镇茧站售茧的，凭收购单据由村林蚕员到站结算，按每 50 千克蚕茧奖售尿素 10 千克，以户购付。1996 年，受国际市场影响茧价猛跌，蚕茧产量猛降。2000 年，有所回升。2010 年，全镇年收购量不足 150 吨。

1975—2010 年大中镇部分年份蚕茧收购情况表

表 9－2－6 计量单位：吨

年 份	1975	1977	1979	1981	1983	1985	1986	1988	1990	1992
收购量	75.3	107.9	122.8	166.5	146.25	329.7	408.1	504	561	532
年 份	1994	1995	1996	2002	2003	2006	2008	2009	2010	
收购量	560	605	134	485	427	301.4	193	139	141	

（二）生猪收购

1949 年前，生猪由私营猪行收购，亦有屠宰户自由收购。1950 年，生猪由供销合作社收购。1956 年，大丰县食品公司成立，为扶持农民养猪，发放生猪预购定金和饲料粮。是年，私营肉铺组成合作商店，由县食品公司归口管理。1957 年，生猪收购实行派购制度，由食品公司统一经营、统一调拨。1959—1963 年，收购生猪在原有派购的基础上，奖售工业品购货券和饲料粮。凡卖 1 头留 1 头，或两户合卖 1 头不返还肉的，按照生猪收购的金额计算，每元发给甲种购货券 3 张、乙种购货券 2 张；凡返还猪肉一半的（大丰县不执行）不另给购货券；凡返还猪肉三分之一的，按照生猪收购额，每元发给甲、乙种购货券各 1 张。

1963 年，食品公司改进收购方法，实行食品一条龙经营。一方面积极开展流动收购，另一方面采取预约上门收购。1975 年，提高生猪收购奖售粮标准，以鼓励发展生猪饲养，生猪发展迅速，收购量上升。1978 年 8 月，大道、大兴（阜丰）分别成立食品站，负责本辖区的生猪收购任务。

1983年后，因饲料粮价格上涨，生猪的收购量有所下降，全镇1985年比1982年少收购3211头。1984年8月1日，大道、阜丰食品站合并为大中食品站。1985年3月，生猪由派购改为合同订购，实行议价议销，由养猪户与国营、集体、个体专营者自由成交。1985年4月，生猪购销价格放开，取消派购，实行合同定购、指导议购议销。1993年，由于生猪市场管理混乱，"小刀手"乱收乱宰，大中食品站收购生猪仅有470头，比1992年的8386头少收购7916头。20世纪90年代中后期，生猪市场放开，乡镇食品站相继撤销，屠宰场由国有经营向个体经营转变，逐步实行市场化经营。同时，生猪养殖由散养变成养殖专业大户养殖，提倡"百头猪场"。进入21世纪，提倡"千头猪场"规模化养殖，政府对养猪大户给予政策支持、资金扶持的方式，从而促进生猪养殖的发展。

食品站撤销后，生猪的收购由生猪经纪人（规模调运）和屠宰经营户（散户）收购，集中到屠宰场宰杀。大中镇区域相继建立大中（泰丰村境内）、裕华（小街二卯西河南）、新团（小街东首）、王港（王港闸）四个屠宰场，宰杀前由镇兽医站检疫员对生猪进行宰前检疫。2010年，大中镇区域有经营户200余人，人均日销售生猪约在2～3头；有生猪经济人5～6人，每年出县贩运生猪35000头左右。同时，也有境外向境内贩运的，年贩运量一般在2000～3000头。

境内成品猪收购时每头重量在110～130千克之间，每头猪出成品肉在65～75千克之间。毛猪收购价：2005年，每50千克为720元；2007年，每50千克在680～790元之间；2010年，每50千克850元。成品猪肉的销售价格：2005年，每千克年平均价为16元上下；2007—2010年之间，每千克销售价格在25元上下。2010年，销售成品猪在8.5万头上下，成品肉在595万千克左右。是年，城区有猪肉销售摊位250个左右，分别设在城中菜市场、荣海菜市场、恒生市场、五金巷菜市场、城北菜市场。裕华小街、新团小街、王港小街、王港闸和各行政村也设有零星摊点，有销售人员600余人。

据统计，2002年收购生猪7.77万头，2003年收购8.73万头，2004年收购14.56万头，2006年收购18.77万头，2007年收购10.66万头，2009年收购7.23万头，2010年收购8.35万头（以上数据不含裕华镇）。

1980—2010年大中镇部分年份生猪收购猪肉销售价格情况表

表9－2－7　　单位：元

时间			活猪（三等）（担）			猪肉（0.5千克）			备　注
年	月	日	指导价	议价	集市价	指导价	议价	集市价	
1980	1	1	62.00	—	—	1.00	—	—	奖售粮50元内，每元0.25千克，超过50元的部分每元奖0.75千克，每头2尺布票
1981	7	16	—	—	—	0.93	—	—	同上
1983	12	1	—	—	—	1.00	—	—	奖售粮实行封顶，每头猪120元打八折，50元内0.25千克，超过50元部分每元0.75千克
1984	11	21	72.00	—	—	1.18	—	—	同上
1985	4	1	76.00	—	—	1.29	—	—	同上
	10	8	84.50	—	—	1.35	—	—	同上
1986	3	14	78.50	—	—	1.26	—	—	换购粮30～50千克
	10	12	82.50	—	—	1.33	—	—	

续表9-2-7

时间			活猪(三等)(担)			猪肉(0.5千克)			备注
年	月	日	指导价	议价	集市价	指导价	议价	集市价	
1987	5	16	—	—	—	1.37	—	—	改三等一级计价,换购粮30~50千克
	9	18	—	102	125	1.44	1.65	1.80~2.00	
	12	12	103.00	每50千克加18.00	140.00	1.56	1.92	2.20~2.30	
1988	—	—	144.00	—	—	1.90	—	—	
1989	—	—	167.00	—	—	2.35	—	—	
1990	—	—	190.00	—	—	2.75	—	—	
1991	—	—	205.00	—	—	2.80	—	—	
1992	—	—	255	—	—	3.40	—	—	
1993	—	—	280	—	—	4.00	—	—	
1994	—	—	360	—	—	5.50	—	—	
1995	—	—	400	—	—	5.70	—	—	
1996	—	—	420	—	—	5.90	—	—	
2005	—	—	720	—	—	8.00	—	—	
2010	—	—	850	—	—	12.00	—	—	

1978—1996年大中食品站部分年份购销统计表

表9-2-8

年份	1978	1980	1982	1984	1986	1989	1990	1992	1994	1995	1996
收购额(万元)	52	137	228	205	192	89	260	132	89	92	238
销售额(万元)	50	171	269	225	222	115	310	164	100	203	289
生猪收购量(头)	12103	15940	22681	19470	17406	8421	10713	8386	360	2113	3447

(三)水产、禽(蛋)收购

民国初,水产品由私商经营,农民、鱼民自捕的鱼虾自行销售。1956年,建立国营水产供销公司,收购经营水产品。1961年,实行水产品、禽(蛋)畜换购政策,提高主要农副产品价格,并相应制定《关于农村换购奖售工业品购货券的办法》。按照派购水产品品种收购金额计算,每10元钱发给甲种购货券3张,乙种购货券2张。禽鲜蛋由食品站收购,收购鲜(鸡、鸭)蛋,每千克发给乙种货券4张。20世纪70年代,下伸站代收禽蛋。80年代初,禽蛋鱼类价格放开,进入自由市场,国家不再组织系统收购,由百姓自行产销或专业销售户销售。

1957—1962 年大中镇几种主要农副产品收购价格调整表

表 9-2-9　　单位:元

品种	以 1957 年为基价		1958 年		1959 年		1960 年		1961 年		1962 年	
	价格	基数(千克)	价格	比 1957 年增减(%)	价格	比 1957 年增减(%)	价格	比 1957 年增减(%)	价格	比 1957 年增减(%)	价格	比 1957 年增减(%)
4 等生猪	36.9	50	36.9	平	36.9	平	36.9	平	42.75	+15.86	42.75	+15.86
3 等鸡蛋	45	50	45	平	68	+15	67	+48.9	93	+166.7	93	+166.7
鲜鸡蛋	47.5	50	47.5	平	63	+32.6	62	+30.5	85	+78.9	85	+78.9
1 千克以上青鱼	24.5	50	24	-2%	32.5	+32.5	36.5	+49	49	+100	33	+61.2

（四）地产工业品收购

新中国成立后，百货、日杂、五金、供销等商业部门，曾以资金扶助、产品包销、技术指导等方式支持地方工业生产。

1957 年，为发展和扶持地方工业生产，挖掘地方潜力，商业部门收购大中镇地方工业品有皮鞋、毛巾、木箱、细纱手套、枕套、钢笔杆等 10 个品种，金额 4.54 万元。1958 年，大中镇工业产品的品种和数量上升。其中矿烛 531 箱、包装纸 1540 刀、毛巾 32 打、袜子 6165 打、手套 508 打、卫生纸 2485 刀，均通过合同形式由商业部门统一收购。1961 年，商业部门收购大中镇工业产品主要品种有雨伞 4025 把、肥皂 21.69 万条、草席 3055 条、鞋子 3.83 万双、土纸 13 吨，其他日用杂品 5 万多件。

1978 年以后，商业部门与生产单位实行直接挂钩收购。20 世纪 80 年代，企业按市场需求定产，实行自产自销，商业部门不再收购地产工业品。

（五）废品收购

民国时期，废旧物品收购由私营破布行经营，主要收购破布、人发、杂骨、废铜、废铁等小宗物品。另有，货郎担和船户麦芽糖担走村串户，以糖换废品或少量现金收购。1951 年后，由县合作总社供销部兼营皮毛、废品。1955 年，废旧物品回收逐渐增多。1962 年，县日用杂品经理部主营废旧物资收购业务，收购品种增加到 200 多个。大中镇由大中供销社废品收购门市和社会民间收购网点负责收购，以杂铜、废铝、废钢铁、废纸为主。

1968—1978 年期间，对羊皮的收购实行奖售政策，一般每张皮奖售 2.5 千克原粮和 2 尺布票。1978 年，纪念周恩来总理为废旧物资行业题词 20 周年，大中供销社干部职工组成收购小分队，下农村、居民区、工厂，并发动中小学生突击收购废旧物资，是年，共收购杂铜 1239 千克，废铝 1260 千克，废钢 654.7 吨。1982 年，对收购一张等内羊皮，奖售标准化肥 1.5 千克。1983 年，县物资局金属机电公司设金属回收科，收购废旧金属以及报废汽车。1987 年，成立大丰县金属回收公司，经营废旧金属材料回收业务。1987 年后，部分乡镇企业跨行业单位及个体户纷纷插足废旧物资市场，形成多头经营。1991 年 1 月，县供销合作总社成立废旧物资回收公司，经营废旧物资回收业务。2000 年以后，废旧物资回收大都由个体户经营，大丰、盐城、兴化、东台等地个体户在大中镇城乡租房收购废旧物资，收购品种以废纸、废塑、废钢、废铝、废铜等废旧物资为主。2010 年，全镇城乡有废品收购点 20 余家。由于无专门统计单位统计，收购的各种废品无准确数据。

1976—1986 年大中地区废品收购实绩表

表 9－2－10

年份	杂铜（千克）	废铝（千克）	废铅（千克）	废锡（千克）	废钢铁（吨）	废橡胶（吨）	破布（吨）	废麻制品（吨）	废纸（吨）	废塑料（吨）	杂骨（吨）
1975	430.5	407.5	564	45	144.2	6.5	24.5	1.3	94.85	7.2	26.8
1976	695.5	456.5	892	154	195.4	8.9	28.6	1.6	137.5	12.1	32.15
1977	929	127	968	61	255.2	11.8	31.6	4.55	157.5	12	27.9
1978	1239	1260	1323	64	654.7	10.2	31.35	5.9	202.85	11.15	31.65
1979	1984	2113.5	1752	210	888.65	8.45	35.95	9.75	210.1	5.75	38.95
1980	2330.5	2592	1200.5	37.5	685.95	1.35	35.3	3.05	300.95	6.95	40.25
1981	4880	3172	1467.5	295.5	222.25	1.45	40.55	8.95	313.7	18.1	32.95
1982	3347.5	3877.5	1596	70.5	330.75	7.7	56.9	13.9	340.8	29.4	33.1
1983	6818	4820	1097.5	156.5	358.2	10.5	72.5	15.7	375.1	35.4	40.6
1984	3494.5	3396.5	408.5	130	200.2	9.15	51.35	7.4	304.2	28.5	40.05
1985	1700	975	—	—	782.45	5.2	40.75	10.25	154.05	21.90	0.8
1986	2000	800	—	—	1860	3	29.7	6	128.2	9.9	2.9

四、商品对外贸易

民国时期，大中镇有私营商行收购皮毛、原鬃、鲜蛋等农产品，转运至东台、泰州、上海等地加工出口。新中国成立初，鲜蛋、鬃毛、皮毛、羽毛、肠衣相继外销。1950—1973 年 10 月，外贸业务隶属商业局和供销社。“文化大革命”开始后，外贸业务几乎停顿。1973 年 11 月，县成立外贸公司（位于工农路 2 号），大中镇镇属企业外贸产品销售直隶县对外贸易公司领导。1983 年，大丰被外贸部批准为全国山羊板皮基地和羊角椒生产基地，棉花被商业部批准为优质棉出口基地。1988 年，大丰县被国家列为对外开放县，全年外贸商品收购总值超亿元。随着改革开放的深入，“三外”（外资、外经、外贸）企业不断增加，大中镇积极利用县外贸公司的自营出口权，于 1990 年成立大中镇外经办。1995 年，大中镇荣获“江苏省乡镇企业出口创汇管理先进单位”称号。1996 年，荣获“盐城市外向型经济工作先进单位”称号。

大中镇生产外贸产品的企业有量具刃具厂、针织厂、染织厂、二布厂、黄海布厂、福利厂、马钢厂、飞达电机厂、二粮油厂、空压机厂等 22 家。出口工业产品主要有麻花钻、袜子、手套系列、色织布、床上用品（T/C 三件套、四件套）、长毛绒玩具、布绒玩具、饼粕、微电机、汽泵、曲轴箱、活塞、手轮等。主要外贸出口口岸有上海、南通、深圳、天津等。农副产品出口的主要有棉花、蚕茧、早酥梨、青大豆、黑大豆、薄荷油、山羊板皮等，主要外贸口岸有天津、上海、镇江、南通、连云港。

1996 年年末，全镇共有合资企业 25 个，出口创汇企业 12 家，年出口创汇超 500 万美元企业 4 家，其中针织厂出口创汇 1989 万元、二布厂 3099 万元、二粮油厂 2644 万元、染织厂 1723 万元、丝织厂为 1782 万元。是年，全镇完成外贸供货值 2.75 亿元，其中针织厂 2989 万元、二布厂 3099 万元、丝织厂 2282 万元、染织厂 2723 万元、福利厂 958 万元、二粮油厂 2644 万元、黄海布厂 305 万元，工业产品出口比重和自营出口额在盐城市名列前茅。

2010 年，大中镇自营出口突破 1 亿美元，其中 500 万元的企业有 9 家，出口金额 7911 万美元。出口企业中，家纺产业自营出口有 5 家，是大中镇的出口强项，占 55.5%。

第三节　粮油购销

一、管理机构

1950年3月,中国粮食公司台北办事处成立。是年,国营江海公司划分为花纱布公司、百货公司、土产公司和粮食公司。粮食公司设于大中镇人民桥北西侧,行政上由台北县领导,业务属中国粮食公司台北办事处管理。粮食公司主要负责粮食征收(公粮)、储存和销售任务。1954年,建立裕华粮站。1957年,建立新团粮站。1959年,国家为加强对粮油的管理,建立大中区粮油管理所,负责大中、新丰、裕华、南阳四乡镇的粮食征购和管理。1962年4月,大中镇人民公社设立粮油集市贸易交易所。1966年,增设大兴公社粮站(附属大中粮管所)。1967年,成立大中粮油贸易所,隶属粮油贸易公司。1978年6月,成立大道粮管所,负责大道地区粮油征购和销售。1981年,成立大兴粮管所,负责大兴地区粮油征购和销售。1980年,大中粮管所所属大兴粮站改称阜北粮站。1983年,大道、阜丰两所随隶大中粮管所。1987年,改称为城南粮站、城北粮站。

大中粮油管理所下设3个供销门市部,分别为第一、第二、第三粮店,第一粮店(又称中心粮店)设在人民南路26号(原电影院对门),有职工23人,负责城北地区居民以及东坝头农场、大中农场、徐州利国煤矿的粮油供应,核批驻丰部队和上级驻丰单位的粮油计划;第二粮店设在新街44号,有职工9人,负责城南地区居民粮油供应;第三粮店设在健康东路20号(烟草局对门),有职工7人,负责城东地区居民及苏丰针纺织厂、黄海制药厂的粮油供应。1993年,取消城镇居民粮油定量定销供应,各粮站实行产权改制,由个体经营。

二、粮油征购

新中国成立后,粮油征购先后经历征收公粮、市场收购到计划收购以及市场保护价收购的历史过程。

1953年冬,取消粮油自由市场。1954年1月,实行粮食计划收购和计划供应(简称统购统销)。粮油商品的购、销、储、调业务均由粮食部门负责。粮食统购,初时是根据农民的实际粮食收获,扣除公粮、种子、口粮及必需的饲料粮外,多余多购、少余少购,由粮食部门同生产单位、个人订立收购合同,由农民自报互评,最后确定征购数量,发放定金。但由于是以测算方法定余粮,故出现统购过头、统销不足、造成粮食偏紧的现象。1955年8月,根据国家统一规定,粮食实行"三定"(定产、定购、定销)的办法,一定三年不变。1956年,全镇实行农业合作化,农村粮食统购统销采取以户归社,以社结算。1957年,按照以丰补歉、多购少销、节约用粮、合理分配的要求征购粮食。1958年,刮起高估产、高指标、高征购的浮夸风,除粮食征购任务外,还有所谓"红旗粮"等名目,粮食产销严重失调,造成粮食形势紧张。1963年,对粮食征购任务进行调整,实行多售粮食、加价奖励的政策,人均交售50千克以上的粮食加价20%,油料加价35%,粮食产量开始回升。1965年,粮食征购任务执行以一定三年的新政策,以"三定"为基础,坚持"多产、多购、多留、少产、少购、少留,兼顾国家、集体、个人三方面利益"的原则。余粮生产队增产,增加统购不超过增产部分的40%;缺粮生产队增产算统销部分,不超过增产部分的60%;余粮生产队减产,集体适当少留,社员适当少吃,国家酌情少购;缺粮生产队减产,集体适当少留,社员适当少吃,国家适当增加统销。1971年,粮食征购的"三定",由一定三年不变改为一定五年不变,以"三定"为基础,多产、多购、多留、少产、少购、少留,同时实行超购加价,使农民的粮食负担继续稳定。1979年以后,随着农业生产责任制的落实,对县下达的指标实行大包干,以"三定"为基础,增产不多购、不少销,减产不少购。1981年,试行粮食购销硬包干,采取层层签订承包合同,以生产队为核算单位,余粮队包征购,缺粮队包统销,完成包干任务后,可以提高口粮水平。1982 年,实行以粮钱挂钩为核心的粮食购销直包干,由原来只在农村购销,改为城乡一起包、一定三年不变。1983 年,农村推行家庭联产承包责任制后,农村粮食征购,由以生产队交售结算改为以户交售结算。1984 年以后,广大农民的生产积极性得到充分的发挥,粮食产量大幅度提高。为解决广大农户卖粮难的问题,除完成粮食定购任务外,又增加粮食议购项目。对定购的粮食要不折不扣地完成,而对议价部分粮食征购,价格随行就市,一般比定购价高 6% 左右。不售也可,多售不限。是年,全镇粮食征、超购总量达 487.5 万千克,其中征购 325 万千克,超购 162.5 万千克。1985 年 3 月,国家取消粮食统购制度,实行粮油合同定购、代购,按照国家规定的“倒三七”比例价进行定额收购,超产部分自由购销,价格随行就市。1986 年 6 月,粮食定购实行粮肥挂钩,征购每百千克秋粮,奖售 5 千克优质化肥,生产资金有困难的农户,凭粮食定购合同向当地农行申请贷款。1987 年,进一步完善粮油合同定购制度,改二次结账为一次结账,实行合同定购“三挂钩”,化肥、柴油、定金全部发放到户。对农户每出售合同定购小麦 100 千克,奖售标肥 5 千克,柴油 3 千克;每出售合同定购秋粮 100 千克,奖售标肥 10 千克,柴油 3 千克;每出售合同定购大豆 100 千克,奖售尿素 5 千克。是年,全镇共完成征超购粮食 443.4 万千克。1993 年 4 月,粮价放开以后,国家对粮食定购任务采取一年一定,按品种、数量落实收购计划。1995 年,全镇粮食定购合同计划为 100 万千克,实际收购 100 万千克,占计划 100%。随着粮食市场的进一步放开,进入 21 世纪,国家不再下达粮食定购任务,粮食价格随行就市,对农民生产的粮食实行市场保护价格。

1961—1995 年大中镇部分年份粮食征购表

表 9-3-1　　单位:万千克

年份	数量	年份	数量	年份	数量
1961	57.845	1979	105.5	1990	81
1963	0.3	1981	72.090	1991	76
1969	60.605	1983	106.455	1992	79
1973	143.075	1985	335.5	1994	100
1975	64.48	1986	487.5	1995	100
1977	117.14	1988	78		

三、粮油供应

新中国成立前,大中镇地区主要植棉,粮食种植很少。市民食粮主要来源于输进,以兴化、东台大米为主,盐阜地区杂粮为次。20 世纪 30 年代末 40 年代初,大中镇居民达 5000 人,周围垦民 2 万余人,粮食日耗量 3750 千克。粮食均由粮行解决,当时粮行较多,有二三十家。但资本悬殊很大,小粮行存粮仅 750~1250 千克,一般粮行存粮 7500~1.25 万千克,多则 2.5 万千克以上。最大粮行肖万盛(肖怀章经营),最多时贮粮 15 万千克;吴伯昌粮行稍次,藏粮有 10 万千克左右。他们不仅抽取行佣,贩运谋利,青黄不接时,则囤积居奇,抬高粮价;新粮上市时,又压低粮价,大量吞进;经常大斗进小斗出,藉此获取暴利。

1940 年,新四军东进,大中镇建立民主政府,先后通过减租与土地改革促进农业发展,又以掌握的部分粮食参与市场调节,平抑粮价。但时处战争年代,还不能左右粮食市场。

1946 年初,公营江海公司成立,虽经营粮食的购销业务,一般也只能供给军需和党政机关食用。

新中国成立前大中镇几家主要粮行一览表

表9－3－2

店　号	经纪人	开业时间	资本额(吨)	地址
达和裕	张裕坤	1930	22.5	原大新路大中百货商店址,今鸿基商业街南端
永大昌	储彬武	1931	25	今百货商场址
德恒泰	张宏祥	1932	20	原日杂一门市址,今台北饭店东南侧
高同泰	高延荣	1929	37.5	原大会堂东则,今鸿基大厦址
大生公	施中其	1929	100～125	原迎宾商场,今鸿基大厦西侧
福　记	戚福和	1940	10	今红旗桥东南侧,大丰报社址
永　丰	陈庆华	1933	11.1	老街头,今房地产大厦址
肖万圣	肖怀章	1931	150	今红旗桥东北,大丰报社北侧
朱公记	朱孔修	1929	75	原大新路民主巷东,今鸿基商业街
唐大生	唐保山	1931	20	人民桥北西北侧,今邮政局址
永　昌	张学成	1927	150～175	原百货公司址,今电影院
永　昌	葛树喜	1940	15～17.5	原大道公社医院,今鸿基商业街民主巷东
福　昌	吴业宏	1931	100～150	大新路工行储蓄所,今鸿基商业街
福　昌	周同鑫	1943	15	原海泉浴室后侧,今人防大厦地下商场上
丰太和	吴学善	1933	25	原大中旅社,今百货商场东金宇广场址
公正丰	章荣山	1927	25	今台北饭店址
协　记	袁志汀　吴恒元	1940	25	今大新桥北下

(一)农村粮食统销

1954年粮食统购统销后,大中镇对农村缺粮户实行计划供应,凭证定额供应粮食。1955年起,依据粮食"三定"办法,继续实行农村统销。(1)定销。对农村部分不从事农业生产、社办企事单位人员和农村集镇非农业人口,实行国家常年定销。(2)缺粮队(户)统销。对农村缺粮队、受灾队、经济作物区、缺粮户实行统销,由国家供应粮食。1956年,在"三定"基础上,对农村统销进行了整顿,对缺粮队(户)增加统销粮食。1961年,国家对统销实行"增产抵销、减产少吃"的办法,对部分生产队减产幅度较大、安排有困难、口粮达不到最低水平的,适当减购加销,以维持正常生活的需要。1965年始,全镇农业队粮食基本自给有余。1982年以后,国家逐步减少对农村粮食的供应。统销对象只限于多年来按国家计划规定的纯经济作物区、受灾减产的重灾区的缺粮户和历史缺粮的特殊困难户。(3)借销。一些困难队的临时缺粮,相互间无法调剂的,由国家借粮供应,一般在秋粮上市时归还。(4)退库返销。余粮队在卖了前熟粮食以后,后熟受灾减产造成缺粮,进行退库返销。退库返销的原则是先退议购,后退超购,再退征购。(5)专项用粮。工业、手工业等专项用粮,从1953年起,根据生产计划和耗粮定额,按年编制用粮计划,经批准后分期供应。对饮食、食品、糕点、副食品等行业的用粮,由各行业编造计划给予供应。1955年起,饮食、糕点成品销售,按照统一标准回收粮票。1983年,粮食实行多渠道经营后,对工业、手工业所需粮食由市场调节,议价供应。

1963—1989 年大中镇部分年份农村居民年人均口粮表

表 9-3-3 单位:千克

年份	1963	1969	1975	1980	1981	1983	1989
数量	165.75	190.5	209.85	226.35	242.65	313.5	363.55

(二)城镇粮油供应

1. 城镇粮食供应

定量供应　新中国成立初期,市民粮油仍依靠私营粮行经营。1949 年,全镇有私营粮行 100 余家(资本均很少),国营江海公司只能起调节市场、平抑粮价的作用。1950 年,县粮食公司建立,逐步控制粮食市场。1952 年,大中地区私营粮行仅剩下 12 家。1953 年以后,国家对粮食实行计划收购和计划销售,停止集市贸易,市场粮价得以稳定。

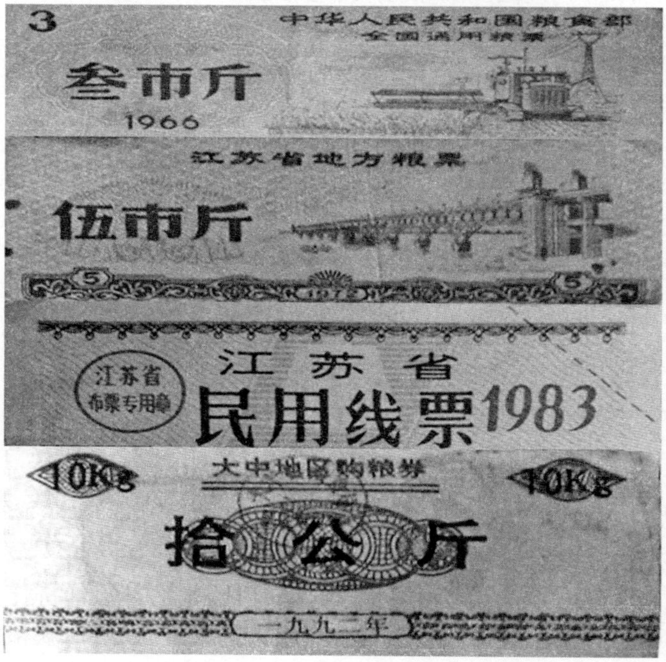

商业票据

1953 年 3 月 6 日,大中镇居民食油开始限量供应,由大中镇供销社负责经销,参加供销合作的社员每人每月 0.25 千克,半劳力社员每人每月 0.2 千克(不包括家庭人口)。1953 年 11 月,大中镇城区、机关、部队、企事业单位按实有编制人数计划供应,实行凭证购买粮油,城镇居民按户核实人口,发给购粮油证,到指定供应点记账购买。熟食业发给购粮油许可证,分批购买。中共中央先后发出《关于实行粮食的收购和计划供应的决定》和《关于全国实行计划收购油料的决定》。12 月初,在全镇普遍进行粮食计划供应伟大意义的教育。在深入宣传教育的基础上,发动居民群众自己订出用粮计划(每月一定),月底,镇人民政府根据各户缺粮实际情况,核实供应数量,发放购粮证(红本子)。12 月 31 日,居民开始凭粮食供应证购粮,当日购粮的有 97 户,占总户数的 8%,供应量为 1418.5 千克,比未实行计划供应前降低了 5 倍。在执行计划供应中,对食量较大或特殊情况中以增加供应数量。原则上先内后外,数量上先松后紧,本着不浪费、不囤积,必须的都如数供应,确保人民生活用粮。

1955 年,市镇粮食实施按工种分等、以人定量供应的办法。8 月,国务院发布《市镇粮食定量供应的暂行办法》(以下简称《办法》)。规定粮食由国家统一管理,按照合理的价格和人民合理需要,有计划地进行供应,做到既切实保证城市居民需要,同时又能掌握销售量,厉行节约,防止浪费。各级根据《办法》精神,结合城镇居民劳动的强度、年龄的大小,以及脑力劳动和体力劳动等具体情况,颁发了城镇居民粮油供应的具体标准。1955 年 10 月 1 日,大中镇开始按省颁布标准,实行粮油定量供应,居民使用粮食供应卡,每月在指定的地点(粮店)购买。全镇定量人口 1.03 万人,粮食每月供应量为 13.44 万千克,每人每月平均 13.25 千克,其中居民每人每月 15.05 千克,船民每人每月 13.3 千克。食油供应量每月为 2.05 万千克,每人每月平均 0.2 千克。每逢国庆、春节等重大节日,另加计划食油 0.1 千克,食油供应一般以棉清油为主,豆油、菜油为次。1956 年,城镇人均 13.4 千克。1959

年,城镇人均 14.2 千克。1960 年春,由于农业遭受灾害,粮食减产,县委动员机关节约粮食支援灾区。国家机关、团体工作人员以及企事业单位的管理人员每人每月节约粮食 1 千克。城镇居民和机关工作人员粮油供应标准相应降低(大中学生的标准未变),居民每人每月 11 千克,食油 0.075 千克;机关工作人员每人每月 12 千克,食油 75 克。1962 年 9 月,恢复原标准,按每月 13 千克供应,居民每人每月定量供应大米 11.5 千克。1963 年,是三年困难时期后第一个丰收年,国家粮食形势相应有些缓和,这时以恢复人民生活水平标准、稳定人民情绪作为一件大事。10 月,县粮食局对居民和机关人员的口粮标准适当作了调整,居民由 11 千克提高到 11.5 千克,机关工作人员由 12 千克提高到 13.5 千克。1964 年 10 月,国家机关、团体及企事业单位口粮标准又作调整,县城为 14 千克,农村集镇 14.5 千克,县城中学生 16 千克,农村集镇 15 千克,各种体力劳动者又增加 0.5 千克。从这以后,除工厂职工工种粮食供应标准稍作变动外,余无变动。1973 年,大中镇定量供应人口为 1.64 万人,粮食月供应量 21.62 万千克,每人月均 13.2 千克。1981 年,大中镇定量人口为 2.63 万人,粮食月供应量 37.05 万千克,每人月均 14.1 千克。(注:为了简化购粮手续,方便群众,大中粮管所印制过三批购粮券:1971 年版式为 50、20、10、5、3、1 市斤六种票面购粮券,并印有《毛主席语录》《最高指示》《备战备荒为人民》等字样;1988 年版为 25、10、5、3、1、0.5 千克购粮券;1992 年版为 10、5、2、1、0.5 千克五种票面购粮券。每次印刷发行数在 500～800 万千克。)

1993 年 4 月 1 日起,粮食不再实行计划定量供应,城镇居民不再使用粮票、粮券,粮食推向市场。

定销供应　定销供应是在江苏省范围内的一种粮油供应方法,主要供应对象为 1960—1962 年三年困难时期压缩的城镇定量人口。1962 年,全镇定销供应人口共 708 人。1963 年 9 月,盐城专区根据江苏省的规定,将农业人口中几种不从事农业劳动的非农业工种列为定销人口,口粮标准低于定量人口同工种 0.5 千克至 1 千克核定,具体对象分八种类型:(1)经县批准的保留的社办企业、手工业、运输合作社中的常年固定职工;(2)社办果园场、畜牧场的职工;(3)农村联合诊所的社会医生、畜牧兽医站的兽医;(4)信用社干部;(5)农村合作商店代销店的从业人员;(6)民办教师和缺额公办代课教师;(7)渔业大队的渔民;(8)其他农村中的非农业人口,如公社广播放大站、农机站、农具厂的职工。

1982 年 10 月 18 日,县粮食局、盐城地区粮食局通知调整常年定销居民口粮标准,从 1983 年 1 月 1 日起,对不从事农业生产、常年由国家按人分等定销供应居民口粮标准调整到和当地定量居民同样水平供应,月供应量为 0.95 万千克,每人月均 13.35 千克,粮食来源从农村集体征购中提留。随着粮食市场的放开,于 1993 年取消定销供应。

统销供应　统销对象是口粮不能自给自足的社员,按当年产量征购留存计算,参照常年的一般口粮标准,其不足部分由国家实行统销供应,粮源亦在集体征购中提留解决。大中镇城郊大队、果园场因生产蔬菜、果品供应市镇,加之市镇建设发展,耕地面积逐年减小,菜农、果农口粮不能自给自足,所以国家统销供应部分比例较大,社员口粮标准一般每人每年 210～250 千克之间。1980 年,大中镇统销粮食 94.31 万千克,原粮约占全部口粮的 80%,一般供应都是原粮,并指定品种,特殊情况亦可照顾购买成品粮。

1986 年,供应统销粮 172.3 万千克。1993 年,取消统销供应。

1961—1989 年大中镇部分年份粮食统销统计表

表 9-3-4　　单位:万千克

年份	数量	年份	数量	年份	数量
1961	1.539	1975	67.485	1983	116.955
1963	153.445	1978	245.62	1984	11.06

续表 9－3－4

年份	数量	年份	数量	年份	数量
1969	28.065	1979	1373.105	1986	172.3
1973	35.28	1980	117.605	1989	213.6
1974	50.31	1981	115.235		

2. 城镇食油供应

1954 年开始，县城居民食油每人月定量供应 0.125 千克。1956 年，县城月定量供应 0.188 千克。1958 年，县城月供应 0.25 千克。1964 年，县城居民食油每人每月供应 0.1 千克。1965 年 8 月起，城镇居民月供应食油 0.2 千克，年供应食油 106.5 吨。1981 年 8 月，月供应食油增加到 0.25 千克，年供应食油 140 吨。此外，在国庆节、春节增加补助油每人 0.25 千克。1993 年，市场放开，取消供应居民食油，随行就市。

2000 年，国有粮食购销企业建立促销工作责任制，出台销售奖惩措施，采取边购边销，快购快销，以销促购，扩大粮食购销经营量。

粮油补助　1964 年后，根据上级规定，在粮油供应计划之外，还对下列人员按照具体情况补助粮油：凡是机关团体、全民企事业单位人员出差、夜班（包括县属工厂工人上夜班）、临时工、季节工、农村学生、训练班、几种大型代表会，经过审批给予粮食补助。对住院病人正常给予粮油补助，补贴标准一般按床位计算，其他特殊情况也酌情补助。其标准为：出差每日 0.05 千克，夜班每天 0.1 千克，训练班每月补足 15 千克，民兵训练每月补足 19 千克，大型会议（如三级干部会议）每天补足 0.6 千克，大中学生每月补足 16 千克，季节（合同）工按工种差补足。食油补助，病人按医院床位计算，每人每月补助 0.25 千克，病妇每人每月补助食油 0.5 千克。大中镇粮食补助按年度平均月补粮为 1.4 万千克、食油 500 千克。其中出差月补粮 750 千克，会议补助 500 千克，定量人员补助 400 千克，夜餐补助 0.825 万千克，中学生补助 250 千克（不包括定量人口的中学生），季节（合同）工补助 3100 千克，其他补助 750 千克。食油补助，会议补助 250 千克，病员补助 86 千克，训练班补助 5 千克，营养补助 159 千克。粮油补助由各单位按标准编造报表，大中粮管所审批，开核定证至门市部供应。

1985 年 7 月 22 日，江苏省粮食局发出《关于整顿各项补助粮油的通知》，从 8 月 1 日起，除县以上召开的党代会、人代会、政协会、先代会照原规定补助外，其他各项粮油补助一律取消。1993 年，粮油补助全部取消。

批核粮油　批核的粮油主要用于副食品方面的生产和饮食服务业单位，如饮食业、茶食业、副食品厂、饭店小吃、酱厂、豆制品厂、酿酒厂，主要以杂粮豆类为主，如大麦、黄豆、蚕豆、面粉、赤豆、芝麻、绿豆、食油，另外还有种子用粮、饲料用粮、部队用粮。1981 年，全年批核粮食 7.9 万千克、食油 0.6 万千克。计划由粮食局下达，大中粮管所按月核发。1985 年 4 月，取消工业用粮平价供应计划。1993 年 4 月，除部队用粮外，批核计划一律取消。

粮油集市　新中国成立后，粮油集市市场被纳入为社会主义市场的重要组成部分。1953 年 11 月至 1957 年 8 月，粮食实行统购统销，取消私商。1957 年 8 月至 1962 年 9 月、1966—1978 年，粮油集市贸易两度关闭。1979 年以后，粮油集市贸易全方位开放。1983 年，实行多渠道经营，私营粮商复又经营。1996 年，全镇共有国营粮店 3 家，私营粮店 156 个。2010 年，全镇粮油销售门市摊点遍及城乡。市区各大超市均设有粮食专柜，每个生活小区都有粮食销售点，有数十余种杂粮（如赤豆、黄豆、黑米、小米等）、成品粮（如境外泰国大米、台湾大米，境内富硒米价格都在每千克 15 元以上）。

四、粮油储运

（一）粮油贮藏

抗日战争时期，由于战事频繁，敌人经常到解放区扫荡，加之地方党政机关和军队经常转移，分散储存在群众家里。解放战争期间，解放区范围扩大，人民政府找大房屋和庙宇等作为简易仓库，但粮食仍以分散保管为主。

新中国成立后，开始兴建国家粮库。人民政府开始对粮食逐步实行集中保管。1950 年，根据苏中二分区指示，设中央粮库台北县分库，台北县建立粮库 3 所，其中在大中镇建一所，位于人民桥西侧（今粮食局绿都宾馆处），是大中镇第一个国家粮库。但仍有部分粮食分散保管在农民家中。

1955 年年底，粮食部号召在全国粮食部门开展“四无”（即无虫害、无霉变、无鼠雀、无事故）粮仓活动，大中粮库、大中粮管所的仓室、露囤被验收为“四无”粮仓。20 世纪 70 年代，大造土圆仓，在露天场地用竹、木为骨架，稻草等和泥土作圆形仓壁，上以茅草盖成尖顶，其工本 1000 元左右，称之为“土圆仓”，后因自然条件的原因相继作废。后采用砖拱梁、单柱式、双柱式或跨式仓。1979 年，粮管所加强了粮库设施建设，所有粮库都先后添置装卸机械、除杂机械、烘干机械、通风降湿机械和消防机械等，“晒粮靠天、运粮靠肩”的历史基本结束。是年，大中镇粮食仓容量为 90 万千克。1981 年，增加到 125 万千克。1984 年春节前，大中粮管所苏式四仓由于渗湿，霉烂早籼稻 0.53 万千克。1996 年，大中粮管所仓容量为 3500 吨，米面厂仓容量为 1000 吨。2007 年，兴建城南粮库，面积 2 万平方米。2010 年，大中城南粮库仓容量 2500 余吨，有职工 7 人。

1949—1993 年大中粮管所仓储情况统计表

表 9－3－5　　　　单位：平方米、万千克

建库单位	建库位置	建库日期	总面积	储存总量	备　注
台北县苏中二区	今绿都宾馆	1949.7	800	160	1968 年拆迁
大中库	大丰米厂西侧，今银都大酒店	1956.7	3316.34	750	1963 年划归大中粮管所管辖 1984 年 7 月划入县米面厂
大道粮管所	市麦芽厂北首	1978	1706.25	375	1983 年合并给大中粮管所 1993 年 5 月全部划入华声丝织厂
大兴粮管所	市飞轮厂北首，今森威集团	1981	1248	260	1983 年合并给大中粮管所 1985 年本所占用 480 平方米改为丝织厂
大中粮管所一店北门市	大中粮管所楼下	1963	105	简易仓库 10	1982 年拆除
大中粮管所一店北门市	电影院对门	1982	388	门市兼仓库 25	1983 年拆除

1958 年，新团粮管所新建粮库 18 间。1977 年，新团新建百万斤粮库一幢。1980 年，新团粮管所兴建粮食仓库 10 幢，占地 2.3 万平方米，总储备成品粮 2.6 万吨。1995 年，经国家粮食总局批复，新团粮食储备库升级为国家粮食储备库。2010 年，该库有职工 15 人，面积 3.33 万平方米，仓容量 2 万吨。

1978 年，裕华粮管所兴建粮库 3 幢。

（二）粮油运输

解放前，大中镇民间粮油贸易由各地商贩以肩挑、车推、船运自行运销，粮油运输大都采用独轮木推车或木船进行运输。新中国成立初期，粮食调动处于调运和自由流通并存时期。1950 年，粮油运输采取由农民用车船运粮到加工厂或仓库。1953 年后，粮食征收贯彻“一步入库、一次交仓”的方针，运输由间接运输改为直线运输。20 世纪 70 年代，大中镇主要运输业务均由粮食物资库车队和社会

船队负责。1987年,改革粮油调运工作,做到全镇一盘棋,早预报、早计划、早安排,使调运工作规范化,既不脱销,又不积压。随着粮油储运市场的逐步放开,粮油运输主要由个体粮油加工企业与粮油销售商运作。

第四节　餐饮服务

一、饮食业

(一)茶馆酒楼

20世纪30年代中期,大中镇商业兴起,境内茶馆酒楼、旅社客栈及饮食服务行业有20多家。新中国成立前,大中镇饮食、服务行业的发展可分为:茶(菜)馆、小吃、茶食、饼面等行业。

茶馆:新中国成立前,大中镇较有名气的茶馆有天兴居(经纪人周松山,位于原民主巷东段,今台北饭店东北侧,1931年开办)、同乐楼(经纪人张海珊,位于今大新桥下东南侧,建于1933年)、金谷园(经纪人王二,1937年开办)、顾氏(经纪人习称顾四罐子,1937年开办)、两宜(经纪人沈文才,1937年开办)、大众(经纪人智涵斋,1944年开办,兼营客栈,位于原大会堂,今城中桥西北侧)、升平楼(经纪人张永宽)、卞祝山等8家。尤以大众饭店(今台北饭店)为高档,以鱼皮、鱼翅菜肴为特色。同乐楼、金谷圆以面点为特色,面点配有浇头,浇头又分虾仁浇头和脆鱼浇头,鱼汤面汤白如奶,滴桌即冰,食之美味可口,店老板王二亲自掌厨,精心操作,老板娘烧火兼点汤,薄利多销,顾客盈门。

小吃:新中国成立前,大中镇小吃品种繁多,以服务态度热情、周到,价廉味美著称。主要有老街上的余小四、陈怀余、夏春阳等十几户小吃店,尤以余小四的饺面最有名气。

茶食:新中国成立前,大中镇茶食业分为南通和维扬两大派。最早的茶食店为永盛号(1931年开设,地址在河北竖街南首老石桥下,坐东朝西门面),师傅曹志英,海门人,其弟曹旭余,侄子曹德恩,祖传三代做茶食,技艺高超。生产经营芝麻糖、寸金糖、牛皮糖等,尤以脆饼、印糕为佳,制作讲究,做工精细,酥、甜、脆,食之不厌,蜚声苏北。继后有大同兴(1932年开办,经纪人丁文早,位于大新路日杂商店址),经营芝麻糖、寸金糖、大月饼、脆饼、桃酥、核桃糕、印糕等茶食。后有"靳福斋"号(经纪人靳云青,位于原大中税务所对门),经营各式茶食,"靳福斋"号最大的特点是善经营、会管理。南通派还有陆××(位于张永昌花行北侧)、郁士齐等茶食店。维扬派有柏广圣、周鑫、沈保和等茶食店,以柏广圣最早(1931年),特色为糖麻花、绿豆糕等。

烧饼:新中国成立前,大中镇开设烧饼店主要有杨步成、金广德、张海珊、陆久如、王晓青(店号王德茂)等。烧饼又分为大炉饼和筒炉饼,大炉饼俗称"草炉饼",采用仰首反身贴饼,用茅草烧烤,食用时香酥可口,颇受大众青睐。

1949年年底,城区有茶食店9家、面店1家、茶馆4家。由于人民政府执行保护工商业的政策,市镇饮食业得以发展。到1955年,从事私营饮食业计有80户,从业人员157人,其中摊点65人。

1955年7月,大中镇开始对私营商业进行换证登记,商民觉悟不断提高。是时有5户、19人组成合作饭店。1956年,饮食业实行全行业合作化。1958年10月,商业进行大撤大并,饮食业将原有2个合作饭店合并改组为一个综合饭店。

1961年5月,饮食业合作商店有6个单位:光华饭店分设2个门市1个摊头,从业人员44人;新街饭店设门市部1个,从业人员22人;老街饭店设门市部1个,从业人员24人;旅馆饭店设1个门市部,1个摊头,从业人员17人;小吃部分设2个门市,从业人员30人;饼面业分设4个门市部,从业人员25人。调整后的饮食服务业以店核算,自负盈亏,合作人员工资采取基本工资加奖励(即为浮动工资)。1964年,商业体制调整,新街饭店并入老街饭店,小吃部划归各饭店统一核算。1965年,大中合作饭店转为全民所有制国营企业。1966 年后,以新的政治口号命名了一些饮食单位,如红旗饭店(后改为聚丰饭店,于 1993 年拆迁解体)、东方红饭店(今台北饭店)。

中共十一届三中全会后,随着城乡经济改革的深入,饮食业打破国营及集体统一经营的局面,村、组及个体饮食业蓬勃兴起,国营和集体也扩大经营,活跃了市面,方便了顾客。

1986 年,大中镇城区有各类饮食门市部 33 个(其中摊点 6 个),规模较大的有大众、陵园、黄海、君临、城中、聚丰、雅乐(西餐)、健康、利民、车站等饭店,从业人员 490 人。其中国营 17 个门市部,从业人员 218 人;县属集体 14 个门市部,从业人员 174 人;乡村办 2 个门市部,从业人员 10 人;个体户 88 个。是年,国营、集体饮食营业总额达 222.74 万元。

1990 年后,城乡家宴应运而生,每个村都有家宴厨师,农民办事随喊随到。一般都是按每桌价格包菜,厨师自带餐具、桌椅和服务员。

1996 年,大中地区有各类饮食门市部 214 个,从业人员 940 人,其中国营、集体饭店有银都大酒店(三星级旅游涉外饭店)、珍丰大酒店、国营台北饭店等 20 多家,个体饭店 197 家,从业人员 770 余人。

1997 年以后,大中地区国营、集体餐饮业实行改制,资产出售,全部转为民营,市区个体餐饮业发展迅速。肯德基、大娘水饺、阿瓦山寨等境外餐饮业也纷纷进入大中城区。

1991—1999 年大中、新团、裕华、王港乡镇饮食业产值统计表

表 9－4－1　　单位:万元

年度 单位	1991	1992	1993	1994	1995	1996	1997	1998	1999
新团	22	30	311	95	138	315	363	473	515
王港	13	32	178	128	160	212	158.2	175	188
裕华	68	94	424	150.9	212	260.6	398.3	415	287
大中	110	280	1229	1175	1645.1	1783	1337	2084	2834

2004 年,大中地区有住宿和餐饮单位 408 个,从业人员 1824 人,营业收入 5676 万元。2006 年,住宿餐饮服务业上缴税金 608 万元,资产总额 4305 万元。

2010 年,大中镇城乡有住宿餐饮业 125 个,年末从业人数 8000 余人。规模较大的酒店有新词、丰收大地绿岛、银都、建丰连锁、海上花、凯旋门、百乐门、西湖人家、丰东等酒店。

酒店

银都大酒店　位于大丰市区人民南路,是集食宿、娱乐、商贸、旅游为一体的三星级酒店。酒店拥有豪华套间、套间、标准间 97 间,中西餐厅 20 个,可同时容纳 600 人就餐,菜肴以淮扬、杭帮、川、粤等菜系为主;酒店有大小会议厅 4 个,拥有多功能厅、酒吧、咖啡厅、桑拿浴等设施,同时为宾客提供商务、旅行、购物等服务。酒店曾荣获“全国青年文明号”和“江苏省文明单位”称号,先后多次接待国家、省、市领导。

新词大酒店　坐落于大丰市健康西路 88 号,于 2004 年投入建设,占地 27000 平方米,总建筑面积 3.8 万平方米,总投资 2 亿元,2006 年 5 月投入营业。新词大酒店是按国家旅游涉外四星级标准建设的商务型酒店,是一家集高级商务、豪华客房、智能化办公、中西餐馆、休闲健身、健康娱乐于一体的综合性酒店。酒店主体 12 层,拥有客房 278 间,房间布置幽雅舒适,拥有总统套房和各类高级行政套房、双人房、大床房,内有中央空调、24 小时热水供应、卫星电视、电脑网线、烟感消防报警器、自动喷淋系统等现代化设施。酒店还配有各式中餐厅、西餐厅(咖啡厅)及风格迥异的宴会厅和包房 30 间,可同时容纳558人入住和1200人用餐。提供餐饮、娱乐、休闲等多种设施，酒店附设商务中心、商场、美容美发厅、大型桑拿中心、夜总会及KTV包房、棋牌室、台球室、票务中心等多项服务设施。

建丰餐饮集团　2010年5月18日，隶属建丰餐饮集团苏北规模最大的生态美食园项目——大丰海洋绿岛生态园开业。建丰餐饮集团经过20多年的发展，成为拥有两家宾馆（建丰国际宾馆、麋鹿保护区接待中心）、四家酒店（海洋绿岛、黄海绿岛、供电和交通建丰大酒店）、一家洗浴中心、一个游泳馆的集团企业。先后多次获得消费者协会授予的“饮食行业诚信单位”、私营企业协会授予的“优秀私营企业家”“先进私营企业”、江苏省烹饪协会授予的“江苏餐饮名店”、中国绿色品牌管理委员会授予的“中华特色餐饮美食名店”等称号，是盐城餐饮协会理事单位，大丰餐饮协会常务副会长单位。绿岛生态园荣膺“全国首家四星级平安酒店”。2010年，上缴税收200多万元，创业以来，累计上缴税收1600多万元。建丰集团是大中区域最大餐饮服务连锁店。

凯旋门海鲜大酒店　位于大丰市金丰北路，前身是珍鹿公司凯旋门海鲜大酒店，隶属于大丰市烟草公司珍鹿有限公司三产企业，成立于2001年。酒店拥有员工50名，成立初期以经营高端海产品、淡水产品为主，主要经营香港、广东、海派菜系，淮扬菜系，本土菜系以及海鲜、河鲜各种菜系，菜肴品种丰富多彩，花式品种繁多。凯旋门海鲜大酒店从2008年以来多次获得省餐饮行业协会、中国烹饪协会、大丰市工商局以及上级主管部门的奖励，荣获省工商局、省消费者协会、省餐饮行业协会、省商务厅联合颁发的“诚信经营”示范户称号。

（二）名菜、名点

裕华羊肉　烧羊肉是大中镇传统名菜。大中镇产羊素以羊肥、味鲜著称。20世纪30年代，大中、裕华镇以提汤羊肉闻名全县。20世纪90年代，裕华羊肉成为名菜，是连皮带骨红烧。选料为上等山羊，放血拔毛后，把整羊劈开、洗净，切成方块，加入萝卜下锅涮煮，取出用水洗净冷却待用，调料有猪油、黄酒、甜面酱、冰糖、盐、葱、姜片、味精、胡椒粉、辣油、蒜段、香菜等。羊肉下锅红烧时，先大火烧，后小火焖。待羊肉用筷子略能戳穿时下冰糖、甜面酱，火候要把握住，迟早、多少要适宜。羊皮要烧得亮而透明，瘦肉酥而有滋润，汤粘而不干，吃起来肥而不腻，甜得适当，辣得可口。

酥焖肉　又称红烧肉，将猪肉洗净切成方块，下油锅炸呈金黄色，将油倒出，把料酒、酱油先下锅，见肉上色，再加葱、姜、八角、高汤或开水下锅焖，呈烂时将冰糖下入锅内焖，如汤汁见浓就不需要加水淀粉。此菜酒香浓郁，肉酥入味，甜咸可口，肥而不腻。

黄焖对虾　对虾肉质细嫩，为大中镇初秋时令名菜。取锅烧热放油，将对虾放入锅内，煎至虾壳变红时，放入少许醋和料酒，焖烧一会，再加高汤或开水、白糖、姜丝和精盐焖烧，离锅前加葱丝，色彩红艳，肥嫩鲜美，爽口不腻。

蟹黄包子　大丰传统名点，以馅点蟹黄油多、味鲜而有名。馅心制法：(1)烧热锅放入猪油，待油微热时，蟹黄、蟹肉、精盐同时下锅，加入葱姜末、黄酒，用锅铲炒几下，待熬透后起锅装盆即成蟹黄油，让馅心自然冷却。(2)猪肉切成细末，盛入钵内，加入精盐、酱油、白糖、味精拌和，后加入葱姜汁水拌匀，再加入胡椒粉，蟹黄油拌和，即成蟹黄包馅心。特点为黄油浮溢，鲜嫩味美。

脆饼　是大中镇早年的名特糕点，以上等面粉、白糖、食油精制而成，又脆又甜，香酥可口，干食、水泡都很合宜。

1950—1957 年大中镇城区饮食服务业基本情况统计表

表 9-4-2

行业名称	户数(户)		从业人员(人)		网点情况													
	1950	1957	1950	1957	门面(个)		间数		面积(平方米)		摊头		男浴(座)		床位			
					1950	1957	1950	1957	1950	1957	1950	1957	1950	1957	1950	1957		
合计	52	219	169	259	28	29	80	89	1205	1275	22	—	70	130	70	83		
饭店	6	73	38	84	6	10	24	41	60	470	—	—	—	—	—	—		
熏烧	14	—	26	19	2	—	4	—	60	—	11	—	—	—	—	—		
饼面	12	10	35	11	12	6	12	6	180	90	8	—	—	—	—	—		
照相	2	10	6	20	2	2	8	4	120	80	—	—	—	—	—	—		
旅社	2	12	5	52	2	1	14	10	210	150	—	—	—	—	70	83		
理发	11	52	16	16	2	5	13	10	200	180	—	—	—	—	—	—		
洗染	3	5	7	46	—	1	—	11	—	200	3	—	—	—	—	—		
浴室	2	46	36	11	2	2	5	5	75	75	—	—	70	130	—	—		
茶炉	—	11	—	—	—	2	—	2	—	30	—	—	—	—	—	—		

说明:1950 年均为私营,1957 年均为集体、小组或公私合营的性质

2010 年大丰市区主要餐饮业零售额统计表

表 9-4-3　　单位:千元

企业名称	零售额	企业名称	零售额
台北饭店	2860	汇贤嘉园大酒店	3556
绿都大酒店	2859	天福大酒店	3903
万紫千红大酒店	3017	白云酒家	3341
汝润大酒店	3202	天天渔港大酒店	3105
西湖人家	4456	品海园海鲜馆	3774
温馨家园	3950	鑫食铺酒店	3736
凯旋门大酒店	3710	王府井大酒店	2746
梅香竹韵快餐店	2822	丰东大酒店	10169
阿瓦山寨酒店	2733	银都大酒店	17432
华丰大酒店	4119	建丰大酒店	4563
夜明珠大酒店	3649	新词大酒店	38149
市社大酒店	4061	建丰国际饭店	5760
嘉年华大酒店	4082		

二、服务业

照相 1929 年,海门人李宋其在大中集开设第一家照相馆。继后胡某(人称胡胖子)在今民主巷西段北侧也开了照相馆,但时间不长。新中国成立前,大中集开设私营照相馆的有于家其、傅林等。

至1949年，全镇有3家照相馆。1956年初，照相馆实行行业合作。1958年9月，大中镇照相与旅社、理发、浴室、茶炉等6个服务行业合并改组为一个服务总店。1959年，照相合作商店划为大中、光明2个店，从业人员各10人。1964年，大中、光明2店合并为一个服务总店，采用电光照相，有礼服照、花式镜框照等花式照片。“文化大革命”期间，服务项目单一化，思想禁锢，照相尚有几不准，营业清淡（1973年后有好转）。1982年后，照相行业实行经营承包，自负盈亏，超利分成。1986年年末，县城主要有黄海（国营）、丰艺、新影等3家公办照相馆，采用电光布景、彩色照相，颇为先进。除此之外，还有佳奇、佳城、大兴等私营照相馆。1990年年底，县城有照相馆10家，从业人员34人，黄海照相馆有彩色扩印设备。2010年，市区有照相馆、婚纱摄影24家，罗马情缘、薇薇新娘、佳诚、丽人、维纳斯婚纱摄影规模较大，摄影设施、服务项目齐全。

理发 1935年，大中集有理发店9家。少数有固定的门市，多为挟包、挑担形式，走街串巷，收费较低。大中镇最早的有薛照如、薛三两兄弟，手艺精、服务好。后有陆发奎以及曹二、曹三两兄弟等私营理发户。1954年，大中镇有理发店21家、从业人员160人。不少理发师傅有专门技能，为客人捶背、按摩、搬落枕、治腰痛等，一般不另收报酬。1957年，分散经营的理发等行业组成合作小组。1958年9月，理发合作小组与照相、浴室、茶炉、旅社等行业组成服务总店。1961年5月后，理发店划为大中、光华、良容3个店。1964年，理发、浴室合并为服务总店。1973年1月，大中理发店转为国营企业。

“文化大革命”期间，理发行业管理混乱，营业清淡。直至1978年后，经营状况好转。

1979年后，理发业发展较快，宾馆、招待所增设理发门市部，多数工厂也先后创办了理发室作为职工的福利设施。个体理发业（包括理发店、发廊、美容室、洗头房等）遍及城乡大街小巷。同时恢复传统项目的服务，发型多样化。1986年，城区有公办理发门市部5个，以大丰、迎宾、健康理发店为最大。另有个体理发店10多家，以陆记理发店（陆炳娟经营）最受欢迎。郊区各村组也都有个体理发计30多户。1990年，县城有理发行业48家，从业人员104人。1996年，大中地区有国营、集体理发店3家，个体理发店110余家。2000年，市区有理发店（包括美容院店）158家，从业人员670人，其中个体155家，从业人员642人。2010年，大中镇城乡有理发店169家，从业人员783人。

浴室 1930年，张文志（东台人）在二卯西河北十字街东侧内用一条废木船，搭上棚子，在后仓里将水烧开送至中仓内供客洗澡，生意清淡。这是大中镇历史上最早的私营浴室。

1932年，东台人曹家富到大中镇开设大中浴室（位于人民路人民桥北邮电局营业处），生意尚好。1936年，钱正山、杨步成合伙开设海泉浴室（位于人民桥南东侧址），服务项目有捏脚、擦背、修脚等。

1957年，私营工商业改造后，浴室组成合作小组，工资实行“死分活值”。1958年9月，浴室与理发等行业合并为一个服务总店。1959年，大中、海泉两浴室合并为一个核算单位，采取拆账工资方法。练习生、辅助劳动力，采取低级固定工资制。1961年，大中、海泉分开核算，各设一个门市部，从业人员26人。1964年，浴室与理发合并为一个服务总店。“文化大革命”期间，擦背、修脚等服务项目被禁止。1973年1月，大中浴室上升为国营企业，改称国营大丰浴室。海泉浴室转为县属集体企业。1982年，大丰浴室实行集体承包，扭转了连续7年的亏损局面。1996年，大中地区有海泉、健康、大丰等国营、集体浴室30余家（包括企事业单位自办浴室）。1999年，城乡工厂、机关、学校、医院、宾馆、招待所等均设有浴室、浴间，少数村也有浴室。

2000年，大中镇商业服务业系统陆续改制后，原国营、集体所有制浴室都相应改制为私营。2000年年末，有浴室36家，从业人员662人，其中私营26家，从业人员412人，占72%。2001年以后，大中镇城区内陆续开办高档沐浴休闲中心近百家，如水沐年华、天池、银都、新词、亚龙湾、大浪淘沙、聚浪园等。2010年，市区有浴室47家，从业人员679人，全是私营企业。

旅社 民国时期，大中集设有大中、记沣、泰安等私营旅社。大中镇旅馆业皆系私营，因膳宿兼营，俗称客栈、饭铺。如大中客栈（代茶馆），经纪人智涵斋、永丰客栈，经纪人曹德成、泰安客栈，经纪人陈德辉、陆兴昌、周松山等。投宿者多为过往行客，客栈设有草床、广摊铺（地铺）。

1956年初，由5户15人组成公私合营旅社。1957年7月，旅馆业原公私合营的除私方定息保留外，转为国营商业。1979年后，提倡发展个体私营经济，有私人开设的旅社。1996年，大中镇城区旅馆业主要有台北、黄海、车站、大丰旅社，大丰市人民政府第一、第二招待所，大中镇人民政府招待所，新星宾馆，银都大酒店，绿都宾馆等20多家国营、集体旅社。是年年底，个体旅社发展到37家。2000年，市区有旅社业41家。2010年，市区及郊区有私营旅社116家。

修理业　1931年，苗兴茂开业钉秤，铜匠业以孙永良为最早。解放后，程长宝等开店修理自行车，戴长庚修理钟表等。1958年大办工业时，铜匠和五金修理的一部分人进入大中五金厂从业，一部分仍为私营。1986年年底，大中镇有个体修理业79户，1996年117户，其中从事家电修理的20户，摩托车修理的20户，五金修理的22户，汽车修理的2户，其他修理业53户。进入21世纪，大中镇个体修理业迅速发展，修理行业门类齐全，修理产品有电器、电瓶车、电脑、手机、推土机、拖拉机、汽车等。2010年，全镇拥有修理门点近200家。私家车的迅速增加，汽车修理装潢行业如雨后春笋，城区范围内有汽车修理装潢、电瓶车修理门市100余家。

中介服务业　改革开放后的新兴产业，主要中介房产、保姆、职业介绍。城区有100余家，主要集中在恒生商城、康平路一带。

广告复印打字业　改革开放后的新兴产业，城区有300余家从事广告服务打印，每个门市有从业人员3~5人不等，全镇从事这一行业的有近千人。

保安业　改革开放后的新兴产业，大丰市保安公司招聘保安人员维护社会治安。2000年以后，各生活小区都有物业公司负责该小区物业保安服务，城区有物业公司70余家。

汽车保养　随着私家车的日益增多，汽车美容保养成为21世纪初的新兴产业，开始叫洗车场，后来称汽车美容。此行业遍及城乡的各交通道口，重点开设在县城和新团、裕华卫星集镇，全境有100余家。

2003—2010年大中镇第三产业生产总值表

表9-4-4　单位：万元

年份	2003	2004	2006	2007	2008	2009	2010
指标	17374	19980	35174	47100	62061	153139	195336

三、服务业集聚区

2008年以后，镇政府大力发展新兴现代服务产业，突出发展物流、商贸、金融、科教和文化创意等重点产业，促进服务业发展提速，比重提高，结构提升。

2008年12月，开始启动大丰市专业市场服务业集聚区建设。2009年3月，正式成立并开始建设，主要发展以专业市场为主体的生产性服务业，重点建设专业市场园、现代物流园、创意产业园、斗龙生态园“四大产业园”，配套建设公共服务区、商贸服务区、商务休闲区、配套住宅区“四大功能区”。

专业市场现代服务业集聚区位于大丰市区北侧，南起通港大道，北至刘大航道，东起高效农业示范区（团结河），西至经济开发区（老斗龙港河），规划总面积约15平方千米。

集聚区先驱启动面积4平方千米，以通港大道为依托，向北侧拓展。2010年2月，组织实施东宁路、上川路、常新路北延、西康路及集聚区纬二路工程，拉开集聚区框架，形成高水准的硬件支撑。组织实施人民北路拓宽工程，进一步完善集聚区功能配套。至2010年年底，常新路、上川路、东宁路北延工程及纬二路工程、西康路（226省道）已建成通车。实施路灯、绿化亮化工程，同时启动纬一路工程建设方案，形成“五纵三横”的道路框架，提升集聚区功能和层次。

2010年7月15日，服务集聚区被命名为盐城市级重点服务业集聚区，并申报省级服务业集聚区，委托南京财经大学编制集聚区启动区规划设计，进一步完善集聚区城市功能。区内明星家居城、阜丰仓储、上川钢材市场竣工（2011 年 7 月 19 日营业，上川仓储及加工基地 2011 年 6 月竣工）；海聚汽配城一期工程 6 幢商厦已部分装修（2 个 4S 店于 2011 年 10 月营业）；维也纳连锁酒店桩基验收结束，年底主体工程封顶；西部生态公园一期工程 33.4 公顷剥岸工程和道路基础结束。五金建材市场、数码电器城、现代物流园、大丰国际商务中心、国际汽贸中心、旅游用品市场今年将陆续开工建设。

明星国际家居商城　明星国际家居广场始成立于 2007 年 8 月，由大丰市宏昌置业有限公司投资兴建。全称大丰市明星家居城有限公司，位于专业市场集聚区内，通港大道与东宁路交会处，占地 33698 平方米，商铺面积 55000 平方米，仓储配套设施 12000 平方米。该项目采用国内最先进的设计理念，主楼为封闭式精品展示大厅，集中展示国内外家居建材知名品牌，双电动扶梯直上二层、三层；东、西、北三面环形裙楼，展示广普类装潢装饰材料，使整个家居商城达到“大而全、高精尖”，满足广大市民对家居装饰材料的各种需求，是服务业集聚区的亮点之一，2009 年 5 月 1 日建成营业，有近 300 户经营户进场经营。

明星家居广场

大丰市上川钢材市场　始建于 2008 年 12 月，由上海上川钢材市场经营管理有限公司投资建设（2011 年 7 月 19 日正式营业）。占地面积 13.33 公顷，建筑面积 9.5 万平方米（含仓储）。该项目一是规模体量大，建成后可入驻钢贸企业不少于 260 家。二是配套服务优，项目交易区实施统一的精装潢，钢贸企业可直接入驻营业；场内提供仓储物流，融资担保和财务集中管理等一条龙服务。三是信息化程度高，建立了上川钢市电子交易平台，及时掌握全国钢材市场动态，提供钢材交易过程中交易制单、财务结算、仓储发货、车辆配送等全程信息服务，开展网上交易和远程交易，实现现货交易和期货交易相结合、场内交易和远程交易相统一。

上川钢材市场

大丰海聚汽配城　始建于 2009 年 12 月，由上海车铭实业有限公司投资，主要经营汽车售后市场服务业项目。位于专业市场现代服务业集聚区内，在通港大道北和金丰大街交界处，占地 13.33 公顷，建筑面积 25 万平方米。是大丰市 2010 年百项重点工程、盐城重点工程项目、重点服务业项目。

大丰海聚汽配城分为汽车城综合商厦、汽车 4S 店销售服务维修一体店、汽车、摩托车、电动车整车销售区、二手车交易市场、汽摩配件交易区、汽车售后服务及汽车用品装饰一条街、维也纳连锁宾馆酒店公共服务区、配套住宅区及住宅配套生活服务区等等。

海聚汽配城分二期建设，一期工程占地 6.67 公顷，2010 年年年底初步建成。是大丰地区第一个汽车、摩托车整车和配件交易的集散地，同时提升大丰地区汽车售后市场服务水平。

第十章　经济综合管理

民国30年(1941)10月,东台县在台北地区建立台北行署,行署财政股和粮食局负责行署的粮税财税。1942年8月,台北县人民政府建立后,陆续开展财政、税务、工商、物价等管理工作,加强市场管理和对敌占区进出贸易管理,打破日、伪和国民党军队的封锁,保障军需民食。

1945年11月,台北县政府成立财粮局,大中镇成立财粮分局,主管财税、货管、粮站等工作。

新中国成立以后,镇政府加强打击投机倒把,取缔非法经营,保障了全镇经济和社会发展。1958年,公社财政实行"财政包干"管理。"大跃进"期间,综合管理工作失控,工农业发展比例失调,城乡经济一度下滑。1961年,贯彻执行国民经济"调整、巩固、充实、提高"的方针,综合管理有所加强。"文化大革命"初期,综合管理职能机构瘫痪。1970年后,综合管理工作逐步恢复,步入正常的运行轨道。1979年以后,综合管理工作围绕改革、开放的要求,实行计划经济与市场调节相结合的双轨管理机制。在市场经济中发挥指导、调控、监督作用,在管理方法上以经济调控为主,政治、经济、法律并用,并逐步完善各项管理制度,全镇经济呈现快速协调发展。

1990年以后,行政管理实施简政放权,强化了财政、工商、税务管理。2004年,大中镇财政收入首次突破亿元大关,全年实现财政收入1.07亿元。2010年,实现财政收入5.92亿元。

2005—2010年,大中镇各项主要经济指标考核连续位居盐城市重点镇前列。

第一节　财政税务

一、财政

(一)管理机构

1941年10月,东台县在台北地区建立台北行署,行署财政股和粮食分局负责行署的粮税财税。1942年5月,行署建立税务分局将粮食局改粮赋局。8月,撤销台北行署,成立台北县政府。全县划设5个区,按区配财粮助理,垦区财粮助理吴宗海。民国32年(1943)1月,县财粮局和税务局合并,成立台北县财政经济局。垦区设财经分局,主任钱平、陈映辉;堤东区财经分局,主任黎传声。1945年11月,台北县政府建立财粮局,区设财粮分局,堤东财粮分局主任柴兴,大中财粮分局主任杨兆明,垦南区财粮分局主任梁伯浩,垦北区财粮分局主任朱立书。1946年8月,县财粮局改为财政经济局,区设财经分局,堤东财经分局主任柴兴,大中财经分局主任吕明、顾玉英,垦南区财经分局主任徐友德、杨静、朱锡昌,垦北区财经分局主任刘赋。

1948年,财政经济局划出税收成立货管局专管税收,财政经济局管理财政收支,征收农业税以及粮食工作,区仍设财经分局。1949年10月,财政经济局和货管局合并,原县财政经济局改称财政局。区设12个财经分局,粮食工作划出单独成立粮食局,区级建制不变。1950年元月,财政税收再次分设,基层按区配备财经助理。

1958年年底,大道公社成立财务科,实行乡级财政预算,收支包干。1959年4月,撤销公社财务科，改配财委（财政助理）1 人。

1969 年 9 月，县成立革命委员会，财政、税收、银行三家合并成立财政金融服务站革命委员会（基层财税依然分开）。1973 年 1 月，县恢复财政局（包括税务在内），公社配财委。1981 年，公社设财政管理所。1983 年 6 月，大中镇设财管所。2001 年 3 月，新团镇并入大中镇，新团财管所撤销，重新成立大中镇财管所。2010 年 7 月，裕华镇并入大中镇，裕华财管所撤销，重新成立大中镇财管所。

1949—2010 年大中镇财委所长一览表

表 10－1－1

	单位	财委、所长	任职时间
区	大中区	陈东林	1949. 10—？
	堤东区	李智书	1949. 10—？
	垦南区	谢恒泽	1949. 10—？
	垦北区	沈国铨	1949. 10—？
人民公社	大中	黄兆龙	1959. 04—1983
	新团	顾宰刚	1959. 04—1962
		潘善旌	1962—1998. 10
	裕华	施凤来	1959. 04—1984. 05
	大道	许家富	1959. 04—1996
		施凤来	1966—1983. 06
	大兴	万玉才	1966—1983. 06
乡（镇）	大中镇	许家富	1983. 07—1987. 03
		周银官	1987. 03—2005. 09
		夏碧君	2005. 09—2008. 08
		翟荣忠	2008. 08—今
	新团	潘善旌	1998. 13—1985. 03
		屠怀佛	1985. 03—1992. 04
		陈忠杰	1992. 04—1997. 09
		朱鹏远	1997. 10—2001. 04
	裕华	王能章	1984. 06—1992. 04
		彭兴保	1992. 04—2001. 07
		黄加林	2001. 07—2002. 09
		吴君祥	2002. 09—2010. 04
		单剑锁	2010. 04—2010. 08

（二）财政体制

1940 年 10 月民主政权建立后，区配备一名财粮员，征收定额田赋公粮。新中国成立后，县建立财政局，乡（镇）政府配备专职财粮助理，负责农业税征收和乡镇行政事业经费开支等管理工作。

1950 年起，地方实行报账制。收入全部上缴，支出每月凭开支单据及工资名册向苏北行署报账。镇一级属于中央财政收入的有工商税、农业税，分别由税务局、农税科直接上解中央金库。地方财政收入有房地产金、农民土地买卖的契约税等。1958 年,公社财政实行“财政包干”管理。1961—1981 年,改为“统收统支”,即收入统一上交县财政,所需经费统一由县财政拨付。1981 年公社建立财管所。1983 年,乡镇财政所管理范围不断扩大,由原来单一管理国家拨付的支农周转金、行政经费开支和农业税征收,逐步扩大到负责农村国库券推销与组织入库,支农周转金的管理,社队企业财务指导与监督工作。1983 年 6 月,镇财政按照“统一领导,分级管理”的原则,镇实行“核定收支,收支挂钩,超收或增收分成,结余留用”的办法,促进镇财政收支的平衡。1984 年,镇财政实行“收支挂钩,全额比例包干,增长分成,内部结算,一年一定”的财政体制。1985 年,全面建立乡、镇一级财政,实行“收支挂钩,按项分成,增长比例留用,一年一定”的财政体制。1986 年,实行“定收定支,收支挂钩,定项分成,减收减支,增收留用,一年一定”的财政体制。

1988 年起,镇财政由“收支挂钩”改为“核定收支,基数内比例分成,增长分档分成,超收留用,短收自补”的财政体制。改变了财政高度集中状况,扩大了镇财政自主权,体现了“统一领导、分组管理”和权、责、利相结合的原则。由原来的“一灶”吃饭变为“多灶”吃饭,打破“统收统支、吃大锅饭”的局面。1994 年,实行“分税制”财政体制,即核定收支基数,收入分类分成,短收全额负担,超收全留,确定上解比例,上交包干的办法。

1. 收入基数。1993 年镇财政收入基数分别为:一是消费税 297. 04 万元,二是增值税 506. 54 万元,三是地方财政固定收入 384. 93 万元,总收入为 1188. 61 万元。

2. 支出基数。按照保吃饭、保运转的要求,镇支出基数为 443. 53 万元。

3. 税收返还基数。按照新税制划分,1993 年中央税和共享税的收入实绩,剔除 1993 年清理的 1992 年年底前年度陈欠税收,税收返还基数为:中央税(即消费税)297. 04 万元,共享税(即增值税)506. 54 万元,总计为 803. 58 万元。

4. 收入增量。分配消费税在完成税收返还基数 297. 04 万元以外,25% 留镇,75% 上交中央。增值税在完成税收返还基数 506. 54 万元以外,增量部分 31. 25% 留镇。如完不成税收返还基数和县下达的收入任务,则按不同比例扣减镇财力。

5. 地方固定收入分成办法。工商税收部分,全额留镇,税种有营业税、个人所得税、合资所得税、屠宰税、车船使用税、房产税、固投税、集体企业所得税。另,印花税留镇 75%,土地使用税留镇 35%,城市维护税全额上交县财政,教育费附加亦全额上交县财政。

6. 农业四税。农业税在总额中,县统筹 4. 92 万元的灾情、社会减免款,另外 15% 的农业税附加全部上交县财政,其余全部留镇;农业特产税留成 50%,耕地占用税留成 19%,房屋契税全额留镇。体制内上解实行“双轨制”财政体制运行机制后,大中镇应上解 215. 77 万元。

7. 定额补助和定额上交。按照 1994 年县下达的财政收入任务,大中镇应分成 943. 64 万元,支出基数为 443. 53 万元,每年定额上交县财政 500. 11 万元。镇不留预备费,没有机动财力。

1995 年,镇财政所首次建立镇级金库。1999 年,市政府出台《大丰市乡镇财政平衡考核办法》《大丰市乡镇预算外资金管理实施办法》,下发《关于采用转移支付办法完善乡镇财政体制的通知》,及时调整乡镇增值税增量返还比例,将企业所得税作为共享收入,实行二八分成,完善乡镇财政体制,大中镇当年消除财政赤字。2003 年,农业特产税全部改征农业税。1 月 1 日起,镇财政体制重新调整,划分收支范围,核定收支基数,收入递增包干,增量按比例分档分成,短收全额赔付。

2010 年,镇财政体制又作调整,基本内容是:在合理明晰事权的基础上,划分收支范围,核定财力基数,增量分档分成。

1. 收入范围。镇域范围内,除市属以上重点企业以外,税收均列入镇级收入统计范畴。

2. 支出范围。镇属机关及事业单位人员经费、公用经费等基本支出,镇级基本公共服务以及建设发展支出列入镇级支出范围。教育支出实行市级管理。

3. 收入基数。以 2010 年镇级一般预算收入实绩为基数,剔除耕地占用税、教育费附加以及驻区

(园)企业税收等因素,按省分税制财政体制税收分成口径,核定镇级一般预算收入地方留成基数。

4. 支出基数。按划定的镇级支出范围,以保机关事业单位人员支出、民生政策性支出、镇村基本运转支出等经费安排顺序,核定镇级支出基数。

5. 增量分成。完成收入基数可得基本财力,未完成基本数的等额扣减基本财力。超过收入基数部分实行分档分成,按市政府下达的目标任务为标准,目标内镇分成50%,超目标部分镇分成60%。

(三)财政收入

1961年,新团公社财政收入0.86万元,裕华公社财政收入1.07万元,大道公社财政收入53.87万元。1963年,大中镇财政收入17.46万元,裕华公社财政收入13.26万元,大道公社财政收入15.56万元。

1970年,农村人民公社年终收益分配为新团公社农业净收入181.46万元,裕华公社农业净收入340.07万元,大道公社农业净收入272.14万元,大兴公社农业净收入164.26万元,大中镇农业净收入20.92万元。

1980年,三级(公社、大队、生产队)经济收入中,新团公社社级收入207.16万元,裕华公社社级收入689.02万元,大道公社社级收入225.98万元,大兴公社社级收入93.68万元,大中镇镇级收入109.85万元。

1985年,大中镇完成各项税收272.86万元,其中农业税收49.87万元,工商税收212.13万元,流动税收10.86万元。

1986年,按照"定收定支、收支挂钩、定项分成、减收减支、增收留用、一年一定"的原则,大中镇财政全年完成各项税收314.19万元,其中农业税收49.69万元,工商税收262.63万元。

1987年财政收支情况表

表10-1-2　　　　单位:万元

单位	总收入			总支出				滚存结余
	合计	工商税	农业税	合计	文卫事业费	抚恤救济费	行政管理费	
新团	52.38	31.09	21.29	41.57	27.66	7.53	4.34	6.25
王港	20.02	20.02	—	11.91	6.13	0.98	3.55	2.47
裕华	128.36	72.75	55.61	74.39	51.21	11.78	6.79	4.03
大中	386.53	317.85	68.68	149.82	105.81	14.03	16.00	12.38

1994年,大中镇财政收入1499万元,裕华乡财政收入316万元,新团乡财政收入135万元。

1996年,大中镇财政收入2011万元,裕华乡财政收入407万元,新团乡财政收入261万元。1986—1996年,大中镇财政收入预算内从273万元增长到2011万元,增长736.63%,增长最快的1993年,收入完成1287万元,首次突破千万元大关,增长85.2%。

2004年,镇财政收入首次突破亿元大关,全年实现财政收入1.067亿元,比上年增长51.28%,首次跨入盐城市财政收入超亿元乡镇行列。

2005—2010年,大中镇勇当盐阜第一镇迈出坚实步伐,综合实力显著提升,各项主要经济指标连续位居盐城市重点镇前列。GDP年均增长30.9%,2010年达到55.28亿元,人均8000美元。2010年,财政一般预算收入达到5.9亿元,年均增长29.4%,实现五年翻两番,财政总收入和一般预算收入位居盐城市重点镇前列。

(四)财政支出

新中国成立初至1985年6月,乡镇的财政收支均实行"报账制",即镇、社工作人员的工资、公务费、医药费、民政救济费、房屋修缮、办公用品购置等费用，每月凭支出单据向县财政局报销。

1961 年，新团公社财政支出（财政支出含预算外、预算内两部分，上缴市〈县〉财政部分，列为财政支出）0.86 万元，裕华公社财政支出 1.07 万元，大道公社财政支出 53.87 万元。1963 年，裕华公社财政支出 12.69 万元，大道公社财政支出 0.98 万元，大中镇财政支出 14.95 万元。1985 年，大中镇财政支出总额 293 万元，占财政收入的 97%。

1994 年，大中镇财政支出 769 万元，裕华乡财政支出 375 万元，新团乡财政支出 254 万元。

1995 年，大中镇财政支出 1995 万元，占全年财政收入的 98.2%。2000 年，镇财政支出 3293.05 万元，占财政收入的 100.6%。2005 年，财政支出 14648.83，占财政收入的 101.8%。

2010 年，大中镇预算内财政支出 5437.15 万元，比 2009 年支出增长 28.07%。

是年，财政分项支出一般公共服务支出 2961.05 万元，公共安全支出 206.24 万元，科学技术支出 17.23 万元，教育事业费支出 11.40 万元，文化体育与传媒支出 80.26 万元，社会保障和就业支出 651.64 万元，医疗卫生支出 10.45 万元，城乡社区事务支出 385.8 万元，农村水事务支出 860.94 万元，工业、商业金融等事务支出 11.15 万元，商业流通等事务支出 200.64 万元，其他支出 40.35 万元。增加城乡居民最低生活保障金和“五保”供养金支出，3395 名城镇低保人员、2015 名农村低保人员和 203 名农村“五保户”共发放低保金和“五保”供养金合计 1020 万元。同时，加大支农力度，用于农桥建设、农村道路、一事一议财政奖补、河道疏浚、村庄绿化、农村自来水改造、防洪排涝设施的维修、农业综合开发项目等惠民工程和粮食直补资金、家电下乡等涉农补贴资金 1330.64 万元。

1985—2010 年大中镇财政收支情况表

表 10-1-3　　　　单位：万元

年度	预算内									预算外		镇有资金	
	收入	占上年%	支出						年终滚存结余	收入	支出	收入	支出
			上缴市（县）财政	占收入（%）	体制分成（本级财力）	占收入（%）	支出	占上年（%）					
1985	273	—	159	58	114	42	109		5	29	25	14	6
1986	314	115	197	37	117	63	108	99.1	14	38	33	19	16
1987	406	129.3	258	64	148	38	150	138.9	12	38	34	43	12
1988	400	98.5	181.17	46	229	54	216	144	15.83	10.38	5.08	39.77	19.02
1989	512	128.9	282	55	230	225	104.2	21	47	42	25	15	—
1990	576	112.5	321	56	255	44	248	110.2	28	47	39	46	33
1991	575	99.8	330	57	245	43	286	115.3	-13	26	32	39	20
1992	695	120.9	427	61	268	39	296	103.5	-41	45	36	31	34
1993	1287	185.2	546	42	741	58	636	214.9	66	72	40	61	94
1994	1499	116.5	934	62	565	38	633	99.5	-4	76	62	66	73
1995	1905	127	1176	62	729	38	685	108	40	126	94	63	69
1996	2137	112	1278	60	859	40	786	115	113	134	90	46	46
1997	2542.47	118.79	1580.07	62.15	962.4	37.85	917.38	116.72	267.04	142.5	142.5	62.63	72.34
1998	2711.27	106.64	1780.14	65.66	931.13	34.34	1140.24	124.29	147.6	232.67	194.36	—	—
1999	2872.34	105.94	1693.41	58.96	1518.93	41.04	1228.15	107.71	177.27	196.31	196.04	—	—

续表 10-1-3

年度	预算内									预算外		镇有资金	
	收入	占上年%	支出						年终滚存结余				
			上缴市(县)财政	占收入(%)	体制分成(本级财力)	占收入(%)	支出	占上年(%)		收入	支出	收入	支出
2000	2907.44	101.22	1601.27	55.07	1306.17	44.93	1328.45	108.17	186.47	364.32	363.33	—	—
2001	4105.69	141.21	2243.32	54.64	1862.37	45.36	2227.79	167.7	43.60	311.56	311.03	—	—
2002	5637.29	137.3	3480.56	61.74	2156.73	38.26	2382.21	106.93	29.67	397.13	396.92	—	—
2003	7027.98	124.67	6061.44	86.25	966.54	13.75	1153.20	-51.59	36.84	276.87	273.54	—	—
2004	10677.33	151.93	9086.52	85.1	1590.81	14.9	1841.37	159.67	76.06	454.75	454.14	—	—
2005	13808.59	129.33	11821.23	85.61	1987.36	14.39	2246.67	122.01	71.61	581.29	580.93	—	—
2006	18009.21	130.42	15428.74	85.67	2580.47	14.33	2724.48	121.27	67.19	204.85	204.49	—	—
2007	22571.84	125.33	20212.65	89.55	2359.19	10.45	2899.80	106.43	61.63	746.97	746.31	—	—
2008	29165.81	129.21	25832.6	88.57	3333.21	11.43	4023.06	138.74	62.26	908.47	908.06	—	—
2009	37897.35	129.94	34264.16	90.41	3633.21	9.59	4260.72	105.91	241.59	975.64	974.78	—	—
2010	59224.11	156.27	53780.53	90.81	5443.58	9.19	8390.68	196.93	63.19	1478.54	1477.97	—	—

1985—2000 年大中镇财政收支分项表

表 10-1-4　　　　单位:万元

项目	年度	1985	1986	1987	1988	1989	1990	1991	1992	1993	1994	1995	1996	1997	1998	1999	2000
财政收入	合计	272.86	314.19	406.06	404.56	511.98	575.94	575.21	695.22	1287.04	1498.62	1904.84	2137.19	2542.47	2711.27	2872.34	2907.44
	工商各税	222.99	264.5	337.38	323.38	365.04	438.84	460.74	528.07	1108.61	1185.33	1449.19	1761.55	2159.03	2244.01	2594.51	2572.16
	企业所得税	—	—	—	1.00	—	2.47	—	—	—	23.67	87.16	76.40	100.01	118.01	3.21	0.92
	农业税收	49.87	49.69	68.68	80.18	138.64	118.75	98.27	152.82	170.93	266.97	323.5	299.24	283.43	349.25	274.62	334.36
	1、农业税	49.87	49.69	53.07	53.89	64.42	64.27	49.59	79.05	78.59	129.49	128.89	159.52	158.67	157.72	156.58	156.34
	2、农业特产税	—	—	—	—	5.74	6.67	5.40	4.82	5.62	14.66	21.24	5.39	16.01	12	12.27	10.94
	3、耕地占用税	—	—	15.61	26.29	68.48	47.81	43.28	63.99	48.45	96.79	147.13	109.54	78.70	110.94	15.34	62.62
	4、契税	—	—	—	—	—	—	—	4.97	38.27	26.03	26.24	24.79	30.05	30.48	53.70	48.51
	专项收入	—	—	—	—	8.30	15.88	16.20	14.33	7.50	22.65	44.99	—	—	38.11	36.73	55.95
财政支出	合计	108.61	108.39	149.82	218.9	228.91	248.39	285.78	318.73	635.82	632.92	684.62	786.07	917.38	1140.24	1228.15	1328.45
	支农村生产类	1.86	0.10	5.54	2.74	11.43	10.88	32.33	15.02	243.48	24.52	56.05	—	17.5	1.18	0.72	1.12
	农林水利类	4.28	1.79	2.26	2.63	3.29	3.85	4.13	5.57	6.33	9.93	10.16	14.55	38.72	40.07	23.59	41.26
	城市维护类	—	3.93	4.07	14.28	9.43	—	—	—	—	0.60	—	—	5.1	16.80	41.37	11.31
	文卫事业类	80.96	77.49	105.81	142.26	142.56	172.85	178.81	212.66	271.70	486.89	484.08	613.72	691.29	823.45	907.32	962.17
	科学事业类	—	—	—	0.14	0.18	0.20	0.21	0.33	0.39	0.57	0.63	0.72	0.02	1.21	16.56	1.71
	其他部门内	1.53	0.59	1.14	0.74	1.85	6.77	3.30	11.10	31.72	10.26	8.12	12.08	11.84	16.39	17.87	43.98
	抚血社救类	10.62	11.11	14.03	18.30	35.44	20.31	37.71	37.05	30.69	41.01	44.18	44.31	47.42	69.25	68.52	71.88

续表 10-1-4

项目		1985	1986	1987	1988	1989	1990	1991	1992	1993	1994	1995	1996	1997	1998	1999	2000
财政支出	行政管理类	9.36	12.87	16.00	21.71	22.58	31.76	25.96	35.10	36.33	56.97	67.55	85.98	94.64	143.11	130.82	155.44
	公检法支出类	—	—	—	0.55	0.25	0.25	0.28	0.42	0.45	1.47	1.55	3.00	2.48	7.11	7.08	6.18
	其他支出类	—	0.51	0.97	15.55	1.90	1.52	3.05	1.48	14.73	0.70	12.30	11.71	8.37	21.67	14.30	33.38

2001—2010 年大中镇财政收支分项表

表 10-1-5 单位:万元

项目		2001	2002	2003	2004	2005	2006	2007	2008	2009	2010
财政收入	总收入合计	4105.69	5637.29	7027.98	10677.33	13808.59	18009.21	22571.84	29165.81	37897.37	59224.11
	国税	2417.15	3558.97	4515.44	6660.22	8500.24	10947.72	12801.34	12982.15	14847.52	20400.29
	地税	986.69	1366.48	1730.41	2858.57	4200.71	5837.46	8523.11	14118.79	19481.34	29370.23
	财政	701.85	711.84	782.13	1158.54	1107.64	1224.03	1247.39	2064.87	3568.51	9453.59
	一般预算收入合计	2195.11	2735.2	32095.28	4401.88	6473.14	9282.62	12109.84	18080.21	25335.93	40970.91
	国税	506.57	845.63	1116.63	1102.98	2048.23	3023.48	3468.29	3459.94	3946.91	5512.74
	地税	986.69	1177.73	1396.52	2140.36	3317.27	5035.11	7394.16	12555.4	17820.51	26010.58
	财政	701.85	711.84	782.13	1158.54	1107.64	1224.03	1247.39	2064.87	3568.51	9453.59
财政支出	合计	2227.79	2382.21	1153.20	1841.37	2246.47	2724.48	2899.80	4023.06	4260.72	8390.68
	一般公共服务	250.84	258.88	287.55	324.20	424.06	487.32	922.77	1022.22	1596.77	3112.33
	公共安全	12.22	14.80	17.31	43.21	40.24	59.61	92.36	161.23	161.29	206.24
	科学技术	—	—	—	1.98	5.92	5.89	6.57	6.83	10.12	72.43
	文化体育与传媒	1405.02	1470.69	61.41	76.80	121.22	112.48	26.54	34.41	60.76	80.26
	社会保障和就业	215.20	198.06	265.28	275.18	369.56	415.90	576.05	585.78	457.13	902.85
	医疗卫生	218.57	158.26	75.75	141.48	28.05	34.88	8.65	5.10	14.2	10.45
	环境保护	—	—	—	—	—	—	—	20	20	—
	城乡社区事务	1.49	—	27.97	37.01	54.89	103.37	281.22	334.61	680.13	865.80
	农林水事务	49.74	85.93	150.03	272.69	228.59	229.02	528.65	918.47	621.84	1750.18
	工业商业金融等事务	—	—	—	—	—	—	7.14	40.85	6.91	19.15
	商业流通事务	—	—	—	—	—	—	—	—	304.06	1330.64
	其他支出	74.71	195.59	267.90	668.82	973.94	1276.03	449.85	893.56	327.51	40.35

2001—2009 年裕华镇财政收入和税收表

表 10－1－6 单位:万元

项目＼年度		2001	2002	2003	2004	2005	2006	2007	2008	2009
财政总收入		958.79	958.29	1238	1588	1557	1720	2219	2749	3433
在总收入中	中央财政收入	198.98	239.81	358	627	853	979	1244	1489	1772
	一般预算收入	759.81	718.84	8809	961	704	741	975	1260	1661
	营业税	68.66	84.08	57	84	133	167	204	362	554
	企业所得税	39.53	17.53	24	121	160	231	226	182	225
	增值税	265.3	69.89	425	678	929	1023	1337	1604	1915

说明:2010 年 8 月,裕华镇并入大中镇

2001—2009 年裕华镇财政支出情况表

表 10－1－7 单位:万元

项目＼年度		2001	2002	2003	2004	2005	2006	2007	2008	2009
财政支出		999	1148.81	642	694	662	776	1025	1069	1161
其中	一般公共服务(行政管理费)	113.82	111.71	92	114	167	196	455	514	525
	公共安全	—	—	—	—	—	—	13	15	16
	社会保障和就业(医疗卫生支出)	71.7	76.64	33	64	9	14	138	164	210
	文化体育与传媒	—	—	—	—	—	—	24	77	16
	城乡社区事务(城市维护费)	11	13	13	13	33	40	18	21	21
	农林水事务	39.81	189.77	221	94	89	113	362	254	283

二、税务

(一)管理机构

1. 盐务　宋朝中期,境内西部地区已有盐业生产。淮南通、泰地区设海陵监、丰利监,各监都设买纳官,掌管出纳诸场盐课。

元代于扬州设两淮都转运盐司,受理盐商纳钱买引。于各盐场设场司,主管灶户缴纳盐课。盐税征收是当时国家收入的主要来源,征税系统单立,不受地方管束。

明清时期,均于扬州设两淮运司掌理商课,而于各盐场设盐课司掌理督办灶课。明洪武二十五年(1392),在各场设盐课司,每场委大使、副使各一人,负责催煎督课,管理运销,按引征税。

清宣统三年(1913),在扬州设立盐务稽核所两淮分所(隶属北京盐务稽核总所),设华经理、洋协理各1人,专司征税放盐、存储盐款,而实权则操于洋员之手,非洋协理签字,中国政府不得提用盐税款。自此,中国盐税受外国人控制。在扬州分所之下,设通泰稽核支所及十二圩稽核支所,具体负责通、泰各场收税放盐事宜。稽核支所之下,在各盐场分设秤放局。

1937 年,将盐务署及稽核总所所属机关一律取消,另设盐务总局,办理全国盐税征收及其他一切盐务,直隶于财政部。在两淮盐区设立两淮盐务管理局(驻淮北),在扬州设立盐务分局下辖通、泰两属的 6 个盐场公署和通泰、十二圩盐务支所。通泰支所驻东台直接管理通、泰地区各盐场盐务行政及税收事宜。大丰境内草堰场设场公署,长官称场长,掌理场产及收税、放盐事宜,并指挥税警。

2. 工商　解放前,国民党政府向商家征收营业税、牙税和屠宰税等,但当地无税收机构。屠宰税由私人承包征收,先后承包的有赵仙州等人。多征归己,无一定税率,故而收税者敲诈勒索,无所不为。大中区域的土地税收则分别由大丰、裕华两盐垦公司缴纳,工商税由商人至东台缴纳。

1937年,江苏省实业保安队于大中集设立税所(原大新路电影管理站处),主要征收棉花特税——出口税(时指销往外地区)。1938年,国民党东台县政府于大中集设立税务所(今工农路绿都宾馆河滨公园处)。1940年10月,随着抗日民主政府的建立而解体。1940年,新四军挺进大丰,苏北临时行政委员会财政部设立大中集税务局,局长林天国,下设新丰、西团、小海3个税务所。

1941年3月,大中集税务局改隶东台县税务局,并改称大中集税务分局。7月,大中集税务分局于农村流动征税。是年秋,日军入侵后,大中镇设立维持会,后改称伪区公所,区设立经济股,并配备有武装中队,专事派捐勒税。日伪维持会长王福高横征暴敛,苛捐杂税如毛,营业税、牌照税、房地税、棉花税、进口出口税等,应有尽有。其次"城防捐""壮丁费""请帖捐"(又称"红白捐"),名目繁多,甚至东台城点灯(电灯),在大中镇收税(电灯税)。

1942年8月,台北县建立税务局,下辖5区,区建立分局。大中集税务隶属垦区分局管理。

1944年11月,台北县并入东台县,税收体制随属东台。1945年11月,台北第二次建县,但税收仍属东台,大中集设立货管分局,下辖大中、南阳2个税务所,大中税务所所长沈应同。8月,台北县于大中镇建立大中财经分局,下设大中税务所。是年年底,国民党政府于大中镇今人民路邮电所(人民桥北端)东侧设立所谓"复兴"税所。"复兴"税什么都得收。贫民工人的轧花车,人力车夫的黄包车、独轮车都在税收之列。1947年4月,大中镇解放。人民政权为加强进出口货物税征收,将税务机构从各区财经分局中划出,按中心区成立4个货管分局和1个经济大队。1948年12月,税务、财政分开,县成立货管局专管税收,下设大中、大桥、白驹3个货管分局和15个税务所。1949年5月,县撤销3个货管分局,成立大中、白驹、大桥、南阳、小海5个稽征所,下设11个分所。大中稽征所所长顾正汉,副所长石友山。

新中国成立后,财经局和货管局合并为财政局,将原来的5个稽征所合并为大中、小海、白驹3个稽征所,下设10个分所。

1950年,税务从财政局分出成立税务局,基层分设大中、小海、白驹3个稽征所和17个税务所。1958年10月,县税务局和县属财粮科合并为财政局。1962年9月,税务局又从财政局划出成立税务局,下辖大中、刘庄、县直3个片。大中片指导员陈诚,下设大中、大道、裕华、南阳4个税务所。1973年,大兴税务所成立。1984年,大道、大兴、大中镇3个税务所和县直属征收组合并成立大中税务分局,新团镇、裕华镇分设税务所。1985年,三级财政改五级财政,实行"定收定支、收支挂钩、定项分成、减收减支、增收留用、一年一定"的原则。至此,大中镇开始实行税利挂钩。7月,撤销大中税务分局,建立直属、大中两个税务所。建立城南和城北征收组,城南征收组长杨树忠,城北征收组长秦伯仁,分别管理大中镇城南、城北村办企业和个体户税收工作。1994年9月,税务机构分设国税和地税。撤销大中税务所,分设大丰县国家税务局大中税务所和大丰县地方税务局大中税务所。1997年3月,大中税务所和直属税务所合并组建国家税务局大中征收管理分局,下设办公室、计划征收所、综合管理所、税务稽查所、个体税所管理所。两所合并后有在职人员35人。是年,裕华、通商、南阳、草庙、王港税务所合并组建国税务局通商征收管理分局,新团、刘庄、三圩税务所合并组建国家税务局刘庄管理分局。

2000年8月,成立大丰市地税局直属税务分局。2003年6月,更名为大丰市地税局第一税务分局。2004年9月,大丰市国税大中税务收征管分局更名为大丰市国税局第二税务分局。

1984—2010 年税务所长、分局长一览表

表 10－1－8

单位	负责人	任职时间	单位	负责人	任职时间
大中税务所	董培寿	1984—1985	裕华税务所	朱正洗	1984—1987
	袁文渊	1985—1990		高恒茂	1988—1990
	袁登林	1990—1994		袁永新	1991—1992
	倪圣海	1995—1997		陈国祥	1992—1997
国税分局	刘俊杰	1997.09—1999.07	新团税务所	蒋登玉	1984—1990
	高　峰	1999.07—2004.09		朱崇俊(副)	1991—1994
	卞松建	2004.09—2008.12		沈振国	1995—1997
	沈维维	2009.02—今			
地税分局	林　彬	1997.01—2000.07			
	夏晓林	2000.08—2002.10			
	舒国宾	2002.11—2007.07			
	顾　宏	2007.08—今			

(二)税制沿革

民国初期,大丰沿袭清末税制,有厘金、牙税、当税、契税、盐税以及其他捐税,并开办印花税、屠宰税。1927 年,国民政府对税制进行多次的修正、变革,废除厘金制,创办一些新税。1928 年,划分中央税和地方税。大丰沦陷时期,伪东台县政府仍沿用国民政府制定的税制。

1940 年 10 月,中国共产党领导的东台县抗日民主政府建立,遵照苏中行政公署的指示,废除国民政府的苛捐杂税,实行税不重征。初时,只征盐税和棉花出口税。1941 年年初,开征牙税、营业税(即工商税的前身)、屠宰税、地契税 4 种,后增加田赋、产销、货物进出口税 3 个税种。1949 年 3 月,废除货物进出口税,将产销货物税改为货物税。

1950 年 1 月,新开征印花税、营业所得税(后改为工商所得税)、文化娱乐税、车船使用牌照税。5 月,增设城市房地产税(因当时条件不符开征标准,1961 后才开始执行)。1953 年,对部分产品原征收的货物税和工业销售营业税、印花税进行合并,改为商品流通税;工业销售的工商营业税、印花税合并为货物税,商业、服务业的营业税、印花税并为工商营业税。1955 年,开征牲畜交易税。1956 年 5 月,开征文化娱乐税。1958 年 9 月,简化税种,将工商企业商品流通税、货物税、营业税合并为工商统一税。从 1958 年 7 月 1 日起,盐税由税务机关征收。

1963 年 3 月,开征集市交易税。1973 年,按照《中华人民共和国工商税务条例》规定,把原来对企业征收的工商税及其地方附加税、城市房地产税、车船使用牌照税、屠宰税合并为工商税。同时,将税目、税率也归类简化,对少数不合理的税率进行调整。1980 年 1 月 1 日起,参照国际税收的惯例,增设中外合资经营企业所得税。1980 年 12 月 14 日,增设个人所得税。1982 年 7 月,开征烧油特别税。1983 年 10 月,增设建筑税种。1984 年 10 月 1 日,全面改革工商税制,实行一二步利改税,将原来的工商税划分为产品税、增值税、营业税、盐税;改进了工商所得税,对国营企业征收所得税、调节税,对集体企业调整了 8 级超额累进的税率;新增设资源税、城市维护建设税、国营企业奖金税。恢复征收房产税、土地使用税(即原来的房地产税)、车船使用税(即原来的车船使用牌照税),保留原来的盐税、建筑税、烧油特别税、屠宰税、牲畜交易税、集市交易税,同时适当调整税率。

1994 年 1 月 1 日起,全面改革工商税税制。统一税法,公平税负,简化税制,合理分权,理顺分配

关系,规范分配格局,保证财政收入,建立符合社会主义市场经济的税制体系。

1994 年 10 月 1 日,国家对工商税收法律制度作了一系列改革。

2005 年 12 月 29 日,十届全国人大常委会第十九次会议决定,自 2006 年 1 月 1 日起废止《农业税条例》,在中国延续两千多年的农业税停止征收。2007 年 3 月 16 日,十届全国人大第五次会议通过《中华人民共和国企业所得税法》自 2008 年 1 月 1 日起施行。法律将内外资企业的所得税率统一为 25%,充分体现中外企业公平竞争的原则。2009 年起,增值税转型改革后实施。消除生产型增值税制存在的重复征税因素,降低企业设备投资的税收负担。是年,成品油税费改革实施。在不提高现行成品油价格的前提下,将成品油消费税单位税额相应提高;取消原来在成品油价外征收的公路养路费等 6 项收费。

(三)税种

1. 盐税

商税　历史上,大中镇区域的盐税收入曾经分属刘庄场、草堰场。

元至元十三年(1276),依宋旧例办课,每引(150 千克)其价为中统钞 8 两,大德四年(1300)设关防之法,凡盐商经批验所发卖者,所官收批引牙钱,其不经批验所者,本仓就收之。

明代,商人支取淮南盐 1 引(100 千克)。洪武初年(1368),需纳课银 8 分。洪武三年(1370),改于山西大同等仓纳米 1 ~ 1. 3 石。永乐年间(1403—1424),改于各边寨纳米 2. 5 斗或粟 4 斗。成化年间(1465—1487),改于两淮运司输银 4 钱。嘉靖六年(1527),改为 8 钱。万历年间(1573—1620),改定每引 200 千克(称大引),商人给引价银 5 钱,余课银 8 钱。明末,因军兴饷急,加斤加引加课,所加浮课相当于正课额七成以上。

清顺治元年(1644),下诏将明末加派杂课名色尽行免除,只照万历年间正额按引征课,商人则运淮南通、泰盐。顺治二年(1645),每引(100 千克)纳课银 0. 675 两。其后陆续加斤加引加课,至嘉庆年间,淮南纲岸每引(187 千克),纳正课银 1. 173 两,附正课银 0. 243 两;食岸每引(重量同纲盐)征正课银 0. 981 两,附正课银 0. 146 两;此外还有应征杂款 42 项,皆按每纲核定银数,纳入通纲带征。道光三十年(1850),改行票法,商人每引(此时每引改为 300 千克)纲盐纳正课银 1. 15 两、杂课银 1. 93 两、经费银 0. 658 两;食盐正课与纲盐同,杂课、经费减半交纳。咸丰年间(1851—1861),改行就场征税,商人运盐 50 千克纳税钱 300 文或交银 0. 15 两;于时行盐经过各处另行加抽盐厘以为军饷。同治年间(1862—1874),整顿盐法,定例每盐 50 千克在扬州纳课银 0. 15 两,计每引(300 千克)纳课银 0. 90 两;运至销岸售贩得价后,在销岸完纳厘金;湖广每引 11. 98 两,江西 9. 42 两,安徽 4. 4 两,外江食岸 4 两;内河食岸亦酌收厘钱以济淮扬防费。

民国时期,商人行销通、泰、盐。自 1913 年起,税率趋简。1914 年后,并入正税征收。嗣后盐税分为场税与岸税,以场税为正税,正税之外为附加,附加又分为中央附加与地方附加,名目繁多。1915 年,施行盐税条例时,已均化零为整并归一税,其后以售价改为洋码,淮南各食岸复分别增加每 50 千克 0. 35 ~ 0. 5 元之税。

灶课　是灶民使用的官拨荡地和亭场的地租,同时也有盐丁承担的各种徭役在内。

弘治十二年(1499),涉及大中区域各场纳课情况:

刘庄场盐课　岁办大引盐 14348 引,因临洪等场灶丁逃亡,增盐 1800 引。成化十五年(1479),巡按御史刘魁奏准添盐 1620 引,通旧额共大引盐 17768 引。田粮,有官民田地 648 顷 78 亩,夏粮税小麦 462 石 4 斗 4 升 6 合,秋粮税米豆共 3440 石 2 斗 2 升 2 合。

草堰场盐课　岁办大引盐 9234 引,折小引盐 18468 引,存积 7387 引 40 斤,常股 11080 引 160 斤。田粮,官民田地 13 顷 29 亩,夏税小麦 51 石 3 斗 8 升 9 合,秋税黄豆 78 石 6 斗另 8 合。

嘉靖十三年(1534),涉及大中区域各场盐课、田粮亦有变化:

草堰场盐课　额盐 18468 引,水乡 110 引,征银 22 两,常股 6844 引 77 斤,存积 11513 引 123 斤。

征田赋　麦51石3斗8升9合,豆78石6斗另8合(米无)。

刘庄场盐课额盐35536引,水乡261引100斤,征银52两3钱,常股13151引67斤,存积22123引33斤。征田赋麦462石4斗4升6合,米豆共3440石2斗2升2合。

顺治十六年(1659)起,共升课2781两4钱1分5里。乾隆二十四年(1759)四月,盐政高恒呈准户部议复,泰属丁溪、小海、刘庄、新兴4场,共新升从前抵办水乡荡地153顷71亩,共应升折价银159两3钱1分。刘庄场余荡16顷99.7亩,升银8两4钱9分。乾隆二十六年(1761)十二月,户部议复江苏巡抚陈宏谋等令题范公堤外。乾隆十年(1745)以前,旧垦熟地6404顷5亩,内除伍佑一场全行放荒,其余熟地悉照梁垛场折价起科,每亩征银2.5分。

光绪三十年(1904年),草堰场(白驹场并入)原额草荡每1.04公顷,供盐1引,实办本色盐13985引173斤,每引征折价银2钱,共银2797两1钱7分。内古熟地71顷7.9亩,每公顷照37.5分折价升课,共银177两6钱9分7里,除原额折价银90两7钱,应加升课银86两9钱,又每引加增部缺银3毫8,共银5两4钱3分。以上共银2889两6钱。沙荡每0.8公顷,供办盐1271引135斤,每引征沙荡银2钱,共银254两3钱3分。续升沙荡,每0.8公顷,供1引;又续涨淤荡,每1.33公顷,供盐1引,2项共办盐390引97.5斤,每引征沙荡银2钱,共银78两另9分7厘。又续升沙荡,每0.8,供盐1引,共办盐21引,每引征沙荡银2钱,共银4两3钱1分7厘。仓基每亩征银1钱,共银2两3钱4分3厘。又续升沙荡,每1.87公顷,供盐1引,每引征折价银2钱,共银139两8钱9分1厘,新升港西淤按照归并白驹场科则,每亩征银5厘,共应升折价银754两。新升港东淤荡,每亩征银5厘,共应升折价银77两9钱4分。原草堰场计共征银4200两9钱4分。是年,刘庄场原额草荡每0.43公顷,供盐1引,实办本色盐35275引,每引征折银1钱5分3厘,共银5305两2钱。内占熟地166顷31亩,每亩照2.5分折价升课,共银415两7钱8分,除原额折价银384两7钱9分8厘,应加升课银30两9钱8分4厘,以上共银5336两。沙荡每亩征银5厘,共银294两6钱7分。续升沙荡每亩征银5厘,共银20两1钱5分。又续升沙荡每亩征银5厘,共银5两7钱8分。仓基每亩征银2.5分,共银4钱3分2厘。又续升沙荡,每亩征折价银5厘,共银86两7钱。续升荡地照毗联沙荡则例,每亩纳折价银5厘,共银8两4钱9分8厘。刘庄场计共征银5749两2钱4分9厘。

2. 农业税

大中境内农业最早是明代的私垦,久而久之官府承认升课,也就变成了合法的农田,政府就公开征收田粮。

民国后期,在民主政府管辖区内,实行田赋征收制度,分等征收。

1940年10月,民主建政初期,为筹集军政人员供给,仍依照原田赋旧章征收农业税,并动员民众募捐抗日救国公粮,一般不限数量,对地主、富农有钱人家劝其多募。1941年秋,台北地区开始实行田赋征收制度,始按土地等级征收,后实行田亩累进制,以3亩(后改4亩)为起征点,以10亩、20亩……为梯级,共分12级,田亩越多税率越高。1942年,在清查田亩的基础上,按地亩种类分等累计征收公粮田赋。1943年,苏中二分区公布秋征粮赋暂行标准,按田亩等级征收,计6个等级。1944年,试行新的粮赋税征收办法,把原来以田亩数量为征收基础设为按人均收获量征收,并规定起征点,实行按人均收获量为累进制,人均收获量75千克为起征点,计分14级。1946年,台北县政府按照苏皖边区第一行政区专员公署颁布的《粮税暂行条列》,制定实施细则,由过去的依收获量征收改为按田亩等级定额征收,计分6等8级。同等田,亩数越多,计征率愈高。同时,规定征收公粮0.5千克,随征公草0.25千克。

1947年,土地改革,将原粮赋税的累计制改为评议分等征收,力求税赋合理。

1949年,农业税仍采用征收公粮的办法,然后由粮食部门将粮款交财政部门入库。1950年,征收公粮改称农业税。1951年,改粮赋制为农业税制。具体征收方法是:将旧等级改为23级,税率最低为8%,最高一级为30%。按农田人口计算,人均75千克以下者为1级,其税率为8%;2~6级人均产粮每增长 25 千克增加 1 级税级;7 ~22 级人均产粮每增长 50 千克增加一级税级;人均产粮 1000 千克以上者不再累进。1952 年,查田定产,实行按照"常年应征产量,依率计征,依法减免,增产不增税"的政策,征收农业税。1954 年,境内遭受严重自然灾害,农业欠收,农业税采取查实评议征收。

1955 年,建立农业初级社和高级社,根据人社农户数的土地面积和已定的税级,实行以社计征,并随征 3% 的附加。1956 年,全面实现农业合作化,农业税征收改为以农业生产合作社为单位,一律采用常年产量,按过去各户平均税率计征。

1958 年,省、地区调整大丰县常年产量,并确定平均税率为 14.5%。改革农业税制,取消全额累进税制,根据地理、经济条件和历史赋税情况,实行地区差别比例税制,在原来的基础上分别确定各公社的农业税率。是时,大道公社农业税率为 17.5%。

1960—1962 年,农业减产,农业税额相应减少。1961 年,对部分地区计税产量加以适当调整,并随征收 10% 附加税。农业税依照国家统购价格计算,交纳代金。实行一年一次征收,一次减免,夏季预征,秋季结算。夏季以小麦为准,秋季以稻子为准(此办法一直沿用至 1984 年)。

1966—1978 年,农业税纳税单位由生产大队改为生产队,对社员的自留地免征农业税。1979 年,国家对农业税实行起征点办法,大丰人均 50 元以下的生产队一律免征农业税。1983 年,随着农村家庭联产承包责任制的推行,对农业税征收办法进行改革,把农业税分解落实到户,现款结算,户缴队结或户缴户结。

1967—1984 年,大中镇实征税额 3242 万千克,折合金额 715.3 万元,年平均 39.74 万元;减免正税 24.52 万千克,年平均 1.36 万千克;地方附加实绩为 54.6 万千克,年平均 3.03 万千克。1985—1996 年,实征农业税额 1817 万元,年平均 151.46 万元。1997—2004 年,全镇实征农业税 3335 万元。

2004 年,大中镇农业税停止征收(比江苏省的要求提前一年停征)。

1967—1986 年大中镇农业税征实绩表

表 10 -1 -9　　单位:公顷、千克、元

年份	纳税面积	计税产量	全年应征收数				减免金额	全年实征税
			正税(千克)	附加 15%(千克)	小计(主粮)(千克)	金额		
1967	6130.83	13115151.5	1820934.5	546279	4188148	380877	1790	379087
1968	6130.83	13115151.5	1820934.5	546279	4188148	380877	1720	379157
1969	6130.83	1311365.4	1820864.5	546259	4187987	380862	1726	379136
1970	6130.83	13113654	1820864.5	546259	4187987	380862	2098	378764
1971	6130.73	13210692	1820795	546240	4187830	380847	5350	375497
1972	6145.73	13134452	1828356.5	548513	4205226	382431	7250	375181
1973	6130.67	13112154	1820794.5	546239	4187828	380848	6790	374058
1974	6097.1	13024911	1808905	542668	4160478	378364	7000	371364
1975	6097.92	13027196.5	1809225	542765	4161215	378431	6365	372066
1976	6088.11	13001874.5	1805448.5	641408	4152305	377102	6700	370402
1977	6039.47	12873869	1787578	536046	4111182	373920	6500	367420
1978	6029.98	12893824	1786851.5	535831	4109534	373728	15400	358328
1979	6019.05	12839973.5	1782788	534610	4100186	431065	17700	413365
1980	5998.31	17787347.5	1775408	532396	4083212	433900	35058	398842

续表 10－1－9

年份	纳税面积	计税产量	全年应征收数				减免金额	全年实征税
			正税（千克）	附加 15%（千克）	小计（主粮）（千克）	金额		
1981	1265.75	17765338	1772280.5	531456	4076017	433199	21800	411399
1982	5977.82	17842775	267602.5	535205	4103760	436586	38000	398586
1983	5967.8	17806670	267061.5	534123	4095457	435700	29000	406700
1984	5944.53	17701075	265475.5	530951	4071166	433100.9	35000	398100.9
1985	5933.78	25441832	3532256	529753	4062009	573546	37500	536046
1986	59169.8	25352707	3519471	527836	4047307	571460	21350	550110

1997—2004 年大中镇农业税征实绩表

表 10－1－10 单位：公顷、千克、元

年份	纳税面积	计税产量	全年应征收数				减免金额	全年实征税
			正税（千克）	附加 15%（千克）	小计（主粮）（千克）	金额		
1997	5294.93	11101855	1539813	230972	1770785	1824669	74782	1749887
1998	5267.18	11036667	1530618	229592	1760208	1813771	100870	1712901
1999	5234.33	10958557	—	—	—	—	99130	1701591
2000	5227.72	10941999	1517447	227617.05	1745064.05	1798166.35	97391	1700775.35
2001	6943.07	90607020	6342491	1268498.2	7610989.2	8372088.12	947208.80	7424879.32
2002	6931.61	90542813.90	6337996.97	1267599.39	7605596.36	8366156	836615.60	7529540.40
2003	6904.35	90101750.1	6307122.51	1261424.5	7568547.01	8325401.71	816591.37	7508810.34
2004	6172.6	80552430	3222097	644419.40	3866516.40	4253168.04	228665	4024503.04

1970—1996 年大道、大兴（阜丰）、裕华（五星）、新团镇农业税征收情况表

表 10－1－11 单位：万元

年度/单位	1970	1971	1974	1975	1977	1978	1979	1980	1981	1982	1983	1984	1985	1986	1987	1988	1989	1991	1992	1993	1994	1995	1996
大道	23.2	23.1	22.8	22.8	22.5	22.4	26.0	25.7	26.4	26.3	—	—	—	—	—	—	—	—	—	—	—	—	—
大兴	13.4	13.4	12.8	12.8	12.6	12.5	13.3	13.3	13.8	12.4	—	—	—	—	—	—	—	—	—	—	—	—	—
裕华	28.9	28.9	29.7	29.7	30.5	29.9	34.8	35.9	35.7	33.8	37.1	40.8	55.0	60.0	118	120	96	175	238	270	604	473	539
新团	13.6	13.6	13.7	13.5	13.2	12.9	15.5	15.5	15.8	13.8	16.6	17.1	24.0	24.0	49	116	93	64	83	106	158	320	378

3. 工商各税

在大中镇地区先后开征的工商各税有：

牙税、营业税、屠宰税、地契税、田赋（土地税）、货物进出口税、产销货物税、营利所得税（工商所得税）、个体（私营）工商业所得税、印花税、车船使用牌照税、文化娱乐税、牲畜交易税、集市交易税、烧油特别税、建筑税、增值税、国营企业所得税、国营企业奖金税、城市房地产税、房产税、城镇土地使

用税、城市维护建设税、产品税、工商所得税、集体企业所得税、城乡个体工商业户所得税、私营企业所得税、个人所得税、个人收入调节税、中外合资经营企业所得税、奖金税和工资调节税、资源税、消费税。

1980—1986 年大中镇税务所税收完成情况表

表 10 - 1 - 12　　单位:万元

年度	1980	1981	1982	1983	1984	1985	1986
实绩	152. 6	143. 82	173. 96	172. 1	184. 04	219. 23	249. 37

说明:含原大道、大兴部分。

1985—2000 年大中镇税收入库表

表 10 - 1 - 13　　单位:万元

项目＼年度	1985	1986	1987	1988	1989	1990	1991	1992	1993	1994	1995	1996	1997	1998	1999	2000
合计	272. 9	314. 2	406. 1	404. 6	512	576	575	695. 2	1287	1499	1905	2137	2543	2711	2872	2907
工商各税	222. 9	264. 5	337. 4	323. 4	365	438. 8	460. 7	528. 1	1109	1185	1449	1762	2159	2244	2595	2572
企业所得税	—	—	—	1. 00	—	2. 47	—	—	—	23. 67	87. 16	76. 40	100	118. 0	3. 21	0. 92
农业税收	49. 9	49. 7	68. 7	80. 2	138. 5	118. 6	98. 3	152. 8	171	267	323. 5	299. 2	253. 4	280. 7	184	230
1、农业税	49. 9	49. 7	53. 1	53. 9	64. 4	64. 3	49. 4	79. 05	78. 6	129. 5	128. 9	159. 5	158. 7	158	157	156
2、农业特产税	—	—	—	—	5. 7	6. 7	5. 4	4. 82	5. 62	14. 66	21. 24	5. 39	16. 01	12	12. 27	10. 94
3、耕地占用税	—	—	15. 61	26. 3	68. 5	47. 8	43. 3	63. 99	48. 5	96. 79	147. 1	109. 5	78. 70	111	15. 34	62. 62
4、契税	—	—	—	—	—	—	—	4. 97	38. 3	26. 03	26. 24	24. 79	30. 05	30. 48	53. 70	48. 51
专项收入	—	—	—	—	8. 3	15. 9	16. 2	14. 33	7. 50	22. 65	44. 99	—	—	38. 11	36. 73	55. 95

2001—2010 年大中镇税收入库表

表 10 - 1 - 14　　单位:万元

项目＼年度		2001	2002	2003	2004	2005	2006	2007	2008	2009	2010
总收入合计		4105. 7	5637. 29	7027. 98	10677. 33	13808. 59	18009. 21	22571. 84	29165. 81	37897. 37	59224. 11
国税		2417. 2	3558. 97	4515. 44	6660. 22	8500. 24	10947. 72	12801. 34	12982. 15	14847. 52	20400. 29
地税		986. 7	1366. 48	1730. 41	2858. 57	4200. 71	5837. 46	8523. 11	14118. 79	19481. 34	29370. 23
财政		701. 9	711. 84	782. 13	1158. 54	1107. 64	1224. 03	1247. 39	2064. 87	3568. 51	9453. 59
在总收入中	营业税	390. 1	591. 18	770	1232	1547	2651	3676	6909	10630	14467
	企业所得税	54. 10	107. 815	442	1522	1630	2964	3687	3780	4342	6856
	增值税	2006. 7	823. 01	4168	5164	7069	8187	8963	9861	11032	15399

(四)征收管理

民国初期,采取各税分管分征,各项税收实行招商承包、私人承包或行业商会包税派额的办法征收税款。1940 年 10 月,抗日民主政府明令废止国民政府的征管办法。本着方便人民纳税的原则,建立了集中统一、各税统管的征管制度。

1940 年 10 月至 1945 年 10 月前，大中镇税务征收由县税务（分）局直接管理。1946 年，改为由大中税务所负责征收，直接上缴财政局。

1950 年 1 月，中央统一全国税收。税务机关首先清理废止战争年代的征管规定，建立新的征管制度。对私营工商业户征收工商税，采取自报查账，依率计征，自报公议、民主评定，在此基础上定期定额及委托代征，各行业采用民主评议的方法，所有评议工作，统一由税务机关和工商业联合会共同协商，达到公平合理，依率计征。1956 年，征收方法改用对国营企业、合作企业等单位实行自报自交、定期互查，对合作组织、合作商店、社队企业核查征收，对个体工商业户定期定额征收。1958 年，税制改革试行工商统一税。对国营、公私合营、合作社企业采取“三自办税”的做法，由税务机关将税票写明缴款日期，交由企业自填、自核、自缴，这不仅没有加强征收管理，反而导致错漏欠税现象。

1962 年，恢复税务机构，充实税务干部，加强征收管理，健全征管制度，恢复正常征管秩序。清理欠税欠利，开展纳税普查，补交了税额、利润。对农村税源，以公社为单位设立税务所，继续推行按片管理，包干负责，各税统管。1976 年后，陆续调整基层财税机构，对城镇国营、集体企业由税务分局（所）按人定户，分类管理，征管合一；流动税源及个体商贩税收由税务所分段包干，定人、定户管理，对农村税源新增加农贸市场稽征网点。

1985 年 1 月，“三级”财政改“五级”财政，实行“定收定支、收支挂钩、定项分成、减收减支、增收留用、一年一定”的原则。大中镇开始实行税利挂钩。

1999 年，加大个人所得税的征管力度，与基层征收单位签订《个人所得税征管目标责任书》，并抓住各单位分配、分红集中兑现的高峰时期搞好征收。

第二节　工商物价

一、工商行政

（一）管理机构

1976 年前，大中区域的工商行政由县工商局直接管理。1976 年 3 月，成立大中工商行政管理所，负责大中镇区域的工商行政管理。1999 年 4 月，体制升为垂直管理。2002 年 12 月，易名为大丰工商局大中工商分局，历任所长、分局长分别为王志高、董尔建、张正荣、陆曙翔、康跃进、苏松群、陆应愧。办公地址位于大丰市区健康东路 63 号，2010 年，有在职工商干部 18 人。

1997 年 10 月，又成立大丰市工商局城西工商所，历任所长赵才生、吴进忠。2002 年 8 月，易名为盐城市大丰工商局城西工商分局，历任局长陈辉、袁大胜。

（二）市场管理

1947—1948 年期间，国民党军队反复扫荡、清剿洗劫，市场货物奇缺，物价混乱。1948 年 7 月 30 日的《商情通报》称：“大中镇花粮价格再告上升，粮食价以昨日为基数，今日上涨 104%，麦无来源，市场无货，若再无救援，势又告急。”民主政府为保障人民生活，积极组织货源，平抑市场。

1949 年 1 月，台北江海公司（民主政府经营的公营公司）托出粮食 6. 91 万千克、厂布 540 匹、豆油 1609 千克、火柴 3625 打、火油 945 千克，稳定了这一时期的市场物价。新中国成立初期，国营经济势单力薄，不能完全左右市场形势，加之不法商人囤积居奇，投机倒把，市场较混乱。

1949 年 12 月，苏北行政公署颁布《苏北物品暂行管理办法》，县政府工商科组织和开展城乡物资交流，取缔投机操纵市场等不法、违章行为，稳定了市场秩序。

1950 年，镇工商联合会针对市场混乱、摊贩混杂的情况，在二卯西河南开辟菜市场 1 处。城区有水产、肉业、青货商行等 30 多家，集体组织货源，保障市场供应。1952 年，随着国民经济的恢复和人民生活的逐步提高，原菜场显得狭小拥挤，便迁至北城门（原蔬菜公司一带，今大新路与健康路交会处南侧），由县供销社筹建厂房48间（1952年开物资交流会后交菜场使用）。这次整建市场，使蔬菜、水产、野味、禽、蛋、肉业等所有摊贩都组织到菜市场内营业，并将10户肉业组成联营小组，由大中供销社和镇工商联合会共同管理，统一价格。

1955年，开展私营商业的社会主义改造。至1956年年底，全镇商业、饮食业、服务业建立合营合作商店13个，改变私营工商业的无政府状况。1957年1月3日，根据中央“组织农村集市贸易”的指示，大中镇蔬菜、水产、海鲜、野味、家禽、家畜市场相继开放，定点经营，全镇共开设4处自由市场。1959年，集市贸易中的黑市等不法活动有所抬头，青货商店门市部私自与外地不法采购人员借协作之名，收鲜肉、野兔偷运出县，鲜蛋以国家代购为名，走村串乡加价收购，以高于国家20%的价格出售，从中牟取暴利；一些商贩拦路抢购，转手高价出售；手工业产品价格亦猛增，仅拉耙、锄头的把柄，1959年较1957年价格上涨1.1倍，高于供销社同等质量把柄35.4%，大锹（头）也较1957年上升20%左右。为打击投机倒把等黑市活动，稳定物价，进一步把市场管好、管活，大中镇建立市场管理委员会，下设私改、物价两个办公室。市管会建立后，整顿市场物价，对小农具、饮食业、蔬菜、副食品等各种商品审定物价、核定规格质量标准，并对度量衡器具进行全面校正和检查，市场黑市非法活动有所收敛。

三年困难时期，一些人乘国家困难之机大搞投机倒把，哄抬物价。猪肉每千克高达6元，大米每千克达4元，胡萝卜每千克达1元，青菜每千克最高价0.5元。黄金、白银也搞黑市贸易，白银黑市价每克达0.26元，高于国家价格10倍之多。

1961年9月，大中镇建立集市贸易服务所，经营国家规定的三类农副产品（蔬菜、野禽、鱼虾、土产山货、柴扎编织、竹木制品）。为集体和个人代购代销、代存代运苗禽、种子。对属于国家规定的二类物资，如家禽和主要水产品、麻类、烟叶等，单位、个人在完成国家订购合同任务后，经有关部门批准后方可出售。对国家统购统销的一类物资，贸易市场不得经营。为限制投机倒把活动，单位、个人均需有自产自销准购证明书，方可到市场购销。由于加强市场管理，市场物价渐趋稳定。

在部分日用品及一些主副食品较长时间不能适应人民群众需要的情况下，政府在开放农村贸易集市，加强市场管理的同时采取四项措施：

（1）肉类、禽蛋、食糖等食品及烟酒采取计划、限量供应。肉类、禽蛋供应平常无计划供应，仅在重大节日如春节、国庆才有所安排。（2）对日用工业品采取凭卷供应。（3）实行换购奖售政策，提高主要农副产品价格，调动广大农民的生产积极性。（4）实行高价供应，争取货币回笼。1962年，国家实行高价供应的主要工业品有手表、自行车等。对国计民生关系重大的粮食、棉花、煤炭、食油、食盐、木材等主要商品价格均未变动，保证人民的基本生活。

1963年，黑市活动猖獗，市场上无证商贩不断增加，全镇最多时达250人，他们专门从事转手贩卖，满街流串。贩卖品种有黄金、白银、粮食、棉花、油料及各种熟食品、荤食品、工业品等79个品种，非法营业额达14.5万元，非法牟取暴利4.5万元。1964年12月29日，大丰县县委、县人委下发《关于加强市场管理的意见》，要求大张旗鼓地打击投机倒把活动，取缔黑市。大中镇政府整顿市场工作组，整顿企业内部经营和市场管理，取缔无证商贩和无证手工业户，并给予适当的安置，使市场得到进一步稳定。1965年，市场管理组查获投机倒把分子40人，金额达1.54万元。“文化大革命”中，对正常的集市贸易管得较紧，农民适当的家庭副业、蔬菜种植、家禽饲养受到限制，贸易交换被限制在一定的范围之内，集市贸易发展缓慢，品种较少，数量也极为有限。

1978年以后，集市贸易得到恢复，市场管理逐步走上正常轨道。1980年，大中工商所依法对全镇872户个体工商户分别进行年检，年检率为97.5%。

1981年，贯彻国务院《关于城镇非农业个体经济若干政策性规定》，个体工商户有较快发展。1982年，全镇有个体工商户1210户。1983年，成立大中镇个体劳动协会分会。1987年8月，国务院颁布《城乡个体工商户管理暂行条例》,大中工商所正常办理辖区内个体工商户开业、变更、歇业登记和验照贴花,管理辖区内集贸市场,监督集市贸易经营活动,依法对辖区内无照经营行为进行查处。1990年,大中工商所查处违章违法案件36起。

1997—1999年,大中工商所先后5次大规模的市场检查,查出过期变质食品93包,劣质饮料和罐头132瓶,假冒卷烟64条、酒52箱,有效维护全镇市场交易秩序。

2002—2006年,强化农资市场监管,切实维护农民利益。对农资经营户逐户进行整顿、规范,对4户制假、售假农资经营户进行查处。查处不合格化肥案件8件。

2008年,大中工商分局加强食品监管,确保消费者安全。对食品经营重点区域军政巷统一制作证照,悬挂牌匾220个,查处不合格食品26包。2009年,大中工商分局、城西工商分局加强对虚假违法广告专项整治力度,加强对房地产、楼宇电视、服装、网络、食品等领域的广告监管。

2010年,大中工商分局、城西工商分局查处假酒案件6件,不合格食品、家用电器、钢材、电缆、农药、化肥等案件16件。专项检查经营场所529户,其中烟花爆竹经营25户、娱乐场所6户、电子游戏厅15户、网吧15户、食品经营450户、成品油销售3户。

二、物价监理

(一)管理机构

新中国成立前,大中镇无常设物价管理机构,主要商品由商会或同业工会议定,每当市场物价波动时,则临时成立一个管理组织。

新中国成立后,物价管理先由大丰县人民委员会工商科负责。1959年4月8日,成立县物价委员会,大中镇成立物价管理小组。1985年,镇工会建立职工物价监督站,配有物价监督员12人。1989年9月,成立大中镇街道物价监督站,聘请人大代表、政协委员、离退休干部为物价检查员,定期或不定期进行物价监督检查。各居委会成立物价检查小组配备兼职物价员。1994年起,镇成立物价领导小组,镇分管领导任组长。

(二)物价演变

解放初期,通货膨胀,物价紊乱。1948年3月15日,大中镇大米每石(一石相当于75千克)5.8万元(1万元相当于人民币1元),10月即上升到20万元,上涨2.4倍。商情通报报导了当时的市场物价情况。

1953年,一些个体商贩及私营商店,特别是粮商熟食业商店,无视国家价格政策,任意抬高市价,茶(糯)米每千克1300元(旧币),黄豆每千克600元(旧币),花生仁每千克1500元(旧币),均高出国家牌价50%以上。其他如烧饼、豆腐、饺面、茶食等制品都任意变动价格,引起市场混乱。针对这种情况,大中区公所组织成立大中区市场管理领导小组,由大中镇政府、大中粮食管理所、大中税务所、大中供销社、大丰支行、大中派出所等单位派代表联合组成,组长由大中镇指导员陆发奎担任,大中税务所所长李少侦担任副组长。市管组成立后,召开全镇商民大会,宣传社会主义经营方向,教育商民严守国家物价规定和税收政策。通过教育,各行业商民联合制定自己的产品规格质量及利润标准。粮食油料商贩逐渐减少,市管中查获粮贩贩卖黄豆350余千克。通过管理,稳定了市场秩序。

附:报刊摘录

市场大米一粒都没有　南阳镇讯,两日来市场大米仍然无货,连本镇税所同志生病,欲购半升都无,粮行放米器具皆底朝天放着,大中镇今如此,价已升至5万8千元。大桥米讯,粮食今在上涨之中,市场大米已到7万元1石,其余粮价皆超过牌价者较多,连二分区安丰市场今感到粮食稀少,今日入市稻子,有时连供给市场食米尚感不足,粮价当前上涨无疑了。

《商情通报》第11期(1948年3月15日)

九分区海门大布开始北运　南阳镇讯：这两日发现有商人从九分区运土布来此出售，两日计有10匹，不升其原因质次价廉，每尺只需1千8百元到2千元，且货不好，这一来如其不注意，将会影响台北垦区的土产。

《商情通报》第90期（1948年7月30日）

香烟充斥市场，大中全市紊乱　综合讯：香烟来货源源而来，台北各镇烟价都在下降中，小海每日市场足有数千条之多，大中南阳已开始感到不香。

大中讯：这两天市场赤金价格相当紊乱，部队同志有以46至48万元吃进，但今有人以60万元于本场退出，价格上下不一，现正处紊乱中。

大中镇讯：20日讯，麦无来源，但销路颇广，而市场又无货，公司两日来，抛出7、8万数，若再无救援，势必告急。

《商情通报》第90期（1948年7月30日）

大中市况花粮趋势仍挺，南货仅见上升　大中镇皮花在去年旧历年关，连涨至48万元1担后，在今年开市仍见上挺，现已涨至50万元1担，其原因为有远客在此收购，及有一部分贩货来的客商吸收，但市对该货稀少，目前，且公司无牌价，故商人在中把价提高收购，致使市场对花价高低不一，有的已52万元1担，今闻市了。

粮食在目前虽对购者不强，及外无购客在此，但其趋势仍在重挺，今日籼米已达20万一石，玉米每石12万，其他如大小麦等，因本镇粮行大多还未开门，故今无价。并据说：五分区粮食不予运出，二分区等地购卖者，一时不予购到。故本镇粮行目前采取多吞少吐，如他们名义上是不曾开门，实际上如有小贩卖粮者，他们都大量吸收，故对此价格还有上涨之势。

华中银行台北办事处第180期（1949年2月4日）

物价暂稳　各货出笼　大中今日讯：在赤金猛升下，各货便在短短五天中随着赤金上升，平均在半倍以上，直至今日，各货物价多已暂告立定。尤其一般商人，一方面听到东台、泰州等城物价已经站稳，看见今日公司牌价未动，便把在涨风藏的五洋、赤金、纱布等已全部出笼。如在大中镇西南货行内搁着有5000余千克小盐、洋油及数十听的洋火，10余令白报纸等等。但在目前本镇外无顾客在此购买，而行商与行家恐物资要下跌，便稍低价出售，甚至有很多领到公司来卖。

赤金在昨日上午卖到520万元一两（出价），但仍不见货到，下晚已见商人有赤金卖不掉。今日上午490万元卖出（一两），到下午470万元一两出价，但已有货而无客接受了。总观在前天涨风中，到有一般棉民及中小商人等抢购，但今天各店都比前几天清淡了。

《台北商情》第191期（1949年3月3日）

新中国成立初期，人民政府采取一系列措施，稳定市场物价。1950—1953年，贯彻中央关于物价管理实行“统一领导、分级管理”的原则，提倡优质优价，比质比价，明确规定不准擅自抬级抬价或压质压价，基本解决旧中国无法解决的通货膨胀问题，市场价格趋于稳定，一些主要商品价格有所下降。1952年与1949年相比，籼米下降10.5%，食油下降4%，大前门香烟下降6%。

1953年11月起，为缩小工农业产品交换价格“剪刀差”，提高粮食、生猪等农副产品的收购价格，调整棉布、食盐、食糖、白酒、卷烟、手表、收音机、缝纫机和西药等日用消费品的销售价格，降低化肥、农药、药械等的零售价格。是年，国家对粮油实行统购统销，次年对棉花实行统购统销，购销价格由省主管部门下达。

1956年，社会购买力增强，曾两次出现争购白糖、食油、煤油、肥皂等商品的风潮，价格呈上升趋势。政府及时采取冻结价格措施，对十大类103种主要商品物价指数升降幅度控制在3%以内，稳定市场物价。

1957 年主要日用品价格表

表 10－2－1 单位:元

产地及名称	计量单位	价格(元)	产地及名称	计量单位	价格(元)
淮阴肥皂	条	0.30	大吉火柴	打	0.16
人英半线卡叽布	市尺	0.705	食盐	市斤	0.145
瑞士培思纳手表	块	150.00	五元套窑货	套	1.10
28 型永久自行车	辆	158.00	贾汪 1#煤炭	吨	43.90
3#煤油	市斤	0.515	西杉元条 3－14	米	118.0

“大跃进”时期,国民经济比例失调,物价上涨,粮、油、猪肉等高于正常价格 10 倍以上。1959—1961 年三年困难时期,农业连年受灾欠收,市场商品不足,物价上涨。从 1961 年 9 月开始,对属于人民生活必需的粮食、棉布、针棉织品、絮棉、大宗蔬菜、食糖、食盐、肉、鱼、煤炭、火柴、煤油等 18 类商品销售价格和房租、水电、交通、邮电、医疗等收费标准作严格限制,对精制糕点、糖果、名酒、自行车、钟表、收音机、针织品、白糖、进口卷烟等商品,实行高价敞开供应。

附:1962 年食品日用杂品价格情况

粮油类:米、麦、豆、油等 20 个品种,仅食油及油料作物 9 种价格调升。豆油价格上升最高,由 1958 年每斤价 0.135 元上升到 0.19 元,其他食油及油料一般上升 0.10～0.15 元之间,上升比例约为 1959 年的 20%。

食品类:肉、蛋、禽全部调升,上升最高是禽蛋、鸡蛋由 1958 年每斤价 0.53 元上升到 1 元,鸭蛋亦由 1958 年每斤 0.43 元上升到 0.98 元,猪肉价格较 1958 年上升了20%～25%之间,家禽类上升 25%～30%之间。

水产类:水产类价格全部调升,青鱼(1 千克以上)和鲫鱼价格上升最高,由 1958 年的每斤价 0.245 元上升到 0.49 元,上升了 100%。其他品种亦调升 30%～40%之间。(详见物价表)

蔬菜类:价格均有所上升,但随季节变化上升比例不一。自 1963 年后,随着国家经济形势好转,有些商品价格适当调低,甚至恢复到原来水平。

日用杂品类:共调查 16 个品种,烟、酒、糖、肥皂、毛巾、热水瓶、胶鞋、口杯粉等品种价格上升;火柴、煤油、白布、铅丝、元钉等 5 种商品价格与 1958 年相平。六六六粉、硫酸胺价格有所下降。

1965 年年底,高价商品价格全部退出高价范围,转为平价。由于粮价提高,从 1965 年起,对机关干部、企事业单位职工开始实行粮价补贴,每人每月补贴 2.5 元。“文化大革命”期间,物价管理机构瘫痪,根据省革命委员会通知,严禁各部门擅自提价,物价基本冻结,此后十多年物价基本没有变动。

1979 年 4 月,大幅度提高粮食、棉花、油料、生猪、禽蛋、水产品、蔬菜、蚕茧等 18 种主要农产品的收购价格。11 月,恢复三类农副产品议购议销,实行市场调节,调整以后,每个农民平均增加收入 37 元。同时,调高猪肉、羊肉、牛肉、家禽、鲜蛋、鲜鱼等副食品销售价格。由于副食品销价提高,对国家机关干部、国营和集体企事业单位职工以及城镇居民给予副食品价格补贴每人每月 5 元。

1984 年后,在改革农产品统派购制度的同时,相继调整棉花、粮食、油料、生猪等购销政策和价格政策,统、派购改为合同定购。合同定购的棉花收购在超购加价 30% 的基础上,改按正四六(即 60% 按收购价,40% 按超购价计算)的比例收购。对粮食实行“倒三七”比例计价(30% 按原统购价,70% 按超购价,下类推),对油菜籽按“倒四六”的比例收购。

1985 年 5 月,国家对生猪取消派购,实行有指导的议购议销,同时实行季节差价。猪肉销售放开后，自7月1日起，对城镇定量人口每人每月发给肉价补贴2元。是年，国家改革粮食收购制度，集市价比较稳定，与1980年相比，稍有下降。集市贸易的油料油脂价格与1980年相比均有下降。1985年7月，猪肉销售价格放开，城镇人口的猪肉定量供应取消，同时对城镇定量人口给予适当的肉食品价格补贴。猪肉平均销售价格上升为每千克2.6元，到1987年，猪肉的平均销售价格达到每千克3.26元。1985年，水产品价格放开，实行市场调节，价格变动较多，上升幅度较大。青鱼（1.5千克以上）由1979年的每千克1.7元上升到1987年的7.2元，鲤鱼（1千克以上）由1979年的每千克1.46元上升到1987年的5元，其他品种亦调升200%～350%之间。蔬菜类价格均有所上升，但随季节供求状况的变化而高低不一。日用品价格上升幅度一般为10%～30%之间。

1986年，调整理发、浴室、农机作业等服务性收费标准。1990年8月，再次提高理发、浴室收费标准；11月，提高农村自来水收费标准。1997年，取消随电价征收的非电力建设集资和加价项目。1998年11月，实现农村照明全市一价为0.67元/千瓦时。1987年，提高稻谷合同定购价格，花生仁合同定购价提高到超购价水平。棉花收购执行"倒三七"比例计价，每100千克皮棉提高到352.84元。1988年，加大价格改革步伐，提高食盐、食糖、民用煤等人民生活必需品价格，放开13种名烟、名酒和计划外工业生产资料价格。1993年4月，粮油价格放开，市场物价上涨过猛。1995年粳米（标2）每千克3.2元，面粉（标准）每千克3.3元，菜油（2级）每千克8元，鲜猪肉（统货）每千克13元，其他水产品、日用品、农副产品涨幅均提高。

2000年物价：大米每千克1.93元，面粉每千克1.98元，菜油每千克6.17元，猪肉每千克11.4元，鲫鱼每千克8.67元，青菜每千克0.81元，白细布每米5.69元，煤每100千克25.42元。

2001—2009年9年间，大中镇居民消费价格总指数环比上升20.3%。其中：(1)食品消费价格指数上升48.3%；(2)烟酒及用品上升8.8%；(3)衣着上升2.4%；(4)家庭设备用品及维修服务上升14.9%；(5)医疗保健和个人用品上升0.2%；(6)交通和通讯下降4.1%；(7)娱乐教育文化用品及服务上升0.38%；(8)居住上升21%。城镇居民零售价格环比上升14.1%，金银珠宝类上升最高为56.5%，其次为食品类上升55.3%。

2010年，市区居民消费价格总指数（CPI）同比上涨3.5%。八大类商品价格指数全面上升：食品类上涨7.1%，居八大类之首；居住类上涨3.3%；医疗保健和个人服务器类上涨3.3%；烟酒及服务器类上涨3.1%；娱乐教育文化用品及服务类上涨1.3%；交通和通信类上涨0.5%；衣着类上涨0.6%；家庭设备及维修服务类上涨0.2%；工业品出厂价指数上涨6.2%；原材料、燃料动力购进价指数上涨7.7%。

2010年，粳米每500克2.5元，精瘦肉每500克12.5元，草鸡每500克16元，鸡蛋（良种）每500克4.2元，草鸡蛋每500克7元，鲫鱼每500克8.5元。

1952—1995年大中镇部分年份主要生活消费品零售价格变化情况表

表10-2-2　　单位：元/千克

年份	籼米（中等）	粳米（中等）	粘米（中等）	小麦（中等）	玉米（中等）	黄豆（中等）	花生果（大种）	绿豆（中等）	赤豆（中等）	花生仁（中等）	豆油（中等）	菜油（中等）	麻油（中等）
1952	—	0.242	—	—	—	0.186	—	—	—	—	0.80	—	—
1955	0.23	0.244	0.279	0.204	0.16	0.206	0.24	—	—	0.28	1.06	0.96	1.20
1958	0.23	0.246	0.278	0.20	0.15	0.192	0.25	0.25	0.24	0.39	1.06	1.08	1.48
1965	0.24	0.28	0.328	0.226	0.17	0.258	0.52	0.28	0.28	0.72	1.64	1.54	1.90
1979	—	—	—	—	—	—	—	0.46	0.44	—	—	—	—
1981	0.24	0.28	0.328	0.226	0.19	0.258	0.69	0.54	0.52	0.96	1.64	1.54	1.90

续表10－2－2

年份	籼米（中等）	粳米（中等）	粘米（中等）	小麦（中等）	玉米（中等）	黄豆（中等）	花生果（大种）	绿豆（中等）	赤豆（中等）	花生仁（中等）	豆油（中等）	菜油（中等）	麻油（中等）
1987	—	0.74	—	0.52	0.44	0.93	1.35	—	—	2.20	3.20	3.20	4.80
1991	1.01	1.14	1.44	0.72	0.62	1.60	2.23	1.77	2.18	3.31	—	5.00	13.93
1995	2.60	3.10	3.40	1.40	1.70	3.00	3.20	4.96	3.00	6.00	8.00	8.00	26.00

年份	鲜猪肉（统货）	牛肉（中等去骨）	羊肉（中等去骨）	活母鸡（1千克左右）	活公鸡（约1千克）	活鸭（约1.5千克）	活鹅（约2千克）	鲜鸡蛋（中等）	鲜鸭蛋（中等）	鲫鱼（150克一条）	草鱼（约1千克一条）	鲤鱼（750克一条）	白链鱼（500克一条）
1952	1.00	—	—	—	—	—	—	—	—	—	—	—	—
1955	1.02	0.62	0.56	0.94	—	—	—	0.86	0.96	0.52	—	0.44	—
1958	1.18	—	0.79	1.68	1.66	1.48	1.28	1.06	0.86	—	0.82	0.82	0.60
1962	1.50	—	1.18	2.48	2.12	1.80	1.70	2.00	0.36	0.68	0.80	0.80	0.58
1967	1.48	1.1	0.88	1.64	1.28	1.24	1.00	1.56	1.50	—	0.92	0.86	0.62
1979	2.00	1.1	0.88	2.04	1.62	1.66	1.00	2.10	1.90	1.42	1.42	1.36	0.98
1981	1.86	1.72	1.22	3.26	1.88	1.88	1.54	1.90	1.65	1.42	1.42	1.36	0.98
1987	2.94	5.20	2.80	4.10	—	2.80	—	3.50	3.10	4.20	—	3.80	2.80
1991	5.16	7.11	5.20	5.87	5.81	3.89	3.76	4.16	4.31	6.68	5.70	4.38	3.83
1995	13.0	28.0	28.00	18.0	16.80	9.60	—	8.60	7.80	12.40	7.60	7.40	7.00

年份	鳝鱼（100克一条）	青虾（中等）	螃蟹（中等）	鲜带鱼（海）	鲜鲳鱼（海）	虾米（中等）	青菜（统货）	韭菜（统货）	芹菜（统货）	青椒（统货）	白萝卜（统货）	冬瓜（统货）	茨菇（统货）	生姜（老）	茄子（统货）
1952	—	—	—	—	0.52	—	0.04	—	—	0.08	0.07	—	—	—	0.05
1955	0.48	0.52	—	0.64	0.64	6.13	0.06	0.14	0.10	—	0.10	0.04	0.16	0.96	0.08
1958	0.56	0.64	0.74	0.68	—	6.67	0.10	0.10	—	—	0.11	0.16	0.28	1.12	0.12
1962	0.58	0.88	0.86	0.78	0.92	8.88	0.06	0.07	—	0.14	0.10	—	—	—	—
1967	0.66	0.92	0.92	0.76	0.98	9.12	0.05	0.06	—	—	0.13	—	—	1.32	0.14
1979	1.22	1.76	1.40	0.94	1.52	16.00	0.08	—	—	0.32	0.07	—	—	—	—
1981	1.04	1.58	1.58	0.94	1.30	15.88	0.05	0.23	—	0.45	0.08	0.19	0.55	1.32	0.17
1987	—	—	—	2.60	—	—	0.14	—	0.28	0.80	0.28	—	0.76	1.10	0.60
1991	12.33	11.98	38.0	7.39	11.06	6.18	0.32	1.45	0.54	2.00	0.41	0.34	1.18	3.48	1.24
1995	26.00	36.00	180.0	10.80	—	7.00	0.98	1.50	1.70	2.20	1.00	1.76	2.20	3.40	1.60

续表 10-2-2

年份	白糖（乙级）	大前门香烟（沪产精装包）	白酒（53度粮酒）	肥皂（大运河，条）	火柴（盒）	自行车（沪产18型凤凰车，辆）	细食盐	胶鞋（双钱牌工农雨鞋，双）	搪瓷面盘（沪产一等品，只）	牙膏（白玉66克，支）	手表（上海牌男式17钻，只）	水瓶胆（正品，只）	铝锅（正品，只）	白布（通锡产12×14，尺）
1952	1.84	0.27	—	—	0.016	—	—	3.63	2.90	—	—	—	—	—
1955	1.45	0.27	—	0.30	0.016	—	—	3.97	2.95	0.42	—	1.28	6.96	0.32
1958	1.36	0.31	1.82	0.35	0.016	158.00	0.28	4.06	2.83	0.44	155.0	1.28	7.66	0.32
1965	1.58	0.37	2.34	0.42	0.02	164.00	0.27	4.22	2.79	0.50	120.0	1.25	5.69	0.33
1979	1.58	0.36	2.34	0.45	0.02	171.60	0.27	4.50	2.60	0.48	125.0	1.23	5.69	0.33
1981	1.58	0.50	2.40	0.48	0.02	173.10	0.27	4.64	2.60	0.48	—	1.23	5.69	0.33
1987	1.58	0.53	2.40	0.57	0.03	228.10	0.35	5.11	3.27	0.49	50.00	2.23	7.27	0.58
1991	3.52	0.77	3.20	1.04	0.05	290.10	0.60	12.10	11.30	0.81	60.00	3.55	16.00	0.93
1995	4.80	1.1	4.80	1.90	0.10	390.00	1.20	17.80	13.40	1.25	90.00	7.70	20.30	1.35

说明：表一、二、三、四中的各年份品种零售价格均为全年平均价格

1988—2000年大中镇区域零售物价指数表

表 10-2-3　　上年价格=100

年份	总指数	消费品价格指数			农资价格大类指数	服务项目价格大类指数
		大类指数	其中			
			食品类	衣着类		
1988	119.4	119.3	124.0	115.0	115.4	120.5
1989	116.7	116.2	111.8	125.3	125.1	122.6
1990	102.3	101.5	102.3	103.2	103.2	113.6
1991	107.0	106.9	110.5	102.9	102.9	107.7
1992	107.7	107.4	110.2	104.5	106.2	111.5
1993	114.8	114.0	116.8	105.9	115.8	123.7
1994	122.4	119.6	127.3	112.7	123.9	119.4
1995	114.0	116.0	118.6	121.6	—	133.2
1996	107.1	105.9	107.9	104.0	—	120.7
1997	99.0	102.5	98.3	103.6	102.5	128.5
1998	97.2	98.7	95.7	98.9	90.4	111.8
1999	96.6	99.1	95.6	97.4	96.1	114.0
2000	96.9	100.1	96.7	95.9	97.8	117.4

2010 年 12 月大丰镇城区部分主副食品价格表

表 10－2－4　　单位：元/500 克

序号	品种规格	菜场价格			平价商店价格	
		恒生菜场价格	城中菜场价格	平均价格	苏果惠民价	大润发惠民价
1	精瘦肉(新鲜)	12.00	12.50	12.25	11.98	—
2	去骨后腿肉(新鲜)	11.00	11.00	11.00	9.98	—
3	鸡肉(新鲜白条鸡)	6.50	7.50	7.00	6.50	—
4	鸡蛋(良种)	4.00	4.20	4.10	2.80	2.80
5	鲫鱼(条重 250 克左右)	8.50	8.50	8.50	7.50	—
6	青菜(新鲜一级)	1.50	2.00	1.75	1.48	—
7	大白菜(新鲜一级)	1.00	0.80	0.90	0.75	0.75
8	韭菜(新鲜一级)	2.30	1.80	2.05	1.68	1.25
9	花菜(新鲜一级)	2.50	2.00	2.25	1.88	1.98
10	芹菜(新鲜一级)	1.50	2.00	1.75	1.48	1.38
11	西红柿(新鲜一级)	1.50	1.20	1.35	1.00	1.16
12	冬瓜(新鲜一级)	1.20	1.00	1.10	0.88	0.90
13	黄瓜(新鲜一级)	1.00	1.00	1.00	0.85	0.85
14	包菜(新鲜一级)	1.00	0.80	0.90	0.75	0.75
15	长豆角(新鲜一级)	2.20	1.80	2.00	—	1.68
16	圆白萝卜(新鲜一级)	2.50	2.00	2.25	1.88	1.75
17	胡萝卜(新鲜一级)	2.80	3.00	2.90	2.38	2.45
18	青椒(新鲜一级)	1.30	1.00	1.15	0.98	0.98
19	菜椒(新鲜一级)	2.00	1.80	1.90	1.58	1.76
20	青茄子(新鲜一级	1.80	1.20	1.50	1.28	—
21	土豆(新鲜一级)	1.50	1.30	1.40	1.18	0.98
22	莲藕(新鲜一级)	5.00	5.00	5.00	—	4.18
23	蒜苗(冻蒜苗)	4.00	3.50	3.75	3.15	—
24	生姜(新鲜一级)	2.00	1.80	1.90	1.58	—
25	洋葱(新鲜一级)	1.30	1.00	1.15	0.95	0.90
26	南瓜(海南红、新鲜)	2.00	1.80	1.90	1.58	1.58
27	丝瓜(新鲜一级)	2.50	2.00	2.25	1.60	2.00
28	毛豆角(新鲜一级)	2.80	2.40	2.60	1.80	2.00

大中镇部分年份几种人民生活必需品价格变化表

表 10－2－5　　单位:元

年份		主食品			副食品			日用品			煤电	
		中米(千克)	面粉(千克)	菜油(千克)	猪肉(千克)	鲫鱼(千克)	青菜(千克)	白细布(米)	前门烟(条)	洋河大曲(千克)	白煤(百千克)	照明电(千瓦时)
1950	供应价	—	—	—	—	—	—	—	—	—	—	—
	市场价	0.30	0.40	1.00	0.64	0.50	0.02	—	2.90	—	—	—
1956	供应价	0.22	0.32	1.08	1.16	0.50	—	0.78	3.10	3.30	4.42	0.24
	市场价	—	—	—	—	0.60	0.02	—	—	—	—	—
1966	供应价	0.24	0.32	1.54	1.48	0.60	0.04	0.81	3.90	3.10	4.42	0.19
	市场价	0.70	0.80	1.60	—	1.00	—	—	—	—	—	—
1976	供应价	0.24	0.32	1.54	1.48	0.60	0.06	0.81	3.90	3.10	4.42	0.23
	市场价	0.60	0.76	3.00	—	1.20	0.08	—	—	—	—	—
1980	供应价	0.24	0.32	1.54	1.86	1.06	0.08	0.81	3.90	3.90	4.42	0.19
	市场价	0.56	0.60	2.60	—	1.60	0.10	—	—	—	—	—
1985	供应价	0.24	0.32	1.54	2.50	—	—	1.08	5.30	4.70	4.42	0.20
	市场价	0.56	0.86	2.60	2.50	3.60	0.20	—	—	—	10.00	—
1990	市场价	2.96	3.64	1.82	5.04	7.46	0.26	3.06	—	—	6.24	0.20
1996	市场价	2.00	2.34	7.90	13.36	13.68	0.74	6.24	—	—	30.76	0.41
2000	市场价	1.93	1.98	6.17	11.41	8.67	0.81	5.69	—	—	25.42	0.64
2005	市场价	—	3	10	16	10	1	—	20	14	—	—
2010	市场价	4.8	4	13	24	16	2	—	20	14	—	0.52

(三)物价监管

1961 年 9 月,各公社成立物价检查站,在车站、码头、港口设 23 个检查点,查处非法经营,打击投机倒把活动。此后,除每年定期组织一次审价外,在重大节日或重要商品价格调整时,都组织开展市场物价大检查。“文化大革命”期间,市场物价冻结,物价监督检查工作无人过问。

1989 年 9 月,成立大中镇街道物价监督站。1993 年,按照“合理布局、反应敏捷”的原则,在市区商场和集贸市场设立了 25 个价格监测点,聘请 22 名兼职监测员,重点对“米袋子”“菜篮子”以及群众生活关系密切的 27 种主要商品价格进行监测,并建立台账。

1994 年起,大中镇成立以分管领导任组长的物价领导小组,每年都要与县政府签订物价管理目标责任书,召开物价例会,通报形势,分析问题,拟定措施。定期编印《物价动态》和《市场情况》,为政府决策提供依据。1995 年 4 月,通过监测发现,市场出现生猪收购价偏低,而饲料和猪肉销售价偏高的现象,物价监督站及时向县政府提出实行生猪收购保护价,调整猪肉销售价,平仰饲料价格等建议,被县政府采纳。

2000 年,市物价部门会同市监察局推行了涉农收费公示制。凡与农民密切相关的教育、医疗、建房、结婚登记、计划生育等收费项目和标准及收费依据,均列为公示内容,通过“一栏”(公示栏)、“一信”(公开信)、“一册”(涉农收费册)向农民公开。全镇 21 个村(场)都建立涉农公示栏,公示率 100%,建立乡(镇)、村、组三级监督体系,聘请各方面代表为涉农收费监督员。

2010 年,大中镇全面启动市、镇、村三级价格监测网络,强化价格监测和预警预报能力,为全市严控提价项目出台,落实干预措施,为政府决策服务。

第三节 金融业

一、机构

(一)典当

1917 年,大中集设有典当,典当收受抵押品值三当一,月利 2 分,给以当票。当物规定期限:清朝时原定 27 个月,民国初年缩短为 18 个月,取赎时按月计息,不满一个月按一个月计息,超过一个月零五天按两个月计息。若期满不赎回,由典当行自行处理,公开出售,获利甚多。

1941 年,日军侵占大中集后,典当相继歇业。

1992 年 11 月 8 日,成立大丰县顺达典当行,地址在市区人民路 1 号,是具有法人资格的股份制集体金融机构。为非国有中小型企业和个人提供质押贷款,开业注册资金为 50 万元。1996 年,按照典当行资金的规定标准,进行增扩股,资本金由原股金 50 万元增扩到 500 万元。典当行初建时,沈晓聪任经理,李振声任副经理。1994 年 2 月 15 日,经县人民银行批准,单志强任总经理,朱晓波任副总经理。1992 年初建时,流动资金 91.7 万元,1996 年年末已达 567.3 万元。1992—1996 年,营业收入 307.9 万元,营业成本 237.4 万元,营业费用 57.9 万元,实现利润 8 万元,上缴税金 2.81 万元。

2005—2009 年,先后在康平北路、人民南路有典当门市,后因经营不善,相继歇业。2010 年,城区只有幸福东路一家典当门市,但业务萧条。

(二)钱庄

1934 年,大丰公司职员在大中集绅士杨大宾住宅内联合创办鼎万合作社,社员借款以农产品作价抵押,非社员以衣物押借,月息 1 分 8 厘。

1941 年,孙少林募集股东,在大中集开办新兴钱庄,以存款、放债、汇兑为主要业务,1945 年闭歇。

(三)信用社

大中农村信用合作社 1934 年,大丰盐垦公司职员联合创办一所信用合作社,社员借贷以农产品作价抵押,非社员以衣物押借,月息 1 分 8 厘。

1950 年前,恒丰、泰丰、和瑞、阜丰、德丰 5 乡分别设银行员 1 人,负责发放贷款,吸收存款,支持农民生产、生活。1953 年,在泰丰乡西南村建立第一个信用互助组,有社员 47 户,股金 255 元。

1954 年,撤销信用合作互助组,大中、裕华、新团分别建立信用社,由副乡长兼任信用社主任,吸收存款,调节农村闲散资金,发放贷款,打击高利贷。1957 年,建立高级社信用分部,各信用社的账册、财产、股金交各高级社,信用社并入中国人民银行大丰支行下设的营业所(大中营业所设于今工商银行城中储蓄所北侧)。

1958 年,撤销农村信用合作社,按生产大队设信用分部。1963 年,恢复农村信用合作社,大中营业所改称大道信用社。1966 年,建立大兴信用社(设于原大道信用社址),原大道信用社迁至大中镇医院西侧。各村建立信用站,设会计 1 人,直接负责本大队的人民币存、贷业务。1975 年,兴建大道信用社办公楼,位于今人民南路,上下三层计 15 间(后剩两层计 10 间)。同年,兴建大兴信用社办公室,位于今大新路北首,计有平房 10 间。1983 年,大道、阜丰两信用社合并为大中镇镇郊信用社。是年,农村信用合作社改由县农业银行领导。

1984 年 12 月 10 日,成立大丰县农村信用合作社联合社(简称信用联社,下同),在农行领导下对基层信用社实行管理。

1995年,大中镇镇郊信用社与农行脱钩,改由县信用合作联社领导。1996年1月,改由人行领导和管理,更名为大中农村信用合作社,下设4个联办站、2个分社、1个储蓄组,干部职工26人。有办公楼、宿舍楼2幢,792平方米,固定资产196万元,注册资金264万元。年末,经江苏省人民银行资信评比中心评定为AAA级农村信用合作社。

2000年10月,大中城市信用社、黄海城市信用社、人民路城市信用社合并为城中农村信用社。

大中城市信用社　城市信用合作社创办于1987年11月2日,地址在市区人民中路(原康民市场北侧震海楼)。大中镇先后成立大中、黄海、人民路3个城市信用社。城市信用社在组织闲散资金,吸收存款,发放贷款,支持企业发展,推动经济建设方面取得了较好效益。至1996年年末,存款余额达1.1亿元,贷款余额达7138万元。

大中城市信用社连续6年被中国人民银行大丰县支行评为先进单位。1994年,被盐城市人民政府表彰为"发展金融事业,促进地方经济发展"的先进单位,并被江苏省资信评比中心评定为AAA级信用企业。2000年,大中城市信用社与大中农村信用社合并。

2009年,大中镇华诚农村小额贷款有限公司正式开业。2010年9月,大中农村信用社并入大丰农村商业银行大中支行。

1988—1996年大中城市信用社存款贷款余额表

表10－3－1　　单位:万元

年份	存款					贷款			
	合计	集体	个体	储蓄	其他	合计	集体	个体	其他
1988	379.4	61.4	13.2	129.2	175.6	308.1	183.7	44.0	80.4
1989	834.1	89.4	20.2	300.9	423.5	705.9	399.5	111.8	194.6
1990	1187.2	111.8	48.1	473.8	533.5	1085.6	618.9	211.6	255.1
1991	1739.0	109.0	22.0	737.0	871.0	1476.0	892.0	296.0	288.0
1992	3353.0	1199.0	25.0	952.0	1177.0	2662.0	2200.0	160.0	302.0
1993	4966.0	1244.0	71.0	1182.0	2469.0	4393.0	2404.0	324.0	1665.0
1994	6530.0	139.0	140.0	1989.0	4262.0	4232.0	170.0	355.0	3707.0
1995	8545.0	104.0	196.0	3496.0	4749.0	5451.0	474.0	348.0	4629.0
1996	11020.0	528.0	138.0	5394.0	4960.0	7138.0	379.0	377.0	6382.0

说明:1. 其他存款中包括活期存款、定期存款、委托存款等

2. 其他贷款中包括短期贷款、中长期贷款、委托贷款等

1987—1996年大中镇农村信用社储蓄余额表

表10－3－2　　单位:万元

单　位	1987年	1988年	1989年	1990年	1991年	1992年	1993年	1994年	1995年	1996年
农村信用社	638.3	831.8	1099.4	1299.4	1459.7	1540.5	1973.9	2289.9	2729.6	3244

大中地区信用社几个年份存款情况表

表 10－3－3 单位:万元

年份	2000 年		2003 年		2005 年		2007 年		2010 年	
单位	年末余额	储蓄存款	年末余额	储蓄存款	年末余额	储蓄存款	年末余额	储蓄存款	年末余额	储蓄存款
大中信用社	5,904	5,538	12119	11003	12,128	8,444	13408	9953	21,656	15,403
城中信用社	9,812	6,083	11166	7953	14,452	9,321	18674	12671	31,318	19,339
新团信用社	4,232	3,962	7159	7016	9,220	8,547	9326	8761	16,962	16,476
裕华信用社	5,677	5,577	—	—	9,051	8,196	—	—	34,432	33,324
合计	25,627	21,161	30444	25972	44,852	34,510	41408	31385	104,370	84,544

大中地区信用社几个年份贷款情况

表 10－3－4 单位:万元

年份	2000 年		2003 年		2005 年		2007 年		2010 年	
单位	年末余额	农业贷款	年末余额	农业贷款	年末余额	农业贷款	年末余额	农业贷款	年末余额	农业贷款
大中信用社	3857	—	5600	3100	5822	—	14182	12558	32565	—
城中信用社	7104	—	6680	2222	5171	—	15729	15729	31059	—
新团信用社	1642	—	1891	800	2019	—	1868	1331	2718	—
裕华信用社	2151	—	—	—	6119	—	—	—	3998	—
合　计	14756	—	14171	6122	19133	—	31779	29618	70341	—

(四)银行

中国农民银行大中集办事处 开办于1937年,是民国政府所办。其在大中集设立中央合作金库仓库,地址在今丰中名邸处,它的业务是接收棉花抵押,并只收皮棉,不收籽棉;只收趸批,不收零货。因一般棉农没有能力将籽棉加工成皮棉,更没有资本积成批量去抵押,唯将自己的产品向棉商出售。棉商即用相当于市场价三分之一的抵押价向棉农收购籽棉,轧成皮棉后送仓库抵押。棉商得抵押款后再收购、再抵押,如此循环,其后棉商将仓库的棉花赎出来出售,无不利市三倍,棉商发了横财,农民银行从中获得大量的抵押利息,棉农则受着双重剥削。中国农民银行为官僚资本,大中集中央合作金库仓库的设立,对棉花实行大杀价,富了银行,富了花商。1941年,日军入境,农民银行仓库闭歇。

江淮银行台北办事处 1941年,苏中行政区建立江淮银行。次年,在抗日根据地建立江淮银行台北办事处。1944年,台北县并入东台县,江淮银行台北办事处并归江淮银行东台办事处。

华中银行台北办事处 1945年9月,华中行政区建立华中银行,撤销江淮银行。11月,台北与东台第二次分制建县,华中银行在台北县大中集设立办事处。1946年年底,国民党军北犯,华中银行撤往山东,大中办事处并入台北县政府财政经济局。1947年9月,华中银行分支机构陆续恢复,华中银行台北办事处与江海公司合署办公,两套账册。

中国人民银行大丰市支行 1948年12月,撤销华中银行台北办事处,改建中国人民银行台北办事处,下设大中、小海两个分理处。1949年3月,撤销中国人民银行台北办事处,人员并入泰州市。9月,泰州人民银行到大中集重建中国人民银行大中办事处。1950年2月,中国人民银行大中办事处改为中国人民银行台北县支行,下设大中、垦南、垦北3个农贷所。1951年8月,改称中国人民银行大丰县支行,下设新丰、裕华等9个营业所。1969年9月,县人行与县财政税务局合并为财政金融服务站。1973 年 11 月，恢复中国人民银行大丰县支行。1984 年 1 月，增设中国工商银行大丰县支行，与县人行合署办公。1986 年 10 月，人行与工行分设，人行专门行使中央银行职能，成为其他各专业银行的业务领导机构。原承担的工商信贷和储蓄业务，以及所辖下属单位，全部划归新分设的工行。2010 年，中国人民银行大丰支行全年签发商业承兑汇票 1.2 亿元，办理贴现 1000 万元，办理地方一般预算收入 20.67 亿元，地方一般预算支出 23.68 亿元，办理各种退税 4.58 亿元。

中国建设银行大丰市支行　1953 年年初，中国交通银行盐城办事处在大丰县人民银行内设代理处，负责办理大丰基本建设拨款业务。1955 年，代理处撤销，成立中国人民建设银行大丰办事处。1959 年，大丰办事处撤销，基建拨款工作改由财政局企财股经办。1975 年 11 月，恢复中国人民建设银行大丰办事处，管理大丰县基本建设拨款，隶属县财政局。1984 年，机构改革，建设银行大丰办事处从财政局划出，成立中国人民建设银行大丰县支行。1987 年，开展储蓄业务，全面开办现金出纳业务。1996 年 10 月，办公地址由县城健康东路 55 号迁至人民北路 18 号新办公大楼办公。大丰建行共设对外窗口 12 个，市区有健东、大新、西环、红旗桥 4 个分理处，金陵、利民、黄海、新街 4 个储蓄所和建行营业部；乡镇有裕华、新丰、西团 3 个办事处。2010 年，中国建设银行大丰支行年末一般性存款余额 17.94 亿元，各类贷款余额 11.77 亿元，实现账面利润 4500 万元。

中国工商银行大丰市支行　中国工商银行大丰县支行主要经营县城工商存、贷款和资金监督。在市区设有营业部、健康路分理处、城中分理处、城东储蓄所、城北储蓄所、商场储蓄所、建业储蓄所、城西储蓄所、康民储蓄所等 9 个自办网点和人民路储蓄所、人民北路储蓄所、育红西路储蓄所、城南储蓄所、工农储蓄所等 5 个联办网点。2010 年，中国工商银行股份有限公司大丰支行全年利润 5238 万元，三项存款余额 19.46 亿元，贷款余额 10.63 亿元，代售基金 1.04 亿元，代售保险 3034 万元，个人理财 3.32 亿元，对公理财 22.92 亿元。

中国农业银行大丰市支行　1956 年 9 月 11 日，将人民银行农村金融股划出，建立中国农业银行大丰县支行。1957 年 5 月 15 日，撤销农行，其业务并入人行。1963 年 12 月 31 日，重建农行，新团、裕华设营业所。1965 年 7 月，农行下属的新团、裕华农行营业所改为人、农两行合设的基层机构。1987 年 3 月 18 日，恢复大中镇郊营业所。1996 年 1 月 1 日，农村信用合作社与中国农业银行大丰县支行脱离行政隶属关系。是年，中国农业银行分设中国农业发展银行大丰县支行，负责粮、棉、油政策性贷款业务。2010 年，中国农业银行股份有限公司大丰市支行各项存款总量 38.12 亿元，全年新放个人类贷款 2.79 亿元，辖属 18 个经营网点，其中城区网点 5 个。

中国银行大丰市支行　1988 年 6 月 18 日成立，12 月 30 日正式对外营业。中行系外汇外资专业银行，以外贸企业、三资企业、出口产品生产企业为对象，办理外汇、人民币存贷款、长城卡、国际结算和其他有关外贸业务。下设新丰、裕华 2 个办事处，中心、城中菜场 2 个分理处，健康路、大刘路、中银、中达 4 个储蓄所。2010 年，中国银行股份有限公司大丰支行实现营业净收入 10571.28 万元，实现拨备前利润 7390.75 万元，实现税后净利润 4882 万元，本外币各项存款余额 27.97 亿元，本外币各项贷款余额 19.08 亿元。

中国农业发展银行大丰市支行　成立于 1996 年 10 月 6 日，其主要任务是按照国家法律法规和方针政策，以国家信用为基础，筹集农业政策性信贷资金，承担国家、政府规定的农业政策性金融业务，为农业和农村经济发展服务。行下设办公室、计划信贷部、会计出纳部和营业部，无基层机构。2010 年，中国农业发展银行大丰市支行全年发放各类贷款 3.51 亿元，各项存款日均 1.34 亿元。

2010年驻城金融单位一览表

表10-3-5 单位:万元

单位名称	开办时间	驻城地址	下属分支(个)	本年经营人民币业务	
				存款	贷款
中国人民银行大丰市支行	1948.12	幸福西大街10号	1	70	
中国建设银行大丰市支行	1953	金融广场	3	179364	117745
中国农业银行大丰市支行	1956.09	金融广场	5	381210	96202
中国工商银行大丰市支行	1984.1	金融广场	6	198624	91791
中国银行大丰市支行	1988.06	人民南路	5	277768	190811
中国农业发展银行大丰市支行	1996.10	金丰路	1	7834	46104
江苏银行	2007.12	常新路、工农西路十字路口	2	62711	35925
邮政储蓄银行大丰市支行	2008.3	人民南路	5	329022	29226
交通银行	2008.12	人民北路1号	1	74429	58548
中国农村商业银行大丰支行(2010年9月前为中国农村合作银行大丰支行)	2010.9	金丰路	4	895302	649880

(五)合会、储金会、合作社、基金会

合会 民间合会又称民间请会,是民间借贷的一种。盛行于清代和民国时期,名称有私人借贷、打会、高利贷等。合会(打会)是旧时民间盛行的一种信用互助,解决发起人急用资金之难,发起人(会头)邀请亲友(会脚)参加,又名"请会"。被邀者拿出现金(或实物)应会,第一次所集资金会头无息使用,以后按不同方式,决定会脚收款次序为"轮会",亦有按摇骰方式确定收款次序为"摇会",还有"标会"等。以上合会都含有亲友融资互助性质,但亦有会脚不守信用,致使合会不能持续下去,叫做"倒会"。新中国成立前,大中镇"请会"形式有七星会、摇会、标会等。新中国成立后,该会逐渐消亡。

储金会 20世纪50年代,企事业单位普遍建立互助储金会组织。一般由单位管工资福利的股、组或工会负责,发动每个职工参加,每月发工资时,由各人自愿交纳互助储金,金额不等,并发给互助储金手折或会员证,由收款人逐月填写缴纳金额,盖章收执,单位集得互助储金,用于解决个别职工特殊事故急需资金困难。1952年,大中镇企事业单位相继成立互助储金会,每人每月存钱若干,谁有困难,谁就可向储金会借贷,按时归还,不计利息,到年终可将本金归还给本人。1962年4月,大丰县工会成立互助储金会,参加职工每月缴纳储金1元。农村亦开展互助储金会组织活动。

合作社 1953年,成立大丰县机关消费合作社,地址在今大中镇河南中国银行东侧,入股社员850人。1954年入股社员增加到900人,每股金额为2元。入股社员凭购买证购物,并记载品名、数量、金额。入股社员持有股票,股票反面说明股票不得转让,不得对外担保或转偿债务。1953年,机关消费合作社共有股金170万元,1954年上升至180万元。1953年,当年每股分得红利0.56元,以后逐年分红一次。1956年,机关消费合作社停办。

基金会 1985年12月,为管好用活各大队集体的公共积累资金,提高资金融通效益,大中镇成立合作基金会。1999年6月,撤销大中镇合作基金会,成立清偿办公室。

二、货币

历史上,大中镇区域流通使用货币有铜钱、铜钞(铜板)、银锭(银元宝较多)、银币等。

铜币:铜钱使用较早,种类较多。清顺治、康熙、道光、光绪各帝均铸有铜钱,为黄色生铜质,呈园形,直径约为二十八毫米,中间有一边长六毫米方孔,方孔四周上、下、左、右各代均以各自帝号铸于钱面,以示区别,只有大小不一,份量各异,铜钱面值一文,一百个一串即为一贯,十贯为一吊,即一千个钱。铜币面值很小,使用方便,故古人于市,均背一搭裢,钱袋横夸于肩俗为"捎码袋"。

乾隆年间,货币色样变革,铸有铜钞(铜板)亦呈园状,中间无方孔,为紫色熟铜质,直径约为三十毫米,币面铸有"光绪元宝"或"大清铜币"字样。面值十文,背后都有蛟龙图案。民国初,铜钱逐渐停止流通,但铜钞仍沿袭使用,民国再度铸币,币面图案改作民国象征,面值仍为十文。

银币:清乾隆五十七年(1792),清朝曾在西藏地方设立宝藏局,铸造银币,但铸额很少,内地流通很少。清末民国初,天津造币厂仍沿用宣统三年大清银币徽模。

1914 年,北洋政府以袁世凯头像(即袁大头)的银币为当时法定银币,背面为嘉禾图案,流通很广。1927 年,南京政府开铸孙中山头像银币(俗称小头,1932 年,上海开铸的孙中山头像银币俗称孙洋、船洋)。1935 年,实现法币政策,将中央银行已铸的孙、船币全部封存。

1931—1935 年间,中华苏维埃共和国制造了自己的银币,在苏区流通使用。

清至民国年间,银币形状相似,质量相当,面值均为一元,相当铜币三百文,即三百个铜钞或三千铜钱。光绪二十九年(1903)和民国元年(1912),江南省和广东省铸有辅助币,面值二角和一角两种,以助民间习惯使用,大中区域亦有少量流通。

抗日战争前夕,铜钞、铜钱逐渐停止流通,银币被国民党封存使用纸币。黄金也曾在市场商品交换中当作货币流通,但仅在大商家、大地主和资本家之中进行。

附:黄金、白银价格情况

黄金:解放初 3.04 元 1 克,1979 年 13.00 元 1 克,2014 年 270 元左右 1 克。

白银:解放初期白银 0.04 元 1 克,银币 1.25 元一块。1970 年白银 0.10 元 1 克,银币 3 元人民币一块。1979 年白银 0.20 元 1 克,银币 5 元人民币 1 块。2010 年白银每克 5 ~ 6 元。

纸币:1935 年,实现法币政策,封锁银币,由中国银行、中央银行、交通银行、农民银行发行丝棉质纸币,民间俗称"中中交"或"法币"(法律规定的意思)。票面有一元、五元、十元,徐州地方银行发行辅助币,票面有一角、二角、五角,亦在市场流通,该币一直使用到日军入侵后取消。

1940 年,抗日民主政府发行地方性纸币,当时统称"抗币",种类较多,在大中镇区域使用的有"华中币"和"江淮币""北海币"。其中使用量较大的是"华中币",群众俗称"细牛儿"。

1941 年,大中集区域市场上使用"东洋金券"(此券仅限日占领区流通),各大商家各自印制牛皮纸质流通券,票面有一角、二角、五角(可以本县内流通)。1943 年,国民党政府中央储蓄银行发行面值很大的储备券,票面有一百元、二百元、一千元、二千元、五千元、一万元、二万元、五万元。由于国民党政府大量发行纸币引起物价飞涨,货币贬值。据当时报刊记载:一百元法币(国民党纸币)1937 年能买两头牛,1945 年能买两个鸡蛋,1946 年只能买六分之一块肥皂或一个煤球,到了 1949 年只能买五十万分之一两大米。时之人们上市要带大量钞只好肩扛担挑。

解放前,在流通使用的纸币还有"关金券""金元券",但用量较小。关金券原是海关税金凭证,1941 年也曾在市场上一度作为货币使用,票面为竖款式,面值有百元、千元、万元不等。"金元券"是 1948 年上海发行的一种纸币,票面有一角、二角、五角、一元、二元、五元。所谓"金元",即可与黄金兑换。初发行,价值确可与黄金定比值,但此后不久,迅速贬值。当时大中镇区域流传着这样一句顺口溜:"金元券,团团转,过夜剩一半"。

1949 年,中国人民银行发行第一套人民币,票面有一百元、二百元、五百元、一千元、二千元、五千元、一万元、二万元、五万元。原解放区使用的"抗币"与人民币按等价值兑换使用。

1953年3月1日，发行第二套人民币，以1∶1万比率收回旧人民币（大中镇实际使用新人民币是1955年）。新人民币票面有一分、二分、五分、一角、二角、五角、一元、二元、三元、五元。1956年，分币改用硬质铅币，三元面值人民币停止流通。1960年，为适应人民生活水平提高，又发行了票面十元的人民币。

1962年4月20日发行第三套人民币，版别共有一角、二角、五角、一元、二元、五元、十元7种面额、13种版别，其中一角券别有4种（包括1种硬币），二角、五角、一元有纸币、硬币2种。1966年和1967年，又先后两次对一角纸币进行改版，主要是增加满版水印，调整背面颜色。

1987年4月27日发行第四套人民币，版别共有一角、二角和五角、一元、二元、五元、十元、五十元、一百元9种面额，其中一角、五角、一元有纸币、硬币2种。与第三套人民币相比，增加了五十、一百元大面额人民币。为适应反假人民币工作需要，1992年8月20日，又发行了改版后的1990年版50、100元券，增加了防伪线。

1999年10月1日发行第五套人民币，版别共有一角、五角、一元、五元、十元、二十元、五十元、一百元八种面额，其中一角、五角、一元有纸币、硬币2种。第五套人民币根据市场流通需要，增加了二十元面额，取消了二角和二元面额。2005年8月31日，第五套人民币第二版发行。

三、金融业务

（一）储蓄

1950年，贯彻政务院《关于统一国家财政经济工作的决定》，建立金库，国家机关、企事业单位全部在银行开户，推行转账结算，使银行成为各部门、各单位经济活动的结算中心、调度现金的总机构。个人储蓄，执行“存款自愿，取款自由，存款有息，为储户保密”的原则，储蓄种类多种多样，有折实储蓄、整存整取定期储蓄、保本保值储蓄、活期储蓄、整存整取定期有奖储蓄、零存整取有奖（贴花）定期储蓄等。储蓄种类、利率有多次变化。1951年，存款一年期最高利率出现过月息3.3%。1955年10月1日起，全国实行统一储蓄利率。此后，随着各个时期经济形势的发展变化，1959—1985年，曾先后9次调整储蓄利率，其中调升的6次，调降的3次。1986—1996年，先后调整储蓄利率9次，其中调升的5次，调降的4次。

随着城乡经济的发展，为方便群众储蓄，各银行的储蓄网点也在不断发展。银行与企业联办的储蓄所亦有发展，联办储蓄所的用房、人员、设备由企业负责，业务管理与指导由银行负责，年底由银行储蓄余额提取一定比例支付工资和各种费用。至1996年，市区有储蓄网点65家。

1997年，城市信用社年末存款余额13547万元，1998年14261万元，1999年15544万元。

1999年年末，市区共有储蓄网点34家，其中工商银行10家，建设银行8家，农业银行6家，中国银行6家，大丰市农村信用合作联社、大中城市信用社、黄海城市信用社、人民路城市信用社各1家。

2009年，市区驻城金融机构各项存款余额为196.99亿元，其中储蓄余额122.86亿元。

（二）贷款

解放前，一般乡民无法从银行得到贷款，只能从民间借贷，以应急需。民间借贷又只能以请会的形式进行，故称民间请会。

1937年，中国农民银行大中集办事处，为集镇花商、农村地主办理棉花抵押业务。

1948年10月，中国人民银行台北办事处向大中集、新丰、南阳等地的小商贩、手工业者开始发放小本贷款。1949年1月，发放贫民小本贷款870万元（旧人民币），解决116户、461人的生活困难。

新中国成立初，人民银行贯彻“深入农村，帮助农民，解决困难，发展生产”的方针，发放稻种、饼肥等实物货款，解决农民缺种、缺肥的困难。1952年以后，主要是发放购置耕牛、戽水机、种子、兴办小型农田水利等贷款。

1954年起，大中镇信贷对国营商业按商品库存贷款，对供销社实行“下贷上转”的贷款办法，商业和供销合作部门的贷款有明显增加。1956年，手工业生产合作社、公私合营和合作商店也纳入银行贷款范围。1958年，工业贷款取消临时贷款，与超定额放款合并；商业贷款对国营、合作社账户实行存贷合一。1959年，根据国务院决定，国营工商企业的自有流动资金全部转作银行贷款，统一计算利息。1960年，银行控制贷款规模。

“文化大革命”期间，削弱了银行贷款制度和信贷监督作用。1976年10月，贯彻国务院《关于整顿和加强银行工作的几项规定》后，恢复了信贷工作的秩序。1979年后，银行贯彻调整方针，通过信贷积极支持生产、商品流通和城镇集体经济的发展。1979年，开始发放中短期设备贷款，突破固定资产不能贷款的禁区，支持以轻纺工业为重点的日用消费品生产的发展。

1980年以后，对乡镇工业的贷款有所增加，同时发放个体工商户贷款和城镇居民建房的优惠贷款。1983年7月1日起，根据国务院决定，国营企业自有流动资金改由人民银行统一管理，农业贷款从过去单纯支持集体生产，改为重点支持承包户、专业户和重点户发展商品生产。1986年年底，在工业企业中推行贷款合同制，实行经济担保制度。1987年起，农业贷款投向重点支持农业内部结构调整，走种、养、加工综合发展的道路。

1988年后，工业贷款向大中型骨干企业、交通能源、高科技方向倾斜。商业贷款重点支持国营零售部门，支持粮食、供销部门用于粮食、棉花等农副产品收购。

20世纪90年代后，增办固定资产贷款和外汇贷款等业务，并注重扶持乡镇企业的发展。其他行业有经济效益和还款能力者，也给予贷款支持。

1997年，城市信用社贷款余额8948万元，1998年9428万元，1999年10514万元。2009年，市区驻城金融机构各项贷款余额为112.07亿元。

（三）债券

公债　1954年，大丰县成立推销国家经济建设公债委员会，大中区成立分会，开始发行国家建设公债。根据“合理分配，自愿认购”的政策精神，边动员、边认购、边交款（单位和个人均可认购）。当时由于币制尚未改革，公债券的面额很大，有一万元、二万元、五万元、十万元、五十万元5种（1万元即新人民币1元）。公债年息4厘，第二年开始抽签一部分还本付息，六年还清。1958年以后，经济建设公债券不再发行。

1987年起，大丰金融机构多次代企业向社会发行债券。

融资债券　1991年7月，大中镇珍丰集团委托盐城市信托投资公司发行500万元融资债券，期限为壹年，年利率为11.24%，全部用于流动资金。1992年，又委托大丰县农业银行发行300万元，期限3年，年利率为10%，全部用于固定资产投资（啤酒扩能）。

1995年8月，大丰县机械铸造公司，委托大中城市信用社发行50万元融资债券，期限为9个月，月利率7.56%，全部用于流动资金。

1996年9月，大丰市第二印刷厂，委托大中城市信用社发行50万元融资债券，期限为9个月，月利率为7.56%，全部用于流动资金。

国库券　1981年，开始发行国库券，大丰县成立推销国库券委员会，下设办公室，镇、公社相继成立推销国库券小组。

1981—1986年6年间，大中镇共发行国库券299020元，其中单位认购10000元，职工认购196620元，农民认购92400元。1994年起，国家不再直接下达发行任务，由财政、金融部门公开向社会销售。

1981—1986 年大中镇国库券发行情况统计表

表 10-3-6 单位:元

年份	任务数	认购数	入库数	其中		
				单位	职工	农民
1981	10000	10000	10000	10000	—	—
1982	33100	34700	34700	—	17500	17200
1983	45500	48720	48720	—	34220	14500
1984	39910	41100	42900	—	28900	14000
1985	79600	81000	81900	—	55200	26700
1986	78400	79600	80800	—	60800	20000
合计	286510	295120	299020	10000	196620	92400

(四)保险

1. 驻城保险机构

中国人民保险公司大丰市支公司 1951 年 1 月,经中国人民银行苏北分行、苏北行政公署财政处批准,在中国人民银行台北县支行内设保险股,对外称中国人民保险公司大中集特约代理处。4 月,盐城保险公司在台北、射阳两县开办棉花收获保险。县保险股首先在阜丰、泰丰等乡和棉作物场进行试点。1952 年下半年,大丰县保险公司正式成立。1981 年,成立中国人民保险公司大丰县代理处,由中国人民银行大丰县支行工商信贷股负责具体业务。1982 年,代理处改称中国人民保险公司大丰县公司。1984 年,保险公司与人民银行正式脱钩,内设人民财产保险公司和人寿保险公司。2010 年,中国人民财产保险股份有限公司大丰支公司完成保费收入 6337 万元,。

中国人寿保险公司大丰市支公司 1996 年 3 月,原中国人民保险公司大丰县公司分设中保财产保险有限公司大丰县支公司和中保人寿有限公司大丰县支公司。新开办"国寿金色夕阳养老年金保险""国寿 99 鸿福两全保险""国寿住院医疗津贴保险""子女教育保险"等 14 个寿险新险种。2010 年,中国人寿保险股份有限公司大丰支公司完成保费总量 2.93 亿元,结赔案 3800 余份,支付赔款 1070 余万元。

中国太平洋财产保险股份有限公司大丰支公司 于 2005 年 6 月成立。2010 年,全年实现保费收入 2380 万元,支付各类赔款 1670 万元。

中国太平洋人寿保险股份有限公司大丰支公司 于 2001 年 4 月成立,中国太平洋寿险公司是第一家全国性股份制商业保险公司。2010 年,中国太平洋人寿保险股份有限公司大丰支公司全年实现总保费收入 2175 万元,其中新保 615 万元,续收 1560 万元。

中华联合财产保险股份有限公司大丰支公司 于 2005 年 3 月成立。2010 年,实现保费收入 793 万元。

2010 年,全市拥有市级专业保险机构达到 37 家,其中产险机构 14 家,寿险机构 23 家。

2. 险种

1951 年上半年,中国人民银行台北县支行办理保险业务,承保单位 37 户。4 月,盐城保险支公司决定在大丰开办棉花收获保险。在天南、阜丰、祥丰、泰丰、万丰、元吉、通燧等乡和棉场进行试点,共承保棉田 4104.65 公顷,保额籽棉 531173 千克,保费收入籽棉 27780 千克。投保当年受灾面积 271 公顷,赔付籽棉 9571 千克,占保费收入的 34%。当年冬在农村开办了耕牛保险 3000 头。

1952 年,陆续增办财产强制保险、普通火险、木船险、棉花收获险、牲畜险、运输险等 6 种保险业务。1953 年，又开办固定资产、定期物资、流动物资、渔船险。至此，先后共办 12 个险种。1955 年，贯彻"积极推动、自愿投保"的方针，停办了部分强制保险。1957 年，重点加强渔业保险工作，全年渔船投保达 56 条，渔工人身保险发展到 430 人。1958 年 5 月，贯彻"为生产服务、为群众服务"方针，侧重对农村的生猪、耕牛、公民财产的保险，当年的保费收入达 17.46 万元，是 1951 年开展保险业务以来收入最高的一年。

1959 年，保险业务停办。1981 年 8 月，恢复保险业务。是年，开办全民及县办企业财产险、运输工具险、船舶险和第三者责任险，不足 5 个月时间，共承保资产总额 1.13 亿元，保费收入 24.18 万元。1982 年，承保企业财产险 81 户，汽车 98 辆，船舶 39 艘。1984 年，增办职工家庭财产险。1985 年，开办农业险、城镇职工养老金险、建筑工人团体险和旅客意外伤害险等险种，全年保险费收入 123.93 万元。1985 年后，镇郊信用社代理保险业务。1991 年起，镇郊信用社不再代办保险业务。1996 年，中保财产有限公司开办的险种有企业财产、机动车辆、船舶、长效还本家庭财产、普通家庭财产、产品质量(责任保险)、种植业、养殖业、货物运输、雇主责任、建筑安装工程和其他特约保险等，中保人寿公司开办的险种有子女婚嫁、简易人身、养老、驾驶员意外伤害、乘客意外伤害、中小学生、幼儿园团体平安及住院医疗保险和意外伤害医疗保险等 20 余种。

2000 年，人寿保险公司大丰市支公司新开办国寿金色夕阳养老年金保险、国寿住院医疗津贴保险、子女教育保险等 14 个寿险新险种。

2009 年，联合财产保险公司大丰支公司，致力发展农业保险，开办油菜、水稻保险险种。

3. 各种专门保险

新农村合作医疗保险　2003 年，开始在大中镇农村实行农村合作医疗保险，成立合作医疗办公室，其保险办法个人筹资与政府补贴相结合。

农业保险　大中镇农业保险从 2007 年开始实施，由镇农经中心负责具体办理。

大中镇历年新农村合作医疗参合筹资情况表

表 10－3－7

年度	参合人数	筹资标准	参合率（应参）	财政补助	兑报情况（万元）	备　注
2003	34191	10	66.60%	–	14.86	
2004	32224	15	61.00%	5	64.4	
2005	44345	15	81.60%	5	81.6	
2006	44251	20	90.11%	8	212.47	
2007	38466	20	93.50%	30	214.49	大中镇 5 个村划入开发区，民政、优抚、老党员免交
2008	36084	25	100.00%	75	322.72	大中镇 6 个村划入开发区，民政、优抚、老党员免交
2009	41955	25	100.00%	75	504.48	大中镇 7 个村划入开发区，民政、优抚、老党员免交
2010	43130	35	100.00%	125	660.1	大中镇 8 个村划入开发区，民政、优抚、老党员免交
2011	40411	35	100.00%	125	649.79	大中镇 9 个村划入开发区，民政、优抚、老党员免交

2007—2010年大中镇农业保险收缴及理赔情况表

表10-3-8

年度		合计	2007年	2008年	2009年	2010年
投保	合计	174.01	18.5	33.51	55.08	66.92
	种植业	159.09	16.97	31	52.09	59.03
	能繁母猪	8.98	1.53	2.51	2.99	1.95
	蚕桑	0	0	0	0	0
	高效农业	5.94	0	0	0	5.94
理赔	合计	253.54	33.38	55.21	82.9	82.05
	种植业	212.7	30.08	47.11	71.96	63.55
	能繁母猪	32.88	3.3	8.1	10.94	10.54
	蚕桑	0	0	0	0	0
	高效农业	7.96	0	0	0	7.96

说明：种植业涉及品种有二麦、油菜、棉花、玉米、水稻（投保4.5-6元/亩，保险金额400-600元/亩），能繁母猪30头以上投保，（投保12元/头，保险金额1000元/头），蚕桑（投保4.5元/张，保险金额300元/张），高效农业（投保39.6元/亩，保险金额2600元/亩）

第四节 统计 审计

一、统计

（一）机构

1984年5月，县人民政府明确各乡镇人民政府配备综合统计员1名，政府工作人员编制，业务上接受县统计局领导。1984年7月，胡国标为大中镇综合统计员，朱国太为新团乡综合统计员，吴金平为裕华乡综合统计员。1987年12月，大中镇镇组建综合统计站，大中镇统计站由11人组成，其成员为镇各部门统计人员（松散型，不集中办公），主要负责搜集各部门统计数据，实行统一扎口管理，由镇分管副书记兼任站长。2001年4月，新团镇并入大中镇，编制人员增加到2人。

2010年10月，裕华镇并入大中镇，工作人员增加到4人。统计站成立后，先后担任大中镇统计站长的有胡国标、夏碧君、卢逢明。

（二）统计业务

1. 统计报表

大中镇统计工作始于1957年，统计范围为大中镇直管单位。在20世纪50年代和60年代，大中镇区划调整比较频繁，统计的范围也随之调整（裕华、新团虽有调整，但相对稳定）。

20世纪60年代初，镇级统计数据比较简单，其内容：（1）基本情况统计；（2）农业生产情况统计；（3）农村收益分配统计。基本情况统计包括户数、人口、耕地面积等。农业生产情况统计指标较多，分种植业和牧业，种植业又分两部分，一是粮食和大豆，主要品种有小麦、大麦、豌蚕豆、水稻、玉米、高粱、荞麦、其他杂粮、薯类、大豆；二是技术作物（也就是现在的经济作物），主要品种有棉花、蔴类、油料（花生、油菜籽、芝麻等）、薄荷、向日葵等。牧业主要统计指标有水牛、黄牛、驴子、马、山羊、绵羊、生猪等。收益分配指标更多。

收集方式实行全面统计,由生产队起报,大队汇总上报,而得公社数据。生产队根据表种,如基本情况表,要统计到每家每户,粮食产量全部实行过秤进仓,所以粮食产量数据非常准确。这种方式一直延伸到1983年。

随着农业生产的发展,统计表种和统计指标不断发生变化。

1958年,《农作物面积产量表》中增加了其他农作物统计,品种有蔬菜、瓜类、绿肥、胡萝卜、茨菇、饲料及其他。1960年,增加林业面积、果园面积、蚕茧等统计,农作物面积产量表中取消向日葵统计。1961年,粮食品种中取消荞麦统计。1964年,统计报表实行正规化,改变了以前一直是油印报表为铅印报表,而且表种由国家统计局制定,《农作物面积产量表》的表号为“农定7表”。1967年,《农作物面积产量表》中取消“收获面积”统计,只统计播种面积,所有单产都按播种面积计算。1971年,其他农作物中增加了药材面积统计(新团0公顷、五星2公顷、大兴1.27公顷、大道3.73公顷),林业生产统计中增加了桑园面积统计(新团13.6公顷、五星15.2公顷、大道29.47公顷、大新21.67公顷)。1975年,增加农村劳动力分行业统计。1976年,第一次计算乡(镇)办工业产值。1977年,第一次计算农村生产大队、生产队工业产值。1982年,增加农村私人建房统计。1984年,第一次计算乡(镇)工农业总产值、社会总产值、国民收入等。1991年,首次计算乡(镇)国民生产总值。1992年,增加农村集体投资统计。1995年,乡(镇)国民生产总值改为国内生产总值。

1996年10月,大中镇统计站配备了计算机,统计业务实行计算机处理,在镇各个部门中成为首个使用计算机的办公室。

1998年,取消农村收益分配核算,以农村住户抽样调查资料代替收益分配资料的公布和使用。2000年,工业统计实行规模以上全面统计,规模以下抽样调查。规模标准为:工业产值500万元以上独立核算工业企业。大中镇规模以上企业21家,产值11.7亿元。2005年,农村集体投资统计改为全镇固定资产投资统计,突出工业技改投资统计。2007年,固定资产投资统计改为500万元以上项目投资统计。

2010年,统计项目除农、林、牧、副、渔、工业、服务业外,又增加固定资产投资,各种抽样调查(农村住户调查、城市住房调查、劳动力转移调查等),各种普查(人口、农业、经济普查等),五年一次人口抽样调查,种植业、牧业抽样调查等。2010年,规模以上工业、限上服务业实现网上直报统计数据,加快了信息传递。

从1985年开始,统计站每年编印《大中统计资料》一册,至2010年,共编印25册。

2. 统计调查与专项普查

农业生产调查与农业普查 农业生产的调查始于1953年8月,采取分区选点、调查推算的方法。选取占总耕地1.9%的农户农田为样本,与农林、财政等部门协作,进行夏季粮食产量的调查。从此,逐渐形成农业产量调查统计制度。1954年,各区、乡分别设立调查点,根据农作物长势,分上中下三等,选择各种类型调查户20户,进行农业产量实收实测。1964年,夏季农业产量调查时,采取简易抽样调查方法,在全县各公社各选1个中等大队进行。

1982年,夏季农业产量调查,按照随机抽样调查原则,进行实收实测取样,推算总产。20世纪90年代以后,随着农村经济体制的改革,农业产量统计逐步扩大为农村经济统计,增加和调整一批统计指标,农业统计调查方法亦相应作了改革。

农业普查按全国统一部署进行。1995年,进行全国第一次农业普查的前期准备工作。普查对象是各种类型的农业生产经营单位、农村住户、乡镇企业和行政村。时点标准是1996年12月31日,时期标准是1996年1月1日至12月31日。于1997年1月正式开展普查,历时2年多,完成了各阶段普查任务,取得大量科学、可靠的基本数据,摸清全镇农业和农村经济的家底,填补不少基础性数据空白,至1998年结束。

2006年,全国第二次农业普查,普查对象为:国内从事农业生产经营和服务的单位、农村住户、从事农业生产经营活动的非农业住户、行政村和乡镇。普查的时期标准是2006年1月1日至12月31日。

工业和第三产业普查 1950年3月,进行第一次全国工业普查。1985年,进行第二次全国工业普查,此次普查历时2年多,分准备、试点、培训、登记、核实、分析、汇编7个阶段。1995年,进行第三次全国工业普查的准备工作。1996年,完成所有普查表的审核、汇总。1997年2月,第三次全国工业普查结束。第三产业普查,根据国务院通知,于1993年8月26日进行第三产业普查工作,普查年度为1991年和1992年,至1994年年底完成普查工作。

经济普查 2004年,全国开展第一次经济普查,普查对象为:我国境内从事第二产业和第三产业的全部法人单位、产业活动单位和个体工商户,普查的主要内容:单位基本情况、经营活动及设施情况、企业财务状况。普查的标准时点为2004年12月31日,时期指标为2004年度。2008年,全国开展第二次经济普查,普查对象为:我国境内从事第二产业和第三产业的全部法人单位、产业活动单位和个体工商户,普查的主要内容:单位基本属性、财务状况、生产经营情况、生产能力、能源消耗、主要生产设备、信息化和科技活动情况等。普查的标准时点2008年12月31日,时期指标2008年度。全镇划分39个普查区,配备普查指导员7名,普查员54名,对1741个法人单位、356个产业活动单位和10486个个体户进行普查。

住户调查 住户调查分农村与城市进行。农村住户调查,1953年,在垦南区福丰乡建立农民家计调查点,进行收入、支出的记账调查。1956年,调查点扩大到3个乡30户农民。1982年,建立5个乡、社50户农民的调查点。1996年7月起,由原来对农民的家计调查发展为农村住户调查,以适应农村经济体制改革后的需要。1996年6月,开展农村住户抽样调查工作,统计站建立农村住房调查点。大中镇按村收入排队,随机抽取6个村为住户调查村。新团镇抽取3个村,裕华镇抽取5个村为农村住户调查点。每个村按农户收入排队,等距抽取30户农户作为调查户,每天现金收支和实物收支都要记日记账,以此计算农村农民人均纯收入。调查的主要内容为农村居民居住的社区发展情况、农村居民家庭基本情况、家庭人口情况、家庭现金收支、实物收支情况等。同时配备农村住户调查员。城市住户的调查又叫城市居民家庭收支调查,是研究城镇居民家庭生活状况的一项社会经济调查。1996年,在大中镇开展城市住户调查,采取随机抽取,选择最佳组距,抽选50户,从次年初开始逐月逐日为收支记账户。主要是调查城镇住房收入、支出等反映居民生活水平的有关指标。调查内容包括家庭人口、住房状况、劳动就业、耐用消费品拥有状况、现金收入、非现金收入、各类消费支出、主要商品购买量等。由于调查网点结构类型的变化,为切实反映城镇居民的经济情况,每间隔3年进行换户,仍以50户为调查点,调查内容扩大到社会经济方面。

人口普查 新中国成立以来,全国进行了6次人口普查。1953年,全县普选,在选民登记时进行了第一次全国人口普查。普查时间为1953年6月30日24时,7月3日开始登记,普查项目有6项。1964年,进行第二次全国人口普查,普查时间为1964年6月30日24时。普查项目有人口、人口变动、文化、年龄等。

大中镇统计机构建立较迟,具有完整的普查机构资料是从第三次人口普查资料开始。

1982年,全国开展第三次人口普查,普查对象为具有中国国籍并在国内居住的人。普查标准时点为1982年6月30日24时。乡镇成立人口普查领导小组,下设人口普查办公室,办公室负责日常工作。大中镇人口普查领导小组组长殷永宽。领导小组下设办公室,办公室主任黄婉芳。历时二年时间,完成普查数据采集、加工、整理和上报。1990年,全国第四次人口普查,普查对象为具有中国国籍并在境内常住的人,普查的标准时点为1990年7月1日零时。大中镇第四次人口普查领导小组组长周善辉,领导小组下设办公室,办公室主任陈荣产。2000年,全国第五次人口普查,普查对象为具有中国国籍并在境内常住的人,普查的标准时点为2000年11月1日零时。大中镇全国第五次人口普查领导小组组长王周兵。此次普查大中镇划分39个普查区,420个普查小区,配备普查指导员45

人,普查员538人。第五次人口普查从2000年5月开始,2001年5月结束,历时1年。是年,裕华统计站获“全国第五次人口普查”先进集体。

2010年,全国第六次人口普查,普查对象为我国境内的自然人以及在境外未定居的中国公民。标准时点为2010年11月1日零时。大中镇全国第六次人口普查领导小组组长沈刚,领导小组下设办公室,办公室主任卢逢明。全镇划分652个普查小区,配备100名普查指导员,652名普查员。裕华镇也成立相应机构。第六次人口普查从2010年5月开始,2011年5月结束,历时1年。

大中镇统计站1996年和2007年分别被评为“江苏省全国1%抽样调查”先进单位和“第二次全国农业普查”先进集体。

二、审计

(一)机构队伍

1988年5月,大中镇设立审计科。1989年3月,更名为审计办公室。1993年7月1日,撤销审计办公室成立大丰县审计事务所大中分所,同时制定《大丰县审计事务所大中分所章程》,审计事务所大中分所行政上属大中镇人民政府领导,业务上受大丰县审计事务所管理指导,经大丰县工商局注册登记独立法人,设所长1人,审计专业人员3~5人。2005年,撤销审计事务所大中分所,审计工作改由镇财政所兼管,担任大中审计科室(所)负责人的先后有张志康、陈静珍、顾仁义、臧义、陈文炳、朱友成、谢育凡、周汉忠。

1991年3月25日,裕华镇成立审计站,李国华兼任审计站站长。1998年12月,撤销审计站。5月,新团镇成立审计机构,初期为审计组,由镇纪检书记丁伯高兼任组长。1996年5月,审计组改称审计站,施华明任副站长(主持工作)。1997年9月起,由陈忠杰任审计站站长。2001年4月,乡镇区划调整时撤销。

(二)审计业务

大丰县审计事务所大中分所除完成上级委托或交办的审计项目开展有关审计业务外,还直接受理并组织下列业务:(1)财务收支、经济效益、经济责任的查证事项;(2)经济案件的鉴定事项(按县所委托项目办理);(3)注册资金的验证和年检(按县所委托项目办理);(4)基建工程预、决算的验证;(5)建账、建制、资产评估、清理债权债务;(6)经济管理咨询服务,企业承包经营和厂长(经理)离任审计的查证;(7)培训审计、财会和其他经济管理人员;(8)担任审计、会计咨询顾问;(9)镇政府或行业主管部门委托审计的其他事项。

大中分所接受委托办理有关审计业务,委托人包括:(1)全民所有制、集体所有制企业;(2)政府机关、事业单位、人民团体;(3)各级财政、税务机关、企业主管部门和金融机构;(4)其他具有法人资格的单位和个人。

大中镇审计机构成立后,服从服务于经济建设中心,积极协助盐城市、大丰市和大中镇以及企事业单位及相关部门做了大量的审计工作。

1989年,围绕完善企业承包经营责任制,先后完成大中镇装璜公司、液化气供应站、房产开发二处、大中房屋开发公司、大丰县第二织布厂、大中养殖场、大丰家具厂、大丰马钢厂、大丰轧板厂等企业的审计工作,查出违纪金92051.46元。促进企业增收节约金额11.5万元,查出损失浪费金额9.6万元。

1990年,完成大中花炮厂、大丰塑料厂、彩印厂、福利厂、镇招待所、陵园饭店、农工商公司、粮棉油加工厂等10余家承包经营企业的审计工作。发现以上企业存在共性问题,一是内部管理制度不完善,二是发票使用审查不够严格,三是财务制度不规范。是年,对竹川工程经营收支、配供物资及财物交给进行审计,审计金额161855.4元,在其使用资金过程中,工程支出抓得紧,按规定列支,无超限期超标准发放现象。1990年年初,对全镇包括机关和企业的奖金兑现情况进行审计,审计人员事先进行认真研究,坚持让政策说话,把标准交给被审单位,对该奖的企业采取“承包人核上限、职工定下限、总金额不突破”的做法,对该赔的企业,则根据奖赔同步的原则,重罚承包人,轻责职工,杜绝乡镇企业分配不公的现象。对机关则重点审核经费支出情况,纠正条块不一,互相攀比的现象,通过审计有2个单位退出多分配奖金758.7元,收回多发的补贴、加班费、衣服费等10437.98元。1990年7月,在对黄海纺织配件厂审计时,发现原承包厂长等人在经营活动中有严重经济问题,就着手进行调查。当事人请人说情,审计人员排除各种干扰,经过20多天的内查外调,终于查实当事人贪污19400多元,并移交司法机关依法判处其有期徒刑5年,同时,另一名有经济问题的职工也主动退出了赃款8300多元。

1991年,完成工办、农办等15个管理部门财务收支审计,在审计过程中发现超标准开支,多发补助、奖金、多支服装费等合计10437.95元,其中:工办1513.22元,农办1600.66元,财办45元,建管站1292.53元,城建所2653.45元,土管所2152.85元,广播站1180.30元,以上金额各部门均已收回。审计结果表明,有少数部门擅自提高开支标准,费用控制不严,加班费、夜餐费变相成了定补,财务管理不够规范,原始凭证无负责人批核;有些收支不能专款专用,有些单位财务制度混乱,审批手续不严。

1992年,完成大中镇各单位工会计提、拨交以及上解经费的审计,镇29个单位中有5个单位的工会费漏记及拖欠金额61436.01元。1995年,接受大丰县人民法院委托对西团镇综合经营服务部与刘为虎经济纠纷的审计,为法院判决提供翔实可靠的依据。同时,还完成对兴达集团验资审定。1996年,完成废铜分公司承包经营大丰机械铸造厂财务分割及公司经营状况的审计。是年,还完成绢纺原料厂与淮海工学院化工研究所技术转让合同纠纷的鉴定。1997年,协助县人民法院对杨林侵占案的审定,为法院对杨林的量刑认定起了决定作用。2001年,先后完成大中镇招待所、大丰市纺材厂、大中敬老院、新团计生站、新团水产站、新团村建办、新团法律服务所、大中法律服务所的财务审计。

2001年4月,自新团镇并入大中镇后,大中审计工作:

一是对9个村的财务收支进行审计。主要清理不良资产及债权债务,审计重点放在村民的“两上交”上,发现多个村历年来所欠“两上交”的金额较大,多的村达100多万元。审计后,召开清收“两上交”的专门会议,明确责任、任务。政府向每个村都派出工作组,经过村干部和工作组人员的共同努力,当年就收回陈欠上交近300万元,从而保证村级的年终结算资金的分配。

二是对新团镇属事业单位农经站等六大中心进行财务审计。在审计中主要是清理三角债和应收款的清收,通过为期3个月的清收,共收到应收款50多万元,解决了部分欠发工资问题。

三是对新团粮化厂、樱红公司、砖瓦厂、养殖厂等企业进行审计。审计中发现企业的生产经营状况较差,尤其是粮化厂,生产两年后严重亏损,发现该厂投入的固定资产不实,除镇政府投入的部分资金,基本没有自有资产。资金的来源主要是从银行及社会个人借入。通过对资产、负债情况的进一步审核,该企业严重资不抵债。当即将审计结果向政府报告,建议申请破产,在得到政府的支持和市法院的同意后,由审计工作组牵头成立粮化厂破产清算班子,经过近一年时间,成功完成该厂的破产清算工作。

2002—2005年期间,先后参与福利厂、大中链条厂、全鑫公司(丝织厂)、麦芽厂等单位破产审计。按照法院要求,对企业破产时的固定资产、债权债务逐项进行审核,出具书面审计情况报告,为顺利进行破产清算程序提供真实可靠依据。参与了企业改制的审计,对色织公司、兴达公司、物建公司、天力公司、科星公司、丰蕾公司、塑料厂、花炮厂等20多个企业改制时资产、负债进行全面审计,摸清各企业的家底,供镇企改领导小组在确定体改方案时参考。

2006—2007年,对新团养殖厂、大中校服厂、大中食品厂(校办企业)等单位进行财务审计,重点是对信访反映的问题进行审计。

2007—2010 年，审计工作主要配合税务部门做好正常纳税审计。配合财政所做好平时的资金使用中的监督和干部的离任审计和政府交办的审计。

2010 年 8 月，对合并时的裕华镇财务进行全面审计。主要内容是审计有无突击支出、突击提取工资、福利和奖金等，在审计中发现近 20 个事业单位的正常运转的经费都很困难，普遍存在收不抵支、收入少、固定资产少、货币资金少、应收款能收回的少，净资产少。支出中招待费多，打的费多，应付款多，欠发工资多，部分还有 2000 年前的欠发工资，财务状况不正常。在审计中查出合并时重复提取，已记个人账户的裕华农技中心，多提 2004—2010 年市标工资、绩效工资、冷饮费等 21.55 万元。农经中心重复提支 2007—2008 年绩效工资 1.48 万元。还查出合并时突击提取或不应该提的现象。主要是裕华蚕桑站合并时突击提取 1997—2004 年补发工资养保 25.83 万元。其中工资 21.64 万元，养保 5.19 万元。经贸中心提取 2004—2008 年市标工资 9.529 万元，补提 2003 年考核奖 1.65 万元。计生中心提支 2007 年考核奖金 0.48 万元。人力资源中心提取未入账 2002—2009 年应发工资 26.85 万元，两保 27.84 万元，合计 54.69 万元。审计处理意见是：属于重复提支的部分，由合并后的单位根据审计报告所列的明细从相关人的个人账户上全额扣回。对突击提支或不应提支的部分应按镇政府研究决定执行，要求将处理结果报告政府。各被审单位都应按照出具给本单位的审计报告所提的要求落实到位。并要求所有单位对移交的应收款，组织专门清收班子，追收欠收款，能收现金的收现金，暂时还不起的订还款计划，对一些呆账、烂账报政府批准后核销，确保资产中的应收款不受损失。

第十一章 中共地方组织

中国共产党在大中镇境内的地方组织,始于民国18年(1929)9月,中共海门县委派垦牧区委书记谢之屏到大中集开展建党活动。1930年3月,考察发展大中镇镇长吕左荣等4人为党员,同时成立大中集党小组,选谢之屏为党小组长。1930年6月,中共海门县委及垦牧区委遭破坏,大中集党小组与上级组织失去联系停止活动。

1940年10月,新四军二纵队六团来到大中集帮助重新建立党组织。11月,成立大中集党支部。

1947年4月,大中集解放,党组织由地下转为公开,并得以迅速发展。

"文化大革命"以后,党组织发展工作和社团工作走上正轨。至2006年,大中镇已召开十四次党代会。

2010年,全镇有二级党委3个,党总支25个,党支部45个,党员7168名。

第一节 组织建设

一、新中国成立前基层组织

1926年,中共东台县特别支部派吕左荣(时任大丰盐垦公司职员)回大丰盐垦公司秘密发展党员,建立党组织。1928年2月,因东台县特别支部书记陈雪生被捕,当时党组织是秘密活动,吕左荣失去与组织的联系而脱党。

1929年9月,中共海门县委派垦牧区委书记谢之屏来大中集开展建党活动,谢之屏以大中集三和花行司账作掩护,团结社会上有识之士和进步青年,秘密将共产主义进步书籍传给青年阅读。1930年3月,谢之屏介绍大中镇镇长吕左荣再次入党,还有镇公所文书蔡国方、太和木行职员杭国民、大中小学教员黄宾娴(女)加入共产党,成立大中集党小组,谢之屏为党小组组长。是年春,大中镇发生严重春荒,党小组成员深入德丰区访贫问苦,调查研究。遂秘密发动佃农300余人至大中集街市游行,要求公司对灾民进行春荒救济和降低借债利息。经大中镇公所(已被共产党组织掌握)出面斡旋,从中调处。这次公开斗争取得胜利,但也引起国民党怀疑。不久,国民党小海区党部派区长朱成溪来大中集查处。8月,谢之屏回海门县向垦牧区汇报工作,不料海门县委、垦牧区委在6月遭破坏。此后,蔡国方先后去东台、海门寻找党组织,始终未联系上。10月,吕左荣辞去大中镇镇长之职,蔡国方也离开镇公所隐蔽转移。大中集第一个党小组即停止活动。

1940年10月,新四军二纵队六团进驻大中集并帮助地方重建中国共产党基层组织,团政治处在大中集发展粮行店员进步青年余明、粮行老板子弟进步青年张学敦、公司职员朱道生、战时小学校长徐学海(徐鸣)、钱友康等人入党,隶属部队支部领导。不久,余明、张学敦参加新四军。11月,成立大中集第一个党支部,支部书记朱道生。

1941年春,民运工作队成员童剑到新团辖区宣传、组织群众建立党组织,并发展周刚等6人为秘密党员,成立新团地区第一个党支部,周刚任支部书记。1941年起,新团地区新团、八东、南灶先后分别建立党小组，至 1945 年已有党员 37 名。1941 年冬，上级党组织派陈梁、梅加喜、杨战、周杏仙（女）、陈瑞贞（女）等人到裕华地区开展民运工作，先后秘密发展 5 名党员。翌年春，裕华地区也建立第一个地下党支部，陈朝荣为支部书记。7 月，日伪军侵占大中集后，垦区区委撤离大中镇。为坚持敌占区工作，区委派袁志相、吴恒元、董达官（董越）、杨大德、葛忠壮 5 人重新组成大中镇地下党支部，袁志湘任支部书记（1943 年由杨大德接任）。大中镇敌伪据点地下党支部于老石桥下（今大新桥东北），经营协记粮行（吴恒元、袁志相经营），名为粮行，实为中共地下党组织活动中心。杨大德、董达官亦在两家商行以职员身份作掩护，从事党的地下活动。是时，地下党支部的主要任务是搜集敌情动态，为中共台北县独立团及垦区游击连提供情报。

1943 年，县委敌工部派杨林丰（女，又名杨吉莲）、吴辉、季永洲三人组成中共大中镇地下核心小组，杨林丰任组长，混入伪旅部搜集情报。中共大中镇地下党支部和县委直接派出的地下核心党小组的党员们，不畏顽敌，不怕牺牲，积极活动，直至大中集解放。是年，为粉碎敌人的扫荡、清乡，在裕华镇建立了党的秘密组织，称为乙种组织。乙种党支部由县秘工特派员张青直接领导。1944 年秋，为了准备对敌人进行局部反攻，撤销乙种党组织，其党员回到原所在党组织。

1945 年 9 月，大中集光复，苏中区党委决定把台北垦区从东台县划出，建立苏中大中特区，党内建立特区工委，工委书记叶梯青。11 月，撤销大中特区，各乡成立党支部，时大中镇（城区）有党支部 7 个，党员 30 人。裕华区域有 6 个党支部，14 个党小组，120 余名党员。新团区域有 3 个党支部，37 名党员。

1945 年 12 月，建立大中区，并成立区党委，叶莘为区委书记。

1946 年，开展惩奸运动和土地改革运动，人民在斗争中经受考验，思想觉悟大大提高，党组织发展较快，大中镇（城区）党员发展到 126 人。6 月底，国民党背信弃义向解放区发动全面进攻。12 月 22 日至 1947 年 4 月 21 日，大中镇被国军占领 4 个月之久，大中区撤销。占领期间，一部分党员被编为武工队，分散（埋伏）农村搜集敌方情报，千方百计为党工作；一部分人自行脱党；亦有少数人经不起艰苦斗争的考验，被敌威逼利诱而投敌，到年底大中镇只有一个支部，19 名党员。

1947 年 9 月，建立大中市（区级）。11 月，撤销大中市，恢复大中区，沈且华（女）任区委书记。

1948 年 1 月，国民党军队对解放区发动惨无人性的“无人区”大扫荡。大中区党组织带领广大党员积极组织群众“跑反”，紧急疏散和掩埋物资，看管地富分子，寻找机会袭击骚扰敌人，党的力量也在斗争中不断发展壮大。是年，裕华区域党组织发展到 9 个党支部，20 多个党小组，200 余名党员。

解放战争时期，大中镇、泰丰乡、恒丰乡、和瑞乡、阜丰乡、德丰乡、卯西镇、新丰镇、恒北乡、恒南乡、泰东乡、泰中乡、泰西乡、和南乡、和北乡、瑞南乡、瑞北乡、新团乡、新东乡、八东乡、南灶乡、爱邦乡、新港乡、烈士乡、朝荣乡、烈士（鼎万）乡、吉裕乡、元丰乡、文宝乡、晋广乡、中东村、地东村、晋丰村、福成乡、东南村、中南村、西南村、西北村、中北村、东北村、朝荣（天南）、天北乡、忠跃乡、裕西乡、团结（福丰）乡、联合（福南）乡相继恢复建立党支部。

1947 年 4 月，大中集解放，党组织逐步公开，党员由群众评功论过，然后登记。党员干部经受了锻炼，党的组织也得到发展。1949 年 10 月，大中区有支部 13 个，党员 519 人。

二、新中国成立后基层组织

1954 年 6 月，大中区撤销，大中镇改为县属镇，大中镇支部隶属县委直接领导。郊区农村二卯西河南党组织划属垦南区委领导，二卯西河北划属垦北区委领导。同时裕华区域二卯西河南党组织划属垦南区，二卯西河北划属垦北区。新团区域仍隶属堤东区。

1956 年起，随着行政机构的变更，基层组织的领导体制也相应变更，原乡镇党支部属区委领导。1956 年撤区并乡后，以高级农业生产合作社建立党支部，属乡镇党委领导。

1956 年 3 月，垦南、垦北两区合并成立大中区，大中镇郊区农村随隶大中区领导。10 月，撤区并乡,大中镇农村建立大中乡并设乡党委。高级社代替行政村,各社成立党支部,是时,大中乡有支部14个,党员525人。是年,县属大中镇成立镇党委,有支部6个,党员88人。

1956年10月,建立裕华乡,同时成立乡党委,下辖高级农业合作社支部23个,党员617人。

1957年5月,成立新团乡党委,下辖高级农业合作社支部15个,有党员350人,其中男性党员329人,女性党员21人。

1958年9月,实现人民公社化,大中乡、大中镇、南阳乡、裕华乡、新丰镇合并成立人民公社,公社设立党委会,农村成立生产大队,以生产大队为单位建立党支部,城区(大中镇)党委改设党总支(1960年改称大中镇大队党总支,机关、企业、场建立支部或小组)。是年,大道人民公社有党员2845人,其中预备党员75人,工业口党员51人,农业口党员2522人,交通邮电口党员27人,财贸口党员133人,文教、卫生口党员30人,机关团体党员82人。龙堤乡、新团乡合并成立新团卫国人民公社,时有党员714人,其中预备党员42人,农业口党员655人,财贸口党员22人,文教、卫生口党员10人,机关团体党员23人。

1959年3月,大中、南阳、裕华、新丰生产大队从大道人民公社划出。新团卫国人民公社划出龙堤生产大队另建人民公社,公社设立党委会,是时,裕华人民公社有29个党支部,783名党员。新团人民公社有21个党支部(含机关直属),520名党员。大道人民公社下辖20个党支部(不含机关直属)480名党员。

1960年11月,大道人民公社划出大中镇大队建立大中分社,成立分社党委,有支部10个,党员95人。1962年4月,大中分社改大中镇人民公社,公社成立党委会,直属县委领导,时有支部14个,党员125人。

1966年2月,大道公社二卯西河北的8个生产大队划出,成立大兴人民公社,并建立大兴公社党委会,下设8个党支部,其时大道公社党委会下设18个支部,大中镇党委会下设9个支部,裕华公社党委下设26个支部,新团公社党委下设19个支部。5月,"文化大革命"开始,造反派夺权,各级党政机构处于瘫痪状态,党组织停止活动。1970年9月后,党的组织生活逐步恢复。

1980年,大中镇、大道、阜丰一镇两社计有党支部69个,党员1666人;裕华人民公社计有党支部27个,党员1311人;新团人民公社计有党支部30个,党员892人。

1983年5月,大道人民公社、阜丰人民公社并入大中镇,实行镇管村新体制。新成立的中共大中镇委员会,下设总支2个,支部78个,有党员1795人。

2001年4月,新团镇并入大中镇。是年年底,大中镇有党支部(含二级党委、总支)110个,党小组345个,党员2259人。8月,王港乡并入裕华镇。年底,裕华镇有党支部(含二级党委、总支)56个,党员1558人。2003年,黄海、金丰街道办事处建立二级党委,村社区居委会建立党总支、党支部。

2010年,裕华镇并入大中镇。年末,大中镇党委有基层党组织71个,总支部25个,支部45个。建制村中有党组织90个,其中二级党委1个,总支部28个,支部61个。12个农民专业合作社中设党组织29个,其中总支15个,支部14个,全镇计有7168名党员。

1940—1970年中共大中镇基层组织状况表

表11-1-1　　单位:个、人

年份	党委	总支	支部	党员数	发展数	隶属关系
1940	—	—	1	6	—	东台县小海中心区委
1941	—	—	1	4	—	东台县垦区区委
1945	—	—	1	30	—	台北县大中区委
1946	—	—	1	126	95	台北县大中区委

续表 11－1－1

年份	党委	总支	支部	党员数	发展数	隶属关系
1947	—	—	1	19	—	台北县县委
1954	—	—	1	41	3	8 月大中镇划为县属镇
1955	—	—	1	60	9	大丰县委
1956	1	—	6	88	18	大丰县委
1957	1	—	6	87	—	大丰县委
1958	—	1	—	79	—	9 月大中镇划归大道公社管理
1959	—	1	7	84	—	大中大队建立总支隶大道公社
1960	1	—	10	95	—	11 月建立大中分社隶大道公社
1961	1	—	10	96	—	隶大道公社和县委双重领导
1962	1	—	14	125	—	4 月建立大中镇公社隶大丰县委
1963	1	—	9	128	—	大丰县委
1964	1	—	9	95	12	大丰县委
1965	1	—	—	124	29	大丰县委
1970	1	—	11	176	4	大丰县委

1971—1996 年中共大中镇基层组织状况表

表 11－1－2　　单位:个

年份	总支	支部	支部分布						
			工交 邮电	农水 气象	财贸 商业	科教 文卫	建筑公 共事业	机关 团体	其他
1971	—	11	4	2	1	1	—	1	2
1972	—	11	4	2	1	1	—	2	1
1974	—	12	4	3	1	1	—	1	2
1975	—	13	6	2	1	1	—	1	2
1976	—	14	7	2	1	1	—	1	2
1977	—	16	9	2	1	1	—	1	2
1978	—	15	9	2	—	1	—	1	2
1979	—	22	11	4	3	1	—	1	2
1980	—	24	12	4	—	2	3	1	2
1981	—	25	15	3	1	3	1	1	1
1982	—	28	12	3	4	4	1	1	3
1983	2	78	26	28	7	9	2	4	2
1984	4	79	28	28	5	9	2	5	2
1985	4	96	40	28	6	15	5	1	1
1986	4	92	29	28	7	15	5	7	1
1987	6	95	31	28	6	17	4	7	2
1988	4	98	31	29	6	17	6	7	2

续表 11 - 1 - 2

年份	总支	支部	支部分布						
			工交 邮电	农水 气象	财贸 商业	科教 文卫	建筑公 共事业	机关 团体	其他
1990	8	104	29	31	4	20	6	8	6
1992	8	108	31	31	5	21	9	8	3
1993	8	103	28	30	4	21	9	8	3
1994	8	110	29	28	5	20	10	11	7
1996	10	115	32	29	5	19	14	16	—

1997—2010 年中共大中镇基层组织状况一览表

表 11 - 1 - 3　　单位：个、人

年份	党委（二级）	总支	支部	农村			工商业			街道、社区			机关、事业单位		学校		其他	党员数
				二级党委	总支	支部	二级党委	总支	支部	二级党委	总支	支部	总支	支部	总支	支部		
1997	3	9	110	1	2	26	—	3	43	—	—	1	4	26	—	15	—	2207
1998	2	9	105	1	—	24	—	4	39	—	—	1	3	26	—	15	—	2195
1999	2	9	100	1	2	18	—	4	39	—	—	1	3	26	—	10	6	2177
2000	2	10	110	1	2	19	—	4	43	—	1	10	3	24	—	10	4	2259
2001	2	9	140	1	2	31	—	3	46	—	1	10	3	24	—	12	17	3457
2002	2	9	140	1	2	31	—	3	46	—	1	10	3	24	—	12	17	3493
2003	2	31	159	1	24	—	—	3	44	—	2	18	2	45	—	12	56	3700
2004	5	49	145	1	24	—	1	6	44	2	17	3	2	45	—	12	41	4096
2005	5	51	192	1	24	—	1	7	55	2	17	3	3	44	—	12	78	4513
2006	5	47	189	1	20	—	1	6	59	2	17	3	4	45	—	12	70	4546
2007	5	49	210	1	20	—	1	7	81	2	17	—	5	44	—	12	73	4774
2008	5	49	210	1	20	—	1	7		2	17	—	5	44	—	12	85	4870
2009	5	49	208	1	20	—	1	7	79	2	17	—	5	44	—	12	73	5129
2010	5	60	281	1	8	—	2	8	77	2	19	2	5	69	—	12	123	7168

1958 年 9 月，原垦区的大中、南阳、裕华、新丰及大中镇合并建立大道人民公社，同时建立大道公民公社党委。1959 年 3 月，南阳、裕华（五星）、新丰划出分别建立人民公社。1962 年 4 月，大中镇从大道公社划出建立县属大中镇。1966 年，大兴（阜丰）公社从大道公社划出，建立大兴人民公社。1983 年，大道、大兴人民公社并入大中镇。

1963—1982 年部分年份中共大道、阜丰(大兴)公社基层组织状况表

表 11－1－4　单位:个

名称	年份	总支	支部	支部分布						
				工交邮电	农水气象	财贸商业	科教文卫	建筑公共事业	机关团体	其他
大道公社党委	1963	—	21	—	18	1	1	—	1	—
	1978	—	23	5	13	2	2	—	1	—
	1980	—	27	8	13	3	2	—	1	—
	1982	—	29	11	11	3	3	—	1	—
阜丰(大兴)公社党委	1972	—	13	2	8	1	1	—	1	—
	1975	—	15	2	9	1	2	—	1	—
	1978	—	17	3	9	1	3	—	1	—
	1980	—	18	6	8	1	2	—	1	—
	1982	—	21	6	8	2	3	1	1	—

附:新团镇党的组织概况

1941 年,新四军二纵五团的童剑和中共东台城工委人员来新团地区筹建党组织,发展了周刚等 6 名党员,同时建立新团区域第一个党小组,周刚为组长,7 月建立第一个党支部。1941—1945 年期间,新团区域共建立 3 个党小组,37 名党员。1949 年,有基层支部 6 个,党员 250 名。1957 年 5 月,建立新团乡党委,下设 15 个党支部。1960 年,发展到 19 个党支部 398 名党员。2001 年,新团镇并入大中镇,下辖支部 44 个,党员 1091 人。

1949—2000 年部分年份中共新团镇组织状况表

表 11－1－5　单位:个

年份	项目	分布情况									
		合计	工业	交通运输邮电	基本建设	农林水利气象	财贸	文教卫生体育	科研	城市公用事业	机关
1949	基层党委	—	—	—	—	—	—	—	—	—	—
	总　支	—	—	—	—	—	—	—	—	—	—
	支　部	6	—	—	—	—	—	—	—	—	—
1950	基层党委	—	—	—	—	—	—	—	—	—	—
	总　支	—	—	—	—	—	—	—	—	—	—
	支　部	4	—	—	—	—	—	—	—	—	—
1960	基层党委	1	—	—	—	—	—	—	—	—	—
	总　支	—	—	—	—	—	—	—	—	—	—
	支　部	19	1	—	—	14	—	2	—	1	1

续表 11 -1 -5

年份	项目	分布情况									
		合计	工业	交通运输邮电	基本建设	农林水利气象	财贸	文教卫生体育	科研	城市公用事业	机关
1971	基层党委	1	—	—	—	—	—	—	—	—	—
	总　支	—	—	—	—	—	—	—	—	—	—
	支　部	22	2	—	—	16	—	1	—	2	1
1975	基层党委	1	—	—	—	—	—	—	—	—	—
	总　支	—	—	—	—	—	—	—	—	—	—
	支　部	27	3	1	—	17	—	2	—	3	1
1982	基层党委	1	—	—	—	—	—	—	—	—	—
	总　支	—	—	—	—	—	—	—	—	—	—
	支　部	30	5	1	1	17	1	3	—	1	1
1985	基层党委	1	—	—	—	—	—	—	—	—	—
	总　支	—	—	—	—	—	—	—	—	—	—
	支　部	33	5	1	1	16	1	5	—	2	1
1989	基层党委	1	—	—	—	—	—	—	—	—	—
	总　支	2	1	—	—	—	—	—	—	—	—
	支　部	39	10	1	1	17	2	5	—	3	1
1995	基层党委	1	—	—	—	—	—	—	—	—	—
	总　支	1	1	—	—	—	—	—	—	—	—
	支　部	40	10	1	1	18	2	5	—	3	1
2000	基层党委	1	—	—	—	—	—	—	—	—	—
	总　支	2	—	—	—	—	—	—	—	—	—
	支　部	46	12	1	1	22	2	5	—	3	1

附:裕华镇党的组织概况

1940 年 10 月,上级党组织派陈斐等 5 人来裕华开展民运,先后发展 5 名党员。1941 年春,裕华地区建立党支部,陈朝荣任支部书记,隶属中共东台县小海中心区委。1945 年 8 月,日军投降,裕华地区共有 6 个党支部,14 个党小组,120 余名党员。1948 年,发展到 9 个党支部,20 多个党小组,200 余名党员。1956 年 10 月,建立裕华乡基层委员会(1957 年 6 月,改称裕华乡委员会),是年,有 23 个党支部,617 名党员。2010 年,裕华镇并入大中镇,合并前有党组织 42 个,其中总支 13 个,支部 29 个,党员 1932 人。

1956—2009年部分年份中共裕华镇基层组织状况表

表 11-1-6　　单位:个

年份	项目	分布情况										
		合计	工业	建筑业	交通运输邮电	农牧水林渔	商饮物供仓储	文教卫生体育	科研	金融保险	国家党政机关团体	其他
1956	基层党委	1	—	—	—	—	—	—	—	—	1	—
	总　　支	—	—	—	—	—	—	—	—	—	—	—
	支　　部	21	—	—	1	19	—	—	—	—	1	—
1960	基层党委	1	—	—	—	—	—	—	—	—	1	—
	总　　支	—	—	—	—	—	—	—	—		—	—
	支　　部	27	1	—	—	20	3	1	—	—	1	1
1965	基层党委	1	—	—	—	—	—	—	—	—	1	—
	总　　支	—	—	—	—	—	—	—	—	—	—	—
	支　　部	26	1	—	—	18	3	2	—	—	1	1
1972	基层党委	1	—	—	—	—	—	—	—	—	1	—
	总　　支	—	—	—	—	—	—	—	—	—	—	—
	支　　部	24	4	—	—	15	3	1	—	—	1	
1975	基层党委	1	—	—	—	—	—	—	—	—	—	—
	总　　支	—	—	—	—	—	—	—	—	—	—	—
	支　　部	26	4	—	—	16	3	1	—	—	2	—
1980	基层党委	1	—	—	—	—	—	—	—	—	1	—
	总　　支	—	—	—	—	—	—	—	—	—	—	—
	支　　部	27	—	—	—	—	—	—	—	—	—	—
1985	基层党委	1	—	—	—	—	—	—	—	—	1	—
	总　　支	—	—	—	—	—	—	—	—	—	—	—
	支　　部	40	8	1	1	19	2	4	—	1	2	2
1990	基层党委	1	—	—	—	—	—	—	—	—	1	—
	总　　支	—	—	—	—	—	—	—	—	—	—	—
	支　　部	48	10	1	2	20	3	6	—	1	3	2
1992	基层党委	1	—	—	—	—	—	—	—	—	1	—
	总　　支	2	1	—	—	—	—	1	—	—	—	—
	支　　部	49	10	1	2	20	3	6	—	1	3	3
2000	基层党委	1	—	—	—	—	—	—	—	—	—	—
	总　　支	3	—	—	—	1	—	1	—	—	—	1
	支　　部	53	11	3	3	19	2	7	—	1	2	5
2005	基层党委	1	—	—	—	—	—	—	—	—	—	—
	总　　支	14	1	—	—	—	—	—	—	—	—	13
	支　　部	59	11	3	3	19	2	7	—	1	2	11
2009	基层党委	1	—	—	—	—	—	—	—	—	—	—
	总　　支	14	1	—	—	—	—	—	—	—	—	12
	支　　部	63	16	—	—	19	—	15	—	—	3	10

1940 年 10 月—1945 年 09 月大中、新团、裕华区域中共基层组织书记一览表

表 11－1－7

大中区域	书　记	新团区域	书　记	裕华区域	书　记
大中镇支部	朱道生　李克和	新团乡	顾龙喜	裕华乡	陈朝荣　王启良 朱天章　顾宗棋
大中镇秘密党支部	袁志湘　杨大德 明祖凡	八东乡	周　刚　周彩如 朱资存　常连山	烈士乡	顾宗棋
恒成乡	陈守才	南灶乡	朱雨祥	吉裕乡	黄朝贵　夏恒祥　曹发祥 张　锋　黄爱群　冯占明 黄泽元
恒附乡	刘文彪　蔡绍良(兼)			通遂乡	黄朝贵　蔡绍良　夏恒祥
泰和瑞乡	缺(乡长主持工作)			元吉乡	屠文彬　何选华
泰恒乡	陈守林			晋广乡	虞善卿　仲文宝
阜万乡	张善忠　蔡文明			福成乡	黄　云　高　峰　沈士良
阜裕乡	马　坚(兼)			中心(文宝)乡	仲文宝　吴明亮　陈志云
同德乡	陆丕祥			阜万乡	张善忠　蔡文明
四丰乡	马　坚(兼)			鼎裕乡	张　剑
				鼎万乡	马　坚
				阜裕乡	马　坚(兼)

1945 年 9 月—1949 年 9 月大中、新团、裕华区域中共基层组织书记一览表

表 11－1－8

大中区域	书　记	新团区域	书　记	裕华区域	书　记
大中镇	樊天石　卢明德　吴增庆 邱　德　刘志田　冯正东	新团乡	徐　章　陈长青　陈建英 蒋德和　邓德美	烈士乡	朱天章　顾希成　吴振邦 陈鉴人　陈德兴
泰丰乡	李正元　刘宝金　胡友德	新东乡	张　汉　智恒近　周松庆 周桂楼	朝荣乡	朱天章　顾宗伯　梁协康 严兆方　陈德昌
恒丰乡	单福余	八东乡	周德存　祁茂根　周旭章 朱贯存　朱贯英	烈士(鼎万)乡	张锦兰(女)　陈德昌
和瑞乡	吴　辉　唐　廉	南灶乡	顾桂银　王保太　王国桢 周旭和　朱月园　杨广培 倪生才(代)	吉裕乡	张　锋　黄泽元
阜丰乡	黄少书　臧志东　王书凤 陈奎如	爱邦乡	陈龙生　周雨道	元丰村	俞锦堂　肖恒友
德丰乡	朱宝贵　殷士明　丁天生 丁飞良　朱友良	新港乡	陈广玉　杨广培	文宝乡	陈志云
卯西镇	马荣贵			晋广乡	许林德　黄世和
新丰镇	杨海山			中东村	高步明
恒北乡	徐林旺　陈启富			地东村	陈志云　张叔樵
恒南乡	杭保龙　管春华			晋丰村	许可洪　戴元江　顾玉龙 陶德荣　陆风良　王长庚 张叔樵

续表 11－1－8

大中区域	书　记	新团区域	书　记	裕华区域	书　记
泰东乡	朱保友　胡友德　连广友			福成乡	高　峰　宍德华
泰中乡	沈继存　单俊山　戴朋寿			东南村	禹柏松
泰西乡	刘宝金　沈继存　沈文银			中南村	蒋德余
和南乡	李珍才　袁炳祥			西南村	周余英
和北乡	张成福　周龙树			西北村	杭长富
瑞南乡	金传喜　李增元　唐加明			中北村	顾汉民
瑞北乡	黄德龙　周焕文			东北村	许德发　李春富
				朝荣(天南)乡	严兆方　施元恺
				天北乡	徐竹凤
				忠跃乡	陆志云　杨雨霖　陆志云 陈绍先
				裕西乡	王德茂　陆思俊　施志高
				团结(福丰)乡	许德发　田少峰
				联合(福南)乡	李春富　王德安(代) 朱裕元

1949 年 10 月—1966 年 5 月大中、新团、裕华区域中共基层组织书记一览表

表 11－1－9

大中区域	书　记	新团区域	书　记	裕华区域	书　记
大中镇	冯正东　陆士伦　陆发奎	新团乡	邓德美　陈恒足　孙仕章 杨凤楼(代)	元丰乡	冯正书
德丰乡	朱友良　徐汉新	沿港乡	周桂楼　姜建云	晋丰乡	戴元仁　顾玉龙　陶德荣
阜丰乡	陈奎如　臧志东	八东乡	朱贯英(女)　周彩如 朱继兴	福丰乡	田少峰　许德发
泰西乡	沈文银	南灶乡	杨广培　倪生才	元吉乡	秦延奎
泰中乡	戴鹏寿　刘金宝	光明社	孙仕章　焦增旭	朝荣乡 (天南乡)	施元恺
泰东乡	连广友　胡友德	新团社	凌美生	天北乡	徐竹凤　朱献良
瑞南乡	金传喜	永久社	施汉生	裕西乡	施志高
瑞北乡	周焕文	新联社	朱桂生　蒋国生	忠耀乡	陈绍乡
和南乡	袁炳祥	长安社	徐兴　蒋高友	烈士乡	陈德新
和北乡	周龙树	河口社	姜建云	鼎丰乡	陈德新
恒南乡	管春华	北灶社	徐裕章　徐士道	万丰乡	陆思敬　施志高　陆守元 朱延贤
恒北乡	陈启富	同圣社	顾才信	民裕社	杨成叶　单汝仁　刘长德
泰丰乡	胡友德	兴隆社	朱继明	五星社	马德胜　陶德荣
和瑞乡	杨长友	建设社	倪生才	宝塔社	许玉山　顾玉龙　徐安友
恒丰乡	胡俊义　施爱卿　李益高	龙福社	杨广根	高潮社	许德发

续表 11－1－9

大中区域	书　记	新团区域	书　记	裕华区域	书　记
新民社	杨长友	老坝社	周培银	高产社	陆元庆　殷广龙
瑞丰社	许锦富	营南社	朱继兴	丰裕社	杨文秀　朱延贤
和瑞社	陈　刚	卫国社	朱文涛	努力社	周正海
刚强社	张广才	远景社	朱之存	兴旺社	沙念池　周正寿
超产社	顾芝银	光明中队	焦增旭(兼)　葛玉道　蒋德和	海防社	顾朝友　施元恺
合意社	单俊山	新团中队	凌美生	荣兴社	陈希高　龚朝良
双喜社	秦元龙	永久中队	施汉生	海丰社	高玉善　张贤林
美满社	王德贵	新联中队	蒋国生　束华荣　王福正	富裕社	龚朝良　张建如
长春社	江锦涛	北河大队	束必清(兼)	大兴社	陈汝生　陈凤祥
联盟社	沈继福	长安中队	徐　兴　蒋德和	天北社	张元才　董启良
大道社	董华义	河口中队	姜建云　傅仕安	裕华居	陆志祥
大新社	张汉龙	北灶中队	徐裕章	黎明社	迮广泉
新星社	陆彦其	同圣中队	顾才信　顾仁宽	解放社	陈召先
德西社	王保存	兴隆中队	朱继明(兼)	鼎中社	刘　英　顾炳文　张月才
新德社	潘保珍	建设中队	倪生才	友爱社	张广友
同德社	陈奎如	龙福中队	杨广根(兼)	晋丰中队	陶德荣
和瑞中队	张广才	老坝中队	周旭昌	福丰中队	许德发
泰丰中队	胡友德	营南中队	朱继兴	天南中队	施元恺
恒丰中队	陈志和	卫国中队	朱文涛(兼)	天北中队	张元才
阜丰中队	周启全	远景中队	朱之存	万丰中队	周正海
德丰中队	张汉龙	一心中队	夏虎山	鼎丰中队	杨文修
新民大队	杨长友　徐占江　范庆涛　杨喜年　丁宏俊	大兴中队	韦根庆(兼)	民裕大队	崔德明　刘长德　崔德明
和瑞大队	陈　刚　范庆涛　陈保才　黄冠伦　陈风仪	同裕中队	智百达	五星大队	陶德荣
刚强大队	张广才　季茂明　施竹林　黄永才	齐心中队	阮洪昌	宝塔大队	徐安友　陈德兴　蔡进之　赵汉英　石永山
红花大队	吴鸿安　张广才　吴国英	赤旗中队	韦福庆(兼)	高潮大队	许德发　张元才　陈风楼　丁永旺　施忠华　朱金生
超产大队	顾芝银　陈桂凯　吴玉风　卢日桂	东滩中队	蔡月生(兼)	高产大队	施忠华　鲁　斌　朱献良　杨国平
合意大队	单俊山　苏子文　陈桂富　许友风	永成中队	王广兴	丰裕大队	沈耀珍　贾仁琪　陈远春　徐志丰　龚明文
双喜大队	秦元龙　祁锦余	万众中队	陈　祥	努力大队	周正寿
美满大队	王德桂　朱德法　李益高　陈登山	大达中队	朱润保	兴旺大队	沙念池　高圣富　韦开元
长春大队	陈志和	联合中队	朱养林	海防大队	施元恺　顾志昌　叶荣国　张叔樵

续表 11－1－9

大中区域	书　记	新团区域	书　记	裕华区域	书　记
联盟大队	王德银　秦广祥　陈锦彩	永昌中队	季希根	荣兴大队	龚朝良　万丕祥　沈兆章
利民大队	陈永林	大团中队	曹长余	富裕大队	张建如　陆志芳　陆邦亮
阜南大队	杨德明　徐　泉　王全清 周启全　冷日早	韦灶中队	季希和	天北大队	张元才　陈凤祥　张元才 施惠祥
阜丰大队	杨德明　陈奎如　周启全 陈加生	光明大队	焦增旭　葛玉道　蒋德和 卢定高	海丰大队	张贤林　樊少其
阜北大队	王风杨　施雨田	新团大队	凌美生　焦增旭　张玉芳	太源大队	徐竹风　陈仕祥　顾兆奎
大新大队	张汉龙　陈国恒　张广才 王汉康	永久大队	施汉生　丁正才	裕华大队	陈根山　茅彦堂　周正海 王双喜
新星大队	陆丕祥　朱友成　李　朝 丁天然　季士章　张广才	新联大队	王福正　蒋德和　傅士安 顾仁宽	大兴大队	陈如生　杭长富　陈德兴
德西大队	王保存　邵荣安	长安大队	徐　兴　徐启林　张贤芳 胡文俊　王春友　蒋高友	解放大队	陈绍先　陈仕祥　宋丕华
新德大队	季自怀　陈　刚　尹国强	河口大队	姜福桂	鼎中大队	朱庭贤　周拜贤　顾炳文 李士干　黄宝瑜
同德大队	李益高　李如亮　宋加春 陈学富	北灶大队	徐裕章　徐士道	友爱大队	杨文修　余启英
蔬菜大队	陈金桂　顾志银　杨长友	同圣大队	束必清　顾才信	黎明大队	连广泉　陈永田
		兴隆大队	朱继明　施汉生　周焕章		
		建设大队	倪生才		
		龙福大队	周焕章　徐启林　陈正和 罗　静　祁茂开		
		老坝大队	周培银　周旭昌		
		营南大队	王继堂　朱继兴		
		卫国大队	王巧珠　陈友山		
		远景大队	蔡宛之		

1966 年 5 月—1976 年 10 月大中、新团、裕华区域中共基层组织书记一览表

表 11－1－10

大中区域	书　记	新团区域	书　记	裕华区域	书　记
新民大队	陈殿才　丁宏俊　徐占江	光明大队	卢定高　王存德	民裕大队	崔德明
和瑞大队	陈风仪　徐占江　季明安	新团大队	张玉芳　王金珠　卢定元	五星大队	陶德荣　张仕德
刚强大队	黄永才　王兴元　施正才	永久大队	丁正才　焦增旭	宝塔大队	石永山
红花大队	吴国英　高瑞俊　季希文(代)	新联大队	顾仁宽	高潮大队	朱全声
超产大队	卢日桂	长安大队	蒋高友　季明祥	高产大队	杨国平
合意大队	许友风　陈顾安	河口大队	姜福桂　姜福明	丰裕大队	龚明文
双喜大队	祁锦余　方云祥	北灶大队	徐士道	努力大队	周正寿　陆风星
利民大队	陈永田	同圣大队	顾才信	兴旺大队	韦开元

续表 11－1－10

大中区域	书　记	新团区域	书　记	裕华区域	书　记
蔬菜大队	杨长友　戴　祥	兴隆大队	周焕章　陈友元	海防大队	顾志昌　田永珠
果园场	王保美　唐国政（兼）　沈士元	建设大队	倪生才　陈友元　卢保富	荣兴大队	沈兆章　刘　华
美满大队	陈登山	龙福大队	祁茂开　焦永年	富裕大队	陆邦亮
长春大队	陈志和	老坝大队	周旭昌	天北大队	施惠祥
联盟大队	陈锦彩	营南大队	朱继兴　刘德保	海丰大队	樊少其
大新大队	王汉康	远景大队	蔡宛之　蔡干泉	太源大队	顾兆奎
新星大队	丁天然　张云友（代） 张加宽（代）　殷连山　朱存康	卫国大队	陈友山　周彩林	裕华大队	王双喜
德西大队	邵荣安　陈国凡（代）				
新德大队	尹国强　殷福全				
同德大队	陈学富　沈志龙（代）　卞云祥 殷连山				
阜南大队	冷日早　臧殿文				
阜丰大队	陈加生				
阜北大队	施雨田　张正林				

1976 年 10 月—1983 年 12 月大中、新团、裕华、区域中共基层组织书记一览表

表 11－1－11

大中区域	书　记	新团区域	书　记	裕华区域	书　记
城郊大队	戴　祥　沙竹根	光明大队	王存德　卢定元	元丰大队	崔德明　秦达明
同德大队	卞云祥　袁子庆	新团大队	卢定元　董维道	晋丰大队	张仕德　高步良
果园场	沈士元　倪诗珍　王信忠 陈金辉	永久大队	焦增旭　王文书　朱文美	晋北大队	徐善高　王洪举
新民大队	徐占江　陈殿才　阮桂元	新联大队	顾仁宽　焦增旭	福东大队	朱金声　蒋月琴
和瑞大队	季明安　季希林　王崇进	长安大队	季明祥　蒋高富	福丰大队	杨国平　卢昌宽
刚强大队	施正才　宋应恒	河口大队	姜福明	丰裕大队	龚明文　鲁志文
红花大队	季希文（代）　施正才	灶圩大队	董维道　王德荣	万丰大队	陆风星
超产大队	卢日桂　吴荣昌　方锦龙	同圣大队	顾才信　周知生	忠耀大队	韦开元　夏桂银 黄启贤（兼）
合意大队	陈顾安　许友风　陈如正	兴隆大队	陈友元	海防大队	田永珠（兼）　周俞信
双喜大队	方云祥　徐祥保	南灶大队	杨启珍	朝荣大队	刘　华　俞达官
利民大队	陈永田　臧殿松	建设大队	蔡干泉　卢保富	锦龙大队	陆邦亮　黄诚忠
美满大队	陈登山　盛俊友	龙福大队	焦永年　卢　锋（代） 杨桂山	天祥大队	施惠祥　赵文浩
长春大队	陈志和　徐兆云　许书高	老坝大队	陈兆和　葛德生	海丰大队	林汉斌　陆兆明
联盟大队	陈锦彩　高瑞俊（兼） 高尚宏	营南大队	刘德保　刘海芹	天北大队	浦龙根
大新大队	王汉康　黄益民	八灶大队	蔡干泉　陈友山　周利群	裕华大队	王双喜　朱金声

续表 11－1－11

大中区域	书　记	新团区域	书　记	裕华区域	书　记
新星大队	朱存康　曾长谷　杨德富				
德西大队	陈国凡　陈远江				
新德大队	殷福全　潘广明				
阜南大队	冷日早　臧殿勤				
阜丰大队	陈加生　陈国凡　臧恺堂				
阜北大队	张正林　陈书广　曾龙图				

1983—2010 年大中镇中共基层组织书记一览表

表 11－1－12

村　别	书　记	村　别	书　记	村　别	书　记
新民村	阮桂元　许立怀　施正才　殷长贵	和瑞村	王崇进　杨存崇　金加亮　陈安国	刚强村	宋应恒　钱培成　吴开忠　陈根生
红花村	施正才　施正兴　李怀根　高　峰	泰西村	方锦龙　王书华　王书华　吴永鹏	泰丰村	陈如正　沈荣根　严玉生　李兴干　施长华
双喜村	徐祥保　吴开保　王正荣　郁建玉　吴　诚　沈志平	利民村	臧殿松　金锡荣　王周斌　胡俊松　吴　诚　吴守信　徐　俊　胡　勇　周井江	恒北村	盛俊友　胡志烈　李兴干　季明德
恒丰村	许书高　郁正贵　钱学东　陈银龙　徐祥保	恒南村	高尚宏　刘风祥　卢日干	城郊村	沙竹根　陈国才　胡学高　王宣传　殷长贵
同德村	宋远坤　曹金冲(代)　朱　标(代)	果园场	王信忠　陈金辉　朱建平　沈士元　沈继俊　张成荣　陈洪泉	阜南村	臧殿勤　高长生　施连安　臧殿朋　吴永鹏　徐　俊
阜丰村	臧恺堂　李松林　管洪银　顾翠萍　沈建忠	阜北村	曾龙图　吴高银　郭爱林　陈世平　曾龙珠	大新村	黄益民　陈兆康　臧殿亮　沈天鹏　吴三素　施元忠
德丰村	杨德富　臧　顺　徐明高　葛善洪	德西村	陈远江　傅大松　宋国怀　余金龙　徐明高　吴亚文　葛善洪	新德村	潘广明　施正石　潘广华　陈志根
光明村	卢定年　焦恒昌	新团村	焦恒昌　邓翠华	老坝村	倪启芳
八灶村	朱桂芳　束洪方　卞友权	晋北村	马汝根	万丰村	高长飞
朝荣村	钱国民	丰裕居	董开生　杨建明　邢祖华	晋丰村	张忠勇
天祥村	赵汉斌	海丰村	卞俊富	元丰村	董正江
海防村	陈卫华	福丰村	吴新湘		

1983—2010 年新团、裕华区域中共基层组织书记一览表

表 11－1－13

新团镇	书　记	裕华镇	书　记
光明村	杨志和　潘志英　王存德　杨志和　蒋高银　顾仁明　卢定生　蒋高群　焦恒昌	元丰村	秦达明　葛诗明　单俊发　苏长立　吴春平　董正江
新团村	卢定元　董维道　张长道　柏龙群　卢定林　卢定年	晋丰村	高步良　黄　祥　张亚飞　张忠勇

续表 11－1－13

新团镇	书　记	裕华镇	书　记
永久村	朱文美　张延群　郭雨根　张才香　季自庚	晋北村	王洪举　徐宝祥　王卫东　孙文平
新联村	焦增旭　束红芳　顾西干　焦永鸿	福东村	蒋月琴　丁长福　吴胜明　施秉谦　顾建忠　张仕明
长安村	蒋高富　蒋德裕　蒋德云　袁宝祥　万营生　智通群　束华荣　杨桂银　丁天桂	福丰村	卢昌宽　连锦銮　刘志银　施向东　朱朝平　顾绍江　赵德兵　张　增
河口村	姜福明　束必生　韩桂生	丰裕村	鲁志文　杭金山　董开昌　陆德康　邢祖华　俞达官　丁士祥　董开生
灶圩村	王德荣　姜福才　周淮河　陈永国　周利绕	万丰村	陆风星　顾德明　刘伯兴　刘丕芝　高国民　陆锡康　周彩云　朱养德　高长飞
同圣村	周知生　刘正昌　王安珠	忠耀村	黄启贤　茅凤才　张学新　顾希富　周云昌　朱养德
兴隆村	陈友元　朱国太	海防村	周俞信　郁正泉　顾绍将　黄振新　杨建明　陈卫华
南灶村	杨启珍　朱友为　周利绕　陈占安　朱翠生	朝荣村	俞达官　龚　涛　刘裕平　钱国民
建设村	卢保富　周利桂　张正才　周彩情	锦龙村	黄诚忠　张雪周　蒋　钧　唐明林
龙福村	杨桂山　周明书　周彩情　杨兴亚　束洪方	天祥村	曹应康　王兴茂　曹香平　翟　平　赵汉斌
老坝村	葛德生　朱俊英　朱正林　倪启芳	海丰村	茅佩康　丁士祥　顾永飞　卞俊富
营南村	刘海芹　王祥珠　朱文达　徐美英　张才见　张正才	天北村	浦龙根　黄素祥　张见森　卞俊富
八灶村	周利群　朱丰亚　王永林　蔡龙昌　朱桂同　崔俊良　朱桂芳　束洪方　卞友权	裕华居	张鹤松　余广洪
		南新村	许成道
		王港居	李平芳

说明：1. 新团区域村书记任职至2001年。2006年8月，长安、河口、灶圩、同圣村划归开发区管理。2010年8月，南新村、王港居委会划归大丰港区管理，划出后书记任职未录入。
2. “代”指副书记主持工作。

第二节　代表大会

一、中共大中镇历届党代会

第一次党代会　1960年11月23日，大中分社召开第一届党代会，出席会议代表93名。大会选举沈志祥、吴伯昌、王振邦、高尚德、朱成章5人组成的第一届委员会，沈志祥当选为党委书记，并选举出席大道公社第四届党员代表大会代表43名。

第二次党代会　1962年4月13—14日召开，出席会议的代表71人。大会由沈志祥等10人组成主席团，大会代表听取和审查通过沈志祥代表上届委员会所作的工作报告，采取无记名投票的方式，选举沈志祥、王振邦、高尚德、王君义、陈文海、朱成章6人组成第二届委员会，选举沈志祥为党委书记；选举出王振邦、王君义、周广生、陈荣、黄兆龙5人组成的党的监察委员会，选举出席县第三届党代会代表5人。4月14日下午，会议一致通过中共大中镇第二届委员会《关于加强城镇工作的决议》。

第三次党代会　1965年8月5—10日召开。这次大会是在社教运动期间,大会传达贯彻县委关于"全民动员起来,以防汛排涝为中心,动员各行各业,从人力物力支援农业生产,争取秋熟作物全面大丰收"的指示;听取审查上届镇党委的工作报告,讨论镇第二个五年计划,落实1965年下半年的工作任务,选举产生由徐泽民、王振邦、唐国政、秦友礼、黄圣江、韦政6人组成的第三届委员会;选举徐泽民为党委书记;选举出由王振邦、秦友礼、韦政、黄圣江、陈建5人组成的监察委员会。

第四次党代会　因资料缺失,无法查找。1966年"文化大革命"开始时,大中镇党委尚能开展工作。1967年,因领导受冲击而被迫停止行使职权。1968年4月,经大丰县革命委员会〔68〕大革组字第002号文件批准,成立大中镇革命委员会。由王振邦、黄圣江、唐国政等17人组成,王振邦任主任。

第五次党代会　1970年9月4日召开,到会代表113人。会议听取镇革委会副主任李万春作的《对筹建新党委的情况以及选举新党委的意见和方法》的报告;采取无记名投票的方法,选举李万春、顾长宏、唐国政、胡琴、顾云鹏、戴祥、胡明群、姜达进、王振邦9人为镇党委委员;选举李万春为党委书记;选举出席县第四次党代会代表7名。

第六次党代会　1973年7月1日召开,出席会议代表57名,代表们听取革委会副主任顾长宏所作的《关于这次党代会的筹建工作情况汇报》,听取党委书记孟昭楼作的上届党委工作报告,选举孟昭楼、李怀棠、徐金华、顾长宏、胡琴、顾云鹏、唐祥珍、戴祥、胡明群、姜达进10名委员组成中共大中镇第六届委员会,孟昭楼当选为党委书记。

第七次党代会　1983年5月,大道人民公社、阜丰人民公社、大中镇合并成立大中镇。10月7—19日,召开中共大中镇第七届党代会,出席大会代表198名,大会听取和审议党委书记李声源代表上届党委会所作的关于《加强和改善党的领导,把党建设成为领导社会主义现代化建设的坚强核心》的工作报告,以无记名投票的方式选出李声源、张季方、秦友礼、朱芝林、朱龙海、陆福庆、陈荣产、沈永涛、吴玉兰9人组成中共大中镇第七届委员会。

第八次党代会　1986年8月29—30日召开,出席大会代表198名。大会听取和审议李天安代表镇党委所作的题为《坚持改革,加强党的建设,围绕"七五"目标,为振兴大中经济而团结奋斗》的工作报告;大会审议七届委员会的《关于党费收缴和管理情况的报告》;大会通过《关于党委工作报告的决议》和《关于加强基层组织建设的决定》;以无记名投票的方式选出李天安、朱芝林、朱龙海、陈永和、陆福庆、秦友礼、黄汉祥、颜建英、陈荣产9人组成中共大中镇第八届委员会;同时选举出席县六届党代会代表21名。李天安当选为党委书记。

第九次党代会　1989年9月28—29日召开,出席大会代表197人。大会听取和审议朱绵代表镇党委所作的题为《认真落实四中全会精神,切实抓好四件大事,夺取改革和建设的新胜利》的报告,大会审议张桢代表八届委员会作的《关于党费收缴、管理情况》的报告;听取和审议黄汉祥代表镇纪委的工作报告;选举产生中共大中镇第九届委员会,由朱绵、孙长林、张桢、陆福庆、陈栋、陈荣产、宗淦、周善辉、黄汉祥9人组成;选举产生沈永涛、张桢、张志康、陆福庆、周银官、黄汉祥、蔡文斌7人组成中共大中镇纪律检查委员会;选举产生出席中共大丰县第七次代表大会代表21名,朱绵当选为镇党委书记,黄汉祥当选为纪委书记。

第十次党代会　1992年11月9—10日召开,出席大会代表200名,大会听取并审议朱绵代表镇党委所作的《全面贯彻党的十四大精神,夺限改革开放和经济建设的新胜利》的报告,听取和审议黄汉祥代表镇纪委所作的纪检工作报告;选举产生中共大中镇第十届委员会,由朱绵、周善辉、陈荣产、陈栋、黄汉祥、张桢、陆福庆、宗淦、孙长林9人组成,中共大中镇纪律检查委员会由沈永涛、张桢、周银官、黄中一、黄汉祥、蔡文斌6人组成;选举产生出席中共大丰县第八次代表大会代表21名。朱绵当选为镇党委书记,黄汉祥当选为镇纪委书记。

第十一次党代会　1995年12月20—21日召开,出席大会代表200名。大会听取并审议沈卫东代表镇党委所作的《团结拼搏,奋力争先,再造新优势,创造新业绩,为建设文明富裕的新大中而努力奋斗》的报告，听取审议束必隆代表镇纪委所作的纪检工作报告；选举产生中共大中镇第十一届委员会，由张正林、束必隆、沈卫东、宋建英、张桢、孙长林、陈勇、陈国章、施正兴9人组成，沈卫东当选镇党委书记；选举产生中共大中镇纪委，由束必隆、宋建英、张志康、陈勇、陈浩、陈凤乔、周银官7人组成，束必隆当选为镇纪委书记。

第十二次党代会　1999年元月19—20日召开，出席大会的代表150名。大会听取和审议陈相凤代表上届党委会所作的工作报告，听取和审查沈文静所作的《纪律检查委员会工作报告》。大会选举陈相凤、吴家祥、王周斌、何永昌、陈勇、陈浩、沈文静、陈卫东、施正兴9人组成中共大中镇第十二届委员会。在召开的第一次全体会议上陈相凤当选为党委书记，吴家祥、王周斌、何永昌、陈勇为党委副书记，沈文静当选为中共大中镇纪律检查委员会书记。

第十三次党代会　2002年3月28日召开，出席大会的正式代表193名，实到会代表184名。大会听取吴家祥代表上届党委会作《与时俱进创新业，跨越发展争一流，为实现“十一五”翻一番，建设新大中目标而努力奋斗》的工作报告；沈文静代表上一届纪委作《实践“三个代表”思想，履行纪律检查职能，坚定不移地推进廉政建设和反腐败斗争》的工作报告；选举产生中国共产党大中镇第十三届委员会，选举产生新一届中国共产党大中镇纪律检查委员会，吴家祥、王周斌、王和生、张遇春、高军、袁兴平、陈浩、沈文静、陈卫东、周洪林、杨正峰、顾云彬12人组成中共大中镇第十三届委员会，吴家祥当选为书记，王周斌、王和生、张遇春、高军、袁兴平、陈浩6人当选为副书记；选举产生中共大中镇纪律检查委员会，由杨正峰、沈文静、张建林、陈卫东、夏碧君5人组成，沈文静当选为镇纪委书记。

第十四次党代会　2006年3月19日召开，出席大会正式代表159名，实到会代表154名。大会听取王周斌代表上届党委会作《解放思想快发展，争当盐阜第一镇，为在全市率先全面建成小康社会而努力奋斗》的工作报告，孙素芳代表镇纪律检查委员会作《认真履行职责，加大防腐力度，深入推进党的廉政建设和反腐败工作》工作报告；选举产生中国共产党第十四届委员会，王周斌、董坤、张遇春、陈浩、李实业、杨正峰、孙素芳、顾云彬、周荷凤9人当选中共大中镇委员会委员，王周斌当选为书记，董坤、张遇春当选为副书记，孙素芳当选为中共大中镇纪律检查委员会书记，张建林当选为副书记。

第十五次党代会　2011年2月19日召开，出席会议的正式代表166名，实到会代表160名。大会听取董坤代表上届党委会作《抢抓机遇，乘势而上，开拓奋进，共绘蓝图，为勇当盐阜第一镇，建设幸福大中而奋斗》的工作报告；何菊代表镇纪律检查委员会作《认真履行职责，坚持惩防并举，为勇当盐阜第一，建设幸福大中提供坚强保证》的工作报告；审议镇党委关于《党费收缴管理的工作情况报告》（书面）；选举产生中国共产党大中镇第十五届委员会，成晓驹、朱晓春、杨正峰、何菊、沈刚、陈卫东、陈卫忠、陈学根、周荷凤、赵长春、董坤11人当选为中共大中镇第十五届委员会委员，董坤当选为党委书记，沈刚、杨正峰、陈学根当选为副书记，何菊当选为中共大中镇纪律检查委员会书记。

新中国成立后中共大中镇党委历届书记、副书记一览表

表11－2－1

组织名称	时　间	职　务	姓　名	任　期
大中镇支部委员会	1949.10—1954.8	支部书记	冯正东	1949.10—1950.02
			陆士伦	1949.10—1951.07
			陆发奎	1951.07—1954.08

续表11-2-1

组织名称	时　间	职　务	姓　名	任　期
大中镇委员会	1954.8—1958.9	书　记	徐亚康	1954.08—1955.12
			沈广兴	1956.08—1957.11
		副书记	陆发奎	1954.08—1956.07
			殷连山	1956.10—1958.09
大中镇大队总支委员会	1958.9—1960.11	总支书记	陆发奎	1958.09—1960.11
大中分社委员会	1960.11—1962.4	书　记	徐长明	1960.11(未到职)
		第一书记	沈志祥(兼)	1960.11—1962.04
		第二书记	吴伯昌(兼)	1961.11—1962.04
		副书记	王振邦	1961.08—1962.04
大中镇人民公社委员会	1962.4—1965.7	书　记	沈志祥	1962.04—1965.07
		副书记	王振邦	1962.04—1965.07
大中镇委员会	1965.7—1966.5	书　记	徐泽民	1965.07—1966.05
		副书记	王振邦	1965.07—1966.05
	1970.9—1983.5	书　记	王振邦	1970.09—1971.08
			李万春	1971.08—1973.06
			孟昭楼	1973.06—1975.11
		代书记	顾太余	1975.11—1976.06
		书　记	顾太余	1976.06—1977.06
			郁建民	1977.06—1980.10
			邓斌成	1981.01—1982.05
			高才旺	1982.05—1983.05
		副书记	李万春	1970.09—1971.08
			李怀堂	1972.02—1976.06
			黄守忠	1976.06—1979.05
			俞文达	1979.05—1983.05
	1983.6—2010.12	书　记	殷永宽	1979.05—1983.05
			秦友礼	1980.03—1983.05
			李声源	1983.06—1984.01
			李天安	1984.02—1988.12
			朱　绵	1988.12—1995.06
			沈卫东	1995.06—1996.08
			陈相凤	1996.08—1999.08
			吴家祥	1999.08—2003.02
			王周斌	2003.02—2007.01
			董　坤	2007.02—2015.1
			沈　刚	2015.02—今

续表 11 - 2 - 1

组织名称	时　　间	职　　务	姓　名	任　　期
大中镇委员会	1983. 6—2010. 12	副书记	秦友礼	1983. 06—1987. 10
			张季方	1983. 06—1986. 07
			朱芝林	1983. 06—1987. 10
			陈荣产	1987. 02—1994. 02
			刘伯森	1988. 05—1989. 04
			陈　栋	1989. 03—1995. 08
			周善辉	1989. 04—1994. 12
			沈卫东	1992. 12—1995. 05
			张正林	1994. 02—1998. 12
			张　桢	1995. 12—1997. 04
			孙长林	1995. 12—1996. 03
			卞文乐	1996. 09—1998. 12
			高永福	1997. 04—1998. 12
			夏继永	19970. 4—1998. 03
			吴家祥	1998. 12—1999. 08
			王周斌	1997. 04—2003. 02
			何永昌	1998. 12—2001. 12
			陈　勇	1998. 12—2001. 12
			王和生	2001. 04—2006. 01
			张遇春	2001. 04—2009. 02
			袁兴平	2001. 12—今
			陈　浩	2001. 12—2006. 01
			高　军	2001. 04—今
			顾汝中	2001. 04—2001. 09
			董　坤	2003. 02—2007. 02
			杨　春	2003. 04—2005. 09
			姜正平	2003. 08—
			李实业	2005. 03—2007. 03
			沈　刚	2007. 04—2014. 02
			席　刚	2008. 09—今
			陈学根	2009. 02—今
			杨正锋	2009. 02—今
			刘兴宏	2009. 12—今

1956—2010 年大中镇党委部门负责人更迭表

表 11－2－2

部　门	姓　名	任职时间
组织委员	殷连山	1956—1958
	秦友礼	1960—1966
	陈恒岚	1966—1972
	唐祥珍	1972—1976
	魏　元	1976—1981
	朱龙海	1981—1989
	施　忠	1984—1989
	张　桢	1989—1995
	陈　勇	1995—2002
	陈　浩	2002—2006
	杨正峰	2006—2009
	朱晓春	2009—2010
纪监委员（书记）	高守惠（兼）	1956—1964
	王振邦（兼）	1970—1971
	周彩情	1979—1983
	沈永涛	1983—1995
	施　忠	1983—1984
	朱芝林（兼）	1984—1987
	黄汉祥（兼）	1984—1995
	张建林（监察室主任）	1994—2010
	束必隆	1995—1999
	沈文静	1999—2004
	孙素芳	2006—2010
	何　菊	2010—2010
统战委员	周荷凤	2010—2010

部　门	姓　名	任职时间
宣传委员	奚玉美	1956—1957
	秦友礼	1957—1958
	陈恒岚（兼）	1966—1971
	黄婉芳	1971—1980
	陈文曙	1980—1981
	肖永美	1981—1982
	王长耕	1982—1983
	陆福庆	1983—1994
	宋建英	1994—1999
	陈卫东	1999—2002
	周荷凤	2002—2010
党委秘书（党政办主任）	胡长春	1956—1957
	杨德成	1957—1959
	王海平	1960—1965
	朱绍春	1965—1969
	房根余	1969—1972
	倪　军	1973—1975
	陈元礼	1975—1978
	郁秀琴	1979—1981
	陈文曙	1981—1982
	倪桂英	1983—1985
	陈永和	1985—1989
	孙长林	1989—1992
	卢春桃	1992—2000
	聂坤雷	2000—2003
	顾广荣	2003—2008
	卢春桃	2008—2010

二、撤销的公社（镇）代表大会简况

大道公社 1958 年 12 月召开第一届党代会，至 1982 年 6 月召开十届党的代表会议，其中第二届、第三届因档案资料，无法查找。

阜丰（大兴）公社 1966 年 3 月至 1982 年 6 月共召开 4 次党的代表会议。

新团镇（人民公社、乡）1959 年 4 月至 1999 年 1 月召开 12 届代表大会，第十届资料遗失。

裕华镇（人民公社、乡）第一届、第二届、第三届资料遗失。1962 年 4 月召开第四届党的代表会议，至 2006 年 3 月召开十四届党的代表会议。

大道、大兴(阜丰)、新团、裕华历届党代会情况表

表11－2－3

单位	届数	召开时间	代表人数	党委书记(第一书记)	副书记	纪监委书记	党委委员
大道人民公社	第一届	1958.12.16	953	郁建民	蔡国范　丁天生　徐兆俊　张广和　沈国铨　高守惠　梁建文　杜龙斌	杨德成	王能元、冯德咸、施志高、殷汉民、殷干臣、朱云高、陈监仁、冯建平、陆发奎、龚士声、董华义
	第四届	1960.12.07	161	郁建民	高守惠　梁建文　殷永宽　张叔樵　吴伯昌		许安山、沈志祥、殷永宽、严志诚、陆士成、王凤扬、陈　刚、范仲恩、季保根
	第五届	1962.03.31	250	郁建民	许安山　高守惠　梁建文		王海平、沈志龙、陈应壬
	第六届	1965.06.29	140	郁建民	单鸿江　马永宏　丁宏俊	陈应壬	单宏江、史长美(女)、陆士成、朱桂茂、李湘和、陈应壬、沈则民、季士章
	第七届	1966.03.12	124	朱士高	单鸿江　马永宏　丁宏俊	高守惠(兼)	单宏江、胡国安、马永宏、史长美(女)、王泉清、李湘和、卢日桂、丁宏俊
	第八届	1970.06.09	252	宋一强	史长美(女)		陈学广、陈培良、王仲民
	第九届	1973.04.23	157	宋一强	张季方		史长美(女)、张季方、王　英、陈泽华、仓　海、谢天霖、王泉清、彭　涛、陈学广、卢日桂、丁宏俊、陈志和
	第十届 一次	1982.05.10	109				
	第十届 二次	1982.06.24	109	朱士高	徐瑞荣　杨德忠	沈永涛	杨德忠、徐瑞荣、高瑞俊、沈永涛、黄锦成、赵永鑫、耿翠盈(女)
大兴(阜丰)	第一届	1966.03.13	218	高步桂	仓海　殷连山	殷连山	陈应壬、朱桂茂
	第二届	1970.06.18		俞文达	高步桂		朱桂茂
	第三届	1972.05.04	140	俞文达		王兴家	沈浩、房根余、张国栋、
	第四届 一次	1982.05.10	62				陈元礼、施　忠、王仲球、张国栋、卞文乐、
	第四届 二次	1982.06.14		陆燕池(女)	韦桂和	施忠	卞文乐、王桂成、沈长进、吴玉兰(女)、韩导勤
新团人民公社(乡镇)	第一届	1959.04.24	125	张德清	徐兆元　蔡进之	徐兆元(兼)	罗　静、韦桂和
	第二届	1960.03.20	116	徐亚康	张贤芳　丁正富	徐兆元(兼)	韦桂和、罗　静
	第三届	1962.04.05	116	徐亚康	丁正富	徐兆元(兼)	葛玉道、韦桂和、张贤芳
	第四届	1966.04.03	121	高明德	朱明桂　蒋高友	陈凤藻	韦桂和、倪文才、董经海、智恒余、蔡永华
	第五届	1970.07.15	96	蔡荣浩　陈如祥	徐洪俊		韦桂和、倪文才、董经海、蔡永华、张长青、蒋高友、王玉成、顾仁宽
	第六届	1973.04.19	105	常春富	陈　翔　施友道　董培寿		王奎山
	第七届	1982.08.25	98	孙伟石	董培寿　商传友	曹雪根	王奎山、陆本祥、杨兆鸿

续表 11－2－3

单位	届数	召开时间	代表人数	党委书记(第一书记)	副书记	纪监委书记	党委委员
新团人民公社(乡镇)	第八届	1986.07.29	94	孙伟石	商传友　束扣珠　曹雪根	丁伯高	倪鲁冰、景圣云(女)、朱继海
	第九届	1989.09.25	120	王志祥	束扣珠　沈锦福　葛中银	丁伯高	桑玉祥、朱继海
	第十一届	1995.12.26		韦　新	蒋高友　王克华　武炳光　夏继勇	陆元昌	王克华、吴明良、姜福才、夏继勇、顾仁泽、戴　君
	第十二届	1999.01.20		武炳光	王和生　张遇春　顾汝中　高　军	陆海滨	王柏生、吴明良、沈明智、张遇春、顾仁泽、顾汝中、顾洪林
裕华人民公社(乡镇)	第三届	1959.03.22					
	第四届	1962.04	218	张玉堂	梁建文	徐兆元(兼)	李士干、周绍襄、李才忠、张叔樵、施志高、陈恺和、任殿文、蔡进之、陈风楼、俞文达、高圣富、朱献良、孙保岚
	第五届	1970.06.13	378	高明德	吴　辉		吴振美、陈恺和、陈德兴、朱金声、周正寿、田永珠(女)、李增庆
	第六届	1973.05.22	248	高明德	陈恺和　陈宏发		吴振美、韦进元、张裕成、高树岚、周绍才、田永珠(女)、陈德兴、周正寿、朱金声
	第七届	1982.04.30	137	董维善	徐善高　李生根　黄裕康	周绍元	柏成法、田永珠(女)、吴启明、施　斌、陈忠祥
	第八届	1986.08.29	165	黄裕康	田永珠　房根同　陈　琮	周绍元	李元龙、沈加冲、侯民龙、陆志明
	第九届	1989.10.06	160	黄裕康	房根同　李亚仁　方云友	倪桂英	王锦涛、沈加冲、侯民龙、倪桂英(女)
	第十届	1992.10.20	180	方云友	田永珠　李国华　秦达明	倪桂英	沈加冲、张锦生、陆志明、侯民龙
	第十一届	1995.12.20	177	冯永岚		殷建新	卢昌宽、朱兴江、许忠岳、张锦生、陆志明、陈新明、单干情
	第十二届	1999.01.19	147	朱学忠	蔡　宁	陈　德	仇宏伟、施德明、殷建新、单干情、陈耀忠、许忠岳
	第十三届	2002.03.26	137	蔡　东	蔡　宁　陈书岷	陈　德	蔡　宁、殷建新、钱　江、陈耀忠、陈根生、陈书岷、陈元春、陈　梅、吴祥明
	第十四届	2006.03.18	127	徐国祥	王正清	吉建平	王正清、沈卫兵、陈卫忠、陈邑新、陈根生、单干情、裔春婷

说明：1. 书记、副书记、纪监书记、党委委员均指换届选举，非选举期间调入的未列

2. 大道第十届、阜丰(大兴)第四届第一次均未选举，第二次会议进行换届选举

3. 党委委员、纪监委书记部分年度因资料缺失，记载不全

第三节　党员队伍

革命战争年代，都是秘密发展党员，要求政治上可靠，保守党的秘密，在工人贫雇农中发展。1940年，大中集仅有一个党支部，6名党员。1945年，发展到30名党员。新中国成立后，党的组织由秘密变为公开，党员条件也发生变化，党组织发展加快，到1956年，大中镇已有6个支部，88名党员。1962年发展到14个支部，125名党员。"文化大革命"前，强调在劳动模范、贫下中农出生的优秀青年中发展党员，"文化大革命"中一度停止（1969年恢复发展）。"文化大革命"后，不唯成份论，重在政治表现。1981年，大中镇有27个支部，338名党员。1983年大道、大兴并入大中镇后，大中镇设总支4个，支部79个，党员1865人。是年，发展新党员67人。改革开放后，镇党委加强对发展党员的领导，积极慎重地发展新党员。坚持党员标准，有领导、有计划地发展，把各行各业生产第一线骨干作为发展的重点。2004年以后，又注重在新经济组织、新社会组织中建立党的组织，发展党员。至2010年，大中镇有党员7168名，其中预备党员114名。

年龄结构　革命战争年代，发展党员不强调年龄。新中国成立后，逐步要求年青化。1971年，全镇有党员176名，其中35岁以下党员57名，占32.39%；36～45岁的党员101名，占57.39%；46岁以上党员18名，占10.23%。改革开放后，强调培养"四化"干部，2010年，在7168名党员中，35岁以下党员有1017名，占14.19%；32～45岁党员1140名，占15.9%；46～54岁党员1354名，占18.89%；55～59岁961名，占13.41%；60岁及以上2696名，占37.61%。

文化程度　革命战争年代，发展党员不强调文化程度。新中国成立后，随着社会文化程度的普遍提高，党员也随着提高。1971年，全镇176名党员中大学文化程度党员2人，占1.14%；高中（含中专）文化程度4人，占2.27%；初中文化程度40人，占22.72%；小学文化程度129人，占73.3%。改革开放后，强调在四有青年中发展党员，党员文化程度向高学历方向发展。2010年，全镇7168名党员中有研究生学历的党员7人，占0.1%；大学本科的408人，占5.69%；大学专科的1053人，占14.69%；中专742人，占10.35%；高中（含中技）1782人，占24.86%；初中及以下3176人，占44.31%。

职业分布　1971年，大中镇176名党员中，邮电工交口65人，农水气象口39，科教文卫口8人，财贸口26人，机关单位24人。1983年，1795名党员中，邮电工交口214人，农水气象口1115人，科教文卫口165人，财贸口74人，机关公共事业单位227人。2001年，3457名党员中，公有制经济单位707人，非公有制经济单位574人，农牧渔民1629人，离退休人员456人，其他91人。2010年的7168名党员中，公有经济单位中有党员1113名，占党员总数的15.27%；非公有经济单位有1701名，占党员总数的27.73%。全镇党员主要分布于农技渔业2651名，占36.98%，非农经济组织职工1316名，占18.36%，其次离退休人员1608名，占22.43%。

2010年，能够按时按标准交纳党费的党员7168名。企事业、民办非企业单位党员中担任高级专业技术职务的3名。担任中级专业技术职务的113名，其中女性27名。担任初级专业技术职务的200名，其中女性43名，35岁及以下的4名。

1971—1996年大中镇党员状况表

表11－3－1　　单位：人

年份	党员总数		发展数	年龄						文化程度					职业分布						
	合计	其中妇女		25岁以下	26至35岁	36至45岁	46至55岁	56至60岁	61岁以上	大学	高中中专	初中	小学	文盲	工交邮电	农水气象	科教文卫体	财贸	基建公共事业	机关	其他
1971	176	39	—	5	57	101	13	—	—	2	4	40	129	1	65	39	8	26	—	24	14
1972	198	48	3	3	62	77	39	12	5	2	4	49	128	15	64	47	9	34	—	28	16
1973	197	57	—	3	66	74	42	6	6	—	—	—	—	—	54	46	8	16	—	30	43
1974	211	62	3	6	71	65	15	34	20	—	—	—	—	—	54	55	10	38	—	32	22
1975	214	63	2	11	73	115	15	—	—	—	—	—	—	—	66	50	9	38	—	32	19
1976	213	60	7	14	64	113	22	—	—	—	—	—	—	—	89	55	10	6	—	38	15
1977	215	62	4	14	56	120	21	—	4	—	—	—	—	—	63	51	8	36	—	38	19
1978	194	56	—	16	47	110	21	—	—	—	17	60	93	24	74	56	11	2	—	33	18
1979	296	90	8	25	71	168	32	—	—	7	42	98	109	40	76	106	39	22	—	32	21
1980	310	89	—	25	88	94	79	—	24	9	54	99	134	14	82	105	43	6	—	45	29
1981	388	98	7	49	95	104	99	21	20	12	74	159	107	36	122	98	46	11	—	32	79
1982	357	96	3	21	97	110	103	—	26	11	84	120	110	32	82	98	50	34	7	48	38
1983	1795	218	32	73	181	270	497	560	214	24	314	458	784	215	214	1115	165	74	40	187	—
1984	1865	249	67	67	168	824	424	156	226	59	357	512	740	197	385	1080	200	86	45	49	20
1985	1865	244	61	67	168	271	543	580	236	59	357	512	740	197	385	1080	200	96	35	49	20
1986	1856	302	37	79	211	749	213	376	228	56	399	518	718	165	319	1049	218	81	36	132	21
1987	1911	309	50	88	481	502	385	183	272	89	527	528	624	143	328	928	267	131	69	164	24
1988	1964	379	41	58	497	584	428	160	237	38	448	631	676	171	408	983	193	71	74	155	79
1989	1990	328	10	22	370	597	441	229	331	59	436	667	598	230	663	965	116	25	—	121	100
1990	2028	346	36	46	249	610	457	212	354	76	497	633	595	227	694	967	116	25	—	131	95
1991	2044	362	30	22	330	632	443	248	369	87	537	594	607	219	712	930	142	25	—	125	110
1992	2074	374	33	21	338	660	444	245	366	86	562	605	605	216	719	943	142	25	—	147	98
1993	2088	1701	32	20	261	605	568	206	428	94	585	613	589	207	730	955	145	25	—	147	86
1994	2133	399	34	32	249	630	553	213	456	87	562	717	561	206	697	981	193	15	4	156	87
1995	2185	407	39	33	251	616	586	207	492	121	595	714	570	185	720	998	193	15	5	165	89
1996	2156	403	42	26	247	613	584	203	483	136	633	698	523	166	946	905	56	32	5	54	138

1997—2010 年大中镇党员状况表

表 11－3－2 单位:人

年份	党员总数		发展数	年龄					文化程度						职业分布					
	合计	其中妇女		35 岁以下	36 至 45 岁	46 至 54 岁	55 至 59 岁	60 岁以上	研究生	大学本科	大学专科	中专	高中、中技	初中及以下	公有经济单位	非公有经济单位	农牧渔民	离退体人员	新的社会阶层	其他
1997	2207	417	44	362	584	531	235	495	—	21	133	205	483	1365	510	493	1023	134	5	42
1998	2195	418	39	274	515	652	225	529	—	27	142	232	472	1322	475	459	1028	211	6	16
1999	2177	421	42	284	521	629	222	521	—	29	165	232	480	1271	478	443	1031	213	4	8
2000	2259	442	44	312	500	645	261	541	—	31	207	251	509	1261	490	467	1050	228	9	15
2001	3457	608	57	432	749	876	449	951	—	42	331	339	728	2019	707	574	1629	456	57	34
2002	3493	624	50	446	761	884	451	951	—	46	342	326	713	2066	691	469	1636	453	59	185
2003	3700	678	52	433	711	914	504	1138	—	50	395	372	809	2074	692	458	1642	447	63	398
2004	4096	751	44	496	747	1005	560	1288	—	74	462	424	933	2203	696	758	1700	469	63	410
2005	4513	847	83	560	806	1085	618	1444	—	99	539	460	1076	2339	692	626	1757	699	66	673
2006	4546	921	87	559	841	1029	614	1503	1	122	591	490	1125	2217	715	645	1530	864	65	727
2007	4774	990	70	594	904	979	634	1663	2	156	644	517	1179	2276	740	719	1536	921	74	784
2008	4870	1019	76	594	871	990	622	1793	6	185	679	519	1191	2290	710	1358	1707	1087	2	6
2009	5129	1135	82	737	905	974	644	1869	5	279	766	546	1277	2256	787	1442	1721	1179	—	—
2010	7168	1580	85	1017	1140	1354	961	2696	7	408	1053	742	1782	3176	1113	1701	2651	1608	—	95

2010 年大中镇党员分布基本情况表

表 11－3－3 单位:人

项目		总数	预备党员	女	少数民族	年龄				
						35 岁及以下	36 岁至 45 岁	46 岁至 54 岁	55 岁至 59 岁	60 岁及以上
总计		7168	114	1580	2	1017	1140	1354	961	2696
一、在岗职工		2814	67	707	2	645	810	857	490	12
公有经济单位	合计	1113	30	361	—	259	353	314	185	2
	党政机关工作人员	234	6	61	—	58	72	73	31	—
	事业单位专业技术人员(管理人员)	609	17	226	—	144	211	143	109	2
	企业管理人员	36	—	5	—	2	9	19	6	—
	企业专业技术人员	25	4	8	—	15	6	1	3	—
	工人(营业员、服务员)	209	3	61	—	40	55	78	36	—

续表 11-3-3

项目		总数	预备党员	女	少数民族	年龄				
						35岁及以下	36岁至45岁	46岁至54岁	55岁至59岁	60岁及以上
非公有经济单位	合计	1701	37	346	2	386	457	543	305	10
	企业管理人员	212	12	31	—	31	49	81	49	2
	企业专业技术人员	149	8	57	1	71	35	28	15	—
	民办非企业单位专业技术人员(管理人员)	24	12	5	—	11	8	5	—	—
	工人(营业员、服务员)	1316	5	253	1	273	365	429	241	8
二、农牧渔民		2651	21	435	—	281	290	422	362	1296
三、军人、武警		9	—	—	—	9	—	—	—	—
四、学生		—	—	—	—	—	—	—	—	—
五、离退休人员		1608	—	386	—	5	31	75	109	1388
六、其他		86	26	52	—	77	9	—	—	—

原大道公社区域 1940—1948 年下属单位党员情况

表 11-3-4　　单位:人

党员数　年度 队别	党员合计	1940年前	1940	1941	1942	1943	1944	1945	1946	1947	1948
新民	59	—	—	—	—	—	—	1	35	15	8
和瑞	29	1	—	—	—	—	—	1	12	4	11
刚强	24	—	—	—	—	2	—	5	4	2	11
红花	28	—	—	1	1	—	3	1	8	3	11
超产	26	—	—	—	—	—	—	2	8	11	5
合意	32	—	—	—	—	—	—	—	19	8	5
双喜	46	—	—	—	—	1	—	1	19	9	16
利民	60	—	—	—	1	—	—	—	40	7	12
美满	54	—	—	—	2	—	4	5	18	4	21
长春	58	—	1	—	1		7	7	25	7	10
联盟	62	—	—	1	4	2	7	14	16	10	8
合计	478	1	1	2	9	5	21	37	204	80	118

说明:此表系 1959 年统计

原大道公社区域 1948 年下属单位党员情况

表 11－3－5 单位：人

队别	党员总数	自首	自首嫌疑	叛徒	叛徒嫌疑	其他原因脱党	坚持革命	队别	党员总数	自首	自首嫌疑	叛徒	叛徒嫌疑	其他原因脱党	坚持革命
新民	59	16	2	3	—	10	28	双喜	46	5	—	1	—	9	31
和瑞	29	5	1	—	—	7	16	利民	60	1	4	1	—	21	33
刚强	24	2	—	2	—	3	17	美满	54	2	—	1	—	19	32
红花	28	3	—	3	—	3	19	长春	58	—	—	1	1	13	43
超产	26	3	—	—	—	14	9	联盟	62	—	1	1	—	13	47
合意	32	8	—	1	—	11	12	合计	478	45	8	14	1	123	287

说明：此表系 1959 年统计

1963—1982 年大道公社、阜丰公社部分年份党员状况一览表

表 11－3－6 单位：人

区域	年份	党员总数		发展数	年龄						文化程度					职业分布						
		合计	其中妇女		25 岁以下	26 至 35 岁	36 至 45 岁	46 至 55 岁	56 至 60 岁	61 岁以上	大学	高中中专	初中	小学	文盲	工交邮电	农水气象	科教文卫体	财贸	基建公共事业	机关	其他
大道公社	1963	601	—	—	—	—	—	—	—	—	—	—	—	—	—	—	—	541	9	14	—	37
	1965	663	91	91	17	181	261	169	—	35	—	—	—	—	—	—	—	—	—	—	—	—
	1971	667	100	—	—	163	186	184	88	46	1	22	119	287	238	26	606	3	17	—	15	—
	1972	660	108	132	82	204	335	39	—	—	2	—	24	100	534	—	30	545	29	18	—	38
	1973	645	101	—	29	268	245	103	—	—	—	—	—	—	—	—	—	—	—	—	—	—
	1974	674	110	—	41	204	322	107	—	—	—	—	—	—	—	39	585	11	12	—	27	—
	1975	725	116	17	54	220	344	107	—	—	—	—	—	—	—	—	—	—	—	—	—	—
	1976	756	122	17	76	234	339	107	—	—	—	—	—	—	—	53	642	9	22	—	30	—
	1977	786	121	15	35	239	375	137	—	—	—	—	—	—	—	65	624	37	27	—	33	—
	1978	793	132	9	18	237	384	144	10	—	8	71	164	397	153	61	636	46	33	—	17	—
	1979	806	135	14	13	242	384	167	—	—	7	76	167	395	161	65	643	47	31	—	20	—
	1980	833	138	10	25	237	214	253	99	5	6	79	184	409	155	99	622	52	37	—	23	—
	1981	868	139	11	30	234	229	267	108	—	9	94	185	419	161	112	644	51	36	—	25	—
	1982	879	138	2	38	219	236	271	114	1	9	108	193	423	146	119	648	53	37	—	22	—
阜丰公社	1972	447	93	32	43	135	144	83	35	7	1	33	97	238	78	16	350	34	9	—	38	—
	1973	459	93	9	40	152	140	84	29	14	3	40	95	241	80	18	370	37	11	—	23	—
	1974	473	96	13	31	158	241	43	—	—	4	46	103	205	115	17	412	7	9	—	28	—
	1975	498	96	7	35	173	242	48	—	—	3	41	121	209	124	6	439	6	6	—	29	12
	1976	510	98	8	38	178	246	48	—	—	—	—	—	—	—	8	455	8	8	—	31	—
	1977	534	103	12	35	194	128	177	—	—	—	—	—	—	—	15	452	15	12	—	25	15
	1978	553	103	8	12	199	264	72	6	—	5	68	157	254	69	18	467	18	14	—	18	18

续表 11－3－6

区域	年份	党员总数		发展数	年龄						文化程度					职业分布						
		合计	其中妇女		25岁以下	26至35岁	36至45岁	46至55岁	56至60岁	61岁以上	大学	高中中专	初中	小学	文盲	工交邮电	农水气象	科教文卫体	财贸	基建公共事业	机关	其他
阜丰公社	1979	494	76	6	12	178	240	64	—	—	5	58	134	234	63	10	405	10	13	—	24	32
	1980	523	69	13	13	188	136	151	—	35	6	79	144	230	64	16	421	16	19	24	24	3
	1981	537	77	6	10	181	145	154	—	47	6	78	151	236	66	—	—	—	—	—	—	—
	1982	550	79	4	10	168	155	169	48	—	12	75	154	210	99	53	389	53	26	4	25	—

说明：此表系 1983 年统计

1949—2000 年新团镇部分年份党员状况一览表

表 11－3－7　　单位：人

年份	党员总数		发展新党员数	年龄						文化程度					分布情况								
	合计	其中妇女		25岁以下	26至35岁	36至45岁	46至55岁	56至60岁	61岁以上	大学	高中中专	初中	小学	文盲	工业	交通运输邮电	基本建设	农林水气象	财贸	文教卫生体育	科研	市公用事业	机关
1949	175	34	80	31	65	56	21	2	—	—	—	6	43	126	15	3	—	115	3	13	—	12	14
1950	250	32	25	54	73	82	38	3	—	—	—	9	96	145	15	2	—	187	8	14	—	14	15
1955	321	23	28	42	101	107	58	12	1	—	3	15	127	176	19	6	—	242	5	19	—	16	14
1960	398	25	35	42	136	110	76	24	10	—	3	28	192	175	21	9	—	312	6	18	—	17	15
1965	548	58	135	59	172	138	121	35	23	3	12	68	233	232	25	12	—	445	8	21	—	19	18
1970	685	82	45	43	205	216	150	51	20	5	22	113	310	235	25	13	—	567	6	23	—	20	31
1975	798	101	17	43	252	201	187	80	35	5	48	158	371	216	52	12	—	655	6	24	—	25	24
1980	892	108	16	55	248	218	212	87	72	6	79	185	417	205	68	13	—	711	4	40	—	31	25
1985	932	106	28	17	188	292	254	84	97	10	95	216	426	185	91	14	—	684	8	52	—	30	53
1989	966	104	7	14	149	251	292	96	164	14	126	267	388	171	80	11	10	726	9	64	—	23	43
1990	966	107	16	19	131	268	281	110	57	18	134	254	411	149	135	—	—	640	9	27	—	—	37
1995	1007	113	33	14	112	278	282	128	193	27	206	261	405	108	144	—	—	657	10	30	—	—	36
2000	1091	129	25	25	97	252	269	152	296	108	247	319	295	122	110	—	—	604	12	32	—	—	36

1963—2009 年裕华镇部分年份党员状况一览表

表 11－3－8　　单位：人

年份	党员总数		发展党员	年龄						文化程度					分布情况									
	合计	其中妇女		25岁以下	26至35岁	36至45岁	46至55岁	56至60岁	61岁以上	大专以上	高中中专	初中	小学	文盲	工业	交通运输邮电	建筑业	农林牧渔水	商饮物供仓储业	文化教育卫生	科研	金融保险	国家党政机关团体	其他
1963	848	106	—	27	101	479	210		31	2	7	34	404	401	13	6	—	762	23	19	2	—	21	2
1965	968	115	141	83	309	274	186	43	49	2	31	88	442	405	17	4	—	862	20	26	—	—	23	10

续表 11－3－8

年份	党员总数		发展党员	年龄						文化程度					分布情况									
	合计	其中妇女		25岁以下	26至35岁	36至45岁	46至55岁	56至60岁	61岁以上	大专以上	高中中专	初中	小学	文盲	工业	交通运输邮电	建筑业	农林牧渔水	商饮物供仓储业	文化教育卫生	科研	金融保险	国家党政机关团体	其他
1972	56	—	—	66	315	308	249	93	29	6	59	187	514	290	27	2	—	896	33	35	—	—	—	3
1975	1144	190	17	55	344	574	—	171	—	—	—	—	—	—	42	4	—	1008	38	15	—	—	37	—
1980	1311	207	—	44	368	357	398	144	7	133	291	846	34	92	—	—	1047	43	87	1	—	72	1	
1985	1378	201	20	25	264	384	324	143	238	22	191	357	590	218	82	19	11	1061	40	81	—	—	31	53
1990	1422	178	13	19	162	410	369	149	313	41	272	390	555	164	97	21	12	1027	49	96	—	4	59	57
1992	1456	202	24	20	151	401	374	158	352	51	315	411	549	130	97	16	17	1015	53	106	—	5	81	66
1995	1553	220	23	—	189	293	438	182	451	111	405	455	493	89	74	—	—	970	—	—	—	—	42	—
2001	1558	217	27	—	150	273	434	187	477	116	407	465	484	86	131		—	963	—	—	—	—	33	—
2006	1875	314	40	—	250	302	406	250	667	234	593	1048	—	—	—	—	—	1139	—	—	—	—	32	—
2009	1932	344	41	—	285	295	353	250	749	304	604	1024	—	—	137	—	—	1282	—	—	—	—	36	—

第四节 党员教育

新中国成立前，党的组织活动是秘密的，发展党员和对党员的教育也是秘密的，从启发提高阶级觉悟入手，灌输共产主义思想，进行建党思想教育。新中国成立后，各支部的组织生活制度逐步健全，一般每月上一次党课，对党员进行党纲、党章、党纪的教育。此外，还选派党员骨干参加县、市举办的短期脱产党训班，系统地学习马克思列宁主义基本理论，回来后指导各支部党员学习，对党员进行系统教育。

1963 年 2—5 月，大中镇进行重新登记党员工作，对党的基层组织在政治上、思想上、组织上的一次全面系统整顿。镇党委结合县工作组成立 5 人领导小组，运动分 4 个阶段进行，2 月中旬至月底，培训整党骨干，学习中央文件，统一思想；3 月初至 4 月下旬，为教育阶段，对党员进行“党员十条标准”和“怎么做一个共产党员”的教育，同时发动党内外群众，向党的组织和党中央个人提意见，全镇 9 个支部召开 24 次座谈会，接受人民来信 20 件，人民来访 121 人次，664 人向党的组织和党员个人提出 5684 条批评和建议；4 月底，转入审查鉴定，登记处理党员阶段，经过反复排查，组织处理 33 人，开除党籍 1 人，不予登记 6 人，劝退 11 人，暂缓登记 6 人，严重警告 1 人；6 月中旬，因贯彻中央《关于当前农村工作中若干问题的决定(草案)》运动暂缓进行，其后纳入以“四清”为中心的社会主义教育运动。

1964 年社会主义教育运动后，基层支部普遍建立“三会一课”制度，即党支部会、党小组会、民主生活会、支部党课，党员教育逐步正常化。

“文化大革命”时期，党员教育工作处于停止状态。

1976 年中共十一届三中全会以后，党组织发展工作逐步走上正常轨道，在加强对党员教育的同时，认真落实党的知识分子政策，吸收大批优秀知识分子入党，党员的政治素质和业务能力明显提高。支部的“三会一课”制度能正常坚持，做到内容有安排，讲课有专人。机关干部坚持每周星期五学习制度，学习的方法除阅读文件、书刊，进行辅导，开展小组讨论，组织汇报交流外，还要进行考试测验。在学习的每一阶段都制订、印发学习计划，使大家明确目的和要求，进行系统地学习。根据城镇和农村的具体情况，适时地举办党员干部短训班，开展不同形式的学习活动。通过刊授、函授培训，广大党员干部自学活动也在全镇普遍开展。

1984 年，镇业余党校建立，党员教育工作逐步走上规范化。党委书记任校长，负责政工的副书记任副校长，并成立校务委员会，分设行政、教务、总务 3 个组。行政组主要负责审定教学计划，明确入学对象，建立临时党支部，负责做好政治思想工作，保证纪律制度的执行。教务组主要负责执行教学计划，编写讲课纲要，推荐聘请专职教员，检查教学质量。总务组主要负责落实必要经费，提供教学场所和设备，帮助安排学员、教员的学习、生活事宜。业余党校明确新党章为党员的必修课，采取以业余学习为主，集中培训骨干和分散（办分校）教学的办法，一般每季度办一期，并与冬训、冬学和支部“三会一课”有机结合起来。是年，镇业余党校举办骨干班 3 期，培训科级干部 24 人、股级干部 140 人、一般干部 163 人、普通党员 110 人。举办党员轮训班 4 期，轮训科级干部 32 人、股级干部 200 人、一般干部 247 人、普通党员 2845 人、非党员积极分子 83 人。

1989 年 4 月，镇业余党校改名为中共大中镇委员会党校，该党校设在大中镇成人教育中心校内，拥有总面积近 500 平方米大教室和办公室，还配备教学用的音响、彩电等，有图书 1000 余册。每年举办党训班 8 期以上，培训村组党员、干部、企事业单位党员和非党员干部 1000 人次以上（包括党员干部冬训）。1994 年，大中镇党校被大丰县委评为“合格基层党校”，1995 年、1996 年分别被盐城市委、大丰市委评为“先进基层党校”。

1992—1993 年，组织党员干部学习中共十四大精神和邓小平建设有中国特色社会主义理论，通过举办讲座、学习交流、观看电教片等形式，加深对邓小平理论的理解。镇党校加强党员教育，创新教学形式取得实效。1993 年第 11 期《江苏宣传》刊登戴文华撰写的《强化职能，服务经济，大丰大中镇党校积极开展多科目教育》经验交流文章。镇党校把基层培训各类人才作为重要任务，制订近期和长期培训规划，对党员干部、后备力量、各方面骨干开展全方位、多层次培训。从大中镇经济工作实际出发，合理确定教育内容，开设了社会主义市场经济理论和企业经营管理、领导科学、农业科学技术、思想教育、党纪党风、法律知识等课程。同时，改革创新教学方法，开展多形式教学，采取启发式、案例式、研讨式以及电化教学手段，充分调动学员学习政治、学习经济的主动性。在办班中，多次请经济战线上的企业家、省劳模和优秀党员作报告，激发广大学员全心全意为人民服务的热情。

1994—1996 年，党员教育主要内容是“三基本”教育，即党的基本理论、党的基本路线、党的基本知识教育。培训对象扩大到建党对象、党小组长、党支部（总支）书记、村（居）委会主任、企业事业单位负责人和农技员、计生干部，每次办班 200 多人，每年办班 8 次以上，参训人员达 1600 多人次。2000 年，加强进村大学生的培养和考核。制订岗位目标，提出明确要求，对表现突出的大学生及时提拔重用。对新经济组织党建工作进行了探索和研究，出台了新经济组织党建工作实施意见。同德村党建工作得到了省委书记回良玉的肯定，该党委被盐城市委命名为优秀基层党组织。2001 年，以建党 80 周年为抓手，开展“党员示范工程”“我为党旗争光辉”等多种形式的主题教育活动。举行了“新党员入党集体宣誓暨老党员重温入党誓词仪式，43 名新党员、30 名老党员参加。开展党员帮带扶贫活动，全镇农村党员 1753 名，帮带农户 2501 户，联系群众 16600 户。

1997—2000 年，组织党员干部学习党的十五大精神和邓小平理论，开展党风党纪教育，提高党员干部政治思想素质。年终冬训冬学，以镇政府四楼大会议室为主课堂，各村设分课堂组织村组干部和村民听课，党委委员当教员，按照上级冬训冬学要求授课，并开展学习交流和冬训冬学总结。2001 年，参训参学人员达 3000 多人次。

2002—2003 年，通过轮训形式，组织党员干部学习党章和“三个代表”重要思想，加强党的宗旨教育和作风建设，增强服务意识和服务本领，两年举办党训班、建党对象培训班 6 期，参训人员 1200 多人。2004—2005 年,以先进性教育活动为抓手,全面提升基层党组织工作水平和全体党员整体素质。按照市委统一部署,全镇 4 个二级党委、24 个党总支、126 个党支部、2425 名党员参加了第二批保持共产党先进性教育活动,25 个村的组织建设工作全部通过盐城市组织部的验收。

2006 年,发挥现代远程教育的作用,全镇 21 个村、18 个社区远程教育站点,利用网络教育载体,举办各类培训班 200 多期,3338 名党员群众参加富民创业网络大学学习。是年,加强党员队伍建设,全年申请入党 244 人,入党积极分子 174 人,发展新党员 80 人。

2007—2008 年,组织党员干部学习党的十七大精神,开展学习实践科学发展观活动,要求党员干部做学习笔记,并定期检查,组织学习交流。2009—2010 年,以"星期六党校"为阵地,党员教育以科学发展观、党的先进性、纯洁性教育为重点,辅之以时事政治和业务知识,着重提高基层党员干部的政治思想素质、领导水平和工作能力,并不定期举行抽签发言、学习交流活动。2010 年,以党校和"星期六党校"为阵地,举办农村、企事业单位党支部书记培训班 2 期 207 人,建党对象培训班 1 期 90 人,基层工会干部培训班 1 期 52 人。

第五节 纪律检查

1940 年 11 月,大中镇建立第一个党支部,明确规定党的纪律,要求每个党员必须严守党的秘密,遵守党纲、党章,忠诚履行党员的权利和义务。新中国成立前,党组织没有专门纪律检查机构,不设专门工作人员。

1954 年后,镇(乡)党委分工副书记兼纪检工作。1958 年以后,公社、镇党委均成立监察委员会,基层支部设监察委员,党小组设监察员,对党员和干部中违纪事件实施监察和检查。

1962 年,对 1958—1961 年"大跃进""反右倾""整风整社"等运动中受到批判和处分的党员干部进行甄别工作。大中镇(今城区部分)受各种处分的党员 25 人,其中处理正确的 14 人,部分错的 6 人,全错的 5 人。大道公社受各种处分的党员干部计有 117 人,处分全错和基本错的 43 人,甄别恢复党籍 8 人,从轻处分 27 人,免于处分 8 人。

1963—1965 年,镇、社纪律检查工作主要是紧密结合社会主义教育运动进行。

1966—1976 年"文化大革命"期间,纪检工作瘫痪。

1979 年,恢复工作。11 月,镇、公社设立专职纪律检查员,专门负责处理人民群众来信来访和党员违纪事件的调查和处理。1983 年,大道、大兴公社并入大中镇,镇党委设纪律检查办公室,配备两名专职纪检员。是年,贯彻中央 4 号、5 号文件和中纪委二次会议精神,对全镇党员、干部深入进行党性、党风、党纪教育,解决分房、建房、多占土地中的不正之风,全镇多占土地的有 3 人(不包括农村干部),清退多占土地面积 167 平方米。其中三套班子负责人 21.04 平方米;部门负责人 1 人,63 平方米。多占住房 14 人,清理住房面积 190 平方米。其中部门负责人 8 人,56 平方米;全民一般干部 5 人,79 平方米;集体干部支部书记 1 人,55 平方米。1984 年 10 月,乡、镇成立纪律检查委员会,设书记、副书记各 1 人,下设办公室,工作人员 3 人。是年,大中镇受理人民来信 25 封。1985—1986 年受理人民来信 59 封。1987 年,镇党委举办坚持四项基本原则反对资产阶级自由化培训班,重点抓党风责任制的落实。镇党委先在恒北村试点,后在面上推开,普遍进行一次党风党纪教育,促进全镇党风的好转。是年,大丰县委验收通过,大中镇为党风好转镇。1989 年,镇党委对各级干部提出"六不准"要求,即不准为亲友私安户口,不准违反规定乱占耕地建房,不准安插私人,不准行贿受贿,不准违反原则说情打招呼,不准以权谋私。年终,又在全镇开展肃贪、倡廉的"三自"活动,即自我教育、自我肃贪、自我考察。在此基础上,镇党委进一步提出廉政建设的七条具体规定,即严禁动用公款请客招待,大吃大喝，狠刹奢侈浪费之风；严禁动用公款搞馈赠和送礼；坚决制止迁户口、建房中的不正之风；加强对公用小车和摩托车的合理使用；坚持公开选拔干部制度，严禁在组织人事工作上搞不正之风；认真执行“两公开、一监督”制度（即凡批准建房、迁出户口、农转非、教师调进等群众敏感的问题，一律实行公开办事程序，公开办事结果，接受群众监督的制度）；加大对违法违纪案件的查处力度。认真查处一些贪污、受贿、腐化堕落、违法乱纪的党员干部，处理、落实“两村一组”（同德村、城郊村、城郊6组）的户口、建房等遗留问题。是年，大中镇党纪党风、肃贪倡廉、纪检工作在全县被评为第一名。1995年，对重点项目建设和专项资金发放等工作，组织有关部门采取制定预案、事前教育、严格程序等措施，保证群众利益不受侵犯、党员干部不犯错误。1998—1999年，根据大丰市市委、市政府关于开展“优化服务、提高效率”和“为企业优质服务月”活动的部署，着力在窗口部门推行“一个窗口对外、一支笔审批、一次性收费、一周内办结”的办事制度。2000年，开展对党员干部的党风廉政建设和反腐败斗争的宣传教育，组织1000多名党员干部观看反腐倡廉影片《生死抉择》和《昨日的承诺》，开展“党性党风党纪”电教月活动，并利用胡长清、成克杰等重大典型案件对党员进行教育，以效警示。镇纪检监察部门结合企业改制解剖亏损企业，严肃查处一批违纪案件，查结案件1件。开展村务、厂务、镇务公开活动，对群众反映强烈的拖欠公款、大吃大喝、私设小金库、参与赌博以及乱收费、乱摊派等不正之风进行了认真清理和严肃查处，查结人民来信30件，戒免谈话10多人次。

2001—2006年期间，落实“四大纪律、八项要求”和“五不准”规定，每年元旦、春节、中秋等节日前夕，通过下发文件、召开会议等形式进行预警教育，营造廉洁过节的社会氛围。严格日常管理，加强勤廉监察。在全镇逐步完善各类谈话、个人重大事项报告、廉政档案管理等制度规定，严格实行“禁赌、禁酒、禁卡”等各项禁令，在科级干部中全面推行示廉、促廉、考廉、督廉、评廉“五廉”机制，切实加强廉政监察。每年年初，镇党委与三套班子以及各村、各部门、各单位主要负责人分别签订《党风廉政建设责任书》和《廉洁从政承诺书》。2009年，大中镇被大丰市市委评为“党风廉政建设先进单位”。

2007—2010年期间，把查处党员干部违纪违法案件作为从严治党、惩治腐败的重要环节来抓，坚持围绕中心工作，抓住群众反映强烈影响较大的问题，通过执法监察、专项治理、信访了解等多种途径，拓宽案源，并做到有案查好，重点查处贪污贿赂、以权谋私和失职渎职、党员干部赌博以及发生在经济建设和社会发展过程中的违法违纪案件。立案查处党员、干部违纪违法案件62件，其中赌博类案件23件，失职类案件9件，侵犯公私财产类案件4件，妨害社会管理类案件8件，其他类案件18件。给予党政纪处分62人，其中开除党籍8人，党内警告51人，党内严重警告3人，移送司法机关5人。

第六节　统战工作

抗日战争时期，中共地下党组织积极宣传党的抗日民族统一战线，动员各界人士参加抗日斗争。在中国共产党倡导的抗日民族统一战线的影响下，全镇各界爱国人士在参军参战、征收公粮、减租减息、募捐献款、创办学校、兴修水利等方面做了很多有意义的工作。大中集爱国人士张学敦在1941年扩军招兵运动中，招兵一个连（100余人）参加新四军。大中集开明绅士朱孔修、秦迪人身居敌人据点，千方百计躲开敌人监视，动员全镇大、中、小商向民主政府纳税，并冒着危险将税款送交解放区。

新中国成立后，大中镇民主人士，积极参加社会主义改造和社会主义建设。

“文化大革命”期间，一些海外华侨、港澳同胞、台湾同胞及其亲属，因有海外关系而受牵连，遭到不应有的打击。

中共十一届三中全会后，党的对台工作和侨务政策得到正确贯彻执行。1979 年，镇党委成立落实政策办公室，在县委统战部的直接领导下，各部门密切配合，对在“文化大革命”中因有海外关系而造成的冤假错案进行平反昭雪。全镇有统战对象 47 名，其中港澳侨属 17 名，台胞台属 27 名，起义投诚人员 2 名，民族宗教人士 1 名。通过核查，其中安排工作 3 人，恢复补发工资 2 人，按规定解决被株连子女户口 4 人，纠正错划右派 2 人，平反错案 2 人。对在“文化大革命”中被查抄 5 人的所抄物品尽量做到物归原主，遗失的作价赔偿。其中港澳侨属 1 人，发还实物 10 件，发还折价款 60 元；台胞台属 4 人，发还实物 83 件，发还折价款 260 元。对 4 人的房产问题也实事求是地落实处理，做到件件有落实。

1979 年以后，有 85% 以上的侨属与海外华侨通信、通汇，有 70% 以上台属通过各种渠道与在台亲属通信、通汇。

每逢年节，镇党委都要召开台属侨眷座谈会、联欢会，宣传党的统战政策，了解他们工作、学习和生活情况，帮助他们解决实际困难，引导他们沟通与海外亲属的联系，鼓励他们为祖国统一大业和实现“四化”作贡献。

2010 年，全镇有台胞 35 人，台属 165 人。大中镇注重开展侨情调查，加强同“三胞三属”交流、交往与联系，努力维护“三胞三属”的合法权益。

大中镇统战工作无专门组织机构。2010 年，镇党委设统战委员，由宣传委员周荷凤兼任统战委员。

第七节　宣传工作

1940 年秋，中共海门县委派垦牧区委委员谢芝屏来在大中集发展党员，建立党的组织，谢芝屏以大中集三和花行职员身份作掩护，秘密宣传马克思主义，逐步在进步青年中间灌输革命思想，帮助秘密发行《共产主义 ABC》和团中央刊物《中国青年》等书籍。

1943 年 12 月，大中集组织业余文工团开展参军运动大纲的宣传，阐述即将到来的对日伪的总反攻，以及参军扩充主力，保障根据地各阶层人民利益的重要性，经过宣传发动，大中集及周边地区有志青年积极参军，掀起参军支前热潮。

新中国成立后，围绕党的中心工作，有步骤、有系统开展宣传工作。1951 年 3 月，宣传抗美援朝，激发广大干群的反帝爱国热情，踊跃捐献钱物支持抗美援朝。1953 年 11 月至 1955 年 12 月，宣传普选工作和农村互助工作、党的总路线、粮食统购统销以及《全国农业发展纲要》等。1957 年，宣传党的“八大”精神，全镇开展工农群众学习毛泽东著作活动。

1959 年，组织宣传中共中央《关于人民公社若干问题的决议》和党的八届八中全会精神。1960 年，宣传江南农村工作经验，全镇开展“学江南、赶江南”活动。1962 年，宣传中央《关于进一步巩固人民公社集体经济、发展农业生产的决定》和《人民公社工作条例》。同时，还进行农业为基层、工业为主导的政策教育、备战教育、时事教育。1963 年，在红花村开展社会主义教育运动试点，宣传、贯彻“双十条”。1964 年，社会主义教育运动在全镇全面开展，同时进行“农业学大寨”宣传教育。

1966 年“文化大革命”开始后，在长达 10 年的时间里，在农村主要宣传“农业学大寨”，在城镇主要宣传“工业学大庆”。同时，开展不符合国情的阶级斗争和两条路线斗争的宣传教育活动。

1978 年中共十一届三中全会以后，党的宣传工作从“阶级斗争为纲”向以经济建设为中心的根本性转变。采取多种形式，积极开展发展是硬道理的宣传，促进全镇经济持续、健康、快速发展。同时重点开展推行家庭联产承包责任制、发展商品经济、放手发展乡镇企业、扩大企业自主权、转换企业经营机制等宣传，都取得很好效果。

1980年，大张旗鼓地宣传中央关于农村经济体制改革文件精神，引导农民完善家庭联产承包责任制。开展"五讲、四美、三热爱"（讲文明、讲礼貌、讲道德、讲政治、讲学习；心灵美、语言美、行为美、环境美；热爱祖国、热爱社会主义、热爱党）宣传教育活动等。1984年，全镇开展"创建文明村、培养新型农民"和创建"三户一村"（遵纪守法光荣户、五好家庭、双文明户、文明村）为主要形式的精神文明建设活动。1987年，全镇普遍开展"四提倡、四反对"（提倡艰苦奋斗，反对奢侈浪费；提倡民主法制，反对违法乱纪；提倡科学文明，反对封建迷信；提倡一对夫妇只生一个孩子，反对无计划生育）的思想教育活动。1992年，中共十四大召开以后，围绕大会提出的建立和完善社会主义市场经济体制这个目标，广泛开展宣传，广大干群的市场意识、竞争意识、效益意识逐步增强。1995—1997年，大中镇党委连续三年被盐城市委宣传部评为党员"双学"活动先进单位。1996年，宣传"科技兴镇、规模（名牌）推进、外向突破、港口带动"经济发展"四大战略"。1997年，中共十五大召开后，加强调整所有制结构，探索公有制实行多种形式的宣传，促进全镇企业产权制度的改革。

2000年，全镇宣传思想工作和精神文明建设，坚持以邓小平理论为指导，全面贯彻"三个代表"的重要思想，在全镇党员干部中开展"三讲"（讲学习、讲政治、讲正气）的教育，紧紧围绕经济建设中心和全镇跨世纪发展目标，认真落实《中共中央关于加强和改进思想政治工作的若干意见》，抓住重点，主动宣传，为全镇改革发展提供有力的思想保证。

2001—2002年，以邓小平理论和"三个代表"重要思想为指导，紧紧围绕镇党委、政府提出"十五翻一番，建设新大中"目标，加大民营科技园、特色农业、招商引资、结构调整、就业和劳动力转移的宣传力度。2001年，在大丰市级以上新闻媒体用稿103篇。2002年，用稿129篇，对外宣传工作居全市榜首。陈怡撰写的《富民书记——记大丰市同德村党委书记宋远坤》一文入选盐城市委组织部编辑出版的《"三个代表"在盐城》一书。大中镇被盐城市文化局评为"全市文化工作先进集体"。2004年，认真贯彻党的十六届四中全会精神，加大科学发展观宣传教育力度，为"全力打造百亿镇，率先全面建成小康社会"提供精神动力，营造舆论氛围。是年，镇党委被盐城市委宣传部、组织部表彰为"农村党员、干部冬训工作先进单位"。切实宣传报道工作，全年被大丰市级以上新闻单位采用各类稿件142篇，陈怡采写的《梧桐树下凤凰栖——记大丰市大中镇泰西村党总书记管仁刚》入选盐城市委组织部编辑出版的《双强领跑小康路——盐城市100名优秀"双强"型村党组织书记事迹汇编》。

2005—2006年，加大招商引资、项目推进、发展基地、财源建设、科学普及等方面的宣传力度，重点宣传、报道纺织、玩具、空压机、汽车配件、粮油食品等五大特色产业集群发展的做法和先进典型。2005年，市级以上新闻单位用稿146篇，2006年用稿151篇。2005年，大中镇荣获全国第五届科技活动周暨江苏省第十七届科普宣传周先进集体。2007—2008年，认真贯彻落实党的十七大精神，围绕镇党委、政府提出的"勇当盐阜第一镇，争做苏北领头羊"目标，重点宣传"以工兴镇""农业产业化""城镇一体化"等举措和典型。正常抓好机关干部的理论教育、冬训冬学、"五星文明户"创评、公民道德素质教育等工作。2007年市级以上新闻单位用稿162篇，2008年，用稿143篇。

2009年，全力做好财政增收、利用外资、"三区"建设等方面的宣传。正常抓好机关干部学习、冬训冬学、"五星文明户"创评、公民道德素质教育等工作。全年市级以上新闻单位用稿133稿。大中镇被盐城市文明委评为"2009年度盐城市文明镇"，被大丰市委授予"精神文明先进单位"称号。同德村荣获"全国文明村"称号，并获盐城市"文明村标兵"荣誉称号，大中镇被评为"江苏省文明镇"。大华、育红社区居委会被评为"江苏省文明社区"，阜丰村被评为"盐城市文明村"。

2010年，在全镇开展"争先创优"宣传和机关效能建设活动，重点抓好转变作风、规范行政行为、项目建设等方面的宣传报道。加大先进党组织、优秀党员宣传力度，利用广播、电视、报刊、画廊、板报宣传先进事迹。全年，市级以上新闻单位用稿179篇。是年，大中镇宣传思想工作综合考核工作获大丰市第一名，并获"盐城市冬训冬学"先进乡镇。

第十二章 政权 政协

历史上，大中镇盐政先后分属草堰场、刘庄场，行政先后分属东台县、兴化县。民国29年(1940)，新四军入驻台北县，建立人民民主政权。1941年7月，大中集沦陷，伪东台县自治会在大中镇设立镇公所和第十区公所。1945年9月，大中镇光复，1947年4月，大中镇解放。新中国成立后，人民政权建设逐步加强，特别是中共十一届三中全会后，民主与法制建设进一步加强，定期召开人民代表大会和政治协商会议，各界人士参政议政，共商大计。

大中镇人民代表大会代表由镇选民直接选举产生，1982年前，每届任期2年，1982年起，每届任期3年，2002年起，每届任期5年。1981年前，每次代表大会的主要内容是审议批准镇人民政府工作报告，选举镇长、副镇长，选举出席县人民代表大会的代表。1981年，实行县级人民代表大会代表直接选举后，乡镇人民代表大会不再选举县人大代表。1987年，增加审议批准镇财政预决算和定项限额预决算报告。

自1954年6月，大中镇召开第一届人民代表大会，至2010年4月，镇人民代表大会共召开了15届会议。1990年，在镇第十届人民代表大会上，选出人民代表大会主席团常务主席，镇人大开始设立常设机构。

第一节 地方人大

一、代表大会

第一届人民代表大会 1954年6月召开，出席代表49名，其中男45名，女4名，县人民代表3名。选出陆发奎等9人组成的镇人民委员会，陆发奎任镇长。

第二届人民代表大会 1957年1月12—13日召开。大会期间，选举镇长陆发奎、副镇长高尚德以及8人组成的镇人民委员会，选举出席县人代会代表47人，人民陪审员4人。

第三届人民代表大会 1958年4月13日召开。会上代表们听取审议陆发奎代表上届人民政府所作的政府工作报告。选举以陆发奎为镇长等16人组成的镇人民委员会。选出人民陪审员沈文才、赵明玉、陈娟、周桂兰、束保华、仲庆华等6人，选举出席县人民代表大会代表16人。14日，召开首次政府工作会议，会议决定：政府设立民政调解、文教卫生、财贸、生产、武装治安5个工作委员会，委派正副主任委员6人，委员58人。选举结束后，由新任副镇长高尚德作《今后工作意见》的发言。

第四届人民代表大会 1961年4月召开，原城区大中镇命名为大中分社，行政划属大道公社所辖，分社选举代表47人，参加大道公社第四届人民代表大会。

第五届人民代表大会 1963年7月22日召开，出席会议代表81名，占代表总数的85%，列席代表13名。代表们听取王君义代表上届公社管理委员会所作的《政府工作报告》，并进行认真讨论。代表们还向政府机关提出16件议案，131条批评和建议，其中基本建设17条，政策方面3条，干部作风24条，生活福利10条，文教卫生7条，民政工作2条，工业4条，商业6条，多种经营5条，其他28

条。按职责分镇领导89条,县领导42条。镇党委委托王振邦对代表议案作解答,下午进行大会选举,选出以王振邦为镇长,高尚德、王君义、王宝美为副镇长等17人组成的镇人民委员会;选举以王振邦为主任、秦友礼为副主任等7人组成的监察委员会;选举出席县人民代表大会代表15人;选举周桂兰、王保良、袁志彬、方云明、吴井荣、叶以诚等6人为人民陪审员。选举结束后,继任副镇长王宝美作关于《今后工作意见》的发言。

第六届人民代表大会　1966年3月1—2日召开。会议听取镇长唐国政的《政府工作总结和今后工作意见》的报告。大会选举以唐国政为镇长、朱政为副镇长等15人组成的镇人民委员会。选举出席县人民代表大会代表14名,选举周桂兰、葛云龙、乔兴之、孙士芳等4人为人民陪审员。

第七届一次代表会议　1981年3月23—25日召开。到会正式代表74人,占代表总数的98.6%,列席代表35名。3月23日上午,镇党委书记邓斌成作开幕词,县委和县革委会派周成元到会致贺。下午,会议听取革委会副主任俞文达的《政府工作报告》。24日,代表们认真地进行审议,向政府提出78件议案,其中工业方面16件,农业方面8件,文教卫生方面17件,财贸方面7件,组织领导方面11件,生活福利方面6件。党委副书记殷永宽代表会议议案审查委员会作《关于议案审查报告》,就代表所提议案作详尽的解答。25日,大会进行无记名投票方式选举,选举秦友礼为镇长。

七届二次代表会议　1983年6月11—13日召开。会议代表由原大道、阜丰、大中镇人代表的代表205名(不含因工作调动和其他原因减少代表25名),加上会议前增补代表10名,计214名。实到会议代表189名,列席代表57名。大会听取并审议通过秦友礼所作题为《同心同德开创新局面,齐心协力夺取新胜利》的政府工作报告,听取和审议陈荣产就大中镇第七届人民代表大会第一次会议以来议案办理情况的报告及第二次会议议案审查委员会关于议案审查情况的报告。大会以无记名投票方式,选举秦友礼为镇长,并选出张季方等19人组成的镇经济管理委员会,主任张季方。

第八届一次代表会议　1984年5月6—7日召开,出席大会正式代表146名,列席代表22名。大会听取并审议通过秦友礼代表镇人民政府所作的《政府工作报告》,镇党委副书记朱芝林所作的《关于议案办理情况的报告》,大会以无记名投票的方式选举出镇人民政府镇长秦友礼。

八届二次代表会议　1984年11月21日召开,出席会议代表106人(因公、因病缺席37人)。大会听取审议并通过陈荣产代表镇人民政府所作的《关于大中镇1985年至1990年教育事业发展规划》的报告和《1985年教育统筹经费预算》的报告。

八届三次代表会议　1985年2月15日召开,实到代表101人(因公缺席42人)。增选王仲球、方锦龙、张正林、宋远坤为副镇长。

第九届代表会议　1987年3月21—23日召开,出席会议正式代表105人,列席代表34人。大会听取审议秦友礼代表镇人民政府所作的《政府工作报告》,陈荣产代表镇人民政府所作的《财政预算决算报告》,张季方代表镇人民政府作的《农民定项限额报告》,陈荣产所作的《议案办理情况报告》,选举秦友礼为镇长。

第十届一次代表会议　1990年2月19—20日召开,出席大会代表112名,其中干部代表20名,占代表总数17.9%;农民代表36名,占代表总数32.1%;工人代表28名,占代表总数25%;知识分子代表19名,占代表总数17%;其他方面代表9名,占代表总数8%。大会听取并审议周善辉代表镇政府所作的《政府工作报告》,周银官所作的《财政预决算报告》。按照《中华人民共和国地方各级人民代表大会和地方各级人民政府组织法》《中华人民共和国选举法》的规定,选举周善辉为大中镇人民政府镇长,选举通过朱绵为闭会期间的主席团常务主席,选举李俊、朱桂茂、张士龙、陈龙泉、陆文芳、陆文芝、康士良、程宏海等8人为人民陪审员。

十届二次代表会议　1991年3月2—3日召开。大会听取并审议周善辉代表镇政府所作的《政府工作报告》、张正林所作的《大中镇"八五"规划》报告、周银官所作的《财政预决算报告》、陈加生所作的《农民负担定项限额的报告》《关于代表建议、批评和意见办理情况》的报告。因一名十届人大代表犯有严重经济错误，一名人大代表在企业的经营决策、企业管理等方面严重失职，造成企业严重亏损，大会罢免其代表资格。

十届三次代表会议 1992 年 2 月 23—24 日召开，出席会议代表 107 名。大会听取并审议通过镇长周善辉所作的《政府工作报告》，周银官所作的《关于 1991 年财政决算和 1992 年财政概算的报告》，陈加生所作的《关于 1991 年农村定项限额的执行情况和 1992 年农村定项限额的预算报告》，会议讨论并通过大中镇人民政府《关于集资办学议案》的决议。

第十一届一次代表会议 1993 年 2 月 11—12 日召开，出席会议正式代表 115 名，列席代表 64 名。大会听取并审议周善辉代表镇政府作的《政府工作报告》，周银官作的《财政预算报告》，陈加生作的《农民负担定项限额的报告》。大会选举周善辉为镇长，选举朱桂茂、张士龙、陈龙泉、陆文芳、陆云兰、茅春宏、康士良、程宏海等 8 人为人民陪审员。

十一届二次代表会议 1994 年 2 月 28—29 日召开，出席会议代表 115 名，列席代表 62 名。大会听取周善辉代表镇政府所作的政府工作报告，周银官所作的《大中镇人民政府 1993 年财政决算和 1994 年财政预算草案》的报告，听取和审查《1993 年农村定项限额决算和 1994 年预算的报告》，大会通过张正林不再担任副镇长的请求报告。

十一届三次代表会议 1995 年 2 月 9 日召开，应到会代表 115 名，实到会代表 100 名。大会听取沈卫东代表镇政府所作的《政府工作报告》，周银官所作的《大中镇人民政府 1994 年农村定项限额决算和 1995 年预算草案》报告，审议镇政府《关于十一届人大二次会议以来代表议案、建议、批评和意见办理情况的报告》（书面），选举沈卫东为大中镇人民政府镇长。

十二届一次代表会议 1996 年 1 月 28—29 日召开，应到会代表 112 名，实到会代表 112 名，列席代表 69 名。沈卫东代表镇政府作《政府工作报告》，张正林作《“九五”计划报告》，严桂英代表镇人大作《大中镇人大主席团工作报告》，周银官作《关于 1995 年财政决算和 1996 年财政预算的报告》，陈加生作《大中镇农民负担定项限额的报告》，审议镇政府《关于镇十一届人大三次会议代表议案、建议、批评和意见办理情况的报告》。大会选举沈卫东为大中镇人民代表大会主席团主席、严桂英为副主席；大会选举张正林为大中镇人民政府镇长。

十二届二次代表会议 1997 年 2 月 13 日召开，应到会代表 112 名，实到会代表 100 名。张正林代表镇政府作《政府工作报告》，周银官受镇政府委托向大会作《关于 1996 年财政预算执行情况和 1997 年财政预算草案的报告》，严桂英代表镇人大主席团作《人大主席团工作报告》，陈加生受镇人民政府委托向大会作《关于 1996 年农村定项限额的执行情况和 1997 年农村定项限额的测算报告》，审议镇人民政府《关于镇十二届人大一次会议代表所提建议、批评、意见办理情况的报告（书面）》。大会补选陈相凤为大中镇人大主席团主席，补选王周斌为大中镇人民政府副镇长。

十二届三次代表会议 1997 年 8 月 6 日召开，应到会代表 112 名，实到会代表 102 名。张正林代表镇人民政府向大会作《1997 年上半年工作情况报告》，大会补选顾志成、茅明鸣为大中镇人民政府副镇长。

十二届四次代表会议 1998 年 2 月 9 日召开，会期一天。出席会议代表 112 名。张正林代表镇政府作《政府工作报告》，严桂英代表镇人大主席团作《大中镇人大主席团工作报告》，周银官受镇政府委托作《关于 1997 年财政预算执行情况和 1998 年财政预算草案的报告》，陈加生受镇政府委托作《关于 1997 年农村定项限额的执行情况和 1998 年农村定项限额的预算报告》，审议镇政府《关于镇十二届人大二、三次会议以来代表所提建议、批评和意见办理情况的报告》。

十二届五次代表会议 1998 年 3 月 25 日召开，会期半天，大会共有代表 112 名，实到会代表 93 名。会议主要议程一项，补选束必隆为大中镇人民政府副镇长。

十二届六次代表会议 1998 年 12 月 10 日召开，会期半天，大会应到代表 112 名，实到 89 名。大会通过张正林、卞文乐、黄汉祥、严桂英等 4 人辞职报告，补选吴家祥为大中镇人民政府镇长，补选宋建英、陈良忠、张国梁等 3 人为大中镇人民政府副镇长。

十三届一次代表会议　1999 年 1 月 24—25 日召开，会期历时一天半，出席会议的正式代表 115 名。大会听取并审议吴家祥镇长所作的《政府工作报告》；听取和审议人大主席团工作报告；审议、批准大中镇人民政府 1998 年财政决算和 1999 年财政预算草案的报告；审议并批准《关于 1998 年农村定项限额的执行情况和 1999 年农村定项限额的报告》；大会选举卞文乐为大中镇人民代表大会主席团主席，陈国章为副主席；大会选举吴家祥为大中镇人民政府镇长；选举袁兴平、束必隆、宋建英、陈良忠、张国梁等 5 人为副镇长。

十三届二次代表会议　1999 年 9 月 8 日召开，大会应到代表 115 名，实到 92 名。大会听取吴家祥代表镇人民政府所作的《政府工作报告》；通过吴家祥、张国梁 2 人辞呈；补选王周斌为大中镇人民政府镇长；大会对依法治镇作说明并通过行政执法责任制过错责任追究制决定。

十三届三次代表会议　2000 年 2 月 29 日召开，出席会议的正式代表 115 名。大会听取王周斌代表镇政府作的《政府工作报告》，卞文乐作的《大中镇人大主席团工作报告》，夏碧君受镇政府委托向大会作《关于 1999 年财政预算执行情况和 2000 年财政预算草案的报告》，陈加生受政府的委托作《关于 1999 年农村定项限额的执行情况和 2000 年农村定项限额的预算报告》；审议镇政府《关于十三届人大一、二次会议以来代表议案、建议、批评和意见办理情况的报告》。

十四届一次代表会议　2002 年 1 月 10—11 日召开，大会应到代表 100 名，实到代表 96 名。会上王周斌代表上届政府作《政府工作报告》，王和生作《人大主席团工作报告》，夏碧君受镇政府委托作《2001 年财政决算和 2002 年财政预算的报告》，陈加生受镇政府的委托作 2001 年农民负担收支决算和 2002 年农民负担预算的报告》；大会选举王和生为大中镇人大主席团主席，吴明良当选为副主席。王周斌当选为大中镇人民政府镇长；宋建英、顾仁泽、束必隆、陆标、宋剑铭、陆海滨等六人当选为大中镇人民政府副镇长。

十四届二次代表会议　2003 年 4 月 25 日召开，会期一天，出席会议正式代表 100 名。大会听取董坤代表镇人民政府作《政府工作报告》，夏碧君受镇政府委托作《关于 2002 年财政决算和 2003 年财政预算草案的报告》，王和生代表镇人大主席团作《镇人大主席团工作报告》；大会选举董坤为大中镇人民政府镇长。

十四届三次代表会议　2004 年 2 月 3 日召开，会期一天，大会应到代表 104 名，实到代表 88 名。大会听取董坤代表镇人民政府作《政府工作报告》，夏碧君受镇人民政府委托作《关于 2003 年财政预算执行情况和 2004 年财政预算草案的报告》，王和生代表镇人大主席团作《人大主席团工作报告》；审议大中镇人民政府《关于大中镇第十四届人大二次会议代表建议、批评和意见办理情况的报告》。补选李实业、沈文静为大中镇人民政府副镇长。

十四届四次代表会议　2005 年 3 月 18 日召开，大会应到代表 103 名，实到代表 80 名，会期半天。大会听取董坤代表镇政府作《政府工作报告》，夏碧君受镇政府委托作《关于 2004 年财政预算执行情况和 2005 年财政预算草案的报告》，王和生代表镇人大主席团作《人大工作报告》。大会补选周宏奎为大中镇人民政府副镇长。

十四届五次代表会议　2006 年 2 月 12 日召开，出席大会正式代表 103 名。大会听取董坤代表镇人民政府作《政府工作报告》，夏碧君受镇政府委托作《关于 2005 年财政预算执行情况和 2006 年财政预算草案的报告》，顾仁泽代表镇人大主席团作《镇人大主席团工作报告》。大会补选王周斌为大中镇人民代表大会主席团主席，顾仁泽为人大副主席，补选陈浩、李实业、陈卫东等 3 人为大中镇人民政府副镇长。

十四届六次代表大会　2007 年 3 月 1 日召开，会期一天，大会应到代表 100 名，由于区划调整和其他原因，本次会议实到代表 86 名。大会听取李实业代表镇人民政府作《政府工作报告》，顾仁泽作《人大工作报告》，夏碧君受镇政府委托作《关于 2006 年财政预算执行情况和 2007 年财政预算草案的报告》。大会选举董坤为大中镇人大主席团主席。选举李实业为大中镇人民政府镇长，选举陈学根、郁冰为副镇长。

十五届一次代表会议 2007年12月14—15日召开，出席大会正式代表100名。大会听取李实业代表镇人民政府作《政府工作报告》，夏碧君受镇政府委托作《关于2007年财政预算执行情况和2008年财政预算草案的报告》，董坤作《人大工作报告》；审议和批准《关于经济、文化事业和公共事业建设计划报告》。大会选举董坤为大中镇人大主席团主席，顾云彬为副主席。选举李实业为大中镇人民政府镇长，沈文静、陈浩、陈卫东、陈学根、郁冰、管仁刚等6人为副镇长。

十五届二次代表会议 2009年2月28日召开，出席会议的正式代表100名。大会听取李实业代表镇政府作《政府工作报告》，翟荣忠受镇政府委托作《关于2008年财政预算执行情况和2009年财政预算草案的报告》，顾云彬代表人大主席团作《人大工作报告》；大会补选顾广荣为大中镇人民政府副镇长。

十五届三次代表会议 2010年4月1日召开，会议应到代表108名，实到代表93名。大会听取沈刚代表镇政府作《政府工作报告》，顾云彬代表人大主席团作《人大工作报告》，翟荣忠受镇政府委托作《关于2009年财政预算执行情况和2010年财政预算草案的报告》（书面）；审议《关于大中镇第十五届人民代表大会第二次会议代表议案、建议、批评和意见办理情况的报告》（书面）。大会选举沈刚为大中镇人民政府镇长。

阜丰（大兴）、大道、新团、裕华（五星）历届人代会选举情况表

表12－1－1 单位：人

单位	届	召开时间	代表人数	选举结果			
				人大主席	人大副主席	社、乡、镇长	副社、乡、镇长
(大兴)阜丰	第一届	1966.03.08	73	—	—	仓　海	陆士成
	第二届	1981.03.23—25	75	—	—	韦桂和	王桂成、陆士成、单茂珍、王仲球
大道	第四届	1961.09.10	236	—	—	严志成	季保根、陆士成
	第五届	1964.01.10—12	193	—	—	单鸿江	
	第六届	1966.03.13—14	115	—	—	史长美	王泉清
	第七届	1981.03.23—25	80	—	—	杨德忠	
新团	第一届	—	—	—	—	姚宏权	李希道、季自厚
	第二届	—	—	—	—	张德清	陈广太、季自厚、柏寿高
	第三届	—	—	—	—	周素芳	冷有保、柏龙顺
	第四届	1961.09.07	135	—	—	赵正海	冯剑萍（女）、蔡永华、周　钧
	第五届	1964.01.17—18	135	—	—	董金海	胡文俊、蔡永华
	第六届	1981.04.12	79	—	—	董培寿	季希荣、张长青、丁宏俊、陈相津、束扣珠
	第七届	1984.05.08—09	79	—	—	束扣珠	吴正喜、季希和、杨桂庭
	第八届	1987.03.23—24	54	—	—	王兴旺	吴正喜、季希和、曹雪根
	第九届	1990.02.13—14	62	王志祥	—	沈锦福	季希和、唐建中、朱爱涛
	第十届	1993.02.07—08	65	殷济青	—	尹金来	季希和、朱爱涛、蒋高友
	第十一届	1996.02.05	57	蒋高友	王克华	武炳光	韦　清、王和生、高　军、孙家太
	第十二届	1999.01.24	56	王克华	—	王和生	董绍华、陆　标、单俊发、宋剑铭

续表 12－1－1

单位	届	召开时间	代表人数	选举结果			
				人大主席	人大副主席	社、乡、镇长	副社、乡、镇长
裕华	第二届	1956.10	—	—	—	朱献良	施志高、杨文秀、施元恺
	第三届	1958.04	—	—	—	施志高	朱云高、朱献良
	第四届	1960.06	—	—	—	李才忠	周绍襄、朱献良、朱延贤
	第五届	1963.03	—	—	—	吴　辉	李才忠、施志良、张文龙
	第六届	1966.05	—	—	—	吴　辉	郁云山、张叔樵、顾文昌
	第七届	1981.01.29—30	92	—	—	徐善高	柏成法、田永珠、韦建元、骆复云、朱振美
	第八届	1984.04.17—18	97	—	—	彭　涛	王桂成
	第九届	1987.03.22—23	67	—	—	房根同	田永珠、朱隆庆、陈立奇
	第十届	1990.02.17—18	74	黄裕康	—	方云友	田永珠、秦达明、李国华
	第十一届	1993.02.11—12	75	方云友	—	卢昌宽	房根杨、顾建辉、李建新
	第十二届	1996.02.05—06	61	冯永岚	沈加冲	张锦生	殷建新、茅汉宾、房根杨、施德明、顾建辉
	第十三届	1999.01.24—25	63	朱学忠	陆志明	仇宏伟	朱兴江、孙素芳、李建新、迮均祥
	第十四届	2002.1.10—110	67	蔡　东	迮锦勇	钱　江	孙素芳、刘存生、李建新、朱兴江
	第十五届	2007.12.13—14	68	徐国祥	陈耀忠	单干情	吉建平、仇建刚、杨建平、陈邑新

说明：原大道公社第一、二、三届，新团公社第一、二、三届，裕华公社第一届查无资料

二、人大主席团

（一）机构设置

1990 年 2 月 19 日，召开大中镇第十届人民代表大会第一次会议，开始设镇人大主席团、人大主席团（系镇人大常设机构）。同时，镇增设选举办公室，办公室下设秘书组、组织组、宣传组、选民资格审查组、负责选举事务组。人大主席团负责闭会期间的各项活动。

（二）各项活动

代表建议的交办　1999—2001 年，镇人大接待和处理群众来信来访 18 件，办理人大代表提出的建议、批评、意见 32 条。

2002—2007 年，镇人大主席团先后对“加大农村基础设施建设、提高人民生活水平、建立完善农村合作医疗制度”“加大化解村级债务力度”等重点议案、建议进行全程跟踪，重点督办。

2008—2010 年，在大中镇十五届人大一、二、三次会议期间，镇代表共提交议案及建议、批评和意见 119 件，大多数涉及社会发展和民生问题，对代表提出的建议，镇人大及时进行整理交办，并跟踪督查办理情况，确保做到事事有着落，件件有答复，对一些办理后代表仍不满意的建议、批评和意见，还要求政府相关部门重新办理，使议案和建议办结率达 80% 以上，代表满意率和基本满意率达 98%。

把闭会期间的代表活动作为经常性工作　一是建立代表活动载体。2008 年，对原 7 个“人大代表之家”的活动地点进行适当调整，对代表活动室进行重新整理和布置，组建新的“人大代表之家”。2010 年大中、裕华两镇合并时，全镇 212 名市、镇人大代表编为 14 个小组，共组建 14 个“人大代表之家”。二是完善代表活动制度。2003 年，镇人大按照《中华人民共和国地方各级人民代表大会和地方各级人民政府组织法》《中华人民共和国全国人民代表大会和地方各级人民代表大会代表法》等有关

法律、法规的要求，拟定《镇人大工作制度》《人大代表小组活动制度》《人大代表学习制度》《主席团成员联系代表制度》《人大代表向选民述职制度》《人大代表接待选民日制度》。2009年，根据省、市人大要求，对相关制度进一步修订和完善后，发到各代表小组，张贴到各“人大代表之家”，并组织代表认真学习。三是组织代表开展活动。人大代表通过调研、视察等活动，有效监督、支持和推进政府工作。1999年，镇人大主席团组织代表对推进农业产业化、村务公开、职工养老保险、企业改制、环境卫生等重要议题进行调研，提出26条建议和意见。2005年，组织人大代表围绕发展个体私营经济、深化企业改革、加快结构调整及环境保护等议题进行评议活动。活动中，代表们深入分析镇情，提出许多加快发展、形成后发优势的建议，为促进政府工作，发挥代表的应有作用。2002—2007年，镇人大主席团有计划地组织代表向选民进行述职，共有112名市、镇两级人大代表向所在选区的选民进行述职。镇人大主席团围绕招商引资、项目推进、规模企业培植以及农业产业结构调整、农村劳动力转移、农民增收、新农村建设等重点工作，组织代表调研视察，并提出50多条建议和意见，有力促进全镇经济发展和社会进步。

2008年，镇人大主席团组织代表积极开展以带头招商引资为主要内容的“三带一创”活动，在全民创业、标准化厂房建设、利用外资、城市拆迁等工作中，人大代表身先士卒，带头完成各项任务。2010年，先后安排2次代表接待选民日活动和1次代表向选民述职活动，全镇代表共接待选民140多人次，汇总交办选民提出的建议和意见60多条。

2008—2010年期间，镇人大主席团先后五次组织市、镇人大代表视察大丰港、城东新区、丰收大地和镇“三区一园”等经济建设项目以及文化站、敬老院等社会事业发展项目，为全镇经济建设提出40多条合理化建议，被政府部门采纳吸收。

监督和督查 2003年，镇人大主席团先后对镇政府招商引资、项目推进、园区建设、财政预算管理、农业标准化和农业结构调整、优化投资环境等工作，组织人大代表开展重点监督、专题调研和审议活动，及时提出审议意见和建议，镇政府及时采纳，出台改进措施，对全镇经济的健康快速发展和社会的稳定繁荣起到积极的作用。加强对政府预算和决算情况的监督，提高资金使用效益。加强对政府各部门服务态度、服务质量及廉政自律等方面的监督、评议，对较差的部门责令限期改进，督促政府关注热点问题，不断改进工作作风，努力服务人民群众。

2007年，镇人大主席团把工作监督与法律监督，执法检查与自行整改有机结合起来，加强整改落实，紧紧抓住计划和预算编制、执行、调整、审计等关键环节，进行全程跟踪监督。针对税收问题，建议政府加强征管，做到应征不漏，确保财政收入按时序进度入库，为全镇预算任务的顺利完成提供有力的支持。突出民生，对社会热点问题开展专题监督。把“切实维护职工合法权益”“提高农民生产生活水平”等议案、建议列为督办重点，明确专人负责，落实具体承办单位，规定办理时限，明确质量标准，促进问题有效解决。2009年，镇人大主席团加强对普法工作的监督力度，坚持和完善领导干部学法考核考评制度，督促政府干部带头法学、用法和守法。

依法治镇 2002—2007年，镇人大主席团把发展民主政治、建设政治文明作为自身的重要职责，大力推进平安大中、法制大中建设，从加大法制学习、宣传力度入手，督促政府及职能部门开展普法教育，通过多种途径和形式，增强全民法制意识。先后开展《中华人民共和国婚姻法》《中华人民共和国劳动法》《中华人民共和国环境保护法》《中华人民共和国气象法》等法制讲座，组织学习《中华人民共和国商品管理法》《中华人民共和国工会法》《中华人民共和国产品质量监督法》等法律法规。

2008—2010年，镇人大认真开展执法检查，对执法检查中查出的违法问题，依法处理，保证法律法规的有效实施。督促政府依法行政。认真抓好“五五”普法和“三五”依法治镇工作。推行执法责任制和过错责任追究制的落实，督促政府全面推行政务公开。

1990—2011 年大中镇人大主席团正副主席更迭表

表 12-1-2

届 期	会议召开时间	姓 名	职 务	任职时间
十届一次	1990.02.19	朱 绵	主席(兼)	1990.02—1993.02
十一届一次	1993.02.11	朱 绵	主席(兼)	1993.2—1996.01
十二届一次	1996.01.28	沈卫东	主席(兼)	1996.01—1997.01
		严桂英	副主席	1996.01—1999.01
十二届二次	1997.02.13	陈相凤	主席(兼)	1997.02—1999.01
十三届一次	1999.01.24	卞文乐	主席	1999.01—2002.01
		陈国章	副主席	1999.01—2002.01
十四届一次	2002.01.10	王和生	主席	2002.01—2006.02
		吴明良	副主席	2002.01—2006.02
十四届五次	2006.02.12	王周斌	主席(兼)	2006.02—2007.03
		顾仁泽	副主席	2006.02—2007.12
十四届六次	2007.03.1	董 坤	主席(兼)	2007.03—今
		顾仁泽	副主席	2006.02—2007.12
十五届一次	2007.12.14	董 坤	主席(兼)	2007.03—今
		顾云彬	副主席	2007.12—今

第二节 人民政府

一、政权机构

1941 年 3 月,垦区民主政权建立。初为垦区办事处,不久改称垦区区署(区署设于大中镇原国民党农民银行仓库内),委派民主人士蔡国芳任区长,下设公安、财政、民政、文教等股(政权性质始系统一战线性质,即在政府工作人员中,实行共产党员、非党左派进行人士及中间人士各占三分之一的"三三制"。区署组织有武装中队,不久改称游击连)。在政权建立的同时,区工抗会、农抗会、青抗会、妇抗会、商抗会、教抗会等群众团体相继成立。

1942 年 5 月,撤销台北行署,建立台北县。1943 年 8 月,兴化县堤东区划归台北县,新团乡、八东乡、南灶乡随属之。1944 年,台北县并入东台县,大中镇按大丰盐垦股份公司划分的垦殖区民主选举建立 5 个乡政府(福丰乡、恒太乡、和瑞乡、阜万乡、同德乡)。1945 年 8 月,大中集光复,建立大中特区公署(县级),驻于大生厂内(今大新桥东北侧)。废除保甲制,城区划为 10 条街、37 个居民行政小组。11 月,撤销大中特区,重建台北县。1946 年 5 月,台北县划治大中、垦南、垦北、小海、西团、草堰、堤东、滨海、白驹 9 个区(大中区政府设于今民政局处)。1946 年年底,国民党军队向解放区发动全面进攻,民主政权工作人员转入地下。1947 年 4 月,大中镇解放,民主政权恢复。8 月,实行"一切权力归农会"。9 月,建立大中市(市政府设于今民政局处),下辖新丰、大中(今城区二卯酉河北部分)、卯酉(今城区二卯酉河南部分)3 镇。1948 年 1 月,大中、卯酉两镇合并,重新设置大中镇。1951 年,大中区政府改称大中区公所。

1954 年 6 月，大中区撤销。1956 年 8 月，大中镇政府改称大中镇人民委员会。10 月，撤区并乡，乡以下建立高级合作社。划大中镇农村合作社建立大中乡，成立乡人民委员会。1958 年 9 月，大中、南阳、裕华、新丰 4 乡及县属大中镇合并建立大道人民公社，公社成立后把 4 乡 1 镇改为 5 个大队。公社下置大队、中队、小队。1959 年 3 月，新丰、南阳、裕华大队从大道公社划出，分别建立人民公社，公社下辖大队。此时，大中镇为大道公社下属的大中镇大队。

1960 年 11 月，大中镇大队改称大中分社，隶属大道公社和县人委双重领导，同时县直机关、学校、工厂等企事业单位，按县委、县人委分管部门分设 5 个居民委员会。1962 年 4 月，大中分社从大道公社划出，建立大中镇人民公社。1965 年 7 月，大中镇人民公社改称大中镇人民政府。1967 年 3 月，镇、公社分别成立人武部生产办公室，人武部部长任办公室主任。1968 年 4 月，人武生产办公室撤销，分别建立"三结合"革命委员会（即革命干部代表、革命群众代表、军队人武干部代表），下属大队成立大队革命委员会。

1971 年 6 月，大中镇在城区建立街道革命委员会，管辖 5 个居民委员会。1979 年冬，街道革命委员会改称街道办事处。

1981 年 3 月，撤销各级革命委员会。大中镇成立镇人民政府，大道、阜丰、新团、裕华公社成立管理委员会，下属大队革委会改称大队管理委员会。1983 年 5 月，大道公社、阜丰公社、大中镇合并，重新建立大中镇人民政府。

2001 年 4 月，新团镇并入大中镇。12 月，大丰市委办、政府办印发《大丰市大中镇职能配置内设机构和人员编制方案》，明确镇机关综合设置党政、财经（挂"财政所"牌子）、社会事务、村镇建设、经贸、农业等六大办公室和一个办事处。2002 年 8 月，大中镇城区成立两个街道办事处，即黄海街道办事处和金丰街道办事处。2010 年 8 月，裕华镇并入大中镇，重新建立大中镇人民政府。

大中镇人民政府政权机构领导更迭表

表 12－2－1

<table>
<tr><th>组织名称</th><th>时　间</th><th>职　务</th><th>姓　名</th><th>任职时间</th></tr>
<tr><td>大中镇镇公所</td><td>1940.10—1941.07</td><td>镇　长</td><td>张学诚</td><td>1940.10—1941.07</td></tr>
<tr><td rowspan="5">垦　区</td><td rowspan="5">1941.07—1945.09</td><td rowspan="5">区　长</td><td>蔡国方</td><td>1941.05—1943.06</td></tr>
<tr><td>陈　莼</td><td>1943.06—1943.10</td></tr>
<tr><td>汪　诚</td><td>1943.11—1944.04</td></tr>
<tr><td>邵乃奋</td><td>1944.04—1945.04</td></tr>
<tr><td>朱道生</td><td>1945.04—1945.09</td></tr>
<tr><td>大中特区大中办事处</td><td>1945.09—1945.11</td><td>主　任</td><td>王九思</td><td>1945.09—1945.11</td></tr>
<tr><td rowspan="3">大中镇人民政府</td><td rowspan="3">1945.12—1947.11</td><td rowspan="3">镇　长</td><td>赵　凯</td><td>1945.12—1946.05</td></tr>
<tr><td>单士明</td><td>1946.05—1947.04</td></tr>
<tr><td>傅伯宏</td><td>1947.09—1947.11</td></tr>
<tr><td rowspan="2">大中市政府</td><td rowspan="2">1947.09—1947.11</td><td>市　长</td><td>侯南洲（兼）</td><td>1947.09—1947.11
1947.11—1948.01</td></tr>
<tr><td>副市长</td><td>缪　干</td><td>1947.09—1947.11</td></tr>
<tr><td>卯西镇政府</td><td>1947.12—1948.02</td><td>镇　长</td><td>董　涛</td><td>1947.12—1948.02</td></tr>
</table>

续表 12-2-1

组织名称	时　间	职　务	姓　名	任职时间
大中镇政府	1947.11—1949.09	镇　长	吴增庆	1947.11—1948.06
			傅伯宏	1948.06—1948.10
			丁维祥	1948.06—1948.10
			陆发奎	1948.12—1949.09
	1949.09—1954.08	镇　长	陆发奎	1949.09—1954.08
			李承孝	1951.05—1954.08
	1954.08—1957.01	镇　长	单　良	1954.08—1956.08
			陆发奎	1956.10—1958.09
大中镇人民(政府)委员会	1957.01—1958.09	副镇长	高尚德	1956.10—1958.09
大中乡人民委员会	1956.10—1958.09	乡　长	吴伯良	1956.10—1957.05
			殷汉民	1957.05—1958.09
		副乡长	季自厚	1956.10—1957.05
			胡友德	1956.10—1957.07
			冯建平(女)	1957.05—1958.09
大中大队	1958.09—1959.03	大队长	董华义	1958.09—1959.03
			王勇飞	1959.03—1960.11
大中镇大队	1958.09—1960.11	大队长	高尚德	1958.09—1960.11
大中分社	1960.11—1962.04	社　长	沈志祥(兼)	1960.11—1961.08
			王振邦	1961.08—1962.04
		副社长	王振邦	1960.11—1961.08
			高尚德	1960.11—1962.04
			王君义	1961.04—1962.04
大中镇人民公社	1962.04—1965.07	社　长	沈志祥(兼)	1962.04—1965.07
		副社长	王君义	1961.04—1964.06
			王保美	1962.09—1964.11
			秦桂英(女)	1964.06—1965.07
			高尚德	1964.09—1965.07
大中镇人民委员会	1965.07—1968.04	镇　长	唐国政	1965.07—1968.04
		副镇长	朱　政	1965.07—1968.04
大中镇革命委员会	1968.01—1981.03	主　任	王振邦	1968.04—1971.03
			李万春	1971.03—1973.06
			孟昭楼	1973.06—1975.11
		代主任	顾太余	1975.11—1976.06
		主　任	顾太余	1976.06—1977.06
			郁建民	1977.06—1980.10
			邓斌成	1981.01—1981.03

续表 12－2－1

组织名称	时　间	职　务	姓　名	任职时间
大中镇革命委员会	1968.01—1981.03	副主任	黄圣江	1968.04—1970.08
			唐国政	1968.04—1972.02
			顾长宏	1970.03—1976.06
			胡　琴(女)	1970.03—1979.05
			顾云鹏	1970.08—1979.12
			李万春	1970.09—1971.08
			李怀堂	1972.02—1976.06
			徐金华	1972.02—1981.03
			黄守忠	1976.06—1979.05
			殷永宽	1979.05—1981.03
			秦友礼	1979.05—1981.03
			俞文达	1979.05—1981.03
			高素珍(女)	1979.05—1981.03
大中镇人民公社经济管理委员会	1983.05—1985.02	主　任	张季方	1983.05—1985.02
		副主任	王仲球	1983.05—1985.02
			黄锦成	1983.05—1985.02
			葛亚芳(女)	1983.05—1985.02
			高瑞俊	1983.05—1984.10
			宋远坤	1984.10—1985.02
			张正林	1984.10—1985.02
			方锦龙	1984.10—1985.02
大中镇人民政府	1981.03—2010.12	镇　长	秦友礼	1981.03—1989.04
			周善辉	1989.04—1994.12
			沈卫东	1995.01—1995.12
			张正林	1996.01—1998.12
			吴家祥	1998.12—1999.08
			王周斌	1999.08—2003.04
			董　坤	2003.04—2007.03
			李实业	2007.03—2010.04
			沈　刚	2010.01—2015.02
			席　刚	2015.02—今
		副镇长	黄婉芳(女)	1981.03—1983.05
			俞文达	1981.03—1982.06
			陈荣产	1981.03—1987.03
			耿翠盈(女)	1983.06—1984.07
			高瑞俊	1984.10—1988.03

续表 12－2－1

组织名称	时　间	职　务	姓　名	任职时间
大中镇人民政府	1981.03—2010.12	副镇长	宋远坤	1985.02—1987.03
			方锦龙	1985.02—1987.03
			王仲球	1985.02—1986.08
			张正林	1985.02—1987.10
			单茂珍(女)	1986.08—1989.04
			王桂成	1988.03—1995.12
			卞文乐	1989.12—1998.12
			宗　淦	1996.01—1997.04
			顾锦文	1989.04—1989.12
			王周斌	1990.02—1997.04
			孙长林	1993.02—1995.12
			黄汉祥	1996.01—1999.01
			袁兴平	1996.01—2002.01
			顾志成	1991.08—1999.01
			从　斌	1997.02—2002.01
			茅鸣明	1997.08—2002.01
			束必隆	1998.03—2007.12
			宋建英	1998.12—2007.12
			陈良忠	1998.12—2007.12
			张国梁	1998.12—2007.12
			顾仁泽	2001.04—2006.02
			陆　标	2002.01—2007.12
			陆海滨	2001.04—2007.12
			宋剑铭	2002.01—2007.12
			李实业	2004.01—2007.03
			沈文静	2004.02—2011.02
			周宏奎	2005.03—2006.02
			陈卫东	2006.02—
			陈　浩	2006.02—2011.02
			陈学根	2007.03—2011.02
			管仁刚	2007.12—
			郁　冰	2007.03—2010.04
			顾广荣	2009.02—
			吉建平	2010.07—
			杨建明	2010.07—
			朱晓春	2010.07—
			孙素芳	2010.07—

大中区政府领导更迭表

表 12－2－2

时　间	职　务	姓　名	任职时间
1946.05—1946.12	区　长	张鹤飞(兼)	1946.05—1946.12
	副区长	赵　凯	1946.05—1946.12
1947.11—1949.09	区　长	侯南洲	1947.11—1948.01
		单福余	1948.02—1949.01
		唐　廉	1949.01—1949.03
		丁天生	1949.03—1949.09
	副区长	唐　廉	1948.11—1949.01
		丁天生	1949.01—1949.03
1949.10—1954.08	区　长	丁天生	1949.10—1950.05
		王国桢	1950.05—1951.07
		丁天生	1951.07—1953.02
	副区长	丁天生	1950.05—1951.07
		高保山	1953.02—1954.08
		冯建平(女)	1954.05—1954.08
		徐　筠	1953.04—1953.12
1956.03—1956.10	区　长	吴庆好	1956.03—1956.10
	副区长	吴伯良	1956.03—1956.10

大道人民公社领导更迭表

表 12－2－3

组织名称	时　间	职　务	姓　名	任职时间
大道人民公社管理委员会	1958.09—1968.04	社　长	蔡国范(兼)	1958.09—1959.03
			沈志祥	1959.10—1960.02
			董华义	1960.04—1961.10
			严志成	1962.09—1963.03
			单宏江	1964.01—1965.06
			史长美(女)	1965.06—1968.04
		副社长	冯建平(女)	1958.09—1961.08
			董华义	1958.09—1960.04
			季保根	1962.02—1961.01
			王勇飞	1960.02—1960.05
			陆士成	1960.12—1962.10
			王全清	1962.02—1968.04
			陆士成	1964.02—1966.02
			张保银	1965.09—1968.04

续表 12-2-3

组织名称	时　间	职　务	姓　名	任职时间
大道人民公社革命委员会	1968.04—1981.03	主　任	朱士高	1968.04—1970.03
			宋一强	1970.03—1976.06
			朱士高	1976.06—1981.03
		副主任	史长美(女)	1968.04—1974.05
			陈泽华	1968.04—1981.03
			王全清	1970.03—1980.10
			姚　凤	1970.03—1973.03
			仓　海	1972.02—1978.02
			张季方	1973.03—1976.11
			谢天林	1973.03—1974.05
			陈国仕	1974.05—1976.11
			高瑞俊	1974.05—1981.03
			陈应人	1976.06—1981.03
			杨兴旺	1976.11—1977.12
			朱　坤	1976.12—1977.12
大道人民公社革命委员会	1968.04—1981.03	副主任	郁静贞(女)	1976.11—1981.03
			徐静荣	1977.12—1981.03
			杨德忠	1978.02—1981.03
大道人民公社管理委员会	1981.03—1983.05	主　任	杨德忠	1981.03—1983.05
		副主任	郁静贞(女)	1981.03—1983.05
			陈泽华	1981.03—1983.05
			高瑞俊	1981.03—1983.05
			陈应人	1981.03—1982.04
			赵永鑫	1982.10—1983.05

阜丰(大兴)人民公社领导更迭表

表 12-2-4

组织名称	时　间	职　务	姓　名	任职时间
阜丰(大兴)人民公社管理委员会	1966.02—1968.04	社　长	仓　海(兼)	1966.02—1968.04
		副社长	陆士成	1966.05—1968.04
			胡　琴(女)	1966.04—1968.04
阜丰(大兴)人民公社革命委员会	1968.04—1981.03	主　任	俞文达	1968.01—1974.04
			高步桂(女)	1974.05—1978.02
			谢天林	1978.02—1980.03
			李声源	1980.03—1981.03

续表 12－2－4

组织名称	时 间	职 务	姓 名	任职时间
阜丰(大兴)人民公社革命委员会	1968.04—1981.03	副主任	高步桂(女)	1968.04—1974.05
			方云富	1968.04—1974.05
			陈应人	1968.04—1972.01
			徐维民	1970.03—1972.08
			陆士成	1972.02—1981.03
			单 良	1972.02—1981.03
			高素珍(女)	1972.02—1979.05
			谢天林	1974.05—1978.02
			王桂成	1976.11—1981.03
			单茂珍(女)	1976.11—1981.03
			韦桂和	1978.02—1981.03
阜丰(大兴)人民公社管理委员会	1981.03—1983.05	主 任	韦桂和	1981.03—1983.05
		副主任	王桂成	1981.03—1983.05
			单茂珍(女)	1981.03—1983.05
			陆士成	1981.03—1983.05
			王仲球	1981.03—1983.05

新团(公社、乡、镇)领导更迭表

表 12－2－5

组织名称	时 间	职 务	姓 名	任职时间
新团乡人民委员会	1957.05—1958.08	乡 长	姚宏权	1957.05—1958.08
		副乡长	李希道	1957.05—1958.08
			季自厚	1957.05—1958.08
新团卫国人民公社管理委员会	1958.09—1959.07	社 长	张德青(兼)	1958.09—1959.07
		副社长	陈广太	1958.09—1959.07
			季自厚	1958.09—1959.07
			柏寿高	1958.09—1959.07
新团人民公社管理委员会	1959.08—1966.05	社 长	周素芳(女)	1959.08—1961.01
			赵正海	1961.01—1962.10
			董金海	1962.11—1966.05
		副社长	冷有保	1959.07—1961.01
			柏龙顺	1959.09—1961.01
			丁正富(兼)	1960.02—1960.02
			周 钧	1960.06—1962.05
			冯建平(女)	1961.08—1964.01

续表 12－2－5

组织名称	时　间	职　务	姓　名	任职时间
新团人民公社管理委员会	1959.08—1966.05	副社长	蔡永华	1962.01—1966.05
新团人民公社管理委员会	1959.08—1966.05	副社长	胡文俊	1962.09—1966.05
新团人民公社管理委员会	1959.08—1966.05	副社长	智恒余	1966.02—1966.05
新团人民公社管理委员会	1966.05—1968.04	社　长	董金海	1966.05—1968.04
新团人民公社管理委员会	1966.05—1968.04	副社长	蔡永华	1966.05—1968.04
新团人民公社管理委员会	1966.05—1968.04	副社长	智恒余	1966.05—1968.04
新团人民公社革命委员会	1968.04—1981.04	主　任	高明德	1968.04—1970.02
新团人民公社革命委员会	1968.04—1981.04	主　任	蔡荣浩	1970.02—1970.08
新团人民公社革命委员会	1968.04—1981.04	主　任	陈如祥	1970.08—1972.08
新团人民公社革命委员会	1968.04—1981.04	主　任	常春富	1972.08—1980.12
新团人民公社革命委员会	1968.04—1981.04	主　任	孙伟石	1981.01—1981.04
新团人民公社革命委员会	1968.04—1981.04	副主任	徐宏俊	1968.04—1970.09
新团人民公社革命委员会	1968.04—1981.04	副主任	智恒余	1968.04—1970.02
新团人民公社革命委员会	1968.04—1981.04	副主任	郁建民	1970.03—1972.07
新团人民公社革命委员会	1968.04—1981.04	副主任	董金海	1970.03—1975.07
新团人民公社革命委员会	1968.04—1981.04	副主任	常春富	1970.08—1972.07
新团人民公社革命委员会	1968.04—1981.04	副主任	杨德成	1972.02—1976.06
新团人民公社革命委员会	1968.04—1981.04	副主任	蒋高友	1972.02—1976.11
新团人民公社革命委员会	1968.04—1981.04	副主任	陈　翔	1972.08—1974.05
新团人民公社革命委员会	1968.04—1981.04	副主任	张长清	1973.03—1981.04
新团人民公社革命委员会	1968.04—1981.04	副主任	蔡永华	1973.03—1981.04
新团人民公社革命委员会	1968.04—1981.04	副主任	董培寿	1974.05—1981.04
新团人民公社革命委员会	1968.04—1981.04	副主任	施有道	1974.05—1978.02
新团人民公社革命委员会	1968.04—1981.04	副主任	杨竞寸	1978.02—1981.04
新团人民公社革命委员会	1968.04—1981.04	副主任	陈汉中	1978.02—1981.04
新团人民公社革命委员会	1968.04—1981.04	副主任	季希荣	1979.05—1981.04
新团人民公社革命委员会	1968.04—1981.04	副主任	王振国	1980.03—1981.04
新团人民公社管理委员会	1981.04—1983.08	主　任	董培寿	1981.04—1983.08
新团人民公社管理委员会	1981.04—1983.08	副主任	季希荣	1981.04—1981.07
新团人民公社管理委员会	1981.04—1983.08	副主任	张长青	1981.04—1983.08
新团人民公社管理委员会	1981.04—1983.08	副主任	丁洪俊	1981.04—1982.08
新团人民公社管理委员会	1981.04—1983.08	副主任	陈相津	1981.04—1983.08
新团人民公社管理委员会	1981.04—1983.08	副主任	束扣珠(女)	1981.04—1983.08
新团人民公社管理委员会	1981.04—1983.08	副主任	陈汉中	1981.04—1983.08

续表 12 -2 -5

组织名称	时　间	职　务	姓　名	任职时间
新团乡人民公社经济管理委员会	1983.08—1985.02	主　任	商传友	1983.08—1985.02
		副主任	张长清	1983.08—1985.02
			季希和	1983.08—1985.02
			沈锦福	1983.08—1985.02
新团乡人民政府	1983.08—1989.12	乡　长	束扣珠(女)	1983.08—1985.02
			商传友	1985.02—1987.04
			王兴旺	1987.04—1988.02
			沈锦福	1988.03—1989.12
			葛中银	1990.02—1993.02
			尹金来	1993.02—1995.06
		副乡长	吴正喜	1983.08—1989.04
			季希和	1985.02—1989.12
			杨桂庭	1985.02—1987.03
			曹雪根	1987.03—1989.12
			唐建中	1989.05—1991.01
			朱爱涛	1990.04—1995.11
新团镇人民政府	1989.12—2001.04	镇　长	武炳光	1995.06—1996.05
			王克华	1996.05—1997.11
			杨德宽	1997.11—1998.12
			王和生	1998.12—2001.04
		副镇长	王和生	1993.01—1997.04
			季希和	1989.12—1995.12
			蒋高友	1991.11—1994.02
			夏继永	1994.02—1995.12
			高　军	1995.06—1998.12
			韦　清	1996.04—1998.03
			顾正国	1996.06—1997.06
			孙家太	1996.10—1997.11
			向建华	1997.05—1998.12
			董绍华	1998.03—2001.04
			陆　标	1998.03—2001.04
			单俊发	1998.03—2001.04
			宋剑铭	1998.12—2001.04

裕华(五星)公社、乡、镇领导更迭表

表12－2－6

单位名称	职　务	姓　名	任　职　时　间
裕华乡人民委员会(1956.10—1958.09)	乡　长	朱献良	1956.10—1958.04
	副乡长	施志高	1954.04—1958.09
		杨文秀	1956.10—1958.07
		施元恺	1956.10—1957.07
		朱云高	1957.07—1958.09
		朱献良	1958.04—1958.09
裕华大队管委会(1958.09—1959.03)	大队长	朱云高(兼)	1958.09—1959.03
裕华(五星)人民公社管理委员会(1959.03—1966.05)	乡　长	朱献良	1959.03—1959.09
		施志高	1959.09—1960.06
		李才忠(兼)	1960.06—1963.03
		吴辉(兼)	1963.03—1966.05
裕华(五星)人民公社管理委员会(1959.03—1966.05)	副社长	朱云高	1959.04—1959.10
		周　绍	1959.04—1960.01
		朱献良	1959.10—1960.02
		朱延贤	1960.02—1961.01
		陈鉴人	1960.02—1961.04
		俞文达	1960.02—1961.04
		刘长林	1961.01—1962.02
		张文龙	1961.01—1964.07
		施志良	1962.02—1963.08
		张　叔	1962.02—1966.05
		李才忠	1963.03—1966.02
		顾文昌	1964.01—1966.05
		郁云山	1966.04—1966.05
五星人民公社管理委员会(1966.05—1968.03)	社　长	吴　辉(兼)	1966.06—1968.03
	副社长	郁云山	1966.06—1968.03
		张叔樵	1966.06—1968.03
		顾文昌	1966.06—1968.03
五星人民公社革命委员会(1968.03—1970.06)	主　任	蔡鼎山	1968.03—1970.03
		高明德	1970.03—1970.06
	副主任	朱仁山	1968.03—1970.03
		吴　辉	1968.03—1970.04
		陈恺和	1968.03—1970.06
		吴振美	1970.03—1970.06

续表 12-2-6

单位名称	职　务	姓　名	任　职　时　间
五星人民公社革命委员会（1970.06—1976.10）	主　任	高明德(兼)	1970.06—1973.06
		李于春(兼)	1973.06—1976.05
	副主任	宋一强(兼)	1976.05—1976.10
		吴　辉(兼)	1970.06—1971.08
		陈恺和(兼)	1970.06—1976.10
		吴振美	1970.07—1976.10
		韦进元	1970.08—1976.10
		张裕成	1972.02—1973.11
		高树岚	1972.02—1976.10
		陈宏发(兼)	1973.03—1976.06
		卢　敞	1973.11—1976.10
		徐善高	1976.06—1976.10
裕华人民公社革命委员会（1976.10—1983.05）	主　任	宋一强(兼)	1976.10—1979.05
		徐善高	1979.05—1981.02
	副主任	徐善高	1976.10—1978.01
		骆复云	1977.06—1981.02
		韦进元	1976.10—1981.02
		卢　敞	1976.10—1978.08
		吴振美	1976.10—1981.02
		高树岚	1976.10—1976.11
		李生根	1976.11—1981.02
		田永珠(女)	1978.05—1981.02
		柏成法	1980.12—1981.02
		陈恺和	1976.10—1976.11
裕华人民公社管理委员会（1976.10—1983.05）	主　任	徐善高	1981.02—1983.01
		黄裕康	1983.01—1983.05
	副主任	李生根	1981.02—1983.05
		骆复云	1981.02—1983.05
		柏成法	1981.02—1983.05
		田永珠(兼)	1981.02—1983.05
		吴振美	1981.02—1983.05
		陈忠美	1981.02—1983.05
		韦进元	1981.02—1983.05

续表 12－2－6

单位名称	职　务	姓　名	任　职　时　间
裕华镇(乡)人民政府(1983.05—2010.07)	镇　长	彭　涛	1983.05—1984.12
		房根同	1984.12—1989.09
		方云友	1989.09—1992.12
		李国华	1992.10—1992.12
		卢昌宽	1993.02—1996.01
		张锦生	1996.02—1999.01
		仇宏伟	1999.01—2002.01
		钱　江	2002.01—2004.05
		单干情	2004.05—2007.12
		周　俊	2007.12—2010.07
	副镇长	李元龙	1983.05—1987.03
		许洪山	1985.02—1986.07
		张民强	1985.02—1987.03
		王桂成	1985.02—1985.09
		陈立奇	1985.02—1990.03
		朱隆庆	1987.01—1989.03
		田永珠(女)	1987.03—1991.11
		李国华	1989.03—1992.10
		房根杨	1991.11—1992.12
		秦达明	1990.02—1992.12
		卢昌宽	1991.11—1992.12
		殷建新	1992.04—1992.12
		顾建辉	1993.02—1999.01
		茅汉宾	1996.02—1999.01
		施德明	1996.02—1999.01
		李建新	2001.07—2010.07
		连均祥	1997.09—2000.12
		朱兴江	1999.01—2006.01
		孙素芳(女)	1998.12—2004.01
		单干情	2002.12—2004.05
		刘存生	2002.01—2005.03
		王正清	2003.04—2005.03
		仇建刚	2003.04—2010.07
		陈耀忠	2003.12—2007.11
		沈卫兵	2003.11—2007.12
		陈邑新	2005.03—2010.07
		吉建平(兼)	2007.11—2010.07
		杨建明	2007.11—2010.07

1983—2000年大中镇政府机关各部门主要负责人更迭表

表12-2-7

职能部门	姓　名	任职时间
政府办主任	陆平辉	1983.05—1985.10
	王作诗	1988.04—1989.11
	陈兆昌	1989.11—1998.04
	卢春桃	1998.05—2000.12
工办主任（工经办）	陆信元	1983.08—1985.04
	李振声	1985.04—1987.11
	唐承勋	1987.01—1988.05
	方锦龙	1988.05—1989.04
	何宽仁	1989.04—2000.12
农办主任（农经办）	陈加生	1983.05—2000.12
文教办助理	吴立鳌	1983.05—1986.08
	梁俊清	1986.09—1990.06
	顾志成	1990.07—2000.12
财政所财委	许家富	1983.05—1985.04
	吴秀凤	1985.05—1987.02
	周银官	1987.02—2000.12
司法办助理	朱桂茂	1983.05—1987.11
	蔡文斌	1983.05—1998.04
民政办助理	顾文瑞	1983.05—2000.12
计生办主任	陈加祥	1983.05—1989.04
	方锦龙	1989.04—2000.12
水利站站长	钱　峰	1983.05—1997.04
综治办主任	仇玉宏	1991.01—1993.09
	杨兆林	1992.01—1995.07
	胡学高	1995.11—2000.12
村建办主任	宋应恒	1992.04—2000.12
城建所主任	袁克宽	1983.05—1983.10
	陈　峻	1983.10—1989.06
	宋应恒	1989.07—1992.03
土管所主任	许树高	1989.12—1999.10
广播电视站站长	杨登贵	1983.05—1984.04
	苏春生	1983.05—1998.05
	潘志坚	1998.05—2000.12
文化站站长	钱济业	1983.05—1984.04
	吴志刚	1984.12—2000.12

续表 12－2－7

职能部门	姓 名	任职时间
科技办助理	卞跃凤	1987.02—1984.12
	臧正明	1994.02—1996.09
	石永明	1996.11—2000.12
农技站站长	张长庆	1990.12—2000.12
林业站站长	陈如正	1991.03—2000.12
统计站站长	胡国标	1984.07—2000.12
审计办主任	张志康	1989.03—2000.12
兽医站站长	徐占江	1983.08—1987.12
	吴惠玲	1988.01—2000.12
蚕桑站站长	许春华	1992.03—2000.12
水产站站长	陈卫东	1990.01—2000.12
南农机站站长	姜正茂	1983.05—1996.10
	王树华	1996.10—
北农机站站长	王汉康	1983.05—1985.06
	曾龙图	1985.06—1996.06
	沈天鹏	1996.06—
食品站站长	江可军	1983.05—1991.12
	夏永喜	1985.10—1994.04
	陈安生	1994.04—1996.05
	朱亚东	1996.06—
信访办干事	杨正家	1994.10—2000.12
建管站站长	苏子群	1988.04—1992.03
三产办主任	陈文炳	1988.06—1992.04
	周正怀	1992.04—1994.02
	陈汉龙	1994.02—1995.06
劳资办主任	朱文锦	1993.04—1995.10

说明：部分单位1997年以后已撤销未作记录。

2001—2010年大中镇内设职能机构主要负责人更迭表

表 12－2－8

职能部门	姓 名	任职时间
党政办公室主任	卢春桃	—2001.03
	聂坤雷	2001.04—2003.10
	顾广荣	2003.11—2009.02
	卢春桃	2009.02—今

续表 12－2－8

职能部门	姓　名	任职时间
财经办公室主任	周银官	1987.03—2005.09
	夏碧君	2005.09—2008.08
	翟荣忠	2008.09—
社会事务办公室主任	王金黄	2001.12—
村建办公室主任	聂坤雷	2003.10—2006.10
	殷长贵	2006.10—
农业办公室主任	许春华	2001.01—

附：政府派出机构——街道办事处

1971年6月，建立大中镇街道革命委员会。1979年冬，改称大中镇街道办事处。是年，下辖新街、老街、大刘路、大刘新村、大华、沿河、人民北路、大新、城中、康平、健东11个居民委员会、110个居民小组。2003年6月，大中镇街道办事处划置为黄海、金丰两个办事处，黄海街道办事处辖新街、老街、大华、东宁、健东、康平、城中、大新、飞达、人民北路10个社区居民委员会、83个居民小组，金丰街道办事处辖育红、新村、大刘、沿河、建业、建西、西河口、新团、新德、滨河10个社区居民委员会、80个居民小组（新团小街设新团居委会）。

2001年4月，区划调整，新团镇并入大中镇，新团小街设大中镇人民政府新团办事处，副科级建制（2005年3月撤销）。

2010年8月，区划调整，裕华镇并入大中镇，裕华设大中镇人民政府裕华办事处，副科级建制。

大中镇派出机构主要负责人更迭表

表 12－2－9

职能部门	负责人	职　务	起止时间
大中镇街道办事处	唐国政	镇革命委员会副主任兼	1971.09—1974.09
	胡明群	支部书记（主持行政工作）	1974.10—1978.10
	陈礼刚	主　任	1978.04—1980.03
	杨善军	支部书记（主持行政工作）	1980.04—1983.03
	倪诗珍	主　任	1983.04—1998.03
	卞跃凤	主　任	1998.04—2003.08
大中镇黄海街道办事处	卞跃凤	主　任	2003.08—2005.05
	臧秀军	主　任	2005.06—2010.03
	李凤玲	主　任	2010.04—今
大中镇金丰街道办事处	陶炳升	主　任	2003.08—今
大中镇新团办事处	顾汝中	主　任	2001.04—2001.09
	单俊发（兼）	主　任	2001.09—2005.03
大中镇裕华办事处	沈卫兵	主　任	2010.08—今

二、施政举措

1940年10月,新四军入驻大中镇,开始建立人民政权,新诞生的人民政权在抗日战争中组织发动人民大众抗日救亡,打击日本侵略军。解放战争时期,抗击国民党军队进攻,领导人民翻身求解放。新中国成立初期,领导全镇人民自力更生,生产自救,成立互助组、合作社走集体化道路。“大跃进”“公社化”时期,认真贯彻“鼓足干劲,力争上游,多快好省的建设社会主义”的总路线方针。文化大革命前期政权处于瘫痪状态。中后期镇成立革命委员会“抓革命、促生产”。

中共十一届三中全会后,镇党委、政府领导全镇人民走改革开放的道路,大力发展生产,千方百计的提高人民的物质文化生活水平。1990年,在全镇范围内开展了解放思想的大讨论,发动全镇上下谈认识,找差距,订措施。制订“解放思想学苏南,奋力拼搏赶近湖,实现三年再翻番,争创全市第一流”的新的奋斗目标。进行“搞翻番、登台阶、奔小康”的大发动,在转换脑筋上下功夫,清除思想中“左”的东西和僵化的观念,确立快发展、高起点、大开放、敢争先的意识。

邓小平南方谈话后,镇政府重新研究明确社会经济发展目标,调整工作路数,作出了“加快改革开放”“加快经济发展”的决策,围绕“两加快”要求,制定了《鼓励加快改革开放,加快经济发展的若干意见》《鼓励发展多种经营生产的若干意见》《企业扭亏增盈意见》以及《“八五”目标考核实施意见》等鼓励政策。强化农业,按照市场需求调整产业产品结构,走“科技兴农”“四高农业”的路子。主攻工业,坚持走规模型、科技型、外向型、效益型的路子,大力培植骨干企业,促进工业跳跃式、超常规发展,促进全镇经济加快与国际市场接轨。大力发展第三产业,实行国家、集体、个体、私营的一起上。围绕经济发展解决突出问题,着力在产业产品结构调整、企业的扭亏增盈上下功夫。10个企业签订了挂钩帮扶责任状,挂钩干部并向企业交纳了风险抵押金,与亏损企业签订扭亏增盈责任状。围绕市场变化的实际,先后调减粮棉种植面积933.33公顷,发展市场需求产品的生产。

1992年,班子成员坚持分一个片、抓一个点、管一条线,建立了10个挂钩帮扶组,联系到村(场),挂钩到企业,落实到项目,责任到人头。在全镇普遍建立社会化服务体系,专业大户从1989年的157户发展到456户。致力把农民推向市场,兴建畜禽贸易市场、城北农贸市场,成立农贸公司,恢复和重建14个村贸易货栈,在全国各大城市设立27处销售窗口。推进企业二轮承包,以转换企业经营机制为重点,放权给企业,并在推行企业销售大包干、开展股份制试点、改革企业的用人和工资分配制度,还先后与南京的石门坎乡,以及本市的响水镇结成了友好城镇。

1996年,抢抓机遇,争取主动,自加压力,负重奋进。各村(场)、镇属各企事业单位结合自身实际,制定发展规划,瞄准先进,咬紧目标。积极推进两个转变,加快实施四大战略,进一步明确了突出工业主体经济、稳定农业基础经济,大力发展第三产业,迅速突破外向型经济的总体思路。工业经济坚持走“抓大放小”之路,加大技改投入,实施创名牌、出精品、上规模、建支柱的战略;农村经济以稳定粮棉生产、主攻单产、增加总产,突破多种经营,提高经济效益,增加农民收入为主要目标。坚持“两手抓、两手都要硬”的方针,正确把握改革、发展、稳定的关系,对创建社会主义精神文明建设、民主法制建设、社会治安综合治理、勤政廉政教育等方面的工作作全面安排,经济和社会协调发展,物质文明和精神文明整体推进。

1997年,冲破“姓资姓社”等错误思想的束缚,全面推进企业产权制度改革。坚持解放思想与本镇实际相结合,既注重认真学习外地的先进经验,又努力走出一条符合镇情,具有大中特色的发展路子。工业经济走“立足资源优势和产业基础,以市场为导向,以产品为龙头,加大工业结构调整力度,着力培育规模经济和支柱产业”的发展路子;农村经济以创区域特色重点,制订“稳定粮棉,扩大特经,发展加工,搞活流通,因地制宜,推进农村产业化进程”的发展战略;外向型经济确立“强化外贸、引进外资、突破外经”的发展方向,促进了经济加快发展。重点抓好企业改革的同时,注重抓农村改革,推进财税、农保、医疗等社会保障体系的改革,先后在国内举办各类招商引资,经贸洽谈活动8次。

1999—2001 年，始终以“三个有利于”为标准，对工业、农业结构进行调整，对困难企业进行破产重组、民营化改造，放手发展个体私营经济。全镇以“调整结构为主线，加快发展为主题”，工业上提出“调整优化城镇企业，全力发展民营经济”的思路，加快民营科技园区建设步伐。农业上提出“缩粮减棉扩特经”和发展“高效、创汇、观光、生态农业”的发展思想，切实加强农业基地化、产业化、市场化建设。

2002 年，全镇把项目建设作为经济工作的重点来抓，以工业园区和企业为载体，全党动员、全员招商，落实目标任务，优化投资环境，全方位跟踪服务，加大考核力度。技改投入首次突破亿元关。全年完成技改投入 10350 万元，共实施 100 万元以上项目 38 个，其中 1000 万元以上项目 6 个，500 万元以上项目 7 个。招商引资力度进一步加大。先后组织参加华交会、厦洽会、广交会、西交会，以及赴福建、浙江、上海、北京和苏南等地区进行一系列招商引资活动。成立招商引资办公室，派出人员驻点招商，组织小分队常年招商，先后吸引和接待客商来镇考察 56 批 168 人(次)，洽谈项目 48 个。园区建设进一步加快，城南工业园区框架初步形成，先后投入近 300 万元，加大基础设施建设。不断壮大企业规模的同时，配合市属企业改革。完善配套农村税费改革，加快农林水产改革步伐，积极化解村级债务，切实控减农民负担，农民负担总额比上年下降 12.5%。开展全民科技教育，送科技下乡，开展科普宣传，收益 6000 多人次。开展文明城市创建活动，通过了省级文明城市复查验收。

2003 年，把招商引资、项目推进、载体建设作为经济工作的第一抓手。面对突如其来的非典疫情和特大洪涝灾害，坚持“两手抓”，一手抓防治非典和抗洪救灾保稳定，一手抓招商引资、项目推进，两不误、两促进。坚持把为基层服务、为投资者和纳税人服务作为政府工作的第一出发点。想基层所想，急基层所急，切实为企业、为农村、为投资者解决困难和问题。在抗击“非典”和抗洪救灾中，政府及时抽调财政资金，用于抗击非典和支持农村抗洪救灾，解决基层单位和人民群众燃眉之急。在招商引资、项目建设中，政府从大局出发、从长远出发、从发展出发，在项目用地、办证费用等方面给予优惠，让利于投资者，让利于企业，鼓励和支持企业、投资者上项目，有效地促进了招商引资和项目建设工作。在市开发区和城市建设中，政府不推不拖，不讲价钱，一方面组织精兵强将积极配合做好工作，一方面挤出 300 多万元资金积极支持大局建设。坚持把财源建设、深化改革、“三外”经济作为工作的主攻方略，把“三外”工作作为牛鼻子和“一把手”工程，全年新办三资企业 6 家，实际利用外资达 216 万美元。

2004 年，明确“围绕一个中心，突出三个重点，力求五个突破”的工作思路和“115”目标工程，主动应对宏观调控，坚持加快发展不动摇，解放思想，努力破解发展难题，加快转变增长方式，全镇实现 GDP11.05 亿元，财政收入 1.0677 亿元。全镇定报工业企业实现销售收入 13.8 亿元，增加值 2.65 亿元，利税 6100 万元，利润 1700 万元，同比分别增长 24.7%、18.3%、23.8%和 17.9%。领导全镇人民克服禽流感、水稻条纹叶枯病等不利因素的影响，狠抓农业各项关键措施，全面落实减负增收政策。把招商引资、项目推进作为经济工作中心，成立了由三套班子领导牵头的三个专业招商站，瞄准长三角等民资和外资密集区域开展专业布网驻点招商。组织开展招商引资百日竞赛活动，在“10·28”大丰经贸洽谈会上，签约项目 11 个，总投资 3.2 亿元，全年累计签约千万元以上项目 25 个，协议引资额达 12 亿元，招商引资工作年终考核全市乡镇第一。组织开展“送科技下乡”和“科普宣传周”活动，推广新技术，发展新基地，积极申报省市科技项目 20 多个。

2005 年，把招商引资、项目建设作为以工兴镇的第一抓手，积极调整招商策略，以主攻大项目和重点利用外资项目为重点，努力提高投资回报率、落户成功率和社会效益。成立镇招商中心，建立上海和温州两个招商办事处，25 个村和 21 个部门组建了 46 个招商小分队。积极扩大外贸自营出口，努力提高“三外”水平。组织开展“四下乡”和“科普宣传周”活动，实施“科教兴镇”战略，组织申报科技项目 6 项，申报科技成果 3 项，申请专利 14 项，申报省民营科技企业 1 家。开展“架心桥解民忧，送温暖献爱心”活动，先后组织机关事业单位和全体人员捐资 20 多万元，把爱心送到受灾群众和特困户手中。

2006年，把招商引资项目推进作为以工兴镇的第一抓手，镇成立招商中心和以三套班子成员牵头的上海、浙江、苏南三个专业招商站，围绕“重大项目突破年”，组织开展全员招商、专业招商、活动招商、以企招商和招商引资百日竞赛活动，成功举办浙江慈溪投资环境说明会，会上共签约项目36个，协议投资额12.8亿元。突出以农民增收为重点，加快新农村建设步伐。大力实施高效规模农业和“一村一品”，组织实施沿海高速沿线5个村的拓果、拓桑、蔬菜大棚等重点工程。加大农村劳动力转移和农民创业力度，积极组织开展技术大培训、劳动力大出征、用工大对接、市场大开拓、农民大创业，先后举办缝纫、纺织、机械等培训班3次，600多人接受培训；组织4次大型劳动力集中出征和用工对接活动。大力发展农民经济合作组织，新组建成立了“麋鹿”牌早酥梨、长毛兔、花卉苗木、蚕桑等4个专业合作社。以“四城”同创为抓手，加强“八荣八耻”教育，组织开展文明单位创建活动，顺利通过“省级文明城市”复查验收和“国家卫生城市”省、市专家组调研。大力实施“科教兴镇”战略，组织开展了“送科技下乡”和“科普兴镇”活动。

2008年，成立重大项目领导小组及其办公室，落实重点项目推进责任；大力开展领导招商、专业招商、活动招商；定期组织项目集中开工活动。加快全民创业、劳动力转移步伐，全年新发展私营企业415家，新发展个体工商户2000户，新增注册资本4.3亿元，全年新增转移农村劳动力1730人。围绕市场定位，先后招引了上海上川钢材市场和上海汽配市场等2个大型市场项目入区。积极开展丰富多彩的群众文化体育和科技、文化、法律、卫生“四进村居”活动，积极实施农家书屋工程，全镇21个村、18个社区全部建成合格文化室，镇文体中心工程启动实施。

2010年，把招商引资放在第一位，坚持以项目统揽经济社会发展全局。领导带头招商，做到书记镇长领头抓招商，分管同志全力抓招商，调动和发挥工作能力强、人脉资源多、思维比较敏捷的人参与招商。突出主攻长三角、珠三角两大重点区域，围绕大丰市“三区十园”和“四大新兴产业、四大传统产业”以及镇工业园区家纺和机械两大特色产业为主题开展招商。举全镇之力，加快推进农业示范区和省级现代服务业集聚区的建设。农业园区按照建设“一个中心、两个平台、三大载体、十大基地”的要求，完成北拓、东扩、西延的基础设施工程，建成200公顷核心区，13.33公顷农副产品交易市场开工建设，333.33公顷农副产品加工区启动实施。组建丰收大地投资发展公司平台，与上海孙桥农业示范园合作建园，与南京农业大学、江苏省农科院等科研单位建立合作关系，4000平方米农业示范园区服务中心大楼土建工程竣工。加快基础设施建设和拆迁步伐，明星家居广场、上川钢材市场、海聚汽配城等一批重大市场项目开工建设和竣工营业，投资5亿元的服务业集聚区国际商务中心和电子数码城项目开工建设。

三、实事工程

政府从1997年开始推行为民兴办实事工程。是年，把人民群众赞成、高兴、支持、满意与否作为政府一切工作的出发点和落脚点。重视关心群众生活，着力抓好“米袋子”“菜篮子”以及“放心肉”工程建设。筹建万册科技图书馆，全面实施农村合作医疗，改造农村广播专线，筹建计划生育微机信息管理站，启动“教师公寓”一期工程，镇南小学综合教学楼申请立项，分步实施村级完小并轨工程，新建2－3个小康住宅区，召开第七届职工农民运动会，开发同德私营商贸区10件实事。

1999年，在阜丰、恒南村完成“双入户”工程，全面实施有线电视网络工程。投入300多万元填埋污水沟塘20个，道路硬化29条，彩色人行道10条，兴建水冲式公厕3座，种植绿色草坪1.4万平方米，增设垃圾桶、垃圾箱、垃圾房36处，拆除违章建筑8处共200多平方米。

2000年，全镇在财力十分紧张的情况下，仍投入100多万元建成四小综合教学楼和恒丰小学教学楼。完成8个村（场）的广播线路改造，新增有线电视用户500多户，拓宽维修村镇路道12千米，新建和维修桥梁8座。征得市水利部门的支持，镇村投资近20万元，修建刚强与恒北的交通要道桥。

2004年，关心弱势群众生产生活。新增低保对象286户640人，增加低保资金51万元。组织开展“结对帮扶”“送温暖、解民忧”和“亲情联动”活动，组织机关全体人员、企事业单位捐资济困，共捐资10多万元。

2005年，努力改善人民群众生产生活环境。兴建农村公路6条23.5千米，简易砂石路面20条40千米，改造危窄桥18座；筹措100多万元资金，新建建丰、祥丰、恒泰三座“致富、连心、富民”大桥。

2008年，新建排灌站5座，新建涵闸96座，新建农桥95座，新建农村公路20.8千米，疏浚沟河动土116万立方米，新植农村公路两边绿化30多千米，新增绿化面积30万平方米。全面落实粮食直补、良种补贴、农机具购置补贴等强农惠农政策，发放各类补贴647.2万元。实施新团集镇的亮化工程，净化、绿化等工程实施。改善民生，完善社会保障机制。开展社会保险征缴专项行动，各项社会保险参保人数达2.3万人次；扩大就业再就业；开展“牵手致富工程”和帮扶城镇失业职工等活动，全年新增就业1289人；全面推行新农保试点工作，参保人数达1180人，新增保费86.6万元；关心弱势群体生产生活，城乡低保做到应保尽保，全年施保5423人，全镇119名五保老人全部实行财政供养，先后发放低保金和五保供养金774.39万元；建立残疾人社区康复中心。

2010年，完成基础设施“六个一”、绿化“五个一”、标志性建筑“三个一”等城镇化建设工程。丰和名都、东方绿洲小区房地产项目全面启动，新团小街项目土地挂牌上市。新建农村水泥路8.46千米，新建农村桥梁60座，疏浚大中沟6条。

第三节 政协联络组

一、组织机构

1987年4月，大丰在全县政协委员较多的9个乡镇建立政协委员联络组。是年，大中镇、裕华镇分别建立政协委员（小组）联络组，特聘镇党委副书记担任组长，大中镇党委副书记朱芝林担任第七届大中镇政协联络组组长。裕华镇政协联络组组长由党委副书记田永珠担任。此后，先后担任大中镇历届政协联络组组长的有：第八届（1990年2月），组长陈栋；第九届（1993年3月），组长张桢；第十届（1998年1月），设委员4人，组长高永福；第十届三次（2000年1月），设委员4人，组长陈勇；第十一届（2003年1月），设委员5人，组长张遇春；第十二届（2007年12月），设委员6人，组长张遇春、杨正峰；第十三届（2013年3月），设委员10人，组长周荷凤。

二、政协实体

1983年，创办大丰县协兴职业学校。1986年，校址移至大中镇城郊村四组（今泰西村），成为一个具有一定规模设施的职业教育基地。课程设置由文化补习向职业教育转轨，设会计班、文秘班、烹饪班，为机关和社会培养实用型人才。会计班毕业的学生绝大多数被机关企事业单位聘用上岗；文秘班毕业的学生中，除考取高校外，大部分被机关和单位招聘录用。烹饪班毕业的学生，供不应求，苏南大城市、大单位在学生毕业前即来校订聘毕业生。十年间，协兴职业学校升学和就业的毕业生有200多名。

1988年4月，创办大丰市（县）医学咨询服务部，始设于大中镇大华路市医药公司零售门市内。政协常委江益生（人民医院主治医师，退休）和政协委员丁维龙2人负责，医务人员7人。1993年，又在城中市场增设老医师门诊。医学咨询服务部创办以来先后为三渣、三圩、斗龙等边远乡镇群众义诊服务，受到群众好评。

三、建言献策

1990年，裕华镇政协联络组全体政协委员就大蒜种植、销售开展调研，形成关于《建立裕华镇大蒜生产经济联合体的思考》和《裕华镇大蒜生产状况及今后发展方向》调查报告，对本地大蒜特经作物，在市场销售、经营环节、服务体系、经济效益等方面反复论证，提出建议，得到市政府的采纳和支持。裕华的大蒜生产规模不断扩大，开始由单一的初级产品发展为具有较高科技含量的系列化产品，品种、质量是国家鉴定通过的优质绿色食品品牌，裕华成为全国闻名的大蒜之乡，全国各地商贾每逢大蒜产出时期云集裕华，城乡一片繁荣景象。大蒜种植促进了裕华经济的快速发展。

1991年，大丰遭受特大洪涝灾害，香港、海外"三胞"表现出强烈的爱国爱乡热情，纷纷慷慨解囊。香港知名人士邵逸夫一次捐款人民币50万元，建大中镇逸夫小学。

至2000年年底，大中镇政协联络组先后接待回乡探亲、观光、旅游的海外人士、台胞720多批，1680多人次。

2001年5月22日，市政协委员参观裕华、新团种植业调整现场，并就进一步做好种植业结构调整，推进全市农业产业化进程提出建设性意见和建议。2002年7月，针对社区建设氛围不浓、社区管理体系不够完善、社区建设投入少、社区文明建设不高等问题，市政协委员深入大中镇街道、社区居委会广泛调研，召开多次座谈会，形成《关于我市社区建设工作的建议案》。2004年8月，大中镇政协联络组的《关于推进我市社区建设的调查和建议》《大中镇社区妇女工作的现状及对策建议》等调研报告中的多项内容被市政府采纳。2006年10月，大中镇政协联络组专题调研加快大中镇社区服务发展问题，形成《加快发展社区服务的几点建议》的调查报告被大丰市、大中镇采纳。2009年3月26日，市政协委员专题视察大中镇工业园区、海聆梦家纺公司，听取园区建设情况汇报，协商讨论镇域经济发展情况。6月19日，市政协委员专题视察大中镇部分高效农业现场，听取高效农业发展情况的汇报，协商讨论高效农业发展工作。

2010年8月24日，市政协委员专题视察丰收大地现代农业示范区、裕华大蒜生产基地，协商讨论如何推动全市高效农业发展工作。

第七届至第十三届政协会议期间，大中镇政协委员联络组积极建言献策，每年开展典型调研活动2～3次，共撰写调查报告21篇，提交提案32件，提案办结率100%，委员满意率99%。

第四节　旧政权

一、盐　　政

大中区域历史上盐政分属草堰、刘庄场，宋代盐场设管勾、都监等职，元代每场设司令一员（从七品），司丞一员（从八品），管勾一员（从九品）。明洪武元年（1308），设通州、淮安、盐运分司时草堰场隶泰州盐运公司。盐场置司署，始于洪武二十五年（1392），全场建立盐课司，场设大使、副使，草堰场大使李思贤，副使袁景，刘庄场盐课司大使蒋仲季，副使王士琳（不入流官编制无品级）。永乐十三年（1415），两淮始遣巡盐御史。清康熙五年（1666），各场裁减副使，只有大使职，年俸银两31两5钱2分。雍正九年（1731），以两江总督兼行总理盐务，称为总理盐法大臣。运司之下，设通州、泰州、淮安三个分司，为运司派出机构，长官称运判。各场设盐课司，置大使（正八品），掌煎办盐课之事。乾隆元年（1736），两淮巡盐御史改称两淮盐政。乾隆二十八年（1763），淮安分司改称海州分司，刘庄场从淮安分司划归泰州分司管辖。道光十年（1830），裁两淮盐政，盐务改归两江总督兼理，称为两江总督兼两淮盐政。咸丰九年（1859），撤销东台分局。十一年（1861），划归淮南总局办理。宣统三年

(1911)十月,废前清两淮盐运使司,设两淮盐政局,长官称盐政总理,分司及各场改隶军政分府,分司运判改称盐政长。1912 年,改泰州分司为泰属总场公署。两淮盐政总理张謇裁并诸场,此时刘庄场并归草堰场。

附:盐垦公司组织机构概况

1918 年,草堰场盐商周扶九在张謇的倡导下,在斗龙港以东创办大丰盐垦公司。1922 年,陈仪以 120 万元购买大中盐垦公司的永久、顺丰、广丰、吉丰等 11 个区 1.8 万公顷土地,建立裕华垦植公司。

1935 年大丰盐垦公司大中镇区域内各区垦部职员一览表

表 12－4－1

区别	职别	姓名	区别	职别	姓名
德丰区	主任	吕瑞周	万丰区	主任	李子藩
	会计兼工垦	石品泉		会计	范祥甫
	工垦	吕左荣　顾正卿		工垦	朱道生　姜志成
阜丰区	主任	杨清怀		练习	张传经
	会计	张子宜	恒丰、福丰区	工垦	江启春　徐蔼堂
	工垦	黄占祥			

说明:裕华垦植公司未列入。

大中镇境内民国期间各盐垦公司组织机构概况

表 12－4－2

公司名称	公司临时办事地点	总公司办公地点	创办时间	经纪人				备注
				创办人	董事长	经理	垦经理	
大丰盐垦公司	西团镇	新丰镇(小港镇)	民国 7 年(1918)	张　謇 周扶九	徐静仁 张　謇	办事董事 张敬礼	王巳劲 朱警辞	草堰场大垣商周扶九、刘梯青发起,张謇组织。
裕华垦植公司	天华乡(东坝头)	东坝头	民国 11 年(1922)	陈　仪	常务董事 陈公孟	主任 孙有仁	—	原为大丰公司东部永、顺、利厚等 11 个区,后退还吉、元、余 3 个区,实际为 8 个区。
商记垦区	通商镇	东坝头	民国 19 年(1930)	上海银行	赵汉生	汪育三	—	原为大丰公司元、吉、余 3 区,大丰公司售与上海银行抵债,上海银行组织垦团开荒零售。
大生泰恒棉场	泰丰区	大中集河南	民国 22 年(1933)	大生纱厂	—	主任 马遵汉	—	原为大丰公司泰丰区和恒丰区北部,大丰公司划归大生纱厂抵债。

二、国民政府政权

1912 年,建立市乡制,市设议、董两会。市参议会由参议员 5～7 人组成,并设正、副议长各 1 人。市董事会由 9～11 名董事组成,并设总董事 1 人。地方民政事务由市董事会负责,而市参议会是市董事会的监督机构,下属各庄舍设董事会。是年,大中镇老斗龙港以东隶东台县四团市,市董陈剑秋。

老斗龙港以西隶刘庄市。

1927年，国民党东台县政府改市乡为行政局，今大中镇老斗龙港以东地区属东台县西团行政局，老斗龙港以西地区属兴化县刘庄行政局。行政局设局长1人，执委若干。是年，大丰盐垦公司境内建立大中集(意为大丰盐垦公司中心集镇)。

1929年，撤销市、乡行政局，实行区、乡、闾、邻制，建立区乡公所，并设区长、乡长、闾长、邻长。五户为一邻，五邻为一闾，四十、五十闾不等为一乡，若干乡为一区。小海、丁溪、草堰、四团行政局撤销后合并，成立东台县第九区。九区区公所先设在西团(1931年移于小海镇)，先后任九区区长的有李成涣、方秉璋、万达观、袁守仁、洪九畴等，区内设助理，雇员等职。是年，大中集按行政建制为大中镇，隶第九区，辖大丰盐垦公司万丰、阜丰、德丰、瑞丰、和丰、泰丰、福丰7个区管理。镇公所镇长吕左荣，副镇长秦迪人、蔡锦涛、蔡炳若、张学诚。镇公所设于蔡炳若花行处(人民路台北饭店北侧)。同年，建立裕华乡，下辖裕华垦植公司天华乡、地华乡和商记垦团，裕华乡乡长孙友仁(裕华公司经理兼任)后为吴象耕接替。同年，刘庄行政局改为兴化县第六区，区长徐承达。今大中镇老斗龙港以西区域划为新团，商蔡两乡。

1934年，国民政府实行甲保制，初为10家1甲，10甲1保，后因居民渐增，保甲居民户数多寡不一。大中镇治地划为28保，各保置保长1人，副保长若干。保甲制建立时，镇公所还置有自卫队，维护全镇治安，初时为一小队，约有10多人。1937年，实业保安队解体，镇自卫队扩充，建制为一个中队，中队长李炳太，下属三个小队，计有队员30多人。其时，新团乡下辖14个保(隶兴化县)，裕华乡下辖15个保。

1940年冬，台北地区建立抗日民主政权。时乡镇保甲政权沿袭使用。

1941年7月，新团、大中集、裕华相继沦陷，日伪政权成立自治会，亦称维持会，大中镇、裕华镇相继成立维持会。大中集维持会会长王福高，副会长储启华、胡汉鼎，下设文书、事务、经济、户籍四股，各股设正副股长各1人，办事员2~3人，另置有治安大队，有人员50余，备有长短枪80余支，大队长吴宝才，维持会设于镇公所内。裕华镇维持会长王维甫。是年冬，伪维持会改称伪东台县第十区区公所。区公所设区长1人，由伪东台县政府委派。下设机构与人员配备仍与原维持会相同。保甲也没有变化。1941—1945年，大中镇区域日伪、共产党政权并存，一方面日伪沿用旧有的区、乡、保、甲体系以维持其统治;另一方面共产党领导下的民主政权已开始形成，但起初还不够完善，区以下的乡有些派干部，有些则仍利用旧有的乡保体系和乡保甲长进行征粮、反伪化和武装锄奸等革命斗争。

1945年9月，大中镇光复，建立人民政权。

1946年12月至1947年4月，国民党军郝鹏举部返驻大中集，重建国民党政权机构。原国民党第九区区公所从小海流迁大中集，设于原伪十区区公所处。区公所机构沿袭原制，区长宗龙宫，区队长吴克强。区公所下辖大中、新丰、草堰、丁溪4镇乡公所。大中镇公所建置仍效先例，镇长吴学善。此时，尚有南阳、裕华等区公所流亡大中镇。

1947年4月，大中镇解放，区长宗龙官被俘，九区区公所流亡草堰(接任区长吴克强)。大中镇公所被撤销，镇长吴学善投降。5月，流亡地痞吴志成、刘敬之于草堰组织大中镇流亡政府，自封镇长、副镇长。

大中镇(区)旧政权官员更迭表

表 12-4-3

起讫年月	机构名称	住　址	隶　属	正职姓名	副职姓名
1929—1931.08	大中镇镇公所	济生恒花行,建国后的大镇税务所,今商业街民主巷台北饭店北侧	东台县第九区区公所	吕左荣	秦迪人 蔡锦涛 蔡炳若 张学诚
1931.09—1934	大中镇镇公所		东台县第九区	张学诚	蔡锦涛 秦迪人 蔡炳若
1934—1940.10	大中镇镇公所	张永昌花行,建国后百货公司办公室,今鸿基商业街中部	东台县第九区	张学诚	—
1940.10—1941.08	大中镇镇公所		东台县第九区	王福宏(代)	—
1941.09—1943.07	大中镇镇公所		东台县第十区	陈伯生	—
1941.08—1941.10	大中镇日伪维持会		苏北行营	王福高	储启华 胡汉鼎
1941.11—1942.03	伪东台县第十区区公所		伪东台县政府	王福高	吴宝才(区队副)
1942.03—1942.08			伪东台县政府	施灿星 王荐卿	—
1942.08—1943.01			伪东台县政府	杨慎之	—
1943.01—1943.05			伪东台县政府	周右明	—
1943.05—1943.12		原大中小学	伪东台县政府	周景瑚	—
1944.01—1945.08		大生纱厂,建国后的大道供销社,今大华路鸿基大厦西侧	伪东台县政府	张希愚	—
1943.08—1945.08	大中镇公所		国民党东台县第十区	王福宏	—
1946.12—1947.04	大中镇公所		国民党东台县第九区	吴学善	戴朝熙
1946.12—1947.04	东台县九区公所		国民党东台县政府	宗龙官	—
流亡期	东台县九区公所	流亡草堰	国民党东台县政府	吴克强	—
流亡期	大中镇公所	流亡东台	国民党东台县政府	吴志成	刘敏之

说明:1942 年秋,日伪在裕华镇建立伪政权,王维甫任伪镇长。

第十三章　党派社团

大中镇境域旧政权党团组织有中国国民党、三民主义青年团等。

民国29年(1940)10月,新四军挺进台北(今大丰)地区以后,在中国共产党的领导下,发动群众,相继建立农民、工人、青年、妇女等抗日团体。

新中国成立后,大中镇先后建立老龄委、关心下一代、老区促进会等各种团体。文化大革命期间,社团工作处于瘫痪状态。1970年9月后,工会、青年、妇联工作逐步恢复。

第一节　旧政权党团

一、国民党

1938年3月,东台县沦陷。国民党东台县党部流亡于大丰小海一带,改特派员为整理委员会,刘超武、周辅臣任常务委员,下设秘书和组织、宣传、训练筹委会。1942年冬,汪伪国民党苏北地下负责人单洪培秘密到大中集,通过东台县第九区区长万达观与谷振之接上关系,谷振之公开反共,抓捕杀害共产党员和革命根据地群众。1945年春,成立党务计划委员会。抗战胜利后,国民党东台县党部将全县下属组织调为7个区分部,今大中境域属第七区分部,分部驻东台镇,负责人蒋科第。1946年,第七区分部又改称第九区党部,在乡镇和学校设立分部,负责人先后为宗龙官、吴克强。1946年12月21日,国民党军占领大中集后,搜捕共产党的基层干部,摧毁人民政权的基层组织,建立"感训所",强迫共产党干部"自首自新";设立国民党员登记处,搜罗国民党员;建立国民党政权,编组保甲;协助国民党军队构筑防御工事,派遣特务打入解放区进行破坏活动;组织还乡团,配合国民党驻军下乡"扫荡",烧杀抢掠。

1947年4月,大中集解放,国民党区党部遂瓦解。

二、三民主义青年团

三民主义青年团系国民党领导的反动青年组织。1946年冬,三民主义青年团江苏省支团为扩大组织机构,发展到各个区,当时除每县建立1个分团外,又在常州、无锡、徐州、大中集等地的工业、煤矿、铁路、邮电及棉垦等特种地区建立7个分团,大中集为江苏省支团大中第二分团,又称棉垦分团。由省分团委派张诚基为书记、崔梅仙为股长。大中集区队长萧立瑞。该组织设于国民党区公所内(今商业街中部),下设团本部、善后复员服务队部、政训组、宣传组、调查组、总务组、文艺组,主持日常事务工作。该团配制铜质徽章为标志,团员均填志愿书以备案。该组织在大中镇组织训练地方青年,监督地方行政组织,宣传匪团战略。1947年4月,大中集解放,该团遂消失。

三、同乡会　军民合作站

同乡会　同乡会,名通(南通)海(海门)启(启东)崇(崇明)同乡会,始创于汪伪时期(1941—

1945 年间)，时为国民党垦区分部朱丕承及伪商会会长朱伯贤、宋超、陈庆良等人发起，新丰、大中各设办事处(是时，东台设立分会，负责人施广伯，总会长陈才福)。该组织名义为海门人在苏北的同乡组织，实为国民党区分部朱丕承和东台县党部所控制，于其中派出特务耳目，刺探抗日根据地情报。1947 年，同乡会头目江礼云被民主政府镇压。

商会　1941 年秋，在日伪维持会成立同时，大中集由商人胡汉鼎出面筹组伪商会(后为商联会)。胡自任会长，其主要任务是为日伪军捐收税款提供给养。1946 年夏，惩奸运动时，胡被人民政府镇压。

军民合作站　1946 年年底，国民党占领大中、刘庄、白驹等地，国民党区、乡政权应运而生。这些政权为进一步扩大占领区域，掠夺人民财产供给军需，在占领乡、镇后建立军民合作站。大中集军民合作站由国民党大中镇长吴学善兼任站长，副站长储启华专门负责站内工作，并配有文书、会计、采购、事务员等。其主要任务是负责国民党军队军需供应及营房住所安排，同时拉派民夫为其构筑工事。加之其组织为中饱私囊，只得在人民头上税上加税，大肆敲诈勒索，人民恨之入骨。该组织无上层系统，亦无下级机构。1947 年 4 月，随着大中地区解放而解散。

第二节　社会革命团体

一、农民团体

(一)农民抗日协会

1940 年冬，新四军民运工作队在大中镇建立农民抗日协会，会长朱道生。翌年夏，垦区农抗会成立，会长陈斐(女)。相继担任农抗会会长的有张耕奇、仲文宝、倪朝佐、丁彩松、吴成仪等。

1941 年，各乡召开群众大会，宣传抗日，产生农抗会长。是年，各乡担任农抗会会长的是裕华乡陈朝荣、民主乡杜文彬、万丰乡黄维成、鼎丰乡杨德成、福丰乡杨冠清、泰丰乡陈昌明、阜丰乡李锦章、同德乡杨建熏。

1943 年，新团区域相继担任农抗会长的有八东乡卢贯荣、南灶乡周刚、新团乡徐才书、沿港乡张荣生。

农抗会为农村各阶层人士抗日的联合组织，会员年龄一般 16 ~ 60 岁，不劳动的地主、富农不得入会。1943 年，农抗会组织进一步完善，镇、乡农抗会实行民主选举常务委员会，村设主任，组有代表，会员发展很快。

农抗会组织农民向地主开展减租减息的斗争。1943 年 7 月，裕华公司收取花租时强加一成捐作日伪军的军事费，垦区棉农响应农抗会的号召，集体抗缴并将公司经理孙静安扭送县政府，控告其破坏抗战。由于县委、县政府的支持，斗争取得胜利，公司退还部分佃农已上缴的租花款项。农抗会还组织农民发展生产，改善农民生活；组织农民自卫队，开展对敌斗争，在保卫家乡、保卫根据地的斗争中起了很大的作用。

(二)农民协会

农民协会会员必须是贫雇中农出身，年满 16 岁以上者经自愿申请均可入会，地主、富农、恶霸不得进农会，曾做过“地富尾巴”(帮地主、富农讲话的雇佣者)、二流子和流氓改邪归正者，经会员大会讨论后方可入会。

1945 年，抗日战争胜利后，农民抗日协会改建为农民联合会，不久改称农民协会。镇、乡设农会委员会，有委员 7 ~ 11 人，村设代表团，以贫农小组为农会组织核心。1947 年，农会在土改运动和清算斗争中得到迅速发展，会员迅速增加。在“一切权力归农会”的口号下，农会代替一切，为当时各级最高权力机构，并有审查党政军民工作之权，可以撤换各级干部。农民协会组织农民向封建势力作斗争，平分地主、富农的土地，摧毁几千年来的封建统治，为保卫革命根据地，夺取解放战争的胜利发挥很大作用。1948年，恢复各级党政机构职能。从此农会作为党和政府领导下的人民团体，直至1952年3月撤销。

（三）贫下中农协会

社会主义教育运动中（1963—1965年），县、公社（镇）、大队、生产队层层建立贫下中农组织。公社（镇）建立贫下中农委员会（后改称贫下中农协会），由11～19人组成，设主任（后称主席）1人，副主任2～3人；大队建立贫代会，由7～9人组成，设主任、副主任各1人；生产队设立贫协小组，设组长1人。1964年3月，大道公社召开首届贫下中农代表大会，选举许安山19人组成大道公社贫下中农委员会，许安山为主任委员。大会总结社会主义教育运动的经验和教训，落实今后的工作任务。1964年8月，新团人民公社召开首届贫下中农代表大会，罗静当选主任；裕华人民公社召开首届贫下中农大会，任殿文当选副主任。1965年，贫下中农委员会改称贫下中农协会。1965年6月，大中镇贫下中农协会选举王振邦为主席。7月，裕华人民公社贫下中农协会选举任殿文代主席（副职），新团人民公社贫下中农协会选举罗静为主席。1966年3月，大兴公社召开首届贫下中农代表大会，会上选出以王汉等13人组成的第一届贫下中农协会，王汉任主席。1969年，王兴家调任大兴公社贫协主席，大道公社贫协主席由李冠祥接任。大兴公社以后相继任贫协主席的有杨荣凯、顾文瑞等。

贫下中农协会是中国共产党领导下的，由贫下中农自愿组成的群众性组织，会员以贫下中农为基础，中农成份的党员也可入会。各级贫协实施对干部的监督和帮助，是党联系贫下中农的纽带和桥梁。1974年，按照贫下中农要占领农村上层建筑各个领域的要求，各地贫协组织对所属农村学校、商店、信用合作社、合作医疗室以及下放知识青年小组、知青农场等派出贫宣队，实行全面管理。但受多种因素影响，贫宣队于1976年陆续撤回。1983年，贫下中农协会随农村体制改革而不再设立。

二、工人团体

（一）工会组织

职工抗日救国会　1940年冬，在新四军苏北指挥部二纵队五团民运工作队刘宝林帮助下，发动群众组织工人抗日救国协会（简称“工抗会”）。大中镇职工抗日救国协会在战时小学东侧一家当铺成立。由顾云山、周沈根任正副会长，会员由大中镇工业、手工业作坊工人和附近大丰公司雇工组成。1942年10月，裕华、南阳、通商三镇的轧花工人在中共垦区区委的领导下成立垦区轧花工抗会，属垦区工抗会领导。选举张锋为会长，下设两个分会，裕华镇分会会长刘德兴，通商镇分会会长夏祥和。

邮务工会　1945年9月，大中集光复，台北县交通站接管大中镇邮局。1946年成立台北邮务工会，丁振江任工会主席。是年秋，国民党军队进犯苏北解放区，邮局从大中集转移，工会停止活动。1948年12月，大中集邮局恢复，同时恢复邮务工会，属苏中一专区邮务工会领导。

职工联合会　1945年9月，成立苏中大中特区职工联合会，会长丁采松。10月，新四军苏中军区四分区部队接管谷振之的振太油坊，改称大中油厂，并联合杨正春、吴锦扬、祝长根、陈氏等8家油坊成立油坊职工联合会，会员50人，会长苏财林。翌年春，大中镇各行业职工联合会相继成立，全镇有26个基层工会，会员达1000余人，镇职工联合会主席袁广兴。

1946年6月底，国民党军队向解放区发动全面进攻，职工联合会解体。1947年夏，大中镇职工联合会恢复，会长单士明。翌年1月，因敌人大造“无人区”扫荡而被破坏。1948年夏，大中镇重建职工联合会，主席顾加全。7月，苏北总工会第一届会员代表大会召开，确立长期整顿与发展的目标任务。镇职工联合会进行全面整顿，原职工联合会会员通过民主评议，有近半数不纯人员被清除出会。会员重新履行登记手续，并按生产单位和同类生产性质的行业，建立基层职工联合会。

大中镇工会　1950年2月，大中镇工会通过选举，正式成立大中镇总工会工作委员会，主席顾加全,副主席殷宝吉、姚宝珍。总工会下辖基层工会有:大中镇工会、大中镇中国店员工会花纱布公司委员会、大中镇手工业工会理发委员会、大中镇手工业工会铁店业委员会、大中镇中国搬运工会码头装卸工基层小组、大中镇搬运工会箩担业基层委员会、大中镇建筑工会木瓦业基层委员会、大中镇店员工会浴室业基层委员会和大中镇中国搬运工会扛花业基层委员会等。

1954年,工会进行组织整顿,一些阶级异己被清除出工会。镇总工会进行改选。1955年,专区工会办事处要求县工会驻地城镇一律不设镇工会组织,不配专职干部。但县工会根据大中镇分散行业多、职工人数多(包括县属1606人,其中镇属600多人),为便于开展工会工作,仍配专职工会干部1人。1957年,大中镇恢复总工会。1959年,全县按行业系统建立工会,镇总工会建制撤销。1979年,大中镇恢复建立镇工会工作委员会,为县总工会派出机构。镇工会下属17基层委员会,配备正副工会主席21人,计有会员1894人。1984年,全镇企业有职工4994人,有工会会员3726人;基层工会24个,工会小组125个。1986年,基层工会34个,工会小组147个,工会会员3927人,有工会委员会委员191人。1996年,工会下属36个基层委员会,174个工会小组,有专兼职工会干部53人,工会会员4404人。镇工会有自己的经济实体,一个下属服务公司,一个综合养殖场,每年创收三到五万元不等,用以开展活动,支持工运事业。

2001年11月28日,大中镇召开工会代表大会,来自基层的86名代表听取了镇工会工作委员会工作报告,选举产生首届有11人组成的工会委员会。是年,全镇有职工6227名,基层工会22家,村级工会15家,会员总数5730名。2002年,大中镇工会被省总工会授予首批"省百强示范乡镇工会"。2004年8月,组建村级工会联合会和新经济组织工会,按照"党建带工建,以工建促党建,党工共建"要求,全镇建立工会85个基层工会,会员达6000余人。是年,镇工会被省总工会评为"基层工会组织建设先进单位"。2005年2月,大中镇撤销工会,再次成立总工会。2007年,大中镇总工会被省总工会授予"劳动争议调解先进集体"。2009年,被省总工会授予"江苏省工会工作模范乡镇"。

2010年,大中镇总工会有88个基层工会、1个工业园区工会(下辖30家企业)、1个机关工会和1个进城务工人员工会联合会、2个街道工会联合会(下辖20个社区工会分会)、16个村工会联合会。有会员15856名,工会组建率和职工入会率均达98%。

大中镇总工会、工会主席更迭表

表13-2-1

职务 名称	主　席	任职时间	职务 名称	主　席	任职时间
总工会	顾加全	1950.02—1951.12	工　会	殷永宽(兼)	1979.01—1983.05
	程长宽	1952.01—1953.12		朱芝林(兼)	1983.06—1987.09
	杨庚旺	1951.01—?		朱存华	1987.09—2005.01
	顾　平	1957.01—1959.12	总工会	朱存华	2005.02—2009.06
—	—	—		成晓驹	2009.06—2010.12

说明:1994年9月,裕华乡成立工会工作委员会,工会主席沈加冲(兼)。2000—2010年,朱兴江、何菊兼任裕华镇工会工作委员会主任。1994年10月,新团乡机关成立工会工作委员会,工会主席韦清

(二)工会活动

1940年工抗会成立后,宣传发动工人、雇工团结起来,积极参加抗日活动,参军参战,组织工人、雇工反对剥削,开展向资方要求增加工资的斗争。11月,大中集商人肖怀章(店号肖万盛),一天三次上涨粮价,还向粮食里掺水、掺杂,引起市民强烈不满。大中集工抗会在小海中心区委领导下,组织工人、群众

与肖怀章作斗争。首先召开各界人士代表茶话会，稳定上层、商界。同时，工抗会派人将肖万盛粮行贴上封条，工人们与其进行说理斗争，迫使肖不得不平价售粮100石，并保证以后售粮一律按政府统一标价出售。1942年10月，工抗会在中共地下党支部的领导下，组织轧花工人，1000余人联合向资方进行"增资"斗争（每轧百斤皮棉工资要达到玉米10千克），经过斗争，取得胜利，改善扎花工人的生活状况。是年秋，日军占据大中集，工抗会在中共地下党支部的领导下，组织轧花工人1300多人，开展反对日伪政权强征轧花车牌照税（每部轧花车征大米5斗），斗争取得胜利。1946年，大中集各行业相继成立工会组织。职工联合会组织工人，向资方开展倒资增资斗争。并组织职工纠察队，日夜巡逻放哨，严防特务、汉奸的破坏活动，保卫国家财产和市民的安全。1947年，大中镇职工工会组织轧花工人1300多人，向花商业主展开说理斗争，花商业主不得不倒出克扣的工资——大米72.77石。

新中国成立后，工会组织在党的领导下，紧紧围绕党的各个历史时期的中心任务，组织广大职工学习党的路线、方针、政策；开展安全生产和劳动竞赛活动；组织职工学习文化科学知识，大搞技术革新和技术革命；开展文娱体育活动，创办职工福利事业；教育职工树立当家作主的思想，为社会主义建设献计献策。工会组织成为党的有力助手，广大工人在社会主义革命和建设中作出贡献。

1950年，恢复生产后，工会组织工人参加技术革新、开展劳动竞赛、评选劳动模范等活动。1951年，全镇职工积极参加抗美援朝运动，捐献款物购买飞机大炮。同时，学习贯彻《中华人民共和国工会法》，维护工会组织和会员的权利。1952年，发动职工参加"三反""五反"运动。1953年，广大职工响应党中央发出的关于"增加生产、厉行节约、紧缩开支，为完成国家计划而奋斗"的号召，动脑筋、找窍门，投入到增产节约运动中去。为提高职工文化水平，工会创办业余学校和速成识字班。大中镇业余职工学校计有4个班，学员148名，有专职教员2名，业余教员2名。大中镇职工速成识字法实验班，参加学员37人，其中女学员13人。1954年，镇工会在会员中开展认购国家建设公债和征收失业救济金两大工作。县总工会下达大中镇工会认购公债2000万元（折新人民币2000元），由于干部带头，结果认购4000万元。在征集失业救济金的活动中，全镇征得现款2764.16万元。1957年，工会组织职工支援农业生产，加强工农联盟。"文化大革命"期间，工会活动停止。

1979年，大中镇恢复建立镇工会工作委员会后，工会工作随着全党工作中心转移，全力为社会主义现代化建设服务。1982年，组织青年职工利用业余时间进行文化补习，大中镇青工1984人参加县统考，语文、数学两科合格率达65%。1983年，镇工会和镇文化站联合创办职工俱乐部，建262平方米活动楼一幢，内设电视室、图书阅览室、棋类娱乐室及乒乓室，备有16毫米电影放映机1台，电视录放机1部，照相机1架，图书3000余册。是年，基层工会兴办工人俱乐部27所，占地2219平方米，备有各类活动器材537件，各种图书9637册。不仅丰富职工文化生活，而且促进"四有"（有理想、有道德、有文化、有纪律）职工队伍的建设。1984—1985年，镇工会组织全镇职工1500多人，开展"我爱中华"读书竞赛和"五讲四美三热爱"活动，各基层工会为配合这一活动开展，普遍办有广播室、黑板报，并组织"为您服务"小分队，活动于街头巷尾，促进"两个文明"建设。1986年，各级工会普遍注重对职工的普法教育，全镇有300余职工参加县举办的法律知识竞赛，其中34人获得县颁发的奖品。此外还在广大职工中开展"制定一个立志计划，参加一项技术改选，争创第一流的工作水平"的劳动竞赛。一年中，有1776人参加技术操作比赛，1885人参加学习技术业务，全镇职工提出各种合理化建议632条，创经济效益9万多元。

镇工会还积极帮助基层工会组织不断健全完善职工代表大会、职工大会制度，企业重大事项均提交职工代表大会审议，充分发挥职工的主人翁作用。

1987年，镇工会组织职工学法、守法。一年中，组织各类培训班5期，受教育人数达270余人次，组织知识竞赛2场，参赛人员150余人。5月，镇工会对工会干部、工会监督组织成员、企业车间主任等对象组织一次劳动保护知识考核，并把考核结果通报全镇各企业。当年，工会参加安全生产检查154人次，拟出整改意见27条，实施有效监督16件。1993年，镇工会组织在企业内开展"企业潜力在哪里”的大讨论和以节约一滴油、一两煤、一度电、一分钱、一寸布等“双增双节”合理化建设竞赛活动，排出存在问题524条。针对排查出的问题，各企业都建立整改台账，落实整改措施，收到明显效果。1995年，镇工会动员和组织全镇数千名职工，积极投身“以市场为导向，以提高经济效益为中心”和“挖潜力，降成本，上质量，创名牌，增效益”的社会主义劳动竞赛。是年，工会筹措扶贫基金近万元，互助储金13.5万元，扶助贫困职工24名。

从1989年起，大中镇工会连续8年在工交企业中开展评选职工“信得过厂长”“先进工会工作者”“优秀职工代表”的活动，265人次受到表彰、奖励。从1985年开始，连续12年坚持每两年举办一届职工技术操作运动会。1996年，720余名车工、钳工、刨工、财会、炊工、织造、缝纫、瓦木工等工种行业的项目参加竞技。1997年4月，为解决劳动争议，成立大丰市劳动争议仲裁委员会大中镇办事处。大中镇工会成立劳动仲裁机构在盐城市仅此一家。1997—2001年，共受理因拖欠工资、劳动报酬、工伤事故等方面的申诉案件46起，立案38起，调解29起，裁决9起，做到条条有着落，件件有结果，为职工挽回经济损失25万元。1999年，镇工会按照国家《中华人民共和国劳动法》，就劳动标准条件、工作时间、休息休假、安全卫生、工资保险、劳动福利等内容，由工会代表职工与31家企业平等协商，签订集体合同，并以书面形式规定双方的权利与义务，并明确履行及检查、变更、解除办法，最后报经劳动部门监证备案，公布生效，从制度上维护职工的合法权益，受到省劳动厅嘉奖。2002年，镇工会采取各种形式，积极开展学习宣传《中华人民共和国工会法》活动，出黑板报38块，宣传橱窗86期，举办《中华人民共和国工会法》培训班6期，受训工会干部118人。全镇参加学习受教育职工人数达4570人。是年，镇工会维护职工合法权益，为400多名职工补办了养老保险手续，解决了职工后顾之忧。2004年8月，大中镇建立职工代表大会制度。建立镇一级职代会制度（这在盐城市历史上还是第一家）。是年，全镇积极贯彻落实《中华人民共和国劳动法》《中华人民共和国工会法》，企业签订集体劳动合同要经职代会表决通过。

2006年，建立健全镇政府与总工会的联席会议机制，召开第四次联席会议，就职工福利待遇、养老保险、工资集体协商、基层工会组织建设等事项达成共识。镇总工会代表企业职工方先后多次与48家企业主就工资分配制度、分配形式、社会保险等事项进行协商谈判，取得成功，切实维护了职工合法权益。2005—2007年，全镇非公企业职工（代表）大会制度和企务公开普及率达92%，劳动合同签订率达96%，集体合同签订率达90%以上，规模定报企业工资集体协商建制率100%，非定报企业建制率达91%，劳动争议调处仲裁结案率达95%。2010年8月，全国厂务公开检查组对大中镇大富豪啤酒公司厂务公开、民主管理工作进行检查和指导。是年，该公司被评为“江苏省厂务公开、民主管理先进单位”。

三、青少年团体

（一）青年救国团

1937年“七七事变“后，垦区进步青年自动集会，推选朱友光（亦名朱仁农）、张炎、汤学阶、宋秉之四人，于12月步行前往延安。由于全国各地赴延安青年甚多，无法接纳，行至西安北部三原县时，适遇中共中央青委派胡乔木在三原县主办战时训练班，朱有光等4人参加学习40天。

1938年1月，朱友光、张炎两人回丰，带回《论抗日民族统一战线》《抗日统一教材》《抗日歌曲》等进步书籍，宣传发动群众，组织成立青年抗日组织——苏北抗日同盟总会大中集分会，吸收进步青年100多人为会员，朱友光为会长。是时，苏北抗日同盟会大中集分会主办刊物《火花》，宣传抗日救国，教育人民不做亡国奴。此刊物为蜡刻油印版，16开本，公开发行于大中地区。

1938年4月20日，日军侵占领草堰、白驹、刘庄。7月，朱友光因遭敌机轰炸罹难。青年张炎与徐学海、施斐同、蔡国方、张学敦、朱道生、俞明等10余人组成青年救国团，并组织抗日文艺宣传演出，以自编剧目《本地货》《汉奸的下场》《活捉鬼子兵》和传统剧目《打渔杀家》等进行抗日爱国宣传。他们不仅在大中地区演出，还到裕华、南阳等地公演。

青年救国团还创办大中、南阳两所战时小学，坚持敌后教学，宣传抗日救国。每逢纪念日，组织街头文艺宣传，揭露日本侵略军“东亚共荣”阴谋，教育人民坚持抗日，坚决不做汉奸亡国奴。

由于青年救国团贯彻抗日民族统一战线，引起国民党实业保安队指挥部的怀疑，疑为共产党的组织，企图一举歼灭。1940 年年初，国民党江苏省实业保安队指挥部政训处（驻大中集），一面封查救国团不准活动，一面派人潜入救国团。救国团因组织不够严密受到破坏，开始分化。张炎、朱道生、施斐同、陈松涛等人退出组织，以顾志扬为首的一部分人被顽军所利用。此后，实业保安队指挥部下令逮捕施斐同、张学敦等人。其政训处长居士宜此时正住张学敦家，见张学敦成天赌钱喝酒，胸无大志，也就消除疑虑；施斐同患关节炎卧床不起，认为逮捕以后作用不大，因此，两人得于幸免，两所战时小学仍然坚持办学。此后不久，青年救国团自行解体。张学敦、余明、倪少锋等从收听延安广播中得知新四军已从江南到江北，便由倪少锋先去找新四军。8 月，余明又去找新四军，结识二纵队政治部主任陈时夫，汇报大中集进步青年迫切希望参军抗日的心情。当黄桥决战后，新四军一到东台，张学敦、余明便立即去东台请新四军进驻大中集。10 月，新四军东进大丰，张学敦、俞明、朱道生、徐鸣（徐学海）等参加中国共产党，张学敦、俞明并参加新四军。张炎此后不久加入中国共产党，参加垦区民主政府做宣传教育工作。

（二）青年抗日救国协会

1940 年 10 月，新四军苏北指挥部二纵队五团东进到达大丰，民运工作队江涛等人组织大中镇进步青年成立青年抗日救国协会（简称青抗会），会员近 300 人，会长黄风超。青抗会组织青年进行抗日宣传，编演《再见吧，南洋》《放下你的鞭子》等抗日文艺节目，在宗教礼堂的街头公开演出，同时教唱抗日歌曲，并进行武装训练。1941 年 7 月 21 日，日军侵占刘庄、大中、裕华一线，大中沦陷，垦区民主政府转入敌后农村，镇青年抗日救国协办会也因此中止活动。

（三）青年联合会

1945 年 8 月，抗日战争胜利，大中镇光复。部队民运工作队江吉、黄祖仁等到大中镇组织爱国青年建立青年联合会（简称青联会）。入会青年必须本人申请，填写志愿书，树立革命理想方可入会，因此组织比较纯洁。至翌年初，会员近 200 人。李成效任青年联合会主席。俱乐部设于同乐楼（原大丰旅社分部），会员每晚都到俱乐部参加活动，有教唱革命歌曲、有学习政治文化，有跳舞演戏，组织街头文艺宣传。针对国民政府的种种骗局，自编自演独角、双簧、活报剧等小型剧目，以揭露他们的罪行，为群众所喜闻乐见，起到了宣传群众、教育群众、打击敌人的作用。在土改、惩奸、清算斗争等运动中，积极配合民兵、纠察队站岗放哨，保卫家乡，保卫胜利成果。1946 年 12 月，因国民党发动内战，青联会停止活动。

（四）共产主义青年团

1. 组织机构　1949 年 4 月，中国新民主主义青年团台北县工作委员会在大中镇进行建团试点工作，建立临时团支部，团员 20 多人，支部书记殷宝吉。团支部成立俱乐部，设于原唐大生粮行处（今人民桥北侧）。俱乐部组织青年学习政治、文化，开展文化活动。

1950 年，大中区各乡发展先进青年入团，并成立团支部，区建立团委。

1954 年，大中镇改为县属镇，镇建立团支部。1956 年 10 月，撤销大中区建大中乡，乡建立团委会，大道高级农业社成立团总支部，其余各社建立团支部。1957 年，新民主义青年团改共产主义青年团，大中镇团支部改建团委会。1958 年 9 月，大道人民公社成立，大中乡、大中镇改建为大队，公社建立团委会，大队设立团总支。1962 年，大中镇从大道公社划出，成立大中镇人民公社。镇召开全镇团员代表大会，选举镇团委。1965 年 8 月，大中镇召开第三次团员代表大会，选出黄婉芳（女）等 11 人组成团委会（其中 5 人任常委）。并选出 12 名团员代表出席县第七次团代会。

1966 年，文化大革命开始，团组织停止活动。

1970年,团组织恢复活动,大中镇团委由顾云鹏、黄婉芳、唐承勋等11人组成,团委书记由镇革委会副主任顾云鹏兼任。1973年7月,大中镇召开第六次团代会,出席会议代表103人,选出黄婉芳等11人组成的团委会,并选举出席县团代会代表11人。张桂林、陈连生出席盐城专区第一次团代会。1979年9月,大中镇召开第七次团代会,出席会议代表117人。会议讨论通过镇团委的工作报告,选举出羊照晴、陈锦辉等9人组成团委会。1982年,大中镇召开第八次团代会,选举羊照晴等9人组成本届委员会。1983年12月,召开大中镇第九次团代会。1986年1月,大中镇召开共青团第十次代表大会,出席大会代表200人,大会选举廖原、戴文华等15人组成第十届委员会。

1989年6月,大中镇团委召开第十一次代表大会,同时举办首届家庭演唱会,集中颁发首批"团员证"。是年,组织厂歌、行歌、青年歌手大奖赛,"我爱家乡"知识竞赛,青年致富能手报告团巡回演讲。1990年2月,大中镇团委为推动学雷锋活动的全面开展,在县城主要街道开展"共青团奉献日"活动。1990年11月至1991年1月期间,开展"团员教育评议活动"和实践教育活动,帮助团员增强团的意识。1993年5月,大中镇团委召开第十二次代表大会。1996年7月,大中镇团委召开第十三次代表大会,郭颖飞、韩红英、丁信枫等13人当选为共青团大中镇第十三届委员。

1997—2001年,镇团委组织带领广大青年投身经济建设主战场,建功立业。组织开展"兴家乡、建功业"立功竞赛等活动。通过举办农村实用技术培训班、开展科技兴农知识大赛和"三争三创"现场观摩会等形式,使4000多名青年受到培训和教育,培养科教兴农产业带头人,优秀青年经纪人70多名。2001年9月4日,大中镇团委召开第十四次代表大会,郭颖飞、沈建山、沙丽丽等11人当选为共青团大中镇第十四届委员会委员。2007年6月30日,大中镇团委召开第十五次代表大会,周小朋、王小华等9人当选为共青团大中镇第十五届委员会委员。

2010年,镇团委在镇工业园区设立团总支,下辖4个团支部,即多为集团团支部、恒迪集团团支部、海聆梦家纺有限公司团支部、恩贝尔工艺品有限公司团支部。

大中镇共青团历任团委书记更迭表

表13-2-2

	姓　名	任职时间		姓　名	任职时间
大中区	徐兆俊	1950—1952	大中镇	黄婉芳	1973—1979.08
	徐汉英	1952—1954		羊照青	1979.09—1983.11
大中镇	张　鸾	1954—1956		高崇俊	1983.12—1985.12
	秦友礼	1957—1961		廖　原	1986.01—1993.04
	杨启仁	1962—1965		杜锦富	1993.05—1996.06
	黄婉芳	1965.08—1969		郭颖飞	1996.07—2007.05
	顾云鹏	1970—1973		周小朋	2007.06—今

附:大道公社、大兴公社、新团镇、裕华镇团委情况简介

1958年9月,成立大道人民公社团委。1983年,大道公社并入大中镇,团委撤销,历任大道公社团委书记的是范仲恩、杨德忠、储金泉、耿翠盈、吴明文、黄婉芳、高崇俊。1966年9月,成立大兴(阜丰)人民公社团委。1983年,阜丰(大兴)公社并入大中镇,团委撤销,历任大兴公社团委书记的是陈雨发、沈翠英、陆平辉。1957年5月,建立新团乡团委。2001年,新团镇并入大中镇,团委撤销,历任团委书记有智通元、张贤芳、臧年华、罗静、梅广鑫、焦永年、束长凤、刘正扬、景圣云、朱爱涛、顾海宏、

智勇。1984 年 5 月,成立王港乡团委。2001 年,王港乡并入裕华镇,团委撤销,历任团委书记有陈荣根、许玉明、严如鹏、开启金、贾玉辉、毛建东、王荣华。1956 年,成立裕华乡团委。2010 年,裕华镇并入大中镇,团委撤销,历任团委书记有俞文达、房明(干事)、朱友祝、吴成功、田永珠、陈永兴(副职)、陈耀忠、单干情、蔡芹、沈蔚、高源源、陆芸。

1957—2010 年大中镇共青团组织状况一览表

表 13－2－3　　单位:个、人

单位	年份	总支	支部	团员		发展数
				总数	其中女	
大中镇	1957	—	5	141	—	—
	1960	—	11	193	—	—
	1965	—	7	205	—	—
	1971	—	12	212	—	—
	1973	—	12	354	—	11
	1975	—	11	405	255	30
	1980	—	17	519	346	101
	1983	—	63	2376	1422	328
	1985	—	76	1979	1175	325
	1987	—	71	1638	875	121
	1990	—	51	1259	710	207
	1995	5	46	956	479	236
	1996	6	50	961	505	192
	2008	9(二级团委 4 个)	40	1017	514	210
	2009	9(二级团委 4 个)	41	1154	526	245
	2010	9(二级团委 4 个)	56	1629	785	268
大道公社	1976	—	20	1258	739	128
	1977	—	22	1101	658	95
	1978	—	21	1136	610	243
	1979	—	18	1121	598	135
	1980	—	20	1125	668	324
	1981	—	20	1254	578	280
	1982	—	23	1262	707	208
大兴公社	1976	—	13	859	511	80
	1977	—	13	882	454	83
	1978	—	14	973	489	173
	1979	—	15	848	413	148
	1980	—	17	822	395	289
	1981	—	17	789	431	169
	1982	—	17	676	396	116

2. *主要活动* 大中镇共青团组织发挥党的助手作用，带领全镇广大青年积极参加社会主义建设。1980年，镇、社团委在青年中开展“新长征突击手”竞赛活动，大中镇有5名共青团员（薛跃亚、智平、邓恺林、陈振荣、张德娟）被共青团江苏省委授予“新长征突击手”称号。

1983年，镇团委组织团员青年参加“五讲四美三热爱”“文明礼貌月”和“三优一学”（即优良服务、优良秩序、优良环境和学雷锋赶先进）竞赛活动。全镇成立180多个“学雷锋、送温暖”小组，定期为200多户烈军属、孤寡老人、“双退”（退职、退休）人员服务。此外还在团员青年中普遍开展读书竞赛活动，全镇有科技班、文化班、读书班41个，参加读书的有820余人，镇团委组织一支“振兴中华，抵制和清除精神污染”演讲小分队到基层单位巡回举行读书报告会。

1984年，全镇有20个村和17个厂办起“青年之家”或文化室。镇团委还在青年中广泛开展“两户一赛”（青年专业户、科技户青年致富能手赛）活动，涌现出青年专业户165个（其中粮棉专业户51个，副业专业户32个，工业专业户7个，养鱼专业户4个，商业专业户6个，运输专业户29个，其他专业户36个），科技户31个，致富能手42人。

1995年，大中镇团委动员和组织全镇团员青年解放思想，振奋精神。组织青年志愿者开展纪念“五四”“为困难群众送温暖”等活动。

1990—1995年期间，镇团委以及各基层团组织紧紧围绕新时期的工作中心，引导广大青年奋发向上，在广大青年中开展适合青年特点的有益活动。普及法律知识教育，全镇办业余法制学校63所，联户学习小组57个，邀请司法部门举办法律讲座25次，自编自演法律节目14个，深入农村、工厂演出100多场次，并举行财会、种植、畜牧、农机等专业技术培训班，为广大青年致富辟径开源。在团员青年中开展“立功建业”和社会主义劳动竞赛，全镇建立青年志愿者服务队16个，营造花木工程23个，青年林15个，青年路12条，修路总长15多千米，义务植树1.4万株。

2003年，镇团委组织开展“金桥工程”百日竞赛活动。发布就业信息500多条，组织300多名青年参加各种培训和各类招聘会，100多名青年得到就业，10名青年被上级团组织评为青年致富能手。2005年，镇团委在全镇开展增强团员意识活动，各基层团组织以学习实践“三个代表”重要思想为主线，以“永远跟党走”为主题，开展“我为团旗添光彩”“真情助困进万家”“青年志愿者进社区”等活动。2006年，镇团委开展创建青年文明社区活动，帮助孤寡老人、残疾人，定期上门服务，为弱势群体排忧解难。是年，建业社区被团中央授予“全国青年文明社区”称号，大中镇团委被省团委命名为“省五四红旗团委创建单位”。2008年，镇团委创建团校，以团校为阵地，加强团干部和团员思想道德教育，组织青年学习科学文化知识。2009年，镇团委建立非公企业团组织，成立非公企业青年之家。举办青年就业技能培训，从纺织、机械、铸造等行业技能培训入手，开办企业专业技能培训班，引导广大青年学专业、学技术。

2010年5月9日，镇团委在多为集团举办企业文化讲座，邀请无锡蠡湖叶轮制造有限公司董事长王洪其到会讲课，80多名团干部听讲座。

（五）少年儿童团体

儿童团 1940年冬，大中镇成立少年儿童团，团长由青抗会会长黄风超兼任，农村各乡相继建立儿童团组织。1941年7月，大中镇沦陷，儿童团停止活动。1945年9月，大中镇光复，儿童团组织恢复。1946年，仅4条街段就有儿童团员232人。农村以乡成立儿童团，儿童团站岗、放哨，查路条，并在防奸、惩奸、清算斗争和保卫斗争胜利果实中发挥作用。

1948年，苏皖边区人民政府为关心少年儿童的健康成长，规定4月4日为儿童节。节日期间，要求各级政府组织儿童开展演讲竞赛、作品竞赛，用文娱活动方式慰问军烈属。1949年，国际妇联为保障全世界儿童的权利，反对帝国主义战争贩子对儿童屠杀和毒害，决定以6月1日为国际儿童节。嗣后，中国也以“六一”为儿童的节日。

少先队 1950年，小学儿童团改为少年儿童队，大中镇（城区）计有少儿队员223人，占在校学生

472人的47.2%。1952年6月，少年儿童队改称中国少年先锋队，并教唱郭沫若为之编写的《少年先锋队之歌》。1959年，大道公社少年先锋队有7个大队，23个独立中队，3397名队员。6月1日，大道人民公社在大中小学召开第一次少先队员代表大会，出席会议的少先队员代表120多人。大会上宣布6月为少先队员"红领巾月"，并通过代表大会关于开展"红领巾月"活动的决议，提出"人人爱劳动、个个除四害、天天讲普通话、人人阅读书和报、个人得5分"（当时学校推行前苏联的5级计分制，5分属优等）的要求。大中、德北、瑞南3个大队部和22个优秀队员受到大会嘉奖。

1966年，大中镇、大道、大兴施教区的中小学分别建立少年先锋大队。大中镇计21个中队，队员873人。

"文化大革命"期间，少先队改称红小兵（中学建立红卫兵组织），一般以校建营，以年级建连，以班建排，以组建班。大中镇少年儿童1459人，加入红小兵组织的有573人，大道公社少年儿童6841人，加入红小兵组织的有2514人；大兴公社少年儿童数2970人，加入红小兵组织的有1373人。1978年，少先队组织恢复，改班、排、连、营为小队、中队、大队建制。大中镇6所小学少年儿童1150人，有664人加入少年先锋队；大道公社11所小学少年儿童4448人，有2792人加入少年先锋队；大兴公社9所小学少年儿童2813，有1167人加入少年先锋队。

1987年，少先队各中队开展"今日我当家"活动，受到家长和社会好评。是年，盐城市电视台在逸夫小学（原镇中心小学）专题录像报道《童年的旋律》，被中央电视台采用。1988年，大中镇少先队大队部对各校实施《少先队组织纲要》。开展少先队活动，并对活动进行全面检阅，并在逸夫小学举行现场检阅式。1989年，各校开展"艰苦朴素、勤俭节约"主题活动，小学生自觉把手中的零花钱、压岁钱存入校内小银行，支援社会主义建设。全镇吸储人民币13000多元。少先队总辅导员季瑞华亦因此受到盐城市团委、县教育局表彰。

1990年，江苏省团委表彰逸夫小学为省红旗大队，共青团中央少儿部表彰实验中队（逸夫小学实验班）为全国红旗少年先锋队。大队、中队均设校内辅导员1人，另外还聘请老干部或党员、老工人、老农民和复员、转业、退伍、荣誉军人、解放军指战员代表为校外辅导员，对少年儿童进行革命传统和革命英雄主义、爱国主义和国际主义教育。1996年4月，成立中国少年先锋队大中镇总部。总部由一名总辅导员和镇团委、文教办、文化站等8名委员组成。是年，总部配合革命传统教育，开展"寻找革命烈士足迹""革命烈士请听我说""给革命烈士洒上一把家乡土"等系列活动。"给革命烈士洒上一把家乡土"活动被《小学生周报》刊载报道。

大丰市第八小学（裕华镇中心小学）组织少先队开展"学雷锋，创文明"活动，1999年被评为盐城市特色学校。大丰市第四小学（大中镇镇南小学）加强少年儿童德育教育，2001年12月被大丰市评为"德育先进学校"。大丰市第六小学（原东风第二小学）组织少年儿童开展丰富多彩的文体活动，2007年出版两部书画作品集——《新绿》；学校编排的舞蹈节目《举手发言》荣获全市中小学文艺调演特等奖。大丰市第二小学（大中镇中心小学）少先队活动丰富多彩。2008年，学校组织的大型器乐合奏《鸣鼓出兵》、舞蹈《星光》、诗朗诵《感恩的心》等在盐城市获一等奖。

2010年，全镇有6所小学，有少年儿童7882人，有7846人加入少年先锋队。

四、妇女团体

（一）妇女抗日救国协会

1940年冬，新四军苏北指挥部二纵队五团民运工作队来大中镇，组织成立台北地区第一个妇女抗日组织——大中镇妇女抗日救国协会（简称妇抗会），会长陈瑞贞。翌年春，郊区农村各乡妇抗会组织相继建立。1942年，周杏仙（上海纱厂工人，在垦区发动妇女参加革命活动）接任大中镇妇抗会会长。1944年，在实行新乡制的同时，镇、乡妇抗会进行民主建设，民主选举妇女代表和乡村妇抗会正副主任。各级妇抗会组织妇女读书读报、识字明理，组织纺纱织布，生产自救和妇女反封建、反奸淫、反压迫斗争活动。

（二）妇女联合会

1. 机构组织 1945年9月，抗日战争胜利，大中镇光复。翌年初，随着区、乡（镇）民主政府建立，区、乡妇女联合会也相继成立。大中镇妇女联合会会长沈来时，副会长邱爻兰。各街段建立妇联分会，居民行政组建立妇联小组。全镇10个妇女分会，36个妇联小组，会员286人。妇女联合会组织成立后，组织广大妇女为部队日夜抢做军鞋军服、护理伤员，帮助洗衣缝被。同时，还组织部分妇女去解放区——裕华公司，参加大生产运动。

1946年年底，国民党军占据大中集，妇女联合会被破坏。1947年4月，大中镇解放，妇女联合会恢复，大中镇妇女联合会会长周巧云、副会长曾淑英。1948年年初，国民党部队对大中地区开展“无人区”大扫荡，妇女联合会再次被破坏。是年春，妇女联合会再度恢复，大中区妇联主任黄菊芳，大中镇妇女主任吴文英、副主任曾淑英。这个时期主要工作是动员逃亡居民回归。1949年，妇女联合会进一步健全，各妇女联合会、妇联小组也恢复。5月，大中镇召开第一次妇女代表会议，各街道选出妇女代表2人参加会议，民主选举姚宝珍任妇女联合会会长，吴彩英、顾美兰为副会长。

1950年，恢复建立大中区妇女联合会，区妇女联合会主任顾云兰。1953年由薛琴接任。1954年，大中镇改为县属镇，镇团支部书记张鸾兼任妇联主任。是年撤区，郊区建立大中乡，妇女联合会主任汪贷凤。1965年，大中镇召开第四届妇女代表大会，出席会议代表154人，选出本届妇联委员15人，黄婉芳任主任（兼）。1966年2月，各大队设妇代会，生产队配备妇女队长。1966—1970年，妇联组织停止工作。1971年，大中镇妇女联合会按行业、系统建立文卫、工业、搬运、针织、商业、城郊、果园、街道8个妇女基层委员会。公社（大道、大兴）以大队建立基层妇女委员会。

1984年9月25日，大中镇召开第七次妇女代表大会，出席大会代表308人，选举由严桂英、任莲芝、唐燕妮等19人组成执行委员会。1987年9月14日，召开镇第八次妇女代表会，出席会议的妇女代表176名。大会听取、审议并通过严桂英代表七届妇联所作的工作报告，选举产生镇妇联第八届执行委员会，主任严桂英，并选举产生县九次妇女代表大会代表26人。1991年4月29日，大中镇第九次妇女代表大会召开，出席会议正式代表147名。大会听取、审议并通过严桂英代表镇八届妇联执委会向大会作的工作报告。大会选举产生由21人组成的大中镇妇联第九届执行委员会，主任严桂英。1995年9月22日，大中镇第十届妇女代表大会召开，出席会议正式代表163人。大会听取、审议并通过严桂英代表镇九届妇联执委会作的报告，选举产生大中镇妇联第十届执委会，主任严桂英。

2004年7月，成立大中镇黄海、金丰街道办事处妇委会。2005年，镇妇联维护妇女职工权益，在25个小型私营企业中建立妇代小组，全镇所有非公企业全部建立妇女组织。2007年，大中镇黄海、金丰街道办事处、18个社区居委会，分别成立妇女维权工作站和家教指导站。

大中镇妇联主任更迭表

表13－2－4

姓　名	任职时间	姓　名	任职时间
张　鸾	1954.11—1955.06	倪桂英（代）	1981.10—1983.05
汪岱岚（代）	1955.06—1956.02	吴玉兰	1983.05—1984.09
陈文芳	1956.03—1958.01	严桂英	1984.09—1985.08
姜亚英	1958.01—158.09	颜建英	1985.08—1987.10
吴美芳	1958.09—1962.05	严桂英	1987.10—1996.04
陈　荣	1962.05—1965.06	陈毓华	1996.05—2010.07

续表 13-2-4

姓　名	任职时间	姓　名	任职时间
黄婉芳	1965.07—1977.11	施　芳	2010.08—今
张桂林(代)	1977.11—1981.10		

说明:1958年9月,成立大道人民公社妇女联合会。1983年,大道公社并入大中镇,妇女联合会撤销,先后任大道公社妇女主任的是冯建平、茅祖兰、是月仙、胡琴、吴玉兰、张云茹、耿翠盈、钱玉兰。1966年9月,成立大兴(阜丰)人民公社妇女联合会。1983年,阜丰(大兴)公社并入大中镇,妇女联合会撤销,先后任大兴公社妇女主任的是高素珍、陈加英、吴玉兰。1957年5月,建立新团乡妇女联合会。2001年,新团镇并入大中镇,妇女联合会撤销,新团历任妇女联合会主任的有蔡芳、沈汉英、吉英凤、陈慧芳、袁树人、束扣珠、邓圣平、周荷凤、盛艳。1956年,成立裕华乡妇女联合会。2010年,裕华镇并入大中镇,妇女联合会撤销,裕华历任妇女联合会主任的有邱俊英、江黛岚、沈汉英、陈翠霞、吴玉兰、陈加英、陈曙英、沈琴、邓继烈、钱慧、殷晓维、严根芳、张秀娣。1984年5月,成立王港乡妇女联合会。2001年,王港乡并入裕华镇,妇女联合会撤销,历任妇女联合会主任张翠威、张秀娣。

2. **主要活动**　新中国成立前夕,各级妇联组织发动广大妇女群众赶制军鞋、军服、军粮袋、磨粉碾米支援前线;同时号召妇女解放思想,提倡婚姻自由,不做童养媳,涌现出一大批英模人物。

新中国成立后,广大妇女积极参加社会主义建设。

1951年,镇各级妇联组织对广大妇女进行抗美援朝教育,并掀起捐献飞机大炮和动员亲人赴朝参战的运动。1953年,为广泛开展婚姻法的宣传活动,大丰县在大中区和瑞乡进行贯彻《中华人民共和国婚姻法》试点。自《中华人民共和国婚姻法》颁布后,和瑞乡家庭不和而离婚的有24人,解约的16人,寡妇改嫁的7人,自由恋爱的31人,到镇政府登记结婚的有27对,家庭和睦的23户,童养媳4人都回家。至1955年全镇青年自由恋爱的达70%以上。1956年秋,县妇联在大中镇进行节制生育试点,镇妇联召开全镇妇女大会,部署开展妇女卫生、计划生育的宣传,一部分妇女采取节育措施。1958年7月5日,大中镇召开全镇妇女代表大会,出席会议代表718人。大会号召广大妇女克服自卑心理,立大志、争上游,彻底解放妇女劳动力,“妇女能顶半边天”。

1965年,镇社妇联在广大妇女中积极开展计划生育工作,大中镇有生育能力的育龄妇女870人,经过计划生育的宣传和动员,采取措施的282人,占32.4%,另有361人响应晚婚号召,推迟结婚。1974年,镇、社妇联会在妇女中开展妇女病防治的普查普治工作,大中镇经过查治,妇女病发病率达25.9%,治愈率48.5%。

1980年,妇女工作中心转移到抚育、培养和教育少年儿童工作上来。镇、社妇联紧密配合文教部门,积极抓好幼儿早期教育。是年,大中镇(城区)在原办一个中心幼儿园的基础上,又在学校附设6个幼儿班。1981年开始,镇、社妇联在广大妇女中开展以“五讲四美”为中心的“争创五好家庭活动”(“五好”即:遵纪守法好,尊老爱小家庭和睦好,计划生育教育子女好,邻里团结好,勤俭节约移风易俗好),要求广大妇女遵纪守法,尊老爱幼,邻里团结,勤俭节约,教育好子女。1983年,全镇评出“五好家庭标兵”户203户,各村评出“五好家庭”3000多户,新街居委会居民、染织厂退休工人倪华兰被全国妇联授予“五好家庭”的光荣称号。是年,基层妇代会进行改选。同时组织妇女开展争创“三八红旗手”(集体)活动。是年,全镇评出镇“三八红旗手”39名,“三八红旗集体”5个;县“三八红旗手”10名,集体1个;盐城市“三八红旗手”1名,集体1个;吴玉兰、李秀英、朱美玉由省妇联命名为“三八红旗手”。1983年,镇妇联还发动全社会为少年儿童办好事办实事,收各单位赠献现金6582元,礼品152件,折合人民币1875元,并免费为全镇幼儿进行体格检查,此后每年举行一次。是年,全镇21个村(场)、10个企业办托儿所134个,1~4岁幼儿1606个,入托率85%,寄托205人。1985年,镇妇联在广大妇女中,开展以维护妇女儿童合法权益为内容的法制宣传教育活动,全镇举办法制学习班86期,受教育6000人次;讲座报告76场,受教育2700多人次;广播讲座40次,开展法律咨询4次。

1986年,大中镇评出“五好家庭”6198户,占总户数的32%,评出“双文明户”1487户,占总户数13%,“三八红旗手”30名,“三八红旗集体”5个,“五好妇代会”5个,妇女工作先进个人10名,合格家长30名。1988年4月,联邦德国第一电视台摄制组于尔根·贝尔特拉姆等一行五人在省、市外事办同志陪同下,专程到大中镇双喜村采访妇女禁赌活动。

1990年,大中镇妇联加强对妇女的“四自”教育(自尊、自信、自立、自强)。2月,开展十佳女强人和金婚奖评选活动。1991年12月,全国妇幼专家、中国儿童发展中心顾问林佳榴一行2人专程到大中镇红花村、同德村视察优生、优育、优教工作,并决定在大丰县建立儿童早期教育基地。1994年,大中镇妇联以迎接世界第四次妇女代表大会在北京召开为契机,围绕谋求妇女平等与发展为主题,动员妇女自立自强,增强妇女组织活力。1995年,镇妇联组织评选“十佳”女强人的活动,开展以学文化、学技术和比成绩、比贡献的“双学双比”竞赛。1996年9月25日,镇妇联与有关部门联合举办“纪念红军长征胜利60周年知识竞赛”,花炮厂、同德村、染织厂分获团体总分1、2、3名。同年,镇妇联还开展“爱心育苗”工程和“我为社会献爱心”活动,发动妇女为危重病人、孤儿捐款,成立孤儿、特困儿帮扶基金会,对全镇5个孤儿、7个特困儿对口帮扶,落实到单位和个人。1997年,镇妇联在城镇妇女中开展创建“巾帼示范岗”活动。4月2日,镇妇联举办农业科普知识讲座,全镇各村(场)妇女主任委员、女种植大户、龙头项目参赛户120人参加培训。

1998—2000年,镇妇联组织全镇妇女开展“双学双比”“巾帼建功”竞赛活动,积极鼓励女企业家、女能手以多种形式兴办带动农村多种经营发展。组织妇女为沈德军、徐风楼两位白血病患者捐款3000多元。为孤儿、贫困大学生捐款21100元。

2000年,镇妇联被盐城市妇联评为“三五普法先进集体”。2001年,镇妇联立足社区、面向家庭、面向妇女,依靠12个社区居委会,积极开展“巾帼社区建设、社区服务”活动。组织2000多名妇女环保志愿者走上街头,开展“环保从我做起,从我家做起”宣传活动,发放宣传材料2万多份。2002—2003年,镇妇联积极做好农村妇女劳动力转移工作,利用信息网络收集各类用工信息,及时提供给农村妇女,妇联联系输出妇女劳力310人,其中外省市62人,市内288人。2004年9月,镇妇联被盐城市妇联评为“三八”红旗集体。2006年,镇妇联被盐城市委组织部、妇联表彰为农村妇女“双带”工作先进集体。2007年,接待上访妇女30多人,处理家庭暴力、家庭纠纷20多起。

2010年,镇妇联实施妇女就业创业工程,做好妇女儿童的社会保障工作,建立待业妇女、下岗女工、特困人员家庭情况及用工信息台账,帮助105名下岗女工实现再就业。是年,大中镇被省妇联授予“江苏省妇联组织建设示范乡镇”称号。

五、老年团体

(一)退休干部协会

1991年6月13日,选举产生大中镇退休干部协会第一届理事会。由陈龙泉等5人组成,陈龙泉任理事长。其时退休干部65人,入会会员51人。1991年,陆志明任裕华镇退休干部协会理事长。1993年,大中镇退休干部协会在组织学习《邓小平文选》和开展自娱自乐活动方面成绩显著,被大丰县评为先进集体。1994年,镇退休干部协会按市、县关于标准化协会的要求,在人员配备、经费、活动场所和办公地点、规章制度等方面做到“四落实”,成绩显著,又被县誉为“标准化协会”。1996年6月13日,镇退休干部协会改选,产生陈龙泉等7名理事,组成退休干部协会第二届理事会,协会会员145名。1996年,王奎山任新团镇退休干部协会理事长。2001年4月,沈永涛任大中镇退休干部协会理事长。2005—2010年,卞文乐任镇退休干部协会理事长。

镇退协工作按章程办事。组织退休干部学习,组织退休干部开展文化体育活动,组织外出参观,看望、慰问生病的老同志,为80岁、90岁生日的老同志祝寿,悼念逝世的老同志,组织老同志每年一次体检,对因病经济困难的老同志给予资助,解决他们的实际困难。

（二）老龄工作委员会、老年协会、老年体育协会

1986年3月，成立大中镇老龄工作委员会，陈应人任主任，陈荣产为名誉主任，民政、妇联、共青团、宣传、卫生院、供销社、敬老院负责人为委员会成员。1992年，调整大中镇老龄委领导小组成员，张正林为主任，陈应人为副主任，顾文瑞为副主任兼办公室主任。1996年，朱继海任新团镇老龄工作委员会主任。2001年，大中镇成立老年体育协会，卞文乐任会长，陆翔龄任秘书长。2003年10月，束必隆任大中镇老龄工作委员会主任，卞文乐、张成飞、顾文瑞任副主任，镇老龄工作委员会下设办公室，设在社事办。2006—2010年，镇退休干部协会、镇老龄工作委员会、镇老年协会、镇老年体育协会4个老年组织成为“四位一体”，合署办公，由卞文乐牵头负责。2010年3月，镇召开老年协会一届一次会议，陈卫东任老年协会理事长，卞文乐任副理事长，张成飞任秘书长。是年，全镇有1700多名老人参加关心下一代志愿者队伍。

老龄委主要任务是为社会老人服务，使其“老有所为，老有所养，老有所学，老有所医，老有所乐”，其次开展对老龄问题的研究，为老人解决部分实际问题。1987年，县老龄委主任黄家明在全国老龄工作会上作《大中镇赡养老人的经验介绍》。上海、山东、河南以及江苏省淮阴、镇江、海门、启东等市、县，先后来大中镇学习取经。镇老年协会根据章程开展工作，动员、组织老人参加各种社会活动。镇老年协会积极为老年人开展维权活动，免费为老年人诉讼，保护老年人的合法权益。每年为90岁、100岁的老年人祝寿。老人节走访慰问90岁以上的老人，发放尊老金。

2003年12月20日，镇党委、政府召开大会，表彰老龄工作先进集体和先进个人。同德、泰西、双喜、红花、阜北、龙福、同圣、河口村和健东、建业、育红、新村、康平居委会被评为“老年工作先进集体”。徐同顺、王巧英等19名同志被评为“养老先进个人”。

2010年，全镇有村、居委会老年体育分会49个，参加体育活动老人数达13000人。有老年体育活动点28个，有广场舞、腰鼓、拳、操、剑、门球、柔力球等体育队伍26个。镇老年门球队多次参加盐城市乡镇老人门球赛，获得第二、三名好成绩。2010年，大中镇被盐城市授予“老年体育示范乡镇”称号。

（注：1990—1995年，陆志明、陆友松先后任裕华镇老龄工作委员会主任）。

（三）关心下一代工作委员会

1992年5月7日，大中镇成立关心下一代工作委员会。委员会由李子平等13人组成，李子平任主任。是年，施元明任裕华镇关工委主任。1993年，大中镇关心下一代工作委员会有23名委员，其中离休干部2人，退休干部9人，在职人员12人。镇属单位和各村相继成立关心下一代工作小组35个，成员158人，其中离休干部10人，退休干部35人，在职人员113人。1994年和1996年，大中镇党委对镇关工委进行过两次调整。1996年，镇关心下一代工作委员会由名誉主任严桂英、主任曹桂盈等4人组成。是年，季希和任新团镇关工委主任。2001年4月，大中镇、新团镇合并，新组建大中镇关心下一代工作委员会，张遇春、束必隆任名誉主任，卞文乐任主任，季希和、王毓华、季明山任副主任，委员14人。2010年8月，大中镇、裕华镇合并，杨正锋任镇关工委名誉主任，卞文乐任主任，施元明、季希和任副主任。

大中镇关心下一代工作委员会经常组织宣讲队深入学校宣讲革命故事，教育学生树立远大理想和正确的人生观。利用家访和发行《家长导报》，向学生家长宣传家教知识，引导学生家长做好家教工作。

镇关工委强化组织建设，配齐、配强村、居关工委主任，着力抓好预防青少年违法犯罪工作，努力办好政治科技学校，加强对青少年的爱国主义教育，遵纪守法教育，革命传统教育。2006年，卞文乐被省关工委表彰为“关心下一代工作”先进个人。2009年，在全镇创办校外教育辅导站。2010年，实现全覆盖。

2000—2010年，镇关工委先后多次被省、盐城市、大丰市评为“关心下一代工作先进集体”。

（四）老区开发促进会

1999年成立，陈良忠任理事长，姚启镂任秘书长。2001年，陈卫东任名誉理事长，卞文乐任理事长，陈加生为秘书长。

镇老区开发促进会是以离退休老干部为主体，以服务“三农”、农业增效、农民增收为目标，广泛发动会员，以“会员带头致富、带领群众致富”为抓手，为建设社会主义新农村，建设小康社会服务。镇老区开发促进会根据章程开展工作。2008年，调整充实会员队伍，会员从790人发展到1100人。开展调查研究活动，积极进言献策，撰写20多篇调查报告，3篇被市老促会转发。争取资金，为边远村群众解决行路难问题，修建桥梁2座。

2010年，镇老区开发促进会受到盐城市、大丰市老促会表彰，卞文乐被大丰市老区开发促进会评为“老区开发工作先进个人”。

六、工商团体

商人抗日协会 1940年冬，大中集商人在部队民运工作队的帮助下，组织成立大中镇商人抗日协会，简称商抗会。会长李伯贤（后为伪商会会长）。商抗会动员工商界人士捐款捐物，为新四军初创革命根据地作出了贡献。

商人联合会 1947年夏，大中集商人联合会成立，会长施耀明，会址设于益昌花行内（鸿基大厦处），入会会员一般为城镇工商业者，时有会员300余人。1949年5月，全县商民捐粮，大中集商联会会长施耀明一人献粮1325千克。

木船协会 1952年，大中镇建立木船协会（属同业工会性质），协会委员7人，其中主任委员2人。因当时没有专门负责木船运输机构，故协会担负木船运输业的行政管理。下设4个中队，36个小组，有64户船民。

工商联合会 1952年1月，大中镇成立工商联合会。工商联合会的主要任务是：贯彻党的路线、方针、政策，组织工商业者学习政治、改造思想，接受党的社会主义改造，参加各项爱国活动。（一）组织捐款。1952年，镇工商联捐资400多元，资助政府兴办学校，并集资协助县建设科建筑水井，还募资422.79元救济裕华火灾和外来乞丐。（二）拥军优属。每逢年节工商界人士必捐物献款，拥军优属，除一年三节（端午、中秋、春节）送礼外，每年春节（7天时间）各行业销售的货物均以九五折价优惠供应烈军属及荣军。1952年，镇工商界一次献款1700元为烈军属修建房屋。（三）踊跃购买国家建设公债，支援国家建设。1954年，镇工商界认购公债券13174元，占分配计划的203%，大中镇四合商店经理袁友邦一次认购1000元。（四）镇工商联在抗美援朝运动中，发扬爱国主义和国际主义精神，积极组织工商界人士捐款。（五）组织工商界学习党的过渡时期总路线，自觉接受社会主义改造。1956年，大中镇工商界人士参加县工商联举办的业余政治学校，学习内容以《工商业者政治常识课本》为主，结合学习时事政治。（六）协助政府管理市场。新中国成立初期，私营工商业占主导地位，市场物价混乱，度量衡器亦不统一，镇工商联组织议价委员会，实行统一议价，统一度量衡，对稳定物价保障人民生活起了很大作用。（七）1958年开始，镇工商联掀起支援农业生产高潮，除送货下乡外，组织工商界人士下乡直接参加农业生产劳动。

20世纪50年代末至80年代初，镇工商联组织处于停顿状态。1994年8月，大中镇党委决定，工商联大中分会第七届执行委员会由陈相礼等15人组成，名誉会长张正林，会长陈相礼。1999年，镇工商联工作由组织办张成飞代理。2000年后，镇工商联工作处于停止状态。

第十四章　法　　治

民国34年(1945)9月,大中镇光复,人民政权建立大中镇公安派出所。区配公安股长、司法干事,人民公安建立后,广大干警在配合地方政府开展土地改革、镇压反革命、“三反”(反贪污、反浪费、反官僚主义)、“五反”(反行贿、反偷税漏税、反偷工减料、反盗骗国家财产、反盗窃国家经济情报)和贯彻《中华人民共和国婚姻法》等项工作中发挥了积极作用。

1954年,随着《中华人民共和国宪法》颁布实施,公安、司法行政工作走上法制化、正规化。

“文化大革命”时期,公、检、法等司法机关一度瘫痪。1967年5月,军事管制委员会统一行使地方治安及司法行政职能。1973年,军管会撤销,公安机关恢复职能。

1981年,乡镇配司法助理员,负责法制宣传、人民调解、刑释解教人员管理及法律服务等项工作。1985年,全县乡、镇相继成立司法办公室,设立法律服务所。1985—2010年,连续开展五个五年普法教育活动,基层人民调解网络进一步健全,乡镇法律服务所进入社会化运作。

20世纪90年代初,乡镇成立社会治安综合治理领导小组并设立专职办公室。1994年,成立信访办公室,人民来信来访走上规范化轨道。2008年,建立镇级政法工作中心。司法机构设置进一步健全,公安司法人员在强化社会治安综合治理,创建“平安地区”“无邪教社区”“无毒社区”,落实社区矫正,健全基层治保、民调组织,调处各类民事纠纷,处理人民来信来访,维护地方稳定,促进社会和谐等项工作中做了大量工作。

第一节　社会治安

一、维稳网络

废灶兴垦时期,大丰盐垦公司借以实业警察维护治安,但力量单薄,时有海霸、土匪抢劫而无法顾及,广大佃农自发联合起来,排(一排田)有排长,匡(一匡田)有匡长,区建立农民自卫团。

1941年3月,建立垦区民主政府,区署设区队,约20多人。抗日战争时期,各乡村成立除奸委员会和锄奸小组(也称防奸小组)。

1945年秋,大中镇光复,镇政府设民兵大队,全镇10条街,每个街设立1个小队,有民兵552人。另从工人、职员、市民中组织成立纠察队,有男女队员258人。

1949年春,大中镇设立治安委员会,由派出所长、纠察队长、工会、青年等7人组成。各条街相应建立治安小组,由3~5人组成。同年秋,治安委员会改称户籍委员会。开始进行户口登记,调整编制门牌号码,便于治安管理。

1950年12月,乡镇建立治保委员会和治保小组,工厂、企业、街道建立肃反委员会。

1951年,大中区成立冬防委员会,所辖各基层单位建立相应组织,一般由9~13人组成。全区有冬防小组199个,参加人数1599人,其中干部127人,民兵563人,群众909人。冬防委员会的主要职责是防匪、防特、防火、防盗,配合地方政府,镇压反革命分子。

1956 年 10 月，大中乡所辖 10 个初、高级社，城区 10 条街道以及水上船民全部建立治安委员会。初高级社、街道又分设治保委员会，治保委员会下设治保小组，每个治保小组有 10～15 名治保员。

1959 年 9 月，全省各市县成立军警民联防指挥部，县以下以几个公社为一个片，以片成立联防指挥所。是年，大道公社有 120 名基干民兵编入联防队伍。

1968 年 5 月，镇成立革命群众专政指挥部。

1983 年，全镇设治保委员会 22 个，治保小组 199 个，治保队伍 686 人。新团乡设治保委员会 15 个，治保小组 126 个，治保队伍 477 人。裕华乡设治保委员会 16 个，治保小组 131 个，治保队伍 486 人。

1991 年，乡镇成立社会治安综合治理领导小组，下设办公室。仇玉宏兼任大中镇综治办主任，周旭阜任新团乡综治办公室专职干事，杨天才任裕华镇综治办主任。

1992 年 5 月，大中镇社会治安综合治理领导小组改为大中地区社会治安综合治理领导小组，实行综合治理属地管理，一套班子，两块牌子，合署办公（抽调县直单位杨兆林担任办公室副主任、专职干事，陈荣产担任领导小组组长）。是年，大中地区建立联防大队 1 个，妇女禁赌协会 30 个，固定民兵哨所 3 个，村（场）治保会 21 个，民兵巡逻队 31 个，农村专职联防队 11 个，企业治保会 46 个，街道居委会治保会 10 个，联户巡防人员 3420 人。

1992 年，大中镇区域新建联防队、组 186 支，成员 7180 人；新团镇建联防队、组 157 支，5218 人；裕华镇建联防队、组 178 支，成员 6288 人。

2010 年，镇党委、政府对区划调整后的政法委、综治委、综治办、维稳办以及平安建设、法治建设等班子进行重新整合，辖区内 49 个村（居）统一配齐副村级综治维稳专干。原各村（居）综治办、警务室、治保会、调委会、流动人口管理服务站以及平安创建等组织进行重组，组建新的“六位一体”综治办，并在全镇建立一支约 4000 多人的维稳信息员队伍。“十户联防”覆盖到农村每个角落。

1991 年起，先后担任新团镇综治办主任的有周旭平、张延群；担任裕华镇综治办主任的有杨天才、吴志冲、黄裕昌、宋森权、倪鸿剑、圣月辉；担任大中镇综治办主任的有仇玉宏、胡学高、薛跃亚、朱永祥。

二、综合治理

1954 年，为保证社会秩序安定，大中镇人民政府先后管制 30 个反革命分子，对其实行监督改造。同年 11 月，对特种行业实施政策性管理，审查发放特营许可证 436 件。

1958 年 3—5 月，全镇开展安全运动。大中镇在机关、学校及城镇居民中广泛开展“防火、防盗、防特、防毒”四防安全活动，层层召开会议，结合运用墙头标语、广播、黑板报、文娱演出等多种形式宣传，订立安全公约，分别召开行业、居民、治保及民兵会议，运用墙头标语、青年宣传员、有线广播、土广播及黑板报等形式进行宣传，在提高认识的基础上，通烟囱 96 户，修理烟囱 55 户，增添太平缸 30 只，修理门灶 79 个，对安置不当易发生火灾的草堆移动 25 个，填实灰堆 186 个，缴获纸牌 36 副，麻将 11 副，牌九 3 副，共抓捕逃犯 41 人。1959 年 9 月，针对集镇人口剧增，管理工作混乱，有户口没人，有人没户口的现象时有发生的实际情况，镇派出所从各行各业抽调 36 人挨家挨户登记，规范建立户口卡。1963 年，蒋介石妄图窜犯大陆，国民党飞机连续窜扰大中境上空投掷散发策反传单，镇民兵密切配合公安部门侦查、巡逻，保障社会安定。

1970 年 2 月 18 日，盐城专署公检法在大丰召开宣判大会，3000 多工人、农民、职工、居民参加，对危害社会治安的犯罪分子绳之以法。1983 年，各级治保组织根据各自特点，建立健全安全承包责任制，城区、街道采取联户联防治安防范措施，居民订立“四防公约”，农村订立“乡规民约”（也称“村规民约”）。

1993 年 5 月，盐城市综合治理工作推进现场会在新团镇同圣村召开。会后，全县开始推行综合治理“五个一”工程(即:一根棍子、一个红袖套、一只手电筒、一只哨子、一本值勤记录本)。是年,新团镇被大丰县委、县政府表彰为社会治安综合治理先进集体。1994 年,裕华辖区摧毁犯罪团伙 4 个,成员 22 名,捕办 28 名,收审 2 名,治安处罚 10 名。1995 年,裕华镇形成多层次、多渠道、全方位群防群治体制,义务联防队在执勤过程中共抓获各类违法犯罪人员 17 名,查获可疑车辆 53 辆,收缴无证猎枪 8 支,触鱼电瓶 13 只,鱼叉 21 支。

1996 年,大中镇“五个一”工程、群防群治工程受到省委、省政府表彰。1997 年,裕华镇在实施“五个一”工程中,成绩突出,受盐城市政法委表彰。

2002 年,裕华镇对 72 户私房出租户逐一签订治安责任书。对全镇 194 名外来人员逐一建档立卡,录入重点人口微机信息管理系统。2003 年,在“建设平安大丰,创建最安全地区”活动中,大中镇被盐城市委、市政府授予“社会治安安全镇”称号。是年,大中镇获盐城市委、市政府“社会治安安全镇”奖。

2005 年,全镇范围构建防控体系。大中镇抽调 46 人组建专职保安联防队伍,分到驻城 4 个派出所参与农村巡逻防范。2006 年,大中镇政府制定出台《维护稳定工作主要信息报告制度》《不稳定因素排查工作制度》《维护稳定工作检查督办制度》等三项常规制度。2007 年,裕华镇建立“四大机制”,即:调解运行机制,纠纷信息预警研判机制,奖惩激励机制,社会矛盾排查介入机制,维护社会稳定。织密科技预防网、保安联防网、打击控制网,落实长效管理措施,实现整治一块、巩固一块、稳定一方的目标。2008 年 10 月,大中镇政法综治工作中心建立,综治、司法、信访采取相对集中办公的形式,实行“六联机制”,即矛盾纠纷联调机制:依托司法所成立矛盾调处服务中心,将公安、信访、村镇建设、劳动保障、工商等成员单位的力量整合,依“属地管理”和“谁主管谁负责”的原则,及时分流指派归口处理;社会治安联防机制:镇每月召开一次治安形势分析会,建立以公安为主导,专职保安联防队为骨干,群防群治为辅助的治安联防工作网络;重点工作联动机制:建立预防处置各类突发事件和群体性事件工作预案,组织协调各部门就地化解矛盾;突出问题联治机制:定期梳理排摸辖区内突出的治安问题、重点整治地区,统一组织专项治理;平安建设联创机制:根据镇情、村情、社情制定创建总体规划和年度实施计划,广泛开展平安村、居(社区)、平安家庭、平安企业、平安校园、平安单位等系列创建活动;社会管理联抓机制:以政法综治维稳中心为平台,发挥部门、单位、社区和家庭的作用,落实流动人口服务管理,刑释解教人员安置帮教,闲散青少年服务管理,精神病人救助管理,吸毒人员邪教人员的帮教转化工作,对违法犯罪高危人群实施严密管控措施。是年,大中镇综治工作在全市考核中排名第一。2009 年,实施平安创建“大防控”,大中镇政府投入 700 万元,新增城区 258 个监控探头,对重要街道、路口、桥梁实施 24 小时监控。农村报装“平安 e 家”看家智能报警电话 2038 门。

2010 年,镇政府投资 200 多万元,实施全镇技防网全覆盖目标,建成苏北第一家全面技防镇。大中镇、新团镇、裕华镇社会治安综合治理工作多次受到盐城市以上单位表彰。8 月,大中镇社会治安综合治理工作办公室被盐城市政法委授予“五好综治办”称号。镇综治办在大丰市“十佳政法”“平安之家”技防工作考核中排名第一。

三、严打整治

1983 年 8 月,根据中共中央、全国人大常委会、国务院《关于严厉打击刑事犯罪活动》(简称“严打”)的决定和“从重从快、一网打尽”的严打方针,各乡镇快速成立“严打”指挥部,大中派出所成立“坦白自首揭发接待站”和“坦白自首登记处”,首战就有 40 多名干部群众到公安机关揭发犯罪,检举揭发信件、材料达 100 多件,有 27 名违法犯罪人员主动到公安机关投案自首。为进一步推动“严打”斗争深入开展,全镇抽调 36 名骨干分子,配合公安机关工作。是年 9 月 5 日凌晨第一次搜捕行动,11 名犯罪对象无一漏网。至月底,第一战役第一仗共搜捕 39 名,摧毁犯罪团伙 2 个,缴获赃款赃物折币 7400 元,各类凶器 3 件,子弹 100 余发。1984 年 1 月 8 日晨,“严打”斗争第一战役第二仗集中搜捕各类犯罪分子27名。6月26日凌晨,第一战役第三仗捕获人犯62名,摧毁犯罪团伙1个,盗窃团伙2个,抢劫犯罪团伙1个。

1983—1985年年底,全镇共惩办重大违法犯罪分子145人,摧毁盗窃团伙4个,流氓团伙4个,挖出一批“闷头桩”“地老虎”。

1986年5月,“严打”转入第三战役,公安部门针对大中地区连续发生流氓、强奸、盗窃案件以及刑事案件回潮的严峻形势,开展专项斗争,集中搜捕各类犯罪分子29名。同年10月上旬,全县在大中地区召开宽严政策兑现大会,从宽处理6名,从严处理1名。1987年7月,县公安局机关抽调30名干警会同大中镇驻镇3个派出所全体警力,破获流氓滋扰案件9起,盗窃案件7起,依法逮捕犯罪分子4名,治安处罚14名。

1993年5—8月,针对季节性发案特点,开展夏季“严打”专项斗争,破获各类刑事案件64起,其中重大案件15起,破获各类治安案件99起,抓获作案成员58名,追缉“三逃”人员8名,破获各类犯罪团伙8个65人,其中流氓团伙5个25人,盗窃团伙2个6人,其他团伙1个4人,在法律的震慑和政策感召下,5名犯罪分子主动到政法机关投案自首。6月16日,镇北派出所根据群众提供的信息,在镇南迎宾旅社抓获一个以劳释人员韦某某为首的12名成员组成的盗车团伙,该团伙先后在大中地区作案80余起,盗得自行车120多辆,总价值2.5万余元。1994年,裕华镇组织三次“严打”,挖出犯罪团伙3个,成员22名,破获各类案件303起,追捕“三逃”人员7名,缴获赃物摩托车2辆,变速车14辆,折币8000余元。破获盗羊、盗鸡案140多起,缴获赃羊500多头,价值4万余元。

1996年,全镇共清查出违法人员82人,抓赌75场次310人,没收赌资6万余元,查出私房出租户男女混住、非法同居人员30余名,收缴各类管制刀具169件,小口径手枪1支,气步枪6支,破获各类刑事案件44起,其中盗窃27起,流氓滋事12起,抢劫4起,诈骗1起。破获各类犯罪团伙8个,其中盗窃、抢劫、流氓团伙5个,卖淫嫖娼团伙3个,参与卖淫嫖娼人员30多人,追回各类赃款赃物价值3.9万余元,铲除罂粟329棵,收缴并销毁非法走私音像磁带1364盒,录像带62盒,非法出版物3854册,抓获各类违法犯罪人员73人。

1997年,裕华镇围绕“打组织、挖团伙、破积案、追逃犯”斗争,组成“严打”领导小组,裕华派出所干警对裕华北片黄海公路沿线5个村发生的流氓骚扰、抢劫、盗窃家禽家畜案进行梳理侦查,成功挖出号称“东北虎”的流氓、敲诈、抢劫犯罪团伙。

1996年大中镇刑事、治安案件情况统计表

表14-1-1　　　　单位:件

单位	刑事案件	破获	破案率(%)	其中					破获各类团伙	治安案件	查结	查结率(%)	其中					破案率(%)	重大案件	破案件数	破积率(%)
				盗窃	抢劫	敲诈	流氓	其他					侵权	赌博	斗殴	诈骗	其他				
大中	74	50	67	64	1		2	7	2	63	46	73	42	2	4	2	13	8	2	25	16
城西	78	65	83	51	2	2	11	12	5	105	94	91	5	33	5	1	51	9	9	100	36
镇北	102	95	93	73	3	1	4	21	5	100	82	82	32	12	10	4	42	39	38	95	37
水上	10	7	70	5	3	3			2	6	6	100	4				2				5
合计	264	217	80	193	9	5	17	40	14	274	228	83	83	47	19	7	108	56	49	87	94

1998年,开展以反盗抢机动车专项斗争为主的春季社会治安集中整治行动,共排查嫌疑机动车线索189条,查出被盗嫌疑机动车案件102起,破案76起,追缴赃物摩托车57辆,价值33.8万余元,抓获盗车嫌疑人31名,销赃犯罪嫌疑人4名,挖出盗车团伙6个22人。

2001年,大中镇被列为盐城市严打整治重点地区,依法从重从快严惩一批刑事犯罪分子,彻底打掉吴长军、肖金华、茅甲林、陈群、徐飞为首的5个省市挂牌督办的流氓恶势力团伙，黄、赌、毒、娼等社会丑恶现象得到有效遏制。共摧毁涉黑涉恶犯罪团伙13个，抓获团伙成员125名，其中，省市挂牌督办案件5起，破获各类刑事案件651起，抓获各类犯罪嫌疑人362名，先后攻克“4·1”拦路强奸女学生案、“6·1”恶性轮奸案、“9·15”团伙抢劫案、“9·16”聚众斗殴故意杀人案、“11·11”麻醉抢劫案等一批大要案件。新团派出所在“治爆缉枪”斗争中，缴获非法枪支10支，涉案人员12人，查获毒品原植物种植户11户，铲除罂粟744棵。4月，新团初级中学一名女生在放学回家的路上遭流氓犯罪嫌疑人拦截强奸。新团派出所采取“地毯式”调查取证，经过DHA鉴定，将隐藏在新团粮管所家属院内的周彩元抓获归案。是年，大中公安分局共追缉逃犯16名，3名省、市挂牌督办的首恶分子相继落网。街道、农村、企业联防组织配合开展治暴缉枪、公共娱乐场所整顿、流动人口、房屋出租整治、校园周边环境、文化市场清理整顿、反盗窃以及交通秩序、市场经济秩序等方面专项整治行动12次，出动警力3000多人次，保卫干部、联防队员、民兵2000余人次，共清理公共娱乐服务场所257家，清理登记从业人员3529人，责令停业整顿14家，取缔54家，查获涉娼案件85起，涉娼人员118人，查获传播淫秽案件16起，缴获淫秽碟片876张。与此同时，进一步落实长效管理措施，培训公共娱乐服务场所从业人员2250人，签发上岗证1219份，与场所行业签订治安责任书187份，建立治保组织160个。

2005年，以反“两抢一盗”“迎十运、保安全”“安商护企”为主线，组织开展夏季“严打整治”斗争。城南派出所破获各类刑事案件103起，逮捕、拘留现行人员53名，抓获网上“三逃”人员16名。10月6日下午3时许，泰丰村五组村民董瑞宽与盗窃犯罪嫌疑人周刚展开搏斗，并将罪犯抓获，获市公安局见义勇为奖金1000元。2006年8月2日凌晨，市区健康小区61号楼201室孙志清家4人被杀。接报后，盐城、大丰两级公安机关迅速启动重特大刑事案件紧急行动预案，全力组织开展现场勘查、尸体检验、卡口堵控、实地访问等紧急侦查措施，省长梁保华、副省长张九汉、省公安厅厅长黄明相继作出批示，8月3日12时10分，城南派出所民警在大中镇工业园区查获一重大嫌疑人。经特审，嫌疑人赵希振（男，1984年10月8日生，住山东省荷泽市单县张集镇田黑楼村）交待8月2日凌晨伙同赵希顺爬楼翻窗入室，持刀抢劫杀人的犯罪事实，全案告破。2007年，城南派出所破案256起，追捕逃犯62人（其中外省“三逃”人员10名），追缴赃物价值10余万元。

2006年下半年至2008年3月，一盗窃团伙先后在市区、市经济开发区、大中镇工业园区、大中镇恒北村等地盗窃电缆线、电动机、电焊机、切割机等作案36起，赃物案值20余万元，城西派出所出动干警赴厦门、南京等地将犯罪嫌疑人陈天美、刘辉抓获。

2008年，大中镇以“建设平安大中，创建最安全地区”活动为抓手，一举侦破“7·12法轮功”在大中地区组织的活动，逮捕一名为首分子。城北派出所科员姚善勇表现突出，被大丰市委、大丰市人民政府授予“最佳卫士”称号。同德村朱某是称霸一方的村霸，在夏季“严打”整治斗争中，城西派出所组成精干警力，立案侦查，通过实地取证，将其依法逮捕。是年，公安部门在开展“雷霆行动”“打黑除恶”等专项活动中，抓获“三逃”人员41名，摧毁各类犯罪团伙18个，打击和处理犯罪嫌疑人121名，破获各种刑事案件307件，整顿行业场所213家，处罚不规范网吧、旅馆业385人次，治安拘留91人，追缴被盗摩托车80余辆以及烟、酒、糖果、家电等折款160余万元，使全镇刑事案件的发案率同期下降6%。是年，裕华镇在开展冬季严打整治暨“雷霆行动”中，破获各类刑事案件43起，查处治安案件135起，处理各类违法人员62人，其中被检察机关提起公诉12人，行政拘留14人，治安处罚36人，抓获逃犯13人。

2009年，中华人民共和国成立60周年，开展“春季侦防攻势”“夏季严打”“惊雷行动”“社会治安集中整治”“防盗窃、防诈骗”等一系列专项行动，大中镇破获现行案件176起，逮捕违法犯罪嫌疑人29人，抓获逃犯41人。8月2日，城北派出所经过周密部署，果断出击，成功捣毁一聚众赌博窝点，当场查获涉赌人员26名，收缴赌资7万余元。裕华镇在开展冬季“严打”整治暨“风雷行动”中，破获各类刑事案件28起，查处治安案件145起，处理各类违法人员110人。

2010年,驻镇4个公安派出所共破案189起,刑事拘留107名,逮捕36名,查获赌、毒、娼人员318名,其中涉赌219名,涉娼53名,涉毒34名,抓获网上逃犯14名。

四、信访工作

(一)机构设置

"文化大革命"前,区、乡(公社)无专门信访机构,信访工作由民政助理兼管,信访由区、乡(公社)领导直接处理。"文化大革命"期间,信访工作由革委会政工干部负责。1978年起,信访机构逐步建立健全。1978—1985年,信访工作由民政助理兼管。1985—1988年,镇级信访工作由党委秘书兼管,按公文处理程序办理来信来访,重大信访问题由党委秘书或镇值班领导亲自协调处理。1989年起,大中镇配备专职信访工作人员,是全县第一个配备专职信访工作人员的乡镇。1996年,国务院《信访条例》施行,镇按照《信访条例》要求并根据本镇实际,成立信访办公室,除了继续配备一名专职信访工作人员外,还成立信访工作领导小组,领导小组组长、副组长分别由党委、政府的分管领导担任,综治、司法、工办、农办等部门主要负责人为成员。2005年,国务院新的《信访条例》施行,按照"分级负责,属地管理"和"谁主管、谁负责"的原则,镇建立健全了纵向到底、横向到边的信访工作网络,村、居委会和镇机关各部门都配备一名兼职信访员,村民小组选配一名兼职信访信息员。1989—2010年期间,先后担任信访干事的有顾和杰、杨正家、朱少波。

(二)信访业务

1978年以前,来信来访的主要内容是经济求助和带有个人目的的检举、申诉。1978年以后,来信来访的主要内容,随着改革开放的深入而不断发生变化,如要求平反纠错、土地承包纠纷、企业破产改制、镇属企业社会保障、征地拆迁补偿安置、涉法涉诉等矛盾纠纷都相继成为信访的热点问题。

1978年至20世纪80年代中期,"文化大革命"中受到冲击的人员,尤其是被打成"地、富、反、坏、右"的人员,要求平反纠错,成为信访的一大热点。镇党委、政府领导干部和兼职信访工作人员为此做了大量的信访接待处理工作,按照上级文件精神,分门别类,给予平反、纠错、摘帽,恢复工作等。20世纪90年代至21世纪初,镇属企业改制方面的信访问题突出,镇领导干部、信访工作人员和镇派到企业的改制工作组成员,接待处理了大量职工信访问题,保证企业改制任务的顺利完成。企业改制后,下岗老职工为社会保障问题的信访日渐增多。2009年,随着市政府"镇管市补"政策的出台,大批镇属企业老职工参加养老保险大统筹,解决了后顾之忧。

信访工作在1978年后日趋规范,尤其是中共十六大以后,信访工作成为维护社会稳定的一项重点工作,镇实行三套班子成员定期接待群众来访制度、领导干部下访"金桥行动"制度和重点信访问题会办研究制度,实行重点信访问题领导干部牵头包保制度,实行信访工作考核奖惩制度,实行镇、村定期排查矛盾纠纷制度。每年年初,镇党委、政府都与各村、居主要负责人签订信访工作责任状。每年年终,镇组织考核,考核结果与单位和领导干部的评先晋级挂钩。2001年12月,大中镇党委下发关于在全镇推行"三个依法"(依法信访、依法行政、依法处理)办理信访的实施意见。

2005年,国务院新的《信访条例》颁布实施后,信访工作步入法制化、规范化轨道,群众的信访问题都做到"事事有结果,件件有交待",该由镇政府受理的信访问题,适合于调解的尽快组织调解,不适合调解或调解未能成功的进入信访受理程序,不属镇政府受理的信访问题,如应当通过仲裁、复议和诉讼途径处理的信访问题,履行好告知义务。大中镇是城关镇,区划调整三镇合一以后,信访总量和越级上访呈上升趋势,在信访工作量面广量大的情况下,实现"小事不出组、大事不出村和部门、疑难复杂的事不出大中镇"的信访工作目标。

2009年,同德村、红花村、大新村、泰丰村、恒南村、新团村、龙福村、光明村、晋北村、福丰村、朝荣村、元丰村和育红居委会、康平居委会、大新居委会、人民北路居委会、大刘居委会、健东居委会、裕华居委会被大丰市委、市政府授予"和谐信访示范村(居)"称号。

1996 年大中、新团、裕华信访工作数据统计表

表 14－1－2　　单位:件、批、人

乡镇	受理来信		接待来访		到市以上上访	
	总数	其中重复信	批数	人次	批数	人次
大中	43	1	63	180	165	315
新团	22	1	41	98	76	149
裕华	31	5	47	110	81	185

2010 年大中镇信访工作数据统计表

表 14－1－3　　单位:批、人

来信	到镇访		到市访				到盐城访		到省访		去京访	
	批数	人次	批数	人次	其中集访		批数	人次	批数	人次	批数	人次
					批数	人次						
104	106	141	130	219	5	86	1	1	10	11	25	39

第二节　公　　安

一、机构队伍

民国初年,淮南建立缉私警,分步兵、骑兵、水兵,诸兵种共 3000 余人,缉私护税武力之雄,甲于全国。1913 年,草堰场试办场警。1920 年,大丰盐垦股份公司呈请东台县政府批准设立警察分驻所,始设于新丰,所长杨孝候。1928 年,警察分所在大中集设 1 个班。

1931 年,国民党东台县政府批准在大中集设立公安分局(今人民桥北侧),局长由东台县政府委派张某(名不详)担任,数月后改由刘芗替任,相继任职的有韩玉泉、侯克逊、杨慎之等(分局人员薪饷及办公费用额定每月 300 银元,零支不计,概由公司按月支付)。民国 30 年(1941),日伪军侵占大中集,大中镇设伪公安分支机构,公安分局改称巡警局(设于天仙居茶馆东侧,今司法局东邻)。巡警局设巡官 1 人,名郭滏,男女警长各 1 人,男警长先为杨新,后为何少江,女警长曹凤英,警士 20 余人,其中女警士 8 人。

1941 年 10 月,中共台北行署成立,管辖小海、西渣、垦区及垦北办事处。各区设保安分科,配有分科长 1 人,情报站长 1 人,科室干部 2～3 人。

1942 年 5 月,建立台北县政府,设立保安科,并从各区游击连挑选 10 多名精壮战士组建一个执法班。8 月,新建一支短枪班。同时,保安科抽出部分干部到各区担任特派员。短枪班化整为零分到各区开展锄奸斗争和反伪化活动,宣传发动群众,配合抗日游击战争。

1943 年年初,区署设公安股,区委设社会科,原各区公安特派员入编区委,担任社会科长兼公安股长,乡设治安员兼任民兵区队副。公安干部身份对外不公开,统称民兵干部,治安员培训班对外亦称民兵训练班。

1945 年 8 月,日本投降。9 月,大中镇光复,民主政权撤销东台县第九区,建立苏中大中特区。10 月,在原垦区公安股的基础上建立特区公署公安局,局机关辖 1 个执法班,主要任务看押、审理光复时

捕获的人犯。12 月 20 日，撤销大中特区公署，重建台北县，公安局机关随县委、县政府移驻大中镇。

1946 年 1 月，成立大中公安派出所，驻大生厂内（原大丰县政府第一招待所处，今鸿基大厦西侧），与镇政府合署办公，所长陆怀山，另置通讯员、警士 10 余人。10 月，国民党军与地方还乡团向根据地大举进攻和残酷扫荡，全体公安干警分成若干小组组建武工队，深入敌后，坚持斗争，到农村开展游击作战，大中派出所随区委撤到农村，不久解散。

1947 年春，国民党军郝鹏举部在大中镇城区设公安局，刘少清（东台人）任局长，局机关设于原巡警局处。4 月，大中镇解放，台北县公安局随县委、县政府回迁大中镇办公，结合土改复查开展除奸反霸斗争，并成立大中公安分局，局长缪干、叶丛。局机关驻大新路原百货公司处（今汇金购物公园商业街中段），分局兼顾新丰镇市镇管理工作。7 月，区建立公安股，乡配公安员，村设治安干事，村治安干事一般由副村长担任。11 月，大中分局撤销，恢复大中区公安股。1948 年 8 月，重建大中派出所，驻肖怀章粮行内（今人民桥西南侧河岸处），单独办公，所长姜国桢。各乡建立治安委员会，村配治安干事，下设治安小组。

1949 年，泰州行署发布训令，在台北县设大中、白驹两个公安派出所，额定干部 3 人，警士各 8 人，大中派出所所长朱政旺。

1950 年 5 月，撤销各区公安股，改配专职公安助理，派出所不变。乡（镇）设治安保卫委员会或治安保卫小组，企业设专职治安委员。1952 年 7 月，垦北区、垦南区设公安员，垦北区公安员张秉祥，垦南区公安员殷汉明。1953 年 1 月，建立裕华派出所（10 月撤销），所长姜飞。1958 年，成立人民公社，县公安局向各公社分别派驻公安特派员，负责辖区社会治安，大道公社公安员徐瑞宏。

1964 年 7 月，各区、乡公安特派员编制划归县公安局。1966 年，公、检、法机关受冲击，地方治安由军队实行军事管制。1967 年 4 月 25 日，成立中国人民解放军江苏省大丰县公检法军管组。1969 年 1 月，改称军事管制委员会，公安局所属各派出所均更名为“中国人民解放军江苏省公检法军事管制委员会××派出所”。是年，大中派出所所址迁至新街 25 号。1973 年年底，军管会撤销，恢复公安局及乡镇公安派出所。

1979 年 3 月，县企专职消防队改为公安消防队，实行义务兵役制。8 月，设治安行政拘留所，所址设在大中派出所内，管教工作由大中所代为负责。

1983 年 1 月，重新建立裕华派出所。4 月，新建镇北派出所（所址始设大中镇文教工艺厂处，后迁至大新路 49 号）。10 月，成立大中镇水上派出所（所址设在工农路 53 号，二卯西河北与大四河西交界处），配干警 4 人。1987 年 11 月，建立大丰县公安交通警察队。次年 12 月，改为大丰县公安交通警察大队，原城区、裕华交管所改称公安交通警察中队。1988 年年底，建立新团派出所，所长张友仁。1989 年 12 月，成立大丰县公安局大中分局，副科级建制，所长陈凤乔。下设刑警队、治安队和办公室，位于大新路 38 号，配置干警 42 名。大中、镇北、水上三个派出所改称警务区，隶大中分局领导。1992 年，裕华派出所被确定为“重点派出所”，所长、教导员高配为副科级，所长夏立和。1993 年 5 月 25 日，成立大丰县公安局城西派出所，所址设于健康西路与常新路交界处（1997 年，在同德村六组一排 20 号征地新建办公大楼）。1996 年 9 月，大丰县撤县建市。公安机构设置作相应调整，大中分局下设治安中队和大中（城南）、城北、城西 3 个警务区，均为正股级建制。裕华派出所仍为副科级建制，新团派出所为正股级建制（2002 年，更名为市经济技术开发区派出所）。

2001 年 8 月，城南、城北、城西三个警务区改为大中、镇北、城西派出所，大中所长张辉，镇北所长陈启余，城西所长徐衔。2003 年，机构改革，大中公安分局撤销，大中派出所更名为城南派出所，镇北派出所更名为城北派出所。2006 年，城南派出所按照公安部一级派出所标准，新建综合办公楼，服务区、工作区、生活区三区分离，按照两队一室标准设备勤室、内勤室、装备室、监控室、荣誉室、微机房、办证大厅、警体训练中心，管辖面积 37 平方千米，人口 43940 人，其中城区人口 26263 人，农村人口 17677 人，暂住人口 3000 余人。

2010年年末，城南派出所编配民警20人，辅警33人，警车5辆，巡逻电瓶车10辆，巡逻自行车10辆，所长陈军。是年，城北派出所（大丰市二级公安派出所）下设查案队和社区队，地处全市最繁华地段，辖全市主要商贸、娱乐中心6家，8个居委会，4个行政村，辖区面积68.44平方千米，常住人口56000人，流动人口9400人，行业场所300多家，编配民警27人，辅警27人，警车4辆。所长陈加森。是年，城西派出所编配警力20人，辅警32人，警车5辆。辖区面积60平方千米，辖5个居委会，8个行政村，常住人口4万余人，流动人口8000人。所长吴树宏。是年，裕华派出所编配干警8人，辅警10人，辖2个居委会，9个行政村，1个国营农场，常住人口15523户，39974人。所长赵桂元。

二、案件侦破

（一）锄奸反特

抗日民主政权建立初期，内奸、特务活动猖獗，时有共产党进步人士、抗日积极分子被杀害。1941年1月，东台县工委成立锄奸委员会，在全县开展锄奸反特运动，裕华镇汉奸杨宾友被处决。1944年农历正月初八下午，新团八东乡乡长刘东銮到八灶庄办事，被内奸"坐探"发现，遂向刘庄伪区长周晋瑚告密，刘东銮被抓捕后绑赴刘庄据点，敌人将其双手用铁钉钉在墙上，10个指头插上缝衣针，逼他在地上爬，用铁丝穿他的锁骨牵着走，正月十三日被押至刘庄东竹园口枪杀。此后，堤东区游击连连长周银、班长蔡进海、通讯员王龙生3人连续被杀害。1945年日军投降后，周晋瑚还将堤东区文书朱德员抓到刘庄杀害。解放后，周晋瑚畏罪潜逃上海，后被大丰县公安局捉拿归案，1953年被处决。

在锄奸、反特、反伪化斗争中，大中区采取"红黑点善恶录"特殊斗争手段，惩戒敌人，对做好事的敌伪人员记红点，给予宽大处理。做坏事的记黑点，黑点满30点者镇压。裕华镇伪保长赵步安多次警告无悔改之意，记满30个黑点后，垦区锄奸小分队潜进敌据点将其处决。这个办法有效起到分化瓦解敌人的作用。1945年9月，大中、新丰两镇光复，捕获处决了实业保安总队参谋长吴瑛、特工队长赵英、三大队大队长叶步发。

1946年2月，中共华中局指示迅速开展群众惩奸运动，台北县成立惩奸委员会，各区、乡建立相应组织，垦南、垦北、堤东三区共惩办汉奸恶霸127人，其中被判死刑6人，无期徒刑9人，剥夺政治权利21人，余者教育释放，悔过自新。

1947年4月解放大中集、新丰镇时，对俘获的473名匪首（区、镇、乡长）及还乡团、自卫队员进行突审，45人被判处死刑。

（二）镇压反革命

1950年10月10日，中共中央发出镇压反革命的指示，后称"双十指示"，区、乡建立保卫委员会，通过发动群众，广泛揭发控诉，镇反运动全面铺开。1951年3月27—28日，全县统一行动，集中搜捕反革命分子93名，随后在堤东、大中等区相继召开公审大会，反革命分子李自贵和杀人犯明洪俊经公审执行枪决。

1951年4月13日，县委召开公安工作会议，将垦北区列入镇反重点区域，经深入细致搜集证据，上报拟捕材料17份，批捕14人。5月7日，堤东区群众举报党员韦某某包庇藏匿反革命分子，公安部门立即组织搜捕和外调取证，在极短的时间内将藏匿于韦住处达46天之久的丁洪田（盐城县岗南区人，反革命分子）抓获，同时以包庇罪将韦联和逮捕。

6月4—7日，大中集召开万人宣判大会，镇压一批反革命分子。10月，在八灶召开宣判大会，处决反革命分子，镇反运动取得阶段性成果。

1955年9月17日，全县组织集中搜捕行动。10月2日，县委分别在垦北、堤东区召开宣判大会，31名反革命分子判处死刑9人，死缓1人，无期2人，有期6人，拘役13人。大中镇人民政府执行管制的30个反革命分子，经教育改造，撤销管制12人，不服管制逮捕法办1人，表现不好延期加刑5人。

（三）“新华党”案

1961 年 2 月 18 日，新丰中学高二年级学生韦某某等发起成立“新华党”，韦自任主席，奚某某（大丰拖拉机站工人）为副主席，先后发展成员 67 名，建立淮南二厂 02 支部、大中镇苏丰 04 支部和草庙公社兆丰大队苏丰 07 支部等 3 个支部。3 月，群众举报案发。5 月初，摸底后，报省厅批准立案并成立专案组，先后赴南通、盐城、东台及大丰县大中、裕华、龙堤、新丰等地调查取证，依法逮捕主犯韦某某和奚某某。12 月，大丰县人民法院宣判韦某某、奚某某有期徒刑 8 年，其他成员分别受到训诫教育和具结悔过处理。1967 年，盐城地区组织清查“新华党”残余势力，把这起已经结案多年的反革命集团案件重新翻动，作为阶级斗争的一个“活靶子”，伤害了不少人。1969 年 5 月 10 日，公安部门重新组成“301 新华党”联合专案组，成员达 60 人之多。因当时该集团人多地广，成分复杂，加之工作中存在一些问题，以致把案情搞得有真有假，更趋复杂。粉碎“江青反革命集团”后，县委于 1979 年作出决定，对后期的所谓“新华党”反革命案的人员进行平反昭雪。

（四）要案选录

1950 年 1 月 11 日，在大丰县垦南区元吉乡吉西村落户的四川籍荣军汪友才、吴耀光被犯罪分子用绳索勒死，县公安局于 3 月破案，凶犯曾长安被逮捕，后被枪决。

1963 年 3 月 11 日晚，裕华公社高产大队梁士新因通奸起杀妻歹念，趁其妻生病，以“1059”剧毒农药冒充“十滴水”，骗其妻刘玉芳服下，致刘死亡。梁被判处死刑，缓期 2 年执行。

1963 年 9 月 30 日，裕华公社宝塔大队黄志山在距其住宅 1 千米外的马路边被杀，经公安机关侦查，及时将与黄妻通奸设圈套将黄诱出杀害的朱绵高抓获。朱被判处死刑，缓期 2 年执行。

1978 年 5 月 24 日夜，大道公社刚强大队陈根全窜至聋哑妇女张巧英住处盗窃作案被张发现后，陈即操菜刀将张砍死，窃走现金 11 元，侦破后陈被枪决。

1979 年 2 月 20 日，五星公社荣星大队陈锦标为谋财，用铁榔头将同室赌友陆仁香砸死，窃取现金 350 元，支票 1 张（500 元），并移尸藏匿。一年后破案，陈被判处死刑，立即执行。

1980 年 1 月 25 日，大道公社联盟大队（今大中镇恒南村）姚高云伙同奸夫陈正余将姚夫季成辉骗至联盟与长春（今大中镇恒丰村）交界处用木棍击昏后按进水中溺死，陈犯被判处死刑，立即执行。姚犯被判处死刑，缓期 2 年执行。

1980 年 7 月 2 日，大道公社长春大队（今大中镇恒丰村）邹红锁因其父邹如彬批评教育而起杀父歹念，趁其父午睡之际，电击其父，因自动跳闸而杀人未遂。邹被逮捕。

1984 年 9 月 21 日，大中镇恒南村十组陈诚因与西团乡新圣村三组蒋桂和合伙盗窃作案分赃不均发生纠扭，遂将蒋杀死后移尸王港乡王舍村。陈被判处死刑。

1987 年 2 月 10 日，射阳女毛素美因与裕华乡海丰村七组吴某婚姻关系破裂，在吴某家中用菜刀砍死男方姐姐之子朱卫欣，砍伤男方小弟吴建勇后自首。

1989 年 5 月，新团经营管理站发生保险柜被撬失窃事件，被窃现金 3245 元，集资办电股票 6500 元，信用社结算单 123000 元，储蓄单 1350 元，国库券 50 元。事发 3 天后，案件告破，嫌疑犯卢某被判有期徒刑 15 年。

1990 年 1 月 1 日，大中镇阜北村九组小摊贩申玉华与黄海制药厂工人吴兴荣等 16 人流氓斗殴，申用水果刀捅伤吴，经抢救无效死亡，大中公安分局及时组织干警赴现场制止并于当日将申刑事拘留。

1995 年 10 月 6 日晚 7 时许，大中镇德西村（今德丰村）一组朱银山因锁事与妻余亚兰发生争执后，朱将余拖至厨房，用木棍将余打昏，后对闻声起疑心的群众谎称余出走，制造假象。后剥光余衣服，用菜刀砍坏余头部、手部后，将余尸解后装入两只麻袋放入砖块移尸至刘庄北闸口抛入河内，并焚毁余衣物，清理现场企图逃避打击。经公安机关侦查，13 日破案，朱犯被处死刑。

1997 年 4 月 26 日夜 8—9 时，大中镇阜丰村中心路段连续发生 3 名单身女青年被一骑 250 摩托车的人从背后捅刀致伤。次日，大中自行车零件厂门口，又发现一名妇女在下班回家的路上被一骑250摩托车的人从背后捅刀，当即死亡。此两案在大丰引起强烈反响，一时街谈巷议，人心惶惶，不敢走夜路。驻镇派出所与市公安局刑警大队派得力干警，逐人排查，先后在大中地区核查250摩托车2万余辆，重点人口500余人。一年后案破，犯罪嫌疑人张新明系裕华镇万丰村四组人。

1998年1月2日凌晨，西团镇新中村村民郁汉俊窜至大中镇恒北村五组胡某家，强行推门入室，被胡夫妇发觉。犯罪分子强行奸污胡妻(79岁)，然后用起子对着胡，实施抢劫，窃得现金600余元。又再次强奸胡妻，情节十分严重，郁犯被捕判刑。

1998年3月11日，市通达汽车出租公司驾驶员胡晓静开出租车送5名男青年去龙堤。当车行至新龙公路八排河处，坐在副驾驶室的一名男青年要胡停车让其小便。车停后，5人即实施抢劫，劫走胡口袋内1200元现金，然后乘另一辆出租车逃跑。经3天时间侦查，犯罪嫌疑人柏某某(龙堤乡人)、朱某(大中镇人)、王某某(新团镇人)、周某某(新团镇人)、朱某某(新团镇人)被抓获归案。

1998年8月19日夜，大丰市烟草公司人民北路仓库被翻窗入室，盗走红中华烟20条，红塔山烟49条，价值10900元。10月25日凌晨，大中镇城区卷烟管理所一门市被窃红中华37条、玉溪21条，价值18000元。11月18日晚，大中镇江峰商行被窃红塔山43条，阿诗玛香烟1箱，价值10000元。12月17日城中菜市场一门市被窃香烟价值5000余元。经侦查，于12月26日将作案者徐某某(健东居委会)、方某某(同德村一组)、吴某某(大中镇新街居委会)抓获。

1999年9月2日，犯罪嫌疑人周某某(大中镇劳释人员)伙同袁某、周某某等15名犯罪嫌疑人先后在大丰、盐城、上海、福建等地盗窃桑塔纳轿车7辆，价值60多万元。大中镇各公安派出所干警经过40多天内查外调，全案告破。

2000年10月5日，福丰村九组发生放火杀人案，犯罪分子盛某将80岁的沈某及其57岁的儿子陈某杀死后纵火灭迹，案件告破后盛某被处决。

三、户籍管理

宋代起，灶户有特殊户籍，凡划入盐籍的户则永世以盐为业，代代相传，不得转籍。

宋代1场10灶，1灶20亭户。海陵监管煎盐亭户718，丁1220。明正统二年(1437)，令各处灶丁有犯，俱免纳米及调场，除岁办额盐外，令每日煎盐1.5千克，计日赎罪。弘治七年(1494)，奏准灶户死绝充军者，即以本场新增出空闲人丁拨补，如无方许于附近民户佥补。弘治十六年(1503)，议准巡盐御史，每三年一次查审各场灶丁，其正丁就将余丁邦贴，不拘户籍同异务使均平。正德元年(1506)，奏准请查灶丁，原给滩荡，见在者，给与领导业；逃亡者，给增出空丁或投充人役顶补原课。正德十五年(1520)，令各府州县囚徒，情罪深重者，不论远近，俱发本省盐场，缺人锅下，照依年分煎盐，抵办逃亡灶丁课额。嘉靖四年(1525)，巡盐御史张珩禁约，灶户贫富、老幼、残疾、孤寡，不免先令场官总催开报，但恐乘机作弊，则清丁适以扰灶，故开报之法，先督总催将人户尽数开报，俱要花名揭帖手册，细开年貌，仍令灶户互相挨报，不许隐匿，如灶户所报多于总催5名以下，量情发落，5名以上从重究治。隆庆元年(1567)，题准选充军人务要互相保结，果系空闲民丁，方许投充，若系灶户，即行追回所给军装，押还该场问罪，运司官员，亦要设法招徕，加意安抚，使其守土乐业。清顺治十七年(1660)八月，巡盐御史李赞元题准，令抚按檄行道府州县各衙门，凡属灶丁充当胥役，尽行革出，回场煎办。

明代洪武初年，草堰场有灶户440户，灶丁924人；刘庄场有灶户814户。籍贯，泰州263户，高邮102户，江都2户，盐城44户，兴化348户，山阳55户、灶丁1777人。弘治元年(1488)，草堰场有灶户440户，有灶丁1231人；刘庄场有灶户815户，灶丁2224人。嘉靖年间，草堰场有灶户951户，灶丁4232人；刘庄场有灶户1218户，灶丁5484人。

清康熙十二年(1673)，草堰场有灶丁9495人。雍正六年(1728)，草堰场有灶丁1051人，刘庄场有灶丁 11565 人。乾隆十三年(1748),草堰场有灶丁 9311 人,刘庄场有灶丁 1469 人。嘉庆十一年(1806),草堰场有灶丁 30486 人,刘庄场有灶丁 23741 人。光绪三十年(1904),草堰场有灶丁 30486 人,刘庄场有灶丁 23741 人。

从明嘉靖三十年(1551)起,各场设立总催,一直延续到清乾隆年间才开始裁简。

民国元年(1912),实行地方自治,境域老斗龙港以东户籍管理隶东台县四团市,老斗龙港以西属刘庄市。1929 年,东台县区划调整设 9 个行政区,老斗龙港以东今大中镇区域隶东台县第九区,以西则属兴化县第六区(堤东区)。户籍管理实行闾邻制,以 5 户为邻,设邻长 1 人;25 家为闾,设闾长 1 人。1934 年,废除闾邻制,实行保甲户籍管理制,10 户为一甲,设甲长 1 人,10 甲为 1 保,设保长 1 人。1944 年废除保甲制,实行乡村制。1947 年,抗日民主政府沿用旧门牌号码登记户口。

1952 年 3 月,县公安局在大中城区进行更换户口簿试点,将原"户口登记表"换成户口簿,并调整门牌编码,便于治安管理。农村户口由各区乡政府民政部门统管。

1956 年,户籍管理出台 7 条措施:1. 加强值班,随到随取;2. 居民报户口可直接向派出所办理;3. 外来客居住 10 天以上必须向派出所申报;4. 生死及时申报,死亡不超过 3 天,出生小孩不超过 1 个月;5. 移民手续及时办理;6. 取消出殡许可证;7. 生、死、迁入、迁出一般情况由本人和家属办理,特殊情况可他人代办。1959 年,大中派出所从各行业抽调 36 人,进行户口建卡造册工作,每个公民都有户口卡。

1979 年,全镇开展户口调查,核定人口,更换户口簿册,重新命名路、桥、街、巷名称,对"文化大革命"时期命名的路、街、巷重新作调整、复原、确认。对机关、街道居民住宅门牌重新设编。1988—1989 年,颁布居民身份证,统一更换新"常住人口登记表"。

1992 年,户口登记形成制度化。从 1996 年开始,凡外市县迁入户口统一由县公安局户政股签发准迁证,驻地派出所凭准迁证办理落户。农村户口统一实行"一村一图一册一员,一户一牌一簿一档"的管理模式,健全户籍管理、信息网络、暂住人口、外流人口、房屋出租、人户分离等 8 类台账,使农村户口管理走上规范轨道。

1992—1998 年,大中镇共办理农村户口转地方城镇 4448 人,其中务工 2617 人,经商办服务业 307 人,投资办厂 19 人,科技人员 24 人,学生儿童 956 人,待业 512 人,其他 13 人。

1995 年 6 月 29 日,大中镇对农迁农户口的规范化运作形成镇长常务会议纪要。明确每年 7 月底、12 月底会办 2 次,凡经会办同意迁的户口须持对方公安部门和计生部门出具的户口、计生证明,并按迁入地分档收取管理费。1997 年,大中镇被列为全省小城镇户籍管理制度改革试点。至 1999 年年末,大中镇共办理小城镇转户 6688 户,10912 人,其中农业户口转户 4688 户,8133 人,地方小城镇转户 2000 户,2779 人,外市县转进 110 人,外乡镇迁入 3245 人,大中镇远郊农村迁入近郊 7557 人。对实际居住在市区的 685 个定销户口一并办理了城镇转户手续。2001 年,对符合国家现行"农转非"政策的对象,全部按程序办理转户手续。

2010 年,大丰市出台新的户籍管理规定。

立户、分户:凡共同居住的常住人口,立为一户。无居住条件的商业用房、违法建造的房屋不予登记常住户口。房屋所有权、使用权未分割的,不予分户。

户口申报:婴儿出生后一个月内应向所在地公安派出所申报出生登记并办理落户。1996 年 1 月 1 日后出生、无出生医学证明的,应向当地卫生行政部门申请补发。婴儿出生时已经死亡的,不进行出生申报户口登记。

户口注销:公民自然死亡的,于一个月内向所在地公安派出所申报死亡登记,注销户口。被批准服现役的应征公民在入伍前向当地派出所注销户口。

户口迁移:住户离开常住户口登记地应向实际长期居住地公安派出所申报户口迁移。夫妻双方及未成年子女其常住户口不得单独迁移,父母与子女互相投靠或投靠配偶的可申请投靠迁移。

1988—1997年部分年份大中镇撤组转户情况表

表14-2-1　单位:户、人

年份	撤销村组	户　数	人　数	年份	撤销村组	户　数	人　数
1988	同德五组	116	255	1995	同德八组	238	575
1990	同德二组	118	242	1996	红花六组	240	573
1992	城郊七组	142	343	1996	城郊六组	189	410
1993	城郊八组	140	340	1996	同德七组	256	621
1994	同德一组	191	429	1997	同德六组	440	1139
1994	同德四组	119	269				

四、消防工作

大中镇建镇初,并无消防组织。1934年,大中集小街居民成玉泽、王水田店房失火,延及邻坊,始引起地方官员关注,遂由镇公所出面,向商户、居民募集资金,购置房屋、水龙及其他消防器材,设立消防室,时称水龙局。初置两处,一处设于南门(今东方商厦东侧),有私房3间,水龙2架(木制小水龙,只能放1担水左右),担桶2副,柳桶8~9只;一处设于北门(今人民北路影城处,1953年,移至原大中税务所处),有房屋2间,消防器材和南门一样。水龙局由箩脚行(即搬运队)管理,常年雇用水担脚夫20余人,均为义务消防员,每夜值班警戒,如遇火警,吹火哨或鸣锣报警,市民均行义举,全力赶赴火场扑救。水龙局负责人始为胡瑞宝,1935年,胡怀明接任。

1941年,先后在老街(今物价局北侧)和原聚丰饭店处增设消防室,增添消防设备。新中国成立前,乡村发生火灾,全靠群众提水扑救。

新中国成立后,人民政府对消防工作十分重视,公安部门把防火列为"四防"安全之首。1949年,大中镇建立治安委员会,内设消防队,由工人纠察队组成。其时救火工具十分简陋,仅有铜木桶杆式救火水龙一台,装有出水带和水枪,射程也不超过20米,后经社会捐助,购置铜木桶水龙15架,水枪9支,风灯11盏,配有水搭、铁叉、扁担等工具。1952年,县公安局在机关、学校、居民中广泛进行防火常识教育。建立冬防委员会,由民兵设岗放哨,监察火情。

1956年,大中镇抽调132人,组建消防委员会,编成4个分队,每个分队设抢救、扛桶、风灯三个小组。是年,添置机动水龙2架,洋龙6架,进水带22条,火塔8把,梯子7张,照明灯12盏,木桶30副以及扁担等工具。1959年,大中镇工商联合会筹集资金3960元,添置水龙13架(每架放3~5担水),消防担桶50副,云梯13张,并购置衣钗、火塔等消防器材,各街道及主要工厂建立消防室。7月,镇组织安全卫生大检查,调整充实消防组织,镇设消防大队,配正副队长各1人,委员7人,保养员4人。消防大队下设11个消防分队,消防分队置消防室,有水龙1架,云梯1张,担桶2副,火塔、衣钗、太平桶全套,消防分队设分队长1人,保养员1人,分队长、保养员、消防员为各工商企业单位职工和居民推充,均行义务,并无专职。1963年,县从市镇建设经费中拨款1142元,为大中镇添置消防器材。1965年6月,大丰县专业消防队成立,由县公安局归口领导(1964年前,消防工作一直由大中派出所兼理),业务隶属治安股,队长李觉民。有消防队员10人,均为县直各工厂抽调,人员工资、消防经费亦由各工厂企业负担。有用房7间(位于今供销大酒店北侧),解放牌敞开式水灌消防车1辆以及其他配套器材。1970年年初,县企业专职消防队下放由大中轧花厂兼管,人员工资、消防费用皆由该厂支付。

1974年3月,消防系统重新改隶县公安局领导,名称、性质不变。1977年年底,大丰消防队迁至健康东路20号,并投资4.5万元,新建一幢509平方米消防楼。1979年3月,大丰县公安局消防股、大丰县公安消防中队同时成立,消防体制改为军队编制,消防干警改义务兵役制,服役期5年。1982年1月,大丰县公安局消防中队改为中国人民武装警察部队大丰县消防中队。1983年6月,大中镇成立消防工作领导小组,组长陈荣产。每个工厂备有1~2个灭火器和几只消防桶,消防器材简陋。1986年,县消防中队有消防兵16名,备有消防指挥车1辆,北京牌干粉消防车1辆,解放牌水罐消防车1辆,解放牌泡沫消防车1辆,消防设备齐全。除县消防中队外,县属骨干企业以及大中镇老城镇企业均配置消防车、灭火器、消防桶。1995年10月,公安局消防股改建为大丰县公安消防大队,业务接受县公安局指导,行政隶省消防总队,大中镇成立安全生产委员会。1996年10月,大丰市公安消防大队对外称中国人民武装警察部队大丰市消防大队。有消防官兵26人,配CF22型干粉泵轻便消防车1辆,JF141水罐消防车、JF141泵浦泡沫消防车、SH×5100G×FSG30水罐消防车、SH×5100G×FPM36型泡沫消防车各1辆,防毒衣2套,防火隔热服15套,无线通讯设备1套,火场救生设备1套,火场破拆工具1套,氧气呼吸器3具,空气呼吸器2具,以及其他附属设施全套。

1997年,镇区建立火警通讯网络,市成立火灾调度中心,设立"119"火警专线电话,增添常规器材和专勤器材。1999年年末,有消防车4辆,指挥车2辆,同时配有排烟机、液压剪、空气呼吸器、防毒面具、防化服、隔热服等装备。

2000年后,消防工作覆盖到工厂、农村、超市及机关行政事业单位。

2002年,大中镇印发《重、特大事故应急处理预案》《安全生产管理制度》,制定出台《安全生产目标责任考核细则》,消防工作列入党委、政府议事日程。2003年5月,大中镇成立专(兼)职消防队,机构设在驻城各派出所,配备火警电话一部,执勤车库和消防队员宿舍各1间,消防队队长由1名所长兼任,消防队员各由4名联防队员兼任,镇购置机动三轮车1辆,手抬机动消防泵1台,消防水带5盘,水枪2支,分水器1只,消防服4套(含消防头盔、消防腰带、消防胶鞋、消防手套、消防腰斧)。2008年,组建大中镇安全生产综合监督管理站(简称"安监站"),成立安全生产监察中队,配备专职安监员6人,王平任站长。

2010年,裕华派出所配置三轮消防车1辆,消防泵1套。派出所成立消防工作领导小组,所长兼任组长。城区各居民小区配置消防栓,公共场所办公楼层设消防通道。全镇由派出所、联防队、安监站联合组成巡防体系。工厂、学校、机关、农村及各大商业网点配置的泡沫灭火器全部改成粉末灭火器,消防柱普及率达85%。镇属重点企业设储备水箱。镇安全生产委员会每年组织2~3次消防减灾综合演练。集镇主街道醒目处设置固定大型消防公益宣传标语牌10块,城镇社区消火栓常年保持5000余只。农村有线广播每月安排2档自办节目宣传消防知识,村部设置消防宣传专栏1块,全镇消防志愿者队伍480人,消防水源需求率100%。各派出所建立完整的管理制度,对辖区内企事业单位每年组织3~5次消防安全检查,发现问题,及时指出,限期整改。

2010年大中镇重点企业消防器材统计表

表14-2-2

企业名称	报警器(只)	灭火器(只)	备用水箱(只)	消防栓(个)	手抬机动消防泵(台)	消防水带(盘)	水枪(支)	分水器(只)	消防服(套)	消防队(个)	专兼职消防人员(人)
大丰市嘉华服饰有限公司	5	56	1	1	1	10	10	1	2	1	5
盐城恩贝尔工艺品有限公司	6	60	2	2	1	6	6	2	12	1	12
晓宇工艺品	10	68	3	18	0	18	18	2	0	1	3
莱克米大丰机械	0	51	0	3	0	6	3	0	0	1	5
大丰市争艳花炮有限公司	2	24	0	0	2	8	2	0	14	1	14

续表 14－2－2

企业名称	报警器（只）	灭火器（只）	备用水箱（只）	消防栓（个）	手抬机动消防泵（台）	消防水带（盘）	水枪（支）	分水器（只）	消防服（套）	消防队（个）	专兼职消防人员（人）
江苏金苹果纺织有限公司	0	46	1	16	0	0	0	0	0	0	0
盐城南吉服饰有限公司	2	28	2	3	0	6	6	1	0	1	2
大丰市恒丰海绵制品厂	1	145	13	38	4	52	38	0	20	7	3
江苏班德瑞不锈钢有限公司	0	36	1	21	0	21	21	0	0	1	5
江苏家好家居用品有限公司	5	180	1	106	0	106	106	0	0	1	9
大丰市鑫宇家纺有限公司	0	30	0	4	1	5	0	0	0	0	0

附：新中国成立后主要火灾情况

1952 年春，裕华镇河北小街（今苏果超市东）发生火灾，20 多户居民房屋被烧毁。

1961 年 4 月 2 日，宝塔大队第五生产队火灾烧毁房屋 15 间，烧塌 7 间，损失粮食 3500 千克，现金 2000 元。

1977 年 1 月，大丰县针织厂成品车间发生重大火灾，损失 1.09 万元。

1977 年 12 月 16 日晚 8 时许，阜丰村十组村民冯广存，其妻子烧晚饭后锅门口余火未熄，夫妇二人即关门上街看电影，导致火星蔓延成灾。烧毁草房 4 间、粮食 500 余千克以及全部家产，损失折款 0.24 万元，12 岁的女儿和 7 岁的儿子被大火烧死。

1985 年 10 月 23 日，大丰县花炮厂车间爆燃，造成死亡 1 人、伤 3 人。

1991 年 5 月 1 日 12 时 15 分，大丰纺织器材厂食堂烟囱火星随风飘落到再生绒堆垛上，形成火灾，烧毁再生绒 15.56 吨，直接经济损失 2.62 万元。

1994 年 6 月 5 日 12 时 10 分，江苏珍丰集团麦芽厂麻袋仓库因导线超负荷引起火灾，直接经济损失 1.3 万元。

1996 年 4 月 9 日零时 2 分，大中镇大新村五组村民丁天寿夫妇俩，因生活用火不慎，遗留火种，深夜引燃室内可燃物，导致火灾，直接经济损失 1200 元，夫妇俩被当场烧死。

2006 年 2 月 7 日傍晚时分，德丰福利厂因厂区电路老化引发火灾，直接经济损失 100 多万元。

2008 年 2 月，大丰市德丰纺织有限公司发生火灾，财产损失约 30 万元。

第三节　司法行政

一、机构设置

1940—1949 年，抗日民主政府和解放区人民政府的司法行政由司法科兼办，区设司法股长（后改称调解股长），乡设调解委员，配专职主任 1 人。

1949 年 8 月 11 日，苏北行政公署颁发各级政府机关组织编制，台北县政府设司法科，区政府设调解股，专司民事调解。是年，县人民法院成立，司法行政由人民法院管理，区由民政助理兼管。

1951 年，区配司法干事。

20 世纪 50 年代初到 60 年代末，司法行政工作一直由县人民法院兼理，内设司法行政科，负责人民调解、法制宣传、法庭建设及推行律师、公证制度等项工作。区、乡(公社)由民政助理兼管司法工作。

1976 年,建立大中法庭,兼具辖区内司法行政。

1981 年,大丰县成立司法局。是年,镇、公社各配司法助理员 1 名。

1985 年 2 月 1 日,大中镇成立司法办公室,司法助理兼任办公室主任。7 月,建立大中镇法律服务所。是年,新团、裕华司法办公室相继成立。

1996 年,刑释解教人员安置帮教工作由公安移交给司法管属。2002 年 3 月,乡镇司法办公室改为司法所,对外挂"大丰市司法局大中司法所"牌子。

2010 年 8 月,裕华镇并入大中镇,裕华司法所撤销,新组建的大中司法所,设所长 1 人,办事员 3 人。是年,大中镇辖区内设立大中、新团、裕华、东宁 4 个具独立法人资格法律服务所。

司法助理、办主任、所长任职情况表

表 14-3-1

单　位	姓　名	任职时间	备　注
大中镇	朱桂茂	1981.05—1987.11	1985 年 2 月,乡镇成立司法办公室,司法助理员兼办公室主任、司法所长。2002 年 3 月,乡镇司法办公室改称司法所,司法办主任改任司法所长。
	蔡文斌	1983.05—1998.04	
	陈兆昌	1998.04—2003.10	
	聂坤雷	2003.10—今	
大道公社	朱桂茂	1981—1983.05	
阜丰公社	蔡文斌	1981—1983.04	
新团公社(乡、镇)	朱国庆	1981—2001.04	
裕华公社(乡、镇)	施怀芝	1981—?	
	倪顶康	?—1992	
	茅佩飞	1986—1992	
	黄玉昌	1997—2002	
	黄建章	2003—2010	

二、法制宣传

1941 年 10 月,台北行署司法科将苏中、华中行署颁布的《惩治土匪条例》《惩治汉奸条例》《行政人员公约》以及婚姻、财产、继承、抚养、赡养等政策法令印成小册子下发到各区、乡、村(自然村)组织学习,并通过张贴公告、宣传画、编排说唱顺口溜、快板、民间谚语等多种形式,在人民群众中进行广泛宣传,有如"国有国法,家有家规""小法服从大法,各法服从宪法""王子犯法与庶民同罪""知法犯法,罪加一等"等群众耳熟能详的法律谚语在乡间广为流传。

新中国成立初期,国家《惩治反革命条例》《惩治贪污条例》《中华人民共和国婚姻法》《中华人民共和国宪法》等法律、法令公布后,大中区各乡组织巡回报告团,举办法制宣讲班、图片展览,印发法制宣传材料,出黑板报、墙报以及运用有线广播,电影放映前的自制幻灯宣传片,编排文娱节目等,开展生动活泼的宣传教育活动,受到很好效果。

1953 年,大中区建立学习《中华人民共和国婚姻法》贯彻委员会,由区长及公安、妇联、宣传、青年、民政、调解等部门干部组成。乡以乡长、宣委、文委、民委、调解委员、妇女主任组成。各村成立宣传小组。采取专题学习报告会，举办学习班，印发宣传材料、宣传连环画报，编排小型文娱节目等多种形式掀起学习、宣传热潮，达到家喻户晓，人人皆知。

“文化大革命”期间，公检法司机构陷于瘫痪。人民群众言不及法，有法难依。

1979后，开始强化社会主义民主和法制建设，法制宣传逐步恢复常态，走上规范化轨道。1979年，大丰县委在大兴公社大新大队举行《中华人民共和国刑法》《中华人民共和国刑事诉讼法》《中华人民共和国选举法》贯彻实施试点，紧接着在面上推开。大丰县人民法院编印《法律知识问答》小册子，分发到各基层干部群众学习，受到欢迎。

1984年，大中镇开展争创“遵纪守法光荣户”评选活动。评出“光荣户”8220户，“光荣村组”17个，“光荣车间班组”18个。1986年始，全镇进行五年一届系统普法教育。1986—1990年，大中、新团、裕华三镇共举办法制教育学习班26期，建立联户学习小组3204个，订购《职工法律常识读本》《农民法律常识读本》等5种法律书籍34700册，园满完成第一个五年“普法教育”实施计划。

1981—1985年，大中镇、大道、大兴(阜丰)、新团、裕华先后累计创办法制业余学校64所，建立联户学习小组3867个。青年、妇女、工会、文教等部门举办法制培训班，上法律常识课70余场次，举办法制广播讲座90多场次，排演法制教育节目40多个，巡回演出700多场次，受教育20多万人次。订购《职工法律常识读本》《农民法律常识读本》3万余册，订购《干部法律知识读本》《民法通则学习材料》7500本，法制教育文件汇编836本。

1991年1月—1995年10月，实施第二个“五年”普法教育，大中、新团、裕华三镇共征订“二五”普法读本5940册，出黑板报98期，举办法制骨干培训班15期，组织法律法规学习班74场次，参学10万多人次，参学率达85%以上。

1998年，裕华镇绘制的24块法制宣传图版在全镇巡回展出，参观人数达2.5万余人次。

1996年1月—2000年12月，开展第三个“五年”普法教育和第一个五年依法治镇工作，简称“三五”普法和“一五”依法治镇，大中、新团、裕华镇共征订和发放各类普法读本43520册，举办各种法制培训班47期，开展法律进农村、进社区、进学校、进企业活动，制作法制宣传展板52块，巡回宣传75场次，受教育12万多人次。2000年，大中镇“三五”普法工作经省验收，被评为先进集体，受到盐城市委、市政府表彰。

2001年1月—2005年12月，开展第四个“五年”普法教育和第二个“五年”依法治镇活动。大中镇、裕华镇党委、政府制定《关于在全镇公民中开展法制宣传教育的第四个五年规划》，分别召开“四五”普法暨“二五”依法治镇动员大会，司法所与妇联、团委、文化、教育等部门开展法制宣传月活动，发动社会各界，对各类严重刑事犯罪展开攻势，形成强大的舆论氛围，取得实效。2002年，大中司法所会同镇妇联、团委、计生办开展“送法下乡”“送法进社区”法制图片展和法律咨询活动，宣传《中华人民共和国婚姻法》《中华人民共和国人口与计划生育法》《中华人民共和国预防未成年人犯罪法》以及打击邪教“法轮功”取得的实效。2004年，大中镇司法所会同镇关工委以宣传《预防未成年人犯罪法》为主题，制作16块图片在全镇7所中小学巡回展出，反响强烈。2005年，重点开展《信访条例》和《中华人民共和国公务员法》宣传活动，各中小学校配备兼职法制副校长，共组织法制教育专题辅导17次，受教育4.3万人次，取缔黑网吧、黄色书摊17个。农村开展依法治税，对900多家欠费、欠税户登门做工作，收交陈欠税费100多万元。9月下旬，大中镇通过盐城市“二五”依法治镇和“四五”普法考核验收。2006年1月—2010年12月，全镇开展第五个“五年”普法教育和第三个五年依法治镇活动。

镇党委、政府在认真总结“二五”普法和“四五”依法治镇成功经验的基础上，制定出台“五五”普法规划和年度工作计划，镇属各单位相应制定本部门、本单位五年规划和年度计划，全镇推选96名普法联络员，形成覆盖全镇范围的普法教育网络。2007年，各村建立农民法制学校。大中镇、裕华镇共征订普法教材2000册。各村、各单位采用图片、固定宣传栏、黑板报等形式广泛宣传法治大中(裕华)、平安大中(裕华)建设的重要意义、目标和主要任务。是年,裕华镇选配普法骨干32人,法律志愿者增加到5000多名。通过学法、普法,村民法制观念不断增强。裕华居委会居民程德兴2006年12月29日到银行取5万元现金,由于银行工作人员操作失误,错把50元面值当20元,多付3万元。程德兴发觉后随即将多得的3万元送还银行,银行当即给3000元以示奖励,被程德兴谢绝。2008年,将"五五"普法工作纳入镇"三个文明"建设目标绩效考核体系。

2010年,镇党委、政府通过广播、板报等宣传工具,组织全民学法、用法。重点开展《中华人民共和国宪法》《中华人民共和国婚姻法》《中华人民共和国继承法》《中华人民共和国民法》《中华人民共和国土地管理法》等法律法规宣传,受教育面达85%以上。市司法局赠送大中镇新农村法律知识读本1800本,法制宣教挂图40套(含裕华镇)。年底,经市考核验收,全镇2个村被命名为省级"民主法治示范村",9个村被命名为盐城市级"民主法治示范村(居)",27个村(居)被命名为大丰市级"民主法治示范村(居)"。2006年—2010年期间,大中司法所配合旧城改造、征地拆迁,采用宣传车等形式强势推进法制宣传教育,宣传车行程1万多千米。裕华镇司法所为村建等执法部门咨询服务18次,起草法律文书4次,提出司法建议6份,发放普法书籍1700余册,印发法制宣传资料10万余份,举办法制讲座20场次。2010年,盐城市政协专题到大中镇调研,并接受盐城市新闻媒体专题采访,推广裕华司法所"模似法庭"和"万人学法"活动,以及"法律援助走百厂、进千村"咨询服务活动的经验和做法。

三、民事调解

(一)调解网络

1941年,抗日民主政权建立,台北行署司法股主司民事调解工作。1942年,台北县政府设司法科,区乡建立人民调解委员会。是年,县司法科颁发《区、乡调解工作条例》,规定区乡设人民调解委员会,处理一般民事纠纷,调处无果后转区司法干部调处。

解放战争时期,区分设民政股与司法股。

新中国成立初,区司法股改称民调股,配备一名专职民政干部,受理民事调解工作,兼管处理民事纠纷。

1953年,政府在进行司法改革的同时,城乡普遍建立民调组织。6月,大中镇经人民选举并报请区政府批准,建立调解委员会,镇长李承孝兼任主任,下设副主任2名,调解委员6人,设立专门办公室,专司民调事务。

1956年,大中乡建立民政调解委员会,各农业合作社相应建立调处委员会,调解干部通过学习毛泽东《正确处理人民内部矛盾》等著作,对群众纠纷用说理的方法,耐心劝导教育,促使双方达成和解。

1958年,大中镇人民调解委员会改选,高尚德任主任。城区居民委员会均建调解小组,受理一般纠纷。

"文化大革命"期间,调解工作一度中断。1974年,各级调解组织重新恢复。

1977年,镇、大队(街道)设立调解委员会,生产队(居委会)建立调解小组,形成三级民调网络。

1981年,民政、司法分置。1983年,大道、大兴并入大中镇。是年,全镇有调解委员会22个,调解小组169个,各级调解人员681人。调委会主任由镇司法助理朱桂茂兼任。

1995年,合并前的各镇总共有调解委员会65个,调解小组165个,调解员790人。1997年,裕华镇全镇启用975名十户联防联调纠纷信息员。

2000年4月,镇成立重大纠纷联合调处指导小组,镇人大主席卞文乐任组长,大中公安分局、司法所、信访、村建、土管等16个部门主要负责人为成员。年底,大中、新团、裕华三镇共建立基层调委会97个,其中村调委会57个,社区调委会28个,厂企、单位联合调委会11个,跨区联合调委会1个,聘用纠纷信息员1800人。

2001年区划调整后，全镇基层调解委员会整编为94个。

2003年6月18日，大中镇成立人民调解工作指导委员会，党委副书记张遇春任主任。

2010年8月，常务副镇长顾广荣兼任大中镇人民调解委员会主任，同时设立专门调解室。

（二）案件调处

1953年，共处理离婚及各种纠纷12起，其中离婚4起，夫妻打架5起，债务纠纷3起。1956年，调解离婚案8件，解除婚约3件，其他民事纠纷80件。

1957—1976年的20年间，大道、阜丰、大中镇的两级调解组织（公社、大队）共调处各类民间纠纷1900余件。1977年，大中镇共处理民事纠纷203件，其中镇处理12件，街道处理64件，居委会、大队处理127件，无一件上交县法院。

1986年，镇司法办公室受理和协助法庭、派出所调处民事纠纷案70件，结案63件，调结率90%，调处成功率100%。1987年，全镇共发生各类民事纠纷27件，司法受理调处6件，协助法庭、派出所及基层调委会调处21件，调结率95%，调处成功率100%。

1988—1994年，全镇举办8期民调主任业务培训班，发放有关业务学习资料225册，召开调解干部例会19次，直接参与或指导调处纠纷1120件，调结率96%。

2004年，镇建立社会矛盾调处中心。是年，共受理各类民事纠纷84起，成功调处81起，调解率100%，调结率97.4%，防止“民转非”事件2起，民转刑案件1起，劝阻制止群体上访3起280人次，新团砖瓦厂80多名老职工退休养老纠纷集体上访事件得到及时解决。2005年，全镇调处各类矛盾纠纷140起，调解率100%，调处成功率92.1%。2006年，镇调处中心及37个基层人民调解委员会共排查受理各类矛盾纠纷276起，调结272起，成功率98%，调解率100%。劝阻群体上访3起70人次，防止矛盾纠纷激化7起。是年，市司法局会同市委宣传部在全市范围开展“人民调解法律知识竞赛”，裕华代表队获三等奖，大中代表队获优胜奖。

2010年，大中镇人民调解委员会直接调处各类矛盾纠纷60余起，达成协议45起，其中涉及婚姻家庭纠纷6起，界址纠纷14起，医患纠纷1起，协助公安处理非正常死亡2起，其他矛盾纠纷22起。参与市国土局、供电局、卫生局、开发区等市属单位联合调处8起，调成率100%，无一反弹。

2005年、2007年，大中镇连续两年被评为“江苏省防矛盾纠纷激化”先进镇。

1997—2010年大中镇民事纠纷调解情况统计表

表14－3－2　　单位：起

年份	受理民事纠纷案件								合计（件）	结案（件）	调解率（%）	成功率（%）
	邻里	婚姻	界址	土地承包	征地拆迁	劳资关系	下岗转岗	其他				
1997	66	55	19	61	17	71	47	314	650	643	100	98
1998	69	58	28	59	19	67	46	297	643	639	100	97.4
1999	71	63	36	67	16	69	48	286	656	651	100	98.6
2000	58	67	33	63	11	63	41	316	589	586	100	98.4
2001	51	71	29	69	13	51	22	354	660	655	100	97.9
2002	57	69	17	63	14	44	23	331	618	611	100	97.5
2003	55	75	19	68	18	46	27	307	615	613	100	99.1
2004	43	84	16	81	23	31	29	217	524	520	100	98.9

续表 14－3－2

年份	受理民事纠纷案件								合计（件）	结案（件）	调解率（%）	成功率（%）
	邻里	婚姻	界址	土地承包	征地拆迁	劳资关系	下岗转岗	其他				
2005	41	88	11	99	29	19	30	194	511	508	100	98.4
2006	52	94	9	102	37	17	20	236	567	566	100	99.3
2007	54	97	13	171	58	28	22	307	750	743	100	98.7
2008	56	83	7	123	74	11	11	125	490	484	100	99.2
2009	39	33	8	67	55	5	9	48	264	264	100	100
2010	40	31	5	31	87	4	5	191	394	394	100	100

说明：此表不含原裕华镇

四、安置帮教　社区矫正

（一）安置帮教

1996 年，司法行政部门从公安部门接收刑满释放人员、解除劳教人员的安置帮教工作，镇村成立安置帮教领导小组。大中镇安置帮教领导小组组长卞文乐，各村村委会主任担任村级安置帮教领导小组组长。镇司法所开始对全镇劳释解教回归人员建立资料卡片和安置帮教台帐。1997 年，全镇 51 名“两劳”释放人员中，从事木工、驾驶员 4 人，经商 4 人，安排农田从事种植业 43 人。是年，裕华镇成立 51 个帮教小组，回归帮教率达 100%，安置率 100%。1999 年，镇设立安置帮教工作站。是年年末，全镇 57 名劳释解教人员全部落实帮教措施，55 人得到妥善安置，帮教率 100%，安置率 98%。

2004 年，安置帮教实行信息化管理，大中镇、裕华镇各配备电脑 1 台，按照“统一程序规划，统一技术标准，统一应用软件，统一管理模式”要求，建立镇级安置帮教工作信息管理系统。

1996—2010 年期间，大中对 641 名劳释解教回归人员（含合并后的新团、裕华）建立资料卡片和安置帮教台账，全部落实帮教措施，598 人先后得到妥善安置，占 93.2%，重新犯罪率控制在 30% 以下。

（二）社区矫正

2005 年 4 月 15 日，市司法局增设社区矫正工作科，股级建制，设科长 1 人，镇成立社区矫正工作领导小组，分管政法的镇领导任组长。各镇司法所设社区矫正专职工作人员。

2005 年 5 月 25 日，盐城市在大中镇召开社区矫正工作现场会，举行首批社区矫正对象“交接仪式”，盐城市司法局领导、各市县司法局分管局长、基层科长及试点镇司法所长参加现场观摩，大中镇司法所工作人员对缓刑、假释、监外执行、保外就医、剥夺政治权利等五类人员进行思想教育，逐一帮教。

2005—2010 年，大中镇共接收社区矫正对象 456 人，初步形成以司法为主、部门协调、上下联动、全员参与的社区矫正工作网络化体系，经监管、教育，有 315 人解除矫正，矫正期无一人重新犯罪。大中镇被盐城市综治委表彰为“2006—2010 年社区矫正工作先进集体”。

五、法律服务

（一）机构设置

大中镇法律服务所始称大中法律事务所。1985 年，与大中镇司法办公室同时建立，并与司法办合并办公，一套班子，两块牌子，镇司法办公室主任朱桂茂兼任事务所主任。法律工作者须经上级主管部门业务培训，通过省司法统一考试，考核合格，发给基层法律服务工作者执业资格证书。1988年，法律事务所改称法律服务所，司法助理蔡文斌兼任法律服务所主任。1990年，室、所分开，大中镇法律服务所体制升格改称大中中心法律服务所，受理业务范围扩大至大中地区，顾清山任主任。1991年，恢复室、所合一，蔡文斌兼任大中中心法律服务所主任。1998年4月，陈兆昌任司法所所长兼大中中心法律服务所主任。2001年9月，基层法律服务所脱钩改制，从司法所析出建立合伙制法律服务所，袁龙彪担任大中法律服务所主任。

1987年，成立新团法律服务所，与新团镇司法办公室合并办公，司法助理朱国庆兼主任。2001年区划调整，新团司法所撤销，新团法律服务所保留，隶大中司法所。2002年3月，新团法律服务所脱钩改制，组建合伙制法律服务所，主任杨志和。2009年，刘海平继任主任。

1985年，成立裕华法律服务所，与镇司法所合并办公，司法助理茅佩飞兼主任。2001年6月，法律服务所改制建立合伙制法律服务所，顾建忠任主任。2010年8月，裕华司法所撤销，裕华法律服务所保留，隶属于大中司法所。

2003年8月8日，成立东宁社区法律服务所，为苏北首家社区法律服务所。行政上隶大丰市司法局、大中镇司法所双向监督管理，董斌担任主任。2005年9月，吴跃兵继任主任，聘用具有执业资格的法律工作者6名。2010年，在编注册基层法律工作者7名，内勤1名，会计1名。

（二）工作业务

基层法律服务所的业务范围包括受聘担任村（场）、企事业单位常年法律顾问；代理民事、经济、行政诉讼，参与仲裁活动；代理非诉讼法律事务；主持调解基层各类民事纠纷；解答公众法律询问；代写法律文书；协助司法局公证处办理公证事项；为经济困难或特殊案件当事人提供法律援助；协助司法所开展法制教育和其他业务。

1985—2010年，大中法律服务所共办结各类案件3235件，其中经济案668件，民事案894件，非诉讼案193件，诉讼案3件，代办公证497件，自办见证835件，主持调解社会各类矛盾纠纷2658件，接待法律咨询25853人次，代写法律文书3478份，免费办理法律援助145件，深入工厂、学校、社区举办法制宣讲802场次，担任法律顾问466家次，协助政府开展司法行政1467次，为企业和个人挽回经济损失2093万元。

1987—2010年，新团法律服务所共办结各类案件1666件，其中经济案182件，民事案553件，非诉讼案281件，行政诉讼案6件，法律援助案54件，主持调解各类民事纠纷590件，接待公众法律咨询4082人次，代写法律文书509份，开展法制宣讲53场次，担任常年法律顾问384家次，为企业和个体工商业者挽回经济损失1230万元。

1997—2010年，裕华法律服务所共办结各类案件776件，其中经济案375件，民事案366件，非诉讼案33件，行政诉讼代理2件，涉及财产标额670万元，接待群众来信来访74次，解答法律咨询1936人次，代写法律文书2118份，参与法律宣讲28场次，代办公证99件，自办见证1282件，办理法律援助128件，帮助企业和个人挽回经济损失942万元。2001—2010年，先后7次受盐城市司法局表彰。1993年，荣立集体三等功，顾建忠、黄爱东、黄建章被评为先进个人，分别受大丰市委、市政府、大丰市司法局表彰。

2003—2010年，东宁法律服务所共办结各类案件1303件，其中经济案445件，民事案741件，非诉讼案109件，行政诉讼案8件，办理法律援助78件，主持调解纠纷79件，解答法律询问2030人次，代写法律文书2100份，开展社区法律讲座102场次，担任企事业常年顾问103家次，为企业和个人挽回经济损失678万元。

第十五章 武 装

明朝，倭寇侵犯沿海地区，朝廷遣兵备倭，在八灶团(今八灶村)建刘庄寨，筑烟墩烽堠；在牛弯河出海口处(今德丰村西北斗龙港)设木栅，抵御海上倭寇。

民国30年(1941)8月15日，裕华攻坚战取得苏中地区抗战史上全歼日军的战果。1944年，台北独立团在七灶河伏击日伪军，击毙生俘日伪军50余人，生俘日方棉业统制委员会东台库长清水亥三郎、日方东台联络官浦和、伪东台县长吕景颜。1945年，盘据大中集、新丰镇的伪旅长谷振之在大中集、裕华、新丰筑城修堡，负隅顽抗，第四军先后攻克裕华、新丰、大中集，全歼谷旅1000余人，迎得县境抗日战争的最后胜利。

1947年4月，华野11纵队发起台北垦区战役，全歼国民党官兵600余人、还乡团自卫队400余人。

革命战争年代，大中200余名英雄儿女为民族解放、国家独立献出宝贵生命。新中国成立后，境域虽然已无战事，但大中镇党委、政府十分注重人民武装建设，始终保持和发扬党管武装的光荣传统，征兵整组、战备训炼、双拥共建、基层建设等，多次被江苏省、盐城市表彰为先进单位。在新中国建立后的60余年中，先后为人民解放军、武警部队输送近4000名优质兵员，近万民兵预备役人员参加各种科目的演习、拉练、军事训练，2万余人次的民兵预备役人员参加突击抢险、完成急难险任务和开展学雷锋树新风活动，拥现出许多优秀民兵和先进分子。

第一节 驻 军

一、明清军队

备倭营 明嘉靖三十三年(1554)，在刘庄寨八灶团(今八灶村)设土城一座，备倭百户1员，军士50名。

缉私营 清末，淮南缉私营420余人，分驻范公堤沿线隘口专司巡缉。

二、国民党军队

(一)国民政府军

整编第八十三师 1946年11月底—12月中旬，八十三师(师长李天霞)北犯台北县的沈灶、丁溪、三渣、草堰、白驹、刘庄、西团、小海、新丰、大中等地，先后驻20余日。

整编第六十七师(代号"霞流") 1946年12月下旬，六十七师一三四团计3个营1个直属队2200人，先后分驻大中、新丰、西团、小海、西渣5个据点，次年1月下旬由整编第21师接防。

整编第五十一师 1948年1月，国民党整编第五十一师残部曾配合其二十一师，整4师在境内进行为期一个月的大扫荡，于1月31日撤离。

整编第二十一师(代号"协政") 该部约4个营，兵力1800人，于1947年1月22日分驻大中、新丰、西河口、刘庄、白驹5个集镇，4月5日由42集团军残部第4师12团接防。

四十二集团军第四师　该部十一团、十二团约2200人。1947年4月5日，接防二十一师侵占台北地区，十一团分驻刘庄、大团两地，十二团分驻大中集、新丰、西河口、白驹4个据点。驻大中集、新丰、白驹的十二团分别于同年4月21日和5月23日被华东野战军十一纵队所歼。

（二）地方武装

实业保安队　1922年，大丰盐垦股份有限公司在新丰镇设立警察分驻所，所长杨孝侯，有实业警察10多人。1929年，警察所改组为实业保安团，移驻大丰公司裕丰区，编制为1个分队（排），下设2个小队，排长始为吴国惠，后为龚朝栋。两小队分驻新丰、大中两镇，新丰镇班长（时称正目）谷振之、大中镇班长章荣山，共有士兵30余人，枪30余支。1930年，裕华公司设警察15名，年底增至27名。1931年，增加到4个分队，100人左右。1931年，大丰实业保安队编入国民党通、泰、海、启实业特务警察队，编为第三大队，有官兵290余人。第三大队下辖3个中队，分驻大丰、泰源、大赉、伍佑、合德等盐垦公司（大丰、裕华两公司分驻165人）大队部始驻东台，1931年前后移驻大丰公司裕丰区，大队长倪长庆，倪病亡后，谷振之继任。1936年后，吴瑛继任。1938年3月17日，南通沦陷，苏北大片地区为日军占领，大生集团在通、沪两地各厂均落入日军之手。因通泰海启实业特务警察队的军饷供给全赖于大生集团从各垦团募集，此时，对沦陷区的实业警察残存部队到了无能为力的地步。国民党江苏省政府从苏南撤到苏北后，韩德勤"消极抗日、积极反共"，扩张反共实力，命张镇收编苏北沿海盐垦公司保安队，在大中集成立江苏实业保安指挥部，下辖3个大队和海防团。

江苏省实业保安警察队第三大队编制表

表15－1－1　　单位：人

职称	队部															第一中队		第二中队		第三中队		合计	
	大队长	大队副	副官	军需	书记	军医	服务员	文书	修械军士	司号军士	传令军士	勤务兵	传令兵	炊事兵	合计								
级别	少校	中尉	中尉	中尉	少尉	少尉	准尉	上士	中士	中士	中士	上等兵	上等兵	二等兵	官佐	士兵	官佐	士兵	官佐	士兵	官佐	士兵	官佐	士兵
员额	1	1	1	1	1	1	1	1	1	1	1	2	2	2	7	10	5	100	5	80	4	79	14	259

江苏省实业保安警察队第三大队兵力分布情况表

表15－1－2　　单位：人

队别	大队部	第一中队部	第一分队	第二分队	第三分队	第二中队部	第一分队	大队副	第二分队	第三分队	第三中队部	第二分队	第一分队	全队合计
主管姓名	吴瑛	刘永安	金汉臣	邵云鹏	单金才	马衢	杨恒甫	乔德林	黄士文	阮永发	邵曾豪	单万荣	张立衡	
官兵（人）	16	105				44		42			33		50	290
驻扎地点	大丰公司	大丰公司				大赍东公司台		海泰安源角公斜司			大盐纲城公司		裕华公司	

说明：大队副乔德林分住第三中队

江苏省实业保安警队第三大队武器弹药表

表 15－1－3

名称	步枪	马枪	手提机枪	盒子枪	手枪	步枪弹	马枪弹	机枪弹	盒子机枪	手枪弹
数目	277 支	48 支	5 挺	59 支	11 支	34570 发	400 发	2000 发	9250 发	213 发

大中镇自卫队 1938 年期间，大中镇屡遭土匪抢劫，日军飞机也时常来轰炸，大中镇公所出面，由各大商家募集资金，购买武器弹药，并从市民中挑选干练者 10 多人，组成自卫队（队员按月发饷，每月 12 元）。设立守望所（新街南侧今育红广场一处，北门设在今人防大厦路南，今人民大桥东北侧处设防空哨楼 1 座）防匪防空，保卫城镇安全。自卫队长始为王德存，后为张为民，主要武器有快机（手枪）6 支，步枪 18 支，驻于原三和花行内（今人防大厦路南）。1938 年后，自卫队扩充为 1 个分队，兵丁 30 名左右，长短枪全套，队长李炳泰，自卫队移驻于今人民桥北侧。

1938—1939 年，是国民党的全民训练时期。大中镇镇公所从各行业商店抽派人员参加义勇壮丁普训，名曰义勇壮丁队，由东台民校派员训练，教官黄自章。义勇壮丁队除进行武装训练外，还负有维持地方治安的责任。

国民党第九区自卫队 1946 年 12 月至 1947 年 4 月，国民党第九区自卫队驻大中镇（大新路原百货公司办公室处），区队长宗龙官兼。1947 年 4 月，解放大中集时被歼灭。

附：日伪军队还乡团

日军 旦马大队大山中队、中尾中队：1941 年 7 月 21 日，旦马大队大山中队入侵大中集，驻原河北农业银行仓库（今文峰商场东侧），派一个小队（30 人）驻裕华。8 月 15 日，驻裕华日军被歼灭；一个小队（20 人）驻新丰，1943 年撤离。1942 年，南浦旅团警卫大队 1 个中队换驻大中集，全队 100 余人。1944 年，中尾中队换驻（30 余人），派一个小队驻东坝头（驻 6 个月），一个小队驻新团（驻 1 个月）。1945 年，中尾中队撤离大中集。

伪军 自卫团：1941 年 7 月日军入侵大中集，并设立维持会，内设一治安大队（始称“自卫团”），队长始为王德辉（时称团副，团长由维持会长王福高兼），后为吴保才。武器装备有长短枪共 80 余支。1941 年冬，维持会改置第十区区公所，治安大队亦随之改称区自卫队。名为治安，实为日、伪国民党军的马前走卒，帮日、伪军站岗放哨，刺探新四军情况，催捐勒税，无所不为。治安大队、区自卫队一直驻于原第十区区公所内（今大新路原百货公司处）。

伪第二集团军独立第一旅：旅长谷振之，副旅长杨斗辉，参谋长吴瑛。其部由原苏北实业保安队第三大队谷振之部纠合台北地区国民党地主武装、区自卫队组成，1941 年 8 月初投敌。初辖两个团，一团团长吴瑛，驻大中镇。二团团长汤冰，驻新丰镇，有官兵 300 多人。1942 年 10 月，第二集团军司令杨仲华被汪伪政府革职，第二集团军番号随之取消。谷部改隶苏北行营，番号改为苏北行营实业保安总队，下辖三个大队，一大队驻新丰，二大队、三大队驻大中集，总队长谷振之，原副旅长杨斗辉因受杨仲华株连被解职，金汉臣升任副总队长，参谋长吴瑛。1943 年，苏北行营撤销，谷部重改隶苏北绥靖公署。1944 年 2 月和 1945 年春，谷部先后扩编 2 个大队，同时对部队防地作调整，一大队驻龙王庙（三龙小街），大队长余安国；二大队驻大中集，大队长高炎；三大队驻裕华镇，大队长叶步发；四大队驻新丰，大队长王福山；五大队驻刁陶，大队长童汉武。另有特务连，全总队约 800 余人。1945 年 8 月，驻龙王庙、裕华镇和刁陶伪军集结大中集。1945 年 9 月 12—13 日，解放大中集、新丰镇时被新四军全歼。

还乡团 1946 年夏，大中镇逃亡恶霸、地主、汉奸在东台组织成立“还乡团”，团长吴保才。“还乡团”经常配合国民党军队对解放区进行扫荡。1946 年年底，“还乡团”随国民党二十一师一三四团返回大中镇,改称镇自卫队,驻镇公所内。还乡团疯狂的破坏人民政权,大肆捕捉共产党人。新四军侦察员及民兵中队长吴开仁、石长根和群众20多人惨遭杀害。

1947年4月,解放大中集时,国民党军段明武部被迫投降,而地主、"还乡团"吴保才的自卫队负隅顽抗,拒不缴枪。战斗即将结束时,吴带领残部潜逃苏南常熟、松江等地继续拼凑反革命武装,后被解放军剿匪部队歼灭。

三、共产党军队

(一)陆军

新四军苏北指挥部第二纵队　1940年10月,黄桥战役后北进东台地区。10月8日,东台城解放,纵队司令部驻东台城,司令员王必成,下辖第二团、第六团、第九团。10月10日,二纵六团与南下八路军第五纵队一支队三营,在白驹镇北狮子口会师。六团团部始驻刘庄,后移西团,团长迟义标。下辖两个营,分驻小海、南团、大中集三镇。11月中旬,二纵队调往兴化打曹甸。

新四军一师二旅及其直属机构:1941年1月7日,皖南事变爆发。25日,新四军在盐城重建军部,原新四军苏北指挥部所属部队编为新四军一师,下属第二纵队编为一师第二旅。2月,一师二旅参加泰州战斗后北上台北,旅部驻刘庄,旅长王必成,政治委员刘培善。二旅下辖第四团、第五团、第六团。五团分驻大中、新丰、沈灶、西团等地区,团长迟义标。

苏中军区所属部队:1943—1944年,苏中军区司令部和二分区司令部均驻小海地区。1944年7月30日,苏中二分区特务团奉调参加解放西团战斗。1945年9月13日,苏中军区52团及四分区特务一、二、三团奉命参加解放大中集战斗。

华东野战军第十一纵队　1947年2月,华中野战军第七纵队改编为华东野战军第十一纵队,司令员管文蔚、政委吉洛(姬鹏飞)。该部第三十一旅由原华中野战军第七纵队第五十五、五十九、六十三团合编依次改称九十一、九十二、九十三团,一直转战于台北县境内,旅长段焕竞,在草庙谦和仓等地办有枪支榴弹修造厂、被服厂和后方医院。第十一纵队三十二旅、三十三旅曾奉令参加解放新丰、伍佑、便仓、大团、刘庄战斗。1949年2月,十一纵队改编为中国人民解放军第二十九军。

华东野战军第十二纵队　1947年华东野战军第十二纵队,司令员陈庆先,继任谢振华,政治委员曹荻秋,继任李干辉,该部于1947—1948年曾转战县境通榆沿线的刘庄、大团及方强一带。1947年8—12月,参加叶挺城战役和盐南阻击战后在大中境内修整,修整结束转至阜宁县境。1949年,改编为中国人民解放军第三十九军。

南字3639部队　1956年,3639部队在大中镇东郊(今阜南村境内农垦三纺厂处)建筑营房并驻扎至1965年3月与6356部队换防,调往响水陈家港。

江苏省公安二团(内卫三十六团)　1956年,曾驻扎大丰县城原公安局县中队后侧,同年调离。

江苏省军区独立二师第二团(6356部队)　1965年3月,江苏省军区独立师步兵第二团与3639部队换防,团部驻大中镇城东郊阜南村(今省农垦三纺织厂内)。1969年11月,调驻响水县后整编为南京军区守备二十八团。

(二)空军

空军雷达部队　1952年,空军雷达三四一团一连(2629部队八十分队)在大中镇东北郊阜丰村5组建立营房并驻扎。1955年7月,改归对空情报兵第二二四团。1965年2月,又改归空军雷达兵第二团。1971年3月,与87004部队七十四分队换防。1985年9月,与87092部队八十二分队接防。2003年年底,划归济南空军番号94535部队。

(三)武警

大丰市公安边防大队　大丰市公安边防大队副团建制,原驻大中镇康平南路,2004年,迁地址大中镇人民南路。

1950年,苏北海防局射阳河海防分局成立,大丰境内成立斗龙、东坝头2个边防派出所。1952年7月下旬,中国人民解放军边防公安七十六团在射阳县合德镇成立,代号为三八二大队。同时,苏北边防机关与边防公安七十六团合并,原盐城地区新洋分局、潮湖分局则分别划为二营和一营建制,所属派出所全部改为工作组。1952年年底,工作组全部改为武装工作分队,简称武工分队,当时盐城沿海10个武工分队中,在大丰市境内有斗龙分队和东坝头分队。1954年年底,武工分队全部撤销,边防保卫任务由解放军驻军直接担任。在这之后,体制变动频繁,公安军事管理时期,盐城边防先后建立起9个派出所(1955年7月建立斗龙派出所),与边防部队共同搞好边防任务。边防工作主要由边防部队担负,派出所专门负责边防地区的治安管理。此间,地委设边防委员会,大丰县设边防工作部。1955年8月,盐城专署公安大队改称武警大队,大丰设民警队,编制干警27人。1958年12月,盐城边防组建民警支队,担负经常性反特斗争任务及边境事务管理工作,全称为盐城专署公安处人民武装警察支队。隶属公安部门人民武装警察部队管理。为统一边防管理,边防派出所全部列入人民武警的编制序列。1959年上半年,县境内又新建王港、川东港边防派出所(后改为建川派出所)。

1962年1月,管理盐城边防辖区的中国人民武装警察部队开始接受军队和公安双重领导,在执行公务和业务方面受公安机关领导,部队的思想政治工作,党的建设、干部管理、军政训练等工作受军委及各总部领导,并成立人民武装警察部队指挥机构。盐城支队名称也改为中国人民武装警察部队江苏省盐城专区支队。1962年9月,改编为中国人民公安部队江苏省总队第二团。是年,中国人民公安部队江苏省大丰县边防大队(营级)成立,上隶中国人民公安部队江苏省总队第二团,下辖王港、斗龙、川东3个哨所(派出所名称改为哨所)和1个武警中队。

1966年10月,边防大队撤销,武警中队划归人武部管理,派出所划属县公安局。是年,撤销斗龙哨所、王港哨所、川东哨所,建三卯西、建川2个哨所。1971年12月,又陆续恢复川东、王港、斗龙3个边防派出所,大丰县公安局成立边防股负责指导边防业务。1980年7月,重新组建江苏省大丰县边防武装警察大队(营级),下辖边防工作站和川东、王港、斗龙、四卯西、竹港5个边防派出所(连级建制)和县武警中队。

1982年6月,中央决定内卫、边防、消防3个警种合并,统一组建中国人民武装警察部队。

1983年1月,更名为中国人民武装警察部队大丰县大队,实行中国人民武装警察部队盐城市支队(盐城市边防分局)和大丰县公安局双重领导,县公安局长兼任大队党委书记下辖大丰县武警中队、大丰县消防中队和5个边防派出所、1个边防工作站。

1987年5月1日起,边防、内卫、消防三警分设,武警大丰县大队和边防派出所直属武警盐城市边防支队,县武警中队隶属武警盐城市支队,市消防大队隶属盐城市武警消防支队。

1996年9月,大丰撤县设市,武警大队随之更名为中国人民武装警察部队大丰市边防大队。2002年8月,大丰市边防大队升格为副团级建制,更名为大丰市公安边防大队,上隶下辖关系不变。2004年3月,成立大丰港边防派出所。2005年,大丰市公安边防大队下辖斗龙、大丰港、王港、竹港、川东5个边防派出所。

武警大丰市中队 该部建立于1942年1月,时称东台县保安科驻大中集武装执法队。1943年3月,改为台北县警卫排。1949年10月至1961年11月为公安序列。1961年12月,改称为盐城专区人民武装警察支队大丰县队。1963年1月,又改隶公安序列,称中国人民公安部队盐城专区公安大队大丰县中队。1966年6月,编入盐城军分区序列,由县人武部管理,1975年又移交公安部门管理。

1979年12月,列入人民边防武装警察部队编制,实行义务兵役制,称盐城专区人民边防武装警察支队大丰县中队。1982年6月,改称中国人民武装警察部队大丰县中队,隶属大丰县大队领导。1987年5月,脱离大丰县大队,直属盐城市支队领导。

该中队始驻大丰中学西侧,1989年移健康东路县公安局南侧,2005年迁入(阜丰村四组)东宁路以西新村路以北交叉处。

大丰市消防大队　1979年3月，大丰县公安局消防中队成立（驻大中镇健康东路20号）。9月，消防中队实行义务兵役制。1982年1月，更名为中国人民武装警察部队大丰县消防中队。1983年3月，原大丰县公安局消防股转为部队编。1995年7月，大丰县消防中队改称为中国人民武装警察部队大丰县消防大队。1996年，大丰县公安消防大队成立，消防股撤销。2003年7月18日，移址大中镇幸福大街西大街。

（四）地方武装

1. 县（市）武装

台北县独立团　1942年5月，建立台北县，苏中二地委决定将一师一旅二团三营和台北游击连合编为台北县独立团，下辖4个连，约300余人，隶属台北县委领导，由县委书记杨天华任团长兼政委、叶克守任副团长。7、8月间，三营护送江淮印钞厂转移，独立团仅剩下1个连。不久，苏中二分区决定把苏中警卫团第二营（营长吉天祥）编入独立团，坚持台北地区武装斗争。11月，二营调回苏中，又抽调四团三营（营长范唐生）编入独立团。12月，精兵简政，范唐生营调回主力部队，台北县委将原各区游击连合编为县属滨海连，苏中二分区特务营抽调1个连并派郭守桢领导工作。1943年2月，护送江淮印钞厂的第二团第三营回到台北，重新建立台北独立团（县长黄亚诚兼团长、县委书记张雷平兼政委，副团长叶克守）。3月，彭寿生从兴化独立团调台北任团长。独立团初建时辖3个营，1944年发展为5个营，约800人。1944年11月，东台、台北两县合并，台北独立团编入东台县独立团。

大中特区警卫大队　1945年9月中旬，建立苏中大中特区设特区公署管辖垦区所辖乡镇，11月撤销并入台北县，特区仅存2个月时间，工作机构不健全，时武装组织设特区警卫大队（1945年9—11月），大队长黄亚诚（兼），教导员赵华。

大丰县（市）人民武装部　1949年10月，中华人民共和国成立。是月，苏北区台北县警卫大队改为台北县大队。1950年3月，撤销台北县大队建立中国人民解放军苏北区台北县人民武装部（驻原民政局宿舍区（今城中菜市场东侧）。1971年4月，迁移军政巷（原老县人委内，今城中菜市场西侧）。1984年，在健康东路12号新建人武部办公楼（今丰东大酒店处）。2003年，迁址幸福西路，建4756平方米办公楼）。1951年8月，更名为苏北盐城军分区大丰县人民武装部，上隶中国人民解放军盐城军分区，下辖13个区人民武装部（方强区后从盐东县划入）。1953年1月，更名为中国人民解放军江苏省大丰县人民武装部。1954年4月，改称中国人民解放军盐城军分区大丰县人民武装部。大丰县人武部是县委的军事部、政府的兵役机关，实行军队和地方双重领导，设军事股、政治股、配备部长1名（由县委书记兼任），副部长1名，办事人员数人。

1954年11月，实行义务兵役制，中国人民解放军江苏省大丰县人武部改为县兵役局，设局长、副局长、政委、副政委各1人，县委书记兼兵役局政委，下设动员、预备役军官、统计、征集、民兵5个科。1958年8月，精简整编，大丰县兵役局5个科改为作训、政工、组织动员3个科。1958年9月，恢复中国人民解放军大丰县人民武装部与江苏省大丰县兵役局合一套班子，两块牌子。

1960年4月，撤销大丰县兵役局，保留中国人民解放军大丰县人武部，配部长、政委、副部长、副政委各1人，县委书记兼任第一政委，仍保持军事、政工、组织动员3个科。

1966年上半年，武警大丰县中队划归人武部管理。1975年5月，成立中国人民武装警察部队，县中队划归武警部队归属盐城武警支队领导。1980年，县人武部作训科改为军事科，组织动员科改为后勤科，政工科保留不变。

1986年，部队精简整编，中国人民解放军大丰县人民武装部整编归地方建制，改称大丰县人民武装部，副县级建制。

1996年6月，人武部收归部队，改称中国人民解放军大丰县人民武装部（正团级）。

1996年9月，大丰撤县设市，大丰县人武部随之更名为中国人民解放军大丰市人民武装部，上隶盐城军分区，大丰市委、市政府。2010年，大丰市人武部下辖12个镇、港区、开发区、市级机关、丰山集团16个基层武装部。

2. 区武装

垦区区队 1941年2月垦区建立常备区中队，招兵并收编原大丰实业保安队和原镇自卫队部分人员组成垦区常备中队，约30人，武器配备主要由原镇自卫队和实业保安队，长短枪约30余支，中队长吴保才（原实业保安队分队长），教导员冯舜华（分区委书记）。1941年7月，日军入侵大中镇，吴率部投敌。9月，上级委派印钞厂指导员汤少林率领部分人员重建垦区大队，指导员由垦区区委书记姜海如兼任。1941年年底，垦区大队改为游击连。1943年1月，再建垦区区队，区队一般只有20人左右，不着军装，给养供给和区委、区政府一样，武器配备主要为长枪、地雷、手榴弹等，主要任务是保卫区委、区政府，除奸反特，维护地方治安，还配合游击连行动，组织反扫荡及骚扰敌人。区游击连隶属县独立团，在区内日常活动接受区委领导。抗日战争和解放战争期间，垦区（含垦南、垦北区）均设游击连，大中区只有区队武装。1948年秋，游击连升为主力部队。

垦北区区队 1941年11月，建立垦北区游击连，指导员叶强（缺连长）。1945年12月，划大中特区二卯酉河北地区建垦北区。1946年7月建立游击连。1945年12月建立区队，队长朱天章（兼），政委茅林（兼）。

堤东区（六区）区队 1941年7月，兴化县将六区串场河东地区划建堤东区，同时建立区队，区队长周刚（兼），政委孙顾（女、兼）。1943年3月，堤东区由兴化县划台北县。

垦南区区队 1945年12月，由原大中特区二卯酉河南地区建垦南区，是月建立游击连，1946年1月建立区队，队长黄强（兼），政委李克和（兼）。

大中区（市）区队 1946年5月，撤销县属大中镇建立大中区，是月建立区队，区队长苏守仁，政委叶莘。1947年9月，建立大中市（区级），管辖大中和新丰两镇，11月撤销，同月第二次恢复大中区，建立大中区队，副队长吴辉、政委沈且华（兼）。

区武装部 1950年5月，撤销区队建立台北县大中区、垦南区、垦北区、堤东区人民武装部。1951年8月，分别更名为大丰县大中区、垦南区、垦北区、堤东区人民武装部。1956年9月，区武装部撤销。1966年2月，全县重设5个区人武部，1968年3月区人武部撤销。

3. 乡（镇）武装

1956年10月至1957年10月，全县撤区并乡，各乡、镇配备一名人武治保委员，分管武装和公安工作。乡级人武干部均由地方干部担任。

1958年9月，建立大道人民公社人民武装部。1983年5月，撤销大道人民公社并入大中镇。

1958年9月，建立新团卫国人民公社人民武装部。1959年3月，更名为新团人民公社人民武装部。1981年8月，新团人民公社人民武装部更名为新团乡人民武装部。1993年9月，新团乡人民武装部更名为新团镇人民武装部。2001年4月，区划调整，新团镇并入大中镇。

1959年3月，建立裕华人民公社人民武装部。1966年3月，更名为五星人民公社人民武装部。1981年12月，五星人民公社人民武装部易名裕华人民公社人民武装部。1983年5月，裕华人民公社人民武装部改名为裕华乡人民武装部。1989年4月，裕华乡人民武装部更名为裕华镇人民武装部。2010年8月，撤销裕华镇并入大中镇。

1960年11月，建立大道公社大中分社人民武装部，1962年4月更名为大中镇人民分社人民武装部，1965年7月改为大中镇人民武装部。

1966年2月，建立大兴人民公社人民武装部。1981年12月，大兴人民公社人民武装部易名阜丰人民公社人民武装部。1983年5月，阜丰人民公社武装部撤销并入大中镇。

1984年，建立王港乡人民武装部，2001年7月，王港乡并入裕华镇。

新中国成立后区镇(乡、人民公社)人武部长更迭表

表 15-1-4

单位	姓名	任职时间
大中区	吴　辉(兼)	1950.05—1951.07
	俞文达	1966.05—1968.03
垦南区	梅周凯(兼)	1950.05—1951.07
	王树春	1953.04—1954.06
垦北区	吴振邦(兼)	1950.11—1951.07
堤东区	朱养秀(兼)	1950.05—1951.06
	周文甫	1951.08—1954.06
大中镇(大中分社、大中镇人民公社)	杨松山	1956.03—1957.02
	茅富友	1957.02—1958.05
	吴亦模	1958.05—1958.09
	朱成章	1960.11—1964.08
	常春富	1964.08—1965.02
	黄圣江	1965.06—1970.08
	顾云鹏	1970.08—1979.12
	汤玉铭	1979.12—1986.07
	连锦山(代)	1986.07—1987.10
	宗　淦	1988.01—1994.12
	陈国章	1995.01—2000.10
	顾云彬	2001.04—2010.08
	陈卫忠	2010.08—今
大中乡	张广才	1956.10—1958.09
大道公社	龚士声	1958.09—1959.09
	吴亦模	1959.09—1960.05
	许友风	1960.05—1961.09
	韩长桂	1961.09—1964.11
	黄圣江	1964.11—1965.06
	马永宏	1965.06—1966.05
大道公社	陈泽华	1976.10—1978.10
	刘永干	1978.10—1979.05
	赵永鑫	1979.10—1983.05
大兴(阜丰)公社	方云富	1976.10—1977.02
	沈祖泉	1977.02—1983.05
新团公社、乡、镇	丁正富	1957.05—1959.04
	徐宏俊	1966.05—1970.08
	常春富	1970.08—1973.03
	张长青	1973.03—1982.10
	陆志斌	1982.10—1988.01
	吴明良	1988.01—2001.04
裕华(五星)公社、乡、镇	陈广和	1959.03—1962.01
	俞文达	1962.01—1966.02
	朱仁山	1966.02—1970.03
	韦进元	1970.08—1980.12
	陈忠祥	1980.12—1984.11
	陆志明	1984.11—1987.08
		1992.10—1997.03
	李树元	1987.08—1988.11
	王锦涛	1988.11—1992.10
	陈耀忠	1997.04—2004.06
	陈卫忠	2004.07—2010.08
王港乡	陈荣根(代)	1984.05—1987.04
	李忠培	1987.05—1992.10
	陈耀忠	1992.11—1997.04
	陈卫忠(代)	1997.05—2001.07

说明:“代”是指副部长主持工作。1986 年至 2010 年期间先后任大中镇人武部副部长的是连锦山、彭沿路、陈荣根。

第二节　设施与装备

一、军事设施

刘庄烽堠　明嘉靖三十三年(1554),在刘庄寨八灶团(今大中镇八灶村北部),设土城1座,备倭百户1员,军士50名。

刘庄寨八灶烟土城烽堠遗址

驻丰雷达站　1952年,空军雷达部队在县城东郊阜丰村构筑雷达设施。

大丰市人武部装备仓库　1978年,大丰在县城南郊红花村修建武器装备仓库。经过多次建设,现有装备库360余平方米。

大丰市民兵训练基地(靶场)　1958年,驻丰三六三九部队在县城东南大中镇泰丰村修建射击场(和民兵合用权属3639部队,部队撤离后,交县人武部管理使用)。1960年以来,经过几次重修,现有宿舍和生活用房500余平方米,靶挡一座高8米,长120余米,顶宽2米。2005年,该靶场卖给汽车培训班,并移在竹港闸下游重建(因建南翔路已毁)。

市区人防工事　大丰市区人民广场地下人防工程,1999年10月开工,建筑面积2200平方米,战时城市防空可容纳2500人。

大中镇民兵靶场　20世纪70年代中期,原阜丰公社(大兴公社)在今阜丰村二组建东西方向长70米,高度6米,顶宽15米左右靶场一座,于1997年左右拆除。

大中镇民兵武器库　1979年,在原大中镇政府内(二卯酉河北今人民南路90号,农商银行营业所东南侧)建100平米的民兵武器库1栋,存放有马克沁重机枪、班用机枪、汉阳造、半自动等轻重武器600余件,于1986年撤销。

新团靶场　1977—1978年,挑新团河时在新团村一组(今五组)建东西长70米左右,顶宽15米左右,高6米左右的靶场1座。1988年,后因办小窑场陆续拆除。

新团武器库　1979年,在新团镇政府内建武器库一栋,约120平米,内含值班室、弹药室、武器室、装备器材室,有马克沁重机枪、班用机枪、汉阳造、半自动等轻重武器600余件,1987年初撤销。

裕华靶场　20世纪60代中后期,在晋北村(今四组)建东西向长145米,高度10米,顶宽6米左右的轻武器射击场1座,90年代初期因办猪场平毁。

裕华武器库　1981年,在裕华镇政府内建120平米民兵装备库仓1栋,内设人武办公室、值班室、装备器材室、弹药室、武器室,配备马克沁重机、12.7高机、60炮、七九、半自动、全自动等轻重武器600余件,2000年撤销,武器上缴县人武部。

王港武器库　1985年建立王港乡。次年,在乡机关后侧建武器库72平方米。同年,配备轻重武

虎斑水图明天启元年(1621)

器60余件,1990年撤销。

市级机关武器库　1981年,市级机关党委在原市政府大院东南角中子午河西则建六间100平米左右民兵装备库仓1栋,内含值班室、弹药室、武器室、装备器材室,有六〇炮、12.7高机、马克新重机枪、班用机枪、汉阳造、半自动、全自动等轻重武器300余件,1993年撤销。

通信专线和光缆　新中国成立后,沿海边防部队架设军用电话专线,20世纪90年代始,县城开始架设军民合用国防光缆。

二、武器装备

抗战初期,民兵的武器主要来自民间,如土枪、土炮、大刀、长矛之类。抗战后期主要来源:一是地主武装的武器,通过献、借的办法向地方武装和民兵手中转移;二是缴获国民党部队溃退时丢弃的武器;三是从日伪军手中缴获;四是人民军队自行生产的武器弹药。解放战争时期,大刀、长矛、土枪、土炮民兵已极少使用。

新中国成立初期,部队将改装淘汰的武器调拨给民兵使用,品牌复杂,如老套筒、汉阳造、捷克式、三八大盖、马步枪之类,机枪等班用武器配备很少。1953 年,按照大分散小集中的原则,对沿海地区、劳改农场、党政机关、工矿企业、仓库驻地以及社会情况较复杂的地区进行重点配备。把分散在基层干部、基层供销社、信用社等企业单位的武器集中起来,配备给住地就近民兵,实行定人、定枪专人管理。1958 年以后,部队开始更换装备,民兵使用的轻武器全部来源于部队,品种有苏式、日式、德式的马步枪、冲锋枪、卡宾枪、轻重机枪等。20 世纪 60 年代初,随着民兵武器逐年增加,相应改变原来的选点配备。1962 年,以“突出重点、兼顾一般、合理布局”为原则配发民兵武器,重点考虑沿海一线,交通枢纽,重点城镇,反空降、防暴乱重点目标和重点看护地区。对大中镇、204 国道、沿海一线乡镇和驻丰农场周边乡镇装备单位的武器型号、口径进行相对集中,以便于训练和弹药补给。是年,部队 53 式装备逐渐向民兵转移。民兵使用的武器开始转向国产化。

1974 年后,为使民兵武器装备与基干民兵发展规划相适应,每支枪都配备 2 ~ 3 名持枪手,各种重武器配备 2 ~ 3 套人员。1981 年,民兵武器配备安“控制数量、提高质量、调整品种、搞好配套、成建制合理配置”的原则。1987 年后,民兵原装备的旧式武器全部淘汰,装备国产武器,品种有 1956 式 7. 62 半自动步枪、全自动步枪、冲锋枪、轻重机枪、地炮、高炮等。

1962 年,全县组建民兵武器检查维修组,将民兵手中武器集中到公社进行检查维修,企事业单位武器由检查组上门检查维修,采取边检查,边修理,边登记的办法。1970 年,公社农机站建立械枪修理小组,大队配一名义务军械员,实行“群管群修”,形成小修不出队、中修不出公社、大修不出县的三级修理网。

20 世纪 60 年代至 70 年代,组建武装基干民兵团以后,武器配发到武装基干连排,一支枪一般有 2 ~ 3 名持枪手,持枪手多,保管形式也有所改变。除常年执勤单位武器由个人保管外,大部分武器以单位集中保管。为防止不测,个人保管的武器采取将一支枪的部件分开,由居住相邻的 2 ~ 3 名持枪手分别保管。1978 年起,民兵武器从个人集中到大队(村)保管,利用大队部集体房屋改造,有的大队还专门砌筑“枪库”,民兵营长和大队通讯员轮流保管,配有自制枪柜,武器仍按号码定人、定位注册,民兵营组织定期擦拭。

80 年代初开始,基层村、企业武器向县乡两级仓库转移,农村大队企业不再保留武器,擦拭、修理也由县乡负责。

第三节　兵　　役

一、兵役机构

台北地区抗日民主政权建立后,县成立参军动员委员会,区、乡成立参军动员领导小组,部署和发动参军运动,动员工农子弟参军入伍。

1952 年前,县、区成立新兵动员委员会,负责新兵的动员征集工作,县、区长为主任委员,青年团、人武部、妇联等部门负责人为副主任委员,并相应成立征集站,在党委统一领导下开展工作。

1952 年 12 月,撤销新兵动员委员会建立人民武装委员会,在动员新兵期间,人民武装委员会作为新兵工作的领导机构。

1954 年 10 月,大丰县以人民武装部为基础,组建县兵役局,区、乡镇设人武治保委员负责兵役工作。1958 年 7 月,县兵役局改为县人民武装部(对内称人民武装部,对外仍称兵役局),乡镇设人民武装部。1959 年 4 月,撤销县兵役局,县人民武装部为同级人民政府兵役机构,区、乡(公社)镇人民武装部亦为同级政府的兵役机构,负责征兵工作。

二、兵员征集

(一)国民党政府征兵

国民党政府所谓征兵实为抽丁抓壮丁,在当地军训3个月,然后送往国民党军队。

1942年年初,日军占据时,为补充伪军兵员,日军改作便衣,剃去胡须,以伪军作向导,到处捕捉壮丁,多以麻绳绑其手足,剃去眉毛推于大船之中,成批开往东台、大冈、冈门、泰南仓、伍佑、上冈等敌据点。

1948年,国民党发动党员、士绅及公职人员带头或动员其子弟应征,以资倡导;纠正役政积弊,贯彻法令;优待兵丁家属,每名被征壮丁,除政府给予国币2万元外,地方还给予以6.5吨稻谷优待。为完成配赋兵额,县、乡(镇)、保长,不择手段,随意摊派,连抽签应征的形式也不举行,强令征集。将流入城镇的20~35岁难民,强行拉入营地,实施训练后充其征额。1947—1948年,国民党军队以查户口、换门牌、发身份证为名抓丁;以丁骗丁,责其骗到三丁,其可不充丁。在城乡交通要道设岗堵路抓过往青壮年充丁;冒充中共地方干部和游击队闯入民舍抓丁;化装成商人、小贩到村庄抓丁;夜间武装包围村庄,突袭抓丁;抓壮丁家属,占其家产,逼其充兵;收买地痞流氓和保长,抓1壮丁,给米50千克或者千元;利用娼妓勾引青壮年,乘机抓丁。1944年11月7日,大中镇日伪军在裕华、恒付、福成3个乡抓去壮丁247人。1945年春,大中镇伪军一次在垦南、垦北两个区就逮去40余名青壮年,送往东台当伪军。

(二)共产党政权征兵

1. 征集形式与方法

1940年10月,新四军主力部队进驻台北,发展抗日武装扩充兵员,主要采取以下几种形式:

招兵　一是采取动员爱国和知名人士出面带头招兵,通过做思想政治工作,愿意参军的青年主动到兵站报到。

1940年,大中镇青年余明两次出走寻找新四军,第一次被敌人抓获幸得逃脱,第二次仍然冒着生命危险寻新四军,终于在东台参加了新四军。10月,新四军进驻大中镇,大丰地区抗日革命根据地建立,爱国青年张学敦放弃自己优裕的家庭生活条件决然参加革命,并在大中地区动员一个连的青年参加新四军,随主力部队转战盐阜革命根据地。

二是党员干部和先进分子积极带头,带领革命青年报名参军。民国33年(1944)前,以动员工农子弟为主。1945年,则以动员党员和民兵为主。参军的条件:一要自愿自觉,二要年轻力壮,三要成分纯洁,四要无恶疾嗜好,五要来历清楚,六要党员多、民兵多;一不要强迫,二不要收买,三不要欺骗,四不要土匪、兵痞、流氓,五不要老弱病残,六不要特工、奸细混入。垦区区队长蔡鸿宾,带头报名,并动员多名民兵参加新四军。1946年,大中镇指导员(中共党支部书记)樊天石、镇长丁维祥先后带头参加新四军。在他们影响下,1947年10月,掀起大参军高潮,垦北地区送县352人,送分区以上主力部队238人,送县团、县府14人;垦南区送县340人,送分区以上主力140人,送县团、县府的41人,其中城区动员参军参干20多人。

1949年,为支持人民解放军渡江作战,开展春季大参军运动。凡符合条件的县、区、乡、村干部和共产党员、民兵自觉报名参军,干部、党员、民兵也动员子弟和亲友乡邻中的青年报名参军。

收编与改编　1940年10月,收编原国民党九区常备中队为东台抗日民主政府九区常备中队,将驻大丰公司原国民党实业保安队收编为苏北行政委员会挺进团(后改编为苏中警卫团)。抗日战争和解放战争时期,有不少伪军和国民党军队士兵拖枪向人民军队投诚。对战争俘虏则在进行阶级教育后,本着去留自愿的原则,吸收参加人民军队。

动员参军　1950—1952年,"抗美援朝、卫国保家",全镇先后3次掀起大规模参军运动。1951年,开展轰轰烈烈的抗美援朝运动,动员全国人民参加志愿军,抗击美国侵略者。7月25日,开始应征志愿兵的动员工作至8月8日,仅用13天时间就圆满完成应征任务。大中镇应征青年左汝青第一个在大会上报名,应征青年陈益友的母亲向大会明确表态,支持儿子参加志愿军,李保太为哥哥李保才当场报名。在他们的影响下,出现许多母亲送儿子,妻子送丈夫,哥哥送弟弟,同学送同学的动人场面。1955年的一年中两次征兵,父送子、妻送夫、兄送弟,夫妻、父子同参军的事迹层出不穷,大中区泰丰乡父母送子参军的有47家,妻子送丈夫的10家。

义务兵征集　1955年,中华人民共和国颁布第一部《兵役法》,把《义务兵役制法》定为中华人民共和国的兵役制度,征兵工作从此走向法制化,1955年冬季开始依法实施义务兵征集。

1月初,大中镇党委根据上级指示成立征集委员会,专门领导征集工作。1月8日,大中镇召开征兵动员大会,会场上就有7人当场报名,手工业工人刘焕章在大会上向全镇应征青年挑战表决心,商店职工刘世昌动员儿子参加服兵役,至4月8日,大中镇完成征集任务13人,超额5人。

新中国成立后的60余年中,大中镇先后为人民军队输送4000余名优质兵员。

2. 征集程序

兵役登记。每年9月30日以前对当年12月31日前年满18岁的男性公民进行服兵役的登记。1956年2月,适龄公民进行第一次全面系统登记发证,大中区参加兵役登记的占适龄人数的90.05%。1956年后,逐年对当年年满18周岁的男性公民进行一次登记,成为定例。

每年兵役登记,乡镇成立领导小组,各村(居委会)都开设兵役登记站,由村(居)委会主任任站长,抽调村(居委会)部门干部、民兵营长、治保主任等任登记员和目测员。

实行三级把关,落实岗位责任制。实行村(大队)、公社(乡镇)、市(县)三级把关,村(社区居委会)、企业单位按照规定的数额经集体研究,择优向乡(镇、街道)推荐预征对象。经乡(镇、街道)对推荐的预征对象进行认真审查,本着合理负担,择优选定的原则,确定预征对象。

大中镇1949年以来,除1952年、1966年、1967年、1971年、1974年、1977年、1988年未征集新兵外,其余年份都进行征集(招收飞行学员和特种兵除外)。

3. 征集条件

文化条件　1955—1968年,普通兵员的文化不限,专业兵、技术兵等特种兵的文化程度要求高小至初中。1969—1979年,农村的应征青年必须具有高小以上文化程度,城市应征青年具有初中以上文化程度。1983年以后,农村应征青年须初中毕业以上文化程度,城市应征青年须高中毕业文化程度,女性应征青年必须是当年的应届高中毕业生。

年龄条件　男兵征集年龄,1955—1961年为年满(下同)18~22岁。1962年为18~20岁。1963年和1964年夏季为18~21岁。1964年冬季至1970年冬季为18~22岁。1972—1978年,男兵为18~20岁,高中毕业生可放宽到21岁,女兵17~19岁。1979—1983年,男兵为18~19岁,高中毕业生可放宽到17岁,女兵17~18岁。1984—1987年,男兵18~20岁,厂矿、企事业单位的职工,放宽到21岁,女兵18~19岁。1989—2000年,男兵为18~20岁,高中毕业可放宽至21岁,应届高中生17岁本人愿意也可征集。女兵18~19周岁(女兵一律为应届高中毕业生)。2001年以后,大专以上学历的男性青年,可放宽到22周岁。2004年后,大学本科毕业生可放宽到23周岁。

政治条件　1955—1978年,征集兵员的政治条件,注重应征青年的阶级成分和阶级出身,以及本人和直系亲属的政治历史、政治态度。应征青年必须是拥护中国共产党,拥护社会主义制度,拥护共产党的路线、方针、政策,出身于工人、贫下中农、革命干部、革命军人、革命知识分子及其他劳动人民家庭;本人政治历史清白,品质优良,直系亲属和主要旁系亲属无严重政治历史问题。富裕中农(上中农)子弟征集数有一定的比例。地主、富农、官僚资本家、反革命分子、坏分子、右派分子子女不征集;直系亲属有严重政治历史问题,或被人民政府镇压、关押、管制,以及直系亲属或对本人有重大影响的旁系要属在资本主义国家、修正主义国家和香港、澳门、台湾地区的党政军部门任职,或从事反对共产党活动以及在海外有可疑社会关系的青年不征集;与道会有密切联系的青年不征集;在"文化大革命”中直系亲属被划为“叛徒”“特务”“死不悔改的走资本主义道路当权派”“反动学术权威”“反动的资产阶级分子”子女不征集。1979 年，根据中共中央《关于地主、富农分子摘帽子和地主、富农分子成分问题的决定》，对台湾同胞、归国华侨、少数民族的子女，已平反受冤、假、错案迫害的干部子女，已“摘帽”地主、富农子女，在参军等方面享有同其他青年一样的待遇。使征兵工作中唯成分论的左倾路线得到纠正。

1980 年以后，注重应征青年本人、直系亲属的政治态度和现实表现。应征青年必须拥护中国共产党的基本路线，热爱祖国、热爱人民、热爱劳动、品质优良、遵纪守法、自愿献身国防事业。凡依法被剥夺政治权利、被判处徒刑、拘役、管制正在服刑者；正在受侦查、起诉、审判；刑满释放或恢复政治权利后在 3 年内仍表现不好；依法被劳动教养、少年管制期满后经 2 年考验，仍未改正错误和恶习；对共产党、对社会主义制度心怀不满；有提出起诉的犯罪行为或近 3 年内有轻微违法犯罪行为及品质不良；在机关、企事业单位、学校等部门受开除公职、厂籍、学籍处分；父母是反革命分子、被判处死刑或父母、直接抚养者被判处徒刑、拘役、管制，本人不能正确对待；对本人影响较大的旁系亲属被判处死刑或徒刑，本人不能正确对待者都不征集。

体格标准　应征青年除具有健康体魄外，必须五官端正，无影响外观的缺陷，四肢功能齐全，无残疾。规定陆勤部队应征青年，身高，男 1.55 米以上，女 1.5 米以上；体重，男 45 公斤以上，女 42 公斤以上；视力，左裸眼 0.7 以上，右裸眼 1.0 以上；听力，耳语一侧不低于 2 米，两侧 5 米以上。随着人民群众健康水平的提高，1983 年起应征青年的体格标准也相应提高，男 1.6 米以上，女 1.55 米以上；体重，男 47 公斤以上，女 43 公斤以上；并进行肝功能（着重对乙型肝炎表面抗原）检查。1990 年后，男性要身高要求 1.62 米，体重 50 公斤，女性要求 45 公斤以上。2003 年，冬季征集新兵的体格要求有所变化，视力上要求凡高中文化的应征青年裸眼视力左 0.4，右 0.6，体重为 48 公斤，身高也降至 1.6 米，增加血液检查项目。

1983—2010 年大中镇征集兵员数质量及服役方向情况表

表 15－3－3　单位：人

年份	征集人数	其中				服役方向
		城镇	农村	高中以上文化	团员（党员）	
1983	37	15	22	14	12	上海警备区 28 人，北海舰队水兵 9 人
1984	40	15	25	11	23	浙江武警总队 21 人，12 军坦克师 7 人，盐城军分区 12 人
1985	27	9	18	14	15	乌鲁木齐空军地勤 13 人，东海舰队普通兵 10 人，盐城市武警支队 4 人
1986	31	14	17	19	13	济南军区高炮旅 15 人，南京军区舟桥 83 团 4 人，浙江武警 4 人，二炮 54 基地 3 人，北京卫戍区警卫师 5 人
1987	34	13	21	22	9	上警 8 人，空军后勤部 8 人，总参装甲兵 3 人，中央警卫师 2 人，南司工修队 4 人，江苏省军区 1 人，淮武 1 人，镇武 3 人，连边 4 人
1988	32	9	23	13	6	东航七大队 5 人，南司工兵团 4 人，福州边警 10 人，南通消防 4 人，38 军高炮团 9 人
1989	50	16	34	18	10	总后 3 人，北工院 8 人，山东警 11 人，连武 2 人，宁边防 4 人，兰州 412 团 1 人，总参坦院 2 人，兰高炮旅 11 人，半地炮旅 5 人，省干所 1 人，长春技校 2 人
1990	47	12	35	17	11	中警 3 人，温武 4 人，广州空军 7 人，杭州武警 4 人，兰州高炮团 9 人，广空武汉指挥所 5 人，空降 15 军 1 人（女）
1991	52	21	31	33	26	南空 5 人，16 分部 1 人，江苏武 2 人，13 分队 1 人，27 军 14 人，江西省军区 7 人，南海舰队 9 人，南司 31 军 9 人，福州卫校 4 人

续表 15－3－3

年份	征集人数	其中				服役方向
		城镇	农村	高中以上文化	团员（党员）	
1992	47	18	29	29	23	20 军 7 人，东海舰队 15 人，福州武警 10 人，海南军区 10 人，常州武警 5 人
1993	37	11	26	16	26	总参机要局 4 人，总参陆航局 1 人，总参炮兵研究所 1 人，总参电子对抗营 4 人，总参维护大队 5 人，南空 14 师 9 人，二炮 11 人，北海舰队 2 人
1994	40	16	24	23	3	宁波军分区 7 人，杭州一军 4 人，成都武警 13 人，南海舰队 8 人，39 军直 2 人，温州武警 4 人，宁波武警 1 人，江苏省军区 1 人
1995	35	14	21	20	2	南空导弹七团 8 人，38 军直 1 人，38 军坦克团 10 人，1 军 3 人，舟山基 5 人，坦克十师直 3 人
1996	41	22	19	29	11	浙江武警 9 人，23 军 12 人，31 军 10 人，南京军区后勤部 9 人
1997	36	15	21	25	8	一军 8 人，兰空 10 人，基地 7 人，兰空地勤 2 人，东海 4 人，小兵种 5 人
1998	45	22	23	37	38(1)	航海学院 6 人，江西武 11 人，云南边防 6 人，52 基地 5 人，海军司 4 人，55 基地 13 人
1999	42	20	22	31	—	天武 8 人，20 军 3 人，大连海 2 人，陆军 2 人，小兵种 25 人
2000	50	20	30	32	—	31 军 6 人，77 旅 2 人，安武 2 人，宁武 2 人，小兵种 38 人
2001	58	23	35	35	—	安武 11 人，12 军 16 人，福武 4 人，54 军 17 人，1 军 4 人，驻港 4 人，联勤 1 人，沈空 1 人
2002	57	31	26	34	13	总参兵种部 7 人，武警 38 师 3 人，武警 126 师 3 人，65 军 2 人，山东省 8 人，北海 6 人，北空 9 人，西藏 2 人，65 军 6 人，武警 376 团 4 人，小兵种 7 人
2003	51	33	18	36	10	中央警卫 3 人，上边武 6 人，南海 1 人，武指挥学校 1 人，东航 3 人，40 军 12 人，12 军 4 人，甘肃 12 人，济南武 2 人，天津武 2 人，小兵种 5 人
2004	55	30	25	41	27	绍兴武 5 人，14 军 7 人，二炮 5 人，海南 6 人，宁波武 2 人，北京武 12 人，31 军 5 人，江苏武 3 人，中央警 2 人，厦门 2 人，舟山 2 人，小兵种 4 人
2005	58	35	23	37	19	安徽武 6 人，成都空 3 人，浙江 9 人，南海 5 人，上海武 4 人，54 军 8 人，济南 7 人，南疆 6 人，小兵种 10 人
2006	48	29	19	41	25	东海 5 人，总参 4 人，苏州 6 人，天津武 13 人，江苏武 2 人，无锡 2 人，54 军人，小兵种 10 人
2007	60	24	36	43	11	安徽武 10 人，南空 5 人，兰州 7 人，26 军 77 旅 7 人，新疆消 6 人，甘肃 21 军 3 人，江苏武 3 人，12 军 179 旅 6 人，北京武 2 人，南京联勤 4 人，山东边 2 人，小兵种 4 人
2008	69	38	31	63	20	北海 7 人，南疆 8 人，重庆武 7 人，江苏武 3 人，武警 63 师 4 人，沈空 5，31 军 7 人，山东军区 6 人，浙江武 2 人，江苏军区 2 人，1 军无锡 5 人，中警局 6 人，南京司 2 人，小兵种 5 人
2009	57	27	31	56	18	驻港 4 人，新疆武 4 人，济南联勤 8 人，北空七师 5 人，北空后 4 人，航空工程院 6 人，江苏武 2 人，武警 128 师 5 人，16 军 5 人，总后 5 人，小兵种 10 人
2010	66	31	35	62	66	西藏武 3 人，新疆 3 人，湖北武 9 人，1 军 12 人，黑武 3 人，26 军 6 人，27 军 5 人，山东武 3 人，上警备 5 人，小兵种 17 人

说明：兵员服役方向变动较大，只是基本情况

1997—2009年裕华镇兵役情况表

表15-3-4　　单位:人

年度	适龄公民数	兵役登记数	预征对象数	进站体检数	合格数			征集数			兵员去向
					合计	大专	高(职)中	合计	解放军	武警	
1997	—	—	—	31	19	—	6	16	16	—	总参2人,兰空5人,一军8人,东海1人
1998	—	—	90	39	18	—	—	16	16	—	湖南二炮8人,海司6人,安徽二炮2人
1999	—	—	96	—	—	—	—	—	—	—	—
2000	825	825	98	67	29	—	15	18	16	1	31军13人,浙江武警1人,南司2人,总参1人,南昌军分区1人
2001	756	756	135	76	45	—	20	31	22	9	54军11人,1军5人,军区后勤1人,沈阳空军2人,安徽安庆武警7人,安徽芜湖武警1人,福建消防武警1人,12军2人,广州部队2人
2002	591	591	150	79	43	2	13	28	16	12	西藏2人,65军3人,北海舰队4人,1军1人,警卫团1人,总参3人,武警38师12人,山东省军区1人
2003	—	—	148	72	35	—	6	26	24	2	中央警卫团1人,济南武警4人,上海边防1人,扬州武警1人,东航1人,12军1人,40军高炮旅9人,甘肃军区6人,南海舰队1人
2004	691	691	148	72	45	1	7	25	20	5	海南省军区7人,31军6人,北京武警3人,浙江宁波武警2人,东海舰队3人,上海警备区1人,中央警卫团1人
2005	850	850	—	75	38	—	14	25	20	5	南疆军区5人,54军4人,浙江省军区5人,安徽武警3人,成都空军3人,上海武警2人,南海舰队1人,济南军区2人
2006	549	549	118	68	34	2	8	20	17	3	新疆军区6人,空军地勤2人,北京武警1人,一军2人,总参3人,浙江边防2人,东海舰队1人,12军1人,天津武警1人,北京武警1人
2007	823	823	124	73	39	3	19	24	21	3	西藏军区2人,21军3人,兰州军区警卫3人,26军3人,新疆消防2人,总参1人,安徽武警3人,北空1人,41军3人,12军1人,南京舟桥旅2人
2008	704	704	122	64	28	4	10	21	17	4	新疆军区3人,重庆武警4人,武警63师2人,山东省军区1人,中央警卫团1人,沈阳空军1人,31军1人,北海舰队3人,江苏边防1人,38军1人,南司1人,军炮9师1人,54军1人
2009	329	329	122	56	29	22	4	20	16	4	13军1人,驻港2人,武警128师4人,16军团3人,北空后勤3人,海军航空工程学院1人,26军装甲师1人,济南军区联勤部2人,26军炮兵旅1人,总后管理局1人,31军1人

第四节 民 兵

一、组织建设

(一)民兵分类

1940年10月,共产党民运工作队和新四军二纵五团大力宣传发动,台北普遍建立农抗会、灶抗会(灶民抗敌协会)、妇抗会等抗日组织。嗣后,大中地区建立以贫雇农为主体的农民自卫队。1941年,在普遍组织抗日自卫队基础上,以自愿为原则,从自卫队员中挑选部分身强力壮、愿意武装杀敌的中青年担负侦察敌情、单独或配合部队作战等项任务。再从中挑选一部分工作积极、作战勇敢的模范分子组成基干队,担负地区游击队任务,带领自卫队对敌作战。1942年,为加强对全县民兵自卫队的领导,台北县建立民兵总队(1942年6月,台北县民兵总队成立后统一称民兵)。1943年下半年,台北县民兵总队与县独立团合并,由独立团统一领导和指挥全县武装和民兵对敌作战。

新四军入驻台北地区后对民兵的称谓不一,有武工队、自卫队、抗日自卫队、游击小组等称呼。1942年6月,台北县民兵总队成立后统一称民兵,其组织形式是县设总队、乡(镇)设大队、村设中队,相当于居民行政组或村民小组设小队。1953年,实行普遍民兵制,将民兵分为基干民兵和普通民兵两种。1962年,为适应战备形势需要,改为基干民兵、普通民兵和武装基干民兵三种。1981年,根据中发〔1981〕11号文件,对民兵组织进行调整,调整后,取消武装基干民兵,保留基干民兵和普通民兵形式。

(二)民兵条件

年龄条件 1940年冬,台北地区普遍建立农民自卫队吸收18~35岁的男性农民。1941年,又按自愿报名原则,以自卫队中的中青年(19~35岁)骨干组建民兵队伍。1952年,根据中央《关于民兵问题的决定》的要求,年满16~50岁的男女公民,都可以参加民兵组织。1955年,《中华人民共和国兵役法》对民兵年龄作出具体规定,男性公民16~45岁,女性公民16~35岁,可参加普通民兵。其中16~35岁的男性公民,16~28岁的女性公民可参加基干民兵,普通民兵一般占人口的6%,基干民兵占总人口的3%。1961年,中共中央、国务院颁布《民兵工作条例》,规定男民兵为16~45岁,女民兵为16~35岁。其中16~30岁的男性公民和16~25岁的女性公民编为基干民兵,31~45岁的男性公民和26~35岁的女性公民编为普通民兵。1981年,贯彻中发〔1981〕11号文件,对民兵组织进行调整改革,规定民兵组织以男性公民为主。民兵的年龄条件改为18岁至35岁,其中基干民兵为18~28岁。女民兵按基干民兵年龄条件适当选编。上世纪80年代以来,随着基干民兵组训任务的减少,基干民兵中专业技术兵的年龄也根据需要适当放宽到35岁。

身体条件 从建立民兵组织到20世纪70年代末,对参加民兵的身体条件要求不太严格,基干民兵身体比较强壮,普通民兵身体没有残疾,都可以参加。1981年,中央〔1981〕11号文件强调基干民兵按照《应征青年体格评选条件》执行,普通民兵必须身体健康无疾病。基干民兵由乡镇人武部会同基层党组织评审确定,入队时由村民兵营负责病史调查。

政治条件 民兵的政治条件,是随着各个历史时期的政治形势和党的阶级政策的变化而变化的。战争年代和新中国成立初期,要求民兵组织在吸收新民兵入队时,要贯彻阶级路线,农村主要是贫雇农和手工业者,适当吸收中农。城镇则以工人、手工业者和城市贫民为发展对象,地主、富农、兵痞、土匪和坏分子不能参加民兵组织。1956年,社会主义改造完成以后至中共十一届三中全会的20多年间,发展民兵主要是贯彻党的重视出身成分,又不唯成分论,重在政治表现的政策。对一些现实表现好、思想觉悟高的地主、富农和资本家子女,可以吸收参加民兵组织。但这一时期由于受“左”的思想影响,对出身和成分问题仍然看得过重,掌握偏严。中共十一届三中全会以后,对参加民兵的政治条件作了修改,对入队民兵的政治审查主要看本人的现实表现。凡是拥护中国共产党的路线、方针、政策,坚持四项基本原则,热爱中国共产党,热爱社会主义祖国,热爱劳动,遵纪守法,品德优良的适龄公民,都可以参加民兵,正在受侦查、起诉、审判或被判刑、拘役、管制、服刑和依法被劳动教育的一律不得编入民兵组织。

(三)民兵编组

1940年秋,大中镇"青抗会"组织青年抗日先锋队(队长黄风超)。青年抗日先锋队组织工人、青年纠察队巡逻放哨,保卫市民安全,同时每天早上出操训练,学习军事,准备打仗。1946年,人民民主政权为维持地方治安,保卫人民政权,大中镇成立民兵大队,街道建立民兵中队,居民小组建立民兵小队,计有民兵512人,其中工人纠察员282人(大队长傅伯洪)。1947年秋,国民党重新占领大中镇,大中镇工人纠察队轻装精简,改组成武工队,队长傅伯洪。1949年,进行民兵整组,清除阶级异已分子和不纯分子。整组后,原民兵大队改置民兵中队,区置民兵大队,县置民兵总队。1950年,区改置人民武装部。各街道建立民兵分队,全镇共有民兵110余人,中队长陈永太(1952年后为杨松山)。

1952年,镇设民兵中队部,下属改设排班组建制。并分置基干民兵排和普通民兵排,同时设基干民兵排1个,基干班2个,基干民兵54人,普通民兵排1个,5个普通班,普通民兵65人,计有民兵119人。1953年,大中区设22个普通民兵排,普通民兵587人,8个基干排,基干民兵523人。1957年,大中镇编入民兵316人,其中基干民兵190人,普通民兵121人;大中乡配备民兵1432人,其中基干民兵718人,普通民兵714人;裕华乡编入民兵1643人,其中基干民兵899人,普通民兵744人;新团乡编入民兵1226人,其中基干民兵619人,普通民兵607人。1958年3月,根据"人近相宜,因地制宜"的原则进行调整,按各居委会,各厂、场、企业分别建立民兵分队。1958年9月,大办民兵师,大道人民公社、新团卫国人民公社分别成立民兵团。9月30日,大道人民公社民兵团在大中镇大中小学广场召开成立大会,出席会议的民兵代表3800多人冒雨参加。郁建民任团政委,蔡国范任团长,蔡文任副团长,龚坤、冯建萍、冯玉兴3人任团政治部主任,吴亦模任团参谋长。大道民兵团下辖大中、新丰、裕华、南阳、大中镇五个民兵营。大中镇民兵营营长王勇飞,教导员张淑樵。是年,大道人民公社编制民兵28350人,其中基干民兵6654人,普通民兵21696人;新团卫国人民公社编制民兵10822人,其中基干民兵2668人,普通民兵8154人。1959年,大中镇民兵营下辖11个连,44个班,民兵1600余人,其中基干民兵中有1个持枪连,3个排,12个班128人。

1962年,根据战备形势需要,在基干民兵中重点武装一些班排连,称为武装基干民兵,作为民兵执行战斗任务的骨干。1963年,大中民兵团下辖4个民兵营,14个民兵连,35个民兵排,185个民兵班,计有民兵1460人(女民兵503人),其中基干武装民兵3个连,4个排,13个班138人。团长由人武部代部长朱成章兼任,政委由镇党委书记沈志祥兼任。1965年,大中镇、大道公社、裕华公社、新团公社各设1个民兵团。大中镇民兵团下属19个连,35个排,115个班计有1391人,其中基干民兵556人。正副营长5人,军事教官5人,正副连长31人,正副排长70人,正副班长230人;大道公社下设23个民兵营,6个武装连,3个直属连,170个排696个班,有基干民兵4588人。1966年,"文化大革命"中民兵组织停止活动。1969年,民兵组织开始恢复。

1971年,恢复建立民兵团,团长由镇革委会副主任顾云鹏兼任,镇党委书记李万春兼任民兵团政委,镇革委会副主任唐国政兼任参谋长,镇革委会副主任顾长宏任民兵团政治处主任。

1981年,中央对民兵组织进行调整,普通民兵由两部分构成,一部分是由基干民兵中因超龄或身体原因转普通民兵,二是合符基干民兵条件而未能参加基干民兵的男性公民。1983年,大道、阜丰、大中镇合并新组建大中镇。是年,大中镇有普通民兵143个排,369个班6089人。1985年,对民兵预备役制度进行改革,提出"减少数量、提高质量、抓好重点、打好基础"的十六字方针,经过调整,大中镇有37个基干排,80个基干班,基干民兵800人。

1990 年,大中镇有武装基干民兵 32 个排 650 人,普通民兵 3000 人。1992 年,乡、镇、场和生产稳定、党组织健全、适龄人员够建一个基干民兵班或民兵排的企业(含机关、学校、科研单位下属工厂及乡、镇企业)、事业单位(不含机关、学校、科研单位)、街道应建立民兵组织。是年,大中镇在 4 个镇属企业组建民兵连。1994 年,在大中镇组建 107 火箭炮连。1995 年,大中镇有基干民兵 27 个排,65 个班,650 人。

1996 年 4 月,建立大中镇炮兵连。

2001 年,区划调整,新团镇并入大中镇。是年,大中镇编制基干民兵 510 人,普通民兵 1861 人。

2005 年,对防卫力量进行重新整合,全市编入乙种民兵防空团高炮二营,在大中镇设营部机关,并将原"双 37"高炮专业改为"双 25"高炮,同时设一个工兵连、一个对口专业分队、一个应急连,编制基干民兵 545 人,普通民兵 1690 人。

2010 年,区划调整,裕华镇并入大中镇。2011 年,大中镇编制基干民兵 554 人,普通民兵 850 人,设 1 个应急连,1 个步兵连,1 个炮兵连部。

(四)组织整顿

1944 年,为配合局部反攻,民兵首次进行组织整顿。整顿的方法是:先进行抗日斗争大好形势教育,明确整顿民兵重要性,在提高思想认识基础上,清除挂名民兵与不纯分子,召开民兵会议,直接选举中队长。中心乡建立模范中队,每个模范中队编制 60 名精悍民兵、10 名模范民兵。

1950 年是新中国成立后民兵首次整组,历时 3 个多月,主要是建立和健全民兵组织,发展和纯洁民兵队伍,将剿匪肃特、民主反霸和土地改革等政治运动中涌现出来的积极分子吸收到民兵组织中来,将混进民兵组织中的地主、富农、兵痞、流氓等清洗出民兵组织。训练教育民兵干部,慎重发展民兵,使村、乡、区、县四级民兵组织初步建全。民兵工作与预备役工作合二为一,预备役的教育整顿与民兵整组结合在一起。

1959 年,在整顿人民公社的同时,整顿民兵组织。通过整顿,将民兵组织和生产劳动组织分开,纠正"大办民兵师"中产生的以民兵组织代替生产组织、行政组织,追求"组织军事化,行动战斗化,生活集体化"等形式主义倾向。

1962 年,毛主席发表"民兵工作三落实"指示(组织落实、政治落实、军事落实),在民兵整组中将组织整顿、政治教育、选定民兵参加年度军事训练三位一体。社会主义教育运动中,民兵整组结合社教。对民兵进行阶级教育和国防教育,重点抓民兵的政策和干部配备。1967—1968 年,因"文化大革命",中断民兵整组。

1976 年,粉碎江青反革命集团,深入揭批江清反革命集团大搞"第二武装",破坏民兵建设的罪行,撤销民兵指挥部,解散坚持派性、参加"社会阶级斗争"的民兵小分队,并重点抓民兵干部和武装基干民兵整顿。

1991 年,民兵整组,一是扩大民兵组建面,在工厂企业普遍建立民兵组织;二是改进编组方法,把符合条件的退伍军人和已训人员编入基干民兵;三是提高女基干民兵的数量(一般不低于民兵总数的 5%);四是调整年龄结构,分 10 个年龄段(18～28 岁)梯次比列编组;五是专业技术分队按 5% 的地分专业对口人员编入;六是充实应急分队,同时强调各单位基干营点验人数不低于民兵总数的 90%。1991 年民兵营连开始进行规范化建设,此后,每年民兵组织整顿,主要做七个方面的工作:一是对民兵进行民兵性质、任务和光荣传统教育;二是总结工作,表彰先进;三是根据年龄、身体和政治条件,进行出入转队,审定预征和参训对象;四是改选配齐民兵干部;五是建立与健全各项活动制度;六是点验基干民兵,清点武器装备;七是完成上报民兵、预备役登记统计。整组结束后,逐级进行检查验收。

1997 年,落实南京军区南昌会议精神,突出逐行战时兵员动员和就地斗争任务,科学编组、合理布局,按照"五个有利于"(有利于加强领导,有利于提高质量,有利于开展活动,有利于执行任务,有

民兵入队宣誓

利于平衡负担）的要求，重点解决“有兵员无组织，有组织无兵员”的问题，在“三资”企业和跨单位、跨行业编组。

2000年，市政府下发《关于深入民兵调整改革的意见》，市人武部下发《大丰市民兵工作调整改革方案》，对在2000年以后一段时期内民兵工作提出具体调整改革的意见，对民兵组织进行调整改革合理布局、优化结构、突出重点、分类建设。2005年，坚持任务牵引“编为用，建为战”的要求，统一民兵组织类别，分队名称和编制，分类建设着眼逐行任务，重点抓兵员动员、防卫作战、信息作战、参战支前和维稳反恐五类队伍建设，同时突出防空、军兵种专业、应急、信息和海上民兵参战支前“五类九支”骨干队伍建设。

2010年，优化组建布局和组织结构，加强基层武装部和民兵营（连）规范化建设，促进末端工作。坚持任务牵引，按照哪里需要就要在哪里组建，哪里重要就在哪里多建的原则，牢固树立编组出战斗力的思想，着眼不同类型队伍特点，提高专业对口、退伍军人比例和党团员比例，确保人员在位率和出动率，达到“急时能应急，战时能应战”和“一队多用，一专多能”的任务要求。

（五）民兵干部

1. 配备与任免

大中地区从建民兵起，民兵队（连、营）长一直是基层政权和党组织的领导成员之一。在战争年代和新中国成立初期，乡（村）民兵队长一般由支部军事委员担任，乡（村）党支部书记兼任民兵政治指导员。民兵分队、小队长则挑选出身成分好、思想品德好、作战勇敢的共产党员和优秀民兵担任。乡中队部设正副队长、正副指导员、政治干事、文书，乡中队在职队长一人“吃公粮”，设不脱产中队副一二人，乡支书为指导员。区人武部，区委书记兼部长。

1957年，乡设专职队长，乡队长由乡党委支部提名，报兵役局任命。

1961年，强调民兵干部选配要坚持贯彻阶级路线，以及工农为骨干，各级民兵政治干部由各级党委书记和支部书记兼任正职，师、团、营、连、排长由社、队的行政干部副职兼任民兵干部正职。民兵干部的副职挑选忠于党、忠于人民、忠于社会主义事业的党、团员、优秀复员、转业、退伍军人和贫农、贫下中农中的积极分子担任。民兵营以下（不含营）干部的产生，经过民兵选举，报请上级党委审查批准，师、团干部经县委批准，报地委备案。对混入民兵组织队伍中的阶级异己分子、地富反坏分子、蜕化变质分子进行清除，对民兵干部中的政治嫌疑分子，采取选举落选办法。1962年，实行大队专职民兵干部配备，凡享受国家补贴在4人以上的大队，配专职民兵干部1人，享受国家补贴。享受国家补贴在3人以下的大队，配专职民兵干部1人，享受误工补贴。大队专职民兵干部是大队“四大巨头”（书记、队长、总账会计、民兵营长），大队民兵干部须报县委批准。1986年，按照干部“四化”要求选配民兵营长，行政村配备专职普通民兵营长，民兵营长兼基干排长，村党支部书记任政治教导员，不配副职。企业的民兵干部，正职由单位领导兼任，副职从基干民兵中选配，乡基干民兵营营长由专职人武部部长或副部长担任，政治委员由各单位党委书记担任，副营长由副部长（干事）担任，也可由其他党政干部兼任。任免办法：基干营营干由乡（镇、企业）党委提名报县（市）人武部党委，由县（市）人武部直接任命;普通民兵营干(基干民兵排干)由所在单位提名征求民兵和群众意见后,报上级党委任命。1990年,农村民兵营长是正式党员的要参加村支委会。民兵干部要革命化、军事化、专业化、知识化,政治思想好,身体健康,年纪要轻,一般不超过40岁。1994年,明确村民兵营长为副村级,是中共党员的参加村党支部(总支),非党员参加村民委员会。

2001年后,随着乡镇撤并、村组区划调整,干部职数减少,大中镇60%以上的村的民兵营长都由村干部担任同时明确民兵营长兼基干排长。

2010年区划调整后,全镇有31名民兵营长,平均年龄39.5岁,退伍军人16人,村主任和副主任兼营长的17人,进两委率达100%。

2. 管理与教育

大中镇在各个不同时期都把德才兼备作为选拔干部的重要标准。一是严格条件,从思想好、身体好、热爱民兵工作,具有一定军政素质和文化水平的复员退伍军人和优秀民兵中选拔。二是专职和兼职相结合,在农村村民兵营长配专职,并和其他村干部一样享受一定的补贴,班排干部不脱产,企业的民兵连长,由工厂行政干部兼任。三是保证党对民兵组织的领导,党支部书记兼任民兵营、连的政治教导员(指导员)。四是民主管理,20世纪70年代以前,民兵干部是由党支部提名,经民兵大会选举,报上一级党组织批准任命。80年代以后,民兵干部由基层党支部提名,征求民兵意见后报上一级党组织批准,然后由镇人民武装部任命。

3. 训练

抗日战争和解放战争时期,民兵干部训练一是以会代训,二是办短训班集中训练(一般一个星期左右),三是派干部到驻地部队学习,培训的内容主要进行“四大技术”(麻雀战术、围困战术、封锁战术和地雷战)。

新中国成立初期,对分队长以上干部每年轮训一次。1955年以后,除对民兵干部进行正常的军政训练外,还穿插政治思想工作和带兵方法等内容教学。20世纪50—60年代,民兵干部的训练一般以乡为单位,以不妨碍领导工作、不妨碍生产和保证实施教学需要为原则,采取所在单位进行短期集训或结合训练会议以及参观、见学等方法进行。1967年,民兵营长、教导员、武装基干连、排长、指导员和基干民兵排长普训时间7天。1972年,排以上民兵干部全部参加为期2周的训练。1973年以后,农村民兵营长由县统一组织,结合教员培训。1976年,民兵营、连长、正副教导员先后进行三次轮训。1985年,中央下发22号文件,强化民兵干部训练,训练的对象主要是新任职的基干民兵连、排长,新任职干部2年内完成30天训练,主要科目是军事理论、基本技能、动员工作业务和组织指挥。此后,每年新配备的民兵干部、专业技术兵教员都由县人武部统一组织训练或到盐城军分区教导队培训。

二、政治教育

(一)教育制度

抗日战争、解放战争时期和新中国成立初期,民兵(自卫队)教育一般是结合实际情况,执行什么任务,就进行什么教育,初期教育方法也比较简单,主要通过工作会议、报告、忆苦思甜、写标语、出黑板报、唱革命歌曲等方法进行。20世纪60年代,贯彻落实毛主席民兵工作“三落实”,在抓政治落实过程中,各单位相应制定了一系列民兵政治教育制度(计划)。60年代初期,每月逢五、逢十进行普遍教育。70年代中后期,以公社为单位,基干民兵每月一堂政治课,同时建立起民兵评比、考查、登记等教育制度。1980年以后,基干民兵每月上一堂政治课,利用民兵训练10%时间进行政治教育,结合征兵、整组、重大节日进行教育。80年代后期,市场经济发展,民兵流动性增大,月课制度无法坚持,民兵政治教育进行调整,实行“四二二教育”,即将每月一堂政治课压缩到每季一次,利用军事训练的20%时间进行政治教育。普通民兵的政治教育,结合征兵、整组和重大节日等,每年进行两次。

(二)教育内容

爱国主义教育　爱国主义教育是民兵政治教育基本内容,其具体内容,根据党在各个时期的方针、政策和中心任务来确定。

抗战时期,围绕一切为了抗战,不愿做亡国奴,赶走日本帝国主义,反对内战,一致抗日,宣传抗日救国的道理。

抗战胜利后,主要对民兵进行保卫抗战胜利果实,揭露蒋介石的丑恶嘴脸,打败国民党,建立独立、自由、民主的新中国的教育。新中国成立初期,对民兵进行抗美援朝、卫国保家、土地改革、镇压反革命和自力更生艰苦奋斗的教育,使广大民兵把保卫革命果实同保卫祖国安全、维护世界和平联系起来,努力完成剿匪、支前、参军、参战等各项任务。

20世纪50年代后,进行总路线教育,"大跃进"时期进行"三面红旗"(总路线、大跃进、人民公社)的教育,激励广大民兵爱祖国、爱劳动、爱集体,积极参加社会主义建设的热情。60年代初的三年困难时期,围绕抗灾自救,粉碎美蒋反攻大陆的阴谋。1971年,对广大民兵进行反对林彪反革命集团斗争的教育,保卫党中央、保卫毛主席。1976年,粉碎江青反革命集团,结合批判江青反革命集团,激发广大民兵参加反对江青反革命集团的斗争。

中共十一届三中全会后,主要抓"坚持四项基本原则,反对资产阶级自由化""五讲四美三热爱"和培养"四有"(有理想、有道德、有文化、守纪律)新人教育。20世纪90年代,主要围绕改革开放,积极参加"两个文明"建设教育。

21世纪后,针对台湾当局搞台独的阴谋,对广大民兵进行一个中国,坚持统一,反对分裂,以及"三个代表"重要思想、以人为本、构建和谐社会和科学发展观教育。

形势战备教育　1951年发生抗美援朝战争,用召开声讨会形式,针对民兵中恐美厌战和怕苦怕死情绪,教育民兵积极报名参加中国人民志愿军,赴朝参战。1962年,台湾当局要反攻大陆,镇组织老干部、老党员、老贫农、老民兵现身说法、忆苦思甜,激发广大民兵和人民群众的阶级仇恨,鼓舞斗志,树立敢打必胜的信心。1963年,盐城军分区在大丰举办射阳沿海军民缴获蒋帮偷渡特务战利品展览,大中地区民兵全部观看展览。90年代以后,针对李登辉、陈水扁之流以武拒统、分裂祖国的罪恶阴谋,用江总书记"时间表"的思想教育民兵。美国"9·11"事件后,强化反恐慌、应付突发事件和《中华人民共和国反分裂法》教育。

依法服兵役教育　1954年,第一部《中华人民共和国兵役法》颁布后,在民兵中开展兵役法宣传。通过宣传教育,使广大民兵了解实行义务兵役制的重大意义,懂得依法服兵役和参加民兵,抵抗侵略,保卫祖国是宪法规定的每个公民应尽的义务,树立自觉尽义务的思想。同时引导广大民兵正确理解和处理国家利益与个人利益,长远利益与眼前利益的关系,树立"保卫祖国,人人有责"的观念,坚定踊跃参军、献身国防的意志和决心。20世纪80年代初,农村实行经济体制改革以后,一部分富裕起来的青年农民,产生不愿当兵,怕当兵"吃苦、吃亏",影响致富的想法。1984年,结合学习新颁布的《中华人民共和国兵役法》,有针对性地教育民兵和青年树立致富不忘国家,当兵报效祖国的思想,大力开展"拥军优属"活动,进一步落实各项优抚政策,帮助军人家属解决实际困难,调动了广大民兵和适龄青年应征入伍积极性。1997年结合《中华人民共和国国防法》,2001年结合《中华人民共和国国防教育法》,重点进行两个法律教育,2002年以后,结合征兵进行《中华人民共和国兵役法》《江苏省征兵工作条件》的教育,使广大青年民兵不断提高依法应征服役的自觉性。

民兵性质、任务和革命传统教育　20世纪50年代,《民兵组织暂行条例》作为民兵政治教育的必修课。通过教育,提高民兵的政治觉悟,增强民兵的组织纪律性,树立为人民服务的思想。1961年《民兵工作条例》颁布后,以条例为基本教材,通过各种形式,对民兵进行革命传统教育,还请老党员、老民兵讲革命斗争历史,组织民兵瞻仰烈士陵园,参观革命斗争事迹展览,学习英雄模范人物的英雄事迹等。从而使民兵了解自己的光荣斗争历史,振奋革命精神,继承和发扬革命传统。进入21世纪,以胡锦涛“三个下功夫，一个落到实处为指导”，进行“强化战斗精神”“弘扬艰苦奋斗、保持昂扬精神”“树立和落实科学发展观”为主要内容的教育，教育广大民兵树立坚定理想信念，不断提高思想道德和科学文化素质，保持政治上合格纯洁，更好地担负起建设和保卫祖国的光荣任务。

民兵学雷锋活动

（三）教育形式

上政治课 利用夜校、俱乐部等场所，以民兵排、连为单位上政治课。建立由宣传、文化部门、共青团、工会、妇联和人民武装部组成的民兵政治教育领导小组，公社（乡、镇）人民武装部组织政治教员备课，安排教育时间，督促民兵连队按时上课，邀请各级领导干部给民兵讲课。在上政治课时，围绕教育内容，开展适合青年特点的生动活泼的教育活动。如开展问答会，举办国防知识竞赛，运用幻灯、录音机、录像机等器材进行教学。

把民兵政治教育纳入全民教育轨道，纳入党委统一的宣传教育计划。在教育的组织领导上，纳入各级干部的目标责任制与目标管理考核挂起钩来。在教育的实施上，有分有合，全民教育内容与地方同步，集中教育主要突出“兵”的内容。在教育方法上，根据民兵流动分散的特点，农村选择农忙休整时机，如“三夏”秋收、春节前后以及征兵、整组等时机，企业利用停产、设备检修、生产淡季等时机进行集中教育。在教育时间上，每年基干民兵的集中教育确保不少于16课时，年集中教育不少于4次，训练期间的集中教育确保2天。

刊授函授教育 刊授、函授教育主要是运用报纸、刊物、广播、电视等宣传媒体进行教育。组织民兵订报、订刊、收听广播、收看电视是正常采用的教育形式。

（四）教育阵地

青年民兵活动室：抗日战争和解放战争时期，对民兵（自卫队）的政治教育只是在战斗间隙和休整期结合总结会议等进行，没有固定的场所和教学设施。新中国成立后，随着形势的好转，为满足广大民兵学习政治、军事、文化的需要，因陋就简利用闲置的旧房办民兵俱乐部、文化娱乐室作民兵政治教育活动的场所。20世纪60年代后期，大队（村）、生产队（组）都相继建大队（村）部和生产队（组）仓库，民兵的政治教育基本都在大队的队部、生产队仓库进行。80年代以后，随着农村经济体制改革和人民生活水平的提高，旧的教育形式已不再适应民兵工作的要求。1982年开始创办青年民兵活动室，双喜村受盐城市表彰。1990年，全市在新团镇召开基层建设“五有”现场会。是年，大中镇民兵活动室的普及率达90%以上。1997年，基层民兵营（连）民兵青年之家，达到有房子、有牌子、有桌椅、有图书资料、有电视、有活动器材、有专兼职教员。2005年后，民兵政治教育阵地实现网上直通。

（五）基层建设

二十世纪五六十年代，主要抓基层干部的配备、规章制度建立。70年代后，随着政治经济形势的发展，上级对民兵工作的要求日益具体系统，民兵基层规范化建设提上党委政府的重要议事日程。1990年，把基层民兵营“五有”（有专室、有办公室、有资料橱、有资料、有规章制度上墙）建设作为基层建设的突破口。5月，大丰县在新团镇召开基层建设现场会，统一思想、统一要求、统一标准。针对基层建设无章可循的情况，统一制定基层民兵工作效率手册，民兵活动登记簿，统一制度上墙。1993

年，大中、新团、裕华全部达到“五有”标准。1995 年，大丰县在大中镇、南团乡召开基层建设观摩会，对全县基层建设统一标准，统一模式。2003 年，全市又开展新一轮基层建设“五有”达标活动。是年，大中镇人武部达到有专门资料室，制度张挂上墙，资料完备齐全，被盐城市表彰为达标先进单位。阜丰村、泰丰村被列为大丰市基层建设样板单位，盐城市人武系统都派员观摩学习。

2003—2007 年，大中镇连续 5 年被评为大丰市基层建设先进单位。

三、军事训练

（一）训练对象及内容

抗日战争时期，主要进行人民战争战略思想、游击战战略战术和四大技术（射击、爆破、利用地形地物、队列）、四大战术（麻雀战、围困战、封锁战、地雷战）训练。

解放战争时期，在学会四大技术、四大战术的同时，重点进行战场勤务、战场救护、站岗放哨和除奸防特方面的训练。

1951—1955 年期间，民兵训练以群众性练兵为主。1952 年，大中区组织民兵进行了为期 1 个月的冬季军事训练，完成了测验评比。1958 年，训练农村和城市农业郊区民兵，内容是步兵、步枪和轻机枪。是年，大中镇 51 名民兵参加步兵训练，考核成绩优秀 25 人，良好 18 人，及格 4 人，不及格 4 人，及格率达 93%。1959 年，训班战术和防空，同时配合体委开展普遍的劳卫制锻炼，大中镇内设防空固定哨 10 处，并进行对空射击演习。

1960 年，“劳武结合、军政并举”，训练内容为防空、防原子、防化学和射击投弹基础知识。战术训练班的攻防、利用地形地物。是年，民兵训练开始向专业化方向发展，内容为 60 炮兵、团属炮兵、雷达兵、海军、无线电报员、无线电话员、有线电话员，同时还进行夏季野营拉练。是年，大中镇 54 人参加实弹射击，其中优秀 42 人，良好 9 人，及格 3 人，及格率达 100%。1962 年，民兵进行防空、防原子、防化学训练。1964 年，采取小型、就地、分散的办法，训练对象以武装基干民兵为主，每个基干民兵达到“五会”（会打枪、会利用地形地物、会投弹、会站岗放哨、会防空）。

1965 年，主要进行工兵、炮兵、防化兵的训练，为响应毛主席“要准备打仗”的号召，进行反空降、反空袭、反蒋匪武装偷袭训练，及时开展野营拉练和游泳训练。是年，大中镇民兵在 20 余天的游泳训练中有 70% 的民兵学会游泳，50% 的学会武装泅渡，万丰村施友楠、沈亚琴夫妇在中央发出全民皆兵号召时，夫妻双双参加民兵，县人武部发给万丰 3 门“60”炮，他们夫妻编在一个炮班，天天起早带晚训练，在训练场上领导提出要练出无炮架消灭敌人的硬功夫，带着这个任务，施友楠夫妻苦练基本功，在盐城军分区比武中，他俩应用“密位法”“比较法”“跳眼法”来目测距离，然后把炮身插入泥土中，倾斜成所射目标，前后在规定几秒种内完成发射“三发二中”，获盐城军分区二等奖。1965 年元月，他夫妻俩被盐城军分区挑选参加江苏省军区民兵“大比武”，用同样方法取得三发三中，其中一发

民兵投弹练习

民兵实弹射击比赛

炮弹穿过靶中心，当即轰动整个比赛场，省市领导一一同他俩握手祝贺。他们俩得到"夫妻神炮手"称号，并获一等奖，许多报刊也登载了"大丰县夫妻神炮手"的事迹。

1966—1969年，由于"文化大革命"影响，民兵训练工作基本处于停顿状态。1969年冬，"珍宝岛事件"，毛主席号召"要准备打仗"，民兵军事训练又逐步恢复。

1972年，开展民兵"三打三防"训练（打坦克、打空降、打飞机，防原子武器、防化学武器、防细菌武器）。1977年，改进训练方法，坚持劳武结合，采取小型、就地、分散和集中训练相结合的方法。1978年9月24日，为纪念毛主席"大办民兵师"发表20周年，组织全县比武大会。大中镇量刃具厂武装民兵排9人参加，在半自动步枪比赛中，45发子弹，命中39发，总成绩在323环，平均36环，获得大中赛区第二名；投弹比赛中，投弹总米数397.8米，平均44.2米，优秀率达78%。

1980年，按照"减少训练人数，精简训练内容，改革训练方法，提高训练质量"的要求，民兵训练进行调整，将年度训练调整为周期训练（1980—1981）两年为第一周期。是年，民兵军训改革后，逐步减少训练人数，每年只挑选部分民兵参加训练，其对象为当年新入队的未经过训练的民兵新任民兵干部。1981年，大中镇组织民兵骨干100人进行单兵基础投弹、射击、爆破、巷战、战场救护等训练。射击考核中，七号半身靶100米，五发五中的34人，"光头"的1人。实际参加考核的98人，总成绩优秀，其余科目总评成绩良好。是年，盐城军分区在大丰召开民兵传统战法现场会，裕华公社和通商公社的民兵200余名会议代表做了破袭战、游击战、地雷战等传统战法现场表演。

1985年起，民兵训练采取分散训练与集中训练相结合，专业技术兵基本集中在王港训练点，由县人武部统一组织进行，大中镇有57名基干民兵进行了侦察、单兵科目的训练。1987年，围绕"减少数量，提高质量，抓好重点，抓好基础"十六字方针，压缩民兵训练任务。1988年，大中镇有50名基干民兵进行侦察、单兵科目的训练。1989年，大中镇15个村、24个企业40名基干民兵在阜丰靶场进行为期20天的侦察、单兵科目训练。

1992年，强调立足现有装备，突出训练重点，实施规范化训练。步兵主要进行射击、投弹、爆破、战术。专业技术兵主要训练八二炮、六〇炮、高机、侦察、无线等专业。大中镇中队45名基干民兵参加六O炮、侦察等专业训练。是年，强化考核力度，全县设7个训练中队，大中镇获得优秀。1996年，大中镇22名基干民兵在泰丰靶场进行22天的应急训练，取得4个优秀，3个良好，取得了及格率达100%的好成绩。1998年，贯彻"突出重点，以法治训，注重规范，按纲施训，打牢基础，全面提高"的指导思想。是年，大中107火箭炮分队参加分区实弹射击考核，获优秀单位。

2000年7月，盐城军分区海上民船实战演练，大丰组织五艘渔轮，大中镇有8名、裕华镇有5名民兵参加斗龙港至新洋港海上实战演练，圆满完成训练任务。2003年，组建高炮分队，大丰30余名（大中10名、裕华5名）高炮骨干参加盐城军分区高炮骨干训练，历时15天。2005年，35名基干民兵参加"苏动－2005"国防动员演练，大中镇、裕华镇各有2名民兵骨干参加高炮旅无锡防空兵基地进行15天训练。5月，大中镇7人、裕华镇4人参加高炮连全省高炮实弹射击，取得命中两具拖靶的好成绩。2006 年,大中镇、裕华镇计 50 名基干民兵参加大丰人武部在大丰农干校组织的 5 天应急分队考核训练,主要内容为盾牌操、擒拿格斗、投弹队列并且取得优秀成绩。2009 年,大中镇、裕华镇共组织 50 名基干民兵参加大丰人武部在大丰农干校组织的 5 天应急分队考核训练,主要内容仍然为盾牌操、擒拿格斗、投弹队列并接受盐城军分区考核。

2010 年,大中镇组织 8 名、裕华镇组织 5 名基干民兵参加军分区组织的为期 45 天的“三实”训练,在省军区的考核中,同德村民兵王伟获江苏省个人单项射击第一名。

(二)训练方法

抗日战争时期的民兵训练,主要是利用战斗间隙和农闲季节,以冬学为阵地,开展官教兵,兵教官,兵教兵的群众练兵活动,以村为单位,每周或半月训练一到二次,每半月会操一次(根据各自的战斗、生产情况而定)。解放战争时期,主要是坚持劳武结合,利用早晚、雨天、劳动间隙,结合执行战斗任务、战场勤务等进行,在战争中学习战争,如在配合部队或单独执行作战任务时,学习射击、投弹、战术等内容,在执行抬担架任务时,进行战场救护运送伤员,在运输物资时进行伪装和防空训练,总之执行什么任务就结合什么训练,训练时间大都安排在执行任务前。

1951—1965 年中,注重群众性练武,民兵训练主要利用冬闲季节,采取以乡(公社)为单位不脱离生产方式半日训练制,一般在 14 个训练日。沿海乡镇采取小型、就地、分散的方式进行。1959 年,采取不同对象灵活实施,农村、工厂以劳武结合的方式进行,学校在正课时间适当安排军训课,其余利用假日和课余时间。1962 年,采取灵活多样、分散与集中相结合,掌握少而精的原则,内容短小精练,并充分发挥复、转、退军人的作用。

20 世纪 70 年代开始,全市民兵实施周期训练制度,按省军区规定每 3 年一个周期,在每个周期内,公社、厂、企业的专武干部训练一个月,民兵营(连)长训练 15 天,武装基干民兵训 15～20 天,按纲要规定科目进行训练、考核,合格后即为完成训练任务。训练方法由人武系统组织力量训练和部队联合训练相结合,组成军民联合训练。在和部队组合训练中,民兵单独编班,此外还通过参加部队军事演习来训练民兵。

80 年代以后,民兵训练工作进行调整改革,转变训练指导思想,除减少训练人数,精简训练内容外,在训练方式上也作了一系列改革:将训练周期由 3 年改为 2 年,将 2 年集中一次完成,由小型就地分散逐步向以公社(乡、镇)集中训练为主,年度训练固定为 22 个训练日。从 1985 年起,由乡镇训练与县训练基地训练相结合改为全县划片,组成训练中队与县训练基地组织训练相结合(几个兵种相同的单位〈乡镇〉组成一个训练中队)。1995 年,由县设训练大队,片(训练点、基地)设中队的组训形式。使民兵训练更切实际,更贴近实战要求。

1996 年开始,实施集中训练。每年的训练除特殊情况外一律集中在市人武部训练基地或由市人武部组织,到盐城军分区,江苏省军区教导队参训。

(三)训练保障

器材保障　新中国成立前,民兵训练器材一般都是结合手中武器自制教材教案。新中国成立后,民兵训练的教学器材和各种教具,一是县统一下发,二是动员各单位发扬勤俭练兵传统,自制简易器材和革新训练器材,从而较好地保障了民兵训练的需要。20 世纪 60 年代打坦克训练,没有坦克就用土垒成坦克大小的模型,还有用报废的履带式拖拉机改装供民兵训练使用;搞爆破训练缺乏置式教材,民兵自制土炸药、土雷管和应用地雷等进行训练。这些土制器材安全保险系数小,加之民兵的操作方法欠规范,时常有事故发生。进入 80 年代,随着经济好转,教学器材进一步规范,训练器材都由上级军事机关配发,民兵训练不再制作土制器材。

民兵训练的报酬与补贴　革命战争年代,民兵参加训练一般都是没有报酬,尽义务尽责任。新中国成立后至 1970 年,民兵训练不计报酬或少量计酬,采取适当报酬与尽义务相结合,正常白天操课期间记工分,下雨天或利用早晚和劳动间隙尽义务,民兵早上出操、夜间拉练、阴天学习都尽义务不计报酬。白天占用劳动时间参加训练,工厂照发工资,农村记工分,外加一些适当的慰问补贴,公社(乡镇)大队(村)送些大米、猪肉、豆制品等。1970年以后,农村采取务工补助形式,参训人员在训练期间比在田间劳动的同等劳力报酬高出10%~20%不等。80年代后,随着生产责任制的进一步落实,民兵训练报酬发生新变化。1983年,江苏省人民政府,江苏省军区下发143号文件,要求“参训人员的报酬一切由参训单位负责解决”。1983—1986年,大中镇农村民兵每人每个训练日误工补助1.5元,伙食补助0.5元,厂矿企事业单位的民兵参训期间各种福利待遇不变,奖金根据民兵在训练期间的表现发给。

1987年,参训民兵补贴标准从原来的每天1.5元上升到1.8~2.2元。1988年,民兵每天误工补助2.5~3元标准。1990年,参训民兵每个训练日的误工、伙食补助为4~4.5元,企事业单位的补贴标准仍按原来规定执行。1985年,大丰开始兴办民兵以劳养武企业,民兵训练经费部分从以劳养武中支出。1992年,大丰县农业委员会下发《关于农村民兵训练经费全县统筹的通知》民兵训练经费乡镇自理改全县统筹,按每年每个农业人口统筹0.3元,由乡镇经管站收缴,汇县农委转县人武部,其中0.25元转县人武部,0.05元留作各乡镇人武部使用。企事业单位每个参训对象按300元标准统筹上缴县人武部。农业户口的民兵,每天误工加伙食补助6元,工厂及事业单位企业各种福利待遇仍然按原状。1995年,大丰县委下发6号文件,将民兵训练经费统筹标准每个农业人口每人0.35元提高到0.5元,0.05元留乡镇。1995—1996年民兵的伙食标准仍然按1994年执行。1997年,市政府下达8号文件,民兵统筹经费每个农业人口提高到0.6元,参训民兵每天误工补助10元。1999年,每个农业人口统筹0.75元,2001年市政府下发《民兵训练经费使用和管理办法》,每个农业人口的统筹指标为1元,农村民兵参训的补助为15元/天,伙食由市人武部统一安排。2002年,民兵训练补助标准为20元/天。2005年,民兵训练补助标准为25元/天,伙食由市人武部负责。此外,乡镇还根据各自情况适当补贴10~15元/天。厂矿企事业单位的民兵,参训期间工资由原单位发给,各种福利待遇在原单位发放。

2010年,民兵训练标准为30元/天,伙食由市人武部负责。此外,镇还补贴50元/天。厂矿企事业单位的民兵,参训期间工资由原单位发给,各种福利待遇在原单位发放。

四、民兵活动

(一)参军

早在抗战初期,大中集爱国青年吴度、倪少峰、余明就跋涉千里投奔新四军。1943年,苏北抗日根据地首次发动大规模参军运动,台北民兵参军人数占参军人数的70%以上,除留区队和县独立团外,送主力部队的就有312人。1944年,垦区队长蔡鸿宾(今住大中镇海防村)带领200多名民兵参加新四军。在支援反攻的大参军运动中,大中区泰丰村(今大中镇泰丰村)女青年陈桂英已准备在农历九月十五日结婚,但她主动动员未婚夫侯真山参军,她说:“你去参军,我帮你家做活计,等打完国民党军再回来结婚。”

新中国成立后,广大民兵仍然保持和发扬战争年代的光荣传统,积极报名应征入伍。大中镇双喜村1940—1980年,全村计有102名民兵参加人民军队(其中解放前31人);恒丰村民兵参加抗日战争的有11人,参加解放战争的有12人,抗美援朝的有2人;原刚强大队在抗日、解放战争中有3人牺牲,5人负伤致残,1950—1982年计有51人参加解放军。

(二)参战

抗日战争、解放战争中,大中民兵、自卫队运用麻雀战、破袭战、地雷战、伏击战等战法,配合主力部队和地方武装打击敌人,有力的进行了反“扫荡”、反“蚕食”、反“清乡”、反“屯垦”斗争。1941年秋,垦区区队和祥丰乡民兵将大中集东一匡至裕华镇西匡日本侵略军的电线杆全部拔除,运到根据地。是年,裕华攻坚战,利民村指导员茅井芳组织十余名民兵在二卯西河北阻击大中镇的增援之敌。

1944年7月,垦区吴风鳌、施忠跃率领游击队员到裕丰区抓伪保长,碰到敌军扫荡,吴扔出手榴弹炸死两个敌人,不幸负伤被捕,壮烈牺牲。

1946年12月,傅伯洪武工队深入大中集城区中心炸国民党军的碉堡和国民党政府区署。出没于大中镇心脏的胡伯洪武工队已成垦南区人民的屏障。12月15日,乘蒋军调防西团空隙,武工队迅速进入大中集拆除敌军营房百余间,碉堡19座。1947年1月25日,傅伯洪率武工队5名队员到大中集附近活动,并散布"新四军来了7个团",敌人吓得紧闭档子,乱打机枪小炮。武工队打了3排枪,投了3个手榴弹,300多国民党军逃到新团、八灶,到第二天上午方敢回来。1月29日夜,傅率领7名游击队员,分二个组,一组由傅伯洪率领挺进大中镇北街,一组由大中集前街长方长亮率领,由南部进入街心。他们在一个猛扑下捉到"自卫队队员"5名,缴大锣1面,并拿来满街乱调敲四外高喊"新四军10个团打来了"。四面八方打手榴弹,临走时满街标语,吓得敌人单独不敢站岗,以后总是站起一排岗哨,并以机枪一挺防卫。2月2日夜,武工队深入到大中集附近,捉顽保长6名,当他们来到离敌人半里路时,放了几把火,一齐乱喊"不好了新四军把我们保长捉走了,你们这些狗日的为什么不救",吓得国民党军岗哨缩进据点里乱打枪,由于傅伯洪武工队的活动,大中集附近几个乡保甲始终编不起来。(傅伯洪,梁垛人,轧花工人,在大中集轧花14年,大中集解放后,被选为全镇轧花工会长兼大队长。)1947年4月,在攻克大中集的战斗中,垦南区恒丰乡民兵徐丰旺、李德宝等4人见敌人躲在工事里打枪,猛扑上去夺下敌人滚烫的机枪,民兵陈四林一人活捉"还乡团"8人,缴长短枪2支。据不完全统计,在抗日战争、解放战争中大中镇双喜村有13名,恒丰村有20余名,阜丰村有10余名,德丰村有10余名,新团村有18名,八灶村有12名,和瑞村有20余名,朝荣村有12名,海防村有10余名,晋丰村有10余名民兵直接参加过战斗。

1963年8月,国民党台湾当局拼凑特务,组织所谓"江苏省反共救国军独立第18纵队"进行代号为"鲨鱼演习",从射阳大喇叭口偷渡登陆。接到敌情通报后,为防止偷渡特务向南流窜,裕华公社民兵紧急行动,密切配合射阳军民进行围剿。

(三)支前

解放战争时期的盐南战役,垦北区天北村滕万道连续将6个伤员背到后方医院,在背第七个伤员时,不幸受伤。被背的战士说:"你身上流血了"。滕万道说:"不疼,不疼,没关系",仍然坚持背,最后,和战士一道住进医院,被称为"驮兵英雄"。

1947年4月,在攻克大中集、新丰镇战斗中,大中人民积极支援主力,配合作战,民工、担架、小车、船参加后勤工作。大中民兵还将大(中集)刘(庄)公路破坏,拆毁大中集通向外地的全部电话线,防止敌增援,并组织1000多名妇女为部队洗衣。垦南区妇女为欢送新兵,七天七夜突击做被1400条,使新兵非常感动。恒丰村70余名女民兵做军鞋1000余双。同德乡妇女主任吴文英做的拥军鞋美观大方质量好被区里评为标兵,垦南、垦北区的100多名妇女民兵主动抬担架、替伤员包扎伤口。1948年7月,区设立支前股,乡设立支前大队,村设支前中队。在"一切服从前线,一切为了胜利,打到南京去,活捉蒋介石"的口号下,掀起民工(兵)支前热潮,在李堡战役中,垦南、堤东、西团三个区就有60位民工立功受奖。1948年10月25日,堤东区召开2600人大会支援淮海战役,会上1620名青壮年报名参加支前。淮海战役中,民兵中队长姚凤(此人1970—1973年期间任大道公社革委会副主任)冒着生命危险到前沿阵地背下6名伤员,被评为一等功。

(四)维护治安

抗日战争反屯垦斗争中,堤东区民兵游击队积极破坏日伪军修筑的大刘公路,区抗日政府还向伪乡、保长发出警告,不准他们抓逼民夫修筑公路。1945年,谷振之在从大中集到南阳的路上布置10名暗探,乔装老百姓沿途刺探情报。垦区民兵发觉后,将其一网打尽,枪毙了罪大恶极的特务柏川祥;垦区组织锄奸队活动在裕华、新丰、大中集据点周围,侦察、捉拿汉奸,搞得奸特胆颤心惊,有的不敢走出据点,有的远逃不敢回家;伪军实业保安总队第三大队周焕龙当汉奸多年为虎作伥,作恶多端,经常

民兵治安巡逻

下乡捕捉共产党员和革命干部,鱼肉百姓。为打击周焕龙的嚣张气焰,堤东区民兵一夜之间拆平周焕龙八东乡的老巢的四合大院,并处决了周的同伙,7名隐蔽坐探。

新中国成立后,大中民兵积极协助公安部门打击反革命分子和刑事犯罪分子的反革命破坏活动,护厂、护路、节日安全等大量治安勤务,为维护社会治安做了大量工作。

1951—1954年,镇压反革命活动,城区民兵中队在镇内设固定岗10处,巡哨2组,进行护路、护桥、护厂、保卫仓库、邮电等重点目标。1958年,检查过境嫌疑人,协助捕捉逃犯73人,协助公安破案20余起。1983年,打击经济领域犯罪活动出动民兵300多名。1992年,大丰县社会治安综合治理委员会,下发《关于组织民兵、团员参加社会治安防范工作的通知》,大中民兵、团员组织义务联防队参加农村各项专项斗争和专项治理,检举各类违法犯罪分子,与赌博、拐卖妇女儿童、搞封建迷信活动及社会丑恶行为作坚决的斗争。共协助公安部门破获走私案一件,堵截住外逃人员3人,捕获1人,收缴走私物品2.7万余元。

20世纪80年代初至90年代后期的近20年中,大丰县城组织元宵灯会,每年平均都有10余万人来大中镇城区观看元宵灯会,县城东至三纺厂、西至银都桥、南至麦芽厂、北至酒厂实行交通管制,县城内万人空巷,大中镇每年都组织近百民兵配合公安部门维护灯会秩序。1993—1995年,协助公安部门抓获犯罪分子80余人,站岗设卡170次850人,截获走私物品价值11万余元,截住外逃人员7次48人,抓获逃犯2人。1996年,先后出动民兵500人次,协助抓获犯罪分子10余人,缴获各类赃物折合人民币10万余元。1997年,共出动民兵2000多人次参加维护社会治安,缴获赃款、物件共20余万元。2000年,配合公安部门打击各种刑事犯罪,共出动民兵1000多人次,缴获各类赃物折合人民币20余万元,抓捕在逃人员和犯罪人员20多人。2007年,中央电视台三套节目在大中城区主办"魅力大丰港"文艺演出活动,大中镇组织160余名基干民兵参加治安保卫,维持活动秩序。

(五)立功、创模、参加经济建设

抗日战争和解放战争时期,台北地区广大民兵在中国共产党的领导下积极开展立功创模活动,在战斗支前中涌现出大批功臣和英雄模范人物,在李堡战斗中,垦南、堤东、西团3个区有60名民兵立功受奖,一等功5人,二等功9人,三等功46人。

解放后,大中民兵发扬战争年代劳武结合的优良传统,参加社会主义经济建设,为促进大中经济发展和"两个文明"建设作出积极贡献,先后参加地方重大建设近百次。

1958年,大中民兵在大生产中"劳动在田头,吃、住在田头,文娱在田头、训练在田头、干部办公在田头、农具修理在田头、物资供应在田头、洗衣在田头",有力的推动全党动员大办农业的大生产运动。在工业战线上,裕华农具加工厂民兵董根生改良双行破土机,人力自动轧重机,推广使用后,使工效提高近5倍。

1960年,大道公社季希林等出席全国民兵代表大会,受毛主席和中央首长接见,被授予五六式半自动步枪一支、子弹100发及奖状、纪念章等。

据不完全统计,新中国成立至2010年年底,大中有1人被评为全国先进民兵,1人被评为全国劳动模范,3人被评为江苏省劳动模范,300余人获江苏省、盐城市、大丰市先进工作者,“三八红旗手”“新长征突击手”“四有先进民兵”等荣誉称号。

大中民兵参加地方重大工程建设勇当突击队。新中国成立后,分别于1954年、1955年、1957年、1959年、1963年、1965年、1969年、1972年、1973年、1975年、1976年、1977年、1981年、1982年、1990年、1991年,组织民兵3000余万人次参加县以上水利工程会战。

(六)新中国成立后的重要军事活动

1963年8月,全县沿海12个公社3000余名民兵站岗巡逻执勤,防止偷渡蒋帮匪特向南流窜,紧密配合射阳县进行围剿,使10名偷渡特务一网打尽。

1965年,盐城出席江苏省民兵比武大会的31名代表来大丰表演,表演项目有单兵进攻、马骑枪、冲锋枪、轻机枪精速度射击、刺杀、投弹、打正侧面头把、酒瓶、气球、六〇炮简便射击等12个项目。全县设三处表演点,第一表演点在大中镇泰丰境内原靶场。

1981年3月,盐城军分区在大丰召开民兵传统战法现场会,裕华、通商200多名基干民兵给会议代表做破袭战、伏击战、地雷战等传统战法的现场表演(女民兵作战场救护表演)。

1992年,大中、裕华民兵高机分队参加盐城军分区在射阳靶场进行向对空实弹射击,取得优秀成绩。

2000年7月,盐城军分区组织海上民船实战演练,大丰组织五艘渔轮,大中、裕华计13名民兵参加斗龙港至新洋港海上实战演练,圆满完成演练任务。

2005年5月,大中镇、裕华镇有11名基干民兵在射阳靶场参加高炮实弹射击,连续两次直接命中拖靶,受江苏省军区表彰。

2010年,大中镇13名基干民兵参加盐城军分区在射阳靶场进行的为期45天的“三实”训练。

第五节　人民防空

一、组织机构

旧中国没有防空设施。1921年8月,国民政府制定颁布《民间防空准备方法》,“七七”事变后,国民党政府在较大集镇设防空哨机构,筑瞭望台,派经过防空训练的人担任哨长,穿军服、佩带军衔。是年,大中镇设防空哨,配制防空报警器具,蒋伯煊担任哨长。

1959年,大道公社成立人民防空委员会,党委书记郁建民任防空委员会主任委员,殷永宽、董华仪任副主任委员,组织基干民兵设立对空瞭望哨,并进行对空射击训练。

1962年,防止台湾当局反攻大陆,反击美蒋空中袭击,大中镇城区设立防空哨,组织民兵进行防空执勤。

1969年,“珍宝岛事件”发生,为防备前苏联突然袭击,大中地区成立防空领导小组,县长担任组长,制定《大中地区人民防空方案》,配置防空体系,设防空观察哨和一个对空射击队,6个火力点。组建通信联络、运输、抢险抢修、抢救治疗、消防、防化等专业队伍。

1970年,县“三联防”指挥部增设第五联防区,负责大中镇及周边地区的防空作战和反空降。

1986年4月,江苏省防空委员会、江苏省军区联合下发《关于贯彻城市人民防空专业队伍建设规定的实施办法》,大中区域按照实施办法重新调整和组建防空专业队伍。

1997 年 7 月 25 日,大丰市成立人民防空办公室,市区成立人防指挥部。大中镇同时成立人防指挥部,成员由镇党委、政府、镇人武部、街道居委会及有关部门领导组成,实行大丰市、大中镇、大中镇所辖居委会三级指挥体制。

二、疏散与警报

(一)疏散

1997 年,大丰制定城市防空疏散方案,大中镇组建人口疏散指挥所。

当大丰遭敌空袭时,城区市民分为 4 个疏散区进行疏散。第一疏散区为二卯西河以北,大四河以东。第二疏散区为二卯西河以南,西子午河以东。第三疏散区为二卯西河以南,西子午河以西。第四疏散区为二卯西河以北,大四河以西。市区分别在邮电局营业楼顶和民政局办公楼顶设对空观察哨。

疏散前,使用现有通信设施,传递各种警报信号。大中镇有线连负责本级指挥部与有关单位沟通,市邮电局负责保障市各机关的通信联络。市交通战备办公室派出道路抢险人员,负责抢修被敌破坏的道路、桥梁。公安局和市应急机动连组织好警戒勤务,防止敌人乘机破坏。人员、车辆、重要设施严密伪装,夜间严格灯火管制。卫生局抽调人员组成救护组,负责抢救伤员。各单位广泛开展自救互救活动。居委会把群众编成互助组,做好转移疏散准备。

(二)音响警报

1997 年,大丰在市区安装 4 千瓦警报器 2 台、2.2 千瓦警报器 4 台,防空警报点设置在市政府大楼、工商银行大楼楼顶。市区音响覆盖率达 80% 以上。

1998 年 9 月 18 日 17 时 30 分在大丰市区试鸣防空警报,每种警报信号之间间隔为 2 分钟,试鸣警报时间共 12 分钟。

预先警报:鸣 36 秒,停 24 秒,反复 3 遍一个周期,重复两个周期(共 6 分钟)。

紧急警报:鸣 6 秒,停 6 秒,反复 15 遍一个周期(共 3 分钟)。

解除警报:连续鸣 3 分钟。

2000 年 7 月 14 日 16 时至 16 时 20 分在市区鸣放防空袭警报。2001 年 7 月 14 日、9 月 18 日进行空警鸣放。2002 年,纪念《中华人民共和国防空法》颁布 6 周年,12 月 27 日下午 16 时组织防空袭警报。

防空袭警报点设置在市政府大楼、工商银行大楼、工商局大楼、银鑫大酒店大楼。每种警报信号之间间隔为 2 分钟,试鸣警报时间共 16 分钟。音响覆盖率达市区面积的 90% 。

2004 年 9 月,纪念“九一八”进行鸣放。

2005 年,防空警报累计达到 8 台,音响市区覆盖率达 90 以上,基本满足战时市区防空报警需要。

三、人防工程

1970 年,在毛主席“深挖洞,广积粮,不称霸”的指示下,大丰不顾当地实际情况于 4—9 月间几乎人人动手,家家挖防空洞,遍地开花,处处是洞,目的是达到能战、能守、能打。大丰地处沿海土壤粘性差,质地松软,地下水位高,一挖就渗水,一下雨就坍塌,许多房屋被损坏,河床倒塌,浪费了大量人力、财力、物力,破坏了地面建筑。10 月,大丰防空洞工程停挖。

1999 年 10 月 18 日,大丰市人防指挥所工程在市人民广场地下开工兴建。市中心人民广场人防工程面积 2200 平方米,总投资 1500 万元,战时可容纳 2500 人左右,设 30 ~ 50 人大出口、6 ~ 10 人小出口各 1 个。

2000 年,大丰市人防地下指挥所、人防大厦地面指挥中心、市电信大楼人防工程破土动工。

2004 年 3 月,人防大厦落成,市人防办迁址人防大厦办公,市电信大楼地下人防工程完成主体建设。

2005 年,万佳装饰城 2800 平方米地下工程破土动工,上海花园小区 5000 平方米立项。

随着城市建设的快速发展,人防工程设施进一步增加。2005 年后,凡城区 6 层以上都设地下人防工程。

第六节　战　　事

一、抗日战争时期

裕华攻坚战　1941 年 7 月 20 日,日军以独立第十二混成旅团和第十五、第十六师团一部 7000 余人作为骨干,辅以伪李长江、杨仲华部 10000 余人,计 17000 余人由东台、兴化、射阳、陈家港等分四路向盐城合击,对盐阜地区进行第一次"大扫荡"。7 月 21 日,伪军占领白驹、刘庄、大中镇。次日,占领新丰、裕华等地。

裕华地处陈(家港)李(堡)公路中段,日伪封锁通榆公路线后,成为苏中与苏北两块抗日根据地的南北交通要道。为打破日伪对苏中苏北根据地的分割封锁,新四军一师二旅决计攻克裕华。

侵占裕华日本侵略军的一个小分队 30 余人,以及伪军三十五师一个中队 200 余人。盘踞裕华的日伪将镇东北角裕华公司的气象台改建为据点,构筑钢筋水泥碉堡,配有暗堡、瞭望台、壕沟、铁丝网、鹿砦等设施。据点沟河外边是开阔地,易守难攻。伪军据点在敌主堡西北 50 米处,两据点在火力上互相支援。

为集中优势兵力歼灭裕华日伪军,二旅调集主要兵力投入这次战斗。其部署是:四团三营与特务连一部主攻裕华;四团一营与六团一营加上特务连另一部埋伏在裕华与大中集中间,阻击大中集的来援之敌;五团一个营部署在西团、小海一线,防止东台、刘庄、白驹三敌增援;四团二营作预备队。8 月 15 日天黑以后,进攻部队完成对裕华包围,割断裕华通向大中集等地电话线,切断裕华对外通信联系,深夜首先向敌军踞点发起攻击,伪军除少数突围外,大部分被歼灭,接着转向对日军主堡发起进攻。

部队通过挖蛇形交通壕向日军碉堡带逼近,当前进到离碉堡 50 米时,发起第一次冲击,突击队从西南坝口和东北方向的战壕里同时发起冲锋,一直冲到铁丝网外围。日军突然施放毒瓦斯,因未备防毒设施,不少指战员中毒,顿时失去战斗力,后续部队前进同时受阻。为避免伤亡,做好晚上总攻准备,16 日白天处于休战状态。这一天,台北地区党政负责人黄知真和垦区区委书记杨天华等,动员群众送来数百条棉絮胎、上百张大桌子、门板等攻坚物资,供部队进攻时做"土坦克"用。

裕华攻坚战中新四军一师三旅四团团长刘别生

根据侦察人员报告，东台、盐城日伪军活动异常，有增援裕华迹象，为不致被东台、盐城方向日伪军夹击，迅速攻克裕华，解决战斗，二旅挑选以一连连长为首的共产党员组成敢死队，将手榴弹捆绑在身上冲向敌堡，主攻突击队推着一辆辆“土坦克”向碉堡冲去，一颗颗裹着棉花、蘸着煤油的手榴弹投进了铁丝网。顷刻间，鹿砦、房屋都着了火，碉堡被浓烟湮没，日军惊呆了，不知所措。两名敢死队队员一跃而上，越过铁丝网，跨过壕沟，一个箭步冲到碉堡的门口，拉响集束手榴弹，碉堡主门和过道门同时被炸开，日军机枪顿时成了哑巴。这时，没有被炸死的日军从碉堡里爬出来，双方展开白刃战。经过半小时血战，全歼日伪军。

裕华西边七里半打援部队，接连三次打退大中集来增援的日伪军，并乘胜追击。17 日凌晨，裕华战斗结束，为防止大股日军反扑，参战部队火速从战场撤出。

整个攻坚、打援战斗，消灭日军 25 人，其中俘虏日军 5 名（包括 1 名班长），消灭、生俘瓦军 200 余人，缴获重机枪 1 挺、轻机枪 4 挺、掷弹筒 4 枚、长短枪 200 余支、拖船 1 艘，以及弹药等战利品。这是二旅（原二纵队）从苏南来到苏北歼灭日军最多的一次，也是首次漂亮的歼灭战。17 日，陈毅军长来电传令嘉奖二旅取得裕华攻坚战的胜利。

奔袭裕华　1942 年 3 月，日军为加强伪化统治，令谷振之驻防裕华镇，谷派连长俞安国带领 60 余人于 3 月 7 日进驻裕华。伪军进驻裕华镇当天，中共大中集地下党支部便把情报送出，流动在台北区的新四军一师二旅四团三营部队在营长叶克守带领下，乘敌立足未稳之际，于当夜从石家湾（今万盈文达村）奔袭裕华镇，围困伪军宿营地。在除掉哨兵时因发出枪声将伪军惊醒，伪军抱头鼠窜。三营拦追阻击，击毙伪军 1 人，击伤 2 人，缴获自行车、毛毡、被子、面粉、大米若干。

第一次七灶河伏击战　1943 年 5 月 24 日上午 10 时，新四军某营一部在七灶河伏击大中集开往刘庄的日伪汽艇，激战一小时，全歼日伪军 30 余人（毙日军 10 人，生俘日军 2 人、伪军 20 多人），击毁汽艇 1 艘，缴获机枪 2 挺、勃朗宁短枪 1 支、“三八”步枪 30 多支、掷弹筒三四个，其他弹药物资多件。

新丰围点打援　1944 年，日军加紧推行对台北垦区的“屯垦”计划，培植盘踞在台北垦区的谷振之武装势力。为粉碎这一阴谋，打击谷振之，苏中军区决定采取“引蛇出洞、围点打援”的方法，在运动中消灭谷振之有生力量。

1 月 10 日晚，由苏中二分区司令员梅嘉生指挥二分区特务营、东台独立团、台北独立团围攻新丰镇。台北独立团攻打新丰镇西侧 2.5 千米许的谷振之油坊据点；主力一师一团于大中集北 4 千米处伏击谷部增援之敌；兴化独立团于大中集西侧 4 千米西河口处埋伏，狙击大中集和刘庄两个方向可能增援的敌人。入夜，东台独立团在副团长柴荣生的率领下，星夜从 30 多千米外奔袭新丰镇，直扑新丰据点，兴化县独立团也赶至西河口参战，二分区特务营、台北独立团同时对新丰据点和油坊据点发起攻击。伪军凭借明碉暗堡负隅顽抗，激战通宵，攻克油坊据点。摧毁新丰镇外围工事，生俘伪军 60 多人，缴获步枪 40 余支。新丰伪军不断电告谷部要求增援，谷见自己苦心经营的油坊被烧，意欲连夜出兵，其参谋长吴瑛，极力拦阻。第二天拂晓，谷无法忍受，联合日军分三路救援，日军出动 30 多人，由大新公路东侧迂回新丰，谷亲率一营兵力直扑新丰，伪三营营长刘永安绕道西河口，包抄油坊据点。中路伪军行至大中集约 4 千米处进入伏击圈，二分区主力一师一团部队立即发起围歼，当场毙敌数名。谷企图向西突围，与其部刘永安会合，哪知西路伪军也同样遭到兴化独立团袭击；东路日军刚出城不远，就遭机枪扫射，伤数人后，慌忙逃回据点。两路伪军退路被切断，前有斗龙港阻拦，只能背水一战。经过一小时的激战，敌人被击毙、溺死 30 余人，伤 80 余人，俘虏包括团长吴中亚（吴欧）、营长刘永安、特务连长李宾泰在内的伪军官兵 186 人，缴获轻机枪 6 挺，快慢机 6 支，手枪 6 支，步枪 170 支，自行车 15 辆，望远镜 1 架，机枪子弹 3 箱，手榴弹 220 枚，火油 50 千克及其他军需物资。谷振之受伤后趁混战换上士兵服装潜在一农户家的草堆内，直至夜间被伪军救回。

第二次七灶河伏击战　1944 年，日军加紧推行军事屯垦计划，汽艇频繁来往于大中集、刘庄与东台之间。为打击敌人嚣张气焰，粉碎其屯垦阴谋，台北独立团决定在日、伪军从东台装运军需物资由

在第二次七灶河伏击战中被俘的清水亥三郎等

水路至大中集的必经之地——七灶河地段组织战斗，伏击汽艇，切断其水上运输线。

5月19日拂晓前，台北独立团以及小海区游击连在彭寿生团长的指挥下从南阳镇出发，经10多千米急行军，悄悄地进入阵地，埋伏在七灶河南岸。独立团一连担任主攻，二连的两个排埋伏在七灶河上游的刘庄东侧，负责侦察敌情和狙击刘庄可能增援日伪军。西团游击连与二连1个班埋伏在七灶河通向西团的路旁，作为战斗部队的后卫，狙击白驹方向的增援。另派3名战士泅渡北岸，在汽艇到来时实施袭扰，诱其靠近南岸。团指挥所设在大圩边的一个牛棚里。下午1时左右，日军一艘汽艇由刘庄向东驶来，不一会进入台北独立团伏击圈。3名战士跃上北岸河堤，故作攻击状。汽艇上的日军见北岸有情况，不知虚实，赶忙将汽艇往南靠，恰好停在独立团一连前卫排阵地前，排长当机立断，抢在日伪军上岸前发出攻击令。日伪军在这突然袭击面前措手不及，有的往水里跳，有的缩进汽艇，从舱口向外胡乱打枪。彭寿生团长命令一连连长严明组织火力消灭上岸日伪军，又命令副连长张新伟率领战士抢占汽艇。团部书记申易奋不顾身地冲到艇边，一面用日语喊："缴枪不杀""新四军优待俘虏"，一面向汽艇机舱扔去两颗手榴弹，膝下被打中4发子弹，鲜血直流仍然坚持战斗。班长张广林奋不顾身跃上敌艇，举着已拉出弦的手榴弹，日伪军见状一个个乖乖地举手投降。

经过半小时激战，战斗胜利结束。除伪苏北屯垦总署副署长兼第一总队队长孙建言等少数几个伪军乘战乱之机潜水逃进北岸的新团伪军据点外，其余五六十人均被击毙或俘虏，其中生俘日方棉业统制委员会东台库长清水亥三郎、日方东台联络官浦和、日军中士1名、翻译官柬俊卿、伪东台县长吕景颜、秘书梅文杰等日、伪人员19名；缴获快慢机4支，驳壳枪1支，三八式步枪21支，机枪1挺，子弹800余发，指挥刀4把，皮包11个，照相机1架，望远镜1部，伪币21万元，另缴获敌伪屯垦计划等机密文件两包。苏中军区司令员粟裕和二分区司令员梅嘉生，政委陈时夫分别电令嘉奖这次伏击战斗。

七灶战斗 1944年，日伪实施屯垦计划，在七灶河北王家滩构筑据点，派屯垦第一总队的一个独立中队驻守。

12月1日，七灶乡长朱学信、保长顾长顺，自称是当地群众代表，跑到独立团驻地南阳，请求部队去攻打敌据点。独立团随即部署：二连、五连埋伏在河北，三连、四连埋伏在河南，一连作预备队，并组织十几名战士化装成送草的民工，将短枪藏在草担内，计划来个里应外合，端掉这个据点。

傍晚，部队全部进入阵地，不料在化装战士抵达时，伪军已有戒备，拒不放吊桥。原来送信的乡保长是两面派，他们回到七灶后就向伪军告密。晚上10点左右，独立团分两侧发起强攻。工事坚固，外挖壕沟，中堆鹿砦，内筑土墙，加之这夜寒流突至，滴水成冰，独立团指战员衣衫单薄，一时冻得伸不了手指，伪军又不断往墙上屋上浇水。部队虽冲到土墙脚下却难以攀登，拂晓时分估计刘庄、新团敌人必将增援，遂撤出战斗。

逼退东坝头日军 1944年冬，日军一个小队侵驻东坝头，与裕华镇、大中集据点联成一线，企图分割、封锁南北交通。垦区游击连及附近乡镇民兵密切配合,采取“敌驻我扰”的战术,先将据点周围的“狗”(汉奸)打掉,便于民兵夜间行动,然后日夜不时射击、喊话,敌人终因不堪困扰,于 1945 年 8 月被迫撤退。

第三次七灶河伏击战 1945 年 3 月 21 日,日军一个小队,加上 20 名伪军携带小炮两门、机枪两挺,护送由东台押运武器弹药和军粮前往大中集的 5 条民船。当时驻在台北地区的苏中四分区独立团(由台北和东台两县独立团上升组建)闻讯后,派出一个连在团长彭寿生带领下,前往七灶河伏击(两个排正面阻击,一个排切断敌人后路并打援)。当敌船进入伏击圈时独立团突然发起攻击,狡猾的日伪军把 5 只军火船的距离拉得很大,便趁机向独立团阵地疯狂扫射,并强行登岸,与独立团展开激战,一时形成对峙局面。彭寿生团长命令立即撤出战斗。

这次战斗,击毙伤日伪军 10 余人,活捉日军 1 名,缴获三八枪 6 支,钢盔 21 顶。战斗中,独立团战士施进成、丁长柏、王干等人牺牲。

光复大中集 1945 年,伪军独立第 1 旅盘踞大中集、裕华镇、新丰镇。旅长谷振之充当日军鹰犬,日军投降后,暗中等待国民党收编。谷为保住自己巢穴,在大中集四周筑二三米高的土圩,上面遍插竹签,并有 13 座明暗堡分布于四周要道,圩外设有铁丝网,网外筑有壕河,河中放有滚钩。

1945 年 9 月 7 日,苏中四分区特务一、二、三团,苏中军区五十二团东台独立团以及 2000 余民兵在四分区司令员张震东、政委卢胜指挥下完成围歼大中集、新丰镇、裕华镇伪军的部署。

9 月 8 日,东台独立团开始向伪据点裕华镇方向运动,准备围歼盘踞裕华镇的伪军谷旅第三大队叶步发部,叶闻讯急忙撤逃。东台独立团在大中集东 4 千米处予以伏击,打死打伤数十人,余敌逃至大中集。

9 月 11 日,苏中军区第五十二团奉命围攻新丰镇。在火力威胁与政治攻势下,盘踞新丰镇的伪军第四大队王福山率其一部投降,余敌在突围中被歼。

9 月 11 日晚,对大中集实施包围,实施南北夹攻作战。特务一团围攻北门及西北方向,特务二团主攻南门及西南方向,东台独立团围攻东门。攻城部队到达前沿阵地后,为减少进攻中伤亡和发挥炮兵近距离袭击敌堡作用,在人民群众支持下,很快打通城南门外 1. 25 千米内所有民房墙壁,将炮位设在与敌堡仅一河之隔的油坊里。东门垦区 2000 多名民兵冒着大雨,一夜工夫在二卯酉河上大中集的东侧筑成两条大坝,搭起两座浮桥,保障参战部队的南北交通。与此同时,垦区近万名民工积极支前,献出大量木材、毛竹、棉花被胎等物资。

13 日 2 时许,发起炮击,摧毁部分碉堡。凌晨,前沿部队发起攻击,驻守四门的伪军一面胡乱打枪,一面不断向伪军旅部呼救告急。谷振之首尾难顾,一面向部下许赏,一面向泰州、南京方面求援,并组织力量企图从东北突围。主攻北门的特务一团早已将其退路堵死。

下午 3 时,总攻大中集战斗开始。主攻南门的特务二团二营五连突击队强渡壕河,展开强攻,但因河内暗布滚钩,加之伪军火力密集,泅渡战士中弹牺牲。为突破壕河,特务二团另一部在西子午河架设浮桥,但遭伪机枪交叉火力的压制一时难以奏效。于是南门攻击部队用大方桌蒙上几条湿被子作为“土坦克”向南门正面桥头推进。几经激烈争夺,南门终被攻破。驻守南门伪第二大队高炎一部被歼,一部退到二卯酉河北石桥,用棉花夹子堆砌工事固守。特务二团副团长兼政治处主任殷德林率部下首先冲进伪军用数挺机枪封锁的街道,战斗中殷不幸牺牲。这时,追击部队为避开正面火力,兵分两路沿街道两侧隐蔽斜插桥头,在石桥上又一次展开争夺战。数经争夺,二团终于夺取石桥,直捣伪军旅部。

与此同时,担负主攻北门特务一团,用芦笆压住河内滚钩强渡濠河,全线突击北门,扫除守军后,配合南路部队同时向伪军旅部发起攻击。谷振之自知末日来临,冲进旅部监狱,将关押的 6 名抗日志士杀害后,窜进厕所举枪自杀毙命。

这次战斗解放了大中集、新丰、裕华 3 镇,全歼伪军谷振之部,生俘旅参谋长吴瑛、大队长叶步发、高炎等官兵及镇区公所、自卫队武装共1000余人，缴获轻重机枪43挺，炮4门，掷弹筒7个，步枪900余支，快慢机11支，驳壳枪70支，手枪10支，自动步枪1支，电台3台，马达2部，电话机10余部，汽车2辆，手榴弹2000多枚，子弹20000余发。次日，在大中集北门，公审枪决伪参谋长吴瑛，营长叶步发等人。

日伪国民党军暴行侧记

1941年7月，日军侵占大中镇，谷振之在大中镇城区捕捉无辜的平民百姓，任意折毁民房200余间建造炮楼、土圩子。大刘路唐洪伯之子，西团北团大队长朱某某不畏强暴，被无辜杀害。伪军人员以种种借口托销货物，假借做生日之手段，大收人情，不从者遭殃。日、伪军企图在大中镇长期驻扎，巩固伪政权，施行编保连坐的保甲制，并签发所谓良民证。有亲戚朋友来往，要先到保长处登记，否则不予过夜，对违反轻则罚款，重则关押。

1941年7月21日，日军进驻大中集，在德丰区南头打死群众3人。

1941年7月22日，日军第一次进驻裕华，渡船工卢锦华被抓去，从身上搜查出新四军发给的收据条子一张，当即被活埋。

1941年10月，台北行署粮赋干部蔡森山被日本侵略军逮捕，杀害。

1943年11月20日，谷振之伪军夜袭裕华镇，逮捕垦北区农抗会长、裕华乡党支部书记陈朝荣，杀害于裕华镇东。

1944年4月20日，同德乡长蒋伯煊被谷振之指使伪军截杀于回家路中。

1944年4月30日，谷振之伪军至广丰乡抢劫，捕去财经委员宋志岩、民兵队长赵保高及群众140余人。赵及群众被伪军勒索后放回，宋志岩于同年5月12日被杀害于大中集。

1944年5月，伪军骆广勋部去窑港扫荡，逮捕站岗民兵群众姜二、茅允亮、朱旭安、顾保和、张全敖、陈保金、仲荣云等7人，押至西团镇，逼其站在热水缸内审讯，然后押至乱坟场中逐一枪杀。此后，北团民兵大队长朱云又被敌伪抓去，带到大中集，先用狼狗咬，再用刺刀活活挑死，并扒出肠子与心肝取乐。

1944年6月13日，谷振之企图加强伪化统治，至7月初的半个月时间里，谷振之在根据地活埋惨杀12人(其中地方干部2人)，烧毁民房4所，拆毁房屋18间，洗劫财物7大船。朝荣乡被谷连续洗劫五次，鼎丰北三匡挨户洗劫，晋广乡被绑肉票125名，被绑赎价8.5万元，更属无耻者轮奸少女3人。

1944年11月7日，谷振之出动伪军400余人，在垦区朝荣、晋广、恒附、福成等乡烧杀，捕去青年247人，烧毁民房40家155间。在恒丰圩内抢劫七八百家，烧死民兵大队长丁保生父母，抢走皮棉150多吨。

1944年11月，阜南村一个16岁的女孩被8个伪军拉到陈金昌店里轮奸，民兵勇士唐克成眼看自己邻居姐妹被辱，奋不顾身，单枪直入，打退伪军。

1944年冬，太恒乡乡长齐家修等6人，被谷振之伪军逮捕入狱杀害。

1945年1月19日，广成乡农抗会长仲文宝被谷振之伪军逮捕，被枪杀于恒丰中北匡。

1946年8月27日，国民党军队疯狂对苏北解放区进行大扫荡。一到大中镇就枪杀无辜的老百姓多人，光明街吴某某等人的大批棉花和粮食被抢劫一空。“还乡团”头子吴宝才乘势大肆疯狂还乡，沿途骚扰，反攻倒算，烧杀抢劫。先后带人到阜丰、德丰两乡捕杀，民兵中队长石长根、吴开仁和荣军唐某某等20余人。

1948年1月，国民党调集五十师2个团、整四师2个团、二十二师2个团、四十三师1个团等13000余人，对台北县进行为期20天规模空前的大扫荡，并配小股骑兵配合。11日上午，在两架飞机掩护下，分三路首先进犯西团镇。于20日上午，又分三路，从和丰、瑞丰二乡东西七里半合击大中镇，并以大中镇为中心，分别合击新丰、裕华、东坝东等地区。

这次扫荡规模是空前的，手段毒辣，烧杀、奸淫、抢劫、制造“无人区”，无恶不作。

烧：凡是敌人扫荡所到之处，一片火海。沿海之边的草荡、房屋都付之一炬，夜里只见火光冲天，烧红了半个天，白天黑烟缕缕。阜丰五中村正副村长家全被烧毁，阜南村中匡的4家百姓不肯跟敌人跑，房屋也被烧得一物不剩。大中镇城区居民95%的木器家具，都被敌人砸坏烘火取暖，30余家豆腐店的工具全被烧光，水缸击碎，一塌糊涂。

抓和杀：这次敌人疯狂扫荡，见中、青年人就抓，套上军装，为其作挑夫，对于反抗的、拒绝的，轻则打伤，重则杀害。

奸淫：无耻的敌人简直像野兽一样，每到一处即强奸民女、民妇，小至十二三岁，大至四五十岁都难逃虎口，扫荡时没有逃走的妇女大都遭到了毒手。阜丰乡有40户妇女被奸，严振声13岁的女儿被匪徒轮奸后，放在车子上带走。有一个40岁的妇女被11名匪徒轮奸。德丰乡有个妇女生养后才几天，也未能幸免遭轮奸。

制造“无人区”：敌人用暴力威吓、绑架手无寸铁的无辜平民百姓押往东台。敌人用3挺机枪封锁要道，城区被逼走707户、3026人，占全镇人口的三分之二。并威吓不肯走的群众说，“大中区只剩下区长和政委了，其余的人都抓住了，马永贵（系大中镇指导员）被剖开了肚子，肠子被拉出了，你们如若不走就用机枪扫死你们”。城区仅躲藏下七八户人家，计38人，尽是妇孺老弱。大中集、新丰均有十条街被烧。新丰淮南纱厂被烧5次，机器运走了，房屋全部毁灭，大中厂亦被烧毁。全县总在10余处遭洗劫蹂躏。公垦区被抢物资装了200多只船和木筏。大中集、新丰镇除屋壳外，一无所有，大中集街上连一条狗都没有。

1948年1月9—31日，国民党军队先后进犯西团、小海、潘丿、大桥、草庙、通商、南阳、裕华、大中镇、新丰等地，烧、杀、抢、奸，无恶不作，共烧去民房1358间，草田3128.4公顷，屠杀31人，伤8人，抢去大米9943.5千克，杂粮1165895千克，皮花167153千克，籽花7096.5千克，掠去耕牛279头，生猪1175头，鸡鸭16784只，羊70只，被子2266条，衣服9786件，被逼逃亡10280人，其中大中集就被逼走707户，3026人。

日伪军、国民党军队几次大扫荡情况简表

表15-6-1

扫荡时间	出动兵力	扫荡范围	备　注
1942年12月30—31日	潘丿伪军一个连、西团伪军何少章部、大中集伪军两个营	在万盈谦和仓一带搜索台北行署机关和台北游击营	行署机关和游击营从敌人间隙中转移，敌混战约两小时
1944年4月突击扫荡	大中集伪军一个大队	围剿驻南阳的垦区区署及游击连	游击连牺牲1人，被捕5人，群众被绑架140人。晋广乡财委宋志岩被杀
1944年11月7日	大中集伪军约200余人	裕华乡、恒附乡、福成乡	抓青年壮丁247人，抢走棉花近千担
1947年1月9—11日	国民党军67师、65师计约10个团15000余人	草堰、西团、刘庄、白驹、新团、堤东等地区	盐南战役失利后的报复性扫荡
1948年1月9—31日“无人区”大扫荡	国民党军21师145旅、整4师90旅、59旅、51师残部约13000人。	西团、南团、小海、沈灶、潘丿、大桥、草庙、通商、南阳镇、大中集、新丰镇、东坝头	这次扫荡国民党军采取驻剿方式、规模大，时间长，为历史所未见。大中集、西团除老弱病残者外，均被掳往东台
1948年5月20—25日拉网扫荡	国民党军整4师、整25师、83师、72师	南北两线夹苏中地区。寻找主力部队，5月20日，国民党军“追剿”南线兵团入侵台北县	23—25日，在伍佑狙击国民党军南线兵团，重伤其25师108旅后撤出战区，国民党军北线兵团因赶到时扑空，烧房掠物而过

二、解放战争时期

解放大中集、新丰镇　大中镇是连接苏中苏北的工商业重镇，对坚持苏中敌后斗争，在政治、经济、军事上有着重要的地位。

1946 年 12 月 20 日，国民党四十二集团军第二十一师占领台北县城大中集，成了敌人安在根据地的一枚“钉子”，敌占领大中镇后，向西、北两个方向伸出触角，在西河口、新丰镇内构筑据点，互为依托。1947 年春节后，国民党四十二集团军第四师，郝鹏举残部第十二团接替二十一师进驻大中集。配有团直属机枪连、炮兵连及第一、第二步兵营 800 余人，连同国民党九区乡自卫队，还乡团武装计 1300 余人。

为粉碎敌之“清剿”阴谋，沟通苏中与苏北的联系，巩固和扩大解放区，第十一纵队首长决心乘李拼战役的胜利余威，在苏中台北发动攻势，拔除大中集、新丰镇等据点。

作战部署为：以 3 个团攻歼大中集、新丰镇和西河口守敌。任务区分：第三十一旅第九十一团从东、北两面攻歼大中集守敌；第九十二团首先夺取西河口，尔后从西面攻歼大中集守敌；第八十七团从南面攻歼大中集守敌，得手后再攻取新丰镇，第九十三团、第八十九团和纵队特务团担任东台、刘庄方向的打援任务。

4 月 20 日晚 10 时，九十一团第一营（主攻）由北向南，夺取大中集北街头，进入攻击位置；第二营沿河道由东向西攻击，通过近迫作业，逼近敌土圩；第三营为团预备队。此时，团指发现第一营攻击正面之敌防御工事较强，火力密度较大，遂令第二营方向采取积极行动，争取先第一营突破，并决定 21 日清晨 3 时发起攻击前，第二营提前一刻钟攻击。2 时 50 分，第二营以炮火摧毁攻击正面的敌堡，在火力掩护下，第四连第二排突击班迅速冲击，副班长张华美第一个翻进土圩，不幸中弹牺牲。此时，第一排也突入土圩。全连猛打猛冲，进至市区大桥北岸。突击班冒着敌火冲过大桥后，敌以炽烈火力封锁桥面，后续部队冲击受阻。已过桥的七八个人也无法前进，在河南桥东低洼处与敌对峙。第一营听到第二营方向激烈枪声后，立即发起攻击，突进土圩后，副营长王尚文带第二连沿南北大街向大桥攻击前进时负伤，继续带队追歼逃敌，第二连迅速插到桥头，和第二营胜利会师。这时，桥南守敌仍继续顽抗，第九十一团第一、第二营奉命配合第八十七团围歼桥南之敌。清晨 3 时，第一、第二营从桥北发起攻击，敌惊慌忙南窜，第 87 团趁敌混乱之际发起攻击，全歼该敌。

4 月 21 日晨，九十二团第二营一举攻克大中集外围据点西河口，歼敌 1 个排。接着，第一营从西面攻进大中镇，第二连突击队过河时受阻，伤亡较大。营重新调整攻击部署后一举突进土圩，向纵深发展进攻。上午 10 时，数路攻击部队对大中集残敌发动总攻，经 1 个多小时的战斗，全歼敌团直、第一营和炮兵连、“还乡团”等 800 余人，其中俘团长段明武、副团长郑景和等官兵 400 余人。

午后，91 团对新丰镇守敌发起攻击。经过做工作，被俘团长段明武也来到新丰，向他的部下喊话。在强大政治攻势下，尽管国民党军从东台两次派飞机在新丰镇上空狂轰滥炸，但孤立无援的新丰守军，军心动摇，当晚 11 点钟该营全部投诚。“还乡团”、自卫队 200 余人不肯投降，被强行缴械。

整个战斗，共歼灭郝鹏举残部第四师十二团团部及第一、第二两个步兵营、团机枪连、炮兵连 800 余人。俘团长段明武、副团长郑景和以下 600 余人，毙伤副团长张茂修以下 100 余人，俘还乡团、自卫队、区长宗龙官以下 400 余人。缴获轻重机枪 30 余挺，八二炮 4 门，长短枪 900 余支，掷弹筒 19 具，电台 3 架，收音机 1 架，汽车 2 辆，自行车数十辆，军马 20 余匹，各种子弹 10 万余发。

这次战斗中，三十一旅也有不小伤亡，在堵击敌人突围时，九十一团副团长易乃千在石桥以东河畔指挥战斗不幸牺牲。

大中集及其外围据点的拔除，改善苏中地区的斗争局面，粉碎了敌人对东台和台北地区的“清剿”计划，直接支援了第一、第九军分区的斗争，沟通了苏中、苏北解放区南北 200 余千米、东西 50 余千米的联系，使敌后斗争有了更大的回旋余地，并进一步巩固了两台阵地。

附:告四十二集团军全体官兵书

各位官长兄弟们:

在大中集战斗中,我为不愿甘作国民党无谓牺牲,与人民为敌留下恶名。而放下武器之后,承蒙新四军的优越待遇,使我亲身体验到新四军宽大政策,只要放下武器,新四军自把我们当作兄弟一样看待,现在我已由新四军护送下安全回家了。

兄弟们:本军过去曾经受到共产党一年多革命教育,我想每个兄弟对革命事业都有内心的蕴藏,希认清是非,把握人心之背向,勿与反动集团同归于尽,早日放下武器,或者共同举起义旗。专此并颂军祺。

十二团团长　段明武

注:前线支社四月二十一日讯:台北战役中为我所解放之郝逆残部十二团各级佐一百余人,均以分别护送回家,伊等对我军之宽大、优待,感恩莫及。

段明武于1947年4月20日在攻克大中集的战斗中被解放军生俘。在临别回乡时,写有"告四十二集团军全体官兵",劝国民党官兵早日放下武器、举起义旗。

纵队首长给第九十一团的嘉奖令

周支队长、朱政委、李参谋长,陈、赵主任转人民支队全体指战员:

这次台北战役经一昼两夜辛劳战斗已胜利结束,沦于敌手的苏中工商业重镇——大中镇、新丰镇重获解放,守敌全部歼灭,而你支队以一贯通猛顽强的传统战斗作风,对这次胜利战役起了决定作用。为台北人民树立了大功,且对政策执行亦尚认真,迅速恢复了市镇秩序,均堪嘉许。特行传令嘉奖,并慰劳全支队每人猪肉一斤。希望你们再接再厉,吸收这次战役的优点,求得在指挥艺术上、军事技术上、战场纪律与政策上更益提高,发扬人民军队应有的英勇、卓越的战斗精神,保持以往历次战役的光荣胜利的战斗旗帜与优良作风,为迎接即将到来的新的革命高潮而努力!致以胜利的敬礼!

司令员　管文蔚　副司令员　胡炳云

政　委　吉　洛　主　任　李干辉　副主任　周文在

四月二十三日

(1947年4月25日《江海导报》第1版)

中共华东局、华中分局给第十一纵队的贺电

欣闻捷报传来,你们又以英勇果敢的动作,干脆歼灭郝逆鹏举残部四师十二团团部及两个营,此一胜利,不但对华中斗争形势之转变,而且对山东战争起着很大配合作用,希即奖励参战有功部队,并进行教育及表扬,再接再厉,争取更多的胜利。祝全体指战员健康。

(1947年5月1日《江海导报》)

第十六章　科技能源

民国初年,南通实业家张謇组织移民到沿海废灶兴垦,种植棉花。为改善耕作制度、提高棉花品质方面曾开办农训班,培养技术人员。

20 世纪 40 年代,民主政权开始重视生产技术,开办小农场实验基地,试验粮、棉品种,研究施肥、治虫技术。

新中国成立后,科技事业得到发展。人民公社化时期,公社始配专职科技工作人员,形成公社、大队两级科技网络。"文化大革命"期间,科技活动停顿。1975 年起,建立公社、大队、生产队三级农科网,实施粮、棉、油、绿攻关创高产,进行新品种选育引进、新技术推广示范,取得一定成果。

中共十一届三中全会以后,大中镇科技事业围绕经济建设开展科学实验,科技项目开发、技术推广取得一批科研成果,科技队伍不断壮大。

1997—2010 年,全镇共获得科技成果 126 项,其中获国家、部级成果奖 7 项,省级奖 23 项,盐城市级奖 33 项,大丰市科技奖 63 项,9 次被盐城市、大丰市评为科技工作先进集体。

民国 20 年(1931),大丰盐垦公司在恒丰区开办轧花厂,时有 30 千瓦时柴油机 1 台,始创大丰自发电先河。

20 世纪 50—60 年代,大中镇农业生产、运输用能主要靠畜力,以牛为主,马驴次之,辅以风力(风车、帆船等)及人力。60 年代中期,机械动力逐步代替畜力和风力。

1960 年,大丰改由盐城电厂供电,原电厂改为大丰供电所。7 月,建成 35 千伏变电所 1 座。是年,大中(含新团)区域有 35 千伏输电线路 10.06 千米,10 千伏配电线路 18.16 千米,低压线路 39.84 千米。1966 年,裕华镇从大丰县城接入 10 千伏线路,小街部分居民开始有照明用电。1970 年,大中、新团区域有 35 千伏电力线路 15.71 千米,10 千伏配电线路 28.39 千米,低压线路 62.25 千米。1980 年,大中镇 220 伏 ~400 伏低压线路总长 804.53 千米,较 1949 年的 1.38 千米增加 663 倍。供电容量 16800 千瓦,供电用户从 1949 年的 27 户增到 6869 户,增加 261 倍。

1997 年 7 月,大中镇(含新团镇)集镇农村 10 千伏配电网络全覆盖。

2001 年,新团镇并入大中镇,全境 35 千伏输电线路 74.96 千米,10 千伏配电线路 135.37 千米,低压线路 296.82 千米,计 507.15 千米。

2010 年 10 月,裕华镇并入大中镇,全境有 35 千伏输电线路 183 千米,10 千伏配电线路 330.5 千米,低压线路 724.66 千米,合计 1238.16 千米,综合变(含新团)434 台,155860 千伏安;专用变 621 台,总容量 229565 千伏安;用电客户 28506 户,年供电量 250384 万千瓦时。

大中镇居民生产、生活所需的煤炭、石油等商品能源依赖境外供应。20 世纪 80 年代开始,乡镇办企业生产用能以电、煤炭、石油等商品能源为主。生活用能以生物质能为主,主要通过省草灶和兴办沼气,提高能量利用率。80 年代后期,太阳能逐步在城乡得到广泛利用。90 年代以后,液化气逐步进入普通农民家庭,城镇居民开始使用管道煤气。

第一节 科 技

一、科技机构

(一)机构

1. 科委

1960年春,大丰县建立科学技术委员会。1961年,各公社(镇)相继建立科委。1966—1976年“文化大革命”期间,公社科委机构处停顿状态。

1977年12月,大丰县恢复科学技术委员会,镇、公社科委陆续恢复或新建,并逐步形成镇(社)、大队、生产队三级科技网络。镇办企业设生技科,农业设置农技站。科委对农副工科学技术推广实行全方位服务。

1979年,镇、公社分别设农业办公室,负责所在镇(社)农业科技普及服务。

1987—2010年,先后任大中镇科技干事的有卞跃凤、臧正明、石永明、成晓驹、顾海宏,新团镇科技干事任发国、周洪林、焦恒松,裕华镇科技干事刘华、周建昌、王兆华。

1992年8月,大中镇副镇长王桂成兼任大中镇科学技术委员会主任。镇科委下设办公室,各村设科技副主任,镇办企业设生产技术科(简称“生技科”),配备科技副厂长1人。1993年8月,镇政府出台《大中镇科学技术委员会章程》。同年,镇政府成立“科技兴镇”领导小组。

1995—2010年,丛斌、黄汉祥、王周斌、单俊发、许春华先后担任镇科委主任。镇(社)科委主要职责:实施上级制定的科技方针、政策、编制本乡镇科技发展规划和年度计划,组织科技开发,推广先进技术,负责科技信息传递,做好科技培训等工作。同时面向农村,开展农业科技知识普及;对规模较大且有一定科技含量的企业,会同镇工业办公室共同做好专利申报和科技项目申报;同时做好种植业、养殖业科技示范户台账登记及技术跟踪服务;开展一年一度科普宣传活动,组织农村青年、城镇居民、学生举办科普知识竞赛。

2. 科协

镇科普协会 1980年12月,大中镇成立科普协会主席张季方,有委员37人,会员659人。1983年5月,王桂成任大中镇科普协会主席,设委员7人,会员36人,卞跃凤兼科普协会办公室主任。1984年,各村成立科普协会分会。1985年10月,乡镇科普协会更名为科学技术协会。1989年,大中镇召开第一届科协代表大会,出席会议代表56人,选举王桂成为主席。1994年,大中镇召开第二届科协代表大会,出席会议代表64人,选举王桂成为主席。各村科技协会分会会长由村民委员会主任兼任。2001年7月,大中镇召开第三届科协代表大会,出席会议代表102人,选举王周斌为主席。

2005年10月,大中镇召开第四次科协代表大会,出席会议代表116人,选举张遇春为科协主席。同年11月,黄海街道、金丰街道成立科学技术协会分会。

2006—2007年,原裕华镇水产养殖协会、福丰村茄子协会、天祥村西瓜协会、丰裕村冬瓜协会、海防村卷心菜协会、晋丰村韭菜协会、毛兔协会、海防村大蒜营销协会相继成立。

2010年,镇科协召开第五次代表大会,出席会议代表128人,选举周荷凤为主席。是年,全镇企业科普协会发展到177个,农村专业技术协会发展到60个,共有会员864人,其中科普志愿者75人。

(二)科技队伍

1958年,大道公社配备农、林、牧业技术人员2人,新团公社配备3人。1959年3月,大中镇选派11名科技骨干出席大丰县首届科技代表大会。是年,全镇工厂、学校、医院先后建立20多个科研小组,发展会员100余人。1964年6月,大道公社农业技术推广站成立,配备农、林、牧、副、渔专业技术人员5人。1968年3月,新团公社建立农科站,配备专职工作人员5人。1974年5月,大道、大兴(阜丰)、裕华公社分别建立农科站。1978年,大道公社科技专业人员增加到10人。1979年,各大队配农技员1名。1985年,大中镇配农业科技人员12人,其中助理农技师11名。文化结构大专学历3人,占25%,中等专业2人,占16.5%,自学函授中专毕业4人,占33.5%。1994年,大中镇专业技术人员增加到612人,具备职称的575人。其中高级农艺师2人,中级农技师48人,助理级318人,员级207人。2001年,全镇75名专业技术人员分别向盐城市和大丰市职称办申办中、初级专业技术职称。其中中级22人,助理级15人,初级38人。2003年,全镇各类专业技术人员发展到1200人,其中高级技术人员60人,中级186人,助理级614人。农村干部85%以上均获得各类农民技术证书。2005年,原裕华镇有科技协会2个,大蒜研究所1个,农业科技服务单位8个,科技人员229人,其中高级农业技术人员30人。

2010年8月,裕华镇并入大中镇,全镇各类科技专业人员增加到1987人,其中高级技术人员83人,中级327人,助理级898人,初级679人。

二、科技普及

(一)科普宣传

从1988年开始,大中镇每年都举办一届科普宣传周活动。1990年,镇科协围绕经济建设中心,开展送科技下乡活动,举办各类专业技术培训班48期,印发科技小报12期,发送2300份,举办科技广播讲座29次,听众达25000人次。1992年,科普宣传周以“科技兴农”为主题,采取联欢晚会形式,寓教于乐,产生良好的社会效应。1993年,新团乡科协利用乡广播自办节目,创办《科学与生活》《科技之友》栏目,播出专题稿58件,并在全乡书写永久性标语11条,出黑板报38期,印发科普宣传资料4000多份。11月,邀请市科协召开科技成果新闻发布会,与会听众达1000多人。当年涌现科技典型户300多户。同圣村养鱼户魏广忠收听科技知识广播宣传后,改单一放养成鱼为鱼和龙虾混养,0.7公顷水面当年产龙虾5000多千克、成鱼2000多千克,纯收入2.5万元,比单一放养净增纯收入1万多元。

1995年,科普宣传周以“科学与健康”为主题,张贴宣传标语780张,悬挂过街横幅10条,举办专题知识广播讲座5期,听众达45万人次。全镇范围布置科普画廊16个,专题板报25块,印发科普宣传资料1800份。其中镇农科站印发的《大中农情》、镇科协印发的《人类与环境专辑》倍受群众喜欢。镇机关干部设立科普宣传周咨询服务台,接待2000多人次。全镇中小学校组织1000多名学生,以“抵制白色污染”为主要内容,手持三角旗,口呼科普宣传口号,走上街头,大造科普舆论,形成强烈宣传氛围。1997年,科普宣传周以“科学在我身边”为主题,通过广播、小报、板报、展览、讲座、知识竞赛、纳凉晚会等形式取得较好宣传效果。2003年,第十五届科普宣传以“崇尚科学文明,摒弃生活陋习”为主题,结合突发“非典”(非典型性肺炎)疫情,对广大市民、村民进行防治“非典”科普宣传,发放科普宣传资料4000多份,镇属单位及各村创办科普画廊。组织2000多名村民参加省农民知识竞赛,对广大群众崇尚科技,增强健康意识以及反对邪教的宣传教育,均取得显著效果。2007年,第十九届科普宣传周以“科技兴镇”“科技致富”为主题,组织居民在市区名都广场观看全市科普展览,参加广场咨询活动,3000多市民及近郊村民观看展览,听取专业技术人员现场解答科技知识。2009年,第二十一届科普宣传周围绕全国“科普活动日”“全国科技活动周”“科普宣传周”“知识产权宣传周”等内容,利用宣传车,到农村、企业、学校、社区开展系列宣传活动,会同广播、文化等部门到镇工业园区200多家企业巡回宣讲,发放宣传资料460份,重点宣传知识产权、专利发明、专利申请等一系列科普知识;会同农技、文化、广播等部门到各村开展“送科技下乡”“科技大篷车”、科普展览、科技咨询、科技信息发布等活动,受益群众近万人。

2010年年末,全镇有科普活动场所38个,总面积2050平方米,科普画廊17个,电子科普画廊5个、科普惠农服务站28个,科普教育基地5个,科普学校15个。

(二)科技培训

1932年,大丰垦植公司始办农垦训练班,时称南通农学院附设大丰农垦训练班。培训科技人才,发展棉花生产。公司专门划出科研实验地33.33公顷。培训班设在裕丰区,校长张敬礼,主任朱警辞,有教师4名,学制二年半。培训教材有国文、数学和土、肥、植保等农业技术。

20世纪50年代中期,大中镇通过农业合作干校、农校、农业大学、农干校对基层农村干部农业技术人员进行定期不定期培训。自80年代初开始,农业技术培训以专员干部、专业户为主体,逐步系统化、专业化培训。

1987年,大中镇84名、裕华乡52名、新团乡54名农村科技骨干参加中国农村致富技术函授大学学习,均取得结业证书。同年,镇政府以成人教育中心校和镇农业技术学校为培训基地,建立大中镇星火计划培训中心("星火计划"即培训本土科技专业人才,"星星之火,可以燎原"之意),培训中心配专职教员7名,兼职教员16名。1983—1987年,镇政府投入60万元,划地4.93公顷,开发2个科研实验基地。镇农业技术学校每年举办棉花双膜栽培、植物生长激素的应用、配方施肥和蚕用间接加温炉技术的推广等各类短训班120多期,受训约1.6万人次。大中镇、裕华乡、新团乡4700多名回乡初高中毕业生全部接受专业技术培训学习(也称"就业培训")。双喜村农技分校连续举办4期蚕桑培训班,全村23.33公顷桑园。1987—1992年,镇成人教育中心校举办各类长训班12期,短训班87期,参加培训学员5416人次,创办1个两年半学制的机制中专班,2个两年半学制的初等技工班,与合肥工业大学联合创办1个两年制机制工艺大专班,2个一年制综合技工职前培训班,有208名自培合格的大中专毕业生分配到大中镇各企事业单位。

1990年,大中、新团、裕华相继选派900多名干部、职工和技术人员到武汉、上海、镇江等地进行对口培训,其中720名通过培训后继续参加各类专业技术函授学习。

1994年,新团乡农技站、蚕桑站、兽医站在乡科协倡导下,创办师范学校,把农技员、林蚕员、村兽医培训成传授科技知识、指导群众致富的地方师资,传授科学技术到每家每户。当年全乡稻麦良种推广率达90%以上,化控、化调、化除面积分别达到95%、85%、98%。生猪良种推广率达100%,运用科学方法养猪的农户达90%以上,小蚕共育率和方格簇出茧率达100%。乡政府还利用农技校、成人教育中心校、乡党校等阵地,举办野鸡、野鸭、牛蛙等养殖技术培训,参训人员1000多人次。为配合乡组织实施的100公顷插秧工程、10万只肉兔工程、100万只家禽工程、6.67公顷草莓工程,分阶段举办专业技术培训班12期。进排气管厂新招的132名工人,上岗前分三期到盐城、常州等地对口培训。

1995年,大中镇举办长训班10期,培训1090人,占总劳力5%,广播培训12期,以《中华人民共和国科技进步法》《中华人民共和国专利法》《中华人民共和国技术合同法》等政策、法规及农业技术知识为内容。镇政府从组建班子、制定计划、协调师资、编写教材、统筹经费、严格考核入手,在农村党员和基层干部中开展常规培训。凡参学人员都能掌握1~2门致富技术。

1995年1—4月份大中镇农业专业技术培训班表

表16-1-1　　单位:人

期号	办班时间	培训班名称	培训对象	主办单位	参训人数
1	2月14—18日	农村妇女科技冬学	妇女干部、妇女专业户	妇联、科技办	50
2	3月18—20日	地膜移栽棉技术辅导	分管农业主任、农技员	农技站、科技办	100
3	3月22—24日	实用技术庭院经济培训班	专业户、村主任、组长	组织、科协、农技站	150
4	3月25—28日	塑料大棚蔬菜栽培技术	专业户、村主任、组长	组织、科协、农技站	150
5	4月3—6日	果树管理之一(梨锈病防治)	果农、村主任	组织、科协、农技站	100
6	4月25—26日	果树管理之二(夏季果树修剪)	果农、村主任	组织、科协、农技站	100

1996年以后，坚持贯彻“实际、实用、实效”方针，本着缺什么学什么、需要什么学什么的原则，因厂制宜、因村制宜、因人制宜、分类施教，开展实用技术培训。农村根据农事季节需要，镇农科站、蚕桑站、林业站适时举办各类短期培训班，科技人员到田头接受农户咨询，现场解答，服务到户。镇林业站高级农艺师杨进宝几十年坚持不懈抓住时令季节，下乡指导果农进行早酥梨锈病防治及套袋技术应用。镇成人教育中心校开办成人技术培训函授班，组织农村党员和基层干部系统学习农业知识。

1997年，大中、新团、裕华三乡镇共选拔410名科技干部先后被送往全国12家科研单位和大专院校进行定向培训，有110人参加全国“TQC”函授学习，300人参加中国农业大学学习。2008年，大中镇、裕华镇培训科技示范户916户，印发科技宣传资料15期，举办科技问答广播讲座10次，总结推广高效立体种植模式15种。裕华镇推广新型农机具免耕条播机36台，秸杆还田机3台，自走式收割机2台。

1996—2010年，大中、新团、裕华三镇先后开办农学、植保、土肥、蚕桑等函授班276期，培训学员7000余人次，为农村培养初、中级农业技术人才1300多人。

（三）中小学生科技活动

1981年，全镇各中小学校开展“六个一”活动，即读一本科技书、讲一个科学发明故事、做一项科学小实验、制作一件科技小作品，用科学原理解释一种自然现象、了解一门科学技术。1984年，在青少年中开展以“小发明”“小创造”“小论文”“小制作”为主要内容的科技普及活动。

1989年10月，镇政府投资30多万元，在原镇南中学（后更名第五中学，今归并市二中）建成一个占地2.5公顷的“燎原计划”实验、示范中心，分教学、生活、加工、种植、养殖5个片区，成为苏北典型的农科教实验示范区。每学期组织全镇中小学生到实验区实地体验1~2次。2001年，针对青少年特点，结合学校教学，全镇中小学校组织开展“金钥匙”活动，参加市科技竞赛，逸夫小学（原大中镇中心小学）获得一等奖。

2010年，全镇中小学校贯彻落实《江苏省未成年人科学素质行动实施方案》，广泛开展青少年科技创新大赛，“金钥匙”科技竞赛、科技知识培训、科普展览等各类课外科技教育活动。市第二小学（原大中镇中心小学）、市第六小学（原大中镇东风二校）、市第四小学（原大中镇镇南小学）先后建成市级青少年科学教育特色学校。

三、科技成果

（一）工业科技成果

1980—2010年，工业系统有19个新产品获国家专利，荣获国家级科技奖1项，省级奖2项，市级奖7项。大中镇工业系统开发13个新技术项目，研制成功19个新产品，15项科技攻关项目被部、省级列项，9项科研成果打破全镇历史纪录。1988年，全镇新上产品32个，当年投产24个，新增产值468.75万元。1989年，大中镇被盐城市科学技术委员会评定为“星火计划培训”先进集体。是年应用新技术研制新产品3项，取得经济效益20万元。1993年，研制成功9个科技新项目，累计新增产值1533万元。1994年，裕华麦芽厂研制成功的大蒜保健片，荣获第三届中国新产品、新技术开发博览会金奖。1998年，飞达微特电机厂研制成功的强力100伏、110伏、50/60赫兹双频率系列空压机出口南非、中东、美国、韩国，该产品科技含量高，技术水平国内领先。当年产值800万元，创汇100万美元。2001年，多为集团的“发动机冷却水泵在雪佛兰系列汽车上的运用”被江苏省列为科技成果示范推广计划项目。同年，该集团的“尼桑汽车发动机排气管”获盐城市科技成果三等奖。福利厂的电动玩具、天力公司的压缩机获盐城市专利产品。同德集团被确认为盐城市专利重点企业。

1993 年大中镇科技项目汇总表

表 16 - 1 - 2

	项目名称	类型	实施年限	技术来源	技术依托单位	实施情况及效果				
						实施点	投入资金（万元）	新增产量	新增产值（万元）	新增利税总额（万元）
乡镇工业（含农副产品加工业）	轴承锭管生产线	当年实施	1 年	专利人提供	专利转让	纺机元件厂	80	8 万套	100	16
	人造木炭生产线	当年实施	1 年	合作开发	山东省技术研究所	粮油厂	12	100 吨	5	1
	花炮卷筒机	接转项目	2 年	自行研制	链条厂	链条厂	12	15 台	8	3
	压电开关生产线	接转项目	2 年	合作开发	扬州煤气公司	煤气设备厂	25	—	—	—
	浴缺生产线	当年实施	1 年	合作开发	北京经济学院	二建司	15	500 只	6	2
	11°黑啤	当年实施	1 年	合作开发	上海	啤酒厂	10	500 吨	89	5. 3
	啤酒生产线	当年实施	1 年	合作开发	广州设计院	啤酒厂	120	5000 吨	775	147
	棉毛布缝制手套	当年实施	1 年	合作开发	上海	针织厂	81	300 万副	300	25
	废棉再生	当年实施	1 年	合作开发	苏纶纺织厂	纺织材料厂	30	500 吨	250	30

2010 年，大中镇政府被评为大丰市科技工作先进集体。是年，大中镇有高新技术企业 1 个，高新技术产品 2 个，累计申报省级以上科技计划项目 21 项，定项 3 项，专利申请 133 件，获得专利授权 70 件。大丰市燃气设备有限公司的“智能化防震燃气调压箱产业化开发”、多为集团的“出口美国通用卡车铜铬合金铸铁汽车发动机冷却水泵的研制及产业化开发”两项新立科技项目获科技部、省科技厅 95 万元科研扶持资金。

（二）农业科技成果

1960 年，裕华公社五星大队科研小组大面积种植苕子绿肥获得成功，江苏省政府给予嘉奖解放牌卡车 1 辆。1961 年，大道公社超产大队（今泰西村）、红花大队经科学实验，取得棉花高产和良种繁育经验。11 月，两个大队各派一名代表赴北京出席全国农业会议并在会上作专题发言。1964 年，大道公社农科站试验成功棉花等行种植改为宽窄行种植并在全县推广。

1972—1982 年，大道公社组织科技人员在公社小农场（位于今红花村三组）进行百亩高产实验，对棉花、三麦（大麦、小麦、元麦）、油菜，绿肥实施高产攻尖，取得成果，多次受到省、市、县表彰。1974 年，大丰县科委在大道公社超产大队试种“401 抗病棉”新品种获得成功。

1979 年，新团公社养殖场采用增氧养殖法，淡水养殖单产大幅提高，获省人民政府嘉奖。1980 年，大道公社农科站通过科技种植，连片高产小麦亩产达 525 千克，获大丰县科委“小麦连片超产千斤奖”。是年，大道公社科委试验成功地膜覆盖栽培技术，先后在全县推广，棉花增产近 3 成。1982 年，大道公社引进大麦新品种“75 - 21”被省命名为“苏啤 1 号”，经大面积推广，大中镇成为全国重点啤酒大麦基地。

1983 年，农牧渔业部调查组到大中镇阜丰村 12 组考察，由副镇长高瑞俊经过多次实验并推广的“大丰省草灶”，给予了很高评价。1986 年，大中镇农科站进行“双膜种植玉米”科研获得成功，在全县推广玉米单产提高近 2 成。1989 年，推广实用技术 9 项，当年新增效益 80 万元。其中，林蚕站采用科学温室养蚕技术，获省“丰产计划奖”。1998 年，由镇林业站具体完成，省农科院、市生态办协作扶持的“EM”生物制剂试验、示范及推广项目在恒北村季明太家梨园试验获得成功，该项研究在同类科研项目中达领先水平，亩增效益 130 多元，在整个绿色食品示范区推广，年增效益 130 万元。2000

年，大中镇引进推广“幸水”“玛瑶杏”“红心李”“早美酥”“西子绿”“爱甘水”等果类新品种，引进“苏玉16号”“承玉5号”、台湾台农“1号冬瓜”、日本红椒、黑花生、黑山芋等10多个新品种。双喜村引种“日本大葱”“克新一号脱毒马铃薯”、硕香草莓、挂丝红生果、扬花萝卜、金冠甜瓜、五叶西瓜等10多个特经新品种。2006年，裕华镇建成6666.67公顷全国大蒜标准化示范区，形成盛业农业产业园、绿丰蔬菜冷藏生产基地、海水、淡水养殖基地和高效农业示范园5个核心区域。申报并完成了“裕盛”牌大白菜、茄子2个无公害食品认证。申报完成以绿丰公司大蒜生产协会省级合作经济组织和二茬大蒜栽培低温处理2个省级科研项目。“裕华”牌大蒜被评为“江苏省名牌产品”。

2010年，新立“鲜食玉米在滩涂改良地上的示范种植”“沿海滩涂大蒜高效栽培体系创新与示范推广”“优质、高产、抗逆水产新品种湘云鲫2号研发和产业化”3个农经科技项目获科技部、省科技厅研发扶持资金690万元。

1980—2010年，大中镇共获农业科技成果奖29项，其中国家级2项，省级9项，市级18项。

1979—2010年部分年份大中镇科技获奖情况表

表16－1－3

年份	奖 项	授予部门	获奖单位、个人
1979	“宁丰小麦”连片超千斤奖	省科委	大兴公社农林站
1980	FH型反冲回转二次滤网科技成果四等奖	江苏省人民政府	大中镇电力机械配件厂
1981	眼底摄影机科研产品三等奖	江苏省	大中镇光仪厂
1989	蚕桑丰产计划二等奖	省丝绸公司	张长庆
1990	1.5吨冲天炉技术改造	大丰市科技进步一等奖	裕华缝纫机械厂
1990	主体农业试验示范项目	大丰市科技进步二等奖	大中镇政府
1991	科技达标乡(镇)	盐城市政府	大中镇政府
1992	科技达标乡镇	盐城市委	大中镇政府
1992	科技进步三等奖	省科技厅	新团制绒厂
1993	《实施燎原计划、振兴乡镇经济》一文	被《中国教育百家》收录	王桂成、顾志成、胡永霖
1993	《中小学多功能课程仪的联想与实践》科技工作者论文一等奖	教育部	大中镇中心校陈瑶
1994	恒北早酥梨获“绿色商品证书”	农业部	恒北村
1994	裕华大蒜粉保健片	国家级“新技术新产品博览会”金奖	裕华镇政府
1994	棉蒜套作模式研究及其应用科技三等奖	省农林厅	张长庆
1994	银杏高接换种人工授粉技术	盐城市优秀论文二等奖	杨进宝
1995	银杏早果丰产成果三等奖	江苏省科委	杨进宝
1995	大麦啤酒生态工程建设与研究	获国家农业部科技进步三等奖	张长庆
1995	育肥猪配套技术应用	省农林厅科技进步三等奖	沈天鹏
1996	论文《食道癌、贲门癌160例电化学治疗》	全国首届特色医疗学术研讨会特等奖	镇卫生院陆志冲
1998	《泗阳棉三号配套推广应用》	农牧渔业部丰收奖二等奖	大中镇农科站黄建华
1999	“裕华牌”蒜薹	中国国际农业博览会金奖	裕华镇政府
1999	全国农牧渔业部丰收二等奖	国家农牧渔业部	大中镇农科站黄建华
1999	家蚕共育项目	大丰市科技进步二等奖	大中镇林蚕站

续表 16－1－3

年份	奖　　项	授予部门	获奖单位、个人
2000	“裕华”牌蒜薹	中国绿色食品国家级命名	裕华镇政府
2000	药物缓释高吸水种衣剂（早育保姆）的引进和推广	大丰市科技进步三等奖	新团镇农技站
2000	梨矮化密植栽培技术	大丰市科技进步三等奖	大中镇林业站、科协
2001	“家庭自动加温补湿电器化共育”	大丰市科技进步三等奖	大中镇蚕桑站
2002	大蒜无公害栽培技术	农牧渔业部丰收三等奖	裕华镇农科站
2002	农业科技突击贡献奖	大丰市委、市政府	杨进宝
2002	“裕华”牌蒜薹“神王”牌泥螺	中国国际农博会金奖	裕华镇政府
2002	丰收三等奖	国家农牧渔业部	大中镇农科站黄建华
2002	“麋鹿”牌麦芽	第三届中国国际食品博览会金奖	大中镇珍丰集团
2003	“CDIC”牙种植术的引进与革新	大丰市科技进步二等奖	第三人民医院
2003	优质早酥梨示范基地建设	大丰市科技进步二等奖	大中镇林业站、科技办
2004	CADA 汽车水泵 2108－1307015	大丰市科技进步奖	多为集团
2004	赛车 990－002－600 发动机排气管	大丰市科技进步奖	多为集团
2004	美国黑核桃引种试验	大丰市科技进步奖	大中镇农科站
2004	二春蚕饲养技术的应用和推广	大丰市科技进步奖	大中镇蚕桑站
2005	生态措施控制林缩病	盐城市科技进步一等奖	大中镇农科站
2005	绿色食品科技示范园	大丰市科技进步三等奖	大中镇农业站
2005	废水处理资源化	国家环保局科技进步三等奖	麦芽厂
2007	低铬铜合金灰铸件	国家知识产权局授予发明专利产品	多为集团
2007	《测土与配方施肥》	江苏省农林厅二等奖	大中镇农科站
2008	12590785 铁质汽车发动机冷却水泵	盐城市科技进步奖	多为集团
2009	论文《对城市河道景观建设的思考》	中国社会经济发展优秀论文特等奖	裕华水利站卞跃宏
2009	省科学“大众杯”	科技竞赛一等奖	市第六小学陈海楠
2010	《巧用盐碱土，种出新产业》	中央电视台新闻联播节目第二条新闻	丰收大地
2010	《丰收大地》被授予现代农业科技园	江苏省	丰收大地
2010	“裕华大蒜”农产品地理标志使用管理规范的推广应用	大丰市科技进步一等奖	大中镇农技站
2010	平面磨床磨头进给传动装置	大丰市科技进步三等奖	中田机械制造公司
2010	沿海滩涂大蒜高效栽培技术体系创新与示范推广	大丰市科技进步三等奖	大中镇农技站

四、地震情况

大中镇自成陆迄今，境内未发生过破坏性地震，一般性震感均为境外地震波及所致（详见附表）。1975 年 12 月，大中镇设立地震测报组一个、宏观哨两处。测报点业务上属县科委指导，定期向县科委汇报测报数据和测报资料，由县科委及时向上级有关部门报告。1976 年秋，唐山大地震，县乡（镇）两级成立防震抗灾工作领导小组，领导防震工作，在此期间全镇各单位派专人日夜轮流值班，配备铜锣,一接到紧急通知和发现震情则鸣锣报警,有的生产单位将生产现场搬到室外临时搭建的防震棚进行生产作业。大中镇居民绝大部分都住进防震棚。8 月 24 日凌晨,接江苏省革命委员会临震紧急通知,大丰各乡(镇)立即通过有线广播发出地震紧急警报,刹时人心惶惶,临震紧张状态一直持续一月有余。

1977 年初,大丰县建立地震台(地点设在县气象站),配备 3 名专职人员,4 月 1 日正式办公。1979 年,测报组、宏观哨调整,新增大中镇量刃具厂基准测报点,县水利局为宏观哨。1980 年初,测报点、宏观哨撤销。此后,大中镇无镇属地震机构。

大中镇境域发生地震情况表

表 16－1－4　　单位:级

发震时间	震中位置			震级
	北纬	东经	地点	
1971. 12. 07	33°12′	120°24′	大中集西	3. 7
1973. 05. 11	—	—	新团东北	2. 3
1975. 08. 20	33°08′	120°28′	大中集南	2. 0
1975. 11. 13	33°08′	120°19′	大中集西南	1. 8
1976. 10. 17	33°27′	120°31′	大中集北	1. 5
1977. 08. 23	33°19′	120°33′	大中集东北	1. 2

1502 年—1979 年大中镇有感的邻区破坏性地震情况表

表 16－1－5　　单位:级、度

发震年月	震中位置			震级	震中烈度
	北纬	东经	地　点		
1502	—	—	盐　城	4. 75	六
1505. 10. 09	32°48′	122°42″	南黄海	6. 75	—
1624. 02. 10	32°24′	119°30″	扬　州	6	七
1662	33°24′	121°06″	盐　城	4. 75	六
1668. 07. 25	35°18′	118°36″	莒　县	8. 5	十一
1720. 06	33°00′	121°00″	南黄海	5. 75	—
1764. 06. 27	33°42′	121°36″	南黄海	6	—
1846. 08. 04	33°24′	121°54″	南黄海	6. 75	—
1852. 12. 16	33°18′	121°48″	南黄海	6. 75	—
1853. 04. 14	33°48′	121°30′	南黄海	6. 75	—
1910. 01. 08	35°00′	122°0′	南黄海	6. 75	—
1921. 12. 01	33°42′	121°36′	南黄海	6. 25	—
1927. 02. 03	33°30′	121°0′	南黄海	6. 5	—
1927. 02. 03	33°30′	121°0′	南黄海	6. 25	—
1927. 06. 08	33°30′	121°0′	南黄海	5. 25	—

续表 16－1－5

发震年月	震中位置			震级	震中烈度
	北纬	东经	地　点		
1949. 01. 14	33°12′	121°0′	南黄海	5. 75	—
1975. 09. 02	32°45′	121°40′	郎家沙	5. 3	—
1976. 11. 02	33°07′	119°53′	大纵湖	4. 5	—
1979. 07. 09	31°32′	119°20′	溧　阳	6	—

第二节　能　　源

一、电　　力

（一）机构设置

1969 年，供电与水利部门合并建立水电局，同时成立大丰供电所，负责供电管理工作。1975 年，供电与水利分治，建立大丰县供电局，直隶县领导，原大丰供电所更名为大丰中心变电所。1976 年 7 月，大中镇成立电器安装组，负责大中地区电器安装业务和县城路灯管理。1977 年 8 月，改电器安装组为大中用电管理站。1982 年 10 月，大中用电管理站改称大中农电管理站。

大中供电所　1983 年 5 月，大道公社、大兴公社并入大中镇，原大道、大兴、大中镇用电站合并建立大中电力管理站。

1997 年，大中电力管理站更名为大中供电所。1998 年，大中镇投入 250 万元在市区健康东路 53 号新建大中供电所办公（营业）楼，占地面积 1480 平方米，建筑面积 1600 平方米。2002 年，大中供电所被江苏省电力公司评为“电费回收先进农村供电所”。2005 年被盐城供电公司评为“先进农电职工之家”，并被江苏省电力公司评为“先进农村供电所”。2006 年被江苏省电力公司评为“一流农村供电所”。2007 年被江苏省电力公司评为“先进农村供电所”。2010 年，大中供电所有职工 62 人，其中农电工 53 人，初级职称 2 人，中级技师 58 人，高级工 2 人。

新团供电所　1959 年，新团用电站隶属新团抽水机站，1979 年 5 月，改隶新团机电灌溉站，1979 年 6 月至年底，改隶新团农机修造厂，1980 年 1 月，从农机修造厂划出建立用电管理站，站址设在新团村二组，占地 0. 2 公顷，有用房 16 间，主要设备有 180 千伏变压器，16 英寸混流泵，18. 38 千瓦发电机各 1 台。用电站分外线和修理两个组，主要负责新团范围内的高、低压线路架设检修、变压器的保养、电动机和 56 座排灌站水泵等设备维修，并担负培训村、组电工。如遇国电线路停电则负责发电，供应新团集镇和乡直属单位照明用电。全站干部职工 22 人，均系乡属集体性质。1997 年，投入资金 150 多万元，建成建筑面积 2300 平方米营业楼。2001 年，新团镇并入大中镇，新团供电所撤销。

裕华供电所　始建于 1976 年 12 月 16 日，时有职工 3 人，变压器 17 台。1981 年，变压器增加到 60 台，照明户 6700 户，高压线路 107 千米，低压线路 380 千米。全乡通过培训合格的电工有 29 人。2010 年 10 月，裕华镇并入大中镇，裕华供电所保留，有职工 30 人，其中技师 1 人，高级工 4 人，先后任裕华电力机构主要负责人有施惠祥、许开明、顾志远、李海、冯汉池、梁峰。

先后任大兴公社电力机构负责人有张加宽、王信忠。大道公社电力机构负责人刘正国。

大中镇电力管理机构主要负责人更迭表

表 16－2－1

单位名称	职　务	姓　名	任职时间
大中镇电管站	站　长	张加宽	1983—1994
大中电管站	站　长	丁海富	1994—2001
大中供电所	所　长	王立全	2001—2007
		陈　雁	2007—2008
		李　煜	2008—今

（二）电能

1. 自发电

1931 年春，大丰盐垦公司轧花厂（厂址在恒丰区 1 排 9 号田恒丰区办事处沟东，今大中镇恒丰村）有 20 部轧花机，以柴油机带动 30 千瓦发电机发电。1934 年 7 月，裕华垦植公司扬水厂投产两台 220.5 千瓦柴油发电机组，以农业排涝为主兼供集镇照明。

1949 年秋，资本家倪不畏在大中集创办苏北裕民轧花碾米电气厂。同年 12 月 5 日，投产 12.5 千瓦柴油发电机组，除供厂内生产照明外，还向沿街商店及有关单位转供照明用电。1950 年 9 月，增设 20 千瓦木柴发电机组与前机组并发。是年，发电量 10500 千瓦时，全部用于照明。1952 年，发电量达 15160 千瓦时，除用于照明外，部分用于生产。1954 年 11 月 17 日，苏北裕民轧花碾米电气厂发展为公私合营裕民轧花碾米电气厂，用两台 32.5 千瓦柴油发电机组发电。1955 年 9 月 25 日和 1956 年 10 月 21 日分别投产 40 千瓦、35 千瓦柴油发电机组各 1 台，两台机组与原机组并发。1957 年 1 月 5 日投产两台 100 千瓦柴油发电机组，原两台共 32.5 千瓦发电机组停发，调给国营大中农场。这时该厂装机容量为 275 千瓦。由于用户不断增加，低压送电线路遂逐步延伸。1957 年 4 月，在原裕民轧花碾米电气厂电气车间基础上，成立地方国营大丰电厂。从此，大丰县有了自己专业性的发电厂，专供县城工厂、机关、学校及城镇居民用电。1957 年年底，大中集 400 伏低压线路发展到 5.13 千米，年发电量 11.6 万千瓦时，比 1950 年增加 11 倍。

1960 年 7 月，盐城地区第一条 35 千伏盐城至刘庄输电线路架通和刘庄变电所建成，从此结束大丰长期依赖小型发电厂发电的历史，开始由电网输入电力。1964 年 6 月 26 日，撤销地方国营大丰电厂，成立大丰供电所。

1965 年，裕华棉花加工厂有柴油机组 60 匹马力，发电机 40 千瓦，自发电供本厂使用。此后，部分有条件的企业为防止供电出现问题，影响生产生活，都自备发电机，以备不测。

2. 电网供电

（1）输电线路

220 千伏输电线路　港裕线（射阳港电厂—裕民变电所）1993 年 4 月开始筹建，1995 年 7 月 20 日建成投运，起自 220 千伏射阳港电厂，止于大丰 220 千伏裕民变电所，线路全长 79.23 千米，采用铁塔 227 基，LGJF1（F2）－400/35 钢芯铝绞线。

110 千伏输电线路　裕大线（裕民变—大丰变），起自 220 千伏裕民变电所，止于 110 千伏大丰变电所。1989 年 5 月建成投运。线路长 4.09 千米，采用铁塔 7 基，水泥杆 11 基，导线采用 LGJ－150（185）钢芯铝绞线。

35 千伏输电线路

大刘线　1960 年 11 月，穿越境内的大刘线（大丰变—刘庄变）建成并投入运营，全长 16.86 千米，采用铁塔 3 基，水泥杆 95 基，导线采用 LGJ－95 钢芯铝绞线，起自 110 千伏大丰变电所，止于 35

千伏刘庄变电所。

联络线(裕民变—大丰变),起自220千伏裕民变电所,止于110千伏大丰变电所。于1989年5月建成并投运,由大丰供电局设计施工。线路全长5.7千米,采用铁塔7基,水泥杆28基,导线采用LGJ-95(120)钢芯铝绞线。

泰丰线(大丰变—城东变),起自110千伏大丰变电所,止于35千伏城东变电所。于1995年11月建成并投运,由大丰供电局设计施工。线路长4.66千米,采用铁塔14基,水泥杆7基,导线采用LGJ-95(185)钢芯铝绞线。

城东线(裕民变—城东变),起自220千伏裕民变电所,止于35千伏城东变电所。于1996年1月建成并投运,由大丰供电局设计施工。线路全长5.51千米,采用铁塔27基,导线采用LGJ-185钢芯铝绞线。

新民线(大丰变—城西变),起自110千伏大丰变电所,止于35千伏城西变电所。于1996年12月建成并投运,由大丰供电局设计施工。线路全长4.2千米,采用铁塔2基,水泥杆29基,导线采用LGJ-70(95)钢芯铝绞线。

泰新线(城东变—城西变),起自35千伏城东变电所,止于110千伏城西变电所。于1997年7月建成并投运,由大丰供电局设计施工。线路全长5.63千米,采用铁塔42基,导线采用LGJ-185钢芯铝绞线。

1960—2010年部分年度大中镇电力线路发展情况表

表16-2-2 单位:千米

年份	输电线路	配电线路	低压线路	合计
	35千伏	10千伏		
1960	10.06	18.17	39.84	68.07
1965	12.58	22.71	49.80	85.09
1970	15.72	28.39	62.25	106.36
1975	19.65	35.49	77.81	132.95
1980	24.56	44.36	97.26	166.18
1985	30.70	55.45	121.58	207.73
1990	38.38	69.31	151.97	259.66
1995	47.97	86.64	189.97	324.58
2000	59.97	108.30	237.46	405.72
2002	74.96	135.37	296.82	507.15
2004	93.70	169.22	371.03	633.94
2006	117.12	211.52	463.78	792.42
2008	146.4	264.4	579.73	990.53
2010	183	330.5	724.66	1238.16

说明:表内数据包含原新团、裕华

(2)变电所

220千伏变电所

裕民变电所　位于大中镇阜北村11组境内,大丰至新丰公路东侧。为射阳港电厂送出的配套工程。两台12万千伏安主变,220千伏线路全长163千米。总投资3450万元,由国家和地方共同承担,占地2.2公顷。工程于1994年1月23日开工,7月30日竣工,1995年7月20日一次送电成功。整个工程被江苏省建委评为优良工程。变电所主变容量为1×120兆伏安,型号为OSFPS7－120000/220,联接组标号为YNaOYnOd11,额定电压为(220±2×2.5%)/121/38.5/38.5千伏额定电流为314.9/572.6/899.8/599.8。

110千伏变电所

大丰变电所　110千伏大丰变电所于1972年5月由江苏省水电局投资75.5万元,所址位于大丰市大中镇同德村七组,变电所占地0.95公顷,土建始于1972年10月,1973年4月13日竣工,主变容量为1×10000千伏安(型号:SFSJJ10000/110,额定电压:110±3×2.5%/38.5±2×2.5%/11千伏,接线组别:Y0/Y0/Y△－12－11)。1977年,新增2事情主变一台,容量为12500千伏安。1978年12月,大丰变电所至110千伏海丰变电所35千伏联络线投运。1986年3月,将1号主变由10000千伏安增容为31500千伏安。1989年1月,将2#主变由12500千伏安增容为31500千伏安。1989年5月,110千伏大丰变电所至海丰变电所110千伏大海线投运。1995年7月20日,220千伏裕民变电所投运,将110千伏大海线开断接入220千伏裕民变电所,大丰变电所110千伏大海线改为110千伏大裕线,作为主供电源,110千伏大盐线改接到220千伏新城变电所,110千伏大新线为备用电源。1999年10月26日,洋心洼变电所投运,将110千伏大东线开断,大丰变则改接至220千伏裕民变电所,大丰变110千伏大东线关闭停运。2010年,大丰变电所实行调度自动化,具备“四遥”功能,达到无人值班要求。运行的110千伏线路3回(大新线、大裕线、化肥线),35千伏线路5回(大刘线、大西线、泰丰线、联络线、新民线),10千伏线路10回(照明线、二厂线、健西线、河口线、工缫线、交通线、北郊线、市政线、工业线、丰东线)和10千伏Ⅰ、Ⅱ段电容。

新团变电所　2010年7月开工建设,取名110千伏长安变,总容量8万千伏安,主要承担市经济开发区及大中镇西部新团、光明、八灶、老坝4个村的供电业务,进线设110千伏2条,出线设20千伏5条,10千伏5条。

35千伏变电所

城西变电所　1996年8月31日经公开招标,由大丰市第二建筑工程公司承建,9月7日开工,11月30日竣工,建筑面积830平方米,其中控制室和开关室372平方米。电气安装工程由盐城市大发电气有限公司承担。1997年1月1日一次送电成功。7月,城西变电所至城东变电所35千伏新泰线投运,成为35千伏城西变电所的备用电源。城西变电所总容量为2×6300千伏安。运行的35千伏线路2回(新民线、新泰线),10千伏线路5回(水厂线、西郊线、新团线、市政线、艾森线)。

城东变电所　1993年3月开工,9月竣工,建筑面积1152.77平方米,其中生产用房466.77平方米。电气安装由大丰供电局承担。1997年7月,城东变至城西变35千伏泰新线投运。1999年年底,由于城东地区用电负荷增加,1号主变由6300千伏增容为10000千伏安。城东变电所总容量为16300千伏安,主要承担城区东南部地区和大中镇近郊供电任务,运行的35千伏线路3回(城东线、泰丰线、泰新线),10千伏出线7回(河南线、城西线、珍丰线、三纺线、陵园线、健康线、南郊线),10千伏电容2回(Ⅰ段电容、Ⅱ段电容)。

(三)用电

大中镇是大丰政治、经济、文化中心,用电量约占全市50%。

农业用电　1960年0.77万千瓦时,1970年1.21万千瓦时,1980年1.89万千瓦时,1990年2.95万千瓦时,2000年6.14万千瓦时,2010年18.75万千瓦时。

工业用电　1960年742.05万千瓦时,1970年1159.45万千瓦时,1980年1811.64万千瓦时,1990年2830.7万千瓦时,2000年5897.28万千瓦时,2010年17997.1万千瓦时。

生活用电　1950年10月,裕民碾米轧花电气厂投产后,大中集地区的居民开始用电灯照明。大中电力建设起步晚、规模小、发展缓慢,电力供不应求的状况时有发生。20世纪60年代初,生活用电仅限于大中地区企事业单位、居民和农村电灌站附近少数社员电灯照明。不少单位和部门自购小功率机组发电,以满足生产和业务工作需要。1982 年 12 月,在原属照明线供电的范围内划一为二,医院、广播、粮油加工等则被列为主要用户,定名市政线,其余用户仍由照明线供电。

1949—1960 年大中镇镇自发电供电情况表

表 16－2－3

年份	供电量(万千瓦时)	用电户数(户)	年份	供电量(万千瓦时)	用电户数(户)
1949	0. 98	27	1955	8. 34	93
1950	1. 25	34	1956	9. 73	147
1951	1. 294	42	1957	33. 36	341
1952	1. 25	53	1958	35. 4	365
1953	3. 075	64	1959	41. 3	387
1954	3. 35	79	1960	44. 1	407

1960—2010 年大中镇部分年份用电情况表

表 16－2－4　单位:万千瓦时

年份	总用电量	其中					
		农业用电	占总用电量(%)	工业用电	占总用电量(%)	照明用电	占总用电量(%)
1960	772. 89	0. 77	0. 1	742. 05	96. 01	29. 37	3. 8
1965	966. 11	0. 97	0. 1	927. 56	96. 01	36. 71	3. 8
1970	1207. 63	1. 21	0. 1	1159. 45	96. 01	45. 89	3. 8
1975	1509. 55	1. 51	0. 1	1449. 32	96. 01	57. 36	3. 8
1980	1886. 93	1. 89	0. 1	1811. 64	96. 01	71. 70	3. 8
1985	2358. 67	2. 36	0. 1	2264. 56	96. 01	89. 63	3. 8
1990	2948. 33	2. 95	0. 1	2830. 70	96. 01	112. 04	3. 8
1995	3682. 11	3. 69	0. 1	3538. 37	96. 01	140. 05	3. 8
2000	6136. 42	6. 14	0. 1	5897. 28	96. 01	233	3. 8
2002	7671. 28	7. 68	0. 1	7371. 60	96. 01	292	3. 8
2004	9589. 10	9. 60	0. 1	9214. 50	96. 01	365	3. 8
2006	11986. 09	11. 99	0. 1	11518. 10	96. 01	456	3. 8
2008	14982. 69	14. 99	0. 1	14397. 70	96. 01	570	3. 8
2010	18728. 15	18. 75	0. 1	17997. 10	96. 01	712. 3	3. 8

说明:表中数据含新团镇在内。照明用电不含大中城区和新团小街

2004—2010 年部分年份裕华镇用电情况表

表 16－2－5　　单位:万千瓦时

年份	总用电量	其中					
		农业用电	占总用电量(%)	工业用电	占总用电量(%)	照明用电	占总用电量(%)
2004	3098.06	76.73	2.48	2204.50	71.16	816.83	26.36
2006	3571.87	108.01	3.02	2806.43	78.57	657.43	18.41
2008	4607.84	27.17	0.59	3445.88	74.78	1134.79	24.63
2010	6292.19	40.68	0.65	3962.55	62.98	2288.96	36.37

说明:照明用电含裕华集镇照明

(四)管理

农电网改造　大中地区农电网改造始于 1998 年,是年,完成大中至恒南、恒北、恒丰、阜南 4 个村,新团至新团、光明、新联、永久 4 个村。1999 年,完成大中至阜丰、阜北、大新、新德、泰西 5 个村,新团至长安、河口、营南、八灶 4 个村。2000 年,完成大中至红花、刚强、和瑞、新民、德丰 5 个村,新团至灶圩、兴隆、龙福、老坝、建设 5 个村。至 2010 年年末,大中镇全境及东部裕华境农电网改造全部结束。

农电电费收缴　2010 年前由各村电工入户抄表收缴,2010 年后统一在大中供电所营业厅及新团、裕华两个营业点电脑刷卡收缴。村电工报酬根据村变压器台数、容量、电力线路的长短,用户多少,结合本人的技术水平服务态度等,由村民委员会和电管站共同确定报酬定额。每个村电工全年报酬控制在 400～550 元之内,由本人每年和村民委员会与电管站签订合同,报酬由电管站统一发放。

农村用电管理　20 世纪 70 年代初人民公社化时期,每个大队配电工 1 名,负责本大队电力照明线路、变压器等电力设施的维护保养。电工工资参照同等劳力每年按 300 个劳动日给予记工分,年终参加决算分配。收取各户电费全部上缴公社用电站。

1983 年 5 月,各村配电工 1 名,工资按副村级干部在公益金中发给,每月 400～600 元。1985 年,农村电工工资由镇用电站发给,每月 1200 元左右。1987 年,由县供电公司统一发给,每月 1500 元左右。2003 年后,农村电工精减,2 个村配 1 名电工,每月由市供电公司发给工资 2000～2500 元,被精减的电工一次性发给 2500 元解除劳动关系。电工对辖区内电力线路每天巡查一次,负责收取电费,参与上级供电部门农网改造。农户用电收费标准 1972—1982 年每度收取 0.15 元,1983—1999 年每千瓦时电收取 0.3～0.35 元,2000 年后每千瓦时电收取 0.5～0.55 元。

附:供电故障及触电事故

1975 年 7 月 21 日 3 时 30 分,大丰变电所 110 千伏盐大线雷击故障引起主变过电,造成城区及镇域大面积停电 2 小时 47 分。

1977 年 10 月 2 日,大丰变电所值班员因误投 110 千伏东大线压板,致 714 开关跳闸,全境失电 1 小时 22 分。

2009 年 8 月 11 日 5 时 10 分左右,多为集团铸造分厂清理车间抛丸机电源控制箱接入线直接沿地面敷设,未加防护管且存在的接头浸泡在水和油污中,造成漏电致一人触电死亡,造成直接经济损失 40.5 万元。

2009 年 10 月 14 日 16 时左右,大丰市色织公司(原大中镇染织厂)漂染车间离心机由于电动机相间短路,与外壳失去良好绝缘,电动机外壳无良好接地且未安漏电保护装置,控制电动机启、停用的接触器发生故障,导致一人触电死亡,直接经济损失 35 万余元。

二、煤　　炭

1930年,大中集就有私商经营煤炭,初期货源很少,主要经营木炭,渐次变为煤炭。货源主要来自镇江,也有山东枣庄煤,但数量较少。

新中国成立以后,煤炭由省统一分配供给。1952年,中国煤业建筑器材公司大丰营业所开始专营煤炭。1955年,改由县生产资料经理部负责经销煤炭。1957年4月,煤炭由国家统一计划,统一调拨,机关、团体、城镇居民生活用煤实行计划供应。1958年,县生产资料经理部撤销,煤炭等能源商品统交大丰综合公司经营。从1961年开始,城镇居民生活用煤实行凭证供应。1963年,设大丰县煤炭、石油三级站。7月18日,改称江苏省物资局大丰煤炭石油公司。1965年,煤炭石油公司业务划归大丰县商业局管理。1972年,又将煤炭业务划归物资局,成立大丰县煤炭石油公司。1985年,煤炭石油公司撤销,分别成立大丰县燃料公司和大丰县石油公司,两公司均位于大中镇同德村境。计划内的煤炭大多来自徐州以及安徽、山西大同、阳泉,计划外的煤来自江苏、山东、山西、湖北、湖南等地。20世纪80年代以后,煤炭市场逐步放开,除主营单位燃料公司采购煤炭外,出现多渠道组织货源的局面,大中镇老城镇企业和一些行政村都派人外出购买议价煤,其中一部分用于经营,一部分单位自用。

销售:境内集镇小街最早的用煤单位是烧饼店、铁匠炉等小手工作坊,煤炭由铁炭行供给。1940年以后,开始供应染坊、糟坊、糖坊、浴室等行业用煤。

新中国成立以后,煤炭的用途由初期的生活领域迅速向生产领域发展。1966年起,供应范围扩大到农村社队工业企业,生产队副业生产和部分集体饲养场用煤。集镇市民生活用煤,开始从手摇机生产的鸭蛋球逐步过渡到机器自动生产的经济球(蜂窝煤)。县城设立国营煤炭门市部,送球服务上门。20世纪80年代以后,随着经济的发展和人民生活水平的提高,城区市民的生活用能发生了变化,开始使用石油液化气,煤炭的销量逐年下降。

2010年,煤炭年供应量38.7吨,主要用于大中区域热电厂、化肥厂等单位,城镇少数居民家庭仍使用烽窝煤。

三、石　　油

民国初,美国、英国的一批商人纷纷聘经纪人到东台等地推销美孚石油公司"鹰"牌煤油、亚细亚煤油公司的"僧帽"牌煤油、德士古煤油公司的"红星"牌、"幸福"牌煤油。农村家庭大多用的煤油灯亦称"美孚灯"。

1931年以后,煤油进货渠道多数为南通、无锡等地。日军侵占期间,大中集市面冷落,商业萧条,煤油销售时断时续。国民党军队占领时期,煤油同样不能正常供应。广大农村农民和集镇居民多以食用油点灯照明或用蜡烛照明,大家富商举办婚丧、祝寿等大事则租用汽油灯。大丰盐垦公司、轧花厂、裕华公司扬水厂、裕民轧花碾米厂等所用燃料均为柴油。

新中国成立以后,石油成品油列为国家统购物资,大多从南京浦口、扬州、南通、泰州等地购进。1977年城区大刘路南侧建加油站一座,石油公司常年担负运油任务,经常组织送油下乡,送油到户。

1957年,石油成品油(汽油、柴油、煤油、润滑油)实行计划凭票限量供应。县石油公司按分配计划对经营石油的基层供销社和农机站实行调拨,供应各乡、镇和有关用油单位。

1978年10月,成品油实行定量凭证供应。从1983年开始,石油市场完全放开,镇区自建的珍丰、城东、城中、城西加油站开始销售议价油。

四、液化气

大中镇液化气供应最早在1988年2月,由大中镇建筑装潢公司牵头,以零购零售的方式经营。1988年12月,经县计经委批准在泰西一组扩建大丰县液化气供应站,投资110万元,占地0.5公顷。

由于施工单位的产品质量和现场施工工艺、质量控制等措施不够完善，以致设备安装多次验收未能过关，经过几次整改，直至1990年11月初才基本合格。1990年11月11日，通过市液化气整顿办公室综合验收，18日进行试投产。1995年，供气量350吨。是年，被珍丰集团兼并。

1992年12月，森威集团公司筹建森威集团液化气经营公司，1993年上半年正式对外经营，发展用户15000户，1996年供气量2500吨。

1995年，县燃气供应总公司成立，发展用户1500户，1996年供气量为2000吨。是年，城市管道燃气筹建，常丰管道液化气公司对市区东北片开始供气，气站储气量为45立方米，设计管道规模供应能力为5000户。1999年年底，市区铺设管道36千米，拥有用户700多户。同年，农村开始应用瓶装液化气。

1997年，全镇农村燃气用户为24850户，占总农户52.6%。2006年年末，市区4个液化石油气站储气能力达1132立方米。拥有天燃气用户4941户，管道长度130千米，当年新增天燃气用户1292户，新铺设管道24千米。2010年年末，全镇液化气用户为72980户，占总农户97.5%。城乡管道总长度238千米。同德、红花、阜丰等近郊农民公寓小区亦开始用上管道液化气。

1997年、2010年大丰城区液化站情况统计表

表16-2-6　　单位：立方米

单位名称	建站时间	储气量		地　址	备　注
		1997	2010		
大中液化气	1989年8月	120	已拆迁	大中镇南4千米	原珍丰液化气站
泰久液化气	1991年11月	170	—	大中镇西北2.5千米	原飞轮厂液化气站
燃气供应总公司	1994年12月	220	—	大中镇西4千米	
常丰管道液化气公司	1996年5月	45	—	东宁路以西幸福路以北交叉处	

五、其他能源

（一）沼气利用

20世纪70年代中后期，开始兴办沼气能源。开始建的沼气池，质量比较差。一部分是“二合土”土池子，以后逐步改建成砖结构水泥池子，每池容积为7～8立方米。80年代，大丰县先后在大中镇、裕华镇和南阳镇等乡镇集中搞千池乡（镇）。以砖结构为主，同时推广钢滑模建池新工艺，沼气池质量明显提高，使用寿命延长，深受用户欢迎。建沼气池的农户，每年可以解决6～7个月生活用能，沼气可以做饭、点灯，沼气液可以喂猪、养鱼，沼气渣可以做肥料，也可以培养食用菌。位于同德村的教师公寓，1998年建成沼气池12只，容积480立方米。1980年5月，大道公社合意大队（今泰丰村）第六生产队，由国家投资4500元，生产队自筹2500元安装一台7.5千瓦12马力发电机组，该机投产3天时间，可供50户人家照明用电6个小时，后因原料不足，沼气产量低而停止。

90年代后期，电力能源迅速普及，农村逐步开始使用液化气、电能等清洁能源，沼气事业滑坡处于停滞状态。70—80年代建的沼气池，由于时间过长，管理不善，到90年代末基本上都已报废。2010年年末，全镇能够正常使用的沼气池仅剩680只。

1978—1989 年大中镇沼气发展使用情况

表 16－2－7 单位:个

年份	单位	合计	其中		正常使用	年份	单位	合计	其中		正常使用
			集体	社员					集体	社员	
1978	新团	6	1	5	1	1983	新团	771	7	764	702
	五星	33	8	25	11		裕华	318	16	302	256
	大道	9	3	6	2		大中镇	218	19	199	216
	大兴	15	3	12	9	1984	新团	1103	—	—	992
	大中镇	3	3	—	—		裕华	298	—	—	240
1979	新团	24	6	18	2		大中镇	1169	—	—	1135
	五星	83	20	63	24	1985	新团	1106	—	—	—
	大道	32	5	27	12		裕华	1110	—	—	—
	大兴	17	6	11	1		大中镇	1284	—	—	—
	大中镇	11	7	4	6	1986	新团	989	—	—	603
1980	新团	137	6	131	98		裕华	1374	—	—	915
	五星	125	17	108	92		大中镇	1224	—	—	1076
	大道	52	5	47	30	1987	新团	1001	—	—	—
	大兴	17	4	13	8		裕华	1374	—	—	—
	大中镇	8	4	4	4		大中镇	1228	—	—	—
1981	新团	359	6	353	323	1988	新团	805	—	—	—
	裕华	174	16	158	145		裕华	1346	—	—	—
	大道	80	10	70	73		大中镇	1201	—	—	—
	阜丰	17	5	12	6	1989	新团	805	—	—	—
	大中镇	8	4	4	8		裕华	1346	—	—	—
1982	新团	662	7	655	624		大中镇	1201	—	—	—
	裕华	275	16	259	244						
	大道	88	10	78	74						
	阜丰	17	5	12	1						
	大中镇	8	4	4	4						

（二）太阳能开发利用

随着科学技术的进步,太阳能开发利用被人们逐步认识,20 世纪 80 年代,太阳能已用于生产和生活领域。1983 年,全镇共建太阳能蔬菜大棚 2500 多平方米。1998 年,全镇棉花双膜覆盖面积达到 3666.67 公顷,占总面积 100%。2010 年,全镇 2533.33 公顷棉花全部用地膜复盖,占总面积 100%。塑料大棚蔬菜、花圃,双膜棉花都充分利用太阳光能、热能提高地温,抗御严寒,有效积温,促进作物生长,蔬菜除了提前上市还能反季节吃上新鲜蔬菜,经济效益成倍提高。90 年代以后,种植业结构调整,棉花面积减少,但充分利用太阳能的光能、热能发展种植业的做法没有变。

大中镇有水稻面积 3066.67 公顷。2000 年以后,普遍采用塑料膜育秧,利用太阳能、热能培育旱秧,占总面积 100%。

太阳能也同时应用在生活领域,20 世纪 80 年代末到 90 年代初,全镇共推广家用太阳能热水器 4500 台,计 3400 平方米,每年可节约标煤 600 吨或电力 250 万千瓦时或石油液化气 360 吨。90 年代至 2010 年,全镇推广家用太阳能热水器(农村)共 19911 台,占全镇农村家庭用户 98.6%。每年可节约标煤 2950 吨,或电 1190 万千瓦时或石油液化气 1790 吨,直接受益 300 多万元。

太阳能热水器的推广使用,经历一个由低级到高级的发展过程。1987 年,从扬中购进闷晒式太阳能热水器,吸热较慢,但价格便宜,有不少农户购买。1990 年,开始推广真空管太阳能热水器,虽价格贵,但吸热快,经久耐用,被全镇农户所接受。1995 年后,大中镇出现"鑫利""京丰""神泉"等多家太阳能热水器生产厂家,这些厂家都从外地购回真空管,加工成成品出售。2010 年年末,全镇农村太阳能热水器达 2 万台(套),城区普及率达 99%。鑫利太阳能有限公司,前身为大丰市新能源新技术研究所,始创于 1992 年,该公司太阳能生产基地约占 1 万多平方米,年产能力 20 万台。2000 年,公司与西安交通大学太阳能研究所联合,推出随时上水不炸管、净化出水可饮用、双管排空防冻堵专利产品,畅销全国各地。2001 年年底,在行业内率先通过 ISO 9001:2000 国际质量体系论证,产品获"江苏省知名企业与品牌""江苏省资信 AAA 级企业""全国优质产品奖""全国名牌产品奖""中国著名品牌"等殊荣。

(三)秸秆气化

20 世纪 70 年代初到 80 年代末,全镇建沼气池 800 余口,容积约 8500 立方米,这些沼气池投料需大量秸秆,年消耗秸秆 500 多吨,既充分利用生物资源,又起到净化环境的作用。

进入 21 世纪,农村推行秸秆气化炉产生热气解决农户燃料问题。

光明村境内的宝鹿生物科技有限公司

大丰宝鹿生物科技有限公司是中国能源行业协会团体会员单位,是专业生产秸秆气化炊暖炉系列产品的厂家,2009 年落户大丰市高新技术开发区。该公司总投资 2500 万元,占地 3.33 公顷,现有科技办公大楼及标准化厂房 15000 平方米。公司设立"秸秆能源化利用装备研究所",自行研发成功生物质气化炊暖炉系列产品。经权威部门检测,符合且优于国家标准,被列入"国家财政补贴推广目录",并出口新加坡、印尼、缅甸、泰国、韩国等。宝鹿公司具备年产秸秆气化炊暖炉系列产品 30 万台,秸秆压缩成型燃料 2 万吨的能力。自主创新发展的"旺火柴源"生物质气化炉超越了所有业内产品,填补了国内空白,达到了国内领先的技术水平。"旺火柴源"生物质气化炉,各项技术指标均达到并超过国家标准,经科技创新、科技成果鉴定,多项创新填补了国内空白、整体技术达到了国内同行业领先水平,成为当前国内同行业唯一成熟的产品,率先在江苏省全面启动推广并申报国家专利。"旺火柴源"秸秆气化炉,不仅保留了原有的免粉碎、耐潮湿、防烧空断火、自动提示加料的功能外,又攻克了无焦油堵塞和外泄,无污水排放、无臭味挥发的二次污染问题。被评为高新技术产品,中国内地市场优秀产品。

(四)节柴改灶

20 世纪 50 年代,大中镇荒地资源多,农民烧草不用愁。60 年代后,荒地逐步开发利用,加之农户普遍使用大口老式灶,热效率非常低,全镇 70% 的农户缺烧草。虽然采取了煤炭补给,但仍不能从根本上解决问题。一度出现铲草皮、挖草根、砍树木,甚至烧牛粪的局面。人们自觉不自觉地对大自然实施掠夺性索取。树木长不起来,水土流失严重,加之没有秸草还田,过多使用化肥,导致农田土壤有机质含量下降,土壤返碱板结。

1966年,大道公社在阜北大队进行“改灶节柴”试点。针对老式灶灶膛大、吊火高、没有通风道,一个5口之家一顿饭要烧15~20千克草的状况,开始推广启东式淘箩尖底炉条省草灶,但因当时炉条紧缺,多数以砖代替,群众习称“癞宝(蟾蜍)灶”。这种土灶吊火低,灶膛小,虽省草,但经常闷火,不好烧,群众不喜欢。

1970年,大道公社高瑞俊以红花大队为点,大兴公社陆士成以阜南大队为点,改进灶膛结构,增设通风孔,使柴草得以充分燃烧,改进后的二代灶群众普遍欢迎。

1982年,经过不断改进后的“大丰省草灶”具有结构简单,通风好,火焰稳定,燃烧温度高,柴草适应性广,不单是柴草,毛草、软草、硬草都能烧,同时具有安全、卫生、省草、省时等优点。一副标准的大丰灶经测试烧开5千克水只需5千克草、10分钟。比旧式灶节约柴草60%左右。10月16日,在江西省鹰潭市举行的全国农村省柴灶评比会上,“大丰省草灶”被评为全国14种省草灶灶型之一。1983年,农牧渔业部派出调查组到大中镇阜丰村12组进行实地考察,给予很高评价。至1986年,大中镇共接待50个省,8个地区的代表参观考察。

1985年,大丰省草灶的研制发明受省政府嘉奖。

1986年年末,大中镇1.2万户农村家庭全部用上第四代大丰省草灶,实现了农户不烧煤、烧草有储备的目标。一年节省秸秆4000余吨。1999年以后,农村绝大多数农户陆续开始应用液化气,旧式炉灶渐行渐远而被淘汰。对农业的良性循环发展起到了积极作用。2010年,经市植保部门测试,由于大量秸秆还田,全镇农田有机质含量呈上升趋势,地力明显提高。

第十七章　教　　育

明弘治年间，刘庄场已经设刘庄学社，大中镇西域已有私塾。民国18年（1929），大丰盐垦公司创办大中镇小学。1931年后，大丰公司各区随着垦植业的发展，也相继办学。至1934年，大丰公司境内（不包括裕华公司）已有小学7所，学生542人，私塾56处，塾童658人。

1936年，大丰垦区义务教育实验区建立，教育有了发展。至1938年，大中、裕华、新团区域已创办小学11所，初级中学1所，在校学生800余人。

垦区抗日民主政权建立后，兴办学校、改良私塾废除封建地主阶级的奴化教育，开始建立民族的、大众的、科学的新民主主义教育。

日军侵占台北地区后，抗日民主政权通过举办乡学（冬学），组织民众读报、识字，开展识字明理活动。在敌后坚持办学，开展游击教育，流动识字。

解放战争时期，由于战乱，中学搬迁于南阳、通商一带，实行流动教学。小学则采取临时教学，“敌来我散，敌去我教”。

新中国成立后，党和人民政府十分重视教育工作，大力创办中小学。1956年，大中镇境内有小学48所，在校学生5000余人。1958—1960年，扫除文盲，发展幼儿教育，农村每个生产队都有1～2所托儿所、幼儿园。1958年8月，镇党委动员驻镇各中小学教师，利用暑假实施一对一包教包学，使全镇1400多名文盲、半文盲摘掉文盲帽。1960年后，教育系统裁员，精减学生，全镇仅有2所幼儿园，工作人员11人。“文化大革命”时期，教育事业遭到破坏。1968年，贫下中农管理学校、农村公立小学下放到大队办、上小学不出大队，小学附设初中班。1968—1977年，全镇有16所小学附设初中班，裕华、大道、新团等7所农业中学都改为普通中学，同时扩大高中招生，大道、大兴、裕华、新团初级中学增设高中部。1978年，全镇共有高、初中119个班级，在校生5257人（含丰中1346人）。因而出现师资不足，教学质量得不到保证的状况。“文化大革命”结束后，拨乱反正，恢复健全各项规章制度和正常的教学秩序。

小学教育普及率、入学率、合格率不断提高，1979—1981年大中镇连续三年获大丰县第一。

1996年，全镇小学入学率达99.7%，普及率96%，巩固率99.1%。小学毕业会考双科合格率98%，优秀率70.2%。小学升初中合格率居全市第二位。1998年秋，学校布局开始调整，对布点不合理、办学效益低的学校采取撤并重组，整合资源，有效提高办学效益。2010年，由于生源不足等原因，全镇中小学校布局几经调整，小学相对集中到市区，教育事业达到优化整合。

成人教育、职工教育向科技普及、专业技术教育方面转化，扫除文盲成绩喜人。1986年，大中镇成为无文盲镇，普通教育、职业教育、成人教育协调发展，教师队伍通过各种形式培训和进修，业务水平、文化素质明显提高。

第一节 发展概况

清顺治年间,今大中镇老斗龙港以西区域新团庄、八灶团等庄舍始设私塾馆。

1929年,城区创办大中镇小学,这是大中镇城区第一所公立学校,有校舍2间,一至四年级,学生50余人,一年后停办。1934年,大丰盐垦公司境内(不含裕华公司)已有小学7所,学生542人。私塾56处,塾童658人,其中城区小学2所,私塾5处,在校学生200余人。1936年,大丰垦区义务教育实验区建立。1938年,私立大众小学附设2个初中班,学生90余人,不久,初中班划出建立大众中学,大众中学是大丰有史以来的第一所初中。同年,在裕华镇佛教居士林创办"私立海光中学"。1941年,在大中镇城区创办垦区高级职业中学,4个班级学生200余人,这是大丰有史以来,也是人民政权建立后的第一所公办高级中学。1941年7月,日军入侵大中镇,推行奴化教育,学校因敌人扫荡和清剿,相继停办。抗日民主政权,深入敌后开展民族的、大众的新民主主义教育,大力举办乡学(冬学),组织民众读报组、识字班,开展识字明理运动,对私塾教师采取团结、教育、改造的方针,改革教学方法,采用统一课本,私塾逐渐被学校代替。1946年年底,国民党军进攻(台北)解放区,教育事业被再次破坏,城乡学校相继停办,有的学校白天躲"情况",晚间上夜课;有的学校采取敌来我散,敌去我聚;有的学校采用两套课本,敌来读古文,敌去念新书,蒙蔽敌人,坚持教学。1948年1月,国民党军实行"无人区"扫荡,城乡学校无一幸存,教学设施被破坏殆尽。1948年秋,台北全境解放,人民政权恢复教育。是年,大中镇城乡已有小学15所,在校学生358人。1949年,新团区域有公民办小学14所,在校学生500余人。

1929—1949年期间大中区域中小学校基本情况表

表17-1-1　　单位:个、人

校名	创办时间	地　址	校长	班级数	学生数	教师数	性质	备　注
大中集小学	1931年	原县大会堂后今城中桥西北约100米处	徐志明	2	70	4	私立	东台县教育局、大丰盐垦公司。1937年停办。
大众小学	1935年	原大中轧花厂今恒达小区	朱丕承	6	300	10	私立	原系国民党骨干分子朱丕承所办1946年民主接管,改为区立公办小学
大众中学	1938年	原大中轧花厂今恒达小区	黄	2	60	6	私立	系大众小学附设初中部
战时小学	1938年	原县大会堂后今城中桥西北约100米处	徐学海	1	40	5	—	抗日同盟会创办,1941年被日军破坏停办
苏中职业中学	1941年春	原大丰县中学今丰中名邸	陈松涛	2	200	10	公立	1941年7月因日军入侵停办
大中镇小学	1929年	原大中税务所南侧	吕左荣	1	40	2	公立	1931年停办
大众小学(复办)	1942年秋	原县大会堂后今城中桥西北约100米处	陈　苛	4	—	—	—	1943年10月停办。
台北县中学	1946年	原大中轧花厂今恒达小区	黄亚诚	3	160	11	公立	1947年自卫战争开始停办
德丰小学	1935年秋	原同德大队		1	30	1	私立	

续表 17－1－1

校名	创办时间	地　址	校长	班级数	学生数	教师数	性质	备　注
阜丰小学	1936 年	原阜丰区墩子	施洪祥	1	—	—	公立	时属义务教育实验区之义务小学，后于 1945 年停办。
泰丰小学	1936 年	原吴氏老宅	吴孝通	1	—	—	公立	时属义务教育实验区之义务小学，后于 1945 年停办。
和瑞小学	1936 年	原和丰与瑞丰交界处	徐亭柱	—	—	—	公立	时属义务教育实验区之义务小学，后于 1945 年停办。
福西小学	1944 年	原福丰西匡曹宅	曹仓干	1	—	—	私立	1946 年并入福丰小学
瑞北小学	1948 年 3 月	今新民村六排	宋一强	—	—	—	民办	新民小学前身
瑞南小学	1948 年 3 月	今和瑞村七排二号	蒋松林	—	—	—	民办	和瑞小学前身
恒北小学	1948 年 3 月	原恒北季林华家	张家驹	1	75	1	民办	恒北小学前身
恒南小学	1948 年 3 月	原恒南一组地主宅	蒋友尉	—	—	—	公立	恒南小学前身
恒丰小学	1948 年 3 月	原恒丰三排九号	吴　碧	1	40 多	1	民办	恒丰小学前身
泰中小学	1948 年	原泰丰中匡周宅	黄启舜	6	229	10	公立	双喜小学前身（数据为 1950 年）
阜中小学	1948 年 3 月	原阜丰中匡一排十八号	蔡兴华	3	100 多	2	公立	后改名阜丰小学
德中小学	1948 年 9 月	袁振武老宅	殷连山	1	40 多	2	公立	后改为新星校，德丰校
德北小学	1948 年	德北七排一号	陈国祥	—	—	—	公立	德北小学前身
元凤小学	1948 年	阜北东匡四排一号	陈朝忠	—	—	—	公立	后并入阜北小学
恒南小学	1942 年	原恒丰东南匡陆宅	陆建英	—	—	—	私立	1945 年停办

说明：不含裕华镇、新团镇

新中国成立以后，人民政权坚持“教育为无产阶级政治服务，教育与生产劳动相结合”的办学方针，加强学校领导，强化师资培训，不断改善教师待遇，逐步增加教育投资，扩大国家办学比例，提倡多种形式办学，群众集资办学热情高涨，小学教育逐步普及，中学教育迅速发展，社会成人教育全面推进，全民文化水平不断提高。

1950 年，大中镇区域有完小 1 所，初小 16 所，学生 1036 人，小学入学率达 20%。由于生源增多，师资不足，政府从苏南扬州等地调剂支援一批教师，知识青年中物色一批对象，选送他们到如皋、东台、盐城、淮阴等师范公费学习，以适应教育事业发展的需要。1952 年，大中区域小学发展到 23 所，完小 3 所，在校学生 2074 人。1956 年，境内共有小学 26 所，在校学生 2783 人，学龄儿童入学率上升到 31%；社会成人教育蓬勃发展，参加学习的农民、市民、职工达 12050 人。

1958 年后，确立公办、民办两种教育制度，教育事业进一步发展。1961 年，贯彻中央“调整、巩固、充实、提高”八字方针，缩减招生，动员超龄学生提前毕业，撤并班级，缩小规模。1962 年年底，有民办小学 18 所，教师 139 人，学生 1417 人。1964 年，教育实行“两条腿走路的方针”，掀起大办耕读小学热潮，乡村普遍创办简易小学（后改称耕读小学）。学生半耕半读、轮班上课，办学条件艰苦，校舍大多临时借住，有队部、仓库，还有牛棚，除少量的学桌外，大多用砖头垒成、搭桥板代替。全镇有乡村耕读小学 47 所，耕读教师 54 人，学生 1149 名，全镇学龄儿童入学率达 80% 以上。新团公社办耕读小学 17 所（其中耕读高小 3 所），耕读教师 17 人。是年，大办农业中学，五星大队农中 6 个班级，300 余名学生。

1964 年大道公社各大队普及小学教育情况表

表 17 - 1 - 2　　　　　　　　　　　　　　　　　　　　　　　　单位:人、个

队别	学龄儿童数	上半年已入学数	未入学数	入学率(%)	全日制小学		简易小学			到其他队入学数	小计	累计	入学率(%)	尚未到校数	备　注
					招收新生	插班生	班	组	人数						
阜北	325	185	140	57	39	8	—	6	81	3	131	316	97.2	25	
阜丰	364	169	195	46.3	72	—	3	2	103	—	175	344	94.5	20	
阜南	357	199	158	56	31	—	2	2	109	13	153	352	98.6	15	
大星	176	110	66	63	28	10	—	—	—	4	42	152	86.3	26	
新星	219	79	140	36	14	—	—	3	51	35	100	179	81.8	81	今德丰村
同德	209	129	80	62	37	7	—	—	—	9	53	182	87	45	
新德	246	135	111	55.4	59	10	—	—	—	25	94	229	93	17	
德西	172	56	116	33	19	2	—	3	51	11	83	139	81	30	
红花	288	119	169	42	36	2	5	—	124	—	162	281	97	9	
刚强	196	126	70	65	68	—	—	—	—	—	68	194	99	2	
新民	410	132	278	32	72	10	5	1	169	—	251	383	93.4	27	
和瑞	274	94	180	34	20	4	3	—	112	4	140	234	85	8	
超产	222	88	134	40	30	4	1	—	30	—	64	152	68	70	今泰西村
合意	308	140	168	46	55	6	3	—	77	—	138	278	90	23	今泰丰村
双喜	318	123	195	39	21	4	3	2	123	4	152	275	89	46	
美满	292	97	195	33.9	37	1	3	2	77	13	128	225	73	69	今恒北村
长春	215	98	117	46	68	2	1	—	26	—	96	194	82	21	今恒丰村
联盟	219	91	128	42	46	9	—	1	16	—	71	162	74.5	57	今恒南村
合计	4810	2170	2640	41	752	79	29	22	1149	121	2101	4271	89.1	591	

1965 年,实行全日制小学暂行条例,规定小学教学计划,坚持以教学为主,抓全面发展。大中镇境有中学 5 所,其中镇(社)属中学 4 所,小学 41 所(完全小学 15 所),在校中小学生 5440 人。1966 年 6 月"文化大革命"初期,由于重点批判"小学 40 条",造成教育思想极度混乱,各学校掀起批判"三家村"高潮。8 月,小学四、五年级、初、高中学生不放暑假,就地"闹革命"。9 月,在"阶级斗争是学校一门主课"口号下,中小学政治语文课本一律改用《毛主席语录》做教材。10 月,各校选派红卫兵代表赴京接受毛主席检阅。自此,学校停课闹革命,革命师生大串联。大字报、小字报、漫画、标语充斥校园,正常教学秩序无法实施。1968 年起普及初中,完小开设初中班,普通初中增设普通高中班。是年,裕华公社普通高中和农业中学合并,设 8 个高中班,2 个初中班。1969 年,公办小学下放到大队办,耕读小学与全日制小学逐步并轨,学校实行开门办学,与队(厂)挂钩,贫下中农和工人讲师团进课堂上课,小学上初中不出大队。农村学校由贫宣队管理,城镇学校由工人宣传队进驻。1970 年,境域有初中班 56 个,学生 2000 余人,高中班 6 个,学生 250 人(不含县属和新团、裕华公社)。是年春,推行中小学教育"九年一贯制",小学五年,初、高中各二年。1973 年,"马振扶事件""张铁生交白卷事件"波及全国,无政府主义严重泛滥,学校秩序一度陷入混乱状态,教师无法教学,学生受"读书无用论"影响,不思读书,不求上进。是年,学校布局和体制进行全面调整,撤掉附设初、高中班。1976

年,贫宣队、工宣队陆续撤离学校。1977 年,结束开门办学和贫下中农管理学校,取消贫下中农管理学校委员会机构,恢复初、高中招生考试制度。

1977 年普通中小学基本情况一览表

表 17 -1 -3

单位	学校(个)			班级数(班)			在校学生数(人)			教职员工数(人)		
	高中	初中	小学	高中	初中	小学	高中	初中	小学	高中	初中	小学
大中	—	—	6	—	2	28	—	106	1190	—	5	47
大道	1	—	40	12	42	119	684	1619	4379	43	89	160
大兴	1	—	19	8	23	72	389	996	2626	25	48	102
新团	1	1	50	7	26	132	421	1264	4988	31	59	168
五星	1	—	38	16	53	142	956	2110	5826	65	117	187

1978 年,境域有高初中 119 个班级,在校学生 5257 人(含丰中 1346 人,不含裕华镇(原名五星公社)和新团镇所属学校)。1981 年起,调整教育体制,初中并点联办。是年,新团公社设小学 15 所,118 个班级,学生 4325 名;联办初中 3 所,27 个班级,学生 1215 名;高中 1 所,4 个班级。全乡公办教职员工 65 名,民办教职工 196 名。

中共十一届三中全会后,中学教育调整规模,改革结构,小学教育注重提高普及率、入学率、合格率;农民、职工教育向科技普及、专业技术教育方面转化;教师队伍通过各种形式培训和进修。1983 年,大道、大兴公社并入大中镇,学校布局相应调整。1984 年年底,大中镇有中小学 33 所,其中小学 26 所,中学 7 所,189 个班级,在校学生 7490 人,教职工 532 人,其中小学老师 294 人,中学教师 238 人(公办 276 人,民办 256 人),小教中有 148 人达中师水平,中教有 107 人达大专水平。1985 年,全镇小学入学率达 99.7%,普及率达 99%,小学升初中合格率居全县第三位。1985 年后,生源逐年减少,学校相继撤并。

1986 年中小学情况表

表 17 -1 -4

学校名称	班级(个)	学生(人)	教师(人)	学校名称	班级(个)	学生(人)	教师(人)
新团乡小学(16 所)	96	2939	158	大中镇初中(4 所)	27	1187	130
裕华乡小学(15 所)	91	3321	153	裕华乡高中(1 所)	6	308	36
大中镇小学(24 所)	154	5283	343	大中镇高中	2	99	9
裕华乡初中(4 所)	25	1068	98	大中镇职中(1 所)	2	141	3
新团乡初中(4 所)	20	848	74				

1989 年,第二中心小学被命名为盐城市合格中心小学。是年,大中镇、裕华乡等 5 个乡镇在全县首先实行六年制义务教育。1990 年,江苏省教委暨南京、无锡、常州、常熟、海门、江阴等六市县教育考察团考察第二中心小学、镇南小学。同年,盐城市教育现场会参观团 40 多人,参观镇南小学和第二中心小学。江苏省教育厅厅长罗明,省教委、教育综合办公室主任万迪等考察第二中心小学。是年,大中镇、裕华镇成为首批普及九年制义务教育的乡镇。1994 年,第二中心校、德丰、新德等小学被教育局命名为首批"花园学校"。1995 年,东风二校、镇南小学、阜丰、新德、双喜、和瑞等 6 所小学被县

教育局命名为第二批“花园学校”。至1996年年底,大中镇城区和农村共有小学20所,教职工353人,学生5757人。1996年后,全镇中小学布局逐步调整。至2000年年底,大中镇有小学14所,122个班级,在校生5670人,入学率100%;初中2所,30个班级,在校学生1719人,入学率99.6%。小学在任教师346人,学历达标率100%;初中在任教师151人,学历达标率100%。

1996年大中镇所属小学情况表

表17-1-5 单位:个、人

校名	创办时间	曾用名	规模						
			班级	学生	教职员工		校园面积(平方米)	校舍面积(平方米)	图书(本)
					总计	民办			
和瑞	1948	瑞南	6	149	9	1	6670	893	2250
刚强	1950	河南	4	81	6	1	4533	68	1331
恒南	1942	联盟	4	90	5	1	8733	885.2	1550
恒丰	1948	长春	8	239	16	3	8400	1733	2780
恒北	1948	美满	4	156	7	—	4335	712	1620
利民	1952	—	4	103	8	1	6533	895	2210
双喜	1950	泰中	6	229	10	2	4733	827	2100
泰丰	1948	合意	6	190	11	3	8266	1014	2903
二中心	1950	超产、泰西	6	194	16	—	9671	969	2955
逸夫	1935	大中、大道、大兴	24	1598	77	2	12006	5115	19616
东一	1962	实小分校	11	670	35	1	7266	1918	8000
东二	1968	—	11	487	43	—	9133	1691.5	7270
镇南	1955	红旗路、大中镇	12	513	39	6	10672	2453.65	5620
阜南	1950	—	6	153	11	—	5667	959	1760
阜丰	1958	阜中	6	178	10	—	9333	1150	1893
阜北	1950	—	6	197	15	3	7400	927.4	3634
德北	1958	—	4	85	6	—	8671	770	1000
德丰	1948	新星	6	179	10	1	7400	1056	1240
德西	1950	—	4	96	6	—	6533	799	1500
新德	1952	—	6	200	13	—	8000	775	2595
合计			144	5787	353	25	153955	25610.75	73827

2000年大中镇春学期中、小学学籍情况表

表17-1-7 单位:人

学校	小学							初中			
	合计	一年级	二年级	三年级	四年级	五年级	六年级	合计	一年级	二年级	三年级
大丰市五中	—	—	—	—	—	—	—	1031	374	373	284
大丰市六中	—	—	—	—	—	—	—	528	180	199	149

续表 17－1－7

学校	小学							初中			
	合计	一年级	二年级	三年级	四年级	五年级	六年级	合计	一年级	二年级	三年级
新团中学	—	—	—	—	—	—	—	942	—	—	—
裕华中学	—	—	—	—	—	—	—	1384	—	—	—
大丰市二小	1754	269	276	297	300	310	299	—	—	—	—
镇二中心	247	30	36	47	44	49	41	—	—	—	—
大丰市四小	557	57	82	101	112	100	105	—	—	—	—
大丰市五小	777	95	115	132	145	140	150	—	—	—	—
大丰市六小	900	100	109	152	198	155	186	—	—	—	—
和　瑞	136	14	14	28	22	28	30	—	—	—	—
刚　强	78	14	21	22	21	—	—	—	—	—	—
恒　丰	441	42	74	68	88	81	88	—	—	—	—
泰　丰	204	24	25	29	36	39	51	—	—	—	—
双　喜	140	20	19	27	36	38	—	—	—	—	—
利　民	164	18	17	22	31	25	51	—	—	—	—
阜　南	126	—	16	26	24	23	37	—	—	—	—
阜　丰	234	15	24	29	39	73	54	—	—	—	—
阜　北	106	11	21	38	36	—	—	—	—	—	—
德　丰	174	26	20	27	26	42	33	—	—	—	—
德　西	74	—	26	25	23	—	—	—	—	—	—
新团镇小学(4 所)	1854	—	—	—	—	—	—	—	—	—	—
裕华镇小学(8 所)	2513	—	—	—	—	—	—	—	—	—	—

2001 年 4 月，区划调整，新团镇并入大中镇，新团中学更名大丰市第七中学。并入时新团镇有学校 7 所，教学点 4 个，在校学生 2690 人，其中小学 1853 人，中学 532 人，幼儿 305 人。公办中学教师 66 人，公办小学教师 121 人。2004 年，大丰市第五小学被评为“盐城市小学特色学校”。12 月，裕华镇中学(今大丰市第八中学)被大丰教育局授予“大丰市德育先进学校”荣誉称号。2005 年，裕华镇中学被大丰教育局授予“规范化学校”“大丰市依法治校示范学校”，同时荣获 2004—2005 学年度初中教学质量进步奖。是年，大丰市第六小学被教育局确认为“农民工子女入学指定学校”。2007 年，大丰市第二小学获“省教育优秀规范化学校”称号。2010 年，裕华镇并入大中镇。是年年末，大中镇共有镇属小学 6 所，在校学生 7560 人，教师 421 名。镇属初级中学三所(分别为大丰第五、第七、第八中学)，36 个年级，在校生 1137 人，在校教职工 2199 人，教师中大丰市级以上教学能手 63 名，学科带头人 35 名，高级职称 31 名。是年年底，市属学校设在城区的有大丰市高级中学、大丰市初级中学、大丰市第二、第三、第四中学、大丰市职教中心、大丰市农业干部学校、大丰市创新英达学校(民办)。其次，市区有各种类型的私人补习班近百处，他们利用节假日为中、小学生补课或进行专业补习培训。有的按课时，有的按学期收取费用，价格自定。

2010 年大中镇所属中小学情况统计表

表 17－1－8 单位:个、人

校 名	创办时间	曾用名	现有规模					
			班级	学生	教师	校园面积（平方米）	校舍面积（平方米）	图书(本)
大丰市第二小学	1935	大中、大道、大兴	50	3516	124	25000	14184	65218
大丰市第四小学	1962	实小分校	16	787	52	13300	5030	12650
大丰市第五小学	1968	东风一校	23	1247	66	26378	5212	16000
大丰市第六小学	1955	东风二校	18	968	51	12533	3049	20000
大丰市第七小学	1950	新团中心校	18	873	67	5667	15400	4003
大丰市第八小学	1958	裕华中心小学	19	809	96	23775	5542	26121
大丰市第五中学	1964	镇南中学	12	445	66	28395	8677	13000
大丰市第七中学	1961	新团中学	12	468	39	24001	7677	13749
大丰市第八中学	1992	裕华中学	12	224	94	29085	17980	12006
幼儿园(四个)			46	1649	123	—	—	—

成人教育以农民扫盲识字、职工文化技能培训和成人专业学校为主要形式。1948 年,大中区参加农民扫盲识字的有 2700 余人,新团区域有 1400 多人。1953 年,大中区扫盲发展到 26 个班,620 余人参加扫盲识字。1954 年有学员 1532 人,专职教师 10 人,教师及兼职教师 78 人。1955—1962 年,大道公社每年平均扫除文盲 500 余人。1964 年,扫盲班达到 95 个班,学员 1597 人。1985 年年底,大中镇、裕华、新团均为无盲镇。1989 年后,出现复盲现象,大中、裕华、新团共举办 176 个扫除复盲班。到 1996 年,扫除复盲人员 2797 人。1999 年,大中、裕华、新团三镇 15～45 岁的非文盲人口达 99.89%。至 2000 年年底,三镇全部脱盲。

1949 年,大中镇开设民教馆,对职工进行技能培训。1959 年,培训人数达到 318 人,占职工总数的 85%。1960 年,大中镇城镇居民、工人 923 人参加扫盲和技能培训,到 1984 年,大中镇职工文化补习基本结束,大中镇有 1750 名职工取得初高中毕业证明。

1958 年,大中镇协同县委机关创办职工学校,此后镇属各厂相继办职工教学点。1959 年,裕华农中被盐城市评为先进集体,教育部发来贺电。1983 年,大中镇开办成人教育中心校(此后裕华、新团成人教育中心校相继开办)。是年,举办各类知识培训班 24 期,学员 898 人。1983—1985 年,三镇合计年培训人数 2000 余人次。1996 年,大中镇成人校被江苏省教委批准为省重点成人教育中心校。2010 年,大中镇被江苏省教育厅表彰为省级社区教育示范镇。

第二节 学前教育

一、幼教简况

1935 年,在私立大中小学附设 1 个班(时称“幼稚班”),有幼童 20 余人,存续一年即停办。

新中国成立后,1952 年,在大中中心小学(1953 年改为大丰县实验小学)附设 1 个幼儿班,有教师 2 人,入园幼儿 29 名。1956 年,增至大、中、小 3 个班,幼儿增加到 100 余人。1958 年,城镇实现幼托化,实小附属幼儿园裁撤,由县直机关和大中镇分别创办大丰县机关幼儿园和大中镇幼儿园。两园

4个班,幼儿130余人,教职员工18人。县直机关幼儿园实行全托(1974年恢复日托制)。此后,大中镇郊区陆续创办幼儿园7所,11个班,入园幼儿达到250余人,有保育、保健等工作人员33人。新团乡相继创办幼儿园9所,入园幼儿320名,每园配置保育员1人。1958年"大跃进"期间,每个生产队都有一个托儿所(当时因没有教材,加之部分保育员无文化,幼儿园并未教学)。1962年,国民经济全面调整,幼教事业收缩,全镇仅保留县幼儿园和镇幼儿园两所,工作人员11人。1966—1975年期间,幼儿教育无人问津,经费紧缩,设备陈旧,处于勉强维持状态。1975年后,幼教事业又提到议事日程,明确青年、妇女等群众团体负责宣传发动、组织工作,卫生部门负责卫生保健,教育部门负责业务辅导与管理。是年,新团乡新团、河口、八灶等10个大队相继开办幼儿园12所,入园幼儿535名。1980年,各社镇设立专职幼儿教育辅导员,具体负责社镇的幼教管理和业务培训工作。1981年,大中镇城区范围有幼儿园(含附设幼儿班)21所,40个班级,入园幼儿1130余人,幼儿入园率达95%以上。农村先后办起幼儿园19所,入园幼儿1162人。是年,幼儿园统一使用部编教材,开设体育、语言、常识、音乐、美术、计算六门课程。1985年,大中镇74名幼师参加县考核全部合格。是年,镇成立儿童福利基金会,筹集儿童福利基金3万余元,用于改善幼儿园的办学条件。1986年起,各村将零星分散的幼儿班合并附设到村办小学。全镇小学附设幼儿班47个,入园幼儿1660人,教师74名,幼儿入园率69.4%,拥有校舍1.43万平方米。多数幼儿班有风琴、电子琴和各种文体活动器材,全镇民办幼儿教师工资实行统筹发放。

1952—1981年幼儿园情况一览表

表17-2-1 单位:个、人

幼儿园名称	创办时间	幼儿班数	幼儿人数	教师人数	幼儿园名称	创办时间	幼儿班数	幼儿人数	教师人数
大中镇中心小学幼儿园	1952	1	29	2	裕华中心幼儿园	1976	3	—	8
裕华幼儿园	1953	1	30余	2	朝荣幼儿园	1976	—	100余	3
商业幼儿园	1955	—	30余	—	丰裕小学幼儿班	1976	1	13	2
元丰幼儿园	1958	2	50	2	天北幼儿园	1976	3	—	—
恒北美满大队幼儿园	1958	3	90	3	海防幼儿园	1977	—	100余	—
机关幼儿园	1959	5	200	14	飞轮厂幼儿班	1978	3	170	8
大丰县示范幼儿园	1959	5	220	8	商业幼儿班	1978	2	60	3
大中镇幼儿园	1959	4	160	5	天祥幼儿园	1978	3	—	3
宝塔幼儿园	1959	—	—	—	果园场幼儿班	1979	1	22	1
二厂幼儿班	1972	4	120	7	三纺幼儿班	1979	3	100	6
新民小学幼儿班	1974	4	93	4	同德中学幼儿班	1980	1	32	1
中心幼儿园	1975	4	160	10	蔬菜队幼儿班	1980秋	1	28	1
和瑞小学幼儿班	1975	2	56	2	人民医院幼儿班	1980秋	2	70	2
刚强小学幼儿班	1975	2	58	2	县建筑公司幼儿班	1980	2	50	3
红花小学幼儿班	1975	1	33	1	地毯厂幼儿班	1980	2	40	4
泰丰小学幼儿班	1975	4	75	4	光明幼儿园	1981	—	82	1
双喜小学幼儿班	1975	3	85	3	元丰幼儿班	1981	2	80余	—
利民小学幼儿班	1975	3	77	3	二中心校幼儿班	1981	2	68	2

续表 17－2－1

幼儿园名称	创办时间	幼儿班数	幼儿人数	教师人数	幼儿园名称	创办时间	幼儿班数	幼儿人数	教师人数
恒北小学幼儿班	1975	2	66	2	东风第一幼儿班	1981	1	29	1
恒丰小学幼儿班	1975	2	50	2	东风第二幼儿班	1981	1	45	2
恒南小学幼儿班	1975	2	52	2	同德一队幼儿班	1981 秋	1	30	1
阜南小学幼儿班	1975	2	59	2	镇南小学	1981	1	42	2
阜丰小学幼儿班	1975	4	91	4	农机厂幼儿班	—	1	24	1
阜北小学幼儿班	1975	3	97	3	轻机厂幼儿班	—	1	20	1
德北小学幼儿班	1975	1	40	1	皮革厂幼儿班	—	1	30	2
德丰小学幼儿班	1975	2	47	2	水上幼儿班	—	1	20	1
德西小学幼儿班	1975	2	55	2	化机厂幼儿班	—	1	20	1
新德小学幼儿班	1975	2	60	2	化肥厂幼儿班	—	1	40	2
宝塔幼儿园	1975	8	96	—					

说明：新团镇部分因资料缺失而未列入统计。

1996 年大中镇幼儿园（班）情况统计表

表 17－2－2　　单位：个、人

	创办时间	班级	教职工情况								
			人数	公办	民办	党员	团员	幼师	大专	高中	初中
机关幼儿园	1959	4	12	5	7	1	5	1	1	10	—
中心幼儿园	1986	9	33	18	15	3	20	4	1	28	—
东风二小幼儿园	1981	3	8	1	7	1	5	6	1	—	1
镇南幼儿园	1981	3	9	2	7	—	6	7	—	2	—
和瑞幼儿园	1975	2	2	—	2	—	—	—	—	1	1
刚强幼儿园	1975	2	2	—	2	—	—	1	—	—	1
泰丰幼儿园	1975	3	4	—	4	—	1	4	—	—	—
泰西幼儿园	1975	3	4	1	3	—	1	1	—	1	2
双喜幼儿园	1975	3	3	—	3	—	—	2	—	1	—
利民幼儿园	1975	3	3	—	3	—	1	2	—	1	—
恒南幼儿园	1975	3	3	—	3	—	—	1	—	1	1
恒北幼儿园	1975	3	3	—	3	—	—	1	—	2	—
恒丰幼儿园	1975	2	2	—	2	—	—	1	—	1	—
阜丰幼儿园	1975	4	4	—	4	—	1	3	—	—	1
阜南幼儿园	1975	3	3	—	3	—	1	3	—	—	—
阜北幼儿园	1975	4	4	—	4	—	2	—	—	2	2
德北幼儿园	1975	2	2	—	2	—	1	—	—	2	—
德西幼儿园	1975	3	3	—	3	—	3	3	—	—	—

续表 17-2-2

	创办时间	班级	教职工情况								
			人数	公办	民办	党员	团员	幼师	大专	高中	初中
德丰幼儿园	1975	2	2	—	2	—	2	2	—	—	—
新德幼儿园	1975	3	3	—	3	—	3	2	—	1	—
合　计		60	109	27	82	5	52	44	3	53	9

说明：不含裕华镇、新团镇

至 1997 年，幼教事业经过调整，全镇有中心幼儿园、机关幼儿园、镇南小学幼儿园、东风二校幼儿园等独立幼儿园 4 所，村办幼儿园 13 所，在园幼儿 1771 名，教职工 109 人，教学用房 1.7 万平方米。2000 年，为提高幼儿园办学质量，大中镇根据全镇幼儿园的分布及人员结构、办园规模等多方因素，实行全面改制，镇中心幼儿园实行股份制（所谓股份制，实为改制后原有集体资产所属乡政府所有并投入教育，支持幼教发展。竞聘上岗的老师缴纳适当的上岗押金，年年结息，并逐年返还），城区其他幼儿园及农村小学附设幼儿园一律实行租赁制，教职工实行竞聘制，三年为一届期。是年，裕华镇人民政府积极推进教育产业化，将原公办中心幼儿园以 63 万元整体出售给个人运营，在全市是第一个。是年，大中镇有幼儿园 10 所，入园幼儿 1361 人，入园率达 100%，有幼儿教师 84 人。裕华镇有幼儿园 13 所，幼儿 802 人，幼儿教师 57 人。王港乡有幼儿 141 人，幼儿教师 13 人。

2001 年 4 月，乡镇区划调整，新团镇并入大中镇，新团镇中心幼儿园更名为大丰市大中镇第二中心幼儿园，大中镇独立建制幼儿园增至 5 所。2002 年，裕华镇政府将出售给私人的裕华镇中心幼儿园收回，并投入 200 多万元，征地 0.67 公顷，在裕华建设东路新建一所幼儿园，采取政府管理，教师参股，择优上岗，以岗定薪的新型管理模式。2003 年，大中镇第二中心幼儿园（包括新团各村幼儿园）全部实行股份制（实际运作模式与大中镇中心园相同）运作模式。2005 年，大中镇幼儿教育整体布局由原来的 2 所中心幼儿园，13 个幼教点缩减为 2 所中心园及 11 个教学点。恒北村幼儿园及大丰市第六小学幼儿园相继撤销。是年冬，大中镇机关幼儿园通过竞买，以 72 万元价格（不含土地出让费及房产过户费）有偿转让给张培琴。是年，大中镇有幼儿园 15 所，裕华镇有幼儿园 9 所，在园幼儿 527 人，入园率 100%，幼儿教师 37 人。2009 年，江苏省教育厅、财政厅为大中镇两所中心幼儿园赠送价值 60 多万元的教学设备，添置各类玩具和活动器械。为班级配置钢琴、电视机、DVD 等现代化教学设施，新增设科学探索室、阅览室、多媒体教室、多功能活动室，幼儿园办学条件得到有效改善。2010 年 8 月乡镇区划调整，裕华镇并入大中镇。是年年底，大中镇拥有独立幼儿园 4 所，46 个班级，在园幼儿 1649 人，入园率 99%；教职工 130 人（其中公办性质 23 人），本科学历 28 人，大专学历 60 人，余为幼师中专毕业生。

先后担任大中镇幼儿教育辅导员的是：1984—1986 年武淑珍，1987—2000 年是李翠芳。新团镇任幼儿教育辅导员的先后有卢群、梁凤清、杨志敏。裕华镇任幼儿教育辅导员的先后有刘亚萍、刘亚新。

2010 年大中镇幼儿园(班)情况统计表

表 17 -2 -3 单位:个、人

单位	班级	幼儿	教职工情况										
			人数	人员性质		政治面貌		学历			职称		
				公办	聘用	党员	团员	本科	专科	其他	高级	中级	初级
大中镇中心幼儿园	23	731	62	23	39	11	20	19	25	18	1	20	40
大中镇第二中心幼儿园	12	498	30	—	30	3	12	6	19	5	—	—	30
大中镇裕华幼儿园	8	284	23	—	23	13	5	3	16	4	—	—	23
大丰市第四小学幼儿园	3	136	8	—	8	—	—	—	1	7	—	—	5

幼儿课堂教育

1978 年前,幼儿教育由各镇根据自己的情况设置,大致有语文、算术、图画、体育、音乐等 3~5 门。1978 年始,贯彻执行教育部颁布的教育方针和幼儿教学大纲后,教学内容有生活卫生习惯、体育活动、思想品德教育、语言、计算、常识、音乐、美术 8 项,采用适应幼儿生理,心理特点的创造性游戏(角色游戏,结构游戏、表演游戏)、体育游戏(徒手操、模仿操)、娱乐游戏等手段,完成教育、教学任务,并实现园长、教养员岗位责任制,教学秩序走向正规化。1981 年后,统一使用部编教材,开设体育、语言、常识、音乐、美术、计算 6 门课程。是年起,每年 6 月 1 日全镇幼儿园都举办幼儿文艺会演,促进保教质量的提高。

二、幼儿园简介

大中镇中心幼儿园 大丰市大中镇中心幼儿园始建于 1986 年 9 月,先后征用同德村二组土地 0.554 公顷,1994 年,通过多渠道筹集资金 54.5 万元,新建教学大楼 1 幢,建筑面积 398 平方米。有 9 个班级,入园幼儿 200 人,教职员工 33 人,其中幼师毕业分配生 21 人,大专毕业 2 人。全园占地面积 5500 平方米,建筑占地面积 3000 平方米。2010 年 6 月底,在园幼儿 840 多名,开设 23 个教学班,教职工 69 人,其中中学高级职称 1 人,小学高级教师 20 人,本科学历 19 人,大专学历 25 人,基余均为幼师毕业分配生,师资合格率达 100%。

1989 年 12 月,成为首批合格的“盐城市一类幼儿园”。1997 年 10 月,进入江苏省名幼儿园行列。是年,被盐城市教育局命名为“特色幼儿园”“绿色幼儿园”。2003 年 4 月,被江苏省教育厅命名为大丰市首家“江苏省示范性实验幼儿园”,2004 年 12 月,被北京师范大学心理学研究院授予“分享阅读教育研究示范基地”称号,2005 年 9 月,被中国教育实验研究会珠心算研究中心授予“珠心算教育研究实验基地”称号,2005年12月,被上海市花儿朵朵幼儿教育研究中心授予“花儿朵朵幼儿双语示范基地”称号,2008年7月,被中国教育学会授予“中国教育学会课程改革与校本课程研究实验基地”称号,2009年,被盐城市教育工会授予“巾帼文明示范岗”称号,多次被评为“大丰市幼儿教育管理先进集体”“大丰市文明单位”“大丰市巾帼示范岗”“大丰市合格家长学校”“大丰市特色幼儿园”。幼儿园拥有专用电教仪器45台(套),体育活动器材30件,图书6000册。

大中镇第二中心幼儿园　大中镇第二中心幼儿园创建于1978年8月,位于大丰市大中镇新团小街人民路74号。2001年撤乡并镇后,由大丰市新团中心幼儿园更名为大丰市大中镇第二中心幼儿园。2003年,镇政府投资80多万元,扩地1600平方米,新建一幢1080平方米的教学楼。是年,第一轮教育体制改革启动,幼儿园全面实行财政统管、收支两条线、自负盈亏的经费管理模式。并通过考核竞争,辞退7名不适应幼教岗位的教师,优化教师队伍。2004年,经评估验收,该园被评为“盐城市一类幼儿园”。2006年,第二轮教育体制改革,幼儿园领导班子调整。新领导班子上任后,随即于暑期间投资12万元对幼儿园食堂、户外场地进行改造、维修。是年,被评为“大丰市卫生保健合格园”“大丰市B级幼儿食堂”“大中镇安全工作先进单位”。2007年,投资近20万元,按省优质园的标准配备各类保教设备,当年经江苏省教育厅评估验收,被评为“江苏省优质园”,成为大丰市首批省优质园之一。2008年,加盟“赢在中国”北京红缨连锁教育机构,成为北京红缨连锁幼儿园。2009年,镇政府投资50多万元,改造、维修幼儿园的综合楼、大门及户外场地,新增绿化面积320平方米,在创建江苏省农村合格幼儿园期间,得到省教育厅、财政厅配送近20万元的保教设备,使幼儿园的办园条件得到明显提高。当年被评为“盐城市农村教育先进集体”“大丰市保教工作先进单位”“大丰市平安校园”。

2010年,第二中心幼儿园占地面积4089平方米,校舍面达到积2005平方米,拥有12个教学班,500多名幼儿,35名教职工,其中正式聘用科班幼师30名。新建的教学楼内设有集教学、盥洗、休息为一体的多功能活动室。每个班配有空调、彩电、钢琴、DVD影碟机、展示仪、饮水机、消毒灯、消毒柜、毛巾、茶杯、玩具等保教设备。园内有图书阅览室、美术室、保健室、科学发现室、标准卫生的食堂。户外有趣味安全的大中型玩具,玩沙玩水池、种植园地等,环境优美,保教设施一流,是孩子们身心和谐发展的理想乐园。

大中镇裕华幼儿园　大中镇裕华幼儿园始创于1976年,初期设在裕华中心小学内。1985年,裕华中心幼儿园从中心小学搬出重建。2000年,裕华镇人民政府推行教育产业化,将原中心幼儿园整体出售。2002年,裕华镇政府根据上级有关精神又收回已出售的中心幼儿园,采取政府管理,教师参股,择优录用,以岗定薪的管理模式,为幼儿教育注入生机。2010年8月裕华镇并入大中镇后,镇政府投入200余万元,征地0.67公顷在裕华小街建设东路新建中心幼儿园,占地面积4700平方米,园舍面积2825平方米,绿化面积1075平方米。同时拥有1875平方米的宽阔操场并铺设长达30米的橡胶跑道,配备大中型体育玩具、各种体育运动器械以及专用活动室及软质沙地、区角。每班配有空调、钢琴、电视机、DVD、收录机、消毒柜和开放式的教玩具柜。各种照明、通风、消防及防寒降温设施齐全。图书阅览室藏书生均10册以上。2009年3月被评为“江苏省优质幼儿园”,成为国家“十一五”规划教育部重点课题《我国中小幼学校体育器材设施建设促进学生体质健康发展的实证性研究》实验园,新增“红缨教育”特色课程,为幼儿增强体能、发展语言、启迪智慧创造良好条件。

附:幼儿园改制

1999年,大中镇镇属幼儿园有中心幼儿园1所、城区幼儿园3所(机关幼儿园、四小幼儿园、六小幼儿园)、村办幼儿园13所(恒南、恒丰、恒北、和瑞、刚强、利民、双喜、泰丰、泰西、阜丰、阜北、德丰、德西幼儿园),在园幼儿1345人。2000年,全镇有幼师101名,其中全民幼师32名、聘用幼师67名,全民工人2名,幼师队伍中大专学历4人,中师学历79人。是年,镇中心幼儿园实行股份制,原中心幼儿园总资产185.9万元(其中无形资产42.9万元)属大中镇人民政府所有。总资产中除部分用于集体参股外,余为中心幼儿园借入资金。城区幼儿园及农村幼儿园实行租赁制。教职工实行竞争招聘制,考核工作从幼教理论和基本知识笔试、专业技能测试、平时工作实绩及出勤考核三个方面进行,按个人成绩实行末尾淘汰。对年满50周岁的,离岗退养;未达50周岁的竞争上岗,落岗者实行一账算清予以清退。辞退费发放按工作一年以上的不满五年的发给本人当年基本工资总额的60%;工作五年至十年的,发给本人当年基本工资总额的65%;工作十年以上的,发给本人当年基本工资的75%。对已办养老保险的人员,按规定年限到保险部门领取养老金。改制届期均为三年。第一轮(2000年)7人到龄退休,辞退10名聘任幼师;第二轮(2003年)、第三轮(2006年)均采取笔试和面试,末尾淘汰;第四轮(2009年)实行到龄(50周岁)全部劝退。在第二轮改制过程中,大中镇中心幼儿园、大中镇第二中心幼儿园实行股份制,大中镇中心幼儿园在原有的基础上增量扩股,下辖阜丰片幼儿园、大中镇机关幼儿园;大中镇第二中心幼儿园下辖新团各村幼儿园。其他幼儿园(四小幼儿园、六小幼儿园、泰丰幼儿园、泰西幼儿园、恒丰幼儿园)实行学校租赁。原阜北、阜丰、利民、双喜、恒南、恒北、德丰幼儿园自行撤销。全镇各幼儿园录用104名幼儿教师,落聘18人。2006年,全镇幼儿园由原来的2所中心园及13个点,缩减为2所中心园及11个点,撤销恒北及六小幼儿园。第二中心园及所属点于2006年8月由原来的股份制改为内部集体承包制,朱瑞萍为承包责任人,其他园原有的性质及隶属关系不变。这一轮改制辞退聘用教师7人,增聘幼师1人。2009年改制,辞退聘用幼师6人,增聘幼师6人。至2009年3月前,各园人员退养全部由各园自己负责。2009年3月后,大中镇原有退养聘用幼师由市人社局照顾纳入镇管市补养老行列。

幼儿园改制后,走过一段精减重组、逐步发展、逐步壮大的过程,镇两所中心园,通过改制,基础设施投入加大,债务逐步得到化解,教师待遇增幅较大,教育质量明显得到提升。在大中镇党委政府的关心支持下,大中镇中心幼儿园于2010年下半年在嘉英阳光小区新建大中镇中心幼儿园阳光分园,并于第二年暑期正式开园。该园占地2800平方米,建筑面积2300平方米,班级10个,学生440名,教职工40人,园舍设施苏北一流。首任分园园长由中心园副园长宋悦琴兼任。阳光分园总投资1200万元,先期投入由中心幼儿园集体积累近300万元和教职工借资450万元组成,大中镇政府从2011年起,每年支持50万元,剩余部分由中心幼儿园自身逐步解决。

第三节 初等教育

一、学社私塾

大中镇老斗龙港以西成陆较早,教育发展也较早。有关资料表明,清弘治三年(1490)刘庄场已开办学社。此后,新团庄(今新团小街)、八灶团(今八灶村)陆续设有私塾。民国初期,私塾鼎盛,每个自然村几乎都有私塾。1946年,老斗龙港以西区域有私塾22处,教师24人,学生380余人。

1925年,老斗龙港以东地区大丰盐垦公司和丰区的徐亭亮创立第一所私塾,收学童25人,1933年停办。1926年,裕华公司的倪怀章、袁少林办私塾2所,有生童一二十人。

1931年,大中城区已有私塾6所,继后有利民村高氏、泰西村智氏、恒南村蒋氏、恒丰村刘氏、阜丰村陈氏、阜南村殷氏、阜北村郭氏、德丰村陆氏等8所私塾。1934年,大中镇境有私塾56处,塾童658人。1947年,全镇共有私塾14所。是时,私塾所收学童多则三四十人,少则十多人,私塾馆是百姓民房,学童自带桌凳,无固定学制。教课书以《百家姓》《三字经》《千字文》《千家诗》《大学》《中庸》《论语》《孟子》《尺牍》《古文观止》等为教材;教学方法以个别讲解、熟读背诵、临摹习字为主,年长的学生有时也学点作文。部分塾师受新文化运动的影响,也有采用国民政府教育部审定的新国文课本。塾师的薪俸都由学童供奉,有的交粮,如德丰村陆氏私塾,每学童每年交1.25石小麦作为学费;有的交钱,如和瑞村的徐氏私塾每学童每年交2元钱作学费。塾师膳食有的自理,有的由学童家庭轮饭供奉。1943年,人民政府对私塾进行改良,对塾师采取团结、教育、改造的方针,加强对私塾的领导,改革教学方法,采用统一课本。此后,公办学校渐多,私塾逐步淘汰。

1925—1947年大中镇部分私塾情况表

表17－3－1

名　称	塾　址	创办时间	学生数	主办人	备　注
徐氏私塾	和瑞村11排10号	1925—1933年	20多人	徐亭亮	
陈氏私塾	原法院附近	1931年前	20多人	陈合轩	
张氏私塾	大华路(河北东马路)	1931年前	10多人	张才宝	
卞氏私塾	黄海东路(河南东马路)	1931年前	10多人	卞友山	
沈氏私塾	电影院办公室址	1931年前	10多人	沈××	具体名不详
成氏私塾	鸿基大厦(县一招附近)	1931年前	50多人	成本农	
高氏私塾	利民村高家	1944年前	20多人	高同太	
智氏私塾	泰西村一、二队	1947年前	20多人	智成普	
蒋氏私塾	恒南村三队	1940—1944年	30多人	蒋友圣	
刘氏私塾	恒丰村三队	1947—1948年	20多人	刘××	具体名不详
陈氏私塾	阜丰村东匡3排8号	1938—1947年	40多人	陈启云	
殷氏私塾	阜南村东匡3排8号	1947—1948年	30多人	殷连山	
郭氏私塾	阜北村西匡3排1号	1940—1947年	20多人	郭××	具体名不详
陆氏私塾	德丰村6排19号	1931—1933年	10多人	陆雪清	
八灶私塾	八灶村	1947年前		朱资生　朱龙照	私塾两所
新团私塾	新团小街振西路	1940年前	7～8人	陈余广	
凌家舍私熟	凌家舍	1940年前	5～6人	卢昌国	
焦家舍私塾	焦家舍	1940年前	4～5人	束加国	
老坝私塾	老坝村	1946年前	40多人	周云安　赵　俊	私塾两所
丰裕私塾	丰裕村	1946年前	40多人	张如保等	私塾三所
海丰私塾	海丰村	1946年前	30多人	郁选琪　仲文达	私塾两所
元丰私塾	元丰村	1946年前	20多人	张XX	具体名不详
万丰私塾	万丰村	1946年前	30多人	黄佐才	私塾两所
双喜私塾	双喜村	1946年前	50多人	李石斋等	私塾三所

说明:创办时间,塾童部分是根据知情人回忆

二、公民办小学

(一)学校设置

1928年,裕华垦植公司在公司住地(老公司)今朝荣创办一所全日制小学。1929年,创办大中镇小学,这是大中镇历史上新办的第一所公立小学。镇公所4间办公房腾出2间做教室,1间教室混编

4 个年级复式教学,学生 50 余,1931 年停办。

1931 年秋,东台县教育局在大中镇建立大中集小学,校址设于今商业街位置,由大丰公司筹建校舍 4 间,始置 1 ~5 年级复式班 1 个,学生 60 人,还有幼儿 10 余人。1932 年,增至 3 个班,学生 130 余人,徐志旺任校长,1937 年停办。是年,裕华公司创办天寿村天北小学、东坝头小学。1935 年秋,国民党东台县第九区区党委委员朱丕承来大中镇开办私立大众小学,始设 6 个班级(其中幼儿班 1 个),学生近 300 人。1938 年,学校增设初中部,2 个班级,学生 90 余人,此后不久初中部划出,建立大众中学。是年,创办私立德丰初级小学,始为一至四年级 2 个复式班,学生 71 人。1936 年,江苏省教育厅将大丰盐垦所在的垦区定为小学四年制义务教育实验区,相继创办 22 所小学,试行小学四年制义务教育。实验区设主任 1 人,办事员 2 ~3 人。其时,大中镇区域创办德丰、阜丰、泰丰、和瑞及城区义务小学,学生不交学费,实行免费义务教育,后因公司财力不济而停办。是年,创办万丰小学(校址设在万丰公司门口)。1938 年,大中镇青年抗日同盟会创办战时小学,由爱国青年徐鸣、施瑞白夫妇任教,宣传抗日救国。初为 1 ~4 个年级,学生近 40 人。翌年,增加到 2 个班级,学生 80 余,徐鸣任校长。1941 年,日军入侵,学校受破坏被迫停课。是年,斗龙港以西(新团镇)区域已有新团初小(今新团小街)和老坝头初小(今老坝村)。

1942 年,恒丰东南匡陆英在其老宅开办私立恒南小学,教学国语、算术,1 ~4 个年级复式。后因陆英参加革命,学校解散。是年秋,大丰垦区区委派陈苛(中共地下党员),并邀约爱国人士姚鳞伯(后加入共产党)、徐志明等人到大中镇原战时小学旧址复办大中小学,4 个班级(小学 3 个班、初中 1 个班)。翌年 10 月,陈苛、姚鳞伯、徐志明 3 人被日伪逮捕,关在东台监禁一年之久,学校同时亦被解散。1944 年,创办福西校(大中镇利民小学前身)。1945 年 8 月,大中集光复,私立大众小学校长朱丕承于惩奸运动中被民主政府镇压,民主政府委派夏雷鸣、王清石、徐志明等人接管大众小学,恢复办学并易名为台北中心小学。时设 3 个班级,学生 120 余人,校长夏雷鸣。1946 年 12 月,国民党军侵占大中集,瑞北(今开发区新民村)、和瑞、恒北三校被烧毁校舍 10 多间,课桌凳 60 多套。大中镇城乡学校相继停办,转入地下。1947 年 4 月,大中集解放,大众小学回原址恢复办学。1948 年 1 月,国民党军队进行“无人区”扫荡,学校教学停顿。1948 年 3 月复课,始设一至三年级 3 个班,学生 128 人。8 月,进行 1 ~5 年级复式教学。10 月,大众小学于河北东马路老丰中东侧一家民房内设立分校,1 ~4 年级复式教学,学生约 40 余人。1948 年春,台北中心小学改称大中区公立中心小学。是年秋,创办同德小学。此时,大中境内(含裕华镇)相继创办瑞北、瑞南、恒北、恒丰、阜中、德北、元凤、阜北、泰丰、德中,元丰、晋北、海丰等 13 所小学。1949 年初,大中小学有 1 ~6 年级 3 个班级,学生 196 人,教师 5 人,校长黄克诚。同年秋,大中小学发展为 7 个班级,学生增加到 299 人。1948—1949 年期间,新团、光明、北灶、南灶、龙福、河口等村先后创办初级小学 14 所,教师 14 人,在校学生 500 余人,多为复式教学,其中新团、光明、河口、灶圩、营南为公办学校,余皆民办性质。

新中国成立后,党和政府十分重视教育事业,1950 年 3 月,创办阜南、阜北、德南、瑞西、泰北、和北、和南、和瑞 8 所农村小学。

1950—1952 年期间,裕华区域先后续开办了东坝头校、兴旺校(忠跃)、努力校(万丰校)、高产校(福丰)、天北校(海丰)、朝荣校、丰玉校、太原校(新乐)。1952 年,阜南东校(后并入阜南校)、泰南校(后并入泰西校)以及和南、阜中等校陆续开办高小班。1953 年 9 月,大众小学改为县立实验小学,全校 14 个班级(其中幼儿班 1 个),有学生近 700 人。是年秋,镇工商联筹建民办大中小学,吸收 1 个五年级班,后增至 3 个班级(今华联超市处)。1955 年,大中民办小学在大刘路(原建筑公司北侧)设教学点,1 ~3 年级。1957 年春,民办大中小学改隶大丰实验小学,为实小分校。1957 年 9 月,大中小学在镇区北端重建,同时将实小分校并入,1 ~6 年级 6 个班,学生约 280 人,校长孙诚。1958 年 9 月,创办阜西小学(后并入阜丰校)。是年,裕华乡在天祥村三组创办天普小学(后更名为天祥小学)、高潮村五组创办高潮小学(后更名为福东小学)。1959 年,大中小学易名大道公社中心小学。8 月,建立大中镇小学,校舍由民办初中(原县总工会处)让给,从实验小学划出二、四、五3个班级,大中小学划出三年级1个班,新招一年级1个班,计5个班级。是年,为解决船(渔)民子女入学困难,县交通局于西河口石灰窑厂后侧建立水上职工子弟小学。同年,创办新德小学。1963年,海丰小学发展为完小,办学规模为7个班,330名学生,教师14人。1964年秋,大中镇创办大中镇民办小学,始设3个班级,后逐渐增至5个班级。1965年秋,大中镇果园场兴办1~3年级民办小学1所(即果园场小学),始为1个班级,后逐步发展为1~5年级3个班级,学生60多人(含幼儿)。11月,大刘路小学被命名为大中镇中心小学。长春小学被命名大道公社中心小学、大中小学被命名大兴(阜丰)公社中心小学。1966年年初,创办大中镇城郊小学,始设一年级1个班级,后逐步发展为一至五年级5个班级,教师增至5人。1968年9月,创办裕华富裕小学(裕华镇)。是年,大中镇民办小学易名为革命路小学,1980年撤销。1969年,大丰县实验小学、大中镇中心小学、大兴小学、同德小学等相继"戴帽",改为七年一贯制(小学初中一贯制)学校。1971年,大丰县实验小学分校划属大中镇,单独建校,改称大中镇东风路第一小学。1975年,裕华镇富裕小学为纪念革命烈士陆锦龙,学校更名为锦龙小学,8个班,在校学生385人。1979年,大兴中心小学划入大中镇,易名为大中镇中心小学,大中镇小学因居住红旗路而定名为红旗路小学。1977年9月,红花小学升格为大道公社中心小学,原大道公社中心小学恢复原名——长春小学(在今恒丰村)。1978年11月,阜丰公社中心小学创建(后易名为镇北小学)。1981年,王港围垦办事处小学创办,一三、二四两个复式班,五年级一个班,在校学生80余人,教师7人,多为民办或临时代课教师。1982年,大道公社中心小学更复红花小学,超产小学被命名为大道公社中心小学。是年,王港围垦办事处改名王港垦殖公司,学校遂更名为王港垦殖公司学校,1~5年级5个独立班,有师生200余人(1984年易名王港中心小学)。1983年5月,大道公社、大兴公社并入大中镇,大道中心小学改称泰西小学,阜丰中心小学易名为镇北小学。1984年9月,全镇小学学制统一由五年制改为六年制。镇北小学、果园场小学因布局、生源等原因而裁撤。1986年8月,大中镇城郊小学裁撤,泰西小学体制升格,易名为大中镇第二中心小学。1987年9月,裕华镇新乐小学并入裕华镇海丰小学。是年,裕华富裕小学并入裕华镇中心小学。1990年9月,裕华福东小学撤并至福丰小学。1991年,裕华天祥、天北两所小学相继并入裕华海丰小学,合并后的海丰小学8个班,学生400余人。1994年,大中镇德北、恒南、恒北3所学校由完全小学改为初级小学。1995年,大中镇新民小学划入县开发区,易名为大丰县新城小学。同年,德西小学、刚强小学改为初级小学。1997年6月,大中镇逸夫中心小学保留原校名,同时增挂大丰市第二小学校牌;大中镇镇南小学(前身红旗路小学),更名为大丰市第四小学;大中镇东风路第一小学更名为大丰市第五小学;大中镇东风路第二小学更名为大丰市第六小学。9月,裕华镇天祥小学撤并到裕华镇海丰小学。裕华丰玉小学并入大丰市裕华镇中心小学。1998年5月,调整学校布局,恒南校并入恒丰校,阜南、阜北小学并入阜丰校,设双轨12个班级,阜丰校址新建一幢960平米的教学楼含附属设施(原阜南、阜北两校只保留幼儿园)。新德校、德北校并入大丰市第六小学,新建一幢局部四层1200平米的教学楼,设普通班3轨18个班级,另设培智班、幼儿班25个班级。1999年3月,裕华镇万丰小学撤销。同年秋,恒北校并入恒丰校,恒丰校新建一幢8个教室496平方米的教学楼,恒南、恒北两所幼儿园保留。裕华忠海小学并入裕华镇中心小学。

2000年6月,德西小学撤并到市第六小学。是年秋,裁撤刚强、阜北、利民小学,双喜校只保留教学点。和瑞高年级分流至第四小学,保留教学点。阜丰校、德丰校停招一年级新生,均保留教学点。撤并后大中镇区域农村小学只保留泰丰校、第二中心校(泰西)、恒丰校3所完小和和瑞、双喜、阜丰、德丰4个教学点(计撤并3所小学,22个班级)。同年,裕华镇海防小学撤并到朝荣小学。2001年4月区划调整,新团镇并入大中镇,新团镇中心小学更名为大中镇第二中心小学,新团镇育才小学更名为大中镇育才小学,新团镇龙福小学更名为大中镇龙福小学,新团镇同圣小学更名为大中镇同圣小学。5月,新团镇中心小学更名为大丰市第七小学。是年秋学期,进行体制调整,保留同圣、育才、龙福完全小学，八灶、河口、灶圩、长安、老坝、建设设教学点。6月，王港乡并入裕华镇，原王港乡中心小学更名为裕华镇第二中心小学。7月，双喜小学撤并。8月，撤销大中镇第二中心小学，恢复大中镇泰西小学校名。9月，裕华忠耀小学并入裕华镇中心小学。是年，大中镇培智学校秋学期停止招生。2002年，育才小学并入市第七小学，水上小学并入市第六小学，开发区新城小学并入市第四小学。是年秋学期，福丰小学并入裕华镇中心小学。2003年秋学期，晋丰小学并入裕华镇中心小学。2004年秋学期，元丰小学并入裕华镇中心小学，泰西小学并入第四小学，龙福小学并入第七小学。2005年秋，同圣小学撤并到第七小学，泰丰小学撤并到第五小学，裕华镇第二中心小学并入裕华镇中心小学，裕华朝荣小学并入裕华镇中心小学。2006年，第六小学整体迁入大丰市第三中学新建的实验楼。同年，方强农场小学3～6年级学生并入大丰市第六小学。8月，海丰小学并入裕华镇中心小学。是年秋学期，恒丰小学划归大丰市第二小学代管，恒丰小学停招一年级。2008年秋学期，恒丰小学整体并入大丰市第二小学。是年秋，大丰市经贸学院移入新校区，大丰市第二小学搬入大丰经贸学院旧校区。

2010年8月，裕华镇并入大中镇，裕华中心小学更名为大丰市第八小学。

1949—2010年大中镇部分年份小学状况统计表

表17－3－2

年份	学校(所)	其中		班级(个)	学生(人)	教师(人)
		完全小学	民办			
1949	6	1	5	10	401	14
1950	9	1	8	16	639	21
1951	18	3	15	27	1961	36
1952	31	5	26	44	2024	70
1956	24	10	14	58	2783	79
1961	30	18	12	91	3920	124
1978	56	56	—	206	8202	290
1983	26	26	—	145	4992	279
1986	24	24	—	154	5283	331
1989	21	21	—	151	5064	344
1991	21	21	—	148	4808	337
1993	21	21	—	156	5209	366
1996	20	14	—	143	5757	351
2004	7	7	—	109	6038	411
2005	6	6	—	108	6064	409
2006	5	5	—	104	6116	400
2007	5	5	—	108	6343	387
2008	5	5	—	114	6476	371
2009	5	5	—	120	6764	379
2010	6	6	—	144	8200	456

说明：1978年含县实验小学，不含原新团镇、裕华镇区域的学校

（二）学制

民国初期，初小为4年，高小3年，称“四三”分段制。1922年，实行四、二分段制，即初小4年，高小2年，入学儿童由7周岁改为6周岁。1941年，大丰县教育局沿用四、二分段制，划定在校1～4年为初小阶段，学满6年为高小毕业，一律秋季始业。1944年，教育系统贯彻落实苏中教育会议精神，实行新学制，一年分三个学期：2月中旬至5月中旬为第一学期，6月上旬至9月中旬为第二学期，10月上旬至次年1月中旬为第三学期。不放暑假，夏秋各放忙假20天，寒假一个月。

新中国成立后，继续沿用“四二”制。1958年，学习苏联教育经验，大丰县实验小学一年级两个班实行“五年一贯制”试点，其他小学改“四二分段制”为六年一贯制。1961年，除大中城区小学，大道公社所属各农村小学多数实行半日制。1964年，农村大办简易小学，后改称耕读小学，半耕半读，轮班上课，农闲多学，农忙少学，大忙不学。1968年，小学纷纷“戴帽子”附设初中班，实行“七年一贯制”（小学5年，初中2年），教师层层拔高，教育秩序被打乱，恶性循环导致教学质量严重下降。1970年春改秋季始业为春季始业，1974年仍恢复秋季始业。1981年起，调整教育体制，初中并点联办，小学附设初中班逐步取消。从1983年秋学期开始，全镇所有小学恢复六年一贯制。

（三）课程

1915年，境内高等小学开设国文、历史、地理、算术、体操、图画、修身、读经、格致、博物、理化11门课程，初等小学开设国文、历史、地理、算术、体操、图画、修身、读经等8门课程。1922年，“读经”被取消，改设“课外公民训练课”。1923年，“修身”一课取消，改为“公民”课，“博物”改为“自然”课。1928年，高年级开设国语、历史、地理、自然、算术、英语、三民主义、音乐、图画、手工、卫生、体育等12门课程，初年级开设国语、常识、音乐、算术、体育、图画等6门课程。1936年，国民政府教育部明文规定小学1～4年级设国语、算术、公民训练、劳作、唱游、常识6门课程，5～6年级设国语、算术、公民训练、公民、体育、音乐、地理、历史、自然9门课程。

1942年，整个台北县处于战时游击状态，学校取消公民课，改设“抗日根据地建设活动”课。小学一、二年级设国语、算术、劳作、唱游课，三、四年级增设常识课，五、六年级增设史地、自然及根据地建设三门课程。1946年，高年级开设读书、算术、作文、说话、习字、地理、历史、自然、珠算、劳作、体育、音乐、图画、公民、童训等15门课，初级小学开设读书、作文、写字、说话、算术、常识、音乐、美术、劳作、珠算10门课。

民国时期小学课程设置一览表

表17－3－3

级　别	年份	课　程　设　置
高级小学	1915	国文 读经 修身 算术 地理 历史 理化 体操 图画 格数 博物
	1928	国文 英语 算术 地理 历史 自然 手工 体育 音乐 图画 卫生 三民主义
	1936	国语 算术 地理 历史 自然 体育 音乐 美工 公民训练
	1946	读书 作文 习字 说话 算术 珠算 地理 历史 自然 劳作 体育 音乐 图画 公民训练
初级小学	1915	国文 读经 修身 算术
	1928	国语 算术 常识 体育 音乐 美工
	1936	国语 算术 常识 劳作 体育 音乐 美工
	1946	读书 作文 习字 说话 算术 珠算 常识 劳作 童体 音乐 美术

新中国成立后，各学校按统一的教学计划设置课程，规定教学时数。1951年，境域各校统一执行华东军政委员会教育部颁发的《华东区“四二”制小学教育计划》。1952年改“国语”为“语文”，规定

每节课45分钟。1955年,小学各年级每周增加一节手工劳动课。1958年,改为生产劳动课。1960年,小学五年一贯制试点学校开设语文、数学、体育、音乐、图画、周会,四五年级每周增设外语、常识各2教时。1961年,农村半日制高小五年级将历史、地理、自然课合并为常识课。1963年,统一执行江苏省教育厅关于小学教学时间规定,低、中、高年级每周教学时间分别为28节、30节和32节。1968年"文化大革命"期间,全镇小学一律改为五年制,设政治、语文、数学、军体、学农课,历史、地理、自然合并为常识课,音乐、图画合并为革命文艺课。1977年,恢复"文化大革命"前的课程设置。1981年以后,小学课程(教学)计划在执行中经过多次调整。1997年秋学期,开始执行江苏省教委制定的《江苏省全日制中小学课程(教学)计划》。2001年,江苏省教育厅下发《关于调整九年义务教育课程(教学)计划的通知》,自2001年秋学期小学三年级起开设外语课,均为每周4课时。3~6年级语文课分别减少1课时用于外语课,其余课时从活动类课程和地方安排课程中调剂。活动类课程及地方安排课程中增开"信息技术课",主要在小学中年级,总课时不少于68节。2003年,为增强中小学生法制观念,大中镇对各所属中小学校采取聘用形式,配备兼职法制副校长,每周在不影响规定课时教学的情况下,安排一节法制教育课。

各中小学(幼儿园)还形成人人参与课题研究的浓郁氛围。2010年年末,全镇在研课题57个,其中国家课题3个,省级课题9个,盐城市级课题11个,大丰教育学会课题34个。

(四)学校简介

大丰市第二小学 1957年9月,建立大中镇中心小学,同时将实小分校并入,有1~6年级6个班级,学生280余人(地址在今大润发处)。1958年9月,大道人民公社成立后,更名为大道公社中心小学。1965年秋,易名为大兴公社中心小学。1978年11月,随行政体制变更,大兴公社中心小学、同德小学划入城区,恢复大中镇中心小学名称。1992年4月,香港著名人士邵逸夫先生捐赠50万元港币加上县、镇财政拨款,总投资92万元人民币建成教学楼和综合楼各1幢,为彰示邵逸夫先生捐资助学的美德。9月26日,经大丰县人民政府批准,将大中镇中心小学更名为大丰县逸夫小学,1996年被大丰市人民政府命名为大丰市第二小学(挂两块校牌)。全校设4轨24个班级、有1613名学生、73名教职工,到2010年,发展至47个教学班、2854名学生、142名教职工。学校占地25000平方米,拥有三幢教学楼、一幢办公楼、两幢学生宿舍楼和同时容纳千人的食堂及新建的塑胶田径场。

大丰市第二小学升旗仪式

1990年,该校学生杨怡被青团中央授予"全国十佳少年"称号;1991年,学生王磊参加全国小学硬笔书法比赛获二等奖;吴云梅获《中国少年报》助人为乐奖。1993年,学生陈瑶的《多功能中小学课程仪的联想与实践》获全国少年科技工作者论文一等奖,刘颖获全国小学生作文竞赛二等奖,有2名教师受国家教委表彰。1999年学校获"盐城市素质教育示范学校"称号,2004年获得"盐城诚信教育先进集体",2006年获得江苏省"教育优秀实验学校"称号,2007年荣获全国中小学"信息技术、道德教育实验学校"称号,同年获江苏省教育学会"和谐教育先进实验学校"称号。2008年再次获得"江苏省写字教育先进单位”等多项荣誉称号。同年在“盐城市中小学生三独比赛”中,谢溯阳学生获独舞一等奖,郭添翼同学获独唱二等奖。学校有900多名学生在市级以上的艺术比赛中获奖。学校篮球队10次获得大丰市少年组比赛冠军,5次获得盐城市冠军,1次获得江苏省亚军。2010年,学校的大型器乐合奏《鸣鼓出兵》、舞蹈《星光》、诗朗诵《感恩的心》等在盐城市获一等奖。

大丰市第七小学　大丰市第七小学坐落于大中镇新团小街振兴东路39号,前身为新团镇中心小学,创办于1953年。学校建筑面积4003平方米,占地面积15400平方米。配有电脑房2个,多媒体教室2个,实验室、音乐室、美术室、教工活动室各1个,办公教学电脑112台。在编教职工51人,有大丰市学科带头人5人,教学能手4人,大专、本科达标率分别为80%、50%。19个班级,计850多名学生。

学校多次被授予“大丰市艺术教育示范学校”“大丰市语言文字规范化示范学校”“大丰市依法治校示范学校”“大丰市模范学校”“大丰市文明单位”“大丰市平安校园”“盐城市素质教育特色学校”“大丰市教育教学工作先进单位”等称号。2009年11月、2010年4月分别为省、盐城市关工委开放教育现场,受到众多专家学者好评。

大丰市第八小学　大丰市第八小学前身为大丰市裕华镇中心小学,地处陈李线东侧黄海南路17号,占地面积23775平方米,建筑面积5542平方米,绿化面积6920平方米,图书总量26121册,各类辅助用房配套,教育教学设施齐全。有教学班19个,教职工78名,学生626人,1976—2010年连续34年保持“大丰市教学系统先进单位”称号。

1930年,法国传教士班茂爵神父在裕华小镇北一华里路处建天主教堂。开办裕华圣教小学,招收学生80多人。1946年年底,新四军东进,天主教堂被地方政府接管。为纪念革命烈士陈朝荣,垦北区政府遂将裕华镇更名为朝荣镇,教会小学亦改名为朝荣小学。1947年下半年,朝荣小学在教会小学的基础上略加修葺,开始全日六年制小学教学,成为当时全县规模较大的一所完全小学。其时,学校有4个班级,两个复式班,学生180人,多为工农子弟。为方便学生就近入学,中共台北县政府于1948年年底,对朝荣小学的教学用房进行分割,分别成立朝荣小学部、台北中学部。两部一校的境况一直沿续至台北中学南迁东台。

1951年,学校开班6个,就读学生300人左右。1953年,同年毕业生中,丰中录取新生的比例为最高,达70%。1958年,学校开班11个,就读学生552人。1959—1966年,就读学生一直维持在这一水平。教育教学质量也一直为全县之冠。

1966年以后,受“文化大革命”冲击和“破四旧”的影响,朝荣小学逐步分化瓦解。1969年被锦龙、万丰村各拆去一个教室,1971年被裕华镇磷肥厂和中学拆去大教堂和部分校舍,1974年秋剩下的校舍又被丰裕村小学和今中心校全部拆掉。该校前后经历29个春秋,有完小毕业生1654名,其中不少人已成为军队和地方各条战线上的骨干。朝荣小学被分解后,学校师生一部分在东方红中学附小,名东方红小学,5个班级;一部分在丰裕大队中匡办班,名丰裕小学;一部分仍在原地,1个班级,学生40人。1975年,重新选址(即现址)建校,占地16875平方米。1980年,学校重新被命名为“大丰县朝荣小学”。1997年秋,新建教学大楼2475平方米,总投资170万元,成为当时全县小学最大的教学大楼。同年,学校又征用土地1200平方米,兴建可容600人就餐的学生食堂,建筑面积320平方米。是年,学校成为大丰市素质教育试点校。1998年,成为盐城市依法治教工作试点校,先后承担课题项目大丰市级4个、盐城市级1个、国家级3个。是年,国家级项目“中国中小学绿色教育行动”的实验,8月启动。江苏省教研室王必亚、华东师范大学的环境专家顾俊等亲临学校调研、指导。1999年12月,学校进一步完善配套设施,新建车棚180平方米、水泥球场360平方米。硬件设施的到位给学校发展提供更大的空间。在“以法治教、以德治校、科研兴教、特色兴校”办学理念的指导下,学校紧紧围绕“办一流学校、树一流校风、建一流师资、育一流新人”的办学目标,儿童入学率、巩固率、毕业率、毕业班考试合格率一直保持100%。2003年,江苏省“双高两基”验收,学校先后投入资金8万元,改造电脑房，实现校校通工程、新建多媒体教室，新设美术室、劳技室等配套用房。学校校本课程《放飞心中的绿》编纂成书，并通过市教研室、教育局的审核。2004年，学校投资5万余元，置办10台电脑，1台一体机，加大教育现代化建设力度。2005年，王港中心小学并入裕华小学。2007年，学校四配套工程建设全面落实。学校体育、艺术、图书、实验仪器等匀达到省级标准。

2010年，学校小班化教育推进至六年级，先后投入资金20多万元，建成龙芯电脑室1个，购置数字电子投影仪5个、笔记本电脑10台。教育现代化建设全面展开。9月，裕华镇与大中镇合并，组建新的大中镇，裕华镇中心小学隶大中镇管辖，更名为大丰市第八小学。

大丰市第八小学建校以来获得多个荣誉。1953年，学校体育代表队参加全县中小学生体育运动会获总分第一。1977年，被评为“大丰县先进单位”。1986年，学校被评为盐城市教育系统先进单位。1989年，学校被评为盐城市第一批合格中心小学。1990年，学校被命名为“大丰县最佳校园”。1991年12月，省教委周稽裘副主任在县市领导的陪同下来校考察，并题词鼓励：“立足本职，着眼素质，面向未来，放眼世界”。1994年，学校被评为盐城市规范化学校。1995年，学校被评为盐城市模范学校；国家级项目“尝试教学实验研究”课题从1998年开始连续五年被评为“全国先进单位”。2000年4月，学校被评为江苏省绿色学校。同年，《大丰日报》、大丰电视台、盐城电视台分别对学校“中国中小学绿色教育行动”的实验情况作专题采访，英国、西班牙专家专程来校考察。2002年，“中国中小学绿色教育行动”课题组被大丰市教育局作为大丰唯一一家代表推荐参评“盐城市级优秀教师群体”，通过盐城市教育局评估验收，获得“盐城市德育工作先进学校”称号。2003年，学校被评为“大丰市素质教育特色学校”“盐城市（绿色教育）特色学校”。2005年，获得“盐城市办学行为规范学校”“盐城市‘春蕾计划’捐资助学先进集体”“盐城市依法治校先进学校”称号。2008年，学校小班化教育研究课题为市以上成功举办多个现场。10月31日，参加“社会转型中的中国农村教育发展——中国农村教育改革30周年回顾与展望”学术研讨会的领导和专家莅临学校。联合国教科文组织国际农村教育研究与培训中心主任朱小蔓教授考察裕华小学，对小班化课堂教学及学校提供给学生的优质服务给予充分的肯定。2008年岁末，裕华小学举行第九届“闪亮之星”校园艺术节，评选出手抄报制作大赛金奖12名，钢笔书法金奖12名和校园十佳歌手。2009年，突出小班化教育教学优势和文化优势，彰显小班化教育的魅力，受到各级领导的充分肯定，盐阜大众报、江苏教育电视台、中国教育报相继采访。《一路开拓，一路阳光》专题片受到社会的广泛好评。学校先后获得“大丰市巾帼文明岗”“大丰市小学教育教学质量一等奖”“大丰市体育工作先进学校”“大丰市教育工作先进单位”“盐城市平安校园”等荣誉称号。

三、特殊教育

大中镇于1986年秋在东风二小附设1个弱智儿童随班就读班（5名学生），次年又开设1个培智班。1992年夏，正式挂牌大丰县大中培智学校。1996年，培智学校有5个班级，42名学生。其中男生27人，女生15人，年龄最大的18岁，最小的8岁。

1990—1996年，盐城市教育局拨款4万元，社会资助近5万元，为培智学校增添投影仪、录音机等电教设备，购置训练仪、缝纫机等劳动技能教育训练器材。学校教学质量也随之不断提高，社会影响不断扩大。至1996年9月，先后有18名学生转入普通小学班就读。

第四节　中等教育

一、学校设置

1938年，汤逸山、陶叔彪在裕华佛教居士林创办海光中学，这是境内最早的私立中学，后因战争以及经费等问题，1940年秋停办。是年，国民党东台县第九区区党部委员朱丕承在私立大众小学设立2个初中班，有学生90余人。不久初中部划出，建立大众中学，校长黄建文。

1941年初，苏中区署在城区利用原国民党农民银行址（大丰中学处，今丰中名邸小区）兴办垦区——高级职业中学，有4个班级，学生200余人。这是大丰第一所公立中学。7月，日军入侵时停办。1941年3月，东台县在大中城区重建东台县初级中学，县长徐宗田兼校长，招3个班，学生100余人。7月，大中集成为敌占区，学校停办。1945年秋，台北县人民政府接管大众中学，改名为台北县中学。由时任台北县副县长黄亚成兼任名誉校长，时设2个初中班，1个简师班。是年冬，因战争，台北中学停办。1948年春，恢复台北中学，初设于裕华天主教堂内，但因战争破坏，生员不足，只得先办进修班（初一）1个班。1949年春，迁至大中镇。1950年春，借读东台县中学。11月3日，苏中公学从沙沟迁驻大中镇（该校1944年春为抗大九分校），全校分6个大队，共有学员1500多名，分驻大中集同乐楼、章荣山粮行等处。是时，大中集人口不足5000人，而苏中公学、台北中学的学生就有2000余人。当时大中集书声琅琅，大中集成了苏北地区的文化县城。1946年4月19日，迁离大中集。

1950年，创办台北县初级中学。1951年暑期招生，始设3个班级，学生158人。1953年，发展到12个班级，学生600余人。1956年，大丰县中学增设高中部，为完全中学。1957年秋，镇政府为解决青少年入学问题，从镇属各工商企管部门筹集资金开办大中镇民办初级中学，始设1个班级，学生约60人。至1960年，发展到3个班级，学生180余人。学校初设于大新北路（原大中商场址，今千家惠服饰超市），教室借民房使用。1959年，迁至原皮革厂后侧建校。1964年，学校改为公办，易名大丰县初级职业中学。1965年，改称大丰县农业学校，1968年裁撤。1958年，大道公社兴办大道农业中学，校址设于今阜丰村中匡三排二十号田，置初、高中4个班级。实行半农半读、养猪放羊、放蜂养鱼，课程设有语文、代数、农业基础知识等科目。1962年，因国家经济困难大道农业中学被撤销。1958年创办裕华初级中学。是年，创办新团农业初级中学（地址在原新明中学今新团小街处），1个班，学生52人。1960年，新团公社创办新团中学（附设在八东小学内1个班），学生45人。同年，八东小学附设1个农中班（1960年年底裁撤）。1964年，大道公社创办刚强农业初级中学（后易名为大道红卫农业初级中学），校长黄云聪，始招1个班。1971年，大道红卫农中改为全日制普中，并易名为大道中学。1974年9月，大道初中增设高中部，超产分校附设高中班。1986年6月，大道中学易名为镇南中学。1964年，新团创办卫国初中（老坝村，1978年裁撤）。是年，五星大队创办五星农中2个班，1966年发展到6个班，学生350人。1968年，裕华初级中学和裕华农业中学合并，增设高中部，计8个高中班，2个初中班，教职员工52人，起名东方红中学。1971年，有9个班，学生500人。该校先后更名裕华农中、裕华东方红中学、裕华中学，1991年改名大丰农业中学，1995年改为大丰第二职业中学（注：非1986年的第二职中）。1965年，开办德丰农中，负责人黄启新，学生44人。1966年，德丰农中改名为红星农中，位于德丰村一组（原德丰区）。1969年，红星农中改称大兴中学，由农中改为普中，学生由社会推荐并增设2个高中班和1个农技班，校革委会主任李思义。该校1986年更名为大丰县第二职业中学，1988年更名为大丰县职业中学。是年秋，恒丰大队创办红光农中、双喜大队创办红政农中。元丰村创办初中班，有学生260余人，教职工11人。同年，大丰县实验小学、大中镇红旗路小学、大兴小学、同德小学以及郊区部分村办小学相继“戴帽”，改为七年一贯制。1969年，新团龙福农中改为联办中学。老根据地小学(老坝小学)增设公办初中班。是年,大道公社的超产(今泰西)、红花、双喜、新民和大兴的新德小学“戴帽”附设初中班。1970年秋,大兴中学附设分校(设于阜丰中匡东北角)。是年,五星公社创办东坝头、晋福、天北初中。老坝小学附设初中班,学生45名。朝荣小学附设初中班(初一、初二),有学生60余人。1971年,新团中学增设高中部2个班招生110人。1972年,五星、高产、民裕、天北四个大队各办一所民办高中。是年,东坝头小学增设初中部(初一、初二两个班),校名为海防校。忠海小学(原晋北小学)增设初中部,1977年有6个班,260名学生,1981年裁撤。是年,天普校(今天祥村)增设初中班,1975年办高中部,学生55人左右,共招四届学生,1980年停办。1974年,建设、光明小学各增设初中班1个。1978年,新团乡相继撤销永久、光明、老坝、建设4所小学附设的初中班。4月,建立大中镇中学,校长杨秉生,共5个班级,学生250余人。1980年,创办泰丰初中、恒丰初中和阜东初中。1981年,裕华乡农村大队初中合并为天北、兴旺、民裕、五星、高产五所联中,停办农村高中班。1982年,万丰联中设初高中5年制(1992年撤销)。1983年,中等教育结构改革。大道、阜丰中学分别附设农技、农机、园林班,专业课程由农业局、多管局派人讲课。1985年,大中镇中学体制上升为大丰县第二中学,校长陈应禧。是年,阜丰中学易名为镇北中学,城北、阜东初中并入镇北中学。1992年,东坝头初中、晋福初中和天北初中撤销,创办大丰市裕华镇初级中学(校址位于裕华镇建设路66号,占地3公顷,两幢教学楼、两排学生宿舍平房及一排师生食堂)。2001年4月,新团镇并入大中镇,原大丰市新团初级中学更名为大丰市第七中学。6月,王港撤乡并入裕华镇,王港乡初级中学更名为裕华镇第二初级中学。9月,大中农场中学撤并,其学生分流到大丰市第五中学。2002年8月教育区划调整,大丰市第二职业中学初中部(原大丰农业中学)并入大丰市裕华镇初级中学,大丰市第二职业中学撤并至大丰市高级职业中学。2003年8月,大丰市裕华第二初级中学(原王港初级中学)并入裕华镇初级中学。

2010年8月,裕华镇并入大中镇,裕华镇初级中学更名为大丰市第八中学。

1987—1996年大中镇镇属中学初中毕业生及升学情况统计表

表17-4-2　　单位:个、人

年份	学校	班级数	在校学生数	毕业生数	向高一级学校输送新生情况						备注
					中专	重点高中	普通高中	职业高中	合计	升学率%	
1987	镇南	12	613	109	4	29	5	36	74	67.9	有高职班2个
	镇北	14	608	185	7	9	25	12	53	28.6	
1988	镇南	14	715	175	5	25	13	48	91	52	有高职班1个
	镇北	12	622	201	11	13	19	46	89	44.3	
1989	镇南	17	809	252	7	23	20	35	85	33.7	
	镇北	12	619	199	17	11	27	41	96	34.7	
1990	镇南	18	898	207	8	27	21	39	95	45.9	
	镇北	12	601	181	14	12	34	38	98	54.1	
1991	镇南	18	950	262	19	31	23	45	118	45	
	镇北	12	637	187	4	10	25	33	72	38.5	
1992	镇南	18	1031	275	14	39	20	44	117	42.5	
	镇北	12	649	182	10	12	29	36	87	47.8	
1993	镇南	18	1063	353	15	29	32	49	125	35.4	
	镇北	12	625	245	9	13	32	56	110	44.9	

续表 17－4－2

年份	学校	班级数	在校学生数	毕业生数	向高一级学校输送新生情况						备　注
					中专	重点高中	普通高中	职业高中	合计	升学率%	
1994	镇南	18	992	333	15	45	32	56	148	44.4	
	镇北	12	622	215	13	11	38	51	113	52.6	
1995	镇南	18	931	345	6	32	31	60	129	37.4	
	镇北	12	628	239	12	37	41	48	138	57.7	
1996	镇南	18	951	298	15	44	35	67	161	54	
	镇北	12	610	189	12	17	15	37	81	42.9	

说明：重点中学录取数包括丰中和南阳、新丰的重点班

2004年—2010年大中镇镇属中学初中毕业生及升学情况统计表

表 17－4－3　单位：个、人

年份	学校	班级数	在校学生数	毕业生数	向高一级学校输送新生情况					
					中专	重点高中	普通高中	职业高中	合计	升学率(%)
2004	五中	6	399	399	—	16	265	78	359	90.00
	七中	6	359	359	12	100	75	170	357	99.4
	八中	10	562	562	21	139	37	338	535	95.2
2005	五中	6	373	373	—	14	193	154	361	99.70
	七中	8	328	328	7	107	43	169	326	99.4
	八中	10	544	544	46	116	11	350	523	96.1
2006	五中	6	312	312	—	3	80	224	307	98.50
	七中	6	290	290	11	54	39	183	287	99.0
	八中	10	517	517	36	106	9	346	497	96.1
2007	五中	6	305	305	—	15	76	199	290	99.00
	七中	6	251	251	7	61	42	139	249	99.2
	八中	8	357	357	22	75	4	242	343	96.1
2008	五中	5	223	223	—	5	113	105	223	100
	七中	4	139	139	—	64	—	75	139	100.0
	八中	6	208	208	28	68	—	111	207	99.5
2009	五中	5	163	163	—	7	76	80	163	100
	七中	3	128	128	—	53	—	75	128	100.0
	八中	5	172	172	21	62	—	88	171	99.4
2010	五中	5	171	171	—	61	—	110	171	100.00
	七中	3	143	141	—	64	—	77	141	98.6
	八中	3	133	133	13	38	—	80	132	99.25

二、学制课程

1. 学制

新中国成立前，私立海光初级中学、私立大众初级中学学制执行的是国民政府制定的戊辰学制，初高中三、三分段制。抗日民主政府兴办的垦区高级职业中学、台北县中学因处于战时状态，修业年限比较灵活。

新中国成立后，普通中学沿用"三三"分段制。1961 年，大丰中学初一年级 4 个班实行"五年一贯制"（初中 3 年、高中 2 年）试点（未能推广）。1969 年，全县初高中统一改为"二二"分段制，始业时间秋季改为春季，1974 年又恢复秋季始业。1982 年，初中统一实行三年制。

2. 课程

1940 年 2 月，国民政府颁布的《修正中学规程》对初级中学的课程及教时都作明确规定，开设课程为国语、数学、植物、动物、生理卫生、物理、化学、历史、地理、英语、公民、体育、音乐、劳作、图画、童子军 16 门。1942 年秋，盐阜区行政公署公布的《中学暂行规程》中，取消公民、童子军 2 门课，开设政治常识时事课。1952 年，按教育部《中学暂行规程（草案）》，初中设语文、算术、代数、几何、物理、化学、植物、动物、生理卫生、地理、历史、中国革命常识、时政、外语、体育、音乐、美术 17 门课程，每周初一 31 课时，初二、初三均为 32 课时。1956 年，初中毕生班每周增设农业生产知识 2 课时。1956—1957 年，初高中语文开始分文学和汉语两个部分。1958 年，初二、初三、高一增授农业基础知识，高三增授农业机械常识课。1963 年，调整课程设置，规定初中设政治、语文、数学、物理、化学、生物、历史、地理、生产知识、音乐、体育、美术 13 门课程，高中设政治、语文、外语、数学、物理、化学、生物、历史、地理、体育 10 门课程。"文化大革命"期间，历史、地理、生物课被工农业基础知识取而代之，几何、代数、三角合并为数学。语文课主要学习毛泽东著作，写大批判文章；数学以农业会计、珠算、土地测量为主要内容；工农业基础知识课学"三机一泵"（拖拉机、柴油机、电动机、水泵）和三麦、水稻、棉花栽培技术；音乐、美术合并为革命文艺课。课程、课时可自行增减，无定式。1978 年，初中增设生物、生理卫生、工业劳动，高中增设生物、劳动。1985 年，根据教育部颁发的《全日制六年制重点中学教学计划（试行草案）》，县教育局统一规定中学课程设置。1988 年秋学期起，初中政治课中增设公民课。1997 年，执行省教委制定的课程计划，九年义务教育初中开设思想政治、语文、数学、外语、历史、地理、化学、生物、体育、音乐、美术、劳动技能 13 门，每周 30 个学科时，4 个周活动课时。1999 年以后增加信息技术和周会。

1978—2010 年几个年份大中镇初级中学课程开设对照表

表 17－4－1

		1978			1986			1999			2010		
		一	二	三	一	二	三	一	二	三	一	二	三
学科	思想政治	2	2	2	2	2	2	2	2	2	2	2	2
	语　文	6	6	5	6	5	6	6	6	5	5	5	5
	数　学	6	6	5	6	5	5	5	5	5	5	5	5
	外　语	5	4	4	5	4	4	4	4	4	4	4	4
	历　史	—	2	2	2	2	2	2	3	2	2	2	2
	地　理	—	3	2	2/3	2	—	3	2	—	2	2	—
	物　理	—	3	3	—	2	2	—	2	3	—	3	3

续表 17－4－1

		1978			1986			1999			2010		
		一	二	三	一	二	三	一	二	三	一	二	三
学科	化 学	—	—	3	—	—	3	—	—	3	—	—	4
	生 物	2	—	—	2	3	—	3	2	—	2	2	—
	体 育	2	2	2	3	3	2	3	3	3	3	3	3
	生理卫生	—	1	1	—	—	—	—	—	—	—	—	—
	音 乐	1	—	—	1	1	1	1	1	1	1	1	1
	美 术	1	—	—	1	1	1	1	1	1	1	1	1
	劳动技术	—	—	1/2	1	2	2	1	1	1	—	—	—
	信息技术	—	—	—	—	—	—	1	1	1	1	1	1
活动	周 会	—	—	—	—	—	—	1	1	1	1	1	1

三、学校简介

大丰市第五中学 大丰市第五中学始建于1964年9月，原名刚强农业初级中学，校址位于原刚强村八组。1965年，改名为和瑞农业初级中学。1966年，改名为红卫农业初级中学。1971年，改为全日制普中，移址南翔路6号，并改名为大道公社中学。1986年6月，改名为大丰县镇南中学，1987年高中、职中停招，1989年9月改为初级中学。1997年，更名为大丰市第五中学。校园占地面积28395平方米，校舍面积8677平方米，绿化面积6774.9平方米，占学校总面积的33.5%，实验室400平方米，微机房120平方米，拥有电脑80台，图书13000册，多媒体设施2套，35英寸彩电5台，25英寸彩电12台，功放5台，钢琴1台，拥有校园广播系统和监控系统各1套。学校有教师63人，其中高级职称23人，中级职称30人，市级以上学科带头人3人，市级以上教学能手11人，本科以上学历57人（研究生1名），专科学历4人。教师基本功考核合格率100%，现代教育技术考核合格率100%。2006年11月，教师顾晓燕成为中国书法家协会会员（大丰市共有3名）。

1998年12月，学校被大丰市教育局评为"德育工作先进学校"。1999年7月，被大丰市教育局评为教育工作"先进单位"。2001年11月，获江苏省教育厅颁发的"江苏省实施农村教育现代化工程示范学校"称号。2002年11月，被大丰市教育局授予"AA级绿色学校"。2004年，被大丰市教育局命名为"大丰市农民工子女指定就读学校"。2005年11月，被大丰市市委、市政府表彰为"关心下一代工作先进集体"。2006年12月被评为"大丰市文明示范学校"，同时被评为"大丰市依法治校示范学校"。2007年3月，被大丰市人民政府评为"绿化达标单位"。2008年，被盐城市政府表彰为"四配套工程先进集体"。6月，获"盐城市依法治校示范校"称号。11月，被指定为江苏省农科技结合示范基地。2009年，获"江苏省教育装备现代化实验学校"等荣誉称号。

1995年10月，校友孙军在第十二届亚运会男子8人单桨有舵手赛艇比赛中荣获冠军，为盐城籍运动员国际比赛中获得首枚金牌。1997年10月，在第八届全运会男子2人单桨无舵手赛艇比赛中再次荣获冠军。2006年，1997届毕业生於秀敏在多哈亚运会上获女子双向飞碟团体冠军。2007年9月20日，於秀敏在塞浦路斯举行的世界射击锦标赛上又一次获女子飞碟团体冠军。学校女子篮球队自1992年组队以来获得两次盐城市比赛第三名、获得六次大丰市比赛第一名。2007届初二学生朱旭辉、戚玉梅分别被江苏省赛艇队和摔跤队选中。朱旭辉在2008年省比赛中获得第二名，并被授予体育道德风尚奖。戚玉梅2008年参加全国青年女子自由式摔跤锦标赛获得第七名。2008年8月，学生董素芹、张媛、李忠丽参加大丰市中小学第十届艺术节分获绘画类一、二、三等奖。2004 年 7 月,徐娟老师和逸夫小学的陈亚辉一同参加江苏省田径裁判考试获得国家田径一级裁判称号,这是大丰市教育系统仅有的两名国家田径一级裁判。2009 年,顾宫老师参加江苏省田径裁判考试获得国家田径二级裁判称号。

2003 年,校长樊金海的论文《浅谈理科教师的业外修养》获得全国《中学数理化教学研究与实践》论文评选一等奖。2005 年 12 月,朱红梅老师获盐城市初中语文优质课展评一等奖,朱海琴老师获大丰市初中语文优质课展评一等奖,孙晓霞老师书画作品获一等奖。2006 年,有 7 位老师在省级报刊杂志发表文章、出版专著,校长葛海燕主持的大丰市"十一五"教育科研课题被立项,顾晓燕老师获省级书画优秀辅导员称号,陈燕老师的《论情感教育在语文教学中的作用》获首届全国教师论文大赛一等奖。2007 年,有 11 位老师在省级报刊杂志发表文章、出版专著,有 3 篇论文获国家级三等奖,王亚芳老师的《月迹》获江苏省优秀教学案例三等奖。2008 年,14 位老师在省级报刊杂志发表文章、出版专著,有 1 篇论文获国家级二等奖,3 篇论文获国家级三等奖,2 篇论文获省级二等奖,7 篇论文获省级三等奖;校长葛海燕主持的课题《初中小班课堂教学行为转变的探索与实践》结题,刘永玲老师参加盐城市历史课评比获一等奖,王义香老师的《硫在空气里燃烧》在盐城市化学实验调演评比中获二等奖。2010 年,王伟权老师获国家"十一五"规划重点课题研究员称号。

大丰市第七中学 大丰市第七中学(原大丰县新团中学)创建于 1961 年 7 月,坐落在新团小街人民北路 100 号。1969 年,筹办高中教育,1983 年停办高中,保留初中办学规模。2001 年 4 月,新团镇并入大中镇更名为大丰市第七中学。校园占地面积 24001 平方米,校舍面积 7677 平方米,绿化面积 9600 平方米,实验室 300 平方米,微机房 112 平方米,拥有电脑 59 台,图书 13149 册,多媒体设施 2 套,50 英寸彩电 1 台,25 英寸彩电 15 台,拥有校园广播系统和监控系统各 1 套。2010 年,建成 3 个标准多媒体教室。现有中学高级教师 14 名,大丰市学科带头人 1 名,大丰市学科教学能手 5 名,在校学生 468 名。学校体育工作成绩显著。2006 年,学生王世伟在盐城市少年乙组铅球项目比赛中获得冠军。2007 年,学生季明进在大丰市中小学生运动会上获得男子 800 米、1500 米冠军,蒋红艳获得女子 1500 米冠军。2008 年,学生王世伟在省体运会上获得铅球项目比赛第五名、铁饼第三名。2009 年,学生王世伟在省体运会上获得铅球项目比赛第二名、铁饼第三名。

2000—2002 年,连续三年均获得初中教学质量优秀奖。2001—2009 年,先后被大丰市教育局、市政府表彰为"德育先进学校""大丰市模范学校""大丰市文明单位""大丰市依法治校示范学校""大丰市体育工作先进学校""大丰市平安校园"等荣誉称号。

大丰市第八中学 原名裕华镇中学,学校始建于 1992 年,由东坝头初中、晋福初中和天北初中三所联中撤并而成,位于裕华镇建设路 66 号,占地 2 公顷。初建时有两幢教学楼、两排学生宿舍平房及一排师生食堂,3 个年级、21 个教学班,为全日制初级中学。1993 年,新建两幢教师集体宿舍楼。2002 年 8 月,大丰市第二职业中学初中部并入。2003 年 8 月,王港初级中学并入。学校现占地总面积 29085 平方米、校舍面积 17980 平方米、校园绿化覆盖率达 65%。2010 年,学校投入 13 万元改造校园环境,拆除 C 级危房 360 平方米、破旧花池 180 平方米,新建花池 360 平方米,增加绿化面积 880 平方米,场地硬化 860 平方米。2002 年,裕华镇人民政府在学校东侧新征地 0.87 公顷,建成标准化田径运动场。2006 年,新建男生宿舍公寓一幢。是年秋,全校各年级全面实施小班化教学。2007—2010 年,学校先后接入 10 兆光纤,班班建成多媒体教室,教师办公室都配备电脑。标准化微机房、实验中心、图书室、劳技室、团队室、音乐室、体育室、美术室、多功能教室等一应俱全,有图书 12066 册。校园网、校园广播系统和闭路监控系统健全,基本达到教育教学现代化要求。2004 年 12 月,被大丰教育局授予"大丰市德育先进学校"荣誉称号。2005 年,被大丰教育局授予"规范化学校""大丰市依法治校示范学校",同时荣获 2004—2005 学年度初中教学质量进步奖,2006 年 12 月 4 日《中国教育报》做过专题介绍。是年,被大丰市教育局评为"2005 年度教育工作先进单位",被大丰市环境保护局、大丰市教育局评为"大丰市绿色学校"。2007—2010 年期间,先后荣获"大丰市文明单位""大丰市安全文明单位”“大丰市和谐校园”“大丰市花园学校”“大丰市语言文字规范化示范学校”“社会治安安全学校”“大丰市平安校园”称号，被盐城市教育局授予“盐城市依法治校先进学校”“绿色校园”等荣誉称号。

第五节　成人教育

一、农村扫盲

1942 年 12 月，台北县抗日民主政府贯彻苏中专署“南坎会议”精神，开办冬学，普遍举办农民识字班。组织农民识字，扫除文盲。各区、乡农村青年、妇女、农会分别组织读报组和识字组，开展识字明理活动。妇女抗敌协会组织纺纱合作社，边纺纱生产，边识字学文化。

解放战争时期，乡村普遍建立冬学委员会。1948 年，村办民校普遍开花。堤东区新团乡参加学习的有 1400 多人，大中区约 2700 多人。1949 年，因水灾，学习停顿。1950 年 9 月，区乡层层落实全国第一次工农教育会议精神，大中地区民校逐步恢复正常。老斗龙港以西新团区域提倡“百字先生”，组织互教互学，扫盲学习热情普遍高涨。

1949 年大中区冬学班组织情况表

表 17－5－1　单位：人

单位	初级		中级		单位	初级		中级	
	男	女	男	女		男	女	男	女
大中	45	40	5	—	恒丰	16	10	—	—
阜丰	15	35	12	13	泰丰	11	17	—	—
德丰	32	18	13	3	合计	134	137	30	16
和瑞	15	17	—	—					

1951 年起，区（乡）配教育辅导员，专职抓扫盲工作。1952 年 5 月，垦北区天北乡施斌被评为扫盲识字教学模范受到大丰县人民政府表彰，被苏北人民行政公署盐城地区专员公署授予“农民教育教学模范”称号。1953 年，扫盲运动掀起高潮，普遍推行汉语拼音速成识字法。大中区开办 8 个速成班，14 个民校班。翌年春，全区扫盲发展到 26 个班、组，620 名文盲、半文盲参加扫盲识字，占总人口 37%，当时流行一首扫盲歌谣：“速成识字办法好，突击识字有三宝，一月攻克三百字，一个‘俘虏’跑不掉”（“俘虏”指生字）。1954 年，提出“服务于生产，紧密配合中心工作”的扫盲方针。年底，大中区召开评比总结会，会上 4 名教学模范、5 名优秀群师、1 个办学模范、5 个学习模范分别受表彰奖励。

1954 年大中区民校教师学员情况统计表

表 17－5－2　单位：个、人

班、组数		学生数			政治情况				教师情况			群师来源		群师文化	
班	组	男	女	合计	党员	团员	干部	组长	专职	兼职	群师	学生	冬师	初小	完小
31	131	881	651	1532	118	130	120	75	10	9	69	13	53	39	46

说明：群师是农村基层单位从群众中聘请或由群众推荐的教师

1955—1962 年,各区(社)扫盲工作一直没有间断,大中镇、大道公社平均每年有 400 多名文盲、半文盲达到脱盲水平。五星公社农民白天劳动,晚上进扫盲班,全社识字组有 100 多个,正常参加学习的近 2000 余人,平均每年有 500 多名文盲、半文盲达脱盲水平,领取脱盲证书。1957 年春,各地贯彻国务院扫盲方针,共青团组织牵头发动全日制学校教师兼任扫盲教师,14 ~ 40 岁文盲、半文盲全部动员入学。1963 年,扫盲运动在各地再度掀起高潮,大道公社扫盲班、组达 95 个,正常参加学习的对象有 1597 人,办学形式多数村组采取农闲半日制,农忙三、六、九。1964 年,大道公社在全社除建立 95 个扫盲班、组,同时建立 59 个业余初小班,21 个业余高小班,以巩固扫盲成果,学员 2794 人。

1964 年大道公社农民教育情况统计表

表 17 - 5 - 3 单位:个、人

队别	扫盲		业余初小		业余初中		合计	队别	扫盲		业余初小		业余初中		合计
	班、组数	学员数	班、组数	学员数	班、组数	学员数			班、组数	学员数	班、组数	学员数	班、组数	学员数	
双喜	7	184	7	92	7	110	386	新民	7	190	2	27	—	—	217
联盟	1	40	—	—	—	—	40	阜丰	9	42	2	36	—	—	105
长春	5	119	4	42	3	47	198	阜北	11	97	11	127	1	79	303
和瑞	3	55	2	15	—	—	70	德西	3	39	2	30	1	30	99
红花	7	91	7	47	1	35	173	大新	5	94	5	63	—	—	157
阜南	9	42	—	—	2	44	86	新星	6	124	2	20	1	12	156
合意	7	192	7	151	—	—	343	同德	1	12	1	16	1	17	45
刚强	8	140	6	49	1	35	224	新德	4	57	3	23	2	10	90
超产	2	44	2	32	1	15	91	合计	95	1597	59	793	21	404	2794

1966 年“文化大革命”开始后,农民教育停止,农村青壮年文盲大幅回升。1972 年,国务院发出通知,提出农村非文盲率要达到 85% 以上。针对扫盲工作间断多年,原脱盲对象出现严重复盲现象,加上小学流生增加,非文盲率急剧下降的实际状况,各公社采取全面“包教包学,送教上门,集中识字,限期脱盲”的办法,再度掀起扫盲高潮。大道公社 3359 名青壮年半文盲有 2365 人参加扫盲集中学习,入学率超过 70%,参加联户和送教上门的达 25%。经过两年努力,1974 年,大道、大兴(阜丰)、大中镇参加学习的扫盲对象 95% 取得脱盲证书。新团公社组织农村少、青、壮年和干部文盲入学。学员有统一课本,要求学会 1500 个常用字。经过努力,1975 年春,河口、永久、长安、八灶 4 个大队通过脱盲验收,取得脱盲证书。裕华公社近 2000 人通过考试取得脱盲证书。1979 年,为巩固扫盲成果,全县统一以大队为单位举办业余高小班。19 ~ 35 周岁的脱盲学员学习初等语文、数学。是年,大中镇兴办 22 个班(含大道、大兴两个公社),学员 660 人。新团公社办班 6 个,学员 180 人,裕华公社办班 11 个,学员 418 人。

1979 年大中镇业余高小班课程设置及课时安排一览表

表 17－5－4　单位：个

课程＼学时＼学期	第一学年		第二学年		总学时
	第一学期	第二学期	第一学期	第二学期	
语　文	64	56	64	56	240
算　术	64	56	64	56	240
农业常识	32	28	32	28	120
合　计	160	140	160	14	600

1980 年初，在继续抓好扫盲和农民文化教育的同时，农民教育着重转向专业技术培训，提高农村劳动者素质，服务于地方经济发展。是年年底，经县业余教育办公室普查，新团乡非文盲率达 90%，被评为先进单位，受县革委会奖励，授红旗一面。

1981 年春，大道、大兴、大中镇创办村级农技班 18 个，业余高小班保留 6 个；新团公社创办农技班 2 个，业余高小班增至 18 个；裕华公社创办农技班 3 个，业余高小班保留 7 个。1983 年春，县组织统考验收，大中镇、新团、裕华共 1789 名参加业余高小班学习的学员取得高小毕业证书（大中 690，新团 530，裕华 569），毕业率 67%。阜丰公社农技校根据农时季节，实行长班短训，第一期学员于 1983 年夏结业，44 名学员经过考核，42 名成绩合格，由公社发给结业证书。大道公社农技校［校址设在超产大队（今泰西）大会堂］第一期学员 96 人，学制一年，经考核 78 人取得专业合格证书。

1984 年，农村专业技术教育以村为单位，根据广大农户需要采取多渠道、多层次办学方针，以专题广播讲座、短训班等形式组织农民学习农业科学技术。1985 年年底，大中镇非文盲率达 97.4%。翌年春，经县政府验收报盐城市批准，大中镇成为无盲镇。同年，裕华镇成人教育中心校被大丰县人民政府评为“成人教育先进乡镇”。新团乡按照国务院规定，亦完成扫盲任务。1987 年春，创办大中农业技术学校（校址设于大中镇农业公司内），学校独立建制，常年对农村基层干部、专业户代表、农技员及回乡初高中毕业生进行实用技术培训。

1989 年后，脱盲学员曾出现回生复盲现象。因此，各级政府对扫盲工作依然十分重视。1989—1996 年，大中、裕华、新团三镇对复盲人员共举办 176 个扫盲班，先后脱盲 2797 人。1993 年，裕华镇顺利通过盐城市扫盲成果验收。1995 年，被盐城市教育局、盐城市妇联表彰为“扫盲工作先进乡镇”。1999 年，三镇 15 ~45 周岁人口的非文盲率达 99.89%。至 2007 年年底，大中、裕华两镇青壮年非文盲率达 100%，全面完成扫盲任务。2008—2010 年，大中、裕华两镇共举办农业科普知识培训班 22 期，专业技术广播讲座（自办节目）37 档，受训面约占农村人口 39%。

二、职工培训

1945 年秋，抗日民主政府在大中集严华桥（今大新桥）南侧同乐楼内设立青年俱乐部，组织广大青年职工学政治、学文化，招收青壮年职工、居民学员 90 余人。1949 年，台北县政府在大中镇（原县一招后侧）设民教馆，内设板刊展览室和成人教育组。是年，开设浴室工人、花司工人识字班各 1 所，花司班学员 30 人，浴室班学员 43 人。同年，大中镇青年团支部举办夜校 1 所，学员 20 多人。1950 年，大中镇政府委托中小学校兴办民校一所，分初级、中级两个班教学，初级 65 人，中级 25 人。1954 年，大中镇职工参加职工学校学习的对象增加至 318 人，占职工总数 85%。1955 年，因 1954 年遭自然灾害，一部分职工失业，但参加学习的仍有 289 人。1956 年，大中镇在职职工 316 名，正常参加职校学习的有 161 人，占职工总数 50%，其中工会干部学员 12 人，占其总数（43 人）30%；产业工人学员 88 人，占其总数（185 人）47%；行业工人学员 73 人，占其总数（131 人）55%。同年，大中镇在市民中组织6个文化学习班,学员250人,其中扫盲班55人。当年年底,市民文化学习班增至10所。1958年,创办职工学校,招收大中镇高小应届毕业生和毕业在家待业青年45人,设初中课程,并辅助就业前教育,1960年毕业,1961年停办。1960年,大中镇动员城镇居民923人参加扫盲班学习,其中居民685人,工人238人。“文化大革命”期间,职工教育遭到严重破坏,各类职工学校停办。

1976年粉碎江青反革命集团后,职工教育组织机构逐步恢复。

1979年,职工教育走上日益健康发展的道路,教育部统编教材,统一规范。县、社(镇)业余教育机构逐步建立。大中镇设立工农教育委员会,下设职工教育办公室,专司其职。1980年4月,大中镇创办工商企业加盟业余职工技术学校,由各单位选送学员46人,利用业余时间进行教学。开设数学、物理、化学及机械制图等课程,年底结业。是年,县总工会利用大丰中学校舍(晚)举办职工业余学校,设古文、写作、高中数学、工业会计、机械制图、英语等6个班级,学员332人。1981年,大中镇决定对在职工人分期分批进行脱产培训,试办职工技术学校,招收学员22人,经过一年培训回厂后,成为各厂技术骨干。是年,新团乡工交办公室创办一所职工业余初中,招收学员30名。年底在盐城地区农民教育专职干部会议上,新团乡作了题为《我们是怎么适应农村新特点,不断巩固农民教育》的专题发言,并被大丰县评为先进单位,获县人民政府锦旗一面。

1982年大道公社职工文化补习教学点分布情况表

表17-5-5　　单位:人、个

单位	职工总数	青壮年数	其中教育对象				兼职教师	教学点	分管负责人
			扫盲班	小学班	初补班	干部			
马钢厂	97	84	7	13	2	6	2	大道中学	陈凤仪　高尚凌
农具厂	85	49	3	23	—	7	2	大道中学	翟君培　李如明
农机站	52	37	7	7	5	9	2	泰西、泰丰校	姜正茂　顾永龙
五金厂	21	12	3	2	—	7	2	泰西、泰丰校	陈太仁　李国才
食品厂	62	59	1	4	—	6	2	泰西、泰丰校	陈永田　朱荣干
砖瓦厂	260	126	1	15	6	14	2	新民校	祁金余　顾惠平
水泥厂	124	98	—	10	4	17	2	—	陈登山　赵世兴
服装厂	25	17	—	9	1	6	2	泰丰校	马秀凤　刘井付
粮油厂	38	27	4	5	1	6	2	泰丰校	顾正龙　范正存
交管站	36	27	1	3	2	2	2	—	张克祥　李　平
织布厂	173	165	—	2	7	14	6	—	蔡志义　管洪根
经理部	9	7	—	—	—	2	—	—	乔兴仁
养殖场	16	6	—	—	—	5	—	—	陈志和　陈文奎
用电站	3	2	—	—	—	1	—	—	胡文培　钱育新
总　机	3	3	—	—	—	—	—	—	陈安保
电影队	4	4	—	—	—	—	—	—	施兴才
合　计	1008	723	27	93	28	102	26		

1983年,中等教育结构改革。大道、阜丰中学分别附设农技、农机、园林班,专业课程由农业局、多管局派人讲授。1984年8月,职工文化补习基本结束,大中镇1750名职工取得县职教办颁布的初高中毕业证书。1985—1996年的10年间,大中、新团、裕华三镇充分利用成人教育中心校举办企业

基层干部、青年职工以及电氧焊、车钳工专业技术短训班约300多期，培训学员近万人。1997年以后，职工教育逐步进入规范化。企业招工对象都从大丰、盐城两级职工学校毕业生选录。乡镇成人教育中心也逐步转型，面向大众，开展全民素质教育。2010年，大中社区教育中心与成人教育中心两块牌子、一套班子，先后组织339名在乡、返乡农民工参加学历、技能双提高的成人中专班学习，组织12期工业实用技术，安全生产、入党积极分子、中小企业干部等各级各类培训班，对全镇89名农村剩余劳动力进行转移前岗位培训，取得较好效果。

三、成人学校

1952年，县文教科责成文化馆会同大中镇工会正式建立2所职工学校，招收学员96人。1958年，大中镇政府协同县委机关学校，创办职工学校1所，招收大中镇高小毕业后待业青年（未考取初中）45人，学习初中课程，并辅助于就业前职业教育。1960年，职业中学首届毕业生毕业，由镇政府安排分配到各企业工作。1961年后，随着国民经济调整停办。1978年，公社扫盲辅导员改为业余教育辅导员。1980年9月，县文教局会同县经委在大中镇辖地县飞轮厂创办电视大学，开设单科班、全科班各1个，招收学员59名，全科学员脱产带薪学习三年，单科学员脱产学习一年半。1982年，大中镇职工技术学校对全镇中青年职工进行文化补习，分别在链条厂、针织厂、量刃具厂、丝织厂、轧板厂、二布厂设立教学点。1983年10月，大中镇成人教育中心校创办，常务副镇长陈荣产兼任校长，卢日桂兼任大中镇成人教育中心校分校校长[分校设在超产大队（今泰西村）大会堂]。1985年9月，配备专职教师7名，聘用兼职教师4名，招收机械中专班1个，学员53名，学制两年半。同年，成人中心校举办各类知训班24期，培训学员898人。1983—1985年，新团、裕华成人教育中心校相继创办，每年培训实用技术专业人才2000多人次。1986年，大中镇镇政府拨款7万元，于今幸福大街东端创建镇成人中心校新校舍，总建筑面积750平方米。10月底，大中成人校从文教工艺厂内迁出，移至新址并招收1个机械技工班，学生55名。是年，裕华镇成人校被评为大丰县先进乡镇成人教育中心校。1987年，镇政府与安徽合肥工业大学签订挂钩办学协议，创办一个机械制造工艺大专班，招收学生55名，并投资33万元，新建一幢3层教学大楼，建筑面积1000平方米，学校附设实验小工厂。1989年，成人教育中心校开设企业管理中专班，1990年开设机电专业职高班。同年，大中镇党委、政府在燎原计划实验中心兴办大中镇职业中学。成人校的职业高中班移至实验中心，使成人教育和职业教育有机结合，形成一个班子、两块牌子。是年，面向全县招收农学、农经专业职业高中班各1个，学员89人。1993年，开设模具专业职高班和业余高中班各1个，学员90人。1994年，开设纺织职高班1个，学员42人。办学过程中，燎原计划实验中心开展农村庭院经济模式，大、小麦种植品种比较，完成高效水产、畜禽高效养殖试验推广项目9个，对推动农村农业结构调整起了积极作用。1995年，大中镇成人教育中心校通过盐城市教育局合格验收。1996年，大中成人校开设农学、农经、服装缝纫、农业开发、美容美发、工艺美术、酿造、铁路运输等8个三年制职业高中班,为地方培养一批实用技术人才。是年,省教委批准大中成人校为省重点成人教育中心校。学校除负责正常的成人培训外,有三年制职高班6个,学员300人,教职工28人。1998年,大中成人校在恒北村建立生态果园基地,积极施行"公司+基地+农户"模式,开展技术培训、市场营销指导,推动农村经济合作社"五统一"管理取得实效,2001年被评为盐城市"乡镇农科教结合示范基地"。2000年7月,大中镇职业中学撤销,与大中镇成人教育中心校合并,并保留成人校一块牌子。是年,裕华镇成人校被盐城市教育委员会评为"盐城市教育促小康"先进单位。2001年,省教育厅在大丰市召开"教育富民工作"实施工程现场会,全省各市县政府领导和教育界同行300多人到朝荣、海防两村参观,对裕华镇教育富民工程方面所取得的成绩表示肯定。2002年,朝荣村大蒜无公害种植示范基地被盐城市教育局确认为盐城市级农科教综合示范基地,基地占地733.33公顷,辐射农户1400多户,基础设施投入超过300万元,被确认为江苏省省级无公害蔬菜生产基地。2003年,教育资源整合,大中镇成人教育中心校并入大丰市职教中心,隶市教育局管理。原成人校6名土地工人由大中镇政府分流安置。2007年11月,大中镇成人教育中心校恢复,与大丰市第五中学(大中镇镇南中学)合署办公,五中校长兼任成人校校长,配专职教师5人。是年,大丰市教育局投入15万元启动资金,配置140座多功能教室1个,电脑教室、图书阅览室、档案室各1个,总面积约800多平方米,新添6套健身器材,新置50台电脑接入电信网。成人校恢复后,成人教育职能逐渐向全员、全程社区教育发展。2007年11月,大中镇社区教育中心成立,大中镇成人教育中心校、大中镇社区教育中心、大中镇党校三块牌子、一套班子管理。2009年10月,大中镇社区教育中心创建3个省级乡镇社区中心,获省教育厅验收通过。2009—2010年,大中镇成人校对农村青年农民开展学历及专业技能双提升教育,先后开设农产品加工、农村经济管理、农业机械化、种、养殖等专业非全日制全免费成人中专班6个,招收学员362人。2010年,大中镇被省教育厅表彰为省级社区教育示范乡镇。

2010年大中镇社区教育中心培训情况统计表

表17-5-6 单位:人

时间	培训内容	参培对象	参培人数	协办部门
3月6日	女性健康知识	各村(居)、企事业单位女同志	142	大中镇妇联
4月3日—17日	印刷业务知识	大丰丰艺电子印刷厂员工	56	丰艺印刷厂
4月12日—16日	果树栽培技术	大中镇生态果园示范基地果树种植户	214	大中镇林蚕站
4月20日—22日	花卉苗木栽培	大中镇花卉苗木基地居民	68	大中镇林蚕站
5月7日—8日	市场营销	大中镇恒北村购销业主	181	大中镇司法办
5月12日—13日	棉花栽培技术	各村农技员、棉农代表	95	大中镇农办
5月13日—17日	物业电工	各物业公司、各村、各社区电工	92	大中镇用电站
6月20日—23日	创业知识	各村(居)初创业者、有创业欲望者	228	大中镇劳服所
6月16日—19日	无公害大豆生产技术	各村农技员大豆种植户代表	71	大中镇农办
8月26日—28日	安全生产培训	各村居安全生产员特种作业人员	94	大中镇安全办
9月10日	果树采后管理	大中镇生态果园果农	150	大中镇林蚕站
9月28日	小食品加工生产	小食品生产加工从业人员	164	大中镇工办
10月	果树冬季管理	大中镇生态果园果农	118	大中镇林蚕站
10月	双低油菜栽培技术	油菜种植户代表	124	大中镇农办
11月	肉鸡饲养技术	饲养大户	89	大中镇农办
			1886	

四、学校简介

大丰市职业技术教育中心　大丰市职业技术教育中心是在大丰市职业高级中学基础上演变而来的。1986年，大丰县教育局在大兴（阜丰）初级中学旧址创办，始名第二职业中学。当年招收建筑专业1个班，电子专业1个班，机械专业2个班，共204名学生。1988年改名为大丰职业中学。1989年学校通过首批省级重点职业中学验收。1993年10月，更名为江苏省大丰职业高级中学。1994年11月接受国家级重点职业高级中学验收。1995年3月，被大丰县人民政府确定为大丰县职业技术教育中心。1998年通过省教委组织的合格职教中心验收。学校现有39个班，1435名学生，181名教职工。占地7.1公顷，校舍建筑面积27788平方米，固定资产3000万元。学校配有微机室、多媒体语音室、9个与学科配套的实验室、可容纳100人同时操作的车工、钳工实习室。10多年来，学校先后与县飞轮总厂、轻机厂等多家工厂企业联合办学，开设机械、化工、财会、电子、计算机应用、烹饪、建筑、外贸、电工等10多个专业，向社会输送3000多名毕业生。1994—2000年，有近300名毕业生对口考入省内普通高校。

2010年，校园占地17.4公顷，总建筑面积10万平方米。在岗职工268人，专任教师237人，其中研究生学历12人，本科学历225人，全国优秀教师1人，江苏省职业教育领军人才1人，盐城市级以上学科带头人6人、教学能手10人，常年聘请35名行业企业中高级技术人员为兼职教师，聘请2名韩语、英语外籍教师。开设8个全日制高职专业和27个中职专业，教学班105个，在校生5000余人。成人远程开放教育本专科在籍学员2800余人。先后建成计算机及应用、机电技术应用、财会3个省级示范专业，数控技术应用专业和计算机及应用专业省级课改实验点，江苏省计算机与软件技术应用专业技能型紧缺人才培养培训基地。拥有各类实验室和实训车间26个、省级二类驾校一所，毕业生就业率保持在98%以上。在安徽怀远县、河南方城县、息县设有办学点，省外招生1000余人。学校是国家级英语、计算机、普通话培训考核点，中华人民共和国信息产业部IT9项从业资格培训考核点、外贸职业经纪人考核点，国家劳动和社会保障部95个工种职业资格培训考核鉴定点，建有职业技能鉴定所，年培训鉴定15000人次以上。1991年5月，学校被盐城市政府表彰为“教育先进单位”。1994年10月，盐城市教委授予“盐城市规范化学校”称号，12月被省教委表彰为“德育先进学校”。1995年12月，盐城市教委授予“盐城市模范学校”称号。

大丰市第二职业中学（裕华农中）　该校是大丰县1958年3月创办的一所农业中学。始设1个班56人，借用朝荣小学教室上课。4月初，裕华乡政府划出土地0.7公顷，作为农中生产田。1958年下半年，裕华乡成立人民公社，公社党委发动群众献工、献料，在镇西新建10间校舍，当年种植0.7公顷棉花获得丰收。1959年2月，在盐城专署召开的农中评比会上，裕华农中被评为先进集体。1959年3月，公社又划给农中生产田7公顷。学生半耕半读，除种植外，还发展多种经营。5月19日，江苏省委副书记陈光到校视察，给予高度评价。当年，裕华农中的蔬菜除自给外还供应市场2500多千克。是年7月，《光明日报》《新华日报》先后全面报导了裕华农中办学经验。国家教育部、省教育厅为该校办学取得的丰硕成果而召开的现场交流会上分别发来贺电。学校自产的农副业收入基本达到教师工资、学生书籍费、学费和生活费自给。当年，裕华农中被评为盐城地区“红旗农中”。裕华公社被评为“农业中学红旗公社”。1960年4月，江苏省委确定裕华农中为江苏省重点农业中学。6月，裕华公社又增拨学校生产田2.7公顷，学校办起糖饴厂、造纸厂、编织厂和缝纫车间。1961年5月，裕华境内的鼎丰、五星两所农中并入裕华农中，在校学生达到300多人。1964年，招收1个高中班60多人。1965年，又增招1个医务高中班50多人。1966年，“文化大革命”开始，教学秩序遭到破坏，但两个高中班仍坚持学完所有课程。1968年，裕华农中与裕华初中合并为裕华东方红中学，1973年改为裕华中学，1991年改为大丰县农业中学，1995年更名为大丰市第二职业中学。至2000年，校园占地5.3公顷，建筑面积1.06万平方米，有职业高中班13个。学校先后与镇江现代化蚕种场、江苏省淡水养殖研究所、扬州农学院、扬州水利学院、大丰市丰宝养殖公司、贝类养殖公司、奥克集团联合办学,开设多种经营、机电一体化、水产养殖、畜牧兽医等专业。毕业学生450多人,有30人被南京农业大学、扬州农学院、扬州水利学院、盐城工学院等普通高校对口录取。

附:中华人民共和国教育部贺电大丰县文教局电文

大丰县二十七日电悉,祝你县农业中学现场会议开得成功,并盼很好地安排教学和生产劳动两个方面的工作,为进一步办好农业中学而努力。

中华人民共和国教育部

1959年7月28日

第六节 教 师

一、队伍构成

大中镇境内,明代始有教育,其师资来源大体有4个方面。

一是塾师改良。明代至民国初,境内教育多为旧学,塾师来自民间的旧文化人员。民国以后,一部分进步知识青年投身教育,兴办学堂。1941年,抗日民主政府建立后,一方面恢复和兴办学校,另一方面改造私塾,把一部分较好的塾师逐步吸收到教师队伍中来。1945年秋,堤东区、大中区共改良私塾11所。1947年2月,全县召开塾师会议,会议决定所有私塾全部采用新教材,废除传授古书,禁止体罚学生。至50年代初,境内私塾全部改造完毕,大部分塾师逐步转为公、民办教师。

二是社会知识青年。民国以后,镇境内一些有识之士纷纷兴办教育,招聘社会知识青年充实教师队伍,多数来自启海地区的外地青年。随着国民教育的兴起,一批社会知青通过一至两年短期培训,走上教育岗位。1964年,农村大办耕读小学,教师大多为农村初中或少量小学毕业生,新团、裕华、大道公社共有耕读教师276人。1965年增加到313人。1968年,耕读小学改为民办小学,耕读教师成为民办教师。"文化大革命"后期,公社办高中,大队办初中,生产队办小学,教育大幅度扩张,师资紧缺,大部分回乡初高中毕业生都当了民办教师,其中不称职者甚多。1979年,大中镇524名教师中,大专、中师水平的不足50人,初中水平以下的达50人之多。

三是师范院校毕业生。1952年,大丰县创办一年制初级师范学校,招收100人。学习结束,分配到农村任小学教师,堤东区7名,大中区11名。以后,每年都有淮阴师范、盐城师范、阜宁师范、东台师范的毕业生分配到本镇从事教育工作。1956年,无锡县梅村师范、武进师范、吴江师范毕业生11人分别安排到新团、大中乡任教。1958年,大丰创办师范学校,至1962年停办,先后培养教师541名。恢复高考制度以后,新团、裕华、大中不少初高中毕业生报考中师和高等师范院校。80年代末到90年代,每年回新团、裕华、大中等地分配的中师毕业生、高等师范院校毕业生有30人左右。2000年后,师范院校毕业安排进教师队伍,需参加资格考试,合格者给予定向安排。大中镇每年因一部分教师退休补充师源10~15名。

四是上山下乡知识青年。1968年,苏州、无锡、上海、南京、扬州一批知识青年到新团、裕华、大道、大兴公社插队落户。1969年后,不少知青被所在公社、大队安排担任民办教师。1978—1979年,大部分知青回城,尚有少数继续留在插队所在地任教。1980年后,教师队伍整顿,民办教师通过全面考试考核,合格者发给任用证书,尚佳者发给试用证书,不合格者给予辞退另行安排工作。1981—1983年,大中镇(不含新团、裕华)颁发任用证书157人,试用证书39人,县合同证书11人,整顿保留9人,辞退21人。教师队伍的数量虽一时有所缩减,但师资质量得到提高。

1981—1986 年部分年份大中镇教师队伍结构表

表 17－6－1　　单位:人

学校	年份	教师总数			政治情况		文化程度							
		合计	其中		党员	团员	大学	占%	中专(高中)	占%	初中	占%	小学	占%
			民办	女										
总计	1981	445	272	86	119	95	60	13.5	244	54.9	114	25.5	27	6.1
	1986	460	166	229	134	49	70	15.3	300	65.2	90	19.6	—	—
中学	1981	195	99	27	76	52	70	30.8	135	69.2	—	—	—	—
	1986	124	81	34	34	13	60	43.5	62	50	8	6.5	—	—
小学	1981	250	173	59	74	43	—	—	109	43.6	114	45.6	27	10.8
	1986	336	175	195	100	36	16	4.8	238	70.8	82	24.4	—	—

1987—1996 年大中镇中小学教职工中公办民办教师比重变化情况表

表 17－6－2

年份			1987	1988	1989	1990	1991	1992	1993	1994	1995	1996
小学	教职数		335	336	345	340	337	344	366	372	374	345
	公办	人数	182	182	215	213	215	220	247	257	269	278
		占%	54.3	54.2	62.3	62.6	63.8	64	67.5	69.1	71.9	80.58
	民办	人数	153	154	130	127	122	124	119	115	105	67
		占%	45.7	45.8	37.7	37.4	36.2	36	32.5	30.9	28.1	9.42
中学	教职数		126	135	140	138	146	154	178	156	145	115
	公办	人数	66	81	88	96	106	119	138	129	115	84
		占%	52.4	60	62.9	69.6	72.6	77.3	77.5	82.7	79.3	73.0
	民办	人数	60	54	52	42	40	35	40	27	30	31
		占%	47.6	40	37.1	30.4	27.4	22.7	22.5	17.3	20.7	27.0

1996 年大中镇镇南、镇北中学教职工情况表

表 17－6－3　　单位:人

学校	教职工人数	人员性质			政治面貌		学历			职称		
		公办	大集体	民办	党	团	本科	专科	其他	高级	中级	初级
镇南	91	77	6	8	21	12	3	62	26	1	53	20
镇北	59	54	2	3	18	8	5	39	15	3	21	28

1997 年,大中镇、新团、裕华民办教师全部转为公办教师。1998 年,教师分期分批参加业务进修,进行文化深造,教师队伍业务素质明显提高。1999 年 8 月,实施中小学(幼儿园)教职工全员聘用人事制度改革。教职工竞聘上岗,竞争上岗后的教职工与学校(幼儿园)签订全员聘用合同,合同期为 1 ~3 年。临时代课教师和临时员工全部清退。1999 年,大中镇 529 人正式应聘上岗,缓聘 26 人,待聘 7 人,提前内退 5 人,清退临工 4 人。裕华镇 412 人应聘上岗,缓聘 1 人,待聘 5 人,提前内退 3 人,清

退临工1人。新团镇317人应聘上岗,缓聘9人,待聘3人,提前内退2人,清退临时工2人。2000年秋,大中镇教师队伍减少34人(不含新团、裕华),其中退休6人,让岗10人,病退12人,借出2人,脱产学习1人,除名3人。2001年,继续推行教育人事制度改革,除校长实行选任制外,其他教职工,包括中层教职工全部实行竞聘上岗、双向选择。全镇原有中小学在编教师697人(新团镇并入后),改革通过办理内退、核减离职、待岗、外借、病休等多种渠道,调减富余人员136名,较好地解决在编不在岗,在岗量不足等长期占着教师、职工编制的不良现象。

2010年,裕华镇并入大中镇后,全镇应编教职工717人,其中中学236人,小学458人,幼教23人。正式聘用712人,有5人自动离岗(关系保留)。提前内退88人,其中中学35人,小学53人。正式办理离退休教师606人,其中离休6人。在职教师中学大专达标率达100%,本科达标率达89%;小学大专学历达90.9%,本科达标率达55%;幼儿园大专达标率达59%,本科达标率达19.2%。

1965—1996年大中镇部分年份小学专任教师学历情况表

表17-6-4　　单位:人

年份	专任教师	大专		中师		高中			初中			教师学历
		人数	占比(%)	人数	占比(%)	人数	占比(%)	其中专考合格数	人数	占比(%)	其中专考合格数	达标率(%)
1965	183	7	3.8	47	25.7	28	15.3	—	82	44.8	—	29.5
1975	445	15	3.4	58	13	171	38.4	—	161	36.2	—	16.4
1987	290	—	—	85	29.3	63	21.7	58	142	49	128	29.3
1991	296	6	2	187	63.2	44	14.9	43	59	19.9	5	65.2
1995	346	21	6.1	229	66.2	50	14.5	50	46	13.3	46	72.3
1996	327	34	10.4	214	65.4	31	15.3	31	48	14.7	48	75.8

2004—2010年大中镇小学教师学历情况表

表17-6-5　　单位:人

年份	专任教师	本科		大专		中师		学历达标率(%)
		人数	占比(%)	人数	占比(%)	人数	占比(%)	
2004	394	19	4.8	166	42.1	198	50.3	97.2
2005	383	30	7.8	192	50.1	160	41.8	99.7
2006	373	37	9.9	198	53.1	136	36.5	99.5
2007	360	48	13.3	207	57.5	104	28.9	99.7
2008	343	97	28.3	179	52.2	64	18.7	99.1
2009	350	137	39.1	152	43.4	56	16.0	98.6
2010	422	180	42.7	178	42.2	64	15.1	100

2010 年大中镇中学教职工情况表

表 17－6－6　　单位:人

学校	教职工总数	政治面貌		学历			职称		
		党员	团员	本科	专科	其他	高级	中级	初级
大丰市第七中学	50	20	—	32	7	—	14	18	7
大丰市第五中学	86	18	—	57	4	—	23	30	8
大丰市第八中学	108	17	3	74	18	2	12	64	18

二、教师待遇

政治待遇　1977 年,学校党组织开始恢复,教师队伍中党员受重视。1983 年,镇成立文教总支,下设 14 个支部,27 个党小组。1984 年,大中镇成立教育工会。1982—1986 年,在教师队伍中发展党员 68 名,占教育界总数的 50.8%。到 1986 年年底,全镇有 197 名教师,206 人次受到县以上表彰,10 人当选镇人大代表,5 人当选县人大代表。

1985 年,全国第一个教师节大中镇党委作出在教师节前后为教育办好”十件事“的决定,在大中镇教育系统引为佳话。“十件事”即:(1)大造尊师重教的舆论;(2)表彰一批为教育事业作出显著贡献的先进集体、优秀教师和各级办学积极分子;(3)各村为学校和教师办 1～2 件实事;(4)户口在农村的民办教师由镇政府发给粮、棉、蚕茧优先出售证,随到随收;(5)户口在大中镇受县以上表彰的优秀教师免交招工集资费并照顾一子女优先招工进厂做工;(6)吸收一批符合条件的教师入党;(7)清收民办统筹教育经费,保证教师工资按月足额发放;(8)教师节前,各企事业单位为驻地学校办一件好事;(9)组织全镇范围“尊师重教、尊师爱校”工作普查;(10)镇党委、政府组织机关各部门到学校进行节日慰问。1998 年第十四个教师节,镇党委、政府对全镇教育系统涌现出来的 5 名“优秀校长”和“十佳教师”给予表彰奖励。2000 年国庆前夕,大中镇组织教育系统 37 名先进工作者赴苏南观光旅游。截至 2010 年年底,全镇中小学教师队伍中有党员 177 人,17 人被选为镇人代会代表,13 人被选为大丰市人代会代表,57 人被评为大丰市级以上先进教师。

生活待遇　民国时期,大中镇教师薪金微薄,小学教员月薪最高 28 元旧币,最低 12 元。据 1940 年 4 月 22 日《东台民声》报载:以当时物价,“每日两餐饮食,一个月尚需 12 元以上的代价”,故教师每每组织请愿,结果虽薪金由所增加,但远远跟不上物价飞涨。1940 年 10 月,抗日民主政权建立,教师工资由民主政府在征收公粮中按月支拨,教师待遇不断改善。1943 年 7 月,教育经费独立,教师待遇实行薪俸制。小学正式教师每月原粮 65 千克,代用教师 45、50、55 千克不等,校长每月加 2.5～5 千克,女教师产假两个月,薪俸照发。

新中国成立后,教师薪金逐步提高。1951 年,公办小学教师最高月薪大米 145 千克,最低 75 千克,即使民办教师也可得大米 75 千克左右。

1952 年,工资改粮薪制为工资分值,即按教师的不同文化程度、业务水平、工作能力和所任的年级以及课时多寡,分成一些等级。对照工资分标准,一般在 85～180 个工资分之间,每个工资分值以 0.5 千克粮、0.5 千克油、1 尺布的当时货价折合而成,约为人民币新币 0.25 元左右。1956 年,进行工资改革。行政级最高位 45.5 元,最低级为 34.5 元;教师级最高为 38 元,最低位 29.5 元;工友最高 30 元,最低 27 元。后分别于 1962 年、1971 年、1977 年、1980 年,公立教师四次按下达指标进行调资升级。1981 年,全国职工普调工资,教师提升一级。1982 年,又有少数教师拔尖提级,民办教师也相应增加工资。1984 年,大中镇民办老师普调一级,平均每人每月增 5 元,工作达 20 年的公办教师每月收入 130 元以上,民办教师的月收入达 110 元以上,民办教师转为公立的人数也在不断增加。1986—

1995 年，教师待遇有大幅度的提高，1986 年年底教师人均工资为 120 元。1994—1996 年，教师住房得到改善，逸夫小学、镇南中学、同德教师宿舍区先后新建 4 幢教工住宅楼，50 户教师乔迁新居。2006 年 1 月 1 日起，大中镇教师享受住房公积金补贴。

幼儿聘用教师的待遇也逐年改善，1986 年，幼儿教师月工资 40 元。1991 年 5 月调资，月工资增加到 51 ~ 64 元。1995 年工改，月工资达到 124 ~ 191 元。1996 年年底，人均工资达到 310 元。同年年底，为幼儿聘用教师办理养老保险，并参加农村合作医疗保险或城镇医疗保险。2010 年，新聘用教师的工资水平超过最低工资标准，其他聘用幼师平均月工资在 1100 元左右。

三、教师进修

1952 年，县创办初级师范学校，大中镇有 4 名高小毕业的教师进师范培训 1 年。1953 年，县创办师范函授部，部分教师参加函授学习。镇建立“星期学校”，组织教师互教互学。1958 年，大丰师范创办，并扩大教师函授进修业务，大中镇除组织部分教师参加函授学习，还建立教师进修辅导站，下设 7 个教工小组，每周活动半天。1962 年 10 月，大道、新团、裕华及大中镇公社分别成立教师进修辅导站，对新纳教师进行系统业务培训，取得合格证后安排上岗任教。1964 年，镇推荐 5 名教师到盐城教师进修学校进修半年。为加强师资培训工作，镇中心小学坚持按期、按计划对全镇小学教师开设示范课，对提高教学业务水平取得较好效果。1965 年，全镇有中小学教师 144 人，其中公立 72 人、公立代课 11 人、民办 31 人、耕读教师 30 人。1978 年 3 月，各公社举办业余中师函授班，对在职教师进行学历进修。大道、大兴（阜丰）、新团、裕华、大中镇公社共有 417 名教师通过函授进修，获取中师学历。1981 年 12 月，盐城地区教育局规定，各公社举办业余初师班，凡文化程度未达初中的教师均需参加学习。大中、大道、大兴（阜丰）、新团、裕华公社先后有 389 名教师参加学习，达到初师水平。1982 年，各公社建立师资培训站。1984—1986 年，大中、新团、裕华每年都组织部分教师参加江苏师院、盐城教育学院、县进修学校高师函授学习。共有高师函授毕业生 51 人，中师函授毕业生 76 人。与此同时，各乡镇正常组织教师分赴盐城、南京、无锡、苏州、常州等地观摩学习。各校都建立学科教研小组，分片建立大组，互相听课，互相评课，开展基础知识和基本技能自我训练及形式多样的教研活动。1982—1998 年，大中、新团、裕华参加 1 年初师进修的有 35 名教师，参加 1 年中师进修的有 67 名教师。参加 3 年高师函授进修的 56 名教师，都取得合格文凭。这期间，一部分教师参加教育系统专科自学考试，有汉语、文学、政治、数学、物理、化学、生物、地理、历史、英语、音乐、体育、小学教育管理、学前教育等 16 个专业。一部分中学教师参加教育系统本科自学考试，有汉语、文学、政治、数学、物理、化学、生物、历史、英语、中学教育管理等 10 个专业。2000 年以后，缺额补充的教师大多为正规师范院校毕业生，因此，在职教师参加师资进修及自学、函授学习的已为数不多。2002 年，全镇（含裕华镇）参加 3 年高师函授学习的只有 10 人，带职进修 5 人。2010 年，仅有带职进修 6 人。学校多以组织公开课、实验课、青年教师比试课、老教师示范课以及学科教学研究等活动，提高教师的业务能力和教学水平。

2004—2010 年大中镇中学教师学历情况表

表 17 - 6 - 7　　单位：人

年份	专任教师	研究生		本科		大专		中师		学历达标率（%）
		人数	占比（%）	人数	占比（%）	人数	占比（%）	人数	占比（%）	
2004	145	—	—	53	36.6	87	60.0	5	3.4	96.6
2005	135	—	—	77	57	53	39.3	5	3.7	96.3

续表 17－6－7

年份	专任教师	研究生		本科		大专		中师		学历达标率(%)
		人数	占比(%)	人数	占比(%)	人数	占比(%)	人数	占比(%)	
2006	134	—	—	75	56	58	43.3	1	0.7	99.3
2007	125	—	—	79	63.2	46	36.8	—	—	100
2008	121	—	—	80	66.1	41	33.9	—	—	100
2009	116	1	0.8	82	70.7	33	28.5	—	—	100
2010	206	1	0.5	164	79.6	39	18.9	2	1	99

第七节　教育管理

一、管理机构

1935 年秋，国民党东台县第九区朱丕承开办私塾大中小学，朱任校长，校设立董事会，董事长谷振之。1941 年 7 月，大中镇沦陷，日伪推行伪化教育，伪国民党东台县第十区区党部直接管理大中镇学校。是年冬，垦区抗日民主政府建立后设文教助理 1 人，由陈松涛担任，负责建校、改革旧教育。1942 年，抗日民主台北县政府设立教育科，科长孙民，各区设立教育股，配股长 1 人。1946 年，乡镇设文教委员 1 人（不脱产），大中镇文教委员李成欢。1948 年，区设成人教育辅导员，大中区为蔡怀柱。1947—1949 年，大中区文教股长先后由张素澄、顾德龙、蔡怀柱、杨凤奎担任。1950 年，区改设教育辅导员。1954 年，大中镇改隶县属镇，教育由县政府文教科直接领导。1958 年，大道人民公社建立，公社设文卫助理 1 人，教育辅导员 1 人（大中镇时隶大道公社，教育工作由大道公社管理）。1962 年，大中镇为县属镇，镇政府一名分管副镇长抓教育行政管理，教学业务由中心小学负责。1972 年，镇、公社设文教助理 1 人，业余教育辅导员 1 人。1977 年，镇（社）成立文教办公室。1983 年，实行镇管村体制，镇政府由一名副镇长分管文教工作，文教助理具体负责教育日常事务，业务教育辅导员专职成人、职工、农民教育，另以中心小学为基地设立教研站，组织开展教学研究活动。2002 年 8 月，乡镇文教办公室撤销，改设社会事务办公室，除主管教育工作外，兼管科技、文化、卫生、体育、民政、计生等部门工作。2003 年 9 月，教育体制改革，各镇中小学校由原来的镇办镇管改为市办市管，教育经费由市财政全额拨付。

2010 年 8 月，裕华镇并入大中镇，新组建的大中镇设社会事务办公室，置主任 1 名，具体负责管理镇域外 3 所初级中学，6 所完全小学，3 所幼儿园。

新中国成立后文教助理更迭表

表 17 －7 －1

区 域	姓 名	任职时间	区 域	姓 名	任职时间
大中区	宋一祥	1950.01—1950.12	裕华镇	杨秉生	1971.08—1976.08
	朱仲辉	1951.01—1952.12		陈天涛	1976.08—1981.08
大中镇	朱海山	1966.08—1968.08		季士明	1981.08—1991.08
	韦品元	1968.08—1983.08		陆桂铭	1991.08—2007.03
	吴立鳌	1983.08—1986.08	新团镇	杨凤奎	—
	梁俊清	1986.08—1990.08		陈少武	—
	顾志成	1990.08—1997.06		蔡敬之	—
	王金黄	1997.08—今		黄竟成	—
大中乡	孙 澄	1956.09—1958.08		黄永来	—
大道公社	冯 曙	1958.08—1960.08		倪文才	1962.08—1964.08
	施一飞	1960.08—1962.08		李恒高	1964.08—1966.08
	宋声扬	1962.08—1964.08		王奎山	1965.08—1972.08
	沈璋保	1964.08—1979.08		韦品元	1972.08—1974.08
	曹凯震	1979.09—1983.08		王禾书	1974.08—1976.08
大兴公社	陈必效	1966.12—1978.07		陈中秀	1976.08—1985.08
	陆福庆	1978.07—1983.05		施炎培	1985.08—1987.08
裕华镇	刘宗基	—		桑玉祥	1987.08—1989.08
	李子平	—		束必隆	1989.08—1990.08
	陈天涛	1958.08—1971.08		季明山	1990.08—2001.04

二、教育投入

（一）教育经费

1948 年前，公办学校经费主要源于增加税费和杂捐，其次是学租。从 1948 年开始，区政府发给学校办公用费和部分学粮补足教师生活津贴，也有部分学校实行学生轮饭制。1964 年起，民办学校的经费，除增收学杂费外，不足部分有所在施教区的农村大队负责筹集上交公社，由公社按月发给教师工资和办公费。校舍维修和收费由施教区生产大队承担。1979 年，大中镇集体集资 3.01 万元，1983 年集体集资 12.74 万元。1984 年，镇教育经费除国家拨给的外，全镇统筹民办经费 12.74 万元，其中民办教师工资、物价补贴 61792.83 元，福利费 553.82 元，医药费 6863.24 元，仅 8 月份就开支 69209.91 元，9 月份工资短缺，教育事业规模庞大，教育经费不足成为当时的突出矛盾。1986 年，集体筹集教育事业费附加 28.34 万元。1996 年，小学生均公用经费（财政拨款）53 元，而实际生均支出 138 元；中学生均公用经费（财政拨款）47.3 元，而实际生均支出 132 元。是年，农村教育费附加 89.5 万元，集资捐款 17.8 万元。2003 年 9 月起，教育体制上划，教育经费来源由镇投入改为市投入。2006 年秋学期始，农村义务教育阶段免收学杂费。2007 年，按照省厅统一要求，小学、初中生均公用经费标准分别为 230 元、350 元。2008 年春季起，城乡义务教育阶段学生免费提供教科书，确保学生“课前到书、免费用书、人手一册”。同时，小学、初中生均公用经费标准分别提高为 300 元、500 元。2008 年，贯彻落实《省政府办公厅转发省财政厅等部门关于化解农村义务教育债务实施意见的通知》

精神,按照"制止新债、摸清旧债、明确责任、分类处理、逐步化解"的总体要求,全面完成农村义务教育债务化解工作,全镇中小学化解债务512万元。2009年,小学、初中生均公用经费标准分别提高为350元、550元。2010年春季学期起,全面免收农村义务教育阶段公办学校寄宿生住宿费。是年,农村义务教育阶段中小学生均公用经费基准定额提高到每生每年小学370元、初中610元。

1975—1985年大中镇财政教育经费支出统计表

表17-7-2 单位:万元

年份	合计	其中				
		中学	小学	幼儿教育	业余教育	其他
1975	12.19	3.66	8.46	—	0.07	—
1976	18.99	4.01	14.57	—	0.26	0.15
1977	17.88	4.98	11.97	—	0.15	0.78
1978	20.15	12.91	7.17	—	0.07	—
1979	29.38	14.60	14.55	—	0.14	0.09
1980	32.64	14.54	17.22	—	0.36	0.52
1981	39.15	15.97	22.65	0.01	0.36	0.16
1982	49.10	22.86	25.95	—	0.26	0.03
1983	64.67	27.13	36.97	0.18	0.32	0.07
1984	57.72	23.63	32.33	1.43	0.33	—
1985	76.56	17.65	54.68	3.67	0.31	0.25
总计	418.43	161.94	246.52	5.29	2.63	2.05

1986—1996年大中镇教育经费投入情况统计表

表17-7-3 单位:万元

	1986	1987	1988	1989	1990	1991	1992	1993	1994	1995	1996
教育经费总额	102.3	137.25	161.19	212.21	191.74	217.73	311.37	508.85	459.44	536.94	640.31
教育事业费	67.9	76.16	112.5	120.2	146.7	154.1	176.8	352.8	379.8	404.9	486.2
教育附加费	28.34	25.8	27.1	32.86	32.36	32.1	34.5	42.93	38.2	84.64	98.38
捐资、集资	—	27.3	11	48.55	—	15	62.3	85	13	17.3	17.8
杂 费	3.84	6.56	6.56	10.6	12.68	11.73	29.47	24.72	24.34	23.3	29.93
勤工俭学	2.22	1.43	4.03	—	—	4.8	8.3	3.4	4.1	6.8	8

1997—2009年大中镇教育经费投入情况统计表

表17-7-4 单位:万元

	1997	1998	1999	2000	2001	2002	2003	2004	2005	2006	2007	2008	2009
教育经费总额	729	873	949	1311	1518	1634	1621	1807	1902	2283	2987	3121	4035
教育事业费	611	750	835	912	1396	1516	1405	1572	1613	2017	2738	3049	3869
教育附加费	83	84	70	69	7	—	2	28	38	75	131	23	32

续表 17-7-4

	1997	1998	1999	2000	2001	2002	2003	2004	2005	2006	2007	2008	2009
捐资、集资	—	—	—	—	4	—	—	31	20	39	78	15	17
杂费	35	39	44	45	46	72	72	107	134	64	—	—	—
勤工俭学	—	—	—	42	3	—	—	—	7	4	22	18	97
其他	—	—	—	243	32	46	142	69	90	84	18	16	20

大中镇2000年秋学期教育收费情况一览表

表 17-7-5　　单位:元

年级	收费标准					实际收费						备注
	杂费	代办费	服装费	红会费	保健费	杂费	代办费	服装费	红会费	保健费	合计	
一	60	100	68	2	6	60	100	68	2	6	236	另加保险费40元
二	60	100	—	2	6	60	100	—	2	6	168	另加保险费40元
三	60	130	—	2	6	60	130	—	2	6	198	另加保险费40元
四	60	130	—	2	6	60	130	—	2	6	198	另加保险费40元
五	60	160	—	2	6	60	160	—	2	6	228	另加保险费40元
六	60	160	—	2	6	60	160	—	2	6	228	另加保险费40元
初一	90	250	90/85	2	6	90	250	90/85	2	6	438/433	住宿生528/523,另加保险费40元
初二	90	260	—	2	6	90	260	—	2	6	358	住宿生448元,另加保险费40元
初三	90	280	—	2	6	90	280	—	2	6	378	住宿生468元,另加保险费40元
幼儿园	管理费		保育费			杂费		合计				备注
一类	250		150			25		425				另加保险费48元
二类	250		125			25		400				另加保险费48元
三类	250		100			25		375				另加保险费48元

(二)教学设备

新中国成立初期,学校设备简陋,桌凳短缺。1958年,全镇办起47所简易小学,学生免费入学。费用由生产队支付,教室一般利用农村大队队部、仓库、牛舍等。课桌为泥垡砖垒、闸方门板等,后逐步添置部分课桌。

1964—1965年,全镇大办农业中学。校舍的费用除国家拨少量经费外,绝大部分由施教区的所在村集资。教学设备、实验仪器严重不足。1984年,镇财政拨款10万元,集体集资2.12万元,对辖区内中小学169间危险房屋进行扩建和维修,全镇实现"一无两有"(校校无危房、班班有教室、人人有课桌)。同年,镇南小学原址因兴建大丰电视转播台而动迁,由县财政补偿拆迁费10万元,新建标准化校舍42间。1985年,筹建中心幼儿园,由镇财政拨款2万元,镇儿童福利基金会捐款2万元,建成标准化校舍24间。同年,东风二小动迁,由镇财政拨款8.9万元,建成大中镇教育系统第一幢教学楼,计639.6平方米。1985—1986年,集体投资41万元新建成人教育中心校舍56间,计1512平方米,添置课桌80张及模型、挂图、冷藏柜、电视机等主要教学设备。1986年,镇采取全员集资的办法,筹资10万元，建成镇北中学校舍77间，建筑面积2410平方米。1986年，全镇风琴由1966年的9架增加到36架，图书室有藏书4500余册，有篮球架21副。镇南、镇北中学具备理化演示实验条件。1991年6月，投资3万元购20台投影仪及配套设施，分发各校。1992年，县、镇投资4万余元，为全镇23所中小学配备投影银幕、收录机、教学教具箱、自然教具箱等。1994—1996年，镇投资24万元，购置15套放像设备、50台投影仪、1套复印设备及1台“486”电脑，用于电化教学。1997年，镇投资近20万元添置教学仪器和图书资料，达到校校有放像设备和电化教学设施。第五小学建地面卫星接收站，成为全镇电教活动的中心。1998年，全镇投资7.5万元添置部分电教设施，全镇各校基本实现班班有“三机一幕”。2001年，大丰市第五小学拆除学校东南角一幢近300平方米的老教室，新建一幢980平方米的教学楼。2003年，“校校通”工程全面启动，教育技术装备条件得到进一步改善。是年6月，大丰市第五小学投入25万元资金，新建学校塑胶跑道操场。同年，针对苏北地区一些学校基本办学条件较差，很多教室存在“三破一暗”现象，省教育厅提出《关于全省农村中小学实施“三新一亮”工程的意见》，大中镇实施以“课桌新、板凳新、讲台新、电灯亮”为主要内容的“三新一亮”工程，其中更新课桌凳中的80%由省里直接无偿提供成品，其余20%的新课桌凳、讲台以及教室照明设备由地方财政支付。11月，大中镇“三新一亮”工程通过省教育厅验收。2005年，镇投入199.313万元，创建“六有工程”（有整洁的校园，有满足师生就餐的卫生食堂，有冷热饮用水，有水冲式厕所，有安全的宿舍，寄宿生一人有一张床），大大改善农村中小学的办学条件，学校面貌焕然一新。

2006年，按照合格学校“四项配套”工程建设标准，全面推进中小学基础设施建设。中学配备理化生仪器室、理化生实验室，配置音乐室、音乐器材室、美术室、图书资料室以及师生阅览室。

2007年，大中镇代表大丰市接受“盐城市教育基本现代化合格镇”的评估验收，基本实现在盐城市率先实现教育现代化的目标。同年，全镇小学“四配套”工程基础设施建设任务全部完成并代表盐城市通过省级验收。

2008年，大丰市第五中学被盐城市政府表彰为“四配套工程先进集体”。9月，代表大丰市接受盐城市教育装备现代化验收，取得合格证书。是年，全镇中小学全部接入光纤，构建大丰教育信息网络平台。2009年，大丰市第五中学获“江苏省教育装备现代化实验学校”称号，大丰市第二小学投资150万元，在新校区新建200米跑道塑胶操场，投资350万元新建综合楼1幢。至2010年年底，全镇拥有17个计算机网络教室，82个多媒体教室，968台电脑，各类图书达22.6万册，教学器材价值176.6万元。

三、勤工俭学

1958年，国家提倡勤工俭学，勤俭办学。1959年，各校普遍开荒、办厂（场）。大道农中分别兴办百头养猪场、百只养羊场，开荒3.33公顷，各小学计开荒0.73公顷，办起大小不一的小农场，收入主要用于补助师生伙食和减免部分学生的学杂费。

1970年起，学校贯彻“五七”指示，开始组织学生学工、学农、学军。

1980年9月，阜丰公社文教办公室与阜丰公社工业办公室共同投资兴办阜丰文教工艺厂，主要产品有教学卡片、奖状等。大道公社文教综合厂主要生产无尘粉笔。1984年9月，镇成人教育中心校创办实验工厂，主要生产泥浆泵等，1991年停办。1985年6月，镇文教办公室创办大中文教综合厂，主要生产沙发及食品加工等。1998年8月，大中镇文教综合厂兼并大丰校服厂。1999年9月，大中镇文教综合厂被大丰市教育局指定为大丰定点校服生产厂。2002年9月，大中镇文教综合厂经过考核被盐城市教育局、盐城市质量技术监督局指定为学生校服、学生公寓用品定点生产厂。2003年9月，大中文教综合厂被盐城市质监局认定为产品信得过生产厂家。2005年10月，大中镇文教综合厂被江苏省质监局评定为盐城市校服定点生产厂家。2009年，大中镇文教综合厂改制，陈忠为该企业收购人。1985年，大中镇中心小学创办大中纸箱厂。1986年下半年，成立大中镇勤工俭学办公室，具体负责各校勤工俭学日常事务。在此期间,全镇先后办起无尘粉笔厂、泰丰建材厂、麻塑纺织厂、工艺美术服务部(因产品不能适销对路,且质量欠佳,这些厂在1987—1992年陆续停办)、阜北小学木器厂和5家小商店。1986年,全镇勤工俭学产值计65.7万元,获取利润8.34万元。1987年4月,镇北中学创办综合服务社。5月,刚强小学创办五金厂,大中镇勤工俭学办公室创办大中工艺美术服务社,恒丰小学创办恒丰建筑安装队。9月,大中镇成人教育中心校综合实验厂更名为大丰县纺织机械附件厂。10月,大中成人校纺织机械附件厂兼并大中镇第二农具厂。1988年3月,镇南小学创办镇南小学印刷厂。1990年7月,大中职业中学创办大中锦程皮服厂。1992年4月,德西小学创办德西农机配件厂。1992年,大中镇文办创办大中校办企业集团公司,为苏北第一家校办企业集团公司,董事长顾志成。下设财务部、经营部,负责对各校办企业的财务审计、项目开发和部分产品的管理。1996年,大中校办集团公司创办华成电子玩具公司。后因产品质量欠佳、销路不畅,于1999年4月停办。1996年年底,大中校办集团名下有大中文教综合厂、四小印刷厂、大中纸箱厂、阜北小学木器厂、华成电子玩具公司、大丰校服厂、成人校泥浆泵工程队、大中锦程皮服厂、丰苗包装厂、东风二小调味品等企业。拥有固定资产153.5万元,流动资金212.3万元。全镇勤工俭学产值1000万元,利税85万元。1997年年底,大中镇政府对全镇校办企业进行改制清理,大中镇文教综合厂拟实行股份制(但事实上未到位),四小印刷厂实行风险抵押承包,清理阜北小学木器厂、成人校泥浆泵工程队、大中锦程皮服厂、丰苗包装厂、大中纸箱厂。2003年,全镇校办企业只剩大中镇文教综合厂和四小印刷厂。2004年,四小印刷厂改制,由原来的集体领导改为个人承租经营,陈明为该厂承租人。2006年9月,四小印刷厂被盐城市教育局、盐城市质量技术监督局指定为定点生产厂。

四、素质教育

兴趣教育 大中镇在抓好第一课堂教学的同时,积极开展文体兴趣第二课堂活动。1987年,大中镇中心小学被盐城市教育局、体委命名为体育传统校。反映该校第二课堂为主要内容的《童年的旋律》,在省、市电视台进行专题报道。大中镇第二课堂、实施素质教育的成功举措,在全县引起强烈反响。

1991年,大中镇被确定为全县农村学校实施艺术教育试点单位。是年起,每年举办一届艺术节并建立竞争激励机制,将艺教工作纳入单位和个人教育教学工作实绩量化评估内容。中小学坚持认真贯彻《体育工作条例》和《卫生工作条例》,抓好"二操"(课间操、眼保健操)、"二课"(体育课、活动课),坚持中小学体育达标训练和考核,每年举办一次中小学生田径运动会,和迎春中长跑运动会,并注重心理健康教育。是年,大丰市第二小学大型器乐合奏《鸣鼓出兵》、舞蹈《星光》、快板《从小爱讲普通话》、诗朗诵《感恩的心》等节目在盐城市获一等奖。

1994年,全镇23所中小学校29名教师参加盐城书画函授学院大丰分校实用美术专业学习毕业,为艺术教育的全面实施提供师资力量。1995年秋学期始,城区小学施行学生素质发展报告单检测手段,自学生入学始至毕业,对学生每学期的身体状况、心理发展、品德行为、劳动实践、科学文化、活动表现、奖惩等情况进行跟踪检测评估,综合记载。

1991—1996年,全镇中小学添置近45万元的艺术设施,校校有音乐室、兴趣活动室及音响、放像、投影仪等电教设备。城区学校每轨一套,村小以片配备一套。

1996年,大中镇被大丰市确定为实施"蒲公英计划"(是由文化部、国家教委、广电部、农业部、新闻出版署、全国妇联、共青团中央、全国少年儿童文化委员会联合制定的一项关于开展少儿文化艺术事业的社会系统工程)试点单位。是年,大中镇实施素质教育的经验在盐城市、大丰市教育系统作经验交流。2003年,大丰市第四小学被大丰市教育局、体育局指定为大丰市少儿乒乓训练基地。2004年该校被盐城市教育局评为"乒乓球特色学校"。2005年该校音诗舞《红船驶进金色的港湾》代表大丰赴盐城演出获得二等奖。2008年,腰鼓学习成为大丰市第六小学的校本课程,大丰市第六小学被授予“大丰市传统文化教育基地”。同年，裕华小学举办第九届“闪亮之星”校园艺术节，评出手抄报制作大赛金奖12名，钢琴书法比赛金奖12名和校园十佳歌手，推进学校的素质教育。2007年，全镇中小学校开展阳光体育行动，坚持每天锻炼一小时制度，使“健康第一”的理念得到进一步落实。2009年暑期，全镇中小学贯彻省、市规范办学行为的文件精神，积极探索“减负增效”的有效途径，开发利用校内外教育资源，深入推进素质教育。

劳动技能教育　劳动（劳技）教育普遍得到重视，根据中小学年级段设置劳动（劳技）课，重在传授劳动（劳技）知识和劳技（手工、生产）实践的操作训练，校校辟有劳技实验基地。1987年，镇北中学被评为省劳技教育先进单位。

农科教结合　1989年10月，大中镇制订《组织落实燎原计划实施方案》。同年年底，建立农科教协调办公室。镇政府投资30多万元在镇南中学（大丰市第五中学）的原址，建成一个占地2.5公顷的燎原计划实验、示范中心。该中心由教学区、生活区、加工区、养殖区、种植区等5个区域组成，成为苏北农科教试验示范区。1990年11月，江苏省农村综合教育改革和实施“燎原计划”示范乡镇长培训班上，副镇长王桂成作《实施燎原计划，推进农科教结合》的专题发言。1992年6月，组成农科教各部门的科技人员讲师团。在全镇巡回进行农科知识讨论，定期不定期培训农科人员。1993年秋，由王桂成、顾志成、胡永霖共同撰写的《实施燎原计划，振兴乡镇经济》一文被《中国教育百家》收录。1996年，大中镇被江苏省教委授予农村综合教育先进乡镇。1999年，由镇政府牵头，建立大中镇早酥梨试验示范基地（后改名为大中镇生态果园示范基地）、大中镇高效农业试验示范基地、大中镇花木园林试验示范基地，为当地农民增收致富提供技术保障。

德育队伍建设　镇注重德育工作队伍建设。1990—1993年，举办校长、主任素质教育和管理研讨班，每年进行一次班主任德育工作研讨和德育论文交流。建立以学校、家庭、社会为媒体的“三结合”教育网络，形成强化青少年儿童思想政治教育工作氛围。

第十八章 文 化

民国27年(1938),大中镇爱国青年朱道生等发起组织抗日同盟会,并成立业余文艺宣传队,自编自演地方小戏。抗日民主政权建立后,大中镇区域文艺活动十分活跃,但无专门文化管理机构。新中国成立后,大丰县政府建立文教科,统一管理文化和教育事业。1958年,建立文教局,下设文化股负责文化事业管理。1967年,公社相继建立文化站。

新中国成立后,"百花齐放、推陈出新",群众性文体事业得到发展。

"文化大革命"期间,一些文艺作品如古装戏被当作"封、资、修"毒草进行批判,在极左思潮影响下,农村、机关、工厂、学校、街道普遍建立毛泽东思想宣传队,大跳"忠"字舞,大唱"忠"字歌,掀起学唱革命样板戏高潮。

1978年后,群众文艺得到恢复,全镇业余作者在市级以上报刊上发表的作品每年都在100篇以上。典型的作品有曹凯钵中国画《闲庭信步》获中国老年书法、美术大奖赛金奖,卢春桃《现代城市呼唤绿色生态》论文获全国优秀论文奖,曹晓平的合唱《我们的飞轮永向前》在全国总工会、中国音乐家协会主办的全国职工"三热爱"征集中获三等奖,歌曲《黄海滩》获全国歌曲大赛优秀奖,大中文化站歌曲《天上的西藏》在首届"民族之声"全国声乐、器乐作品征集词曲创作中获银奖。

1994年元月,大中镇创建江苏省群众文化先进乡镇一举达标。

1950年,建立台北收音站,全县仅有一台收音机。1952年后,大中、新团、裕华相继建立放大站。1970年以后,农村有了广播喇叭。1998年,全镇实现广播电视村村通,农村通上有线电视。2010年,大中镇广播电视在全市实现"四项第一",全镇广播电视调频共缆传输,经营收入创全市第一。

第一节 站馆设施

一、文化馆站

大道文化站 创立于1973年,有活动用房3间,73平方米。站址为该镇南首,原大道配电站后面,1983年并入大中镇。

阜丰文化站 原名大兴文化站,建于1967年,站址为今大新路19号处,有活动用房4间,计96平方米,1983年并入大中镇。

新团文化站 1951年,堤东区新团乡在八东办文化中心,组织业余剧团,人员有30多人。1958年,成立新团卫国人民公社文化馆,工作人员两名(馆址借用民房新团大桥口卢日洋家)。

1978年,新团公社正式成立文化站,配备专职干部1人。有房屋4间,图书500多册,每逢节日搞图片和中小学生习作展览。

裕华文化站 裕华文化站始建于1958年,在裕华老街,有200多平方米的站房和一支30多人的脱产文艺宣传队。1961年,财政困难,文化站被撤销。1976年,重建裕华文化站。11月,拨五星公社4间平房约100多平方米,内设图书室、乒乓室、棋牌室、电视室、画廊,有一支25人的业余文艺宣传队。2001 年,王港乡并入裕华镇。2007 年,裕华镇在镇建设东路兴建文化楼一幢,2008 年 10 月竣工投入使用。

大中镇文化站　建于 1979 年,时在镇政府内设一办公室,后迁至今人民南路图书馆南侧,有活动用房 200 平方米。1983 年 6 月,站置有录像机 2 台,放像机 3 台,彩电 4 台,配备放映员 5 人。组建一支 26 人的职工业余文艺宣传队,年均演出 60 余场,最多年演出达 130 场。1993 年 10 月,大中镇文化站购置原大中税务所楼近 700 平方米,经过改建修缮,有独立办公与文化活动一体化的综合楼。1994 年 5 月,经省文化厅、盐城市文化局考核验收,大中镇荣获"江苏省群众文化先进乡镇"称号。

2010 年 8 月,在编工作人员 10 名,站房面积也增加至近 3000 平方米,29 个行政村、21 个社区居委会,村村建有文化室,社区居委会建有多功能活动室、图书室,20 多个大中型企业建有工人俱乐部。

大中镇文化站长更迭表

表 18－1－1

单　位	站　长	任　职　时　间
大中镇	钱济业	1979.01—1984.12
	吴志刚	1984.12—2009.04
	蒋书红	2009.04—今

说明:先后任大道公社文化站长的有左连旺、陈平,任阜丰公社文化站长的有吴志坚、吴志刚、曹小平,任新团镇文化站长的有朱达和、卢炳荣,任裕华镇文化站长的有宋玉林、侯明龙、孙东瑶、王能兴、王清宇、朱勇、李雨沛,任王港乡文化站长的有宋玉林。

大丰市文化馆(大丰市属)　前身为台北县人民教育馆,始建于 1949 年,有用房 30 余间。人民教育馆主要负责工人业余文化教育,辅导城乡群众文化活动,并设一工人业余剧团。1952 年,台北县人民教育馆改称为大丰县文化馆,馆址迁至大新桥南侧原同乐楼内,有用房 18 间。1957 年,文化馆迁至今商业街东侧。大丰县文化馆每年举办大型文艺演出、比赛、展览、灯会等活动 30 次左右。1996 年,馆内有美术、书法、摄影、戏剧、音乐、舞蹈等中级专业技术人员 12 人,是年,被江苏省文化厅命名为"江苏省一级文化馆"。2003 年 12 月,被国家文化部命名为"国家一级文化馆"。2004 年扩建后,拥有建筑用房 6000 平方米、文化广场 1200 平方米。全馆在编人员 23 人。

大丰市工人文化宫(大丰市属)　前身为工人俱乐部,建于 1952 年,坐落在原大中派出所南侧。1956 年迁至健康东路,俱乐部有活动用房 20 多间,内设活动室(乒乓球、康乐球、扑克、象棋)、阅览室(图书、报刊、杂志),并附有职工业余剧团。1958 年,工人俱乐部与文化馆、人民剧场、电影队合并。1978 年 4 月,重建大丰县工人文化宫。1982 年 7 月,工人文化宫于健康东路建成工人影剧院,面积 1150 平方米,可容纳观众 1065 人。1984 年初,工人文化宫扩建 1433 平方米活动楼一幢。

大丰市图书馆(大丰市属)　原为大丰县文化馆内设的一个图书阅览室。1956 年 9 月,图书阅览室划出单独建馆,时有馆房 13 间,藏书 6000 余册,刊物 50 余种,报纸 10 余种,1975 年,建图书大楼 1 幢,1132 平方米,内设图书室、报刊阅览室、对外借书处、刊物储藏和书库等。1994 年,被文化部评定为二级图书馆。1995 年,馆内藏书 12 万册,图书流动量达 25 万册次。1996 年,年接待读者 18.5 万人次,借阅书刊 25 万册次。大丰市图书馆馆藏各类文献近 26 万册,实行 365 日全天候免费开放,拥有成人、少儿持证读者 2 万余人(其中少儿读者 1 万余人),另有 21 个分馆,年接待读者约 35 万人次。2008 年 5 月,大丰市图书馆被文化部命名为"全国文化信息共享工程示范馆"。同年,被省文明委评为江苏省"七彩夏日"优秀活动场馆,"构建公共服务平台　延伸社会服务功能"的服务项目在全省公共图书馆优秀服务成果评奖活动中荣获一等奖。2009 年,在国家图书馆第四次评估定级中,市图书馆被再次表彰为“一级图书馆”。2010年，再次被评定为“一级图书馆”和“江苏省文明图书馆”，馆实行365日全天候免费开放，年接待读者约40万人次。

大丰市新华书店（大丰市属） 1947年，县内设韬奋书店。1948年，改设华中新华书店台北支店。1949年，更名为新华书店苏北分店台北支店。1951年，更名为新华书店大丰支店。1958年，改名江苏省大丰县新华书店。1959年，在大中镇设立9个门市部。1985年，新华书店设9个门市部、53个基层供销社（站）经销点。城区设健康东路、大新路、人民路等3个门市部。

大丰市电影管理站（大丰市属） 1952年，苏北电影教育工作队79小队来大中镇放映电影。1954年，改建为大丰县第一电影队，于大中镇设立放映点。同年年底建立二队，翌年建三队，计有电影工作人员12名。1957年建四队，同年年底建五队。1958年，城镇电影队建立，使用54－35型移动式35毫米放映机，有专职放映员3人。1964年，成立大丰县电影管理站，对全县放映单位实行行政和技术管理。1972年，始建大丰县电影院，投资10万元，1974年落成。1982年，建成960平方米办公楼一幢。1985年1月5日，在大会堂首次放映国产彩色宽银幕立体故事片《欢欢笑笑》，映期13天，计86场，观众达45691人次。电影管理站下辖百花厅、电影院等5个单位，工作人员69名，年放映4000场次。

青少年宫（大丰市属） 位于幸福大道东段北侧。2000年扩建，总建筑面积达4000平方米，设有书法、音乐、舞蹈、电脑、武术等专用教室，有标准化的食堂、餐厅、寝室、浴室等配套生活设施。教职工36人。1993年，办起苗苗幼儿园，入园幼儿逐年增多。2000年，入园幼儿达500多人。

二、文化设施

大丰剧院（大丰市属） 前身为大中人民剧场，1955年5月由大中镇人民政府动员职工投股集资兴建，并由木工高建华及曹锡田、谢亭先、谢亭龙、王竹龙等人资助长座椅240张（时立约每张戏票提取1分钱逐步偿还），可容纳观众960人。1956年，人民剧场收归国营，易名为大丰县人民剧场。原座椅和股金由国家一次还清。1959年，国家拨款10万余元更新座椅和舞台设备。1986年初，于健康桥西侧建大丰剧院，费资180万元，占地5000平方米，主体建筑分上、下4层，可容观众1268人。底层地下室设有音乐茶座、舞厅、钓馆，可容300余人活动。时在苏北的剧院中，堪称上乘。“大丰剧院”四字由著名女书法家萧娴书写。1957—1996年，著名京剧演员宋保栾（天津京剧团）、荀慧生（北京京剧团）、沈少美（省京剧团）、周少亭（周信芳之子）和著名淮剧演员张玉良、扬剧演员华素琴（省扬剧团）、刘少锋（省淮剧团）、宋长荣（淮阴京剧团）、茅永明、刘晓庆（著名电影演员）、姜昆、唐杰忠、郝爱民（著名曲艺演员）、六小龄童（绍剧演员）、高英（话剧演员）和前线歌舞团、中国国家歌舞团、中央民族乐团等著名演员和团体先后在该院演出过。

大丰电影院（大丰市属） 建于1973年，位于人民南路27号，占地面积1200平方米。主楼两层，可容观众1167人，内置35毫米电影机两台，音响、采光俱佳。1983年，更新室内装潢。1986年，又投资14万元，增设空调设备。

大会堂（大丰市属） 位于大华路8号（今城中桥西北鸿基大厦址），建于1930年，始为宗教礼堂，后曾用作仓库、戏院，东西向建筑，面积约400平方米，可容信徒500人左右。1957年9月，县人民政府报请地区专员公署批准在原址重建大会堂，有座椅942个，为政府部门常设会议场所，无会议时作文化娱乐之用。1962年以后，著名淮剧演员筱文艳（上海淮剧团）和著名京剧演员盖叫天（上海京剧团）等先后在此演出。1980年，安装35毫米放映座机2台，年观众达720万余人次。2003年8月，因城市建设而拆除。

2000—2008 年部分年份大丰市区文化市场(含个体)情况统计表

表 18-1-2 单位:个

年份	歌舞厅	音乐茶座	保龄球馆	电子游戏机		台球室		网吧		音像制品		美术品经营户	演艺大厅	书店	印刷
				户数	台数	户数	台数	户数	台数	零售出租	放映				
2000	6	2	1	16	169	27	61	—	—	3	5	2	—	38	38
2002	7	2	—	16	169	17	51	24	976	51	4	2	—	65	28
2005	2	1	—	29	938	8	24	30	1740	17	27	2	5	62	35
2008	16	—	—	35	1413	11	43	27	2543	17	36	3	2	67	40

第二节 文艺团体

一、演出团体

大中武青剧团 原为大中业余剧团,1949 年创立,由县民教馆从大中镇各界人士中选拔文艺积极分子组成,全县最早建立的文艺团体。由时任镇总工会主席程长宽兼任团长,始有演员 10 余人。1953 年,业余剧团划分为职业和武青两个剧团,职业剧团由大中镇工会主办,武青剧团由青年团和武装部选拔文艺骨干分子组成。武青剧团计有演员 44 人,其中男 33 人,女 11 人。活动经费主要由县文教科和兵役局补助。武青剧团除配合党的中心工作进行文艺宣传外,每逢新春佳节,其他地方以及驻地部队和烈军属家进行慰问演出。1957 年,并入大丰县职工业余剧团。

大丰县职工业余剧团 建立于 1953 年,由大中镇工会从各行业工会中抽调有文艺才能的职工组成,有演员 52 人,其中男 42 人,女 10 人。内设京剧组、话剧组、花担花船组、乐队组各一。活动经费由大中镇工会支付。职工业余剧团除配合各个时期中心义务演出外,有时作营业性演出,其收入补充经费之不足。1957 年初,职工业余剧团与武青剧团合并,建立大中镇业余文工团,直到 1966 年"文化大革命"开始后,演员回本单位。

大中镇文艺宣传队 1983 年组建。1984 年,镇统筹 1 万元,解决宣传队的活动经费。既减轻村、镇财政负担,又完成演出任务,从 1986 年下半年开始,宣传队 15 名队员,白手起家,创办大丰县大中工艺美术服务部。至 1996 年,拥有固定资产 25 万元,自有资金 20 万元,支出工资福利 7 万余元,还用于筹建文化中心 10 多万元,购买乐器 2 万余元,添置音响灯光、服装道具 2 万余元,支付各种文体活动费 1.2 万元。文艺宣传队员亦工亦艺,忙时演出,闲时做工,配合党的中心工作,为科技兴农、计划生育、土地法宣传、节约能源、法制教育、社会主义精神文明建设等排练节目 300 多个,巡回演出 1000 余场次,创作了一批优秀文艺节目,培养了一批文艺宣传骨干。1995 年,因资金不足,这支队伍人员设施老化而终结。

大中镇农民铜管乐队 成立于 1984 年 8 月,由大中镇民间艺人为主体组成。第一次亮相是在 1986 年春节"斗龙春会"上。1989 年 10 月,又代表大丰县参加盐城市建党七十周年庆典活动,在盐城市体育馆内进行了列队演奏表演,曲目有《中国,中国,鲜红的太阳永不落》《在希望的田野上》《中国人民解放军进行曲》等。组织机构设正副队长、艺术指导、指挥等。此乐队以民间艺人为主体,没有工资报酬,自发自定,2010 年仍然活跃于大中城乡。

大中镇少儿艺术团 成立于 1988 年,以逸夫小学为主体。设总监、艺术指导等,代表作品有《戏曲联唱》《金钹舞》《三个小和尚》《半夜鸡叫》等。少儿艺术团多次应邀在盐城市新世纪文化城演出，受到盐城市委四套班子领导高度赞扬。此少儿艺术团成员分散于各学校，有任务时就集中，没任务时暂停。

大丰京剧团（大丰市属）　大丰京剧团前身是民间文艺团体，班主蒋龙保（江湖上称“红顶帽子”）在苏北一带较有名气，著名淮剧表演艺术家筱文艳早年曾在这个班子里学过艺。新中国建立后，这个班子因常在大丰演出，1956 年 3 月对流动剧团登记时，蒋的班子就登记在大丰，始称大丰县新艺京剧团。1958 年，地方财政曾拨款 8000 元作招聘演员、添置服装道具之用。该团经常上演的剧目有《贵妃醉酒》《人面桃花》《二进宫》等，誉满扬州、镇江、苏州、无锡等地。1960 年 7 月，与盐城、射阳县京剧团合并为盐城专区京剧团。

锡剧团（大丰市属）　创办于 1949 年，前身为苏州文艺工会新艺锡剧团，原系民间文艺团体。1954 年于无锡登记，遂成无锡市九家剧团之一。1956 年，由无锡支援大丰县，改称为大丰锡剧团。1977 年，该剧团演出的古装戏《小刀会》《珍珠塔》《十五贯》深得全县广大观众的欢迎，连续演出 100 余场次，场场满座。大丰锡剧团虽新老演员不断更替，但阵容齐整。1985 年，全团有演职员 48 人。1996 年，全团有演职员 40 人。主要活动在苏、锡、常和苏中地区。鉴于事业发展需要，大丰市锡剧团在保留原班锡剧团阵容的同时，又重新挂牌为“大丰市艺术团”“大丰市歌舞团”。

大丰县文工团（大丰市属）　1958 年 5 月成立，由县教育局从各公社文艺宣传队骨干中选拔组成，有团员 30 人（男 20 人，女 10 人）。该团除结合党的中心工作自编自演小型节目外，还先后演出过《红色种子》《智取威虎山》《苦菜花》《三月三》等大型话剧，还被邀请至其他县交流演出，曾为招待粟裕、保加利亚专家演出过。1960 年，大丰县文工团并入盐城地区文工团。

农村文化工作队（大丰市属）　县农村文化工作队又名大丰县乌兰牧骑文艺轻骑队，1965 年秋成立。该队人员精干，设备简陋，有队员 12 人，每人一辆自行车，常年流动于田头、场地、工地、营房、渔村，对普及农村文化生活，辅导基层文化骨干，宣传党的方针、政策起了一定的积极作用。1969 年 10 月，文化工作队与锡剧团合并建立大丰县农村文化工作团。

二、民间协会

大中镇民间艺人协会　1985 年 4 月成立，是全县第一家民间艺人协会，有会员 20 多人，协会会址设在大中镇文化站内。

大中镇风筝协会　成立于 1985 年 4 月，由镇人武部、文化站、团委组成，是年在大丰县第二中学操场举办首届风筝节。至 2012 年，已举办 26 届风筝节，并多次组队代表盐城参加省举办的农民风筝比赛。第六小学朱荣清、王建丰制作的软、硬翅沙燕，蝴蝶风筝荣获省一、二、四、六名。2012 年，蒋志龙、蔡邦涛、曹刚等获省放飞二等奖、三等奖。2010 年，镇风筝协会有正、副会长及理事 12 人，正常组织每年一届的风筝放飞比赛。

大丰市群众文娱协会　1996 年 5 月，经大丰县民政局社团登记批准，在江苏珍丰集团会堂举行了大丰县群众文娱协会暨员工艺术团成立大会，协会设在街道办事处，设正副会长、秘书长，协会下设员工艺术团。该团为盐城市首家群众性业余团队。

三、电影放影队

大兴电影放映队　建于 1976 年 10 月，配备 F16－A 型电影放映设备 1 套和 LD－750 型发电设备 1 套。时有专职放映员 2 人。1980 年，增加专职放映员 1 人。

大道电影放映队　建于 1976 年 11 月，配备“江苏 I 型”8. 75 毫米放映机 1 架和 350 型发电机 1 台。时有专职放映员 2 人。1980 年，添置“长江 F16－4A 型”放映机 1 架（灯）和 LD－750 型发电机 1 套，专职放映员增至 4 人。

1983年3月，建立和瑞村电影放映队，配备F16—4A型电影放映机1架（灯）和LD－750型发电机1套。同年，大道、大兴电影队合并为大中镇放映队。

新团电影队　新团电影队于1977年元月成立，人员4人。主要设备有发电机一台、十六毫米放映机一架、水泥船一条、住房一间。该队先后获县文教局宣传奖三次，财务和全面工作奖一次。

裕华电影队　裕华电影队于1976年组建。有16毫米电影放映机一部。1985年，影剧合一，电影队归裕华大会堂管理。1988年后，电影队实行承包，直至1997年自动解体。2010年，并入大中镇。

第三节　群众文化

一、文化活动

大中区域历史上逢年过节，一些有演唱技能的人自发组织起来，走村串户搞民间传统形式的表演，如舞狮子、舞龙、送麒麟、打花鼓、挑花担、撑花船等。

1938年，大中镇爱国青年朱道生、张炎、梁洁、朱道平、徐学海等发起组织抗日同盟会，并成立业余文艺宣传队，演出具有强烈爱国主义精神的传统剧《打渔杀家》，自编自演《本地货》《汉奸的下场》《活捉鬼子兵》等地方小戏。1940年秋，大中镇组织青年抗敌协会，积极开展文艺宣传活动，排演历史话剧《再见吧，南洋！》（老舍编剧）、《放下你的鞭子》（田汉编剧）等剧目。1949年，邀请大中镇进步青年陈刚等10多人组成大中业余剧团，演出欢庆胜利的大型话剧《活捉王耀武》，歌颂了人民战争的胜利。1950年初，召开县第一次各界人民代表会议期间，业余剧团为大会演出大型话剧《刘胡兰》。

1950年，大中镇业余剧团（武青剧团）为配合大生产运动和《中华人民共和国婚姻法》宣传，先后演出淮剧《兄妹开荒》、歌剧《小二黑结婚》、黄梅戏《夫妻观灯》。1951年，堤东区八东乡业余剧团演出的《刘胡兰》《九件衣》等节目。1953年，大中镇工会组织建立职工业余剧团，武青、职工两剧团排演了《旧恩新仇》《中秋之夜》《海边的早晨》等大型话剧。各村也组织文艺宣传队配合党的中心工作排演小型节目，如宣传防治血吸虫病、卖余粮等。1954年，为配合粮棉的统购统销，排演地方戏《路上粮行》《快售爱国棉》和反映在海防前哨军民联防话剧《海防激战》《边寨之夜》。在1954年和1957年的全县文艺汇演中，《路上粮行》和《边寨之夜》均得到观众的好评，并获得县文教科的奖励。

1955—1957年间，为配合《中华人民共和国婚姻法》的宣传贯彻和扫盲工作，演出《三上轿》《小女婿》《快打防御针》《钟声响》等节目，反映当时人民群众努力学习文化，扫除文盲的欣喜心情，自编节目《钟声响》在参加盐城专区举行的群众文艺汇演中获得二等奖。

1958—1960年，宣传"大跃进"的版画、壁画遍及街头巷尾。大中镇党委创办的《大中小报》发刊。是时，群众挥笔作诗作画，大写"大跃进"的民歌，其夸张程度令人难以置信，如"共产主义早到来""苦战一昼夜，建成工厂一百个"等，镇业余剧团以及各单位文艺小组不分日夜排演"跃进"戏。是年，镇业余文工团自编节目《挑灯夜战赶江南》在盐城专区组织的文艺汇演中获得二等奖。

1962—1964年期间，大中镇业余文工团先后演出《夺印》《三世仇》《审椅子》《活捉吴宝才》等节目。

1965年，大中镇在开展社会主义教育运动中，群众文艺得到进一步发展。是年，建立11个俱乐部，5个文艺小组，1个业余文工团。各行业、工厂、学校、街道居民均组织了文艺宣传队，排演小型多样群众喜闻乐见的文娱节目。业余文工团还将文艺节目送到郊区社队的场头、田头，仅半年时间就下乡演出20多场次，受教育群众达16800余次。自编节目《接担子》和现代剧《南方怒涛》，在地、县文艺汇演中均受到表扬和奖励。夏秋，各居民委员会还利用举办乘凉晚会，唱革命歌曲，演讲革命故事等形式，宣传时事政治，对推动社会主义教育运动深入进行，起到积极促进作用。

“文化大革命”期间,各机关、工厂、学校、街道以及各群众组织都层层建立毛泽东思想宣传队,其范围之广,人数之多。在“大树特树”的口号下,“上自八十三,下至手中搀”,大跳“忠”字舞,大唱“忠”字歌,机关、工厂、学校、商店、家庭大搞“忠”字化。每当“最新指示”一发表,各造反组织的毛泽东思想宣传队连夜赶排文艺节目争相演出。这一时期,革命样板戏主宰电影、戏剧界,到处掀起学唱革命样板戏高潮,并把学唱样板戏当作政治任务完成,要求人人会唱。学校音乐课亦大多以样板戏曲为教材。中小学建立了小红花毛泽东思想宣传队,演出大型革命样板戏《智取威虎山》全场和《红灯记》选段等。镇毛泽东思想文艺宣传队,演员多达 70 ~ 80 人,先后去新丰、裕华等地演出大型样板戏《海港》《红灯记》《智取威虎山》等剧目。

粉碎江青反革命集团后,群众文艺得到稳定发展。

1979 年,大中镇文艺宣传队排演话剧《园丁之歌》,周围集镇还多次邀请前往演出。大中镇各村传统的民间文艺形式得到发展,如利民村和德西村的舞龙灯,泰西村的“双狮”,刚强村的“假驮真”,大中环卫所的“旱马”,各村的荡湖船、花担。此外,镇小和东风一校、二校的鼓号队,镇南小学的腰鼓队等。1984 年,排练法制宣传小淮剧《骨肉之间》《花篮舞》,小歌剧《特殊的婚礼》《四大嫂夸计划生育好》等节目在 21 个村(场)和企业巡回演出。1986 年 1 月,盐城市文化局组织大中镇文化站创作排演的舞蹈《踩藕》录像送审北京。1987 年 4 月 9 日,为县八届一次人代会演出小戏专场,节目有小戏《无中生有》《违章罚款》《白娘娘开药店》等。1988 年 4 月 19 日,为接受联邦德国第一电视台专题专访,专门组织创作了歌舞《禁赌之歌》,小品《生财有道》,舞蹈《抗赌》《戒赌歌》,女生对唱《四季劝郎》。12 月 27 日,应省广播电台的邀请,专门录制专题音乐节目《乡土奇葩——记大中镇业余文艺宣传队》,在全省播放。1989 年 1 月 26—30 日,由大中镇文艺宣传队为主体组成的大丰县人民春节慰问演出团,先后赴川东农场武警支队、川东边防派出所、竹港边防派出所、武警盐城支队直属大队一中队、大中农场武警中队、王港边防派出所、上海海丰农场、海丰盐警支队、四卯酉边防派出所、县武警中队、县消防大队等驻军单位进行慰问演出。1990 年 1 月 31 日,举办大中镇首届革命歌曲有奖比赛。3 月 2 日,与镇妇联联合举办庆祝“三八”妇女节文艺联欢会。是年,排练专题宣传《中华人民共和国土地法》节目,赴白驹、新丰、大中镇、裕华等乡镇进行专题宣传演出。1993 年,与镇妇联共同举办大中镇“三八”交谊舞团体大赛;徐国芳获盐城市“机电杯”卡拉 OK 大奖赛二等奖的第一名,获盐城市“盐纺杯”卡拉 OK 大赛“十佳歌手”,并于 12 月 29 日赴省比赛;举办大中镇“党在我心中”七一专场文艺汇演;配乐诗朗诵《风雨十年路》从近 30 个节目中选中赴省电视台录像,在全省播放;与镇文教办公室联合举办第三届艺术节;举办书、美、摄及手工小制作展览;为纪念毛泽东诞辰一百周年牵头主办大中地区“城市信用杯”毛泽东颂歌卡拉 OK 大奖赛。1994 年 1 月,组织逸夫小学戏曲联唱赴盐城市新世纪文化城演出。3 月 26 日,大中镇获“江苏省群众文化先进乡镇”称号。在利民村、大新村举办大中镇第三届“科技兴农”联欢会。由曹小平创作设计的音乐小品《我们有约》获市调演一等奖,赴南京参加省调演获二等奖,比赛实况在全省播放;由徐国娟主演的小品《呼唤》获市调演一等奖,赴省调演获优秀节目奖。6 月 18 日,在阜丰村为全国计划生育现场会专场演出。1995 年,举办大中镇第五届“保九争十奔小康”乘凉晚会。储文厚创作的漫画“无题”获比利时第 34 届国际幽默画大奖赛最佳作品奖。2 月,举办大丰县“工行储蓄杯”卡拉 OK 大赛。3 月,小品《我们有约》先后参加盐城市委组织部、盐城电视台《党的生活》专场晚会,并赴无锡参加全国水利工作会议专场演出。1996 年 1 月 6 日,赴大桥镇参加’96 新春暨青淮艺友联谊专场演出。2 月 7 日,组织徐国芳、徐小琴、陈仕其参加盐城市“双昌杯”卡拉 OK 歌(戏)曲电视大赛,荣获团体总分第一名。3 月 3—4 日,组织设计了“双龙夺宝灯”参加县元宵灯展;3 月 6 日,举办大中镇“庆三八、显身手”卡拉 OK 比赛,全镇近 50 名妇女歌手参赛;组织驻城学校小合唱比赛。6 月 21 日,举办“党在我中心”歌咏比赛。1997 年,参加大丰市“丰花杯”奔小康文艺调演,笛子独奏《乐乐呵呵奔小康》、小品《私闯公堂》、独唱《银棉赞》、舞蹈《抛秧》获一等奖。3 月 5 日,举办“大中镇 97 农村奔小康”文艺演出;组织乐队为大丰市“迎回归、庆七

业余文艺演出

一”歌咏大赛70个单位进行现场演出伴奏。6月下旬，举办大中镇“迎回归、庆七一”知识竞赛，举办迎香港回归图片展，举办大中地区迎回归书法作品展。9月29日，与大中工商所、大中镇个体劳动者协会联合举办“大中地区庆十五大迎国庆个体劳动者、私营企业职工卡拉OK比赛”。是年，与文办联合举办大中镇第七届艺术教育节。2000年5月27日，在第一建筑公司会堂举办大中镇第十届艺术节（农村小学文艺调演）。6月20—26日大中镇第十届艺术节书法展览在大丰市文化馆三楼展览大厅展出，一周接待观众7000余人次。8月16日晚，在现代化大街北首广场成功举办大丰市大中地区“双思教育”纳凉晚会。2001年，举办大中镇第十一届艺术节。5月，分别在市七中、市五中、市二小举办三场大型演出。5月30日，大中镇举办庆“六一”暨第十一届艺教专场文艺晚会；组织各学校师生书、美、摄展览，展览随演出点流动，参观人数达5000余人次。2002年5月30日，与文教办联合举办大中镇庆“六一”暨第十二届艺术教育节专场文艺晚会。8月20日，与恒生集团、街道办联合举办庆祝恒生集团建司十周年暨大中镇第二届社区广场文艺晚会。2004年，季月红、章辉、宗俊秀、征莉莉获市“十佳歌手”称号，朱槿辉、陈丽丽获市“十优”歌手称号，季月红在市第四届职工群众歌曲大奖赛中荣获金奖。2005年7月15日，在名都广场举办市拆迁与规划夏季纳凉晚会，并创作编排14个形式不同的文艺节目。7—8月间，为市保险处创作排演的小品《老夫老妻》、大演唱《登记》参加盐城市劳动局举行的劳保文艺专题调演，大演唱《登记》获得二等获。11月11日，举办大中镇“永葆先进本色，构建和谐社区”大型文艺展演。2006年6月28日，举办“大中镇庆祝建党85周年暨红军长征胜利70周年‘大富豪’杯歌咏比赛”。9月24日晚，与市文化馆共同承办“纪念《公开信》发表26周年暨关爱女孩”专场文艺晚会。2007年春节，组织排练由18名舞蹈演员参加的舞蹈《和谐之春》，参加大丰市新年文艺汇演，获二等奖。4月，组织大中镇利民“木兰”舞龙队参加盐城市第二届“京海杯”舞龙大赛，获一等奖。2009年元旦，组织利民木兰龙舞参加银杏湖公园开园仪式剪彩表演。春节期间，组织23名青年歌手参加市第四届青年歌手大奖赛。

元宵灯会　大丰市元宵灯会在大中镇城区举办，始于1986年，至2001年共举办16届。元宵灯会是大中镇历史上规模最大，活动范围最广，参与人数最多的大型群众性文化活动，在此期间每逢灯节大中集万人空巷，全县（市）看灯的群众拥往县城，人山人海，盛况空前。全镇出动公安、民警、民兵近千人，参加维持秩序和维护治安。2001年，举行“新世纪·新大丰”元宵灯会，由市直58个部门及17个乡镇重点企业，5个市直私营企业，共120多个单位展出大小彩灯2000余盏，设118个景点，其规模、质量、品位较往年都有很大突破。在彩灯制作上，各出灯单位紧扣“新世纪·新大丰”主题，结合行业特色，充分展示全市两个文明建设辉煌成就，注重文化内涵和科技含量，寓教于乐。市区五条主街道二层楼以上建筑物的轮廓灯、泛光灯、空中串灯、霓虹灯、广告灯、满天星、树木绿化塑型灯、高科技激光灯以及河道桥梁轮郭灯竞相开放，空中礼花闪耀，争奇斗艳，营造了一派“金蛇狂舞闹元宵，群策群力兴大丰”浓烈节日氛围。吸引城乡近10多万名群众扶老携幼上街观灯赏景。2001年以后停办。

纳凉晚会 一年一度纳凉晚会是大中镇传统、大型的群众文艺晚会,集科学、文化、艺术、教育于一体,始办于1983年。夏日夜晚,人们都有在户外纳凉的习惯。大中镇抓住这一时机,由文化站牵头,青年、妇女、民兵、科协、医院等部门和相关村(单位)协同,采取小品歌舞相声、诗歌朗诵、知识竞答等文艺形式,丰富了群众文化生活、普及了科技知识,净化了社会风气。

大中镇夏季纳凉晚会情况表

表18-3-1 单位:人

时间	地点	纳凉晚会主题	观众人数
1983.07	棉花姑娘雕塑像前露天舞台	专题演出	500
1984.08	棉花姑娘雕塑像前露天舞台	专题演出	1000
1985.08	恒南村	"八一"专场纳凉晚会	2000
1986.08	阜丰村	恒生公司成立一周年暨科技兴农纳凉晚会	2000
1987	阜南村	科技兴农纳凉晚会	1000
1988	大新村	科技兴农纳凉晚会	1000
1989	新星村	科技兴农纳凉晚会	1000
1990	阜北村	科技兴农纳凉晚会	1000
1991	新德村	科教兴农暨知识竞赛纳凉晚会	1000
1992	阜丰村	科教兴农暨知识竞赛纳凉晚会	1000
1993	恒北村	科教兴农暨知识竞赛纳凉晚会	1000
1994	和瑞村	科教兴农暨知识竞赛纳凉晚会	1000
1995	泰丰村	科教兴农暨知识竞赛纳凉晚会	1000
1996	德西村	"奔小康"纳凉晚会	1000
1997	同德村	同德党委成立暨纳凉晚会	2000
1998	红花村	"科教兴镇"纳凉晚会	1000
1999	利民村	"科教兴镇"纳凉晚会	1000
2000	现代化大街北首广场	大中地区"双思教育"纳凉晚会	1500
2001	恒生公司	新千年"恒生杯"科教兴镇纳凉晚会	2000
2002	名都广场	"科教兴镇"及知识竞赛	2000
2003	名都广场	同市锡剧团协办纳凉晚会	2000
2004	分别在育红广场、名都广场、幸福小区、健康小区	"三百"工程暨打造百亿大中纳凉晚会	5000(四场)
2005	名都广场	大丰市拆迁与规划纳凉晚会	1500
2006	行政中心门前	同金丰街道办劳保所举办"幸福相随"纳凉晚会	2000

大中镇文化站文艺演出节目获奖情况表

表 18－3－2

时间	举办单位	节　目	演出地点	获奖情况
1987.02	盐城市 1987 年新春小戏调演	戏剧《白娘娘开药店》、戏剧《无中生有》	盐城市人民剧场	盐城市调演一等奖，周汉平、徐国娟获优秀演员奖
1987.08	盐城市“黄海之声”专场音乐会	男声四重唱《人生的价值是什么》	盐城市人民剧场	盐城市创作和演出一等奖曹晓平作曲
1988.03	江苏省广播剧展播	广播剧《孟家庄的喜事》	南京	吴志刚作曲，获盐城市广播剧比赛一等奖
1988.10	江苏省破旧俗、立新风调演	戏剧《不是审讯》	南京	江苏省优秀节目奖
1989.05	盐城市建农杯“盐阜民歌”大赛	《东海的银子齐腰深》	盐城	盐城市优秀创作奖曹晓平作曲
1991.02	江苏省农垦系统调演	舞蹈《刈海》	南京	江苏省二等奖
1991.06	江苏省总工会调演	舞蹈《迎亲》	南京	省总工会优秀创作奖和表演二等奖
1993.01	盐城市法院系统	戏剧《奶奶从乡下来》合唱《我们是光荣的人民法官》	盐城	盐城市组织奖、优秀节目奖、演出奖
1993.10	盐城“盐纺杯”	卡拉 OK 赛	盐城	盐城市徐国芳获十佳歌手称号
1994.01	江苏省“宝碟杯”声乐大赛	女声独唱	南京	江苏省徐国芳获优秀歌手奖
1994.10	盐城市文化局	小品《我们有约》、小品《呼唤》	盐城	盐城市一等奖，省调演二等奖
1995.03	盐城市首届农村奔小康文艺调演	歌曲《大丰有个亿元村》《请到珍丰集团来》	盐城	盐城市金奖吴志刚作典银奖曹晓平作曲
1995.03	华东六省一市“闽台黄金海岸杯”	戏剧小品《我们有约》	福建省石狮市	江苏省华东六省一市戏剧小品大奖赛二等奖

二、文艺创作

大中镇中心创作组　1983 年 6 月成立，分设音乐、美术、书法、戏剧、曲艺、漫画等创作小组。中心创作组选有正副组长，由 12 人组成，中心创作组一直活跃在大中文化战线上。

文艺作品　解放前，民间文艺创作多是口头文学作品，未有人及时搜集、整理。新中国成立后，大中镇的群众文艺创作日趋繁荣。全镇业余作者在市级以上刊物发表的作品每年都在 100 篇以上，典型的文学作品有韩导勤的《秋风劲》，丁正泉的《拣豆》，吴志刚的《四季劝郎》《禁赌》，曹小平《东海的银子齐腰深》；书画作品有曹凯钵的国画《闲庭信步》在全国获奖，吴志刚的条幅《月下飞天镜》在北京首都博物馆展出。歌曲《天上的西藏》在首届“民族之声”全国声乐、器乐作品征集词曲创作获银奖，《和和美美新农村》被收入省《盛世欢歌》歌曲集，《好一座大丰港》获盐城市唱响六十年歌曲创作二等奖。

新中国成立后大中镇区域在省级以上发表（获奖）的主要文艺作品一览表

表 18－3－3

类　别	作品题目	出版时间	作　者	刊物名称（获奖情况）
散文	《秋风劲》	1964	韩导勤	《雨花》
民间文学	《大老爷问路》	1979	王树祥	《群众文艺》
小说	《拣豆》	1980	丁正泉	《新华文摘》
民间文学	《陈毅军长补鞋》	1981	王树祥	江苏《群众文艺》
小说	《二十四只油瓶》	1981	丁正泉	《安徽文学》
小戏剧	《三妯娌告状》	1982	王树祥	江苏《戏剧丛刊》
小小说	《春雨》	1982	施建石	北京《教工》
电影剧本	《哑姑》	1983	丁正泉	《电影创作》
民间文学	《施耐庵的故事》	1983	张袁祥 胡永霖	河北人民出版社
诗	《瞻杭州秋瑾墓》	1984	施建石	北京《旅游报》
随笔	《从安泰之大地谈起》	1984	施建石	河北《文论报》
小品	《夜话》	1984	施建石	《江苏工人报》
散文	《落叶情》	1984	施建石	《郑州晚报》
漫画	《心连心》	1986	储文厚	《南方日报》“金虎”漫画大奖赛二等奖
漫画	《囚禁》	1986	储文厚	《南方日报》“金虎”漫画大奖赛二等奖
漫画	《会诊》	1986	储文厚	全国和平环境未来美术、书法、摄影大奖赛创作奖
漫画	《告状》	1986	储文厚	全国和平环境未来美术、书法、摄影大奖赛创作奖
歌曲	《四季劝郎》《禁赌》	1988	吴志刚	为联邦德国国家电视台录制专题音乐节目作曲
漫画	《无题》	1988	储文厚	第 34 届比利时国际漫画大赛获最佳作品奖
漫画	《无题》	1988	储文厚	土耳其第八届国际漫画赛，最佳作品奖
漫画	《咱们的儿子要结婚》	1988	储文厚	《南方日报》全国体育漫画赛第二名
漫画	《会修》	1988	储文厚	《江苏导报》全国漫画第二名
漫画	《无题》	1988	储文厚	《广州日报》今日社会漫画第三名
音乐设计	《窗帘》	1988	曹小平	华东六省一市小品大奖赛
歌曲	《残疾人之歌》	1989	曹小平	《中国残疾人》杂志 1989 年第二期
歌曲	《刘海》	1991	曹小平	获省农垦系统调演二等奖
歌曲	《残疾人之歌》	1991	曹小平	被中央电视台 1991 年 5 月 19 日助残日专场文艺晚会选为主题歌
歌曲	《迎亲》	1991	曹小平	获省总工会调演优秀创作奖
歌曲	《东海的银子齐腰深》	1991	曹小平	全国“当代农民征歌”获创作奖
歌曲	《腾飞吧，飞轮》	1991	曹小平	发表于 1991 年 10 月 18 日的《工人音乐报》上
歌曲	《我们的飞轮永向前》	1991	曹小平	全国职工“三热爱”征歌三等奖
小品	《阴差阳错》	1992	吴志坚	发表在辽宁省《电视与戏剧》
歌曲	《黄海农垦儿女的心愿》	1993	曹小平	全国首届农垦系统征歌优秀创作奖
歌曲	《这片土地属于你》	1993	吴志刚	入选江苏省宣传部百首爱国主义歌曲选

续表 18－3－3

类　别	作品题目	出版时间	作　者	刊物名称(获奖情况)
歌曲	《粮油厂厂歌》	1993	吴志刚	入选《全国企业优秀歌曲集》并发表
歌曲	《轧板厂厂歌》	1993	吴志刚	入选《全国企业优秀歌曲集》并发表
书法	六幅条幅斗方	1995	吴志刚	北京—大丰书画联谊展在首都博物馆展出
歌曲	《请到珍丰集团来》	1995	吴志坚 曹小平	江苏省首届大型企业艺术团赛获优秀节目奖
音乐小品	《我们有约》	1995	曹小平	“闽台黄金海岸杯”戏剧小品大赛二等奖
书画	条幅“月下飞天镜”	1995	吴志刚	江苏省首届业余书法摄影美术展,优秀作品奖
歌曲	《黄海滩》	1996	曹小平	“世纪之声”全国歌曲评选优秀奖
小戏曲	《阴差阳错》	1999	吴志坚	辽宁《戏剧与小品》
歌曲	《峨眉酒家》	2007	李雨沛	江苏省“永钢杯”职工群众演唱大赛民美组银奖
二重唱	《和和美美新农村》	2009	曹小平	江苏创作歌曲集《盛世欢歌》发表
歌曲	《天上的西藏》	2010	刘兴德	“民族之声”全国歌曲创作银奖

省以上展览会(或出版)的美术作品一览表

表 18－3－4

类别	题目	时间	展览会(或报刊)名称	作者	备注
漫画	《我的任务完成了》	1958	上海《少年文艺》	张重光	
漫画	《上课钟声》	1958	上海《少年文艺》	张重光	
儿童画	《自画像》	1959	全国少年儿童图画展览	张重光	
儿童画	《自画像》	1959	国际美术展览会中国青年美术作品展览	张重光	奥地利维也纳出版
美术字	《语录四条屏》	1970	全省发行	张重光	江苏省人民出版社
挂图	《节煤省草》	1970	四开单张书店出售	张重光	江苏省人民出版社
连环画	《顶天立地》	1972	全省发行	张重光	江苏省人民出版社
宣传画	《普天同庆万众欢腾》	1976	江苏美术作品展览	杨艺庆	
宣传画	《要创业、创新业》	1977	江苏省美展	杨艺庆	
国画	《紫藤白猫》	1979	江苏省花鸟画展	张重光	
漫画	《学雷锋》	1979	江苏省美展	王荫华	省美术馆藏画
漫画	《生意兴隆》	1979	江苏省美展	王荫华	
宣传画	《我们是四化的主人》	1980	江苏省第二届美展	陆天宁	
水粉画	《向导》	1980	江苏省青年画展	杨艺庆	
年画	《我也得了奖》	1980	江苏省人民出版社	郭鸿俊	
油画	《阳光下》	1981	省建党六十周年展览	杨艺庆	
连环画	《勤学篇》	1981	江苏省人民出版社	郭鸿俊	
连环画	《寻儿记》	1981	江苏省人民出版社	郭鸿俊	
论文	《石涛绘画技法简析》	1981	中央美术学院学报	顾强先	载《美术研究》

续表 18－3－4

类别	题目	时间	展览会(或报刊)名称	作者	备注
连环画	《对虾的敌害》	1982	江苏省第二届科普美展	陆天宁	
装饰画	《蚕的饲养》	1982	江苏省第二届科普美展	陆天宁	
国画	《水墨葵花》	1983	南京师范学院美展	李晓恒	
漫画	《显影》	1983	法国巴黎“春季沙龙”展出	王荫华	

2010 年城区文化体育活动场所分布情况统计表

表 18－3－5

名　　称	地址(大丰市区)	始建时间	建筑面积(平方米)	投入资金(万元)
市影剧院	健康西路 6 号	1955.06	3500	800
市影城	人民南路 76 号	1997.04	3500	500
市图书馆	金丰南路 1 号	2004.07	5000	800
梦园歌舞厅	大新路 49 号	2006.07	200	50
海源俱乐部	人民南路名都广场 E 区 3 楼	2006.08	450	80
天上人间娱乐俱乐部	人民南路名都广场 B 区 4008 号	2006.08	900	100
金碧辉煌服务俱乐部	人民南路名都广场 A 区 3008 号	2006.08	1534	100
红玫瑰文化娱乐城	人民北路综合楼 4 楼	2006.08	900	50
金色罗马娱乐城	幸福东大街 2 号	2007.10	3000	500
新词大酒店有限公司	健康西路	2007.04	1500	100
裕华分站	建康东路	2007.12	790	83
星光歌舞厅	幸福大街 8 号	2008.01	300	50
同一首歌娱乐有限公司	人民南路 68 号	2008.06	600	100
吧啦啦迪斯高酒吧	人民北路二期工程综合楼三楼	2008.07	150	50
乐够娱乐厅	大华路汇金公园 13 幢三、四层	2009.12	2500	100
万紫千红大酒店	人民北路 37 号	2009.04	400	100
市奥体中心	冬柏路	2009.08	113400	50000
大中镇文化站	城东新区	2009.04	2030	816
市文化会展中心	幸福东大街	2010.06	83560	45000

三、文化市场管理

1985 年，为加强对大中地区文化市场管理，大中镇下发《关于加强对民间艺人管理的通知》，加强对民间艺人的演出管理。对从事曲艺、木偶、皮影、杂技、魔术的民间艺人，每年进行一次考核登记。符合条件的发给演出许可证，未经批准发证的不得作营业性演出。流散艺人或其他人员，未经批准而私自拼凑或组织团体进行营业性演出的，当地文化、公安部门应予制止并没收其演出收入。1992 年初，建立大中地区文化市场管理办公室，办公室设在大中镇文化站内。文化市场管理办公室成员由文化、公安、工商等职能部门联合组成。多年来，通过齐抓共管，取缔非法出版物，坚持活而不乱、管而不死的原则，既繁荣大中地区的文化市场，又杜绝黄色音像报刊和非法出版物在大中地区流通。

第四节 文博景区

一、市博物馆

大丰博物馆

博物馆坐落在大丰市飞达东路20号,2007年10月开工建设,2009年9月24日正式对外开放。总占地面积2800平方米,建筑面积2652.18平方米,展厅面积约1500平方米,集收藏、研究、陈列、教育等功能于一体。一层为综合功能区,二层、三层为展区。全馆展区分为《湿地古韵》《史迹遗存》《楚币郢爰》《耐庵水浒》《板桥留墨》《张謇兴垦》《明清书画》、机动展览等8个展区,文物展区从不同层面展现大丰区域发展的历史。馆藏各类文物600余件,其中国家一级文物1件(套),二级文物7件(套),三级文物41件(套),包括青铜器、陶瓷器、书法绘画、玉器、化石、明清家具、钱币、绣品和古建筑石雕等,各类文物均具鲜明特色,更以楚币郢爰、郑板桥十二条屏、明蟠螭兽面纹白玉佩、施氏家簿谱等珍贵文物为镇馆之宝。博物馆充分展示了大丰"海盐""水浒""棉纺垦植""湿地"四大特色文化,彰显大丰历史文明底蕴。

二、文化景区

施耐庵公园 位于大中镇幸福东路的大丰市施耐庵公园是人民公园、烈士陵园改扩建后更名而得,总占地面积为13.4公顷(合201亩),总投资2000余万元。2003年,大丰市将合并后的烈士陵园人民公园重新命名为施耐庵公园。2008年,新建水浒文化宫并完成布展,500平方米的水浒文化宫分前殿和后殿,两层仿古建筑,成为传承和弘扬水浒文化的又一平台,再现施耐庵的身世和写作《水浒传》的动人故事。园内主要功能区有主景区、滨水区、纪念区、宣传演艺区、体育活动区、运动草坪区、绿色丛林区、老年活动区、儿童游

施耐庵公园

乐区、管理服务区。设有多个主次广场，即主入口施耐庵雕塑广场、动感大型音乐喷泉广场、纪念广场、小型演艺广场及各入口停车广场，整个园区建筑风格多样化、构造物现代化。同时建有苏北最大的仿真假山、大型塑石鹅卵石滩、沙漠风情、现代模建筑、多种类亭廊、各特色小桥、施耐庵雕塑及小型河、湖、溪有机结合水系等景点。

卯西河十里风光带 二卯西河自西向东横穿大丰市区。二卯西河滨观光带东至丰山桥西至大丰桥，全长5000余米，绿化面积约231300平方米。2003年，二卯西河风光带河滨公园一期工程开工建设，东起人民桥，西至常新桥，全长1.25千米。河滨公园二卯西河南沿岸扶栏设置36块神态各异、威武刚猛的水浒108将石刻；河北则同样设置了36块麋鹿石刻。园林植以雪松、香樟、腊梅、银杏、垂柳、桃树，林间小草花卉铺地，整个园林春夏桃红柳绿，秋冬树木长青，将大丰盐文化、水浒文化、麋鹿文化三脉融汇一体，一派生机盎然。2006年，该工程东起常新路、常新桥，西至西康路、劲力桥，全长约1千米，总面积约62000平方米。景观带内有濒水步道、水上舞台、游船码头、张謇文化广场等设施，形成一条充分体现大丰市历史文化特点，融人性化和景观化一体的观光带，为市民提供休闲纳凉、游憩观赏的良好场所。

银杏湖公园

银杏湖公园 银杏湖公园依托1958年形成的南到南翔路、北到黄海路，长约1.5千米的原生态银杏林带。公园以银杏为主题，是集观赏性、功能性、游览性为一体的开放式公园。整个公园占地18.67公顷，以银杏为主题，设计有海浪舞台、露天舞池、观景平台、苇荡风情、花海麦浪及现代设计桥梁等20多个景点。栽植银杏、广玉兰等乔木近3000株，红叶石兰、金叶女真等28个品种的灌木330多万株，起伏有致，景色深透、春芽嫩绿、夏叶浓密、秋染金叶、冬枝苍劲的生态景观效果。同时，采用不同的灯光组合，配套相当数量的亮化设施，通过变幻多彩的灯光，着力彰显公园的时尚与活力。

东方湿地公园 大丰市东方湿地公园地处城东新区西北侧，紧临老城区。总占地面积66.67公顷，为国家AAA级景区。公园分为南园和北园，作为城东新区次干道的新村路贯穿南北公园。南园以湖、果林和绿化为主要特色，北园以湖、景观、建筑、假山、喷泉和水幕电影、广场为主的综合性公园。该公园以“泽都水韵”为主题，采用“挖掘城市资源禀赋、优先培育生态环境、环境休闲和谐相融”的设计理念，按照“现代、活力、开发、自然”的设计原则，把握大丰城市整体脉络、挖掘地方文化渊源、打造纯生态的绿色活力公园，为市民提供领略湿地野趣、感悟城市文化、体验生态活力的绝佳场所，同时也是大丰城市园林建设的“活力窗口”与“绿色名片”。

花都美食城 由江苏聚诚置业有限公司2010年投资开发，总投资2.6亿元人民币，占地面积7公顷，总建筑面积约5万平方米。花都美食城展现明清宫廷建筑特色、大丰悠久的历史文化，灰墙黛瓦，精雕细琢。景观以明清古典风格为主，配合以亭、台、楼、阁、花、草、水、榭点缀其中，古朴典雅的花都·美食新天地，建筑、景观和环境充分展现明清风华。三条各具特色的美食休闲娱乐商业街区，第一排沿飞达路规划为知名餐饮街区，有全聚德、向阳渔港、小肥羊等知名餐饮品牌；第二排为时尚风味餐饮街区，建特色火锅、韩日料理、川、湘、鲁、粤、淮扬、杭帮菜系等特色餐饮；第三排为休闲娱乐会所街区，配设有茶座、咖啡美食、快捷酒店、酒吧、桑拿会所等丰富业态。同时，在花都·美食新天地的标志性建筑中有大丰最具规模和档次的夜总会。

第五节　大众传媒

一、新　　闻

（一）新闻队伍

20世纪70年代初，镇、公社开始配备兼职通讯报导员，负责新闻报导。80年代，设置专职新闻干事，大队、企事业单位也指定专人担任业余通讯报导员，形成通讯报道网络，还聘请报社编辑、记者进行通讯报导员业务培训。1983年5月，业余通讯员有130多人，每年撰发各种新闻稿件2000多篇（原新团、裕华也同时配备了通讯报导人员）。2010年，扩大通讯报导员队伍，各单位各部门都明确专人负责通讯报导。是年，大中镇有通讯报导员100余人。

1985年3月，大中镇通讯组被县委宣传部授予全县唯一先进通讯组称号。1989年春，张汉成、陈洪泉采定的《双喜村妇女禁赌协会刹住赌博风》一稿发表于《人民日报海外版》。7月，联邦德国电视台记者前来双喜村采访妇女协会的禁赌工作。1989年春，陈洪泉撰写的反映街道居委会开展社区服务的通讯《洒向人间都是爱》，被摄制成电视专题片。

1989年7月15日，胡永霖、陈兆昌撰写的《必须重视青少年政治思想教育》一文在《人民日报》全文刊载，并获得盐城市委优秀论文二等奖。

卢春桃先后在《人民日报》《农民日报》《新华日报》以及中央人民广播电台等省市以上报刊、电台用稿1600多篇，曾入编《中华大地之光》新闻人物。2006年5月撰写的《现在城市呼唤绿色生态》的论文，先后被载入《中国市场经济文论大典》和《中国社科研究文库》，并获得优秀论文奖。《大中，从盐阜平原升起》长篇通讯被中央人民广播电台农村节目采用。《大中镇领导成员不用大哥大》被《农民日报》采用，并获全国短新闻竞赛二等奖。

戴文华1985—2010年有100多篇作品在《人民日报》《工人日报》《中国青年报》《中国纪检监察报》《新华日报》《中国人大》杂志、《中华魂》杂志等省级以上报刊上发表。《贪腐有损健康，清廉延年益寿》在中国纪检监察报社、湖北省纪委举办的"全国廉政短信大赛"中荣获优秀奖。《多到群众中"走亲戚"》一文被2004年6月24日《人民日报》《思想纵横》栏刊登，并被中南海《紫光阁》杂志转载。

（二）报刊杂志

20世纪30年代，东台县先后创办《东台民声》《民铎报》发行于小海、西团、沈灶、垦区各集镇和学校。解放战争时期，华中一地委主办的《江海导报》是境内主要报刊。大丰地方报刊始办于1946年，迄今先后办有《台北大众》《台北画报》《大丰报》《大丰杂志》和数种科技、文艺类刊物。

《建国报》　1940年初刊，由国民党军韩德勤驻丰部队主办发行，发行兼编辑徐竹龙（西团人），报面为四开版，三天一期。1941年7月，日军入侵大中镇，该报停刊。建国报社始设于大中镇原南门消防队外（今人民路西，育红路北育红桥北侧），有印刷厂房3间。主要印刷设备有圆盘印刷机1台，平台四开印刷机1台，铅字1吨左右，无电动设备。

《火花》　8开2版油印本，周刊，印数100多份，1938年创办，1942年改名《力行》，不久即停刊。主办单位为当时台北地区的青年抗日同盟会，编辑张炎。

《台北大众》　中共台北县委机关报。1946年7月创刊，4开4版，每周两期，印数1000～1500

份。宣传党的方针、政策,开展人民战争必胜的宣传教育,动员群众参军参战,配合土改复查,推动各项工作任务的完成。栏目设置有地方新闻、工作经验介绍、通讯、文艺副刊等。台北县委宣传部长汪子珍兼任社长,周亮刚、万正、杨大德、海笑先后任主编。《江海导报》常驻记者经常为报纸撰写专题报道。共出刊142期。1948年2月,与《东台大众》合并为《两台大众》。

《支部生活》 1945年11月创刊,主编张弦(女),1946年停刊。

《台北画报》 中共台北县委宣传部主办。1947年下半年创刊,8开2版,石印,徐卜超主编绘画,不定期出刊,每期印数2000多份。画报内容多为土改复查、大参军、蒋军罪行录、反扫荡等,共出刊15期,1948年与《台北大众》同时终刊。

《支部看》 1950年创办,油印,为不定期刊物。编辑吴恒元、刘长林。共出刊13期,1951年停刊。

《大丰报》 是中共大丰县委机关报。1956年6月创刊,为5日期刊,发行量6000份,12月29日停刊。1958年4月16日复刊,4开2版,每周三刊。1961年1月停刊。骆逊任总编。1995年4月,《大丰报》复刊,4开4版,每周2刊,发行量2.6万份。2000年,改为每周四刊。配备人员25人,总编周平。2000年,《大丰报》更名为《大丰日报》,并获全国刊号,每周四版改为每周六版。2003年1月1日正式停刊。2007年,恢复出版《今日大丰》。2009年,恢复刊名《大丰日报》。

《大丰杂志》 1958年创刊,中共大丰县委机关政治理论刊物,半月刊,32开本,1960年停刊,共出版近60期。主编陈如祥,编辑人员有黄骏升、周景学、应兆邻、叶虎玉、杜银风。

《大丰画报》 1958年8月创办,内容均为摄影作品,16开本,主编沈碧珍。因条件限制,只出一期即停刊。

《大丰文艺》 1958年创刊,月刊,32开本,中共大丰县委宣传部主办,编辑黄骏升、马焉,共出6期即停刊。

《大丰农民报》 1958年,大丰县委宣传部主办。

《大中小报》 1958年,大中镇党委创办。

《耐庵学刊》 1985年创刊,至2000年已出14期,32开本,专门报道施耐庵研究和《水浒》研究的情况和发表有关学术性文章。大丰市施耐庵研究会主办,主编刘兆清,朱金波、仓显先后任编辑。

《大丰诗草》 1984年创刊,由大丰县政协文史委员会下辖的大丰诗画社主办,汇编社员创作成果,探讨诗歌创作规律,交流切磋诗艺。编辑先后有童斌、朱金波、仓显。迄今已刊出诗集5册。

《大丰文苑》 1993年创刊,大丰县政协文史委员会主办。4开4版,每月一期,每期印数1000份。编辑黄骏升、朱金波。后因经费不继,第8期出刊后即停办。

《学科学》 1964年起,大丰县科协不定期编辑出版,以宣传科学知识,介绍实用技术为宗旨。初为8开版,后为4开版。“文化大革命”中停刊。

《大丰科技》 1983年3月创刊,县科协、科委、农业局、多种经营管理局联办,编辑周古凯,8开4版,累计出刊345期,总发行量近400万份。1995年停刊,并入复刊后的《大丰报》。

70年代,一些部门还办有《大丰医刊》《大丰机械》《大丰纺织》《卫生宣传》《环保宣传材料》等数种专业性刊物。

2005—2010 年大中镇主要报刊发行情况表

表 18－5－1　　单位:份

名称 份数	2005 年	2006 年	2007 年	2008 年	2009 年	2010 年	备　注
人民日报	4	4	4	4	4	4	
新华日报	182	186	188	186	186	188	
盐阜大众报	135	450	450	447	448	450	
求　　是	6	6	6	6	6	6	
群　　众	120	125	128	128	123	125	
经济日报	4	4	4	4	4	4	
光明日报	4	4	4	4	4	4	
新华每日电讯	4	4	4	4	4	4	
半月谈(公)	100	105	106	105	104	106	
半月谈(内)	100	105	106	105	104	105	
党　　建	50	50	50	50	50	50	
时事报告	50	50	50	50	50	50	
党的生活	120	120	120	120	120	120	
领导科学	120	120	120	120	120	120	
莫　　愁	140	140	140	140	140	140	
风流一代	80	80	80	80	80	80	
江苏工人报	160	160	160	160	160	160	
江苏安全生产	80	80	80	80	80	80	
中国人口报	30	30	30	30	30	30	

二、广　播

大中镇广播电视站　位于市区人民南路 41 号,2010 年,有干部职工 81 人。管理辖区 364 平方千米,下辖大中镇、大丰经济开发区、海洋经济开发区所属的 41 个行政村和 25 个社区(居委会),193 个村民小组的广播电视的管理、维护和新闻宣传工作。拥有有线电视 27575 户,调频广播 22980 个,门堂入户率分别达 119.4% 和 99.5%。1952 年,大中镇办收音站。1980 年,建立大中镇放大站,主要维护和管理全镇的广播线路。1982 年,大中镇广播放大站购置 150 瓦扩大机 1 台,录音机、电唱机各 1 台及其附属设备,开始对城镇定时专题广播。1983 年,重组大中镇广播放大站。1986 年 4 月,迁至大中镇人民政府南侧。1992 年,改名为大中广播电视站。1985 年,有镇到村馈线 21 条,街道广播专线 7 条,喇叭 12000 只,达到村村线路联片,城乡线路联网,村村有声音,户户喇叭响。1986 年 4 月,兴建 480 平方米广播大楼,年底落成投入使用。是年,站主要设备有扩大机 5 台,总功率达 1950 瓦,录音机、电唱机各 3 台,柴油发电机 2 台。有干部、职工 28 人,其中农村线路维护员 18 人。1988 年,大中广播电视站发展动圈喇叭 9600 多只。1989 年,发展到 11000 多只,入户率达 90% 以上,通响率 100%。1991 年,对节目进行改组,设有《大中新闻》《爱祖国爱家乡》《法制园地》《城乡生活》《科学与生活》以及《信息之窗》等。1992 年,购采访机 1 台,供记者采访专用。1993 年,购上海产录音机 1 台。1994 年,共更新动圈喇叭 1200 多只,新增喇叭 120 只,机房更新 250 瓦甲级扩音机 4 台,新建村一体化广播室6个，更新广播线路30千米。全年筹集整网改造资金10万元，改造红花、新民线网，使红花村的通响率达100%，新民的重点组广播得到整改。1995年，镇广播电视广播设备总功率2500瓦，达乙级机房以上标准，专线到村馈线48杆千米。1996年，基本上实现动圈喇叭镇。1999年，对全镇原20个村（场）的广播线路进行全面整顿，将原有1000多根低矮质差的方形线杆全部更换成7米的圆杆，架设光缆长达35千米以上，在全市率先实现了光纤到村、广播电视共缆传输的目标。市四中、红花到刚强以及泰丰到恒南路段的有线广播馈电线路进行专项改造。新换7米圆杆200多根，架设5对输出电缆1.3千米，3对输出电缆3千米。是年，全镇已达到广播喇叭动圈化，到村馈电线圆杆化和村广播室标准化的要求。2000年，配置调频机2台，自动开关机34台，光发机3台等附属设备，使全镇村村实现了调频信号控制，保证广播的音响质量。同时，双喜村还实施广播电视“双入户”工程。2002年，全镇完成双喜、同德、建设、老坝、同圣、新团、大新等村的调频广播工程。全镇新增调频广播1200多只。同时筹措维修资金40万元对原新团镇部分村组广播老化线路进行整改。是年，双喜、同德、建设、恒南、同圣等村实现有线电视调频广播共缆传输双入户，全镇共安装调频音箱4500多只。2003年，对全镇广播线路进行整改，对光明、老坝、阜丰、龙福、八灶、河口、灶圩等村实施了广播电视共缆，新增调频广播2800个。2004年，对新团小街、新团、长安、泰丰、双喜、阜北、德西、灶圩、利民等村的广播线路进行整网；对未安装调频广播的村组实施广播电视共缆传输工程，进一步提高广播的收听质量。2008年，完成对长安村广播室的搬迁工程。2009年3月下旬开始，新增加一档自办节目周末版，开设《政策问答》《农情快讯》《民间艺人风采》以及《说说身边人的故事》等栏目，不断增强广播自办节目实用性和可听性。

2010年，先后投入近20万元，对大中和裕华两镇广播电视进行联网，对恒北、恒南、新团、八灶、万丰、晋北等村广播电视进行整网，增设高音喇叭43只，调频广播1350个。是年，大中广播电视管理站配有专职编播人员2人（裕华合并后增加到3人）。全年编播节目155档，加上合并前裕华的开办71档，全年共编播节目为226档。

大道放大站　1958年9月，成立大道公社广播放大站，有300瓦功率的扩大机1台，负责全社和县级机关的有线广播转播任务。是年，农村大队均通上广播。1959年，迁至泰西村西北角，新建站房8间，156平方米。始广播电话共线。1961年起，广播与电话合用线逐步分开。1963年，大道广播放大站添置美多牌、上海牌两种型号的扩大机，总功率达900瓦，输送到全公社的20个大队及企事业单位，共有舌簧喇叭3000只。1978年，大道公社有广播线路杆长208.7千米，线长423.5千米，舌簧喇叭3400余只，高音喇叭84只，每个大队配备一名不脱产的维修人员，基本上实现中央广播事业局提出的“以县站为中心，以放大站为基础，以专线传播为主，质量高，效能好”的农村广播网。放大站定时转播县站的全套节目，有机地配合公社对各个时期工作任务的宣传，利用广播普及科学技术指导生产。是年，革新成半自动发电系统和扩音机遥控装置，保证停电不停播，扩音自动开闭。

阜丰（大兴）放大站　1956年，大中区阜丰乡首先安装广播，广播线路与电话合用，木杆拉线，由县收音站直接传输。1967年，建立大兴广播放大站。初建时位于今大新路原大兴服装厂内，有600瓦总功率的扩大机2台输送到全公社的8个大队57个生产队及社直单位，共有舌簧喇叭1500只。1972年，大兴放大站迁址于大兴公社机关内并添置南通产Ty750扩大机1台，1974年，又添置601型上海牌录音机1台。

新团广播电视站　1956年，新团乡公所机关有1只舌簧喇叭。1957年，南灶大队办公室安装喇叭1只。1958年，新团设建立广播放大站，添置30瓦扩大机一台，广播喇叭发展到36只，各大队、社直各单位和光明大队的生产队各有喇叭1只。1959—1965年，添置150瓦扩大机1台，广播喇叭发展到灶圩大队的各个生产队计45只。1966年5月，“新团公社广播放大站”添置“300瓦扩大机”、电唱机、会议机各1台，广播喇叭发展至各生产队及部分群众家庭，喇叭累计524只。此后，各大队配备广播线务员和联络员各1人。1967—1970年，“户户有喇叭，田头高音机”，全公社舌簧喇叭3764只，高音喇叭16只。1971年后,先后添置“850”扩大机、自动发电机、录音机各1台。至1980年,全乡有高音喇叭23只,舌簧喇叭4384,喇叭入户率达80%以上。

裕华广播电视站 1958年创办裕华广播站。是年,有8个舌簧喇叭,工作人员兼职。1959年,有18只喇叭。1960年喇叭发展到近100只。1961年发展到1000只。1965年下半年,正式建立广播放大站,并配工作人员两名,购置了8匹柴油机、5000瓦发电机各1台。1976年喇叭发展到5000只,购置了录音机、电唱机。1979年喇叭发展到6029只。1976年只有4间小屋,1979年新建房屋10间。1965年以前,广播线是借电话线用的,是毛竹杆子。1965年下半年开始建立两根专线。1972年全部实现公社到大队的专线,1977年实现全部水泥杆子,部分村也有水泥杆广播专线。全乡有水泥杆子约4500根。1984年初,增加自办节目,由专职编辑和播音员负责。节目内容有《本地新闻》《当日报纸摘要》《新人新事》《法律知识讲座》《生活顾问》《经济信息》《农科讲座》《为你服务》《文化生活》等,播出时间每天上午9:30~10:30。1999年,配合镇党委、政府中心工作,配合创建办大力宣传,共设专题近120档,播出时间长达80小时。

1983年以后,先后任大中镇广电站长的有杨登贵、苏春生、潘志坚、周洪林,任大道广电站长的有胡文培,任大兴广电站长的有杨登贵,任新团广电站长的有祁茂贵、周洪林,任裕华广电站长的有宗志祥、丁宁、吴学斌。

三、电 视

1983年8月,大丰县建成电视差转台,采用八频道向外试播,城区近郊村能收看到该电视台的节目。1985年初,在原红旗路小学建成92米高的电视塔,是年春节,正式开始采用八频道转播电视节目。年底,广播电视大楼落成,建筑面积1890平方米。1986年年初,电视台接通川东卫星地面接收站信号。电视信号功率覆盖半径7.5千米,可以同时清晰地收看到中央台、江苏台两套电视节目。1992年11月8日,在健康东路开通有线信号。1993年11月,筹建有线电视台。1995年,全镇郊区8个村接通有线电视,2600多户。1996年6月,开通加密电视信号。年末,市区有线电视普及率达80%。1998年,实施全镇有线电视网络工程,当年发展有线电视用户就达3000多户。是年,全镇有线电视用户收费、管理全部实现微机管理。1999年,对阜丰、恒丰等村的有线电视用户网络进行全面整改,实现了有线广播电视共缆传输双入户(其中阜丰村的明线已全部淘汰,用上电缆),从而提高有线广播电视的收听收看质量。2000年,全镇35个村更新改造广播电视线路189千米,更换线杆1500支,架设优质光缆68千米,发展有线电视用户6900户,有线电视入户率达60%以上。2001年4月,镇广电站针对原新团地区有线电视进村入户率偏低问题,及时组织专门班子进行调查摸底,制定发展规划。全站共抽调7名技术人员,组织4支50多人的施工分队,布网40多千米。是年年底,全镇有线电视入户率达70%,在大丰市率先实现广播电视“双入户”的发展目标。2003年,对光明、龙福、八灶等村布线的同时,试行光纤到组,对河口、老坝等个别未通有线电视的组全部放线安装到位,对泰丰、恒南、双喜、阜丰、阜北等村的老化线路进行整改。是年,全镇各村的有线电视布网已基本结束,新增有线电视用户700多户。2008年,完成同德、泰丰、和瑞、建设、灶圩、同圣等六个村的光纤到组工程,同时对长安村南小区进行二期扩建,对河口小区进行二期扩建。对泰西工业园、大丰经济开发区、城区东扩进行网络扩建改造布网、阜丰拆迁安置小区、大丰市经济适用房新东苑小区、332省道等工程的广播电视建设。配合市局对南翔路进行光缆下埋设工程。2009年,完成双喜、利民、恒南、恒北等村光纤到组工程,提高用户收看效果,实现全镇广播电视光纤到组。

2010年,全镇共有有线电视用户27440户,实现了“四项第一”:第一家实现了村村、组组、条条农庄通有线电视,有线电视入户率居全市第一,第一家实现全镇广播电视调频共缆传输,经营创收入居全市第一。

1980—1982 年广播发展情况表

表 18－5－2

年份	区域	农户喇叭		公社至大队线路		大队以下线路	
		喇叭(户)	入户率(%)	杆(千米)	线(千米)	杆(千米)	线(千米)
1980	大道	2840	64.7	20	48	260	—
	大兴	2926	82	26	46	130	—
	新团	4437	80.3	—	—	—	—
	五星	5804	73.3	—	—	—	—
1981	大道	2996	52.5	21	57	164	276
	大兴	2976	89.7	27	36	134	134
	新团	5030	82.3	83	83	340	364
	裕华	6092	66.7	36	61	340	580
1982	大道	4108	74.2	57	57	204	385
	大兴	3030	95.6	32	36	134	134
	新团	5347	87.9	88	88	362	369
	裕华	6673	73.6	36	61	340	580
	大中镇	960	59.6	8	11	15	20

1983—1987 年广播电视发展情况表

表 18－5－3

年份	区域	农户喇叭		乡至村馈电线		村以下用户线		有线电视村(个)
		喇叭(户)	入户率(%)	杆(千米)	线(千米)	杆(千米)	线(千米)	
1983	新团	5419	88	31.5	83	281.1	296.9	9
	裕华	7389	76.5	43.5	63.2	390	390	4
	大中镇	8443	74	60.9	96.5	422.5	517	1
1984	新团	5186	90.5	72.4	130	179.6	266	9
	裕华	7867	80	56	71	980	980	4
	大中镇	9554	94.2	40	81	356	639	1
1985	新团	5370	87	72.4	130	179.6	266	9
	裕华	8054	81.6	56	71	980	980	4
	大中镇	10470	94.5	40.6	82.5	769	1000	1
1986	新团	5429	89.5	76	131	180	279	—
	裕华	8498	90	15	56	830	830	—
	大中镇	12313	90	41	83	72	240	—
1987	新团	5700	91	81	142	209	308	—
	裕华	8538	91	56	71	560	890	—
	大中镇	11220	96	44	123	1041	1325	—

1989—1995 年部分年份广播电视发展情况表

表 18－5－4

年份	区域	有线广播喇叭(只)		乡至村馈电线		村以下用户线（千米）
		合计	舌簧喇叭	杆(千米)	线(千米)	
1989	新　团	6268	6170	81	142	309
	裕　华	9235	9008	56	71	890
	大中镇	11968	7050	44	123	1325
1992	新　团	6820	6432	89	185	570
	裕　华	10786	9626	56	71	980
	大中镇	11346	3464	49	153	1474
1993	新　团	7416	6720	88.9	185.2	570
	裕　华	10880	9826	56	71	980
	大中镇	11646	3014	48.7	154.8	1474
1994	新　团	7516	1479	88.9	185.2	570
	裕　华	10880	1504	56	71	980
	大中镇	12046	9832	48.7	154.8	1474
1995	新　团	7412	2193	88.9	185.2	570
	裕　华	11643	2000	56	71	980
	大中镇	12133	10631	48.7	154.8	1474

1996—2003 年广播电视发展情况表

表 18－5－5

年份	区域	有线广播喇叭(只)			用户线总长度（千米）	有线电视用户(户)
		合计	动圈喇叭	入户率(%)		
1996	新　团	7324	3625	99.3	725	250
	裕　华	11643	2850	100	976	1000
	大中镇	12133	12031	100	1430	6873
1997	新　团	7324	5517	99.8	725	371
	裕　华	11794	3400	100	976	1500
	大中镇	12133	12031	100	1430	8873
1998	新　团	6495	5654	100	725	826
	裕　华	11385	8116	99	976	2094
	大中镇	12376	12100	98	457	3630
1999	新　团	6540	5688	96.4	435.4	1400
	裕　华	11385	3678	96	615	2816
	大中镇	12830	12830	98	418.5	8165
2000	新　团	6540	5668	96.6	435.4	1595
	裕　华	11385	10016	97	615	3646
	大中镇	11632	11632	98	418.5	4787

续表 18-5-5

年份	区域	有线广播喇叭(只)			用户线总长度(千米)	有线电视用户(户)
		合计	动圈喇叭	入户率(%)		
2001	裕　华	13044	11910	94	683.9	5361
	大中镇	17839	16039	83	657	7239
2002	裕　华	13044	11910	97.4	690.71	5588
	大中镇	17839	15210	100	683.25	8114
2003	裕　华	13044	11910	100	702.2	7253
	大中镇	18586	14225	100	605	9960

2004—2010 年广播电视发展情况表

表 18-5-6

年份	区　域	有线电视发展用户情况(户)		调频广播发展情况(只)	数字电视发展情况(户)	网络建设情况(千米)	
		用户总数	入户率(%)			架设光缆数	架设干支线电缆
2004	大中	13445	98	6630	—	—	—
	裕华	7755	71.78	3240	—	—	—
2005	大中	11844	—	8160	233	101.9	97.06
	裕华	8510	—	5186	80	96.6	709.3
2006	大中	12599	118.11	9453	315	104.8	595.8
	裕华	9872	100.77	5905	139	100.3	729.1
2007	大中	13370	109.7	12679	323	128.14	615.7
	裕华	10357	92.5	12679	139	123.55	729.1
2008	大中	14143	116	13820	330	165.7	136.5
	裕华	11338	97.9	8311	150	123.6	725.5
2009	大中	14898	122.2	14338	330	166.5	141
	裕华	11858	102.3	8405	152	123.6	725.5
2010	大中	27440	118.8	22949	485	290.1	866.5

第六节　史志档案

一、志书编纂

(一)乡镇志

《大中镇志》　大中镇第一次修志自 1981 年 8 月开始,1983 年 1 月铅字打印成书,16 开本,分上、下两集,560 页,约 45 万字左右,灰绿色画纹封面,主编侍广富,编写徐世珍、柏金淦、杨建新,全志设 6 篇 33 章,第一篇概论,第二篇政治,第三篇经济,第四篇军事,第五篇文教卫生,第六篇杂记,附设大中镇历史进程示意图,下限 1981 年,封面题字张重光。修志人员为修好首本志书,大中镇建立编修镇志办公室,多方征集曾在大中地区工作过的老前辈的历史回忆,远在厦门市委的向真(副书记)、上海水产学院年近八旬的黄亚诚(院长)、省人大常委会副主任戴为然(原副省长)、上海警备区的何振声(政治部主任)、四川江津地委的蔡国芳(副书记),从百忙工作之中多次亲自为大中镇志撰写回忆,不厌其烦地回复咨询,大丰史志办主任、资深人士姚恩荣先后多次过问大中镇志、大道公社志、大兴公社志修志工作,还专门写信函指导修志。

大中镇第二次修志从1986年9月开始,1988年5月付梓印刷,铅字排版印刷,16开本,513页,约70万字左右,下限1986年,淡绿底蛟龙戏珠花纹、金字篆体封面,主编侍广富,编辑柏金淦、李铭、韦广忠、单龙军、袁龙彪。全志设地理、工业、商业等17篇。

大中镇第三次修志从1996年11月开始,1998年7月方志出版社出版16开本,500页,约80万字。全志设大事记、农业、工业、商业等15篇66章235节,卷首设地图2幅、照片39幅,卷后附重要文件辑存、编后记。下限1996年,大事记和个别事件延伸至1997年,深蓝底插城区图片玫红色字体封面。此轮志书获江苏省乡镇志一等奖。主编柏金淦、侍广富,编辑施焕昌、王桂富。

大中镇第四次修志从2010年4月开始,镇党委、政府对修志工作十分重视,成立以镇长李实业(继任沈刚、席刚)为组长的大中镇修志工作领导小组,值班常务副镇长陈卫东、顾广荣专管,党政办卢春桃任编志办主任。志书涵盖合并前大中镇、大道公社、阜丰公社、新团镇、裕华镇,涉及面广、工作量大、时空跨度大、行政区域、体制变化频繁,既要反映老大中镇原貌,又要顾及体制调整前的大道、阜丰(公社)、新团、裕华镇之特色,编志人员共查阅历史档案资料4000多卷,向社会征集资料1000多条,召开各类座谈会20余次,征求修订意见1300多条。该轮镇志对大中区域的成陆过程、各时期建制区划的调整、人民的聚息经营、集镇的逐步形成、社会的发展演变、地方物产资源特色、文化民族风情,特别是对改革开放后大中镇日新月异的发展变化作了翔实的记述,呈现了历史原貌,展现了时代和地方特色。编撰人员在修志中辛勤笔耕,忠于史实、实事求是,略古详今,突出在中国共产党领导下大中镇的发展史,努力打造精品良志,收到了江苏省、盐城市、大丰市史志领导机关的一致好评。主编陈荣根,编辑陈兆昌、柏金淦、戴文华。

《大道公社志》　手工复写,16开212页,约16万字,牛皮纸封面。全志分二部分,没有分章节,只列标题,体列不太规范,附大丰县县志办公室姚恩荣写的清朝中期草堰场土地勘查和利用的情况、原因及其影响——兼论大丰垦区各公社开发历史。编稿:徐瑞宏、沈本和。

《阜丰公社志》　手工复写,牛皮纸封面,16开113页,全志共5篇,十六章,约8万字。编稿人员为徐世珍、戴文华、王征赴。

《裕华乡志》　印刷版,裕华乡志编写组编,朱道平执笔。1984年12月铅印,16开76页。

全志共五章,第一章"概述",阐述历史沿革、政权建置、自然面貌、自然灾害等四个方面内容。第二章"政治",叙述旧政权统治时期、民主建政时期、社会主义时期施及于当地人民各项政治举措,其中对民主建政时期党的统一战线工作作了系统全面的回顾,是乡镇志中不可多得的历史资料。第三章"经济",并列了农业、工业、商业三个篇目,逐一叙说三者的历史发展和现状,农业篇还追溯由盐业生产逐步转向农业生产的历史演变过程。第四章、第五章分别为"教育""卫生""附录"。该志对革命斗争和社会发展情况多取鸟瞰式的叙述,行文简洁,但也失之粗疏,每有较为重要史实的遗漏。对新中国成立后农业生产发展情况用了较多的图表数据,显示了发展过程中的曲折起伏,印象鲜明,却又缺少必要的文字诠论,用来揭示事因和本质。全志无照片,无地图,存史的功能不彰。

《新团乡志》　印刷版,新团乡志编修领导小组编。朱友龙、周彩和、卢成国、王明亮编写,王奎山增补。1986年6月铅印,16开111页。全志五个部分:概况、政治、经济、文化教育、杂记。该志将农业、工业、商业、财政金融、水利交通邮电、人民生活组织在"经济"篇下横分门类,逐一叙说,归类得体,领属得当。"经济"篇"水利交通邮电"一节对新中国成立后每条大、中河道的长度、起讫点、河面宽、河底宽、河底真高、开挖时间、投入劳力、工程土方、投资金额等逐项详记,对桥梁、涵闸、电灌站及较大道路的兴建也记载详明,是可以传之后世的历史资料。“概况”篇中的“建置沿革”将兴化县始建于五代杨吴武义二年(920)误记为南宋绍兴时。刘庄场从南宋绍兴十八年(1148)始建以来,历宋、元、明三代一直隶属泰州(海陵县)东西乡三十五都,误记为隶属兴化县。

(二)村志、部门志、街道志

随着城市化进程及新农村建设的不断深化,大中镇发生了翻天覆地的变化。为拯救乡村史料,提升大中文化内涵,镇政府于2010年7月提出“一村一志”的要求。全镇29个村统一行动,组织人员,投入近百万元编辑出版了总字数260多万字的基层志丛书。记述全镇所属行政村发展变化情况。

大中镇村志编写情况表

表18-6-1

村志别	主　编	字数(万字)	开本	印张(页)	印数(册)
《同德村志》	陈兆昌	13.2	16	276	800
《朝荣村志》	李光成	4.85	16	105	40
《晋丰村志》	季士祥	4.02	16	94	30
《福丰村志》	吴正南	8.2	16	130	100
《双喜村志》	邓惠芹	9.5	16	180	100
《恒北村志》	吴正南	10.8	16	220	100
《恒丰村志》	许树高　吴康太	8.2	16	130	100
《海丰村志》	倪传生	4.15	16	104	125
《天祥村志》	顾　健	5.6	16	144	100
《利民村志》	吴正南	8.2	16	130	100
《恒南村志》	刘凤祥	8.2	16	130	100
《大新村志》	陈兆昌	8.5	16	150	200
《泰丰村志》	臧　毅	8.8	16	158	200
《泰西村志》	吴正南	8.88	16	196	800
《老坝村志》	陈兆和	7.6	16	142	150
《光明村志》	顾仲南	6.23	16	134	800
《海防村志》	郁建平	5.72	16	132	100
《裕华居委会志》	盛效斌	5.15	16	98	50
《阜北村志》	顾洪宽　邓　锐	7	16	112	100
《万丰村志》	朱德洲	7.2	16	153	150
《八灶村志》	朱继春	7.3	16	156	150
《新团村志》	焦永年	7	16	118	100
《阜南村志》	陈兆昌	7.9	16	175	100
《红花村志》	陈兆昌	7.69	16	198	500
《丰裕村志》	陆德康	4.02	16	97	50
《元丰村志》	夏仁才	5.52	16	114	50
《晋北村志》	毛选官	7.59	16	161	30
《德丰村志》	陈兆昌	7.6	16	160	200
《阜丰村志》	吴志坚	8.79	16	174	600

《大中工业志》 主编胡书龙，16开本，共243页，其中彩页38页，照片57幅约12万字。下迄2010年，设7章27节，依次为机构沿革、工业体制、工业门类、工业产品、体制改革、企业管理、招商引资、项目建设、安全生产及建筑业等方面内容。卷首列序言、凡例、概述、大事记，卷末设附录、编后记。该志以大中镇为主线，采取“事以类从”的写法，排除部门隶属关系的约束，着重记述新中国成立以后大中镇区域工业历史和现状，客观总结大中工业的经验教训。

《大中农业志》 编稿吴正南，陈兆昌统稿。16开本460页，其中彩页48页，收录图片98幅。收录4幅国家主席胡锦涛视察恒北村照片。文字总量25万字，下限时间2010年年底，个别大事延伸至截稿时间。全志13章56节，卷首设地图2幅、序言、凡例、概述、大事记，卷末附录重要文件辑存、农谚、传说、附记、编后记。正文记述农业管理机构、各村简介、农业资源、农田水利、农业机械、作物布局与产量、农业环境保护以及生态镇村建设等内容。（注：引用此志者要注意考证）

《大中人口与计划生育志》 主编陈卫国，大丰市人口和计划生育委员会主任刘桂先作序。2011年11月首次印刷，16开204页，时间下限2010年，个别重大事件延至截稿。卷首列序言、特载、凡例、概述、大事记。附大中镇行政区域图，收录照片48幅，文中插黑白图片66幅。全志共7章32节，依次为机构设置、宣传教育、政策法规、技术服务、信息管理、管理机制、实事工程等内容。卷末附录重要统计资料、重要文件、获奖荣誉、编后记。

《大中国土资源志》 主编邓惠芹。16开175页，12万余字，该志前列序言、大事记、概述。设7章27节。文章依次为机构设置、自然概况、土地权属制度、土地税费、土地登记发证、建设用地、基本农田保护、土地执法等。

《大中村镇建设志》 主编陈兆昌，16开190页，约14万字。该志卷首列地图2幅，彩色照片98幅，序言、凡例、大事记、概述。正文7章19节，各章依次为城区规划、管理机构、镇区建设、生态环保、房产开发、村庄建设、园区建设等，卷末附录重要文件辑存、文章收录、获奖荣誉名录、编后记及编纂工作机构、工作人员名录。（注：引用此志者请注意考证）

《大中水利志》 主编邓惠芹、吴正南。大16开282页，15.9万字。卷首设彩图43幅，水利现状图1幅，正文分设自然地理、水系、水资源、农田水利、防汛防旱、水利执法、水利工程、水利管理、特色园区、治水人文等内容，全志共11章39节，卷末附设重要文件辑存、获奖荣誉名录、编后记。

《大中卫生志》 主编吴正南，大16开206页，10.08万字。卷首设彩图45幅及概述、大事记。正文分设医疗卫生机构、村卫生室、个体诊所、卫生队伍、医疗保险制度、医疗工作、中医药工作、卫生防疫、妇幼保健、社会卫生、医苑人物等10章31节。卷末附设重要文件辑存、荣誉录、编后记。（注：引用此志者请注意考证）

《大中镇街道志》 1998年1月首编，主编仲信寿，大32开本180页，约12万字。卷首列彩色照片22幅。正文13章47节，各章依次为社区建制，自然环境、市政环境、居民、街道、党政组织、计划生育、社会治安、社区服务、街道环境综合整治、街道企业及民情风俗等，卷末附录大事记，街道历年受表彰统计表，编后记。2010年，分设后的黄海街道、金丰街道新修街道志。

《金丰街道志》 主编吴志刚，16开12万字。卷首设彩图正文分设大事记、社区建制，自然环境、居民、街道党政组织、计划生育、社会治安、社区服务等。

二、档案管理

（一）档案设施

新中国成立初期，档案工作渐趋建立，并加强各种文件资料的收集整理。20世纪50年代至60年代初，由于体制变革，大中区域行政区划分合频繁，人员调动较大，资料散失较多，加之保管条件受限，立卷存档残缺不全，如大中镇一、二届人代会资料的缺失，成为永久遗憾。1958年12月，县建立档案馆，各区、乡也陆续建立档案室。

1966 年,大中、大道、大兴、新团、裕华公社分别建立档案室。1988 年,实施《中华人民共和国档案法》,按照国家档案局《机关档案工作业务建设规范》,乡镇机关档案管理逐步健全。

1994 年,大中镇成立机关综合档案室,由政府办主任陈兆昌兼任档案室主任,聘用一名专职档案员,对历年文书档案进行全面整理鉴定,按内容成分划分类别,编制目录号次。

1996 年 5 月,县档案馆、县财政局对大中镇会计档案组织联合检查验收发给合格证书。户籍档案分别由属地派出所专职保管。其他专业业务档案则由部门单列,各自保管。2002 年,婚姻档案全部移送市民政局集中管理。

1983—2010 年,大中镇历经 3 次区划调整,机关档案室多次搬迁。镇党委、政府对档案管理工作十分重视。1989 年,重配档案室 70 平方米,并安装通风设备,新增档案橱 30 张,档案箱 20 只。

(二)室藏档案

1966 年,大中、大道、大兴、新团、裕华公社档案室藏档案共 1184 卷。其中永久保管 324 卷(大道 112 卷、大兴 14 卷、新团 83 卷、裕华 47 卷、大中 68 卷),长期保管 350 卷(大道 96 卷、大兴 17 卷、新团 141 卷、裕华 43 卷、大中 53 卷),短期保管 510 卷。“文化大革命”期间,机关档案业务处于停顿状态,部分文件资料未能及时收集归档。1983 年 6 月,大道、大兴(阜丰)、大中镇合并后,大中镇机关档案管理逐步加强,立卷归档质量逐步提高,室藏档案 2900 卷,其中永久期 813 卷,长期 519 卷、短期 1568 卷。1986 年 8 月 20 日,大中镇、大道、大兴(阜丰)公社的文书档案集中移交县档案馆保存。2001 年区划调整,新团镇室藏档案 744 卷交大中镇机关档案室,后全部送市档案馆。2010 年区划调整,裕华镇 1958—1992 年室藏的 560 卷档案移送市档案馆。1993—2010 年室藏的 1169 卷档案稿交至大中镇机关档案保管。2010 年年末,大中镇机关档案室现存档案共 6807 件,其中永久保管档案 1933 件,30 年保管期限档案 1922 件,10 年保管期限档案 2952 件,照片档案 2700 余幅。

(三)档案利用

调阅档案 1994 年,大中镇建立综合档案室后,即拟订《档案资料利用制度》。凡查阅控制使用的档案资料,经分管领导或档案室主任同意后在复制件上加盖验印章。至 2010 年,档案室共编制 26 册目录索引作为检索工具,每年度编写归档说明。1988 年 8 月,大中镇机关档案室编排的全宗介绍,2001 年 7 月,新团在合并前编排的 1993—2001 年机关文书档案全宗说明以及 2010 年编写的裕华镇档案全宗介绍,给查找利用提供方便。档案室共接待档案调阅对象 2900 多人次,提供档案资料 4800 多卷(册)次。

提供证明 中共十一届三中全会以后,机关档案室为右派分子改正、平反冤假错案等提供档案资料 1300 多卷(册),为 123 人落实政策提供依据。1985 年,档案先后为 117 名上山下乡知青家属户口“农转非”提供原始档案资料。为准确核实工龄、年龄、工作时间、离退休时间、干部、职工性质、待遇、婚姻状况作证提供近千卷档案资料。为征用土地、解决房屋财产纠纷、民办教师转正提供凭据,每年接待查档 200 多人次。

第十九章 体 育

新中国成立前,大中镇没有系统的体育组织机构和正规的体育比赛。20世纪50年代中期以后,机关、学校、工厂以及城镇单位自发组织,进行篮球、乒乓球等比赛。60年代初,工厂、机关、学校普及活动场地或活动室。农村大队在村办小学设篮球场。"文化大革命"时期,工厂企业、农村大队在结合民兵训练同时,普遍开展投掷及游泳方面等体育活动。1980年后,大中镇不断加大体育投入。2010年,多数村有篮球场、乒乓室,配备文体器材,群众体育不断普及,水平不断提高。

1975年,大中镇创办全县第一所少年体校。1985年,大中镇中小学生的达标率达90.1%,居县(市)第一。1981年,大中镇小学篮球队先后获盐城市第一、江苏省第二名。2010年,大丰市第二小学被江苏省教育厅表彰为体育工作先进集体,该校学生朱旭辉获江苏省第十七届运动会赛艇70公斤级冠军。大中镇的体育运动全面发展,培养了市、省、国家乃至世界冠军孙军、於秀敏等一批优秀人才。

第一节 体育设施

一、民间场所

1949年,大丰县人民教育馆内设立乒乓球、棋类活动室,有些爱好者自制一些活动器材如土哑铃、土单杠等。

20世纪50年代末到60年代初,有条件的工厂、机关、学校设活动场地或活动室。大中镇小学、大中镇成人教育中心校等先后建起灯光篮球场,篮球、乒乓球成了干部、职工、中小学生的正常活动项目,同时还因地制宜开展拔河、长跑等运动。农村大队在学校设篮球场,有的大队还设活动室,配置乒乓球、棋类等方面的器材比赛。1966年以后,工厂企业、农村大队在结合民兵训练同时,普遍开展投掷及游泳方面等体育活动。70年代中后期开始,公园及社区开始设舞场、配音响设备,安装路径健身器材等。凡来健身活动的个人,只要徒手或带上自己爱好的刀或剑、扇或空竹、或球类等就可以加入健身活动。大中镇文化站、福利院、大华居委会等单位都设有室内健身设备。2007年,国家开发"万村健身工程",大中镇获篮球架21个,乒乓球桌32个,配发给21个村和沿河、健东社区。

2010年年底,大中镇各村都建有篮球场、乒乓室、棋室有各类体育器材500多件,城区有健身广场12个,还出现体育户。大丰市第二小学设崭新高档次彩塑运动场区,东西走向的200米6跑道的环形运动场,中间是绿色的小型足球场,两块标准的篮球场、高档次的篮球架分置田径场两侧。东南侧是体操活动区,西北侧是羽毛球场,西南侧是4张露天乒乓球桌和8张乒乓球桌的乒乓球活动室。

二、专业场馆

体育场 1955年,县政府划地3.3公顷,拨款3000元,在大丰县中学东首开辟建造一片田径场,含有6条400米跑道,为县内第一个大型体育场所。此后田径场调剂给大丰中学作运动场。1962

年,在老菜场空地修建一爿简易篮球场。1963年,篮球场迁至县人民医院南空地,并架设灯光球场。1967年,灯光球场迁至育红桥南,占地0.6公顷,建有两片土质篮球场,1968年,改建水泥面篮球场一片。1971年,在篮球场南侧建一幢230平方米乒乓球训练房,内设4副乒乓球桌。1978年,篮球场和乒乓房转让给粮食局改建。1981年,在体育馆南侧建50米长、4个靶位的简易射击场。鉴于体育场所多次迁徙,过于分散,且无主体中心,1990年,大中镇费资2万余元,将多年失修的跑道进行重新整修。1991年,县政府在长乐路北侧划地2.8公顷,拨款72万元,建造体育场,按国际田联最新标准新建8条400米跑道。中心部分是一标准足球场,铺植草皮,配置喷水设施,四周架设栏杆。国家体委主任伍绍祖为之题名"大丰体育场",该体育场当年被评为江苏省优秀体育设施一等奖。

体育馆(灯光球场) 1963年,县体委在新街南端育红桥处建立灯光球场1处。1968年,在灯光球场西侧设水泥球场。1971年,又在灯光球场南侧建230平方米乒乓球训练房1幢。1978年,在体委西侧新建一座带看台灯光球场,可容纳观众4000人。1984年,县政府又拨款13万元,在带看台灯光球场基础上添置玻璃瓦顶,铺设木地板地面,设观众座位2500座,改造成一座简易体育馆。

奥体中心 2010年,大丰市投资5.5亿元在大中镇阜南村境内建建筑面积3万平方米的体育馆一座,取名"奥体中心",奥体中心内包括一座能容纳4000人的体育馆、万人体育场、少年体校、全民健身中心等。奥体中心有塑胶跑道9664平方米,足球场天然草坪7750平方米,篮、网球场4332平方米,套塑围网1220平方米,绿化景观工程4万平方米,经营文体表演,比赛,溜冰,卡拉OK舞厅。

游泳池 位于长乐路,1992年4月建成,有儿童池(25米×15米)和成人池(25米×25米)各1个。占地面积0.61公顷,夏季每天可接纳游泳爱好者3000余人次。2007年,建成一座25米×16米室内温水游泳馆,同时容纳200多名泳客,安装了国内最先进循环水处理设备,更衣室等配套设施,现已拆除。

第二节 社会体育

一、职工体育

1955年,大丰体育场建成,为企业职工、市镇居民和农民群众提供活动场所。节假日体育爱好者云集而至,参加篮球、足球、排球、单双杠以及跳高、跳远等各种活动,1956—1957年连续举行大丰县第一届和第二届职工运动会。推动了职工、城镇居民体育活动的开展。20世纪60年代初,工厂、机关、单位开始建活动场地和活动室。篮球、乒乓球成了职工正常活动项目。一些工厂、企事业单位建有篮球队,群众性广播操活动广泛开展,因地制宜地开展拔河、长跑等项目的比赛。1965年,群众性的游泳活动蓬勃兴起,大中镇各单位都组织人员参加游泳活动,当时没有游泳场馆,只在二卯西河、老斗龙港、西子午河,有的单位还到大丰干河进行比赛(由于地形水文不熟,十分危险,此项活动持续到

1976 年停止)。1969 年,在大中地区干部、职工中开展“忠”字操、“忠”字舞活动。1976 年,全镇普遍推广第五套广播体操。镇量刃具厂坚持班前操、工间操数年如一日,镇印刷厂、织布厂、粮油厂、建筑公司经常组织职工开展篮球、乒乓球、拔河、桥牌等比赛,第二建筑工程公司连续两年保持乒乓球冠军队的称号。1978 年,贯彻在职工中全面开展“三操一拳”(广播操、生产操、医疗体操和太极拳)和打球、跑步健身活动。1979 年,大中镇代表队参加盐城地区八城镇“新长征”象征性长跑通讯赛,大中镇队获总分第一名。1982 年 10 月,举行职工第六套广播体操比赛。1984 年,大中镇召开第二届职工农民体育运动会,进行了拔河篮球、乒乓球、拉扁担、自行车、田径等项目的比赛。1985 年 10 月,大中镇职工代表队在县举行的第二届职工运动会中夺得了团体总分第一名,荣获 4 枚金牌、4 枚银牌、5 枚铜牌。是年春,举办首次放风筝比赛,全镇男女老少 120 人参加竞技。3 月,在县妇联举行的女子拔河比赛中,大中镇代表队一举夺魁。1983—1985 年,大中镇职工男子篮球队在全县职工篮球竞赛中,夺得三连冠。1988 年起,全县开展争创全国体育先进县活动,乡镇企事业职工体育活动发展迅速,被授予“省体育先进乡(镇)”荣誉称号。1994 年 10 月 15—16 日,举办大中镇第五届职工、农民体育运动会暨第三届军体运动会,比赛项目有男子篮球、乒乓球、中国象棋、田径、军事(投弹、射击、单双杠)三项。1995 年初,举行大丰县“虹达杯”乡镇企业职工首届运动会,年末又举行“珍丰杯”乡镇企业职工第二届运动会。1997 年 10 月,举办大中镇第七届职工、农民体育运动会暨第五届军体运动会,比赛项目有男子篮球、乒乓球、中国象棋、田径、军事(投弹、射击、单双杠)三项等。

1997 年大中镇群众体育活动情况表

表 19－2－1 单位:人

月份	活动内容	活动地点	时 间	人数	承办单位
一	协作单位乒乓球友谊赛	文化站	中 旬	24	体委、政府办
	机关工会扑克比赛	四楼会议室	下 旬	80	机关总支、机关工会
二	春节文体系列活动	基层活动室	春 节	6000	各村(场)
	团拜文体活动	机关大院	年初八	1000	宣传办、文化站
三	镇第四届健美操比赛	体育活动中心	中 旬	800	镇妇联、体委、文化站
	中小学生迎春长跑赛	环城路	下 旬	1200	体委、文办
四	第十三届“卫星杯”风筝节	市体育场	4 月 2 日	500	人武部、团委、文化站、体委
	第 27 届中小学生田径运动会	镇南中学操场	中下旬	4400	文办、体委
五	中小学生篮球赛	逸夫小学	上 旬	300	文办、体委
	机关教工乒乓球友谊赛	文化站	中下旬	140	机关工会、文办、体委

续表 19－2－1

月份	活动内容	活动地点	时　间	人数	承办单位
六	六一节团体操比赛	各学校	6月1日	800	文办、团委、体委
	民兵营级干部实弹射击比赛	靶　场	中　旬	60	人武部、体委
七	庆七一、迎回归卡拉 OK 大奖赛（机关、企事业单位）	机关食堂	上　旬	400	工会、农体协、文化站、体委
	基干民兵实弹训练	靶　场	中下旬	650	人武部
八	迎中秋职工乒乓球赛	文化站	上　旬	100	工会、体委、文化站
	农民篮球比赛	体育活动中心	中下旬	240	农体协、体委
九	“宝鑫杯”钓鱼大奖赛	啤酒厂养殖场	上　旬	120	工会、农体协、体委
	机关干部桥牌赛	四楼会议室	下　旬	100	机关总支、体委
十	第四届职工、农民运动会暨第五届军体会	体育场、体育馆、靶场	上中旬	4000	体委、人武部、工会、团委、妇联、文化站、文办、农体协
	第二届工间操比赛	体育活动中心	下　旬	2000	工会、体委、文化站
十一	农村卡拉 OK 大奖赛	机关食堂	上　旬	180	工会、文化站、体委
	文体骨干培训班	体育活动中心	下　旬	200	体委、文化站
十二	“科技杯”拔河大奖赛	珍丰集团	上　旬	400	体委、珍丰集团、科委
	冬季长跑比赛	内环城路	中　旬	800	体委
	总结表彰大会	镇政府	下　旬	220	体委、政府办、人武部、文办、工青妇、文化站、农体协

大中镇第七届农民、职工运动会成绩总分表

表 19－2－2　　　　单位：分

单　位	篮球	乒乓球	拔河	扑克	象棋	军体	田径	总分	名次
大　新	50	48	—	—	—	4	85	187	1
阜　丰	40	23	10	—	—	5	38	116	2
恒　北	—	40	—	8	—	10	24.5	80.5	3
恒　南	—	—	—	—	—	9	38	47	4
果　园	—	38	—	8	—	—	—	46	5
利　民	—	15	—	—	—	6	22	43	6
同　德	—	—	15	14	—	—	9	38	7
泰　西	—	—	—	—	—	11	26	37	8
恒　丰	—	—	—	—	4	1	24.5	29.5	9
城　郊	—	—	20	—	—	—	—	20	10
泰　丰	—	—	—	4	—	11	5	20	10
德　西	—	—	—	2	—	—	18	20	10
双　喜	—	15	—	—	5	—	—	20	10
阜　南	—	—	—	2	—	12	4	18	11
和　瑞	—	—	—	—	—	11	—	11	12

续表 19－2－2

单　位	篮球	乒乓球	拔河	扑克	象棋	军体	田径	总分	名次
阜　北	—	—	—	—	—	6	—	6	13
新　德	—	—	—	—	—	3	—	3	14
教　育	40	64	—	—	3	17	118	240	1
卫生院	—	20	15	—	—	24	26	85	2
宝鑫机关	50	—	—	—	—	—	22	72	3
镇机关	15	5	10	—	7	15	—	52	4
色织厂	—	24	—	—	—	—	18	42	5
丰蕾集团	—	—	20	—	—	—	20	40	6
兴达集团	—	7	—	—	—	7	23	37	7
供销社	—	25	—	—	—	—	11	36	8
印刷厂	15	16	—	—	—	—	4	35	9
二布厂	—	—	—	—	—	13	5	18	10
链条厂	—	—	—	—	—	6	5	11	11
丰泽集团	—	—	—	10	—	—	—	10	12
车管所	—	—	—	—	—	4	—	4	13
地税所	—	2	—	—	—	—	—	2	14
福利厂	—	—	—	2	—	—	—	2	16
花　炮	—	—	—	—	1	—	—	1	16

2003 年 6 月 10 日，江苏省第一个全民健身日，大中社区和健身点 5000 余人参加活动。2005 年 6 月 16 日，开展“6 · 10”全民健身周及全民健身日活动。2006 年 4 月 18 日，举办大中镇第 21 届“花木杯”风筝节，100 个风筝参加比赛。6 月 10 日，举行第四个全民健身月活动，举行城区万人健步走和大丰全民运动会。

1992 年开展“创体育先进县”活动后，群众性的体育活动展现出一派欣欣向荣的新景象。每天早晨在社区广场、马路边、公园里，打拳、做操、练功的人一片连着一片；跑步、竞走的人是首尾相接，联成一串。“跑步热”“武术热”“练功热”不仅出现在镇上的街道，而且发展到农村的谷场。2010 年，全镇经常参加体育活动的人数达 4 万余人。

二、农民体育

20 世纪 60—70 年代，各大队普遍在学校处设立篮球场，有的大队还设立活动室，开展乒乓、棋类等方面的竞赛，民间传统活动“拉扁担”常常活跃于场头、田头。

1966 年以后，农村大队在结合民兵训练的同时，普遍开展投掷及游泳方面的体育活动。

1971 年 3 月，大丰在南阳公社召开县农村首届军体运动会，大中镇、大道、大兴、新团、裕华代表队都参加比赛。1974 年，开展争创“先进体育乡镇”活动，大中镇、大兴公社举行水上运动会。1984 年 10 月，大中镇选拔 28 名运动员参加县第二届农民运动会，荣获 9 枚金牌、3 枚银牌、2 枚铜牌，获团体总分第一名，并被评为精神文明代表队。1985 年，大中镇、裕华镇被命名为县级体育先进乡镇。1986 年，大中镇被江苏省体委命名为体育先进乡镇后，群众性体育工作又有新突破。是年，有 4 名运动员参加省农运会的田径和射击项目的比赛。城郊村的青年农民射击手杨卫东荣获市、省农运会射

农民田头拔河比赛

击比赛第一名,并于10月参加全国首届农运会。1988年10月,大丰县第三届农运会在县城举行,大中镇获团体总分第1名,获田径第2名,篮球第1名,乒乓男团第2名,大中镇、裕华镇分获乒乓女团第1名、第3名。是年,大中镇、裕华镇被江苏省命名为省级体育先进乡镇。1992年,大中镇举行第二届农民职工运动会。10月,在大丰县农运会上,大中镇组建的男篮、女篮、男乒、女乒代表队,均获团体第一名。1990—1992年,大中镇农民乒乓队连续三年在盐城市比赛中夺冠,并代表盐城市队参加全省农民运动会获团体第三名,镇福利院李进海在省农民运动会射击比赛中荣获第一。1996年,"新风杯"体育考核大中镇、新团镇、裕华镇全部达标。

1996年后,镇组团参加盐城市第一届农运会,沈小琴在100米短跑、4×400米接力赛中获个人金牌。此后,大中镇农民拔河队在盐城第二届农运会上获团体第一名,并代表盐城市参加徐州举办的全省农运会,获团体第三名。1998年大中农民风筝队代表盐城参加全省在常州的比赛获团体第二名,个人第一名的好成绩。5月,陈洪斌参加江苏省职工象棋比赛,荣获全省象棋冠军。2004年,利民村女子舞龙队代表大丰市参加盐城市举办的盐城首届体育健身节暨第五届农民运动会获得二等奖,女子组第一名的优异成绩。2008年,同德村民兵王伟在第六届全国农民运会中获得民兵军事三项投弹个人项目金牌,实现盐城市该项目在全国农运会上零的突破。10月10日,举办大中镇行政村运动会。全镇20个村189名男女运动员、教练参加。比赛项目有男女乒乓球、定点投篮、挑担过独木桥、自行车慢骑等。大新村以团体总分25分的成绩荣获这次运动会的第一名,恒北村、恒丰村各得12分,双喜村得10分,老坝村得9分,光明村、恒南村各得7分,分别获得这次运动会团体总分第2~6名。

大中镇职工、农民田径、军事三项最高纪录一览表

表19-2-3

项目	成绩	创造者	单位	时间	竞赛地点
100米(男)	12″3	左康兵	恒丰村	1994.10.16	县体育场
(女)	13″4	姜向华	大新村	1985	县体育场
400米(男)	58″4	左康兵	恒丰村	1994.10.16	县体育场
(女)	1′15″4	何田华	恒北村	1994.10.16	县体育场
800米(男)	2′16″6	吴锡冲	阜北村	1984.10.17	县体育场
(女)	2′38″8	姜向华	大新村	1984.10.17	县体育场
1500米(男)	4′45″1	吴锡冲	阜北村	1984.10.17	县体育场
(女)	5′44″3	姜向华	大新村	1984.10.17	县体育场

续表 19－2－3

项目	成绩	创造者	单位	时间	竞赛地点
跳高(男)	1.49 米	张惠	福利厂	1995	县体育场
(女)	1.24 米	杨亚宽	恒北村	1994.10.10	县体育场
跳远(男)	5.35 米	吴育宽	恒北村	1994.10.10	县体育场
(女)	4.25 米	姜向华	大新村	1994.8.22	二中操场
铅球(男)	10.9 米	沈志冲	量刃具厂	1984.10.17	县体育场
(女)	7.76 米	朱连素	福利厂	1995.10	县体育场
手榴弹(男)	59.88 米	于永恒	阜丰村	1984.8.22	镇中操场
(女)	33 米	张成香	染织厂	1994.10.16	县体育场
射击(男)	47 环	陈永兵	二印厂	1990.7	县靶场
(女)	36 环	张秀红	阜丰村	1994.10.16	县靶场
3000 米(男)	11′45″5	孙文权	珍丰集团	1994.10.16	县体育场
800 米负重(男)	3′32″2	黄亚菊	珍丰集团	1994.10.16	县体育场
1500 米负重(男)	5′47″	陈建	花炮厂	1994.10.16	县体育场

大中镇部分年份参加县以上比赛获得成绩及荣誉表

表 19－2－4

年　　份	姓　名	单　位	获得成绩及荣誉
1974、1976、1978、1985	廖　元	大中镇团委	3 次县乒乓球男子单打冠军,3 次县混合双打冠军,2 次县男子双打冠军,省乒赛精神文明裁判
1983、1984、1985、1986	季瑞华	大中镇小学	连续 4 次县乒乓球女子单打第一名
1984	姜向华	大新村	省农民运动会女子 100 米、400 米接力金牌代表江苏省出席全运会
1985	姜向华	大新村	盐城市农运会 1500 米金牌
1985	吴锡冲	阜北村	盐城市农运会 1500 米铜牌
1988	吴锡冲	阜北村	县第三届农运会 1500 米第一名、3000 米第一名
1988	徐瑞红	和瑞	县第三届农运会 1500 米第一名
1988	柏亚兰	染织厂	县第三届农运会乒乓球女单第一名

三、老龄体育

大中镇老年干部、职工、居民先后多次代表大丰市参加市以上各类老年体育活动并夺得名次。

1984 年,获盐城市老龄人乒乓球男女团体冠军。1993 年,桥牌队代表盐城市参加省老龄人桥牌赛,获双人赛金牌、铜牌各一枚。1997 年,参加盐城市"迎七一,庆回归"老干部健身操表演赛,获一等奖。1998 年 11 月 14 日,大中镇体委、老干支部、退协举办第一届老干部体育运动会,退休教师和镇机关离退休干部 140 多人,比赛项目有跳绳、踢毽、慢骑自行车、羽毛球、竞走等五项。2000 年,参加盐城市老龄人健身操比赛,获优秀表演奖。2003 年 4 月,大中镇老年门球队参加盐城市乡镇老年人门球比赛获第三名。2004 年退休老同志唐正林在桥牌全国通信赛上获江苏分赛场冠军。2005 年,唐正林再次获得江苏南北双人赛第一名。2005 年 11 月,大中镇老年门球队参加盐城市"近湖杯"乡镇

老年人门球比赛荣获第三名。2006年12月，在大丰市全民健身月活动启动仪式上，大中建业社区、建东社区、大中晨练点以及大中老年体协精采展示了舞蹈、腰鼓等表演。镇老干部组成100人参加活动。2008年9月，大中镇老年门球队参加盐城市"东坎振兴杯"乡镇门球比赛获第二名。12月，又荣获盐城市老年人体育协会颁发的"盐城市老年人健步走向北京奥运会活动先进集体"奖牌。

2000年后，老年人体育运动会比赛项目增加象棋、扑克、篮球立定投篮、俯卧撑、仰卧起坐、拉力、乒乓球和门球等项目。鼓励80岁以上老人参加力所能及的活动。运动会除有退休教师、离退休干部参加外，并逐渐接受社区退休干部、职工和农村老年人参加。

大中镇老年运动会从1998年开始至2010年先后举办老年人运动会13届，老年人体育运动会也每年举办一次。

四、幼儿体育

1958年后，城乡普遍兴办幼儿园（班），城镇少数幼儿园有一些简单的体育活动。1965年，城镇条件较好的幼儿园按照《幼儿园工作规程》开展幼儿体育活动。1979年后，幼儿体育日趋正规完善，适应幼儿特点的各种形式的活动广泛开展，逐步做到活动经常化、科学化、小型多样化。坚持上好体育课，坚持一天两操，坚持每天两小时户外活动。各班级除做好一套规定的徒手操，每学期还新授一套或数套自编的幼儿韵律操或轻器械操，让儿童在锻炼时接受节奏训练和舞蹈动作训练。各幼儿园还建有小小健身房或幼儿健身房、幼儿活动室。2000年，大多数幼儿园都备有秋千、爬筒、爬绳、攀登架、滑梯等组合器具，自编和自选幼儿体育游戏。

幼儿运动会：1975年6月举行首届幼运会，大中地区17所幼儿园参赛。1978—2000年，大中地区幼运会、独生子女家庭运动会近30次，比赛项目有30米、垒球、立定跳远、迎面接力、拔河、五级蛙跳、10×30米接力、托球跳、三角传球、儿童三轮车速骑等。

第三节　学校体育

新中国成立前，学校体育经费短缺，设施缺少，只能进行简单的体育活动。1938年，私立海光中学聘任体育专业人员姜志仁为体育教师，带领学生开展各项体育锻炼，曾参加东台县中学生运动会，获总分第二名。

新中国成立初期，学校虽设有体育课，但既无体育教材，又少运动设备，体育课仅能作些基本动作和队列训练，师生习惯视体育课为"副课"。1953年以后，贯彻"身体好、学习好、工作好"三好要求，中小学实行每周两节体育课、两节课外活动，内容为体操、田径和各种球类；同时陆续添置学校体育设备，一般完小都有篮球架、单双杠、背垫，有的还有跳板、滑梯，初小有跳高架和沙塘。中学体育设备日趋完备，锻炼项目还有标枪、铁饼、足球等。学生组织中，班级均设有文体委员，中学学生会中设有文体部。学校体育教研组集体钻研教材，制定教学计划，改进教法，不时举行体育课研教学活动，校际间经常组织各种单项比赛，相互促进。1955 年，农村中小学校开始全面贯彻党的教育方针，引导学生德、智、体全面发展，正常开展两课两操活动（每周两节体育课，每天做广播操、眼保健操，每周两节课外活动）。1956 年，推行《准备劳动与卫国体育制度》（简称“劳卫制”），大中镇中小学校田径、体操、球类等活动十分活跃。1957 年，凡达到国家一、二级标准的学生发给“准备劳动与卫国体育”证章。是年，在中等学校中实施体育不及格不得升级、不得毕业的规定。

1960 年前后，多数中小学体育课设而不开，“劳卫制”达标锻炼遂亦中止。1965 年后，停止“劳卫制”活动，但其他项目如球类、田径、游泳等活动仍正常开展。

“文化大革命”初期，学校体育一度停顿，中小学的体育教师被整，场地、器材被破坏。以“军体课”取代体育课，从内容到形式都突出军训特点。

1975 年起，施行《国家体育锻炼标准》，成立少年业余体校。是年，大丰县在大中镇办少年业余体校，训练对象大部分为中小学学生，设田径、篮球两个队，男女学员 30 余名。1976 年，增加射击项目，学员发展到 100 余名。1980 年，业余体校进行整顿，分设田径、篮球、乒乓球、射击 4 个队，有 120 名男女学员。同时配备校长、副校长、专兼职教练员，解决了必要的经费和训练器材、服装、鞋子等，训练逐步走上正规化、制度化。3 月，大中镇中小学校 1400 余名学生体育达标率达 83.6%，居全县第二位。1985 年达 90.1%，居全省首位。

1980 年以后，学校体育事业得到恢复和发展。镇属中小学生都能坚持做“两课”“两操”两活动。逸夫小学对体育教学进行改革实验，由原来的每周两节体育课增至二至四节课。镇南中学将中学每天一小时的体育活动改为“课外活动正课化”，适龄学生的达标率 85% 增长到 100%，优秀率达 21%。

学校体育竞赛运动每年举办二次运动会，每年参加县级以上学校体育竞赛运动会就有 8400 多人，很多家长将中小学生送至乒乓馆、武术馆、围棋馆、体育舞蹈馆等进行培训提高，镇有特色的体育类学校，如“实小”象棋班、“五小”围棋班、“逸夫”篮球班、“六小”风筝班、“三小”游泳班等。1984 年，在三所镇属中学和中心小学配备专职体育教师，其余各校都有兼职体育教师，并建立以镇北中学、中心小学为中小学活动中心的体育活动网络，定期开展点面教研活动。每年春季召开一次中小学田径运动会和一次冬季长跑运动会，以检阅学校体育工作成果。6 月，裕华中学获盐城市传统校田径运动会乙组总分第一名。1987 年，大中镇小学小篮球队获盐城市第一名、省第二名。1989 年，大中镇小学被盐城市体委命名为“体育传统学校”。1993 年，镇南中学女篮获大丰县中学生女篮冠军。1994 年，在大丰县中学田径运动会上，大中镇镇南中学代表队获甲、乙组冠军。1997 年，大丰市第五中学校女子篮球队代表大丰市参加盐城市中小学生篮球运动会，获女子组第三名。同年，大丰市第二小学被表彰为“盐城市体育工作先进集体”，并获得“盐城市篮球传统项目学校”称号。是年，市五中女子篮球队代表大丰市组队参加盐城市中小学生篮球运动会获初中组第三名。输送於秀敏至盐城市运动学校，后转至省体工队、国家队，被培养成世界冠军。1998 年，大丰市二小任慧芹打破大丰市女子儿童组跳远、跳高两项市最高纪录。1999 年，市五中女子篮球队获得大丰市学生篮球运动会初中组冠军。2001 年，恢复 20 世纪 80 年代前市区中小学乒乓球比赛，12 月 15—17 日，城区 11 所中小学 66 名学生参加男女团体、单打 4 个项目的比赛。7 月 23—26 日，大中镇逸夫小学代表队在昆山市进行的江苏省青少年航空模型比赛获得杆身单项团体三等奖。是年，大丰市二小束庆在大丰市中小学生运动会上打破市男子儿童组 200 米最快纪录。学校篮球队获小学男子组第一名。

2003 年，大丰市第四小学被大丰市教育局、体育局联合授予“大丰市少儿乒乓训练基地”称号。是年，市二小篮球队获大丰市小学生篮球运动会男子组第一名，大丰市五小女子篮球队获女子组第一名。同年，市五小输送唐健、张玲去盐城体校。

2004年,大丰市在第五小学建立围棋训练基地。是年,大丰市二小代表队在市中小学生田径运动会上打破女子儿童组4×100米市最快纪录。大丰市四小获"盐城市小学特色学校(乒乓球)"奖牌。大丰市五小围棋代表队在盐城市少儿围棋比赛获团体第三名,学校输送贯文静上省体院。大丰市第四小学被盐城市教育局评为乒乓球特色学校。大丰市第五中学徐娟获得"国家田径一级裁判"称号。大丰市二小陈亚辉参加盐城市小学体育教学基本功竞赛获第一名,获田径项目国家一级裁判员证书。2005年,大丰市五小围棋代表队在盐城市"民生人寿杯"少儿围棋锦标赛获团体第三名。2006年,大丰市第五中学於秀敏(1997届学生)在多哈亚运会上获女子双向飞碟团体冠军。大丰市第七小学曹界宇参加盐城少儿象棋比赛荣获个人第五名。是年,大丰市五小王海燕在盐城市中小学生田径运动会上获铅球、垒球第二名。校围棋代表队在盐城市少儿围棋比赛中获团体男子组第二名,朱应立获男子儿童乙组冠军。学校输送王海燕上盐城体校。

2007年,开展阳光体育运动,提倡学生每天锻炼一小时,全镇中小学校实行"三课、两活动、两操"制度。是年,大丰市第五中学初二学生朱旭辉、戚玉梅分别被江苏省赛艇队和摔跤队选中。9月20日,於秀敏在塞浦路斯举行的世界射击锦标赛运动会上获女子飞碟团体冠军;大丰市七中输送王世伟去盐城体校学习;大丰市二小棋类运动队参加盐城市中小学生"三棋"比赛获围棋组团体总分第二名。大丰市二小被盐城市委、市政府表彰为"体育工作先进集体",学校负责人在表彰大会上作经验交流;裕华中心小学被大丰市定为跆拳道训练基地。大丰市五小校长获盐城市体育局2003—2007年度盐城市群众体育先进个人。校围棋男队获盐城市少儿围棋比赛团体男子组第一名。朱应立获盐城市少儿围棋比赛男子儿童甲组冠军,刘子敬获男子儿童乙组冠军。学校获全国第十八届广播杯围棋赛10岁组冠军、幼儿组第二名,江苏省少儿围棋赛幼儿组第二名。陈颖璐获盐城市少儿围棋比赛女子幼儿组冠军,袁喆获男子幼儿组冠军。

2008年,大丰市七中王世伟获江苏省中学生田径赛男子乙组铅球第二名,铁饼第二名。戚玉梅在2008年江苏省摔跤比赛中获60公斤级第二名。是年,大丰市二小管礼被省体育局定为围棋项目国家二级运动员;大丰市五小围棋队获盐城市少儿围棋比赛团体冠军;朱应立获江苏省少儿围棋赛第二名;大丰市七小蒋小凡获华东地区迎奥运少儿拉丁舞一等奖。曹界宇获盐城市小学生象棋比赛第五名;大丰市第五小学荣获盐城市少儿围棋团体赛冠军;大丰市二小范雨晨在大丰市中小学生田径运动会上打破女子儿童组800米市最高纪录;学校田径队获"盐城市田径传统项目学校运动会"团体总分第三名,篮球队获"盐城市篮球传统项目学校运动会"小学组第二名;大丰市四小获"江苏省开展'冬季三项'百日锻炼先进学校"奖;大丰市五小围棋队获盐城市少儿围棋比赛团体冠军,陈颖璐获女子儿童组第一名、江苏省少儿围棋赛第三名;校乒乓球队在大丰市中小学生乒乓球比赛中获男子团体冠军;大丰市七小樊振洋获盐城市儿童乙组28公斤级跆拳道训练第一名,戎冲获男子乙组68公斤级第一名。是年,推行新广播操——"舞动青春"。大丰市第五中学学生朱旭辉在江苏省青年赛艇比赛中获得第二名,并被授予体育道德风尚奖。

2004—2008年,大丰市第六小学教师王建丰、朱荣清连续五年在江苏省风筝节大赛中获奖,教师姜向兵被评为"大丰市优秀教练员"。2009年,大丰市第五中学戚玉梅参加全国青年女子自由式摔跤锦标赛获得第七名;大丰市五中输送吴晓进、祝爱民至盐城市运动学校。

2010年9月,朱旭辉在省第十七届运动会取得赛艇70公斤级冠军。是年,市二小棋类运动队参加盐城市中小学生"三棋"比赛再次获得团体总分第二名,学校被江苏省教育厅表彰为学校体育工作先进单位。教师束长进参加盐城市小学体育教师教学基本功竞赛获一等奖。学校被江苏省体育局命名为"江苏省足球后备人才重点学校"和"国家足球城市布点学校"。大丰市五小围棋队获盐城市少儿围棋比赛团体冠军,获盐城市围棋代表队选拔赛团体冠军、个人冠军,获盐城市教育局中小学生阳光伙伴集体绑腿比赛优秀组织奖,男女组各获二等奖。是年,市二小参加盐城市游泳比赛,多个项目荣获冠军。市第五小学开展"阳光体育活动",10月,学校组织30名学生参加盐城市中小学生绑腿跑比赛,荣获优秀组织奖、男女团体二等奖。该校体育特色品牌项目围棋在全市名列前茅。市六小的风筝制作成为一大特色,王建峰、朱荣清两位教师成为大丰市首批非物质文化遗产继承人。裕华小学跆拳道,在盐城市跆拳道比赛中获得三个级别的一、二名好成绩。大丰市二小连续十年获大丰市中小学生田径运动会团体总分第一名。

中小学生运动会:

从20世纪60年代初期开始,大中镇所属中小学每个学期都以学校为单位举行一次学生运动会。至2010年,共举办中、小学生运动会(含单项竞赛)100多次,竞赛项目由最初的田径、篮球、乒乓球逐年发展到足球、排球、羽毛球、体操、武术、棋类等。

大中镇中小学生田径破(平)县纪录表

表19-3-1

年份	姓 名	运动会名称	地 点	组 别	项目	成绩	县纪录
1987	刘霞	县中小学田径运动会	县体育场	女子儿童组	800米	2′43″1	2′43″1
1989	李爱平	县中小学田径运动会	县体育场	女子儿童组	60米	8″6	8″6
1995	於秀敏	县中小学田径运动会	县体育场	女子少年乙组	跳高	1.7米	1.58米

1976—1986年大中镇中小学生田径运动会成绩表

表19-3-2

组别	项目	性别	年度	比赛单位	单位	姓名	最优成绩
儿童组	50米	男	1983	驻城	镇小	沈 平	7″4
		女	1983	驻城	镇小	张小芹	8″2
	100米	男	1984	二中	太丰	吴汉文	14″9
		女	1984	二中	利民	王荣清	15″6
	200米	男	1985	二中	双喜	迩红军	31″7
		女	1986	二中	东一	王宛心	31″8
	400米	男	1986	丰中	阜南	孙爱军	1′12″6
		女	1986	东台	镇小	刘 霞	1′9″6
	跳高	男	1986	东台	镇小	沈 平	1.27米
		女	1985	二中	镇小	陈少华	1.20米
	跳远	女	1983	驻城	东一	王宛心	4.04米
	铅球	男	1977	阜中	镇小	姜永昌	7.70米
		女	1984	二中	东二	韦 春	6.60米
少年乙组	垒球	男	1985	二中			42.35米
		女	1985	二中		朱 芳	34.46米
	100米	男	1986	阜中	道中	杨一丰	13″1
		女	1976	丰中	工校	朱 丹	14″5
	200米	男	1986	二中	恒南	朱洪兵	29″2
		女	1986	二中	德北	黄春菊	31″6

续表 19 - 3 - 2

组别	项目	性别	年度	比赛单位	单位	姓名	最优成绩
少年乙组	400 米	男	1978	阜中	德丰	吴洪余	1′9″6
		女	1976	丰中	东一	计小玲	1′14″2
	800 米	男	1978	丰中	阜中	金珍林	2′36″2
		女	1978	阜中	阜中	韩艮风	2′48″5
	1500 米	男	1977	阜中	阜中	金珍林	5′16″4
		女	1986	阜中	镇北	金荣兰	6′28″4
	铅球	男	1978	阜中	同德	刘正辉	9.43 米
		女	1985	二中	东二	韦　春	8.00 米
少年甲组	100 米	女	1976	阜中	工校	胡宗妹	14″8
	200 米	男	1976	二中	镇北	闵国林	25″8
	400 米	男	1985	二中		王　祥	1′4″5
	800 米	男	1977	阜中	阜中	徐金华	2′33″5
		女	1985	二中		徐瑞红	2′50″8
	1500 米	男	1976	丰中	工校	李　心	5′7″1
		女	1976	丰中	工校	胡宗妹	6′1″
	跳远	男	1985	二中		扬　宇	5.10 米
	铅球	男	1986	阜中	镇北	季如祥	10.20 米
	铁饼	男	1985	二中		扬　宇	45.30 米
	标枪	男	1985	二中		韦　丰	45.30 米
		女	1985	二中		李季玲	24.74 米

大中镇中、小学生田径项目最高成绩记录表
（儿童组 12 岁以下）

表 19 - 3 - 3

项目	性别	成绩	创造者	学校	年度	地点
60 米	男	83	王健	裕华	1998	大丰
100 米	男	13″1	郁峥嵘	裕华	1992	大丰
	女	13″4	徐娟	三小	1999	大丰
200 米	女	28″8	李爱平	逸夫小学	1989	大丰
400 米	男	1′4″3	翟连连	大中镇小	1996	大丰
	女	1′6″9	何先抚	三小	2000	大丰
800 米	女	2′39″5	何先抚	三小	2000	大丰
跳高	女	1.28 米	任慧芹	大中镇小	1999	大丰
跳远	女	4.53 米	任慧芹	大中镇小	1999	大丰
铅球(3 公斤)	男	12.10 米	潘飞	大中镇小	1999	大丰
400 米	男	1′4″2	束庆	大中镇小	2001	大丰
800 米	女	2′39″1	范雨晨	大中镇小	2009	大丰

大中镇中、小学生田径项目最高成绩记录表
（少年乙组 13～14 岁）

表 19－3－4

项　目	性别	成绩	创造者	学校	年度	地点
400 米	男	56″2	翟连连	大中镇	1998	大丰
800 米	男	2′15″8	仲海涛	裕华	1983	大丰
1500 米	男	4′38″4	姜向兵	镇北	1986	沙洲

大中镇中、小学生田径项目最高成绩记录表
（少年甲组 15～17 岁）

表 19－3－5

项　目	性别	成绩	创造者	学校	年度	地点
800 米	男	2′07″	黄妙才	裕华	1976	盐城
	女	2′24″6	叶华	大中镇	1998	盐城
1500 米	男	4′23″2	姜向兵	镇北	1989	苏州
3000 米	男	9′33″1	姜向东	镇北	1987	苏州
铁饼（男 1.5 公斤 女 1 公斤）	男	46.78 米	吴慧祥	镇北	1990	南京
	女	30.72 米	周海莲	大中镇	1995	大丰

2000—2010 年田径运动会儿童组最高成绩纪录表

表 19－3－6

性别	项目	2000			2001			2002			2004			2009		
		成绩	姓名	单位	成绩	姓名	单位	成绩	姓名	单位	成绩	姓名	单位	成绩	姓名	单位
男子	60 米	—	—	—	9″	吴益凡	大中	—	—	—	8″6	沈　洲	大中	—	—	—
	100 米	—	—	—	—	—	—	—	—	—	—	—	—	—	—	—
	200 米	—	—	—	27″8	束　庆	大中	—	—	—	—	—	—	29″4	魏　巍	大中
	400 米	—	—	—	1′4″2	束　庆	大中	—	—	—	—	—	—	1′09″9	杨　诚	大中
	800 米	—	—	—	—	—	—	—	—	—	—	—	—	2′41″	杨　诚	大中
	跳高	1.28	顾　谦	裕华	1.33	陈　辉	裕华	—	—	—	—	—	—	1.17	朱俊杰	裕华
	跳远	4.45	顾　谦	裕华	4.63	陈　辉	裕华	4.85	张士伟	大中	—	—	—	3.93	魏　巍	大中
	铅球	—	—	—	—	—	—	—	—	—	—	—	—	—	—	—
	垒球	—	—	—	—	—	—	—	—	—	47.30	朱　峰	大中	—	—	—
	4×100	—	—	—	58″8	—	大中	—	—	—	—	—	—	—	—	—

续表 19－3－6

性别	项目	2000			2001			2002			2004			2009		
		成绩	姓名	单位	成绩	姓名	单位	成绩	姓名	单位	成绩	姓名	单位	成绩	姓名	单位
女子	60 米	—	—	—	—	—	—	—	—	—	8″8	李　谚	大中	9″3	卢　意	大中
											8″7	季　璇	大中			
	100 米	—	—	—	—	—	—	—	—	—	14″4	戴莹莹	大中	—	—	—
	200 米	—	—	—	30″9	蒋婷婷	大中	—	—	—	—	—	—	—	—	—
	400 米	—	—	—	1′11″6	钮艳云	大中	1′11″8	周婷婷	大中	—	—	—	1′10″1	范雨晨	大中
	800 米	—	—	—	—	—	—	2′57″2	姜舒媛	大中	—	—	—	2′39″1	范雨晨	大中
	跳高	—	—	—	—	—	—	1.18	蒋丽莎	裕华	—	—	—	—	—	—
	跳远	—	—	—	—	—	—	—	—	—	3.78	李　谚	大中	—	—	—
											3.93	季　璇	大中			
	铅球	—	—	—	9.55	王海燕	大中	9.50	陈莹莹	大中	9.78	胥文静	大中	—	—	—
	垒球	—	—	—	40.90	王海燕	大中	—	—	—	—	—	—	—	—	—
	4×100	—	—	—	1′01″4	—	大中	1′00″2	—	大中	59″	—	大中	1′00″	—	大中
											1′1″6	—	大中			

2000—2010 年田径运动会少年乙组最高成绩纪录表

表 19－3－7

性别	项目	2000			2001			2002			2004			2009		
		成绩	姓名	单位	成绩	姓名	单位	成绩	姓名	单位	成绩	姓名	单位	成绩	姓名	单位
男子	100 米	—	—	—	—	—	—	—	—	—	—	—	—	—	—	—
	200 米	26″4	刘　杰	裕华	—	—	—	25″8	朱汉成	大中	—	—	—	—	—	—
	400 米	—	—	—	—	—	—	—	—	—	—	—	—	—	—	—
	800 米	—	—	—	—	—	—	—	—	—	2′27″6	季明进	大中	—	—	—
	1500 米	5′4″4	陈　刚	裕华	—	—	—	5′02″	夏文华	大中	5′1″4	季明进	大中	—	—	—
	跳高	—	—	—	—	—	—	—	—	—	—	—	—	—	—	—
	跳远	—	—	—	—	—	—	—	—	—	—	—	—	—	—	—
	铅球（5 公斤）	12.33	潘　飞	大中	13.80	潘小飞	大中	—	—	—	—	—	—	—	—	—
	铁饼（1 公斤）	41.40	潘　飞	大中	—	—	—	—	—	—	—	—	—	—	—	—
	标枪（600 克）	—	—	—	—	—	—	42.98	唐龙生	大中	36.78	徐雪峰	裕华	—	—	—
	三项全能	—	—	—	—	—	—	—	—	—	—	—	—	—	—	—
	4×100	—	—	—	—	—	—	—	—	—	—	—	—	—	—	—

续表 19－3－7

性别	项目	2000			2001			2002			2004			2009		
		成绩	姓名	单位	成绩	姓名	单位	成绩	姓名	单位	成绩	姓名	单位	成绩	姓名	单位
女子	100 米	13″4	丁富芳	大中	—	—	—	—	—	—	—	—	—	14″4	袁钰栋	大中
	200 米	27″7	丁富芳	大中	—	—	—	—	—	—	—	—	—	—	—	—
	400 米	—	—	—	—	—	—	—	—	—	—	—	—	—	—	—
	800 米	—	—	—	—	—	—	—	—	—	—	—	—	—	—	—
	1500 米	—	—	—	5′52″	王蓓雷	大中	—	—	—	6′14″ 6′00″	蒋红艳 朱　玲	大中 裕华	—	—	—
	跳高	1.24	任慧芹	大中	1.24	任慧芹	大中	—	—	—	—	—	—	—	—	—
	跳远	4.49	任慧芹	大中	4.31	任慧芹	大中	—	—	—	—	—	—	4.38	袁钰栋	大中
	铅球（5 公斤）	—	—	—	—	—	—	—	—	—	—	—	—	—	—	—
	铁饼（1 公斤）	—	—	—	—	—	—	—	—	—	—	—	—	—	—	—
	标枪（600 克）	—	—	—	—	—	—	—	—	—	—	—	—	—	—	—
	三项全能	1350	曹晓娟	大中	—	—	—	—	—	—	—	—	—	—	—	—

建国后大中镇培养输送体育人才情况表

表 19－3－8

年份	姓　名	姓别	所在学校	输送单位	年份	姓　名	姓别	所在学校	输送单位
	季瑞华	女	—	省游泳队	—	董林海	男	—	扬州师院体育系
	任　凯	男	—	省田径队	—	杜锦风	女	—	西安部队体育学院
	杨留根	女	—	省田径队	—	孙迎晔	女	—	上海体院
	兰利平	男	—	省田径队	—	刘文霞	女	—	省军区射击队
	朱洪根	男	—	省篮球队	—	单卫国	男	—	南京军区体工大队
	吴锦罗	男	—	省篮球队	1997	於秀敏	女	市五中	盐城体校
	李华俊	男	—	南京部队排球队	2003	唐　健	男	五小	盐城体校
	陆建国	男	—	省军区队	2003	张　玲	女	五小	盐城体校
	李　萍	女	—	省师院体育系	2003	王世伟	男	市七中	盐城体工队
	顾伯荣	男	—	省师院体育系	2007	朱晓辉	男	市五中	省体工队
	俞正清	男	—	南大体育系	2007	戚玉梅	女	市五中	省体工队
	胡德玉	男	—	省师院体育系	2009	吴晓进	男	市五中	盐城体校
	刘春宁	男	—	扬州师院体育系	2009	祝爱民	男	市五中	盐城体校

附 1:世界冠军於秀敏简介

於秀敏,大中镇和瑞村人,小时候就读于和瑞小学、镇南中学(现名市五中),1997 年被学校输送至盐城市运动学校、转省体工队、转国家队。其父母现住大中教师公寓。2009 年,她婚嫁到南京。2006 年新加坡亚锦赛获飞碟双向个人冠军。12 月 7 日,在多哈亚运会勇夺女子飞碟双向射击比赛团体冠军,并获个人项目铜牌。2007 年 9 月 5 日,在塞浦路斯飞碟世界锦标赛中她再次夺得团体冠军,并与队友创下新的世界纪录。2009 年 10 月 21 日,济南全运会女子飞碟双向射击比赛她获该项冠军。这也是盐城市在全运会上获得的首枚金牌,更是盐城市全运会历史上首个个人获得金牌选手。

附 2:亚运冠军孙军简介

孙军,男,生于 1971 年 10 月,大丰市大中镇福丰村人。1988 年 12 月入选大丰县少年体校,1992 年入选江苏省赛艇队,1993 年入选国家赛艇队。在全国及国际大赛中连续取得好成绩:1994 年 10 月在日本广岛第 12 届亚洲运动会上获 8 人单桨无舵手赛金牌;1995 年 6 月,在上海淀山湖全国赛艇锦标赛中获双人单桨无舵手亚军、4 人单桨无舵手铜牌;1996 年 5 月,在日本大板亚洲赛艇锦标赛(奥运会选拔赛)中获 4 人单桨无舵手冠军;1996 年,在德国科隆世界赛艇锦标赛上获 4 人单桨无舵手第 8 名;1997 年 10 月,在上海第 8 届全运会上获双人单桨无舵手冠军;1998 年 12 月,在泰国曼谷第 13 届亚洲运动会上获 4 人单桨无舵手金牌;2000 年 10 月,在上海全国赛艇棉标赛上获双人单桨第一,陆上划船器第一。1994 年以来,孙军多次受到表彰奖励:1994 年 11 月,江苏省政府在 12 届亚运会庆功会上给孙军记二等功一次,省体委给其记大功一次;1996 年 12 月,南京团市委授予孙军"南京市优秀团员"称号;1997 年 10 月,在第 8 届全运会上,国家体委授予孙军体育道德风尚奖;同月,江苏省政府在八运健儿庆功会上给孙军记二等功一次;1998 年 12 月,省政府在 13 届亚运健儿庆功会上又给孙军记二等功一次。孙军还三次被授予"江苏省新长征突击手"称号,多次受到盐城市政府的奖励记功,并被评为盐城市十大杰出青年。

附 3:全民健身舞大中

大中镇人大多好舞。他们借用刀、剑、棍、扇、空竹、风筝以至个人身材在音乐的节律声中翩翩起舞,谋求的是有氧、热身、快乐和健身。根据镇体委办体育资料员 2009 年 8 月近 10 天清晨实地抽查,大中镇部分晨(晚)练点健身团队的有:

2009 年大中镇各健身点情况一览表

表 19－3－9

健身点	健身项目	人数	召集人	健身点	健身项目	人数	召集人
施耐庵公园	扇子舞	20	陈桂香	人民公园银杏园	健身走	2000	
	太极系列	20		新团街	集体舞	125	卢龙英
	木兰系列	15		河滨公园	练功 18 式	40	徐秀芳
	柔道球	40	曹德祥		太极拳	18	郁　梅
	集体舞	245	马巧英、朱春龙	市府晨练点	太极拳	25	王东波
	腰鼓	120	施影荷		舞蹈	25	王东波
	羽毛球	100	刘广华	新词晨练点	集体舞	300	肖女士
	太极气功	50	黄素英		木兰拳舞	35	雍桂华
	关节操	50	计乃慧	农合行广场	太极拳	58	束华泉
	太极拳	165	李学珍、吴珍华		太极扇剑	58	陈丽娟
	五禽戏	120	李学珍、吴珍华	老干局广场	初级刀	30	蒋兰英
	八段锦	80	李学珍		太极拳	30	
	六字诀	80			健身双圈	35	
	太极剑	18	吴珍华		木兰刀	32	
	抖空竹	22	张德喜		太极扇	30	
	放风筝	28	华锦宝		太极剑	32	
银杏湖公园	柔力球	60	王小玲		镇门球	16	陆翔龄
	扇子舞	50	徐爱进		二厂门球	14	王红玲
	太极剑拳	20	戴淮生		干休门球	6	管相泉
	集体舞	350	王巧玲		供销门球	6	王德林
	养生气功	12	沙明辉		大联门球	6	蔡学全
	达摩	20	姜茂根		乒乓球	30	施建新
	太极拳剑	30	茅德全				
	瑜珈	18	王女士				

第四节 体育管理

一、机构队伍

新中国成立前，大中区域民间只有少数人自发地搞一些举石担、石锁以及踢毽子、跳绳之类的健身活动，政府当局没有组织开展过体育活动。

新中国成立后，机关、学校、工厂等单位自发组织，进行篮球、乒乓球等比赛。1971 年，镇成立以值班书记、镇长为组长的体育领导小组，有组织、有系统地开展体育活动。

1984 年后，大中镇工会相继建立桥牌、象棋、围棋、钓鱼、信鸽、篮球、气功、乒乓球、羽毛球等活动组织。

1985 年，镇体育领导小组改为体育委员会，分管文体的副镇长任主任，工会、人武、青年、妇女等部门负责人为委员，适时调整体委领导班子，配备专（兼）职体育工作人员，拟定活动计划，落实经费开支渠道。同时，健全全民健身体育网络组织，先后建立农民、老年、篮球、乒乓球、门球、风筝、棋牌、保健操等协会以及俱乐部等群众体育组织；在学校建立体育辅导站和中小学业余体校等组织。

1995 年起，贯彻施行《中华人民共和国体育法》《全民健身计划纲要》和《奥运争光计划纲要》，全民健身群众性的体育活动进入新的发展时期。

2008 年，大中镇全民建身网络组织，下设农民体育协会、乒乓球协会、棋牌协会、门球协会、风筝协会、篮球协会、保健操协会、健身走俱乐部、棋牌俱乐部、乒乓球俱乐部。网络组织明确名誉会长、会长，名誉主任、主任等领导职位。是年，大中镇有等级运动员 117 名（其中健将级 22 名），中国象棋大师 1 名，等级裁判 18 人（国家级 1 名、省级 4 名、市级 13 名），等级教练 12 人（中高级教练 3 人，一级教练 9 人）。

二、经费来源

大中镇举办各类体育活动在全市次数最多。活动经费主要来自三个渠道，即一靠镇财政拨一点，二靠部门筹一点，三靠企业捐一点。

老年人的体育活动经费主要靠镇财政解决，采用实报实销的办法。

中青年体育活动，因其人员都有其一定的系统、部门组织，所以活动经费主要靠其本系统或本部门的工会活动费中列支。如有关单位举办的棋牌赛、球类活动，其活动经费则由其单位的工会活动费中列支。假如参加人员来自多方，则靠企业捐一点办法来解决，如放风筝比赛活动。

中小学生的体育活动，主要由活动主办方负责解决。

第二十章 医疗卫生

新中国成立前,大中镇境内没有医院,镇上仅有几家私人开设的诊所,设备极简陋,且大多为家传医术。农村偶有一两个医术不高的走坊郎中。因地瘠人贫,缺医少药,环境卫生差,致使传染病大量流行,霍乱、天花、伤寒、麻疹、脑炎、肺结核等疫病时有发生。梅毒、丝虫、血吸虫等地方病长期威胁着人民的生命安全,一旦患病,大多是"小病拖,大病挨,重病等着土里埋"。民国32年(1943)9月,大中集霍乱大流行,短短几天时间,仅城区就死亡100多人,棺材铺的棺材卖之一空;一些穷苦人甚至遗尸于野,惨状目不忍睹。人民的生命、健康无保障,人民平均寿命只有36岁。

新中国成立后,党和人民政府十分重视医疗卫生事业。1949年,大中镇人民委员会分工专人负责卫生、防疫工作。1952年10月,大中镇6名社会医生联合投股,组织建立大中镇联合诊所。1958年,全镇农村大队开始创办保健站。1969年,农村推行合作医疗制度,村保健站更名为卫生室。1970年2月,组建大中镇卫生院。

20世纪80年代始,医疗卫生事业快速发展,县、镇(乡)、村三级医疗卫生网络逐步形成,医疗卫生队伍不断壮大,器械设备不断更新完善,医疗技术水平日益提高。1983年,大中镇城区有县属医院2所,镇医院3所,医务人员518人。村、厂卫生室23所,保健医师37人。1983年6月,原阜丰公社卫生院改为县精神病防治医院。大中镇卫生院设放射、化验、心电图、眼科、五官科、内科、外科、妇产科等科室,有房屋984.8平方米,卫技人员67人,可治疗常见病、多发病以及一般危重病人的抢救。

2010年,大中镇境内有县属医院3所,民营医院3所,镇医院2所,村、社区卫生服务中心(卫生室)49所,医务人员2685人。市、乡(镇)、村初步形成系统医疗网络,基本达到一般疾病不出村、社区,急重病人不出乡镇,疑难杂症不出市。是年,全镇新型农村合作医疗参合率达100%,城镇居民基本医疗保险参保率达90%。

随着爱国卫生运动不断深入,预防保健工作的经常开展,公费医疗、劳保医疗、合作医疗、医疗保险等医疗保健制度的贯彻实施,城乡环境卫生面貌明显改观,群众保健意识和身体素质日益增强,曾经在境内长期流行的天花、霍乱、流脑、脊髓灰质炎、白喉、麻疹、疟疾、百日咳、血吸虫等传染病得到有效控制。1986年,大中镇被省爱卫会评为"江苏省爱国卫生先进单位"。1991年7月,被全国爱卫会评为"全国卫生先进单位"。1995年11月,大中镇创建城镇文明卫生工作荣获盐城第一。2009年11月,全国爱卫办组织专家对大丰市创建国家卫生城市工作进行考核鉴定,大中镇达到国家卫生城市要求。12月,大丰市被全国爱卫会命名为"国家卫生城市"。

第一节 医疗制度

一、公费医疗

1952年6月,国家机关、事业单位和二等乙级以上革命残废军人实行公费医疗。医药标准每人每月1.5元,在县财政列支。经批准去外地治病的医药费、转诊路费由单位报销,市内交通费自理。

10 月，大丰县成立公费医疗预防实施管理委员会。1953 年 7 月，大丰县颁发《大丰县公费医疗预防实施暂行办法》，规定享受公费医疗的人员和公费医疗经费使用范围。对享受公费医疗待遇的人员发给公费医疗证，凭证到指定医院就诊。

1960 年前，医疗经费支出比较平衡，1970 年后出现超支现象。为控制超支，公费医疗管理机构在管理制度上作出一系列改进措施，但收效甚微。1983 年 1 月，在职职工门诊医药费每人每年按 24 元包干给单位，离、退休职工及二等乙级以上革命残废军人住院费按实支报。1984 年 8 月规定，在职人员门诊费按年 36 元包给单位，单位统筹 6 元，30 元给个人。超出 36 元的部分，单位负担 90%，个人负担 10%。离、退休职工、二等乙级以上革命残废军人住院按实支报。1986 年 7 月，规定县直在职人员年支出医药费 30 元以上 300 元以内的由个人、单位、财政按 1∶4∶5 比例分担，超过 300 元的部分由财政负担。乡镇在职人员按年 50 元包干使用，其中 20 元统筹；实际支用 300 元以内的由个人和单位按 1∶ 9 分担；超过 300 元部分，由县、乡（镇）财政各负担 50%。1989 年，试行以不同工龄层次确定经费标准，医疗费总量由定点医院包干等办法，但执行结果仍不理想。1991 年 5 月 28 日，大中镇人民政府转发大丰县公费医疗管理委员会《关于公费医疗经费包干给乡镇医院管理的改革方法》的文件。强调实施定额包干、定额发放、超额支出按比例分担的办法。医院包干定额：医疗费全年以在职人员 130 元，离退残人员 150 元定额包干给医院。确定个人控制定额，支出挂钩，结余有奖，超支分担。

1991 年大中镇医疗费支出负担表

表 20－1－1

医疗费支出	人员类型	工龄时间	个人负担（%）	单位负担（%）	财政负担（%）	包干医院（%）
在 130 元以内	在职人员	15 年以内 16～23 年 26～35 年 36 年以上	25 20 15 10	不负担	不负担	75 80 85 90
在 150 元以内	离退残人员	不分工龄	不负担	不负担	不负担	100
在 130 元以上和 600 元以内的部分	在职人员	15 年以内 16～23 年 26～35 年 36 年以上	25 20 15 10	15 15 15 15	不负担	60 65 70 75
在 150 元以上和 600 元以内	离退残人员	不分工龄	不负担	15	不负担	85
在 600 元以上和 5000 元以内	所有人员	不分工龄	不负担	25	50	25
5000 元以上的部分	所有人员	不分工龄	不负担	不负担	100	不负担

1992 年 7 月，大丰县公费医疗管理委员会发文明确：公费医疗办公室作为公费医疗管理基金单位，享受公费医疗的报销点，改由个人到定点医院报销为在本单位报销，单位财务人员定期到医院结报。凡转往外地就诊者，医疗费个人负担比例采取分段累加计算：支出在 5000 元以内，个人负担 10%；支出在 5000～10000 元的部分，个人负担 6%；支出在 1000 元以上部分个人负担 2%。二等乙级以上残废军人，个人不负担。个人全年控制定额原规定 60 元，节约部分按 50% 奖励，改为节约部分 100% 交给个人。1995 年，大丰县公费医疗管理委员会补充规定：凡转往县外就诊者，支出在 5000 元以内，个人负担 10%，支出 5000～10000 元的部分，个人负担 6%，支出在 10000 元以上部分，个人负担 2%，离休、二等乙级以上残废军人个人不负担。因新技术、新设备普遍应用于临床，且收费标准高，故对各项特殊检查和特殊治疗费用从原规定个人自费 10% 提高到 15%。适当提高定额标准，在职人员从 150 元提高到 250 元，离退残人员从 180 元提高到 400 元。医疗费个人负担封顶额，从 600

元改为1000元(不含转诊部分)。四方负担比例仍按大丰县公费医疗管理委员会大公医〔1992〕1号文执行。年定额如有结余,则归医院,如出现定额超支部分,经年审确无问题,由县公费医疗管理委员会会办解决。

1996年,大丰市进行医疗保障制度改革,将原享受公费医疗的干部、职工全部纳入城镇职工基本医疗保险。由大丰市城镇职工基本医疗保险制度改革办公室管理实施。1997年1月1日实施《盐城市职工医疗保障制度改革实施方案》。随着社会人口老龄化,老年人员与年俱增,患病的几率也随之增大;药品价格和诊疗收费标准大幅提高;部分医院盈利心切,医生滥施检查项目和开大剂量处方;医疗管理不严,一人享受公费、劳保医疗,全家跟着享受公费劳保医疗,导致公费医疗及劳保医疗费用逐年增大,弊端突现。1997年1月,大中镇作为全国医改第二批试点城镇之一,开始医疗制度改革的尝试和探索。参改对象含原公费医疗全部及劳保医疗大部。参照"两江"(镇江、九江)模式,资金筹集由单位向大丰市职工医疗保险基金管理中心缴纳职工年工资总额的12%,个人缴纳1%,离退休人员及二等乙级以上革命伤残军人免缴。医疗费用支出管理,实行个人账户与社会统筹相结合的办法,个人账户用完后自负工资总额的5%,而后进入社会统筹。离退休人员及革命伤残军人不设个人账户,直接进入统筹。该办法经过一年多的试行,医疗费用较过去公费医疗、劳保医疗虽有所下降,但有限的统筹资金并不能保障职工的基本医疗,而费用的处理也不能体现国家、集体、个人合理分担的原则。为解决这一问题,1998年5月,大丰市人民政府下发《关于职工医疗保险的补充规定》:改个人账户基金、社会统筹基金"三段直通式"管理为"板块结合式"管理,职工个人账户基金专门用于其本人的门诊费用,社会统筹资金原则上用于职工住院费用。增设退休人员个人医疗账户,按年退休金8%的比例从统筹资金中划出,记入个人账户,以堵住在职人员医疗费用向离退休人员方面暗道转移。职工住院按不同医院等级确定不同结算标准,防止门诊费用向住院转移和小病大养等不规范行为。实行连续参保时间与报销比例挂钩,规范报销行为。

2000年7月又作完善:离休人员医药费用按每人每年7000元标准筹集,40%划入个人账户,供门诊就医结算,60%为全市统筹,用作住院治疗费用结算。由卫生部门扎口包干,负责核算管理。调整基本医疗保险的筹资比例,用人单位缴费率由职工工资总额的12%下调为8%,职工个人缴费率由1%上调为2%,退休人员免缴。调整个人账户划入比例:个人账户分4个年龄段,35周岁以下的按本人年工资总额4%划入,36~45周岁的按5%划入,46周岁以上的按6%划入,退休人员按7%划入。实行定点药店制度,调整基本用药范围等。

2008年1月起,大丰市城镇职工基本医疗保险基金由用人单位和职工个人按规定共同缴纳,退休人员个人不缴费,大病补充医疗保险基金除外,灵活就业人员参加城镇基本医疗保险的费用全部由个人承担。用人单位以单位在职职工年工资总额(按国家统计口径计算)的8%缴纳;在职职工按本人年工资总额的2%缴纳,由用人单位按月从职工工资中代扣代缴。灵活就业人员以上年度本市在岗职工平均工资的100%~300%作为缴费基数,按10%的比例缴纳基本医疗保险费。第八条规定:城镇职工基本医疗保险参保人员应当参加大病补充医疗保险。大病补充医疗保险基金的筹集标准是:用人单位每人每年缴纳72元,参保职工每人每年缴纳36元(专职职工由单位从工资中代扣代缴,退休人员从个人医疗账户中代划);灵活就业人员每人每年缴纳72元;个人参保的退休人员(包括退休剥离人员)缴纳36元,从其个人医疗帐户中代划。参保人员发生的符合基本医疗保险规定的住院费用,基本医疗保险基金起付标准及以下的由参保人员个人自付;起付标准以上、最高支付限额以下的,由统筹基金和个人按规定分段支付。在一个统计年度内,参保人员住院医疗费用个人分段负担比例为:5000元以上(含5000元)的部分,专职职工自负20%,退休人员自负10%;5000元以上至1万元以下(含1万元)的部分,专职职工自负10%,退休人员自负4%;1万元以上至最高支付限额以下(含最高支付限额)的部分,专职职工自负5%,退休人员自负2.5%。8月,公务员医疗补助费由享受公务员医疗补助的单位按本单位上年度在职员工资的4%在每年6月底前一次性缴纳,个人不缴纳公务员医疗补助费。财政全额拨款的行政、事业单位的公务员医疗补助费列入财政预算,由各相关单位按规定申报,财政相应划拨。享受公务员医疗补助的人员按本人参保缴费基数(退休人员以上年底退休金为基数)的1%由医疗保险经办机构在单位足额缴费后一次性划入个人账户,用于补助门诊医疗费用支出。对于恶性肿瘤、慢性肾功能不全、再生障碍性贫血、精神病等大病患者,年度内发生的符合基本医疗保险用药目录范围、诊疗项目范围和医疗服务设施标准的门诊医疗费用,先按职工基本医疗保险及大病补充医疗保险政策规定报销,对应的符合基本医疗保险用药目录范围、诊疗项目范围和医疗服务设施标准的应由个人自负的费用再补助50%。年度内发生的符合基本医疗保险用药目录范围、诊疗项目范围和医疗服务设施标准的住院医疗费用,累计在20万元以内的按职工基本医疗保险及大病补充医疗保险政策规定报销后,对应的符合基本医疗保险用药目录范围、诊疗项目范围和医疗服务设施标准的应由个人自负的费用超过1500元以上的部分,补助70%;累计在20万元以上、30万元以下部分按职工基本医疗保险政策规定应由个人自负的费用,补助80%。

2009年6月起,城镇居民连续缴费限达10年以上的(不含10年),年最高补偿限额由8万元提高到10万元;参保居民年度内发生的符合基本医疗保险规定的住院费用,起付线以上至1万元以下(含1万元)的部分补偿60%,1万元以上的部分补偿70%。

二、劳保医疗

新中国成立初期,地方各级政府贯彻执行中央人民政府政务院1951年2月26日发布的《中华人民共和国劳动保险条例》。1953年,国务院对其做了修改,扩大劳动保险实施范围,进一步提高劳动保险待遇:职工患病可在本单位医疗机构或特约医院诊治,治疗、手术、住院等费用由单位负担。经批准去外地就医者,除上述费用外,车船交通费亦由所在单位报销。1966年,劳动部和全国总工会联合颁发《关于改进企业职工劳保医疗制度几个问题的通知》,明确职工患病和非因公负伤治疗所需挂号费、出诊费、营养滋补药品费等费用均由个人负担;因公负伤,全部医药费、转诊路费以及需装假腿、假手、镶牙、补眼球等所需费用由企业负担。住院期间的膳食费用,由企业负担三分之二。住院期间工资照发;退休职工享受与在职职工同等劳保医疗待遇;职工供养的直系亲属患病,治疗费用由企业负担二分之一,贵重药品费、就医车船费、住院费、挂号费、检查费、化验费等均由职工本人自理;职工患职业病,在医疗或休养期间以及医疗终结确定为残废,或治疗无效而死亡时,均按劳动保险条例中关于因公负伤残废或死亡待遇办理。

1966年以后,镇属集体商业、工厂开始实行劳保医疗,所需医疗费用参照公费医疗办法,由所在单位报销。1970年后,部分镇属企业自办劳保医务室,置医务人员1~2人,轻伤和常见病由医务室免费治疗,重伤、重病患者送县人民医院治疗。

1971年1月,大中镇下发《关于财务管理制度(试行草案)的通知》,明确规定劳保医疗的费用:"企业在职职工,包括计内合同工因病治疗的医药费除挂号费、出诊费、代煎药费自费范围的金额外全部报销。职工就医应在本企业医务室治疗,需要转院的经厂医务室签署意见;需转外地医院治疗的,须经当地医院证明,单位研究,报镇批准。外出就医的只报销医药费、住院费、往返车船费(不发途中补贴)"。

1983年11月1日,大中镇政府下发〔1983〕61号文件,强调单位在医药费使用上要严格控制,原则上不要超过当月提取的70%,全年不得突破计划。具体报销办法由单位统一规定,报镇审批后执行。另外规定了因公负伤的报销全部治疗费、药费和路费。根据上述精神,镇属单位开始实行劳保医疗费用包干制,每月随工资发给医药费2~2.5元不等。全年超过30元的部分报70%,重病者住院治疗费用(除输血费外)全报。(医药费的提取是按工资总额计算的工资附加费,镇办企业提取11%,其中医药基金5.5%;乡办企业提取7.5%,其中医药基金5%。)

1995年,大中镇镇属集体企业劳保医疗由原来镇实行的费用包干制逐渐演变为由各单位根据经济效益和承受能力，自定劳保医疗规定，劳保医疗制度持续实施到1995年上半年。7月21日，大丰县人民政府颁发实施《大丰县企业职工医疗社会保险试行办法》。1997年以后，企业职工劳保医疗纳入城镇职工基本医疗保险范畴。2004年，职工工伤事故医疗保险开始按照中华人民共和国主席令第586号公布的《工伤保险条例》执行。

三、合作医疗

20世纪50年代末，人民公社"一大二公"，广大农民依靠集体力量实行互助保健。

1965年6月26日，毛泽东主席发出"把医疗卫生工作的重点放到农村去"的重要指示，大中地区开始实施合作医疗。

1968年8月，大丰县学习推广湖北省长阳县乐园公社创办合作医疗经验，在大道公社新民大队举办合作医疗试点。合作医疗所需资金，每年人均按6元筹集，由生产队公益金和个人各分担一半（推广后也有部分经济条件较好的大队全部由集体负担）。大队设卫生室，负责一般疾病的治疗和卫生防疫，业务由公社卫生院指导。1969年，大中镇在全镇范围内实行以大队为单位的集体与个人投资相结合的合作医疗制度。凡是参加合作医疗者，每人每年自缴1元，生产队公益金中支付1.5元，计2.5元（初生婴儿上半年出生者缴全部、下半年出生者缴一半，"五保"户的合作医疗费由生产队公益金中支出）。合作医疗经费由生产队、大队落实参加人数，统一筹齐，按规定的比例交公社医管小组统一掌握使用。参加合作医疗的人员，凡在本大队卫生室看病时只交0.05元挂号费（当日复诊不再收），其他各费不收。经诊断需转院的患者，由大队卫生室转公社卫生院，公社卫生院转县医院。如县医院需转外地治疗者，由县医院证明，经公社医管小组同意方可转院。在药费报销上，每人全年医药费在50元以内全报，50元以外的部分报50%；因公致伤的医药费，由所在单位的公益金中解决。挂号费、各种检查费、输血费、生活费、人为事故的医药费不予报销。年终经费如有结余留下年使用，超支的金额在当年分配时结清。农村合作医疗坚持自力更生，勤俭办医，推行"三土"（土医、土药、土法）、"四自"（自采、自种、自制、自用中药材），贯彻"中西医结合、预防为主"的方针，克服了农村中缺医少药的现象，基本做到小病不出队、大病不出社、急病能及时抢救，常年有医有药。合作医疗，受到群众的普遍欢迎。但由于少数干部和个别医师的特权自私，感情用事，滥开处方，人为造成合作医疗经费超支，一度受挫。1977年，部分大队将合作医疗费分别增加0.5元，但仍不能从根本上解决问题。1985年后，大队卫生室承包给"赤脚医生"保本经营、自负盈亏。1986年，全镇21个村（场），除和瑞、恒南、同德3个村仍为合作医疗外，其他各村均为"合防合保"。1988年，和瑞、恒南两村亦先后将村卫生室承包给"赤脚医生"。随着农村经济体制的改革，村卫生室的合作医疗制度逐步解体。

1990年5月5日，全县统一实行合防合医，大中镇人民政府下发《关于大中镇农村合作医疗管理的意见》，恢复农村合作医疗制度，全镇实行合防合医，集体办医，实行村办镇管。参加合防合医人员每人每年上交2元。药差每人按0.8元计算，50%交镇统筹，50%留村。村卫生室单独设帐，统收统支，经费包干使用。为本村群众服务收取药费，接生费收取6元，出诊费0.5元（阴雨天、夜间加倍），材料费0.05元。

1991—1994年期间，大丰县先后下发《加强农村卫生室管理的通知》和《大丰县农村合作医疗管理暂行办法》《大丰市农村合作医疗保健管理规定》等文件，经过整顿，合作医疗得以恢复和发展。办医形式上从过去单一化变为多样性，一是坚持"合医合防合药"，采用这种形式的一般每年人均筹资15～20元，村从公益金中资助2.5～3元，参加者可享受免费医疗。二是"合医合防不合药"，采用这种形式的参加者看病可免交"三费"（挂号、注射、出诊费），药费由个人自理。三是"合防不合医药"，采用这种形式的，每年人均统筹1～1.5元，用于卫生室预防工作补贴，群众看病的药费和其他费用全由个人负担。

1996年6月，大中镇成立卫生工作领导小组，并专设基层卫生办公室。办公室设在大中镇卫生院内,由1名副院长任主任,两名防保医师任副主任,其中一名兼任村卫生室专职管理员,负责制定农村各年度初级卫生保健工作规划、目标。是年年底,全镇应参加合作医疗的人数为17794人,实参16695人,参加合作医疗数占应参人数的93.8%;计有农村卫生室21个,农村医务人员46人,其中:卫生员5人,保健员17人,乡村医士24人。是年,大中镇农村合作医疗参合率达93.8%。1998年,大丰市实行农村医疗制度改革,市政府下发《大丰市农村合作医疗保险管理办法》,农村合作医疗保险坚持"民办公助、自愿参加"的原则,资金筹集以个人投入为主,集体扶持,政府财政适当支持。市、乡镇和村建立相应的合作医疗保险管理机构,实行"三级基金、两级管理、分段补偿、分级核算"的管理制度。强化专项资金筹集、管理、审计。加强村卫生室、村医生队伍的建设。建立"一户一卡、凭卡就诊、按户登记、造册上报"的家庭账户。实施"村卫生室出诊、划区治疗、逐级转诊"的诊疗程序。实行医、患、保三方相互约束,参保人员享有价廉、便捷的基本医疗服务和就诊医药费补偿权利。1999年,以农村居民前三年平均实际支出医药费用的30%为合作医疗保险资金的筹集标准。规定每个人按26~38元标准筹集合作医疗保险资金,其中参加者自交20~30元,村补助每人4~6元,乡镇财政资助每人1.5元,市财政补贴每人0.5元。村级保险基金用于参保者在本乡镇卫生院及其以上医疗单位就医的门诊药费和住院医药费在1.5万元以内的补偿。市级资金由市、乡镇两级财政拨付的合作医疗保险资金组成,用于参保者在规定医疗单位住院费用在1.5万元以上的部分补偿。是年,合作医疗行政村覆盖率达98.6%,参合率达82.3%。

2002年10月,开始推行新型农村合作医疗保险制度。2003年12月8日,大中镇人民政府印发《大中镇新型农村合作医疗保险管理办法》,全镇实行以住院统筹为主、门诊适当补助的合作医疗保险制度。资金筹集标准:合作医疗基金以个人筹集为主、集体适当扶持为原则,参合者个人每年投保10元,镇政府补助3元。个人投保部分以村为单位,每年12月底前将下年度的经费收取后统一解交镇合管办。农村特困户、"五保"户参加新型农村合作医疗的基金由民政部门负责交纳。筹集资金总额提取20%用于门诊药费的报销。就诊办法:凡参合者实行先交基金后享受的原则。在本镇医院(第三人民医院、新华医院)及本镇各村卫生室门诊的凭合作医疗卡就诊。若因镇医院技术、设备条件等所限不能收治的,报经镇合管办同意后可转上级医院治疗(急诊除外)。因故在外地住院治疗的凭当地医院出具的证明和病历证件,按规定比例的50%兑报。报销范围:(1)在本镇医院住院的常规检查费(X光、B超、心电图、化验、生化)、手术费、住院费各报销20%;药费报销30%;市级以上医院(含市级)住院药费报15%(年内两次以上住院者累计结算),其他费用自理。(2)肿瘤病人放疗报销10%,全年累计报销封顶额为1500元。(3)医药费在6000元以上的由镇合管办报送市合管办批准,实行分段报销。本镇医院门诊就诊药费常规检查费报销10%(其经费由接受就诊医院负责,作为对参合者的奖励),村卫生室门诊药费报10%,患者在本镇范围内门诊首诊可不受转诊限制,报销上不封顶。各就诊单位必须按规定建好兑报台账。市级以上(含市级)所有医院门诊费一律不予报销。(4)凡自行投医,药店自购药品或因矛盾纠纷、交通事故、自杀、他杀、服毒、意外事故、血制品、预防保健用药和上级卫生部门规定的《城镇职工基本医疗用药目录》之外的药品不予报销。二胎产费无论何种情况一律不予报销。计划生育相关手术费用由计生部门按规定补助。报销办法:每季度由各村卫生室室长将参合者结报单据和有关手续统一收缴到镇合作医疗办公室由镇合管办审核,会计分割,分管领导审批报销。镇医院门诊、村卫生室门诊当场兑现。2004年,全镇农民参合率达70%。

2005年12月12日,大中镇人民政府印发《大中镇新型农村合作医疗实施办法》,明确继续实行以住院统筹加门诊适当补助的新型农村合作医疗制度。合作医疗基金以个人筹集为主,财政适当扶持为原则,农村人口参合者每年交纳个人基金20元,企业职工、城镇居民自愿参保的,每人每年交纳合作医疗基金40元。个人投保部分以村(单位)为单位,每年12月底前将下年度的经费收取后统一解交镇财政所。基金总额的20%用于村卫生室门诊药费的补偿。其余部分由大丰市合管办统筹,用于各级医院住院病人医药费的补偿。在镇级定点医院及本镇各村卫生室门诊的凭合作医疗卡就诊。

因故在外地医院住院治疗的，凭当地正规医院出具的证明和病历证件，按规定比例的50%兑报。调整提高报销比例：(1)执行全市100元的起补线制度。(2)在镇级医院住院的检查费(CT、X光、B超、心电图、化验、生化)、手术费、住院费、药费报销从30%提高到40%；本市级医院住院药费报销从30%提高到35%，其他费用自理。(3)肿瘤、糖尿病、高血压、精神病、结核病等疾病按住院标准补偿。(4)镇级范围内的定点医院门诊就诊药费、常规检查报销20%，本市(大丰)所有医院门诊药费一律不予补偿，检查费按15%补偿。镇级以上门诊费用限制报100元。村卫生室门诊药费报20%，报销上不封顶。挂号费、注射费、出诊费按规定的75%收取。患者在本市范围内就诊首诊可不受转诊限制。各就诊单位必须按规定建好兑报台账。(5)凡自行投医、药店自购药品或因矛盾纠纷、交通事故、自杀、他杀、服毒、正常分娩、血制品、预防保健用药和上级卫生部门规定的《江苏省新型农村合作医疗用药目录》之外的药品不予报销。报销办法：住院病人的医药费补偿，本市范围内由就诊单位实现现场结报。经市合管办同意转到外地就诊的住院病人凭住院发票、合作医疗卡、费用清单，每月10日由各村卫生室室长统一收缴到镇合作医疗办公室，由镇合管办审核上报。镇定点医疗门诊医药费、村卫生室门诊药费、患者签字后当场兑现。2007年，农村新型合作医疗参合率达95%。2008年，农村合作医疗财政补助由人均30元增至80元。全镇农村人口36084人，新型农村合作医疗参合率96%。

2009年12月4日，大中镇转发大丰市人民政府《关于做好2010年新型农村合作医疗工作的通知》，对2010年的合作医疗实施办法进行适当微调，主要包括三个方面：(1)基金筹集标准。农村居民以户为单位，每年每人缴费标准为35元。长期在外务工人员，未参加城镇居民医疗保险的城镇居民均按此标准执行。在上级政府补助、农民个人所缴资金的基础上，本级市财政按每人每年补足160元。(2)补偿比例。门诊医药费补偿方面，参保群众在村级定点机构就诊，必须开具一式三联处方，规定内的药品费现场减免30%，日处方限额20元，每年每人补偿封顶50元，补偿费用由村卫生室垫支，按旬与镇合管办结算，参合人员在镇级定点服务机构就诊，规定范围内的医药费按30%比例补偿，日处方限额50元；大丰市级定点医疗机构门诊检查费按20%比例补偿；大丰市级及市级以上医疗机构的门诊药品费不予补偿；门诊就诊率递增不得大于同期水平，全年每人镇及镇以上门诊补偿封顶120元。住院医药费补偿方面，住院起补线镇级定点机构200元，大丰市级定点机构400元，盐城市级及以上定点机构600元；规定范围内的住院医药费补偿比例，镇级定点医疗机构为65%，大丰市级定点医疗机构为55%，经转诊到盐城市级及其以上定点机构补偿比例40%，在外打工、探亲或因事外出，因急性病需在当地治疗或抢救所发生的医药费参照市内同级医院补偿比例补偿，未经转诊在外地医疗机构发生的医疗费，补偿比例下浮10%，大丰市外民营医疗机构的医药费不予补偿。对于以下慢性病：糖尿病、高血压病、结核病、精神病、系统性红斑狼疮、慢性肝病、恶性肿瘤、肾病综合症、白血病，因治疗该病发生的门诊针对性药费，起付线为300元，300元以上部分的门诊大额费用参照住院补偿，基金在门诊统筹基金中列支，每人每年慢病补偿封顶1000元(恶性肿瘤、肾病综合症、白血病除外)。(3)其他规定。在市外三级协议医院住院发生的可补偿药品费达不到全部药品费60%的，按60%的可报基数进行补偿。镇、大丰市级医疗机构使用《基本药物目录》内药品占临床用药品的比例，应

分别达到95%、90%以上。凡是达不到上述规定比例的按规定比例与参保群众结报；按实际发生比例与定点机构结算。使用中医诊疗项目（镇、村医疗机械使用适宜中医诊疗项目除外）、江苏省基本药物目录内的中成药、中草药的补偿比例，按同等级医疗机构的补偿比例大丰市内上浮10%。住院分娩不设起付线，在规定范围内的医疗费减去政府补助后，剩余部分按同级医疗机构补偿比例补偿。甲、乙类传染病（上级规定不予报销的病种除外）门诊医疗费按慢性病同比补偿。精神病患者在大丰专科医院住院，补偿比例在市级定点医院补偿比例的基础上上浮10%。全年最高住院医药费补偿金额封顶10万元。

2010年，农村合作医疗财政补助由人均80元增至125元。全镇35个行政村，农村人口82148人，新型农村合作医疗参合率达100%。

第二节 医疗单位

一、市属医院

大丰市人民医院 1946年1月，建立台北县人民医院，医生、开明士绅陶叔彪任该院院长，医护人员10多名，设内、外两科。年底，国民党军队北犯占领大中集，医院撤至福丰乡，不久停办。1950年，以台北县政府休养室（8人）为基础成立台北县卫生院，时有职工14人，病床30张，房屋15间（约300平方米）。1951年8月，改名为大丰县卫生院。1956年，更名为大丰县人民医院。1985年，全院院房面积达1.25万平方米，有病床240张，全院工作人员328人。1996年，大丰市人民医院院房面积达32401.36平方米。2003年，职工数增至560人。2010年，该院占地面积47201平方米，建筑面积70653平方米。编制床位650张，实际开放1100张。医院现有职工927名，其中卫生技术人员809名，高级职称164名，中级职称241名。盐城市有突出贡献中青年专家1名，盐城市医学领军型人才1名，引进硕士学位研究生21名。是年，门、急诊129570人次。11个病区实际开放魔兽位800张，收治住院患者10651人，住院手术4059人次，在住院病人中，治愈率达54.96%，好转4256人，好转率40%，死亡率0.61%。抢救危重病人522人，抢救成功率为85.63%。设有职能科室20个，临床医技科室40多个，年业务总收入达5669.2万元。

大丰市中医院 1958年，大丰县人民医院中医科划出建立中医院。时有5名工作人员，院房200平方米。1980年，全院医务人员增至92人，病床增至144张。设有中西医内科、外科、痔科、眼科、皮肤科、推拿科、针灸科以及理疗、放射、超声波、心电图、化验室，院房面积达0.34万平方米，其中业务用房0.22万平方米。1984年，全院医务人员169人，病床增至161张，院房增至0.74平方米，其中业务用房0.33万平方米。2010年，有职工260人，卫技人员213人，其中高、中级卫技人员115名。

大丰市皮肤病防治所（原麻风医院） 1956年起，大丰境内麻风病防治工作由卫生防疫站兼司。配有麻风病防治专业人员2人。1959年11月，在县城南马路设立麻风病防治门诊室。为贯彻中央“积极治疗，控制传染”的方针，1963年4月，麻风防治门诊室迁至原大丰盐场场部（草庙公社东部）。5月，新门诊室开业。1964年，门诊室有职工6人，其中卫技人员4人。1965年3月，在草庙公社畜牧场东南兴建收容200个病人的麻风村（麻风病防治所）。8月，获批准兴建，核定建筑面积681.17平方米，总投资3万元，占地53.33公顷。1969年，麻风病防治所撤销并归大丰县人民卫生服务站防保科。1972年，随县人民卫生服务站撤销，恢复的麻风病防治所改称大丰县麻风病防治院，全民事业单位，股级建制。1973年职工增至17人，内有卫技人员7人。此后，一度时期对麻风病防治工作形势估计过重，省里加大投人，增加编制。1976年，县麻风病防治院职工增至41人。1985年6月，移址县城，1991年，在大中镇城郊村2组（今人民南路199号）征地0.33公顷，建3层门诊楼1幢，面积571

平方米，附属用房 7 间，面积 126 平方米。1999 年，单位占地面积 2695 平方米，建筑房屋总面积达 1440 平方米，其中业务用房 630 平方米，是年，有职工 23 人。2002 年 3 月，实施卫生防病监督体制改革，组建疾病预防控制中心。皮肤病防治所为疾病预防控制中心下属医疗机构，有医技人员 28 人，承担境内麻风、皮肤病和性病的防治工作。

大丰市第二人民医院 1966 年 5 月，建立大兴公社卫生院。1968 年秋，院址由原大新 1 队，迁至阜丰 11 队。1975 年，院内设精神病防治点。1976 年 12 月增设精神病科，开设精神病床 30 张，配有 6 名精神防治专业人员。1981 年，改称阜丰公社卫生院。1983 年 7 月，全院房屋面积计 1091 平方米，病床 30 张，医护人员 34 人。院内设精神病科、内科、外科、妇产科、放射科、化验室等科室。1983 年 7 月，升格为大丰县精神病防治院，定编 27 人，病床 30 张。1988 年 10 月，改称大丰县第二人民医院，股级建制，精神病防治成为其特色专科。1999 年，职工数增至 81 人。单位占地面积 12093 平方米，房屋面积 5960 平方米，拥有固定资产总值 480 万元，2003 年，占地面积为 11262 平方米，建筑房屋面积 4376 平方米，医院总资产为 591.2 万元。职工总数为 82 人，其中卫技人员 73 人，内含副主任医(技)师 3 人、主治(管)医(护、技)师 24 人、医(护、药、技)师 29 人、医(护、药、技)士 15 人、卫生员 2 人。2010 年，该院有卫技人员 77 人，高、中级专业技术人员 50 多人，医技科室 5 个，临床专科 15 个。先后担任院长的有陈庆怀、吴永华、洪中强、智恒奎、吕海。

二、镇属医院

大道公社卫生院 1952 年 10 月，夏良诚等 6 名社会医生联合投资，成立大中镇联合诊所，所址在大新路民主巷(商业街南首)临时租赁新街 13 号公房 10 间，面积 150 平方米。1956 年，诊所由原址迁至二卯酉河南新街，租公房 10 间。1957 年，先后增置显微镜 1 台、药橱 2 张及桌椅数张。1957 年 5 月，诊所易名为大中镇民办医院，同时由河南新街迁至河北十字街东，有房屋 5 间，分设中医内科、西医内外科、小儿科、注射室等科室。1958 年，院址迁至河北十字街北，增设化验室，改称大中镇综合医院。1959 年，改称大道人民公社联合医院，时有职工 9 人，设有 5 张简易病床，工作人员 13 人。1969 年 7 月，改称大道人民公社卫生院。1959—1982 年期间，医院除租公房外，先后建医疗用房 20 间，职工宿舍 12 间。1983 年，全院房屋总面积为 459.8 平方米。全院职工总人数为 38 人。该院自 20 世纪 60 年代即可做下腹部手术，设有手术室、放射科、五官科、妇产科。日门诊量为 300 余人次。另设住院部 1 处，有病床 25 张。是年，业务收入纯利 3.5 万元。1983 年 6 月，随着体制改革，大道公社卫生院并入大中镇卫生院。相继担任大道公社卫生院院长的是谢莹、刘宝山、葛风山、卢日桂、范庆涛、朱云高、吴锦荣。

大丰市第三人民医院(大中镇卫生院、大中社区卫生服务中心) 1970 年 2 月，县人民卫生服务站革委会抽调县人民医院、防疫站 7 名医务人员，组建大中镇卫生院，院址在新街 13 号。1979 年 4 月迁至新街 35 号(原中医院平房 22 间)，近 300 平方米。9 月，购置中医院 50 毫安 X 光机 1 台(旧)，变压器 1 台，用以辅助诊断。因设备简陋，仅能开展一般性的防病治病工作。1983 年 6 月，大道人民公社卫生院并入大中镇卫生院合并后分设两个院部(新街13号和新街123号),时有房屋984.8平方米,其中租赁房160平方米。设有放射、化验、心电图、眼科、五官科、内科、外科、妇产科、防保科等科室,共有房屋984.8平方米。医疗设备有显微镜3台,立式高压消毒器2台,心电图机1台,超声波1台,50毫安X光机2台。同时,技术力量也有所加强,全院有卫技人员67人,可治疗常见病、多发病以及一般重危病人的抢救等。1986年增设口腔科。开设病床36张。是年,业务收入27.84万元。1987年,全院医务人员85人(其中离退休11人),病床36张,房屋总面积1818平方米。其中业务用房1313平方米、生活用房385平方米、行政用房120平方米。年门诊量7.37万人次。1989年,投入资金165.92万元,在人民南路60号建成4层门诊楼1幢,面积2440.24平方米。并添置甲、乙、丙三种手术器械,添置200毫安X线机1台,日本显微镜1台,细菌培养器械1套,还添置手术床等外科设备。年收入70万元。1991年后,医院陆续添置B超1台、纤维胃镜2台、300毫安X线机1台、半自动尿液分析仪1台,医院有床位编制70张,医院工作人员达108人,其中副主任医师2人,主治医师21人,住院医师43人,护士24人。年门诊量达8.5万人次,年收入350万元。住院病人1700人次,外科手术病人580人次。1992年,大中镇医院荣获盐城市卫生局颁发的“卫生院四项达标先进单位”称号。

1993年6月后,应用电化学疗法治疗癌症。1993年9月,陆志冲院长运用电化学治疗食道癌,成绩显著,获准出国去加拿大多伦多市讲学,得到国内外医学专家的高度评价。1991—1999年,相继添置B超诊断仪、300毫安X线机、高级电化疗仪、纤维胃镜、半自动尿液分析仪、心电监护仪、麻醉机、膀胱镜、牙科治疗机、无影灯、分析天平、毫米治疗仪、药浴器、电化仪、激光血疗仪、综合手术床以及微型计算机等,另购救护车1辆。

1999年6月,大中镇卫生院改称大丰市第三人民医院(仍为集体性质,隶属关系不变)。是年,单位占地面积3371.2平方米,其中业务用房4173平方米;有职工数达150人,其中卫技人员129人,有主任医师2人,副主任医师4人,中级职称卫技人员28人,医师级卫技人员59人,医士级28人,卫生员级8人;内设置办公室、医疗科、防保科、总务科和会计室,业务和医技科室有:内科、外科、妇产科、中医科、五官科、放射科、检验科、B超室、胃镜室、眼科、口腔科、理疗室、电化疗室、中西药房、细菌室等。开设病床70张。当年门诊治疗病人77931人次,住院治疗病人206人次,业务收入达703.2万元。2002年,住院部病房增添卫生间、洗漱间、浴池等设施。2003年,购买门诊楼北侧的中国人民银行大丰分行转让的营业楼房1371.7平方米,改造成CT室、输液室、中药房、放射室、体检中心等业务用房。是年,院内职工总数(含预防保健所人员)167人,其中卫技人员139人,内含副主任医师10人,主治(管)医(护、药、技)师40人,医(护、药、技)师42人,医(护、药、技)士36人,卫生员11人。医院门诊临床设有内、外、妇、儿、中医、五官、口腔、针灸推拿、气疗、肿瘤、急诊等科室;医技、影像科设放射、检验、生化、B超、心超、心电、胃镜等科室;病区设一病区——外科、五官科,二病区——内科,三病区——妇产科,以及观察室、抢救室等;职能科室设院长、财务、药库、微机、病案资料、保管等室。门诊临床收入420万元。是年,院内增设合作医疗管理办公室、医政办公室门诊部。临床科室增加内分泌科、消化科、肿瘤科、泌尿科。医院设有内科病区、外科病区、妇产科病区和传染病区。开放床位87张,当年门诊治疗病人68889人次,收治住院病人2762人次,业务收入达1004.22万元。2000—2003年,医院还先后在市区健康西路和康平南路各设一个门诊分部,每个分部有2~3个医务人员。是年,成立体检中心。2007年,大丰市第三人民医院挂牌大中社区卫生服务中心。

2010年,单位占地面积2189.5平方米,房屋面积4517.05平方米,其中业务用房3672.35平方米;医院职工总数(含防保人员)183人,其中卫技人员142人。

2001—2010年,先后投入108.8万元,购置多功能微波手术仪、放疗仪、全自动血液酸碱气体分析仪、连体牙椅、日本电子胃镜、肠镜、美国GE公司产全身CT、阿洛卡彩超、GE彩超、西门子彩超、菲利普彩超、全自动生化仪、贝克曼全自动血球计数仪、骨密度仪、DR摄片机、钴60治疗仪、德国西门子双排螺旋CT、脊柱牵引床、电动产床、酶标仪等医疗仪器设备21台(套)。2010年年末,固定资产总值达 596.01 万元,其中,医疗器械设备价值 226.43 万元。

先后担任大中镇卫生院院长的有唐干城、陈南衡(负责人)、陈恒兰、高逢春、吴锦荣、钱裕民、陆志冲、陈旭东、颜国芳、熊建成。

大丰市第三人民医院部分年份基本概况表

表 20－2－1　　单位:人

年份	职工人数		病床数	门诊人次	住院人次	业务总收入(万元)	单位占地总面积(平方米)	房屋总面积(平方米)		固定资产总值(万元)	
	计	其中卫技人员数						计	其中业务用房	计	其中医疗器械总值
1999	150	129	70	77931	2069	703.2	3371.2	5043	4173	287.56	138.28
2003	167	139	70	68889	2762	1004.22	2189.5	4517.65	3672.35	596.01	226.43
2010	183	154	100	238755	5148	3291.19	2189.5	6010	5533	1207.27	523.5

2006—2010 年大丰市第三人民医院体检中心体检情况表

表 20－2－2

体检年份	体检单位(个)	体检人数(个)	患病人数(个)	患病率(%)
2006	82	10850	4123	38
2007	98	12010	4323	36
2008	95	12140	4742	39
2009	110	16008	5602	35
2010	130	18010	7384	41

大丰市第三人民医院卫生技术人员职称分类表

表 20－2－3　　单位:人

年份	合计	卫技人员						中医						中药					西医医疗					
		高级		中级	初级			高级		中级	初级			副高	中级	初级			高级		中级	初级		
		正	副		师	士	员	正	副		师	士	员			师	士	员	正	副		师	士	员
1999	129	2	4	28	59	28	8	—	1	1	1	—	—	—	—	2	—	—	2	3	19	27	17	6
2003	139	—	10	40	42	36	11	—	1	1	1	1	—	—	1	1	—	1	—	7	17	11	12	7
2010	142	—	24	36	40	33	9	—	2	—	1	—	1	—	—	1	—	—	—	12	21	24	26	8

年份	合计	西药						护士						检验					其他卫技人员					
		高级		中级	初级			高级		中级	初级			副高	中级	初级			高级		中级	初级		
		正	副		师	士	员	正	副		师	士	员			师	士	员	正	副		师	士	员
1999	50	—	—	—	3	6	—	—	—	6	17	3	—	—	2	3	2	1	—	—	—	6	—	1
2003	78	—	—	1	2	5	—	—	1	15	14	7	2	—	2	1	2	1	—	1	3	12	7	—
2010	46	—	1	—	2	3	—	—	8	15	10	3	—	1	—	2	1	—	—	—	—	—	—	—

裕华卫生院(大丰市城东社区卫生服务中心) 裕华镇卫生院的前身为县驻裕华巡回医疗组。1954年5月,县组织巡回医疗组驻裕华镇。1956年夏季,巡回医疗组改称大中区裕华卫生所。1959年3月,更名为裕华人民公社医院,全民性质。1966年7月,更名为五星人民公社卫生院。1983年,更名为裕华乡卫生院。1989年6月,随着撤乡设镇改为裕华镇卫生院。1994年,裕华镇卫生院增挂"大丰县骨质增生医院"院牌。2001年4月,王港乡与裕华镇合并,王港乡卫生院为裕华镇第二卫生院。同年12月,改为裕华镇卫生院王港门诊部。2010年9月,裕华镇卫生院易名大丰市城东社区卫生服务中心。

1956年,该院有职工7人,内设综合门诊和药房,卫生所拥有平房7间,面积168平方米。1959年,职工数增至9人,并设简易病床10张。1965年起,分配大专生5人,并增设化验室、外科、妇产科。1971年,将原五星农中的3个教室,面积346平方米,调剂给卫生院,改作医疗用房。1975年,增设放射科。1978年,有1台显微镜和1台50毫安X线机,仅能作血、尿、粪三大常规检验和一般胸透。1979年,职工数达32人,内有卫技人员5人,副主任医师1人,中级职称卫技人员6人,医、护、药师级24人,医士级14人、卫生员级7人。1990年7月,开展骨质增生门诊,年末,接诊新疆、福建、安徽、上海及本地患者近千余人次,治愈好转率达85%以上。1993年,在裕华镇建设路71号新建门诊楼和住院楼各1幢,面积1806平方米。同时建职工宿舍楼面积670平方米。

1999年,卫生院设办公室和医疗、防保、财务科、护理(组)。业务和医技科室有:内科、外科、放射科、心电图、B超室、手术室、治疗室、注射室、中西药房和药库等。开设病床30张和传染病小区。当年门诊治疗病人27240人次,收治住院病人841人次,业务收入达320万元。拥有200毫安X线机、双目显微镜、生化仪、B超诊断仪、万能手术床、多功能麻醉机、胎心监护仪、多功能洗胃机、牙科综合治疗仪、尿分析仪、心电监护仪、心电图机、光电比色机、轻便手术床、牵引床、超声波洁牙机,还有微型计算机、空调、发电机组等。固定资产总值达212万元,其中医疗器械价值59万元。2000年后,陆续增设儿科、传染病科、皮肤科、痔科、麻醉科、医学影像科、预防保健科、儿童保健科、妇女保健科等。2000—2003年,陆续添置胃镜、毫米波治疗仪、心电监护仪、血凝仪、全自动洗片机、移动X线机、图像打印机、牙科综合治疗椅等。2003年,单位占地9990平方米,拥有房屋面积3408平方米,其中医疗用房2848平方米。职工总数(包括预防保健人员)81人,其中卫技人员68人,副主任医师1人,主治(管)医(护、药)师11人,医(护、药)师29人,医(护、药)士19人,卫生员9人。是年,门急诊28491人次,开设内科、外科、妇产科、骨质增生科、传染病科等5个病区,收治住院病人1088人,业务总收入305万元。年末,固定资产总值307万元。其中医疗仪器设备价值87.3万元。卫生院能开展上、下腹部手术和口腔、五官手术等。

2010年,单位职工数67人,其中卫技人员49人,含副主任医师3人,主治医、护、药师18人,医、护、药、技师21人,医、护士7人。设有预防保健科、外科、内科、妇产科、护理科、中医科、骨伤科、口腔科、五官科及放射科、检验科、心超科等,开放病床30张,置有先进的500MA放射机、阿洛卡彩超和各种检验设备。房屋面积5000平方米,其中业务用房3364平方米;并立项投资250.8万元,建3层病房楼1幢,面积1500平方米。当年年底,单位资产总值679.07万元,固定资产368.96万元,医疗仪器设备价值176.1万元。

先后担任裕华镇卫生院院长的有:赵庆高、杨玉楼、朱嵩、朱同芳、于汝功、王友科、董伯章、倪理琪、杨少成、喻礼杰、马克华。

新团卫生院 1953年3月,成立八东乡联合诊所。1957年,八东乡联合诊所迁至新团乡,更名新团乡联合诊所,主任朱松谟。1958年,联合诊所改为民办医院,地址移光明村八组。1959年,新团民办医院改为新团综合医院。1961年,新团综合医院改为新团人民医院。1962年7月,全民所有制性质改为集体所有制,更名新团人民公社联合医院。1966年7月,改称新团人民公社卫生院。1983年更名新团乡卫生院。1994年1月,院址由新团老街2号迁至新团镇人民北路25号。1996年5月改称新团镇卫生院。2001 年 4 月,新团镇与大中镇合并,新团镇卫生院改称大中镇第二卫生院,年底改为大丰市第三人民医院新团分院。2003 年 8 月,实施产权制度改革,新团分院改为民营大丰新华医院。

1958 年,新团民办医院租民房 8 间,有资金 200 元,增添消毒设备,设病床 18 张,工作人员 9 人。1959 年,有职工 10 人,其中固定职工 3 人,雇试用人员 7 人,租用民房两间,后新团公社将窑厂的 7 间平房资助给医院作为医疗和职工宿舍之用。是年,国家投资 3.15 万元,扩建房屋 12 间。设综合门诊和中西药房,日门诊治疗病人 40～80 人次,设有简易病床 5 张,陆续添置显微镜、高压锅消毒器等。

1962 年,人员调整减少到 6 人,西医 2 人(1 人兼院长),中医 1 人,中、西药司药各 1 人,会计 1 人。7 月,清理医院资金数为 24096.61 元,其中:西药 1055.68 元、中药 2686 元、器械 2786.93 元,其他 3069 元。改集体所有制时,留给医院 5400 元,其余国家收回,留用资金分 4 年偿还国家。1969 年,接收安置苏州市下放医生 9 人,增强了新团卫生院的医疗技术力量(这些医务人员 1980 年以后落实知识分子政策回苏州),其中钱大奎、耿伟、朱次丰等系医院中医骨干力量。

1970 年,新团医院创办制药厂,生产药品有 13 种,多为兽用药物。1971 年,建门诊平房 11 间,病房 5 间,增添 X 光、化验等医疗设备。1974 年,新团医院在驻地征用南北长 150 米、东西长 70 米为医院基地,建房 5 幢,43 间。1978 年,建病房和职工宿舍 22 间。1980 年,新团医院有病房 62 间,设内科、外科、中医科、妇科、手术室、化验室、注射室、放射科。1984 年,院内职工数增至 23 人,内有卫技人员 16 人。1993 年,于新址建成门诊楼和防保楼各 1 幢,面积达 1006 平方米,附属用房面积 285 平方米。1999 年,卫生院设办公室和医疗、防保、财务科(组)。业务和医技科室有内科、外科、骨伤科、中医科、妇产科、放射科、化验室、注射室、B 超室、心电图室、中西药房。开设病床 25 张。当年门诊治疗病人 26086 人次,收治住院病人 494 人次,业务收入达 125.37 万元。是年年底,单位占地面积 12915 平方米,先后共建房屋面积 2751 平方米,其中业务用房 1311 平方米。是年年底,拥有心电图机、B 超诊断仪、300 毫安 X 线机、洗胃机、麻醉机、生化分析仪、显微镜以及微型计算机等。固定资产总值 93.63 万元。其中医疗器械价值 24.23 万元。是年年底,职工数增至 45 人,其中卫技人员 39 人,内有主治医师 2 人,医、护、药师 18 人,医士、卫生员级卫生技术人员 19 人。2000 年后,先后购入全自动血球计数仪、全自动生化仪、彩色 B 超、多参数监护仪、腹水超滤浓度缩回输机、微波治疗仪等。2002 年新建病房楼一幢 1257 平方米。10 月,该院在大中镇光明村 3 组,新设门诊部,医、护、药师和会计各 1 人,设 2 张病床,总资产 8000 余元。

2003 年 8 月,实施产权制度改革前,职工总数为 45 人。先后担任新团镇卫生院院长的有宗恒富、施益飞、卢逢运(1982 年 8 月前为指导员,主持工作)、朱剑官、熊建成。

三、私立医院

20 世纪 40 年代,大中镇有大安、大生堂、元昌、太和、仁和 5 家药店和顾孝珊、陈文士、黄正南、唐干城、夏良诚、顾慎之、江礼云、束必祥、杨伯良、林亚洲、周济民等 10 多名开业社会医生,新团区域有刘霁环、洪步洲、刘衡斋 3 所私人诊所。新中国成立初期,只有少数私人诊所。1962 年,社会医生黄振华、张作舟、邵南金、施允浩 4 人创办天北联合诊所,所长张作舟,有房屋两间,依靠中西医结合,一般病症能够治愈。实行公费合作医疗后,大多数关门息业。医疗体制改革以后,大中镇区域先后创办同仁骨科医院、仁爱骨质增生医院等私立医院。

同仁骨科医院　大丰同仁骨科医院成立于 2002 年 7 月,是浙江省温岭市骨伤科医院投资创办的一家分院,也是一家以骨伤科、脑外科、手外科、神经内科、筋伤科为特色的专科医院,院址在大中镇黄海路 35 号,院长单鸣。2003 年,医院购置市广播电视局的原址房产,加以改建装修,占地面积约 10000 平方米,业务用房面积 4200 平方米。院内职工总数 140 人,其中卫技人员 112 人,内有主任医师 2 人、副主任医师 7 人、中级职称卫技人员 21 人、初级职称卫技人员 82 人。医院设普外科、脑外科、骨科、筋伤科、内科、神经内科、中医科、检验科、CT 室、X 线室、心超室、胃镜室、膀胱镜室等临床及医技科室。设有 3 个病区，开放 96 张病床，病房内安装了彩电、空调。年门诊 27724 人次，其中急诊 3352 人次，收治住院病人 2189 人次，住院手术 1673 人次，治愈率 50.7%，好转率 49.15%，死亡率 0.07%。2010 年，医院占地面积 3096.5 平方米，房屋面积 4800 平方米，业务用房面积 4200 平方米，资产总值 4500 万元，其中固定资产 3300 万元。建院后先后投资 1671 万元，购置日立螺旋 CT、650 毫安医用 X 光机、C 臂 X 光机、B 超、全自动血球计数仪、全自动生化分析仪、纤维胃镜、西门子核磁共振、飞利浦数字式彩色超声诊断仪、美国费森尤斯自体血回收机、史赛克关节镜、日本富士能电子超胃镜行装食品设备。医院职工 192 人，其中卫技人员 164 人，有执业医师 48 人，执业助理医师 8 人，注册护士 57 人；内有主任医师 1 人，副主任医、护、技师 9 人，主治（管）医、护、药、技师 38 人，医、护、药、技师 47 人，医、护、药、技士 56 人。医院设医务科、护理部、行政办公室、财务室、总务科、信息科、人事科、设备科 8 个行政科室，设急诊科、骨外科、普外科、脑外科、内科、中医科、康复科、麻醉科、影像科、检验科、药剂科、手术科、供应室 13 个业务科室。开放 5 个病区，床位 150 张，年实际开放总床位日 54750 天，病床使用率为 91.4%，门诊 30460 人次，住院 6297 人次，业务总收入 3047 万元。

仁爱骨质增生医院 仁爱骨质增生医院于 2003 年 3 月开业，是从裕华镇卫生院骨质增生科分离出来的民营医疗机构，由许厚来、许才华父子投资兴办。法人代表许才华。该医院有病床 30 张，院内设有骨科、内科、牵引室、药薰气疗室、化验室、放射科、B 超室、心电图室，护办室等临床科室。仁爱医院以中医骨病科为其特色，主要以中药内服、中药膏外敷治疗骨质增生、腰椎间盘突出、风湿、类风湿性关节炎、强直性脊柱炎、骨结核、骨髓炎等病症为主，业务总收入 93.5 万元。2010 年，院内职工总人数 31 人（有编制 6 人），其中卫技人员 27 人，副主任医师 1 人，中医主治医师 1 人，主管护师 1 人，中医师 2 人，检验 3 人。全年业务总收入 220 万元，房屋面积 2000 平方米，其中业务用房 1700 平方米，核定床位 30 张，开放床位 54 张。拥有医疗设备，200 毫安 X 机一台，B 超、心电图仪器各 1 台，显微镜、自动生化仪等设备，总资产 180 万元。2002 年该院获盐城市“诚信药房”称号；2003 年获盐城市“中医特色医院”称号；2006 年获盐城市“规范药房”称号。

新华医院 2003 年 8 月，大丰市第三人民医院新团分院（新团镇卫生院）改制，更名为新华医院，法人代表徐成。出售标底 260 万元，中标成交价 263 万元。院址在大中镇新团街人民南路 25 号。2003 年年末，院内职工总数 34 人，其中卫技人员 30 人，主治（管）医（护）师 5 人，医（护、药、技）师 13 人、医（护、药）士 9 人，卫生员 3 人。设有内科、外科、传染病科、中医科、妇产科、儿科、皮肤科、放射科、口腔科、眼科、心电图室、B 超室、中、西药房、化验室、护办室等临床和医技科室。开放病床 25 张。设内科、外科、传染病科、妇科和爱婴等 5 个病区。2010 年，医院占地面积 11670.3 平方米，房屋面积 4008 平方米，其中业务用房面积 2568 平方米，固定资产总值 261.41 万元。2010 年，新购置 17 孔子母无影灯、万能手术床、全自动血液分析仪、多参数监护仪、尿液分析仪等，医疗仪器设备总价值达 22.47 万元。病区新建水冲式无公害厕所。是年，全年门诊 37362 人次，手术 186 人次，业务总收入 400 万元，职工总数 32 人，其中卫技人员 22 人，副主任医师 2 人，中级职称 7 人，初级职称 13 人。

四、卫生室

村卫生室的前称为保健站 1958 年，大道公社先后创办超产（今泰西村）、美满（今恒北村）、利民 3 个大队保健站。1966 年，新增双喜、恒丰、美满、刚强、和瑞、超产 6 个保健站。保健站实行看病收费，独立核算，自负盈亏。资金、房屋、医生口粮、烧草均由大队解决，业务纯收入用于医生固定工资开支，余额为大队集体所有，这部分资金有的大队作为副业收入，有的作为积累资金。医生联合办的保健站资金由公社医院少量拨款，医生投资，也有的由所在大队借款扶持。医生投资、大队扶持的资金从保健站业务收入中抽出返还。保健站收入部分提取 15% ~30% 为公积金和公益金。公积金用于添置医疗器械、设备、房屋维修。公益金用于医生、医药费补助、家庭困难补助及集体福利。病人就诊医药费按县统一规定收取，对个别困难户、"五保"户的医药费由大队补助或民政救济费解决。保健站由所在大队和公社医院负责领导和监督管理。

1965年，社会医生联合办的保健站经过整顿，全部转为公社、大队办。保健站医生报酬由业务收费中支付固定工资或由大队记工分付酬。是年年底，各大队全部建立保健站，培训和配备赤脚医生，每个生产队都配备1名卫生员。1969年，推行家庭合作医疗制度，村保健站更名为卫生室，全部实行合作医疗，形成县、乡镇（公社）、村（大队）三级医疗预防网。

20世纪80年代初，农村推行联产承包责任制，农村基层卫生组织的管理一度放松。境内有不少卫生室分摊行医，流动资金减少，有的村医生报酬得不到落实，有的村医为了多赚钱损害群众利益，影响卫生室的发展。

1985年，全镇有10%左右的村卫生室医疗用房、固定资产、流动资金减少，个别村把村卫生室视为村办企业，向其收取利润和房租。有的村给医生的报酬不落实，有的村医为多赚钱而坑害就诊的群众。为巩固发展合作医疗事业，大丰县政府1986年2月下发《整顿农村基层卫生组织意见》，要求各地集体办医，做到一村一医，村办镇管，保证有医有药，合理解决村医生报酬，搞好各项预防保健工作。并明确村卫生室不向任何单位上交利润和管理费。是年，90%以上村卫生室有两间以上医疗用房，多的达到三四间。是年，村卫生室医生经省卫生厅统考，领取合格证书，不再称"赤脚医生"，统称"乡村保健医生"。

1989年起，农村合作医疗出现多样化形式，40%的村坚持"合医合防合药"，60%村坚持"合医合防不合药"。

1991年，各村卫生室配备3间面积在60平方米以上的医疗用房，实行治疗室、妇保室、诊疗室分开，铺底资金在2000元以上，具有必备医疗设施，备有120多种常用药品。是年，在创建甲级卫生室中大中镇21个村验收合格的达85%，村卫生室51名乡村医生中取得乡村医生合格证的29人。

1992年，全镇开展创甲级卫生室活动，加大对村卫生室的投入，村卫生室基础设施、医疗设备均有较大改善。

1995年起，大中镇医院配备1名村卫生室管理员，负责村医生队伍管理、村卫生室建设和村卫生工作考核，使村卫生管理工作逐步走向规范化。是年，大中镇下发《村卫生室管理细则》，分5章19条，明确组织机构。镇卫生工作领导小组下设基层卫生工作办公室，负责全镇卫生工作的行政管理。各村成立卫生工作领导小组，村分管主任任组长、卫生室长任副组长，卫生室实行室长负责制，全镇全面实行合作医疗保健制。村卫生室在产权所有制不变的基础上实施村办镇管。村民委员会负责村卫生室行政监督管理，业务上接受镇医院指导、考核。

村卫生室贯彻"预防为主、防治结合"的方针，走中西医结合的道路。建立建全财务制度，落实防保措施，规划医疗程序，强化药品管理使用规定及收费标准。

1999年，全镇21个村，设21个村卫生室，共有51名卫生工作人员，取得乡村医生证书的医生29人，乡村保健员4人，其他人员18人。

2001年，新团镇并入大中镇，行政村增加到25个，村卫生室随着行政村撤并作相应调整。是年年底，全镇有村卫生室25个，乡村医生45人，保健员26人。是年，推行乡村一体化管理，实行统一领导、统一管理、统一药械供应、统一经费核算的模式，同时加强村卫生室硬件和软件建设。是年，推行乡村卫生机构一体化管理，对全镇村卫生室实行统一工资标准，统一制度管理，统一人员调配，统一经费核算，统一药械供应的"五统一"管理，加强村卫生室硬件和软件建设，甲级村卫生室覆盖率达91.2%，45名村医接受系统培训，培训率达95%。2005年，各村卫生室（社区）医生101人，农村卫生室获乡村医生证书85人，保健员16人。

2006年起，村卫生室向社区服务站转型。2008年，各村卫生室易名为"社区卫生服务站"。

2010年8月，裕华镇并入大中镇，全镇33个行政村，村卫生服务站增至33个，城区社区卫生服务站增至 14 个。经市、镇两级卫生部门考核、评估，2010 年年底，全镇 33 个农村社区卫生服务站达到甲级村卫生服务站标准，达标率 100%。全镇村医务人员 79 人，获得乡村医生证书的有 69 人，保健员 10 人。

1954—1981 年部分年份原裕华镇境域村以下卫生事业情况表

表 20－2－4

年　份	1954	1956	1958	1959	1965	1966	1969	1970	1972	1975	1976	1978	1980	1981
社会医生数	9	9	14	14	18	18	18	17	16	16	16	15	13	12
赤脚医生数	—	—	—	—	—	—	23	23	28	43	45	50	53	57
卫生员人数	—	—	—	—	103	103	113	113	115	117	117	119	125	125
卫生室个数	—	—	—	—	—	—	5	101	201	201	201	201	201	201

说明：卫生人员系指生产队卫生员

2010 年大中镇农村社区卫生服务站（卫生室）基础设施表

表 20－2－5

单　位	创办时间	医生人数（人）	器材设备										房屋	
			床位（张）	药橱（张）	办公桌（张）	听诊器（只）	血压计（台）	氧气瓶（只）	出诊箱（只）	电脑（台）	打印机（台）	电视机（台）	间数（间）	面积（平方米）
泰西村社区卫生服务站	1956	2	3	1	3	2	2	1	2	1	1	1	6	260
双喜村社区卫生服务站	1965	3	3	1	3	3	3	1	3	1	1	1	6	250
红花村社区卫生服务站	1966	2	3	1	3	2	2	1	2	1	1	1	6	200
红花村刚强社区卫生服务站	1966	2	3	1	3	2	2	1	2	1	1	1	3	125
恒北村社区卫生服务站	1955	3	3	1	3	3	3	1	3	1	1	1	3	125
恒丰村社区卫生服务站	1964	2	3	1	2	2	2	1	2	1	1	1	4	250
利民村社区卫生服务站	1956	3	5	1	3	2	2	1	2	1	1	1	4	320
恒南村社区卫生服务站	1969	3	5	1	3	2	2	1	2	1	1	1	3	140
泰丰村社区卫生服务站	1969	3	6	1	3	3	3	1	3	1	1	1	3	160
阜丰村社区卫生服务站	1968	2	3	1	2	2	2	1	2	1	1	1	3	120
同德村社区卫生服务站	1968	3	4	1	3	3	3	1	3	1	1	1	2	200
德丰村社区卫生服务站	1969	2	4	1	4	2	2	1	2	1	1	1	2	60

续表 20－2－5

单　　位	创办时间	医生人数（人）	器材设备										房　屋	
			床位（张）	药橱（张）	办公桌（张）	听诊器（只）	血压计（台）	氧气瓶（只）	出诊箱（只）	电脑（台）	打印机（台）	电视机（台）	间数（间）	面积（平方米）
德丰村德西社区卫生服务站	1969	2	3	1	2	2	2	1	2	1	1	1	3	110
海丰村社区卫生服务站	1962	3	9	1	3	3	3	1	3	1	1	1	5	120
万丰村社区卫生服务站	1965	2	3	1	2	2	2	1	2	1	1	1	2	87
万丰村忠跃社区卫生服务站	1965	2	3	1	2	2	2	1	2	1	1	1	2	87
晋丰村社区卫生服务站	1960	3	3	1	3	3	3	1	3	1	1	1	3	100
丰裕村社区卫生服务站	1968	2	2	1	2	2	2	1	2	1	1	1	3	100
朝荣村社区卫生服务站	1960	3	6	1	3	3	3	1	3	1	1	1	5	120
朝荣村锦龙社区卫生服务站	1960	1	2	1	1	1	1	1	1	1	1	1	2	80
元丰村社区卫生服务站	1968	5	7	1	4	7	7	1	3	1	1	1	5	150
海防村社区卫生服务站	1968	4	4	1	4	4	3	1	4	1	1	2	4	140
晋北村社区卫生服务站	1967	3	4	1	3	3	3	1	3	1	1	1	5	101
天祥村社区卫生服务站	1962	3	15	1	3	3	3	1	3	1	1	1	—	—
福丰村社区卫生服务站	1960	5	2	1	5	5	5	1	5	1	1	1	4	320
光明村社区卫生服务站	1969	5	4	1	5	5	5	1	5	1	1	1	3	180
新团村社区卫生服务站	1972	4	8	1	4	4	4	1	4	1	1	1	4	140
老坝村社区卫生服务站	1964	4	4	1	4	4	4	1	3	1	1	1	4	120
八灶村社区卫生服务站	1969.4	4	5	1	4	3	3	1	3	2	1	1	3	300
阜南村社区卫生服务站	1964	5	3	1	6	5	2	2	4	1	2	1	3	200
大新村社区卫生服务站	1969	2	2	1	2	2	2	1	2	1	1	1	3	87

1995—2010 年大中镇农村社区卫生服务站情况表

表 20－2－6

年份	行政村个数（个）	行政村卫生室（个）	卫生室医务人员情况			
			卫生室工作员（个）	其中女性村医（个）	取得乡村医生证书（个）	保健员（个）
1995	21	21	47	21	25	22
1996	21	21	46	21	24	22
1997	21	21	46	22	24	22
1998	21	21	47	25	26	21
1999	21	21	51	27	29	22
2000	21	21	55	29	32	23
2001	21	21	54	30	47	7
2002	21	21	55	30	47	8
2003	35	35	113	60	47	66
2004	35	35	109	57	45	64
2005	35	35	101	51	85	16
2006	26	35	104	54	85	19
2007	26	35	104	54	85	19
2008	26	35	98	50	80	18
2009	26	35	82	41	72	10
2010	33	33	86	42	80	10

20 世纪 70 年代，大中镇城区卫生室有量刃具厂卫生室、针织厂卫生室、染织厂卫生室、二建司卫生室、化机厂卫生室、油化厂卫生、煤气设备厂卫生室、航运公司卫生室、机械厂卫生室、淮南二厂卫生室、飞轮厂卫生室、大丰中学卫生室、大丰实小卫生室等。这些卫生室主要是为职工、学生医治常见病、伤口包扎、吊水等。90 年代，随着企业改制，企业卫生室大多解体，有的转为私人经营。2010 年，大中镇有 14 所城市社区卫生服务站（卫生室），有社区医师 50 人，护士 21 人，床位 69 张。

2010 年大中镇城区、裕华社区卫生服务站（卫生室）基本情况表

表 20－2－7

社区卫生服务站名称	社区名称	负责人	创办时间	医务人员			器材设备								房屋		性质	
				医师	医士	护士	床位	药橱	办公桌	听诊器	血压计	氧气瓶	电脑	打印机	间数	面积（平方米）	公办	私办
大丰市委党校医务室	健东社区	张越男	2000.1	1	—	—	—	1	1	1	1	—	—	—	1	20	√	—
色织公司医务室	健东社区	陈桂珍	2010.11	2	—	—	3	3	1	1	1	—	—	—	2	40	√	—
大丰市第三人民医院二门诊	大华社区	王祥震	2003	2	—	3	—	2	2	2	2	1	2	1	3	70	√	—

续表 20－2－7

社区卫生服务站名称	社区名称	负责人	创办时间	医务人员			器材设备								房屋		性质	
				医师	医士	护士	床位	药橱	办公桌	听诊器	血压计	氧气瓶	电脑	打印机	间数	面积(平方米)	公办	私办
大中镇敬老院医务室	大新社区	顾　霞	2010.3	1	—	1	4	3	4	1	1		1	1	7	120	√	—
大丰市中医院三小门诊	大新社区	沈银珠	2008.2	4	—	4	8	6	3	4	4	1	3	2	5	150	√	—
通遂公司医务室	滨河社区	杨宏芳	2010.4	2	—	—	2	4	2	2	2	1	2	1	3	135	—	√
大丰新华医院	新团社区	徐　成	2003.8	13	2	4	30	6	28	20	20	6	11	8	80	1720	—	√
丰蕾公司医务室	育红社区	马玉平	1978.10	2	—	—	—	3	2	2	2	1	—	—	2	58	—	√
国安公司医务室	育红社区	骆银龙	1976.6	2	—	—	—	4	2	2	2	1	1	1	2	60	—	√
交通诊所	新村社区	朱进华	1975	2	—	—	3	4	2	2	2		1	1	3	60	√	—
丰华机械制造公司医务室	西河口社区	宋友权	1973	1	—	1	5	5	4	2	2	1	1	1	3	100	√	—
中医院二门诊	建业社区	高　勇	2000	4	—	2	6	4	5	2	2	1	1	1	5	70	√	—
人民医院二门诊	建业社区	刘梅香	2001	13	—	4	8	6	8	6	4	2	5	1	16	500	√	—
沿河社区卫生服务站	沿河社区	熊建成	2002.3	1	—	2	—	—	3	1	1	1	2	2	4	230	√	—
黄三牙齿保健		黄爱森	2008.8	—	—	—	1	—	1	—	—	—	—	—	1	30	—	√
牙齿保健		戚英珠	1994.6	—	—	—	—	—	—	—	—	—	—	—	1	20	—	√
大丰市裕华菊芳镶牙门市	裕华小街	王菊芳	1983.1	—	—	—	1	—	1	—	—	—	—	—	1	25	—	√
爱牙保健诊所		刘陈峰	2002.7	—	—	—	1	—	1	—	—	—	—	—	1	20	—	√

第三节　医疗规模

一、医疗队伍

（一）民间医生

解放前，大中镇境内无公立医院，民间医生也很少，大中集（城区）仅有几名社会医生挂牌行医。他们分别是：

顾孝珊，和尚出身，在常州学医，兼中西医，1928 年来大中集行医。

陈文士，盐城文林医院出师（西医），1931 年来大中集行医。

唐竹轩，盐城人，1933 年来大中集跟顾孝珊学医。1934 年，顾孝珊病故，诊所由唐竹轩坐诊。1948 年去镇江，1950 年秋返回大中集行医。

顾慎之，东台人，中医，1935 年来大中集开办大安药店并坐堂行医，1952 年病故。

黄　振，南通海安人，1938 年来大中集行医，1948 年国民党军大扫荡时去无锡未归。

江礼云，西医，1940 年来大中集行医，是同乡会的头目，1947 年被民主政府镇压。

张月秋，1940年来大中集开办大生药店兼坐堂医生。

钱亚坤，兴化人，中医，和尚出身，1928年在龙王庙（今三龙）一带行医，1948年来大中集行医。

夏良臣，西团人，祖传中医儿科，1944年到大中镇行医。

杨伯良，白驹人，中医，1948年来大中集行医。

束必祥，刘庄人，青年时代在盐城学医，1946年来大中集行医。

原新团镇境内民间医生有老坝村周知信、八灶村蔡佰林、光明村朱彩凤、长安村徐仁章。

原裕华镇境内有小儿科医生朱友清，中医邵南全、徐步高、施允浩、陈沃夫、吴国臣、朱天佳、钱子清，西医姜夕爵、陶叔彪（裕华公司医生）等。1954年，裕华镇境域有社会医生9人，1969年18人，1981年12人。

新中国成立初期，小有名气的名间医生有朱松谟、谢国军、朱同兰。

朱松谟 同圣村人，中医世家。1949年，任堤东区医药学会会员。1956年，创办八东乡联合诊所。擅长中医针灸、中医外科、妇科等疑难杂症。20世纪60年代，在江苏省中医杂志发表过多篇医学论文。他的《针灸妇女子宫脱垂症43例报告》《外伤止血药》《略论黄胆的辩证论治》等数十篇医学论文在盐阜地区医药界交流探讨。他还擅长中医外科，1956年老坝村二组朱国祥患“骨扭风”，朱松谟将其下颌骨摘除数块后治愈。光明村七组张起友患皮肤淋巴癌，颈脖奇粗，朱松谟用“半枝莲”令其内服外敷治愈。

谢国军 擅治喉科疾患，祖传喉科第五代中医，继承祖传中医喉科对喉蛾、喉痛等病例，不用手术以中药即可治愈；慢性咽喉炎则施以中药和雪梅散吹药治愈。谢国军乐善好施，送医送药，给患者治愈为止，从不向病人索钱索物。几十年中，经谢国军治愈的病人达5000余人，得到广大群众好评。1987年2月21日，《盐阜大众报》曾发表《无私的奉献》一文和新闻图片，介绍其为广大患者服务的事迹。1987年7月31日，《新华日报》又刊载谢国军全心全意为病者服务的新闻图片。

朱同兰（女） 擅治烧伤、灼伤。1962年毕业于淮阴卫校。毕业后开始研究中国传统医学，采用中西医结合，研制成治疗烧伤、灼伤功效不同的黑、白两种油膏。经朱同兰收治的3000余人，年龄最大的78岁，最小的刚出生15天，烧、灼伤面积最大的达全身的98%，治愈率100%。其研制黑药膏，涂在创面48～72小时为1周期，可使好、坏组织分离。然后再用白药生肌；经朱同兰收治的烧、灼伤Ⅰ～Ⅱ度当时愈合，Ⅱ度3～5天愈合，Ⅲ度3～5个星期愈合。

（二）医院医生

1948年12月，台北县政府设门诊室，仅有2名医务人员。1952年10月，成立大中镇联合诊所，有医生6名。1954年，裕华卫生所有5名。1959年，大道公社卫生院有卫技人员9人，新团公社卫生院有卫技人员15人，裕华公社卫生院有21人（其中含社会医生14人）。1966年，大兴公社卫生院有卫技人员7人。1970年，大中镇卫生院有卫技人员7人。

1954—1981年部分年份裕华镇医疗人员病床位情状况表

表20－3－1

年　度	1954	1956	1958	1959	1965	1966	1969	1970	1972	1975	1976	1978	1980	1981
医务人员（人）	5	5	8	7	7	7	11	14	14	14	14	14	16	16
病床数（张）	—	—	—	—	—	—	5	101	201	201	201	201	201	201

1983年6月，大中镇卫生院与大道卫生院合并组建新的大中镇卫生院，全院有卫技人员50人，裕华卫生院有卫技人员27人，新团卫生院有卫技人员16人。1991年，大中镇卫生院有卫技人员90人，包括副主任医师2人，主治（管）医师2人，住院医师43人，护士24人。

1999年，新团、裕华、大中镇3所卫生院有卫技人员220人。

2003年，大中镇卫生院有医技人员139人，其中高级职称10人，中级职称40人。同仁骨科医院有卫技人员112人，内有主任医师2人、副主任医师7人、中级职称卫技人员21人、初级职称卫技人员82人。裕华卫生院有卫技人员76人，其中副主任医师1人，主治（管）医、护、药师11人，医、药、护师29人，医、护、药、技士19人（卫生员9人）。新华医院有卫技人员30人，其中主（管）医、护师5人，医、护、技师13人，医、护、药士8人（卫生员3人）。2005年，大中镇卫生院有医技人员140人，其中高级职称8人，中级职称44人。裕华卫生院卫技人员68人，内含副主任医师1人，主治（管）医、护、药师11人。新华医院卫技人员30人，内含主治（管）医、护师5人，医、护、技师13人，医、护、药士9人，卫生员3人。

2010年，大丰市第三人民医院有卫技人员142人，其中执业医师51人，执业助理医师12人，注册护士36人，药师（士）10人，检验技师（士）4人，影像技师1人，其他32人。城东社区卫生服务中心（裕华卫生院）有卫技人员49人，内含副主任医师3人，主治（管）医、护、药师18人，医、护、药士21人，护士7人。新华医院有卫技人员22人。仁爱骨质增生医院有卫技人员27人，其中副主任医师1人，中医主治医师1人，主管护师1人，中医师2人，检验3人。同仁医院有卫技人员164人，其中主任医师1人，副主任医、护、技师9人，主治医、护、药、技师38人。

（三）护理人员

1950—1957年，境内卫生院无专职护士，护理工作由医生代做。1958年，有一名护理员，也只能进行打针、输液、外科换药一般护理。

20世纪60年代中期，公社卫生院执行护理制度，交接班制度，保护性医疗制度，消毒隔离制度等。“文化大革命”期间，医护人员分工界限被打破，普遍实行医疗护理一条龙服务。1969年，大中镇医院设立观察室，从县人民医院下放一名护校毕业的护士充实到该院，护理工作有所改善。70年代，随着卫生事业发展，出现医生、护士比例失调，护理人员奇缺。为缓解这一矛盾，采取从社会上招收初、高中毕业生，经短期护理技术培训后，充实到护理队伍，医院建立护理工作职责，实行一人一针一筒注射，护理工作逐步走上正规。1979年，大中镇卫生院中级护师6人，初级护师17人；裕华卫生院有中级护师1人，初级护师5人，护士4人；新团卫生院有初级护师1人，护士3人。

1983年，对住院病人建立护理病历、护理记录。

90年代起，各卫生院注重加强护理队伍建设。为提高护理工作整体水平，切实加强护理工作“三基”（基础理论、基本知识、基本技能）训练，组织护理人员参加业务培训，提高护理水平，实施总护长、各科护士长、护士三级护理考核管理制度，统一22项护理操作。通过观看科教片护理工作示范，实行整体护理、护理操作规范化，建立了护理质量考核制度。随着护理专业技术水平的整体提高，逐步拓宽社区、康复、老年护理服务领域。

1999年，大中镇卫生院、裕华卫生院、新团卫生院有护理人员45人，其中中级职称7人，护师23人，护士10人，护理员5人。2003年，大中镇卫生院（第三人民医院）、裕华卫生院、新华医院共有在职护理人员60人，其中副主任护师1人，主管护师19人，护师20人，护士17人，护理员3人。

2010年，大中镇卫生院有护理人员38人，副主任护师8人，主管护师15人，护师12人，护士3人。裕华卫生院有护理人员8人，副主任护师1人，主管护师5人，护师1人，护士1人。新华医院有护理人员8人，主管护师4人，护师4人。同仁医院有注册护士57人。

1999 年大中镇、裕华、新团卫生院医护人员职称分类表

表 20－3－2 单位:人

单位	合计	卫技人员						中医						中药						西医医疗					
		高级		中级	初级			高级		中级	初级			高级		中级	初级			高级		中级	初级		
		正	副		师	士	员	正	副		师	士	员	正	副		师	士	员	正	副		师	士	员
合计	220	2	5	36	101	54	22	—	2	1	3	4	—	—	—	—	2	—	1	2	3	24	46	27	10
新团	39	—	—	2	18	12	7	—	—	—	1	1	—	—	—	—	—	—	—	—	—	2	10	5	3
裕华	52	—	1	6	24	14	7	—	1	—	1	3	—	—	—	—	—	—	1	—	—	3	9	5	1
大中镇	129	2	4	28	59	28	8	—	1	1	1	—	—	—	—	—	2	—	—	2	3	19	27	17	6

单位	合计	西药						护理						检验						其他医技人员					
		高级		中级	初级			高级		中级	初级			高级		中级	初级			高级		中级	初级		
		正	副		师	士	员	正	副		师	士	员	正	副		师	士	员	正	副		师	士	员
合计	—	—	—	8	9	3	—	—	7	23	10	5	—	—	2	7	3	1	—	—	2	12	1	2	
新团	—	—	—	2	1	1	—	—	—	1	3	3	—	—	—	2	—	—	—	—	—	2	1	—	
裕华	—	—	—	3	2	2	—	—	1	5	4	2	—	—	—	2	1	—	—	—	2	4	—	1	
大中镇	—	—	—	3	6	—	—	—	6	17	3	—	—	—	2	3	2	1	—	—	—	6	—	1	

2003 年大中镇、裕华、新团卫生院医护人员职称分类表

表 20－3－3 单位:人

单位	合计	卫技人员						其中																				
								中医							中药							西医医疗						
		高级		中级	初级			小计	高级		中级	初级			小计	高级		中级	初级			小计	高级		中级	初级		
		正	副		师	士	员		正	副		师	士	员		正	副		师	士	员		正	副		师	士	员
总计	245	—	11	60	85	66	23	8	—	1	1	4	2	—	5	—	—	1	2	1	—	96	—	8	25	26	25	12
裕华	76	—	1	15	30	21	9	3	—	—	—	2	1	—	1	—	—	—	1	—	—	31	—	1	5	11	11	3
新团	30	—	—	5	13	9	3	1	—	—	—	1	—	—	1	—	—	—	—	1	—	11	—	—	3	4	2	2
大中镇	139	—	10	40	42	36	11	4	—	1	1	1	1	—	3	—	—	1	1	—	—	54	—	7	17	11	12	7

二、医疗技术

20 世纪 70 年代初,大道卫生院、大兴卫生院、大中镇卫生院除医治一般常见病、多发病,阑尾炎、疝气等简单手术仍要请大丰县人民医院医师来院协助指导。70 年代以后,从苏州、无锡、南京下放的院校毕业生、分配的大专、中专毕业的医护人员陆续调进。80 年代,镇卫生院能诊治常见病、多发病和抢救一般的重危病人,正常开展下腹手术、计划生育四项手术、剖腹产、扁桃体摘除和白内障复明等手术。

1983 年 6 月,由陆志冲院长开展电化疗法,治疗食道癌、贲门癌、肝癌等癌症病人,取得了良好的效果。原卫生部部长钱信忠专门题词“中国电化学治癌中心”,并得到北京中日友好医院专家的支持,收治省内外患者数千例,治愈率达 60%。

1990 年 7 月，裕华卫生院开设骨质增生特色专科，由许厚来主诊，先后接诊新疆、福建、安徽、上海等地患者 2000 多人，治愈好转率达到 85% 以上。从 1992 年始，大中镇医院采取聘请外地专家、本地离退休名医学者坐诊、手术，能进行胸腹部手术、子宫切除术、电化学治疗食道癌、诊治血液病、心血管等疑难病例。2001 年，引进先进设施，能正常运用腹腔镜开展胆囊、阑尾手术、前列腺气化电切技术，还开展胸腔手术、肿瘤切除术，以及电子胃镜检查、电子肠镜治疗技术、种植牙技术、外科微创技术、针刀松解疗法治疗颈、肩、腿疾病，体外冲击波碎石、钴 60 放射治疗肿瘤等项目。其中首家开展肿瘤放疗技术，填补大丰肿瘤治疗空白。院内泌尿外科、妇产科、中医科、骨伤科成为特色专科。

2009 年，大中镇医院聘请上海市中医院等一些"三甲"大医院的心血管、骨伤科、消化科、小儿科知名专家开设上海市老中医专家门诊，用中医中药疗法治疗疑难杂症。

2010 年，大中镇医院内科对循环、泌尿、呼吸系统功能衰竭及急性中毒和休克等危急病人作出诊断并进行维护生命的抢救处理；能熟练地掌握传染病的治疗和消毒隔离技术；能诊治血液病、心脑血管等疑难病例；外科对胆结石、溃疡穿孔、肠梗阻、阑尾炎、泌尿系结石、内脏出血等急腹症能作出及时诊断和手术治疗，并可完成外科的止血、缝合、包扎、骨折固定等处理，能运用电化学治疗食道癌、贲门癌等手术，进行胸腔手术、肿瘤切除，通过引进先进医疗设备，运用腹腔镜开展胆囊摘除，小切开阑尾切除，肾结石取石，前列腺手术，进行体外冲击波碎石治疗，肾结石、输尿管结石，"钴 60"放射治疗肿瘤，以及电子胃镜检查食道、胃疾病；妇产科能完成生理、产科、部分常见病处理及剖腹产手术，对流产、早产、宫外孕、产力异常等正确处理，能熟练地进行子宫切除术等计划生育四项手术；五官科能正确诊断处理本科常见病及部分疑难杂症；口腔科能全面的开展口腔颌面外科、口腔矫形、牙槽外科手术、各种牙髓手术和种植牙技术；眼科能全面治疗各种眼疾，并能进行白内障剥离术及眼球摘除术等；中医科能辨证施治内、外、妇、儿科的常见病与部分疑难杂症；辅助科室能开展心电图、超声波、血、尿、便常规检验和多种生化检验，乙肝两对半抗原体定量测定和细菌培养，以及透视、摄片、胃镜检查；能熟练掌握传染病的治疗和消毒隔离技术；能诊治血液病、心脑血管等疑难病例；防保科正常开展计划免疫、疫情处理；儿科能对小儿常见病、疑难病症进行正确医治。

同仁骨科医院 擅长采用先进内固定技术治疗各种创伤、骨折、骨关节置换、脊柱骨折固定及畸形矫正。能开展吻合血管骨移植治疗股骨头无菌性坏死、颈前路减压治疗颈椎病、断肢（指）再植、全髋、膝人工关节置换术、脊柱四肢先天畸形矫正术、腰椎间盘突出症微创手术、骨肿瘤、骨结核手术、肌腱转移功能重建等骨科手术。外科开展脑肿瘤、颅脑外伤、脑积水、胃肠肿瘤等手术。筋伤科应用新医正骨疗法结合中药熏蒸治疗各种软组织损伤，被盐城市卫生局授予特色中医专科称号。还聘请苏州大学附属一院专家教授常年坐诊。

附：医疗卫生获奖情况

1996 年，大中镇卫生院院长陆志冲的《食道癌、贲门癌 160 例的电化学治疗》论文在全国首届百家之长特色医疗学术研讨会上获特等奖。1998 年，陆志冲电化学治疗肿瘤被中华医学会科技发展中心国际生物闭合电路学会中国分会授予突出贡献奖。1999 年，陆志冲电化学治疗食管癌、贲门癌论文获德国柏林国际会议大会交流获卓越奖。

1998 年，陆志冲、叶枫、陆利斌应用电化学治疗中晚期食管癌、贲门癌获盐城市政府科技进步四等奖。

1999 年 11 月，顾益斌微创伤直视阑尾切除术临床研究获盐城政府科研进步四等奖。

2003 年，朱圣寅"CDIC"牙种植术引进与革新获大丰市人民政府科技进步二等奖。2009 年 11 月，朱圣寅获江苏省知识产权局、农林局厅、财政厅、总工会、江苏省妇女联合会、科技协会发明奖、江苏首届民间发明创新优秀奖。

三、药店

1918 年 1 月,李敬之在大中镇开办大生堂药店,随后相继开设大安药店(店主曹旸谷)、仁和药店(陈立荪)、太和药店(孙景荣)、元昌药店(程欣木)。1930 年,裕华街上有季大昌药店 1 所。1949 年前,新团有熙春堂、庆升堂、仁寿堂中药店 3 所。1951 年,陈光中在大中镇开办宁民药店。1952 年,大生堂药店与大安药店两家合并,成立新安药店。主要经营中药材配方和少量的西药以及中成药儿丸、散剂。

1956 年,在工商业社会主义改造中,5 家私营药店合并成立公私合营大丰县大中中西药店,店员 9 人,分设南、北两个零售门市。1966 年 1 月,公私合营大丰县大中中西药店转为县医药公司门市部,企业性质由公私合营上升为国营,成为大丰县历史上第一个国营专业医药商店。5 月,更名为中国药材公司大丰县商店,后名称几经更改。1980 年 2 月,又更名为江苏省医药公司大丰县公司,下设 3 个门市部,经营 3800 个规格品种,年销售总额 598 万元。通过批发和零售两条途经,担负着全县各医院药品和医疗器械的供应任务。2000 年,大丰县医药公司改制,下属药店全由私人经营。2001 年,城区有中、西药零售药店 23 家。随着医药市场的开放,私营药店网点增加,2010 年年底,大中镇有中、西药零售店 49 家。

2010 年大中镇药店分布情况表

表 20-3-4 单位:人

药店名称	社区	药店地址	店主	药店职员								驻店医师		药店面积	
				西药				中药							
				执业药师	从业药师	药师	药士	执业药师	从业药师	药师	药士			间数	面积(平方米)
德丰大药店	新街	黄海东路 98 号	骆鸣珠	1	—	1	—	—	—	—	—	1	2	105.7
东方药店	新街	大新南路 108-5-6 号	孙希斌	1	1	1	—	—	—	—	—	—	2	100
新东方药店	新街	育红东路 2 号	张 岚	1	—	—	1	1	—	—	1	—	5	200
同心堂大药店	新街	人民南路 31 号	张和平	—	1	1	—	1	1	1	—	1	4	150
健康药店	健东	健康东路	孙希斌	2	1	1	—	—	—	—	—	1	1	18
金都药店	人民北路	金都贸易城 2-103 号	嵇玲玲	1	—	—	—	1	—	—	—	2	2	104
回春药店	人民北路	人民北路 11 号	李增国	2	—	—	—	—	—	—	—	1	2	130
利民药店	人民北路	人民北路 20 号	孙希斌	2	—	—	—	—	—	—	—	2	4	100
永康药店	人民北路	人民北路 230 号	王为华	—	1	—	—	—	1	1	—	—	2	100
信德药店	人民北路	人民北路亚丰厂路东	冯春涛	—	—	1	—	—	—	—	—	—	1	100
利群利药	人民北路	人民北路 296 号	吴燕飞	—	—	1	—	—	—	—	—	—	1	47
百草堂药店	康平	五金巷	任世银	1	—	1	—	—	—	1	—	1	4	100
百事佳药店	康平	五金巷	李晶晶	1	—	1	—	—	—	—	—	1	4	100
人民药店	康平	大新南路	孙希斌	1	—	—	—	—	—	1	—	1	2	100
同济大药店	康平	健康东路	刘 东	1	1	1	—	—	—	1	—	1	2	150
康宁平价大药店	大华	健康东路 36-4 号	贾成标	1	—	1	1	1	—	—	—	2	2	250
健桥药店	大华	健康东路 32 号	孙希斌	1	—	2	1	1	—	—	—	1	2	150
普济药店	老街	人民南路 186 号	顾亚斌	—	—	—	—	2	—	—	—	2	2	105

续表 20－3－4

药店名称	社区	药店地址	店主	药店职员							驻店医师		药店面积	
				西药				中药					间数	面积（平方米）
				执业药师	从业药师	药师	药士	执业药师	从业药师	药师	药士			
公元大药店	大新	幸福路公园综合楼	沈红萍	1	1	2	1	1	—	2	—	2	3	200
仁济堂药店	滨海	健康西路 20 号	徐汉杰	1	—	1	—	—	—	—	—	—	2	121
延忠大药店	新德	瑞城 123 号门市	樊　平	—	1	—	—	—	—	—	—	—	3	100
新团德生药店	新团	新团人民路	蒋德生	—	—	1	—	—	—	—	—	—	1	50
佳民药店	新团	新团人民路	朱加明	—	—	1	—	—	—	—	—	—	2	40
爱林药店	新团	新团人民路	朱爱林	—	1		—	—	—	1	—	—	1	40
安康药店	新团	新团菜市场	卢炳荣	—	—	2	—	—	—	—	—	—	2	74
德善堂大药房	建西	润丰嘉园 4 号楼	张　萍	1	1	—	4	—	—	1	1	2	2	100
益民大药房	育红	益民路 45 号	程泽鹏	2	1	1	—	—	1	1	—	3	3	108
城区药店	育红	育红东路 25－10 号	王迪真	1	1	1	—	—	—	—	—	—	3	60
金丰药店	建业	金丰南路 6 号	孙希斌	2	1	1	—	—	—	—	—	1	1	140
大德大药房	建业	教育房产 2 号楼	盛建国	—	—	1	—	1	—	1	—	—	1	105
盛源大药房	沿河	恒生商城	郑亚丽	2	—	—	—	—	—	—	—	1	3	106
大众药房	沿河	工农西路金丰商贸 74 号	陈宏峰	—	1	—	—	—	—	—	—	—	2	90
卫祥大药房	沿河	健康路 12 号	高卫东	1	—	—	—	1	—	—	—	1	2	90
维康大药房	沿河	健康西路 6－2 号	王　慧	2	—	—	—	—	—	—	—	—	2.5	110
公元育红大药店	大刘	金丰南路 8 号	沈红萍	1	—	1	—	—	—	—	—	—	4	100
天天东大药房	大刘	金丰南路大坂城	黄志国	—	1	—	—	1	1	—	—	—	3	200
板城大药店	大刘	金丰南路大坂城	单海青	—	—	1	—	1	—	—	—	—	2	120
世纪大药房	康平	健康路	许月琴	1	—	—	—	—	—	—	—	—	1	100
大丰市国安药店	裕华	大中镇裕华居委会	吕国安	—	—	1	—	—	—	1	—	—	1	20
大丰市裕华老药店	裕华	大中镇黄海北路	夏梅林	—	1	—	—	—	—	—	1	1	2	96
大丰市济世药店	裕华	大中镇黄海南路 5 号	余雅玲	—	—	1	—	—	—	—	—	—	1	48
大丰市国东药店	裕华	大中镇黄海南路 40 号	吴义萍	—	—	1	—	—	—	—	—	—	1	40
大丰市大中镇仁仁药店	裕华	大中镇黄海南路 58 号	杨　燕	—	—	1	—	—	—	—	—	—	1	40
大丰市裕华药店	裕华	大中镇裕东路 4 号	杨　惠	—	—	1	—	—	—	—	—	—	1	40
大丰市裕华建明药店	裕华	大中镇裕东路 19 号	蔡　翔	—	—	1	—	—	—	—	—	—	1	90

第四节 疾病防控

一、计划免疫

1952 年,大中镇普遍开展预防接种。是年,牛痘接种 7200 人。1953 年起,先后增加白喉类毒素、百日咳菌素、破伤风类毒素等疫苗的预防接种。1960 年,全镇医务人员采取划片包干,定人定点,完成各种防疫注射,防疫接种 9779 人。有效控制伤寒、白喉、流脑、百日咳、乙型脑炎等传染病多发趋势。1973 年后,免疫方法由一般的预防接种发展到计划免疫。接种疫苗在品种上增加麻疹疫苗、流脑菌苗等。1978 年起,实施儿童计划免疫,预防接种工作主要采取集中力量突击进行,依靠县、公社、村三级预防保健网去完成。1980 年,大丰县卫生防疫站在大中镇、大道公社对 0 ~ 7 岁儿童实施计划免疫集中接种试点,天花、白喉全部被消灭,麻疹、脊髓灰质炎、乙脑、流脑、百日咳得到控制。1982 年起停用牛痘苗、霍乱菌苗。群众性、突击性的大规模预防接种工作已成为历史,而经常性、重点性、基础性的计划免疫工作被取而代之。1982—1983 年,预防接种对象压缩到少儿时期,以婴幼儿为接种重点对象。接种"四苗"(卡介苗、百白破苗、麻疹疫苗、脊髓灰质炎疫苗)预防"六病"(结核、百白咳、白喉、破伤风、麻疹、脊髓灰质炎)为基础免疫。按月开展计划免疫接种周,接种注射实行"一人一针一筒"。1984 年,镇卫生院配备冰箱、冷藏箱,各村配备冷藏包,实现冷链一条龙管理。确定一年中的 1、4、7、10 月为计划免疫月,全面实行计划免疫日制度。

1985 年起,实行按日常年接种门诊制度,并将乙肝疫苗纳入计划免疫接种的范畴,强化免疫程序管理。

20 世纪 90 年代初,大中镇卫生院加强计划免疫接种门诊的规范化建设,计划免疫接种门诊均达到甲级标准。1986—1987 年,镇卫生院建立预防接种门诊室,预防接种工作由过去村卫生室分散接种,改为到镇卫生院集中接种。1988 年 8 月,在全镇范围内试行计划免疫保偿制。镇成立计划免疫保偿领导小组。投保对象交纳保偿金,免费接种 6 种生物制品,接种后发生计划免疫针对的 8 种传染病患者,可获得诊治补偿费。1990 年,境内 85% 的 7 岁以下的儿童参加计免保偿。

1999 年,预防接种的建簿、建卡、建证率达 100%,儿童入保率超过 98%,同时加强儿童计划免疫保偿资金管理。卡介苗、脊髓灰质炎糖丸、百白破、麻疹的单苗接种率分别达 100%、99.5%、99.5%、99%。"四苗"覆盖率和乙肝疫苗接种率分别达 98.1%、96.7%。基础免疫接种率达 99%,及时接种率高于 94%,加强免疫接种率超过 96%。计划免疫所针对的疾病连续 17 年控制在卫生部颁布的标准之内,连续 18 年未发生白喉、脊髓灰质炎病例,并通过全国计划免疫评审。

1974—1996 年大中镇 0 ~ 7 岁儿童计划免疫疫苗接种表

表 20 - 4 - 1　　　　单位:人

年份	乙脑	白喉类	流脑	麻疹	脊灰糖丸	卡介苗	百白破	白喉破伤风	乙肝疫苗
1974	28000	—	—	2500	3000	—	—	—	—
1975	1000	—	—	500	12000	15855	—	—	—
1976	1150	13750	8000	—	1663	—	—	—	—
1977	1217	10742	—	2000	17254	445	—	—	—
1978	10418	10684	17776	1147	9826	1766	—	—	—

续表 20－4－1

年份	乙脑	白喉类	流脑	麻疹	脊灰糖丸	卡介苗	百白破	白喉破伤风	乙肝疫苗
1979	9838	20000	12774	—	5686	565	—	—	—
1980	9900	6000	9000	11000	—	1740	—	—	—
1981	5300	11400	3795	480	4500	600	—	—	—
1982	5199	—	9105	1854	7153	784	—	—	—
1983	6443	763	7396	4911	1798	4358	—	—	—
1984	3462	1402	—	1622	810	3010	—	—	—
1985	4591	903	4230	1299	7553	2334	—	—	—
1986	3022	615	1125	1132	2421	1132	1157	671	1896
1987	3049	625	1261	1367	2816	1357	1340	534	2184
1988	3240	618	1071	1359	2948	1369	1468	650	2220
1989	3372	629	1239	1174	2975	1184	1485	997	2235
1990	3335	439	1270	1186	5946	1196	1492	571	2241
1991	3136	499	1379	1100	4725	1107	1329	544	1746
1992	2012	525	1310	1258	4812	1268	1112	356	1617
1993	2660	632	1064	1050	3687	1068	1859	623	960
1994	2698	728	952	1070	3151	1088	1685	624	1026
1995	2328	745	1082	1092	2904	1080	1653	499	1029
1996	1729	743	882	1088	2623	1068	1297	525	963

说明：以上表格数据不含区划调整前的裕华新团区域

2003—2010 年大中镇 0～7 岁儿童计划免疫疫苗接种情况表

表 20－4－2　　单位：人

年份	0～7 岁儿童数	接种人次										
		乙肝疫苗	卡介苗	脊灰减毒活疫苗	百白破疫苗	白破疫苗	麻疹疫苗	麻腮风疫苗	乙脑疫苗	流脑疫苗	A＋C 流脑疫苗	甲肝疫苗
2003	10589	2079	1250	3876	2617	—	2510	—	3849	4257	—	—
2004	10960	2024	1334	3767	2397	—	2522	—	4016	3135	—	—
2005	10561	2013	1317	3973	2868	—	2702	—	3645	2426	—	—
2006	10547	2275	1122	4227	2958	—	5368	—	3819	2366	—	—
2007	10828	2391	1277	3655	2473	—	2139	—	4108	2943	—	—
2008	10150	2232	957	3110	2618	1779	1837	578	3980	1225	2560	567
2009	10190	3721	1257	4884	4922	1275	1122	1368	2670	2458	1944	1304
2010	10219	4620	1529	6575	6040	1771	1559	1427	3438	3164	2214	1422

说明：以上表格数据不含区划调整前的裕华区域

2001—2010 年大中镇婴幼儿保健情况表

表 20－4－3 单位:人

年份	活产数	婴儿死亡数	婴儿死亡率(‰)	5 岁以下儿童死亡数	5 岁以下儿童死亡率(%)	0～6 岁儿童总数	0～6 岁儿童系管数	系管率(%)
2001	179	3	16.75	5	7.9	1433	1426	99.51
2002	580	4	6.82	4	6.8	1564	2548	99.37
2003	307	4	13.80	5	6.28	2487	2469	99.76
2004	1026	6	5.85	7	6.82	2350	2290	99.47
2005	1002	6	5.98	6	5.98	2315	2254	97.36
2006	932	5	5.36	5	5.36	2328	2274	97.68
2007	987	5	5.06	5	5.06	2319	2234	96.33
2008	399	3	5.7	5	6.92	2744	2730	99.48
2009	986	2	2.03	3	3.04	2864	2734	95.46
2010	1211	5	2.9	5	3.35	2876	2857	99.34

说明:1. 以上表格数据不含区划调整前的裕华区域

2. 系统管理简称“系管”

2001—2010 年裕华镇婴幼儿保健情况表

表 20－4－4 单位:人

年份	活产数	婴儿死亡数	婴儿死亡率(‰)	5 岁以下儿童死亡数	5 岁以下儿童死亡率(%)	0～6 岁儿童总数	0～6 岁儿童系管数	系管率(%)
2001	171	0	0	0	0	1506	908	60.3
2002	187	1	5.3	0	0.7	1471	912	62.0
2003	209	2	9.6	0	1.5	1377	900	65.4
2004	216	1	4.6	0	0.07	1296	879	67.8
2005	156	0	0	0	0	1364	920	67.4
2006	81	0	0	0	0	1469	1051	71.5
2007	118	1	8.47	0	0.08	1377	1032	74.9
2008	292	1	3.42	0	0.19	1206	926	76.8
2009	253	0	0	0	0.09	1215	950	78.2
2010	297	2	6.7	0	1.2	1175	930	79.1

二、传染病防控

霍乱、副霍乱 新中国成立前,境内霍乱、副霍乱(俗称“瘪罗痧”“2 号病”)流行猖獗,危害严重。1943 年,大中集地区就罹病死亡 100 多人,老斗龙港以西霍乱传染,死亡率达 40%。霍乱诊费、药价昂贵。一支匹尼西林(青霉素)600 万元,折合 25 千克大米。神汉巫医借机活动,骗取钱财。流行病的高发对人民的生命财产构成极大威胁。

新中国成立后,贯彻“预防为主”方针,霍乱在镇内得到有效控制。1957 年,大中镇建立血防队伍,当年完成皮内反应注射 7729 人,占城镇总人口的 64%,大便检验 2306 人,占城镇总人口的 19%。

同时加强粪便管理,公共厕所搭棚加盖,水上设卫生船,人畜粪便采取严密闭存措施杀灭虫卵。1959年,全镇开展麻疯病普查工作,查出的患者及时送县麻疯医院隔离治疗。1960年,镇组织医务人员深入大队、生产队对伤寒、白喉、流脑、乙型脑炎、血吸虫病、疟疾、钩虫病、蛔虫病、肝炎病等进行普查和防疫接种。1965年,大中镇境内无一例霍乱病人。1977—1978年,霍乱再次出现,大中镇把预防"2号病"(副霍乱)列为防治疾病的中心工作,贯彻落实各项预防措施,采取"2号病"疫苗接种,发现病人或疑似病人,立即封锁疫点、集中消毒。医院成立专门抢救小组,对病人及时抢救治疗。加强疫点处理,消毒处理,灭蝇,未发生一例"2号病"人死亡。在饮食行业、食堂工作人员中,普遍进行体格检查;对渔民和流动性船户进行预防注射和严格的进出管理。1975年,新团村发现2名"2号病"患者,大队保健室对患者及时隔离治疗,并划定疫点疫区,限制人员流动,生产队指派专人逐户发放漂白粉片进行饮水消毒,有效地控制了"2号病"的发展。20世纪90年代后,"2号病"基本绝迹。

病毒性肝炎 1960年后,镇内病毒性肝炎呈逐年上升之势,以乙型、甲型肝炎病毒感染者居多。1961年,发病率为21.84/10万,1972年为202.67/10万,1980年为302.37/10万。1983年,境内流行病毒性肝炎,大中镇发病患者382例。1989年,出现肝炎流行高峰,部分大队甚至暴发流行。是年,开始对新生儿童接种乙肝疫苗,肝炎疫情下降。1992年1—6月,大中镇肝炎发病为200/10万。1993年,针对病毒性肝炎传染源大量存在,传染途径复杂等特点,卫生防疫部门切实做好卫生宣教、病人隔离治疗、高危人群免疫(接种甲肝、乙肝疫苗)、食品卫生监督等工作,肝炎的发病率多年控制在70/10万。1998—2010年,大中镇连续13年肝炎的发病率控制在67.2/10万以下。

天花、麻疹 1952年,大中镇普遍开展预防接种工作。是年,仅牛痘接种就有7200人次。至1955年,大中镇天花已经绝迹。20世纪70年代末开始使用麻疹疫苗,有效控制麻疹流行。自1981年以后均为少量散发性发生。1983—2010年,麻疹发病率低于卫生部规定的计划免疫相关疾病控制指标和省卫生厅规定的指标。

流行性脑脊髓膜炎 1949年前,流行性脑脊髓膜炎流行频繁,死亡率很高。1961年发病率为6.21/10万,死亡率0.4/10万。1965年,发病率977.16/10万,死亡率43.14/10万。1970年,镇卫生部门在认真抓好治疗的同时,大力开展群众性爱国卫生运动,搞好"四基本"(开窗通风、勤晒衣被、湿式扫地、隔离病人),多吃大蒜,呋喃西林液滴鼻,基本控制疫情。1976年开始,每年普遍注射流脑疫苗。1981年以后,发病率大幅下降,1990年为1.1/10万。1995年后无病例发生。

传染性非典型肺炎 2003年3月,面对国内"非典"严峻形势,镇成立防"非典"工作领导小组,上下联动,形成完整的防治组织网络。镇三套班子领导分工挂钩到各社区、各重点部门、重点部位督查"非典"防治工作。在防治工作中,建立组织指挥、疫情监测、抢救治疗、疫情控制、技术指导和信息处理等组织。各卫生院开通疫情专线电话,实行24小时值班制。各社区、村、部门实行回丰人员、留置人员、体检情况、监控疫情日报告和零报告制度。由于防治措施及时有力,未发生非典型肺炎病例。

三、地方病防控

血吸虫病 群众称血吸虫病为"大肚子"病,又称"水蛊胀"。1956年3月,大丰县委成立防治血吸虫病五人小组。1957年1月,镇建立由皮内反应组、大便检验组、治疗组组成的血防队伍。1958年后,境内已无血吸虫病例发生。

疟疾 疟疾俗称"打摆子",是一种传染快、危害严重的寄生虫病,中华按蚊为传播媒介。

20世纪50年代,疟疾发病率长期居高不下,1961年发病率高达19.2%。全镇开展灭蚊运动,同时加强药物防治,病情得以控制。1971年,发病率下降至18.88%。1973—1974年,实施华东五省市疟疾病联防。1975—1976年,又进行休止期全民服药,流行期半月一次全民服药。1977—1978年,进行休止期重点人群和定期清理服药。1977年后,各医疗单位在流行季节开设疟疾镜检站,进行疟原虫检索。1979年后,又采取一防(防蚊灭蚊)三治(休止期根治、清理复治、发热病人查治)等防治措施。从1980年起,发病率降低到0.02%以下,且逐年下降。1990年11月,经省综合考核验收,确认大丰为基本消灭疟疾县。1993年后大中镇无病例发生。

钩、蛔虫病 解放初,钩、蛔虫病患病率甚高。1957—1960年,县卫生科组织50多名医务人员到农村常年巡回查病治病,对寄生虫病患者免费治疗,送药上门,看服药下肚。经过4年的努力,钩虫病的感染率从33.8%下降到11.4%,蛔虫病的感染率从63.9%下降到18%。此后又多年使用广谱驱肠虫药,1996以后采用丙硫咪唑、甲苯咪唑等药,对感染者和重点人群实施服药驱虫,钩、蛔虫病患病率近于零。

丝虫病 丝虫病患者症状主要是消瘦、无力、甚至丧失劳动力,主要传播媒介为淡色库蚊。1958年、1970年大中镇卫生院开展丝虫病普查普治工作,组织医务人员和赤脚医生逐家逐户调查登记,对查出的患者进行免费治疗。患者服用"海群生",口服3月24克或口服7日42克,治愈率达85%以上。2005年,经市抽样调查,镇境内2~60岁人群总感染率为17.8%。

麻疯病 1956年,大中镇开展以麻疯病为重点的皮肤病防治工作。镇卫生院组织骨干力量深入村、组进行调查,对患者进行登记入册,送到县麻疯病防治院进行隔离医治。

1976年,镇卫生院组织医务人员、赤脚医生,先后5次进行麻疯病普查和线索调查,均未发现新的麻疯病病人,基本达到消灭麻疯病的标准。

2010年4月下旬,镇成立麻疯病监测领导小组,制定工作规划。5月,完成麻防人员的业务培训工作。6—7月,对全镇各村所有人口进行调查,并登记造册。8—9月,对麻疯病可疑病人进行复查鉴定。经核查,全镇共有麻疯病现症病人19人。

1960年大中镇几种主要疾病治疗情况表

表20-4-5　　单位:人

病　类	治疗人数	备　注
血吸虫病	3	其中20~40岁2人
疟　疾	134	其中13~58岁96人
钩虫病	21	其中18~35岁12人
蛔虫病	247	其中18~35岁178人
肝炎病	62	其中18~40岁51人

1966—1995年大中镇主要传染病发病情况表

表20-4-6　　单位:人

年份	白喉	脊灰	麻疹	乙脑	出血热	流脑	疟疾	2号病	伤寒	肝炎	肺结核	百日咳	痢疾	猩红热
1966	2	—	7	6	—	15	—	—	8	32	—	—	—	—
1967	11	—	3	94	—	28	—	—	3	2	—	—	—	—
1968	38	1	23	24	—	19	—	—	21	6	—	—	—	—
1972	11	1	—	7	—	22	—	—	3	8	—	—	—	—
1973	1	—	6	14	—	22	—	—	2	12	—	—	—	—
1974	1	—	6（死1）	7	—	22	—	—	5	12	—	—	—	—
1975	—	—	1	4	—	22	551	1	2	5	8	1	—	—

续表 20－4－6

年份	白喉	脊灰	麻疹	乙脑	出血热	流脑	疟疾	2 号病	伤寒	肝炎	肺结核	百日咳	痢疾	猩红热
1976	9		6	8	—	16	98	2	3	15	12	—	—	—
1977	—	1	8	16	—	12	46	13	6	16	5	—	—	—
1978	1	—	6	4	—	4	74	80	—	61	33	1	—	—
1979	3	—	13	6	—	—	32	8	1	9	33	2	—	—
1980	—	2	35	3	—	2	20	9	54	245	32	33	—	—
1981	—	—	6	6	—	6	7	10	32	128	8	—	—	—
1982	—	—	15	—	—	1	5	1	4	60	14	—	—	—
1983	—	—	4	—	2	—	3	1	1	221	9	—	—	3
1984	—	—	2	1	—	1	7	—	15	111	9	—	—	2
1985	—	—	1	7	4	3	7	—	16	82	13	1	—	—
1986	—	—	4	1	1	2	—	1	40	113	—	4	154	—
1987	—	—	—	—	1	2	—	2	44	85	—	—	168	—
1988	—	—	10	1	5	1	—	1	209	272	—	—	135	1
1989	—	—	—	—	7	—	—	1	123	510	—	2	90	1
1990	—	—	—	3	12	1	—	—	94	468	—	4	42	1
1991	—	—	1	1	14	1	—	—	62	344	—	—	57	—
1992	—	—	2	—	11	—	—	—	43	460	—	—	70	—
1993	—	—	1	—	12	—	—	—	37	643	—	—	47	—
1994	—	—	2	—	4	—	—	7	51	255	—	—	125	11
1995	—	—	2	—	3	—	—	—	25	176	—	—	98	1

1996—2010 年大中镇主要传染病发病情况表

表 20－4－7　　单位：人

年份	白喉	脊灰	麻疹	乙脑	出血热	流脑	疟疾	2 号病	伤寒	肝炎	肺结核	百日咳	痢疾	猩红热
1996	—	—	—	—	1	—	—	—	26	175	—	—	36	—
1997	—	—	—	—	3	—	—	—	26	124	—	—	43	—
1998	—	—	—	—	—	—	—	—	19	66	—	—	46	—
1999	—	—	—	—	1	—	—	—	24	62	—	—	38	—
2000	—	—	2	—	1	—	—	—	14	57	—	—	18	1
2001	—	—	3	—	—	2	—	—	9	51	—	—	24	—
2002	—	—	3	—	1	—	—	—	10	61	—	—	19	—
2003	—	—	2	—	2	—	—	—	2	56	—	—	11	—
2004	—	—	4	—	3	—	—	—	1	71	—	—	16	2
2005	—	—	4	—	2	—	—	—	17	48	81	—	10	2
2006	—	—	—	—	3	—	—	—	2	48	94	—	11	—

续表 20-4-7

年份	白喉	脊灰	麻疹	乙脑	出血热	流脑	疟疾	2 号病	伤寒	肝炎	肺结核	百日咳	痢疾	猩红热
2007	—	—	1	—	—	—	—	—	1	59	76	—	4	2
2008	—	—	6	—	1	—	—	—	—	58	84	—	2	—
2009	—	—	11	—	—	—	—	—	—	51	78	—	2	—
2010	—	—	—	—	3	—	—	—	—	48	78	—	1	—

肿瘤调查 1980 年初,卫生部、公安部、民政部联合发文,要求在全国范围内选择有代表性的地区开展对因患肿瘤而死亡原因的调查。大中镇被选为代表地区之一。

1986—1996 年,大中镇死亡人数 4218 人,其中因患肿瘤疾病死亡 1189 人,占死亡数的 28.2%。根据对死亡人口调查分析结果表明:各种肿瘤疾病的发病率较高,而且随年龄增长,死亡率增高。64~69 岁组达高峰,70 岁以上又下降。各种癌症死亡尤以食道癌、胃癌、肝癌、肺癌等癌病患者为多。这大多是未能及时诊治(一旦确诊,又都到癌症中、晚期),而被癌魔吞噬人的生命。患肝病的人,平均年龄在 45 岁左右,而且男性高于女性。

1986—1996 年大中镇死亡人口病因情况表

表 20-4-8 单位:人

年 份	1986	1987	1988	1989	1990	1991	1992	1993	1994	1995	1996
脑血管病	36	43	41	38	38	62	60	57	65	48	48
传染病	4	8	10	14	8	14	6	7	14	9	4
肿瘤	97	81	99	11	103	105	131	119	122	125	96
内分泌代谢病	11	4	5	2	3	8	3	5	4	4	4
血液病	—	—	1	—	—	—	—	—	1	1	—
精神病	2	6	—	5	4	2	3	4	4	7	6
神经系统疾病	1	2	—	—	—	1	1	2	2	1	—
心血管病	47	30	39	34	21	42	25	20	20	19	55
呼吸系统病	52	81	106	97	105	93	115	126	61	67	38
消化系统病	8	5	11	10	1	11	9	8	5	11	16
泌尿系统疾病	—	6	5	5	3	12	5	2	5	6	2
分娩和产后病	1	—	1	—	—	—	—	—	4	—	—
先天性异常	—	2	—	2	1	1	5	2	1	4	—
新生儿病	—	4	12	6	1	11	1	3	3	2	—
其他疾病	2	2	1	—	1	—	—	—	1	—	61
诊断不明	16	2	29	30	38	11	16	47	59	73	23
损伤和中毒	25	34	32	38	43	30	42	48	21	31	22
合计	302	310	392	292	370	403	422	450	392	408	375

1997—2010 年大中镇死亡人口病因情况表

表 20－4－9　　单位:人

年　份	1997	1998	1999	2000	2001	2002	2003	2004	2005	2006	2007	2008	2009	2010
脑血管病	85	101	84	103	96	142	134	157	164	117	93	215	243	259
传染病	5	6	9	7	4	6	3	5	8	1	1	1	6	3
肿瘤	61	53	67	59	76	86	71	49	33	181	141	282	273	280
内分泌代谢病	15	12	17	21	17	15	13	10	12	10	12	21	16	25
血液病	3	5	3	1	3	2	1	0	1	6	0	0	0	1
精神病	2	7	4	5	2	3	2	6	9	3	2	0	1	0
神经系统疾病	5	4	6	3	7	4	5	8	10	8	6	8	9	10
心血管病	31	27	41	35	38	43	32	57	46	39	35	76	84	88
呼吸系统病	28	29	32	36	42	38	28	33	41	16	40	66	54	54
消化系统病	15	13	11	6	8	11	7	12	18	13	8	14	18	15
泌尿系统疾病	3	3	5	5	4	3	4	2	5	3	3	6	8	4
分娩和产后病	0	0	0	0	0	0	0	0	0	0	0	0	0	0
先天性异常	0	0	0	0	0	0	0	0	0	0	0	0	0	1
新生儿病	0	0	0	0	0	0	0	0	0	0	0	0	4	2
其他疾病	46	35	42	57	46	28	37	41	79	85	23	53	36	85
诊断不明	1	0	0	2	1	0	0	1	0	0	0	0	0	2
损伤和中毒	6	4	7	5	7	6	3	4	5	2	3	5	10	6
合计	306	299	328	345	351	387	340	385	431	484	367	747	762	835

说明:2010 年数据包含原裕华镇。

四、职业病防治

工业职业病防治　20 世纪 50—60 年代,大中境内企业较少,劳动条件也差。1979—1980 年,对淮南纱厂、木器厂、农机厂、拖拉机修配厂等 14 个单位进行铅、汞、苯作业普查,其中接触铅 48 人,超标准 6 人,占 12. 5%;接触汞 33 人,超标准 2 人,占 6%;接触苯 119 人,超标准 22 人,占 18. 5%。车间现场采样结果铅、汞、苯均超标。为保护工人健康,采取相应的防护措施。80 年代后,对尘毒作业场所进行定期监测,对突出的问题督促治理或限期治理。对从事尘毒作业的工人进行健康监护,每年体检。90 年代后,加强对大中电镀厂(同德村办企业)、大中链条厂、量刃具厂的电镀车间和热处理车间卫生监督和监测,给接触有害化学物品的职工发放劳保用品和营养费,定期检查身体,确保健康安全。这 3 家企业 1994 年前后相继停业、转产。2000—2010 年,对新上企业项目加强设计审查、竣工验收,开展预防性卫生监督,实施经常性卫生监督和劳动卫生监测,预防企业职业病发生。

农业职业病防治　20 世纪 50 年代,主要开展对农村大忙季节田间作业中暑和虫、蛇咬伤的防治。

1962—1980 年,先后四次开展农村劳动力生产性疾病调查,发现常见的生产性疾病 20 多种。

1960 年,开展治虫防毒的现场科学研究。县防疫部门逐步摸索出间侧喷药、碱水纱布口罩、塑料薄膜围腰、安全压杆、草木灰洗消液等 11 项群众性劳动卫生措施。原五星公社五星大队创立"一仓(专放农药的仓库)二箱(农药箱、急救箱)三把锁(三个人各锁上一把锁,共同保管)"农药保管制度。

1967 年基本实现无农药中毒县。随着农村家庭承包生产责任制的实施，农药以户购买，分散使用，生产性中毒人数一度回升至7.2/万。1982 年5 月，县政府颁发《大丰县农业劳动保护暂行办法》。1996 年，生产性农药中毒率下降到0.94/万。2010 年，农药中毒率下降到0.52/万。

第五节 卫生保健

一、初级卫生保健

新中国成立前，境内人稀地薄，卫生条件差，农村缺医少药，农民生老病死没有保障，走村串户医术不高的游医欺骗百姓，贻误人命。

1961—1962 年，为方便农民防病治病，由大中镇、大道、阜丰公社卫生院拨出资金，抽调医务人员到阜丰、德丰、美满、和瑞、刚强5 个农村大队成立保健站。至1969 年，全镇所有农村大队相继成立保健站。1969 年后，农村大队陆续实行合作医疗，医务人员由各大队选拔知识青年送公社医院培训（时间一年左右），时称"赤脚医生"。保健站一般配有医生2～3 人，设有药房、临时床位1～3 张。1985 年，全镇共有农村保健站21 所，医务人员67 人。

按照《大中镇农村2001—2010 年初级卫生保健发展规划》，2010 年年底，全镇共成立29 个村社区卫生服务站，农村卫生保健机构覆盖率100%。大中镇将高血压、肿瘤、糖尿病、心脑血管病等纳入村级卫生保健工作目标管理，结核病控制人口覆盖率为100%；新生儿和新迁入儿童进行调查建卡，安排接种，"六苗"接种率为100%；对食品、公共场所、职业危害场所卫生监督率、妇幼保健覆盖率、自来水普及率均为100%；健康知识知晓率达98%；卫生厕所普及率90%；全镇参加新型农村合作医疗覆盖率95%。通过镇、村两级共同努力，大中镇的农民健康保健水平逐年提高，主要地方病患病率达到国家消除或控制标准。

二、妇女儿童保健

新法接生 新中国成立前，妇女生小孩由民间接生婆接生或自产自接。由于沿袭旧法，产妇发生产褥热的病例屡见不鲜。特别是用锈剪刀等不清洁的刃具剪脐带，导致新生儿脐带感染（破伤风）而死的病例时有发生。如遇"梦生"（窒息，又称假死），接生婆不会施行人工呼吸，只是做迷信"法术"，往往使假死变为真死。如遇胎位不正，发生难产，或横位竖拖，或请巫婆画符念咒，常致产妇死亡。民间流传的"儿奔生，娘奔死，阎王面前隔张纸"，就是当时惨状的真实写照。新中国成立后，人民政府大力宣传和推广新法接生，至1960 年全镇改造和培训接生婆39 人，使新法接生率达到70%。20 世纪70 年代始，产妇都已习惯到医院生养。医院对生下的小孩及时进行防疫接种，使产妇产褥热和新生婴儿破伤风绝迹。

大丰市于2002 年在市三院（大中镇卫生院）启动新生儿疾病筛查工作，至2003 年，新生儿采血样本合格率达100%。

2005 年，盐城市在大中镇卫生院召开创合格产科和示范产科现场会。经考核评审，大中镇卫生院达到合格产科标准。

2007 年，住院分娩率99.36%，开展产前筛查，4～6 个月内母乳喂养率93.75%。2008 年，住院分娩率100%。2010 年，剖宫产率为72.03%，出生缺陷率为3.73‰。

妇女病防治 1958 年，根据妇女生理特点和妇女参加田间劳动的情况，大道人民公社要求各大队做好妇女劳动保护工作，在安排农活时做到"三调三不调"，即经期调干不调湿，孕期调轻不调重，哺乳期调近不调远。同时及时上报子宫脱垂症，适时治疗。

1977年，大中镇对妇女病进行普查普治，共检查631人次，对患者进行督促用药，直至治愈。

1980年后，妇女病查治和预防工作，成为一年一度的正常工作，各单位妇女主任都建有本单位妇女经期卡片。镇卫生院妇产科热情为孕妇作不定期的孕期检查。妇女的劳动保护工作普遍得到重视。1985年，全镇开展以防癌为重点的妇女病防治工作，抽调24名医务人员分南北两个片进行，历时29天。应查妇女7757人，实查6295人，受检率达81.2%。通过检查，在6295人中有3278人患有各种不同程度的妇女病，发病率为52.1%。其中发病率最高的是滴虫性阴道炎占63%，其次是一般阴道炎占19.5%，霉菌性阴道炎占8.2%，宫颈炎占30.3%，宫颈息肉占0.12%，子宫脱垂占0.12%，子宫肌瘤占0.4%，附件炎占0.43%，卵巢囊肿占0.12%；外阴湿疹占0.4%。针对上述妇女病，采取边检查、边发药、边治疗。检查费和药费均由集体统一开支。2007年，建立"妇幼保健信息网络系统"，进一步提高妇幼保健信息的系统性、准确性和及时性。结合"新农合"免费健康体检，积极开展妇女病查治工作。2008年，积极推进婚前医学检查工作，婚检率达到92%，新生儿出生缺陷率3.85%，为盐城市最低。以新型农村合作医疗健康体检和农民健康工程为载体，免费为妇女健康体检，采取多种形式进行妇女病查治，妇女病普查率达到81.48%。2009年，妇女病普查率为86.6%。2010年，妇女病普查率为87.35%。

儿童保健　新中国成立后，人民政府致力于儿童保健工作，免费为儿童种牛痘，消灭天花。1957年，农业合作化期间，大中镇农村组织农忙抱娃娃组。1958年，全镇共建立106个托儿所。镇属卫生院防保组本着"预防疾病，指导卫生"的职责，对各个村（场）以及单位的托儿所、幼儿园进行卫生指导、传染病的预防及各种疫（菌）苗的接种。每逢"六一"儿童节和新学期开始，都对幼儿和青少年进行健康检查，对患病的幼儿提供具体的治疗意见。

1983年，大中镇卫生院设立计划免疫门诊部，全镇21个村（场）卫生室均有一名乡村医生兼管儿童保健，建立0~7周岁儿童计划免疫账册，儿保医生定期到镇卫生院学习业务，定期为儿童、家长、幼儿保健老师指导儿童保健知识，医院对儿童实行计免接种承诺制，负责城区和大中镇范围内农村0~7周岁儿童卡介苗、麻疹、脊灰、百日咳、乙脑、流脑和乙肝、甲肝疫苗的接种。使"四苗"（卡介苗、麻疹苗、百白破苗、脊髓灰质疫苗）接种率100%，覆盖率100%。至1991年年底，已接种各种防疫苗的达15618名儿童，抑制各种传染病的发生，保障了儿童的身体健康。2003年，城区"六一"体检人数1886人，入园体检737人，体检率达到100%，全市幼师体检率达到85%，在城区幼儿园全面开展儿童氟化物防龋治疗新项目。2004年，转发江苏省卫生厅、教育厅《关于印发江苏省托幼机构卫生保健标准的通知》，并组织对全镇幼儿园园长和保健教师进行专门业务知识培训。是年，城区"六一"体检人数达到2951人，而且新增5所厂场幼儿园，儿童体检比上年增加900多名。入园体检达到885人次，儿童保健全部运用电脑系统管理。2005年，《中华人民共和国母婴保健法》颁布并实施10周年，按照盐城市卫生局统一布置，开展一系列宣传活动。组织妇幼保健人员参加盐城市举办的《母婴保健法》法律知识竞赛，发放母婴保健宣传画册，在市区街头进行宣传和咨询，发放宣传材料500多份，举办一期母婴保健知识讲座，推动全社会重视关心妇女儿童的健康。2005年，婴儿死亡率5.98‰，5岁以下儿童死亡率5.98‰，婴幼儿系统管理率97.36%。当年城区"六一"体检、儿童入园体检分别达到3203人，体检率达到100%，幼师体检率达到100%。2006年，7岁以下儿童保健管理率分别达到96.79%和96.42%。全镇儿童入园入托体检率94.76%。按照《江苏省托幼机构卫生保健标准》的要求，对全镇所有托幼机构的卫生保健工作进行检查评审，合格率100%。全部发放卫生保健合格证。2007年，大中镇卫生院配有一名专职妇、儿保医生，村卫生室配一名专职妇、儿保村医。重视产前筛查、新生儿疾病筛查和听力筛查工作，着力提高3个筛查率。全年新生儿疾病筛查率达到90.61%，听力筛查率达到90.57%，产前筛查率达到33.1%。7岁以下儿童系统管理率91.95%，7岁以下儿童保健管理率达95.01%，三种新生儿疾病筛查率达90%以上，托幼机构卫生保健合格率达100%。4—5月份对城区所有幼儿园进行常规"六一"儿童体检，体检人数3477人，体检率达98.67%。对体检中发现的109名视力异常的儿童组织进行诊断,开展矫正治疗。2008年,加强对基层妇幼保健管理的监查力度,加强对村级保健工作的指导,定期考核。是年,婴儿死亡率5.7‰,为历史最低,5岁以下儿童死亡率6.92‰,出生缺陷率3.85%,产前筛查率达到53.88%,新生儿疾病筛查率达到91.6%,听力筛查率达到95.71%。妇幼保健主要质效指标都能达到上级标准要求。加强托幼机构卫生保健管理工作,经教育部门注册的镇以上幼儿园卫生保健合格率达100%。全镇幼托机构卫生保健合格率达到100%。黄海社区卫生服务中心发挥康复特色,为60余名残疾儿童实施了抢救性康复训练,收效明显。2008年,对全镇幼托机构的儿童全面进行一次"六一"体检。全镇幼托机构卫生保健合格率达100%。2009年,大中镇卫生院合格儿童保健门诊通过盐城市验收,婴儿死亡率2.03‰,5岁以上儿童死亡率3.04‰,听力筛查率96.04%,新生儿血片筛查合格率95.14%,视力筛查率72.99%。

2010年,7岁以下儿童保健管理率99.06%,3岁以上儿童系统管理率97.46%,婴儿死亡率2.9‰,5岁以下儿童死亡率3.35‰,听力筛查率95.22%。

第六节　公共卫生

一、组织机构

1949年,大中镇成立卫生委员会,设正、副主任各1人,委员7人,主要任务是宣传卫生知识,组织开展爱国卫生运动,督导环境卫生工作。

1953年3月,大丰县卫生防疫委员会易名为爱国卫生运动委员会(简称爱卫会),由13人组成,县长胥德元兼任主任。同年,大中镇卫生委员会易名为爱国卫生运动委员会(简称爱卫会),设正副主任各1人,委员7人。

"文化大革命"期间,爱国卫生运动委员会工作基本停止。

1977年5月,恢复大丰县爱国卫生运动委员会及其办公室。同年,恢复大中镇爱国卫生运动委员会,成员由镇宣传办、卫生院、农办、文办、工办、工商、交通等职能部门主要负责同志组成,副镇长兼任爱卫会主任。爱卫会下设办公室(简称爱卫办),设在镇政府院内,由街道办、镇卫生院主要负责人分别兼任正、副主任(爱卫办无专职编制,直到2001年12月才列编1人)。

2001年12月24日,中共大丰市委办公室、大丰市人民政府办公室印发《大丰市大中镇职能配置内设机构和人员编制方案》的通知,明确大中地区爱国卫生运动委员会办公室与镇街道办事处合署办公,保留事业编制1名,所配人员经费由镇财政全额拨付,成晓驹任爱卫办主任。

二、环境卫生

1952年,全镇开展轰轰烈烈的反对美帝国主义细菌战的爱国卫生运动,全镇机关单位、居民家庭层层订立卫生公约。1955年国庆前夕,大丰县爱卫会、大中镇爱卫会发动大丰中学、实验小学两校1000多名师生,分批在大中镇沿街宣传,开展环境整治活动,广大居民齐动手,消灭卫生死角,冲洗街道阴沟,使全镇人民干干净净过国庆。1956年,响应党中央《农业发展纲要(草案)》中提出的除"四害"、讲卫生、消灭疾病的号召,从集镇到农村开展轰轰烈烈的除害灭病的爱国卫生运动。是年,仅城区除"四害"捕鼠0.68万只,灭蝇11.34万只,捉麻雀4.17万只。同时大搞环境卫生,先后填平污水沟塘165处,阴(明)沟78条,清除垃圾75吨,合并灰堆塘72处,垃圾箱32个,改造和拆除私人露天厕所1207所。居民家庭做到户户有痰盂、蝇拍、鼠夹和灭鼠药。1958年,爱国卫生口号是:"让麻雀上天无路,让老鼠下地无门,让蚊子断子绝孙"。运动中队队有指标,人人有任务。麻雀以腿子、老鼠以尾子为战果上交。一到晚上到处是捉麻雀的灯光,有用电筒的,也有用火油灯制作代替电筒的。农民停工、学生停课数日，统一时间捉麻雀，男女老少齐上阵，挥旗、鸣锣、呐喊，可谓天锣地网。麻雀受惊不敢落脚，时间长了飞不动，有的自然从空中掉落下来。（麻雀并非完全害鸟，它既吃粮食，也吃害虫。可能由于当时粮食紧张原因，使麻雀成了爱国卫生运动的消灭对象，消灭麻雀不久改为消灭臭虫）千方百计消灭“四害”，仅城区就捕鼠3800只，捉麻雀4800只；福丰村全村灭蚊0.6千克，灰蝇0.55千克，灭鼠1200只，捉麻雀490只。“四害”密度大大降低，城区出现阴沟无臭气（三天打1次药水），街头巷尾无垃圾、无痰迹，家前屋后无杂草、无污水的卫生景象。9月，经盐城地委爱国卫生检查团和县委除“四害”办公室逐户检查鉴定，大中镇成为基本“四无”镇。是时，当地群众写了一首歌颂“四无”成果的民歌：“过去夏天活受罪，病菌传染人遭殃；到处蚊蝇乱哄哄，九家十人卧病床。如今‘四害’都除尽，屋内屋外都清爽；晚上没有蚊子咬，千年草滩成天堂”。原光华街西端素称“臭八家”，通过开展爱国卫生运动变成卫生模范户。1958年9月17日，《新华日报》记者罗中玉到大中镇采访，以《东海边上的一个“四无”镇》为题，报道大中镇人民开展以除“四害”为中心的爱国卫生运动的成果。

1958年，新团卫生院被评为省爱国卫生先进单位，公社党委副书记徐兆元出席江苏省卫生先进集体和先进个人会议，得到省卫生局奖励。

1959年后，爱国卫生成为各单位的正常工作。“文化大革命”初期，因动乱致使环境卫生无人问津。1973年，全民爱国卫生运动再度掀起热潮，全镇共组织150多项突击，清除污水塘1400多个，疏通阴沟240多条，清除垃圾杂草7700吨，所有厕所全部粉刷一遍，并用敌百虫、六六六喷洒。夏季在全镇范围内进行大烟熏，蚊蝇密度大大降低，农村以室内清洁卫生为主，大队定期组织逐户检查，并评出卫生标兵户，标兵户为总农户的30%，有力地保护人民身体健康。1980年，普遍开展群众性的“五讲四美”（即讲文明、讲礼貌、讲卫生、讲秩序、讲道德和心灵美、语言美、行为美、环境美）活动。学校组织学生，镇属单位团支部组织团员青年多次走上街头，进行卫生大扫除；爱国卫生宣传车在镇内流动宣传，大造声势；清管所建立健全了卫生包段制度；各单位、居委会建立卫生区域包干责任区；县环境卫生办公室着手清理“三废”污染；防疫部门加强了对饮食、食品卫生的管理。爱国卫生日趋制度化、正常化，从治标转向治本。1981年12月21日，大中镇人民政府转发县人民政府关于《大丰县城镇卫生管理暂行办法》的通知，层层进行贯彻落实。1982年3月，大中镇开展第一个文明礼貌月活动。3月5日，召开2000人动员大会，全镇上下掀起一个以治理“脏、乱、差”为主要目标的突击活动，共清除垃圾0.12万吨，其中建筑垃圾855吨、生活垃圾325吨，填平大小污水塘176个，植树1.4万棵，平整路面4400平方米，整理道路两旁菜地500平方米。此外，全镇还组织5个卫生突击队共160人，重点突击整治卫生死角和帮助卫生特殊困难户。通过第一个文明礼貌月活动，城区及城乡接合部环境卫生面貌初步改观。

1983年后，各项卫生制度逐渐健全，爱国卫生做到突击活动和长效管理相结合。1986年，大中镇被省爱卫会评为“江苏省爱国卫生先进单位”。1991年7月，大中镇被全国爱卫会评为“全国卫生先进单位”。1995年10月，大中镇按照县创建卫生城镇指挥部的部署和要求，自12日起，全镇先后组织了4次万人以上的大扫除清理运动，对照《全国城市卫生检查评比标准》，组织现场办公。工商所、市管所取缔120个无证经营摊点，责令400多个不合格经营单位限期整改，清理不按指定地点经营及流动经营者200多个，对个别屡教不改的个体商贩采取罚款、没收工具等强制措施；城区各单位都设立停车棚、划定停车线，做到车辆停靠有序。城乡接合部清除上百吨由城区倾倒进来的垃圾，使内环城路大环境为之一新。21个村（场）共拆除违章建筑75间（450平方米）、不规范遮阳棚80个。麦芽啤酒总厂、染织厂、针织厂、花炮厂、马钢厂等单位按环境要求加大治理排污的技术改造。为减少城区烟尘污染，按照县创建指挥部要求，针织厂、敬老院、马钢厂等单位把大烟囱推倒，改用燃气灶。经过一个多月的突击性创建活动，全镇卫生组织形成网络，健康教育打开局面，市容村貌焕然一新。全镇灭犬186条，城区清除鸡鸭498只，猪56头，农村畜禽全部实行圈养，清理主干道路边市场5个，草堆216个，其他堆积物150处，共平整路道186条。同德村投资10万元铺设一条砂石路道；21个村场，村村都有自来水,农村改水普及率达98.4%,20个村现有60吨水塔14座,自来水管道总长度达74180米,农村供水率达100%,各村建有沼气厕所456座,卫生厕所9380座,全镇无一露天粪缸。城乡共投放灭鼠毒饵3.99吨,鼠密度有效控制在1%以内;镇村成立防治传染病工作领导小组,制定传染病防治方案和措施,落实专项经费,配备传染病管理监督员、检查员、计划免疫工作走上规范化道路;新生儿乙肝疫苗接种工作全面推开,全镇无一例计免相关传染病发生,并连续13年未发生白喉、脊髓灰质炎病例。是年11月,经盐城市创建卫生城镇检查团检查验收,大中镇创建城镇文明卫生工作荣获全市第一名。

1995年,城区新建大容量三格式无公害化粪池,对城区粪便进行集中密闭无害化处理。同时大力整治污水沟塘,减少蚊蝇孳生。1996年,经盐城市创建卫生城镇检查团检查验收,大中镇创建文明卫生工作再次荣获全市第一名。1997年6月,大中镇成立创建省级卫生城市指挥部,积极开展创卫活动,实施环境卫生长效保洁。1998年,大丰市通过省级卫生城市考核验收。

2005年10月,大丰市提出创建国家卫生城市目标。大中镇成立创建国家卫生城市指挥部,下设创卫办公室,以争创爱国卫生先进单位为抓手,按照《国家卫生城市标准》,扎实开展单位和社区环境卫生达标创建活动,所有驻城单位和居民区先后分三批达标。狠抓18个老居民住宅区、8个近郊村和荣海、恒生市场卫生达标工作,突出抓各项卫生制度建设和环境卫生基础管理和长效保洁,有效改善了单位和居民区卫生面貌。2006年,市委发出"建设社会主义新农村"的号召,镇党委和人民政府动员全镇农民开展环境卫生大清理活动,实施蓝天工程、碧水工程、造绿工程、安居工程,构造生态家居,美化优化环境。是年,大中镇8个近郊村改造无害化卫生厕所2808座,封闭露天粪坑156座,近郊村户厕无害率达81%,无露天粪坑(缸)。2007年,近郊村增加环境卫生设施投入,新建卫生公厕15座,垃圾箱(池)328座,添置垃圾桶155个,清理、疏浚沟河321条。配备专职保洁员91名。全面配置了环卫设施,垃圾定点密封收集、日产日清。2008年1月,为切实加强城中村和城乡接合部环境卫生长效管理工作,大中镇政府制定下发《关于近郊村实行环境卫生长效保洁的意见》(大中政发〔2008〕2号文件),加大对生活垃圾处理情况和保洁员制度执行情况的考核力度。坚持每周督查,每月通报,限期整改。2009年8月11—14日,全国爱卫办组织专家组对大丰市创建国家卫生城市工作进行技术评估,大中镇近郊村、城乡接合部和单位、社区卫生达到国家卫生城市要求。11月9—15日,全国爱卫办对市和大中镇创建国家卫生城市工作进行考核鉴定,同德、阜丰、海防村被评为"江苏省卫生村",大丰市被全国爱卫会命名为"国家卫生城市"。

2010年,全镇投入资金559万元,改厕27927户,无害化卫厕户达26586户,建立垃圾集中收集池1817个,收集生产、生活垃圾7135吨,无害化肥料处理7135吨,无害化卫厕普及率达99.3%。是年,德丰村被评为"江苏省卫生村"。

三、食品卫生

20世纪50年代,重点抓食品卫生宣传教育,印发卫生须知,制定卫生公约,培训食品加工、食堂和饭店从业人员,结合爱国卫生运动,定期组织检查评比。1960年,贯彻商业部、卫生部联合颁发的食品卫生"五四"制(对食品的采购、保管、烧煮、食用等方面的要求),增强从业人员工作责任心。

1981年,大中镇卫生院建立食品卫生监督队伍,全镇有监督员3人,负责食品卫生监督检查,并对城乡饮食食品行业人员进行健康检查,发现肝炎、肺结核等传染病患者给予治疗,改做其他工作。1984年《中华人民共和国食品卫生法》(简称《食品卫生法》)颁布后,大中镇各食品加工单位进一步健全食品卫生制度,管理部门加强检查和监督。是年,对全镇7个饭店、8个食品加工单位和150多个熟食摊点共1000多个饮服行业人员进行健康检查。对查出的3名传染病患者,及时作隔离治疗或调换工种。1986年,食品卫生实行分级管理,对从事食品加工、经营销售和食堂炊工司务人员,进行《食品卫生法》的培训学习,并通过检查验收,对不合格者令其停业,限期改变面貌。全镇共查出霉烂变质食品600多千克，霉变香烟300多条，变质鲜桔水、维力饮料1400多瓶，变质果粉、糖料250多千克，全部当众销毁，从而教育了群众，保证了《食品卫生法》的贯彻执行。1991—1996年，对全镇食品生产经营单位坚持每年逐一摸底造册，建立专门台账，食品从业人员的体检率达100%，餐具消毒率在98%以上。2000—2003年，大中镇成立以副镇长为组长，镇卫生院主要负责同志为副组长的食品、药品、食盐安全工作领导小组，检查、监督全镇食品、药品、食盐行业的安全工作。层层订立责任状，加大检查监督力度。

2005年后，调整食品、药品、食盐安全工作领导小组，明确专职人员负责日常工作。在元旦、春节、"五一"、中高考及国庆节等重大节日，开展食品、药品、食盐安全检查，共抽查100家，合格率达86%，有14家需要进行整改。2006年，大中镇人民政府印发《食品安全事故报告制度》《食品安全工作例会制度》《食品安全信息报告制度》《重大食品安全事故责任追究制度》《重大食品事故应急预案》，推动食品安全工作进入法制化轨道。

2010年"五一""国庆"期间，开展食品安全大检查，共查497个单位，其中学校食堂21个，学校商店6个，超市14个，食品加工厂21个，餐饮业187个，医务室36个，食品摊点107个，从业人员6724人。其中持有效许可证491户，持证率98.8%；从业人员持有效"健康证"667人，持证率9.9%。红花村2户、泰西村8户无"卫生许可证"，16户无合格"健康证"从事食品加工销售，都予以处罚和取缔。

四、劳动卫生

1958年，大道人民公社要求妇女在经期不做重活，不下水干活，不在露水地上干活，孕期调轻活不做重活。

1962年，各公社开展治虫防毒活动要求，农民在治虫中，戴口罩、穿长裤、长褂、穿鞋袜，不得露出皮肤，不得在高温烈日下打农药，打农药过程中不得吸烟、不吃东西，治虫药囊后用碱水洗手，用清水冲洗，防止农药中毒。同时实行一库、二箱、三把锁制。"一库"是指有专用仓库保存农药；"二箱"指农药用箱存放，农药械用箱存放；"三把锁"指三人负责管理农药和药械，三人到场开锁取得药水和药械，确保劳动安全。是年，全县治虫防毒工作会议在大道公社召开，推广其治虫防毒的做法。

1965年，镇属工厂加强劳动保护工作。工人在上班期间戴安全帽、手套、穿工作服，并规定每年都换发劳保服装。坚持8小时工作制，确保工人的休息时间。

1979年，大中镇政府发文，明确规定企业职工包括合同工治疗医药费全部报销。1983年，镇政府下发61号文件，规定因公负伤的报销全部治疗费、药费和路费。

2000年后，镇政府对农村和工厂的劳动卫生经常进行专项检查，切实保护劳动者卫生权益。

附：东海边的一个"四无"镇

本报记者　罗中玉

过去夏天活受罪，病菌传染人遭殃，
到处蚊蝇乱哄哄，九家十人卧病床。
如今四害都除尽，屋内屋外都清爽，
晚上没有蚊子咬，千年草滩成天堂。

这是东海[①]边的大丰县大中镇群众编的顺口溜，歌颂他们除四害[②]的伟大成果。9月17日，我来到了这里访问，分享了他们除尽四害的幸福：晚上我睡在镇委会的宿舍里，床上没有帐子，却睡得很安稳；白天在街上走，连痰迹也很难找到。跨进他们的居民食堂和机关食堂，只见食具、用品都洗得干干

① 东海指黄海，是大丰市东边的海，当地人习惯叫东海
② "四害"指扫除苍蝇、蚊子、老鼠、麻雀（后来将麻雀改为臭虫）

净净，放得整整齐齐，看不到一只苍蝇。总之，在这里住、食、行都令人心情舒畅、精神振奋。

也许有人以为这里条件好些吧！其实不然，这儿地处东海边，是个在荒草滩上建立起来的半农半商的集镇，居民住房简陋，过去街头屋后，到处是厕所、露天粪缸，沟、塘里的水发臭，四害活动很嚣张，“麻雀成群飞，老鼠闹难眠，苍蝇到处有，蚊子直撞脸”。特别是夏秋季，苍蝇蚊子很多，一不小心，呼吸时便把蚊子吸到喉咙里去了，穷人家没有帐子，简直活受罪，到了晚上蚊子扰得人无法安身。青货业（卖蔬菜的）许德芳的大孩子逼得没法，便睡到屋顶上去躲蚊子。那时镇上疾病流行，据国药业李进之等老年人说，1918 年和 1943 年这里流行霍乱，死了一百多人，街上棺材店来不及做棺材，乱坟堆上发出了尸首腐烂的气味。至于打摆子、拉痢更是平常的事，所以群众中流传：“过了七月半，不死铁罗汉”，如果安然地度过夏季，那是莫大的幸福。

解放后，党和人民政府关心人民健康，开展了卫生防疫工作，人民卫生水平逐步有了提高，但是根本改变卫生面貌，还是今年的事。

今年春天，在镇党委的领导下，全镇开展了以除四害为中心的爱国卫生运动。绝大部分干部和群众劲头很大，但有少数干部认为四害只能稍为减少，不能消灭；少数群众也不相信四害能消灭。居民曾志如听到除四害就不断摇头，他说：蚊子、苍蝇和麻雀有翅能飞，老鼠能入地钻洞，根本没法弄掉它们。也有少数人迷信什么“苍蝇是灶神的马”“孝堂不能动”等，他们行动不积极。为了使运动广泛深入地展开，结合全民整风，在干部和居民中开展“四害应不应消灭、能不能消灭”的辩论，积极分子用近年来大力除四害减少疾病的事实，批判了某些人的消极畏难情绪。同时大张旗鼓宣传除四害的好处和办法，引导群众控诉四害的罪行，激起了大家消灭四害的义愤。在镇党委提出的“全党动手，全民发动，乘风破浪，歼灭四害”“四害不灭净，坚决不收兵，苦干十五天，赶上扬州城”的口号下，全镇掀起了除四害的热潮。

东至海边，南到大桥、潘丿，西到兴化边界，北到大丰闸，到处布满了突击队员，从镇委书记到家庭妇女，从白发苍苍的老汉到五、六岁的儿童，个个投入了除四害的战斗。青货业会计翟君培等四人，用水浮蛹法在一天内挖蛹三百六十八两，大丰中学学生每人消灭苍蝇八百多只，棉布公私合营商店戎耀中等在零下五到十度的寒天，连续六夜外出捉麻雀，身上披了一层白霜，满不在乎，仍然坚持苦战。当镇上的老鼠麻雀捉尽了，当地驻军和青年突击大队到附近农村和东边人烟稀少的草滩围剿四害，支援友邻地区，巩固“边防”。同时，全镇人民以冲天干劲改变环境卫生面貌，取消了坏粪缸，合并改建了厕所二百一十五处、垃圾箱五十六只，翻修和疏通了阴沟六十一条，长达六千五百四十公尺，并用六六六烟熏全镇房屋和阴沟，街道两旁增设了痰盂二千零六十只，家家户户房屋大洗澡，家具大搬家。国药业六十多岁的李进之把五十多年没有洗过的药柜子洗了澡，号称肮脏户的沈应柏家痛下决心，把屋里屋外洗干净还不算，又把墙粉刷得洁白，变成了清洁户。

春季基本消灭四害后，从领导到群众并没有麻痹松懈，他们订出了爱国卫生七大标准，使卫生工作经常化，并规定三天一次小突击，一周一次大突击，每次突击以后，随即互相检查评比，半年来，群众已养成了许多良好的卫生习惯。室内经常打扫、洗抹，街道取消了清洁工人，由群众划片包干，一天打扫三次，整天保持清洁，无果皮、纸屑。不仅如此，现在他们有不少人已开始养成每天刷牙、用自己的毛巾洗脸、不随地吐痰等个人卫生习惯。

除四害、讲卫生大大提高了全镇人民的健康水平。远的不说，就拿今年与去年作对比吧！根据民办医院的统计，去年生痢疾的三十二人，今年一个也没有；去年生疟疾的二十六人，今年只发现四人，下降 87%；去年生肠胃炎的七十五人，今年只发现九人，下降 88%。群众深深体会到除四害、讲卫生的好处，他们说：过去是苍蝇蚊子多，肮脏地方多，烧香求神多，疾病死亡多；现在是主张智谋多，讲究卫生多，科学研究多，身体健康多。连过去不相信四害能消灭的曾志如也服输了，他说：“有了共产党的领导，真是什么事情都能办到。”

《新华日报》 1958 年 10 月 6 日（3415 期）第 03 版

第二十一章　民　　政

1949—1966 年期间,乡镇设民政助理。“文化大革命”期间,公社民政工作基本停止。1976 年后,乡镇设恢复民政助理。1983 年,镇政府设民政办公室。

1998 年,乡镇机构体制改革,镇成立社会事务办公室(简称“社事办”),民政事务由社会事务办管理。

抗日战争、解放战争时期,人民政权的民政工作主要是废除保甲制,建立乡、村人民政权,发动群众拥军优属,帮助烈军属代耕代种,动员青年参军、参战,征收公粮、组织妇女做军鞋、成立担架队支援前线,做好后勤保障。

新中国成立初,民政工作主要以救灾救济和优属、复员安置为重点,组织灾区灾民生产自救,开展城镇社会救济,收容改造游民乞丐,开展拥军优属,组织代耕代种,安置复员伤残军人。抗美援朝期间,主要完成支前任务。

1955 年以后,民政工作以优抚安置、救灾和社会救济、行政区划、婚姻登记、基层选举为主要内容。1979 年后,民政部门承担基层政权换届选举和同级人民代表选举事务(1986 年交给镇人大)。1983 年后,负责全镇优抚安置、社会福利生产、敬老院建设、扶贫、城乡社会福利事业、婚姻登记、殡葬改革、地名管理、农村养老保险等项工作。1998 年后,民政工作职能涵盖全镇优抚安置、社会救济、赈灾救助、敬老院建设、扶贫济困、社会低保、殡葬、地名、残疾人管理以及红十字会等综合性社会事务工作。

大中镇民政工作历年来多次受到大丰市、盐城市表彰。2001 年,被江苏省政府命名为“村民自治示范镇”。

第一节　普　　选

一、新乡制和区级选举

民国 32 年(1943),为加强解放区地方政权建设,巩固农村革命根据地,全县各乡(镇)相继实行新乡制选举。

新乡制选举实行抗日人民代表制。凡年满 18 岁的中国公民,不论其民族、籍贯、宗教信仰,不论参加何种党派团体,只要赞成抗日,拥护中国共产党的抗日民族统一战线主张,都有选举权和被选举权。反之,对出卖民族利益的汉奸和破坏抗日的封建恶霸则剥夺其公民权。对精神病患者及社会流氓、吸毒嫖赌者则停止其公民权。

新乡制选举分宣传教育、登记选民、选举村民代表和村长,选举乡长和乡政府委员三个阶段进行。

新选出的乡政府委员会代表社会各阶层人民的根本利益。1944 年 9 月垦区五乡实行新乡制选举,共选出乡政府委员 45 人,其中共产党员 26 人,国民党员 9 人,其他各界人士 10 人,体现了中国共产党的抗日民族统一战线政策。

1944年10月,区政府实行民选制。区人民代表由乡镇选民代表大会按法定名额选举产生,3000~4000人口的乡镇选举区代表6名,超过者以每千人口增选代表1名。

区选举大会分预选和决选两阶段进行。第一阶段,各候选人分别发表竞选演说,代表当众评议。决选前,代表用9天时间总结政府工作,讨论议案。第二阶段,以无记名投票方法进行决选。

二、乡镇和村居级普选

(一)乡镇普选

第一次普选 1953年5月15日,县委召开扩大会议,部署基层普选工作。27日,县委派出普选工作组在泰丰乡进行普选试点。以行政区域划分选区,每15~20名选民划为一个选民小组。凡年满18岁的中国公民,不受民族、职业、宗教信仰、文化程度、财产状况的限制,都有选举权和被选举权;对地主阶级分子,被剥夺政治权利的反革命分子及刑事犯罪分子、有现行反动行为的富农分子以及精神病患者均不给选举权。

按人口的1%确定代表名额,代表中党员约占30%,干部约占30%,妇女约占15%,代表候选人由乡选举委员会、党支部和群众团体联合提名。候选人名额和当选代表等额。代表通过选民大会选举,以得票超过选民半数者当选乡长、乡政府委员,以及县人民代表,由乡人民代表大会选举产生。

1954年2—5月,大中镇进行第一次普选,人民第一次行使自己的民主权利,选举自己的政府机构。县委派陆士伦驻大中镇指导普选工作,镇以组织委员殷连山等6人组成选举委员会,殷连山任主席,陆士伦、袁克宽任副主席。全镇1602户、8709人,其中男5244人、女3465人(包括驻镇县直机关及县属单位);18岁以上的5311人,有选举权5196人,被剥夺选举权的115人,停止选举权的(精神病患者)5人,实际参加选举4542人,因各种原因未能参加选举654人,参选率87%。

普选历经4个月,分四步进行:第一步建立组织,划分选区。全镇按10条街划分10个选区,县直机关按所在地段划入各街段选区;第二步全面进行人口登记,调查人口状况;第三步审查选民资格,公布选民榜;第四步,民主协商候选人,进行基层选举。候选人先由群众提名推荐,交支委会研究,征求全体党员意见,提交选举委员会,由选举委员会邀请党组织和各界人民团体联合提名,再分到各选区与群众广泛协商,对多数群众确认不够格者予以更换。选举方式用举手表决,代表大会采取无记名投票。选举产生镇人民代表大会代表49人,其中男45人,女4人;县人民代表3人。选举陆发奎等9人组成政府委员会,陆发奎当选镇长。

第二次普选 1956年12月24日至1957年1月13日,大中镇进行第二次普选,历时20天。这次普选分学习、宣传和基层选举两步进行。12月24日至翌年1月6日为学习宣传阶段,7—13日为选举阶段,选举镇长、副镇长、镇人民委员及出席县人代会代表和人民陪审员。

镇以党委副书记殷连山等9人组成选举委员会,其中镇干部6人,工商界1人,群众1人,军属1人,由殷连山任主席。各街段建立选民资格审查小组,设组长1人。

全镇总人口8994人,其中男5601人、女3393人。选民5814人,男3921人,女1893人,分16个选区(包括渔、船民),实际参加选举4504人,对因公、因病等特殊情况的选民采取征票方法计547人,参选率77.5%。被剥夺选举权的12人,其中地富分子3人,反革命分子8人,其他犯罪分子1人。

第三次普选 1958年4月,大中镇进行第三次选举。选举委员会由殷连山、陆发奎、秦友礼等9人组成,殷连山为选举委员会主席。全镇总人口11366人,其中男6701人、女4665人;选民人数为6629人,其中男4074人、女2555人,实际参加选举4336人,参选率65%。按自然街段和选民多寡划为15个选区,县直机关仍按所驻街段划入各选区,大丰县中学和水上渔、船民单独划立选区。

选举历时15天,分三段进行:3月31日至4月7日为宣传贯彻、核实人口、审查选民资格阶段。通过审查,全镇被剥夺选举权31人,停止选举权2人,精神病患者无法行使选举权10人;第二阶段为直接选举阶段,选举以举手表决方式进行,选出镇人民代表60人。4月13日,镇选举委员会召开第三届人民代表大会，选出以陆发奎为镇长、高尚德为副镇长等16人镇人民委员会，选举出席县人民代表大会代表16人，选出人民陪审员6人；第三阶段为组织建设阶段，4月14日，新政府委员会召开第一次会议，会议一致通过由樊天颜为主任等11人组成的政府财贸委员会、以杨庚旺为主任8人组成的生产委员会、以高尚德为主任、袁克宽、储兆铭为副主任等9人组成的民政调解委员会、以季云飞为主任、袁克辉为副主任等9人组成的文教卫生委员会和以杨海山为主任、茅富友为副主任等11人组成的治安武装委员会。

第四次普选　1961年4月，大道公社进行第四次普选，此时大中镇建制改为大中分社，行政划属大道人民公社所辖，故第四届普选为大道公社主办。大中分社134人当选为大道人民公社第四届社员代表大会代表。

第五次普选　1963年4—7月，大中镇人民公社进行第五次普选，选举委员会由沈志祥等9人组成。全镇（包括驻镇县属机关单位）划为12个选区，各系统又按单位大小，选民多少划为若干选民小组，建立一条线组织领导。

从1963年3月下旬开始制定计划，建立组织，4月初进行宣传教育、人口调查、划分选区、审查选民资格，4月中旬公布选民榜、民主协商候选人。至4月23日，全镇12个选区基层选举工作全部结束。共有选民8981人，实际参加选举6352人，征票1123人，参选率83.5%，选出镇人民代表95人，其中男74人，女21人，党员59人，群众36人。

基层选举结束后，因其他工作挤压，人民代表大会推迟到7月22日召开，历时2天。到会代表71人，占代表总数74.7%。选举采取无记名投票方式，分四次发票，四次投票，一次公布结果。选举产生以王振邦为镇长，高尚德、王君义、王宝美为副镇长等17人组成的大中镇管理委员会，选出以王振邦为主任、秦友礼为副主任等7人组成的大中镇监察委员会，选举出席县人代会代表15人，选出人民陪审员6人。

这次普选，有42人被剥夺选举权利，16名精神病患者暂停选举权，破例给予选举权的1人（知识分子代表、爱国人士唐竹轩）。

第六次普选　1966年2月22日，大中镇进行第六次普选。这次普选分配给大中镇所属各行业及居民等各阶层人士代表名额75名，分配给驻镇县直各单位的代表名额20名，其中县委所属各部、委、室代表2名，县人委所属局、院、委代表2名，文卫系统代表5名（其中女性2名），工交系统5名（女性2名），商业供销系统代表3名（其中女性1名），粮食系统代表2名。

第七次普选　1980年10月20日至1981年3月23日，大中镇进行第七次普选。这次普选与历次普选具有两个不同特点：一是选县人民代表，二是实行差额选举。

1980年10月20日至1981年1月5日，首先进行县人民代表的直接选举。分三步进行：第一步，从10月20日到11月5日，建立组织，划分选区。以邓炳成等7人组成选举委员会，下设政宣、选民资格审查、办事三组专职办公。全镇总人口9697人，选民4964人，按工、农、文卫、居民系统划分9个选区，107个选民小组；第二步，宣传发动。从11月6—20日，组织选民学习"两法"，同时进行选民资格审查和登记工作。第三步，从1980年12月1日—1981年1月3日，推荐、协商代表候选人，选举县人民代表。全镇参加提名推荐的选民4010人。提出代表候选人140人（以1人提名、3人附议为立案）。通过反复协商，最后商定县人民代表候选人23人。1月5日，各选区选举相继结束，选举产生14名正式代表。当选代表中，男9名、占64%，女5名、占36%，党员7名、非党员7名，各占50%，干部2名，工人5名，农民2名，知识分子1名，居民2名，其他劳动者2名。

1981年1月10日，进行大中镇第六届人民代表大会代表的普选工作，重新划分选区，建立组织。全镇选民4704人，划为28个选区，镇以党委书记邓炳成等17人组成选举办公室，下设政工、宣传、资审、办事等4个组。镇级选举分宣传发动、选民登记、推荐选举三段进行。全镇推选出代表候选人243人。通过两上两下，三轮协商，确立正式候选人118人（男73人，女45人）。其中干部55人，工人34人,农民13人,居民10人,知识分子4人,其他劳动者2人,党员51人,非党员67人。3月16—20日,各选区相继召开选举大会,选举产生正式代表75人,参选率达98.6%。3月23—25日,镇召开第七届人民代表大会,审议政府工作报告,选举镇长、副镇长。这次镇长、副镇长的选举与历届不同,代表们直接无记名投票。先选举镇长,再选举副镇长,两次发票、两次投票、两次公布选举结果。镇长候选人2人,落选1人,副镇长候选人4人,落选1人。

第八次普选 1984年3月1日至5月7日,大中镇进行第八次普选,直接选举产生大丰县第七届、大中镇第八届两级人民代表。选举工作分两个阶段进行:

3月1—25日为准备阶段。建立组织,划分选区,学习"两法",审查选民资格。镇成立以党委书记李天安为主任,副书记秦友礼、张季方、朱芝林为副主任等13人组成的选举委员会,并下设选举办公室,由副镇长陈荣产任办公室主任,办公室置宣传、秘书、组织、选民资格审查及事务等5个组。镇机关干部分到各选区,组织选民学习"两法",宣传换届选举的意义。全镇总人口71389人,18周岁以上的41494人。经审查依法停止选举权的17人,无法行使选举权利的68人,下落不明的11人。全镇划分县级选区26个,镇级选区53个。应参加选民30047人(县直机关、企事业单位单独选举)。

3月26日至4月25日为选举代表阶段。(1)民主推荐代表候选人。全镇参加提名推荐的选民达28820人,提名推荐代表候选人县级90人,镇级753人。(2)协商确定正式代表候选人。经过三上三下,三轮协商,确定正式代表候选人县级57名,镇级219名。(3)召开选民大会选举代表。4月25—29日,各选区相继召开选举大会,县级26个选区,一次选举成功24个,二次选举成功2个,镇级53个选区,均为一次选举成功。选出县人民代表31名,其中工人8名,农民8名,干部5名,知识分子5名,爱国人士2名,其他劳动人民3名。选出镇人民代表146名,其中工人13名,农民61名,干部48名,知识分子20名,其他劳动人民4名。

5月5—7日,大中镇召开第八届人民代表大会第一次会议,选举镇长1人,副镇长2人。

第九次普选 1986年12月15日至1987年3月15日,大中镇进行第九次普选,直接选举产生县、镇两级人民代表。

1986年12月15日至1987年1月26日为准备阶段。这一阶段建立领导机构,宣传发动、选民登记及选民资格审查、划分选区。镇成立以党委副书记朱芝林为主任,陈荣产、黄汉祥为副主任等13人组成的选举委员会,设选举办公室,办公室分设秘书、组织、宣传、选民资格审查及选举事务5个组。全镇人口66063人,其中不满18周岁的14471人,经审查无法行使选举权的56人,下落不明1人。划分县级选区20个,镇级选区54个,实际参加选举选民31455人。

1987年1月27日至3月15日为选举代表阶段。(1)民主推荐代表候选人。全镇22000人参加提名。共提名县人民代表候选人90名;镇人民代表候选人375名。(2)民主协商确定正式代表候选人。经过反复酝酿,确定县正式代表候选人43人,镇正式代表候选人160人。(3)召开选民大会选举代表。2月27日至3月16日,各选区分别召开选举大会。全镇设县级选区20个,一次选举成功的15个,二次选举成功的5个。镇级选区54个,一次选举成功的51个,二次选举成功的3个,参选率达90%,选出县人民代表24名。其中:工人3名,农民6名,干部5名,知识分子6名,爱国人士1名,其他劳动人民3名。选出镇人民代表105名,其中:工人26名,农民35名,干部19名,知识分子15名,爱国人士1名,其他劳动人民9名。

3月21—23日,召开镇第八届人代会,选出镇长1人,副镇长3人。

第十次普选 1989年11月至1990年元月15日,大中镇举行第十次普选。这次人大换届选举与前几届不同的是乡镇人大换届选举单独进行(县直机关、企事业单位不参加乡镇人大换届选举),直接选举产生大中镇第十届人民代表大会代表。大中镇成立以党委书记朱绵为主任等13人组成的选举委员会,下设选举办公室,办公室分设秘书、宣传、组织、事务和选民资格审查组。全镇划分55个选区,经过登记、选民资格审查,有选民34278人,无法行使选举权的65人,下落不明的5人。提名代表候选人328名，经过民主协商、多次酝酿，产生正式代表候选人168人。1990年1月12—15日，各选区先后召开选举大会，全镇30812名选民参选，选出正式代表112名（当时选出代表113名，因第54选区代表王兴珍工作调动，其代表资格自行终止，因此有正式代表112名），其中：干部代表20人，农民代表36人，工人代表28人，知识分子代表19人，其他方面代表9人。其中妇女代表32人，非党代表44人，年龄在45岁以下的代表76人，高中以上文化程度的代表49人。

1990年2月19—20日，大中镇召开第十届人民代表大会第一次会议，选举镇长1名，副镇长4名。

第十一次普选　1992年10月20日至12月28日，大中镇进行第十一次普选。

选举工作分4个阶段：第一阶段宣传发动。镇成立以党委书记朱绵为主任，副书记陈荣产、陈栋为副主任等13人组成的选举委员会，下设办公室，办公室分设秘书、宣传、组织、选举事务和选民资格审查组。第二阶段为选民登记、核实及选民资格审查。全镇划为54个选区，总人口93572人，有选民34563人。第三阶段为提名、协商、确定正式代表阶段。提出代表候选人419名，经民主协商，多次酝酿，确定正式代表候选人169名。各选区按照镇选举委员会的统一要求，将正式代表候选人张榜公布。第四阶段为选举代表阶段。各选区于1992年12月25—28日召开选举大会。通过差额选举的办法，直接选举产生镇人民代表大会代表115名，其中干部代表21人，农民代表35人，工人代表24人，知识分子代表25人，其他方面代表10人。其中妇女代表31人，非党代表46人，年龄在45岁以上的代表74人，高中以上文化的代表51人。

1993年2月11—12日，大中镇召开第十一届人民代表大会第一次会议。选举镇长1人，副镇长5人。

第十二次普选　这一次镇人大换届选举工作，是在《中华人民共和国选举法》《中华人民共和国地方各级人民代表大会和地方各级人民政府组织法》修改后第一次单独进行的乡镇人大代表直接选举，也是县直单位第一次参加驻地乡镇的人大代表选举。换届选举工作从1995年11月初开始，至1996年1月22日结束。

镇成立以沈卫东为主任等13人组成的选举委员会，下设选举办公室，张桢任办公室主任。办公室分设秘书、宣传、组织、事务、选民资格审查和县直单位联络等6个组。全镇（含县直）409个单位，划分64个选区，其中镇50个选区，县直14个选区。选举工作分三个阶段。第一阶段分三步：第一步宣传发动。第二步选民登记核对及选民资格审查。全镇总人口115021人，选民人数77799人，其中无法行使选举权的95人，暂停行使选举权的16人，被剥夺政治权利的10人，下落不明39人。选民中男37903人，女39896人。第三步公布选民榜。第二阶段为推荐、协商、确定代表候选人。经党政团体和10人以上联名推荐代表候选人916名，参加提名人数71308人，经同类比较、好中选优，确定正式代表候选人176名（选民联名推荐164名，政党团体提名12名）。第三阶段为选举代表阶段。于1996年1月20—22日召开选举大会，设64个主会场，有70129名选民参加选举大会。选举产生正式代表112名，其中干部代表18人，农民代表47人，工人代表26人，知识分子代表15人，其他方面代表6人。代表中妇女代表29人，非党代表39人。年龄在45岁以下的代表81人，高中以上文化的代表72人。

1月27—29日，召开大中镇第十二届人民代表大会第一次会议，依法选举人大正副主席各1人，镇长1人，副镇长4人。

第十三次普选　1998年11月17日开始，12月27日结束。这次选举分建立组织、宣传发动、选民登记核实，召开选举大会四个阶段，全镇分66个选区，总人口118968人，选民81689人，无法行使权利37人；下落不明30人，依法停止选举权8人，转外地外单位515人，开具证明函97份，发联系函35份。有75365人参加选举，初次提名代表候选人1023人，经过反复协商确定正代表候选人181名，最后选出正式代表115名，有4个选区（德丰、果园、市政府机关、城建）进行第二次选举，其余均一次成功。

1999 年 1 月 24 日，召开十三届代表大会第一次会议，选举镇长 1 名，副镇长 5 名。

第十四次普选　大中镇十四次人代会代表的选举工作于 2001 年 12 月 22 日开始（新团并入以后），12 月 30 日结束。这次选举工作分建立组织、宣传发动、选民登记核实、召开选举大会四个阶段，全镇分 52 个选区，总人口 103568 人，选民为 68369 人。有 63256 人参加选举，参选率 92.5%，初次提名代表候选人 342 人，经过反复协商确定正代表候选人 152 名，最后选出正式代表 100 名。

2002 年 1 月 10 日，召开第十四届镇人民代表大会第一次会议，选举产生镇长 1 名，副镇长 6 名。

第十五次普选　2007 年下半年为县乡人大同步换届选举，大中镇从 9 月开始到年底进行人大换届选举，这次换届选举分准备工作、宣传发动、选民登记核对、提名协商、确定正式代表候选人、组织介绍代表候选人、投票选举、召开人大第一次会议等 6 个阶段。全镇划分 15 个市选区，39 个镇选区。全镇总人口 98273 人，选民数 78889 人。提名市代表候选人 181 名，镇代表候选人 372 名。经反复协商确定市代表候选人 45 名，镇代表候选人 139 名。12 月 5 日有 73236 人参加投票选举（参选率 92.8%）。一次性选举产生镇十五届人大代表 100 名，同时选举产生市十三届人大代表 30 名。

2007 年 12 月 14 日，召开镇十五届人代会第一次会议，选举镇人大主席团主席 1 名，副主席 1 名。选举产生镇长 1 名，副镇长 6 名。

第十六次普选　2010 年 8 月裕华镇并入大中镇，新组建的大中镇于 2010 年 9 月至 2011 年 2 月进行人大换届选举。这次换届选举分前期准备建立组织、宣传发动和选民登记核对、提名推荐和协商确定代表候选人、组织介绍代表候选人、投票选举代表、召开镇第一次人代会等六个阶段。全镇划分 59 个选区，总人口 180657 人，列入选民名单（含外地转入）人数为 128837 人，未列入选民名单人数为 18011 人，其中不能行使选举权利人数为 83 人，停止行使选举权利人数为 3 人，被剥夺选举权利人数为 20 人，没有参加选民登记的人数为 17905 人，初提代表候选人为 354 名，经过反复协商，确定正式代表候选人 217 名，2010 年 12 月 15 日法定选举日有 113688 选民参加投票选举（参选率 88.24%），一次性选举产生镇十六届人大代表 156 名。

原裕华、新团区域历届普选情况表

表 21－1－1

区域	届	普选时间	选区（个）	选民人数	选举代表人数			备注
					合计	乡代表	县代表	
裕华	一　届	—	—	—	—	—	—	
	二　届	—	—	—	—	—	—	
	三　届	—	—	—	—	—	—	
	四　届	—	—	—	—	—	—	
	五　届	—	—	—	—	—	—	
	六　届	—	—	—	—	—	—	
	七　届	1980.10.31—1981.02.10	57	21519	90	90		
	八　届	1984.02.10—1984.05.05	56	24948	100	95	15	
	九　届	1986.12.05—1987.03.07	56	25108	80	68	12	
	十　届	1989.11.15—1990.01.10	56	26376	76	76	—	
	十一届	1992.10.20—1992.12.10	26	27499	84	76	12	

续表21－1－1

区域	届	普选时间	选区(个)	选民人数	选举代表人数			备注
					合计	乡代表	县代表	
裕华	十二届	1995.11.10—1996.01.20	22	24230	64	64	—	
	十三届	1998.11.17—1998.12.18	22	28802	64	64	—	
	十四届	2001.11.10—2001.12.30	25	32478	80	68	12	
	十五届	2007.12.05—2008.01.15	25	34227	68	68	—	
新团	一　届	—	—	—	—	—	—	
	二　届	—	—	—	—	—	—	
	三　届	—	—	—	—	—	—	
	四　届	1960.12.05—1961.04.10	15	8387	228	228	—	
	五　届	1963.03.10—1963.07.15	102	16039	109	109	—	
	六　届	—	—	—	—	—	—	
	七　届	1981.01.15—1981.04.06	29	16417	73	73	—	
	八　届	1984.01.10—1984.04.01	29	16478	92	80	12	
	九　届	1986.12.10—1987.03.15	29	17489	64	55	9	
	十　届	1989.12.12—1990.02.23	29	16487	65	65	—	
	十一届	1992.09.10—1993.03.30	29	16538	65	65	—	
	十二届	1995.11.15—1996.01.10	29	16683	65	65	—	
	十三届	1998.11.18—1998.12.20	29	16670	65	65	—	

说明：裕华(公社、乡)镇1～6届，新团(公社、乡)镇第1、2、3、6届普选查无资料

(二)村民委员会换届选举

根据《中华人民共和国村民委员会组织法》，村民委员会每届任期3年。大中镇所属村民委员会换届选举工作从1987年开始到2010年共进行9次换届选举。

第一届　1987年8月11—28日，举行第一届村民委员会选举，21个村(场)经过村民无记名投票选举，选出村委会主任21人，副主任34人，委员58人。

第二届　1990年3月15日—4月5日，举行第二届村民委员会选举，全镇21个村(场)，分两批进行，刚强村作为试点村。本次换届选举，村委会主任为等额选举，副主任、委员为差额选举。经选民无记名投票，全镇选举出村委会主任21人，副主任39人，委员60人。

第三届　1993年3月20日—4月15日，进行第三次村民委员会换届选举。本次选举采取无记名投票，村委会主任进行等额选举，副主任、委员实行差额选举。全镇21个村(场)选出村委会主任21人，副主任42人，委员78人。是年，大中镇被盐城市政府表彰为村民自治模范镇。

第四届　1996年3月1—25日，进行第四届村民委员会换届选举。

全镇20个村(场)(1995年新民村划归开发区)采取无记名投票方式，村委会主任为等额选举，副主任、委员实行差额选举。经村民小组、村办企业等单位10人以上有选举权的村民联名推荐，推荐出村委会主任候选人20人，副主任候选人58人，委员候选人70人。本次换届选举选出村委会主任20人、副主任33人、委员47人。

第五届　1999年2月下旬至3月下旬，举行第五届村民委员会换届选举。

全镇20个村(场)经过宣传发动、选民登记、核定29025个选民，其中男13643人，女15382人，经

过直接提名选举，选举产生村委会主任16名，副主任20名，委员59名，其中4个村主任缺位。

第六届 2001年10—12月上旬，举行第六届村民委员会换届选举。

经过宣传发动、选民登记、核实提名候选人、直接选举四个阶段，于11月23日召开选民大会，直接提名候选人，11月27日公布正式候选人，11月30日召开选举大会。选出村主任23名，副主任47名，委员59名。

第七届 2004年11月上旬至2005年元月，举行第七届村民委员会换届选举。选举产生主任24名，副主任33名，委员63名，建设村暂缺主任。新一届村委会成员中高中以上文化程度103人，女性30名，平均年龄为43.4岁。

第八届 2007年11月至2008年1月，举行第八届村民委员会换届选举。

11月1—30日，组织准备、宣传发动阶段。12月1—15日，选民登记、核实公布。11月16日至12月5日，提名候选人。2008年1月6—16日为选举日。全镇选民39915人，发票38867张，收票38294张，有效票37196张，选出村主任21名，副主任46名，委员82名。

第九届 2010年11月上旬至2010年12月中旬，举行第九届村民委员会换届选举。在镇党委、政府直接指导下，严格贯彻、执行《中华人民共和国村民委员会组织法》及《江苏省村民委员会选举办法》和大丰市委、市政府《关于第九届村民委员会换届选举工作实施意见》等文件精神，经过宣传发动、选民核实登记、提名候选人，各村召开选举大会，选出村主任29名，其中新当选的6名，连任的23名，副主任29名；委员81名，在新一届村委会成员中高中文化的92人，大专以上文化的31人，女同志35名，平均年龄为43.3岁。

大中镇第一至第五届村民委员会主任任职表（1987—1999年）

表21－1－2

村 别	一 届	二 届	三 届	四 届	五 届
恒 南	张德龙	张德龙	卢日干	卢日干	卢日干
恒 丰	沈开云 顾锦生 郁珍贵	李凤俊	陈银龙	陈银龙	陈银龙
恒 北	季顺和	季顺和	季顺和	季明德	季明德
利 民	王周斌	胡俊松	朱永才	吴 诚	吴守信
双 喜	吴开保	郁建玉	王正荣	沈志平	杨春宏
泰 丰	沈荣根	李兴干	严玉生	管书存	陈俊明
泰 西	王宣传（城郊） 方云松（城郊） 管洪宽（泰西） 王树华（泰西）	王宣传（城郊） 管洪宽（泰西）	王宣传（城郊） 吴永鹏（泰西）	王宣传（城郊） 曹国琴（泰西）	茅春山
阜 南	高长生（阜南） 陈金辉（果园场）	高长生（阜南） 陈文昭（果园场）	高长生（阜南） 陈金辉（果园场）	臧殿鹏（阜南） 张成荣（果园场）	臧殿鹏（阜南） 空缺（果园场）
阜 丰	李松林 方学珍	管洪银 臧殿亮 沈天鹏	施连安	顾翠萍	顾翠萍
阜 北	杨宽仁	杨宽仁	杨宽仁	郭爱林	曾龙珠
红 花	施正兴（红花） 张长庆（刚强）	蒋久松（红花） 瞿 瑾（刚强）	蒋久松（红花） 瞿 瑾（刚强）	李怀根（红花） 陈根生（刚强）	李怀根（红花） 宋应涛（刚强）

续表 21－1－2

村　别	一　届	二　届	三　届	四　届	五　届
同　德	曹金冲(同德) 潘广怀(新德)	曹金冲(同德) 陈志根(新德)	曹金冲(同德) 陈志根(新德)	曹金冲(同德) 陈志根(新德)	曹金冲(同德) 陈志根(新德)
大　新	陈兆康	杨惠斌	吴三素	施周飞	施周飞
德　丰	汤忠达(德丰) 金加仁(德西)	汤忠达(德丰) 傅大松(德西)	汤忠达(德丰) 余金龙(德西)	汤忠达(德丰) 吴亚文(德西)	汤忠达(德丰) 董秀英(德西)
和　瑞	杨存崇	陈安宏	金加亮	(缺)	(缺)
新　民	许立怀	许立怀	范正林		

大中镇第六至第九届选举村委会主任任职表(2001—2010)

表 21－1－3

村　名	第六届	第七届	第八届	第九届
恒　南	卢日干	葛峰高	葛峰高	葛峰高
恒　丰	陈银龙	徐祥保	徐祥保	徐祥保
恒　北	季明德	季明德	季明德	周正涛
利　民	周井江	胡　勇	胡　勇	周井江
双　喜	卢军昌	卢军昌	卢军昌	卢军昌
泰　丰	管书存	管书存	管书存	施长华
泰　西	茅春山	茅春山	王正龙	王正龙
阜　南	陈洪泉	臧殿朋	臧殿朋	焦红霞(女)
阜　丰	顾翠萍	顾翠萍	顾翠萍	沈建忠
阜　北	陈世平	陈世平	曾龙珠	曾龙珠
和　瑞	(缺位)	陈安国	陈安国	
红　花	李怀根	高　峰	高　峰	高　峰
同　德	陈志根	陈志根	陈志根	陆德法
大　新	施周飞	施周飞	施周飞	彭怀龙
德　丰	臧　顺	臧　顺	臧　顺	臧　顺
河　口	王安仁	王安仁		
长　安	李华山	李华山		
光　明	蒋安群	蒋安群	蒋安群	蒋安群
新　团	卢殿群	卢殿群	卢定津	卢定津
灶　圩	蒋　亚	蒋　亚		
同　圣	王荣珠	王荣珠		
建　设	朱友汉	(缺额)	朱友汉	
龙　福	周旭群	周旭群	周旭群	
老　坝	周彩生	周彩生	周彩生	周彩生

续表 21－1－3

村　名	第六届	第七届	第八届	第九届
八　灶	（缺额）	卞友泉	卞友泉	卞友泉
元　丰				吴宏庆
晋　丰				卢日义
晋　北				马汝根
福　丰				王培昌
万　丰				李　斌
朝　荣				杨素斌
海　防				顾绍兴
天　祥				赵汉斌
海　丰				顾永飞
丰　裕				董开生
裕　居				顾　华

说明：新民第四届，河口、长安、灶圩、同圣第八届，建设、龙福、和瑞第九届划出参加市经济开发区换届选举

新团乡（镇）第一至第五届选举村民委员会主任任职表（1987—1999 年）

表 21－1－4

村　别	一　届	二　届	三　届	四　届	五　届
新　团	张长道（新团） 张延存（永久）	卢定年（新团） 郭雨根（永久）	卢定年（新团） 季自庚（永久）	卢定年（新团） 焦恒昌（永久）	卢定存
八　灶	王永林（八灶） 王禅珠（营南）	朱桂同（八灶） 顾德凤（营南）	蔡永浩（八灶） 朱爱裕（营南）	薛桂室（八灶） 朱爱裕（营南）	卞友泉（八灶） 王应珠（营南）
老　坝	朱友为（南灶） 朱俊英（老坝）	周利绕（南灶） 朱正林（老坝）	陈占安（南灶） 朱正林（老坝）	朱翠生（南灶） 卞秀林（老坝）	唐根强（南灶） 周彩生（老坝）
光　明	卢连干（新联） 顾仁明（光明）	顾西干（新联） 蒋高群（光明）	焦永鸿（新联） 周旭阜（光明）	卢连奎（新联） 蒋安群（光明）	蒋承还（新联） 蒋安群（光明）
河　口	董国宏（河口）	蒋步荣（河口）	蒋步荣（河口）	蒋步荣（河口）	王林珠
长　安	蒋德裕	万银生	袁宝祥	李华山	李华山
灶　圩	顾本金	蒋福才	卢定金	蒋　亚	蒋　亚
龙　福	朱国生（兴隆） 张连存（龙福）	朱国生（兴隆） 张连群（龙福）	陈占浩（兴隆） 周彩芹（龙福）	陈占浩（兴隆） 周彩芹（龙福）	陈占浩（兴隆） 高安全（龙福）
同　圣	王安珠	王安珠	王安珠	智　勇	缺位
建　设	王兴珠	周利贵	吴德友	朱怀宽	朱友汉

裕华乡(镇)第一至第八届选举村民委员会主任任职表(1987—2007 年)

表 21－1－5

村别	一届	二届	三届	四届	五届	六届	七届	八届
丰裕	董开昌	陆德康	邢祖华	邢祖华	董开生	董开生	董开生	潘杰
朝荣	苏学忠(锦龙)	张雪围(锦龙)	蒋钧(锦龙)	唐茂林(锦龙)	陆正华(锦龙)	唐茂林(锦龙)	杨素斌	杨素斌
	俞锦方(朝荣)	俞锦方(朝荣)	俞锦方(朝荣)	张贤昌(朝荣)	刘裕平(朝荣)	钱国民(朝荣)		
元丰	葛世明	葛世明	刘学真	吴书俊	吴书俊	丁云龙	董正江	吴宏庆
海防	顾绍将	黄振新	黄振新	杨建明	杨建明	顾绍兴	顾绍兴	顾绍兴
晋丰	张亚飞	张亚飞	张仕明	张仕明	张忠勇	徐树平	吴洪江	卢日义
晋北	王杰锋	王卫东	孙文平	朱元龙	马汝根	沈学根	马汝根	马汝根
万丰	顾希富(忠跃)	周云昌(忠跃)	周彩云(忠跃)	周彩云(忠跃)	高长飞(忠跃)	高长飞	李斌	李斌
	陆锡康(万丰)	刘丕芝(万丰)	刘丕芝(万丰)	周吉明(万丰)	朱德州(万丰)			
海丰	丁士祥(海丰)	丁士祥(海丰)	顾永飞(海丰)	顾永飞(海丰)	顾永飞(海丰)	顾永飞	顾永飞	顾永飞
	孙秀英(天北)	黄素祥(天北)	张见森(天北)	孙秀英(天北)	吴文远(天北)			
福丰	连锦銮(福丰)	刘志银(福丰)	刘志银(福丰)	朱朝平(福丰)	赵德兵(福丰)	朱朝平	(缺)	王培昌
	顾培冲(福东)	吴胜明(福东)	顾进忠(福东)	施维云(福东)	王培昌(福东)			
天祥	曹香平	徐桂芳	徐桂芳	徐桂芳	翟平	赵汉斌	翟平	赵汉斌
裕华居	王双喜 朱金生(兼)	张鹤松(兼)	余广洪(兼)	周江(兼)	龚涛	陆正华	顾华	顾华
南新村						汪高兵	许成道	许成道
圩洋(王港居委会)						朱安平	陈富根	李平芳

说明:第六届、第七届、第八届王港乡并入裕华镇,九届起裕华镇并入大中镇

(三)居民委员会换届普选

大中镇街道居民委员会于 1983 年 7 月举行第一届选举。2004 年 12 月,居民委员会第二届换届选举。2007 年 12 月,全镇第三届居委会换届选举。2010 年 12 月,全镇第四届居民委员会换届选举。

大中镇各居委会第三、四换届选举主任任职表

表 21－1－6

居委会	第三届	第四届	居委会	第三届	第四届
老街	刘加林	刘加林	育红	柏金淦	柏金淦
新街	陈建辉	沈继俊	新村	朱德荣(代)	朱德荣(代)

续表 21 - 1 - 6

居委会	第三届	第四届	居委会	第三届	第四届
大　华	邢红明(女)	邢红明(女)	大　刘	曹其林	曹其林
东　宁	陆晓明(代)	黄月娥(女)	沿　河	茅彩虹(女,代)	茅彩虹(女)
健　东	朱桂芳(代)	朱桂芳	建　业	陈惠芳(女)	陈惠芳(女)
康　平	严玉生	严玉生	建　西	王　伟(女)	王　伟(女)
城　中	陈根生(代)	陈根生	新　团	柏龙群	柏龙群
飞　达	施连安	施连安	西河口	朱秀芳	陈银龙
大　新	沈继俊(代)	王耀涓(女)	新　德	李晓霞(女)	李晓霞(女)
人　民	高　芳	李怀根			

说明:第一届、第二届选举无留档资料,“代”指副主任主持工作

第二节　赈灾救济

一、赈　　灾

明嘉靖二十四年(1545),连年大旱,飞蝗食禾,庄稼欠收,形成饥荒,草堰场周显、周埴各拿出800石杂粮,赈济灾民。

民国时期官僚腐败,国内战乱,无法顾及赈灾。

新中国成立后,党和政府十分重视救灾工作。

1949年秋,大中地区遭受特大水灾,大中区政府每天组织救济粮18750千克,县政府组织劝募团至各地求援区、乡政府发动机关干部、学校师生、工厂职工、农村群众进行互助互济,开展“一升粮”运动。广大民众、团体献出玉米5700千克,稻谷42千克,其他杂粮4741千克,现金5.48万元。大水过后,县成立生产自救会,各区亦相继成立生产自救组织。大中区生产自救委员会先后发放种籽贷款、锄草贷款、农具贷款三次,发放贷款粮2.75万千克,其中种子贷款:菽稷450千克,玉米1000千克,棉籽4750千克,元麦1500千克,大麦7300千克,小麦4600千克,荞麦862千克,萝卜种326千克;锄草贷款:大麦22150千克,元麦11650千克,玉米2839.5千克;农具贷款:犁头48张,铁板64张,拉锹7把,锄头594把,钉耙451把,斜刀198把;城镇商业贷款5610元,帮助116户贫民计416人就业,解决其基本生活。政府还组织群众下海割草、捞海鲜、采野菜以度灾荒。

1956年,全境连降暴雨,大片农田受淹失收。翌年春,大中乡为解决广大农户缺粮之急,向县政府申请救灾经费3.82万元。1965年,境内遇特大水灾,镇域倒伏房屋99间,倒墙330间,受损民房447户,镇(社)及时将上级拨付的15151元救灾款,270支毛竹,5万块红砖,1000片平瓦,37条棉被,75件棉衣及时发放到灾民手中。1989年9月16日,双喜、泰丰、阜南、阜丰4个村部分生产队遭龙卷风袭击,造成2人死亡,54人重伤,63人轻伤,倒损房屋359户、2073间,2400公顷农田受灾,直接经济损失1000多万元。灾情发生后,镇党委、政府立即组织群众抗灾自救,驻丰武警官兵、学校、企事业单位及个体工商户义务献工,捐款捐物,其中大米2600千克,面粉2146千克,猪肉202千克,食油100千克,煤油75千克,油毡380卷,红砖15000块,粮票245千克,袜子2000双,热水瓶160只,新旧衣服425件,副食品袋7159只,马灯96盏;收到各界救灾捐款92346.1元。镇机关干部职工180余人捐款

3200元。国家支持建筑木材130立方米，水泥336吨，石灰410吨，钢材5吨，红砖152.9万块，平瓦18.8万片，大米1500千克，白布1700市尺，柴油8吨，救灾款18万元。镇政府还采取企业与受灾户结对帮建等办法，及时帮助灾民重建家园。1990年7月10日，裕华镇朝荣村、海防村遭龙卷风袭击，受灾202户，全镇经济损失743万元，灾情发生后，裕华镇政府第一时间拨出赈灾款8.56万元，救灾大米5000千克，挂面1200千克，国家拨出一大批物资救助灾民恢复重建。1991年，大中镇遭受百年未遇的特大洪涝灾害，为帮助人民重建家园，国家支持建筑木材234立方米，红砖20万块，平瓦13000片，煤球25吨，化肥14吨，供应比例价大米2.8万千克，下拨救灾款17.7万元，接收党政机关、群众团体、企事业单位捐款6万元。国内捐赠物品26项867件，其中副食品4项135件，衣服193件，棉毯30条，化肥46吨，水泥20吨，日用品5项46件；接收香港面粉562.5千克，台湾红十字会浴巾33条，棉被12条，棉毯30条，药品8项8件，副食品4项126件，大米30吨；新建和修建房屋64户、118间；为特困户、五保户救济棉衣222件，棉裤82条，棉被50条，罩衣30件；给230户重点受灾困难户发放救济款7.75万元。

1989年“9·16”灾害大中镇救灾款物分配表

表21－2－1

单　位	救灾款物分配数量										
	拨款（万元）	捐款（万元）	平瓦（万片）	红砖（万块）	木材（立方米）	水泥（吨）	石灰（吨）	钢材（吨）	白布（市尺）	大米（千克）	柴油（吨）
双喜村	7.5	3	8	66	56	152	175	2	700	600	2.5
阜南村	7.7	1.7	8	66	55	146	175	2	700	600	2.5
阜丰村	2	0.3	2.5	20	15	30	53	1	200	200	2
阜北村	0.5	—	0.3	0.9	4	8	7	—	100	100	1
德西村	0.15	—	—	—	—	—	—	—	—	—	—
刚强村	0.15	—	—	—	—	—	—	—	—	—	—
合　计	18	5	18.8	152.9	130	336	410	5	1700	1500	8

1989年“9·16”特大灾害大中镇救灾捐献款物情况表

表21－2－2

单位	捐献款物		单位	捐献款物		单位	捐献款物	
	金额（元）	物资		金额（元）	物资		金额（元）	物资
县供销联社	5000	—	敬老院	109	—	大中塑料厂	207	—
县棉麻公司	—	热水瓶120只	镇人武部	100	—	文教综合厂	200	—
县工商银行	1500	旧衣服42件	大中广播站	100	—	红花木螺丝厂	200	—
县石油公司	800	—	汽车出租公司	100	—	大中兽药厂	100	食品100袋，面粉50千克
县医药公司	300	—	镇文化站	100	—	大中汽修厂	80	—
县乡镇企业局	260	—	大中工商所	80	—	大中丝织厂	—	被面20条，砖头3000块
县侨资公司	200	—	大中交管所	40	—	大中红光厂	55	—

续表 21－2－2

单位	捐献款物		单位	捐献款物		单位	捐献款物	
	金额（元）	物资		金额（元）	物资		金额（元）	物资
县第三中学	200	—	大中建管站	30	—	大中食品厂	50	食品200袋
县妇联	200	—	大中针织厂	4000	袜子2000双，馒头1500只	街道纺配厂	94	—
县职工中专	130.2	—	大中染织厂	2712	床单90条	镇南中学	1199.2	—
县实业公司	100	—	大中轧板厂	3000	—	第一中心校	1151.25	—
县政协学校	67.8	—	麦芽啤酒总厂	2000	大米500千克，建材等物资	镇北中学	1105.57	—
县外经办	60		大中二粮油厂	2287	食油100千克	东风二校	607.1	—
县统战部	—	旧衣服89件	大中马钢厂	1000	—	镇南小学	541.1	—
县副食品厂	—	饼干600袋	大中粮油厂	1000	—	第二中心校	489.85	旧衣服1件
第二建筑公司	3472	平价供应建材	第二织布厂	800	烧饼1430只	和瑞小学	267	—
大中劳服公司	3000	—	第二印刷厂	718	旧衣服10件	泰丰小学	260.67	—
大中供销社	1159.1	食品200袋	大中织针厂	700	—	新民小学	233.6	—
大中农工商公司	1000	—	大中链条厂	291.5	马灯90盏，火油150千克	东风一校	200.53	—
大中食品站	90	猪肉202千克	大中砖瓦厂	550	—	刚强小学	197.3	—
大中税务所	500	粮票220千克，旧衣服5件	大中家具厂	242.7	砖头200块	恒丰小学	194.6	—
大中粮管所	400	中价供应米面4200千克	针织内衣三厂	500	—	阜丰小学	191.5	—
镇工会	400	—	大中花炮厂	500	—	利民小学	15270	—
大中招待所	300	—	大中沙发厂	500	—	德北小学	149.93	—
大中卫生院	276	—	大中彩印厂	326	—	新德小学	140	—
老干部支部	230	—	大中农修厂	300	—	恒北小学	135	—
大中公安分局	207	旧衣服56件	大中光仪厂	300	—	成人中心校	111.19	—
大中电管站	140	—	纺织配件厂	300	—	恒南小学	108	—
市场管理所	130	—	大中联营服装厂	232	短裤120件，衬衫40件	镇中心幼儿园	90	—
城郊供销社	120	—	文教工艺厂	220	—	德丰小学	73.99	—
机关幼儿园	43	—	水利工程队	75	—	阜南小学	42.2	—
镇南农机站	73	—	德西小学	30	—	农产品交易市场	40	—
同德村	5160	—	大新居委会	759.5	—	泰西村	2015.8	—
老街居委会	511.6	—	刚强村	2000	—	大刘居委会	390	—
新德村	2000	—	人民居委会	317.9	—	大华居委会	289	—
红花村	2000	—	新街居委会	232.01	—	恒北村	2000	—
健康居委会	216	—	和瑞村	2000	—	沿河居委会	159	—

续表 21－2－2

单位	捐献款物		单位	捐献款物		单位	捐献款物	
	金额（元）	物资		金额（元）	物资		金额（元）	物资
恒丰村	2000	—	大刘新村居委会	73	—	大新村	1700	—
社会捐款	6	—	恒南村	1697.5	油毡 2 卷，平瓦 560 片	新民村	1698.4	—
泰丰村	1600	—	利民村	1600	油毡花箔等	城郊村	1000	—
德西村	804.31	—	果园场	300	—	城郊七组	100	—
大中兽医站	600	—	街道六工区	268	砖头一万块	镇北农机站	400	—
大中运输公司	314	—	大中车管站	300	—	陵园饭店	300	—
房屋开发公司	150	—	大中堤防站	105	—	大中养鳗场	95	—

1991 年，新团镇 1466.67 公顷棉花、2000 公顷水稻全部淹没，绝收 1733.33 公顷，改种其他品种 1133.33 公顷。41 座农庄被淹，1061 户民房进水，倒房 786 间，21 个企业停产，全镇直接经济损失 2000 万元。县民政局拨给救灾款 4 万元，煤油 230 吨，供应比例价大米 20880 千克，发放贴息贷款 36 万元，接收上级救灾粮 6 万千克。1999 年秋，持续低温阴雨，粮棉减产，群众减收。镇政府适时安排农业税减免计划，帮助部分受灾民渡过难关。2002 年 7 月 23 日下午 4 时，裕华镇海丰村五组遭龙卷风袭击并拌有冰雹，直接经济损失 100 多万元。灾情发生后，镇政府及镇属企事业单位纷纷捐钱、捐物，帮助灾区生产自救。

2005—2010 年，全镇先后遭受干旱、洪涝、冰雪等自然灾害，累计造成 25 万人受灾，106240 公顷农作物减收，25940 公顷农田绝收，直接经济损失 1 亿多元。每次灾情发生，镇党委、政府都在第一时间组织机关干部深入灾区查灾、救灾，积极争取上级部门支持，累计下拨救灾款 191 万元，重建资金 87 万元，发放救灾大米 10 万千克，救济灾民和特困户 3636 户次，帮助灾民重建房屋 127 间，解决 2570 人次的临时生活困难。

二、救　　济

旧社会，由社会开明人士通过举办慈善活动来实施社会救济。新中国成立后，中国共产党和政府主张“一方有难，八方支援”，通过义唱、义医、帮扶、献爱心、搞募捐等形式。

1948 年，国民党军“清剿”扫荡，大造“无人区”，城乡被洗劫一空。为帮助人民度过战乱灾难，大中区政府先后发放纺织贷款、小本商贩贷款 3 次，共 1.29 万元。

1953 年春节，大中区发放救济粮（大米）2500 千克，帮助 144 户困难户度过年关。1956 年，大中区出资 3971 元，救济人多劳少特困户 427 户，1394 人次。1960—1962 年，海门、启东、南通一批移民来大中镇落户，生产、生活发生困难。接受移民的大新、新民、合意 3 个大队计补助原粮 6400 千克，救济人民币 8588 元，布票 835 尺，皮棉 25 千克，蚊帐 31 顶，铁锅 71 只，碗 205 只。新砌住房 198 间，另租借 58 间。解决建房木材 95 立方米，毛竹 161 支，砖头 4 万块，石灰 75 吨，生产用的农具（大锹、锄头、钉耙、粪桶等）百余件。1963 年，国家拨给城区社会救济款 2570 元，布票 800 尺，照顾灾民药费 299 元，帮助 28 人医治疾病。集体单位用于职工福利费 1.26 万元，工商界支付生活补助费 3642 元。大道公社从公益金中补助社会困难户 219 户，1.43 万元，补助“五保户”39 户，7567 元。同时社会减免困难户 257 户、五保户 8 户，总金额 2577 元。1964 年，城区支出社会救济补助款 6209.46 元，布证

800尺,絮棉1555千克,对无钱治病者照顾医药费460.60元,各单位用于职工生活补助费8675元。1968—1969年,大道公社发放救济布票250尺。1971年,大兴公社救济困难户人民币1000元。1977年,大道公社补助10户“五保户”,计1310元;困难户60户,计补助6280个劳动日。1980年,城区享受定期补助16人(其中“五保户”14人、麻风病1人、病故军人遗属1人),补助费由每人每月8元调到12元。1981年,大道公社救济困难户8230元,冬季发放棉衣80件。次年发放社会救济额4315元,发放冬衣87件。

1983年,镇政府全年发放社会救济款6100元,优抚对象临时救济款和救灾款2.2万元。同时对124户贫困户发放扶贫款1.99万元,户平160.40元,124户贫困户通过扶贫资助,当年纯收入2.12万元,其中农业收入5532元,副业收入1.57万元,有7户脱贫。1985年,农村救济工作以“双扶”(扶贫、扶优)为重点,全镇着重扶持11户贫困户,发放社会救济款2000元,扶贫户共收入2.64万元,脱贫率40%。1986年,全镇扶持1个经济实体、4个经济联合体,单户扶持24户。全镇投放扶贫资金7.15万元。脱贫率56%。同年发放救济款5800元,救济寒衣100件。1991年,全镇向“五保户”、特困户、困难户及优抚对象,发放原粮4.9万千克,救济寒衣120件。1997年,大中镇制定出台《城乡最低生活保障暂行办法》。2002年,裕华镇政府出资5000元,帮助5名特困家庭子女完成学业。

2005年,新批入住敬老院“五保”老人23人,全镇“五保”供养率达85%。从2005年起实行城乡医疗救助制度,至2010年年末,对符合条件的207人次发放医疗救助金198万元。2006年,镇投入资金200多万元对新团敬老院进行重新修建(今为大中敬老院新团分院)。2007年1月29日,镇组织机关全体党员干部、企事业单位举行“送温暖、献爱心”现场捐资活动,共收到捐款12.9万元,给全镇因病致贫的500多人和200多城镇下岗职工送去节日温暖,民政办还购置320多床棉被于春节前发到困难群众手中。是年,政府对全镇207名五保人员的供养标准由2006年的每人每月100元,提高到每人每月320元。2008年3月,镇政府对年人均收入低于2500元的“一有三缺”(有劳动力、缺项目、缺资金、缺技术)低收入农户实施“牵手致富”脱贫工程。泰丰村三组困难户吴毓生通过帮扶,妻子很快找到就业岗位,吴毓生购回一辆三轮摩托车帮别人送货,使这个贫困家庭逐步走上致富之路。2009年,城镇新增低保户126户(含裕华镇5户),城乡5414个低保对象的基本生活得到保障。

2006—2009年,裕华镇为困难群众办理最低生活保障计423户,发放补助资金2万余元。

2001—2010年,大中镇连续10年对低保标准保持15%的增长,全镇累计办理城市低保1676户,3398人。2005—2010年,累计发放城镇居民低保金2020万元,办理农村低保1091户,2016人,全部实行社会化发放。2005—2010年,累计发放农村低保资金980万元。

2007年—2010年期间,大中镇累计接受社会各界捐赠款180万元,衣裤3万余件,棉被3200床。下拨和转拨捐赠款110万元,发放衣被5200余件,为21名孤儿发放救助金15万元,为120名贫困大学生发放慈善助学金31万元,为21名贫困学生解决生活和入学困难,发放补助金20万元,为5名儿童免费做唇腭裂手术,累计发放救助金160万元。

第三节　社会福利

一、养老敬老

解放初期,社会上鳏寡孤独、无依无靠老人和“四残”人员由人民政府筹集资金给予临时救济。新中国成立后采取临时救济和定期补助相结合,解决其基本生活。合作化和人民公社化时期,对上述对象实行“五保”(保吃、保穿、保住、保医、保葬)供养。“五保”老人从事力所能及的劳动,凡劳动所得不能维持一般生活水平的,在集体提留公益金中予以补助。

1958年，全公社"五保"老人按规定统一享受七个方面待遇：(1)粮食按各队人均水平供给。(2)每人每月零用钱3～4元。(3)凡缺蚊帐的发给蚊帐。(4)对"五保户"住房进行普查，无房的帮助无偿兴建，破漏的给予维修。(5)"五保户"治病，药费实报实销，生活不能自理的由生产队派人护理。(6)"五保"老人死亡后，由生产队开追悼会，负责办理丧事。(7)为"五保"老人祝寿。

1984年3月，大中镇投资15万元建敬老院。占地9006.67公顷，建筑面积1252平方米，固定用房40间，安置60位老人，院内有公厕、洗衣室、储藏室、电视室、医务室，配有电冰箱及日用设备。当年，全镇首批22位老人入住敬老院。1985年，红花村和大刘新村居委会在全镇试点签订养老协议试点。

1992年2月，镇政府投资30万元，兴建老年康复中心楼。1993年，"五保"老人的零花钱由1984年的每人每月5元提高到14元，生活费由1984年的年人均350元提高到年人均1400元。全镇共签订赡养老人协议书6100份。1995年1月，镇政府对原城郊村八组因征地生活无着落的19位老人每人每月发给保养金20元。1996年年底，敬老院有工作人员7名，其中院长、管理员、会计各1人，医生1人，服务员2人，炊事员1人。至1997年，镇敬老院连续10年被省、市民政部门评为"文明敬老院"。

1999年12月，大中镇召开老龄工作总结表彰会，全镇6个先进集体，17个先进个人受到表彰。镇老龄委对全镇老龄工作作出"六个一"规定，即建好一套班子(老龄协会)，选好一个会长，制定一套制度，有一个固定活动场所，购置一套活动器材，签订一份《家庭养老义务书》。是年，同德村对60岁以上老人每月发给生活费60元，并获得一张优惠医疗证，率先做到老有所养，老有所医。

2000年，裕华镇签订养老协议1335份，年末养老兑现率达100%。2001年，大中镇政府作出规定，80岁老人由村级祝寿，90岁老人镇组织祝寿，百岁老人市镇两级祝寿。每逢老人节、春节登门走访慰问。2002年7月1日，大中镇集中供养"五保"老人供养标准由原来每人每年1600元提高到2000元。分散供养"五保"老人由原来每人每年1200元提高到1600元。2003年12月20日，镇召开老龄工作表彰大会，给予同德、泰西、双喜、泰丰、红花、阜北、龙福、同圣、河口9个村以及健东、建业、育红、新村、康平居委会等14个老龄工作先进集体，11名好媳妇、8名好女婿、22名养老工作先进个人给予表彰奖励。是年，全大中镇增订养老协议1500份，兑现率95%。2010年，增订养老协议4000多份，兑现率达98%。2006年，大中镇集中供养五保老人从原来的每人每年3100元提高到3800元，分散供养"五保"老人从原来的每人每年2200元提高到2700元。是年，大中镇供电公司职工马瑞萍被评为"全国孝亲敬老之星"，天祥村被全国老龄办表彰为"全国敬老模范村"。

2009年，大中镇政府对全镇60周岁以上城乡老人实行优待服务，包括完善城镇"三无"老人和农村"五保"老人供养制度，逐年提高供养标准和集中供养率，70周岁以上老人低保标准按当地标准增加20%，老年人不承担各种社会集资，农村男60周岁、女55周岁以上老年人不承担"一事一议"筹资、筹劳任务，老年人优待就医，老年人诉讼请求优先受理，优先执行，设立政府"尊老金"等七项内容。对100周岁以上的老年人，政府每人每月发给300元长寿补贴金；90～99周岁老年人，每年重阳节发给200元慰问金。是年，裕华镇给13个村(居)60周岁以上1057名老年人组织免费体检。

1997—2010年，大中镇政府共支付"五保"经费165万元。

2010年，大中镇政府在泰丰村辖区划地5公顷，投资5000万元，新建国家级养老康复中心(其中敬老院占地0.94公顷)。至2010年，镇老龄工作连续14年受盐城市老龄委、大丰市人民政府表彰奖励。大中镇敬老院院长卫东荣获大丰市人民政府"首届十大孝星"称号。

附：

大中镇敬老院　始建于1983年10月，位于大丰市区长乐路15号。院址原为同德村八组仓库，占地面积7800平方米，建筑面积3100平方米，其中综合办公楼400平方米，人均居住面积20平方

米。室内统一配置新床、新桌、衣柜,每床配一台微风吊扇,每室配有电视、洗漱间、卫生间、部分居住室配有空调。原大中福利厂厂长周启华兼任第一任院长。

2001年,乡镇区划调整,新团镇并入大中镇。2004年,镇政府将新团镇永久村村部旧址改造扩建,创办大中镇敬老院新团分院,有住房7间,210平方米,露天活动场地480平方米,厨房3间,附房6间,鱼棚2间,圈舍2间,收养老人25人。

2010年8月,裕华镇并入大中镇,镇政府将坐落在王港小街北侧的裕华敬老院改组为大中镇敬老院裕华分院,占地0.21公顷,房屋建筑面积1000多平方米,院内配有老人活动中心及医疗保健室,收养"五保"老人33人。

2010年年末,大中敬老院有工作人员15人,收养"五保"老人147人。新置食堂空调8台,裕华分院新建假山一座,人造喷泉一个,新增绿色草坪500平方米。新团分院有自养鱼塘4公顷,塘埂面积2.67公顷,百头猪场、百头羊场各1个,蔬菜种植基地1公顷,鱼肉蔬菜除自给外每年还可提供2500千克猪肉、1500千克成鱼给市民政局用于慰问各乡镇敬老院、驻丰部队及全镇烈军属、社会困难户。

大中镇敬老院1987年被江苏省人民政府命名为"文明敬老院"。1994—2002年,连续4次被江苏省民政厅、盐城市人民政府授予"文明敬老院"称号,多次受大丰市委、市政府表彰奖励。

二、残疾人事业

1990年夏,大中镇向县争取资金40万元,在东风二校(今大丰市第六小学)附设培智小学,招收4个班,61名聋哑学生先后入学。1991年,镇政府投资20万元,新建一幢康复活动楼,为残疾人的康复训练提供专门活动场所。是年,大中镇投入20万元创办大中培智学校,28名弱智儿童入学。是年,裕华镇政府制定出台《关于残疾人优惠待遇12条暂行规定》。为维护残疾人合法权益,改善残疾人社会环境和生活状况,发展残疾人事业起了积极的引导作用。1990—1992年,大中婚姻介绍所为社会大龄男女、老年人、残疾人喜结良缘25对。

2005年,根据省市关于残疾人评定的规定,全镇7811名残疾人员,核定视力残199人,听语残202人,肢体残854人,智力残181人,精神残133人,多重残54人,计发放残疾证1623份。裕华镇残疾人员计2393人,经评定发放残疾证539份。2006年,"四残"(肢、脑、视力、听力残疾)人员重新复核,按照有关规定,对一、二类残疾人不平摊义务工,三类残疾人给予适当减少义务工摊派,对不能自食其力的残疾人全部纳入城乡低保,保障其基本生活。5月,大中镇召开首届残代会,全镇25个行政村、18个居委会相应建立残疾人协会,配备专兼职理事。对300多户残疾人特困户登记造册,镇政府发给生活定补,对其子女实行"两免一补",全镇152名智残儿童免费入学。每年镇政府组织开展"送温暖、献爱心,架金桥、解民忧"活动,为残疾人捐款捐物。2001—2006年,累计捐款25万元,衣物2000多件。

2009年7月,第二代残疾证换发,全镇2099名"四残"对象参加免费体检,换发新证。大中镇育红居委会主任柏金淦被盐城市政府授予"残疾人自强模范"称号。

三、福利企业

1958年，大中镇建立社会福利委员会，由党委书记任主任，财委专职负责，发动群众自力更生创办各类福利工厂。是年，群众自让房屋51间，献麻袋20只，组织轧花机6部，水缸6只，纺纱车10余部，袜机4台，大凳14张，石磨5副，芦席4条，大桌7张，现金500余元，创办10余个小型工厂。同年10月，创办大中民政福利厂（大丰市丰蕾集团前身），招收职工274人，其中聋哑3人、轻度精神病患者10人、社会困难户20人。

1960—1962年三年困难时期，大中镇在精简一部分居民下乡支农就业的同时，各街道居委会自办粮食加工（钢磨、机面）、扫帚加工、草绳加工、草席编织等小型福利厂7个，安排社困及病残人员58人进厂。1976年，创办大中综合福利厂，生产花烛、鞭炮、扫帚等，招收职工44人，其中盲人1人、聋哑3人、社会困难户10人。1979年，街道办事处组织闲散居民及孤寡老弱80多人，创办红光、晨光、曙光三厂，生产塑料制品，进行副食品加工等。

1983年，街道居委会先后创办商业服务，社会日用小工业等11个摊点，安置“四残”人员21人。是年下半年，创办大中福利厂，原阜丰公社机关和大会堂作为基地，招收木工、漆工、白铁工等能工巧匠作为骨干。全厂有干部职工137人，其中正式职工70人，“四残”人员19人，生产工业用木刷和铁制刷、日光灯架、小型家具等，当年产值14.3万元，获利润1.1万元。1984年，完成产值65.13万元，实现利润5.57万元，上交国家税金1.3万元，“四残”人员平均每人每月工资35元左右。对部分丧失劳动力的“四残”人员，采取厂外包养，每人每月发给17元基本生活费。1985年，大中敬老院合并福利厂，以厂养院，安置“四残”人员78名。1988年6月，厂院分离，敬老院自筹资金创办面砖加工厂，当年投产，当年见效，年产面砖10万片，获利近万元。1990年，福利厂新上项目，生产出口玩具，产值连续四年突破250万元。1994年，福利厂实现产值1050万元，税收50万元，利润15万元，全厂残疾职工65人，占生产一线工人54.1%。“四残”人员进厂后，根据他们的残疾和身体状况，合理分配工种，力所能及，吃住在厂，有病在厂医治。每周还安排政治学习、文化补习和技术辅导，组织文化娱乐等项活动。1997年，大中敬老院购置44吋梭子织机2台，附属筒车、纡子机各1台，招聘挡车熟练工8人，创办毛巾厂，时任淮南一厂厂长时荣生主动捐赠21″棉纱一吨，年产毛巾25万条，当年获利1.8万元。敬老院为老人购买棉大衣、年货，每人发压岁钱20元。

1998年后，大中敬老院先后创办工艺品厂，开设工艺品门市，新增殡仪服务，新拓种养殖基地，实现年产值100多万元，年创利润（免税）近20万元，50%用于改善老人生活，30%用于改造敬老院硬件设施，20%用于提高工作人员的工资福利待遇。2010年，大中镇新增福利企业2家，安置28名残疾人。政府制定多项政策，鼓励残疾人奋发图强，自谋职业。全镇400多名残疾人从事种植、养殖、经商、服务等行业。

新团分院以种养殖创收，常年种植4公顷十边隙地，年生产粮食7500千克左右，自产各类瓜果、蔬菜1.5万余千克，养猪100头，养羊30头，精养鱼塘养殖成鱼2.5万千克。蔬菜、粮食保持自给，鱼肉自给有余，每年可获取纯利2万元，用于改善老人生活待遇。

1994年，裕华镇办有2个福利企业，其中天鹅绒丕布厂年产值360万元。2002年，裕华镇福利企业实现销售1489万元，利税31万元，安排各类残疾人员55人。2006年，裕华镇以发展老人福利事业为主旨，组织成立裕华镇水产养殖协会、福丰茄子协会、天祥村西瓜协会、丰裕村冬瓜协会、丰裕村老龄协会和海防村卷心菜协会等6家协会，为一大批农村留守老人的种养殖经销提供便利。

1996—2010年大中镇（新团、裕华）民政事业经费列支情况表

表21-3-1　　单位：元

年份	单位	抚恤事业费	离退休费	社会救济救灾费	城乡低保费	备注
1996	大中镇	338100	61539	170600	—	
	裕华	123200	13200	58600	—	
	新团	154500	16800	65400	—	
1997	大中镇	175000	57986	174250	75000	
	裕华	134500	15200	60000	34000	
	新团	158200	17990	68500	65800	
1998	大中镇	292200	79860	215400	87000	
	裕华	153400	16800	65000	42000	
	新团	187500	18900	69000	69400	
1999	大中镇	306900	103291	228600	156000	
	裕华	158900	19000	66000	42000	
	新团	198850	19800	68500	69500	
2000	大中镇	315150	111300	235500	315600	
	裕华	182400	19000	66000	45000	
	新团	201780	19800	67800	79500	
2001	大中镇	318900	117400	224100	987400	
	裕华	185900	19000	84000	46000	
	新团	200700	19800	75900	98100	
2002	大中镇	463650	155800	267500	1084800	
	裕华	210800	23400	85000	362000	
2003	大中镇	529900	164600	313000	1182000	
	裕华	234600	25600	90000	365000	
2004	大中镇	824000	167100	323000	1271000	
	裕华	356000	32000	90000	385000	
2005	大中镇	883700	189450	460100	1645300	
	裕华	375600	36900	92000	502300	
2006	大中镇	1246700	209100	391200	1925000	
	裕华	524700	36900	95000	724000	
2007	大中镇	1578000	263500	398000	4120100	
	裕华	555600	37500	98000	885000	
2008	大中镇	1975100	275100	421000	4912000	
	裕华	607200	37500	100000	922000	
2009	大中镇	2194800	281200	438500	4942500	
	裕华	689800	39800	100000	1206000	
2010	大中镇	3116500	216900	512500	5902400	
	裕华	654300	29100	40000	620000	

大中镇部分年份60岁以上老人统计表

表21-3-2 单位:人

年份	年龄分类	60~69	70~79	80~89	90岁以上	100岁以上	合计
2000	城镇	4250	2810	1015	135	2	8212
	农村	4340	3220	1115	60	0	8735
2005	城镇	4510	2908	1010	140	2	8570
	农村	4590	3310	1055	65	1	9021
2010	城镇	4615	3070	1019	143	3	8850
	农村	4711	3405	1075	69	1	9261

1999—2010年大中镇百岁寿星名录

表21-3-3

年份	姓名	性别	出生年月	地址
1999	卢东珍 盛桂英 杨朱氏 卢怀福	女 女 女 男	1898年2月2日 1899年9月17日 1900年1月8日 1900年1月24日	大中镇大新居委会 裕华镇福东村 新团镇光明村 新团镇长安村
2000	杨朱氏 周月琴 茅风珍 沈志芬	女 女 女 女	1900年1月 1901年1月 1901年6月 1901年9月	新团镇光明村 育红居委会 裕华镇朝荣村 裕华镇海丰村
2001	沙庭芳 杨朱氏 茅风珍 任妙根 徐春辉	男 女 女 女 男	1902年5月29日 1900年1月 1901年6月 1901年8月9日 1902年11月20日	大刘居委会 新团镇光明村 裕华镇朝荣村 大刘新村居委会 裕华镇福丰村一组
2002	茅风珍 沙庭芳 金桂英 刘云飞	女 男 女 男	1901年6月 1902年5月29日 1903年3月18日 1903年10月1日	裕华镇朝荣村 大刘居委会 裕华居委会二组 裕华镇海防村三组
2003	沙庭芳 金桂英 刘云飞 黄志清 袁际升	男 女 男 男 女	1902年5月29日 1903年3月3日 1903年10月1日 1904年6月2日 1904年9月5日	大刘居委会 裕华居委会二组 裕华海防村三组 裕华海防村三组 康平居委会
2004	陈凤昌 沙庭芳 金桂英 刘云飞 袁际升 陈巧英	男 男 女 男 女 女	1902年5月10日 1902年5月29日 1903年3月3日 1904年9月5日 1905年8月18日	新团小街 大中镇大刘居委会 裕华居委会 裕华镇海防村三组 大中镇康平居委会 裕华镇圩洋村一组
2005	袁际升 沙少兰 杨二姐	女 女 女	1904年9月15日 1906年3月23日 1906年9月4日	康平居委会 裕华镇万丰村六组 裕华镇海防村八组
2011	吴存英 胡学清 顾宝如 徐汉卿 陆秀珍	女 男 女 男 女	1909年2月 1910年9月 1910年1月 1911年8月 1912年4月	大中镇泰丰村 大中镇新村居委会 健康小区 建业南路6#-502 晋丰村三组

说明:2006—2010年因查无资料未作统计。

第四节 双拥安置

一、拥军优属

抗日战争、解放战争时期，大中人民与子弟兵同甘共苦，并肩作战，支持军队打胜仗。日军投降以后，盘踞在大中集的伪军谷振之部拒不缴械，垦区不到两个小时，集合2000多民兵配合东台独立团解放大中集。在渡江战役中，大中人民积极参加支前助战，后方妇女为部队做军鞋、送军粮，处处显示出人民群众和子弟兵骨肉相连，生死与共的鱼水之情。地方政府组织群众帮烈军属代耕代种代收。

解放后，政府多次出台提高现役、伤残军人及其家属的优待政策，对烈军属给予优待劳动日和优待金照顾。1983年以后，拥军优属工作渐趋规范，每逢节日都召开座谈会、茶话会，请优抚对象代表参加，并由领导带队组织机关干部入村到户走访慰问，检查优抚政策落实情况，走访慰问驻军官兵，开展军民、警民共建活动，进行多种形式的拥军优属活动。

镇领导慰问驻丰部队

1998年，政府投资5000元在人民北路设立固定双拥过街标语牌，镇属各单位每季度出一期双拥宣传板报，中小学增设国防教育课，全镇建立拥军服务队150个，服务窗口15个，服务一条街2条，发放优惠卡1000多份。阜丰村捐资3000元帮驻地雷达部队建起蔬菜大棚，解决部队吃菜问题。镇每年安排专款为特困优抚对象修建住房。

2000年，隆重庆祝抗美援朝50周年，镇政府对17名志愿军老战士发送慰问信、慰问品，召开志愿军老战士座谈会。“八一”建军节邀请驻城部队官兵召开茶话会、座谈会、给每个官兵送一份纪念品。通过“一封慰问信”“一盒录音带”、订立《四方公约》等形式，加强政府与部队、家庭与战士的沟通，鼓励家乡儿女安心军营。2001年，镇党委、政府除做好春节、“八一”建军节慰问活动外，镇广播站还开设双拥宣传专题节目，政府发动各界捐资2万余元支持大丰革命烈士纪念馆建设。对农村义务兵的优待金实行全镇统筹，按时足额发放。

1990—2010年，大中镇连续20余年每年邀请驻丰部队、军烈属、复退转业军人代表，召开座谈会，征求对拥军优属工作的意见，鼓励战士们安心部队服役，鼓励复、退、转军人、革命军烈属积极参加地方“两个文明”建设，为大丰经济腾飞建功立业。

1993年、1996年、1998年，大中镇三次被盐城市政府表彰为双拥模范镇。2001年，被江苏省双拥工作领导小组授予“科技拥军先进单位”称号。2003年、2005年，又被盐城市政府、盐城军分区表彰为双拥模范镇。

二、烈士褒扬

（一）追认烈士

新中国成立后，县人民政府对历次革命战争和在社会主义建设中牺牲的军队官兵及有关人员，逐一调查核实后，追认为革命烈士。

1983 年 9 月，大丰县民政局、大丰县党史办公室汇集的烈士英名录中，大道公社有 74 名烈士，大中镇有 24 名烈士，阜丰公社有 31 名烈士，新团镇有 117 名烈士，裕华镇有 94 名烈士。1983 年 10 月陆续开展换发、补发民政部统一印制的“革命烈士证明书”，至 2008 年烈士直系亲属全部领到新证。

（二）大丰市烈士陵园

1958 年，经省民政厅批准建设大丰县烈士陵园。1959 年 10 月，烈士纪念碑落成。

1962 年，大中镇烈士墓由大新路北段迁址，与 1943 年殷家灶战斗牺牲的烈士遗骨合葬陵园革命烈士公墓，并为易乃千、郭守贞、殷德林、黄思珍等团职以上烈士立碑。1978 年，县投资 80 万元建成革命烈士纪念馆，并于 2003 年拆迁重建。全园占地 13.4 公顷，褒扬区达 8 万平方米，并配有各类园区景点 10 余处，绿化覆盖率达 80%，栽植各类花卉树木近万余株。

2008 年 5 月 22 日，大丰市市委、市政府隆重举行“江苏省重点烈士纪念建筑物保护单位——大丰市烈士陵园”揭牌仪式。2009 年 12 月，大丰革命烈士英烈墙建成，长 23 米，高 3.2 米，正面镌刻着 2042 名烈士英名，背面是“抗日烽火”“新四军、八路军会师”“大中集解放战”三块大型浮雕，再现革命老区的历史场面。

（三）革命烈士纪念馆

大丰市革命烈士纪念馆位于大丰市人民公园内，在 1964 年初建纪念堂的基础上，始建于 1978 年。1981 年陈列就绪，对外开放。2003 年，因市政建设需要，在原址北侧拆迁重建大丰市烈士纪念馆，投资 250 万元。2004 年 4 月，陈列就绪并正式对外开放。纪念馆总面积 1280 平方米，瞻仰面积 1244 平方米，通过声、光、电、雕塑、场景、照片、画面、实物等展品，介绍抗日战争、解放战争以及社会主义革命和建设时期壮烈牺牲的烈士们的生平和英雄事迹及抗日战争、解放战争中数次重大战役的壮烈场景。

纪念馆分两个大厅，一厅记载抗日战争、解放战争时期的重大事件和历次战役，分《新四军、八路军胜利会师》《裕华攻坚战》《朱家灶战斗》《七灶河伏击战》《西团战斗》《大中镇解放战》《白驹战斗》《沈灶战斗》8 个板块。并配有重大战役沙盘展示。大厅内侧为烈士骨灰安放室和烈士资料存放室，二厅为雕塑——《我们的战士》。雕塑的背景，左侧是南宋文天祥诗句“人生自古谁无死，留取丹心照汗青”，右侧是毛泽东的诗句“为有牺牲多壮志，敢叫日月换新天”。厅内主要陈列大丰市在抗日战争、解放战争、社会主义革命和建设时期 2000 多名烈士事迹和历史文物资料 900 余件。六块红色的展板上铭刻着烈士英名。

纪念馆一直是对全市人民进行社会主义、爱国主义、集体主义教育的基地。

（四）烈士纪念碑

大丰县烈士陵园纪念碑　1958 年，经江苏省人民政府批准成立大丰县烈士陵园，1959 年 10 月烈士纪念碑落成。汉白玉石纪念碑正面刻有原江苏省副省长管文蔚题词“永垂不朽”，背面有原南京军区副司令员段焕竞题词“黄海之滨一塔巍峨永志功勋怀先烈，红旗高举万众奋发齐歌跃进建大丰”。碑高 19.8 米，直立在山石台阶之上，前面有石狮一对。两旁树木茂盛，纪念广场 1678 平方米。碑身碑座由花岗岩大理石砌成。

1945 年 9 月 13 日消灭盘踞在大中集谷振之部后，台北县政府将牺牲烈士安葬于大中镇北街广场公墓。1947 年，国民党军北犯，烈士墓被敌所毁，碑被砸坏。国民党四师十二团段明武部盘踞大中集。为消灭这股残敌，4 月 21 日，解放军发起攻击，经过激烈战斗，取得最后胜利。为纪念在战斗中

大丰市烈士陵园烈士纪念碑

牺牲的烈士，大中镇人民政府在原地重建烈士墓。由于市镇发展需要，1958 年，县人民政府决定兴建大丰烈士陵园。1959 年建成革命烈士纪念塔。1962 年 4 月 5 日，将葬于大中镇烈士墓的烈士遗骸迁葬至塔后，在墓前塔后重新立碑，碑后刻文记载着这段变迁历史。

裕华烈士纪念塔 1941 年 7 月，裕华攻坚战声震整个苏中，当时延安电台向全国作了报道。

战后将烈士遗体集中坑内掩葬，并在裕华镇东北角建烈士纪念碑和明理坊，刻有部分烈士姓名，但不久被日军扫荡平毁。

1957 年 4 月 9 日重新建墓，并立 6 米纪念塔，塔上刻有“革命烈士永垂不朽”八个大字。2000 年，因公路拓宽和市容扩建需要，又将烈士塔迁至裕华镇东郊公路北，座北面南，重建一块 3 米高、5 米宽的方形纪念碑。碑后刻着“此役我军牺牲 30 多人”并列出部分知道身份的烈士姓名。

三、优抚安置

社会优待 战争年代，土地私有，每逢耕种收割时节，由地方政府组织代耕代种工作队，帮助军烈属耕种收割，对因战因公牺牲，病故的革命烈士家属发给抚恤粮。

1946 年，台北县政府规定，对残废军人按边区政府规定给予抚恤金和生活粮；对负伤未愈人员，按部队供给的菜金加 1 倍，津贴费、理发费照发；对轻伤休养者，按政府工作人员供给，病重者加 1 倍；对土改以后出院的荣军，冬衣照发，给予更换便衣，以便留守坚持。

1947 年，大中区成立荣军协会，及时检查荣军伤口与身体状况。

1948 年，荣军、烈属的土地由群众代耕代种，特等荣军每年代工 50 个，一等荣军每年代工 35 个。

1949 年 1 月，台北县政府发出训令，规定每年农历正月为“拥军月”。在区队中开展群众纪律检查，在群众中开展对驻军部队、军烈属能否做好后勤保障的检讨。春节，各乡镇召开军民联欢会，地方政府对军烈属拜年和节日慰问。3 月，苏皖边区第一行政区发布训令，7 月 7 日为“荣军节”，大中区召开拥军大会，荣誉军人、老年军人、县武装大队、乡村干部参加大会，对行走不便的，组织人民群众迎送。大会期间，人民群众自献食品慰劳人民子弟兵。中秋节，乡（镇）政府召开军民联欢赏月会，教育群众饮水思源，检查拥军优属工作，帮助解决烈军属生产生活中的实际问题。建国初期，代耕制度不断完善，对于无耕种能力的烈军属家庭，政府组织固定代耕组，从种到收，一包到底。对劳力不足需要代工的，政府组织包工组，代耕田亩、工日落实到人。

20 世纪 50 年代中后期，对烈士家属发放抚恤金，对残废军人视其伤残程度发给补助金，并尽可能安排其力所能及的工作。此外，对生活有困难的烈军属家庭，根据困难程度给予定期定量补助或临时救济。农村大队、生产队给予补助优待劳动日，保证其生活略高于一般水平。1983 年后，按村干部补贴的 50% ~70% 优待，优待金以乡镇为单位统筹。城镇义务兵家属优待金按义务兵入伍年限递增，第一年 350 元，以后每增一年军龄，增加 50 元，600 元封顶。凡在部队评为优秀士兵的给予当年度5%的优待金;立三等功的按20%,立二等功的按40%;立一等功的按50%进行奖励,并分别给予增发当年度优待金。

1999年,调整农村和城镇义务兵家属优待金。城镇义务兵第一年的优待金由350元提高到600元,农村义务兵提高到每年1300~1600元。2002年,农村义务兵家属优待金调整为按当地上年人均可支配收入70%优待,城镇义务兵家属按照人均收入25%优待。城镇优待金统一由市民政局发放,农村在各镇领取。

2006—2009年,裕华镇先后为142名优抚对象办理大病住院医保卡,开始享受医疗保险补助。

2005—2010年,大中镇每年向驻军和优抚对象赠送慰问金30余万元,兑现566名军属优待金和立功奖励金250万元,为497名"三属"、伤残军人、在乡老复员军人以及参战涉核带病回乡人员,发放抚恤补助经费1200万元,下拨优抚补助经费51万元,帮助52户重点特困对象建房120间,为207名重点优抚对象减免医疗费120万元。对拥军模范干部、模范群众及模范烈军属、模范残复转退军人,镇政府每年召开代表大会,给予表彰。

1951年大中区干部群众优抚各种食物表

表21-4-1　　单位:千克

节　期	果子	枣子	茨菰	大米	猪肉	月饼	荷藕	芋头
春　节	143.5	375	479	474	516.5	—	—	—
端　午	77	—	—	540.5	524	67.5	—	—
中　秋	—	—	—	—	393.75	190.25	676.5	646.75
合　计	220.5	375	479	1014.5	1434.25	257.75	676.5	646.75

集体优待　农业合作化以后,改代耕代种为优待劳动日。方法按各生产大队人平劳动工分值减去自劳部分(评定的基本劳动日),不足部分由社队补足。1982年,现役军人不论其家庭劳动力状况如何,农村均享受同等劳力70%的劳动日优待。1983年后,改优待劳动日为优待现金。1983年,全镇有优抚对象277户,优待现金73751元,户均266.2元。1985年,全镇优待现金77757元,其中现役军人149人,优待金58028元,人均389.45元。1996年,全镇优抚对象1650户,优待现金18万元,其中优待现役军人110人,优待金15.4万元,人均1400元。从2002年下半年起,农村义务兵家属优待金按当地上年农民人均收入的70%兑现,在乡老复员军人的群众优待从2003年1月起,按当地上年农民人均纯收入的25%兑现,其他优抚对象按每人每年不低于300元的保底标准列入本级财政预算,年底一次兑现。城镇义务兵家属优待金从2003年1月1日起按上年全市城镇居民可支配收入的25%列入市级财政预算,年底兑现。从2003年7月1日起,提高特等、一等革命伤残人员护理费标准,因战、因公特等革命伤残人员每人每月360元,一等革命伤残人员每人每月290元。

2010年,开展"关爱功臣"活动,全镇497名重点优抚对象纳入社会保障范畴,优抚对象的就医实行城乡医保、医疗补助。全镇重点优抚对象享受医保和医疗补助双重保障。63名(1~6级)伤残军人药费100%予以报销。对部分参战人员生活补助金由原来的每人每月130元提高到每人每月200元,按照义务兵优待金"实行城乡一体化"要求,各类重点优抚对象补助标准在原有基础上提高6%。

1967—1981 年大中镇社会救济、优抚费表

表 21－4－2　　单位:元

项目 \ 年份		1967	1968	1969	1970	1971	1972	1973	1974	1975	1976	1977	1978	1979	1980	1981
社救经费	金额	2980	2965	3850	2041	2459	1463	1750	4592	5670	3910	3566	3010	2083	3822	5844
	人次	253	250	320	170	205	122	145	382	470	320	297	250	173	320	487
优抚经费	金额	2910	2925	4962	6405	6934	8815	2013	9850	8835	9710	9610	9920	12983	18651	22690
	人次	96	100	164	213	231	293	67	197	176	194	192	198	260	384	453
定期补助	金额	1920	1920	1850	1872	1872	1560	1560	1408	2040	2000	1944	1930	1792	2388	2148
	人次	216	216	205	210	210	170	170	155	225	220	215	213	198	265	254
救济棉衣	件	—	—	—	—	—	—	—	—	—	—	—	—	60	50	66
总计		7810	7810	10662	10318	11265	11834	5323	15850	16545	15620	15120	14860	16858	24861	30682

1957—1982 年部分年份对烈军属、残废军人优待劳动日表

表 21－4－3　　单位:户、人、个

年份	单位	烈属					军属					残废军人				
		合计		其中:享受优待			合计		其中:享受优待			合计		其中:享受优待		
		户数	人口	户数	人口	劳动日	户数	人口	户数	人口	劳动日	户数	人口	户数	人口	劳动日
1957	大中乡	58	—	52	—	2585	238	—	87	—	3725	49	—	32	—	1575
1963	大道	78	263	66	203	8126	190	832	91	433	9538	57	333	43	270	8361
1966	大道	43	152	34	113	3889	131	649	70	328	7974	43	252	30	194	6317
1967	大道	43	152	32	94	3955	128	634	54	264	5435	42	249	29	184	5028
1971	大兴	21	41	18	31	2490	125	618	59	339	9331	33	205	21	139	4527
1973	大道	39	—	24	55	2910	226	—	150	789	17257	40	—	21	139	2665
	大兴	15	—	15	23	2270	176	—	67	352	11164	35	—	21	134	4335
1974	大道	39	—	24	42	2970	279	—	130	683	13020	40	—	22	145	3312
	大兴	23	—	14	22	2337	155	—	73	374	12415	33	—	18	114	4160
1975	大道	39	—	20	33	3170	275	—	73	409	10927	40	—	14	100	2144
	大兴	22	—	14	28	2280	129	—	64	318	10997	35	—	17	98	3930
1976	大道	39	—	19	27	2800	273	—	56	305	7202	40	—	13	72	2248
	大兴	20	—	11	25	1750	120	—	44	192	7610	31	—	15	92	3080
1977	大道	41	—	19	25	2880	214	—	60	327	7100	42	—	15	83	2259
	大兴	18	—	11	26	1490	137	—	47	210	6245	31	—	13	80	2585
1978	大道	26	—	19	43	2735	158	—	63	309	7325	36	—	15	77	1970
	大兴	12	—	10	30	1470	142	—	43	190	5700	31	—	14	81	2830
1979	大兴	18	—	7	20	1130	91	—	29	122	4806	32	—	13	64	2465
1980	大兴	18	—	7	10	1190	79	—	31	125	4700	42	—	14	64	3610
1981	大兴	23	—	7	10	1180	91	—	24	104	4170	32	—	14	65	2120
1982	大兴	18	—	8	9	1620	54	—	54	186	17649	33	—	15	64	3080

说明:1983 年以后优待工日改为优待金

1957—1982 年部分年份对复退军人优待劳动日表

表 21－4－4 单位：户、人、个

年份	单位	复员军人					退伍军人					合计优待工
		合计		其中：享受优待			合计		其中：享受			
		户数	人口	户数	人口	劳动日	户数	人口	户数	人口	劳动日	
1957	大中乡	136	—	40	—	1250	—	—	—	—	—	9135
1963	大道	158	786	66	397	8173	35	149	8	38	642	34840
1966	大道	95	543	8	50	1840	83	388	—	—	—	20020
1967	大道	95	543	11	70	2324	86	403	1	3	250	16992
1971	大兴	66	376	4	29	1090	127	536	1	4	240	7678
1973	大道	167	—	3	17	640	247	—	4	16	580	24052
	大兴	61	—	2	15	550	133	—	7	41	1555	19874
1974	大道	167	—	3	25	680	261	—	4	20	590	20572
	大兴	47	—	2	15	550	139	—	2	11	690	20150
1975	大道	167	—	3	21	786	304	—	4	15	660	17687
	大兴	55	—	4	30	1040	193	—	4	23	610	18857
1976	大道	167	—	3	24	800	231	—	3	14	450	13500
	大兴	53	—	3	16	530	216	—	6	36	1200	14170
1977	大道	63	—	3	14	700	366	—	3	16	470	13409
	大兴	41	—	3	22	765	234	—	1	5	50	11135
1978	大道	97	—	2	10	550	326	—	3	16	250	12830
	大兴	38	—	1	3	150	254	—	2	11	675	10825
1979	大兴	51	—	5	27	760	197	—	—	—		9261
1980	大兴	52	—	8	40	1400	221	—	1	5	440	10340
1981	大兴	51	—	7	28	1520	198	—	1	5	255	9245
1982	大兴	48	—	13	46	3040	—	—	1	5	400	24789

说明：1983 年以后优待工日改为优待金

1985—2001 年新团镇赈灾、救济、扶贫、拥军、优属情况表

表 21－4－5

年度	赈灾		救济		扶贫		拥军		优属	
	累计金额（元）	参加人数（人）	累计金额（元）	收益人数（人）	累计金额（元）	收益户数（户）	累计金额（元）	次数	累计金额（元）	人次
1985	8770	128	11278	450	—	—	1000	1	56875	289
1986	2640	4	13360	461	—	—	1200	1	52240	261
1988	3187	6	27810	587	1400	1	1500	1	67890	317
1990	67900	469	—	—	4500	3	1000	1	47980	243
1993	—	—	73400	788	—	—	2000	1	78640	322

续表 21－4－5

年度	赈灾		救济		扶贫		拥军		优属	
	累计金额（元）	参加人数（人）	累计金额（元）	收益人数（人）	累计金额（元）	收益户数（户）	累计金额（元）	次数	累计金额（元）	人次
1994	31876	277	56460	587	12000	4	2000	1	67461	310
1996	4500	7	68810	612	—	—	2000	1	81740	365
2000	—	—	48760	431	6000	2	3000	1	82346	371
2001	—	—	54676	440	—	—	3000	1	84680	382

1985—2009 年裕华镇部分年份赈灾、救济、优抚、扶贫情况表

表 21－4－6　　单位：元

年度	赈　灾	救　济	扶　贫	优　　抚
1985	10200	14170	—	78690（牺牲 900，残复 25560，烈军属退伍 24700）
1986	2421	19557	—	52789（残废 19352，烈军属复员 32937，退伍 500）
1988	3682	345253	—	68957
1989	3175	33623	—	95950（伤残 31284，烈军属退伍 63883）
1990	85600	—	20 户	
1991	49060	52150	—	34456（牺牲 1464，伤残 38202，残复 5679）
1993	—	99006	—	105645
1994	29760	47844	10100（解决 4 户修房）	122383（牺牲 1100，伤残 42235，烈军属退伍 79048）
1995	5000	90548	—	157840（伤残 55778，烈军属退伍 82062）
1996	3226	91469	—	130913（伤残 53001，烈军属退伍 79592）
1997	—	164700	—	132100（现役军人 105800，烈军属 26300）
2002	—	183600	5000（贫困子女入学）	295400
2003	—	200400	—	370100
2006	31000	—	—	—
2007	68000	—	—	—
2008	134000	—	—	—
2009	—	—	31950（三峡移民）	191853（定补优待金 89779，伤残军人 70310，抚恤金 31764）

说明：1990 年，朝荣、海防村遭龙卷风袭击，政府救灾大米 5000 千克，挂面 1200 千克。2008 年，裕华社会向四川汶川地震灾区捐款 13.4 万元，捐赠棉衣 56 件，棉被 27 条。表中优抚栏数据括号前数据表示总额，括号内表示当年优抚标准

国家补助　新中国成立以后，国家先后 11 次调整烈士抚恤金和伤残军人补助标准。1950 年，一般牺牲烈士发给抚恤金（大米）300～400 千克。1953 年，发给现金 140～200 元。1985 年，调高到 800 元左右。其家属补助，城镇每月 33～35 元，农村每月 18～23 元；伤残军人补助标准一般提高 2 倍左右，如二等甲级伤残军人，1953 年为 168 元，1954 年调高到 390 元，1995 年则增加到 1980 元。此外，

国家对复员军人、带病回乡的(义务兵)退伍军人给予定期补助。对于上述优抚对象每逢年节或遇自然灾害,国家专门拨款临时救济。1996年,全镇发放国家优抚经费20.1万元,其中伤残军人抚恤费8.28万元,烈军属、复员退伍军人生活补助费8.52万元,发放优抚经费1.5万元。

2007年8月9—15日,镇政府对1954年11月1日以后入伍并参加1954年解放江山岛,1955年川、甘、滇平叛,1958年炮击金门,1960年中缅边境勘界警卫战,1962年中印边境自卫反击,1962年援老抗美,1965年"八六"海战,1965年崇武以东海战,1965年援越抗美,1969年珍宝岛自卫反击战,1974年西沙群岛自卫反击岛,1979年中越边境自卫反击战,1979年"老山、者阴山"地区对越防御战,1988年南沙群岛自卫反击战,八〇二三部队核试验部队的人员和原八〇二三部队和其他参加核试验的农村和城镇无工作单位军队退役人员进行申报登记,国家给予生活补助。全镇共155人(包括裕华)享受补助。

1996—2010年大中镇、裕华、新团镇重点优待对象补助表

表21-4-7　　单位:人、元

年份	单位	复员军人		伤残军人		"三属"		参战涉核		现役军人	
		人数	金额	人数	金额	人数	金额	人数	金额	人数	金额
1996	大中镇	104	54636	64	59058	26	21372	—	—	190	190000
	裕　华	76	39926	32	29529	21	17262	—	—	66	66000
	新　团	82	43078	31	27683	20	16400	—	—	98	98000
1997	大中镇	103	54216	63	68120	24	21168	—	—	156	171600
	裕　华	75	39577	31	33519	21	18522	—	—	62	68200
	新　团	81	43635	30	32438	20	17640	—	—	85	93500
1998	大中镇	97	96545	58	111269	28	50013	—	—	89	160200
	裕　华	73	72658	29	55635	20	35724	—	—	46	82800
	新　团	79	78629	30	57552	19	16758	—	—	80	144000
1999	大中镇	99	98084	58	112078	29	51901	—	—	86	172000
	裕　华	72	71334	28	54107	19	34004	—	—	45	90000
	新　团	79	79260	29	56038	19	34004	—	—	75	150000
2000	大中镇	84	106288	52	108171	25	47311	—	—	80	176000
	裕　华	72	91104	26	54085	19	35956	—	—	42	92400
	新　团	77	97430	29	60326	19	35956	—	—	68	149600
2001	大中镇	85	93385	51	113016	25	51644	—	—	75	195000
	裕　华	90	98878	39	86424	21	43380	—	—	58	150800
	新　团	79	87452	30	59851	19	39833	—	—	65	169000
2002	大中镇	159	178576	74	167734	41	84620	—	—	85	221000
	裕　华	86	96588	38	86134	23	47470	—	—	55	143000
2003	大中镇	155	234852	73	193844	40	83761	—	—	74	207200
	裕　华	81	12273	36	95594	21	43975	—	—	53	148400
2004	大中镇	177	208177	70	212439	34	98484	—	—	75	225000
	裕　华	79	92915	37	112289	20	57931	—	—	52	156000

续表 21－4－7

年份	单位	复员军人		伤残军人		“三属”		参战涉核		现役军人	
		人数	金额	人数	金额	人数	金额	人数	金额	人数	金额
2005	大中镇	161	372886	66	286861	33	139817	—	—	75	225000
	裕　华	79	182969	35	152123	22	93211	—	—	52	156000
2006	大中镇	155	415120	63	314600	32	154538	—	—	70	243600
	裕　华	78	208899	34	169784	22	106244	—	—	50	174000
2007	大中镇	132	378280	57	345100	24	122944	—	—	62	221760
	裕　华	74	212066	38	230067	21	107576	—	—	47	168108
2008	大中镇	120	419610	59	407400	23	140429	119	142800	61	212280
	裕　华	74	258759	36	248583	21	128218	57	68400	45	156600
2009	大中镇	115	422296	59	416341	23	168688	119	142800	64	222720
	裕　华	72	264394	35	275600	18	128760	55	66000	42	148160
2010	大中镇	116	458356	56	533010	21	162639	128	199680	97	314160
	裕　华	71	280544	33	320920	17	131856	55	85800	38	123083

（二）安　　置

新中国成立以后，党和政府对复员退伍军人的安置十分重视。1950 年，县建立复员退伍军人安置办公室，镇、社安置工作由民政委员具体负责。

20 世纪 50—70 年代末，对复员退伍军人的安置原则是“从哪里来，回哪里去”，农村入伍的，复员后仍回农村；城镇入伍的，复员后由政府按行业归口安置；残废军人、带病回乡和在部队立功受奖人员给予适当照顾安排。规定安置“三优先”，即参战优先、志愿兵优先、立功受奖者优先。1984 年 10 月，大中镇成立军地两用人才介绍所，对有一技之长的农村退伍军人进行登记，与镇属单位联系，输送人才，适时做好安置工作。县、镇政府每年优先安排一定数量的建筑材料或资金给无房的、严重缺房的或房屋破旧无修理能力的退伍军人，以保证基本居住条件。

1983—1996 年，全镇接收退伍军人（农村）372 名，安置 253 名。1997—2010 年，全镇接收退役士兵、转业士官 770 名，安置率 100%。

第五节　专项事务

一、社区服务

1984 年，建立大中镇社区保障委员会。1989 年，改称为社区服务工作委员会。街道成立社区服务中心指导站。12 月后，社区服务网络逐步形成。1996 年，各居委会建立管理站，全镇 4000 多名志愿者常年在社区开展服务活动。1997 年，大中镇荣获江苏省社区服务领导小组、江苏省民政厅授予“社区服务示范镇”称号。2000 年，镇、街道、居委会实行三级管理体制，各社区开展养老、优抚、居民生活、助残、康复、职业介绍等系列化服务。是年，大中镇街道办事处被江苏省民政厅命名为“江苏省社区服务示范街道”。

2001 年以后，大新社区“红月亮”文体队先后为全市各社区演出 120 多场次。2005 年，金丰街道建业社区荣获江苏省“文明社区”称号，新村居委会获盐城市绿色社区奖，获奖金5000元。2007年，全镇17个社区党支部改为党总支，成立4大服务中心18个社区服务站，建成服务网点3000多个，安置下岗待业人员1000余人。各社区统一配置电视机、电脑。建成老年活动室、警务室、图书阅览室。组成56支志愿者队伍，服务群众2万余人次。是年，社区服务围绕敬老、优扶、助残、便民、济困、求职、就业、社会保险等项目，以街道为主体，居委会为依托，以市、镇、街道、社区4个层次社会福利设施为基础，开展系列化、社会化、多功能社区服务128场(次)，服务对象1400多人次。2009年，人民北路社区服务站办起青少年活动室、老年活动室、喜洋洋艺术团。2010年，又成立全市第一家万家帮家政服务中心，开展家宴服务、中介服务，设立便民服务网点30多处，为下岗和待业人员介绍再就业280人次，为居民提供家宴、保姆中介、疏通下水道、清洁油烟机和钟点工等服务1588人次。与市第三小学联合开办“学生小餐桌”，价廉质优的服务吸引220多名学生固定就餐，有效缓解了家庭压力。是年，社区喜洋洋艺术团先后到全市各社区演出30多场次。大华社区依托全市首家成立的“爱心超市基金会”，先后为48户特困家庭发放“爱心优惠卡”，购物享受七折优惠。老街社区连续组织2期失业人员技能培训班，67人参加专业技能培训，42人走上就业岗位。

2010年，全镇22个社区服务管理站，形成残疾人、社会保险、救灾救济救助、孤寡老人、军人家庭、自愿者队伍、医疗保健、劳动就业、环境治理、便民及幼托少儿教育等12项系列服务。

是年，市镇成立社区服务工作领导小组，大中镇在第三人民医院挂牌成立全镇社区服务中心，作为常设机构，正常建立办公机制，各项制度完善，人员编制到位，服务内容齐全，盐城市范围属首家。裕华居委会居民黄兴投入资金14万元，改造、装修1300平方米闲置旧房，创办社区日间托老所，有活动室、保管室、床铺、衣柜、电视机、太阳能。至2010年年末，市、镇、街道、居委会四位一体齐抓共建，国家、集体、民间协同参与，共投资800多万元，使社区服务设施基本达到配套要求。是年，大中镇被命名为“江苏省社区教育示范乡镇”。

二、婚姻登记

旧政权时期，大中区域男婚女嫁，多凭“父母之命，媒妁之言”包办、买卖婚姻，一夫多妻，重婚纳妾时有所见，且寡妇不得改嫁。“嫁鸡随鸡、嫁狗随狗”成为一条清规戒律，广大妇女备受歧视、欺压，被虐致死事件时有发生。

1950年5月，颁布新中国第一部《中华人民共和国婚姻法》，规定“婚姻自由，男女平等，一夫一妻”。男女双方自愿结婚、离婚、复婚，需经地方政府登记，方可受法律保护。1951年9月，婚姻登记由县民政科办理。1955年6月11日起，婚姻登记由区乡(镇)政府办理。1958年后，结婚登记由公社登记。1962年，离婚、复婚由县民政局统一办理。

1980年9月10日，新《中华人民共和国婚姻法》公布法律规定结婚年龄男为22周岁、女为20周岁，同时要求进行婚前健康检查，对不够法定年龄、强迫包办、嫡系亲属、患有遗传病等对象，婚姻登记机关一律不予登记。

1983年，婚姻登记由镇人民政府办理。

是年，大中镇负责全镇及县城各企事业单位的婚姻登记工作。办理结婚657对。

1990年10月，镇政府组织专门班子，对全镇未婚同居的不合法婚姻进行调查登记。共查出579对没有依法登记而同居的婚龄青年，镇采取教育与处罚相结合的办法，依法给予补办登记手续。

1991年，全镇办理结婚登记989对，协议离婚18对，复婚7对。1996年，办理结婚登记1067对，协议离婚27对，复婚17对。1999年，全镇登记结婚920对，合格率100%。2001年，登记结婚1100对，离婚登记109对，复婚登记3对。从2002年起，大中镇婚姻登记工作转交大丰市民政局归口统一办理，婚姻档案全部移送民政局。

三、殡葬管理

大中区域历来亡者以棺木土葬。20 世纪 70 年代初开始进行“讲科学、破迷信、大力推行火葬”宣传，宣传实行殡葬改革的意义和火化的优越性。1971 年 3 月，在镇东北郊建造大丰县火葬场。但因受封建伦理道德和迷信思想影响，收效不大，即使有的尸体被火化后，仍用棺木按传统习惯进行土葬，乱埋乱葬坟冢随处可见。1982 年 4 月，贯彻执行全国殡葬改革工作会议精神。6 月，大丰县人民政府发布《关于进一步做好殡葬改革工作的布告》，深入宣传党和国家的殡葬改革工作方针，当年大中镇火化率达 100%。同时，有选择地建立公墓，统一安葬，乱埋乱葬现象得到遏制。1982 年 10 月，因火葬场紧靠县城，近邻烈士陵园和居民区，县委、县政府将火葬场迁至水陆交通两便的大中镇阜北村 11 组。占地面积 1.63 公顷，建成燃煤自然吸风火化炉 3 座。并设停尸、整容、解剖、告别厅、休息室、骨灰盒寄存处。2010 年，全镇火化尸体 718 具，火化率 100%。

大中镇在推进火葬的同时，改革旧的殡葬礼俗，提倡文明、简朴，反对铺张浪费，反对封建迷信活动，用开追悼会代替发丧送葬，用戴白花、缠黑纱代替披麻戴孝的丧葬新风逐渐形成。1988 年始，各村、居委会陆续成立“红白理事会”，负责办理本地婚丧事宜，深受群众欢迎。

为避免骨灰土葬占用耕地，1994 年，裕华镇建 6 个骨灰堂，骨灰集中存放，节约耕地 3.33 公顷。至 1996 年年底，大中镇以村集中建坟区 18 个，建骨灰盒集中存放室 8 处。

1999 年，各村公墓进一步规范化，镇政府对村级公墓重新进行审批核准，将原来分散的坟冢一律移址到村公墓地安葬，推行绿色殡葬。

第二十二章　劳动人事

民国以前，境域农村劳动力大多以盐业和传统农业生产为主，无劳动就业机构，劳动者自找生活门路。民国期间，国民政府实行委派和雇用人事制度，私营工商业均采用雇用制。新中国成立后，人民政府和工会组织实施安置和救济失业工人，主要解决失业问题，建立以固定工为主的劳动制度和实行按劳分配的工资制度。1958 年，农村劳动力离土进城务工，后因经济困难，城镇工业调整，1961 年被精简下放。1978 年后，恢复劳动管理机构，下放干部、职工和城镇上山下乡知识青年陆续回城安置。1981 年，改革用工制度，试行劳动合同制，城镇待业青年安排就业前培训，通过考试择优录用。

当地解放后，乡、镇（公社）建立党委，人事工作由乡镇党委的组织委员负责，考察选拔、录用干部。20 世纪 80 年代初，按照“四化”（革命化、年轻化、知识化、专业化）的要求吸收录用干部，引进专业技术人才，同时实行干部离、退休制度。并加强机构设置和人员编制管理，在大中专毕业生分配、军队转业干部安置、干部选拔、调配、录用及培训考核、任免奖惩、人才交流、职称评定、工资福利等方面形成了一整套管理制度。

第一节　劳动管理

一、管理机构

1949 年 7 月，台北县成立劳动合作社，对失业、无业人员和社会游民实行以工代赈，解决其基本生活。1951 年 5 月，县成立失业工人救济委员会，组织失业工人生产自救。

1956 年 7 月，县委成立劳动工资部，负责全县职工劳动力调配安置工作。20 世纪 50 年代末，大中镇设立劳力调配组，为县劳动工资部派出机构，隶县计划委员会、大中镇政府双重领导。

“文化大革命”期间，县劳动工资科先后由县人武部生产办公室、县革委会政工组和生产建设组负责，各公社由人武部一条线归口管理。1975 年 10 月，县革委会生产建设组设立工资组，具体实施劳动工资管理。对农村插队落户的知识青年，通过推荐招生、招工、退休顶替方式，安排进城镇企业就业。

1980 年 10 月，大中镇成立大中劳动服务所，承担县直单位临工管理职能，安置城镇待业青年就业。1983 年 5 月，成立大中劳动服务公司，负责大中地区劳力调配、就业介绍。1986 年 9 月，大中劳动服务公司转为大集体性质，更名大中镇劳动就业管理所，自收自支，独立核算，核定编制 5 人。2001 年 4 月，新团并入大中镇，新团劳动就业管理所并入大中镇劳动就业管理所。

2002 年 5 月，事业单位改革，大中镇劳动就业管理所更名大中镇人力资源开发服务中心，核定编制 10 人。裕华镇劳动就业管理所核定编制 6 人。

2003 年，大中镇成立黄海街道和金丰街道 2 个劳动保障所。街道劳动保障所行政隶大中镇人民政府，分别由黄海街道办事处、金丰街道办事处代管，业务隶市人力资源和社会保障局指导。承担城区下岗失业人员和就业登记、管理，协助市主管局做好“再就业优惠证”的申领、登记审核、发放工作，对就业困难人员实施再就业或二次创业援助，为下岗失业人员自谋职业提供小额贷款服务，为辖区内企业退休人员建立社会化服务信息档案，组织城镇居民、企业退休职工医疗统筹、医疗保险以及医疗救助等项事务。

2010 年 8 月，裕华并入大中镇，裕华镇人力资源中心并入大中服务中心。是年，大中镇人力资源开发服务中心核定事业编制 12 人，具体承担农村劳动力转移就业培训、农村社会养老保险、农村基层干部退休人员社会化管理以及民营企业社保扩面征缴和劳动保障书面审查、劳资维权等方面职能。

大中镇人力资源开发服务中心法人代表更迭表

表 22 - 1 - 1

机构变更	成立时间	法人代表	任职时间
大中镇劳力调配组	1962	朱美兰	1962—1980
大中劳动服务公司	1980. 10	戴　祥	1980—1983
大中劳动就业管理所	1986. 09	娄友贵	1983—1998
		王裕东(副所长主持工作)	1998—2001
大中人力资源服务中心	2002. 04	朱雨芳	2001—2008
		顾和杰	2008—今

二、就业服务

民国初，大丰盐垦公司从通、启、海等地招佃雇用移民，兴垦种植。迁移到大中地域的约 4000 余户，23000 多人，这批人成为公司长、短工的占 75%，自垦占 25%。

1948 年年初，大中镇遭国民党军扫荡洗劫。民主政权建立后，党和政府派员寻找动员回归，并发放救济和恢复生产经营专项贷款，帮助居民尽快就业。翌年，大中集商业基本恢复，全镇人口迅速回升到 3000 多人。1949 年 7 月，台北县成立劳动合作社，对失业和社会无业人员提供就业机会，寻找就业门路。1955 年后，重点解决初中、小学毕业生就业，但由于工商业基础薄弱，需就业人员中只有 20% 左右就业。

1958 年，大中镇创办针织纤维福利厂，174 名社会闲散人员、残废军人、社会伤残人员得到就业。1959—1960 年，全镇共安排 700 人就业。1961 年，精减职工，压缩城镇人口，一大批城镇居民、工厂工人被精减下放到农村劳动。县成立精减安置办公室。公社（镇）相应成立专门机构，负责这项工作。是年，大中镇精减职工及城镇下放居民 827 人。1962 年，又有 370 人到农村落户。1963 年，动员城镇居民 920 人下乡务农。1963 年，大道公社安排 1348 人到工商界就业。大中镇街道居委会成立多种福利手工业生产综合组，安排青年学生 163 人就业。1964 年，大中镇解决城镇居民就业 69 人，临时性就业 163 人。

1962 年至 1969 年 9 月，新团公社共接受下放干部 412 人，下放职工居民 321 人。裕华、大道、大兴公社共接收下放干部 916 人，下放职工居民 644 人。社、队帮助他们建造房屋用去木材 121. 6 立方米，红砖 27 万块，平瓦 30000 余片，石灰 40 多吨，芦柴 99 吨，毛竹 2100 支，茅草 50 余吨。

1968—1977 年，大中镇、大道、大兴、新团、裕华公社共接收安置来自上海、苏州、无锡等地上山下乡插队知识青年 1105 名，其中大中镇、大道、大兴公社 568 人，裕华公社 356 人，新团公社 181 人。1979 年后，下乡插队知青、精减下放的干部、职工、居民陆续回原单位或回城安排就业。

1983 年，开始逐步建立从“统包统配，指定安置”过渡到“先培训，后就业”的用工制度，录用后的工人，不分全民或集体性质，统一为合同制工。1986 年，劳动就业实行“面向社会，公开招收，平等竞争,择优录用”十六字方针,彻底打破“铁饭碗”。1993 年,国家实行宏观调控,将用人权下放到企业,取消计划用工,实行市场化运作就业机制,双向选择,劳动者自主择业。1995 年,镇办企业下岗失业职工 200 余人,为帮助再就业,镇政府坚持以企业内部消化为主,社会调节为辅,给予创造就业平台,基本实现零失业。20 世纪 90 年代末,随着劳动密集型加工企业迅速增加,工厂纷纷招工,一批农村劳动力转移到乡镇企业。1998 年,招聘 380 多人。同年,在镇村工业、建筑、交通运输、商饮和其他行业就业的常住人口达 3000 多人。

2000 年,全镇安置农村富余劳动力和失业人员 685 人,并为企业招聘各种管理人员 100 多人。2001 年,镇政府成立劳动力转移办公室,加速推进农村富余劳动力向国内大中城市和境外转移,并建立专门档案。2002 年,街道劳动保障所开展职业介绍业务,为待业人员就业牵线搭桥。是年,裕华镇劳动保障所为 40 多名农村妇女牵线,其中出国劳务 3 人,到上海、苏州、昆山、浙江温州等城市务工 37 人。2005 年,全镇新增农村劳动力转移 2309 人,其中市外输出 903 人,出境劳务 142 人,内地用工成功对接 603 人。2006 年,全镇 200 多名农村劳力分赴上海、常州、无锡、苏州、南京打工。当年累计转移农村劳动力 15844 人,占农村劳动力总数的 60.9%,外出务工人员达 7000 人。

2010 年,全镇成功介绍就业 4286 人,其中农村 3697 人,城镇 589 人。为帮助应届毕业生就业,镇政府先后召开 10 多次招工洽谈会,1680 名中高等学校毕业生被成功安置;大中镇政府获社会保障和再就业工作先进奖,受大丰市人民政府表彰。是年,镇人力资源服务中心通过政策扶持,政府引导,能人帮带,并利用工业园区、农业示范园区、三产集聚区三大平台,转移劳动力 1617 人,其中市内转移 1505 人,市外输出 108 人。

2001—2010 年的 10 年间,大中镇人力资源服务中心和街道劳动保障事务所共发布《就业信息》26 期,148 个单位和民营企业通过信息发布,顺利招工,全镇 3700 多人获得就业机会。

2004—2010 年金丰街道人力资源社会保障服务中心主要工作实绩表

表 22－1－2

年份	劳动就业						退管工作				居民保险				劳动监察
	失业职工人数（人）	就业人数（人）	年终解困人数（人）	办理特困证人数（人）	办理小额贷款（万元）	40～50岁人员社保补贴（人）	退休职工人数（人）	参加资格认证（人）	参加健康体检（人）	文体活动（次）	参加医保人数（人）	健康体检人数（人）	参加养保人数（人）	办理领取人数（人）	劳动保障局面审查（户）
2004	1997	1518	347	26	—	50	3104	3006	—	8	—	—	—	—	—
2005	2580	1989	537	47	—	362	3380	3227	2344	9	—	—	—	—	—
2006	2890	2362	599	50	56	769	3561	3317	1592	11	5563	—	—	—	—
2007	3300	2853	700	54	78	1177	3708	3656	1161	12	6826	—	—	—	—
2008	3781	3409	748	55	48	1423	3962	3823	—	12	7916	4320	—	—	—
2009	3824	3318	760	56	24	1463	4193	4090	3714	10	8024	1092	—	—	16
2010	4681	4254	783	54	64	1142	5148	5132	—	13	8470	3783	—	—	54

2004—2010年黄海街道人力资源社会保障服务中心主要工作实绩表

表22-1-3　　单位:人

序号	项　目	2003—2004年	2005年	2006年	2007年	2008年	2009年	2010年
	一、劳动就业							
1	新增下岗失业职工	—	—	—	—	167	134	101
2	灵活就业	—	604	637	428	584	1022	932
3	技能培训信息	—	—	—	1801	1212	1083	237
4	再就业帮扶	—	628	624	580	145	325	183
5	大龄人员社保补助	51	450	763	1322	1715	1532	1279
6	“就业证”“再就业优惠证”年检	—	—	1200	1585	2063/1861	0	0
7	核发“再就业优惠证”	481	1459	1083	475	584	0	0
8	开发就业岗位(提供岗位信息)	—	449	—	—	360	656	315
9	落实小额贷款(万元)	—	—	100	68	130	52	40
10	职业介绍服务(岗位援助,自谋职业)	—	—	—	—	1250	206	235
11	组织参加企业用工洽谈会	450	1000	800	724	700	635	635
12	创建“充分就业社区”	—	—	—	—	2	2	5
13	年终解困	401	585	700	793	816	762	733
14	困难失业人员解困(办理特困证)	65	64	65	65	64	66	69
	二、养老保险							
1	新增企业退休人员人数	—	—	—	—	0	376	260
2	参加免费体检人数	—	1392	650	—	0	3397	0
3	退休人员资格认证人数	—	3201	3452	3621	4120	4443	4898
4	60岁以上老年人调查	—	—	—	—	4147	0	0
5	自管小组(参加活动党员)	—	47	36	54	262	34	75
6	老年活动室(文体活动)	—	10	12	8	6	15	17
7	特困慰问/生日慰问(90岁以上)	—	—	33	35	38/3	48	46
8	死亡退休人员丧葬服务	—	—	—	—	39	41	36
9	基础养老金申领人数	—	—	—	—	0	0	120
	三、医疗保险							
1	新增医疗统筹	—	—	—	5866	3690	810	337
2	居民医疗统筹免费体检人数	—	—	—	—	0	0	1126
3	职工基本医疗体检人数	—	—	—	—	—	—	—
4	单位职工体检单位数/人数	—	—	—	—	—	—	—
5	医疗保险救助人数	—	—	—	—	—	—	—
	四、其他							
1	辖区居民情况调查	—	35235	—	35829	—	—	—
2	部分军队退役军人调查	—	—	—	—	52人	0	0
3	劳动保障书面审查	—	—	—	—	18	16	62
4	下岗女职工体检	—	—	—	—	1784	0	0
5	零就业家庭户数	—	—	—	25	0	8	7

2001—2010 年大中镇、裕华镇劳务输出表

表 22－1－4　　单位：人

地区分布 年份	出国劳务		外省市		省内市外		市内县外		县内		合计	
	大中	裕华	大中	裕华	大中	裕华	大中	裕华	大中	裕华	大中	裕华
2001	70	17	415	36	813	72	1653	98	8995	564	11946	987
2002	72	19	423	39	839	74	1826	110	9265	974	12425	1216
2003	75	22	458	41	896	81	1953	121	9628	1303	13010	1568
2004	78	20	495	47	923	88	2018	140	9968	1415	13482	1710
2005	80	100	518	48	958	92	2186	543	10112	8469	13854	9552
2006	85	121	550	56	986	97	2230	147	10202	614	14053	1035
2007	90	26	554	56	1015	104	2338	152	11979	1522	15976	1860
2008	96	28	594	59	1056	112	2485	157	12586	1686	16817	2042
2009	119	30	594	59	1162	115	2575	159	13600	1767	18050	2130
2010	132	—	2368	—	5259	—	6701	—	18354	—	32814	—

三、就业培训

1950 年，县民众教育馆会同大中镇工会，在大中镇建立两所职工学校，有学员 96 人。1954 年，大中镇职工岗位培训人数增加到 318 人。

1954—1955 年大中镇职工业余教育表

表 22－1－5

上课时间	1954 年											1955 年									
	早班	中班										早班	中班		晚班						合计
班级数	1	2										1	2		5						8
年级	一	一	二	三	五	甲	乙	二	三	五	合计	一	一	二	一	二	三	四	五	六	
人数 男	36	14	16	13	10	46	33	45	33	42	288	25	20	12	24	30	28	32	13	35	219
人数 女	—	—	—	—	—	—	—	5	17	8	30	23	5	8	10	12	10	—	—	2	70
合计	36	14	16	13	10	46	33	50	50	50	318	48	25	20	34	42	38	32	13	37	289

说明：1954 年，学员中搬运工人 61 人，店员 29 人，手工业 21 人，浴室 39 人，建筑 19 人，工厂 31 人，加工厂 100 人，教工厂 2 人，其他行业 18 人

1955 年，学员中店员 20 人，理发 8 人，鞋匠 4 人，缝纫 15 人，搬运 56 人，浴室 48 人，大中厂 35 人，裕民厂 43 人，一新厂 7 人，教工厂 2 人，建筑站 30 人，工属 21 人。

1958 年，大中镇新办职工学校 1 所（位于新街原大中派出所处），招收大中镇高小毕业生和城镇待业青年（未考取初中的）45 人，进行岗前就业培训，毕业后由镇政府安排分配工作。

1959—1966 年，大中镇开展农民业余教育，职工专业技术培训，社会待业青年就业培训取得实效。

1980 年 4 月，大中镇工商联合会创办业余职工技术学校，培训学员 46 人。开设数学，物理、化学

及机械制图等课程,年底结业后分配到镇属企业。1982 年,大中镇职工技术学校对全镇中青年职工进行文化补习,分别在链条厂、针织厂、量刃具厂、丝织厂、轧板厂、二布厂设立教学点。1984 年 10 月,创办大中镇成人教育中心校。

1985 年大中镇办培训班情况计划一览表

表 22－1－6

序号	计划时间	培训对象	学习内容	学习形成	主办单位
1	3 月上旬	各单位妇女主任	法律知识	短期脱产	镇妇联　司法办
2	4 月	企业基层干部	文化补课	脱产三 3	工业公司
3	4 月底	青年职工	高中文化补课	业余进修 3 个月	中心校
4	5 月初	各单位支部书记	法律政治工作	短期脱产	党委办　司法办
5	5 月底	党课教员	党的知识	短期脱产	业余党校　宣传办
6	6 月	部分职工	初中文化课	业余进修 3 个月	中心校
7	7 月初	总账会计	基础管理审计知识	脱产 1 个月	经营指导站
8	7 月底	电氧焊工	基础知识	脱产 1 个月	工业公司
9	8 月	各村抓法律的主任	法律常识	短训	司法办
10	9 月	车钳工	基础知识	脱产 3 个月	工业公司

1985 年 9 月,镇成人教育中心校招收机械中专班,学员 53 名,1987 年年底毕业分配到镇办企业,大多成为技术骨干。1986 年,大中镇成人校招收机械技工班,学员 55 名。1987 年.镇政府与合肥工业大学联合创办机械制造工艺大专班,招收学生 55 名。

20 世纪 80 年代,裕华镇就业培训工作由单纯的扫盲识字向组织农民、职工进行实用技术培训转移,设立作物栽培,土壤、肥料、种子改良等课程。职工主要培训各类工种的业务理论、安全操作知识等。

1989 年,大中镇成人教育中心校开设企业管理中专班,1990 年开设机电专业职高班,1993 年开设模具专业职高班和业余高中班,1994 年开设纺织职高班,1996 年开设铁路运输班。

1996 年大中镇培训班情况表

表 22－1－7　　　　单位:个、人

类别	培训时间(月份)	期数	办班名称	培训对象	教学内容	教时	人数	主办单位
工业科技培训	4、7、11	3	微机	企事业单位会计企业管理干部机关年轻干部	计算机初级教程	—	120	机关财政工办
	5～10	1	家用电器	待业人员		150	60	成教工办
	4	1	工业会计培训班	镇属各企业、村办企业会计	账改	30	100	财政工办
	8～12	1	企业管理培训班	厂长、经理、车间主任、后备干部	企业管理	320	60	工办合肥工大
	2～8	6	安全知识培训班	安全专干、安全员、上岗工人等	有关安全生产知识	轮	1000	工办
	4	2	电工操作用电知识	各村(厂)电工车间主任	有关安全生产知识	训	300	工办农办

续表 22－1－7

类别	培训时间（月份）	期数	办班名称	培训对象	教学内容	教时	人数	主办单位
工业科技培训	5	1	全面质量管理	厂长、经理、技干等	企业质量管理	30	150	工办
	9	1	全面质量管理	厂长、经理、技干等	企业质量管理	30	150	工办
	6	1	市场营销学	村支书、厂长、经理等	市场营销学、市场经济规律	30	120	组织科委
工办农业科技培训	3～10	4	棉花栽培及管理	村（场）主任村民组长、农技员植棉示范户	从地膜移栽到防病治病及中后期管理	—	600	农办农科站
	4	1	农村财会培训班	各村（场）会计	建新账、村组核算	30	200	农经站
	3	4	塑料大棚生猪快速育肥法	各村主任、技术员、蔬菜大户、养猪大户等	塑料大棚栽培技术、生猪快速饲养（一）、（二）、（三）	—	500	组织科委成人校
	5	1	林蚕培训（一）	林蚕员、养蚕户、农业主任	技术讲座	30	80	蚕桑站
	7	1	林蚕培训（二）	农业主任、林蚕员、养蚕户	夏蚕常见病及防治	30	80	蚕桑站
	4	1	果树高产栽培技术	村干、红花、恒北、果园场专业户	银杏、早酥梨、苹果等高产栽培技术	30	120	科委林蚕站
	5	1	农村实用技术培训	村主任组长农技员科技示范户	亩创万元效益田栽培技术，三高农业示范区	30	150	科委农科站
其他专业培训	8	1	业余高中函授	45岁以下的村级干部	省成人高中规定课程	—	30	组织成人校
	3	1	实现三优快富提高人口素质	村组计生干部、保健医生	计划生育政策、法规及人口教育	30	70	计生办
	4	1	实现三优快富提高人口素质	街道、居委会、县直各单位、企业计生干部	计划生育政策、法规及人口教育	30	70	计生办
	7	1	团书记培训班	各村场、企事业单位青年书记	团的理论，国际国内形势教育	30	70	组织共青团
	9	1	工会主席培训班	各单位工会主席（组长）	工会工作理论	30	50	工会
	11	1	妇女科技培训班	各村场、企事业单位妇女主任	形势、法纪教育、妇女科技等	30	80	妇联
	12	1	民调、治保培训班	村场治保主任、厂治安员	法律知识	30	80	司法

1998年，全镇组织5次招工，镇劳动就业服务所先后组织864人分期分类进行专业技术培训，经过培训全部安置到新的岗位。2004年，全镇新增转移农村劳动力2770人，其中市内1897人，市外818人，出境劳务57人。镇人力资源服务中心先后与北京、广州、上海以及江苏省苏、锡、常、南通等地数十家用工企业建立长期用工合作关系，与大丰市电信公司、苏源电器公司、中国联通大丰分公司、丰东热处理公司建立长期劳务协作关系，为他们提供300多名专业员工，安置下岗失业人员55人。

2007年6月，镇举办机械培训班，参训80人；特殊工种培训班，350人。2008年，分别举办缝纫班100人，机械培训班50人。同年，裕华镇举办职业培训5期，当年新增转移农村劳动力853人，其中就地转移476人，劳务输出377人。2009年4月，大中镇举办机械、缝纫、电脑、绣花培训班，培训230人。裕华镇培训农民200多人，分别被镇企业录用。当年，新增转移农村劳动力901人，其中就地转移486人，劳务输出415人。

2010年，先后举办机械、缝纫、绣花、电脑培训班，培训324人。通过考核全部合格，领取技术等级证；岗前培训195人，在岗农民工培训180人，培训后取得职业技能鉴定证书的300人。

第二节 人事管理

一、编制职数

1941 年 3 月，垦区建立民主政权，设区长 1 人，副区长 2 人，区委书记 1 人。

1944 年，台北县并入东台县。是年，按大丰盐垦股份公司划分的垦殖区民主选举建立 5 个乡政府（福丰乡、恒太乡、和瑞乡、阜万乡、同德乡）。乡政府一般由 5～7 人组成，置乡长、副乡长各 1 人，指导员（党内支部书记）1 人，财粮员 1 人，民兵大队长 1 人，农抗会长、妇抗会长各 1 人（同时废除保甲制，建立民主政权，村设村长 1 人）。

1945 年 9 月，大中特区民主政权建立（始称办事处，不久改称镇人民政府）。办事处置主任 1 人，办事员若干，另有负责民运工作 10 多人。大中镇（城区）设指导员（支部书记）、镇长、副镇长、民兵大队长、财粮员各 1 人。同时废除保甲制，建立民主街政（全镇划为 10 条街，37 个居民行政小组）。街置街长 1 人，副街长 1～2 人。

1946 年 5 月，建立大中区，大中区置区长、副区长各 1 人（以后副职增至 2～3 人）。下设民政、公安、文教、财经等股，并置有武装区队，设区队长、队副各 1 人。大中镇建制不变，职数上同。12 月，国民党郝鹏举部占领大中镇，大中镇民主政权转入地下。

1947 年 4 月，大中镇解放，民主乡（镇）政权恢复。8 月，实行“一切权力归农会”，各乡农会设主席、副主席各 1 人，委员若干。9 月，建立大中市，下辖新丰、大中（今城区二卯西河北部分）、卯西（今城区二卯西河南部分）3 镇。各镇设镇公所，机构始称镇工人贫民委员会，后改称镇公所，设主席、副主席各 1 人，委员若干人（大中、卯酉两镇各辖 7 条街，每条街设街长 1 人。

1948 年 1 月，大中、卯酉两镇合并为大中镇，镇政府设镇长、副镇长各 1 人，指导员 1 人，下设民政、拥优、文教、财经、武装、妇女委员各 1 人。10 月，政府设民政调解、公安、司法、军事、荣管（荣军管理）、生建（生产建设）文教科和财经货管两个分局。

1951 年，大中区政府改称大中区公所，区公所设区长 1 人，副区长 1～2 人（其中 1 人兼秘书），民政助理或办事员 1 人，财政助理 1 人，农税统计 1 人，公安助理、农林助理、文教助理、文书、会计各 1 人。同时设区人武部（为县人武部派出机构），区下辖乡（镇）政府置正副乡（镇）长、指导、民政委员、财粮委员、文教委员、治安委员、生产委员、优抚委员、民兵中队长各 1 人。1952 年，乡镇增设调解委员会、治安委员会和卫生委员会各 1 人。

1956 年 8 月，大中镇政府改称大中镇人民委员会，设镇长 1 人，副镇长 2 人，另设财经、文卫、民政等委员。10 月，撤区并乡，成立乡人民委员会，设乡长 1 人，副乡长 1～3 人，并配备民调、财经、文卫、农林、治保等委员和会计辅导员各 1 人。大中镇建制不变，职数与乡同（乡下设高级农业合作社，高级社设有社长、会计以及财粮、治保等委员）。

1958 年 9 月，成立大道人民公社，设社长 1 人，副社长多人。下设办公室、农业委员会、工业委员会、经济计划委员会、人武治保委员会、文教卫生委员会、民调委员会和科学研究所等工作机构。公社下设大队，设队长 1 人，副队长 2～3 人，委员若干。

1959 年 3 月，大道公社划小大队范围，撤销中队建制，撤销公社办公室和各种委员会。配备委员和秘书等计 9 人。（此时，大中镇为大道公社下属的 1 个大队——大中镇大队）

1960 年 11 月，大中镇大队改称大中分社，隶大道公社和县委双重领导，同时县直机关、学校、工厂等企事业单位，按县委、县人委分管部门，分设 5 个居民委员会。居委会设主任 1 人，副主任 2～3 人，委员 5～7 人。

1962年4月，建立大中镇人民公社，设社长1人，副社长3人，并设民政委员、财经委员、文教委员、治安干事、文书、会计各1人。

1965年7月，成立大中镇人民政府，设镇长1人，副镇长2人，核定编制10人；大道公社18人，阜丰公社15人，新团公社16人，裕华公社17人。1967年2月，镇、公社成立人武部生产办公室，人武部长任办公室主任。

1968年4月，人武生产办公室撤销，建立革命委员会，革委会设主任1人，副主任1～3人，常委5～7人，委员10多人。镇、公社党委恢复工作，设党委书记、副书记、组织、宣传、秘书。1971年6月，大中镇在城区建立街道革命委员会，管辖5个居民委员会（1979年冬，改称街道办事处）。9月，大中镇增设城市建设办公室（县城建设局前身）。1973年，增设工交办公室、文教办公室。1978年，增设农业办公室。1979年，恢复工会。1980年，增设副业办公室。1981年3月，撤销革命委员会，镇成立镇人民政府，公社成立管理委员会。镇政府设镇长1人，副镇长3人；管理委员会设主任1人，副主任3～4人，党委设书记、副书记、组织、宣传、纪检、秘书、人武部正、副部长、共青团书记、妇联主任、民政助理、财委各1人，下属大队革委会改称大队管理委员会，设大队长1人，副大队长1～2人，委员2～5人。1983年5月，大道公社、阜丰公社、大中镇合并，大中镇人民政府置镇长1人，副镇长2人，下设政府办公室（配文书、民政助理、司法助理、计划生育助理等）、经济管理委员会、经营管理办公室、文教办公室、财政管理所、工业联合公司、农业公司、多种经营公司、农工商联营公司、建筑工程公司等工作部门（下辖21个村（场）民委员会，村委会设主任1人，副主任1～2人，委员3～5人；1个街道办事处；10个居民委员会）。

1985年，新团、裕华分别成立乡政府。大中镇、新团、裕华乡政府机构组织分设政府办公室、民政、司法、文教、计生、劳资、物价、爱卫会、节能办、水利站、经营指导站、财管所、城建所、会计室，并设工业、农业、多种经营、农工商、建筑工程5个企业公司。是年，县核定大中镇干部编制（国家干部）28人，新团22人，裕华乡23人。

1987年，大丰县编制委员会核编大中镇53人，裕华镇32人，新团镇30人。

1996年，大中镇政府机构下设政府办公室、工业经济办、农业经济办、文教办、财政所、司法办、民政办、计生办、水利站、综治办、村建办、土管所、广播电视站、文化站、科技办、街道办、农技站、林业站、统计站、审计办、信访办、兽医站、蚕桑站、水产站、南农机站、北农机站、食品站、三产办、劳资办等工作部门。

1997年，大中镇核定编制42人，裕华镇核定编制33人，新团镇核定编制35人。

2001年，新团镇并入大中镇，大丰市委办、政府办下发《大丰市大中镇职能配置内设机构和人员编制方案》，明确镇机关行政编制56名，新团办事处行政编制5名，行政附属编制4名。

核定人员编制和内设机构：

1. 镇机关领导职数（16名）。设党委书记1名、副书记3名，镇长1名、副镇长5名，人大（副）主席1名，纪委书记1名，组织委员1名，宣传委员1名，人武部长1名，统战委员1名。

2. 纪委（监察）岗位及职数（2名）。设纪检（监察）干事1名、办事员1名。

3. 党政办公室（14名）。设组织人事劳动干事2名，秘书、宣传干事、人武干事、人大专职干事、团委书记、妇联主席各1名，信访及办公室日常管理工作人员2名，后勤服务人员4名。

4. 财经办公室（挂“财政所”牌子）（9名）。岗位包括：预算、农税、会计、审计、物价、统计。设主任（兼财政所所长）1名、副主任（兼财政所副所长）2名，余为科员、办事员。

5. 社会事务办公室（4名）。岗位包括：教育文卫、民政、综合治理、计划生育。设主任1名，副主任1名，余为科员、办事员。

6. 村镇建设办公室（3名）。岗位包括：村镇建设、环境保护、土地管理。设主任1名，余为科员、办事员。

7. 经贸办公室(3 名)。岗位包括:工业(兼安全生产监督)、三产、外经(兼招商)、科技。设主任 1 名,余为科员、办事员。

8. 农业办公室(3 名)。岗位包括:农水、副业、经管。设主任 1 名,余为科员、办事员。

9. 新团办事处(5 名)。岗位包括:主任 1 名、副主任 1 名,余为科员、办事员。

10. 另设街道办事处,副科级建设,编制 6 名,设主任 1 名、副主任 1 名,余为科员、办事员。

2010 年 8 月,裕华镇并入大中镇,是年,大丰市核定大中镇行政编制 92 人,政法专项编制 5 人,其中领导职数 11 人,纪委书记 1 人,组织委员 1 人,宣传委员 1 人,统战委员 1 人,政法委员 1 人,人武部长 1 人,党政办公室 12 人(含纪检监察、组织、秘书、文书以及宣传、人大、人武、团委、妇联 5 个职位交叉兼职),经济办公室 20 人,其中农业 4 人,工业 3 人,安监 5 人,统计 3 人,建设(环保)5 人。政法信访办公室 8 人,其中综治 3 人,信访 5 人(司法所列政法专项编制),社会事务办公室 9 人(包括人口计划生育办公室),其中人口与计生 3 人,科教文卫体 3 人,民政 3 人,财政办公室 11 人(含会计审计),新农村工作办公室 5 人,其他附属编制 10 人。裕华办事处 5 人,正副主任各 1 人,办事员 3 人。

核定事业单位人员编制 121 人,其中镇农业技术推广综合服务中心(含镇农经站)45 人,镇经济贸易服务中心 19 人,镇劳动保障服务中心 11 人,镇建设环保服务中心 18 人,镇人口和计划生育服务中心 16 人,镇畜牧兽医站 12 人。

1987—2010 年部分年份机关行政事业编制情况表

表 22-2-1

年份	乡镇	实际在岗人数	核编	实有人数与编制增减
1987	大中镇	50	53	+3
	裕华乡	32	32	—
	新团乡	30	30	—
1997	大中镇	42	42	—
	裕华镇	33	33	—
	新团镇	35	35	—
2001	大中镇	56	56	行政附属编制 4 人,政法编制 3 人。
	裕华镇	42	42	—
2010	大中镇	92	92	行政附加编制 10 人

1987—2002 年部分年份大中、新团、裕华事业单位干部编制情况表

表 22-2-2 单位:个

年份	大中镇	新团镇	裕华镇
1987	58	46	48
1997	84	66	67
2002	27	—	23
2012	121	—	—

说明:新中国成立后,镇党委副书记(党群书记)分管人事工作,党委组织委员专管人事

二、干部培训

新中国成立初，区（乡）干部大部分出身贫雇农，文化水平普遍较低。1949 年，县委组织部创办机关干部业余学校（校址设在今民政局内），各区（乡）选派人员参加学习，初为 1 个班。1951 年年底，发展到扫盲、初小各 1 个班，高小 2 个班，学员 120 余人。大中区选派 27 名基层干部参加培训学习。

"文化大革命"期间，机关干部学校停办。

1976 年 7 月，大道公社创办农业大学（校址设于原大道中学东南角），学制一年。第一期招收学员 40 名，都为各大队后备干部提拔对象。开设数学、作物栽培、土壤、肥料、种子改良与处理等课程，兼学政治、语文。

1981 年春，大道、大兴（阜丰）、大中镇、新团、裕华共创办村级农技班 38 个，聘用专业技术人员授课。同时，对农村基层干部普遍进行培训。

1984 年后，农村专业技术培训，主要采取专题广播讲座、短训班等形式进行。

1987 年春，创办大中农业学校（校址在镇农业公司内），常年对农村基层干部、专业户代表、回乡初高中毕业生进行实用技术培训。1996 年，大丰市农业干部学校先后举办 12 期集训班，主要对象为农村大队支部书记，村委会主任、农技员，开设农学、乡村综合管理、财会等课程（大中镇、新团镇、裕华镇共有 428 人参加集训）。

2009 年 2 月 6—8 日，大中、裕华所属村党支部书记 43 人参加市学习中共十七届三中全会精神，推进全面小康建设培训班。1997—2009 年，期间镇党委政府利用三套班子中心组学习，冬训、业余党校、远程电视教育等形式组织镇村干部学理论、学经济、法律等方面知识。

2010 年，全镇先后举办工业实用技术，安全生产、入党积极分子、中小企业干部等各类专题培训班 12 期，培训学员 788 名，其中干部 316 名。同年，开办星期六党校，镇三套班子领导成员、村、社区基层干部每周六上午集中学习半天。

1979—2010 年的 30 多年间，大中、大道、大兴、裕华、新团一批年青干部主动报名参加大丰经贸学院、市委党校、市农业干部学校举办的大专学历教育，至 2010 年年末，全镇 177 名干部（包括农村基层干部）通过进修、自学等形式，获得高等学历。

1997—2010 年大中镇干部学习培训情况表

表 22－2－3

学习形式	学习时间	参加对象	学习目的
中心组学习	每月一次	镇党委、政府、人大班子成员	增强专劲，凝聚力量，理清思路，鼓舞干劲
冬训	每年 12 月 20 日—2 月 20 日	主体党员干部、农民经纪人代表	提高政治、业务素质
业余党校	每月一次	根据工业、农业、社会事业、政府宣传等内容，确点培训对象	提高党员素质
远程教育	一年 4～5 次	大学生村官	提高大学生担任基层干部任职能力
党校（星期六）	每周星期六	镇机关干部	提高党员为民服务思想
请专家辅导	星期六党校中心组学习，冬训冬学	盐城、大丰相关领导讲课	提高党员干部业务水平

三、干部考核

考核制度　干部考核本着实事求是、客观、全面、公正的宗旨，随着各个时期的不同要求对考核标准和内容作出调整。新中国成立初至“文化大革命”时期，主要是从政治历史和阶级立场等方面考核干部。1979 年后，则从“德能勤绩”四个方面进行考核。每年分两次对机关干部（包括各事业单位职能部门）进行全面测评；采取自下而上，领导与群众相结合，半年初评，年终总评。评比结果记入个人档案，作为晋升、使用的依据之一。1986 年以后，经考核合格的干部，年终增发 1～1.5 个月的工资以示奖励。至 2004 年年末，大中、新团、裕华共有 21 名干部连续三年考核匀为优秀，增发奖励工资。2005 年后，则采取绩效工资的方式对在职干部实行严格考核，考核合格的绩效工资于年底一次发给，以示奖励，考核连续三年处于末位的，除组织上给予诫免谈话，绩效工资视情扣发，做到奖罚分明。

奖励与惩处 1958 年到“文化大革命”时期，各公社每召开一次“双先”表彰会。1983 年起，镇党委、政府对机关工作人员忠于职守，积极工作，成绩突出的给予表彰、奖励。1996 年以后，每年年底对全年工作进行总结评比。翌年年初，在全镇党委扩大会上对先进集体、先进个人给予表彰，有突出贡献者，施于重奖。1983—2010 年，全镇（含新团、裕华镇）约 9400 人次受到各类表彰嘉奖。2010 年 2 月 20 日，镇召开 2009 年度先进集体，先进个人表彰大会，对 15 个最佳服务单位、293 名先进个人进行表彰，其中在各条战线上的基层干部 196 名，占表彰总数 70%。

2001—2010 年，大中（包括裕华镇）先后有 27 名干部因赌博、玩忽职守分别受到党纪、政纪处分，7 名干部因经济犯罪而被绳之以法。

2005—2010 年干部考核情况表

表 22－2－4

年度	大中镇				裕华镇			
	干部总数	优秀（人）	合格（人）	不合格（人）	干部总数	优秀（人）	合格（人）	不合格（人）
2005	110	14	96	0	95	12	83	0
2006	112	15	97	0	97	13	84	0
2007	96	15	81	0	85	13	72	0
2008	95	13	82	0	86	14	72	0
2009	91	14	77	0	82	12	70	0
2010	160	24	136	0	97	14	83	0

选拔任用 选拔任用干部严格按照组织程序进行。首先民主推荐，召开推荐会，公布推荐职务、任职条件、填写推荐票。对不同职务层次人员的推荐票分别统计，综合分析，并向上级党委报告推荐情况。其次组织考察，对确定的提拔任用对象由组织部门按照干部管理权限进行德、能、勤、绩、廉五个方面严格考察。

拟任干部任职前进行张榜公示，公示期 7～15 天。

2009 年，全镇共选拔干部 13 名，其中事业单位 5 名，镇机关 6 名，村级主要领导职位 2 名。

2010 年，全镇选拔干部 19 名，其中事业单位 8 名，镇机关 7 名，村级主要领导职位 4 名。

第三节　工资福利

一、工　　资

（一）供给制

1940年民主政权建立到新中国成立前，党政机关和事业单位工作人员普遍实行供给制，供给内容包括伙食、服装和津贴费。伙食分大灶、中灶、小灶三种标准，灶别划分是依据职务、参加革命工作年限及对革命的贡献等因素确定。一般工作人员享受大灶待遇，每人每天供给大米0.75千克，食油、食盐各3钱(9.4克)；享受小灶待遇的人员另外再加菜金。服装供给为单衣一年两套，棉衣两年一套，棉被三年一条，蚊帐每年2米纱布，以及鞋袜等。津贴费按定量的猪肉、黄烟和生活用品折算，分县级、区级、区级以下干部和勤杂人员几个等级，每人每月发给不同数量的现金。

（二）薪金制

新中国成立后，1949年至1952年2月，仍以供给制为主，供给制与薪金制并存，党政机关、学校的大部分工作人员实行供给制，新参加工作的部分工作人员和解放时留用的部分工作人员实行薪金制。1952年3月至1955年年底，供给制与工资制并存，干部工资划分为10等24级。

（三）工资改革

1952年工资改革　1952年7月，对工资制度进行第一次改革，统一以工资分作为供给制人员和工资制人员的津贴标准。每个工资分的分值，均以当时实物价格折算，含粮食0.4千克，白布0.2尺(6.7厘米)，植物油0.025千克，食盐0.01千克，煤1千克。

1956年工资改革　1956年，对整个工资制度进行了根本改革，取消工资分和津贴制度，实行直接以货币确定工资标准的制度，国家机关、事业单位的工作人员改为职务等级工资，采取“一职数级，上下交叉”的形式，确定工资标准。当时，国家机关工作人员分为30个等级。

1985年工资改革　1985年，对国家机关和事业单位的干部工资制度又进行了一次改革，实行以职务工资为主要内容的结构工资制，包括基础工资、职务工资、工龄津贴和奖励工资四个部分。基础工资，从领导干部到一般工作人员都同样为40元；职务工资，全县分六个职级，每个职级再分六个档次，即县长130元~82元，副县长110元~65元，局(科)、乡长82元~42元，副局(科)长、副乡长65元~30元，股长49元~18元，办事员42元~12元；工龄津贴，每年0.5元，随着工龄增长逐年增加，最高工龄津贴为20元；奖励工资按贡献大小而定。

四、工资调整

1956年后，机关工作人员、企事业单位职工先后进行过17次工资调整。分别为：1959年、1963年、1971年、1977年、1978年、1979年、1981年、1982年、1986年、1989年、1993年、1995年、1997年、1999年、2000年、2005年、2007年。

二、福　　利

（一）公费医疗

1952年，国家机关干部建立了医疗保障制度，国家干部患病就医时，除自己负担挂号费和营养滋补药品费用外，医疗费用全部由国家或企业单位负担。

20世纪90年代中期，随着改革开放的不断深入，公费医疗也进行了多次改革，至2000年年底，国家干部患病就诊费用实行分摊制，即离休人员，除自己负担挂号费外，医药费全部由国家负担；退休人员，除挂号费自己负担外，医药费个人负担10%，国家负担90%；在职公务员，除挂号费自己负担外，医药费个人负担20%，国家负担80%。

（二）休假制度

国家机关干部长期病假，视其参加工作时间和病假时间的长短，其生活待遇最高按本人工资的100%发给，最低按本人工资的50%发给。生病期间的医药费，按有关规定报销。除此之外，国家机关干部还享受公休假、产假、婚丧假和探亲假等，特殊情况还可以请私假。

（三）生活性津贴

新中国成立前和成立之初，对实行供给制的工作人员按照职务、技术水平及家庭状况分别给予不同数额的津贴。实行薪给制后，津贴取消。1966年12月起，对职工实行粮价补贴，每年每人4元，至1979年，逐步冲销。1979年11月起，在提高8种主要副食品销售价格的同时，发给职工食品价格补贴，每人每月2.5元。1984年10月起，对全县职工发放房租、电费、粮食和洗理费等四项补贴，每人每月8元（其中房租2.5元、电费2.5元、粮食2元、洗理费1元）。1985年工资改革后，将"四项补贴"改为"物价补贴"。对吃商品粮的人员，每人每月发副食品补贴2.5元。1988年5月，调整猪肉等主要副食品价格，给企业职工每人每月补贴10元。对禁食猪肉的回族等少数民族干部和职工，每人每月补贴14元。

（四）福利费

1953年12月以前，对实行供给制干部家庭生活困难的，均酌情发给补助费。从1954年1月1日起，将各类生活困难补助费合并为福利费。按国家机关在编人员每人每月提取6个工资分，平均每人每年33元。从1957年开始，按工资总额提取福利费，提取率区以上机关3%，乡机关1%。1958年，改成县上以机关2.5%，区乡机关1.5%，1964年均改为2.5%。从1966年开始，按国家机关干部每人每月1.40元提取。从1979年开始，按国家机关干部每人每月1.60元提取。1987年，按国家机关干部每人每月2.5元提取。

（五）考核奖

1986年1月起，对行政事业单位工作人员，进行岗位考核，发放奖励工资。经过考核合格者，全年加发其本人一个月（1988年以后提高到1.5个月）的基本工资。

第四节　社会保障

一、农村养老保险

20世纪90年代初，农村开始实行"以个人缴纳为主，集体补助为辅，国家予以政策支持"的养老保险制度。1992年10月，全镇推行农村社会养老保险工作。镇政府成立农村社会养老保险基金委员会，农村设社会养老保险事业管理代办站（隶民政办）。各村总账会计担任代办员，负责收取保费，发放养老金。保费标准每月交纳6、8、10、12、14、16、18、20元不等（特困户可适当降低标准，但不得少于4元），村办企业职工、村民根据自身实际选择投保档次。投保人自年满60周岁后的下月起按月或按季领取养老金。是年，新团乡投保7215人，收取保险金78万元。裕华镇有15000多人参加农村社会养老保险，保险总额达250万元。2002年4月，农村社会养老保险由民政办划归镇人力资源服务中心办理。2003年5月20日，大中镇制定《关于农村集体土地征用后农民参加养老保险的试行办法》，对不同年龄段的失地农村居民参加养老保险给予15%～30%的财政补贴。当年全镇557人参保，保费201万元（不含裕华镇）。2008年年初，大丰市出台《农村社会基本养老保险试点实施办法》，规定市财政给予参保人员10%的补贴，鼓励有条件的镇、村给予5%～10%补贴，并建立养老金增长机制和高龄人员生活补贴政策。财政补贴政策出台后,广大农民参保热情持续高涨。2009 年,大中镇对新农保制定奖励办法,近郊村、远郊村实行分组分档奖励,完成任务的近郊村前 3 名分别奖励 6000 元、5000 元、4000 元;完成任务的远郊村按实绩排名前 3 名分别奖励 5000 元、4000 元、3000 元。是年,当年收缴保费总额 1404 万元,创农保保费收取最高记录。裕华镇新增农村社会养老保险 567 人,征缴养老保险金 121 万元。2010 年 5 月,市政府出台《新型农村社会养老保险制度实施办法》。6 月,大中镇为 1950 年 4 月 30 日前出生的农村居民办理基础养老金,全镇 12246 人(大中 6865 人,裕华 5390 人),月发放基础养老金 73.47 万元。全镇 60 周岁以上老人全部纳入养老保险范畴。

2010 年,全镇完成参保 32620 人,参保率 100%,保费总额 808 万元。2008—2010 年,累计保费 2774.18 万元,其中个人保费 2535.85 万元,市财政补贴 196.55 万元,镇财政补贴 17.59 万元,村集体补贴 25.8 万元。

大中镇农村养老保险情况一览表

表 22-4-1

年度	大中			新团			裕华		
	险种	人数	金额(元)	险种	人数	金额(元)	险种	人数	金额(元)
1992	老农保	7005	284468.00	老农保	6856	335967.00	老农保	13624	354523.44
1993	老农保	3599	418578.00	老农保	1512	201268.00	老农保	1340	145761.00
1994	老农保	3047	613863.00	老农保	1797	242451.00	老农保	429	361538.20
1995	老农保	2367	513426.00	老农保	2101	538131.00	老农保	669	282165.90
1996	老农保	2854	852281.50	老农保	661	210645.00	老农保	518	307020.60
1997	老农保	1721	1623464.00	老农保	340	117268.00	老农保	356	288182.90
1998	老农保	1379	1012077.90	老农保	190	63985.00	老农保	174	699286.30
1999	老农保	1173	404686.41	老农保	39	19034.00	老农保	107	338806.00
2000	老农保	1398	1215600.85	老农保	28	28908.00	老农保	52	81535.00
2001	老农保	588	752755.63	老农保	23	17457.10	老农保	11	5090.00
2002	老农保	556	304728.00				老农保	4	3740.00
2003	老农保	551	2078704.89				老农保	9	28588.00
2004	老农保	489	716417.10				老农保	16	56340.90
2005	老农保	494	713551.17				老农保	30	109559.00
2006	老农保	483	641232.50				老农保	27	29976.00
2007	老农保	333	562358.00				老农保	54	149939.75
2008	老农保	190	230730.90				老农保	31	149841.70
2008	新农保	1313	6690575.45				新农保	223	848188.70
2009	新农保	6803	13815887.30				新农保	684	1296682.70
2010	新农保	19053	5253495.5				新农保	13583	2839875.80

说明:2001 年,大中与新团合并,2010 年,大中与裕华合并。2008 年起,大中镇新农保开始试点工作。上限有险种开办之日起,下限为 2010 年 12 月

二、职工劳动保险

1986年11月,按照盐城市政府〔1986〕111号文件精神,大中镇对镇属企事业单位养老保险进行专题会办。

1998年,大中镇企业用工总人数3254人,参加养老保险人数1402人。2001年4月8日,市政府专题会办大中镇城镇企业职工养老保险工作。全镇职工养老保险25家参保企业,当年参保职工增加到3097人,收缴保费793万元。26个集体事业单位有236人同时参加保险,首次入保金额80余万元,其中单位负担19%,个人承担7%。

2008年10月,市政府为进一步改善大中镇经济社会发展环境,将尚存824名参加统筹的退休职工全部纳入"镇管市补",转入市劳动局劳动保险处按月领取养老金。黄海、金丰街道12名退休人员同时进入"镇管市补"。裕华镇为113名村干部办理城镇职工养老保险(其中40名为补办)。

三、劳动用工维权

新中国成立后,县设劳动争议仲裁委员会,由劳动科、总工会、工商联等方面代表组成。主要处理劳动争议,调整劳动关系。区(乡)政府无专门机构,遇劳资纠纷统一由县劳动仲裁委员会出面解决。1955年7月,工商业社会主义改造基本结束,企业的性质和劳动关系发生根本变化,劳动仲裁机构遂撤销,劳资纠纷由企业行政和基层政府出面解决,或由企业主管部门处理,或通过来信来访处理。

1986年,劳动争议仲裁工作开始恢复。12月,大丰县劳动争议仲裁委员会成立,大中镇镇属各企业相应成立劳动争议调解委员会。1997年2月,随着乡镇办企业快速发展,职工劳资争议仲裁方面的个案日增,经市同意成立大丰市劳动争议仲裁委员会大中办事处,专司大中地区劳动争议仲裁。从2004年12月开始,每年镇政府对企业用工进行劳动保障书面审查,定期或不定期组织劳动监察巡查,及时纠正企业违规行为。2005年,全镇组织劳动监察巡查286家企业,纠正企业违规行为17起,新签劳动合同1860份。2010年,接待来信来访35件,300余人次。其中工伤9件,工资福利待遇18件,涉及劳动合同纠纷5件,妇女特殊权益1件,改制过程矛盾纠纷2件。2005—2010年,全镇累计查处企业违规行为57起,办理影响较大的劳动争议案件7起。

传记:知青上山下乡和干部职工下放

20世纪50年代末,城镇日益增多的高小和初中毕业生不能全部升学、就业,国家又处在精简职工,压缩城镇人口的高峰期。动员城镇中小学毕业生下乡参加农业生产成了当时一个主要就业渠道。1962—1972年期间,县成立知青办公室。各公社知识青年上山下乡由公社民政助理代管。

1973年,全县各公社(镇)陆续成立知识青年上山下乡领导小组,下设办公室,配置专职上山下乡助理1名,具体负责本公社(镇)上山下乡知识青年的插队安置,工作调配,回城就业等事宜。插队在今大中区域的城市知识青年主要来自无锡、苏州、南京、上海、扬州、泰州、盐城等地以及大中镇部分中小学毕业生。大道、大兴、五星(裕华)、新团公社各设1个知青点,共有68个知青组。

1968年,新团公社接收安置来自苏州、无锡、上海等地知青195名,其中集体插队133名,回老家37名,随父母下放25名,男性103名,女性92名。1972年年底前182名,1974年1名,1975年12名。下放干部41人,下放职工居民321人。时江苏省政府办公厅秘书处处长张一鸣、省委办公厅秘书陆云仙和省经委主任濮梦岑也同期下放到新团公社。五星公社共接收来自苏州、无锡、上海、大中农场、东坝头农场知青305名,其中集体插队198名,回老家35名,随父母下放72名,男126名,女179名。1972年年底前286名,1973年1名,1974年6名,1975年12名。大道公社接收来自无锡、南京、扬州等城市知识青年219名,其中集体插队77名,回老家122名,随父母下放20名,男85名,女134名。1972年年底前160名,1973年2名,1974年19名,1975年38名。1975年10月,县城24名知识青年

下放知青田头合影

插队长春大队(今恒丰村),大队农科队辟为知青居住点。1979年1月,这批知青陆续回城就业。1969年冬至1970年春,大道公社接收下放干部79人,下放职工、城镇居民71户,237人;大兴公社安置城市知青155名,其中集体插队64名,回老家122名,随父母下放20名,男74名,女81名。1972年年底前113名,1974年15名,1975年27名。大中镇接受城市知青49名,其中回老家45名,随父母下放4名,男性20名,女性29名。1972年年底前40名,1973年2名,1974年2名,1975年5名。大中镇66、67两届初高中毕业生插队落户161人。1969年年底,大丰县第二批城镇居民下放插队到金墩(今新丰)的有347人,下放到裕华的有123人。

知识青年上山下乡到农村,所有的事情都要靠自己,尤其是从上海、无锡等大城市来的,从没干过农活,也从来没有见过干活农具。分到各个大队的知青,都由一名大队干部分管,所在生产队指定一名有经验的老农采取手把手教。知青下乡插队初期,因条件限制大多数寄住在农户家,后国家拨款建知青点,每点建3~4间主房、1间厨房、1间厕所,砖瓦结构,毛竹屋架。知青集中居住,自己买菜煮饭。大道公社建知青房107间,1586平方米,都为砖瓦结构。新团公社建知青房82间,1230平方米,其中砖瓦结构68间,1020平方米。五星(裕华)公社建知青房93间,1395平方米,其中砖瓦结构73间,1095平方米。知青干活和社员一样记工分,年终分红获取报酬。生产生活用具,依靠集体或群众互助,看病和当地农民一样参加社队合作医疗,日常生活用品凭计划票卷换购。经过一段时间锻炼实践,这批知青也成了新型农民。逢年过节或遇重大庆祝活动,插队知青与当地喜爱文艺的青年一起自编自排自演文艺节目,生动活泼,对推动基层文化事业的发展起了积极作用。

广大知识青年在生产实践中得到锻炼,大道、大兴、新团、裕华4个公社,上山下乡知青先后被选配进各级领导班子共29人,进教师队伍57人,村赤脚医生(卫生员)23人,生产队会计14人,生产队保管员5人,农技员15人,推荐到社办企业工作77人,队办企业109人,手扶拖拉机驾驶员32人,进县办企业合同工59人,进县社农业科技单位13人。

按照党中央、国务院指示精神,从1971年起,凡下乡两年以上的知青作为招工对象,由贫下中农推荐名额给予安排就业;知青父母退休,按政策规定顶替回城安置;知青与本地青年结婚生子,则就地安排就业。1978年,大中镇下放居民和下乡插队劳动的知青1264人陆续回城安置。

1975年年末城镇知识青年上山下乡情况统计表

表22－4－2 单位:人

地区		总数	下乡的类型			性别		下乡的时间			
			集体插队	回老家	随父母下放	男	女	1972年年底以前	1973年	1974年	1975年
动员下放地区	本县	2680	1830	540	310	1438	1242	1603	12	548	517
	苏州	611	454	4	153	327	284	610	—	—	1
	无锡	3016	1599	170	1247	1471	1545	3008	1	2	5
	上海	397	56	341	—	171	226	346	35	10	6
	南京	162	144	12	6	61	101	157	—	2	3
	地内县外	211	154	47	10	116	95	57	1	12	141
	省内地外	59	17	37	5	23	36	50	3	2	4
	省外	33	3	30	—	16	17	15	4	6	8
接受安置地区	大中镇	49	—	45	4	20	29	40	2	2	5
	新团	195	133	37	25	103	92	182	—	1	12
	五星	305	198	35	72	126	179	286	1	6	12
	大道	219	77	122	20	85	134	160	2	170	38
	大兴	155	64	71	20	74	81	113	—	15	27

第二十三章　社会民生

旧社会，大中人民不仅没有政治地位，而且生活十分艰苦，多数农（盐）民半年草糠半年粮，冬春靠蒿种、野菜度命，衣着更是缺乏，蓬头赤脚、赤身裸体是普遍现象，十几岁的女孩很难有一条像样的裤子。青黄不接之时靠乞讨维生，而无力租种（交不起押金）土地的农民更是苦不堪言。他们多半靠做长工、打短工生活。

新中国成立后，党和政府努力改善人民的生活条件。1957 年，全县城乡居民生活消费品购买力年人均 68.81 元，职工人均年工资额 147.25 元。1987 年，城镇居民生活消费人均支出 840.4 元，比 1957 年增加 5.8 倍。1996 年，城乡人均生活消费支出达到 3673 元，比 1991 年增长 1.5 倍。城镇居民食品支出占全部消费额的恩格尔系数，一直稳定在 48%，吃讲营养，穿讲质量，住讲宽敞，用讲高档，越来越多的居民家庭生活从量的满足转向质的改善。

2010 年，城镇年人均生活消费支出 12121 元，住房面积人均 35.9 平方米；农村居民人均纯收入 11740 元，人均住房面积 49.7 平方米；城乡每百户家用汽车拥有量 12 辆。

第一节　盐民生活

新中国成立前，大中地区的盐民处于最低层，是生活最苦的人。

元代，实行"引票"法。统治暴虐、苛刻无度，引票价格不断上升，形成官商竞卖，私盐充塞市场，产盐人卖不出盐，盐民生活雪上加霜。

明初，盐业生产资料均由官府供给，盐民使用的灶屋、卤地、亭场和煎盐盘铁、锅镦等生产工具系官有灶用。官府按丁给草荡以供樵采，所产之盐，按规定上交官府一定的数额，称之正课。少产者不行，多产的不能私卖。初始每引(200 千克)可得米 1 石，只能维持基本生活，后来工本钞不断贬值，至明中叶，1 引(200 千克)盐只能换米 2 斗 5 升。盐民连简单的生活也很难维持，多以一半糠菜一半粮度日。

清代，清王朝只顾盐课征收，不顾盐民生活，盐民除受官府的盘剥外，又要受垣商和高利贷者剥削。陶澍曾说："灶户煎盐为业，除盘镦而外，无余产业。"所产食盐要全部交公，而其所得仅是为数极少的赖以活命的工本费。盐民在恶劣的环境中生产劳动，不仅解决不了温饱，连生命也得不到保障。垣商、亭主垄断生产资料，亭场、灶舍、锅镦以及草荡等所有权都是垣商、亭主的，盐民仅是雇佣的劳动力而已。盐民煎的盐要将盐产量的 50% ~60% 交给垣商或亭主。一般一块场需 5 ~6 个劳动力，一昼夜产盐约 1 桶 8 分（每桶盐重量 135.2 千克），常年产盐约 300 桶左右，盐民所得仅 120 ~150 桶之间。此外还要向灶长、灶头、百长交盐，每块盐场每年交灶长盐 3 桶 7 分，灶头盐 2 桶 5 分，百长（灶保长）盐 1 桶 5 分，场警敲榨勒索更是家常便饭。盐民全家终年熬波煎淋，实际所得盐只有百桶上下，还要全部廉价售予垣商，否则即为"私盐"，一经查获，轻则没收并处以罚款，重则交官律刑。至于衣着更是缺乏，赤身裸体是普遍现象，不少灶民十几岁的女孩很难有一条像样的裤子，一旦场官、灶头临门,女孩子都以草苫遮身。

清朝诗人季寅在《淮南中十场志》中用《盐丁苦》这首诗描述盐民的悲惨生活情景:“盐丁苦,盐丁苦,终日熬波煎淋卤。胼手胝足度朝昏,食不充饥衣不补。每日凌晨去晒灰,赤脚蓬头翻弄土。催征不让险天阻,公差迫捉如狼虎。苦见官,活地府,血比连,打不数。年年三月出通关,灶丁个个甚捶楚”。

若遇巨风大潮,便是盐民的灭顶之灾。清雍正二年(1724)七月十八、十九两日,大风暴雨、海潮暴发,两淮30场,除莞渎外,余29场,全被淹没,淹死灶民49558人,其中白驹、刘庄、伍佑、庙弯、新兴、板浦等6场,淹死1445人。盐民不仅生活上艰苦,而且政治上受奴役。

元、明、清三朝都采用特殊的户籍管理盐民。这种特殊户籍,既不能改变,也不能离开,只能世世代代积薪、晒灰、淋卤、煎盐,蓬头垢面,胼手胝足,同时在行动上也受限制,若出灶区(到范公堤西)需经官方批准,并且不能携带器械和三五人结伴同行,类似奴隶。

第二节　农民生活

清朝中期,大中镇老斗龙港以西区域已逐渐弃盐从农,老斗龙港以东区域的人们仍从事盐业生产。民国8年(1919)废灶兴垦后,大批海(海门)启(启东)佃民来老斗龙港以东区域盐垦公司佃租土地,从事农业。佃民们佃租土地得先交押金(顶首费每亩3元)和洗礼费(每亩0.5元),而所收获之物又须与公司四(业)六(佃)分成。公司单方议租(棉花一般于农历七月半看长势议定),估产往往较多,加之公司职员从中勒索敲榨,而佃农所得包括种子、肥料、工本在内,最多不超过40%;若遇荒灾,所获之物往往交租还不够,每年三四月青黄不接时,“麦子黄,屋里饿死郎”“麦在场上,饿死在床上”,许多家庭流离失所。

据解放初统计,解放前,大中镇果园场(今阜南村)90多户佃农中有80多户于青黄不接之时靠乞讨维生,而无力租种(交不起押金)土地的农民更是苦不堪言,他们多半靠做长工、打短工生活。一般长工每月劳资4元,最多也只有10元,短工劳资每日0.2元左右。1947年年初,同德村有讨饭的6户,做长工的33人,被逼卖儿卖女的2户,当童养媳的9人,被抓壮丁的1人,被地主迫害坐牢的有12人,被地痞流氓敲诈勒索的8户。

解放后,人民当家做主,减租减息,斗地主分田地,人民有了自己的土地。农业合作化,人民生活逐步转好。

1958年,“大跃进”时期犯“浮夸风”,大办工业大炼钢铁,生产秩序遭到严重破坏。到处大办食堂,其口号叫“政治到食堂,书记下伙房”。是年,大道公社有常年食堂7个,农忙食堂180个,4762户,20025人就餐。

1960年,同德一组的施秀兰一家五口全年年收入92元,人均年收入18.4元,全组73户人家超支的有14户,全组最壮劳动力沈茂松,一家俩口二个劳力全年做工日574个,收入315元。

三年困难时期,80%以上的老百姓揭不开锅,粮食严重短缺,一千克粮食煮二十几千克饭,用山芋做淀粉,用玉米依科(注:玉米棒上的包皮)做无粮饼,青菜萝卜当主食。全村多数人饿出浮肿病、青紫病。

1962年水灾,同德全村人均年收入26.2元,平均每个劳动日为0.333元,最低的五队每个工日只有0.23元(当时全大丰县人平均年生活费为22.9元)。全村只有68户进钱进粮,占全村总户数的27.4%,粮草进不回去的有161户,占总户数的65%。全村人均口粮121.89千克,其中第五生产队人年基本口粮只有91.5千克(山芋3千克抵0.5千克,杂粮、黄稷、高粱0.5千克算0.5千克)。1963

年，同德大队年终库存现金只有5元，银行户头余额260元。

1969年，同德村人均年纯收入为164.95元，人均口粮每天只有0.5千克。“文化大革命”初期，还有近四成的老百姓家缺粮，每逢阴天下雨一天只吃两顿。

（编者注：同德村1958—1982年期间，在大中地区处于中等经济水平基本反映大中镇区域的人民生活状况。）

中共十一届三中全会后，党在农村中的各项经济政策得到进一步贯彻落实。农、副、工、商各业兴旺，经济收入大幅度地上升。

1983年，大中镇农民人均纯收入为414.8元，是1978年的2.7倍。1986年，农村家庭经营抽样调查记账户的507户中，人均收入500～700元的有181户，占总记账户的35.7%；700～1000元的有133户占总记账户的26.2%；1000元以上的有17户，占总记账户的3.4%。

1989年，大中镇农民人均纯收入为773.6元。1995年，农民人均纯收入为2736元。2000年，农民人均纯收入为3980元（裕华镇4171元、新团镇3630元）。2005年，农民人均收入5770元（裕华俱5913元）。2010年，农民人均收入11740元。

解放前，普通农民家庭没有一双雨鞋，自行车、缝纫机就更没有。1960年前，少量农民家庭有自行车，一个大队只有一台公用收音机。1979年，和瑞全大队506户中，有自行车471辆、轻骑2辆、电唱机2台、台式收音机233架、手表472块、缝纫机97架、大小衣橱678张，社员存款3.41万元。

改革开放后，农民家庭耐用消费品不断增加，品种不断刷新。1984年，大中镇60户农村住户调查，农民家庭耐用消费品拥有量为：自行车83辆、缝纫机33架、收音机49台、钟表134只、电视机6台、录音机1台、电风扇3台。

1988年大中镇80户农民家庭经济情况表

表23-2-1

项　目	单位	数量	项　目	单位	数量
一、基本情况			年内收入合计	吨	243.75
1. 调查户数	户	80	经营生产	吨	240
2. 家庭常住人口	人	315	购入	吨	3.6
整劳动力	人	180	其他收入	吨	0.15
半劳动力	人	36	年内支出合计	吨	240.2
3. 文盲或半文盲人数	人	67	主食用粮	吨	99.85
小学程度	人	54	其他生产用粮	吨	1.6
初中程度	人	71	出售	吨	73.1
高中程度	人	23	种子	吨	10.95
中专程度	人	1	饲料	吨	52.9
4. 经营耕地面积	亩	806	借出	吨	1
承包集体	亩	728	其他支出	吨	0.8
自留地	亩	78	年末结存	吨	86.75
5. 拥有手扶拖拉机	台	2	四、全年经济收支		
机动脱粒机	台	2	全年总收入	万元	22.86
抽水机	台	2	经营收入	万元	20.15

续表 23－2－1

项　　目	单位	数量	项　　目	单位	数量
水泵	台	1	非生产性收入	万元	0.77
6. 年内新建房屋	间	42	从集体中得到	万元	1.94
	平方米	850	全年纯收入	万元	14.00
新建房价值	元	34260	人均	元	445
年末使用房屋	间	545	全年总支出	万元	22.81
	平方米	8593	经营支出	万元	6.49
使用房价值	万元	25.12	购置资产	万元	0.53
二、农副业生产			缴纳税款	万元	0.34
1. 粮食生产	吨	240	上交集体	万元	1.55
棉花产量	吨	14.35	生活消费支出	万元	13.71
油料产量	吨	7.1	食品	万元	6.94
蔬菜产量	吨	38.4	衣着	万元	1.34
果用瓜产量	吨	6.3	住房	万元	2.90
水果产量	吨	3.85	燃料	万元	0.48
2. 全年自宰肥猪	头	23	日用品	万元	1.66
菜羊	头	1	非商品支出	万元	0.39
家禽	头	199	其他非生产性支出	万元	0.19
全年禽蛋产量	千克	2689.5	年末手存现金	万元	2.68
全年蚕茧产量	千克	3409	年末存款余额	万元	1.56
年末生猪圈存	头	177	五、年末拥有主要物品		
其中：母猪	头	19	自行车	辆	114
年末羊存栏数	只	43	缝纫机	架	35
年末家禽数	只	1019	钟	只	49
年末养兔数	只	34	手表	只	144
3. 全年出售粮食	吨	73.1	洗衣机	台	3
棉花	吨	12.45	沙发	张	14
油料	吨	0.8	大衣柜	张	41
蔬菜	吨	6.45	写字台	张	41
果用瓜	吨	1.1	收音机	台	56
水果	吨	3.05	电视机	台	17
树苗	株	32570	其中：彩电	台	1
肥猪	头	142	收音机	台	4
菜羊	只	15	照相机	架	1
家禽	只	579	六、照明情况		
蛋类	千克	1074	用电照明户	户	60
三、全年粮食收支			非用电照明户	户	20
年初结存	吨	83.2			

1991 年,大中镇每百户农村住户拥有:自行车 139 辆、缝纫机 44 架、钟 46 只、手表 139 只、电风扇 73 台、洗衣机 33 台、摩托车 23 辆、大型家具 501 件、沙发 35 张、大衣柜 93 个、写字台 79 张、收音机 20 台、黑白电视机 58 台、彩色电视机 1 台、收录机 12 台。

1996 年,大中镇农村每百户农民家庭大件耐用消费品拥有:手表 52 只、电风扇 51 台、洗衣机 16 台、电冰箱 2 台、摩托车 16 辆、黑白电视机 25 台、彩色电视机 6 台、收录机 11 台、组合家具 25 件。大型耐用消费品,老的几大件(缝纫机、电风扇、自行车、收音机)普及率提高,新的几大件(电视机、录音机、电冰箱、洗衣机、摩托车)也逐步进入农村居民家庭。1999 年,新团镇农民人均纯收入 3652 元,职工 5780 元。年末,居民储蓄余额 3650 万元,人均居住面积 41 平方米,每百户拥有程控电话 42 部、彩色电视机 36 台、冰箱 12 台、洗衣机 31 台、空调 4 台、摩托车 31 辆。

2001 年,大中镇每百户农村住户耐用消费品拥有:大型家具 191 件、洗衣机 63 台、电风扇 201 台、电冰箱 28 台、微波炉 1 台、热水器 15 台、自行车 175 辆、摩托车 70 台、电话机 74 部、移动电话 7 部、彩色电视机 66 台、黑白电视机 46 台、影碟机 20 台、组合音响 8 台、收录机 14 台、照相机 2 架、家用计算机 1 台、中高档乐器 1 件。

2005 年,裕华镇农村人均纯收入 5913 元,职工可支配收入 7800 元。年末,居民储蓄余额 3.1 亿元。全面实施农村和集镇居民最低生活保障制度,享受农村、集镇低保待遇的 360 户,558 人,年发放低保资金 26.83 万元。全镇参加养老保险 1.52 万人,社会养老保险总金额 362.3 万元,投保率 80%。人均居住面积 48 平方米,全镇拥有彩色电视机 1.34 万台、洗衣机 1.27 万台、冰箱 5985 台、空调 1690 台、摩托车 1640 辆、小型汽车 142 辆。2006 年,大中镇农村有线电视入户率 98.8%,互联网用户 14550 户,固定电话 55721 部,移动电话 32832 部。小汽车 950 辆,医院病床数 259 张,自来水普及率 100%。参加养老保险 60358 人,参加合作医疗 44251 人,农民人均纯收入 6547 元。

2010 年,每百户农村住户耐用消费品拥有量:大型家具 164 件、洗衣机 96 台、电风扇 260 台、电冰箱 91 台、空调机 11 台、抽油烟机 24 台、吸尘器 3 台、微波炉 72 台、热水器 81 台、自行车 167 辆、摩托车 87 辆、小汽车 3 辆、电话机 86 部、移动电话 158 部、彩色电视机 137 台、黑白电视机 1 台、录放像机 2 台、影碟机 51 台、照相机 16 架、家用计算机 38 台、中高档乐器 3 件。

1983—2010 年部分年份同德村村民住房、交通及大件耐用消费品拥有量调查

表 23-2-2

品名 / 年份	自行车(辆)	三轮车(辆)	摩托车(辆)	电瓶车(辆)	汽车(辆)	洗衣机(台)	电风扇(台)	电冰箱(台)	空调(台)	彩电(台)	黑白电视(台)	录音机(台)	放像机(台)	热水器(台)	太阳能(套)	脱排油烟机(台)	沙发(张)	席梦思床(张)	住房面积(平方米)
1983	1403	8	12	—	—	—	8	—	—	—	15	20	—	—	—	—	25	—	15
1985	2200	12	18	—	—	—	218	—	—	—	120	180	—	—	—	—	48	—	20
1990	3281	85	127	—	—	10	580	12	—	12	780	220	—	—	—	—	650	15	25
1995	3480	310	260	—	—	420	1700	86	—	260	1500	360	—	12	8	—	1150	180	30
2000	1500	320	370	180	3	750	2200	310	95	1200	300	250	50	18	550	35	1320	450	30
2005	1300	210	670	380	15	1342	2560	850	485	1897	—	166	350	22	1086	345	1450	1085	35
2010	350	90	480	2360	65	1352	2120	960	985	1950	—	125	360	25	1350	565	1500	1250	35

说明:上表除住房面积外为人均数,其他均为全村拥有量

1919 年,废灶兴垦,大丰盐垦公司从海门启东迁来棉农开垦种植棉花。当时启海移民买些毛竹、茅草,建简易的茅草房两三间,四面芦芭当墙,屋面用茅草苫盖,用草绳加网以防大风。“一个丁头

府，两间茅草房，三面不透风，四面烂泥墙，高不足五尺，六面冒盐霜”，每逢下雨，外面雨点小，屋内雨点大，外面雨停了，屋内还滴滴答答下，这正是解放前大中区域贫苦农民居住环境的真实写照。据1963年，调查和瑞村解放前143户人家中，除地主、富农以及保长家外，穷苦农民住“滚龙舍”的有7户、住“芦芭墙”的有40户、住泥墙草盖的有27户。

解放后，居住条件逐步得到改善。20世纪50年代末，农民住的还是泥墙草盖，人均居住面积只有五六个平方米。60年代中后期，50%的农户住上砖墙草盖，人均居住面积10平方米左右。70年代末，泥墙草盖的房子已经很少，90%以上的农民住青砖红瓦的两合头（三间主房，二间厨房），主房的建筑面积在60平方米左右，附房10多平方米，人均居住面积20平方米。

改革开放后，特别是90年代后期人们拆除平房盖楼，拆去旧楼盖别墅，不但“大”而且还要“洋”，一般别墅建筑面积都在200平方米以上。装潢更是富丽堂皇，屋面琉璃瓦，外墙贴瓷砖，室内贴墙布。

2010年年末，大中镇农村居民实有住房177350间，全年竣工住房面积88250平方米，全年实有砖瓦结构户31020户，有住楼房户14342户，人均居住面积43.5平方米，最高的达90多平方米（包括附属用房）。

随着国民经济的快速、稳定发展，农村居民生活水平有明显提高，人均纯收入增长更快。1991年，大中镇农村人均纯收入952元，1996年达3225元，增长2.4倍，扣除物价因素，增长85.3%，年平均增长17.1%。2010年，人均纯收入12324元，比1996年增长3.82倍。最高的同德村年人均纯收入19200元，最低的八灶村，年人均纯收入10010元。是年，全镇农村居民人均生活消费支出6647元（其中食品消费2238元）。

1969年农村人民公社社员每人平均纯收入、口粮情况表

表23－2－3 单位：人

区域	生产队总数（个）	社员分配每人平均纯收入					社员平均每人全年口粮					
		30～50元	51～70元	71～100元	101～150元	200元以上	100千克以下	100.5～125千克	125.5～150千克	150.5～175千克	175.5～200千克	200.5～250千克
大中镇	6	—	—	3	2	1	—	—	—	—	6	—
大道	83	—	3	60	20	—	—	—	—	—	73	10
大兴	59	—	9	30	20	—	—	—	1	—	58	
新团	102	21	52	28	1	—	—	—	—	—	51	51
五星	124	5	25	63	29	2	—	—	2	10	109	3

1966—1983年部分年份社员收益分配情况表

表23－2－4

年份	区域	人口（人）	收益分配				口粮水平（千克）
			总收入（万元）	社会分配（万元）	占比（%）	人均（元）	
1966	大道	18551	443.01	252.37	57	136.04	171.25
	大兴	12291	237.59	135.19	56.9	109.99	106.2
	大中	1252	27.63	15.72	56.9	125.60	159.8

续表23－2－4

年份	区域	人口(人)	收益分配				口粮水平(千克)
			总收入(万元)	社会分配(万元)	占比(%)	人均(元)	
1968	大道	19802	538.46	303.31	56.3	153.17	192.5
	大兴	13024	304.89	163.17	53.5	125.28	160.0
	大中	1320	36.01	19.38	53.9	146.81	187.5
1969	大道	20632	355.9	186.8	52.5	90.53	196.0
	大兴	13521	236.8	121.2	51.3	89.63	188.5
	大中	1380	27.7	14.1	51.1	102.17	186.5
1970	大道	21525	391.43	206.91	52.9	96.12	199.0
	大兴	14136	244.96	121.95	49.8	86.27	198.5
	大中	1435	29.59	15.05	50	104.88	200.0
1972	大道	21700	425.33	230.86	54.3	106.39	206.5
	大兴	14000	238.03	120.92	52.8	86.37	204.5
	大中	2200	42.30	23.30	55	105.31	206.0
1974	大道	22313	579.02	314.90	54.4	141.13	210.0
	大兴	13800	331.00	176.88	53.4	128.17	209.0
	大中	2741	61.62	35.54	57.6	129.66	209.5
1975	大道	22715	658.02	347.65	52.8	153.05	210.0
	大兴	13985	354.26	185.98	52.5	132.98	209.0
	大中	2819	69.69	38.14	57.2	135.30	210.0
1977	大道	23446	619.19	329.18	53.3	140.40	205.5
	大兴	14376	362.68	184.88	51.0	128.60	203.0
	大中	2847	68.51	36.60	53.4	128.56	210.5
1978	大道	23158	658.86	358.09	54.3	154.63	217.5
	大兴	14647	370.80	196.53	53.0	134.18	217.0
	大中	2383	66.97	36.25	54.1	152.12	217.5
1979	大道	226884	771.82	420.90	54.5	185.52	232
	大兴	12762	392.25	204.73	52.2	160.42	224
	大中	4473	121.22	65.85	54.3	147.22	221
1980	大道	22678	579.72	294.67	50.8	129.94	225.5
	大兴	12731	278.82	128.97	46.3	101.30	226.5
	大中	4187	109.85	61	55.5	145.69	227
1981	大道	21644	844.06	450.32	53.4	208.05	231
	阜丰	11246	430.84	222.71	51.7	198.03	229
	大中	4061	128.46	73.54	57.2	181.09	232

续表 23－2－4

年份	区域	人口(人)	收益分配				口粮水平(千克)
			总收入(万元)	社会分配(万元)	占比(%)	人均(元)	
1982	大道	21431	650.10	307.45	47.3	143.46	267
	阜丰	10323	306.36	141.82	46.3	137.38	231.5
	大中	3535	125.23	67.71	54.1	191.54	224.5
1983	大中镇	42000	2103.25	1742.07	82.8	414.78	313.5

1985 年、1988 年农村收益情况表

表 23－2－5　单位：元

年份	区域	总人口		总收入						其中：出售产品收入	人均		
		户数(户)	人口(人)	合计		农业收入		非农业收入			合计	集体经营	家庭自营
				金额	其中：自营	金额	其中：自营	金额	其中：自营				
1985	大中	11993	42190	2586	939	2254	658	332	281	1596	463.9	317.2	146.7
	新团	6348	24807	1680	610	1497	436	183	174	959	360.8	231.8	129.0
	王港	651	2358	184	48	174	38	10	10	132	525.9	424.1	101.8
	裕华	9917	33020	2647	822	2426	615	221	207	1895	482.7	354.0	128.7
1988	大中	11993	42190	2586	939	2254	658	332	281	1596	463.9	317.2	146.7
	新团	6348	24807	1680	610	1497	436	183	174	959	360.8	231.8	129.0
	王港	651	2358	184	48	174	38	10	10	132	525.9	424.1	101.8
	裕华	9917	33020	2647	822	2426	615	221	207	1895	482.7	354.0	128.7

1998 年农村住户收入情况表

表 23－2－6　单位：元

区域	全年纯收入	一、基本	1. 劳动者报酬	2. 家庭经营						二、转移性	三、财产
					种植业	林业	牧业	渔业	其他		
大中	4831	4764	1199	3565	2301	167	400	445	252	43	24
新团	4891	4849	380	4469	3379	—	415	87	588	42	—
裕华	5403	5257	436	4821	4017	1	204	63	536	70	76
王港	5052	4994	416	4578	4171	—	158	196	53	34	24

2004—2010 年农村居民收入情况表

表 23－2－7　　单位:元

年份	区域	全年纯收入	一、工资性收入	在非企业组织中劳动收入	劳动力转移收入	二、家庭经营纯收入	第一产业纯收入	农业收入	林业收入	牧业收入	渔业收入	非农产业纯收入	二产收入	三产收入	三、财产性纯收入	四、转移性纯收入
2004	大中	5170.44	1466.19	257.61	1208.58	3606.89	3361.30	2516.81	16.61	715.34	112.54	245.59	52	193.59	31.87	65.49
	裕华	5251.77	1252.03	257.61	994.42	3910.32	3647.67	3028.62	3.23	435.36	180.46	262.65	30.14	232.24	31.87	57.55
2005	大中	5770	2031	293	1738	3637	3319	2215	43	842	319	318	101	217	36	66
	裕华	5913	1745	293	1452	4074	3754	2703	8	513	530	320	59	261	36	58
2006	大中	6547	2548	330	2218	3766	3302	1962	49	924	367	464	160	304	124	109
	裕华	6552	1786	330	1456	4555	4095	2928	9	565	593	460	94	366	124	87
2007	大中	7522	2540	352	2188	4764	4157	2509	60	1115	473	607	193	414	137	81
	裕华	7300	2125	352	1773	4990	4716	4034	12	250	420	274	44	230	101	84
2008	大中	9190	—	—	—	—	—	—	—	—	—	—	—	—	—	—
	裕华	8784	—	—	—	—	—	—	—	—	—	—	—	—	—	—
2009	大中	10551	—	—	—	—	—	—	—	—	—	—	—	—	—	—
	裕华	10100	—	—	—	—	—	—	—	—	—	—	—	—	—	—
2010	大中	11740	3904.48	327	3577.48	5569.96	4927.14	3798.58	70.20	639.87	418.49	642.82	262.96	379.86	98.03	428.69

1990—1996 年大中镇农民消费支出情况表

表 23－2－8　　单位:元

年份	生活消费支出	其中各项支出所占比(%)					
		食品	衣着	用品	住房	燃料	服务性支出
1990	621.6	38.3	10.4	21.8	22.2	0.1	7.2
1991	772.0	55.6	9.7	15.3	9.8	2.7	6.9
1992	876.0	49.7	10.8	12.6	22.6	0.4	4.9
1993	856.6	52.4	10.5	9.0	21.7	3.6	2.8
1994	1211.3	49.4	7.7	7.6	24.3	9.7	1.3
1995	1658.2	68.8	7.8	8.1	11.1	3.1	1.1
1996	1997.5	63.0	9.9	9.7	13.1	3.2	1.1

2000 年农村居民人均生活消费现金支出表

表 23－2－9　　单位:元

指　标　名　称	支出金额	指　标　名　称	数　量
一、食品	731.86	（三）家庭日用杂品	53.63
（一）副食	265.68	五、医疗保健	246.49
（二）其他食品	215.73	六、交通和通信	210.60

续表 23－2－9

指 标 名 称	支出金额	指 标 名 称	数 量
二、衣着	122.30	（一）交通工具	75.20
三、居住	518.72	（二）动力燃料	10.48
（一）住房	437.39	（三）通讯工具	5.36
（二）电费	32.45	（四）交通费	33.02
（三）水费	12.30	（五）邮电费	58.87
（四）燃料	28.40	（六）交通、通信工具修理费	27.68
四、家庭设备、用品及服务	144.07	七、文教娱乐用品及服务支出	448.05
（一）耐用消费品	75.50	（一）文化教育、娱乐用品	45.52
（二）床上用品	4.02	（二）文化教育、娱乐服务	402.53

2001 年、2010 年农村居民人均支出和纯收入情况表

表 23－2－10　　单位：元

年份	单位	全年总支出	支出															全年纯收入
			家庭经营费用支出	购置生产性固定资产支出	生产性固定资产折旧	税费支出	生活消费支出	食品	衣着	居住	家庭用品及服务	医疗保健	交通和通信	文教用品及服务	其他商品及服务	财产性支出	转移性支出	
2001	大中	4801	1186	25	84	249	2792	1032	122	593	175	162	221	418	69	136	413	4173
	裕华	5006	1237	26	87	260	2911	1077	127	618	183	168	230	436	72	142	430	4353
2010	大中	12737.71	4665.3	277.04	—	78.58	6646.61	2237	360.73	1110	539.12	235.62	809.52	1223.79	129.46	62.01	1008.18	10001.17

第三节　城镇居民

一、收　　入

新中国成立初期，由于处于国民经济恢复期，国家经济基础比较薄弱，私营工商业仍占相当大的比重，故一般职工以及干部工资都比较低微，仅可维持一般的基本生活。

1951 年前实行供给制，其供给标准为：

区级机关干部　每人每月配发大米 22.5 千克、猪油 0.5 千克、猪肉 0.5 千克、黄酒 0.125 千克。区长和区委书记（区编制，正副区长、正副书记、民兵大队长等 3～4 人可享受待遇）每人每月杂粮 60 千克，自 1950 年改发大米 60 千克（时米价每千克旧人民币 47.5 元）。

工厂工人　国营苏北棉产加工厂（后更名大中轧花厂），一般工人每人每月大米 40～45 千克，技术人员 80～100 千克左右。实行半供给制，一般正式职工每人每月 12 元，临时工每天 1.5 千克左右大米（私营裕民轧花碾米厂，固定工人实行工资制）。1949 年，熟练工人一般每月是按大米 200 千克价发给，技术人员 350～500 千克。私营大中油坊的榨油工，以出油榨数计酬，豆油每榨获得 0.25 千克、棉籽油每榨获得 0.5 千克。一个榨油工，每天起早带晚可榨 3 榨，时之豆油价每千克 0.245 元，每天工资仅0.7元左右,一般杂工以榨油工八折付酬,每天约0.5~0.6元。

商业企业职工　国营江海公司是新中国成立初期大中镇唯一的国家经营商业性公司,解放战争时期随部队经营。1948—1950年期间,一般职工每月配给大米45千克左右。

教师　1950年前,完小校长每月大米60~75千克,教导主任60~70千克,教师50~65千克,校工35~50千克,初小校长、教师35.5~50千克。

其他　社教工作者、民教馆馆长每月大米60~75千克,干杂务人员40~70千克;俱乐部主任每月大米55~70千克,干杂务人员55~65千克。

1951年后,实行工资分值制,每月公布。按当月主要必需品价格折算的工资分值。一般一个工资分值为0.2元左右,每人每月平均工资分值为120个左右,约合25元左右。(注:解放初期,各种货价浮动较大,尤以粮价为最,故解放初期的职工工资,一般以适时粮价支付。)

合作化后,一般国营工商职工(老职工)每月工资30元左右,新吸收徒工每月工资13元。干部与工商职工基本相似。合作及集体企业(包括镇办企业)工资浮动较大,商业一般30元左右,搬运工人工资稍高,一般50元上下,镇办工业职工工资较低,一般在20元左右。

1958年,针织厂织布工人每天工作12小时,月工资20元左右,无加班工资和奖金。1966—1976年"文化大革命"期间,职工工资基本未变,一些企业非但没有提高,有的连基本工资都难以周全。自1977年开始,国家先后三次调整职工工资。一般职工工资都上升30%左右,职工福利有很大提高。据调查,全民工厂(如飞轮厂、化肥厂、淮南二厂等)的新徒工,月基本工资为20元,加上衣服费、洗理费、奖金、夜餐补助等,不下40元。镇办企业职工工资亦逐步上升,1980年,大中镇镇办企事业职工平均工资48.73元,较1976年增长32.5%。

1992年以后,大中镇国民经济得到快速、稳定发展,人均工资收入连年增加,城镇居民生活水平有明显改善,1991年为1588元,1996年达到4769元,5年增长2倍,扣除物价因素,增长65.3%,年均增长13.1%。

2005年,城镇企业职工年工资总额12663元,事业单位16110元,公务员29983元。

2010年,城镇从业人员企业职工年工资总额33353元,事业单位31452元,公务员47266元。

1956—1972年大中镇部分年份镇办工业职工平均工资情况表

表23-3-1　　单位:元

单位＼年份	1956	1959	1961	1962	1963	1964	1965	1966	1971	1972	备注
农具厂	33.90	40.00	—	—	—	—	—	—	—	—	
鞋帽厂	11.01	35.50	35.00	30.60	24.20	30.70	33.50	24.97	—	—	县皮鞋厂和皮毛厂
光仪厂	—	32.00	31.00	25.00	26.00	23.00	32.40	31.30	31.18	30.28	光仪厂和量具刃具厂
草织厂	—	19.20	—	36.00	35.00	32.00	24.00	25.00	—	—	
针织厂	—	30.00	23.30	22.90	16.36	19.60	20.00	18.25	29.99	26.5	
砂石厂	—	30.00	—	—	—	—	—	—	—	—	
纤维厂	—	19.00	—	—	—	—	—	—	—	—	
修配厂	60.00	45.40	—	37.38	24.19	31.96	40.40	36.50	46.82	43.56	县五金厂
服装厂	35.66	45.00	—	37.15	24.82	28.45	26.90	—	—	—	
粮油厂	—	—	—	—	—	40.00	45.00	36.20	35.70	—	
印刷组	—	—	—	—	15.00	22.00	22.50	29.76	23.80	27.54	县印刷厂

续表23-3-1

年份 单位	1956	1959	1961	1962	1963	1964	1965	1966	1971	1972	备 注
钟文社	—	—	—	42.65	34.39	39.81	41.78	34.00	34.42	36.50	县文化用品社
支农厂	—	—	—	—	—	—	—	—	39.34	—	
清管所	—	—	21.00	25.00	25.60	25.50	—	—	23.98	24.88	
服务站	—	—	21.30	21.00	20.00	22.30	26.10	32.52	—	—	镇招待所
养蜂场	—	—	—	—	24.90	27.40	—	—	—	—	
养殖场	—	—	33.10	34.00	35.40	35.20	—	—	44.00	32.80	
染织厂	—	—	—	—	—	—	—	—	28.00	33.00	
量刃具厂	—	—	—	—	—	—	52.00	35.75	—	30.50	

1962—1972年大中镇部分年份商业职工工资情况表

表23-3-2 单位:元

年份 单位	月平均工资									
	1962	1963	1964	1965	1966	1967	1968	1969	1971	1972
第一烟酒	31.50	32.74	35.23	36.40	32.03	35.64	33	33.30	32.70	33.13
第二烟酒	32.75	28.66	38.67	37.86	—	—	—	—	—	—
南货	32.92	38.10	38.54	37.12	31.68	41.80	34.77	34.70	35.12	35.50
新街百货	30.08	37.49	39.27	37.39	31.68	33.55	31.37	29.48	35.87	37.91
光华百货	34.17	41.57	43.05	—	—	—	—	—	—	—
老街百货	36.80	—	39.20	38.97	27.50	31.84	31.55	—	33.28	32.68
大新百货	34.10	39.30	—	—	—	—	—	—	—	—
酱园	32.92	38.83	38.35	42.83	30.18	36.28	34.69	30.29	35.75	34.28
木窑	28.22	40.30	38.13	37.67	—	—	—	—	—	—
燃料	37.40	41.44	39.28	32.76	33.22	30.10	33.46	34.81	35.1	34.59
河南下伸点	32.40	—	—	—	31.83	42.29	40	40.63	41.82	—
河北下伸点	30.50	—	—	—	—	—	—	—	—	—
茶食	32.29	40	35.70	37.45	32.94	34.74	32.91	34.16	35.46	34.58
中心豆腐店	36.29	32.73	38	44.32	37.77	36.20	36.96	36.97	35.10	35.50
大刘豆腐店	34.60	—	—	—	—	—	—	—	—	—
光华豆腐店	31.09	30.07	38.07	—	—	—	—	—	—	—
新街饭店	28.77	—	—	33.77	28.91	33.44	33.60	38	—	—
光华饭店	32.83	29.13	—	—	—	—	—	—	—	—
老街饭店	29.20	26.63	33.12	—	—	—	—	—	—	—
旅客饭店	33.99	29.38	28.22	—	—	—	—	—	—	—
经济小吃	28.78	—	—	—	—	—	—	—	—	—
饼面商店	37.40	42.02	38.90	37.86	35.28	35.94	36	34.30	33.61	—
光明照相	30	—	—	—	—	—	—	—	—	—

1981 年、1986 年大中镇部分镇办企业职工工资情况表

表 23－3－3　　单位：总额：万元、月均：元

单位	年份	年末总人数	工资总额	平均月工资	单位	年份	年末总人数	工资总额	平均月工资
针织厂	1981	343	17.15	41.67	粮油厂	1981	86	4.50	43.60
	1986	793	53.92	56.67		1986	102	9.63	78.68
丝织厂	1981	85	3.95	38.73	服装厂	1981	155	7.44	40.00
	1986	238	14.31	50.11		1986	140	9.20	54.76
染织厂	1981	330	16.12	40.71	印刷厂	1981	98	5.27	44.81
	1986	532	39.81	62.36		1986	208	14.40	57.69
量刃具厂	1981	175	10.63	50.62	红光厂	1981	56	2.87	42.70
	1986	259	24.68	73.41		1986	64	4.89	63.67
光仪厂	1981	189	9.35	41.23	二建司	1981	163	10.76	55.01
	1986	112	8.76	65.18		1986	355	25.78	60.52
家具厂	1981	47	5.18	91.84	陵园饭店	1981	72	3.48	40.28
	1986	108	9.18	70.83		1986	73	6.88	78.54

1990—1995 年大中镇干部职工收入情况表

表 23－3－4　　单位：元

年份	机关干部平均工资	教职员工平均工资	职工平均工资			城镇居民家庭人均收入
			全民职工	县办职工	镇办职工	
1990	2097	1873	2140	1685	1385	1583
1991	2162	1904	2262	1748	1411	1588
1992	2701	2406	2103	2253	1587	2131
1993	3334	2872	3468	2727	1875	2213.16
1994	5430	4839	4802	3087	2470	3221
1995	5819	5374	5382	4117	3615	3896

2001—2010 年城镇住户现金收入（人均）表

表 23－3－5　　单位：元

项　目	2001	2002	2003	2004	2005	2006	2007	2008	2009	2010
一、期初手存现金	1057	8048	6766	6173	5645	—	—	—	—	—
二、家庭总收入	5806	6653	7099	7647	8875	10284.93	11949.5	14221	16140	18445
其中：可支配	5772	6225	6643	7118	8264	9514.03	—	—	14887	16953
（一）工薪收入	4051	4276	4686	4888	5961	7067.96	7906.77	8621	9773	11052
1. 工资及补贴	3932	4052	4615	4803	5905	6981.09	7830.37	8369	9724	—
2. 其他劳动	119	224	71	85	56	86.87	76.4	251	49	—

续表 23－3－5

项　目	2001	2002	2003	2004	2005	2006	2007	2008	2009	2010
(二)经营净收入	236	374	564	691	447	577.29	700.02	1414	1701	2224
(三)财产性收入	57	362	62	70	97	77.67	52.63	138	226	298
(四)转移性收入	1462	1641	1787	1998	2369	2562	3290.08	4049	4440	4871
三、出售财物收入	2		836	1593	2	488.43	—	—	—	—
四、借贷收入	1182	1801	3889	2845	2929	3381.32	—	—	—	—

二、生活消费

衣着　“新三年、旧三年、缝缝补补又三年”“新老大、旧老二、补补衲衲是老三”，这正是20世纪70年代以前人们衣着的真实写照。一般居民穿着多为海门土布，难得做一两件“洋布”“竹布”衣衫，贫者出客还往往向亲友商借。合作化时，人们的穿着有所改进，纱卡、毕叽、苏联花布（花洋布）已经普遍，绒衣、毛线衣偶有所见，呢、毛制服尚少。据调查，1958年，大刘居委会19户居民71个家庭成员，有7人穿上毛线衣，占10%。1962年，有毛线衣的增加到44人，占62%，并有3人穿上呢毛制服。1981年，该居委会第五行政组19户居民中，有毛线衣190余件，人均1.5件；呢毛制服51件（不包括化纤之类）；其他化纤织品，如尼龙衫裤、中长、涤棉之类，已成为人所皆备的正常衣着。过去所谓的“洋布”，除老者留作“传家宝”外，已难得寻迹。1987年，居民生活抽样调查，城镇居民购买衣着支出年人均127.94元，较1957年的11.23元增长10.4倍。2000年，城镇居民购买衣着支出年人均433元。2005年，城镇居民购买衣着支出年人均686元。2010年，城镇居民购买衣着支出年人均1367元。随机抽样调查显示，2010年，城镇居民人平衣着拥有量：皮（含高档裘皮）大衣0.3件，羽绒服3件，春秋时装5～8套，羊毛衫（毛线衣）3件，中档以上皮鞋5双，丝绸2套，皮鞋5～8双。

饮食　新中国成立前，大中镇人通常半年糠菜半年粮，以玉米、大麦、瓜、薯、谷子等为主要食粮，若遇荒欠收之年，则以海边自生自来的盐蒿种子来度日。战乱之年，物价飞涨，城镇居民往往日无鸡啄米、夜无鼠耗粮，更甚者，则外出乞讨为生。

新中国成立后，人民生活不但有保障而且逐步提高。1954年起，城镇居民粮油开始实行定量计划供应，每月口粮供应按大小人口及工种不同而异。

1954年城镇居民定量口粮标准表

表 23－3－6　　单位：千克

居民				中学生	老师、医生、营业员、机关工作人员	保管员炊事员手术医生电焊工人	民警法警看守警	车、铣、钳、刨、冲压工	翻砂搬运挖泥工	消防人员
3岁以下	2～6岁	6～10岁	10岁以下							
3.5	6.5	10	12	16	14	15	16	17	18～22	22.5

20世纪60年代，人民饮食消费仍以粮食、蔬菜为主，荤食品较少，人年均食肉量5千克左右。三年困难时期，人民生活水平下降，城镇居民粮食供应极度不足，靠瓜菜、皮糠等维持生计，1千克米煮20几千克饭，野菜里找米粒，山芋滕、玉米衣稞做无粮饼干，一个季度吃不上一次荤菜。

“文化大革命”结束后，生活水平逐步恢复。1976年，年人均口粮210千克，城乡居民年人均食肉增长到8.5千克。食粮结构亦由杂粮型向米面型转化。

1959年、1962年城镇居民生活月消费数量与价格（当年价）表

表23－3－7

1959年				1962年			
品　名	单位	数量	金额（元）	品名	单位	数量	金额（元）
米	千克	12	2.71	米	千克	12	2.71
柴草	千克	50	1.00	柴、煤	千克	20	1.50
油	千克	0.25	0.36	油	千克	0.025	0.16
盐	千克	0.5	0.14	盐	千克	0.5	0.15
佐料	千克		0.13	佐料	千克	0.5	0.14
鱼	千克	0.5	0.35	鱼	千克	0.5	0.80
蔬菜	千克	15	0.90	蔬菜	千克	15	1.50
早晚菜			0.45	早晚菜			0.90
布	5.33米		月均0.55	布	5.33米		月均0.55
猪肉	千克	0.25	0.37	住房	房地租、维修费月均		0.50
住房	房地租、维修费月均		0.50	火油	（人均照明）	0.20	
火油	（人均照明）		0.20	合计			9.15
合计			7.70				

1980年城镇居民月消费数量与价格（当年价）表

表23－3－8

品　名	单位（千克）	金额（元）	品　名	单位（千克）	金额（元）
粮	4.92元				
计划粮	14	—	干面	4.5	1.49
粳米	5.5	1.54	议价灿米	1	0.49
灿米	4	0.96	面粉加工费	—	0.44
菜金	6.64元				
计划油	0.2	0.28	茄子	0.5	0.13
盐	0.5	0.14	豇豆	0.5	0.15
味精	0.06	0.40	小鱼	0.5	0.40
酱油	0.5	0.20	鸡蛋	2只	0.23
醋	0.25	0.04	番茄	0.5	0.15
猪肉	0.75	1.41	丝瓜	0.5	0.15
贝类	1	0.21	洋葱	0.5	0.15
青菜	0.5	0.05	包菜	0.5	0.05
青椒	0.5	0.20	四季豆	0.5	0.13
黄瓜	0.5	0.10	韭菜	0.5	0.16
水豆腐	1方	0.12	绿豆芽	0.5	0.20

续表 23－3－8

品　　名	单位（千克）	金额（元）	品　　名	单位（千克）	金额（元）
姜、葱	零买	0.10	黄豆荚	0.5	0.14
辣粉	1小袋	0.10	糖	0.15	0.25
早晚菜	—	1.00			
杂支	5.13元				
茶叶（价高1元多低的0.25元）	1两	0.50	邮票	—	0.24
香烟（来人招待用）	1包	0.37	煤	20	1.00
酒（调料酒）	—	0.40	木柴	2.5	0.20
肥皂	1块	0.24	电	2千瓦时	0.41
牙膏	半支	0.20	房租（价格取中下等的）	9平方米	0.80
牙刷	折旧	0.05	文娱费（看电影首映0.15元，复映0.10元，宽银幕加双，县级剧团演出0.30元）	—	0.25
理发（刮脸）	—	0.30			
洗澡（高价0.22元，低价0.12元）	—				
衣着等年支76.09元，每月平均6.34元					
毛巾一年二条	年支	1.56	春秋衫四年一件	年支	5.00
草帽二年一只	年支	0.50	衬衫三年一件	年支	3.00
汗衫一年一件	年支	3.00	被面十年一条	年支	1.20
短裤二年三条	年支	2.50	走鞋一年一双	年支	3.40
长裤四年一条	年支	2.50	棉鞋三年一双	年支	1.70
棉袄五年一件	年支	3.00	钉鞋底	年支	1.60
绒线裤、衫五年一件	年支	4.00	袜子一年一双	年支	2.00
手套五年一付	年支	0.60	棉帽五年一顶	年支	0.90
扇子每年折旧	年支	0.10	球鞋三年一双	年支	1.30
帐子六年一顶	年支	2.00	套鞋五年一双	年支	1.60
席子六年一条	年支	0.60	凉鞋三年一双	年支	1.68
棉絮六年一条	年支	1.30	棉毛衫一年一件	年支	3.00
枕巾二年一条	年支	0.60	雨伞四年一把	年支	0.35
垫被六年一条	年支	1.20	被里四年一条	年支	2.10

说明：春节时每人约多支24元，每月平均2元

1987—1996年部分年份大中镇居民人均主要食品消费情况表

表 23－3－9

年份	粮食（千克）	动、植物油（千克）	白酒（千克）	猪肉（千克）	蔬菜（千克）	禽蛋（千克）	鱼虾（千克）	食糖（千克）	卷烟（盒）
1987	131.00	5.55	11.10	23.85	133.40	5.45	10.9	3.55	44.20
1988	148.30	5.75	8.95	18.88	121.30	6.65	11.35	4.60	39.10

续表 23-3-9

年份	粮食（千克）	动、植物油（千克）	白酒（千克）	猪肉（千克）	蔬菜（千克）	禽蛋（千克）	鱼虾（千克）	食糖（千克）	卷烟（盒）
1989	126.50	4.70	8.85	20.30	115.00	7.25	11.45	3.90	30.50
1994	93.60	6.00	10.80	18.00	18.40	10.80	13.20	2.40	64.80
1995	98.40	6.00	12.00	19.40	80.40	8.40	14.4	2.40	36.00
1996	94.80	4.80	3.60	18.00	84.00	9.60	15.60	2.40	31.20

1987 年，城镇平均每人食品消费为 423.88 元，月均 35.32 元，比 1980 年的 11.47 元增长 208%。副食品增加，主食减少。城镇居民粮食消费年平 128.5 千克，月均 10.7 千克。荤食品的年消费量 39.4 千克，其中猪肉 23.4 千克、鲜蛋 5.3 千克、鱼 10.7 千克。

2000 年，城镇居民食品年消费人均支出 1882 元，其中粮油消费 254 元，肉蛋禽类消费 644 元，蔬菜类消费 116 元，烟酒类消费 307 元，奶制品 62 元。2004 年，人均食品消费总额 2047 元，其中粮油类 373 元，肉禽蛋水产类 633 元，蔬菜 141 元，烟酒 293 元，奶制品 137 元。2010 年，人均食品消费 3985 元，其中粮油类 544，蛋禽类 1127 元，蔬菜 333 元，烟酒类 573 元，奶制品 262 元。

住房　解放前，大中镇受战乱影响发展缓慢。据 1981 年调查，解放初，大刘居委会第五行政组 14 户居民瓦房只有 3 户计 7 间，1965 年增加到 9 户 24 间。1981 年，该组住户全部住上瓦房，户均 3.3 间。1984 年，对城镇居民户进行调查，被调查的 2413 户、9133 人口，合计住房面积为 13.85 万平方米（不含县直、水上和公房），人均居住面积为 7.55 平方米。城镇居民居住水平（按房屋使用面积）人均 2 平方米以下的有 304 户、871 人，占全镇居住户的 12.6%；2～4 平方米的 8 户、34 人，占 0.33%；4～6 平方米的为 35 户、136 人，占 1.45%；6～8 平方米的为 79 户、364 人，占 3.27%；8～10 平方米的为 153 户、736 人，占 6.34%；10 平方米以上的为 1834 户、6993 人，占 76.01%。

随着生活水平的提高，城镇居民居住条件得到进一步改善，不少居民自建住宅或自费购买商品住宅。住房建筑质量越来越高，低层楼房日益增多，砖木结构与钢筋混凝土面积所占比重增加。1987 年，城镇居民用于购买房屋、建材支出平均每人 27.58 元，占生活费支出的 3.28%。1985 年，人平住房面积约达 7.55 平方米。1995 年，城镇人均居住面积为 12.1 平方米。2002 年，城镇居民人均住宅使用面积 18.2 平方米。2010 年，人均住房建筑面积达 35.9 平方米。

2005 年、2010 年城镇住房家庭基本情况表

表 23-3-10

指标	单位	年度及拥有量		指标	单位	年度及拥有量	
		2005 年	2010 年			2005 年	2010 年
家庭居住人口数	户/人	2.85	2.63	纯净水	%	36.00	4.00
现住房总建筑面积	平方米/人	32.10	35.87	井、河水	%	0.00	—
现住房屋总使用面积	平方米/人	23.31	—	其他	%	0.00	—
房屋产权	合计	100.00	100	用水情况	合计	100.00	100
租赁公房	%	5.00	3.00	独用自来水	%	88.00	100
租赁私房	%	0.00	3.00	公用自来水	%	12.00	—
原有私房	%	7.00	3.00	其他	%	0.00	—
房改私房	%	41.00	23.00	卫生设备	合计	100.00	100

续表 23－3－10

指　　标	单位	年度及拥有量		指　　标	单位	年度及拥有量	
		2005 年	2010 年			2005 年	2010 年
商品房	%	41.00	68.00	无卫生设备	%	7.00	2.00
其他	%	6.00	—	有厕所浴室	%	90.00	95.00
住宅建筑式样	合计	100.00	100	有厕所无浴室	%	2.00	—
单栋住宅	%	0.00	3.00	公用	%	1.00	3.00
四居室	%	8.00	4.00	取暖设备	合计	100.00	100
三居室	%	30.00	46.00	无取暖设备	%	35.00	28.00
二居室	%	50.00	35.00	空调设备	%	61.00	70.00
一居室	%	1.00	2.00	暖气	%	1.00	—
普通楼房	%	2.00	3.00	其他	%	3.00	2.00
平房及其他	%	9.00	7.00	炊用燃料使用情况	合计	100.00	100
饮水情况	合计	100.00	100	管道煤气	%	8.00	24.00
自来水	%	64.00	96.00	液化石油气	%	92.00	76.00
矿泉水	%	0.00	—	煤	%	0.00	—

耐用消费品　解放初期，大刘居委会第五行政组有居民 14 户、49 人，仅有 7 张像样的床，一般是棍棒拼凑、泥土搁置的“光摊铺”。照明用食用油灯芯草，“方桌、小凳膝盖高，被窝、行李一担挑”。

到 20 世纪 50 年代中期，部分居民的家庭有大方桌、家神柜、四脚床等家具。1960 年，该组居民有自行车 2 辆、手表 5 块、缝纫机 1 台、收音机 1 台、衣橱 2 张、办公桌 5 张、大桌 5 张、热水瓶 30 只。1980 年，该组居民家中有电视机 9 台，平均 3 户 1 台；缝纫机 13 台，平均近 2 户 1 台；电风扇 13 台，平均 2 户 1 台；沙发 9 张，平均 3 户 1 张；自行车 40 辆，平均 2 户 3 辆；收音机、电唱机、录音机计 29 台，平均每户 1 台；钟表 88 只，平均每户 3 只多。各种衣橱 63 张，办公桌、大桌平均每户 2.4 张。1986 年，电视机、电风扇、收录机、沙发等中高档商品普遍进入城镇居民家庭，已由“缝纫机、自行车、手表”旧三大件向“电冰箱、彩电、洗衣机、高级音响”新四大件转化。

1987—1995 年大中镇城乡居民住房、交通及大件耐用消费品拥有量表

表 23－3－11

品名／年份	摩托车（辆）	自行车（辆）	洗衣机（台）	电风扇（台）	电冰箱（台）	彩色电视机（台）	黑白电视机（台）	录放像机（台）	收录机（台）	热水器（台）	脱排油烟机（台）	沙发床（张）	沙发（张）	城镇居民住房面积（平方米）	农村居民住房面积（平方米）
1987	2	186	76	112	6	26	58	—	56	—	—	—	146	10.2	30.3
1988	2	218	92	134	26	44	64	—	86	—	—	—	154	—	30.8
1989	2	222	96	196	42	42	60	—	70	—	—	—	154	—	32.2
1990	—	234	92	236	48	44	56	—	—	—	—	14	150	9.7	24.6
1991	—	226	90	224	62	68	36	—	—	—	—	10	122	10.55	26.6
1992	—	236	98	244	66	70	36	4	—	2	6	10	122	10.2	27.4
1993	—	250	106	256	70	76	36	4	—	4	18	10	124	10.3	28.2

续表 23－3－11

品名 年份	摩托车(辆)	自行车(辆)	洗衣机(台)	电风扇(台)	电冰箱(台)	彩色电视机(台)	黑白电视机(台)	录放像机(台)	收录机(台)	热水器(台)	脱排油烟机(台)	沙发床(张)	沙发(张)	城镇居民住房面积(平方米)	农村居民住房面积(平方米)
1994	10	252	98	254	76	86	38	8	68	22	24	10	140	11.4	24.5
1995	14	266	98	272	78	82	38	8	54	36	42	14	150	12.1	23.98

说明：上表除住房面积为人均外，其他均为每百户拥有量

进入90年代，空调器、冰箱、组合音响、淋浴热水器、电脑等开始进入居民家庭。

1991年，城镇每百户主要耐用品拥有量：自行车113辆、缝纫机36架、电风扇112台、洗衣机45台、电冰箱31台、黑白电视机18台、彩色电视机34台、照相机3台、电炊具32个、沙发床5张、沙发61张、中高档乐器4件。

进入21世纪，消费电器商品开始更新换代，高清晰度、大屏幕彩电，新型大容量、多开门冰箱及低噪音、模糊型、滚桶式全自动洗衣机成为首选目标。

2001年，城镇每百户住户主要消费品拥有量：组合家具58套、摩托车26辆、自行车212辆、缝纫机56辆、洗衣机94台、电风扇216台、电冰箱86台、冰柜4台、彩色电视机104台、影碟机42台、录放像机14台、家用电脑2台、组合音响10台、录音机27台、照相机18台、其他中高档乐器6件、微波炉34台、空调器5台、电炊具148个、淋浴热水器50台、抽排油烟机58台、吸尘器10台、健身器材8台、移动电话14台。

2005年城镇住户每百户主要消费品拥有量情况表

表23－3－12

项　目	单位	数量	项　目	单位	数量
1. 成套家具	套	100	18. 钢琴	架	0
2. 摩托车	辆	70	19. 其他中高档乐器	件	6
3. 自行车	辆	192	20. 微波炉	台	84
4. 助力车	辆	16	21. 空调器	台	81
5. 家用汽车	辆	3	22. 取暖器	台	32
6. 洗衣机	台	101	23. 电炊具	台	63
7. 电风扇	台	195	24. 淋浴热水器	台	94
8. 电冰箱	台	96	25. 排油烟机	台	89
9. 冰柜	台	6	26. 消毒碗柜	台	2
10. 彩色电视机	台	152	27. 洗碗机	台	0
11. 影碟机	台	60	28. 饮水机	台	88
12. 录音机	台	15	29. 吸尘器	台	18
13. 录放像机	台	8	30. 健身器材	套	8
14. 家用电脑	台	31	31. 普通电话	部	152
15. 组合音响	套	25	32. 移动电话	部	127
16. 摄像机	台	3	33. 传真机	部	3
17. 照相机	台	26			

2010 年,城镇每百户住户有:摩托车 49 辆、助力车 82 辆、家用汽车 11 辆、洗衣机 99 台、电冰箱 99 台、彩色电视机 155 台、家用电脑 63 台、组合音响 30 套、摄像机 3 台、照相机 36 台、钢琴 2 架、其他中高档乐器 12 件、微波炉 96 台、空调器 103 台、淋浴热水器 97 台、消毒碗柜 4 台、健身器材 6 套、固定电话 118 部、移动电话 171 部、接入互联网的移动电话 30 部、接入有线电视网络的电视机 138 台、接入互联网的计算机 43 台。

1957 年,全县城乡居民生活消费品购买力年人均 68. 81、职工人均 147. 25 元。1987 年,城镇居民生活消费人均支出 840. 4 元(抽样调查),比 1957 年增加 5. 8 倍,城镇居民在收入增加的基础上,消费水平有明显的提高。1996 年,人均生活消费支出达到 3673 元,比 1991 年增长 1. 5 倍。以食品支出占全部消费额的恩格尔系数,城镇一直稳定在 48% 左右,在吃穿消费上城镇 5 年分别增长 1. 5 倍和 1. 7 倍。

2001 年,人均生活消费支出 4335 元。2005 年,人均生活消费支出 6951 元。2010 年,人均生活消费支出 12121 元,是 2001 年的 2. 8 倍。吃讲营养、穿讲质量、住讲宽敞、用讲高档,越来越多的居民家庭生活从量的满足转向质的改善。

2001—2010 年城镇住户人均消费支出情况表

表 23 - 3 - 13　　单位:元

年　份	2001	2002	2003	2004	2005	2006	2007	2008	2009	2010
消费支出	4335	4554	5779	5795	6951	7417. 38	8053. 96	9631. 57	10515. 63	12121
其中:服务性消费	—	—	1767	1512	1930	—	—	—	3015	3405
一、食品	1669	1553	1931	2047	2505	2623. 01	2897. 99	3672. 2	3723. 39	3985
(一)粮油类	237	237	297	373	359	385. 50	405. 86	512. 1	452. 17	544
(二)肉禽蛋水产品类	542	476	588	633	768	682. 03	861. 36	1079. 11	964. 97	1127
(三)蔬菜类	105	98	129	141	164	184. 05	217. 81	237. 27	264. 55	333
(四)调味品	34	36	29	31	35	39. 49	36. 58	51. 42	56. 13	66
(五)糖烟酒饮料类	276	289	306	293	334	290. 59	331. 22	433. 46	440. 39	573
(六)干鲜瓜果类	64	71	85	101	117	125. 45	119. 25	191. 54	192. 55	218
(七)糕点、奶及奶制品	70	68	130	137	164	146. 58	160. 83	240. 86	240. 59	262
(八)其他食品	72	35	64	105	92	117. 49	117. 9	143. 66	155. 29	142
(九)饮食服务	269	243	303	233	472	651. 83	647. 21	782. 78	956. 75	720
二、衣着	400	399	612	655	686	705. 06	747. 2	973. 81	1143. 72	1367
三、家庭设备用品及服务	406	276	455	357	353	339. 65	419. 95	652. 72	936. 43	1136
四、医疗保健	138	373	450	320	379	438. 54	398. 49	558. 44	625. 22	513
五、交通和通信	342	494	474	740	1202	1238. 94	723. 46	947. 33	989. 33	1460
六、教育文化娱乐服务	720	737	1055	819	1075	1243. 21	1652. 89	1796. 67	1989. 19	2373
七、居住	378	513	566	642	508	583. 35	946. 35	648. 38	734. 97	938
八、杂项商品和服务	282	209	236	215	243	245. 63	267. 62	381. 99	373. 39	349

第四节　宗教事务

一、教堂寺院

裕华佛教居士林　1936年，裕华公司陶叔彪等人发起筹建，地址于裕华街东北角。居士林有10多间房屋，内有像、乩坛等。信教居士有商人、农民、公司职员等约200多人。每逢初一、月半，佛教居士集中到居士林烧香、念经、敬佛。庙内还有扶乩、判语、问卜、求签等活动，预兆凶吉。1938—1939年间，海光中学借用，佛教活动逐渐减少。1941年7月22日，佛教居士林被日伪军占领。8月15—17日裕华攻坚战胜利后，居士林部分房屋被拆毁。1942年3月，伪军扩大伪化区，又派兵进驻，占用居士林房屋。当伪军占领当天，被新四军奔袭。居士林房屋全部拆毁。

大中集居士林　地点在原新街皮革厂销售门市部内（原大新路新街东巷11号），始兴于1938年，以谢挺华、黄志道、李伯贤等为首，信崇佛教，宣扬佛教教义。外界与裕华陶叔彪、刘庄高鹤年居士联络。1945年，随着大中镇光复而自行解体。

裕华天主教堂　1924年，法国籍神甫蓬士到裕华一带传教。1936年，法国神甫班茂爵在裕华镇北五排东头建天主教堂一所。主教堂高大、宽敞明亮，另有会客室、神甫办公室、宿舍、厨房、食堂等平房26间。礼拜天为教会活动日称为做礼拜。教徒们一进堂门，先用手划十字，向十字架祷告；神甫则站在台上念念有词，然后放焰火。发圣饼，洒圣水，引导大家念圣经。最盛时期有教徒600多人，除神甫外，还有修士、修女等神职人员。

班茂爵神甫能说简单的中国话，复杂的中国话则由中国教徒翻译。1943年，班茂爵死后，教堂改办为朝荣小学。主教堂于1971年拆毁。

大丰阜南基督教堂　大丰基督教堂位于大丰市大中镇阜南村三组境内，教堂负责人孙宏昌。

1997年5月，同德村基督教活动地点迁址大中镇阜南村（原是一个养鸡场），新建教堂一所，教堂局部4层，建筑面积987平方米，另有食堂5间，宿舍13间。

大中镇基督教自1970年由上海、金墩两地传入。1982年，在同德一组孙宏昌家中形成聚会点。1986年，经大丰县人民政府批准，设立大中镇同德村基督教简易活动点。孙宏昌负责主持活动，其妻崔氏有时也主其事。每周星期日为基督教信徒做礼拜活动日，每年12月25日耶酥圣诞节和春分后月圆的第一个礼拜天为复活节，基督教徒则还要参加当天的一次活动。每次活动的过程是“唱诗—祈祷—读经—讲道”，活动约1个多小时。参加活动的信徒，不讲条件，不举行仪式、不履行手续。传教的内容是中国基督教协会编辑的《新旧约全书》《赞美诗》为教材。1200余人的教徒中受过洗礼的正式教徒800多人。至2010年，基督教信徒达1300人。

阜南教堂

大丰基督教堂有老、中、青三结合的九人堂务管理委员会，孙宏昌为堂委会主任（历任负责人）。大丰基督教三自爱国运动委员会为全市基督教的办事机构，驻大丰基督教堂处理全市基督教事务。大丰基督教堂现有专职教牧人员6人（其中牧师1人、长老1人，神学生4人），工作人员1人。教会的活动经费、活动场所和教会工作人员的工资全靠信徒捐献。

基督教堂在同圣村、圩洋村等地有基督教活动点。

天皇寺 1941年3月，阜丰村有一和尚名许国桢。许和尚在征得本地族长及乡老同意后，在阜丰村中东匡4排9号田中间建一寺庙，取名“天皇寺”。

3月，许和尚边化缘筹集庙资边召人破土动工，历经数月，3间砖、瓦、杉木结构的大殿落成，墩基高约2米，门外置一生铁大鼎，大殿靠北墙设一排佛龛，八尊佛像前均设香炉，正中天皇大帝塑像高2米，出神入化，威严可鞠，逢年过节或春秋祭祀，四面八方善男信女手捧香烛，到此顶礼膜拜，终年香火不绝。寺庙建成以后，许和尚即稍然离去，云游四方，不见踪影。庙内先后更换两任住持，第一任住持王洪楼，阜丰西北匡人（今阜北西匡）；第二任住持徐立宽，今阜北中匡人。

“天皇寺”俗家子弟众多，每年春秋两季节的“太平会”都在寺内举行，赶庙会的男女老幼络绎不绝，每次皆延续数日，香资、饭食均由地方摊派。由于香火颇旺，天皇寺一度闻名当地。

建庙的费用一部分乃募化所得，一部分为各家各户捐赠而来，当时用生铁铸就的一口大钟上，凡出资人皆刻名其上，历经数十年，“文化大革命”“破四旧”时此钟下落不明。1954年，天皇寺大殿改作教室，办起学校，后又成为阜丰大队第二生产队仓库，80年代被拆除。

龙福庵 位于今新团龙福村，据《兴化县续志》载：1936年5月，兴化佛教委员会奉会调查记载龙福庵有土地10.8公顷。庵建于清光绪年间，南北穿堂三进，9间，另东厢5间，西厢5间，屋面均系草盖。1929年，周凤士等发起捐资修缮，屋面改用瓦盖，另设门楼1间，有过道，中间广场罗底砖铺地，场中置一铁香炉，高1米，四方香客陆绎不绝。抗日战争期间，大部分建筑被游击队拆毁用于抵敌，只留东厢5间，后改做学校，遗址尚存。

福星庵 旧址在新团东滩，今新团村境内。清光绪二年（1876）建，屋宇呈四合式，南屋4间，北为正殿6间，东西厢各4间。解放前福星庵常住和尚6人，因抗战需要，1943年被新四军拆毁，遗迹无存。

明礼堂 明礼堂旧称“礼堂”。民主政权建立后，“礼堂”二字似有宣扬旧伦理之嫌，在“礼堂”二字前冠上以“明”字，谓“明礼堂”。地址在原八东庄八东小学东南30米（今八灶村境内）。建于清末，有瓦房8间，道士5人，1947年被国民党飞机炸毁。

关岳庙 关岳庙习称和尚庙。建于1938年，为原西团晾网寺分院。庙址初建于大中镇新街东巷（原大中轧花厂西大门北侧处）。1945年大中镇光复后，迁至原大刘路小闸桥西侧，租严建福家住房作庙（今河滨公园处）。1952年，在河南东马路86号（今黄海路）自建平房3间，中间为大殿，东西间为居室。该庙尊奉佛教，供奉关羽、岳飞神像，故名“关岳庙”。大正殿上方悬“汉宋圣人”四字横匾，中间供关羽、岳飞塑像，两侧书联。上联“天下已三分说什么北拒东和万代英名传赤兔”，下联“江山成半壁问何以西迁南渡千秋遗恨在黄龙”。庙内有和尚济普（住持，又称当家师）、慈岸、慈友、妙昱、恒德等人，慈岸、慈友曾在镇江金山寺受过戒。庙内和尚吃斋念佛，替人家念经诵道，做佛事道场。“文化大革命”期间和“破四旧”时，佛像等物被销毁。庙屋改为民居。

八灶关帝庙 旧址在原营南村（今八灶村）五组，建于清同治年间，屋宇四合。南屋6间，皆有过道。附房、马棚6间，北正殿3间，东西厢各5间。有和尚20多人，1943年被拆毁。

二、教主住持

南京鸡鸣寺住持莲华法师莲华法师 俗名陈春凤。1956年，出生于大丰县大道公社泰丰大队。1983年于南京鸡鸣寺礼上宗下诚长老尼披剃出家，1985年于江西云居山真如禅寺受具足戒，上一下诚长老为得戒和尚。1999 年 12 月 26 日任鸡鸣寺住持，原栖霞寺方丈上真下慈大和尚送座。2002 年受溧水县政府邀请任东庐观音寺住持，2003 年任大丰刘庄净土院院长。

莲华法师在继承上宗下诚长老尼遗志，逐渐将鸡鸣寺恢复完善，使得南朝首刹恢复往日风采。同时，莲华法师先后恢复建设大丰刘庄净土院、溧水东庐观音寺。

在加强寺院建设的同时，莲华法师于 2003 年创办江苏省内唯一一所尼众佛学院，为佛教的发展提供人才储备。

莲华法师积极参与社会公益事业，鸡鸣寺每年拨款 50 万元用于对贫困家庭学生、重症患者、孤寡老人的资助。同时，莲华法师在鸡鸣寺创办心理咨询中心、法律咨询中心，免费为需要的人群进行各类帮助。在弘法利生的同时，莲华法师不忘对文化的传承，鸡鸣寺书画院、少儿国学班都是鸡鸣寺弘扬传统文化的阵地。

莲华法师在佛教界先后担任中国佛教协会常务理事、江苏省佛教协会副会长、南京市佛教协会副会长兼秘书长等职务，同时为江苏省人大代表、江苏省人大民宗侨委委员。

大丰市基督教堂教主孙宏昌　自 1967 年信基督教，专心自学《圣经》。1989 年，在南京金陵协和神学院接受神学培训一年。1994 年，被上级教会授为长老圣职（为基督教教职人员）。2010 年，授为牧师并负责基督教工作。从 1987 年 3 月起，孙宏昌当选为大丰县第七届、八届、九届、十届、十一届、十二届政协委员，当选为盐城市基督教一届、二届委员，第三届常委和江苏省基督教两会代表委员。

第五节　姓氏家谱

一、姓　　氏

（一）姓氏选介

1987 年 10 月，大中镇进行姓氏分布调查。是年，全镇总人口 80614 人，348 个姓氏。在姓氏中最多的为陈姓，有 7105 人，占全镇总人口的 8.8%，主要分布在人民居委会 328 人（占陈姓人口的 5.38%），沿河居委会 324 人，新民村 356 人，和瑞村 281 人。仅次于陈姓的有王姓 4154 人，集中居住在人民居委会 289 人，新街居委会 235 人，健康居委会 219 人。排在第三位的是朱姓 3800 人。在 348 个姓氏中有 44 个冷姓（稀少），只有 1 人的姓氏有广姓、长姓、帅姓等 27 个姓氏。

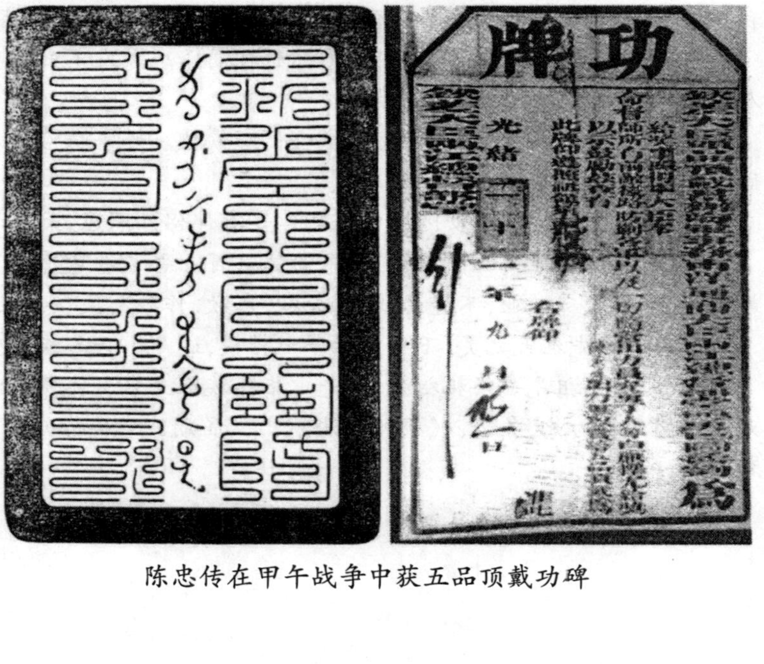

陈忠传在甲午战争中获五品顶戴功碑

“王李张刘陈，中国一半人”。陈氏是中华之大姓，海内外有世界陈氏文化研究会，遍及美国、日本、台湾、香港及东南亚国家和地区，且有专刊《舜裔春秋》。

大丰陈氏宗族的繁衍和迁徙

明嘉靖十七年（1538），苏北沿海发生重大潮灾。两淮政府移徙人口充实灶厂，恢复盐业生产，是年，平江（苏州）陈东海兄弟一行五人迁来大丰境域。新建草堰场东北部新灶区后，陈氏获得了发展机遇。陈溯星(讳学源),1756年前已在裤子裆(地名)置办了亭场二十面,成为乾隆二十年以前草堰东北部灶区中已建亭场的六家垣商之一。清嘉庆末年(1819),政府派给每个灶丁5.73公顷土地煎盐,陈元鼎是当时派给土地的101户灶民中52户陈氏灶民之一。

陈氏家族爱国爱家,陈氏后裔陈忠传先生在清光绪二十年(1894)中日甲午战争中抗敌有功1895年获清朝政府五品顶戴功牌。民国初年,废灶兴垦,陈氏随各大盐商,加入办垦潮,陈贻荪曾任民国时期四团市行政局局长,多次经办社会赈济,获得社会尊敬。商贾馥新泰号杂店既在西团创业,又延伸外地扩展。在兴化大垛镇开创集新泰号、三新泰号,在新丰镇开创大德、大稔,在大中镇开创天昌号等商业企业。农业上,以陈太来、陈万玉为代表,沿老斗龙港一线形成从陈家墩子(古地名)到陈家环(古地名)、再到南、北二十五家(古地名)垦植的态势。2010年,大丰市区域有陈氏分支10余支,大中镇有刚强、泰丰、瑞丰、阜丰、育红路、大华路六个分支,这六个分支都有较完整的族谱记载。

附1:陈氏族规族训:

一、培植心田。吾族世人都要爱国守法,明礼、诚信、团结、友善、勤俭、自强、敬业、奉献。做到:"爱党爱国,爱家爱已更爱族,凡事良心无愧,不做违法讹诈之辈,否则,吃斋念佛也枉然"。

二、品行端正。倡扬"三品"(品德、品格、品质)、"四德"(道德、贤德、美德、公德),持身端正,遇事三思,居心无歪理邪念,言谈举止不轻狂。

三、孝养父母。父母养育之恩,终身报达不尽。亲意融融子女色温,便是一家真孝敬。乌雏尚知报本,人子更应孝养双亲,舍其谁也!《老年法》吾族均应遵行。

四、友爱兄弟姐妹。兄弟姐妹,羽翼天生;分形连气,源于同根。不因事微语参差,求同存异世人夸。"礼让三先"(三让:让长辈、让晚辈、让同辈。)品德佳。

五、和睦妯娌姑嫂。妯娌姑嫂各有家,原本同根分桠杈;和睦相处互问讯,贫贱富贵各有差;不因贫富鸿沟筑,富能扶贫格外佳。

六、教训子孙。子孙何能贤和,旨在教训有方。子女皆是自身肉,不可男女两样心。先天愚智不等,后天培养同仁。不许闲游放荡,舔犊养成无恙。

七、和邻睦友。古云:四海之内皆朋友,何况毗邻近友,务必赤诚相处之。俗语:邻友好,赛金宝,相互关照不可少。

八、矜怜孤寡。天下苦民有四,孤寡最宜周全。儿雏母苦最可怜,况复加之贫寒。俗说:德从救苦积,福向解难求。能助者多行方便,你施滴水之恩,其必没齿难忘。

九、奋志芸窗。基求义务教育,攀登科技高峰。黑发不知勤学早,白头方悔读书迟。桂花不为懒人客,刻苦方能通坦途。

十、婚姻随宜。婚姻自由恋爱,少生优育最佳。婚事从俭莫从奢,不搞攀比务虚华。彼此量力结同心,儿女双方好亲家。

老人丧偶再婚配,子女随宜听爸妈。老有伴侣互照应,天伦之乐度夕阳。

十一、勤劳本业。一耕二读,务本为高。百业吾族人皆有之,然则,得失归宿不一。鉴此,禁忌废耕少读,惟有爱岗敬业,不迷恋权欲、奢欲、色欲,作事利民、利家、利族,

上可慰祖先在天之灵,下可为后辈之楷模,这是振兴本族希望之所在。

十二、诚祭祖先。祭祀祖先,乃是中华各族承上启下优良传统美德之一,吾族世人具备这种美德无一人例外。为此,务必以《祭祀办法》规定,届期诚意举行并主动参加祭祀活动,不断增强祭祖的浓烈氛围。

附2:陈氏文化研究会

2004年2月,经盐城市民俗学会批准成立大丰市陈氏文化研究会,陈汉成任会长。2011年5月,陈氏文化研究会申请大丰市民政局批准,发给"大丰市陈氏文化研究会"社会团体证书。

陈氏文化研究会的宗旨是:在中国共产党的领导下,实现"自我教育、自我服务、自我管理"的方针,以健康为前提,发展为主题,续修家谱为永恒课题。传承弘扬孝道美德,教育子女成人成才,移风易俗,树立贤孝,促进精神文明建设和社会和谐。

陈氏文化研究会的主要活动内容:

一是为宗亲服务。凡宗亲八十岁以上过整生日的老人都派员前往祝寿以示敬第,德高宗亲逝世派员吊唁,寄托哀思;凡子女在部队有晋升团以上干部、考取研究生以上学位的派员前往祝贺并赠送奖品、奖轴,以资鼓励;宗亲中有家务纠纷的,尽力调解化解矛盾;每年陈氏文化研究会凡各个支系祭祖,都派人前往参加。

二是倡导健康文明,树立社会新风。2005年,会长陈汉成写了"劝君戒掉烟,健康长寿赚大钱"文章,通过大丰市卫生局、市环保局在5月31日"世界无烟日"当天发放资料2000份。2007年,又从医普知识书籍及健康报中,搜集养生保健、健康知识的素材,精心整理,取其精华、浓缩摘要,编写了《自我调控健康》手册。

2004—2010年,陈氏文化研究会已印发简讯33期,发给宗亲们资料、简讯2万多份,刊登于《舜裔春秋》《中华孝文化》《慈教》等刊物的文稿70多篇。

三是积极参加社会论坛研讨。自2004年以来,陈氏文化研究会成员先后应邀参加河南淮阳"纪念陈胡公3154周年暨陈氏天下第一祠奠基盛典"、山东济南市"第二届孝文化与和谐社会论坛""河南省陈氏文研会""河南省驻马店市省市两级文研会""江西省首届海峡两岸中华义门陈文化交流会"、河南郑州"世界陈氏宗亲联谊总会中原首届联谊会"。陈逸尘为世界陈氏联谊总会荣誉会长,并获先进工作奖、优秀作品二等奖。陈汉成获优秀作品二等奖。

2011年4月7日,陈氏文化研究会在大丰召开首届贤孝表彰大会,世界陈氏联谊总会会长陈梅月院士夫妇,盐城、滨海、阜宁陈氏文研会领导参加,并为孝德精英,至孝笃亲典范6人,先进工作者16人颁奖。4月30日,召开盐城市陈氏文研会第五次会暨贤孝表彰大会,大丰陈氏文化研究会荣获宗事组织先进单位奖牌、贤孝典范、先进个人奖牌22块,居各县市之首。

2012年9月23日,陈氏文化研究会召开大丰市陈氏文化研究会第八届年会,市政协副主席陈仕祥、民政局唐秀华主任参加会议。

二、家　　谱

据不完全统计,大中地区修写家谱有施氏、陈氏、张氏、朱氏、周氏、曾氏、束氏、吴氏、管氏等近百姓氏。

(一)家谱选介

施氏家簿谱　1981年,从大道公社和瑞大队第5生产队施俊杰家征得全谱56页,为28张双层白色七度纸,用两根肥粗的红绒绳右竖装订而成。封底封面有多处蠹眼,纸呈枯黄色,水纹斑迹遍及各页。长24.56厘米,宽13.2厘米。是民国七年施耐庵十八世孙满家和尚的手抄本,记有"族本寒微,谱系未经刊刻而手抄家录,自明及清,相延不坠"等语。该谱明确记载施耐庵为苏迁施氏一世祖。内收乾隆四十二年(1777)施耐庵十四世孙施封撰写的《施氏长门谱序》,证明施氏家族自明代以来家谱的连续性和可靠性。为国家二级保护文物。

朱氏家谱　《朱氏家谱》是大中镇第一任司法助理朱桂茂所提供,始祖朱伯良公是从苏州阊门迁居而来,相传元朝军队曾在苏北上游开坝引水,妄想把住在淮安的朱元璋及其军队淹灭,结果城未冲破,却把苏北淹没几个县。朱元璋获胜后,在南京建都称帝。洪武年间,组织苏州移民迁往苏北被洪水淹的地方开荒创业。朱氏始祖朱伯良从苏州阊门迁移到兴化县刘庄场择居土地桥,其后世遍及大丰各地,距今相距600多年历史。

附:朱文公家训

君之所贵者,仁也。臣之所贵者,忠也。父之所贵者,慈也。子之所贵者,孝也。兄之所贵者,爱也。弟之所贵者,敬也。夫之所贵者,和也。妇之所贵者,柔也。事师长贵乎礼也,交朋友贵乎信也。见老者,敬之;见幼者,爱之。有德者,年虽下于我,我必尊之;不肖者,年虽高于我,我必远之。慎勿谈人之短,切莫矜已之长。仇者以义解之,怨者以直报之,随所遇而安之。人有小过,含容而忍之;人有大过,以理而谕之。勿以善小而不为,勿以恶小而为之。人有恶,则惩之;人有善,则扬之。处世无私仇,治家无私法。勿损人而利已,勿妒贤而嫉能,勿称忿而报横逆,勿非礼以害物命。见不义之财勿取,遇合理之事则从。读书不可不学,礼义不可不知,子孙不可不教。僮仆不可不恒,斯文不可不敬。患难不可不扶。守我之分者,礼也。听我之命者,天也。人能如是,天必相之。

此乃日用常行之道,若衣服之于身体,饮食之于口腹,不可一日无也,可不慎哉!

(二)十悔训

不孝父母死后悔　不亲宗族疏后悔
不接宾客去后悔　不治垣墙盗后悔
春不耕种秋后悔　少不勤学老后悔
色不谨慎病后悔　富不节用贫后悔
安不思危败后悔　酒中妄言醒后悔

关于朱姓的由来,《新百家姓》载,朱姓,本姓邾,相传古帝颛顼高阳氏后裔曹侠,周武王时封邾国建都于邾(今山东曲阜尼山),他的遗族以国为姓,称邾氏。战国时,邾国被楚国所灭,邾国贵族四处逃散。但他们念念不忘自己的邾国,因而去掉耳旁,改姓朱。

第二十四章　民俗　方言

大中镇民俗大致可分为三大块:一以老斗龙港以西原新团镇属兴化体系,这个地区的风俗保留着兴化的传统习惯;二以斗龙港以东的大中镇属东台体系;三以原裕华镇境内海门、启东人为代表的启海体系。本地人与启海人相互融洽,民俗也相互影响。

大丰地区民俗纷繁,衣食住行,婚丧喜庆也各有特色。随着社会的发展,风俗习惯也随之发生变化。旧时,婚嫁花轿迎娶,而今小轿车迎送。旧时丧葬守孝三年,如今"六七"脱孝。

境内宗教主要是佛教。1924年,天主教传入裕华境内,建有天主教堂并在大中镇建有分堂。后因神甫死亡,教堂被移作他用,教徒活动停止。20世纪70年代,天主教再次传入。80年代,成立大丰基督教三自爱运动委员会并在阜南村创办天主教堂。2010年,有教徒1000余人。

境内方言,有本地居民的大丰话和客籍居民的海门话。大丰话以大中镇为代表,属江淮官话泰如片,具有泰如片的典型特征。海门话分布在境内的原裕华镇地区,海门话属吴语太湖片,具有太湖片的典型特征。海门话受到大丰话的影响,新派海门话和老派海门话的差别较明显。

第一节　民风习俗

一、风土人情

大中镇区域系长江淮河冲积平原,居民都属外域移民。北宋筑范公堤前、堤东至老斗龙港之间地域处于潮间带,只有少量渔民短暂栖息,范堤筑成后,随着滩涂淤积,海岸东移,堤西区域的居民逐渐向堤东迁移,发展亭商,从事割草煎盐。境内民俗形成兴化体系(斗龙港以西原新团镇地域)、东台体系(今沈方公路两侧,原大中镇地域)1919年,张謇来大丰废灶兴垦后,大批启海籍居民移入大丰"垦区",将启海习俗带入境内。形成启海体系(老226省道两侧,原裕华镇区域),现今,基本上保持主籍东台、兴化、启海地区的风俗民情。

区域:大中镇老斗龙港以西区域成陆较早,海岸东移后,盐民逐渐私垦,弃盐从农,而斗龙港以东区域,张謇移民兴垦后才从事农业,因而人们习惯上将斗龙港以西区域称为"农区",斗龙港以东称为"垦区"。

人口籍贯:农区居住的都是从原范公堤以西迁入的盐民,俗称本场人(注:"本场"指草堰场),垦区则本地人和启海人混合居住,启海居民大部分分布在原裕华镇和大中镇的同德、红花村区域。2014年6月,大中镇境内农业人口有启海籍居民5716户,15072人,占全镇农业人口的25%。

性格特征:本地人忠实敦厚,性格相对粗犷耿直、好客,能吃苦耐劳,但人际关系比较松散,"买卖不成人情在",是大中本地人典型的好客特性。启海人活泼开朗,注重团结,有强烈的家乡观念。

生产生活:本地人耕作粗放,生产工具落后,海启人精耕细作,注重科学种田;本地人勤俭简朴,海启人精明能干。

旧社会,由于封建保守、思想落后以及本地人和启海人性格上的差异,习俗上的不同,几乎鸡犬相闻，老死不相往来。有时还因生产、生活等发生争执甚至械斗。

新中国成立后，党和人民政府号召全国人民大团结，破除迷信、解放思想、宜风宜俗，启海人、本地人的思想觉悟、精神面貌，生产、生活条件发生了深刻的变化。随着“五讲、四美、三热爱”、“三个文明建设”、“社会主义价值观”等新风尚的提倡，他们互相学习，取长补短，人际关系、风俗习惯、生产生活互相影响，过去，启海人本地人不通婚，现在本地人和海启人通婚的现象都普遍正常。随着普通话的推广，现在原汁原味的启海话和以大中镇为代表纯真的大丰土话目前几乎很少有人会说了。

二、习俗

（一）岁时习俗

春节 农历正月初一，俗称过年，这是民间传统，是民众一年最重视的节日。有人在外地的，不论天南海北，都要在除夕赶回家团圆过年，共度佳节。

准备过年，俗称“忙年”，家家户户，筹办年货，舂粉磨面。本地居民，习惯划方糕、做圆子、蒸饼；蒸大糕，赶在立春之前，放在腊水中，以保持不霉变。还要做圆子，富裕人家杀猪、宰羊、买鱼，备足油盐酱醋，打酒、买糖、购买各类糕点以及香烛、烟火、爆竹；穷苦人家，洗洗捞捞，干干净净过年。

过年掸尘，又称扫尘，有除旧迎新之意（农历十二月二十四以后）。打扫房间，清除灰尘。必做四件事：大扫除、换衣服、理发、洗澡。

农历十二月三十晚，俗称除夕。家家户户，换神像，贴春联，贴“福”字。大门上贴对联、贴“开门大吉”的红纸条，门前的墙上或树上要贴“对我生财”，猪圈门上贴“大富兴旺”。总之要处处见红，家神柜上要供奉香烛、糕点、陈饭盆。

正月初一放鞭炮，以示祝贺。是日，禁扫除，不向外泼水，不挖田破土，来了亲友款待糖茶枣糕；出门遇人，必互道“恭喜”。从初一到初五，叫五天大年，舞龙灯、唱麒麟，打花鼓、唱道情、送财神竞相献技。他们到人家门前歌舞一番，主人必须给以喜钱，以为娱乐。亲友间相互拜年，晚辈拜长辈的年，长辈以红纸包钱给晚辈，叫“贺年包喜”。初五，称财神日期，家家祝贺新年发财。在旧社会里，商店常于此日辞退职工，而它是老板的生财日，是职工的晦气日。十三日叫“上灯节”，家家吃汤圆。十五日（正月半）叫“元宵节”，旧时集镇举行灯会，称为闹元宵。十六日，乡村晚间扎草把燃烧，四周火光照天，叫“舞火把”。老农看着以验当年水旱（过白为水年，过红为旱年）。十八日是“落灯节”，家家吃面条，俗谓“上灯圆子落灯面”。二月初二日，有女儿嫁出者，备菜肴迎回家中，说是“二月二，家家带女儿，女儿不来烂腿儿，不带女儿是穷鬼儿”。至此，过年（春节）结束，备耕开始。

解放后，国务院规定春节法定假日3天，2000年调休放假7天，以便工厂、学校、机关、企事业单位职工走亲访友，相互拜年。政府机关开展拥军优属活动，组织文艺演出慰问军烈属和离退休老干部。

元宵节 正月十五日，元宵节，古称上元节。

大中镇人历来都在元宵节举办灯会。灯会，又叫迎灯。凡是有迎灯活动，家家户户都自购或自扎一盏灯，到时投入迎灯队伍。有龙灯、马灯、狮子灯、高跷、湖船、花担等，欢庆丰收，预祝吉祥。

正月十五，境内西部地区，有吃圆子，放爆竹、点天灯等习俗；东部地区，启海人各家各户包馄饨，还用米、玉米、高粱等谷粉做圆子，以及形拟“棉桃”“棉花包”等元宵食品。家家用竹枝芦柴棒，顶上这些食品，插到田头及祖坟上斋供祭祀，俗称“斋田头”，以祈年成丰收。近黄昏，将“棉桃”“棉花包”等食品用芦柴杆顶着，插到田中和四角，用芦苇等扎成的火把，“照田财”，即沿着自家田的四周，边舞火把边嘀咕：“田财田财，大家发财”，企盼丰收。

启海人，出嫁的女儿，一定要带父母过正月半，吃馄饨，孝敬老人。这一传统，代代相承。

元宵节，西部地区还延续十六夜，“十六夜舞火把”。扎好火把，内装爆竹，天刚黑，点上火把，在自己的田里舞动一番，叫“舞火把，送百虫”。但有些习俗，日益淡化，如“照田财”、舞火把之类，自80

年代后,已罕见。

清明　俗称鬼节,又叫三月节、寒食节。既是我国二十四节气之一,又是传统的重要民俗节日。清明,扫墓。前6天,旧俗家家祭祖先,供饭菜,烧纸钱。凡殡葬3年的人,其子女要在清明前3日内扫墓,挂飘钱,摞馒头,焚纸帛,撒泥土。新坟上还要插上一米至一米五左右的苍龙,为五色纸剪刻而成,系在一根小竹杆头上,插在坟上随风飘扬,使旷野荒郊变得生机盎然,死者得以慰藉。解放后,清明这一天机关、学校、人民团体集队前往烈士墓祭扫,敬献花圈,缅怀先烈。学校把清明节列为进行爱国主义革命传统教育的重要节日。2011年后,清明节放假一天。

立夏　是日,大丰人人吃鸡蛋,说是吃鸡蛋不瘦夏。不少青少年用秤称体重,含有体格检查之意。

东部地区启海人,除吃鸡蛋外,还要吃草头(黄花菜)、烧饼、青麦蚕、青蚕豆、梅子、樱桃等鲜货,有的还吃蛤蜊、虾、蟹等带壳食物。西部地区,乡村老人都有烫(煮)饭锅巴给孙辈吃的习俗。陈饭锅巴,是指上年腊月三十晚上的米饭锅巴(又叫饭根),经太阳晒干后掰成小块,再用布袋储放干燥凉处。立夏,孩子饮食过量,遇有腹胀,食欲不振,吃陈饭锅巴汤,易于消食。这一农家生活习俗,有益无害,自古相传,沿袭至今。

端午　五月初五,端阳节,民间俗称端午节,是中国民间四大传统节日之一。旧时这天要挂钟馗(判官司)像,门上悬艾草与菖蒲以避邪。儿童系长命线(红绿丝线扣于手腕上),戴豆香药袋。老人们为孙子、孙女用各种花布做成虎头鞋。中午,用雄黄泡酒敬神,然后小孩额上用雄黄酒写"王"字,传说能除病毒。中午办菜聚餐,富有之家,有"十二红",一般人家也有"五红",贫困人家起码有"三红",名为"赏午"。家家以芦叶、糯米作原料裹粽子(角黍)。海门、启东人用高粱、黄秆穄米等原料裹粽子。有的还用赤豆、红枣、花生、肉丁、香肠等配米。端午裹粽子,相传是为纪念爱国诗人屈原。端午节,新女婿要向岳父母送端阳礼,礼品为猪蹄膀、粽子、藕、烟、酒等。

六月六　农历六月初六,民间有吃炒面(焦屑)的习俗,俗语有:"六月六,吃口焦屑长块肉"。因焦屑有消食、健胃作用,盛夏酷暑吃了身体不会消瘦。东部裕华农村,沿袭启海人包馄饨、摊面饼的习俗。相传,六月六这天,皇帝晒龙袍,平民也跟着晒衣服,以防霉烂。

七巧日　农历七月初七为七巧日,傍晚看彩云。传说牛郎织女鹊桥相会,姑娘们拿着针线在新月下穿行,向织女"乞巧"。东部海启籍农妇,以面饺入油锅,煎成巧果,家人分食。民谚:"七月七,油煎巧果家人食"。还有姑娘为母亲做七巧鞋,必须在初七这一天内做完,并穿到妈妈脚上走上七户人家。传说,穿了这种七巧鞋,就不会有脚病。

七月半　七月半又称中元节。旧俗家家祭祖,焚烧纸帛,以示怀念。民间也有为祈求平安,于夜晚在路边烧纸,放河灯(点上蜡烛插在木块上,在河里飘浮),赈济"孤魂野鬼",俗谓"斋孤"。所以民间又将七月半称为"鬼节"。

中秋　农历八月十五称中秋节,俗谓"八月半"。民间把"八月半"当作节日,很重视人的欢乐和团聚,故又名"团圆节"。"花好月圆人增寿",此时,喜庆丰收,家人团圆,吃月饼或冷锅饼。"月到中秋分外明",晚上皓月当空,备好月饼、芡实(又叫鸡头米)、菱角、荷藕、毛豆、花生、芋头、柿子、石榴等应时鲜果,还有自作的冷锅饼、香案等,举行拜月仪式,俗称"敬月光"。全家人高高兴兴,围在桌边吃供品,这叫"祭月";对月烧香,叫"敬月",又叫"赏月"。

重阳　农历九月初九为重阳节。古人认为九是阳数,日月逢九并位,故称作"重阳",也叫"重九",又叫"登高节",俗称"九重阳",是中国较为古老的岁时节日之一。在古代民间有登高饮菊花酒、插茱萸的习俗。如今,重阳这天被定为中国老人节。

十月朝　十月初一,俗称"十月朝",又称"鬼节"。旧俗在近午设馔,焚烧纸钱,祭祀祖先。这天吃赤豆米饭,俗称能"送苍蝇"。

小冬、大冬　"冬"指二十四节令"冬至",有"小冬""大冬"之分,冬至前一天叫"小冬"。旧俗"小冬"家家于午后设馔,烧钱化纸送寒,祭祀先人。冬至日谓"大冬",民间有"大冬大似年"之说,这一天像过年一样，吃好穿好，中饭增添好菜，菜肴丰盛，还要吃圆子。

腊八 指农历十二月初八，家家煮腊八粥。其实腊八粥原先是寺庙里供佛的食品，以各种菜果和米煮制而成，有“细腊八”“甜腊八”“咸腊八”之分。富有家庭粥内放莲子、白果、蜜枣、苡仁、百合等果品，贫困人家粥内放青菜、胡萝卜、花生、黄豆、山芋等。此风俗在城乡尚存。

送灶 境内居民，极大部分供奉灶君。每家每户，锅灶一角设有“司命府”，形似小木盒，内置灶神像，祈求灶君，保佑一家平安。少数户在腊月二十三日送灶，多数在二十四日晚上。设供品烧香点烛，叫“祭灶”，俗称送灶。本地居民和启海人大致相同。

是日，欢送灶神上天。晚上，灶君面前供奉香烛纸马，饭菜饴糖，虔诚祝拜。然后，将灶神从供奉灶神的小木龛司命府内请出，放在纸马上面，一并焚尽。为此，家家贿赂灶神，口中念念有词：“上天言好事，下界保平安”。

海门、启东客籍居民，是日烧香点烛，跪拜，焚送“灶神”。晚上都吃赤豆米饭，炒青菜头，加豆腐卜页，以示清白。

送灶预示灶神已上天，此时百无禁忌，家家户户，可以掸尘，进行清扫，干干净净过新年。

除夕接灶 除夕，民间叫“三十夜”“年三十”。这是一年的最后一天，新旧交替，辞旧迎新。

年夜饭头道菜吃芋头，“芋”与“遇”谐音，意为办事遇好人。最后一道菜是红烧鱼，红红火火，年年有余，因为“鱼”是“余”的谐音。守岁酒毕，就是接灶，这是一年最后的一件大事。

接灶时，先在锅台上点烛烧香，摆三碗清茶、三碗糖果，俗称糖茶供，揭下祭灶纸放在锅膛烧掉。将供奉灶神（君）的小木龛请下，灶神龛上贴上“司命府”，两旁贴“上天言好事，下界保平安”对联。然后，将新请的灶神像贴在神位牌上，恭恭敬敬放在灶神龛里，再放在灶的上方，面前供饭供菜、纸马、香烛、饴糖，此时，鞭炮齐鸣。向从玉皇大帝那里回府的新灶神跪拜，请予“保平安”。家家还要装“陈饭盆”，盆上贴“聚宝盆”三个字，饭上插“陈饭旗子”，按上红枣、白果（五色果子）和年糕，门上贴春联桃符。晚上长辈给晚辈“压岁钱”。旧社会地主逼租，商店老板收账，放债者收债，贫苦人无钱交付只好躲避，等过年初一才回家。

新中国成立后，接灶之风，还较盛行。1966年破“四旧”，基本扫尽。除夕，晚餐丰盛，灯火通明，爆竹声声，此起彼伏，通宵达旦，一派节日气氛。

（二）、生活习俗

1. 头饰

发型 在清代，男人留发梳辫。即前面剃半片光头，后面蓄长发，梳成辫，黑丝线垂到臀部以下。民国初，剪去长辫，留齐耳长发，俗称“鸭屁股”。以后逐渐过渡到如今的各式发型。解放前，女孩前额留刘海，后面梳小辫。出嫁后，挽辫髻，插上银簪和其他头饰，所谓“年以及笄”就是女子到梳髻出嫁的年龄。解放后，集镇年轻妇女大都不再梳辫梳髻，而留齐耳短发，俗称“二道毛”，而农村一仍其旧。进入20世纪80年代，城乡妇女普遍追求时髦，大都烫发，发型多样，有青年式、游泳式、学生式等。

首饰 解放前，妇女大都穿耳眼，戴金银耳环、耳坠。姑娘出嫁，必备的道饰有头簪、钗、耳环、手镯、戒指等。解放后，女孩子不再穿耳，旧式首饰也不再为姑娘们所欢迎，青年女子以装金牙、戴手表为时髦。20世纪80年代中期以后，耳环、耳坠再次流行，有的还戴上金戒指、金项链。90年代，又盛行戴金手链、金耳环。

2. 服饰

服装 男人的衣服，清末民初，上装有对襟短衫、袄和大襟长袍、棉袍两类。按季节不同，上装又有褂子、夹袄、棉袄和背心（无袖的短衫）之分。长衫也有单、夹、棉、皮之分。乡绅富翁长衫上还要外套短褂，以示气派。下装是肥腰裤，也分单、夹、棉。穷人冬天做不起棉裤，就在单裤上加两只棉腿套，上面用带子系在裤带上，称为“套裤”。20世纪30年代后，少数上层人士、知识分子开始穿学生装、中山装、西装。解放以后,除老农仍穿家庭自逢的传统中装外,年轻人一般穿中山装,色调以蓝、灰、黑为主流,其中又以蓝色为主,冬天穿大衣。“文化大革命”期间,草绿色军装风靡全镇,身着绿军装,臂带红袖章,腰束宽皮带,斜挎“语录”包,是红卫兵的典型形象,也是青年人追求的“时代精神”。80年代,西装在青年中流行。此外,茄克衫、滑雪衫、羽绒衫、青年衫、猎装、牛仔裤也很普遍。色调也由“老三色”向多颜色变化。70年代始,各类人造纤维织物不断问世,衣料由单一的棉织品向化纤品、混纺织品转变。90年代,又盛行皮装。

清末民国初,妇女的服装时尚以大襟短衫为主,绣以花边,下穿肥腰长裤,富家妇女外加拖地褶裙。30年代后,富家和城市部分妇女开始穿旗袍。解放以后,老年妇女仍穿传统中装,青年妇女一律春秋衫、两用衫,色调多为蓝、灰、黑。“文化大革命”期间,男女红卫兵穿着完全相同。80年代以后,妇女服装进入新潮流,款色新颖,名目繁多,色调鲜艳,婀娜多姿,仅裙子就有四块式、六块式、八块式、三角裙、喇叭裤、旗袍裙、褶裥西装裙、中裥西装裙、西褶筒子裙、学生裙、各种连衣裙等。

冠戴　解放前,男人大都戴瓜皮帽,有社会地位的人戴大礼帽、裘皮帽。解放初,干部戴八角有沿军帽,后来发展为无角圆形有沿帽,称解放帽。冬天戴长毛绒帽、列宁帽等。解放前,中老年妇女冬天有的戴“勒子”,是里面用布骨、外面用黑丝绒做成的两片鱼形连在一起的头饰,扎在头的两边,宽的部分正好遮耳朵,额前还饰有两颗亮球。有的扎纱包头,用一块纱巾把它折成带状,扎在头上。已婚的青年妇女在劳动时带头布,俗称顶头巾。姑娘头上除发夹、插花以外,不戴任何东西。解放后,农村妇女一般头扎花毛巾,城市妇女少之。80年代后,城乡中老年妇女冬天戴毛线编织的帽子,年轻妇女除在冬装上的“风”帽外,一般不戴帽子。

3. 鞋袜

布鞋　是以布为材料制成的鞋子,布鞋美观大方。布鞋是由鞋底和鞋帮两部分组成。鞋底是由旧布、废布洗净,有的用浆糊糊成骨子,再加上几层旧布,几层新布作面层,钉成鞋底。鞋帮都用新布,用浆糊浆后,做成鞋帮。布鞋大都是圆口。这种圆口布鞋一直盛行到20世纪五六十年代。60年代以后有了变化,圆口变成方口,阔底,俗称“北京鞋”。80年代后,多以布底松紧口,现在多是塑料底,松紧口。

棉鞋　冬天寒冷,百姓大部分都自制棉鞋,鞋底有许多层布叠合,然后用针线钉衲而成,比较厚实;鞋帮鱼形,内放棉絮,然后绱底,将底与帮缝接而成。20世纪90年代后期,鞋底多数改用塑料泡沫底。

草鞋　用稻草、江门草、蒲草编织而成。其实,还可以分为三种,一是草鞋,二是蒲鞋,三是茅窝子,又叫芦花靴。草鞋,用草编鞋底,上面没有鞋帮,只有几根布条或草筋,下田劳动时穿。蒲鞋,用草编鞋底,同时用草编织鞋帮,和布鞋大同小异,穿着它,可以下田,亦可以在家休闲,比起草鞋雅观。茅窝子,是蒲鞋的一种,编织方法大体相同,用料是加上成熟的芦花,或加上布条筋之类,编织而成。

木搭靸　搭靸又叫“木履”。底是用坚韧的树木板制成,一般长25厘米,宽为15厘米,前面用布缝成寸把宽的布带,固定在两旁。这种木拖鞋穿着在草地刈草,经济耐用,脚板不至于受损。另一种是夏天穿的,帮与鞋底大小一样,是塑料拖鞋。还有一种高脚,也是由坚韧的树木作原材料,做成类似鞋底大小,分成两节或三节,钉于布鞋底下,耐磨、防湿、防潮。

现代鞋　主要是牛皮革为主,亦有猪皮精制。球鞋,适合青年穿的各种球鞋。解放鞋,胶底,布帮,价廉物美,适合于劳动时穿。胶鞋,有高、低帮,阴雨天穿。旅游鞋,轻便舒适,中老年人乐意穿着。

布袜　用布制成袜。结构分两部分。第一部分为袜底,类似鞋底,但比鞋底薄得多,只用二层布,男子后跟地方加衲。第二部分为袜帮。袜帮为单层布,类似棉鞋的鞋帮,上部延伸较长,称为袜统子。

纱袜　由棉纱织成,是用专门的摇袜机生产,俗称洋袜。洋纱织的袜,细紧,牢固,因此也耐穿。60年代,化学纤维走向市场,纱袜被尼龙袜代替。80—90年代,棉纱袜又逐渐流行,知识界人士,尤喜穿棉纱袜。

4. 饮食

饮食习惯　境内,居民传统饮食习惯,西部中部地区居民,一日两粥一饭。早晚吃稀粥,咸简单;中午吃饭,有汤就行。东部启海人习惯两干一粥,吃粥有咸(小菜)吃饭有汤,农忙季节、三餐干饭,菜肴简单。佐餐菜肴,依家庭经济情况而定。解放前,贫苦家庭,三餐不全,以种瓜果、薯类代食为生;解放后,逐步解决温饱问题。20 世纪 80 年代,人民生活正由温饱型向小康型过渡,副食品增加,晚粥改为吃饭的人家日渐增多。

主食　镇境老斗龙港以西地区主要生长水稻、玉米、麦类、豆类等杂粮,居民以米为主食。东部地区,种植棉花、玉米、高粱、黄穄、麦类和蚕豆等,因此,居民杂粮为主食,也有买米和杂粮掺合。20 世纪 80 年代以后,全镇均以米为主食,杂粮成为百姓餐桌上的稀罕之物。

副食　境内副食品主要有猪肉及其各种不同的肉制品,羊肉、鱼类、鸡、鸭和蛋等不同制品。沿海滩涂,盛产海鲜,有缢蛏、蛤蜊、文蛤、泥螺、螃蟹、蟛蜞、对虾、条虾等。这些野味海鲜,在解放前,许多贫苦盐民和渔民,自捕自食,充饥度日。如今都已成为名贵海鲜,也是海边农民的发财致富之源。

酒类　境内城乡居民,喜欢饮酒。传统饮用白酒,俗称"老烧酒"。此类酒,大部分是用高粱或大麦酿制;启海居民喜欢"老白酒",即用糯米酿制。20 世纪 90 年代以后,日常饮酒主要饮"斗龙酒""江苏人酒",夏季天热主要饮"珍丰""大富豪"啤酒。请客招待饮酒,以饮名牌酒为主,也有用"洋河大曲""蓝色经典"等。

菜肴　多年来,镇域居民日常生活中常备蔬菜主要有青菜、韭菜、豆腐、卜页等。春夏间有茼蒿、黄瓜、西红柿(番茄)等,秋冬有扁豆、豇豆、大白菜(黄芽菜)、大蒜、萝卜等。早晚咸,常年备有咸菜、咸瓜、萝卜干等各种不同的腌制品,还有豆豉、豆腐乳等。本地口味特色,偏咸为主。

筵宴菜谱　婚丧喜庆,宾朋往来,主人设宴,传统如此。20 世纪 60 年代前后,宴席多为"六盘六碗"式、"八盘六碗"式居多。

六盘,一般有皮蛋、罗皮、花生米、咸肉、猪肝、脆鱼等,或再加咸鸡、香肚之类,凑成六样或八样,并没有固定的要求。六碗,主要有肉皮杂菜、茨菇、鸡、肉圆、红烧肉、蛏干或虾米、五香蛋、红烧鱼等。80 年代以后,宴席更讲究,冷盘增加到 10 道以上。热菜也增加若干名菜,有蹄筋、鱼肚、鱼翅、乳鸽、牛肉、对虾、螃蟹、鳗鱼、甲鱼等。现在,羊肉已为筵席上一道主菜。

猪肉加工制品　有咸肉、火腿、香肠、香肚、酒糟肉、酱肉等。

鲜肉烹饪有红烧肉、虎皮肉、肉圆(类似肉圆的狮子头)、炒肉丝、肉片、肉丁,也可以蒸(清蒸)、煨等。此外,鲜肉可制作各种点心馅心。

鱼类的烹饪　有红烧鱼、清蒸鱼、油炸鱼、炒鱼片、鱼圆、鱼汤等。另外,还有"荷包鱼",即将猪肉剁碎塞到大鲫鱼肚里,红烧、清蒸、鱼汤均可,是道名菜。

鱼还可以加工成风干鱼、咸鱼、酒糟鱼等。

鸡的烹饪　一般做红烧鸡,整鸡红烧、煨汤均可。扒鸡,将整鸡煨烂、剔除骨干,得到纯鸡肉、然后冷拌。也有白斩鸡,整鸡加料烧熟、冷却、切块装盘。还有将煮熟的鸡下面衬以鸡蛋,俗叫"大鸡抱小鸡",也是一道名菜。

鸡还可以腌制、烤制,有风鸡、咸鸡、烧鸡等。

鸭的烹饪　与鸡大体相同外,独具风味的是"糯米八宝鸭"。即是将活鸭杀死,去毛洗净,然后将糯米加上各种佐料塞到鸭肚里蒸熟。鲜鸭可以腌制、风干成板鸭。

蛋制品　主要是加工成咸蛋、皮蛋(变蛋),还可以制作成整烧蛋、涨蛋、炒蛋、炖蛋、蛋皮、蛋饺、油煎蛋、荷包蛋、蛋糕等。

传统菜　多年来,境内居民主要食青菜、白菜、榨菜、大蒜、小瓜、红白萝卜,酱菜有酱瓜、酱萝卜头、糖醋蒜头、酱莴苣、酱生姜、大头菜,酱品有甜面酱、豆瓣酱、辣酱等,将黄豆煮烂、霉变、浸泡、加盐后制成豆豉,又可制成口味各异的"勤豆豉""腊豆豉"。豆腐、卜页、豆腐皮、豆腐干、素鸡、条粉、豆粉等豆制品，价格低廉，营养丰富。

居住　解放前，农村多为两至三间泥墙草盖的房屋。房屋的梁一般有3种："穿梁""格头股""天梁"。门开在檐墙上的屋叫"堂屋"，门开在山墙上的屋叫"丁头屋"。富裕之家，有厨房、厢房、厅堂（称"三合头"或"四合头"），多砖墙或砖瓦房。赤贫人家有的用一片芦芭卷成半圆形，一头堵上作后墙，一头做门，称之为"滚地笼"。有的用两芦苇芭搭成"人"字形，一头堵上作后墙，一头做门，称之为"欢音合掌"。从海门迁过来的人家，大都为芦芭墙，草盖顶，盖草方法与当地人不一样。当地人先将盖屋草理顺，称为"删草"，再扎成把，甩上屋，一排一排放平挤紧，再经梳理，切檐，用石灰封好屋脊的两头，十分平贴，整齐，牢固。海门人草屋比较简单，将盖屋草均匀地铺在屋顶上，再用芦柴穿在大草绳上的股子上（芦花浪）网在上面加固，屋顶就算盖成了。集镇的主要街道以砖木结构的小瓦平房为主，非主要街道也有相当数量的泥墙草房。

20世纪70年代起，农村翻建房屋常见。虽然仍旧是砖木结构的平房，而且是"新砌墙头乱砖头，新造一户旧木头"，但毕竟比老房子高爽宽敞。进入80年代，农民开始建造楼房，一般是二层楼房，砖混结构，水泥楼板。在镇上，有条件的单位建造3～4层职工宿舍楼，部分居民住进水、电、卫生设施配套的单元式住宅。90年代以后，富裕农民开始建造"洋式楼房"。有套间、阳台，琉璃瓦盖屋面，铝合金做窗户，内部设施配套，装饰考究。宅院有围墙，院内种植花草树木。镇上住房建设也快速发展，原来部分职工租住公房或单位房。1993年实行房改后，居民开始购买住房。有的购买公房后，改建新房，有的直接购买商品房，有的在郊区购买地基自建"小洋房"。

乔迁　一户人家盖新房搬进新居都要热闹一番，整理摆设，挂红鸣炮，亲友送礼道贺，主人置酒款待，名为乔迁之喜。

（三）婚丧嫁娶

诞生　妇女生第一胎孩子，丈夫要到岳父母家报喜，并向左邻右舍、亲戚朋友送喜食：生男孩子送红蛋，生女孩子送糖粥。孩子生后第三天，再请亲友吃糖粥，名曰"喜三"。一月之内，亲戚朋友向产妇送鱼肉蛋、糖果、馓子、烧饼，名曰"月子礼"。孩子满月，主人宴请亲朋，以资答谢，然后母亲带着孩子回娘家住几天，解除"坐月子"的禁忌（产妇一月之内不能到别家串门叫"坐月子"）。

寿辰　祝贺生辰，由来已久。散生日（不是逢十的生日）全家吃面以祝长寿；整生日（逢十的生日）则亲友送贺礼，主人设宴（午面晚酒）款待。过去，60岁以上的整生日才大宴宾朋，热烈祝贺，富有之家不仅大摆宴席，还特制寿桃、寿碗馈赠来宾。一些人30、40寿辰也宾客盈门，筵席满堂。农村中还雇用土乐师敲锣打鼓，以凑热闹。20世纪80年代前，总在自家请客。90年代后，城镇居民大都在酒店摆宴席。

嫁娶　旧时，男婚女嫁讲究门当户对，经媒人介绍以后，就发口喻（将女方的出生年、月、日、时辰书写在红纸上交媒人送给男方），男方请瞎子算命合婚。如果"八字"相符，父母中意，就择吉日送衣料、首饰、银钱、糕果给女家，称为"押贴"或"下聘"。双方办酒席，宴请大媒。结婚前后要通话，议定彩礼，择定佳日，女方父母备置妆奁赔送女儿出嫁。迎娶时，富家彩轿红灯，鼓乐前导；穷家小车推送，亲面伴随。此日，男女两家均举行宴会，燃放鞭炮。新婚之夜，要请人"送房"说"合子"，喊"好"，闹新房。次日，新娘出堂拜家神、祖先、翁姑和长辈，俗称"分朝"（出席），翁姑长辈们要给喜包（用红纸包钱币）。婚后3日，新娘偕新郎带礼归宁，称为"回门"。当日或另择日由男方办酒请女方亲属宴会，叫"会亲"（农村宴会时每上一菜，由雇来的乐队吹唢呐，以示尊敬）。

解放后，男女婚姻按国家颁布的《中华人民共和国婚姻法》办理提倡自由恋爱，达到情投意合。到法定结婚年龄，即可持单位介绍信，到民政部门领取结婚证书，择日举行婚礼。有的由单位组织，在重大节日举行集体婚礼，既隆重大方，又节约开支；也有的旅行结婚。婚后向亲友散发喜糖取意甜蜜。但也有少数人家沿袭陈规陋习，女方大要财礼，男方大讲排场，造成婚后负债，家境窘困。

丧葬　旧时成人死亡，由扶重洗拭遗体，着以新衣，置于棺材盖上，供奉饭菜，烧化纸钱，日夜守灵,3日入殓。男的由族祖、女的由娘家监殓,合家举哀,子孙绕棺一周,向遗体告别。盖棺时孝子剪下一撮头发放入钉眼。请监殓者执斧钉钉,谓之“挽钉”。从人亡之日起,7天为“一七”,每“七”都举行吊祭活动,“六七”最注重,直至“七七”终止。死后100天,叫“百日”,再度吊祭。丧期3年,不过3个“冬”化牌脱孝。富有之家还举行大祭(采用徽州祭礼),仪式极为隆重。

旧时采用棺木土葬。贫者薄棺速葬。富有厚棺扶厝(将死尸封存棺内,搁置家中),3年出殡。发引(出葬)时,白幡招展,哀乐长鸣,家族亲友相送,叫“送殡”。这时在预先择好的土地上掘成长方形的穴道纳棺于中,然后送殡者回来,谓为“回丧”。至门前要跨火堆,吃糖饭,名为“登高”,以求吉祥。葬于穴中之棺,由土工当日做成坟墓,头两年为长方形墓,第三年堆成圆形叫“圆坟”。

政府提倡火葬,人们大都移风易俗,丧葬从简,亲友吊唁,敬送花圈,召开追悼会,寄托哀思。

(四)庙会灯会

庙会 解放前,境内常有庙会活动,正月初八有龙王庙香会,正月十三日有火焰会(庄舍人家挨户轮流做会,祈求上天保佑火烛平安),二月十九日有观音会,每年水稻栽插结束有青苗会(祈神保佑风调雨顺,五谷丰收),七月十五、七月三十有土地会等等。这些庙会大都具有迷信色彩,以正月初八的龙王庙香会为例,其时春气氤氲,香烟缥缈,善男信女纷纷来到龙王庙前烧香拜佛。其间,虔诚的老太婆,身着新衣,胸挂黄香袋,手擎线香,双目半闭,念念叨叨,蹒跚而来。烧挂香者,上身赤膊,下着红短裤,脚穿草鞋,腿绑白布,头扎黄元,背上刺满穿着红绿丝线的绣花银针,双臂平撑红漆小棍,手腕勾着银钩,银钩下挂小铜黄炉,燃着贡香。烧磕香者,身着新衣,手捧香炉,三步一拜,磕到庙前。每到此日,庙里夜半钟鼓齐鸣,香客摩肩接踵。红男绿女游乐其中,三教九流纷至沓来。私约幽会,打情骂俏者有之;叫卖聚赌,寻衅殴者有之;相命卜卦,唱曲练武者有之;呼天抢地,拦路乞讨者有之。直到傍晚,才会散人归。此俗今已不复存在。

灯会 旧时,每年元宵佳节(农历正月半的夜晚)举行花灯会,由垣商带头,各行业出灯游行。先是盐场公署四盏大红宫灯引路,继而锣鼓音乐班紧跟,笙、箫、笛悠扬悦耳。后面是各色花灯,鱼贯而进,继龙灯从龙头、龙腹至龙尾均点小红烛,游行时龙身摆动,灯光拖曳。仙鹤、凤凰、麒麟、“八仙过海”“西厢记”等玻璃灯光彩夺目,随后各行各业的杂色灯种,迤逦一二里。花灯过处,鞭炮齐鸣,人头攒动,盛况空前。直到夜阑灯残,方陆续归去。每年元宵灯会之盛衰,依年景丰歉和社会治安而定。丰年灯火兴旺,歉年灯光冷落。80年代后,元宵灯会逐渐兴起。1984年,大中镇举办首届元宵灯会,盛况空前,来自大中镇各单位的花灯,品种繁多,以企业产品为特色,成为宣传产品的广告。大中镇及其他乡镇的群众,携老带幼上街观花灯,一饱眼福,万人空巷,盛况前所未有。至2001年,前后办过15次,最多人流量高达10万人次,十分壮观。2001年后停办。

(五)日常用具

家具 解放前,富有人家拥有全套的红木家具或黄榉家具,有中式雕花床、梳妆台、衣橱、八仙桌、靠背椅、茶几、箱柜等一应俱全。普通人家都为杉木、松木家具。木制的盆桶特别多,有木面盆(洗脸盆)、木脚盆(洗脚盆)、木浴盆(洗浴盆)、拎水桶、盛饭桶、马桶等。20世纪60年代前后,家具的品种式样变化不大。“文化大革命”期间,许多古式家具被毁坏。70年代起,时行伽门床、三联橱、五斗橱、被柜、写字台、百灵台,先后流行苏式、沪式、捷克式,品种式样都有变化。80年代,流行组合式家具,多数用三夹板、五夹板制作。90年代起,家具更趋多样化和高档化。大板床配席梦思床垫,高级沙发配各式茶几,餐桌椅加食品橱,成套的现代化家具开始进入寻常百姓家庭。同时,古式古香的红木家具也被一些人看好。进入21世纪,流行壁橱,钛合金推拉门。

便具 旧时都使用马桶、便桶和尿壶(俗称夜壶),每天早上将粪便倒入粪坑或厕所内。20世纪80年代起,新建的职工宿舍都有卫生间,一些居民开始使用抽水马桶、蹲便器,既卫生又方便。至90年代,多数居民在老房子内改建卫生间,使用抽水马桶。在农村,大多数人家还使用马桶和便桶,90年代新建的房屋设卫生间,抽水马桶开始进入农民家庭。2005—2010年,大中镇推行三格式化粪池、水冲式卫生厕所。

灯具 古时用油盏灯照明。在一个有底座有把手的器皿内,倒入豆油或菜油,置灯草为灯芯,点燃时光线暗淡。民国时,改用煤油灯,俗称“美孚灯”,灯盏用铁皮或玻璃制成,灯芯用“黄同纸”卷成(后来多数用纱带),燃煤油发光。有的煤油灯加玻璃罩防风,称为“罩马灯”。比较明亮的是汽油灯,普通人家不备,遇婚丧喜事租用。民国后期,开始通电,出现电灯,但用户极少。解放后,市镇居民逐渐使用电灯。至20世纪70年代,农村相继通电。农民家庭从70年代开始,陆续安装电灯,电灯成为主要照明用具。90年代,电灯的品种样式五花八门,有吊灯、壁灯、日光灯、节能灯、落地灯、台灯、吸顶灯等,成为家居装饰的组成部分。

第二节 方言俚语

一、方言语言

大中镇方言主要有本场话(大丰话)和启海人说的海门话两种。方言本场话,属江淮官话泰如片,它具有此片的典型特征:送气特别丰富,阳平字特别多,阴入的调值比阳入低,词汇生动丰富,耐人寻味,语法特点与现代汉语相差不远。

(一)大丰话

1. *声母* 大丰话以大中镇为代表,有19个声母(包括零声母),如下表。表内例字下划单线的表示白读音,划双线的表示文读音(后同)。

大丰话声母表

表24-2-1

发音方法＼发音部位			双唇	唇齿	舌尖前	舌面前	舌根
塞音	清	不送气	p 布表兵不		t 到蛋钉得		k 高干根割
		送气	p‘ 怕跑拼白		t‘ 稻蛋听托		k‘ 考砍肯克
塞擦音	清	不送气			ts 支站章作	tɕ 鸡尖庄捉	
		送气			ts‘ 次才丈策	tɕ‘ 区千抢就	
鼻音	浊		m 毛蛮心摸		n 难脑良纳		
擦音	清			f 飞翻放复	s 市散上失	ɕ 希玄香削	x 好咸根黑
	浊			v 温萎万外	z 绕如人肉		

说明:(1)发ts、ts‘、s时舌尖抵住下齿背。

(2)n与齐撮韵相拼时实际是ȵ。

2. 韵母　大丰话有54个韵母(包括自成音节的鼻音η在内)。

大丰话韵母表

表24－2－2

开尾韵	ɿ 知字私时	i 批米低衣	u 步胡路主	y 抠具区雨
	a 巴沙惹丫	ia 爹加价夜	ua 瓜跨华瓦	ya 抓瓜要瘸
	ɛ 排代耐社	iɛ 解借写也	uɛ 怪坏淮外	yɛ 衰帅甩拽
	ɔ 包毛刀早	iɔ 表秒刁小		
	o 婆驼剁我			
	əi 杯培梅你		uəi 内吹规贵	
	ɤm 斗周丑口	iɤm 丢刘柳救		
	ər 二儿耳而			
鼻尾化韵	ɛ̃ 班蛮反但	iɛ̃ 闲限奸减	uɛ̃ 关惯环万	yɛ̃ 删闩拴拴
		iĨ 边面电脸		
	ʊ̃ 半端乱川			
	aŋ 帮忙放浪	iaŋ 良讲详阳	uaŋ 光广狂矿	yaŋ 庄状床双
	əŋ 奔门坟冷	iəŋ 冰丁宁尽	uəŋ 昆困错魂	yəŋ 均群训云
塞尾韵	ɔŋ 棒梦风东	iɔŋ 穷兄凶用		
		iI? 别铁力习		
	æ? 八杂杀夹	iæ? 甲狭	uæ? 刮滑挖袜	yæ? 刷涮
	ʊ? 夺说未合			yʊ? 决缺血月
	a? 剥托落各	ia? 掠觉雀学	ua? 郭扩沃握	ya? 桌捉浊镯
自成音节	ə? 不执赤拾	iə? 吃七乞讫	uə? 骨勿窟忽	yə? 出入卒穴
	ɔ? 百木伏六	iɔ? 局曲玉育		
	ŋ 我			

说明:(1)发i时带有强烈的摩擦。

(2)[ŋ]可自成音节[ŋ̍]我。

3. 声调　大丰话有6个声调。

大丰话声调表

表 24－2－3

调类	调形	调值	例　字	调类	调形	调值	例　字
阴平		21	刀天飞青旧大	去声		44	四兔蔡要盼胜
阳平		35	甜池刘床民明	阴入		4	八刮泼割纳乐
上声		213	马老洒水手草	阳入		5	学滑毒合抹勒

去声先平后稍降

（二）海门话

1. *声母*　海门话以原裕华镇为代表有30个声母（包括零声母）。见表：

海门话声母表

表 24－2－4

发音方法＼发音部位			双唇	唇齿	舌尖前	舌面前	舌根	喉
塞音	清	不送气	p 包巴兵百		t 到对东得		k 哥官宫割	
塞音	清	送　气	pʻ 炮配喷劈		tʻ 退天通铁		kʻ 可科空克	
塞音	浊		b 排跑有碰白		d 稻甜同夺		g 葵跪	
塞擦音	清	不送气			ts 灾债尊只		tɕ 九捐军结	
塞擦音	清	送　气			tsʻ 初绩冲出		tɕʻ 秋丘青缺	
塞擦音	浊				dz 蛇在尘浊		dʑ 桥权钱局	
鼻音	浊		m 买万民摸		n 内南弄	ȵ 泥银娘日	ŋ 牙鱼硬额	
边音	浊				l 老蓝龙落			
擦音	清			f 飞费风福	s 沙赛身失	ɕ 写虚凶削		h 好虾哄喝
擦音	浊			v 胆万凤服	z 社炽旦	ʑ 齐徐象习		hɦ 号汗园学
零声母			∅ 爱夜鸟					ɦ 河鞋航狭

说明：①〔h、hɦ、ɦ〕hɦ 为前清后浊的喉擦音。h 和 hɦ 只限开合两呼相拼。ɦ 代表跟后头元音同部位的浊擦音，跟开齐合撮都有拼合关系。

②零声母阴调类字（合口呼除外）开始时往往带喉塞音〔ʔ〕。合口呼的零声母字，〔u〕常常带有轻微摩擦，接近唇齿半元音〔ʋ〕。

2. 韵母　海门话有 47 个韵母。

海门话韵母表

表 24－2－5

开尾韵	ʅ 资瓷次思	i 比耳季姨	u 布锅河妇	
	ɑ 爸泰加妈	iɑ 邪姐写借	uɑ 怪快歪淮	
	o 巴麻茶车		uo 茶骂花瓜	
	ɛ 泰拾开来	iɛ 谐懈械	uɛ 掼怪快	
	ɔ 包毛老爆	iɔ 标苗刁条		
	e 蚕舍	ie 天宣野面	ue 官欢	
	ø 丹干川传			yø 权远捐宣
	æ 馒班淡板		uæ 关还弯	
	ei 杯水爬		uei 挥鬼归亏	
	ɤm 偷头斗走	iɤm 秋有纠修		
	ør 而儿尔耳			
鼻尾化韵	ã 彭打昌耕	iã 良枪娘向	uã 光～火狂横	
	ɑ̃ 帮挡江苍	iɑ̃ 强江羊娘	uɑ̃ 光横眶谎	
	ən 粉城真登	in 新凝病人	uən 棍婚捆温	
	oŋ 风空共红	ioŋ 兄荣		
	a? 瘌八鸭插		ua? 括刮挖	
	ɑ? 隔百尺客	iɑ? 略脚药	uɑ? 划	
	ə? 肋孛拨得	iə? 节膝臂吃	uə? 骨说国活忽	
	o? 索北木镯	io? 缺菊月学	uo? 握	

说明:①〔m　n　ŋ〕可以自成音节,如:〔m〕姆〔n̩〕儿你呒〔ŋ̍〕我。

②〔ɑ　iɑ　uɑ〕和〔ɑ?　iɑ?　uɑ?〕六韵中的〔ɑ〕偏央。

③〔æ　uæ〕两韵中的〔æ〕较高。

④〔ɤm　iɤm〕两韵中的〔ɤ〕偏央,〔m〕唇略收敛。

⑤〔ør〕韵中的〔ø〕偏央,舌微卷。

3. 声调　海门话有8个声调。

海门话声调表

表24－2－6

调类	调形	调值	例　字	调类	调形	调值	例　字
阴平		53	刚开婚多杯纱	阴去		34	故课汉到见跨
阳平		14	穷寒鹅甜唐来	阳去		213	共树岸社盗稻
阴上		23	古口好九草摆	阴入		5	急曲黑湿折切
阳上		31	马老努	阳入		2	六局合月裂杰

阳上调开始略升。阴去调开始平后升。

二、方言词汇

大中镇方言有不少土语土词，其词难用文字记录，其义却很耐人寻味。兹选录口语中使用较多的土词土语如下表(以方言同音字标间，字下圆点表白读音，横线下表示借用字)。

(一)称谓类：

表24－2－7

词　形	意　义	词　形	意　义	词　形	意　义
拜　拜	爸　爸	嗲　嗲	爷　爷	姑　拜	姑　父
牙　牙	叔　父	婆嗲嗲	外　公	小叔子	丈夫的弟弟
大　大	伯　父	婆奶奶	外　婆	小　伙	儿子，亦指男性青年
晚拜拜	继　父	假　假	姐　姐	男　将	丈　夫
晚妈妈	继　母	锅　锅	哥　哥	婆　娘	妻　子
姨　娘	姨　母	苍　人	岳　丈	女　将	妻　子
姨　丈	姨　父	苍　母	岳　母	丫　头	女儿，亦指小姑娘
亮　亮	姑　母	姨　子	妻子的姐妹	惯宝子	指独生子或宠爱的孩子

(二)生活类：

表24－2－8

词　形	意　义	词　形	意　义
一伏时	指一昼夜二十四小时	三姨娘六舅嬷	形容远房亲戚或亲戚多
前儿子	前　天	嗯啦	是的意思
昨儿子	昨　天	岗桑	吵架
跟儿子	今　天	一古辣塌	全部、所有
门儿子	明　天	一事一当	形容人做事有条有理，不慌不忙
后儿子	后　天	一跷一搭	形容两人说话一唱一和，一般是贬意
天麻麻亮	拂　晓	冒一冲	突然
早更头	天亮之前	二五兮兮	呆头呆脑

续表 24-2-8

词　形	意　义	词　形	意　义
好　天	指晴天	格真真的	一般形容妇女打扫人时，穿着漂亮
洋　盘	批缺乏经验的人	窝里窝琐	形容人窝囊或环境不整洁
没搭讪	不可与之交往	扯雅儿	不上正题的谈话
活　泛	灵　活	假迷若嘎、假迷若鬼	形容人做作、说谎
辣　火	十分利害	斜如	假如，如：丢了500元，就斜如得场病吧
半　钝	指反应迟钝的人	门呃子	明天
装　佯	假装糊涂	戳呃子	昨天
烧　香	专指用礼物买通人	跟呃子	今天
卖　呆	看热闹	老驹	形容小孩子老气横秋的样子或形容人办事老练
来　事	令人满意	滑气滑董	形容东西滑溜抓不住
凹　僻	偏僻的地方	嚼舌头	骂人瞎说八道
落　乡	离街远	冲魂	大人骂小孩到处跑，冲读去声
坯　料	借指不走正路，不上规矩的人	葛伙儿	合伙儿
捎　脚	剩下的不好货物	打伙儿	作伴
抢　嘴	快　嘴	脑霍子、兜颈	用巴掌打人后脑及颈部
捣　鬼	（耳语）暗中使用诡计	跟脚虫	骂小孩老是跟在大人脚后
抬　杠	争　辨	蒯东勺西	骂人走路没正形
上　冒	物品发霉	化渣子	形容人好吃懒做不成才
光　火	恼　怒	木冲子	形容人反映不灵敏、不聪明
肉　头	形容愚蠢的样子	哼里不登	形容做事过分，不巧气
哄　人	骗人	麻木虫	骂人狂妄自大、目中无人
拿　瞧	故意装模作样或表示为难	不上道子	责怪人说话或做事不上规矩
皮巴子	缺点、岔子	豁巴齿	戏称掉了门牙的人
寻开心	开玩笑	木足	不神气，做傻事
缠　蛮	回避正题、胡扯	黄腔	本意是唱歌跑调，这里形容人尴尬
了　手	事情结束	情搞	小孩子吵架
茅　缸	厕　所	阴不拿哈	形容人说话阴损
河　仙	蚯　蚓	洋盘事	指做了伤事，被人耍了
癞　宝	指　蟾	脸大肉呆	讥笑人办事自不量力，傻乎乎的样子
田　鸡	青　蛙	愣头青	形容青年人讲话、做事冒失，欠分寸
有头绪	指某人神通、有本领	拉瓜	形容做事不利索，不善于收拾的人
恨藤瓜	指某人不爽快、做事拖拉	牢力八早	很早
充　军	骂人语，指乱跑	无大不大	很大
挺尸、仰忘	骂人语，指睡觉	小亮子	小提桶
扎　实	形容厉害	个成吃嘎	吃饭了吗

续表 24－2－8

词　形	意　义	词　形	意　义
半吊子	指说话做事不合乎情理	一瞎头	一下子
兜	粗野语，指吃	哒刷	拖鞋
老油条	指某青年傲慢，对人没有礼貌	窝死	大便
手巾捏子	手　帕	嘘嘘	小便
蹩　脚	指不高明；也指人经济上、生活上困难	先豆子	刚才
拉　倒	事件作罢	颈康	脖子
屁　漏	出了差错或犯了错误	叉鸡落炮	吹牛
一过略塔	全部包括在内	嘎去	回家
展　布	抹　布	哒寡	聊天
宽　坐	用饭后请客人随便坐	门儿子见	明天见
抗	将东西藏起来	刚丧	吵架
险险乎	有惊无险	缺形样仔	作装不整，玩世不恭
怄　气	心中愤怒不能发泄	细拿宝	小男孩
框　框	估计、大概	倒嗓子、床倒头（骂人的话）	吃饭
恺　恺	倚着物体	拿乔	故弄玄虚
闷汤水	温　水	天着丑	阴天要下雨
二百五	骂人语，呆傻	不胀汤	不会勤俭持家过日子
透　水	沸点开水	翘辫子	咒人死了
挑　祸	搬弄是非	谈谎	说话不归真
少	快	瘸里麻里洋	做事马虎，样样事情都会一点，样样事情做不好
讹　错	相　差	纰漏桶子	经常出问题，到处闯祸的人
特	掉　落	浊死万代	不理解，不聪明，干事反复做不起来
告掉了	埋　葬	犯嫌	调皮捣蛋，不讨人喜欢
卡　强	争　强	驴囚	不聪明，不理解（批评人的话）
决	折　断	潽	溢　出
获	用力打	落	暗中克扣
沤	浸　泡		

三、地方谚语

（一）农事谚语

一日之计在于晨，一年之计在于春。

打春（“打春”指立春）三天，百草发芽。打了春，赤脚奔，挑野菜，拔茅针。

清明要明，谷雨要雨。

饿断肚肠，不吃种（种 zhǒng）粮。

好种出好苗，好树结好桃。

种子年年选，产量节节高。

有钱买种，没钱买苗。

人误地一时，地误人一季。

收不到庄稼一季，寻不到老婆一世。

春不种，秋无望。

稻上场，麦进仓，黄豆扛在肩膀上。（抢收）

要得萝卜粗，莫把六月过。（指及时下种）处暑萝卜白露菜。

秋分早，霜降迟，寒露种麦正当时。

麻雀赶秋场，

三春抵不上一秋。

七月葱，八月蒜。

地是一枝花，全靠肥当家。

种田有三宝，选种施肥勤除草。

麦子屁股痒，越压越肯长。

养猪不赚钱，回头看看田。

（二）气象谚语

早上烧霞，等水烧茶；晚上烧霞，晒死蛤蟆。

东虹日头西虹雨，南虹北虹卖儿女。

梅里西风时里雨，时里西风当夜雨。

春冷下雨，秋雾阴天。

天黄有雨，人黄有病。

霜前冷，雪后寒。

吃酒望亲家翁，下雨望东南风。

春雷十日寒。

四月八，大风刮，十条沟儿九条挖。

四月九，大风吼，乌鱼游到锅门口。

灶烟往下埋，不久雨就来。

咸罐返潮，大雨要到。

蚂蚁搬家，大雨快下。

早看东南，晚看西北。（测阴晴天）

寒露霜降，光棍现象。（气温渐低）

早上浮云走，中午晒煞狗。

日落云里走，雨在半夜后。

热剧生风，风剧生雨。

鱼鳞天，不雨也风颠。

久晴必久阴。

春发东风连夜雨。

日晕三更雨，月晕午时风。

日出胭脂红，无雨便有风。

月亮打黄伞，三天不到晚。

一场秋雨一场寒，十场秋雨不穿单。

雨中蝉声叫，预告晴天到。

（三）社会谚语

邻居好，赛金宝。

有志不在年高，无志空长百岁。

人不可貌相，海水不可斗量。

一寸光阴一寸金，寸金难买寸光阴。

上梁不正下梁歪，中柱不正倒下来。

十年树木，百年树人。

桑树从小育，到老直笔笔。

前人栽树，后人乘凉。

穿不穷，吃不穷，算计不到一世穷。

浪子回头金不换。

家不和要穷，国不和要亡。

药人的菜不吃，犯法的事不做。

吃饭在三月，用钱在腊月。

画龙画虎难画骨，知人知面不知心。

穷不失志，富不颠狂。

穷不能靠亲，冷不能靠灯。

穷居闹市无人问，富在深山有远亲。

过到老，学不了。

阴天驮穰草，越驮越重。

要得人不知，除非已莫为。

平时不烧香，临死抱佛脚。

大家一条心，黄土变成金。

一人心里一个计，三人肚里唱大戏。

当家才知柴米贵，养儿才知父母恩。

算命若有准，世上无穷人。

三个臭皮匠，合成诸葛亮。

航船不能没有方向，做人不能没有理想。

不怕不识货，就怕货比货。

年轻不发光，年老无指望。

过头饭好吃，过头话难说。

外面有个寻钱手，家中有个聚钱斗。

冷是冷的风，穷是穷的债。

冷是风狠，穷是债狠。

人心齐，泰山移。

路遥知马力，日久见人心。

远水救不了近火，远亲抵不上近邻。

打不散的亲，骂不断的邻。

人情似逼债，头顶锅子卖。

男大当婚，女大当嫁。

福无双至，祸不单行。

心慌吃不得热粥，骑马看不成三国。

家不和被邻欺，夫妻不和别人欺。

巧媳妇难作无米之炊。

临上轿，穿耳朵。

会者不难，难者不会。

酒肉朋友朝朝有，急难之中无人问。

亲戚远来香。

千言万语好个人，三言两语恼个人。
人在人情在，人离两散开。
抬头看人，低头斫肉。
上了赌钱场，起了杀人心。
墙倒众人推。
一口吞不了个饼，一锹挖不成个井。
家中柴笆打得紧，外面蛇头钻不进。
满瓶不动半瓶摇。
真金不怕火来炼。

（四）健身谚语

饭后百步走，活到九十九。
要得身体好，吃饭不过饱。
要得小儿保平安，常带三分饥和寒。
少吃多滋味，多吃伤脾胃。
洗头洗脚，强似吃药。
饥忌浴，饱忌跑。
饥梳头，饱洗澡。
一夜不睡觉，十夜补不到。
要得身体好，天天起身早。
笑一笑十年少，愁一愁白了头。
食多伤胃，忧多伤神。
练出一身汗，有病不用看。
鱼生火，肉生痰，青菜豆腐保平安。
常洗衣，常洗澡，常晒衣被疾病少。
少吃肉，少吃酒，多吃素菜命长久。

四、歇后语

歇后语是民间惯用语的一种，多为群众熟识的诙谐而形象的语句，运用时可以隐去后文，以前文示义。

青菜烧豆腐——一清二白
老鼠拖板锹——大头在后头
王八吃秤砣——铁了心
茶壶里下饺子——有货倒（道）不出
狗咬刺猬——没处下口
帽子没边——顶好
和尚看花轿——空欢喜
关老爷卖豆腐——人硬货不硬
鸡子啄石头——难得
小河里的泥鳅——翻不起大浪
飞机上吹笛子——唱高调
穿钉鞋拄拐杖——稳上加稳
二姑娘的簪子——两头尖
外甥打灯笼——照舅（旧）
老虎戴佛珠——假慈悲
黄鼠狼给鸡拜年——没安好心
老太太吃黄莲——苦口婆心
上台阶吃甘蔗——步步高节节甜
黄鼠狼拣病鸡咬——专拣弱的欺
老太太吃海蛰——不响（不想）
咸菜烧豆腐——有言（盐）在先
乌龟吃馓子——绕头
茅坑里的砖头——又臭又硬
六月里的萝卜——花心
擀面棒吹火——一窍不通
一个月下了二十九天雨——老阴
三月里的菠菜——发物头子
三十晚上看皇历——没日子
三个指头拿田螺——稳拿
癞宝爬到等盘上——自秤自贵
王婆卖瓜——自卖自夸
和尚买木梳——没用场
牛尾巴打死苍蝇——巧事
狗头上栽角——装佯（羊）
海龙王搬家——厉害（离海）
老牛拖破车——慢慢来
筛子当锅盖——正好出气
五更天下海——赶潮流
四两棉花八把弓——细弹细弹（谈）
隔墙吹喇叭——名声在外
两个胖子拥抱——合肥
旗杆上挂灯笼——高照
蒲包里装钉子——个个想出头
阴天驼穰草——越驼越重
竹筒子倒豆——一个不剩
胸前挂钥匙——开心
洋辣子掉在火盆里——有命没毛
公鸡戴帽——官上加官（冠）
灯草打鼓——不响（想）
乡里人挑粪担——两头死（屎）
空棺材出葬——木（目）中无人
顾大卖田——顾二（而）不理
瘌子头上把花戴——丑人多作怪
肉包子打狗——有去无回

瞎子吃馄饨——心里有数
大水冲倒龙王庙——一家人不识一家人
周瑜打黄盖——一个愿打,一个愿挨
老鼠过街——人人喊打
光屁股坐板凳——有板有眼
猪八戒照镜子——里外不是人
三十晚上烧纸——替鬼忙钱
痨病鬼子开药店——带吃带卖
王妈妈喝盐卤——脉定心安
懒婆娘的裹脚布——又臭又长
小秃子掉下江——浪大的花头
打灯笼拾粪——找屎(死)
强盗打官司——场场输
大腿上的号脉动——各师傅各传授
麻虾子戴斗篷——假充大头虾
黄鼠狼泥墙——小手小脚
小和尚念经——有口无心
刽子手的爸爸——老杀头的
朱洪武扫地——各登原位
哑吧看见妈妈——没得话说
门缝内看人——把人看扁
快刀切豆腐——两面光
十五个吊桶打水——七上八下
龙潭内失火——闷烧(骚)
葫芦里的蛆——瓢(嫖)虫
乡下人买百合——自找苦吃
竹篮打水——一场空
孔夫子搬家——尽是书(输)
哑巴吃黄莲——有苦说不出
猴子吃大蒜——麻了爪子
丈母娘看女婿——越看越有趣
驼子跌跟斗——两头不着实
小姨子哭姐夫——除除疑
叫花子烧纸——穷祷告
猪八戒招亲——黑灯黑火
大姑娘坐轿子——头一回
大老爷坐堂——吆五唱六
大姆指掏耳朵——下
瞎子磨刀——望见亮
狗掀门帘子——全任一张嘴
韭菜炖蛋——假葱(充)
瞎子闻见臭——离屎(死)不远
麻布洗脸——初(粗)次相会
棺材店老板顿脚——恨人不死
吊死鬼搽粉——死要脸
反穿皮袄——装羊(佯)
看戏淌眼泪——替古人担忧
水牛吃荸荠——食而不知其味
瘫子掉下井——捞起来也是坐
阴沟里栽藕——臭嗓子
黄鼠狼坐到磨担杆上——假充大尾驴
阎王老爷过生日——鬼闹
六月里扇子——家家忙
小媳妇喝粥——不响(想)了
铁匠店的镫子——听锤
猪八戒过河——不是赌嘴工
梁山上的军师——吴(无)用
四脚白的狗——家家熟
黄巢杀人八百万——在树(数)难逃
狗咬马虎子——两头怕
龇牙鬼捉强盗——恶像骇人
蜻蜓吃尾巴——自吃自
麻布袋草布袋——一代不如一代
猫儿屙屎——自打当
寿星老吃砒霜——活得不耐烦
木匠打枷——自作自受
韩信用兵——多多益善
三块钱买头毛驴——自骑自夸
坐马桶嗑瓜子——人不敷出
小瘌子打伞——无法(发)无天
秃子头上虱子——明摆
独眼龙骑驴子——只看一半
芝麻掉在针眼里——巧了
乡下妈妈吃海参——头一回
瞎子拜丈人——有眼不识泰山
乡下妈妈戴茄瓜花——老式(实)头
张果老倒骑毛驴——不愿见畜生的面
当衣裳买酒喝——顾嘴不顾身
狗撵鸭子——呱呱叫
独眼龙看书——一目了然
两个哑巴睡一头——没话说
六只指头打时——没得主张
老虎头上拍苍蝇——找死
秃子跟着月亮走——沾光

第二十五章　人　　物

大中镇人杰地灵，英模辈出，殷德林、易乃千、吴度、张剑、陈朝荣等革命先烈为抗击外来侵略和人民翻身解放献出宝贵生命，张謇、周扶九、余明、朱道生、吴辉、管洪俊等名人志士为开发建设振兴大中前仆后继，作出无私奉献。本章收录大中镇籍和战争年代在大中镇牺牲的革命烈士，在大中镇工作、生活的知名人士，新中国成立后在大中镇工作的英模人物、高级职称人才，大中籍在外地以及在本镇工作的县（处）级以上干部，抗日战争时期参加工作的干部。

第一节　人 物 传

一、革命烈士

殷德林　原籍江西，民国26年（1937）参加新四军。1938年加入中国共产党，曾任营、团特派员、旅政治部保卫科长、苏中军区保安处处长和特务二团副团长兼政治处主任等职。殷德林足智多谋，坚强勇敢，对明火执仗的敌人和暗藏的反革命分子进行英勇巧妙的斗争。

1945年9月13日，苏中军区特务四团和四分区特务二团攻打盘踞在大中镇的谷振之伪军，二团负责攻打南门。敌人负隅顽抗，先头部队进攻受挫。殷德林和团长刘春山研究后，将八二迫击炮改用撞针平射，打近距离的碉堡，结果几炮就把伪军的碉堡打几个窟窿。强攻中，殷冲过壕沟高声呼喊："冲上去缴机枪，抓谷胖子（即谷振之）！"伪军乱成一团，溃不成军，伪旅长谷振之自杀。在接近胜利的时候，殷德林中弹牺牲。

易乃千　家住河南商城县仙台地区（今为段集乡易下楼村）。1913年，出生于贫苦农民家庭。小时候只读过两年书，因家境贫寒而辍学，替地主做雇工。1928年参加革命，当年加入共产主义青年团。1930年加入中国共产党。易乃千在部队战斗19年，由战士逐级晋升为班长、排长、副连长、连长、副营长、营长、副团长。1946年7月，国民党军大举进犯解放区，易乃千率领部队从皖中平原转战苏中前线，在两次李堡战斗中，威震敌胆，名扬苏中。在通榆公路几次狙击战中，易乃千机智勇敢，沉着指挥，出色地完成任务，受到上级的嘉奖。

易乃千斗争经历长，4次负伤，右手残废，对工作却极为负责，从不居功自傲。在十一纵队三十二旅九十四团担任副团长期间，给指战员们留下谦逊、朴实的印象。

1947年4月20日，易乃千又率领部队参加解放大中集战斗。21日上午，盘踞在大中集的国民党军郝鹏举部的第十二团，在华野三十二旅强大的攻势下。十二团团长段明武、副团长郑锦和及营长以下600多官兵被生擒，自卫队被全歼。

在战斗即将取得最后胜利的时刻，敌人的一颗子弹击中易乃千，他不幸牺牲。

吴　度　1916年出生于一个封建买办职员家庭，在南通渡过学生时代。1938年，随父从南通迁至大中集（其父吴戟门，大丰公司总账房）。抗日战争爆发后，富有强烈爱国心和正义感的吴度瞒住家庭，开始革命生涯。此时，吴度已考取国立三江大学。1940年，参加新四军。是年，加入中国共产党。历任苏北行政委员会警卫团五连指导员等职。1942年5月,为护送首长与海匪谈判,在吕四一带近海海域与一股海匪遭遇,因寡不敌众英勇牺牲。据同船唯一幸存者丁某回来报告,吴度身负重伤后,曾以自己的鲜血在船板上写下"共产党万岁",写完即英勇牺牲。

张　剑　原名张佐才,生于1923年,原籍海门掘港环本区(今南通市如东县),出身贫苦,幼年随父母迁至大丰公司鼎丰区。13岁跟父亲、哥哥给地主、富农打长工、帮短工糊口。

张剑目睹日本侵略军横行和伪旅长谷振之杀人放火,敲诈勒索,无恶不作的暴行。1940年,新四军东进台北地区,18岁的张剑毅然参加革命。同年,张剑参加中国共产党组织,担任乡工抗会长、乡长、民兵指导员。1942—1944年间,担任垦北区委组织科长,日夜奔波在敌后根据地,组织地方武装,进行反"屯垦"、反"抽壮丁",修筑抗日墩子,埋地雷。1945年初,日伪在垦区进一步实行军事清剿和分割封锁。张剑不顾个人安危,领导群众坚持原地斗争。张剑日夜活跃在敌人眼皮底下,狠狠打击敌伪汉奸卖国贼。敌伪当局把张剑看成是眼中钉、肉中刺,妄图捉拿杀害张剑。3月27日上午11点半左右,张剑带领侦察员在裕华镇西三里半由河南渡河往北侦察敌情,当即被汉奸龚老大发现(龚是渡船夫),随即通报裕华日伪,日伪军派出20来个伪军,骑着自行车向北追赶。张剑带领侦察员飞快转移,追至万丰公司东北匡时,侦察员们在荒草丛中藏身。日伪军失去目标,且气力已尽,不想再追。途中又遇另一个汉奸冯金寿(冯在1946年锄奸运动中被枪决),按冯的指使方向再追。当张剑等正要越过裕华公路准备向东隐蔽时,却被发现。这时张剑等边还击边撤退,其中一位牺牲,其余三位撤至陆元庆店时,已距敌人只有二三百米。张剑果断地对两个侦察员说:"你们先撤,我来掩护。"在这生死紧急关头,仍互不退让,都要坚持最后一分一秒。但在张剑的火线命令之下,二人迅速分散撤退。张剑为掩护突围,顽强战斗到只剩下最后一颗手榴弹。日伪军见张的弹药已尽,狂叫一阵:"要捉活的,"张牙舞爪地向张扑来,张剑从容拉响手榴弹,壮烈牺牲。

沈学明　大丰人,垦区工抗会副会长,共产党员。1945年2月被捕,遭日伪严刑拷打,坚贞不屈。日伪军要沈学明在"保结"上按个手印就可释放,遭到沈学明的严厉拒绝。就义前,敌人要沈学明面北而跪,而其坚决面向南方,因为垦区的活动中心在南边,死也要面向根据地、面向党、面向人民。正如沈学明所讲:"我生为新四军人,死为新四军鬼",沈学明就这样为抗日献出年轻生命。

仲文保　1912年生,江苏东台人。父亲仲友仁行医,自耕田仅有一亩二分。1935年,从东台三仓河迁居大丰公司泰丰区。1940年,迁到垦南区广丰乡(今南阳镇广丰村),靠做短工生活。是年秋,仲文保在新四军民运工作队的启发教育下,参加革命工作。1932年12月,加入中国共产党。1943年春,担任元吉、晋广、福成、祥丰4乡民兵大队长,同年冬又兼任4乡民兵指导员。仲文保不辞劳苦,广泛发动群众、组织工人和佃农向地主资本家开展减租减息和增加工资的斗争。1944年年底,仲文保被调到垦南区担任区农抗会会长。

1945年1月9日,仲文保住在垦南区成丰乡管春荣家,由于叛徒告密,大中集伪军百余人深夜出动,将管宅包围,仲文保不幸被捕。日伪军将其带到裕华镇绑在桥桩上,剥掉衣服毒打一顿,然后又带到大中集关6天,严刑逼供,但仲始终坚强不屈,守口如瓶。1945年1月14日早晨,仲文保被押到恒丰中北匡的马路上枪杀。

陈朝荣　1894生,江苏海门人,1929年迁至大丰,为裕华公司佃农,住天南乡东南村(今为大中镇朝荣村)。1941年冬,参加革命工作,同年加入中国共产党,历任乡农抗会长、乡党支部书记、区农抗会长等职。

1941年,陈朝荣在共产党的指引下组织农民向公司进行"二五"减租斗争,迫使公司经理孙静安接受减租条件,取得第一次减租斗争的胜利。同年夏,日本侵略军占领大中、新丰、裕华三镇后,南北交通线被切断,新四军二旅供给部将一批军用物资埋藏在陈朝荣家中。当时情况比较紧张,敌人几乎天天下乡扫荡。为不使军用物资受到损失,陈朝荣和几个乡亲商量,将军用物资转移到草堆里、羊棚内。1943年7月,陈朝荣又组织农民向裕华公司进行"反一成租"的说理斗争。尽管公司孙静安厚颜无耻,百般狡辩,但由于陈朝荣等率领的群众义正辞严,结果又取得“反一成租”斗争的胜利。

日伪驻大中镇、新丰镇、裕华镇后,伪乡政府经常有人下乡敲诈勒索,在农民身上收捐收税,陈朝荣组织领导农民进行抗捐斗争。因此,裕华镇伪镇长王维甫把陈朝荣视为眼中钉。1943 年 10 月,陈朝荣的大儿子结婚,伪镇长王维甫带领伪军下乡扫荡,陈朝荣在家中不幸被捕,后在押解途中惨遭杀害。垦区区委在南阳祥丰小学召开追悼大会,追认陈朝荣为革命烈士,并将裕华乡命名为朝荣乡,将裕华小学命名为朝荣小学。

黄友才　1927 年生,原籍江苏启东,大中镇和瑞村人。1947 年 9 月,黄友才参加中国人民解放军,在苏中二分区特务团一营一连一排当战士。1948 年 2 月,在泰县马沟战斗中,黄友才冲锋陷阵,英勇作战。2 月 21 日午后,在修筑战壕时,不幸被敌枪弹击中,献出年轻的生命。解放后,党和政府追认黄友才为革命烈士。

宋志冲　1927 年生,大中镇恒泰乡(今大中镇泰西村)人,宋志冲出生在一个贫苦农民家中,祖辈靠租种地主的 4 亩田维持生活。1945 年,宋志冲第一个报名参加地方民兵组织。1946 年 6 月报名参军,7 月光荣加入中国共产党,并担任解放军某部排长。1946 年 12 月,部队奉命攻打涟水,宋志冲连队担任主攻。敌人负隅顽抗,轻重机枪形成交叉火力网,阻止解放军攻城,排里战士在冲锋中相继牺牲。宋志冲决心为战友们报仇,奋不顾身,抱起炸药包向城墙冲去,不幸被敌人子弹击中,光荣牺牲。

施忠跃　1921 年出生于垦北区鼎万乡一个贫苦家庭(今大中镇万丰村)。1942 年,参加民兵基干队,同年加入中国共产党。1945 年 8 月,日本侵略军宣布无条件投降后,盘踞在大中集、裕华镇、新丰镇的伪军自恃武器好,又有国民党撑腰,负隅顽抗,继续与人民为敌。

裕丰公司伪保长范法强被谷振之所利用,千方百计刺探收集共产党情报,为谷振之效力,罪大恶极。1944 年 6 月,时任民兵中队长的施忠跃毅然决定活捉汉奸范法强,亲自带领民兵小队长吴强狗、民兵沈雪民前往裕丰公司(今新丰镇裕中村境内)执行抓捕任务。汉奸范法强被抓获后,施忠跃等正在对其住宅搜查时,因特务告密,新丰镇伪据点出动伪军 70 多人,将其包围。情况十分危急,施忠跃果断下令三人分头突围,自己牵引敌人边撤边战,终因寡不敌众,在今解放村和裕南村交界处中弹牺牲。为纪念烈士,1947 年垦北区委将中北乡(今万丰)命名为忠跃乡。解放后境内开设一所小学,命名为忠跃小学。

陆锦龙　又名陆祥林,1926 年 4 月出生,裕华中兴村人(今大中镇朝荣村)。1945 年,担任朝荣乡治安员,1946 年加入中国共产党。

1947 年 2 月 14 日,垦北区委在裕华乡召开扩大会议,出席会议的有 70 多名乡干部。会议内容主要部署各乡保护公粮、公棉,全面开展对敌游击活动,粉碎国民党的大“扫荡”。为开好这次会议,区委决定由朝荣乡派干部负责警卫。是日上午 8 时左右,大中集郝鹏举部一个连 80 余人,民夫 70 余人,推着小车进犯裕华镇,抢掠公粮、公棉。担任警卫任务的裕华乡干部当机立断,分两路阻击敌人。顾中伯、李兆兰各带一路(每路 3 人 3 支枪,还有手榴弹)埋伏在沟头。敌人进入伏击圈后,两路伏兵枪弹齐发,民夫车队慌作一团,四处奔逃。敌人也惊慌失措,仓促撤退,朝大中集逃窜。敌人边逃边开枪还击,在一阵猛烈的枪声中分在第二路的陆锦龙不幸中弹光荣牺牲。这次阻击战不仅保护裕华乡公棉、公粮,还保护大批军用物资。垦北区乡长张鹤飞对这次战绩表示满意,裕华乡游击小分队受到县、区表彰。为缅怀革命烈士将裕丰小学命名为锦龙小学,1982 年,大丰县地名普查时,又将富裕大队改名为锦龙大队,1983 年乡镇体制改革更名锦龙村。

朱元凤　1925 年阴历 6 月 16 日生,大中镇阜北人。1941 年春,共产党的民运队来到台北开辟工作,建立抗日民主根据地,朱元凤受到党的教育,懂得一些革命道理。1942 年秋,朱元凤参加民兵组织。1944 年任村长和民兵中队长。1946 年 6 月光荣加入中国共产党。6 月担任垦北区阜丰乡民兵大队长。

1946 年秋,国民党军北犯前,华中印钞厂曾将印钞机和未盖章印的钞票掩埋在德丰公司。国民党军占领大中镇后，为保护机器及钞票的安全，朱元凤带领10个民兵深夜渡河，冒着生命危险，穿过敌人的封锁线，从虎口中把机器及钞票抢出来，受到县区领导的表扬。是年冬，朱元凤配合垦北区裕丰乡指导员王斌在裕中东匡除掉敌人的一个“坐地侦探”，消灭隐患，人心大快。1947年4月20日，苏中部队发起强大攻势，准备消灭郝鹏举残敌，收复大中集。这天晚上，伸手不见五指，朱元凤和乡长邓国龙负责东门的向导，冒着敌人的炮火带领部队深入前线。当走到阜南村西匡2排（距大中集敌占领地不到1里）时，不幸被敌人流弹打中，当场壮烈牺牲。

石长根 1928年4月出生，大中镇阜丰村人，1946年参加革命，同年任阜丰乡阜北村民兵中队长。1947年1月26日夜，被“还乡团”团长吴保才等一帮匪徒抓去。匪徒用麻绳将石磨绑在石长根背上，将其沉到阜北村中匡2排11、12号中间大池塘中活活淹死。

孙长发 1926年5月出生，大中镇福丰村人。出身贫农，父亲给地主做长工，维持一家生计。孙长发1942年2月参加新四军，5月加入中国共产党，在部队担任副班长。孙长发随部队参加淮海战役，在一次战斗中孙长发带领全班战士向敌人发起冲锋，不幸中弹牺牲。

李忠海 生于1938年，大中镇晋北村一组人。少年时生活贫苦，李忠海渴求文化知识，白天劳动，晚上到夜校读书。他一生忠诚淳朴，热爱劳动，热爱集体，17岁任农业社小组长，生产积极，工作认真，深得群众赞扬。

1956年，李忠海加入中国共产主义青年团。1957年1月，应征入伍。1958年12月，李忠海随部队回国，驻齐齐哈尔市。李忠海以英雄人物为榜样，刻苦学习军事技术，多次被评为一级射手、优秀战士。1959年6月底，李忠海主动要求到大兴安岭流放建筑木材，时任班长。7月10日，木排在嫩江上流放，由于连日暴雨，江水猛涨，汹涌的江浪冲走木排。面对危急情况，李忠海翻山越岭，沿江追赶，衣服被划破，鞋底被磨烂，身上鲜血、汗水凝在一起，李忠海全然不顾。当李忠海追上木排的时候，尽管饥渴交加，筋疲力尽，却依然奋不顾身扑入江中，救护国家财产。在狂涛骇浪中李忠海歇尽全力拼搏数小时，终因气衰力尽而被怒涛吞噬，英勇牺牲。

为表彰烈士的功绩，李忠海生前的中国人民解放军9736部队为李忠海追纪一等功，并根据烈士生前的志愿，追认李忠海为中国共产党正式党员。家乡人民为缅怀烈士，将原“宝塔小学”更名为忠海小学。中共大丰县委员会、大丰县人民政府于1961年10月1日在大丰县烈士陵园树立李忠海烈士纪念碑。

朱知芳 1920年出生在大中镇元丰村七组一个贫苦的农民家庭。15岁开始给地主家做长工。1943年7月，朱知芳报名参加新四军，翌年加入中国共产党，并担任战区分区支部书记。1944年，朱知芳带领一个连在大丰境内七灶河与日本侵略军展开一场激烈战斗，多次打败日本侵略军的进攻。敌人恼羞成怒，派出3艘汽艇，动用重型武器，实施围攻。由于双方力量悬殊太大，新四军伤亡较重。朱知芳眼看战局对我方不利，为避免损失，朱知芳果断下令撤退。在掩护部队撤退中，朱知芳不幸被敌人炮弹击中，光荣牺牲。

王六宗 1913年5月12日出生在淮阴县一个知识分子家庭。写得一手好字，打得一手好算盘，拉得一手好胡琴。但时运不佳，王六宗18岁时母亲去世，19岁丧父。1936年，报名参加苏北水利工程队，随队来到大丰沿海筑防潮圩，便在裕华（今晋丰村四组）安家落户。“九一八”事变后，日本帝国主义大举入侵中国，血气方刚的王六宗义愤填膺，毅然中止水利工作，投身革命。

1941年2月，日本侵略军侵占大中集，经常下乡扫荡、烧杀、抢掠、奸淫妇女，无恶不作。这时候王六宗被地下组织安排在裕华公司油坊当营业员，暗中与叶强、邵乃奋、黄亚成等地下党组织领导人联络。王六宗以打油算账作掩护，收集情报。一天黄昏时分，王六宗去约定的地点向黄亚成汇报工作，途经东坝头时，发觉后面有人跟踪，王六宗断定是当地的汉奸吴汉祥。王六宗凭借夜色和芦苇七拐八绕甩掉“尾巴”，顺利与黄亚成接上头。一个月后，这个汉奸被当地民兵收拾。王六宗多次出色完成党组织交给的任务，经常受到表扬，1943年光荣加入中国共产党。

1944 年,台北县在裕华成立垦荒办事处,王六宗在办事处担任总账会计兼文书。王六宗日夜东奔西走,动员外地(包括启东、海门、兴化等地)农民到垦区开荒种地,多打粮食,支援抗日。1947 年 4 月,大中集解放后,王六宗于 1949 年 6 月随大军参加渡江战役。王六宗的主要任务是发动后方群众,保障供给,支援前线,冒着枪林弹雨带领支前民工运送粮草、棉被、门板、抬担架、抢救伤病员。王六宗英勇无畏,表现积极,荣立三等功。

1951 年,王六宗被调到治淮指挥部工作。曾在泰州专署水利建设科任技术员,后调到扬州治淮指挥部工作。1952 年春天,隐藏在内部的特务分子乘大家不注意在早餐中投毒,指挥部就餐的人不同程度都中毒。王六宗中毒最深,吐血不止,于 1952 年 2 月 15 日与世长辞。1953 年 3 月 30 日,中央人民政府追认王六宗为革命烈士。

蔡学涛　堤东区八东乡万园村(今大中镇八灶村六组)人,生于 1916 年。蔡学涛的小楷书法与其兄蔡学海的大楷字在刘庄以东享有盛名,并懂医学。

蔡学涛 18 岁从事乡村教育活动。大中伪旅长谷振之多次以利相诱,欲收归幕下,蔡学涛正气凛然,断然拒绝。1941 年春,蔡学涛参加革命,不久担任堤东区民政助理,同年加入中国共产党,后兼任八东乡乡长。蔡学涛立场坚定,疾恶如仇,带领乡民惩奸除霸,敌伪对其恨之入骨。1944 年 2 月 29 日下午 2 时左右,蔡学涛到八灶澡堂准备洗澡。刚进去,听到南边有枪声,原来是大中伪营长周焕龙带兵袭击区公所。蔡学涛见情况紧急,随即从澡堂后门出去跳入八灶河,但因水力不济,沉入河底。伪军搜捕未获,撤回大中集。19 天后,八灶河王六口子有尸浮出,尸身满是青苔,面目全非,无法辨认。堤东区游击队赶到现场,连长周银在尸身找线索,认出裤带是陈克的。陈克是蔡学涛的战友,亦是蔡学涛的妹婿,以此认定尸骸就是蔡学涛,遂由家人运回安葬。解放后,人民政府追认蔡学涛为烈士。

刘东銮　八东乡营南村人(今大中镇八灶村二组),生于 1908 年 12 月 30 日。抗日民主政权建立后,刘东銮于 1942 年参加革命,同年加入中国共产党,担任民兵大队长。1943 年 6 月,任八东乡乡长。

对敌斗争中,刘东銮总是一往无前,无所畏惧,独身闯入刘庄敌据点。为阻止日本侵略军汽艇窜扰扫荡,刘东銮组织民兵夜间在八灶河上打坝,成功阻敌汽艇在八灶河沿岸横行。

一天夜里,刘东銮组织民兵到八灶河筑坝。到达河边后,刘东銮率队将地主周云汉的住房拆毁,浮财运走。周云汉及其当伪营长的儿子周焕龙对他恨之入骨,必欲除之。

1944 年 2 月 1 日下午,刘东銮到八灶庄办事被坐探发现,当晚刘庄伪区长周晋湖派乡长王绍余带人包围王大云住宅(刘在王家吃晚饭),搜出刘东銮,绑赴刘庄据点。敌人动用酷刑,逼他交出党的秘密和地方抗日武装情况,将其双手用铁钉钉在墙上,十个指头插上缝衣针,逼他在地上爬,用铁丝穿刘东銮的锁骨,牵着走。刘东銮始终坚贞不屈,反复只有一句话:"党员就是我一个。"党组织曾试图通过内线营救,都被周云汉父子阻挠未果,说"只要他的命。"并指令伪区长将刘东銮押到大中集继续折磨。1944 年 2 月 11 日,伪区长周晋湖派乡丁王绍余带人将刘东銮押至刘庄东不远的竹园口枪杀。解放后,人民政府追认刘东銮为革命烈士。

周　银　原名周春林,家住八灶庄(今大中镇八灶村)西头临近八灶河,生于 1924 年,以种田和在八灶河摆渡为业。1941 年参加革命,改名周银,开始做民运工作。堤东区游击队扩编,他担任堤东区游击连连长。一次,伪区长周晋湖(八灶庄人)为逃避抗日民主政府没收其财产,将一船小麦、两头肥猪运往伪刘庄据点。周银知道后,派蔡进海带人追至七里舍,责令木船停下。对方不予理睬,蔡进海立即开一枪,猪受到惊吓,窜入水中,船被迫停下,财物被悉数没收,周晋湖为此怀恨在心。

1944 年 11 月 20 日,周银与蔡进海、周彩远(周晋湖的堂弟)从抗日根据地东滩到八灶庄,当晚在家住宿。周彩远悄悄去刘庄告密。当晚,周晋湖派乡丁朱亚青、刘西安、尤恺从等人下乡,晚 8 时许到万园村将蔡进海打死在家中,午夜 12 时左右到八灶庄,砸开周银家的门将周银绑起来,赤着脚被押走，押到黄二（名黄金才）家东南大桥上开枪将周银打死。天亮前，又赶到营东村将通讯员王龙生打死在家中。汉奸周彩远逃往上海，解放后被上海市人民政府处决。周银烈士的遗骸安葬于大丰烈士陵园。

刘金祥 1923年9月23日生，大中镇人。1940年12月参加新四军，翌年加入中国共产党。

1941年8月15日，新四军二旅围攻裕华镇日伪据点，刘金祥所在四团三营担负裕华西七里半（今大丰拖修厂门前）阻击任务。次日凌晨战斗打响，天亮大中集日伪军200余人先后两次分水陆两路增援裕华镇守敌。当敌临近阻击阵地时，部队顿时以猛烈火力扫射，刘金祥和同志们一道，打死打伤日伪军50余人，打退援敌，保证裕华攻坚战的胜利。

1941年年底，刘金祥随部队南下，挺进浙西，开辟苏浙皖边区根据地，先后参加溧阳、高淳、杭村、长兴、周城、泗安等战斗。刘金祥在四团三营先后当侦察员、班长，出色地完成战前侦察任务，受到营团领导表扬。1946年9月，苏中七战七捷后，刘金祥主动请求上杀敌前线。1947年9月，上级同意他的请求，调刘金祥到三营七连一排当排长。刘金祥出生入死三次负伤不下火线。1948年8月5日凌晨，刘金祥所部奉命赴河南东部睢杞地区阳蝈庄攻打国民党军吴化文部两个团守敌。刘金祥所在三营伤亡很大，刘金祥心急如焚，主动向团长请战，带全排上去。在攻打阳桥的战斗中，背部受伤住进医院。

1948年10月下旬，刘金祥得知淮海战役即将开始，伤未痊愈即重返前线，被上级提拔为四十八团一营一连副连长。11月19日，刘金祥所部四十八团主攻碾庄西南方向的敌阵地，战斗打得异常艰苦。刘金祥带领第三突击队冲破第一道圩子，不幸被弹片击中下腹。刘金祥强忍剧痛，指挥突击队攻上碾庄圩，打开突破口。随后，刘金祥被送往宿迁后方医院抢救，终因伤势太重，失血过多牺牲。

施方勇 又名施勇，1927年3月生。原籍海门，后迁徙到裕华公司丰裕落脚种田谋生。1943年秘密参加当地民兵组织。1944年8月25日参加革命，投奔新四军苏中军区二分区司令部特务连。1945年1月4日随军渡江，部队从丹阳北部的新丰越过京沪铁路封锁线，连续行军几十日。5月，在浙江新登反顽战斗及天目山的第三次战斗中，施方勇送信去旅部刚回来，又接到第二次送信任务。他二话没说，飞快前去。可前面一条石桥被敌炮火封锁，施方勇顺着小河慢慢前移。在接近小石桥时，他掌握敌人射击的速度，突然跃起冲过去，终于赶在敌人包围之前，把命令送到旅部，使部队得以安全转移。1945年10月15日，施方勇随部回苏北后，接到司令部命令，要他和司令部作战参谋张加将一艘轮船（“中安号”）送到江南，把在江南的四纵队部分指战员和部分地方干部接回苏北。轮船行驶数十分钟驶抵江心时，由于超载过重，船体陈旧，风大浪急，船底急速漏水，“中安号”慢慢沉入江中，施方勇和800多名指战员不幸遇难。

朱彦平 祖籍启东县，1921年农历十一月二十七日生，大中镇利民村人。1945年参加民兵组织，担任民兵小队长。1946年2月加入中国共产党，同年秋担任村里翻身组长，后任团结乡民主村村长。1947年春任乡文委，9月参军。当时因缺少税务干部，朱彦平被留在县税务局，后被分配在杨家渡（今方强与金墩交界处）税务组工作，后又调到草堰税务所担任征收员。

袁以新 1923年生，东台县三仓区人，1946年11月，跟随其堂哥袁以诚来台北县参加税务工作，与朱彦平同事。

1948年8月5日前一天夜里，朱彦平和袁以新住在草堰东边九华里的沙家尖，次日晨，他们带两支枪和税票等办公用物，去草堰街上征税，当他们行至草堰东1千米左右的庵桥头，遭到敌人伏击，朱彦平当即中弹牺牲。袁以新看到朱彦平倒地，不顾生命危险，立即折回扑到朱彦平身边，拿起朱彦平身上的盒子枪、税票、银元和钱物等向东奔去。敌人疯狂追击，将要到单家墩子时，袁以新中弹受伤，被敌人赶上来用刺刀戳死。

二、革命烈士名录

本目收录对象为大中镇籍和在大中镇区域工作过的革命烈士，截至2010年12月底，计340名。

革命烈士名录

表25－1－1

姓　名	性别	出生年月	所在村	参加革命时间	党(团)	牺牲时所在部队及职务	牺牲时间和地点	备　　注
卢保友	男	1923.2	新团村	1947秋		苏北第一军分区一团战士	1948.10泰县姜埝因战	
凌良庆	男	1913.3	新团村	1947秋		新四军某部战士	1948.10姜埝因战	
马秀堂	男	1928	新团村	1946.5		台北独立团战士	1948大白米因战	
邵从和	男	1922.2	新团村	1945.9		新四军某部战士	入伍后失踪	1962.12追抚
卢根昌	男	1920	新团村	1947春		一分区一团战士	1949安徽黄山因战	
吴桂兰	男	1919	新团村	1944		新团乡民兵	1945.7新团被捕牺牲	
顾金英	男	1921.9	长安村	1940.11	党员	0147部队一支队机枪连连长	1948.10辽西会战因战	
崔锦文	男	1931.2	长安村	1946.11		二十军六十师一八〇团战士	1950.12朝鲜咸境南道因战	
陈云祥	男	1921.9	长安村	1946.10		二十军六十师副班长	1950朝鲜黄朝岭因战	
卢日进	男	1918.6	长安村	1946.7	党员	十一纵队三十一旅九十一团三营战士	1949.10金门失踪	1958.12追抚
蒋甫宣	男	1928	长安村	1945.7		一纵队二安旅四团一营八连战士	失踪	1962.12追抚
蒋玉祥	男	1922	长安村	1946.7		六纵队十六旅四十六团二营五连战士	1947山东莱芜因战	
蒋德杨	男	1915.8	长安村	1946.5	党员	南灶村村长	1947.7大丰新团被捕牺牲	
吴长安	男	1924.7	长安村	1947.3		堤东区游击队战士	1947.7大丰八灶因战	
张荣生	男	1921	长安村	1946春		新团乡乡长	1947春大丰龙堤因战	
卞正兰	女	1903	长安村	1946.3	党员	新团乡妇女主任	1947.6大丰北灶被捕牺牲	
顾保竹	男	1921	长安村	1946秋	党员	五十七团战士	1947.12涟水因战	
冷日宏	男	1919.6	长安村	1946.10		六纵队某部战士	1947.2山东莱芜因战	
卢日开	男	1916.12	长安村	1946.7		三十二旅战士	1948.5射阳庙因战	
季希荣	男	1931.8	长安村	1949秋		台北大队战士	1950.5大丰刘庄因公	
蒋玉礼	男	1929	长安村	1944秋		八路军某部战士	1948.5长春因战	
张存德	男	1913	长安村	1945.9		一纵二旅四团战士	1946.12山东兖州因战	
陆长山	男	1915.7	灶圩村	1944		新四军一团战士	1947白蒲因战	
吴长和	男	1919.1	灶圩村	1946.9		一分区一团战士	1947.8季黄线战斗因战	
卢殿存	男	1927	灶圩村	1946秋		六纵队十六旅四十六团二营五连战士	1948.7豫东战役因战	
卢怀成	男	1925.11	灶圩村			支前民工	1947.11大丰大团因战	
徐正朗	男	1902.5	灶圩村			支前民工	1947.11大丰大团因战	

续表 25－1－1

姓　名	性别	出生年月	所在村	参加革命时间	党(团)	牺牲时所在部队及职务	牺牲时间和地点	备　　注
陈玉藩	男	1920.11	灶圩村	1947 秋	党员	二十军六十师一七九团团三营六连战士	1950.12 朝鲜黄朝岭因战	
徐正余	男	1905.8	灶圩村	1947 春		新团乡农会长	1947 新团乡九村被捕牺牲	
朱永奎	男	1915.10	灶圩村	1942.7		堤东区游击队战士	1944.3.6 大丰南灶乡被捕牺牲	
卢成桂	男	1927	灶圩村	1946.9		志愿军某部战士	1951 朝鲜因战	
卢成朗	男	1923.5	灶圩村	1946 春		二十军六十师一七九团战士	1949.3 扬州三江营因战	
徐风高	男	1927	灶圩村	1945		台北独立团战士	1947 东台王家团因战	
卢日宣	男	1927	灶圩村	1946		三十一旅战士	1948 徐州因战	
卢成才	男	1917	灶圩村	1945		三师八旅旅部卫生队战士	失踪	1957.7.15 追抚
苏帮钱	男	1922	同圣村	1942 夏		宿县武工队战士	1945.7 铜山县马兰街因战	
王芝松	男	1920.9	同圣村	1940	党员	一师二旅六团三营新兵连战士	1940.11 兴化县沙沟因战	
朱纪华	男	1926.7	同圣村	1946 秋		志愿军二十军一七四团战士	1950.12 朝鲜战争因战	
王德林	男	1925.9	同圣村	1944 夏	党员	三十一旅电话通讯排排长	1944.12 淮海战役因战	又名王凤美
朱开亮	男	1891	同圣村	1940 冬	党员	南灶乡农会长	1944.8 大丰老坝渡口被捕牺牲	
周彩生	男	1924	同圣村	1944	党员	南灶乡民兵大队长	1948 大丰八灶因战	
周志庆	男	1920.2	同圣村	1942	党员	新四军某部战士	1949 上海进军福建后失踪	1982.08 追抚
王春宏	男	1922.6	同圣村	1941	党员	堤东区保才乡指导员	1944.11 大丰八东乡被捕牺牲	
朱龙安	男	1915	同圣村	1942.7		堤东区游击连战士	1944 秋兴化合塔因战	又名朱芝和
王龙生	男	1903	同圣村	1941	党员	八东乡通讯员	1944 冬大丰八东乡被捕牺牲	
周旭池	男	1928.8	八灶村	1946 春	党员	二十军六十师一七九团团三营三营战士	1950.11 朝鲜富顺里因战	
周　银	男	1920	八灶村	1941	党员	堤东区游击连副连长	1944 冬大丰八灶南桥口牺牲	又名周春华
高广宣	男	1917.2	八灶村			支前民工	1947 大丰大小团战斗失踪	1963.10 追抚
刘东銮	男	1906	八灶村	1942	党员	八东乡乡长	1944.1 大丰刘庄被捕牺牲	
杨春芝	男	1900.4	八灶村	1941 夏	党员	八东乡乡长	1947.5 大丰八灶被捕牺牲	
蔡进海	男	1916	八灶村	1942		堤东区游击队战士	1944.10 大丰万园村被捕牺牲	
周彩凤	男	1921	八灶村	1947		九兵团二十一医院十六医疗队运输员	1949 在皖巢县因战	
朱广元	男	1919	八灶村	1945 秋		八东乡民兵中队长	1946 冬大丰八灶被捕牺牲	
朱继才	男	1916	八灶村	1945	党员	八东乡民兵大队长	1947.7 大丰八灶因战	
蔡生芝	男	1921	八灶村	1942 秋	党员	堤东区游击连排长	1944.6 大丰八灶因战	
蔡学涛	男	1920	八灶村	1941 春	党员	堤东区民政助理	1943.2 在大丰八灶被捕牺牲	
王如珠	男	1928.4	八灶村	1940.11	党员	三十二旅某部战士	1945 春曲塘因战	
朱继堂	男	1918	八灶村	1942 春		堤东区战士	1943 秋兴化何家桥因战	

续表 25－1－1

姓　名	性别	出生年月	所在村	参加革命时间	党(团)	牺牲时所在部队及职务	牺牲时间和地点	备　　注
朱爱广	男	1919	八灶村	1942.6		堤东区游击队战士	1944 冬大丰白驹被捕牺牲	
王德生	男	1920	八灶村	1946.8		堤东区游击连炊事员	1946.12 大丰八灶被捕牺牲	
陈才林	男	1919	八灶村	1940.10		二旅五团一营战士	1941.10 建阳吴家桥因战	
朱友仁	男	1922	八灶村	1944		新四军某部战士	失踪,1951.8 追抚	又名朱爱林
杨广林	男	1930.9	永久村	1946.9	党员	二五三团排长	1949.10 金门失踪	1958.12 追抚
纪龙祥	男	1925.4	永久村	1944.4	党员	兴化县独立团一连一排副排长	1947 泰县大白米因战	
焦广业	男	1920.3	永久村	1945 春	党员	新建乡乡长	1947.1 大丰刘庄被捕牺牲	
凌桂太	男	1916.1	永久村	1946.7		武进县中队战士	1949.9 常州因公	
焦永同	男	1927.8	永久村	1946 春	党员	八十七师二六一团战士	1949.5 上海月浦因战	
徐启华	男	1921	光明村	1946 秋	党员	新团乡游击队战士	1947.9 大丰刘庄被捕牺牲	
顾龙喜	男	1918	光明村	1941.12	党员	新团乡指导员	1944.9 大丰北灶被捕牺牲	
王六寿	男	1912.3	光明村	1946 春	党员	新团乡民兵大队长	1947.7 大丰新团村因战	
孙赞章	男	1918.10	光明村	1947.8		二十九军八十五师二五三团一营战士	1949.10 金门失踪	
朱友才	男	1922	光明村	1948.11		二十军六十师一八〇团三营七连战士	1949.4 失踪	1955.08 追抚
张正元	男	1924	光明村	1948.11		新四军某部战士	1949.5 解放上海失踪	1962.12 追抚
蒋成新	男	1929	光明村	1947 秋		一分区特务营三连战士	1948 秋海安县角斜失踪	1982.08 追抚
徐启昌	男	1921	光明村	1947	党员	二十九军八十六师某部战士	1949 上海月浦因战	
徐同盛	男	1927.9	光明村	1944	党员	二师四旅十一团三营八连战士	1946.7 山东褚城因战	
王宣言	男	1924	光明村	1947		新四军某部战士	失踪	1962.12.5 追抚
马桂芳	男	1925	光明村	1945.7		志愿军七十三师炮团二连副排长	1953.9 朝鲜因公牺牲	
韦芝元	男	1923.11	光明村	1946		二十四军七十师二〇八团二营战士	1948.5 河南祁县因战	
顾锦和	男	1921	光明村	1946		新团乡西二村村长	1947 本地被捕牺牲	
朱雨元	男	1915	老坝村	1940	党员	南灶乡民兵大队长	1943.2 大丰老坝被捕牺牲	
高春銮	男	1904.8	老坝村	1941		南灶乡农会长	1944.4 南灶乡六村被捕牺牲	
周爱帮	男	1926.8	老坝村	1944 春	党员	南灶乡乡长	1947.2 大丰龙堤盘灶被捕牺牲	
周金帮	男	1925.7	老坝村	1943		堤东区地下情报员	1944 冬大丰大中集被捕牺牲	
陈广福	男	1909	老坝村	—		民工	1947.1 三村拆桥断路被捕牺牲	
周见帮	男	1919	老坝村	1943 春		南灶乡民兵中队长	1945.7 大丰老坝因公	
朱松山	男	1927.11	老坝村	1947.10		九十六团一营三连战士	1948 陇海铁路失踪	1961.12 追抚
陈龙山	男	1913.11	老坝村	1942 冬	党员	堤东区游击队炊事员	1947 春大丰龙堤盘灶被捕牺牲	
谢广胜	男	1909.3	老坝村	1942 春		堤东区游击队炊事员	1944.8 大丰同盛大队被捕牺牲	

续表 25－1－1

姓　名	性别	出生年月	所在村	参加革命时间	党（团）	牺牲时所在部队及职务	牺牲时间和地点	备　注
张兆宣	男	1926	老坝村	1944		南灶乡民兵大队长	1947 春八灶被捕牺牲	
朱雨云	男	1929	老坝村	1943 秋		堤东区游击连战士	1944. 2 大丰八灶因战	
周之科	男	1923	老坝村	1947		二十军六十师一七九团战士	1951. 1 朝鲜黄朝岭因战	
朱雨伯	男	1924	老坝村	1945. 10		六师五十二团骑兵通讯组组长	1946. 5 山东大汶口华丰车站因战	
高盛亮	男	1929	老坝村	1946 秋		十一纵队三十一旅九十二团战士	失踪	1958. 8. 7 追抚
陈宜生	男	1918	老坝村	1941		兴化县老圩区游击队大队长	1944. 7 兴化北孙庄被捕牺牲	
朱志保	男	1920	老坝村	1941		老五团一营三连战士	1942 冬盐城下仓因战	
周焕根	男	1898	老坝村	1943. 12		南灶乡五村翻身组长	1944. 4 南灶乡被捕牺牲	
杨万林	男	1906	老坝村	1943. 12		南灶乡五村翻身组长	1944. 4 南灶乡被捕牺牲	
朱养宝	男	1910. 11	老坝村	1946. 7		南灶乡四村翻身组长	1948. 4 南灶乡被捕牺牲	
朱志美	男	1926. 6	建设村	1944 秋		堤东区游击队战士	1947. 5 大丰老坝因战	
周焕军	男	1927	建设村	1946. 9		十六师四十六团二营五连战士	1947. 12 山东新太县因战	
陈松山	男	1917	建设村	1945. 8		五十九师一七五团三营七连二排战士	1946 山东兖州因战	
朱德芝	男	1922	龙福村	1944	党员	南灶乡文书	1947 大丰刘庄牺牲	
周雨红	男	1921	龙福村	1944. 8		三十一旅九十二团三营八连一排战士	1946 秋白米战斗中因战	
杨普友	男	1919. 9	龙福村	1941		一师二旅五团战士	1942 沙沟因战	
周焕生	男	1916. 1	龙福村	1942		盐东区游击队炊事员	1943. 12 大丰西团被捕牺牲	
朱龙腾	男	1894. 5	龙福村	1945 春	党员	南灶乡农会长	1947. 1 大丰南灶乡被捕牺牲	
高盛来	男	1922	龙福村	1947. 8		十一纵队三十二旅九十六团政治处战士	1947 失踪	1982. 08 追抚
陈龙存	男	1918. 8	龙福村	1947. 1		南灶乡游击队战士	1947. 2. 18 大丰韦家灶因战	
朱龙寿	男	1918	龙福村	1944		堤东区游击连战士	1944 秋大丰八灶因战	
高方庆	男	1907	龙福村	—		民工	1947 秋大丰大团因战	
朱情玉	男	1907	龙福村	1944 秋		三十一旅战士	1947 秋山东济南因战	
陈有桥	男	1911	龙福村	1941. 9		堤东区游击队战士	1947. 3 南灶乡被捕牺牲	
徐汉义	男	1903. 9	龙福村	1942. 9		南灶乡八村民兵中队长	1944. 7 南灶乡被捕牺牲	
童连文	男	1917. 10	同盛村	1947. 9		兴化县团战士	1947. 11. 17 兴化塔也头因战	
王元珠	男	1924. 11	同盛村	1941. 7		苏中七中队六十一团战士	1946. 9 鲁南区桃花山因战	
王风玉	男	1926	同盛村	1947. 10		二十军六十师一七九团战士	19493 扬州三江营因战	
钱林奎	男	1930	元丰村	1946		六纵队某部战士	1948. 5 山东泗水因战	

续表 25－1－1

姓　名	性别	出生年月	所在村	参加革命时间	党（团）	牺牲时所在部队及职务	牺牲时间和地点	备　注
单如康	男	1921	元丰村	1946		一师一旅一团战士	1946.12 涟水因战	
吴立贵	男	1928.11	元丰村	1947.9		十一纵队三十一旅九十一团战士	1948.12 淮海战役因战	
管风章	男	1924.4	元丰村	1944.5		一师一旅一团三营七连三排副排长	1947.12 涟水因战	
陈德康	男	1916	元丰村	1943.1		新四军某部战士	1944.9 如皋因战	
王长正	男	1923.1	元丰村	1946.1		三十三旅警卫团三连三排班长	1947 靖江土桥因战	
邵连根	男	1925.1	元丰村	1943.10	党员	三十一旅九十三团战士	1947.12 伍佑因战	
高尚泉	男	1918	元丰村	1948		三十八军一一二师三三五团一营战士	失踪	1962.12 追抚
朱指芳	男	1920.4	元丰村	1943.7		二分区独立团战士	1944.5 大丰七灶河因战	
吴才兴	男	1915	晋丰村	1940.11		四十八团战士	1944 苏南黑山因战	
季士珍	男	1919.9	晋丰村	1940.11		老四团战士	1943.5 盐城县刘庄因战	
沈风思	男	1923	晋丰村	1943.11		老四团排长	1948.2 宝应因战	
夏宝国	男	1924.10	晋丰村	1943.8		华东十六旅战士	失踪	1958.4 追抚
杨东明	男	1917.4	晋丰村	1942		新四军某部战士	失踪	1958.7 追抚
杨正元	男	1925	晋丰村	1947.7		四十六团三营二排战士	失踪	1958.7 追抚
盛效模	男	1948	晋丰村	1965.12	党员	南字三二六部队战士	1972.8.18 无锡市因公	
胡亚荣	男	1926	晋丰村	1946.8		三十一旅九十二团二营六连文化教员	1947.8 邵东县掘港因战	
曹志冲	男	1922	晋丰村	1940.11		老五团三营六连班长	1942 兴化马松庄因战	
胡鸿章	男	1923	晋丰村	1944		三十二旅九十四团战士	1947.2 大中集因战	
董春阳	男	1926.10	晋丰村	1947		十一纵队三十一旅九十一团一营机炮连战士		
王六忠	男	1912	晋丰村	1941		淮海指挥部技术员	1953 春因公	
黄学章	男	1924	晋丰村	1944		通海崇警卫团战士	1944.9 南通县三星镇因战	
张连生	男	1923	晋丰村	1944.2		一师二旅班长	1946.9 山东兖州因战	
仲文宝	男	1913	晋丰村	1943		垦南区农抗会会长	1945.1 垦南区泰丰乡被捕牺牲	
陈国良	男	1925.9	晋丰村	1943		兴化县独立团战士	1948.6 兴化大垛因战	
陈潮阳	男	1930	晋北村	1946.1	党员	志愿军炮兵三五〇团三营卫生员	1953.7.19 朝鲜中线前线因战	
施才生	男	1924	晋北村	1946.2		十一纵队三十一旅炮兵团战士	1946.12 卞仓因战	
刘长荣	男	1919	晋北村	1944.8		二十军六十师战士	1952 抗美援朝战争因战	
李忠海	男	1938	晋北村	1957		九八六四部队战士	1959.7 吉林省嫩江因公	
袁玉龙	男	1924	晋北村	1943.1		台北独立团战士	1944.10 大丰西团因战	

续表 25－1－1

姓　名	性别	出生年月	所在村	参加革命时间	党（团）	牺牲时所在部队及职务	牺牲时间和地点	备　注
刘汉兵	男	1925	晋北村	1944	党员	六师十六旅四十六团一营战士	失踪	1957.12 追抚
刘士旺	男	1917	晋北村	1946.7		三十一旅九十一团战士	1947.8 海安李堡因战	
吴玉生	男	1921	万丰村	1946.9		十军一八〇团七连班长	1951.6.10 朝鲜第五次战役因战	
龚友发	男	1927.11	万丰村	1947.9		二五三团二营五连战士	1949.5 上海月浦因战	又名龚艮狗
朱龙才	男	1917	万丰村	1944.3	党员	十旅二十九团二营五连副排长	1947.8 山东诸城因战	
蔡志群	男	1922	万丰村	1943.12		一纵队一师一大队战士	1947.8 山东定陶县因战	
周　意	男	1923.12	万丰村	1944.4		垦北区游击连战士	1945.4 大丰金墩高家弯因战	
施忠跃	男	1921	万丰村	1942		垦北区游击队队长	1944.5 大丰裕丰乡因战	
吴祥狗	男	1921	万丰村	1942		垦北区游击队分队长	1944.5 大中集被捕	
谢友发	男	1923	万丰村	1942.10		老二团二营四连班长	1946.6 沈灶妥子庙因战	
张善芝	男	1927	万丰村	1942	党员	一纵队二师六团二营二连班长	1946 山东鲁南大牛山因战	
秦帮来	男	1922	万丰村	1945.9		新四军某部战士	1946.2 山东塔山因战	
宗洪泉	男	1920.8	万丰村	1944.7		十一纵队三十一旅九十一团一连战士	1947 山东孟良崮因战	
张善元	男	1923.2	万丰村	1941		一纵队一师十六团二营战士	失踪	1958.7 追抚
吴周坤	男	1924	万丰村	1941	党员	二十九军八十五师二五三团班长	1949.5 上海月浦因战	
施廷栋	男	1920.12	万丰村	1940.10		六团三营七连排长	1942.1 东台北关桥因战	
施忠汉	男	1928	万丰村	1942.10		新四军某部战士	失踪	1982.8 追抚
周玉祥	男	1928	福丰村	1946.10		十六旅四十七团三营八连三班战士	1947 山东菟丝口因战	
王仕茂	男	1922	福丰村	1945.8		五分区独立团班长	1948.11.17 淮安石塘因战	
陈永风	男	1924	福丰村	1945.10		苏中一师二团一营一连副排长	1946.7 海安因战	
倪士新	男	1927	福丰村	1943.3		台北独立团副班长	1944 大丰西渣因战	
朱志余	男	1923	福丰村	1940		如皋县独立团战士	失踪	1962.12 追抚
陈永国	男	1918	福丰村	1940.1		一师二旅四团机炮连副连长	失踪	1958.7 追抚
董春田	男	1921.7	福丰村	1940		老二团二营四连战士	失踪	1982.8 追抚
王贵芝	男	1918	福丰村		党员	支前民工	1947.10 盐城卞仓因战	
田少夫	男	1925	福丰村	1941.3	党员	台北县农校学员	1947.11 龙王庙因公	
卫国锋	男	1928	海防村	1949.5		三野二五二团炮连战士	1949.10 金门战斗因战	
许兆祥	男	1922	海防村	1942		兴化独立团班长	1942 白驹五里墩因战	
赵跃先	男	1928	海防村	1948		十一纵队三十一旅九十四团一营二连战士	1948.11 淮海战役因战	

续表 25－1－1

姓　名	性别	出生年月	所在村	参加革命时间	党（团）	牺牲时所在部队及职务	牺牲时间和地点	备　　注
黄明书	男	1914. 12	海防村	1946. 11		十一纵队三十二旅九十五团战士	失踪	1958. 7 追抚
祁　俊	男	1927	海防村	1944. 12		新四军某部战士	失踪	1982. 8 追抚
丁忠义	男	1920	海防村	1944. 3		十一纵队三十二旅九十五团二营战士	失踪	1982. 8 追抚
陈思南	男	1925	海防村	1943. 2		台北独立团战士	1944. 9 大丰龙王庙因战	
朱文高	男	1925. 8	海丰村	1947		无锡新华书店推销员	1949. 9 宝山县因公	
沈宣能	男	1922. 1	海丰村	1941. 4		三十一旅连长	1948. 11. 10 宿迁战斗因战	又名沈先能
陆才法	男	1914	海丰村	1941. 4	党员	启西区队战士	1944. 7. 9 启东高竹园因战	
谢思明	男	1921	海丰村	1946. 8		一师二团机炮连 4 班战士	失踪	1958. 7 追抚
唐友清	男	1906	海丰村			支前民工	1946. 8 李堡因战	
刘少安	男	1929	海丰村	1941. 3		老五团战士	1944 茅山竹子桥因战	
顾耀明	男	1922	海丰村	1940. 11		十一纵队三十一旅炊事员	1946. 11 盐城伍佑因战	
张学文	男	1927	海丰村	1947. 8		淞江警卫团班长	1950. 8 上海淞江因战	
李丕龙	男	1919	海丰村	1942. 4		一师二旅五团班长	1945. 1 江南泗安因战	
陈　琳	男	1927. 2	天祥村	1944. 12		一师一旅一团一营三连二排战士	失踪	1982. 8 追抚
曹洪涛	男	1929. 7	天祥村	1946. 8		新四军某部战士	失踪	1982. 8 追抚
徐义前	男	1926	天祥村	1947. 10		步兵二五四团炮兵连战士	1949. 10 厦门战斗中因战	
沈学明	男	1929	天祥村	1942. 5	党员	垦北区工抗会会长	1944. 12 大丰裕华战斗中因战	
杨国珍	男	1921	天祥村	1941. 3	党员	新四军某部班长	1947. 4. 6 高邮战斗因战	
董西康	男	1926	丰裕村	1946. 9		十一纵队三十一旅九十一团五连战士	1948. 5. 25 通榆线大团因战	
陈其康	男	1929	丰裕村	1946		二十九军八十五师二五三团战士	1949. 5 上海月浦因战	
周启法	男	1927. 2	丰裕村	1946		二〇八团班长	1949 厦门因战	
张小其	男	1927	丰裕村	1946		二五二团战士	1949. 10 厦门因战	
陈锡光	男	1916	丰裕村	1943. 3		老四团三营战士	1942. 3 黄桥因战	
吴国川	男	1920. 5	丰裕村	1947. 11		支前民工	1947. 12 大丰西团龙王庙因战	
黄启元	男	1926	丰裕村	1947		一师二团三营九连战士	失踪	1958. 2 追抚
蔡锦涛	男	1917. 2	丰裕村	1942. 11	党员	老四团连长	1944. 1 山东林家村因战	
蒋殿华	男	1925. 3	丰裕村	1946	党员	四五七九部队营房所所长	1964. 3 在部队病故	1964. 3 追烈
李丕先	男	1921	朝荣村	1942		六师十六旅四十八团排长	1949. 1 淮海战役因战	
周广其	男	1913	朝荣村	1946. 6		新四军某部战士	1948. 11 淮海战役因战	
沈维良	男		朝荣村	1947. 10		十一纵队三十一旅九十二团特务连战士	失踪	1982. 8 追抚
肖福余	男		朝荣村	1945. 9		二分区特务团三营班长	1948. 12. 23 靖江斜桥因战	

续表 25－1－1

姓名	性别	出生年月	所在村	参加革命时间	党（团）	牺牲时所在部队及职务	牺牲时间和地点	备注
陈朝荣	男	1894	朝荣村	1940	党员	垦北区农抗会会长	1943.10 大丰裕华乡东南村因战	
陆锦龙	男	1926.4	朝荣村	1943.11		治安员	1947.2 大丰努力村因战	
顾金生	男	1927.12	新民村	1946.9		十六旅四十六团三营七连战士	1946.10.25 涟水因战	
陆信豪	男	1918.12	新民村	1946.9		二十四军七十师四十六团三营二连战士	1946.10.20 涟水因战	
陈登洪	男	1926.8	新民村	1945		十一纵队九十二团战士	1946 失踪	1958.12 追抚
朱　鑫	男	1916.10	新民村	1949.8		一〇二师三〇五团三营九连战士	1950.7 南京因公	
范德立	男	1920.10	红花村	1942		台北独立团班长	1943 大丰殷家灶因战	
高才相	男	1926.10	红花村	1947.7	党员	十一纵队某部战士	1948.12 淮海战役因战	
张进义	男	1923.8	红花村	1940.10		一师二旅六团三营七连一排战士	1940.11 兴化马胜庄因战	
陈启贤	男	1924.9	红花村	1945		十六旅四十六团战士	1946.10 涟水因战	
束必松	男	1929.10	红花村	1947		三十二旅战士	1949 年后失踪	1958.5 追抚
宋志冲	男	1925	泰西村	1946.10	党员	十六旅四十六团三营七连副排长	1946.12 涟水因战	
陈太远	男	1926.3	泰西村	1946.9		二十九军八十五师炮兵连三排二班战士	1949.5 上海月浦因战	
董福高	男	1920.12	泰西村	1946.9		六纵队十六旅四十六团三营七连战士	1947 山东牛庄尾子因战	
沈继同	男	1922.1	泰西村	1946.9		六纵队十六旅四十六团三营七连战士	1948.7 山东南麻因战	
蔡保林	男	1918	泰西村	1941.10		义教乡游击队员	1941.11 大龙王家墩子被捕牺牲	
季希勇	男	1924.12	泰丰村	1946.9		二十军六十师一七九团副班长	1951.8.18 朝鲜阻击战中因战	又名季希荣
郁珍宝	男	1918.9	泰丰村	1946.9		六纵队十六旅四十六团三营七连战士	1948.11 在淮海战役碾庄因战	
刘正江	男	1917	泰丰村	1946.9		十一纵队九十二团战士	1946.12 六合因战	
宣加喜	男	1922.9	泰丰村	1943		一纵队某部排长	1945 年后失踪	1959.12 追抚
季希和	男	1929	泰丰村	1947.9		十一纵队三十一旅九十一团一营三连战士	1949 金门失踪	1955.4 追抚
方云彩	男		泰丰村	1946.9		十六旅四十六团三营七连战士	失踪	1982.8 追抚
胡长荣	男	1925.8	泰丰村	1945.9		台北独立团战士	失踪	1982.8 追抚
张殿宾	男	1923.10	利民村	1948		一八四团一营一连战士	1948.12 淮海战役因战	
朱彦平	男	1921.12	利民村	1946.9		草埝税务所所长	1948.8.4 草埝因公	
花汝洋	男	1932	利民村	1947.8		二五三团战士	1949.5 上海月浦因战	
何书生	男	1931.1	利民村	1946.9		二五三团战士	1949.5 上海月浦因战	

续表 25－1－1

姓　名	性别	出生年月	所在村	参加革命时间	党（团）	牺牲时所在部队及职务	牺牲时间和地点	备　注
徐井元	男	1929.5	利民村	1947.10		三十一旅九十一团战士	1948.4 大团因战	
朱正堂	男	1927.12	利民村	1943.7		七纵队五十九团一连二排六班战士	1946.6 泰兴因战	
顾月美	男	1924.4	利民村	1946.9		五十四团二营战士	1948.5 山东南麻因战	
陈保还	男	1905.7	利民村	1944	党员	沿堤乡蔡花村村长	1947.4 大丰白驹因战	
施勤春	男	1917.1	利民村	1944.9		三十一旅九十一团战士	失踪	1982.8 追抚
蔡元和	男	1925	利民村	1943		九分区某部战士	失踪	1956.10 追抚
邓志林	男	1919	双喜村	1944.8	党员	二五三团一营担架员	1949.11.23 厦门因战	
黄飞璜	男	1929.8	双喜村	1946.9		十六师四十六团机炮连战士	1948.10 山东济南因战	
高延福	男	1928.3	双喜村	1946.9		六纵队十六旅四十六团三营八连战士	1947.6 山东临朐因战	
李增祥	男	1918.7	双喜村	1946.9	党员	六纵队十六旅四十六团三营战士	1947.9 徐州三移寨因战	
叶品福	男	1924	双喜村	1941.2		一师二旅五团三营七连战士	1942.8 大丰舀子庙因战	
张正华	男	1924.4	双喜村	1946.9		六纵队十六旅四十六团三营战士	1947 年后失踪	1957.5 追抚
祁金桂	男	1928	双喜村	1946.9		十六旅四十六团三营机枪连战士	1947 年后失踪	1956.4 追抚
彭金发	男	1924.9	双喜村	1945.5		二十九军八十五师二五二团战士	1949.11 金门失踪	1982.8 追抚
吴根银	男	1928.10	恒北村	1944.9		一纵队二旅四团战士	1945.9.21 如皋因战	
朱德平	男	1926.6	恒北村	1945.4	党员	老一师一旅二团一营二连班长	1946.11 大团因战	
夏恒贵	男	1926.9	恒北村	1945.5		七纵队五十五团战士	1946 姜埝张家塘因战	
钱　骏	男	1925	恒北村	1945.1	党员	九兵团四分部汽车四十一团参谋	1951.6.13 朝鲜因战	又名钱德胜
范庆云	男	1924.9	恒北村	1945.8		十一纵队九十一团二营四连战士	1948.10.18 李堡因战	
朱贵山	男	1906	恒北村	1949.1		支前民工	1949.4 苏州枫桥触电因战	
胡书友	男	1923.5	恒北村	1944.10		三十五支队五十一团二营六连战士	1945.3.17 兴化兴庄因战	
李福祥	男	1923	恒北村	1946.9		新四军某部战士	1947 年后失踪	1958.5 追抚
许存锦	男	1921.10	恒北村	1946.11		七纵队某部十连战士	失踪	1982.8 追抚
韩春福	男	1916.9	恒北村	1946.9		苏中一分区特务营一连二排副排长	1946.12 如皋土桥因战	
董立高	男	1924	恒南村	1946.9		二五三团战士	1949.6.26 福建集美因战	
刘玉才	男	1928.4	恒南村	1947.8		七纵队某部战士	1948.4 大团因战	
朱广保	男	1923.11	恒南村	1947.8		一分区特务团副班长	1947.12 如皋斜桥因战	

续表 25－1－1

姓　名	性别	出生年月	所在村	参加革命时间	党(团)	牺牲时所在部队及职务	牺牲时间和地点	备　　注
于三郎	男	1926	恒南村	1947.10	党员	十一纵队九十一团三营副连长	1948.11 淮海战役因战	
吴振金	男	1921.3	恒南村	1941.11		兴化独立团战士	1945.8 兴化东门因战	
王兆银	男	1923	恒南村	1942		恒丰乡民兵大队长	1943.9 被捕牺牲	
房书高	男	1908.4	恒南村	1940.10		六师十六旅四十八团机炮连战士	1944 溧阳因战	
张天祥	男	1920.5	恒南村	1946.9		三十一旅战士	1948 年后失踪	1958.1 追抚
陈珍学	男	1925.7	和瑞村	1947.10		六纵队五十二团一营一连战士	失踪	1982.8 追抚
黄友才	男	1927.8	和瑞村	1947.9		苏中二分区特务团一营一连战士	1948.2.21 马沟因战	
许锦宽	男	1920.12	和瑞村	1947.8	党员	三十二旅九十四团二营六连战士	1948.5 大团因战	
陈广保	男	1924.4	和瑞村	1947.8		三十二旅九十四团二营六连战士	1948.1 如皋掘港因战	
孙广甫	男	1922.6	恒丰村	1942		三十一旅战士	1945.8 兴化西门因战	
吴　毅	男	1927	恒丰村	1947.9		三十二旅九十四团二营四连卫生员	1948.11 淮海战役因战	
管春理	男	1924	恒丰村	1947.8		台北独立团战士	1947.12 泰兴斜桥因战	
陈东喜	男	1928.5	恒丰村	1947.8		台北独立团战士	1947.12 泰兴斜桥因战	
季自元	男	1924.7	恒丰村	1946.9		台北独立团战士	1946.11 大丰西渣因战	
董广银	男	1927	恒丰村	1944.9		台北独立团战士	1945.5 大丰七灶河因战	
冯俊发	男	1929.10	恒丰村	1947.11	党员	二十九军八十五师二五三团二营四连战士	1949.4 上海因战	
李如宽	男	1923.1	恒丰村	1945.8		三十一旅九十一团战士	1946.8 在如皋因战	
胡启根	男	1918.8	恒丰村	1947.8		六师十六旅四十六团战士	1948.9 山东临沂因战	
倪士林	男	1916.9	恒丰村	1944.4		恒丰乡民兵中队长	1944.9 大丰南阳乡因战	
沈继昌	男	1919.6	恒丰村	1945.9		一师三旅八团机炮连战士	1947.5.28 如东掘港因战	
李如海	男	1929.8	恒丰村	1947.8		二十九军八十五师二五三团战士	1949.10 金门失踪	1958.4 追抚
孙勤书	男	1924	恒丰村	1945		新四军某部战士	1946 年后失踪	1958.7 追抚
周尚义	男	1921.11	恒丰村	1945.10		八路军十二纵队战士	失踪	1982.8 追抚
陆贤祥	男	1926.5	大新村	1945.9		新四军某部战士	1946.10 涟水因战	
陈光祖	男	1928	大新村	1946.9	党员	六纵队十六旅十六团三营连副班长	1948.12 淮海战役因战	
施再英	男	1928.2	大新村	1945.12		台北独立团班长	1946.8 如皋因战	
蒋伯煊	男	1913.3	大新村	1941		垦北区德丰乡乡长	1944.3 大丰德丰乡因公	
殷尚家	男	1925	大新村	1944.2		启东县东南办事处游击连战士	1944.2 启东县蚌壳镇因战	

续表 25－1－1

姓 名	性别	出生年月	所在村	参加革命时间	党（团）	牺牲时所在部队及职务	牺牲时间和地点	备 注
邓彩云	男	1922	同德村	1941. 10		十六旅四十八团一营二连副排长	1949. 5 昆山因战	
宋家汉	男	1921	同德村	1944		五十四师一一七团排长	1948. 7 涟水因战	
陈根洋	男	1918	同德村	1941		小海区游击队战士	失踪	1962. 4 追抚
刘罗生	男	1922. 6	同德村	1941		三十一旅九十一团战士	失踪又名刘文广	1958. 5 追抚
陈佐林	男	1922	同德村	1944		一师一旅二团一营班长	1947 山东钓鱼台因战	
陈学南	男	1925	同德村	1940. 11		一师二旅五团一营卫生员	1943. 11 盐城秦南仓因公	
李明顺	男	1915	同德村	1940. 11		一师二旅五团一连战士	1941. 2 泰州因战	
苏守仁	男	1915	阜南村	1946 秋	党员	六纵队某部指导员	1948. 11 淮海战役因战	
葛永发	男	1918	阜南村	1943. 10		三十一旅九十三团二营四连司号员	1947. 5 大丰白驹因战	
蒋高传	男	1922	阜南村	1947. 8		二十六军六十师一八〇团三营七连班长	1951. 12 朝鲜黄朝岭因战	
龚建林	男	1924. 12	阜丰村	1940. 10		一师二旅五团三营战士	1943. 3 兴化沙沟因战	
顾加同	男	1913. 6	阜丰村	1940. 12		新四军某部排长	1945. 9 高邮县因战	又名顾培春
李如昌	男	1930. 4	阜丰村	1947. 9		三十一旅九十一团二营五连副班长	1949. 10 金门因战	
曾福兵	男	1930	阜丰村	1947. 8		十一纵队三十一旅九十一团战士	1947. 8 大团因战	
陆 健	男	1925	阜丰村	1943	党员	台北独立团战士	1946 秋宝应因战	
高延美	男	1920	阜丰村	1946. 9		六纵队十九旅四十六团战士	1947. 8 山东菟丝口因战	
陈广明	男	1920	阜丰村	1947. 8		新四军某部战士	1948. 10 山东兖州因战	
张天寿	男	1926	阜丰村	1945. 9		新四军革部战士	1946. 10 涟水因战	
方长元	男	1917	阜丰村	1940. 12		新四军某部排长	1945. 3 三龙失踪	1982. 8 追抚
冯俊祥	男	1931	阜丰村	1946. 2		二十八团一营三连通讯员	1946. 7 黄桥西宣家堡失踪	1982. 8 追抚
沈文林	男	1923	阜丰村	1941. 9		新四军某部警卫排排长	失踪	1982. 8 追抚
蒋德昌	男	1926. 9	阜北村	1946. 6		六纵队某部战士	1947. 7 山东沙土集因战	
朱元凤	男	1925	阜北村	1946. 5	党员	阜丰乡民兵大队长	1947. 4 大丰大中集因战	
朱福银	男	1925. 3	阜北村	1947. 9		三十一旅九十一团二营五连副班长	1948. 12 淮海战役因战	
孟长山	男	1926. 3	阜北村	1947. 8		三十一旅九十一团二营六连副班长	1948. 12 淮海战役因战	
殷广友	男	1915. 4	阜北村	1945. 8		十一纵队三十一旅九十一团三营八连战士	1946. 6 南通平潮因战	
曹庆銮	男	1898	阜北村	1941. 5		老二团炊事员	1942. 6 盐城曹家庙因战	
丁天喜	男	1921. 8	阜北村	1947. 8		二十九军八十五师二五三团担架连战士	1949. 5 上海月浦因战	
石长根	男	1918. 2	阜北村	1946. 7		民兵中队长	1947. 2 阜丰中北村被捕牺牲	

续表 25－1－1

姓 名	性别	出生年月	所在村	参加革命时间	党(团)	牺牲时所在部队及职务	牺牲时间和地点	备 注
卢网喜	男	1928.3	德丰村	1946.9		六纵队十六旅四十六团二营五连战士	1947.8 山东南麻因战	
李玉学	男	1930	德丰村	1947.9		三十一旅九十一团三营七连战士	失踪	1962.9 追抚
宋习山	男	1925.12	德丰村	1945.8		新四军某部班长	1946.9 山东失踪	1958.5 追抚
李国玉	男	1925	德丰村	1946.9		台北独立团战士	1947.7 如东掘港因战	
宋永民	男	1931	德丰村	1947.9		八十五师二五三团排长	1949.10 金门失踪	1982.8 追抚
施 勇	男	1926.3	裕华居	1944.8		苏浙军司令部通讯连战士	1945.12 因战	
刘金祥	男	1923	老街居	1940.12	党员	十六师四十八团副连长	1948.11 淮海战役因战	
陈 祥	男	1954	老街居	1976.3	党员	五四二五四部队独立师三营八连副班长	1979.2.17 对越反击战凉山因战	
朱俊学	男	1925	大新居	1940.12	党员	新四军老六团班长	1942.12 宝应县毛龙因战	
褚庄六	男	1920.8	大新居	1940.12	党员	八纵队四十八团五连指导员	1946.10 在涟水因战	又名褚兆康
蔡素芳	女	1930	大新居	1947.10	团员	后勤部基地医院三十五院护士	1951.10.29 朝鲜因战	
张兴如	男	1921	大新居	1940.12		三师七旅二十一团二营六连通讯员	1942.8 建湖县湖垛镇因战	
阮荣庆	男	1920	大华居	1940.11		一师二旅五团战士	1944.5 盐城伍佑因战	
智伯岭	男	1925	大华居	1945.9		七纵队战士	失踪	1958.5 追抚
智伯林	男	1919	大华居	1945.9		老五团战士	1946 兴化因战	
董继洲	男	1924.3	新街居	1946 冬		三十一旅九十一团二营机炮连战士	1949.5 后失踪	1958.5 追抚
陈宝林	男	1927.2	新街居	1943.4		四纵队十一支队三大队战士	失踪	抚又名陈瑞贞
马 杰	女	1952.6	大刘居	1968.3	党员	三九七六〇部队一大队二中队飞行员	1980.3 北京飞行训练因公	
董淦清	男	1921	大刘居	1945		新四军一师九团枫炮连班长	失踪	1958.8 追抚
吴文德	男	1931	大华居	1947		十二纵队三十四旅一〇一团战士	失踪	1958.5 追抚
周正祥	男	1924	大中镇	1942		新四军某部战士	失踪	1958.4 追抚
柏兴祥	男	1945	大中镇	1963	团员	福州军区海军司令部警卫员	1965.1 行军途中翻车因公	

三、名人传略

周扶九(1841—1921)　江西吉安人。清末民国初,因海势东迁等原因,淮南盐业衰落。在南通张謇的影响下,周扶九积极主张废灶兴垦。1917 年,周扶九和另一垣商刘梯青约请张詧(张謇的哥哥)筹建草堰场大丰盐垦公司。周扶九将自己所有垣产荡地作价入股,大丰盐垦公司定额股金为 200 万元,周扶九一人投入股金 53 万元,占公司投资总额四分之一以上。大丰公司总面积 700 平方千米,规模为淮南各盐垦公司之首,故大丰盐垦公司的始创与存在与周扶九的实力是分不开的。

晚年,周扶九在上海继续做黄金买卖,家资万千。但其一生却很俭朴,办事精打细算,从不乱花钱,故以吝啬闻名。1921 年 10 月,周扶九病逝于上海。

张　謇(1853—1926)　南通海门人。清光绪二十年(1894)科状元,时任六品翰林院修撰。一个月后,父病,便弃官南下回归故里。1912 年,被邀任南京政府实业总长,兼两淮盐政总长。1915 年,由于政权变化,张謇下野回到南通。

光绪二十五年(1899),张謇在南通办起大生纱厂,随后又办第一个中国资本主义性质的农业公司——南通垦牧股份有限公司。1905 年,又先后办面粉厂、轮船公司、榨油厂、酒厂、铁工厂等大小 18 个企业,同时创办全国第一所女子师范学校,继后又办农学、医学、纺织三所专门学校。1920 年,合称南通大学。此外,还相继办博物苑、气象台、育婴堂、残废院、盲哑学校、绣织局、俭工学社、女工传习所和剧场等文化教育和慈善事业。民国初年,苏北沿海掀起废灶兴垦热潮,张謇在其南通垦牧公司的带动下,先后在 700 里滨海平原上办起大小 77 家盐垦公司,拥有土地 30 余万公顷。1917 年,草堰场垣商周扶九、刘梯青等力邀张謇出面,组建大丰盐垦股份有限公司,并举张謇之兄张詧出任董事长。1918 年 12 月 24 日,大丰盐垦公司正式成立,沿海废灶兴垦开始启动。1919 年,大丰境内由盐转垦,盐垦兼营以垦为主,从而奠定大中区域成为大丰棉花生产基地的基础。1926 年,张謇病故。

张　詧(1851—1939)　字叔俨,小名长春,晚年号退庵,南通海门人。1879 年 4 月,报捐县丞。1889 年,任南昌县帮审。1890 年,任良口厘差。1892 年 9 月,署贵溪县知县。1896 年,湖广总督张之洞调张詧为湖北宜昌川盐加厘局坐办。1899 年 9 月,调回贵溪县任知县。1900 年 2 月,补宜春县知县。1901 年,任江西东乡知县。1902 年,辞职回南通助胞弟张謇办大生纱厂、通海垦牧公司、大达轮船公司、广生油厂、复兴面粉厂、阜生丝厂、资生铁厂及淮南盐垦各公司。历任大生纱厂、崇明大生分厂、复兴面粉厂协理、劝学所总董、筹备自治公所董事会副会长、通崇海泰总商会、农会、南通港务会会长、南通纺织学校、商业学校及医科专门学校校长或总董,南通女子师范学校名誉校长等职务。1909 年夏,江苏巡抚瑞澄任命张詧为江苏农工商局总办。1910 年夏,辞职归南通。1911 年,武昌起义爆发后被举为南通民政长兼总司令。1913 年,辞职从事实业。1914 年冬,创办大有晋、大豫两盐垦公司。1917—1918 年,在大丰境内先后创办大丰、通遂、遂济、通济四家盐垦公司,并亲自任大丰、通济等盐垦公司总理,具体组织领导大丰垦区的垦植事宜。

20 世纪 20 年代,张詧对淮南垦植事业作出巨大贡献,特别是对大丰经济结构的调整、滩涂资源的开发、现代农业的发展和经济的振兴所作出的努力成绩卓著。张詧亲自创办的大丰盐垦公司,成为淮南各盐垦公司之冠。垦植面积、棉花总产均占淮南各盐垦公司的 1/3 以上,对全国都产生很大影响。当时有"张謇主外,张詧主内"的说法,意思是张氏关系事业的蓬勃发展,在于张謇的影响和张詧的实际工作。张詧于 1939 年 1 月 26 日在上海逝世。

余　明(?—1988)　原名张建模,大丰西团人,家境贫困。1931 年,在大中镇张永昌花粮行当学徒。1938 年参加青年抗日同盟会组织。1939 年,余明积极反对国民党韩德勤省政府派到大中集的特种营业税征收所,设卡征收所谓的"粮食进口税",搜刮老百姓。余明与张学敦共谋,秘密宣传发动大丰垦区四个集镇的商人在同一天举行罢市。事后又出面向国民党省政府(时驻兴化)告状,据理力争,省政府只好承认"税不重征",斗争取得完全胜利。1940 年黄桥决战后,余明和张学敦一道秘密前往黄桥。找到新四军详细介绍大丰垦区情况,欢迎新四军到垦区领导抗日斗争。10 月,新四军部队到达大中镇,对敌斗争各项工作迅速展开。余明因工作出色,同月加入中国共产党,11 月参加新四军,任二纵队政治部民运科科员。1941 年,调兴化工作。1949 年,调任扬州工商局局长,苏北粮食公司经理。1953 年,调到省里工作。1988 年 6 月 4 日在南京病逝。

朱道生(1908—1991)　江苏启东人,1925—1940 年先后任大丰公司益丰、万丰、鼎丰区管垦职员。

1940 年 10 月 25 日，朱道生在大中集入党，成为大丰境内早期中共党员之一。11 月，大中集成立大丰境内第一个中共党支部，朱道生任支部书记，支部成员有徐学海（徐鸣）、钱友康等。是年秋，大中地区棉花减产，佃户要求减租，公司则坚持按原议产收租。双方争执不下，朱道生带领大中集党支部组织群众代表同公司说理，并举行游行示威。在群众的压力下，公司被迫承认打折交租，取得垦区第一次减租斗争的胜利。1941 年 10 月，朱道生历任东台县小海区财政助理，川港区、垦北区区长、苏中大中特区公署秘书。1946 年以后，任台北县委生产部副部长、联络部副部长。1947 年 3 月，土改复查时以莫须有罪名受到审查打击。1949 年以后，任泰州专区水利科科长，随后又到东台、上海农场等处任职，1983 年 12 月离休，1991 年病故。

宗雨农（1905—1950）　南通金沙人，由于家境贫寒，15 岁独自到大丰谋生。初在大丰公司恒丰区当练习生，以后做管垦员，后经友人介绍到大丰公司阜丰小学任教师、校长。

抗日战争爆发后，大中集一批爱国知识青年活跃起来，宗雨农为其中的骨干。1938 年 1 月，宗雨农张罗盘费送胞弟秉之去延安学习。接着，在垦区宗雨农与朱道生、朱国英、张学敦、陈松涛等人积极投入抗日救亡活动，共同发起组织抗日救亡同监会，创办油印小报《火花》，宣传鼓动民众积极抗日。1940 年，宗雨农担任抗日民主政权小海区区长。1942 年，担任台北县第一任教育科科长，后任民政科长。1947 年，在土改复查和“三查三整”运动中，受“左”倾影响。被迫停止工作，但宗雨农对革命事业毅然忠心耿耿，在艰苦的日子里，决意将 13 岁的长子送去参军。1949 年初，宗雨农受孙蔚民邀请，赴扬州教育局担任督学，后任扬州市政府民政科长。1950 年 8 月病逝。

陶叔彪（1900—1972）　浙江绍兴人。1923—1944 年在裕华垦植公司任职员，负责外务工作。他热心社会事业，是裕华佛教居士林主要创建人。陶叔彪曾创办私立海光中学（裕华境内），将佛教居士林一部分房屋让出作为海光中学校舍，聘请上海、南通到垦区避难的知识分子到校任教，招收社会失学青年入学，贫苦学生还可免费就读。曾被省教育厅表彰，题词为“学而不厌、诲人不倦、念兹在兹、光辉海域”，后因日本侵略军进逼，学校被迫停办。1941 年 7 月，日伪军侵占大中集、新丰镇等地，他经常参加革命根据地的社会活动。是年，苏中区在鼎丰公司办盐垦中学（新丰中学前身），陶叔彪出任校长。1944 年，任台北县参议员。抗战胜利后，任东台县人民医院院长。解放战争期间，组织决定让陶叔彪回大丰裕华在乡间打埋伏。1947 年秋，土改复查中，陶叔彪被错误揪斗，以后离开大丰去上海，后进上海市静安寺当和尚。1950 年春，陶叔彪在报纸上看到台北地区遭大水灾，陶叔彪组织佛教界募捐相助，帮助台北人民渡过难关。1972 年 12 月病故。

徐　鸣（1911.3—1972）　原名徐学海，1911 年 3 月出生于江苏东台县富安乡的一个农民家庭。1930 年，徐鸣 19 岁开始当小学教师。1937 年上海“8·13”事变后，携妻女来大丰垦区投亲谋职，从此大丰就成为徐鸣的第二故乡。先后曾在大中集河南私立大中小学就职，后在河北创办战时小学（后为东台县立大中小学）。徐鸣胸怀大志，决心放弃比较安定的生活与大中镇的一批爱国青年从事抗日活动，参与组织抗日同盟会，并主办油印会刊《火线》，为唤起民众共同抗日呐喊呼号。1940 年 10 月 12 日参加革命，11 月中旬，与朱道生等一起加入中国共产党。1941 年春，任西渣区文教助理。1943 年，徐鸣又重返教育岗位，此后教育成他终身的事业。徐鸣历任王港小学、台北实验小学、大丰县中学、大道农业中学和南阳中学副校长、校长等职。在 30 余年教育工作中，为党和国家培养各类人才数以千计。徐鸣廉洁自律，清苦一生，从不以功自居。1972 年病逝。

吴　辉（1914—1986）　江苏大丰人，小学文化，种田出身。1944 年 4 月，加入中国共产党，1982 年 10 月离休，离休前任大丰县贫协副主任，离休后享受地市级政治生活待遇。

吴辉青年时在地主家做长工，受尽压迫和剥削。1944 年 4 月参加中共台北地下党组织。1945 年秋，任泰恒、和瑞乡乡长。1946 年秋，任大中区游击队副队长。1947 年秋，任大中区委代书记。1948 年春，任大中区委副书记、书记。1952 年，春任大丰县供销合作联社主任。1956 年 6 月，任大丰县副县长。1963 年春，任五星公社党委副书记。1971 年 9 月任大丰县机械厂党支部书记。1974 年，任大丰县贫协副主任。吴辉一生廉洁奉公,生活艰苦朴素,工作积极认真,善于动脑,敢于负责,受到大家的尊敬和一致好评。1986 年 11 月 7 日病故。

施耀明(1915—1997) 江苏启东人。1927 年,随父迁居大丰,先后在裕华、大中集等地经商。1945 年,施耀明作为开明工商业者参与共产党领导的各种社会活动,先后担任裕华村村长(自然村)、大中集税收委员会副主任、台北县抗美援朝分会主任、台北县(1951 年更名为大丰县)第一、二、三、四、五届各界人民代表会议常务委员会副主任兼秘书长等职务。1955 年起,施耀明先后担任新丰民办初中补习班副主任,新丰中学第一任校长,政协大丰县第一、二、三、四届委员会副主席。"文化大革命"期间,施耀明被下放到大兴公社同德大队劳动。1974 年落实政策,任大丰县百货公司基建办公室副主任,后任公司副经理。1980 年后,当选为政协大丰县第五、六届委员会副主席。

施耀明一生追求进步,热爱中国共产党。1943 年冬,他因拒绝出任日伪裕华镇镇长而遭日伪逮捕关押。1945 年秋,施耀明出任中国共产党领导的裕华村村长。在抗日战争、解放战争的险恶环境中,动员弟弟和妹妹参加人民军队,参加革命工作。新中国成立初期,台北地区水灾严重,他四处奔走,配合政府募捐救灾。抗美援朝期间,施耀明响应政府号召,积极参与和组织"捐献飞机大炮"活动。施耀明担任县政协副主席多年,认真贯彻执行党的统战政策,团结各界人士,参政议政,在全县各界人士中享有较高的威望。1997 年病故。

袁鲁林 1921 年 11 月出身于上海市崇明区虹桥镇。1931 年 10 月随父母迁居今大丰市大中镇泰丰村。1936 年 9 月,就读于扬州正谊职业中学,学习盐务专业。1940 年 12 月参加工作,1941 年加入中国共产党。历任新四军鲁迅艺术学院华中分院文学系教员,新四军三师八旅二十三团文化教员、团政治处技术书记、教育干事、滨海军区政治部宣传干事、华东军区政治部教育干事、教育科长、教育处长、办公室主任。1954 年调入外交部,从事外交工作,历任驻芬兰大使馆政务参赞,贸促会驻奥地利商务代表,外交部新闻司副司长,驻瑞士、联邦德国、加拿大使馆政务参赞兼驻国际民航组织中国代表,驻阿曼使馆大使。1985 年 3 月离休(副省级)。

蔡鸿滨(1924—1999) 大丰市大中镇海防村二组人。1941 年 11 月参加中国共产党,12 月任乡游击队队长,兼任苏中东台垦区民兵队长。1947 年 8 月,参加中国人民解放军,历任连长、政治指导员、团组织股长、营教导员、团政治处主任、团副政委、政委、军分区政治部主任、副政委、政委。在任浙江嘉兴军分区政委期间兼任嘉兴地委副书记。1958—1961 年,在解放军政治学院学习。曾获得独立功勋章、三级独立自由勋章和三级解放勋章。

蔡鸿滨在战争年代里作战勇猛。在抗日战争时期,担任游击队长,为家乡粉碎日伪军对根据地的扫荡清剿,带领群众展开艰苦卓绝、英勇顽强的斗争,在苏北老区群众中享有很高的声望。在解放战争期间,蔡鸿滨奋勇杀敌,与战友一起出生入死,为苏中根据地的巩固和发展做出重大贡献。蔡鸿滨参加过著名的苏中"七战七捷"战役、孟良崮战役、淮海战役、渡江战役、抗美援朝战役。战争岁月里,蔡鸿滨作战勇敢,危难时刻能挺身而出深受战友们的好评。1948 年 6 月,解放军攻打泰县大白米战斗中,一营营长、教导员都不幸牺牲,当时蔡鸿滨任团组织股长,蔡鸿滨临危不惧,挺身而出带领一营全体同志继续战斗,出色地完成战斗任务取得胜利,荣获一营集体一等功。1948 年 11 月,在攻打姜堰战斗中,一营一个排冲上敌人的土围子,眼看敌军的增援部队不断逼近,当时天已大亮解放军大部队已撤出战斗,先冲进去的一个排有被敌军全歼的危险。这时蔡鸿滨不顾个人安危,立即带领身边战友掩护此排撤出敌营。迄今,不少当年撤下来的老战友回忆起这段往事,还都热泪盈眶。虽然这次攻打失利,但蔡鸿滨善于发动群众,总结教训开展敌前练兵,在第二次攻打姜堰战斗中取得歼敌 1200 余人的重大胜利。

解放后,蔡鸿滨为部队的建设几十年如一日,兢兢业业,任劳任怨,埋头苦干。在担任分区领导工作后,为国防后备力量建设呕心沥血,蔡鸿滨亲自组建培育全国著名的海安角斜红旗民兵团。蔡鸿滨虽为军分区政委,但在近千里长的海岸线上勘察地形和下连蹲点,蔡鸿滨从不动用小车,而是骑自行车来回奔波。在社会主义建设时期，蔡鸿滨坦诚磊落，团结同志，一身正气，勤政为民，严于律己，宽以待人。在战争年代里，蔡鸿滨的耳朵和膝盖关节都受过伤，但是蔡鸿滨谢绝组织上给予的残废证和相关照顾待遇，用蔡鸿滨自己的话说："比起战争中牺牲的战友，我是很幸运的，我还能有什么更多的个人要求呢！"蔡鸿滨在工作中淡泊名利，清正廉洁，不以自己的权利为个人谋福利。一直到蔡鸿滨离休，都没有向组织提任何个人要求，没有带公家丝毫一物回家，就连已经破旧的公文包也都上缴。蔡鸿滨对于子女教育相当严格，其子女在父亲的影响下个个都成为对社会有用的人才。

1984年离休后，他继续保持共产党人的政治本色，关心国家大事和现代化建设，坚决拥护和执行党的各项路线方针和政策。并在担任苏州干休所党委书记和管委会主任期间，为干休所建设做大量工作，多次被评为先进离休干部，受到全体人员的广泛好评。1999年因病在苏州病世。

管洪俊（1943—2005）　1943年7月生于大中镇恒南村一个贫穷家庭。1949年7—8月间，台风肆虐，海潮倒灌，大雨滂沱，大丰县境内，房屋倒塌，一片汪洋。管洪俊一家九口人靠每天两顿皮糠加麻菜熬成稀粥维持生命。

1962年6月，蒋介石妄图反攻大陆，在对敌斗争形势十分严峻的关头，管洪俊响应党的号召，报名参军。在党和部队的培养教导下，管洪俊勤奋好学，刻苦锻炼，迅速成长为一名优秀的军事指挥员。1965年1月，管洪俊奉命赴福建省永春县抓捕一名逃犯。在当地公安干警的配合下擒住罪犯，顺利完成抓捕任务，受到上级嘉奖，荣立三等功。1966年3月加入中国共产党。在部队曾担任战士、班长、排长、副连长、师炮兵科参谋、炮兵营营长、炮兵团司令部参谋长、师炮兵团党委书记等职务。1969年冬，在江苏省军区独立师炮兵团专业技术比赛和省军区团营干部射击竞赛中，两次获得第一名。1975年春，升任省军区独立师司令部炮兵参谋，一次在常州某山区处理哑弹时，两位战士因紧张操作不当，眼看一场重大的伤亡事故就要发生。在千钧一发之际，管洪俊飞身扑过去，瞬间"轰"的一声巨响，"哑弹"开花，管洪俊和战士都安然无恙。管洪俊在危急关头不顾生死、舍己救人的精神在部队广为传扬。

1983年7月，管洪俊调任江苏省泰兴县人武部部长。1985年，调任大丰县人武部部长。1987年1月至1996年8月，连任中共大丰市委第六、七、八届常委。1996年，担任大丰市人大常委会副主任。参加地方党政工作后，曾荣获个人三等功一次，被江苏省委组织部、省军区政治部表彰为先进人武部党委书记，三次被评为优秀党员。2003年7月，管洪俊到龄退休。同年，受聘担任大丰市关心下一代工作委员会副主任工作。2005年5月2日因病去世。

附：

谷振之　又名谷金声，南京江宁人，南洋九镇辎重随营学校毕业，曾在南通市消防队厮混。1920年，经陈汝良介绍到大丰垦植公司保安团当兵。1921年，得到新丰警察分驻所长杨孝候（南京人）的赏识，升为正目（班长）。

1930年，大丰实业保安团编入通泰海启实业特务警察队，谷任第三大队第一中队中队长，驻大丰公司。是年，实警第三大队大队长倪长庆病亡，谷升任实警第三大队大队长。谷担任大队长后，在新丰镇开设益丰粮行，放高利贷盘剥，大丰公司总经理朱謦辞对谷十分不满。1935年，谷被迫辞职去沪，与广生油厂的大商人投契，经商上海、南通、大丰、射阳等地。先后在新丰镇开设"正东油坊"，在大中集开设"正太油坊"，并投股"淮南纱厂"（在新丰镇）、"益昌花行"（在大中镇）、"大中浴池"，成为大中地区独一无二的富商。1938年，国民党苏鲁战区保安八旅旅长杨仲华为扩充自己的势力，到新丰镇会晤谷振之，并派谷振之为他招编部队。1940年11月，新四军收编国民党地方武装原沿海盐垦实业保安队，将其改编为苏中警卫团，谷振之一度担任警卫团副官。

1941年7月，日军占领大中集、新丰、裕华等地，苏北警卫团黄亚成团长率新兵营和特务连南下收编弶港渔业实业保安支队，副团长彭桂卿调防海安，原收编的实业保安队未随团行动。共产党党、政、军机关由城镇撤到乡村打游击,谷振之拒不一起撤退,隐蔽在新丰、鼎丰一带窥视动向。不久,伪苏皖绥靖军司令杨仲华委托韩署(缝纫机师)将伪旅长委任状带给谷振之,以示拉拢,杨仲华又亲自到大中集和谷洽谈具体投敌事宜。杨答应先借一个连给谷组建部队,并引谷见驻大中集日本侵略军司令大山(中尉)。会见大山的第二天,杨仲华宣布成立伪苏皖绥靖军独立第一旅,任命谷振之为旅长,杨斗辉任副旅长,吴瑛任参谋长,下辖两个团。

谷振之的伪军最初来源,主要是原实业保安队与附近乡(镇)自卫队(地主武装),加上原海防总队的部分人员。其中吴瑛之子吴欧带领原被新四军收编为苏中警卫团的一营投敌,吴欧当第一团团长;原被新四军收编的海防总队独立大队大队长汤冰投奔谷振之,任第二团团长,团部驻大生纱厂(今百货大楼东)。二团辖两个营,其中一个营营长王渭年(时任新团乡乡长)驻北门。二营营长周焕龙(时任南灶乡伪乡长),驻大生纱厂;原驻裕华的实业保安队排长叶步发领部投敌,任二团二营一连连长。大中镇原自卫队长李秉太率部投敌,任伪旅部特务连连长,驻北门。

1942年10月,杨仲华因贪污被汪伪政府撤职,伪第二集团军被撤销。伪独立第一旅改为苏北行营保安总队,由苏北行营管辖,谷振之任总队长,金汉臣任副总队长,吴瑛继任参谋长。下辖三个大队(营级)其中一大队长于安国,驻新丰镇;二大队长王渭年,驻大中集南门,王病死后由高炎(刘庄人)接任大队长;三大队长周焕龙,驻大生纱厂。1943年,周焕龙与谷振之闹矛盾,刘永安任大队长。1943年1月10日,台北县独立团采取围点打援的战略,先袭破新丰镇谷部碉堡,火烧正东油坊。谷亲率第一大队从旅部(驻大中集)往新丰镇援救。拂晓,谷的军队进入独立团伏击圈(时为德丰乡,今酒厂北),被击毙10多人。谷率部仓皇西窜,侥幸漏网。事后两天,谷为报"折兵"之仇,将同德乡乡长蒋伯煊杀害。1944年1月,刘永安在新丰战斗中被俘,周焕龙从上海回来任大队长,8月,周焕龙被部下刺死,叶步发任大队长。1944年6月,扩编第四大队,由王福山任大队长,驻新丰镇。1945年,谷振之又扩编第五大队,大队长童汉武。1944年冬至1945年春,对部队防地作调整,一大队驻龙王庙,二大队驻大中镇,三大队驻裕华,四大队驻新丰镇,五大队驻习陶。

1945年8月15日,日军投降。8月20日,大中集、龙王庙等地日本侵略军撤离。但谷振之自恃有实力,拒绝共产党劝降收编,妄图等待国民党军队的到来。9月13日,苏中军区部队在管文蔚司令员、吉诺(姬鹏飞)政委的指挥下,对大中、新丰地区发起总攻,经过一天激战,攻入伪旅部。谷看大势已去,遂跑进监狱,开枪打死6名被关押的共产党干部后开枪自杀。

吴保才 又名吴志成、吴志红、吴伯瑛、吴天友,化名张立庆、周明飞、周毓青,大中镇阜北村人,兵痞出身。1936年,参加地方实业保安队,后曾任绥靖团连长、江苏省警察大队少尉副官、国民党瓜洲侦缉队队长。1946年年底,吴纠合吴学善、朱养山等逃亡分子组成还乡团,自任团长。随国民党郝鹏举部回犯大中集,沿途烧杀抢掠。1947年1月5—7日,吴率朱养山等人,先后捕杀民兵中队长石长根、吴开仁和侦察员及荣誉军人等20余人。4月21日,大中集解放时,国民党军四师十二团缴械投降,而吴却顽抗到底,后率领残部潜逃至常熟、松江、宝山等地。1949年,上海解放时,流窜于浙江安吉县附近山区,组织残匪待机复辟。1955年12月,被缉捕归案。1957年5月,在大中集公审处决。

王维甫 移民兴垦后在裕华小街开药店。1942年秋,被大中集汪伪政权任命伪镇长。日伪驻裕华镇后,伪乡政府经常有人下乡敲诈勒索,在农民身上收捐收税,农抗会长陈朝荣组织领导农民进行抗捐斗争。因此,王维甫把陈朝荣视为眼中钉。1943年10月,王维甫带领伪军将陈朝荣逮捕杀害。1944年11月19日,王维甫带领伪军下乡扫荡,沿途抄家抢掠,见老年人说其是抗属,遇青年人说其是民兵,见农民家里有棉花,说是公棉抢着就走,没有棉花的,逼着交钱。伪军到达广丰二村时,被新四军包围,王维甫被俘虏。汉奸王维甫被押到南阳镇,在南阳小学操场上召开公审大会,处王维甫死刑。

周焕龙 生于1912年,周焕龙的父亲周云汉,家住九灶头。周焕龙的父亲周云汉是刘庄以东屈指可数的富户,在九灶头拥有土地46.67公顷,有房屋35间,佃户20余人,周云汉他喜欢巴结上峰,找靠山。千方百计让刘庄任四老爷的大女儿任发珍与其儿子周焕龙结为娃娃亲(注:任四老爷的弟弟任云时任兴化县伪县长)。结亲后,任云就给周焕龙两支枪,并派卞夸子(名不详)作周焕龙的贴身保镖,小小年纪的周焕龙经常背着短枪在长短工中炫耀。1942年,周焕龙投靠谷振之任三大队大队长,他视共产党为眼中钉、肉中刺。1944年秋,以"收芝麻、收黄豆"为名下乡"剿匪",打死翻身组长高春銮、杨万林、周焕、周云海、徐国树,游击队的炊工谢广胜,民兵周建帮等等18人。伪军卞俊山和周焕龙有矛盾,与周焕龙的贴身勤务兵潘长青合谋刺死周焕龙。1944年中秋晚上,潘长青将周焕龙开枪打死。并和卞俊山、周旭真、孙金贵携带机一挺,步枪三支,子弹一箱,游过二卯酉河,向新四军投诚。台北县政府奖给卞俊山法币1万元,奖给潘长青、孙金贵、周旭珍三人各5000元法币,并发布告予以表扬。

第二节 人物表

一、先进模范人物

本目收录新中国成立后,受盐城市委(专署)、市政府(行署)以上单位表彰的先进模范人物。

新中国建立后受盐城市以上单位表彰的先进人物一览表

表25-2-1

姓　名	性别	工作单位	授予时间	称　　号	批准单位
姜玉林	男	大中区阜丰乡	1952	劳动模范	江苏省人民委员会
施　斌	男	天祥村	1952	扫盲教学模范	苏北行署、盐城专署
王树桂	男	新团乡光明社	1953	先进个人	江苏省政府
吴士斋	男	大道小学	1956	省优秀教师	江苏省人民委员会
秦友礼	男	大中镇政府	1958	青年积极分子	共青团中央
钱趋芳	女	新团农中(光明)	1958	劳动模范	江苏省政府
翟友章	男	裕华中学	1960	先进工作者	江苏省人民委员会
季希林	男	大道公社和瑞大队	1960	优秀民兵	中央军委
陶德荣	男	晋丰村书记	1964	劳动模范	江苏省政府
束华成	男	晋丰村	1964	先进党员	江苏省政府
徐　涟	男	大中粮管所	1965	先进工作者	江苏省政府
黄锦台	男	朝荣村	1965	劳动模范	盐城专署
王元飞	男	裕华镇政府	1967	先进工作者	江苏省委、省革委会
黄美芳	女	新德村	1968	学毛选积极分子	盐城专区革委会
陆冠云	男	海防村	1970	农业生产先进个人	省革委会
肖德才	男	合意大队	1977	民兵工作先进分子	省军区
王元飞	男	裕华缝纫厂	1977	劳动模范	江苏省政府
周彩云	女	大中针织厂	1977	劳动模范	盐城地区行署
汤桂洪	男	裕华磷肥厂	1977	劳动模范	盐城地区行署

续表 25－2－1

姓　名	性别	工作单位	授予时间	称　　号	批准单位
张文华	男	量刃具厂	1977	劳动模范	盐城地区行署
袁汝华	女	大中粮油厂	1977	劳动模范	盐城地区行署
智　平	男	大中镇针织厂	1979	新长征突击手	共青团江苏省委
邓恺林	男	大中电力机械配件厂	1979	新长征突击手	共青团江苏省委
陈振荣	男	大中粮油加工厂	1979	新长征突击手	共青团江苏省委
薛跃亚	男	大中二印厂	1979	新长征突击手	共青团江苏省委
张德娟	女	大中染织厂	1979	新长征突击手	共青团江苏省委
苏春生	男	大中广播站	1979	先进工作者	江苏省革命委员会
卢　静	女	阜丰公社阜北大队	1979	三八红旗手	省妇联
刘玉兰	女	新团公社永久小学	1980	劳动模范	江苏省政府
徐晋芳	女	晋丰村	1980	三八红旗手	江苏省政府
陈金贵	男	大中镇城郊大队	1982	治保调解工作积极分子	江苏省政府
李秀英	女	双喜村	1983	三八红旗手	省妇联
刘凤英	女	晋丰村	1983	三八红旗手	江苏省政府
李怀根	男	大中镇红花大队一队	1983	劳动模范	江苏省政府
方云松	男	大中镇城郊大队	1983	先进工作者	江苏省政府
倪华兰	女	大中镇新街居委会	1983	“五好”家庭	全国妇联
陈安宏	男	大中镇和瑞村	1983	人民调解先进工作者	省司法厅
杨进保	男	大中镇林业站	1983	林业推广先进个人	农牧渔业部
朱文汉	男	大丰市第七小学	1983	劳动模范	盐城市政府
沈学春	男	晋丰村	1984	优秀教育工作者	盐城市政府
陆建平	女	大丰县第二织布厂	1985	新长征突击手	共青团江苏省委
高亚萍	女	大中镇机关幼儿园	1986	先进工作者	省妇联
杨秀英	女	镇北中学	1986	先进工作者	盐城市政府
顾文瑞	男	大中镇政府民政办	1986	先进工作者	省民政厅
施兰芳	女	天祥村	1986	五好家庭	江苏省妇联
徐桂英	女	大中镇供销合作社	1987	先进工作者	盐城市政府
施　彬	男	计生办	1988	先进工作者	国家计生委
黄罗英	女	逸夫小学	1988	先进工作者	国家教委
朱德洲	男	万丰村	1988	优秀党员	盐城市委
徐桂芳	女	天祥村	1988	三八红旗手	江苏省妇联
刘凤祥	男	恒南村	1988	农业科技进步奖	江苏省农业厅
徐桂英	女	大中供销合作社	1988	劳动模范	江苏省政府
杨进保	男	大中镇林业站	1988	知识分子先进个人	盐城市委、市政府

续表25－2－1

姓　名	性别	工作单位	授予时间	称　号	批准单位
梁俊清	男	大中镇文教办公室	1989	优秀教师	国家教委
陈兆昌	男	大中镇文教办公室	1989	扫盲先进工作者	省教委
袁美华	女	大中镇镇南中学	1989	江苏优秀教育工作者	江苏省政府
沈卫东	男	江苏珍丰集团	1990	乡镇企业家	江苏省政府
沈卫东	男	江苏珍丰集团	1990	农村青年星火带头人	共青团江苏省委省科委
李士祥	男	晋丰村	1990	优秀党支部书记	盐城市委
许永芳	女	海防村	1990	计生工作先进个人	江苏省计生委
陈翠红	女	大中供销社	1990	全国三八红旗手	全国妇联
盛月辉	男	裕华乡政府	1990	先进个人	国务院第四次人普小组
陈荣根	男	王港乡政府	1990	盐城市先进个人	盐城市第四次人普
陈荣产	男	大中镇政府	1990	全国先进个人	国务院第四次人普小组
黄绥贤	女	镇南小学	1991	优秀教育工作者	盐城市政府
丁继高	男	镇北中学	1991	先进工作者	省教委
王毓华	男	大中镇政府村建办	1991	先进工作者	盐城市政府
沈卫东	男	江苏珍丰集团	1991	乡镇企业家	农业部
方锦龙	男	大中镇政府计生办	1991	先进工作者	盐城市委、市政府
宋远坤	男	同德村	1991	十佳优秀党支部书记	盐城市委
盛桂芳	女	染织厂	1991	劳动模范	盐城市政府
卞秀忠	男	新团兽医站	1991	先进个人	国家农业部
蒋高友	男	新团镇	1991	先进工作者	盐城市委、市政府
钱秀玲	女	大中计生办	1991	先进工作者	盐城市委、市政府
范庆锋	男	大中镇和瑞村三组村民	1991.	劳动模范	江苏省政府
周连庆	男	大中镇文教办公室	1992	优秀工会积极分子	省总工会
束必隆	男	大中镇人民政府	1992	先进工作者	盐城市政府
朱存华	男	大中镇工会	1993	优秀工会工作者	省总工会
方锦龙	男	大中镇政府计生办	1993	先进工作者	盐城市委、市政府
沈卫东	男	江苏珍丰集团	1994	乡镇企业家(连续二届)	农业部
胡国标	男	大中镇政府统计站	1994	先进工作者	国务院第三产业普查小组
王安青	男	大中镇第七小学	1994	优秀教师	人事部、教育部
殷福全	男	大中城市信用社	1994	先进个人	盐城市政府
陈启余	男	大中城西派出所	1995	优秀人民警察	公安部
徐桂英	女	大中供销合作社	1995	劳动模范	国务院
张瑞宏	男	大中镇政府民政办	1995	先进工作者	省民政厅
朱存华	男	大中镇工会	1995	优秀工会干部	中华全国总工会

续表 25－2－1

姓　名	性别	工作单位	授予时间	称　　号	批准单位
张长庆	男	大中农科站	1995	科技渔业三等奖	农业部
吴书俊	男	计生办	1995	计生三等功	盐城市委、市政府
陆志冲	男	大中镇卫生院	1995	二等功	盐城市委、市政府
黄振新	男	裕华镇政府	1995	优秀董事长	中国科学技术协会
胡国标	男	大中镇政府统计站	1996	人口抽样调查先进个人	全国人口抽样调查办
方锦龙	男	大中镇政府计生办	1996	先进工作者	省计生委、人事厅
吴志刚	男	大中镇文化站	1996	先进工作者	省人事厅、文化厅
张亚飞	男	晋丰村	1996	优秀党支部书记	盐城市委
李桂华	男	双喜村	1996	红管家	江苏省委
卢逢明	男	统计站	1996	先进个人	江苏省人口普查领导小组
顾翠萍	女	阜丰村主任	1996	嘉奖	盐城市委、市政府
黄美芳	女	新德村	1996	先进个人	省妇联
殷长贵	男	大中镇农办	1997	农业普查先进个人	全国农业普查办公室
陶　耸	男	第五小学	1997	优秀少先队辅导员	江苏省团委
黄正新	男	海防村	1997	优秀理事会会员	农业部
李陈新	男	第八小学	1997	优秀教育工作者	盐城市政府
郁能红	女	二小	1997	优秀辅导员	江苏省团委
陈俊皋	男	二小	1997	中小学优秀班主任	江苏省教委
卢韵倩	女	大丰市第八小学	1998	先进教育工作者	盐城市政府
胡国标	男	大中镇统计站	1998	农业普查先进个人	盐城市政府
卢逢明	男	大中镇统计站	1998	先进个人	盐城市政府
李翠霞	女	珍丰集团	1998	劳动模范	盐城市政府
陈和平	男	大丰市第八小学	1999	实施素质教育先进个人	江苏省教委
宋远坤	男	大中镇同德村	1999	乡镇明星企业家	盐城市委
张亚飞	男	大中镇晋丰村	1999	十佳村支部书记	盐城市委
杨建明	男	大中镇海防村	1999	科教兴农带头人	江苏省政府
陆志冲	男	大中镇卫生院	1999	科技进步四等奖	盐城市政府
何宽仁	男	大中镇工办	1999	二等功	盐城市政府
王迪生	男	大丰市恒生集团公司	1999	江苏省十大杰出青年	省团委、乡镇局
丁海富	男	大中供电所所长	1999	优质服务先进个人	省电力工业局
康跃进	男	大中工商所所长	1999	先进个人	省工商局
胡国标	男	大中镇政府统计站	1999	优秀乡镇统计工作者	江苏省统计局
宋远坤	男	同德村党委书记	1999	优秀人大代表	盐城市人大常委会
董桂华	男	大中镇水利站站长	1999	取用水管理先进个人	盐城市政府

续表 25－2－1

姓　名	性别	工作单位	授予时间	称　　号	批准单位
柏金淦	男	人民北路居委会主任	2000	残疾自强模范	盐城市政府
柏金淦	男	人民北路居委会主任	2000	全国优秀计划生育工作者	国家计生委
夏碧君	女	大中镇财政所所长	2000	乡镇财政建设先进个人	盐城市政府
沈天鹏	男	大中镇北农机站站长	2000	农机化工作先进个人	盐城市政府
高　峰	男	红花村	2000	优秀村主任	盐城市政府
曹亚炜	女	二小	2000	师德模范	江苏省教委
陈兆昌	男	大中司法所	2000	“三五”普法先进个人	盐城市委、市政府
王周斌	男	大中镇政府镇长	2001	第五次全国人口普查先进个人	国务院人普领导小组
耿志明	男	裕华镇农民经纪人	2001	劳动模范	盐城市政府
喻祝生	男	大中镇恒南村农民	2001	劳动模范	盐城市政府
王湘元	男	新团中学	2001	优秀教育工作者	盐城市政府
吴志刚	男	大中镇文化站站长	2001	文化工作先进个人	盐城市政府
卢逢明	男	统计站	2001	先进个人	省人口普查领导组
蒋兴锁	男	第五中学	2001	优秀科技辅导员	江苏教育厅
吴永鹏	男	阜南村	2001	优秀村支书	盐城市委
耿志明	男	海防村村委会主任	2001	劳动模范	盐城市委、市政府
郁奎龙	男	泰丰村	2001	全国第五次人普先进个人	盐城市政府
柏龙群	男	新团居委会	2001	优秀居委会主任	盐城市政府
潘志坚	男	大中镇广播站站长	2002	“两个文明”建设先进个人	盐城市政府
陈和平	男	裕华中心小学	2002	科技教育先进个人	江苏省教育厅
卢松昌	男	第七小学	2002	科技先进个人	江苏省教育厅
丁桂兰	女	第二小学	2002	先进个人	江苏省教育厅、科技厅
胡国标	男	大中镇统计站	2002	统计工作先进个人	盐城市政府
宋远坤	男	同德村	2002	十佳村官	盐城市委
季明德	男	恒北村	2002	先进个人	盐城市政府
耿志明	男	海防村	2002	优秀农民经济人	盐城市政府
朱永祥	男	大中镇综治办主任	2003	人民满意政法干警一等功	省委、省政府
王周斌	男	大中镇党委书记	2003	优秀共产党员	江苏省委
单桂青	女	智泰奶牛场场长	2003	三八红旗手	省妇联
高　军	男	盐城多为集团总经理	2003	五一劳动奖章	省总工会
蔡兆培	男	大丰市第四小学校长	2003	“三个文明”建设先进个人	盐城市委、市政府
王周斌	男	大中镇党委书记	2003	率先发展之星	盐城市委、市政府
王周斌	男	大中镇党委书记	2003	项目推进先进个人	盐城市委、市政府
张遇春	女	大中镇党委副书记	2003	依法治市工作先进个人	盐城市委、市政府

续表 25－2－1

姓　名	性别	工作单位	授予时间	称　　号	批准单位
陈国玲	女	大中镇育红居委会主任	2003	“非典”防治工作嘉奖	盐城市委、市政府
张遇春	女	大中镇党委副书记	2003	优秀党务工作者	盐城市委
陈保存	男	宝鑫集团	2003	非公工业企业“四好业主”	盐城市委
管仁刚	男	大中镇泰西村党总支书记	2003	十佳“双强”型村党组织书记	盐城市委
汪高兵	男	裕华南新村书记	2003	十佳“双强”型村党组织书记	盐城市委
王周斌	男	大中镇党委书记	2003	计划生育工作三等功	盐城市政府
单俊发	男	大中镇政府主任科员	2003	绿化先进工作者	盐城市政府
奚东雷	男	大丰市第五中学	2003	优秀教育工作者	盐城市政府
胡国标	男	大中镇统计站	2003	优秀统计工作者	江苏省统计局
宋应恒	男	大中镇村建办	2003	城建先进个人	盐城市政府
卢逢明	男	统计站	2003	先进个人	省普查领导小组
夏碧君	女	财管所	2004	先进个人	盐城市、委市政府
施惠祥	男	第五中学教务主任	2004	优秀教育工作者	盐城市政府
陈　斌	男	裕华中心小学	2004	优秀教育工作者	盐城市政府
王支淮	男	珍丰集团	2004	劳动模范	盐城市政府
董学平	男	裕华供销社	2004	江苏百名农村杰出人物	江苏省政府
朱玉琴	女	第二小学	2004	优秀青少年科技辅导员	省教育厅、科技厅
施惠祥	男	大丰市第五中学	2004	优秀教育工作者	盐城市教育局
高　军	男	多为集团董事长	2005	优秀企业家	盐城市政府
王伟权	男	大丰市第五中学	2005	优秀班主任	盐城市教育局
林玉成	男	裕华中心校校长	2005	“校校通”工程先进个人	盐城市政府
夏碧君	女	镇财管所	2005	先进个人	国家人口抽样调查小组
周汉忠	男	财管所	2005	先进个人	国家经济普查小组
熊建成	男	三院	2005	二等功	盐城市委、市政府
董　坤	男	大中镇	2005	计划生育二等功	盐城市委、市政府
陈卫国	男	计生办	2005	计生工作二等功	盐城市委、市政府
董学平	男	裕华供销社主任	2006	省供销系统劳动模范	省人事厅、省供销社
宋远坤	男	大中镇同德村党委书记	2006	劳动模范	盐城市政府
董　坤	男	大中镇镇长	2006	劳动模范	省委、省政府
胡国标	男	大中镇统计站	2006	第一次全国经济普查先进个人	盐城市政府
李兴干	男	泰丰村	2006	“三个文明”建设先进个人	盐城市委市政府
穆桂芳	女	城北派出所教导员	2007	全国优秀人民警察	公安部
穆桂芳	女	城北派出所教导员	2007	省十佳女警官、三八红旗手	省政法委、省妇联
胡国标	男	大中镇统计站	2007	省基层统计工作先进个人	江苏省统计局

续表 25 －2 －1

姓　名	性别	工作单位	授予时间	称　　号	批准单位
陈如荣	男	城南派出所副所长	2007	防范处理邪教工作先进个人	盐城市委、市政府
穆桂芳	女	城北派出所教导员	2007	平安卫士	盐城市政府
杨建明	男	海防村	2007	环境整治先进个人	盐城市委、市政府
陈卫国	男	计生办	2007	第二届盐城人口奖	盐城市委、市政府
徐仕同	男	多为集团	2008	五一劳动奖章	盐城市政府
季明德	男	大中镇恒北村	2008	先进个人	国家林牧总局
王　伟	男	同德村	2008	投弹金牌	全国第六届农运组委会
顾仁昌	男	红花村	2008	全国第二次农业普查先进个人	江苏省政府
季　华	女	第二小学	2008	优秀教师	江苏教育委员会
卢逢明	男	统计站	2008	全国第二农普先进个人	国家统计局
李松林	男	阜丰村	2008	先进个人	盐城市政府
顾亚平	女	阜丰村	2008	优秀基层计生干部	盐城市人民政府
穆桂芳	女	城北派出所教导员	2009	十佳优秀人民警察	省公安厅
穆桂芳	女	城北派出所教导员	2009	优秀人民警察	省政法委
陈　雪	女	大中镇计划生育中心	2009	省计划生育先进个人	省计划生育委员会
胡国标	男	大中镇统计站	2009	经济普查国家级先进个人	国务院第二次经济普查
管洪平	男	阜丰村	2009	先进个人	江苏省司法厅
陈卫国	男	计生办	2009	优秀会长	省计生协会
陈　雪	女	计生办	2009	先进个人	省计生委
柏金淦	男	育红社区	2009	优秀计生工作者	国家计生委
樊金海	男	大丰市第五中学	2009	优秀校长和先进个人	盐城市教育局
朱红梅	女	大丰市第五中学	2010	工会先进个人	盐城市教育局
王　伟	男	同德村	2010	冲锋枪射击第一名	江苏省军区
季明德	男	恒北村	2010	先进个人	盐城市政府
吴永鹏	男	泰西村	2010	劳动模范	盐城市委、市政府
葛善洪	男	德丰村	2010	优秀党员	盐城市委
邱建林	男	海聆梦公司	2010	劳动模范	盐城市政府
单俊发	男	大中镇政府主任科员	2010	绿色盐城建设工作先进个人	盐城市委、市政府
陈爱军	男	大丰市第七小学副校长	2010	优秀青少年科技教育校长	江苏省教育厅
丁善辉	男	大丰市第一小学副校长	2010	江苏省基础教育课程改革先进个人	江苏省教育厅

说明：同一称号选最高批准单位

二、高级职称人员

本目收录2010年在册的企业、中小学、医疗卫生高级职称人员。

2010年大中镇在册的小学部中教高级职称人员一览表

表25－2－2

姓　名	性别	毕业学校及专业	授予时间	工作单位
庄　正	男	苏州大学汉语言文学	1998	大丰市第二小学
陈　杰	男	苏州大学体育教育	2003	大丰市第二小学
周永佳	男	南京师范大学汉语言文学	2003	大丰市第七小学
张平生	男	苏州大学物理学教育	2004	大丰市第二小学
王永奇	男	苏州大学政治教育	2004	大丰市第四小学
周海峰	男	南京师范大学汉语言文学	2006	大丰市第二小学
姜美云	女	南京师范大学汉语言文学教育	2006	大丰市第二小学
王志勇	男	盐城师范学校普师	2006	大丰市第五小学
袁桂勤	男	盐城师范学校普师	2006	大丰市第五小学
顾希君	男	东台师范学校普师	2006	大丰市第五小学
束莲芳	女	江苏教育学院中学教育	2006	大丰市第七小学
周旭贵	男	南京师范大学小学教育	2007	大丰市第二小学
朱玉琴	女	中央广播电视大学汉语言文学	2007	大丰市第二小学
何建芳	女	南京师范大学小学教育	2007	大丰市第二小学
周　慧	女	盐城师范学校普师	2007	大丰市第五小学
刘明芳	女	东台师范学校普师	2007	大丰市第六小学
蔡永明	男	东台师范学校普师	2007	大丰市第六小学
王爱菊	女	南京师范大学	2007	大丰市第八小学
浦玉蓉	女	北京师范大学学前教育	2008	大中镇中心幼儿园
黄建春	男	南京师范大学汉语言文学	2008	大丰市第四小学
赵　辉	女	东台师范学校普师	2008	大丰市第五小学
杨　军	女	盐城师范学校普师	2008	大丰市第六小学
曹亚斌	男	南京师范大学	2008	大丰市第八小学
黄云如	女	盐城师范普师	2009	大丰市第四小学
韦素梅	女	新团中学	2009	大中镇教研站
秦国和	男	华东师范大学汉语言文学	2009	大丰市第二小学
刘国钧	男	江苏省省委党校经管	2009	大丰市第六小学
卢松昌	男	中国广播电视大学汉语言文学	2009	大丰市第七小学
施咏梅	女	盐城师范学院	2009	大丰市第八小学
陈　英	女	中央电大汉语言	2010	大丰市第二小学
张　珏	女	中央电大汉语言	2010	大丰市第二小学
孙卫东	男	华东师范大学	2010	大丰市第二小学
朱丛兰	女	江苏教育学院	2010	大丰市第八小学

2010年大中镇在册的中教高级教师一览表

表25-2-3

姓　名	性别	毕业学校及专业	授予时间	工作单位
杨耀辉	男	江苏师范学院	1999	大丰市第七中学
陆慧中	男	盐城教育学院化学	2000	大丰市第八中学
宋备军	男	扬州师范学院	2002	大丰市第七中学
王慧珠	男	苏州大学政治教育	2004	大丰市第七中学
周海波	男	江苏教院政治教育	2004	大丰市第七中学
陆仁新	男	江苏教育学院政教	2004	大丰市第八中学
刘兰芳	女	徐州师范大学化学	2005	大丰市第七中学
刘兴宏	男	中央电大汉语言文学	2005	大丰市第七中学
袁春华	男	中央电大汉语言文学	2005	大丰市第七中学
卢茂昌	男	中央电大汉语言文学	2006	大丰市第七中学
王宏生	男	南师大汉语言文学	2006	大丰市第七中学
卢殿平	男	中央电大汉语言文学	2006	大丰市第七中学
束长玉	男	中央电大汉语言文学	2006	大丰市第七中学
施建东	男	江苏教育学院政教	2006	大丰市第八中学
沈　浩	男	江苏教育学院语文	2006	大丰市第八中学
王保全	男	南京师范大学生物	2006	大丰市第八中学
朱红梅	女	苏州大学	2007	大丰市第七中学
陈汉健	男	南京师范大学	2007	大丰市第七中学
柏红星	男	江苏教育学院政教	2007	大丰市第八中学
董爱忠	男	南京大学法律	2007	大丰市第八中学
田素珍	女	徐州师范大学体育	2008	大丰市第七中学
朱玉军	男	苏州大学化学	2008	大丰市第八中学
丁　辉	男	徐州师范大学政教	2008	大丰市第八中学
王林广	男	中央电大汉语言文学	2009	大丰市第七中学
杨晓芳	女	南京师范大学	2009	大丰市第七中学
周利泉	男	江苏教院数学教育	2009	大丰市第七中学
徐同安	男	南师大汉语言文学	2009	大丰市第七中学
冯永明	男	徐州师范大学体育	2009	大丰市第七中学
顾文美	女	徐州师范大学政教	2009	大丰市第八中学
王文娟	女	徐州师范大学政教	2009	大丰市第八中学
陈松桂	男	南京大学法律	2009	大丰市第八中学
史开国	男	徐州师范大学政教	2009	大丰市第八中学
蒋高芹	男	华东师范大学	2010	大丰市第七中学
陈春生	男	苏州大学数学系	2010	大丰市第八中学
金竹云	女	苏州大学数学系	2010	大丰市第八中学

续表 25－2－3

姓　名	性别	毕业学校及专业	授予时间	工作单位
陆　平	男	福建师范大学	2010	大丰市第八中学
杨素萍	女	江苏教育学院	2010	大丰市第八中学
伏春书	男	江苏教育学院	2010	大丰市第八中学
薛　云	男	陕西师范大学	2010	大丰市第八中学
崔跃兵	男	南京晓庄学院	2010	大丰市第八中学

2010 年大中镇在册的副主任医师(药、护、技)一览表

表 25－2－4

姓　名	工作单位	姓别	出生年月	学历	授予时间	毕业院校
陆利斌	三院	男	1955.10	大普	1999.06	上海二军大
李　玲	三院	女	1959.8	大专	2003.08	南京医科大学
赵应祝	裕华医院	男	1956.2	中专	2004.08	盐城卫校
姚晓萍	三院	女	1966.10	大学	2005.10	扬州大学
熊建成	三院	男	1962.3	大专	2008.09	江苏职医大
叶　枫	三院	女	1959.4	中专	2008.09	盐城卫校
顾兰兵	三院	男	1970.1	大学	2008.09	扬州大学
尹爱华	三院	女	1969.4	大学	2008.09	南京医科大学
陈芝云	三院	女	1967.09	大学	2008.09	扬州大学
崔卫兵	三院	男	1965.7	大专	2008.09	江苏大学
丁春玉	同仁医院	男	1964.2	本科	2008.09	扬州大学
骆建华	三院	男	1973.9	大学	2009.09	南京医科大
施澄洲	三院	男	1971.5	大学	2009.09	南京医科大
秦国强	三院	男	1972.5	大学	2009.09	扬州大学
倪丽华	三院	女	1966.1	大专	2009.09	南京医科大学
景美红	三院	女	1969.12	大专	2009.09	南京医科大学
董益民	三院	女	1967.11	大专	2009.09	南京医科大学
顾晖缤	三院	女	1970.10	大学	2010.09	扬州大学
钱国祥	三院	男	1971.8	大学	2010.09	南京医科大学
严晓党	三院	女	1971.1	大专	2010.09	南京医科大学
许兆干	三院	男	1970.11	大学	2010.09	中国药科大学
朱丛兰	三院	女	1965.30	大学	2010.09	南京医科大学
陆晓英	三院	女	1974.10	大学	2010.09	扬州大学
马克华	裕华医院	男	1964.6	大学	2010.09	苏州大学
房丽华	裕华医院	女	1964.10	大学	2010.09	苏州大学
洪康斌	新华医院	男	1973.8	大学	2010.09	南京中医药大学

2010 年大中镇各专业高级职称人员一览表

表 25－2－5

姓 名	工 作 单 位	性别	出生年月	学历	职 称	授予时间	毕业院校
张建祥	水利局	男	1947 年	初中	高级技师	1988	盐城水校
王文干	江苏恒迪集团有限公司	男	1965.1	大专	高级工程师	2004.6	江苏广播电视大学
赵世兴	大丰兴达建筑集团有限责任公司	男	1951.9	大专	高级工程师	2005.5	中央广播电视大学
王迪生	江苏恒迪集团有限公司	男	1963.6	大专	高级经济师	2006.11	江苏广播电视大学
陈水祥	江苏恒迪集团有限公司	男	1955.8	大专	高级工程师	2006.12	江苏广播电视大学
周彩年	江苏恒迪集团有限公司	男	1969.7	本科	高级工程师	2006.12	中国农业大学
朱 标	鸿达建筑有限公司	男	1966.10	大专	高级工程师	2006.3	南农乡镇企业学院
黄建华	大中镇农科服务中心农科站	男	1965.10	大专	高级农艺师	2007	南京农业大学
张建模	大中镇农科服务中心农科站	男	1955.11	大专	高级农艺师	2008	南京农业大学
陈进和	大中镇农科服务中心农科站	男	1965.11	大专	高级农艺师	2008	南京农业大学
傅大鹏	江苏丰泽建筑安装有限公司	男	1954.5	大专	高级工程师	2008.12	大丰电大
鲁海燕	江苏丰泽建筑安装有限公司	女	1968.10	大学	高级工程师	2008.12	中国科技大学
盛明生	大丰兴达建筑集团有限责任公司	男	1954.1	大专	高级工程师	2008.1	淮海工学院
陈文俊	江苏恒迪集团有限公司	男	1966.7	大专	高级工程师	2009.3	盐城工业专科学校
金 星	鸿达建筑有限公司	男	1977.12	大专	高级工程师	2009.3	江苏广电大学
赵宏明	大丰兴达建筑集团有限责任公司	男	1969.11	大专	高级工程师	2010.1	中央广播电视大学
肖爱芳	江苏丰泽建筑安装有限公司	女	1975.5	大专	高级工程师	2010.12	扬州大学
韦勇元	大丰兴达建筑集团有限责任公司	男	1966.3	大专	高级工程师	2010.12	中央广播电视大学

三、处级以上干部

本目收录大中镇籍和在大中镇工作过的外籍地处级以上干部。

2010 年大中镇籍在外地和曾在大中镇工作的部份处级以上干部一览表

表 25－2－6

姓 名	性别	原籍(出生地)	任职单位	职务职称	备 注
高 平	男	阜南村	盐城市委宣传部	副部长	正处
刘海涛	男	阜北村	上海市闵行区组织部	部长	
葛玉荣	男	阜北村	江苏省政协综合处	处长	
喻桂华	男	阜北村	江苏省银监局	处长	
蒋安全	男	光明村	《人民日报》国际部	主任	
顾希付	男	光明村	盐城市委党校	副校长	上校(军转)
冷觉平	男	光明村	徐州军代处	主任	正处
陈良平	男	新团村	沈阳军区独立旅	旅长	
蒋鹤锦	男	老坝村	南京空军飞行大队	大队长	

续表 25－2－6

姓　名	性别	原籍(出生地)	任职单位	职务职称	备　注
朱银生	男	老坝村	江苏物资办	主任	副厅
左连高	男	双喜村	安徽省电视台	台长	
胡志洪	男	双喜村	蚌埠市公安局	副局长	
管洪宇	男	双喜村	浙江临海市公安局	局长	
宣加祥	男	泰丰村	江苏镇江工学院	院长	厅级
宣加发	男	泰丰村	北京炮兵师	师长	2002 年病故
俞达祥	男	朝荣村	安徽省滁州市司法局	副局长	
杨品涛	男	朝荣村	镇江市司法局	副局长	
刘建平	男	朝荣村	上海市闵行区司法局	副局长	
朱步云	男	天祥村	山东济南市政府办公室	工会主席、处长	
宋建人	男	天祥村	盐城市反贪局	局长	
倪汉石	男	天祥村	盐城市总工会	副主席	
张建范	男	海丰村	北海舰队图书出版社编辑部	处长	
查　理	男	海丰村	北京海航总部政治部	主任	
查鹤林	男	海丰村	上海浦东新区土管署	党委书记	
丁志海	男	海丰村	上海市静安区街道办	党委书记	
沈纪万	男	万丰村	大丰市纪委	书记	
沈毅兵	男	万丰村	中国记者协会国内部权益保障处	副处长	
张连振	男	万丰村	大兴安岭军分区	副司令员	
张生芳	男	万丰村	扬州市民政局	副局长	
张　鹏	男	万丰村	扬州人民政府	副市长	
朱德政	女	万丰村	盐城市人事局	副局长	
顾德冲	男	万丰村	南京市交通局	局长	
陆素良	男	万丰村	安徽省军区合肥警备区	党支部书记	副师级
施成功	男	万丰村	河南省灵宝总后兵工厂	副团级干部	
朱友杨	男	万丰村	浙江省武警总队	副主任	处级
钱裕昌	男	万丰村	海军南海舰队	正团级	
陈章浩	男	晋北村	江苏省纪委	党委副书记	
陈狄芳	男	晋北村	中央电视台军事栏目	主任编辑	大校
钱永辉	男	晋北村	浙江温州军分区政治部	副主任	
龚正凡	男	元丰村	江都油田	党委书记	
江卫兵	男	福丰村	浙江省人防办工程秘书处	处长	
殷天河	男	福丰村	江苏省公安厅	副厅长	
胡志勇	男	晋丰村	镇江市反贪局	局长	
茅福才	男	丰裕村	山东省青岛市检察院	批捕处处长	副厅级
施学章	男	丰裕村	南京市栖霞区	纪委副书记、监察局长	

续表 25－2－6

姓 名	性别	原籍(出生地)	任职单位	职务职称	备 注
陈昌瑞	男	丰裕村	湖北省农林厅	厅长	
张旭飞	男	丰裕村	青海第二炮兵 56 基地	副团级	
戴明章	男	丰裕村	盐城市劳动局	局长	
江 杰	男	丰裕村	盐城市教育局	副局长	
吴士存	男	恒丰村	海南省外事侨务厅	厅长	
吴 兵	男	恒丰村	滨海县人武部	政委	
钱永清	男	恒丰村	中国人民解放军 86 医院	副院长	
马玉龙	男	海防村	江苏省机械工业质检处	处长	
吴新华	男	海防村	江苏省出入境检疫局	处长	
施 枫	男	海防村	盐城市经济开发区	主任	
杨再兴	男	海防村	福建省文化厅	副厅长	
曹品连	男	海防村	盐城市民政局	局长	
王忠宏	男	恒北村	中央组织部	办公厅副主任	
施振平	男	同德村	海军东海舰队	副师长	
郭海平	男	红花村	徐州市税务局	局长	
徐瑞权	男	红花村	常州市第二人民医院	党委书记	
黄振东	男	红花村	全国人大法制委	主任	原交通部长
黄锦成	男	红花村	盐城市委	副秘书长	
黄 锋	男	红花村	江苏省交通厅	运管处长	正处
韩克家	男	红花村	空军部队	副师长	
李声援	男	曾任大中镇党委书记	大丰市政协	主席(处级)	
夏继永	男	曾任大中镇党委副书记	大丰市人大	副主任(副处级)	
陈湘凤	男	曾任大中镇党委书记(副处级)	大丰市人大	副主任	
朱 绵	男	曾任大中镇党委书记(副处级)	大丰市人大	副主任	
吴家祥	男	曾任大中镇党委书记(副处级)	大丰市政府	副市长	
王周斌	男	曾任大中镇党委书记(副处级)	大丰市人大	副主任	
董 坤	男	现任大中镇党委书记(副处级)	大中镇	大中镇党委书记、人大主任	

说明:由于受时间和资料来源的限制,收录不全

四、抗日战争时期参加工作的干部

本目收录大中镇籍1945年9月13日大中镇光复前参加工作的干部。

表25-2-7

姓　名	出生年月	参加工作时间	离休时间	入党时间	工作单位及职务
沈　林	1925.5	1941.8	1982.12	1943.12	大中镇民政助理
李　俊	1920.6	1945.5	1979.11	1946.7	大中镇民政委员
杨荣恺	1919.11	1944.3	1987.3	1944.3	大中镇贫协主席
王全清	1919.08	1939.10	1980.10	1939.03	大道公社副社长
朱　正	1922.08	1944.06	1981.07	1944.06	大中镇副镇长
景　源	1921.06	1944.10	1984.10	—	大中供销社副主任
朱习法	1906.02	1945	1965.02	—	大丰支行大道营业所主任
朱同方	1923.04	1943.05	1982.06	1944.04	裕华卫生院院长
刘志田	1926.09	1943.10	1983.01	—	裕华中学总务主任
李子平	1922.07	1942.02	1983.09	1949.07	大中镇文教党总支书记
李学珍	1924.08	1943.03	1982.06	1943.11	大道食品站站长
李朝宰	1919.09	1941.12	1982.08	1941.12	大中供销社副主任
杨荣恺	1919.11	1944.03	1987.05	1944.03	大中镇贫协主任
何力飞	1927.05	1940.12	1982.07	1945.03	大道公社医院医士
沈　林	1925.05	1941.08	1983.12	1943.12	新团乡民政助理
张贵宝	1924	1940.08	1984.05	1943.05	大中供销社主任
赵庆高	1928.03	1944.08	1982.06	1946.06	裕华公社卫生院院长
施怀之	1922.12	1945.03	1982.10	1957.04	裕华公社司法助理
袁少廉	1905.06	1944	1982.07	—	裕华福丰小学校长
徐启连	1916.06	1944.06	1985.01	1945.10	新团粮管所副主任
徐金华	1917.10	1944.10	1982	1944.10	大中镇革委会副主任
黄兆龙	1921.02	1942.08	1982.11	1942.11	大中商业党支部副书记
黄宝元	1926.10	1944.01	1982.08	1943	裕华乡民政助理

附 录

一、文件辑存

中国共产党江苏省委员会(批复)

大丰县委:

同意你们以姜玉林、管春红、沈继年、沈继仁四个互助组试办农业生产合作社,希将试办情况不断汇报我们。

此致

敬礼

中共江苏委员会

一九五三年一月十三日

江苏省人民政府(批复)

苏民(建)字第23523号

事由:同意你县大中、万盈两个区及有关区划调整

大丰县人民政府:

1954年5月21日大〔54〕民政字第83号报告收悉,同意你县撤销大中、万盈两个区的建制,并将其所属乡镇作如下调整:

一、原大中区的大中镇改建为县直属镇;德丰、阜丰两乡归垦北区管辖;泰丰、恒丰、和瑞等3个乡划归垦南区管辖。

二、原万盈区的王港、万盈两乡划归小海区管辖;竹港、竖河两乡划归川东区管辖;洋岸乡划归川港区管辖;石港乡划归垦南区管辖。

以上希即知照,并将调整后之土地面积和人口报府备查。

江苏省人民政府

一九五四年六月十五日

江苏省人民政府(批复)

苏政复〔1983〕80号

关于同意大中镇等乡镇建制和区划调整的批复

盐城市人民政府:

1983年4月10日报告悉。经研究,同意下划乡、镇建制和区划作如下调整:一、撤销大丰县的阜丰公社、大道公社(除利民大队划归裕华公社外),将两公社所辖区域并入大中镇管辖。

(略)

上述社、镇合并和社改镇后,实行以镇管村的体制,望及时总结经验,并报省。

以上六公社、镇调整所需的经费和人员编制,均由各有关的市辖县(区)自行调剂解决。

江苏省人民政府

一九八三年五月二十一日

说明:为便于管理,报请上级批准,利民大队仍由大中镇管辖。

中共大丰市大中镇委员会文件

大中委发〔1998〕42号

关于农村土地二轮承包的实施意见

各党委、各总支、支部,各村民委员会、经济合作社、镇属各单位、机关各部门:

我镇从1983年开始推行家庭联产承包责任制,按照中央1984年1号文件规定的“延长土地承包期不变”的要求,承包合同到今年已陆续到期。为了进一步稳定和完善土地承包关系,现根据中办发〔1997〕16号、苏办发〔1997〕31号、盐发〔1998〕8号和大委发〔1998〕39号文件精神,结合我镇的盐发〔1998〕8号和大委发〔1998〕39号文件精神,结合我镇的实际,就全镇农村土地二轮承包工作,提出如下实施意见:

一、指导思想和目的

以邓小平理论和党的十五大精神为指导,认真贯彻落实中央、省、市和大丰市委文件精神,在坚持家庭联产承包责任制和统分结合的双层经营体制这一基本制度长期不变,并不断加以完善的前提下,坚持从我镇实际出发,认真总结一轮土地承包经营的基本经验,按照“明确所有权,稳定承包权,搞活经营权,强化管理权”的要求,认真做好“土地承包在第一轮承包到期后再延长30年不变”的工作,使全镇土地承包期从今年起延长到2028年,营造林地和荒地治理等开发性生产的承包期可以更长。进一步规范农业承包合同管理,建立健全土地承包经营权流转机制,因地制宜地发展土地适度规模经营,优化农村土地资源配置,提高土地综合使用效益,以进一步稳定民心、稳定农村、稳定社会,调动广大农民生产和投入的积极性,促进农村经济的持续、快速、健康发展,加快实现市委提出的“建设新大丰,基本现代化”宏伟目标。

二、工作步骤及时间安排

土地二轮承包工作,时间紧,任务重,政策性强,涉及面广,情况复杂,必须在深入细致调查研究的基础上,下大决心,花大力气,抓好试点,以点带面,循序渐进,逐步推广。从7月上旬开始,到8月底结束。

土地二轮承包工作分六步进行。

第一步:宣传发动,建立组织。

宣传发动,统一认识。分别召开镇党委会、政府组成人员会、村党支委、村民委员会、村党员干部会和村民大会,认真学习中央和省、市一系列文件精神,进一步明确稳定和完善土地承包关系,延长土地承包期的目的、意义、政策、做法、要求,充分利用板报、画廊、宣传栏、广播等各种宣传工具和宣传形式,广泛宣传,克服部分群众头脑中存在的怕难、怕烦、怕得罪人、怕影响当前农村工作的一些模糊认识,从思想上真正认识到以家庭联产承包为主的责任制和统分结合的双层经营体制,是我国农村经济的基本制度。稳定土地承包关系,是党的农村政策的核心内容。做好延长土地承包期工作,直接关系到调动广大农民的积极性,关系到农村经济的发展和农村社会的稳定,必须认真扎实地抓紧抓好。

建立组织,搭好班子。整个工作在镇党委、镇政府的统一领导下进行。镇成立由镇长、分管领导、经管、财政、司法、公安、民政、信访、土管、村建、农技、林业、蚕桑、水利、农机、计生、广播等部门负责人组成的领导小组,镇长任组长,分管副书记任副组长。下设办公室,办公室设在经管站。同时抽调有关部门和单位的负责人及工作人员组成工作指导小组驻村协助开展工作。各村也要在村党支部、村委会的直接领导下,由支部书记挂帅,村民委员会主任负责,抽调骨干力量,组成具体的工作班子,以保证整个工作的顺利开展。

第二步:调查摸底,制订方案。只有认真调查研究,摸准情况,才能为延长土地承包地工作提供详实的资料依据,奠定坚实的工作基础。一是摸清农户对延长土地承包期工作的动态和要求,并向所有农户发放咨询意见书,由户主签字盖章。二是摸清推行“两田制”以来各户人口、劳力的变化情况。三是摸清承包面积的变化情况。对承包田进行全面复尺丈量核实,逐户登记,核准面积,明确界址,绘制草图,建立清册。四是摸清农户责任田中果树等多年生植物的分布情况。五是摸清农户历年来“两上交”的情况。对农户拖欠的“两款”必须按合同结清欠款,方可继续承包,此项工作要贯穿整个工作的始终。

在此基础上,从实际出发,认真制订好工作方案。一是规划好承包田和村镇建设、农田水利建设用地的布局,预留好沟、渠、路、现代化村镇建设等规划用地。二是制订好河坡、青坎、生产道路、圩堤占地标准,确定好界址。三是以组为单位,拟定好承包田“小调整”的初步方案。四是搞好“一表”(承包到户明细表)、两图(现状图、规划图)的设计。

第三步:民主议事,张榜公布。对延长土地承包期方案分别召开党员干部会、村民代表会和村民大会进行民主讨论,广泛征求意见,实行五公开,即:政策公开、土地核查情况公开、土地承包方案公开、土地归户情况公开、划分地块公开,并张榜公布。对延长土地承包期中碰到的具体问题,要对照有关政策,经村组干部、党员代表和群众代表讨论后作出明确的规定,进行妥善处理。

第四步:对照政策,调整到位。在坚持“大稳定,小调整”的原则下,按照“总体稳定,个别调整,解决突出问题”的指导思想,在尊重大多数群众意愿,稳定绝大多数承包人口和承包土地不动的基础上,对人地矛盾突出,确因地块零碎,不便耕作,不便作物布局,不便沟渠水系配套的搞好“小调整”。主要采取户与户之间互调和稳大块调小块,有效控制土地变动幅度。对原大田划分得过于零碎的重新拼块发包;对原来已成块的大田仍成块发包,不破框破格;对原大田承包基本合理的尽量维持不动,拿出少量边角田进行找补。在调整中要尽量注意土地肥瘦、远近、好差搭配。妥善处理好新增人口承包土地和各种历史遗留问题。

第五步:确权发证,签订合同。在理顺土地承包关系的基础上,由镇政府农业承包合同主管部门经管站,及时向承包户颁发市人民政府统一印制的《农村集体土地承包经营权证书》,以安定民心,取信于民,让农民真正吃上一颗长效“定心丸”。由村经济合作社按照国务院国发〔1992〕52号通知的要求和有关法律法规的规定,坚持“民主公开、平等的、协商一致”的原则,签订好农业承包合同。并由镇经管站鉴证,农业承包合同一式三份,镇、村、户各一份,一经依法签订,即具有法律效力。不得借延长土地承包期之际,强行解除未到期的承包合同,或违背群众意愿,随意修改承包合同的内容,或擅自提高土地承包费,提前收取甚至一次收取几年承包费。对原承包合同到期后,承包办法合理的可重新续订合同,承包期直接延长30年;原承包合同虽已到期,但承包办法不合理,多数群众有意见的,可经民主议定和审批程序对原承包办法作相应调整后,续签合同,承包期为30年;对已订的承包合同承包期过短的,在民主评定的前提下,重新签订合同,将承包期顺延至30年;对少部分未到期的承包合同,经做工作群众仍不愿续签的,可继续执行,到期后再延长30年;对主动放弃承包耕地的农户,要在讲清政策的情况下,由放弃承包户写出书面申请,表明30年不再要地的决心,以示政策的严肃性。

第六步:建章立制,规范管理。对农户承包的地段、坐落、土地类别、面积、承包期限进行逐项登记,建立好台账,搞好立卷建档,做到镇有汇总档案资料;村有账、表、卡、册、图等全套档案;农户有《农村集体土地承包经营权证书》和《土地承包合同书》。土地台账要达到四个相符。即:丈量码单与归户测算表相符,归户测算表与归户清册相符,归户清册与汇总表相符,到户清册与两权证书相符。同时要建立好土地经营权流转管理、承包合同管理、承包费管理、农业社会化服务等规章制度,提高承包土地管理的规范化、科学化、制度化管理水平。

工作方法和时间安排:

1. 搞好试点,探索经验。从7月13日开始,镇选择利民村先行试点,试点村的工作8月上旬告一段落。

2. 总结经验,全面推开。在总结试点经验的基础上,面上工作从7月20日开始全面推开,8月底结束。

3. 检查验收,搞好补课。9月上旬在各村(场)自查的基础上,由镇组织检查验收。查延长土地承包地的各项政策是否宣传到户、落实到位;查延长土地承包期的方案是否经村民讨论通过,绝大多数村民是否满意;查"小调整"的土地是否到户,历史遗留问题是否得到妥善处理;查延长土地承包期合同是否签订,《农村集体土地经营权证书》是否发放到户;查延长土地承包期工作的资料是否健全归档,土地经营的各项制度是否建立;查农民的生产积极性是否得到调动,秋播工作是否顺利开展。对检查中发现的问题及时予以补课,限期纠正,从而使全镇延长土地承包期工作健康顺利地完成。

三、加强领导和应注意把握的问题。

在全镇农村推进土地二轮承包工作中,必须强化组织领导,严格执行政策,充分尊重群众意愿,做好过细群众工作,从而保证此项工作积极、稳妥、规范地进行。

1. 健全组织,强化领导。一是镇成立"土地二轮承包领导小组",各村(场)都要建立相应的领导小组和工作班子。二是分级搞好培训,统一业务,镇、村都要搞好业务培训,培养一批掌握政策、熟悉业务、责任心强、办事公道的工作人员。三是层层落实责任,进行专项考核。四是抓好督促检查。各村(场)要坚持步步抓情况,建立定期会办制度,加强请示汇报,及时发现问题,及时研究解决。五是抓后进促平衡。对后进村组、矛盾多、工作难度大的村、组,镇、村要选派得力的干部实行重点帮助。六是加强配合。农经指导站要主动负责,农业、林蚕、水利、农机、土管、村建、司法、信访、公安、计生等部门要积极参与,在全镇形成各方支持、密切配合,全力推进土地二轮承包工作的顺利进行。

2. 坚持稳定,搞好完善。一轮土地承包后,特别是1989年全镇推行"两田制"以来,有的村组已对承包地进行过"小调整",人地矛盾、土地分割过碎的问题基本得到解决,因此在土地二轮承包工作中应突出把握好稳定与调整的关系,坚持"大稳定,小调整"的原则,坚决纠正打乱重分的错误认识和做法;更不得随意打破原来归组所有的土地权属,在全村范围内平均承包。

3. 严格控制机动田,加强承包费的管理。在二轮承包中,集体经济组织原则上不留机动田,确需预留部分机动田的,需经大多数群众讨论同意,按规定程序审批。所留机动田不得超过本组集体经济组织耕地总量的5%。对村镇建设、中心村和道路规划用地,应纳入机动田中,在规划未实施前采取临时代耕的办法,保证土地不抛荒,建设规划实施时,随时收回。禁止在土地二轮承包中随意提高承包费标准,变相增加农民负担。除林牧、果园、渔塘、“四荒”等实行专业承包或招标承包的项目外,农民承包的口粮田、责任田、经济田、机动田承包费全部纳入农民上交的村提留、镇统筹范围。

4. 建立健全土地流转机制,稳步推进适度规模经营,在坚持不改变农村集体土地所有权属关系,不擅自改变集体土地的农业用途,不逾越土地承包期限,不违背群众意愿的前提下,通过承包土地经营权的有偿转让、转包、互换、入股、租赁等多种形式,实现承包土地流转机制的正常运转。以提高农业劳动生产力为标准,以提高经济效益为目标,在坚持条件、尊重群众意愿的前提下,因地制宜,积极稳妥地推行适度规模经营。

5. 过细地做好群众工作,保持农村稳定。稳定和完善土地承包关系,延长土地承包期,关系到群众的切身利益,必须要把党的政策交给群众,取得群众的支持。要充分发挥思想政治工作的威力,做好过细的群众工作,把问题解决在基层,把矛盾化解在萌芽状态,决不能方法简单、草率从事,更不能态度粗暴,感情用事。特别是要做好小调整中涉及的农户的思想工作,千万不能因大多数群众同意而忽视少数群众的工作,不能因解决人地矛盾影响延长土地承包地的政策落实,同时要避免引发新的矛盾,防止产生新的不稳定因素。切忌因土地调整引起群众上访,影响农村稳定。

6. 严肃纪律,接受群众监督。在稳定完善土地承包关系,延长土地承包期工作中,各级干部都要坚持公正、公平、公开的原则,注意政策和纪律的严肃性,严禁各级干部以权谋私;严禁工作方法简单,搞强迫命令;严禁打乱重分;严禁强行改变土地权属关系(除已由村统一核算、统一发包的外、一般不得将属于村民小组所有的土地随意收归村所有,在全村范围内平均承包);严禁多留机动地,原则上不留机动地;严禁乱开口子乱收费;严禁“先斩后奏”。

7. 及时发放《农村集体土地经营权证书》,保证农业生产正常进行。要使完善土地承包关系,延长土地承包期,发放《农村集体土地经营权证书》工作的过程,变成加强党的农村经济政策宣传教育的过程,进一步调动广大农民的生产和投入的积极性,推动秋播工作,促进农村经济持续、稳定、协调发展。

以上意见,望切实贯彻执行。

一九九八年七月十八日

大丰市人民政府关于大中镇合并红花等
20个村调整行政区划的批复

大政复〔2001〕28号

大中镇人民政府:

你镇《关于村组行政区划调整的请示》(大中委发〔2001〕48号)收悉。为适应农村税费改革的需要,合理调整村组布局,减轻农民负担,方便群众生产生活,促进农村经济发展、社会进步,经研究,同意对红花等20个村进行调整合并。调整合并后你镇共有25个村(不含城镇居委会)。

1. 原红花村、刚强村合并为一个村。合并后人口3576人,耕地面积5804亩。村名为红花村,村部设在原红花村村部。

2. 原泰西村、城郊村合并为一个村。合并后人口3370人,耕地面积4486亩。村名为泰西村,村部设在原泰西村村部。

3. 原阜南村、果园场合并为一个村。合并后人口2795人,耕地面积3633亩。村名为阜南村,村部设在原阜南村村部。

4. 原德丰村、德西村合并为一个村。合并后人口3189人,耕地面积6212亩。村名为德丰村,村部设在原德丰村村部。

5. 原同德村、新德合并为一个村。合并后人口 2855 人,耕地面积 3377 亩。村名为司德村,村部设在原同德村村部。

6. 原新团村、永久村合并为一个村。合并后人口 2486 人,耕地面积 4270 亩。村名为新团村,村部设在原新团村村部。

7. 原光明村、新联村合并为一个村,合并后人口 2676 人,耕地面积 6142 亩。村名为光明村,村部设在原光明村村部。

8. 原龙福村、兴隆村合并为一个村。合并后人口 2730 人,耕地面积 7867 亩。村名为龙福村,村部设在原龙福村村部。

9. 原老坝村、南灶村合并为一个村。合并后人口 3005 人,耕地面积 7218 亩。村名为老坝村,村部设在原老坝村村部。

10. 原营南村、八灶村合并为一个村。合并后人口 2219 人,耕地面积 4865 亩。村名为八灶村,村部设在原营南村村部。

11. 原和瑞村整建制保留。人口 1910 人,耕地面积 5575 亩。

12. 原泰丰村整建制保留。人口 2602 人,耕地面积 4763 亩。

13. 原双喜村整建制保留。人口 2370 人,耕地面积 5188 亩。

14. 原利民村整建制保留。人口 1960 人,耕地面积 5682 亩。

15. 原恒北村整建制保留。人口 2086 人,耕地面积 4263 亩。

16. 原恒丰村整建制保留。人口 1669 人,耕地面积 4563 亩。

17. 原恒南村整建制保留。人口 1992 人,耕地面积 4580 亩。

18. 原阜丰村整建制保留。人口 3786 人,耕地面积 4841 亩。

19. 原阜北村整建制保留。人口 2475 人,耕地面积 5438 亩。

20. 原大新村整建制保留。人口 2226 人,耕地面积 2360 亩。

21. 原河口村整建制保留。人口 1609 人,耕地面积 3730 亩。

22. 原长安村整建制保留。人口 2601 人,耕地面积 6056 亩。

23. 原灶圩村整建制保留。人口 2082 人,耕地面积 5953 亩。

24. 原同圣村整建制保留。人口 1940 人,耕地面积 5338 亩。

25. 原建设村整建制保留。人口 1303 人,耕地面积 4764 亩。

希认真做好新组建村的干部配备,合并村的账务处理等工作,迅速进行组的合并,确保农村经济发展和社会稳定。

特此批复

二〇〇一年八月十五日

大丰市常委会议
关于进一步加快大中镇经济社会发展的会办纪要

2005 年 2 月 3 日上午

2005 年 2 月 3 日上午,市委书记丁宇在大中镇主持召开了市委常委扩大会议。会议听取了大中镇党委主要负责同志关于大中镇 2005 年经济社会发展目标、思路、措施的工作汇报,并对加快大中镇经济社会发展问题进行了专题会办。现将会议精神纪要如下:

会议充分肯定2004年度大中镇各项工作取得的成绩。2004年，大中镇党委、政府在市委、市政府的正确领导下，团结和带领全镇广大干部群众，树立和落实科学发展观，以经济建设为中心，加快发展步伐，保持了经济快速增长和各项社会事业全面发展的良好势头，财政收入同比增长51.2%，首次突破亿元大关，成为盐城市第二个亿元财政乡镇，为全市经济社会发展作出了积极贡献。

会议认为，大中镇是全市政治、经济、文化的中心，对全市经济社会发展影响力大、带动力大。加快大中镇的经济社会发展对全市加快实现"三先"目标，在苏北首家建成全面小康社会意义重大。大中镇党委、政府确立的"学戴南赶近湖，财政两年翻一番，五年率先进小康，争当盐阜第一镇"的奋斗目标，符合全市"三先"目标的要求，全镇干部群众要共同为之努力，全市上下都要为大中镇加快发展营造良好环境。

会议要求，大中镇党委、政府和广大干部群众要坚持树立和落实科学发展现，解放思想，自加压力，抬高目标，拼搏争先。2005年要确保实现财政收入1.4亿元(力争净增5000万元)、竣工项目投入5亿元、利用外资突破500万美元、新增城镇就业5000人、农民人均纯收入净增加500元。要坚持以工兴镇，成立招商中心，不断加大招商引资力度，重点实施大项目、外资项目和重大三产项目，进一步掀起项目建设新高潮。要坚持改革重组，加大培植产业集群和规模企业的力度。要坚持调优结构，大力推进产业化，壮大规模基地，千方百计增加农民收入。要坚持富民优先，推进全民创业，突破第三产业，服务社区居民，确保实现新增就业人数目标。要切实加强领导，凝聚发展合力，促进经济社会发展再登新台阶。

会议明确，市委、市政府将一如既往地支持大中镇经济社会发展，具体做到"四个倾斜"，即领导精力向大中镇倾斜、人才向大中镇倾斜、政策向大中镇倾斜、生产要素向大中镇倾斜。市直各部门都要全力以赴，密切配合，支持和促进大中镇经济社会发展。

会议还研究决定了以下具体事项：(1)大中镇可以在全市范围内公开选聘部分招商人才和工业经济人才，同时要运用市场化的方法选招人才，尽快充实招商人员；(2)市有关部门要保证大中镇的项目用地，确保不因用地指标影响该镇的项目建设；(3)在市区北兴路附近规划一幅50—100亩的土地，由国土局指导、配合大中镇在市城市总体规划内规范运作，其收益全部用于支持大中镇经济社会发展；(4)大中镇在深化老城镇企业改革中，现有工业划拨用地允许变更为工业出让用地，其出让金全额返还大中镇，用于解决所涉企业的职工补偿和支持大中镇经济发展(新征土地出让金按省政府规定执行)；(5)市委、市政府对大中镇2005年财政收入的考核以1.3亿元为任务数；(6)大中镇新引进的1000万元以上(含1000万元)的项目，落户两区以外的与落户两区的享受同等优惠政策；(7)大中镇所属街道社区用房列入城市建设规划，与旧城改造、社区建设同步进行，2005年市财政拨款10万元给大中镇，用于金丰街道办公用房建设。

时间：2005年2月3日上午

地点：大中镇政府四楼会议室

主持：丁　宇

出席：王　荣　韦　新　朱达丰　沈纪万　王连春　吴家样

列席：韩　健　张建洋　肖乐农　王国佐　韦稳元　陈　平　陶培华　李国城　赵晓庆
蔡学才　商明星　季希全　卞泰鹏　孟宪春

记录：丁　扬

大丰市人民政府市长办公会议纪要

第39号

大丰市人民政府
关于支持大中镇项目建设促进加快发展的会议纪要

2006年5月31日下午，市政府王荣市长、张建洋副市长带领市政府办、发改委、经贸委、劳动和社会保障局、规建局、国土局、房管局等有关部门的负责同志，到大中镇调研经济发展情况，并就项目建设中的问题进行专题会办，现将主要精神纪要如下：

在察看锦惠公司、大中创业园、中德公司等企业及项目建设现场和听取大中镇今年以来经济发展情况的汇报后，会议认为，大中镇干部群众精神状态好，进取意识强；经济发展形势喜人，在较高的平台上实现了更快地发展；项目建设热火朝天，成就显著。

对大中镇当前及今后的经济工作，会议要求：1. 要围绕上半年经济工作“时间过半、任务超半”，狠抓推进措施的落实；2. 要坚持高目标追求，瞄准“赶超近湖，争当盐阜第一镇；学习戴南，崛起领先苏中”目标，创一流佳绩，发挥好建成苏北全面小康第一县（市）的重要增长极作用；3. 要坚持以规划为龙头，全面提高大中镇经济建设水平；4. 要坚定不移地以项目建设为中心，全力突破重大项目，推进经济加快发展。

对大中镇项目建设中存在的问题，经研究决定：

1. 关于多为工业园建设问题：①市国土局要优先安排多为工业园建设用地指标，在今年第一批用地指标中安排70亩，保证项目建设需要；②市政府原则同意对中田公司现有土地进行收储并改为商业用地；③市政府重点支持多为公司进行中外合资合作，并给予经济上的支持。如果多为公司2006年税收达到1000万元，从中田公司土地收储资金中借款1600万元用于支持新上项目；如果2007年税收达到1500万元，在中田公司现有土地收益中返还大中镇部分资金，用于支持工业园的基础设施建设和拆迁费用；如果2008年税收达到2000万元，多为工业园新征土地出让金原则上（除农发资金外）予以返还。

2. 关于市场建设问题。市政府原则同意在北兴路以北规划100亩土地给大中镇作为商业用地用于支持市场建设，由市规建局负责落实；土地上市时间服从市政府统一安排，运作按市场化规则进行。

3. 关于城南瓜果市场土地出让金返还问题。同意将城南瓜果市场土地出让金的85%返还给大中镇，用于解决历史遗留问题和市场的管理、改造。

4. 关于宝鑫集团银海公司毛纺厂的土地证办理问题，由市国土局、政府办协调解决。

5. 关于银河轻纺公司搬迁中的问题。将银河轻纺公司土地招商资金使用情况算好账后，与银河轻纺公司见面。如有余款，要同银河公司开发区土地转让给锦惠公司部分未兑付资金的清算与项目挂钩，当锦惠公司投入超5000万元、税收超300万元后，余款一次性付清。

6. 关于大中镇在海洋经济区250亩土地办证费用问题。享受海洋经济区有关优惠政策的同时，土地出让金中扣除25万元，其余全部返还给大中镇，土地契税缓缴，国土局在办证费用方面给予优惠。

会议要求，市有关部门要全力支持大中镇加快项目建设，市政府办要加强督查，确保落实到位。

时间：2006年5月31日下午

地点:大中镇政府会议室

主持:王　荣

出席:张建洋　石根美　韦应生　王周斌　董　坤　阮绍荣　陈　玲　陈　伟　卢昌宽
　　单金海　单应安　高　军　袁兴平　李实业

记录:周　健

大丰市人民政府办公室

2006年6月10日印发

大中镇党委、政府
关于鼓励企业优化升级做大做强的意见

2010年1月18日

为进一步加快推进新型工业化,推动企业结构调整、转型升级,激励企业做大做强,促进全镇工业经济又好又快发展,特制定如下意见。

一、鼓励企业技改投入

1. 对工业企业技术改造项目设备投资300~500万元的,按实际安装到位的技术设备购置额3%给予财政补助;对设备投资500~1000万元的,按实际安装到位的技术设备购置额4%给予财政补助;对设备投资1000万元以上的,按实际安装到位的技术设备购置额5%给予补助。同时,积极向上申报争取市政府关于《大丰市技术改造项目财政补助专项资金试行办法》(大政办发〔2009〕35号)有关技术改造项目财政补助资金。

2. 申请镇财政补助资金的单位必须是在本镇注册的具有独立法人资格的工业企业;申请的补助项目,必须是工业企业技术改造项目,不包括新引进企业实施的首个项目。

3. 享受补助的企业,其当年入库税收不得低于上年水平。

4. 技术改造项目全部实施到位后申报财政补助。

二、鼓励企业创新创牌

5. 鼓励企业建立技术研发中心,提高自主创新能力。凡企业每新建立1个国家级技术中心,财政一次性奖励10万元;每新建立1个省级技术中心,财政一次性奖励3万元。

6. 引导企业加强产学研联合,提升研发水平。凡企业与大专院校、科研院所新建立1个产学研联合体或产学研基地(挂牌),财政一次性奖励3万元;企业每转化应用1个省级以上科研成果,财政奖励1万元。

7. 鼓励企业大力实施名牌战略,提高企业和产品知名度。凡企业每新认定1件盐城市知名商标或名牌产品的,财政奖励1万元;每新认定1件省著名商标或名牌产品的,财政奖励3万元;每新认定1件中国驰名商标或中国名牌产品的,财政奖励20万元。

8. 帮助企业向上争取创新创牌政策扶持资金。

三、鼓励企业战略重组

9. 对企业与国内外500强国企、民企成功重组到位,并新增注册资本金1000万元以上的,财政一次性奖励50万元。对与市内外其他企业成功重组到位的,视注册资本金(不少于250万元)情况奖励5—10万元。

10. 企业通过重组,对新增注册资本金500万元以上,新增设备投资500万元以上,在优先享受技术改造项目设备补助资金的基础上,再增加3%的财政专补;对新增注册资本金1000万元以上,新增设备投资1000万元以上,在优先享受技术改造项目设备补助资金的基础上,再增加5%的财政专补。同时,优先向市争取工业企业战略重组扶持资金(大办发〔2009〕78号)。

四、鼓励企业做大做强

11. 给予电费补助。对当年开票销售超过5000万元的企业,年底一次性对全年用电量给予补助,增量部分补助0.05元/度,基数部分补助0.01元/度。

12. 重奖纳税大户。对首次纳税超100万元、200万元、300万元、500万元、1000万元、1500万元的,分别奖1万元、2万元、3万元、5万元、10万元、15万元;对纳税在100万元、200万元、300万元、500万元、1000万元、1500万元以上,且同口径增幅30%以上的,分别奖2万元、4万元、6万元、10万元、20万元、30万元;对纳税首次突破2000万元的,奖50万元。(以上奖励以最高奖计算,不重复计奖)

13. 实行税收奖励。对年纳税500万元以上的企业,按实际入库税金比上年新增加的税收地方留成部分30%奖励给企业,以支持企业发展。

14. 鼓励培植定报企业。对年内新增定报企业,年底奖励企业5000元。

五、鼓励企业招商引资

15. 对现有工业企业围绕自身产品需求招引自身产品前延后伸的配套投资项目,设备一次性投资500万元以上,新项目年纳税100万元以上的,按招引项目当年形成的税收地方留成部分30%奖励给企业,享受期限2年。

16. 鼓励工业企业招引全镇、全市重点发展的产业及产业链项目。镇重点发展家纺和机械两大产业;市重点发展新能源及设备制造、新医药、重石化、汽车零部件、不锈钢、木材加工等新兴产业,以及空压机、阀门等传统产业。对招引确定为产业龙头项目,且设备一次性投资2000万元以上,年税收300万元以上的,按招引项目当年形成税收地方留成部分60%奖励给企业,享受期限2年;对招引确定为产业配套的项目,且设备一次性投资500万元以上,年税收100万元以上的,按招引项目当年形成税收地方留成部分30%奖励给企业,享受期限2年。

六、资金来源和安排

17. 镇财政安排500万元资金,设立工业发展基金,主要用于鼓励企业优化升级、做大做强的专项奖励资金。

七、组织实施和要求

18. 奖励扶持对象:本镇工业企业。

19. 凡企业当年发生重大安全责任事故、环境污染事故的,不能实现年度发展目标的,不按规定缴纳各项税费、政府性基金和职工养老、医疗保险的,不享受奖励政策。

20. 奖励时间为年度终结后申报并经党委、政府认定后兑现。

21. 奖励兑现工作由党政办牵头,分别由财政所、经贸中心、项目办等相关部门负责解释并组织实施。

本意见自印发之日起施行,此前有关激励意见终止执行

大丰市人民政府
关于大中镇等部分镇行政区划调整的通知

大政发〔2010〕123 号

各镇人民政府,各区(园)管委会,市各委局办,市各直属单位:

根据《江苏人民政府关于调整大丰市部分镇行政区划的批复》(苏政复〔2010〕49 号)、《盐城市人民政府关于同意调整大丰市部分镇行政区划的通知》(盐政发〔2010〕181 号)精神,对大中镇等部分镇行政区划作如下调整:

一、撤销大中镇、裕华镇建制,将原大中镇、原裕华镇所辖区域合并,设立新的大中镇,镇政府驻大丰市人民南路 35 号。行政区划调整后,大中镇行政区域面积 293.62 平方公里,人口 20.23 万人,辖 23 个居委会、37 个村委会。其中,将新组建的大中镇的王港居委会(原裕华镇圩洋村)、南新村改由大丰港经济区管理。王港居委会总面积 4.74 平方公里,4228 人;南新村总面积 4.85 平方公里,2241 人。合计面积 9.59 平方公里,6469 人。

二、撤销新丰镇、方强镇建制,将原新丰镇、方强镇所辖区域合并,设立新的新丰镇,镇政府驻新丰集镇健康路 1 号。行政区划调整后,新丰镇行政区域面积 277 平方公里,人口 10.77 万人,辖 10 个居委会、33 个村委会。

涉及行政区划调整的镇要切实加强领导,严明纪律,精心组织,周密部署,认真做好干部、群众的思想政治工作,妥善处理行政区划调整中涉及到的干部人事、资产和债权债务等问题,确保平稳过渡,保持经济社会又好又快发展。

特此通知。

二〇一〇年八月十二日

二、要闻特载

胡锦涛视察大中镇恒北村

谆谆话语寄发展　殷殷深情系民生
——胡锦涛在我市考察城乡发展一体化工作

这一天,3059 平方公里的卯西大地一片沸腾。丝丝关怀,声声祝福,如春风在沐,暖意融融;

这一天,72 万大丰人民备感幸福,备受鼓舞。感动、激动催生无限动力,更加坚定了基本实现现代化的豪情壮志。

12 月 29 日,国家主席胡锦涛在中央财经领导小组办公室主任朱之鑫、住房和城乡建设部部长姜伟新、中央办公厅副主任赵胜轩、胡锦涛主席办公室主任陈世炬等中央有关部门领导同志,及江苏省委书记罗志军、省长李学勇,盐城市委书记赵鹏、市长魏国强,大丰市委书记倪峰、市长陈平的陪同下,来到大中镇恒北村，就学习贯彻党的十八大精神，加快城乡一体化发展等进行考察。胡主席对我市发展特色经济、完善公共服务、改善群众生活的喜人成就留下了深刻印象，对我市坚持科学发展，大力实施城乡发展“七个一体化”和农村“3+1”工程，改善民生的做法给予充分肯定。

情暖卯西。胡主席第一次踏上卯西大地，每到一处，干部群众热烈欢迎，大家心潮澎湃、群情振奋。

情暖卯西。从新农村发展大计，到惠民生件件小事，胡主席无不牵挂惦念，对大丰科学发展寄予殷殷期望。

情暖卯西。此次在大丰考察工作，时间虽短，但胡主席务实的作风、浓浓的深情，赢得了大丰干部群众的深深爱戴。

问效益、算细账，胡主席对恒北村大力发展特色优势产业，带动群众致富表示肯定，对恒北村发展生态旅游充满信心。他盛赞：“老百姓既卖了果子，又吸引人们到这儿来旅游。”

踏上大丰这片土地，胡主席首先来到映像恒北展示厅。恒北村年轻的党总支书记李晓霞介绍了村里的基本情况，“全村98%的农户以果树种植为主。2012年我们的农民人均纯收入可望达到19000元。”“那达到全国平均水平的3倍了。”胡主席很快帮村民们算起了账。“全村有3800亩地种梨子，每亩能产多少斤，合作社统一销售每斤能卖多少钱?”“每亩能产五六千斤，每斤能卖1.5元。”听到李晓霞的回答后，胡主席说：“那就是一亩地的纯收入能达到七八千元了。”他一边说一边连连点头。在恒北村的果蔬产品展示柜前，胡主席还饶有兴致地拿起了一只奶油柿子细细观赏。而一部时长仅两分多钟的《映像恒北》专题片更是引起了他的浓厚兴趣。当片中讲到，恒北村早酥梨种植已辐射到大丰市内的2个农场、6个乡镇，成为全国最大的早酥梨生产基地时，胡主席低语：“还辐射带动?”李晓霞向胡主席汇报：“全大丰市现有3.4万亩早酥梨，形成了一个地方特色产业，并且我们申请有机食品认证，也申请了商标。在1999年，我们获得中国农业博览会二等奖。”胡主席脸上露出了赞许的笑容。他继续提问：“你们村农民收入的70%来自种果树，其他30%呢?”这时，美丽生态的梨园风光恰好在专题片中一一展现，李晓霞自豪地告诉胡主席：“农民农闲时可以去打工。同时，我们正在做乡村旅游。”听了李晓霞的介绍，胡主席兴致更浓，详细询问了恒北早酥梨合作社+基地+农户的种植、销售模式。更让大家感到惊喜的是，胡主席甚至为恒北村向一同考察的其他领导同志做起了“广告”：“他们村有个好处，就是辐射带动了周围百姓一起发展果树种植。”“他们种植梨树的品种、技术都很好。”“他们为什么能发展生态旅游？因为他们离城市近，果园环境又搞得很好。城里人来看花，又来摘果。老百姓既卖了果子，又吸引人们到这儿来旅游……”胡主席一席话让大家备感振奋，对恒北村发展特色产业和生态旅游的未来充满信心。

察民情、听民意，胡主席对我市创新“七个一体化”发展很赞赏，更对完善公共服务提出新期待。他祝福：“恒北村明天更加美好。”

城乡发展一体化，重在推进城乡基本公共服务均等化，在于建立城乡统一的基本公共服务制度。恒北村如何做好完善公共服务文章，是胡主席此次考察的内容之一。在恒北村，胡主席察民情、听民意、慰民心，对恒北村完善公共服务，把改革发展成果惠及全体村民的做法给予充分肯定。

考察中，我市市委书记倪峰汇报说，城乡一体化、城乡统筹发展，关键在县。因为经济以城带乡，关键是县，然后公共服务也是关键在县。比如城市自来水，你不可能从上级市把自来水接到农村。所以我们县里面做城乡一体化大有作为。因此我们把公共服务和基础设施，包括以城带乡的经济发展，从县到村，我们搞了“七个一体化”，主要是把中央提出来的“三个一体化”，关于基础设施和公共服务一直延伸，比如垃圾处理我们全覆盖了，自来水我们全覆盖了，从城市一直到农村每家每户。听到这些，胡主席不住点头，对大丰创新务实的做法表示赞许。

这“七个一体化”在恒北村是如何体现和落实的，群众从中得到了什么实惠？胡主席走进了该村便民服务中心、村卫生室等现场，详细了解劳动保障、民政低保、医疗卫生、计划生育、法律援助等公共服务平台建设情况。恒北村便民服务中心创办于2011年5月,使用面积100平方米,设立4个窗口,全方位为村民提供服务。大厅内,有的村民在办理建房手续,有的在领取独生子女金,有的在申请低保。胡主席走进干净整洁的服务大厅,和工作人员及前来办事的群众一一交谈。“按照咱们现在的政策,独生子女奖励金是多少?”“低保标准要符合什么要求?”主席问得细,群众答得欢。尤其是听说国家的各项政策在村里落实很好,村民不出村就能办成很多事情,主席脸上露出了欣慰的笑容。在劳动保障站,听工作人员朱杏林介绍说我市基础养老金每月发放70元,主席开心地说:那就是比全国55块钱高一点,能不能落实呢?一旁的季顺和老人告诉主席,他领取基础养老金已经3年了,到80岁时还要再领尊老金,党和政府对大家太关心了。听了季顺和的一番话,主席满意地点了点头。

群众看病有没有问题,村医的收入待遇怎样,在医疗改革的过程中还有哪些问题需要解决,这些,主席也非常关心。“你们村2108人都参加合作医疗了吗?”“村民在这里看病的比例高不高?”“报销的比例能达到多少?”“基本药物制度实施后有什么问题?”胡主席一边察看村医务室医疗设施和信息化平台建设,一边询问有关情况。得知全村医保参保率达到100%,村民在村卫生室看病能适时报销50%等情况后,主席表示肯定。对村医提出的收入待遇问题,主席表示,农村医生的待遇要不断提高。农村医生要向全科医生发展,农村需要更多的全科医生。在村医务室,主席还慰问了正在治病的村民胡启权,祝愿他早日康复。

看环境,比新旧,胡主席对群众生活条件改善格外关注,对我市城乡一体化发展寄予厚望。他叮嘱:“要把新农村规划好,建设好。”

在经济发展的基础上逐步提高人民物质文化生活水平,是改革开放和社会主义现代化建设的根本目的,同时也是人民群众的殷切期盼。保障和改善民生,不断提升群众的生产生活条件,胡主席十分关心。

吴秀芳是恒北村的普通村民。今年,她家的房子拆迁了。她用拆迁补偿款在村里的新农村集中居住点买了套房子。12月29日,她到村便民服务中心办理房屋申请手续,遇到了胡主席,激动之情溢于言表。而胡主席亲切的话语、贴心的询问更让她激动不已。“胡主席来到我面前,拿起我的申请表仔细看,问我新房子买了多少钱一个平方,帮我算新房子要多少钱,还问我拆迁的钱够不够,问我高不高兴。我连声说,高兴啊,旧房换新房肯定高兴啊!”吴秀芳说,其实她最高兴的是胡主席是这样和蔼可亲,“真像家里的亲人一样,问的都是最实际的问题,真正是把我们老百姓的冷暖都放在心上了。”吴秀芳即将入住的恒北村新农村集中居住点设计时尚现代,一幢幢联排别墅中间还建有村民公园,整个居住点环境优雅、功能齐全,“宜居恒北”确实名不虚传。胡主席却很“顶真”:“我们能看到原来的村庄吗?这样可以对比一下。”李晓霞自信地说:“可以,我们的配套都是高标准的。老村庄点也进行了整体的改造提升,老百姓家前屋后都进行了环境综合整治。”胡主席特别问道:“污水处理统一了吗?”李晓霞说:“都建了污水处理系统。”随后,胡主席还亲自到实地察看了村里的微动力污水处理设施。当了解到生活污水在这套设备中集中处理后,达到国家A类标准,可以直接排放到河里,有效保证了环境不受污染,胡主席很欣慰。恒北村的空气格外清新,环境分外优美,连江苏省委书记罗志军都向胡主席推介:“这里的房子还是可以的,环境不错。老百姓过渡也不是脏过渡,而是干净的过渡。”盐城市委书记赵鹏说:“春天的时候这里是千树万树梨花开。”胡主席连连表示肯定,嘱咐说:“增加一些旅游设施,吸引市区的市民来旅游。”李晓霞表示:“我们正在大力发展生态旅游,明年还要举办梨花节呢。”

在丰期间,胡主席还亲切看望了我市干群代表,和大家一一握手,并发表了热情洋溢的讲话。他动情地说:“乡亲们,很高兴今天有机会来看望大家。来到恒北村,看到你们住进了新房,收入在不断地增加,生活又有了明显改善,打心眼里感到高兴。大家都知道,我们党刚刚召开了十八大,又提出了城乡一体化发展的新要求,这也为我们恒北村进一步发展经济、改善民生创造了条件,提供了机遇。希望大家在党支部的领导下,共同努力,依靠科学技术,依靠大家的共同奋斗,使得我们的生活越来越好，把恒北村建设得更加美好。元旦快要到了，借此机会，我向各位乡亲致以新年的祝福，祝你们身体健康，祝你们生活幸福。”胡主席的讲话赢得大家阵阵掌声。

转眼时间已经到了中午，胡主席要离开大丰了。临上车之间，他一再嘱咐：“要把新农村规划好，建设好。”倪峰请胡主席放心，“我们大丰一定不辜负主席的期望，加快城乡统筹发展，把新农村建设好。”“我一定把老百姓放在心上，把新农村建设放在心里，把家乡建设好。”李晓霞响亮地回答。“欢迎主席再来恒北！”自发赶来的千余名群众向主席挥手致意，久久不愿离去。

（载自：2012 年 12 月 31 日《大丰日报》）

张德江视察大中镇恒北村

张德江在江苏调研指导党的群众路线教育实践活动时强调

站在群众立场上看问题想问题解决问题

中共中央政治局常委、全国人大常委会委员长张德江近日在江苏省调研指导党的群众路线教育实践活动时强调，要进一步深刻认识开展教育实践活动的重大意义，以高度的责任感和使命感积极参加教育实践活动，增强贯彻党的群众路线的自觉性坚定性，切实解决人民群众反映强烈的突出问题。

根据中央安排，江苏省是张德江教育实践活动的联系点。7 月 12 日至 15 日，他在江苏省委书记罗志军、省长李学勇等陪同下，来到宿迁、盐城、泰州、扬州、南京等地，深入企业农村、街道社区、省直部门，与党员、群众面对面交流，调研指导教育实践活动。在长电科技、华茂生物、扬子江药业、苏宁云商、中电熊猫等企业，张德江与职工亲切交谈，征求大家对反对“四风”的意见建议。他说，发展经济的目的是让老百姓过上好日子，要充分调动人民群众的积极性主动性创造性，让人民群众成为中国梦的实践者和受益者。在大丰市恒北村和扬州市文昌花园社区，张德江仔细了解便民服务情况，到村民和居民家中拉家常，听取他们对党员干部的意见。他说，党同人民群众是鱼水关系，各级党组织和党员干部要虚心听取群众意见，办好老百姓的事。在盐城环保产业园和东台滩涂“风光渔”项目基地，张德江饶有兴致地同科技人员探讨节能环保和新能源技术研发问题，强调要顺应人民群众对改善生态环境的期待，把生态文明建设落实到经济社会发展全过程。张德江来到省人大机关和公安厅、住建厅、环保厅，走进综合便民服务中心、生态环境监控中心和南京市行政服务中心，实地了解改进工作作风情况。他说，领导机关和领导干部要善于逆向思维、换位思考，站在群众的立场上看问题、想问题、解决问题。张德江还主持召开部分省直部门、省属企业和省属高校负责人座谈会，征求对省级领导机关搞好教育实践活动的意见。

调研期间，张德江听取了江苏省委开展教育实践活动进展情况汇报，对活动良好开局给予充分肯定。他强调，把教育实践活动开展好，关键是要把贯彻落实中央八项规定精神作为切入点，敢于发现问题、勇于剖析问题、善于解决问题，在集中解决“四风”问题上取得实效。要把加强学习教育贯彻落实到位，坚定理想信念，树立宗旨意识，强化群众观点；把整风精神贯彻落实到位，严肃认真开展批评和自我批评；把开门搞活动贯彻落实到位，让群众参与、监督、评价；把领导带头贯彻落实到位，充分发挥领导机关、领导干部的表率和示范作用；把建章立制贯彻落实到位，注重建立为民务实清廉的长效机制，坚决防止走过场，务求取得实实在在效果。

在大丰市大中镇恒北村调研期间，张德江参观了该村“映像恒北”展示厅、村便民服务中心，并到农户家中、果园田头和群众亲切交谈，关心群众的生产生活情况。

陪同的盐城市及大丰市领导有盐城市委书记朱克江、市长魏国强，大丰市委书记倪峰、市长陈平。

（载自：2013 年 7 月 17 日《大丰日报》）

三、史料选辑

（一）垦区佃农的来历

大丰盐垦公司在组织劳动力开发垦区的招佃过程中，最初用鼓励的办法，凡来大丰种田的农户，每个人口发 14 元安抚费。后来见来的人愈来愈多，公司经费吃紧，就取消了这项支出。海门启东人闻说草堰场开垦，便亲搭亲，友搭友，举家北上，有的人将老家房屋田产典押的典押，变卖的变卖，或向亲友借钱，单身徒步推着小独轮车沿海道北迁，行程几百里，路途十余日。本来没有人走的海边荒滩上，人来人往，络绎不绝，自然形成一条沿海通道。来的人先到亲戚朋友家落脚，打听当地土质好坏，地势高低和缴费领田等事项，以便选择。有的人春来夏种秋收冬回，先种几年试试看，好则全家迁来，不好仍回老家。如果年底有 20 元带回去过年的话，当年就算是个好年成。有的人今年在合德（射阳），明年又把合德的田卖掉到大丰买田，买来卖去，调来换去，无非是想找个好地方定居。有的遇到灾荒，返回启海，灾后再来。也有的人返回老家后便不再来。当时垦民生活艰苦，有民谣（启海语）为证："草堰种田，种了三年，布衫裤子勿连牵，要想回家没船钱""种田种到草堰，越种越讨厌，再要种几年，布衫裤子勿连牵"（"勿连牵"，指遮身的衣服都穿不起）"穷裕华破裕华，大水淹死好棉花"。垦民中凡举家迁徙者，一般雇小船，由南通、海安、东台、西团方向进入垦区。从海门的海复镇向西北直到滨海、灌云，只要有棉花生长的地方，一般都有海启人足迹。第一代开垦的祖先有 50% 是从海门启东迁来的，有 50% 是兴化、盐城、东台和当地的居民，其中有的是盐民的后代，有的是农民的后代，也有其他省县的人，但为数不多。

选自《裕华乡志》

（二）灶民与佃农风潮

民国 8 年（1919），大丰盐垦公司大兴水土工程，大规模的废灶兴垦运动开始。灶民担忧烧盐生活从此中断，非常惊恐。大丰公司采取以匡作价入股和收购两种方法，解决从垣商手里接受配煎草荡的使用权，但对灶民以盐转农既未沟通思想，又未作出具体安排，这就不能不引起灶民的反抗。1922 年。当大丰工程在一卯西河西段芦家集开始行动时，有 300 多灶民在乡老（"乡老"指在当地有一定威望的长者）徐爱堂、张广和等率领下，聚集暴动。他们拨掉测量队所打的脚把，烧掉工程处的棚子……事后，大丰公司将徐爱堂软禁在东台，一面做灶民的思想工作，由盐民总代表吴鹤祥、吴风高和公司谈判交涉，公司才规定补贴办法，一副大灶贴 360 千文，一副小灶贴 240 千文，作为迁移费，另外每副灶划煎盐田 50 亩，两年内不打租，作为灶民改业的出路。大丰公司解决与灶民的纠纷后，已停工的河道开挖工程第二年重新破土动工，一场风波始告平息。

1938 年，大丰境内发生第二次佃潮。原因一是抗战爆发后旧政府规定公司要向佃农回收一成救国公棉，东台敌占区旧政府已撤走，而救国公棉留存在公司，农民要求退回这批棉花。二是东台县农民银行有一部分粮食疏散在大丰农村，农民因灾荒要求借粮，以度荒年。2 月 21 日，万丰东匡农民茅已明第一个扯围腰村旗（"围腰"指拾棉花用的布兜），以后家家户户扯旗集队到大丰总公司。行动的口号，第一要求公司退还救国公棉，第二要求国库粮食先借给农民吃。当时经理不在家，佃农见无人答复，便大打总公司，这是革命前夕的一次声势浩大的农民运动。后来大丰公司董事会筹款 6000 元，作为发放给佃农的购粮无息贷款以资救济，一场暴动才得以平息。

选自《裕华乡志》

（三）开发新团滩

新团滩在新团小街东侧，东起长安六组，西至加工厂，南起光明七组，北至新团一组，总面积约为1300亩。1936年，淮南垦务局发出布告号召群众垦荒，扬州人胡显伯、张建藩、沈继华经政府批准获得土地开垦权。新团乡绅王绍杰、王谓年、卢辟昌竭力阻挠，并请出辩护人沈静亭、束淦泉向苏州高等法院起诉，胡同时请出七灶豪坤顾龙宾出面调解，纠纷结束。1939年，胡显伯等成立春生茂农场，开发新团滩，规划成条田式，以人力畜力垦植，招佃户，订合同，交压板金，租田耕种，每年向场主交租。

选自《新团乡志》

（四）新四军进驻大中集

1940年10月10日，八路军、新四军在白驹狮子口胜利会师后，10月13日，六团参谋长柴荣生率其三营及骑兵班进驻西团。入驻西团后，柴荣生给大中集的实业保安队打电话，说明新四军将进驻大中集，"请贵军不要误会"。保安队接电话后，乱成一团，慌忙向龙王庙（今三龙）方向逃跑。10月14日，余明、张学敦作向导，柴荣生参谋长率部从西团顺利进驻大中集。

大中集战时小学校长、苏北同盟会员徐学海带领师生以及市民、工商界等各阶层人士到南城门，敲锣打鼓，燃放鞭炮，热烈欢迎新四军到来，并在同乐楼设宴欢迎新四军六团领导。新四军指战员身着灰色军装，佩戴"挺"字臂章（当时称"挺进纵队"），精神抖擞地进入市区，老百姓奔走相告："新四军是人民自己的军队！"指战员们放下背包后，便立即上街贴标语，进行演讲，宣传党的抗日救国路线和抗日统一战线的方针政策，帮助群众做好事，打扫卫生、挑水。部队纪律严明，秋毫无犯，说话和气，买卖公平，不动群众一草一木，不拿群众一针一线，深受群众的欢迎。部队到哪里，革命歌声就唱到哪里，整个街市的空气活跃起来，广大群众的精神为之一振。一批革命青年学生，围着部队转，纷纷要求参军打日本侵略军。新四军入驻台北地区，以大中集为中心的抗日根据地得到巩固和发展。

选自《大丰革命斗争史》

（五）收编实业保安队

实业保安队原是苏北沿海各盐垦公司为维护公司利益而组建的地方保安组织。抗日战争爆发后，这些分散的保安队被国民党鲁苏战区副司令韩德勤收编，组建为江苏省实业保安总队，其指挥部于1938年初夏从阜宁迁至大中集。新四军与八路军会师后，指挥部撤逃，各盐垦公司的实业保安部队仍然驻在各公司，不服从民主政府的管理，给根据地开辟工作制造困难。1940年11月，苏北临时参议会在海安召开，管文蔚委派黄亚成收编实业保安队。黄亚成带领吕铮、吴度、薛一衡来大中集，首先做好实业保安队大队长吴瑛等上层人士的工作，在新四军取得黄桥决战胜利的形势下，他们不得不表示愿意接受改编。驻新丰、裕华、大中集等地的实业保安队被改编为苏北实业保安挺进团，由黄亚成任团长，马骥云任参谋长，谷振之任副官，全团辖三个大队和一个新兵营。为加强共产党对保安挺进团的领导，又调来彭桂卿任副团长兼党委书记。团部驻大中集。1941年夏，该团被改编为苏中行署警卫团。

收编实业保安队后，新四军财经部副部长李人俊、新四军军部代表陈铁军和黄亚成等，又去龙王庙收编国民党江苏省实业保安总队的海防团，改编为新四军苏北海防总队，由原团长王维新任总队长，陈铁军任政治部主任，谢汉臣、何少章分任大队长。对实业保安队的收编，变阻力为动力，有利于根据地的开辟工作，对安定当时社会秩序起了积极作用。

选自《大丰革命斗争史》

(六)反“屯垦”斗争

1943年,日伪成立屯垦总署。项致庄任署长,孙建言为副署长兼第一总队长,并将盐城以下沿海一带划为屯垦区,盐城设苏北屯垦督办公署,各屯署区设屯垦区公署,以下设总务、军务、政治、经济、建设五组,特别着重特务政治。其具体步骤企图以积极“清绥”“清乡”来达到屯垦的目标。①先派奸细到根据地活动,立足人事关系,为屯垦准备;②办理保甲联保连坐以进行伪化;③以两个团的兵力分组做机动部队,在屯垦区搜索清剿;④士兵编入植垦队进行武装屯垦;⑤用华北清剿围寨办法,筑大土圩为小城,建筑兵营,五里一小寨,十里一大寨,严格封锁沿海地带,人为屯垦第一总队部准备设在大中集,下辖五个大队,一个通讯中队,一个特务中队,计划在刘庄设第一大队,其余四个大队分驻大中集、龙王庙一带,并自刘庄至大中集修筑公路。

“屯垦”是日本侵略者及汪伪对苏北沿海地区进行“移兵入植”,以军事手段强制垦植,掠夺棉花以及其他军用战略物资,达到“以华制华”“以战养战”的一种侵略手段。1943年夏,日伪选择台北县垦区作为对苏北进行军事“屯垦”的试验区。1944年5月21日,日伪盐城苏北屯垦总署将孙建言三十三师改编为屯垦第一总队,总队部驻刘庄,孙建言任总队长,同时利用谷振之、何少章推行其“屯垦”计划。为粉碎“屯垦”阴谋,台北人民积极展开反“屯垦”斗争。

1944年5月19日,七灶河伏击战中,新四军从被俘的伪东台县长吕景颜的公文包中缴获日伪要在西团建立屯垦公署的计划及有关机密文件,日伪屯垦计划被抗日民主政府全部掌握。6月中旬,中共台北县委召开扩大会议,分析反屯垦情况和介绍四分区反清乡经验,二地委书记陈时夫到会作指示,会议确定“以积极斗争为主,充分发挥与组织力量,广泛开展游击战争,处处打击日伪。同时在不同的地区与不同情况下,进行有效的各种战备工作和辅助斗争,化被动为主动,积极进攻,粉碎日伪屯垦计划。同时,明确各区的具体任务,垦区、西团、堤东三个区是日伪屯垦的重点区,垦区的任务是打击与围困大中集据点;西团区的任务是发动群众、武装参战,在西团据点周围开展游击战争,骚扰袭击日伪军;堤东区的任务是破坏大刘公路,阻碍日伪军车辆通行。南边的西渣区主要是面向通榆公路,开展地雷战、破袭战、伏击日伪军的车辆,支援东部地区的反“屯垦”斗争;小海与滨海两个区没有日伪据点,其任务是加强站岗放哨,严防敌特进入根据地,并派小股游击队进入西团、大中集一带,骚袭日伪,支援垦区与西团区的反“屯垦”斗争。

日伪政权为推行“屯垦”计划,向抗日根据地派遣大批特务,从事侦探、暗杀、逮捕,收买汉奸,搞特务活动。另外还组织所谓“锄子队”,抓捕地方干部和民兵。1944年夏,西团区三团乡民兵大队长朱云到描花村布置反“屯垦”工作,被“锄子队”抓去押到大中集。朱云在严刑拷打面前,毫不畏惧。他坚定地说:“死只死我一个!”最后敌人放狼狗咬,剖腹把朱云的肠子挂在大中集的大桥上示众,朱云壮烈牺牲。

反“屯垦”斗争中,堤东区民兵游击队积极破坏日伪军修筑的大刘公路,区抗日政府还向伪乡、保长发出警告,不准他们抓逼民夫修筑公路。八西乡六保保长朱之元不听警告,强派民夫筑路,堤东区的短枪队将他逮捕法办。从此,其他伪保长再也不敢抓夫了。伪军只好自己去抓民夫,白天修好路,晚上被群众破坏,致使公路迟迟不能通车。

垦区民兵在反“屯垦”斗争中,将民兵分成若干战斗小组,不断袭扰大中集、新丰镇日伪据点,搞得日伪军日夜不得安宁。1944年7月13日,游击队长吴凤鳌、施忠耀率领游击队员,到裕丰区南匡抓捕伪保长樊发扬,碰到“扫荡”的日伪军,吴凤鳌将手榴弹扔过去炸死两个伪军。他不幸负伤被捕,被谷振之严刑拷打,开腹剖肚,把心挖出来炒了吃。7月29日,在二分区梅嘉生司令的指挥下,二克西团俘伪屯垦大队副大队长以下官兵246名,毙伪中队长以下30余人,缴获轻重武器200余支。

为挫败日伪扩大“伪化区”,安设新的“屯垦”据点阴谋,1944年6月下旬,台北县开展“拆破、改形”工作。即拆掉日伪军在“屯垦”计划中列为“屯垦”据点的公司仓房与集中的民房,不让日伪军进驻。为创造开展游击战的有利条件,发动群众改造地形。组织群众破坏交通要道,挖抗日沟、筑抗日墙与抗日墩子。垦区是拆破的重点,全区从动员到拆破工作的完成,仅用10天时间,先后动员群众33503人次、小车293辆、拆房1265间、破路248.5千米,筑抗日墙1353堵,破坝两道,挖抗日沟5条,并拆毁桥梁15座。日伪军对拆破工作进行干扰,抓民夫平抗日墙和抗日墩子。但白天平了,晚上又被筑起来。

"改造地形",使敌人在扫荡中难以通行,反过来,这又有利于侦察瞭望,骚扰打击敌人,也有利于隐蔽转移。这是广大人民群众为粉碎日伪屯垦阴谋的一个发明创造,起到防患于未然作用。

拆破改形工作以后,为安定人民情绪和迎接新的战斗,紧接着进行反"屯垦"动员周活动,以村(保)为单位召开动员会,讨论"敌人烧房子怎么办"?"被伪军抓去怎么办"?"敌人强迫平抗日墙、墩子怎么办?"等问题,使大家明白应该怎么做,不应该怎么做。大家表示,坚决不替日伪做事,不缴伪租。动员周后,群众自觉地行动起来,烧毁日伪编发的门牌。对于因拆房后,生活有困难的居民作了安排,并给予适当救济。体现了共产党和民主政府对群众的关心。不少群众讲:"拆房和救济都是为了打击敌人,都是为了粉碎屯垦阴谋,都是为了群众。"由于"屯垦"斗争在军事、经济、政治战线上的胜利,1944年11月1日,日伪不得不宣布撤销屯垦总署,"屯垦"计划彻底破产。

选自《大丰革命斗争史》

(七)惩奸运动

1946年3月,镇、乡民主政府均成立惩奸委员会,领导和发动群众开展惩奸运动。凡伪职人员必须重新逐一向人民政府交待自己的罪行,并根据罪恶大小、情节轻重分别论处。罪恶轻微,且态度较好者当场释放;有一般罪恶,但能认罪者,"穿红背心"罚坐家牢,交人民群众管制;对罪大恶极,不杀不足以平民愤者,坚决予以镇压。8月,大中、南阳、新丰、裕华镇在大中镇北城门(今大新路与健康路交汇处的东南侧,原老邮局北侧)召开万人大会,宣判枪决伪谷振之部大队长高炎、秘书李自凡等3人。此后相继被镇压的还有谷部军医江空殷,恶霸、汉奸赵仙洲、夏世泽,敌特黄学伦、金少山,伪商会会长胡汉鼎,伪保长陈启炳、胡保友,国民党骨干分子朱丕成等18人。原新团地区的坏分子王登寿、葛树珍、王江云、蒋步年、袁明清被处决。

1947年秋,伪保长施维扬、施文采、李保宽,敌情报报员左洛才,敌谍报组长徐国栋,反革命分子张志爱等等人,因罪大恶极被镇压。

(八)清算斗争

1947年9月,农村进行大规模的土改复查。与此同时,全镇开始对封建地主、不法工商者进行清算斗争。农村建立贫农团,工人贫民委员会组建翻身组,由翻身组组成反封建委员会,成立纠察队、自卫队、儿童团,以保护清算斗争胜利果实。封建地主不法商霸肖怀章、陶玉明死于贫民翻身棍下。8月20日,城区工人、居民700余人在大礼堂召开动员大会。清算斗争中,大中镇没收地主、富农房屋1000余间、衣服1万余套、黄金50两、白银14斤、银元695块、华中币67万元、皮花265担、棉籽120担、布300余匹、米50石、玉米10担。全镇有483户集镇贫农分得胜利果实。

运动后期,发生偏向,农村追浮财,镇区侵犯一般民族工商业者利益,抢着封门,一夜间,城区被封门143户,一些市民、小商也被清算,致使中小商人,人人自危。不久得到纠正。

(九)镇压反革命

新中国成立初期,大陆残留的土匪、特务、反动党团骨干分子及反动道会会首,他们或潜踪匿迹,或流窜异地,从事反革命破坏活动。1950年秋至1954年,大中镇开展大规模镇压反革命运动。运动中广泛发动群众,揭露暗藏和漏网的反革命分子,将流窜异地和潜踪当地的谷部匪徒朱养怀、王福山,特务明洪俊,地方恶霸吴宝才,伪匪保长张自换、冷汝贵等先后镇压。伪保长吴学善、杨邦初、曹振邦、单本连、朱星南等依法逮捕,劳动改造。新团地区周锦符、黄昌焕、王福仁、刘恒斋、王兴帮、周旭珍等31人被处决,判刑15人,管制28人。

(十)肃反运动

1955年上半年,在社会主义改造高潮前夕,社会上残余的反革命分子和内部暗藏的反革分子进行各种破坏活动。1956年,按照中央"提高警惕、坚决肃清一切反革命分子,防止偏差,坚决不冤枉一个好人"的方针和"坦白从宽,抗拒从严,立功者将功折罪,立大功受奖"的政策,大中镇开展肃反运动。同年6月11日,镇党支部抽调10人组织肃反工作组,全镇参加学习的有镇机关、大中印刷社、渔民协会、派出所、铁木竹社、大中缝纫社7个单位142人。运动中查出有反革命重大嫌疑9人。

1958年3月,大中镇开展第二次肃反运动。第一批参加肃反运动有31个单位、1034人。镇成立10人肃反领导小组,下设肃反办公室。运动分学习动员、坦白检查、小组斗争三个阶段进行。5月20日,试点肃反工作基本结束,查出一般反革命分子1人。5月底,肃反工作推及面上进行,6月底结束。又查出反动小集团1个、反革命坏分子11人(其中特务1人、历史反革命3人、现行反革命5人、坏分子1人、普通反革命1人)、贪污小集团1个。9月初,召开千人宣判大会,按照党的"坦白从宽、抗拒从严"的一贯政策,逮捕反革命分子4人和刑事犯罪分子1人。对坦白交待好的1人免于刑事处分,对交待问题避重就轻的管制生产1年。9月上旬,运动转入大规模的群众复查阶段,整个运动自1958年3月至1959年5月,历时一年零两个月,经过准备和试点以及面上进行,共立案审查对象1119人。其中重点对象76人,一般对象120人,情况不明的923人。经过运动被认定为反坏分子的45人、历史反革命23人、普通反革命1人、刑事犯罪分子5人、一般政历问题的177人、取消怀疑属于好的845人。

(十一)反右倾斗争

1957年,开展以粮食为中心的社会主义教育运动,大中镇全镇5个居民委员会、16个公私合营合作商店、5个生产社(站)计26个单位、1600余人参加学习。运动按商业、社站、居民委员会三大片进行,每片均建立5~7人领导小组,由镇长陆发奎、组委殷连山、工会主席杨庚旺分别任组长。运动分鸣放、辩论、正面教育三个阶段进行。运动中广大群众从改进党的工作出发,就统购统销、合作化、法制、领导作风等方面的问题,向党和各级政府提出2342条批评和建议。

与此同时,极少数资产阶级右派分子乘"大鸣大放"之机,向党和新生的社会主义制度肆意攻击,妄图取代共产党领导。中央于6月8日发出"关于组织力量准备反击右派分子进攻"的指示。自此,大中镇便开展大规模的反右斗争,这一运动至1958年2月基本结束。按当时政策,乡镇以下机关及工商企业不定右派分子,仅在知识分子中(如学校、医院)和县级机关干部中论定。由于反右斗争的扩大化,经济建设受到影响。

(十二)全民整风运动

1958年2—8月,开展以正确处理人民内部矛盾为主题,以及对官僚主义、宗派主义和主观主义为内容的全民整风运动。大中镇党总支成立整风运动办公室,参加运动2431人,向党的各级组织和领导干部提出善意批评和建议,共放出大、小字报4900张,意见67180余条。运动分大鸣大放、大整大改两个阶段进行,在大整大改阶段中,群众结合反对干部官僚主义,揭发因领导作风主观,管理不善所造成的浪费总额达52.9万元,仅青货合作商店一家就达12.9万余元。驿合作化、统购统销等问题展开群众性大辩论。通过运动,促进了领导机关革命化建设。

1959年11月,全镇开展以"反右倾"为主要内容的整风运动,运动分鸣放辩论、社会主义教育、反右倾思想、整顿党团和人民公社组织三个阶段进行。后期,开展改造政治落后队的运动。大鸣大放中，广大干群向党的各级组织提出很多善意的批评和建议，全镇共放大字报38890张，人民来信1586件，来访63人次，共提各种意见95973条。反右倾斗争中，打击了一批敢讲真话、坚持实事求是的同志，全镇（社）有31人被论定犯有所谓右倾错误，8人受到党纪处分，2人被撤销行政职务。

（十三）大跃进”与纠正“共产风”

1958年，进行“大跃进”和人民公社化运动。5月21日，县人民政府在大中镇召开历时5天的“争取社会主义建设全面跃进”万人誓师大会，各单位竞相摆擂台，盲目抬高指标。5—7月的短短几十天时间内，先后办工厂50余家。8月“卫星上天”，跃进口号达到狂热的地步，竟然提出再办工厂300个。与此同时，全镇掀起轰轰烈烈的大炼钢铁运动，建土高炉24座。男女老少、干部群众、工人学生，人人拣废铁、敲旧锅、打破缸，为炼钢炼铁找原料，并抽调机关干部以及工厂、行业职工200余人组成专业炼钢队伍，奋战数十个日日夜夜。8月1日，炼出第一炉“钢”，仅为25公斤生铁。这种脱离实际的蛮干，造成人力、物力极大浪费。

1958年9月，全县实现人民公社化。人民公社“一大二公”，一平二调，大量、无偿地平调集体和个人财产。1959年，县、公社、大队、生产队四级平调各类物资折价373万元，在粮食并不富足的情况下，大道公社办起公共食堂127个，就餐人员2.1万余人，“放开肚皮吃饭，鼓足干劲生产”的口号风靡一时。致使1959年粮食发生严重恐慌，“共产风”的严重泛滥，挫伤了广大人民群众的积极性。

1959年4月，大道公社党委根据中央及省、县委指示整顿人民公社，纠正“共产风”。1960年11月开始对平调物资算账退赔。大队、生产队先后召开党员大会、社员大会，发动群众报账、查账、核账。截至1962年春，大道公社共退出资金和各种物资计折币172439.84元，其中调用劳力33582个，折合人民币20467.75元；占用土地1349.6亩，计51229元；房屋181间，计2673.5元；农具2379件，计5050.18元；家具1742件，计3246.52元；木材、毛竹1464根，计2832.39元；芦柴茅草2335.5担，计2745.49元；其他各项物资折合计21695.01元；资金62500元（其中直接平调社员个人19835.37元，占总户数的60%）。

1961年10月至1962年9月，公社（镇）根据中央指示精神，对在拔白旗、反右倾、整风整社、民主补课运动中批判和处分错了的干部进行甄别平反，大中镇（城区）受各种处分的26人（其中开除党籍3人，留党察看4人，撤销党内职务1人，严重警告1人，警告1人，撤销行政职务12人，记大过2人，开除出厂出店2人），经过复查，处理正确的14人，占56%，部分错的6人，占24%，全错的5人，占20%，另外对受批判斗争的16人（不包括批判后处分），也认真进行核查，经过甄别，批判正确的11人，占65%，可通过教育方法解决的3人，占18%，恢复名誉2人，占12.5%。

附1：

大丰县大道人民公社管理委员会
大丰县大道人民公社同德大队管理委员会　协议书

从人民公社化以后，社对队社员发生了平调事项，严重违背了党的政策。为了纠正平调错误，坚决贯彻政策，现遵照党中央关于“凡是从人民公社成立以来，县和县以上各级机关和企事业单位向社平调的、以及县、社和队向社员个人平调的房屋、家具、土地、农具、车辆、家畜、家禽、农副产品和建筑材料等等各种财物，都必须认真清理，坚决退还”的指示精神，经双方协议：

一、从1958年10月份（全县成立人民公社以后）起，凡是上级向下级（直至社员个人）属于平调的土地、房屋、家具、农具、物资、现金、劳动日等等，全部列入清算退赔范围。有实物的退还实物，没有实物或无法退实物的，折价赔现金；已经退赔过的，一般不再重退，原来退赔不足的补退赔足。

二、根据第一条精神,社应退赔给队社员:包括实物、现金总值人民币〇万贰仟叁百叁拾玖元壹角贰分。其中:

1. 退赔的实物有土地〇仟〇百贰拾叁亩〇分,房屋〇百〇拾〇间,其他物资〇件,企业〇个。上述实物估值金额〇万〇仟玖百贰拾〇元〇角〇分,退了实物,不再赔现金。

2. 已经消耗、无法退还的实物作价〇万壹仟肆百壹拾玖元壹角贰分。其中包括土地〇千〇百壹拾捌亩〇分;房屋〇百〇拾〇间;劳动日〇万〇仟捌百捌拾四个以及其他物资在内。

3. 平调现金,仍然退还现金〇万〇仟〇百〇拾〇元〇角〇分。

4. 本条第1款退还的实物,已由有关单位出具提单交给队社员,由队和社员凭单提取,并限在月　日前交接清楚,报请上级备查。第2、3款退赔的金额,除会议前已付现〇万〇千玖百〇拾陆元伍角贰分外,现由社开出支票壹张,计人民币〇万〇仟伍百壹拾贰元陆角〇分,作为现金交付,其余〇万〇仟〇百〇拾〇元〇角〇分,已由社出具欠据〇张,保证按欠据规定时间,如期如数归还。

三、还有　等几笔,因情况比较复杂,尚待进一步查明后,再作合理处理。处理后将处理清单,附粘本书,同样生效。

四、公社今后保证不再平调,队保证将退赔的实物和现金,严格划清集体和个人应得的界限,立即退赔到生产队、到户,彻底兑现,决不中途挪用。

本协议附清单页,一式三分,公社、大队各执一份,上报一份。

一九六一年二月四日

附2:

关于新民大队公共食堂情况的调查

(一)

大道公社新民大队8个生产队,434户,1781人口,耕地5800多亩。原为老棉垦区,目前也发展了粮田,并能自给自余。

1958年,随着人民公社化运动的发展,曾建立11个公共食堂。1959年春先后自动解散8个,后于1960年春,在上级党委的领导下,根据行政区域和地势情况,在原11个食堂基础上合并为9个,其中办得较好的3个、一般的4个、差的2个。至今年3月底前,除12户五保户和个别路远的在家自炊外,其余均在食堂搭伙。食堂的规模:60户以上的3个,40~50户的4个,30户以下的2个,其中1人户56户,占13%,2~3人户121户,占28%,4~7人户199户,占46.4%,7~10人户54户,占12.56%。在里程方面:靠近食堂的77户,占17.7%;半里路内的134户,占30%;1~1.5里的187户,占40%;1.5~2里(包括2里路以外)的29户,占12.3%。

自食堂建立以来,在组织社员生产、生活方面取得一定成绩,特别是粮食低标准的情况下,由于计划用粮,大种蔬菜,一冬一春已安渡过来。但另外一方面,由于当前主客观条件的限制,领导上又缺乏经验,食堂办得不好,社员也不满意,尤其办得差的食堂,社员生产情绪很不高。目前根据中央和省、地委对食堂历次指示精神和宣传贯彻六十条后,干群觉悟有了提高,纷纷说出心里话,谈什么当时参加食堂认为有好处的,现在看来反而增加我们的麻烦,并具体反映出食堂存在一些问题。

一、浪费劳力。该队9个食堂统计,1960年,固定食堂工作的劳力(不包括临时突击)为95人,占正半劳力12.57%,占用36485个劳动日,占全年234100个劳动日15.5%。第二生产队,60年因食堂用人(11人)和其他方面的抽调,尚剩16个正半劳力,放松了田间管理,粮棉产量均比59年下降10.8%,不但减少农业用工,还降低工分值,60年工分值为0.54元,由于增加食堂用工,下降为0.438元,社员普遍不满。社员陈志美说:"食堂劳力十多个,一年少做几千工,都在社员身上分摊。"

二、多烧草。一般社员从食堂打回的饭粥都要重烧，确实浪费不少炊草。60年全队用草13746担，比食堂化前的1958年用草增加20.6%，这个队过去每年平均卖草3000余担，棉田盖草也比较普遍，而60年出售草仅1000担，粮田一亩没有盖草。支委周和交反映：过去炊草有余，棉田盖草占三分之一，近年来，由于没有草盖，碱地面积从原来15%上升到30%左右，今年不仅无草盖田，还从田里拾100余担柴、茅草根烧掉。第八生产队，1960年用草2461.7担，平均每人1030斤，每人每天耗草2.86斤，社员反映：今后这样烧法，没有这么许多草烧。

三、不便发展副业，社员养猪量直线下降。这个生产大队的群众过去有养猪习惯，进了食堂逐年减少。据初步统计，1957年年底社员养猪圈存量320头，1960年年底只有30头，较57年下降9.66倍。第二生产队，1958年全队养猪40头，每户接近一头，今年养猪15头（其中社员自养8头，集体7头）较58年下降1.66倍。社员潘如英说："我家未进食堂前，经常保持两头猪，多积肥、多收粮，还有猪肉吃，现在猪毛没一根。"

四、社员生产、生活不方便。由于居住分散，加上食堂设备差，全大队9个食堂，仅有两处有食有堂，其余均是有食无堂，群众把这种食堂称谓"借锅煮饭"，有堂的地方，因无汤无咸供应，也成为一种形式，社员虽然桌凳碗筷摆在食堂，实际大部分打回家吃，如第二生产队参加食堂40户中，除6户紧靠外，尚有34户每户每天平均需得2.5小时打饭，初步计算全年要浪费3060年劳动日，如遇风雨雪天更为不便，一不当心，泼粥掼盆现象常有发生。六队食堂主任郑介山说："逢到下雨我就担心，害怕发生事故，今年2月社员陆善桂连续因雨天掼掉两只盆，硬要食堂赔。社员普遍反映，吃食堂不如在家自炊方便。"

五、干部为办食堂花很大精力，影响加强生产的领导。根据55个大小队干部排队，除9个食堂各固定一个副队长专抓外，其余支书、队长也要为食堂办理许多事务，尤其办得差，群众意见多的食堂，干部精力花得特别多，第二生产队三个队长、一个副队长固定食堂工作，王队长每天平均有三分之一时间花在食堂，干部反映，有五不离：即研究制订计划离不了，公布算账离不了，运粮运草离不了，磨粮离不了，发生纠纷离不了。一混半天，有时一天三顿饭都没空吃。

由于食堂存在这些问题，不仅影响社员生产积极性，而且影响了干部与群众的关系，二队队长周福全说："这样下去我无法领导了，食堂要人挑草时，喊张不来，叫李不去，吃粮磨不出来，只好拿工分加，有的社员当面听话，背后反脸。"

（二）

开始宣传六十条时，社员还有顾虑，对干部只问"六十条好是好，食堂怎么办"，经过反复宣传讨论，干群觉悟普遍提高，对食堂提出处理意见，根据完全自愿的精神，大家讨论结果：大队所在地办常年食堂1所，计31人参加，其中单独户8人，大队饲养场8人，手工业5人，大队干部12人，其余各户1750人都分散自炊。为了解决农忙劳力方便，八个生产队每队在夏收夏种、秋收秋种农事紧张季节，各办农忙食堂1所，原则上搭一顿中饭，以解决生产紧张时因跑回吃饭往返浪费时间的矛盾。按照上述办法，全大队9个食堂从五月中旬到五月底基本处理妥当。该队第二生产队食堂根据群众自愿，在具体问题处理结束后，于五月十二日先行宣布分散自炊。广大社员兴高采烈，奔走相告，一致反映，共产党、人民政府，真是说到做到。社员马秀兰、袁凤英说："现在真不同了，想不到群众一要求，食堂就停办，让我们回家自炊。"队长周福全说："去年冬天，因雨雪封门，停了一天伙，后到大队开会，张队长（大队队长）开口即说："现在那家食堂停伙就到公社检查，我当时不敢说真话，也乘着说，保证不停伙；办食堂时，走出去不是他要粮就是你要草，食堂自炊后，分给各户的三天计划草（1000斤），已烧7天，还没有人到生产队要草，现在社员'自上紧'，走路见草都拾起来，这几天才松了一口气。"粮食分给社员也没有说透支，反映都有结余。社员陈志美说："我家4口秤的五天计划，吃了五天零两顿（吃三顿干饭），还比食堂煮得好，一斤糁子12碗，比食堂10碗厚。"过去一向不会过日子的包元吉粮食也没有缺过,还稍有一点结余。食堂自炊后,不仅每天增加8个大劳力(种菜除外)还发挥20个补助劳力的作用。社员杨文章的母亲,自进食堂后,只能抱抱孩子,还经常对食堂饭粥不满,现在磨粮、煮饭、带小孩还养一头猪,一句怪话也没有;社员周福明说"食堂散后,个个高兴,劳动比以前劲头大了,在田里也听不到为吃的闲话,担心食堂大灶没有拆,怕以后还要恢复。"小菜地分给社员作饲料地后,个个争着购买小猪,大队62头母猪,去年生下的小猪向社员摊派,还没人肯要,现在不够卖,有的社员跑到外地购买。

（三）

新民大队在处理食堂中的几个具体问题,是这样解决的:

1. 食粮保管和分配,按照"大队核算,小队保管,原粮到户,分期拨付,计划用粮,超支不补"的制度,对社员的口粮每月拨付一次,对29户用粮无计划,半月拨付一次,经过实际考验,确能计划用粮,可按月拨付。至于保管期间损耗,按粮食部门规定手续办理。

2. 炊草问题,一年付二次,分配原则按粮(基本口粮)折草,每年折发854080斤草(一斤粮暂折二斤草),适当照顾单身汉。目前分散的食堂,大队负责供应至麦收。

3. 食堂菜地,是讨论食堂的中心问题,根据中央指示和广大社员群众的要求,原食堂经营的菜地划为社员养猪饲料地。每户二分(母猪每头3分),目前暂无小猪,饲料地照划,以半年为限,过期收回。对于单身汉和丧失养猪能力不划或酌情照顾,每户给地一分,以便与人合养,划出以后的多余土地,2%以内,由生产队专人管理,搞小三包,归生产队收入;2%以外的,列入生产队三包面积。为了便利社员种植猪饲料,都在社员家庭附近从大田划给的。

4. 食堂房屋和炊具,除了借用群众的11间房屋已归还原主外,其余均一一登记,妥为保管,专人管理,以便农忙时,办农忙食堂。

5. 食堂炊事人员工分补助,为使其安心生产,各人实行工分和劳动数,本着"按劳付酬"的精神,按生产队同等劳力评定(有技术的略高一点),计92人,评定补助10038个工。

6. 食堂原饲养的生猪44头和鸡鸭19只,鱼20500尾,驴子4头,除留部分外,其余均折价出售计4147元,归食堂就餐人员统一分配。

7. 食堂结合粮食4590.7斤,现金1475.71元,如数分给参加就餐人员,对暂不可能兑现的来往帐目,也结算清楚,订了计划,限期分配,并分别向社员公布,以便社员监督。

（四）

为了慎重的处理公共食堂的问题,必须有领导有秩序的进行,防止影响六十条的宣传贯彻和当前生产。因此,在处理过程中必须抓住如下几点:

1. 对食堂的处理要做到有计划有领导的进行,尤其对一些具体问题的处理,做到愈细愈好,防止简单粗糙,产生混乱或不欢而散。各个食堂的处理均建立食堂清理小组,书记或队长要亲自领导。

2. 统一思想,消除各种不必要的顾虑,防止代替包办,讨论食堂时,一定要让群众做主,完全自他。通过食堂具体问题的处理,不管分散自炊或转向农忙或常年,其目的是为了调动广大社员的生产积极性,推动当前超包产运动。因此,在处理食堂有关问题时均必须经过群众充分讨论,然后得出解决办法,使群众体验到自己真正当家作主。

3. 做好一切准备,认真清理食堂账目,现金、粮草(包括其他实物)进行全面结算,系统地向群众公布,及时兑现。防止某些食堂人员混水摸鱼,乘机贪污或者大吃大喝。每个食堂账目清理小组,必须推选社员代表参加,防止少数包办。特别要防止反革命分子乘机造谣破坏、污蔑党的政策,阻碍六十条宣传贯彻。

4. 对食堂的处理,必须建立审查验收制度,经过批准后始得宣布分散,在批准程序上:生产队申请，大队支部讨论，公社党委审查批准，报县委备案。

5. 食堂转为分散自炊的地方，并不意味着各级组织对社员生活领导可以放松了，而是对搞好群众生活的担子更重，尤其对粮食管理和社员的生活福利问题，必须进一步搞好。为此：①各生产队队长要指定1人专抓粮食保管和分配；②成立生活福利委员会（或领导小组）管理粮食和社员生活福利问题。具体办法，各地讨论决定。

大丰县委试点工作组
1961年5月18日

（十四）“三反”“五反”运动

1960年，开展新“三反”（反浪费、反贪污、反官僚主义）运动。全镇城区所辖工商企业和机关、学校1706人（其中有会计、司务长以上的干部166人）均参加运动，共放出大字报23352张、人民来信来访758件次、口头鸣放意见38652条，各种意见累计78655条（其中关于干部官僚主义的18604条，贪污盗窃的22755条，铺张浪费的12652条，干部特殊化的4663条，其他方面12443条）。通过运动清查出贪污分子19人，贪污人民币23859元，原粮2988斤，食油94斤，挪用公款5237元，以及由于官僚主义所造成的浪费14986元。运动结束时，逮捕法办1人，定为贪污分子19人，开除党籍1人，留党察看1人，开除公职1人，撤销行政职务15人，开除团籍4人，留团察看2人，被处分的干部占干部总数28.9%。

1963年3月1日，中共中央发布《关于厉行增产节约和反对贪污盗窃、反对投机倒把、反对铺张浪费、反对分散主义、反对官僚主义运动的指示》，县以上机关和企事业单位有领导有步骤地开展运动。1964年1月7—18日，大中镇召开三级干部会议，学习中共中央《关于目前农村若干问题的决定（草案）》（即“前二十条”）和《关于农村社会主义教育运动中一些具体政策的规定》（即“后十条”）两个文件，为开展“五反”运动作思想准备。镇党委书记沈志祥、副书记王振邦等9人组织“五反”运动领导小组。运动分四步进行，第一步，学习文件，忆苦思甜，揭阶级斗争盖子；第二步，查上当，放包袱，整改退赔；第三步，大张旗鼓开展“双反”（反贪污盗窃、反投机倒把）斗争；第四步，整改建设。会议期间，镇领导带头，层层放包袱。出席会议166人，有109人自觉放下思想包袱。118人向各级领导提出426条意见。会后，“五反”运动即在全镇推开。分三批进行。第一批先行在建筑站和合作商店试点；第二批有旅社、饭店、商店21个单位、800余人；第三批有社直（公社党委、手工业联社、房产管理委员会、税务所、派出所）居委会、社办厂（场）33个单位，811人。通过运动，改进了领导作风，清查出领导和职工中铺张浪费1.87万元，特殊化多吃多占粮食80公斤，棉花38公斤，食油34公斤，布证58尺，挪用公款7.44万元，投机倒把款1138元，公物还家114件。

1965年1月，按中央指示，城市“五反”运动纳入农村“四清”运动进行。

（十五）社会主义教育运动

社会主义教育运动亦称“四清”运动，即“清政治、清经济、清思想、清组织”。

1963年3月，在开展干部和职工“五反”运动同时，街道居民开展社会主义教育运动，先在老街居委会试点，5月各居委会全面进行。1964年12月，盐城地区社教工作队进驻大中镇，自此社会主义教育运动在全镇展开。运动按系统划组进行，也称系统社教。主要内容：阶级斗争、社会主义教育、组织贫下中农阶级队伍、“四清”干部参加劳动。运动的基本方针是：以阶级斗争为纲，放手发动群众，有步骤有领导地开展群众运动；团结95%以上干部和群众，打退资本主义势力和封建势力的进攻；提高干部和群众社会主义觉悟和阶级斗争觉悟；整顿农村基层组织，巩固集体经济，发展农业生产。运动的基本做法：组织训练工作队，进驻各社队访贫问苦，扎根串联；召开三级干部会议，学习文件，统一思想，洗手洗澡放包袱；开展对敌斗争，重新组织阶级斗争队伍；整顿各级组织，搞好基层建设。

大中镇有干部191人，犯有严重错误15人，经群众批判斗争，开除党籍1人，15人在整顿选举中落选。同时吸收积极分子入党18人、入团55人;运动中计清查出有贪污、投机倒把行为的190余人,总额达10余万元(仅商业部门被认定为属资本主义经营获非法利润7.39万元),粮食1027.5公斤,棉布包括布证2830尺。非法所得300元以下159人,300元以上14人,500元以上13人,千元以上的4人。对揭露出来的转手倒卖,从中剥削;掺假掺杂,以次充好,以假充真;压级压价,短斤少两;平进高卖,随意论价;巧立名目,硬行搭配;看人"兑汤",欺骗群众;盗换原料,扩大成本等10类问题。通过运动得到整改。基本上达到"三见底、三满意",即:账见底、粮见斤、钱见数;本人满意、群众满意、领导满意。17个"四清"单位共清理贪污挪用、多吃多占的粮食8550斤,现金5.1万元,工分3966分,皮棉436.5斤,布证6379尺,食油411公斤及铺张浪费、霉烂损失的粮食2.49万公斤,人民币2.3万元,运动后期,对贪污挪用以及多吃多占等经济问题实事求是地作了退赔。共退出粮食3161.5公斤,人民币1.49万元,工分1785分,布证1077尺,皮花127.5公斤,食油53公斤,实物564件。

1965年12月,开始面上社教运动,城区原地区社教工作队留守13人,抽调镇党委、镇人委和社直机关等48人组成面上社教工作队。分三批进行,第一批合作商店、手工业、农业、文教等20个单位。1965年12月开始,1966年2月结束。第二批镇党委、镇人委、居委会、派出所、社直等14个单位,1966年1月开始,3月底结束。第三批百货、理发、饮食、照相、水产等24个单位,1966年4月上旬开始,5月初结束。运动中,共清查出贪污264元,挪用公款1.08万元,非法牟取暴利4.43万元。

"四清"运动,由于许多不同性质的问题都被认为是阶级斗争或是阶级问题在党内的反映,从而混淆了两类不同性质矛盾,使不少干部和群众受到不应有的打击。

(十六)"文化大革命"运动

1966年5月16日,根据中共中央通知精神,史无前例的无产阶级"文化大革命"在全国开展的同时在大中镇也轰轰烈烈展开。

红卫兵运动　1966年7月,大中镇中小学(小学四年级以上)师生不放暑假,留校"闹革命",批判资产阶级文艺路线,并"上批下联",以漫画、大字报、批判会等形式,揭发批判学校领导、教师中所谓资产阶级的教育路线和教学方法,同时建立红小兵、红卫兵组织(其组织始为"红五类"子弟,由学生评选经严格审查后方可加入其组织,后发展为普遍的群众组织)。

9月,广大红卫兵走向街头,游行示威,掀起破"四旧"(旧思想、旧文化、旧风俗、旧习惯)立"四新"(新思想、新文化、新风俗、新习惯)高潮,砸碎旧招牌,撕毁旧商标,剥下旧门牌,查抄旧书画,清除旧物器,抄家封门,揪斗地、富、反、坏、右,"横扫一切牛鬼蛇神"。

9月5日,中共中央、国务院发出《关于组织外地革命师生来北京参观文化大革命运动的通知》,各地师生"停课闹革命",开始全国性大串连。10月初,全县各中学选派师生代表400多人,在县委宣传部长带领下,前往北京接受毛泽东主席的检阅。此后大丰中学、大丰职中、大道农中、大兴农中等学校师生自发组织"长征队"到北京和全国各地进行"革命大串联",直至1967年5月1日,中共中央发出《中学师生停止外出串联的通知》时才停止。

1966年11月,在"造反有理"口号下,全镇各机关、团体、工厂、学校、农村各大队,相继成立"造反"派组织,自立山头,自封为"司令"。是时,大中镇城区成立造反派组织达90多个(不包括县属单位和学校)。新团乡先后建立67个造反派组织。12月11日,大丰县锡剧团红卫兵、红艺兵、红宣兵、反修战斗队贴出全县第一张"炮轰大丰县委,火烧薛太和"的大字报。自此,各造反派揪斗"走资派","挖黑帮",戴高帽、游行示众一时风起。

1967年1月,上海"一月革命风暴"席卷全国。大中地区工厂、学校、商店、郊区社队"当权派"大都被"罢官",先后"靠边站",党组织和政府机构陷入瘫痪。

大中镇各群众组织通过分化组合成"炮打资产阶级司令部联络部",简称"炮联","革命造反派联合总部",简称"革联",形成对峙的两大派。两派群众组织互争、互斗,各不相让。各造反组织在"文攻武卫”的口号下，制造武器，增岗设哨，戒备森严。8月，两派矛盾进入白热化阶段，“炮联”控制城区，“革联”被挤到郊区农村。8月3日，淮南二厂两派组织发生摩擦，“红五月”（“炮联”派系）组织因人少势单被困，“炮联”总部得悉，倾注全部“兵力”前往救援，“红卫兵”（“革联”派系）被挤压到农村，一部分来不及撤退的头头、骨干被挤压进水塔，这就是当时震惊全县的围攻水塔“八三”事件。“两派”相持一星期之久。是时有人主张炸毁水塔，但经驻地“支左”解放军多方做工作，“炮联”派主动解除包围，方未酿成严重后果。

1968年，“炮联”“革联”两大造反组织在“支左”部队——大丰县人武部、地方驻军3639部队的帮助下，实现“革命大联合”。

1968年4月，镇、社成立有“革命干部代表”“革命群众代表”和人民解放军代表参加的“三结合”革命委员会。

5月，中共中央发出指示，要求全国各地区、各单位有步骤有领导地抓好清理阶级队伍这项工作。是年7月到翌年年底，开展大规模“清理阶级队伍”运动。运动期间，大中镇共举办各类“毛泽东思想学习班”180余期，参加学习人数达3.6万人次。镇建立所谓群众专政机构——“文攻武卫指挥部”，对重点对象临时拘禁、关押、审讯，下属各单位亦相应建立群众专政委员11个，群众专政小组49个。全镇被揪斗的干部和群众达626人。造成非正常死亡3人，一批亲属和子女受到株连。

1969年11月，全镇开展“经济领域的阶级斗争”。县派出“毛泽东思想宣传队”20多人，进驻大中镇青货、油坊、水产店、水产养殖场4个单位进行试点，面上运动由革委会成立办公室专门负责，在短短几个月时间内，揭发检举出所谓重点人员88人，贪污盗窃粮食11.35吨，现金1620余元，投机倒把粮食550余公斤，转手贩卖布证1790余尺，木材0.38立方米，煤炭13吨，自行车8辆，金银11.75两，手表3只，其他物资折价3800元，计非法牟利3564元。

1970年3月，根据中共中央文件精神，开始“一打三反”运动，驻镇“毛泽东思想宣传队”增补扩大，军宣队亦相继进驻大中镇。第一批开展运动的有商业、饮服业28个单位，至1971年6月结束；第二批开展运动的有镇直机关、镇办企业等26个单位，至1972年春，告一段落。运动中，揭发出贪污盗窃金额达13万余元（退赔80%以上）、粮食8.5万多斤、布证90多尺。5人被逮捕法办，14人被开除公职，7人被戴帽管制劳动，2人受行政记大过处分。

对农村，县、社均派出宣传队，分别进驻各大队，先进行试点工作，然后全面铺开。通过发动群众搞大鸣、大放、大字报、大辩论，用小字报、人民来信的形式，揭发有政治历史问题的人和严重犯罪、严重经济问题的人，打击贪污盗窃、投机倒把。1972年11月，告一段落。大道公社共破获现行和历史遗留政治案件23起，挖出隐藏较深的阶级敌人21个，清出贪污盗窃、投机倒把300元以上、250公斤粮以上、300尺布以上的立案对象32人，按照党的政策，分别进行定案退赔和组织处理。运动中，全社共清出贪污盗窃、投机倒把的金额3.13万元、粮食（包括粮票）2800公斤、布（包括布证）3900尺。退赔3.01万元，占96.5%；揭发出犯有现行反革命破坏罪行和各种刑事案件、贪污盗窃、投机倒把案件52人，定案处理44人，占88%；清队中被揪斗401人，搞清问题并进行处理的394人，占95.5%。大兴公社揭发出有现行问题的8人，定案7人；重大政历问题5人，现行破坏活动“五类分子”1人，其他犯罪2人；经济问题347人，其中“千”字号以上的7人，150～250公斤粮以上的7人，150公斤粮以下的304人，共清出金额3.85万元。

1971年初，根据中央20号文件精神，大中镇开展清查“5·16”运动。镇建立深挖小分队，由一名革委会领导人负责。4月5日，镇党委根据上级指示，召开为时7天的党委扩大会议，对如何深入开展“深挖”作具体部署，并要求干部带头革命化。自此，各单位普遍开展揭、排、摆、理的“四大”运动，全镇共放大字报5544张、小字报953张，怀疑一切，大找蛛丝马迹。全镇被揭发的怀疑对象达473人之多，对重点对象秘密关押审查，被关押人员几乎与世隔绝，交待态度稍不“老实”，就被施以“高温”（刑罚）。县港务处职工李井春在运动中被逼自缢身亡。

1971年9月13日,林彪事件发生后,全国人民声讨林彪反革命罪行,党内开展“批林批孔”运动。1974年,江青反革命集团含沙射影,妄图把周恩来总理等打成“现代大儒”而打倒。这一运动中全镇上下、层层举办学习班,又一次搞乱人们的思想。

1975年1月,邓小平主持中央工作,系统纠正“文化大革命”“左”倾错误。全国形势好转,国民经济得到恢复,而江青反革命集团歪曲事实真相,先以批判“经验主义”,评《水浒传》为名,影射周恩来和邓小平。1976年4月5日,又公开发起“批邓、反击右倾翻案风”运动,使刚刚“解放”的老同志再次被打倒,再度陷入混乱之中。运动初期,广大干群不明真相,盲目投入批判“经验主义”和《水浒传》运动,“批邓”公开化后,广大干部群众从怀疑到抵制,运动遂告终止。

1976年10月,党中央一举粉碎江青反革命集团,长达10年的“文化大革命”宣告结束。

附:“文化大革命”初期大中镇各单位成立的组织

大中镇蔷园:江苏省大丰县红卫兵“学鲁迅”革命造反第一司令部骨硬心红战斗队。

大中税务所:捍卫毛泽东思想大中红色造反队。

大中粮油加工厂:毛泽东思想烈火战斗队。

大中手工业综合组:毛泽东思想星火红卫军八一革命造反委员会;捍卫毛泽东思想刘英俊革命造反队。

大中量刃具厂:毛泽东思想红卫兵战斗队、毛泽东思想红卫兵“学鲁迅”革命造反第一司令部五金厂分队、毛泽东思想欧阳海战斗团、毛泽东思想卫东兵团五金厂分部、江苏省工人红色造反总司令部盐城专区大丰总部1003兵团。

大中镇草织厂:江苏省大丰县八一战斗兵团第一纵队、江苏省工人红色造反总司令部盐城专区大丰总部大中草织厂支队部。

大中镇针织厂:毛泽东思想红卫军八一战斗团、江苏省大丰县八一红色造反第一团红卫兵。

大中镇清管所:江苏省红色清洁工人造反司令部盐城专区指挥部大中支队。

大中镇理发店:毛泽东思想红卫军红旗革命造反司令部。

大中南货商店:江苏省大丰县红卫兵“学鲁迅”革命造反第一司令部红色革命造反队。

大中镇茶食商店:毛泽东思想红卫军红旗革命司令部第五战斗团。

大中鞋帽厂:江苏省大丰县红卫兵“学鲁迅”革命造反第一司令部卫东战斗团、毛泽东思想“六二”革命联合委员会大中鞋帽皮革社。

大中缝纫社:毛泽东思想红色工人造反队、毛泽东思想手工业系统革命联合司令部。

大中镇日用杂品厂:毛泽东思想“五一”革命委员会先锋战斗队。

大中面饼店:毛泽东思想红卫军江苏省大丰县红旗革命造反司令部。

大中修配社:红卫兵大丰县革命造反司令部红色战斗队、毛泽东思想手工兵红色战斗队、江苏省工人红色造反司令部大丰县总司令部燎原战斗队。

大中朝阳饭店:毛泽东思想红卫军江苏省大丰县红旗革命造反司令部。

大中浴室饭店:毛泽东思想红卫军江苏省大丰县红旗革命造反司令部。

大中豆腐店:毛泽东思想红卫军江苏省大丰县红旗革命造反司令部。

大中二轮车站:毛泽东思想红色交通战斗团、毛泽东思想向阳交通战斗团。

大中百货商店:毛泽东思想红商兵红旗革命造反战斗队。

大中水产集市贸易服务所:毛泽东思想红卫兵红旗革命造反司令部。

大中烟酒合作商店:毛泽东思想红色革命团。

大中蔬菜大队:毛泽东思想红卫兵“五四”造反团大丰县蔡永祥造反司令部、江苏省大丰县红卫兵“学鲁迅”革命造反第一司令部红心战斗团、毛泽东思想红卫兵大中工农革命造反团、毛泽东思想全无敌大丰县战斗兵团总部。

大中文化用品社：毛泽东思想红卫兵刺刀见红战斗队、毛泽东思想红卫兵“学鲁迅”卫东战斗团红色战斗队。

大中街道居委会：毛泽东思想破浪战斗团、毛泽东思想“五二四”战斗队。

镇机关：毛泽东思想红卫军破私立公造反团。

商业系统（大中商店14个单位）：毛泽东思想红旗革命造反司令部。

（十七）落实政策纠正冤假错案

1979年，根据中央文件精神，大丰县委成立落实政策办公室，抽调专职办案人员，对1957年以来，历次政治运动中的冤、假、错案进行认真复查，逐一甄别。大中镇三案复查纠正错案30人，对在“文化大革命”中乱批、乱斗、乱戴帽子的173人给予平反昭雪，给1名“右派分子”，36名地、富分子摘掉坏分子帽子。新团乡对356起冤、假、错案进行平反，恢复党籍35人，对非正常死亡的张礼仲、王裩正召开平反昭雪追悼会，对受株连的两名子女给予安排工作。

大道公社对“文化大革命”中受到错误审查处分的53名党员干部，全部进行复查纠错；对“文化大革命”前的27件历史老案，均已平反纠错；社会上受审查的413名群众复查结束。其中，209件冤、假、错案得到平反纠正，对全社64名已经改造好的地、富、反、坏、右分子摘掉帽子，并对611名地富子女重新划定本人成分，对1名“右派分子”摘帽改正，重新安排工作。

大兴公社“文化大革命”中有85人被乱批乱斗，经复查决定，对84人予以平反，恢复名誉，给119名“四类分子”（地、富、反、坏）摘去帽子。妥善解决“文化大革命”中的历史上遗留问题，巩固了安定团结的局面。

四、艺文选录

（一）民谣

红太阳白太阳

红太阳①，
白太阳②，
逢酉③一齐落西方。
莫彷徨，
莫彷徨，
甲申④、乙酉⑤定干戈。
老该衰⑥
新该来。⑦
将军头上不长草，⑧
峨眉山上二人倒。

说明：抗战时期，台北抗日根据地流传的民谣：①红太阳：指日本太阳旗；②白太阳：指国民党青天白日旗；③逢酉：指一九四五年乙酉年；④甲申：指一九四四年，乙酉：指一九四五年；⑤定干戈：预示抗日战争的结束；⑥老：指国民党旧政权；⑦新：指新四军；⑧最后两句暗示居住在峨嵋山上的蒋介石，即将倒。

倒霉又倒灶

倒霉又倒灶，黄豆改散稻；散稻没得收，耕稻种荞麦；荞麦没得收，耕掉种小豆。

说明：解放前此民谣在老斗龙港以西区域广泛流传。

垦　荒　苦

垦荒20年，困苦似黄莲。住的破草屋，吃点糠菜粥；穿件长裙子，夹住旱烟管；出门推小车，肩带汗浸湿；额角绉纹深，赤脚草鞋穿；苦热汗如雨，酷寒饥皮裂；吃穿居住苦，孩子难养活；南北来回跑，没处可安息。希望共产党，快来救我活。

说明：解放前此民谣在老斗龙港以东区域广泛流传。

（二）时政歌

抗　属　好

妈妈、妈妈你莫哭，我去当兵你享福。朝吃鱼，暮吃肉，拆去草屋住瓦屋，黄包车子拉抗属。

妈妈、妈妈，你莫燥，我去当兵你该笑。吃陈粮，烧陈草，丰衣足食有依靠，你说抗属好不好？！

说明：此歌流行于抗日战争时期的大参军运动。

说唱“支前争上游，为夫把仇报”

唱：月儿渐渐高，挂在杨柳梢，小娘子坐房中，心中好苦恼。
问：苦恼的什么事？
唱：想起我的郎，一心保家乡，打日本反老蒋，报名把兵当。
说：英雄，是好样的呀！
唱：九月八日早，战斗在前方，日本鬼子丢炸弹，炸死了我的郎。
问：那你怎不去报仇呢？
唱：谁说不报仇，支前争上游，做鞋子、织袜子，慰劳前边走。
问：慰劳就算报仇了吗？
唱：慰劳要热情，战士鼓干劲，杀鬼子、打胜仗，报仇有决心。

说明：此说唱歌1942年流行于台北地区。

无　家　别

村前流水慢悠悠，悠悠此恨何日方罢休！孩子们打散了，老婆被带走，抢去了谷呀，抓去了鸡，砍死了靠着活命的牛，拉我去挑担，还要打断我一只手。空手回家来，四壁萧条，难以久留，我好象村前摇晃着一棵柳，砍去了枝芽又断去了头，无柴无米又向哪边走，投奔到新四军呀，才能报复我的仇。

解放大中集

（秧歌调）

今年望来明年望，
盼望大中集来解放，
反动派还乡团真猖狂，
苛捐杂税苦难当
老百姓在家乡，
被他奸淫又劫掠。（重一句）
新四军来共产党，
四月二十日来打仗，
经过一夜来保卫，
工事做到碉堡旁，
二十一，大早上，
反动派全部缴了枪。（重一句）
活捉反动派七八百，
又捉到还乡团几百双，
反动派交把主力军，
还乡团交把各个乡。
我民兵，老百姓，
吃的苦头来与他来算账。（重一句）

说明：《解放大中集》为庆祝城关镇解放而编写，当时在大中地区广为流传。

我爱家乡斗龙河

我爱家乡斗龙河，奔腾澎湃从咱门前过。
弯弯曲曲连大海啊，碧波荡漾日夜歌。
浪吻芦苇滩，波接万顷禾，
河边瓜果含情笑，河里鱼虾逐浪欢；
马达唤醒菱与藕，汽笛领唱百鸟和。
家乡的斗龙河啊，流到哪里哪里富，流到哪里哪里福。
我的家乡斗龙河，轻歌曼舞从咱脚下过。
两岸的土地肥又美，成堆的粮食垛连垛；
两岸的风光美如画，斗龙的儿女英雄多；
两岸的古迹传天下，斗龙的赞歌唱不完；
汩汩的河水千古流，滋润祖国好山河。
家乡的斗龙河啊，流到哪里哪里美，流到哪里哪里欢。
我爱家乡斗龙河，溢金流银从咱门前过。
似蜜的河水哺育我啊，点点滴滴润心窝。
愿作岸上一棵草，点缀家乡好山河；

愿作河里一滴水，浇灌家乡丰收果；
斗龙河水流不断，永与五湖四海齐汇合。
家乡的斗龙河啊，流到哪里都从咱心里过，
流到哪里都是咱心中的河。

说明：《我爱家乡斗龙河》为20世纪80年代初，斗龙两岸流传的民歌，经收集加工，由黄慧中作曲，谢美娟演唱，江苏及中央广播电台多次播放。

大丰精神歌

1=D 2/4

集 体 词
周汉忠 曲

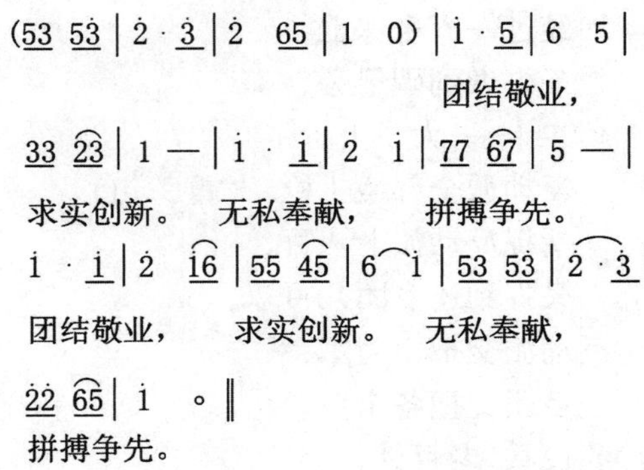

说明：歌词内容为20世纪80年代中期提倡的大丰精神。

长工伙计叹六声

长工伙计叹一声，想起日子苦煞人，
天天受个老板气，眼泪咽到喉咙根。
长工伙计叹二声，东边发白就起身，
不吃早饭先挑水，水缸挑满又挑粪。
长工伙计叹三声，馊粥馊饭有我份，
吃饭要等人过后，就像花子[①]不是人。
长工伙计叹四声，碗把薄粥到黄昏，
天天宿在草棚里，破席片子遮半身。
长工伙计叹五声，老板工钱少得很，
老婆小伙养不去，一天二顿总难混。
长工伙计叹六声，来了共产党救命人，
处处组织斗老财，从此长工做主人。

说明：旧社会，贫苦农民给地主当长工、做短工，受尽压迫。此歌谣成为当时长工、伙计的真实记录，大中地区广泛流传。

---

① “花子”即“乞丐”。

（三）曲艺

1. 绕口令

巧手绣乾坤

一绣一只船，船在江心里航，绣了个姜太公，手持钓鱼竿。
二绣张果老，骑驴过州桥，张果老骑驴过的是赵州桥。
三绣和合仙，和合二神仙，又绣个刘海戏金蟾。
四绣包文正，做官多清明，白断阳来夜断阴。
五绣午端阳，菖蒲柳配雄黄，绣了个白娘胎子爱许仙。
六绣六月仙，湘子持花篮，韩湘子花篮开的是牡丹。
七绣七月七，牛郎会织女，他二人隔在天河两岸里。
八绣八大仙，洞宾戏牡丹，吕洞宾戏的是白牡丹。
九绣九重阳，九月菊花黄，九天仙女绣的是鸳鸯。
十绣十大神，六路正财神，四路的福神来到咱家门。

梳　头　经

亲男亲女请郎中，赎药调理医勿中。
青丝细发乱蓬蓬，拿把木梳梳梳松。
一木梳梳来梳勿动，两木梳梳到半当中，
三木梳梳来梳得动，四木梳梳来根根松，
五木梳梳得咣头缝，六木梳梳来六百素烛伴身红，
七木梳梳来七七四十九条宽宏路，八木梳梳来四季花儿开在胸，
九木梳梳来九丈六尺仙桥上过，
十木梳梳得玉皇大帝南天门外接嗯[①]做仙翁。

说明：给死人梳头时所唱的一种葬歌，流传于启海籍人当中。

楼上挂了六十六瓶油

陆家庄上有个六十六岁的陆老头，
砌了六十六间楼，
楼上挂了六十六瓶油，
楼下栽了六十六棵柳，
柳上扣了六十六条牛；
忽然一阵狂风起，
刮到陆家庄上六十六间楼，

① “嗯”指“您”

戽掉六十六瓶油，
拔掉六十六棵柳，
跑掉六十六条牛，
吓煞陆家庄上六十六岁的陆老头。

说明：上世纪五六十年代此绕口令曾一度在大中地区启海籍人当中流传。

2. 快　板

劝　世　文

匆匆行我有一手劝世文，劝世文，劝善文。
劝人和善为他人，能接香火后代根。
谁家不盼儿和女，谁家不盼子和孙，
多少人家有了孙，知文达理有人称。
多少人家不教孙，败在浪子坏门庭。
有的学上江洋盗，偷鸡摸狗作淫生；
有的学成猫儿嘴，好吃懒做废金银；
有的学成懒汉病，干起活来脑子疼；
有的学成恶棍棍，长街短巷去找人。
成了世人败家子，由小惯得太离精。
一周两岁娘怀内抱，拍拍打打不住神；
孩儿旁边一声哭，搂在怀中嗯叫声。
尿尿屙屎不会说，反将罗缎做衣巾。
由小折去多少福，到老终身不为人。
三周四岁姨娘称，学起走路会骂人。
逢人就是一声骂，父母旁边笑过份。
没有打过一巴掌，没把孩儿骂一声。
生怕他不会将人骂，时常教他得罪人。
五岁六岁惯痴情，躲懒好吃会骂人。
沙糖果子芝麻饼，吃得勤来买的勤。
偷了邻居的好衣物，父母瞒得紧扽扽。
七岁八岁去上学，一辈护短不用心。
时常拦在家门内，反把学校当牢门。
这种读书被挨打，父母书房怪先生。
这种读书有何用，误了儿乖好光阴。
九岁十岁不教训，说起我乖乖年纪轻。
走起路来无正象，斜过身子象羊奔，
不是遇人来口冈嘀，就是打伤他家人；
旁边邻居来告诉，还说乖乖有理论。
十一十二派教孙，更比从前坏几分。
吃起菜来无规矩，恨不能连碗往下吞；
尚有一事不如意，碗和盘子就遭损。

十三十四长两岁，也会偷钱赌输赢；
先是打沙跳白果，后来玩艺渐渐生。
由小就把香烟吃，老酒能喝斤把斤。
十五十六长成对，不学勤俭怕劳神。
以为生米煮熟饭，木已成舟难成人。
这种世人败家子，不怨父母怨谁人？

说明：此文解放前在大中西部地区广泛流传。

五、字画与收藏

（一）字画

曹凯钵，1943 年出生，大丰市大中镇阜北村人。曾任盐城市美术家协会主席，为中国书画研究院院士、研究员，江苏省美术家协会会员，江苏省花鸟研究会会员，江苏省文联书画研究中心研究员。

曹凯钵国画扇面牡丹

1962 年毕业于江苏盐城鲁艺。作品多次参加江苏省画展，并在全国、国际大赛中获奖；多幅作品在全国各类报刊上发表，并流传美国、英国、德国、日本等十多个国家和地区；两次在首都博物馆举办画展。其代表作入编《江苏省花鸟画家集》和《当代中国书画名家寒来宝鉴》，传略入编《世界名录（中国卷）》。先后出版《曹凯钵麋鹿画集》《曹凯钵国画集》。

吴志刚，笔名寿泉，大中文化站长、江苏省音乐家协会会员、大丰市书法家协会副主席、群众文化专业馆员。历年来有 30 部音乐、书法作品在国家、省级刊物杂志发表获奖。其《月下飞天镜，云生结海楼》等六幅作品于 1995 年在首都博物馆联展。

刘大为国画《千里之行》

（二）收藏

大中镇区域的民间收藏历史较短，建立的组织也比较松散。建国后，先后成立过钱币收藏协会、集邮收藏协会等组织并进行数次集邮、书画、藏品展览，各种藏品的收藏人员约在 500 人左右，以施建根、顾德胜、吴继发为代表的古玩、字画收藏，经常观摩交流，开展得也比较活跃。

2012 年，在大丰市博物馆

举办大丰民间收展，参展人数20余人，参展藏品200余件，其中收藏价值较高的有施氏家簿谱、中国美术家协会主席刘大为的国画《千里之行》等。盐城收藏协会、大丰博物馆向大丰收藏者颁发了“民间收藏者”证书。

民间收藏家王安珠简介

王安珠，1938年5月生，大中镇八灶村人，曾任江苏省烟草专卖局副局长、高级经济师、中国烟员、江苏省收藏家协会顾问、江苏省烟标火花收藏委员会名誉主任。20世纪80年代开始收藏，主要收集中外烟标、清初、民国、近现代等不同时期的鼻烟、旱烟、水烟、斗烟、雪茄烟、卷烟等各类烟草制品的吸食烟具；珐琅、镂空、阴刻、浮雕等各种工艺；金银、铜铁、陶瓷、玛瑙、象牙、竹、木等多款材质。

王安珠1989年开始涉足收藏与其从事的烟草事业相关的烟标，当王安珠收藏到一万多张烟标时发现，卷烟是19世纪末传到中国的，无论怎么研究都只有100多年的历史，而烟具至今已经有400多年历史，他认为烟具比起卷烟标，更具有深厚的民俗文化积淀。他由此开始注重烟具收藏且几十年如一日，目前，他收藏的烟具已有2000多件。

在收藏烟具、烟画烟标的同时，王安珠对每件藏品做到知其然更知其所以然，并将自己的研究付诸笔端，20多年来，他在各类报刊杂志上发表近10万字的文章和若干烟具图片，有些报刊甚至还专门为其开辟专栏。为弘扬烟草文化，他先后主编出版《江苏烟标史册》《中外烟标套标集萃》《中外香烟广告集萃》《日本观光烟标集萃》《新中国早期烟标集萃》《中外烟具集萃》《中国烟标文化图鉴》等多部烟文化丛书，并发表《烟标收藏入门》《烟标设计概述》等两部专著。

退休后王安珠被聘为中国烟草博物馆藏品鉴定委员。负责中国烟草博物馆烟具、烟花、烟标等国内外烟草文物的征集、收购、鉴别。2004年8月，王安珠编著的《中国烟具文化》出版发行。这部作品，填补国内尚无烟具专著的空白。

六、故事与传说

斗龙港传说

相传在很久以前，大海里有一条黑色恶龙，经常兴风作浪，淹没庄稼，损坏亭灶，沿海人民饱受苦难。

海滩上当时养牛的人家很多，这些牛都是散养的，无人看管放牧，牛群中有一条膘肥体壮、力大无比的“头牛”，每天由它将牛群带到滩上吃草，晚上再由它领头回家。在那一望无际的草滩上，牛群悠闲地吃草、休息，得天独厚，它们自然繁殖，每家拥有多少头牛，连主人也说不出确切的数字。

白驹东边有一户姓薛的人家有一大群牛。“头牛”是一只白色大公牛，有段时间主人发现它每天回来都是满身泥污，伤痕累累，两眼布满了血丝，大口大口地喘着粗气，如此一连几天，主人百思不得其解。这天晚上，正在大家议论这件事的时候，牛群又回来了，那头白色的“头牛”仍是那样，好像刚刚与它的对手进行一场你死我活的搏斗似的。斑斑血迹，疲惫不堪。主人心痛地抚摸着它身上的伤口，并自言自语地说：“你怎么啦”……突然，白牛两耳直竖，尾巴高翘，它瓮声瓮气地开口说话了，他把黑色恶龙的罪行以及几天来与之博斗的经过告诉主人，并说黑龙十分凶悍，自己力不从心。它恳求主人给予帮助。当主人问它怎样帮助时，它说：“请你给我打造两把五尺长的两面刃尖刀，刀刃、刀尖要锋利，刀把要能刚好装在我的角上。有了这种利器，战胜恶龙就不成问题了。”主人欣然同意，立即到集市上铁匠铺里打造了尖刀，回来牢牢地装在白牛的尖角上，顿时，大白牛威武多了，他向主人点头表示感谢之后，立即向海边奔去，只见东海边风浪滚滚天昏地暗，这是白牛与黑龙在进行最后一场殊死战斗！这时的白牛角上有两把尖刀。真是如虎添翼，恶龙再也斗不过它了，只几个回合，恶龙便负伤败逃了，白牛紧追不放，只见那黑龙所过之处，海滩上便留下一条大河，就是今天的斗龙港。

由于黑龙蜿蜒前进，所以今天的斗龙港总是那样弯弯曲曲的。更可笑的是因为后面的白牛猛追不放，使恶龙心胆俱裂，它不时回头张望，它每一回头就给今天的斗龙港留下一个很大的弯子。

白牛胜利，黑龙逃跑了，斗龙港形成了。白牛追到入海处，精神抖擞，打了一个滚，变成一条白龙腾空东去。它打滚时，留下了一个大塘，就是今天三龙镇境内的“牛汪塘”。

一块珍藏30年的航空表

我是一个从事修理钟表40多年的退休职工，有一只具有近百年历史的航空表，它的身上藏着一段不寻常的故事。

30年前，大丰著名的小儿科医师唐竹轩老先生常到我店铺来修表擦油，我也常找他问医就诊，一来二去，彼此很熟。有一次，他见我戴了只新表，说自己的手表太旧，不好看，想换只新的戴戴。我知道，他那手表虽然外表老旧，但它具有航空表机芯，非比寻常。于是就说：“我用这125元的新上海表和你换，怎么样？”唐先生看着这很难买到的表，欣然同意，双方当下作了交换。互换后，唐先生郑重其事地对我说：“这块表换给了你，我也要把它的故事告诉你。”

解放前，唐先生家住大中集。1942年4月19日晚，唐先生家人到草棚取草烧饭，突然发现里面藏有一个蒙面人，当时双方都吓了一大跳。尖叫声惊动了屋里的唐先生，他走进草棚一看，以为是遇到坏人，正准备找棍子自卫，可那人哇哩哇啦地手直摇，又扯掉蒙面布乱比划。原来是个高鼻子、蓝眼睛的外国人。由于语言不通，唐先生迷惑不解。见状，老外用手指指天，又把膀子伸直了在原地转圈，好像是说飞机，接着，他又拿柴草在泥地上画了个太阳旗，再对太阳旗做出射击状，嘴里还发出“叭叭叭”的声响。“哦，可能是打日本鬼子的飞行员。”唐先生暗道：“怪不得这两天街上到处都有日本鬼子设卡盘查。怎么办？”一个念头很快在唐先生心中坚定起来：“一定要保护这个外国飞行员，因为他是帮我们中国人打日本鬼子的。”唐先生赶紧用手比划着对那外国飞行员说：“没事，不要怕，我们保护你。”说完，给他安排饮食住宿，并用高柴草将他藏在库房里。

这么做要承担的风险有多大，唐先生不是没有考虑过，但他早就做好了思想准备。果然，半夜时分，几个伪军冲进他的家门，到处乱翻乱搜。一个带队的狠狠地发话：“有没有发现一个美国人？”唐先生说：没有，没有，怎么回事？那人说：一架美国飞机落在东面海里，驾驶员没死，可能逃到大中集来了，谁要是发现了，立马上报，如有不报，就杀头。唐先生说：“一定，一定。”就这样，这个飞行员在唐先生家里躲过了一劫。后来，唐先生请人找到了地下党负责人吕少男，吕少男将情况上报了苏中军区。据说，最后向上报到了新四军总部陈毅那儿。

几天后的一个下午，吕少男带着两个商人到唐先生诊所看病，唐先生将他们领回自己的家与美国人见了面。那两个商人其实是苏中军区的，其中一个是英语翻译。他们交流了一会儿后，翻译告诉唐先生，这人是美国飞行员，奉命执行轰炸日本的任务。任务完成后，飞离日本，前往中国大陆，但飞机燃油提前耗尽，战机坠毁，他跳伞落海。落海后，他靠航空表指向，这才来到这里。说到这里，飞行员把手上的表摘下来，双手捧着向唐先生深深一鞠躬，嘴里一阵咕哩。翻译告诉唐先生，他说这只表他已戴了20多年，身上也只有这样东西可以送给唐先生作为感谢和纪念。请一定收下。唐先生不好推辞，收下后也回送了一副听筒。见此，苏中军区的另一位同志夸赞道：“好，很好！”并对唐先生说：“为通过鬼子的关卡,还要请你把他的头用绷带包扎起来,只留眼睛和嘴,再多用碘酒,膏药把他涂起来,使他成为一个'浑身害疮'的重病号。”一切办妥后,那两个同志向唐先生行了军礼,说:唐先生,你冒着生命风险,做了一件了不起的事,我们代表党和人民谢谢你!

往事历历在目,唐先生说:几十年来,这件事他从未对外人说过,因为当时日寇侵占,血腥恐怖,不能说;日本投降后,国民党发动内战,美国扶蒋反共,不宜说;新中国建立后直至文化大革命,长期政治高压,恐蒙美帝间谍之冤,不敢说。几十年来,它给了我很值得的回忆,给了我工作生活以方便,同时也给了我长期的精神负担。现在,环境宽松了,我做的这件好事能公开讲了,但已经没有人能给我证明,把这表换给你懂表的年轻人,我的心也就彻底放下了。

收藏了这只航空表后,我一直精心爱护,非常珍惜。前几年,一个收古董的商人决意收买并出了高价,我也没有动心。因为我知道,它不仅仅是现在仍然走时很准的百年古董,更是中美人民共同抗击日本法西斯战斗友谊的历史见证,具有教育意义的革命文物。我希望它能物归原主(美国飞行员或其家人后人),其次,如能引起有关部门的重视,我就将此表献给国家,也了却我一桩心愿。

(董际德)

陆佩玉大义掩护子弟兵

1942 年 7 年月 22 日凌晨,雾气蒙蒙,忽然一阵激烈的枪弹声,把家住裕华街西南的陆佩玉及孩子们从睡梦中惊醒。她急忙穿衣下床,把两孩子藏进床下的避难坑。当她自己正准备找个地方躲起来时,已听到急促的敲门声,从门缝中往外一看,门外站着的是一位受了伤的新四军战士,就连忙开了门。

战士一见陆佩玉,急忙道:“大嫂,后面有日本鬼子追我!”陆佩玉连忙把战士扶进屋关上门,从床下叫出大儿子,让战士藏了进去,自己赶忙和大儿子转身躺在床上。一会儿,门被蹬开了,十几个日寇、伪军在屋内外搜查了好一会,没有发现什么,便恶狠狠地把陆佩玉从床上拉起来,逼问道:“刚才有个共军过来,你把他藏到那儿啦?”陆佩玉不慌不忙地说:“什么共军,我没见到,刚才我们娘儿俩在家里睡觉,听到枪声,吓得不敢出去,只听见有脚步声往西南去了。”日寇、伪军一听,急忙向西南方向追去。

为防止发生意外,日寇、伪军一走,陆佩玉立即把伤员转移到裕华镇东北 8 里的娘家养伤。

高锦兰舍女磨军粮

1949 年 1 月中旬,寒风凛冽,滴水成冰。为支援解放军渡江,县委、县政府发动全县人民群众赶磨公粮。阜丰乡阜南村妇联主任高锦兰白天联络好十多个人,组成了几个磨粮小组,她与冷树华等是一个小组。在高锦兰的带动下,各个磨粮小组都连夜突击,赶磨军粮。

一天傍晚,高锦兰带着刚满周岁的女儿到大中镇南马路一户人家去磨粮,将小女儿丢在磨房旁边的一个房间里睡觉。高锦兰除了在自己小组磨筛军粮外,还要到其他小组去检查、督促,忙得不可开交,竟忘记照顾自己的小女儿。直到天刚蒙蒙亮,她才想到抱小孩喂奶,但是她发现孩子全身冰冷,已咽了气。高锦兰忍着巨大的悲痛,掩埋了女儿尸体,抹掉泪水,又继续忙着去磨军粮。

七、碑文序赋

（一）大丰烈士塔题词

黄海之滨一塔巍峨永志功勋怀先烈，红旗高举万众奋发齐跃进建大丰。

注：原南京军区副司令员段焕竞，为大丰烈士塔题词。段焕竞任华中野战军三十一旅旅长，在解放战争时期他带领31旅转战在大丰境内。

（二）大中镇解放战烈士墓迁墓纪念碑文

一九四六年秋，原台北县各界人民，为纪念一九四五年大中镇解放战中英勇牺牲之革命先烈，曾于大中镇北广场建立烈士墓和纪念碑，后因蒋匪北犯，惨遭摧毁。一九四七年县城解放时，各界人民又在原址进行重建，并于一九五四年加以整修。

一九六〇年，为更好地表彰革命先烈的丰功伟绩，教育后人，于大中镇东北兴建革命烈士塔，并于一九六二年将大中镇解放战烈士墓和一九四三年殷家灶战斗、一九四七年大中镇革命战诸烈士墓一并迁至塔旁，以供瞻仰。

中共大丰县委员会　　大丰县人民委员会
一九六二年四月五日

（三）《烈士英名墙》序

革命老区大丰，区域宽广，土地肥美，物产丰富，民众勤劳，人物荟萃，革命精神世代传扬。

在中国共产党英明领导下，自革命战争以来，为老区革命披荆斩棘和捍卫这块土地上的胜利果实，成千上万革命者、爱国志士和部分老一代领导者，为之甘洒汗水，愿抛头颅。仅抗日战争时期493名，解放战争时期1316名，以及社会主义建设时期233名市内外籍的英烈，为波澜壮阔的革命事业无私献出了宝贵生命，使老区革命鲜花绽放，红旗永远高高飘扬，为今天建设小康和谐社会作出了功不可没的历史奉献。

为缅怀和褒扬英烈丰功伟绩，激励后人继承和发扬光荣革命传统，与时俱进，永葆红色江山千秋万代列世界民族之林，兹于公元二〇〇九年秋，在烈士陵园墓区兴建“烈士英名墙”，镌刻2042名烈士英名，并缅怀众多无名英烈，让他们永远活在人民心中！

谨以告慰，鲜花酿果之仪，伏维尚飨！

中国共产党大丰市委员会

说明：大丰市人民政府于2009年10月筹资30万元，历时近3个月在大丰烈士塔后面用大理石兴建了一座长23米，高3.15米的“烈士英名墙”，英名墙正面铭刻着2042名烈士的英名。

（四）謇公兴垦赋

大中镇城区二卯酉河风光带——张謇文化广场

清末民国初，列强践踏神州，古国风雨飘摇。吏政腐败，烽火绵延，民众惶惑不聊生，社稷艰难无纲纪。黄海滩涂边地，旷古沉寂，芦花茫茫。其时，盐业荒废，灶亭坍塌，秋风蒿草遍野，蟛蜞之火点星，仙鹤悲鸣北去，神鹿漂泊海外。謇公至此。观皇皇宇宙，河汉星辰，叹动静相靡，若置其中。南农

张謇文化广场

长江浩荡,北应黄河绵长,东临浊浪滔天,西傍圣湖荡漾,乃华夏新生之陆,偌大风水耶！公仰苍天无极,俯潮水来往,念范公筑堤,士诚义举,耐庵著书。今有荒废不治之土,何翅数万顷？官吏既惘闻之,而生斯土者,复熟视而无睹,其谁欤为天下倡？

公始运筹帷幄,激昂文字。游说沪淞,数下粤南,谋天下有识之士,筹各界垦荒巨资,率六万启海乡党,沿海涂浩荡北涉。寥寥星辰高悬处,悠悠天地慷慨然,道道车辙疑凫雁成群,匆匆人影惊獐兔践草。弥亘极望,天下最难垦之地也！知其难而欲以是,为易垦之地倡,故为之。开办之始,无地可栖,进筑各堤,随址所在之埂,搭盖茅棚,数人一舍,湫隘嚣杂,寒暑酽苦。饮食之水,晨夕之蔬,必取远处,陆行无路,自辟路,舟行无河,自拓河。披星筑渠,戴月填壑,鸡鸣播种,日末浇灌,谷雨挥汗始植棉,秋分浆纱听织声。缕缕心血,贯以数年,斗转星移,物阜变轼。栖人有屋,待客有堂,储物有仓,种蔬有圃,佃有庐屋,商有途梁,其间林荫整列,河渠纵横。公欣然:多把芳菲泛春酒,沧海已经成桑田。枢机之发动乎天地,衣被所及遍我东南,旷土生财,齐民扩业,为国增岁月之赀,乡人收本埠之利。公之气魄撵天动地,公之英名广布湖海。

曾经大荒东经之地,而今富庶礼仪之廓。灵境地肥水美,贤良通达辈出,已遂謇公之志。公以大夫从商,开民族资本先河。士负国家之责,必自其乡里始,务使公司获最优之利,庶他洲县易于兴起,利之不保,我民日贫,国于何赖？公之恩惠,泽被至今;公之理念,传达后人。铭刻此文,常念謇公之德,永记垦荒之史,垂范千秋,光辉久远。

索 引

说 明

一、本索引采用条目分析法编制,按汉语拼音顺序排列,同音字按声调排列,音调相同按笔画排列,音调形相同则按下一字的音序排列。

二、索引词后的数字表示内容所在页码。

A

B

C

D

F

G

H

J

K

R

T

W

X

Y

Z

编后记

《大中镇志》第四次修编工作历经五个春秋，三定纲目，数易其稿，终于完成了镇党委、政府交给的历史使命，此次《大中镇志》的出版发行可望为大中镇广大干群“振兴新大中，实现中国梦”的宏伟事业提供借鉴和参考，这是我们全体修志人员的最大希望。

2010年1月，大中镇人民政府根据大丰市政府办公室《关于进行乡镇部门志修编工作的通知》精神，成立以镇党委书记董坤为主任委员的第四次大中镇志编纂委员会，同时设立修编办公室，先后抽调陈兆昌、陈荣根、柏金淦、戴霞、戴文华组成编撰班子，进行《大中镇志》第四次的修编。与此同时，镇党政办公室又下发文件，要求全镇各部门、各单位同时进行修编村志、单位志、部门志，为镇志提供翔实资料。修志期间，大丰市党史办对大中镇的两级修志工作悉心指导，经常过问。2012年5月18日，省地方志办副主任蔡金良一行到大丰调研大中镇镇志编修工作，调研组查阅了大中镇志的资料长编和大中镇所属村、部门志，指出“大中镇镇、村两级志书的编修工作全省领先”，对大中镇的修志工作取得的成绩和做法给予充分的肯定。江苏省方志办陈华处长、盐城市方志办主任茆贵鸣对大中镇修志更是悉心指导。

大中镇志的修编问世历经近六个春秋，工程浩繁，记述了大中长达近900年的历史，原新团镇的并入将大中镇地域的成陆史向前推了近600年，裕华镇的并入对全面系统的反映大中历史又增加了相当大的篇幅，时空跨度大，资料搜集难，要系统科学地反映大中地区900年来各项事业的发展变化实非易事，这其中我们有过“踏破铁鞋无觅处”怅惘，也有过“得来全不费功夫”的欢欣。编纂中，先后查阅了档案近3000卷，走访近百名熟悉大中镇情况的各界人士，发函百余封，召开各种座谈会十余次，经过近五年多的紧张工作，在众人成文的基础上，形成了180万字的新编《大中镇志》，2014年9月，大中镇志完成书稿送大丰党史委、方志办评审验收，2016年5月付梓成书。大中镇志四度修编历经三十余载，他汇集了数届人的心血和汗水，值此发行之际，谨向所有关心、支持编纂工作的领导和为编纂出版付出辛勤劳动的单位和个人表示衷心的谢意。

地方志资治当今，教化后人。本轮修志编者因受修志理论、修志专业知识和文化水平的限制，志书中还有着许多不尽人意的地方，甚至存在着若干疏漏、缺陷和错误，敬请专家同仁、各界人士不吝赐教。

编　者

二〇一六年五月

大中镇政区图

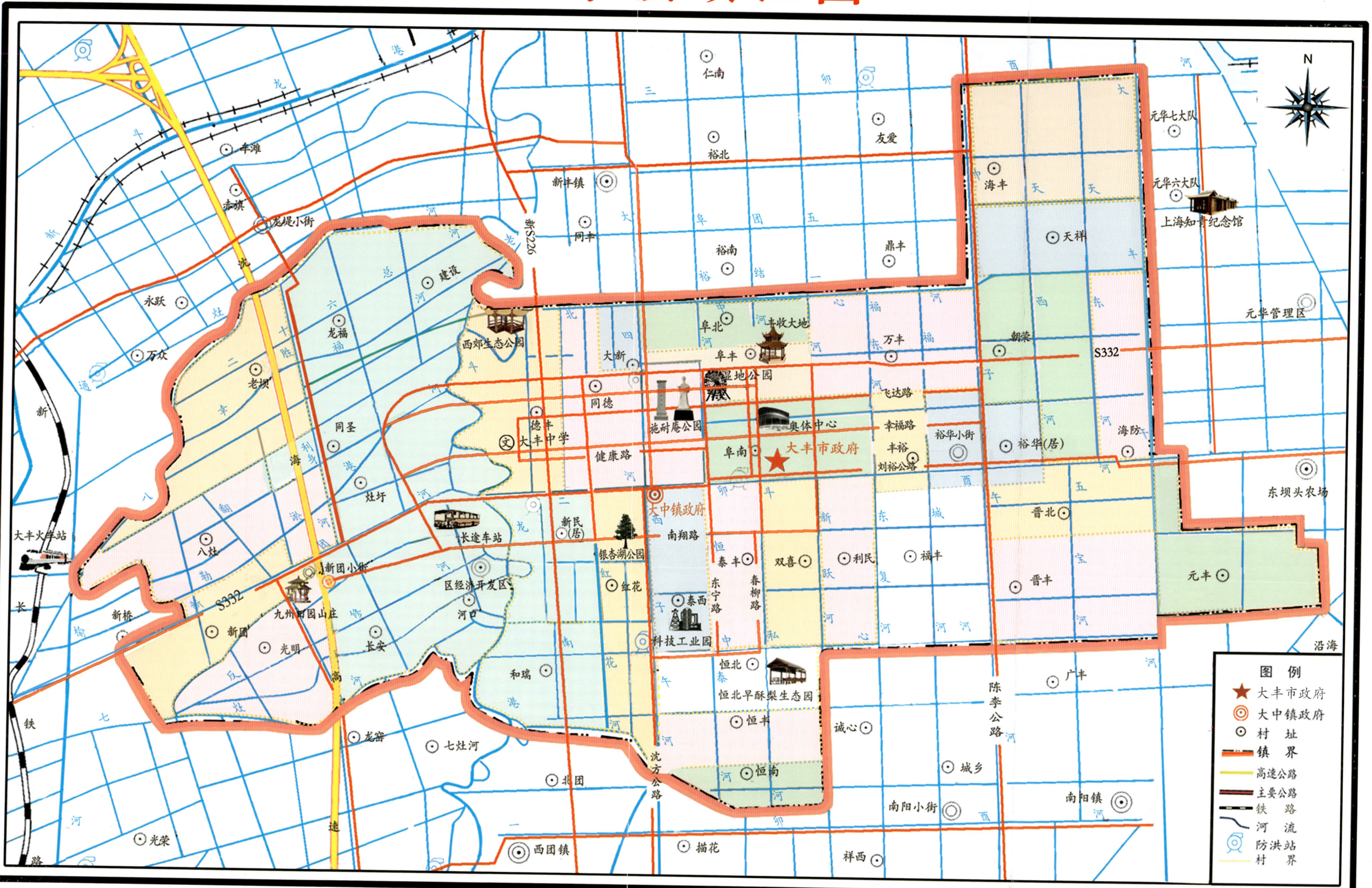

南京星光测绘科技有限公司

编辑调绘：陈荣根

审图号苏S（2015）048号

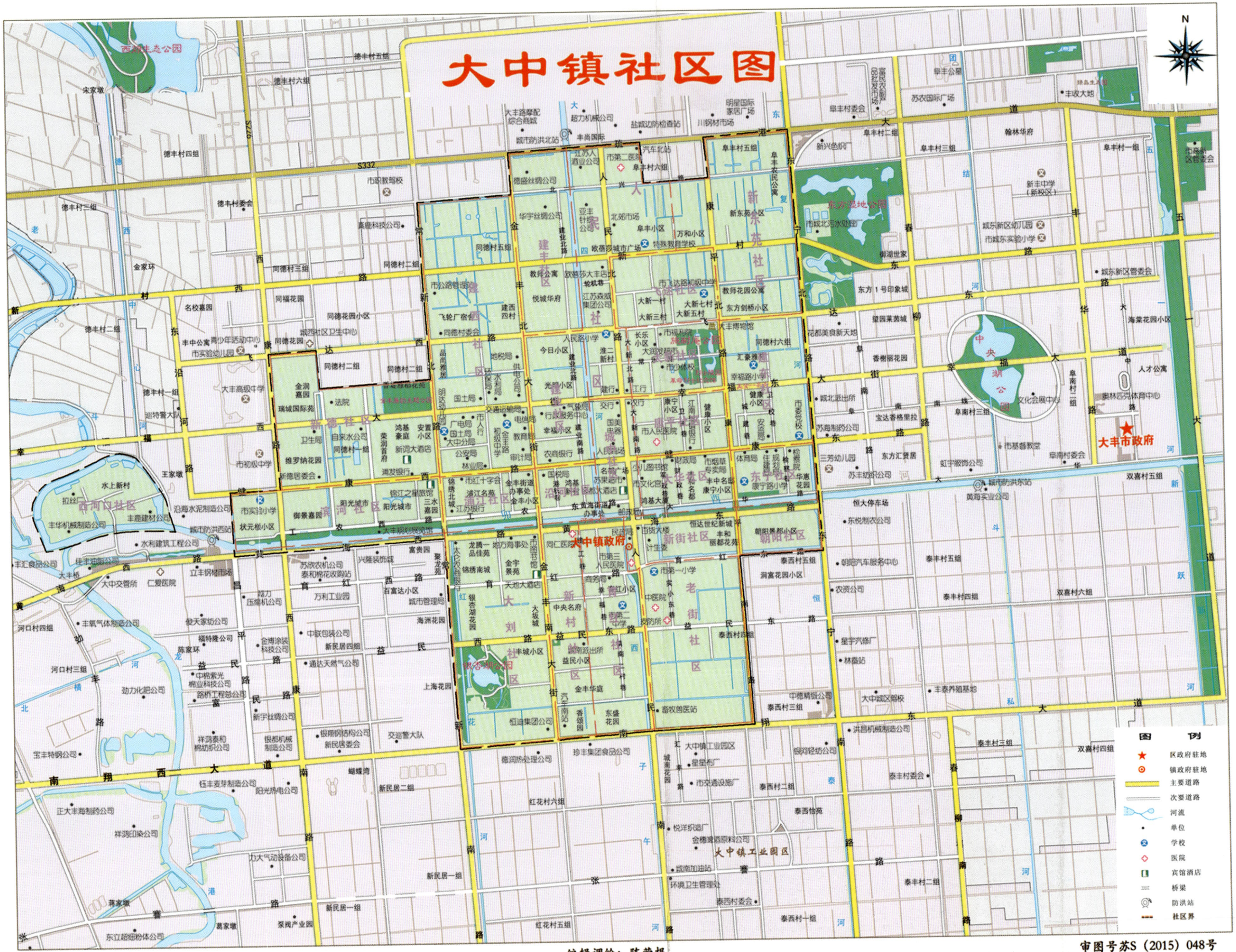

南京星光测绘科技有限公司

编辑调绘：陈荣根

审图号苏S（2015）048号